Rudolf Tippelt
Bernhard Schmidt (Hrsg.)

Handbuch Bildungsforschung

3., durchgesehene Auflage

VS VERLAG

Bibliografische Information der Deutschen Nationalbibliothek
Die Deutsche Nationalbibliothek verzeichnet diese Publikation in der
Deutschen Nationalbibliografie; detaillierte bibliografische Daten sind im Internet über
<http://dnb.d-nb.de> abrufbar.

1. Auflage 2005
2., überarbeitete und erweiterte Auflage 2009
3., durchgesehene Auflage 2010

Alle Rechte vorbehalten
© VS Verlag für Sozialwissenschaften | Springer Fachmedien Wiesbaden GmbH 2010

Lektorat: Stefanie Laux

VS Verlag für Sozialwissenschaften ist eine Marke von Springer Fachmedien.
Springer Fachmedien ist Teil der Fachverlagsgruppe Springer Science+Business Media.
www.vs-verlag.de

Das Werk einschließlich aller seiner Teile ist urheberrechtlich geschützt. Jede Verwertung außerhalb der engen Grenzen des Urheberrechtsgesetzes ist ohne Zustimmung des Verlags unzulässig und strafbar. Das gilt insbesondere für Vervielfältigungen, Übersetzungen, Mikroverfilmungen und die Einspeicherung und Verarbeitung in elektronischen Systemen.

Die Wiedergabe von Gebrauchsnamen, Handelsnamen, Warenbezeichnungen usw. in diesem Werk berechtigt auch ohne besondere Kennzeichnung nicht zu der Annahme, dass solche Namen im Sinne der Warenzeichen- und Markenschutz-Gesetzgebung als frei zu betrachten wären und daher von jedermann benutzt werden dürften.

Umschlaggestaltung: KünkelLopka Medienentwicklung, Heidelberg
Satz: format absatz zeichen, Susanne Koch, Niedernhausen
Druck und buchbinderische Verarbeitung: Ten Brink, Meppel
Gedruckt auf säurefreiem und chlorfrei gebleichtem Papier
Printed in the Netherlands

ISBN 978-3-531-17138-8

Inhalt

Rudolf Tippelt | Bernhard Schmidt
Einleitung der Herausgeber 9

Theorie und Bezugsdisziplinen

Peter Zedler | Hans Döbert
Erziehungswissenschaftliche Bildungsforschung 23

Jutta Allmendinger | Christian Ebner | Rita Nikolai
Soziologische Bildungsforschung 47

Thomas Götz | Anne C. Frenzel | Reinhard Pekrun
Psychologische Bildungsforschung 71

Stefan Hummelsheim | Dieter Timmermann
Bildungsökonomie 93

Heinz-Elmar Tenorth
Historische Bildungsforschung 135

Yvonne Ehrenspeck
Philosophische Bildungsforschung: Bildungstheorie 155

Jochen Gerstenmaier
Philosophische Bildungsforschung: Handlungstheorien 171

Lutz R. Reuter | Isabelle Sieh
Politik- und rechtswissenschaftliche Bildungsforschung 185

Kristina Reiss | Stefan Ufer
Fachdidaktische Forschung im Rahmen der Bildungsforschung.
Eine Diskussion wesentlicher Aspekte am Beispiel der Mathematikdidaktik 199

Regionaler und internationaler Bezug

Horst Weishaupt
Bildung und Region 217

Lynne Chisholm
Bildung in Europa 233

Rudolf Tippelt
Bildung in Entwicklungsländern und internationale Bildungsarbeit 249

Wilfried Bos | T. Neville Postlethwaite | Miriam M. Gebauer
Potenziale, Grenzen und Perspektiven internationaler Schulleistungsforschung 275

Ingrid Gogolin
Interkulturelle Bildungsforschung 297

Hans Döbert | Eckhard Klieme
Indikatorengestützte Bildungsberichterstattung 317

Institutionen, Professionalisierung und Bildungsplanung

Lothar Böhnisch
Familie und Bildung 339

Thilo Schmidt | Hans-Günther Roßbach | Jutta Sechtig
Bildung in frühpädagogischen Institutionen 351

Kathrin Dedering | Heinz Günther Holtappels
Schulische Bildung 365

Rolf Dobischat | Karl Düsseldorff
Berufliche Bildung und Berufsbildungsforschung 383

Ekkehard Nuissl
Weiterbildung/Erwachsenenbildung 405

Ulrich Teichler
Hochschulen: Die Verknüpfung von Bildung und Forschung 421

Christian Lüders | Andrea Behr-Heintze
Außerschulische Jugendbildung 445

Helmut Heid | Christian Harteis
Wirtschaft und Betrieb 467

Harm Kuper | Felicitas Thiel
Erziehungswissenschaftliche Institutionen- und Organisationsforschung 483

Manuela Pietraß
Medienbildung 499

Petra Stanat | Susanne Bergann
Geschlechtsbezogene Disparitäten in der Bildung 513

Olaf Köller
Bildungsstandards 529

Methoden in der Bildungsforschung

Norbert M. Seel | Pablo Pirnay-Dummer | Dirk Ifenthaler
Quantitative Bildungsforschung 551

Detlef Garz | Ursula Blömer
Qualitative Bildungsforschung 571

Thomas Eckert
Bildungsstatistik 589

Hartmut Ditton
Evaluation und Qualitätssicherung 607

Lebensalter

Gabriele Gloger-Tippelt
Kindheit und Bildung 627

Heinz-Hermann Krüger | Cathleen Grunert
Jugend und Bildung 641

Bernhard Schmidt
Bildung im Erwachsenenalter 661

Gabriele Maier
Höheres Erwachsenenalter und Bildung 677

Jutta Ecarius
Generation und Bildung 693

Peter Alheit | Bettina Dausien
Bildungsprozesse über die Lebensspanne:
Zur Politik und Theorie lebenslangen Lernens 713

Lehr-Lernforschung

Alexander Renkl
Lehren und Lernen 737

Frank Fischer | Heinz Mandl | Albena Todorova
Lehren und Lernen mit neuen Medien 753

Ewald Kiel
Unterrichtsforschung 773

Martin Rothland | Ewald Terhart
Forschung zum Lehrerberuf 791

Aktuelle Bereiche der Bildungsforschung

Axel Bolder
Arbeit, Qualifikation und Kompetenzen 813

Cornelia Gräsel
Umweltbildung 845

Benno Hafeneger
Politische Bildung 861

Christine Schmid | Rainer Watermann
Demokratische Bildung 881

Christine Schwarzer | Petra Buchwald
Gesundheitsförderung und Beratung 899

Heiner Barz | Sylva Liebenwein
Kultur und Lebensstile 915

Albert Ziegler
Hochbegabte und Begabtenförderung 937

Frank Braun | Birgit Reißig | Jan Skrobanek
Jugendarbeitslosigkeit und Benachteiligtenförderung 953

Hans Gruber | Monika Rehrl
Netzwerkforschung 967

Wissenschaftliche Einrichtungen der Bildungsforschung

Markus Achatz | Ruth Hoh | Markus Kollmannsberger
Dokumentation von Forschungseinrichtungen 985

Axel Kühnlenz | Martina Diedrich
Ausgewählte Internetquellen zum Handbuch Bildungsforschung 1027

Autorinnen und Autoren 1045

Stichwortregister 1055

Rudolf Tippelt | Bernhard Schmidt

Einleitung der Herausgeber

Das Handbuch Bildungsforschung wurde auch in seiner zweiten Auflage stark nachgefragt und es ist erfreulich, dass bereits nach einem Jahr eine Neuauflage notwendig wird. Der Bereich der empirischen Bildungsforschung hat sich im letzten Jahrzehnt in Deutschland und international stark weiterentwickelt und differenziert, so dass in der zweiten Auflage nicht nur Überarbeitungen und Aktualisierungen erforderlich waren, es mussten – um dem Forschungsbereich und Arbeitsfeld gerecht zu werden – auch neue Forschungsthemen bearbeitet werden.

Richtig ist, dass der Themenkreis der empirischen Bildungsforschung auf die Verwissenschaftlichung pädagogischer Praxis in den letzten zwei Jahrhunderten verweist, dass jedoch erst der Ausbau des Bildungswesens auf nationaler und internationaler Ebene seit den 1960er Jahren zu einer starken Expansion und Differenzierung der Bildungsforschung und damit zu einer klaren Bedeutungszunahme dieses pädagogischen und interdisziplinären Forschungsbereiches führte. Zur Bildungsforschung sind in den letzten 40 Jahren im deutschsprachigen Raum eine Vielzahl von Monographien, Literaturberichten und auch Sammelbänden sowie zahlreiche Handbuchartikel erschienen, eine umfassende Darstellung der wichtigsten Inhalte und Ergebnisse in Gestalt eines Handbuches gab es lange Zeit allerdings nicht. Die aktualisierte Herausgabe eines solchen Handbuches stellt insofern ein Wagnis dar, als das Forschungsgebiet der Bildungsforschung nur unscharf abzugrenzen ist, Bildungsforschung also einen sehr weiten Forschungsbereich, der keineswegs allein von der Erziehungswissenschaft bearbeitet wird, darstellt.

1 Ziele und Aufgaben der Bildungsforschung

Die Aufgabe der Bildungsforschung besteht darin, wissenschaftliche Informationen auszuarbeiten, die eine rationale Begründung bildungspraktischer und bildungspolitischer Entscheidungen ermöglichen. Bildungsforschung hat nach einer Empfehlung des Deutschen Bildungsrates (1974, S. 16) die Untersuchung der Voraussetzungen und Möglichkeiten von Bildungs- und Erziehungsprozessen im institutionellen und gesellschaftlichen Kontext zum Gegenstand. Bildungsforschung analysiert also Lehr- und Lernprozesse in schulischen und außerschulischen Bereichen, thematisiert aber auch informelle Sozialisationsbereiche. Zurückliegende Bilanzierungen der Bildungsforschung ergaben, dass ein sehr breites Spektrum von Fragestellungen bearbeitet wird (vgl. Beck/Kell 1991). Manchmal werden systematisch die institutionengerichtete Meso- und Makroforschung von der eher auf die internen Lehr- und Lernprobleme zielenden Mikroforschung unterschieden (vgl. Ingenkamp u.a. 1992). Sowohl die makro- als auch die mikroorientierte Bildungsforschung können stärker grundlagen- oder anwendungsorientiert sein und abhängig von den Fragestellungen werden quantitative und qualitative Ansätze bevorzugt oder aufeinander bezogen. Bis in die 1980er Jahre stand deutlich das Interesse an der organisatorischen und ökonomischen Einbettung des Bildungswesens in Staat und Gesellschaft im Vordergrund, allerdings haben sich in den letzten Jahren die Forschungsbereiche weiter ausdifferenziert. Es ist selbst in diesem relativ umfangreichen Handbuch nicht möglich, alle Teilbereiche zu berücksichtigen. Das Handbuch kann deshalb nicht den Anspruch erheben, die Bildungsforschung in ihren inhaltlichen und methodischen Problemen insgesamt zu beschreiben, allerdings kann doch ein systematischer Überblick über Perspektiven, Theorien und Forschungsergebnisse gegeben werden.

Trotz des inter- und multidisziplinären Charakters der empirischen Bildungsforschung wird davon ausgegangen, dass die zentrale Bezugsdisziplin der Bildungsforschung die Erziehungswissenschaft bzw. die Pädagogik ist (vgl. Schmidt/Weishaupt 2008; Tippelt 1998). Festzuhalten ist, dass die starke Differenzierung der Erziehungswissenschaft und die Expansion dieses Faches an den Hochschulen in den zurückliegenden Jahrzehnten parallel zu einem ebenfalls starken Prozess der expansiven Institutionalisierung von Einrichtungen der Bildungsforschung außerhalb des Hochschulbereichs verliefen. Wir wissen, dass die Zahl der außeruniversitären Einrichtungen der Bildungsforschung von neun im Jahre 1963 auf über fünfunddreißig im Jahre 1979 zunahm, dass dann allerdings in den 1990er Jahren die Zahl der forschenden Bildungseinrichtungen wieder leicht zurückging. In der Zunahme drückt sich eine starke Vielfalt der Organisation und Institutionalisierung aus (vgl. Weishaupt/Steinert/Baumert 1991; Weishaupt 2001). So lassen sich evaluierte Einrichtungen der außeruniversitären Bildungsforschung mit etatisierter Finanzierung (z.B. das Max-Planck-Institut für Bildungsforschung – MPI, Berlin; die wissenschaftlichen Einrichtungen der Leibniz-Gemeinschaft: Deutsches Institut für Erwachsenenbildung – DIE, Frankfurt/Bonn; Institut für die Pädagogik der Naturwissenschaften – IPN, Kiel; Deutsches Institut für Fernstudien – DIFF, jetzt Institut für Wissensmedien, Tübingen; Deutsches Institut für Internationale Pädagogische Forschung – DIPF, Frankfurt sowie das vor allem aus Mitteln der Bundesministerien finanzierte Deutsche Jugendinstitut – DJI, München oder das Bundesinstitut für Berufsbildung, Bonn) benennen. Es gibt verbandsabhängige wissenschaftliche Serviceeinrichtungen, Bildungsforschung wird an Hochschulinstituten betrieben und es gibt mehrere Sonderforschungsbereiche mit Bezügen zur Bildungsforschung an zahlreichen Hochschulen und sonstigen Forschungseinrichtungen. Hierzu wurde mit dem Ziel des besseren Überblicks und der Stützung von Kommunikation zwischen universitärer und außeruniversitärer Bildungsforschung eine eigene aktuelle Dokumentation in diesem Handbuch erarbeitet (vgl. Beitrag von M. Achatz, R. Hoh und M. Kollmannsberger).

Analysiert man die zurückliegenden Themen der Bildungsforschung, so zeigt sich, dass vor allem ungleiche Bildungschancen wie auch die „soziale Vererbung" von Bildung, beruflichen Positionen und gesellschaftlichem Status wichtige Themen in der jüngeren Vergangenheit waren. Von der Bildungsforschung wurden kritisch immer wieder Erkenntnisse dargelegt, die der aufklärerischen Idee der formal gleichen Bildungschancen widersprachen, also der allgemeinen Möglichkeit des Individuums, eine seiner individuellen Eignung und Neigung entsprechende Bildung zu erwerben, unabhängig von sozialer Herkunft und wirtschaftlicher Lage der Eltern, wie dies in einer Demokratie gesichert sein soll (vgl. von Friedeburg 1989; Benner 1990; Nationaler Bildungsbericht 2004). Allerdings entspräche die Thematisierung von Bildungsforschung – ausschließlich im Kontext einer sozial strukturellen Ungleichheitsforschung – einer Verkürzung der tatsächlich bearbeiteten Fragestellungen, denn man muss auf weitere und parallele Entwicklungen der Bildungsforschung aufmerksam machen. So etablierte sich in den 1980er Jahren eine pädagogisch äußerst fruchtbare Lebenslaufforschung, die aufzeigen konnte, dass Bildungswege, Weiterbildungsentscheidungen, Erwerbs- und Berufskarrieren von verschiedenen Einflüssen abhängig sind: ökonomische und politische Strukturen, kulturelle Wertvorstellungen, institutionalisierte Übergänge und gesetzliche Altersnormen, normativ kritische Lebensereignisse im Erwachsenenalter, individuelle Entscheidungen aber auch familiale Sozialisationsprozesse im frühen Lebensalter und schulische und betriebliche Selektionsmechanismen (vgl. Mayer 1990). Im letzten Jahrzehnt leistete die internationale Schulleistungsforschung – z.B. TIMMS, PISA, IGLU – einen sehr wichtigen Beitrag zur Bildungsdiskussion (vgl. Baumert/Lehmann u.a. 1997; Baumert u.a. 2000; Prenzel u.a. 2007; Bos u.a. 2007). Die Ergebnisse und Perspektiven der Bildungsforschung haben sich für erziehungstheoretische Reflexionen als Herausforderung erwiesen, weil sie den verengenden Blick auf einen bestimmten Lebensabschnitt überwinden und weil sich der Begriff des Lebenslaufs als Medium des Erziehungs- und Bildungssystems anbietet (vgl. Lenzen/Luhmann 1997). Auch die folgenreiche Hinwendung der pädagogischen Debatte in den 1990er Jahren zu den neu reflektierten und propagierten Begriffen des lebenslangen und selbstgesteuerten Lernens stehen mit Themensetzungen der Bildungsforschung im Einklang. Allerdings ist auch eine Verlagerung des Erkenntnisinteresses in der Bildungsforschung zu vermerken: Probleme der Qualitätssicherung und des Qualitätsmanagements von Institutionen sowie Fragen des Bildungs- und Wissensmanagements des pädagogischen Personals werden in neuerer Zeit in handlungsorientierter Absicht verstärkt aufgegriffen (vgl. Tippelt/Schmidt 2006).

Die Entwicklung der Bildungsforschung ist offensichtlich mit der Ausdifferenzierung der Pädagogik in zahlreiche Subdisziplinen, spezifische Fachrichtungen und Praxisfelder eng verbunden (vgl. Krüger 1997; Lenzen 1994, S. 38). Dabei ging diese Spezialisierung der Pädagogik und der Bildungsforschung (nur scheinbar paradox) mit einer gegenüber früheren Jahren noch verstärkt interdisziplinären und internationalen Orientierung einher, denn die empirische Bildungsforschung steht seit jeher in engem Kontakt zur pädagogischen Psychologie, Entwicklungspsychologie, Bildungssoziologie und Bildungsökonomie, um nur einige Nachbardisziplinen anzudeuten (vgl. Postlethwaite 1986; Husén 1984). Diese Interdisziplinarität hat zu einer theoretischen wie methodischen sozialwissenschaftlichen Akzentuierung der Bildungsforschung beigetragen, was ohne Zweifel für die Allgemeine Pädagogik bzw. Erziehungswissenschaft eine Herausforderung darstellt. Bislang ist die Integration und Annäherung von Bildungsforschung und Allgemeiner Pädagogik nur partiell gelungen (vgl. Tippelt 1998).

Unbestritten ist, dass die Bildungsforschung, weil sie ja auf Tatsachenforschung und Tatsachenbeurteilung beruht, in den frühen Ansätzen empirisch pädagogischer Forschung wurzelt. Die frühen Formen der erfahrungswissenschaftlichen Pädagogik und der experimentellen Psychologie, beispielsweise vertreten durch Wilhelm August Lay, durch Ernst Meumann und in München sehr anregend durch Aloys Fischer (vgl. Tippelt 2004), haben versucht, auf Tatsachenbeurteilung gründenden Unterricht zu entwickeln, Material zur rationalen Beurteilung von Unterrichtsmethoden oder zur Schülerauslese zu erarbeiten. Die empirische pädagogische Forschung war also eine Wurzel der Bildungsforschung, weil sie sich stark der Erforschung der Erziehungswirklichkeit widmete. Ziel- und Normfragen in der Erziehung und Bildung sind damit keineswegs suspendiert, aber die Bildungsforschung weist darauf hin, dass in deskriptiven und analytischen Verfahren Tatsachenforschung und normative Erziehungslehren getrennt gehalten werden müssen. Bildungsforschung verschließt sich keinesfalls der philosophischen Tradition, aber prüft man die Verwendungsweisen des Begriffs Bildung, dann wird bewusst, dass eine Vielfalt der Nutzung dieses Begriffs gegeben ist. In diesem Handbuch wird nicht die Suche nach einem wahren und gültigen Begriff von Bildung traditionsrekonstruierend, klassikerauslegend und textexegetisch fortgesetzt. Der Bildungsbegriff wird in diesem Handbuch auch nicht als Gesamtbeschreibung der abendländischen Vernunft reklamiert, es finden sich keine Aussagen in der Nähe der Metaphysik und es finden sich keine Texte, die immer gültige Bilder der menschlichen Möglichkeiten und Zukünfte festlegen. Die hier vertretene Bildungsforschung ist keiner weltanschaulichen oder utopischen Geschichtsphilosophie verpflichtet. In dem vorliegenden Handbuch können daher selbstverständlich nicht alle Konnotationen von „Bildung" geklärt werden, allerdings kann der durch Forschung präzisierte und darin sich klärende Begriff der Bildung sowohl als ein pädagogisch zentrierter als auch ein für zahlreiche andere Disziplinen wichtiger Begriff ausgewiesen werden. „Bildung" und das „Bildungswesen" – wie von der empirischen Bildungsforschung thematisiert – dienen nicht primär der Klassifikation oder der begrifflich-normativen Konstruktion, vielmehr sind theoretische, historische und empirische Analysen gefordert.

Nach wie vor verfügen wir über keine systematische Wirkungsgeschichte empirischer Bildungsforschung. Allerdings können wir Bildungsforschung, wie sie im Wissenschaftssystem geleistet wird, aus Sicht der Praxis bewerten und differenzieren (vgl. Tippelt/Schmidt 2007). *Grundlagenforschung* ist einem besonders hohen Konsistenzniveau von Begriffen und Theorien verpflichtet, damit verbunden ist die Entwicklung von besonderen wissenschaftlichen Sprachen und der Anschluss an den problemspezifischen Wissens- und Methodenstand zu erwarten. Auch wenn in der Grundlagenforschung die unmittelbare Verwertung von Forschungsergebnissen in der pädagogischen Praxis nicht angestrebt wird, kann Grundlagenforschung einen zwar schwer nachweisbaren aber doch hohen Bedeutungswert erlangen. Bildungsforschung realisiert sich auch als *Maßnahmenforschung*, die einen zweckgerichteten Transfer von Wissen anstrebt. Pädagogische Praktiker in Forschergruppen können integriert werden, um die praxisnahe Verwendbarkeit entsprechender Forschungsergebnisse zu steigern. Ein weiterer Typus der empirischen Bildungsforschung lässt sich als *Orientierungsforschung* bezeichnen, die durchgeführt wird, um den sozialen und pädagogischen Wandel in seiner ökonomischen, sozialen, politischen und kulturellen Bedeutung besser einzuschätzen. Diese Orientierungsforschung ist nur sinnvoll im historischen oder internationalen Vergleich, denn es soll dadurch ein aufgeklärtes Expertenwissen gewonnen werden, um Ansatzpunkte für Handlungsstrategien und Reformmaßnahmen zu erhalten. Man kann sagen, dass empirische Bildungsforschung als Orientierungsforschung immer dann Konjunktur hat, wenn Symptome sozialer Probleme gesellschaftlich wahrgenommen werden: Schulmüdigkeit, Leistungsschwächen, resignativer Rückzug aus Organisationen, Motivationsprobleme, politische Unsicherheit, Gesundheitsprobleme u.a.. Eine entsprechende Bildungsforschung entsteht also aus einem besonderen Informationsbedürfnis einer interessierten Öffentlichkeit. Bildungsforschung kann in diesem Sinne auch Aufklärung leisten, weil stereotypen Urteilen und Vorurteilen sachliche Information entgegengesetzt werden kann.

Der Praxisbezug der Bildungsforschung ist, zusammenfassend gesagt, keineswegs ausschließlich auf die gezielte Anwendung und Umsetzung von Forschungsergebnissen gerichtet, vielmehr können die Ergebnisse der Bildungsforschung in verschiedenartiger Weise direkt und indirekt gesellschaftlich wirksam werden. Bildungsforschung kann die subjektiven Handlungspläne des Einzelnen und seine pädagogische Phantasie anregen und schulen. Bildungsforschung kann auch darüber informieren, inwieweit angestrebte Ziele in pädagogischen Konzepten erreicht werden, welche unerwarteten oder gar nicht intendierten Effekte auftreten. Wenn sich pädagogische Praktiker nicht nur intuitiv verhalten wollen, so muss darauf hingewirkt werden, dass in ihrer Ausbildung auch die Resultate, die Möglichkeiten und die Grenzen empirischer

Bildungsforschung vermittelt werden: einer Bildungsforschung allerdings, die eine heuristische Konzeption der gebildeten Persönlichkeit voraussetzt.

2 Aufbau des Handbuchs

Diese überarbeitete und ergänzte Neuauflage des Handbuchs soll den aktuellen Diskussions- und Erkenntnisstand der Bildungsforschung repräsentieren, zugleich aber auch wesentliche Linien skizzieren, die zu diesem Stand führten. Es versucht durch die Auswahl der Themen und der beteiligten Autoren und Autorinnen, die sich der Bildungsforschung verpflichtet sehen, dem interdisziplinären Charakter der Bildungsforschung gerecht zu werden und wichtige Erkenntnisse der beteiligten Disziplinen (der Pädagogik, Psychologie, Soziologie, Politikwissenschaft, Ökonomie, Geschichte und Philosophie) zu berücksichtigen. Es werden in den einzelnen Artikeln theoretische Befunde wie quantitativ und qualitativ gewonnene Forschungsergebnisse mit einbezogen. Insgesamt wird die Theorie- und Methodengeschichte der Bildungsforschung der letzten Jahrzehnte transparent und auf der Basis bereichsbezogener Bestandsaufnahmen können differenzierte Perspektiven für die theoretische und methodische Orientierung der aktuellen Bildungsforschung dargelegt werden.

Im ersten Kapitel wird aus der Perspektive der Bildungsforschung detailliert auf die Theorien und Bezugsdisziplinen der Erziehungswissenschaft (P. Zedler/H. Döbert), der Soziologie (J. Allmendinger/C. Ebner/R. Nikolai), der Psychologie (T. Götz/A. Frenzel/R. Pekrun), der Ökonomie (S. Hummelsheim/D. Timmermann), der Geschichte (H.-E. Tenorth), der Philosophie (Y. Ehrenspeck und J. Gerstenmaier), der Politik- und Rechtswissenschaft (L. Reuter/I. Sieh) und der Fachdidaktik (K. Reiss/S. Ufer) eingegangen. In den theoriebezogenen Artikeln werden solche Ansätze dargestellt, die die grundlagentheoretische Diskussion der Bildungsforschung in den letzten Jahrzehnten beeinflusst haben und von denen Impulse für die Weiterentwicklung einer innovativen Bildungsforschung erwartet werden können. Die Beiträge zu den Bezugsdisziplinen der Bildungsforschung bemühen sich darum, die Entwicklungslinien der jeweiligen Ansätze nachzuzeichnen, zentrale Begriffe zu klären und das Wechselverhältnis zwischen theoretischen Ansätzen und empirischen Befunden darzulegen. In diesem Kapitel werden die Vernetzungen und Berührungspunkte deutlich, die eine Kooperation mit den jeweils angrenzenden und komplementären Theoriepositionen und Bezugsdisziplinen erforderlich machen.

Die regionalen und internationalen Bezüge werden in fünf Kapiteln dargelegt, die den Zusammenhang von Bildung und Region (H. Weishaupt), Bildung und Europa (L. Chisholm), die Aspekte internationaler Schulleistungsforschung (W. Bos/T.N. Postlethwaite/M.M. Gebauer), der interkulturellen Bildung (I. Gogolin) und der internationalen Bildungsarbeit (R. Tippelt) darlegen. Ergänzend dazu wird auf die Bedeutung einer indikatorengestützten Bildungsberichterstattung (H. Döbert/E. Klieme) sowohl für regionale als auch internationale Vergleiche eingegangen.

Das anschließende Institutionenkapitel zeigt, dass Bildungsprozesse in den verschiedenen pädagogisch relevanten Institutionen unterschiedlich thematisiert werden. Bildung in der Familie (L. Böhnisch), in frühpädagogischen Institutionen (H.-G. Rossbach/T. Schmidt/J. Sechtig), in der Schule (H.G. Holtappels/K. Dedering), im Beruf (R. Dobischat/K. Düsseldorff), in Wirtschaft und Betrieb (H. Heid/C. Harteis), in Einrichtungen der Erwachsenen- und Weiterbildung (E. Nuissl), in der Hochschule (U. Teichler), in der außerschulischen Jugendbildung (C. Lüders/A. Behr), in den Medien (M. Pietrass) werden thematisiert. Die Einführung von Bildungsstandards (O. Köller) hat vor allem für die Weiterentwicklung von Schulen wesentliche Bedeutung, dürfte implizit aber auch in andere Bildungsbereiche hineinwirken. Ergänzt werden diese Artikel durch einen Überblick über die erziehungswissenschaftliche Institutionenforschung (H. Kuper/F. Thiel) sowie durch einen Beitrag zur Frauenbildung und geschlechtsspezifischen Bildungsforschung (P. Stanat/S. Bergann), in dem die theoretischen Bezugspunkte und aktuellen Perspektiven einer geschlechterdifferenzierend argumentierenden Bildungsforschung diskutiert werden.

Im Methodenkapitel soll kein systematischer Überblick über alle im Bereich der Bildungsforschung eingesetzten Erhebungs- und Auswertungsverfahren gegeben werden. Dies würde in vielen Punkten eine Replikation des Inhalts einschlägiger Lehrbücher der empirischen Sozialforschung ergeben. Stattdessen wird in den drei Artikeln zu quantitativen (N.M. Seel/D. Ifenthaler/P. Pirnay-Dummer) und qualitativen Methoden (D. Garz/U. Blömer) und zur Bildungsstatistik (T. Eckert) ein kurzer Abriss über die Möglichkeiten und Leistungen des jeweiligen methodischen Zugriffs gegeben, zentrale Zielsetzungen, Untersuchungstypen, methodische Probleme werden skizziert und an ausgewählten Befunden auch illustriert. Gleichzeitig wird sichtbar, dass die Kombination quantitativer und qualitativer Forschungszugänge in der Bildungsforschung notwendig ist, was im besonderen Maße auch für die Evaluation (H. Ditton) von Bildungsangeboten gilt.

Das Kapitel zu Bildung und Lebensalter weist darauf hin, dass Bildungsprozesse über die Lebensspanne zu beobachten sind, wobei die Autoren der einzelnen Texte der besonderen Bedeutung von Bildungsprozessen der Kindheit (G. Gloger-Tippelt), des Jugendalters (H.-H. Krüger/C. Grunert), des Erwachsenenalters im allgemeinen (B. Schmidt) sowie des höheren Erwachsenenalters im besonderen (A. Kruse/G. Maier) nachgehen. Zwei weitere Artikel diskutieren die aktuellen Ergebnisse und Anforderungen zum lebenslangen Lernen (P. Alheit/B. Dausien) und zur generativen Differenzierung (J. Ecarius) historisch sich wandelnder Bildungsprozesse.

Die Lehr- und Lernforschung bildet den Kern eines weiteren Kapitels, in dem auf grundlegende Ergebnisse der Forschung zu Lehr-Lern-Prozessen (A. Renkl), der Schul- und Unterrichtsforschung (E. Kiel), der Forschung zum Einsatz neuer Medien in Lernkontexten (F. Fischer/H. Mandl/A. Todorova) und der Lehrerforschung (M. Rothland/E. Terhart) eingegangen wird.

Das vorletzte Kapitel greift aktuelle Bereiche der Bildungsforschung auf, in denen sich Forschungsprojekte und -ergebnisse in letzter Zeit verdichten: qualifikations- und kompetenztheoretische Debatten (A. Bolder), Umweltbildung (C. Gräsel), politische Bildung (B. Hafeneger), demokratische Bildung (C. Schmid/R. Watermann) Bildung im Kontext der Gesundheitsförderung und Beratung (C. Schwarzer/P. Buchwald), Bildung in ihrer Bedeutung für kulturell geprägte Lebensstile (H. Barz/S. Liebenwein), Hochbegabtenforschung und Möglichkeiten der Begabungsförderung (A. Ziegler), Benachteiligtenforschung und soziale Integration (F. Braun/B. Reißig/J. Skrobanek). Den Abschluss bildet ein Artikel zur Netzwerkforschung, ein Bereich der Bildungsforschung, der gerade in den letzten Jahren aufgrund großangelegter Förderprogramme der Europäischen Union an Bedeutung gewann (H. Gruber/M. Rehrl).

Eine Zusammenschau wesentlicher Einrichtungen (M. Achatz/R. Hoh/M. Kollmannsberger) und Internetquellen (A. Kühnlenz/M. Diedrich) zur Bildungsforschung beschließen schließlich das Handbuch.

Das Handbuch bringt zum Ausdruck, dass Bildungsforschung eine Voraussetzung für wissensbasierte, rationale Entscheidungen von pädagogischen Innovationen und Reformprozessen ist. Methodisch und thematisch hat sich Bildungsforschung in den letzten Jahrzehnten erweitert, um dadurch noch systematischer die unübersichtlichen faktischen Entwicklungen des Bildungswesens zu analysieren und in handlungstheoretischer Absicht gezielte Anregungen für Innovationen durch Bildung geben zu können. Die deutliche Ausdehnung der Institutionenforschung von den Schulen bis zur Weiterbildung und der interdisziplinäre Charakter vieler Untersuchungen zu den Mikro-, Meso- und Makroebenen der Bildungsprozesse verweisen auf einen heute gültigen „weiten" Begriff der Bildungsforschung, der an die lebenslangen und lebensbegleitenden Bildungs- und Sozialisationsprozesse in den sich wandelnden modernen Gesellschaften gekoppelt ist. Wenn sich die Bildungsforschung auch in den letzten Jahrzehnten vital fortentwickeln konnte, gibt es doch zahlreiche offene Fragen und künftige Herausforderungen, die in den einzelnen Artikeln differenziert aufgezeigt werden. Zu den übergreifenden Herausforderungen gehören u.a.:

- *Theoretisch:* Wie lassen sich die zahlreichen Einzelbefunde noch besser theoriegeleitet integrieren?
- *Methodisch:* Wie können die verschiedenen Ebenen der Analyse (Mikro-, Meso-, Makroebene) zueinander in Beziehung gebracht werden?
- *Praktisch:* Wie können die analytischen Ansätze und Ergebnisse der Bildungsforschung handlungsorientiert an die Träger von Bildungsentscheidungen und das verantwortliche pädagogische Personal vermittelt werden?
- *Disziplinär:* Wie kann die wichtige interdisziplinäre Kooperation langfristig gefördert werden? Wie können Bildungsforschung und Allgemeine Pädagogik bzw. Erziehungswissenschaft sinnvoll und fruchtbar aufeinander bezogen werden?
- *Finanziell:* Wie lässt sich die notwendige permanente Dauerbeobachtung von Bildungsprozessen in einem differenzierten Wissenschaftssystem koordiniert sicherstellen?

Eine künftige Bildungsforschung bedarf der Antworten zu solchen allgemeinen Fragen.

Das vorliegende Handbuch will keine Theorie der Bildung vorlegen, aber es kann in den verschiedenen Themenbereichen aufzeigen, dass empirische Bildungsforschung sowohl methodisch und theoretisch gewonnene Befunde als auch historische Positionen, politisch-institutionelle Perspektiven und praktisch-pädagogische Anliegen integriert und analysiert.

Zu danken ist vor allem den Autorinnen und Autoren, die mit ihrer Kooperationsbereitschaft und Über- und teilweise Neubearbeitung zum Gelingen des Handbuchs ursächlich beigetragen haben. Die Zusammenarbeit mit diesen ExpertInnen aus verschiedenen Disziplinen hat bewirkt, dass ein Band zur Orientierung im Bereich der Bildungsforschung entstehen konnte, der einen in dieser Form bislang nicht vorhandenen zuverlässigen Überblick zur Bildungsforschung anbietet. Dabei war es angesichts der Differenziertheit der Bildungsforschung notwendig, die einigende Basis der empirischen Bearbeitung des Gegenstandsbereichs so weit zu öffnen, dass theoretisch und methodisch unterschiedliche Positionen wiedergegeben werden konnten.

Ohne die hervorragende und zuverlässige Unterstützung von Lena Hummel und Christina Buschle, die sich an der genauen Bearbeitung des Manuskripts in den verschiedenen Stadien verantwortlich beteiligt und die lektoralen Arbeiten organisiert haben, wäre dieses Handbuch nicht zustande gekommen. Ein großer Stab an studentischen Hilfskräften – die hier nicht alle namentlich genannt werden können – bearbeiteten Literaturverzeichnisse und korrigierten Manuskripte. Ihr Einsatz, die gezielte Anleitung und Beratung durch Dr. Aiga von Hippel sowie die Unterstützung durch die Lehrstuhlsekretärin Frau Gundula Bernhardt ermöglichten es, die geplante Zeit einzuhalten, so dass letztlich ein aktuelles Handbuch erscheinen konnte.

Bewusst schließt dieses Handbuch an eine Münchener Tradition an, denn bereits der Münchener Pädagoge Aloys Fischer arbeitete auf pädagogisch-soziologischem und pädagogisch-psychologischem Gebiet und entwickelte beachtenswerte Ansätze zum deskriptiven Verfahren in der Erziehungswissenschaft. Seine Arbeiten implizieren phänomenologische Wesensschau aber auch empirische Bestandsaufnahme im Sinne pädagogischer Tatsachenforschung (z.B. Fischer 1961 und 1922/1967). Die Bedeutung interdisziplinärer Zusammenarbeit im Kontext empirisch-pädagogischer Forschung steht bei Aloys Fischer bereits außer Frage. Bei diesem und anderen Vorläufern der empirischen Bildungsforschung wird deutlich, dass pädagogische Tatsachenforschung eine Orientierungs-, Steuerungs- und Aufklärungsfunktion für pädagogisches und soziales Handeln haben kann (vgl. Tippelt 2004).

Die empirische Bildungsforschung ist gefordert, unter Berücksichtigung vergleichender und historischer Perspektiven, die jeweils sich neu darstellenden pädagogisch-relevanten Tatsachen in die pädagogische Reflexion mit einzubringen. Wenn empirische Bildungsforschung eine Orientierungs-, Aufklärungs- und Steuerungsrelevanz beanspruchen kann, dann ist damit jene handlungsbezogene Wirkung der Ergebnisse der Bildungsforschung zu verstehen, die dazu dient, Vorurteile zu eliminieren, tatsächliche Zusammenhänge zu erkennen, ideologische Verschleierungen zu durchschauen und eben Urteile des lehrenden, organisierenden, erziehenden Personals oder auch der sich Bildenden zu klären. In diesem Sinne ist Bildungsforschung eine kritische Verwertung wissenschaftlicher Erkenntnis zuzusprechen.

3 Allgemeine Literatur zur Bildungsforschung

Althammer, J. (Hrsg.) (2007): Handbuch ökonomisch-politische Bildung. Schwalbach: Wochenschau-Verlag.
Arnold, R./Lipsmeier, A. (Hrsg.) (1995): Handbuch der Berufsbildung. Opladen: Leske+Budrich.
Avenarius, H./Ditton, H./Döbert, H./Klemm, K./Klieme, E./Rürup, M./Tenorth, H.-E./ Weishaupt, H./Weiß, M. (2003): Bildungsbericht für Deutschland. Opladen: Leske+Budrich.
Baumert, J./Bos, W./Watermann, R. (1998): TIMSS/III – Schülerleistungen in Mathematik und den Naturwissenschaften am Ende der Sekundarstufe II im internationalen Vergleich. Berlin: Max-Planck-Institut für Bildungsforschung.
Baumert, J./Lehmann, R. u.a. (1997): TIMSS – Mathematisch-naturwissenschaftlicher Unterricht im internationalen Vergleich. Opladen: Leske+Budrich.
Baumert, J./Lenzen, D./Watermann, R./Trautwein, U. (Hrsg.) (2004): PISA und die Konsequenzen für die erziehungswissenschaftliche Forschung. Beiheft der Zeitschrift für Erziehungswissenschaft, Wiesbaden: VS Verlag.
Beck, K./Kell, A. (Hrsg.) (1991): Bilanz der Bildungsforschung. Stand und Zukunftsperspektiven. Beiträge zur Theorie und Geschichte der Erziehungswissenschaft. Band 10. Weinheim: Deutscher Studien-Verlag.
Beck, K./Kell, A. (1991): Erziehungswissenschaftliche Bildungsforschung als Aufgabe und Problem. In: Beck, K./Kell, A. (Hrsg.): Bilanz der Bildungsforschung. Weinheim: Deutscher Studien-Verlag, S. 5–13.
Becker, H. (1993): Bildungsforschung und Bildungspolitik. Berlin: Max-Planck-Institut für Bildungsforschung.
Bellmann, J. (2006): Bildungsforschung und Bildungspolitik im Zeitalter ‚Neuer Steuerung'. In: Zeitschrift für Pädagogik 52, 4, S. 487–504.
Benner, D. (1990): Wilhelm von Humboldts Bildungstheorie. Eine problemgeschichtliche Studie zum Begründungszusammenhang neuzeitlicher Bildungsreform. Weinheim: Juventa.
Bogdan, R. (1982): Qualitative research for education. Boston: Pearson.
Böhm-Kasper, O./Schuchart, C. (Hrsg.) (2007): Kontexte von Bildung. Erweiterte Perspektiven in der Bildungsforschung. Münster: Waxmann.

Bos, W./Lankes, E.-M./Plaßmeier, N. & Schwippert, K. (Hrsg.) (2004): Heterogenität. Eine Herausforderung an die empirische Bildungsforschung. Münster: Waxmann.
Bos, W./Hornberg, S./Arnold, K.-H./Faust, G./Fried, L./Lankes, E.-M./Schwippert, K./Valtin, R. (Hrsg.) (2007): IGLU 2006. Lesekompetenzen von Grundschulkindern in Deutschland im internationalen Vergleich. Münster: Waxmann.
Bourdieu, P. (1982): Die feinen Unterschiede. Kritik der gesellschaftlichen Urteilskraft. Frankfurt a.M.: Suhrkamp.
Burgess, R. (Hrsg.) (1993): Educational research and evaluation. London: Falmer Press.
Combe, A./Helsper, W. (Hrsg.) (1996): Pädagogische Professionalität. Untersuchungen zum Typus pädagogischen Handelns. Frankfurt a.M.: Suhrkamp.
Cortina, K./Baumert, J./Leschinsky, A./Mayer, K./Trommer, L. (Hrsg.) (2003): Das Bildungswesen in der Bundesrepublik Deutschland. Strukturen und Entwicklungen im Überblick. Hamburg: Rowohlt.
Deutscher Bildungsrat (1974): Empfehlungen der Bildungskommission. Zur Neuordnung der Sekundarstufe II, 38. Sitzung der Bildungskommission, 13./14.02.74 in Bonn. Stuttgart.
Edding, F. (1987): Zwanzig Jahre Bildungsforschung, zwanzig Jahre Bildungsreform. Bad Heilbrunn: Klinkhardt.
Fatke, R./Merkens, H. (Hrsg.) (2006): Bildung über die Lebenszeit. Wiesbaden: VS Verlag für Sozialwissenschaften.
Fend, H. (1988): Sozialgeschichte des Aufwachsens. Bedingungen des Aufwachsens und Jungendgestalten im zwanzigsten Jahrhundert. Frankfurt a.M.: Suhrkamp.
Fend, H. (1998): Qualität im Bildungswesen. Schulforschung zu Systembedingungen, Schulprofilen und Lehrerleistung. Weinheim: Juventa.
Fend, H. (2006): Neue Theorie der Schule. Einführung in das Verstehen von Bildungssystemen. Wiesbaden: VS Verlag.
Fischer, A. (1961): Ausgewählte pädagogische Schriften. (Besorgt von Karl Kreitmair). Paderborn: Schöningh.
Fischer, A. (1922/1967): Erziehung als Beruf. Heidelberg: Quelle & Meyer.
Fischer, F./Waibel, M./Wecker, C. (2005): Nutzerorientierte Grundlagenforschung im Bildungsbereich. Argumente einer internationalen Diskussion. In: Zeitschrift für Erziehungswissenschaft 8, H. 3, S. 428–442.
Friedeburg, L. von (1989): Bildungsreform in Deutschland. Geschichte und gesellschaftlicher Widerspruch. Frankfurt a.M.: Suhrkamp.
Grözinger, G. (Hrsg.) (2007): Perspektiven der Bildungsforschung. Frankfurt a. M.: Lang.
Halpin, D. (1994): Researching education policy. London: Routledge.
Husén, T. (1984): Fundamental research and the process of education. Washington: National Research Council.
Ingenkamp, K./Jäger, R.S./Petillon, H./Wolf, B. (Hrsg.) (1992): Empirische Pädagogik 1970–1990. Eine Bestandsaufnahme der Forschung in der Bundesrepublik Deutschland. 2 Bände. Weinheim: Deutscher Studien-Verlag.
Inkeles, A./Smith, D.H. (1974): Becoming Modern: Individual Change in six Developing Countries. Cambridge: Harvard University Press.
Keeves, J. (Hrsg.) (1999): Issues in educational research. Pergamon: Emerald Group.
Klemm, K. (2004): Bildungswissenschaften: Bildungsforschung nach PISA. Essen: Univ. Duisburg-Essen.
Knoll, J. (Hrsg.) (1997): Internationale und vergleichende Erwachsenenbildungsforschung. Köln: Böhlau.
Konrad, F.-M./Sailer, M. (Hrsg.) (2007): Homo educabilis: Studien zur allgemeinen Pädagogik, pädagogischen Anthropologie und Bildungsforschung. Münster: Waxmann.
Konsortium Bildungsberichterstattung (2006): Bildung in Deutschland. Ein indikatorengestützter Bericht mit einer Analyse zu Bildung und Migration. Bielefeld: Bertelsmann.
Krapp, A./Heiland, A. (Hrsg.) (1981): Theorieanwendung und Rationales Handeln. Braunschweig: Braunschweiger Studien zur Erziehungs- und Sozialarbeitswissenschaft.
Krüger, H.-H./Grunert, C. (Hrsg.) (2002): Handbuch Kindheits- und Jugendforschung. Opladen: Leske + Budrich.
Krüger, H.-H. (2006): Einführung in Theorien und Methoden der Erziehungswissenschaft. Opladen: Leske + Budrich.
Krüger, H.-H. (Hrsg.) (2004): Einführung in Grundbegriffe und Grundfragen der Erziehungswissenschaft. Wiesbaden: Verlag für Sozialwissenschaften.
Ladson-Billings, G./Tate, W.F. (Hrsg.) (2006): Education research in the public interest: social justice, action, and policy. New York: Teachers College Press.
Lemberg, E. (1963): Das Bildungswesen als Gegenstand der Forschung. Heidelberg: Quelle & Meyer.
Lenhart, V. (1994): Bildung für alle. Zur Bildungskrise der Dritten Welt. Darmstadt: Wissenschaftliche Buchgesellschaft.
Lenzen, D. (Hrsg.) (2002): Erziehungswissenschaft. Ein Grundkurs. Reinbek. b. Hamburg: Rowolth.
Lenzen, D./Luhmann, N. (Hrsg.) (1997): Bildung und Weiterbildung im Erziehungssystem. Lebenslauf und Humanontogenese als Medium und Form. Frankfurt a.M.: Suhrkamp.
Leschinsky, A./Roeder, P.M. (1976): Schule im historischen Prozeß. Stuttgart: Klett.

Luhmann, N./Schorr, K.-E. (1979): Reflexionsprobleme im Erziehungssystem. Stuttgart: Klett.
Luhmann, N./Schorr, K.-E. (Hrsg.) (1982): Zwischen Technologie und Selbstreferenz. Fragen an die Pädagogik. Frankfurt a.M.: Suhrkamp.
Lutz, B. (1979): Die Interdependenz von Bildung und Beschäftigung und das Problem der Erklärung der Bildungsexpansion. In: Matthes, J. (Hrsg.): Sozialer Wandel in Westeuropa. Frankfurt a.M., S. 634–670.
Lutz, B. (1984): Der kurze Traum immerwährender Prosperität. Eine Neuinterpretation der industriell-kapitalistischen Entwicklung im Europa des 20. Jahrhunderts. Frankfurt a.M.: Suhrkamp.
Marburger Forschungsstelle für Vergleichende Erziehungswissenschaften (1984): Ergebnisse und Perspektiven vergleichender Bildungsforschung. München: Minerva.
Maydell, J.v. (1982) (Hrsg.): Bildungsforschung und Gesellschaftspolitik. Oldenburg: Holzberg.
Mayer, K.U. (1990): Lebensverläufe und sozialer Wandel. Anmerkungen zu einem Forschungsprogramm. In: Mayer, K.U. (Hrsg.): Lebensverläufe und sozialer Wandel. Kölner Zeitschrift für Soziologie und Sozialpsychologie. Sonderheft 31. Opladen, S. 7–21.
McMillan, J. (1984): Research in education: a conceptional introduction. Boston: Little Brown.
Merkens, H. (Hrsg.) (2006): Erziehungswissenschaft und Bildungsforschung. Wiesbaden: VS Verlag für Sozialwissenschaften.
Mertens, D. (1984): Das Qualifikationsparadox. Bildung und Beschäftigung bei kritischer Arbeitsmarktperspektive. In: Zeitschrift für Pädagogik, 30. Jg., S. 439–455.
Moura Castro, C. de (2000): Vocational Training at the Turn of the Century. (Hrsg. von K. Schaack und R. Tippelt). Frankfurt a.M: Lang.
Nuissl, E./Dobischat, R./Hagen, K./Tippelt, R. (Hrsg.) (2006): Regionale Bildungsnetze. Ergebnisse zur Halbzeit des Programms „Lernende Regionen - Förderung von Netzwerken". Bielefeld: Bertelsmann.
OECD (2007): Education at a glance 2007. Paris.
Oosthoek, H. (Hrsg.) (1984): Education from the multi-level perspective. New York: Gordon & Breach.
Postlethwaite, T.N. (1986): Handbook of international educational research. Oxford: Pergamon.
Prenzel, M. (2005): Zur Situation der empirischen Bildungsforschung. In: Mandl, H./Kopp, B. (Hrsg.): Impulse für die Bildungsforschung. Stand und Perspektiven, Berlin: Akademie Verlag, S. 7–21.
Prenzel, M./Artelt, C./Baumert, J. (Hrsg.) (2007): Pisa 2006. Die Ergebnisse der dritten internationalen Vergleichsstudie. Münster: Waxmann.
Roberts, C. (Hrsg.) (2007): New developments in education research. New York: Nova Science Publishers.
Roeder, P.M. (1994): Pädagogik, Erziehungswissenschaft, Bildung. Fragestellungen und Strukturen. In: Müller, D.K. (Hrsg.): Pädagogik, Erziehungswissenschaft, Bildung. Köln: Böhlau, S. 23–42.
Rolff, H.-G. u.a. (Hrsg.) (1990ff.): Jahrbuch der Schulentwicklung. Weinheim: Juventa.
Roth, H./Friedrich, D. (Hrsg.) (1975): Bildungsforschung. Probleme – Perspektiven – Prioritäten. 2 Bde. Stuttgart: Klett.
Sander, W. (Hrsg.) (2007): Handbuch politische Bildung. Berlin: Bundeszentrale für Politische Bildung.
Schaack, K./Tippelt, R. (Hrsg.) (1997): Strategien der internationalen Berufsbildung. Ausgewählte Aspekte. Frankfurt a.M.
Schmidt, B./Weishaupt, H. (2008): Forschung und wissenschaftlicher Nachwuchs. In: Tillmann, K.-J., Rauschenbach, T./Weishaupt, H. (Hrsg.): Datenreport Erziehungswissenschaft 2008, Opladen: Barbara Budrich, S. 113–138.
Schulenberg, W. (1978): Soziale Faktoren der Bildungsbereitschaft. Stuttgart: Klett.
Shipman, M. (Hrsg.) (1985): Educational research: principles, policies and practices. London.
Sommer, K.-H. (Hrsg.) (1996): Bildungsforschung, Modellversuche und berufspädagogische Projekte. Esslingen: Deugro.
Strzelewicz, W./Raapke, H.-D./Schulenberg, W. (1966): Bildung und gesellschaftliches Bewußtsein. Eine mehrstufige soziologische Untersuchung in Westdeutschland. Stuttgart: Klett.
Tenorth, H./Tippelt, R. (2007): Lexikon Pädagogik. Weinheim: Beltz.
Tippelt, R. (1990): Bildung und sozialer Wandel. Eine Untersuchung von Modernisierungsprozessen am Beispiel der Bundesrepublik Deutschland seit 1950. Weinheim: Deutscher Studien-Verlag.
Tippelt, R. (1998): Zum Verhältnis von Allgemeiner Pädagogik und empirischer Bildungsforschung. In: Zeitschrift für Erziehungswissenschaft, 1. Jg., H. 2, S. 239–260.
Tippelt, R. (Hrsg.) (19992): Handbuch Erwachsenenbildung/Weiterbildung. Opladen: Leske + Budrich.
Tippelt, R. (Hrsg.) (2004): Zur Tradition der Pädagogik an der LMU München. Aloys Fischer. Allgemeiner Pädagoge und Poinier der Bildungsforschung. (1880-1937). München: Herbert Utz Verlag.
Tippelt, R./Cleve, B. van (1995): Verfehlte Bildung? Bildungsexpansion und Qualifikationsbedarf. Darmstadt: Wissenschaftliche Buchgesellschaft.

Tippelt, R./Schmidt, B. (2006): Zur beruflichen Weiterbildungs- und Erwachsenenbildungsforschung: Forschungsthemen und Trends. In: Merkens, H./Kraul, M./Tippelt, R. (Hrsg.): Datenreport Erziehungswissenschaft 2006. Wiesbaden: VS Verlag für Sozialwissenschaften, S. 81–100.

Tippelt, R./Schmidt, B. (2007): Möglichkeiten und Grenzen empirischer Bildungsforschung. In Grunert, C./Wensierski, H.-J. von (Hrsg.): Jugend und Bildung. Modernisierungsprozesse und Strukturwandel von Erziehung von Bildung im 21. Jahrhundert. Opladen: Barbara Budrich, S. 35–54.

UNESCO (Hrsg.) (2000): World education report 2000. The right to education: towards education for all throughout life. Paris: UNESCO.

Walford, G. (Hrsg.) (1991): Doing educational research. London: Routledge.

Weishaupt, H. (2001): Modernisierung der Erziehungswissenschaft – Überlegungen zu Veränderungen der Struktur des erziehungswissenschaftlichen Forschungsfelds. In: Kuthe, M./Uhl, S. (Hrsg.): Theorie und Empirie. Beiträge aus dem Institut für Allgemeine Erziehungswissenschaft und Empirische Bildungsforschung. (Erfurter Studien zur Entwicklung des Bildungswesens, Bd. 15). Erfurt: Universität.

Weishaupt, H./Steinert, B./Baumert, J. (1991): Bildungsforschung in der Bundesrepublik Deutschland. Situationsanalyse und Dokumentation. (Schriftenreihe Studien zu Bildung und Wissenschaft, Band 98). Bonn: Bock.

Theorie und Bezugsdisziplinen

Peter Zedler | Hans Döbert

Erziehungswissenschaftliche Bildungsforschung

In den vergangenen 10 Jahren haben sich Corpus und Stellenwert erziehungswissenschaftlicher Bildungsforschung deutlich geändert. Stark gestiegen ist die Anzahl der für sie einschlägigen Forschungsarbeiten, ebenso ihr Gewicht, sowohl innerhalb der erziehungswissenschaftlichen Theorieproduktion als auch innerhalb der Bildungsforschung insgesamt. Im Zuge der im gleichen Zeitraum vorhandenen Bestrebungen zu einer Verbesserung der Leistungsfähigkeit des Bildungssystems, hat sie sich als ein zentrales Instrument der Diagnose und Kontrolle von Reformaufgaben ebenso wie der Entwicklung und Evaluation von Problemlösungen etabliert, mit Rückwirkungen auf den Umfang und die Stabilität einzelner Schwerpunkte und Forschungsfelder erziehungswissenschaftlicher Bildungsforschung.

Der Beitrag richtet den Blick vor allem auf die Entwicklung erziehungswissenschaftlicher Bildungsforschung seit dem Jahr 2000, unter Berücksichtigung der im internationalen Bereich vorhandenen Anschlüsse und Tendenzen. Er ergänzt und erweitert die im gleichnamigen Beitrag der ersten Auflage des Handbuchs (vgl. Zedler 2002) vorgenommenen Analysen zu einzelnen Bereichen, Schwerpunkten und Profilen, ohne diese direkt fortzuschreiben.[1] Grund hierfür sind insbesondere eine Reihe von Änderungen in den verfügbaren Daten: Seit Anfang 2007 wurde die Datenbank sozialwissenschaftlicher Forschungsprojekte „FORIS" unter gleichzeitiger Änderung des vormals vorhandenen Datenerfassungssystems in das Datenbanksystem „SOFIS" überführt; ab 2006 wurden dabei auch die Internetangebote der deutschen sozialwissenschaftlichen Forschungseinrichtungen berücksichtigt und die Anzahl der gemeldeten Projekte entsprechend ergänzt. Die mit SOFIS vorhandenen Kategorien der Erfassung aller erziehungswissenschaftlicher Forschungsvorhaben werden für die Analysen der Entwicklung seit 2000 übernommen.

Um Gemeinsamkeiten und Unterschiede zwischen der neueren Entwicklung und der zurückliegenden, im früheren Beitrag berücksichtigten Entwicklung erkennbar zu machen, werden in einem einleitenden Abschnitt zunächst leitende Überlegungen im Verständnis des Begriffs „Erziehungswissenschaftliche Bildungsforschung" erläutert und anschließend einige zentrale Tendenzen in der Entwicklung bis Ende der 1990er Jahre dargestellt. Ein dritter Abschnitt geht, auf der Grundlage aktueller Daten (Stand 2007), der Entwicklung einzelner Schwerpunkte der Forschung im Zeitraum 2000 - 2006 anhand ihres Anteils am Gesamt des erfassten Projektaufkommens nach und skizziert die für einzelne Segmente feststellbaren Entwicklungstendenzen. Ein vierter Abschnitt beleuchtet ausgewählte Folgeprobleme der veränderten Rolle der Bil-

---

1 Der Beitrag in der ersten Auflage richtete den Blick vor allem auf die historische Entwicklung erziehungswissenschaftlicher Bildungsforschung und in diesem Zusammenhang auf die Anteile, die einzelne Bereiche am Gesamt des Projektaufkommens zu verschiedenen Zeitpunkten hatten, sowie auf die thematischen Konjunkturen und den Beitrag einzelner erziehungswissenschaftlicher Subdisziplinen am Gesamt erziehungswissenschaftlicher Bildungsforschung. Hierfür erforderlich war ein zusätzlicher Filter gegenüber den Daten, der Projektgesamtkorpus, der nach Themen, Forschungsmethodologie, Autoren und erziehungswissenschaftlicher Herkunft unterschied und eine Zuordnung nach wissenschaftsgeschichtlich relevanten Kategorien erziehungswissenschaftlicher Bildungsforschung erlaubte.

dungsforschung in der Steuerung des Bildungswesens. Ein fünfter und letzter Abschnitt versucht erneut einige Optionen für die weitere Entwicklung zu formulieren.

1 Zum Verständnis von erziehungswissenschaftlicher Bildungsforschung im Kontext aktueller Entwicklungen

Was unter „Erziehungswissenschaftlicher Bildungsforschung" zu verstehen ist, welche Problemstellungen und Forschungsfelder sie umfasst, ist nicht eindeutig. Abhängig davon, was jeweils unter „Bildungsforschung" und „Erziehungswissenschaft" verstanden wird, lässt sich ein engeres und ein weiter gestecktes Verständnis unterscheiden. In der mehr als 30-jährigen Geschichte erziehungswissenschaftlicher Bildungsforschung sind beide Lesarten regelmäßig zum Bezugspunkt von Abgrenzungsbemühungen und Positionierungen geworden, ohne dass sich eine der beiden Lesarten abschließend durchsetzen konnte. Einem engeren Verständnis folgend ist unter „erziehungswissenschaftlicher Bildungsforschung" der Anteil am Gesamt der Forschungsarbeiten der Bildungsforschung zu verstehen, der den erziehungswissenschaftlichen Subdisziplinen und dem ihr zugehörigen Personalkorpus entstammt; wobei unter „Bildungsforschung" vornehmlich empirische Bildungsforschung verstanden wird, die ihr Zentrum in der „methodischen Analyse der faktischen Verhältnisse im Bildungswesen" (Fend 1990, S. 693) hat und der „Systematisierung und Methodisierung der Beobachtung von faktischen Entwicklungen im Bildungswesen und von Verfahren der gezielten Überprüfung von Vermutungen" (vgl. ebenda) dient. Einem weiten Verständnis folgend ist weder Bildungsforschung noch Erziehungswissenschaft in einem empirischen Sinne zureichend bestimmt. Da auch andere, nicht der Erziehungswissenschaft zugehörende wissenschaftliche Disziplinen wie z.B. Sozialpsychologie, Entwicklungspsychologie oder auch Rechtswissenschaft sich mit erziehungswissenschaftlichen Fragestellungen befassen, ist „Erziehungswissenschaft" nicht zureichend über ihre institutionalisierten Subdisziplinen und den in ihr tätigen Personalkorpus zu definieren, sondern nur über grundlegende, für Erziehungswissenschaft leitende und sie typisierende Problemstellungen und erkenntnisleitende Interessen. Parallel hierzu sind auch der „Bildungsforschung" nicht nur Arbeiten zuzuordnen, die in einem empirischen Sinne untersuchen, was der Fall ist und warum etwas der Fall ist, sondern darüber hinaus alle Arbeiten, die sich mit der Gestaltung von Bildungsprozessen befassen, sei es aus philosophischer, rechtlicher, psychologischer, historischer oder einer anderen Perspektive. In diesem weiten Verständnis sind unter erziehungswissenschaftlicher Bildungsforschung alle Arbeiten und Forschungsvorhaben zu verstehen, die sich mit „Bildungsprozessen" und den Problemen und Fragestellungen ihrer Gestaltung befassen.

In der Verwendung des Begriffs „erziehungswissenschaftliche Bildungsforschung" finden sich nicht selten auch Kombinationen zwischen einem engeren, empirisch ausgerichteten Verständnis von Erziehungswissenschaft und einem weiten Verständnis von Bildungsforschung sowie umgekehrt zwischen einem engeren, empirisch ausgerichteten Verständnis von Bildungsforschung und einem weiten Verständnis von Erziehungswissenschaft. Während in den 70er und frühen 1980er Jahren – und bei den Gründungsvätern der deutschen Bildungsforschung – ein im oben genannten Sinne weites Verständnis von Erziehungswissenschaft in Verbindung mit einem Verständnis von Bildungsforschung als empirischer Bildungsforschung leitend war, folgt das Verständnis von erziehungswissenschaftlicher Bildungsforschung in den späten 1980er und den 1990er Jahren stärker einem empirisch gefassten bzw. sich am Personalcorpus orientierenden Begriff von Erziehungswissenschaft und einem erweiterten Verständnis von Bildungsforschung (vgl. Zedler 2002). In den meisten empirischen Untersuchungen zu Stand und Entwicklung der Bildungsforschung findet sich ein Verständnis von Bildungsforschung, das Arbeiten anderer wissenschaftlicher Disziplinen – insbesondere aus den Bereichen Psychologie und Soziologie – dann der Bildungsforschung zurechnet, wenn sie sich in einem empirischen Sinne mit Bildungsprozessen und deren Einflussfaktoren befassen oder auf Entwicklungen von Bildungsinstitutionen gerichtet sind.

Die Vor- und Nachteile jeweiliger Verwendungsweisen leitender Begriffe und praktizierter Begriffsstrategien sind ebenso nahe liegend wie augenfällig. Wird der Begriff Bildungsforschung in einem weiten Sinne gebraucht, der ihr auch alle nicht-empirischen Arbeiten zuordnet, entfällt die ursprünglich leitende Abgrenzung zu Formen geisteswissenschaftlicher Theoriebildung, u.a. mit der Folge, dass die Begriffe „Bildungsforschung" und „erziehungswissenschaftliche Forschung" konvergieren und eine deutliche Unterscheidung von „erziehungswissenschaftlicher Bildungsforschung" und Erziehungswissenschaft sowie von Erziehungswissenschaft und Bildungsforschung schwindet. Wird demgegenüber Bildungsforschung ausschließlich im Sinne empirischer Untersuchungen der faktischen Verhältnisse im Bildungswesen verstanden und unter „Erziehungswissenschaft" ausschließlich ihr Personalcorpus, dann minimiert sich Spektrum und Umfang der „erziehungswissenschaftlichen Bildungsforschung" deutlich. Zumal für die 1970er und 1980er Jahre dann zu konstatieren wäre, dass die Erziehungswissenschaft nicht als disziplinärer Kern der Bildungsforschung fungierte, ihr Anteil daran selbst noch in den 90er Jahren bescheidener als ihr Anspruch daran war. Ein weit größerer Anteil der Erziehungswissenschaft und der erziehungswissenschaftlichen Bildungsforschung am Gesamt der Bildungsforschung ergibt sich, wenn für die Erfassung der relevanten Forschungsprojekte Erziehungswissenschaft in einem weiten Sinne verstanden wird und „erziehungswissenschaftliche Bildungsforschung" nicht auf diejenigen Forschungsfelder begrenzt wird, die sich auf der Grundlage empirischer Forschungsmethodik mit den faktischen Verhältnissen im Bildungswesen sowie deren Entwicklung und Gestaltung befassen.

2 Schwerpunkte und Tendenzen in der erziehungswissenschaftlichen Bildungsforschung in den 1990er Jahren[2]

Wird Bildungsforschung als empirische Bildungsforschung verstanden und „Erziehungswissenschaft" auf ihre seit den 1960er Jahren etablierten Subdisziplinen unter Einschluss von Lehr-Lernforschung und Pädagogischer Diagnostik (Pädagogischer Psychologie), Bildungs- und Erziehungssoziologie sowie Bildungsökonomie begrenzt – also erziehungswissenschaftliche Bildungsforschung mithin in einem engeren Sinne verstanden –, dann lassen sich für die Entwicklung in den 1990er Jahren einige Schwerpunkte und Tendenzen entlang der quantita-

---

2 Die folgenden Aussagen stützen sich weitgehend auf die Analyse von Achtenhagen 1991, Baumert/Roeder 1990 und 1994, Beck/Kell 1991, Beck 2000, Becker 1979, Edding/Hüfner 1975, Geulen 1983, Herrmann 1991, Krüger/Marotzki 1999, Lemberg 1963, Leutner 2000, Rolff 1995, Roth/Friedrich 1975, Teichler 1983, Thomas/Kaiser/Manning 1995, Weishaupt/Steinert/Baumert 1991.

tiven Verteilung der einschlägigen Forschungsarbeiten feststellen. Ohne die zahlenmäßig ausgewiesenen Ergebnisse im Einzelnen erneut darzustellen, zeigten sich für die 90er Jahre auf der Grundlage der bei FORIS gemeldeten Projekte folgende Schwerpunkte und Entwicklungen:

- Der Anteil universitärer Erziehungswissenschaft im Vergleich zum außeruniversitären Anteil der Bildungsforschung nahm wie schon in den 80er Jahren weiter zu; insgesamt stieg die Anzahl der Projekte, die der erziehungswissenschaftlichen Bildungsforschung zurechenbar waren, von 483 in 1990 auf 776 in 1998.
- Den quantitativ stärksten Anteil an den empirisch ausgerichteten Forschungsfeldern erziehungswissenschaftlicher Bildungsforschung hatte in den 1990er Jahren – wie schon in den 1980er Jahren – die Schulforschung inne, auf die insgesamt rund ein Drittel aller Forschungsprojekte entfiel und deren Anteil besonders in der zweiten Hälfte der 1990er Jahre deutlich zunahm.
- Ebenfalls starke und zugleich kontinuierliche Zuwächse verzeichneten im Verlauf der 1990er Jahre die Lehr- und Lernforschung bzw. der Bereich der empirischen Unterrichtsforschung.
- Im Vergleich zur Schul- und Unterrichtsforschung sank demgegenüber der relative Anteil der Projekte im Bereich der Sozialisationsforschung sowie im Bereich der Jugendhilfe deutlich; ebenso der relative Anteil der Projekte der Berufs- und Qualifikationsforschung am gesamten Projektaufkommen.
- Kontinuierliche Zuwächse in der Anzahl der Projekte verzeichnete in den 1990er Jahren der Bereich der „Bildungsorganisation/Bildungsplanung", dem alle Projekte zugeordnet wurden, die sich mit gesellschaftlichen Einflussfaktoren auf Nachfrage und Angebot von Bildungseinrichtungen befassten.

Wie in allen Forschungsfeldern zu beobachten, weist auch die Theoriebildung in einzelnen Segmenten der Bildungsforschung thematische Konjunkturen auf, d.h. Zeiträume, in denen bestimmte Fragestellungen und Themen überproportional häufig verfolgt werden und für einen größeren Teil der Untersuchungen leitend sind. Solche, in einem bestimmten Zeitraum dominanten Fragestellungen und Themen, finden sich sowohl für die 1960er und frühen 1970er Jahre, die späten 1970er und 1980er Jahre, ebenso wie für die 1990er Jahre und den Zeitraum nach 2000. Waren in den 1960er und frühen 1970er Jahren vor allem Fragen der sozialen Selektivität des Bildungssystems und der Möglichkeiten zu einer chancengerechteren Gestaltung der Schulsysteme leitend, dominierten in den späten 1970er und frühen 1980er Jahren vor allem Untersuchungen zu den Disparitäten des Schulangebots, der Bildungsbeteiligung sowie den Schulerfolgs- bzw. Schulabschlussquoten und deren Einflussfaktoren. Nachdem Anfang der 1980er Jahre endgültig erkennbar ist, dass sich die strukturellen Reformen der frühen 1970er Jahre nicht revitalisieren lassen, richtet sich – gestützt durch Untersuchungen zu den einzelschulischen Faktoren von Schul- und Bildungserfolg – der Blick in der zweiten Hälfte der 1980er Jahre verstärkt auf die sogenannten weichen Faktoren des Schul- und Bildungserfolgs, wie z.B. den pädagogischen Konsens von Lehrern, die kontrollierte Beobachtung und Begleitung von Lernfortschritten der Schüler etc.. Bereits Ende der 1980er Jahre wurden damit Themen der inneren Schulentwicklung leitend, wird die Qualität von Schule zu einem thematischen Focus, begleitet von Überlegungen zu einer Umstellung der Formen staatlicher Steuerung in Richtung einer Erweiterung der Entscheidungsspielräume der Einzelschule bei gleichzeitiger Effektivierung des Ressourceneinsatzes.

Nach der Vereinigung der beiden deutschen Staaten richtete sich in den meisten Feldern der Bildungsforschung das Interesse zu Beginn der 1990er Jahre zusätzlich auf die Wege und Auswirkungen der Neugestaltung der Bildungssysteme in den neuen Bundesländern. War der Transformationsprozess und seine Gestaltung sowie seine Folgen für Einstellungen und Verhaltensweisen von Lehrern, Eltern und Schülern, insbesondere in den neuen Bundsländern, ein zentrales und dominantes Thema, so schwächte sich dieser thematische Focus Mitte der 1990er Jahre deutlich ab. In den Vordergrund rücken auch in den neuen Ländern die Themen „Qualität" und „Qualitätsentwicklung", erweiterte Selbstständigkeit bzw. erweiterte Selbstverantwortung und „Autonomie" sowie „Effizienz" und „Neue Steuerung". Verstärkt durch das Interesse, das diese Themen im bildungspolitischen Feld fnden, avancieren diese Themen ab Mitte der 1990er Jahre zu gesamtdeutschen Themen. Zwar sind die bildungspolitischen Bestrebungen in den neuen Bundesländern in dieser Phase vor allem darauf ausgerichtet, die gerade erst verabschiedeten Reformstrukturen zu stabilisieren und auszugestalten; gleichwohl beginnt sich entlang der o.g. Themen eine länderübergreifende Reformwelle aufzubauen. Befasste sich die Schulforschung in den neuen Bundesländern zunächst noch insbesondere mit den Auswirkungen der neuen Schulgesetze auf Angebotsdisparitäten, Bildungsaspiration, Bildungsbeteiligung, Lehrerschaft etc. sowie mit den mittel- und längerfristigen Folgen der demografischen Kontraktion, so widmete sie sich in der zweiten Hälfte der 1990er Jahre den nunmehr auch in der Schulpolitik der neuen Länder adaptierten Themen „Qualität", „erweiterte Selbstständigkeit", „Effektivität und Effizienz" sowie „Neue Steuerung" (vgl. Rürup 2007).

Eine vergleichbare Entwicklung lässt sich bei den Themenprofilen der Berufsbildungsforschung in den 1990er Jahren ausmachen. Ebenfalls bereits Ende der 1980er Jahre weisen Studien zur Entwicklung der Qualifikationsstrukturen im Beschäftigungssystem, zu den Veränderungen in den Arbeitsorganisationsstrukturen einschließlich den sich hierfür durchsetzenden Managementaufgaben auf einen vielschichtigen Modernisierungsbedarf in der Berufsausbildung hin. Stichworte für diesen Modernisierungsbedarf bilden der Erwerb von Schlüsselqualifikationen einschließlich des Erwerbs von Teamfähigkeit, die Neuordnung der Berufe einschließlich der Straffung der Ausbildung entlang berufsfeldorientierter Curricula sowie schließlich die Angleichung der Abschlüsse und Anforderungen innerhalb der Europäischen Union. Während in den neuen Bundesländern Anfang der 90er Jahre zunächst ebenfalls die Probleme der Re- und Neuorganisation der Berufsausbildung im Vordergrund stehen, kommen die mit dem konstatierten Modernisierungsbedarf verknüpften Themen erst in der zweiten Hälfte der 1990er Jahre zum Zuge.

Im Kontext der bildungspolitischen Bestrebungen, sich bei der Weiterentwicklung des Schulwesens nicht mehr an sogenannten Inputfaktoren wie Lehrplänen, Klassengrößen etc., sondern am Output von Bildungsgängen bzw. den Schülerleistungen zu orientieren, erhält eine 1997 publizierte Studie nachhaltige Bedeutung für die weitere Entwicklung der Bildungsforschung: die sogenannte TIMSS-Studie. Als international vergleichende Studie zu den mathematisch-naturwissenschaftlichen Leistungen der Schüler im Sekundarbereich angelegt, misst und vergleicht sie die in den dafür einschlägigen Unterrichtsfächern erworbenen Kompetenzen der Schüler und liefert damit einen Maßstab für den zu messenden Output von Bildungsgängen. Ein Ergebnis der Studie war, dass die Leistungen der deutschen Schüler lediglich am unteren Rand eines Mittelfeldes der in die Untersuchung einbezogenen Staaten angesiedelt sind. Mit diesem Ergebnis sieht sich die Bildungspolitik genötigt, Anstrengungen zu unternehmen, die die Leistungsbilanz zu verbessern versprechen, mögliche Verbesserungen gleichzeitig festzustellen erlauben und d.h. zugleich, den Maßstab der Messung auf Dauer zu stellen. Während noch im gleichen Jahr die sogenannte PISA-Studie (Programme for International Student Assessment) in Auftrag gegeben wird, erhalten mit dieser bildungspolitischen Ausrichtung jene Teile der Bildungsforschung wie die Leistungsdiagnostik, die Evaluationsforschung ebenso wie die Lehr- und Lernforschung, die Unterrichtsforschung sowie darüber hinaus alle Felder, die direkt oder indirekt dazu beitragen können, Hinweise auf eine Verbesserung der zur Messung ausgewählten (Schüler-)Leistungen zu geben, praktisch-politische Relevanz; gefolgt von Förderprogrammen für entsprechende Studien und neuen Forschungs- und Entwicklungseinrichtungen auf Bundes- und Länderebene.

3 Entwicklungslinien erziehungswissenschaftlicher Bildungsforschung seit 2000

Wie erwähnt, stehen für eine Analyse der neueren Entwicklung der Bildungsforschung die Datenbank SOFIS (Sozialwissenschaftliches Forschungsinformationssystems) der Gesellschaft Sozialwissenschaftlicher Infrastruktureinrichtungen e.V. (GESIS-IZ) zur Verfügung. Für die Analyse berücksichtig wurden die Daten ab 2000 und zwar für die Erziehungswissenschaft und die für Bildungsforschung relevanten Teilgebiete der Soziologie und der Psychologie[3]; ab dem Erhebungsjahr (2006) sind neben den gemeldeten Projekten zusätzlich die Internetangebote der deutschen erziehungswissenschaftlichen Forschungseinrichtungen mit erfasst, die rund ein Viertel der insgesamt erfassten Arbeiten ausmachen.

Die Verteilung der Projekte auf die bei SOFIS unterschiedenen Teilgebiete der Erziehungswissenschaft und ergänzend berücksichtigten Teilgebiete der Soziologie und Psychologie zeigt für die Jahre 2000 bis 2006 die nachstehende Tabelle:

---

3 Die Erziehungswissenschaft ist hierbei wie folgt untergliedert in: 1. Allgemeines, spezielle Theorien und „Schulen", Methoden, Entwicklung und Geschichte der Erziehungswissenschaft; 2. Lehre und Studium, Professionalisierung und Ethik, Organisationen und Verbände der Erziehungswissenschaft sowie Forschung (hierzu gehören z.B. Forschungsorganisation, Forschungsplanung, Forschungsökonomie). Zum Gliederungspunkt 3. Bildungswesen gehören: 3.1. Makroebene des Bildungswesens (umfasst z.B. Bildungsplanung, Bildungspolitik, Bildungsreform, Bildungsverwaltung); 3.2. Bildungswesen Elementarbereich 3.3. Bildungswesen Primarbereich; 3.4. Bildungswesen Sekundarstufe I; 3.5. Bildungswesen Sekundarstufe II; 3.6. Bildungswesen besonderer Schulformen (z.B. Gesamt-, Ganztagsschule, Internat, Montessori-, Waldorf- und Sonderschule) 3.7. Bildungswesen tertiärer Bereich (Fachhochschule, Hochschule); 3.8. Bildungswesen quartärer Bereich, Berufsbildung (z.B. Zweiter Bildungsweg, betriebliche oder überbetriebliche Ausbildung, berufliche Weiterbildung, Erwachsenenbildung); 3.9. Berechtigungswesen (hierzu gehört z.B. Numerus Clausus, Prüfungen, Zensuren) und Beratungswesen (z.B. Bildungsberatung, Studienberatung). Das Feld 4. Unterricht, Lehrende, Sonderpädagogik wird unterteilt in: 4.1. Unterricht, Didaktik (z.B. Lehrplan, Curriculum, Fachdidaktik, Unterrichtsorganisation, -methodik, -technologie, -formen, -stil, Lehr- und Lernmittel; 4.2. Lehrende, Erziehende, Lernende (nur, sofern nicht anderen Klassen zugeordnet); 4.3. Sonderbereiche der Pädagogik (bspw.: außerschulische Bildung, ästhetische/religiös /sittlich-moralische Erziehung, Sexual-, Friedens- und Verkehrserziehung); 4.4. Sonderpädagogik (z.B. Heilpädagogik, Erziehung bei Körperbehinderung, Mehrfachbehinderung, Einrichtungen der Sonderpädagogik); sowie 4.5. Sonstiges zur Erziehungswissenschaft (z.B. Krankenpädagogik). Der Bereich 5. Soziologie beinhaltet: 5.1. Bildungs- und Erziehungssoziologie (einschließlich pädagogische Soziologie; betrachtet werden Bildung und Erziehung als gesellschaftliche Vorgänge und deren Auswirkungen auf andere soziale Bereiche); 5.2. Familiensoziologie (einschließlich Sexualsoziologie) und 5.3. Jugendsoziologie (einschließlich Jugendkultur, Kindheit). Zu 6. Psychologie zählen hier: 6.1. Persönlichkeitspsychologie; 6.2. Entwicklungspsychologie; 6.3. Sozialpsychologie (einschließlich Psychologie der Gesellschaft, Mikrosoziologie) sowie 6.4. psychologische Diagnostik und Beratung.

Tabelle 1: Projekte in den Erziehungswissenschaften sowie in ausgewählten Teilgebieten der Soziologie und Psychologie ab der Forschungserhebung 2000 (jeweils ab Oktober)

Forschungsbereich	Erhebungsjahr							Gesamt
	2000	2001	2002	2003	2004	2005	2006[1]	
1. allg. Theorien, Methoden etc. d. Erz.wiss.	16	11	15	18	21	34	61	176
% pro Bereich	9,1	6,3	8,5	10,2	11,9	19,3	34,7	100,0
% pro Jahr	2,5	2,2	1,6	3,3	2,2	2,9	3,0	2,5
2. Lehre, Studium, Forschung in Erz.wiss.	7	1	5	1	12	13	35	74
% pro Bereich	9,5	1,4	6,8	1,4	16,2	17,6	47,3	100,0
% pro Jahr	1,1	0,2	0,5	0,2	1,2	1,1	1,7	0,9
3. Bildungswesen (BW)								
3.1 Makroebene des BW	46	39	83	38	63	73	115	457
% pro Bereich	10,1	8,5	18,2	8,3	13,8	16,0	25,2	100,0
% pro Jahr	7,0	7,8	8,6	7,1	6,5	6,3	5,7	7,0
3.2 BW Elementarbereich	4	5	25	10	27	37	52	160
% pro Bereich	2,5	3,1	15,6	6,3	16,9	23,1	32,5	100,0
% pro Jahr	0,6	1,0	2,6	1,9	2,8	3,2	2,6	2,1
3.3 BW Primarbereich	20	7	47	17	31	43	75	240
% pro Bereich	8,3	2,9	19,6	7,1	12,9	17,9	31,3	100,0
% pro Jahr	3,1	1,4	4,9	3,2	3,2	3,7	3,7	3,3
3.4 BW Sekundarstufe I	5	10	16	3	24	25	40	123
% pro Bereich	4,1	8,1	13,0	2,4	19,5	20,3	32,5	100,0
% pro Jahr	0,8	2,0	1,7	0,6	2,5	2,2	2,0	1,7
3.5 BW Sekundarstufe II	13	8	12	7	10	7	25	82
% pro Bereich	15,9	9,8	14,6	8,5	12,2	8,5	30,5	100,0
% pro Jahr	2,0	1,6	1,2	1,3	1,0	0,6	1,2	1,3
3.6 BW besonderer Schulformen	1	9	7	3	5	22	21	68
% pro Bereich	1,5	13,2	10,3	4,4	7,4	32,4	30,9	100,0
% pro Jahr	0,2	1,8	0,7	0,6	0,5	1,9	1,0	1,0
3.7 BW tertiärer Bereich	51	39	80	48	125	120	229	692
% pro Bereich	7,4	5,6	11,6	6,9	18,1	17,3	33,1	100,0
% pro Jahr	7,8	7,8	8,3	8,9	12,9	10,4	11,3	9,6
3.8 BW quartärer Bereich, Berufsbild	112	93	158	113	186	142	294	1098
% pro Bereich	10,2	8,5	14,4	10,3	16,9	12,9	26,8	100,0
% pro Jahr	17,2	18,6	16,4	21,0	19,2	12,3	14,6	17,0
3.9 Berechtigungs- & Beratungswesen	4	3	3	5	10	13	15	53
% pro Bereich	7,5	5,7	5,7	9,4	18,9	24,5	28,3	100,0
% pro Jahr	0,6	0,6	0,3	0,9	1,0	1,1	0,7	0,8

Forschungsbereich	Erhebungsjahr							Gesamt
	2000	2001	2002	2003	2004	2005	2006[1]	
4. Unterricht, Lehrende, Sonderpädagogik								
4.1 Unterricht, Didaktik	105	79	148	76	124	232	388	1152
% pro Bereich	9,1	6,9	12,8	6,6	10,8	20,1	33,7	100,0
% pro Jahr	16,1	15,8	15,4	14,1	12,8	20,1	19,2	16,2
4.2 Lehrende, Erziehende, Lernende	27	19	48	28	47	66	74	309
% pro Bereich	8,7	6,1	15,5	9,1	15,2	21,4	23,9	100,0
% pro Jahr	4,1	3,8	5,0	5,2	4,8	5,7	3,7	4,6
4.3 Sonderbereich der Pädagogik	24	14	26	9	47	58	75	253
% pro Bereich	9,5	5,5	10,3	3,6	18,6	22,9	29,6	100,0
% pro Jahr	3,7	2,8	2,7	1,7	4,8	5,0	3,7	3,5
4.4 Sonderpädagogik	26	16	42	22	38	43	96	283
% pro Bereich	9,2	5,7	14,8	7,8	13,4	15,2	33,9	100,0
% pro Jahr	4,0	3,2	4,4	4,1	3,9	3,7	4,8	4,0
4.5 Sonstiges zur Erz.wiss.	12	8	15	7	35	13	9	99
% pro Bereich	12,1	8,1	15,2	7,1	35,4	13,1	9,1	100,0
% pro Jahr	1,8	1,6	1,6	1,3	3,6	1,1	0,4	1,6
5 Soziologie								
5.1 Bildungs- u. Erziehungssoziologie	10	10	11	13	29	31	85	189
% pro Bereich	5,3	5,3	5,8	6,9	15,3	16,4	45,0	100,0
% pro Jahr	1,5	2,0	1,1	2,4	3,0	2,7	4,2	2,4
5.2 Familiensoziologie	26	17	41	23	16	32	73	228
% pro Bereich	11,4	7,5	18,0	10,1	7,0	14,0	32,0	100,0
% pro Jahr	4,0	3,4	4,3	4,3	1,6	2,8	3,6	3,4
5.3 Jugendsoziologie	29	33	27	18	14	39	50	210
% pro Bereich	13,8	15,7	12,9	8,6	6,7	18,6	23,8	100,0
% pro Jahr	4,4	6,6	2,8	3,3	1,4	3,4	2,5	3,5
6. Psychologie								
6.1 Persönlichkeitspsychologie	10	16	17	4	9	13	8	77
% pro Bereich	13,0	20,8	22,1	5,2	11,7	16,9	10,4	100,0
% pro Jahr	1,5	3,2	1,8	0,7	0,9	1,1	0,4	1,4
6.2 Entwicklungspsychologie	26	14	32	29	31	21	50	203
% pro Bereich	12,8	6,9	15,8	14,3	15,3	10,3	24,6	100,0
% pro Jahr	4,0	2,8	3,3	5,4	3,2	1,8	2,5	3,3
6.3 Sozialpsychologie	65	44	95	37	60	62	125	488
% pro Bereich	13,3	9,0	19,5	7,6	12,3	12,7	25,6	100,0
% pro Jahr	10,0	8,8	9,9	6,9	6,2	5,4	6,2	7,6

Forschungsbereich	Erhebungsjahr							Gesamt
	2000	2001	2002	2003	2004	2005	2006[1)]	
6.4 psych. Diagnostik, Beratung	14	5	11	9	6	15	25	85
% pro Bereich	16,5	5,9	12,9	10,6	7,1	17,6	29,4	100,0
% pro Jahr	2,1	1,0	1,1	1,7	0,6	1,3	1,2	1,3
Gesamtsumme	653	500	964	538	970	1154	2020	6799
% pro Bereich	9,6	7,4	14,2	7,9	14,3	17,0	29,7	100,0
% pro Jahr	100,0	100,0	100,0	100,0	100,0	100,0	100,0	100,0

Quelle: GESIS-IZ Sozialwissenschaften, Bonn – Datenbank SOFIS* (Sozialwissenschaftliches Forschungsinformationssystem)

Im Folgenden werden zunächst auffällige quantitative Veränderungen in den einzelnen Teilbereichen zwischen 2000 und 2005[4] betrachtet. Zusammenfassend kann voran gestellt werden, dass bis 2005 in fast allen aufgeführten Teilbereichen die Anzahl der in der SOFIS-Datenbank erfassten Forschungsarbeiten gestiegen ist, nachdem sie in den Jahren 2001 und 2003 kurzfristig gesunken war. Insbesondere für den Teilbereich 1 der Erziehungswissenschaft (allgemeine Theorien, Methoden etc.) ist festzustellen, dass sich die Anzahl der Projekte in den fünf Jahren mehr als verdoppelt hat (2000: N=16, 2005: N=34), nachdem sie im Jahr 2001 (N=11) leicht zurückging.

Im Teilbereich 3 *Bildungswesen* ist bezüglich der Makroebene des Bildungswesens zu konstatieren, dass es keine kontinuierliche Entwicklung gibt. Zwar steigt die Zahl der Projekte insgesamt von 46 im Jahr 2000 auf 73 Arbeiten im Jahr 2005; jedoch ist die höchste Zahl der Arbeiten im Jahr 2002 (N=83) zu finden, wobei ein Jahr davor und ein Jahr danach nicht einmal 40 Projekte angegeben wurden. Ab 2003 vergrößert sich die Zahl der Arbeiten wieder. Das Verhältnis zwischen empirisch qualitativen und empirisch quantitativen Projekten ist ausgeglichen (vgl. Tabelle im Anhang). Im Punkt 3.2. *Bildungswesen Elementarbereich* steigt die Zahl der Forschungsarbeiten fast auf das Zehnfache (2000: N=4, 2005: N=37), nachdem sie im Jahr 2003 (N=10) kurz gesunken war. Empirisch qualitative Arbeiten überwiegen deutlich gegenüber den empirisch quantitativen. Im *Bildungswesen des Primarbereichs* (3.3.) hat sich die Anzahl der Arbeiten von 2000 (N=20) bis zum Jahr 2005 (N=43) etwas mehr als verdoppelt. Der Höhepunkt lag im Jahr 2002 mit 47 angegebenen Forschungsprojekten. Auch hier ist das Verhältnis zwischen empirisch qualitativer und quantitativer Forschung ausgeglichen. Im Teilbereich *Bildungswesen Sekundarstufe I* (3.4.) haben sich die Projekte verfünffacht (2000: N=5, 2005: N=25). In diesem Bereich sind insgesamt empirisch quantitative Projekte (N=16) doppelt so oft anzutreffen wie qualitative Projekte (N=8). Der Bereich *Bildungswesen Sekundarstufe II* (3.5.) steht hierzu mit seinem unstetigen Verlauf im Kontrast. Im Zeitverlauf betrachtet hat sich die Anzahl der Forschungsprojekte von 2000 (N=13) bis zu 2005 (N=7) fast halbiert. Zwischen den einzelnen Jahren folgt auf einem Anstieg immer ein Abstieg im Vergleich zum nächsten Jahr. Diesem unstetigen Verlauf steht ein beständiger Anteil empirisch quantitativer Arbeiten entgegen, der mit N=9 dreimal so hoch ist wie der Anteil empirisch qualitativer Projekte. Die Anzahl der Forschungsprojekte zu 3.7. *Bildungswesen tertiärer Bereich* ist schon im Jahr 2000

---

4 Das Jahr 2006 weicht durch die neu einbezogenen Internetangebote deutlich von den Angaben in den anderen Jahren ab. Bedingt durch die unterschiedliche Datenbasis ergeben sich Abweichungen zu Befunden in Kraul et al. 2006.

recht hoch gewesen (N=51); gleichwohl ist die Anzahl bis zum Jahr 2004 auf das Zweieinhalbfache gestiegen (N=125). 2005 sank die Zahl nur leicht auf 120 Arbeiten. Die empirisch quantitativen Arbeiten werden allerdings gleichmäßig über die Jahre favorisiert, so dass insgesamt mehr quantitativ (N=65) als qualitativ (N=40) gearbeitet wird. Bezüglich des Teilbereichs 3.8. *Bildungswesen quartärer Bereich/Berufsbildung* sind ebenfalls Schwankungen zu beobachten. Im Jahr 2000 gibt es schon 112 Forschungsprojekte zu diesem Thema, die im Jahr 2004 auf 186 Projekte gestiegen sind, um anschließend 2005 auf 142 Arbeiten zu sinken. Bis auf das Jahr 2001 wird immer eine empirisch qualitative Vorgehensweise bevorzugt, so dass insgesamt 124 Arbeiten dazu erfasst wurden. Für den Teilbereich 4.1. *Unterricht und Didaktik* ist festzuhalten, dass sich die Anzahl der Forschungsarbeiten von 2000 (N=105) bis zum Jahr 2005 (N=232) mehr als verdoppelt hat. Ansonsten ist auch dieser Zuwachs nicht konstant, da 2001 und 2003 die Anzahl der Projekte gesunken ist. Insgesamt werden empirisch qualitative Methoden (N=81) mehr angewendet als empirisch quantitative (N=66), obwohl in den Jahren 2002 und 2003 die quantitative Vorgehensweise überwogen hatte. Auch bezüglich der Thematik *Lehrende, Erziehende, Lernende* (4.2.) schwanken die Projektanzahlen: Von 2000 (N=27) bis zum Jahr 2005 (N=66) ist die Anzahl der Projekte jedoch auf das Zweieinhalbfache gestiegen. Empirisch quantitative Forschungsprojekte sind mehr vertreten (N=46) als qualitative (N=36). Der Teilbereich 4.4 *Sonderpädagogik* ist ebenfalls von 2000 (N=26) bis 2005 (N=43) gestiegen.

Zum Teilbereich *Bildungs- und Erziehungssoziologie* (5.1.) ist festzustellen, dass die Anzahl der Forschungsprojekte vom Jahr 2000 (N=10) bis zum Jahr 2003 (N=13) kaum angestiegen ist, sich bis 2004 (N=29) jedoch mehr als verdoppelt hat und bis 2005 weiter gestiegen ist. Die Balance zwischen empirisch-quantitativen und qualitativen Projekten ist ausgeglichen.

Im Bereich der *Entwicklungspsychologie* (6.2.) ist die Anzahl der Projekte von 2000 (N=26) zu 2005 auf 21 gefallen. Auch die *Sozialpsychologie* (6.3.) kennzeichnet ein solcher Verlauf: von 2000 (N=65) sank die Anzahl der Projekte auf N=60. In diesen Teilbereichen werden mehr empirisch quantitative als qualitative Projekte durchgeführt. Auch im Bereich der *psychologischen Diagnostik und Beratung* (6.4.) hat sich die Anzahl der Arbeiten im Zeitverlauf unmerklich verändert (2000: N=14, 2005: N=15).

Insgesamt ist zu konstatieren, dass die Gesamtsumme der Forschungsarbeiten in allen Teilbereichen im Zeitverlauf deutlich zugenommen hat (2000: 653 Arbeiten; 2005: 1154; 2006: 2021 Arbeiten). Nachdem in den Jahren 2001 (N=500) und 2003 (N=538) die Anzahl der Projekte in fast allen Kategorien gesunken ist, ist diese – verglichen mit dem Jahr 2000 – im Jahr 2005 (N=1155) um 75 Prozent gestiegen und hat sich bis zum Jahr 2006 (N=2020) sogar verdreifacht, was in erster Linie auf die Einbeziehung der Internetangebote zurückzuführen ist. In den Teilbereichen 3.8. *Bildungswesen quartärer Bereich/Berufsbildung* (N=1098), 4.1. *Unterricht und Didaktik* (N=1152) und 3.7. *Bildungswesen tertiärer Bereich* (N=692) sind die meisten empirischen Forschungsarbeiten im Zeitverlauf zu verzeichnen. In den meisten anderen Teilbereichen ist die Zahl der Projekte sowohl bis 2005 als auch bis 2006 gestiegen. Ausnahmen bilden 3.5. Bildungswesen Sekundarstufe II sowie alle hier aufgeführten Teilbereiche der Psychologie. In diesen Fällen stagnierte oder sank die Anzahl der Forschungsprojekte bis zum Jahr 2005 und stieg dann im Jahr 2006 durch die oben genannte Aktualisierung. Nur bei der *Persönlichkeitspsychologie* (6.1.) nimmt auch die Zahl der Arbeiten im Jahr 2006 ab.

Bezüglich des Anteiles der einzelnen Bereiche an allen Projekten eines Jahres ist festzustellen, dass die Kategorie 3.8. *Bildungswesen im quartären Bereich* im Jahr 2000 noch einen Anteil von 17,2 Prozent ausmachte und dieser bis zum Jahr 2005 auf 12,3 Prozent sank (2006: 14,6 Prozent). Im Gegenzug dazu haben die Anteile der Bereiche 4.1. *Unterricht und Didaktik*

(2000: 16,1 Prozent; 2005: 20,1 Prozent; 2006: 19,2 Prozent) sowie 3.7. *Bildungswesen im tertiären Bereich* (2000: 7,8 Prozent; 2005: 10,4 Prozent; 2006: 11,3 Prozent) zugenommen.

Werden die Arbeiten in den einzelnen Kategorien nach empirisch-qualitativ, empirisch-quantitativ und beidem differenziert (sofern angegeben), ergibt sich folgendes Bild: Insgesamt werden die meisten empirisch-qualitativen Projekte in der Kategorie 3.8. *Bildungswesen im quartären Bereich* (N=157) und in der Kategorie 4.1. *Unterricht und Didaktik* (N=117) angegeben. Ähnlich ist es auch bei den empirisch-quantitativen Forschungsprojekten: Hier zeigen die Kategorien 3.8. *Bildungswesen im quartären Bereich* (N=111), 4.1. *Unterricht und Didaktik* (N=103) und 3.7. *Bildungswesen im tertiären Bereich* (N=101) sowie 6.3. *Sozialpsychologie* (N=110) die meisten Forschungsarbeiten auf. Ein relativ ausgewogenes Verhältnis zwischen empirisch-qualitativer und quantitativer Arbeit in der Gesamtsumme von 2000 bis 2006 haben 5.3. *Jugendsoziologie* (jeweils N≈50), 3.1. *Makrowesen des Bildungswesens* (jeweils N≈42), 5.1. *Bildungs- und Entwicklungssoziologie* (jeweils N≈34) und 3.3. *Bildungswesen im Primarbereich* (jeweils N≈26).

4 Folgeprobleme des Erfolgs: Erwünschte und unerwünschte Effekte der expansiven Entwicklung der Bildungsforschung

Wie die quantitativen Zunahmen der Projektzahlen deutlich erkennen lassen, hat die Bildungsforschung in den Jahren nach 2000 einen Aufschwung erfahren, der wissenschaftsgeschichtlich ohne Vergleich ist und die Theorieentwicklung nachhaltig zu prägen verspricht. Diese für die Bildungsforschung günstige Lage ist engstens mit der bildungspolitischen Entscheidung verbunden, die Gestaltung der weiteren Entwicklung der Strukturen und Bildungsgänge an zuverlässig mess- und vergleichbaren Schülerleistungen auszurichten. Insofern ist für die Bildungsforschung seit der Präsentation von TIMSS/III im Jahr 2000 und vor allem mit den danach folgenden internationalen Leistungsvergleichsstudien PISA und IGLU/PIRLS eine neue Lage entstanden. Mit ihnen und deren breiter Rezeption in Politik und Öffentlichkeit hat das Interesse an Bildungsforschung zugenommen. Mit diesem bekamen auch längstens bekannte und allen einschlägigen Experten vertraute Ergebnisse der Bildungsforschung einen neuen Stellenwert. Insgesamt nahm dadurch die öffentliche Wahrnehmung der gesellschaftlichen Bedeutung des Bildungssystems zu, was seinerseits auf die Förderung der Bildungsforschung zurückwirkte. Ihre Ergebnisse sind nicht nur gefragt, sondern haben Bildungspolitik sogar zu Reaktionen und einer Reihe sonst kaum möglicher Entscheidungen gezwungen. Sie weist ihrerseits der Bildungsforschung – wie schon in den 1970er Jahren – eine unausgesprochene Mithaftung für Erfolg oder Scheitern zu.

Der Erfolg, der für die Entwicklung und die gegenwärtige Lage der Bildungsforschung sowohl hinsichtlich ihres Forschungsvolumens als auch hinsichtlich ihrer öffentlichen Anerkennung vorhanden ist, wird aus verschiedensten Gründen teils auch als problematisch wahrgenommen. Konjunktur hat derzeit genau genommen nur ein bestimmter Typus von Bildungsforschung: Studien, die theoretisch vor allem an der Effizienz und Effektivität von Bildungseinrichtungen ausgerichtet sind, auf großen Stichproben basieren und mit quantitativen Verfahren insbesondere dem Kompetenzerwerb, der Umsetzung von Bildungsstandards in den Kernfächern sowie ähnlich gelagerten steuerungsrelevanten Problemen nachgehen. Untersuchungen der genannten

Art definieren gegenwärtig nicht nur, was unter „empirischer Bildungsforschung" zu verstehen ist (mit direkten Auswirkungen bis auf die Besetzung von Professuren und die Förderprogramme von DFG und BMBF), sondern sie verengen damit zugleich das Verständnis von empirischer Bildungsforschung (vgl. Tillmann 2005). Eng verbunden mit diesem Typus empirischer Bildungsforschung sind nicht zu unterschätzende disziplinäre Veränderungen:

Die genannten Untersuchungen werden von (eher wenigen) Erziehungswissenschaftlern, von Psychologen und Soziologen durchgeführt, zunehmend in Kooperationen. Bildungsforschung im beschriebenen Sinn ist interdisziplinär. Im Interesse einer effektiven und effizienten Forschungskooperation sowie des Erreichens von Synergieeffekten erfordert dies, die problembezogene Zusammenarbeit zu verbessern, auch wenn die disziplinäre Eigenständigkeit in den Beiträgen zur Bildungsforschung erhalten bleiben muss. Ein großer Vorteil des heutigen Zuschnitts der Bildungsforschung ist ihre starke forschungsmethodische Fundierung. Auf diese Weise ist eine internationale Anschlussfähigkeit gegeben, auf deren Grundlage die internationale Vergleichbarkeit von Ergebnissen erreicht werden kann.

Die andere Seite dieser Entwicklung ist, dass bestimmte Fragestellungen von Bildung und Bildungsforschung in den Hintergrund gedrängt werden und aus dem Blick geraten. Als Problem könnte sich zudem erweisen, dass u.a.

- der Bezug zu den pädagogischen Zielsetzungen des Bildungssystems geringer wird, ebenso zu dem Selbstverständnis und den Begrenzungen des Machbaren aus der Sicht von Lehrern, Schülern, Eltern;
- der sich etablierende Strang der schulbezogenen empirischen Bildungsforschung zunehmend von Bildungsforschern betrieben wird, die in der Erziehungswissenschaft nicht ihre „wissenschaftliche Heimat" sehen;
- die „konjunkturellen" Schwankungen für Themen und Fragestellungen zunehmen und die Datenbanken exponentiell wachsen, ohne einen besseren Blick für das Ganze zu ermöglichen;
- durch die bevorzugte Berufung von empirisch arbeitenden Forscherinnen und Forschern, die sich nicht zur Erziehungswissenschaft zugehörig fühlen, auf Professuren im Bereich der Bildungsforschung die weitere Entwicklung der Erziehungswissenschaft als Disziplin diffundiert.

Auch für die Bildungsforschung selbst lassen sich solche Probleme ausmachen, sofern sie die ihr zugewiesene und von ihr nicht zurückgewiesene Relevanz für Praxis ernst nimmt: dazu gehören unter anderem die Vernachlässigung einer praxisnahen Curriculumentwicklung, didaktisch-methodischer Untersuchungen zum Unterricht auch in den Fächern, für die keine Standards vorliegen; dazu gehören ebenso die Schulentwicklungsforschung, die pädagogische Tatsachenforschung oder die Weiterentwicklung der Bildungstheorie (vgl. auch Merkens 2006). Schon diese exemplarische Aufzählung zeigt nicht nur die Wichtigkeit der Wahrnehmung der besonderen Rolle der Erziehungswissenschaft innerhalb der Bildungsforschung, sondern auch die dabei vorhandenen Leerstellen. In den nächsten Jahren dürften zudem die Erwartungen an die Evaluations- und die Implementationsforschung wachsen. Vor allem letztere dürfte angesichts der Vielfalt der vorliegenden Output-Daten an Bedeutung gewinnen, um Strategien im Umgang mit den Daten und ihrer Nutzung für gezielte Qualitätsentwicklung in Schule und Unterricht entwickeln und umsetzen zu können.

Der Erziehungswissenschaft kommt dabei insofern eine Sonderrolle zu, als für sie eine pädagogische Orientierung konstitutiv ist, der die Aufgabe zufällt, eine reflexiv gestiftete Zusammenführung und Integration der Perspektiven zu erzeugen (vgl. Deutscher Bildungsrat 1974). Zumindest im Selbstverständnis der Tradition wäre deshalb an die Erziehungswissenschaft der Anspruch zu stellen, sich künftig erfolgreicher in die Arbeiten einzubringen, die bildungspolitisch an erster Stelle nachgefragt sind, deren Gelingen letztlich jedoch nicht ohne sie zu sichern ist (vgl. u.a. Tillmann 2005).

5 Aktuelle Schwerpunkte und internationale Entwicklungsaspekte erziehungswissenschaftlicher Bildungsforschung

Innerhalb der Entwicklung der erziehungswissenschaftlichen Bildungsforschung in den letzten Jahren zeichnen sich im Grunde genommen drei Schwerpunkte ab:

Zum einen gibt es ein *neues Herangehen an die Lehr-Lern-Forschung im mathematisch-naturwissenschaftlichen Unterricht*, vielleicht sogar einen neuen Typ dieser Forschung. Diese Forschung, die vor allem darauf zielt, die Qualität des mathematisch-naturwissenschaftlichen Unterrichts durch neue Lernwege und die Stärkung der Motivation der Schülerinnen und Schüler zu verbessern, wird überwiegend in Kooperation von Didaktikern, Fachdidaktikern und pädagogischen Psychologen durchgeführt (vgl. u.a. DFG-Schwerpunktprogramm 2006).

Ein zweiter Schwerpunkt liegt auf den *Large Scale Assessments*:

Mit dem Konstanzer Beschluss hatte die Kultusministerkonferenz sich schon Ende der 1990er Jahre dazu verpflichtet, der Öffentlichkeit regelmäßig und systematisch auf der Basis wissenschaftlicher Testuntersuchungen über Lernergebnisse von Schülern und Schülerinnen zu berichten. Im Vordergrund von Schulleistungsuntersuchungen bzw. Kompetenzmessungen steht hierbei die Fähigkeit, mit Symbolsystemen umzugehen, in denen Wissen weitergegeben und angewandt wird. Solche Symbolsysteme sind Sprache und Schrift, mathematische (formale) Strukturen und Regelsysteme sowie naturwissenschaftliche Verfahren und Modellvorstellungen. Unter „Kompetenzen" werden in diesem Kontext also reading literacy, mathematical literacy und science literacy verstanden. Da es in absehbarer Zeit kaum oder keine national repräsentativen Erkenntnisse über Wissen und Können von Vorschulkindern, von Teilnehmern der Sekundarstufe II, von Studierenden und Erwachsenen geben wird, trägt der Schulbereich gewissermaßen die gesamte Last der Dokumentation von Bildungsergebnissen. Dies bedeutet, dass auch weitere bildungspolitisch relevante Fragen, die mit der Messung von Wissen und Können verbunden sind, ausschließlich im Schulbereich beantwortet werden können, z.B. die Frage nach der Bedeutung des sozioökonomischen, des kulturellen und des Migrationshintergrunds sowie des Geschlechts für Bildungsergebnisse, ebenso Fragen nach regionalen Unterschieden und deren Gründen, die Analyse des Einflusses von institutionellen Bedingungen (Qualität der Lernumgebungen, Regelung von Übergängen, Zuordnung zu unterschiedlichen Bildungsgängen u.a.m.) auf die letztendlich erreichten Ergebnisse. Seit den 1970er Jahren gibt es unter Bildungsexperten im nationalen wie im internationalen Bereich eine recht hohe Übereinstimmung darüber, welche Kernkompetenzen in der modernen Gesellschaft relevant sind. Dabei wurde sich immer wieder auf die Trias von Sachkompetenz, Selbstkompetenz (Fähigkeit zur Wahrnehmung, Reflexion und Steuerung des eigenen Verhaltens, insbesondere eigener

Lernprozesse) und Sozialkompetenz bezogen; diese Trias wurde auch international etwa in dem OECD-Projekt „Definition and Selection of Competencies" aufgegriffen. Ebenso groß wie hinsichtlich der Bedeutung dieser Kompetenzdimensionen ist die Übereinstimmung der Experten, wenn es um die Frage der Messbarkeit geht. Besonders problematisch ist die Erfassung von Kompetenzen, die Motive, Affekte und die Qualität sozialer Handlungen betreffen. Wissenschaftliche Studien können in diesen Feldern meist nur mit Selbstberichten oder mit extrem aufwändigen und nur schwer objektivierbaren Beobachtungs- und Schätzverfahren arbeiten, wie sie für repräsentative Erhebungen nicht in Frage kommen.

Die wichtigsten Large Scale Assessments und ihre Weiterentwicklung seien kurz skizziert:

PIRLS/IGLU 2006
IGLU 2006 erfasst mittels authentischer Texte verschiedener Textgattungen unterschiedliche Aspekte der Kompetenz im Rahmen verschiedener Leseabsichten; darüber hinaus werden die Fähigkeit zum Schreiben und die kognitiven Lernvoraussetzungen ermittelt sowie in einer Ergänzungsstudie die Rechtschreibfähigkeiten durch drei unterschiedliche Orthografietests überprüft. Im Gegensatz zu PIRLS/IGLU 2001 beteiligen sich an der 2006er Erhebung die Schülerinnen und Schüler aller sechzehn Bundesländer. Mit Blick auf Hinweise für die Gestaltung des Unterrichts, auf wichtige Erkenntnisse über den Unterstützungsbedarf von Lehrkräften und allgemein relevante Anhaltspunkte für die Weiterentwicklung der Lehreraus- und Lehrerfortbildung wird die Erhebung zum Leistungsstand ergänzt durch Befragungen der Schulleitungen, der Lehrkräfte und der Eltern (z.B. Fragebögen zur Erfassung des Leseinteresses der Schülerinnen und Schüler, zu fachlichen und fachdidaktischen Ansätzen im Deutschunterricht oder zu professionellen Standards). Die Schülerinnen und Schüler werden darüber hinaus z.B. nach ihren Lesegewohnheiten, -anlässen und -vorlieben sowie ihren Freizeitaktivitäten befragt. Inhaltliche Schwerpunkte setzt IGLU 2006 in Bezug auf das Leseselbstkonzept, spezifische Förderangebote für Jungen, Digitale Medien, die neue Schuleingangsphase, Ganztagsangebote sowie den soziokulturellen Hintergrund der Familien und die Beziehung der genannten Aspekte zur Lesekompetenz der Viertklässlerinnen und Viertklässler (vgl. Bos et al. 2007).

TIMSS 2007 Primarstufe
Mit der deutschen Teilnahme an der Untersuchung „Trends in International Mathematics and Science Study" werden mathematische und naturwissenschaftliche Kompetenzen von Grundschülerinnen und Grundschülern aus allen 16 Bundesländern erhoben. Im Unterschied zu den Studien PISA-E oder IGLU-E zielt diese Studie einzig auf den internationalen Vergleich, d.h. es wird zwar eine für Deutschland repräsentative Stichprobe untersucht, die jedoch keine Vergleiche zwischen den deutschen Bundesländern ermöglicht. Die Leistungserhebung begleitend werden Kontextfragebögen für Schüler, Eltern, Lehrkräfte und Schulleitungen eingesetzt. Schwerpunkte der nationalen Zusatzerhebung bilden die Themen nichtfachliche Kompetenzen im Bereich des Sozialverhaltens und der schulische Umgang mit Herausforderungen im sozialpädagogischen Bereich. Von Interesse sind auch differenzierte Informationen aus TIMSS zu Ganztagsangeboten, zu zusätzlichem pädagogischen Personal an den Schulen, zur vorschulischen Bildung der Grundschüler und zum Übergang in die Schule (vgl. Autorengruppe 2007).

PISA 2009

PISA 2009 deckt die Kompetenzbereiche Lesen, Naturwissenschaften und Mathematik ab. Im Schwerpunktgebiet *Lesekompetenz* ist auch für diesen PISA-Zyklus vorgesehen, mehrere differenzierte Kompetenzskalen zu berichten, die Kompetenzniveaus anhand spezifischer Fähigkeiten bzw. Aufgabenanforderungen unterscheiden. Eine neue Subdimension von Lesekompetenz stellt bei PISA 2009 das *Lesen elektronischer Texte* dar. Dieser Bereich ergänzt die Lesekompetenzaufgaben im klassischen Papier-Bleistift-Format um Testinhalte und Testformate, die im Informationszeitalter zunehmend wichtige Bereiche der Lesekompetenz darstellen. Bei den Erhebungsinstrumenten für Naturwissenschaften und Mathematik wird 2009 eine kleine Auswahl von Aufgaben aus dem umfangreichen Material der ersten Erhebungsrunden verwendet. Im Fragebogen werden außerdem Schülermerkmale erhoben, die für die Auseinandersetzung mit Lesekompetenz bedeutsam sind (Einstellungen, schulische und außerschulische Erfahrungen der Schüler mit lesekompetenzrelevanten Situationen). Eine Fragebogenerhebung bei den Lehrkräften und Eltern soll als internationale Option, andernfalls als nationaler Zusatz durchgeführt werden, um Kontext- und Bedingungsfaktoren der Schülerleistungen analysieren zu können. Das internationale Design sieht ferner als Pflichtkomponente die Befragung der Schulleitungen vor.

Das System der Large-Scale-Assessments soll weiter ausgebaut werden. Im Bereich der beruflichen Aus- und Weiterbildung soll nach aktuellem Planungsstand im Jahr 2008 ein „Berufsbildungs-PISA" in der beruflichen Bildung unter Beteiligung von 8 bis 10 europäischen Staaten durchgeführt werden. Die Struktur dieser Studie sieht im Kern eine Kompetenzmessung in drei Bereichen vor: generelle Kompetenzen (literacy, numeracy, Problemlösungsverhalten), berufsbezogene, aber fachübergreifende Kompetenzen der Arbeitsmarkt- und Beschäftigungsfähigkeit („employability") und domänenspezifische Kompetenzen der beruflichen Handlungsfähigkeit. Die Studie wird sich wegen der Spezifik berufsfachlicher Kompetenzen auf vier große Berufssegmente konzentrieren: industrielle Metall- und Elektroberufe, KFZ-Mechatroniker (Handwerk), Bank- oder Industriekaufmann und Krankenschwester/Krankenpfleger (Gesundheitsdienstleistungsberufe). Angestrebt ist eine kohortendifferenzierte Querschnittsstudie mit drei Messzeitpunkten (zu Beginn, gegen Ende und drei Jahre nach Ende der Ausbildung). Neben den Kompetenzen werden die institutionellen und individuellen Kontextbedingungen der Ausbildungsprozesse erhoben (vgl. Autorengruppe 2007).

Den dritten Schwerpunkt erziehungswissenschaftlicher Bildungsforschung stellen neben den Large Scale Assessments die anderen „Säulen" des *Bildungsmonitorings in Deutschland* dar.

Die Frage nach dem „Output" von Lehr-Lern-Prozessen, also nach den letztendlich erzielten Lernergebnissen, war in den vergangenen 10 Jahren ein entscheidender Motor der Bildungspolitik, der zur Etablierung eines breit gefächerten, aufwändigen Systemmonitoring geführt hat, zu dem Bildungsstandards, Vergleichsarbeiten und zentrale Abschlussprüfungen, nationale und internationale Schulleistungsstudien und die nationale Bildungsberichterstattung gehören. Alle diese Bestandteile des Bildungsmonitorings wurden und werden selbstverständlich mit der Erwartung verknüpft, Auskunft zu geben über die Fähigkeiten, Kenntnisse und Fertigkeiten, die im Verlauf von Bildungsprozessen vermittelt bzw. erworben werden, um bildungspolitische Handlungsbedarfe sichtbar zu machen.

Ein international weit verbreiteter Weg, erforderliches Wissen zur Steuerung von Bildungssystemen zu erhalten, ist ein Systemmonitoring; damit ist allgemein die dauerhafte, daten- bzw. indikatorengestützte Beobachtung der Entwicklung der Gesellschaft insgesamt wie ihrer Teil- bzw. Subsysteme, und damit auch des Bildungswesens, gemeint. Ein Systemmonitoring ist also ein institutionalisierter Beobachtungs- und Analyseprozess auf der Basis empirisch gesicherter Daten. Es hat im Wesentlichen drei Funktionen: die Beobachtung, Analyse und Darstellung wesentlicher Aspekte eines Systems, damit verbunden die Funktion der Systemkontrolle einschließlich der Angleichung von Leistungsmaßstäben (benchmarks) sowie die Funktion „Steuerungswissen" zu generieren bzw. zu erweitern und „Steuerungshandeln" begründbarer und zielgerichteter zu gestalten. Ein Systemmonitoring enthält vor allem durch die Angleichung von Leistungsmaßstäben im Verhältnis zu anderen Staaten stets eine international vergleichende Komponente (vgl. Autorengruppe 2007, Döbert/Avenarius 2007).

Anfang 2006 hat die KMK eine Gesamtstrategie zum Bildungsmonitoring und damit zu Schwerpunkten von Steuerung im Bildungswesen in Deutschland beschlossen (vgl. KMK 2006): Seine wichtigsten Bestandteile sind:

- internationale Schulleistungsuntersuchungen (auf sie wurde bereits ausführlich eingegangen),
- zentrale Überprüfung des Erreichens der Bildungsstandards in einem Ländervergleich (in der 4., 9. und 10. Klasse),
- Vergleichsarbeiten in Anbindung an die Bildungsstandards zur landesweiten Überprüfung der Leistungsfähigkeit einzelner Schulen,
- gemeinsame Bildungsberichterstattung von Bund und Ländern.

Während alle anderen Bestandteile unmittelbar auf die Arbeit von Bildungseinrichtungen bezogen sind, die darin tätigen und betroffenen Personen (Lehrende und Lernende, Eltern und „Abnehmer") ansprechen, geht es der *Bildungsberichterstattung* um die systemische Perspektive und um Transparenz gegenüber einer breiten, bildungspolitisch interessierten Öffentlichkeit.

Bildungsberichterstattung soll ganz allgemein das Bildungsgeschehen in einer Gesellschaft transparent machen und damit Grundlage für öffentliche Diskussionen über Bildungsziele und für bildungspolitische Entscheidungen sein. Sie ist ein wesentliches und im internationalen Rahmen weit verbreitetes Instrument zur kontinuierlichen, datengestützten Information über Voraussetzungen, Verlaufsmerkmale, Ergebnisse und Erträge von Bildungsprozessen. Über alle Bildungsstufen hinweg werden Umfang und Qualität der institutionellen Angebote, aber auch deren Nutzung und deren Wirkungen (Output/Outcome) innerhalb der Lernbiografie dargestellt. Hauptergebnisse der Bildungsberichterstattung sind ein in regelmäßigen Abständen veröffentlichter Bildungsbericht sowie eine öffentlich zugängliche Homepage mit vertiefenden und ergänzenden Informationen. Kern jeder Bildungsberichterstattung ist ein überschaubarer, systematischer, regelmäßig aktualisierbarer Satz von Indikatoren (vgl. Autorengruppe 2008).

Bildungsberichte werden als fester Bestandteil eines Bildungsmonitorings inzwischen in fast allen wichtigen Industriestaaten der Welt erstellt. Sie sind nach unterschiedlichen Kriterien erarbeitete systematische Zusammenstellungen von Informationen über die Erfüllung der jeweiligen gesellschaftlichen Anforderungen an das Bildungswesen. Trotz aller Unterschiede der nationalen Bildungsberichte weisen sie folgende wesentlichen Charakteristika auf:

- sie erscheinen als Publikationen bzw. Internetpräsentationen in periodischen Abständen (in jährlichem bis fünfjährlichem Abstand),
- sie richten sich in staatlichem Auftrag an eine breite Öffentlichkeit,
- sie berichten im Sinne einer evaluativen Gesamtschau über alle bzw. wesentliche Aspekte des jeweiligen Bildungswesens,

- sie stellen in der Regel eine vor allem bildungspolitisch begründete Auswahl von steuerungsrelevanten Informationen über Input, Prozesse und Wirkungen in einem Bildungswesen auf der Basis von statistischen Daten und Befunden der empirischen Forschung dar.

Internationale Berichte, vor allem die der OECD, der Europäischen Kommission und der UNESCO, sind als Orientierungspunkte, Basispool und systematischer internationaler Vergleichsrahmen ein wichtiger Maßstab für die jeweilige nationale Bildungsberichterstattung. Vor allem die jährlichen Publikationen der OECD „Education at a Glance" und „Education Policy Analysis" sowie die von der EU-Kommission veröffentlichten „Key Data on Education in Europe" stellen in ihrer Kombination von Indikatoren in Zeitreihe und wechselnden thematisch vertiefenden Analysen einen „benchmark" für nationale Bildungsberichterstattung dar.

Ein Blick auf die nationalen und internationalen Bildungsberichte zeigt: Grundsätzlich gibt es drei Typen von Bildungsberichten: a) eher bildungsstatistisch fundierte und entsprechend verfasste Berichte (Kanada, Frankreich, Japan), b) eher inspektionsbasierte Berichte (Niederlande, England, Schweden) und c) überwiegend von Wissenschaftlern verfasste Bildungsberichte auf der Grundlage kommentierter Daten und Forschungsbefunde (Schweiz, Deutschland, z.T. USA). In den Berichten werden einzelne Bildungsbereiche unterschiedlich stark berücksichtigt, wobei der Schwerpunkt überwiegend auf dem Schulwesen liegt; auch das Ausmaß der regionalen Differenzierungen ist verschieden. Durchgängig zeigt sich eine Orientierung am Kontext-Input-Prozess-Wirkungs-Schema, wenn gleich nicht immer direkt ablesbar. Nicht alle Länder präsentieren, wie der nationale Bildungsbericht in Deutschland, eine „Gesamtschau" von Steuerungsinformationen zum Bildungswesen, sondern haben zum Teil sehr differenzierte Berichte zu einzelnen Bereichen oder Aspekten des Bildungswesens. Außerschulische Bildung ist in unterschiedlichem Maße einbezogen. Dies liegt überwiegend an den weniger umfangreich vorhandenen Daten. Der politische Wille, eine gesamtsystemische bzw. lebenszeitliche Perspektive einzunehmen, ist erklärtermaßen in der Mehrheit der Staaten vorhanden und wird als zukünftig zu realisieren dargestellt. Als Ergänzung der herangezogenen Datenbasis ist die Einbeziehung aktueller Forschungsergebnisse und internationaler Vergleichsstudien relativ weit verbreitet, wobei der Trend offenbar in Richtung einer zielgerichteten Kooperation von Statistik und Wissenschaft geht (vgl. Autorengruppe 2007).

Keiner dieser Schwerpunkte wird von einer bestimmten Disziplin dominiert. Angesichts der Komplexität der Untersuchungen und Vorhaben ist das auch nicht verwunderlich. Freilich findet in fast allen diesen Untersuchungen die pädagogische Psychologie eine stärkere Beachtung, was vor allem in dem dort etablierten Methodeninventar begründet erscheint. Eine zunehmende Rolle spielen bildungssoziologische Fragestellungen, die insbesondere Aspekte der Sozialstruktur und ihrer Reproduktion oder institutions- und professionstheoretische Aspekte behandeln (vgl. Merkens 2006).

6 Zwischenbilanz und Ausblick: Routinen und Desiderata erziehungswissenschaftlicher Bildungsforschung

Welches Resümee lässt sich für die neuere Entwicklung erziehungswissenschaftlicher Bildungsforschung ziehen? Kein Zweifel kann daran bestehen, dass die erziehungswissenschaftliche Bildungsforschung Träger und Grundlage der sozialwissenschaftlichen Umschrift in der Erziehungswissenschaft ist. Trotz eines schwankenden Begriffsverständnisses von „Bildungsforschung" und „Erziehungswissenschaft", trotz phasenabhängiger Konjunkturen für Themen- und Problemstellungen, trotz vielfältiger Überlappungen zwischen einzelnen Forschungsgebieten entwickelten sich bereits in den 1980er und 1990er Jahren relativ stabile Forschungssegmente. Die Entwicklung nach 2000, die durch einen massiven quantitativen Anstieg der Projektzahlen, durch einen neuen bildungspolitischen Stellenwert der Bildungsforschung sowie durch die internationale Vernetzung und Ausrichtung zahlreicher Forschungssegmente gekennzeichnet ist, dokumentiert, dass in weiten Teilen der Erziehungswissenschaft sich eine „realistische Wende" vollzogen hat. So nachhaltig prägend und vorteilhaft diese Entwicklung ist, so sind doch mit ihr zugleich einige derzeit bereits erkennbare Risiken und Probleme verknüpft. Dazu gehört, dass in dem Maße, in dem Erziehungswissenschaft und erziehungswissenschaftliche Bildungsforschung sich substanziell nicht mehr von anderen sozialwissenschaftlichen Disziplinen unterscheiden, verloren zu gehen droht, was bislang als ein Sichtvorteil erschien: ihr Blick für das Ganze pädagogischer Prozesse und die darin verankerte Reflexivität gegenüber den im Bildungsbegriff indizierten Aufgabenstellungen. Dieser kriteriale Sichtvorteil schützte davor, eine vorhandene Praxis schon als wünschenswerte auszugeben und hielt ebenso die Theoriebildung davor ab, sich in den Fragestellungen von gesellschaftlichen Bedürfnissen und politischen Ambitionen ungebrochen vereinnahmen zu lassen. Wird auf diesen Sichtvorteil verzichtet, könnten im Zuge einer ungefilterten Orientierung der weiteren Entwicklung am gemessenen Output der Bildungssysteme Nebeneffekte drohen, die das Gegenteil der beabsichtigten Leistungsverbesserungen nach sich ziehen (vgl. Heid 2007, Zedler 2007).

Noch deutlicher als in der Vergangenheit zeigt die Entwicklung der Bildungsforschung in den letzten 10 Jahren offensichtliche Unterschiede im Gewicht einzelner Forschungssegmente und Themen. Während z.B. Fragen der sozialen Selektivität erst langsam wieder verstärkte Aufmerksamkeit finden, finden Themenfelder wie die elterliche und schulische Erziehung oder die Verwendungstauglichkeit schulisch erworbener Qualifikationen ebenso wie die längerfristige Entwicklung von Qualifikationsbedarfen derzeit kaum Berücksichtigung. Die Abhängigkeit von bildungspolitischen Entwicklungen und gezielten Fördermaßnahmen weist darauf hin, dass Systemanalyse in ihren Fragestellungen dem System verhaftet bleibt, das sie untersucht, dass Bildungsforschung auch als empirisch arbeitende Disziplin ihrem gesellschaftlichen Konstitutions- und Verwendungszusammenhang verhaftet bleibt. Ebenso gilt freilich auch, dass dieser unvermeidbare „blinde Fleck" gleichzeitig Voraussetzung für ihre praktisch-politische Relevanz ist, die sie zumindest als Versprechen zu ihrer Entfaltung benötigt. Der praktisch-politisch hohe Stellenwert, den erziehungswissenschaftliche Bildungsforschung derzeit innehat, hat ein Janusgesicht: So vorteilhaft er für die Entwicklung der erziehungswissenschaftliche Bildungsforschung ist, so eng ist er daran gebunden, dass sie die daraus resultierende Mitverantwortung für Praxis im Rahmen ihrer Möglichkeiten annimmt und reflektierend begleitet.

Literatur

Achtenhagen, F. (1991): Erträge und Aufgaben der Berufsbildungsforschung. In: Beck, K./Kell, A. (Hrsg.): Bilanz der Bildungsforschung. Stand und Zukunftsperspektiven. Weinheim: Deutscher Studien Verlag, S. 185-200.
Autorengruppe Bildungsberichterstattung (2007): Das weiterentwickelte Indikatorenkonzept der Bildungsberichterstattung. www.bildungsbericht.de
Autorengruppe Bildungsberichterstattung (2008): Bildung in Deutschland 2008. Ein indikatorengestützter Bericht mit einer Analyse zu Übergängen im Anschluss an den Sekundarbereich I. W. Bertelsmann: Bielefeld.
Baumert, J./Roeder, P.M. (1990): Expansion und Wandel der Pädagogik zur Institutionalisierung einer Referenzdisziplin. In: Alisch, P.-M./Baumert, J./Beck, K. (Hrsg.): Professionswissen und Professionalisierung. Braunschweig: Colmsee, S. 79-128.
Baumert, J./Roeder, P.M. (1994): „Stille Revolution". Zur empirischen Lage der Erziehungswissenschaft. In: Krüger, H.-H./Rauschenbach, Th. (Hrsg.): Erziehungswissenschaft. Die Disziplin am Beginn einer neuen Epoche. Weinheim/München: Juventa, S. 29-48.
Beck, K./Kell, A. (1991): Erziehungswissenschaftliche Bildungsforschung als Aufgabe und Problem. In: Beck, K./Kell, A. (Hrsg.): Bilanz der Bildungsforschung. Stand und Zukunftsperspektiven. Weinheim: Deutscher Studien Verlag, S. 5-14.
Beck, K. (2000): Zur Lage der Lehr-Lern-Forschung - Defizite, Erfolge, Desiderate. In: Unterrichtswissenschaft 28 Jg. H.1. S. 23-29.
Becker, H. (1979): Bildungsforschung und Bildungsplanung. Frankfurt a. M.: Suhrkamp, S. 9-37.
Bos, W./Hornberg, S./Arnold, K.-H./Faust, G./Fried, L./Lankes, E.-M./Schwippert, K./Valtin, R. (Hrsg.): IGLU 2006. Lesekompetenzen von Grundschulkindern in Deutschland im internationalen Vergleich. Münster/New York/München/Berlin: Waxmann.
Deutscher Bildungsrat (1974): Empfehlungen der Bildungskommission. Aspekte für die Planung der Bildungsforschung, verabschiedet auf der 37. Sitzung der Bildungskommission am 24., 25., 26. Januar 1974 in Berlin. 1. Aufl. Stuttgart: Klett.
DFG-Schwerpunktprogramm (2006): Kompetenzmodelle zur Erfassung individueller Lernergebnisse und zur Bilanzierung von Bildungsprozessen. Bonn
Döbert, H./Avenarius, H. (2007): Konzeptionelle Grundlagen der Bildungsberichterstattung in Deutschland. In: van Buer, J./Wagner, C. (Hrsg.): Qualität von Schule. Ein kritisches Handbuch. Frankfurt am Main u.a.: Peter Lang
Edding, F. /Hüfner, K. (1975): Probleme der Organisation und Finanzierung der Bildungsforschung in der Bundesrepublik Deutschland. In: Roth, H./Friedrich, D. (Hrsg.): Bildungsforschung. Probleme - Perspektiven - Prioritäten. Teil 2. Stuttgart: Klett, S. 417-453.
Fend, H. (1990): Bilanz der empirischen Bildungsforschung. In: Zeitschrift für Pädagogik 36, H. 5, S. 687-710.
Geulen, D. (1983): Bildungsreform und Sozialisationsforschung. In: Zeitschrift für Sozialisationsforschung und Erziehungssoziologie 3. H.2. S. 189-200.
Heid, H. (2007): Was vermag die Standardisierung wünschenswerter Lernoutputs zur Qualitätsverbesserung des Bildungswesens beizutragen? In: Benner D. (Hrsg.): Bildungsstandards. Chancen und Grenzen, Beispiele und Perspektiven. Paderborn: Schöningh, S. 29-49.
Herrmann, U. (1991): Historische Bildungsforschung und Sozialgeschichte der Bildung. Programme - Analysen - Ergebnisse. Weinheim: Deutscher Studien Verlag.
KMK (2006): Gesamtstrategie der Kultusministerkonferenz zum Bildungsmonitoring. Bonn
Kraul, M./Merkens H./Tippelt, R. (Hrsg.) (2006): Datenreport Erziehungswissenschaft. Wiesbaden: VS Verlag.
Krüger, H.-H./Marotzki, W. (1999): Handbuch erziehungswissenschaftlicher Bildungsforschung. Opladen: Leske+Budrich.
Lemberg, E. (1963): Von der Erziehungswissenschaft zur Bildungsforschung: Das Bildungswesen als gesellschaftliche Institution. In: Lemberg, E. (Hrsg.): Das Bildungswesen als Gegenstand der Forschung. Heidelberg: Quelle & Meier, S. 21-100.
Leutner, D. (2000): Blick zurück nach vorn - Trends der Lehr-Lern-Forschung. In: Unterrichtswissenschaft 28. H.1. S. 31-37.
Merkens, H. (2006): Erziehungswissenschaft und Bildungsforschung. Wiesbaden: VS Verlag.
Rolff, H.-G. (1995): Zukunftsfelder von Schulforschung. Weinheim: Deutscher Studien Verlag.
Roth, H./Friedrich, D. (1975): Bildungsforschung. Probleme - Perspektiven - Prioritäten. Stuttgart: Klett.
Rürup, M. (2007): Innovationswege im deutschen Bildungssystem. Wiesbaden: VS Verlag.

Teichler, U. (1983): Hochschulpolitik und soziologische Forschung über Hochschulfragen. In: Zeitschrift für Erziehungswissenschaft 3. H. 2. S. 225-236.
Thomas, R./Kaiser, R./Manning, S. (1995): Bildungsforschung in den neuen Bundesländern. Situationsanalyse und Dokumentation. Herausgegeben vom Bundesministerium für Bildung, Forschung und Technologie. Bonn.
Tillmann, K.-J. (2005): Schulpädagogik und Bildungsforschung. Aktuelle Trends und langfristige Entwicklungen. In: Die Deutsche Schule 97, H. 4, S. 408-420.
Weishaupt, H./Steinert, B./Baumert, J. (1991): Bildungsforschung in der Bundesrepublik Deutschland. Situationsanalyse und Dokumentation. Herausgegeben vom Bundesministerium für Bildung und Wissenschaft. Bonn.
Zedler, P. (2002): Erziehungswissenschaftliche Bildungsforschung. In: Tippelt, R. (Hrsg.): Handbuch Bildungsforschung. Opladen: Leske+Budrich, S. 21-39.
Zedler, P. (2007): Vernachlässigte Dimensionen der Qualitätsentwicklung und Qualitätssicherung von Unterricht und Schule, Erziehung und Bildung. In: Benner, D. (Hrsg.): Bildungsstandards. Chancen und Grenzen, Beispiele und Perspektiven. Paderborn: Schöningh, S. 61-73.

Tabellenanhang

Empirische Arbeiten in den Erziehungswissenschaften sowie in ausgewählten Teilgebieten der Soziologie und Psychologie ab der Forschungserhebung 2000 (jeweils ab Oktober), differenziert nach empirisch qualitativ, empirisch quantitativ und beides (soweit angegeben)

Erhebungsjahr	2000	2001	2002	2003	2004	2005	2006[1]	Σ
1. allg. Theorien, Methoden etc. d. Erz. wiss.	16	11	15	18	21	34	61	176
davon empirisch-qualitativ	1	-	-	1	-	2	9	13
davon empirisch-quantitativ	-	1	1	-	1	2	2	7
davon beides	1	-	-	-	-	-	-	1
2. Lehre, Studium, Forschung in Erz.wiss.	7	1	5	1	12	13	35	74
davon empirisch-qualitativ	3	-	2	-	-	-	2	7
davon empirisch-quantitativ	-	-	-	-	1	1	2	4
davon beides	-	-	-	1	-	-	3	4
3. Bildungswesen (BW)								
3.1 Makroebene des BW	46	39	83	38	63	73	115	457
davon empirisch-qualitativ	7	3	4	8	6	5	9	42
davon empirisch-quantitativ	4	3	7	4	6	7	12	43
davon beides	3	2	4	3	5	4	10	31
3.2 BW Elementarbereich	4	5	25	10	27	37	52	160
davon empirisch-qualitativ	1	1	5	3	4	6	3	23
davon empirisch-quantitativ	-	3	1	2	4	2	5	17
davon beides	-	-	-	-	1	2	3	6
3.3 BW Primarbereich	20	7	47	17	31	43	75	240
davon empirisch-qualitativ	2	1	2	4	3	8	6	26
davon empirisch-quantitativ	1	-	1	5	2	3	14	26
davon beides	-	-	7	1	2	2	5	17
3.4 BW Sekundarstufe I	5	10	16	3	24	25	40	123
davon empirisch-qualitativ	1	3	-	-	2	2	4	12
davon empirisch-quantitativ	2	3	3	-	5	3	9	25
davon beides	-	1	-	-	2	1	4	8
3.5 BW Sekundarstufe II	13	8	12	7	10	7	25	82
davon empirisch-qualitativ	1	-	-	1	-	1	4	7
davon empirisch-quantitativ	1	2	2	3	1	-	6	15
davon beides	2	1	3	1	2	1	3	13
3.6 BW besonderer Schulformen	1	9	7	3	5	22	21	68
davon empirisch-qualitativ	-	-	2	1	-	1	2	6
davon empirisch-quantitativ	-	-	-	-	-	2	2	4
davon beides	-	-	1	-	-	1	3	5

Erhebungsjahr	2000	2001	2002	2003	2004	2005	2006[1]	Σ
3.7 BW tertiärer Bereich	51	39	80	48	125	120	229	692
davon empirisch-qualitativ	5	5	5	6	11	8	15	55
davon empirisch-quantitativ	8	11	11	9	16	10	36	101
davon beides	7	3	5	5	6	8	18	52
3.8 BW quartärer Bereich, Berufsbild.	112	93	158	113	186	142	294	1098
davon empirisch-qualitativ	24	17	12	19	27	25	33	157
davon empirisch-quantitativ	11	9	19	14	18	15	25	111
davon beides	15	8	15	24	19	12	37	130
3.9 Berechtigungs- und Beratungswesen	4	3	3	5	10	13	15	53
davon empirisch-qualitativ	2	1	1	-	1	2	3	10
davon empirisch-quantitativ	-	-	-	-	1	3	-	4
davon beides	-	-	-	2	1	-	2	5
4. Unterricht, Lehrende, Sonderpädagogik								
4.1 Unterricht, Didaktik	105	79	148	76	124	232	388	1152
davon empirisch-qualitativ	11	14	12	9	13	22	36	117
davon empirisch-quantitativ	5	9	16	14	13	9	37	103
davon beides	7	10	6	12	19	11	21	86
4.2 Lehrende, Erziehende, Lernende	27	19	48	28	47	66	74	309
davon empirisch-qualitativ	6	2	7	4	10	7	8	44
davon empirisch-quantitativ	9	1	7	9	11	9	11	57
davon beides	2	3	3	4	3	8	9	32
4.3 Sonderbereich der Pädagogik	24	14	26	9	47	58	75	253
davon empirisch-qualitativ	5	1	6	4	4	1	15	36
davon empirisch-quantitativ	1	1	-	1	1	3	3	10
davon beides	1	1	1	-	1	3	5	12
4.4 Sonderpädagogik	26	16	42	22	38	43	96	283
davon empirisch-qualitativ	4	1	7	4	5	5	13	39
davon empirisch-quantitativ	3	3	1	4	7	4	5	27
davon beides	-	2	2	2	3	3	5	17
4.5 Sonstiges zur Erz.wiss.	12	8	15	7	35	13	9	99
davon empirisch-qualitativ	1	-	2	1	3	1	1	9
davon empirisch-quantitativ	-	-	-	2	2	2	1	7
davon beides	2	-	-	1	-	2	2	7
Zwischensumme	473	361	730	405	805	941	1604	5319
5. Soziologie								
5.1 Bildungs- u. Erziehungssoziologie	10	10	11	13	29	31	85	189
davon empirisch-qualitativ	1	1	-	3	10	5	13	33
davon empirisch-quantitativ	2	2	-	4	6	4	17	35
davon beides	1	2	3	1	1	3	10	21

Erziehungswissenschaftliche Bildungsforschung

Erhebungsjahr	2000	2001	2002	2003	2004	2005	2006[1]	Σ
5.2 Familiensoziologie	26	17	41	23	16	32	73	228
davon empirisch-qualitativ	3	2	13	5	5	6	11	45
davon empirisch-quantitativ	5	4	6	7	4	12	19	57
davon beides	3	1	2	1	2	4	8	21
5.3 Jugendsoziologie	29	33	27	18	14	39	50	210
davon empirisch-qualitativ	8	4	6	5	5	14	10	52
davon empirisch-quantitativ	6	8	11	2	3	9	10	49
davon beides	3	5	2	2	1	4	1	18
Zwischensumme	65	60	79	54	59	102	208	627
6. Psychologie								
6.1 Persönlichkeitspsychologie	10	16	17	4	9	13	8	77
davon empirisch-qualitativ	2	-	-	-	1	-	-	3
davon empirisch-quantitativ	-	7	3	-	2	5	2	19
davon beides	1	1	-	1	1	-	-	4
6.2 Entwicklungspsychologie	26	14	32	29	31	21	50	203
davon empirisch-qualitativ	4	2	2	3	5	4	2	22
davon empirisch-quantitativ	4	6	3	14	6	5	22	60
davon beides	1	1	-	4	2	3	4	15
6.3 Sozialpsychologie	65	44	95	37	60	62	125	488
davon empirisch-qualitativ	9	4	10	5	11	12	11	62
davon empirisch-quantitativ	15	6	18	11	19	8	33	110
davon beides	3	3	7	2	4	5	6	30
6.4 psychologische Diagnostik, Beratung	14	5	11	9	6	15	25	85
davon empirisch-qualitativ	1	1	1	2	-	2	1	8
davon empirisch-quantitativ	1	-	-	-	2	1	2	6
davon beides	-	-	-	1	1	3	1	6
Zwischensumme	115	79	155	79	106	111	208	853
Gesamtsumme	**653**	**500**	**964**	**538**	**970**	**1154**	**2020**	**6799**
Anteil an Gesamtdokumenten aus SOFIS (%)	**18,1**	**14,8**	**21,5**	**15,6**	**20,3**	**23,1**	**27,3**	**20,1**

1) Im Jahr 2006 sind erstmals auch Internetangebote erfasst worden.
Quelle: GESIS-IZ Sozialwissenschaften, Bonn – Datenbank SOFIS* (Sozialwissenschaftliches Forschungsinformationssystem)

Jutta Allmendinger | Christian Ebner | Rita Nikolai

Soziologische Bildungsforschung[1]

„Nothing can more effectually contribute to the Cultivation and Improvement of a Country, the Wisdom, Riches, and Strength, Virtue and Piety, the Welfare and Happiness of a People, than a proper Education of Youth, by forming their Manners, imbuing their tender Minds with Principles of Rectitude and Morality, [and] instructing them in ... all useful Branches of liberal Arts and Science"

Benjamin Franklin, 1749

„Ich kann kein Zeichen für eine Lockerung der Fesseln erkennen, die die Erziehung an die Erwerbstätigkeit binden."

T. H. Marshall, 1949/1950 (1992, S. 79)

1 Einleitung

Im ersten Jahrhundert unserer Zeitrechnung formulierte Seneca den Satz: „Non vitae, sed scholae discimus" (Seneca 1998). Er richtete sich damit kritisch gegen die Schule. In jüngerer Zeit wurde dieser Einwurf zur heutigen Moralsentenz umgestellt: „Non scholae, sed vitae discimus." Was meint dieser Ausspruch, der viele von uns begleitet hat, noch immer Schulportale schmückt und noch immer weite Felder der Bildungssoziologie umreißt? Zunächst: Was meint „Schule"? Haben die etablierten staatlichen Bildungsinstitutionen nicht bereits viel verloren, Macht und Einfluss an private Ausbilder und Organisationen abgegeben? Und dann: Was meint „Leben"? Wirtschaftliches Auskommen, sozialen Status, Persönlichkeitsbildung jenseits ökonomischer Verwertungsaspekte, (auferlegte) Anpassung an gesellschaftliche Werte, Integration in die Gesellschaft? Und weiter: Was meint „Lernen"? Zu welchem Wissen führt welches Lernen, welche Elemente charakterisieren die heutige Lern- und Wissensgesellschaft? Schließlich: Ist der Satz nicht in seiner ursprünglichen Bedeutung viel zutreffender, lernen wir nicht hauptsächlich für die Schule und andere Bildungsinstitutionen, da diese zertifizieren, Stempel aufdrücken und es letztlich viel mehr auf diese Nachweise als auf unser tatsächliches Wissen ankommt? Wovon hängen die Antworten ab?

Die Soziologie hat dazu viel zu sagen. Nach Untersuchungsebenen systematisiert geht es auf gesellschaftlicher Ebene um die Leistungsfähigkeit des Bildungssystems, dessen Integrationskraft, um Chancengleichheit, um das Ausmaß und die Legitimation sozialer Ungleichheit. Hier behandelt die Soziologie auch „Bildung als Bürgerrecht", wie von Thomas H. Marshall

---

[1] Dieser Text ist eine aktualisierte und inhaltlich ergänzte Fassung des ursprünglich von Jutta Allmendinger und Silke Aisenbrey verfassten Textes in der ersten Ausgabe dieses Sammelbandes (erschienen 2002). Hinzugefügt wurden Ausführungen zum internationalen Vergleich, zum Zusammenhang zwischen Bildungsabschlüssen und kognitiven Kompetenzen, zum Zusammenhang zwischen Bildung und demografischer Entwicklung, zur Entwicklung des Ausbildungsmarktes, der Weiterbildung sowie Disparitäten nach Migrationshintergrund und Geschlecht.

schon 1949/50 in Großbritannien eingefordert (vgl. Marshall 1992). Dort wurde ein solches auf Chancengleichheit zielendes Recht allerdings als Element von „Sozialpolitik", als ein sozialpolitischer „Leitanspruch" gesehen. Auf individueller Ebene fragt die Soziologie nach dem Zugang zu Bildung und ihrem Nutzen für Individuen. Sie beleuchtet, ob und in welchem Maße schulische Bildung noch immer über Elternhaus und Lehrer zugeteilt oder individuell durch Leistung erworben wird. Damit ist auch die Frage verbunden, inwieweit Bildung den ganzen Lebensverlauf hinsichtlich erwerbsbezogener Optionen prägt und entsprechende Einstellungen gleich mitliefert. Zunehmend zum Brennpunkt werden darüber hinaus die Institutionen selbst. Welche Auswirkungen hat der institutionelle Aufbau des Bildungssystems, die Dreigliedrigkeit der schulischen Bildung, das Nebeneinander von dualer und vollzeitschulischer Ausbildung, von Berufsakademien, Fachhochschulen und Universitäten für Individuum und Gesellschaft? Betrachtet man schließlich die Verbindung der einzelnen Ebenen, stellen sich Fragen wie jene nach den Folgen der Bildungsexpansion für Muster sozialer Ungleichheit. Hat die Bildungsexpansion alte Ungleichheitsverhältnisse zerrüttet, den Wert der Bildung geschmälert? Ist Bildung heute überhaupt noch jenes „Sesam öffne Dich", welches Personen materiellen Wohlstand und Persönlichkeitsgewinn garantiert, den Ländern zu kompetitiven Vorteilen, Stabilität und Wachstum verhilft? Oder in den Worten von Morris Janowitz (1976, S. 34): „(Would) through public education both personal betterment and national and social and economic development take place"?

Die deutsche Antwort auf diese Frage wurde im 19. Jahrhundert von Reichskanzler Otto Fürst von Bismarck noch eindeutig formuliert. In seiner Immediateneingabe von 1890 heißt es: „Unsere höheren Schulen werden von zu vielen jungen Leuten besucht, welche weder durch Begabung noch durch die Vergangenheit ihrer Eltern auf einen gelehrten Beruf hingewiesen werden. Die Folge ist die Überfüllung aller gelehrten Fächer und die Züchtung eines staatsgefährlichen Proletariats Gebildeter." Und weiter: „Auf dem Lande ist schon jetzt ein Überfluss von Arbeitern, welche, im Bewusstsein besserer Schulbildung, nicht mehr selbst arbeiten, sondern nur die Arbeit anderer beaufsichtigen wollen, dagegen ein Mangel an Arbeitskräften, welche selbst zu arbeiten bereit sind" (Bismarck 1890 nach Führ 1997, S. 115).

Bismarck setzte der staatlichen (Aus-)Bildung damit zu einer Zeit enge Grenzen, in der die USA schon den entgegengesetzten Kurs auf eine Bildungsexpansion einschlugen (vgl. Heidenheimer 1981). Er verweigerte sich der Sicht eines „je mehr Bildung, desto besser" und verfolgte in den 1880er Jahren mit den Reichsversicherungsgesetzen stattdessen sozialpolitische Ziele – womit bis heute die Bildungs- und die Sozialpolitik auf den Pfad eines Gegensatzes bzw. einer wechselseitigen Indifferenz zueinander gebracht worden sind. Weiterhin hob Bismarck hervor, dass die Schule nur ein Glied in der Triade Elternhaus – Begabung – Schule ist. Allein könne sie, so die Annahme, zwar Gebildete erzeugen, nicht aber den Habitus, der für gelehrte Berufe unabdingbar ist. In anderen Worten ausgedrückt: Bildung für alle ist überflüssig, da ein Arbeiterkind trotz hoher Bildung eben ein Arbeiterkind bleibt – und in seinem Arbeiterstatus seine ihm gemäße soziale Sicherheit finden mag. „Schuster, bleib bei deinen Leisten!"[2]

---

2 Wie die Maxime Senecas ist auch diese älteren Datums: Sie stammt von Plinius und spielt auf den Hofmaler Alexander des Großen, Appeles, an. Ihm wird folgender zorniger Ausruf zugeschrieben: „Ne sutor supra crepidam!" (Büchmann 1997, S. 323), den wir mit „Schuster, bleib bei deinen Leisten!" frei übersetzen. Appeles nämlich pflegte die von ihm vollendeten Gemälde für die Vorübergehenden so auszustellen, dass er dahinter versteckt ihre Urteile hören konnte. Ein Schuhmacher tadelte nun einmal, dass die Schuhe auf dem Bilde eine Öse zu wenig hätten, und Appeles brachte die fehlende an. Als dann aber der Tadler, stolz auf diesen Erfolg, auch den Schenkel zu bemängeln sich unterfing, rief der unwillige Maler hinter dem Bild hervor: „Was über den Schuh hinausgeht, muss der Schuster nicht beurteilen." (ebd.).

– dieser Leitgedanke wird in der Zeit der Reichsgründung in der Bildungs- und Sozialpolitik gleichermaßen fest verankert und institutionalisiert. Noch eine weitere Grenze wird der Schule gesetzt: Ausgebildet werden soll für den Arbeitsmarkt, und die Zahl der zu Bildenden wird durch die Anzahl freier Positionen im Arbeitsmarkt reguliert (manpower approach). Ohne diese Regulierung würde Bildung zum Gegenteil von „national betterment" beitragen, nämlich zur Entstehung eines „staatsgefährlichen Proletariats" und zur Zersetzung der bestehenden (Klassen-)Ordnung.

Die heutige Antwort auf die Frage nach dem Stellenwert öffentlicher (Aus-)Bildung ist eine andere: In modernen Gesellschaften wird Bildung als wesentliches Element der Demokratisierung und der Emanzipation betrachtet. Der Zugang zu und der Erwerb von Bildung sollen ausschließlich über meritokratische Prinzipien gesteuert werden: Die Verteilung von Status, Prestige und Macht wird aufgrund von individueller Leistung und nicht aufgrund von vererbtem Stand legitimiert. Ebenso kommt die Ausrichtung auf den Arbeitsmarkt unter Druck. Bildung ist jetzt auch Bürgerrecht und kann jenseits von Verwertungsaspekten beansprucht werden. Der social demand steht nun neben dem manpower approach. Im entfalteten europäischen Wohlfahrtsstaat des 20. Jahrhunderts werden Bildung, soziale Sicherung und politische Teilhabe tendenziell zu gleichberechtigten Dimensionen eines Staatsbürgerrechts (vgl. Marshall 1992).

Im Folgenden nehmen wir einige der angesprochenen Überlegungen auf. Wir beginnen mit Theorien und Denkansätzen über die Bedeutung von Bildung für die Gesellschaft, leiten über zur Messung von Bildung und zeichnen dann nach, durch welche Bildungserfolge Deutschland sich über die Zeit profilierte. Den aktuellen Bildungsstand diskutieren wir unter dem Aspekt der Chancengleichheit, insbesondere geht es hier um Chancengleichheit nach sozialer Herkunft, nach Geschlecht, nach Region und nach Migrationshintergrund. Abschließend erörtern wir die Frage nach Bildungserträgen und spiegeln die deutsche Lage im internationalen Vergleich.

2   Bildung und Gesellschaft

Spricht man über Bildung und Gesellschaft, so wird erstere zunächst oft als (vermehrbare) Produktionsressource, als gesamtgesellschaftliches Humankapital angesehen. Nach dieser These sind Länder mit breit angelegten Bildungs- und Ausbildungssystemen und einem hohen durchschnittlichen Bildungsstand der Bevölkerung international kompetitive, innovative und erfolgreiche Gesellschaften. So sprach etwa Georg Picht (1964) in den 1960er Jahren unter dem Schlagwort „Bildungsnotstand ist wirtschaftlicher Notstand" von der Gefahr, dass Deutschland gegenüber der internationalen Konkurrenz zurückfallen könne. Nur durch Investitionen in den Ausbau der höheren Bildung lasse sich das wirtschaftliche Wachstum sichern. Auf der gleichen analytischen Ebene, doch mit dezidiert anderer Stoßrichtung, wird der Bildungsstand eines Landes mit dessen Modernisierungsniveau in Verbindung gebracht. In den Worten von Ralf Dahrendorf: „Bildungspolitik ist weit mehr als eine Magd der Wirtschaftpolitik", „Bildung ist Bürgerrecht". Sie ist ein soziales Grundrecht, und die Bildungsexpansion kann der Verwirklichung dieses Rechts dienen und einen Beitrag zur Modernisierung der Gesellschaft leisten. In den letzten Jahren wurde zunächst wieder der Beitrag der Bildung für die wirtschaftliche Wettbewerbsfähigkeit betont (vgl. Brown/Lauder 1997; Reich 1997), so auch in der berühmt gewordenen Rede von Roman Herzog (1997). Erst in jüngster Zeit wurden dann wieder Stimmen laut, die zu dem Ansatz Bildung als Bürgerrecht, und, noch betonter, Bildung als Menschenrecht zurückkehrten (vgl. Muñoz Villalobos 2007).

In stärker theoretischer Perspektive bietet die Soziologie mit Funktionalismus und Konflikttheorie zwei wesentliche Zugänge zum Stellenwert von Bildung und Erziehung für die Gesellschaft. Die funktionalistische Schichtungstheorie von Kingsley Davis und Wilbert Moore setzt am Arbeitsmarkt und an einem klaren Korrespondenzprinzip zwischen Bildung und Erwerbsarbeit an: In allen Gesellschaften gibt es funktional differenzierte Positionen unterschiedlicher gesellschaftlicher Wertigkeit, welche neben einer speziellen Begabung auch entsprechende Fertigkeiten (technical skills) erfordern. Das Bildungssystem hat die Aufgabe, diese Fertigkeiten zu vermitteln. Gleichermaßen sind den begabten Personen Anreize zu setzen, sich einer Ausbildung zu unterziehen und die damit einhergehenden Opfer (sacrifices) auf sich zu nehmen. Begabte Personen, die sich einer (langen) Ausbildung unterziehen, werden für ihre Investitionen mit Positionen belohnt, die einen entsprechend hohen Status, ein hohes Einkommen und ein hohes Prestige mit sich bringen (vgl. Davis/Moore 1945, zur Kritik siehe Collins 1971). Der Funktionalismus löst also die Verbindung von Elternhaus und Schule und verknüpft Begabung, Schule und Erwerbstätigkeit.

Die Konflikttheorie (für eine gelungene Übersicht siehe Bowles/Gintis 2000) verbindet Elternhaus und Schule und stellt meritokratische Elemente in Abrede. Die schulische Vermittlung von Fertigkeiten spielt in ihr eine untergeordnete Rolle. Im Vordergrund stehen bei der Konflikttheorie die Reproduktion der Klassenstruktur und die Frage, wie dies durch die herrschende Klasse bewerkstelligt werden kann. Aufgrund des Ausbaus des staatlichen Schulsystems und der damit einhergehenden Öffnung von Bildung und Ausbildung kann die Weitergabe des familiären Status nicht mehr über Vererbung, sondern muss über das Bildungssystem erfolgen. Aus qua Geburt zugeschriebenen sind erworbene Zugehörigkeiten geworden. Es müssen daher andere Wege gefunden werden, um die herrschende Klassenstruktur von Generation zu Generation erhalten zu können. Die Schule eröffnet der herrschenden Klasse diese Möglichkeit, indem sie schichtspezifisch sozialisiert und Arbeiterkinder zu disziplinierten und autoritätshörigen Arbeitern und Oberschichtkinder zu selbstständig denkenden, unabhängigen Führungspersonen macht. Dies geschieht durch entsprechende Selektionen nach Sprache und Kultur und damit einhergehenden schichtspezifischen Sozialisations- und Bildungsanstrengungen der Schulen. Aus Sicht der Konflikttheorie lässt sich die Schule von Eliten vereinnahmen, schafft gesellschaftliche Ungleichheit und legitimiert diese unter Vorgabe einer Chancengleichheit für alle. Damit liegt die Konflikttheorie auf einer Linie mit den Arbeiten von Pierre Bourdieu, der die These vertritt, die herrschenden Klassen vererbten ihre Macht – welche sie sich in der Vormoderne durch die Standesordnung sicherten – in der Moderne unter Nutzung des Bildungssystems (vgl. Bourdieu u.a. 1981, S. 24ff.).

3 Zur Messung von Bildung

Bislang wurde Bildung vor allem durch die Dauer des Schulbesuchs und der Ausbildung oder durch den höchsten erreichten Abschluss in Schule und Ausbildung gemessen. Als *zertifikatsarm* können alle Personen ohne jeglichen Abschluss und als *zertifikatsreich* jene mit Hochschulausbildung bezeichnet werden (vgl. Allmendinger 1999). Bei internationalen Studien tritt allerdings häufig das Problem der Vergleichbarkeit auf: Sind beispielsweise zehn Schuljahre in

Deutschland vergleichbar mit zehn Schuljahren in den USA, Finnland oder Großbritannien? Wie ist es um die Qualität der deutschen Lehrlingsausbildung und Hochschulbildung im Vergleich zu anderen Ländern bestellt?

Neuerdings stehen der empirischen Bildungsforschung vermehrt weitere Maßzahlen zur Verfügung, Maße für kognitive Kompetenzen. Diese werden im Zuge ganz unterschiedlicher Untersuchungen für Angehörige verschiedener Altersstufen erhoben. Am bekanntesten ist sicherlich die vor einigen Jahren ins Leben gerufene PISA-Studie, die mit einem breiten internationalen Ansatz die Kompetenzen von 15-Jährigen misst. Während bei der PISA-Studie 2000 Lesekompetenz im Mittelpunkt stand, konzentrierte sich die PISA-Studie 2003 schwerpunktmäßig auf mathematische Kompetenzen. Naturwissenschaftliche Kompetenzen wurden bei der PISA Untersuchung aus dem Jahr 2006 ausführlich getestet. Auf Grundlage dieser Kompetenzmessungen lassen sich absolute Maße von Kompetenzarmut und Kompetenzreichtum bestimmen. Ingesamt wird bezogen auf Lesekompetenzen zwischen fünf Kompetenzstufen differenziert. Jugendliche unterhalb der Kompetenzstufe II („Risikogruppe") verfügen nur über schwache Lesekompetenzen, jene unterhalb der Stufe I werden als „funktionale Analphabeten" bezeichnet (Allmendinger/Leibfried 2003a, S. 14). In Weiterführung von Jutta Allmendinger und Stephan Leibfried (2003b) verstehen wir unter *kompetenzarm* alle Jugendlichen mit einer Eingruppierung unterhalb der Kompetenzstufe II.[3] Jugendliche, die Stufe V erreichen, gelten als *kompetenzreich*.[4] Zusammenfassend ist festzuhalten (vgl. Allmendinger 1999; Allmendinger/Leibfried 2003b), dass sich *Bildungsarmut* also in Zertifikats- und/oder Kompetenzarmut äußert. Im Gegensatz zu Zertifikatsmessungen sind bei Kompetenzmessungen aber auch relative Maße berechenbar. So ist zu bestimmen, wie sich die unteren oder oberen zehn Prozent in der Kompetenzverteilung eines bestimmten Landes zu der gesetzten absoluten Definition von Kompetenzreichtum oder Kompetenzarmut verhalten. Absolute und relative Werte können zusammenfallen, sie brauchen aber auch gar keine Schnittflächen zu haben. Dies ist etwa in Finnland der Fall, einem Land (fast) ohne absolute Bildungsarmut. Durch die Streuungsmaße ist des Weiteren festzustellen, wie ungleich Kompetenzen verteilt sind. Bei einem gegebenen Mittelwert der Kompetenzverteilung in zwei Ländern kann das eine Land alle Personen mit ähnlichen (hohen oder niedrigen) Kompetenzen ausstatten, das andere Land dagegen um den Mittelwert herum sehr breit streuen und damit stark zwischen Personen differenzieren. Entsprechend identifizieren Allmendinger und Leibfried (2003b) auf Grundlage von Mittelwerten und Streuung vier unterschiedliche „Regime" der Kompetenzproduktion in den OECD-Staaten und innerhalb Deutschlands.

Eine große Herausforderung an die vergleichende Bildungsforschung ergibt sich daraus, dass die Messung von Abschlüssen und die Messung von Kompetenzen nicht konvergieren. Ordnet man etwa die einzelnen Bundesländer nach ihrem Anteil an Bildungsarmut oder Bildungsreichtum, erhält man eine andere Reihenfolge wenn man Zertifikate oder Kompetenzen zu Grunde legt. Dasselbe gilt im internationalen Vergleich. Länder mit hoher Zertifikatsarmut können durchaus Länder mit niedriger Kompetenzarmut sein (siehe auch Abschnitt 7 ‚Internationaler Vergleich' in diesem Beitrag). Die Ursachenforschung hierzu ist noch nicht weit fortgeschritten.

---

3   Im Durchschnitt trifft dies für die Lesekompetenz auf knapp ein Fünftel der 15-Jährigen in der OECD zu (vgl. OECD 2007).
4   Bezogen auf die Mathematikkompetenzen und naturwissenschaftliche Kompetenzen können insgesamt sechs Stufen erreicht werden.

Eine zweite Herausforderung besteht darin, dass wir (noch) nicht wissen, ob und unter welchen Vorraussetzungen Zertifikate oder Kompetenzen für die Entwicklung des Erwerbsverlaufs und die Zuteilung von Chancen von Relevanz sind. Eine laufende Untersuchung des Instituts für Arbeitsmarkt- und Berufsforschung (vgl. Kleinert u.a. 2008) verspricht hier erste Ergebnisse.

4 Bildung in Deutschland

Bildungsergebnisse und die Bildungsstruktur Deutschlands sollen nun anhand von Zertifikaten und Kompetenzen beschrieben werden. Wir beginnen mit Zertifikaten, da sich hier lange Entwicklungsreihen nachzeichnen lassen, bei den Kompetenzen Jugendlicher dagegen stehen bislang nur drei Messzeitpunkte zur Verfügung (2000, 2003 und 2006).[5] Abbildung 1 zeigt die Entwicklung zwischen 1955 und 2006 für Schülerinnen und Schüler im 8. Schuljahr, also in einem Alter, in dem in Deutschland die wesentliche Weichenstellung, die Zuordnung zu einer der drei Bildungsstufen, in allen Bundesländern erfolgt ist.[6]

Wir erkennen zwei Stadien, den Zeitraum zwischen 1955 und 1995, geprägt von einer deutlichen Bildungsexpansion, und die Zeit nach 1995, in der kaum noch Veränderungen stattfanden. Skizzieren wir kurz die Zeit hoher Expansion: Der Anteil von Hauptschülern sank zwischen 1955 und 1995 um fast 50 Prozentpunkte (von 74 auf 25%). Im gleichen Zeitraum stieg der Anteil von Gymnasiasten um 15 Prozentpunkte (von 16 auf 31%), der Anteil von Realschülern erhöhte sich um 18 Prozentpunkte (von neun auf 27%). Bis in die 1990er Jahre war die Hauptschule der am meisten besuchte Schultyp. Mitte der 1990er Jahre wurde sie vom Gymnasium abgelöst. Derartige Verschiebungen werden in der Soziologie häufig als Niveaueffekte bezeichnet: Das formale Bildungsniveau von Schülerinnen und Schülern war 1995 wesentlich höher als das von Schülerinnen und Schülern im Jahr 1955. Nach 1995 jedoch blieben die Verteilungen stabil und das, obgleich nicht davon auszugehen ist, dass die Bildungspotenziale ausgeschöpft wären.

---

5 Die internationalen Vergleichsstudien IALS (International Adult Literacy Survey) und ALL (Adult Literacy and Lifeskills) untersuchen die Kompetenzen von Erwachsenen. Die IALS wurde 1994 in neun Ländern (u.a. Deutschland), 1996 in 5 Ländern und 1998 in neun weiteren Ländern durchgeführt (vgl. OECD 2000). Die Nachfolgestudie ALL wurde 2003 durchgeführt, allerdings haben nur 6 Länder teilgenommen (Bermuda, Kanada, Italien, Norwegen, Schweiz und USA) (vgl. OECD 2005a). Die internationalen Vergleichsstudien PIRLS (Progress in International Reading Literacy Study) (vgl. Mullis u.a. 2003) bzw. IGLU (Internationale Grundschul-Lese-Untersuchung) (vgl. Bos u.a. 2004, 2007) sind hingegen auf Schüler der vierten Jahrgangsstufe spezialisiert.

6 Die Abbildung zeigt weiterhin die Entwicklung des Anteils von Schülerinnen und Schülern in Gesamtschulen, eine Schulform, die sich nur begrenzt durchsetzen konnte und heute von gerade 10% eines Jahrgangs besucht wird.

Soziologische Bildungsforschung

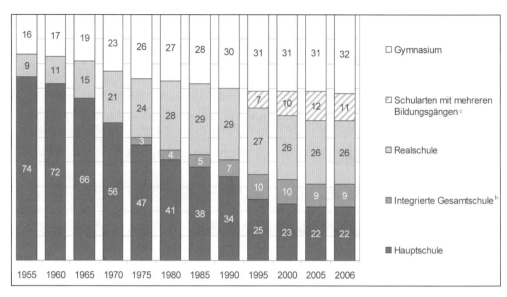

Abbildung 1: Schülerinnen und Schüler im 8. Schuljahr nach Schularten in Deutschland, 1955 bis 2006[a]
Anmerkung: a) ab 1995 einschließlich neue Bundesländer; b) die integrierten Gesamtschulen schließen Freie Waldorfschulen mit ein; c) Schularten mit mehreren Bildungsgängen inklusive Sonderschulen. Quellen: Zahlen bis 2005 aus BMBF 2007a; Jahr 2006 eigene Berechnungen nach Statistisches Bundesamt 2007.

Wie stellt sich im Vergleich zu Zertifikaten die Verteilung von Kompetenzen dar? Abbildung 2 zeigt die Verteilung der Lesekompetenzen Jungendlicher nach Schulformen bei der PISA-Untersuchung 2006 (vgl. PISA-Konsortium Deutschland 2007). Der Anteil der Risikogruppe (unterhalb der Kompetenzstufe II) beträgt in Deutschland 20,1%, während nur 9,9% der Spitzengruppe (Kompetenzstufe V) zugerechnet werden können. Zwischen den Schulformen gibt es hinsichtlich der Verteilung der Kompetenzstufen beträchtliche Unterschiede: Schülerinnen und Schüler der Risikogruppe finden sich überdurchschnittlich – keinesfalls aber ausschließlich – an Hauptschulen (ca. 50%) und in den Integrierten Gesamtschulen (27,7%). Dagegen ist eine erkennbare Leistungsspitze (Kompetenzstufe V) nur am Gymnasium auszumachen.

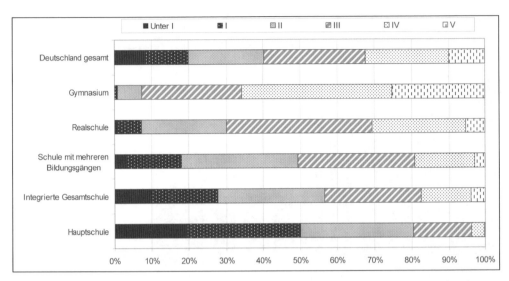

Abbildung 2: Lesekompetenz von Schülerinnen und Schülern nach Schulformen im Jahr 2006 (in %). Quelle: PISA-Konsortium Deutschland 2007, S. 241.

Offenkundig existieren sehr unterschiedliche soziale „Lernumwelten", die sich für Schüler vorteilhaft oder unvorteilhaft auswirken können. Kinder von un- und angelernten Eltern sind überproportional häufig an Hauptschulen anzutreffen. Kinder mit Migrationshintergrund sind in dieser Hinsicht mehrfach benachteiligt: Sie bringen aufgrund ihrer oft mangelnden Sprachkenntnisse nicht nur ungünstige Lernvoraussetzungen mit, sondern sie stoßen in den Hauptschulen vornehmlich auf eine homogene Schülerschaft, die ein suboptimales Lernklima bietet (Stanat 2006). Nicht übersehen werden darf bei all dem, dass beispielsweise Hauptschule nicht gleich Hauptschule ist. Die Leistungsfähigkeit von Hauptschulen, Integrierten Gesamtschulen und Schularten mit mehreren Bildungsgängen schwankt sehr stark, anders als bei Realschulen und Gymnasien, die ein relativ homogenes Leistungsniveau aufweisen (vgl. PISA-Konsortium Deutschland 2007, S. 240).

5 Chancengleichheit

Wie steht es heute um die Chancengleichheit? Blicken wir zunächst 40 Jahre zurück auf das katholische Arbeitermädchen vom Lande (vgl. Peisert 1967), welches all jene Benachteiligungen im Bildungsbereich auf sich vereinte, die in Deutschland bis zur Mitte des 20. Jahrhunderts immer wieder nachgewiesen wurden: Konfession, sozioökonomischer Status des Elternhauses, Geschlecht und Region.

5.1 Sozioökonomischer Status

Mitte der 1970er Jahre beschrieben Walter Müller und Karl Ulrich Mayer die Situation wie folgt: „Der Erfolg im Schulsystem (ist) in einer so massiven Weise von Bedingungen der familiären Herkunft abhängig, daß dem Schulsystem als solchem nur eine geringe Chancen egalisierende Funktion zukommt. Im Gegenteil, das Schulsystem wirkt vielmehr in der Weise, daß über Ausbildung Herkunftsprivilegien auf die nachfolgende Generation übertragen werden" (Müller/Mayer 1976, S. 54).

Im Folgenden sollen nun das Ausmaß und die Entwicklung der Ungleichheit nach sozialer Herkunft anhand einiger Daten veranschaulicht werden. Es liegt nahe, sich dabei auf einige zentrale Schwellen der Bildungsbeteiligung zu konzentrieren. Die Ergebnisse für 2005 sprechen für sich (Abbildung 3): Von 100 Kindern aus Nichtakademikerfamilien erreichen 46 Kinder die gymnasiale Oberstufe und letztendlich schafften 23 Kinder den Sprung an eine Hochschule. Im Vergleich dazu gelangten 88 von 100 Akademikerkindern auf die Oberstufe und schließlich 83 an die Hochschule. Die Chance eines Akademikerkindes, eine Hochschule zu besuchen, ist damit mehr als dreieinhalb Mal so hoch wie die Chance eines Nichtakademikerkindes.

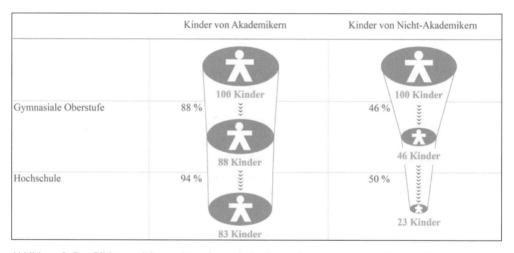

Abbildung 3: Der Bildungstrichter: eine schematische Darstellung sozialer Selektion 2005 – Bildungsbeteiligung von Kindern nach akademischem Abschluss des Vaters (in %)
Quelle: 18. Sozialerhebung des Deutschen Studentenwerkes (BMBF 2007a), Darstellung aus Expertenkommission Forschung und Innovation 2008, S. 42.

Diese Unterschiede nach sozialer Herkunft sind hoch, jedoch niedriger als noch vor zwanzig Jahren? Was hat die Bildungsexpansion zur Chancengleichheit beigetragen? Wir betrachten die Entwicklung seit 1985 in Abbildung 4, wobei hier die Chancen abgetragen werden, mit denen Kinder aus verschiedenen sozialen Gruppen ein Hochschulstudium aufnehmen. Die Chance für Arbeiterkinder, an einer Hochschule zu studieren, blieb in den 1990er Jahren nahezu unverändert. Im Jahr 2000 stiegen deren Beteiligungschancen aber wieder an, so dass sich im Zeitverlauf 1985 und 2005 eine Erhöhung um das 2,5-Fache ergab (Anstieg von vier auf zehn Prozent). Der Anteil der Studierenden unter den Beamtenkindern kletterte von 32 auf 46%, damit erhöhte sich die Chance eines Beamtenkindes zu studieren um das 1,4-Fache. In der Gruppe der Angestelltenkinder veränderte sich der Studierendenanteil von 19 auf 26%. Die Anstiegsrate (um das 1,4-Fache) entspricht damit der von Beamtenkindern. Dagegen konnten die Kinder von Selbstständigen stärker zulegen (um das 1,8-Fache), bei ihnen sprang der Studierendenanteil von 18 auf 33%. Die Zeitreihe der Bildungsbeteiligung weist darauf hin, dass seit 2000 die Studienbeteiligungsquoten der Kinder von Beamten, Angestellten und Selbstständigen leicht rückläufig sind; bei Arbeiterkindern ist die Studienbeteiligung seit 2003 konstant. Dennoch bestehen trotz der Angleichungsprozesse nach wie vor große Disparitäten: Die relativen Chancen von Arbeiterkindern, ein Studium aufzunehmen, sind weiterhin deutlich am schlechtesten.

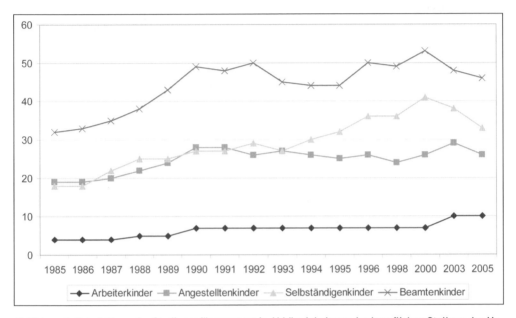

Abbildung 4: Entwicklung der Studienanfängerquote in Abhängigkeit von der beruflichen Stellung des Vaters in den alten Bundesländern 1985 - 2005 (in %)
Quelle: Eigene Darstellung nach der 18. Sozialerhebung des Deutschen Studentenwerkes (BMBF 2007a).

Auch die erreichten Kompetenzwerte hängen klar mit der sozialen Herkunft zusammen. Um dies zu zeigen, wurde in der PISA-Studie ein Index (Economic, Social and Cultural Status Index [ESCS Index]) gebildet, der drei Variablen vereint: den höchsten Bildungsabschluss der Eltern, deren beruflichen Status sowie häusliche Besitztümer (vgl. OECD 2005b, S. 316f.). In Deutschland werden 15,9% der Varianz in der Lesekompetenz durch die soziale Herkunft erklärt, wie die PISA-Studie 2006 nachweist (vgl. OECD 2007). Kennt man also das Elternhaus der Kinder, so sind Prognosen über deren Kompetenzen im Alter von 15 Jahren gut möglich. In vielen anderen Ländern hat die junge Generation jeweils neue und vom Elternhaus weit weniger geprägte Chancen.

5.2 Geschlecht

Frauen werden häufig als Gewinnerinnen der Bildungsexpansion bezeichnet. Zu Recht. Denn noch in den 1960er Jahren stellten sie nur 37% der Abiturienten und 30% der Studienanfänger an Universitäten (vgl. Geißler 2005, S. 80). Bis 2007 ist ihr Anteil an den Studienanfängern deutlich gestiegen und lag bei knapp 50% (StBA 2008). Desweiteren sind wesentlich weniger Frauen als Männer bildungsarm: Im Jahre 2008 waren lediglich 39% der Schulabgänger ohne Hauptschulabschluss Frauen (vgl. StBA 2009a).

Die erzielten Kompetenzwerte zeigen Ähnliches. Jungen weisen in Deutschland im Bereich Lesen 2006 erhebliche Kompetenzrückstände auf (-42 Punkte)[7] und, schlimmer, jeder Vierte von ihnen muss der Risikogruppe zugerechnet werden. Bei den Mädchen ist es nur knapp jede Siebte (vgl. OECD 2007).

Neben der neuen Bildungsarmut von Jungen bestehen andere Unterschiede fast unverändert fort. Noch immer finden wir eine ausgeprägte horizontale Segregation im Bildungs- und Ausbildungsbereich: Frauen besuchen im Wintersemester 2008/2009 seltener die Fachhochschulen (38%) und belegen seltener naturwissenschaftlich-technische Studiengänge (20% Ingenieurwissenschaften, 37% Mathematik/Naturwissenschaften; vgl. BMBF 2007a). Auch in der Lehrlingsausbildung sind sie weiter unterrepräsentiert (vgl. StBA 2009b).[8]

5.3 Region

Die Kluft zwischen städtischen und ländlichen Gebieten hat sich stark verringert (vgl. Henz/Maas 1995). Unterschiede zwischen den Bundesländern bleiben demgegenüber erhalten. Vergleicht man etwa den Anteil der Abiturienten an den Schulabgängern 2006 nach einzelnen Bundesländern, zeigt sich eine Spannweite von 16 Prozentpunkten (20% in Bayern, 36% in Berlin). Eklatante Unterschiede zwischen den Ländern existieren auch, wenn man durchschnittliche Kompetenzen als Maßstab heranzieht. Betrachten wir das Niveau der durchschnittlichen Lesekompetenz in den einzelnen Bundesländern können wir ein leichtes Süd-Nord-Gefälle, d.h. tendenziell höhere Kompetenzen im Süden Deutschlands, feststellen.

Zwischen den deutschen Bundesländern gibt es jedoch nicht nur Abweichungen in den mittleren Kompetenzwerten. Chancengleichheit beim Zugang zu Bildungsinstitutionen variiert ebenfalls nach Region (vgl. PISA-Konsortium Deutschland 2005).[9] Die Chancen von Kindern aus der Oberschicht, ein Gymnasium zu besuchen, verglichen mit Kindern aus einer niedrigeren Sozialschicht, sind in Sachsen-Anhalt über zehnmal größer, in Brandenburg annähernd viermal so hoch. Selbst bei gleichen Lese- und Mathematikkompetenzen schlägt die soziale Herkunft teilweise stark durch. In Bayern ist die relative Wahrscheinlichkeit eines Kindes aus der Oberschicht ein Gymnasium zu besuchen – auch bei gleichen Kompetenzen – fast siebenmal so hoch wie für ein Kind aus einer unteren Schicht, in Brandenburg nur gut zweimal so hoch. Bei genauerer Betrachtung entdeckt man Länder mit hoher Chancenungleichheit und hohen Kompetenzen (z.B. Bayern), Länder mit hoher Chancenungleichheit und niedrigen Kompetenzen (z.B. Sachsen-Anhalt), ebenso wie hohe Chancengleichheit kombiniert mit niedrigen (z.B. Bremen) und hohen Kompetenzen (z.B. Sachsen). Beide Ziele zu verfolgen, also hohe Chancengleichheit und hohe Kompetenzwerte, schließt sich demnach nicht aus. Aber nicht nur Divergenzen zwischen den Bundesländern erklären Unterschiede hinsichtlich Chancengleichheit und Kompetenzniveau, sondern auch lokale Kontexte. Kontextuelle Rahmenbedingungen von Schulen, wie die regionale Arbeitslosenquote oder der Anteil von Schulabgängern mit Hochschulreife, sind dabei von Bedeutung (siehe auch Weishaupt in diesem Band).

---

7   In den Bereichen Mathematik und Naturwissenschaft sind die Kompetenzunterschiede zwischen Jungen und Mädchen dagegen geringer (20 bzw. 7 Punkte, PISA 2006, vgl. OECD 2007).
8   Zu einem hohen Anteil wählen junge Frauen vollzeitschulische Ausbildungsgänge oder Berufe an Schulen des Gesundheitswesens (vgl. BMBF 2007b).
9   Auf eine aktualisierte Darstellung der Ergebnisse der dritten PISA-Studie 2006 wird verzichtet, da hier als Maß für die soziale Herkunft die EGP-Klassen verwendet wurden. Der ESCS-Index ist jedoch unserer Meinung nach das validere Maß.

5.4 Migrationshintergrund

Zu den traditionellen Bildungsungleichheiten nach sozialer Herkunft und Geschlecht ist der Migrationshintergrund der Kinder hinzugetreten.[10] Rund sechs Millionen der unter 25-Jährigen hatten 2005 in Deutschland einen Migrationshintergrund, das ist mehr als ein Viertel (27,2%) aller Schülerinnen und Schüler in Deutschlands Schulen. Besonders hoch ist der Anteil in der Altersgruppe unter sechs Jahre (32,5 %) und in der Altergruppe sechs bis zehn Jahre (29,2%).[11] Ohne diese Kinder wäre die demographische Entwicklung Deutschlands einem noch größeren Wandel unterworfen. Jedoch werden sie nicht so in das deutsche Schulsystem integriert, wie das bei Kindern ohne Migrationshintergrund der Fall ist; sie sind in Sonder- und Hauptschulen weit über- und in allen anderen Schulformen weit unterrepräsentiert. Während nur knapp 17% der Kinder ohne Migrationshintergrund die Hauptschule besuchen, gilt das für fast die Hälfte aller türkischen Schülerinnen und Schüler. Und umgekehrt, während ein Drittel der Schüler ohne Migrationshintergrund auf das Gymnasium geht, trifft dies auf gerade einmal 12% der türkischen Kinder zu (vgl. Konsortium Bildungsberichterstattung 2006).

Die nachteilige Positionierung von Jugendlichen mit Migrationshintergrund im Bildungssystem hat auch zur Folge, dass junge Migrantinnen und Migranten geringere Ausbildungschancen (vgl. BMBF 2007b; Damelang/Haas 2006; Kalter 2006) und hohe Hürden beim Übergang von der Ausbildung in die Erwerbsarbeit zu überwinden haben (vgl. Granato/Kalter 2001; Kristen/Granato 2007). Besorgniserregend sind dabei Ergebnisse von Untersuchungen, die zeigen, dass Kinder der zweiten Generation noch niedrigere Kompetenzen aufweisen als die der ersten Generation. Dies ist mit Ausnahme von Österreich im Bereich der Lesekompetenzen in keinem der Vergleichländer der Fall (PISA 2006, vgl. OECD 2007). Zu einem großen Teil können die niedrigen Kompetenzen der Jugendlichen mit Migrationshintergrund auf die benachteiligte Situation in deren Familien (sozioökonomischer Status; Sprache) zurückgeführt werden (vgl. OECD 2006a); eine stärkere Förderung von Migrantenkindern, insbesondere mit türkischem Migrationshintergrund, scheint daher unabdingbar.

Betrachtet man die Chancen(un)gleichheit im deutschen Bildungssystem über die Zeit, dann hat das katholische Arbeitermädchen vom Lande heutzutage die Gestalt eines „Hartz-IV-Migrantensohns" angenommen.

6 Bildungserträge

Non scholae sed vitae discimus, so haben wir einleitend zitiert. Und das Leben ist weit mehr als Erwerbsarbeit: Bildung, Gesundheit, Lebenserwartung, Glück, soziale Integration, Partizipation, Mobilität und Gestaltungsmöglichkeiten im Lebensverlauf haben viel miteinander zu tun.

Wenden wir uns dennoch vorrangig dem Zusammenhang zwischen Bildung und Beschäftigung zu. Ausgangspunkt bildet zunächst die Korrespondenzannahme zwischen individueller Bildung und späterem Arbeitsmarkterfolg. Der von Ökonomen formulierte Humankapitalan-

---

10 Die katholische Religionszugehörigkeit trifft als eine der vier von Peisert benannten Benachteiligungen (Konfession, Geschlecht, Herkunft und Wohnort), heute nicht mehr zu. Vielmehr wurde die konfessionelle Benachteiligung durch den Migrationshintergrund abgelöst (vgl. Geißler 2005).
11 Vorwiegend stammen die Eltern dieser Schülerinnen und Schüler aus der ehemaligen Sowjetunion und der Türkei (vgl. Ramm et al. 2005).

satz (vgl. Becker 1964; Schultz 1963) geht davon aus, dass sich Bildung in Produktivität auf dem Arbeitsmarkt umsetzt: Höher gebildete Personen sind somit produktivere Personen, die auch ein entsprechend höheres Einkommen erzielen. Diese Aussicht auf eine gute Bezahlung der Lebensarbeit stellt nun ihrerseits die individuelle Motivation her, sich im Schulsystem bilden und ausbilden zu lassen, die entsprechenden Mühen auf sich zu nehmen und auf ein eigenes Einkommen in diesem Zeitraum zu verzichten. Entsprechend investiert eine Person so lange in ihre Bildung, wie der erwartete Ertrag höher als die Investitionskosten in Bildung und Ausbildung liegt.

Die Stärke der Humankapitaltheorie liegt sicherlich in der Eleganz, mit welcher sie die beobachtete enge Verknüpfung von Bildung und Erwerbseinkommen erklärt. Dennoch sind die von ihr angebotenen kausalen Mechanismen zu hinterfragen: Wie bemisst sich Produktivität? Sind einkommenshohe Personen wirklich die produktiveren Personen? Honoriert der Markt nicht viel eher schichtspezifisch definierte Anpassung, Disziplin und Habitus?

Entsprechend haben soziologische Ansätze eher auf andere Mechanismen hingewiesen. So geht der *signalling approach* (vgl. Spence 1974) davon aus, dass nicht die gelernten Inhalte, sondern der Name der Schule und Schultypus das Wissen der Schülerinnen und Schüler signalisieren und ähnlich argumentiert auch die Allokationstheorie (vgl. Bourdieu u.a. 1981), wenn sie auf die Platzierungskraft von Schulen und Universitäten abstellt, ohne Annahmen über die Produktivität von Personen zu machen. Diese Ansätze stehen konflikttheoretischen Aussagen nahe, da hier im Wesentlichen Dimensionen angesprochen werden, die jenseits individueller technischer Fertigkeiten liegen.

Ohne eine Entscheidung zwischen den Erklärungsansätzen treffen zu können, zeigt die empirische Forschung, dass Personen mit höherem Schulabschluss auch heute noch ein wesentlich höheres Einkommen erzielen als solche mit niedrigem Abschluss: Im Jahr 2004 belief sich das durchschnittliche Brutto-Monatseinkommen (Median) von Personen ohne abgeschlossene Berufsausbildung in Deutschland auf 2.000 Euro, von Personen mit abgeschlossener Berufsausbildung auf 2.445 Euro, von Fachhochschulabsolventen auf 3.400 Euro und von Universitätsabsolventen auf 3.700 Euro (vgl. Konsortium Bildungsberichterstattung 2006). Ebenso eindeutig differiert das Risiko, arbeitslos zu sein oder zu werden nach schulischer Bildung. Die Arbeitslosenquote betrug 2005 im Durchschnitt 11,8%, bei Personen ohne Ausbildung erreichte sie dagegen 26% und bei Personen mit Hochschulabschluss nur etwa 4,1% (Reinberg/Hummel 2007). Es ist offenkundig, dass sich die Unterschiede im Arbeitsmarktrisiko in Abhängigkeit vom Qualifikationsniveau über die Zeit wesentlich erhöht haben (Abbildung 5).

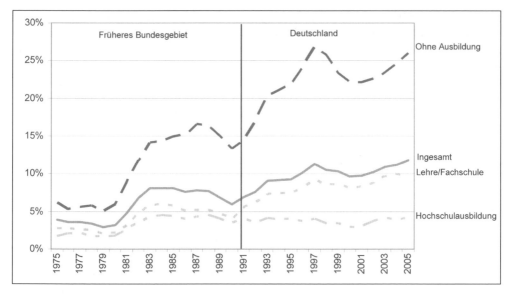

Abbildung 5: Qualifikationsspezifische Arbeitslosenquoten 1975 bis 2005 (in %)
Quelle: Eigene Darstellung nach Reinberg und Hummel (2007, S. 18).

Kommen wir nun zu der nahe liegenden Frage nach dem Zusammenhang zwischen Bildungsexpansion und Bildungserträgen. Den meisten soziologischen Diagnosen ist die Annahme gemeinsam, die Bildungsexpansion führe zu einer Lockerung der Verknüpfung von Bildungs- und Beschäftigungssystem und stärke damit die Zuweisungsfunktion der Familie. Letzteres wird von Helmut Schelsky (1956, S. 20f.) geradezu als Motivation für die Bildungsexpansion angesehen: Die Familien müssten wieder ihre angestammten Aufgaben wahrnehmen, die Schule sich als Vertreterin der Interessen des Elternhauses begreifen. Dies könne über den Ausbau des Bildungssystems bewerkstelligt werden, da das verstärkte Angebot auf dem Markt zu einer Aufweichung des Berechtigungswesens beitrage und so die Schule von der lästigen Selektionsfunktion entlaste. Ulrich Beck (1986) diagnostiziert den gleichen Sachverhalt, allerdings aus wesentlich kritischerer Perspektive: „Im Zuge [der Bildungsexpansion, die Verf.] hat das Bildungssystem in den siebziger Jahren seine Status verteilende Funktion eingebüßt. Ein Abschluß allein reicht nicht mehr hin, um eine bestimmte Berufsposition und damit ein bestimmtes Einkommen und Ansehen zu erreichen (…), hinzukommen müssen extrafunktionale Hintergrundkriterien einer Zugehörigkeit zu sozialen Kreisen, die durch die Bildungsexpansion gerade überwunden werden sollten" (ebd, S. 244). Und Rainer Geißler schreibt recht lapidar: „Was viele besitzen, kann nicht das allein ausschlaggebende Kriterium für die Verteilung von Privilegien an wenige sein" (ebd. 1992, S. 221).

Wie kann man eine Beziehung zwischen Bildungsexpansion und Bildungserträgen systematisieren? Auf der einen Seite ist an dem Gedanken der Überqualifikation anzusetzen. Es gibt mehr gut ausgebildete Personen als hochrangige Positionen. Hieraus könnten sich zwei Entwicklungen ergeben, die „Proletarisierung" und die „Verdrängung". Die Proletarisierungsthese (vgl. Schlaffke 1972) besagt, dass Personen ihre hohe Bildung nicht mehr adäquat ein- und umsetzen können, da nicht genügend hohe berufliche Positionen vorhanden sind. Viele gut ausgebildete Personen können dann ihr Humankapital nicht mehr in den Arbeitsmarkt einbringen, werden arbeitslos und sind so dem schon von Bismarck beschworenen gefährlichen Proletariat Gebildeter zuzuschlagen. Die Gegenthese der Verdrängung (vgl. Lutz 1979) führt auch zu einem Proletariat, allerdings ist es das historisch ebenso oft bemühte der minder Gebildeten, gewissermaßen die ‚underclass' der Wissensgesellschaft: Alle vorhandenen beruflichen Positionen werden, so diese These, zunächst mit Personen besetzt, die die höchsten Bildungsabschlüsse erreicht haben, erst dann folgen Personen mit niedrigeren Bildungs- und Ausbildungsabschlüssen (vgl. Thurow 1975). So sinkt zwar der durchschnittliche Bildungsertrag für alle, insbesondere betroffen sind jedoch die relativ bildungsärmeren Personen bis hin zu den Bildungsarmen, die ganz aus dem Arbeitsmarkt gedrängt werden.

Die empirische Forschung hat diese Fragen aufgenommen. Sie bestätigt, dass die Hochschulabsolventen sich auch noch zu Beginn der 1980er Jahre in den traditionellen akademischen Kernberufen und damit weitgehend ausbildungsadäquat platzieren konnten (vgl. Blossfeld 1985; Handl 1986, 1996). Für die folgenden Jahre hält Walter Müller (1998) ebenfalls fest, dass sich die Karriereperspektiven von Hochschulabsolventen im Gefolge der Bildungsexpansion nur wenig verändert haben. „Der wichtigste Aspekt ist das höhere Arbeitslosigkeitsrisiko, aber das ist nicht der Zunahme der Bildung, sondern dem Arbeitsmarkt geschuldet" (ebd., S. 96).

Der anhaltend enge Zusammenhang zwischen Bildung und Bildungsertrag erklärt sich aus einer zweiten Achse im Verhältnis zwischen Bildungsexpansion und Bildungserträgen, der Entwicklung des Arbeitsmarktes. Sollte ein ‚upgrading' der Berufsstruktur dergestalt feststellbar sein, dass für immer komplexer und anspruchsvoller werdende Berufe immer besser gebildete Personen benötigt werden, ließe sich auch bei einem erhöhten Anteil gut Gebildeter die Korrespondenzannahme halten. Empirisch trifft ein solches upgrading in der Tat zu, wie alle Diagnosen und Projektionen übereinstimmend darlegen (vgl. Reinberg/Schreyer 2003).

Neben den angesprochenen Auswirkungen der Bildungsexpansion dürfen gruppenspezifische Unterschiede in den Bildungserträgen nicht aus dem Auge verloren werden. Dies betrifft insbesondere Abweichungen zwischen Männern und Frauen. In Führungspositionen der Wirtschaft, des öffentlichen Dienstes und der Wissenschaft sind Frauen stark unterrepräsentiert (vgl. Kleinert u.a. 2007). Sogar bei gleicher Ausbildung, Berufserfahrung, gleichem Alter und gleicher aufgewendeten Arbeitszeit, liegen ihre Einkommen unter jenen von Männern (vgl. Achatz u.a. 2005; Hinz/Gartner 2005). Frauen können ihre Bildungsgewinne nicht in entsprechende Arbeitsmarkterfolge umsetzen. Dies verweist auf Grenzen der Meritokratie, die weit außerhalb des Bildungs- und Ausbildungssystems selbst liegen (vgl. Büchel 1996).

Die Erträge von Bildung sind nicht nur auf die Erwerbssphäre beschränkt. So zeigen Studien einen signifikanten Zusammenhang zwischen dem Bildungsstand von Individuen und ihrer Lebensführung und Gesundheit (vgl. Klein u.a. 2006; OECD 2006b). Im Vergleich zu Personen mit Hauptschulabschluss leben Personen mit Hochschulreife wesentlich gesünder: Sie rauchen weniger, leiden seltener an Übergewicht, sind sportlich aktiver und erkranken seltener an Schlaganfall oder Diabetes (vgl. Robert-Koch-Institut 2005). Ebenso lässt sich ein positiver Zusammenhang zwischen Bildungsstand und politischer Partizipation (vgl. Hadjar/Becker 2006) sowie ehrenamtlichem Engagement (vgl. Konsortium Bildungsberichterstattung 2006), als auch ein negativer Zusammenhang zwischen Bildungsniveau und Kinderzahl nachweisen (vgl. Timm 2006).[12]

---

12 Die zunehmende Kinderlosigkeit von Akademikerinnen in Deutschland ist hierbei jedoch nicht allein auf den Bildungsstand zurückzuführen, sondern auch auf die in Deutschland nach wie vor mangelnde Vereinbarkeit von Beruf und Familie (BMFSFJ 2006).

7 Internationaler Vergleich

Die empirisch vergleichende Bildungsforschung hat durch die PISA Erhebungen an Schlagkraft gewonnen. Bislang konnten Länder und Regionen nur bezogen auf Schuldauer und Abschlussniveau miteinander verglichen werden, was immer wieder heftige Kritik und teilweise berechtigte Ablehnung geradezu provozierte: Was genau sagt ein Vergleich von Zertifikaten über den Wissensstand der Bevölkerung aus? Was nutzt ein guter Rangplatz im Ländervergleich, wenn er nicht durch Wissen unterfüttert ist? Die international vergleichende Messung von Kompetenzen kann Antwort auf diese Fragen geben, der Vergleich von Zertifikaten und Kompetenzen Rückschlüsse auf die jeweiligen Bildungssysteme gestatten. Der Bildungsforschung stehen nun erstmals Inputmessungen (Dauer der Beschulung) und Outputmessungen (erreichte Kompetenz) zur Verfügung. Zur Messung des Inputs hat sich die OECD auf eine gemeinsame Klassifikation geeinigt. Hierzu wurde die bereits in den 1970er Jahren von der UNESCO zur Klassifikation von Schultypen und Schulsystemen entwickelte und 1997 endgültig verabschiedete ISCED-Klassifikation (International Standard Classification of Education) herangezogen (vgl. UNESCO 1997).[13]

Beide Indikatoren können miteinander verglichen werden. Abbildung 6 stellt die Verteilung von Kompetenzen und Zertifikaten im EU-Ländervergleich dar und zeigt die jeweiligen Kompetenzwerte in Lesen unterhalb der Kompetenzstufe II (kompetenzarm) sowie den Anteil der 20- bis 24-Jährigen ohne Sekundarstufe-II-Abschluss (zertifikatsarm). Eine hohe Bildungsarmut, gemessen an fehlenden Kompetenzen *und* Zertifikaten, können wir beispielhaft für Portugal feststellen. Schweden hingegen zeichnet sich durch einen niedrigen Anteil von sowohl Personen unterhalb der Kompetenzstufe II als auch von Schulabgängern ohne Abschluss auf Sekundarstufe-II-Niveau aus. Ähnlich wie Schweden weist Spanien einen geringen Anteil von Kompetenzarmen auf, hoch ist jedoch der Anteil Zertifikatsarmer. Ein umgekehrtes Muster finden wir in Polen. Ein hoher Anteil von Kompetenzarmen geht mit einem niedrigen Anteil von Zertifikatsarmen einher. Insgesamt folgt die Verteilung von Kompetenzen und Zertifikaten auf den ersten Blick keinem Muster wohlfahrtsstaatlicher Regime, die Logik der Verknüpfung zwischen Kompetenzen und Zertifikaten ist eine noch offene Forschungsfrage.

---

13 Zur Zuordnung des deutschen Bildungssystems nach der ISCED-Klassifikation siehe Konsortium Bildungsberichterstattung (2006, S. 216).

Soziologische Bildungsforschung

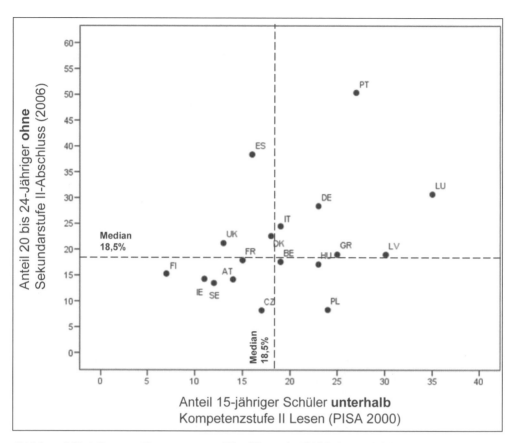

Abbildung 6: Verteilung von Kompetenzen und Zertifikaten im EU-Ländervergleich
Quellen: Eurostat-Online; PISA-Konsortium Deutschland 2001.

Für Deutschland lässt sich feststellen, dass es bestenfalls einen mittleren Platz im internationalen Vergleich einnimmt, und zwar ganz gleich, ob man Zertifikate oder Kompetenzen misst.

Generell unterstreicht Abbildung 6, dass Zertifikate als solche wenig über die erreichten Kompetenzen aussagen und anderen Faktoren wohl eine hohe Bedeutung zukommt: der Qualität der vorschulischen Betreuungsangebote, der Dauer eines Schultages, der Ausbildung der Lehrerinnen und Lehrer, der sozialpädagogisch gestützten frühen Förderung von Kindern aus bildungsfernen Elternhäusern, der Verschränkung von Elternhaus und Schule, der Transparenz der Sozial- und Ergebnisstruktur der einzelnen Schulen, dem Grad und der Sequenzierung der Selektion im Bildungswesen, dem Zusammenspiel zwischen akademischer und beruflich organisierter Ausbildung, der Verteilung finanzieller Mittel auf die verschiedenen Schulformen. Die relative Bedeutung dieser Faktoren können wir allerdings noch nicht ausreichend bestimmen.

Arbeiten zum internationalen Vergleich des Übergangs zwischen Bildungs- und Beschäftigungssystem sind hier deutlich weiter. Seit langem stehen Typologien zur Verfügung, welchen im Wesentlichen zwei Indikatoren zur Einordnung von Institutionen der schulischen und beruflichen Ausbildung zugrunde liegen: das Ausmaß der Stratifizierung von (Aus-)Bildungssystemen und der Grad ihrer Standardisierung (vgl. Allmendinger 1989, zuletzt Leuze 2007).

Das Ausmaß der Stratifizierung lässt sich an der Selektivität eines Bildungssystems erkennen: Auf welcher Ebene, in welcher Altersstufe, finden Selektionen statt? Sie ist umso höher, je weniger Personen eines Jahrgangs den höchsten formalen Schulabschluss erreichen. Worin besteht nun der Zusammenhang zwischen diesen Systemmerkmalen und Einmündungsprozessen in den Arbeitsmarkt? Ein hierarchisch organisiertes stratifiziertes Schulsystem trifft auf einen hierarchisch organisierten Arbeitsmarkt: Dort können und müssen sich die Arbeitgeber weitgehend auf die in den Schulen getroffene Vorselektion verlassen. Die Verbindung zwischen Bildung und Beschäftigung ist eng, führt zu schnellen Übergängen ohne allzu viele Jobwechsel, und erlaubt wegen der frühen Einstufung auf einer bestimmten Hierarchieebene nur wenig Schichtmobilität im Lebensverlauf. In unstratifizierten Systemen ist ein nicht hierarchisch organisiertes Schulsystem mit einem hierarchisch organisierten Arbeitsmarkt verbunden: Positionen werden nicht durch die Schule, sondern durch den Arbeitgeber zugewiesen. Die Unternehmen nehmen also die Selektion für berufliche Stellungen in höherem Ausmaß selbst vor. Die Verbindung zwischen Bildung und Beschäftigung ist eher locker, es kommt zu häufigen Jobwechseln am Anfang der Erwerbsbiographie; systembedingt ist Schichtmobilität über den Erwerbsverlauf keine Seltenheit.

Der Standardisierung liegen folgende Indikatoren zugrunde: Gibt es landesweit eine einheitliche Ausbildung, sind die Curricula und die Ausbildung des Lehrpersonals für Auszubildende einheitlich? Auch die Standardisierung schulischer Systeme hat besondere Folgen für den Erwerbsverlauf: In standardisierten Systemen können sich Arbeitgeber auf den Informationsgehalt von Bildungszertifikaten verlassen, sie können Personen schneller entsprechenden Stellen zuordnen und müssen keine lange Phase des Experimentierens in ihrer Personalpolitik betrieblich vorschalten. In unstandardisierten Systemen wählen die Arbeitgeber selbst aus und greifen zu Eingangsprüfungen und Probezeiten.

In den letzten Jahren haben im Aufbau des deutschen Bildungssystems einige Veränderungen stattgefunden, dennoch zeichnet es sich auch heute noch durch eine vergleichsweise starke Stratifizierung aus; daneben existiert in Deutschland – trotz unübersehbarer Erosion – mit dem „dualen System" ein standardisiertes berufliches Ausbildungswesen, welches curricular gebundene schulische und betriebliche Ausbildung kombiniert. Entsprechend gestaltet sich der Übergang zwischen Schule und Beruf im Vergleich zu anderen Ländern nach wie vor recht geordnet. Die Schule übt noch immer eine wesentliche Selektionsfunktion aus: Bildungs- und Erwerbssystem passen in ihrem hierarchischen Aufbau zusammen und die standardisierte Ausbildung, welche ein breit einsetzbares marktfähiges Wissen vermittelt, bindet Personen nicht in dem Maße an einen bestimmten Betrieb, wie dies von einem training on-the-job bekannt ist. Allerdings gehen mit dem dualen System Beschränkungen einher, die für den Typus eines „occupational labor market" (vgl. Maurice u.a. 1982) charakteristisch sind: Die Ausgebildeten werden langfristig an ein Berufsfeld gebunden und finden kaum Zugang zu weiterer Ausbildung auf höherem Qualifikationsniveau.

Im konservativen deutschen Wohlfahrtsstaat mit stratifizierter schulischer Bildung und standardisierter beruflicher Ausbildung finden wir stabile und gebundene, durch wenige Stellen- und Schichtwechsel gekennzeichnete Erwerbsverläufe. Deutschland ist dabei eine ausgeprägte „Sperrklinken-Gesellschaft", in der – ganz in der Bismarck'schen Tradition – der jeweilige Besitzstand „Arbeitsplatz" geschützt wird: Es herrscht Stellenwechsel ohne Schichtmobilität vor. Bewegungen „in einer Klasse" überwiegen die Auf- und Abwärtsmobilität, welche eher im Generationensprung eintritt (vgl. Blossfeld 1985). Nach David Soskice haben wir es hier mit einem „flexibly coordinated corporatist system", mit „coordinated capitalism" zu tun, in dem die Arbeitsbeziehungen durch ein weit reichendes Vertrauensverhältnis (*trust relations*) zwischen Arbeitgebern und Arbeitnehmern bestimmt sind. Soskice (1990; 1994) beschreibt dieses Vertrauen am Beispiel der beruflichen Ausbildung, sieht es aber im gesamten System der industriellen Beziehungen und der Unternehmens- und Marktorganisation verwirklicht. Die im Rahmen des dualen Systems erfolgende berufliche Qualifizierung ist für alle Beteiligten mit hohen absoluten Kosten verbunden: Arbeitgeber bilden aus und investieren maßgeblich in „ihre" Auszubildenden, Arbeitnehmer lassen sich ausbilden und verzichten währenddessen auf Marktlöhne. Ohne eine Vertrauensgrundlage würden diese Spielregeln nicht von beiden Seiten eingehalten und politisch immer wieder in Frage gestellt werden. Die stets neue Beachtung der Regeln festigt deren Bindungskraft und damit auch das Vertrauen – die Grundwährung, ohne die das System zerfallen müsste. Trotzdem erhebt sich auch an dieser Stelle die Frage, wie lange sich angesichts der fortschreitenden Angleichung der Bildungssysteme in Europa solche länderspezifischen Übergangssysteme erhalten können.

8   Ausblick

Einige Ausgangsfragen sind beantwortet: Sicherlich lernen wir für die Schule. Allein aufgrund der Dreigliedrigkeit und hohen Selektionsfunktion des Bildungssystems vergeben oder entziehen Schulen Chancen, die den gesamten Lebensverlauf prägen. Und damit lernen wir natürlich auch für das Leben. Einige Fragen bleiben offen: Theoretische Ansätze – Funktionalismus, Konflikttheorie und Allokationstheorie – sind empirisch nur begrenzt gegeneinander ausspielbar. Sicher ist die funktionalistische Grundannahme einer meritokratischen Gesellschaft angesichts beträchtlicher Herkunftseffekte nicht zu halten; diese unterstützen konflikttheoretische Ansätze. In diesen Ansätzen bleibt allerdings offen, wie die Mechanismen der Übertragung genau aussehen. Die hauptsächlich im amerikanischen Kontext entwickelte Allokationstheorie wird in Deutschland angesichts der Exzellenzinitiative und zunehmenden Neugründungen privater Universitäten[14] immer spannender, vielleicht wird sie mit empirischen Ansätzen, die Abschlüsse und Kompetenzen systematisch aufeinander beziehen, auch zu überprüfen sein.

Neue Herausforderungen treten hinzu: Der Arbeitsmarkt verändert sich, mit insgesamt steigenden und immer schnellerer Aktualisierung unterworfenen Qualifikationsanforderungen – bedingt durch die Expansion anspruchsvoller Dienstleistungen bei gleichzeitiger Abnahme der Beschäftigung im sekundären Sektor. Der Bedarf an Hochqualifizierten wird weiter wachsen, bei den Niedrigqualifizierten sind neuerliche Beschäftigungseinbußen zu erwarten. Ob der Bedarf der deutschen Wirtschaft mittelfristig gedeckt werden kann, ist fraglich, da auf der Angebotsseite zwei eher ungünstige Aspekte zusammentreffen: die demografische Entwicklung und die Qualifizierungstrends in der Bevölkerung. Beide Faktoren bestimmen den Umfang und die Qualität des künftigen Angebots an Arbeitskräften. So wird der Arbeitskräftebestand trotz der Zuwanderungsbewegungen (zwischen 100.000 bis 300.000 Zuwanderungen pro Jahr) spürbar abnehmen. Selbst wenn die Geburtenrate deutlich ansteigt, die Frauenerwerbstätigkeit weiter zunimmt und ein späterer Eintritt in den Ruhestand erfolgt, wird sich an dem demografisch

---

14   Seit dem Wintersemester 1994/1995 ist die Zahl der Privathochschulen (ohne kirchliche Hochschulen) von 24 auf 69 angestiegen. Im gleichen Zeitraum hat sich die Zahl von Studierenden an privaten Hochschulen von 14.900 auf 45.100 nahezu verdreifacht (vgl. StBA 2005).

bedingten Abwärtstrend in den Erwerbstätigenzahlen nichts ändern (vgl. Fuchs/Dörfler 2005; Fuchs/Söhnlein 2005).

Gleichermaßen scheiden dann die heute 35- bis 49-Jährigen aus dem Arbeitsmarkt aus. Diesen stark besetzten und gut ausgebildeten Jahrgängen folgen geburtenschwache und schlechter qualifizierte Jahrgänge. Daten der Bildungsgesamtrechnung des Instituts für Arbeitsmarkt- und Berufsforschung (vgl. Reinberg/Hummel 2006) zeigen, dass im Zeitraum von 1976 bis 2004 in der Gruppe der 15- bis 24-Jährigen die Zahl der Ungelernten beträchtlich zugenommen hat, während der Anteil der Personen mit Berufsausbildung erheblich gesunken ist.

Dieser Sachverhalt verlangt sofortiges Handeln in zwei Bereichen, in denen sich Deutschland als besonders veränderungsresistent erweist: Weiterbildung und Bildungsarmut. Noch immer gehen wir hierzulande – anders als etwa in angelsächsischen und skandinavischen Staaten – davon aus, dass schulische Bildung und Ausbildung in jungen Jahren für viele Jahrzehnte ein Polster bietet. Schule und duale Ausbildung öffnen sich in Deutschland kaum für das viel beschworene lebenslange Lernen – von dessen Verankerung sind wir weit entfernt. Der Schritt dahin setzt auch die Überwindung sozial- und bildungspolitisch institutionalisierter Routinen voraus, die seit den 1880er Jahren in Deutschland aufgebaut worden sind. Solche Pfadabhängigkeit hält lange vor, weil die gegebenen Strukturen zu gewissermaßen vorbewussten DIN-Normen geronnen sind.

Ähnliches gilt in Sachen Bildungsarmut. Über Jahrzehnte konnte sich Deutschland offenbar Bildungsarmut leisten, und zwar sowohl bezogen auf die einheimische, wie auf die zugewanderte Bevölkerung. Nur so lässt sich erklären, dass Schulen bis heute weitgehend fern sozialpädagogischer Hilfen sind und sehr wenig in eine präventive Sozial- und Arbeitsmarktpolitik investiert wird. Reparaturbetriebe und -maßnahmen haben dagegen Hochkonjunktur. Am Ende des Ausbildungsjahres 2008 (Ende September) waren 282.130 der 620.209 Lehrstellenbewerber in eine Berufsausbildung eingemündet, und 14.479 galten als „noch nicht vermittelt" (vgl. Bundesagentur für Arbeit 2008). Die verbleibende Differenz wird dadurch aufgelöst, dass viele Bewerber, die keinen regulären Ausbildungsplatz erhalten haben, in diverse Qualifizierungsmaßnahmen gelenkt wurden und damit auf dem Papier als „vermittelt" zählen. Gleichermaßen bekommen Lehrstelleninteressenten von der Berufsberatung aufgrund mangelnder Qualifikationen oder Ausbildungsreife (vgl. Müller-Kohlenberg u.a. 2005) häufig keinen Bewerberstatus zuerkannt und tauchen nicht in der Bewerberstatistik auf. So entwickelte sich in Deutschland ein „Reparatursystem" an Qualifizierungsmaßnahmen, die selbst zu keinem voll qualifizierenden Berufsabschluss führen, aber im Sinne einer Vorausbildung den Eintritt in eine spätere Berufsausbildung ermöglichen sollen. In Deutschland traten 2006 551.434 Jugendliche (43,5%) in das duale System ein. Auf berufliche Vollzeitschulen entfielen weitere 16,8%, auf das Übergangssystem 39,7% der Neueintritte (vgl. Autorengruppe Bildungsberichterstattung 2008). Dieser hohe Anteil erscheint umso beängstigender, als Erfolge der im Übergangssystem angebotenen Maßnahmen – häufig auch „berufsvorbereitende Maßnahmen" oder auch „Chancenverbesserungssystem" (Baethge u.a. 2003, S. 44) genannt – bis zum heutigen Zeitpunkt kaum evaluiert sind. Ob diese Maßnahmen wirklich Chancen mehren, steht dahin.

An einer Verbesserung der Erst- und Weiterbildung, an der höheren Ausschöpfung der Potenziale, kommt Deutschland nicht vorbei. Weitere Herausforderungen stellen sich angesichts einer zunehmenden Inter- bzw. Supranationalisierung des Bildungssystems, etwa durch EU-weite Qualifikations-, Studien- und Förderungsprogramme, und auf Grund von Wanderungstendenzen gerade bei den hoch gebildeten Arbeitnehmern in den internen Arbeitsmärkten europäischer bzw. multinationaler Firmen. Bildungsabschlüsse werden in einem speziellen nationalen

Kontext erworben: Sie zertifizieren Kenntnisse und Qualifikation, wirken aber gleichzeitig als Filter, der über den Zugang zu beruflichen Positionen entscheidet. Die von der EU vorgeschriebene wechselseitige Anerkennung von Abschlüssen – integration through law – kann zwar den Gebrauchswert der Qualifikation zum Ausdruck bringen. Sie informiert jedoch nicht über den Selektionswert der Bildungssysteme in ungleich strukturierten Gesellschaften. Die Verzahnung von Ausbildungs- und Beschäftigungssystem ist somit überdeterminiert und strukturträge. So hat auch David Soskice (1990, S. 94) darauf aufmerksam gemacht, dass eine Transplantation einzelner Elemente, z.B. der beruflichen Ausbildung, nicht ohne eine massive Funktionsveränderung insgesamt wirksam werden kann.

Diese Themen bleiben alle immanent, setzen also die bestehenden Makrogleichgewichte zwischen Bildungs- und Beschäftigungssystem voraus. Mit gänzlich anderen Anforderungen werden Schulen und Ausbildungssysteme aber konfrontiert, wenn ein weiterer Abbau der (Erwerbs-)Arbeitsgesellschaft eintreten sollte. Wie kann soziale Ungleichheit dann noch legitimiert werden?

9 Literatur

Achatz, J./Gartner, H./Glück, T. (2005): Bonus oder Bias? Mechanismen geschlechtsspezifischer Entlohnung. In: Kölner Zeitschrift für Soziologie und Sozialpsychologie 57, S. 466–493.
Allmendinger, J. (1989): Career Mobility Dynamics. A Comparative Analysis of the Unites States, Norway, and West Germany. Berlin: Max-Planck-Inst. für Bildungsforschung.
Allmendinger, J. (1999): Bildungsarmut: Zur Verschränkung von Bildungs- und Sozialpolitik. In: Soziale Welt 50, S. 35–50.
Allmendinger, J./Leibfried, S. (2003a): Education and the Welfare State: The Four Worlds of Competence Production. In: European Journal of Social Policy 13, S. 63–81.
Allmendinger, J./Leibfried, S. (2003b): Bildungsarmut. In: Aus Politik und Zeitgeschichte B21-22, S. 12–18.
Autorengruppe Bildungsberichterstattung (2008): Bildung in Deutschland 2008. Bielefeld: W. Bertelsmann.
Baethge, M./Buss, K.-P./Lanfer, C. (2003): Konzeptionelle Grundlagen für einen Nationalen Berufsbildungsbericht: Berufliche Bildung und Weiterbildung/Lebenslanges Lernen. Bildungsreform Band 7. Bundesministerium für Bildung und Forschung. Bonn: BMBF.
Beck, U. (1986): Risikogesellschaft. Auf dem Weg in eine andere Moderne. Frankfurt a.M.: Suhrkamp.
Becker, G. S. (1964): Human Capital. New York: Columbia Univ. Press.
Bismarck, O. Fürst von (1890): Zur Gefahr eines akademischen Proletariats: Immediateingabe vom 16. März 1890. Nach Führ, C. (1997): Bildungsgeschichte und Bildungspolitik. Köln: Böhlau.
Blossfeld, H.-P. (1985): Bildungsexpansion und Berufschancen. Empirische Analyse zur Lage der Berufsanfänger der Bundesrepublik. Frankfurt a.M./New York: Campus.
Bos, W./Lankes, E.-M./Prenzel, M./Schwippert, K./Valtin, R./Walther, G. (Hrsg.) (2004): IGLU. Einige Länder der Bundesrepublik Deutschland im nationalen und internationalen Vergleich. Münster: Waxmann.
Bos, W./Valtin, R./Hornberg, S./Buddeberg, I./Goy, M./Voss, A. (2007): Internationaler Vergleich 2006: Lesekompetenzen von Schülerinnen und Schülern am Ende der vierten Jahrgangsstufe. In: Bos, W./Hornberg, S./Arnold, K.-H./Faust, G./Fried, L./Lankes, E.-M./Schwippert, K./Valtin, R. (Hrsg.): IGLU 2006. Lesekompetenzen von Grundschulkindern in Deutschland im internationalen Vergleich. Münster: Waxmann, S. 109–160.
Bourdieu, P./Boltanski, L./De Saint Martin, M./Maldidier, P. (1981): Titel und Stelle. Über die Reproduktion sozialer Macht. Frankfurt a.M.: Europ. Verlags-Anstalten.
Bowles, S./Gintis, H. (2000): Does Schooling Raise Earnings by Making People Smarter? In: Arrow, K./Bowles, S./Durlauf, S. (Hrsg.): Meritocracy and Economic Inequality. Princeton/NJ: Princeton Univ. Press, S. 118–136.
Brown, P./Lauder, H. (1997): Education, Globalization, and Economic Development. In: Halsey, A./Lauder, H./Brown, P./Wells, A. (Hrsg.): Education. Culture, Economy, Society. Oxford/New York: Oxford Univ. Press S. 172–192.
Büchel, F. (1996): Der hohe Anteil an unterwertig Beschäftigten bei jüngeren Akademikern: Karrierezeitpunkt- oder Strukturwandeleffekt? In: Mitteilungen aus der Arbeitsmarkt- und Berufsforschung 2, S. 279–294.

Büchmann, G. (1997): Geflügelte Worte! München: Droemer Knaur.
Bundesagentur für Arbeit (2009): Online-Statistik der Bundesagentur für Arbeit. URL: http://www.arbeitsagentur.de (29.09.2009).
Bundesministerium für Bildung und Forschung (BMBF) (2007a): 18. Sozialerhebung. Bonn: BMBF.
Bundesministerium für Bildung und Forschung (BMBF) (2007b): Berufsbildungsbericht 2007. Bonn: BMBF.
Bundesministerium für Familie, Senioren, Frauen und Jugend (BMFSFJ) (2006): Siebter Familienbericht. Familie zwischen Flexibilität und Verlässlichkeit. Berlin: Bundesanzeiger.
Collins, R. (1971): Functional and Conflict Theories of Educational Stratification. In: American Sociological Review 36, S. 1002–1019.
Commission of the European Communities (COM) (2007): Commission Staff Working Document. Progress towards the Lisbon Objectives in Education and Training. Indicators and Benchmarks, 1284, Brüssel: Commission of the European Communities.
Dahrendorf, R. (1965): Bildung ist Bürgerrecht. Plädoyer für eine aktive Bildungspolitik. Hamburg: Nannen.
Damelang, A./Haas, A. (2006): Arbeitsmarkteinstieg nach dualer Berufsausbildung. Migranten und Deutsche im Vergleich. IAB Forschungsbericht 17. Nürnberg: Institut für Arbeitsmarkt- und Berufsforschung der Bundesagentur für Arbeit, S. 1–48.
Davis, K./Moore, W. (1945): Some principles of stratification. In: American Sociological Review 10, S. 242–249.
PISA-Konsortium Deutschland (Hrsg.) (2001): PISA 2000: Basiskompetenzen von Schülerinnen und Schülern im internationalen Vergleich. Opladen: Leske+Budrich.
PISA-Konsortium Deutschland (Hrsg.) (2005): PISA 2003. Der zweite Vergleich der Länder in Deutschland. Was wissen und können Jugendliche? Münster: Waxmann.
PISA-Konsortium Deutschland (2007): PISA 2006. Die Ergebnisse der dritten internationalen Vergleichsstudie. Münster: Waxmann.
Expertenkommission Forschung und Innovation (2008): Gutachten zu Forschung, Innovation und technologischer Leistungsfähigkeit. Berlin: BMBF.
Franklin, B. (1749): Proposals Relating to the Education of Youth in Pennsylvania. Nachgedruckt in Journal of General Education 28 (1976), S. 256–61.
Fuchs, J./Dörfler, K. (2005): Projektionen des Arbeitsangebots bis 2050: Annahmen und Datengrundlage. IAB Forschungsbericht 25, S. 1–38.
Fuchs, J./Söhnlein, D. (2005): Vorausschätzung der Erwerbsbevölkerung bis 2050. IAB Forschungsbericht 16, S. 1–51.
Geißler, R. (1992): Die Sozialstruktur Deutschlands. Opladen: Westdeutscher Verlag.
Geißler, R. (2005): Die Metamorphose der Arbeitertochter zum Migrantensohn: Zum Wandel der Chancenstruktur im Bildungssystem nach Schicht, Geschlecht, Ethnie und deren Verknüpfung. In: Berger, P./Kahlert, H. (Hrsg.): Institutionalisierte Ungleichheiten: Wie das Bildungswesen Chancen blockiert. Weinheim/München: Juventa, S. 71–100.
Granato, N./Kalter, F. (2001): Die Persistenz ethnischer Ungleichheit auf dem deutschen Arbeitsmarkt. Diskriminierung oder Unterinvestition in Humankapital? In: Kölner Zeitschrift für Soziologie und Sozialpsychologie 53, S. 550–569.
Hadjar, A./Becker, R. (2006): Politisches Interesse und politische Partizipation. In: Hadjar, A./Becker, R. (Hrsg.): Die Bildungsexpansion. Erwartete und unerwartete Folgen. Wiesbaden: VS Verlag, S. 179–204.
Handl, J. (1986): Zur Veränderung der beruflichen Chancen von Berufsanfängern zwischen 1950 und 1982. In: Franke, H. (Hrsg.): Berufliche Verbleibsforschung in der Diskussion. (= Beiträge zur Arbeitsmarkt- und Berufsforschung 90/4). Nürnberg: Institut für Arbeitsmarkt- und Berufsforschung, S. 13–48.
Handl, J. (1996): Hat sich die berufliche Wertigkeit der Bildungsabschlüsse in den achtziger Jahren verringert? Eine Analyse der abhängig erwerbstätigen, deutschen Berufsanfänger auf der Basis von Mikrozensusergebnissen. In: Kölner Zeitschrift für Soziologie und Sozialpsychologie 48, S. 249–273.
Heidenheimer, A.J. (1981): Education and Social Security Entitlements in Europe and America. In: Flora, P./Heidenheimer, A.J. (Hrsg.): The Development of the Welfare State in Europe and America. New Brunswick/ London: Transaction Books, S. 269–306.
Henz, U./Maas, I. (1995): Chancengleichheit durch die Bildungsexpansion? In: Kölner Zeitschrift für Soziologie und Sozialpsychologie 47, S. 605–633.
Herzog, R. (1997): Aufbruch in der Bildungspolitik. Rede des Bundespräsidenten am 5. November 1997 in Berlin. In: Rutz, M. (Hrsg.): Aufbruch in der Bundespolitik. Roman Herzogs Rede und 25 Antworten. München: Goldmann.
Hinz, T./ Gartner, H. (2005): Geschlechtsspezifische Lohnunterschiede in Branchen, Berufen und Betrieben. In: Zeitschrift für Soziologie 34, S. 22–39.
Janowitz, M. (1976): The Social Control of the Welfare State. New York: Elsevier.

Kalter, F. (2006): Auf der Suche nach einer Erklärung für die spezifischen Arbeitsmarktnachteile von Jugendlichen türkischer Herkunft. In: Zeitschrift für Soziologie 35, S. 144–160.
Klein, T./Unger, R./Schulze, A. (2006): Bildungsexpansion und Lebenserwartung. In: Hadjar, A./Becker, R. (Hrsg.): Die Bildungsexpansion. Erwartete und unerwartete Folgen. Wiesbaden: VS Verlag, S. 311–331.
Kleinert, C./Kohaut, S./Brader, D./Lewerenz, J. (2007): Frauen an der Spitze. Arbeitsbedingungen und Lebenslagen weiblicher Führungskräfte. Frankfurt a.M. u.a.: Campus.
Kleinert, C./Matthes, B./Jacob, M. (2008): Die Befragung „Arbeiten und Lernen im Wandel". Theoretischer Hintergrund und Konzeption. IAB-Forschungsbericht, 05/2008. Nürnberg, S. 1–46.
Konsortium Bildungsberichterstattung (2006): Bildung in Deutschland. Bielefeld: W. Bertelsmann.
Kristen, C./Granato, N. (2007): The educational attainment of the second generation in Germany. Social origins and ethnic inequality. IAB Discussion Paper 04. Nürnberg, S. 1–33.
Leuze, K. (2007): Smooth Path or Long and Winding Road? Comparing the Institutional Embeddedness of Graduate Careers in Germany and Britain [Dissertation, Universität Bremen].
Lutz, B. (1979): Die Interdependenz von Bildung und Beschäftigung und das Problem der Erklärung der Bildungsexpansion. In: Matthes, J. (Hrsg.): Sozialer Wandel in Westeuropa. Frankfurt a.M./New York: Campus Verl. , S. 634–670.
Marshall, T.H. (1992): Staatsbürgerrechte und soziale Klassen. In: Rieger, E. (Hrsg.): Bürgerrechte und soziale Klassen. Zur Soziologie des Wohlfahrtsstaates. Frankfurt a.M.: Campus, S. 33–94.
Maurice, M./Sellier, F./Sivestre, J.J. (1982): Politique d'éducation et organisation industrielle en France et en Allemagne: Essai d'analyse societal. Paris: Presses Universitaires de France.
Müller, W. (1998): Erwartete und unerwartete Folgen der Bildungsexpansion. In: Friedrichs, J. (Hrsg.): Die Diagnosefähigkeit der Soziologie. Kölner Zeitschrift für Soziologie und Sozialpsychologie, Sonderheft 38, S. 81–118.
Müller, W./Mayer, K.U. (1976): Chancengleichheit durch Bildung? Untersuchungen über den Zusammenhang von Ausbildungsabschlüssen und Berufsstatus. Gutachten und Studien der Bildungskommission 42. Stuttgart: Klett.
Müller-Kohlenberg, L./Schober, K./Hilke, R. (2005): Ausbildungsreife. Numerus clausus für Azubis? In: Berufsbildung in Wissenschaft und Praxis 34, S. 19–23.
Mullis, I./Martin, O./Gonzalez, E./Kennedy, A. (2003): PIRLS 2001 International Report. IEA's Study of Reading Literacy Achievement in Primary School in 35 Countries. Chestnut Hill/MA: International Study Center.
Muñoz Villabos, V. (2007): Report of the Special Rapporteur on Education. Vernor Muñoz, on his mission to Germany. A/HRC/4/29/Add.3, 9, März 2007, New York: United Nations.
OECD (2000): Literacy in the Information Age. Final Report of the International Adult Literacy Survey. Paris: OECD.
OECD (2001): Knowledge and Skills for Life. First Results from PISA 2000. Paris: OECD.
OECD (2005a): Learning a Living: First Results of the Adult Literacy and Life Skills Survey. Ottawa/Paris: OECD.
OECD (2005b): Education at a Glance. Paris: OECD.
OECD (2006a): Where immigrant students succeed – A comparative review of performance and engagement in PISA 2003. Paris: OECD.
OECD (2006b): Education at a Glance. Paris: OECD.
OECD (2007a): PISA 2006 Science Competencies for Tomorrow's World. Paris: OECD.
Peisert, T.H. (1967): Soziale Lage und Bildungschancen in Deutschland. München: Piper.
Picht, G. (1964): Die deutsche Bildungskatastrophe. Olten: Walter Verlag.
Ramm, G./Walter, O./Heidemeier, H./Prenzel, M. (2005): Sozialkulturelle Herkunft und Migration im Ländervergleich. In: PISA-Konsortium Deutschland (Hrsg.): PISA 2003. Der zweite Vergleich der Länder in Deutschland. Was wissen und können Jugendliche. Münster: Waxmann, S. 269–298.
Reich, R. (1997): Why the Rich are Getting Richer and the Poor, Poorer. In: Halsey, A./Lauder, H./Brown, P./Wells, A. (Hrsg.): Education. Culture, Economy, Society. Oxford/New York: Oxford Univ. Press, S. 163–171.
Reinberg, A./Schreyer, F. (2003): Arbeitsmarkt für AkademikerInnen: Studieren lohnt sich auch in Zukunft. IAB-Kurzbericht 20.
Reinberg, A./Hummel, M. (2006): Zwanzig Jahre Bildungsgesamtrechnung. Entwicklungen im Bildungs- und Erwerbssystem Ost- und Westdeutschlands bis zum Jahr 2000 (= Beiträge zur Arbeitsmarkt- und Berufsforschung, 306). Nürnberg: Institut für Arbeitsmarkt- und Berufsforschung.
Reinberg, A./Hummel, M. (2007): Qualifikationsspezifische Arbeitslosigkeit im Jahr 2005 und die Einführung der Hartz-IV-Reform. Empirische Befunde und methodische Probleme. IAB-Forschungsbericht, 09/2007. Nürnberg, S. 1–45.
Robert-Koch-Institut (2005): Armut, soziale Ungleichheit und Gesundheit (= Beiträge zur Gesundheitsberichterstattung des Bundes). Berlin.

Schelsky, H. (1956): Soziologische Bemerkungen zur Rolle der Schule in unserer Gesellschaftsverfassung. In: Schelsky, H. (Hrsg.): Schule und Erziehung in der industriellen Gesellschaft. Würzburg: Werkbund Verlag, S. 9–50.
Schlaffke, W. (1972): Akademisches Proletariat. Osnabrück: Fromm.
Schultz, T. (1963): The Economic Value of Education. New York: Columbia Univ. Press.
Seneca, L.A. (1998): Epistulae morales ad Lucilium. Liber XVIII. Stuttgart, Klett.
Soskice, D. (1990): Reinterpreting Corporatism and Explaining Unemployment: Co-ordinated and Non-co-ordinated Market Economies. In: Brunetta, R./Dell`aringa, C. (Hrsg.): Labour Relations and Economic Performance. London: Macmillan, S. 170–211.
Soskice, D. (1994): Reconciling Markets and Institutions: The German Apprenticeship System. In: Lynch, L. M. (Hrsg.): Training and the Private Sector. Chicago: Univ. of Chicago Press, S. 25–60.
Spence, A.M. (1974): Market Signaling. Cambridge: Harvard Univ. Press.
Stanat, P. (2006): Schulleistungen von Jugendlichen mit Migrationshintergrund: Die Rolle der Zusammensetzung der Schülerschaft. In: Baumert, J./Stanat, P./Watermann, R. (Hrsg.): Herkunftsbedingte Disparitäten im Bildungswesen: Differenzielle Bildungsprozesse und Probleme der Verteilungsgerechtigkeit. Wiesbaden: VS Verlag, S. 189–219.
Statistisches Bundesamt (StBA) (2005): Hochschulstandort Deutschland 2005. Wiesbaden: Statistisches Bundesamt.
Statistisches Bundesamt (StBA) (2007): Bildung und Kultur. Allgemeinbildende Schulen, Schuljahr 2006/2007. Fachserie 11. Wiesbaden: Statistisches Bundesamt.
Statistisches Bundesamt (StBA) (2008): Nicht-monetäre Hochschulkennziffern. Wiesbaden: Statistisches Bundesamt.
Statistisches Bundesamt (StBA) (2009a): Bildung und Kultur. Allgemeinbildende Schulen, Schuljahr 2008/2009. Fachserie 11. Wiesbaden: Statistisches Bundesamt.
Statistisches Bundesamt (StBA) (2009b): Bildung und Kultur. Studierende an Hochschulen. Fachserie 11, Reihe 4.1. Wiesbaden: Statistisches Bundesamt.
Thurow, L. (1975): Generating Inequality. New York: Basic Books.
Timm, A. (2006): Die Veränderung des Heirats- und Fertilitätsverhaltens im Zuge der Bildungsexpansion. Eine Längsschnittanalyse für West- und Ostdeutschland. In: Hadjar, A./Becker, R. (Hrsg.): Die Bildungsexpansion. Erwartete und unerwartete Folgen. Wiesbaden: VS Verlag, S. 277–309.
UNESCO (1997): International Standard Classification of Education – 1997 version. URL: http://www.uis.unesco.org/TEMPLATE/pdf/isced/ISCED_A.pdf (14.8.2007).

Thomas Götz | Anne C. Frenzel | Reinhard Pekrun

Psychologische Bildungsforschung

Was ist psychologische Bildungsforschung und welche Beiträge liefert sie für ein Verständnis von individueller Bildung und institutionellem Bildungswesen? In diesem Beitrag wird dargestellt, dass es sich bei der Psychologie um eine zentrale Grundlagenwissenschaft der Bildungsforschung handelt. Einleitend wird der Begriff der psychologischen Bildungsforschung erläutert. Anschließend werden Aspekte von Persönlichkeit als Gegenstände von Bildung diskutiert; und im dritten Abschnitt wird auf psychologische Perspektiven zum Erwerb von Bildung und zu Bildungswirkungen von Unterricht und sozialen Umwelten eingegangen. In einem kurzen Ausblick werden Desiderata für zukünftige Bildungsforschung skizziert.

1 Was ist psychologische Bildungsforschung?

Eine Klärung des Begriffs der psychologischen Bildungsforschung setzt die Beschäftigung mit den Begriffen „Psychologie" und „Bildung" voraus. Gegenstand der Psychologie sind Erleben und Verhalten des Menschen. Traditionell werden hierzu alle psychischen Grundfunktionen gerechnet, also insbesondere Wahrnehmung, Kognition, Emotion und Motivation/Volition; hinzu kommt das beobachtbare Verhalten (einführend Pawlik 2006).

Unterschiedliche Teildisziplinen der Psychologie betrachten Erleben und Verhalten aus jeweils spezifischen Perspektiven. Was die Grundlagenfächer der Psychologie anbelangt, so beschäftigt sich die *Allgemeine Psychologie* mit allgemeinen Gesetzmäßigkeiten des Erlebens und Verhaltens (z.B. Informationsverarbeitung), die *Sozialpsychologie* mit Erleben und Verhalten von Individuen in Gruppen, die *Entwicklungspsychologie* mit der Entwicklung von Erleben und Verhalten über die Lebensspanne, die *Differentielle Psychologie* mit intra- und interindividuellen Unterschieden im Erleben und Verhalten und die *Biologische Psychologie* in ihren Unterdisziplinen (z.B. Psychophysiologie, Neuropsychologie) u.a. mit neuroanatomischen und physiologischen Korrelaten von Erleben und Verhalten. Obwohl in den Anwendungsfächern der Psychologie ebenfalls Grundlagenforschung betrieben wird, spielt der Anwendungsaspekt dort in der Regel eine größere Rolle als in den Grundlagendisziplinen. Die *klinische Psychologie* beschäftigt sich mit Störungen im Erleben und Verhalten, die *Pädagogische Psychologie* mit Erleben und Verhalten im Kontext von Lernen, Lehren, Erziehung und Sozialisation und die *Arbeits-, (Betriebs-) und Organisationspsychologie* mit Erleben und Verhalten in Unternehmen und Organisationen. Zum Teil lassen sich die einzelnen Disziplinen der Psychologie nicht klar trennen. Analysen zu interindividuellen Unterschieden in der Lern- und Leistungsentwicklung verbinden beispielsweise Perspektiven der Differentiellen, der Entwicklungs- und der Pädagogischen Psychologie.

Relativ große Überschneidungen zeigen die Gegenstandsbereiche von Psychologie und *Pädagogik*. Definiert man Pädagogik als Wissenschaft von Unterricht, Erziehung und Sozialisation, also von intentionaler und nicht-intentionaler sozialer Einflussnahme auf die *Entwicklung* von Erleben und Verhalten (vgl. Gudjons 2007), so hat man mit einer solchen Bestimmung gleichzeitig zentrale Gegenstände von Entwicklungspsychologie und Pädagogischer Psychologie benannt. Die Psychologie definiert sich traditionell jedoch stärker als empirische Wissenschaft als die Pädagogik. Dementsprechend ist die Psychologie als eine empirische Grundlagenwissenschaft für die Pädagogik anzusehen – dies gilt zugleich für ihre grundlagenorientierten und für ihre anwendungsorientierten Teildisziplinen mit ihren jeweils spezifischen Perspektiven. Zu den Unterschieden beider Fächer zählen, dass die Pädagogik im Gegensatz zur Psychologie auch soziologische, ökonomische und philosophisch-ethische Perspektiven berücksichtigt, sich durch eine curricular differenzierte Gegenstandsorientierung auszeichnet und Normen und Programme für Erziehung und Unterricht entwickelt.

Was ist *Bildung*? Unterscheiden lassen sich Bildung als *Produkt* („gebildet sein") und als *Prozess* („sich bilden", „sich fortbilden", „sich weiterbilden"). In einem Produktsinne können unter Bildung überdauernde Ausprägungen der Persönlichkeit eines Menschen verstanden werden, die unter normativer Perspektive pädagogisch erwünscht sind (zum Bildungsbegriff vgl. Dörpinghaus/Poenitsch/Wigger 2006). Hierzu sind Wissensbestände ebenso zu zählen wie Wertehaltungen und Verhaltensdispositionen. Bildung als Prozess beinhaltet die Entwicklung und soziale Vermittlung solcher erwünschten Persönlichkeitsausprägungen (z.B. durch schulischen Unterricht oder betriebliche Fortbildungsmaßnahmen). Bildungsprozesse und -produkte stehen in permanenter Wechselwirkung: Bildungsprodukte sind das Resultat kumulativer Bildungsprozesse, deren Qualität und Quantität ihrerseits von bereits vorhandenen Bildungsprodukten (z.B. Vorwissen) geprägt sind.

Psychologische Bildungsforschung lässt sich mithin als psychologische Forschung zu normativ erwünschten Persönlichkeitsausprägungen definieren, wobei die Strukturen solcher Persönlichkeitsmerkmale ebenso Gegenstand sind wie ihr Aufbau durch Erziehung und Unterricht. Allerdings sind Antworten auf die Frage, *welche* Strukturen und Entwicklungen von Persönlichkeit als erwünscht gelten, zunächst als Gegenstand der systematischen Pädagogik und erst nachgeordnet als Gegenstand einer psychologischen Bildungsforschung anzusehen.

2 Bildung als Produkt

2.1 Ausprägungen von Persönlichkeitsmerkmalen als Bildungsprodukt

Bildungsprodukte lassen sich konkretisieren, wenn man den Persönlichkeitsbegriff der Psychologie verwendet. Dieser Begriff wurde in der Geschichte der Persönlichkeitspsychologie in zum Teil sehr unterschiedlicher Weise definiert – heute aber lässt sich ein gemeinsamer Begriffskern ausmachen: Unter Persönlichkeit versteht man die Gesamtheit derjenigen Merkmale eines Menschen, die (relativ) *individuell* und (relativ) *zeitstabil* sind (vgl. Asendorpf 2007).

Die *Individualität* von Persönlichkeitsmerkmalen ist relativer Art, da sich viele solcher Merkmale bei jeweils mehr als einem Menschen finden. Dies gilt z.B. für Intelligenz, deren Vorhandensein universell ist, während ihre quantitativen und qualitativen Ausprägungen interindividuell variieren. Grundsätzlich lassen sich drei Arten von Merkmalen unterscheiden:

universell vorhandene Merkmale; partiell gemeinsame Merkmale, die von einer Reihe von Personen geteilt werden (z.b. das Vorhandensein einer Angststörung); und individuelle Merkmale, die für eine einzelne Person charakteristisch sind (z.b. das autobiographische Gedächtnis einer Person). „Bildung" kann im Sinne dieser Differenzierung ebenfalls universeller, partiell gemeinsamer oder individueller Art sein. Auch die *Zeitstabilität* von Persönlichkeitsmerkmalen ist als relativ anzusehen: Selbst eher stabile Merkmale wie z.b. die Intelligenz eines Menschen unterliegen über den Lebenslauf hinweg erheblichen Entwicklungsveränderungen. Auch dies kann sinngemäß ebenso für Bildung gelten. So wandelt sich z.b. das Wissen einer Person aufgrund von Lern-, Vergessens- und Reaktivierungsprozessen über das gesamte Leben hinweg zum Teil erheblich.

Welche *Merkmale* im Fokus persönlichkeitspsychologischer Betrachtungen stehen, kann je nach Forschungs- und Theorietradition sehr unterschiedlich sein. Hierbei können zunächst *psychische* Merkmale (z.B. Intelligenz, emotionale Stabilität) und *körperliche* Merkmale (z.B. Augenfarbe, körperliche Fitness) unterschieden werden. Dabei sind, wie die neuropsychologische Evidenz der letzten Jahre nahe legt, die Grenzen zwischen psychischen und körperlichen Merkmalen fließend. Obwohl körperliche Persönlichkeitsmerkmale durchaus eine Rolle im Kontext von Bildung spielen (z.B. „Körperbildung" im Sportunterricht), stehen hier psychische Merkmale im Vordergrund.

Psychische Persönlichkeitsmerkmale sind als Erlebens- und Verhaltensdispositionen aufzufassen (vgl. Laux 2003), wobei sich auch hier die verschiedenen Ansätze in der Breite thematisierter Dispositionen unterscheiden. Beispiele solcher Dispositionen sind Wahrnehmungs-, Lern-, Interpretations-, Problemlöse- und Bewältigungsstile, habituelle Emotionen (Ängstlichkeit, Ärgerneigung etc.), habituelle Motivationslagen („Motive") und Wissensbestände (vgl. Pervin 2007). Verhaltensdispositionen können zu entsprechenden Verhaltensweisen führen, wenngleich diese aufgrund variierender situativer Bedingungen mehr oder weniger stark ausgeprägte Varianzen aufweisen. Beispielsweise wird eine „gewissenhafte Persönlichkeit" in der Regel gewissenhaft handeln, wenngleich situative Bedingungen (z.B. Müdigkeit, Krankheit) bei dieser Person zu wenig sorgfältigem Arbeiten führen können.

In der empirischen Persönlichkeitspsychologie ist seit Ende des 20. Jahrhunderts ein faktorenanalytisch begründetes Modell zu psychischen Persönlichkeitsmerkmalen dominierend, in welchem fünf diskrete Persönlichkeitsdimensionen („Big Five") genannt werden (vgl. Bartussek 1996): (1) Extraversion, (2) Verträglichkeit, (3) Gewissenhaftigkeit, (4) emotionale Stabilität vs. Neurotizismus und (5) Offenheit für Erfahrungen. Entsprechend des Big-Five-Modells stellen alle existierenden Persönlichkeitsmaße Teile oder Kombinationen dieser fünf Dimensionen dar. Die „Big Five" gelten zum einen als große „Errungenschaft" der Persönlichkeitspsychologie, werden aber zum Teil auch sehr kritisch diskutiert, unter anderem weil das Big-Five-Modell nicht als Theorie im eigentlichen Sinne zu bezeichnen ist, sondern das Produkt eines datengeleiteten, theoretisch ursprünglich nicht begründeten, explorativen Vorgehens mit Post-Hoc-Theoriebildung darstellt (vgl. Block 1995). Das Big-Five-Modell ist dennoch das derzeit am häufigsten verwendete psychologische Persönlichkeitsmodell; alternative Kategorisierungen konnten das Big-Five-Modell bisher nicht ablösen.

Obwohl die Bildungsforschung Ausprägungen einzelner Persönlichkeitsdimensionen häufig als erstrebenswertes Bildungsziel thematisiert (z.B. Offenheit für Erfahrungen, Gewissenhaftigkeit), nimmt sie kaum explizit Bezug zur primär im Kontext der Differentiellen Psychologie stattfindenden Persönlichkeitsforschung. Dies liegt wohl unter anderem daran, dass spezifische, in der psychologischen Bildungsforschung zentrale Aspekte der Persönlichkeit in differentiellen Persönlichkeitstheorien eine eher untergeordnete Rolle spielen (z.B. Wissensbestände, Lernstile).

2.2 Beispiel I: Wissen als zentrales Bildungsprodukt

Wissen gilt seit jeher als zentraler Aspekt von Bildung. In der Psychologie wird seit längerem deklaratives und prozedurales Wissen differenziert (vgl. Klix/Spada 1998). Diese Unterscheidung geht auf den Philosophen Ryle (1949) zurück, der „Wissen, dass" (deklaratives Wissen = Faktenwissen) und „Wissen wie" (prozedurales Wissen = Verfahrenswissen) als zwei grundlegende Arten von Wissen unterscheidet. In neuerer Zeit gewinnt in der psychologischen Forschung metakognitives Wissen, d.h. Wissen über eigene kognitive Funktionen als ein dritter Aspekt zunehmend an Bedeutung. Metakognitives Wissen kann sich sowohl auf deklaratives Wissen (Wissen zu Faktenwissen) als auch auf prozedurales Wissen (Wissen zu Verfahrenswissen) beziehen.

Deklaratives Wissen
Aus Wissens- und gedächtnispsychologischer Perspektive handelt es sich bei deklarativem Wissen um gespeicherte Repräsentationen von Sachverhalten beliebiger Art. Dies schließt nicht nur Repräsentationen tatsächlicher Realität ein, sondern ebenso Vorstellungen zu möglichen oder kontrafaktischen Sachverhalten; und nicht nur Repräsentationen zur Welt im Allgemeinen, sondern auch zur eigenen Person und ihrer Umwelt. „Wissen" ist im gedächtnispsychologischen Sinne also nicht auf objektivierbare Repräsentationen reduziert.

„Bildung" bezieht sich im traditionellen Sinne von Allgemeinbildung zunächst auf kanonisierbare Bereiche des deklarativen *Weltwissens* von Menschen, also auf Wissen zu Sachverhalten aus Geschichte, Geographie, Philosophie, Natur, Technik etc. Von der psychologischen Forschung sind allgemeine Prinzipien der Strukturen und Erwerbsprozesse solchen Wissens untersucht worden (vgl. Waldmann/von Sydow 2006).

Darüber hinaus kann aber auch der Bildung einer Person ihr *Selbst- und Umweltwissen* zugeordnet werden. Zuzurechnen sind diesem Bereich alle Überzeugungen eines Menschen zur eigenen Persönlichkeit, zu seinem Wissen und Verhalten. Zentral sind hier das Selbstkonzept einer Person und ihre Einschätzungen eigener Handlungsmöglichkeiten (vgl. Trautwein 2003). Als „Selbstkonzept" wird die Gesamtheit der Überzeugungen eines Menschen zur eigenen Person bezeichnet. Hierzu zählen Vorstellungen zur Realität eigener Individualität („Real-Selbstkonzept") ebenso wie Wunschvorstellungen („Ideal-Selbstkonzept").

Im Sinne von „Bildung" könnte es als pädagogisch wünschenswert angesehen werden, dass eine Person über eine hinreichend realistische Selbsteinschätzung verfügt. Befunde der psychologischen Bildungsforschung (vor allem aus dem Kontext der Pädagogischen Psychologie) zeigen allerdings, dass es bei Schülern häufig nicht ein realistisches Selbstkonzept eigener Fähigkeiten ist, welches zur Optimierung von Lernfortschritten führt, sondern eine (mäßige) Überschätzung der eigenen Leistungsmöglichkeiten (vgl. Helmke 1992). Ziele eines „Erkenne Dich selbst" und einer Leistungsoptimierung scheinen also nicht ohne weiteres konfliktfrei miteinander vereinbar zu sein. Bisherige empirische Ergebnisse zum Entwicklungsverlauf akademischer Selbstkonzepte aus dem Bereich der Pädagogischen Psychologie und der Entwicklungspsychologie deuten darauf hin, dass Schülerinnen und Schüler zu Beginn der Pflichtschulzeit dazu tendieren, ihre eigenen Kompetenzen stark zu überschätzen, ihre Leistungseinschätzungen aber im Laufe der Grundschulzeit der Beurteilung durch die Lehrkräfte angleichen – die akademischen Selbstkonzepte werden somit im Laufe der Grundschulzeit realistischer (vgl. Helmke 1998).

Prozedurales Wissen
„Bildung" kann sich auch auf prozedurales Wissen beziehen. Solches Wissen umfasst kognitive Strukturen, die der Ausführung von „Prozeduren" zugrunde liegen. Bei Prozeduren kann es sich nicht nur um Verhalten, sondern auch um psychische Abläufe von Wahrnehmung, Kognition, Emotion, Motivation oder Volition handeln. Im Unterschied zu deklarativen Strukturen ist prozedurales Wissen im typischen Fall automatisiert und nicht direkt berichtbar. Bildungsrelevante Beispiele sind Kulturfertigkeiten wie Lesen, Schreiben, Fähigkeiten zu mathematischen Prozeduren, zum syntaktisch korrekten Sprechen von Fremdsprachen etc. Prozedurales Wissen entsteht zum Teil aus ursprünglich rein deklarativem Wissen, wobei dieses durch Prozedualisierung häufig zumindest teilweise verloren geht. Beispielsweise wird beim Lernen des 10-Finger-Tastenschreibsystems zunächst gelernt, an welcher Stelle der Tastatur sich welcher Buchstabe befindet. Dieses deklarative Wissen ist häufig nach einer Automatisierung (Prozedualisierung) nicht mehr abrufbar; d.h. bei ausgeprägter Fähigkeit zum 10-Finger-Tastenschreiben ist das (deklarative) Wissen, welcher Buchstabe sich an welcher Stelle der Tastatur befindet, häufig nicht mehr vorhanden.

Metakognitives Wissen
Unter metakognitivem Wissen versteht man Wissen über eigene kognitive Funktionen, wie beispielsweise Wissen über eigenes Lernen, Verstehen und Denken (vgl. Hasselhorn 2006). Metakognitives Wissen kann sich sowohl auf deklaratives als auch auf prozedurales Wissen beziehen. Es ist Bildungsprodukt und zugleich zentral für Bildungsprozesse – insbesondere für Planung, Kontrolle und Regulation von Lernprozessen. Weiß man beispielsweise um spezifische Probleme beim eigenen Lernen (z.B. Konzentrationsprobleme), so kann der Lernprozess dementsprechend geplant (z.B. Vorsehen von Pausen), kontrolliert (z.B. bewusstes Aufmerksamkeitsmonitoring) und reguliert werden (z.B. bei einsetzenden Konzentrationsproblemen Pause vorziehen). Metakognitives Wissen spielt eine zentrale Rolle in Modellen selbstregulierten Lernens (vgl. Götz 2006; Schiefele/Pekrun 1996). Aus theoretischen und empirischen Gründen werden metakognitives Wissen und Selbstkonzepte (siehe oben) meist voneinander getrennt, wenngleich je nach Definition der Konstrukte die Abgrenzung mehr oder weniger schwierig und sinnvoll ist.

2.3 Beispiel II: Fähigkeiten zum selbstregulierten Lernen als zentrales Bildungsprodukt

Fähigkeiten zum selbstregulierten Lernen sind als Kernkompetenzen zur Realisierung autonomen und mündigen Lebens anzusehen. Sie werden in der bildungspolitischen Diskussion insbesondere im Hinblick auf moderne dynamische Wissensgesellschaften und die von ihren Mitgliedern erwarteten hohen Adaptionskompetenzen als erstrebenswertes Ziel genannt. Der im Bildungswesen derzeit stattfindende Wechsel von einer Input- hin zu einer Output-Orientierung geht mit dem Versuch einer Präzisierung von Zieldefinitionen und zugleich der Gewährung von mehr Freiheitsgraden bezüglich der Erreichung dieser Ziele einher (vgl. Entwicklung der Bildungsstandards am Institut für Qualitätsentwicklung im Bildungswesen, IQB Berlin). Output-Orientierung erfordert sowohl für Lehrende als auch Lernende ein höheres Maß an selbständiger Lehr-Lern-Organisation und somit hohe Kompetenzen im Bereich selbstregulierten Handelns.

Fähigkeiten zum selbstregulierten Lernen werden häufig als bereichsübergreifende Kompetenzen („Schlüsselqualifikationen"; Weinert 1998) aufgefasst, denen eine zentrale Bedeutung für die selbständige Planung, Überwachung und Steuerung von Handlungen und somit für Bildungsprodukte zukommt. Die Bildungsrelevanz selbstregulierten Lernens und anderer fächerübergreifender Kompetenzen spiegelt sich unter anderem darin wider, dass sie in neueren Bildungsstudien neben fachspezifischen Leistungsindikatoren häufig erfasst werden (Cross-Curricular Competences; z.B. auch Problemlösen bei der PISA-2003-Erhebung; Leutner u.a. 2004). An Universitäten sollen im Rahmen des Bologna-Prozesses und der damit einhergehenden Umstellung auf BA- und MA-Studiengänge Fähigkeiten zum selbstregulierten Lernen und weitere fächerübergreifende Handlungskompetenzen vermittelt werden (z.B. Kommunikation, Umgang mit dem Computer). Allerdings wird diese Zielsetzung durch das hohe Maß an Regulierung des Studiums in diesen Studiengängen vermutlich eher gefährdet.

Von der „Selbstregulation" eigenen Handelns ist in prototypischem Sinne dann zu sprechen, wenn (a) die Ziele für das Handeln selber gesetzt werden, (b) diese Ziele in entsprechende Intentionen und diese wiederum in Handlungen umgesetzt werden können, (c) Ausführung und Ergebnisse der Handlung unter der jeweiligen Zielperspektive selber überwacht und bewertet werden und (d) die Resultate von Überwachung und Bewertung zu eigener Handlungs- und Zielkorrektur sowie erneuter Zielbildung verwendet werden. Entsprechendes gilt für den Spezialfall des selbstregulierten Lernens (vgl. Abbildung 1).

Um selbstreguliert lernen zu können, sind eine Vielzahl aufeinander abgestimmter Teilfähigkeiten kognitiver, emotionaler und motivational-volitionaler Art erforderlich. Im Bereich selbstregulierten Lernens zählen hierzu selbstdiagnostische Fähigkeiten zur Analyse des eigenen Vorwissens und Lernstandes, kognitive und volitionale Fähigkeiten zur Bildung von Lernzielen, emotionale Dispositionen zur affektiven Verankerung dieser Ziele, volitionale Strategien zur Bildung von Intentionen, ihrer Abschirmung gegen konkurrierende „Versuchungen" und ihrer Umsetzung in Lernanstrengungen, deklaratives und prozedurales Wissen zu Lernstrategien und -techniken, metakognitives Wissen zum stoffadäquaten Einsatz der Lernstrategien und -techniken und zum Monitoring und zur Korrektur des Lernverhaltens, sowie emotionale und motivationale Fähigkeiten zur Wertschätzung des resultierenden Lerngewinns (vgl. Götz 2006; Schiefele/Pekrun 1996). Nimmt man die Entwicklung von Fähigkeiten zum selbstregulierten Lernen als Bildungsziel ernst, so wäre der Erwerb des gesamten Ensembles solcher Fähigkeiten zum expliziten Gegenstand von Bildungsprozessen zu machen. In unseren Bildungseinrichtungen werden selbstregulatorische Kompetenzen meist nur sehr rudimentär vermittelt, häufig in Form von Lernstrategiekursen („Lernen lernen" im Sinne von „Ergänzungsveranstaltungen"). Diese isolierte Vermittlung von Lerntechniken ist jedoch aus theoretischer und empirischer Perspektive als wenig effektiv zu bezeichnen. Sinnvoller wäre eine langfristige Lernbegleitung, in welcher Aspekte selbstregulierten Lernens regelmäßig reflektiert, für verschiedene Lerninhalte spezifiziert und Lernprozesse dadurch kontinuierlich, theoriegeleitet und erfahrungsbasiert optimiert würden. Um selbstreguliertes Lernen in unserem Bildungssystem zu implementieren, müssten diesbezügliche Kompetenzen zunächst in den Curricula der Lehreraus- und -fortbildung verankert werden.

Psychologische Bildungsforschung

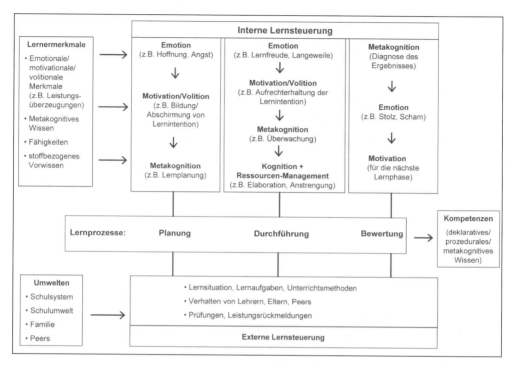

Abbildung 1: Komponenten selbstregulierten Lernens (modifiziert nach Schiefele/Pekrun 1996).

3 Bildung als Prozess

3.1 Persönlichkeitsentwicklung aus psychologischer Perspektive

Oben wurde skizziert, dass unter Bildung im Produktsinne Ausprägungen an Persönlichkeitsmerkmalen (Verhaltensdispositionen) verstanden werden können. Im Sinne üblicher pädagogischer Begriffsführungen lassen sich der Bildung als Prozess diejenigen Formen des Erwerbs von Persönlichkeitsmerkmalen zuordnen, die im Unterschied zu Reifungsprozessen (z.B. Wachsen) informations- und erfahrungsabhängiger Art sind, also auf Lernvorgängen beruhen. Eine im Hinblick auf Bildungsprozesse offene Frage ist, welche Formen und Bedingungen des Lernens jeweils relevant für den Aufbau von Persönlichkeitsmerkmalen sind. Konsensual wird jedoch angenommen, dass ihr Erwerb im typischen Fall nicht durch punktuelle Informationsaufnahme gelingt, sondern längerfristige Lernvorgänge kumulativer Art voraussetzen (mit Ausnahmen wie z.B. traumatischer Konditionierung, individuellen „peak experiences" oder Bekehrungserlebnissen; z.B. Lanier et al. 1996).

Die psychologische Bildungsforschung befasst sich mit den individuellen und umweltseitigen Bedingungen von Persönlichkeitsentwicklungen in unterschiedlichen Bildungsinstitutionen (z.B. Familie, Schule, Universität, betrieblicher Bildung) und Bildungssystemen (z.B. Ländervergleiche im Hinblick auf den Zeitpunkt institutioneller Leistungshomogenisierung). Die psychologische Forschung trug und trägt damit in erheblichem Maße zum besseren Verständnis von Bildungsprozessen und deren effektiven Förderung bei. Im Folgenden wird kurz auf allgemeine Lernmechanismen in Bildungsprozessen und anschließend auf psychologische Perspektiven zu individuellen und sozialen Bedingungen von Bildung eingegangen.

3.2 Mechanismen von Bildungsprozessen: Formen des Lernens

Behavioristische Ansätze

In der Lernpsychologie dominierten in den mittleren Jahrzehnten des vergangenen Jahrhunderts *behavioristische* Lerntheorien, die Lernvorgänge auf Verknüpfungen zwischen unterschiedlichen Reizen und zwischen Reizen und Verhaltensreaktionen zurückführten. In den orthodoxen Varianten solcher Theorien wurde eine vermittelnde Rolle kognitiver Vorgänge geleugnet oder nicht thematisiert. Beispiele sind traditionelle Ansätze zum klassischen und operanten Konditionieren (überblicksartig vgl. Edelmann 2000). Von radikalen Vertretern behavioristischer Positionen wurde unterstellt, dass selbst komplexer Wissenserwerb wie z.B. das Lernen einer Sprache auf Vorgänge konditionierender Verhaltensformung zurückführbar sei.

Von den 1950er Jahren an wurden solche Sichtweisen im Rahmen *neo-behavioristischer* Ansätze modifiziert. Diese Ansätze konzentrierten sich ebenfalls noch auf den verhaltensmodifizierenden Einfluss von Umwelten, thematisierten aber bereits die tragende Rolle des Aufbaus kognitiver Strukturen für das Lernen von Verhalten. Eine prototypische Gruppe solcher Ansätze sind Theorien zum Modell-Lernen, das auf Beobachtungen des Verhaltens anderer Personen („Modelle") und kognitiver Speicherung dieser Beobachtungen beruht, die anschließend in Verhalten umgesetzt werden können (z.B. Bandura 1986).

Kognitive Theorien

Mit der „kognitiven Wende" in der Psychologie in den 1960er und 1970er Jahren setzten sich zunehmend Auffassungen durch, die unter „Lernen" Aufbau und Modifikation kognitiver, im Gedächtnis gespeicherter Strukturen verstehen. Aus der Perspektive solcher *kognitiven Lerntheorien* ließ sich argumentieren, dass orthodox-behavioristische Modelle des Lernens in doppelter Weise zu kurz griffen: Sie waren in ihrer Reichweite auf spezifische, weniger komplexe Formen des Lernens von prozeduralen Verhaltensschemata begrenzt; und sie leugneten die zentrale Rolle kognitiver Prozesse beim Aufbau selbst einfacher konditionierter Reaktionen. Kognitive Theorien des Lernens hingegen nehmen die gesamte Bandbreite menschlicher Lernvorgänge in den Blick, vom konditionierenden Erwerb einfacher Verhaltensschemata bis hin zum komplexen Wissenserwerb bei Experten. In der aktuellen Forschungsdiskussion haben sich vor allem konstruktivistische Lerntheorien und Ansätze zum Erwerb von Expertise als bedeutsam für die Erklärung von Bildungsprozessen erwiesen.

In *konstruktivistischen Lerntheorien* wird angenommen, dass Wissen nicht durch eine einfache „Übernahme" von Information aus der Umwelt erworben wird, sondern auf der Basis solcher Information vom Lerner aktiv konstruiert wird (vgl. Reinmann/Mandl 2006). Bei den resultierenden Wissensstrukturen handelt es sich folglich nicht um abbildartige Repräsentationen dargebotener Information, sondern um partiell eigendynamische Konstruktionen. Diese u.a. bereits von J. Piaget und L. S. Wygotski vertretene Sichtweise legt aus didaktischer Perspektive nahe, Lernumgebungen derart zu gestalten, dass sie aktive Konstruktionsprozesse beim Lernen anregen und unterstützen. Dies kann beispielsweise durch die Schaffung von „Learner-centered environments" geschehen, in welchen explizit Vorwissen, Vorerfahrungen, Einstellungen,

Interessen und Denkstile von Lernern für aktive und effektive Wissenskonstruktion nutzbar gemacht werden.

Um eine spezielle Variante kognitiv-konstruktivistischer Lerntheorien handelt es sich bei Ansätzen zum *situierten Lernen* (vgl. Klauer 2006), welche annehmen, dass (a) Wissen in situationsgebundener Form erworben wird und (b) die Anwendung erworbenen Wissens eine Äquivalenz von Lern- und Anwendungssituation voraussetzt. „Radikale" Varianten dieser Ansätze leugnen jegliche Verhaltensmächtigkeit abstrakter, generalisierter Prozeduren, und zwar auch solcher, für die bereits unsere Alltagserfahrung breite Anwendbarkeit nahe legt (Beispiel: Grundregeln des Rechnens). „Gemäßigte" Varianten konstruktivistischer und situiert-lerntheoretischer Positionen, die unterschiedliche Grade an Konstruktionsabhängigkeit und Situiertheit von Wissensarten zu differenzieren erlauben, dürften der Realität menschlichen Lernens eher gerecht werden (z.B. Stark/Mandl 2000). Ansätze zum Erwerb von Expertise gehen davon aus, dass erfolgreiche Lernprozesse und resultierende Wissensstrukturen bei solchen Personen gut beobachtbar sein sollten, die in einem definierten Wissensgebiet zu Experten geworden sind. Anhand des empirischen Paradigmas des Experten-Novizen-Vergleichs wurde in diesem Zweig der Lern- und Wissensforschung gefunden, dass ein *Erwerb von Expertise* kumulatives, kontinuierliches Lernen voraussetzt, typischerweise stark domänenspezifisch organisiert ist und im Erwerb von zunehmend komplexeren, differenziert organisierten, umfassenden und deshalb rasch einsetzbaren kognitiven Strukturen besteht (vgl. Boshuizen/Bromme/Gruber 2004).

Lernen mit neuen Medien
Die Vermittlung von Medienkompetenz im Sinne einer fächerübergreifenden Kompetenz gewinnt in modernen, hoch technisierten Gesellschaften zunehmend an Bedeutung. Der Begriff „neue Medien" ist nicht eindeutig definiert, bezieht sich im Kontext des Lernens jedoch primär auf die Nutzung des PCs unter Verwendung von Lernsoftware (z.B. Unterstützung aktiver Konstruktionsleistungen durch Simulation komplexer Sachverhalte), die Nutzung netzbasierter Information (z.B. Informationssuche im World Wide Web) und die netzbasierte Kommunikation und Kooperation (z.B. kollaborative Zusammenarbeit beim Problemlösen; vgl. Nattland/Kerres 2006; Hron/Friedrich 2006). Aufgrund der rapiden Entwicklungen im Bereich neuer Medien und der Tatsache, dass es sich hier um einen noch relativ neuen Ansatz handelt, mangelt es an kumulativer empirischer Evidenz zur Wirksamkeit des Einsatzes neuer Medien im Hinblick auf die Persönlichkeitsentwicklung. Was die Computernutzung an Schulen anbelangt, so zeigen Ergebnisse der PISA-2003-Erhebung, dass Deutschland zusammen mit Belgien, Korea und der Schweiz zu den Ländern gehört, in denen eine regelmäßige schulische Computernutzung am wenigsten verbreitet ist. Zudem ist es als ein besorgniserregendes Ergebnis der nationalen Zusatzerhebung zu bezeichnen, dass mehr als 20% der Fünfzehnjährigen in Deutschland keine Vorstellungen dazu haben, für welche Zwecke der Computer ein geeignetes Hilfsmittel darstellt bzw. wie man ihn angemessen zum Lernen nutzen kann (vgl. Senkbeil/Drechsel 2004).

3.3 Individuelle Bedingungen von Bildungsprozessen

Ob Bildung erworben wird, hängt von einer Vielzahl individueller und psychosozialer Bedingungen ab. Psychologische Erklärungsansätze zu individuellen Bildungsbedingungen finden sich u.a. in Theorien zu schulischen und universitären Leistungen (Übersicht in Helmke/Weinert 1997). Im Folgenden orientieren wir uns an einem Modell nach Pekrun (2000), welches davon ausgeht, dass die Ausprägung individueller Bildung und Bildungsbedingungen zum einen durch Veranlagung (Genotyp) mitbestimmt, zum anderen aber auch durch Bedingungen in der proximalen Umwelt der Individuen beeinflusst wird, welche wiederum von distalen Umwelten geprägt sind (vgl. *Abbildung 2*). Individuelle Bildungsbedingungen lassen sich ordnen, wenn man genotypische von phänotypischen Faktoren sowie kognitive und emotional-motivationale Variablen unterscheidet.

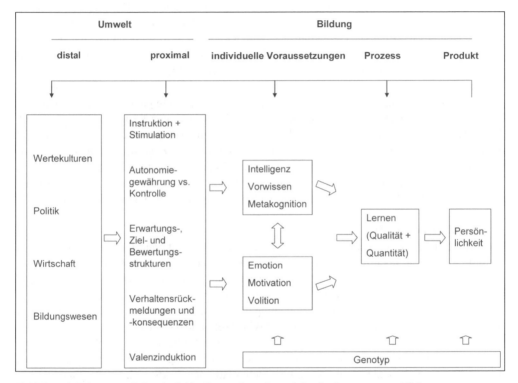

Abbildung 2: Rahmenmodell zu individuellen und psychosozialen Bedingungen von Bildungsprozessen.

Genotypische Bedingungen

Für eine Reihe basaler Persönlichkeitsmerkmale ist heute empirisch gesichert, dass ihre Entwicklung genetisch mitgesteuert ist und ihre interindividuelle Variation teilweise durch genetische Variation bedingt ist. Dies gilt für Intelligenz ebenso wie für eine Reihe von emotionalen und behavioralen Dispositionen (z.B. Neurotizismus und Ängstlichkeit; vgl. Asendorpf 2007).

Aus bildungspsychologischer und -pädagogischer Perspektive ist entscheidend, die teils hohen Heritabilitätskoeffizienten für solche Merkmale angemessen zu interpretieren. So besagt z.B. ein – durchaus nicht untypischer – Heritabilitätskoeffizient von $H^2=.70$ für Intelligenz, dass 70% der Varianz von Intelligenzwerten in der untersuchten Population und Gesellschaft (also z.B. den USA) zum Untersuchungszeitpunkt (z.B. im späten 20. Jahrhundert) durch genetische Variation zwischen Personen bestimmt war. Aus einem solchen Koeffizienten lässt sich aber weder schließen, wie hoch die Heritabilität in anderen Gesellschaften ist oder wie hoch sie zu anderen historischen Zeitpunkten war, noch lassen sich dieser Information Schlussfolgerungen zu Entwicklung und Plastizität des betreffenden Merkmals entnehmen.

Vielmehr ist davon auszugehen, dass sowohl Erb- wie Umweltfaktoren für die Entwicklung basaler Persönlichkeitsmerkmale jeweils *notwendige Bedingungen* darstellen, eine Aussage des Typus „70% der Intelligenz sind erbbedingt" also sachlogisch unsinnig ist. Aus bildungpsychologischer Perspektive ist daher in erster Linie von Interesse, unter welchen Bedingungen diese basalen Persönlichkeitsmerkmale optimal gefördert werden können.

Kognitive Bedingungen
Für schulischen Wissenserwerb ist bekannt, dass die *Intelligenz* von Schülerinnen und Schülern den besten Einzelprädiktor darstellt (mit durchschnittlichen Korrelationen um r=.50; vgl. Helmke/Weinert 1997; Hosenfeld/Schrader 2006). Bei kumulativen Lernvorgängen übernimmt allerdings das bereichsspezifische *Vorwissen* die Rolle als erklärungsmächtigster direkter Prädiktor (vgl. Schneider/Körkel/Weinert 1989). Intelligenzentwicklung und schulischer Wissenserwerb sind nach gegenwärtigem Kenntnisstand wechselseitig verflochten: Intelligenz nimmt Einfluss auf den individuellen Wissenserwerb; Unterricht und Wissenserwerb aber wirken sich ihrerseits positiv auf die Intelligenzentwicklung aus. Es lässt sich also begründet annehmen, dass Bildungsmaßnahmen in ihrer Wirkung keineswegs auf die jeweils curricular angezielten, spezifischen Wissensbestände beschränkt sein müssen.

Neben Intelligenz und Vorwissen ist auch für *Selbstwissen* (z.B. Fähigkeitsselbstkonzepte) sowie für *metakognitives Wissen* zu eigenen kognitiven Funktionen (z.B. zum eigenen Lernverhalten und Möglichkeiten seiner Optimierung mittels Lernstrategien) anzunehmen, dass sie Einfluss auf Bildungsprozesse nehmen (vgl. Artelt/Moschner 2005). Modelle zum Einfluss metakognitiven Wissens auf das Lerngeschehen (z.B. Schneider/Pressley 1997) verdeutlichen, dass die Zusammenhänge vielschichtig sind. Insbesondere die Regulation strategischer Aktivitäten auf der Basis vorausgehender Reflexion über den eigenen Lernprozess steht in positivem Zusammenhang mit resultierender Lernleistung.

Für *Fähigkeitsselbstkonzepte* hat die psychologische Forschung deutliche Korrelationen mit Leistungen von Schülern und Studierenden gefunden. Längsschnittliche Bedingungsanalysen legen nahe, dass korrelative Zusammenhänge auch hier auf Wechselwirkungen zurückgehen: Selbsteinschätzungen zu eigenen Leistungsmöglichkeiten bilden sich auf der Grundlage von Erfolgs- und Misserfolgsrückmeldungen und ihrer subjektiven Interpretation (anhand von sozialer Vergleichsinformation, Ursachenzuschreibungen etc.); und sie nehmen ihrerseits, vermittelt durch einschätzungsabhängige Emotions- und Motivationsbildung, Einfluss auf Lernen und Leistung (vgl. Trautwein 2003; Trautwein u.a. 2006).

Weniger konsistent ist die bisherige Evidenz zu Beziehungen zwischen kognitiven *Lernstrategien* einerseits und Wissenserwerb andererseits. Aus einer gedächtnispsychologischen Perspektive wäre z.B. zu erwarten, dass sich tiefergehende Strategien des Elaborierens und Organisierens von Lernmaterial positiv auf Wissenserwerb und Lernleistungen auswirken. Empirisch lässt sich bisher nur anhand experimenteller Studien die große Bedeutung von Tiefenverarbeitungsstrategien (z.B. Elaboration) für den Wissenserwerb nachweisen (z.B. Entwistle/Marton 1994). Bei Feldstudien finden sich in der Regel lediglich sehr schwache Zusammenhänge zwischen dem Einsatz von Tiefenverarbeitungsstrategien und Leistungsergebnissen (vgl. Artelt 2000). Eine hierfür zentrale Ursache ist darin zu sehen, dass für ein gutes Abschneiden bei schulischen oder universitären Prüfungen häufig keine tiefe Verarbeitung von Wissen notwendig ist. Anders ausgedrückt: Tiefenverarbeitung wird durch die Art und Weise der Leistungserfassung an Schulen und Universitäten in der Regel nicht belohnt (vgl. Streblow/Schiefele 2006).

Emotionale, motivational-volitionale und behaviorale Bedingungen
Psychologische Theorien zu Lernleistungen legen nahe, dass nicht nur kognitive Voraussetzungen, sondern auch affektiv-motivationale Faktoren als notwendige Bedingungen für systematischen Wissenserwerb anzusehen sind (z.B. Leistungsmotivation; Rheinberg 2006). Fehlt es an Lernmotivation und entsprechenden Lernbemühungen, so ist Wissenserwerb auf inzidentelle, d.h. nicht-intentionale Lernvorgänge beschränkt.

Als grundlegend für Motivationsbildung und Wissenserwerb sind Lern- und Leistungsemotionen von Lernern anzusehen (vgl. Götz 2004; Schutz/Pekrun 2007). Allerdings ist der Boom an Emotionsforschung, der seit Beginn der 1980er Jahre des vergangenen Jahrhunderts in den Grundlagendisziplinen der Psychologie (siehe oben) und in den Neurowissenschaften zu verzeichnen ist, von pädagogischer Psychologie und Bildungsforschung bisher kaum rezipiert worden. Entsprechend spärlich ist der wissenschaftliche Kenntnisstand zu *Lern- und Leistungsemotionen*. Theoretisch zu vermuten ist, dass Emotionen wie Lernfreude, Leistungshoffnung, Ärger, Angst, Langeweile usw. zum einen motivationsbildend wirken können, zum anderen aber auch kognitive Ressourcen (z.B. Aufmerksamkeit) sowie Lern- und Problemlösestile beeinflussen und damit entscheidend auf Vorgänge des Wissenserwerbs einwirken (vgl. Götz/Zirngibl/Pekrun 2004; Pekrun u.a. 2002).

Empirisch untersucht worden ist dies vor allem für die Prüfungsangst von Lernern (vgl. Zeidner 1998; 2007). Die Befunde belegen Zusammenhänge mit Schul- und Studienleistungen, die im Populationsdurchschnitt schwach bis mäßig negativ ausfallen (vgl. Meta-Analysen von Hembree 1988 und Seipp 1991). Solchen Zusammenhängen dürften zum einen angsterzeugende Wirkungen von Misserfolgsrückmeldungen zugrunde liegen, zum anderen aber auch leistungsmindernde Wirkungen von Prüfungsangst, die u.a. durch Mechanismen einer angstbedingten Reduktion aufgabenbezogener Aufmerksamkeit bedingt sein können (vgl. Pekrun/Götz 2006). Befunde neuerer Forschung zu Lern- und Leistungsemotionen legen nahe, dass über Prüfungsangst hinaus eine Reihe weiterer Emotionen entscheidenden Einfluss auf Bildungsprozesse nehmen können. Dies gilt für negative Emotionen jenseits von Angst (z.B. Ärger, Langeweile, Hoffnungslosigkeit) ebenso wie für die positiven Emotionen von Lernern (z.B. Lernfreude, Leistungshoffnung; vgl. Götz 2004; Pekrun 1998; Pekrun u.a. 2002).

Neben Emotionen sind *Interesse* sowie *Lern- und Leistungsmotivation* als wesentliche Bedingungen für systematischen Wissenserwerb anzusehen (vgl. Krapp 2007). Die noch relativ junge, interdisziplinär von Pädagogen und Psychologen betriebene Interessenforschung hat u.a. belegen können, dass Interesse zu tiefergehender Verarbeitung von Lernmaterial führt (vgl. Schiefele 2001). Gleichzeitig ist die Entwicklung personaler Interessen als Bildungsziel per se und als zentrale Voraussetzung für die Bereitschaft zu selbstinitiiertem, lebenslangem Lernen anzusehen. Auch die Befunde der Forschung zu Lern- und Leistungsmotivation belegen die Lernrelevanz von motivationalen Faktoren. Korrelative Zusammenhänge mit Schul- und Studienleistungen fanden sich für Selbstberichtmaße zur Motivation von Lernern. In ihrer Höhe und Konsistenz allerdings bleiben Zusammenhangsbefunde für Interesse, Emotion und Motivation heute noch hinter entsprechenden Befunden für kognitive Bildungsbedingungen zurück. Dies mag zum einen an den Schwierigkeiten liegen, geeignete diagnostische Methoden zu konstruieren. Zum anderen könnten aber auch sachlogische Gründe eine Rolle spielen. Beispielsweise ist davon auszugehen, dass institutionelle Lehr-Lernkontexte individuell interessensgesteuerte Lernaktivitäten in der Regel nur eingeschränkt zulassen, da Selbstbestimmung und die Möglichkeiten zur Selbstregulation zentrale Antezedenzien solcher Lernaktivitäten darstellen, die in institutionalisierten, normierten Kontexten in nur begrenztem Maße geschaffen werden können. In vielen Lernsituationen ist Motivation zwar als notwendige, jedoch nicht hinreichende Bedingung für intensives und persistentes Lernverhalten anzusehen. *Volitionale Prozesse* der Aufrechterhaltung und Umsetzung von Lernintentionen müssen insbesondere dann hinzukommen, wenn das Lernen durch konkurrierende Versuchungen gefährdet ist. In aktuellen Weiterentwicklungen von pädagogisch-psychologischen Motivationstheorien werden die subjektiven Bedeutsamkeiten von Alternativen („Opportunitätskosten") im Hinblick auf ihre Relevanz für die Handlungsinitiierung und -aufrechterhaltung thematisiert (vgl. Fries 2006).

Für einige Parameter des resultierenden *Lernverhaltens* selber hingegen ist seit längerem bekannt, in welchen Beziehungen sie zu Lernleistungen stehen: Qualität und Quantität von Lernverhalten sind ebenso als proximale Individualbedingungen von Bildungsprozessen anzusehen, wie dies für das Vorwissen gilt. Gut belegt ist dies vor allem für quantitative Parameter: Je länger man sich mit einem Lerngegenstand auseinandersetzt, desto größer ist die Lernleistung. Dies gilt jedoch nicht generell: Bei sehr schwierigen Lernaufgaben können auch längere Lernzeiten teilweise keine Verbesserungen im Lernerfolg mehr mit sich bringen. Umgekehrt ist bei sehr leichtem Lernmaterial, das rasch beherrscht wird, durch längere Lernzeiten keine Steigerung in den Lernleistungen zu verzeichnen. Für die Gesamtdauer von Bildungsmaßnahmen ist jedoch zweifellos eine positive Korrelation zwischen Lernzeiten und Lernerfolg (wie z.B. schulischem Unterricht) über Jahre des Lebenslaufs hinweg gegeben (vgl. Helmke/Weinert 1997; OECD 2004; Treiber 1982).

3.4 Soziale und instruktionale Bedingungen von Bildungsprozessen

Welche Unterrichts- und Sozialumwelten sind für pädagogisch erwünschte Persönlichkeitsentwicklungen bedeutsam? Diese Frage wird von Forschungstraditionen zu unterschiedlichen Entwicklungs- und Bildungsumwelten unterschiedlich beantwortet. Während die psychologische und soziologische Familienforschung häufig von einem Primat familiärer Sozialisation ausgeht, scheinen manche Zweige der Forschung zu institutionell vermittelter Bildung eine vorgeordnete Bildungsbedeutung des außerfamiliären (z.B. schulischen) Bildungswesens zu unterstellen (auch wenn dies selten offen bekannt wird).

Die wissenschaftsbetriebliche Getrenntheit der Forschung zu unterschiedlichen Bildungsinstanzen bringt offenkundig die Gefahr mit sich, die Bildungsrelevanz der jeweils anderen Entwicklungsumwelten in Theoriebildung und empirischer Forschung nicht hinreichend zu würdigen. Dabei gibt es aus entwicklungspsychologischer Perspektive eine Reihe von guten Gründen für die Annahme, dass vor allem der Entwicklung im Familienkontext eine überragende Bedeutung für die Bildungsentwicklung über den Lebenslauf hinweg zukommt: Familien vermitteln Erbanlagen und Anlage-Umwelt-Kovariationen (vgl. Stern/Guthke 2001), sie nehmen ontogenetisch zu frühen und entwicklungssensitiven Zeitpunkten Einfluss, und es kommt ihnen – aufgrund ihrer Emotionsmacht und ihres partikularistischen Interesses am Wohl von Familienmitgliedern über den gesamten Lebenslauf hinweg – eine Sozialisationsmacht zu, die andere Instanzen sich jeweils erst erarbeiten müssen. Zu den Konsequenzen zählt, dass z.B. selbst direkt schulbezogene Entwicklungen von Kindern und Jugendlichen häufig stärker durch familiäre als durch schulische Faktoren geprägt sind (vgl. Helmke/Weinert 1997; Pekrun 2002).

Neben der Familie können alle jene Umwelten bildungsbedeutsam werden, die Einfluss auf die Persönlichkeitsentwicklung nehmen (vgl. Abbildung 2). Dabei kann es sich um direkte Wirkungen auf Lernvorgänge handeln (z.B. Darbietung und Strukturierung eines Lernstoffs), aber auch um indirekte Wirkungen, die von individuellen Lernbedingungen kognitiver, motivationaler und emotionaler Art vermittelt werden (z.B. Unterrichtsklima, Klassenklima, Schulklima, Bildungsklima; Götz/Frenzel/Pekrun, 2008).

Gleichaltrige (die sogenannte Peer-Gruppe) und ihr Einfluss auf Bildung wurden lange Zeit in der pädagogisch-psychologischen Forschung vernachlässigt, obwohl sie ebenso wie die Familie eine Gruppe darstellen, die sich durch intime und emotionale Beziehungen auszeichnet und von (Bildungs-)Werten und sozialen Orientierungen geprägt ist (vgl. Fuhs 2006). In der Soziologie wurde die Peer-Gruppe mit ihren meist homogenen Strukturen, engen Bindungen und dem Attribut, dass sie ihren Mitgliedern Halt und Orientierung gibt, häufig auch als „Gegenentwurf" zur Familie gesehen (vgl. Abels 2001). Insgesamt ist die Peer-Gruppe neben der Familie als wichtige Sozialisationsinstanz mit großer Bedeutung für die Persönlichkeitsentwicklung und damit für Bildungsprozesse und -produkte zu betrachten (vgl. Frenzel u.a., im Druck).

Direkt wirksame Antezedenzien von Bildung werden von pädagogischen und psychologischen Instruktions- und Unterrichtstheorien thematisiert (vgl. Helmke 2007; Klauer/Leutner 2007), indirekte Antezedenzien u.a. von sozialkognitiv-lerntheoretischen Ansätzen, die davon ausgehen, dass Entwicklungseinflüsse sozialer Umwelten von Interpretations- und Motivationsprozessen auf Seiten des Individuums mediiert werden (vgl. Fend 2005). Solchen Ansätzen wird durch das in Abbildung 2 dargestellte Rahmenmodell zu Bildungsbedingungen durch die Integration proximaler und distaler Umwelten Rechnung getragen. Aus bildungspsychologischer Perspektive dürften für die Wirkungen von Familien, Peer-Gruppen und anderer Bildungsinstanzen vor allem Instruktion und Stimulation, Autonomiegewährung, Erwartungsstrukturen, Verhaltensrückmeldung und Valenzinduktion wesentlich sein (vgl. Pekrun 2000). Diese Aspekte und entsprechende Wirkmechanismen werden im Folgenden dargestellt.

Instruktion und Stimulation
Von der familienpsychologischen Entwicklungsforschung wird die überragende Bedeutung früher intellektueller Stimulation für die Intelligenz- und Wissensentwicklung belegt (vgl. Takanashi/Bogard 2007). Um die Bedeutung von direkten und indirekten Methoden der Instruktion hingegen hat sich vor allem die schul- und hochschulbezogene Unterrichtsforschung gekümmert. Für direkte Formen der Instruktion haben sich eine Reihe von Instruktionsmerkmalen als wirksam erwiesen, zu denen u.a. ein gut organisiertes, disziplinorientiertes Klassenmanagement, eine klar strukturierte und verständliche Stoff- und Aufgabenpräsentation sowie eigenes, sichtbares Engagement von Lehrern für Lernstoff und Unterricht zählen (vgl. Helmke 2007). Unter direkten Formen der Instruktion kommt es zunächst zu fremdgesteuertem Lernen. Heterogener und in ihren Befunden weniger konsistent ist die – noch relativ junge – Forschung zu indirekten, in geringerem Maße lehrergesteuerten Unterrichtsformen, in welchen primär selbst- bzw. gruppengesteuertes Lernen stattfindet (vgl. Klauer/Leutner 2007).

Autonomiegewährung vs. Kontrolle
Die Forschung zu familialen Erziehungsstilen belegt, dass eine altersangemessene Gewährung von Selbständigkeit und Handlungsspielräumen wesentliche Voraussetzung für die Erprobung und Entwicklung eigenen Handelns, für zugeordnetes Selbstvertrauen in eigene Handlungsmöglichkeiten (Selbstwirksamkeits- und Kontrollüberzeugungen) und darüber hinaus für das allgemeine Selbstwertgefühl ist (vgl. Schneewind 1995). Bedingung hierfür ist, dass jeweils

bereits hinreichende Kompetenzen für eine Selbstregulation von Handlungen vorliegen. Analoges dürfte für Autonomiegewährung und selbstreguliertes Lernen in Bildungsinstitutionen und Unterricht gelten (vgl. Weinert/Helmke 1995). Auch in der Selbstbestimmungstheorie der Motivation von Deci und Ryan (2002) wird wahrgenommener Autonomie im Kontext von Lernen und Leistung eine zentrale Rolle bezüglich der Übernahme von Werten und Handlungszielen zugeschrieben. Einhergehend mit der vom Lehrenden gesteuerten Erhöhung des Grades an wahrgenommener Selbstbestimmung erfolgt eine Internalisierung und Integration zunächst primär extrinsisch motivierter, d.h. von Lehrenden geforderter Handlungen. Diese Theorie hat derzeit sowohl in der pädagogisch-psychologischen Forschung als auch für praktische Handlungsempfehlungen im Lern- und Leistungskontext eine große Bedeutung.

Erwartungs-, Ziel- und Bewertungsstrukturen
Für die Entwicklung von Emotion, Motivation und Verhalten sind Leistungs- und Verhaltenserwartungen von Bezugspersonen zentral. Erwartungen können direkt geäußert, aber auch durch institutionell definierte Ziel- und Bewertungsstrukturen vermittelt werden. Drei Grundformen von Zielstrukturen sind (a) *kompetitive Strukturen*, bei denen eigene Zielerreichung negativ mit der Zielerreichung bei anderen Personen verknüpft ist (Erfolg geht zu Lasten des Erfolgs anderer Personen); (b) *kooperative Strukturen* mit positiver Verknüpfung eigener und fremder Zielerreichung; und (c) *individualistische Strukturen*, bei denen eigener Erfolg vom Erfolg anderer Personen unabhängig ist. Solchen Zielstrukturen entsprechen unterschiedliche Bezugsnormen der Verhaltens- und Leistungsbewertung, wobei sich u.a. sozial-interindividuelle, kriteriums- und lernzielorientierte sowie intraindividuelle Normen unterscheiden lassen. Die psychologische Bildungsforschung hat die Bedeutung von Erwartungs-, Ziel- und Bewertungsstrukturen für die Entwicklung von Prüfungsangst, Leistungsmotivation und Lernverhalten zeigen können (vgl. Zeidner 1998). Ferner wurden Motivationstrainings entwickelt, die auf einer Modifikation von Ziel- und Bewertungsstrukturen basieren (z.B. Änderung von Bezugsnormen; vgl. Rheinberg/Krug 2005; vgl. auch Reattributionstrainings, z.B. Hall et al. 2007).

Verhaltensrückmeldungen und -konsequenzen
Den Folgen eigenen Verhaltens lassen sich Informationen zu Verhaltenskompetenzen und eigener kausaler Wirksamkeit entnehmen, die für die Persönlichkeitsentwicklung ebenfalls als wesentlich zu bezeichnen sind. Auch dies ist für den Bereich leistungsbezogener Persönlichkeitsentwicklung besonders gut belegt: Kumulierende schulische Erfolge oder Misserfolge schlagen sich in zugeordneten Fähigkeitsselbstkonzepten, Leistungsängsten und Motivationsbildungen nieder (vgl. Pekrun/Fend 1991; Trautwein 2003).

Induktion von Valenzen und Normen
Neben der Vermittlung von Wissen ist eine Erziehung zu normativen Orientierungen als Kernziel von Bildungsmaßnahmen anzusehen (vgl. Preuss-Lausitz 2006). Resultate der psychologischen Forschung legen nahe, dass eine Vielzahl von Mechanismen hierfür geeignet sein kann. Informationen über Werte lassen sich zunächst direkten Mitteilungen von anderen Personen und Medien entnehmen. Hinzu kommen die häufig glaubwürdigeren, eher indirekten Botschaften zu Wertigkeiten von Verhalten, die durch Erwartungen und Rückmeldungen von Bezugspersonen, durch das Modellverhalten solcher Personen und durch die Folgen eigenen Verhaltens vermittelt werden. Ferner können durch Instruktion und die Gewährung von Handlungsspielräumen Lust- und Unlustgefühle induziert bzw. ermöglicht werden (z.B. Erleben

von „Flow" oder Langeweile; vgl. Csikszentmihalyi/Abuhamde/Nakamura 2005; Götz/Frenzel/Haag 2006), die sich ebenfalls in entsprechenden Valenzüberzeugungen niederschlagen können. Daneben kann Instruktion valenzstiftend wirken, wenn Lernstoff und Aufgaben so gestaltet werden, dass sie für den Lerner Bedeutungsgehalt besitzen (z.B. anhand von „authentischen", lebensweltbezogenen Aufgabenstellungen; vgl. Stark/Mandl 2000) und zur Befriedigung von basalen Bedürfnissen nach Kompetenz und sozialer Verbundenheit geeignet sind. Ein spezifischer, in seiner Bedeutung noch nicht hinreichend erforschter Mechanismus schließlich liegt in direkter Emotionserzeugung durch vorgelebte Emotionen von Lehrern und Erziehern, die über sozialpsychologisch beschreibbare „Emotionsansteckung" zur Valenzbildung beitragen können („emotional contagion"; vgl. Hatfield/Cacioppo/Rapson 1994).

Distale soziale Umwelten
Unterricht und soziale Nahumwelten sind ihrerseits abhängig von distalen Merkmalen der jeweiligen Bildungsinstitutionen (wie z.B. der Organisation und sozialen Kultur einer Schule), von gesellschaftlichen Wertekulturen (z.B. Bildungsklima, vgl. Götz/Frenzel/Pekrun, 2008), von ökonomischen Faktoren, von epochal und gesellschaftlich definierten Handlungsweisen der Bildungspolitik etc. Solche distaleren Umweltfaktoren sind u.a. Gegenstand von pädagogischer Schulentwicklungsforschung, Bildungssoziologie und Bildungsökonomie (vgl. Preuss-Lausitz 2006). Einige ihrer Verflechtungen mit individuellen Bildungsprozessen aber sind auch von psychologischer Seite untersucht worden. Dies gilt z.B. für die Kulturabhängigkeit von Erziehung, um deren Erforschung sich die komparative, interkulturelle Entwicklungs- und pädagogische Psychologie kümmert (z.B. Trommsdorff 2007).

4 Ausblick: Desiderata für Theoriebildung und empirische Forschung

In den letzten fünfzig Jahren ist es gelungen, zentrale Aspekte von Bildung der wissenschaftlichen Beschreibung und Erklärung zugänglich zu machen und die Resultate Bildungspolitik, Öffentlichkeit und pädagogischer Praxis zur Verfügung zu stellen. Wie hier dargestellt wurde, gilt dies auch für die von psychologischer Seite untersuchten Persönlichkeitsstrukturen, Lernprozesse, Individualbedingungen und Umweltbedingungen von Bildung. Dennoch leidet die Bildungsforschung auch heute noch unter einigen spezifischen Defiziten, welche ein umfassenderes Verständnis von Bildung und eine angemessene Nutzung von Forschungsresultaten erschweren. Auch dies gilt für psychologische Analysen ebenso wie für andere Zweige der Bildungsforschung. Wir sehen mehrere zentrale, miteinander verknüpfte Desiderata für zukünftige Theoriebildung und empirische Forschung, die im Folgenden dargestellt werden.

Domänenspezifität motivationaler und emotionaler Bildungsaspekte
Emotionen und motivationale Variablen (z.B. Zielorientierungen, Selbstwirksamkeit, Selbstkonzepte) wurden in der pädagogisch-psychologischen Forschung häufig fächerübergreifend erfasst. So ist z.B. Prüfungsangst als generalisiertes Persönlichkeitsmerkmal seit den 1950er Jahren intensiv untersucht worden (vgl. Zeidner 1998), und das allgemeine Selbstwertgefühl ist eine Kernvariable der Forschung zu psychosozialen Aspekten von Bildung (vgl. Trautwein

2003). Empirische Befunde der letzten Jahre verdeutlichen jedoch die Notwendigkeit, Emotionen und Motivation als Bildungsprodukte und Komponenten der Persönlichkeitsentwicklung domänenspezifisch zu erfassen (vgl. Bong 2001; Goetz u.a. 2007). Die zum Teil sehr geringen Korrelationen zwischen den Ausprägungen dieser Konstrukte in unterschiedlichen Fächern lassen fächerübergreifende Aussagen zu emotionalem Erleben und motivationalen Orientierungen als fragwürdig erscheinen.

Integrative Theoriebildung
In einer zunehmend komplexer werdenden, arbeitsteilig organisierten Wissenschaftslandschaft unterliegt heute auch die Bildungsforschung einer hohen Spezialisierung. Diese verläuft zwar häufig nicht entlang der Disziplinengrenzen: Viele Bereiche der Bildungsforschung sind heute in gegenstandsorientierter Weise interdisziplinär organisiert (wie z.B. die schulbezogene Lehr-Lern-Forschung oder die Familienforschung; vgl. auch die interdisziplinären Ansätze im Rahmen der DFG-Schwerpunktprogramme „Bildungsqualität von Schule", Prenzel/Allolio-Näcke 2006 und „Kompetenzmodelle zur Erfassung individueller Lernergebnisse und zur Bilanzierung von Bildungsprozessen", Klieme/Leutner 2006). Untereinander aber sind diese Bereiche oftmals unzureichend verknüpft (z.B. Fachdidaktik und Psychologie); und bei Theorieentwicklungen handelt es sich dementsprechend häufig um Partialtheorien zu isolierten Aspekten von Bildungsprozessen. Für ein Verständnis von Bildung ist Forschung zu Einzelaspekten unerlässlich. Allein aber ist solche Forschung nicht hinreichend: Gleichermaßen notwendig sind Modellbildungen, welche eine Integration von Partialbeschreibungen ermöglichen. Durch eine Addition von fragmentarisierten Minitheorien und Einzelbefunden kann dies nicht geleistet werden. Ein Beispiel ist die gerade in Deutschland unzureichende Verknüpfung von familien- und schulbezogener Forschung. Ebenso wie Schule und Elternhaus stärker kooperieren sollten, hätte die Bildungsforschung sich in integrativer Weise um das Zusammenspiel familialer und staatlich oder wirtschaftlich organisierter Bildungsprozesse zu kümmern (in Kindheit, Jugend und Erwachsenenalter).

Prozessmodellierung und explikative Theorien
Hinzu kommt, dass es sich bei Bildungsprozessen um dynamische Abläufe handelt, die häufig durch ein Zusammenwirken vielfältiger interner und externer Einflüsse und komplexe Wechselwirkungen und Rückkopplungsbeziehungen gekennzeichnet sind. Bildungsforschung ist jedoch in weiten Bereichen auch heute noch durch querschnittlich-deskriptive Ansätze und Annahmen unidirektionaler Kausalität gekennzeichnet. Ein Beispiel sind nationale und internationale Evaluationsstudien zu Schülerleistungen, die regelmäßig querschnittlich angelegt sind und damit zwar ein deskriptives Monitoring von Bildungssystemen leisten können, in ihrer explikativen Aussagekraft und Nutzbarkeit für eine angemessene Gestaltung von Bildungsprogrammen aber deutlich begrenzt sind (z.B. TIMSS, PISA, DESI, IGLU; für einen Überblick zu neueren Bildungsstudien vgl. Helmke 2007). Ähnlich wie in anderen Wissenschaften zu komplexen dynamischen Systemen (z.B. Geoklima-Forschung, Spiele im Bereich experimenteller Mikroökonomik) käme es für die nächsten Jahre darauf an, über die Gewinnung von deskriptiven Indikatoren und vorliegende explikative Teilmodelle hinaus umfassendere Theorien zu den komplexen Person-Umwelt-Verflechtungen und dynamischen epochalen und gesellschaftlichen Wandlungen von Bildungsprozessen zu entwickeln.

Real-Time-Assessments
Insbesondere bei verhaltensnahen Bildungsaspekten stellt sich die Frage nach der ökologischen Validität der bei Bildungsstudien meist anhand von Selbstberichten zu habituellem Verhalten erfassten Konstrukte. Real-Time-Assessments wären eine wichtige methodische Erweiterung, um die auf Trait-Erhebungen basierenden Erkenntnisse einer ökologischen Validitätsprüfung zu unterziehen. Hierzu wäre es wünschenswert, dass vermehrt Lerntagebücher oder die Experience-Sampling-Methode (vgl. Hektner/Schmidt/Csikszentmihalyi 2007) als elaborierte State-Erhebungsmethoden zum Einsatz kämen.

Gestaltung und Evaluation von Bildungsprogrammen
Ziel von Bildungsforschung sollte es sein, nicht nur die historisch jeweils vorfindliche Bildungswirklichkeit zu analysieren. Über eine solche gleichsam nachträgliche Perspektive hinaus sollte sie Aussagen ermöglichen, wie diese Wirklichkeit sich weiterentwickeln wird und in welcher Weise auf solche Entwicklung durch Politik und pädagogische Praxis so Einfluss genommen werden kann, dass pädagogisch und psychologisch sinnvolle Zielbestimmungen erfüllt werden. Hierfür genügt es nicht, sich darauf zu verlassen, dass die vorliegende Bildungswirklichkeit in hinreichendem Maße Empirie für Aussagen zu möglicher Variation und Gestaltung von Bildungsprozessen zur Verfügung stellt. Vielmehr ist es notwendig, in Anknüpfung an die Gestaltungsversuche früherer Jahrzehnte und in Zusammenarbeit mit Politik und Praxis Versuche zur Gestaltung von Bildungsprogrammen durchzuführen und systematisch zu evaluieren (z.B. DFG-Schwerpunktprogramm „Bildungsqualität von Schule", vgl. Prenzel/Allolio-Näcke 2006). Vom Gelingen solcher Bemühungen dürfte es wesentlich abhängen, dem in der Öffentlichkeit nach wie vor häufig anzutreffenden Eindruck einer Beliebigkeit von Resultaten und Empfehlungen der Bildungsforschung entgegenwirken zu können und in nachhaltiger Weise zur Verbesserung unseres Bildungswesens beizutragen.

Literatur

Abels, H. (2001): Einführung in die Soziologie. Die Individuen in ihrer Gesellschaft. Wiesbaden: Westdeutscher Verlag.
Artelt, C. (2000): Strategisches Lernen. Münster: Waxmann
Artelt, C./Moschner, B. (Hrsg.) (2005): Lernstrategien und Metakognition. Implikationen für Forschung und Praxis. Münster: Waxmann.
Asendorpf, J. (2007): Psychologie der Persönlichkeit. Berlin: Springer.
Bandura, A. (1986): Social foundations of thought and action: A social cognitive theory. NJ, USA: Englewood Cliffs.
Bartussek, D. (1996): Faktorenanalytische Gesamtsysteme der Persönlichkeit. In: Amelang, M. (Hrsg.): Enzyklopädie der Psychologie: Differentielle Psychologie und Persönlichkeitsforschung, Band 3, Temperaments- und Persönlichkeitsunterschiede. Göttingen: Hogrefe, S. 51–105.
Block, J. (1995): A contrarian view of the five-factor approach to personality. In: Psychological Bulletin 117, S. 187–215.
Bong, M. (2001): Between- and within-domain relations of academic motivation among middle and high school students: Self-efficacy, task-value and achievement goals. In: Journal of Educational Psychology, 93, S. 23–34.
Boshuizen, H.P.A./Bromme, R./Gruber, H. (Eds.) (2004): Professional learning: Gaps and transitions on the way from novice to expert. Dordrecht: Kluwer.
Csikszentmihalyi, M./Abuhamde, S./Nakamura, J. (2005): Flow. In: Dweck, C./ Elliot, A.J. (Eds.): Handbook of competence and motivation. New York: The Guilford Press, S. 598–608.
Deci, E.L./Ryan, R.M. (Eds.) (2002): Handbook of self-determination research. Rochester, NY: University of Rochester Press.

Dörpinghaus, A./Poenitsch, A./Wigger, L. (2006): Einführung in die Theorie der Bildung. Darmstadt: Wissenschaftliche Buchgesellschaft.
Edelmann, W. (2000): Lernpsychologie. Weinheim: Beltz.
Entwistle, N.J./Marton, F. (1994): Knowledge objects: Understanding constituted through intensiv academic study. In: British Journal of Educational Psychology, 64, S. 161–178.
Fend, H. (2005^3): Entwicklungspsychologie de Jugendalters. Wiesbaden: VS Verlag.
Frenzel, A.C./Goetz, T./Pekrun, R./Watt, H.G. (im Druck): Development of mathematics interest in adolescence: Influences of gender, family and school context. Journal of Research on Adolescence.
Fries, S. (2006): Zu Defiziten und möglichen Weiterentwicklungen aktueller Theorien der Lernmotivation. In: Zeitschrift für Pädagogische Psychologie, 20, S. 73–83.
Fuhs, B. (2006): Peers. In: Arnold, K.-H./Sandfuchs U./Wiechmann J. (Hrsg.): Handbuch Unterricht. Bad Heilbrunn, S. 152–155.
Goetz, T./Frenzel, A.C./Pekrun, R. (2008). Sozialklima in der Schule. In: Schneider, W./Hasselhorn, M. (Hrsg.): Handbuch der Psychologie. Band Pädagogische Psychologie. Göttingen: Hogrefe, S. 503–514.
Goetz, T./Frenzel, C.A./Pekrun, R./Hall, N.C./Lüdtke, O. (2007): Between- and within-domain relations of students' academic emotions. In: Journal of Educational Psychology, 99, S. 715–733.
Götz, T. (2004): Emotionales Erleben und selbstreguliertes Lernen bei Schülern im Fach Mathematik. München: Utz.
Götz, T. (2006): Selbstreguliertes Lernen. Förderung metakognitiver Kompetenzen im Unterricht der Sekundarstufe. Donauwörth: Auer.
Götz, T./Frenzel, A.C./Haag, L. (2006): Ursachen von Langeweile im Unterricht. In: Empirische Pädagogik, 20, S. 113–134.
Götz, T./Zirngibl, A./Pekrun, R. (2004): Lern- und Leistungsemotionen von Schülerinnen und Schülern. In: Hascher, T. (Hrsg.): Schule positiv erleben. Erkenntnisse und Ergebnisse zum Wohlbefinden von Schülerinnen und Schülern. Bern: Haupt AG, S. 49–66.
Gudjons, H. (2007): Pädagogisches Grundwissen. Überblick – Kompendium – Studienbuch. Bad Heilbrunn: Klinkhardt.
Hall, N.C./Perry, R.P./Goetz, T./Ruthig, J.C./Stupnisky, R.H./Newall, N.E. (2007): Attributional retraining and elaborative learning: Improving academic development through writing-based interventions. In: Learning and Individual Differences, 17, S. 280–290.
Hasselhorn, M. (2006): Metakognition. In: Rost, D. (Hrsg.): Handwörterbuch Pädagogische Psychologie. Weinheim: Beltz, S. 480–485.
Hatfield, E./Cacioppo, J.T./Rapson, R.L. (1994): Emotional contagion. Cambridge, UK: Cambridge University Press.
Hektner, J.M./Schmidt, J.A./Csikszentmihalyi, M. (2007): Experience sampling method: Measuring the quality of everyday life. Thousand Oaks, CA: Saga Publications.
Helmke, A. (1992): Selbstvertrauen und schulische Leistungen. Göttingen: Hogrefe.
Helmke, A. (1998): Vom Optimisten zum Realisten? Zur Entwicklung des Fähigkeitsselbstkonzepts vom Kindergarten bis zur sechsten Klassenstufe. In: Weinert, F.E. (Hrsg.): Entwicklung im Kindesalter. Weinheim: Beltz PVU, S. 115–132.
Helmke, A. (2007): Unterrichtsqualität erfassen, bewerten, verbessern. Seelze: Kallmeyer.
Helmke, A./Weinert, F.E. (1997): Bedingungsfaktoren schulischer Leistungen. In: Weinert, F.E. (Hrsg.): Psychologie des Unterrichts und der Schule. (Enzyklopädie der Psychologie, Serie Pädagogische Psychologie, Bd. 3). Göttingen: Hogrefe, S. 71–176.
Hembree, R. (1988): Correlates, causes, effects, and treatment of test anxiety. Review of Educational Research, 58, S. 47–77.
Hosenfeld, I./Schrader, F.-W. (2006): Schulische Leistung. Grundlagen, Bedingungen, Perspektiven. Münster: Waxmann.
Hron, A./Friedrich, H.F. (2006): Netzbasierte Information, Kommunikation und Kooperation im Unterricht. In: Arnold, K.-H./Sandfuchs U./Wiechmann J. (Hrsg.): Handbuch Unterricht. Bad Heilbrunn: Klinkhardt, S. 432–436.
Klauer, K.J. (2006): Situiertes Lernen. In: Rost, D. (Hrsg.): Handwörterbuch Pädagogische Psychologie. Weinheim: Beltz, S. 699–705.
Klauer, K.J./Leutner, D. (2007): Lehren und Lernen. Einführung in die Instruktionspsychologie. Weinheim: Beltz.
Klieme, E./Leutner, D. (2006): Kompetenzmodelle zur Erfassung individueller Lernergebnisse und zur Bilanzierung von Bildungsprozessen. Antrag an die DFG auf Einrichtung eines Schwerpunktprogramms. Deutsches Institut für Internationale Pädagogische Forschung, Frankfurt am Main: Universität Duisburg-Essen.
Klix, F./Spada, H. (Hrsg.) (1998): Wissen. (Enzyklopädie der Psychologie, Serie Kognition, Bd. 6). Göttingen: Hogrefe.

Krapp, A. (2007): An educational-psychological conceptualisation of interest. In: International Journal for Educational and Vocational Guidance, 7, S. 5–21.
Lanier, L.S./Privette, G./Vodanovich, S./Bundrick, C.M. (1996): Peak experiences. In: Journal of Social Behavior and Personality, 11, S. 781–791.
Laux, L. (2003): Persönlichkeitspsychologie. Stuttgart: Kohlhammer.
Leutner, D./Klieme, E./Meyer, K./Wirth, J. (2004): Problemlösen. In: PISA-Konsortium Deutschland (Hrsg.): PISA 2003. Der Bildungsstand der Jugendlichen in Deutschland – Ergebnisse des zweiten internationalen Vergleichs. Münster: Waxmann, S. 147–175.
Nattland, A./Kerres, M. (2006): Computerbasierte Medien im Unterricht. In: Arnold, K.-H./ Sandfuchs, U./Wiechmann J. (Hrsg.): Handbuch Unterricht. Bad Heilbrunn: Klinkhardt, S. 422–432.
OECD (2004): Learning for tomorrow's world: First results from PISA 2003. Paris, France: OECD Publications.
Pawlik, K. (Hrsg.) (2006): Handbuch Psychologie. Heidelberg: Springer.
Pekrun, R. (1998): Schüleremotionen und ihre Förderung: Ein blinder Fleck der Unterrichtsforschung. In: Psychologie in Erziehung und Unterricht, 44, S. 230–248
Pekrun, R. (2000): A social cognitive, control-value theory of achievement emotions. In: Heckhausen, J. (Hrsg.): Motivational psychology of human development. Oxford, UK: Elsevier Science, S. 143–163.
Pekrun, R. (2002): Familie, Schule und Entwicklung. In: Walper, S./Pekrun, R. (Hrsg.): Familie und Entwicklung. Aktuelle Perspektiven der Familienpsychologie. Göttingen: Hogrefe, S. 84–105.
Pekrun, R./Fend, H. (Hrsg.) (1991): Schule und Persönlichkeitsentwicklung. Ein Resümee der Längsschnittforschung. Stuttgart: F. Enke Verlag.
Pekrun, R./Goetz, T./Titz, W./Perry, R.P. (2002): Academic emotions in students' self-regulated learning and achievement: A program of qualitative and quantitative research. In: Educational Psychologist, 37, S. 91–105.
Pekrun, R./Götz, T. (2006): Emotionsregulation: Vom Umgang mit Prüfungsangst. In: Mandl, H./Friedrich, H.F. (Hrsg.): Handbuch Lernstrategien. Göttingen: Hogrefe, S. 248–258.
Pervin, L.A. (2007): Personality. Theory and research. New York: Wiley & Sons.
Prenzel, M./Allolio-Näcke, L. (Hrsg.) (2006): Untersuchungen zur Bildungsqualität von Schule. Abschlussbericht des DFG-Schwerpunktprogramms. Münster: Waxmann.
Preuss-Lausitz, U. (2006): Gesellschaftliche Bedingungen des Unterrichts. In: Arnold, U. Sandfuchs, K.-H./Wiechmann, J. (Hrsg.): Handbuch Unterricht. Bad Heilbrunn: Klinkhardt, S. 125–134.
Reinmann, G./Mandl, H. (2006): Unterrichten und Lernumgebungen gestalten. In: Krapp, A./ Weidenmann, B. (Hrsg.): Pädagogische Psychologie. Weinheim: Beltz, S. 613–659.
Rheinberg, F. (2006): Motivation. Stuttgart: Kohlhammer.
Rheinberg, F./Krug, S. (2005[3]): Motivationsförderung im Schulalltag . Göttingen: Hogrefe.
Ryle, G. (1949): The concept of mind. New York: Barnes & Noble.
Schiefele, U. (2001): The role of interest in motivation and learning. In: Collis, J.M./Messick, S. (Eds.): Intelligence and personality: Bridging the gap in theory and measurement. Mahwah, NJ: Erlbaum, S. 163–194.
Schiefele, U./Pekrun, R. (1996): Psychologische Modelle des fremdgesteuerten und selbstgesteuerten Lernens. In: Weinert, F.E. (Hrsg.): Psychologie des Lernens und der Instruktion. (Enzyklopädie der Psychologie, Serie Pädagogische Psychologie, Bd. 2). Göttingen, S. 249–278.
Schneewind, K.A. (1995): Impact of family processes on control beliefs. In: Bandura, A. (Hrsg.): Self-efficacy in changing societies. Cambridge: University of Cambridge Press S. 114–148.
Schneider, W./Pressley, M. (1997): Memory development between 2 and 20. New York, NY: Springer.
Schneider/Körkel/Weinert (1989): Domain-specific knowledge and memory performance: A comparison of high- and low-aptitude children. In: Journal of Educational Psychology, 81, S. 306–312.
Schutz, P./Pekrun, R. (Hrsg.) (2007): Emotion in education. Boston: Elsevier Academic Press.
Seipp, B. (1991): Anxiety and academic performance: A meta-analysis of findings. In: Anxiety Research, 4, S. 27–41.
Senkbeil, M./Drechsel, B. (2004): Vertrautheit mit dem Computer. In: PISA-Konsortium Deutschland (Hrsg.): PISA 2003. Der Bildungsstand der Jugendlichen in Deutschland – Ergebnisse des zweiten internationalen Vergleichs. Münster: Waxmann, S. 177–190.
Stark, R./Mandl, H. (2000): Konzeptualisierung von Motivation und Motivierung im Kontext situierten Lernens. In: Schiefele U./Wild, K.-P. (Hrsg.): Interesse und Lernmotivation. Untersuchungen zur Entwicklung, Förderung und Wirkung. Münster: Waxmann, S. 95–115.
Stern, E./Guthke, J. (Hrsg.) (2001): Perspektiven der Intelligenzforschung. Lengerich: Pabst Publisher.
Streblow, L./Schiefele, U. (2006): Lernstrategien im Studium. In: Mandl, H./Friedrich, H.F. (Hrsg.): Handbuch Lernstrategien. Göttingen: Hogrefe, S. 352–364.
Takanishi, R./Bograd, K.L. (2007): Effective educational programs for young children: What we need to know. In: Child Development Perspectives 1, S. 40–45.

Trautwein, U. (2003): Schule und Selbstwert. Münster: Waxmann.
Trautwein, U./Luedtke, O./Koeller, O./Baumert, J. (2006): Self-esteem, academic self-concept, and achievement: Hot the learning environment moderates the dynamics of self-concept. In: Journal of Personality and Social Psychology, 90, H. 2, S. 334–349.
Treiber, B. (1982): Lehr- und Lernzeiten. In: Treiber, B./Weinert, F.E. (Hrsg.): Lehr- und Lernforschung. München: Urban & Schwarzenberg, S. 12–36.
Trommsdorff, G. (2007): Entwicklung im kulturellen Kontext. In: Trommsdorff, G./Kornadt, H.-J. (Hrsg.): Enzyklopädie der Psychologie: Themenbereich C Theorie und Forschung, Serie VII Kulturvergleichende Psychologie. Band 2: Kulturelle Determinanten des Erlebens und Verhaltens. Göttingen: Hogrefe, S. 435–519.
Waldmann, M.R./von Sydow (2006): Wissensbildung, Problemlösen und Denken. In: Pawlik, K. (Hrsg.): Handbuch Psychologie. Heidelberg: Springer, S. 217–229.
Weinert, F.E. (1998): Vermittlung von Schlüsselqualifikationen. In: Matalik, S./Schade, D. (Hrsg.): Entwicklungen in Aus- und Weiterbildung. Anforderungen, Ziele, Konzepte, Baden-Baden: Nomos, S. 23–43.
Weinert, F.E./Helmke, A. (1995): Learning from wise mother nature or big brother instructor: The wrong choice as seen from an educational perspective. In: Educational Psychologist, 30, S. 135–142.
Zeidner, M. (1998): Test anxiety. The State of the art. New York: Plenum Press.
Zeidner, M. (2007): Test anxiety: Conceptions, findings, conclusions. In: Schutz, P./Pekrun, R. (Hrsg.): Emotion in education. San Diego: Academic Press, S. 165–184.

Stefan Hummelsheim | Dieter Timmermann

Bildungsökonomie

1 Einleitung

Es kann mit einigem Grund davon ausgegangen werden, dass die Ökonomie als Bezugsdisziplin der Bildungsforschung immer wichtiger wird. Dieser Bedeutungszuwachs ist insbesondere durch den gestiegenen Bedarf an validem ökonomischem Wissen verursacht, welches als Informations-, Kontroll-, Steuerungs- und Handlungsgrundlage dazu genutzt werden kann, knappe Ressourcen möglichst effizient und effektiv wie auch gerecht für Bildungszwecke einzusetzen. Diese erhöhte gesellschaftliche Aufmerksamkeit ist unmittelbar einleuchtend, wenn berücksichtigt wird, dass der Staat, die Institutionen und Individuen erhebliche Ressourcen für Bildungszwecke aufwenden, die grundsätzlich auch für alternative Zwecke hätten verausgabt werden können.

Dieser Beitrag ist gegenüber der alten Auflage neu strukturiert, umfassend überarbeitet und um aktuelle nationale wie internationale empirische Befunde erweitert worden. Der Aufsatz fasst den aktuellen Stand und die Entwicklung der einschlägigen theoretischen und empirischen bildungsökonomischen Analysen im Überblick zusammen: Hierfür werden zunächst die zentralen Konzepte der bildungsökonomischen Forschung in ihren Grundzügen vorgestellt, die einen Einblick in die Grundlagen der Bildungsökonomie ermöglichen (Kap. 2). Weiterhin werden die Humankapitaltheorie als Referenztheorie wie auch die wichtigsten alternativen Theoriemodelle sowie die derzeit vorliegenden Synergievorschläge der Bildungsökonomie beschrieben, um die Leistungsgrenzen und -möglichkeiten der existierenden Theoriegebäude in der ökonomischen Bildungsforschung zu skizzieren (Kap. 3). Ferner werden mit Rückgriff auf die zentralen Begriffe und Konzepte ausgewählte empirische Befunde der Bildungsökonomie auf der Makro- und Mikroebene unter besonderer Berücksichtigung der aktuellen internationalen Forschung näher erörtert, wobei die vorgestellte empirische Evidenz zwar notwendigerweise selektiv sein muss, aber doch eine größere Bandbreite von bildungsökonomischen Fragen in verschiedenen Bildungsbereichen in den Blick nimmt (Kap. 4). Schließlich werden in einem Ausblick einige resümierende Überlegungen zur bildungsökonomischen Forschung angestellt (Kap. 5).

2 Grundlagen der bildungsökonomischen Forschung

Die ökonomische Bildungsforschung hat im Laufe der Jahre eine Vielzahl an spezifischen Begriffen und Konzepten entwickelt, um den Gegenstand „Bildung" analytisch beschreiben zu können. Nachstehend werden die wichtigsten Grundlagen der Bildungsökonomie vorgestellt, da deren Kenntnis für ein Grundverständnis wie auch eine weitergehende Beurteilung von bildungsökonomischen Analysen unerlässlich ist.

2.1 Begriffsexplikation „Bildungsökonomie"

Die ökonomische Bildungsforschung wird allgemein als Bildungsökonomie (economics of education) bezeichnet und nimmt als wissenschaftliche Disziplin mit dem analytischen Instrumentarium der Wirtschaftswissenschaften (Volks- und Betriebswirtschaftslehre) die Gesamtheit aller formalen, nicht-formalen und informellen Bildungsvorgänge einer Gesellschaft als Analysegegenstand in den Blick (vgl. Hummelsheim/Timmermann 1998, S. 150). Die bildungsökonomische Forschung analysiert hierbei aus gesellschaftlicher, institutioneller sowie individueller Perspektive alle Fragen, die bei der Lenkung und Produktion der verschiedenen Bildungsinputs (allokative Analyse) und Verteilung von Bildungsoutputs und -outcomes (distributive Analyse) auftreten können (vgl. Cohn/Geske 1990, S. 2; Timmermann 1996, S. 640f.).

2.2 Kosten und Erträge

„Bildungskosten" und „Bildungserträge" sind zwei zentrale Begriffskategorien der ökonomischen Bildungsforschung, welche seit Beginn des bildungsökonomischen Denkens im Zentrum der ökonomischen Analyse von Bildungsaktivitäten stehen. Dabei hat die Bildungsökonomie ein sehr differenziertes begriffliches Instrumentarium entwickelt, welches es erlaubt, die verschiedenen Transaktionen für Bildungszwecke präzise zu beschreiben und voneinander abzugrenzen.

1. Bildungskosten stellen einen bewerteten Ressourcenverbrauch für Bildungszwecke dar und sind von Bildungsausgaben zu unterscheiden, welche den Wert der für Bildungsaktivitäten beschafften Ressourcen repräsentieren (vgl. Timmermann 1995b, S. 22ff.). Die Bedeutung dieser begrifflichen Präzisierung wird u.a. ersichtlich, wenn berücksichtigt wird, dass Beschaffungszeitpunkt und Verbrauchszeitraum insbesondere im Fall langlebiger Ressourcen – wie z.B. Gebäude – auseinanderfallen. Weiterhin ist wichtig zu beachten, dass beide Transaktionen unterschiedlichen Rechnungslegungssystemen entstammen, da der Kostenbegriff eine Kategorie des betrieblichen Rechnungswesens und der Ausgabenbegriff eine Kategorie des kameralistischen Rechnungswesens der öffentlichen Hand ist. Die Folge hieraus ist u.a., dass diese Begriffe nicht synonym verwendet und miteinander addiert werden dürfen, obgleich letzteres auch aus Mangel an leistungsfähigen Alternativen gängige Praxis ist.

Die theoretischen Grundlagen zur Erfassung und Analyse der Bildungskosten sind mit Rückgriff auf die betriebswirtschaftliche Kosten- und Controllingtheorie seit längerem gelegt (vgl. Levin 1983; Cohn/Geske 1990) und in Deutschland durch die Pionierarbeit der Sachverständigenkommission „Kosten und Finanzierung der außerschulischen beruflichen Bildung" Anfang der 1970er Jahre sowie in Kostenstudien des Bundesinstituts für Berufsbildung und des Instituts der Deutschen Wirtschaft für den Bereich der betrieblichen Aus- und Weiterbildung seit den 1990er Jahren praktisch umgesetzt worden: Wenn auch die theoretische und empirische Erfassung der privaten, d.h. betrieblichen und individuellen Bildungskosten einen sehr elaborierten Zustand erreicht hat, so sind bezüglich der Breitenwirksamkeit doch zwei kritische Aspekte anzumerken: a) Zum einen erfassen insbesondere kleine und mittlere Unternehmen aus Ressourcengründen ihre Bildungskosten i.d.R. nicht systematisch. b) Zum anderen erfolgt bisher keine systematische Kostenerfassung im Bereich der öffentlichen Hand, die zumeist keinen Ressourcenverbrauch für Bildungszwecke abbildet, weil sie noch in dem Rechnungslegungssystem der Kameralistik verharrt. So ist es nicht erstaunlich, wenn im öffentlichen und öffentlich finanzierten Bereich der Elementarerziehung, der schulischen Bildung, der Hochschulbildung und in großen Teilen der Weiterbildung i.d.R. weder die Definition der Bildungsleistungen als Kostenträger noch der Kostenarten oder Kostenstellen von Bildungsaktivitäten zufriedenstellend angegangen oder umgesetzt worden ist. Gleichwohl kann der Transfer des aus betrieblichen Kontexten entwickelten Kostenmodells auf öffentliche Bildungsaktivitäten gelingen: Aus theoretisch-analytischer Perspektive kann hier exemplarisch die Arbeit von Demmer-Krebbeler (2001) genannt werden, die am Beispiel einer Grundschule zeigt, dass ein Transfer des Bildungskostenmodells auf Schulen und mit hoher Wahrscheinlichkeit auch auf andere Bildungseinrichtungen (Hochschulen, Weiterbildungsinstitutionen) grundsätzlich möglich ist. Aus eher praktischer Sicht können die aktuellen Initiativen im Zusammenhang mit der Einführung des „Neuen Steuerungsmodels in der öffentlichen Verwaltung" als Gegenbewegung gedeutet werden, die seit Mitte der 1990er Jahre modellhaft versuchen, betriebswirtschaftliche Konzepte wie die Darstellung des gesamten Ressourcenverbrauchs, Outputorientierung und die Stimulierung von Wettbewerb für öffentliche Einrichtungen fruchtbar zu machen.

Insgesamt betrachtet ist die bisherige empirische Erfassung des Ressourcenverbrauchs für Bildungsaktivitäten in Deutschland partiell und unzureichend. Dabei erweist sich eine wünschenswerte Verbesserung der Datenlage auf Seiten der öffentlichen Bildungsaktivitäten vornehmlich als Frage einer veränderten konzeptionellen Erfassung der Ressourcennutzung und auf Seiten des privaten Bildungsengagements in erster Linie als Frage einer regelmäßigeren Erhebung von repräsentativen Daten. Die wenigen unternommenen Versuche, Transparenz in die Höhe der Ausgaben oder Kosten für unterschiedliche Bildungsbereiche und deren Finanzierung durch verschiedene Finanziers zu bekommen, bleiben daher - wie schon in der Vergangenheit - auf bestimmte Erhebungsjahre, Erhebungsbereiche, Ausgaben- bzw. Kostenträger und Finanziers beschränkt (vgl. Krekel/Kath 1999; Hummelsheim/Timmermann 2000, S. 23f.; Expertenkommission 2002, S. 95; DIE 2008, S. 95ff.).

2. Bildungserträge werden in der Bildungsökonomie als bewertete Ressourcenvermehrung bezeichnet, wobei der Ertragsbegriff oftmals mit dem Nutzenbegriff synonym verwendet wird, die Begriffe strenggenommen aber jeweils etwas anderes bezeichnen (vgl. Solmon/Fagnano 1995; Timmermann 1997, S. 84ff.): a) So ist darauf hinzuweisen, dass der Ertragsbegriff der Theorie der Unternehmung entlehnt ist und eine außersubjektive, institutionelle Ressourcenvermehrung beschreibt. Der Nutzenbegriff entstammt dagegen der Haushalts- und Konsumtheorie und modelliert dort eine allein subjektive, unterschiedlich empfundene, nicht beobachtbare Wirkung des Bildungskonsums. b) Diese begriffliche Differenzierung macht deutlich, dass Erträge und Nutzen zwar semantisch eng miteinander verbunden sind, aber letztlich unterschiedliche Analysekategorien kennzeichnen, so dass geschlussfolgert werden kann, dass Ertrags- und Nutzenkonzept nur zusammen in der Lage sind, alle Bildungsergebnisse im Sinne eines umfassenden Wirkungskonzeptes auf den verschiedensten Aggregationsebenen von Bildung analytisch zu beschreiben.

Die theoretische Fundierung der Analyse von Bildungserträgen und -nutzen hat unter Bezug auf die ökonomische Theorie der Unternehmung und der Haushalts- und Konsumtheorie einen mittlerweile ausgereiften Forschungsstand erreicht, der beispielsweise in den neueren Studien des Bundesinstituts für Berufsbildung zu den „Kosten und Nutzen der betrieblichen Berufsausbildung in Deutschland" aus dem Erhebungsjahr 2001 (vgl. Beicht/Walden/Herget 2004) und „Kosten und Nutzen beruflicher Weiterbildung für Individuen" aus dem Erhebungsjahr 2002 (vgl. Beicht/Krekel/Walden 2006) Berücksichtigung gefunden hat.

Die empirische Evidenz zu den Bildungserträgen und -nutzen fällt insgesamt relativ bescheiden, z.T. sogar widersprüchlich aus, da eine Vielzahl an postulierten Wirkungen nur schwer oder gar nicht messbar ist, darüber hinaus die Effekte nicht immer eindeutig bestimmten Bildungsaktivitäten zugeordnet werden können, weil andere Lernkontexte und informelle Lernprozesse an dem Bildungsergebnis beteiligt sind und schließlich die meisten beobachtbaren Wirkungstypen bislang in erster Linie nur bei den Individuen oder der Gesellschaft und in deutlich geringerem Umfang bei den Institutionen erfasst worden sind.

2.3 Kosten- und Effizienzanalysen

Die Antwort auf die Frage nach der Optimierung von Ressourceninputs und -outputs ist sicherlich eine der vordringlichsten Aufgaben bei der Modernisierung des Bildungswesens geworden, was wesentlich dazu beigetragen hat, dass sich das Interesse an der bildungsökonomischen Wirkungsforschung deutlich erhöht hat. So hat die Bildungsökonomie mit der „Kostenanalyse" und „Effizienzanalyse" und deren spezifischen Varianten eine Reihe von Verfahren entwickelt, mit denen es gelingt, diese Optimierungssituation empirisch abzubilden (vgl. Weiß 1995b).

1. Die Kostenanalyse ist die einfachste Form der ökonomischen Wirkungsforschung, da sie allein auf die empirische Erfassung der Kosten abzielt und die herbeigeführten Wirkungen unberücksichtigt lässt. Dabei kann eine einfache Kostenanalyse von einer Kostenvergleichs-Analyse unterschieden werden: a) Die Kostenanalyse selbst kann zunächst nur Informationen über Höhe und Struktur der Kosten anbieten. b) Die Kostenanalyse wird zur Kostenvergleichs-Analyse, wenn Vergleiche zwischen früheren oder auch anderen Kostenanalysen unter der Voraussetzung einer strukturell gleichen Kostenerhebung angestellt werden, die i.d.R. mit dem Ziel verbunden sind, die Kostenentwicklung einzuschätzen oder die kostenminimale Handlungsalternative zu identifizieren. Angemerkt werden muss, dass für die vollständige Erfassung des Ressourceneinsatzes die Berücksichtigung der Opportunitätskosten (opportunity costs) erforderlich ist, welche die nicht realisierten Erträge und Nutzen der besten nicht gewählten Entscheidungsalternative darstellen und als indirekte Kosten den direkten Bildungskosten hinzugefügt werden müssen. Die Opportunitätskosten sind allerdings nicht budget- oder ausgabewirksam, sondern werden nur kalkulatorisch berechnet. Ferner zeigen Untersuchungen immer wieder, dass die Opportunitätskosten – wenn sie mit in die Kostenanalyse einfließen – i.d.R. die größte Kostengruppe bei den Gesamtbildungskosten repräsentieren, was bei der Interpretation der Ergebnisse nicht selten zu kontroversen Diskussion über die tatsächliche und verbleibende Kostenbelastung (Kosteninzidenz) der beteiligten Akteure führt.

2. Die Effizienzanalyse ist gegenüber der Kostenanalyse das komplexere Verfahren, da hier der Wert des Ressourceninputs (Kosten) mit den erzielten Wirkungen verglichen wird, wobei dieser Vergleich im Rahmen einer gesellschaftlichen bzw. volkswirtschaftlichen (externe Effizienz) oder aber einer institutionellen bzw. betriebswirtschaftlichen (interne Effizienz) Analyse vorgenommen werden kann. Wichtig ist zu sehen, dass die Effizienz als normatives und relationales Konzept sowohl für die externe wie auch interne Variante eine Optimierung des Verhältnisses von Mitteleinsatz und Ergebnis fordert: Danach wird entweder ein gegebenes Ergebnis mit dem geringstmöglichen Ressourceneinsatz erreicht (Minimumprinzip) oder aber mit dem gegebenen Ressourceneinsatz ein maximal großes Ergebnis angestrebt (Maximumprinzip). Die Bildungsökonomie grenzt außerdem eine externe Effizienzanalyse mit bereichsübergreifender Zielsetzung von einer internen Effizienzanalyse mit bereichsspezifischer Zielsetzung ab: a) Bei der externen Effizienzanalyse wird auf eine reduzierte oder erweiterte Kosten-Nutzenanalyse zurückgegriffen, bei der Kosten und Erträge einer Humankapitalinvestition einander gegen-

übergestellt werden, um eine Rendite in Analogie zu Sachkapitalinvestitionen zu berechnen. Hierbei verwendet die reduzierte Kosten-Nutzenanalyse entweder den regressionsanalytischen „Standard-Mincer-Ansatz", den „Ertragsratenansatz" (interner Zinsfuß bzw. elaborierte Methode) oder aber den „Short-Cut-Ansatz". Die erweiterte Kosten-Nutzenanalyse versucht dagegen, die gesamte Typologie an möglichen Erträgen und Nutzen, d.h. auch den sogenannten nichtmonetären Nutzen monetär zu erfassen (vgl. Ammermüller/Dohmen 2004; Weiß 1995b; Psacharopoulos 1981). b) Bei der internen Effizienzanalyse kommen Produktivitätsanalysen (Input-Output-Studien oder auch Bildungsproduktions-Studien), institutionelle Effizienzmessungsanalysen, Kosten-Wirksamkeits-Analysen oder auch Nutzwertanalysen zum Einsatz (vgl. Weiß 1995b).

Hervorzuheben ist, dass die ökonomische Bildungsforschung durch Kosten- und Effizienzanalysen wertvolle anwendungsorientierte Orientierungshilfen für Entscheidungssituationen unter Knappheitsbedingungen geben kann, was die Bildungsökonomie von anderen wissenschaftlichen Disziplinen, die ebenfalls Wirkungsforschung durchführen, unterscheidet. Allerdings ist hierbei zu beachten, dass verschiedene Voraussetzungen erfüllt sein müssen, damit die Kosten- und Effizienzanalysen ihre Leistungsfähigkeit entfalten können: So muss die zugrunde gelegte Datenlage grundsätzlich ausreichend verlässlich sein, was im Bildungsbereich häufig nicht der Fall ist. Darüber hinaus muss eine klare Definition und Messung der durch die jeweilige Wirkung verursachten Kosten vorliegen, wovon insbesondere im Bereich der öffentlichen Hand nicht gesprochen werden kann, da weder der Ressourcenverbrauch im allgemeinen noch die Opportunitätskosten im besonderen statistisch dokumentiert sind. Schließlich muss zur Umsetzung von leistungsfähigen Effizienzanalysen auch die Wirkung bzw. Leistung selbst eindeutig definiert, messbar und bewertbar sein, was im Bildungsbereich grundsätzlich, aber im öffentlichen Bildungsbereich besonders schwierig ist, weil es messtechnische Probleme gibt, den Erfolg bzw. Ertrag von Bildung zweifelsfrei zu operationalisieren, zu messen, zuzurechnen und zu bewerten.

Obgleich die Leistungsfähigkeit der Kosten- und Effizienzanalysen theoretisch-konzeptionell außer Frage steht, sind sie im Bildungsbereich häufig sowohl daten- wie auch messtechnischen Problemen ausgesetzt, die das Potenzial der Analysemöglichkeiten dämpfen.

2.4 Gutscharakter und externe Effekte

Die Frage nach dem „Gutscharakter" und den „externen Effekten" von Bildung ist für die Bereitstellung und Verteilung von Bildung innerhalb einer Gesellschaft von besonderer Bedeutung, wobei die Antwort darauf aufgrund der bisher unzureichenden empirischen Evidenz bis heute kontrovers eingeschätzt wird.

1. Am Anfang der Frage nach dem Gutscharakter von Bildung gilt es hervorzuheben, dass Bildung nicht als freies, sondern als ökonomisches Gut betrachtet werden muss, weil es dem Sachverhalt der Knappheit unterliegt, was wiederum bedeutet, dass Bildung zum Gegenstand wirtschaftlichen Handelns wird. Darüber hinaus kann auch die vornehmlich in den 1960er und 1970er Jahren noch im Sinne einer sich ausschließenden Alternative geführte Diskussion, ob Bildung als Konsum- oder Investitionsgut anzusehen sei, durch die These des Doppelcharakters (Kuppelprodukt) von Bildung nunmehr als entschieden gelten, da alle Bildungsaktivitäten durch die Befriedigung von Bedürfnissen im Bildungsprozess sowohl eine Konsumkomponente („Kosten heute, Erträge heute") wie auch über die Eröffnung von Chancen auf zukünftige

monetäre und nicht monetäre Erträge des Lernenden eine Investitionskomponente („Kosten heute, Erträge morgen") haben (vgl. Timmermann 1997). Schließlich besteht Einigkeit darüber, dass Bildung auch ein Erfahrungsgut ist, welches als Gut charakterisiert ist, dessen Qualität und Wirkung erst nach vollzogener Nutzung festgestellt werden kann, was diese Gutsdefinition nahe an die Definition von Bildung als Konsum heranrückt, aber doch anders akzentuiert ist, weil bei diesem Gutstypus auf die Lerneffekte abgestellt wird, die nach dem Bildungskonsum das jeweilige Nachfrageverhalten für zukünftige Perioden wie auch von Dritten beeinflussen können.

Offen und umstritten ist bis heute, ob Bildung ein privates Gut, ein öffentliches Gut, ein meritorisches Gut oder ein Mischgut ist: a) Bildung ist als privates Gut anzusehen, wenn das Ausschlussprinzip greift, wenn außerdem das Nachfragerivalitätsprinzip vorliegt, wenn überdies die privaten Verfügungsrechte nicht eingeschränkt sind und schließlich die volle Nutzen- bzw. Ertragsinternalisierung durch den Lernenden vorausgesetzt werden kann. b) Bildung kann als öffentliches bzw. soziales Gut vorliegen, wenn zum einen eine oder mehrere Prämissen des privaten Gutes nicht oder nur teilweise zutreffen, und wenn zum anderen als wichtiges Kriterium hohe externe Erträge anfallen, da dann ein vollständiges oder partielles Marktversagen angenommen werden muss. c) Bildung ist ein meritorisches Gut, wenn zum einen die privaten Bildungspräferenzen der Lernenden vom Staat als unzureichend entwickelt oder verzerrt angesehen werden, was in Bezug auf einen gesellschaftlich gewünschten Versorgungsgrad (merit wants) zu einer suboptimalen Allokation von Bildung führt, und wenn zum anderen der Staat die Herstellung von Demokratiebewusstsein, Chancengleichheit und gemeinsamen Normen und Werten bei den Lernenden gezielt steuern will (vgl. Cohn/Geske 1990, S. 24ff.). d) Bildung kann als Mischgut bezeichnet werden, wenn es Kriterien sowohl eines privaten als auch eines öffentlichen Gutes besitzt, was genau dann eintritt, wenn z. B. trotz Ausschluss- und Nachfragerivalitätsprinzip die Vermutung von hohen externen Erträgen besteht.

Bezüglich der spezifischen Definitionsversuche von Bildung als Gut ist darauf hinzuweisen, dass die zugrunde gelegten Kriterien keine natürlichen Eigenschaften darstellen, sondern vielmehr das Ergebnis von historisch gewachsenen, gesellschaftlich vermittelten und politisch vorgenommenen Setzungen sind, die grundsätzlich über politische Entscheidungsprozesse geändert werden können. Schließlich ist anzufügen, dass Bildung nicht über alle Bildungsstufen und -segmente hinweg die gleichen Gutscharakteristika aufweist, sondern dass diese in den verschiedenen Bildungsbereichen erheblich variieren. Vor diesem Hintergrund ist es nicht überraschend, wenn die Frage nach dem Gutscharakter von Bildung in Abständen immer wieder neu gestellt wird.

2. In der Frage nach den externen Effekten ist begrifflich zu präzisieren, dass externe Effekte als Auswirkungen einer Bildungsaktivität definiert werden, welche Dritten (free rider), Gruppen oder der Gesellschaft zugerechnet werden müssen, ohne dass sie Ressourcen für die Bildungsaktivität aufgewendet haben: Sofern Kosten auf Dritte überwälzt werden, werden diese als negative externe Effekte bzw. externe Kosten bezeichnet. Sofern jedoch Nutzen bzw. Erträge bei Dritten steigen, so wird von positiven externen Effekten bzw. externen Erträgen gesprochen. Während aus Sicht des Investors die Externalisierung von Kosten nicht zu einer Dämpfung der Bildungsaktivitäten führt, besteht bei der Externalisierung von Nutzen bzw. Erträgen das Problem, dass es zu einer systematischen gesellschaftlichen Unterversorgung von Gütern mit hohen externen Erträgen kommt, da der Investor den Nutzen nicht in vollem Umfang internalisieren kann. In diesem Zusammenhang gilt es festzuhalten, dass die in der Diskussion häufig nur mit externen Effekten von Bildung gekennzeichneten Wirkungen üblicherweise die exter-

nen Erträge (social benefits) aus Sicht der Gesellschaft meinen, welche sehr vielfältige Formen an monetären Erträgen (z.b. höhere Wirtschafts- und Steuerkraft, geringere Transferleistungen, Erhöhung der Produktivität von Räumen und Regionen durch Übertragungseffekte (spill-over) und vermiedene gesellschaftliche Kosten beispielsweise durch eine verringerte Kriminalität) als auch nichtmonetären Erträgen (z.b. größeres politisches und soziales Engagement und stärkere soziale Kohäsion) annehmen können (vgl. OECD 2004, S. 196).

Allerdings gehen die jeweiligen Einschätzungen über das Ausmaß und den Umfang der externen bzw. gesellschaftlichen Erträge von Bildung auch unter Bildungsökonomen weit auseinander: a) Zum einen kann in dieser Debatte eine „skeptische Position" ausgemacht werden, die externe Bildungserträge nur auf die Elementar- und Primarbildung beschränken will und davon ausgeht, dass die anderen Bildungssegmente keine gesellschaftlichen Erträge abwerfen (vgl. Friedman 1962; Psacharopoulos 1996). b) Zum anderen ist in der Diskussion um die externen Bildungserträge eine „optimistische Position" präsent, welche unterstellt, dass die „skeptische Position" die vorhandenen gesellschaftlichen Erträge unzulässig herunterspiele, weil grundsätzlich bei allen Bildungsaktivitäten sehr vielschichtige gesellschaftliche Erträge anfallen (vgl. Weißhuhn 1977; Birdsall 1996).

Die frühen Argumente und Positionierungen zu den gesellschaftlichen Erträgen müssen aufgrund der fehlenden empirischen Fundierung aus heutiger Sicht weitgehend als Plausibilitätsüberlegungen charakterisiert werden. Allerdings ist festzuhalten, dass auch die heutige bildungsökonomische Diskussion über Umfang und Volumen der externen Erträge trotz deutlich verbesserter empirischer Verfahren weiterhin kontrovers ist, so dass der Eindruck entsteht, dass die Debatte heute gleichsam auf einem komplexeren Niveau fortgeführt wird. Hintergrund der fehlenden wie auch strittigen empirischen Evidenz ist nach wie vor der Umstand, dass sich viele soziale Ertragsdimensionen nicht in ausreichendem Maße oder gar nicht quantifizieren lassen bzw. messtechnisch nicht zugänglich sind, so dass es nicht erstaunlich ist, wenn die ökonometrischen Studien zu den gesellschaftlichen Erträgen von Bildung zu widersprüchlichen empirischen Befunden kommen: So modellieren Gundlach/Wößmann (2004) die externen Erträge von Bildung z.B. über die Differenz der sozialen und privaten Ertragsrate und kommen bei Berücksichtigung der oftmals vernachlässigten Bildungsqualität zu dem Ergebnis, dass die externen Erträge für die ausgewählte internationale Stichprobe durchschnittlich mit ungefähr 5 Prozent angegeben werden können. Lochner/Moretti (2004) kalkulieren die sozialen Einsparungen durch die bildungsbedingte Kriminalitätssenkung auf 14 bis 26 Prozent der privaten Bildungserträge. Lange/Topel (2007) können dagegen in ihrer Analyse kaum Hinweise auf positive Humankapitalexternalitäten finden.

2.5 Steuerung und Finanzierung

Die Diskussion über die Frage nach den leistungsfähigsten „Steuerungsformen" und „Finanzierungsweisen" von Bildung steht sachlogisch in einem engen Zusammenhang mit der Frage nach dem Gutscharakter und den externen Effekten von Bildung. Hierbei kann festgestellt werden, dass die Debatte nach wie vor entlang der beiden Extrempositionen „Steuerung und Finanzierung durch den Staat" vs „Steuerung und Finanzierung durch den Markt" geführt wird, obgleich sich national wie international in der bildungspolitischen Praxis eine Vielzahl an sehr spezifischen und differenzierten Steuerungs- und Finanzierungsmodi herausgebildet hat. Weiterhin gilt, dass in die Diskussion über die angemessene Steuerungsform von Bildung sowohl

„spezifische Menschenbilder" als auch „weitreichende Werturteile" in Bezug auf Normen wie Effizienz, Gleichheit, Wahlentscheidungen, Angemessenheit u.ä. einfließen (vgl. Cohn/Geske 1990, S. 33), was eine vorbehaltlose und sachgerechte Auseinandersetzung erschwert. Schließlich wird die Erörterung des Fragenkomplexes dadurch beeinträchtigt, dass die vorhandene empirische Evidenz unzureichend ist, was dazu führt, dass die meisten theoretischen Argumente bei näherem Hinsehen nur Plausibilitätscharakter haben. So kann es nicht verwundern, wenn eine abschließende Antwort auf die Frage nach dem „besten Steuerungs- und Finanzierungsmodell" von Bildung noch aussteht.

1. Die Forderung nach Steuerung und Intervention des Staates wie auch einer öffentlichen Verantwortung im Bildungswesen wird mit einer grundlegenden Kritik am Markt als effizientem Allokationsmechanismus begründet, die argumentativ auf die Theorie des Marktversagens (market failure) zugreift, wonach sich Marktunvollkommenheiten durch das Auftreten nachstehender Phänomene zeigen, die isoliert, aber auch kumulativ auftreten können: Mangelnde Marktfähigkeit bei öffentlichen und meritorischen Gütern, externe Erträge, Marktintransparenz, Wettbewerbsverzerrungen, Konkurrenzbeschränkungen und Informationshindernisse. Dabei bleibt bei der staatlichen Interventionslegitimation erst einmal offen, in welcher Weise der Staat in das Bildungswesen eingreifen soll, da dem Staat eine größere Anzahl an Interventionsformen zur Verfügung stehen, die in unterschiedlicher Regelungstiefe von der rechtlichen Rahmensetzung und Finanzierung bis hin zur eigenständigen Produktion von Bildung bzw. Bereitstellung von Lerngelegenheiten reicht. Die Berücksichtigung dieser Steuerungsvielfalt ist u.a. deshalb wichtig, weil sie die verschiedenen Optionen nicht nur aufzeigt, sondern zugleich deutlich macht, dass die Bildungsproduktion die stärkste der möglichen staatlichen Interventionsformen darstellt, welche historisch in bestimmten Bildungssegmenten zum staatlichen Bildungsmonopol geführt hat und nach dem Verständnis der ökonomischen Bildungsforschung auch die umfassendste theoretische Legitimation von staatlicher Intervention voraussetzt. Überdies tritt neben die ökonomische Sachlogik auch eine politische Argumentation, die darauf abzielt, dass staatliche Interventionen und öffentliche Verantwortung ebenso auf der Grundlage von politischen Wertentscheidungen erfolgen kann, nämlich dann, wenn die Notwendigkeit der Herstellung von einheitlichen Lebensverhältnissen nach Art. 72 Abs. 2 Grundgesetz erforderlich ist (vgl. Timmermann 1996, S. 643f.).

Allerdings ist diese exponierte Rolle des Staates im Bildungswesen auch Gegenstand von zahlreichen bildungsökonomischen Kritikpunkten geworden, die weniger die grundsätzliche Legitimation, sondern mehr noch die prinzipielle Leistungsfähigkeit der staatlichen Steuerung, Finanzierung und Produktion von Bildung in den Blick genommen haben. Danach wird eine effiziente staatliche Ressourcenallokation unter Bezug auf die Theorie des Staatsversagens bezweifelt, welche in Anlehnung an die Neue Politische Ökonomie (Public-Choice-Theorie) unterstellt, dass Wählerunwissenheit, Kurzsichtigkeit politischer Entscheidungen, Dominanz spezifischer politischer Interessen, fehlende Anreize für effizientes Handeln, Reflexions- und Informationsdefizite über Kundenpräferenzen, politische Handlungs- und Entscheidungslage der Politiker wie auch informationelle, legitimatorische und finanzielle Handlungsrestriktionen der Politiker die politischen Entscheidungsprozesse beeinflussen.

Es zeigt sich, dass der Theorie des Marktversagens eine Theorie des Staatsversagens gegenüber steht, so dass die Steuerungs- und die damit verknüpfte Finanzierungsfrage von Bildung nicht entschieden sind, wobei evident ist, dass sich die eigentliche Kontoverse um die Machtfrage dreht, die dem Fragenkomplex um die Steuerung und Finanzierung von Bildung zugrunde liegt. Immerhin gibt es zwischen den gesellschaftlichen Gruppierungen eine relative

Übereinstimmung über die grundsätzliche Notwendigkeit des staatlichen Engagements im Bildungswesen, auch wenn eine nicht gelöste Uneinigkeit über die Art und Stärke des staatlichen Engagements – dies gilt insbesondere für den Bereich der Weiterbildung – weiter bestehen bleibt. Schließlich spricht vieles dafür, dass die konkrete Rolle des Staates im Bildungswesen im wesentlichen davon abhängig ist, wie sehr ein Marktversagen von gesellschaftlichen Akteuren im Kontext der gesellschaftlichen Ziele politisch gewertet wird (vgl. Breyer 1996; Hummelsheim/Timmermann 2000).

2. Das frühere Verständnis von Bildungsfinanzierung war zumeist auf die Analyse von Zahlungsvorgängen beschränkt, wohingegen heute immer häufiger eine erweiterte Begriffsbestimmung verwendet wird, die Finanzierung nicht nur als Beschaffung von Liquidität, sondern auch als Herstellung von Disponibilität über Güter, Dienstleistungen und Institutionen interpretiert, auf die Subjekte, Institutionen oder auch die Gesellschaft für Bildungszwecke zurückgreifen können (vgl. Expertenkommission 2002, S. 122ff.). Darüber hinaus gilt es hervorzuheben, dass Finanzierung und Kosten von Lernangeboten in einem direkten sachlogischen Zusammenhang stehen, weil die Finanzierung als Ressourcenbeschaffung den Kosten als bewerteter Ressourcenverbrauch vorausgehen muss, so dass Finanzierungs- und Kostenfragen eng miteinander verbunden sind. Ferner ist zu berücksichtigen, dass die Bildungsfinanzierung über Finanzierungsebenen und Finanzierungssysteme hinweg spezifische Inzidenzstrukturen erzeugt, da der Vorfinanzierung eine Refinanzierung gegenüber steht, bei der sich die Finanziers über offene und verdeckte Refinanzierungsoptionen wie rechtliche Bestimmungen (z. B. Steuererleichterungen), Marktprozesse (z. B. Überwälzung auf Faktor- und Absatzpreise) wie auch in Form von bildungsbedingten Erträgen (z. B. betriebliche Produktionszuwächse oder individuelle Gehaltserhöhungen) ganz oder teilweise von ihrer Kostenlast befreien können (vgl. Expertenkommission 2002, S. 112ff.; Hummelsheim/Timmermann 2000, S. 77). Dies führt dazu, dass die eigentlichen Fragen zu den tatsächlich verbleibenden Kosten (Kosteninzidenz) und Ertragsvorteilen (Ertragsinzidenz) aus Sicht der bildungsökonomischen Forschung im Grunde auf der Refinanzierungsebene nach Abschluss aller möglichen Refinanzierungsoptionen liegen, was aber bislang nur anhand von vagen Plausibilitätsargumenten möglich ist, da die empirische Erkenntnis über die vorhandenen und vermuteten Refinanzierungsvorgänge insbesondere auch im Vergleich zu den bereits unzureichenden empirischen Befunden auf der Vorfinanzierungsebene äußerst mangelhaft ist. Weiterhin ist zu beachten, dass die Bildungsfinanzierung in einem Spannungsverhältnis zwischen den entscheidenden Finanzierungsprinzipien „allokative Effizienz" (efficiency) und „distributive Gerechtigkeit" (fairness) steht, wobei die Effizienz am Minimum- oder am Maximumprinzip und die Gerechtigkeit am Äquivalenz- oder am Leistungsfähigkeitsprinzip ausgerichtet werden kann. Hinzu tritt als weniger bekanntes, aber gleichwohl relevantes Finanzierungsprinzip die notwendige „ordnungspolitische Kompatibilität", nach der die Finanzierungsstrukturen des Bildungssystems mit der Gesellschafts- und Wirtschaftsordnung der sozialen Marktwirtschaft kompatibel und kohärent sein sollten. Wichtig ist zu sehen, dass die Finanzierungsprinzipien nicht nur eine grundlegende Steuerungs-, Koordinierungs- und Kontrollfunktion für das bildungspolitische Handeln haben, sondern auch notwendige Beurteilungs- und Bewertungsmaßstäbe in der Diskussion um das bestehende Finanzierungssystem und alternative Finanzierungsmodelle verkörpern. Überdies unterscheidet die ökonomische Bildungsforschung noch eine Reihe von Finanzierungsbegriffen, die sicherstellen, dass die gesamte Vielfalt an theoretisch möglichen wie auch praktizierten Finanzierungsarrangements im Bildungsbereich in adäquater Weise beschrieben werden kann. Hierunter fallen Konzepte, die oftmals als Gegensatzpaare bei der Analyse der Bildungsfinanzierung diskutiert werden

wie z.B. direkte und indirekte Finanzierung, Voll- und Teilfinanzierung, institutionelle und individuelle Finanzierung, Angebots- und Nachfragefinanzierung sowie Einzel- und Mischfinanzierung. Schließlich ist anzumerken, dass die Bildungsökonomie mit Rückgriff auf diese Analysekonzepte eine Vielzahl von alternativen Finanzierungsmöglichkeiten kennt (vgl. Expertenkommission 2002; 2004), die jedoch die Entkopplung von Finanzierung und Produktion voraussetzen, damit die gesamte Bandbreite an Finanzierungsarrangements theoretisch modelliert und in praktische Handlungsempfehlungen übersetzt werden kann.

2.6 Humankapital und Humanvermögen

Die Bildungsökonomie trennt analytisch zwischen „Humankapital" und „Humanvermögen", um zu beschreiben, welche Fähigkeiten und Fertigkeiten zur Bewältigung der Herausforderungen in der Arbeits- und privaten Lebenswelt in einer Gesellschaft vorhanden sind. 1. Hierbei kann der aus dem Englischen entlehnte und seit langem akzeptierte Begriff „Humankapital" (human capital) mit Rückgriff auf OECD-Studien (vgl. OECD 2002) in einer grundlegenden und in einer erweiterten Interpretation verwendet werden, wobei der Humankapitalbegriff in dem erweiterten Begriffsverständnis stark an den Humanvermögensbegriff herangerückt wird. a) In der grundlegenden Definition wird unter Humankapital die auf dem Arbeitsmarkt verwertbaren individuellen Fähigkeits-, Fertigkeits-, Kenntnis- und Erfahrungsbestände verstanden. Diese enge Explikation fokussiert auf das Beschäftigungssystem und nimmt die eher kognitiv ausgerichtete fachlich-berufliche Leistungsfähigkeit von Individuen in den Blick, die vergleichsweise messtechnisch leicht zugänglich ist. b) In der erweiterten Definition wird unter Humankapital dagegen die Gesamtheit aller individuellen Fähigkeiten, Fertigkeiten, Kenntnisse, Kompetenzen und Eigenschaften subsumiert, welche persönliches, soziales und wirtschaftliches Wohlergehen ermöglichen. Dieses Verständnis ergänzt den grundlegenden, engen Humankapitalbegriff um außerfachliche Persönlichkeitsmerkmale wie z.B. Motivation, Engagement, Ehrgeiz und Reflexivität, wodurch die Fähigkeit zur gezielten Nutzung, Entwicklung und Reflexion der gesamten individuellen Leistungsfähigkeit und Eigenschaften mit berücksichtigt wird. Diese erweiterte Sicht der Interpretation von Fähigkeiten – oftmals unter dem Etikett der „Schlüsselqualifikationen" diskutiert – hat nicht nur einen Arbeitsweltbezug, sondern hebt auch auf die Verwertbarkeit in der privaten Lebenswelt ab, ist außerdem nicht nur kognitiv, sondern auch emotional wie auch motivational ausgerichtet und messtechnisch nur schwer erfassbar. 2. Der Begriff „Humanvermögen", häufig auch als Humanressourcen bezeichnet, meint die Summe aller vorhandenen Kompetenzen aller Mitglieder einer Gesellschaft und damit das gesamte, d.h. aggregierte individuelle Handlungspotenzial einer Bevölkerung. Diese Auffassung hat eine gewisse Nähe zu der erweiterten Definition von Humankapital, geht aber doch über diese hinaus, in dem sie darauf abhebt, dass nicht alle existierenden Fähigkeiten, Fertigkeiten, Kenntnisse, Erfahrungen und Eigenschaften in einer Gesellschaft als Humankapital, d.h. unter einem Leistungsfähigkeits- und Verwertbarkeitsinteresse gesehen werden können, was bedeutet, dass damit die umfassendste – messtechnisch aber auch anspruchsvollste – Interpretation des Handlungspotenzials einer Gesellschaft vorgenommen wird.

Die Erweiterung des grundlegenden Humankapitalbegriffes ist von Seiten der OECD u.a. durch die Ergebnisse im Rahmen der IALS-Studie (International Adult Literacy Survey) angestoßen worden, bei der sich gezeigt hat, dass nur ungefähr 40 Prozent der durchschnittlichen Einkommensvariationen der Arbeitnehmer durch Messgrößen wie formale Bildungsqualifikation, Lese- und Schreibkompetenz sowie Berufserfahrung in Verbindung mit sozio-kulturellen Variablen wie Geschlecht, sprachliche Herkunft und Bildungsstand der Eltern erklärt werden können. Diese hat die Einsicht verstärkt, dass das bisher stark an das enge Humankapitalkonzept angelehnte Messkonzept um Persönlichkeitsmerkmale erweitert werden muss, wenn möglichst viel der verbleibenden restlichen 60 Prozent der Einkommensvarianzen statistisch erklärt werden soll (vgl. OECD 2002, S. 131ff.).

Grundsätzlich können bei der Bestandsanalyse (Wert des Humankapitalsbestandes oder -stocks) und Stromanalyse (Wert der Humankapitalinvestitionen) vier Ansätze mit jeweils spezifischen Stärken und Schwächen angewendet werden (vgl. Timmermann 1996, S. 645; Weißhuhn 1977, S. 25ff.): 1. So können die absolvierten Bildungsjahre pro Erwerbsperson bzw. Einwohner über alle Beobachtungseinheiten ohne ökonomische Bewertung aufsummiert werden, was allerdings die Homogenität eines jeden Bildungsjahres voraussetzt (Bildungsjahresansatz). 2. Außerdem können die Bildungsjahre mit ihren Kosten bewertet werden, die zum Aufbau des Humankapitals verbraucht worden sind, wobei der Ressourcenverbrauch i.d.R. als Bruttowert entweder mit den damaligen Anschaffungskosten oder auch heutigen Wiederbeschaffungskosten kalkuliert werden kann (Kostenwertansatz). 3. Ferner kann unter der Annahme, dass die Entlohnung der Produktionsfaktoren nach deren Grenzproduktivität erfolgt, die Summe aller Einkommen, d.h. der Lohn- und Gehaltssumme wie auch Einkünfte aus selbständiger Arbeit als Ertragswert des Humankapitals angesehen werden, wobei die Gegenwartswerte der Nettoeinkommen mit einem spezifischen Kalkulationszinsfuß der Abzinsung modelliert werden müssen, auf der Grundlage von sowohl Lebenseinkommensnettodifferenzen (life cycle approach) als auch Querschnittseinkommensnettodifferenzen (cross section approach) berechnet werden können wie auch um Überlebens- und Beschäftigungswahrscheinlichkeiten korrigiert werden müssen (Ertragswertansatz). 4. Weiterhin kann das Humankapital einer Gesellschaft prinzipiell auch über direkte Testverfahren eingeschätzt werden, wie sie von der OECD beispielsweise bei PISA (Programme for International Students Assessment) und IALS (International Adult Literacy Survey) durchgeführt wurden und bei PIAAC (Programme for the International Assessment of Adult Competencies) angedacht sind, was allerdings die Ziehung einer repräsentativen Zufallsstichprobe, die genaue Definition der zu testenden Kompetenzdomänen, die Entwicklung von leistungsfähigen zielgruppenspezifischen Testverfahren sowie den Einsatz anspruchsvoller ökonometrischer Auswertungsverfahren voraussetzt, um auf diesem Wege detaillierte Auskunft über die Leistungsfähigkeit der anvisierten Grundgesamtheit zu bekommen (Testverfahrensansatz).

Schließlich ist zu konstatieren, dass die existierenden nationalen und internationalen Publikationen zur Kalkulation des jeweiligen Humankapitalbestandes keiner öffentlichen Statistik entnommen werden können, sondern nur in unregelmäßigen Abständen und mit z.T. anderer Methodik in Form von einzelnen Studien und Gutachten vorliegen: So identifiziert Krug (1974, S. 150) in Deutschland im Zeitraum zwischen 1870 und 1959 eine positive Humankapitalentwicklung, da sich das Verhältnis von Sachkapital (Sk) zu Humankapital (Hk) von 10 : 1 auf 3 : 1 verbessert habe. Weißhuhn (1977, S. 233) stellt in Deutschland für das Jahrzehnt zwischen 1960 und 1970 hingegen einen relativen Rückgang fest, weil die Relation von Sk zu Hk seinen Berechnungen zufolge von 2,2 : 1 auf 3,2 : 1 gestiegen sei. Maier (1994, S. 73) kommt in seiner Analyse für Deutschland zu dem Ergebnis, dass die Relation in den 1970er und 1980er Jahren gefallen sei, denn er weist für 1980 ein Verhältnis von 2,8 : 1 und für 1990 von 2,7 : 1 aus. Cohn/Geske (1990, S. 88) machen für die USA zwischen 1950 und 1988 verstärkte Humankapitalinvestitionen aus, weil sich dort die Relation zwischen Sk auf Hk von 3 : 1 auf

1,5 : 1 verringert habe. Buttler/Tessaring (1993, S. 467) stellen in der Zeit von 1970 auf 1989 eine eindeutige positive Humankapitalentwicklung in Deutschland fest, weil sich nach ihren Kalkulationen die Relation in dem Zeitraum von 3,2 : 1 auf 2,2 : 1 reduziert hat. Abramovitz/ David (1996) kommen in ihren Berechnungen für die USA zu dem Schluss, dass sich das Verhältnis von Sk zu Hk im Zeitraum 1929 auf 1990 von 2,3 : 1 auf 1,1 : 1 deutlich verringert hat. Ewerhart (2003, S. 50) weist in seiner ökonometrisch anspruchsvollen Studie, die Brutto- und Nettoberechnungen vornimmt, für Deutschland in den Jahren 1992 bis 1998 den besorgniserregenden Befund aus, dass sich die Bruttorelation in Wiederbeschaffungspreisen von 1995 von 1,88 : 1 auf 2,09 : 1 erhöht hat. Henke (2005, S. 12) kommt in der bislang jüngsten Berechnung des Humankapitalbestandes, gemessen anhand voll erwerbstätiger Personen in Wiederbeschaffungspreisen von 1995, ebenfalls zu dem Ergebnis, dass die Humankapitalintensivierung in Deutschland im Zeitraum von 1992 auf 1999 abgebremst worden sei, da sich das Verhältnis von Sk auf Hk von 2,2 : 1 auf 2,6 : 1 erkennbar vergrößert habe.

Zwar lässt die wachsende Wissenshaltigkeit von Herstellungsverfahren, Produkten und Dienstleistungen auf lange Sicht grundsätzlich erwarten, dass die Humankapitalintensität der gesellschaftlichen Produktion weiter anwachsen und die Relation zwischen Sk und Hk sinken wird, doch zeigen die Studien von Ewerhart und Henke, dass die auf dem Weg in die Wissensgesellschaft notwendige Humankapitalintensivierung in Deutschland zumindest bis Ende der 1990er Jahre noch nicht in ausreichendem Maße stattgefunden hat und legen überdies den alarmierenden Schluss nahe, dass eine Stagnation oder auch Vergrößerung der Relation zwischen Sk und Hk ohne Gegensteuerung nicht unwahrscheinlich ist.

2.7 Bildung und Beschäftigung

Das Verhältnis von Bildung und Beschäftigung ist im Laufe der vergangenen Jahrzehnte von der Bildungsökonomie insbesondere unter drei Gesichtspunkten thematisiert worden: 1. Der erste Zugang entspricht der klassischen bildungsökonomischen Fragestellung nach den Wirkungen, welche die Aktivitäten im Bildungssystem außerhalb des Bildungssystems, insbesondere jedoch im Beschäftigungssystem erzeugen. 2. Der zweite Zugang ist über einen längeren Zeitraum unter dem Etikett der Bildungsplanungsansätze bearbeitet worden (vgl. Zedler 1979). Bildungsplanung wurde in den 1960er Jahren als wissenschaftliches Instrument verstanden, das der Bildungspolitik längerfristig angelegte Handlungsorientierungen zur Verfügung stellen sollte. Im Prinzip geht es um die kapazitative, strukturelle und inhaltliche Ausgestaltung des Bildungssystems u.a. im Verhältnis zum Beschäftigungssystem zwecks Realisierung bildungspolitischer Ziele: a) Im Arbeitskräftebedarfsansatz (MRA: Manpower Requirement Approach) geht es um die langfristige Prognose des sektoralen und beruflichen Qualifikationsbedarfs mit dem Ziel, die Bildungsproduktion in Menge, Qualität, Struktur und Zeitdimension dem prognostizierten Bedarf anzupassen. Die Schwächen des Ansatzes haben sowohl zu einem veränderten Konzept von Bedarfsprognosen geführt als auch die Funktion derartiger Prognosen von der Planungsfunktion auf eine reine Informations- und Monitoringfunktion reduziert. b) Der politikgesteuerte Nachfrageansatz (SDA: Social Demand Approach) hat demgegenüber die Möglichkeit von Ungleichgewichten zwischen Bildungsproduktion und Bildungsbedarf von vorne herein mittels der Hypothese hoher Flexibilitäts- und Substitutionspotenziale zwischen Berufen und Qualifikationen ausgeschlossen und sich dem gesellschaftspolitischen Ziel der Bildungschancengleichheit verpflichtet, das die Kapazität, die Strukturen und Inhalte des Bildungssystems an quantifizierten Gleichheitszielen orientiert. c) Der individuelle Nachfrageansatz (IDA: Individual Demand Approach), welcher nicht mit dem SDA gleichgesetzt werden darf, überlässt die Entwicklung der Kapazitäten, Strukturen und Inhalte im Bildungssystem allein den Präferenzen der Familien und der daraus entstehenden Nachfrage nach Bildung. Damit ist gemäß dem Say'schen Theorem ein grenzenloser Absorptionsoptimismus hinsichtlich der Aufnahmefähigkeit des Beschäftigungssystems verbunden. d) Der Ansatz der Trendfortschreibung ignoriert dagegen sowohl Bedarfs-, Chancengleichheits- wie auch Nachfragegesichtspunkte, verlängert Vergangenheitsentwicklungen im Bildungssystem extrapolativ in die Zukunft und muss in erster Linie als statistischer Planungsansatz interpretiert werden (vgl. Bodenhöfer 1988, S. 16ff.).

Die beobachtbaren und andauernden strukturellen Ungleichgewichte in den Qualifikationsmärkten im Ausbildungs- und Hochschulmarkt an Schwelle I sowie im Arbeitsmarkt an Schwelle II (vgl. Bodenhöfer 1988, S. 9ff.; Timmermann 1988, S. 27ff.) haben dabei nicht nur das wissenschaftliche Interesse von Bildungsökonomen, sondern auch von Bildungssoziologen auf sich gezogen. Diese erhöhte Aufmerksamkeit führte in den 80er Jahren zu einer sozialwissenschaftlichen Erweiterung der bildungsökonomischen Analysemuster (vgl. Rammert/Timmermann 1986) und in deren Folge zu den dichotom angelegten Analyseansätzen 1. „Koppelung vs Entkoppelung", 2. „Flexibilität vs Subordination" und 3. „Relative Autonomie vs Interdependenz", wobei diese Ansätze jedoch auf der gesellschafts- und strukturtheoretischen Ebene verharren und bislang allenfalls durch die „These feinerer Signale" ergänzt wurden (vgl. Strikker/Timmermann 1986). In den späten 1980er Jahren wurde dann der Versuch unternommen, die strukturtheoretische Zugangsweise durch eine handlungs- bzw. akteurtheoretische Analyse zu erweitern, bei der es im wesentlichen darum geht, in Bezug auf die Akteure (Bildungsnachfrager, Staat, Qualifikationsträger, Bildungsinstitutionen, Beschäftigter) zwischen einer im Hinblick auf das Abstimmungsproblem autonomen wie auch induzierten Handlungskomponente zu unterscheiden, um letztlich zu prüfen, welche Kräfte beim Abbau der Ungleichgewichte berücksichtigt werden müssen und welche Steuerungsmöglichkeiten vom Staat sinnvoller Weise zur Dämpfung der Ungleichgewichte eingesetzt werden können (vgl. Timmermann 1988, S. 33ff.).

3. Der dritte Zugang der bildungsökonomischen Forschung zur Abstimmung von Bildung und Beschäftigung kann schließlich in dem interessanten theoretischen Alternativansatz von Eichmann (1989) gesehen werden. Dieser Ansatz prüft aus der Perspektive einer systemtheoretisch fundierten Theorie der dezentralen Kontextsteuerung sozialer Systeme die Leistungsfähigkeit der vorliegenden Planungsansätze wie auch der Humankapitaltheorie, um im Anschluss daran fruchtbare Perspektiven für empirisch beobachtbare Abstimmungsprobleme dadurch anzubieten, dass die an Willke angelehnte Theorie der dezentralen Kontextsteuerung mit der Diskurstheorie von Habermas verknüpft wird.

Ein weiterer Fortschritt in Richtung auf eine allgemeine Theorie der Abstimmung von Bildungs- und Beschäftigungssystem ist in der Bildungsökonomie bis heute nicht erkennbar, so dass hier noch erheblicher Forschungsbedarf angezeigt ist.

3 Theoretisches Referenzmodell und Theoriealternativen

Die Humankapitaltheorie gilt als Kerntheorie der Bildungsökonomie und ist nach wie vor Gegenstand intensiver bildungsökonomischer Forschungsaktivitäten. Gleichzeitig hat die Argumentation der Humankapitaltheorie auch eine Vielzahl an kritischen Gegenargumenten mit unterschiedlicher Reichweite auf sich gezogen. Im folgenden werden die Grundzüge der Humankapitaltheorie als Referenzmodell der Bildungsökonomie, ihre wichtigsten Theoriealternativen und einige Überlegungen zur Integration der verschiedenen Theoriestränge dargestellt.

3.1 Humankapitaltheorie als Referenzmodell

Die Humankapitaltheorie (human capital theory) geht auf Arbeiten von Mincer (1958), Schultz (1961), Denison (1962) und Becker (1964) zurück, wonach Bildungs-, Qualifizierungs- und Lernaktivitäten als Investitionen in das Arbeitsvermögen bzw. am Arbeitsmarkt verwertbares Leistungspotential (Humankapital) von Individuen interpretiert werden können. Dabei geht der humankapitaltheoretische Ansatz (vgl. Becker 1964) in weitreichender Analogie zum Sachkapital von folgender Ableitungslogik aus (vgl. Timmermann 1996): Es wird unterstellt, dass Bildungs- und Qualifizierungsprozesse das Leistungsvermögen von Individuen erhöhen (Wirksamkeitsthese). Außerdem wird angenommen, dass dieses erhöhte Leistungspotential sich unter der Bedingung eines gelungenen Transfers am Arbeitsplatz durch eine erhöhte Arbeitsproduktivität äußert (Produktivitätsthese). Darüber hinaus wird geschlussfolgert, dass diese erhöhte Arbeitsproduktivität unter der Prämisse einer Entlohnung nach der Grenzproduktivität zu einem erhöhten Einkommen des Individuums führt, wobei erwartet wird, dass die monetären Erträge als Einkommensnettozuwachs und nichtmonetäre Nutzen – wie z.B. Arbeitsplatzsicherheit und Optionszuwachs – die vorher eingesetzten Kosten in Form von Geld und Zeit für die Bildungsaktivität im Sinne eines positiven Grenzertrages übersteigen bzw. mindestens als kostendeckend bewertet werden (Investitionsthese).

Zentrales Merkmal ist, dass die Theorie des Humankapitals auf Seiten des Individuums die Annahme einer rationalen Entscheidung auf der Grundlage einer Kosten-Nutzen-Bilanzierung wie auch vollständiger Informiertheit, auf Seiten des Arbeitsmarktes die Prämissen der vollkommenen Märkte und die Vergütung nach der Grenzproduktivität als gegeben voraussetzt. Ferner ist darauf hinzuweisen, dass der humankapitaltheoretische Ansatz auch reflektiert, dass Qualifikationen obsolet werden können und infolgedessen das individuelle Leistungsvermögen einem grundsätzlichen Entwertungsprozess unterliegt, was dazu führt, dass zum einen zwischen Brutto- und Nettoinvestitionen in Humankapital unterschieden werden muss, und zum anderen nur Nettoinvestitionen die individuelle Arbeitsproduktivität steigern und das Einkommen erhöhen können. Auch gilt es festzuhalten, dass die Theorie des Humankapitals grundsätzlich alle Kosten als Humankapitalinvestitionen auffasst, die der individuellen Leistungssteigerung dienen, weshalb nicht nur der Ressourcenverbrauch für formale, nicht-formale und informelle Bildungs- und Qualifizierungsmaßnahmen, sondern auch für die Gesundheitsvorsorge, die Beschaffung und Verarbeitung von Informationen wie auch innerbetriebliche und außerbetriebliche sowie räumliche Mobilitätsaktivitäten als Investition in das eigene Humankapital interpretiert werden (vgl. Timmermann 1996, S. 644; OECD 2002, S. 131ff.). Überdies ist auf die Transferier- und Verwertbarkeit der jeweiligen Humankapitalinvestitionen hinzuweisen, die entweder einen allgemeinen, berufsfeldbezogenen oder auch betriebsspezifischen Charakter haben können.

Schließlich sind noch einige Besonderheiten des humankapitaltheoretischen Ansatzes festzuhalten, wodurch sich das Humankapital – trotz des Analogieschlusses durch die Humankapitaltheorie – deutlich vom Sachkapital unterscheidet: So ist das Humankapital ein immaterielles Gut, das sehr mobil ist und weder gelagert noch per se verkauft werden kann, da es an den Qualifikationsträger gebunden ist. Auch erhalten Teilnehmer an formalen Bildungsprozessen weder ein Umtausch- oder Rückgaberecht noch eine Garantieerklärung über den Erfolg der Maßnahme, da dieser maßgeblich durch ihr eigenes Verhalten mitbestimmt wird. Ebenso ist Humankapital so gut wie nicht beleihbar, was für die Darlehensfinanzierung von Bildungsmaßnahmen über private Banken eine wichtige Rolle spielt. Genauso gilt es zu beachten, dass von Humankapitalinvestitionen im Gegensatz zu Sachkapitalinvestitionen mindestens in der Elementar- und Primarbildung und mit einiger Wahrscheinlichkeit auch in den weiterführenden Bildungssegmenten jeweils positive Erträge für Dritte ausgehen, wodurch die Legitimation der Bereitstellung und Finanzierung dieses Gutes in erheblichem Umfang berührt wird. Schließlich ist es auch bedeutsam zu erkennen, dass das Individuum als Bildungsteilnehmer und Bildungskunde selbst elementarer Bestandteil des gesamten Bildungsprozesses ist (Ko-Produzenteneigenschaft), was für die Qualität des individuell erzeugten Leistungsvermögens von nicht zu unterschätzender Relevanz ist.

3.2 Theoriekritik und Theoriealternativen

Der herausragende Stellenwert der Humankapitaltheorie für die theoretische Fundierung der Bildungsökonomie darf nicht darüber hinwegtäuschen, dass insbesondere der vom humankapitaltheoretischen Ansatz behauptete kausale Zusammenhang zwischen Lernerfolg und Arbeitsmarkterfolg von verschiedenen theoretischen Positionen bestritten worden ist, wobei die Diskussion über die Leistungsfähigkeit des humankapitaltheoretischen Ansatzes und seiner Theorierivalen aufgrund der unzureichenden empirischen Evidenz bis heute anhält.

3.2.1 Methodische Kritik

Eine erste Herausforderung hat die Humankapitaltheorie durch methodisch und messtheoretisch argumentierende Kritikpunkte (methodical criticism) erfahren (vgl. Balogh/Streeten 1963), welche die empirischen Schätzgleichungen des theoretisch postulierten Zusammenhangs zwischen Bildungsaktivitäten (z.B. gemessen an der Anzahl der Bildungsjahre) und dem wirtschaftlichen Erfolg der Individuen (z.B. gemessen am Nettoeinkommen) genauer in den Blick genommen haben: 1. So wurde kritisiert, dass es in den Schätzgleichungen „Messprobleme" gibt, die beispielsweise bei der Erfassung von Intelligenz bzw. Begabung, aber auch in Verbindung mit den Verzerrungen aufgrund von unbeobachteter Heterogenität in der Produktivität durch individuelle Talente (ability bias) bei Mincer-Gleichungen nach dem Ordinary Least Square - Schätzverfahren auftreten. 2. Außerdem wurde beanstandet, dass „Operationalisierungsprobleme" erkennbar sind, die z.B. bei der Operationalisierung von familiärem Einfluss oder bei Zugrundelegung eines erweiterten Humankapitalbegriffes von Schlüsselqualifikationen sichtbar werden. 3. Weiterhin ist angemerkt worden, dass „Modellprobleme" vorliegen, die sich beispielsweise in den Fragen äußern, ob die unabhängigen Variablen nicht vielmehr

a) mit statt ohne Zeitverzögerung (lag) modelliert, b) multiplikativ statt additiv verknüpft und schließlich c) über Mehr- und Simultangleichungsmodelle statt Eingleichungsmodelle berechnet werden müssten (vgl. Cohn/Geske 1990, S. 57ff.).

Die Humankapitaltheorie hat auf die Kritik durch die Verfeinerung der ökonometrischen Messverfahren reagiert, welche anspruchsvoller in der Anwendung und deutlich leistungsfähiger in der Vermeidung des ability bias sind: a) Zum einen kann dieser durch die Einbindung einer Instrument-Variablen gedämpft werden, die dadurch definiert ist, dass die Variable so hoch wie möglich mit der endogenen Variablen korreliert, aber vollkommen unabhängig vom Residuum ist. b) Zum anderen kann dem ability bias über Datenanalysen aus der Zwillingsforschung begegnet werden, da davon ausgegangen wird, dass Zwillinge aus der gleichen familiären Umgebung kommen und über grundsätzlich gleiche Begabungen verfügen.

3.2.2 Segmentationstheorie

Die Segmentationstheorie (segmented labour market theory) wurde in ihrer frühesten und einflussreichsten Version als Theorie des dualen Arbeitsmarktes von Doeringer/Piore (1971) eingeführt und in Deutschland von Sengenberger (1978) als duale Segmentationstheorie weiter ausdifferenziert. Diese Theorie bestreitet, dass der Arbeitsmarkt beim Austausch von Humankapital dem Gesetz relativer Knappheit von Qualifikationen folgt, und kritisiert deshalb, dass das Einkommen, welches eine Person mit einer bestimmten Qualifikation bezieht, die Grenzproduktivität dieser Person widerspiegelt. Der segmentationstheoretische Ansatz geht im Unterschied zur Humankapitaltheorie davon aus, dass das Einkommensniveau von der individuellen Produktivität durch institutionelle Faktoren innerhalb und außerhalb von Organisationen entkoppelt sei, weil sich der Arbeitsmarkt in stabile, voneinander abgeschottete Segmente aufgliedere, zwischen denen keine oder nur eine sehr eingeschränkte Arbeitskräftemobilität möglich sei (vgl. Cohn/Geske 1990, S. 64ff.; Doeringer 1995; DeFreitas 1995). Dabei unterscheidet die Segmentationstheorie sowohl in ihrer Grundform (vgl. Doeringer/Piore 1971) als auch in der modifizierten Variante von Sengenberger (1978) ein primäres und ein sekundäres Segment, zwischen denen kaum Mobilitätsbeziehungen, allenfalls Abwärtsbeziehungen existieren: a) Das primäre Segment besteht aus Arbeitskräften, die ausbildungsadäquate Arbeitsplätze erhalten, welche in Abhängigkeit des Bildungsstandes eine stabile Beschäftigung mit anspruchsvollen Tätigkeiten, hohe Einkommen, gute Weiterbildungschancen und Aufstiegsperspektiven bieten. b) Das sekundäre Segment hingegen umfasst Arbeitskräfte, die i.d.R. unabhängig von ihrem Bildungsstand befristet und unter einfachen Arbeitsbedingungen beschäftigt werden, deren Einkommen relativ gering sind und denen darüber hinaus keine oder nur sehr eingeschränkte Weiterbildungsperspektiven und Aufstiegschancen geboten werden.

Während im primären Segment die Verbindung zwischen Bildung und Einkommen weniger durch Produktivität, sondern mehr durch andere Eigenschaften der Arbeitskräfte wie z.B. Screeningeffekte oder Arbeitsplatzeigenschaften bestimmt wird, ist im sekundären Segment die Koppelung von Bildung und Einkommen vollständig aufgehoben, so dass für die Arbeitskräfte in diesem Segment auch kompensatorische Bildungs- und Trainingsprogramme kaum etwas an ihrer benachteiligten Position ändern können.

Die Kritik des segmentationstheoretischen Ansatzes ist jedoch nicht unwidersprochen geblieben: So hat Cain (1976) sehr früh starke Argumente gegen diesen Ansatz vorgebracht, die neben dem Hinweis auf die bislang unzureichende empirische Evidenz zur Stützung des Segmentationsansatzes auch schwerwiegende methodische Kritik beinhaltet, wonach in den damals vorgelegten empirischen Studien das gewünschte Ergebnis bereits in den Modell- und Schätzprämissen angelegt gewesen sei, da a priori Hoch- und Geringverdiener unterschieden wurden, wodurch eine systematische Stichprobenverzerrung aufgetreten sei. Allerdings wurden in den 1980er Jahren Studien vorgelegt, welche diese Verzerrung nicht aufwiesen und gleichzeitig den Fokus sehr stark auf die geschlechterspezifische Arbeitsmarktsegmentation legten (vgl. Buchele 1981; Lang/Dickens 1988).

Diese Analysen führten in der Folge zu einem veränderten Verständnis der Arbeitsmarktsegmentation: Danach wird die Vorstellung von Segmentation als Zustand verworfen, der eine stabile, eindeutige und gleichsam homogene Unterteilung des Beschäftigungssystems in „gute" und „schlechte" Arbeitsplätze erlaubt und nur durch wenige Arbeitsmarktbereiche charakterisiert ist. Stattdessen hat sich die Vorstellung von Segmentation als vielschichtiger und dynamischer Prozess durchgesetzt, der unterschiedliche Formen annehmen und verschiedene Arbeitskräftegruppen umfassen kann und letztlich durch viele (Teil-)Arbeitsmarktbereiche strukturiert ist, welche aber weiterhin identifiziert und zugeordnet werden können, da Personen mit gleichem Bildungsniveau signifikant unterschiedliche Beschäftigungschancen und Einkommen haben.

3.2.3 Filtertheorie

Die Filtertheorie (screening theory), die auch als Screening- oder Signaltheorie bezeichnet wird, geht auf Arbeiten von Arrow (1973) und Spence (1973) zurück. Die Filtertheorie widerspricht dem humankapitaltheoretischen Ansatz in ganz entscheidenden Aspekten, da sie annimmt, dass die individuelle Leistungsfähigkeit naturgegeben, nicht direkt erkennbar und über formale Bildung nicht erweiterbar ist. Gleichwohl sind formale Bildungsprozesse der Filtertheorie zufolge bedeutsam, da den Bildungsinstitutionen eine entscheidende Selektions- und Filterfunktion zukommt, insofern sie Absolventen je nach Leistungsfähigkeit durch eine Bandbreite an gestuften Abschlüssen belohnen, wodurch „fähige" von „weniger kompetenten" Individuen in vielfältigen Schattierungen unterscheidbar werden. Zugrunde gelegt wird hierbei, dass diejenigen Individuen, die aufgrund ihrer genetischen Ausstattung bereits leistungsfähiger sind, sich auch im Erwerb von Abschlüssen, Zeugnissen und Zertifikaten als effektiver wie auch effizienter erweisen. Die Zertifikate haben daher eine Signalfunktion, indem sie Arbeitgebern bei deren Einstellungssuchen unter Unsicherheit (Informationsasymmetrie) die gewünschte, allgemein aber nicht beobachtbare Produktivität des Bewerbers anzeigen, so dass die potenziellen Arbeitgeber von den formal testierten Kompetenzen auf die (Grenz-)Arbeitsproduktivität rückschließen und hieraus ihre Einstellungs- und Entlohnungsentscheidung ableiten. Schließlich hebt die Filtertheorie auch die Bedeutung von Zertifikaten bei der Einkommenshöhe hervor und kritisiert zugleich, dass die weltweit zu beobachtende positive Korrelation zwischen Bildung und Einkommen nicht als Bestätigung des humankapitaltheoretischen Ansatzes gesehen werden kann, da von einer positiven Korrelation nicht auf eine Kausalität des Zusammenhangs von Bildung und Einkommen geschlossen werden darf.

Die Humankapitaltheoretiker haben die Argumente der Filtertheorie aufgegriffen und mit gewichtigen Gegenargumenten gekontert: Danach sei die Dauerhaftigkeit der starken positiven Korrelation zwischen Bildungsniveau und Einkommenshöhe (gemessen am Monats-, Jahres- oder Lebensnettoeinkommen) über das gesamte Arbeitsleben hinweg nur über die humankapitaltheoretische Produktivitätsthese zu erklären, da Arbeitgeber mit der Zeit die tatsächliche

Produktivität der Beschäftigten erkennen und das Einkommen entsprechend anpassen würden. Darüber hinaus sei das Bildungswesen als Filter viel zu teuer, weil die bloße Filterfunktion weniger kostenintensiv und einfacher gewährleistet werden könnte (vgl. Layard/Psacharopoulos 1974). Weiterhin sei angesichts vielfältiger positiver empirischer Befunde auszuschließen, dass vom Bildungswesen keine produktivitätssteigernden Effekte auf individueller, betrieblicher und gesellschaftlicher Ebene ausgehen sollen.

Schließlich haben Humankapitaltheoretiker in der Diskussion um die Leistungsfähigkeit der Filtertheorie vorgeschlagen, zwischen einer schwachen und starken Version der Filtertheorie zu unterscheiden (vgl. Psacharopoulos 1979), was im Ergebnis jedoch nicht zu einer Klärung, sondern nur zu einer Verschiebung des Problems geführt hat. 1. Die schwache Version bezieht sich auf die Rekrutierungspraktiken von Arbeitgebern, die formal höher, weil länger qualifizierten Individuen höhere Anfangsgehälter zahlen, da es ihnen an zuverlässigen Informationen über das Produktivitätspotenzial der Bewerber mangelt. 2. Die starke Version postuliert hingegen, dass die Arbeitgeber mit der höheren Besoldung der formal höher qualifizierten Personen fortfahren, auch wenn sie Gelegenheit gehabt haben, die Leistungen der rekrutierten Beschäftigten am Arbeitsplatz zu bewerten. Das grundsätzliche und für beide Filterversionen geltende Gegenargument lautet, dass rationale Arbeitgeber die Besoldung den von ihnen wahrgenommenen und bewerteten Produktivitätsniveaus anpassen, d.h. unter Umständen senken werden. Wenn auch dieses humankapitaltheoretische Gegenargument eine hohe Plausibilität für sich verbuchen kann, so ist gleichzeitig interessant, dass dieses Verhalten empirisch kaum beobachtbar zu sein scheint, was wiederum in erster Linie auf folgende drei Erklärungen zurückgeführt wird: a) Die Filter- und Signalfunktion des Bildungswesens funktioniert perfekt. b) Die Gewerkschaften oder Betriebsräte verhindern die Gehaltsanpassungen. c) Die vorhandenen institutionellen Bedingungen wie z.B. die Existenz interner Arbeitsmärkte und deren Rekrutierungs- wie auch Personalentwicklungspraktiken lassen eine Gehaltssenkung nicht zu.

Blaug (1985; 1995) kommt zu dem Ergebnis, dass sowohl die schwache als auch die starke Filterversion plausibel sind: So würde es die schwache Version den Arbeitgebern angesichts unsicherer Informationen über das Leistungsvermögen von potenziellen Arbeitskräften erlauben, unter den möglichen Diskriminierungsvariablen (z.B. Alter, Geschlecht, Nationalität, Berufserfahrung, Bildungsniveau) auf die Bildungsvariable als externes Selektionskriterium zu setzen, um dadurch die Kosten der Informationssuche im Rekrutierungsverfahren zu minimieren. Die starke Version ist nach Blaug im Kontext interner Arbeitsmärkte (vgl. Doeringer/Piore 1971; Doeringer 1995) einleuchtend, da größere Organisationen die meisten nicht besetzten Arbeitsplätze durch interne Selektion auffüllen, um Rekrutierungs-, Qualifizierungs- und Fluktuationskosten zu senken, was wiederum die Arbeitsmoral der Beschäftigten stimuliere, längerfristige Karrieremöglichkeiten biete und Effizienzlöhne in Aussicht stelle. Auch korrespondierten die Fördererwartungen der Beschäftigten mit der Personalpolitik derjenigen Organisationen, die interne Arbeitsmärkte errichtet haben, weil die Beschäftigten von rationalen Arbeitgebern nicht in erster Linie für einen bestimmten Arbeitsplatz, sondern für eine Reihe von Arbeitsplätzen im Sinne einer Karriereleiter rekrutiert würden. Bedeutsam ist, dass die optimistische Haltung von Blaug nur dann gestützt werden kann, wenn die dahinterliegende Prämisse, dass der gesamtwirtschaftliche Arbeitsmarkt in interne und externe Arbeitsmärkte segmentiert sei, auch empirisch belegt werden kann, was jedoch entweder bestritten (vgl. Cain 1976; Psacharopoulos 1981) oder als offen angesehen wird (vgl. DeFreitas 1995).

3.2.4 Arbeitsplatzwettbewerbstheorie

Die Arbeitsplatzwettbewerbstheorie (job competition theory) von Thurow (1972; 1975) verbindet Elemente der Filtertheorie mit dem statistischen Diskriminierungskonzept und der Theorie interner Arbeitsmärkte, wobei interessanterweise zumindest auch partiell humankapitaltheoretische Argumente in diesen Theorieansatz eingebunden werden. Hierbei geht die Theorie des Arbeitsplatzwettbewerbs unter starkem Bezug auf das US-amerikanische Bildungs- und Beschäftigungssystem davon aus, dass die Arbeitsplätze in den internen Arbeitsmärkten des primären Arbeitsplatzsegmentes durch betriebsspezifische Qualifikationsanforderungen geprägt sind, weshalb Arbeitskräfte nicht über die Lohn- und Gehaltshöhe, die unter der Annahme gleicher Grenzproduktivität prinzipiell gleich ist, sondern über den Vergleich der Aus- und Weiterbildungskosten miteinander konkurrieren, welche vom Unternehmen zum Aufbau der erforderlichen Qualifikationen für den Arbeitsplatz zusätzlich neben dem Lohn bzw. Gehalt aufgewendet werden müssen. Danach sortieren rationale Arbeitgeber die Bewerber für einen zu vergebenden Arbeitsplatz in eine sogenannte „Arbeitskräftewarteschlange" (labour queue) ein, wobei die relative Position der Bewerber sowohl a) durch die vermuteten betrieblichen Aus- und Weiterbildungskosten zum Aufbau der benötigten arbeitsplatzspezifischen Kompetenzen wie auch b) über die wahrscheinliche Beschäftigungsstabilität zur Internalisierung der Humankapitalinvestitionen bestimmt wird.

Hinsichtlich der erwartbaren Aus- und Weiterbildungskosten greifen Unternehmen angesichts ungesicherter Informationen auf die formalen Qualifikationsnachweise zurück, welche in Modifikation der Filtertheorie nicht nur als Hinweis für die erwartete Produktivität, sondern in erster Linie als Signal für die wahrscheinlichen Aus- und Weiterbildungskosten gewertet werden, da angenommen wird, dass mit der Höhe der vom Individuum akkumulierten und durch Zeugnisse zertifizierten Kompetenzen die Qualifizierungsdauer und -kosten der Unternehmen sinken.

Bezüglich der Beschäftigungsstabilität und Amortisierung der Aus- und Weiterbildungskosten beziehen Unternehmen neben Bildungszertifikaten noch weitere sichtbare Variablen wie z.B. Alter und Geschlecht mit ein, welche von Unternehmen im Sinne einer statistischen Diskriminierung genutzt werden, um kostenintensive Fehlentscheidungen bei der Personalauswahl zu vermeiden: Nach dem Konzept der statistischen Diskriminierung wird jede Person aufgrund von statistischen Durchschnittswerten einer ganzen Gruppe in die Arbeitsplatzwarteschlange einsortiert, weswegen beispielsweise weibliche Bewerberinnen wegen der familiär bedingten Erwerbsunterbrechungen und Teilzeitarbeit i.d.R. auf nachrangigere Positionen eingruppiert werden, weil sie den Unternehmen eine verkürzte bzw. erschwerte Amortisation der Qualifizierungskosten bescheren können und solche Humankapitalinvestitionen daher weniger ertragreich erscheinen. Die Arbeitsplatzwettbewerbstheorie hebt weiterhin darauf ab, dass das Einkommen der Arbeitskräfte nur durch die Grenzproduktivität der Arbeitsplätze selbst determiniert ist, wodurch das Arbeitseinkommen eines Individuums konkret von den Eigenschaften und Anforderungen des Arbeitsplatzes, der relativen Position der Person in der Arbeitskräftewarteschlange und der im Modell exogen vorgegebenen Arbeitsplatzstruktur abhängig ist. Schließlich behauptet die Theorie des Arbeitsplatzwettbewerbs, dass rationale Arbeitskräfte versuchen werden, ihre Position in der Arbeitsplatzwarteschlange durch höhere Bildungsinvestitionen zu verbessern (vgl. Thurow 1975, S. 97), was einen vertikalen Verdrängungsprozess auslöst, der in eine „nach oben gerichtete Bildungsspirale" münden wird.

Es scheint, als könnte die Arbeitsplatzwettbewerbstheorie am ehesten erklären, was unter dem Label der Bildungsexpansion in den vergangenen dreißig Jahren in einer Reihe von entwickelten Ländern geschehen ist: So ist beispielsweise die Hochschulbildung in vielen dieser Länder mit dem Versprechen ausgeweitet worden, die Ungleichheit der personellen Einkommensverteilung abzubauen, obgleich sich empirisch gezeigt hat, dass genau dieser Punkt nicht eingetreten ist, was ohne Zweifel als Beleg für die grundsätzliche Leistungsfähigkeit der Theorie des Arbeitsplatzwettbewerbs gewertet werden kann (vgl. Velloso 1995). Allerdings kann das beobachtete Phänomen auch humankapitaltheoretisch erklärt werden, nämlich dann, wenn die Expansion von Personen mit höchster allgemeiner Bildung im Zuge des technologischen Fortschritts von einer Expansion der Nachfrage nach diesen Personen begleitet worden ist (skill-biased technological change). Dies scheint zumindest in Deutschland weitgehend der Fall gewesen zu sein, wenn sich auch in dem untersuchten Zeitraum die qualifikationsspezifischen Einkommensabstände von Berufsanfängern etwas verringert haben, so konnten dennoch keine nennenswerten Unterschiede für die Einkommenssituation der Arbeitskräfte insgesamt ausgemacht werden (vgl. Bellmann/Reinberg/Tessaring 1994).

3.2.5 Radikale Theorie

Die „radikale Theorie" (radical theory) geht auf eine Gruppe von US-amerikanischen Wirtschafts- und Sozialwissenschaftlern zurück, welche im Jahr 1968 die „Union for Radical Political Economics" gründeten und deren wichtigste Vertreter u. a. Bowles, Edwards und Gintis sind. Der Einfluss des radikalen Ansatzes hat in den letzten Jahren erkennbar abgenommen, was in erster Linie auf dessen Zurückweisung sowohl der kapitalistischen Produktionsweise wie auch der Annahmen der vorherrschenden neoklassischen Wirtschaftstheorie zurückzuführen ist. Dabei bietet der radikale Ansatz eine völlig andere Erklärung für die Einkommenssituation von Individuen als die Humankapitaltheorie an, da nicht die durch Bildung erhöhte Produktivität, sondern die grundlegenden Eigentums-, Macht- und Kontrollverhältnisse in den entwickelten (kapitalistischen) Gesellschaften zum Ausgangspunkt der zentralen Argumentation genommen werden: Danach geht die empirisch gestützte Ausgangsprämisse der radikalen Theorie davon aus, dass Vermögen und Einkommen in westlichen Gesellschaften in hohem Maße ungleich verteilt seien, wobei das private Eigentum insbesondere am Produktivvermögen den Eigentümern oder Managern erhebliche ökonomische und politische Macht sowie gesellschaftlichen Einfluss verleihe, die erhalten und vermehrt werden sollen. Demzufolge haben alle unternehmerischen Strategien der Gestaltung der Arbeitsorganisation und der Personalrekrutierung grundsätzlich das Ziel, die Arbeitnehmerschaft zu stratifizieren, zu kontrollieren und den Machterhalt zu sichern (vgl. Bowles 1972; Bowles/Gintis 1976; Edwards 1979). Das Bildungssystem hat nach dem radikalen Ansatz eine zum Beschäftigungssystem korrespondierende sozial stratifizierte Struktur: So ist es das Ziel, die Funktion oder das Ergebnis des Bildungssystems, die ökonomische und gesellschaftliche Ungleichheit wie auch deren soziale Strukturen über die Generationenfolgen hinweg – von wenigen Fällen sozialer Aufstiegsmobilität abgesehen, die den meritokratischen Schein der Leistungsgerechtigkeit aufrecht erhalten – zu reproduzieren, wodurch die bestehenden Macht-, Hierarchie- und Einkommenssituationen stabilisiert und fortgeschrieben würden. Dies werde in erster Linie durch die direkten und indirekten Sozialisationswirkungen des Bildungssystems umgesetzt, die vom heimlichen Lehrplan der Inhalte, den Organisationsstrukturen, dem Kontrollsystem, den Geschlechterzuschreibungen und der sozialen Hierarchie ausgingen. Darüber hinaus wird die enge positive Korrelation von Bildungsniveau und Einkommenshöhe weder durch Produktivitäts-, Selektions- noch durch Qualifikationseffekte, sondern über die die sozialisatorischen Wirkungen des Bildungssystems begründet, wobei als entscheidende erklärende Hintergrundvariable die soziale Herkunft der Lernenden angesehen wird. Damit einhergehend wird die hierarchische Einkommensstruktur vom radikalen Ansatz in Anlehnung an die Theorie der Arbeitsmarktsegmentation institutionell erklärt (vgl. Gordon/Edwards/Reich 1982). Während Bowles/Gintis (1976) das geschilderte Zusammenwirken von sozialer Herkunft, Selektionswirkungen des Bildungssystems und Berufs- und Lebenschancen mittels ihrer Korrespondenzthese relativ deterministisch modellieren, lassen Carnoy/Levin (1985) in diesem Wirkungsgefüge deutlich mehr Kontingenz zu, indem sie in Anlehnung an Edwards (1979) nicht nur das Beschäftigungssystem, sondern auch das Bildungssystem als umkämpftes Terrain zwischen den sozialen Schichten und Gruppen betrachten.

3.3 Synthesevorschläge

Die Darstellung der Humankapitaltheorie und die Zusammenstellung der Theorierivalen hat gezeigt, dass die alternativen Ansätze ohne Ausnahme in den 1960er und 1970er Jahren als Antwort auf Schwachstellen des humankapitaltheoretischen Ansatzes entwickelt worden sind, die dann in den darauffolgenden Jahrzehnten systematisiert, präzisiert und weiterentwickelt wurden. Als Ergebnis der Theoriediskussion kann festgehalten werden, dass die kontroversen Auseinandersetzungen noch nicht entschieden sind, sondern vielmehr andauern:

So sah Blaug in seiner frühen und sehr kritischen Bestandsaufnahme aus dem Jahr 1976 die Humankapitaltheorie als „degenerierendes Forschungsprogramm", das durch die Theorierivalen, insbesondere durch die Filtertheorie, in Bedrängnis geraten sei. Er war sich allerdings noch unsicher, ob die Filtertheorie die Humankapitaltheorie ersetzen, sie sich unterordnen oder komplementär zu ihr bestehen würde (vgl. Blaug 1976). Im Jahr 1985 äußerte Blaug dann die Auffassung, dass die Filtertheorie in Kombination mit Segmentations- und Arbeitsplatzwettbewerbsansätzen, aber auch in Verbindung mit der radikalen Theorie neue Einsichten in die Beziehung zwischen Bildung und Einkommen geschaffen habe, indem sie realistische Einschätzungen darüber ermöglichte, wie die Arbeitsmärkte tatsächlich operieren (vgl. Blaug 1985, S. 25).

Carnoy's Bestandsaufnahme aus dem Jahr 1995 knüpft hieran an, eröffnet allerdings eine deutlich über Blaug hinaus gehende Perspektive eines paradigmatischen Wechsels der Bildungsökonomie: Danach ist dieses bildungsökonomische Theorieverständnis dadurch gekennzeichnet, dass es sowohl neuere organisations- und industriesoziologische Befunde aufnimmt als auch das Humankapital nicht länger als einen von außen (exogen) den Produktions- und Dienstleistungsprozessen hinzugefügten Input betrachtet, sondern als eine dem Produktionsprozess vielmehr immanente (endogene) Größe anerkennt, welche durch die Qualifikation der Beschäftigten, die Transferbedingungen zur Umsetzung dieser Qualifikationen am Arbeitsplatz und nicht zuletzt durch die lernförderlichen Arbeitsbedingungen des Arbeitsplatzes gespeist wird und ein hohes Innovationspotenzial für neue Produktions- und Sozialtechnologien sowie Praktiken in sich trägt (vgl. Carnoy 1995a, S. 2ff.). Die darin enthaltene Vorstellung von endogen angestoßenen Innovationen, die mit institutionellen Lernaktivitäten positiv korrelieren, führt zu der zentralen These, dass das Produktivitätswachstum nicht exogen herbeigeführt, sondern stattdessen in erster Linie über einen endogenen, sich selbst generierenden Prozess in Organisationen und Volkswirtschaften hervorgerufen und stimuliert wird. Schließlich legt die Argumentation von Carnoy auch nahe, zwischen dem Produktivitätspotenzial und der faktischen Potenzialnutzung des Humankapitals durch die Organisation zu unterscheiden, wobei evident ist, dass für die Differenz zwischen dem Potenzial und der Nutzung des Humankapitals ganz wesentlich institutionelle Rahmenbedingungen verantwortlich sind (vgl. Carnoy 1995a, S. 3ff.).

Während in den 1980er Jahren von einer sozialwissenschaftlichen Wende der Bildungsökonomie gesprochen wurde (vgl. Rammert/Timmermann 1986), so scheint sich seit dem Ende des vorherigen Jahrzehnts eine organisations- oder institutionentheoretische Wende der Bildungsökonomie abzuzeichnen (vgl. Backes-Gellner 1989; Backes-Gellner/Weckmüller 1998).

Insgesamt kann konstatiert werden, dass der Zusammenhang zwischen Bildung und wirtschaftlichem Erfolg erheblich komplexer zu sein scheint, als die Humankapitaltheorie in ihrer früheren Version vorgab. Außerdem ist offenkundig, dass die Humankapitaltheorie als Referenztheorie der bildungsökonomischen Forschung durch die methodische und theoretische Kritik unter einen hohen Veränderungsdruck geraten ist, der den humankapitaltheoretischen Ansatz in der Folge dazu gezwungen hat, sein theoretisches und methodisches Instrumentarium weiterzuentwickeln sowie andere Theorieelemente einzubinden, um in einer modernen, erweiterten Version die Argumente der Theorierivalen ganz oder teilweise abwehren zu können.

4 Ausgewählte empirische Befunde der bildungsökonomischen Forschung

Obgleich die bildungsökonomische Forschung auf einer Makro-, Meso- wie auch Mikroebene stattfindet, ist in der einschlägigen bildungsökonomischen Literatur zumeist noch die einfache Unterscheidung in eine Makro- und Mikroebene vorherrschend, so dass die nachstehenden ausgewählten empirischen Befunde entlang dieser etablierten Struktur ausgerichtet sind.

4.1 Befunde auf der Makroebene

Die im folgenden ausgewählte empirische Evidenz nimmt die sozialen und individuellen Bildungsrenditen, die personelle Einkommensverteilung, den Zusammenhang von Bildung und Wirtschaftswachstum sowie die vorherrschenden Bildungsfinanzierungsströme in den Blick.

4.1.1 Soziale und individuelle Bildungsrenditen

Die Bildungsökonomie geht davon aus, dass das monatliche, jährliche oder Lebensnettoeinkommen als zentraler Wirkungsindikator der monetären Vorteilhaftigkeit einer Bildungsaktivität angesehen werden kann. Daneben gelten als weitere Indikatoren beruflichen Erfolges, die mit dem Bildungsniveau korrelieren, die Beschäftigungswahrscheinlichkeit, das Arbeitslosigkeitsrisiko, die Aufstiegschancen im Zusammenhang mit Weiterbildungsmöglichkeiten und die erreichbare Position in der Arbeitshierarchie (vgl. Barrett/Hövels 1998).

Die Berechnung von Bildungsrenditen (Ertragsraten) ist das klassische Verfahren der bildungsökonomischen Forschung zur Einschätzung der monetären Erträge von Bildungsmaßnahmen. Definiert wird die Bildungsrendite als prozentualer Zuwachs des Einkommens, der im Sinne eines kausalen Effektes auf eine zusätzliche Bildungsmaßnahme zurückgeführt wird. Die Bildungsrendite kann sowohl aus gesellschaftlich-volkswirtschaftlicher Perspektive als soziale Rendite wie auch aus individueller Perspektive als private Rendite geschätzt werden: Danach wird bei der sozialen Bildungsrendite idealtypisch die Summe aller Bruttolebenseinkommensdifferenzen inklusive der sozialen Erträge (vgl. OECD 2004, S. 196; OECD 2007, S. 166) mit allen direkten und indirekten Bildungskosten verrechnet, bei der privaten Bildungsrendite hingegen die individuellen Nettoeinkommensdifferenzen den individuellen direkten und indirekten Bildungsmaßnahmekosten gegenübergestellt. In der empirischen Praxis tritt jedoch häufig der Fall auf, dass aus Gründen der datentechnischen Verfügbarkeit von dem idealtypischen Verfahren abgewichen und auf eine modifizierte Datenbasis zurückgegriffen werden muss, dass ferner keine Strukturgleichheit der Daten vorliegt und überdies abweichende Messverfahren zum Einsatz kommen, so dass die Vergleichbarkeit der verschiedenen Analysen deutlich erschwert ist.

Die empirische Evidenz im Bereich der Bildungsrenditen geht in erster Linie auf Arbeiten der Weltbank (vgl. Psacharopoulos 1985; 1996; Psacharopoulos/Patrinos 2002), der OECD und auf einzelne Projektinitiativen wie z.B. das EU-Forschungsprojekt PURE (Public Funding and Private Returns to Education) zurück. Zwar liegen für eine größere Reihe von Ländern soziale Renditeberechnungen vor, aber es ist interessant, dass weder in den Metaanalysen der Weltbank noch der OECD eine spezifische aktuelle Kalkulationen der sozialen Rendite für Deutschland zu finden ist. Dagegen sind für eine größere Anzahl an Ländern inklusive Deutschland individuelle Ertragsratenberechnungen für unterschiedliche Bildungsstufen, Bildungsgänge und Bildungsabschlüsse und Geschlecht verfügbar.

So zeigen Renditeberechnungen weltweit, dass „Bildung eine lohnende Investition ist", weil sich für Investitionen in Bildung in allen Ländern positive soziale wie private Ertragsraten ergeben, wobei diese Renditen zwischen den Ländern, Bildungsstufen, Bildungsgänge und Bildungsabschlüsse und Geschlecht z.T. erheblich streuen. Grundsätzlich können die unterschiedlichen internationalen und nationalen empirischen Befunde zu den sozialen und privaten Bildungsrenditen auf der Grundlage der letzten Weltbankstudie (vgl. Psacharopoulos/Patrinos 2002) wie folgt zusammengefasst werden: a) Die individuellen Ertragsraten liegen z.T. deutlich höher als die sozialen Renditen, da letztere nach den verwendeten Verfahren die Kosten der öffentlichen Finanzierung der schulischen Bildung mit einbeziehen, aber die externen Erträge unberücksichtigt lassen. Dabei zeigt der OECD-Durchschnitt ohne deutsche Beteiligung, dass die private Rendite mit 11,6 Prozent erkennbar über der sozialen Bildungsrendite von 8,5 Prozent für ein Jahr höherer Bildung liegt. b) Die Länder der Dritten Welt weisen für alle Bildungsstufen immer höhere soziale Bildungsrenditen als die entwickelten Industrieländer auf, was auf einen Nachholbedarf an Bildungsinvestitionen in den weniger entwickelten Ländern hindeutet. c) Die sozialen Bildungsrenditen des Humankapitals liegen in den weniger entwickelten Ländern - im Gegensatz zu der Mehrheit der Industrieländer - durchweg über den Renditen des Sachkapitals, was auf eine relative Unterinvestition in Humankapital in diesen Ländern hinweist. d) Die sozialen Bildungsraten zeigen ein allgemeines Renditegefälle zwischen den Bildungsstufen in der Weise, dass für die Primärbildung die höchsten und für die Tertiärbildung die niedrigsten Ertragsraten ausgewiesen werden, so dass die Renditen mit der Dauer der Ausbildung tendenziell sinken. Die Ergänzung dieser Ertragsratenberechnungen der Weltbank durch weitere internationale Studien vervollständigt das Bild in nachstehender Weise: e) Die im Rahmen des PURE-Projektes kalkulierten individuellen Bildungsertragsraten in Europa, als Mittelwert für Frauen und Männer und gewichtet mit dem relativen Beschäftigungsanteil für das nächste verfügbare Jahr zu 1995, zeigen, dass im EU-Durchschnitt jedes zusätzliche Ausbildungsjahr mit einem Einkommenszuwachs von etwas mehr als 8 Prozent einhergeht, wobei der höchste Anstieg in Irland mit 10,9 Prozent und der niedrigste in Schweden mit 4 Prozent beobachtet wird. Deutschland befindet sich mit einem Einkommenszuwachs von 8,7 Prozent deutlich über dem EU-Durchschnitt (vgl. Harmon/Walker/Westergaard-Nielsen 2001). f) de la Fuente/Ciccone (2003) machen in einem Bericht für die EU-Kommission deutlich, dass ein zusätzliches formales Bildungsjahr im EU-Durchschnitt eine Einkommenssteigerung von 6,5 Prozent, in EU-Mitgliedstaaten mit weniger regulierten Arbeitsmärkten dagegen bis zu 9 Prozent ausmachen kann. g) Die OECD stellt für die OECD-Länder inklusive Deutschland fest, dass die privaten Bildungsrenditen i.d.R. höher als der risikofreie Realzins sind, der meist in den Zinssätzen für langfristige Staatsleihen gemessen wird (vgl. OECD 2007, S. 165).

Unglücklicherweise werden die meisten sozialen Ertragsratenberechnungen in den internationalen Studien ohne die Berücksichtigung der externen Erträge durchgeführt: Dies ist insbesondere darauf zurückzuführen, dass ein Großteil der externen Erträge entweder nichtmonetär ist, (z.B. das erhöhte Demokratiebewusstsein), oder aber als Opportunitätserträge vorliegt (z.B. die bildungsbedingte Senkung der Kriminalität), die vermiedene Kosten darstellen und infolgedessen in den offiziellen Statistiken nicht sichtbar werden können, da sie nicht einnahmewirksam sind. Daneben tritt der Umstand, dass andere externe Erträge, die prinzipiell monetär erfassbar wären, nicht systematisch erhoben und für internationale und nationale Studien zugänglich gemacht werden. a) Sofern in den sozialen Ertragsratenberechnungen keine externen Erträge berücksichtigt sind, wird die soziale Bildungsrendite systematisch unterschätzt, was im Vergleich zu der privaten Bildungsrendite nahezu zwingend zu einer niedrigeren Ertragsrate führt. b) Sofern jedoch die positiven Humankapitalexternalitäten kalkuliert werden, verschiebt sich die Gesamtrelation zwischen privater und sozialer Ertragsrate deutlich: So übertragen Gundlach/Wößmann (2004) die Ertragsraten-Gleichung von Mincer von der Mikro- auf die Makroebene und schätzen unter Verwendung eines qualitativ gewichteten Humankapitalkonzeptes die wahrscheinlichste durchschnittliche soziale Bildungsrendite mit 14 Prozent, die damit um rund 50 Prozent über der ebenfalls mit der Mincer-Gleichung geschätzten privaten Bildungsrendite von 9 Prozent liegen könnte, was den Schluss nahelegt, dass von der Humankapitalbildung in Schule und Hochschule erhebliche positive Externalitäten ausgehen.

4.1.2 Bildung und Einkommensverteilung

Die bildungsökonomische Forschung unterstellt, dass es einen systematischen Zusammenhang zwischen der Verteilung der Bildungsniveaus unter den Mitgliedern der Gesellschaft (gemessen z.B. an der Zahl der durchlaufenen Bildungsjahre oder dem aufgewendeten Betrag an Bildungsinvestitionen) und der Verteilung der persönlichen Erwerbseinkommen (personelle Einkommensverteilung) gibt. Das hierbei verwendete theoretische Modell geht auf die Humankapitaltheorie zurück, wobei dieses allerdings implizit unterstellt, dass alle Marktteilnehmer vollständig informiert sind und die Bildungs- und Arbeitsmärkte ohne Wettbewerbsbeschränkungen funktionieren. Carnoy (1995b) weist freilich darauf hin, dass diese Prämissen nirgendwo erfüllt sind und dass die theoretischen Kontroversen sowie die humankapitaltheoriekritischen empirischen Studien gezeigt haben, dass die personelle Einkommensverteilung in erheblichem Maße durch die Art beeinflusst wird, in welcher die Bildungs- und Arbeitsmärkte Personen unterschiedlichen Geschlechts, unterschiedlicher sozialer Herkunft, Rasse und Ethnie einbeziehen. Darüber hinaus hat die staatliche Wirtschaftspolitik und hier insbesondere die Familien- und Einkommenspolitik, ihrerseits Einfluss auf die Einkommensverteilung sowie auf die Arbeitsweise der Märkte.

Die internationalen und nationalen theoretischen Analysen und empirischen Befunde zum Zusammenhang von Bildung und personeller Einkommensverteilung (vgl. OECD 2007, S. 152ff.) können in folgender Weise dargestellt werden: a) Bildungsinvestitionen und ihre Streuung haben in ökonomisch weniger entwickelten Ländern einen erheblichen Einfluss auf die personelle Einkommensverteilung, in hoch entwickelten Ländern ist der bisher gemessene Einfluss dagegen vergleichsweise schwach. Eine substanzielle Veränderung der Bildungsverteilung hat in der zuletzt genannten Gruppe von Ländern eher keinen signifikanten Einfluss auf die langfristige Einkommensverteilung. b) Familiärer Status bzw. soziale Herkunft, ethnische und Rassenzugehörigkeit sowie Geschlecht erklären in allen Ländern einen signifikanten Teil der Einkommensvarianzen. c) Die Qualität der formalen Bildung erklärt anteilig Einkommensunterschiede zwischen Gruppen – insbesondere bei unterschiedlicher Rassenzugehörigkeit. d) Nicht erfasste und nur schwer messbare familiale Investitionen in die Bildung von Kindern vor und während der Teilnahme an formaler Bildung (kulturelles und soziales familiales Kapital) erklären die Einkommensstreuung unter Individuen, die eine gleich hohe Investition in formale Bildung getätigt haben. e) Auch das kulturelle und soziale Kapital, das Immigrantengruppen mit in den Arbeitsmarkt bringen, hat Einfluss auf die Einkommensstreuung zwischen Immigranten und anderen Gruppen. f) Arbeitsmarktsegmentierungen, d.h. die Segregation von Gruppen von Individuen mit spezifischen Merkmalen zwischen Berufen bzw. Branchen und innerhalb von Berufen und Branchen sind ebenfalls für Einkommensdifferenzen (auch bei gleichen formalen Bildungseigenschaften) mit verantwortlich, wobei Carnoy (1995c) und King (1995) zufolge die an rassische Zugehörigkeit anknüpfende Einkommensdiskriminierung sowohl durch externe wie interne Berufs- und Branchensegregation wirksam wird, während die geschlechterbezogene Einkommensdiskriminierung vorrangig innerhalb der Berufe und Branchen beobachtet wird. g) Wenn die Produktivität von Arbeitsvorgängen nicht durch die Qualifikationsträger, also angebotsseitig erklärt wird, sondern – wie in Thurows Arbeitswettbewerbsmodell – nachfrage- bzw. technologie- und arbeitsplatzseitig, dann hängt die Entwicklung der personellen Einkommensverteilung nicht so sehr von der Veränderung des Qualifikationsangebotes und der Streuung der Bildungsinvestitionen ab, sondern von der Entwicklung von Technologien, der Arbeitsplatzstrukturen und der durch die Arbeitsplätze vorgegebenen Qualifikationsanforderungen. h) Individuelle Einkommenshöhen und damit die Einkommensverteilung sind mitbestimmt durch firmeninterne personalpolitische wie einkommenspolitische Strategien und nicht zuletzt durch die Mitwirkung von Gewerkschaften und Betriebsräten, d.h. durch eine Reihe institutioneller Faktoren. i) Staatliche Einkommensverteilungspolitik, Beschäftigungsquotierungen u.ä. Maßnahmen (affirmative action) haben in einer Reihe von Ländern einen signifikant stärkeren Effekt auf die Nivellierung oder Spreizung der Einkommensverteilung gehabt als die Streuung der privaten Bildungsinvestitionen und deren Veränderung (vgl. Carnoy 1995b).

4.1.3 Humankapitalinvestitionen und Wirtschaftswachstum

Die ökonomische Bildungsforschung ist der Frage, ob es einen systematischen positiven Zusammenhang zwischen Bildungsaktivitäten und dem wirtschaftlichen Wachstum einer Volkswirtschaft gibt, bereits sehr früh nachgegangen. Die ersten Versuche empirischer Schätzungen des Bildungsbeitrags zum Wirtschaftswachstum stammen allerdings erst aus den frühen 1960er Jahren (vgl. Schultz 1961; Denison 1962). Prinzipiell stehen bei der Analyse des Zusammenhangs von Humankapitalinvestitionen und Wirtschaftswachstum zwei Fragen im Vordergrund des Interesses (vgl. Cohn/Geske 1990, S. 134): Zum einen die Frage, auf welche Weise die Bildungsaktivitäten das Wirtschaftswachstum beeinflussen, was den Blick auf den Wirkungsmechanismus lenkt. Zum anderen die Frage, wie groß dieser Effekt ist, was die Höhe des Wirkungszusammenhangs und damit auch dessen Messung in den Fokus rückt.

Die Bildungsökonomie greift zur Beantwortung der Fragen auf theoretische Modelle der Wachstumstheorie zurück, die sich als Teil der Volkswirtschaftslehre mit den Ursachen des wirtschaftlichen Wachstums auseinandersetzt. Hierzu werden zwei miteinander konkurrierende Theoriestränge der Wachstumsforschung zur Analyse dieses Wirkungszusammenhangs herangezogen: 1. Die „Neoklassische Wachstumstheorie" (exogene Wachstumstheorie) geht in ihrer Grundform auf Solow (1956) zurück, der Mitte der 50er Jahre ein Modell zur Erklärung des langfristigen Wachstums einer Volkswirtschaft auf der Grundlage einer Kritik an den früheren Modellen vorstellte: Solow erkannte, dass das Wachstum des Bruttoinlandsprodukts in den USA empirisch nur unzureichend über das bis dahin vorherrschende Harrod-Domar-Modell erklärt werden konnte, welches davon ausging, dass mit einer Zunahme der Produktionsfaktoren Arbeit, Kapital und Boden auch eine Zunahme des Wirtschaftswachstums einhergeht. Außerdem konnte Solow zeigen, dass bei diesem Modell ein nicht erklärter Teil des Wirtschaftswachstums übrig blieb, den er als Residualfaktor bezeichnete, dem technischen Fortschritt zuschrieb und als Produktionsfaktor in seine neue Wachstumsmodellierung einführte. Demzufolge erklärt das Standard-Solow-Modell auf der Grundlage einer Cobb-Douglas-Produktionsfunktion, nach der die Faktoren begrenzt substituierbar, die Grenzerträge abnehmend positiv und die Skalenerträge konstant sind, das wirtschaftliche Wachstum einer Volkswirtschaft nun nicht mehr nur über den Arbeits-, Kapital-, Boden- sondern über den Technologie-Input, wobei ein stetiges Wirtschaftswachstum auf lange Sicht allein auf den im Modell exogen gegebenen technischen Fortschritt zurück geführt wurde.

2. Das Standard-Solow-Modell ist lange die Grundlage der ökonomischen Wachstumsanalysen gewesen, sieht sich seit Mitte der 1980er Jahre aber zunehmender Kritik ausgesetzt, welche theoretisch insbesondere durch die Arbeiten von Romer (1986) und Lucas (1988) angestoßen worden ist und zur Entwicklung einer „Neuen Wachstumstheorie" (endogene Wachstumstheorie) geführt hat: So wurde empirisch beanstandet, dass sich die von dem Standard-Solow-Modell postulierte Konvergenz des Wachstums, nach der sich die Pro-Kopf-Einkommensdifferenzen zwischen den ärmeren und reicheren Ländern im Zeitverlauf annähern würden, weil die ärmeren Volkswirtschaften schneller wachsen könnten, beim Vergleich von Industrie- und Entwicklungsländern nachweislich nicht gezeigt hat. Darüber hinaus wurden in diesem Zusammenhang mit der verfehlten Modellierung von Bildung und technischem Fortschritt als exogene Faktoren, der Vernachlässigung organisatorischer Variablen auf der mikroökonomischen Ebene und der mangelhaften Berücksichtigung von Innovationen bzw. des Zusammenhangs zwischen Bildung, Organisation und Innovation auch weitreichende theoretische Defizite des neoklassischen Wachstumsmodells zusammengetragen (vgl. Bodenhöfer/Riedel 1998, S.

18ff.). a) Zum einen wurde die theoretische Kritik an der exogenen Wachstumstheorie dadurch beantwortet, dass Mankiw/Romer/Weil (1992) unter Bezug auf die endogene Wachstumstheorie das Standard-Solow-Modell erweiterten, indem sie den vorher exogen modellierten Faktor Humankapital, operationalisiert über Einschulungsraten, explizit in die Theorie mit aufgenommen haben, so dass dieses erweiterte Modell nunmehr in der Lage war, die fehlende Konvergenz und überschätzten Konvergenzgeschwindigkeiten zwischen den Ländern zu erklären. b) Zum anderen wurde die Kritik dadurch aufgegriffen, dass sich die „Neue Wachstumstheorie" als eigenständiger Theoriestrang etablierte, der sich vollständig von dem exogenen Wachstumsansatz löste und den Zusammenhang zwischen Humankapitalinvestitionen und Wachstum konsequent modellendogen erklärte, wobei die endogene Wachstumstheorie heute in sehr vielen Modellvarianten auftritt: Dabei ist allen endogenen Wachstumsmodellen gemeinsam, dass sie die Annahme sinkender Grenzerträge aufgegeben haben, so dass die Produktionsfunktion steigende Skalenerträge (economies of scale) erlaubt, die durch anhaltende positive Externalitäten verursacht werden, welche in sehr spezifischer Weise von formalem Lernen, learning by doing sowie Forschung und Entwicklung ausgehen (vgl. Bodenhöfer/Riedel 1998, S. 20ff.). Es gilt schließlich hervorzuheben, dass die „Neue Wachstumstheorie" den durch positive externe Effekte stimulierten technischen Fortschritt für grundsätzlich gestaltbar hält, was bedeutet, dass auch die Auswirkungen des technischen Fortschritts beeinflusst werden können. Dies wiederum hat weitreichende gesellschafts- und bildungspolitische Implikationen (z.B. hinsichtlich der Finanzierung und Produktion von formalen Lernangeboten), die auch für die bildungsökonomische Forschung von erheblicher Relevanz sind.

Die empirischen Analysen über die makroökonomischen Effekte von Bildung gehen mit Rückgriff auf die beiden vorherrschenden wachstumstheoretischen Paradigmen von zwei unterschiedlichen methodischen Verfahren aus: Zum einen wird mit Bezug auf die „Neoklassische Wachstumstheorie" der makroökonomische Ertrag über die Beziehung zwischen dem Bildungsstand und der langfristigen Entwicklung des Bruttoinlandprodukt-Niveaus erfasst, was das gebräuchliche Verfahren ist. Zum anderen wird unter Verweis auf die „Neue Wachstumstheorie" der makroökonomische Ertrag anhand der Beziehung zwischen dem Bildungsstand und der Bruttoinlandsprodukt-Wachstumsrate modelliert. Dabei ist interessant, dass die beiden Verfahren zu sehr unterschiedlichen Größenordnungen führen: So kommen Studien nach dem exogenen Ansatz zu dem Ergebnis, dass eine Erhöhung des durchschnittlichen Bildungsniveaus um ein Jahr die Pro-Kopf-Produktion um 3 bis 6 Prozent wachsen lässt. Dagegen wird in den Untersuchungen nach dem endogenen Ansatz deutlich, dass eine Steigerung des durchschnittlichen Bildungsniveaus um ein Jahr die Wachstumsrate der Produktion um 1 Prozent erhöht. Dazu ist anzumerken, dass sich die absolute Größenordnung bei beiden Verfahren kurzfristig zwar auf einem vergleichbaren Niveau befindet, mittel- bis langfristig aber doch sehr stark differiert, „da der absolute Effekt auf die Produktion eines kumulativen Anstiegs der Wachstumsrate um 1 Prozentpunkt einen einmaligen Anstieg des Produktionsniveaus um selbst 6 Prozentpunkte (die obere Grenze) sehr schnell übertrifft" (OECD 2006, S. 172). Hierbei ist zu bedenken, dass die geschätzten gesamtwirtschaftlichen Renditen zwar eine gute Annäherung an die sozialen Renditen darstellen, aber nicht mit diesen identisch sind, weil sowohl die Kosten der Humankapitalinvestition als auch die externen Erträge – wie z.B. die bildungsbedingte niedrigere Kriminalitätsrate –, die als Opportunitätserträge nicht in dem Bruttoinlandsprodukt sichtbar werden, bei der makroökonomischen Ertragsratenberechnung nicht berücksichtigt werden (vgl. Sachverständigenrat 2004, S. 428).

4.1.4 Bildungsfinanzierung und Bildungsförderung

Die vielfältigen Themen der Bildungsfinanzierung und Bildungsförderung sind von der bildungsökonomischen Forschung in regelmäßigen Abständen bearbeitet worden, was insbesondere darauf zurückzuführen ist, dass mit diesen Themenkomplexen jeweils spezifische Fragen nach der gesellschaftlichen Wohlfahrt, der betrieblichen Produktivität wie auch der Verteilung von individuellen Lebenslagen und Lebenschancen verbunden sind, welche für die Bildungsökonomie eine herausragenden disziplinäre Relevanz haben. Dabei sind besonders wichtige, weil grundlegende und eng miteinander verknüpfte Fragen jene nach den Finanziers, der Effizienz und der Gerechtigkeit der existierenden Finanzierungsmodalitäten, nach der Volumenhöhe und -struktur der bereitgestellten Ressourcen sowie nach der tatsächlichen Verteilung der Kostenlast und des Ertragsvorteils auf gesellschaftliche Gruppen (vgl. Levin 1995b; Timmermann 1982; 1983; 1994b).

Auffallend ist, dass es im deutschen Bildungswesen in nicht unerheblichem Maße empirische Wissensdefizite über die Finanzierungs-, Ausgaben- und Kostenstrukturen gibt (vgl. Expertenkommission 2002; Hummelsheim/Timmermann 2000), die eine gehaltvolle Analyse und Bewertung der existierenden Finanzierungsmodalitäten genauso wie die Entwicklung und Umsetzung von Finanzierungsalternativen erschweren und letztlich Fehlallokationen provozieren: So sind beispielsweise weder die Ausgaben der freien Träger im Elementarbereich verfügbar noch Angaben über die Ausgabenhöhe nach Betreuungs- und Platzarten über amtliche Statistiken zugänglich. Außerdem ist im Bereich der Sekundarschulen keine statistische Trennung zwischen Vollzeit- und Teilzeitberufsschule möglich. Weiterhin liegen für den Bereich der öffentlichen Weiterbildung z.B. keine Informationen über die Weiterbildungsausgaben der öffentlich Beschäftigten vor wie auch die Steuerausfälle der öffentlichen Hand amtlich nicht dokumentiert sind. Schließlich werden sowohl die Aufwendungen im Bereich der betrieblichen Aus- und Weiterbildung als auch die individuellen Weiterbildungskosten bisher nur über repräsentative Stichproben mit z.T. wechselndem Erhebungsdesign in größeren Zeitabständen zusammengestellt. Wenn es auch vor dem Hintergrund dieser defizitären Datenlage nicht weiter erstaunlich ist, dass wichtige Fragen der Bildungsfinanzierung in Deutschland nicht statistisch valide beantwortet werden können, so können dennoch gehaltvolle und problemorientierte Aussagen über die in Deutschland vorherrschenden Finanzierungs- und Fördermodalitäten getroffen werden (vgl. Expertenkommission 2002; Timmermann 2003):

1. Im Bereich der Elementarbildung werden die Kindergartenplätze über das Steueraufkommen der Länder und Gemeinden wie auch über Elternbeiträge finanziert. Hier ist problematisch, dass finanzschwache Gemeinden als wichtigster Finanzier des öffentlichen Kindergartenangebots häufig kein quantitativ und qualitativ ausreichendes Kindergartenplatzangebot anbieten können und die Eigenbeteiligung der Eltern über steigende Entgelte erhebliche finanzielle Belastungen in sozial selektiver Weise nach sich zieht (vgl. Bock/Timmermann 2000).
2. Im Primar- und Sekundarbereich erfolgt die Finanzierung des öffentlichen Schulwesens weitgehend gebührenfrei und durch das Steueraufkommen der Länder (innere Schulangelegenheiten) und Gemeinden (äußere Schulangelegenheiten), wobei der Staat sich nicht nur für die Finanzierung, sondern auch für die Bereitstellung des Schulwesens verantwortlich zeichnet. Im Primar- und Sekundarschulbereich ist als problematisch anzusehen, dass die öffentlichen Zuweisungen nach den Prinzipien der Kameralistik eine Kosten- und Effizienzanalyse verhindern, die Entscheidungs- und Finanzautonomie der Schulen immer noch sehr eingeschränkt ist, die finanzielle Förderung durch das Schüler-BAföG bei Besuch der Sekundarstufe II aufgehoben

werden, die Schulpolitik unter hohen finanzpolitisch motivierten Rationalisierungsstrategien steht und schließlich in einigen vollzeitberufsschulischen Ausbildungen im Unterschied zu der sonst entgeltfreien Bereitstellung Gebühren verlangt werden (vgl. Hummelsheim/Timmermann 2000; Sachverständigenrat Bildung 1998). 3. Der Bereich der betrieblichen Berufsausbildung wird vornehmlich einzelbetrieblich finanziert, aber zugleich durch die überbetriebliche Finanzierung, Tariffondsfinanzierung und Verbundfinanzierung sowie durch öffentlich voll- und teilsubventionierte Ausbildungsplätze und die Gewährung von Steuerminderungen in Form von ausbildungsbedingten Betriebsausgaben ergänzt. Für die betriebliche Berufsausbildung sind als Herausforderungen festzuhalten, dass die einzelbetriebliche Finanzierung wegen der Marktallokation immer wieder der Sorge um Konjunkturanfälligkeit, einer Tendenz zur Unterinvestition, der Gefahr von Wettbewerbsverzerrungen zwischen ausbildenden und nichtausbildenden Betrieben, der Qualitätsstreuung, der beruflichen Fehllenkung und individueller Chancenungleichheit ausgesetzt ist (vgl. Hummelsheim/Timmermann 2003). 4. Im Tertiärbereich erfolgt die Finanzierung des öffentlichen Hochschulsystems in erster Linie durch das Steueraufkommen der Länder, seit kurzem jedoch auch über länderspezifische Studiengebühren und im Gefolge der Föderalismusreform nur noch zu einem sehr geringen Teil durch Bundesmittel (Gemeinschaftsaufgaben), so dass die Länder die Träger, Produzenten und wichtigsten Finanziers von Hochschulbildung zugleich sind. Im Hochschulbereich sind problematische Aspekte, dass es eine stetige Spannung zwischen kapazitativer Überlaststrategie und der Suche nach finanziellen Ressourcen gibt, eine auch im internationalen Vergleich überaus hohe soziale Selektivität wirksam ist, die Sorge um Abschreckungseffekte durch die Studiengebühren besonders bei bildungsfernen Gruppen besteht, das BAföG trotz Aufstockung unzureichend ausgebaut ist, die Exzellenzinitiative die unterschiedlichen Startchancen der Universitäten unberücksichtigt gelassen hat und neben der gewollten Profilierung auch die Gefahr einer dauerhaften Spaltung in gut ausgestattete und weniger gut ausgestattete Universitäten befördert, die nachgeordnete Rolle der Lehre zu qualitätsdämpfenden Effekten in der Hochschulausbildung führt und schließlich die wissenschaftliche Weiterbildung der Universitäten noch nicht genügend entwickelt und profiliert ist (vgl. Timmermann 2003). 5. Im quartären Bereich ist die Finanzierung durch den Pluralismus der Anbieter, Marktallokation und subsidiäre Rolle des Staates geprägt. Im für das Lebenslange Lernen besonders wichtigen Weiterbildungsbereich sind für die verschiedenen Finanziers jeweils spezifische kritische Punkte anzumerken: a) So ist bei der öffentlichen Weiterbildung feststellbar, dass ein integriertes Konzept der präventiven Bildungsförderung für Erwachsene völlig fehlt, die Länder sich bei der Förderung nach den Erwachsenenbildungs- und Weiterbildungsgesetzen aus der institutionellen Sockelfinanzierung zurückziehen und damit einen erheblichen Druck auf die jeweiligen Bildungsinstitutionen ausüben sowie einen Trend zu steigenden und nachfragedämpfenden Hörerentgelten stimulieren. b) Außerdem leidet die Förderung der beruflichen Weiterbildung nach dem SGB III darunter, dass die Senkung des Bundeszuschusses und die Ausrichtung an dem vermittlungsorientierten Ansatz mit starren Übernahmequoten in den ersten Arbeitsmarkt zu einem dramatischen Rückgang die Weiterbildungsmaßnahmen und einer starken Präferenz für kurzzeitige Maßnahmen mit erheblichen negativen Konsequenzen für Langzeitarbeitslose wie für SGB III-intensiv arbeitende Träger führen. c) Bei der betrieblichen Weiterbildung ist eine Überbetonung des nicht-formalen Lernens und eine renditescharfe Konzentration auf kurzfristige Maßnahmen zur Anpassungsqualifizierung bei gleichzeitiger Verlagerung der Weiterbildungsaktivitäten in die Freizeit der Arbeitnehmer erkennbar. d) Schließlich ist bei der individuellen Weiterbildung problematisch, dass insbesondere bei der beruflich-betrieblichen Weiterbildung von den Individuen zunehmend die Einbringung sowohl von Zeitressourcen durch Freizeitanteile wie auch von finanziellen Ressourcen – nicht zuletzt aufgrund gestiegenener Weiterbildungsentgelte – erwartet wird und zugleich weite Teile der Bevölkerung an Weiterbildung nicht teilnehmen können bzw. von dieser ausgeschlossen sind (vgl. Expertenkommission 2002; Expertenkommission 2004; DIE 2008).

Die Übersicht über die bestehenden Finanzierungsstrukturen des deutschen Bildungssystems macht deutlich, dass die Einrichtungen des Elementarbereichs, die Schulen aller Schulstufen, die Hochschulen wie auch die Einrichtungen der Erwachsenen- und Weiterbildung sowohl mischfinanziert als auch vorrangig institutionell sowie immer noch überwiegend – aber im Hochschulbereich deutlich abnehmend – inputorientiert finanziert werden. Allerdings zeigt sich bei allen öffentlichen Institutionen des Bildungssystems – im Rahmen der Umstellung auf die Kosten- und Leistungsrechnung, auf die neuen Steuerungsmodelle und auf das Qualitätsmanagement – ein allmähliches Umsteuern auf eine output- bzw. leistungsorientierte Finanzierung, wobei ein bislang noch nicht befriedigend gelöstes Problem darin besteht, die Leistungen bzw. den Output sowie die Leistungs- bzw. Outputeinheiten konsensuell und in messbarer Form zu definieren und zu operationalisieren. Ob die beschriebenen Strukturen und Prozesse intern oder extern effizient und/oder gerecht sind, ist umstritten und schwer entscheidbar. Ein eindeutiges Urteil setzte voraus, dass zum einen allgemein akzeptierte, operationalisierte Kriterien für Effizienz und Gerechtigkeit vorliegen und zum anderen fundiertes Wissen über die Effizienz- und Gerechtigkeitswirkungen alternativer Strukturen von Angeboten, Allokationsmechanismen und Dispositionsrechten verfügbar ist. Allgemein kann gesagt werden, dass die Bildungsfinanzierung in einem Spannungsverhältnis zwischen den beiden Leitprinzipien „Effizienz" und „Gerechtigkeit" steht, wobei die vielfach geforderte stärkere Effizienzorientierung im Bildungswesen, welche die Finanzierungslast einer Bildungsaktivität allein deren Nutznießern auferlegen will, diejenigen Bildungswilligen und -fähigen ausschließt, welche die Last aus ökonomischen Gründen nicht tragen können, wobei das Effizienzziel mit dem Äquivalenzprinzip, nicht aber mit dem Leistungsfähigkeitsprinzip konform geht, da letzteres sehr viel stärker dem Gerechtigkeitsempfinden in Deutschland verpflichtet ist.

Durch die Finanzierung des Bildungssystem findet in allen entwickelten Volkswirtschaften eine erhebliche Allokation von gesellschaftlichen Ressourcen statt, so dass ein nationaler und ein kurzer international vergleichender Blick auf das deutsche Bildungsfinanzvolumen lohnend ist: So betrugen die Ausgaben für Bildungseinrichtungen in öffentlicher und privater Trägerschaft in internationaler Abgrenzung gemäß ISCED-Gliederung im Jahr 2005 insgesamt 115,2 Mrd. Euro (2004: 114,2 Mrd.), was einem Anteil am BIP von 5,2 Prozent (2004: 5,2%) entspricht. Differenzierte Daten nach jeweiligen ISCED-Stufen liegen dagegen nur bis zum Jahr 2004 vor: Danach wurde im Jahr 2004 für den Elementarbereich (ISCED 0) 11,0 Mrd. Euro (BIP-Anteil: 0,5%) bzw. im Jahr 2003 ebenfalls 11,0 Mrd. Euro (BIP-Anteil: 0,5%) ausgegeben. Für den Primar- und Sekundarbereich (ISCED 1-4) wurden im Jahr 2004 76,2 Mrd. Euro (BIP-Anteil: 3,5%) und im Jahr 2003 mit 76,4 Mrd. Euro (BIP-Anteil: 3,5%) geringfügig mehr an finanziellen Ressourcen bereit gestellt. Im Tertiärbereich (ISCED 5-6) wurden im Jahr 2004 24,6 Mrd. Euro (BIP-Anteil: 1,1%) und im Jahr 2003 mit 24,7 Mrd. Euro (BIP-Anteil: 1,1%) leicht mehr an Finanzmitteln aufgewendet. Zu diesen Ausgaben in internationaler Abgrenzung treten noch weitere bildungsrelevante Ausgaben in nationaler, d.h. international nur noch sehr bedingt vergleichbarer Abgrenzung wie z.B. die betrieblichen Weiterbildungskosten hinzu, so dass sich das offiziell angegebene, international nicht mehr vergleichbare Bildungsgesamtbudget im Jahr 2005 zu der Gesamtsumme von 144,8 Mrd. Euro (2004: 146,1 Mrd. Euro) addiert, was einem leicht rückläufigen Anteil am BIP von 6,5 Prozent (2004: 6,6%) gleichkommt (vgl. Statistisches Bundesamt 2007, S. 6).

Der internationale Vergleich bezieht sich auf das Jahr 2004 als derzeit aktuellster Vergleichszeitpunkt und erfolgt anhand der Ausgaben für Bildungseinrichtungen in öffentlicher und privater Trägerschaft gemäß ISCED-Gliederung mit OECD-Daten (vgl. OECD 2007, S. 226): Hiernach zeigt sich, dass der Gesamtanteil von öffentlichen und privaten Bildungsausgaben am BIP mit 5,2 Prozent in Deutschland unter dem OECD-Durchschnitt von 5,7 Prozent – welcher bei einer Gewichtung nach der Größe der Länder auf 6,2 Prozent steigen müsste – liegt, wobei Länder wie Island (8,0%), die Vereinigten Staaten (7,4%) und Korea (7,2%) die ersten Plätze einnehmen, so dass vor diesem Hintergrund mit einigem Recht davon gesprochen werden kann, dass Deutschland – zumindest im internationalem Vergleich – zu wenig in die Bildung seiner Bevölkerung investiert.

Die Ertrags- und Kostenverteilung von Bildung ist angesichts der unzureichenden Datenlage und schwierig zu beobachtenden Refinanzierungsprozesse eine Frage, die weitgehend über Plausibilitätsüberlegungen analysiert werden muss. Grundsätzlich sind dazu die jeweiligen Analysen zu den privaten Bildungsrenditen und deren Verhältnis zu den sozialen Renditen in Betracht zu ziehen, obgleich dies durch die hohe Aggregationsebene noch keine genaue Aussage über die spezifischen gesellschaftlichen Gruppen erlaubt, die den Ertragsvorteil oder die Kostenlast von Bildung letztlich zu tragen haben. Zusätzlich ist anzumerken, dass die Refinanzierungsprozesse u.a. an rechtliche Bestimmungen (z. B. Steuererleichterungen) gebunden sind, was bedeutet, dass diese Inzidenzfragen in unterschiedlichen Ländern auch zu verschiedenen Ergebnissen führen (können): Für Deutschland spricht mit besonderem Bezug auf die Weiterbildung einiges dafür, dass aufgrund ihrer im Vergleich zu anderen Akteuren reduzierten Refinanzierungsoptionen und Refinanzierungsmacht als Konsumenten, Steuerzahler und arbeitslosenversicherte Beschäftigte letztlich die Individuen als die entscheidenden Kosten- oder Finanzlastträger von Weiterbildung angesehen werden können (vgl. Hummelsheim/Timmermann 2000, S. 76; Expertenkommission 2002, S. 117; Hummelsheim 2004, S. 17).

4.2 Befunde auf der Mikroebene

Bildungsökonomen beschäftigen sich seit langem mit der Frage, ob in den Bildungseinrichtungen die verfügbaren Ressourcen so miteinander kombiniert und genutzt werden, dass die Bildungsziele so weitgehend wie möglich erreicht werden. Diese Umschreibung besagt nichts anderes als dass nach der internen Effizienz der Bildungsinstitutionen wie auch nach dem rationalen Verhalten von Individuen gefragt wird. Nachstehend werden die spezifischen Fragen nach der internen Effizienz der gewinnorientiert arbeitenden Bildungsbetriebe, der öffentlichen Schulen, Hochschulen wie auch die Rationalität des individuellen Weiterbildungsverhaltens in den Blick genommen.

4.2.1 Betriebliches Bildungsverhalten und Ertragsinternalisierung

Im Bereich der betrieblichen Bildung stand stets die Frage im Vordergrund, unter welchen Bedingungen privatwirtschaftlich ausgerichtete Betriebe bereit seien, in betriebliche Aus- und Weiterbildung zu investieren. Die Frage der betrieblichen Finanzierungsbereitschaft ist theoretisch zuerst von Becker (1964) systematisch untersucht worden. Becker differenzierte allgemeine, d.h. marktverwertbare von spezifischer, d.h. nicht marktverwertbarer Ausbildung. Dabei kam er zu dem Schluss, dass Betriebe nur dann bereit sind, in Ausbildung zu investieren, d.h. sie zu finanzieren und anzubieten, wenn die Ausbildung spezifischer Art ist, d.h. die hergestellten Qualifikationen nicht marktgängig sind. Unter diesen Bedingungen finanziert ein rational kalkulierender Betrieb die Ausbildung, d.h. er übernimmt die (Brutto-)Kosten und er teilt sich die Ausbildungserträge mit den Auszubildenden. Vor dem Hintergrund dieses Modells blieb es lange Zeit ein Rätsel, weshalb in Ländern wie Deutschland, Österreich und der Schweiz die Ausbildungsbetriebe, welche ungefähr 25 Prozent aller Betriebe ausmachen, Ausbildungsplätze anbieten und bereit sind, die betrieblichen Ausbildungskosten (Bruttokosten) vorzufinanzieren, obwohl die duale Ausbildung als Ausbildung in einem (marktgängigen) Beruf dem Modell der allgemeinen Ausbildung bei Becker entspricht, die Betriebe eigentlich gar nicht ausbilden und finanzieren dürften. Mittlerweile gibt es allerdings eine Reihe von Erklärungsangeboten für dieses Rätsel, die sich u.a. aus der realistischen Annahme unvollkommener Arbeitsmärkte speisen: a) So verweisen Alewell/Richter (1999) auf Bindungsverträge zwischen Auszubildenden und Betrieben und damit auf das allgemeinere Problem eingeschränkter Arbeitnehmermobilität, die institutionell durch das Einwirken der Gewerkschaften, Betriebsräte oder Kammern bedingt sein kann. b) Katz/Ziderman (1990) argumentieren informationstheoretisch, indem sie von einer asymmetrischen Informationsverteilung über den Wert der Ausbildung zwischen dem Ausbildungsbetrieb selbst und potenziellen Konkurrenten ausgehen: Je höher der Grad der Informationsasymmetrie sei, umso weniger Wert besitzen Ausgebildete eines Betriebes für andere Betriebe. c) In die gleiche Richtung zielen Franz/Soskice (1995) und Acemoglu/Pischke (1998), wenn sie die asymmetrische Informationsverteilung auf die Qualität der Ausbildung und der Ausgebildeten beziehen. Betriebe nutzen danach die Möglichkeit, ein Infomationsmonopson bezüglich der von ihnen und möglichen Konkurrenten nachgefragten Ausgebildeten aufzubauen. Bei direkten Abwerbeversuchen (Poaching) können die Ausbildungsbetriebe mit attraktiveren Lohnangeboten locken, solange sie unterhalb der Grenzproduktivität bleiben. Dies können sie z.B. dann, wenn angenommen werden kann, dass Betriebe komplementär in allgemeine und spezifische Bildung investieren und damit einen produktivitätssteigernden Synergieeffekt erzielen, so dass die Produktivität über dem Lohn liegt (vgl. Franz/Soskice 1995, S. 220; Acemoglu/Pischke 1999, S. 116). d) Ferner können Mobilitätsketten und innerbetriebliche Karriereleitern im Kontext von Personalentwicklung und internen Arbeitsmärkten Ausgebildete an den Ausbildungsbetrieb binden (vgl. Bellmann/Neubäumer 1999, S. 12; Acemoglu/Pischke 1998, S. 95). e) Überdies weisen Kau (2000) und Leber (2000) auf die Mobilitätskosten für ausgebildete Arbeitnehmer hin, so dass folgende These plausibel erscheint: Je höher die Mobilitätskosten der Arbeitnehmer sind, desto niedriger sind Mobilitätsgrad sowie Abwanderungs- und Abwerbungsgefahr von Ausgebildeten und desto höher sind die Anreize für Unternehmen, in allgemeine Ausbildung zu investieren. Dies ist insbesondere in konkurrenzarmen Räumen der Fall (vgl. Harhoff/Kane 1997, S. 184). f) Schließlich verweist schon Sadowski (1980) darauf, dass Ausbildungsaktivitäten von Betrieben deren Reputation sowohl im Arbeitsmarkt wie im Produktmarkt steigern und stabilisieren können (Kundenbindung).

Die neuen Theorieansätze zeigen, dass die Ausbildungs- und Finanzierungsbereitschaft von Betrieben erstens von der Relation zwischen Ausbildungskosten plus Lohnhöhe, zweitens der Grenzproduktivität der Ausgebildeten und drittens von der Bindungsfähigkeit und Bindungsdauer der Ausgebildeten an den Betrieb abhängt. Da es keinen Mechanismus gibt, der diese für die Ausbildungsbetriebe vorteilhaften Konstellationen garantiert, besteht für die Ausbildungsbetriebe immer die latente Gefahr des Qualifikationsverlustes durch freiwilligen Betriebswechsel von Ausgebildeten sowie durch Poaching von Trittbrettfahrern (free-rider Betriebe) und daraus folgend die Gefahr der Entmutigung von Ausbildungsbetrieben (vgl. Sachverständigenkommission 1974; Acemoglu/Pischke 1999, S. 119ff.). Die früheren wie die neuesten theoretischen Analysen lassen den Schluss zu, dass ein Berufsbildungssystem, das auf einzelbetrieblichen Ausbildungs-, Angebots- und Finanzierungsentscheidungen beruht, stets der Gefahr der Unterinvestition ausgesetzt ist, die sich in Form von drei Rationalitätsfallen zeigen (vgl. Timmermann 1994b, S. 79ff.). 1. Erstens garantiert ein solches System nicht, dass alle ausbildungsfähigen und -willigen Jugendlichen tatsächlich einen Ausbildungsplatz erhalten. Ausbildungsangebot und Ausbildungsnachfrage bewegen sich mitnichten synchron, weil sie durch unterschiedliche Variablen gesteuert werden. 2. Zweitens gewährleistet ein solches System nicht die ausreichende Gesamtversorgung des Wirtschaftssystems mit beruflichem Nachwuchs, insbesondere dann nicht, wenn die Ausbildungsbetriebe selbst ihr Ausbildungsplatzvolumen allein am eigenen Bedarf scharf kalkulieren und Unterinvestitionskonstellationen vorherrschen. 3. Drittens garantiert das System nicht die Optimierung zwischen der sektoralen und beruflichen Angebotsstruktur an und der beruflichen und sektoralen Nachfragestruktur nach Qualifikationen.

Allerdings hat die bisherige Diskussion um die Finanzierungsalternativen von betrieblicher Bildung (z.B. die kontrovers geführte Debatte um die Umlagefinanzierung) ergeben, dass nur schwer entscheidbar ist, ob die alternativen Finanzierungsarrangements wirklich zu einer effizienteren Allokation von betrieblicher Bildung führen.

4.2.2 Schulischer Bildungsprozess und Effizienzpotenziale

Die bildungsökonomische Forschung hat sich ausführlich mit der Frage beschäftigt, ob der Ressourceneinsatz im schulischen Bereich ineffizient geschieht. Diese Fragestellung basiert auf der Beobachtung, dass sich die öffentlichen Bildungsausgaben für die Schulen und die Lernqualität bzw. der Lernerfolg nicht linear zueinander verhalten. Vielmehr wird der Befund gewachsener Bildungsausgaben für die Schulen mit der subjektiven Wahrnehmung der Öffentlichkeit konfrontiert, die Bildungsqualität der Schule sei demgegenüber eher gesunken. Wenn diese subjektiven Wahrnehmungen angesichts der Ausgabensteigerungen im Zeitverlauf zutreffen, dann müsste der Schluss gezogen werden, dass sowohl die Produktivität als auch die Effektivität wie auch die Effizienz der schulischen Einrichtungen – und damit des Bildungssystems insgesamt – säkular gesunken sind. Die bisher vorliegenden bildungsökonomischen Befunde kommen in diesem Punkt allerdings nicht zu eindeutigen Aussagen. Evident ist, dass zwei miteinander verbundene Aspekte in diesem Zusammenhang von grundlegender Bedeutung sind: Zum einen haben sich bei arbeitsintensiven personenbezogenen Dienstleistungen, zu denen Bildung im allgemeinen und schulische Bildung im besonderen gehört, die Potenziale für substanzielle Produktivitätsverbesserungen bislang als sehr gering bis fehlend erwiesen. Zum anderen gibt es die naheliegende Vermutung, dass aufgrund des organisationellen und technologischen Status Quo der Bildungseinrichtungen wie der Schule keine oder nur geringfügige Effektivitäts- und Effizienzgewinne möglich sind.

Bildungsökonomische Forschungen haben sich unterschiedlicher theoretischer und methodischer Ansätze bedient, um Antworten auf die obigen beiden Aspekte zu finden (vgl. Weiß 1995a; 1995b; 1995c; 2000). Vor allem in den USA sind eine große Anzahl von Input-Output-, Produktivitäts- und Bildungsproduktionsfunktionsstudien erarbeitet worden, die bis Mitte der neunziger Jahre nahezu einheitlich den allgemeinsten und ernüchterndsten Befund immer wieder bestätigt haben, wonach die kontinuierliche Steigerung der öffentlichen Schulausgaben ohne signifikante Folgen für den Lernerfolg der Schüler geblieben sind (vgl. Hanushek 1997; 2003; Pritchett/Filmer 1999). Die meisten dieser Studien definieren als Outputvariable bzw. Lernerfolg kognitive Lernleistungen, sie untersuchen den Einfluss der Schulressourcen auf die Fachleistungen in Verbindung mit anderen Variablengruppen (Familienhintergrund, Peergroup-Merkmale, Schüler- und Lehrermerkmale), und es wird in der Regel eine linear-additive Verknüpfung der erklärenden Variablen unterstellt. Die Untersuchungen sind in der Regel als Querschnittsanalysen angelegt, die Beobachtungseinheiten wechseln zwischen einzelnen Schülern, Klassen, Schulen und Schulbezirken, und entsprechend variant sind die Aggregationsebenen der erhobenen Daten (individuelle Schülerdaten kombiniert mit durchschnittlichen Schulausstattungsdaten). Besonders kritisch wird in der bildungsökonomischen Literatur die Beschränkung fast aller Studien auf die kognitiven Fachleistungen gesehen, und zum zweiten betont die Kritik, neben der methodischen Kritik an der Operationalisierung und Messmethodik der Variablen wie an den ökonometrischen Schätzverfahren, die Auswahl der unabhängigen Variablen sei nicht theoriegeleitet, sondern durch Intuition und Verfügbarkeitsaspekte der Daten bestimmt (vgl. Weiß 1995b, S. 117ff.). Ein weiterer Nachteil der Studien liegt darin, dass sie als Ineffizienzursachen im Prinzip nur strukturelle Variablen identifizieren können, aber nicht etwa Verhaltensweisen von Schulakteuren. So nennt Sheldon (1994) z.B. Missmanagement (in der Schule oder auf Schuldistriktebene oder auf Landesebene), Größennachteile (diseconomies of scale), ungünstige (z.B. sozioökonomische) Rahmenbedingungen (z.B. häufige Regierungswechsel) oder eine zu kostenintensive Inputstruktur als mögliche Ursachen von Ineffizienz im Schulbereich. Weiß (1995b) und Levin (1995a) weisen darauf hin, dass mit den Instrumenten der Kosten-Wirksamkeitsanalysen und der Nutzwertanalysen im Prinzip leistungsfähige Methoden für politikbezogene Effizienzanalysen in Entscheidungssituationen vorliegen, sie aber mangels entsprechenden Know-hows und fehlenden Effizienzbewusstseins bisher nicht genutzt werden.

Angesichts der Schwächen der „Ressourcenstudien" wandten sich eine Reihe von bildungsökonomischen Forschern (vgl. Levin 1995a) der Frage zu, welche Eigenschaften Schulen auszeichneten, die von Schulexperten als besonders schulerfolgswirksam angesehen wurden und ob als ineffektiv wahrgenommene Schulen von ersteren lernen könnten (effective schools methodology). Kritisch an den Befunden solcher Analysen ist, dass die Effektivitätswirkungen bereits innerhalb einer Schule nicht durchgängig und konsistent, sondern hoch sensitiv gegenüber den Unterrichtsfächern und der Klassenstufe waren; zudem variierten die Ergebnisse von Jahr zu Jahr. Schließlich gab es auch keine überzeugende Evidenz dafür, dass etwa ineffektive Schulen, die sich an effektiven Vorbildern orientiert haben, tatsächlich gelernt hätten und effektiver geworden wären (vgl. Levin 1995a).

Die Defizite ineffizienzträchtiger politisch-bürokratischer Steuerung im Bildungswesen (vgl. Timmermann 1995a) haben die Forderung nach Wettbewerb a) innerhalb des öffentlichen Bildungssystems, b) zwischen öffentlichen und privaten Bildungseinrichtungen oder c) in einem anarchischen Bildungsmarkt erzeugt. Nach den Befunden von Dee (1998) und Marlow (2000) scheint insbesondere die Konkurrenz zwischen öffentlichen und privaten Schulen den Lernerfolg in öffentlichen Schulen zu erhöhen. Allerdings kam eine englische Längsschnittstudie zu dem erwartungswidrigen Ergebnis, dass schulische Lernleistungen in wettbewerbsintensiven Regionen unterdurchschnittlich angestiegen seien, in wettbewerbsarmen oder gar wettbewerbsabstinenten Regionen dagegen überdurchschnittlich (vgl. Levacic/Woods 2000). Levin (1995a,

S. 286) weist hinsichtlich dieser Befunde darauf hin, dass die gemessenen Leistungsdifferenzen zwischen privaten und öffentlichen Schulen sehr klein gewesen und dass die geringen Leistungsunterschiede zudem eher einem (Selbst-) Selektionseffekt als einem Schuleffekt zu verdanken seien. Außerdem würden nicht die tatsächlichen gesamten Kosten beider Schultypen verglichen, sondern lediglich die öffentlichen Ausgaben mit den Gebühren. Schließlich sei das Outputgefüge privater und öffentlicher Schulen insofern different, als private Schulen sich weniger im Bereich von bilingualen, sonderschulischen und Defizite ausgleichenden Bildungsdienstleistungen betätigten.

Wößmann (2007) stellt in einer aktuellen Widerlegung der gängigsten Fehleinschätzungen von Schule – mit Rückgriff auf einschlägige ökonometrische Analysen der TIMSS- und PISA-Daten – die wichtigsten Befunde zusammen, die seiner Meinung nach den Weg zu einer „guten Schule" zeigen können: Dabei führt er u.a. aus, dass a) mehr Geld nicht automatisch bessere Schüler hervorrufe, b) kleinere Klassen wenig dazu beitragen, dass Schüler mehr lernen würden, c) der Computereinsatz kaum dabei helfe, dass Schüler ihre erlernten Fähigkeiten steigern, d) externe Leistungsüberprüfung von vorgegebenen Lehrstandards die Leistungen der Schüler erheblich erhöhen, e) Schüler besser lernen, wenn Personalentscheidungen und Tagesgeschäft in der Verantwortung autonomer Schulen liegen und f) die Schüler am meisten lernen, wenn externe Prüfungen mit der Autonomie der Schulen zusammenkommen, g) die durchschnittlichen Leistungen der Schüler in Ländern höher sind, in denen ein Wettbewerb mit nicht-öffentlichen Schulen besteht und schließlich h) Schülerleistungen in den Ländern am höchsten sind, in denen die meisten Schulen öffentlich und nicht privat finanziert werden (vgl. Wößmann 2007, S. 25f. und 129).

4.2.3 Hochschulwesen und Verteilungswirkungen

Die ökonomische Bildungsforschung ist der Frage nach der Finanzierung und Produktion des Hochschulsystems schon früh nachgegangen, da die Hochschulbildung immer kontrovers hinsichtlich ihres Gutscharakters und der erwartbaren externen Effekte diskutiert wurde, so dass auch die Legitimation der öffentlichen Vollversorgung (Finanzierung und Produktion) von Hochschulbildung immer wieder zur Diskussion stand. Die Hochschulfinanzierung wurde nach Abschaffung der Studiengebühren und Hörergelder in den 1960er Jahren lange Zeit von der öffentlichen Hand vollfinanziert und bereitgestellt, was von vielen Seiten als bildungspolitischer Erfolg im Sinne einer gesellschaftlichen Öffnung der sozial hochselektiven Hochschulbildung für breite gesellschaftliche Gruppierungen interpretiert wurde. Zugleich zeigte sich jedoch immer deutlicher, dass diese entgeldlose Bereitstellung von Hochschulbildung auch eine Vielzahl von allokativen Schwächen nach sich zieht, wie z.B. das Fehlen von Knappheitssignalen, inputorientierte Finanzierung ohne Leistungs- und Qualitätsparameter, distributive Schwachstellen wie die intergenerationelle (Erwerbspersonen vs Studierende), intragenerationelle (Studierende vs Vollzeitberufsschüler) und nicht zuletzt schichtspezifische Ungleichheit (Beamtenkinder vs Arbeiterkinder), so dass sich infolge der Nutzerstruktur der Hochschulen und der Steuerlastinzidenz der Haushalte regressive Verteilungseffekte ergeben.

So kommt Grüske (1994) in seiner Zeitreihenanalyse zu dem Schluss, dass „in keiner der untersuchten grundlegenden Varianten die Nutznießer der öffentlich finanzierten Hochschulbildung die in Anspruch genommenen Leistungen über ihre hochschulbezogenen Abgaben während ihres Erwerbslebens auch nur annähernd zurückzahlen" (Grüske 1994, S. 121). Die

Hochschulfinanzierung in Deutschland wurde demzufolge weder dem Äquivalenz- noch dem Leistungsfähigkeitsprinzip gerecht, da sie diejenigen Gesellschaftsgruppen, die über ihren Nachwuchs nicht oder kaum an der Hochschulbildung partizipieren, deutlich stärker mit den Hochschulkosten belastet als diejenigen Gesellschaftsgruppen, deren Nachwuchs die Früchte eines Studiums erntet. Die Methodik und Ergebnisse von Grüske wurden von Sturn/Wohlfahrt (2000) kritisiert, die mit Rückgriff auf Daten aus Österreich behaupten, dass Grüske insbesondere den sogenannten Glättungsvorteil bei seinen Analysen nicht berücksichtigt habe. Diese Auseinandersetzung wird heute zumeist so eingeschätzt, dass die Analyse von Grüske richtig und die Kritik von Sturn/Wohlfahrt nicht zutreffend war. Im allgemeinen können zwei Punkte zu diesem Sachverhalt vorgebracht werden: Zum einen gilt es zu beachten, dass sowohl Grüske wie auch Sturn/Wohlfahrt ihren Schätzungen die offiziellen Steuersätze zugrunde legen, so dass zu erörtern wäre, wie sich die Belastungs- und Nutzungsbilanzen darstellten, wenn die faktischen Steuerlasten nach Anerkennung der Sonderausgaben und Werbungskosten in der Lohn- und Einkommensteuererklärung bekannt wären. Zum anderen sollte nicht übersehen werden, dass - wie Simulationsrechnungen gezeigt haben - Studiengebühren die personelle Einkommensverteilung vor allem im Querschnitt nur peripher tangieren würden. Wichtiger als die Einkommensverteilungsfrage scheint in diesem Zusammenhang die Zugangs- und Partizipationsfrage zu sein (vgl. Timmermann 1994a).

Die Hochschulfinanzierung ist vor dem Hintergrund der regressiven Verteilungswirkungen sowie der Diskussionen um die Qualität der Lehre, der Studiendauer und des Studienerfolgs im Laufe der letzten Jahre stärker entlang einer outputorientierten Finanzierung bzw. leistungsorientierten Mittelverteilung ausgerichtet worden, die mit der Einführung von länderspezifischen Studiengebühren im Jahr 2006 ihren vorläufigen systemverändernden Höhepunkt gefunden hat. Die Diskussion der letzten Jahre weist allerdings im Falle gebührenfinanzierter Bildungsaktivitäten auf ein Gerechtigkeitsproblem hin, welches darin besteht, dass Bildungsgebühren – auch wenn sie mit Darlehen kombiniert werden – vor dem Hintergrund eines in Deutschland weitgehend fehlenden Stipendienwesens die Bildungsnachfrage aus bestimmten sozialen Milieus zurückdrängen (können), die sich neben anderen Charakteristika durch Einkommensschwäche und Risikoaversion auszeichnen, was in der Folge wiederum suboptimale Verteilungswirkungen nach sich ziehen kann (vgl. Timmermann 2001, S. 345).

4.2.4 Individuelle Weiterbildungsnachfrage und Anreizsysteme

Die individuelle Weiterbildungsnachfrage hat durch die Etablierung der Idee des Lebenslangen Lernens an bildungspolitischer und bildungsökonomischer Relevanz gewonnen, da den Individuen in einem in Deutschland noch zu konstituierenden System Lebenslangen Lernens eine herausragende Rolle zukommt (vgl. Expertenkommission 2004). Die damit verbundene zentrale bildungsökonomische Frage ist, wie die Finanzierungsstrukturen und Anreizsysteme in der (Weiter-)Bildungslandschaft so gesetzt werden können, dass frühere Weiterbildungsteilnehmer auch weiterhin und bisherige Weiterbildungsabstinente erstmalig und dann regelmäßig Weiterbildungsaktivitäten aufnehmen. Die aktuellen Strukturen der Weiterbildungsfinanzierung sind derzeit nur bedingt in der Lage, den Weg in eine Wissensgesellschaft aktiv zu begleiten, weil die bestehenden Ungleichheiten in der Weiterbildungsbeteiligung bislang eher verstärkt als gedämpft werden. Gleichzeitig ist evident, dass der gestiegene Lern- und Qualifikationsbedarf einen höheren Ressourceneinsatz auch von den Individuen verlangt (vgl. Expertenkommission

2004; Hummelsheim 2004; DIE 2008). Allerdings ist zu bedenken, dass größere gesellschaftliche Gruppen diesen geforderten erhöhten Ressourcenaufwand von Motivation, Zeit und Geld nicht leisten (können), da die Ressourcenausstattung zwischen den gesellschaftlichen Gruppen ungleich verteilt ist. Es besteht daher die Gefahr, dass diese Gruppen auch in Zukunft nicht ausreichend genug an weiterführender Bildung partizipieren werden.

Hinweise zu der ungleichen, nachfragedämpfenden Ressourcenausstattung der Individuen bieten die anspruchsvollen ökonometrischen Studien von Arens/Quinke (2003) und Schröder/Schiel/Aust (2004): 1. Arens/Quinke kommen hinsichtlich der Frage, welche Determinanten die Investitionsbereitschaft in Bildung beeinflussen, zu dem Ergebnis, dass signifikante Einkommens-, Alters- und Bildungseffekte auf die Verteilung von Ersparnis und Vermögen und damit auf das Investitionspotential privater Haushalte wirken, wobei sie feststellen, dass 20 Prozent der privaten Haushalte nicht sparfähig sind, so dass von diesem Haushaltstypus nur schwer ein Beitrag zur eigenen Weiterbildung erwartet werden kann. 2. Schröder/Schiel/Aust (2004) identifizieren in ihrer Untersuchung über die Nichtteilnahme an beruflicher Weiterbildung der erwerbsnahen Bevölkerung anhand einer logistischen Regression drei zentrale Zielgruppen, die ein besonders schlechtes Chancenverhältnis (odds ratio) haben, an Weiterbildung teilzunehmen: a) Gering qualifizierte Arbeiter und Angestellte in einfachen und ausführenden Positionen. b) Frauen mit Doppelbelastung von Erwerbstätigkeit und Kinderbetreuung. c) Einkommensschwache Haushalte mit geringem finanziellen Verteilungsspielraum und fehlender Investitionsbereitschaft. Interessant ist, dass sich innerhalb dieser drei Gruppen der Personenkreis der „Nie-Teilnehmer" als zentrale Problemgruppe heraushebt, die immerhin 13 Prozent der Grundgesamtheit ausmacht: Diese Gruppe kumuliert gleichsam die nachfragedämpfenden Determinanten in negativer Weise und zeigt angesichts ihrer Ressourcenausstattung in durchaus rationaler Abwägung eine eher skeptische Nachfragehaltung gegenüber der Weiterbildung sowie den erwartbaren Nutzen und Erträgen.

Das Kernproblem ist die Frage, wie einkommensschwache und bildungsferne Haushalte zur Weiterbildungsteilnahme stimuliert werden können (vgl. Expertenkommission 2004). Bisherige bildungspolitische Programme waren vor dem Hintergrund der stabilen sozialen Selektivität nur in geringem Umfang erfolgreich. Erschwerend kommt hinzu, dass fehlende Motivation, die u.a. durch schlechte Lernerfahrungen gespeist wird, nur sehr bedingt durch eine finanzielle Unterstützung aufgefangen werden kann. Angesichts der prekären Einkommens- und Vermögenssituation der Problemgruppen kommt es darauf an, deren direkte und indirekte Weiterbildungskosten durch öffentliche Förderung so weit zu senken, dass die Kostenbelastung und Kostensensibilität dieser Gruppen nicht zur fortgesetzten Weiterbildungsabstinenz führt. Hierzu sind von Seiten der Expertenkommission Finanzierung Lebenslangen Lernens (2004) u.a. mit dem Erwachsenbildungsförderungsgesetz und dem öffentlich geförderten Bildungssparen zwei zentrale Förderinstrumente vorgeschlagen worden. Erfreulich ist, dass die Empfehlung des öffentlich geförderten Bildungssparens bildungspolitisch aufgegriffen worden ist, wobei abzuwarten ist (vgl. Dohnen/de Hesselle/Himpele, 2007), welche positive Anreizwirkung dieses neue Förder- und Finanzierungsinstrument in der Bildungslandschaft entfalten wird.

5 Ausblick

Die Übersicht über den aktuellen Stand der Grundfragen, theoretischen Modelle und empirischen Befunde hat deutlich werden lassen, dass die Bildungsökonomie ein sehr elaboriertes konzeptionelles und methodisches Instrumentarium zur ökonomischen Analyse der vielfältigen Bildungsprozesse anbieten kann. Dabei hat sich der Fokus der Bildungsökonomie als anwendungsorientierte Forschung hin zu Fragen der internen Funktionalität des Bildungswesens verschoben, die – nach den früheren Arbeiten zur externen Funktionalität des Bildungssystems – dadurch wieder eine größere Nähe zu erziehungswissenschaftlichen Fragestellungen aufweist. Zugleich ist in dem Überblick erkennbar geworden, dass die theoretisch-konzeptionellen Grundlagen bereits in den 1970er und 1980er Jahren entwickelt und kontrovers ausgetragen worden sind, ohne dass behauptet werden könnte, die Konfliktlinien zwischen den konkurrierenden Theorieansätzen seien entschieden. Daher bleibt es für die etablierten Bildungsökonomen wie für den wissenschaftlichen Nachwuchs reizvoll, sich in die Auseinandersetzung zwischen den Forschungsprogrammen zu begeben und durch eigene Beiträge zu verdeutlichen, wo Progression und wo Degeneration von Forschungsprogrammen und Theorien stattfinden. Schließlich ist sichtbar geworden, dass die empirische Überprüfung von Theorien und Hypothesen nicht nur durch unzureichendes Datenmaterial sondern auch durch die jeweiligen Grenzen ökonometrischer Schätzmethoden herausgefordert wird, welche die Reichweite und Robustheit der erzielten empirischen Ergebnisse empfindlich dämpfen können. So ist auch in diesem bildungsökonomischen Forschungsfeld ein großer Entwicklungsbedarf erkennbar.

Literatur

Abramovitz, M./David, P.A. (1996): Technological change and the rise of intangible investments: The US economy's growth-path in the twentieth century. OECD Documents. Paris: OECD.
Acemoglu, D./Pischke, J.-S. (1998): Why do firms train? Theory and evidence. In: Quarterly Journal of Economics, 113, S. 79–119.
Acemoglu, D./Pischke, J.-S. (1999): Beyond Becker. Training in imperfect labour markets. In: The Economic Journal, 109, S. 112–142.
Alewell, D./Richter, J. (1999): Die Ausbildungsplatzabgabe als Instrument zur Internalisierung externer Effekte in der betrieblichen Berufsausbildung: kritische Bestandsaufnahme und Entwicklung eines alternativen Lösungsansatzes. Diskussionspapier Reihe A, Nr. 99, 2. Jena: Universität.
Ammermüller, A./Dohmen, D. (2004): Private und soziale Erträge von Bildungsinvestitionen. Studien zum deutschen Innovationssystem Nr. 1-2004. Köln: Forschungsinstitut für Bildungs- und Sozialökonomie.
Arrow, K.J. (1973): Higher Education as a Filter. In: Journal of Public Economics, 2, S. 193–216.
Arens, T./Quinke, H. (2003): Bildungsbedingte öffentliche Transfers und Investitionspotentiale privater Haushalte in Deutschland. Schriftenreihe der Expertenkommission „Finanzierung Lebenslangen Lernens", Bd. 3, Bielefeld: Bertelsmann.
Backes-Gellner, U. (1989): Ökonomie der Hochschulforschung: organisations-theoretische Überlegungen und betriebswirtschaftliche Befunde. Wiesbaden: Gabler.
Backes-Gellner, U./Weckmüller, H. (1998): Ist das Ende der Hauptschule aufzuhalten? Ein informationsökonomischer Beitrag zur Wirkung alternativer Schulregulierungsstrategien auf das Schulnachfrageverhalten. In: v. Weizsäcker, R.K. (Hrsg.): Deregulierung und Finanzierung des Bildungswesens. Berlin: Duncker & Humblot. S. 47–77.
Balogh, T./Streeten, P.P. (1963): The Coefficient of Ignorance. In: Bulletin of the Oxford University Institute of Economics and Statistics, May, S. 97–107.
Barrett, A./Hövels, B. (1998): Auf dem Weg zu einer Ausbildungsrendite: Bewertung der Forschungsarbeiten über den Nutzen der von Arbeitgebern angebotenen Ausbildungsmaßnahmen. In: Berufsbildung, 14, S. 31–41.

Becker, G. (1964): Human Capital. A theoretical and empirical analysis with special reference to education. New York: Columbia University Press.
Beicht, U./Krekel, E.M./Walden, G. (2006): Berufliche Weiterbildung. Welche Kosten und welchen Nutzen haben die Teilnehmenden? Bielefeld: Bertelsmann.
Beicht, U./Walden, G./Herget, H. (2004): Kosten und Nutzen der betrieblichen Berufsausbildung in Deutschland. Bielefeld: Bertelsmann.
Bellmann, L./Reinberg, A./Tessaring, M. (1994): Bildungsexpansion, Qualifikationsstruktur und Einkommensverteilung. In: Lüdeke, R. (Hrsg.): Bildung, Bildungsfinanzierung und Einkommensverteilung II. Berlin: Duncker & Humblot, S. 133–150.
Bellmann, L./Neubäumer, R. (1999): Ausbildungsintensität und Ausbildungsbeteiligung von Betrieben: Theoretische Erklärung und empirische Ergebnisse auf der Basis des IAB-Betriebspanels 1978. In: Beer, D./Frick, B./Neubäumer, R. (Hrsg.): Die wirtschaftlichen Folgen von Aus- und Weiterbildung. München: Hampp, S. 9–42.
Birdsall, N. (1996): Public Spending on Higher Education in Developing Countries: Too much or Too Little? In: Economics of Education Review, 15, 4, S. 407–419.
Blaug, M. (1976): The Empirical Status of Human Capital Theory: A Slightly Jaundiced Survey. In: Journal of Economic Literature, 14, S. 827–856.
Blaug, M. (1985): Where are we now in the economics of education? In: Economics of Education Review, 4, S. 17–28.
Blaug, M. (1995[2]): The Wage Contract and Education. In: Carnoy, M. (Hrsg.): The International Encyclopedia of Economics of Education. Oxford: Pergamon, S. 44–52.
Bock, K./Timmermann, D. (2000): Wie teuer sind unsere Kindergärten? Neuwied/Berlin: Luchterhand.
Bodenhöfer, H.-J. (1988): Bildung, Beruf, Arbeitsmarkt – Einleitung. In: Bodenhöfer, H.-J. (Hrsg.): Bildung, Beruf, Arbeitsmarkt. Berlin: Duncker & Humblot, S. 9–23.
Bodenhöfer, H.-J./Riedel, M. (1998): Bildung und Wirtschaftswachstum. In: v. Weizsäcker, R.K. (Hrsg.): Bildung und Wirtschaftswachstum. Berlin: Duncker & Humblot, S. 11–47.
Bowles, S. (1972): Schooling and Inequality from Generation to Generation. In: Journal of Political Economy, 80, Supplement, S. 219–251.
Bowles, S./Gintis, H. (1976): Schooling in Capitalist America. New York: Basic Books.
Breyer, F. (1996[14]): Neue Politische Ökonomie. In: Gablers Wirtschaftslexikon. Wiesbaden: Gabler, S. 2750–2755.
Buchele, R. (1981): Sex discrimination and labor market segmentation. In: Wilkinson, F. (Hrsg.): The Dynamics of Labour Market Segmentation. London [u.a.]: Academic Press.
Buttler, F./Tessaring, M. (1993): Humankapital als Standortfaktor. Argumente zur Bildungsdiskussion aus arbeitsmarktpolitischer Sicht. In: MittAB, 26. Jg., H. 4, S. 467–476.
Cain, G.G. (1976): The challenge of segmented labor market theories to orthodox theory: A survey. In: Journal of Economic Literature, 14, S. 1215–1257.
Carnoy, M. (Hrsg.) (1995[2]a): The International Encyclopedia of Economics of Education. Oxford: Pergamon.
Carnoy, M. (1995[2]b): The Production of Education, Introduction. In: Carnoy, M. (Hrsg.): The International Encyclopedia of Economics of Education. Oxford: Pergamon, S. 275–276.
Carnoy, M. (1995c): Political Economy of Educational Production. In: Carnoy, M. (Hrsg.): The International Encyclopedia of Economics of Education, 2. Aufl., Oxford: Pergamon, S. 291–297.
Carnoy, M./Levin, H.M. (1985): Schooling and Work in the Democratic State. Stanford: Stanford University Press.
Cohn, E./Geske, T.G. (1990[3]): The Economics of Education. Oxford: Pergamon Press.
Dee, T.S. (1998): Competition and the quality of public schools. In: Economics of Education Review, 17, 4, S. 419–427.
DeFreitas, G. (1995): Segmented Labor Markets and Education. In: Carnoy, M. (Hrsg.): The International Encyclopedia of Economics of Education. 2. Aufl., Oxford: Pergamon, S. 39–44.
de La Fuente, A./Ciccone, A. (2003): Human Capital and Growth in a Global and Knowledge-Based Economy. Luxembourg: Office for Official Publications of the European Communities.
Demmer-Krebbeler, W. (2001): Kostenrechnung an Schulen. Diplomarbeit. Bielefeld.
Denison, E.F. (1962): The Sources of Economic Growth in the United States and the Alternatives Before Us. New York: Comm. for Economic Development.
Deutsches Institut für Erwachsenenbildung (2008): Trends der Weiterbildung. DIE-Trendanalyse 2008. DIE spezial. Bielefeld: Bertelsmann.
Doeringer, P.B./Piore, M.J. (1971): Internal Labor Markets and Manpower Analysis. Lexington Mass: Heath.
Doeringer, P.B. (1995): Internal Labor Markets and Education. In: Carnoy, M. (Hrsg.): The International Encyclopedia of Economics of Education. 2. Aufl., Oxford: Pergamon, S. 28–33.
Dohmen, D./de Hesselle, U./Himpele, K. (2007): Analyse möglicher Modelle und Entwicklung eines konkreten Konzepts zum Bildungssparen. Bonn, Berlin.

Edwards, R.C. (1979): Contested Terrain: The transformation of the Workplace in the Twentieth Century. New York: Basic Books.
Eichmann, R. (1989): Diskurs gesellschaftlicher Teilsysteme: zur Abstimmung von Bildungssystem und Beschäftigungssystem. Wiesbaden: Dt. Univ.-Verl.
Ewerhart, G. (2003): Ausreichende Bildungsinvestitionen in Deutschland? Bildungsinvestitionen und Bildungsvermögen in Deutschland 1992-1999. Beiträge aus der Arbeitsmarkt- und Berufsforschung (BeitrAB) 266, Nürnberg: Institut für Arbeitsmarkt- und Berufsforschung der Bundesanstalt für Arbeit.
Expertenkommission „Finanzierung Lebenslangen Lernens" (2002): Auf dem Weg zur Finanzierung Lebenslangen Lernens. Zwischenbericht. Schriftenreihe der Expertenkommission „Finanzierung Lebenslangen Lernens", Bd. 1, Bielefeld: Bertelsmann.
Expertenkommission „Finanzierung Lebenslangen Lernens" (2004): Der Weg in die Zukunft. Schlussbericht. Schriftenreihe der Expertenkommission „Finanzierung Lebenslangen Lernens", Bd. 6. Bielefeld: Bertelsmann.
Franz, W./Soskice, D. (1995): The German Apprenticeship System. In: Buttler, F./Franz, W./Schettkat, R./Soskice, D. (Hrsg.): Institutional Frameworks and Labor Market Performance. New York: Routledge, S. 208–234.
Friedman, M. (1962): Capitalism and Freedom. Chicago: University of Chicago Press.
Gordon, D./Edwards, R./Reich, M. (1982): Segmented Work, Divided Workers. Cambridge: Cambridge University Pres.
Grüske, K.-D. (1994): Verteilungseffekte der öffentlichen Hochschulfinanzierung in der Bundesrepublik Deutschland - Personale Inzidenz im Querschnitt und Längsschnitt. In: Lüdeke, R. (Hrsg.): Bildung, Bildungsfinanzierung und Einkommensverteilung II. Berlin: Duncker & Humblot, S. 71–147.
Gundlach, E./Wößmann, L. (2004): Bildungsressourcen, Bildungsinstitutionen und Bildungsqualität: Makroökonomische Relevanz und mikroökonomische Evidenz. In: Backes-Gellner, U./Moog, P. (Hrsg.): Ökonomie der Evaluation von Schulen und Hochschulen. Berlin: Duncker & Humblot S. 15-52.
Hanushek, E.A. (1997): Assessing the effects of school resources on student performance: an update. In: Educational Evaluation and Policy Analysis 19, 2, S. 141–164.
Hanushek, E.A. (2003): The Failure of Input-Based Schooling Policies. In: Economic Journal, Royal Economic Society, 113, S. 64–98.
Harhoff, D./Kane, Th.J. (1997): Is the German apprenticeship a panacea for the U.S. labor market? In: Journal of Population Economics 10, S. 171–196.
Harmon, C./Walker, I./Westergaard-Nielsen, N. (Hrsg.) (2001): Education and Earnings in Europe: A Cross Country Analysis of the Returns to Education. Cheltenham: Edward Elgar Publishing.
Henke, C. (2005): Zur Berechnung des Humankapitalbestands in Deutschland. IW-Trends – Vierteljahresschrift zur empirischen Wirtschaftsforschung aus dem Institut der deutschen Wirtschaft Köln, 32. Jg., H. 1, Köln.
Hummelsheim, S. (2004): Die Weiterbildungsfinanzierung in Deutschland unter Reformdruck. In: Erwachsenenbildung und Behinderung, H. 2, S. 14–20.
Hummelsheim, S./Timmermann, D. (1998): Bildungsökonomie und Finanzierung der Erwachsenenbildung/Weiterbildung. In: Knoll, J. (Hrsg.): Internationales Jahrbuch der Erwachsenenbildung. Band 26: Die UNESCO-Weltkonferenz für Erwachsenenbildung in Hamburg 1997. Köln u.a.: CONFINTEA V, S. 149–162.
Hummelsheim, S./Timmermann, D. (2000): The financing of vocational education and training in Germany. Financing portrait. Thessaloniki: CEDEFOP.
Hummelsheim, S./Timmermann, D. (2003): Finanzierung der betrieblichen Ausbildung unter besonderer Berücksichtigung der aktuellen Ausbildungsplatzproblematik. In: „Bildung und Erziehung", Schwerpunktheft „Bildungsfinanzierung", 56 Jg., H. 4, S. 69–91.
Katz, E./Ziderman, A. (1990): Investment in General Training: The Role of Information and Labour Mobility. In: The Economic Journal, 100, S. 1147–1158.
Kau, W. (2000): Kosten und Nutzen der beruflichen Bildung auf der mikroökonomischen Ebene. In: Bundesinstitut für Berufsbildung (Hrsg.): Ökonomische Aspekte beruflicher Bildung. Berlin: Bundesinstitut für Berufsbildung, S. 25–39.
King, E.M. (1995): Economics of Gender and Occupational Choices. In: Carnoy, M. (Hrsg.): The International Encyclopedia of Economics of Education. 2. Aufl., Oxford: Pergamon, S. 252–259.
Krekel, E.M./Kath, F. (1999): Was ist berufliche Bildung in Deutschland wert? Höhe der Aufwendungen und ihre Finanzierungsquellen, Bundesinstitut für Berufsbildung, Berlin.
Krug, W. (1974): Quantitative Beziehungen zwischen materiellem und immateriellem Kapital im Deutschen Reich und in der Bundesrepublik Deutschland. In: Hegelheimer, A. (Hrsg.): Texte zur Bildungsökonomie. Frankfurt/Berlin/Wien: Ullstein, S. 127–151.
Lang, K./Dickens, W. (1988): Neoclassical and sociological perspectives on segmented labor markets. In: Farkas, G./England, P. (Hrsg.): Industries, Firms, and Jobs: Sociological and Economic Approaches. New York: Plenum, S. 65-88.

Lange, F./Topel, R. (2007): The Social Value of Education and Human Capital. Manuscript prepared for Handbook of Education.
Layard, R./Psacharopoulos, G. (1974): The screening hypothesis and the returns to education. In: Journal of Political Economy, 82, 5, S. 985–998.
Leber, U. (2000): Finanzierung der betrieblichen Weiterbildung und die Absicherung ihrer Erträge: eine theoretische und empirische Analyse mit den Daten des IAB-Betriebspanels. In: Mitteilungen aus der Arbeitsmarkt- und Berufsforschung 2, S. 229–241.
Levacic, R./Woods, P.A. (2000): Quasi-markets and school performance: evidence from a study of English secondary schools. In: Weiß, M./Weishaupt, H. (Hrsg.): Bildungsökonomie und Neue Steuerung. Frankfurt a. M.: Lang, S. 53–95.
Levin, H.M. (1983): Cost-effectiveness: A primer. Beverly Hills: Sage.
Levin, H.M. (1995a): Raising Educational Productivity. In: Carnoy, M. (Hrsg.): The International Encyclopedia of Economics of Education. 2. Aufl., Oxford: Pergamon, S. 283–291.
Levin, H.M. (1995b): School Finance. In: Carnoy, M. (Hrsg.): The International Encyclopedia of Economics of Education. 2. Aufl., Oxford: Pergamon, S. 412–419.
Lochner, L./Moretti, E. (2004): The Effect of Education on Crime: Evidence from Prison Inmates, Arrests, and Self-Reports. American Economic Review, 94, 1, S. 155–189.
Lucas, R.E. (1988): On the Mechanics of Economic Development. In: Journal of Monetary Economics, 22, S. 3–42.
Maier, H. (1994): Bildungsökonomie. Stuttgart: Schäffer-Poeschel.
Mankiw, N.G./Romer, D./Weil, D.N. (1992): A contribution to the Empirics of Economic Growth. In: Quarterly Journal of Economics, 107, Nr. 2, S. 407–437.
Marlow, M.L. (2000): Spending, school structure, and public education quality. Evidence from California. In: Economics of Education Review, 19, 1, S. 89–106.
Mincer, J. (1958): Investment in Human Capital and Personal Income Distribution. In: The Journal of Political Economy. 66, S. 281–302.
OECD (2002): Bildungspolitische Analyse 2002. Paris: OECD.
OECD (2004): Bildung auf einen Blick. OECD-Indikatoren 2004. Paris: OECD.
OECD (2006): Bildung auf einen Blick. OECD-Indikatoren 2006. Paris: OECD.
OECD (2007): Bildung auf einen Blick. OECD-Indikatoren 2007. Paris: OECD.
Pritchett, L./Filmer, D. (1999): What education production functions really show: a positive theory of education expenditures. In: Economics of Education Review, 18, 2, S. 223–239.
Psacharopoulos, G. (1979): On the weak versus the strong version of the screening hypothesis. In: Economics Letters, 4, S. 181–185.
Psacharopoulos, G. (1981): Conceptions and Misconceptions on Human Capital Theory. In: Clement, W. (Hrsg.): Konzept und Kritik des Humankapitalansatzes. Berlin: Duncker & Humblot, S. 9–15.
Psacharoploulos, G. (1985): Returns to Education: A further international update and imlications. In: Journal of Human Resources, 20. S. 583–604.
Psacharopoulos, G. (1996): Economics of Education: A Reasearch Agenda. In: Economics of Education Review, 15, 4, S. 339–344.
Psacharopoulos, G./Patrinos, H. (2002): Returns to Investment in Education: A Further. Update, World Bank, Policy Research Working Paper 2881.
Rammert, W./Timmermann, D. (Hrsg.) (1986): Kritik der Bildungsökonomie als Sozialwissenschaft. Die sozialwissenschaftliche Wende der kritischen Bildungsökonomie, Mehrwert 27. Bremen.
Romer, P.M. (1986): Increasing Returns and Long-Run Growth. In: Journal of Political Economy, 94, S. 1002–1037.
Sachverständigenkommission Kosten und Finanzierung der beruflichen Bildung (1974): Kosten und Finanzierung der außerschulischen beruflichen Bildung: Abschlussbericht, Deutscher Bundestag, Drucksache 7/1811, Bonn.
Sachverständigenrat Bildung (1998): Für ein verändertes System der Bildungsfinanzierung. Düsseldorf.
Sachverständigenrat zur Begutachtung der Gesamtwirtschaftlichen Entwicklung (2004): Erfolge im Ausland – Herausforderungen im Inland. Jahresgutachten 2004/05. Wiesbaden.
Sadowski, D. (1980): Berufliche Bildung und betriebliches Bildungsbudget. Stuttgart: Poeschel.
Schröder, H./Schiel, S./Aust, F. (2004): Nichtteilnahme an beruflicher Weiterbildung. Motive, Beweggründe, Hindernisse. Schriftenreihe der Expertenkommission „Finanzierung Lebenslangen Lernens", Bd. 5. Bielefeld: Bertelsmann.
Schultz, Th.W. (1961): Education and Economic Growth. In: Henry, N.B. (Hrsg.) (1961): Social Forces Influencing American Education. Chicago: University of Chicago Press, S. 46–88.
Sengenberger, W. (1978): Die gegenwärtige Arbeitslosigkeit – auch ein Strukturproblem des Arbeitsmarktes. Frankfurt: Campus.

Sheldon, G. (1994): Zur Messung der Effizienz im Bildungsbereich mit Hilfe der Data Envelopment Analysis, Forschungsstelle für Arbeitsmarkt- und Industrieökonomik. Basel: WWZ.
Solmon, L.C./Fagnano, C.L. (1995): Benefits of Education. In: Carnoy, M. (Hrsg.): The International Encyclopedia of Economics of Education. 2. Aufl., Oxford: Pergamon, S. 114–125.
Solow, R. M. (1956): A Contribution to the Theory of Economic Growth. In: Quarterly Journal of Economics, 70, S. 65–94.
Spence, M. (1973): Job market signaling. In: Quarterly Journal of Economics, 87, S. 355–374.
Statistisches Bundesamt (Hrsg.) (2007): Im Fokus: Budget für Bildung, Forschung und Wissenschaft 2004/2005. Wiesbaden.
Strikker, F./Timmermann, D. (1986): Bildung, Ausbildung und was dann? Feine Signale und harte Fakten. Überlegungen zur Abstimmung von Bildungs- und Beschäftigungssystem. In: Rammert, W./Timmermann, D. (Hrsg.): Kritik der Bildungsökonomie als Sozialwissenschaft. Die sozialwissenschaftliche Wende der kritischen Bildungsökonomie, Mehrwert 27. Bremen, S. 110–181.
Sturn, R./Wohlfahrt, G. (2000): Umverteilungswirkungen der öffentlichen Hochschulfinanzierung in Deutschland. Gutachten im Auftrag des Deutschen Studentenwerkes. Graz.
Thurow, L.C. (1972): Education and Income Inequality. In: The Public Interest, 28, S. 66–81.
Thurow, L.C. (1975): Generating Inequality: Mechanisms of Distribution in the U.S. Economy. New York: Basic Books.
Timmermann, D. (1982): Mischfinanzierung der Berufsausbildung. In: Berufsbildung in Wissenschaft und Praxis, Sonderheft März 1982, 11. Jg., Berlin, S. 43–48.
Timmermann, D. (1983): Financing Mechanisms: Their Impact on Postcompulsory Education. In: Levin, H.M./Schütze, H.G. (Hrsg.): Financing Recurrent Education. Beverly Hills/London/New Delhi: Sage, S. 99–129.
Timmermann, D. (1988): Die Abstimmung von Bildungs- und Beschäftigungssystem: ein Systematisierungsversuch. In: Bodenhöfer, H.-J. (Hrsg.): Bildung, Beruf, Arbeitsmarkt. Berlin: Duncker & Humblot, S. 25–82.
Timmermann, D. (1994a): Studiengebühren und personelle Einkommensverteilung. In: Lüdeke, R. (Hrsg.): Bildung, Bildungsfinanzierung und Einkommensverteilung II. Berlin: Duncker & Humblot, S: 149–188.
Timmermann, D. (1994b): Berufsbildungsfinanzierung. Kurseinheit 2: Makroökonomische Wirkungen und Alternativen der Berufsbildungsfinanzierung. Hagen: Fernuniversität.
Timmermann, D. (1995a): Abwägen heterogener bildungsökonomischer Argumente zur Schulautonomie. In: Zeitschrift für Pädagogik, 41, 1, S. 49–60.
Timmermann, D. (1995b): Berufsbildungsfinanzierung. Kurseinheit 1: Kosten und Erträge beruflicher Bildung. Hagen: Fernuniversität.
Timmermann, D. (1996[14]): Bildungsökonomie. In: Gablers Wirtschaftslexikon. Wiesbaden: Gabler, S. 640–650.
Timmermann, D. (1997): Nutzen aus der Sicht der Wissenschaft. In: Bundesinstitut für Berufsbildung (Hrsg.): Nutzen der beruflichen Bildung, Dokumentation der Fachtagung des Bundesinstituts für Berufsbildung am 25. und 26. September 1997. Berlin: Bundesinstitut für Berufsbildung, S. 75–92.
Timmermann, D. (2001): Bildungsbeteiligung von Kindern in (West-)Deutschland: empirische Befunde und (wirtschafts-)politische Ergebnisse, Korreferat. In: Arbeitsgemeinschaft deutscher wirtschaftswissenschaftlicher Forschungsinstitute. S. 339–357.
Timmermann, D. (2003): Bildungsfinanzierung in der Bundesrepublik Deutschland auf dem Prüfstand. In: Forschungsinstitut Arbeit Bildung Partizipation (Hrsg.): Schwerpunkt: Bildung als Bürgerrecht oder Bildung als Ware. Bd. 21/22. Recklinghausen, S. 307–312.
Velloso, J. (1995): Income Distribution and Education. In: Carnoy, M. (Hrsg.): The International Encyclopedia of Economics of Education. 2. Aufl., Oxford: Pergamon, S. 230–235.
Weiß, M. (1995a): Der Zusammenhang zwischen Schulausgaben und Schulqualität – Eine Auswertung empirischer Analysen. In: Zeitschrift für internationale erziehungs- und sozialwissenschaftliche Forschung, H. 12, S. 335–350.
Weiß, M. (1995b): Bildungsökonomische Wirkungsforschung: Konzepte, Methoden, empirische Befunde. In: Trier, U. (Hrsg.): Wirksamkeitsanalyse von Bildungssystemen. Bern: Programmleitung des NFP 33 u.a., S. 107–128.
Weiß, M. (1995c): Mikroökonomie der Schule. In: Rolff, H.G. (Hrsg.): Zukunftsfelder von Schulforschung. Weinheim: Dt. Studien -Verl., S. 41–62.
Weiß, M. (2000): Bildung - zu viel Aufwand für zu wenig Nutzen? In: de Haan, G./Hamm-Brücher, H./Reichel, N. (Hrsg.): Bildung ohne Systemzwänge. Innovationen und Reformen. Neuwied: Luchterhand, S. 235–250.
Weißhuhn, G. (1977): Sozioökonomische Analyse von Bildungs- und Ausbildungsaktivitäten. Berlin: Duncker & Humblot.
Wößmann, L. (2007): Letzte Chance für gute Schulen. Die 12 großen Irrtümer und was wir wirklich ändern müssen. München: Zabert Sandmann.
Zedler, P. (1979): Einführung in die Bildungsplanung. Stuttgart: Klett-Cotta.

Heinz-Elmar Tenorth

Historische Bildungsforschung

1 Von der „Geschichte der Pädagogik" zur historischen Bildungsforschung

Die historische Arbeit hat innerhalb der wissenschaftlichen Pädagogik eine seit dem 18. Jahrhundert andauernde Tradition. Sie galt dennoch häufig als vernachlässigt, war sie doch gleichzeitig in ihrer methodischen Qualität und in ihren theoretischen Grundlagen kontinuierlich umstritten und in ihren Leistungen nicht selten weder in der Erziehungswissenschaft noch bei den zünftigen Historikern anerkannt. Die geisteswissenschaftliche Tradition z.B. sah zwar in der historischen Dimension der *Erziehungswirklichkeit* das „phaenomenon bene fundatum" (Nohl 1933/1949, S. 119) der Erziehungstheorie, in der Praxis ihrer Arbeit wurde aber die Geschichte nicht wirklich erforscht, sondern eher zum „Steinbruch theoretischer Rechtfertigungen" (Mollenhauer 1968, S. 23).

Defizitdiagnosen dieser Art bestimmen zunächst auch die Diskussion bis weit nach 1945, aber sie können am Ende des 20. Jahrhunderts nicht wiederholt werden, im Gegenteil. Die alte und etwas betuliche, zugleich stark praxis- und professionsfixierte *Geschichte der Pädagogik* hat sich erheblich verändert, sie ist zur historischen Bildungsforschung geworden und innerhalb wie außerhalb der Erziehungswissenschaft in ihren Fragestellungen theoretischer und in ihrer Methodik reflektierter. Diese Forschung hat zugleich ihr Methodenrepertoire erheblich verfeinert, neue Techniken der Erschließung und Verarbeitung von Daten entwickelt und den Fundus der Quellen stark über die traditionell auf Texte fixierten Grundlagen der historischen Arbeit hinaus erweitert. An die Stelle der alten Ideengeschichte und der Exegese klassischer Texte sind die Perspektiven von Sozial-, Kultur- und Strukturgeschichte getreten, statt der Konzentration auf die Institutionen und ihre Profession treten jetzt auch die Adressaten öffentlicher Erziehung in den Blick und ihr Leben vor und außerhalb der öffentlichen Bildungseinrichtungen, in Kindheit, Jugend und Erwachsenenalter. Zugleich werden Bildungsfragen nicht mehr nur immanent erklärt; ihre eigenen Ansprüche und Qualitätsformeln, auch der für Deutschland typische Begriff der Bildung, werden vielmehr in den politischen und sozialen Kontext gestellt und auch in der Perspektive von Macht, Herrschaft und Statussicherung interpretiert. Dieser Prozess der Modernisierung bildungshistorischer Forschung in Deutschland ist eingebettet in eine intensive internationale Diskussion.

Die historische Bildungsforschung hat also in Deutschland – und international in mancher Hinsicht vielleicht noch deutlicher – in den letzten zwei bis drei Jahrzehnten eine erstaunliche Karriere gemacht. Während die Disziplin noch bis nach 1960 innerhalb wie außerhalb der Pädagogik kaum anerkannt war, als Historiografie von den Fachhistorikern so wenig geachtet wie von den systematischen Pädagogen als Theorie, stellt sie heute ein überaus produktives und auch interdisziplinär anschlussfähiges Forschungsfeld dar. Es gibt neue und erneuerte

Zeitschriften[1], ein reges transnationales Kongresswesen[2], in dem sich die Offenheit für neue Themen und das Ergebnis umfangreicher Forschungen niederschlägt und eine quellen- und methodenkritische Metareflexion[3], die an der kontinuierlichen Steigerung der eigenen theoretisch-methodischen Standards arbeitet. Historische Bildungsforschung wird – in Deutschland und anderswo[4] – von den nationalen Wissenschaftsfonds gefördert, grundlagentheoretische Standardwerke, etwa der bibliografischen Erschließung der pädagogischen Zeitschriften[5], werden vorgelegt, Handbücher erscheinen, die den Ertrag der breiten und intensiven Forschung zusammenfassen.[6] Die ersten Lehrbücher liegen vor (vgl. Böhme/Tenorth 1990; Gestrich 1999; McCulloch/Richardson 2002), in denen der Forschungsstand und die Methoden der Forschung nicht nur historiografisch und allgemein, sondern auch aus der spezifisch bildungshistorischen Perspektive dargestellt werden. Auch wenn das unter verschiedenen Titeln geschieht, so dass der Begriff der *Historischen Bildungsforschung* noch eher pragmatisch zusammenfasst, was sich zwischen der *Historischen Pädagogik* und der *Historischen Sozialisationsforschung* aktuell entfaltet, das Forschungsfeld ist konzeptionell wie methodisch etabliert (Übersicht: Tenorth 2007 b; Schoch/Tenorth/Welter 2008). Selbstverständlich, es gibt auch viel Kritik, so viel, wie sie ein Forschungsbereich verdient, der alltäglich neue Erkenntnisse erzeugt, und natürlich Revierkämpfe über die konzeptionelle Orientierung.[7] Es ist inzwischen aber der Alltag einer selbstbewussten, theorieorientierten und quellenkritischen Forschung, auf den wir treffen, nicht mehr die Langeweile unverarbeiteten Materials, von der noch Eduard Spranger kritisch sprach (vgl. Spranger 1949), als er die Geschichte der Pädagogik betrachtete.

Diese erstaunliche Karriere[8] der pädagogischen Historiografie verlangt selbstverständlich selbst nach einer historischen Erklärung. Offenbar verdankt sie sich neben förderlichen Kon-

---

1   In Belgien erscheint z.B. seit 1990 „Paedagogica Historica" in neuer Serie mit deutlich neuem theoretisch-methodischen Profil, in Deutschland seit 1993 das „Jahrbuch für Historische Bildungsforschung", in der Schweiz jetzt im 14. Jg. (2008) die vor allem in themen- und methodenkritischer Hinsicht bedeutsame „Zeitschrift für Pädagogische Historiographie" (etc.).
2   Bei den letzten Konferenzen von ISCHE (International Standing Conference for the History of Education) waren jeweils mehr als 200 Teilnehmer engagiert und die Themen streuten von Kolonialgeschichte (in Lissabon) über Interkulturelle Erziehung (Amsterdam) bis zur Wissenschaftsgeschichte (Berlin) oder der Geschichte der Medien (vgl. Lüth 2000).
3   Für eine Übersicht über die ältere internationale Entwicklung vgl. Compère 1995; für die deutsche Diskussion nach 1970 vgl. Depaepe 1983 sowie Sauer 1998/99; für die frühe angelsächsische Diskussion z.B. den Sammelband von Aldrich (1982, mit älteren und neueren Beiträgen). Aus der aktuellen deutschen Diskussion vgl. z.B. Neugebauer 2005, Casale/Tröhler/Oelkers 2006, Fuchs 2006, für den internationalen Kontext besonders aufschlussreich Depaepe/Simon/van Gorp 2005, für die us-amerikanische Forschung u.a. Cohen 1999.
4   Man vergleiche aus dem deutschen Sprachgebiet die Forschungsprojekte zur österreichischen Bildungsgeschichte (vgl. Lechner u.a. 1992) sowie zur schweizerischen historischen Bildungsforschung, exemplarisch jüngst Osterwalder 1996 oder Criblez u.a. 1999.
5   Dafür geben die Niederlande und Belgien ein Beispiel, vgl. z.B. die Arbeiten von Maurits De Vroede und seinen Kollegen (vgl. De Vroede et al. 1987; Depaepe/De Vroede 1991).
6   Für die deutschsprachigen Regionen seit der frühen Neuzeit ist das „Handbuch der deutschen Bildungsgeschichte" inzwischen vollständig erschienen (vgl. Berg u.a. 1987ff.); es gibt heute sogar eine Weltgeschichte der Erziehung (vgl. Mialaret/Vial 1981) oder eine fünfbändige „Geschichte des österreichischen Bildungswesens" (vgl. Engelbrecht 1982).
7   Lorraine Daston hat das angesichts der aktuellen kritischen Selbstthematisierung in der Geschichtswissenschaft, die sich in verschiedenen Veröffentlichungen von Chartier (1998), Evans (1997) und Wehler (1998) spiegelt, generalisiert: „If history is a discipline in crisis, it is a crisis of riches, not poverty." (Daston 1999, S. 449)
8   Eine Übersicht über den state of the art und die internationale Situation der historischen Pädagogik in den 1970er Jahren gibt Heinemann 1985; eine aktuelle Bilanz bietet neben Compère 1995 jetzt die knappe Übersicht bei Herbst 1999 und die sich daran im Oktober 2001 in Yale entzündende Diskussion, vgl. Paedagogica Historica XXXVII (2001), 3, mit den Beiträgen von Marc Depaepe: A Professionally Relevant History of Education for Tea-

textbedingungen, u.a. der Expansion und der gesellschaftlichen Kritik des Bildungswesens, von der die historische Forschung wesentlich profitierte, ja die sie selbst mit ihren kritischen Analysen befördert hat (für die USA am Beispiel von L. Cremin und seinen Arbeiten zur Demystifizierung des amerikanischen Bildungswesens jetzt die Hinweise bei Sutherland 1998), vor allem einem gemeinsamen Motiv der beteiligten Akteure und einer konsequenten Strategie der historischen Arbeit:

- Das gemeinsame und produktive Motiv bestand darin, dass die Geschichtsschreibung der Pädagogik sich – nolens, volens, z.T. erst in kontroversen Debatten erzwungen – dazu entschlossen hat, ihre eigene Arbeit bewusst als methodisch organisierte Historiografie zu verstehen, d.h. aus der Distanz gegenüber den Selbstbeschreibungen von Bildung und Erziehung, wie sie in der Tradition nationaler Kulturen und Bildungssysteme von den Eliten der pädagogischen Profession überliefert und kontinuierlich fortgeschrieben worden waren. Exempel solcher traditioneller Selbstdeutungen finden sich – für Deutschland – z.B. in den diversen Geschichten der höheren Schulen, in der Ideologie des Gymnasiums oder in den *Geschichten der Pädagogik*, die seit dem frühen 19. Jahrhundert für die Ausbildung der angehenden Lehrer veröffentlicht wurden. Die Funktion dieser Arbeiten bestand übereinstimmend darin, das Bewusstsein einer legitimen pädagogischen Aufgabe zu erzeugen und als Ethos und Anspruch des Berufs bzw. der jeweiligen Institution zu tradieren.[9]
- Das neue Motiv der historischen Bildungsforschung – die bewusste Abkehr von den tradierten Selbstbeschreibungen der pädagogischen Akteure und ihren Ideen – wurde, das ist die zweite These, in der pädagogischen Historiografie dadurch zum Motor weitgreifender Erneuerung, dass es zu einem Prinzip und zu einer Strategie der eigenen Arbeit radikalisiert wurde, manifestiert in einem distinkt gewählten und umfassenden Prozess der Methodisierung und Theoretisierung auch der Geschichtsschreibung von Pädagogik, Bildung und Erziehung.

Beide Entwicklungen, die Abkehr von der Tradierung pädagogischer Selbstdeutungen und die Methodisierung und Theoretisierung der pädagogischen Historiografie, sind freilich auch verantwortlich für das gewichtigste Folgeproblem dieses Erneuerungsprozesses, für die Auflösung der historisch überlieferten Einheit von Reflexion und Praxis, von Forschung und Handeln, von historischem und je aktuellem Bewusstsein der pädagogischen Aufgabe. Die Historiographie von Bildung und Erziehung hat mit der neuartigen Analyse und Kritik der Vergangenheit zugleich die Legitimität der gegenwärtig gegebenen pädagogischen Aufgaben und Arbeiten erschüttert und sie droht damit, die Funktion der Orientierung gegenüber der pädagogischen Praxis zu verlieren, die vorher für sie typisch war und ihre pädagogische Ambition ausdrückte. Aber über eine Perspektive, die Forschungsergebnisse und Handlungsprobleme wieder aneinander bindet, gibt es bisher keinen Konsens[10]; auch die Rezeption der Forschungen über Kultur und Gedächtnis ist bisher noch nicht hinreichend fruchtbar geworden.[11] Vielleicht, so die etwas

---

chers: Does it exist?; Milton Gashier: Globalization and History of Education; Kate Rousmaniere: Fresh Thinking: Recent Works in the History of Education; Nick Peim: The State of the Art or the Ruins of Nostalgia?

9 vgl. den Themenschwerpunkt „Historiographie der Pädagogik" in Heft 4/2000 der Zeitschrift für Pädagogik sowie die Übersicht zur Diskussion über Historiographie und Professionsorientierung bei Tenorth 2007a.

10 Auslöser dieser Kontroverse war Blankertz 1983; für die Anschlussdebatte Böhme/Tenorth 1990, S. 214ff. sowie die Überlegungen bei Depaepe (vgl. Anm. 8).

11 Für den Rahmen Assmann 1993, für die Rezeption innerhalb der historischen Bildungsforschung Zymek 2002, für die kritische Diskussion u.a. Berding 1996 sowie, warnend, Niethammer 2000.

paradoxe Hypothese, ergibt sich ja eine Lösung, wenn man die Grundlagen der Innovation nicht beklagt, sondern in Theoretisierung und Methodisierung auch die Modalitäten der Orientierung für die Praxis sucht und erkennt.

Die folgenden Überlegungen gelten zunächst aber dem Stand der historischen Bildungsforschung, der Orientierung über leitende Paradigmata, Methoden, Quellen und Themen der Forschung; das pragmatische Folgeproblem der Erneuerung wird erst am Ende wieder aufgenommen, gemeinsam mit dem Verweis auf andere Desiderata der bildungshistorischen Arbeit.

2 Paradigmata und Theorien, Quellen und Methoden der historischen Bildungsforschung

2.1 Paradigmata historischer Bildungsforschung

Betrachtet man die methodisch-theoretischen Grundlagen, denen sich der produktive Anstoß in der Bildungsgeschichte verdankt, dann waren es vor allem drei Paradigmata historischer Forschung, die den Wandel in der pädagogischen Historiographie herbeigeführt haben: ein ideengeschichtliches, ein sozialgeschichtliches und ein historisch-vergleichendes Paradigma. Ich will diese Paradigmata zunächst kurz vorstellen und dabei zeigen, dass sie wirklich als Paradigmata, also als exemplarische Bündelung von Gegenstandsannahmen, Methoden und Handlungsimplikationen[12], interpretierbar sind; zugleich soll – exemplarisch – die Leistungsfähigkeit dieser Forschungskonzepte erläutert werden (und nur am Rande kann ich erinnern, dass die jüngere historische Bildungsforschung natürlich auch alle Wendungen in der metatheoretischen Orientierung der Geschichtswissenschaft mitgemacht hat, also z.B. den *linguistic turn* ebenso kennt wie den *pragmatic, iconic* oder *pictorial*, den *visual* oder den *spatial turn*[13]):

(1) *Ideengeschichtlich*, das ist das erste Paradigma und das war auch der traditionell erste Zugriff der pädagogischen Historiografie. In seiner konventionellen Gestalt, methodisch wenig reflektiert, den Selbstbeschreibungen der pädagogischen Tradition eng verhaftet, bildete dieses Paradigma den kritisch bewerteten Ausgangspunkt der neueren Ansätze – und die waren vor allem sozial- und gesellschaftsgeschichtlich.

Inzwischen gibt es aber auch mehrere theoretisch ambitionierte und methodisch erneuerte Varianten der Ideengeschichte, so dass dieses Paradigma keineswegs endgültig überholt ist oder gar systematisch vergessen werden kann. Der Begriff der *Ideen* ist in den jüngeren Forschungsarbeiten vielmehr in produktiv-vielfacher Weise neu bestimmt worden, und zwar interdisziplinär[14], z.B. über den Begriff der Ideologie, mit der Kategorie des Diskurses, in den Dimensionen des Wissens oder der politischen und pädagogischen Rhetorik, zwischen historischer Semantik

---

12 Der Begriff Paradigma war schon bei Th. Kuhn (1993) nicht eindeutig bestimmt, die spätere Diskussion hat nicht für mehr Eindeutigkeit gesorgt; als Paradigma gilt im Folgenden die in der wissenschaftlichen Praxis (also in der Forschung) zur Einheit gebrachte Verbindung von Theorien, als den spezifischen Gegenstandsannahmen und Erklärungsweisen, sowie den Methoden, als den spezifischen Formen des Zugangs zur Wirklichkeit; für praktische Disziplinen wird man zugleich diskutieren, welche gesellschaftlichen Handlungsimplikationen mit diesen Paradigmata verbunden sind.

13 Einschlägige Übersichten finden sich bei Casale/Tröhler/Oelkers 2006 (vgl. Anm. 4).

14 Die Vielfalt der Ansätze und der beteiligten Disziplinen, eingeschlossen die historische Bildungsforschung, spiegelte sich in dem Schwerpunktprogramm der DFG „Ideen als gesellschaftliche Gestaltungskraft im Europa der

und Begriffsgeschichte, zumal in der stilbildenden Variante, wie sie von Otto Brunner, Werner Conze und Reinhard Koselleck begründet wurde und die Arbeit an dem Jahrhundertwerk der „Geschichtlichen Grundbegriffe" bestimmt hat[15] (und selbstverständlich gibt es auch dazu jetzt nicht nur internationale Rezeption, selbst im Umkreis der angelsächsischen, von John Pocock und Quentin Skinner bestimmten Ideengeschichte, sondern auch systematische Kritik[16]). Den neuen Gegenstandsannahmen korrespondieren dann auch variierte oder alternative Methoden der Analyse von Wissen, keineswegs gilt das überlieferte geisteswissenschaftliche Konzept des Verstehens als einzige Form des Umgangs mit der einschlägigen Überlieferung. Ergänzend treten die Ideologiekritik, die Diskursanalyse, die Wissensforschung sowie Studien zur Archäologie des Wissens hinzu. Diese Arbeiten gewinnen ihre spezifische Fragestellung nicht mehr nur aus der immanenten Auslegung, wie es der Tradition entsprach, sondern durch theoretisch explizierte Kontextualisierung und Distanzierung – im Kontext von Herrschaft und Entfremdung, von Macht und sozialer Kontrolle, von Formierung und Kodifizierung einer Praxis, vom Begriff der Disziplinierung und im Hinblick auf die Praktiken der Konstruktion des Menschen.

Für pädagogisches Denken und Handeln, jetzt in einem eigenen „Historischen Wörterbuch der Pädagogik" ideengeschichtlich erstmals präsentiert (vgl. Benner/Oelkers 2004), war dieses Programm bei zahlreichen Themen von Bedeutung: Bildung und Erziehung werden nach ihrem Ursprung und ihrer Funktion zwar immer noch als Motor der Kultivierung und Höherbildung des Menschen verstehbar, aber zugleich doch auch in ihrer Ambivalenz gesehen und als konstitutives Moment der Disziplinargesellschaft der Moderne erörtert. Neben diesem grundlagentheoretischen und systematischen Ertrag hat die neuere Ideengeschichte auch spezifische, aber für die pädagogischen Akteure zentrale Fragen in einem neuen Licht gezeigt: Als kritisches Instrument einer Geschichte der Reformpädagogik konnte die neuere Ideengeschichte ihren Ertrag u.a. dadurch demonstrieren, dass sie gegen die überlieferten Selbstbeschreibungen gezeigt hat, dass es eine Pädagogik der Reform auch schon vor der Reformpädagogik gegeben hat und dass zentrale Motive der modernen Erziehungstheorie eine Kontinuität spätestens seit dem ausgehenden 18. Jahrhundert besitzen. Vor diesem Hintergrund haben einige, für lange Zeit allein kritisierte Formen pädagogischer Praxis, z.B. die Arbeit der Herbartianer, neue Legitimität gewinnen können und der Alltag der professionell gestalteten Erziehung konnte insgesamt in anderem Licht gesehen werden.[17] Die Ideengeschichte – das kann man als Zwischenergebnis festhalten – erweist sich in manchem doch als sehr viel ertragreicher als in den polemischen Auseinandersetzungen um 1970 vermutet wurde.

(2) *Sozialgeschichtlich*, im zweiten Paradigma der historischen Bildungsforschung, wird freilich auch heute noch als Mangel der Ideengeschichte festgehalten, dass hier der Modus nicht bestimmt wird, in dem die Ideen Realität gewinnen. Der eigene Anspruch der Sozialgeschichte besteht daher exakt an diesem Punkt: zu zeigen, wie in der gesellschaftlichen Realität Erziehung und Bildung zu eigener Form gerinnen.

Neuzeit. Ansätze zu einer neuen Geistesgeschichte"; zu seinen Ergebnissen vgl. Raphael/Tenorth 2006, zur systematischen Diskussion vor allem die Übersichtsbeiträge in Küttler/Rüsen/Schulin 1997ff.

15 Zum Konzept, wie es sich im Wörterbuch „Geschichtliche Grundbegriffe" niederschlägt, vor allem Koselleck (1979).
16 Für die internationale Rezeption und wechselseitige kritische Diskussion u.a. Pocock (1996) sowie Koselleck (1996), für die systematische Kritik u.a. Gumbrecht (2006), für die Rezeption und Bedeutung der von Skinner inspirierten Ideengeschichte in der historischen Bildungsforschung Overhoff (2004).
17 Vgl. u.a. Prange 1983 oder Tenorth 1986 (am Exempel des Lehrerwissens); für die Neubewertung des Herbartianismus jetzt Coriand/Winkler 1998.

In älteren Arbeiten zur pädagogischen Geschichtsschreibung war dieser Anspruch zwar nicht fremd, aber es waren vor allem die staatlich-öffentlich errichteten und kontrollierten Einrichtungen von Bildung und Erziehung, Schulen also und Ausbildungsstätten aller Art, an denen die spezifische Realität der Pädagogik untersucht wurde. In jüngeren sozialgeschichtlichen Arbeiten werden die institutionellen Orte der Erziehung einerseits umfassender in den Blick genommen, vom Gesamtsystem bis zur einzelnen Schulklasse, vom Kindergarten bis zum Erziehungsheim, von der Familie bis zur Schulgemeinde, lokal und gesamtgesellschaftlich; andererseits sind mehr und mehr auch die nicht-institutionalisierten Orte öffentlicher und privater Erziehung zum Thema geworden: alterstypische Gesellungsformen wie die Jugendgruppe, geschlechtsspezifische Lebenslaufkonstruktionen, Medien als Faktoren der Vergesellschaftung etc. *Alltagsgeschichte* ist insofern Teil der Sozialgeschichte und man kann durchaus fragen, ob sich einem offenen Verständnis der Sozialgeschichte nicht auch die neue methodologische Leitformel der *Kulturgeschichte* (vgl. Hardtwig/Wehler 1996) systematisch zuordnen lässt. In der internationalen historischen Bildungsforschung kann man diese Fokussierung an Kulturgeschichte in ihrer Produktivität für die Analyse alter und neuer Themen jetzt schon finden (vgl. Popkewitz/Franklin/Pereyra 2001).

In den Methoden unterscheidet sich die Sozialgeschichte insofern von anderen Paradigmata, als sie nicht allein oder primär Texte – Gesetze, Programme, Reflexionen, Erzählungen, Biografien – als Quellen nutzt, sondern sich auch auf serielle Daten stützt (Geburtsregister, Straffälligenzahlen, Studentenfrequenzen, Schülerlisten, Abschlussquoten etc.) und z.T. vollständig neue Quellen erschließt: Bilder, Materialen, Überlieferungen, die Symbole, Rituale und Praktiken dokumentieren (und insofern kommen z.T. auch schon die Ethnologie und die Anthropologie als Referenzdisziplinen in den Blick).

In einem theoretischen Sinne paradigmatisch ist diese Art der Sozialgeschichte durch ihre Basisprämisse: Sie interpretiert Erziehung als *Funktion der Gesellschaft*, primär soziologisch, besser: sozialwissenschaftlich und entsprechend ist einerseits Emile Durkheim, andererseits die Gesellschaftstheorie im Anschluss an Karl Marx der frühe Pate solcher Analysen; aber man muss daran erinnern, dass auch Wilhelm Dilthey diese Annahme teilte, so dass erkennbar sozialgeschichtliche Fragestellungen nicht grundsätzlich fern sind von geisteswissenschaftlichen Analysen.

Mit diesen theoretisch-methodischen Instrumenten war es möglich, die Geschichtlichkeit und Gesellschaftlichkeit in der Ordnung des Generationenverhältnisses zu zeigen; der in der deutschen erziehungsphilosophischen Tradition seit Schleiermacher zentrale Begriff der *Generation* wurde über die Erziehungswissenschaft hinaus zu einem vielfach benutzen, ja heute fast schon inflationären Analysebegriff für die historische Forschung (vgl. u.a. Reulecke 2003). Gegen den Schein vermeintlich autonomer pädagogischer Institutionen und Verhältnisse wurde nicht nur die Politisierung der Erziehung sichtbar, sondern auch die Abhängigkeit der öffentlichen Erziehung von gesellschaftlichen Formationsprinzipien, seien sie politischer Natur (in der Differenz obrigkeitlicher oder demokratischer Gesellschaften) oder ökonomischer Art (unter Marktverhältnissen oder in staatlich kontrollierten Oligopolen). Untersucht wurde schließlich auch die Bedeutung des Bildungssystems für die Reproduktion der Sozialstruktur und für die Tradierung – oder den Abbau – von sozialer Ungleichheit. Die generelle Handlungsimplikation war jedenfalls eindeutig: Bildungspolitik und die Veränderung von Institutionen liegen in der Logik sozialgeschichtlicher Analyse. Diese steht damit aber auch in der Gefahr, der Indoktrinierung Vorschub zu leisten, wenn sie theoretische Programme und politische Doktrinen nicht präzise zu unterscheiden vermag.

(3) In *historisch-vergleichender* Perspektive, im dritten Paradigma also, finden die bisher genannten Zugänge zur Geschichte von Bildung und Erziehung einerseits eine methodische, andererseits eine theoretische Ergänzung und Komplettierung (vgl. die Übersicht in Schriewer/Nóvoa 2001): Methodisch gesehen erlaubt erst der historisch-vergleichende Zugriff eine präzise Unterscheidung von Phänomenen nach den Graden der Varianz bzw. nach den Möglichkeiten der (kausalen) Zurechnung auf spezifische Gesellschaftsformationen, soziale Systeme, Praktiken oder Kulturen. Der Vergleich wird zur Prüfinstanz von Annahmen, die intragesellschaftliche Spezifika und Voraussetzungen pädagogischer Arbeit als Ursache für die Gestaltung von Erziehungsverhältnissen auszeichnen; in theoretischer Wendung, das kommt hinzu, ergänzt dieses Paradigma die leitenden Begriffe der anderen Paradigmata – die der Ideen (samt ihren modernen Varianten der Ideologien, der Diskurse und des Wissens) und der Gesellschaft – vor allem in zwei Hinsichten, mikrotheoretisch, durch den Begriff der *Kultur* und makrotheoretisch, durch die Kategorie des *Weltsystems*.[18]

Aus der Distanz und mit einem fremden Blick, das ist die Leistung dieses Paradigmas, konnte man die überlieferten Selbstbeschreibungen pädagogischer Verhältnisse einerseits in ihrer nationalen Enge und Fixiertheit erkennen, andererseits aber auch die Gleichförmigkeiten der Erziehung relativ zu kulturellen Entwicklungsstadien studieren. Gegen ethnozentrische Monopolansprüche und gegen nationalistisch fixierte Geschichtsschreibung oder hegemoniale Stilisierung von Ansprüchen ist der historisch-vergleichende Zugang zur Bildungsgeschichte inzwischen unentbehrlich geworden – er befreit zu alternativem Denken und Handeln.

Blickt man in dieser systematischen Weise auf die bildungshistorische Forschung, dann wird man ihren Erneuerungsprozess schwerlich bestreiten können. Aber man erkennt zugleich auch die offenen Probleme: Ausweislich der verschiedenen Paradigmata gibt es eher Differenzierung statt Integration und die Frage nach dem eigenen Theoriestatus, gar dem Formproblem der Historiografie[19], ist so ungeklärt wie der praktische Orientierungswert. Im Folgenden werden diese integrativen Mechanismen nicht primär theoretisch, sondern historiografisch bezeichnet und diskutiert, von der Tatsache aus, dass die bildungshistorische Forschung zunächst Historiografie geworden ist, Geschichtsschreibung wie alle Historiografie. Es ist deshalb primär die Frage nach den Quellen der historischen Bildungsforschung und den Methoden ihrer Analyse, die den nächsten Schritt zur Diskussion ihrer Leistungsfähigkeit eröffnet.

2.2 Quellen und Methoden der historischen Bildungsforschung

Es gibt keinen anerkannten Überblick zum Material oder Kanon der verschiedenen Quellen, mit denen die historische Überlieferung konstituiert wird, die das Thema und den Gegenstand, das *Archiv*, der historischen Bildungsforschung darstellt. Wie in jeder Historiografie ist der Fundus der Quellen auch nicht definitiv bestimmt oder historisch bereits abgeschlossen, er wird vielmehr durch neue Fragen der Historiker immer wieder erweitert und auch der lange bekannte Bestand wird durch die Variation und den Ausbau der Methoden in neuer Weise zum Sprechen gebracht. Für den hier folgenden exemplarischen Überblick wird an drei Gruppen von Quellen gezeigt, welche Interpretationen neuer Art die bildungshistorische Forschung und ihren Erkenntniswert heute auch in ihrem innovativen Anspruch charakterisieren:

---

18 Für die Methodologie vgl. Schriewer 1994.
19 Das zeigt die Rezeption der Thesen von Hayden V. White (1973/1991); vgl. – erneut nur für die deutschsprachige Diskussion – Lenzen 1993, für die internationale Diskussion das Fazit bei Evans (1997/dt. 1999).

- für autobiografische und literarische Zeugnisse,
- für Bilder als Quellen über Erziehungsverhältnisse sowie
- für serielle Daten.

Damit werden hier erkennbar die früher dominierenden Quellen – Texte jeglicher Provenienz, also Normen, Gesetze, Reflexionen, die schöne Literatur oder die utopischen Konstruktionen pädagogisch neuer Welten etc., auch der Niederschlag administrativer Tätigkeit für Schule und Lebenslauf, der sich in Behörden-Akten erhalten hat – ebenso ausgeblendet wie Formen der Überlieferung, die zwar relevant sind für die bildungshistorische Forschung, gelegentlich auch ausgewertet, aber bisher noch kaum hinreichend erschlossen wurden: Materialien, z.B. Bekleidungsstücke, pädagogische Objekte von der Schulbank über den Rohrstock bis zum Tafelbild oder auch Noten, die z.B. im gemeinsamen Singen das Gemeinschaftsgefühl von Gruppen bestimmt haben. Aber Vollständigkeit in der Präsentation und Kritik der Quellen der historischen Bildungsforschung sind hier weniger notwendig als der Aufweis des besonderen Erkenntniswerts, der sich mit den z.T. neu entdeckten Quellen aktuell verbindet.

- Texte waren die dominierende Quelle bildungshistorischer Forschung, als Texte neuer Art werden jetzt vor allem autobiografische Zeugnisse auch innerhalb der historischen Bildungsforschung intensiver genutzt. In der literaturgeschichtlichen Forschung schon immer verwendet, von Psychologen der Kindheit und der Jugend bereits vor 1933 ausgewertet, werden sowohl Autobiografien und Tagebücher als auch literarische Zeugnisse als *Ego-Dokumente* (vgl. Gestrich 1999; Häder/Tenorth 2004) vor allem für die Geschichte von Kindheit und Jugend bedeutsam. Dabei sind die Theorien und Methoden der Auslegung dieser Quellen durchaus verschieden: psychoanalytische Interpretationen sind ebenso vertreten wie sozialgeschichtliche oder ethnographische und lebenslaufsoziologische Analysen (vgl. bspw. die Übersicht bei Friebertshäuser/Prengel 2. Aufl. 2009). Bei allem Ertrag, den diese Arbeiten z.B. für den historischen Blick auf die Kindheit liefern, u.a. indem sie Kinder als Akteure ihrer eigenen Welt vorstellen und die nachlassende Bedeutung sozialstruktureller Bedingungen herausarbeiten (vgl. Honig 1999), bleiben historiografische Kontroversen nicht aus. Sie betreffen vor allem psychohistorische Studien und deren Neigung, aus geringen Fallzahlen und einzelnen Quellen mutig zu generalisieren (vgl. Baacke/Schultze 1979); die Kritik gilt aber auch Kindheitsgeschichten, in denen die Rolle der Pädagogik, d.h. der gesellschaftlichen Form der Generationsordnung hinter romantisierenden Bildern einer autonomen Kindheit verschwindet. Gegenüber der Nutzung literarischer Quellen bleibt schließlich immer die Frage nach der sozialgeschichtlichen Repräsentativität der Quelle virulent (vgl. Fohrmann 1998). Gleichwie, sowohl Autobiografien wie Literatur können in neuer und auch erziehungstheoretisch fruchtbarer Weise den Lebenslauf der Heranwachsenden als eine Bildungsgeschichte, d.h. als Selbstkonstruktion unter gesellschaftlichen Bedingungen, verständlich machen.
- Die reiche Fülle der Bilder, in denen Individuen und Erziehungsverhältnisse in der abendländischen Geschichte gegenwärtig sind, ist ebenfalls zunächst für die Geschichte der Kindheit und der Entwicklung einer neuen familiären *Gefühlskultur* mit provokanten Ergebnissen über Zeit und Kontext der *Entdeckung der Kindheit* genutzt worden (vgl. Ariès 1960/1975). Aus der Kritik dieser frühen Versuche (vgl. Arnold 1980), aber auch aus einer Erweiterung der Fragen – z.B. auf das Problem der Bildsamkeit (vgl. Mollenhauer 1985) – entstand dann die breite Nutzung solcher Quellen, die sich heute für die bildungshisto-

rische Forschung behaupten lässt (vgl. Schmitt/Link/Tosch 1997; Pilarczyk/Mietzner 2005). Bilder – von der Überlieferung der bildenden Kunst in allen Gattungen und Genres bis hin zu Fotografie, Fernsehen und Film – sind für eine Fülle von Fragen aufschlussreich: Als Dokumente für die materiale Welt der Erziehung, die sie überliefern, als Quellen für die Perspektiven, in denen Erziehungsverhältnisse betrachtet werden, als Indizien für den Umgang mit solchen gesellschaftlich geprägten Seh- und Handlungsweisen, als Material, in dem sich die symbolische und strukturelle Ordnung des Alltagslebens repräsentiert und als Daten für die Muster der Konstruktion von Identität, die sich auch in den Formen der Produktion und der privaten wie öffentlichen Aneignung und Verbreitung der Bilder spiegeln. Die Methoden der Auswertung und Interpretation der Bilder werden dabei selbst zum Thema. Kunsthistorische Vorbilder, etwa der Ikonografie, und soziologische Methoden, etwa der Kunstsoziologie, werden ebenso gehandelt wie Interpretationen nach dem Vorbild der Philosophie symbolischer Formen. Die Kritik wird aktuell von handwerklichen Problemen, z.B. der eindeutigen Zuordnung von Fotos zu Herkunftskontexten bestimmt, wie am Beispiel der sogenannten Wehrmachtsausstellung, aber die Kritik setzt auch bei komplexeren Methodenfragen an und sucht dann den eigenen Aussagegehalt des Bildes zu klären und nicht nur seine begleitend-illustrierende Leistung, die als Ergänzung zum Text häufig allein die Nutzung bei Historikern bestimmt (zur Kritik vgl. Hardtwig 1998).

- In der Methodik von solchen Quellen schon im Grad der Anschaulichkeit deutlich getrennt, in der theoretischen Fruchtbarkeit aber vergleichbar, steht die Nutzung serieller Daten, also von Zeitreihen unterschiedlichster Art. Thematisch werden serielle Daten inzwischen breit erschlossen und mit zunehmender Raffinesse statistisch ausgewertet: In der Geschichte der Kindheit z.B. in Zeitreihen, in denen die Zahl der Geburten, die Chancen zum Überleben, die moralischen Verhältnisse – z.B. zwischen ehelichen und unehelichen Geburten – und die weiteren Lebenschancen behandelt werden (vgl. z.B. Imhof 1981); serielle Daten geben Aufschluss über jugendliche Lebensverhältnisse zwischen Beschäftigung, Arbeitslosigkeit und Kriminalisierung (vgl. Peukert 1986) und über den strukturellen Wandel von Lebensläufen in der Moderne.

Serielle Daten haben vor allem aber die Analyse von Institutionen verändert, z.B. neues Licht auf die frühmodernen Universitäten und ihre Entwicklung bis ins 19. Jahrhundert geworfen (vgl. Stone 1974) und die Schulgeschichte auf eine bessere Basis gestellt. Für die deutsche Debatte und für die internationale Diskussion sind vor allem die Analysen zum *Akademikerzyklus*, also zur zyklischen Wiederkehr von Phasen der *Überfüllung* und des Mangels der akademischen Berufe und der Hochschulen, bedeutsam geworden (vgl. Titze 1990); sie zeigen nicht nur die Schwierigkeiten von Prognosen im Bildungsbereich, sondern auch die Grenzen staatlicher Gestaltung von Schulen und Hochschulen. Daten dieser Art sind deshalb auch für die Diskussion der langfristigen Entwicklung von Gleichheit und Ungleichheit in Bildungsprozessen und für die Möglichkeiten pädagogischer Aufhebung gesellschaftlicher Benachteiligung inzwischen unentbehrlich geworden (vgl. Lundgreen/Kraul/Ditt 1988). Analysen von Schülerströmen in und zwischen Schulen haben schließlich gezeigt, in welch starkem Maße die offiziellen Benennungen von Schulen ihre tatsächliche Funktion verdecken, so dass z.B. die für ein bürgerliches Publikum bestehende, nicht die gesamte Schulbevölkerung rekrutierende *Gesamtschulfunktion* älterer Gymnasien lange übersehen wurde (vgl. Müller 1977 sowie zur klärenden Diskussion Jeismann 1996).

Diese Arbeiten haben sowohl in ihren Ergebnissen als auch in ihren Methoden tiefgreifende Konsequenzen für die historische und aktuell-empirische Bildungsforschung. Im Blick auf die Methoden haben sie eine entschiedene Abkehr von Interpretationen befördert, die primär von den Intentionen der historischen Akteure ausgingen. Ihre eigenen Ergebnisse verdanken sie vielmehr einer Interpretation, die von Funktionen ausgeht, die man z.B. dem Bildungswesen, den Lehrplänen oder den Zertifikaten und Berechtigungsscheinen für Gesellschaften und Kulturen, aber auch für die Konstruktion der individuellen Bildungskarrieren zuschreiben kann. Im Ergebnis wird aber nicht nur die Funktionalisierung von Bildung und Lernen gezeigt, auch lange fixierte Urteile über den Zusammenhang von Bildung, Staat und Gesellschaft werden nachhaltig problematisiert.

Für Deutschland wurde z.B. demonstriert, dass entgegen der Annahme von der Dominanz des Zentralstaates selbst im 20. Jahrhundert und sogar unter Bedingungen der Diktatur vor und nach 1945 die regionale Varianz und die je lokale Nachfrage das wirkliche Bild der Schule und der Schularbeit wesentlich bestimmen konnten (vgl. Herrmann 1991; Tosch 2006). Vergleichbar erhellend hat die internationale historische Schulforschung zeigen können, dass sich die Widerständigkeit gegen Reformen und die strukturelle Beharrungskraft der Schule auch gegen massiven staatlichen oder administrativen Zugriff nicht allein dem Konflikt zwischen professionellen oder politischen Standards verdankt, sondern systematisch auf eine die Institution prägende *grammar of schooling* verweist (vgl. Tyack/Tobin 1994; Depaepe u.a. 1999; Depaepe/Simon/van Gorp 2005), die sich dem eingreifenden Zugriff von außen verschließt und auch in Diktaturen ihre eigene Sperrigkeit beweist. Bildungshistorische Forschung schließt hier unmittelbar an aktuelle Schulforschung an und wird selbst zu einer Historiografie in theoretischer Absicht, die das Handeln nicht mehr erzählend oder kritisch bzw. affirmativ traditionsstiftend orientiert, sondern die Breite der Optionen eröffnet, die der historische Prozess zeigt.

2.3 Desiderata: Epochen, Themen, Methoden

Es entspricht dem Status und der Arbeitsweise, dem Erkenntnisprozess und dem Anspruch einer theoretisch und methodisch weit entfalteten Forschungsarbeit, dass mit dem Zuwachs an Erkenntnissen auch die Probleme zunehmen, die dabei bearbeitet und gelöst als auch uno actu neu erzeugt werden. Offene Fragen im Blick auf die Quellen und Methoden, Theorien und Prämissen der Interpretation bestimmen die bildungshistorische Forschung deshalb ebenso wie Fragen der Periodisierung oder Diagnosen über vernachlässigte Epochen. Einige dieser Fragen seien hier genannt, um den Stand der Historischen Bildungsforschung weiter zu strukturieren.

Die historische Reflexion von Bildung und Erziehung entstand in der Moderne – also um 1800 – und vor allem in Deutschland haben sich die einschlägigen Untersuchungen und Reflexionen nicht selten auch auf die Zeit um und seit 1800 konzentriert. Die Ideen und Erziehungsprogramme der Aufklärung und der klassischen Philosophie wurden immer neu studiert, das moderne Bildungswesen von den grundlegenden Ideen der preußischen Reformer aus betrachtet. Im Ergebnis ist heute nicht allein die nationale Fixierung der theoretischen Reflexion über *Bildung und Kultur* (vgl. Bollenbeck 1994), sondern auch die Begrenzung, zumindest die Konzentration der historischen Forschung auf die preußisch-deutschen Verhältnisse, unübersehbar. Die süddeutschen Länder wurden in ihrer Eigenentwicklung erst spät gewürdigt, sind inzwischen aber in Handbüchern für die bayerische oder österreichische Bildungsgeschichte umfassend thematisiert (vgl. Liedtke u.a. 1991; Engelbrecht 1982) und auch die Konfessionsdifferenzen werden in ihrer Bedeutung für Bildung und Erziehung jetzt schärfer gesehen.

Historische Bildungsforschung

Gleichzeitig wird bewusst, dass in dieser Konzentration auf die moderne Bildungsgeschichte die Zeit vor der Konstitution der Moderne, also vor der Renaissance bzw. der Frühen Neuzeit, nicht mit gleichem Gewicht behandelt wurde. Die vormoderne Erziehungsgeschichte, wie man mit einem Verlegenheitsbegriff die Zeit bis etwa 1800 zur Einheit zu bündeln sucht, kommt damit in ihrem Eigengewicht, in der Fremdheit, die sie gegenüber der Folgezeit charakterisiert, aber auch in ihrem Fortwirken, nicht hinreichend zur Geltung. Zwar gibt es inzwischen Studien über *Vormoderne Lebensläufe* (vgl. Keck/Wiersing 1994) und Analysen über *Jugend in der Vormoderne* (vgl. Horn/Christes/Parmentier 1998), ein Teil der Defizitdiagnose mag sich auch dem deutschen und dem auf die Erziehungshistorie begrenzten Blick verdanken, denn international ist nicht nur die Alphabetisierungsforschung für die Zeit seit 1500 intensiv vorangeschritten[20], weltweit haben z.B. die Altphilologen und Althistoriker Erziehungsfragen keineswegs ignoriert und auch für das Mittelalter gibt es reichhaltige Forschungsleistungen (vgl. Kintzinger 2000); das Schulwesen seit dem 15./16. Jahrhundert schließlich wird inzwischen auch im Kontext des historiografisch leitenden Paradigmas der *Konfessionalisierung* intensiver in seiner gesamteuropäischen Dimension untersucht (vgl. Schilling/Ehrenpreiss 2003). Dennoch stößt man auf die zu wenig bearbeiteten Fragen, wenn man die Zeit vor der Moderne bildungshistorisch befragt. In der Ausweitung des Blicks auf die gesamte abendländische Geschichte wird dann auch sichtbar, wie eurozentrisch die Bildungsgeschichte immer noch denkt; denn selbst bei kulturvergleichend ansetzenden und auch theoretisch, nämlich kulturanthropologisch weit ausgreifenden Studien, werden bestenfalls der Mittelmeerraum und Vorderasien berücksichtigt (vgl. Liedtke u.a. 1991).

Dem Defizit an globaler Perspektive entsprechen – erstaunlicherweise – die Desiderata, die sich für die Frage nach dem Alltag der Erziehung in Schulen, Familien oder peer-groups ergeben. Auch hier ist die außerdeutsche Forschung für viele Themen – z.B. der Geschichte des privaten Lebens (vgl. Ariès/Duby 1987/1992) oder der Jugend (vgl. Levi/Schmitt 1997) – deutlich weiter vorangeschritten, aber das Forschungsdefizit (z.B. für die konkrete Unterrichtsarbeit der Vergangenheit oder die bestimmenden Faktoren der Lehrplanentwicklung) ist unübersehbar. Trotz einiger beispielhafter Studien über die Pädagogisierung und Professionalisierung der Lehrerarbeit in Deutschland (vgl. Petrat 1979) oder in Belgien (vgl. Depaepe u.a. 1999) ist der historische Schulalltag noch weitgehend unaufgehellt, eher in kritischen Zuschreibungen und in Foucault-Exegese als in quellenkritischen Untersuchungen gegenwärtig.

Vergleichbares gilt für die außerschulischen Bedingungen des Aufwachsens. Auch wenn die Geschlechtergeschichte inzwischen erhebliche Fortschritte zumindest für die Geschichte der Mädchen- und Frauenbildung zu verzeichnen hat (vgl. Kleinau/Opitz 1996; Baader/Kelle/Kleinau 2006), bestehen auch hier erhebliche Desiderata, vor allem dann, wenn man nicht allein Programme sucht oder exemplarische Lebensläufe, sondern z.B. den Alltag auf dem Lande oder in Unterschichten. Auch die historische Forschung über den Lebenslauf und seine Etappen – Kindheit, Jugend, Erwachsenenalter – ist zwar sehr intensiv geworden, aber ungeachtet griffiger Thesen – z.B. von der *Erfindung der Jugend* – hat sie ebenfalls eine Fülle offener Fragen hinterlassen.

Reflexionen, auch historische, über Jugend und Erziehung waren (und sind) in Deutschland zunächst lange von dem stilbildenden Muster der sogenannten *Jugendbewegung* um 1900 fasziniert gewesen, ganz ohne Selbstkritik für die geschlechtsspezifische Fixierung, die mit dieser

---

20 Vgl. vor allem Graff 1987, Goody 1981, für das besonders intensiv erforschte Frankreich Chartier/Compère/Julia 1976, Furet/Ozouf 1982, für Preußen-Deutschland u. a. Bödeker/Hinrichs 1999.

Jungen-Geschichte verbunden war und auch erst relativ spät sensibel für die Tatsache, dass die Geschichte der organisierten Jugend nicht nur mittelschichtfixiert war, sondern auch die Lage der Jugend selbst – zwischen Klassenproblemen, Arbeitslosigkeit und Kriminalität – weitgehend vernachlässigte. Auch hier gibt es inzwischen Pilotstudien (vgl. u.a. Peukert 1986), aber doch auch noch eine Fülle offener Fragen, denkt man z.B. an die Zusammenhänge von Jugendleben, Arbeit und Politik. Die Konzentration auf die eigenständigen Formen der Selbstinszenierung und -präsentation in traditionellen und modernen Jugendkulturen hat im übrigen nicht nur das Selbstverständnis der Jugend zur Geltung gebracht, sie hat auch, wenn auch relativ spät, bewusst werden lassen, welche Dimensionen eine historisch beglaubigte Geschichte des Körpers oder der Gefühle insgesamt, nicht allein für Jugendkulturen, umfassen könnte.[21]

Defizitdiagnosen gelten schließlich auch für die Wissens- und Theoriegeschichte, die im engeren Sinne aus der Reflexion von Bildung und Erziehung historisch entstanden ist. Traditionell wurden hier Klassikergeschichten geschrieben und die Reflexionsgeschichte als Reservoir von Traditionen gedeutet, erst spät hat hier die methodisch und theoretisch distanzierte Historiografie Fuß fassen können. In Deutschland stand für diese kritische Wendung besonders die Untersuchung der korrumpierenden Beziehung von Pädagogik und Nationalsozialismus, genereller von Erziehungswissenschaft und den Diktaturen des 20. Jahrhunderts (vgl. Herrmann/Oelkers 1988; Keim 1997). Im Zentrum des Interesses stehen heute national wie international die Versuche, die Struktur des pädagogischen Denkens nach seiner eigenen Logik und in seiner Funktion für die Gestaltung von Erziehungsverhältnissen zu untersuchen. Dabei sind die im engeren Sinne wissenschaftsgeschichtlichen Fragen inzwischen besser untersucht als die soziale Rolle der Erziehungswissenschaft, ungeachtet der Tatsache, dass wir z.B. für Westeuropa und die USA im 19. und 20. Jahrhundert über die Muster der Disziplinbildung und Differenzierung und die Formen der Kooperation mit der Praxis zumindest über Pilotstudien verfügen (vgl. Drewek/Lüth 1998).[22]

Die Methodenprobleme der historischen Bildungsforschung werden auch hier von zwei Seiten aus bestimmt, von der Theoriedebatte der Geschichtswissenschaft im Allgemeinen und von der Diskussion über leitende Interpretamente der Forschung, wie sie in den systematischen Referenzdisziplinen der Bildungsgeschichte stattfindet, im Besonderen. Bedeutsamer als die Grundsatzkontroversen in der Geschichtswissenschaft, die sich z.T. erneut am Historismus, seinen Möglichkeiten, den Formen seiner Kritik und seiner Reaktualisierung abmühen (vgl. Fulda 1997, Oexle 2007), aber dabei durchaus die Relation von Theorie und Geschichte, Darstellung und Forschung, Funktion und Praxis der Historiographie im Blick haben, sind für die bildungshistorische Forschung die theoretischen Referenzdisziplinen geworden: Soziologie und Psychologie, Ethnologie, historische Demographie und Kommunikationstheorie, Systemtheorie und Zivilisationsreflexion. Die historische Bildungsforschung hat nahezu beliebig Theoriestücke aufgesogen und produktiv für eigene Forschungen umgesetzt. Entsprechend breit interpretiert sie heute ihre Quellen, ohne diese Pluralität anders denn als begrüßenswerte Vielfalt zu sehen.

---

21 Das Thema hat jetzt auch das Alltagswissen erreicht, vgl. z.B. „jetzt – Jugendmagazin der Süddeutschen Zeitung"; für die historiografische Diskussion v.a. Heft 4 (2000) von Geschichte und Gesellschaft zum Thema „Körpergeschichte" (mit Beiträgen von Ute Planert: Der dreifache Körper des Volkes: Sexualität, Biopolitik und die Wissenschaften vom Leben; Tanja Hommen: Körperdefinitionen und Körpererfahrung; Gunilla-Friederike Budde: Der Körper der ‚sozialistischen Frauenpersönlichkeit'), für die Emotionen und für das „Gewissen" (Kittsteiner 1991) und die „Seele" (Jüttemann/Sonntag/Wulf 2005).

22 Vgl. als breite Übersicht zur wissenschaftshistorischen Forschung Tenorth (2006) sowie für die internationale Diskussion Hofstetter/Schneuwly (1998), dies. (2002).

Aus einer engeren disziplinären Perspektive, der der Erziehungswissenschaft nämlich, zu der die alten *Geschichten der Pädagogik* ja eindeutig gerechnet wurden, wird man nicht übersehen können, dass genuine erziehungstheoretische Fragestellungen dabei eher vernachlässigt werden. Die thematischen Desiderata, z.B. in der Geschichte des Alltags von Erziehung und Unterricht, bestätigen die Folgen solcher Enthaltsamkeit gegenüber alten Problemstellungen; sie deuten zugleich aber auch an, dass die Erziehungswissenschaft selbst anscheinend noch kein Methodenrepertoire ausgearbeitet hat, mit dem sie ihr eigenes Thema präsentiert und zugleich die bildungshistorische Forschung inspiriert. Inzwischen bedient sie sich, eher notgedrungen, bei den Anregungen, die sie bei anderen historisch arbeitenden Untersuchungen über den Menschen und seine Bildung und Erziehung findet.

3 Erziehungstheorie, Historische Anthropologie und historische Bildungsforschung: Theorieprobleme und Orientierungswert

Blickt man auf die historische Bildungsforschung aus einer disziplinären Perspektive, dann ist vor allem das Verhältnis von Theorie und Geschichte problematisch, sowohl in einem systematischen Sinne als auch in den pragmatischen Konsequenzen. Das lässt sich aktuell vor allem im Blick auf die sogenannte Historische Anthropologie sehr gut studieren, die mit dem Versprechen angetreten ist, die unhistorischen Annahmen über den Menschen aufzubrechen, die in der Erziehungstheorie und der sogenannten Pädagogischen Anthropologie dominierten, und zugleich die Formen der historischen Konstruktion des Menschen systematisierend auf den Begriff zu bringen, von denen die Historiker in immer neuen, aber nicht selten unübersichtlich-vielfältigen Geschichten berichtet haben. Letztlich stand und steht dabei ein Grundproblem der Erziehungstheorie in der Moderne im Zentrum des Interesses, nämlich die Relation von *Natur* und *Gesellschaft*, von gegebener, biologisch zu erforschender *Anlage* und historisch gestalteter *Kultur* als den wesentlichen Determinanten der Erziehung (vgl. Tenorth 2000; Mietzner/Tenorth/Welter 2007).

Die bildungshistorische Forschung hat in der jüngeren Vergangenheit durch ihre Verbindung mit solchen anthropologisch-historischen Studien, wie sie vor allem durch die frankophone mentalitätsgeschichtliche Forschung inspiriert worden sind, ein erhebliches Potenzial an Fragen und Themen, Quellen und Methoden neu gewonnen. In ihrem eigenen Revier – der Rekonstruktion historisch gewordener Praxen und Praktiken der pädagogischen Erzeugung und Selbsterzeugung des Menschen – hat diese Forschung zu fruchtbaren neuen Einsichten geführt. An dieser Stelle kann man nicht alle oder auch nur exemplarisch wesentliche Ergebnisse vorstellen, der Verweis auf die Leitbegriffe und die fundierenden Ideen muss ausreichen, um den sowohl systematischen als auch historiografischen Ertrag dieser Arbeit einzuführen und die Möglichkeiten der historisch-sozialen – und das heißt ja nicht nur der pädagogischen – Konstruktion des Menschen intensiver vorzustellen.

Bedeutsam sind – folgt man einem besonders gelungen Exempel der einschlägigen Arbeit (vgl. van Dülmen 1998) – zunächst die Leitfiguren und Begriffe: Von *Prometheus* als dem mythischen Urheber und *Erfinder des Menschen* wird die Geschichte in diesen Studien vor allem seit der Epoche der Säkularisierung und Anthropologisierung der Humanwissenschaften und der Betrachtung des Menschen geschrieben, konzentriert auf die Zeit seit dem späten Mittelalter und der Renaissance bis zur Gegenwart. Die Themen und Referenzen umfassen *Das verlorene Paradies, Tod und Vergänglichkeit* und *Die Lust der Welt* ebenso wie die *Entdeckung der Schönheit des Körpers* und das Leben als ein *Fest*, aber auch die andere Seite der Neuzeit: *Die Bemächtigung des Menschen – Disziplin und Unterwerfung* – durch *Drill und Dressur*, in Erziehung und Medizin, in der Formierung des *gesunden und sauberen Körpers*, dominant also in der Ambivalenz von Disziplinierung und Befreiung. Selbst *Der neue Mensch*, wie ihn das 19. und 20. Jahrhundert feiern und auch pädagogisch fordern und formen wollen, ist nicht frei davon. Eine der Leitmetaphern ist neben dem Begriff der *Konstruktion* deshalb auch die der „Erfindung des Menschen", die sich nicht zuletzt über eine *Pädagogik der Zwänge* durchsetzt (vgl. Muchembled 1988/1990). Diese Formel hat ältere Leitbegriffe, wie den der „Entdeckung" – etwa der Kindheit – abgelöst, nicht zuletzt, weil die neue Formel geeignet ist zu zeigen, „was der Mensch aus sich und seiner Welt gemacht hat, als er die Möglichkeit und Macht gewann, die Natur zu beherrschen, sein Leben selbst zu gestalten und sich selbst neu zu erfinden" (van Dülmen 1998, S. 16).

Nicht kulturkritische Diagnosen, gar die Topik der Klage, sondern quellennahe Analysen, in denen Diskurse und Imaginationen, Utopien und Realitäten, Visionen und Praktiken zu dichten Beschreibungen verknüpft werden, kennzeichnen primär den historiografischen Zugang zu diesem Thema. Der gleichen Perspektive, also der Historischen Anthropologie, verpflichtet wie ein kurz vorher erschienenes Handbuch *Vom Menschen* (vgl. Wulf 1997), kann die mentalitäts- und alltagsgeschichtlich orientierte Forschung wegen ihres Materialreichtums und der historischen Präzision der Analyse deshalb auch als Hintergrund gelesen werden, vor dem sich die eher systematisch argumentierenden und primär an Diskursen ansetzenden Darstellungen *Vom Menschen* (ebd.) in ihrem jeweiligen epochalen Kontext sehr viel besser verstehen – und in ihrem Geltungsanspruch relativieren lassen.

Der Pädagoge stellt bei der Lektüre dieser Analysen zur „Erfindung des Menschen" zwischen Irritation und Ernüchterung fest, dass Erziehung eingebunden ist in ein umfassendes System der Kontrolle und Konstruktion des Menschen und nur selten Anteil hat an seiner Befreiung. *Von der Welt des Emile zur Erziehungsdiktatur* – so überschreibt deshalb auch ein Vertreter der Erziehungstheorie seine Diagnose der Moderne – und das wird man am Ende als Urteil ebenso einseitig nennen müssen wie die frühere Emanzipationsmetaphorik. Oelkers spitzt seine Analysen sogar auf die These zu „Eine Chance für die Erziehung war die Moderne nur in der Negation, als Anlaß für die moralische Revolution, die auf ein l'âge d'or im Rücken der Moderne zurückführen sollte. (...) Für die neuen Realitäten einer hochmobilen Konsum- und Informationsgesellschaft bestand nicht nur kein pädagogischer Sinn, sondern überhaupt auch keine Wahrnehmung. Der ‚neue Mensch' sollte nicht zwischen ‚Tom Mix', ‚Batman' und ‚Walt Disney' entstehen" (Oelkers 1999, S. 45).

Während die fortdauernde Erziehungsambition in seiner Diagnose der pädagogischen Reformmodelle wohl richtig beschrieben ist, übersieht Oelkers in der Konzentration auf die kontinuierlich normierenden Obsessionen der Pädagogik den Aspekt der Befreiung zu einer modernen Welt, der z.B. mit der Ablösung von Herkunftsmilieus, der Unterstützung autonomer Jugendkulturen und der Befreiung von einer traditionellen Moral und Geschlechtsidentität in den pädagogischen Praxen des 20. Jahrhunderts ebenfalls, wenn auch z.T. nicht-intendiert, mit thematisiert war und realisiert wurde. Damit kehrt sich das Orientierungsproblem, das mit der Entwicklung zur historischen Bildungsforschung für die Pädagogen verbunden war und ist, in eigentümlicher Weise um. In kritischer Wendung auf die Geschichte können Pädagogen anscheinend nur Deformation erkennen, wo Historiker zumindest noch Ambivalenzen sehen.

Die Moderne beglaubigt aber eher die Dialektik von Freisetzung und Kontrolle und die Ambivalenz der Institutionalisierung von Bildung und Erziehung. Sie beschert uns in Schulen und Bildungseinrichtungen zwar die *Gehäuse der Hörigkeit*, die nach Max Weber den Prozess der Rationalisierung bestimmen, aber sie eröffnet zugleich die Möglichkeiten, die mit der Disziplinierung als der notwendigen, wenn auch nicht hinreichenden Form der Bildung und Erziehung als den Formen der Individualisierung des Menschen gegeben sind. In der Erinnerung an diese in sich spannungsreiche Geschichte destruiert die Historiografie insofern nicht nur alte Hoffnungen oder unbegründete ideologische Ambitionen, sie zeigt in ihren Geschichten auch den Handlungsspielraum, den die Moderne eröffnet. Nicht die Natur, sondern die Kultur definiert den Raum, in dem die Erziehung lebt und die Historie zeigt uns ihre Gestalt.

Die Rettung des Menschen vor der Geschichte bleibt dennoch ein zentrales Thema, das man mit einem provozierenden Nietzsche-Zitat entdeckt, der gegen die Allmacht der Historisierung das Lob des *Vergessens* formuliert: „Also: es ist möglich, fast ohne Erinnerung zu leben, ja glücklich zu leben, wie das Thier zeigt; es ist aber ganz und gar unmöglich, ohne Vergessen überhaupt zu leben. Oder, um mich noch einfacher über mein Thema zu erklären: es giebt einen Grad von Schlaflosigkeit, von Wiederkäuen, von historischem Sinn, bei dem das Lebendige zu Schaden kommt und zuletzt zugrunde geht, sei es nun ein Mensch oder ein Volk oder eine Cultur." (Nietzsche 1874, S. 250). Nietzsches These legt zumindest die Frage nahe, ob sich am Ende der intensiven Historisierung der Forschungen über den Menschen die Frage nach *Nutzen und Nachteil der Historie für das Leben* heute nicht nur erneut, sondern auch neu stellt. Zumindest die Frage könnte nahe liegen, ob neben der strikten Koppelung nicht auch wieder die Unterscheidung, vielleicht sogar die Disjunktion von Geschichte und Anthropologie die bildungshistorische und -theoretische Debatte beflügeln könnte. Die Ordnung und Reflexion des Generationenverhältnisses, das zentrale Thema aller Wissenschaften von Bildung und Erziehung, haben offenbar ihre eigene Zeitlichkeit, die sich in den Zeiten von Gesellschaften nicht erschöpfend oder hinreichend abbilden lässt. Das führt freilich von der historischen Bildungsforschung weg und einerseits zur Theorie der Erziehung, andererseits zu der Frage, welche Rolle die anderen Referenzdisziplinen in der Bildungsforschung spielen. Das wird an anderer Stelle in diesem Band verhandelt. Die historische Bildungsforschung hat ihre Leistung erbracht, wenn sie Bildung und Erziehung im Prozess der Zivilisation und in ihrer Leistung bei der historischen Entdeckung und Konstruktion des Menschen darstellt und untersucht.

Literatur

Aldrich, R. (Hrsg.) (1982): An Introduction to the History of Education. London: Routledge.
Ariès, P. (1960/1975): Geschichte der Kindheit. München: Carl Hanser.
Ariès, P./Duby, G. (Hrsg.) (1987/1992): Geschichte des privaten Lebens. 4 Bde. Frankfurt a.M.: Fischer.
Arnold, K. (1980): Kind und Gesellschaft in Mittelalter und Renaissance. Paderborn: Schöningh.
Assmann, A. (1993): Arbeit am nationalen Gedächtnis. Eine kurze Geschichte der deutschen Bildungsidee. Frankfurt a.M./New York/Paris: Campus.
Baacke, D./Schultze, T. (Hrsg.) (1979): Aus Geschichten lernen. Zur Einübung pädagogischen Verstehens. München: Juventa.
Baader, M.S./Kelle, H./Kleinau, E. (Hrsg.) (2006): Bildungsgeschichten. Geschlecht, Religion und Pädagogik in der Moderne. Köln/Weimar/Wien: Böhlau.
Benner, D./Oelkers, J. (Hrsg.) (2004): Historisches Wörterbuch der Pädagogik. Weinheim: Beltz.

Berding, H. (Hrsg.) (1996): Nationales Bewusstsein und kollektive Identität. Frankfurt a.M.: Suhrkamp. (Studien zur Entwicklung des kollektiven Bewusstseins in der Neuzeit, Bd. 2).
Berg, C./Hammerstein, N. u.a. (Hrsg.) (1987-2006): Handbuch der deutschen Bildungsgeschichte. Bde. I-VI, München: C.H. Beck.
Blankertz, H. (1983): Geschichte der Pädagogik und Narrativität. In: Zeitschrift für Pädagogik, 29. Jg., S. 1–9.
Bödeker, H.E./Hinrichs, E. (Hrsg.) (1999): Alphabetisierung und Literalisierung in Deutschland in der Frühen Neuzeit. Tübingen: Niemeyer.
Böhme, G./Tenorth, H.-E. (1990): Einführung in die Historische Pädagogik. Darmstadt: Wissenschaftliche Buchgesellschaft.
Bollenbeck, G. (1994): Bildung und Kultur. Glanz und Elend eines deutschen Deutungsmusters. Frankfurt a.M.: Insel.
Casale, R./Tröhler, D./Oelkers, J. (Hrsg.) (2006): Methoden und Kontexte. Historiographische Probleme der Bildungsforschung. Göttingen: Wallstein.
Chartier, R. (1998): Au bord de falaise. Paris: Michel.
Chartier, R./Compère, M.-M./Julia, D. (1976): L'Èducation en France du XVIe au XVIIIe siécle. Paris: Société d'édition d'enseignement superieur.
Cohen, S. (1999): Challenging Orthodoxies. Toward a New Cultural History of Education. New York u.a.: Peter Lang.
Compère, M.-M. (1995): L'histoire de l'education en Europe. Essai comparatif sur la façon dont elle s'écrit. Paris: Peter Lang.
Coriand, R./Winkler, M. (Hrsg.) (1998): Der Herbartianismus – die vergessene Wissenschaftsgeschichte. Weinheim: Beltz.
Criblez, L./Jenzer, C./Hofstetter, R./Magnin, C. (Hrsg.) (1999): Eine Schule für die Demokratie. Zur Entwicklung der Volksschule in der Schweiz im 19. Jahrhundert. Frankfurt a.M. u.a.: Peter Lang.
Daston, L. (1999): The Anti-Crisis. In: Rechtshistorisches Journal, 18. Jg., S. 449–457.
De Vroede, M./Cammaer, H./Depaepe, M./De Schepper, K./D'Hoker, M./Gabriels-Brijs, F./Langendries, E./Simon, F./Simon-Van der Meersch, A.M./Struyf, A.M./Van der Auwera, M./Verbeeck, C. (1987): Bijdragen tot de geschiedenis van het pedagogisch leven in Belgie. Dl. IV: De periodieken 1914, 2 parts. Leuven: University Press.
Depaepe, M. (1983): On the relationship of theory and history in pedagogy. Leuven: Leuven University Press.
Depaepe, M. u.a. (1999): Orde in vooruitgang. Alledaags handelen in de Belgische lagere school (1880-1970). Leuven: Leuven University Press.
Depaepe, M./De Vroede, M. (1991): Bibliographie de sources pour l'histoire de l'enseignement préscolaire, primaire, normal et spécial en Belgique, 1830-1959. Gent: CSHP.
Depaepe, M./Simon, F./van Gorp, A. (Hrsg.) (2005): Paradoxen van Pedagogisering. Handboek pedagogische Historiografie. Leuven: Leuven University Press.
Drewek, P./Lüth, C. et al. (Hrsg.) (1998): History of Educational Studies – Geschichte der Erziehungswissenschaft – Histoire des Sciences de l'Education. (Paedagogica Historica, Suppl. Series III) Gent: CSHP.
Dülmen, R. van (Hrsg.) (1998): Erfindung des Menschen. Schöpfungsträume und Körperbilder 1500-2000. Wien: Böhlau.
Engelbrecht, H. (1982-1988): Geschichte des österreichischen Bildungswesens. 5 Bde. Wien: Österreichischer Bundesverlag.
Evans, R. (1997): In Defence of History. London: Granta.
Fohrmann, J. (Hrsg.) (1998): Lebensläufe um 1800. Tübingen: Niemeyer.
Friebertshäuser, B./Prengel, A. (Hrsg.) (1997): Handbuch qualitative Forschungsmethoden. Weinheim/München: Juventa.
Fuchs, E. (Hrsg.) (2006): Bildung international. Historische Perspektiven und aktuelle Entwicklungen. Würzburg: Ergon.
Fulda, D. (1997): Historismus in allen Gestalten. Zu einigen kulturwissenschaftlichen Problemgeschichten der Moderne. In: Rechtshistorisches Journal, 16. Jg., S. 188–220.
Furet, F./Ozouf, J. (1982): Reading and Writing. Literacy in France from Calvin to Jules Ferry. Cambridge: Cambridge University Press.
Gestrich, A. (1999): Vergesellschaftung des Menschen. Einführung in die historische Sozialisationsforschung. Tübingen: edition diskord.
Goody, J. (Hrsg.) (1981): Literalität in traditionellen Gesellschaften. Frankfurt a.M.: Suhrkamp.
Graff, H.J. (1987): The Legacies of Literacy. Continuities and Contradictions in Western Culture and Society. Bloomington & Indianapolis: Indiana University Press.
Gumbrecht, H.U. (2006): Dimensionen und Grenzen der Begriffsgeschichte. München: Fink.

Häder, S./Tenorth, H.-E. (Hrsg.) (2004): Der Bildungsgang des Subjekts. Weinheim/Basel: Beltz.
Hardtwig, W. (1998): Die Historiker und die Bilder. In: Geschichte und Gesellschaft, 24. Jg., S. 305–322.
Hardtwig, W./Wehler, H.-U. (Hrsg.) (1996): Kulturgeschichte heute. Göttingen: Vandenhoeck & Ruprecht.
Heinemann, M. (Hrsg.) (1985): Die Historische Pädagogik in Europa und den USA. Berichte über die historische Bildungsforschung. Stuttgart: Klett-Cotta.
Herbst, J. (1999): The History of Education: State of the Art at the Turn of the Century in Europe and North America. In: Paedagogica Historica XXXV, 3, S. 737–747.
Herrmann, U./Oelkers, J. (1988): Zur Einführung in die Thematik „Pädagogik und Nationalsozialismus". In: Pädagogik und Nationalsozialismus (22. Beiheft der Zeitschrift für Pädagogik). Weinheim, S. 9–17.
Herrmann, U.G. (1991): Sozialgeschichte des Bildungswesens als Regionalanalyse. Die höheren Schulen Westfalens im 19. Jahrhundert. Köln/Weimar/Wien: Böhlau.
Hofstetter, R./Schneuwly, B. (Hrsg.) (1998): Le pari des sciences de l'éducation. (Raison éducatives, Nr. 1/2, 1998). Paris/Bruxelles: De Boeck.
Hofstetter, R./Schneuwly, B. (Hrsg.) (2002): Science(s) de l'éducation 19e-20e siècles. Entre champs professionelles et champs disciplinaires / Erziehungswissenschaft(en) im 19.-20. Jahrhundert. Zwischen Profession und Disziplin. Bern u.a.: Peter Lang.
Honig, M.-S. (1999): Entwurf einer Theorie der Kindheit. Frankfurt a.M.: Suhrkamp.
Horn, K.-P./Christes, J./Parmentier, M. (Hrsg.) (1998): Jugend in der Vormoderne. Köln: Böhlau.
Imhof, A.E. (1981): Die gewonnenen Jahre. Von der Zunahme unserer Lebensspanne seit dreihundert Jahren oder von der Notwendigkeit einer neuen Einstellung zu Leben und Sterben. München: C.H. Beck.
Jeismann, K.-E. (1996): Das preußische Gymnasium in Staat und Gesellschaft. 2 Bde, Stuttgart: Klett-Cotta.
Jüttemann, G./Sonntag, M./Wulf, C. (Hrsg.) (2005): Die Seele. Ihre Geschichte im Abendland. Göttingen: Vandenhoek & Ruprecht.
jetzt – Jugendmagazin der Süddeutschen Zeitung (2000): „Körpergeschichte". Heft 4.
Keck, R.W./Wiersing, E. (1994): Vormoderne Lebensläufe, erziehungstheoretisch betrachtet. Köln u.a.: Böhlau.
Keim, W. (1997): Erziehung unter der Nazi-Diktatur. 2 Bde. Darmstadt: Wissenschaftliche Buchgesellschaft.
Kintzinger, M. (2000): Bildungsgeschichte in der Wissensgesellschaft? Historische Forschung zur Geschichte der Bildung und des Wissens im Mittelalter. In: Jahrbuch für Historische Bildungsforschung. Bd. 6. Bad Heilbrunn: Klinkhardt, S. 299–316.
Kittsteiner, H.D. (1991): Die Entstehung des modernen Gewissens. Frankfurt a.M.: Suhrkamp.
Kleinau, E./Opitz, K. (Hrsg.) (1996): Geschichte der Mädchen- und Frauenbildung. Frankfurt a.M.: Campus.
Koselleck, R. (1979): Vergangene Zukunft. Zur Semantik geschichtlicher Zeiten. Frankfurt a.M.: Suhrkamp
Koselleck, R. (1996): A Response to Comments on the Geschichtliche Grundbegriffe. In: Lehmann, H./Richter, M. (Eds.): The Meaning of Historical Terms and Concepts. Washington D.C.; German Historical Institute, S. 59–70.
Kuhn, T.S. (1993): Die Struktur wissenschaftlicher Revolutionen. 12. Aufl. Frankfurt a.M.: Suhrkamp.
Küttler, W./Rüsen, J./Schulin, E. (Hrsg.) (1997ff.): Geschichtsdiskurs. 5 Bde. Frankfurt a.M.: Fischer.
Lechner, E. (Hrsg.) (1992): Zur Geschichte des österreichischen Bildungswesens. Probleme und Perspektiven der Forschung. Wien: Verlag der österreichischen Akademie der Wissenschaften.
Lenzen, D. (Hrsg.) (1993): Pädagogik und Geschichte. Pädagogische Historiographie zwischen Wirklichkeit, Fiktion und Konstruktion. Weinheim: Deutscher Studienverlag.
Levi, G./Schmitt, J.-C. (1997): Geschichte der Jugend. 2 Bde. Frankfurt a.M.: Fischer.
Liedtke, M. (Hrsg.) (1991): Handbuch der Geschichte des Bayerischen Bildungswesens. 4 Bde. Bad Heilbrunn: Klinkhardt.
Lundgreen, P./Kraul, M./Ditt, K. (1988): Bildungschancen und soziale Mobilität in der städtischen Gesellschaft des 19. Jahrhunderts. Göttingen: Vandenhoeck & Ruprecht.
Lüth, C. (2000): Entwicklung, Stand und Perspektive der internationalen historischen Pädagogik am Beginn des 21. Jahrhunderts – am Beispiel der International Standing Conference of Education. In: Götte, P./Gippert, W. (Hrsg.): Historische Pädagogik am Beginn des 21. Jahrhunderts. Bilanz und Perspektiven. Christa Berg zum 60. Geburtstag. Essen: Klartext, S. 81–107.
McCulloch, G./Richardson, W. (2002): Historical Research in Educational Settings. Buckingham-Philadelphia: Open University Press.
Mialaret, G./Vial, J. (Dir.) (1981): Histoire mondiale de l'Education, des origines a nos jours. 4. Vol. Paris.
Mietzner, U./Tenorth, H.-E./Welter, N. (Hrsg.) (2007): Pädagogische Anthropologie – Mechanismus einer Praxis. Weinheim/Basel (52. Beiheft der Zeitschrift für Pädagogik).
Mollenhauer, K. (1968): Erziehung und Emanzipation. München: Juventa.
Mollenhauer, K. (1985^2): Vergessene Zusammenhänge. Über Kultur und Erziehung. Weinheim: Juventa.

Muchembled, R. (1988/1990): Die Erfindung des modernen Menschen. Gefühlsdifferenzierung und kollektive Verhaltensweisen im Zeitalter des Absolutismus. Reinbek: Rowohlt.
Müller, D. (1977): Sozialstruktur und Schulsystem. Aspekte zur Theorie und Praxis der Schulorganisation im 19. Jahrhundert. Göttingen: Vandenhoeck & Ruprecht.
Neugebauer, W. (2005): Bildungsgeschichte. 3 Teile. In: Geschichte in Wissenschaft und Unterricht, 56. Jg., S. 584–593, S. 644–656, S. 719–731.
Niethammer, L. (2000): Kollektive Identität. Heimliche Quellen einer unheimlichen Konjunktur. Reinbek: Rowohlt.
Nietzsche, F. (1874/1967): Vom Nutzen und Nachteil der Historie für das Leben. (Unzeitgemäße Betrachtungen II). In: Nietzsche, F.: Kritische Studienausgabe. Bd. I. Hrsg. v. G. Colli und M. Montinari. Berlin/New York: de Gruyter, S. 243–334.
Nohl, H. (1933/1949): Die pädagogische Bewegung in Deutschland und ihre Theorie. 3. Aufl. Frankfurt a.M.: Schulte-Bulmke-Verlag.
Oelkers, J. (1999): Von der Welt des Emile zur Erziehungsdiktatur. In: Lepp, N./Roth, M./Vogel, K. (Hrsg.): Der Neue Mensch. Obsessionen des 20. Jahrhunderts. Katalog zur Ausstellung im Deutschen Hygiene-Museum Dresden vom 22. April bis 8. August 1999. Ostfildern-Ruit: Cantz, S. 37–47.
Oexle, O.G. (Hrsg.) (2007): Krise des Historismus – Krise der Wirklichkeit. Wissenschaft, Kunst und Literatur 1880–1932. Göttingen: Vandenhoek & Ruprecht.
Osterwalder, F. (1996): Pestalozzi – ein pädagogischer Kult. Weinheim: Beltz.
Overhoff, J. (2004): Quentin Skinners neue Ideengeschichte und ihre Bedeutung für die historische Bildungsforschung. In: Jahrbuch für historische Bildungsforschung 10, S. 321–336.
Petrat, G. (1979): Schulunterricht. Seine Sozialgeschichte in Deutschland 1750 bis 1850. München: Ehrenwirth.
Peukert, D.J.K. (1986): Grenzen der Sozialdisziplinierung. Aufstieg und Krise der deutschen Jugendfürsorge 1878 bis 1932. Köln: Bund.
Pilarczyk, U./Mietzner, U. (2005): Das reflektierte Bild. Die seriell-ikonographische Fotoanalyse in den Erziehungs- und Sozialwissenschaften. Bad Heilbrunn: Klinkhardt.
Pocock, J.G.A. (1996): Concepts and Discourses: A Difference in Culture? In: Lehmann, H./Richter, M. (Eds.): The Meaning of Historical Terms and Concepts. Washington D.C.: German Historical Institute, S. 47–58.
Popkewitz, Th.S./Franklin, B.M./Pereyra, M.A. (Eds.) (2001): Cultural History and Education. Critical Essays on Knowledge and Schooling. New York/London: Routledge.
Prange, K. (1983): Bauformen des Unterrichts. Bad Heilbrunn: Klinkhardt.
Raphael, L./Tenorth, H.-E. (Hrsg.) (2006): Ideen als gesellschaftliche Gestaltungskraft im Europa der Neuzeit. Beiträge für eine erneuerte Geistesgeschichte. München (Ordnungssysteme, Studien zur Ideengeschichte der Neuzeit, Bd. 20): Oldenbourg.
Reulecke , J. (Hrsg.) (2003): Generationalität und Lebensgeschichte im 20. Jahrhundert. München: Oldenbourg.
Sauer, M. (1998/1999): Bildungsgeschichte. In: Geschichte in Wissenschaft und Unterricht, 49. Jg., S. 761–774 (Teil 1) und 50. Jg., S. 50–59 (Teil 2).
Schilling, H./Ehrenpreis, S. (Hrsg) (2003): Erziehung und Schulwesen zwischen Konfessionalisierung und Säkularisierung. Münster u.a.: Waxmann.
Schmitt, H./Link, J./Tosch, F. (Hrsg.) (1997): Bilder als Quellen der Erziehungsgeschichte. Bad Heilbrunn: Klinkhardt.
Schriewer, J./Nóvoa, A. (2001): Education, History of. In: International Encyclopedia of the Social & Behavioral Sciences, Vol. 6, S. 4217–4223.
Schriewer, J. (1994): Welt-System und Interrelationsgefüge. Berlin: Humboldt-Universität.
Schuch, J./Tenorth, H.-E./Welter, N. (2008): Sozialgeschichte von Bildung und Erziehung – Fragestellungen, Quellen und Methoden der historischen Bildungsforschung. In: Faulstich-Wieland, H./Faulstich, P. (Hrsg.): Erziehungswissenschaft. Ein Grundkurs. Reinbek: Rowohlt, S. 267-290.
Spranger, E. (1949): Geschichte der deutschen Volksschule. Heidelberg: Quelle & Meyer.
Stone, L. (Hrsg.) (1974): The university in society. 2 Vols. Princeton: Princeton University Press.
Sutherland, N. (1998): Does Lawrence Cremin Belong in the Canon? In: Historical Studies in Education, 10, S. 205–211.
Tenorth, H.-E. (1986): Lehrerberuf s. Dilettantismus – Wie die Lehrprofession ihr Geschäft verstand. In: Luhmann, N./Schorr. K.E. (Hrsg.): Zwischen Intransparenz und Verstehen. Fragen an die Pädagogik. Frankfurt a.M.: Suhrkamp, S. 275–322.
Tenorth, H.-E. (2000): „Vom Menschen" – Historische, pädagogische und andere Perspektiven einer „Anthropologie" der Erziehung. Eine Sammelbesprechung neuerer Literatur. In: Zeitschrift für Pädagogik, 49. Jg., S. 905–925.
Tenorth, H.-E. (2006): Verwissenschaftlichung und Disziplinierung pädagogischer Reflexion – Zum Stand der Forschung. In: Jahrbuch für historische Bildungsforschung 12, S. 331–350.

Tenorth, H.-E. (2007a): Geschichte der Pädagogik – Probleme und Status einer bildungshistorischen Gattung, diskutiert an Albert Rebles „Geschichte der Pädagogik". In: Brinkmann, W.J./Schulz-Gade, H. (Hrsg.): Erkennen und Handeln. Pädagogik in theoretischer und praktischer Verantwortung. Würzburg: Ergon, S. 105–129.

Tenorth, H.-E. (2007b): Historische Bildungsforschung – geschriebene und ungeschriebene Geschichten. In: Handro, S./Jacobmeyer, W. (Hrsg.): Geschichtsdidaktik Identität – Bildungsgeschichte – Politik. Karl-Ernst Jeismann zum 50jährigen Doktorjubiläum. Münster: Universität Münster Zentrale Koordination Lehrerausbildung, S. 45–70.

Titze, H. (1990): Der Akademikerzyklus. Historische Untersuchungen über die Wiederkehr von Überfüllung und Mangel in akademischen Karrieren. Göttingen: Vandenhoeck & Ruprecht.

Tosch, F. (2006): Gymnasium und Systemdynamik. Regionaler Strukturwandel im höheren Schulwesen der preußischen Provinz Brandenburg 1890-1939. Bad Heilbrunn: Klinkhardt.

Wehler, H.-U. (1998): Die Herausforderung der Kulturgeschichte. München: C.H. Beck.

White, H.V. (1973/1991): Metahistory. Die historische Einbildungskraft im 19. Jahrhundert. Frankfurt a.M.: Fischer.

Wulf, C. (Hrsg.) (1997): Vom Menschen. Handbuch Historische Anthropologie. Weinheim: Beltz.

Zymek, P. (2002): Erinnerung und Gedächtnis – Neue Grundbegriffe einer historisch-systematischen Erziehungswissenschaft? In: Jahrbuch für historische Bildungsforschung 8, S. 345–363: Bad Heilbrunn: Klinkhardt.

Yvonne Ehrenspeck

Philosophische Bildungsforschung: Bildungstheorie

Einleitung

Zu den wenigen, die semantische Tradition der Erziehungswissenschaft dauerhaft leitenden Begriffen gehört, neben Begriffen wie Erziehung und Unterricht, auch der Begriff der Bildung. Trotz vielfältiger Kritik und ungeachtet vieler theoretischer wie methodischer Neuorientierungen der Disziplin Erziehungswissenschaft, insbesondere im Zuge der sogenannten „empirischen Wendung" (Roth 1962), konnten sich Begriff und Theorie der Bildung bis heute im pädagogischen Diskurs behaupten und gehören nach wie vor zum Kernbestand pädagogischer Reflexion. Sie kontinuieren in spezifischer Weise die Diskussion um paradigmatische Fragen der Pädagogik und stabilisieren eine besondere semantische Tradition. Zwar scheint damit die erstaunliche Persistenz dieser Reflexionsform gesichert, dennoch ist die Frage nach der empirischen Anschlussfähigkeit von Bildungsbegriff und Bildungstheorie bislang unbeantwortet geblieben. Im Folgenden wird deshalb der Frage nachgegangen, inwieweit man von philosophischer Bildungsforschung sensu Bildungstheorie sprechen kann.

Es ist vielfach darauf hingewiesen worden, dass das im Bildungsbegriff zentrierte Denken „seinem Anspruch nach primär Philosophie" ist (Jäger/Tenorth 1987, S. 73). So betonte bereits Wilhelm von Humboldt in der Blütezeit bildungstheoretischer Theoriebildung die Notwendigkeit einer philosophischen Theorie der Menschenbildung (vgl. Menze 1970, S. 140) und zeigte damit an, dass bildungstheoretische Reflexion grundsätzlich philosophische Reflexion zu sein hat. In der Geschichte der Disziplin hat sich dieses Denken lange gehalten und wird nach wie vor als Anspruch formuliert, denn Pädagogik sei, „wenn theorie-radikal, Philosophie" (Ruhloff 1985, S. 52; vgl. Vogel 1997, S. 63). In der Tat gibt es nach wie vor eine stabile Tradition bildungstheoretischer Reflexion sensu Philosophie (Vogel 1997, S. 63) und es existiert eine ungewöhnliche Kontinuität bildungsphilosophischer Fragestellungen (vgl. Ehrenspeck/Rustemeyer 1996, S. 368ff.; Vogel 1997, S. 63). Trotz dieser Kontinuität lässt sich dennoch ein Wandel des Stellenwerts philosophischer Reflexion innerhalb der Disziplin Erziehungswissenschaft beobachten (vgl. Vogel 1997, S. 63ff.). Beginnend mit dem Übertrag des in der vorklassischen Phase von theologisch-mystischer sowie christlich und antik-humanistisch geprägter Semantik des Bildungsbegriffs in die pädagogische Fachsprache Mitte des 18. Jahrhunderts (vgl. Menze 1970, S. 136f.), ist die bildungstheoretische Reflexion bis ins 20. Jahrhundert eingebunden in die großen philosophischen Systementwürfe von Kant, Fichte oder Hegel und wurde in ihrer Thematik wesentlich in den klassischen, neuhumanistischen Bildungstheorien eines Herder, Humboldt oder Schiller entwickelt. Diese ausdrückliche Grundlegung einer „Theorie" der Bildung kann als das „take-off der Pädagogik als Wissenschaft" beurteilt werden (vgl. Luhmann/Schorr 1982, S. 140). Das enge Verhältnis von Pädagogik und Bildungsphilosophie insgesamt hält sich im Wesentlichen bis in die 60er Jahre des 20. Jahrhunderts und ist dadurch bestimmt, dass „Pädagogik grundsätzlich eine philosophische Disziplin ist, indem sie mit den

Denkmitteln der Philosophie pädagogisch-theoretische und pädagogisch-praktische Probleme reflektiert" (Vogel 1997, S. 63). Erst mit der in den 60er Jahren aufkommenden „realistischen Wendung" (vgl. Roth 1962) wird diese Wahlverwandtschaft von Philosophie und Pädagogik als vorherrschender Form pädagogischer Reflexion und Forschung radikal kritisiert und um die empirische Sozialforschung ergänzt. Im Zuge dieser Entwicklung war für kurze Zeit auch eine Deszendenz von Bildungsbegriff und Bildungstheorie zu beobachten, die aber spätestens seit den 80er Jahren des 20. Jahrhunderts überwunden war. Seit Beginn der 1980er Jahre sind indessen Tendenzen zu beobachten, Bildungstheorie empirisch anschlussfähig zu reformulieren, um damit eine Anbindung der Bildungstheorie an sozialwissenschaftliche Forschung zu garantieren.

Dieser Frage nach der möglichen Kompatibilität von (empirischer) Bildungsforschung und philosophischer Bildungstheorie wird im Folgenden in drei Schritten nachgegangen.

Nach der Klärung des Status des Begriffs Bildung innerhalb der Erziehungswissenschaft, einer Darstellung seiner Verwendungs- und Thematisierungsweisen und der darin auffindbaren Paradoxien (1) wird auf die inhaltlichen Dimensionen und Implikationen von Bildungstheorien und deren Forschungsrelevanz eingegangen (2). Abschließend wird die Frage nach einer möglichen empirischen Anschlussfähigkeit von Bildungsbegriff und Bildungstheorie erörtert (3).

1 Bildung – Begriff und Semantik

Wie im Diskurs der Öffentlichkeit, findet man den Begriff Bildung auch im Kontext der Disziplin Erziehungswissenschaft in vielerlei Verwendungsweisen vor. Im historischen Verlauf hat dieser Begriff zahlreiche semantische Elemente akkumuliert und zu unzähligen semantischen Konnotationen angeregt. Zudem ist er als Terminus Bestandteil vieler Komposita, wie Bildungsplanung, Bildungsökonomie, Bildungspolitik oder auch Bildungsforschung. Bildung gilt als einer der Kernbegriffe der Disziplin, dessen kontinuierlicher Gebrauch auch von den ständigen Neuerungen der theoretischen und methodologischen Selbstbeschreibungen in der Kommunikation der Disziplin nicht tangiert wurde. Zwar ist insbesondere in der Zeit der Umstellung der Disziplin auf eine auch empirisch forschende Sozialwissenschaft der Versuch unternommen worden, den Bildungsbegriff durch andere Begriffe, wie Lernen oder Identität zu ersetzen, nicht zuletzt um eine bessere Operationalisierbarkeit und Beschreibbarkeit zu erreichen; doch Untersuchungen der empirischen Wissenschaftsforschung konnten nachweisen, dass der hohe Stellenwert des Bildungsbegriffs innerhalb der Disziplin seit Konsolidierung der Pädagogik als Wissenschaft ungebrochen geblieben ist (vgl. Keiner 1999). Mit Beginn der 1980er Jahre ließ sich sogar eine erneute Konjunktur des Bildungsbegriffs sowie der bildungstheoretischen Reflexion beobachten (vgl. Hansmann/Marotzki 1988; 1989). Zwar wurden in dieser Diskussion auch „Korrekturen am Bildungsbegriff" (Mollenhauer 1987) und an den bekannten Bildungstheorien vorgeschlagen, aber grundsätzlich wurde, neben den bekannten kritischen Einschätzungen des Begriffs (vgl. Ehrenspeck/Rustemeyer 1996; Bollenbeck 1996; Lenzen 1997), auf die Argumentationen klassischer und moderner Bildungstheorie erneut positiv Bezug genommen. Neben dieser Permanenz des Bildungsdiskurses in der Disziplin lassen sich auch deutlich unterschiedliche Thematisierungsformen von Bildungsbegriff und Bildungstheorie unterscheiden. Dabei lässt sich zeigen, dass der Bildungsdiskurs nur in Teilen mit dem Programm einer

Pädagogik als Wissenschaft respektive dem einer forschungsorientierten Disziplin kompatibel ist (vgl. Tenorth 1997, S. 977).

Grundsätzlich lässt sich feststellen, dass der Bildungsbegriff ein disziplinübergreifender Begriff ist, der im strengen Sinne nicht als wissenschaftlicher Begriff gelten kann (vgl. Lenzen 1999, S. 73ff.), sondern eher als Deutungsmuster zu begreifen ist (vgl. Bollenbeck 1996). Zwar wird der Bildungsbegriff als Grundbegriff der Erziehungswissenschaft gehandelt (vgl. Lenzen 1994; Krüger/Helsper 1995), aber er wird auch in anderen Disziplinen benutzt und fungiert insofern eher als „multidisziplinäre Substratkategorie" (Tenorth 1997, S. 975), die als solche unterschiedliche Forschungen provoziert, die grundsätzlich durch „alle Verfahren wissenschaftlicher Arbeit", theoretisch wie empirisch, charakterisiert sind (vgl. Tenorth 1997, S. 975). Als gemeinsame Merkmale einer solchen disziplinübergreifenden Diskussion über Bildung wurde die „empirische Referenz", der „historische Index" und die „soziale Konnotation" identifiziert (vgl. Tenorth 1997, S. 975). Als Grundthema von Bildungstheorien lässt sich die „Subjekt-Welt-Relation" bestimmen, die jedoch jeweils heterogen diskutiert und theoretisch vielfältig gefasst wird (vgl. Tenorth 1997, S. 975). Weiterhin wurde darauf hingewiesen, dass sich bei aller Heterogenität in der inflationären Gebrauchsweise des Begriffs Bildung im wissenschaftlichen wie alltäglichen Diskurs insbesondere eine „Heteronomie" von Betrachtungs- und Thematisierungsweisen konstatieren lässt (vgl. Tenorth 1997, S. 971). Tenorth hat diesbezüglich u.a. folgende Thematisierungsweisen unterschieden:

- Alltagssprachliche und untheoretische Sprechweisen, z.B. im Alltagsdiskurs, dem Diskurs der Öffentlichkeit, im Medien- oder Politiksystem (vgl. Tenorth 1997, S. 976f.).
- Präzisierungen, Übersetzungen und Analysen des Bildungsbegriffs in unterschiedlichen wissenschaftlichen Disziplinen, wie etwa der Soziologie, der Geschichtswissenschaft, der Germanistik oder der Erziehungswissenschaft (vgl. Tenorth 1997, S. 976f.).
- Bildungstheoretische, philosophische, begriffskritische und geltungstheoretische Thematisierungen von Bildung, wie sie spezifisch in der Pädagogik zu finden sind (vgl. Tenorth 1997, S. 976f.): z.B.: a) Klassikerpflege und -exegese; b) Die Verwendung des Bildungsbegriffs in „geschichtsphilosophischer, weltanschaulicher und utopischer Weise"; c) Die Verhandlung des Bildungsbegriffs als „Platzhalter für das Unsagbare" (vgl. Tenorth 1997, S. 976ff.).
- Die unter b) und c) genannten Thematisierungsformen von Bildung erweisen sich nach Meinung Tenorths als wenig kompatibel mit Forschung und Wissenschaft. Indem der Bildungsbegriff als „Platzhalter für das Unsagbare" gefasst werde, ließe sich die Rede über Bildung und entsprechende Bildungstheorien als „Kritik der Bildungsforschung" verstehen bzw. der Bildungsbegriff finde sich „jenseits der Wissenschaften plaziert" (Tenorth 1997, S. 977).

Dieser spezielle Diskurs über Bildung hat eine lange Tradition. Er rekurriert auf spezifische theologische wie philosophische Denkmuster (vgl. Lenzen 1997) und lässt sich strukturell als „bestimmt unbestimmte" Rede kennzeichnen, die in ihrer logischen Struktur paradox angelegt, aber für die Disziplin hochfunktional ist (vgl. Ehrenspeck/Rustemeyer 1996).

Untersucht man diese Bildungssemantik im Hinblick auf ihre Bedeutung für die Disziplin und fragt man nach den strukturellen Gründen für ihre Persistenz, so zeigt sich, dass die eigentümliche Funktionalität des Begriffs Bildung aus ihrer metaphorischen Struktur (vgl. Meyer-

Drawe 1999) sowie aus ihrer Eigenschaft resultiert, „als paradox angelegtes Symbol differenter Identität jede Kommunikation über Präsentes in der Differenz von Vergangenheit und Zukunft, jede Bestimmung im Lichte des Möglichen aufzulösen. Als theoretische Figur beschreibt sie einen weder reflexiv noch praktisch abzuschließenden Prozeß" (Ehrenspeck/Rustemeyer 1996, S. 389). Die Bildungssemantik weist somit eine differentielle Struktur und eine konstitutive Unbestimmtheit auf. Als „bestimmte Kommunikation über Unbestimmtes und als Evokation des Abwesenden diskreditiert und transzendiert die Bildungssemantik jede Gegenwart und immunisiert gegen Enttäuschungen" (Rustemeyer 1997, S. 126). Darüber hinaus ist der Bildungsbegriff dadurch „offen genug, um problemlos mit zeitgemäßen Bedeutungen beladen zu werden, spezifisch genug, um die disziplinäre Identität zentrieren und kontrollieren zu können und umfassend genug, um bei Bedarf die Gegenwart im Blick auf mögliche Zukünfte extensiv auslegen zu können" (Keiner 1998, S. 6). Das „Leerwerden" der „Kontingenzformel" Bildung garantiert demnach seine „Weiterverwendung" (vgl. Luhmann/Schorr 1988, S. 83).

Zudem stellen sich der Bildungsbegriff und seine Respezifikationen in Bildungstheorien als eine Art semantische Überbrückungsmöglichkeit dar, für das, was sich der notwendig verallgemeinerungsfähigen sozialwissenschaftlichen Theoriebildung entzieht. Keiner sieht den Erfolg solcher Begriffe wie Bildung und der bildungstheoretischen Reflexion deshalb als eine Konsequenz der gegenstandskonstitutiven Annahmen, die die Pädagogik als Fach zentrieren. Solche Annahmen sind: „die Einzigartigkeit von Subjekten, die Hyperkomplexität von Situationen, die Gegenwart als defizienter Modus möglicher alternativer Zukünfte und die Ungewißheit über die Zukünftigkeit des Gegenwärtigen, vice versa" (Keiner 1998, S. 6). Diese Annahmen stünden (sozial-)philosophischer Reflexion näher als der sozialwissenschaftlichen Analyse und der empirischen Forschung. Als Singularitäten oder als zukunftbezogenes Wissen entzögen sie sich gerade der sozialwissenschaftlichen Analyse. Ein Begriff wie Bildung könne deshalb durch seinen weiten, gering spezifizierten Bedeutungsraum dieses zukunftsbezogene Nichtwissen überbrücken (vgl. Keiner 1998, S. 6). In einer solchen Perspektive ist der Bildungsbegriff für eine wissenschaftliche Verwendungsweise notwendigerweise ungeeignet und für Forschung nicht anschlussfähig.

2 Dimensionen des Bildungsbegriffs und deren Implikationen für Bildungstheorie und philosophische Bildungsforschung

Es ist allerdings auch darauf hingewiesen worden, dass Bildungstheorie nicht nur als „Kontingenzformel" (Luhmann/Schorr 1988, S. 58) zu handhaben ist, sondern dass Bildungstheorien einen Bestand an systematischen Problemen bewahren, die forschungsrelevant sind – bzw. die Forschung anregen können (vgl. Tenorth 1997, S. 972) – und es wurde konstatiert, dass sich einige pädagogische Themen, die die Bildungsforschung aufgegriffen habe, bereits in den Schriften pädagogischer Klassiker, wie etwa denen Schleiermachers, deutlich ablesen ließen und insofern grundlegende Themen der Bildungsforschung bereits im bildungstheoretischen Diskurs benannt worden seien (vgl. Tippelt 1998, S. 244). Tatsächlich lassen sich in den Bildungstheorien unterschiedliche Dimensionen des Bildungsbegriffs identifizieren, von denen sich wichtige Fragestellungen und Forschungsinteressen der Pädagogik ableiten lassen. Vor diesem Hintergrund erweist sich der Bildungsbegriff „weniger als indeterminiert als überdeterminiert" (Lenzen 1997, S. 124). Aufgrund der vielen semantischen Konnotationen, die mit dem Bildungsbegriff einhergehen, lässt sich dieser, im Gegensatz zu Begriffen wie Lernen oder Sozialisation, nicht präzise definieren, sondern nur dimensionieren. Gerade diese Überdeterminiertheit der Dimensionen scheint aber den Bildungsbegriff attraktiv zu machen, da er immer mit einem semantischen Überschuss operieren kann, der in präzisen wissenschaftlichen Begriffen nicht gegeben ist. Dies mag auch ein Grund für die zu beobachtende Unersetzbarkeit und mögliche Unübersetzbarkeit des Bildungsbegriffs sein, der zudem als ein typisch deutscher Begriff ausgewiesen wird (vgl. Bollenbeck 1996).

Im Anschluss an Pleines (1989) hat Lenzen folgende Dimensionen des Bildungsbegriffs unterschieden (vgl. Lenzen 1997, S 125ff.):

1.) Bildung als individueller Bestand
2.) Bildung als individuelles Vermögen
3.) Bildung als individueller Prozess
4.) Bildung als individuelle Selbstüberschreitung und als Höherbildung der Gattung
5.) Bildung als Aktivität bildender Institutionen oder Personen

Bildung lässt sich allgemein beschreiben als: „subjektive Aneignung des objektiven Gehalts von Kultur", in der „auf der einen Seite allgemeine oder gar universale Bestimmungen des Selbst- und Weltverhältnisses wie Vernunft, Rationalität, Humanität, Sittlichkeit verschränkt sind oder sein sollten mit den auf der anderen Seite besonderen Bestimmungen konkreter Individualität von Personen" (Langewand 1994, S. 69). So stellen sich die fünf Dimensionen von Bildung inhaltlich wie folgt dar:

1.) *Bildung als individueller Bestand* ist eine Dimension, die fast allen Bildungstheorien inhärent ist. Die Eigenschaften des Gebildeten werden in dieser Dimensionierung als Besitz oder Bestand gefasst. Der so Gebildete muss über ein bestimmtes Wissen und über spezifische Kompetenzen verfügen können. Diese Art der Bildung versteht sich auch als Teilhabe an den Gütern der Bildung und ist Resultat eines individuellen Bildungserwerbs (vgl. Pleines 1989, S. 16; Lenzen 1997, S. 125f.). Diese Dimension der Bildung zeichnet sogenannte „materiale Bildungstheorien" aus, die von einer Identifikation von Bildungsinhalt und Bildungsgehalt ausgehen (vgl. Langewand 1994, S. 82). Ein derart inhaltlich bestimmtes Bildungswissen ist insbesondere als Enzyklopädismus, als Scientismus und als Theorie des Klassischen aufgetreten (vgl. Klafki 1959; Blankertz 1978, S. 67). Zum Problem wird in diesem Zusammenhang jedoch immer die Legitimation der je spezifischen Auswahl von Bildungsinhalten und es stellt sich die Frage, wie dieses Bildungsbestandswissen in konkreten Situationen überhaupt mobilisiert und sinnvoll angewandt werden kann. Aufschlussreich für solche Fragestellungen ist hier die Bildungsforschung in der Gestalt der konstruktivistischen Lernforschung, die nahegelegt hat, dass Wissensbestände häufig besser in dem Kontext aufgerufen werden können, in dem ein je spezifisches Wissen angeeignet wurde (vgl. Gruber/Law/Mandl/Renkl 1996, S. 168ff.; Gruber/Mandl/Renkl 1999). Vor diesem Hintergrund stellen sich die materialen Bildungstheorien eher als „Fehlform" bildungstheoretischer Reflexion heraus (Langewand 1994, S. 82), da sie nicht mit den Ergebnissen der Lernforschung kompatibel zu machen sind.

2.) Im pädagogischen Diskurs um Bildung werden den materialen Bildungstheorien regelmäßig Konzeptionen formaler oder funktionaler Bildungstheorien gegenübergestellt. Sie werden beschrieben als eine umfassendere Dimension des Bildungsbegriffs. In diesem Verständnis wird Bildung unabhängig von den Bildungsinhalten „als Vermögen i. S. von Fähigkeit und Kompetenz" begriffen (Lenzen 1997, S. 127). *Bildung* wird hier also als *individuelles Ver-*

mögen aufgefasst. In dieser Konzeption wird auf Kräfte, Kompetenzen, Qualifikationen, Vermögen, Fähigkeiten, Fertigkeiten und Verfahren gesetzt, die es dem Individuum ermöglichen sollen, sich zu bilden (vgl. Langewand 1994, S. 83). Doch auch an den formalen Bildungstheorien wurde Kritik geübt. So ist die Übertragbarkeit dieser formalen Kompetenzen auf andere Inhalte begrenzt. Zudem übersehen die formalen Bildungstheorien die je spezifische Struktur eines Inhalts. Inhalte sind nicht neutral und haben insofern immer schon Nebenwirkungen, die mitberücksichtigt werden müssen.

Einen Ausweg aus dieser Gegenüberstellung und den Verkürzungen von materialen und formalen Bildungstheorien stellt deshalb Klafkis Vermittlung von materialen und formalen Bildungstheorien im Begriff der *kategorialen Bildung* dar (vgl. Klafki 1959).

Für die Konzeption der kategorialen Bildung, die Klafki aus der Diskussion der materialen und formalen Bildungstheorien gewinnt, ist die wechselseitige Erschließung von „Ich und Welt" zentral. Bildung ist „Erschlossenheit einer dinglichen und geistigen Wirklichkeit für einen Menschen und zugleich Erschlossensein dieses Menschen für seine Wirklichkeit" (Klafki 1963, S. 43). Klafki hebt ab auf die Wechselseitigkeit eines Prozesses, der durch die subjektivtätige Aneignung paradigmatischer Inhalte konstituiert ist (vgl. Hellekamps 1991, S. 162).

Nach Klafki werden die Individuen nicht einfach dadurch gebildet, dass sie bloß unterschiedliche Inhalte in sich aufnehmen. Die Inhalte sollen vielmehr das Individuum in seiner Eigenaktivität ansprechen und in ihm einen Rezeptionsvorgang anregen. Dieser Prozess der kategorialen Bildung ist in Anlehnung an Klafki insofern wie folgt zusammenzufassen: „Von der subjektiv-formalen Seite her ist der Bildungsvorgang deshalb durch die Eigenaktivität des Heranwachsenden charakterisiert. Diese Eigenaktivität drückt sich als möglichst selbständiges Fragen und Problemlösen des Heranwachsenden aus. Insofern bestätigt ein lernendes Individuum wohl gewisse seiner Fähigkeiten. Aber es betätigt sie nicht als vorgegebene Vermögen, die dadurch zu bestimmten Funktionen für alle möglichen Inhalte entwickelt würden. Das meinte die Theorie der funktionalen Bildung. Vielmehr ist die Eigenaktivität stets durch den am besonderen Inhalt gewonnenen allgemeinen Gehalt mitbestimmt. Die Eigenaktivität ist angeregt durch dies Allgemeine und operiert mit diesem Allgemeinen, das eine erschließende Funktion hat. In diesem übertragenen Sinn können die Fähigkeiten des heranwachsenden Menschen durch einen Bildungsgehalt erweitert werden. Dadurch wächst zugleich die Freiheit des eigenen Nachdenkens, Fragens, Urteilens oder Schließens, welches die methodische Bildung schulen wollte" (Hellekamps 1991, S. 161). Im Lichte der Theorie kategorialer Bildung stellen sich gängige Begriffe, wie etwa „Schlüsselqualifikationen", als durchaus problematisch dar. Denn in diesem Begriff wird der Vorgang des wechselseitigen Erschlossenseins verkürzt auf bloß formale Kompetenzen. Auch in diesem Falle erweist sich die Lernforschung als fruchtbarer, da sie die vielfältigen Aspekte des wechselseitigen Erschlossenseins über Begriffe wie „situiertes Lernen" (vgl. Gruber/Law/Mandl/Renkl 1996, S. 168ff.) empirisch anschlussfähig zu beschreiben in der Lage ist.

3.) Als eine weitere wichtige Dimension des Bildungsbegriffs erweist sich der Prozesscharakter der Bildung, auf den viele bildungsphilosophische Ansätze der Tradition hingewiesen haben. *Bildung als individueller Prozess* verhandelt den Bildungsprozess als eine „dynamische, stets konkrete und individuelle Bewegung, als ein ständiges Sichüberschreiten, das jeden vorgegebenen Zustand und Bestand hinter sich läßt" (Pleines 1989, S. 22). Dieses Moment der Prozessualität findet sich auch in einem klassischen Begriff bildungsphilosophischer Reflexion, der „Bildsamkeit" (vgl. Langewand 1989, S. 204ff.). Denn die Bildsamkeit des Menschen ist im Sinne „seines interaktiven Bestimmtseins zur Freiheit, Geschichtlichkeit und Sprache menschlicher Praxis" nicht zeitlich begrenzt (Benner 1987, S. 62). So formulierte schon W. Flitner die Bildsamkeit als ein Phänomen, das sich auf allen Stufen der menschlichen Individualentwicklung zeige (vgl. Stross 1994, S. 420). Der aus dem Kontext der Bildungsforschung stammende Begriff des „life-long-learnings" (vgl. Lengrand 1972) findet insofern im bildungsphilosophischen Begriff der Bildsamkeit einen Vorläufer (vgl. Pöggeler 1964, S. 215). Es ist allerdings darauf hingewiesen worden, dass das Maß der Freiheit, welches der lebenslange Bildungsprozess dem Individuum gewähre, in den einzelnen Bildungstheorien unterschiedlich konzipiert worden sei. Dennoch könne man den Bildungsprozess, ohne Ansehung der jeweiligen Grenzen einzelner Bildungskonzepte, typisieren als einen Vorgang, „der aufgrund innerer Regeln des Individuums in einem Verhältnis aus innerer Determination, Freiheit und äußerer Determination durch das Individuum als Handlungssubjekt vollzogen" werde (Lenzen 1997, S. 129). In diesem Sinne von Bildung als Selbstbildung komme diese Denkfigur dem Autopoiesis- bzw. dem Selbstorganisationsgedanken nahe (vgl. Lenzen 1997, S. 129), der wiederum anschlussfähig ist für empirische Bildungsforschung, insofern er mit kognitionspsychologischen und konstruktivistischen Lerntheorien kompatibel ist.

4.) *Bildung als individuelle Selbstüberschreitung und als Höherbildung der Gattung* ist eine Dimension des Bildungsbegriffs, die auch nach der Kritik der postmodernen Philosophie an den „großen Erzählungen" (vgl. Lyotard 1986) in manchen Bildungstheorien weiterhin Bestandteil des Bildungsbegriffs geblieben ist, und zwar als säkularisierte Version des Imago dei-Gedankens, der in modernen Bildungstheorien als Fortschrittsgedanke weitergeführt wurde. Dieser Fortschrittsgedanke speist sich aus der Herkunft des Bildungsbegriffs aus der christlichen Tradition, in der Bildung als ein Prozess beschrieben wurde, in dessen Verlauf das Individuum versucht, der Imago dei, dem Vorbild, das Gott gibt, kontinuierlich näher zu kommen. Dies ist allerdings ein unabschließbarer Vorgang, da der Mensch nur gottähnlich ist, aber nicht Gott selbst sein kann. Mit dem Verlust des Glaubens an die Imago dei-Vorstellung war jedoch diese Denkfigur nicht völlig verabschiedet worden, sondern sie fand sich in den unzähligen fortschrittsorientierten Bildungstheorien wieder, in denen Bildung zum Garant einer zukünftigen gerechteren Gesellschaft, einer künftig gelingenden Interaktion von Individuen oder einer friedlichen und mit der Natur in Einklang stehenden Lebensweise des Menschen wurde, wie sie insbesondere in Konzeptionen von ökologisch orientierten Bildungstheorien zu finden ist (vgl. Kern/Wittig 1982).

Im Zuge der postmodernen Kritik an derartigen Emanzipations- und Fortschrittsgeschichten wurde jedoch auch die Bildungstheorie auf die Problematik dieser Bildungsdimension aufmerksam und es entstanden bildungstheoretische Ansätze, die auf eine Pluralisierung des Bildungsgedankens setzten und insofern die „Zukunft des Bildungsgedankens" auch unter den Bedingungen der Postmoderne zu sichern suchten (vgl. Koch/Marotzki/Schäfer 1997; Koller 1999). Der Kritik des Gedankens einer Höherbildung der Gattung zur Seite gestellt sind im Zuge der Kenntnisnahme postmoderner oder poststrukturalistischer Philosophie, die verbunden ist mit Namen wie Lyotard, Foucault und Derrida, auch die Abweisung der „Illusionen von Autonomie" (Meyer-Drawe 1990) und der Forderung einer Identität auf Seiten des Individuums. An poststrukturalistischer Theorie orientierte Bildungsphilosophie benennt die Probleme und Implikationen, die ein subjekt- und identitätsorientierter Bildungsbegriff impliziert und weist auf die dahinterstehende christliche Tradition des Imago dei-Gedankens hin (vgl. Meyer-Drawe 1991; Lenzen 1987). Bildungstheoretische Reflexion bietet vor diesem Hintergrund eine Möglichkeit, gängige Begrifflichkeiten moderner Pädagogik und auch der empirischen Bildungsforschung, wie beispielsweise „Identität" (vgl. Krappmann 1980), kritisch zu hinterfragen. Bildungstheorie als Bestandteil Allgemeiner Pädagogik kann hier als „Reflexionsinstanz der Erziehungs- und Bildungsforschung" (Tippelt 1998, S. 255) fungieren. Bildungstheoretische Reflexion kann zudem auch empirische Bildungsforschung anregen. Betrachtet man beispielsweise die im Zusammenhang der Postmodernediskussion in der Pädagogik seit Mitte der 1980er Jahre zu beobachtende Ästhetikorientierung (vgl. Ehrenspeck 1998), so zeigt sich, dass die bildungstheoretische Theoriebildung ein Thema lanciert hat, das auch ein Gegenstand empirischer Bildungsforschung werden müsste. So wurde im Zuge der Diskussion um das Verhältnis von Pädagogik und Ästhetik auf die ästhetische Dimension von Bildung hingewiesen, die im Gegensatz zu der kognitiven und moralischen Dimension von Bildungsprozessen noch nicht von der empirischen Bildungsforschung berücksichtigt worden ist (vgl. Mollenhauer 1996; Ehrenspeck 1998, S. 292).

5.) In Bildungstheorien wird darüber hinaus reflektiert, dass *Bildung* auch *als eine Aktivität bildender Institutionen oder Personen* zu verstehen ist. Bereits in den klassischen Bildungstheorien, wie denen Schleiermachers, Humboldts oder Herbarts ist auf die Bedeutung bildender Institutionen und Personen hingewiesen worden. Und auch in einer der anspruchsvollsten Bildungstheorien der heutigen Zeit, dem Entwurf einer bildungstheoretisch fundierten „Allgemeinen Pädagogik" (Benner 1987), ist eine „Theorie pädagogischer Institutionen" zentrales Thema (Benner 1987, S. 165ff.). Benner betont deshalb, dass sich die Theorie pädagogischer Institutionen keineswegs additiv in den entwickelten Zusammenhang erziehungstheoretischer und bildungstheoretischer Fragestellungen einreihe. Denn für sie gelten dieselben konstitutiven und regulativen Prinzipien pädagogischen Denkens und Handelns, auf die sich die Fragestellungen der Theorie der Erziehung und der Theorie der Bildung gründen würden. Eine derartige Theorie der pädagogischen Institutionen frage nach dem gesellschaftlichen Ort, an dem die pädagogische Praxis unter Anerkennung der für sie konstitutiven und regulativen Prinzipien so ausgeübt werden kann, dass sie „im Sinne der Theorie der Erziehung wirkt und ihre Aufgaben im Sinne der Theorie der Bildung verfolgt" (Benner 1987, S. 166). Bildungstheorie anerkennt insofern nicht die bloße Faktizität institutionalisierter Bildung, sondern sie formuliert immer auch einen kritischen, „nichtaffirmativen" Begriff von Bildung (Benner 1987, S. 127). Es ist deshalb nach Benner das Thema der bildungstheoretisch reflektierten Theorie pädagogischer Institutionen, „die vorgegebenen Institutionen pädagogischen Handelns daraufhin zu untersuchen und dahingehend zu befragen, ob und wie in ihnen die individuelle, in den konstitutiven Prinzipien der Bildsamkeit und der Aufforderung zur Selbsttätigkeit begründete Seite mit der gesellschaftlichen, den regulativen Prinzipien eines nichthierarchischen Verhältnisses der Einzelpraxen ausdifferenzierter Humanität und der Überführung gesellschaftlicher Determination in pädagogische sowie praktische Determination verpflichteten Seite pädagogischen Handelns zusammenstimmt" (Benner 1987, S. 166).

Benners Ausführungen verweisen auf ein Grundproblem dieser Bildungsdimension. Denn die institutionelle Dimension des Bildungsbegriffs, in der Bildung als Ergebnis bildender Institutionen und Personen gefasst wird, kann in einem Widerspruch zu dem „eigentlichen" Begriff von Bildung stehen, den sie zu ihrer Legitimation bedarf und vor dem als vor ihrem kritischen Widerpart sie sich unaufhörlich neu legitimieren muss. Bildungstheorie ist deshalb immer auch das „Abarbeiten pädagogischer und schulpädagogischer Programmatik und Realität an einem in normativer oder kritischer Funktion in Anspruch genommenen Bildungsbegriff" (Schwenk 1989, S. 217). Vor diesem Hintergrund erweist sich Bildungstheorie in dieser Fassung als eine Möglichkeit der Kritik an problematischen Entwicklungen des Bildungswesens, allerdings noch ohne Bezüge zur empirischen Sozialforschung herzustellen (vgl. König 1999, S. 30).

Dieser Haltung ist ein Verständnis von empirischer Bildungsforschung analog, das der Bildungsforschung eher Orientierungs- und Aufklärungs-, denn Steuerungsrelevanz zuweist (vgl. Tippelt 1998, S. 248). Zeigt die bildungstheoretische Reflexion die Möglichkeiten gelingender und die Implikationen nicht gelingender Bildungsprozesse auf, so kann die empirische Bildungsforschung u.a. „nicht-intendierte Nebenfolgen von Handlungen und sozialen Entwicklungen durch empirisches Forschen sichtbar machen" (Tippelt 1998, S. 247). Bildungstheorie muss also nicht notwendigerweise als Kritik der Bildungsforschung verstanden werden (vgl. Tenorth 1997, S. 977), sondern kann auch als ein spezifischer Reflexionshorizont fungieren, der für empirische Bildungsforschung durchaus relevant sein kann, insofern er auf paradigmatische Problemstellungen der Disziplin verweist. Umgekehrt leistet Bildungsforschung einen Beitrag zur empirischen Verifikation bildungs- und erziehungsspezifischer Probleme im Kontext institutionalisierter Bildungsprozesse. Zu Beginn des 21. Jahrhunderts wird diesem Zusammenhang von Bildung, Institution und Organisation, erneut Rechnung getragen und nach der Mess- und Vergleichbarkeit von Bildung gefragt. Ausgehend von internationalen Vergleichsstudien, wie TIMSS und PISA, soll Bildung zukünftig in Kompetenzmodellen gefasst und im Modus von Bildungsstandards evaluierbar gemacht werden (vgl. Baumert 2002, S. 100ff.; vgl. Benner 2007). Wigger sieht in den kritischen Auseinandersetzungen um die Notwendigkeit einer bildungstheoretischen Reflexion der empirischen Bildungsforschung im Ausgang von PISA sogar die Chance einer möglichen Überwindung des Dualismus von Bildungstheorie und Bildungsforschung. So versteht Wigger „Benners als auch Pekruns Kritik an PISA als Überwindung von gegenseitiger Ignoranz und als Annäherung bzw. als Perspektive einer wechselseitigen Rezeption und einer möglichen Kooperation von Bildungstheorie und Bildungsforschung" (Wigger 2004, S. 484). So haben insbesondere die internationalen Vergleichstudien wie TIMSS und PISA auch einen konstruktiven Diskurs um eine adäquate Verhältnisbestimmung von Bildungsphilosophie, Bildungstheorie und Bildungsforschung angestoßen (vgl. die Beiträge in Pongratz/Wimmer/Nieke 2006 sowie Benner 2007). Daraus folgt als weiteres Desiderat für die Bildungsphilosophie zudem die Kenntnisnahme und verstärkte Reflexion forschungspolitischer Umbrüche auch im internationalen Vergleich (vgl. Keiner 2006) sowie die Berücksichtigung der Diskussionen um „Accountability, Standards und Testing", wie sie im internationalen Kontext von der „philosophy of education" geführt werden (vgl. Noddings 2007).

3 Bildungstheorie und empirische Bildungsforschung

Das Bildungsdenken ist von v. Prondczynsky in einem historischen Rückblick auf den Wandel der Bildungssemantik seit v. Humboldts Grundlegung moderner Bildungstheorie, als „Bildungstheorie ohne Bildungsforschung" ausgewiesen worden: „Zum einen konnte bildungstheoretisches und -kritisches Denken sich über weite Strecken ohne vorhandene Referenzoptionen auf Bildungsforschung entfalten; zum anderen legitimierte Bildungsforschung sich seit den 60er Jahren des 20. Jahrhunderts ohne systematischen Bezug auf bildungstheoretische Optionen" (v. Prondczynsky 2004 zit. n. Wigger 2004, S. 478). Wurde aus Gründen der Anschlussfähigkeit an empirische Forschung in den 60er und 70er Jahren des 20. Jahrhunderts versucht, den Bildungsbegriff durch andere Begriffe wie Lernen oder Sozialisation zu ersetzen, so wird im erziehungswissenschaftlichen Diskurs seit den 1990er Jahren explizit die Frage nach der empirischen Anschlussfähigkeit des Bildungsbegriffs bzw. nach der Kompatibilität von Bildungstheorie mit empirischer Bildungsforschung gestellt (vgl. Tenorth 1997; Koller 1999, S. 14; Wigger 2004; Pongratz/Wimmer/Nieke 2006; Benner 2007), da sich gezeigt hat, dass solche Ersetzungen letztlich nicht in Gänze das beschreiben können, was dem Bildungsbegriff an Bedeutungsdimensionen inhärent ist (vgl. Lenzen 1997, S. 125). Tenorth, der von einem „Dualismus" von Bildungstheorie und Bildungsforschung ausgeht (vgl. Wigger 2004, S. 481), da es sich um zwei eigenständige Diskurse handele, die nicht einfach nur heterogen seien, sondern sich heteronomen Betrachtungsweisen verdankten, empfiehlt „einen durch Forschung präzisierten und geklärten Begriff der Bildung als Grundlagenbegriff" (Tenorth 1997, S. 971) auszuweisen und „systematisch den Zusammenhang von Bildungsforschung und Bildungstheorie herzustellen" (ebd., S. 980). So wird in den 1990er Jahren die in wesentlichen Teilen empirisch unaufgeklärte Genese von Bildung als Problem konstatiert und als Desiderat empirischer Forschung eingefordert, da sonst mit einem Verlust der Trennschärfe des Bildungsbegriffs zu rechnen sei (vgl. Miller-Kipp 1992, S. 11) oder es wird darauf hingewiesen, dass insbesondere die Kategorie Biographie geeignet sei, dem „einheimischen Begriff" Bildung in der Disziplin auch empirische Anschlussfähigkeit zu garantieren (vgl. Marotzki 1996, S. 80). Es wird deshalb vorgeschlagen, die Kluft zwischen Bildungstheorie und empirischer Forschung mit den Mitteln der (sozialwissenschaftlichen) Biographieforschung zu überbrücken (vgl. Marotzki 1990; 1996; 2006; Kokemohr/Koller 1996; Koller 1999, S. 14; Koller 2006).

Die Biographieforschung bzw. die erziehungswissenschaftliche Beschäftigung mit Lebensläufen, Autobiographien und Biographien hat im pädagogischen Denken eine lange Tradition. So wird die Bedeutung des lebensgeschichtlichen, biographischen Ansatzes für die wissenschaftliche Pädagogik bereits im 18. Jahrhundert etwa bei Trapp und Niemeyer deutlich betont (vgl. Krüger 1999, S. 15). Die frühen Formen der „Biographieforschung" zeichnen sich allerdings zunächst mehr durch philosophisch/hermeneutische Reflexion als durch empirische Forschung aus. Das gilt auch für die nachfolgende Theoriebildung des 19. Jahrhunderts, die zur Blüte der Bildungsphilosophie führte sowie für viele biographietheoretische Ansätze des frühen 20. Jahrhunderts. Die klassische Bildungsphilosophie diskutierte dabei den Zusammenhang von Bildung und Biographie nicht immer explizit. Grundsätzlich erweisen sich aber einige Elemente des Bildungsbegriffs, beispielsweise der neuhumanistischen Tradition, durchaus als mögliche Grundlage aktueller (empirischer) pädagogischer Biographieforschung. Hier wird insbesondere der im Bildungsbegriff thematisierte Zusammenhang von Individuum und Gesellschaft bzw. von subjektiver und objektiver Seite der Kultur betont, der in den 1990er Jahren methodisch reflektiert in einer „bildungstheoretisch orientierten Biographieforschung" (vgl. Marotzki 1991) rekonstruiert wird, in der den individuellen Formen der Verarbeitung gesellschaftlicher und subjektiver Erfahrungen durch narrative Interviews und empirische qualitative Forschung nachgegangen wird (vgl. Marotzki 1996; 1999). Die explizite Integration von Bildungstheorie und Biographieforschung wurde bereits in den 1960er Jahren angestrebt. So betont Henningsen, dass die Autobiographie der letzte vom Autor selbst vollzogene Schritt in der Interpretation seiner Bildung sei und sie selbst Bildung intendiere (vgl. Henningsen 1962, S. 457f.). Insofern wird in diesem Zusammenhang Autobiographie innerlich notwendig auf Bildung bezogen (vgl. de Haan/Langewand/Schulze 1989, S. 125) und als Bildungsgeschichte verstanden. Henningsens Verknüpfung von Biographie- und Bildungsbegriff beschränkt sich jedoch im Wesentlichen auf die Empfehlung der hermeneutischen Analyse klassischer Bildungstexte, wie die Autobiographien von Augustinus, Rousseau, Goethe oder Humboldt. Die bildungstheoretisch orientierte Biographieforschung Henningsens formuliert insofern – anders als der spätere Ansatz Marotzkis aus den 1990er Jahren – keinen Anspruch auf empirische Anschlussfähigkeit. Gleichwohl bleiben die geisteswissenschaftliche/hermeneutische Tradition (vgl. Dilthey 1958; Son 1997) auf die sich der Ansatz Henningsens bezieht, sowie die phänomenologische Tradition (vgl. Loch 1979) aber auch die biographische Methode der pädagogischen Psychologie C. Bühlers (Bühler 1934) und auch die Arbeiten des Dilthey-Schülers G. Misch (1949) wichtige theoretische Ausgangspunkte der aktuellen Biographieforschung. Allerdings werden diese unterschiedlichen Ansätze der Biographieforschung seit Ende der 1970er Jahre um sozialwissenschaftliche Theorien, wie die der Wissenssoziologie oder der Ethnomethodologie etc. bereichert und mit empirischen Methoden verknüpft, um erziehungswissenschaftliche Biographieforschung auch als sozialwissenschaftlich fundierte empirische Bildungsforschung zu konstituieren (vgl. Krüger 1999, S. 16). Erziehungswissenschaftliche Biographieforschung wird insofern als empirisches Forschungsprogramm verstanden, das neben der sozialwissenschaftlichen Orientierung u.a. auch einen „bildungstheoretischen Referenzrahmen" aufweist, da sie sich für den „Aufbau, die Aufrechterhaltung und die Veränderung der Welt- und Selbstreferenzen" (Marotzki 1999, S. 58) von Individuen interessiert. Aus diesem empirisch motivierten Interesse an der Biographieforschung als empirischer Bildungsforschung ergibt sich seit den 1980er Jahren eine Vielzahl an Forschungsfeldern, Themen und Methoden (vgl. Krüger/Marotzki 1999).

Jedoch nicht nur im Hinblick auf Biographieforschung wird der Zusammenhang von Bildung, Bildungsforschung und Empirie reflektiert, sondern es wird auch der empirischen Anschlussfähigkeit des Bildungsbegriffs selbst nachgegangen. So weist Lenzen nach, dass Elemente des Bildungsbegriffs und der bildungstheoretischen Reflexion in der Pädagogik kompatibel sind mit empirisch gesättigten Begriffen (vgl. Lenzen 1997), was eine Anschlussfähigkeit des Bildungsbegriffs an empirische Forschung in spezifischer Weise in Aussicht stellt.

Lenzen weist darauf hin, dass es mittlerweile Beschreibungstermini der Humanontogenese gäbe, die dem Verdikt, als Ersatzbegriffe dem Bildungsbegriff gegenüber immer defizitär zu bleiben, nicht verfallen würden. Es handele sich hierbei um die Begriffe: Selbstorganisation, Autopoiesis und Emergenz. Lenzen beschreibt die semantischen Elemente dieser Begriffe im Vergleich zu denen des Bildungsbegriffs. Im Vergleich der Elemente von Bildungsbegriff und den Begriffen Selbstorganisation, Autopoiesis, Emergenz (abgekürzt mit SAE) stellt sich in der Analyse Lenzens heraus, dass der Bildungsbegriff wie auch SAE eine mehrfache Kernparadoxie bezeichnen, die zahlreiche paradoxe Implikationen aufweise. Diese bestehe aus der auch dem Bildungsbegriff inhärenten Möglichkeit der Selbstbeobachtung. Diese sei es, die auch andere Paradoxien nach sich zöge (vgl. Lenzen 1997, S. 141).

Lenzen unterscheidet dabei mehrfache Paradoxien (vgl. Lenzen 1997, S. 141ff.) und weist auf folgende Implikationen der Begriffe hin:

a) Bildung wie SAE seien zugleich als Prozess, wie als Resultat eines Prozesses zu beschreiben (vgl. Lenzen 1997, S. 141).
b) Sie seien als Prozess zugleich abgeschlossen und unabgeschlossen (vgl. Lenzen 1997, S. 142).
c) Sie seien als Prozess zugleich zielorientiert und zieloffen. Allerdings sei hier zu beachten, dass der Vollendungsgedanke, wie er dem Bildungsbegriff inhärent sei, im emphatischen Sinne bei SAE keinen Platz habe (vgl. Lenzen 1997, S. 142).
d) Bildung sei als Prozess zugleich determiniert und indeterminiert. SAE impliziere zwar keinen Determinismus, aber bildungstheoretische Dimensionen wie Selbsttätigkeit, Autono-

mie und Freiheit fänden in der SAE Konzeption eine logische und empirische Bestätigung im Terminus der Selbsttransformation (vgl. Lenzen 1997, S. 142).
e) Weiterhin bedeute Bildung als Prozess für das Individuum, etwas zu werden, was es zugleich seiner naturalen Möglichkeit nach schon sei. Auch dieses pädagogische Fundamentalparadox sei in der SAE Konzeption zentral. Denn mit der konstruktivistischen Grundannahme würden kognitive Systeme als solche gedacht werden, die keine Informationen aufnehmen, sondern diese nach ihren eigenen Regeln aufgrund der Bewertung einer externen Erregung selbst erzeugen würden (vgl. Lenzen 1997, S. 143).
f) Bezogen auf die Paradoxie, Bildung sei als Resultat zugleich Höherbildung des Individuums wie der Gattung, ließe sich bei SAE feststellen, dass es dort keinen humanistischen Überschuss mehr gebe. Es gebe allerdings auch Ansätze, die versuchen würden, SAE für eine Bewertung auf dem Kontinuum von Humanität anschlussfähig zu machen. Dieser Versuch stoße aber auf die gleichen Probleme, wie der Bildungsbegriff (vgl. Lenzen 1997, S. 143).
g) Die Paradoxie, dass Bildung als Resultat das Produkt gleichzeitig des Individuums wie der Sozialität sei, finde sich in SAE mit dem Konstrukt der strukturellen Kopplung bzw. der Interpenetration weitgehend differenzierter beschrieben als im Rahmen traditioneller bildungstheoretischer Überlegungen (vgl. Lenzen 1997, S. 143).
h) Für den Bildungsbegriff wie für SAE sei allerdings die Annahme konstitutiv, dass beide aufgrund ihrer paradoxalen Struktur auf Dauer gestellte Prozesse seien (vgl. Lenzen 1997, S. 144).

Lenzen konstatiert deshalb resümierend, dass die theoretischen Implikationen der neuen Begriffe SAE es durchaus erlauben würden, über den bildungstheoretisch beschreibbaren Prozess der Humanontogenese hinauszugehen (vgl. Lenzen 1997, S. 145) und damit sinnvoll den Bildungsbegriff abzulösen. Allerdings hat der SAE-Ansatz Lenzens, wie Lothar Wigger kritisch anmerkt, „bislang in keiner erziehungswissenschaftlichen empirischen Forschung seine Fortsetzung gefunden" (Wigger 2004, S. 482). Zudem ist festzustellen, dass Begriffe wie „Selbstorganisation" oder „Autopoiesis" mit traditionalen Vorstellungen klassischer Bildungstheorie durchaus kompatibel sind, wie etwa Untersuchungen zu Herbarts Begriff der „Bildsamkeit" zeigen konnten (vgl. Anhalt 1999; Tenorth 2000).

Grundsätzlich lässt sich jedoch festhalten, dass die Begriffe SAE den Bildungsbegriff um seinen normativen Gehalt erleichtern. Es zeigt sich weiterhin, dass der Bildungsbegriff empirisch anschlussfähige Elemente aufweist. Dies gilt insbesondere für die ihm inhärente Dimension der Selbstorganisation. Bildung ist immer Selbstbildung und wird als solche auch in den klassischen Bildungstheorien konzipiert. Insofern der Bildungsbegriff mit einem empirisch gesättigten Begriff wie Selbstorganisation kompatibel ist, ist die Anschlussfähigkeit einiger Elemente des Bildungsbegriffs auch für empirische Bildungsforschung gesichert. Insbesondere die konstruktivistischen Lerntheorien, für die der Begriff Selbstorganisation zentral ist, sind eine Möglichkeit, Elemente des Bildungsbegriffs für die empirische Forschung fruchtbar zu machen, ohne seine problematischen Implikationen zu perpetuieren. In diesem Verständnis gewinnt der Bildungsbegriff allerdings die Bedeutung, die er bereits Mitte der 60er Jahre im Rahmen der „realistischen Wendung" (Roth 1962) erhalten hat. Er wird weniger in seiner klassischen Bedeutung als Begriff denn als Terminus im Sinne von „Human Development" gebraucht. Der Bildungsbegriff geht allerdings in einer derart empirisch anschlussfähigen Fassung einiger seiner Elemente nicht restlos auf, denn die Persistenz all seiner semantischen

Dimensionen wird durch sein spezifisches Versprechen garantiert, mehr zu fassen als andere Begriffe und in der Lage zu sein, die Vorgänge um die menschliche Ontogenese in Gänze zu repräsentieren. Daraus resultiert zugleich seine hohe Attraktivität wie seine vielfach beschriebene Problematik (vgl. Ehrenspeck/Rustemeyer 1996).

Diese Problematik sowie die Tatsache, dass die empirische Bildungsforschung nicht diesen Bildungsbegriff zugrunde legt (König 1999, S. 31), sollte die empirische Bildungsforschung dennoch nicht davon abhalten, auch bildungstheoretische Literatur zu rezipieren. Denn diese erlaubt es, „wichtige Fragen an den sozialwissenschaftlichen Forschungsalltag zu stellen" (Tenorth 1997, S. 982). Der Bildungsphilosophie wird wiederum nahe gelegt, „Konzepte und Argumentationen, die einen empirischen Bezug haben, anschlussfähig zu machen für empirisches Argumentieren und Forschen" (Terhart 2006, S. 11). Wichtig sei es zudem, „dass die deutschsprachige Bildungsphilosophie sich sehr viel stärker als bisher für die internationale bildungsphilosophische Debatte, (...), öffnet und dass „Bildungsphilosophie auch die Vielfalt der Sparten- oder Sonderphilosophien berücksichtigt, wie sie z.B. in Organisations- und Institutionentheorie vorhanden sind, aber auch in der Rechts- und Moralphilosophie" (Terhart 2006, S. 12). In jedem Falle bleibt zu Wünschen, dass das Gespräch, das zu Beginn des 21. Jahrhunderts zwischen Bildungsphilosophie, Bildungstheorie und empirischer Bildungsforschung in konstruktiver Weise aufgenommen worden ist, weder durch einen alten noch einen neuen „Dualismus" (vgl. Wigger 2004, S. 481) wieder beendet wird.

Literatur

Anhalt, E. (1999): Bildsamkeit und Selbstorganisation. Johann Friedrich Herbarts Konzept der Bildsamkeit als Grundlage für eine pädagogische Theorie der Selbstorganisation organismischer Aktivität. Weinheim: Deutscher Studien-Verlag.

Baumert, J. (2003): Deutschland im internationalen Bildungsvergleich. In: Killus, N./Kluge, J./Reisch, L. (Hrsg.): Die Bildung der Zukunft. Frankfurt a. M.: Suhrkamp, S. 100–151.

Benner, D. (1987): Allgemeine Pädagogik. Weinheim: Juventa.

Benner, D. (Hrsg.) (2007): Bildungsstandards. München: Schöningh.

Blankertz, H. (1978): Bildung. In: Wulf, C. (Hrsg.): Wörterbuch der Erziehung. München: Piper, S. 65–69.

Bollenbeck, G. (1996): Bildung und Kultur. Frankfurt a.M.: Insel.

Bühler, C. (1934): Drei Generationen im Jugendtagebuch. Jena: Fischer.

Dilthey, W. (1958): Der Aufbau der geschichtlichen Welt in den Geisteswissenschaften. Gesammelte Schriften. Bd. 7. Göttingen: Vandenhoeck & Ruprecht.

Ehrenspeck, Y. (1998): Versprechungen des Ästhetischen. Die Entstehung eines modernen Bildungsprojekts. Opladen: Leske+Budrich.

Ehrenspeck, Y./Rustemeyer, D. (1996): Bestimmt unbestimmt. In: Combe, A./Helsper, W. (Hrsg.): Pädagogische Professionalität. Frankfurt a.M.: Suhrkamp, S. 368–391.

Gruber, H./Law, L.-C./Mandl, H./Renkl, A. (1996): Situated learning and transfer. In: Reimann, P./Spada, H. (Hrsg.): Learning in humans and machines. Towards an interdisciplinary learning science. Oxford: Pergamon, S. 168–188.

Gruber, H./Mandl, H./Renkl, A. (1999): Was lernen wir in Schule und Hochschule: Träges Wissen? In: Forschungsberichte Nr. 101 des Instituts für Pädagogische Psychologie und Empirische Pädagogik der Universität München. München.

Haan, G. de/Langewand, A./Schulze, T. (1989): Autobiographie. In: Lenzen, D. (Hrsg.): Pädagogische Grundbegriffe. Reinbek bei Hamburg: Rowohlt, S. 123–130.

Hansmann, O./Marotzki, W. (Hrsg.) (1988; 1989): Diskurs Bildungstheorie Bd. I/II. Weinheim: Deutscher Studien-Verlag.

Hellekamps, S. (1991): Erziehender Unterricht und Didaktik. Weinheim: Deutscher Studien-Verlag.

Henningsen, J. (1962): Autobiographie und Erziehungswissenschaft. In: Neue Sammlung 2, S. 450ff.
Jäger, G./Tenorth, H.-E. (1987): Pädagogisches Denken. In: Jeismann, K. E./Lundgreen, P. (Hrsg.): Handbuch der deutschen Bildungsgeschichte. Bd. 3. München: Beck, S. 71ff.
Keiner, E. (1998): Wissenschaftliches Wissen im Kontext von Feldern. Mimeo.
Keiner, E. (1999): Erziehungswissenschaft 1947-1990. Weinheim: Deutscher Studien-Verlag.
Keiner, E. (2006): Erziehungswissenschaft, Forschungskulturen und die „europäische Forschungslandschaft". In: Pongratz, L./Wimmer, M./Nieke, W. (Hrsg.): Bildungsphilosophie und Bildungsforschung. Bielefeld: Janus, S. 180–200.
Kern, P./Wittig, H.-G. (1982): Pädagogik im Atomzeitalter. Freiburg: Herder.
Klafki, W. (1959): Das pädagogische Problem des Elementaren und die Theorie der kategorialen Bildung. Weinheim: Beltz.
Klafki, W. (1963): Studien zur Bildungstheorie und Didaktik. Weinheim: Beltz.
Koch, L./Marotzki, W./Schäfer, A. (Hrsg.) (1997): Die Zukunft des Bildungsgedankens. Weinheim: Deutscher Studien-Verlag.
Kokemohr, R./Koller, H.-Chr. (1996): Die rhetorische Artikulation von Bildungsprozessen. Zur Methodologie erziehungswissenschaftlicher Biographieforschung. In: Krüger, H.-H./Marotzki, W. (Hrsg.): Erziehungswissenschaftliche Biographieforschung. Opladen: Leske+Budrich S. 90–102.
Koller, H.-Chr. (1999): Bildung und Widerstreit. München: Fink.
Koller, H.-Chr. (2006): Das Mögliche identifizieren? In: Pongratz, L./Wimmer, M./Nieke, W. (Hrsg.): Bildungsphilosophie und Bildungsforschung. Bielefeld: Janus, S. 108–125.
König, E. (1999): Gibt es einheimische Begriffe in der Erziehungswissenschaft? In: Zeitschrift für Pädagogik 53, S. 29–42.
Krappmann, L. (1980): Identität – ein Bildungsprozeß? In: Grohs, G. u.a. (Hrsg.): Kulturelle Identität im Wandel. Stuttgart: Klett-Cotta, S. 99–118.
Krüger, H.-H. (1999): Entwicklungslinien, Forschungsfelder und Perspektiven der erziehungswissenschaftlichen Biographieforschung. In: Krüger, H.-H./Marotzki, W. (Hrsg.): Erziehungswissenschaftliche Biographieforschung. Opladen: Leske+Budrich, S. 14–32.
Krüger, H.-H./Helsper, W. (Hrsg.) (1995): Einführung in Grundbegriffe und Grundfragen der Erziehungswissenschaft. Opladen: Leske+Budrich.
Krüger, H.-H./Marotzki, W. (Hrsg.) (1999): Erziehungswissenschaftliche Biographieforschung. Opladen: Leske+Budrich.
Langewand, A. (1989): Bildsamkeit. In: Lenzen, D. (Hrsg.): Pädagogische Grundbegriffe. Bd. 1. Reinbek bei Hamburg: Rowohlt, S. 204–208.
Langewand, A. (1994): Bildung. In: Lenzen, D. (Hrsg.): Erziehungswissenschaft. Ein Grundkurs. Reinbek bei Hamburg: Rowohlt, S. 69–98.
Lengrand, P. (1972): Permanente Erziehung. München Pullach: Verl. Dokumentation.
Lenzen, D. (1987): Heilige Identität – Identität des Heiligen. In: Wulf, C./Kamper, D. (Hrsg.): Das Heilige. Frankfurt a.M.: Athenäum, çSeitenangabeç.
Lenzen, D. (1997): Lösen die Begriffe Selbstorganisation, Autopoiesis und Emergenz den Bildungbegriff ab? Niklas Luhmann zum 70. Geburtstag. In: Zeitschrift für Pädagogik 43, S. 949-968.
Lenzen, D. (Hrsg.) (1994): Erziehungswissenschaft. Ein Grundkurs. Reinbek bei Hamburg: Rowohlt.
Loch, W. (1979): Lebensform und Erziehung. Essen: Neue deutsche Schule.
Luhmann, N./Schorr, K.-E. (1988): Reflexionsprobleme im Erziehungssystem. Frankfurt a.M.: Suhrkamp.
Lyotard, J.-F. (1986): Das postmoderne Wissen. Graz: Böhlau.
Marotzki, W. (1990): Entwurf einer strukturalen Bildungstheorie. Weinheim: Deutscher Studien-Verlag.
Marotzki, W. (1991): Aspekte einer bildungstheoretisch orientierten Biographieforschung. In: Hoffmann, D./Heid, H. (Hrsg.): Bilanzierungen erziehungswissenschaftlicher Theorieentwicklung. Erfolgskontrolle durch Wissenschaftsforschung. Weinheim: Deutscher Studien-Verlag, S. 119–134.
Marotzki, W. (1996): Neue Konturen Allgemeiner Pädagogik. Biographie als vermittelnde Kategorie. In: Borelli, M./ Ruhloff, J. (Hrsg.): Deutsche Gegenwartspädagogik. Bd. 2. Baltmannsweiler: Schneider Verlag Hohengehren, S. 67–84.
Marotzki, W. (1999): Bildungstheorie und Allgemeine Biographieforschung. In: Krüger, H.-H./Marotzki, W. (Hrsg.): Erziehungswissenschaftliche Biographieforschung. Opladen: Leske+Budrich, S. 57–69.
Marotzki, W. (2006): Qualitative Bildungsforschung. In: Pongratz, L./Wimmer, M./Nieke, W. (Hrsg.): Bildungsphilosophie und Bildungsforschung. Bielefeld: Janus, S. 108–125.
Menze, C. (1970): Bildung. In: Speck, J./Wehle, G. (Hrsg.): Handbuch pädagogischer Grundbegriffe. Bd. 1. München: Kösel, S. 134–184.

Meyer-Drawe, K. (1990): Illusionen von Autonomie. München: Kirchheim.
Meyer-Drawe, K. (1999): Zum metaphorischen Gebrauch von „Bildung" und „Erziehung". In: Zeitschrift für Pädagogik 45, H. 2, S. 161–175.
Miller-Kipp, G. (1992): Wie ist Bildung möglich? Weinheim: Deutscher Studien-Verlag.
Misch, G. (1949): Geschichte der Autobiographie. Frankfurt: Schulte-Bulmke.
Mollenhauer, K. (1987): Korrekturen am Bildungsbegriff? In: Zeitschrift für Pädagogik 33, H. 1, S. 1–20.
Mollenhauer, K. (1996): Grundfragen ästhetischer Bildung. Weinheim: Juventa.
Noddings, N. (2007): Philosophy of Education Boulder, Colo.: Westview Press.
Pleines, J. (1989): Studien zur Bildungstheorie. Darmstadt: Wiss. Buchgesellschaft.
Pöggeler, F. (1964): Der Mensch in Mündigkeit und Reife. Paderborn: Raapke.
Prondczynsky, A. v. (2004): Bildungstheorie-Bildungskritik-Bildungsforschung. Zum Wandel der Bildungssemantik. In: Wigger, L . (Hrsg.): „Wie ist Bildung möglich?" Bad Heilbrunn: Klinkhardt.
Roth, H. (1962): Die realistische Wendung in der pädagogischen Forschung. In: Neue Sammlung, H. 2, S. 481ff.
Ruhloff, J. (1985): Pädagogik ohne praktisch-philosophisches Fundament? In: Pleines, J. (Hrsg.): Kant und die Pädagogik. Würzburg: Königshausen+Neumann, S. 50ff.
Rustemeyer, D. (1997): Erzählungen. Bildungsdiskurse im Horizont von Theorien der Narration. Stuttgart: Steiner.
Schwenk, B. (1989): Bildung. In: Lenzen, D. (Hrsg.): Pädagogische Grundbegriffe. Reinbek bei Hamburg: Rowohlt, S. 208–221.
Son, S.-N. (1997): Wilhelm Dilthey und die pädagogische Biographieforschung. Opladen: Leske+Budrich.
Stross, A. (1994): Der Erwachsene. In: Lenzen, D. (Hrsg.): Erziehungswissenschaft. Ein Grundkurs. Reinbek bei Hamburg: Rowohlt, S. 406–426.
Tenorth, H.-E. (1997): „Bildung" – Thematisierungsformen und Bedeutung in der Erziehungswissenschaft. In: Zeitschrift für Pädagogik 43, H. 6, S. 969–984.
Tenorth, H.-E. (2000): „Vom Menschen" – Historische, pädagogische und andere Perspektiven einer „Anthropologie" der Erziehung. In: Zeitschrift für Pädagogik 46, H. 6, S. 905–925.
Terhart, E. (2006): Bildungsphilosophie und empirische Bildungsforschung – (k)ein Missverhältnis? In: Pongratz, L./Wimmer, M./Nieke, W. (Hrsg.): Bildungsphilosophie und Bildungsforschung. Bielefeld: Janus, S. 9–37.
Tippelt, R. (1998): Zum Verhältnis von Allgemeiner Pädagogik und empirischer Bildungsforschung. In: Zeitschrift für Erziehungswissenschaft 1, H. 2, S. 239–260.
Vogel, P. (1997): Von der philosophischen Pädagogik zur philosophischen Reflexion innerhalb der Erziehungswissenschaft. In: Frischmann, B./Mohr, G. (Hrsg.): Erziehungswissenschaft Bildung Philosophie. Weinheim: Deutscher Studien Verlag, S. 61–70.
Wigger, L. (2004): Bildungstheorie und Bildungsforschung in der Gegenwart. In: Vierteljahresschrift für wissenschaftliche Pädagogik 80, H. 4, S. 478–493.

Jochen Gerstenmaier

Philosophische Bildungsforschung: Handlungstheorien

Einleitung

Die im Wesentlichen empirisch orientierte Bildungsforschung untersucht nach Auffassung der meisten Experten Bildungsprozesse auf mehreren Ebenen: auf der Makroebene gesellschaftlicher Prozesse ebenso wie auf institutionen- und organisationsbezogenen Ebenen und der Ebene individueller Bildungsprozesse (vgl. Beck/Kell 1991; Tippelt 1998); hinzu kommen auf allen Ebenen Fragen der Förderung und Beratung und unterschiedliche Kontexte. Bildungsforschung wird damit zu einem Sammelbegriff, der eine Vielfalt von Forschungsfragen, methodischer Strategien und theoretischer Ansätze umfasst und eine interdisziplinäre Sichtweise nahelegt und der von Bruner (1990) kritisierten Kompartmentalisierung entgegen steht. Bildungsforschung ist damit zumeist problemorientiert und eine Kategorisierung als eher philosophisch, psychologisch oder pädagogisch zumeist artifiziell und wenig produktiv (vgl. Phillips 1996, S. 1006). Viele für die Bildungsforschung wichtige Ansätze haben zudem unterschiedliche philosophische Traditionen, von denen hier zwei besonders hervorgehoben werden sollen: die Philosophie des amerikanischen Pragmatismus – wie sie insbesondere von William James und John Dewey weiterentwickelt wurde – und die analytische Philosophie, die wichtige Grundlagen für die moderne Handlungstheorie schuf. Der amerikanische Pragmatismus bildet eine wichtige Voraussetzung für Reformprojekte in unterschiedlichsten Bildungseinrichtungen und beeinflusste die Konzeption von Bildungszielen und deren instruktionale Unterstützung ebenso wie Fragen der Qualitätskontrolle und Beratung (vgl. Bereiter 1999). John Dewey konnte sich die Weiterentwicklung des Denkens und der Forschung ohne die „aktive und handelnde Seite der Erfahrung" gar nicht anders vorstellen (Dewey 1989, S. 196), denn Verantwortung und moralische Werte zeigten sich erst in den antizipierten Konsequenzen zielorientierten Handelns (vgl. Dewey 1989, S. 205ff.).

Auch für Bruner ist diese pragmatistische Auffassung von Wissen, Denken, Handeln und Bewusstsein ausschlaggebend (vgl. Bruner 1990, S. 25). Seine Kritik an der modernen Kognitionspsychologie und ihrer Computer-Metapher vom menschlichen Bewusstsein (Computational theory of mind) führte ihn zu der Einsicht, die Konstruktion von Bedeutungen und intentionale Zustände wie Absichten und Wünsche in den Mittelpunkt von Forschungen über Bildungsprozesse zu stellen (vgl. Bruner 1990). Bruner führten diese Überlegungen zu zwei Folgerungen, die gegenwärtig die Diskussion der *educational psychology* und *science of education* in Nordamerika prägen: die Forderung, das narrative Format in besonderem Maße zur Analyse von Bildungsprozessen zu berücksichtigen, sowie – damit zusammenhängend – der *Folk Psychology* besondere Beachtung zu widmen. Wenn auch diese beiden Forderungen Bruners auf beträchtlichen Widerspruch stießen, so setzt sich dennoch die diesen Überlegungen zugrunde liegende Vorstellung durch, das *concept of agency*, Handlungen, als ein zentrales Konzept für die Untersuchung von Bildungsprozessen auf den verschiedensten Ebenen zu verwenden. In Deutschland gehören mittlerweile handlungstheoretische Ansätze, auch im Kontext der Bildungsforschung, zumindest in der Psychologie und Soziologie zu den wichtigsten Theorien (vgl. Nolte 1999; Straub/Werbik 1999). Sie dienen u.a. zur Konzeption von Bildungs- und Laufbahnentscheidungen (vgl. Seifert 1989; Heinz 1990;), bilden Ansatzpunkte zur Verbesserung kommunikativen Handelns (vgl. Henninger 1999) und von Selbststeuerung (vgl. Kuhl 1996) und bilden die Basis zur Untersuchung von Lernprozessen in Betrieben und beruflichen Organisationen (vgl. Greif 1994; Hacker 1994).

Im Folgenden soll (1) nach der Darstellung einiger wichtiger Verknüpfungen von Bildungsforschung und Handlungstheorie (2) das Kernmerkmal handlungstheoretischer Ansätze, die Intentionalität, genauer untersucht werden. Die Fruchtbarkeit (3) handlungstheoretisch orientierter Analysen zeigt sich in ihrer Anwendung, etwa in der Gesundheits- und Umwelterziehung, aber auch bei der Analyse und gezielten Verbesserung sprachlicher Kommunikation. Die Vorzüge dieses Ansatzes zeigen sich aber auch bei der Diskussion weitergehender Probleme, wie (4) der Frage nach der Kluft zwischen Wissen und Handeln oder Problemen der Freiheit des Willens und der *theory of mind*, von kontextualistischen gegenüber naturalistischen Vorstellungen.

1 Verknüpfungen zwischen Bildungsforschung und Handlungstheorie

Die empirische Bildungsforschung ist in vielfältiger Weise mit theoretischen Fragen der Pädagogik, Psychologie und Soziologie verbunden, je nach dem, welche einzelne Fragestellung verfolgt wird. So werden Fragen der Schulleistung und ihre Förderung vor allem in instruktionspsychologischen Modellen beschrieben (vgl. Gerstenmaier 1999; Reinmann-Rothmeier/Mandl 1999), Untersuchungen zur Bildungsexpansion und Bildungsrendite beziehen sich auf eher soziologische Ansätze (vgl. Handl 1996), während die Untersuchung von Lernzielen und deren Begründung stärker auf pädagogische und philosophische Theorien zurückgeht (vgl. Benner 1994). Eine einheitliche Theorie für die Bildungsforschung liegt dagegen nicht vor, offensichtlich gibt es auch noch nicht einmal einen theoretischen *main stream* oder ein gemeinsames Paradigma, wie dies in der Psychologie mit dem Ansatz der menschlichen Informationsverarbeitung der Fall ist. Der nächste Kandidat eines solchen theoretischen Paradigmas ist die pädagogische Bildungstheorie (vgl. Ehrenspeck in diesem Band), der freilich auch von ihren maßgeblichen Vertretern „eine unübersehbare Heteronomie von Betrachtungsweisen" attachiert wird (Tenorth 1997, S. 971). Dennoch finden sich einige Anknüpfungspunkte, die sie mit der modernen Instruktionspsychologie (vgl. Greeno/Collins/Resnick 1996), aber auch mit bildungssoziologischen (vgl. Lenzen 1997b) und philosophischen Ansätzen (vgl. Phillips 1996) teilt: die Betonung von Selbststeuerung, Selbstorganisation und „Selbsttätigkeit" (Benner 1994, S. 308). Dieses Vertrauen in die Handlungsfähigkeit des Individuums, seine intrapersonalen Ressourcen (vgl. Lerner/Baron 2000) und seine Aktivität ist auch der Ausgangspunkt moderner Handlungstheorien, die einen vielversprechenden Rahmen für Theorien der empirischen Bildungsforschung bieten. In der Pädagogik haben moderne Handlungstheorien bei weitem nicht die Bedeutung wie in der Philosophie, Soziologie und Psychologie, zudem dominiert in der Pädagogik auch ein anderes Verständnis von Handlungstheorie. So unterscheidet Tippelt (1998, S. 246) zwischen „zweckrational-technologischem Handeln und intersubjektiv-kommunikativem Handeln" und Benner spricht von einer „kritischen pädagogischen Handlungstheorie" (Benner 1994, S. 331), bzw. einer „handlungstheoretischen Reflexion" (S. 335) oder pädagogischen Handlungstheorie, die die Beziehungen von Theorie, Praxis und Forschung bestimmen soll, wenn auch unter dem Primat der Praxis (vgl. Benner 1991) und mit der Konsequenz einer „praxeologischen Forschung" (kritisch dazu: Lehmeier 1995). Die Unterscheidung zwischen zweckrationalem und kommunikativem Handeln verweist ebenfalls auf eine eher erkenntnistheoretische Perspektive, die die Prognosefähigkeit empirischer Sozialforschung reflektiert oder sie wird als kommunikative Kompetenz verstanden. Eine genauere Untersuchung der in der Pädagogik verwendeten Konnotationen des Konzepts Handlung würde vor allem die Reflexivität als wesentliches Kriterium herausheben.

Reflexivität und Handeln sind allerdings zwei Konzepte, die auf unterschiedliche Untersuchungsgegenstände zielen und in der empirischen Bildungsforschung in unterschiedlicher Weise zur Anwendung kommen. Meulemann (1999) macht dies in überzeugender Weise an der Konzeptualisierung von Lebensläufen und Biografien deutlich: Lebensläufe beziehen sich auf Handlungen, Biografien auf Reflexionen und Lebensläufe sind Gegenstand sozialwissenschaftlicher Untersuchungen, nicht jedoch Biografien. Lebensläufe sind soziale, Biografien subjektive Konstruktionen, die selbst keiner institutionellen Regelung unterliegen (vgl. Meulemann 1999, S. 309). Unter Lebensläufen versteht Meulemann die Institutionalisierung von Entscheidungsfolgen, bezogen auf Bildungs- und Berufslaufbahnen sowie auf Familienzyklen; nur auf diese drei Bereiche findet das Konzept des Lebenslaufs seine Anwendung. Entscheidungen sind Handlungen par excellence: sie sind zielorientiert und intentional, beziehen sich auf etwas bestimmtes (Referenz) und sind sprachlich codierbar.

Ein zweites Problem ist bei den oben genannten pädagogischen handlungstheoretischen Verwendungen ihre Kontaminierung mit dem Systembegriff (hierzu detailliert: Herrmann 1982). Annäherungen zwischen normativistisch orientierter Systemtheorie und handlungstheoretischen (rationalistisch orientierten) Ansätzen stehen erst am Anfang (vgl. Nolte 1999). Insofern spricht gegenwärtig alles für eine differenzierte Verwendung handlungstheoretischer Konzepte, die mittlerweile auch den Vorzug haben, unterschiedliche analytische Ebenen miteinander zu verbinden: Handlungen lassen sich nicht nur auf der Ebene einzelner Akteure untersuchen, sondern beeinflussen als Entscheidungshandlungen organisationale Ebenen. Diese bilden dann „lediglich Bahnen, auf denen Entscheidungen laufen, d.h. Bereiche oder Korridore erhöhter Wahrscheinlichkeit" (Nolte 1999, S. 106). Diese Anwendbarkeit handlungstheoretischer Ansätze in Mehrebenenmodellen macht sie nicht nur für die Untersuchung von Bildungslaufbahnen interessant, sondern auch für Fragen der beruflichen Weiterbildung (vgl. Heinz 1990) oder bildungsspezifischer Heiratsmuster (vgl. Wirth 1996). Moderne Handlungstheorien eignen sich für die Modellierung von Bildungsprozessen in besonderem Maße: als Bildungsentscheidungen, d.h. als „Resultat der Anpassung zielorientierter Akteure an äußere situative, von Akteuren subjektiv perzipierte und bewertete Restriktionen" (Meulemann 1999, S. 307); als Aktivitäten innerhalb von Laufbahnmustern, die sie mitgestalten oder als institutionalisierte Entscheidungsfolgen, die zur Charakteristik von Organisationskulturen (vgl. Schein 1990) herangezogen werden. Damit erfüllen Handlungstheorien wichtige Kriterien, die an theoretische Modelle zur Analyse von Bildungsprozessen herangezogen werden (vgl. Gerstenmaier/Henninger). Darüber hinaus bieten sie zahlreiche konzeptionelle Anknüpfungspunkte auch zu pädagogischen Bildungstheorien.

2 Intentionalität als Kernmerkmal von Handlungstheorien

Mit der Berücksichtigung transaktionaler Kriterien bei der Analyse von Bildungsprozessen wird der Selbstselektivität von Individuen zunehmend Aufmerksamkeit geschenkt (vgl. Rosenstiel/Nerdinger/Spiess 1998): in welcher Weise und mit welchen Kriterien wählt sich ein Individuum seinen Beruf, wie gestalten Schüler ihren Unterricht, welche Einflüsse haben Mitarbeiter bei der Steuerung von Arbeitsabläufen, welche Personengruppen nehmen an der betrieblichen Weiterbildung teil? Solche Fragen zielen auf bewusste Handlungen, also auf Intentionalität. Diese stellt zugleich das Kernmerkmal von Handlungen dar. In einem einflussreichen Artikel bestimmt Davidson intentionales Handeln folgendermaßen: „Zum Handeln ist nötig, daß, was der Handelnde tut, sich unter einer Beschreibung als beabsichtigt darstellt, und dazu ist nach meiner Auffassung wiederum erforderlich, daß dem Handelnden sein Tun unter einer Beschreibung bewußt ist" (Davidson 1990, S. 83; LePore/McLaughlin 1985). Diese Bestimmung macht verschiedenes deutlich: (1) Intentionalität ist „bewusstseinsdeskriptiv" (Prinz 1992, S. 485); Intentionalität bezieht sich auf (2) einen mentalen Zustand, den Davidson als Proeinstellung bezeichnet, verbunden mit Wünschen, Wollen, Absichten und Glaubensvorstellungen (primärer Grund einer Handlung, vgl. Davidson 1990); Intentionalität muss zudem (3) beschrieben werden, sie bezieht sich auf einen Inhalt (Referenz), der in der Philosophie gemeinhin als repräsentationaler Zustand bestimmt wird. Diese Bestimmung intentionalen Handelns ist in der analytischen Philosophie weitgehend unstrittig und bildet auch die Grundlage für psychologische Handlungstheorien (vgl. Charlton 1987; Greve 1994; Brandtstädter/Greve 1999). Sie führt in der Philosophie zu Fragen der Willensfreiheit, der Analyse des Leib-Seele-Problems, der Auseinandersetzung mit der CTM und der Diskussion um eine befriedigende *theory of mind*. In der Psychologie ist die Handlungstheorie vor allem für die Untersuchung von Entscheidungen, von Handlungsregulationen und -steuerungen, aber auch von Handlungserklärungen durch intentionale und volitionale Prozesse (vgl. Kuhl 1996) bedeutsam geworden. Trotz dieser Übereinstimmung in der Bestimmung von Handlung führte vor allem in der Philosophie die Beschäftigung mit dem Konzept der Intentionalität zu einer Reihe von recht grundsätzlichen Fragen: wie lassen sich Handlungen erklären, wenn Intentionen Bestandteil der Definition sind? Gibt es Intentionen wirklich oder sind sie Konstruktionen? Sind Intentionen naturalisierbar, d.h. in einer nicht-intentionalen Sprache ausdrückbar?

Die Antworten auf diese Fragen zeigen ein Kontinuum, das von einem entschiedenen Naturalismus (vgl. Dretske 1998) bis hin zu radikal konstruktivistischen Positionen (vgl. Lenk 1993; 1995) reicht.

Sind Handlungen durch Intentionen definiert, dann können Intentionen konsequenterweise nicht als Ursache für Handlungen herangezogen werden. Durch was aber sollen dann Handlungen verursacht werden? Dretske (1998) hat eine externalistische Theorie der Intentionalität vorgelegt, die er als repräsentationalen Zustand bestimmt. Dieser ist „etwas durchaus Wirkliches" (Dretske 1998, S. 39); Repräsentationen zeigen das an, was in der Welt vor sich geht, sie handeln über einen Gegenstand (*aboutness*), referieren also auf ihn. Da Intentionen selbst wie alle repräsentationalen Zustände keine Kontexte repräsentieren, wird die Referenz von Intentionen erst durch die Kontextrelation festgelegt. Die kontextuellen oder relationalen Eigenschaften der Erfahrung bestimmen dann die Bedeutungen von Repräsentationen und erklären Handlungen. Dretskes Analyse der Intentionalität ist allerdings weniger an Handlungserklärungen als an einer Theorie des Geistes (*mind*) interessiert. Seine Philosophie der Intentionalität ist naturalistisch in dem Sinne, als sie mentale Zustände als Repräsentationen bestimmt:

„Da die vorrangige Aufgabe des Geistes darin besteht, Repräsentationen zu verwenden und zu manipulieren, führt ein tieferes Verständnis von Repräsentationen, ihrer Eigenart und ihrer naturalistischen Grundlage, zwangsläufig zu einem tieferen Verständnis des Geistes" (Dretske 1998, S. 10).

Auch Searle sieht in der Intentionalität den „Schlüsselbegriff" der Handlungstheorie (Searle 1986, S. 59; 1991; 1993). Intentionen sind nach Searle Überzeugungen, Befürchtungen, Hoffnungen, Wünsche, die als Absichten Handlungen konstituieren. Wie bei Dretske stellen sie nach der Auffassung von Searle Repräsentationen dar, die einen propositionalen Gehalt und einen psychischen Modus der Absicht enthalten, der die Gerichtetheit festlegt. Handlungen bestehen also aus zwei Bestandteilen: aus einer zumeist motorischen Bewegung und einer vorausgehenden Absicht mit Referenz auf einen propositionalen Gehalt, dem intentionalen Zustand. Wie schon bei seiner Theorie der Sprechakte führt nun Searle das Kriterium der Erfüllungsbedingungen einer Handlung ein: „jeder Zustand legt selbst fest, unter welchen Bedingungen er wahr ist (falls es sich beispielsweise um eine Überzeugung handelt) oder unter welchen Bedingungen er erfüllt ist (falls es sich beispielsweise um einen Wunsch handelt) oder unter welchen Bedingungen er ausgeführt ist (falls es sich um eine Absicht handelt) (...) ob sie erfüllt werden oder nicht, richtet sich danach, ob die Welt mit dem Gehalt des Zustands übereinstimmt" (Searle 1986, S. 59f.).

Wir sehen also: wie auch Dretske hat Searle ein naturalistisches Verständnis von Intentionalität, sie „gehört genauso zur Biologie des Menschen wie Verdauung und Blutkreislauf" (Searle 1991, S. 11). Sein Hauptziel ist ebenfalls die Naturalisierung von Intentionalität, die intrinsisch ist und die es wirklich gibt und über ihre Erfüllungsbedingungen objektivierbar ist. Diese Konzeption führt nun Searle zum Problem der Handlungserklärung, das er als intentionale Verursachung bezeichnet. Danach sind die Ursachen von Handlungen psychische Zustände, die entweder als praktisches Schließen der Handlung vorausgehen, oder sie sind die Absichten selbst. Die intrinsische Qualität der Intention und die Kenntnis ihrer Erfüllungsbedingungen sind Bestandteil der Handlungserklärung, denn „in jedem Fall von intentionaler Verursachung, in dem der intentionale Gehalt erfüllt ist, gibt es eine interne Beziehung zwischen Ursache und Wirkung unter kausal relevanten Aspekten" (Searle 1991, S. 162f.).

Das Kernmerkmal von Handlungen, Intention, beschreibt und erklärt Handlungen. Damit stellte sich schon früh die Problematik der Handlungskausalität insbesondere bei Philosophen, die Intentionalität noch im Sinne Brentanos als „inexistent" (Brentano 1924, S. 124) bestimmten. Dies gilt auch für die Handlungstheorie, die Davidson zwischen 1963 und 1979 entwickelte (vgl. Davidson 1990). Intentionen sind nach seinem Verständnis vor allem Wünsche und Absichten, Ziele, die der Handelnde selbst entwirft, sie sind Beschreibungen des Handelnden selbst und nicht objektivierbar wie bei Dretske und Searle. „Die einzige Hoffnung der kausalen Analyse", so Davidson, „besteht darin, Zustände oder Ereignisse zu finden, die zwar kausale Bedingungen absichtlicher Handlungen sind, aber nicht ihrerseits Handlungen oder Ereignisse darstellen, in bezug auf die die Frage verständlich ist, ob der Handelnde sie vollziehen oder herbeiführen kann. Die Zustände oder Ereignisse, die am ehesten in Frage kommen, sind die Überzeugungen und Wünsche des Handelnden, die eine Handlung in dem Sinne rationalisieren" (Davidson 1990, S. 112). In solchen Fällen spricht dann Davidson von Handlungskausalität, im Unterschied zur Ereigniskausalität. Davidsons Handlungstheorie hat keinen Anspruch auf Naturalisierung und fragt nicht danach, ob es Intentionalität wirklich gibt; stattdessen wendet er sich den Beschreibungen durch die Handelnden selbst zu und deren Handlungsfreiheit, ohne jedoch eine konstruktivistische Position zu behaupten[1], wie dies ansatzweise Dennett (1987) und sehr entschieden Lenk (1993) postulieren.

Nach der Auffassung von Dennett lassen sich unter einer intentionalen Perspektive überhaupt keine Kausalitätsannahmen aufstellen (vgl. ebd. 1987; vgl. auch Bieri 1987). Dennett (1986; 1987) unterscheidet deswegen drei epistemisch voneinander unabhängige Ebenen:

- die intentionale Ausrichtung (*intentional stance*) – die semantische Ebene (Definition der semantischen Eigenschaften: Referenz, Bedeutung, Einführungsbedingungen), Spezifizierung von Kompetenzerklärungen,
- die funktionale Ausrichtung (*design stance*) – die syntaktische Ebene: funktionale Organisation, Konstruktionspläne, Programm,
- die physikalische Ausrichtung (*physical stance*) – die physikalische Ebene (Neurophysiologie, „subpersonal cognitive psychology"), Spezifizierung von Performanzerklärungen.

Handlungstheorien haben danach ihren Platz auf der ersten Ebene, die „konkrete Handlungen als Instantiierungen oder Realisierungen von abstrakten intentionalen Strukturen interpretiert" (Bieri 1987, S. 244). Als Konsequenz folgte daraus die Ablehnung einer naturalistischen Lösung des Intentionalitätsproblems; die Folge war bei Bieri ein intentionaler Eliminativismus, d.h. die Ablehnung, über intentionale Vorgänge zu spekulieren. Bei Dennett dagegen führte diese Konsequenz zu einem Instrumentalismus (vgl. Dennett 1987); danach können mentale Phänomene nur aus der Sicht intentionaler Systeme vorhergesagt werden. Solche Systeme haben nach Dennett zugleich semantische Eigenschaften, referieren auf etwas und haben Bedeutungen.

Bei Dretske, Searle und Davidson bestimmt sich Handlung durch die Beschreibung des propositionalen Gehalts von Intentionen; Davidson hat hier jedoch schon darauf hingewiesen, dass die Intentionalität von Handlungen von der Perspektive des Handelnden gesehen intentional sein könne, nicht aber aus der eines Beobachters und umgekehrt. Dennett geht hier noch weiter: Intentionen sind Ergebnisse von (semantischen) Zuschreibungen und Interpretationen, die von einem rationalistischen Kalkül gesteuert werden (vgl. auch Bieri 1987).

Wesentlich weiter als Dennett geht Lenk mit seiner Bestimmung von Handlungen als Interpretationskonstrukte (vgl. Lenk 1993). Fragen der Kausalität von Handlungen, propositionale Bestimmungen von Intentionalität und deren intrinsische Qualität werden von Lenk auf der Basis einer radikal konstruktivistischen Position relativiert: „Handlungen sind Interpretationskonstrukte, sie sind kontext- und situationsrelativ, perspektiven-, personen- sowie normen- und erwartungsbezogene, insofern ‚deutende' Beschreibungen" (Lenk 1993, S. 172). Zwar behält auch Lenk das Konzept der Intentionalität als Kernmerkmal des Handelns bei, unterzieht es aber einer konstruktivistisch orientierten Methodologie der Interpretation (vgl. Lenk 1993, S. 245; Lenk 1995). Dennoch bleibt festzuhalten: philosophisch orientierte Handlungstheorien verwenden Intentionalität als Kernmerkmal von Handlung; sie unterscheiden sich im Wesentlichen darin, ob sie Intentionen als intrinsisch und tatsächlich existent oder als Konstruktion verwenden und weisen dann auch der Handlungserklärung einen entsprechenden Stellenwert zu.

---

1 „The point is that I believe in the ordinary notion of truth: there really are people, mountains, camels and stars out there, just as we think there are, and those objects and events frequently have the characteristics we think we perceive them to have. Our concepts are ours, but that doesn't mean they don't truly, as well as usefully, describe an objective reality"(Davidson 1999, S. 19).

Auch in der Psychologie spielen Handlungstheorien eine herausragende Rolle; so unterscheidet Charlton (1987) zwischen einem Handlungsbegriff im weiteren und einem im engeren Sinne – abhängig davon, welcher Stellenwert der Intention als Handlungskern zugesprochen wird. Zahlreiche Autoren beziehen sich explizit auf die handlungstheoretische Diskussion in der analytischen Philosophie (vgl. Greve 1994; Gerjets/Westermann 1996; Brandtstädter/Greve 1999). Bruner fordert von der Psychologie, ihre „törichte antiphilosophische Einstellung" aufzugeben, die sie „von neuen Entwicklungen aus ihren Nachbardisziplinen in den Humanwissenschaften" (Bruner 1990, S. 101) isoliert. Vor allem in der Arbeits- und Sozialpsychologie ist der Handlungstheorie eine dominierende Rolle zugekommen und sie ist in der Motivationspsychologie im Zusammenhang mit dem Rubikonmodell bedeutsam (vgl. Bergmann/Richter 1994; Frese/Zapf 1994; von Cranach/Bangerter 2000). Hier sind wesentliche Anregungen und Konzepte der philosophischen Handlungstheorie eingeflossen und in zahlreichen Studien zur Anwendung gekommen (vgl. Mandl/Gerstenmaier 2000), so bei der Analyse politischer Entscheidungen bis hin zu Fragen der Wissensanwendung. Im Folgenden sollen zwei Themenbereiche, in denen handlungsorientierte Forschung eine besondere Bedeutung hat, etwas genauer betrachtet werden: ökologisches bzw. Umwelthandeln und kommunikatives Handeln.

3 Beispiele für handlungstheoretisch orientierte Forschung

In den letzten Jahren ist auch in der Pädagogik der Umweltbildung besondere Aufmerksamkeit gewidmet worden (vgl. Heid 1992; Pfligersdorffer/Unterbrunner 1994; Haan/Kuckartz 1996; Apel 1999; Haan 1999). Umweltbewusstsein und ökologisches Handeln werden als Bildungsziel diskutiert und damit Gegenstand pädagogischer Diskussion (vgl. Lehmann 1997). Zwar ist die thematische Spannweite ökologischen Handelns außerordentlich weit und reicht von politischen Aktionen über den Naturschutz bis in den individuellen Alltag (vgl. Gräsel 1999). Im Folgenden sollen insbesondere die individuellen, auf den Alltag bezogenen Aspekte berücksichtigt werden, die besonders gut untersucht sind: Mülltrennung und Recycling, die Investitionen in umweltfreundliche Heizungsenergien sowie die Verkehrsmittelwahl. Die meisten Studien sind handlungstheoretisch konzipiert und untersuchen die Prozesse, die zu einer ökologisch sinnvollen Handlung führen. Interessant ist dabei vor allem, welche Prozessmerkmale Intentionsbildung, Handlungsplanung und schließlich die Handlungsausführung beeinflussen. Dabei zeigte sich, dass die Kenntnis ökologischer Zusammenhänge allein ein recht unbefriedigender Prädiktor umweltgerechten Handelns darstellt (vgl. Diekmann 1999; Gräsel 1999); dies gilt vor allem für die Wahl energiefreundlicher Verkehrsmittel und umweltfreundlicher Heizungsenergien, die nach vorliegenden Studien nur sehr gering mit dem gemessenen Umweltbewusstsein zusammenhingen, im Unterschied zu Recycling und Mülltrennung. Solche Befunde führten zu unterschiedlichen Konsequenzen: zum einen wurde das Umweltwissen differenzierter untersucht, zum anderen wurden kontextuelle Effekte mit einbezogen (vgl. Steinheider u.a. 1999) und schließlich den antizipierten Konsequenzen besonderes Gewicht zugesprochen. Gemeinsam ist diesen die Verlagerung auf die Analyse der Prozesse, die der Intentionsbildung (vgl. Brandstädter/Greve 1999) zugrunde liegen. Ein gutes Beispiel für diese Strategie ist der Ansatz von Kaiser und Fuhrer (2000), die der Konvergenz von Umwelt-, Handlungs-, Wirksamkeits- und sozialem Wissen eine besondere Bedeutung zusprechen. Erst, wenn das Individuum die ökologischen Zusammenhänge und die mit diesen zusammenhängenden Handlungsoptionen kennt, sich dann für eine als effektiv eingeschätzte Strategie entscheidet und diese auch von anderen Personen, aus der Sicht des Akteurs, geteilt wird, kann Wissen handlungsleitend werden. Die Konvergenz dieser unterschiedlichen Dimensionen bewussten Umweltwissens wirkt sich positiv auf die Intentionsbildung aus und bildet eine wesentliche Voraussetzung für ökologisches Handeln. Solche Überlegungen lassen sich zudem sehr gut mit dem handlungstheoretischen Modell von Frese und Zapf in Übereinstimmung bringen, das die Zielentwicklung als die wichtigste Phase ihres Prozessmodells hervorhebt: Vereinbarkeit, Vernetzung und Spezifität von Subzielen sind ebenso bedeutsam wie ihre Valenz und bilden die Voraussetzung für die Handlungsplanung und -entscheidung (vgl. Frese/Zapf 1994).

Eine andere Konsequenz aus den oben genannten Befunden zieht Diekmann (1999), der die erwarteten Handlungskonsequenzen mit den individuellen Kosten dieser Handlungen in Beziehung setzt. Vor allem dann, wenn diese Kosten gering sind (*low cost*), steigt die Wahrscheinlichkeit, dass Individuen ihre ökologischen Intentionen in Handlungen umsetzen. Steigen dagegen die individuellen Kosten, dann sinkt die Wahrscheinlichkeit umweltgerechten Handelns. Mit dieser Variante der Theorie rationalen Handelns erklärt Diekmann, dass Mülltrennung und Recycling besser durch Umweltbewusstsein vorhersagbar sind als beispielsweise Investitionen in alternative Energieträger. Beide Ansätze machen vor allem die kognitiven Prozesse sichtbar, die dem Umwelthandeln vorausgehen: Problemrepräsentation, Abwägung der unterschiedlichen Parameter und Entwicklung entsprechender dynamischer mentaler Modelle, die situationsangemessenes, flexibles ökologisches Handeln erlauben (vgl. Ernst 1997).

Ein zweites Beispiel für die Fruchtbarkeit handlungstheoretischer Ansätze ist der Bereich der sprachlichen Kommunikation, der nicht nur in der analytischen Philosophie im Rahmen des *linguistic turn* eine wesentliche Rolle spielt, sondern auch in der Pädagogik und in der Psychologie. Für viele Philosophen ist das sprachliche Handeln der Prototyp von Handlung (vgl. Davidson 1990), die Handlungstheorie wird von Searle (1986) sogar als Weiterentwicklung der Sprechakttheorie verstanden. Kommunikatives Handeln und seine Verbesserung sind ein von zahlreichen Pädagogen postuliertes Bildungsziel, dessen Förderung und Unterstützung ein hoher Rang zugesprochen wird. Insbesondere in handlungstheoretisch orientierten psychologischen Studien, die die Sprachrezeption untersuchen, finden sich Beispiele, wie ein in hohem Maße automatisiertes sprachliches Handeln durch Reflexion de-automatisiert und damit veränderbar wird. Henninger hat diese Prozesse detailliert experimentell untersucht und ist dabei zu einer Reihe von interessanten Ergebnissen gekommen (vgl. Henninger1999; Henninger/Mandl 2000). Er konnte zeigen, dass spezifische Funktionen der Sprache wie Darstellung, Ausdruck und Appell durch zunehmende Authentizität kommunikativer Situationen nicht verbessert werden konnten – im Gegenteil, sie induzieren automatisierte sprachliche Handlungen. Erst durch Reflexion wird die Bewusstheit verbessert und es werden routinierte Handlungsabläufe de-automatisiert. Reflexion wurde dabei als ein Kreislauf verstanden, der „die Bewertung der Handlungsergebnisse unter Einbeziehung von Handlungszielen und bisherigen Erfahrungen, Generieren von Handlungsalternativen und -entscheidungen und Überlegungen zu deren Erfolgswahrscheinlichkeiten beim Problemlösen" regelt (Henninger/Mandl 2000, S. 203). Solche Studien zeigen in überzeugender Weise die Fruchtbarkeit handlungstheoretischer Ansätze zur Analyse von Bildungszielen wie ökologisches Handeln oder kommunikative Kompetenz. Ähnliches lässt sich auch für andere Bereiche zeigen: so bei der Gesundheitserziehung (vgl. Jerusalem/Mittag 1997; Renner/Fuchs 1997; Schwarzer 1997; Renner/Schwarzer 2000) oder bei der Analyse von Prozessen der beruflichen Weiterbildung (vgl. Greif 1994; Gerstenmaier/Henninger 1997). Das Schwergewicht der theoretischen Analyse liegt dabei auf der Untersuchung der kognitiven Prozesse der Intentionsgenese, aber zunehmend auch auf Fragen der kontextuellen Einflüsse auf den Zusammenhang von Wissen und Handeln.

4 Wissen und Handeln

In den meisten Bildungstheorien ist Wissen ein Kernmerkmal von Bildung (vgl. hierzu Ehrenspeck in diesem Band), als deklaratives Wissen („individueller Bestand") ebenso wie als prozedurales Wissen („individuelles Vermögen"). Der Zusammenhang von Wissen und Handeln kann als Problemstellung zweifellos als ein zentrales Thema auch der empirischen Bildungsforschung gesehen werden: wie kann man anwendbares Wissen fördern und träges Wissen minimieren und in welchem Verhältnis stehen instruktionales Handeln und Wissenskonstruktion (vgl. Gruber/Mandl/Renkl 2000)?

Die Frage, warum Individuen trotz vorhandenen Wissens dieses häufig nicht anwenden, mitunter sich sogar besseren Wissens erwartungswidrig verhalten, ist eine von Philosophen, Pädagogen und Psychologen immer wieder gestellte Frage. Wissen wird von vielen als Voraussetzung von Handlungen verstanden (vgl. Kaiser/Fuhrer 2000), als Steuerung von Handlungen durch rationale Kosten-Nutzen-Kalküle (vgl. Esser 1999) oder als Voraussetzung zur Intentions- und Volitionsgenese (vgl. Renner/Schwarzer 2000). Demgegenüber stehen eher konstruktivistisch orientierte handlungstheoretische Ansätze, die stärker die Wechselwirkungen und die Dialektik von Wissen und Handeln betonen (vgl. Bruner 1990; von Cranach/Bangerter 2000; Gerstenmaier/Mandl 2000; Law 2000). Dies hat in mehrfacher Hinsicht Konsequenzen: für die Erklärung von Diskrepanzen zwischen Wissen und Handeln, für das Design empirischer Studien bis hin zu Metaphern und Theorien des Geistes *(theory of mind)*.

In den meisten psychologischen Studien wird die prädiktive Wirkung von Wissen auf Handeln untersucht und Wissen als eine wesentliche Voraussetzung für das Handeln aufgefasst (vgl. Kaiser/Fuhrer 2000). Wissen führt dann mit hoher Wahrscheinlichkeit zu entsprechenden Handlungen, wenn Handlungspläne und Intentionen in elaborierter Form vorliegen, das Individuum gut motiviert und von der Wirksamkeit seines Handelns überzeugt ist, die Kosten der Handlung im unteren Bereich liegen und zumindest keine Situationsrestriktionen wahrgenommen werden. Neuere Prozessmodelle verwenden ein differenziertes Konzept von Wissen, das sich nicht nur auf deklaratives Wissen bezieht, sondern auch Handlungs-Ergebnis-Erwartungen, Selbstwirksamkeitserwartungen und die Wahrnehmung von Risiken etwa bei der Gesundheitsprävention einbezieht (vgl. Renner/Schwarzer 2000). Diese differenzierte Betrachtung des Wissens führte dann auch zu einer genaueren Beschreibung der präaktionalen und aktionalen Handlungsphasen. Eine wichtige Konsequenz dieses Modells ist die Vermittlung eines differenzierten Wissens durch eine entsprechende Gesundheits- und Umweltbildung.

Diese Auffassung von der Wirkung des Wissens auf das Handeln wird vor allem von Forschern kritisiert, die eine stärker transaktionale, dialektische Beziehung zwischen Wissen und Handeln postulieren und dem Kontext einen eigenen theoretischen Status zuschreiben. Kontexte werden hier nicht durch ihr Ausmaß an Störungspotential bestimmt, sondern wirken bei der Generierung neuen Wissens mit. Solche Ansätze kommen vor allem aus zwei Theorietraditionen – aus der kulturpsychologisch orientierten, situativ-pragmatistischen Tradition (vgl. Geertz 1987; Reckwitz 2000) und aus der Systemtheorie (vgl. von Cranach/Bangerter 2000). Psychologen, die ein Modell des situierten Wissens und Handelns präferieren, interessieren sich vor allem für das Aktivitätspotential von pädagogischen Situationen bei der Generierung anwendbaren Wissens (vgl. Greeno/Collins/Resnick 1996), für den Wissenserwerb durch Handlungen auf der Basis vorgängigen individuellen und geteilten Wissens. Im Mittelpunkt solcher Untersuchungen stehen Analysen von Situationsinterpretationen, die sowohl quantitative als auch qualitative Methoden verwenden. In den letzten Jahren wurde die zunehmende Bedeutung des narrativen Formats (vgl. Bruner 1990) hervorgehoben, bisweilen sogar ein „narrative turn" diagnostiziert (vgl. Bereiter 1999). Vor allem für die semantische Darstellung von Handlungsintentionen soll sich, nach Auffassung einiger Vertreter dieser Forschungsrichtung (vgl. den *special issue* des *Educational Researcher* im Winter 1994), das narrative Format besonders gut eignen, das die Interpretations- und Konstruktionsprozesse der handelnden Personen sichtbar macht. Situiertheitsansätze fragen also nicht danach, wie man vom Wissen zum Handeln kommt, sondern untersuchen Handlungskontexte nach den Prinzipien, die Diskrepanzen zwischen Wissen und Handeln minimieren (vgl. Gräsel 1999; Gerstenmaier/Mandl 2000). In einer ähnlich komplexen Weise konzeptualisieren systemische Handlungstheorien die Beziehungen zwischen Wissen und Handeln (vgl. Greif 1994; von Cranach/Bangerter 2000), nach denen diese als mehrstufige Kreisprozesse modelliert werden, die zur Generierung neuen Wissens und zur Veränderung von Handlungen führen. Beide Theorierichtungen sind im Wesentlichen sozialkonstruktivistisch orientiert (vgl. Reckwitz 2000) und unterscheiden sich von den Modellen, die Wissen als Kausalkraft des Handelns postulieren, mitunter auch durch eine andere *theory of mind*. Bereiter (1999) fordert für die Untersuchung von Erziehungs-, Denk- und Wissenserwerbsprozessen eine neue *theory of mind*, die die Vorstellung von Wissen als „contents of a mental filing cabinet" aufgibt (Bereiter 1999, S. 24).

Die Beziehungen zwischen *mind* und Handeln, insbesondere des sprachlichen Handelns, der Sprechakte, sind seit langem ein wichtiges Thema der modernen analytischen Philosophie. Searle vertritt die Auffassung, dass Merkmale des Geistigen wie Bewusstsein, Intentionalität oder geistige Verursachung (Searle 1993, S. 16) Bestandteile einer *theory of mind* bilden, die dann als Grundlage von Handlungstheorien dient. Die in der Psychologie dominierende wissenschaftliche Vorstellung vom menschlichen Bewusstsein ist die *computational theory of mind* (CTM). Der Kern der CTM sind zwei Analogien: die hardware – der Computer – wird zur Metapher für das Gehirn und die Programme – die software – sind das Modell für den menschlichen Geist. Solche Metaphern sind für die Theoriebildung und den Erkenntnisfortschritt von ausschlaggebender Bedeutung (vgl. Gerstenmaier/Mandl im Druck). Der Grundgedanke der CTM „besteht darin, semantische Eigenschaften auf physikalische zurückzuführen" (Strube 1996, S. 91). Unter Kognitionen versteht man dann die Manipulation symbolischer Repräsentationen von Informationen beliebiger Art, die zumeist als Propositionen oder als Produktionsregeln modelliert werden. Gegen diese Auffassung hat sich insbesondere Bruner (1990) kritisch geäußert und ihre Unvereinbarkeit mit der Semantik von Wissen und der Intentionalität von Handlungen hervorgehoben. Eine der menschlichen Handlungsfähigkeit angemessene *theory of mind* entwickelte Bruner im Zusammenhang mit seinem Begriff von Kultur, die auf „shared meanings and shared concepts" (Bruner 1990, S. 13) basiert. Bruner favorisiert eine Kulturpsychologie, die statt vom Verhalten von der „situated action" ausgeht, die im kulturellen Kontext und in den „mutually interacting intentional states of the participants" (Bruner 1990, S. 19) fundiert ist. In der philosophischen Handlungstheorie wurde die CTM vor allem von Searle (1986, S. 30 ff.) mit seinem Gedankenexperiment des chinesischen Zimmers attackiert. In diesem beschreibt Searle einen Sprachübersetzungscomputer, der zwar lexikalisch und syntaktisch korrekt übersetzen kann, aber über keine Semantik verfügt. Im Zentrum von Searles

Kritik steht wie bei Bruner das Argument, dass die semantischen Aspekte von Wissen, Denken und Handeln bei den auf die Wirkungsweise von Programmabläufen gerichteten Computermetaphern des Geistes nicht berücksichtigt werden. Eine im Kern ähnliche Kritik an dem vor allem am Massachusetts Institute of Technology heimischen „MIT-Mentalismus" äußern auch Putnam (1988) und Dennett (1986). Handlungstheorien, die Wert auf die semantische Qualität von Intentionalität legen und Naturalisierungsansätzen kritisch gegenüber stehen, haben große Probleme mit der CTM und mit dem den Kognitivismus dominierenden Funktionalismus (vgl. Putnam 1988). Gleichwohl bietet vor allem die an dem Sozialkonstruktivismus und der Kulturtheorie orientierte Handlungstheorie vielfältige Perspektiven für Theorie und Empirie der Bildungsforschung: (1) sie ist für eine Vielzahl unterschiedlicher Forschungsmethodologien offen, für die experimentelle Untersuchung durch Computersimulationen (vgl. Gruber/Mandl/ Renkl 2000), in Feldexperimenten (vgl. Bereiter 1999) und in der Implementationsforschung, aber auch in qualitativen Fallstudien, die mit einem narrativen Ansatz und dem Prinzip der dichten Beschreibung arbeiten. (2) Handlungstheorien bieten eine gute Ausgangsbasis für die Betrachtung der Domänen, in denen der Zusammenhang von Wissen und Handeln grundlegend ist – in der Umwelt- und Gesundheitsbildung ebenso wie bei der Analyse von Prozessen des Lerntransfers und von trägem Wissen. (3) Handlungstheorien bieten ferner einen Ansatz für die Entwicklung von Veränderungswissen, in dem sie Intentionsgenese, Motivation und Volition sowie präaktionale und aktionale Phasen theoretisch und empirisch bearbeiten. (4) Handlungstheorien bearbeiten darüber hinaus auch für die theoretische Bildungsforschung wichtige Problemkreise: die *theory of mind* ebenso wie Fragen der Handlungs- und Entscheidungsfreiheit (vgl. Davidson 1990; von Cranach 1996). Damit werden Handlungstheorien zu einem wichtigen Werkzeug für die Formulierung auch von Bildungszielen. Theorien sind, wie John Dewey dies prägnant formulierte, „Werkzeuge. Wie im Falle aller Werkzeuge liegt ihr Wert nicht in ihnen selbst, sondern in ihrer Fähigkeit zu arbeiten, die sich in den Konsequenzen ihres Gebrauchs zeigt" (Dewey 1989, S. 190).

Literatur

Apel, H. (1999): Umweltbildung im Internet. In: Unterrichtswissenschaft 27, H. 3, S. 232–251.
Apel, H. (1999): Umweltbildung im Internet. In: Unterrichtswissenschaft 27, H. 3, S. 232–251.
Beck, K./Kell, A. (1991): Erziehungswissenschaftliche Bildungsforschung als Aufgabe und Problem. In: Beck, K./ Kell, A. (Hrsg.): Bilanz der Bildungsforschung. Weinheim: Beltz, S. 5–13.
Benner, D. (1991): Systematische Pädagogik – die Pädagogik und ihre wissenschaftliche Begründung. In: Roth, L. (Hrsg.): Pädagogik. Handbuch für Studium und Praxis. München: Ehrenwirt, S. 5–18.
Benner, D. (1994): Studien zur Theorie der Erziehungswissenschaft. Weinheim/München: Juventa.
Bereiter, C. (1999): Education and mind in the knowledge age. Verfügbar unter: http://csile.oise.utoronto.ca/edmind/main.html.
Bergmann, B./Richter, P. (Hrsg.) (1994): Die Handlungsregulationstheorie. Göttingen: Hogrefe.
Bieri, P. (1987): Intentionale Systeme: Überlegungen zu Daniel Dennetts Theorie des Geistes. In: Brandstädter, J. (Hrsg.): Struktur und Erfahrung in der psychologischen Forschung. Berlin/New York: de Gruyter, S. 208–252.
Brandstädter, J./Greve, W. (1999): Intentionale und nichtintentionale Aspekte des Handelns. In: Straub, J./Werbik, H. (Hrsg.): Handlungstheorie. Frankfurt a.M.: Campus, S. 185–212.
Brentano, F. (1924): Psychologie vom empirischen Strandpunkt. Bd. 1. Leipzig: Duncker & Humblot.
Bruner, J. (1990): Acts of meaning. Cambridge/Massachusetts: Harvard Univ. Press.
Charlton, M. (1987): Möglichkeiten eines sozialwissenschaftlichen Handlungsbegriffs für die psychologische Forschung. In: Zeitschrift für Sozialpsychologie 18, S. 2–18.

Cranach, M. von (1996): Handlungs-Entscheidungs-Freiheit: ein sozialpsychologisches Modell. In: Cranach, M. von/ Foppa, K. (Hrsg.): Freiheit des Entscheidens und Handelns. Heidelberg: Asanger, S. 253–283.
Cranach, M. von/Bangerter, A. (2000): Wissen und Handeln in systemischer Perspektive. In: Mandl, H./Gerstenmaier, J. (Hrsg.): Die Kluft zwischen Wissen und Handeln. Göttingen: Hogrefe, S. 221–252.
Davidson, D. (1986): Wahrheit und Interpretation. Frankfurt a.M.: Suhrkamp.
Davidson, D. (1990): Handeln und Ereignis. Frankfurt a.M.: Suhrkamp.
Davidson, D. (1999): Truth, meaning and knowledge. London: Routledge.
Dennett, D. (1986): Précis of theIntentional Stance. In: Behavioral and brain sciences 11, S. 495–505.
Dennett, D. (1987): The intentional stance. Cambridge: MIT Press.
Dewey, J. (1989): Die Erneuerung der Philosophie. Hamburg: Junius.
Diekmann, A. (1999): Homo ÖKOnomikus. Anwendungen und Probleme der Theorie rationalen Handelns im Umweltbereich. In: Straub, J./Werbik, H. (Hrsg.): Handlungstheorie. Frankfurt a.M.: Campus, S. 137–181.
Dretske, F. (1998): Die Naturalisierung des Geistes. Paderborn: Schöningh.
Ernst, A. M. (1997): Ökologisch-soziale Dilemmata. Weinheim: Beltz.
Esser, H. (1999): Die Optimierung der Optimierung. In: Straub, J./Werbik, H. (Hrsg.): Handlungstheorie. Frankfurt a.M.: Campus, S. 113–136.
Frese, M./Zapf, D. (1994): Action as the core of work psychology: a german approach. In: Triandis, W.C./Dunnette, M.D./Hough, L. (Hrsg.): Handbook of industrial and organizational psychology. Vol. 4. Palo Alto/CA: Consulting Psychologists Press, S. 271–340.
Frey, D./Schultz-Hardt, S. (2000): Entscheidungen und Fehlentscheidungen in der Politik: Die Gruppe als Problem. In: Mandl, H./Gerstenmaier, J. (Hrsg.): Die Kluft zwischen Wissen und Handeln. Göttingen: Hogrefe, S. 73–93.
Geertz, C. (1987): Dichte Beschreibung. Frankfurt a.M.: Suhrkamp.
Gerjets, P./Westermann, R. (1996): Theorien der kognitiven Psychologie und das Problem der Intentionalität. In: Kluwe, R.H. (Hrsg.): Kognitionswissenschaft. Wiesbaden: Deutscher Universitäts-Verlag.
Gerstenmaier, J. (1999): Situiertes Lernen. In: Perleth, C./Ziegler, A. (Hrsg.): Pädagogischen Psychologie. Grundlagen und Anwendungsfelder. Bern: Huber, S. 236–246.
Gerstenmaier, J./Henninger, M. (1997): Konstruktivistische Perspektiven in der Weiterbildung. In: Gruber, H./Renkl, A. (Hrsg.): Wege zum Können. Bern: Huber, S. 179–200.
Gerstenmaier, J./Mandl, H. (2000) Einleitung: Die Kluft zwischen Wissen und Handeln. In: Mandl, H./Gerstenmaier, J. (Hrsg.): Die Kluft zwischen Wissen und Handeln. Göttingen: Hogrefe, S.11–23.
Gerstenmaier, J./Mandl, H. (2000): Wissensanwendung im Handlungskontext: Die Bedeutung intentionaler und funktionaler Perspektiven für den Zusammenhang von Wissen und Handeln. In: Mandl, H./Gerstenmaier, J. (Hrsg.): Die Kluft zwischen Wissen und Handeln. Göttingen: Hogrefe, S. 289–321.
Gerstenmaier, J./Mandl, H. (2002). Constructivism in cognitive psychology. In N. Smelser & P. Baltes (Eds.), International encyclopedia of the social and behavioral sciences (pp. 2654-2659). Oxford: Elsevier.
Gräsel, C. (1999): Die Rolle des Wissens beim Umwelthandeln – oder: Warum Umweltwissen träge ist. In: Unterrichtswissenschaft 27, H. 3, S. 196–212.
Greif, S. (1994): Handlungstheorie und Selbsttheorie und Selbstorganisationstheorien – Kontroversen und Gemeinsamkeiten. In: Bergmann, B./Richter, P. (Hrsg.): Die Handlungsregulationstheorie. Göttingen: Hogrefe, S. 89–114.
Greif, S./Kurtz, H.-J. (Hrsg.)(1998): Handbuch Selbstorganisiertes Lernen. Göttingen: Verlag für Angewandte Psychologie.
Greeno, J./Collins, A./Resnick, L.B. (1996): Cogniton and learning. In: Berliner, D.C./Calfee, R.C. (Hrsg.): Handbook of educational psychology. New York: Simon & Schuster Macmillan [u.a.], S. 15–46.
Greve, W. (1994): Handlungsklärung. Die psychologische Erklärung menschlicher Handlungen. Bern: Huber.
Gruber, H./Mandl, H./Renkl, A. (2000): Was lernen wir in Schule und Hochschule: Träges Wissen? In: Mandl, H./Gerstenmaier, J. (Hrsg.): Die Kluft zwischen Wissen und Handeln. Göttingen: Hogrefe, S.139–156.
Haan, G. de (1999): Zu den Grundlagen der „Bildung für nachhaltige Entwicklung" in der Schule. In: Unterrichtswissenschaft 27, H. 3, S. 252–380.
Haan, G. de/Kuckartz, U. (1996): Umweltbewußtsein. Denken und Handeln in Umweltkrisen. Opladen: Leske+ Budrich.
Hacker, W. (1994): Action regulation theory and occupational psychology: review of german empirical research since 1987. Forschungsberichte Band 5. Dresden.
Handl, J. (1996): Hat sich die berufliche Wertigkeit der Bildungsabschlüsse in den achtziger Jahren verändert? Kölner Zeitschrift für Soziologie und Sozialpsychologie 48, H. 2, S. 249–273.
Heid, H. (1992): Ökologie als Bildungsfrage. In: Zeitschrift für Pädagogik 38, Nr. 1, S. 113–138.
Heinz (1990): Berufliche und betriebliche Sozialisation. In: Hurrelmann, K./Ulich, D. (Hrsg.): Neues Handbuch der Sozialisationsforschung. Weinheim: Beltz, S. 397–441.

Henninger, M. (1999): Die Förderung sprachlich-kommunikativen Handelns. Unveröffentlichte Habilitationsschrift. München.
Henninger, M./Mandl, H. (2000): Vom Wissen zum Handeln – ein Ansatz zur Förderung kommunikativem Handelns. In: Mandl, H./Gerstenmaier, J. (Hrsg.): Die Kluft zwischen Wissen und Handeln. Göttingen: Hogrefe, S.198–219.
Herrmann, T. (1982): Über begriffliche Schwächen kognitivistischer Kognitionstheorien: Begriffsinflation und Akteur-System-Kontamination. In: Sprache & Kognition 1, S. 3–14.
Jerusalem, M./Mittag, W. (1997): Schulische Gesundheitsförderung bei Kindern und Jugendlichen. In: Unterrichtswissenschaft 25, H. 2, S. 133–149.
Kaiser, F./Fuhrer, U. (2000): Wissen für ökologisches Handeln. In: Mandl, H./Gerstenmaier, J. (Hrsg.): Die Kluft zwischen Wissen und Handeln. Göttingen: Hogrefe, S. 52–71.
Kuhl, J. (1996): Wille und Freiheitserleben: Formen der Selbststeuerung. In: Kuhl, J./Heckhausen, H. (Hrsg.): Motivation, Volition und Handlung, Enzyklopädie der Psychologie. Serie IV. Band 4. Göttingen: Hogrefe, Verl. für Psychologie, S. 665–765.
Law, L.-C. (2000): Die Überwindung der Kluft zwischen Wissen und Handeln aus situativer Sicht. In: Mandl, H./Gerstenmaier, J. (Hrsg.): Die Kluft zwischen Wissen und Handeln. Göttingen: Hogrefe, S. 253–287.
Lehmann, J. (1997): Handlungsorientierung und Indoktrination in der Umweltpädagogik. In: Zeitschrift für Pädagogik 43, H. 4, S. 631–636.
Lehmaier, H. (1995): Benötigt die handlungswissenschaftlich begründete Pädagogik eine eigene Forschungsmethode? In: Zeitschrift für Pädagogik 41, H. 3, S. 631–650.
Lenk, H. (1993): Philosophie und Interpretation. Vorlesungen zur Entwicklung konstruktivistischer Interpretationsansätze. Frankfurt a.M.: Suhrkamp.
Lenk, H. (1995): Interpretation und Realität. Vorlesungen über Realismus in der Philosophie der Interpretationskonstrukte. Frankfurt a.M.: Suhrkamp.
Lenzen, D. (1997a): Erziehungswissenschaft in Deutschland: Theorien – Krisen – gegenwärtiger Stand. In: Olbertz, J.H. (Hrsg.): Erziehungswissenschaft. Opladen: Leske+Budrich, S. 39–50.
Lenzen, D. (1997b): Lösen die Begriffe Selbstorganisation, Autopoiesis und Emergenz den Bildungsbegriff ab? In: Zeitschrift für Pädagogik 43, H. 6, S. 949–968.
LePore, E./McLaughlin, B.P. (Hrsg.) (1985): Actions and events. Perspectives on the philosophy of Donald Davidson. Oxford: Blackwell.
Lerner, R.M./Baron, C.E. (2000): Adolescents as agents in the promotion of their positive development: the role of youth actions in effective programms. In: Perrig, W.J./Grob, A. (Hrsg.): Control of human behavior, mental processes, and conciousness. Mahwah: Erlbaum, S. 457–475.
Mandl, H./Gerstenmeier, J. (Hrsg.) (2000): Die Kluft zwischen Wissen und Handeln. Empirische und theoretische Lösungsversuche. Göttingen: Hogrefe.
Meulemann, H. (1999): Stichwort: Lebenslauf, Biographie und Bildung. In: Zeitschrift für Erziehungswissenschaft 2, H. 3, S. 305–324.
Nolte, H. (1999): Annäherungen zwischen Handlungstheorien und Systemtheorien. In: Zeitschrift für Soziologie 28, H. 2, S. 93–113.
Pfligersdorffer, G./Unterbrunner, U. (Hrsg.) (1994): Umwelterziehung auf dem Prüfstand. Innsbruck: Österreichischer Studien-Verlag.
Phillips, D.C. (1996): Philosophical perspectives. In: Berliner, D.C./Calfee, R.C. (Hrsg.): Handbook of educational psychology. New York: Simon & Schuster Macmillan [u.a.], S. 1005–1019.
Prinz, W. (1992): Die psychischen Probleme des Franz Brentano. In: Ethik und Sozialwissenschaften 4. S. 485–487.
Putnam, H. (1988): Repräsentation und Realität. Frankfurt a.M.: Suhrkamp.
Reckwitz, A. (2000): Der Status des „Mentalen" in kulturtheoretischen Handlungserklärungen. In: Zeitschrift für Soziologie 29, H. 3, S. 167–185.
Reinmann-Rothmeier, G./Mandl, H. (1999): Unterrichten und Lernumgebungen gestalten. (Überarbeitete Fassung des Forschungsberichtes Nr. 60). München.
Renner, B./Fuchs, R. (1997): Vier Effekte der Risikokommunikation, Konsequenzen für die Praxis der Gesundheitsförderung. In: Unterrichtswissenschaft 25, H. 2, S. 172–192.
Renner, B./Schwarzer, R. (2000): Gesundheit: selbstschädigendes Verhalten trotz Wissen. In: Mandl, H./Gerstenmaier, J. (Hrsg.): Die Kluft zwischen Wissen und Handeln. Göttingen: Hogrefe, S. 26–50.
Rosenstiel, L. von/Nerdinger, F.W./Spiess, E. (Hrsg.) (1998): Von der Hochschule in den Beruf. Göttingen: Verlag für Angewandte Psychologie .
Rost, J. (1999): Was motiviert Schüler zum Umwelthandeln? In: Unterrichtswissenschaft 27, H. 3, S. 213–231.
Searle, J. (1986): Geist, Hirn und Wissenschaft. Die Reith Lectures 1984. Frankfurt a.M.: Suhrkamp.

Searle, J. (1991): Intentionalität. Eine Abhandlung zur Philosophie des Geistes. Frankfurt a.M.: Suhrkamp.
Searle, J. (1993): Die Wiederentdeckung des Geistes. München: Artemis & Winkler.
Schein, E.H. (1990): Organizational culture. In: American psychologist 45, H. 2, S. 109–119.
Schwarzer, R. (1997): Ressourcen aufbauen und Prozesse steuern: Gesundheitsförderung aus psychologischer Sicht. In: Unterrichtswissenschaft 25, H. 2, S. 99–112.
Seifert, K.H. (1989): Berufliche Entwicklung und berufliche Sozialisation. In: Roth, E. (Hrsg.). Organisationspsychologie. Enzyklopädie der Psychologie. Göttingen: Hogrefe, S. 608–630.
Steinheider, B. /Fay, D./Hilburger, T./Hust, I./Prinz, L./Vogelsang, F./Hormut, S. (1999): Soziale Normen als Prädiktoren von umweltbezogenem Verhalten. In: Zeitschrift für Sozialpsychologie 30, H. 1, S. 40–56.
Straub, J./Werbik, H. (Hrsg.): Handlungstheorie. Frankfurt a.M.: Campus.
Strube, G. (Hrsg.) (1996): Wörterbuch der Kognitionswissenschaft. Stuttgart: Klett-Cotta.
Tenorth, H.-E. (1997): „Bildung" – Thematisierungsformen und Bedeutung in der Erziehungswissenschaft. In: Zeitschrift für Pädagogik 43, H. 6, S. 969–984.
Tippelt, R. (1998): Zum Verhältnis von Allgemeiner Pädagogik und Bildungsforschung. In: Zeitschrift für Erziehungswissenschaft 1, H. 2, S. 239–260.
Wirth, H (1996): Wer heiratet wen? Die Entwicklung der bildungsspezifischen Heiratsmuster in Westdeutschland. In: Zeitschrift für Soziologie 25, H. 5, S. 371–394.

Lutz R. Reuter | Isabelle Sieh

Politik- und rechtswissenschaftliche Bildungsforschung

1   Begriff, Gegenstand und Fragestellungen

Der Begriff *Bildung* kennzeichnet den Vorgang der Entfaltung der Individualität eines Menschen, seine geistige Entwicklung in Auseinandersetzung mit den Gegenständen der Umwelt. Die begrifflichen Grenzen zwischen Erziehung und Bildung sind fließend und auch institutionell (z.B. Schule-Eltern) nicht genau bestimmbar; sie sind beide Teil desselben pädagogisch-sozialisatorischen Prozesses. Erziehung bezieht sich eher auf die Entwicklung weltanschaulicher, ethischer und ästhetischer Einstellungen und Verhaltensdispositionen, während Bildung stärker auf den Erwerb von in Lernprogrammen definierten Kompetenzen abhebt. Die Bildungsforschung untersucht die Voraussetzungen und Möglichkeiten von Erziehungs- und Bildungsprozessen im institutionellen wie im gesellschaftlichen Kontext (vgl. BMBF 1991, S. 2; 1995). Sie definiert sich vom Gegenstand und nicht von einer Fachwissenschaft her, sie ist in ihrem Selbstverständnis multidisziplinär. Politikwissenschaftliche Bildungsforschung befasst sich mit der Schnittstelle von Erziehung bzw. Bildung und politischem System. Die Dimension des Politischen unterscheidet die politikwissenschaftliche von anderen disziplinären Orientierungen der Bildungsforschung. Die politische Dimension lässt sich über den Politikbegriff genauer erfassen. Zwar besteht in der politischen Theorie keine Einigkeit über das Wesen des Politischen; ob Macht, Konflikt, Herrschaft, Interesse, Ordnung, Gemeinwohl oder Friede die eigentliche Substanz von Politik ausmachen, ist umstritten (vgl. von Alemann 1999, S. 79). Übereinstimmung besteht allerdings darüber, den Politikbegriff über die drei Dimensionen *Form* (polity), *Inhalt* (policy) und *Prozess* (politics) näher zu strukturieren.

Bei der formalen oder institutionellen Dimension (polity) geht es um Erscheinungsformen der Politik wie Verfassungen, Recht und Institutionen sowie Merkmale wie Ordnung, Organisation und Verfahrensregeln. Politikwissenschaftliche Bildungsforschung befasst sich mit Blick auf diese Politikdimension mit den konstitutionellen Rahmenbedingungen der Bildungsprozesse und des Bildungssystems, mit den Kompetenzen der politischen Ebenen (europäische [EU], nationale [Bund], regionale [Länder/Provinzen/Kantone] und lokale [Kommunen] Ebene) und der politischen Akteure (z.B. Ministerien, Verbände), mit den Institutionen des Bildungssystems (Bildungsstätten) und mit den Instrumenten zur Durchsetzung bildungspolitischer Entscheidungen. Forschungsfragen sind beispielsweise, ob zentralisierte gegenüber föderativen Kompetenzstrukturen und Entscheidungsmustern die Modernisierung des Schulwesens erleichtern oder erschweren (vgl. Heidenheimer 1992), in welchem Verhältnis private und öffentliche Bildungsfinanzierung strukturiert ist und wie sich die Divergenzen bei den Bildungsausgaben in ökonomisch äquivalenten Staaten erklären lassen (vgl. Schmidt 2002).

Von der formalen oder institutionellen ist die inhaltliche Dimension des Politikbegriffs (policy) zu unterscheiden. Erscheinungsform dieser Dimension sind die Ziele und Aufgaben politischer Programme. Ihre Merkmale sind Wert- und Zielorientierung, Gestaltung, Problemlösung oder Aufgabenerfüllung. Gegenstände der politikwissenschaftlichen Bildungsforschung sind hier beispielsweise die unterschiedlichen Handlungskonzepte zur Gestaltung der Aufgaben und Strukturen von Bildungseinrichtungen, in denen sich die konkurrierenden Interessen bzw. die ideellen bildungspolitischen Einstellungen von Parteien oder Verbänden widerspiegeln (z.B. Chancengleichheit vs. Elitenförderung; Integration vs. Differenzierung). Beispiel für eine einschlägige Untersuchung ist die vergleichende Analyse der Regelung und Durchsetzung der Schulpflicht in den deutschen Bundesländern (vgl. Neumann/Reuter 1997), der Steuerungsmodi bundesstaatlicher Bildungssysteme (vgl. Arbeitsgruppe internationale Vergleichsstudie 2007) oder die sukzessive Veränderung des Hochschulreformdiskurses (vgl. Witte 2006).

Bei der prozessualen Dimension (politics) geht es um Erscheinungsformen der Politik wie Interessen und Konflikte und ihre Merkmale, z.B. Macht, Ressourcen, Konsens oder Kompromiss. Die politikwissenschaftliche Bildungsforschung untersucht dementsprechend, ob und wie die Akteure mit bildungspolitischen Problemen symbolisch oder problemlösend umgehen, mit welchen Handlungsprogrammen (z.B. Einführung der Gesamt- oder Gemeinschaftsschule, Revision der Ausbildungsordnungen) sie im politischen Wettbewerb auf gesellschaftliche oder wirtschaftliche Herausforderungen reagieren und wie der Politikkreislauf von Problemerfassung, Zielformulierung, Entscheidung und Umsetzung bei bildungspolitischen Themen (z.B. Internationalisierung der deutschen Hochschulen) verläuft. Beispiel für eine Studie zur prozessualen Dimension ist die Untersuchung der Interessenvermittlungs- und Entscheidungsprozesse im Mehrebenen-Regierungssystem (vgl. Bauer 1999) oder die Einbindung nichtstaatlicher Verbände in den Bologna-Prozess (vgl. Toens 2008).

Das Politikfeld Bildung kann danach in institutioneller, inhaltlicher und prozessualer Hinsicht untersucht werden; in der Regel schließen Untersuchungen mehrere Dimensionen ein. Obwohl die Begriffstrias alle relevanten Dimensionen der Politik erfasst, wird kritisiert, dass sie in Bezug auf den materiellen Kern des Politischen blass bleibe. Auf dem Hintergrund der politikwissenschaftlichen Debatte um die Kernbegriffe des Politischen wird daher Politik definiert als öffentlicher Konflikt von Interessen unter den Bedingungen von Machtgebrauch, begrenzten Ressourcen und Konsensbedarf. Im Zentrum der politikwissenschaftlichen Bildungsforschung steht dementsprechend die Analyse öffentlich ausgetragener Konflikte um konkurrierende Interessen über Ziele, Inhalte und Ressourcen im Politikfeld Bildung.

Rechtswissenschaftliche Bildungsforschung befasst sich mit der Schnittstelle von Erziehung bzw. Bildung und Rechtsordnung. Da die Rechtsordnung als Produkt politischer Prozesse Teil des politischen Systems ist, liegt es nahe, rechtswissenschaftliche Fragestellungen als Teil politikwissenschaftlicher Bildungsforschung zu verstehen. Allerdings sprechen einige Gründe wie das wechselseitige Bedingungsverhältnis von Politik und Recht und vor allem die begriffliche, methodische und institutionelle Ausdifferenzierung des Rechts und der Rechtswissenschaft für eine Unterscheidung zwischen politikwissenschaftlicher und rechtswissenschaftlicher Bildungsforschung.

In der europäischen und europäisch beeinflussten internationalen Rechtsordnung gelten die Menschenrechte seit der Aufklärung als Verkörperung der Idee von der Unverfügbarkeit des Menschen. In Rechtsdokumenten niedergelegt gelten sie als verrechtlichte Form der dem Menschen angeborenen und unveräußerlichen Rechte; der legitimierenden Idee nach bleiben sie naturrechtliche und damit vorstaatliche Normen. Damit ist nicht nur zwischen Recht als Form und Recht als Inhalt, sondern auch zwischen Recht als Apriori und Recht als Ergebnis politischer Konflikte zu unterscheiden. Es lassen sich hier Parallelen zum normativen Politikbegriff und zu seinen Dimensionen Form, Inhalt und Prozess ziehen. Während die rechtsphilosophischen Bemühungen um eine materielle Ausfüllung des Rechtsbegriffs mit Kategorien wie Sittlichkeit oder Gerechtigkeit dissensbesetzt geblieben sind, hat die Rechtsprechung – insbesondere des Bundesverfassungsgerichts (BVerfG) – der Idee der Vorstaatlichkeit der Menschenrechte Geltung verschafft. Ihnen sind Gesetzgebung, vollziehende Gewalt und Rechtsprechung (Art. 1 Abs. 3 GG) verpflichtet. Im Übrigen aber ist Recht in der pluralistischen Demokratie Ausdruck politischer, mehrheitlicher Entscheidungen. Sein Geltungsgrund ist nicht die Idee der materiellen Richtigkeit, sondern die Korrektheit des Verfahrens, mit der es zustande gekommen ist. Sicherung gegen eine völlige Beliebigkeit seiner Inhalte ist allerdings die Verträglichkeit der verfahrenslegitimierten Norm mit der Verfassung; die Menschenrechte sind der Maßstab der materiellen Gültigkeit der Rechtsnormen.

Für die rechtswissenschaftliche Bildungsforschung folgt daraus zweierlei. Sie ist zum einen Teil der Naturrechtsphilosophie, wenn es um Bildungsfragen im Zusammenhang mit der Würde des Menschen, insbesondere der Persönlichkeitsentfaltung von Kindern und Jugendlichen, geht. Im Mittelpunkt dieses Themenbereichs steht die Frage nach der Begründung, dem Inhalt und der Reichweite des Grundrechts, insbesondere des Rechts auf Bildung und Chancengleichheit, d.h. nach der Bedeutung von Gleichheitssatz und Sozialstaatlichkeit für die Bildungschancen (vgl. Niehues/Rux 2006, S. 47ff.; United Nations [Munoz-Report] 2006). Zum anderen geht es in der rechtswissenschaftlichen Bildungsforschung um Fragen, wie sie auch in der politikwissenschaftlichen Bildungsforschung gestellt werden: Wer definiert den rechtlichen Rahmen für die Ziele, Aufgaben, Strukturen, Prozesse, Institutionen und Ressourcen im Politikfeld Bildung und Erziehung? Welche Interessen setzen sich im Rahmen des Rechts durch bzw. werden durch das bestehende Rechtssystem gesichert bzw. marginalisiert? Wie sind sie inhaltlich bestimmt? Wer verfügt über die Interpretationsmacht? Welche Funktionen (Herrschaftssicherung, Kontrolle, Schutz, Steuerung/Inklusion oder Exklusion) hat das Bildungsrecht (vgl. ebd. Niehues/Rux 2006)?

Die zur Ausdifferenzierung des Politikbegriffs konstruierte Begriffstrias von Form, Inhalt und Prozess lässt sich auch auf den Rechtsbegriff übertragen. Bei der formalen Dimension des (Bildungs-) Rechtsbegriffs geht es um das bestehende (positive) Bildungsrecht, wie es als Bildungsverfassung im nationalen Verfassungsrecht (z.B. Art. 7, 12, 74 Ziff. 11-13, 91 b GG), in internationalen Dokumenten (z.B. Art. 149f. Vertrag über die Gründung der Europäischen Gemeinschaft), in den Landesverfassungen und im Schul-, Berufsbildungs-, Hochschul- und Weiterbildungsrecht niedergelegt ist (vgl. Reuter 1998b; Avenarius/Heckel 2000, S. 19ff.). Hinzu kommen bildungsadministrative Regeln und obergerichtliche Entscheidungen zu Bildungsfragen und schließlich die Institutionen, die rechtsförmig Bildungsentscheidungen treffen. Bei der inhaltlichen Dimension geht es um die Frage nach der Auslegung der geltenden Bildungsrechtsnormen (Beispiele: Bedeutet Aufsicht des Staates über das Schulwesen (Art. 7 Abs. 1 GG) staatliche Gestaltungsmacht oder bloß rechtliche Kontrolle? Bedeutet Öffentlichkeit im Bildungsverfassungsrecht staatliche Trägerschaft oder allgemeine Zugänglichkeit für die Teilnehmer?). Bei der prozessualen Dimension geht es um Fragen nach den (bildungs-) rechtlichen Konfliktregeln, nach den Interessen und der Durchsetzungsmacht unterschiedlicher Akteure bei der Vorbereitung, Implementation und Anwendung bildungsrechtlicher Bestimmungen und nach der Funktion der rechtlichen Institutionen bei Entscheidungen im Bildungsbereich (Beispiel: Vereinheitlichung des Bildungsrechts durch die Rechtsprechung des BVerfG).

Vereinfacht formuliert stehen im Zentrum politikwissenschaftlicher Bildungsforschung die politischen Inputs, Outputs und Outcomes mit Blick auf das Bildungssystem und die bildungspolitischen Entscheidungsprozesse, während sich die rechtswissenschaftliche Bildungsforschung mit der Analyse der rechtlichen Rahmenbedingungen des Bildungssystems und der Auslegung des Bildungsrechts als Instrument der politischen Steuerung, der administrativen Kontrolle und des individuellen Rechtsschutzes befasst (vgl. Avenarius/Heckel 2000). Damit sind sie eng miteinander verknüpft; sie berühren sich in der Frage nach dem normativ-philosophischen Ausgangspunkt und der Legitimation staatlichen Handelns im Bildungswesen.

2 Entstehung, Entwicklungen und Arbeitsbereiche

Die politik- und rechtswissenschaftliche Bildungsforschung in Deutschland steht einerseits im Zusammenhang mit den allgemeinen Nachkriegsentwicklungen und andererseits mit den Entwicklungen der Bildungspolitik selbst. Bildungsforschung ist ein interdisziplinärer, empirisch ausgerichteter und praxisorientierter Forschungsbereich, der sich seit den 1950er Jahren zunächst unter angelsächsischem und schwedischem Einfluss und seit den späten 1960er Jahren unter dem Einfluss der Organisation für wirtschaftliche Zusammenarbeit und Entwicklung (OECD) in Deutschland entwickelt. Die Politikwissenschaft, deren Wurzeln in der politischen Philosophie sowie in der Geschichts-, Staats-, Rechts- und Verwaltungswissenschaft liegen, wird unter amerikanischem Einfluss mit dem Anspruch der Erziehung zur Demokratie als selbstständige Disziplin etabliert. In den 1970er Jahren löst sie sich von dieser funktionalen Bindung und entwickelt sich zu einer eigenständigen Sozialwissenschaft. Die Entwicklung erster Ansätze einer auch politikwissenschaftlich orientierten Bildungsforschung ist mit der Gründung der Hochschule für Internationale Pädagogische Forschung (1951) in Frankfurt a.M. (seit 1964 Deutsches Institut für Internationale Pädagogische Forschung [DIPF]) und des Max-Planck-Instituts für Bildungsforschung (MPIB – seit 1963) in Berlin verbunden. Ihnen folgen das Bundesinstitut für Berufsbildungsforschung (BIBB – seit 1970) in Berlin, das Institut für Arbeitsmarkt- und Berufsforschung (IAB – seit 1967) der Bundesanstalt für Arbeit in Nürnberg und die Hochschul-Informationssystem GmbH (HIS – seit 1969).

Die Einsetzung des Deutschen Ausschusses für das Erziehungs- und Bildungswesen (1953-1965) und des Deutschen Bildungsrates (1965-1975), die Gründung des Wissenschaftsrates (1957) sowie die Ergänzung des Grundgesetzes um die Aufgaben gesamtstaatlicher Bildungsplanung und Forschungsförderung (1969) forcieren eine stärker bildungsplanungs- und beratungsorientierte Bildungsforschung. Die aufgrund von Art. 91b GG gegründete Bund-Länder-Kommission für Bildungsplanung und Forschungsförderung (BLK) fungiert als Koordinierungsinstitut zwischen den, seit der Grundgesetzreform verschränkten, Bundes- und Landeskompetenzen im Bildungsbereich. Dieser Prozess geht mit einer steigenden Komplexität im Bildungssystem einher, mit der sich die politikwissenschaftliche Bildungsforschung intensiv beschäftigt. Auch durch die Bildungsexpansionsphase von Mitte der 1960er bis etwa Mitte der 1970er Jahre wird die politikwissenschaftlich orientierte, wiewohl institutionell durchweg an die Erziehungswissenschaft angebundene, Bildungsforschung angeregt und entsprechend ausgebaut; dies gilt sowohl für den universitären Bereich (vgl. entsprechende Arbeitsbereiche an den Universitäten Berlin (FU), Bochum, Dortmund, Hamburg, Marburg, Münster und Konstanz), die universitäre Projektförderung und die außeruniversitäre Forschung (vgl. MPIB, DIPF) sowie die Ressortforschung (vgl. insb. die Bundesministerien für Bildung und Wissenschaft sowie Forschung und Technologie, die heute im BMBF zusammengefasst sind). Die Erwartungen der politischen Akteure an die (politik-) wissenschaftliche Bildungsforschung erweisen sich analog zu der Ernüchterung der allgemeinen Planungseuphorie in der zweiten Hälfte der 1970er Jahre bald als illusorisch; denn die Bildungsplanung kann politische Entscheidungen über Bildungsreformen nicht ersetzen, wie es sich die Kultusministerkonferenz (KMK) mit der vom Deutschen Bildungsrat vorgeschlagenen Begleitforschung zum Gesamtschulexperimentalprogramm noch vorstellte. Die Nichtverlängerung des Mandats für den Bildungsrat im Jahr 1975 ist ein deutliches Indiz für die gesunkene Bedeutung, die politischerseits in dieser Phase der politikberatenden Bildungsforschung zugemessen wird. Die komplexen Systemvoraussetzungen des kooperativen (Bildungs-) Föderalismus (vgl. Lehmbruch 1998) und politischer Dissens über Ziele, Inhalte und Finanzierung der Bildungssystementwicklung sind Ursache dafür, dass auch der BLK die Fortschreibung des Bildungsgesamtplans nicht mehr gelingt. Impulse für die politikwissenschaftliche Bildungsforschung in Deutschland geben schließlich die wachsenden bildungspolitischen Ambitionen internationaler Organisationen (UNESCO, vgl. Hüfner/Reuter 1996; OECD, vgl. Weymann/Martens 2005; EG, vgl. Bauer 1999; Weltbank, vgl. Maurer 2007; internationale Nichtregierungsorganisationen, vgl. Fuchs 2007).

Auch die rechtswissenschaftliche Bildungsforschung, die mit dem Entwurf für ein Landesschulgesetz (1981) der Kommission Schulrecht des Deutschen Juristentages zeitweilig die fachöffentliche Aufmerksamkeit auf sich zu ziehen vermag, verliert das öffentliche Interesse. Dies hängt auch damit zusammen, dass nach dem Ende der Bildungsreformen der 1970er Jahre bis zum Jahrhundertwechsel keine bedeutenden bildungsrechtlichen Gerichtsurteile mehr ergehen (vgl. Urteil des BVerfG zum Ausbildungsplatzforderungsgesetz von 1980). Die 1980er Jahre bringen keine grundlegend neuen Impulse institutioneller, personeller oder thematischer Art für die politikwissenschaftliche Bildungsforschung. Die fortbestehenden staatlichen Institutionen der Bildungsforschung, -planung und -beratung entwickeln z.T. veränderte Aufgaben, wobei sie ihre Position im Gefüge der bildungspolitischen Akteure teilweise festigen können (BIBB, Wissenschaftsrat) bzw. an Einfluss verlieren (BLK).

In allen Phasen des Aufbaus und der Entwicklung der DDR gibt es keine unabhängige politikwissenschaftliche Bildungsforschung; dies hätte dem ideologischen Grundverständnis eines Staates unter Führung der Arbeiterklasse und ihrer marxistisch-leninistischen Partei (Art. 1 Abs. 1 DDR-Verfassung) widersprochen. Die Politikwissenschaft ist Teil des Faches *Wissenschaftlichen Kommunismus* an den Instituten für Marxismus-Leninismus. Die (politik-) wissenschaftliche Bildungsforschung in der DDR ist institutionell im Zentralinstitut für Berufsbildung (seit 1966), im Zentralinstitut für Jugendforschung (seit 1966), in der Akademie der pädagogischen Wissenschaften (seit 1970, zuvor Deutsches Pädagogisches Zentralinstitut) und im Zentralinstitut für Hochschulbildung (seit 1982) institutionalisiert. Kennzeichnend für die Bildungsforschung in der DDR ist ihre Einbettung in die zentrale Planung und Lenkung durch das Politbüro über die zentralen Forschungspläne der marxistisch-leninistischen Gesellschaftswissenschaften.

Die Herstellung der deutschen Einheit gibt der politikwissenschaftlichen Bildungsforschung über die DDR neue thematische Impulse und durch die Öffnung der Archive fundiertere Arbeitsvoraussetzungen. Auf der Grundlage der Evaluation durch den Wissenschaftsrat wird der Gesamtbereich inner- und außeruniversitärer Forschung umstrukturiert; Arbeitsbereiche mit Bezügen zur politikwissenschaftlich orientierten, z.T. komparatistischen Bildungsforschung entstehen an den Hochschulen bzw. Universitäten in Berlin (Humboldt-Universität), Dresden, Erfurt, Halle-Wittenberg (Institut für Hochschulforschung [HoF], Kassel und Leipzig. An die Stelle der außeruniversitären Forschungsinstitute treten Abteilungen bis dahin westdeutscher

Einrichtungen (z.B. DIPF-Forschungsstelle Berlin; HIS-Außenstelle Leipzig). Darüber hinaus werden an verschiedenen Hochschulen und Forschungsinstituten Projekte zur Erforschung der DDR-Bildungsgeschichte mit politikwissenschaftlichen Fragestellungen durchgeführt (vgl. Klemm/Böttcher/Weegen 1992; Muszynski 1991; Fuchs/Reuter 1995; Hoffmann/Döbert/Geissler 1999).

Die in den 1990er Jahren einsetzende öffentliche Debatte um Hochschulreformen, der breite europäische Konsens zur Entwicklung einer gemeinsamen Hochschulinitiative (Bologna-Prozess) und der Aufbau eines umfassenden internationalen Bildungsmonitorings, wie z.B. *Third International Mathematics and Science Study* (TIMSS) (vgl. Baumert/Lehmann 1997) und *Programme for International Student Assessment* (PISA), begründen eine Renaissance der politikwissenschaftlich orientierten Bildungsforschung. Die Europäisierung und Internationalisierung der Bildungsberichterstattung durch EU, OECD und andere internationale Akteure führen zu einer Dominanz bildungssystemvergleichender Projekte in der Bildungsforschung (vgl. Lauterbach 1999; Reuter 1999). Dabei handelt es sich um komparatistische Studien zum Bildungsföderalismus (Arbeitsgruppe 2007), interregionale und internationale Ländervergleichsstudien (vgl. Döbert/Klieme/Sroka 2004) und Arbeiten über Steuerungsmechanismen (vgl. Altrichter/Brüsemeister/Wissinger 2007).

Ausdruck des Selbstverständnisses der Bildungsforschung ist, dass die einschlägigen Arbeitsbereiche und Institute in der Regel nicht monodisziplinär verfasst sind. Insofern gibt es keine politik- oder rechtswissenschaftlich orientierten Bildungsforschungseinrichtungen. Politikwissenschaftliche Bildungsforschung findet projektbezogen in Hochschulen und außeruniversitären Einrichtungen staatlicher wie nichtstaatlicher Trägerschaft statt. Neben den schon genannten Hochschulen gibt es im universitären Bereich kleinere – auch politikwissenschaftlich orientierte – Arbeitsbereiche an den Universitäten Dortmund, Essen, Hamburg, Koblenz und Potsdam. MPIB, DIPF, HIS, BIBB und das nichtstaatliche Centrum für Hochschulentwicklung (CHE) sind bis heute die wichtigsten Institute der außeruniversitären Bildungsforschung in Deutschland. Zu erwähnen sind weiterhin die von den Kultusministerien getragenen Institute für Bildungsforschung, Qualitätssicherung, Schulentwicklung und Lehrerfortbildung (z.B. Institut für Qualitätsentwicklung an Schulen in Kiel; Staatsinstitut für Schulqualität und Bildungsforschung in München), das Institut für Schulentwicklungsforschung an der Universität Dortmund, das UNESCO-Institut für Lebenslanges Lernen in Hamburg, das Deutsche Jugendinstitut (DJI) in München und das Comenius-Institut in Münster, die Arbeitsstelle des Deutschen Volkshochschulverbandes in Frankfurt a.M., das Institut der deutschen Wirtschaft in Köln sowie die von Bildungs- und Fachministerien, Parteien, parteinahen Stiftungen sowie von Gewerkschaften, Wirtschafts-, Berufs- und Fachverbänden initiierte und finanzierte Bildungsforschung. Auf Europäischer Ebene sind für die Hochschulforschung insbesondere das Center of Higher Education Policy (CHEPS) in Enschede (Niederlande) und die Academic Cooperation Association (ACA) in Brüssel (Belgien) zu nennen. Außerhalb des tertiären und beruflichen Bildungssektors existieren bislang kaum politikwissenschaftlich orientierte europäische Bildungsforschungsinstitute. Institutionen wie das Consortium of Institutions for Development and Research in Education in Europe (CIDREE) in Sint-Katelijne-Waver (Belgien) vernetzen lediglich nationale Forschungsinstitute oder stellen Informationen über die europäischen Bildungssysteme bereit wie das Informationsnetz zum Bildungswesen in Europa (EURYDICE) in Brüssel (Belgien). Zudem unterhält die Europäische Kommission einige Forschungseinrichtungen wie das Center for Research in Lifelong Learning (CRELL) in Ispra

(Italien) oder das Network of Experts in Social Sciences of Education and Training (NESSE) in Lyon (Frankreich).

Innerhalb der politik- und rechtswissenschaftlichen Fachvereinigungen hat sich die Bildungsforschung nur zeitweilig etablieren können. So gab es in der Deutschen Vereinigung für Politische Wissenschaft Arbeitsgruppen für Bildungspolitik und für Bildungsverwaltung; ein nur auf das Politikfeld Bildung orientierter Arbeitskreis existiert seit Ende der 1980er Jahre nicht mehr; einschlägige Fragen werden gelegentlich im Rahmen der Sektionen Regierungslehre, Staatslehre und politische Verwaltung, Politische Wissenschaft und Politische Bildung behandelt. Aktivitäten praxisorientierter politik- und rechtswissenschaftlicher Bildungsforschung finden Platz in der Deutschen Gesellschaft für Bildungsverwaltung (z.B. Arbeitsgruppe Bildungsrecht), in der Gesellschaft für Vergleichende Pädagogik und in den Sektionen (z.B. International und Interkulturell Vergleichende Erziehungswissenschaft) bzw. Arbeitsgruppen (Kommission Bildungsorganisation, Bildungsplanung, Bildungsrecht) der Deutschen Gesellschaft für Erziehungswissenschaft (vgl. Weishaupt 2000). Ein wichtiges Forum internationaler Kommunikation in der rechtswissenschaftlichen Bildungsforschung ist die European Association for Education Law and Policy (ELA) in Antwerpen (Belgien); nach ihrer Satzung ist sie vor allem der internationalen Förderung des Rechts auf Bildung verpflichtet.

Im Gegensatz zur reellen Bedeutung des Rechts für das Bildungssystem in Deutschland (Beispiele: Schulverfassung, vgl. Zedler/Fickermann 1997; Rechtschreibreform, vgl. Kopke 1995; Ethik- und Religionsunterricht, vgl. Link 1995; Prüfungsrecht, vgl. Niehues 2004) nimmt die bildungsrechtswissenschaftliche Forschung innerhalb der Rechtswissenschaft eine ähnlich randständige Rolle ein; bislang ist ihr in Deutschland nur kurzzeitig eine fachverbandliche Präsenz gelungen. So befasste sich 1976 der 51. Deutsche Juristentag (DJT) mit den rechtlichen Grundsätzen für das öffentliche Schulwesen und der Stellung der an ihm Beteiligten (vgl. Oppermann 1976) und nahm mit seiner Kommission Schulrecht Einfluss auf die Schulrechtsdiskussion in den Bundesländern (vgl. Deutscher Juristentag 1981). Auch die Vereinigung der Deutschen Staatsrechtslehrer hat sich mehrfach mit dem bildungsverfassungsrechtlichen Rahmen der deutschen Bildungspolitik befasst (vgl. Bothe 1995). Schließlich sei die interdisziplinäre Projektgruppe *Bildung neu denken* der Vereinigung der Bayerischen Wirtschaft mit ihrem Abschlussband zum juristischen Konzept eines künftigen Bildungssystems erwähnt (vgl. Vereinigung der Bayerischen Wirtschaft e.V. 2005). Aus dieser Projektgruppe ist der Aktionsrat Bildung hervorgegangen, der auf der Basis bildungswissenschaftlicher Erkenntnisse Handlungsempfehlungen an die Adresse der bildungspolitischen Akteure gibt (vgl. Vereinigung der Bayerischen Wirtschaft e.V. 2007).

3 Theoretische Zugänge

Eine *Theorie der Bildungspolitik* und spezifische Theorien politikwissenschaftlicher Bildungsforschung liegen nicht vor. Somit ist in der politikwissenschaftlichen Bildungsforschung auf die allgemeinen, für politikwissenschaftliche Fragestellungen geeigneten Theorieofferten zurückzugreifen. Da bereits die politikwissenschaftliche Theorie auf zahlreiche sozialwissenschaftliche Bezugsdisziplinen wie Philosophie, Psychologie, Soziologie, Wirtschaftswissenschaft, Erziehungswissenschaft und Rechtswissenschaft rekurriert, ist der theoretische Rahmen politikwissenschaftlicher Bildungsforschung häufig in einer Trias von erziehungs- und politikwissenschaftlichen sowie bezugsdisziplinären Theorieansätzen anzusiedeln. Insbesondere sozialisations-, organisations- und mehrebenentheoretische sowie institutionalistische Ansätze finden Anwendung. In den jüngeren Beiträgen zur politikwissenschaftlichen Bildungsforschung wird zudem wieder vermehrt mit Policy-Ansätzen in Kombination mit lerntheoretischen Annahmen gearbeitet. In der (komparatistischen) Bildungssystemanalyse spielen systemtheoretische Ansätze und die handlungs- und modernisierungstheoretischen Varianten der Systemtheorie weiterhin eine nicht unbedeutende Rolle. Die wichtigsten theoretischen Ansätze seien nachfolgend kurz vorgestellt (vgl. Benz/Seibel 1997; Reuter 1998a).

Die *Theorie der politischen Sozialisation* fragt nach den Bedingungen des Lernprozesses, die die politischen Denk- und Handlungsmuster der Individuen konstituieren, und nach ihren Wirkungen für das politische System. Die Bedeutung der Sozialisationstheorie für die politikwissenschaftliche Bildungsforschung besteht in der Verknüpfung individueller und politischer Strukturen. Die *Elitetheorie* geht von der Annahme aus, dass in modernen Industrie- und Dienstleistungsgesellschaften Organisationsspezialisten die traditionellen Führungsgruppen ersetzen. Funktionseliten weisen je typische Rekrutierungsmuster auf, bestimmen die gesellschaftlichen und politischen Machtstrukturen und tendieren zur Verselbstständigung. Bei den bildungspolitischen Funktionseliten interessieren überdies die Kommunikationsbeziehungen mit Adressaten und Abnehmern des Bildungssystems. In der *Theorie politischer Akteure* geht es demgegenüber nicht um die Aufklärung der Rolle von Einzelpersonen, sondern der Beziehungen zwischen (bildungs-) politischen Akteuren, d.h. zwischen den staatlichen, halb- und nichtstaatlichen Akteuren wie Ministerien, KMK, Wissenschaftsrat, Bildungseinrichtungen, Parteien, Verbänden und anderen zivilgesellschaftlichen Organisationen. Die *Theorie der Partizipation* geht davon aus, dass Partizipation eine Form menschlicher Selbstverwirklichung darstelle; daraus werden gleiche Zugangsrechte zu den politischen Entscheidungen abgeleitet und für gesellschaftliche Institutionen und Subsysteme (insbesondere im Bildungssystem: Recht auf Bildung und Chancengleichheit) gefordert. Partizipation kann in der Bildungspraxis in sehr unterschiedlicher Weise, sei es durch bürokratische Verfahren, Problemkomplexität oder Elitendominanz, durch mobilisierte Interessen, Besitzstandorientierung oder institutionelle Immobilität, erschwert werden.

Der älteste Theoriezweig der Organisationstheorie, die *Bürokratietheorie*, unterstellt spezifische Funktionsdefizite bürokratischer Systeme. Bürokratische Herrschaft tendiert zur Verselbstständigung, bedingt durch wachsende Professionalisierung und Komplexität sowie abnehmende Kontrollierbarkeit. Die politische Funktionalisierung von (administrativen) Kompetenzen führt zu extensivem Einfluss und Interessenselektion einer Gruppe, die strukturell auf die Mandatierung durch eine übergeordnete Instanz begrenzt ist. Diese Akteurskonstellation wird auch von der *Principal-Agent-Theorie* thematisiert. Der Prinzipal vergibt als Auftraggeber Aufgaben an seine Agenten, die Informationsvorsprünge nutzen und die übertragenen Aufgaben nur teilweise oder im Eigeninteresse ausführen. Mit diesem Ansatz können intrainstitutionelle Entwicklungen, z.B. von Universitäten, unter den Bedingungen antagonistischer Interessen der verschiedenen Statusgruppen (vgl. Bayer 2002) oder Prozesse und Ergebnisse der Schulentwicklung untersucht werden.

Während die Organisationstheorie eingesetzt wird, um die Binnenstrukturen von Bildungsinstitutionen zu analysieren, befasst sich die *Institutionentheorie* mit Fragen nach den über formale Aufgaben hinausgehenden Funktionen und der Steuerungsleistung von Institutionen, ihren Außenbeziehungen und ihrem Verhältnis untereinander. *Neoinstitutionalistische Konzepte* gehen von Institutionen als mehr oder weniger formal organisierten Regelsystemen aus, die nicht zwangsläufig materiell manifest werden und sich themen-, problem- oder politikspezifisch im Zeitverlauf strukturell verfestigen (vgl. Hasse/Krücken 2005). Besonders der *akteurszentrierte Institutionalismus* (vgl. Mayntz/Scharpf 1995) wird in der Debatte um die Steuerungsinstanzen Staat und Markt diskutiert, weil er einen Kompromiss zwischen staatszentristischer und selbstorganisierender Perspektive anbietet, indem kollektive Akteure zwar als weitgehend autonom, aber institutionalisiert im politischen Prozess, konzeptualisiert werden. Im Bildungsbereich lassen sich solche neokorporatistischen Strukturen beispielsweise im Zuge der Föderalismusreform (2004-2006) beobachten, in deren Verlauf verbandliche Akteure wie GEW, HRK, Bundeselternrat und andere zu Stellungnahmen aufgefordert werden.

Föderalismustheoretische Ansätze spielen naheliegender Weise in der politik- und rechtswissenschaftlichen Bildungsforschung eine besonders wichtige Rolle. Die prominenteste Föderalismustheorie ist die *Theorie der Politikverflechtung* (vgl. Scharpf/Reissert/Schnabel 1976), die aus der Analyse dezentraler Systeme hervorgegangen ist. Sie setzt sich mit der Verschränkung politisch-administrativer Kompetenzen auseinander, durch die die Entscheidungsautonomie der dezentralen Einheiten (z.B. Länder und Gemeinden) begrenzt wird, ohne der höheren Entscheidungsebenen (z.B. Bund, EU) im selben Ausmaß independente Regelungskompetenzen zu übertragen. Politische Entscheidungsprozesse müssen von daher in Übereinstimmung mit den nachgeordneten Einheiten und über Parteigrenzen hinweg entwickelt werden. Derart verflochtene Strukturen setzen hohe Konsensschwellen voraus, hemmen das systemische Innovationspotential und fördern somit die Fortschreibung des Status quo. Aus einem demokratietheoretischen Blickwinkel stellt sich der Verlust klarer Zuordenbarkeit von politischen Entscheidungen als problematisch dar, da die Verantwortung insbesondere für Fehler und Unterlassungen verwischt wird und Erfolge von allen Akteuren reklamiert werden können. Gerade der deutsche Bildungsföderalismus wird in seinen administrativen, gouvernementalen, halb- und nichtstaatlichen sowie institutionellen Verflechtungen über alle Politikebenen hinweg immer wieder als Beispiel für Politikverflechtung zitiert (vgl. Lehmbruch 1998, S. 154ff.). Die Verfassungsreform (2006) hat dieses Problem nicht entschärft, obwohl die Bildungskompetenzen entflochten und fast vollständig in die Hände der Länder zurückgegeben wurden, weil sie nicht mit einer funktionellen Finanzreform verbunden wurde. Was folgte ist die Fortsetzung der vom Bund ausgehenden bildungspolitischen Steuerung extra constitutionem (Beispiel: Kinderbetreuungsausbauprogramm 2013). Das tendenziell fatalistische Theorem der Politikverflechtungsfalle (vgl. Scharpf 1985), in der sich die beteiligten Akteure trotz Interessenübereinstimmung gegenseitig blockieren, wird inzwischen um Konzepte des Mehrebenenregierens ergänzt, die ergebnisoffene Analysen von Mehrebenenkomplexen zulassen. Diese neuen *Governance-Ansätze* (vgl. Benz 2004), die die Steuerung sozialer Systeme als komplexes Zusammenspiel verschiedener Ebenen und Akteure ohne Steuerungszentrum interpretieren, tragen auch der jüngeren Bildungssystementwicklung Rechnung. Mit der Adaptation von New-Public-Management-Ansätzen im Bildungsbereich einerseits (vgl. Fisch/Koch 2005) und der mit wachsender Bedeutung europäischer und internationaler Bildungsakteure notwendigen Erweiterung des Mehrebenenmodells andererseits hat der Einfluss (national-) staatlicher Akteure und des institutionellen Settlements gegenüber informellen, nicht hierarchisch angelegten Verhandlungsprozessen abgenommen.

Die *Politikfeldanalyse* (vgl. Schubert 1991) ist der Policy-Forschung entlehnt und für die politische Bildungsforschung besonders geeignet, weil sich Bildungspolitik weitgehend in einer abgrenzbaren Politikarena abbilden lässt und keine unmittelbaren Interdependenzen mit anderen Politikfeldern bestehen. Die Vertreter der Politikfeldanalyse modellieren politische Steuerung nicht als unilateralen und hierarchisch strukturierten Planungsakt des Staates, sondern als zirkulären Prozess. Dabei wird das systemtheoretische Modell des Policy-Makings (vgl. Görlitz/Burth 1998) im Politikzyklus um eine zeitliche und lerntheoretische Komponente erweitert (vgl. Faust/Lauth 2004, S. 301ff.). Nach den Phasen der Problemwahrnehmung (1) und Problemdefinition (2) werden von den politischen Akteuren Lösungsalternativen (3) formuliert. Gesetze und Verordnungen werden in der Phase der Politikformulierung (4) erlassen. Fortlaufende Verhandlungsprozesse können diese bis zur Implementierung (5) modifizieren. Die Politikeffekte (6), seien es intendierte Outcomes oder nicht intendierte Impacts, werden in der Kontroll- und Evaluierungsphase (7) rückgekoppelt und in der Phase des politischen Lernens (8) verarbeitet. Durch diese Lernprozesse und die Modifizierung der Präferenzstrukturen der politischen Akteure wird in der aktuellen politischen Bildungsforschung beispielsweise der Politikwandel im Hochschulbereich begründet.

Für bildungssystemanalytische und komparatistische Untersuchungen sind *systemtheoretische Ansätze* insbesondere in ihren *modernisierungstheoretischen* Varianten geeignet, wie sie z.B. zur Analyse der Transformation der ostdeutschen und mittelosteuropäischen Gesellschafts- und Bildungssysteme Anwendung gefunden haben (vgl. Fuchs 1997). Im Mittelpunkt stehen Fragen nach der Inklusion, der Teilhabe einer wachsenden Zahl von Individuen an den verfügbaren (Bildungs-) Leistungen einer Gesellschaft, der Differenzierung – beispielsweise der Bildungseinrichtungen, Bildungswege und Berufsbilder – und des Wachstums, etwa gemessen an der Zahl der Bildungsinstitutionen und der an Bildungsleistungen partizipierenden Menschen. Die politik- bzw. rechtswissenschaftliche Fragestellung richtet sich auf die Rolle der Institutionen, der Fachpolitiken und des Rechts als Ordnungsrahmen wie als Handlungs- und Kontrollinstrument, d.h. auf ihre Funktionen im Rahmen der Modernisierungsprozesse. Das *MINK-Schema* nimmt Bezug auf die Ausdifferenzierung der dargestellten Politikdimensionen nach Inhalt, Prozess und Struktur und erweitert mit den zentralen Begriffen Macht (M), Ideologie (I), Normen (N) und Kommunikation (K) die Analysemöglichkeiten (vgl. Patzelt 2003). Aus der Verknüpfung der Politikdimensionen (Struktur, Inhalt, Prozess) mit den MINK-Kategorien (Beispiel: Macht und Struktur: Wie sind die Entscheidungs- und Verwaltungsmechanismen in unterschiedlichen nationalen Bildungsverfassungen verteilt? Macht und Inhalt: Welche Interessen setzen sich bei bestimmten berufsbildungspolitischen Handlungsprogrammen durch? Macht und Prozess: Welche Mechanismen führten zur Etablierung der Gesamtschule als vierter Regelschulform?) lassen sich unterschiedliche bildungspolitikwissenschaftliche Fragestellungen formulieren. Das MINK-Schema ist angelehnt an die vier Grundfunktionen *Adaptation, Goal Attainment, Integration* und *Latent Pattern Maintenance* im *AGIL-Schema* des strukturfunktionalistischen Ansatzes von Parsons. Dieses verdeutlicht in schematisierter Form die Funktionen, die vom Wirtschaftssystem (Bereitstellung von Ressourcen), politischen System (Zielfestlegung und Ressourcenverteilung), kulturellen System (Sicherung des Grundkonsenses über gesellschaftliche und kulturelle Wertvorstellungen) und Rechtssystem (soziale Kontrolle, Integration der Systemelemente) für Erhalt und Stabilität des Gesellschaftssystems zu erbringen sind. Das theoretische Modell dient dazu, Strukturen und Inhalte des gesellschaftlichen Subsystems Bildung unter dem Blickwinkel ihrer Leistungen für das Gesamtsystem zu untersuchen. Die Funktionen ermöglichen ein Raster zur Interpretation der Interdependenzen zwischen dem Bildungssystem und den anderen Subsystemen (vgl. Fend 2006; Tippelt 1990).

4 Perspektiven

Als Forschungsbereich der sozialwissenschaftlichen Bildungsforschung ist die politik- und rechtswissenschaftliche Bildungsforschung in Deutschland am stärksten gegenständlich, weniger stark personell und kaum institutionell identifizierbar. Innerhalb der Universitäten ist sie über Forschungsprojekte und Publikationsvorhaben, nicht über Institute und Lehrstühle präsent. Dies gilt auch für die Bildungsforschungsinstitute. Als vorwiegend praxisorientiert dürfte die politik- und rechtswissenschaftliche Bildungsforschung weiterhin den Konjunkturen der Bildungspolitik folgen. Dies gilt für ihre Funktion als ressortunterstützende und politikberatende Forschung. Auch nach ihrer Blütezeit zwischen 1965 und 1975 gibt es wichtige Beispiele bildungswissenschaftlicher Ressortforschung (vgl. Anweiler 1990) und Bildungspolitikberatung (vgl. z.B. BMBF 1998). Neu ist, dass in den 1990er Jahren erstmals auch Unternehmensberatungsfirmen mit der Erstellung bildungspolitischer Gutachten betraut werden (vgl. Kienbaum 1991; McKinsey 2005).

Aus den öffentlichen Reaktionen seit der Veröffentlichung der ersten Auswertung der PISA-Studie im Dezember 2001 lässt sich ein wachsendes gesellschaftliches Interesse an einer wissenschaftlich fundierten Bildungspolitikberatung ablesen. Im Jahr 2004 verständigen sich die Kultusminister auf die Gründung eines bildungspolitikberatendes Instituts zur Qualitätsentwicklung im Bildungswesen mit Sitz in Berlin. Nach Kontroversen um die Einführung eines ersten nationalen Bildungsberichts (KMK 2003) einigten sich Bund und Länder auf eine regelmäßige, gemeinsame und indikatorgestützte Bildungsberichterstattung (Konsortium 2006), die im Zuge der Föderalismusreform ihre Rechtsgrundlage in Art. 91b Abs. 2 GG erhalten hat. Bedarf an politik- und rechtswissenschaftlich orientierter Bildungsforschung lässt sich für wenigstens vier Bereiche identifizieren: (1) Angesichts des beschleunigten Wandels der internationalen Umwelt der nationalen (Bildungs-) Systeme ist Bildung von strategischer Bedeutung für die Zukunft der konkurrierenden Wirtschafts- und Gesellschaftssysteme (vgl. BMBF 1998). Bildungspolitik wird auf diese Entwicklungen strukturell, inhaltlich und prozessual anders als bisher zu reagieren haben. (2) Die europäischen Staaten verlieren innerstaatlich ebenso wie zwischenstaatlich ihre historisch ausgeprägten nationalen Konturen (Multikulturalisierung; Europäisierung; Entnationalisierung). Die (Bildungs-) Politik wird weniger regional und national geprägt sein; EU-Zuständigkeiten, innereuropäischer Wettbewerb und innergesellschaftliche Pluralisierung dürften tendenziell zu einer strukturellen Angleichung der nationalen Bildungssysteme führen. (3) Bildungspolitik wird in Deutschland seit der industriellen Revolution als öffentliche im Sinne einer staatlichen Aufgabe verstanden; internationale Bildungssystemvergleiche weisen indes bemerkenswerte Variationen in Bezug auf die Zuständigkeiten für Trägerschaft, Finanzierung, Zieldefinition, Programmentwicklung und Evaluation auf. (4) Als teilautonome Systeme verändern sich Bildungssysteme in der Regel eher inkrementalistisch, während der wirtschaftlich-technische Wandel sich beschleunigt und gelegentlich sprunghaft verläuft; die Abstimmung zwischen Bildungs- und Beschäftigungssystem bleibt auf diesem Hintergrund eine Herausforderung. Der politik- wie der rechtswissenschaftlich orientierten Bildungsforschung stellen sich damit auch am Beginn des 21. Jahrhunderts die klassischen Fragen nach der Steuerungsfähigkeit und den Steuerungsinstrumenten national verfasster politischer Systeme, nach den institutionellen Arrangements, Ressourcen und Instrumenten konkurrierender (Bildungs-) Systeme und nach der Entwicklung einer europäischen Bildungsverfassung, nach dem Verhältnis von einzelstaatlichen, europäischen und internationalen Programmen und Akteuren und nach den Beziehungen zwischen staatlichen und bürgergesellschaftlichen Akteuren im Politikfeld Bildung.

Literatur

Alemann, U. von (1999): Politikbegriffe. In: Mickel, W.W. (Hrsg.): Handbuch zur politischen Bildung. Bonn: Wochenschau Verlag, S. 79–82.
Altrichter, H./Brüsemeister, T./Wissinger, J. (Hrsg.) (2007): Educational Governance: Handlungskoordination und Steuerung im Bildungswesen. Münster:VS Verlag für Sozialwissenschaften.
Anweiler, O. (Hrsg.) (1990): Vergleich von Bildung und Erziehung in der Bundesrepublik Deutschland und in der Deutschen Demokratischen Republik. Köln: Verlag Wissenschaft und Politik.
Arbeitsgruppe Internationale Vergleichsstudie (Hrsg.) (2007): Schulleistung und Steuerung des Schulsystems im Bundesstaat: Kanada und Deutschland im Vergleich. Münster: Waxmann.
Avenarius, H./Heckel, H. (20007): Schulrechtskunde. Ein Handbuch für Praxis, Rechtsprechung und Wissenschaft. Neuwied: Luchterhand.
Bauer, P. (1999): Europäische Integration und deutscher Föderalismus: Eine Untersuchung des europäischen Mehrebenenregierens im Bildungsbereich. Münster: agenda Verlag.
Baumert, J./Lehmann, R. (1997): TIMSS: Mathematisch-naturwissenschaftlicher Unterricht im internationalen Vergleich: Deskriptive Befunde. Opladen: Leske und Budrich.
Bayer, I. (2002): Strategische und operative Führung von Fakultäten: Herausforderungen für Autonomie und Wettbewerb. Frankenthal.: Hemmer.
Benz, A. (Hrsg.) (2004): Governance: Regieren in komplexen Regelsystemen. Wiesbaden: VS Verlag für Sozialwissenschaften.
Benz, A./Seibel, W. (Hrsg.) (1997): Theorieentwicklung in der Politikwissenschaft: Eine Zwischenbilanz. Baden-Baden: Nomos-Verl.- Ges..
Bothe, M. (1995): Erziehungsauftrag und Erziehungsmaßstab der Schule im freiheitlichen Verfassungsstaat, in: Veröffentlichungen der Vereinigung Deutscher Staatsrechtslehrer, Bd. 54, S. 7–46.
Bundesministerium für Bildung und Wissenschaft (Hrsg.) (1991): Bildungsforschung in der Bundesrepublik Deutschland: Situationsanalyse und Dokumentation. Bad Honnef: Bock.
Bundesministerium für Bildung, Wissenschaft, Forschung und Technologie (Hrsg.) (1995): Bildungsforschung in den neuen Bundesländern: Situationsanalyse und Dokumentation. Bonn: BMBF.
Bundesministerium für Bildung und Forschung (BMBF) (Hrsg.) (1998): Delphi-Befragung 1996/1998. (Integrierter Abschlußbericht; Abschlußbericht zum Bildungs-Delphi; Abschlußbericht zum Wissens-Delphi; Endbericht). München: Infratest Burke Sozialforschung.
Deutscher Juristentag (DJT) (Hrsg.) (1981): Schule im Rechtsstaat. Bd. 1: Entwurf für ein Landesschulgesetz. München: Beck
Döbert, H./Klieme, E./Sroka, W. (Hrsg.) (2004): Conditions of School Performance in seven Countries: A Quest for Understanding the International Variation of PISA Results. Münster: Waxmann.
Faust, J./Lauth, H.-J. (2004): Politikfeldanalyse. In: Mols, M./Lauth, H.-J./Wagner, C. (Hrsg.): Politikwissenschaft: Eine Einführung. Paderborn: Schöningh, S. 289-314.
Fend, H. (2006): Neue Theorie der Schule: Einführung in das Verstehen von Bildungssystemen. Wiesbaden: VS Verlag.
Fisch, R./Koch, S. (Hrsg.) (2005): Neue Steuerung von Bildung und Wissenschaft: Schule - Hochschule - Forschung. Bonn: Lemmens.
Fuchs, E. (2007): Internationale Nichtregierungsorganisationen als Global Players: Zur Herausbildung der transnationalen Zivilgesellschaft am Beispiel der Kinderrechtsbewegung. In: Zeitschrift für Pädagogik, 52, S. 149–165.
Fuchs, H.W. (1997): Bildung und Wissenschaft seit der Wende: Zur Transformation des ostdeutschen Bildungssystems. Opladen: Leske+Budrich.
Fuchs, H.-W./Reuter, L.R. (1995): Bildungspolitik seit der Wende: Dokumente zum Umbau des ostdeutschen Bildungssystems (1989-1994). Opladen: Leske+Budrich.
Görlitz, A./Burth, H.-P. (1998): Politische Steuerung; Ein Studienbuch. Opladen: Leske+Budrich.
Hasse, R./Krücken, G. (20052): Neo-Institutionalismus. Bielefeld: Transcript-Verlag.

Heidenheimer, A. (1992): Government and Higher Education in Unitary and Federal Systems. In: Clark, B. R./Neave, G. (Hrsg.): The Encyclopedia of Higher Education, Bd. 2: Analytical Perspectives. Oxford: Pergamon, S. 924–934.

Hoffmann, D./Döbert, H./Geissler, G. (Hrsg.) (1999): Die „unterdrückte" Bilanz: Zum Verhältnis von Erziehungswissenschaft und Bildungspolitik am Ende der DDR. Weinheim: Deutscher Studien-Verlag.

Hüfner, K./Reuter, W. (Hrsg.) (1996): UNESCO-Handbuch. Neuwied: Luchterhand.

Kienbaum-Unternehmensberatung (Hrsg.) (1991): Organisationsuntersuchung im Schulbereich: Gutachten im Auftrag des Kultusministeriums Nordrhein-Westfalen. Frechen : Verl.-Ges. Ritterbach.

Klemm, K./Böttcher, W./Weegen, M. (1992): Bildungsplanung in den neuen Bundesländern: Entwicklungstrends, Perspektiven und Vergleiche. Weinheim, München: Juventa.

Konsortium Bildungsberichterstattung (Hrsg.) (2006): Bildung in Deutschland: Ein indikatorgestützter Bericht mit einer Analyse zu Bildung und Migration. Bielefeld: wbv.

Kopke, W. (1995): Rechtschreibreform und Verfassungsrecht: Schulrechtliche, persönlichkeitsrechtliche und kulturverfassungsrechtliche Aspekte einer Reform der deutschen Orthographie. Tübingen: Mohr.

Kultusministerkonferenz (KMK) (Hrsg.) (2003): Bildungsbericht für Deutschland: Erste Befunde. Opladen: Leske+ Budrich.

Lauterbach, U. (Hrsg.) (1999): Internationales Handbuch der Berufsbildung .(Loseblattsammlung) Baden-Baden: Nomos.

Lehmbruch, G. (1982[2]): Parteienwettbewerb im Bundesstaat. Opladen: Westdeutscher Verlag.

Link, C. (1995): Religionsunterricht. In: Listl, J./Pirson, D. (Hrsg.): Handbuch des Staatskirchenrechts der Bundesrepublik Deutschland. Bd. 2. Berlin: Duncker & Humblot, S. 439–509.

Maurer, M. (2007): Jenseits globaler Kräfte? Berufspraktische Fächer an allgemeinbildenden Sekundarschulen in Sri Lanka und Bangladesh, In: Zeitschrift für Pädagogik 53, S.200-214.

Mayntz, R./Scharpf, F. (1995): Der Ansatz des akteurszentrierten Institutionalismus. In: Mayntz, R./Scharpf, F. (Hrsg.): Gesellschaftliche Selbstregelung und politische Steuerung. Frankfurt/M.: Campus Verlag, S. 39-72.

Muszynski, B. (1991): Bildungspolitik in den neuen Bundesländern: In: Muszynski, B. (Hrsg.): Deutsche Vereinigung: Probleme der Integration und Identifikation. Opladen: Leske+Budrich, S. 198-211.

Neumann, U./Reuter, L. R. (1997): Alles was Recht ist: Minderheiten im deutschen Schulwesen: Ein Forschungsbericht. In: Deutsch lernen: Zeitschrift für den Sprachunterricht mit ausländischen Arbeitnehmern 22, S. 224-243.

Niehues, N. (2004): Schul- und Prüfungsrecht, Bd. 2: Prüfungsrecht. 4. Aufl. München: Beck.

Niehues, N./Rux, J. (2006): Schul- und Prüfungsrecht, Bd. 1: Schulrecht. 4. Aufl. München: Beck.

OECD (2007): Bildung auf einen Blick.. Bielefeld: wbv.

Oppermann, T. (1976): Nach welchen Grundsätzen sind das öffentliche Schulwesen und die Stellung der an ihm Beteiligten zu ordnen? Gutachten C. In: Deutscher Juristentag (Hrsg.): Verhandlungen des Einundfünfzigsten Deutschen Juristentages. Band 1: Gutachten. München: Beck, C 1-C 108.

Patzelt, W. J. (2003): Einführung in die Politikwissenschaft. 5. Aufl. Passau: Rothe.

Reuter, L. R. (1998a): Bildungspolitische Kommunikation. In: Jarren, O./Sarcinelli, U./Saxer, U. (Hrsg.): Politische Kommunikation in der demokratischen Gesellschaft: Ein Handbuch. Opladen: Westdeut.scher Verlag, S. 588-594.

Reuter, L. R. (1998b): Rechtliche Grundlagen und Rahmenbedingungen; Administrative Grundlagen und Rahmenbedingungen. In: Führ, C./Furck, C.-L. (Hrsg.): Handbuch der deutschen Bildungsgeschichte, Bd. VI: 1945 bis zur Gegenwart. (Erster Teilband: Bundesrepublik Deutschland). München: Beck, S. 35-57, 58-67.

Reuter, L. R. (1999): UNESCO und Weiterbildung. In: Grundlagen der Weiterbildung: Praxishilfen. Neuwied: Luchterhand, Nr. 1.20.20, S. 1-22 (Loseblattsammlung).

Scharpf, F./Reissert, B./Schnabel, F. (1976): Politikverflechtung: Theorie und Empirie des kooperativen Föderalismus in der Bundesrepublik. Kronberg: Scriptor-Verlag.

Scharpf, F. (1985): Die Politikverflechtungs-Falle: Europäische Integration und deutscher Föderalismus im Vergleich. In: Politische Vierteljahresschrift 26, S. 323-356.

Schmidt, M. G. (2002): Warum Mittelmaß? Deutschlands Bildungsausgaben im internationalen Vergleich. In: Politische Vierteljahresschrift 43, S. 3-19.

Schubert, K. (1991): Politikfeldanalyse. Opladen: Leske+Budrich.

Toens, K. (2008): Hochschulpolitische Interessenvermittlung im Bologna-Prozess. Akteure, Strategien und machtpolitische Auswirkungen auf nationale Verbände. In: Willems, U./Winter, T. von/Rehder, B. (Hrsg.): Interessenvermittlung in Politikfeldern. Vergleichende Befunde der Policy- und Verbändeforschung. Wiesbaden (in Vorbereitung): VS Verlag.

Tippelt, R. (1990): Bildung und sozialer Wandel. Weinheim: Deutscher Studien-Verlag.

United Nations, General Assembly [Munos-Report] (2006): Implementation of General Assembly Resolution 60/251 of 15 March 2006 entitled „Human Rights Council": Report of the Special Rapporteur on the right to education, Vernor Munoz: Mission to Germany.GE.07-11759 (e) 200307 210307.

Vereinigung der Bayerischen Wirtschaft (vbw) (Hrsg.) (2005): Bildung neu denken: Das juristische Konzept. Wiesbaden: VS Verlag.

Vereinigung der Bayerischen Wirtschaft (Hrsg.) (2007): Bildungsgerechtigkeit: Jahresgutachten 2007 des Aktionsrats Bildung. Wiesbaden: VS Verlag.

Weishaupt, H. (Hrsg.) (2000): Qualitätssicherung im Bildungswesen: Problemlage und aktuelle Forschungsbefunde. Erfurt: Pädagogische Hochschule.

Weymann, A./Martens, K. (2005): Bildungspolitik durch internationale Organisationen: Entwicklung, Strategien und Bedeutung der OECD. In: Österreichische Zeitschrift für Soziologie 30 (4), S. 68-86.

Witte, Johanna (2006): Change of Degrees and Degrees of Change: Comparing Adaptations of European Higher Education Systems in the Context of the Bologna Process. Twente: Universität Twente.

Zedler, P./Fickermann, D. (Hrsg.) (1997): Pädagogik und Recht: Rechtliche Rahmenbedingungen und Handlungsspielräume für eine erweiterte Selbständigkeit von Einzelschulen. Erfurt: Pädagogische Hochschule.

Kristina Reiss | Stefan Ufer

Fachdidaktische Forschung im Rahmen der Bildungsforschung. Eine Diskussion wesentlicher Aspekte am Beispiel der Mathematikdidaktik

1   Einleitung

Im Bereich der Bildungsforschung nimmt die fachdidaktische Forschung fraglos eine Sonderrolle ein. Sie beschäftigt sich zwar genauso wie alle anderen Disziplinen, die ihren Schwerpunkt in der Bildungsforschung haben, mit Prozessen des Lernens und Lehrens, doch unterliegt sie dabei zwei wesentlichen Randbedingungen. So geht es in den Fachdidaktiken vorwiegend um Bildung bzw. das Lernen und Lehren in der Schule oder in einem schulischen Umfeld. Fachdidaktische Forschung zielt ganz besonders (wenn auch nicht ausschließlich) auf die Verbesserung des Unterrichts in einem spezifischen Fach oder einer spezifischen Domäne ab. Dabei stehen nicht allgemeine Prozesse des Unterrichts, sondern dezidiert seine fachbezogenen Aspekte im Vordergrund. Offensichtlich ist das Lernen und Lehren im schulischen Kontext ganz wesentlich auf ein bestimmtes Fach oder auch eine Domäne bezogen. Ob die dahinter stehende wissenschaftliche Disziplin dabei mehr oder minder eindeutig festgelegt ist wie etwa in den Fächern Mathematik, Deutsch oder Biologie oder aber disziplinübergreifend gearbeitet wird wie etwa in den Domänen „Heimat- und Sachunterricht" (z.B. Grundschule in Baden-Württemberg) oder „Naturphänomene" (z.B. Gymnasium in Baden-Württemberg) macht insofern keinen prinzipiellen Unterschied als Lernprozesse genauso wie Lehrprozesse nicht nur durch allgemeine Anforderungen etwa pädagogischer oder entwicklungspsychologischer Art bestimmt, sondern auch und entscheidend durch die fachliche Basis strukturiert werden.

Diese Fokussierung auf schulisches Lehren und Lernen und auf fachliche Inhalte heißt allerdings nicht, dass es dem Aufgabenspektrum fachdidaktischer Forschung an Breite fehlt. Dabei bezieht sich diese Breite nicht nur auf die Tatsache, dass jedes einzelne Fach und damit jede einzelne Fachdidaktik einen spezifischen wissenschaftlichen und wissenschaftstheoretischen Hintergrund hat und beide Aspekte zweifelsohne Prozesse des fachbezogenen Lernens und Lehrens und damit auch die Fragestellungen der jeweiligen fachdidaktischen Forschung beeinflussen. Die Breite wird darüber hinaus durch die unterschiedlichen Arbeitsbereiche der einzelnen Fachdidaktiken deutlich, in denen beispielsweise die Entwicklung von Curricula genauso wie die Bereitstellung von Lernumgebungen, die Evaluation von Lehrmaterialien genauso wie das Systemmonitoring, die Erfassung kognitiver und motivationaler Lernvoraussetzungen und -ergebnisse genauso wie Lehrerwissen und Lehrerhandeln thematisiert werden.

Im Folgenden wird ein Überblick über wesentliche Aspekte der fachdidaktischen Bildungsforschung gegeben. Dies geschieht vor allem exemplarisch im Rahmen der Mathematikdidaktik, wobei teilweise auch Beispiele aus den Naturwissenschaftsdidaktiken genommen werden. Ein wesentlicher Grund für diese Beschränkung ist, dass es *die* Fachdidaktik nicht gibt und auch nicht geben kann (vgl. etwa die Vielfalt der Beiträge in Bayrhuber et al. 2001). Als eine wesentliche Grundannahme gilt ganz im Gegenteil, dass die Entwicklung von Kompetenzen, und damit von Dispositionen, die das Lösen von allgemeinen Problemen erst ermöglichen, *bereichsbezogen* ist. Ein systematischer Aufbau von Wissen in einem Fach oder einer Domäne ist eine wesentliche Voraussetzung für den Aufbau umfassender Kompetenzen (vgl. Weinert 2001). Nun gibt es aber eine sehr große Anzahl von Disziplinen und Schulfächern, und diese weichen nicht nur in Bezug auf ihre Inhalte voneinander ab. Ganz offensichtlich unterscheiden sich die Fächer Mathematik und Kunst, Geschichte und Musik, Physik und Sport in der gesamten Anlage fundamental voneinander. Übergreifende Feststellungen laufen daher immer Gefahr, dass sie im Grunde doch nur auf Teilbereiche bezogen werden können. So ist es sinnvoll, eine spezifische Fachdidaktik in den Blick zu nehmen. Dennoch können nicht wenige Aussagen einen gewissen Grad an Allgemeinheit beanspruchen, da sie *cum grano salis* die Bildungsforschung in vielen verschiedenen Fachdidaktiken gleichermaßen betreffen.

2 Inhalte und Aufgaben der fachdidaktischen Forschung

Schulisches Lernen und Lehren beschränkt sich sicherlich nicht nur auf fachbezogene Lernprozesse bzw. deren Unterstützung. Dennoch ist sowohl das Lernen als auch das Lehren in der Schule ganz wesentlich durch die verschiedenen Unterrichtsfächer bestimmt. Diese Schulfächer sind zwar nicht mit den jeweils zugrunde liegenden wissenschaftlichen Disziplinen identisch, sie sind aber durch diesen Hintergrund geprägt und leiten daraus ihre prinzipiellen Inhalte, ihr spezifisches Curriculum, ihre Denkweisen oder Arbeitsmethoden und die damit verbundenen Ziele ab. In allen diesen Bereichen ist es die jeweilige Fachdidaktik, die zwischen den Bedürfnissen von Schülerinnen und Schülern sowie denen ihrer Lehrerinnen und Lehrer und den Anforderungen des Fachs vermittelt. Entsprechend thematisiert die fachdidaktische Forschung alle Aspekte des Lernens und Lehrens in einem bestimmten Unterrichtsfach.

Dabei sind fachdidaktische Problemstellungen ganz unterschiedlichen Ebenen zuzuordnen. Sie umfassen die Auswahl, Begründung und Aufbereitung von fachlichen Inhalten genauso wie die Betrachtung fachbezogenen Lehrens und Lernens, die Analyse der Wirkungen von Unterricht oder die Bereitstellung und Evaluation geeigneter Lernumgebungen jeweils in Abhängigkeit von individuellen, schulischen oder gesellschaftlichen Gegebenheiten. Insbesondere ist es auch eine wesentliche Aufgabe der Fachdidaktik, bildungspraktische und bildungspolitische Entscheidungen zu unterstützen. Nicht zuletzt hat sich die Fachdidaktik immer wieder auch mit den fachlichen Aspekten professionellen Wissens von Lehrkräften beschäftigt, um den Wissenstransfer in die Praxis auf eine wissenschaftliche Basis zu gründen. In den nächsten Abschnitten sollen exemplarisch Arbeitsbereiche aufgezeigt werden, die der fachdidaktischen Forschung zuzuordnen sind oder die fachdidaktische Expertise nutzen.

2.1 Die Ebene des Fachs: Inhalte und Ziele

Die meisten Schulfächer sind eng mit etablierten wissenschaftlichen Disziplinen verbunden. In diesen Fächern wie Mathematik oder Physik, Deutsch oder Englisch, Religion oder Geographie könnte entsprechend der Eindruck entstehen, dass die fachliche Systematik eine angemessene

Grundlage für den Unterricht ist und tradierte fachliche Inhalte das Lehren und Lernen im Sinne einer Wissenschaftspropädeutik bestimmen. Diese Annahme ist aus vielen Gründen unzureichend und in wesentlichen Aspekten kann sie als nicht haltbar angesehen werden. Insbesondere gehört es zu den wichtigsten Aufgaben der Fachdidaktik, geeignete fachliche Inhalte für den Unterricht in den unterschiedlichen Schulformen und Klassenstufen zu identifizieren und in Bezug auf die damit verbundenen Ziele zu legitimieren. Dabei müssen fachbezogene Werte wie die sachlogische Kohärenz und Konsistenz oder die wissenschaftstheoretischen Grundannahmen genauso berücksichtigt werden wie die kognitiven Voraussetzungen und die Interessen der Schülerinnen und Schüler. Der Anwendungsbezug und die Anforderungen der Praxis sollten genauso wie die Aktualität einer Themenstellung im Curriculum gewürdigt werden.

Die Identifikation und Legitimation geeigneter Lerninhalte ist in den letzten Jahren in verschiedenen Fächern durch die Einführung nationaler Bildungsstandards in den Blickpunkt geraten. In der Mathematik wurden sie für das Ende der Primarstufe nach der vierten Jahrgangsstufe, den Hauptschulabschluss nach der neunten Jahrgangsstufe und den mittleren Bildungsabschluss nach der zehnten Jahrgangsstufe definiert (vgl. Kultusministerkonferenz 2004, 2005a, 2005b). Als ein Vorbild dienten unter anderem die durch den National Council of Teachers of Mathematics (2000) beschriebenen Standards für den Mathematikunterricht. Die Definition dessen, was im Schulunterricht vermitteltes mathematisches Wissen und mathematische Kompetenz sein soll, kann damit insbesondere als ein international für bedeutsam erachtetes Thema gesehen werden. Dieses Thema beschäftigt nicht ausschließlich die Mathematikdidaktik. So wurden durch die Kultusministerkonferenz in den Jahren 2003 und 2004 auch in Deutsch, der ersten Fremdsprache und den Naturwissenschaften Bildungsstandards implementiert, was aber mit Ausnahme des Fachs Deutsch nicht jeweils für alle Schulformen bzw. Schulabschlüsse geschah.

Am Beispiel der Bildungsstandards kann man gut verdeutlichen, worum es auf der Ebene von Zielen und Inhalten in der fachdidaktischer Forschung geht. So gibt es zum einen die fachlichen Aspekte, die in den Bildungsstandards für die Mathematik als Leitideen bezeichnet werden. Sie umfassen etwa den Umgang mit Zahlen, Funktionen und geometrischen Aspekten sowie mit Daten und dem Zufall. Allerdings sind sie nicht zu trennen von prozessbezogenen Komponenten wie der Fähigkeit zu mathematischer Argumentation oder zum fachbezogenen Problemlösen. Damit geht es insbesondere weniger um Fakten und Faktenwissen, sondern vielmehr um die Anwendung von Wissen in einem fachbezogenen oder anwendungsorientierten Kontext. Fraglos werden die prinzipiellen Entscheidungen, welche Inhalte für Schule und Unterricht relevant sind, auf der politischen Ebene getroffen, da es sich bei der Bildung und Ausbildung von Kindern und Jugendlichen um eine gesellschaftliche Aufgabe handelt. Dennoch sind hier das Fach und die Fachdidaktik gefragt, die (gegebenenfalls auch in Absprache mit anderen Fächern und Fachdidaktiken) eine beratende Rolle einnehmen müssen, was nicht nur Erfahrungswissen, sondern auch entsprechende Forschung voraussetzt. Es sei betont, dass das hauptsächliche Ziel auf der Ebene von Zielen und Inhalten sich nicht in einzelnen Themenbereichen erschöpft, sondern eine sinnvolle und abgestimmte Curriculumentwicklung ist, bei der fachliche Aspekte auf Relevanz geprüft, in ihrer Verzahnung gewürdigt und in eine sinnvolle Sequenz eingeordnet werden müssen (vgl. Sumfleth 2004, mit Bezug zu den naturwissenschaftlichen Fachdidaktiken).

Der fachwissenschaftliche Aufbau ist dabei in der Regel nur begrenzt hilfreich, da er nicht unbedingt die individuelle Entwicklung fachlichen Wissens widerspiegeln muss und vor allem kaum auf die Bedürfnisse von Lernenden zugeschnitten ist. Dieser Blick verkennt außerdem, dass Unterricht in der Schule nicht Wissenschaftspropädeutik ist, sondern zunächst einer allgemeinen Bildung dienen soll. Das Beispiel der Mathematik zeigt besonders gut, wie fundamental sich eine hoch entwickelte Wissenschaft und ein Schulfach unterscheiden können. Ursprünglich war Mathematik die Kunst des Rechnens und Messens, die sich vermutlich vor allem mit alltäglichen Problemen beschäftigte. Schon in früher Zeit, etwa in China, Indien oder der griechisch-hellenistischen Antike, entwickelte sie sich aber zur Wissenschaft der Strukturen weiter, die prinzipielle Fragen, allgemeingültige Antworten und deren Beweise, aber auch bedeutsame Anwendungen im Vordergrund stellte (z.B. Wußing 2008). Diesen Weg darf man sich allerdings nicht linear vorstellen, denn in unterschiedlichen Teilen der Erde entwickelte sich das mathematische Wissen unterschiedlich, Erkenntnisse gerieten immer wieder in Vergessenheit. Bekannt sind etwa die Probleme europäischer Mathematiker mit negativen Zahlen und der Null, die hier erst ab dem 16. Jahrhundert systematischer in den Blick genommen wurden, in anderen Kulturen aber schon lange vorher bekannt waren. Insbesondere hat sich die Mathematik als eine deduktive Wissenschaft erst in der Retrospektive entwickeln können. Nun kann es nicht Sinn des Unterrichts sein, die Schülerinnen und Schüler mit allen Irrungen zu konfrontieren, die eine Wissenschaft im Verlauf ihre Entstehensgeschichte durchlaufen hat. Genauso wenig kann es allerdings sinnvoll sein, ein Fach als vollständig systematisches „Fertigprodukt" (im Sinne von Freudenthal 1971) weiter zu geben, wobei der Entwicklungsaspekt außer Acht gelassen wird.

Schließlich kann die Einbindung aktueller Probleme einer Wissenschaft in die Inhalte der allgemein bildenden Schule als eine besondere Herausforderung angesehen werden. Aktualität kann man offensichtlich auf zwei Aspekte beziehen, nämlich zum einen auf eine alltagsbezogene Komponente und zum anderen auf eine die jeweilige Wissenschaft betreffende Komponente. Es ist eine wichtige Aufgabe für die fachdidaktische Forschung, beide Aspekte im Hinblick auf eine Möglichkeit des Angebots entsprechender Inhalte im Unterricht zu prüfen. Für die Mathematikdidaktik beispielsweise ist das keine leichte Aufgabe. Moderne technische Anwendungen wie die Compact Disc oder der MP3-Player sind mit dem derzeitigen Inhalten der Schulmathematik nicht in ihrer mathematischen Substanz zu erfassen, neuere Charakterisierungen des Fachs von der Mathematik als einer Wissenschaft, die „die objektive Sprache der Natur entwickelt, in dieser Sprache gültige Sätze sucht, diese beweist und ihr formulierte Probleme zu lösen versucht" (so der Mathematiker Matthias Kreck in einem Aufsatz für die Frankfurter Allgemeinen Zeitung im Januar 2008) lassen sich ebenfalls schwer im Unterricht umsetzen. In den letzten Jahren haben sich dieser Herausforderung vor allem die naturwissenschaftlichen Fachdidaktiken gestellt. Explizit nehmen die Bildungsstandards für die Fächer Biologie, Chemie und Physik Bezug auf neuere Erkenntnisse der Medizin, der Bio- und Gentechnologie, der Neurowissenschaften und der Umwelt- und Energietechnologie und versuchen, sie an geeigneten Inhalten erfahrbar zu machen (vgl. Kultusministerkonferenz 2005c, 2005d, 2005e).

Fraglos ist diese Ebene der Inhalte und Ziele nicht von den Möglichkeiten des Unterrichts oder individuellen Faktoren abzugrenzen. Beide sind eng verbunden, wie es etwa die von Klafki (1958) formulierten didaktischen Grundfragen deutlich machen. Danach sind bei der Auswahl und Aufbereitung von Inhalten die Bedeutung für die Gegenwart der Lernenden und für ihre zukünftigen Belange und Anforderungen zu prüfen, aber auch die dem Unterrichtsstoff immanente Struktur, seine exemplarische Bedeutung für das Fach oder entsprechende Problemstellungen sowie die Zugänglichkeit des Inhalts für die Schülerinnen und Schüler zu prüfen. Ganz explizit sollen diese Aspekte von einem pädagogischen Standpunkt aus betrachtet werden, der die Lernenden und nicht das Fach in den Mittelpunkt stellt.

2.2 Die Ebene des Unterrichts: Lehrmaterialien und Lernumgebungen

Wenn man mit Comenius die Didaktik als Kunst des Lehrens auffasst, dann liegt diese Ebene eindeutig im Zentrum dessen, was Fachdidaktik leisten sollte. Von manchen Autoren wird sie entsprechend auch als das „Kerngeschäft" der Fachdidaktik und damit der fachdidaktischen Forschung bezeichnet. Ganz sicher ist der Umgang mit Lehrmaterialien und Lernumgebungen eine Aufgabe, die traditionell sehr eng und wohl für alle Fächer mit der jeweiligen Fachdidaktik verbunden ist. Dazu gehören in Bezug auf die Mathematikdidaktik (man vergleiche Wittmann 1995, 1998) die didaktische Entwicklung lokaler Theorien wie etwa das Problemlösen oder das Beweisen, die Entwicklung von Lernumgebungen und die theoretische Betrachtung ihrer Umsetzbarkeit. Verkürzt lassen sich diese Aspekte im Begriff der *Stoffdidaktik* zusammenfassen, die in vielen Fachdidaktiken, wenn auch nicht immer unter dieser Bezeichnung, eine wesentliche Rolle spielt (vgl. etwa Reichel 1996 für die Mathematikdidaktik; Merzyn 1994 für die Physikdidaktik; vgl. auch Weber/Schön 2001).

Die Erstellung von Lehrmaterialien und Lernumgebungen ist offensichtlich Entwicklungsarbeit, bei der die Betrachtung neuer Inhalte und ihre didaktische Aufbereitung bzw. neuer Umsetzungen bekannter Inhalte für den Unterricht zu leisten ist. Entsprechend wird auch kontrovers gesehen, wo die Grenze zwischen Entwicklung und Entwicklungsforschung zu ziehen ist. Ganz offensichtlich kann nicht jedes Lehrbuch für die Schule oder den Unterricht im Allgemeinen als ein Produkt fachdidaktischer Forschung bezeichnet werden. Genauso offensichtlich sollten Schule und Unterricht aber auch nicht auf Lehr- und Lernmaterialien verzichten, denen ein forschungsbasiertes Konzept zu Grunde liegt, welches dem aktuellen Forschungstand entspricht. Nach Ansicht mancher Fachdidaktiker wird von fachdidaktischer Forschung in besonderem Maß Praxisrelevanz gefordert und diese Praxisrelevanz bzw. Anwendbarkeit vielfach als ein wesentliches Kriterium fachdidaktischer Forschung gesehen. Dies stellen beispielsweise Klippel/Schmid-Schönbein (2001) für die Fremdsprachendidaktik und Wittmann (1995) für die Mathematikdidaktik fest.

Eine Betonung dieses Aspekts fachdidaktischer Forschung veranlasst Wittmann (1995) übrigens, insbesondere die Mathematikdidaktik in Anlehnung an den Sozialwissenschaftler Herbert Simon (1969, 1996) als *Design Science* zu bezeichnen. Hier wird die Fachdidaktik in einen Kontext mit den Ingenieurwissenschaften, mit Architektur, Jura, Medizin und den Erziehungswissenschaften eingeordnet, wobei jeweils die Anwendungsorientierung sowie das Primat der Erfüllung praktischer Anforderungen vor einer grundlagenbezogenen Forschung die hauptsächlichen verbindenden Merkmale sind. Als Mittel der Wahl zur Überprüfung von Theorien wird von Wittmann (1998) die Fallstudie herausgestellt. Diese Position kann man kritisch hinterfragen, insbesondere weil sie gewisse Einschränkungen mit sich bringt. Einiges spricht etwa dafür, die Fachdidaktiken in die Gruppe der empirischen Sozialwissenschaften einzubeziehen. Damit werden nicht nur Anwendungen und Grundlagenforschung im Wesentlichen gleichberechtigt nebeneinander gestellt, sondern auch die Forschungsmethodik erweitert. Zunehmend spielen groß angelegte empirische Untersuchungen eine tragende Rolle, um fachdidaktisches Wissen zu generieren und den Gütekriterien von Forschung zu genügen.

Die Ebene der Lehrmaterialien und Lernumgebungen umfasst sehr unterschiedliche Aspekte. So spielt wohl in allen Fachdidaktiken die Arbeit an Schulbüchern eine wichtige Rolle. Viele Werke werden von Wissenschaftlern herausgegeben und durch sie im Prozess ihrer Entstehung begleitet. Entsprechend schwer ist es daher auch, Forschung und Entwicklung voneinander abzugrenzen. Doch auch andere Aktivitäten sind dieser Ebene zuzuordnen wie etwa die Definition geeigneter Lösungsbeispiele (vgl. Reiss/Renkl 2002) oder der Umgang mit Lerntagebüchern (vgl. Gallin/Ruf 1998) in der Mathematikdidaktik bzw. das Lernen mit integrierten Texten und Bildern in der Chemiedidaktik (vgl. Sumfleth/Telgenbuescher 2001). Ein grundlegendes Problem der Fachdidaktik zwischen empirischer Bildungsforschung und *Design Science* ist hier die Balance zwischen wissenschaftlicher und praktischer Relevanz. Lernumgebungen unterscheiden sich sehr stark in ihrer Gestaltung je nachdem, ob sie primär im Blick auf die empirische Untersuchung einer fachdidaktischen oder erziehungswissenschaftlichen Forschungsfrage entwickelt wurden oder ob der Fokus mehr auf der Möglichkeit zur flexiblen Anwendung der Materialien in der schulischen Praxis lag. Im ersteren Fall wird die Lehrkraft oft in einer eher passiven Rolle gesehen, die eine möglichst standardisierte Form von Unterricht für die Schüler durchführt. Vorteilhaft daran ist, dass verschiedene Lerngruppen mit übereinstimmendem Unterricht verglichen werden können. Für die Evaluation von Lernumgebungen – die relativ unabhängig von den beteiligten Lehrkräften gültig sein soll – ist dies ein wichtiges Kriterium wissenschaftlicher Relevanz. Andererseits wird der praktische Nutzen der entwickelten Lernmaterialien durch die Zuspitzung auf bestimmte Lernsettings oft stark reduziert. Entsprechend flexibel gestaltete und in Bezug auf die Implementation offener Materialien bieten der Lehrkraft mehr Freiheit ihr individuelles Potential einzubringen, was nicht nur für den Lernerfolg förderlich sein dürfte, sondern sich auch positiv auf die Zufriedenheit der Lehrkräfte auswirkt. Die Annahme vergleichbarer Unterrichtsbedingungen, wie sie im Rahmen empirischer Untersuchungen oft hilfreich ist, kann beim Einsatz solcher Materialien allerdings nicht aufrechterhalten werden. Entsprechend ist deren Evaluation nur mit großem Aufwand möglich, da die konkrete Nutzung der Materialien im Unterricht beispielsweise durch Videobeobachtungen mit erhoben werden muss.

Für die Gestaltung von Lehrmaterialien und Lernumgebungen spielt auch die Position der Fachdidaktik zwischen fachwissenschaftlicher Forschung und Erziehungswissenschaft eine tragende Rolle. Eine ihrer Aufgaben ist es, lernpsychologische und pädagogische Erkenntnisse auf die spezifischen Arbeitsweisen des Faches zu spezialisieren und gegebenenfalls weiterzuentwickeln. Das Potential fachlich kompetenter didaktischer Forschung liegt in einem guten Verständnis dieser Arbeitsweisen und der Fähigkeit, die für fachliche Lernprozesse relevanten Aspekte zu identifizieren und Möglichkeiten zu finden, diese exemplarisch in Lernumgebungen und Lehrmaterialien umzusetzen. Beispiele für solche fachspezifischen Arbeitsweisen sind in Bezug auf die Mathematikdidaktik das mathematische Modellieren bzw. Argumentieren, in Bezug auf die Naturwissenschaftsdidaktik spezifische Arbeitsweisen wie die Planung, Durchführung und Interpretation von Experimenten und im Bereich der Sprachen beispielsweise die Interpretation von Texten.

2.3 Die Ebene der Schülerinnen und Schüler: Fachbezogene Lernprozesse

Inhalte und Ziele eines Fachs können immer nur gesetzt werden, wobei die Auswahl durch Anforderungen des Fachs, Bezüge zu anderen Schulfächern und durch gesellschaftliche

Randbedingungen und Normen bestimmt und moderiert wird. Genauso wird die didaktische Aufbereitung der Inhalte zunächst einer Verbindung von theoretischen Gesichtspunkten und Erfahrungswissen folgen. Insbesondere ist weder durch die Ebene der Auswahl von Inhalten und Zielen noch durch die Definition von Lehrmaterialien und Lernumgebungen gewährleistet, dass Unterricht adressatengerecht geplant und erfolgreich umgesetzt wird. Die konkrete lernförderliche Umsetzung von Inhalten im Unterricht ist nach wie vor die zentrale Kompetenz von Lehrkräften. Um dies auf professionelle Weise gewährleisten zu können benötigen sie nicht alleine vorgefertigte Lehrmaterialien, sondern solides Wissen über Lernprozesse in der jeweiligen Domäne. Entsprechend ist die Untersuchung und Beschreibung fachbezogener Lernprozesse in Bezug auf das Individuum eine wesentliche Aufgabe der Fachdidaktik.

Es ist unbestritten, dass Schülerinnen und Schüler eine spezifische Sicht auf Lehrinhalte haben, die nicht nur von Verständnis und Lernfortschritt, sondern auch von unvollständigen oder fehlerhaften Perspektiven geprägt ist. Gerade die Untersuchung dieser letztgenannten Aspekte spielt in der fachdidaktischen Forschung eine wesentliche Rolle. Dabei gibt es nicht nur eine große Zahl von Studien in den unterschiedlichen Fächern und Domänen, sondern auch eine fast ebenso große Vielfalt an theoretischen Ansätzen. Es sollen daher im Folgenden beispielhaft einige Bereiche aufgeführt werden, die in den jeweiligen Fachdidaktiken (zum Teil intensiv) diskutiert werden.

2.3.1 Kompetenzen von Schülerinnen und Schülern

Eine Aufgabe der Fachdidaktik ist es, domänenspezifisches Wissen zur Verfügung zu stellen, das die reflektierte und zielorientierte Planung von Unterricht ermöglicht. Von Bedeutung ist hier auch die Beschreibung der anzustrebenden Ergebnisse in nachvollziehbarer und überprüfbarer Weise. Entsprechend beschäftigt sich ein Bereich der Fachdidaktiken mit der Untersuchung und Beschreibung von Kompetenzen als Ziel von Unterricht.

Welche fachspezifischen Kompetenzen im schulischen Bereich angestrebt werden sollen, das ist letztlich eine politische Entscheidung, die zur Festlegung von Lehrplänen und Bildungsstandards führt. Aufgabe der Fachdidaktik ist hier vor allem die Beratung solcher Prozesse, um die zentralen und für die entsprechende Zielgruppe relevanten Aspekte mathematischer Kompetenz in die Diskussion einzubringen und, beispielsweise anhand von Aufgaben und Items, diese Aspekte zu konkretisieren.

Um den Leistungsstand von Schülerinnen und Schülern zu beschreiben, genügt es allerdings nicht, ein zu erreichendes Ziel vorzugeben. Für Lernende und Lehrkräfte ist eine Einschätzung des aktuellen Lern- und Leistungsstandes von zentraler praktischer Bedeutung. Um dies reflektiert beschreiben zu können, werden Modelle für die Struktur von fachspezifischer Kompetenz entwickelt, die beispielsweise Abhängigkeiten zwischen einzelnen Teilen in Form von Kompetenzstufen ausdrücken (vgl. Reiss/Heinze/Pekrun 2007; Fischer et al. 2007). Zwei grundlegend verschiedene Vorgehensweisen bieten sich zur Erstellung solcher Modelle an. Einerseits können Kompetenzstufen, wie es beispielsweise im Rahmen von PISA gemacht wurde, auf der Basis von empirischen Ergebnissen a posteriori anhand der empirischen Daten zusammengestellt und durch eine Analyse der dazugehörigen Items genauer spezifiziert werden (vgl. Deutsches PISA-Konsortium 2001). Ein Nachteil dieses Verfahrens ist, dass das erstellte Modell nicht mehr durch die Daten validiert werden kann, aus denen es gewonnen wurde. Aufwändiger – und mehr fachlichen Hintergrund erfordernd – ist es, zunächst auf der Basis von gesicherten

Erkenntnissen und Theorien eine Spezifikation von Kompetenzstufen zu erstellen und diese erst anschließend empirisch zu validieren, im Sinne einer empirischen Modellprüfung. Bei dieser Art der Konstruktion müssen entwicklungspsychologische Erkenntnisse mit Wissen über fachspezifische Anforderungen integriert werden. Auf Grund der hohen Komplexität der beschriebenen Konstrukte wird die Beschreibung meist pragmatisch auf eine Altersgruppe bzw. Klassenstufe bezogen, an der das Modell anschließend evaluiert wird.

Vorstufe zur Konstruktion von Stufenmodellen in komplexeren Bereichen ist die Untersuchung der Interaktion von Teilkompetenzen und Wissensbereichen, die Voraussetzung für einen Kompetenzbereich sind. Hier wird die Relevanz individueller Prädiktoren (etwa Vorwissen oder Problemlösekompetenz) für eine fachspezifische Kompetenz untersucht und verglichen, um ein genaueres Bild von der Wechselwirkung einzelner Teilkompetenzen zu erhalten.

Soll nicht nur der Leistungsstand von Lernenden zu einem bestimmten Zeitpunkt (z.B. Ende einer Schulstufe) beschrieben werden, sondern der Lernzuwachs über einen bestimmten Zeitraum, so sind Modelle für die Entwicklung fachspezifischer Kompetenzen notwendig. Diese Modelle verknüpfen die Beschreibung der Struktur fachspezifischer Kompetenz über mehrere Klassenstufen oder Altersgruppen hinweg. Voraussetzung für die Konstruktion solcher Modelle ist gesichertes Wissen über Kompetenzstrukturen zu einzelnen Zeitpunkten sowie die Interaktion der verschiedenen zusammenwirkenden Teilkompetenzen. Die Konstruktion von Kompetenzmodellen fällt natürlicherweise in den Aufgabenbereich der Fachdidaktiken, da nur sie sowohl über den nötigen fachlichen Hintergrund zur Einschätzung fachspezifischer Kompetenzen verfügen als auch wissenschaftlich nah genug an den Erziehungswissenschaften stehen, um die theoretischen und forschungsmethodischen Hilfsmittel für diese Aufgabe an der Hand zu haben.

Es ist selbstverständlich, dass individuelles Lernen nicht immer diesen (idealen) Modellen folgt. Daher kann gerade die Reichhaltigkeit spontaner Vorstellungen und Schülerkonzepte den Fachdidaktiken wichtige Impulse geben. Insbesondere ist es die Betrachtung solcher Aspekte, die schließlich zu einer fundierten Beschreibung von Kompetenzen führen kann. Darüber hinaus beschäftigt sich die Fachdidaktik nicht nur mit kognitiven Variablen, sondern bezieht auch nicht-kognitive Lernercharakteristika wie Fachinteresse und fachbezogene Emotionen zunehmend in die Untersuchung der Kompetenzentwicklung ein (vgl. Pekrun et al. 2004).

2.3.2 Fehlvorstellungen, Misconceptions und Conceptual Change

Die Untersuchung von Fehlvorstellungen, begrifflichen Schwierigkeiten und der Änderung begrifflicher Vorstellungen und Präkonzepte ist ein wesentliches Thema der Fachdidaktiken, das insbesondere in den Naturwissenschaftsdidaktiken eine breite theoretische Verankerung erfahren hat. Als Ausgangspunkt wird gesehen, dass Lernende neues Wissen grundsätzlich auf bereits vorhandenem Wissen aufbauen, das sie im Alltag oder in der Schule erworben haben. Dieses Wissen ist nicht immer korrekt, kann unvollständig sein, auf fehlerhaften Vorstellungen aufbauen oder nur eingeschränkt anwendbar sein. Die Frage ist, wie solches Wissen erfasst und für den Lernprozess nutzbar gemacht werden kann.

Als eine fachdidaktische Theorie widmet sich die Didaktische Rekonstruktion dieser Frage. Das dahinter stehende Modell wird vor allem in den Naturwissenschaftsdidaktiken zur Beschreibung von Untersuchungsaufgaben fachdidaktischer Forschung genutzt (vgl. Kattmann/ Duit/Gropengießer/Komorek 1997). In diesem Modell werden drei Bereiche verknüpft, nämlich die Erfassung der Schülerperspektive, die fachliche Klärung des Inhalts und schließlich seine didaktische Strukturierung. Das Modell der Didaktischen Rekonstruktion sieht Wechselwirkungen zwischen den Aspekten, geht aber wesentlich von der Unabhängigkeit dieser Bereiche oder Aufgaben aus. Dabei ist nun die Betrachtung von Schülervorstellungen eine wesentliche Komponente der Forschung, die individuelle Denkstrukturen zu erkennen versucht und gleichzeitig verallgemeinerbare Aussagen anstrebt. Es geht allerdings nicht unbedingt um die quantitative Bestimmung oder Zuordnung von Phänomenen, sondern zunächst um unterschiedliche Ausprägungen und prinzipielle „Bauteile" (vgl. Gropengießer 2001). Als Forschungsmethode werden daher oft Einzelinterviews durchgeführt und qualitativ ausgewertet. Quantitativ leichter zugänglich, und für die fachdidaktische Forschung ebenfalls hilfreich, sind Informationen zu typischen Fehlstrategien und häufigen Fehlern in algorithmisch geprägten Bereichen. In der Mathematikdidaktik sind hier vor allem Forschungen zu Schülerfehlern bei schriftlichen Rechenverfahren (vgl. zusammenfassend bei Padberg 2005), in der Bruchrechnung (vgl. Padberg 2002) oder beim Umgang mit Gleichungen (vgl. Andelfinder 1985) zu nennen.

Kurz erwähnt sei die Theorie des Conceptual Change. Diese Theorie ist nicht im eigentlichen Sinne eine fachdidaktische Theorie, aber sie hat Wurzeln in den Naturwissenschaftsdidaktiken und ist in hohem Maß in der Fachdidaktik und hier wiederum besonders in den Naturwissenschaftsdidaktiken rezipiert worden (z.B. Duit/Treagust 2003). Das weit verbreitete Phänomen, das im Laufe der Zeit (zum Beispiel der Schulzeit) fehlerhafte oder unvollständige Konzepte durch allgemein akzeptierte Konzepte ersetzt werden, ist vielfach und unter unterschiedlicher Perspektive beschrieben worden (z.B. Chi 1992; Vosniadou/Brewer 1992).

2.4 Die Ebene der gesellschaftlichen Anforderungen: Standards und Tests

Die großen internationalen Schulleistungsstudien TIMSS (vgl. Baumert/Lehmann 1997) und PISA (vgl. Deutsches PISA-Konsortium 2001) haben im letzten Jahrzehnt ein Umdenken in Gesellschaft und Politik ausgelöst, das seine Ursache in den eher unbefriedigenden Leistungen deutscher Schülerinnen und Schüler hat. Daher ist es nur konsequent, dass Testverfahren an Bedeutung gewonnen haben, mit denen ein Systemmonitoring ermöglicht wird. Tests und Vergleichsarbeiten, die sich auf gemeinsame Bildungsstandards beziehen, sollen sicherstellen, dass nicht nur die Schülerinnen und Schüler in verschiedenen Bundesländern, sondern auch in unterschiedlichen Schulen oder Regionen gleichermaßen an Bildungsangeboten teilhaben können. Die Entwicklung dieser Testverfahren kann als eine gemeinsame Aufgabe von Fachdidaktik und Psychometrie angesehen werden.

Von Seiten der Fachdidaktiken können hier zwei wichtige Aspekte eingebracht werden. Einerseits ermöglichen gut validierte Kompetenzmodelle eine a-priori Einschätzung von Höhe und Art der Anforderung einzelner Items und Aufgaben. Mit diesem Wissen können Aufgaben zu guten Items zugespitzt werden, die gezielt einzelne Aspekte fachbezogener Kompetenz abprüfen. Dies reduziert den Aufwand für Pilotierungsstudien erheblich. Andererseits liefert eine gute Aufgabenanalyse die Möglichkeit abzuschätzen, welche Teilbereiche fachspezifischer Kompetenz die Items eines Tests abdecken. In Verbindung mit einem zuverlässigen Kompetenzmodell kann so sichergestellt werden, dass die verwendeten Tests sowohl die ganze Breite als auch die ganze Anforderungsskala der zu messenden Kompetenz abdecken. Für die Sicherung der Validität der verwendeten Testmaterialien ist dies von zentraler Bedeutung. Darüber hinaus fällt den Fachdidaktiken eine wichtige Rolle bei der Aufarbeitung der in den Tests gewonnen Erkenntnisse zu. Wo sich Handlungsbedarf in der schulischen Kompetenzförderung abzeichnet, müssen Veränderungsprozesse auf fachdidaktisch-wissenschaftlichen Erkenntnissen aufgebaut und wissenschaftlich begleitet werden, um die Wirkung von Qualitätssicherungsmaßnahmen zu gewährleisten. Beispielhaft ist die Reaktion auf die Ergebnisse der PISA-Untersuchungen im Projekt SINUS der BLK (1997), in dem Fachdidaktiker intensive schulische Veränderungsprozesse auf lokaler Ebene und nationaler Ebene wissenschaftlich begleiteten. Hier finden sich wieder Anknüpfungspunkte zum Themenbereich Unterricht, wenn Ergebnisse der Fachdidaktik im Sinne eines Wissenstransfers Veränderungsprozesse in der Praxis bereichern und unterstützen.

3 Perspektiven für die Fachdidaktik und die fachdidaktische Forschung

Versteht man als das Aufgabenfeld von Fachdidaktik die wissenschaftlich basierte Qualitätssicherung und -entwicklung vor allem schulischer Lehr- und Lernprozesse in Bezug auf eine bestimmte Domäne, so lassen sich zentrale Herausforderungen und Perspektiven in drei Bereichen identifizieren: Im Bereich der theoretischen Grundlagen fachdidaktischer Praxis, in der zur Absicherung der Theorien nötigen Forschungsmethodik, sowie letztendlich im Blick auf das Praxisfeld Schule selbst.

3.1 Theoretische Basis

Als Wissenschaft stellt sich die fachdidaktische Forschung (und Entwicklung) selbst den Anspruch, ihre Ergebnisse – seien Sie nun theoretischer Art oder konkret in Form von Unterrichtskonzepten oder -materialien – auf der Basis theoretischer Überlegungen zu begründen und so eine Übertragbarkeit auf weitere Inhaltsbereiche in ähnlicher Qualität zu gewährleisten. Hierfür sind ausreichend gesicherte Theorien fachdidaktischen Wissens nötig.

Fachbezogene Kompetenzen und fachliches Wissen, deren Ausbildung ein (nicht alleiniges, aber oft zentrales) Ziel von Fachunterricht ist, stehen hier traditionell stark im Fokus der Forschung. Die Definition dieser Kompetenzen stellt für die Fachdidaktiken – jeweils vor dem Hintergrund ihrer Zeit – eine grundlegende Herausforderung dar. Über die reine Klärung von Begrifflichkeiten, die sich schon als schwierig genug herausstellen kann, stellen sich allerdings zwei weitere Herausforderungen: Als Basis für geplante unterrichtliche Interventionen muss die psychologische Struktur der definierten Kompetenz hinreichend bekannt sein. Dazu gehört die Kenntnis zentraler Teilkompetenzen, wie diese zusammenwirken, sowie der Einfluss von individuellen Prädiktorvariablen wie (fachspezifische) Motivation, (fachspezifisches) Interesse, individuelle Überzeugungen, Intelligenz und der Zusammenhang mit Nachbarkompetenzen (je nach Domäne z.B. in Bezug auf andere Fremdsprachen, andere Naturwissenschaften oder ähnliche Nachbardisziplinen). Diese Zusammenhänge sind hochgradig komplex und von vielen Faktoren bestimmt, so dass auf absehbare Zeit gesicherte Theorien nur für kleinere, abgegrenzte Teilbereiche zu erwarten sind. Es ist jedoch zu hoffen, dass sich innerhalb und zwischen den Fachdidaktiken Ähnlichkeiten und Analogien auftun, die zur Bildung übergreifender Theorien beitragen können. Weitaus komplexer stellt sich die Konstruktion von Theorien und Modellen zur längsschnittlichen Entwicklung fachspezifischer Kompetenzen dar. Ausgangspunkte für die Konstruktion solcher Theorien bzw. Kompetenzentwicklungsmodelle sind – neben der fachlichen Struktur – psychologische Theorien des Lernens sowie Erfahrungswissen über zentrale fachliche Arbeitsweisen in der jeweiligen Domäne.

Eine theoretische Fundierung ist allerdings nicht nur in der Spezifikation der Ziele von Unterricht von Bedeutung, sondern auch im Hinblick auf die Mittel, mit denen sie erreicht werden sollen. In Bezug auf die Wirkung und Eignung verschiedener instruktionaler Ansätze für verschiedene Kompetenz- und Inhaltsbereiche können die Fachdidaktiken auf eine breite Palette von Ergebnissen aus der Instruktionspsychologie zurückgreifen. Aufgabe ist es hier, die allgemeinen Erkenntnisse aus Psychologie und Erziehungswissenschaften auf die konkreten fachlichen Gegebenheiten zu spezialisieren und somit zu einer fachdidaktischen Theoriebildung in der Unterrichtsmethodik beizutragen, die es ermöglicht, Entscheidungen für oder gegen instruktionale Ansätze oder Methoden sicher und fundiert zu treffen. Ein wichtiger Teilbereich ist das Wissen über ungünstige oder falsche Konzeptbildungen, die im Rahmen des individuellen Lernprozesses auftreten können, sowie Lehrmethoden, die diesen entgegenwirken oder wenigstens kompensatorische Wirkung haben können.

Nicht aus der Sicht der Fachdidaktiken geraten darf dabei die Lehrkraft, die nach wie vor eine zentrale Rolle in der Planung und Begleitung von Lernprozessen spielt. Aufgabe der Fachdidaktiken ist hier, relevante Ansprüche an die professionelle Kompetenz von Lehrkräften durch eine theoretische Beschreibung dieser Kompetenz zu formulieren und zu stützen. Hierzu gehört zunächst eine Identifikation und Beschreibung von Wissensbereichen und Fähigkeiten die (nicht nur potentiell) relevant für eine erfolgreiche Unterrichtstätigkeit sind. Eine reduzierte Sicht auf fachliches und fachdidaktisches Wissen, die sicher wichtige Prädiktoren für erfolgreichen Unterricht sind, liegt hier aus pragmatischen Gründen nahe, ist aber langfristig zu ergänzen durch weitere Aspekte wie z.B. situationsbezogene Handlungskompetenz. Die Frage, wie solche Aspekte von Lehrkompetenz effizient und valide gemessen werden können, stellt eine weitere Herausforderung dar. Letztlich ist aber auch hier von Interesse, in welcher Art die verschiedenen individuellen Prädiktoren in Bezug auf Unterrichtsqualität und Lernerfolg der Schüler zusammenwirken. Es gibt erste Antworten im Rahmen der COACTIV-Studie (vgl. Baumert/Kunter 2006) sowie der TEDS-Studie (vgl. Blömeke/Kaiser 2008) für den Bereich der Mathematikdidaktik, doch ist gerade hier das spezifische Fach mit der jeweiligen fachlichen und fachdidaktischen Kultur sicherlich ein wesentlicher Faktor, nach dem zu differenzieren ist.

3.2 Methodische Fragen

Fachdidaktiken sind einerseits in eine (fachliche) Wissenschaftsdisziplin (oder auch in mehrere übergreifende Disziplinen) mit ihrer spezifischen Forschungstradition eingebunden, andererseits aber auch auf interdisziplinäre Kooperation mit Sozialwissenschaften wie der Pädagogik, der Psychologie oder der Soziologie und auf den Austausch mit anderen Fachdidaktiken angewiesen. Die fachdidaktische Forschung bewegt sich in Bezug auf ihre Themen in einem breiten Feld, das von der Auswahl, Begründung und Aufbereitung von Fachinhalten über die Betrachtung fachbezogener Lehr- und Lernprozesse bis hin zur Analyse der Wirkungen von Unterricht und der Identifikation geeigneter Lernumgebungen reicht. Sie ist damit auch ein Teil der Bildungsforschung, in dem Fragestellungen zum fachbezogenen Lehren und Lernen bearbeitet werden, und hat entsprechend (auch wenn sie nicht empirisch arbeitet) zahlreiche Schnittstellen mit der empirischen Bildungsforschung.

Dies spiegelt sich auch in der Auswahl von Forschungsmethoden wider, derer sie sich bedienen. Soweit die Analyse von Inhalten des Fachs in Bezug auf Lehr- und Lernprozesse betroffen ist, sind methodische Arbeitsweisen des jeweiligen Faches eine wichtige Basis auch für die Fachdidaktiken. Sind Fragen des Lernens und Lehrens eines Faches im Vordergrund, so ist oft auch das Fach als solches mit seinen spezifischen Arbeitsweisen und Wissensstrukturen im Fokus. In diesem Bereich bieten sich – traditionell in vielen Fachdidaktiken gut verankert – hermeneutische Arbeitsweisen an, um wissenschaftstheoretische Überlegungen für die Fachdidaktik zu nutzen.

Die erstellten Theorien haben jedoch stets Bezug zu Lehr- und Lernprozessen, also psychologischen und pädagogischen Fragestellungen. Insofern sind Methoden aus den Sozialwissenschaften für die Fachdidaktiken und die Theoriebildung in den Fachdidaktiken sowie für die Untersuchung von theoriebasierten Hypothesen unerlässlich. Um Theorien in Bezug auf die Praxis zu evaluieren sind dabei empirische Untersuchungen ein wichtiges Instrument, wobei sowohl Feldstudien wie auch stärker kontrollierte Experimente (mit ihren jeweiligen spezifischen Einschränkungen) ihren Platz haben. Der Fokus der Untersuchungen kann dabei unterschiedlicher Natur sein. Sollen Theorien zu individuellen Lernprozessen überprüft werden, so bieten sich Methoden der Lernforschung an. Sie nehmen insbesondere die einzelne Person (im Rahmen von quantitativen Untersuchungen als Teil einer großen Stichprobe) in den Blick und versuchen beispielsweise, Hypothesen über Lernprozesse und ihre Ergebnisse, Vorgehensweisen beim Lösen von Problemen, typische Fehler und Fehlstrategien oder auch den Zusammenhang zwischen verschiedenen Lernercharakteristika (beispielsweise Wissen, Interesse, Kompetenzen) abzuleiten oder zu testen. Da Lernprozesse an sich kaum valide zu beobachten sind, werden die Messungen hier zumeist indirekt über verschiedene Indikatoren der jeweiligen Variablen erfolgen.

Geht es allerdings um die lernförderliche fachdidaktische Gestaltung von Unterricht, so steht der Unterricht als solcher mindestens genau so stark im Fokus der Forschung wie seine letztendlichen Ergebnisse. Methoden der Unterrichtsforschung konzentrieren sich hier auf relevante Aspekte des Lehrprozesses, die für den Erwerb fachlichen Wissens potentiell von Bedeutung sein könnten. Da die Auswertung von Selbstauskünften seitens der Schüler und Lehrer oft kein einheitliches Bild ergibt und nicht immer alle Anforderungen an ein verlässliches Untersuchungsinstrument erfüllt, sind in vielen Fällen beobachtende Untersuchungsmethoden nötig. Vor allem eine theoriebasierte, nachvollziehbare, gut dokumentierte und verlässliche Auswertung dieser Daten stellt eine große Herausforderung für die fachdidaktische Forschung dar.

Ein weiteres methodisches Feld der Fachdidaktik ist die Testforschung, die sich mit der Konstruktion verlässlicher Testverfahren zur Erhebung fachbezogener Kompetenzen beschäftigt. Neben dem Anwendungsbezug im Blick auf die politische Nachfrage nach Evaluationsinstrumenten kann dieser Bereich wichtige Informationen zur Struktur fachbezogener Kompetenzen liefern, da hier auf einer breiten Datenbasis verschiedene Aspekte eines Faches in den Blick genommen werden können. In diesem Bereich stehen natürlicherweise quantitative Verfahren im Vordergrund, vereinzelt ergänzt durch qualitative Vorgehensweisen, beispielsweise im Rahmen von Interviews zur Testvalidierung.

In manchen Bereichen kann die Fachdidaktik kaum auf vorhandene Erhebungsmöglichkeiten zurückgreifen und muss eigene Methoden entwickeln. Beispielhaft seien Aspekte konkreter unterrichtsbezogener Handlungskompetenz zu nennen, die sich in reliabler Weise nicht durch einfache Testverfahren erheben lassen. Hier kommt den Fachdidaktiken damit aber nicht nur die Entwicklung solcher Verfahren als Aufgabe zu, sondern auch deren Evaluierung in Bezug auf wissenschaftliche Kriterien.

4 Schlussbemerkung

Die Probleme und Aufgaben, denen sich fachdidaktische Forschung zu stellen hat, sind vielfältig. Dies ist nicht allein in der Mannigfaltigkeit der zugrunde liegenden Fachdisziplinen begründet, sondern viel stärker in der Tatsache, dass fachbezogenes Lernen und Lehren vor allem in Bezug auf die darin aktiven Lehrenden und Lernenden ein sehr vielschichtiger Prozess ist, der von einer Fülle individueller Eigenschaften und Charakteristika beeinflusst wird. Insbesondere ist fachdidaktische Forschung nicht per se auch Anwendungsforschung. Ihr fällt darüber hinaus als zentraler Teil die Aufgabe zu, die fachbezogene theoretische Basis für eben diese Anwendungsforschung zu schaffen und mit der Vermittlung dieser Theorien auch die praktische fachdidaktische Tätigkeit zu unterstützen.

Es darf dabei nicht vergessen werden, dass sich Fachdidaktik nicht in der Untersuchung theoretischer Fragen erschöpft, sondern eine Wissenschaft mit betont praktischem Bezug ist. Sieht man fachdidaktische Praxis nicht nur in der Hand von (forschenden) Fachdidaktikern, sondern auch als eine zentrale Aufgabe von Lehrkräften, so ergibt sich für die Fachdidaktiken eine große Chance aus der reflektierten Beobachtung fachdidaktischen Handelns an Schulen. Kreative Ideen zur Verbesserung von Unterricht, die aus der schulischen Praxis hervorgehen, sollten von den Fachdidaktiken aufgegriffen und in vorhandene Theorien eingeordnet werden. Die sich daraus ergebenden Annahmen über die spezifische Wirksamkeit der entwickelten Ideen können im Rahmen von empirischen Untersuchungen durchaus zur belastenden Überprüfung und gegebenenfalls zur Weiterentwicklung fachdidaktischer Theorien beitragen. Trotz der Unterschiede zwischen den einzelnen Fächern und Disziplinen kann hier der Blick auf andere, benachbarte Fachdidaktiken zu fruchtbarem Austausch führen.

Literatur

Andelfinger, B. (1985): Didaktischer Informationsdienst Mathematik, Thema: Arithmetik, Algebra und Funktionen. Curriculum Heft 44. Soest: Landesinstitut für Schule und Weiterbildung.
Baumert, J./Kunter, M. (2006): Stichwort: Professionelle Kompetenz von Lehrkräften. In: Zeitschrift für Erziehungswissenschaft, Bd. 9, H. 4, S. 469–520.
Baumert, J./Lehmann, R. et al. (1997): TIMSS – Mathematisch-naturwissenschaftlicher Unterricht im internationalen Vergleich. Deskriptive Befunde. Opladen: Leske + Budrich.
BLK, Bund-Länder-Kommission für Bildungsplanung und Forschungsförderung (1997): Gutachten zur Vorbereitung des Programms „Steigerung der Effizienz des mathematisch-naturwissenschaftlichen Unterrichts". In: ders. (Hrsg.): Materialien zur Bildungsplanung und zur Forschungsförderung, Heft 60. Bonn: BLK.
Blömeke, S./Kaiser, G. (2008): Professionelle Kompetenz angehender Lehrerinnen und Lehrer. Wissen, Überzeugungen und Lerngelegenheiten deutscher Mathematik-Studierender und –referendare – Erste Ergebnisse zur Wirksamkeit der Lehrerausbildung. Waxmann: Münster.
Blum, W./Alsina, C. et al. (2002): ICMI Study 14: Applications and Modelling in Mathematics Education – Discussion Document. In: Educational Studies in Mathematics, 51, H. 1/2, S. 149–171.

Chi, M. T. H. (1992): Conceptual change within and across ontological categories: Examples from learning and discovery science. In: Giere, R. N. (Hrsg.): Cognitive models of science. Minneapolis, MN: University of Minnesota Press, S. 129–186.

Deutsches PISA-Konsortium (Hrsg.) (2001) : PISA 2000. Basiskompetenzen von Schülerinnen und Schülern im internationalen Vergleich. Opladen: Leske + Budrich.

Duit, R./Treagust, D. (2003): Conceptual change. A powerful framework for improving science teaching and learning. In: International Journal of Science Education, 25, H. 6, S. 671–688.

Gallin, P./Ruf, U. (1998): Sprache und Mathematik in der Schule. Auf eigenen Wegen zur Fachkompetenz. Seelze: Kallmeyersche Verlagsbuchhandlung.

Klafki, W. (1963): Studien zur Bildungstheorie und Didaktik. Weinheim: Verlag Julius Beltz.

Klafki, W. (1964): Didaktische Analyse als Kern der Unterrichtsvorbereitung, In: Roth, H./Blumenthal, A. (Hrsg.): Grundlegende Aufsätze aus der Zeitschrift „Die deutsche Schule". Hannover: Schroedel, S. 5–34.

Klafki, W. (1985): Zur Unterrichtsplanung im Sinne kritisch-konstruktiver Didaktik. In: ders. (Hrsg.): Neue Studien zur Bildungstheorie und Didaktik. Weinheim, Basel: Verlag Julius Beltz, S. 194–227.

Kultusministerkonferenz (2004): Bildungsstandards im Fach Mathematik für den Mittleren Schulabschluss. München: Luchterhand.

Kultusministerkonferenz (2005a): Bildungsstandards im Fach Mathematik für den Primarbereich. München: Luchterhand.

Kultusministerkonferenz (2005b): Bildungsstandards im Fach Mathematik für den Hauptschulabschluss. München: Luchterhand.

Kultusministerkonferenz (2005c): Bildungsstandards im Fach Biologie für den Mittleren Schulabschluss. München: Luchterhand.

Kultusministerkonferenz (2005d): Bildungsstandards im Fach Chemie für den Mittleren Schulabschluss. München: Luchterhand.

Kultusministerkonferenz (2005e): Bildungsstandards im Fach Physik für den Mittleren Schulabschluss. München: Luchterhand.

Merzyn, G. (1994): Die zwei Kulturen der Fachdidaktik. In: Behrendt, H. (Hrsg.): Zur Didaktik der Physik und Chemie. Probleme und Perspektiven. Vorträge auf der Tagung für Didaktik der Physik/Chemie in Kiel 1993. Alsbach/Bergstraße: Leuchtturm, S. 190–192.

National Council of Teachers of Mathematics (2000): Principles and Standards for School Mathematics. Reston, VA: NCTM.

Padberg, F. (2005): Didaktik der Arithmetik, München: Elsevier.

Padberg, F. (2002): Didaktik der Bruchrechnung. Heidelberg, Berlin: Spektrum Akademischer Verlag.

Pekrun, R./Goetz, T./vom Hofe, R./Blum, W./Jullien, S./Zirngibl, A./Kleine, M./Wartha, S./Jordan, A. (2004): Emotionen und Leistung im Fach Mathematik: Ziele und erste Befunde aus dem „Projekt zur Analyse der Leistungsentwicklung in Mathematik" (PALMA). In: Doll, J./Prenzel, M. (Hrsg.): Bildungsqualität von Schule: Lehrerprofessionalisierung, Unterrichtsentwicklung und Schülerförderung als Strategien der Qualitätsverbesserung. Münster: Waxmann, S. 345–363.

Reichel, H.-C. (1995): Hat die Stoffdidaktik Zukunft? In: ZDM, Zentralblatt für Didaktik der Mathematik, Bd. 27, H. 6, S. 175–176.

Reiss, K. (2005): Fachdidaktische Forschung und Empirische Bildungsforschung. In: Mandl J./Kopp B. (Hrsg.): Impulse für die Bildungsforschung. Stand und Perspektiven (Deutsche Forschungsgemeinschaft). Berlin: Akademie Verlag, S. 62–68.

Simon, H. (1969): The Sciences of the Artificial. Cambridge, Mass.: MIT Press.

Sumfleth, E. (2004): Fachdidaktik Chemie. In: Blömeke, S./Reinhold, P./Tulodziecki, G./Wildt, J. (Hrsg.): Handbuch Lehrerbildung. Bad Heilbrunn: Klinkhardt, S. 434–437.

Vosniadou, S./Brewer, W.F. (1992): Mental models of the earth: A study of conceptual change in childhood. In: Cognitive Psychology, Bd. 24, S. 535–585.

Weber, Th./Schön, L.-H. (2001): Fachdidaktische Forschungen am Beispiel eines Curriculums zur Optik. In: Bayrhuber, H. et al. (Hrsg.): Lehr-/Lernforschung in den Fachdidaktiken. Innsbruck: Studienverlag. http://didaktik.physik.hu-berlin.de/forschung/optik/download/veroeffentlichungen/fachdidaktik.pdf (27.5.08)

Weinert, F.E. (2001): Vergleichende Leistungsmessung in Schulen – eine umstrittene Selbstverständlichkeit. In: Weinert, F.E. (Hrsg.): Leistungsmessungen in Schulen. Weinheim: Beltz, S. 17–31.

Wittmann, E.C. (1995): Mathematics Education as a 'Design Science'. In: Educational Studies in Mathematics Bd. 29, H. 4, S. 355–374.

Wittmann, E.C. (1998): Design und Erforschung von Lehrerbildung als Kern der Mathematikdidaktik. In: Beiträge zur Lehrerbildung, Bd. 16, H. 3, S. 329–342.
Wußing, H./Alten, H.-W./Wesemüller-Kock, H. (2008): 6000 Jahre Mathematik. Berlin: Springer.

Regionaler und internationaler Bezug

Horst Weishaupt

Bildung und Region

Die Bildungsforschung untersucht seit den 1960er Jahren den Zusammenhang von Bildung und Region zur Unterstützung der Bemühungen um die Reform des Bildungswesens und einer Expansion der Bildungsnachfrage. Die vielfältigen Beziehungen zwischen Bildung und Region werden durch diese Studien in spezifischer Weise eingegrenzt. Zunächst sind nur formalisierte Bildungsprozesse in Bildungseinrichtungen Gegenstand regionaler Bildungsforschung. Damit wird der Zusammenhang von Bildungsbiographie und Lebensraum (vgl. Bertels/Herlyn 1990; Engelbert/Herlth 2002) nur in Ausschnitten behandelt. Außerdem sind die regionalgeschichtlichen Beiträge zum Bildungswesen nicht der regionalen Bildungsforschung im engeren Sinne zuzurechnen und bleiben hier unberücksichtigt.

Unter theoretischer Perspektive ist zu unterscheiden zwischen angebotsorientierten Studien, die die räumliche Verteilung von Bildungseinrichtungen und die Bedeutung des Angebots für die Nutzung untersuchen, und nachfrageorientierten Studien, die sozialräumliche Einflussfaktoren auf die Bildungsbeteiligung erfassen. Durch die internationalen Schulleistungsstudien und die flächendeckenden Lernstandserhebungen in den Ländern der Bundesrepublik ist es seit etwa 2000 auch möglich, sozialräumliche Einflüsse auf die Leistungen der Schüler zu erfassen. Schließlich ist die regionale Verteilung der Bevölkerung nach ihrem formalen Qualifikationsniveau Gegenstand regionaler Bildungsforschung. Aus dieser Unterscheidung ergibt sich auch die Gliederung dieses Textes.

Räumliche Analysen unterscheiden häufig zwischen städtischem und ländlichem Raum, analysieren aber auch räumliche Verteilungsmuster innerhalb der Städte. Die Basis regionaler Studien bilden oft administrative Daten für Stadtbezirke, Gemeinden, Kreise, Bezirke, Planungs- bzw. Raumordnungsregionen oder Bundesländer. Der Regionsbegriff ist folglich offen für situativ sinnvolle und von der Datenlage her angemessene räumliche Abgrenzungen. Obwohl die Forschungslage es nicht erlaubt, systematisch alle Bildungsbereiche unter regionaler Perspektive zu behandeln, wird hier dennoch ein umfassender Überblick angestrebt, der sich allerdings schwerpunktmäßig auf die Situation in der Bundesrepublik bezieht.

1 Regionale Disparitäten des Bildungsangebots und ihre sozialräumlichen Bedingungen

Bildungseinrichtungen sind ein wichtiger Bereich öffentlicher Daseinsvorsorge. Als soziale Infrastruktureinrichtungen tragen sie zur Sicherung gleichwertiger Lebensbedingungen für die Bevölkerung bei. Im Rahmen der Regionalplanung und Raumordnungspolitik ist die Verteilung der Bildungseinrichtungen für die Begründung und Absicherung des Netzes zentraler Orte – über das eine möglichst einheitliche Ausstattung von Regionen mit öffentlicher und privater

Infrastruktur erreicht werden soll – von großer Bedeutung (vgl. Fickermann/Schulzeck/Weishaupt 2002c). Außerdem tragen sie als wichtiger Standortfaktor zur Attraktivität einer Region für die Wohnbevölkerung, für bestehende Betriebe und die Ansiedlung neuer Unternehmen bei. Dies nicht zuletzt auch deshalb, weil Bildungseinrichtungen hochqualifizierte Arbeitsplätze bereitstellen und sich die laufenden Ausgaben der Einrichtungen und die Kosten der Lebenshaltung des Personals positiv auf die regionale Wirtschaft auswirken. Diese regionalen Wirkungen gehen in ganz besonderem Maße von Hochschuleinrichtungen aus, die zusätzlich noch Studierende als Wirtschaftsfaktor anziehen (vgl. Klemmer 1989; Voigt 1996; Jurczek/ Merkel/Benighaus 1998).

Eine flächendeckend möglichst einheitliche Versorgung mit Bildungseinrichtungen ist in den einzelnen Bildungsbereichen bis heute jedoch erst unzureichend verwirklicht.

1.1 Vorschulbereich und Ganztagsbetreuung von Schülern

Obwohl seit 1996 formell ein Rechtsanspruch auf einen Kindergartenplatz für alle Kinder über drei Jahre bis zum Übergang in die Grundschule besteht, ist bis heute nicht von einer ausreichenden Versorgung aller Kinder auszugehen. 2006 bestanden noch gravierende Ausstattungsunterschiede (vgl. Statistische Ämter des Bundes und der Länder 2007). Acht westdeutsche Länder konnten noch keine Grundversorgung mit Kindergartenplätzen sicherstellen (Besuchsquoten unter 90 % der in Frage kommenden Kinder). In den neuen Ländern existiert ein Kindergartenangebot, das nahezu ausschließlich aus Ganztagsplätzen besteht, während in den alten Ländern nur 21 % der Plätze ganztägig zur Verfügung stehen (vgl. Statistisches Bundesamt 2004; Autorengruppe Bildungsberichterstattung, 2008, S. 51).

Zur Verbesserung des öffentlichen Betreuungsangebots in den ersten drei Lebensjahren ist bis 2013 vorgesehen, bundesweit für rund ein Drittel der Kinder Betreuungsplätze in Kindertageseinrichtungen und in Kindertagespflege zur Verfügung zu stellen. In den ostdeutschen Ländern ist diese Bedingung bereits erfüllt. In Westdeutschland besuchten nur 10 % der Kinder entsprechende Einrichtungen. Zwischen den Kreisen variiert der Besuch zwischen 2 und 29 % (Autorengruppe Bildungsberichterstattung 2008, S. 51; Ostdeutschland 18,7% bis 57,7%; vgl. Statistische Ämter des Bundes und der Länder 2007, S. 8).

Hortangebote konzentrieren sich in Westdeutschland auf die Städte, so dass insbesondere im ländlichen Raum bis heute keine flächendeckenden Angebote zur Verfügung stehen. Demgegenüber bestehen in den neuen Ländern an allen Grundschulen und ergänzend dazu in Kindertagesstätten Hortplätze bzw. ein schulisches Ganztagsangebot, das für etwa zwei Drittel der Kinder zwischen 6 und 10 Jahren zur Verfügung steht (vgl. Konsortium Bildungsberichterstattung 2006, S. 58). In Westdeutschland gibt es nur für 5% der Kinder in der entsprechenden Altersgruppe Hortplätze; das Angebot an Halbtags-Grundschulen (verlässliche Grundschule, volle Halbtagsschule) und Ganztagsgrundschulen ist sehr unzureichend ausgebaut. Es erreichte 2005 ebenfalls nur etwa 5-6 % der Grundschüler (vgl. Sekretariat der KMK 2007) und bietet für ganztags berufstätige Eltern wegen der nicht an allen Arbeitstagen gewährleisteten Betreuung keinen vollwertigen Ersatz.

1.2 Schulwesen

Ausgangspunkt regionaler Analysen des Bildungswesens in Westdeutschland waren die Anfang der 1960er Jahre bestehenden großen Unterschiede im Schulangebot zwischen Stadt und Land. Im ländlichen Raum herrschte noch die Volksschule mit jahrgangsübergreifenden Klassen vor. Während auf dem Gebiet der späteren DDR bereits von der sowjetischen Militärbehörde die Konzentration des ländlichen Schulwesens eingeleitet wurde und Mitte der 1950er Jahre im Wesentlichen abgeschlossen war, hatten in Westdeutschland noch 1957 mehr als die Hälfte aller Volksschulen nur eine oder zwei Klassen. Wie beherrschend diese wenig gegliederte Volksschule im ländlichen Raum war, wird dann deutlich, wenn berücksichtigt wird, dass die Gliederung der Volksschulen nach Jahrgangsklassen in den Städten traditionell die Regel ist. Erst in den zehn Jahren nach 1962 wurde auch in Westdeutschland das ländliche Volksschulangebot in ein nach Jahrgangsklassen gegliedertes System von Grund- und Hauptschulen überführt.

In der DDR war die Landschulreform mit dem Aufbau eines Einheitsschulsystems bis zur 8., später sogar 10. Klasse, verbunden. Über eine einheitliche Organisation des Schulwesens in Stadt und Land sollten gleiche Bildungschancen für alle Kinder erreicht werden.

In Westdeutschland kam bis Mitte der 1960er Jahre zu der wenig gegliederten Volksschule das fehlende Angebot von Realschulen und Gymnasien im ländlichen Raum hinzu. Standortuntersuchungen (vgl. Geipel 1965) machten den bis heute nachweisbaren Zusammenhang zwischen Schulangebot und Schulbesuchsquoten bewusst: In Schulstandortgemeinden weiterführender Schulen ist die Besuchsquote in der Regel deutlich höher als in den umliegenden Gemeinden (vgl. Fickermann 1997, S. 150). Das Angebot einer Hauptschule führt zu einer höheren Besuchsquote dieser Schulart (vgl. Ditton 2007). Über den Ausbau des weiterführenden Schulangebots im ländlichen Raum während der Phase steigender Schülerzahlen in Westdeutschland von 1960-1975, wurde die Erreichbarkeit von zum Realschulabschluss und Abitur führenden Schulangeboten deutlich verbessert. In diesen 15 Jahren erhöhte sich die Zahl der Realschulen um 1.200 und der Gymnasien um 600. Außerdem wurden mehr als 200 Gesamtschulen gegründet (vgl. Weishaupt u.a. 1988, S. 250f.). Trotz des Schülerrückgangs in den 1980er Jahren blieb dieses Standortnetz weitgehend erhalten. Dennoch bestehen aber weiterhin große regionale Unterschiede im Schulangebot mit Auswirkungen auf die Bildungsbeteiligung (vgl. Bargel/Kuthe 1992; Fickermann/Schulzeck/Weishaupt 2002d). Im Rahmen regionaler Bildungsberichte einzelner Bundesländer und Schulträger wird diesen Disparitäten wieder zunehmende Aufmerksamkeit geschenkt (vgl. Landesinstitut für Schulentwicklung 2007; Staatsinstitut für Schulqualität und Bildungsforschung. Qualitätsagentur 2006; Schul- und Kultusreferat 2006). Auch ist das Angebot privater Schulen regional sehr unterschiedlich (vgl. Fickermann/Schulzeck/Weishaupt 2002b).

Der langfristige Geburtenrückgang wird auch in Westdeutschland zu Veränderungen der Schulangebotsstruktur führen. Während in der Grundschule über jahrgangsübergreifende Klassen die meisten Standorte bestehen bleiben könnten (vgl. Fickermann/Weishaupt/Zedler 1998), wurden in Ostdeutschland bereits in der Sekundarstufe I und II viele Standorte aufgegeben, um übliche Standards der Unterrichtsqualität einhalten zu können (vgl. Bericht der Regierungskommission an die Landesregierung Brandenburg 2000; Fickermann/Schulzeck/Weishaupt 2000; Weishaupt 2006).

1.3 Hochschulbereich

Regionalpolitische Überlegungen waren für den Ausbau des Hochschulwesens in den alten Ländern der Bundesrepublik und die Reorganisation der Hochschullandschaft in den neuen Ländern in der Vergangenheit von großer Bedeutung. Den Hintergrund dafür bildete Art. 91a GG, der von 1969 bis 2006 den Hochschulbau zu einer wichtigen Gemeinschaftsaufgabe von Bund und Ländern zur Sicherung gleichwertiger Lebensverhältnisse in der Bundesrepublik erhob. Beim Ausbau des Hochschulwesens in den neuen Ländern führte dieser Gesichtspunkt, der für die DDR-Hochschulpolitik keine Bedeutung hatte, zu Neugründungen und Strukturveränderungen bei den bestehenden Hochschulen.

Analysen zu regionalen Unterschieden des Hochschulbesuchs unterstützten seit den 1960er Jahren die Tendenz zur Regionalisierung des Hochschulangebots (vgl. Geissler 1965). Erste Untersuchungen zu den Auswirkungen der Neugründung von Universitäten auf regionale Disparitäten des Hochschulbesuchs ergaben jedoch, trotz einer insgesamt höheren Studierendenquote, keine Verringerung der Disparitäten (vgl. Peisert/Framhein/Kuthe 1984). Allerdings gab es große Verschiebungen im Hochschulbesuch zwischen den Regionen der Bundesrepublik. Durch die fortgesetzte Regionalisierung – insbesondere von Fachhochschulen – ist es inzwischen möglicherweise gelungen, die regionalen Unterschiede des Hochschulbesuchs zu verringern. Doch fehlen dazu neuere bundesweite Untersuchungen, insbesondere auch zu den Auswirkungen der veränderten Hochschullandschaft in den neuen Ländern auf die regionale Studiennachfrage (vgl. zur Situation vor der Wiedervereinigung Kuthe 1991).

1.4 Berufsbildung

Regionale Aspekte der Berufsbildung stellt ausführlich der Bericht der Sachverständigenkommission „Kosten und Finanzierung der beruflichen Bildung" dar, der zwischen den Kammerbezirken nicht nur im Umfang, der Struktur und Vielfalt der Ausbildungsberufe gravierende Disparitäten ermittelte, sondern auch in der Qualität der Ausbildung (vgl. Sachverständigenkommission Kosten und Finanzierung der beruflichen Bildung 1974, S. 285-298; s. auch Deutscher Bildungsrat 1975).

Unterstützt von Studien, die die Bedeutung des Humankapitals und speziell der Berufsbildung für die ländliche Entwicklung und im Besonderen für die Verbesserung des endogenen Entwicklungspotentials ländlicher Regionen hervorhoben, wurden in den 1980er Jahren verstärkt Studien durchgeführt, die einen Ausbau beruflicher Bildungsangebote im ländlichen Raum intendierten (vgl. Derenbach 1983). Auch in den Berufsbildungsberichten der Bundesregierung wurden in den 1980er Jahren verstärkt regionale Aspekte berücksichtigt. In den letzten Jahren wurde diese Akzentsetzung aber wieder zurückgenommen, obwohl sich durch die Wiedervereinigung die regionalen Disparitäten in der Berufsbildung weiter verschärft haben. Die über die Angebots-Nachfrage-Relationen (vgl. Bundesministerium für Bildung und Forschung 2008) zwischen den Arbeitsagenturbezirken erfassten Versorgungsdisparitäten geben nur einen begrenzten Einblick in die regionale Ausbildungssituation (vgl. Konsortium Bildungsberichterstattung 2006, S. 86). Neben der Bereitstellung einer ausreichenden Zahl von Ausbildungsplätzen bestehen weiterhin regionale Probleme in der Struktur und Qualität des Ausbildungsplatzangebots, wenn auch versucht wurde, über überbetriebliche Ausbildungsstätten die Qualität der beruflichen Bildung im ländlichen Raum zu verbessern.

1.5 Allgemeine und berufliche Weiterbildung

Eine regionale Streuung der Angebote in der beruflichen Weiterbildung ist wegen der teilweise hohen Anforderungen an die Geräteausstattung der Unterrichtsräume und der großen fachlichen Spezialisierung unterhalb der Ebene von Stadtregionen und Arbeitsagenturbezirken kaum denkbar. Nur in einigen Bereichen der allgemeinen Weiterbildung werden die Veranstaltungen stark dezentralisiert angeboten. Neben den von den Landkreisen und Städten unterhaltenen Volkshochschulen, die überwiegend Schulgebäude für ihre Veranstaltungen mitnutzen, sind es vor allem die Weiterbildungseinrichtungen der Kirchen, die über die Kirchengemeinden mit ihren Gemeindehäusern ein flächendeckendes, wohnortbezogenes Angebot anstreben. In der allgemeinen Weiterbildung wirkt sich die Trägervielfalt positiv auf die regionale Streuung des Angebots aus, da jeder Träger einen anderen regionalen Schwerpunkt seines Angebots hat. Nicht zuletzt aufgrund der geringen fachlichen Differenzierung des Angebots gelingt es den kirchlichen Trägern, noch mehr als der Volkshochschule, ihr Angebot zu dezentralisieren (vgl. Meulemann/Weishaupt 1976, S. 102f.; Weishaupt 1989, S. 36). Insgesamt bedingt aber die Zentralität der Innenstadt auch eine Konzentration des Weiterbildungsangebots im Stadtzentrum.

Gewichtiger als die innerstädtischen sind die regionalen Disparitäten in der allgemeinen und beruflichen Weiterbildung (vgl. Kuwan u.a. 2006, S. 326-350; Weishaupt/Steinert 1991). Um das Stadt/Land-Gefälle, aber auch Disparitäten zwischen den Ländern in der allgemeinen Weiterbildung abzubauen, wurde bereits Mitte der 1970er Jahre ein Ausbauplan für ein öffentlich verantwortetes Weiterbildungssystem vorgelegt, der als langfristige Zielstufe jährlich 500 Unterrichtseinheiten auf 1000 Einwohner vorsah (vgl. Schulenberg u.a. 1975). Dieses Ziel ist bis heute bei weitem nicht erreicht und durch die wenig ausgebauten Volkshochschulen in den neuen Ländern haben sich durch die Wiedervereinigung die regionalen Disparitäten weiter vergrößert. Nahezu 20% der Kreise erreichen noch nicht einmal eine Grundversorgung mit jährlich 100 Unterrichtseinheiten auf 1000 Einwohner. Selbst die mittelfristige Zielstufe von 300 Unterrichtseinheiten jährlich je 1000 Einwohner übertrafen 1997 nur 14% der Landkreise und Städte (vgl. Boehm-Kasper/Weishaupt 2002).

Regionale Disparitäten des Angebots an beruflicher Weiterbildung sind nur indirekt über die Schüler an Fachschulen, die Teilnahme an Weiterbildungsmaßnahmen der Industrie- und Handels- sowie der Handwerkskammern und über die Eintritte in Umschulungsmaßnahmen der Bundesanstalt für Arbeit abzulesen. Die Verteilung der Teilnehmer lässt in der Tendenz eine Bevorzugung der Verdichtungsräume gegenüber dem ländlichen Raum erkennen (vgl. Boehm-Kasper/Weishaupt 2002). Auf die regionale Verteilung der betrieblichen Weiterbildung wirkt sich vor allem negativ aus, dass im ländlichen Raum überwiegend Kleinbetriebe angesiedelt sind, in denen im Vergleich zu Großbetrieben Weiterbildung weniger gefördert wird (vgl. Behringer 1997).

2 Regionales Angebot und Nachfrage

Regionale Strukturen des Bildungswesens sind immer im Zusammenhang mit sozialen Einflussfaktoren zu sehen. Sozialgruppenspezifische Unterschiede der Bildungsbeteiligung bestehen bis heute und tragen über die ungleiche Verteilung der sozialen Gruppen im Raum auch zu den regionalen Disparitäten des Bildungsverhaltens bei. Daraus ergeben sich zwei Fragen: Wie verhält sich die regionale Verteilung der Sozialstruktur zur regionalen Verteilung des Bildungsangebots (2.1)? Gibt es Einflüsse des regionalen Kontextes auf das Bildungsverhalten, die sich neben der Sozialstruktur der Bevölkerung und dem Bildungsangebot auf das Bildungsverhalten auswirken (2.2)?

2.1 Regionale Verteilung des Bildungsangebots und der Sozialstruktur der Bevölkerung

Ausgehend von dem Sozialstaatspostulat und der Forderung nach Gleichheit der Lebensverhältnisse behauptete auf dem Soziologentag 1968 eine Gruppe von Soziologen, dass neben dem System der sozialen Schichtung eine „Disparität von Lebensbereichen" besteht, von regional unterschiedlich zugänglichen Angeboten öffentlicher Daseinsvorsorge. Dadurch entstehen – so die These – Situationsgruppen, die in regional unterschiedlichem Maße in den Bereichen öffentlicher Vorsorge (Bildung, Kultur, soziale Angebote, Verkehr, Gesundheit und Wohnen) Benachteiligungen in den sozialstaatlichen Leistungen ausgesetzt sind, die sie individuell nicht beheben können (vgl. Bergmann u.a. 1969). Die Verfechter der „Disparitätenthese" gingen von der Vermutung aus, dass „im unteren Bereich der Einkommensskala (...) sich gleichsam die Effekte distributiver Benachteiligung und horizontaler Disparität (kumulieren)" (ebd. 1969, S. 85). Untersuchungen zur Verknüpfung von vertikaler Ungleichheit und horizontaler Disparität liegen zu allen Bildungsbereichen vor, wenn auch meist nur in Form von Untersuchungen für Teilregionen.

Eine Analyse der Standortverteilung von Kindergärten in den 1970er Jahren in 12 Städten ergab beispielsweise, dass das Angebot an Kindergartenplätzen sich weder nach sozialer Zusammensetzung der Wohnbevölkerung noch nach der Zentralität der Stadtviertel unterschied (vgl. Göschel u.a. 1980a, S. 51-55). Allerdings sind in einigen Städten die Kindergärten der Kirchen (freigemeinnützige Träger) eher in Mittelschichtvierteln, die städtischen Kindergärten eher in Arbeiterwohnsiedlungen gelegen (vgl. ebd., S. 54f.).

Eine Untersuchung zu Stadt-Land-Unterschieden kam demgegenüber zum Ergebnis, dass das Ausstattungsgefälle mit Kindergartenplätzen zwischen Stadt und Land in Abhängigkeit von der Sozialstruktur der Wohnbevölkerung variiert und eher traditionelle ländliche Gemeinden besonders benachteiligt sind (vgl. Bargel/Fauser/Mundt 1981, S. 221). Insofern sind die Ergebnisse älterer Studien uneinheitlich; neue Befunde liegen nicht vor.

Peisert (1967, S. 73) konnte zeigen, dass Gymnasien überwiegend in zentral gelegenen Mittelschicht-Wohnvierteln gelegen sind und Arbeiterkinder schon durch die Standortverteilung der Gymnasien benachteiligt sind. In der bereits zitierten umfangreichen Untersuchung zu Ausstattungsunterschieden mit öffentlicher Infrastruktur zwischen verschiedenen westdeutschen städtischen Gebietstypen (bürgerliche Gebiete bis Arbeitergebiete) wurde das Ergebnis von Peisert (1967) bestätigt: In allen zwölf in die Studie einbezogenen Städten bestanden große Unterschiede in der Ausstattung mit Gymnasialplätzen zwischen bürgerlichen Gebieten und Arbeitergebieten (vgl. Göschel u.a. 1980a, S. 30; Kuthe u.a. 1979, S. 136; Hauf 2006, S. 176 konnte das Ergebnis nur teilweise bestätigen). Zugleich waren die zentral gelegenen bürgerlichen Gebiete deutlich besser ausgestattet als peripher gelegene, während die Arbeitergebiete stets sehr schlecht ausgestattet waren. Bei den Realschulen zeigte sich ein deutlich schwächer ausgeprägtes Gefälle in der Verteilung nach Gebietstyp (vgl. ebenfalls Kuthe u.a. 1979, S. 136; Göschel u.a. 1980a,

S. 31). Auch bei den Realschulen gibt es ein Ausstattungsgefälle zwischen zentralen und peripheren Wohngebieten, das jedoch weniger gravierend ist als bei den Gymnasien.

In neueren Untersuchungen wird insbesondere die Frage untersucht, wie sich Schullandschaften durch lokale politische Gestaltungsprozesse (vgl. Zymek/Richter 2007) und Differenzierungsprozesse zwischen einzelnen Schulen einer Schulart (vgl. Sikorski 2007) entwickeln.

Bezogen auf den Bereich der allgemeinen Weiterbildung war Ende der 1980er Jahre in Frankfurt am Main eine Konzentration des Angebots der Volkshochschule in Wohngebieten der Mittelschicht (vgl. Weishaupt 1989) nicht mehr beobachtbar, die Mitte der 1970er Jahre noch bestand (vgl. Meulemann/Weishaupt 1976, S. 113). Im Stadt-Land-Vergleich ergab sich eine Bevorzugung finanzkräftiger Städte und Landkreise (vgl. Weishaupt/Steinert 1991, S. 65f.). Auch die Vielfalt und Qualität der Berufsbildungsangebote ist in Dienstleistungszentren mit einer gehobenen Sozialstruktur besser als in Industriestädten und peripheren ländlichen Regionen mit einem vergleichsweise hohen Arbeiteranteil. Schließlich hat erst die Hochschulpolitik der letzten Jahrzehnte dazu geführt, auch Hochschulstandorte in ländlichen Zentren und „Arbeiterstädten" anzusiedeln.

Die untersuchten Bildungseinrichtungen können frei gewählt werden. Deshalb ist deren Angebotsverteilung nur dann ein bedeutsames Kriterium für die Nutzung, wenn in der Regel wohnungsnahe Bildungseinrichtungen besucht werden und das Fehlen eines Angebots sich negativ auf die Nutzung auswirkt. Untersuchungen zu den Einzugsbereichen weiterführender Schulen zeigen stets, dass die Schulen ihre Schüler überwiegend aus dem näheren Umfeld rekrutieren. Fehlen in den Gemeinden bzw. Wohnstadtteilen Gymnasien, besteht die Tendenz, die am verkehrsgünstigsten gelegenen Schulen zu wählen. Nur bei ungünstiger Erreichbarkeit aller Schulstandorte gibt es keine klare Orientierung der Schüler zu bestimmten Schulen.

Im Hochschulbereich ist, unterstützt durch den regionalen Ausbau der Hochschulen, eine zunehmende Tendenz der Studenten erkennbar, die nächstgelegene Einrichtung mit der gewählten Studienrichtung zu besuchen. Nicht häufig richten sich auch die Studienschwerpunkte am Fachangebot einer nahe gelegenen Hochschule aus.

Im Vorschulbereich werden zwar ebenfalls die Kindergarteneinrichtungen in der Nähe des Wohnorts aufgesucht; daneben gibt es aber auch eine Gruppe von Eltern, die einen Kindergartenplatz in der Nähe des Arbeitsorts suchen. Eine solche Spaltung der Nachfrage zwischen Wohn- und Arbeitsort ist noch stärker bei der allgemeinen und beruflichen Weiterbildung von Erwerbstätigen beobachtbar.

Die Bereitschaft von Eltern, weite Schulwege für das Kind in Kauf zu nehmen, ist sozialgruppenspezifisch unterschiedlich: Ohne gut erreichbares Angebot sinkt deutlich die Bildungsbereitschaft der unteren sozialen Gruppen, während bildungsbewusste Familien auch bei ungünstigen Schulwegen für ihr Kind die gewünschte Schulform und die Schule mit dem gewünschten fachlichen Profil wählen (Clausen 2006). Untersuchungen zur Nutzung öffentlicher Einrichtungen zeigen bei Arbeitern generell eine besonders stark ausgeprägte „Quartiersorientiertheit der Infrastrukturnutzung" (Göschel u.a. 1980b, S. 198). Andere soziale Gruppen sind in ihrem Nutzungsverhalten zwar vom Angebot beeinflusst, verzichten aber nicht in dem starken Maße wie Arbeiter auf die Nutzung öffentlicher Einrichtungen, wenn sie nicht im Nahbereich verfügbar sind (vgl. Friedrichs 1990, S. 167). Speziell für den Kindergarten zeigt die Untersuchung des Wahlverhaltens städtischer Eltern nach Sozialgruppen, dass Arbeiter häufiger den nächstgelegenen Kindergarten wählen als die anderen sozialen Gruppen (vgl. Göschel u.a. 1980b, S. 194f.; vgl. Bargel/Fauser/Mundt 1981, S. 239f.). Ausländischen Eltern sind häufig die Wahloptionen bei Schulbeginn nicht bewusst (vgl. Kristen 2005).

Die besondere Bedeutung des Angebots für den Besuch des Gymnasiums von Kindern unterer sozialer Gruppen konnte an vielen Beispielen – und auch für die neuen Bundesländer (vgl. Fickermann 1997, S. 151-155) – belegt werden.

Im Bereich der allgemeinen Weiterbildung wurde beobachtet, dass zwar mit der Gesamtzahl der durchgeführten Veranstaltungsangebote die Nachfrage variiert. Im Einzelfall dürfte aber das thematische Interesse gewichtiger sein als die Erreichbarkeit eines beliebigen Angebots. Deshalb kann dem dezentralisierten Angebot von Weiterbildungskursen nicht die Bedeutung beigemessen werden wie der regionalen Verteilung von Kindergarten- und Schulstandorten. Auch im Hochschulbereich und der Berufsbildung muss eine größere Ausbildungsmobilität unterstellt werden. Davon unabhängig sollte aber prinzipiell ein für alle zugängliches, regionalisiertes Grundangebot an Qualifizierungsmöglichkeiten bestehen.

Insgesamt kann festgehalten werden, dass soziale Benachteiligung und disparitäre Versorgung für die unteren Sozialgruppen weit weniger eng empirisch verknüpft sind als dies theoretisch postuliert wurde: Vertikale und horizontale Benachteiligung fallen nicht zusammen. Allerdings sind es gerade die prestigeträchtigen Gymnasien, die überwiegend in Wohngebieten der Mittelschicht gelegen sind, während Arbeiterviertel hinsichtlich der Versorgung mit anderen sozialen Einrichtungen teilweise sogar bevorzugt werden (vgl. Göschel 1980a, S. 82). Auch in der Berufsbildung und der allgemeinen und beruflichen Weiterbildung gibt es Zusammenhänge zwischen der Wirtschafts- und Sozialstruktur der Regionen und den Bildungs- und Ausbildungsangeboten.

Erschwerend kommt zu diesen Ausstattungsdisparitäten hinzu, dass untere Sozialgruppen in ihrem Nutzungsverhalten öffentlicher Einrichtungen besonders quartierbezogen sind und ein fehlendes Angebot für sie eher entscheidungsrelevant wird als für obere soziale Gruppen. Nicht zuletzt kommen zu den sozialen Barrieren, die mit dem Besuch einer Bildungseinrichtung in einem „gehobeneren" Wohnviertel verbunden sind, die relativ höheren finanziellen Belastungen hinzu, die bei der Nutzung entfernt gelegener Bildungseinrichtungen entstehen.

2.2 Lokale Milieus und Bildungsbeteiligung

Der häufig beobachtete Zusammenhang zwischen regionaler Sozialstruktur und Bildungsbeteiligung wurde seit den 1970er Jahren zunehmend hinsichtlich seiner „sozialökologischen" Einbettung untersucht. Kontextgebundene Bedingungen der sozialen Lage, die innerfamilialen Bedingungen und die durch die Nachbarschaftsbeziehungen und sozialen Milieus gegebenen familialen Umgebungsbedingungen fanden dadurch stärkere Beachtung (vgl. Bertram 1982). Da die Bedingungen der außerfamilialen Umwelt empirisch direkt kaum zugänglich sind, wurde versucht, über sogenannte „Soziotope" typische sozialräumliche Bedingungen zu identifizieren, mit denen spezifische kollektive Lebenslagen verbunden sind (vgl. Bargel/Fauser/Mundt 1981). Das Konzept der Soziotope unterscheidet die zwei Dimensionen „Lebenslage" und „Lebensstil" – in Anlehnung an Max Weber – und siedelt die Unterschiede im Lebensstil auf dem Stadt-Land-Kontinuum an (vgl. Bargel/Kuthe/Mundt 1977). Dieser Ansatz der Sozialisationsforschung bezieht sich explizit auf das Konzept der Sozialraumanalyse (vgl. Friedrichs 1977), einer Richtung der Stadtsoziologie, die sich nicht nur mit dem Zusammenhang von räumlicher und sozialer Ungleichheit, sondern in einem umfassenderen Sinne mit der räumlichen Organisation sozialer Differenzierung und sozialer Schichtung befasst. Die von Shevky und Bell (1974) unterschiedenen Faktoren „Soziale Position" (Beruf, Ausbildung, Miete), „Verstädterung" (Veränderungen in der Funktion und Struktur der Familie) und „Segregation" (Veränderungen in den Alters- und Geschlechtsverteilungen und Isolierung einzelner sozialer Gruppen) wurden in der Tradition dieses Konzepts vielfach faktorenanalytisch über Daten amtlicher Vollerhebungen, die gut regionalisierbar sind, überprüft (vgl. Friedrichs 1977, S. 203-215).

Zusammenhänge zwischen sozialräumlichen Umgebungsbedingungen in administrativ festgelegten Gebietseinheiten (Gemeinden, Landkreise, Stadtbezirke usw.) und dem Bildungsverhalten sind nur interpretierbar, wenn sinnvolle Annahmen über den Wirkungszusammenhang bestehen. Meist wird als sozialpsychologische Hypothese formuliert, dass mit den erfassten Merkmalen bestimmte Interaktionsformen verbunden sind, die die Bildungsentscheidung in der beobachtbaren Weise beeinflussen. Diese Erklärung wird auch herangezogen, um den sehr häufig belegten Gruppen-Kompositionseffekt auf Bildungsentscheidungen zu erklären. Beispielsweise wurde schon in frühen Untersuchungen über soziale Einflussfaktoren auf die Bildungsentscheidungen festgestellt, dass Arbeiter in Arbeitervierteln andere Bildungsaspirationen für ihre Kinder im Grundschulalter haben, als Arbeiter in Mittelschichtvierteln (vgl. Kob 1963). Auch die Empfehlungen der Grundschullehrer für das Gymnasium sind von der Sozialstruktur des Einzugsgebiets der Grundschule beeinflusst (vgl. Steinkamp 1967, S. 321; vgl. auch Ditton 2007). Schließlich fanden sich für die gleichen Sozialgruppen in unterschiedlichen sozialen Kontexten Unterschiede in der Absicht von Gymnasiasten des 10. Schuljahres, das Gymnasium bis zum Abitur zu besuchen und ein Studium aufzunehmen (vgl. Eirmbter 1982, S. 252). Bei der Befragung der Eltern von Kindergartenkindern nach ihren Bildungsaspirationen ergaben sich ebenfalls Abweichungen in den Ergebnissen für gleiche soziale Gruppen zwischen unterschiedlichen sozialräumlichen Typen (vgl. Bargel/Fauser/Mundt 1981, S. 242). Untersuchungen zum Übergang auf die verschiedenen weiterführenden Schularten in Berlin belegen den Einfluss des Ausländeranteils unter den Schülern der besuchten Grundschule, der neben dem Einfluss der Sozialstruktur des Wohnquartiers auch bei multivariater Betrachtung erhalten bleibt. In Klassen mit hohem Ausländeranteil sinkt die Chance eines Übergangs zum Gymnasium (vgl. Stallmann 1990, S. 254f.).

Deutliche Unterschiede im gruppenspezifischen Bildungsverhalten in Abhängigkeit von sozialen Kontexten zeigen sich auch in der allgemeinen Weiterbildung. Schon eine ältere Untersuchung in der Stadt Dortmund hatte zum Ergebnis, „dass die nachbarschaftliche Umgebung eine Volkshochschulteilnahme stärker bedingt als die Nähe der Bildungsstätte" (Götte 1959, S. 17), während sich bei Angestellten die Volkshochschulteilnahme nicht unterschied (vgl. Meulemann/Weishaupt 1976, S. 113f.; Göschel u.a. 1980b, S. 177).

Die Befunde zum Kindergarten- und Schulbesuch und zur Weiterbildungsbeteiligung sind Hinweise darauf, dass die Aggregatkorrelationen zwischen Sozialstruktur und Bildungsverhalten nicht allein als aggregierte Individualkorrelationen – also als im Aggregat wieder erscheinende Beziehungen zwischen individueller sozialer Lage und individueller Bildungsbeteiligung – zu interpretieren sind, sondern das Bildungsverhalten vom „sozialen Klima", von „sozialer Telepathie" oder vom „gemeinsamen Schicksal" (Esser 1988, S. 47) abhängt. Die Studie von Baumert/Carstensen/Siegle (2005) konnte erstmals erfassen, dass etwa 3% der Leistungsvariation in Mathematik zwischen Schulen auf Kontextbedingungen zurückgeführt werden können, die deshalb praktisch und politisch nicht unbedeutend sind. In spezifischer Weise als leistungsvariant erwiesen sich: die regionale Arbeitslosenquote, die Quote der Sozialhilfeempfänger und der Anteil an Schulabgängern mit Hochschulreife. Die Autoren stellen zwar fest: „Über welche Vermittlungsprozesse sich diese Regionalstrukturmerkmale auf den individuellen Kompetenzerwerb in Schulen auswirken ist offen und ungeklärt." (ebd., S. 360). Dennoch gibt es zahlreiche Studien, die den Einfluss von Kontextfaktoren auf das Bildungsverhalten zu erfassen versuchen.

Für die allgemeine Weiterbildungsbeteiligung scheinen Kontakte in der Nachbarschaft und mit in der Nähe wohnenden Bekannten von Bedeutung zu sein. Eine Untersuchung an einer mittelstädtischen Volkshochschule hatte beispielsweise zum Ergebnis, dass 60% der Kursteilnehmer von Bekannten begleitet wurden (vgl. Pfeiffer 1990, S. 31f.). Wichtig für die berufliche und betriebliche Weiterbildung von Erwerbstätigen ist das „Weiterbildungsklima" in den Unternehmen, das in Kleinbetrieben häufig weniger förderlich ist als in Großbetrieben (vgl. Behringer 1997, S. 282f.).

Für den Übergang auf weiterführende Schulen gibt es Hinweise, dass das „gemeinsame Schicksal" der Schüler über den Lehrer der Klasse bzw. bestimmte Zuweisungsstrategien der Lehrer einer Schule von Bedeutung sind (Maier 2007). Beeindruckend ist die langfristige Stabilität dieser Zuweisungsstrategien (vgl. Hauf 2007).

Die von den sozialökologischen Ansätzen in der Sozialisationsforschung unterstützte Typenbildung und Hinwendung zu Milieubeschreibungen führte auch zu ganzheitlichen Fallstudien zur Analyse der schulischen Sozialisations- und Selektionsprozesse und damit zu einem vertieften Verständnis der innerschulischen Vermittlungsmechanismen sozialer Ungleichheit. In diesen Studien wird über die typologische Beschreibung von Schulen die Beeinflussung des gesamten schulischen Lernprozesses – und nicht nur der Übergangsentscheidung zur weiterführenden Schule – durch die unterschiedlichen sozialen Milieus der Einzugsbereiche beschrieben (vgl. Behnken/Zinnecker 1981; Behnken/Zinnecker 1983; Peukert/von Prondczynsky 1983).

Erst die Ergebnisse der Schulleistungsstudien und Lernstandserhebungen der letzten Jahre gestatten es, Zusammenhänge zwischen regionalen sozialstrukturellen Bedingungen und schulischen Leistungen zu analysieren. Baumert/Stanat/Watermann (2006) unterscheiden bei Haupt- und Realschulen drei Standorttypen: Modalform, schwieriges Milieu und günstiges Milieu. Die drei unterschiedenen schulischen Lernmilieus sind zwischen den Bundesländern ungleich verteilt und weisen charakteristische Unterschiede in der Zusammensetzung der Schülerschaft auf. In Schulen mit schwierigem Milieu herrschen soziale Zusammensetzungen, die außerordentlich schädliche Auswirkungen auf die Leistungsentwicklung von Jugendlichen haben. Beispielsweise zeichnet sich ein schwieriges Milieu bei den Hauptschulen auf der Ebene von Landkreisen und kreisfreien Städten durch einen niedrigen Hauptschüleranteil und einen hohen Anteil ausländischer Schüler aus.

3 Regionale Verteilung von Bildungsqualifikationen

Untersuchungen zur Verteilung des regionalen Arbeitsplatzangebots nach dem Ausbildungs- und Qualifikationsniveau der Beschäftigten zeigen stets eine Konzentration der hochqualifizierten Arbeitsplätze auf die Zentren von Siedlungsräumen. Dies gilt insbesondere für Wirtschaftsunternehmen, die „sehr spezialisierte, unternehmensbezogene Dienstleistungen anbieten" (Meusburger 1998, S. 369) und in denen nur die in den Zentralen beschäftigten Führungskräfte eine Hochschulausbildung besitzen. Eine Konzentration in den Zentren, aber auch eine Streuung über die verschiedenen Regionstypen weisen Ärzte, Apotheker, Rechtsanwälte und Lehrer auf. Insbesondere im Gesundheits- und Schulwesen führen die angebotenen personenbezogenen Dienstleistungen mit der Verpflichtung zur Versorgung der gesamten Bevölkerung zur Dezentralisierung der Arbeitsplätze von Akademikern (vgl. Meusburger 1998, S. 369).

Für die dennoch insgesamt beobachtbaren räumlichen Unterschiede des Qualifikationsniveaus der Bevölkerung gibt es zunächst die Erklärung, dass Individuen, die in größeren Städten aufwachsen im Vergleich zur Bevölkerung im ländlichen Raum eine bessere Ausbildung erhalten (vgl. Wagner 1989, S. 86). Die unterschiedlichen Bildungsaspirationen zwischen den Bildungs- und Sozialgruppen verstärken in der Tendenz die regionalen Disparitäten. Hinzu kommen Differenzen in den „Gelegenheitsstrukturen" für die Jugendlichen in Städten und dem ländlichen Raum: Bildungsmöglichkeiten sind in Städten leichter erreichbar, Informationen darüber sind eher informell zugänglich, eine höhere Zahl von Angeboten führt zu einem anderen Entscheidungsfeld mit vielfältigen Optionen (vgl. Wagner 1990, S. 137, 140).

Eine weitere wichtige Ursache für die Konzentration von Höherqualifizierten in den größeren Städten ist „eine bildungsselektive Land-Stadt-Wanderung, deren Folgen für die Sozialstruktur der Herkunftsregion nicht durch einen analogen Wanderungsstrom in die Gegenrichtung ausgeglichen werden" (Wagner 1989, S. 99). Damit wird zugleich die Ansiedlung von Unternehmen im ländlichen Raum erschwert, weil es kaum hochqualifizierte Arbeitskräfte gibt. Schließlich kommt ein Teil der in den Abwanderungsregionen aufgebrachten Bildungsinvestitionen noch anderen, sozial- und wirtschaftsstrukturell vergleichsweise bevorteilten Regionen zugute. Der Ausbau des Bildungswesens kann daher für den ländlichen Raum zugleich ein Entwicklungsfaktor wie ein Entwicklungshindernis sein. In der aktuellen Diskussion um regionale Entwicklungspotentiale gewinnen zunehmend kreative Personen als Motoren der ökonomischen und gesellschaftlichen Entwicklung – ausgehend von Florida (2002) – an Bedeutung, denen die soziokulturellen Lebensbedingungen, die zum jeweils eigenen Lebensstil passen, für die Wahl des Wohnorts wichtig sind (Fritsch & Stützer 2007).

4   Schlussbemerkungen

Seit einigen Jahren werden regionale Fragestellungen in der Bildungsforschung wieder intensiver verfolgt. Ausgehend von den Ländervergleichen in den internationalen Schulleistungsstudien wurde auch der Blick auf kleinräumige Disparitäten gelenkt. Nicht zuletzt die nach wie vor bestehenden erheblichen sozialen Unterschiede der Bildungsbeteiligung und deren Verbindung mit dem steigenden Anteil von Kindern und Jugendlichen mit Migrationshintergrund unterstützten diese Entwicklung. Die Wohnsegregation der Migranten war offensichtlich und deshalb wurde auch die Verbindung von sozialer und räumlicher Benachteiligung wieder beachtet.

Ein umfangreiches und kleinräumiges regionalstatistisches Angebot des Statistischen Bundesamtes erlaubt inzwischen differenzierte regionale Analysen. Auch die Schul- und Hochschulstatistik gestattet auf die einzelnen Einrichtungen bezogene Analysen. Selbst die Kindergartenstatistik wurde entsprechend umgestellt und erweitert. Damit haben sich die Voraussetzungen für regionale Analysen verbessert.

Die regionalen und einrichtungsspezifischen Informationen der Bevölkerungs- und Schulstatistik werden inzwischen zunehmend für regional differenzierte und einrichtungsspezifische Mittelzuweisungen verwendet und teilweise durch Individualbefragungen ergänzt (vgl. Bos u.a. 2006; Frein u.a. 2006). Die Entwicklung eines praktikablen „Sozialindex" für die Schulverwaltung ist gegenwärtig in diesem Zusammenhang ein intensiv diskutiertes Thema.

Neu sind auch regionale Analysen zur kommunalen Schulfinanzierung (vgl. Fickermann/ Schulzeck/Weishaupt 2002a) und deren Abhängigkeit von den sozioökonomischen Bedingungen der Schulträger (vgl. Condron, D.J./Roscigno, V.J. 2003; Schmidt 2007). Diese Beispiele verdeutlichen die immer wieder neuen Perspektiven, die der Zusammenhang von Bildung und Region für die Bildungsforschung bietet.

Literatur

Autorengruppe Bildungsberichterstattung (2008): Bildung in Deutschland 2008. Ein indikatorengestützter Bericht mit einer Analyse zu Übergängen im Anschluss an den Sekundarbereich I, Bielefeld: Bertelsmann.
Bargel, T./Fauser, R./Mundt, J.W. (1981): Soziale und räumliche Bedingungen der Sozialisation von Kindern in verschiedenen Soziotopen. Ergebnisse einer Befragung von Eltern in Landgemeinden und Stadtvierteln Nordhessens. In: Walter, H. (Hrsg.): Region und Sozialisation. Bd. 1. Stuttgart: Fromann, S. 186–260.
Bargel, T./Kuthe, M. (1992): Regionale Disparitäten und Ungleichheiten im Schulwesen. In: Zedler, P. (Hrsg.): Strukturprobleme, Disparitäten, Grundbildung in der Sekundarstufe I. Weinheim, S. 41–103.
Bargel, T./Kuthe, M./Mundt, J.W. (1977): Zur Bestimmung sozialisationsrelevanter Areale (Soziotope) – Modelle, Verfahren und Probleme. In: Hoffmann-Nowotny, H.J. (Hrsg.): Politisches Klima und Planung. Soziale Indikatoren. Bd. 5. Frankfurt a.M.: Campus, S. 119–154.
Baumert, J./Carstensen, C.H./Siegle, T. (2005): Wirtschaftliche, soziale und kulturelle Lebensverhältnisse und regionale Disparitäten des Kompetenzerwerbs. In: Prenzel, M. (Hrsg.): PISA 2003. Der zweite Vergleich der Länder in Deutschland – Was wissen und können Jugendliche? Münster: Waxmann, S. 323–365.
Baumert, J./Stanat, P./Watermann, R. (2006): Schulstruktur und die Entstehung differenzieller Lern- und Entwicklungsmilieus. In: Bauert, J./Stanat, P./Watermann, R. (Hrsg.): Herkunftsbedingte Disparitäten im Bildungswesen: Differenzielle Bildungsprozesse und Probleme der Verteilungsgerechtigkeit. Vertiefende Analysen im Rahmen von PISA 2000. Wiesbaden: Verlag für Sozialwissenschaften, S. 95–188.
Behnken, I./Zinnecker, J. (1981): Grundschule im Wohnquartier: Erkundungen zu einer regional versteckten Klassenschule. In: Walter, H. (Hrsg.): Region und Sozialisation. Bd. 1. Stuttgart, S. 261–287.
Behnken, I./Zinnecker, J. (1983): Schulen an ihrem Ort. Notizen von einer Reise durch die hessische Hauptschullandschaft. In: Weishaupt, H. (Hrsg.): Sozialraumanalyse und regionale Bildungsplanung. Baden-Baden: Nomos, S. 195–221.
Behringer, F. (1997): Regionale Disparitäten in der Beteiligung an beruflicher Weiterbildung und Ansatzpunkte ihrer Erklärung. In: Dobischat, R./Husemann, R. (Hrsg.): Berufliche Bildung in der Region. Zur Neubewertung einer bildungspolitischen Gestaltungsdimension. Berlin, S. 277–294.
Bergmann, J./Brandt, G./Körber, K./Mohl, Th./Offe, C. (1969): Herrschaft, Klassenverhältnis und Schichtung. In: Adorno, Th.W. (Hrsg.): Spätkapitalismus oder Industriegesellschaft? Verhandlungen des 16. Deutschen Soziologentages. Stuttgart: Enke, S. 67–87.
Bericht der Regierungskommission an die Landesregierung Brandenburg (2000): Entwicklung der Schulen der Sekundarstufe I im ländlichen Raum des Landes Brandenburg. Potsdam.
Bertels, L./Herlyn, U. (Hrsg.) (1990): Lebenslauf und Raumerfahrung. Opladen: Leske+Budrich.
Bertram, H. (1982): Von der schichtspezifischen zur sozialökologischen Sozialisationsforschung. In: Vaskovics, L.A. (Hrsg.): Umweltbedingungen familialer Sozialisation: Beiträge zur sozialökologischen Sozialisationsforschung. Stuttgart: Enke, S. 25–54.
Blaschek, H./Braun, P./Eder, J./Weichbold, M. (1995): Erwachsenenbildung und regionale Entwicklung. Eine empirische Untersuchung der ArGe Salzburger Erwachsenenbildung. In: Erwachsenenbildung in Österreich, 46. Jg., H. 5, S. 28–33.
Bos, W./Pietsch, M./Gröhlich, C./Janke N. (2006): Ein Belastungsindex für Schulen als Grundlage der Ressourcenzuweisung am Beispiel von KESS 4. In: Bos, W./Holtappels, H.-G./Pfeiffer, H./Rolff, H.-G./Schulz-Zander, R. (Hrsg.). ISF-Jahrbuch der Schulentwicklung, Bd. 14. Daten, Beispiele und Perspektiven. Weinheim: Juventa.
Bundesministerium für Bildung und Forschung (Hrsg.) (2008): Berufsbildungsbericht 2008. Berlin.
Böhm-Kasper, O./Weishaupt, H. (2002): Regionale Strukturen der Weiterbildung. In: Institut für Länderkunde/Mayr, A./Nutz, M. (Hrsg.): Nationalatlas Bundesrepublik Deutschland, Band 6 Bildung und Kultur, Heidelberg, S. 52–55
Clausen, M. (2006): Warum wählen Sie genau diese Schule? Eine inhaltsanalytische Untersuchung der Begründung der Wahl der Einzelschule innerhalb eines Bildungsgangs. In: Zeitschrift für Pädagogik, 52. Jg., H. 1, S. 69–90.
Condron, D.J./Roscigno, V.J. (2003): Disparities Within: Unequal Spending and Achievement in an Urban School District. In: Sociology of Education, 76. Jg., S. 18–36.

Derenbach, R. (1983): Die Problemregionen der beruflichen Bildung als Untersuchungsgegenstand der regionalen Bildungsforschung. In: Weishaupt, H. (Hrsg.): Sozialraumanalyse und regionale Bildungsplanung. Baden-Baden: Nomos, S. 253–294.

Deutscher Bildungsrat/Die Bildungskommission (1975): Bericht '75. Entwicklungen im Bildungswesen. Stuttgart.

Ditton, H. (2007): Schulwahlentscheidungen unter sozial-regionalen Bedingungen. In: Böhm-Kasper, O./Schuchart, C./Schulzeck, U. (Hrsg.): Kontexte von Bildung. Erweiterte Perspektiven in der Bildungsforschung, Münster: Waxmann, S. 21–38.

Eirmbter, W.H. (1982): Bildungsaspirationen und sozialökologischer Kontext. In: Vaskovics, L.A. (Hrsg.): Umweltbedingungen familialer Sozialisation: Beiträge zur sozialökologischen Sozialisationsforschung. Stuttgart: Enke, S. 237–254.

Engelbert, A./Herlth, A. (2002): Sozialökologische Ansätze. In: Krüger, H.-H./Grunert, C. (Hrsg.): Handbuch der Kindheits- und Jugendforschung, Opladen: Leske+Budrich, S. 99–116.

Esser, H. (1988): Sozialökologische Stadtforschung und Mehr-Ebenen-Analyse. In: Friedrichs, J. (Hrsg.): Soziologische Stadtforschung. Kölner Zeitschrift für Soziologie und Sozialpsychologie, Sonderheft 29. Opladen, S. 35–55.

Fickermann, D. (1997): Soziale Aspekte der Bildungsbeteiligung. In: Zedler, P./Weishaupt, H. (Hrsg.): Kontinuität und Wandel. Thüringer Schulen im Urteil von Schülern, Lehrern und Eltern. Weinheim: Deutscher Studienverlag, S. 147–168.

Fickermann, D./Weishaupt, H./Zedler, P. (1998): Kleine Grundschulen in Deutschland: Rückblick und Ausblick. In: Fickermann, D./Weishaupt, H./Zedler, P. (Hrsg.): Kleine Grundschulen in Europa. Berichte aus elf europäischen Ländern. Weinheim: Deutscher Studienverlag, S. 7–34.

Fickermann, D./Schulzeck, U./Weishaupt, H. (2000): Zur Effizienz regionaler Schulstandortsysteme am Beispiel von Mecklenburg-Vorpommern. In: Weiss, M./Weishaupt, H. (Hrsg.): Bildungsökonomie und Neue Steuerung. Beiträge zur Bildungsplanung und Bildungsökonomie. Bd. 9. Frankfurt a.M.: Lang, S. 169–202.

Fickermann, D./Schulzeck, U./Weishaupt, H. (2002a): Kommunale Finanzkraft und Schulausgaben. In: Institut für Länderkunde/Mayr, A/Nutz, M. (Hrsg.): Nationalatlas Bundesrepublik Deutschland, Band 6 Bildung und Kultur, Heidelberg, S. 52–55.

Fickermann, D./Schulzeck, U./Weishaupt, H. (2002b): Private allgemein bildende Schulen. In: Institut für Länderkunde/Mayr, A./Nutz, M. (Hrsg.): Nationalatlas Bundesrepublik Deutschland, Band 6 Bildung und Kultur, Heidelberg, S. 30–31.

Fickermann, D./Schulzeck, U./Weishaupt, H. (2002c): Schule als Standortfaktor – die Schulversorgung. In: Institut für Länderkunde/Mayr, A/Nutz, M. (Hrsg.): Nationalatlas Bundesrepublik Deutschland, Band 6 Bildung und Kultur, Heidelberg, S. 26–29.

Fickermann, D./Schulzeck, U./Weishaupt, H. (2002d): Unterschiede im Schulbesuch. In: Institut für Länderkunde/ Mayr, A/Nutz, M. (Hrsg.): Nationalatlas Bundesrepublik Deutschland, Band 6 Bildung und Kultur, Heidelberg, S. 40–43.

Florida, R. (2002): The Rise of the Creative Class. New York: Basic Books.

Frein, T./Möller, G./Petermann, A./Wilpricht, M. (2006): Bedarfsgerechte Stellenzuweisung: Das neue Instrument Sozialindex. In: Schulverwaltung- Ausgabe Nordrhein-Westfalen, H. 6, S. 188.

Friedrichs, J. (1977): Stadtanalyse. Soziale und räumliche Organisation der Gesellschaft. Hamburg: Rowohlt.

Friedrichs, J. (1990): Aktionsräume von Stadtbewohnern verschiedener Lebensphasen. In: Bertels, L./Herlyn, U. (Hrsg.): Lebenslauf und Raumerfahrung. Opladen: Leske+Budrich, S. 161–178.

Fritsch, M./Stützer, M. (2007): Die Geographie der Kreativen Klasse in Deutschland. Raumforschung und Raumordnung, 65 (1), 15-29.

Geipel, R. (1965): Sozialräumliche Strukturen des Bildungswesens. Frankfurt a.M: Diesterweg.

Geissler, C. (1965): Hochschulstandorte, Hochschulbesuch. 2. Bde. Hannover: Vincentz.

Göschel, A./Herlyn, U./Krämer, J./Schardt, Th./Wendt, G. (1980a): Verteilung sozialer Infrastruktureinrichtungen und Segregation der Stadtbevölkerung. In: Herlyn, U. (Hrsg.): Großstadtstrukturen und ungleiche Lebensbedingungen in der Bundesrepublik. Frankfurt a.M.: Campus, S. 24–92.

Göschel, A./Herlyn, U./Krämer, J./Schardt, T./Wendt, G. (1980b): Zum Gebrauch von sozialer Infrastruktur im städtebaulichen und sozialen Kontext. In: Herlyn, U. (Hrsg.): Großstadtstrukturen und ungleiche Lebensbedingungen in der Bundesrepublik. Frankfurt a.M.: Campus, S. 129–201.

Götte, M. (1959): Volkshochschule in einer Industriegroßstadt am Beispiel der Volkshochschule Dortmund. Dortmund.

Hauf, T. (2006): Innerstädtische Bildungsdisparitäten im Kontext des Grundschulübergangs. Eine sozialräumliche Analyse zur Entwicklung der Bildungsnachfrage an der Grundschulübergangsschwelle in Mannheim und Heidelberg (1980-2002), Frankfurt am Main: Peter Lang.

Hauf, T. (2007): Innerstädtische Bildungsdisparitäten an der Übergangsschwelle von den Grundschulen zum Sekundarschulsystem. In: Zeitschrift für Pädagogik, 53. Jg., H. 3, S. 299–313.
Hübner-Funk, S./Müller, H.-U./Gaiser, W. (1983): Sozialisation und Umwelt. Berufliche Orientierung und Gesellungsformen von Hauptschülern im sozialökologischen Kontext. München: Juventa.
Jurczek, P./Merkel, T./Benighaus, L. (1998): Regionalwirksamkeit der Technischen Universität Chemnitz. Regionalökonomische und soziokulturelle Effekte in Südwestsachsen. Beiträge zur Kommunal- und Regionalentwicklung, Heft 32, Chemnitz.
Klemmer, P. (1989): Hochschule und Region. In: Deutsche Gesellschaft für Bildungsverwaltung (Hrsg.): Bildung als regionale Infrastruktur. Chancen, Risiken, Perspektiven. Frankfurt a.M.: DGBV, S. 69–81.
Kob, J. (1963): Erziehung in Elternhaus und Schule. Stuttgart: Enke.
Konsortium Bildungsberichterstattung (2006): Bildung in Deutschland. Ein indikatorengestützter Bericht mit einer Analyse zu Bildung und Migration. – Bielefeld. URL: http://www.bildungsbericht.de (14.06.08)
Kristen, C. (2005): School Choice and Ethnic School Segregation. Primary School Selection in Germany, Münster: Waxmann.
Kuthe, M. (1991): Fach- und Regionalstrukturen der ostdeutschen Hochschulen. Materialien für die Jahre 1985 bis 1989. (Bildung-Wissenschaft-Aktuell 8/91). Bonn.
Kuthe, M./Bargel, T./Nagl, W./Reinhardt, K. (1979): Siedlungsstruktur und Schulstandort. Sozialräumliche Gliederung der Städte mit Gesamtschulen in Nordrhein-Westfalen. Paderborn: Schoeningh.
Kuwan, H./Bilger, F./Gnahs, D./Seidel, S. (2006): Berichtssystem Weiterbildung IX. Integrierter Gesamtbericht zur Weiterbildungssituation in Deutschland. Berlin.
Landesinstitut für Schulentwicklung (Hrsg.) (2007): Bildungsberichterstattung 2007. Stuttgart: Landesinstitut für Schulentwicklung/Statistisches Landesamt Baden-Württemberg 2007.
Maier, U. (2007): Systematische Lehrereffekte bei Übergangsquoten auf weiterführende Schulen. Eine Analyse bildungsstatistischer Daten. In: Zeitschrift für Erziehungswissenschaft, 10. Jg., H. 2, S. 271–284.
Meulemann, H./Weishaupt, H. (1976): Determinanten des Bildungsgefälles in Großstädten. Eine exemplarische Analyse von Angebot und Nachfrage in vier Bildungsbereichen, mit besonderer Berücksichtigung der Weiterbildung. In: Deutscher Bildungsrat (Hrsg.): Zur Standortplanung von Bildungseinrichtungen. Gutachten und Studien der Bildungskommission. Bd. 58. Stuttgart: Klett, S. 57–130.
Meulemann, H./Weishaupt, H. (1981): Örtliche soziale Milieus als Kontext für Sozialisations- und Entwicklungsprozesse. Zur Strukturierung Frankfurts mit Hilfe sozialer Indikatoren. In: Walter, H. (Hrsg.): Region und Sozialisation. Bd. 2. Stuttgart: Enke, S. 69–94.
Meusburger, P. (1998): Bildungsgeographie. Wissen und Ausbildung in der räumlichen Dimension. Heidelberg.
Peisert, H. (1967): Soziale Lage und Bildungschancen in Deutschland. Studien zur Soziologie. Bd. 7. München: Piper.
Peisert, H./Framhein, G. (1997): Das Hochschulsystem in Deutschland. Bonn.
Peisert, H./Framhein, G./Kuthe, M. (1984): Veränderung des Standortnetzes des Hochschulsystems durch die Gründung neuer Universitäten. In: Akademie für Raumforschung und Landesplanung (Hrsg.): Regionale Hochschulplanung unter veränderten Verhältnissen. Forschungs- und Sitzungsberichte. Bd. 151. Hannover: Vincentz, S. 27–57.
Peukert, R./Prondczynsky, A. von (1983): Schule an ihrem Ort: Deren Schüler und Lehrer. Plädoyer für eine Analyse der inneren Schul-Ökologie. In: Weishaupt, H. (Hrsg.): Sozialraumanalyse und regionale Bildungsplanung. Baden-Baden: Nomos, S. 223–252.
Pfeiffer, W. (1990): Adressatenorientierte Programmplanung in der Erwachsenenbildung. Teilnehmeranalysen und Freizeituntersuchungen einer mittelstädtischen Volkshochschule. Münster.
Sachverständigenkommission Kosten und Finanzierung der beruflichen Bildung (1974): Kosten und Finanzierung der außerschulischen beruflichen Bildung. Abschlußbericht. Bielefeld.
Schmidt, C. (2007): Regionale Disparitäten in der kommunalen Schulfinanzierung in Nordrhein-Westfalen. In: Böhm-Kasper, O./Schuchart, C./Schulzeck, U. (Hrsg.): Kontexte von Bildung. Erweiterte Perspektiven in der Bildungsforschung, Münster: Waxmann, S. 109–129.
Schul- und Kultusreferat (2006): Erster Münchner Bildungsbericht (in der Systematik des Konsortiums Bildungsberichterstattung vom Juni 2006) – Bildung zu einer Angelegenheit vor Ort machen. URL: http://www.musin.de/download/pkc/bildungsbericht.pdf (15.06.2008)
Schulenberg, W./Dikau, H.-D./Strzelewicz, W./Weinberg, J./Wiebecke, F. (1975): Strukturplan für den Aufbau des öffentlichen Weiterbildungssystems in der Bundesrepublik Deutschland. Köln.
Sekretariat der KMK (2007): Allgemein bildende Schulen in Ganztagsform in den Ländern in der Bundesrepublik Deutschland – Statistik 2002 bis 2005, Bonn.
Shevky, E./Bell, W. (1974): Sozialraumanalyse. In: Atteslander, P./Hamm, B. (Hrsg.): Materialien zur Siedlungssoziologie. Köln: Kiepenheuer&Witsch, S. 125–139.

Sikorski, S. (2007): Diferenzierungsprozesse in städtischen Schullandschaften: Das Beispiel der Hauptschulen. In: Zeitschrift für Pädagogik, 53. Jg., H. 3, S. 284–297.
Staatsinstitut für Schulqualität und Bildungsforschung. Qualitätsagentur (Hrsg.) (2006): Bildungsberichterstattung 2006, München: Qualitätsagentur am ISB.
Stallmann, M. (1990): Soziale Herkunft und Oberschulübergang in einer Berliner Schülergeneration. Eine Logit-Analyse von Schülerbögen. In: Zeitschrift für Pädagogik, 36. Jg., H. 2, S. 241–258.
Statistische Ämter des Bundes und der Länder (2007): Kindertagesbetreuung regional 2006. Ein Vergleich aller 439 Kreise in Deutschland, Wiesbaden.
Statistisches Bundesamt (2004): Kindertagesbetreuung in Deutschland. Einrichtungen, Plätze, Personal und Kosten 1990 bis 2002, Wiesbaden.
Steinkamp, G. (1967): Die Rolle des Volksschullehrers im schulischen Selektionsprozeß. Ergebnisse einer empirisch-soziologischen Untersuchung. In: Ortlieb, H.-D./Molitor, B. (Hrsg.): Hamburger Jahrbuch für Wirtschafts- und Gesellschaftspolitik. Tübingen.
Voigt, E. (1996): Universität als Wirtschaftsfaktor am Beispiel der TU Ilmenau. Eine regionalökonomische Analyse. In: Raumforschung und Raumordnung, 54. Jg., H. 4, S. 283–289.
Wagner, M. (1989): Räumliche Mobilität im Lebensverlauf. Stuttgart.
Wagner, M. (1990): Regionale Herkunft und Lebensverlauf. In: Bertels, L./Herlyn, U. (Hrsg.): Lebenslauf und Raumerfahrung. Opladen: Leske+Budrich.
Weishaupt, H. (1983): Regionale sozio-ökonomische Struktur und Bildungsdisparitäten in Griechenland. In: Weishaupt, H. (Hrsg.): Sozialraumanalyse und regionale Bildungsplanung. Baden-Baden: Nomos, S. 131–171.
Weishaupt, H. (1989): Strukturen von Angebot und Nachfrage nach allgemeiner Weiterbildung am Beispiel von Frankfurt am Main. Frankfurt a.M: Deutsches Institut für Internationale Pädagogische Forschung.
Weishaupt, H. (2006): Veränderungen im elementaren und sekundären Bildungsbereich durch demographischen Wandel. In: Statistisches Bundesamt (Hrsg.): Demographischer Wandel – Auswirkungen auf das Bildungssystem. (Statistik und Wissenschaft, Band 6), Wiesbaden: , S. 26–44.
Weishaupt, H./Weiss, M./Recum, H. von/Haug, R. (1988): Perspektiven des Bildungswesens in der Bundesrepublik Deutschland. Baden-Baden: Nomos.
Weishaupt, H./Steinert, B. (1991): Regionale Disparitäten in Hessen: statistische Merkmale, Bezüge zur Weiterbildung. Gutachten für die Gutachtergruppe „Bestand und Perspektiven der Weiterbildung in Hessen" an der Gesamthochschule Kassel. Frankfurt a.M: Deutsches Institut für Internationale Pädagogische Forschung.
Weiss, W. (1995): Bevölkerungsentwicklung im ländlichen Raum Ostdeutschlands am Beispiel der Region Vorpommern – aktuelle Prozesse, Potentiale und Restriktionen für die Raumentwicklung. In: Gans, P./Kemper, F.-J. (Hrsg.): Mobilität und Migration in Deutschland. Beiträge zur Tagung des Arbeitskreises „Bevölkerungsgeographie" des Verbandes der Geographen an Deutschen Hochschulen am 15. und 16.9.1994 in Erfurt. Erfurter Geographische Studien, Heft 3. Erfurt, S. 115–133.
Zymek, B./Richter, J. (2007): International-vergleichende Analyse regionaler Schulentwicklung: Yorkshire und Westfalen. In: Zeitschrift für Pädagogik, 53. Jg., H. 3, S. 326–350.

Lynne Chisholm

Bildung in Europa

1 Einleitung

Die Überschrift dieses Kapitels ist auf den ersten Blick denkbar einfach zu entziffern: Eine Präposition verbindet zwei Nomina, die im Alltag und in der Fachsprache unablässig vorkommen. Der Gegenstand ist Bildung, hier in Bezug zu Europa. Einen Beitrag zu diesem Thema zu verfassen, ist jedoch alles andere als einfach: Die Deutung der Überschrift ist keineswegs selbstverständlich, vielmehr enthält sie mehrere Deutungsdimensionen.

Der Begriff Europa weist auf eine geografisch bestimmte Weltregion hin, aber selbst hier erweisen sich historisch und politisch bedingt ihre Grenzen nach Osten und Südosten als beweglich. Die Mitgliedschaft in europäischen Organisationen dient auch nicht als zuverlässiges Kriterium, wie allein der Vergleich zwischen den Mitgliedsstaaten der Europäischen Union (2008: 27) und des Europarats (2008: 47) lehrt. Europa stattdessen als Kulturraum zu betrachten, lenkt die Aufmerksamkeit auf seine Wurzeln in der griechischen Antike sowie im Christentum – und diese Perspektive ist tatsächlich grundlegend für das Verständnis von der Geschichte und der Gegenwart von Bildung in europäischen Gesellschaften. Nichtsdestoweniger handelt es sich in Europa um hoch ausdifferenzierte autochthone Kulturräume, die zwar vielfältige Verbindungen untereinander halten, die aber gleichzeitig distinktive Bildungskonzepte entwickelt haben und als Nationalstaaten der ersten Moderne unterschiedlich strukturierte Bildungssysteme schufen.

Es sind nicht zuletzt diese Bildungssysteme mitsamt ihren formellen und informellen Lehr- und Lerninhalten, welche unterschiedlich konturierte, nationalkulturell bezogene Identitäten und Deutungsschemata hervorbringen und aufrechterhalten. Bis dato lernen Europäer/innen eher, ihre gegenseitigen Unterschiede in den Vordergrund zu stellen, als ihre Gemeinsamkeiten zu erkennen oder sogar innovative, hybride Identitäten und Deutungsschemata quer durch Ethnien, Sprachen und Kulturen zu entwerfen. Weiters erfährt das heutige Europa vor dem Hintergrund der gestiegenen Migration aus anderen Weltregionen eine qualitativ neue kulturelle Vielfalt, welche die Frage eines zeitgemäßen Verständnisses von Europa als Kulturraum neu stellt: Wer und was gehört zu Europa, in welchem Ausmaß und in welcher Hinsicht?

Dieser Text ist in deutscher Sprache verfasst, in der es sich nur unter Einsatz des Begriffs Bildung auf die Bildung hinweisen lässt. Bei dem Begriff schwingt eine historisch kulturell gewichtige Deutungswelt unzertrennlich mit – jede Person, die im deutschsprachigen Raum sozialisiert und geschult bzw. gebildet wurde, kann den Begriff zumindest partiell und assoziativ entziffern, andere nicht ohne Erklärungshilfe und eine gewisse Gedankengymnastik. Kurz und prägnant zu übersetzen ist der Bildungsbegriff nicht, wenngleich es hierfür Wörter gibt, die eine Annäherung gestatten und in der Regel, ohne darüber nachzudenken, verwendet werden. Die deutschsprachige Phrase ‚Bildung in Europa' nimmt somit automatisch eine bestimmte Perspektive auf Zielsetzungen, Strukturen, Inhalte und Prozesse des Lehrens und Lernens ein, die zwar eine Binnendifferenzierung enthält – der Bildungsbegriff ist weder eindimensional noch unumstritten –, die jedoch insgesamt das, was anderswo in Europa gedacht, gestaltet und erfahren wird, zuerst von diesem Standpunkt aus mustert. Das gilt natürlich auch in der Umkehrung und kann nicht anders sein – das Verständnis anderer kultureller Deutungen und Praxen ist stets ein Wagnis, das sich im Endergebnis mit manchen Annäherungen zufrieden geben muss.

Dieser Beitrag widmet sich weder den Bildungsverständnissen, die in Europa anzutreffen sind, noch einer Strukturanalyse der diversen Bildungssysteme europäischer Nationalstaaten. Das Ziel besteht vielmehr in der Auslotung eines supranational angesiedelten Forschungsfelds, das sich gegenwärtig rasch herausbildet:

Wie und wieso wird europäische Bildungsforschung gefördert? Wie lässt sie sich in Verbindung mit supranationaler Bildungspolitik und ihren etwaigen Aktionsprogrammen setzen?

Wofür interessiert sich die europäische Bildungsforschung im Vergleich zu nationalen Forschungskulturen? Was trägt sie zum Wissensstand und zum Fachdiskurs bei?

2 Strukturierte Rahmenbedingungen

Bildung ist Gegenstand staatlichen und politischen Interesses; im öffentlichen Haushalt ist der Bildungsbereich bekanntlich ressourcenintensiv. Insofern überrascht es nicht, dass Bildungsforschung auf allen Ebenen vornehmlich von Ministerien und öffentlichen Einrichtungen in Auftrag gegeben wird, wenngleich bildungs- und erziehungswissenschaftliche Studien bei öffentlichen Forschungsförderungseinrichtungen sowie privaten Förderstiftungen selbstverständlich beantragt und bewilligt werden. Bildungsforschung befasst sich mit Bildungs- und Erziehungswirklichkeiten, auch in ihrem sozialen bzw. gesamtgesellschaftlichen Kontext, und ist daher in erster Linie als angewandte Forschung zu betrachten. Insofern entsteht Bildungsforschung im klassischen Spannungsfeld zwischen Wissenschaft, Politik und Praxis – eine Verortung, die bei der europäischen Bildungsforschung noch deutlicher sichtbar wird.

Als europäische Bildungsforschung gelten Studien und Analysen, die entweder Länder bzw. regional vergleichend angelegt sind oder sich Themen widmen, die eine supranationale bildungspolitische Bedeutung aufweisen und multilateral bzw. integrativ behandelt werden. In der Regel werden solche Vorhaben entweder von supranationalen Instanzen (vornehmlich: OECD, EU, UNESCO, Europarat[1]) in Auftrag gegeben oder von ihren eigenen Fachabteilungen, Spezialinstituten und Agenturen durchgeführt. UNESCO, zum Beispiel, unterhält weltweit sechs Institute und zwei Zentren, die sich unterschiedlichen Bildungssektoren und bildungsrelevanten Themenbereichen widmen, während die OECD-Bildungsdirektion nicht nur die Koordinierung der PISA-Studien beherbergt, sondern auch ein Zentrum für Bildungsforschung und Bildungsinnovation (CERI). Für UNESCO und OECD ist Europa zuerst eine Weltregion unter anderen, die allerdings eine Schlüsselbedeutung bei international vergleichenden Bildungsindikatoren sowie für die Analyse aktueller Trends und Zukunftsthemen gewinnt. Weiters hat in den letzten Jahren die Kooperation zwischen der OECD und der Europäischen Kommission bei Bildungs-

---

1 Dieser Abschnitt enthält keine Referenzen im Text. Eine vollständige Weblinks-Liste der Organisationen, Institute, Netzwerke und Fachzeitschriften befindet sich im Quellenverzeichnis im Anschluss an diesen Beitrag. Diese Links eröffnen den Zugang zum gesamten Feld der europäischen Bildungsforschung und -politik. Die darauf folgenden Abschnitte verwenden klassische Referenzen im Text nur, wenn diese über die aufgelisteten Weblinks nicht zu sichern sind.

fragen stark zugenommen, vor allem im Bereich der Bildungsstatistik mit der Entwicklung von bildungspolitischen Strukturindikatoren für die ‚Allgemeine und berufliche Bildung 2010'-Strategie (ET2010) im ‚Lissabonner Prozess' ab 2000.

Bekanntlich setzt die OECD Bildung vor allem in Bezug zu Wirtschaftswachstum und Beschäftigung – somit liegt das Hauptaugenmerk auf der optimalen Förderung von Humanressourcen. Die UNESCO legt ihren Schwerpunkt vor allem bei der Förderung der Bildungsteilnahme und -qualität in der Dritten und Vierten Welt, wobei die Förderung von Chancengleichheit, Nachhaltigkeit, Frieden und Menschenrechten im Mittelpunkt steht. Auch hier verstärkt sich seit 2004 die Kooperation mit der Europäischen Kommission, vor allem in der konkreten Bildungspraxis und im Rahmen der humanitären und Entwicklungshilfe. UNESCO unternimmt wenig Bildungsforschung an sich, vielmehr bringt sie thematische Metaanalysen und Expertennetzwerke zustande, wie der Europarat auch, der sich ähnlichen bildungspolitischen Zielsetzungen widmet. Transnationale Bildungsforschung, sowohl quantitativ als auch qualitativ, ist grundsätzlich kostenintensiv. Weder die UNESCO noch der Europarat sind in erster Linie Forschungsförderungseinrichtungen, noch verfügen sie über entsprechende Forschungsetats. Die OECD ist in der hauseigenen und von ihr koordinierten quantitativen Bildungsforschung hochaktiv, sie ist aber auch keine direkte Forschungsförderungsinstanz – ihre 30 Mitgliedsstaaten entscheiden, an welchen Studien sie teilnehmen, und stellen jeweils aus ihren nationalen Etats die Ressourcen bereit.

Die vergleichende Aufbereitung und Sekundäranalyse von Daten und Information aus nationalen Quellen sowie Bestandsaufnahmen und Evaluierungen durch multinationale Expertengruppen bilden den eigentlichen Grundstock der internationalen Bildungsforschung. Groß angelegte internationale Untersuchungen wie PISA (*Programme for International Student Assessment,* ab 2000) oder PIACC (*Programme for the International Assessment of Adult Competencies,* ab 2011) sind naturgemäß selten und es gibt bisher keine ähnlichen Initiativen auf rein europäischer Ebene – Europäische Jugendberichte oder europaweite Erhebungen zum Thema Erwachsenenbildung sind noch im Sondierungsstadium. Zugleich beteiligt sich die Europäische Kommission zunehmend an internationalen Studien, die im Gegenzug spezifische europäische Module einbauen, wie zum Beispiel aktuell in der IEA-ICCS (*International Civic and Citizenship Education Study* 2009). Das Statistische Amt der Europäischen Kommission, Eurostat, fasst sowieso für die Bildungsstatistik lediglich ein Grundsatzprogramm zusammen; in anderen Themenbereichen ist die Eurostat-Statistik wesentlich umfangreicher, nicht zuletzt aufgrund der Tatsache, dass die Bildungspolitik weiterhin in der Kompetenz der EU-Mitgliedsstaaten liegt und Eurostat-Daten auf einer zwischenstaatlichen Kooperation im Europäischen Statistischen System (ESS) zustande kommen. Inzwischen aber wächst die Zusammenarbeit bei der Aufbereitung der vergleichenden Bildungsstatistik zwischen Eurostat und UNESCO-UIS (Institut für Statistik) sowie der Statistikabteilung der OECD.

Nichtsdestoweniger gilt die Europäische Kommission als Hauptförderinstanz für die heutige europäische Bildungsforschung, ob durch die Forschungsförderungsprogramme der Europäischen Gemeinschaft (ab 2007 mit FP7 in der 7. Programmgeneration) oder die diversen Aktionsprogramme in den Bereichen allgemeine und berufliche Bildung (ab 2007 im Lebenslanges Lernen Programm (LLP) konsolidiert) sowie im Jugendbereich (ab 2007 mit dem Programm Jugend in Aktion). Die Forschungsförderungsprogramme schreiben großflächige Themenkataloge aus, die aktuellen politischen und Fachdiskursen abgeleitet sind; beantragte multilaterale Projektvorhaben müssen zwar politikrelevant sein, sie müssen aber nicht auf eine praktische oder direkte Anwendung hin arbeiten. In der Praxis stehen bildungs- und erziehungswissenschaftliche Fragestellungen relativ selten im Vordergrund, häufiger sind sie bei breiteren sozial- und wirtschaftswissenschaftlichen Themen integriert und subsumiert.

Die Bildungs- und Jugendaktionsprogramme dienen ihrerseits nicht zuvorderst der Forschungsförderung, sondern dem Austausch und der Innovation in der Bildungspraxis. Hier hat sich die europäische Bildungsforschung als wissenschaftliche Begleitung, Aktionsforschung sowie Evaluations- und Wirkungsforschung längst etabliert. Mit dem neuen LLP entsteht nun die Möglichkeit, mittels Querschnittskapiteln (*transversal measures*) gezielt und im Lichte bildungspolitischer Prioritäten in die europäische Bildungsforschung verstärkt zu investieren. Die Umsetzung der Lissabonner Beschlüsse im Bildungsbereich erforderte mehr Zusammenarbeit auf EU-Ebene zwischen den Mitgliedsstaaten, ohne ihre bildungspolitische Kompetenz anzutasten. Die offene Koordinationsmethode leistete den Durchbruch: Im Europäischen Rat einigen sich die fachministeriellen Vertreter/innen der EU-Mitgliedsstaaten auf bildungspolitische Zielsetzungen und Prioritäten; die Europäische Kommission wird beauftragt, entsprechende Maßnahmen zu ergreifen und in der Folge Bericht zu erstatten. Eine Dynamik wurde entfesselt, in deren Verlauf nicht nur vergleichende Strukturindikatoren und Benchmarks sowie regelmäßige Fortschrittsberichte entstanden sind, sondern auch eine zunehmende Anzahl an Studien in Auftrag gegeben wurden – jetzt gibt es mit dem LLP zum ersten Mal zweckgebundene Mittelzuweisungen für europäische Bildungsforschung. Die letzten fünf Jahre sahen eine allgemeine Verankerung des Prinzips der forschungsgeleiteten bzw. wissensbasierten Politikgestaltung (*evidence-based policymaking*) auf europäischer Ebene, die mit den Folgemaßnahmen zum EU-Weißbuch Jugend ab 2001 ebenso Fuß fasste. Das Partnerschaftsprogramm zwischen der Europäischen Kommission und des Europarats im Jugendbereich sieht politikrelevante Jugendforschung explizit vor, wobei die nichtformale und informelle Jugendbildung zu den Prioritätsthemen gehört.

Der Europäischen Kommission zu- bzw. nachgeordnet sind eine Reihe von Instituten, Agenturen und Zentren, die direkt und indirekt den Aufbau der europäischen Bildungsforschung fördern:

- Seit 1980 dient EURYDICE als Informationsnetzwerk über die allgemeinen Bildungssysteme der EU-Mitgliedsstaaten, vor allem für bildungspolitische Entscheidungsträger/innen; erarbeitet werden thematisch bezogene Länderanalysen und vergleichende Statistikberichte; eine umfangreiche Datenbank und ein mehrsprachiger Thesaurus der Bildungsbegriffe stehen zur Verfügung.
- CEDEFOP, das Europäische Zentrum zur Förderung der Beruflichen Bildung, wurde schon 1975 gegründet – die Zuständigkeit für die berufliche Bildung auf europäischer Ebene ist eindeutiger geregelt, da mit Arbeitsmarkt und Beschäftigung enger verflochten. Es dient ebenso als Austausch- und Informationsschnittstelle, nimmt eigene Metaanalysen vor und gibt auch Studien in Auftrag.
- Die *European Training Foundation* (ETF) beschäftigt sich seit 1994 mit der Förderung von Humanressourcen durch die Entwicklung von Berufsbildungssystemen in den EU-Nachbarländern – die sich im Zuge der EU-Erweiterung geändert haben und heute mit Schwerpunkt im südlichen Mittelmeerraum sowie im Kaukasus zu verorten sind; Projekte verstehen sich in erster Linie als Dienstleistungen für die Nachbarländer.
- CRELL (*Centre for Research on Lifelong Learning*) arbeitet seit 2005 im Bereich der interdisziplinären Bildungsindikatorenentwicklung, insbesondere bezüglich Partizipation und

aktiver Bürgerschaft sowie der Metakompetenz ‚Lernen lernen'. Das Zentrum führt die technische Entwicklungsarbeit selbst durch, lässt sich aber durch Expertengruppen inhaltlich beraten.

Darüber hinaus unterstützen themenspezifische Netzwerke bei der Beratung und Ausgestaltung der Bildungspolitik auf europäischer Ebene:

- EENEE (*European Network on the Economics of Education*) liefert seit 2004 analytische Berichte (bisher: Effizienz und Gleichheit; die Kosten von Schulversagen; Herausforderungen der Zukunft), stellt Fachliteratur zum Thema Bildungsökonomie zur Verfügung und bemüht sich um die Expertenvernetzung.
- NESSE (*Network of Experts in Social Sciences of Education and Training*) spielt seit 2007 eine analoge Rolle für die sozialwissenschaftlich orientierte Bildungs- und Erziehungswissenschaft – analytische Berichte (bisher: Schulbildung und Migration), Fachliteratur und Expertenvernetzung stehen im Mittelpunkt.
- VET&HRD Research Forum stellt Information, Literatur und Studien auf dem Gebiet der Berufsbildung in den EU-Mitgliedsstaaten zur Verfügung, die ab 2006 im Rahmen des Cedefop-ReferNet-Projekts entstanden sind; wiederum unterstützt Cedefop eine Reihe von Berufsbildungsforschungsnetzwerken wie Cedra (*Cedefop Research Arena*), SkillsNet (*Early Identification of Skills Needs Network*) und ERO (*European Research Overview*).

Europäische Bildungsforschung als Diskursraum wird selbstverständlich auch mittels Fachverbänden und Fachzeitschriften gefördert, darunter befinden sich in erster Linie:

- Das EIESP (*European Institute of Education and Social Policy*) widmet sich seit über 30 Jahren der Analyse von Bildungspolitiken in Europa und fördert den Dialog zwischen Wissenschaft, Politik und Praxis; inhaltliche Schwerpunkte liegen vor allem in den Hochschul- und Berufsbildungssektoren. Das 2006 gegründete EEPN (*European Education Policy Network*) bietet Diskussionsforen auf hohem Niveau zwischen Wissenschaft und Politik sowie Informationsressourcen für die Analyse von Bildungspolitik auf europäischer Ebene.
- Seit 1994 veranstaltet EERA (*European Educational Research Association*) Jahrestagungen und betreut inzwischen 27 thematische Netzwerke; eine Fachzeitschrift (EERJ – *European Educational Research Journal*) erscheint seit 2002. Der Fachverband EARLI (*European Association for Research in Learning and Instruction*) ermöglicht den Austausch zwischen 21 thematischen Netzwerken auf dem interdisziplinären Feld der Lehr- und Lernforschung; seit mehr als 20 Jahren werden Jahrestagungen veranstaltet und der Verband gibt zwei Fachzeitschriften heraus (*Learning and Instruction; Educational Research Review*).
- Die EAEA (*European Association for the Education of Adults*) wurde ursprünglich als Verein zur Förderung der humanistisch orientierten allgemeinen Erwachsenenbildung 1953 gegründet und ist heute ein europäischer Dachverband, der unter anderem eigene Berichte erstellt und Auftragsstudien durchführt. Ebenso als europäischer Dachverband fördert seit 1993 ACA (*Academic Cooperation Association*) die Zusammenarbeit zwischen nationalen Organisationen, die die europäische und internationale Hochschulkooperation unterstützen; zusätzlich zu regelmäßigen Seminaren und Symposien ist diese Einrichtung selbst in der Hochschulforschung aktiv, vor allem zum Thema Internationalisierung der Hochschulbildung.

- Das *European Journal of Education* (Herausgeber: EIESP) wie auch das *European Journal of Vocational Training* (Herausgeber: Cedefop) sowie die Fachzeitschrift *European Education* (die mit dem Europarat verbunden ist) blicken jeweils auf eine über 40-jährige Geschichte zurück und stellen das Gespräch zwischen Forschung, Politik und Praxis in den Mittelpunkt, wie auch seit 1993 das *European Early Childhood Education Research Journal*, das vom gleichnamigen Fachverband herausgegeben wird. Die *Association for Teacher Education in Europe* (ATEE) gibt ebenfalls seit 1978 eine Fachzeitschrift (*European Journal of Teacher Education*) heraus, während *Higher Education in Europe* (Herausgeber: UNESCO-CEPES) seit 1976 erscheint.

Die ‚Gründerzeit' für Institute, Fachverbände, Zeitschriften und Netzwerke, die für ‚Bildung in Europa' besonders relevant sind, fand augenscheinlich in den 1970er Jahren statt. 1973 sah die erste Erweiterung der damaligen EWG (Europäische Wirtschaftsgemeinschaft) von sechs auf neun Mitgliedsstaaten; 1974 beschlossen die neuen Staats- und Regierungschefs, den Europäischen Rat regelmäßig einzuberufen, Direktwahlen zum Europäischen Parlament einzuführen sowie strukturpolitische Maßnahmen in der Regional- und Sozialpolitik zu entwickeln. In dieser Zeit erschienen dann die ersten Gemeinschaftsberichte zu Bildungsthemen, in erster Linie mit Bezug auf den Zugang zur Schulbildung für die Kinder von Arbeitsmigranten, vor allem Roma und Sinti; Erstübergänge zwischen Schule und Arbeit, insbesondere für niedrig qualifizierte Jugendliche; und die Problematik der gegenseitigen Transparenz und Anerkennung von Abschlüssen und Qualifikationen unter den Mitgliedsstaaten. Aktionsmaßnahmen beschränkten sich jedoch auf punktuelle und vornehmlich praxisbezogene Initiativen, die in der Beschäftigungs- und Sozialpolitik ihre Legitimation fanden.

Die ersten Aktionsprogramme im Bildungsbereich wurden erst in der zweiten Hälfte der 1980er eingeführt. *Erasmus* – inzwischen in weit ausgedehnter Form allseits bekannt – bot Zuschüsse für Studierende und Lehrende, die an einer Hochschule in einem anderen Mitgliedsstaat einen Kurzaufenthalt bzw. ein Studiensemester verbrachten. Heute ist dieses Programm ein Kapitel des LLP, zusammen mit den erst in den 1990er Jahren entwickelten Aktionslinien in der Schulbildung (*Comenius*) und Erwachsenenbildung (*Grundtvig*). Für den Berufsbildungsbereich förderten damals *Petra* Aktionsprojekte in der Erstausbildung und *Comett* die Kooperation zwischen Hochschulen und Industriebetrieben; diese und verwandte Initiativen wurden zum heutigen Leonardo da Vinci-Kapitel des LLP. 1988 sah zudem den Auftakt zum Programm Jugend für Europa, das außerschulische Austauschprojekte unterstützte, damit Europas Jugendliche sich gegenseitig kennenlernen und besser verstehen; ab 2007 geht ein weit ausgebautes *Jugend in Aktion* in die vierte Programmgeneration.

Diese Gemeinschaftsprogramme dienten als Grundbaustein für den Ausbau der bildungswissenschaftlichen Kooperation in Europa im Verlauf der 1990er Jahre, zumal sozialwissenschaftliche Themen überhaupt erst ab 1994 mit der vierten Generation der Forschungsförderungsrahmenprogramme aufgenommen wurden (FP4: TSER – *Targeted Socio-Economic Research*). Das Inkrafttreten des Europäischen Binnenmarkts ab 1993 zusammen mit der Öffnung der ehemaligen staatssozialistischen Länder Zentral- und Osteuropas ab 1989 setzten eine erneute europäische Entwicklungsdynamik frei. Die Gründung einer weiteren Reihe von relevanten Fachverbänden und Netzwerken Mitte der 1990er zeichnet diese Dynamik nach. Ihre Koordinationsstellen und Mitglieder wurden zunehmend in die beratenden Expertengruppen der Europäischen Kommission miteinbezogen, welche die rasch wachsenden Aktionsprogramme im Bildungs- und Jugendbereich umzusetzen und zu begleiten hatte. Hier konnte europäische Bildungsforschung in Form von Evaluations- und Wirkungsforschung Fuß fassen, zum Beispiel mit einer Reihe von Berichten zu den Auswirkungen der Teilnahme an Erasmus, aber auch, um den zunehmenden Programmevaluierungsauflagen nachzukommen. Gleichzeitig verschaffte die Einbindung von Fachexpertise in die Umsetzung bildungspolitischer Maßnahmen (damals noch nicht so sehr in ihre Gestaltung) eine konkrete Grundlage für eine Erneuerung von *policy research* – also die kritische Analyse von europäischer Bildungspolitik, die es formell nicht gab, die sich aber im Verlauf der 1990er faktisch herausbildete.

Eine dritte Gründungswelle von Fachnetzwerken, die in etwa ab 2003 zu verzeichnen ist, lässt sich mit dem Lissabonner Prozess in Verbindung bringen, welcher die Bildungspolitik ins Zentrum der Aufmerksamkeit rückte. Die Beschlüsse des Europäischen Rats vom März 2000 in Lissabon stellten fest, dass Europa sich sowohl auf den Übergang in eine wissensbasierte Wirtschaft bzw. eine Wissensgesellschaft als auch auf ökonomische und kulturelle Globalisierung dezidierter einzustellen habe, damit diese Weltregion sowohl ihren Wohlstand beibehält als auch den sozialen Zusammenhalt festigt. Europäische Bildungssysteme bedürfen daher einer Grundsanierung, die so gut wie alles erfasst, das mit Lehren und Lernen zusammenhängt. Die Folgeinitiative ET2010 stiftete eine Vielfalt von thematisch ausdifferenzierten Beratungen und Berichterstattungen, die ihrerseits den Bedarf nach fachlich begründeter Information and Analyse ankurbeln. Die neuen Netzwerke EENEE, NESSE und EEPN sowie die verschiedenen Cedefop-Netzwerke sind in diesem Kontext entstanden und sind zum guten Teil mit EU-Mitteln ausgestattet. Bezeichnend ist eine ähnliche Entwicklung im Jugendbereich mit EKCYP (*European Knowledge Centre on Youth Policy*), das für die Themen Kompetenzanerkennung und Qualität in nichtformalen/informellen Lehr- und Lernprozessen sowie Bildung und Benachteiligung erhebliche Bildungsforschungsrelevanz aufweist. Bemerkenswert ist jedoch, dass die neuen Netzwerke weitaus eher virtuell konzipiert sind (JRC-CRELL bildet die Ausnahme) und daher über das Potenzial verfügen, europäische Bildungsforschung mit nationalen und regionalen *scientific communities* direkter zu vernetzen und zu verzahnen – solange diese sich auf das (internationale) Englische als *lingua franca* einlassen, was inzwischen grundsätzlich auch für das Antragsverfahren unter dem aktuellen Forschungsförderungsrahmenprogramm FP7 gilt.

3 Multilaterale europäische Bildungsforschungsprojekte

Das erste Forschungsförderungsrahmenprogramm der Europäischen Gemeinschaften wurde 1984 eingeleitet, aber erst ein Jahrzehnt später konnten transnationale Bildungsforschungsvorhaben prinzipiell gefördert werden. Bis dahin waren die Fördermittel ausschließlich Naturwissenschaft und Technologie gewidmet. Der EU-Gesamtforschungsetat schließt auch die Ausgaben für *Euratom* und das *Joint Research Centre* (JRC) mit ein und ist somit umfangreicher als die Forschungsförderungsbudgets, die mittels FP-Antragsverfahren vergeben werden. Immerhin stehen im neuen FP7 (2007-2013) 50,5mç zur Verfügung, im Vergleich zu 17,5mç im FP6 (2002-2006). Bildungsforscher/innen wie auch andere Fachspezialist/innen können unter den Kapiteln *Ideas* (Einzelanträge ohne thematisch vorstrukturierte Ausschreibungen) und *People* (Stipendien und Forschungsaufenthalte) sowie *Capacities* (Infrastrukturmaßnahmen) Förderungen erhalten, aber die Hauptaktionslinie *Cooperation* (multilaterale Projekte) verfügt mit 32,413m € über den Löwenanteil des FP7-Budgets. Hier sind zehn thematische Forschungsfelder zu bedienen, darunter Geistes-, Sozial- und Wirtschaftswissenschaften – das Feld, das auch die Bildungsforschung mit einschließt. Diesem Feld wird ein Gesamtetat von 623m €, oder ganze 1,9% des *Cooperation*-Budgets, gewidmet. Darüber hinaus finden im 61-seitigen Arbeitsprogramm 2008[2] die Begriffe Bildung bzw. lebenslanges Lernen oder auch Aus- und Weiterbildung mit lediglich 18 Nennungen Erwähnung und sie sind nirgends in einer thematischen Über- oder Unterschrift zu verorten – sie kommen stets als ein Aspekt unter vielen anderen bei der Beschreibung eines größeren geistes-, sozial- oder wirtschaftwissenschaftlichen Themas vor. Unter solchen Vorzeichen ist es kaum zu erwarten, dass das FP7-Programm der europäischen Bildungsforschung einen kräftigen Entwicklungsschub verleihen wird. Diese Randständigkeit von Bildungsthemen zieht sich durch die gesamten bisherigen Programmgenerationen, sie ist jedoch vor dem Hintergrund der europapolitischen Schlüsselbedeutung der Bildung bemerkenswerter als jemals zuvor.

An dieser Stelle wäre mit Brown (2004) zu fragen, inwieweit bei der Überwindung des fachlich zersplitterten und national abgekapselten Charakters der Bildungsforschung in Europa die Steuerung durch groß angelegte Rahmenprogramme einen Fortschritt erzielen kann, sofern solche Programme Bildungsthemen ausschließlich im Rahmen breit formulierter gesellschaftspolitischer und wirtschaftsbezogener Fragestellungen zum Tragen kommen. Das Dilemma ist jedoch, dass Bildungsforschung eine hartnäckige Insularität aufweist: einerseits bleibt sie in ihren jeweiligen nationalen Kontexten gefangen, anderseits fehlt ihr häufig die gesamtgesellschaftliche Kontextualisierung (vgl. Whitty 2002). Nach Agalianos (2006) sind allerdings seit Mitte der 1990er (ab der vierten Programmgeneration) die Grundsteine für eine anschlussfähige europäische Bildungsforschung gelegt worden. Allgemeine und berufliche Bildung bzw. Aus- und Weiterbildung gehörte zu den drei Hauptthemen des FP4-TSER und fast ein Viertel der geförderten multilateralen Projekte unter dieser Aktionslinie konnte als Bildungsforschung eingestuft werden. Bildungsthemen waren unter dem Folgeprogramm FP5 weniger eindeutig profiliert und der Akzent lag vornehmlich in der Schulforschung mit besonderem Blick auf benachteiligte Gruppen und die Herausforderungen der Zukunft, mit ersten Bezügen zum lebenslangen Lernen; im Ergebnis konnten 10% der geförderten multilateralen Projekte der Bildungsforschung zugeordnet werden. Die Absicht, die Bildungsforschung näher und auf integrierte Weise an die Sozialforschung an zu koppeln, ist in den geförderten FP5-Projekten selbst gelungen aber insgesamt konnten sich Bildungsthemen offenbar nicht ausreichend im Antragsverfahren durchsetzen, d.h. in erster Linie sicherlich nicht bei der Projektformulierung und fachlichen Zusammensetzung der Konsortien. Gleichzeitig berichten Geistes- und Sozialwissenschaftler/innen, die an FP-Projekten teilnahmen, dass die multinationalen und multidisziplinären Forschungsteams eine Befreiung von den Machthierarchien und thematischen Einschränkungen ihrer nationalen *scientific communities* bewirkten, was wissenschaftliche Innovationsprozesse zur Folge hatte (vgl. Benavot/Erbes-Seguin/Gross 2005).

Infolge der Lissabonner Beschlüsse gewannen Bildungsfragen unter FP6 (2002-2006) innerhalb der relevanten Aktionslinie *Citizens and governance in a knowledge-based society* (in etwa: Bürger/innen und Regierungsführung in einer wissensbasierten Gesellschaft) wieder prinzipiell an Profil. Aber im Ergebnis stellt sich heraus, dass höchstens 14 multilaterale Projekte oder knapp 10% der Gesamtzahl der geförderten Projekte als Bildungsforschung bezeichnet werden können (vgl. Europäische Kommission 2007).[3] Auf unterschiedliche Weise wird in

---

2 Europäische Kommission, Dokument C (2007) 5765, 29. November 2007.
3 Projektakronyme: EUEREK; KNOWandPOL; PICO; PROFKNOW; BIOHEAD-CITIZEN; FAMILIA; INCLUDED; INTERACT: LLL2010; REFLEX; CORASON; TRANSLEARN; CIVICWEB; REDCo; SINCERE; Tripl-

allen Projekten Bildung in Verbindung mit dem Übergang in eine Wissensgesellschaft (unternehmerisches Handeln an Universitäten; Innovation und Wissensverbreitung; Experten- und Alltagswissen; Flexibilität bei Hochschulwissenschaftler/innen; lokales und transnationales Lernen; transnationaler Netzwerkaufbau), mit sozialer Inklusion (Zugang zum lebenslangen Lernen; informelles Lernen im Internet; Bildung und Beschäftigung) und mit aktiver demokratischer Bürgerschaft (Umweltbildung; Friedenserziehung und Religionsunterricht; interkulturelles Lernen) gesetzt.

Im Wesentlichen stehen zurzeit (Mitte 2008) Forschungsergebnisse aus FP4- und FP5-Projekten zur Verfügung, d.h. Vorhaben, die frühestens 1999 und spätestens 2006 abgeschlossen wurden. Zusammengefasst (vgl. Europäische Kommission 2003) weisen diese Studien auf Folgendes hin: auf die Notwendigkeit vielfältiger struktureller Hochschulmodernisierungsmaßnahmen aber gleichzeitig auf die bremsende Auswirkung unzureichender Hochschulfinanzierung; auf die zunehmende Marginalisierung niedrig qualifizierter Jugendlicher im Übergang zwischen Schule und Arbeit sowie die kumulativen, lebenslangen Auswirkungen solcher Erfahrungen; auf die Konsequenzen der ‚quasi-Marketisierung' im gesamten Bildungsbereich für Bildungschancenungleichheiten und soziale Ausgrenzungsmechanismen; auf die Bedeutung einer umfassenden sozialen und organisationskulturellen Kontextualisierung in Bezug auf den pädagogischen Einsatz von neuen Informationstechnologien; und nicht zuletzt auf die Komplexität der heutigen Produktion und Reproduktion von sozialen Ungleichheiten durch formale Bildungs- und Qualifikationssysteme sowie in Lehr- und Lernprozessen entlang des gesamten Kontinuums zwischen formalem und informellem Lernen.

Eine analytische Bestandsaufnahme (vgl. Power 2007) der 28 FP-Bildungsforschungsprojekte, die in diesem Zeitraum durchgeführt wurden, identifiziert fünf Themenbereiche, die politikrelevante Ergebnisse hervorbrachten:

Bildungssysteme: bezogen auf den Bildungserfolg bringt die Vorschulbildung eine langfristige soziale ‚Rendite'; eine Auffächerung der Bildungs- und Qualifikationswege ist am Sinnvollsten in der sekundären Oberstufe zu verankern; die Schulautonomie fördert die Schuleffektivität, aber externe Rechenschaftspflichten bedürfen ausdifferenzierter Kriterien; die Dezentralisierung der Verantwortung im Bildungsbereich bedarf intensivierter Fortbildungsangebote; Erwartungen an Bildungsinstitutionen und ihr Personal müssen realistisch bleiben; vergleichende Analysen sind ertragreich und sollten verstärkt gefördert werden.

Innovation: die Innovationsfähigkeit von Bildungsinstitutionen ist sozial und kulturell unterschiedlich zu verstehen und zu nutzen; der Einsatz von neuen Technologien in Lehr- und Lernprozessen ist zeit- und kostenintensiv; Schulleistungsbewertungssysteme (*testing regimes*) können pädagogische Innovationsprozesse empfindlich bremsen; in die Entwicklung von interkulturellem Lernen muss nachhaltig investiert werden.

Chancenungleichheiten: nur multidimensionale Strategien versprechen Erfolg; Kinder, die in den schwierigsten Verhältnissen aufwachsen, brauchen ein verbrieftes Recht auf Grundbildung bis zum erfolgreichen Abschluss; spezifische Lebensverhältnisse brauchen gezielte Bildungsangebote und pädagogische Maßnahmen mit entsprechend qualifiziertem Personal; lebensumfassende Lernangebote mit niedrigschwelligem, offenen Zugang durch das gesamte Leben sind

---

E DOSE. Synopsen dieser Projekte sind in Europäische Kommission (2007) enthalten. Projektbeschreibungen und ggf. Projektberichte sowie Projektwebseiten sind in der CORDIS-Datenbank zu finden (http://cordis.europa.eu/guidance/about-projects_en.html, Zugang 25.05.2008). Endberichte sowie verwandte Publikationen sind unter http://cordis.europa.eu/citizens/publications.htm verfügbar (25.05.2008). Die Laufzeit FP6-Projekte erstreckt sich bis 2010; viele Projektendberichte sind erst ab diesem Zeitpunkt zu erwarten.

von grundlegender Bedeutung, insbesondere für benachteiligte Gruppen; mehr Ressourcen und Anerkennung für zivilgesellschaftlich organisierte, nichtformale und informelle Bildungsangebote kann aktive Bürgerschaft auf breiter Basis fördern.

Bildung und Beschäftigung: alternative und flexible Wege zur Qualifikation und Kompetenzaneignung sind notwendig, um kontinuierliche Chancen im Lebensverlauf zu ermöglichen sowie Motivation und Partizipation zu fördern; auch hierzu sollten Bildungsangebote im Dritten Sektor verstärkt unterstützt werden; effektive Begleitung und Unterstützung der Übergänge zwischen Bildung, Ausbildung und Beruf bedürfen hochkompetenten und vielseitig qualifizierten Personals.

Europäische Integration: politische und kulturelle Barrieren sind noch abzubauen – es fehlt bisher an wirksamen strukturellen und pädagogischen Strategien, inklusive im Bereich der Fortbildung des Lehrpersonals auf allen Ebenen; die Bewohner/innen Europas, die aus Drittstaaten stammen, brauchen mehr soziale Sicherheit und geeignete, inklusionsorientierte Bildungsangebote; eine effektive Förderung von mehr grenzüberschreitender Mobilität unter Hochschulstudierenden hängt von verbesserten Anerkennungs- und Qualitätssicherungsverfahren sowie vermehrten Möglichkeiten ab, auch weniger verbreitete Fremdsprachen zu lernen.

4 Europäische Bildungsforschung als wissenschaftliche Begleitung und Politikanalyse

Mit einem Zehntel der geförderten multilateralen Forschungsprojekte in Aktionslinien, denen insgesamt unter FP6 1,4% (FP7: Steigerung auf 1,9%) des Gesamtbudgets zugewiesen wurden, ist eine europäische Bildungsforschung nicht entscheidend voranzubringen. Im gleichen zehnjährigen Zeitraum ist jedoch eine rasante Steigerung bei der angewandten Bildungsforschung im Rahmen der EU-Aktionsprogramme Sokrates und Leonardo da Vinci, ab 2007 im LLP vereint, zu verzeichnen. Diese Entwicklung nahm mit dem EU-Weißbuch *Lehren und Lernen: Auf dem Weg in die kognitive Gesellschaft,* das am Anfang des Europäischen Jahrs des Lebenslangen Lernens 1996 veröffentlicht wurde, ihren Anlauf und gewann mit den Lissabonner Beschlüssen deutlich an Dynamik. In der zweiten Hälfte der 1990er wurden vereinzelt Studien in Auftrag gegeben, die sich Bildung und aktive Bürgerschaft (vgl. Europäische Kommission 1998), Entwicklungstrends bei den Bildungssystemen Europas (vgl. Green/Leney/Wolf 1999) und vor allem – als Auftakt zu einer inzwischen kontinuierlichen Studienthematik – der Mobilität von Hochschulstudierenden (vgl. Teichler 1996; Teichler/Maiworm 1997) widmeten.

Mit der Umsetzung der ET2010-Initiative, die 2001 mit zwölf Themenschwerpunkten sowie gesonderten Aktionsbereichen für lebenslanges Lernen, für die Kopenhagener Beschlüsse zur beruflichen Aus- und Weiterbildung und für den Bologna-Prozess startete[4], setzte eine neue Phase der Annäherung zwischen Forschung und Politik im Bildungsbereich ein. Zum einen entstand ein regelmäßiges statistisches Monitoring, welches über die vom Europäischen Rat vereinbarten Bildungsindikatoren und, als zentrale Orientierungsmarker, fünf Benchmarks ver-

---

4 Die gesamte und sehr umfangreiche Dokumentation zu ET2010 ab 2001 ist unter http://ec.europa.eu/education/policies/2010/comp_en.html (25.05.2008) zu finden. ET2010 zielt auf die Verbesserung der Bildungsqualität und -effektivität in Europa, die Sicherung des Zugangs zur Bildung für alle Bürger/innen in allen Lebensphasen und die reziproke Öffnung von Europas Bildungs- und Ausbildungssysteme für die ganze Welt.

gleichend berichtete.[5] Die Aufbereitung und Analyse der Bildungsstatistik, die von der Generaldirektion Bildung und Kultur in Zusammenarbeit mit Eurostat (und in der Folge mit OECD und UNESCO-UIS) koordiniert wurde, gehört prinzipiell zum Feld der Bildungsforschung. Zum anderen erscheint ab 2004 eine Reihe von Projektberichten, die sich bis dato folgenden Themen widmen:[6] Hochschulfinanzierung, Hochschulautonomie und Studienplanreformen an Hochschulen; Bildungsinvestition und -rendite sowie die Finanzierung von lebenslangem Lernen und die Bildungsausgaben privater Haushalte; berufliche Aus- und Weiterbildung; arbeitsplatzbezogenes Lernen sowie lokale Lerninfrastrukturen; Arbeitsmobilität und Schulbildung; Mobilität unter Lehrer/innen und Ausbildner/innen; Schulversagen, Schulabbrecher/innen sowie Zugang zu Bildung; Grundbildung und Basiskompetenzen sowie Kompetenzbewertungsverfahren (*skills assessment*), auch für Erwachsene; Fremdsprachenlernen und Mehrsprachigkeit, auch in Bezug auf interkulturelles Lernen; IT in Schulen; Lehren und Lernen in der Mathematik und den Naturwissenschaften; Bildung durch Kunst- und Kulturvermittlung; Anbieterstrukturen sowie aktuelle Herausforderungen in der Erwachsenbildung; Indikatoren für soziale Inklusion und Bildungseffizienz; politische Bildung in der Schule sowie die Entwicklung von Indikatoren für aktive Bürgerschaft. Hinzu kommen direkt anwendungsbezogene Machbarkeits- und Evaluationsstudien, wie die Auswirkung von Mobilitätsmaßnahmen in der beruflichen Aus- und Weiterbildung (Leonardo da Vinci), die Entwicklung eines ECVET-Systems für die berufliche Erstausbildung (analog dem ECTS-Punktesystem im Hochschulbereich), der Impact von Comenius-Schulpartnerschaften auf die teilnehmenden Schulen und die Förderung der Kooperation zwischen Bildungs- und Arbeitswelten im Tempus-Programm (für die EU-Nachbarländer).

Die strategischen Zielsetzungen des neuen LLP ab 2007 sehen vergleichende Bildungsforschung explizit vor und setzen sie in verstärkten Bezug zur Politik und Praxis. Mit der Beauftragung der Netzwerke EENEE und NESSE (s.o.) setzt sich diese Entwicklung in der Form von Rahmenverträgen mit Fachspezialist/innen fort, die sowohl thematische Bestandsaufnahmen und Fachexpertisen liefern als auch öffentliche Konferenzen und gesonderte Fortbildungsseminare für das Personal der Generaldirektion Bildung und Kultur veranstalten. Auf diesem Weg wird Forschungswissen näher an die Politikgestaltung herangezogen, damit diese fachlich informierter zustande kommt. Umgekehrt werden genauso in der europäischen Bildungspolitikgestaltung gezielt und vermehrt FachexpertInnen verpflichtet, um im Vorfeld der Verfassung von Mitteilungen, Arbeitspapieren und Konsultationsberichten Analysen und Bausteine zu liefern. Für beide Seiten ist die Annäherung eine Gratwanderung zwischen Diskurswelten, die sich höchst partiell verstehen (vgl. Nóvoa/Lawn 2002).

Darüber hinaus erstellen EU-Agenturen im Bildungsbereich ebenfalls eigene Berichte und geben Studien in Auftrag. Eurydice veröffentlicht jedes Jahr neue Berichte; darunter fallen sowohl regelmäßige Bestandsaufnahmen der Strukturen der europäischen Bildungssysteme und thematisch fokussierte Bildungsstatistiken (*Key Data*) als auch Einzelberichte zu Themen

---

5 Am 05.03.2003 einigte sich der Europäische Rat auf folgende Ziele – also Benchmarks – die bis 2010 in allen Mitgliedsstaaten erreicht werden sollten: die Quote der 15-Jährigen mit niedriger Lesekompetenz sinkt um 20%; maximal 10% eines Jahrgangs beendet die Pflichtschule ohne Abschluss ab; 85% aller 22-Jährigen schließen die Sekundaroberstufe erfolgreich ab; Steigerung der Gesamtzahl der Hochschulabschlüsse in Mathematik, Naturwissenschaften und Technologie um 15% unter Verbesserung des Anteils weiblicher Hochschulabsolvent/innen in diesen Fächern; mindestens 12,5% der 25–64-Jährigen nehmen in einem Jahr an einem (Weiter-)Bildungsgang teil; s. hierzu: http://ec.europa.eu/education/policies/2010/back_indi_en.html (25.05.2008).

6 Projektberichte sind herunterzuladen unter http://ec.europa.eu/education/policies/2010/study_en.html, http://ec.europa.eu/education/doc/reports/index_en.html und http://ec.europa.eu/education/programmes/llp/policy/studies_en.html (25.05.2008).

wie die Organisation des Schuljahres, die Schulautonomie, der Fremdsprachenunterricht und die Begabtenförderung. Studienberichte im Hochschulbereich und in der Erwachsenenbildung kommen vor, aber die schulische Bildung ist Schwerpunkt. Seit 2005 arbeitet JRC-CRELL an Themen der ET2010-Initiative, bisher vor allem an der Indikatorenentwicklung für aktive Bürgerschaft und jetzt im Bereich Bildungsmanagement sowie Kompetenzbewertungsverfahren; es gibt vorerst keine sektorale Spezialisierung. Cedefop vernetzt Forschung, Politik und Praxis in der Berufsbildung, mit regelmäßigen Studien und Berichten zu Themen wie Kompetenzentwicklung und frühzeitige Identifizierung von Kompetenzbedarf am Arbeitsmarkt, lebenslanges Lernen und Beratung, Qualitätssicherungsverfahren in der Berufsbildung und Einbindung der Sozialpartner. Von besonderem Interesse sind die *Cedefop Research Reports*, die ein umfassendes Kompendium und eine Synthese aktueller Berufsbildungsforschung quer durch Europa anbieten, bisher zu den Themen Berufsbildung im Wandel, kompetenzorientierte Berufsbildung, Evaluation und Impact in der Berufsbildung und zuletzt Modernisierung der Berufsbildung. Schließlich geben die Dienststellen der Europäischen Kommission punktuell thematisch spezialisierte Eurobarometer-Umfragen in Auftrag; seit 2000 wurden Befragungen zu den Themen Internet und Schullehrer/innen bzw. Schulleiter/innen, lebenslanges Lernen aus Sicht der Bürger/innen (vgl. Chisholm/Mossoux/Larson 2004) sowie die Einstellungen Hochschullehrender bezüglich der Bologna-Reformen durchgeführt.

5 Schlussbemerkung

Die Ressourcen, die europäischer Bildungsforschung zur Verfügung stehen, sind im Vergleich zu anderen Fachdisziplinen und Themengebieten bescheiden; vor dem Hintergrund der gesamtgesellschaftlichen Bedeutung des Bildungsbereichs für die Zukunftsgestaltung bleiben sie eindeutig unzureichend. Gleichzeitig ist in den letzten fünfzehn Jahren eine Fülle an Forschungs-, Vernetzungs- und Veröffentlichungsaktivitäten entstanden, die in ihrer Gesamtheit kaum mehr zu überblicken ist und ein thematisch sowie methodisch ausdifferenziertes Spektrum aufweist. Die Vorrangstellung der Hochschulforschung sticht ins Auge, wie auch die Stärke der Berufsbildungsforschung im Vergleich zu Schulforschung und Erwachsenenbildungsstudien. Diese Unterschiede spiegeln die Stärken und Schwächen der bisherigen Entwicklung von Bildungspolitik und -aktion auf europäischer Ebene wider. In nationalen Bildungsforschungskulturen ist die Schulforschung weitaus stärker vertreten, wobei die Haltung, bildungspolitische Kompetenz fest in den Händen der einzelnen EU-Mitgliedsstaaten zu belassen, im schulischen Bereich am stärksten ausgeprägt ist.

Europäische Bildungsforschung sitzt auch näher am Puls der Bildungspolitik: transnationale Projekte kommen ohne Fördermittel kaum aus; es gibt nur eine mächtige Förderinstanz – die Europäische Kommission – und die beteiligten Bildungsforscher/innen verfügen nicht über die Option, sich außerhalb der Agora zu positionieren – es gibt auf europäischer Ebene keine sonstigen institutionalisierten Diskurs- oder Handlungsräume, die eine Distanz im klassischen akademischen Sinne gestatten würden. Die Themen, die die europäische Bildungspolitik zu einer gegebenen Zeit beschäftigen, sind nationalen politischen und Fachdiskursen nicht fremd – schließlich entscheiden die Minister/innen im Rat über die Prioritäten auf EU-Ebene. Es ist aber in der Tendenz einfacher, auf europäischer Ebene thematisch innovativ zu arbeiten, nicht zuletzt aufgrund der Tatsache, dass dieser Handlungsraum mehr Bewegungsfreiraum bereitstellt, ohne die bremsende Wirkung der Verantwortungen und Traditionen, die in lang etablierten nationalen Systemen und Denkweisen verfestigt sind, zu erfahren. Die Vermittlung zwischen europäischen und nationalen Fachdiskursen ist schwieriger: nur eine verschwindend kleine Minderheit unter den Bildungsforscher/innen Europas finden den Zugang zur transnationalen Fachebene – die entsprechenden Forschungsberichte bleiben für nationale Fachkreise meist unbekannt. Die Verinselung der Bildung in Europa spiegelt sich zwangsläufig in ihren vielen Bildungsforschungsgemeinschaften wider – damit ist zu hoffen, dass es in den kommenden Jahren gelingt, nicht nur mehr Bildungsforschung in Europa zu stiften, sondern auch weitaus mehr Vernetzung zwischen den Akteur/innen in der Bildungsforschung quer durch Europa zu verankern.

Literatur

Agalianos, A. (2006): Crossing borders: the European dimension in educational and social science. In: Ozga, J./Seddon, T./Popkewitz, T. (Hrsg.): World Yearbook Education 2006: Education and Policy. Abingdon, Oxon/New York: RoutledgeFalmer, S. 43–77.
Benavot, A./Erbes-Seguin, S./Gross, S. (2005): Interdisciplinarity in EU-funded social science projects. In: Kuhn, M./Remøe, S.O. (Hrsg.): Building the European Research Area: Socio-economic Research in Practice. New York: Peter Lang.
Brown, A. (2004): Educational research: what strategies for development in the European Research Area? In: European Educational Research Journal 3, H. 4, S. 790–794.
Chisholm, L./Mossoux, A.-F./Larson, A. (2004) Lebenslanges Lernen aus Sicht der Bürger/innen in der Nahaufnahme. Luxemburg: Amt für öffentliche Veröffentlichungen der Europäischen Gemeinschaften.
Green, S./Leney, T./Wolf. A. (1999): Convergence and Divergence in European Education and Training Systems. London: Institute of Education Bedford Way Papers.
Europäische Kommission (1998): Für einen europäischen Raum der Bildung und der aktiven Bürgerschaft. Luxemburg: Amt für öffentliche Veröffentlichungen der Europäischen Gemeinschaften.
Europäische Kommission (2003): EU-supported Educational Research 1995 – 2003. Briefing Papers for Policymakers. Citizens and Governance in a Knowledge-based Society, Generaldirektion Forschung. Luxemburg: Amt für öffentliche Veröffentlichungen der Europäischen Gemeinschaften. URL: ftp://ftp.cordis.lu/pub/citizens/docs/report_education_03.pdf (25.05.2008).
Europäische Kommission (2007): 6th Framework Programme Research in Social Sciences and Humanities. Project Synopses. All Calls. Citizens and Governance in a Knowledge-based Society, Generaldirektion Forschung. Luxemburg: Amt für öffentliche Veröffentlichungen der Europäischen Gemeinschaften.
Nóvoa, A./Lawn, M. (Hrsg.) (2002) Fabricating Europe. The Formation of an Educational Space. Dordrecht/Boston/London: Kluwer.
Power, S. (2007): Policy Synthesis of EU Research Results: Education. Policy Review Series 4, EU 22090, Brüssel: Europäische Kommission Generaldirektion Forschung. URL: http://cordis.europa.eu/citizens/publications.htm#reports (25.05.2008).
Teichler, U. (1996): Student mobility in the framework of Erasmus. Findings from an evaluation study. In: European Journal of Education 31, H. 4, S. 153–179.
Teichler, U./Maiworm, F. (1997): The Erasmus Experience: major findings of the Erasmus evaluation project. Luxemburg: Amt für öffentliche Veröffentlichungen der Europäischen Gemeinschaften.
Whitty, G. (2002): Making Sense of Education Policy. London: Paul Chapman.

Weblinks

ACA (Academic Cooperation Association):
    http://www.aca-secretariat.be/
Allgemeine und berufliche Bildung und Jugend: EU-Schlüsseldokumente:
    http://europa.eu/scadplus/leg/de/s19000.htm

CEDEFOP:
: http://www.cedefop.europa.eu/
: http://www.cedefop.europa.eu/index.asp?section=7&sub=1
: http://www.trainingvillage.gr/etv/Projects_Networks/ResearchLab/
EAEA (European Association for the Education of Adults):
: http://www.eaea.org/index.php?k=2099
EARLI (European Association for Research in Learning and Instruction):
: http://www.earli.org/home
EENEE (European Expert Network on the Economics of Education):
: http://www.eenee.org/link/eenee-network.htm
EERA (European Educational Research Association):
: http://www.eera-ecer.eu/
: http://www.wwwords.eu/eerj/
EIESP (European Institute of Education and Social Policy):
: http://www.eiesp.org/uk/rubriques/home/01.asp
ETF (European Training Foundation):
: http://www.etf.europa.eu/web.nsf?Open
Eurobarometer-Umfragen:
: http://ec.europa.eu/public_opinion/archives_en.htm
: http://ec.europa.eu/public_opinion/flash/fl95_102_en.pdf (Internet and Teachers 2001)
: http://ec.europa.eu/public_opinion/flash/fl94_101_en.pdf (Internet and Headteachers 2001)
: http://ec.europa.eu/public_opinion/archives/ebs/ebs_185_en.pdf (Lifelong Learning: Citizens' Views 2003)
: http://ec.europa.eu/public_opinion/flash/fl198_en.pdf (Perceptions of Higher Education Reforms 2007)
European Early Childhood Education Research Journal:
: http://www.informaworld.com/smpp/title~db=all~content=t776628938~tab=issueslist
European Education:
: http://europeaneducation.org/index.html
European Educational Policy Network:
: http://educationpolicy.eu/
European Journal of Education:
: http://www.blackwellpublishing.com/journal.asp?ref=0141-8211&site=1
European Journal of Teacher Education:
: http://www.tandf.co.uk/journals/titles/02619768.asp
European Journal of Vocational Training:
: http://www.trainingvillage.gr/etv/projects_networks/EJVT/
Europäische Kommission, Generaldirektion Bildung und Kultur:
: http://ec.europa.eu/dgs/education_culture/index_en.html
: http://ec.europa.eu/education/policies/2010/et_2010_en.html
: http://ec.europa.eu/growthandjobs/priority-actions/investing-in-people/index_en.htm
: http://ec.europa.eu/education/programmes/llp/index_de.html
Europäische Kommission, Generaldirektion Forschung:
: http://ec.europa.eu/research/index.cfm
: http://ec.europa.eu/research/fp7/index_en.cfm
: http://cordis.europa.eu/citizens/publications.htm (enthält u. a. FP6-Projektberichte)
: http://www.pjb.co.uk/npl/index.htm (Bildungsforschungsprojekte unter FP4, FP5 und z. T. FP6)
Europarat, Generaldirektion IV (Education, Cultural Heritage, Youth and Sport)
: http://www.coe.int/T/E/Cultural_Co-operation/
Eurostat:
: http://epp.eurostat.ec.europa.eu/portal/page?_pageid=1090,30070682,1090_33076576&_dad=portal&_schema=PORTAL
EURYDICE:
: http://www.eurydice.org/portal/page/portal/Eurydice
Higher Education in Europe:
: http://www.tandf.co.uk/journals/titles/03797724.asp
IEA-ICCS (International Association for the Evaluation of Educational Achievement – International Civic and Citizenship Education Study):
: http://www.iea.nl/
: http://www.iea.nl/icces.html

JRC-CRELL (Joint Research Centre – Centre for Research on Lifelong Learning):
    http://crell.jrc.ec.europa.eu/
    http://ec.europa.eu/dgs/jrc/index.cfm
NESSE (Network of Experts in Social Sciences of Education and Training):
    http://www.nesse.fr/nesse
OECD Directorate for Education:
    http://www.oecd.org/department/0,3355,en_2649_33723_1_1_1_1_1,00.html
OECD Centre for Educational Research and Innovation (CERI):
    http://www.oecd.org/department/0,3355,en_2649_35845581_1_1_1_1_1,00.html
OECD.stat:
    http://www.oecd.org/statsportal/0,3352,en_2825_293564_1_1_1_1_1,00.html
Partnerschaft zwischen der Europäischen Kommission und dem Europarat im Jugendbereich / EKCYP:
    http://www.youth-partnership.net/youth-partnership/index.html
UNESCO-CEPES (European Centre for Higher Education):
    http://www.cepes.ro/
UNESCO Education Institutes and Centres:
    http://portal.unesco.org/education/en/ev.php-URL_ID=49074&URL_DO=DO_TOPIC&URL_SECTION=201.html
UNESCO Education Portal:
    http://portal.unesco.org/education/en/ev.php-URL_ID=48712&URL_DO=DO_TOPIC&URL_SECTION=201.html
UNESCO-UIS (Institute for Statistics):
    http://www.uis.unesco.org/ev.php?ID=2867_201&ID2=DO_TOPIC
VET&HRD:
    http://www.b.shuttle.de/wifo/vet&hrd/=intro.htm

Rudolf Tippelt

Bildung in Entwicklungsländern und internationale Bildungsarbeit

1 Bildung und Konzepte internationaler Entwicklung

Bis in die jüngste Zeit war Bildungsforschung zu Bildungs- und Erziehungsproblemen in Entwicklungsländern eine Domäne westlicher, besonders nordamerikanischer Erziehungs- und Sozialwissenschaftler. Deutlich war die Bildungsforschung daher auch geprägt von den in den USA und in Europa (U.K., Frankreich, Spanien, Skandinavien, Niederlande) jeweils vorherrschenden Forschungsströmungen (vgl. Nohlen 1998, S. 102). Vor allem bildungsökonomische Beiträge, die davon ausgehen, dass Bildung ein Investitionsfaktor ist, der von seiner Kosten- und Ertragsseite her analysiert und zweckrational geplant werden kann, erreichten international hohes Forschungsniveau und bildungspolitischen Einfluss.

Der deutsche Beitrag zur internationalen Bildungsforschung war aber nicht primär bildungsökonomisch geprägt, sondern war von Anfang an dadurch motiviert, die praktischen Maßnahmen der Bildungs- und Ausbildungshilfe, dann vor allem seit den 1990er Jahren die internationale Personalentwicklung in innovativen Organisationen, die eine wichtige Komponente der technischen und finanziellen Entwicklungshilfe ist, zu begleiten und zu evaluieren. In den letzten Jahren ist unter der Überschrift „Bildung für alle" vor allem die frühkindliche Förderung und Erziehung fokussiert worden (vgl. UNESCO-Kommission 2006; BMZ 2004). Dabei ist es immer klar gewesen, dass internationale Bildungshilfe und auch internationale Personalentwicklung nur einen relativ bescheidenen, aber eben dennoch wichtigen Beitrag zur Entwicklung leisten können – und dies nicht nur wegen der begrenzten finanziellen Mittel in diesem Bereich: Immerhin werden in einer Dekade mehrere Milliarden Euro vom Bundesministerium für wirtschaftliche Zusammenarbeit (BMZ) in die Förderung des Bildungssektors von Entwicklungsländern investiert, ohne die erheblichen Ausgaben für die EU und multilaterale Organisationen wie die Weltbank oder UNESCO (vgl. BMZ 2000, S. 6).

Seit den 1980er Jahren lässt sich internationale Bildungsarbeit grob in sechs Bereiche unterscheiden, in denen jeweils verschiedene Organisationen tätig sind (vgl. Danckwortt 1981): außerschulisches Bildungswesen (kirchliche Bildungswerke, politische Stiftungen, deutscher Volkshochschulverband, Goethe Institute etc.); allgemeinbildendes Schulwesen (Deutsche Gesellschaft für Technische Zusammenarbeit (GTZ), Deutscher Entwicklungsdienst (DED), deutsche Auslandsschulen, Kirchen, Deutsche Stiftung für internationale Entwicklung (DSE) etc.); berufliches Bildungswesen (GTZ, DED, Centre for International Migration and Development (CIM), DSE, Kirchen, private Träger, Carl-Duisberg-Gesellschaft (CDG), deutsche Wirtschaft etc.); Hochschulwesen und wissenschaftliche Fortbildung (Hochschulpartnerschaften, GTZ, Deutscher Akademischer Austauschdienst (DAAD), Humboldt-Stiftung, Otto-Bennecke-Stiftung, Deutsche Forschungsgemeinschaft, Max-Planck-Institute etc.); Bildungsplanung und Verwaltung (GTZ, DSE etc.), und Medien im Bildungssektor (GTZ, DSE, kirchliche Bildungswerke, politische Stiftungen, Sender etc.). Mittlerweile haben sich DSE und CDG zur neuen Einrichtung INWENT zusammengeschlossen. Die Kreditanstalt für Wiederaufbau (KfW) ist speziell für finanzielle Hilfen zuständig.

Internationale Bildungsarbeit, die auch als ein Beitrag zur Armutsbekämpfung und wirtschaftlichen Entwicklung zu verstehen ist, ist an mehrere Kriterien geknüpft, denn sie

- soll länderbezogen, nur nach vorhergehender Analyse der jeweiligen Bildungssysteme erfolgen,
- soll andere Bereiche der Entwicklungshilfe unterstützen und solche Reformen im Bildungswesen fördern, die die Erfordernisse der Arbeitswelt und der sozialen Umwelt besser aufeinander abstimmen,
- soll vor allen Dingen auch eine ausbaufähige Grundbildung für die Masse, der vom formalen Schulsystem bis jetzt ausgeschlossenen oder unzureichend geförderten Kinder und Jugendlichen entfalten,
- soll auch in ländlichen Regionen beschäftigungsorientiert wirken,
- soll als Wissenschaftshilfe den „wirtschaftlichen und sozialen Fortschritt und die Anwendung entwicklungsrelevanter Forschungsergebnisse fördern" (vgl. Nohlen 1998, S. 103),
- soll die Abhängigkeit vieler Entwicklungsländer von ausländischen Leistungen, Mustern und Konzeptionen in Bildung und Wissenschaft abbauen und einseitiger Dependenz entgegenwirken,
- soll nicht-staatliche Organisationen in ihre Aktivitäten mit einbeziehen.

Ein moderner Begriff der internationalen Bildungsarbeit fügt sich demnach in einen weiten aufgeklärten Begriff von Entwicklung. Bildungsarbeit, Bildungshilfe und auch neue Formen der Personalentwicklung konzentrieren sich auf Ziele von Entwicklung, wie sie beispielsweise bereits von Nohlen (1998, S. 217 und Nohlen/Nuscheler 1974) benannt wurden: Arbeit/Beschäftigung, wirtschaftliches Wachstum, soziale Gerechtigkeit und Strukturwandel, Partizipation sowie politische und wirtschaftliche Unabhängigkeit. Der moderne Entwicklungsbegriff überwindet daher Vorstellungen von Entwicklung, wie sie beispielsweise in zurückliegenden Wachstumstheorien (fixiert auf ökonomisches Wachstum), Modernisierungstheorien (fixiert auf modellorientierte Entwicklungsvorstellungen in Industrieländern), Dependenztheorien (fixiert auf den Faktor Abhängigkeit und Kolonialisierung) vertreten wurden. Der moderne Entwicklungsbegriff impliziert aktuelle Konzepte wie „self-reliance" und „sustainable development". Internationale Bildungsarbeit gliedert sich damit in einen Bedeutungszusammenhang von Entwicklung ein (vgl. Nohlen 1998, S. 218), der den Schutz der natürlichen Lebensgrundlagen als Entwicklungsziel mit aufnimmt und die eigenständige Entfaltung der Produktivkräfte zur Versorgung der gesamten Gesellschaft mit lebensnotwendigen materiellen sowie lebenswerten kulturellen Gütern und Dienstleistungen im Rahmen einer sozialen und politischen Ordnung anstrebt (siehe die zahlreichen Projekte zur Umweltbildung). Entwicklung in diesem Sinne soll allen Gesellschaftsmitgliedern Chancengleichheit gewähren, soll sie an politischen Entscheidungen mitwirken und am gemeinsam erarbeiteten Wohlstand teilhaben lassen. Die Rückbesinnung auf eigene kulturelle Werte und Traditionen der Entwicklungsländer ist daher genauso eine Aufgabe für die internationale Bildungsarbeit wie die Sicherung des Beitrags von Bildung und Ausbildung für ein qualitativ definiertes Wachstum.

Speziellere bildungsökonomische Überlegungen basieren auf dem klassischen Humankapitalkonzept, dem die Annahme zugrunde liegt, dass neben den Produktionsfaktoren Arbeit und

Kapital der „technische Fortschritt" als dritter Faktor wirtschaftliches Wachstum beeinflussen könne. In diesem Kontext wird die organisationale und private Investition in „Wissen" – angesichts der radikal veränderten gesellschaftlichen Verhältnisse und dem internationalen Trend zu Wissensgesellschaften (vgl. Wilke 1998; Kurtz 2000) – als Faktor des Humankapitals verstärkt berücksichtigt. Ausbildung und Forschung können – so die Hypothese – als wesentliche Elemente des Humankapitals zu einer Verbesserung der Arbeitsproduktivität führen und damit auch zur Linderung von Armut beitragen. Allerdings waren die rechnerischen Kalkulationen mit diesem Faktor – beispielsweise der „manpower approach" oder der „social demand approach" – in der Bildungsplanung nur sehr bedingt erfolgreich (vgl. Schaack/Tippelt 1997).

Einen großen Einfluss auf die Bildung in Entwicklungsländern und entsprechende Wirkungen auf die Bildungsforschung hat die zunehmende „Privatisierung" von Bildung, die in der Bildungsforschung bis heute kontrovers diskutiert wird. Die vergleichende Bildungsforschung zeigt hierzu allerdings, dass Länder mit einem großen und soliden privaten Bildungs- und Ausbildungsbereich gleichzeitig auch über einen starken und teuren öffentlichen Bildungs- und Ausbildungsbereich verfügen (vgl. Moura Castro 2000). Entwicklungsländer tendieren zunehmend zur Förderung landesspezifischer „Mischsysteme", wobei neoklassische Bildungsforscher die private Finanzierung durch Schüler und Auszubildende bzw. deren Familien empfehlen, wenn es um allgemeine Bildung und Qualifizierung geht, die Finanzierung durch private Betriebe vorsehen, wenn es um die Vermittlung von betriebs- und prozessspezifischen Qualifikationen geht und Investitionen durch die öffentliche Hand lediglich dann vorschlagen, wenn Störungen des Marktes auftreten (vgl. Moura Castro 1995). Entsprechende Konzepte münden meist in eine Kalkulation der „rate of return". Diese Kalkulation als Einschätzung des privaten oder öffentlichen Nutzens der Investitionen in Bildung und Ausbildung soll in der klar ökonomisch orientierten „cost-benefits-analysis" (Kosten-Nutzen-Analyse) geleistet werden, allerdings wird heute auch die „cost-effectivness-analysis" – in die weitere manchmal schwer zu definierende kulturelle, politische und soziale Zielsetzungen eingehen – für Bildungsplanungen und Bewertungen von Lernorten, Lernwegen und Lernmethoden herangezogen (vgl. Atchoarena 1994). Gesichert ist ein Zusammenhang von Bildung und zahlreichen sozialen Indikatoren: „This holds particularly true for woman and girls, for whom education has a particularly positive impact on age of marriage, birth rate, mortality rate and the educational prospects of their own children" (BMZ 2000, S. 3).

Seit dem Weltbildungsforum in Dakar/Senegal im Jahr 2000, bei dem 164 Staaten den Aktionsplan „Education for All - EFA" verabschiedeten, wird der frühkindlichen Förderung und der Grundbildung deutlich größere Bedeutung zugeschrieben.

Für internationale Bildungsforschung und damit verbundene Bildungsplanungen gilt generell und das zeigt sich auch beim EFA Global Monitoring Report 2007, dass sie unter „unsicheren", sich rasch wandelnden ökonomischen, technischen, kulturellen, sozialen und politischen Ausgangsbedingungen stattfinden, so dass der Ertrag von Bildungsinvestitionen langfristig schwer vorhergesagt werden kann. Die Metapher von der globalen, immer komplexeren Steuerungsproblematik auch der Bildungsentwicklung in der Weltgesellschaft deutet weitere Schwierigkeiten nur an (vgl. Wilke 1997; 1998). Zudem folgen individuelle Bildungsentscheidungen nicht notwendig den politischen und gesellschaftlichen Vorgaben. Ohne den langfristigen Wandel des Bildungs- und Erziehungssystems außer Betracht zu lassen, wurde die Begleitung und Analyse kurz- und mittelfristiger Planungen daher immer wichtiger (vgl. Tippelt 1998, S. 104; 1990).

2 Trends internationaler Bildungsarbeit

Die deutsche Entwicklungspolitik hat vier Schwerpunkte: Armutsbekämpfung, Umwelt- und Ressourcenschutz sowie Bildung und Ausbildung. Zur Bildung und Ausbildung gehören u.a. die Förderung von frühkindlicher Bildung, von Grund-, Berufs- und Hochschulbildung. Bereits im Jahr 1992 hat das BMZ zur Förderung dieser Bereiche Sektorpapiere entwickelt, die neben zeitgebundenen Instrumenten und Strategieüberlegungen auch allgemeine Argumente zur Begründung von internationaler Bildungsarbeit enthielten (vgl. BMZ 1992; 2000).

Grundsätzlich sollen die Maßnahmen im Förderschwerpunkt Bildung und Ausbildung dazu beitragen, für eine nachhaltige Entwicklung der Partnerländer die erforderlichen personellen und sachlichen Kapazitäten aufzubauen. „Bildung und Wissen" werden als elementare Voraussetzungen für die menschliche Entwicklung definiert. Kreativität und Selbstständigkeit, aber auch die Entfaltung von praktischen beruflichen Fähigkeiten sollen in verschiedenen Partnerländern verbessert werden. Im Bereich der beruflichen Bildung hat wegen des spezifischen Praxisbezugs – unter Vorwegnahme der Prinzipien „situierten Lernens" – der deutsche Beitrag zur Entwicklungszusammenarbeit weltweit ein besonderes Profil (vgl. Arnold 1989; Schaack/ Tippelt 1997).

Die Entwicklungszusammenarbeit fördert die Vermittlung einer ausreichenden Grundbildung, ist um eine Verbesserung der beruflichen Bildung und in den letzten Jahren auch zunehmend um die qualitative Ausweitung beruflicher Weiterbildung und Personalentwicklung bemüht. Es geht darum, Grundwissen zu vermitteln und seine Anwendung sicher zu stellen. Entwicklungszusammenarbeit basiert auf dem Prinzip der Hilfe zur Selbsthilfe, d.h. dass Partnerländer in eigener Verantwortung entwicklungsfördernde interne ökonomische und politische Rahmenbedingungen schaffen müssen. Nachhaltige Armutsbekämpfung und arbeitsmarktpolitische Aktivitäten sowie die Synergien zwischen Bildungs- und Arbeitsmarktpolitik sind daher im Vordergrund. Entsprechend ist die Bildungskooperation subsidiär und komplementär zu den Eigenanstrengungen der Länder und Regierungen in Partnerländern. Internationale Bildungsarbeit und Entwicklungszusammenarbeit generell können sicher nur einen begrenzten Beitrag zur nachhaltigen Entwicklung leisten. Internationale Bildungsarbeit richtet sich darauf, Menschen – insbesondere auch arme und diskriminierte Bevölkerungsgruppen – an wirtschaftlichen, politischen und gesellschaftlichen Entscheidungen stärker teilhaben zu lassen.

Ein übergreifendes Prinzip der internationalen Bildungsarbeit ist es, der Nachfrage der Partnerländer hohe Priorität zuzusprechen, was u.a. bedeutet die Auswahl, Planung, Durchführung und Erfolgskontrolle aller Maßnahmen international kooperativ zu gestalten. Die Angebote der Entwicklungszusammenarbeit sind „verträglich" zu gestalten, d.h. es müssen die örtlichen Verhältnisse hinreichend berücksichtigt werden. Das bedeutet, dass die Differenzierung zwischen den „klassischen" Entwicklungsländern, den Ländern mit hohem Wirtschaftswachstum und den osteuropäischen, südamerikanischen und asiatischen Transformationsländern jeweils angepasste Formen der Zusammenarbeit erfordert. Daher wurden spezifische Regional- und Länderkonzepte auf der einen Seite und spezifische Konzepte, die Sektoren und Querschnittsaufgaben hervorheben, ausgearbeitet und begründet (vgl. BMZ 2000; 2005).

Zunehmend verändert sich die internationale Bildungsarbeit von einer unmittelbar technischen Hilfe zu komplexen Strukturanpassungsprogrammen, die unter Berücksichtigung der gesellschaftlichen, ökonomischen und politischen Gesamtsituation in Partnerländern Hilfen für Multiplikatoren anbieten.

In den letzten Jahrzehnten wurde, durch die weltweiten wirtschaftlichen, ökologischen und kulturellen Globalisierungsprozesse ausgelöst, internationale Bildungszusammenarbeit besonders zwingend. Globalisierung wird dabei als ein Begriff verstanden, der die wachsende internationale wirtschaftliche, politische und kulturelle Verflechtung beschreibt und der zum Ausdruck bringt, dass die entstandene ökonomische Interdependenz auch weitreichende Folgen für das politische und soziale Leben der Einzelnen hat. Dabei werden Tempo und Intensität der Globalisierung sehr unterschiedlich bewertet (vgl. Nohlen 1998, S. 306f.).

Internationale Bildungsarbeit basiert auf dem Konsens, dass das Überleben in der einen Welt nur gemeinsam in einer internationalen Verantwortungsgemeinschaft und Entwicklungspartnerschaft zu lösen ist, internationale Bildungs- und Entwicklungsarbeit ist deshalb sicher an ethisch-humanitäre und über nationale Grenzen hinausgehende politische Verantwortung gebunden (vgl. UNESCO 1991). Es besteht ein berechtigtes Eigeninteresse an der Erhaltung von Lebensgrundlagen, an der Abkehr globaler ökologischer, ökonomischer und militärischer Risiken und einer langfristig stabilen Entwicklung und es gibt globale Herausforderungen auf die die internationalen Organisationen und die einzelnen Staaten nur gemeinsam verantwortlich reagieren können: Armut, Klimaveränderungen, Umweltzerstörung, rapider Anstieg der Weltbevölkerung, Seuchen, Naturkatastrophen, Kriege und Flucht sowie Rauschgiftkonsum und -produktion. Die internationale Bildungsarbeit staatlicher und überstaatlicher Institutionen folgt dem Leitbild einer globalen nachhaltigen Entwicklung, die die Entfaltungsmöglichkeiten der heutigen Generationen sichern sollen, ohne die Chancen künftiger Generationen zu gefährden (vgl. Lenhart/Röhrs 1981; Tippelt 1999a). Als herausragende Ziele werden in zahlreichen programmatischen Schriften der deutschen und internationalen Entwicklungshilfeorganisationen und -institutionen ein produktives Wirtschaftswachstum, ökologische Nachhaltigkeit und soziale Gerechtigkeit benannt. Auch die empirisch gehaltvollen „World education reports" der UNESCO (1995; 1998; 2000; 2006) unterstreichen die Notwendigkeit, Entwicklungsfortschritte durch die Förderung interner politischer und wirtschaftlicher Rahmenbedingungen in den Partnerländern zu bewirken.

Globale Probleme werden zunehmend durch Programme der europäischen und der multilateralen Entwicklungszusammenarbeit bearbeitet. Beiträge aus dem europäischen Entwicklungsfond, Kooperationen mit der Weltbank sowie mit den regionalen Entwicklungsbanken (z.B. Interamerican Development Bank), unterstützt durch Programme der Vereinten Nationen (UN) und ihrer zahlreichen Unterorganisationen (z.B. UNESCO, UNICEF, UNFPA), wie auch die umfassende Kooperation mit den entwicklungspolitischen Nichtregierungsorganisationen (NGO) kommt große Bedeutung zu.

Heute gilt im Verhältnis der staatlichen und der NGO-Zusammenarbeit der Grundsatz der Subsidiarität. Wenn entwicklungspolitische und bildungspolitische Ziele wirkungsvoller mit nicht staatlichen Mitteln erreicht werden, sollen staatliche Instrumente zurücktreten. In vielen Bereichen allerdings hat sich eine Arbeitsteilung durchgesetzt: Politische Stiftungen oder auch die Verbände und Organisationen der verfassten Wirtschaft werden daher staatlich gefördert. Die zahlreichen Initiativen der Kirchen (z.B. KZE, EZE) und vieler privater Träger weisen auf ein erhebliches Potential sozialer und gesellschaftlicher Solidarität bei der Bewältigung globaler Probleme hin.

In den 1990er Jahren hatten sich neben den übersektoralen Konzepten der Bildungs- und Entwicklungszusammenarbeit bei denen es vor allen Dingen um Bekämpfung von Benachteiligung, Einhaltung von Menschenrechten, Sicherung von Partizipation und Selbsthilfe ging, zahlreiche Sektorkonzepte entwickelt, die der deutschen internationalen Bildungszusammenarbeit Kontur gaben: z.B. Bevölkerungspolitik und Familienplanung, Gesundheit, Förderung der Grundbildung, berufliche Bildung, Entwicklungszusammenarbeit im Hochschulbereich, ländliche Entwicklung, Schutz indianischer Bevölkerungsgruppen in Lateinamerika, Ernährungssicherungsprogramme und Nahrungsmittelhilfe, landwirtschaftliche Nutztierhaltung, Rauschgiftbekämpfung, umweltgerechte Kommunal- und Stadtentwicklung, volkswirtschaftliche Regierungsberatung, Qualitätssicherungsmaßnahmen, Förderung von Klein- und Kleinstgewerbe, Flüchtlingspolitik. Explizit und implizit sind diese Themen wichtige Herausforderungen der Bildungsforschung und der internationalen Bildungsarbeit. Dabei sind auf allen Ebenen des Bildungssystems formale, nonformale und informale Bildung zu berücksichtigen (vgl. Schaack/Tippelt 1997; Lenhart 1998, S. 99f.; Moura Castro 2000; OECD 2006).

3 Formale, nonformale und informale Bildung

In der internationalen Entwicklungsdiskussion zur Bildungs- und Erziehungsforschung (z.B. Yoloye 1980) hat sich bereits Ende der 1970er und in den 1980er Jahren die Differenzierung von formaler, nonformaler und informaler Bildung durchgesetzt, wobei sich diese drei Formen je nach Grad der Organisiertheit und der funktionalen Spezifikation von Bildungs- und Erziehungsprozessen unterscheiden (vgl. Lenhart 1998, S.100f.).

Formale Bildung: Sie geschieht in den Institutionen des Bildungssystems von der Primarschule bis zur Hochschule. Nur in sehr wenigen Entwicklungsgesellschaften gehörte die Schule zum vorkolonialen Entwicklungsstand. In den weitaus meisten Ländern der Dritten Welt wurden Schulen vorwiegend entsprechend den Interessen der Kolonialmächte begründet. Eine dependenztheoretische Argumentation hob hervor, dass Schulen als Instrumente von Macht und Herrschaft der Kolonialmächte dienten. Allerdings ist die Beobachtung interessant, dass sich noch unter den zurückliegenden kolonialen Bedingungen der Entwicklungsländer formale Bildung nicht nur funktional assimilierte, sondern dass sich formale Bildung immer wieder problem- und landesspezifisch gegen die damals herrschenden Kolonialmächte richtete (vgl. Dias 1981): Es waren Vertreter der Bildungseliten, die die spezifischen Konflikte der Bedingungen des permanenten sozialen Wandels erkannten und die auf die Fragen der kulturellen Identität und der Spannungen der sich überlagernden traditionellen und modernen Werte eingingen (z.B. Freire 1973; Illich 1973). Die bildungs- und entwicklungstheoretischen Konzepte haben sich in den letzten Jahrzehnten aber deutlich verändert: Modernisierungstheoretische Funktionsbeschreibungen des Bildungssystems und der Schule haben die dependenztheoretischen Perspektiven zurückgedrängt und ersetzt (vgl. Goldschmidt/Melber 1981; Lenhart/Röhrs 1981).

Heute gilt das Bildungswesen und insbesondere die frühkindliche Förderung und Erziehung sowie die Schule u.a. im dominanten modernisierungstheoretischen Paradigma als ein wichtiges Mittel zur Entwicklung aller anderen gesellschaftlichen Bereiche (vgl. BMZ 2000; 2005; Bude 1991; Adick 1992). Von den 1960er bis in die 1990er Jahre war aber trotzdem kein regelmäßiger Anstieg der Bildungsquoten in Entwicklungsländern zu verzeichnen, so dass nach Angaben des „World education reports" (UNESCO 1998; 2000) Ende des 20. Jahrhunderts erst zwei Drittel der jungen Bevölkerung von der Schule zumindest in der Primarstufe erreicht werden. Schulen haben sich als Institution zur Bildung der jungen Generation weltweit durchgesetzt, wobei Mädchen insgesamt betrachtet noch immer höhere Nichteinschulungsquoten, Absentismus- und Abbrecherraten aufweisen. Global betrachtet haben sich die Strukturen und

Inhalte der Primarbildung zumindest angenähert (vgl. BMZ 2000). Freilich waren noch 1995 38% der Frauen und 21% der Männer Analphabeten, also Personen, die nicht in der Lage sind, eine einfache Bemerkung über ihr Alltagsleben verstehend zu lesen und zu schreiben (vgl. Lenhart/Maier 1999). *Über eine Milliarde Menschen können weltweit weder lesen noch schreiben und über 100 Millionen Kinder haben auch Anfang des 21. Jahrhunderts keine Möglichkeit an formaler Bildung zu partizipieren (vgl. UNESCO 1998).* Nach einem Überblick der UNESCO (2000) ist die Situation in Staaten Afrikas südlich der Sahara am gravierendsten, wenngleich auch in anderen Kontinenten viele Kinder die Schulen verlassen ohne sich grundlegende Kenntnisse im Lesen, Schreiben und Rechnen angeeignet zu haben. Auch in den anderen Bereichen des Bildungssystems wie in der Beruflichen Ausbildung führen zu geringe Kapazitäten der Ausbildungseinrichtungen, zu wenig und nicht hinreichend ausgebildetes und bezahltes Ausbildungspersonal, nicht angepasste und damit unzureichende Curricula, mangelhaftes Lehr- und Ausbildungsmaterial sowie unregelmäßiger Ausbildungsbesuch zu problematischen Ausbildungssituationen. Eine teilweise empirisch gestützte Schul- und Bildungskritik zeigt darüber hinaus, dass Schulen häufig die nötigen Qualifikationen für eine entwicklungsbegünstigende ökonomische gesellschaftliche Entfaltung nicht vermitteln, dass der problematische Übergang vom Bildungs- in das Beschäftigungssystem Eltern an der Sinnhaftigkeit von formaler Bildung zweifeln lässt und dass Schulen und Hochschulen von Institutionen der Qualifizierung und des sozialen Aufstiegs zu Agenturen des Statuserhalts privilegierter Gruppen mutieren (vgl. Lenhart 1993). Solche seit den 1970er Jahren vorgetragenen Argumente der Kritik an der formalen Bildung, insbesondere der Schule, die sich auch als subjektive Haltungen bei Kindern und Eltern verfestigen können (vgl. Illich 1972; 1973; Lenhart 1998, S. 100), bedürfen der Beachtung und der genauen Überprüfung. So gibt es gegenläufige empirische Hinweise bildungsökonomischer Studien, wonach die Entwicklungsländer in allen Bildungsstufen höhere Bildungsrenditen aufweisen als die entwickelten Länder, dass insbesondere die Renditen für die Primarschulen und Grundbildung besonders hoch sind, während sie für den Hochschulsektor durchwegs niedriger ausfallen. In der Konsequenz müsste man in die Grundbildung massiv investieren (siehe Timmermann in diesem Band). Gerade solche Überlegungen führten zu dem im Jahr 2000 in Dakar verabschiedeten globalen Entwicklungskonzept „Education for all – EFA", das mindestens bis zum Jahr 2015 großen Einfluss auf die internationale Bildungsforschung und -praxis haben wird.

Nonformale Bildung: Jede organisierte Erziehungs- und Bildungsaktivität außerhalb des ausgebauten formalen Systems, die auf identifizierbare Zielgruppen gerichtet ist und der Erreichung bestimmter Lernziele dient, wird dem nonformalen Bereich zugeordnet (vgl. Lenhart 1993). Nonformale Bildungsmaßnahmen sind zur Schulbildung komplementär (Schüler ergänzen die Leistungen des formalen Bildungssystems), supplementär (Lernende erweitern zu einem späteren Zeitpunkt ihre Kenntnisse und Fähigkeiten) und substitutiv (nonformale Bildungsprozesse treten an die Stelle formaler Bildung). In zahlreichen Alphabetisierungskursen oder in Veranstaltungen in Problembereichen wie der Hygiene, der Ernährung, der politischen Bildung oder auch der beruflichen Aus- und Weiterbildung werden nonformale Bildungsmaßnahmen wirksam (vgl. Lenhart/Maier 1999). Die Intensität und Qualität der Bildung differiert stark und zwar sowohl im Bereich der Grundbildung wie auch in Bereichen der vertiefenden und spezialisierenden Bildung. Nonformale Bildung hat in Entwicklungsländern eine erhebliche Bedeutung, so dass nach wie vor Fragen der Finanzierung, der Dezentralisierung, der Gemeindeorientierung, der Partizipation der Lernenden, der Sicherung curricularer Standards, der angepassten Lehr- und Lernmethoden, der Zertifikate und der Äquivalenz der nonformalen

Bildung gegenüber der formalen Bildung wissenschaftlich zu analysieren sind (vgl. Caillods 1991; Moura Castro 2000; OECD 2006).

Informale Bildung: Darunter werden die wenig spezifizierten und kaum organisierten erzieherischen Interaktionen in der Familie und in peergroups begrifflich gefasst, in jüngerer Zeit ist auch der Einfluss der Massenmedien darunter subsumiert (vgl. Pietrass/Schmidt/Tippelt 2004). „Incidential education" markiert eine terminologische Grenze zum breiteren Konzept der Sozialisation. Probleme individueller Modernisierung, die Abhängigkeit der Erziehung von den Strukturen des Verwandtschaftssystems, der Aufbau kognitiver Strukturen sind wichtige Inhalte informaler Bildung, die auch seit langem in der internationalen Bildungsforschung Niederschlag finden (vgl. Schöfthaler 1981; Goldschmidt/Melber 1981; Lenhart 1993, Inkeles/ Smith 1974).

4 Bildungsbereiche: Grundbildung, Berufliche Bildung und Hochschulbildung

In der internationalen Debatte werden manchmal allgemeine und berufliche Bildung, education und training strikt voneinander getrennt (kritisch Bowman 1988). Lenhart (1993) hebt hervor, dass sich die begriffliche Trennung auch in der Aufgabenteilung internationaler Organisationen widerspiegelt: die UNESCO sei für „education", die ILO für „training" zuständig. Für die deutsche internationale Bildungszusammenarbeit sind allerdings die drei Bereiche Grundbildung, berufliche Bildung und Hochschulbildung von herausragender Bedeutung. Grundsätzlich ist hierbei von Folgendem auszugehen: Auch wenn es nicht für jedes Individuum zutreffend ist, so gehört zu den stabilsten Ergebnissen der deutschen und der internationalen Bildungsforschung, dass sich im statistischen Durchschnitt das allgemeine Bildungsniveau und die Qualität der allgemeinen und beruflichen Ausbildung eindeutig positiv auf die Beschäftigungschancen, auf die Weiterbildungs- und Aufstiegschancen, auf das Arbeitslosigkeitsrisiko, auf das zu erwartende monatliche und langfristige Nettoeinkommen und somit auf die zu erwartenden Lebenschancen von Individuen auswirken (vgl. Tippelt/van Cleve 1996; Tippelt 1999; siehe Timmermann in diesem Band).

4.1 Frühkindliche Förderung und Grundbildung

In den 1990er Jahren gilt für die Grundbildung (vgl. z.B. BMZ 1992a: Sektorpapier zur Grundbildung), dass diese durch ambivalente Trends zu beschreiben ist: So sind weltweit steigende Analphabetenzahlen (bedingt u.a. durch die enorme Bevölkerungsexpansion in vielen Entwicklungsländern) bei gleichzeitig weiter fallenden Analphabetenraten in Transformationsländern zu verzeichnen, so dass hierbei eine quantitative Ausweitung der schulischen Grundbildung bei gleichzeitiger Qualitätsminderung festzustellen sei. *Die Zahlen aus den „World education reports" der UNESCO (1998; 2000) bestätigten entsprechende Probleme.* Quantitativ hat der Primarbereich in Entwicklungsländern stark expandiert, damit auch die Zahl der Lehrer, die dennoch weit hinter den tatsächlichen Erfordernissen zurückbleibt. Die nationalen Statistiken verweisen auf einen starken Anstieg der Einschulungsraten und selbst Entwicklungsländer mit niedrigem Einkommen berichten von Einschulungsquoten von über 80%. Solche Zahlen sind allerdings wenig aussagekräftig, weil wir beispielsweise nicht wissen, wie lange die Kinder tatsächlich zur Schule gehen und mit welchen Leistungsniveaus sie die Schule beenden (zur Abbrecherproblematik siehe BMZ 2000). UNESCO-Studien (vgl. 1995; 1998) zeigten, dass Länder mit geringem Bruttosozialprodukt auch äußerst niedrige Einschulungsquoten aufweisen. Das erwähnte geschlechtsspezifische Problem, dass Mädchen bei den Einschulungsraten und bei der Alphabetisierung häufig benachteiligt und die Abbrecherraten höher waren als bei Jungen, hat zu zahlreichen besonderen Förderprogrammen geführt. Allerdings überfordert viele Entwicklungsländer die Verwirklichung der allgemeinen Schulpflicht und insbesondere in ländlich strukturierten Gebieten fehlt ein flächendeckendes Netz von Primarschulen. Größte Probleme zeigen sich hinsichtlich der Qualität dieser Schulen: Schulmanagement und Schulaufsicht fehlen, Lehrbücher und Medien sind völlig unzureichend, die Gehaltszahlungen der Lehrer erfolgen unregelmäßig, der Gesundheitszustand der Kinder erschwert das Lernen, Curricula sind schlecht strukturiert oder überladen, kulturell und regional spezifische Eigenheiten werden zu wenig berücksichtigt, Prüfungen und generell das Prüfungswesen sind reformbedürftig, Eltern und Kommunen beteiligen sich kaum an der Realisierung von Erfolg in der Primarschule. Bei gleichbleibenden Bemühungen zur Senkung der Analphabetenraten kann sich weltweit – insbesondere in Lateinamerika und in der Karibik sowie in Ostasien – der Analphabetismus verringern, aber man muss parallel eine Steigerung der Analphabetenzahlen in Südasien, in Afrika sowie in arabischen Ländern erwarten – auch bedingt durch das eminente Bevölkerungswachstum. Obwohl außerschulische Grundbildungsprogramme oft auf der Basis schlechter Rahmenbedingungen arbeiten, sind diese außerschulischen Maßnahmen für die Alphabetisierung unabdingbar. Insbesondere für die UNESCO spielte in den 1990er Jahren Grundbildung und Alphabetisierung eine zentrale Rolle, auch die Weltbank hat anlässlich der in mehreren internationalen Konferenzen (insbesondere in Jomtien/Thailand 1990, siehe UNESCO 1991) aufgezeigten Problemlagen die Kredite für die Bildungsarbeit im Bereich der Grundbildung erheblich erhöht. Die Förderansätze konzentrieren sich auf die besonders problematischen Regionen, insbesondere in den armen Ländern in Afrika, sowie in den bevölkerungsreichen Ländern Südasiens und sind unter fachlichen Gesichtspunkten unter anderem bemüht, bestehende Systeme zu reformieren und Ressourcen effektiv zu nutzen, das Personal zu qualifizieren, Curricula zu verbessern, die Infrastruktur auszubauen, Selbsthilfeinitiativen anzuregen und marginalisierte Bevölkerungsgruppen zu integrieren.

Im seit 2000 gültigen Aktionsplan „Education for All – EFA" gelten sechs Ziele, die bis 2015 erreicht werden sollten. Der jährlich von der UNESCO herausgegebene Weltbildungsbericht „Education for All – Global Monitoring Report" misst regelmäßig die Fortschritte bei der Erreichung der EFA-Ziele:

- Ziel 1: Frühkindliche Förderung und Erziehung soll ausgebaut werden, insbesondere für benachteiligte Kinder.
- Ziel 2: Bis 2015 sollen alle Kinder – insbesondere Mädchen, Kinder in schwierigen Lebenssituationen und Kinder, die zu ethnischen Minoritäten gehören – Zugang zu unentgeltlicher, obligatorischer und qualitativ hochwertiger Grundschulbildung erhalten und sie sollen diese auch abschließen.
- Ziel 3: Jugendliche sollen den Zugang zu Lernangeboten und Training von Basisqualifikationen (life skills) haben.
- Ziel 4: Die Alphabetisierungsrate unter Erwachsenen, besonders unter Frauen, soll bis 2015 um 50% erhöht werden. Erwachsene sollen Zugang zu Grund- und Weiterbildung haben.

- Ziel 5: Bis 2015 soll Gleichberechtigung der Geschlechter im gesamten Bildungsbereich erreicht werden, wobei im globalen Kontext der Schwerpunkt auf der Verbesserung der Lernchancen für Mädchen liegt.
- Ziel 6: Die Qualität der Bildung muss verbessert werden.

Mittlerweile lässt sich feststellen, dass die Zahl der weltweit eingeschulten Mädchen gestiegen ist, und das internationale Engagement für Bildung zunimmt. Allerdings wird der frühkindlichen Förderung bis heute nach wie vor in vielen Entwicklungs- und Geberländern zu geringe Bedeutung zugesprochen (vgl. UNESCO 2006).

Der Auf- und Ausbau der Datenbasis zur Planung, Durchführung und Evaluierung von Bildungsprogrammen ist noch nicht hinreichend fortgeschritten, hat aber im Kontext der Bildungsforschung und Bildungsplanung seit den 1990er Jahren eine erhebliche Bedeutung (vgl. Bertrand 1992) und ist durch das internationale Monitoring zur Evaluierung beispielsweise der EFA-Ziele kontinuierlich weiterentwickelt worden.

4.2 Berufliche Bildung

Der deutsche Beitrag zur Förderung der Berufsbildung in Entwicklungs- und Transformationsländern besteht heute nicht mehr im Export des dualen Systems, sondern tendenziell wird die Übertragbarkeit praktischer und situierter Lernprozesse in jedem Einzelfall geprüft (vgl. Greinert u.a. 1997). Heute geht es darum „zur Sicherung und Steigerung produktiver und breitenwirksamer Beschäftigung in Entwicklungs-, Schwellen- und Transformationsländern messbar beizutragen" (BMZ 2005, S. 8).

Weltweit konkurrieren der funktionsorientierte Qualifizierungsstil und entsprechende kompetenzbasierte Ausbildungsmodelle nach angloamerikanischem Vorbild, der wissenschaftsorientierte Qualifizierungs- und Ausbildungsstil nach frankophonen Modellen und der berufsorientierte und kompetenzbasierte Qualifizierungs- und Ausbildungsstil aus Deutschland sowie die betriebsorientierten Qualifizierungsstile und Modelle aus den modernisierten ostasiatischen Kulturen (vgl. Deissinger 1995; Schaack 1997; Moura Castro 2000). *Mehr als früher geht es heute um angepasste Lösungen und die Berücksichtigung der Erwartungen und der Potenziale von Partnerländern im Bereich der Berufsausbildung (vgl. Alvarez/Lenhart 1988; BMZ 1999).* Kooperative Ausbildungsformen als Erstausbildung oder Umschulung, Kurzzeitkurse für die spezifische Vorbereitung auf Arbeitsplätze und Weiterbildung, Ausbildungskurse zur Förderung der Beschäftigung als Strategie der aktiven Arbeitsmarktpolitik, Ausbildungsmaßnahmen zur Förderung des informellen Sektors (vgl. GTZ 1997), Ausbildungsmaßnahmen zur Förderung von Existenzgründungen, unmittelbar betriebliche Ausbildung und auch virtuelles interaktives Lernen durch Fernstudium mit modernen Medien weisen auf die Vielfalt beruflicher Förderkonzepte (vgl. BMZ 1993). Beratung, verbesserte Arbeitsmarktinformationen, Berufsorientierung und Vermittlung sind aktuell gewachsene Forschungs- und Praxisfelder (vgl. BMZ 2005).

Die in den letzten Jahren gültigen Grundsätze besagen, dass erstens die Fördermaßnahmen auf unterschiedlichen Ebenen der beruflichen Bildung gleichzeitig ansetzen sollen, also Berufsbildungspolitik, Ausbildungsplanung und Durchführung sollen miteinander vernetzt werden und dass zweitens die Maßnahmen der beruflichen Bildung mit anderen Sektoren wie etwa der Regionalentwicklung oder der Arbeitsmarktförderung verbunden werden sollen. Kooperative (Schule und Betrieb; Ausbildungszentren und Betrieb) wie andere formale, nonformale und auch informale Ausbildungen können als Angebotsformen zur Förderung beitragen. Berufsbildung richtet sich selbstverständlich auf den Erwerb fachlicher Fähigkeiten und Kenntnisse aber auch auf die Vermittlung sozialer und politischer Einstellungen und Verhaltensweisen, die für erfolgreiches Wirtschaften in abhängen, unternehmerischen und in subsistenzwirtschaftlichem Rahmen wichtig sind (vgl. Arnold 1989). Diesem Anliegen entsprechend werden in Deutschland vor allen Dingen die Systementwicklung, also die institutionell organisatorische Struktur von Berufsbildungssystemen in öffentlichen und privaten Einrichtungen unterstützt, es werden Ausbildungsstätten auf- und ausgebaut und dabei das pädagogische Personal fortgebildet, es werden besondere Zielgruppen aus dem informellen Sektor gefördert, es werden die pädagogischen Kompetenzen des Lehr- und Lernpersonals geschult und Berufsbildung wird in den größeren Rahmen von gesellschaftlicher Partizipation eingebettet. Bildungsforschung ist in diesen Zusammenhängen sowohl als handlungsorientierte Begleitforschung, die bei der Konzeptentwicklung notwendig ist, wie als orientierendes Instrument der Bedarfsanalyse und Trenderkennung gefordert, ist aber auch als unabhängige formative oder summative Evaluationsforschung zur Überprüfung von Projektergebnissen in die praktische Bildungsplanung einbezogen.

4.3 Hochschulbildung

Die Hochschulen erfüllen im Kontext der internationalen Bildungszusammenarbeit in ihren drei Hauptfunktionen der Lehre, der Forschung und der Dienstleistungen ihre entwicklungspolitischen Aufgaben. Im Bereich der Lehre geht es vor allen Dingen darum, entwicklungsrelevante Fachrichtungen aufzubauen und die Qualität auf postgradualem Niveau zu erhöhen (vgl. BMZ 1993). Ausbildungskooperationen zwischen deutschen Hochschulen und Partnerhochschulen im Entwicklungsland werden angestrebt. Die Orientierung an der Berufspraxis und an den Entwicklungsproblemen des Landes sollen in den Lehr- und Stoffplänen sowie in den Medien stärker zum Ausdruck gebracht werden. Durch den Einsatz neuer Medien und neuer Informations- und Kommunikationstechnologien werden die Prinzipien des virtuellen Lernens stärker implementiert – in Transformationsländern zur akuten Verbesserung der Infrastruktur manchmal schneller als in entwickelten Industrie- und Dienstleistungsgesellschaften. Die Hochschulen sollen ihr eigenes Personal weiter qualifizieren aber auch in Öffnung ihrer Potenziale Weiterbildungsangebote für Beschäftigte anbieten. Ähnliches lässt sich für den Forschungsbereich konstatieren, denn neben der Verbesserung der materiellen Ausstattung und der Unterstützung der internationalen Forschungszusammenarbeit werden vor allen Dingen entwicklungsrelevante Forschungsrichtungen gefördert. Ein gravierendes Problem ist die geringe Öffnung vieler Universitäten und Hochschulen in Entwicklungsländern gegenüber der Privatwirtschaft und Praxiseinrichtungen. Hier wird versucht, den Transfer von Wissen durch stärkere Öffnung und Beratung zu verbessern. Als spezifisch deutsche Hochschulförderung werden Ernährungssicherung, Umwelt- und Ressourcenschutz, Bildungsförderung, insbesondere Lehrerausbildung, Familienplanung und Bevölkerungspolitik sowie spezifisch technische Fortbildungen genannt (siehe BMZ 1993: Sektorkonzept zur Hochschulbildung). Bereits in der Vergangenheit haben sich im Kontext der technischen Zusammenarbeit (TZ) in den Tätigkeitsfeldern der Entwicklung von Institutionen, also dem Aufbau von Fachbereichen und Fakultäten, der Entwicklung des Bildungs- und Forschungssystems, bei der Beratung von Ministerien und der Institutionen der Bildungs-, Hochschul- und Forschungsplanung, der Qualitätssicherung von Institutionen sowie der Ausbildungskooperation zwischen Deutschland und Partnerländern Wege der Kooperation herausbilden können. Diese Maßnahmen der technischen Zusammenarbeit werden von Maßnahmen der finanziellen Zusammenarbeit (FZ) ergänzt. Vor allem in der beruflichen Bildung aber auch im Hochschulsektor werden seit vielen Jahren von INWENT (inklusive den Vorläuferinstitutionen) und dem Deutschen akademischen Austauschdienst (DAAD) projektungebundene Programme für Teilnehmende aus Entwicklungsländern durchgeführt, die auch nach den Umstrukturierungen des institutionellen deutschen Angebots der internationalen Bildungsarbeit ihren Stellenwert behaupten.

5 Kompetenzbasierte Ausbildung in Entwicklungsländern

Zur Vertiefung des bisherigen Überblicks ließen sich aus der Perspektive der Bildungsforschung verschiedene Themen bearbeiten: Alphabetisierung (z.B. Lenhart 1993; Lenhart/Maier 1999); Strategien der Bildungsplanung (z.B. Bertrand 1992; Moura Castro 2000; Schaack/Tippelt 1997; Atchoarena 1994), Lebenslanges Lernen (z.B. Giere 1994; UNESCO 2000), Lehrerbildung (z.B. UNESCO 1998), Integration von sozialen Gruppen (UNESCO 1995), internationaler Leistungsvergleich (UNESCO 1998a; Unidad de Medición de la Calidad Educativa 2001), frühkindliche Förderung (UNESCO 2006) etc.

Um an dieser Stelle konkreter zu werden, soll im Folgenden ein m.E. gründlich und kontrovers diskutiertes Thema der internationalen Bildungsarbeit der letzten zwei Jahrzehnte genauer betrachtet werden – das Problem der kompetenzbasierten Bildung und Ausbildung und deren Umsetzung in Curricula und bei der Fortbildung des pädagogischen Personals (vgl. Achatz/ Tippelt 2001).

Zahlreiche Entwicklungsländer in Südamerika und in Asien haben in den 90er Jahren eine Phase verstärkter internationaler Privatisierung durchlaufen, wodurch sich technologische und betriebswirtschaftliche Veränderungen für die Betriebe und die Beschäftigten ergaben. Der Anteil der kleinen und mittleren Unternehmen im formellen wie auch im informellen Sektor ist zwar nach wie vor sehr groß, aber die Vernetzung mit der internationalen Wirtschaft ist deutlich gewachsen. Dadurch hat sich der Bedarf an qualifizierten Arbeitskräften sowohl in Handwerksbetrieben wie auch im Dienstleistungssektor erheblich vergrößert. Viele Länder stehen vor der Herausforderung, die gravierenden wirtschaftlichen und sozialen Veränderungen – auch die Armutsbekämpfung – durch immer besser qualifizierte Fachkräfte, auch in produktionstechnischen Bereichen, in den Griff zu bekommen.

Zur Verbesserung der beruflichen Bildung, aber auch der allgemeinen Bildung hat sich in mehreren Ländern eine Orientierung am Konzept des competency-based training (CBT) nach Blank (1982) oder Norton (1997) durchgesetzt, das die Curriculumdebatte erheblich erweiterte (vgl. Lewy 1992) und sich zuvor als ein lernzielorientierter Ansatz in verschiedenen Varianten – trotz sehr verschiedener Ausbildungs- und Trainingssysteme – vor allem in den USA, in Australien, in Kanada und in England durchsetzte (vgl. Tippelt/Edelmann 2007). Dies ist beispielsweise explizit in Malaysia, den Philippinen, Zimbabwe, Tansania, und in besonderer Form auch in Peru, Kolumbien oder Mexiko der Fall (vgl. Kohn u.a. 2000; GTZ 2000). Grundlage ist, dass competency-based training die Lernziele und Lerninhalte durch die Analyse von Praxis- und Berufsbereichen zu analysieren versucht, und den Lernprozess dann an diesen Bedarfserhebungen ausrichtet (vgl. Psacharopoulos 1987). Vor jedem beruflichen Lernprozess steht also eine systematische Ermittlung der vom Beschäftigungsbereich nachgefragten Kompetenzen (vgl. Norton 1997). Diese tätigkeitsbezogenen Kompetenzen werden identifiziert, verifiziert und öffentlich gemacht. Später in der Ausbildung ist das Erreichen dieser festgelegten und standardisierten Kompetenzen das entscheidende Kriterium für den Erfolg des Lernprozesses, denn jeder Lernende muss die vordefinierten Standards in Prüfungen nachweisen. Es ist also unbedingt notwendig, die Lernstandards (Kompetenzen) exakt und in engem Kontakt zur beruflichen Praxis zu definieren. Für zahlreiche Entwicklungsländer ist dies ein Fortschritt, weil rein schulische, praxisferne und teilweise unklare Zielsetzungen durch den verstärkten Bezug der Ausbildung auf die berufliche Praxis überwunden werden.

Der Zugang zum Lernprozess – so eine weitere Grundidee von CBT – ist unabhängig von den Lernerfahrungen, die vorher im formellen Bildungssystem erworben wurden. Mit anderen Worten: Berufliches Lernen soll offen für jede Form der vorausgehenden formalen, nonformalen und sogar informalen Erziehung und Ausbildung sein, sofern von den Bewerbern in einem Eingangstest nachgewiesen werden kann, dass die Voraussetzungen für den angestrebten beruflichen Bildungsprozess bei dem jeweiligen Lernenden vorhanden sind. Diese Veränderungen im Selektionsprozess können eine sinnvolle Reaktion darauf sein, dass in Entwicklungsländern Lernvoraussetzungen und Grundlagen nicht immer in Schulen sondern häufig auch in informellen Lernarrangements (familiales Lernen, Alltagslernen, Selbstlernen) angeeignet werden.

Es gilt bei CBT als äußerst wünschenswert, dass der Lernprozess so individualisiert wie möglich durchgeführt wird. Man geht beispielsweise davon aus, dass sich Lernende in unterschiedlicher Weise und in unterschiedlichem Lerntempo theoretische und praktische Lerneinheiten aneignen. Ist der Lernweg auch individualisiert so ist die Lernleistung stark standardisiert. Großer Wert wird daher auf das „assessment" gelegt, d.h. jedes Modul wird mit einer Form der Prüfung oder Zertifizierung oder zumindest Erfolgskontrolle abgeschlossen. Für viele Entwicklungsländer mit einer eher schulisch orientierten beruflichen Ausbildungstradition ist es ein starker Wandel, wenn nicht nur die Kompetenzen im Kontakt und Konsens mit den Einrichtungen der beruflichen Praxis definiert werden (job analysis, task analysis), sondern wenn darüber hinaus die Berufsausbildung auch praxisbezogen durchgeführt wird und wenn realistische Arbeitssituationen und aktuelles „on the job training" in die Berufsausbildung integriert werden (vgl. Lauglo/Lillis 1988). CBT basiert auf modularisierten Curricula, d.h. idealtypisch kann Ausbildung auch vorzeitig beendet oder auch unterbrochen werden, ohne dass eine entsprechende Ausbildung als Abbruch gelten würde. Angesichts der angespannten finanziellen Situation in vielen Familien wäre diese Möglichkeit zur Unterbrechung und zur Wiederaufnahme der Ausbildung notwendig.

Zwischenfazit: Zu den Grundannahmen von CBT gehört also, dass Auszubildende dann besser lernen, wenn der Lernweg individualisiert ist, wenn die Lernziele und Lerninhalte klargelegt werden können und wenn diese Lerninhalte in einem unmittelbaren und nachvollziehbaren Zusammenhang zu den realen späteren Anforderungssituationen am Arbeitsplatz stehen.

Der einfache unmittelbare Transfer von etablierten Bildungs- und Berufsbildungssystemen in Entwicklungsländer ist in der Vergangenheit mehrfach gescheitert (vgl. Schaack 1997). Dies hat einfache Gründe, denn in Entwicklungsländern herrschen eigene Traditionen, notwendige Netzwerke zur Stützung beispielsweise dualer Strukturen sind kaum vorhanden und vor allem sind die Betriebe häufig nicht bereit, in voller Verantwortung Ausbildungsaufgaben zu übernehmen (vgl. Moura Castro/Cabral de Andrade 1997; Lauglo 1997). Daher wird CBT meist in speziellen Ausbildungszentren durchgeführt, die zumindest von der Wirtschaft mitfinanziert werden und die in einem engen Kontakt zu den Betrieben stehen. Anders als im dualen System ist nicht der Betrieb der primäre Lernort, sondern praktische Ausbildungszentren, deren Bildungsorganisation und Lernkonzepte sich von herkömmlichen Schulen aber deutlich unterscheiden (vgl. Tippelt/Amorós 2000f.). Mit arbeits- und curriculumanalytischen Ansätzen werden in zahlreichen Berufsbereichen Aufgaben definiert, die einen unmittelbaren betrieblichen Bedarf ausdrücken. Aufgaben werden wiederum in kleine Lerneinheiten strukturiert, damit modularisiertes und darüber hinaus individuelles Lernen möglich wird. Die Beherrschung so definierter Aufgaben und Kompetenzen ist das entscheidende Kriterium für den Erfolg im beruflichen Lernprozess, und der Lernende sollte einen definierten Standard, der auch kontrolliert und geprüft wird, erreichen (vgl. Laur-Ernst/King 2001).

Wie werden aber Kompetenzen entwickelt und definiert? Unter den vielen möglichen Methoden der empirischen Arbeits- und Aufgabenanalyse hat sich in zahlreichen Ländern vor allem die Methode nach DACUM (Develop a Curriculum) durchgesetzt. Kompetenzen haben hierbei eine andere Bedeutung wie im deutschen Ausbildungskontext (vgl. Lindemann/Tippelt 1999; Edelmann/Tippelt 2007): Kompetenzen stehen in den Entwicklungsländern meist für eine Funktion oder Aktivität in ausbildungsrelevanten Tätigkeitsbereichen. Kompetenzen werden in spezifischen mehrtätigen Workshops mit Arbeitsgebern und erfahrenen Berufsexperten aus der Praxis festgelegt. Man wird feststellen müssen, dass die Ergebnisse solcher curriculum- und arbeitsanalytischer Gruppenarbeit vollkommen von dem Wissen und der Motivation der eingeladenen Experten abhängig ist. Entsprechend deutlich variiert die Qualität der mit der DACUM-Methode erarbeiteten beruflichen Curricula. Das gegenwärtige Konzept von kompetenzbasiertem Lernen ist breit gehalten und umfasst verschiedene Aspekte der Arbeitsleistung. Es sollen individuelle berufliche Fähigkeiten und Fertigkeiten aufgebaut werden, die allerdings mit den definierten beruflichen Anforderungen (competencies) kompatibel sein müssen:

- jeder künftige Arbeitnehmer soll verschiedene Aufgaben im Rahmen eines Berufes bewältigen können (task management skills)
- man soll vorbereitet sein mit Problemen und von der Arbeitsroutine abweichenden Situationen umgehen zu lernen (contingence management skills)
- in einzelnen Konzepten werden auch Schlüsselqualifikationen wie man sie in Deutschland diskutiert in das competency-based training integriert (generic skills).

So findet man in den didaktischen Hinweisen für die verschiedenen Arbeitsaufgaben auch Teamwork, Verantwortungsbewusstsein, Kommunikationsfähigkeit, Problemlösungsfähigkeit, methodische Fähigkeiten der Prozesssteuerung und Anpassungs- und Belastungsfähigkeiten in den DACUM entwickelten Curricula integriert.

Wenn man weiter die traditionelle Instruktion in der beruflichen Ausbildung mit den didaktischen Grundlagen von competency-based training vergleicht, dann lassen sich unter Berücksichtigung von Situationsbeschreibungen in zahlreichen Ländern (vgl. GTZ 2000) grob folgende Gegenüberstellungen vornehmen:

Indikator	Traditionelle Instruktion	Competency-based training
Inhalt basiert auf	Reproduzierbarem Wissen	Fähigkeiten und Fertigkeiten (Arbeitsaufgaben)
Inhalt bestimmt durch	Berufsbildungstheorie und Lernphilosophie	Arbeitsanalyse
Dominante Lehrmethode	Dozenten und Ausbildervortrag	Praktische Demonstration und berufliche Praxis
Primärer Lernort	Klassenzimmer	Workshops, Laboratorien (Arbeitsplatz)
Lernzeit	Festgelegt	Variabel und individualisiert
Pädagogisches Personal	Lehrer, theoretische Ausbildung	Ausbilder, berufliche Bildungspraxis
Evaluation	Schriftliche Tests	Prüfung praktischer Fähigkeiten (performance)
Erfolgskriterien	Zertifikat	Arbeitsplatz
Rolle der Lehrer und Ausbilder	Unterrichtende Person	Teammitglied, moderierende Personen
Rolle der Auszubildenden	Informationen empfangen	Informationen verarbeiten und anwenden

Diese idealtypische Gegenüberstellung von traditioneller Instruktion und competency-based training weist noch einmal auf den stärker handlungsbezogenen Charakter von CBT hin. Es wird deutlich, dass CBT modernes Wissensmanagement insofern integriert als nicht nur berufliche Kenntnisse und berufliches Verständnis entfaltet werden, die Lernenden sollen vielmehr in der Lage sein, das Wissen handelnd anzuwenden, aktuelle Arbeitsprobleme zu lösen und zu Bewertungen von praktischen Handlungsstrategien zu gelangen. Die Lernziele und Lernstandards sind unmittelbar auf die berufliche Praxis bezogen und man erwartet von den Auszubildenden auch unter den realen Rahmenbedingungen der gegebenen Arbeitsplätze berufliche Leistung zu erbringen. Dies impliziert gegenüber dem schulzentrierten beruflichen Lernen eine massive Veränderung. Wenn neue Arbeitssituationen und Arbeitsumgebungen wichtigste Bezugspunkte für CBT sind, müssen Arbeits- und Aufgabenanalysen die empirisch notwendigen Kenntnisse, Fähigkeiten, Fertigkeiten, Sicherheitsstandards, die zu beherrschenden Werkzeuge und Maschinen für die Curriculumentwicklung benennen. Die CBT-Curricula in Entwicklungsländern sind häufig modularisiert, sie sind aber nicht – wie in Deutschland – berufsbezogen, sondern definieren deutlich engere Einheiten der Tätigkeit. Auch strukturieren die CBT-Curricula die Lernziele, Lernschritte und Lerninhalte nicht in erster Linie für Betriebe sondern für berufliche Lernzentren, die ihrerseits lediglich in Kontakt mit Betrieben stehen.

Neben den bereits genannten Vorteilen ist CBT auch mit Problemen konfrontiert. Wie kann man über die Status-quo Festschreibung von Kompetenzen hinauskommen und die zukünftig notwendigen Kompetenzen identifizieren? Wie kann man einer Explosion von „Berufstiteln" durch Bündelung von arbeitsplatzbezogenen Kompetenzen vorbeugen? Wie lassen sich international gültige skill-standards implementieren? Und wie lassen sich curricular festgeschriebene Kompetenzen, angesichts der nicht immer gegebenen institutionellen und personellen Voraussetzungen in den ausbildenden Lernzentren und vor allem in den Betrieben, im Lernprozess tatsächlich umsetzen?

Es besteht ein enormer Bedarf an Qualifizierung für die Instruktoren, damit sie einerseits den in den Curricula definierten fachlichen Standards entsprechen können und andererseits die mit handlungsorientiertem und projektorientiertem Lernen verbundenen didaktischen und methodischen Fähigkeiten in den Lernprozess einbringen können. Entsprechend umfangreich ist nach der großen Welle der Curriculumentwicklung nach wie vor die Aufgabe der Schulung und Förderung des Lehrpersonals. Notwendig ist künftig, ähnlich wie bei der Revision von Ausbildungsordnungen in Deutschland, eine permanente Überarbeitung der CBT-Standards, damit sich die gravierenden Entwicklungen der Agrar-, Produktions- und Dienstleistungsmärkte auch in der beruflichen Ausbildung niederschlagen. Weiterhin ist CBT auf Lehrmaterialien angewiesen, die in Ländern mit knappen Ressourcen häufig noch kaum vorhanden sind. Entsprechend vordringlich ist die Entwicklung beruflicher Medien und die Fortbildung der Lehrer/Instruktoren in den Lernzentren und der Ausbilder/Monitoren in den Betrieben. Dies stellt auch eine große Herausforderung internationaler Bildungsarbeit und -hilfe in den sich modernisierenden Entwicklungsländern dar.

Fallbeispiel: Kompetenzorientiertes Lernen in Peru und Kolumbien

Die Entwicklung der beruflichen Bildung in Peru und spezifisch auch in Kolumbien kann in verschiedener Hinsicht für Lateinamerika als typisch gelten. Ähnlich anderen Entwicklungsländern, hat sich – ausgelöst durch Privatisierungen und die Vernetzung mit der internationalen Ökonomie – ein erhöhter Bedarf an qualifizierten Fachkräften im modernen wie im informellen Sektor ergeben. Dort, wo sich internationale Geberländer zurückziehen, stoßen – insbesondere in der beruflichen Bildung – sofort andere Länder nach.

Handlungsorientierte Ausbildung und „competency-based training"
Der wichtigste Anbieter der beruflichen Aus- und Fortbildung in Peru ist SENATI (Servicio Nacional de Adiestramiento en Trabajo Industrial) und in Kolumbien SENA, Institutionen, die ähnlich wie andere lateinamerikanische Berufsbildungsinstitutionen ca. ¾ ihres Haushalts über die Lohnsummenabgaben der Betriebe und ¼ über vertragliche Ausbildungs-, Entwicklungs- und Beratungsleistungen finanzieren (ähnlich SENAI und SENAC in Brasilien etc.). Seit Mitte der 1990er Jahre wurden in Peru und in Kolumbien Aspekte einer dualen Berufsausbildung auf Facharbeiterebene in enger Zusammenarbeit mit den Betrieben verstärkt. SENATI hat – als eine der führenden Ausbildungseinrichtungen Südamerikas – die Abstimmung von Arbeitsmarkt und praxisnaher beruflicher Bildung unter Einfluss amerikanischer und englischer wie auch deutscher Konzepte verbessert, indem man relativ früh „competency-based training" (vgl. Blank 1982) einführte.

SENATI ist bestrebt, das oben charakterisierte competency-based training – insbesondere durch die Fortbildung von Instruktoren und betrieblichen Monitoren – zu verbessern (vgl. Tippelt 2000; Tippelt/Amorós 2000f.; Senati 1995). In Peru und auch in Kolumbien – und dies ist exemplarisch – wird daher über ein erweitertes kompetenzbasiertes Lernen nachgedacht, das ein verändertes Klima in Lehrinstitutionen und den Wandel der Lernkultur voraussetzt: Auf Problemlösungen soll künftig größerer Wert gelegt werden als auf die routinemäßige Aneignung von Fakten, lebensbegleitendes Lernen wird stärker reflektiert, rein mechanische oder bürokratische Denkweisen werden zunehmend kritisiert, der Umgang mit scheinbar chaotischen Ausgangsbedingungen wird als Lerngelegenheit zur Erzeugung von Flexibilität und Kreativität erkannt, Fehler werden als Chance begriffen, weil sie prinzipiell lösbar und analysierbar sind. Grundsätzlich soll die Partizipation der Lernenden zunehmen, weil die Verantwortung des Einzelnen für seine eigene Lernleistung ein innovatives und unternehmensbezogenes Denken fördert. Man öffnet sich langsam den Konzepten der lernenden Organisation und beginnt neue Lernprinzipien zu reflektieren und in weiteren Schritten verbindlich zu machen. Aktives und situiertes Lernen soll die Qualität des Wissensaufbaus und den Erwerb von Kompetenzen als konstruktive Aktivität des Lernenden begreifen. Die traditionellen Formen des noch zu oft geltenden passiven und mechanischen Lernens geraten hierbei in die Kritik. Angestrebt wird nutzungsbezogenes Lernen, denn der Wissens- und Kompetenztransfer in das Beschäftigungssystem wird als besonders wichtig hervorgehoben. Trotz der Forderung nach selbstständigem Lernen verzichtet man nicht auf Anleitung, weil diese als Voraussetzung von selbstständigen und autonomen Lernschritten notwendig ist. Selbstständigkeit des Lernens, auch eines zunehmend virtuellen Lernens über moderne Medien, das in Kolumbien und in Peru wie in anderen Entwicklungsländern gefördert wird, soll immer wieder der Kontrolle von korrektem Ausbilder- und Expertenwissen unterworfen werden.

Innovative projektorientierte Lernformen
Kooperatives Lernen fördert die Lernmotivation und bereitet auf Teamarbeit vor, die sowohl in den Organisationsstrukturen des modernen Arbeitssektors wie des handwerklichen Bereichs im eigenen Land gefordert ist. Auch die spezifische Dialektik von inhaltlichem und methodischem Lernen wird zunehmend ernst genommen, denn Lernen geschieht sicher immer im Kontext eines inhaltlichen Schwerpunkts und dennoch ist es so, dass Kompetenzen nur dann gefördert werden können, wenn sich Lernen von einer bloßen Produktorientierung zu einer Prozessorientierung erweitert. Insbesondere Methodenkompetenz, also Wissen über das Lernen des Lernens und die metakognitive Reflexion des eigenen Lernens gilt im Kontext neuer und als wichtig erkannter Lernformen als unabdingbar.

Fortbildung des pädagogischen Personals
Die größte Schwachstelle bei der Umsetzung des hier charakterisierten pädagogischen und handlungsbezogenen Konzepts der beruflichen Bildung sind die noch keineswegs angemessenen Qualifikationen der Lehrer und Lehrerinnen in den Ausbildungszentren und vor allem der Ausbilder und Ausbilderinnen in der betrieblichen Praxis (vgl. Edelmann 2000). So fehlt zahlreichen Lehrern in den Ausbildungszentren die betriebliche Praxiserfahrung, den betrieblichen Ausbildern umgekehrt eine systematische und methodische Vorbereitung für ihre pädagogischen Aufgaben. Die Lehrkräfte brauchen folglich sowohl eine intensive praktische Grundausbildung, die die jeweilige technologische Fachkompetenz in der spezifischen Fachrichtung aktualisiert, als auch eine kompetenzbasierte, didaktisch-methodische Fortbildung.

Die Systematisierung, Kategorisierung und Sequenzierung von Kompetenzen in Curricula kann nicht allein die erwünschten Resultate erbringen. Sehr wichtig ist es, dass das pädagogische Personal die genannten Lernprinzipien beherrscht und darüber hinaus einschlägige Lehr- und Lernmethoden einsetzen kann, die zur Förderung der jeweiligen Kompetenzbereiche geeignet sind. Nicht eine Methode, sondern die Pluralität und sinnvolle Mischung gilt als geeignet, die verschiedenen zu fördernden Kompetenzen zu entwickeln. Es ist daher logisch stringent, wenn das pädagogische Personal auch mit deutscher Projekthilfe auf die neuen Moderatoren- und

Lernberaterrollen vorbereitet wurden. Es geht darum, einerseits die Fachkompetenz auf den Umgang mit den neuesten technologischen Entwicklungen zu erweitern, die Methodenkompetenz so zu schulen, dass angemessene Lehr- und Lernformen auch in virtueller Form verfügbar sind, die Sozialkompetenz durch einen kooperativen situationsorientierten Führungsstil und Formen der Lernberatung zu stärken und die individuelle Kompetenz zu sensibilisieren, beispielsweise durch die Fähigkeit zur Metareflexion des eigenen pädagogischen Handelns und der eigenen institutionellen Bildungs- und Erziehungsziele. Es gilt als sicher, dass Kompetenzen nur bis zu einem bestimmten Grad über formale institutionengestützte Lehr- und Lernprozesse vermittelt werden können, ein anderer Teil der Kompetenzentwicklung vollzieht sich über das selbstgesteuerte und selbstorganisierte Lernen, das vor allem durch die neuen Medien gestützt und vertieft werden kann. Manches, was gerade dargestellt wurde, ist sicher noch keine flächendeckende Realität, aber projektorientiertes Lernen wurde als eine hervorragende Methode der erweiterten Kompetenzaneignung erkannt: Information, Planung, Entscheidung, Durchführung, Beurteilung und Schlussevaluation als wichtige Phasen, an denen die Lernenden selbst beteiligt sein sollten. Es gibt grundsätzliche Überlegungen, projektorientiertes Lernen als ein Strukturelement der Ausbildung zu unterlegen. Der komplette Handlungsablauf von definierten „tasks" soll ausgebildet und eingeübt werden, damit die Lernenden einen ganzheitlichen Einblick in alle Handlungsschritte erreichen können. Medial gestütztes Lernen wird bei den angestrebten pädagogischen Innovationen künftig eine wichtige Rolle einnehmen, aber es ist auch sicher, dass fachliche, sensomotorische und soziale Fähigkeiten und Fertigkeiten immer auch im Kontext des Ablaufs realer beruflicher Tätigkeiten zu schulen und anzueignen sind.

Das anvisierte verbesserte Kompetenz- und Wissensmanagement der Lehrer und Ausbilder durch eine bedarfsgerechte Fort- und Ausbildung zielt darauf, Bildung und Ausbildung als einen wichtigen Beitrag zum Strukturwandel und zum Wachstum der heimischen Ökonomie weiterzuentwickeln. Man hofft durch eine verbesserte kompetenzbasierte Ausbildung sowohl die Produktivität und Wettbewerbsfähigkeit der Wirtschaft zu verbessern als auch die Beschäftigungsaussichten und Einkommenserwartungen der Absolventen von Ausbildungsmaßnahmen deutlich zu erhöhen (vgl. von Hippel 2001).

Im Konzept „Berufliche Bildung und Arbeitsmarkt in der Entwicklungszusammenarbeit" (vgl. BMZ 2005) werden entsprechende Zusammenhänge programmatisch formuliert: Partnerorientierte Qualitätsmanagementsysteme und ein umfassendes, aber eine den verfügbaren Mitteln angepasste Form des Monitoring von Planung, Durchführung und Wirkung Beruflicher Bildung wird verbindlich gemacht. Gegenüber zurückliegenden Konzepten werden der Kompetenzentwicklung (vgl. Edelmann/Tippelt 2007), der Weiterbildung, der Umschulung, der Beratung, der Arbeitsmarktorientierung, den Kleinst- und Mittelbetrieben, den benachteiligten Bevölkerungsgruppen verstärkt Aufmerksamkeit gewidmet. Sichtbar ist ein starkes Interesse die Berufliche Bildung mit anderen Politik- und Praxisfeldern intensiver zu vernetzen, so dass beispielsweise auch Anforderungen der Zivilgesellschaft, der Umwelt- und Gesundheitsbildung, der Konfliktprävention und der Jugendförderung mit beruflicher Bildung in Zusammenhang entwickelt werden sollen.

Für eine in diesem Sinne komplex orientierte Bildungsforschung ergeben sich wichtige evaluative Aufgaben (siehe Timmermann und Ditton in diesem Band).

6 Neue Wege der internationalen Bildungskooperation

Seit Ende der 1950er Jahre hat sich als Reaktion auf sich diversifizierende Bedarfe in Deutschland und in den Partnerländern eine komplexe Struktur von Maßnahmefeldern zur Aus- und Fortbildung für Fach- und Führungskräfte aus Ländern der Entwicklungszusammenarbeit herausgebildet. Die Fort- und Weiterbildung versteht sich in Teilbereichen als ein Instrument der internationalen Personalentwicklung und als eine wichtige Komponente der Gestaltung von Institutionen und Organisationen. Dabei gewinnen Erfahrungsaustausch und Dialog als eigene Maßnahmefelder kontinuierlich an Bedeutung und sind zu wichtigen Formen des globalen Lernens und systemischen Wissensmanagements (vgl. Willke 1998) geworden.

Wenn man die in einigen Entwicklungs- und Transformationsländern erkannten Probleme des Bildungs- und Ausbildungssystems in Kategorien des Wissensmanagements ausdrückt, so lassen sich folgende vordringliche Aufgaben benennen: Zur verbesserten Wissensgenerierung werden lernförderliche Kontexte zu gestalten und multifunktionale Projektgruppen einzuführen sein. Die mediengestützte Simulation von beruflichen Abläufen ist derzeit zwar noch nicht stark ausgeprägt, wird allerdings in Zukunft an Bedeutung gewinnen. Dabei kann eine verbesserte Wissensrepräsentation der Lernenden gefördert werden und spezifische Datenbanken können die Strukturierung und kontextabhängige Verankerung schulischen, wissenschaftlichen und beruflichen Wissens erhöhen. Eine verbesserte Wissenskommunikation kann durch reale und virtuelle Kommunikationsforen erhöht werden. Es wird Sorge getragen werden müssen, dass die für moderne Organisationen typische Verteilung und Aufsplittung von Information durch den Austausch von Wissen und Erfahrungen kompensiert wird. Zunehmende Bedeutung hat die Wissensnutzung, denn träges Wissen ohne Anwendungs- und Transfermöglichkeiten gilt insbesondere in Gesellschaften mit knappen Ressourcen als besonders obsolet. Lernen erfolgt daher über anwendungsbezogene Kontextgestaltung und virtuelle mediengestützte Lernformen werden künftig verstärkt durch das Internet und durch elektronische Dokumente nutzungsgerecht angeboten werden.

Bei den Partnerländern besteht ein hoher Bedarf an und eine große Nachfrage nach Unterstützung beim „institutional capacity building" durch internationale Fortbildungseinrichtungen. Es geht immer stärker darum den Partnerländern zu helfen, sich in globale Lern-, Forschungs- und Wissensnetzwerke zu integrieren und Verwaltungen und Bürokratien zu modernisieren. In noch stärkerem Maße als in den zurückliegenden Jahrzehnten sind heute Funktionseliten und Entscheidungsträger wichtige Zielgruppen der Aus- und Fortbildung in der deutschen Entwicklungszusammenarbeit. Die Erfahrungen lehren, dass die in Deutschland zusätzlich Ausgebildeten insbesondere dieser Eliten wirksame Entwicklungsbeiträge für ihr Land leisten und hervorragende Botschafter des Vertrauens in den Partnerländern sind. Gekoppelt mit einer verbesserungsfähigen Nachbetreuung können Aus- und Fortbildung im internationalen Kontext wesentlich dazu beitragen, „dass es gelingt, die Herausforderungen der Globalisierung durch die Mitgestaltung der internationalen Rahmenbedingungen und damit der Strukturen von „global governance" zu meistern, indem sie Dialogstrukturen für gegenseitige Lernprozesse zwischen Kulturen fördern und so die Entwicklung des kulturellen Dialogs als eine zentrale Säule der Entwicklungspolitik vorantreiben" (Kampffmayer 2000, S. 23).

Um internationale Lerngemeinschaften zur Sicherung nachhaltiger Entwicklung kosteneffektiv zu fördern, wird in Deutschland eine Konzentration der Maßnahmengestaltung diskutiert. Nachdem bis in die Mitte der 1990er Jahre die Grundbildung in der Entwicklungszusammenarbeit dominierte, wird seither die Entwicklungsrelevanz der Hochschulbildung wieder stärker berücksichtigt. In wachsendem Maße werden Hochschulen als Beratungs- und Dienstleistungszentren für den privaten Sektor sowie in ihrer Vermittlerrolle zwischen Wissenschaft, Staat und Gesellschaft gesehen. Hochschulen haben für Impulse bei demokratischen Reformprozessen hohen Einfluss und können bei der Gestaltung globaler Strukturpolitik eine Rolle spielen. Dabei ist vom Gedanken der Reziprozität auszugehen, denn globales Lernen hat nicht nur einseitig Vorteile. Die internationale Bildungszusammenarbeit erhält auch politischen Rückenwind, denn Bildung wird für alle Kultur-, Aus- und Fortbildungsprogramme zur wichtigen Säule für eine nachhaltige Entwicklung von Zivilgesellschaften erklärt.

Von der internationalen Bildungsarbeit erwartet man sich auch Wirkungen auf die interkulturelle Bildung in Deutschland (siehe Gogolin in diesem Band) sowie Effekte zum Abbau der Ausländerfeindlichkeit in Deutschland. Der Begriff der internationalen Bildungszusammenarbeit soll als Dachbegriff eingeführt werden, um damit die Ansinnen einer globalen Strukturpolitik zu unterstützen. Der Begriff der internationalen Bildungszusammenarbeit umschreibt tatsächlich den immer enger werdenden Lernzusammenhang zwischen den Ländern des Nordens und den Ländern des Südens, die aufgrund der Notwendigkeit von „global governance" zu globalen Lerngemeinschaften zusammenwachsen. Die Verflechtungen zwischen einzelnen Partnerländern werden im lern-, forschungs- und wissenskooperativen Bereich wichtiger und die Reziprozität der Lernbeziehungen zwischen den Ländern des Nordens und des Südens erweist sich zunehmend als ein Transfer von Wissen, Erfahrungen und Werten in beide Richtungen. Für die internationale Bildungszusammenarbeit (BZ), die neben der finanziellen Zusammenarbeit (FZ) und der technischen Zusammenarbeit (TZ) eine wichtige Säule der Entwicklungszusammenarbeit ist, gelten für die konkrete Programmdurchführung und Lernortbestimmung mehrere Überlegungen:

- Der konkrete Lernort für Fortbildungsmaßnahmen ist vom Thema, der Zielsetzung, der Zielgruppe, den institutionellen Rahmenbedingungen, insbesondere den spezifischen Interessen auf der Nachfrage- und der Angebotsseite abhängig. Wenn beispielsweise spezifisch deutsche Praxis und Erfahrungen bei besonderen Problemlösungen in Deutschland durch Exkursionen, Betriebsbegehungen, Diskussionen vor Ort begreifbarer und erkennbarer werden, ist der Lernort in Deutschland von besonderem Gewicht. Der Lernort im Partnerland dagegen ist vor allem dann geeignet, wenn es um Transfer von gesammelten Erfahrungen in Transformations- und Entwicklungsländern geht, auch ist Kooperation keine one-way-activity sondern ein komplexer wechselseitiger Austausch.
- Mehr als früher sollte man die Nachfrage der Partnerländer nach Fortbildungsmaßnahmen als eine Artikulation realer Präferenzen akzeptieren und sie unter dieser Prämisse kritisch überprüfen.
- Der Lernort Deutschland hat insbesondere in der beruflichen Bildung wegen seines sehr hohen Praxisbezugs Vorteile, weil im dualen System Prinzipien des situierten und des projektorientierten Lernens sehr gut veranschaulicht werden können, die dazu beitragen, träges Wissen zu überwinden.
- Der Lernort Deutschland dürfte auch künftig insbesondere bei Kurzzeitprogrammen zur Begegnung mit spezifischen Lösungswegen und besonderen Einblicken in die Bildungsrealität für Funktionseliten von großer Bedeutung sein.
- Interventionen der internationalen Bildungsarbeit und praktische Bildungsplanung sind auf empirische Trendbeobachtungen, begleitende und evaluative Bildungsforschung angewie-

sen, wenn die Transparenz und die Rationalität von Interventionen und Planungen maximiert werden sollen.

Eine ergänzende kulturelle Kontaktarbeit ist für „sustainability" (Nachhaltigkeit) notwendig, wurde aber bislang nur begrenzt genutzt. Die gegenseitige Vermittlung von Kultur und der Aufbau des Verständnisses für plurale und kulturell differente Lebenslagen und Lebensstile ist hierbei grundlegend (vgl. GTZ 2000; 2001; grundlegend Inkeles/Smith 1974; Goldschmidt/ Melber 1981). Jede Maßnahme der internationalen Bildungszusammenarbeit hat auch eine kulturpolitische Dimension, die für die entwicklungspolitische Wirksamkeit von Fortbildungsmaßnahmen konstitutiv ist. Kulturelle Begegnung und damit verbundenes informelles Lernen gehören zum geheimen Lehrplan internationaler Bildungsarbeit und sind geeignet, die unverzichtbare Nachhaltigkeit von Entwicklungszusammenarbeit besser zu sichern.

Entwicklungs- und Transformationsländer setzen bei der internationalen Bildungsarbeit, der Kleingewerbeförderung und der Beschäftigungsförderung neben der Kooperation mit Deutschland auf die Kooperation mit zahlreichen anderen Industrie- und Dienstleistungsgesellschaften sowie auf die Förderung von internationalen Organisationen wie z.B. die Weltbank, das International Labour Office oder die regionalen Entwicklungsbanken. Die multinationalen Vernetzungen der Entwicklungszusammenarbeit verlangen von den einzelnen Ländern in hohem Maße abgestimmte internationale Kooperationen, weil im negativen Fall sonst Vorhaben unnötig parallel gefördert werden und sich rein additive oder widersprüchliche Bildungsinnovationen ökonomisch, politisch und sozial kontraproduktiv auswirken. Im positiven Fall fördert die internationale Bildungszusammenarbeit die eigenständige Restrukturierung und reflexive Modernisierung der Bildungs- und Ausbildungssysteme und hat wichtige ökonomische und kulturelle Rückwirkungen auf die wohlhabenderen Industrie- und Dienstleistungsgesellschaften des Nordens.

Gegenwärtig wird in der Entwicklungspolitik die Armutsbekämpfung als globale Aufgabe in besonderer Weise betont: Ziel ist die Halbierung des Anteils der in extremer Armut lebenden Menschen (weniger als $1 US pro Tag) bis zum Jahr 2015. Im Jahr 1990 waren 1,3 Milliarden Menschen extrem arm, d.h. in einzelnen Weltregionen über ein Drittel der Bevölkerung. Für die Bildungsforschung und die Bildungsarbeit ergeben sich hieraus große Herausforderungen, denn bis 2015 sollen – so die politischen Vorgaben (vgl. BMZ 2001) – u.a. die Grundbildung für Kinder bis zum 14. Lebensjahr universal durchgesetzt sein, das Gefälle zwischen Jungen und Mädchen in der Primar- und Sekundarschulbildung beseitigt werden, gesundheitliche Aufklärung und Gesundheitsbildung zur Senkung von Kindersterblichkeit und Müttersterblichkeit beitragen, Umweltschutz und Umweltbildung den fortgesetzten Schwund der globalen Umweltreserven mit aufhalten, damit auch dort der negative Trend bis 2015 umgekehrt werden könne. Diese ehrgeizigen internationalen Entwicklungsziele bedürfen bei der Umsetzung internationaler Allianzen und der engen Kooperation von Wissenschaft, Wirtschaft, Zivilgesellschaft und Politik. Bildungsforschung und internationale Bildungsarbeit sind auch in diesem Kontext unabdingbar.

Literatur

Achatz, M./Tippelt, R. (2001): Wandel von Erwerbsarbeit und Begründungen kompetenzorientierten Lernens im internationalen Kontext. In: Bolder, A./Heinz, W.R./Kutschka, G. (Hrsg.): Deregulierung der Arbeit – Pluralisierung der Bildung? Jahrbuch Bildung und Arbeit 1999/2000. Opladen: Leske + Budrich, S. 111–127.
Adick, C. (1992): Die Universalisierung der modernen Schule. Eine theoretische Problemskizze zur Erklärung der weltweiten Verbreitung der modernen Schule in den letzten 200 Jahren mit Fallstudien aus Westafrika. Paderborn: Schöningh.
Alvarez, N./Lenhart, V./Maslankowski, W./Pätzold, G. (1988): Berufsbildung in der Entwicklungszusammenarbeit. In: Beck, K./Herrlitz, H.-G./Klafki, W. (Hrsg.): Erziehung und Bildung als öffentliche Aufgabe. Analysen – Befunde – Perspektiven. Beiträge zum 11. Kongress der DGfE vom 21. bis 23. März 1988 in der Universität Saarbrücken. Zeitschrift für Pädagogik, 23. Beiheft. Weinheim/Basel, S. 307–314.
Arnold, R. (Hrsg.) (1989): Berufliche Bildung und Entwicklung in den Ländern der Dritten Welt. Bilanz, Probleme und Perspektiven der bundesrepublikanischen Berufsbildungshilfe. Baden-Baden: Nomos.
Atchoarena, D. (1994): Financement e régulation delà formation professionnel: une analyse comparé, IIEP. Paris: UNESCO/International Institute for Educational Planning.
Bertrand, O. (1992): Planning human resources: methods, experiences and practices, 41, UNESCO, IIEP. Paris: UNESCO.
Blank, W.E. (1982): Handbook for developing competency-based training programs. New Jersey: Prentice Hall.
Bowman, M.J. (1988): Links between general and vocational education: Does the one enhance the other? In: International Review of Education 34, S. 149–171.
Bude, U. (Hrsg.) (1991): Culture and Environment in Primary Education. The Demands of the Curriculum and the Practice in Schools in Sub-Saharan Africa. Bonn: Deutsche Stiftung für Internationale Entwicklung.
Bundesministerium für Wirtschaftliche Zusammenarbeit (BMZ) (1992): Grundsätze und Schwerpunkte der deutschen Entwicklungszusammenarbeit in den 90er Jahren. München: BMZ.
Bundesministerium für Wirtschaftliche Zusammenarbeit (BMZ) (Hrsg.) (1992a): Förderung der Grundbildung in Entwicklungsländern. Sektorkonzept. In: BMZ aktuell Nr. 106.
Bundesministerium für Wirtschaftliche Zusammenarbeit (BMZ) (1993): Sektor- und sektorübergreifende Konzepte II. Bonn: BMZ.
Bundesministerium für Wirtschaftliche Zusammenarbeit (BMZ) (Hrsg.) (1999): Entwicklungs-Zusammenarbeit im Bereich der beruflichen Bildung. Zweiter Internationaler UNESCO-Kongress zu Fragen beruflicher Bildung in Seoul April 1999. In: BMZ aktuell Nr. 096.
Bundesministerium für Wirtschaftliche Zusammenarbeit (BMZ) (Hrsg.) (2000): Development Co-operation in the field of Basic Education. Dakar: BMZ.
Bundesministerium für Wirtschaftliche Zusammenarbeit (BMZ) (2001): Armutsbekämpfung – eine globale Aufgabe. Aktionsprogramm 2015. Der Beitrag der Bundesregierung zur weltweiten Halbierung extremer Armut. Berlin.
Bundesministerium für Wirtschaftliche Zusammenarbeit und Entwicklung (BMZ) (2004): Grundbildung für alle als internationales Entwicklungsziel – eine zentrale Herausforderung für die deutsche Entwicklungspolitik. Bonn: BMZ.
Bundesministerium für Wirtschaftliche Zusammenarbeit (BMZ) (2005): Konzept Berufliche Bildung und Arbeitsmarkt in der Entwicklungszusammenarbeit. Berlin: BMZ.
Caillods, F. (1991): Educational planning for the year 2000, IIEP contribution for Paris. Paris: IIEP-UNESCO.
Caillods, F./Bertrand, O./Atchoarena, D. (1995): Managing vocational education and training in central and eastern european countries, Paris. International Institute for Educational Planning (IIEP research and studies programme).
Carnoy, M./Samoff, J./Burris, M.A./Johnston, A./Torres, C.A. (1990): Education and Social Transition in the Third World. Princeton: Univ. Press Chamberlain MK.
Coombs, P.H. (1985): The World Crisis of Education: the View from the Eighties. New York: Oxford University Press.
Danckwortt, D. (1981): Bildungshilfe der Bundesrepublik Deutschland. In: Goldschmidt, D./Melber, H. (Hrsg.): Die Dritte Welt als Gegenstand erziehungswissenschaftlicher Forschung. Interdisziplinäre Studien über den Stand der Wissenschaft. Berichte, Besprechungen, Bibliographie. Zeitschrift für Pädagogik, 16. Beiheft. Weinheim/Basel, S. 265–271.
Deissinger, T. (1995): Das Konzept der „Qualifizierungsstile" als kategoriale Basis idealtypischer Ordnungsschemata zur Charakterisierung und Unterscheidung von „Berufsbildungssystemen". In: Zeitschrift für Berufs- und Wirtschaftspädagogik 91, H. 4, Stuttgart, S. 367–387.
Deutsche Gesellschaft für Technische Zusammenarbeit (GTZ) GmbH (Hrsg.) (1997): Kompetenz und berufliche Bildung im informellen Sektor. Baden-Baden: GTZ.

Deutsche Gesellschaft für Technische Zusammenarbeit (GTZ) GmbH (Hrsg.) (2000): Flexibilization of Initial and Further Vocational Education and Training. Eschborn: GTZ.
Deutsche Gesellschaft für Technische Zusammenarbeit (GTZ) GmbH (Hrsg.) (2000a): Selbstbewusstsein, Selbstorganisation und politisches Umfeld. Qualitatives Wirkungsmonitoring in einem Jugendprojekt – Erfahrungen aus Guatemala. Wiesbaden: GTZ.
Deutsche Gesellschaft für Technische Zusammenarbeit (GTZ) GmbH (Hrsg.) (2001): Junge Menschen stark machen. Verknüpfung von Zivilgesellschaft und Staat. In: Publikationsreihe Themenfeld „Jugend" Nr. 14. Eschborn: GTZ.
Deutsche UNESCO-Kommission (Hrsg.) (1990): Weltdeklaration „Bildung für Alle" und Aktionsrahmen zur Befriedigung der grundlegenden Lernbedürfnisse. Bonn.
Deutsches Institut für Erwachsenenbildung (DIE) (Hrsg.) (2000): Positionsbestimmung der künftigen Aus- und Fortbildung/Dialog in der deutschen Entwicklungszusammenarbeit und Auswirkungen auf die institutionellen Strukturen insbesondere von CDG und DSK. Frankfurt a.M: DIE.
Dias, P.V. (1981): Erziehungswissenschaft, Bildungsförderung und Entwicklung in der Dritten Welt. In: Goldschmidt, D./Melber, H. (Hrsg.): Die Dritte Welt als Gegenstand erziehungswissenschaftlicher Forschung. Interdisziplinäre Studien über den Stand der Wissenschaft. Berichte, Besprechungen, Bibliographie. Zeitschrift für Pädagogik, 16. Beiheft. Weinheim/Basel, S. 33-48.
Edelmann, D. (2000): Untersuchung zum Verhältnis von Ausbildern des SENATI und Lehrlingsbetreuern in den Betrieben. Hrsg. von der GTZ. Lima/Peru: GTZ.
Edelmann, D./Tippelt, R. (2007): Kompetenzentwicklung in der beruflichen Weiterbildung. In: Prenzel, M./Gogolin, I./Krüger, H.-H. (Hrsg.): Kompetenzdiagnostik. Zeitschrift für Erziehungswissenschaft. Sonderheft 8. Wiesbaden: Verlag für Sozialwissenschaften, S. 129–146.
Fend, H. (1980): Theorie der Schule. München/Wien/Baltimore: Urban & Schwarzenberg.
Fend, H. (2006): Neue Theorie der Schule: Einführung in das Verstehen von Bildungssystemen. Wiesbaden: Verlag für Sozialwissenschaften.
Foster, P. (1977): Education and Social Differentiation in less Developed Countries. In: Comparative Education Review 21, S. 212–229.
Freire, P. (1973): Pädagogik der Unterdrückten. Bildung als Praxis der Freiheit. Reinbek: rororo.
Freire, P./Macedo, D. (1987): Literacy: Reading the word and the world. London: Routledge.
Goldschmidt, D./Melber, H. (Hrsg.) (1981): Die Dritte Welt als Gegenstand erziehungswissenschaftlicher Forschung. Interdisziplinäre Studien über den Stand der Wissenschaft. Berichte, Besprechungen, Bibliographie. Zeitschrift für Pädagogik, 16. Beiheft. Weinheim/Basel.
Greinert, W.-D./Heitmann, W./Stockmann, R./Vest, B. (Hrsg.) (1997): Vierzig Jahre Berufsbildungszusammenarbeit mit Ländern der Dritten Welt. In: Studien zur Vergleichenden Berufspädagogik. Baden-Baden: GTZ.
Hippel, A. von (2001): Untersuchung zum beruflichen Verbleib von SENATI-Absolventen der dualen Ausbildung. Lima/Peru: GTZ.
Illich, I. (1972): Entschulung der Gesellschaft. München: Kösel.
Illich, I. u.a. (1973): After deschooling what? New York: Harper and Row.
Inkeles, A./Smith, D.H. (1974): Becoming Modern. Individual change in six developing countries. Cambridge/Mass: Harvard Univ. Press.
Kampfmeyer, T. (2000): Positionsbestimmung künftiger Aus- und Fortbildung/Dialog der deutschen Entwicklungszusammenarbeit und Auswirkungen auf die institutionellen Strukturen. Bonn: DIE.
Kohn, G./Rützel, J./Schröter, H.-G./Ziehm, S. (Hrsg.) (2000): Compatibility of Vocational Qualification Systems – Strategies for a Future Demand-oriented Development Cooperation in Vocational Education and Training. Berlin: Overall-Verlag.
Kurtz, T. (Hrsg.) (2000): Aspekte des Berufs in der Moderne. Opladen: Leske + Budrich.
Lauglo, J. (1997): Berufliche Bildung und das Vertrauen der „Banker" in den Privatsektor. In: Schaack, K./Tippelt, R. (Hrsg.): Strategien der internationalen Berufsbildung. Ausgewählte Aspekte. Frankfurt a.M.: Suhrkamp, S. 109–122.
Lauglo, J./Lillis, K. (Hrsg.) (1988): Vocationalizing Education. An International Perspective. Oxford/New York: Pergamon Press.
Laur-Ernst, U./King, J. (Hrsg.) (2001): In Search of World Class Standards in Vocational Education and Training. A US-German Dialogue on Skill Standards in two Emerging Fields: Information Technology and Environmental and Processing Technology. Bonn: BiBB Bundesinstitut für Berufsbildung.
Lenhart, V. (1993): Bildung für alle. Zur Bildungskrise in der Dritten Welt. Darmstadt: Wiss. Buchgesellschaft.
Lenhart, V./Maier, M. (1999): Erwachsenenbildung und Alphabetisierung in Entwicklungsländern. In: Tippelt, R. (Hrsg.): Handbuch der Erwachsenenbildung/Weiterbildung (2. Aufl.). Opladen: Leske + Budrich, S. 536–553.

Lenhart, V./Röhrs, H. (1981): Auf dem Weg zu einer Theorie der Schule in der Dritten Welt. In: Goldschmidt, D./Melber, H. (Hrsg.): Die Dritte Welt als Gegenstand erziehungswissenschaftlicher Forschung. Interdisziplinäre Studien über den Stand der Wissenschaft. Berichte, Besprechungen, Bibliographie. Zeitschrift für Pädagogik, 16. Beiheft. Weinheim/Basel, S. 129–144.

Lewy, A. (1992): National and school based curriculum. Paris: UNESCO, IIEP.

Lindemann, H.-J./Tippelt, R. (1999): Competencias Claves y Capacidades Profesionales Básicas. URL: http://www.halinco.de/html/docde/LIND-Tipp-vs-D-0601.pdf. (12.06.2008)

Moura Castro, C. de (1995): Training policies for the end of the century. Paris: IIEP.

Moura Castro, C. de (2000): Vocational Training at the Turn of the Century. (Ed. by Schaack, K./Tippelt, R.). Frankfurt a.M.: Lang.

Moura Castro, C. de/Cabral de Andrade A. (1997): Angebots- und Nachfrageungleichgewichte in der beruflichen Bildung – Einige Verbesserungsvorschläge. In: Schaack, K./Tippelt, R. (Hrsg.): Strategien der internationalen Berufsbildung. Ausgewählte Aspekte. Frankfurt a.M.: Suhrkamp, S. 81–108.

Nohlen, D. (1998): Entwicklung. In: Nohlen, D. (Hrsg.): Lexikon Dritte Welt. Länder, Organisationen, Theorien, Begriffe, Personen. Reinbek bei Hamburg: Rowohlt, S. 216–218.

Nohlen, D. (Hrsg.) (1998): Lexikon Dritte Welt. Länder, Organisationen, Theorien, Begriffe, Personen. Reinbek bei Hamburg: Rowohlt.

Nohlen, D. /Nuscheler, F. (1974): Entwicklungstheorien und Entwicklungsbegriff. In: HDW I, 1, S. 13ff.

Norton, R.E. (19972): DACUM-Handbook. Columbus/Ohio: National Center for Research in Vocational Education.

OECD (2000): Bildung auf einen Blick. OECD Indikatoren. Ausbildung und Kompetenzen. Paris: OECD.

Pietraß, M./Schmidt, B./Tippelt, R. (2005): Informelles Lernen und Medienbildung. Zur Bedeutung soziokultureller Voraussetzungen. In: Zeitschrift für Erziehungswissenschaft 8, H. 3, S. 413–426.

Psacharopoulos, G. (1987): To vocationalize or not to vocationalize? That is the curriculum question. In: International Review of Education 33, S. 187–211.

Röhrs, H. (1992): Von der Kolonialpädagogik zur Pädagogik der Dritten Welt. In: Pädagogische Rundschau 46, S. 407–415.

Schaack, K. (1997): Die Exportierbarkeit des dualen Systems. In: Schaack, K./Tippelt, R. (Hrsg.): Strategien der internationalen Berufsbildung. Ausgewählte Aspekte. Frankfurt a.M.: Lang, S. 197–233.

Schaack, K./Tippelt, R. (Hrsg.) (1997): Strategien der internationalen Berufsbildung. Ausgewählte Aspekte. (Beiträge zur Bildungsplanung und Bildungsökonomie. Bd. 6). Frankfurt a.M.: Lang.

Schöfthaler, T. (1981): Informelle Bildung. In: Goldschmidt, D./Melber, H. (Hrsg.): Die Dritte Welt als Gegenstand erziehungswissenschaftlicher Forschung. Zeitschrift für Pädagogik, 16. Beiheft. Weinheim/Basel: Beltz, S. 97–115.

Schriewer, J./Holmes, B. (Hrsg.) (1988): Theories and Methods in Comparative Education. Frankfurt/Bern: Lang.

Senati (1995): Formación y perfeccionamiento del personal de instrucción. Band 1-4, Lima.

Stockmann, R./Kohlmann, U. (1998): Transferierbarkeit des Dualen Systems. Eine Evaluation dualer Ausbildungsprojekte in Entwicklungsländern. (Diskussionsbeiträge und Materialien zur internationalen Berufsbildungszusammenarbeit, hrsg. v. d. GTZ). Berlin: GTZ.

Tippelt, R. (1990): Bildung und sozialer Wandel. Eine Untersuchung von Modernisierungsprozessen am Beispiel der Bundesrepublik Deutschland seit 1950. Weinheim: Dt. Studien-Verl.

Tippelt, R. (1997): Initiativen der UNESCO: Ausgewählte aktuelle Konzepte zur Bildungsplanung und zur Kooperation von beruflicher und allgemeiner Bildung. In: Schaack, K./Tippelt, R. (Hrsg.): Strategien der internationalen Berufsbildung. Ausgewählte Aspekte. Frankfurt a.M.: Lang, S. 123–148.

Tippelt, R. (1998): Bildungsökonomie. In: Nohlen, D. (Hrsg.): Lexikon Dritte Welt. Länder, Organisationen, Theorien, Begriffe, Personen. Reinbek bei Hamburg: Rowohlt, S. 103–105.

Tippelt, R. (1998a): Erwachsenenbildung und Politik. Am Beispiel der „Agenda for the Future" (UNESCO). In: Pädagogischer Blick 6, H. 3, S. 136–147.

Tippelt, R. (1999): Der schwierige Übergang vom Bildungs- in das Beschäftigungssystem. In: Harteis, C./Heid, H./Kraft, S. (Hrsg.): Kompendium Weiterbildung – Aspekte und Perspektiven betrieblicher Personal- und Organisationsentwicklung. Opladen: Leske + Budrich, S. 69–79.

Tippelt, R. (1999a): Weiterbildung und Umwelt. In: Tippelt, R. (Hrsg.): Handbuch der Erwachsenenbildung/Weiterbildung. Opladen: Leske + Budrich, S. 293–316.

Tippelt, R. (2000): Kompetenzorientiertes Lernen in Peru. In: Berufsbildung, H. 64, S. 42f.

Tippelt, R./Amorós, A. (2000f.): Formación de Formadores. Manuales 1-14. SENATI/GTZ/DSE. Lima.

Tippelt, R./Cleve, B. van (1995): Verfehlte Bildung? – Bildungsexpansion und Qualifikationsbedarf. Darmstadt: Wiss. Buchgesellschaft.

Tippelt, R./Edelmann, D. (2007): DACUM. Developing a Curriculum. In: Erpenbeck, J./Rosenstiel, L. von (Hrsg.): Handbuch Kompetenzmessung: Erkennen, verstehen und bewerten von Kompetenzen in der betrieblichen, pädagogischen und psychologischen Praxis. Stuttgart: Schäffer-Poeschel, S. 737–757.

UNESCO (Hrsg.) (1991): Education for All: Purpose and Context. Roundtable Themes I, Themes II, Themes III. World Conference on Education for All. Jomtien, Thailand.

UNESCO (1995): World education report 1995. United Nations. Paris.

UNESCO (1998): World education report 1998: Teachers and teaching in a changing world. United Nations. Paris

UNESCO (1998a): Die UNESCO Weltkonferenz für Erwachsenenbildung in Hamburg. In: Knoll, J.H. (Hrsg.): Internationales Jahrbuch der Erwachsenenbildung. Köln.

UNESCO (2000): World education report 2000: The right to education: towards education for all troughout life. United Nations. Paris.

UNESCO (2006): Weltbericht „Bildung für alle" 2007, Solide Grundlagen: Frühkindliche Förderung und Erziehung. Berlin.

Unidad de Medición de la Calidad Educativa (UMC) (2001): El Perú en el primer estudio internacional comparativo de la UNESCO sobre lenguaje, matemática y factores asociados en tercer y cuarto grado, Boletín, 7. Lima.

Wilke, H. (1997): Supervision des Staates. Frankfurt: Suhrkamp.

Wilke, H. (1998): Systemisches Wissensmanagement: 9 Tabellen. Stuttgart: Lucius & Lucius.

World Bank (1988): Education in Sub-Saharan Africa. Policies for Adjustment, Revitalization and Expansion. Washington.

Yoloye, E.A. (1980): Paradigms of educational research in Africa. In: Yoloye, E.A./Flechsig, K.H.: Educational research for development. Bonn: DSE, S. 21–40.

Wilfried Bos | T. Neville Postlethwaite | Miriam M. Gebauer

Potenziale, Grenzen und Perspektiven internationaler Schulleistungsforschung

1 Einleitung

Ergebnisse und Bedingungen von Schule und Unterricht werden in einer Reihe von Ländern unter der Fragestellung, welche Bildungsziele unter welchen Randbedingungen von welchen Altersgruppen auf welchem Niveau in verschiedenen Fächergruppen erreicht werden, regelmäßig und systematisch – oft jährlich – empirisch erfasst, um Grundlagen für die Diskussion, um Quantität und Qualität im entsprechenden Bildungswesen zu erhalten. In den USA wird diese Aufgabe z.B. vom *Educational Testing Service* übernommen, in Großbritannien von der *Qualification and Curriculum Authority* und der *National Assessment Agency*, in Frankreich vom Erziehungsministerium, in Schweden von der nationalen Schulverwaltung (vgl. Postlethwaite 1993), in Australien vom *Australian Council for Educational Research – ACER* (www.acer.edu.au), in den Niederlanden schon seit 1968 vom *Institut voor Toetsontwikkeling* (www.cito.nl).

Darüber hinaus ist international und in neuester Zeit auch national ein steigendes Interesse an supranationalen Schulleistungsuntersuchungen zu beobachten. Seit Jahrzehnten sammelt das *International Bureau of Education* (IBE) bildungsrelevante Daten und die *United Nations Educational, Scientific and Cultural Organisation* (UNESCO) veröffentlicht bildungsstatistische Jahrbücher. Die *International Association for the Evaluation of Educational Achievement* (IEA) – wohl die bedeutendste und renommierteste Organisation auf diesem Gebiet – ist eine internationale Vereinigung von Wissenschaftlern aus Universitäten sowie Forschungseinrichtungen und Vertretern von Ministerien der teilnehmenden Länder, die seit Ende der fünfziger Jahre regelmäßig internationale Vergleichsdaten zu spezifischen Unterrichtsfächern bei unterschiedlichen Alterskohorten erhebt und analysiert. Die in der BRD unter dem Namen *Internationale Grundschul-Lese-Untersuchung* (IGLU) und international unter dem Namen PIRLS bekannte Leistungsvergleichstudie ermittelt und kontrastiert die Leseleistungen der Schülerinnen und Schüler am Ende der vierten Jahrgangsstufe und ist neben *Trends in International Mathematics and Science Study* (TIMSS) die prominenteste Studie, durchgeführt von der IEA. Die Organisation für *International Assessment of Educational Progress* (IAEP) führte ebenfalls Leistungsvergleiche in Mathematik und naturwissenschaftlichen Fächern bei 13-Jährigen Schülern durch. Die *Organisation for Economic Cooperation and Development* (OECD) gibt Bildungsindikatoren heraus und führt mit dem Programm *Programme for International Student Assessment* (PISA) regelmäßige Schulleistungsuntersuchungen mit dem Schwerpunkt Lesen, Mathematik und Naturwissenschaften bei 15-Jährigen, also am Ende der Sekundarstufe I, in den Mitgliedsstaaten – also auch in Deutschland – und weiteren interessierten Ländern durch.

Aber nicht nur verhältnismäßig wohlhabende westliche Industrieländer haben die Notwendigkeit einer Beteiligung an internationalen Schulleistungsuntersuchungen erkannt, auch Entwicklungsländer beteiligen sich an den erwähnten Studien. Darüber hinaus haben diese Länder begonnen, unter der Federführung des *Southern Africa Consortium for Monitoring Educational Quality* (SACMEQ), selbst international vergleichende Schulleistungsuntersuchungen auf angemessenem Niveau in relevanten Klassenstufen zu organisieren.

Der internationale Vergleich der Ergebnisse soll eine nationale Standortbestimmung erlauben, eine vielleicht zwingende Notwendigkeit im Prozess zunehmender Europäisierung und Globalisierung, in dessen Folge auch die Qualität von Bildung und Ausbildung einem internationalen Wettbewerb ausgesetzt ist. Weiterhin werden dem nationalen Bildungssystem Diskussionsgrundlagen zur Verfügung gestellt. Fragen, warum vergleichbare Bedingungen im eigenen Land zu anderen Ergebnissen führen oder welche im eigenen Land nicht vorhandenen Faktoren die Ergebnisse in anderen Ländern beeinflussen, können nur auf der Basis international vergleichender Untersuchungen und Analysen gestellt und beantwortet werden. Ziel dieses Kapitels ist es, am Beispiel der Studien der IEA und einiger nationaler Studien einen Überblick über wichtige, gerade durchgeführte und geplante Untersuchungen zu geben und die Möglichkeiten, den Nutzen, aber auch die Grenzen einer solchen internationalen Schulleistungsforschung für das nationale Bildungssystem mit Hinblick auf ein Bildungsmonitoring, der Generierung von Steuerungswissen, der erziehungswissenschaftlichen Grundlagenforschung und auch hinsichtlich der Qualitätssicherung und -verbesserung aufzuzeigen.

2 Internationale und nationale Schulleistungsuntersuchungen

2.1 Internationale Schulleistungsuntersuchungen

In den fünfziger Jahren, einer Zeit, in der nur wenige Länder über genügend Ressourcen und Fachkräfte verfügten, um die erforderlichen Aufgaben für den notwendigen Ausbau der Bildungssysteme zu erfüllen, begannen internationale Organisationen wie die UNESCO, das IBE und die OECD damit, systematisch bildungsrelevante Informationen über Curricula, Lehr-Lernmethoden, Bildungssysteme etc. in verschiedenen Ländern zu sammeln und deren Auswirkungen auf die sozioökonomische Entwicklung zu interpretieren. Anfänglich versuchte man, so etwas wie *nationale Bildungsproduktivitäten* daran festzumachen, welcher Prozentsatz einer Alterskohorte bestimmte Bildungsabschlüsse erreichte. Dabei stellte man jedoch schnell fest, dass sich das, was beim Erreichen der einzelnen Bildungsabschlüsse tatsächlich gelernt worden war, von Land zu Land erheblich unterscheiden konnte. Anderson (1961) machte als erster deutlich, dass man für solche Ländervergleiche, für die Messung von Ergebnissen nationaler Bildungsbemühungen auf quantitative Methoden, wie sie in der pädagogischen Psychologie entwickelt wurden, zurückgreifen müsse.

Eine Gruppe von Bildungsforschern traf sich deshalb 1958, um die Möglichkeit der Durchführung einer international vergleichenden Messung von Schulleistungen zu beraten (vgl. Postlethwaite 1999). Dies führte zu der sogenannten *pilot-study* (vgl. Foshay 1962), mit der versucht wurde, erstens ob die prinzipielle Möglichkeit besteht, mit standardisierten Tests sprach-, kultur- und länderübergreifend Persönlichkeitsmerkmale und kognitive Fähigkeiten adäquat zu erfassen und zweitens die methodischen und organisatorischen Möglichkeiten bzw. Schwierigkeiten einer solchen internationalen *large-scale* Untersuchung zu eruieren. Die Ergebnisse dieser Pilotstudie machten deutlich, dass solche Untersuchungen organisatorisch und methodisch zu bewältigen sind und zu wichtigen Resultaten für Bildungsfragen führen würden. Auf Grundlage der Erfahrungen mit dieser Pilotstudie entschied sich die Forschergruppe zur Durchführung der ersten Hauptuntersuchung, der *First International Mathematics Study* (FIMS), in der mathematische Kompetenzen von Schülerinnen und Schülern in zwölf Ländern gemessen wurden (vgl. Husén 1967). Im Anschluss daran wurde zwischen 1967 und 1975 die sogenannte *six-subject*-Studie durchgeführt, bei der verschiedene Klassenstufen – allerdings nicht simultan – in den Fremdsprachen Englisch (vgl. Lewis/Massad 1975) und Französisch (vgl. Carroll 1975), in den Naturwissenschaften (auch als *First International Science Study* (FISS) in die Literatur eingegangen; vgl. Comber/Keeves 1973), in Literatur (vgl. Purves 1973), in Lesefähigkeit (vgl. Thorndike 1973) und in politischer Bildung (vgl. Torney/Oppenheim/Farnen 1976) getestet wurden. Als zusammenfassender Band zu den Ergebnissen aus den sechs Sachgebieten sei hier noch die Arbeit von Walker (1976) erwähnt. In den achtziger Jahren wurde die *Second International Mathematics Study* (SIMS) und die Second International Science Study (SISS) durchgeführt (vgl. Garden/Robitaille 1989; Travers/Westerbury 1989; Burstein 1992; Rosier/ Keeves 1991; Postlethwaite/Wiley 1992; Keeves 1992). Weitere Studien in den achtziger bzw. Anfang der neunziger Jahre waren die *Classroom Environment Study* (vgl. Anderson/Ryan/ Shapiro 1989), die *Computers in Education Study*, (vgl. Pelgrum/Plomp 1991), die *Written Composition Study* (vgl. Gorman/Purves/Degenhart 1988), die *Pre-primary Education Study* (vgl. Olmsted/Weikart 1989) und die *International Reading Literacy Study* (vgl. Lundberg/Linnakylä 1993; Postlethwaite/Ross 1992; Elley 1992, 1994 und Wagemaker 1996).

Die wohl ambitionierteste internationale Schulleistungsuntersuchung, die zum Ende des vergangenen Jahrhunderts durchgeführt wurde, war die *Third International Mathematics and Science Study* (TIMSS), in der erstmalig die Kompetenzen in Mathematik und den Naturwissenschaften simultan bei drei Klassenstufen – zum Ende der Primarstufe, zum Ende der Sekundarstufe I und zum Ende der Sekundarstufe II – in mehr als vierzig Ländern erfasst wurden. Die deskriptiven Ergebnisse wurden je nach Klassenstufe und Fach getrennt publiziert. Über die Ergebnisse für Mathematik und Naturwissenschaften zum Ende der Primarstufe berichten Mullis u.a. (1997) und Martin u.a. (1997), zum Ende der Sekundarstufe I Beaton et al., (1996a; 1996b) und zum Ende der Sekundarstufe II Mullis u.a. (1998).

Auch auf Grund der eher geisteswissenschaftlichen Tradition deutscher Pädagogik war in Deutschland eine empirieorientierte, erziehungswissenschaftliche und bildungspolitische Denkweise, die eher an einer Überprüfung von Sachverhalten als an ideologisch orientierten Normendebatten interessiert ist, zu der Zeit nur schwach entwickelt. Deutschland hatte sich, nach halbherziger Teilnahme an FIMS (nur zwei Bundesländer beteiligten sich), der ersten internationalen Mathematikstudie Anfang der sechziger Jahre (vgl. Schultze/Riemenschneider 1967; Hirzel 1969), und der Beteiligung an Teilen der *Sechs-Fächer-Studie*, die Ende der sechziger und Anfang der siebziger Jahre durchgeführt wurde (vgl. Schultze 1974; 1975) für nahezu zwanzig Jahre – von der Beteiligung an der *Classroom Environment Study*, bei der es aber vorrangig um Prozessdaten zum Unterrichtsgeschehen ging (vgl. Helmke/Schneider/Weinert 1986), einmal abgesehen – von allen internationalen Schulleistungsvergleichen verabschiedet (vgl. auch Ingenkamp/Schreiber 1989; Baumert 1998). Somit beteiligte sich Deutschland erst in den neunziger Jahren wieder an internationalen Schulleistungsuntersuchungen. So wurde Anfang der neunziger Jahre in Deutschland die *Reading Literacy Study* der IEA durchgeführt (vgl. Lehmann u.a. 1995) und Ende der neunziger Jahre die IEA-Studie zur politischen Bildung *CIVIC* (vgl. Händle/Oesterreich/Trommer 1999), die europäische Studie zum historisch-politischen Bewusstsein von Schülerinnen und Schülern am Ende der Sekundarstufe I (vgl. Borries

1999) und die IEA-TIMSS-Studie. Diese allerdings nur für die Sekundarstufe I (vgl. Baumert u.a. 1997) und die Sekundarstufe II (vgl. Baumert/Bos/Watermann 1998; Baumert/Bos/Lehmann 2000a, 2000b), nicht aber für die Primarstufe. Im Jahr 2007 beteiligte sich Deutschland seit 1995 erstmalig wieder an der TIMSS-Studie zur Erfassung der mathematischen und naturwissenschaftlichen Kompetenzen von Schülerinnen und Schülern der Grundschule.

An der *Progress in International Reading Literacy Study* (PIRLS) der IEA, bei der Leseleistungstests in der vierten Klassenstufe in den Jahren 2001 (vgl. Bos u.a. 2003) und 2006 (vgl. Bos u.a. 2007) durchgeführt wurden, beteiligt sich Deutschland unter dem Akronym IGLU (Internationale-Grundschul-Lese-Untersuchung). In dreizehn Bundesländern wurden darüber hinaus die Kompetenzen der entsprechenden Schülerpopulation in Mathematik und Naturwissenschaften erfasst. 2000, 2003 und 2006 nahm Deutschland an der PISA Studie teil, eine von der OECD realisierte Untersuchung, die die Kompetenzen fünfzehnjähriger Schülerinnen und Schüler in den Bereichen Lesen, Mathematik und Naturwissenschaften erfasst. In beiden Studien erfolgte eine repräsentative Erfassung der Bundesländer, die Vergleiche zwischen und innerhalb der Bundesländer sowie Schulformvergleiche ermöglicht (vgl. Baumert u.a 2001; Prenzel u.a. 2004; Prenzel u.a. 2007). Zur Abrundung von PISA erfolgte 2003 und 2004 eine Vergleichsuntersuchung zum Leistungsstand von Schülerinnen und Schülern am Ende der Sekundarstufe I im Englischen und in der aktiven Beherrschung der deutschen Sprache, die unter dem Akronym DESI (*Deutsch-Englisch-Schülerleistungen-International*) schwerpunktmäßig in Deutschland mit internationaler Beteiligung relevanter Länder durchgeführt wurde (vgl. Beck/Klieme 2007).

2.2 Nationale Schulleistungsuntersuchungen

Nicht nur bezüglich internationaler Leistungsvergleichstudien, sondern auch innerhalb der bundesrepublikanischen Schulforschung wurde die Schulleistungsforschung für nahezu zwanzig Jahre vernachlässigt. Auch als Folge der Ergebnisse einiger empirischer pädagogischer Schulleistungsuntersuchungen in Deutschland aus den siebziger Jahren (vgl. z.B. Fend 1982; 1998) wandten sich die universitäre Schulforschung und die Bildungsverwaltungen innerhalb Deutschlands verstärkt Fragen der Qualitätsverbesserung durch Schulstrukturveränderungen und durch Schulentwicklung auf Einzelschulebene zu, unter Vernachlässigung des Leistungsaspektes und einer systematischen und kontinuierlichen nationalen Schulleistungsforschung. Obwohl Ende der achtziger und Anfang der neunziger Jahre die Einseitigkeit dieser Perspektive und dieses Vorgehens deutlich wurde – die bildungspolitische Diskussion drohte zu erstarren, denn durch ständiges Wiederholen werden vorrangig ideologisch begründete Positionen weder richtiger noch falscher –, hing die systematische empirische Schulleistungsforschung größeren Stils innerhalb Deutschlands Anfang der neunziger Jahre eher vom Engagement weniger einzelner Wissenschaftler oder Forschungsinstitutionen wie z.B. den Max-Planck-Instituten für Bildungsforschung in Berlin und für psychologische Forschung in München ab (vgl. z.B. Baumert u.a. 1996; Weinert/Helmke 1997). Erst in jüngster Zeit – auch als Folge der Ergebnisse neuester internationaler Schulleistungsforschungen, insbesondere der TIMSS-Studie – beauftragen Bildungsverwaltungen einzelner Bundesländer wieder Wissenschaftler mit der systematischen und repräsentativen Erfassung von Fachleistungsständen und deren Bedingungsfaktoren für ausgewählte Fächer und Jahrgangsstufen.

Eine Besonderheit hinsichtlich schulischer Leistungsvergleichstudien stellt der Stadtstaat Hamburg dar, dort wurden im Rahmen einer Vollerhebung alle Schülerinnen und Schüler in der fünften, siebten und neunten Klassenstufe in den Bereichen Lesen und Schreiben, Mathematik und Informationsverarbeitung getestet (*Hamburger Untersuchung zur Lernausgangslage* LAU 5; LAU 7; LAU 9) (vgl. Lehmann/Peek/Gänsfuss 1997; Lehmann/Gänsfuss/Peek 1999; Lehmann u.a. 2002); es folgten Testungen der gleichen Schüler im Jahr 2002 in der elften Klasse (LAU 11) (vgl. Lehmann u.a. 2004) sowie abschließend in 2005 in der dreizehnten Klasse (LAU 13) (vgl. Lehmann u.a. 2005). Darüber hinaus wurden Hintergrundvariablen zur Schülerpersönlichkeit und Einstellungen zu Schule und Unterricht erfasst. Somit verfügt die dortige Schulbehörde über die Möglichkeit anhand von Daten Schulen gezielt zu beraten und zu unterstützen, Unterrichtsentwicklung voranzutreiben und die Lernausgangslage der Schülerinnen und Schüler beim Übergang zur Sekundarstufe I zu kontieren.

Mit der Studie *Kompetenzen und Einstellungen von Schülerinnen und Schülern* (KESS) (vgl. Bos/Pietsch 2005; Bos/Pietsch/Gröhlich 2007) werden zentrale Aspekte der Lernstände aus den Fächern Deutsch, Mathematik, Sachunterricht und Englisch, sowie Einstellungen von Schülerinnen und Schülern zum schulischem Lernen am Ende der Grundschulzeit erfasst. Diese Studie ist ebenfalls eine Gesamterhebung an Hamburger Schulen und wurde in den Jahrgangsstufen vier und sieben bereits durchgeführt. Der Hansestadt stehen detaillierte Daten über die Entwicklung und den Verlauf der Kompetenzen der Schülerinnen und Schüler sowie relevante kontextuelle Bedingungsfaktoren über verschiedene Schulformen und Klassenstufen zur Verfügung.

Mit der *Qualitätsuntersuchung an Schulen zum Unterricht in Mathematik* (QuaSUM) gab das Land Brandenburg eine Studie zur Erfassung der Lernstände in Auftrag. Neben den Mathematikleistungen in den Jahrgangsstufen fünf und neun wurden sowohl Schul- und Unterrichtsmerkmale als auch Informationen zur Lebens- und Lernwelt der Schülerschaft erfasst (vgl. Lehmann u.a. 1999).

Das *Projekt zur Analyse der Leistungsentwicklung in Mathematik* (PALMA) (vgl. Pekrun u.a. 2004), das ebenso in diesem Zusammenhang genannt werden muss, ist eine Studie, die im Rahmen des DFG- Schwerpunktprogramms *Bildungsqualität von Schule - Schulische und außerschulische Bedingungen mathematischer, naturwissenschaftlicher und fächerübergreifender Kompetenzen* (BIQUA) (vgl. Doll/Prenzel 2004) realisiert wird und die Leistungsentwicklung bayrischer Schülerinnen und Schüler über einen Zeitraum von sechs Jahren betrachtet. Das angesprochene Schwerpunktprogramm, koordiniert und geleitet durch das Leibniz-Institut für die Pädagogik der Naturwissenschaften der Universität Kiel, umfasst 30 laufende und bereits abgeschlossene Projekte mit dem Ziel Bildungsqualität von Schule sowie die schulischen und außerschulischen Bedingungen mathematischer, naturwissenschaftlicher und überfachlicher Kompetenzen zu erforschen. Eine Reihe an Untersuchungen im Rahmen des BIQUA Schwerpunktprogramms sowie eine Vielzahl anderer Modellvorhaben, wie beispielsweise *Selbstständige Schule NRW* oder *LER Lebensgestaltung-Ethik-Religion*, sind zwar keine Schulleistungsstudien im engeren Sinne, erheben dennoch Leistungsdaten zusätzlichen zu den fokussierten Aspekten.

Die Vielzahl der genannten Studien veranschaulicht eine Entwicklung, die in den letzten Jahren innerhalb der deutschen empirischen Bildungsforschung stattfand und mit dem Begriff der *empirische Wende* verbunden wird. Dieser Prozess und die Resultate der empirischen Bildungsforschung fanden Niederschlag in allen Bereichen des deutschen Bildungssystems und mündeten in der Implementierung der Bildungsstandards (vgl. Klieme 2004) sowie zur Überprüfung dieser in der Gründung des Instituts zur *Qualitätssicherung im Bildungswesen* (IQB). Regelmäßige Vergleichsarbeiten und Lernstandserhebungen sind seither selbstverständliche Einrichtungen zur Testung der Leistung der Schülerinnen und Schüler. Der Mehrwert, der durch eine datengestützte Forschung zur Verbesserung der Qualität der Bildungseinrichtungen erreicht werden kann, ist Gegenstand des nachstehenden Punktes.

3 Der Beitrag der Schulleistungsmessung zur Bildungsplanung

Jedes Bildungsministerium, gleich ob auf nationaler oder regionaler Ebene, ist verantwortlich für die adäquate materielle Ausstattung der Schulen, die genügende Anzahl qualifizierter Lehrkräfte, für ein angemessenes Curriculum und dafür, dass die Schülerinnen und Schüler schließlich auch das lernen, was sie lernen sollen und wollen. Dies bedarf neben umsichtiger Planung auch vieler Informationen über die Lernwirksamkeit von Schule, denn nur wenn dieses Wissen verfügbar ist, können Bildungsplaner bei Bedarf korrigierend standardsichernd eingreifen. Die notwendigen Informationen können aus nationalen Datenerhebungen, aber auch aus internationalen Vergleichen resultieren (vgl. Postlethwaite 1995). Die Umstrukturierung des Bildungssystems in Deutschland veranschaulicht und verdeutlicht die Notwendigkeit dieses Aspekts und den Profit, den Leistungsvergleichstudien für einzelne Länder erbringen können.

Zur Erfassung kontextueller Bedingungen, die insbesondere für die Schulentwicklungsforschung von Interesse sind, werden bei internationalen Schulleistungsuntersuchungen neben den Testinstrumenten mehr oder weniger ausführliche Hintergrundfragebögen in allen teilnehmenden Ländern eingesetzt. Für jedes einzelne Land ist es möglich, diese Fragebögen um national relevante Zusatzfragen für nationale Analysen zu erweitern. Diese nationalen Analysen sind im Prinzip für alle beteiligten Länder von Interesse. In den IEA-Studien, die vor TIMSS durchgeführt wurden, sind diese zusätzlichen nationalen Ergänzungen und Analysen koordiniert und allgemein zugänglich publiziert. Im Rahmen von TIMSS wurden die aggregierten Länderwerte international miteinander verglichen, ebenso ein übergreifender Bericht über nationale Zusatzanalysen sowie sogenannte *pooled analyses*, in denen die Daten aller beteiligten Länder und Schulen in nicht-aggregierter Form systematisch nach bestimmten Fragestellungen ausgewertet wurden.

In reicheren Ländern kann man davon ausgehen, dass die Schulen zumindest materiell adäquat ausgestattet sind. Dies gilt nicht für viele Entwicklungsländer. Deshalb werden in internationalen Schulleistungsstudien die materiellen Ressourcen systematisch miterfasst, um Unterschiede und Variationen zwischen Schulen und Regionen beschreiben zu können. Sowohl die PISA Untersuchungen 2000, 2003 und 2006 als auch die IGLU Studien 2001 und 2006 lieferten ebenfalls umfassende und detaillierte Darstellung des Schulkontextes auf Länderebene, ländervergleichend sowie international kontrastierend, und publizierten die Ergebnisse der weitreichenden Analysen (vgl. Bos u.a. 2003, 2004; Baumert u.a. 2001). Im Rahmen der IGLU Studie 2001 wurden beispielsweise interkulturelle Sekundäranalysen vorgenommen, die die Länder fokussierten und die Rahmenbedingungen der Schulen untersuchten, die zur Gruppe der sehr leistungsschwachen Länder gehören (vgl. Asbrand/Lang-Wojtasik/Köller in Bos u.a. 2006; Radisch/Steinert in Bos u.a. 2006). Bei hoher Variation innerhalb einer regionalen Einheit liegt die Verantwortung auf regionaler Ebene, bei hoher Variation zwischen Regionen auf nationaler Ebene – bei uns auf Ebene der KMK. Nur wenn entsprechendes Hintergrundwissen vorhanden ist, können verantwortliche Bildungsplaner ausgleichend eingreifen, dies gilt natürlich auch für Leistungsdaten. Voraussetzung ist allerdings, dass regionale Gliederungsebenen identifizierbar sind, dass für die einzelnen Ebenen ausreichend große Stichproben gezogen werden und dass regionale Analysen und Vergleiche politisch gewünscht und nicht verboten werden. Mit der Einführung des Bildungsmonitoring in der Bundesrepublik wird der Zugang zu solchen Daten langfristig und nachhaltig ermöglicht.

In den verschiedenen Bildungssystemen unterscheidet sich ebenso die Lehrerausbildung erheblich und entsprechend unterschiedlich ist auch deren Qualifikation. Selbst innerhalb eines Bildungssystems kann durch Reformen und Zurücknahme von Reformen in der Lehrerausbildung unter Umständen die Qualifikation der Lehrer sehr unterschiedlich sein. Umso wichtiger ist es, gesicherte Informationen darüber zu haben, ob an allen Schulen oder zumindest an allen Schulen einer bestimmten Schulform gleich gut ausgebildete Lehrkräfte unterrichten. Nur dann können von Seiten der Bildungsplanung eventuelle Defizite ausgeglichen werden. Bei internationalen Schulleistungsuntersuchungen werden entsprechende Daten miterfasst. Die Erfahrung zeigt, dass sich normalerweise die materielle Ausstattung der Schulen innerhalb eines Bildungssystems auf relativ gleichem Niveau befindet, dies gilt nur mit Einschränkungen für die *Humanressources*. Jedem verantwortlichen Bildungsplaner fallen rein quantitative Maßnahmen zur Angleichung materieller Ressourcen leichter als Maßnahmen zur Angleichung von Qualifikation. In Deutschland führten die Diskussionen aufgrund der eher schlechten Ergebnisse der ersten und zweiten PISA Studie auch zu kritischen Diskussionen und Begutachtung der Lehrerbildung. Nordrhein-Westfalen hat beispielsweise eine Expertenkommission, bestehend aus renommierten Bildungswissenschaftlern, gebildet, die mögliche Reformierung der Lehrerausbildung erarbeitet und vorschlägt (vgl. Ministerium für Innovation Wissenschaft Forschung und Technologie 2007). Im Land Bremen wird die Reformierung der Ausbildung der Lehrkräfte orientiert an den 2004 von der KMK formulierten Standards (vgl. Kultusminister Konferenz 2004) entwickelt.

In gewisser Abhängigkeit von der Organisationsform eines Bildungssystems soll, zumindest in allen Schulen einer Schulform, für gleiche Lernmöglichkeiten gesorgt sein. Die IEA-Studien unterscheiden deswegen zwischen intendiertem, implementiertem und erreichtem Curriculum. Das intendierte Curriculum wird in der Regel von Curriculumexperten in Ministerien oder beauftragten Behörden festgelegt. Das implementierte Curriculum ist das, was den Schülern an den Schulen durch Lehrer und Unterrichtsmaterialien tatsächlich geboten wird. Hier unterscheiden sich Bildungssysteme bezüglich der Freiheit der Schulleitungen bzw. der Lehrer in der Auswahl von Materialien bis zur Umsetzung im Unterricht erheblich. Schließlich finden wir im erreichten Curriculum das, was tatsächlich vom Schüler gelernt worden ist. Auch auf dieser Ebene finden wir eine hohe Variationsbreite zwischen Schülern, Klassen und Schulen, aber auch das Ausmaß der Variationsbreite auf diesen Ebenen zwischen verschiedenen Ländern variiert erheblich. Bildungsplaner können im Prinzip auch hier nicht auf gesichertes Wissen über die Umsetzung von intendiertem und implementiertem Curriculum verzichten, ist bei geringem erreichten Curriculum doch dringender Handlungsbedarf gegeben. In den internationalen Schulleistungsuntersuchungen werden die notwendigen Daten auch für diese Fragestellungen erfasst.

Mittels internationaler Schulleistungsuntersuchungen ist es möglich systematisch zu erfassen, welche Inhalte in verschiedenen Schulformen auf welchem Niveau unterrichtet und gelernt werden. Entsprechendes Faktenwissen aus verschiedenen Ländern zur Verfügung zu haben, ist schon ein Wert an sich. Warum z.B. werden in einem Land negative Brüche in der fünften

Klassenstufe unterrichtet und in anderen Ländern in der siebten? Und beeinflusst dies die Fachleistung der Schüler kurz- oder langfristig? Die Curricula der Länder sind voller Vermutungen darüber, was Schüler in bestimmten Klassenstufen tatsächlich lernen können und was nicht. Nur durch international vergleichende Schulleistungsforschung kann aber eine realistische Sichtweise gewonnen werden. Die Teilnahme an internationalen Schulleistungsforschungen gibt Bildungsplanern Einblick in Inhalt und Aufbau der Curricula und der Bildungsergebnisse anderer Länder, die zur Überprüfung und Weiterentwicklung eigener Curricula genutzt werden können. Darüber hinaus können Bildungsplaner erfahren, welche Stoffgebiete in anderen Ländern unterrichtet werden, im eigenen Land aber nicht. Diese können, unter den Bedingungen eines internationalen Wettbewerbs, wichtige Informationen sein und führten in Deutschland zur Einrichtung der Bildungsstandards die, neben den Rahmenlehrplänen, eine Leitfunktion für die jeweiligen Fächer formulieren sowie Impulse und Schwerpunkte setzen (vgl. Beaton u.a. 1999; Klieme u.a. 2003). Es sei an dieser Stelle hervorgehoben, dass die Bildungsstandards ein Aspekt einer sehr weitreichenden und grundsätzlichen Reformierung des Bildungssystems in Deutschland sind. Das von der KMK formulierte und von allen Bundesländern akzeptierte Bildungsmonitoring (vgl. Kultusministerkonferenz 2006) sieht neben der regelmäßigen Teilnahme an internationalen Leistungsvergleichstudien (IGLU im fünfjährigen Rhythmus; TIMSS im vier Jahres Rhythmus und PISA alle drei Jahre), Vergleichsarbeiten vor sowie die Überprüfung der Bildungsstandards durch das *Institut zur Qualitätssicherung im Bildungswesen* (IQB). Diese Testungen erlauben sowohl länderinterne Vergleiche als auch Vergleiche zwischen den Bundesländern. Die Ergebnisse der Leistungsvergleichsstudien waren somit nicht nur ausschlaggebend für die Initiierung eines Systemwandels und Reformierung des deutschen Bildungssystems, sie lieferten außerdem den Referenzrahmen zur Formulierung der Bildungsstandards und sind darüber hinaus Bestandteil des Bildungsmonitorings.

Da die Bildungsplaner in den Ministerien letztlich verantwortlich sind für Schule und Unterricht, ist der Fokus ihres Interesses auf Schule gerichtet. Um entsprechend eingreifen zu können, sollten sie an Informationen darüber interessiert sein, welche Bedingungen – möglichst für alle zentralen Fächer – den Lernerfolg positiv beeinflussen. Dies führte dazu, dass im Rahmen der *six-subject-study* der IEA jeweils simultan in einer Gruppe Lesefähigkeit, Literatur und Naturwissenschaften und in einer anderen Gruppe Englisch und Französisch als Fremdsprachen und politische Bildung getestet wurden. Deutlich wurde dabei, dass manche Bedingungen den Lernerfolg in allen Fächern beeinflussen, andere sich aber nur auf den Lernerfolg in einem Fach auswirken. Die PISA-Studie beschäftigt sich mit Lesefähigkeit, Mathematik und Naturwissenschaften, neuere IEA-Studien gingen darüber ebenfalls nicht hinaus. Was ist mit den anderen Fächern? Bildungsplaner müssten an entsprechenden weitergehenden Informationen dringend interessiert sein.

Eine Reihe von Bildungsfragen lassen sich schließlich nur auf der Grundlage international vergleichender Schulleistungsuntersuchungen beantworten bzw. ernsthaft diskutieren. Welches ist z.B. das ideale Einschulungsalter? Einige Länder beginnen mit vier Jahren, in anderen beginnt die Schule mit fünf oder sechs, in manchen erst mit sieben Jahren. In jedem Land wird es gute Gründe – oder auch nicht – für die jeweilige Festsetzung geben. Für Bildungsplaner sollte es jedenfalls von Interesse sein, zu wissen, welche Auswirkungen dies auf den Lernerfolg hat, wenn die Schüler dreizehn oder vierzehn Jahre alt sind. Gleiches gilt für die Länge der Schulzeit. Es war schon im Rahmen von SISS interessant festzustellen, dass Schüler in Hong-Kong bei einem Ausschöpfungsgrad der Alterskohorte von zwanzig Prozent – also bei relativ geringer Selektivität des Systems – in der zwölften Klassenstufe vergleichbare Testergebnisse in Physik vorwiesen wie Schüler der dreizehnten Klassenstufe bei einem Ausschöpfungsgrad von nur fünf Prozent einer Alterskohorte – also bei relativ hoher Selektivität – in England. Ähnliche Befunde wurden mit TIMSS und PISA festgestellt. Ein dreizehnjähriges Schulsystem ist sicherlich kostspieliger als ein zwölfjähriges. Ob ein dreizehnjähriges System unter den Gesichtspunkten der Schulleistung tatsächlich zu rechtfertigen sei, wurde intensiv diskutiert. In Deutschland wurde mittlerweile weitgehend ebenfalls das zwölfjährige Schulsystem für Gymnasien eingeführt. Eine ähnliche Diskussion wurde durch die TIMSS-Ergebnisse in Deutschland ausgelöst, ebenso die Frage nach Schulleistung und Expansionsrate, denn die Hinweise, dass eine geringere Selektivität nicht zu schlechteren Bildungsleistungen führt, sind deutlich (vgl. Baumert/Bos/Watermann 1998).

Durch internationale Vergleiche wurde in Deutschland u.a. darauf hingewiesen, dass eine Reihe von bildungspolitischen Auseinandersetzungen der letzten Jahrzehnte vielleicht nicht die besonders wichtigen Problembereiche des Bildungswesens betrafen. So scheint die Frage nach der Schulorganisationsform im Hinblick auf die Schülerleistung nicht so relevant zu sein wie vielleicht angenommen wird. Wir finden Länder mit gegliedertem Schulsystem ebenso wie Länder mit nichtgegliederter Schulorganisation – z.B. Schweiz und Schweden – in der Ländergruppe mit den höchsten Testleistungen (vgl. Beaton u.a. 1996a; 1996b). Einige Untersuchungen zeigen, dass trotz der einheitlichen Schulform in anderen Ländern die Schüler in einem leistungsorientierten und binnendifferenzierten Kurssystem lernen, das ebenso wie in Deutschland zur Folge hat, dass eher homogene Leistungsgruppen unterrichtet werden (vgl. Heck/Price/Thomas 2004; Oakes/Wels 1996). Eine Reihe internationaler Schulleistungsvergleiche (vgl. Elley 1992, S. 40ff.; Lundberg/Linnakylä 1993, S. 16ff.; Lehmann u.a. 1995, S. 70ff.; Beaton u.a. 1996b, S. 152ff.) weist darauf hin, dass die Klassengröße – von sehr kleinen Klassen und sehr großen Klassen vielleicht einmal abgesehen (Moser u.a. 1997, S. 203ff.) – nicht den Einfluss auf die gemessenen Testleistungen hat, wie vielfach vermutet wurde (vgl. auch Saldern 1993). Mit TIMSS wurde z.B. auf die nicht befriedigende Leistungsdifferenzierung in der gymnasialen Oberstufe sowohl zwischen Kursen als auch zwischen Ländergruppen innerhalb unseres föderalen Systems hingewiesen. Es finden sich Belege, dass hohe, nominelle Unterrichtszeiten nicht zwangsläufig zu besseren Schulleistungen führen und dass die Organisationsform von Abschlussprüfungen – zentral vs. dezentral – in ihren Relationen zur Schulleistung überschätzt wird (vgl. Baumert/Bos/Watermann 1998). Erkenntnisse dieser Art sind nur durch internationale Schulleistungsforschung zu generieren, da nationale Schulleistungsuntersuchungen allein nie eine vergleichbare Systemvarianz vorfinden. Hinweise für eine direkte Verbesserung von Unterricht und eine unmittelbare Hilfestellung bei der Entwicklung der einzelnen Schule dürfen allerdings von internationalen Schulleistungsforschungen allein nicht erwartet werden. Hierzu bedarf es ergänzender und weiterreichender Forschung.

4 Der Beitrag der Schulleistungsmessung zur Grundlagenforschung

Internationale Schulleistungsforschungen können neben der Generierung von Steuerungswissen zur Bildungsplanung einen erheblichen Beitrag zur Grundlagenforschung leisten. Fragen von System- und Kulturabhängigkeit von Effekten lassen sich generell nur im Rahmen internationaler vergleichender Forschung beantworten, denn nur hier wird die notwendige Varianz für entsprechende vergleichende Analysen erzeugt – nehmen wir als Beispiel nur die hohe Variabilität geschlechtsspezifischer Unterschiede bei Mathematikleistungen von jungen Männern und Frauen am Ende ihrer Schullaufbahn. Aus Raumgründen begrenzen wir uns hier auf die Skizzierung von Beiträgen internationaler Schulleistungsforschung zur nationalen Grundlagenforschung.

Immer hängt der Aussagewert der Ergebnisse internationaler Schulleistungsuntersuchungen von der Qualität des verwandten Tests ab. Die Vertrauenswürdigkeit von Schulleistungstests steht und fällt mit deren Objektivität, Reliabilität und der – wenn angestrebt – Lehrplan- und Unterrichtsvalidität der Testaufgaben (vgl. Ingenkamp 1995; Baumert/Köller 1998), der ordnungsgemäßen Durchführung der Tests und deren angemessener Auswertung. Sind diese Kriterien aber erfüllt, ist ihr Einsatz im Bildungswesen zur Erfolgskontrolle des Systems und zur Optimierung von Lernerfolg kaum wegzudenken. Im Folgenden soll der Prozess einer solchen Testkonstruktion kurz skizziert werden. Bei internationalen und nationalen Schulleistungstests sind im Wesentlichen *Curricular-Valide-Tests* und *Grundbildungstests* zu unterscheiden Die Aufgaben der *Grundbildungstests* werden im Sinne des Literacy Konzepts konzipiert und umfassen substantielle theoretische Erkenntnisse, die Umsetzung von Arbeitsmethoden sowie ein kritisches Verständnis von mathematischem bzw. naturwissenschaftlichem Wissen. Der Mathematik- und Physiktest der TIMSS-Studie für die gymnasiale Oberstufe, hier aus Raumgründen auf den Mathematiktest begrenzt, kann als Beispiel für einen *curricular validen* Test herangezogen werden.

Im Vorfeld der Testerstellung wurde in den teilnehmenden Staaten eine ausführliche Curriculum- und Lehrbuchanalyse durchgeführt (vgl. Robitaille u.a. 1993; Schmidt u.a. 1997), bei der deutlich wurde, dass die vorakademische Ausbildung zur Vorbereitung auf tertiäre Bildungsgänge bei den teilnehmenden Ländern für Mathematik und Physik hochstandardisiert ist. Dies ist an sich auch nicht verwunderlich, sind die Anforderungen an einen Studienanfänger für Wirtschaftswissenschaften in Paris in Mathematik doch ähnlich wie für den in New York und für Studenten in den Ingenieurwissenschaften bezüglich Physik in Sydney ähnlich wie in Oslo.

Nationale Expertengruppen stellten Testaufgaben zusammen, die dem jeweiligen nationalen Curriculum besonders gut entsprachen. Mittels einer sogenannten *Test-Curriculum-Matching-Analysis (TCMA)* wurden so Testleistungen von Schülern anderer Staaten bei national zusammengestellten Testaufgaben international ausgewertet. In Tabelle 1 ist die jeweilige nationale Testleistung in den verschiedenen Subtests anderer Länder im nationalen Subtest abgebildet. In den Zeilen ist die jeweilige nationale Testleistung in den verschiedenen Subtests anderer Länder wiedergegeben. In den Spalten werden die Testleistungen anderer Länder im nationalen Subtest ablesbar. Aus der Diagonalen geht die jeweilige Testleistung im eigenen nationalen Subtest hervor. Deutlich wurde bei diesem Verfahren, dass Schüler aus Ländern, die unterdurchschnittliche Ergebnisse erzielten, immer unterdurchschnittliche Ergebnisse erzielten, gleich welchen nationalen Subtest sie bearbeiteten. Schüler aus Ländern, die besonders gute Resultate erzielten, erreichten immer gute Resultate, gleich welcher nationale Test ihnen vorlag. Analog verhielten sich die Schüler, die mit ihren Testleistungen im mittleren Bereich lagen.

Möglichkeiten, Grenzen und Perspektiven internationaler Schulleistungsforschung

Test-Curriculum Matching Analysis: Ergebnisse für voruniversitäre Mathematik – Durchschnitt der relativen Lösungshäufigkeiten der Testaufgaben basierend auf länderspezifischen Subtests

Land	Durchschnitt d. relat. Lösungshäufigkeiten*	Frankreich	Australien	Russland	Schweiz	Zypern	Dänemark	Schweden	Kanada	Tschechien	Slowenien	Deutschland	Österreich	USA
Frankreich	58 (1,1)	57	60	58	59	56	61	61	56	57	57	59	58	58
Australien	52 (2,2)	51	55	51	53	50	54	55	50	52	51	53	52	52
Russland	52 (1,7)	52	55	56	54	52	56	56	51	52	52	55	52	52
Schweiz	50 (0,8)	50	52	50	53	48	54	54	48	50	49	52	50	50
Zypern	49 (1,2)	48	51	50	50	48	52	52	47	49	48	50	49	49
Dänemark	49 (0,8)	49	52	49	52	47	54	54	46	49	48	52	49	49
Schweden	47 (0,9)	47	50	46	49	45	51	52	46	47	47	50	47	47
Kanada	47 (0,8)	46	49	46	49	45	51	51	46	47	46	49	47	47
Tschechien	40 (1,9)	40	42	41	41	39	43	43	39	40	40	42	40	40
Slowenien	39 (1,7)	39	41	38	40	37	42	42	38	39	39	40	39	39
Deutschland	38 (1,1)	38	40	38	41	36	42	42	35	38	37	40	38	38
Österreich	35 (1,2)	35	37	34	37	33	39	39	33	35	34	37	35	35
USA	35 (1,0)	35	37	34	37	33	38	39	34	35	34	37	35	35
Internat. Durchschnitt	**45 (1,3)**	**45**	**48**	**45**	**47**	**44**	**49**	**49**	**44**	**45**	**45**	**47**	**45**	**45**

* Der Standardfehler des Mittelwertes der relativen Lösungshäufigkeiten aller Items ist in Klammern angegeben.
IEA. Third International Mathematics and Science Study.

Tabelle 1: Test-Curriculum Matching Analysis (Baumert, Bos & Watermann (2000) in Baumert, Bos & Lehmann, S. 156)

Aus den national zusammengestellten Aufgaben wurden von international zusammengesetzten Expertengruppen die Aufgaben für Pretests und eine endgültige Testversion zusammengestellt. Dabei wurde durch Homogenitätsüberprüfung im Rahmen der Item-Response-Theorie darauf geachtet, dass die Aufgaben möglichst eindimensional, aber auf verschiedenen Schwierigkeitsstufen die spezifische Fähigkeit zum Lösen von Mathematikaufgaben erfassen – möglichst unabhängig vom Sachgebiet und Antwortformat. Ebenfalls wurde gewährleistet, dass nur solche Aufgaben verwendet wurden, deren transkulturelle Äquivalenz nach Testung der *Item-by-Country-Interaction* erwiesen war, die also keine die Gesamtergebnisse verzerrenden, starken differentiellen Itemfunktionen aufwiesen.

Nach Durchführung dieser entsprechenden Prüfverfahren wurde offenkundig, dass Anforderungsarten und Aufgabenformate relativ gleichmäßig und möglichst optimal auf die Sachgebiete der zu testenden voruniversitären Mathematik verteilt wurden. Nach Durchführung der Tests bei repräsentativen Populationen aus 16 Ländern wurden die Tests auf Homogenität und differentielle Itemfunktion wiederholt; alle 65 eingesetzten Testaufgaben zur voruniversitären Mathematik genügten auch dieser Überprüfung (vgl. auch Martin/Kelly 1996; zur Qualitätssicherung der Durchführung auch Mullis/Martin 1997).

In Deutschland wurden darüber hinaus zur Feststellung der Unterrichtsvalidität, die Fachleiter an den Schulen, an denen die Tests durchgeführt wurden, befragt, ob die Stoffgebiete und Verhaltenserwartungen, die die Aufgaben repräsentierten, tatsächlich auch unterrichtet worden waren. Wir finden in Deutschland eine beachtliche Übereinstimmung zwischen intendiertem und implementiertem Curriculum; mehr als achtzig Prozent der Aufgaben wurden als unterrichtsvalide eingeschätzt. Eine Befragung deutscher Curriculumexperten aus Landesinstituten bzw. Ministerien – alle Bundesländer außer dem Saarland waren vertreten – bestätigte das Bild: über neunzig Prozent der Aufgaben zur voruniversitären Mathematik wurden als lehrplanvalide eingeschätzt (vgl. Baumert u.a. 1999).

Vergleichbaren Qualitätsansprüchen genügen auch die anderen in TIMSS verwandten Tests. Damit liegen auf Grundlage einer Beteiligung an einer internationalen Schulleistungsuntersuchung national valide und reliable Instrumente zur Messung von Mathematikleistungen mit internationalen und nationalen Kennwerten vor, die in vielfältigster Weise in kleineren, gezielteren Untersuchungen angewandt werden können (vgl. Klieme/Baumert/Schwippert 2000; Köller/Baumert/Bos 2001). Diese Aufgaben werden komplett, teilweise oder modifiziert in zahlreichen Untersuchungen im Rahmen des Schwerpunktes der deutschen Forschungsgemeinschaft zur Qualitätssicherung der Bildung, in regionalen Schulleistungsuntersuchungen, aber auch in fachdidaktisch orientierten Untersuchungen eingesetzt.

Einen weiteren Beitrag zur Grundlagenforschung liefert die nationale Ergänzungsuntersuchung, die im Rahmen der IGLU Studie 2001 stattfand und dazu diente, über die vergleichenden Auswertungen des globalen Leseverständnis hinaus, Leseverständnis basierend auf psychologischen und textlinguistischen Annahmen zu untersuchen sowie die in IGLU elaborierten Verstehensaspekte und Leseintentionen empirisch zu validieren (vgl. Voss/Carstensen/Bos in Bos u.a. 2005; Bos u.a. 2007; Campell u.a. 2001). Die in der IGLU Rahmenkonzeption formulierten Aspekte zum Leseverstehen – *Erkennen und Wiedergeben von explizit angegebenen Informationen, einfache Schlussfolgerungen ziehen, komplexe Schlussfolgerungen ziehen und interpretieren des Gelesenen* sowie *Prüfen und Bewerten von Inhalt und Sprache* können im Leseverständnisprozessmodell von Irwin (1986; 2007) verortet werden. Der erste in IGLU formulierte Verstehensaspekt, Erkennen und Wiedergeben explizit angegebener Informationen, entspricht den *Mikroprozessen* nach Irwin, die die Verarbeitung des Gelesenen auf Satzebene, das sinnvolle Gliedern der Sätze sowie die Selektion von wichtigen Informationen definieren. Das Ziehen einfacher Schlussfolgerungen ist kongruent zu der Prozessebene, die Irwin die *Integrativen Prozesse* nennt. Hier wird der Verständnisprozess beschrieben der zwischen einzelnen Sätzen stattfindet. Die von Irwin als *Makroprozesse* beschriebene Verstehensleistung entspricht dem dritten Verstehensaspekt, komplexe Schlussfolgerungen ziehen und interpretieren des Gelesenen. Hier wird der Text in seinem Zusammenhang erfasst. Außerdem werden auf dieser Ebene vom Leser Kenntnisse über Textgenres und Textformen erwartet und die wesentlichen Aussagen eines Textes müssen erfasst werden können. Eine weitere von Irwin beschriebene Ebene, auf der *Elaborative Prozesse* beschrieben werden, ist vergleichbar mit dem vierten Verstehensaspekt. Hier findet auf Grundlage der zuvor beschriebenen Prozesse sowie unter Bezugnahme des Einflusses von Erfahrungen, Vorwissen und Erwartungen des Lesers ein Textverständnis statt, welches dem Leser erlaubt das Gelesene zu interpretieren,

Vorhersagen zu machen, den Textinhalt in vorhandenes Wissen zu verorten und auf Basis von Abstraktion und Analyse Konsequenzen zu formulieren.

Neben den vier Verstehensaspekten der IGLU Rahmenkonzeption wird die Leseintention in Lesen von literarischen Texten oder das Lesen von Sachtexten unterschieden. Literarische Texte beschreiben die Text-generes, die zur Epik, Dramatik und Lyrik zählen. Sachtexte sind hingegen Texte, die einen zweckhaften Charakter und einen direkten Realitätsbezug haben. Ziel solcher Texte ist es Erklärung, Anleitungen oder Begründungen für die Lebenswelt zu liefern (vgl. Voss/Carstensen/Bos 2006; Blatt/Voss 2006; Bos u.a. 2007). Differenzierungen dieser Art erlauben es wichtige Hinweise für die fachdidaktische Diskussion und der Lehrerausbildung zu generieren. Nur Large-Scale-Assements dieser Größe ermöglichen aufgrund des entsprechenden Stichprobenumfangs Analysen zur Prüfung theoretischer Annahmen.

5 Der Beitrag der Schulleistungsmessung zur externen Evaluation und Schulentwicklung

Bei allen neueren durchgeführten und geplanten internationalen bzw. nationalen Schulleistungsuntersuchungen ist die Rückmeldung von Ergebnissen an Lehrer, Schulleiter und teilweise an die Schulbehörden fester Bestandteil des nationalen Untersuchungsdesigns. Dies gilt für PISA, QuaSUM, die Hamburger Studien (KESS und LAU), aber auch für internationale Studien wie DESI und IGLU. Damit zeichnet sich in Deutschland der Versuch ab, systematischer die Ergebnisse von Leistungstests auch für eine externe Evaluation eines Teilsystems des Bildungswesens zu benutzen und die vermeintlichen Gegensätze von *Messen* und *Entwickeln* zusammenzuführen.

Dass Evaluation, im Sinne eines Prozesses des Sammelns und Analysierens von Informationen mit dem Ziel zu begründeten Bewertungsurteilen zu kommen (vgl. Rolff 1996), die notwendige Basis für eine Standardsicherung und Qualitätsentwicklung darstellt, ist auch für das deutsche Bildungswesen unstrittig. Traditionell wird aber in Deutschland unter Evaluation von Schule eine interne Evaluation verstanden. Bei diesem Verfahren geht man davon aus, dass die Schule die Kriterien und Prozesse ihrer Entwicklung und Bewertung selbst definiert und so ihr eigenes pädagogisches Konzept entwickelt, modifiziert und optimiert. Die Definition des Qualitätskriteriums für das Bildungsangebot obliegt dabei im Wesentlichen der einzelnen Schule. Relativ neu und nicht unstrittig ist in Deutschland dagegen die Durchführung einer externen Evaluation von Schule und Bildungswesen durch Expertenteams der Schulinspektion (vgl. Rolff 1997). Die Arbeit der Lehrer – die ja ständig Schüler beurteilen – kann durch externe Evaluation aus einem nahezu privaten Rahmen des Unterrichtens in ein öffentliches Procedere der Rechenschaftslegung verlagert werden. Dass ein Teil der Standesvertretungen der Lehrerschaft dies mit gewisser Skepsis betrachtet, scheint verständlich. Dies gilt übrigens auch für einen Teil der akademischen Pädagogik, in der die Überprüfung der Erreichbarkeit vorgelegter Zielentwürfe nicht immer zum tradierten Standard gehört.

Externe Evaluation wird durch Expertenkommissionen, Schulaufsicht, Kollegen, Schulentwicklungsberater etc. mit unterschiedlichen Methoden und Zielsetzungen durchgeführt sowie auf der Basis von Leistungsuntersuchungen der Vergleichsarbeiten und durch standardisierte Leistungstests Lehr- und Lernerfolge um somit systematisch das Bildungswesen zu bilanzieren. Das Qualitätskriterium für den Unterricht wird hier von außen angelegt und wesentlich durch den verwandten Leistungstest definiert.

Bei internationalen Schulleistungsvergleichen sind die entsprechenden Qualitätsstandards gesichert. Deswegen werden in den meisten neuen nationalen Schulleistungsforschungen auch Aufgaben bzw. ganze Aufgabenbatterien aus den internationalen Untersuchungen mitverwandt. Eine Rückmeldung an die Schulen bietet hier die Möglichkeit, nicht nur unterschiedliche Rückmeldeformen zu erproben, sondern auch systematisch die Verknüpfungsmöglichkeiten von externer und interner Evaluation zu erforschen. Dies ist dringend notwendig, gibt es doch kaum Forschungsergebnisse zu diesem Bereich (vgl. Millmann 1997; Fidler u.a. 1998; Hargreaves u.a. 1998). Wir wissen nicht genau, ob interne Evaluation und externe Evaluation überhaupt miteinander verträglich sind und wie sie optimal aufeinander abgestimmt werden könnten (vgl. Lange 1999). Eine Verbindung von interner und externer Evaluation kann unter optimalen Bedingungen zu einer Regulierung von Missständen durch zielgerichtete Schulentwicklungsmaßnahmen führen. Die jüngst in Deutschland etablierte Schulinspektion, die Schulen extern evaluiert, muss Wege und Möglichkeiten finden an die interne Evaluation anzuknüpfen, ebenso muss die interne Evaluation auf die Arbeiten und Ergebnisse der externen Evaluation aufbauen. Die konkrete Konzeptionalisierung und Realisierung der Verknüpfung der beiden Formen von Evaluation steht auch für die Schulinspektion in Deutschland noch aus (vgl. Bos/Holtappels/Rösner 2006).

In Abbildung 2 wird das von Rolff entwickelte Modell externer und interner Evaluation (vgl. Kempfert/Rolff 1999) modifiziert und um den Einsatz von Tests erweitert. Zwar präferiert Rolff in seinem ursprünglichen Modell den Beginn der Evaluation mit der Entscheidung der Schule zu einer internen Evaluation, dies ist aber normativ und nicht empirisch begründet. Wir wissen zur Zeit einfach nicht genau, ob ein optimaler Evaluationsprozess mit der Entscheidung der Schule zur Evaluation, gefolgt von der Planung, Durchführung und Ergebnisdebatte, die dann – wenn die Schule dies will – zu einer externen Evaluation führt, in deren Rahmen dann evtl. eine Kommission geladen wird, die berät, evtl. Tests durchführt und die Ergebnisse rückmeldet, der optimale Weg ist. Vielleicht ist der Einsatz von Tests im Rahmen einer externen Evaluation bei entsprechender Rückmeldung, der so einen Evaluationsprozess in der Schule initiiert, ebenfalls erfolgreich. In Nordrhein-Westfalen stehen die Ergebnisse der Lernstandserhebungen den einzelnen Schulen zur Verfügung, um den eventuellen Förderbedarf zu erkennen und dementsprechende Maßnahmen einzuleiten. Vielleicht ist es sinnvoller diesen Service qualifiziert den Schulen unter Wahrung der schulischen Datenhoheit als Dienstleistung anzubieten und für das gesamte Bundesgebiet einheitlich zu gestalten, wie dies z.B. von ACER in Australien übernommen wird. So hätten auch bei Stichprobenuntersuchungen die nicht berücksichtigten Schulen – und diese sind ja in der Überzahl – die Möglichkeit, vom Test zu profitieren. Ebenso muss die derzeit in Deutschland implementierte Form der Schulinspektion wissenschaftlich begleitet und deren Mehrwert unter Beweis gestellt werden. Diese Form der Qualitätssicherung und Standardsicherung differiert stark in den einzelnen Bundesländern. In Hamburg beispielsweise, wo die Schulinspektion eine Abteilung des Instituts für Bildungsmonitoring ist, haben die Schulen nicht die freie Wahl eine Evaluation anzugehen, sondern es werden alle Schulen an dieser Evaluation beteiligt. In Nordrhein-Westfalen ist die Qualitätsanalyse der Schulen ein eigenständiger Teil der Schulaufsicht und in der Pilotphase nehmen zunächst 96 Schulen teil. Das dort überprüfte Qualitätstableau, das sich in sechs Qualitätsbereiche, 28 Qualitätsaspekte und 153 Qualitätskriterien differenziert, greift unter anderem auf die Daten der länderinternen Vergleichsarbeit zurück, in diesem Bundesland vera3 (Vergleichsarbeit Klassenstufe 3) Lernstand 8 (Lernstandserhebung in der Klassenstufe 8) und zentrale Prüfung in der Klassenstufe genannt. Finnland hat Schulinspektion gerade abgeschafft, in den Niederlanden ist es ein gut funktionierendes System, welches ein für alle Beteiligten zugängliches Ranking der Schulen via Internet veröffentlicht (vgl. http://www.onderwijsinspectie.nl; Niedersächsisches Kultusministerium 2003), in Deutschland steht die Erprobung jedoch noch aus.

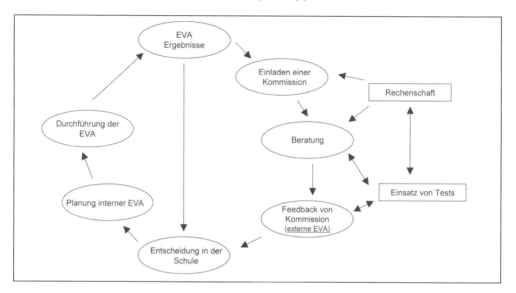

Abbildung 2: Verknüpfung externer und interner Evaluation

Hier ist dringend Forschung geboten, um die Möglichkeiten von qualitativ hochwertigen Testmaterialien, die im Rahmen internationaler Schulleistungsuntersuchungen entwickelt und häufig national modifiziert wurden, voll ausschöpfen zu können.

6 Ausblick

Internationale Schulleistungstests als potentielle Instrumente externer Evaluation des Bildungswesens könnten mit ihren Ergebnissen sicherlich auch in Deutschland einen Beitrag im Sinne eines Benchmarkings leisten. Deutsche Schülerleistungen liegen nach den Ergebnissen der jüngeren internationalen Schulleistungsvergleiche für die jeweils untersuchten Fächer und Klassenstufen im internationalen Vergleich im Mittelfeld. Dies gilt sowohl für die beruflichen Schulen, die Sekundarstufe I, als auch für die gymnasiale Oberstufe. Was sich in der Sekundarstufe I abgezeichnet hatte, setzt sich in der Sekundarstufe II fort; die Leistungsabstände werden eher größer als kleiner. Im Bereich der Spitzenleistungen treten die Unterschiede besonders hervor: Der Anteil sehr testleistungsschwacher Schüler ist in Deutschland im Vergleich zu einigen Nachbarländern überproportional groß. Für die Primarstufe gilt dies nicht. Die neusten Resultate internationaler Leistungsvergleiche im Bereich Lesen zeigten, dass die Schülerinnen und Schüler sich im oberen Bereich des Feldes aller miteinander verglichenen Nationen befinden.

Der Vergleich mit Nachbarländern, mit Ländern der EU und mit anderen wirtschaftlich wichtigen Ländern scheint bei zunehmender Globalisierung der Märkte zwingend notwendig. Dem nationalen Bildungssystem – den Bildungsplanern – können darüber hinaus durch die Ergebnisse von internationalen Schulleistungstests eine Reihe von Hinweisen gegeben werden. Die damit aufgezeigten Probleme können in der Lehreraus- und -fortbildung ebenso wie im Hinblick auf bildungspolitische Konsequenzen diskutiert werden. Deutlich geworden ist dabei aber auch, dass solche Ergebnisse und Rückmeldungen nur über externe internationale Schulleistungstests zu erreichen sind. Gewiss ist der Leistungsvergleich selbst noch nicht die Lösung der Probleme im Bereich des Bildungssystems. Nur die vernünftige und gewissenhafte Interpretation und der daraus abgeleitete Handlungsbedarf erbringen den Nutzen von Leistungsvergleichstudien, der ebenso die Überprüfung festgefahrener und bestehender theoretischer Ansichten ermöglicht.

Zumindest für Deutschland lag und liegt der Nutzen eines solchen Bildungsmonitoring unseres Bildungswesens durch internationale Schulleistungsforschung u.a. darin, die relevanten Sachverhalte in den Vordergrund der Diskussion zu rücken – wie dies Roth bereits 1963 forderte – und auf die Bedeutung der Unterrichtsebene hinzuweisen. Zur Verbesserung von Unterricht ist diese Form externer Evaluation allerdings nur mittelbar nützlich, es bedarf hierzu weiterführender Untersuchungen und Programme. Solche Untersuchungen und vertiefende Analysen wie sie beispielsweise im Rahmen von IGLU stattfanden dienen der Nutzung, Anwendung und dem Verständnis von Leistungsvergleichstudien für die Akteure in den Bildungseinrichtungen (vgl. Blatt/Voss 2006).

Gerade die Aspekte der sozialen und ethnischen Disparitäten im Bildungswesen sowie die Erforschung dessen, wie die Institution Schule dem entgegenwirken kann, folglich welche Merkmale diese Prozesse begünstigen, muss Gegenstand der Forschung in Deutschland werden.

Die umfangreichen Reformen innerhalb des Bildungswesens zeigten deutlich den Missstand des deutschen Bildungswesens auf. Ob der Einsatz der Testungen zum internationalen, länderübergreifenden und länderspezifischen Vergleich sowie die implementierten Bildungsstandards in den Lehrplänen die Leistungen der bundesdeutschen Schülerinnen und Schüler langfristig verbessern, wird sich zukünftig zeigen. Inwieweit die externe Evaluation der Schulinspektion einen Mehrwert für die Kompetenzen der Schülerinnen und Schüler erbringen wird, wird ebenfalls erst nach umfangreichen Untersuchungen, Möglichkeiten der Bewertung deutlich werden. Sicher ist, dass die Ergebnisse der Vergleichsarbeiten, der Lernstandserhebungen und der Rückmeldungen der Studien jeder Einzelschulen die Chance der Entwicklung offenbaren.

Zum Schluss sei noch einmal auf die Bedeutung internationaler Schulleistungsuntersuchungen für die Grundlagenforschung hingewiesen. Nur mit elaborierten Tests, internationaler Varianz und gezielten nationalen Ergänzungen des Forschungsdesigns ist wichtigen erziehungswissenschaftlichen Fragestellungen nachzugehen. Nur durch die Weiterentwicklung von Forschungsmethoden durch internationale Kooperation in der Schulleistungsforschung bekommt nationale Forschung das notwendige know how, um qualifiziert regionale Fragestellungen zu bearbeiten.

Literatur

Anderson, C.A. (1961): Methodology of comparative education. In: International Review of Education 7, S. 1–23.
Anderson, L.W./Ryan, D./Shapiro, B.J. (Hrsg.) (1989): The IEA Classroom Environment Study. Oxford: Pergamon.
Baumert, J. (1998): Internationale Schulleistungsvergleiche. In: Rost, D.H. (Hrsg.): Handwörterbuch Pädagogische Psychologie. Weinheim: Juventa, S. 219–225.
Baumert, J./Roeder, P.M./Gruehn, S./Heyn, S./Köller, O./Rimmele, R./Schnabel, K./Seipp, B. (1996): Bildungsverläufe und psychosoziale Entwicklung im Jugendalter (BIJU). In: Treumann, K.-P./Neubauer, G./Möller, R./Abel, J. (Hrsg.): Methoden und Anwendungen empirischer pädagogischer Forschung. Münster: Waxmann, S. 170–180.
Baumert, J./Lehrke, M./Schmitz, B./Clausen, M./Hosenfeld, I./Köller, O./Neubrand, J. (1997): TIMSS – Mathematisch-naturwissenschaftlicher Unterricht im internationalen Vergleich. Deskriptive Befunde. Opladen: Leske+Buderich.
Baumert, J./Bos, W./Klieme, E./Lehmann, R. H./Lehrke, M./Hosenfeld, I./Neubrand, J./Watermann, R. (Hrsg.) (1999): Testaufgaben zu TIMSS/III. Mathematisch-naturwissenschaftliche Grundbildung und voruniversitäre Mathematik und Physik der Abschlußklassen der Sekundarstufe II (Population 3), Materialien. Bd. 62. Berlin: Max-Planck-Institut für Bildungsforschung.
Baumert, J./Bos, W./Lehmann, R.H. (Hrsg.) (2000a): TIMSS/III – Dritte Internationale Mathematik- und Naturwissenschaftsstudie. Mathematische und naturwissenschaftliche Bildung am Ende der Schullaufbahn. Bd. 1: Mathematische und naturwissenschaftliche Grundbildung am Ende der Pflichtschulzeit. Opladen: Leske+Buderich.
Baumert, J./Bos, W./Lehmann, R.H. (Hrsg.) (2000b): TIMSS/III – Dritte Internationale Mathematik- und Naturwissenschaftsstudie. Mathematische und Naturwissenschaftliche Bildung am Ende der Schullaufbahn. Bd. 2: Mathematische und physikalische Kompetenzen am Ende der gymnasialen Oberstufe. Opladen: Leske+Buderich.
Baumert, J./Bos, W./Watermann, R. (1998): TIMSS/III. Schülerleistungen in Mathematik und den Naturwissenschaften am Ende der Sekundarstufe II im internationalen Vergleich. Zusammenfassung deskriptiver Ergebnisse, Studien und Berichte. Bd. 64. Berlin: Max-Planck-Institut für Bildungsforschung.
Baumert, J./Köller, O. (1998): Nationale und internationale Schulleistungsstudien. Was können sie leisten und wo sind ihre Grenzen? In: Pädagogik, 50. Jg., H. 6, S. 12–18.
Baumert, J./Klieme, E./Neubrand, M./Prenzel, M./Schiefele, U./Schneider, W./Stanat, P./Tillmann, K.-J./Weiß, M. (Hrsg.) (2001): PISA 2000. Basiskompetenzen von Schülerinnen und Schülern im internationalen Vergleich. Opladen: Leske + Budrich.
Beaton, A.E./Martin, M.O./Mullis, I.V. S./Gonzales, E.J./Smith, T.A./Kelly, D.L. (1996a): Science achievement in the middle school years: IEA's Third International Mathematics and Science Study (TIMSS). Chestnut Hill/ Mass.: Center for Study of Testing, Evaluation, and Educational Policy. Boston College.
Beaton, A.E./Mullis, I.V.S./Martin, M.O./Gonzales, E.J./Smith, T.A./Kelly, D.A. (1996b): Mathematics achievement in the middle school years: IEA's Third International Mathematics and Science Study (TIMSS). Chestnut Hill/ Mass.: Center for Study of Testing, Evaluation, and Educational Policy. Boston College.
Beaton, A.E./Postlethwaite, T.N./Ross, K.N./Spearritt, D./Wolf, R.M. (1999): The benefits and limitations of international educational achievement studies. Paris: IIEP.
Beck, B./Klieme, E. (Hrsg.) (2007): Sprachliche Kompetenzen – Konzepte und Messung DESI Studie Deutsch Englische Schülerleistungen International. Weinheim: Beltz.
Blatt, I. /Voss, A. (2005): Leseverständnis und Leseprozess. Didaktische Überlegungen zu ausgewählten Befunden der IGLU-/IGLU-E-Studien. In: Bos, W./Lankes, E.-M./Prenzel, M./Schwippert, K./Valtin, R./Walther, G. (Hrsg): IGLU Vertiefende Analysen zu Leseverständnis, Rahmenbedingungen und Zusatzstudien. Münster: Waxmann.
Borries, B. von (1999): Jugend und Geschichte. Ein europäischer Kulturvergleich aus deutscher Sicht. Opladen: Leske+Buderich.
Bos, W./Holtappels, H.G./Rösner, E. (2006): Schulinspektion in den deutschen Bundesländern – Eine Baustellenbeschreibung. In: Bos, W./Holtappels, H.G./Pfeiffer, H./Rolff, H.-G./Schulz-Zander, R. (Hrsg.): Jahrbuch der Schulentwicklung. Daten, Beispiele und Perspektiven. Bd. 14. Weinheim: Juventa, S. 81–124.
Bos, W./Hornberg, S./Arnold, K.H./Faust, G./Fried, L./Lankes, E.-M./Schwippert, K./Valtin, R. (Hrsg.) (2007): IGLU 2006 Lesekompetenzen von Grundschulkindern in Deutschland im internationalen Vergleich. Münster: Waxmann.
Bos, W./Lankes, E.-M./Prenzel, M./Schwippert, K./Walther, G./Valtin, R. (Hrsg.) (2003): Erste Ergebnisse aus IGLU. Schülerleistungen am Ende der vierten Jahrgangsstufe im internationalen Vergleich. Münster: Waxmann.
Bos, W./Lankes, E.-M./Schwippert, K./Valtin, R./Voss, A./Badel, I./Plaßmeier, N. (2003): Lesekompetenzen deutscher Grundschülerinnen und Grundschüler am Ende der vierten Jahrgangsstufe im internationalen Vergleich. In: Bos, W./Lankes, E.-M./Prenzel, M./Schwippert, K./Walther, G./Valtin, R. (Hrsg.): Erste Ergebnisse aus IGLU. Schülerleistungen am Ende der vierten Jahrgangsstufe im internationalen Vergleich. Münster: Waxmann, S. 69–142.

Bos, W./Pietsch, M. (Hrsg.) (2005): KESS 4. Kompetenzen und Einstellungen von Schülerinnen und Schülern – Jahrgangsstufe 4. Hamburg: Behörde für Bildung und Sport.

Bos, W./Gröhlich, C./Pietsch, M. (2007): KESS 4 - Lehr- und Lernbedingungen in Hamburger Grundschulen. Hamburger Schriften zur Qualität im Bildungswesen, Band 2. Münster: Waxmann.

Bos, W./Valtin, R./Voss, A./Hornberg, S./Lankes, E.-M. (2007): Konzepte der Lesekompetenz in IGLU 2006. In: Bos, W./Hornberg, S./Arnold, K.H./Faust, G./Fried, L./Lankes, E.-M./Schwippert, K./Valtin, R. (Hrsg.) (2007): IGLU 2006 Lesekompetenzen von Grundschulkindern in Deutschland im internationalen Vergleich. Münster: Waxmann, S. 81–108.

Bund-Länder-Kommission für Bildungsplanung und Forschungsförderung (1997): Gutachten zur Vorbereitung des Programms „Steigerung der Effizienz des mathematisch-naturwissenschaftlichen Unterrichts". Materialien zur Bildungsplanung und zur Forschungsförderung. Heft 60. Bonn.

Burstein, L. (Hrsg.) (1992): The IEA study of mathematics. Vol. 3: Student growth and classroom processes. Oxford: Pergamon Press.

Carroll, J.B. (1975): The Teaching of French as a Foreign Language in Eight Countries. New York: John Wiley & Sons.

Comber, L.C./Keeves, J.P. (1973): Science education in nineteen countries. New York: John Wiley & Sons.

Doll, J./Prenzel, M. (2004): Bildungsqualität von Schule: Lehrerprofessionalisierung, Unterrichtsentwicklung und Schülerförderung als Strategien der Qualitätsverbesserung. Münster: Waxmann.

Elley, W.B. (19922): How in the world do students read? IEA study of reading literacy. The Hague: International Association for the Evaluation of Educational Achievement.

Elley, W.B. (1994): IEA Study of Reading Literacy. Oxford: Pergamon Press.

Fend, H. (1982): Gesamtschule im Vergleich. Weinheim: Juventa.

Fend, H. (1998): Qualität im Bildungswesen. Schulforschung zu Systembedingungen, Schulprofilen und Lehrerleistung. Weinheim: Juventa.

Fidler, B./Earley, P./Ouston, J./Davies, J. (1998): Teacher Gradings and OfSted Inspections: help or hindrance as a management tool? In: School Leadership and Management 18, S. 257–270.

Findlay, B. (1998): Choose the right Secondary School. A Guide to Secondary Schools in England, Scotland and Wales. London: Stationery Office.

Foshay, A.W./Thorndike, R.L./Hotyat, F./Pidgeon, D.A./Walker, D.A. (1962): Educational Achievement of Thirteen-Year-Olds in Twelve Countries. Hamburg: UNESCO Institute for Education.

Garden, R.A./Robitaille, D.F. (1989): The IEA Study of Mathematics II: Contexts and Outcomes of School Mathematics. Oxford: Pergamon Press.

Gorman, T.P./Purves, A.C./Degenhart, R.E. (Hrsg.) (1988): The IEA Study of Written Composition I: The International Writting and Scoring Scales. Oxford: Pergamon Press.

Händle, Ch./Oesterreich, D./Trommer, L. (1999): Aufgaben politischer Bildung in der Sekundarstufe I. Studien aus dem Projekt Civic Education. Opladen: Leske+Buderich.

Hargreaves, A./Liebermann, A./Fullan, M./Hopkins, D. (Hrsg.) (1998): International Handbook of Educational Change. Dordrecht: Kluwer Academic Press.

Heck, R.H./Price, C.L./Thomas, S.L. (2004): Tracks as emergent structures: A network analysis of student differentiation in a high school. American Journal of Education 110, S. 321–353.

Helmke, A./Schneider, W./Weinert, F.E. (1986): Quality of instruction and classroom learning outcomes – Results of the German contribution to the Classroom Environment Study of the IEA. In: Teaching and Teacher Education 2, S. 1–18.

Hirzel, M.K. (1969): Mathematikunterricht im internationalen Vergleich. In: Zeitschrift für Pädagogik 15, S. 329–346.

Husén, T. (1967): International study of achievement in mathematics. Vols. I and II. Stockholm: Almqvist & Wiksell.

Ingenkamp, K./Schreiber, W.H. (Hrsg.) (1989): Was wissen unsere Schüler. Überregionale Lernerfolgsmessung aus internationaler Sicht. Weinheim: Juventa.

Ingenkamp, K.-H. (1995): Beurteilungsfehler minimieren! Lernerfolgsmessung durch Schultests. In: Pädagogik 47, H. 3, S. 25–30.

Keeves, J.P. (Hrsg.) (1992): The IEA study of science III: Changes in science education and achievement: 1970 to 1984. Oxford: Pergamon Press.

Kempfert, G./Rolff, H.-G. (1999): Pädagogische Qualitätsentwicklung. Ein Arbeitsbuch für Schule und Unterricht. Weinheim: Juventa.

Klieme, E./Baumert, J./Schwippert, H. (2000): Schulbezogene Evaluation und Schulleistungsvergleiche. Eine Studie im Anschluss an TIMSS. In: Rolff, H.-G./Bos, W./Klemm, K./Pfeiffer, H./Schulz-Zander, R. (Hrsg.): Jahrbuch der Schulentwicklung. Daten, Beispiele und Perspektiven. Bd. 11. Weinheim: Juventa, S. 365–398.

Klieme, E./Bos, W. (2000): Mathematikleistung und mathematischer Unterricht in Deutschland und Japan. Triangulation qualitativer und quantitativer Analysen am Beispiel der TIMSS-Studie. In: Zeitschrift für Erziehungswissenschaft 3, S. 359–380.

Klieme, E./Avenarius, H./Blum, W./Döbrich, P./Gruber H./Prenzel, M./Reiss, K./Riquarts,K./Rost, J./Tenorth, H.-E./ Vollmer, H.J. (2004): Expertise. Zur Entwicklung nationaler Bildungsstandards. Bonn: BMBF. (Bildungsreform Band 1).

Köller, O./Baumert, J./Bos, W. (2001): Die dritte internationale Mathematik- und Naturwissenschaftsstudie – Third International Mathematics and Science Study (TIMSS): In: Weinert, F.E. (Hrsg.): Leistungsmessungen in Schulen (Informationsquelle, Teufelswerkzeug oder Orientierungshilfe?). Weinheim: Beltz, S. 269–284.

Konferenz der Kultusminister der Länder (Hrsg.) (2004): Standards für die Lehrerbildung: Bildungswissenschaten. URL: http://www.kmk.org/doc/beschl/standards_lehrerbildung.pdf (09.01.2008).

Lange, H. (1999): Schulautonomie und Neues Steuerungsmodell. In: Recht der Jugend und des Bildungswesens 4, S. 423–438.

Lehmann, R.H./Peek, R./Pieper, I./Stritzky, R. von (1995): Leseverständnis und Lesegewohnheiten deutscher Schüler und Schülerinnen. Weinheim: Beltz.

Lehmann, R.H./Barth, I./Gänsfuss, R./Lukat, S./Mücke, S./Peek, R. (1999): Qualitätsuntersuchung an Schulen zum Unterricht in Mathematik – QuaSUM. Zwischenbericht über die Untersuchung an Brandenburger Schulen im Juni 1999 (unveröffentlichter Forschungsbericht). Potsdam.

Lehmann, R.H./Gänsfuss, R./Peek, R. (1999): Aspekte der Lernausgangslage und der Lernentwicklung von Schülerinnen und Schülern an Hamburger Schulen – Klassenstufe 7. Bericht über die Untersuchung im September 1998. Hamburg : Behörde für Bildung und Sport.

Lehmann, R./Hunger, S./Ivanov, S./Gänsfuß, R./Hoffmann, E. (2003): Lau 11. Aspekte der Lernausgangslage und der Lernentwicklung Klassenstufe 11. Ergebnisse einer längsschnittlichen Untersuchung in Hamburg. Hamburg : Behörde für Bildung und Sport.

Lehmann, R.H./Peek, R./Gänsfuss, R. (1997): Aspekte der Lernausgangslage von Schülerinnen und Schülern der fünften Klassen an Hamburger Schulen. Bericht über die Untersuchung im September 1996. Hamburg : Behörde für Bildung und Sport.

Lehmann, R./Peek, R./Gänsfuß, R./Husfeldt, V. (2002): Aspekte der Lernausgangslage und der Lernentwicklung- Klassenstufe 9 – Ergebnisse. Hamburg : Behörde für Bildung und Sport.

Lewis, E.G./Massad, C. (1975): The Teaching of English as a Foreign Language in Ten Countries. New York: John Wiley & Sons.

Lundberg, I./Linnakylä, P. (1993): Teaching reading around the world. IEA Study of Reading Literacy. Hamburg: IEA.

Martin, M.O./Mullis, I.V.S./Beaton, A.E./Gonzales, E.J./Smith, T.A./Kelly, D.L. (1997): Science achievement in the primary school years: IEA's Third International Mathematics and Science Study (TIMSS). Chestnut Hill/Mass.: Center for Study of Testing, Evaluation, and Educational Policy. Boston College.

Martin, M.O./Kelly, D.L. (Hrsg.) (1996): Third International Mathematics and Science Study. Technical Report Volume I: Design and Development. Chestnut Hill/ Mass.: Center for Study of Testing, Evaluation, and Educational Policy. Boston College.

Martin, M.O./Kelly, D.L. (Hrsg.) (1998): Third International Mathematics and Science Study. Technical Report Volume III: Implementation and Analysis. Final Year of Secondary School. Chestnut Hill/ Mass.: Center for Study of Testing, Evaluation, and Educational Policy. Boston College.

Martin, M.O./Mullis, I.V.S. (Hrsg.) (1996): Third International Mathematics and Science Study: Quality Assurance in Data Collection. Chestnut Hill/ Mass.: Center for Study of Testing, Evaluation, and Educational Policy. Boston College.

Millmann, J. (1997): Grading Teachers, Grading Schools. Is Student Achievement a Valid Evaluation Measure? Thousand Oaks/CA: Corwin Press.

Ministerium für Bildung, Wissenschaft und Weiterbildung des Landes Rheinland-Pfalz (Hrsg.) (2000): Informationsbroschüre MARKUS Mathematik-Gesamterhebung

Ministerium für Innovation, Wissenschaft, Forschung und Technologie (Hrsg.) (2007): Ausbildung von Lehrerinnen und Lehrern in Nordrhein-Westfalen Empfehlungen der Expertenkommission zur Ersten Phase. Rheinland-Pfalz: Kompetenz, Unterrichtsmerkmale, Schulkontext. Mainz.

Monde de l'Éducation de la Culture et de la Formation, le (1997): Les Résultats de Lycées. Paris: Le Monde.

Moser, U./Ramseier, E./Keller, C./Huber, M. (1997): Schule auf dem Prüfstand. Eine Evaluation der Sekundarstufe I auf der Grundlage der „Third International Mathematics and Science Study". Chur: Rüegger Verlag.

Mullis, I.V.S./Martin, M.O./Beaton, A.E./Gonzales, E.J./Kelly, D.L./Smith, T.A. (1997): Mathematics achievement in the primary school years: IEA's Third International Mathematics and Science Study (TIMSS). Chestnut Hill/ Mass.: Center for Study of Testing, Evaluation, and Educational Policy. Boston College.

Mullis, I.V.S./Martin, M.O./Beaton, A.E./Gonzales, E.J./Kelly, D.L./Smith, T.A. (1998): Mathematics and science achievement in the final year of secondary school: IEA's Third International Mathematics and Science Study (TIMSS). Chestnut Hill/ Mass.: Center for Study of Testing, Evaluation, and Educational Policy. Boston College.

Mullis, I.V.S./Martin, M.O. (1997): Item analysis and review. In: Martin, M.O./Kelly, D.L. (Hrsg.): Third International Mathematics and Science Study. Technical Report Volume II: Implementation and analysis (Kapitel 6). Chestnut Hill/ Mass.: Center for Study of Testing, Evaluation, and Educational Policy. Boston College.

Olmsted, P.P./Weikart, D.P. (1989): How Nations Serve Young Children: Profils of Child Care and Education in 14 Countries. Ypsilanti/MI: High/Scope Press.

Pelgrum, W.J./Plomp, T. (1991): The use of computers in education worldwide: results from IEA „computers in education" survey in nineteen educational systems. Oxford: Pergamon Press.

Pekrun, R./Götz, T./Hofe, v. R./Blum, W./Jullien, S./Zirngibl, A./Kleine, M./Wartha, S./Jordan, A. (2004): Emotionen und Leistungen im Fach Mathematik: Ziele und erste Befunde aus dem „Projekt zur Analyse der Leistungsentwicklung in Mathematik (PALMA). In: Doll, J./Prenzel, M. (Hrsg.): Bildungsqualität von Schule: Lehrerprofessionalisierung, Unterrichtsentwicklung und Schülerförderung als Strategien der Qualitätsverbesserung. Münster: Waxmann, S. 345–363.

Postlethwaite, T.N. (1993): Bildungsleistungen in Europa. In: Schleicher, K. (Hrsg.): Zukunft der Bildung in Europa. Nationale Vielfalt und europäische Einheit. Darmstadt: Wissenschaftliche Buchgesellschaft, S. 107–131.

Postlethwaite, T.N. (1995): International Empirical Research in Comparative Education: An Example of the Studies of the International Association for the Evaluation of Educational Achievement (IEA). In: Tertium Comparationis, 1 Jg., S. 1–19.

Postlethwaite, T.N. (1999): International Educational Achievement: Methodological Issues. Hongkong: University of Hong Kong.

Postlethwaite, T.N./Ross, K.N. (1992): Effective schools in reading. Implications for educational planners. An exploratory study. IEA Study of Reading Literacy. Hamburg: IEA.

Postlethwaite, T.N./Wiley, D.E. (1992): The IEA study of science II: Science Achievement in twenty-three countries. Oxford: Pergamon Press.

Purves, A.C. (1973): Literature Education in Ten Countries: An Empirical Study. Stockholm: Almquist & Wiksell.

Prenzel, M./Baumert, J./Blum, W./Lehmann, R./Leutner, D./Neubrand, M./Pekrun, R./Rolff, H.G./Rost, J./Schiefle, U. (Hrsg.) (2004): PISA 2003. Der Bildungsstand der Jugendlichen in Deutschland – Ergebnisse des zweiten internationalen Vergleichs. Münster: Waxmann.

Prenzel, M./Artelt, C./Baumert, J./Blum, W./Hammann, M./Klieme, E./Pekrun, R. (Hrsg.) (2007): PISA 2006. Die Ergebnisse der dritten internationalen Vergleichsstudie. Münster: Waxmann.

Radisch, F./Steinert, B. (2005): Schulische Rahmenbedingungen im internationalen Vergleich. In: Bos, W./Lankes, E.-M./Prenzel, M./Schwippert, K./Valtin, R./Walther, G. (Hrsg.): IGLU Vertiefende Analysen zu Leseverständnis Rahmenbedingungen und Zusatzstudien. Münster: Waxmann, S. 159–186.

Robitaille, D.F./Schmidt, W.H./Raizen, S.A./McKnight, C.C./Britton, E./Nicol, C. (1993): Curriculum frameworks for mathematics and science. TIMSS Monograph No. 1. Vancouver: Pacific Educational Press.

Rolff, H.G. (1996): Autonomie von Schule – Dezentrale Schulentwicklung und zentrale Steuerung. In: Melzer, W./ Sandfuchs, U. (Hrsg.): Schulreform in der Mitte der 90er Jahre. Opladen: Leske+Budrich , S. 209–227.

Rolff, H.G. (1997): Schulprogramm und externe Evaluation oder Qualitätssicherung durch externe Evaluation? In: Pädagogische Führung, 8. Jg., S. 124–127.

Rosier, M.J./Keeves, J.P. (1991): The IEA Study of Science I: Science Education and Curricula in Twenty-Three Countries. Oxford: Pergamon Press.

Roth, H. (1963): Die realistische Wendung in der Pädagogischen Forschung. In: Die Deutsche Schule, 55. Jg., S. 109–119.

Saldern, M. von (1993): Klassengröße als Forschungsgegenstand. Landau: Verlag für Empirische Pädagogik.

Schmidt, W.H./McKnight, C.C./Valverde, G.A./Wiley, D.E. (1997): Many Visions, Many Aims. A Cross-National Investigation of Curricular Intentions in School Mathematics. Dordrecht: Kluwer Academic Press.

Schultze, W. (1974): Die Leistungen im naturwissenschaftlichen Unterricht in der Bundesrepublik im internationalen Vergleich. Mitteilungen und Nachrichten des DIPF, Sonderheft. Frankfurt: DIPF.

Schultze, W. (1975): Die Leistungen im Englischunterricht in der Bundesrepublik im internationalen Vergleich. Mitteilungen und Nachrichten des DIPF, Sonderheft. Frankfurt: DIPF.

Schultze, W./Riemenschneider, L. (1967): Eine vergleichende Studie über die Ergebnisse des Mathematikunterrichts in zwölf Ländern. Mitteilungen und Nachrichten des DIPF, Nr. 46/47. Frankfurt: DIPF, S. 1–34.

Thorndike, R.L. (1973): Reading Comprehension Education in Fifteen Countries: An Empirical Study. Stockholm: Almqvist and Wiksell.

Torney, J.V./Oppenheim, A.N./Farnen, R.F. (1976): Civic Education in Ten Countries: An Empirical Study. Stockholm: Almqvist and Wiksell.

Travers, K.J./Westbury, I. (1989): The IEA study of mathematics I: International Analysis of mathematics curricula. Oxford: Pergamon Press.

Voss, A./Carstensen, C./Bos, W. (2005): Textgattungen und Verstehensaspekte: Analyse von Leseverständnis aus den Daten der IGLU-Studie. In: Bos, W./Lankes, E.-M./Prenzel, M./Schwippert, K./Valtin, R./Walther, G. (Hrsg.): IGLU Vertiefende Analysen zu Leseverständnis Rahmenbedingungen und Zusatzstudien. Münster: Waxmann, S. 1–36.

Wagemaker, H. (1996): Are Girls Better Readers? Gender Differences in Reading Literacy in 32 Counties. Amsterdam/The Hague: IEA.

Walker, D.A. (1976): The IEA Six-Subject Survey: An Empirical Study of Education in Twenty-One Countries. Stockholm: Almqvist and Wiksell.

Weinert, F.E./Helmke, A. (Hrsg.) (1997): Entwicklung im Grundschulalter. Weinheim: Beltz.

Ingrid Gogolin

Interkulturelle Bildungsforschung

Abstract

In den 1980er Jahren begann sich interkulturelle Bildungsforschung zu etablieren. Ausgangsbeobachtung für die Entwicklung interkultureller Forschungsansätze ist der Anstieg sprachlich-kultureller Diversität innerhalb nationalstaatlicher Grenzen, welcher unter anderem durch internationale Migrationen hervorgerufen wurde und weiterhin wird. Leitendes Interesse der interkulturellen Bildungsforschung ist es, Institutionen oder Prozesse der Sozialisation, Erziehung und Bildung in sprachlich, kulturell und sozial heterogenen Konstellationen zu untersuchen. Der Beitrag schildert die Stadien der Entwicklung Interkultureller Bildungsforschung, stellt ihre leitenden Begriffe bzw. Grundannahmen vor und präsentiert ausgewählte Forschungsergebnisse.

1 Zur Entstehensgeschichte interkultureller Bildungsforschung

Die ersten Beschäftigungen der Erziehungswissenschaft mit Problemen, wie sie in der interkulturellen Bildungsforschung untersucht werden, sind seit Ende der 1960er Jahre zu beobachten. Veranlasst wurden sie durch das Phänomen der zunehmenden internationalen Migration, die seit Beginn der 1950er Jahre in den entwickelten nord- und westeuropäischen Industriestaaten verzeichnet wurde. Diese Staaten hatten alle etwa gleichzeitig mit aktiver Arbeitskräfteanwerbung, zuerst primär aus Mittelmeeranrainerstaaten, begonnen. Relativ rasch nach den ersten Anwerbemaßnahmen, die sich auf – männliche oder weibliche – alleinstehende Arbeitskräfte richteten, entwickelten sich zunächst Bewegungen unter den Migranten selbst, bald auch Rechts- und administrative Vorkehrungen seitens der Zuzugsstaaten, die zum Familiennachzug führten bzw. diesen rechtlich legitimierten. Damit gerieten Migration und ihre Folgen in das Blickfeld der Erziehungswissenschaft und der pädagogischen Praxis.[1]

Das erste Interesse der darauf bezogenen Bildungsforschung galt den Kindern der Migranten – im gegenwärtigen Sprachgebrauch: den Kindern und Jugendlichen mit Migrationshintergrund. Gegenstand der Forschung waren zunächst Ausdrucksformen der „Fremdheit", die diese gegenüber den Erwartungen und Anforderungen aufwiesen, die von Seiten der Institutionen von Bildung und Erziehung im Einwanderungsland gestellt wurden. Als „fremd" angesehen

---

1 Diese Feststellung gilt für die Forschung und Praxis in verschiedenen nord- und westeuropäischen Ländern und im deutschsprachigen Raum. Für die Bundesrepublik Deutschland gilt sie jedoch nur bezogen auf die sog. alten Bundesländer. In der Geschichte der DDR hat es eine mit Familienzusammenführung verbundene Zuwanderung aus dem Ausland nur in geringem Umfang gegeben; dementsprechend gab es keine erziehungswissenschaftliche oder praktisch-pädagogische Befassung mit Konsequenzen von Migration für Bildung und Erziehung; vgl. hierzu Krüger-Potratz 1991.

wurden in erster Linie die sprachlichen Bildungsvoraussetzungen oder die in der Region der Herkunft verankerten Traditionen oder Glaubensüberzeugungen. Betrachtet wurden diese Ausdrucksformen von Fremdheit zunächst als Defizite: als Unzulänglichkeiten gegenüber der Vorstellung darüber, welche „normalen" Voraussetzungen in Verhalten, Kenntnissen und Fähigkeiten ein Kind oder Jugendlicher in die Institutionen der Bildung und Erziehung mitbringe, so dass an diesen fraglos beim praktischen pädagogischen Handeln angeknüpft werden kann. Erste Forschungen richteten sich vor allem darauf, Modelle vorzulegen, die dafür dienlich sein sollten, dass die Zugewanderten ihre Defizite gegenüber dem im Bildungssystem als „normal" Gesetzten überwinden (vgl. Überblick in Thränhardt 1999). Die Institutionalisierung der entsprechenden Aktivitäten im erziehungswissenschaftlichen Feld erfolgte unter der Bezeichnung „Ausländerpädagogik" (vgl. Krüger-Potratz 2005).

In den ausländerpädagogischen Diskursen tauchte der Begriff „Kultur" rasch auf. Er galt jedoch zunächst nicht als reflexionsbedürftig, denn es bestand ein breit getragener stillschweigender Konsens über seine Bedeutung. „Kultur" wurde als Nationalkultur aufgefasst: im Sinne eines homogenen, über lange Zeit stabilen und unangefochtenen Bestands an Traditionen, Auffassungsweisen und Ausdrucksformen in dem gesellschaftlichen Ganzen eines Staates. Im Kontext der Zuwanderung nach Deutschland wurde der Begriff zunächst vor allem gebraucht, um damit auf Traditionen, Handlungspraxis, Sicht- oder Ausdrucksweisen der Zuwandernden zu verweisen. Deren Lebenspraktiken, Glaubensüberzeugungen und Weltauffassungen wurden als „kulturell" betrachtet, und zwar geprägt durch den Staat – und damit eng verknüpft: die Sprache (des Staates) – der Herkunft. „Kultur" in diesem Sinne wurde als konsistentes, objektiv existierendes System rekonstruiert, welches sich auch in der Praxis des Einzelnen wiederfinde, der gleichsam ein Abbild der im Nationalen liegenden tradierten Merkmale bzw. Eigenschaften und Produkte sei.

Die ausländerpädagogische Forschung richtete sich dementsprechend auf die kulturell geprägten Merkmale und Eigenschaften, die der Unterstellung nach den Auffassungen und Praktiken der Gewanderten aus einem Staat gemeinsam sind. Das Augenmerk galt den Merkmalen, die man meinte, sich durch die fremde staatliche Herkunft und ergo „fremde Kultur" von Kindern oder Jugendlichen im Bildungsprozess erklären zu können. Aus heutiger Sicht waren im Blick der Forschenden oft folkloristische Praktiken, denen zugeschrieben wurde, dass sie dem Kollektiv der aus einer Nation Aus- bzw. Eingewanderten eigen seien. Versucht wurde, in diesem Verständnis „kulturell geprägte" Merkmale und Eigenschaften als Erklärung für „Schulschwierigkeiten" oder andere Formen der „Abweichung" im Bildungsprozess heranzuziehen. Metaphern wie „morgens Deutschland – abends Türkei", in denen die Bedeutung mittransportiert wurde, dass die Lebensumstände von Kindern aus zugewanderten Familien aufgrund ihrer „kulturellen Uneindeutigkeit" als besonders belastet zu gelten hätten, durchziehen die seinerzeitige Literatur. Es sei darauf hingewiesen, dass in dieser Sichtweise ein Grundmuster der Pathologisierung von Lebenspraxis liegt, die nicht normkonform ist und die bis heute nicht nur in der erziehungswissenschaftlichen Befassung mit Menschen anderer Herkunft weit verbreitet ist, sondern auch in Nachbardisziplinen, etwa der sozialpsychologischen Forschung.

Als „ausländerpädagogisch" können, zusammengefasst, zielgruppenbezogene Ansätze charakterisiert werden, die zu Aussagen über die jeweils betrachtete Gruppe führen sollten. Diese wurde durch die gemeinsame „fremde" Staatsbürgerschaft oder durch die Angehörigkeit zu einer „fremden" ethnischen, kulturellen oder sprachlichen Gruppe im angedeuteten Sinne definiert. In der Regel wurde die sprachlich-kulturelle Lage des jeweils untersuchten Kontextes nicht mitbetrachtet. Ebenso wenig kam die Heterogenität der Migranten aus einem Herkunftsstaat in den Blick.

Dieses Begriffsverständnis und die Zugriffsweise auf den Gegenstand wurden sehr rasch aus der ausländerpädagogisch orientierten Erziehungswissenschaft selbst heraus kritisiert. Hauptlinie der ersten anzweifelnden Argumentationen war, dass die Befassung mit Oberflächenerscheinungen von „Fremdheit" zu teilweise kurzschlüssigen Etikettierungen der Untersuchten und ihrer „Probleme" führte (vgl. Hamburger/Seus/Wolter 1981; Hamburger 1994). Insbesondere das zunächst relativ unreflektierte Anknüpfen an Alltagsvorstellungen über „Kultur" und „das Fremde" hatte die unerwünschte Nebenfolge, dass die Forschung selbst daran mitwirkte, Problemkomplexe bzw. Klienten erst zu konstruieren, die sodann unter pädagogische Betreuung gestellt werden konnten.

Die Entwicklung der interkulturellen Erziehungswissenschaft und Bildungsforschung ist ein Resultat solcher selbstkritischen Reflexionen. Zwar kann – anders als häufig angenommen – nicht von der völligen Ablösung der „ausländerpädagogischen" durch die „interkulturelle" Perspektive gesprochen werden. Forschungsleitende Interessen der Ersteren sowie ihre Zugriffsweisen auf Fragestellungen sind nach wie vor vorfindlich, etwa in Untersuchungen, in denen Erklärungen für Leistungsdisparitäten zwischen Schülern mit und ohne Migrationshintergrund in der staatlichen Herkunft der Letzteren gesucht werden. Das Interesse der interkulturellen Bildungsforschung ist demgegenüber nicht der isolierte Bezug auf „kulturell" bzw. „ethnisch" identifizierbare Zielgruppen oder die Ermittlung von gruppenkonstituierenden Merkmalen. Vielmehr beschäftigt sie sich mit den Folgen wachsender innergesellschaftlicher sozialer, kultureller, ethnischer und sprachlicher Heterogenität für Bildung und Erziehung. Dabei beachtet sie, dass „staatliche Zugehörigkeit" zwar auf der Ebene der Phänomene unübersehbar Spuren hinterlässt, für Bildungszusammenhänge aber nur begrenzten Erklärungswert besitzt.

Diesen Abschnitt abschließend, ist ein terminologischer Hinweis angebracht. Neben „interkulturell" ist im erziehungs- und sozialwissenschaftlichen Diskurs auch „multikulturell" gebräuchlich. Dabei ist zwischen zwei Verwendungsweisen zu unterscheiden. In der einen wird mit „Multikulturalität" ein normatives, zukunftsgerichtetes Konstrukt verbunden. Dieses ist im wissenschaftlichen Diskurs – anders als in weiten Teilen des öffentlichen Alltagsdiskurses – zumeist positiv-programmatisch besetzt. Mit einer „multikulturellen Gesellschaft" verbindet sich aus dieser Sicht eine erstrebenswerte Weise des Zusammenlebens, deren wesentliche Voraussetzung die moralische Erziehung und Besserung auch der altansässigen Bevölkerung sei. Im zweiten, auch von der Autorin dieses Beitrags eingenommenen Verständnis, ist hingegen kulturelle Pluralität – auch im historischen Rückblick – als stets schon vorfindliches Merkmal von Gemeinschaften oder Gesellschaften vorausgesetzt. Hier fungiert der Begriff der „Multikulturalität" als deskriptiv gemeinte Formel zum Verweis auf die Vielfalt der Lebensweisen und Anschauungen in einer Gemeinschaft oder Gesellschaft. Komplementär dazu impliziert der Begriff des „Interkulturellen" die normative Grundentscheidung für eine prinzipiell gleichberechtigte Existenz unterschiedlicher Lebensweisen, Anschauungen und Glaubensüberzeugungen in pluralen Gesellschaften (im Sinne von Benhabib 1999).

2 Differenzierung der interkulturellen Bildungsforschung

Eine Möglichkeit der Typisierung der verschiedenen Ansätze interkultureller Bildungsforschung ergibt sich durch Betrachtung der unterschiedlichen kulturtheoretischen Vorannahmen, die in Untersuchungen expliziert oder zwischen den Zeilen sichtbar werden. Dieser Vorschlag geht auf eine von Manfred Hohmann schon 1987 angeregte Kategorisierung und ihre Weiterentwicklung zurück (vgl. auch Jungmann 1995; Nieke 2000[2]; Gogolin/Krüger-Potratz 2006).

Hohmann (1987) entwickelt seine Kategorisierung unter der Prämisse, dass kulturelle Heterogenität eine Grundtatsache moderner, komplexer Gesellschaften sei – also faktisch aller Gesellschaften der Gegenwart. In der pädagogischen Befassung mit dieser Grundtatsache erkennt er zwei idealtypisch unterscheidbare Zielrichtungen. Nach der einen geht es um die Fundierung pädagogischer Ansätze, die „ein Erfahren und Kennenlernen fremder Kulturen in einer harmonischen Atmosphäre" ermöglichen (ebd., S. 103). Das Überschreiten einer Staatsgrenze ist keine Voraussetzung dafür, dass dies stattfindet, sondern es gibt die Möglichkeit dazu in sozial, kulturell, ethnisch, sprachlich pluralen Gesellschaften alltäglich und überall. Normatives Anliegen der Pädagogik in diesem Sinne ist es, diese Lage zum Nutzen aller Mitglieder der Gesellschaft gerecht und friedvoll zu gestalten.

Bei der anderen Zielrichtung gehe es eher um eine reflexive Auseinandersetzung mit gesellschaftlicher Heterogenität und ihren Folgen für Bildung und Erziehung, wobei im Zentrum steht, den Ursachen für Benachteiligungen in dieser Lage auf die Spur zu kommen. Ansätze, die der ersten Zielrichtung zugeordnet werden können, sind in kulturanthropologische und bildungsphilosophische Theorien eingebettet; die der zweiten Zielrichtung zuzuordnenden Ansätze besitzen einen sozialwissenschaftlichen Hintergrund.

Interkulturelle Bildungsforschung der ersten Zielrichtung fragt nach den Bedingungen dafür, dass das Anliegen gerechter und friedvoller Koexistenz erfüllt werden kann. Es wird von anthropologischen Universalien ausgegangen – also von handlungsleitenden Sätzen, die für die Weltgesellschaft Gültigkeit beanspruchen (vgl. Roth 2002). Diese sollen die Kennzeichnung kulturtranszendierender, mithin in allen Kulturen wirksamer, die Grenzen der Erfahrung und des Wahrnehmbaren überschreitender Imperative für das menschliche Zusammenleben erlauben. Mit der Identifizierung und Begründung solcher Universalien wird ein Maßstab gewonnen, der für die Zielsetzungen pädagogischen Denkens und Handelns richtungsweisend sein soll. Leitvorstellung ist ein allgemeines Menschenbild, dem die Anerkennung des Anderen selbstverständlich ist. Pädagogisches Handeln zielt nach dieser Vorstellung auf die Bildung des Individuums zu „Autonomie" und „Autarkie", anders gesagt: zur „Vernunft", denn dies seien die universellen Grundlagen der Fähigkeit zu verantwortlichem gesellschaftlichen Handeln (vgl. Dickopp 1984).

Bezugspunkt der Forschung nach diesem Ansatz ist nicht individuelle Praxis oder der gesellschaftliche Zusammenhang, in den sie eingebettet ist, sondern „Kultur" als normatives Konstrukt, das die Praxis der einzelnen Menschen überwölbt. „Kultur" konstituiert sich danach aus dem historisch gewachsenen Ideenbestand einer Gemeinschaft. Um die Aneignung der diesem impliziten Normen, um die Gewinnung eines selbstbestimmten Verhältnisses zu ihnen und um die Fähigkeit, zu ihrer kontinuierlichen Weiterentwicklung beizutragen, geht es im Bildungsprozess. Im Verlaufe dieser Aneignung fungieren „Begegnung" und „Dialog" zwischen Kulturen – „interkulturelle Begegnung" oder „interkultureller Dialog" – als Mittel des Verstehens und der Erkenntnis. Mit ihnen soll verbunden sein, dass sich die Beteiligten mit den Differenzen befassen, die sie beim Aufeinandertreffen unterschiedlicher „Kulturen" wahrnehmen – also mit den unterschiedlichen Weltsichten, Ausdrucksweisen oder Lebensstilen von Menschen. Dies versetze den einzelnen in die Lage, „durch das ‚Andere'" auch sich selbst „zu kennen und zu verstehen" (Borrelli 1992, S. 8; vgl. auch Roth 2002, S. 399ff.).

Neben diesem auf die Bildung des Individuums zielenden Interesse untersucht interkulturelle Bildungsforschung dieser Prägung auch „Begegnung" als Anlass für den Wandel der Kultur. Die Ausdrucksformen von „Kultur" werden als dynamisch aufgefasst; in der „Begegnung" von „Kulturen" sei Kulturwandel angelegt, weil es nicht bei der Erfahrung der zeiträumlichen Relativität von Weltansicht und Praxis bleibe, sondern auch zu wechselseitigem Einfluss komme. Die Beobachtungen der Forschung gelten daher auch den Veränderungen kultureller Ausdrucksformen selbst.

Mit diesen Ansätzen der Interkulturellen Bildungsforschung sind also vor allem kulturanthropologisch fundierte theoretische Klärungen intendiert, die sich auf die Deutung des Kulturbegriffs sowie von Phänomenen richten, die als „kulturell" identifiziert werden. Sie sind besonders im didaktischen bzw. pädagogisch-konstruktiven Bereich verbreitet und haben bei der Entwicklung von Konzepten für das praktische pädagogische Handeln Pate gestanden. Insbesondere lieferten diese Forschungen den Begründungsrahmen für zahlreiche unterrichtspraktische Konzepte und eine Fülle von Materialentwicklungen.

Allerdings enthalten solche praktischen Entwicklungen, obwohl sie sich auf den geschilderten Diskussionsstand beziehen, nicht selten eher statische Auffassungen von Kultur und ihren Ausdrucksformen, operieren also mit eher stereotypisierenden, kulturalisierenden Zuschreibungen anstelle der differenzierten, „den Anderen" ebenso wie sich selbst einbeziehenden Auseinandersetzung mit Kultur und Verschiedenheit.

In der eher gesellschaftstheoretisch argumentierenden interkulturellen Bildungsforschung ist es zentrales Erkenntnisinteresse, den Mechanismen auf die Spur zu kommen, die dafür sorgen, dass Kulturen und ihre Ausdrucksformen faktisch nicht gleichberechtigt, sondern gesellschaftlichen Machtmechanismen unterworfen sind. Die Forschung nach diesem Verständnis bemüht sich darum, solche Mechanismen zu identifizieren, ihren Ursachen nachzuspüren und – soweit dies überhaupt zu den Möglichkeiten pädagogischen Handelns gehört – zur Schaffung gleicher Bildungschancen beizutragen.

Inspirierend für diese Perspektive waren zunächst Forschungen aus England, Frankreich und den USA. Hier wurde intensiver, als das in den deutschen Diskussionen der 1980er Jahre der Fall war, die Frage nach den Mechanismen gestellt, die in sozial, ethnisch, kulturell und sprachlich heterogenen Gesellschaften zu Ungleichberechtigung führen, obschon die gesellschaftlichen Statuten – z.B. die Staatsverfassungen – Gleichberechtigung im Sinne gleichen Zugangs zu gesellschaftlichen Gütern proklamieren. An diesem Grundproblem setzen auch die gesellschaftswissenschaftlich orientierten Ansätze der interkulturellen Bildungsforschung in Deutschland an. Es gilt, Ursachen für dieses menschheitshistorisch nicht überwundene, und vielleicht auch nicht überwindbare Problem herauszufinden. Im Speziellen gilt es zu klären, inwieweit pädagogisches Handeln und pädagogische Institutionen dazu beitragen, dass Ungleichberechtigung bestehen bleibt, die auf die Herkunft des einzelnen Menschen zurückzuführen ist.

Eingebettet ist diese Ausrichtung der interkulturellen Bildungsforschung also in allgemeine Diskurse über soziale Ungleichheit und ihre Auswirkungen, insbesondere im Bildungszusammenhang (vgl. hierzu zusammenfassend Büchner 2003). Die spezifische Fragestellung der Forschung lautet, ob bzw. in welcher Weise „Kultur" oder Konzepte in ihrer Nachbarschaft (wie z.B. „Ethnizität", „Sprache") als Anlass, als Mittel oder zur Legitimation von Benachteiligungen fungieren. Diese generelle Frage konzentriert sich auf Zusammenhänge, die in Bildungsprozessen bzw. Bildungssystemen ihre Wirkungen entfalten. Intendiert ist zu klären, ob die Berufung auf „Kultur" eine Rolle spielt – ob beispielsweise eine als „kulturbedingt" identifizierte Eigenschaft als Erklärung oder Legitimation für die Herstellung von Ungleichheit herbeigezogen wird.

In diesen Ansätzen der interkulturellen Bildungsforschung geht es also darum, die bei oberflächlicher Betrachtung als „kulturell" identifizierten Lebensumstände oder Praxis der Menschen der weiteren Analyse zu unterziehen. Ziel ist, die verschiedenen möglichen Ursachen für Benachteiligungen möglichst eindeutig zu identifizieren. Wo eine solche eindeutige Identifizierung wirksamer Faktoren nicht möglich ist – das kann z.B. beim Zusammenwirken sozialer und herkunftsbedingter Faktoren der Fall sein –, wird in der interkulturellen Bildungsforschung der Versuch unternommen, die Zusammenhänge und ggf. wechselseitigen Verstärkungen aufzuzeigen, die zwischen den Faktoren bestehen.

In dieser Forschung werden der Kulturbegriff und die Kennzeichnung von Gruppen mit seiner Hilfe also konstruktivistisch aufgegriffen (vgl. Nassehi 1997; Brubaker 2007). Leitend ist hier nicht die Frage, was „Kultur" ist oder eine „ethnische Gruppe" kennzeichnet, sondern es geht um die Prüfung der Folgen einer Bewertung von Phänomenen als „kulturbedingt". Des Weiteren geht es darum zu ermitteln, von wem, aus welchen Anlässen und zu welchen Zwecken vom Kulturbegriff oder ihm verwandten Begriffen wie Ethnizität Gebrauch gemacht wird. Pädagogisch-konstruktive Ansätze, die sich auf entsprechende Forschungsergebnisse interkultureller Bildungsforschung stützen, liegen z.B. im Bereich der Schul(qualitäts)entwicklung, also im Feld der Gestaltung von Lernumgebungen, in denen – soweit dies pädagogischem Handeln möglich ist – Hürden beseitigt werden, die Bildungserfolgschancen behindern.

Die unterschiedlich orientierten Ansätze der interkulturellen Bildungsforschung sind also einander komplementär – und haben ihre je spezifischen blinden Flecken. Idealtypisch differenziert, tragen die Ersteren zur Klärung des Kulturbegriffs selbst und zur Einordnung von kulturellen Phänomenen bei, lassen dabei aber die Frage außer Acht, welche Funktionen im gesellschaftlichen Zusammenhang mit ihnen verbunden sein können. Die Letzteren hingegen konzentrieren sich auf die Erhellung eben solcher Funktionen, nehmen dabei kulturelle Phänomene als gegeben hin und bemühen sich nicht um die Klärung der Frage, was genau als „Kultur" zu fassen sei oder welche Phänomene individueller oder kollektiver Praxis auf welchen kulturellen Hintergrund zurückzuführen sind.

3 Ausgewählte Ergebnisse „Interkultureller Bildungsforschung"

Ein Schwerpunktprogramm der Deutschen Forschungsgemeinschaft unter der Bezeichnung FABER (Folgen der Arbeitsmigration für Bildung und Erziehung; vgl. Gogolin/Nauck 2000) ergab die Gelegenheit, anknüpfend an vorherige Einzelforschung die Grundlinien und Standards interkultureller Bildungsforschung im interdisziplinären erziehungs- und sozialwissenschaftlichen Diskurs herauszuarbeiten. Hier wurde herausgestellt, dass Migration und ihre Folgen nicht als isolierte Phänomene zu untersuchen seien, sondern als Momente vergangener und gegenwärtiger gesellschaftlicher Transformationsprozesse, die sich in besonderer Weise auf den Sektor Erziehung und Bildung auswirken. Als charakteristisch für interkulturelle Bildungsforschung wurden drei Vergleichsperspektiven herausgearbeitet:

- die Perspektive historischen Vergleichs, also die Untersuchung von Konstellationen der gesellschaftlichen Heterogenität in der Vergangenheit und ihrer Auswirkungen auf Erziehung und Bildung sowie die Suche nach Spuren von Praktiken der Reaktion auf Heterogenität, die sich heute noch finden lassen;
- die Perspektive internationalen Vergleichs und die Freilegung von Reaktionsformen, die auf – z.B. durch internationale Wanderungen hervorgerufene – Heterogenität in den verschiedenen Systemen der Erziehung und Bildung ergriffen wurden;
- die Perspektive des Vergleichs zwischen Zugewanderten unterschiedlicher Herkunft einerseits, zwischen Zugewanderten und Nichtgewanderten andererseits. Dieser Vergleich kann Faktoren aufdecken, die Erklärungswert für Unterschiede besitzen, die im Erziehungs- und Bildungssystem mit heterogener Klientel erzeugt werden.

Zwar bedient sich interkulturelle Bildungsforschung der gebräuchlichen Konzepte historischer und empirischer Forschung. Von besonderer Eigenart sind jedoch die Forschungsfelder und die Erhebungs- oder Auswertungsmethoden von Daten; dies besonders, weil sie Merkmale von Stichproben berücksichtigen müssen, wie beispielsweise sprachliche Besonderheiten, die sich auf Erhebungen auswirken können. Hierauf wird in speziellen Validitätsprüfungen Rücksicht genommen (vgl. Herwartz-Emden/Westphal 2000). Nachfolgend werden Fragestellungen und Untersuchungsergebnisse an Beispielen aus der interkulturellen Bildungsforschung illustriert.

3.1 Historisch vergleichende interkulturelle Bildungsforschung

Verschiedene historisch vergleichende Forschungsprojekte haben die Frage verfolgt, ob es in öffentlichen allgemeinen Bildungssystemen Spuren ihrer nationalstaatlichen Verfasstheit gibt, die sich aktuell als Barrieren für gleichberechtigte Teilhabe an potentiellem Bildungserfolg erweisen. Exemplarisch bearbeitet wurde diese Frage vor allem in Untersuchungen zum sprachlichen Selbstverständnis des heutigen deutschen Bildungswesens und seiner historischen Genese. In diesen Untersuchungen wurde an Beispielen aus verschiedenen Entwicklungsphasen seit dem Ende des 18. Jahrhunderts nachgezeichnet, wie die heute noch vorherrschende Grundüberzeugung entstand und sich durchsetzte, dass ein öffentliches deutsches Schulwesen nur monolingual im Deutschen funktionieren könne (vgl. hierzu und zum folgenden Gogolin 1994; Krüger-Potratz u.a. 1998; List 2008).

In den Untersuchungen wurde gezeigt, wie – komplementär dazu – die heute noch gängige, auch in das Alltagsverständnis abgesunkene Vorstellung geschaffen wurde, dass es einem Kind nicht gut bekomme, allzu früh mit mehr als einer Sprache konfrontiert zu werden – „normale Sprachentwicklung" finde einsprachig statt. Diese Vorstellung ist, und war stets, empirisch unhaltbar (vgl. Crystal 1997), aber sie ist im allgemeinen Verständnis ebenso tief verankert wie im pädagogischen Raum. Dazu hat beigetragen, dass für die Legitimierung dieser „Normalvorstellung" eine pädagogische und sprachwissenschaftliche Beweisführungspraxis entwickelt wurde, die stark mit dem im 19. Jahrhundert sich festigenden deutschen Nationkonzept verwoben ist. Zu dessen Kern gehört die Vorstellung „ein Volk – eine Sprache". In historischen Studien der interkulturellen Bildungsforschung konnte in verschiedenen Feldern nachgezeichnet werden, dass diese Grundüberzeugungen und eine an ihnen anschließende Praxis bis heute im deutschen Bildungssystem handlungsleitend sind. Sie ist umso mächtiger wirksam, da die Geschichte ihres Entstehens weitgehend ins Vergessen versunken ist; als etwas, das für „natürlich" gehalten wird, wird das „monolinguale Normalkind" nicht in Frage gestellt.

Faktum ist, dass es in der etwa 200-Jährigen Geschichte des gegenwärtigen deutschen Schulsystems kaum eine Phase gegeben hat, in der keine zuwandernden oder autochthonen Minoritäten zu integrieren waren (vgl. als ein Beispiel vom Anfang des 19. Jahrhunderts Lohmann 2000). In den historisch verankerten Untersuchungen konnte nachgezeichnet werden, wie stark die im Verlauf der Geschichte der öffentlichen Schule herausgebildeten Strategien zur Konstruktion von „Eigenem" oder „Normalem" und der Abgrenzung von „Fremdem" oder „Nichtnormalem" in gegenwärtigen Maßnahmen zur Integration und Förderung Zuwandernder nachwirken. Es sei darauf verwiesen, dass solche Mechanismen nicht nur bei sprachlich oder ethnisch-kulturell gekennzeichneten Minoritäten zu finden waren und noch sind, sondern auch gegenüber Minderheiten anderer Provenienz (vgl. hierzu z.B. Prengel 1995[3]; siehe auch Krüger-Potratz 1999).

Die historisch vergleichende Betrachtung ermöglicht es also, Zusammenhänge freizulegen, die zur Entwicklung der nach wie vor geläufigen Vorstellungen geführt haben, die Bevölkerung eines Staates – und daher auch die Schülerschaft seiner Schule – sei „normalerweise" kulturell, ethnisch, sprachlich homogen, und grenzüberschreitende Wanderungen seien der geschichtliche Ausnahmefall. Wie sich erweist, handelt es sich um historisch herausgebildete Vorstellungen, die zu gesellschaftlichen Strukturen geronnene soziale und politische Kräfteverhältnisse vergangener Zeiten in sich tragen und weiterführen. Es ist ihr besonderes Kennzeichen, dass in „ruhigen Zeiten" – etwa in Zeiten ökonomischen Wohlstands und sozialen Friedens – kein aufsehenerregender Gebrauch von ihnen gemacht wird. In Unruhezeiten aber werden sie zur Legitimation von Ein- und Ausgrenzungen benutzt.

Komplementär dazu zeigen Analysen individueller Praxis, dass Minoritätsangehörige ihre sprachliche oder ethnisch-kulturelle „Andersheit" im Ringen um ihren gesellschaftlichen Ort teilweise extensiv ausleben. Dabei werden sprachliche oder ethnisch-kulturell definierte Merkmale oder Eigenschaften keineswegs beliebig zur Unterscheidung von „seinesgleichen" und „anderen" verwendet, sondern vielmehr zweckvoll und in adäquater Passung auf institutionelle Spielregeln (siehe etwa Auer/Dirim 2000; Weber 2003). Die Spuren des nationalen Selbstverständnisses – so ein globales Ergebnis historisch vergleichender interkultureller Bildungsforschung – sind tief in die Strukturen und Formen des deutschen Bildungswesens sowie in den Habitus der in ihm Agierenden eingeschrieben. Weitere Forschungen müssen der Frage gelten, ob und wie dies, ungewollt, zu systematischer Benachteiligung von Kindern und Jugendlichen führt, die aufgrund ihrer Herkunft nicht dem „Normalbild" der Schülerin oder des Schülers einer deutschen Schule entsprechen.

3.2 International vergleichende Untersuchungen

Die international vergleichende interkulturelle Bildungsforschung entwickelte sich als Spielart der vergleichenden Bildungsforschung (vgl. den Beitrag von Bos/Postlethwaite/Gebauer in diesem Band). Das spezifische methodische Repertoire der vergleichenden Bildungsforschung wurde in Untersuchungen aus interkultureller Perspektive aufgegriffen. In Ergänzung zu Untersuchungen, die sich auf das Beschreiben und Verstehen von generellen Strukturen oder Vorgängen in anderen nationalen Bildungssystemen und der dabei kenntlich werdenden Unterschiede zum „eigenen" System richten, oder darauf, die Qualität nationaler Systeme vergleichend zu testen, werden Studien angestellt, die sich vertieft auf die konkrete Frage nach den Reaktionsweisen verschiedener Erziehungs- und Bildungssysteme auf sprachlich-kulturelle Pluralität richten. In dieser thematischen Konzentration liegt das Spezifikum einer international vergleichenden interkulturellen Bildungsforschung.

Ausgangspunkt dafür, Ergebnisse interkultureller Bildungsforschung dem internationalen Vergleich unterziehen zu können, ist es, dass sich das Phänomen einer unter anderem auf Migrationen zurückgehenden zunehmenden sozialen, sprachlichen, ethnischen und kulturellen Heterogenität der Schülerschaft grenzübergreifend zeigt. Reaktionen darauf sind daher in allen Bildungs- und Erziehungssystemen prosperierender Industriestaaten, die die Hauptanziehungskraft für internationale Migration besitzen, zu beobachten.

Das Interesse am internationalen Vergleich speist sich vor allem aus der Hoffnung darauf, fundierte Erklärungen für Beobachtungen im eigenen Bildungssystem zu gewinnen; auch der Wunsch nach Anregungen für die Organisation und Gestaltung von Bildungsmaßnahmen im eigenen nationalen Kontext gibt Anlass zu Untersuchungen. Die ersten europäisch vergleichenden Forschungsprojekte widmeten sich der Evaluation von schulorganisatorischen und curricularen Maßnahmen für Unterricht mit zugewanderten Kindern und Jugendlichen. Angeregt und finanziert waren diese Untersuchungen zunächst von supranationalen Institutionen: der Kommission der Europäischen Gemeinschaft, heute Europäische Union, sowie dem Europarat (vgl. Hohmann/Reich 1989; Reich/Reid Hrsg., 1991). Inzwischen haben sich länderübergreifende Forschungsnetzwerke etabliert, die in Reaktion auf die „Internationalisierung" der Bildungssysteme interkulturelle Fragestellungen verfolgen (etwa im Rahmen des Network Educational Science Amsterdam – NESA; vgl. hierzu z.B. Hildebrand/Sting 1995, oder der European Educational Research Association EERA; vgl. www.eera.eu).

Im Ergebnis der erwähnten frühen Untersuchungen standen überwiegend praxisrelevante Hinweise. So wurden Gelingensbedingungen für Bildungsmaßnahmen zugunsten Zugewanderter schon in den 1980er Jahren mit Bezug auf Erkenntnisse der Transferforschung aufgezeigt (vgl. z.B. Boos-Nünning/Hohmann/Reich/Wittek 1986).

Es zeigte sich darüber hinaus bereits, was später in einigen, gezielt dieser Annahme folgenden grundlagenorientierten Forschungsprojekten bestätigt werden konnte: die Erkenntnis nämlich, dass sich jenseits aller historischen Besonderheiten in den verschiedenen untersuchten nationalen Kontexten einander sehr ähnliche Modi der Reaktion auf die wachsende soziale, sprachliche, ethnische und kulturelle Heterogenität der Schülerschaft herausgebildet haben. Feststellbare Unterschiede betrafen vielfach nur Phänomene auf der Oberflächenebene. Deutliche Nähe konnte z.B. mit Blick auf die unhinterfragten Normalitätsannahmen ermittelt werden, die in etlichen europäischen Bildungssystemen das Bild vom „allgemeinen Kind" bestimmen. Dies zeigte sich in vergleichenden Untersuchungen von Konstitution und Praxis der Sprachbildung in verschiedenen Bildungssystemen, wie etwa in Schul- und Unterrichtsfallstudien, die in den Niederlanden, England, Belgien und Deutschland durchgeführt wurden. Gefragt wurde hier, wie Lehrerinnen und Lehrer, die selbst monolingual sind und die jeweils übliche Lehrerausbildung durchlaufen haben, den Unterricht von Kindern vieler verschiedener kultureller und sprachlicher Herkunft bewältigen, der in der offiziellen Sprache der Region bzw. des Staats erteilt wird; im belgischen Fall war dies Flämisch. Die spezielle Funktion des Vergleichs lag darin zu ermitteln, welche Aspekte des routinemäßigen Lehrhandelns beim Unterrichten sprachlich und kulturell heterogener Lerngruppen auf den besonderen Traditionen des jeweiligen nationalen Schulsystems beruhen, und welche Handlungsroutinen demgegenüber einem von nationalen Traditionen eher unabhängigen beruflichen Habitus von Lehrkräften zugeschrieben werden können. Zentrales Ergebnis der Untersuchung war, dass das Umgehen mit sprachlicher und kultureller Vielfalt im Unterricht der jeweiligen Standardsprache quer durch die beteiligten

Schulen auf einem hohen Maß an Gemeinsamkeiten beruht: auf Grundüberzeugungen, die die Lehrkräfte jenseits aller Unterschiede in den Traditionen der verschiedenen Bildungs- und Lehrerbildungssysteme gleichermaßen innehaben (vgl. Details in Gogolin/Kroon 2000). Das Lehrhandeln bei der sprachlichen Unterweisung beruht danach auf einem habituellen, den Lehrpersonen nicht bewussten Selbstverständnis, alle Kinder verfügten quasi über ein einheitliches und identisches Sprachgefühl, das eine ähnliche Ausprägung besitze wie ihr – der Lehrperson – eigenes. Sprachliche Lernschwierigkeiten, die ein Kind mit anderer Familiensprache als der unterrichteten Sprache beim Lernen haben könnte, kommen aus diesem Grunde nicht in den Blick, und ihnen wird deshalb auch nicht zielgerichtet und systematisch begegnet.

Eine indirekte Bestätigung erfuhren solche Forschungsergebnisse durch die Resultate der späteren international vergleichenden Schulleistungsstudien, wie IGLU und PISA (vgl. z.B. Bos u.a. 2007; PISA-Konsortium Deutschland 2007). Durch sie wurde die Aufmerksamkeit verstärkt darauf gerichtet, wie bedeutsam sprachliche Fähigkeiten für das Lernen in allen Lernbereichen und Fächern sind. Auch wurden im Anschluss hieran erneut Vorkehrungen verschiedener Länder zur Integration von Kindern und Jugendlichen mit Migrationshintergrund vergleichend betrachtet, um damit den Ursachen für die Leistungsdifferenzen zwischen Schülern mit und ohne Migrationshintergrund auf die Spur zu kommen, die insbesondere das deutsche Bildungssystem nachhaltig erzeugt (vgl. z.B. Limbird/Stanat 2006). Ergebnisse internationalen Vergleichs liegen des Weiteren konstruktiven Ansätzen der Innovation zugrunde, die im deutschen Bildungssystem – vorschulischer Raum, Schule und Berufsbildung – durchgeführt werden, um die Bildungschancen für Kinder und Jugendliche mit Migrationshintergrund zu erhöhen (vgl. z.B. Gogolin/Lange 2008).

Der spezielle Ertrag, der in international vergleichenden Untersuchungen interkultureller Bildungsforschung erwirtschaftet werden kann, liegt darin, dass ein methodisch kontrollierter Modus der Befremdung einbezogen ist, mit dem es gelingt, neue Weisen der Deutung vertrauter Phänomene oder Vorgänge hervorzubringen. Im Ergebnis stehen andere als die gewohnten Lesarten von der Erziehungs- und Bildungswirklichkeit in dem untersuchten Aspekt. Allerdings ist damit die Frage, ob es gelingen kann, „gute Praxis" aus einem nationalen Kontext auf einen anderen zu übertragen, keineswegs beantwortet. Hierzu bedarf es im gegebenen Fall der Überprüfung durch begleitende Evaluation.

3.3 Evaluationsforschung aus interkultureller Perspektive

Als dritte Illustration interkultureller Bildungsforschung werden hier Untersuchungen vorgestellt, in denen es um die Evaluation von Maßnahmen geht, die mit der Intention etabliert wurden, dass sie Kindern und Jugendlichen mit Migrationshintergrund bessere Bildungschancen in deutschen Schulen bieten.

Solche Maßnahmen wurden verstärkt im Anschluss an die erwähnten international vergleichenden Schulleistungsstudien wie IGLU und PISA eingerichtet. Diese Studien führen wiederkehrend zu dem Ergebnis, dass Kinder und Jugendliche mit Migrationshintergrund im deutschen Erziehungs- und Bildungssystem offenbar stärker benachteiligt sind als in anderen vergleichbaren Systemen (vgl. Konsortium Bildungsberichterstattung 2008). Eine Benachteiligung von Gewanderten ist weltweit in beinahe allen Bildungssystemen zu beobachten. Im internationalen Vergleich sind es lediglich Ausnahmefälle, in denen keine oder keine gravierenden Nachteile von Gewanderten beobachtbar sind. Dies ist zum einen in Ländern der Fall, die eine sehr selektive Migrationspolitik betreiben und infolgedessen eine positiv ausgelesene

Migrantenklientel auch in ihrem Erziehungs- und Bildungssystem haben. Zum anderen findet sich das Resultat in Ländern, die eine sehr dichte Integrationspolitik für Zuwandernde, einschließlich entsprechender Unterstützung im Bildungssystem, aufweisen. Bildungsbenachteiligung scheint mithin zu den schwer vermeidbaren Folgen von Migration zu gehören. Eine so starke Benachteiligung aber, wie sie in Deutschland verzeichnet wird, findet sich nur in wenigen Ländern mit vergleichbarer Heterogenität im Bildungssystem, etwa in Belgien und der Schweiz (vgl. Christensen/Segeritz 2008)

Dieses Phänomen wirft die Frage nach Gründen auf, die dafür ausfindig gemacht werden können. Hierzu sind zahlreiche Untersuchungen in Gang gekommen. Davon wenden sich viele den Merkmalen und Eigenschaften zu, die die betroffenen Kinder oder Jugendlichen selbst oder ihre Familien besitzen und die sich möglicherweise benachteiligend auswirken (vgl. z.B. Müller/Stanat 2006; Walter/Taskinen 2007; Hawighorst 2008). In anderen Studien steht demgegenüber die Frage im Zentrum, welche Merkmale der Erziehungs- und Bildungsinstitutionen (z.B. Gomolla/Radtke 2000) oder des Erziehens und Unterrichtens in diesen Institutionen zur Benachteiligung von Kindern und Jugendlichen beitragen (z.B. De Abreu/Elbers 2005; Elbers 2005; Gogolin/Kaiser/Schütte 2005; Schütte 2008).

Neben solchen Ursachenanalysen kamen verstärkt Aktivitäten in Gang, mit denen nach Lösungen für das Problem der anhaltenden Bildungsbenachteiligung der zugewanderten Kinder und Jugendlichen gesucht wurde. Es wurden regionale und überregionale Modellprojekte entwickelt, die intendieren, diese Kinder oder Jugendlichen so zu fördern, dass ihnen aus ihrer Herkunft kein Nachteil mehr erwächst. Ein Teil der Projekte wird einer systematischen Überprüfung ihrer Wirkungen unterzogen. Exemplarisch dafür seien hier die Evaluation von Modellen bilingualer Erziehung sowie das Evaluationskonzept des Modellprogramms FörMig (Förderung von Kindern und Jugendlichen mit Migrationshintergrund) vorgestellt.

3.3.1 Evaluation von Modellen bilingualer Erziehung

Die Frage, ob Modelle bilingualer Erziehung eine adäquate Lösung für die Aufgabe darstellen, den Schülerinnen und Schülern mit Migrationshintergrund bessere Bildungschancen zu eröffnen, ist international umstritten (vgl. Esser 2006). Im deutschen Kontext wurden solche Modelle nie unter dem Gesichtspunkt möglicher flächendeckender Einführung diskutiert, denn dies erschien aufgrund der Vielfältigkeit der Zuwanderung und der Heterogenität der Schülerzusammensetzungen weder sinnvoll noch praktikabel (vgl. Gogolin/Neumann/Roth 2003; Gogolin/Neumann 2009). Sehr wohl aber stand und steht die Frage im Raum, ob und unter welchen Bedingungen sich solche Modelle in spezifischen Migrationskonstellationen – etwa in Regionen, in denen hauptsächlich Schülerinnen und Schüler einer sprachlichen Herkunft leben – bewähren könnten.

Mit dieser Leitfrage wurde ein Hamburger Schulversuch evaluiert, an dem Grundschulen beteiligt waren, in denen jeweils ein Klassenzug mit den Sprachenpaaren Deutsch und Italienisch, Portugiesisch, Spanisch oder Türkisch unterrichtet wurde (vgl. Roth/Neumann/Gogolin 2007). Ziel der Evaluation war es, vergleichend zu ermitteln, wie die Sprachentwicklung in beiden Sprachen bei Kindern mit der jeweiligen Partnersprache als Familiensprache, zweisprachigen Kindern mit einer anderen Familiensprache als der unterrichteten Partnersprache und deutscheinsprachigen Kindern über den Verlauf der Grundschulzeit vonstatten geht. Bei Abschluss der Grundschule, also im vierten Jahrgang, wurde außerdem anhand von Tests aus der IGLU-Studie ein Vergleich mit durchschnittlichen Schulleistungen von Viertklässlern durchgeführt.

Im Ergebnis dieser Untersuchung steht zum einen ein heuristisches Modell für die Aneignung schulspezifischer Deutschkenntnisse, das nun in weiteren Untersuchungen überprüft werden muss (vgl. Gogolin/Roth 2007). Der weiteren Überprüfung dieses Modells liegt die Hypothese zugrunde, dass nicht der Mangel an allgemeinsprachlicher, zur Alltagsverständigung tauglicher Kompetenz im Deutschen zu einer Bildungsbenachteiligung von Kindern und Jugendlichen mit Migrationshintergrund beiträgt, sondern der Umstand, dass sie nicht über das besondere schul- und bildungsrelevante sprachliche Register verfügen. Zu diesem Register haben Kinder aus bildungsnahen Familien leichter Zugang als solche, in denen weniger intensiv-literale Praktiken gepflegt werden; viele Migrantenfamilien gehören – aus vielfältigen Gründen, die hier nicht näher ausgeführt werden können – zu den Letzteren (vgl. Leseman u.a. 2007). Zu klären bleibt für den deutschen Kontext, welche Leistungen der Unterricht dafür erbringt, dass auch diejenigen Kinder Zugang zu schul- und bildungsrelevanten Sprachfähigkeiten erhalten, die diese nicht aus ihrer familiären Erziehung mitbringen. Zur Untersuchung dieser Frage bieten die Ergebnisse der Sprachentwicklungsbeobachtung in den bilingualen Klassen Ansatzpunkte.

Ein weiteres Ergebnis der Evaluation des Hamburger bilingualen Modells ist es, dass die Schülerinnen und Schüler in den Leistungstests am Ende der vierten Klasse ähnliche, sogar teils bessere Ergebnisse erzielten, als dies in der repräsentativen IGLU-Stichprobe der Fall war. Dieses Ergebnis kann in weiteren Untersuchungen überprüft werden, die sich der Frage zuwenden, ob und unter welchen Bedingungen es für das Lernen von zweisprachig lebenden Kindern förderlich ist, wenn sie in ihren beiden Lebenssprachen Zugang zu schul- und bildungsrelevanten sprachlichen Fähigkeiten erhalten. Dies geschieht, wenn sie auch in der Familiensprache in die Kunst des Lesens und Schreibens – in Literalität – eingeführt werden. Um diese Frage genauer zu klären, werden nicht zuletzt Langzeitstudien erforderlich sein, die die Wirkungen einer bilingualen Literalität über den gesamten Verlauf einer Bildungsbiographie überprüfen.

3.3.2 Evaluation eines Modellprogramms zur „Förderung von Kindern und Jugendlichen mit Migrationshintergrund"

Während es sich bei den Modellen bilingualer Erziehung um eher vereinzelte Ansätze handelt, sind auch größere flächendeckende Projekte in Gang gekommen, die sich um die Verbesserung der Bildungschancen für Kinder und Jugendliche mit Migrationshintergrund bemühen. Eines dieser größeren Projekte wird aus der Perspektive interkultureller Bildungsforschung evaluiert: das Modellprogramm „FörMig – Förderung von Kindern und Jugendlichen mit Migrationshintergrund", das 2004 bis 2009 in zehn Bundesländern durchgeführt wird. Die Aktivitäten des Programms sind unter www.blk-foermig.uni-hamburg.de dokumentiert. Zur Veranschaulichung einer Güteprüfung aus interkultureller Perspektive sei hier das Evaluationskonzept des Programms vorgestellt.

Das Modellprogramm verfolgt das Ziel, zu einer nachhaltigen Verbesserung schul- und bildungssprachlicher Fähigkeiten von Kindern und Jugendlichen mit Migrationshintergrund beizutragen. Die Realisierung dieses Ziels stützt sich auf einen komplexen Kooperationsansatz. Hierbei geht es zum einen um Kooperation zwischen den Stufen des Bildungssystems, die ein Kind und Jugendlicher durchläuft. Im Hintergrund dessen steht das international gewonnene Forschungsergebnis, dass für die Aneignung der schul- und bildungsrelevanten Sprachfähigkeiten eines Kindes, das in zwei Sprachen lebt, ein längerer Zeitraum anzusetzen ist;

wahrscheinlich geht es um Zeitspannen von vier bis sechs Jahren (vgl. MacSwan/Pray 2005). Angesichts der Struktur des deutschen Bildungssystems, das insbesondere im frühen Stadium die Bildungsbiographien der Kinder in kurze, in unterschiedlichen Institutionen verbrachte Abschnitte zerteilt, ist es notwendig, Formen der Kooperation zwischen abgebender und aufnehmender Institution zu entwickeln, um die einmal begonnene Sprachförderung nicht zu unterbrechen, sondern fortzusetzen. Im Modellprogramm FÖRMIG sollen deshalb die Institutionen an den Schnittstellen der Bildungsbiographie – vom Elementarbereich in die Grundschule, von der Grundschule in die Sekundarschule und von der Schule in den Beruf – an der Entwicklung von Ansätzen der Sprachbildung zusammenarbeiten, die ein kumulatives Ergebnis erreichen.

Zum anderen geht es um Kooperationen in horizontaler Hinsicht – nämlich solche zwischen den an der Sprachbildung gleichzeitig beteiligten Personen und Institutionen. Das Ziel der Förderung von schul- und bildungsrelevanten sprachlichen Fähigkeiten macht es erforderlich, dass sich nicht nur vereinzelte Spezialisten darum kümmern, sondern möglichst viele der Mitwirkenden am Bildungsprozess. Dies ist unter anderem darin begründet, dass sich das bildungssprachliche Register in verschiedene Teilbereiche ausdifferenziert, und zwar umso mehr, je länger eine Bildungsbiographie voranschreitet. Dann kommt es nämlich zur wachsenden Spezialisierung der sprachlichen Mittel in den Teilbereichen der Bildung – die für das mathematisch-naturwissenschaftliche Lernen angemessenen Termini und Ausdrucksweisen unterscheiden sich von denen des sozialwissenschaftlichen oder musisch-ästhetischen Bereichs. Damit Schülerinnen und Schüler sich diese Nuancierungen aneignen können, ist eine Beteiligung der Lehrkräfte der verschiedenen Unterrichtsfächer an der Sprachbildung erforderlich, und damit dies auf ökonomische Weise geschehen kann, ist es notwendig, dass arbeitsteilige Verfahren vereinbart werden. In den FÖRMIG-Projekten werden solche Ansätze der arbeitsteiligen Zusammenarbeit an der Sprachbildung – nicht nur zwischen Lehrkräften, sondern auch zwischen Bildungsinstitutionen und Eltern oder außerschulischen Fördereinrichtungen – entwickelt.

Das FÖRMIG-Evaluationskonzept (vgl. dazu Klinger/Schwippert/Leiblein 2008) berücksichtigt diese Merkmale des Modellprojekts. Untersucht werden die Sprachfähigkeiten der einbezogenen Kinder bzw. Jugendlichen bei Beginn der Förderung und nach ca. einem Förderjahr, und zwar mit Instrumenten, die sich auf die drei bildungsbiographischen Schwellen (Elementar-Primarstufe; Primarstufe-Sekundarstufe; Schule-Beruf) richten (vgl. zu den Instrumenten Reich/Roth/Neumann 2007). Um Antworten auf die Frage zu gewinnen, welche Faktoren für die Sprachentwicklung verantwortlich sind, die in den Sprachstandserhebungen gemessen wird, werden zum einen individuelle Merkmale mit untersucht (kognitive Fähigkeiten, migrations- und sprachbiographische Merkmale der Familie, soziale Lage und kulturelles Kapital der Familie). Zum anderen werden Merkmale der Förderprogramme berücksichtigt, wie etwa die Zeit, die auf die Förderung verwendet wird, die Zusammensetzung der Fördergruppe, Anzahl und Qualifikation der Beteiligten, die materielle Ausstattung des Projekts. Zugrundegelegt werden hier Aspekte, die sich in der generellen und der auf sprachlich und kulturell heterogene Lernumgebungen bezogenen Forschung als relevant für die Qualität eines Bildungsangebots erwiesen haben (vgl. Prenzel 2007; Gogolin/Lange 2008). Des Weiteren berücksichtigt die Evaluation die Frage nach dem möglichen Einfluss der Zweisprachigkeit auf das Förderergebnis, indem bei Kindern und Jugendlichen mit türkischem und russischem Hintergrund – den beiden Sprachgruppen im Programm, für die genügend große Fallzahlen zusammenkommen – die Sprachentwicklung in beiden Sprachen gemessen wird. Die Ergebnisse dieser Evaluation können auf der Website des Programms www.blk-foermig.uni-hamburg.de verfolgt werden, wo sie laufend dokumentiert werden. Sie werden für die anwendungsbezogene interkulturelle

Bildungsforschung, die z.B. nach den Bedingungen für eine qualitätsreiche und wirksame Förderung von Kindern und Jugendlichen mit Migrationshintergrund fragt, ebenso wertvolle Anhaltspunkte liefern wie für weitere Grundlagenforschung, etwa zur Frage, welchen Einfluss die Zweisprachigkeit auf die Bildungsentwicklung der Kinder und Jugendlichen besitzt, in deren familialem Sprachgebrauch neben dem Deutschen die Herkunftssprache der Familie eine Rolle spielt.

4 Ausblick: Fragestellungen für künftige interkulturelle Bildungsforschung

Während interkulturelle Bildungsforschung vor einigen Jahren noch im Fokus einiger weniger, auf dieses Gebiet spezialisierter Wissenschaftlerinnen und Wissenschaftler stand, sind die Fragen, mit denen sie sich beschäftigt, inzwischen in der Erziehungswissenschaft weit verbreitet. Dies verdankt sich nicht zuletzt den international vergleichenden Schulleistungsstudien – PISA, IGLU etc. – , die auch einer breiteren Öffentlichkeit vor Augen geführt haben, dass die zugewanderten Kinder und Jugendlichen im deutschen Bildungssystem nicht nur eine kleine, randständige und vernachlässigenswerte Größe sind, sondern einen erheblichen Teil der Heranwachsenden ausmachen. In Großstädten und Ballungsgebieten – den traditionellen Anziehungsregionen für Migranten – machen Kinder und Jugendliche mit Migrationshintergrund inzwischen durchschnittlich mehr als ein Drittel der Klientel von Bildungseinrichtungen aus. In einzelnen Regionen, so in der Stadt Duisburg, stammt seit dem Jahr 2000 mehr als die Hälfte der Neugeborenen aus Migrantenfamilien.

In dieser Erkenntnis bildet sich eine Veränderung ab, die für künftige interkulturelle Bildungsforschung sehr relevant ist: nämlich eine geänderte Art und Weise der Erfassung von Personenmerkmalen, die mit Migration zusammenhängen, in bildungsrelevanten Statistiken. Bis zum Beginn der 2000er Jahre war es üblich, lediglich das Merkmal der staatsbürgerlichen Herkunft in solchen Statistiken zu erfassen – also die Frage, ob ein Mensch die deutsche Staatsbürgerschaft besitzt oder nicht. Damit ist aber weder das Ausmaß der Zuwanderung nach Deutschland eingefangen, noch erfasst das Staatsbürgerkriterium die bildungsrelevanten Merkmale der zugewanderten Kinder und Jugendlichen. Für Ersteres ist verantwortlich, dass eine wachsende Zahl von Zugewanderten über eine deutsche Staatsbürgerschaft verfügt. Als Deutsche galten seit Beginn der Zuwanderung nach dem Zweiten Weltkrieg stets jene Menschen, die ihre Herkunft auf eine frühere Auswanderung zurückführen konnten: die sog. Spätaussiedler, die vor allem aus osteuropäischen Staaten nach Deutschland kamen. Die Zahl der Deutschen unter den Zugewanderten erhöhte sich zudem durch eine Zunahme an Einbürgerungen, Kindern aus binationalen Ehen mit einem deutschen Partner und durch das Staatsangehörigkeitsrecht aus dem Jahr 2000, das es Eltern mit ausländischem Pass unter bestimmten Bedingungen erlaubt, für ihre Kinder eine deutsche und die Staatsangehörigkeit der Herkunft zu führen. Allerdings werden sich die doppelstaatigen Kinder bis zu ihrem 21. Lebensjahr für eine der beiden Staatsangehörigkeiten entscheiden müssen. Zwischen den Betrachtungen von Migration auf Basis der ausschließlichen Zählung von Staatsangehörigkeit und der Berücksichtigung weiterer Merkmale besteht eine riesige Differenz. So galten im Jahr 2005 nach dem Staatsbürgerkriterium ca. 10% der unter 25-Jährigen als Zugewanderte. Demgegenüber besitzen bei zusätzlicher Berücksichtigung derjenigen Personen, die aufgrund ihrer Herkunft als (Spät-)Aussiedler oder nach einer Einbürgerung über eine deutsche Staatsbürgerschaft verfügen, 27,2% der unter 25-Jährigen einen Migrationshintergrund.

Diese Veränderung in der Zählung von Menschen mit Migrationshintergrund, mit der in Deutschland spät an längst eingeführte internationale Standards der statistischen Betrachtung von Migration angeschlossen wurde, führte auch weiten Kreisen der Erziehungswissenschaft vor Augen, dass die Berücksichtigung sozialer, sprachlicher und kultureller Heterogenität der Klientel von Erziehung und Bildung keine besondere und außergewöhnliche, sondern eine reguläre und übliche Aufgabe der Bildungsforschung sein sollte.

Aber nicht nur der quantitative Aspekt ließ die Aufmerksamkeit der Wissenschaft und Forschung wachsen, sondern auch der Umstand, dass am Beispiel der Zugewanderten etliche allgemeine Schwachstellen des Bildungssystem sehr deutlich, gleichsam wie durch eine Lupe betrachtet, hervortreten. Herausragend ist hier der Aspekt der Selektivität nach Herkunft, der dem deutschen Bildungssystem bescheinigt werden muss; dieser zeigt sich an den Kindern und Jugendlichen mit Migrationshintergrund besonders deutlich, deren Herkunftsmerkmale zu einem höheren Maß an Benachteiligung kumulieren, als dies bei sozial benachteiligten Kindern und Jugendlichen aus altansässigen Familien der Fall ist. Dies lässt sich auf der Ebene des Phänomens beschreiben; die Frage nach Gründen bleibt auszuloten – unter anderem mit Untersuchungen wie den im vorstehenden Abschnitt besprochenen.

Die interkulturelle Bildungsforschung leistet spezifische Beiträge zu den erforderlichen Klärungen, indem sie die Auswirkungen der wachsenden Internationalität von Gesellschaften und Mobilität der Menschen sowohl auf der systemischen oder strukturellen als auch auf der individuellen Ebene überprüft und dabei eine interdisziplinäre Vorgehensweise bevorzugt. Angeschlossen wird an Theorieangeboten aus den sozialwissenschaftlichen Disziplinen, die aussichtsreich erscheinen, beobachtbare Heterogenitätsphänomene und ihre Folgen für Erziehung und Bildung zu erklären. Ein Beispiel dafür bietet der Ansatz der „Transnationalisierung der sozialen Welt" (vgl. Pries 2007), der hier abschließend besprochen werden soll.

Bei der Beobachtung von Migrationsgesellschaften ist unter anderem die Frage erklärungsbedürftig, warum Menschen mit Migrationshintergrund sich – nach einer Phase der Akklimatisierung – nicht völlig in ihre neue Lebenswelt einpassen und die Spuren der Herkunft in ihrer Lebensweise auslöschen. Ein solches Muster, auch als Assimilation bezeichnet, galt lange Zeit als das Normalmuster der Entwicklung nach einem Migrationsprozess. Bei heutiger Migration ist aber immer häufiger zu beobachten, dass dieses Muster nicht greift. Vielmehr zeigt sich ein in der internationalen Migration zunehmend beobachtetes Phänomen, das im sozialwissenschaftlichen Diskurs als „Transmigration" bezeichnet wird (vgl. Pries 2000).

Darunter wird verstanden, dass grenzüberschreitende Wanderung heute nur noch im Ausnahmefall als ein einmaliger, in sich abgeschlossener Prozess gestaltet wird. Vielmehr halten Migranten auf vielfältige Weise die Verbindungen zur Region der Herkunft, zu Menschen und zu Institutionen dort offen; dies schließt auch eine wiederholte zeitweise Lebensführung im Gebiet der Auswanderung ein. Ebenso werden Verbindungen zu Angehörigen der Herkunftsregion aufrechterhalten, die in andere Weltgegenden ausgewandert sind. Und schließlich werden in der Region, in der man sich nach der Migration niederlässt, die Verbindungen zu Menschen der gleichen Herkunft gepflegt – auch zu solchen, die nicht im engeren regionalen Umfeld leben. Dies geschieht in der Regel nicht als Ersatz für Kontakte mit altansässigen Menschen im Einwanderungsland oder in Konkurrenz zu diesen; es zeugt also nicht, wie vielfach leichtfertig behauptet, von Tendenzen zur Selbstabschottung der Gewanderten. Es zeugt vielmehr von den Gestaltungsmöglichkeiten eines mobilen Lebens, die sich heute bieten.

Die beobachteten Praktiken sind nicht völlig neu; vielmehr haben auch in der Vergangenheit Migranten mehr oder weniger intensive Netzwerksbeziehungen zur Region bzw. den Menschen der Herkunft gepflegt (vgl. Gogolin/Pries 2004). Verändert haben sich inzwischen aber die Fülle und die Qualität der Möglichkeiten zum vergleichsweise mühelosen wechselseitigen Kontakt, was vor allem auf die vielfältigen Reisemöglichkeiten und die neuen technischen Kommunikationsmöglichkeiten zurückgeht. In Veränderung begriffen sind überdies einige der Rechtsregelungen, die individuelle Mobilität regulieren; man denke an die erwähnte Änderung des deutschen Staatsbürgerschaftsrechts, an Bestimmungen zur Freizügigkeit der Niederlassung im Rahmen der (größer werdenden) Europäischen Union oder die zyklisch wiederkehrenden gezielten Anwerbungen von Menschen aus dem Ausland, deren Qualifikationen gerade gefragt sind.

In der Folge der von den Gewanderten gepflegten, von Veränderungen in der öffentlichen Sphäre unterstützten Praktiken entstehen „transnationale soziale Räume", in denen sich dauerhafte Formen der sozialen Positionierung entwickeln können. Diese sozialen Räume weisen Elemente – soziale Strukturen und Institutionen – auf, wie man sie üblicherweise lokal gebundenen sozialen Räumen zurechnet (vgl. Pries 2007). Die „transnationalen" Lebenspraktiken und Formen der Vergesellschaftung beziehen ihre Referenzen nicht aus den mehr oder weniger geschlossenen Systemen der jeweiligen Herkunfts- oder der Aufnahmegesellschaft, sondern transformieren Elemente von beiden zu etwas Neuem. Aus dieser Sicht sind „Integration" in die aufnehmende Gesellschaft und das Offenhalten einer Rückkehr- oder Weiterwanderungsperspektive nicht unvereinbare Gegensätze, sondern Ausdrucksformen einer neuen „normalen" Lebenswirklichkeit für eine wachsende Zahl von Menschen.

Die interkulturelle Bildungsforschung berücksichtigt diese Beobachtungen und die sozialwissenschaftlichen Deutungsangebote – unter anderem, um zu prüfen, wie sich der Modus der Unabgeschlossenheit von Entscheidungen über den Lebensort, und damit verbunden: die Entkoppelung von geographischem und sozialen Raum auf individuelle Bildungsgänge auswirkt. Darüber hinaus wird untersucht, ob und in welcher Weise die Institutionen der Erziehung und Bildung den neuen transnationalen Lebensweisen und den Anforderungen, die sich durch sie an die Bildung des einzelnen Menschen stellen, Rechnung tragen. Auch das Entstehen neuer Institutionen ist zu untersuchen, etwa die zunehmenden Gründungen von privaten Ersatz- oder Ergänzungsschulen, die von Zuwanderergemeinschaften initiiert werden. Interkulturelle Bildungsforschung ist, so kann abschließend resümiert werden, eine Richtung der Bildungsforschung, deren spezifisches Interesse es ist, allgemeine Probleme einer von zunehmender individueller Mobilität und von Internationalisierung geprägten sozialen Welt in den Auswirkungen für Erziehung und Bildung zu untersuchen.

Literaturverzeichnis

Auer, P./Dirim, I. (2000): Das versteckte Prestige des Türkischen. Zur Verwendung des Türkischen in gemischtethnischen Jugendlichengruppen in Hamburg. In: Gogolin, I./Nauck, B. (Hrsg.): Migration, gesellschaftliche Differenzierung und Bildung. Opladen: Leske und Budrich, S. 97–112.

Benhabib, S. (1999): Kulturelle Vielfalt und demokratische Gleichheit. Frankfurt/M.:Fischer.

Konsortium Bildungsberichterstattung (2008): Bildung in Deutschland. Ein indikatorengestützter Bericht mit einer Analyse zu Bildung und Migration, im Auftrag der Ständigen Konferenz der Kultusminister der Länder in der Bundesrepublik Deutschland und des Bundesministeriums für Bildung und Forschung. Bielefeld: wbv.

Boos-Nünning, U./Hohmann, M./Reich, H.H./Wittek, F. (1986): Towards Intercultural Education. A comparative study of the education of migrant children in Belgium, England, France and the Netherlands. London: CILT.

Borrelli, M. (1992): Zur Didaktik Interkultureller Pädagogik 1. Baltmannsweiler: Schneider Verl. Hohengehren.

Bos, W./Hornberg, S./Arnold, K.-H./Faust, G./Fried, L./Lankes, E.-M./Schwippert, K./Valtin, R. (Hrsg.) (2007): IGLU 2006. Lesekompetenzen von Grundschulkindern in Deutschland im internationalen Vergleich. Münster u.a.: Waxmann.

Brubaker, R. (2007): Ethnizität ohne Gruppen. Hamburg: Hamburger Edition.

Büchner, P. (2003): Bildung und soziale Ungleichheit. In: Zeitschrift für Erziehungswissenschaft (ZfE), 6. Jg., H. 1, S. 5–24.

Christensen, G./Segeritz, M. (2008): Immigrant Student Achievement in 2006: An International Perspective. Sonderauswertung der PISA-Daten im Auftrag der Bertelsmann-Stiftung. Gütersloh: Bertelsmann.

Crystal, D. (1997): The Cambridge Encyclopedia of Language. Cambridge: Cambridge Univ. Press.

De Abreau, G./Elbers, E. (2005): The social mediation of learning in multi-ethnic schools. In: Special issue of *European Journal of Psychology of Education*, 20(1), S. 3-104.

Dickopp, K.-H. (1984): Aspekte einer theoretischen Begründung von interkultureller Erziehung. In: Reich, H. H./Wittek, F. (Hrsg.): Migration – Bildungspolitik – Pädagogik (Berichte und Materialien der Forschungsgruppe ALFA Nr. 16). Essen/ Landau: ALFA, S. 57–66.

Elbers, E. (2005): The construction of word meaning in a multicultural classroom. Mediational tools in peer collaboration during mathematics lessons. *European Journal of Psychology of Education*, 20(1), S. 45–59.

Esser, H. (2006): Sprache und Integration. Die sozialen Bedingungen und Folgen des Spracherwerbs von Migranten. Frankfurt/ New York: Campus.

Gogolin, I. (1994): Der monolinguale Habitus der multilingualen Schule. Münster u.a.: Waxmann.

Gogolin, I./Kaiser, G./Schütte, M. (2005): Mathematiklernen und sprachliche Bildung. Eine interaktionistische Perspektive auf dialogisch strukturierte Lernprozesse im Grundschulunterricht unter Berücksichtigung der sprachlichkulturellen Diversität der Lernenden. In: Schenk, B. (Hrsg.): Bausteine einer Bildungsgangtheorie. Wiesbaden: VS Verlag für Sozialwissenschaften, S. 179-195.

Gogolin, I./Kroon, S. (Hrsg.) (2000): „Du mußt es länger machen" oder „Man schreibt, wie man spricht". Ergebnisse einer international vergleichenden Fallstudie über Unterricht in vielsprachigen Klassen. Münster: Waxmann.

Gogolin, I./Krüger-Potratz, M. (2006): Einführung in die Interkulturelle Pädagogik. Opladen: Barbara Budrich/UTB.

Gogolin, I./Lange, I. (Hrsg.) (2008): Herausforderung Bildungssprache. Band 1 Grundlagen und Konzeptionen. Münster u.a.: Waxmann.

Gogolin, I./Neumann, U. (Hrsg.) (1997): Großstadt-Grundschule. Eine Fallstudie über sprachliche und kulturelle Pluralität als Bedingung der Grundschularbeit. Münster: Waxmann.

Gogolin, I./Neumann, U. (Hrsg.) (2009): Streitfall Zweisprachigkeit. The Bilingualism Controversy. Wiesbaden: VS Verlag.

Gogolin, I./Neumann, U./Roth, H.-J. (2003): Förderung von Kindern und Jugendlichen mit Migrationshintergrund. Reihe 7: Materialien zur Bildungsplanung und Forschungsförderung 107. Berlin: BLK.

Gogolin, I./Nauck, B. (Hrsg.) (2000): Migration, gesellschaftliche Differenzierung und Bildung. Opladen: Leske und Budrich.

Gogolin, I./Pries, L. (2004): Transmigration und Bildung. In: Zeitschrift für Erziehungswissenschaft (ZfE), 7. Jg., H. 1, S. 5-19.

Gogolin, I./Roth, H.-J. (2007): Bilinguale Grundschule: Ein Beitrag zur Förderung der Mehrsprachigkeit. In: Anstatt, T. (Hrsg.): Mehrsprachigkeit bei Kindern und Erwachsenen. Erwerb, Formen, Förderung. Tübingen: Attempto, S. 31–45.

Gomolla, M./Radtke, F.-O. (2000): Mechanismen institutioneller Diskriminierung in der Schule. In: Gogolin, I./Nauck, B. (Hrsg.): Migration, gesellschaftliche Differenzierung und Bildung. Opladen: Leske und Budrich, S. 321–341.

Hamburger, F./Seus, L./Wolter, O. (1981): Über die Unmöglichkeit, Politik durch Pädagogik zu ersetzen. In: Unterrichtswissenschaft, 14. Jg., S. 158-167.
Hamburger, F. (1994): Pädagogik in der Einwanderungsgesellschaft. Frankfurt/M.: Cooperative Verlag.
Hawighorst, B. (2008, in Vorbereitung): Mathematische Orientierungen in der Familie. Eine interkulturell-vergleichende Untersuchung zu elterlichen Bildungsorientierungen. Inaugural Dissertation. Hamburg: Universität Hamburg.
Herwartz-Emden, L./Westphal, M. (2000): Methodische Fragen in interkulturellen Untersuchungen. In: Gogolin, I./Nauck, B. (Hrsg.): Migration, gesellschaftliche Differenzierung und Bildung. Opladen: Leske und Budrich, S. 53–75.
Hildebrand, B./Sting, S. (Hrsg.) (1995): Erziehung und kulturelle Identität. Beiträge zur Differenz pädagogischer Traditionen und Konzepte in Europa. Münster: Waxmann.
Hohmann, M. (1987): Interkulturelle Erziehung als Herausforderung für allgemeine Bildung? In: Vergleichende Erziehungswissenschaft (VE-Informationen), 17, S. 98-115.
Hohmann, M./Reich, H. H. (Hrsg.) (1989): Ein Europa für Mehrheiten und Minderheiten. Diskussion um interkulturelle Erziehung. Münster: Waxmann.
Jungmann, W. (1995): Kulturbegegnung als Herausforderung der Pädagogik. Studie zur Bestimmung der problemstrukturierenden Prämissen und des kategorialen Bezugsrahmens einer Interkulturellen Pädagogik. Münster: Waxmann.
Klinger, T./Schwippert, K./Leiblein, B. (Hrsg.) (2008): Evaluation im Modell-Programm FörMig – Planung und Realisierung eines Evaluationskonzepts. Münster u.a.: Waxmann.
Krüger-Potratz, M. (1991): Anderssein gab es nicht. Ausländer und Minderheiten in der DDR. Münster: Waxmann.
Krüger-Potratz, M./Jasper, D./Knabe, F. (1998): „Fremdsprachige Volksteile" und deutsche Schule. Münster: Waxmann.
Krüger-Potratz, M. (2005): Interkulturelle Bildung. Eine Einführung. Münster: Waxmann.
Krüger-Potratz, M. (1999): Erziehungswissenschaft und kulturelle Differenz. In: Zeitschrift für Erziehungswissenschaft (ZfE) 2. Jg., H. 2, S. 149–165.
Leseman, P.P.M/Scheele, A.F./Mayo, A.Y. (2007): Home Literacy as a Special Language Environment to Prepare Children for School. In: Zeitschrift für Erziehungswissenschaft (ZfE), 10. Jg., H. 3, S. 334–355.
Limbird, C./Stanat, P. (2006): Sprachförderung bei Schülerinnen und Schülern mit Migrationshintergrund: Ansätze und Wirksamkeit. In: Baumert, J./Stanat, P../Watermann, R. (Hrsg.): Herkunftsbedingte Disparitäten im Bildungswesen. Wiesbaden: VS Verlag für Sozialwissenschaften, S. 257-307.
List, G. (2007): Förderung von Mehrsprachigkeit in der Kita. München: DJI. URL: http://www.dji.de/bibs/384_8288_Expertise%20List_MSP.pdf (30.5.08).
Lohmann, I. (Hrsg., unter Mitherausgabe von U. Lohmann) (2000): Chevrat Chinuch Nearim. Die jüdische Freischule in Berlin im Umfeld von preußischer Bildungspolitik und jüdischer Kultusreform. Münster: Waxmann.
MacSwan, J./Pray, L. (2005): Learning English Bilingually: Age of Onset of Exposure and Rate of Acquisition Among English Language Learners in a Bilingual Education Program. In: Bilingual Research Journal, 29, Vol. 3, S. 653–678.
Müller, A. G./Stanat, P. (2006): Schulischer Erfolg von Schülerinnen und Schülern mit Migrationshintergrund: Analyse zur Situation von Zuwanderern aus der ehemaligen Sowjetunion und aus der Türkei. In Baumert, J./Stanat, P./Watermann, R. (Hrsg.): Herkunftsbedingte Disparitäten im Bildungswesen. Wiesbaden: VS Verlag für Sozialwissenschaften, S. 221-255.
Nassehi, A. (Hrsg.) (1997): Nation, Ethnie, Minderheit. Beiträge zur Aktualität ethnischer Konflikte. Köln/Wien/Weimar: Böhlau.
Nieke, W. (2000^2): Interkulturelle Erziehung und Bildung. Opladen: Leske und Budrich.
PISA-Konsortium Deutschland (Hrsg.) (2007): PISA 2006: Die Ergebnisse der dritten internationalen Vergleichsstudie. Münster: Waxmann.
Prengel, A. (1995^3): Pädagogik der Vielfalt. Verschiedenheit und Gleichberechtigung in Interkultureller, Feministischer und Integrativer Pädagogik. Opladen: Leske und Budrich.
Prenzel, M. (Hrsg.) (2007): Studies on the educational quality of schools. The final report on the DFG Priority Programme. Münster: Waxmann.
Pries, L. (2000): „Transmigranten" als ein Typ von Arbeitswanderern in pluri-lokalen sozialen Räumen. In: Gogolin, I./Nauck, B. (Hrsg.): Migration, gesellschaftliche Differenzierung und Bildung. Opladen: Leske und Budrich, S. 415-437.
Pries, L. (2007): Die Transnationalisierung der sozialen Welt. Sozialräume jenseits von Nationalgesellschaften. Frankfurt/M: Suhrkamp.

Reich, H. H./Reid, E. (Hrsg.) (1992): Breaking the Boundaries. Migrant Workers' Children in the EC. Clevedon: Multilingual Matters.
Roth, H.-J. (2002): Kultur und Kommunikation. Systematische und theoriegeschichtliche Umrisse interkultureller Pädagogik. Opladen: Leske und Budrich.
Roth, H.-J./Neumann, U./ Gogolin, I. (2007): Bericht 2007. Abschlussbericht über die italienisch-deutschen, portugiesisch-deutschen und spanisch-deutschen Modellklassen. Hamburg. URL: http://www2.erzwiss.uni-hamburg.de/institute/interkultur/Bericht_2007.pdf (30.5.08)
Schütte, M. (2008, in Vorbereitung): Grundschulmathematikunterricht unter Berücksichtigung sprachlich-kultureller Diversität in der Schülerschaft. Inaugural Dissertation. Hamburg: Universität Hamburg.
Thränhardt, D. (1999): Ausländer im deutschen Bildungssystem. Ein Literaturbericht von 1975. Wiederabdruck. In: Krüger-Potratz, M. (Hrsg.): Interkulturelle Studien. Heft 30. Münster: Schriftenreihe des Arbeitsbereichs Interkulturelle Studien (iks). S. 138–171.
Walter, O./Taskinen, P. (2007): Kompetenzen und bildungsrelevante Einstellungen von Jugendlichen mit Migrationshintergrund in Deutschland: Ein Vergleich mit ausgewählten OECD-Staaten. In: PISA-Konsortium Deutschland (Hrsg): PISA 2006. Die Ergebnisse der dritten internationalen Vergleichsstudie. Münster/ New York: Waxmann, S. 337-366.
Weber, M. (2003): Heterogenität im Schulalltag. Konstruktion ethnischer und geschlechtlicher Unterschiede. Opladen: Leske und Budrich.

Hans Döbert | Eckhard Klieme

Indikatorengestützte Bildungsberichterstattung

Vorbemerkung

Die derzeit vorherrschende Theorie des „neuen output-orientierten Steuerungsmodells" legt den Schluss nahe, dass Bildungssysteme „steuerbar" sind (vgl. Fend 2006). In welchem Maße das möglich ist, welche Rolle einerseits einer indikatorengestützten Bildungsberichterstattung dabei zukommt und welche wissenschaftlich-theoretischen Anforderungen andererseits an eine steuerungsrelevante indikatorengestützte Bildungsberichterstattung zu stellen sind, ist bisher weder aus theoretischer noch methodologischer oder empirischer Perspektive hinreichend geklärt.

Hintergrund der folgenden Betrachtung ist die inzwischen nicht nur international, sondern auch in vielen Staaten – darunter ebenso in Deutschland – etablierte nationale Bildungsberichterstattung.

Der Auftrag der nationalen Bildungsberichterstattung in Deutschland liegt in der kontinuierlichen, indikatorengestützten Information der Öffentlichkeit über Rahmenbedingungen, Verlaufsmerkmale, Ergebnisse und Erträge von Bildungsprozessen. Sie soll Politik, Verwaltung, Wissenschaft und Öffentlichkeit regelmäßig steuerungsrelevante Informationen zu Entwicklungen des Bildungswesens liefern und zugleich als Handlungsgrundlage für bildungspolitische Entscheidungen dienen. Will Bildungspolitik in Deutschland mit den Mitteln einer regelmäßigen Berichterstattung das Wissen über die Leistungsfähigkeit des Bildungswesens erhöhen, bedarf es parallel zur Etablierung der dauerhaften Infrastruktur für die nationalen Bildungsberichte gezielter Forschungs- und Entwicklungsarbeiten sowie der wissenschaftlichen Klärung von Grundsatzfragen. Von zentraler Bedeutung sind dabei vor allem Fragen der theoretischen Fundierung der Indikatoren, der empirisch belastbaren Plausibilisierung von Annahmen über Wirkungszusammenhänge sowie der Interdependenzen zwischen Indikatoren.

1 Zur historischen Entwicklung der Bildungsberichterstattung in Deutschland

In der Vergangenheit hat es in der Bundesrepublik mehrfach Versuche einer umfassenderen Bildungsberichterstattung gegeben. So legte der Deutsche Bildungsrat 1975 einen Bericht über Entwicklungen im Bildungswesen vor (vgl. Deutscher Bildungsrat 1975). Darüber hinaus sind die vom Bundesministerium für Bildung und Wissenschaft (BMBW) im Jahr 1976 herausgegebene „Bildungspolitische Zwischenbilanz" (vgl. BMBW 1976) wie auch der „Bericht der Bundesregierung über die strukturellen Probleme des föderativen Bildungswesens" aus dem Jahr 1978 zu erwähnen (vgl. Deutscher Bundestag 1978); beide wurden jedoch nicht fortgesetzt.

Stärker analytisch ausgerichtete Bestandsaufnahmen wurden seitens der Forschung vorgelegt, so z.B. der von einer Arbeitsgruppe des Max-Planck-Instituts für Bildungsforschung seit 1979 unregelmäßig veröffentlichte Bericht „Das Bildungswesen in der Bundesrepublik Deutschland – Strukturen und Entwicklungen im Überblick" (zuletzt: Cortina u.a. 2008), der vom Deutschen Institut für Internationale Pädagogische Forschung (Weishaupt u.a.) 1988 publizierte Band „Perspektiven des Bildungswesens der Bundesrepublik Deutschland", ferner die seit 1980 vom Dortmunder Institut für Schulentwicklung im Zweijahresrhythmus herausgegebenen „Jahrbücher der Schulentwicklung" sowie der 2001 zum zweiten Mal in erweiterter Form erschienene Band „Bildung und Soziales in Zahlen" (Böttcher/Klemm/Rauschenbach 2001). Einen analytischen Bezug hat auch das „Gutachten für Bildung in Deutschland" (Weißhuhn 2001) sowie die Studie „Bildung und Lebenslagen – Auswertungen und Analysen für den zweiten Armuts- und Reichtumsbericht der Bundesregierung" (Weißhuhn/Große Rövekamp 2004). Zu nennen sind im Übrigen historische Analysen der Bildungsentwicklung in Deutschland seit 1945[1]. Eine relativ umfassende und differenzierte Darstellung zur Situation der Erhebung und Bereitstellung statistischen Datenmaterials findet sich in dem von der Bund-Länder-Kommission für Bildungsplanung und Forschungsförderung (BLK) 2002 herausgegebenen Bericht „Vergleichende internationale Bildungsstatistik. Sachstand und Vorschläge zur Verbesserung"[2]. Einen Überblick über wichtige Teilaspekte des Bildungsbereichs gibt auch der Band „Im Blickpunkt: Bildung in Deutschland" des Statistischen Bundesamtes (2003).

Darüber hinaus gibt es zahlreiche Berichte, die sich mit Teilbereichen oder Teilaspekten des Bildungswesens befassen. Fragen der Bildung werden im Übrigen auch in der allgemeinen gesellschaftlichen Berichterstattung thematisiert (Wirtschafts- und Sozialberichterstattung, „Armuts- und Reichtumsbericht" der Bundesregierung; aber auch der „Datenreport" des Statistischen Bundesamts).

Im Unterschied zu anderen gesellschaftlichen Bereichen, für die regelmäßig umfassende Situations- und Entwicklungsanalysen vorgelegt werden (z.B. Jahresgutachten des Sachverständigenrates zur gesamtwirtschaftlichen Entwicklung, Familien- und Jugendbericht, „Armuts- und Reichtumsbericht"), fehlten bislang entsprechende Berichte im Sinne einer Gesamtschau für den Bildungsbereich. Dieses Defizit konnte bisher auch durch den Rückgriff auf internationale und supranationale Berichtssysteme nicht kompensiert werden[3].

Eine qualitativ neue Phase der Arbeiten an einer Bildungsberichterstattung begann 2002/03 mit dem im Auftrag der KMK vorgelegten Bildungsbericht sowie mit den im Auftrag des

---

1 Vgl. insbesondere Führ (1996) und Führ/Furck (1998).
2 Heft 103 der Materialien zur Bildungsplanung und Forschungsförderung.
3 Bekanntestes Beispiel internationaler Berichterstattung sind die Bemühungen der OECD, mit einer fortlaufenden Weiterentwicklung der OECD-Bildungsindikatoren einen internationalen Vergleich der Bildungssysteme zu ermöglichen. Jedes Jahr veröffentlicht die OECD die beiden Bände „Education at a glance" (zuletzt 2007) und „Educational Policy Analysis" (zuletzt 2006). Durch die OECD-Bildungsindikatoren werden Informationen zu Funktionsweise, Entwicklung und Auswirkungen von Bildung zur Verfügung gestellt. Die Europäische Kommission veröffentlicht in regelmäßigen Abständen (zuletzt 2005) ihre „Key Data on Education in Europe". Dieser Bericht enthält, neben den Strukturen der einzelnen Bildungsbereiche in den Mitgliedstaaten sowie in den Beitrittsländern, Informationen zur Bildungsbeteiligung und zu den Abschlüssen in den EU-Staaten. Qualitätsfragen bleiben aber unberücksichtigt. Der „Bericht über die Qualität der schulischen Bildung in Europa – Sechzehn Qualitätsindikatoren" (2000) stellt Qualitätsfragen in den Mittelpunkt und versucht anhand von sechzehn Bildungsindikatoren, den Input und Kontext des Lernens, die schulischen Prozesse und deren Steuerung sowie den Output bzw. die Wirkung der Schule zu beleuchten. Als neuere Entwicklungen sind zu nennen: der „European Report on Quality Indicators of Lifelong Learning" (2002), die „Europäischen Benchmarks" (2003) und der „Indikatorenbericht zum Arbeitsprogramm" (2008).

BMBF erstellten Konzepten zur Bildungsberichterstattung im Rahmen der Expertisen zur nonformalen und informellen Bildung im Kindes- und Jugendalter sowie zur beruflichen Bildung und Weiterbildung/lebenslanges Lernen[4]. Damit lagen erstmals in Deutschland drei von unterschiedlichen Expertengruppen mit dem Fokus auf verschiedene Bildungsbereiche verfasste konzeptionelle Angebote zur Bildungsberichterstattung vor, die nicht nur wesentliche Anforderungen an eine Bildungsberichterstattung in Deutschland beschreiben; sondern auch übergreifende Desiderata sichtbar machen. Dazu gehört vor allem, dass

- derzeit kein systematisch begründetes Indikatorenkonzept für eine lebenslauforientierte Berichterstattung über das Bildungswesen insgesamt vorliegt, gleichwohl aber an Erfahrungen mit Indikatorisierungsversuchen der drei Berichte angeknüpft werden kann;
- es eine Fülle von (häufig nicht kompatiblen) Strukturdaten gibt und zugleich ein enormer Mangel an Verlaufsdaten herrscht, die belastbare Auskünfte über die Effekte von Bildung im Lebensverlauf zulassen; eine künftige Bildungsberichterstattung muss daher von einem völlig anderen Blickwinkel ausgehen: Es reicht nicht mehr aus, allein verfügbare Daten und Befunde zu referieren, sondern es ist eine Strategie erforderlich, die klärt, welche Daten für einen Bericht notwendig sind;
- ein Teil der Daten- und Forschungsdefizite so grundlegend ist, dass ihr Ausgleich erst durch neue Forschungsaktivitäten möglich erscheint.

Insgesamt hat sich die nationale Bildungsberichterstattung in Deutschland innerhalb weniger Jahre etabliert. Über den nationalen Bildungsbericht hinaus gehen zunehmend mehr Länder dazu über, länderspezifische Bildungsberichte zu erarbeiten. Länderbildungsberichte liegen vor in Schleswig-Holstein, Bayern, Baden-Württemberg, Berlin/Brandenburg, Hamburg, Nordrhein-Westfalen und Sachsen. Auch eine Reihe von Kommunen erstellt inzwischen regionale Bildungsberichte (z.B. Offenbach, München, Dortmund, Tübingen, Freiburg i.B., Landkreis Ravensburg). Weitere Berichte sind auf regionaler wie Landesebene in Arbeit.

2 Bildungsberichterstattung als Teil eines umfassenden Systemmonitorings

Während bisher vor allem die Bereitstellung von Ressourcen im Vordergrund von bildungspolitischer Steuerung stand („Input-Steuerung"), gewinnen zunehmend der Umgang mit Maßnahmen der Qualitätssicherung und Qualitätsentwicklung (Prozessgestaltung) sowie die systematische Erfassung von Bildungsergebnissen – solchen mit eher kurzfristigem Charakter („Output") und solchen mit eher längerfristigen Wirkungen („Outcomes") – an Bedeutung.

Ein international verbreiteter Weg zur Vorbereitung des „Steuerungshandelns" in Politik und Administration besteht darin, relevante empirische Befunde durch Systemmonitoring zu gewinnen. Systemmonitoring hat im Wesentlichen drei Funktionen: die Beobachtung, Analyse und Darstellung wesentlicher Aspekte eines Systems, verbunden mit der Funktion der Systemkontrolle einschließlich der Angleichung von Leistungsmaßstäben (*Benchmarks*) sowie die Funktion, „Steuerungswissen" zu generieren bzw. zu erweitern und „Steuerungshandeln"

---

4 Vgl. Avenarius u.a. (2003); Baethge/Buss/Lanfer (2003); Rauschenbach u.a. (2003).

begründbarer und zielgerichteter zu gestalten. Systemmonitoring enthält vor allem durch die Angleichung von Leistungsmaßstäben im Verhältnis zu anderen Staaten eine *international vergleichende Komponente.*

Monitoring im Bildungswesen, im Folgenden als Bildungsmonitoring bezeichnet, macht das Bildungsgeschehen in der Gesellschaft transparent und ist damit Grundlage für Zieldiskussionen und politische Entscheidungen. Im Zentrum eines Bildungsmonitoring steht die Arbeit der Institutionen des Bildungswesens, von der Kinderkrippe bis zur Weiterbildung im Erwachsenenalter.

Anfang 2006 hat die KMK eine Gesamtstrategie zum Bildungsmonitoring in Deutschland beschlossen. Seine wichtigsten Bestandteile sind:

- internationale Schulleistungsuntersuchungen,
- zentrale Überprüfung des Erreichens der Bildungsstandards in einem Ländervergleich (in der 4., 9. und 10. Klasse),
- Vergleichsarbeiten in Anbindung an die Bildungsstandards zur landesweiten Überprüfung der Leistungsfähigkeit einzelner Schulen,
- gemeinsame Bildungsberichterstattung von Bund und Ländern.

Während alle anderen Bestandteile unmittelbar auf die Arbeit von Bildungseinrichtungen bezogen sind, die darin tätigen und betroffenen Personen (Lehrende und Lernende, Eltern und „Abnehmer") ansprechen, geht es der *Bildungsberichterstattung* um die Transparenz des Bildungswesens aus der Systemperspektive für eine breite, bildungspolitisch interessierte Öffentlichkeit. Die Bildungsberichterstattung gewinnt ihre Aussagefähigkeit vor allem über die Gesamtdarstellung zum Bildungswesen und durch die Darstellung von Indikatoren in Zeitreihe. Bildungsberichterstattung soll ganz allgemein das Bildungsgeschehen in einer Gesellschaft transparent machen und damit Grundlage für öffentliche Diskussionen über Bildungsziele und für bildungspolitische Entscheidungen sein. Sie ist ein wesentliches und im internationalen Rahmen weit verbreitetes Instrument zur kontinuierlichen, datengestützten Information über Voraussetzungen, Verlaufsmerkmale, Ergebnisse und Erträge von Bildungsprozessen. Über alle Bildungsstufen hinweg werden Umfang und Qualität der institutionellen Angebote, aber auch deren Nutzung und deren Wirkungen (Output/Outcome) innerhalb der Lernbiografien dargestellt. Hauptergebnisse der Bildungsberichterstattung sind ein in regelmäßigen Abständen veröffentlichter Bildungsbericht sowie eine öffentlich zugängliche Homepage mit vertiefenden und ergänzenden Informationen. Kern jeder Bildungsberichterstattung ist ein überschaubarer, systematischer, regelmäßig aktualisierbarer Satz von Indikatoren.

Ziel einer regelmäßigen und umfassenden Bildungsberichterstattung ist eine Dauerbeobachtung des Bildungssystems auf der Grundlage zuverlässiger Daten, die es gestatten, aktuelle Zustände aus der Systemperspektive zu beurteilen sowie Entwicklungen im Zeitverlauf aufzuzeigen und empirisch zu beschreiben. Die Bildungsberichterstattung ist durch drei grundlegende Merkmale charakterisiert:

1. Die Bildungsberichterstattung orientiert sich an einem Bildungsverständnis, nach dem sich die *Ziele von Bildung in den drei Dimensionen* „individuelle Regulationsfähigkeit", „gesellschaftliche Teilhabe und Chancengleichheit" sowie „Humanressourcen" niederschlagen. Die genannten Zieldimensionen beinhalten mehr als nur ein Verständnis von Bildung. Bildung zielt in erster Linie auf individuelle Entfaltung, Persönlichkeitsentwicklung sowie Aneignung und Mitgestaltung von Kultur. Bildung wird daher in der Regel aus der Perspektive des Individuums

betrachtet. Die drei Zieldimensionen hingegen sind vom Bildungssystem her gedacht. Das entspricht dem Auftrag der Bildungsberichterstattung, die vor allem Aussagen über gesellschaftliche, insbesondere institutionalisierte Rahmenbedingungen für Bildung machen soll. Die drei Zieldimensionen differenzieren diesen Auftrag aus der Systemperspektive aus.

2. Über das Spektrum der Bildungsstufen hinweg werden unter der Leitidee der *Bildung im Lebenslauf* Umfang und Qualität der institutionellen Angebote, aber auch deren Nutzung durch die Individuen erfasst. Gegenwärtig kann die Perspektive von Bildung im Lebenslauf nur näherungsweise aufgegriffen werden, da die aktuelle Datenbasis eine Rekonstruktion individueller Bildungsverläufe nicht oder nur sehr eingeschränkt ermöglicht.

3. Die Bildungsberichterstattung erfolgt *indikatorengestützt* über alle Bildungsbereiche hinweg.

Diese grundlegenden Merkmale sind zugleich wesentliche Kriterien für die Entwicklung, Auswahl und Darstellung von Indikatoren. Vor allem für die Umsetzung der indikatorengestützten Darstellung über alle Bildungsbereiche hinweg spielen darüber hinaus weitere Kriterien eine wichtige Rolle. Zu ihnen gehören aktuelle sowie langfristig bedeutsame Probleme des Bildungswesens, die Relevanz der Themen für bildungspolitische Steuerungsfragen sowie Forschungsbefunde über Problembereiche im Bildungssystem und kritische Phasen in Bildungsverläufen. Auch der Verfügbarkeit und Aussagefähigkeit von Daten ist Rechnung zu tragen.

Wie bei jeder Darstellung von komplexen Systemen, die versucht durch Abstraktion auf eine geringe Anzahl von Beschreibungsgrößen zu kommen, tritt auch hier das Problem auf, dass durch die gewählte Vorgehensweise die Komplexität zwar handhabbarer wird, die Beschreibung des Systems jedoch an Differenziertheit verliert. Aufgrund des Hauptanliegens der Berichterstattung, handlungs- und steuerungsrelevante Informationen für Politik und Verwaltung bereitzustellen sowie dem Informationsbedürfnis von Wissenschaft und interessierter Öffentlichkeit in konzentrierter Form gerecht zu werden, ist eine Bildungsberichterstattung auf der Basis von quantitativen Indikatoren – trotz der damit verbundenen Einschränkungen – der optimale Weg zur Präsentation systematischer, wiederholbarer und gesicherter Informationen. Damit wird keineswegs in Abrede gestellt, dass auch Aspekte, die nicht unmittelbar erfassbar und/oder quantifizierbar sind, für das Bildungssystem wichtig sind.

Politik und Administration benötigen als Hinweis auf Problemkonstellationen sowie zur Kontrolle der Auswirkungen ihrer Entscheidungen Informationen über Ausgangsbedingungen im Sinne von Kontext- und Inputmerkmalen, über die Bildungsprozesse selbst und deren zentrale Wirkungen. Der Auswahl von Themen und entsprechender Daten liegt daher eine in weiten Bereichen für das Bildungsmonitoring international eingeführte Systematik zugrunde – das Kontext-Input-Prozess-Wirkungs-Schema –, das als Heuristik derzeit am ehesten geeignet erscheint, Informationen im Rahmen der Bildungsberichterstattung zu ordnen (vgl. Scheerens 1992, 2004).

Unter Berücksichtigung des Auftrags der Bildungsberichterstattung, der genannten Kriterien sowie der angedeuteten Heuristik wurden 2005 folgende für die Bildungsberichterstattung zentrale, steuerungsrelevante Themenbereiche festgelegt[5]:

---

5   Vgl. auch das im März 2005 vom Konsortium vorgelegte Indikatorenmodell, S. 14-20, in dem die Themen dargestellt und begründet wurden.

- Kontextebene: Demografie
- Inputebene: Bildungsausgaben, Personalressourcen, Bildungsangebote/Bildungseinrichtungen, Bildungsbeteiligung/Bildungsteilnehmer, Prozessebene: Umgang mit Bildungszeit, Übergänge, Qualitätssicherung/Evaluierung
- Wirkungsebene: Kompetenzen, Abschlüsse, Bildungserträge.

Die Liste dieser elf Themen sollte für die ersten Jahre der Bildungsberichterstattung Bestand haben; kann und muss jedoch langfristig veränderbar sein. Beispielsweise werden Ergänzungen auf der Kontext- (z.B. Entwicklung eines Indikators zum sozioökonomischen Hintergrund, Übertragung von Wohlstands- und Sozialindikatoren) und der Prozessebene (z.B. Prozessgestaltung von Lehren und Lernen in den verschiedenen Bildungsbereichen) angestrebt.

3 Verständnis der Ziele von Bildung, die der Bildungsberichterstattung zugrunde liegen

Dem deutschen Bildungsbericht liegt ein Verständnis zugrunde, nach dem sich die Ziele von Bildung in den drei Dimensionen „individuelle Regulationsfähigkeit", „Humanressourcen" sowie „gesellschaftliche Teilhabe und Chancengleichheit" niederschlagen:

Individuelle Regulationsfähigkeit meint die Fähigkeit des Individuums, sein Verhalten und sein Verhältnis zur Umwelt, die eigene Biografie und das Leben in der Gemeinschaft selbstständig zu planen und zu gestalten. Diese umfassende und allgemeine Zielkategorie für das Bildungswesen als Ganzes wie für jeden seiner Teile beinhaltet unter den Bedingungen der Wissensgesellschaft in besonderem Maße die Entfaltung der Lernfähigkeit von Anfang an und deren Erhalt bis ins hohe Alter. Der Bericht greift damit bewusst den – in anderen Sprachen so nicht vorhandenen – Bildungsbegriff auf, der den Erwerb verwertbarer Qualifikation einschließt, aber darüber hinaus mit der Idee der Selbstentfaltung, mit Aneignung und verantwortlicher Mitgestaltung von Kultur verbunden ist.

Der Beitrag des Bildungswesens zu den *Humanressourcen* richtet sich zum einen, in ökonomischer Perspektive, auf die Sicherstellung und Weiterentwicklung des quantitativen und qualitativen Arbeitskräftevolumens, zum anderen, in individueller Sicht, auf die Vermittlung von Kompetenzen, die den Menschen eine ihren Neigungen und Fähigkeiten entsprechende Erwerbsarbeit ermöglichen.

Indem die Bildungseinrichtungen *gesellschaftliche Teilhabe und Chancengleichheit* fördern, ermöglichen sie soziale Integration und die Aneignung von Kultur für alle. Damit wirken sie systematischer Benachteiligung aufgrund sozialer Herkunft, Geschlecht, nationaler oder ethnischer Zugehörigkeit entgegen. Bildung leistet auf diese Weise einen Beitrag zum gesellschaftlichen Zusammenhalt und zu demokratischer Partizipation.

4 Berücksichtigung von Erfahrungen ausländischer Bildungsberichte

Für die internationale Anschlussfähigkeit der Bildungsberichterstattung ist eine systematischere Berücksichtigung internationaler Entwicklungen im Bereich des Bildungsmonitoring erforderlich. Internationale Anschlussfähigkeit meint hierbei zum einen vertiefende Analysen zu inter- und supranationalen Berichtssystemen, zum anderen geht es auf Ebene der Einzelindikatoren um die Folge der Zugrundelegung der ISCED-Klassifikation für die Abbildung nationaler Besonderheiten des deutschen Bildungswesens. Als notwendig werden im Einzelnen angesehen:

- die Aufarbeitung der Berichtspraxis der OECD, der Europäischen Kommission sowie von nationalen Bildungsberichten in anderen Staaten (z.B. in der Schweiz und in Österreich, insbesondere hinsichtlich Indikatorenkonzept, Indikatorendarstellung und Rhythmisierung der Indikatoren),
- Untersuchungen zu internationaler Kompatibilität vs. deutscher Bildungsrealität (steuerungsbezogene Konsequenzen der ISCED-basierten internationalen Vergleiche für die nationalen Besonderheiten),
- internationale Vergleichbarkeit von Erhebungskonzepten (z.B. Migrationshintergrund oder sozio-ökonomischem Status) durch forschungsbasierte Vereinheitlichung zugrunde gelegter Systematiken.

Für die Analyse internationaler und anderer nationaler Bildungsberichte wurde ein Kriterienraster entwickelt. Im Wesentlichen wurden folgende Aspekte geprüft und verglichen: Aufbau und Struktur des Berichts (Gliederung); relevante Problembereiche; Verständnis, Aufbau und Struktur von Indikatoren; Kriterien für die Auswahl von Indikatoren; Wiederholung bzw. mittelfristige Planung der Indikatoren; Berichtstiefe und Kriterien für die Datenqualität.

Internationale Berichte, vor allem der OECD, der Europäischen Kommission und der UNESCO, sind als Orientierungspunkte, Basispool und systematischer internationaler Vergleichsrahmen ein wichtiger Maßstab für die jeweilige nationale Bildungsberichterstattung. Vor allem die jährlichen Publikationen der OECD „Education at a Glance" und „Education Policy Analysis" sowie die von der EU-Kommission veröffentlichten „Key Data on Education in Europe" stellen in ihrer Kombination von Indikatoren in Zeitreihe und wechselnden thematisch vertiefenden Analysen einen „benchmark" für die nationale Bildungsberichterstattung dar.

Die Analyse der verfügbaren nationalen und internationalen Bildungsberichte zeigt[6]:

- Es besteht international offenbar eine weitgehende Einigkeit über die Notwendigkeit eines daten- bzw. indikatorengestützten Bildungsberichts.
- Die Ausgestaltung und die Institutionalisierung des jeweiligen nationalen Bildungsberichts sind hingegen recht unterschiedlich. Grundsätzlich gibt es drei Typen von Bildungsberichten: a) eher bildungsstatistisch fundierte und entsprechend verfasste Berichte (Kanada,

---

6 Bildungsberichte folgender Staaten wurden arbeitsteilig von den Mitarbeiterinnen und Mitarbeiter der an der Bildungsberichterstattung beteiligten Einrichtungen und Ämter nach dem vorgegebenen Raster analysiert: Dänemark, England, Frankreich, Japan, Kanada, Niederlande, Russland, Schweden, Schweiz, Spanien, Tschechische Republik, USA. Die ausführlichen Ergebnisse der Länderanalysen sowie eine auf dieser Grundlage vorgenommene vergleichende Betrachtung wurden in einer gesonderten Studie vorgestellt (im Druck).

Frankreich, Japan), b) eher inspektionsbasierte Berichte (Niederlande, England, Schweden) und c) überwiegend von Wissenschaftlern verfasste Bildungsberichte auf der Grundlage kommentierter Daten und Forschungsbefunde (Schweiz, Deutschland, z. T. USA).
- In den Berichten werden einzelne Bildungsbereiche unterschiedlich stark berücksichtigt, wobei der Schwerpunkt überwiegend auf dem Schulwesen liegt; auch das Ausmaß der regionalen Differenzierungen ist verschieden.
- Durchgängig zeigt sich eine Orientierung am Kontext-Input-Prozess-Wirkungs-Schema, wenn gleich nicht immer direkt ablesbar.
- Nicht alle Länder präsentieren, wie der nationale Bildungsbericht in Deutschland, eine „Gesamtschau" von Steuerungsinformationen zum Bildungswesen, sondern haben zum Teil sehr differenzierte Berichte zu einzelnen Bereichen oder Aspekten des Bildungswesens.
- Außerschulische Bildung ist in unterschiedlichem Maße einbezogen. Dies liegt überwiegend an den weniger umfangreich vorhandenen Daten. Der politische Wille, eine gesamtsystemische bzw. lebenszeitliche Perspektive einzunehmen, ist trotz damit verbundener Datenprobleme erklärtermaßen in der Mehrheit der Staaten vorhanden und wird als zukünftig zu realisieren dargestellt.
- Als Ergänzung der herangezogenen Datenbasis ist die Einbeziehung aktueller Forschungsergebnisse und internationaler Vergleichsstudien relativ weit verbreitet, wobei der Trend offenbar in Richtung einer zielgerichteten Kooperation von Statistik und Wissenschaft geht.
- Die Darstellung der Indikatoren erfolgt zumeist in getrennten Berichtsabschnitten, die sich oft an den Bildungsbereichen ausrichten. Verknüpfungen der Abschnitte oder von Indikatoren im Sinne von Wirkungszusammenhängen – gleich welcher Art – sind nicht auszumachen.

5 Umsetzung der Perspektive „Bildung im Lebenslauf"

Die Berichterstattung soll sich an der Perspektive „Bildung im Lebenslauf" orientieren[7], mithin sämtliche Bildungsbereiche – von der frühkindlichen Bildung, Betreuung und Erziehung über die Hochschule bis hin zur Weiterbildung – erfassen und darüber hinaus auch non-formale und informelle Lernwelten einschließen. Der Blick richtet sich vor allem auf die Frage, ob und wie weit die Bildungseinrichtungen imstande sind, die Lernenden auf die Anforderungen in Ausbildung, Beruf, Familie und Gesellschaft vorzubereiten. Hierbei geht es insbesondere um die „Schnittstellen" und Übergänge im Bildungswesen, an denen sich zumeist der weitere Verlauf der „Bildungskarrieren", ihr Gelingen und Misslingen, entscheidet. Übergänge im Verlauf etwa von Schulkarrieren werden durch die amtliche Statistik weitgehend erfasst. Notwendige Modifikationen der Datenbasis betreffen vor allem die Einschulungspraxis selbst, einschließlich der Erfassung des Anteils der Kinder, die mit und ohne Kindergartenbesuch/Vorschul- bzw. Vorklassenbesuch in die Grundschule übergehen; eine Berücksichtigung des sozio-ökonomischen Hintergrunds und des Migrationshintergrunds, was bisher nur teilweise über Surveys möglich ist, sowie eine bessere Vereinheitlichung der vorhandenen Daten. Ein wesentlicher Schritt zur weiteren Verbesserung der Datenbasis in dieser Richtung ist der im

---

7 Vgl. die Ausschreibung „Gemeinsamer Bericht der Kultusministerkonferenz und des Bundesministeriums für Bildung und Forschung" vom 13.05.2004.

Jahr 2003 von der KMK verabschiedete „Kerndatensatz für schulstatistische Individualdaten der Länder". Beim Kerndatensatz handelt es sich um ein Mindest-Programm, das optional auf Landes-Ebene erweiterbar ist (dies gilt insbesondere für Unterrichtsdaten). Idealtypisch umfasst es folgende miteinander verknüpfbare Datensegmente: Organisationsdaten der Schule, Individualdaten der Schüler, Individualdaten der Abgänger und Absolventen, Individualdaten der Lehrkräfte, Daten zu Klassen/Kursen der Schule, Organisationsdaten der Unterrichtseinheit. Die Konkretisierung der Merkmale und Ausprägungen des Kerndatensatzes ist jedoch noch nicht vollständig abgeschlossen. Die Einrichtung einer bundesweiten Datenbank mit Einzeldaten in bundeseinheitlicher Abgrenzung ist jedoch nicht vorgesehen. In Verbindung mit dem Kerndatensatz vereinbarten die Länder eine baldige Umstellung der Statistiken auf Individualdaten. In einigen Ländern ist diese bereits erfolgt. Mit der Umstellung auf Individualdaten wird sich die Datenbasis für Analysezwecke erheblich verbessern. Dabei wird es aber entscheidend darauf ankommen, welche Individualmerkmale erhoben werden.

Aus Sicht der Bildungsberichterstattung sollte in den nächsten Jahren folgenden Aspekten zur Verbesserung der Datenbasis der Bildungsberichterstattung eine besondere Aufmerksamkeit zukommen:

- Umstellung der Schulstatistik auf Individualdaten und Schaffung von Datenpools, die eine Verfolgung der Bildungsverläufe der Individuen erlauben: Die Umstellung der Schulstatistik auf Individualdaten ist von großer Bedeutung für die Analyse der Bildungsverläufe, insbesondere für die Beobachtung von relevanten kleineren Populationen (z.B. der Wiederholer) sowie für Analysen in regionaler Gliederung. Es bedarf jedoch anonymisierter Personennennungen, z.B. über die Schuljahre identische Hashcodes, um Schullaufbahnen nachzuzeichnen. Aus Sicht der Bildungsberichterstattung ist es zur Beurteilung der Chancengleichheit im und der Leistungsfähigkeit des Bildungssystems unverzichtbar, dass auch für die Schülerinnen und Schüler der Schulen in privater Trägerschaft Individualdaten erhoben und für die Analyse zur Verfügung gestellt werden. Sollten Datenpools nur auf Landesebene eingerichtet werden, so müsste sichergestellt werden, dass bei Wechsel eines Schülers an eine Schule eines anderen Bundeslandes die Individualdaten weiter geleitet werden.
- Weiterentwicklung der Kompetenzmessungen: Aus der Perspektive der Bildungsberichterstattung wären Kompetenzmessungen bei Schuleintritt, in der Grundschule, im Bereich der Sekundarstufe I, bei Absolventen der Sekundarstufe II und bei Erwachsenen wünschenswert.
- Einführung einer einheitlichen Trägerstatistik im Weiterbildungsbereich: Die Datenlage im Weiterbildungsbereich ist besonders prekär. Zurzeit zeichnet sich ab, dass durch eine Befragung der Haushalte Informationen zur Beteiligung an Weiterbildung künftig im Rahmen des Adult Education Surveys erhoben werden. Die Beratung der EU-Rechtsgrundlage, welche die Durchführung dieses Surveys im fünfjährigen Zyklus vorsieht, ist weit fortgeschritten. Es fehlt aber eine umfassende Erhebung bei den Trägern der Weiterbildung. Nur über eine Trägerstatistik können Informationen zum (regionalen) Weiterbildungsangebot, zu den Human- und Finanzressourcen der Einrichtungen, zur Entwicklung dieser Einrichtungen und zur Beurteilung der ökonomischen Bedeutung dieses Bereiches gewonnen werden.

6 Einbeziehung non-formaler Bildung und informellen Lernens

In der neueren internationalen Diskussion wird der Blick zunehmend auf diejenigen Formen des Lernens gerichtet, die jenseits von institutionalisierten Lernorten die individuellen (Lern-) Kompetenzen erweitern und insbesondere die Selbststeuerungs- und Selbstorganisationsfähigkeit als wichtige individuelle Voraussetzung für lebenslanges Lernen stärken. Für diese Lernformen haben sich die Kategorien der non-formalen Bildung und des informellen Lernens eingebürgert; sie reflektieren den Sachverhalt wachsender Entgrenzung von Lernprozessen und lassen sich oft, aber keineswegs immer als komplementär zum formalen Lernen begreifen.

Eine besondere empirische Herausforderung besteht gegenwärtig in der Erarbeitung von Zusammenhangsanalysen der non-formalen Bildung und des informellen Lernens mit dem Kompetenzerwerb auf Ebene von Individualdaten: Wie hängt der in Schulleistungsstudien bestimmte Kompetenzgrad eines Individuums beispielsweise im Lesen – einer Schlüsselkompetenz, die keineswegs nur in der Schule selbst aufgebaut und genutzt wird –, mit spezifischen bildungsunterstützenden familialen Kommunikationsmustern, mit freiwilligem und politischem Engagement in non-formalen Kontexten oder auch mit bestimmten Formen des Selbstlernens in *Peer*-Kontexten oder Art und Weise der Computer- und Internetnutzung zusammen? Was lässt sich analog sagen über Aufbau und Nutzung sozial-kommunikativer und individuelle Selbstregulationsfähigkeit betreffender Kompetenzen? Welche Effekte welchen Formen informellen Lernens zukommen, bleibt bisher ebenso offen wie die Frage, welche Komplementaritäten zwischen formellen und informellen Lernprozessen sowohl auf institutioneller als auch auf individueller Ebene bestehen, ob es eher zu kompensatorischen bzw. substitutiven oder komplementären Effekten kommt. Realistischerweise wird man hier von systemischen Zusammenhängen ausgehen müssen, die es aufzuklären gilt (vgl. Baethge/Baethge-Kinsky 2004).

7 Verständnis und Modellierung von Indikatoren und Desiderata der Indikatorenforschung

7.1 Das Indikatorenverständnis der nationalen Bildungsberichterstattung

Es gibt verschiedene Ansätze, Indikatoren begrifflich zu fassen. Verbreitet ist ein engeres Indikatorenverständnis, wonach Konstrukte mit einem klar definierten Messmodell als Indikatoren bezeichnet werden. Andererseits findet sich in der nationalen und internationalen Bildungsberichterstattung ein weiter Indikatorenbegriff (vgl. etwa Fitz-Gibbon 1996, Fitz-Gibbon/Tymms 2002; Bottani/Tuijnman 1994), der Indikatoren als komplexere Konstrukte auffasst, die sich aus verschiedenen statistischen Kennziffern zusammensetzen. Jeder dieser Ansätze hat Vor- und Nachteile. Ihre konkrete Abwägung hängt vom Ziel der Nutzung der Indikatoren, von den Steuerungsintentionen, von den jeweiligen Kontextbedingungen, von den Präferenzen der jeweiligen Auftraggeber usw. ab.

Die Bildungsberichterstattung in Deutschland und die Ansatzpunkte der begleitenden Indikatorenforschung stützen sich auf diesen weiten Indikatorenbegriff. Auf diese Weise ist es möglich, wenige „zentrale" Indikatoren mit hoher Aussagekraft darzustellen. So ist es eher möglich, zu analytischen, also stärker erklärungsmächtigen Indikatoren zu kommen und wechselnde Perspektiven einzunehmen. Zudem zieht ein solches Indikatorenverständnis ein weites Verständnis von Steuerung im Sinne von „educational governance" nach sich. Ein solches weites Verständnis von Steuerung wiederum erlaubt und erfordert es, das Gemeinwesen, die Öffentlichkeit als Akteur von Steuerung mit zu fassen. Eine Bildungsberichterstattung ist ohne die Einbeziehung aller derjenigen, die für Bildung Verantwortung tragen oder ihre „Ergebnisse" nutzen, vor allem jedoch ohne die Einbeziehung einer breiten Öffentlichkeit nicht hinreichend nutzbringend für die Bildungsentwicklung.

Unter *Indikatoren* werden nach gängigen Begriffsbestimmungen[8] quantitativ erfassbare Größen (wörtl.: „Anzeiger" für einen bestimmten Zustand) verstanden, die als Stellvertretergrößen für komplexe, in der Regel mehrdimensionale Gefüge einen möglichst einfachen und verständlichen Statusbericht über die Qualität eines Zustandes liefern, etwa wichtige Aspekte des Zustandes eines zu betrachtenden Gesamt- oder auch Teilsystems.

Indikatoren sind grundsätzlich konzeptionell begründet, ausdifferenziert und auf empirisch gesicherter Basis – in der Regel als eine bestimmte Kombination statistischer Kennziffern – darzustellen. Über die konzeptionelle Basis hinaus sollen Indikatoren in der Regel Handlungsrelevanz und Anwendungsbezug haben, indem sie ein Bild aktueller oder möglicher Probleme aufzeigen. Dafür müssen sie bestimmte Qualitätskriterien erfüllen:

- Indikatoren basieren auf regelmäßiger (periodischer) Erhebung und sollen damit Änderungen im Zeitverlauf aufzeigen;
- darüber hinaus müssen sie objektive, reliable und valide Informationen enthalten;
- sie stellen eine auf ein bestimmtes Ziel hin gerichtete Auswahl, Transformation und Kombination von Daten dar, die normative und definitorische Bezüge (theoretischer Hintergrund) benötigen;
- Indikatoren sollten Querverbindungen untereinander zulassen, da sich vertiefende Einblicke in den Zustand eines zu beschreibenden Systems erst aus der Verflechtung und Gruppierung von Indikatoren ergeben. Diesem Aspekt wird mit dem Indikatorenentwicklungsprogramm im Rahmen der nationalen Bildungsberichterstattung besondere Rechnung getragen.

Es sind verschiedene Aggregationsstufen der Indikatorisierung möglich: übergreifende Aussagen zum Gesamtsystem sowie Aussagen zu einzelnen Bildungsbereichen, zu Bildungsinstitutionen, zur Instruktionsebene bis hin zum Individuum (je mit Blick auf die internationale Ebene, auf die Länderebene und auf Regionen). Für die Bildungsberichterstattung stehen die Entwicklung des Systems und der einzelnen Bildungsbereiche sowie deren Zusammenwirken im Vordergrund. Innerhalb der einzelnen Bereiche sind gleichwohl auch Aussagen zu institutionellen Gegebenheiten und zu individuellen Bildungsverläufen zu treffen.

Indikatoren setzen sich aus einer oder mehreren *statistischen Kennziffern* zusammen. Die exakte Definition solcher Kennziffern beinhaltet eine Vielfalt technischer Festlegungen: die Angabe der Datensätze und der „Messgrößen"/Variablen, aus denen sie ermittelt werden, die mathematische Berechnungsformel, die Eingrenzung der einzubeziehenden Population bzw. die Auswahl der Stichprobe und die Regelung statistischer Detailfragen wie etwa des Umgangs mit fehlenden Werten.

Im nationalen Bildungsbericht wird zwischen *Kernindikatoren*, die regelmäßig in jedem Bericht präsentiert werden und *Ergänzungsindikatoren*, die für Bildungspolitik und Öffentlichkeit nur zeitweilig von Interesse sind, unterschieden.

---

8   vgl. u.a. Oakes (1989); Fitz-Gibbon (1996); Ogawa & Collom (1998).

Will Bildungspolitik in Deutschland mit den Mitteln einer regelmäßigen Berichterstattung das Wissen über die Leistungsfähigkeit des Bildungswesens erhöhen, bedarf es parallel zur Etablierung der dauerhaften Infrastruktur für die nationalen Bildungsberichte gezielter Forschungs- und Entwicklungsarbeiten sowie der wissenschaftlichen Klärung von Grundsatzfragen. Von zentraler Bedeutung sind dabei vor allem Fragen der weiteren konzeptionellen Fundierung der Indikatoren, der empirisch belastbaren Plausibilisierung von Annahmen über Wirkungszusammenhänge sowie der Interdependenzen zwischen Indikatoren.

7.2 Zur Modellierung von Indikatorensystemen

Mit den bisherigen Arbeiten zu Indikatorenmodellen in internationalen oder nationalen Berichtssystemen (z.B. „Education at a Glance", „Key data", „16 Qualitätsindikatoren", „Kohärenter Rahmen von Indikatoren und Benchmarks zur Beobachtung der Fortschritte im Hinblick auf die Lissabonner Ziele im Bereich der allgemeinen und beruflichen Bildung", nationale Berichterstattungen im Ausland) haben sich verschiedene Ansätze herausgebildet, Indikatoren zu kategorisieren und in einem ordnenden Raster darzustellen. Im Wesentlichen lassen sich drei Ansätze der Modellierung unterscheiden (vgl. van Ackeren/Hovestadt 2003):

- der *„system modelling"-Ansatz;*
- der *„problem-finding"-Ansatz;*
- der *„target-setting"-Ansatz.*

Die Autoren des nationalen Bildungsberichts vertreten die Ansicht, dass Bildungsberichterstattung sich nicht allein auf einen Ansatz stützen kann, obwohl dies etwa hinsichtlich des „system modelling"-Ansatzes durchaus nahe liegen könnte, sondern alle drei Ansätze für eine systemische Bildungsberichterstattung – allerdings im Sinne wechselseitiger Ergänzung – zu integrieren sind.

Die Konzepte der Bildungsberichte 2006 und 2008 werden der angesprochenen Verknüpfung aller drei Ansätze in folgender Weise gerecht:

a) Nach dem *„system modelling"-Ansatz* werden die Indikatoren so definiert und zusammengestellt, dass sie durch die Darstellung von Zusammenhängen die Leistungen des Gesamtsystems näher beschreiben. In der Bildungsberichterstattung findet dies zunächst näherungsweise seine Entsprechung in der Berücksichtigung aller Bildungsbereiche und der jeweiligen „Anschlussstellen" (etwa die „Übergänge") sowie übergreifender Indikatoren, die aus Systemperspektive jeweils durch Kontext-, Input-, Prozess- und Wirkungssaussagen beschrieben werden. Die aus der Perspektive der Systemsteuerung besonders informative Verflechtung von Indikatoren ist auch im Bildungsbericht 2008 noch nicht einlösbar. Ihr soll jedoch auf der Grundlage von Ergebnissen aus der begleitenden Indikatorenentwicklung zunehmend stärker Rechnung getragen werden.

b) Wählt man die Indikatoren als Frühwarnsystem für Probleme aus, ist vom *„problem-finding"-Ansatz* die Rede. Solche aktuellen Probleme wie Wiederholer oder auch das Übergangssystem in der beruflichen Ausbildung, sind typische Beispiele für einen problemorientierten Ansatz, der überwiegend in Form von sogenannten Ergänzungsindikatoren in die Berichterstattung eingeht.

c) Beim „*target-setting*"-Ansatz orientieren sich die Indikatoren vorwiegend an politischen Zielsetzungen. Hierzu wurden für die Bildungsberichterstattung die genannten elf steuerungsrelevanten Themenbereiche im Einvernehmen mit der Bildungspolitik bestimmt, deren langfristige Beobachtung dazu beitragen soll, Stärken und Schwächen zu identifizieren, die Leistungsfähigkeit des Systems inter- wie intranational zu vergleichen und vor dem Hintergrund eines normativen Bezugsrahmens zu interpretieren. Beispielsweise stellen die EU-Benchmarks zur Quote der Schulabbrecher oder zum Anteil der Jugendlichen mit Abschluss der Sekundarstufe II auch für Deutschland nicht unwichtige politische Zielvorgaben dar, deren Erfüllung anhand von Indikatoren beurteilt werden kann.

Die Bildungsberichterstattung folgt somit nicht einem Ansatz, sondern verknüpft die drei hier skizzierten Ansätze, indem ein Input-Prozess-Wirkungsmodell zugrunde gelegt wird, in dem den jeweiligen Zusammenhängen stärker nachgegangen werden soll, dem sich die elf bildungspolitisch relevanten Themenbereiche einander zuordnen lassen und in dem gleichzeitig weitere aktuelle Problemlagen des Bildungssystems in Form von Ergänzungsindikatoren – zur besseren Berücksichtigung von Gewichtungen und der Veränderungsdynamik – aufgegriffen werden.

Damit die ausgewählten und kategorisierten Indikatoren ihre Funktionen erfüllen können, müssen die Nutzer der Informationen diese einordnen und interpretieren können. Das wirft die Frage nach dem Bewertungsmaßstab für die Indikatoren auf. Indikatoren sind zumeist keine absoluten, sondern relative Größen, die über verschiedene Zeitpunkte und unterschiedliche Teilbereiche bzw. Teilpopulationen des Bildungswesens direkte Vergleiche ermöglichen. Auch für die Interpretation relativer Größen ist ein Maßstab erforderlich, der den Zahlenwerten Bedeutung beimisst (Indikandum). Prinzipiell werden drei unterschiedliche Arten von Bewertungsmaßstäben unterschieden:

Kriterialer Bewertungsrahmen: Hier werden Kennwerte auf Zielmarken bezogen, die politisch gesetzt oder analytisch begründet werden (vgl. „target-setting"-Ansatz).

Ipsativer Bewertungsrahmen: Hierbei werden Kennzahlen, die wiederholt gemessen worden sind, im Zeitverlauf dargestellt, und Richtung bzw. Ausmaß der Veränderungen werden interpretiert und bewertet.

Sozialer Bezugsrahmen: Der vermutlich häufigste Fall ist ein Vergleich der Kennzahlen, die an einer Beobachtungseinheit (z.B. einem Land, einer Region oder einer Personengruppe) gemessen worden sind, mit anderen Beobachtungseinheiten. Für die nationale Bildungsberichterstattung besonders wichtig ist der Vergleich von Kennzahlen mit anderen Staaten (*Benchmarking*) oder der Deutschland-interne Vergleich zwischen den Ländern.

Die Bildungsberichterstattung wird je nach Datenlage und Fragestellung unterschiedliche Bezugsrahmen verwenden. Zu beachten ist, dass ein und dieselbe Kennziffer je nach verwendetem Bezugsrahmen Unterschiedliches indizieren kann.

7.3 Desiderata der Indikatorenforschung

Fasst man die konzeptionellen Herausforderungen an eine indikatorengestützte Bildungsberichterstattung zusammen, lassen sich zwei Schwerpunkte für anstehende Forschungen benennen: a) Untersuchungen, die auf eine Weiterentwicklung von Indikatorensystemen abzielen und b) Studien zur Weiter- bzw. Neuentwicklung einzelner Indikatorenkonstrukte sowie der Zusammenhänge zwischen Input-, Prozess- und Outputindikatoren.

Untersuchungen zur Weiterentwicklung von Indikatorensystemen: Hier scheinen vor allem vergleichende Analysen zur Bildungsberichterstattung, vertiefende Analysen zu steuerungsrelevanten Problemen und zur Rolle von Indikatoren bei der Steuerung, insbesondere zur Auswahl von Themenbereichen und ihrer Gewichtung im Rahmen von Bildungsberichterstattung sowie Perspektiven zur Verknüpfung der Themenbereiche erforderlich zu sein. Für die internationale Anschlussfähigkeit der Indikatorenforschung ist vor allem eine systematischere Berücksichtigung internationaler Entwicklungen im Bereich des Bildungsmonitoring anzustreben. Internationale Anschlussfähigkeit meint hierbei zum einen vertiefende Analysen zu inter- und supranationalen Berichtssystemen, zum anderen vertiefende und differenzierende Analysen zu Schul- und Bildungssystemmerkmalen für eine erfolgversprechende Entwicklung und die Verbesserung von Qualität. Dazu gehören etwa auch Untersuchungen zu Indikatorenkonzept, Indikatorendarstellung und Rhythmisierung von Indikatoren in der Berichtspraxis von OECD, der Europäischen Kommission sowie nationaler Bildungsberichte, zur Erfassung und Berücksichtigung von Migrationshintergrund und sozio-ökonomischem Status.

Untersuchungen zur Weiter- und Neuentwicklung von Indikatorenkonstrukten: Neben diesen eher methodologischen Fragestellungen ergibt sich ein zweiter Schwerpunkt daraus, dass gegenwärtig zu zentralen Themenbereichen aussagefähige Indikatorenkonzepte noch fehlen. Das vordringliche Desiderat sind Indikatoren, die dem Prozesscharakter von Bildung Rechnung tragen. Prozessbezogene Indikatorengewinnung meint dabei einerseits die Indikatorisierung von Merkmalen der *Interaktionsebene*, d.h. Dimensionen der Lernprozesse selbst (z.B. Merkmale wie die Muster der Strukturierung des Lernens, die didaktische Gestaltung oder die Zeitnutzung durch Lehrende und Lernende). Dies sind Dimensionen, die auf die pädagogisch-didaktischen Konstellationen in verschiedenen Bildungsbereichen und Lernwelten bezogen werden können, und damit auch die Verschränkung formal organisierten, non-formalen und informellen Lernens betreffen. Andererseits gehören zu den Prozessmerkmalen auch solche Aspekte, die unmittelbarer die Steuerung der Bildungseinrichtungen berühren (*Institutionsebene*), wie z.B. curriculare Vorgaben und Bildungsziele, Zertifikatsstrukturen und insbesondere Maßnahmen zur Qualitätsentwicklung und Qualitätssicherung. Mit Blick auf die Leitidee „Bildung im Lebenslauf" sind Prozessindikatoren letztlich auch in bereichsübergreifender Hinsicht für die Dokumentation von Bildungsverläufen unverzichtbar (*Individualebene*).

Im Folgenden sollen einige der dabei vorhandenen Desiderata etwas näher beschrieben werden:

Das übergreifende Bildungsmonitoring, das Bildungspolitik und Bildungsadministration gegenwärtig in Deutschland entwickeln, umfasst neben der Bildungsberichterstattung auch neue Steuerungsansätze, die unmittelbar auf die Arbeit von Bildungseinrichtungen bezogen sind. Diese Komponenten des Systemmonitoring (u.a. Akkreditierung sowie interne und externe Evaluation von Bildungseinrichtungen) sind in zweierlei Hinsicht für die Bildungsberichterstattung relevant. Zum einen müssen diese Maßnahmen der Qualitätsentwicklung und -sicherung sowie der Evaluation als zentrales Handlungsfeld von Bildungspolitik in die systemische Betrachtung des Bildungsgeschehens einbezogen werden. Das Ausmaß (und perspektivisch auch die Auswirkungen) dieser vielfältigen Maßnahmen müssen demzufolge – bei Berücksichtigung der erheblichen Unterschiede zwischen den verschiedenen Stufen und Institutionen des Bildungssystems – selbst einer indikatorengestützten Analyse im Themenbereich Qualitätssicherung/ Evaluation zugänglich gemacht werden.

Entwicklungsbedarf besteht auch bezüglich der Frage, wie Merkmale der Lernprozesse (etwa die Qualität der Lehrangebote oder die Verfügbarkeit individueller Förderung) messbar gemacht werden können. Es gilt zu prüfen, inwiefern die Ergebnisse von Aktivitäten der Qualitätssicherung/Evaluation auch indikatorisierbare Informationen zu Bildungsprozessen liefern können, die bisher mangels repräsentativer Daten nur als wünschbare Prozessmerkmale benannt werden. Vor allem sollte versucht werden, Aspekte der Qualität von Lehr- und Lernsituationen, wie sie im Rahmen von Evaluations-, Inspektions- und Akkreditierungs-Verfahren bewertet werden, in standardisierter Form darzustellen.

Damit Bildungspolitik und -praxis aus der Dokumentation von Wirkungen Konsequenzen ziehen können, benötigt man auch Informationen darüber, welchen Beitrag einzelne Bildungsbereiche bzw. Lernwelten leisten. Entsprechende Indikatoren (z.B. „value added"-Maße für den Kompetenzzuwachs sowie Abschätzungen der Rendite einzelner Bildungsgänge) müssen forschungsbasiert entwickelt werden. Es ist darauf zu achten, dass regelmäßige Surveys Daten zum Bildungsgeschehen insgesamt, unter Einschluss des non-formalen und informellen Lernens, bereitstellen. Nur so können innovative Indikatorensysteme entwickelt werden, die individuelle Kompetenzentwicklung stärker mit unterschiedlichen Beteiligungsmustern in formalen, non-formalen und informellen Lernwelten in Bezug setzen.

Bisher kann der Weg, den Kinder, Jugendliche und Erwachsene durch unterschiedliche Bildungsinstitutionen nehmen, nicht hinreichend nachvollzogen werden. Möglich sind lediglich Analysen der institutionelle Bildungswege zwischen einzelnen Teilbereichen des Bildungswesens (kumulative Übergangsmuster). Ursachen von Übergangs- und Passungsproblemen lassen sich nur bestimmen, wenn die bisherige Bildungsbiografie einer Person rekonstruiert werden kann. Die Rekonstruktion von Bildungsverläufen ist zudem wichtig, um Indikatoren zum Thema Umgang mit Bildungszeit zu realisieren. Aber auch hinsichtlich der Verknüpfung von individueller Bildungsbeteiligung und Wirkungsaspekten sind Verlaufsdaten notwendig, wenn Faktoren herausgestellt werden sollen, von denen Teilnahme und Erträge abhängen. Nicht nur der biografischen Fragestellung, ob Individuen über die Lebensspanne unterschiedliche Bildungswege flexibel wählen und dabei Kompetenzen aufbauen und Zertifikate erwerben können, kann durch die Generierung entsprechender Verlaufsindikatoren nachgegangen werden. Auch aus systemischer Perspektive ergeben sich weiterführende Einsichten zum Bildungsgeschehen in Deutschland. Zusammenfassend lässt sich sagen, dass aus der Perspektive der nationalen Bildungsberichterstattung vor allem Untersuchungen erforderlich sind zu:

- Indikatoren, die dem Prozesscharakter von Bildung in allen seinen Facetten Rechnung tragen,
- Struktur von Indikatorensystemen, die z.B. Input-, Prozess- und Wirkungsaspekte integrieren,
- Nutzung von Indikatoren zur bildungspolitischen Steuerung.

8 Weitere nicht-indikatorengestützte steuerungsrelevante Informationen – das Konzept des Schwerpunktthemas

In jedem Bericht wird ein besonders steuerungsrelevanter, in der Regel noch nicht mittels Indikatoren darstellbarer Problembereich als Schwerpunktthema behandelt und als eigenständiges Kapitel dargestellt. Dieses eigenständige Kapitel muss nicht, wie die übrigen Teile eines Bildungsberichts, indikatorenorientiert aufgebaut werden, sondern hier können auch Ergebnisse von Umfragen, Befunde aus wissenschaftlichen Studien mit anderen Datengrundlagen, Beschreibungen von Maßnahmen und Arbeitsschritten usw. eingehen. Ein solcher Teil kann dadurch problemorientierter und analytisch vertiefend angelegt werden. In diesem Teil können wesentliche Entwicklungsfelder des Bildungswesens thematisch aufgegriffen und Optionen für eine qualitätsorientierte Weiterentwicklung diskutiert werden.

Im Bildungsbericht 2006 wurde das Schwerpunktthema „Bildung und Migration" auf diese Weise analysiert. Dabei wurde von folgenden grundsätzlichen Überlegungen ausgegangen: Integration durch Bildung und Integration ins Bildungssystem hängt für Kinder und Jugendliche eng zusammen. In Anlehnung an eine internationale Definition für Arbeitsmarktintegration (vgl. OECD 2005) lässt sich das Ziel der Integration ins Bildungssystem so verstehen, dass es Kindern und Jugendlichen von Zugewanderten im Laufe der Zeit gelingt, ähnliche Kompetenzen und Qualifikationen/Abschlüsse zu erreichen wie die übrige Gleichaltrigen-Bevölkerung. Trotz formaler Gleichstellung der Mehrzahl der Migrantinnen und Migranten mit Deutschen beim Zugang zu Bildungseinrichtungen besteht in der Realität ein beträchtliches Gefälle zwischen Kindern und Jugendlichen deutscher und nicht-deutscher Herkunft im Zugang zu höheren Bildungs- und Qualifizierungsgängen. Zwar sind in den letzten 30 Jahren deutliche Verbesserungen in Bezug auf die erreichten Schul- und Ausbildungsabschlüsse von Migrantenkindern zu verzeichnen. Dennoch bleiben gravierende Probleme im Kompetenzerwerb. Hierzu haben in jüngster Zeit die drei PISA-Studien (2000, 2003 und 2006) sowie die IGLU-Studien die Situation von Kindern und Jugendlichen mit Migrationshintergrund im deutschen Bildungssystem ins öffentliche Bewusstsein gerückt. PISA, IGLU und andere Studien haben im Schulbereich erhebliche migrationsbedingte Disparitäten hinsichtlich der kognitiven Kompetenzen sowie der Übergangsempfehlungen und der besuchten Schulart im Sekundarbereich I aufgedeckt, die teilweise – aber keineswegs vollständig – durch die im Durchschnitt geringeren sozioökonomischen Ressourcen von Zuwandererfamilien erklärt werden können. Darüber hinaus stellt die Beherrschung der deutschen Sprache eine wesentliche Bedingung für eine gleichberechtigte Teilhabe am deutschen Bildungssystem dar. Bildungspraxis und Bildungspolitik bedürfen genauerer Informationen darüber, wie sich die mit dem Migrationsstatus verbundenen Probleme, die sich im Einzelnen auf den verschiedenen Bildungs- und Ausbildungsstufen darstellen, erklären lassen und wie sie sich unter Herkunftsgruppen, nach Regionen und Schulformen verteilen; ob sie sich im Laufe der Bildungskarrieren der Kinder und Jugendlichen kumulieren oder ob sie sich kompensieren lassen. Um diese Probleme auszuleuchten, wurden im Bildungsbericht 2006 vier zentrale Perspektiven verfolgt: In gesamtgesellschaftlicher Perspektive wurden Umfang und Struktur der Bevölkerung mit Migrationshintergrund beschrieben; in einer individuellen Perspektive wurden die Bildungsbeteiligung, die Bildungsverläufe, die Bildungsgeschichte sowie die herkunftsspezifischen Bedingungen von Kindern, Jugendlichen und Erwachsenen mit Migrationshintergrund angedeutet, in einer institutionellen Perspektive wurde der Umgang des Bildungssystems mit Migration behandelt; und in einer internationalen Vergleichsperspektive werden Unterschiede im Kompetenzerwerb vor dem Hintergrund der unterschiedlichen Zusammensetzung der Migrantenpopulation und des jeweiligen institutionellen Umgangs mit dem Migrationsphänomen dargestellt.

Für den Bericht (2008) wird das Schwerpunktthema „Übergänge Schule-Berufsbildung-Hochschulbildung-Arbeitsmarkt" bearbeitet.

9 Grenzen einer indikatorengestützten Bildungsberichterstattung

Das analytische Potenzial der Bildungsberichterstattung beruht im Wesentlichen darauf, dass statistische Größen verknüpft werden (connectivity). In den verschiedenen nationalen und internationalen Bildungsberichten wird dies vor allem durch Verbindung von Basisdaten, Hintergrundmerkmalen und Referenzdaten erreicht. Jeder einzelne Indikator (z.B. „Zahl der Teilnehmer an einem Studiengang") kann – von Bericht zu Bericht wechselnd – in Relation zu verschiedenen Bezugsgrößen untersucht werden (z.B. Teilnehmerzahl in Relation zur Zahl der Studierenden insgesamt oder zur Größe relevanter Alterskohorten), und er kann nach verschiedenen Hintergrundaspekten aufgegliedert werden (z.B. nach sozialer Herkunft und Geschlecht, nach Art der Hochschule oder getrennt für Länder und Regionen). All diese abgeleiteten Kennziffern und Vergleichswerte können in Zeitreihe, über mehrere Jahre hinweg, dargestellt werden. In diesen Differenzierungen – also innerhalb der Darstellung des einzelnen Indikators – liegt der Ansatzpunkt für Interpretation, Analyse und letztlich für die politische Bewertung. Dadurch wird es möglich, das Indikatorensystem und die gesamte Berichterstattung modular aufzubauen, d.h. aus voneinander unabhängigen Einheiten, die je nach Datenlage und politischem Bedarf ausgewählt und dargestellt werden.

„Education at a Glance" und andere Bildungsberichte nutzen diese Möglichkeiten der Ausdifferenzierung innerhalb der Indikatoren in vielfältiger Form. Nur sehr selten hingegen werden unterschiedliche Indikatoren kombiniert. Ebenso selten werden statistische Kennziffern verwendet, die Zusammenhänge quantifizieren (also etwa Korrelationskoeffizienten oder gar multivariate Auswertungen). „Wechselwirkungen" werden lediglich zwischen den Basisdaten eines Indikators und unterschiedlichen Hintergrundvariablen berücksichtigt und rein deskriptiv dokumentiert, z.B. wenn Geschlechtsunterschiede bei Migranten und Nicht-Migranten für verschiedene Bildungsgänge tabelliert werden. Fragen nach Ursachen und Wirkungszusammenhängen können indikatorenbasiert in der Regel nicht beantwortet werden. Ebenso wenig können aktuelle Entwicklungen, für die (noch) keine repräsentativen Daten vorliegen, in einem indikatorengestützten Bericht angemessen berücksichtigt werden.

Im Unterschied zu wissenschaftlichen Studien, die in komplexen Designs Verläufe, Veränderungen und Wirkungen erschließen, ist der Zweck der Bildungsberichterstattung ein deskriptiver und evaluativer. Sie stellt der Öffentlichkeit und der Politik Daten (genauer: datengestützte Indikatoren) zur Verfügung, bietet Vergleichsmöglichkeiten an (inter- und intranational, nach Personengruppen und im Zeitverlauf) und ermöglicht den Adressaten so die Bewertung dieser Daten. Die Aufgabe der Bildungsberichterstattung ist aber nicht die eines Forschungsprojekts, das nachprüfbar mit entsprechenden – vor allem längsschnittlichen und experimentellen – Designs Ursachen und Wirkungen herausarbeitet. Bildungsberichterstattung ist „analytisch" im Sinne vielseitiger Vergleichs- und Bewertungsmöglichkeiten, *nicht kausal-analytisch*. Sie übernimmt dadurch eine wichtige Rolle im wissenschaftlich gestützten Bildungsmonitoring, kann und soll aber nicht alle steuerungsrelevanten Fragen beantworten. Im Gegenteil: Die Indikatoren zeichnen lediglich nach, wie sich das Bildungssystem hinsichtlich ausgewählter Merkmale entwickelt. Um entscheiden zu können, mit welchen Maßnahmen man problematischen Entwicklungen am besten begegnet, ist ein anderes „Steuerungswissen" nötig: Wissen über Gestaltungsmöglichkeiten und deren Wirkungen. Solches Wissen stellt die Bildungsforschung in vielerlei Gestalt zur Verfügung. Es wäre aber ein kategorialer Fehler, Steuerungsentscheidungen ausgerechnet aus Indikatoren „ableiten" oder begründen zu wollen. Auch der präziseste Blick auf den „Output" kann Entwicklungen nur im Nachhinein verbuchen. Ob überhaupt und wie sie zu „steuern" wären, ist eine wissenschaftlich und politisch brisante Frage, die über den Horizont der Bildungsberichterstattung hinaus weist.

Literatur

Ackeren, I. van/Hovestadt, G. (2003): Indikatorisierung der Empfehlungen des Forum Bildung. Bildungsreform, Band 4. Berlin: Bundesministerium für Bildung und Forschung.
Arbeitsgemeinschaft Betriebliche Weiterbildungsforschung (ABWF) 2001-2006: Kompetenzentwicklung (Jahrbuch). Münster/New York: Waxmann.
Avenarius, H./Ditton, H./Döbert, H./Klemm, K./Klieme, E./Rürup, M. (2003): Bildungsbericht für Deutschland. Erste Befunde. Opladen: Leske + Budrich.
Baethge, M./Baethge-Kinsky, V. (2004): Der ungleiche Kampf um das lebenslange Lernen. Münster u.a.: Waxmann.
Baethge, M./Buss, K.-P./Lanfer, C. (2003): Konzeptionelle Grundlagen für einen Nationalen Bildungsbericht – Berufliche Bildung und Weiterbildung/Lebenslanges Lernen. Reihe Bildungsreform, Band 7. Bonn: Bundesministerium für Bildung und Forschung.
Ballerstedt E./Glatzer, W. (1975). Soziologischer Allmanach, Handbuch gesellschaftlicher Daten und Indikatoren (für die Bundesrepublik Deutschland), unter Mitarbeit von Mayer, K.U., Zapf, W.. Frankfurt a. M.
Bartelheimer, P. (2006). Wozu Sozioökonomische Berichterstattung? – eine Kontroverse. In SOFI-Mitteilungen Nr. 34, S. 67–90.
Bartelheimer, P./Boes, A./Fuchs, T./Grimm, N./Hacket, A./Land, R./Mayer-Ahuja, N./Weber, C (2006).: Berichterstattung zur sozioökonomischen Entwicklung Deutschlands. Zweiter Bericht, Zwischenbericht, Teil I, Auswertung der Werkstattgespräche zur sozioökonomischen Berichterstattung im ersten Halbjahr 2006, Göttingen: SOFI.
Bos, W./Holtappels, H.-G./Pfeiffer, H./Rolff, H.-G./Schulz-Zander, R. (Hrsg.) (2006): Jahrbuch der Schulentwicklung Band 14. Daten, Beispiele und Perspektiven. Weinheim/München: Juventa.
Böttcher, W./Klemm, K./Rauschenbach, T. (Hrsg.) (2001): Bildung und Soziales in Zahlen. Statistisches Handbuch zu Daten und Zahlen im Bildungsbereich. München/Weinheim: Juventa.
Bottani, N./Tuijnman, A. (1994): International Educational Indicators: Framework, Development and Interpretation. In: Centre for Educational Research and Innovation (Hrsg.): Making Eduvation Count. Developing and Using International Indicators. Paris: OECD.
Bundesjugendkuratorium (BJK) (Hrsg.) (2002): Zukunftsfähigkeit sichern! Für ein neues Verhältnis von Bildung und Jugendhilfe. Berlin: BMFSFJ.
Bundesministerium für Arbeit und Soziales (BMAS) (2005): Lebenslagen in Deutschland. 2. Armut- und Reichtumsbericht der Bundesregierung. Bonn: BMAS.
Bundesministerium für Bildung und Forschung (BMBF) (2006): Berichtssystem Weiterbildung IX. Integrierter Gesamtbericht zur Weiterbildungssituation in Deutschland. Bonn/Berlin: BMBF.
Bundesministerium für Bildung und Forschung (BMBF) (2007): Berufsbildungsbericht 2007. Berlin: BMBF.
Bundesministerium für Bildung und Wissenschaft (BMBW) (Hrsg.) (1976): Bildungspolitische Zwischenbilanz. Bonn: Universitätsdruckerei.
Bundesministerium für Familie, Senioren, Frauen und Jugend (BMFSFJ) (2005a): Bericht über die Lebenssituation junger Menschen und die Leistungen der Kinder- und Jugendhilfe in Deutschland. Zwölfter Kinder- und Jugendbericht. Bildung, Betreuung und Erziehung vor und neben der Schule. Berlin: BMFSFJ.
Bundesministerium für Familie, Senioren, Frauen und Jugend (BMFSFJ) (2005b): Familie zwischen Flexibilität und Verlässlichkeit. Perspektiven für eine lebenslaufbezogene Familienpolitik. Siebter Familienbericht. Berlin: BMFSFJ.

Bund-Länder-Kommission für Bildungsplanung und Forschungsförderung (BLK) (Hrsg.) (2002): Vergleichende internationale Bildungsstatistik. Sachstand und Vorschläge zur Verbesserung. In: Materialien zur Bildungsplanung und Forschungsförderung. Heft 103.

Bund-Länder-Kommission für Bildungsplanung und Forschungsförderung (BLK) (2006): Heft 137-I. BLK-Bildungsfinanzbericht 2004/2005. Die aktuelle Entwicklung. Materialien zur Bildungsplanung und zur Forschungsförderung. Bonn: BLK.

Cortina, K.S./Baumert, J./Leschinsky, A./Mayer, K.-U. (Hrsg.) (2003): Das Bildungswesen in der Bundesrepublik Deutschland: Strukturen und Entwicklungen im Überblick. Reinbek: Rowohlt.

Deutscher Bildungsrat (Hrsg.) (1975): Bericht '75. Entwicklungen im Bildungswesen. Stuttgart: Klett.

Deutscher Bundestag (Hrsg.) (1978): Bericht der Bundesregierung über die strukturellen Probleme des föderativen Bildungssystems. Bundestagsdrucksache 8/1551. Bonn.

Deutsches Jugendinstitut (Hrsg.) (2003): Zahlenspiegel. Daten zu Tageseinrichtungen für Kinder. München: DJI.

Döbert, H./Hörner, W./Kopp, B. von/Mitter, W. (Hrsg.) (20042): Die Schulsysteme Europas. Hohengehren: Schneider.

Dohmen, G. (2001a): Das informelle Lernen. Die internationale Erschließung einer bisher vernachlässigten Grundform menschlichen Lernens für das lebenslange Lernen aller. Untersuchungsbericht. Bonn: BMBF.

Dohmen, G. (2001b): Zertifizierung. In: Forum Bildung (Hrsg.): Lernen ein Leben lang. Bonn, S. 152–160.

Düx, W. (2006): „Aber so richtig für das Leben lernt man eher bei der freiwilligen Arbeit." Zum Kompetenzgewinn Jugendlicher im freiwilligen Engagement. In: Rauschenbach, T./Düx, W./Sass, E. (Hrsg.): Informelles Lernen im Jugendalter. Vernachlässigte Dimensionen der Bildungsdebatte. Weinheim: Juventa, S. 205–240.

Fitz-Gibbon, C. (1996): Monitoring School Effectiveness: Simplicity and Complexity. In Gray, J./Reynolds, D./Fitz-Gibbon, C./Jesson, D. (Hrsg.): Merging Traditions: The Future of Research on School Effectiveness and School Improvement. London: Cassell.

Egeln, J./Eckert, T./Heine, Ch. (2003): Indikatoren zur Ausbildung im Hochschulbereich. Studie zum Innovationssystem Deutschlands Nr. 10-2003. ZEW Dokumentation 03-03. Indikatoren zur Ausbildung im Hochschulbereich? Berlin: BMBF.

EU-Kommission (2007): Key data on higher education in Europe – 2007 Edition. Brüssel: Eurydice.

Europäische Kommission (Hrsg.) (2000): Memorandum über lebenslanges Lernen. Luxemburg: Office for Official Publications of the European Communities.

Fend (2006): Neue Theorie der Schule. Einführung in das Verstehen von Bildungssystemen. Wiesbaden: VS Verlag für Sozialwissenschaften.

Führ, Ch. (1996): Deutsches Bildungswesen seit 1945. Neuwied/Kriftel: Luchterhand.

Führ, Ch./Furck, C.-L. (1998): Handbuch der deutschen Bildungsgeschichte, Band VI/1 und VI/2. München: Beck.

Holtappels, H. G./Klieme, E./Rauschenbach, Th./Stecher, L. (2007): Ganztagsschule in Deutschland. Ergebnisse der Ausgangserhebung der „Studie zur Entwicklung von Ganztagsschulen". Weinheim/München: Juventa.

KMK (2002) – Wichtige Beschlüsse der Kultusministerkonferenz „Qualitätssicherung in Schulen im rahmen von nationalen und internationalen Leistungsvergleichen – Entwicklung Bildungsstandards? Beschluss vom 17./18.10.2002.

Konsortium Bildungsberichterstattung (2005): Gesamtkonzeption der Bildungsberichterstattung. URL: http://bildungsbericht.de/daten/gesamtkonzeption.pdf (27.11.2007).

Konsortium Bildungsberichterstattung (Hrsg.) (2006): Bildung in Deutschland. Ein indikatorengestützter Bericht mit einer Analyse zu Bildung und Migration. Bielefeld: Bertelsmann und www.bildungsbericht.de.

Mullis, I.V.S./Martin, M.O./Ruddock, G.J. u.a. (2005): TIMSS 2007. Assessment Frameworks. Chestnut Hill: TIMSS & PIRLS International Study Center Lynch School of Education Boston College.

Noll, H.-H. (1998). Sozialberichterstattung: Funktionen, Merkmale und Grenzen. In: Institut für Sozialwissenschaftliche Forschung (IFS) u.a. (Hrsg.), Jahrbuch Sozialwissenschaftliche Technikberichterstattung, Sonderband Beobachtungsfeld Arbeit. Berlin, S. 25–35.

Noll, H.-H. (2002): Social Indicators and Quality of Life Research: Background, Achievements und Current Trends. In: Genov, N. (Ed.). Advances in Sociological Knowledge over Half a Century. Paris: International Social Science Council.

Noll, H.-H. (2003). Sozialberichterstattung, amtliche Statistik und die Beobachtung sozialstaatlicher Entwicklungen. In Meulemann, H. (Hrsg.): Der Sozialstaat in der amtlichen Statistik. Angebote und Nachfragen. Sozialwissenschaftliche Tagungsberichte Band 6. Bonn: IZ, S. 65–84.

Nonaka, I./Takeuchi, H. (1995): Die Organisation des Wissens. Frankfurt/New York: Campus.

Oakes, J. (1989): What educational indicators? The case for assessing school context. In: Educational Evaluation and Policy Analysis, 1/2, S. 181–199.

Oakes, J. (1986): Educational Indicators: A Guide for Policymakers. Santa Monica, CA: RAND.

OECD (2006): Education Policy Analysis. Focus on Higher Education. 2005-2006 Edition. Paris: OECD.
OECD (2007): Education at a Glance 2007. OECD Indicators. Paris: OECD.
Ogawa, R./Collom, E. (1998): Educational Indicators: What are they? Riverside, CA: ERIC.
Rauschenbach, T./Leu, H.-R./Lingenauber, S./Mack, W./Schilling, M./Schneider, K./Züchner, I. (2004): Konzeptionelle Grundlagen für einen Nationalen Bildungsbericht – Non-formale und informelle Bildung im Kindes- und Jugendalter. Reihe Bildungsreform. Band 6. Bonn: Bundesministerium für Bildung und Forschung.
Sachverständigenrat zur Begutachtung der gesamtwirtschaftlichen Entwicklung (2007): Jahresgutachten: 2007/2008. Das Erreichte nicht verspielen. Stuttgart: Metzler-Poeschel.
Scheerens, J. (1992): Prozessindikatoren der Arbeitsweise von Schulen. In: Die internationalen Bildungsindikatoren der OECD – ein Analyserahmen. Ein OECD/CERI-Bericht. Frankfurt a.M.: Universität, S. 62–91. (Übersetzung von: OECD/CERI (Hrsg.) (1991): The OECD International Eduation Indicators. A Framework for Analysis. Paris: OECD.).
Scheerens, J. (2002). The Conceptual Basis of Indicator Systems. Frankfurt a. M.: Lang.
Statistisches Bundesamt (2003): Im Blickpunkt: Bildung in Deutschland. Wiesbaden: Statistisches Bundesamt.
Tietze, W. (1998): Wie gut sind unsere Kindergärten? Eine Untersuchung zur pädagogischen Qualität in deutschen Kindergärten. Neuwied/Kriftel: Luchterhand.
Weishaupt, H./Weiss, M./Recum, H. von/Haug, R. (1988): Perspektiven des Bildungswesens der Bundesrepublik Deutschland. Rahmenbedingungen, Problemlagen, Lösungsstrategien. Baden-Baden: Nomos.
Voges, W. (2002): Perspektiven des Lebenslagenkonzeptes. In: Zeitschrift für Sozialreform, Vol. 48, S. 262–278.
Weißhuhn, G. (2001): Gutachten zur Bildung in Deutschland. Bonn: Bundesministerium für Bildung und Forschung.
Weißhuhn, G./Große Rövekamp, J. (2004): Bildung und Lebenslagen – Auswertungen und Analysen für den zweiten Armuts- und Reichtumsbericht der Bundesregierung. Berlin: Bundesministerium für Bildung und Forschung.
Wissenschaftsrat (2002): Eckdaten und Kennzahlen zur Lage der Hochschulen von 1980 bis 2000. Köln: Wissenschaftsrat.

Institutionen, Professionalisierung und Bildungsplanung

Lothar Böhnisch

Familie und Bildung

1   Zur Definition von Familie

Das zentrale Kennzeichen von Familie – so der relative Konsens in der sozialwissenschaftlichen Familienforschung – ist die Zusammengehörigkeit von zwei oder mehreren aufeinander bezogenen Generationen, die zueinander in einer Eltern-Kind-Beziehung stehen. Von der Kindposition aus gesehen handelt es sich um die Herkunftsfamilie, von der Elternposition aus um die Eigenfamilie. Als kleinste Größe umfasst eine Familie ein Kind und ein Elternteil, die inzwischen meist als Ein-Eltern- oder Ein-Elter-Familie bezeichnet wird, die ganz überwiegend von der Mutter gebildet wird. Setzt sich eine Familie aus einem Kind oder mehreren Kindern und einem Paar in der älteren Generation zusammen, dann spricht man von einer Kernfamilie. Die Kernfamilie ist die Familienform, die dem modernen oder bürgerlichen Familienmodell zugrunde liegt. Durch die kulturelle Dominanz, die dieses Modell im 20. Jahrhundert erreicht hat, wird die Kernfamilie auch häufig als Normalfamilie bezeichnet. Eine Familie, die in der Generationentiefe um eine oder mehrere Generationen vergrößert ist, wird als Mehrgenerationenfamilie, eine, die neben einem Generationszusammenhang noch weitere Personen (z.B. Geschwister der Eltern) einschließt, wird als erweiterte Familie bezeichnet (vgl. im Überblick Böhnisch/Lenz 1999).

Das Spezifikum einer Familie sind somit die besonderen Generationenbeziehungen. Die Familie wurde oft als „Gruppe besonderer Art" charakterisiert (vgl. z.B. Tyrell 1983). Familien umfassen zwar in vielen Fällen drei und mehr Mitglieder, sie können aber auch – wie bei Ein-Elternfamilien – nur aus zwei Mitgliedern bestehen. Die Verwendung des Gruppenbegriffs im Zusammenhang mit Familien ist allem Anschein nach unauflösbar eng verknüpft mit der Vorstellung der Kernfamilie. Deshalb sollte an die Stelle des Gruppenkonzeptes das Konzept der persönlichen Beziehung treten (vgl. Lenz 1998). Denn auch wenn die Familien Gruppen sein können, ist der Gruppencharakter kein allgemeines Kennzeichen der Familie. Vielmehr entsprechen Familien dem Strukturtypus der emotional strukturierten persönlichen Beziehung, wobei sich deren Besonderheit daraus ergibt, dass diese Beziehungen aus Personen gebildet werden, die unterschiedlichen, unmittelbar aufeinander bezogenen Abstammungsgenerationen angehören. In den letzten Jahrzehnten haben sich über die traditionelle Kernfamilie hinaus unterschiedliche Familienformen gebildet, z.B. Mehr-Eltern-Familien, Patchwork-Familien, die aber in ihren Beziehungsstrukturen dem Kernmodell nahe sind (vgl. BMSFJS 2005; Peukert 2007).

Die neuere empirische Familienforschung weist zudem darauf hin, dass es angesichts des gesellschaftlichen Strukturwandels mit der Folge der Individualisierung und Pluralisierung der Lebensformen längst nicht mehr gerechtfertigt ist, die Familie als ortsgebunden und im Kleinfamilienmodell als relativ sozial isoliert zu betrachten. Vielmehr muss bei vielen Familien von einem multilokalen Netzwerk ausgegangen werden, wie dies die Studie zur Entwicklung der

Familien- und Generationenbeziehungen des Deutschen Jugendinstituts zeigt (vgl. Bien 1994; Bertram 1995). Kennzeichen dieser multilokalen Familienform ist, dass die Mitglieder nur noch zu einem kleinen Teil ihres Lebens in einem Haushalt zusammen sind, danach und gleichzeitig aber in multiplen Kommunikationsbeziehungen miteinander stehen. Familie kann somit auch als Netzwerk gelebter multilokaler Beziehungen betrachtet werden (vgl. Bien 1994). Diese Unterscheidung ist für die Thematik Familie und Bildung wichtig, da sie zwei Dimensionen des familialen Sozialisationsgeschehens herausarbeitet: Zum einen die innerfamiliale Sozialisation und Unterstützung als Regulativ des Bildungsgeschehens in Kindheit und Jugend, zum anderen die Unterstützungsleistungen aus dem multilokalen familialen Netzwerk (vgl. dazu Marbach 1994), welche Bildungsoptionen stärken, Bildungswege öffnen und Bildungskarrieren stützen können.

2   Bildung oder Erziehung?

Dass die Familie eine Bildungsfunktion im engeren Sinne wahrnimmt ist in der Familienforschung durchaus umstritten. Institutionalisierte Bildungs- und Ausbildungssysteme haben im modernen Wohlfahrtsstaat der Familie die engere Funktion der verwertungsgerichteten Formung des Humanvermögens abgenommen. Darüber ist schon in den 1950er Jahren eine Diskussion um den „Funktionsverlust" der Familie entstanden (vgl. Ogburn 1969). Später kam die Familienforschung von der These des Funktionsverlustes ab, man sprach von einer Funktionsverlagerung hin auf die „eigentliche" Aufgabe der Familie: die Sozialisierungsfunktion, in der der Familie eine Steuerungsfunktion im Aufwachsen von Kindern und im Hineinwachsen in die soziale Umwelt zukommt (vgl. Neidhardt 1975). Nave-Herz (1994) spezifiziert diese Funktion in der Richtung, dass sich die Familie um die Bildung und Erhaltung von Humanvermögen und um psychisch-emotionale Reproduktion ihrer Mitglieder zentriere und damit eine einzigartige gesellschaftliche Funktion wahrnehme.

Allerdings ist der Sozialisationsbegriff zu ungenau um die interaktive Wirklichkeit des familialen Geschehens wiedergeben zu können (vgl. Kaufmann 1995). Zutreffender ist es, von einer Erziehungsaufgabe und -leistung der Familie zu sprechen. Im Erziehungsbegriff wird das interaktive und intentionale Moment in den Vordergrund gestellt und in dieser absichtsvollen Einflussnahme auf das Kind liegt die Aufgabe und Leistung der Familie. Eltern richten Erwartungen und Forderungen an die Kinder und setzen Grenzen, die diesen als wichtige Orientierungshilfen dienen. Eltern als Vertreter treffen für das Kind wichtige biographische Festlegungen, wie z.B. die Wahl des Schultyps. Sie haben durch die Organisation des kindlichen Alltags und die Kontrolle der kindlichen Verkehrskreise die Möglichkeiten, Fremdeinflüsse zu filtern. „Wenn Eltern diese Verantwortung nicht wahrnehmen, wenn sie also von den ihnen zustehenden Möglichkeiten der altersgemäßen bestimmten Forderung und der Eingrenzung bzw. Ausrichtung des kindlichen Erfahrungsraums keinen Gebrauch machen, so ist die Konsequenz nicht etwa die bessere Entfaltung des kindlichen Willens, sondern dessen Überwältigung durch andere, anonymere Einflüsse, insbesondere diejenigen der Massenmedien" (Kaufmann 1995, S. 49).

Die Leistungen der Familien bestehen also weniger in der Vermittlung von Einzelkompetenzen, sondern in der – emotional aufgeladenen – Kontextualisierung des Aufwachsens von Kindern und Jugendlichen. Die besondere Bedeutung liegt im Stiften des Urvertrauens, dem

Gefühl von Wärme und Geborgenheit, der emotionalen Stärkung von Selbstwertgefühl und Selbstsicherheit (vgl. Rauchschenbach 2004) und in der Vermittlung von sozialen Basiskompetenzen. Aber nicht nur die bewussten Erziehungshandlungen wirken auf das Kind ein. Auch das alltägliche Miteinander in der Familie beeinflusst das Kind nachhaltig. In der Familie wird eine spezifische Moralität eines Menschen geprägt: Die Einstellung zu den Mitmenschen, das Verhältnis von Solidaritätsbereitschaft, Gewissenhaftigkeit als Fähigkeit sich zu verpflichten und Selbstverpflichtung einzuhalten. Allerdings sind wesentliche Teile dieser Erziehungsarbeit, welche die Familie beständig erbringt, eingebettet in eine Vielfalt anderer Tätigkeiten. Erziehungsaufgaben sind mit Aufgaben der Haushaltsführung gekoppelt. Alltagssorgen und Schulprobleme der Kinder werden z.B. während der Essenzubereitung besprochen. Familie erbringt nicht eine spezifische Tätigkeit, sondern charakteristisch für die Familie ist das zeitliche Nebeneinander unterschiedlicher Leistungen. Die familiale Leistungsbilanz zeichnet sich – um einen Begriff von Talcott Parsons aufzugreifen – durch ein hohes Maß an Diffusität aus. Engel/Hurrelmann ziehen eine ähnliche Bilanz: „Erziehungseinstellungen und (...) tatsächliche Erziehungshandlungen der Eltern [sind] Ergebnisse von komplexen, miteinander verbundener Aktivitäten aller Familienmitglieder" (Engel/Hurrelmann 1989, S. 481). Die Erfahrung von Familie und die Auseinandersetzung mit Familie ist damit das Medium, über das das Kind bildungsrelevante Sozialisationserfahrungen macht. Familie stellt damit einen „Bildungsort" im sozialisatorisch weitesten Sinne dar: „Bildung vollzieht sich im Familienalltag über die Reziprozität der gelebten familialen Generationenbeziehungen und die Wechselseitigkeit des Gebens und Nehmens und befördert die Aneignung der Grundvoraussetzungen für den Zugang zur sozialen kulturellen Welt" (Büchner 2006, S. 41). Der Bildungsbegriff, der im familialen Zusammenhang verwendet wird, ist dementsprechend der der multiplen „Grundbildung" (ebd.). Familie stellt in diesem Sinne einen Sozialzusammenhang dar, in dem Erziehung, Betreuung, Bildung und biografische Begleitung ineinander übergehen (vgl. dazu BMFSJF 2006).

3 Bildungsrelevante Sozialisationserfahrungen

Bildungsrelevante Sozialisationserfahrungen, die dem Kind im erzieherischen Milieu der Familie vermittelt werden, beeinflussen vor allem die Bildungsmotivation und die Bildungschancen der Kinder. Schichtspezifische Einflüsse wirken dabei relativ, d.h. dem unterschiedlichen Aspirationsniveau von Unter- bzw. Mittelschicht entsprechend (vgl. Diefenbach 2000). Der Bildungsstatus der Eltern und vor allem der der Mutter beeinflusst die Bildungslaufbahn der Kinder (vgl. Engel/Hurrelmann 1989). Die Rolle der Mutter ist darin begründet, dass die Kinder ihre Alltags- und Orientierungsidentifikation vor allem über sie und weniger über den stärker abwesenden Vater erlangen. Das bedeutet nicht, dass – wie früher häufiger – die Kinder ähnliche Berufswege wie die Eltern eingehen, sondern bezieht sich mehr auf die Erreichung von Bildungs- und Qualifikationsniveau. Denn der gesellschaftliche Strukturwandel hat Erfahrungen und Berufsbilder, wie es die Eltern innehaben, so entwertet, dass sie für die Kinder nicht mehr als Orientierungsperspektiven gelten können. Wenn man davon ausgeht, dass in den europäischen Ländern die Hälfte der Erwerbsarbeitsbiografien keine Normalbiografien mehr sind (nicht mehr kontinuierlich, keine volle tarifliche und soziale Absicherung), dann ist plausibel, dass zwischen den Berufsperspektiven der Kinder und den Berufskarrieren der Eltern große Brüche entstehen können. Für die Eltern kommt es deshalb weniger darauf an, ihren Kindern

Berufswege vorzugeben, sondern sie in der Richtung emotional und materiell zu unterstützen, dass sie sich in der Unübersichtlichkeit der beruflichen Chancen zurechtfinden, Umwege einschlagen, Übergänge bewältigen und Berufsenttäuschungen verarbeiten können. Diese neue Perspektive im Eltern-Kind-Verhältnis bei der Ermöglichung von Bildungschancen, spiegelt sich auch im Wandel der Erziehungsstile wieder. Die neuere Erziehungsstilforschung zeigt uns, dass es die Mehrheit der Eltern vor allem darauf anlegen, dass ihre Kinder früh selbständig werden, damit sie sich später angesichts unsicher gewordener Statuspassagen durchsetzen und behaupten können (vgl. dazu Reuband 1999). Gleichwohl weisen auch die neueren Befunde zu den Erziehungsstilen darauf hin, dass bei aller Pluralität eine Grundstruktur der Beziehungen – im Spannungsfeld von Liebe, Verständnis und Erwartung – das Erziehungsverhalten weiterhin prägt (vgl. Fuhrer 2007). Insgesamt liegt also der bildungsrelevante Sozialisationseinfluss der Eltern direkt und indirekt vor allem darin, wie die Kinder Bildung „bewältigen" können, d. h. wie sie „auf das Bildungsangebot anderer Bildungsorte reagieren, wie sie mit den Anforderungen zurecht kommen" (Minsel 2007, S. 31).

4 Soziale Balance und emotionale Überforderung der Familie

Wenn sich Bildungseffekte im erzieherischen Geschehen des Milieus Familie entwickeln, dann bedeutet dies auch, dass die ambivalente gesellschaftliche Stellung und die Gefahr der Überforderung in der Familie das Erziehungsgeschehen ambivalent und für die Kinder unübersichtlich machen können. Familien können ihre Kinder unter Druck setzen, auch wenn sie sie zu fördern glauben. Das ist im Verhältnis von Familie und Schule vielfach beobachtet worden. Die überhöhten Erwartungen, die Eltern in ihre Kinder setzen, sind ein deutlicher Auslöser von Schulstress (vgl. dazu Hurrelmann 1990). Aber auch die Art und Weise, wie die Familie insgesamt gesellschaftlich überfordert wird, bekommen Kinder zu spüren. Sie sind nicht selten „Sündenböcke" bei der Ableitung sozialer Konflikte, welche die Eltern – vor allem der Vater – in die Familie hineintragen.

Diese Ambivalenz der familialen Erziehungseffekte – auf der einen Seite wollen die Eltern, dass ihre Kinder nach außen funktionieren, Bildungsziele erreichen, gleichzeitig wirken sich Überforderungssituationen der Gesamtfamilie auf die Kinder aus – führt immer dazu, dass man biographisch gesehen keine eindeutige familiale Bildungsbilanz ziehen kann. Diese Ambivalenz ist vor allem durch die Trennung von öffentlicher und privater Sphäre, von der die bürgerliche Familie seit ihrer historischen Entstehung im Kontext industrieller Arbeitsteilung geprägt ist, hervorgerufen. Mit der Trennung von häuslichem Leben und Arbeit, außerfamilialer Produktion und familialer Reproduktion, ist die Familie einem prekären gesellschaftlichen Mechanismus ausgesetzt. Sie steht einerseits unter öffentlichem Einfluss, muss Lebensschwierigkeiten und soziale Probleme bearbeiten, die ihre Mitglieder in den Familienkreis hineintragen. Dieser innere Kreis ist für die Öffentlichkeit tabu, die Familie muss also die öffentlich induzierten Probleme privat lösen (vgl. Rerrich 1988). Dies kann zu Überforderungssyndromen und internen Belastungen führen, welche aber in der familialen Intimität verbleiben und aufgrund der allseits geteilten und geforderten Privatheit der Familie schwer an die Öffentlichkeit gelangen können. Das vielfache Leiden an der häuslichen Intimität kann von der sozialen Blockierung einzelner Familienmitglieder – vor allem der Kinder – bis zur „verhäuslichten Gewalt" (vgl. Honig 1986; vgl. auch Funk 1999), meist wiederum gegen Kinder und Frauen, reichen.

Dennoch wird in familienpolitischen Diskussionen die Wirkungsdimension der Bildungskraft der Familie ideologisch meist überzogen. Angesichts der Unübersichtlichkeit und der damit verbundenen anomischen Tendenzen, welche durch die Entwicklung zum digitalen Industriekapitalismus ausgelöst sind, wird die Familie als letzter verlässlicher Ort sozialen Lernens und sozialer Orientierung beschworen. In der Familie entwickelten sich der Sozialcharakter und mithin all jene zivilgesellschaftlichen Schlüsselkompetenzen, die der Mensch später braucht, um sich in der gewandelten Gesellschaft behaupten zu können (vgl. dazu Etzioni 1993). Damit wird die Familie als gesellschaftlicher Mikrokosmos definiert, der sie von ihrer inneren Struktur her – als emotional gesetztes Beziehungsgeflecht – gar nicht sein kann. Gegen einen solchen privatistischen Familiendiskurs hat sich seit der vorletzten Jahrhundertwende vor allem die Frauenbewegung gewehrt. Frauen- und Familienfrage hängen seitdem eng zusammen (vgl. Riedmüller 1989). Die Frau, traditionell als „stille Ressource" (Beck-Gernsheim 1980) der Industriegesellschaft vorausgesetzt, trat mit eigenen Vorstellungen der Gestaltung von Gesellschaft und Familie aus der Reproduktionssphäre heraus. Damit wurde nicht nur der bis heute bestehende Dualismus des familienpolitischen Diskurses freigesetzt bzw. zu überwinden versucht, sondern auch der Anspruch erhoben, dass das weibliche und das familiale Prinzip der Reproduktionsperspektive auch Einfluss auf die gesamte Gesellschaft gewinnen soll. Dennoch hielt und hält sich die Idee von der Familie als „Keimzelle" der Gesellschaft weiter. Sie fußt auf einer organischen Gesellschaftsvorstellung, in der sich die Gesellschaft gleichzeitig in konzentrischen Kreisen aus der Familie heraus entwickelt und bildet. Die kapitalistische Gesellschaft ist aber nicht so aufgebaut. In ihr ist die Familie gebrochen, einem dauernden Reproduktionsdruck ausgesetzt.

Schon Siegfried Bernfeld (1929) hat – am Beispiel der Schule – auf die fatalen Folgen verwiesen, die entstehen können, wenn die Familie als ideologisches Leitmodell auch für gesellschaftliche Institutionen herhalten soll. Denn solange die Familie – so seine Argumentation – ihre gesellschaftliche Zentralität ideologisch behalte, würden ihre Strukturprinzipien weiter in die nun modern gewandelte Gesellschaft hineinwirken und typische Widersprüche erzeugen, die dann auf dem Rücken der Menschen, besonders der Kinder und Jugendlichen, wirksam würden. So deutete er das 20. Jahrhundert, gerade in Bezug auf grassierende Schülerselbstmorde, ganz im Sinne der Durkheimschen Interpretationsfigur des „anomischen Selbstmords" (vgl. ebd. 1973), ohne freilich explizit darauf einzugehen. Gleichwohl lag dieses Interpretationsmuster damals gleichsam in der Luft: Die Selbstmorde resultierten nach dieser Interpretation aus massiven gesellschaftlichen Orientierungskrisen, die sich mit den biographischen Entwicklungskrisen der Jugendpubertät vermischten und verdichteten. Das Kernproblem lag dabei für Bernfeld in dem Verhältnis von tradierter Familie und moderner Schule. Die Schule sei zwar von ihrer institutionellen Verfassung her eine gesellschaftliche Institution, in der man allgemeine, familienübergreifende, also universale Kenntnisse und Fähigkeiten erwirbt, von ihrer – institutionell weitgehend verdeckten – sozialen und normativ-pädagogischen Struktur her wirke sie aber weiter familienähnlich. Das Lehrer-Schüler-Verhältnis stelle sich somit faktisch als elternähnliches, hierarchisches Generationenverhältnis dar und für die über das schulische Leistungs- und Konkurrenzsystem entstehenden Ängste gäbe es keine entsprechenden institutionellen Entlastungsmechanismen der Beratung und Stützung, so dass die Schüler zwangsläufig in quasifamiliale Versagensängste und Schulkomplexe regredierten, die von der Schule wiederum pädagogisch ausgenutzt und damit weiter verschärft würden. Von dieser tiefenstrukturellen Verstrickung von Familie und Schule (vgl. auch Ulich 1993) bleibt auch bis heute die Lehrerrolle nicht unberührt. Lehrer und Lehrerinnen sind – zumindest in den unteren Klassen

– ein wichtiges Binde- und Vermittlungsglied zwischen Familie und Schule. Dies kann man geschlechtsspezifisch aufschließen. Kinder sind im Kindergarten und in der Grundschule vorwiegend von weiblichen Bezugspersonen umgeben, während der männliche Anteil an Erziehern mit zunehmendem Alter der Jugendlichen steigt, so dass in Hauptschulen, Gymnasien und Berufsschulen nicht nur männliche Erzieher den größeren quantitativen Anteil haben, sondern auch in der Schulorganisation und den damit verbundenen Positionen relativ dominant sind. Dass dies mit der Funktion der Schule als Medium des sukzessiven Übergangs von der Familie in die Gesellschaft zusammenhängt, hat schon Parsons erkannt und aufgeklärt: Solange der Übergang von der Familie zur Schule, also von primären, emotionalen zu sekundären, funktional-rationalen Sozialmustern nicht abgeschlossen ist, wirkt die Familie in die Schule hinein. Deshalb ist die Lehrerrolle immer noch funktional an die Familie rückgebunden. Die familiale Erziehungsrolle in der emotionalen Entwicklungsspannung von Bindung und Ablösung wird hauptsächlich von der Mutter verkörpert. Da sich der Übergang von Familie zur Schule erst im Verlauf der Grundschule (und nicht einfach beim formalen Schulübertritt) vollzieht, findet hier gleichsam eine Vermischung von Mutter- und Lehrerrolle statt. Aus diesen Gründen seien Grundschullehrerpositionen überwiegend mit Frauen besetzt. Die Lehrerrolle sei „durch eine Kombination von Ähnlichkeiten und Unterschieden gegenüber den Elternfiguren" charakterisiert (Parsons 1968, S. 176f.). Es handelt sich also hier nicht nur um eine bloße Übertragung der Mutterrolle auf die Schule, sondern um einen komplexen sekundären Identifikationsprozess, in dem sich das Kind von eben dieser familialen Mutterrolle ablösen kann. Die Dominanz der Mutter im frühkindlichen Aufbau von Objektbeziehungen bleibt auch in der kindlichen Phase der Grundschule erhalten, für das Kind ist insoweit Kontinuität gewahrt. Gleichzeitig erfährt das Kind aber auch die Lehrerin in ihrer Distanz und merkt, dass sie weniger an seiner persönlichen Empfindlichkeit, sondern mehr an seinem Schulverhalten, seiner Rolle interessiert ist. Und da die Lehrerinnen in den nächsten Klassen meist wechseln, wird das Kind daran gewöhnt, dass es sich hier um Rollen handelt, die austauschbar sind und die sich nicht mehr hauptsächlich über die persönliche Beziehung definieren.

Hier liegt schon ein prekäres Balanceproblem im Verhältnis von Familie und Schule und es liegt an den Erzieherinnen, wie sie es schaffen, auch in Konfliktsituationen im institutionellen Rollenverhalten zu verbleiben und nicht – für die Schüler oft willkürlich – in quasi familiale Beziehungs- und Zumutungsmuster zurückfallen. Aber auch umgekehrt entstehen für die Kinder Bewältigungsprobleme, wenn Schulprobleme in der Familie unter der Hand zu Familienproblemen werden (vgl. Ulich 1993). Hier kann es dann durchaus zu Ausschaukelungsprozessen von Versagensängsten und Schulkomplexen im Wechselspiel zwischen Familie und Schule kommen.

Diese tiefenstrukturellen Vorgänge bilden auch den Untergrund, auf den hin Befunde zu Schulstress und schulischer Problembelastung bei Kindern und Jugendlichen interpretiert werden müssen. So ist das subjektive Erlebnissyndrom des Scheiterns in der Schule durch alle sozialen Schichten hindurch verbreitet. Es entsteht dann, wenn nicht erreichte Schulleistungen gekoppelt sind mit nicht erfüllten Elternerwartungen. Dies führt zu einer deutlichen Beeinträchtigung des Wohlbefindens von Jugendlichen, die Selbstwertverunsicherungen und gesundheitsriskante Reaktionsweisen nach sich ziehen (vgl. Hurrelmann 1990). Deshalb ist es wichtig, dass die Kooperation von Eltern und Lehrern nicht auf gegenseitigen Erwartungen und Enttäuschungen in Bezug auf die Schüler und Schülerinnen basiert, sondern als Verständigung über unterschiedliche Rollen, Interpretationsformen und Unterstützungsmöglichkeiten partizipativ organisiert ist (vgl. dazu Melzer 1999).

Die Betrachtung des Verhältnisses von Familie und Schule wirft auf die Bildungsleistung und die Bildungsmöglichkeiten der Familie ein anderes Licht, als wenn man – wie in der Familienforschung oft noch üblich – von der Familie als relativ abgeschlossener Einheit mit entsprechend rückbeziehbaren Bildungsfunktionen ausgeht. Zwar wird in der neueren Familienforschung immer wieder beteuert, dass die Bildungseinflüsse seitens der Familien als Teil eines komplexen familienübergreifenden soziokulturellen Kontextes zu sehen und mithin immer wieder zu relativieren seien (vgl. Nave-Herz 1994), die gängige Untersuchungspraxis wird dieser Forderung aber meist – sicher auch aus forschungsmethodischen und -organisatorischen Gründen – nicht gerecht. Das Verhältnis von Familie und Schule ist nun ein solches Untersuchungsfeld, in dem die Bedingungen familialer Bildungsbeeinflussung relational untersucht werden können. Ein anderes Feld ist das des Medienkonsums. Längst ist in der Forschung bekannt, dass Familien und Kinder z.B. beim Fernsehkonsum eine „common culture" entwickelt haben, in der die gegenseitigen Bildungseinflüsse eher metakommunikativ, aber durchaus habitusformend verlaufen (vgl. dazu Sander 1999). Schließlich wäre als drittes Untersuchungsfeld in diesem Zusammenhang das bildungsrelevante Einflussgeschehen im Dreieck Jugendliche, Peer-group und Familie zu beleuchten. Auch hier zeigt sich, dass die Familien von den Jugendlichen vor allem als emotionales Unterstützungssystem, gleichsam als sozial-emotionaler Rückhalt, trotz notwendiger jugendkultureller Ablösung, weiter gesucht und gebraucht werden. Das hat sicher viel mit der Entstrukturierung der Jugendphase zu tun, mit den frühen sozialen Bewältigungsproblemen, mit denen sich Jugendliche auseinandersetzen müssen und die die frühere Selbstverständlichkeit der Ablösung vom Elternhaus für manche zur Risikofrage werden lassen (vgl. dazu Böhnisch 2008).

Dies alles wiederum verweist auf die biographische Dimension des Erziehungs- und Bildungseinflusses der Familie. Es kommt auf die Bewältigungs- und Transformationsleistung des Individuums an, wie und unter welchen Umständen es das familiale „Sozialisationserbe" in der gesellschaftlichen Umwelt einlösen oder abstoßen kann. Auf jeden Fall aber sollte die familienbezogene Bildungsforschung deutlicher zwischen den Welten der Familie und der Gesellschaft unterscheiden. Darauf insistiert vor allem die psychoanalytische Sozialisationstheorie, wenn sie die Lebensphase der Jugend als „zweite Chance" bezeichnet und damit signalisiert, dass der Einfluss der Eltern in der Pubertät und Nachpubertät von den Jugendlichen erst bearbeitet werden muss, soll er sozialbiographisch hervortreten. Sie verweist dabei auf den zentralen Unterschied zwischen Pubertät und frühkindlicher Entwicklungszeit, der darin besteht, dass die Reifungsprozesse in der Adoleszenz nicht mehr – wie in der familienbezogenen frühkindlichen Reifezeit – strikt innerhalb des familialen Kontextes ablaufen, sondern diesen nachhaltig überschreiten müssen. Die Ablösung von der Familie, das selbstständige Hinaustreten in die soziale Welt – ein Prozess, der jugendpädagogisch zentral für die Herausbildung des Selbst und der Persönlichkeit ist – wird psychoanalytisch als Spannungsverhältnis zwischen Familie und Kultur gedeutet, welche durch widersprüchliche Strukturelemente gekennzeichnet ist. Familien sind Intimitätsstrukturen, die durch Verinnerlichung wirken, die gesellschaftliche Umwelt aber ist durch die abstrakte Kultur der Arbeit bestimmt. Beides sind notwendige Formen des menschlichen Zusammenlebens, aber sie können – da sie verschiedenen Grundprinzipien gehorchen – nicht ineinander überführt und nicht voneinander abgeleitet werden. Das kulturelle System ist durch universalistische formelle Normen und Symbole gekennzeichnet. Sie ermöglichen soziale und gesellschaftliche Kommunikation und Organisation. Die Familie schließt sich dagegen eher ab, ist von ihrem binnenorientierten Prinzip des Zusammenhalts gegen das

Gesellschaftliche wie in sich hinein gerichtet (vgl. dazu Erdheim 1988; vgl. auch Böhnisch/ Lenz,/Schröer 2009).

5 Familienform, Familienstrukturen und Bildungserfolg

Die biographische Relativität des Familieneinflusses auf Bildung ist eng verknüpft mit der sozialen Relativität. Dies zeigt sich besonders bei jener Vielzahl von Befunden, zum Einfluss von Familie und Bildungserfolg, die am gesichertsten erscheinen, weil sie eine Variable kontrollieren, die für die Konstitution einer Familie als wichtig gehalten wird: Die Variable der Vollständigkeit bzw. Unvollständigkeit und generell der Abweichung vom Normalstatus der Familie. Gemeint sind hier Studien zu veränderten bis negativen Wirkungen unvollständiger Familienformen. Eine zusammenfassende Bewertung solcher Studien – seien es nun Stiefelternfamilien oder Ein-Elterfamilien – zeigt, dass es nicht die Familienform an sich ist, welche einen geringeren Bildungserfolg bei Kindern aus solchen Familien bewirken kann, sondern Faktoren wie Inkonsistenz der Familienstrukturen oder vor allem auch die mangelnde materielle und soziale Absicherung von Ein-Elternfamilien (vgl. dazu Diefenbach 2000). Solche Untersuchungen – auch die der „Väterdeprivationsforschung" (vgl. Fthenakis 1995), die sich mit den Auswirkungen der Abwesenheit des Vaters beschäftigen – gehen immer von den Familienformen aus und berücksichtigen nicht die Familienstrukturen. Diese aber können bei „Normalfamilien" genauso diskontinuierlich und unübersichtlich für das Kind sein. Andererseits wissen wir aus den Erfahrungen der systemischen Familientherapie (vgl. Kriz 1989), dass auch bei vom Durchschnitt abweichenden Familienformen die Familien – auch über ihre Netzwerkbeziehungen (vgl. Nestmann 1999) – durch Rollenumverteilungen und Beziehungserweiterungen zu Stabilität und Gleichgewicht streben. Borhardt (2000) hat in diesem Zusammenhang am Beispiel der Rezeption amerikanischer Befunde aufgezeigt, dass es davon abhängt, wie in den jeweiligen Ländern die öffentlichen (ökonomischen und sozialen) Unterstützungs- und Entlastungssysteme für Alleinerziehende ausgebaut sind, damit die Familienfunktionen auch in abweichenden Familienformen erfüllt werden können. Es wird deshalb davor gewarnt, Kausalmodellen des Verhältnisses von Familienform und Bildungserfolg aufzusitzen und für „mehrdimensionale Kontextmodelle" mit multivariater Ausrichtung plädiert. Deutlich wird dann, dass Selektionseffekte hinter dem feststellbaren bivariaten Zusammenhang stehen und sich damit vor allem Faktoren auf den Bildungserfolg von Kindern auswirken, die der elterlichen Trennung zeitlich vorgelagert sind. Die Multivariationsanalysen bestätigen den Einfluss sozialer, kultureller und ökonomischer Ressourcen der Herkunftsfamilie, die den Einfluss der elterlichen Trennung z.T. deutlich überlagern. Darüber hinaus zeigte sich ein deutlicher Effekt der historischen und sozialen Kontextbedingungen des beobachteten Geschehens. Die weithin verbreitete These eines universellen, gleichsam anthropologischen Zusammenhangs von Familienstruktur und Bildungserfolg muss damit verworfen werden (vgl. Borhardt 2000, S. 203).

6 Familie und Habitusbildung

Als Konsequenz aus diesem uneinheitlichen und fragilen Kenntnisstand zum Verhältnis von Familie und Bildung und im Rückbezug auf die Grundtatsache der emotionalen Sozialisation, die in Familien stattfindet, wäre nach einem Konzept zu suchen, welches diesen „impliziten" und vermittelten Zusammenhang erfassen und strukturieren kann. Dafür scheint der Habitusbegriff, wie ihn Pierre Bourdieu (1982) entwickelt hat, geeignet. „Als Grammatik wirkt der Habitus (...), weil seine Prinzipien als Kompetenzen gekonnt nicht aber gewußt werden" (Liebau 1987, S. 63). Kinder – so wäre die entsprechende These zu formulieren – erwerben Bildung im Sinne von kulturellem und sozialem Kapital nicht nur und unbedingt aus gezielten bildungsbezogenen Interventionen ihrer Familien, sondern aus der Routine von Familientraditionen und alltäglichen Familiengewohnheiten. Individuelle Bildungsbiografien sind „in ihrer Komplexität nur zu verstehen (...), wenn sie eingebunden werden in die Dynamik der sich über Generationen vollziehenden Habitusentwicklung der Herkunftsfamilie", und wenn sie „in die Logik der intergenerationalen bildungsbezogen Austauschprozesse eingeordnet werden" können (Brake 2007, S. 107). Mit dem Habituskonzept kann aufgezeigt werden, dass Bildungsintentionen der Eltern bezüglich ihrer Kinder nicht nur nach einem eindeutigen Kosten-Nutzen-Modell ablaufen. Das Habituskonzept lenkt die pädagogische Aufmerksamkeit über den engeren Entscheidungskontext hinaus auf die Bewältigungssettings, wie sich Familienmilieus als beziehungsvolle Gegenseitigkeitsstrukturen entwickelt haben. Wie und wann sich in der Familie erworbenes, kulturelles und soziales Kapital biographisch auszahlt, ist nicht eindeutig prognostizierbar und messbar und tritt unterschiedlich sowie zeitlich verzögert in der Biografie zu Tage. Eltern wundern sich oft, wenn ihre Kinder erst später, wenn sie junge Erwachsene sind, in ihren Partnerbeziehungen, ihren kulturellen Orientierungen und in ihrem alltäglichen Verhalten vieles tun, das sie als Kinder oder Jugendliche, wenn es die Eltern von ihnen verlangten, nur widerwillig getan oder abgewehrt haben. Das Habituskonzept zielt auf implizites Bildungsgeschehen, auf nicht bewusste Inkorporation im Zusammenspiel mit anderen außerfamilalen Einflüssen. Damit wird der Bildungseinfluss der Familie wieder in einen familienübergreifenden kulturellen und sozialen Kontext gestellt. Familie erscheint dann nicht nur als besonderer Ort in einem sozialen Netzwerk (vgl. Nestmann 1999), sondern auch als Teil eines Netzwerkes der Lernorte (vgl. dazu Brown/Lander 1998), in dessen Magnetfeld sich erst die je biographische Bildungslinie heraus kristallisiert.

7 Eltern und ihre Jugendlichen – Unterstützungsleistungen und Bewältigungsvorbilder in der Übergangsphase

Im Jugendalter stehen die Ablösung von der Familie und die Suche nach sozialer Integration in Gleichaltrigenbeziehungen im Mittelpunkt der psychosozialen Entwicklung Jugendlicher. Diese Zeit der Adoleszenz wird in der Jugendforschung traditionell mit dem Begriff des „Moratoriums" belegt: Jugend wird als Lebensphase aus der Arbeitsgesellschaft herausgenommen, um sich in einem Moratorium entwickeln und qualifizieren zu können, um dann mit dem so gewonnenen Status in die Gesellschaft wieder eingegliedert zu werden (Integration durch Separation). Diese Moratoriumskonstruktion ist heute in Frage gestellt: „Die entgrenzte Arbeitswelt, das entgrenzte Lernen und die sich entgrenzenden privaten Lebensführungen greifen als Entwicklungsaufgaben ineinander. Die Übergänge ins Erwachsenenalter werden für viele nicht nur länger unstrukturierter und unsicherer, sondern werden auch individuell folgenreicher" (Kirchhöfer 2003, S. 17). Im Diskurs zur Identitätsbildung Jugendlicher ist diese Entwicklung bereits aufgenommen. Das Jugendalter nimmt von da aus gesehen nicht mehr die Schlüsselstellung in der Identitätsbildung im Lebenslauf ein, hat sich auf das Junge-Erwachsenen-Alter verschoben (vgl. Keupp/Höfer 1997). Von dieser Entgrenzung der Jugend (vgl. Schröer 2004) ist auch der Ablöseprozess Jugendlicher von der Familie beeinflusst. Jugendliche verbleiben im Durchschnitt länger in ihren Herkunftsfamilien. Der Einfluss der Eltern auf die Bildungs- und Ausbildungslaufbahn ihrer Kinder hält also auch noch zu einer Zeit an, in der die Jugendlichen nach traditionellen jugendsoziologischen Annahmen schon längst selbstständig sein müssten. Der familiale Einfluss auf die älteren Jugendlichen und jungen Erwachsenen kann aber nicht mehr wie in der Kindheit und frühen bis mittleren Jugend als erziehungs- und bildungssteuernd begriffen werden. Es handelt sich nun um soziale Unterstützungs- und intergenerationale Sorgeverhältnisse, die sich auf die für viele Jugendliche riskant gewordenen Übergänge von der Ausbildung in den Beruf beziehen.

Schon die westdeutsche Jugendforschung der 1980er und 1990er Jahre hatte registriert, dass in der Jugendphase die Tendenz zugenommen hat, dass Jugendliche sich nicht von ihren Familien abwenden, sondern sich – trotz Gleichaltrigenorientierung – weiter an den Eltern orientieren. Familienbezogene und gleichaltrigenbezogene Identifikations- und Orientierungsmuster schließen sich – so der Tenor der damaligen Jugendstudien – nicht mehr aus. Auch wenn die gleichaltrigenzentrierte Orientierung in der Jugend vorherrschend ist, bleibt gleichzeitig eine bemerkenswerte Nähe zu den Eltern. Bereits in der Shell-Jugendstudie 1992 wurde von einer „Doppelorientierung an Eltern und Gleichaltrigen sowohl im Einstellungs- als auch im Verhaltensbereich" gesprochen, die „zeigt, dass viele Jugendliche ihr Verhältnis zu den Eltern und den Gleichaltrigen gut vereinbaren können" (Deutsche Shell 1992, S. 327). In der Regel ist es dann bis heute auch so, dass die Orientierungen an der gleichaltrigen Clique und im Elternhaus auch in der Wahrnehmung der Jugendlichen selbst durchaus miteinander vereinbar sind und nicht kollidieren. Die Beziehung zu den Eltern hat eher wieder an Bedeutung gewonnen. Es haben sich in diesem Sinne „eine Reihe von ‚lebbaren' Arrangements in den weitgehend enddramatisierten Beziehungen zwischen Eltern und Kindern" entwickelt (Ferchhof 1993, S. 126). Die Gleichaltrigengruppe ist deshalb auch nicht gegen die Eltern gerichtet. Jugendliche „können erst dann von Gleichaltrigen negativ beeinflusst werden, wenn ihr Verhältnis zu den Eltern beschädigt ist" (ebd. S. 330). Auch in den neueren Jugendstudien (vgl. zuletzt: Deutsche Shell 2006) wird dieses konfliktarme Nebeneinander von Familie und Gleichaltrigenkultur in der Tendenz bestätigt. Diese Bindung an die Familie hält auch bei jungen Erwachsenen heute im Übergang in die Arbeitsgesellschaft in dem Maße an, indem sich die Übergänge verlängert und entgrenzt haben. „Die Wiederkehr von Familie steht im Zusammenhang mit Prozessen der Intensivierung und Flexibilisierung des Arbeitsverhältnisses. (…) Der sich längst nicht mehr reibungslos vollziehende Übergang in Arbeit stellt die Beziehung zwischen jungen Erwachsenen und Eltern quasi dauerhaft auf die Probe. (…) Aus Sicht der Familie wird das familiale Zusammenleben grundsätzlich [neu, d. A.] herausgefordert. (Menz 2007, S. 215). Das Verhältnis der Eltern zu ihren Jugendlichen wird zu einem Sorgeverhältnis (vgl. Eckart 2004), die Eltern werden zu Bewältigungsvorbildern (vgl. Menz 2007). Konflikte müssen im gemeinsamen Bewältigungszwang latent gehalten, lebbare Balancen neu gesucht werden. Der generationale Zusammenhang verschiebt sich von einer Ablösungs- und einer Übergangslage, die fragil bleibt (vgl. Lange u.a. 2004), gleichwohl aber den Jugendlichen Hintergrundsicherheit bei den offenen Herausforderungen biografischer Selbstorganisation bietet.

Literatur

Beck-Gernsheim, E. (1980): Das halbierte Leben. Frankfurt a.M.: Suhrkamp.
Beck, R./Lauterbach, W. (Hrsg.) (2007²): Bildung als Privileg? Wiesbaden: VS-Verlag.
Bernfeld, S. (1925): Sisyphos oder die Grenzen der Erziehung. Leipzig: Internat. Psychoanalytischer Verlag.
Bertram, H. (Hrsg.) (1995): Das Individuum und seine Familie. Opladen: Leske + Budrich.
Bien, W. (Hrsg.) (1994): Eigeninteresse oder Solidarität. Opladen: Leske + Budrich.
BMFSFJ (Hrsg.) (2005): 7. Familienbericht. Berlin: BMFSFJ.
BMFSFJ (Hrsg.) (2006): Zwölfter Kinder- und Jugendbericht. Berlin: BMFSFJ.
Böhnisch, L. (1999²): Sozialpädagogik der Lebensalter. Weinheim/München: Juventa.
Böhnisch, L./Lenz, K. (Hrsg.) (1999²): Familien. Eine interdisziplinäre Einführung. Weinheim/München: Juventa.
Böhnisch, L./Lenz, K./Sschröer, W. (2008): Sozialisation und Bewältigung. Weinheim/ München: Juventa.
Borhardt, R. (2000): Familienstruktur und Bildungserfolg. In: Zeitschrift für Erziehungswissenschaft, 3. Jg., H. 2, S. 189–207.
Bourdieu, P. (1982): Die feinen Unterschiede. Frankfurt a. M.: Suhrkamp.
Brake, A. (2006): Das Sichtbare und das Unstichtbare. Bildungsstrategien als Strategien des Habitus. In: Büchner, P./Brake, A. (Hrsg.) (2006): Bildungsort Familie. Wiesbaden: VS Verlag, S. 81–108.
Brown, P./Lander, H. (1998): Post-fordist Possibilities for Lifelong Learning. In: Walter, A./Stauber, B. (Hrsg.): Lebenslanges Lernen in Europa. Bd. I. Tübingen: Neuling, S.39-51.
Büchner, P. (2006): Der Bildungsort Familie. Grundlagen und Theoriebezüge. In: Büchner, P./Brake, A. (Hrsg.): Bildungsort Familie. Wiesbaden: VS. Verlag, S. 21-47.
Diefenbach, H. (2000): Stichwort: Familienstruktur und Bildung. In: Zeitschrift für Erziehungswissenschaft, 3. Jg., H. 2, S. 169–187.
Durkheim, E. (1973): Der Selbstmord. Neuwied: Luchterhand.
Eckart, C. (2004): Zeit für Privatheit. In: Aus Politik und Zeitgeschichte. B 31-32. Bonn, S. 13–18.
Engel, U./Hurrelmann, K. (1989): Familie und Bildungschancen. In: Nave-Herz, R./Markefka, M. (Hrsg.): Handbuch der Familien- und Jugendforschung. Bd. 1: Familienforschung. Neuwied/Frankfurt a.M.: Luchterhand, S. 475–489.
Erdheim, M. (1988): Psychoanalyse und das Unbewußte in der Kultur. Frankfurt a. M.: Suhrkamp.
Etzioni, A. (1993): The spirit of community. New York: Crown Publishers.
Ferchhof, W. (1993): Jugend an der Wende des 20. Jahrhunderts. Lebensformen und Liebensstile. Opladen: Leske + Budrich
Fthenakis, W. (1995): Kindliche Reaktionen auf Trennung und Scheidung. In: Familiendynamik, 20. Jg., S. 127–154.
Fuhrer, U. (2007): Erziehungskompetenz. Bern: Huber.
Funk, H. (1999²): Familie und Gewalt – Gewalt in der Familie. In: Böhnisch, L./Lenz, K. (Hrsg.): Familien. Weinheim und München: Juventa, S. 251–263.
Honig, M.-S. (1986): Verhäuslichte Gewalt. Frankfurt a.M.: Suhrkamp.
Hurrelmann, K. (1990): Familienstreß, Schulstreß, Freizeitstreß. Weinheim/Basel: Beltz.
Deutsche Shell-AG (Hrsg.) (1992): Jugend 1992. Opladen: Leske + Budrich.
Deutsche Shell-AG (Hrsg.) (2006): Jugend 2006. Frankfurt a. M.: Fischer.
Kaufmann, F. X. (1995): Zukunft der Familie im vereinten Deutschland. München: Beck.
Keupp, H./Höfer, R. (1997): Identitätsarbeit heute. Frankfurt a.M.: Suhrkamp.
Kirchhöfer, D. (2004): Jugendphase in der Veränderung. In: Kirchhöfer, D./Merkens, A.: Das Prinzip Hoffnung. Jugend in Polen und Deutschland. Baltmannsweiler : Hohengehren, S. 5–22.
Kriz, J. (1989²): Grundkonzepte der Psychotherapie. München: Psychologie-Verlags-Union.
Lange, A./Szymenderski, P./Weiß, C./Klinkhammer, N. (2004): Sozialisation und Generation. In: Deutsches Jugendinstitut (Hrsg.): Der Literaturrundbrief 7/8. München: DJI, S. 66–86.
Lenz, K. (1998): Soziologie der Zweierbeziehung. Opladen: Westdeutscher Verlag.
Liebau, E. (1987): Gesellschaftliches Subjekt und Erziehung. Weinheim/München: Juventa.

Marbach, J. (1994): Der Einfluß von Kindern und Wohnentfernung auf die Beziehungen zwischen Eltern und Großeltern. In: Bien, W. (Hrsg.): Eigeninteresse oder Solidarität. Opladen: Leske + Budrich, S. 77–111.
Melzer, W. (19992): Elternhaus und Schule. In: Böhnisch, L./Lenz, K. (Hrsg.): Familien. Eine interdisziplinäre Einführung. Weinheim/München: Juventa, S. 299–310.
Menz, S. (2007): Leben im generationalen Konsens? Familiale Bewältigungs- und Normalisierungsstrategien im Übergang in die Arbeit. In: Strauber, B./Pohl, A./Walther, A. (Hrsg): Subjektorientierte Übergangsforschung. Weinheim/München: Juventa, S. 155–176.
Minsel, B. (2007): Stichwort Familie und Bildung. In: Zeitschrift für Erziehungswissenschaft (ZfE), H. 3, S. 219–316.
Nave-Herz, R. (1994): Familie heute. Wandel der Familienstrukturen und Folgen für die Erziehung. Darmstadt: Wiss. Buchges.
Neidhardt, F. (19754): Die Familie in Deutschland.. Opladen: Leske
Nestmann, F. (1999²): Familie als soziales Netzwerk und Familie im sozialen Netzwerk. In: Böhnisch, L./Lenz, K. (Hrsg.): Familien. Eine interdisziplinäre Einführung. Weinheim/ München: Juventa-Verl. S. 213–234.
Ogburn, W. F. (1969): Die Ursachen für die Veränderung der Familie. In: Ogburn, W. F. (Hrsg.): Kultur und sozialer Wandel. Neuwied: Luchterhand, S. 232–252.
Parsons, T. (1968): Die Schulklasse als soziales System. In: Parsons, T.: Sozialstruktur und Persönlichkeit. Frankfurt a.M.: Europäische Verlags-Anstalten, S. 161–193.
Peuckert, R. (20087): Familienformen im sozialen Wandel. Wiesbaden: VS Verl. für Sozialwissenschaften.
Rauschenbach, T.,. Mack, W., Leu, H.R., Lingenauber, S., Schilling, M., Schneider, K. Züchner, I. (2004): Nonformale und informale Bildung im Kindes- und Jugendalter. Bildungsreform Bd. 6. Hrsg. v. BMBF. Berlin: BMBF.
Rerrich, M. S. (1988): Balanceakt Familie. Freiburg im Breisgau: Lambertus.
Reuband, K.-H. (1999²): Aushandeln statt Gehorsam. Erziehungsziele und Erziehungspraktiken in den alten und neuen Bundesländern im Wandel. In: Böhnisch, L./Lenz, K. (Hrsg.): Familien. Eine interdisziplinäre Einführung. Weinheim/München: Juventa, S. 129–153.
Riedmüller, B. (1989): Familienpolitik und soziale Sicherung der Frau. In: Nave-Herz, R./Markefka, M. (Hrsg.): Handbuch der Familien- und Jugendforschung. Bd. 1: Familienforschung. Neuwied/Frankfurt a.M.: Luchterhand, S. 651–666.
Sander, E. (1999): Common Culture und neues Generationenverhältnis. Dissertation Technische Universität Dresden.
Schröer, W. (2004): Befreiung aus dem Moratorium? Zur Entgrenzung der Jugend. In: Lenz, K./Schefold, W./Schröer, W. (Hrsg.): Entgrenzte Lebensbewältigung. Weinheim/München: Juventa, S. 19–74.
Tyrell, H. (1983): Zwischen Interaktion und Organisation II: Die Familie als Gruppe. In: Neidhardt, F. (Hrsg.): Gruppensoziologie. Sonderheft 25 der Kölner Zeitschrift für Soziologie und Sozialpsychologie. Opladen: Westdeutscher Verlag, S. 362–390.
Ulich, K. (1993²): Schule als Familienproblem. Frankfurt a.M.: Fischer.

Thilo Schmidt | Hans-Günther Roßbach | Jutta Sechtig

Bildung in frühpädagogischen Institutionen

Das institutionelle Angebot frühpädagogischer Bildung, Erziehung und Betreuung ist in Deutschland in den letzten Jahrzehnten kontinuierlich ausgebaut worden. So ist der Besuch eines Kindergartens für Kinder im Alter von drei Jahren bis zum Schuleintritt zum Regelfall geworden und die Zahl der Plätze in Kinderkrippen wächst deutlich. Angesichts dieser Entwicklungen gewinnen Untersuchungen über die pädagogische Arbeit in frühpädagogischen Institutionen zunehmend an gesellschaftlicher und bildungspolitischer Bedeutung. Ziel des Beitrags ist es, zentrale empirische Befunde und Forschungslücken über die pädagogische Arbeit in Kindertageseinrichtungen[1], über deren Nutzung sowie deren Auswirkungen auf die kindliche Entwicklung vorzustellen. Der Beitrag gibt zunächst einen knappen Einblick in historische Bezüge frühpädagogischer Bildungsforschung, berichtet anschließend über ausgewählte empirische Befunde, gibt daraufhin einen Einblick in Untersuchungen zu frühpädagogischen Konzeptionen und Modellprojekten und benennt schließlich Desiderata der frühpädagogischen Bildungsforschung.

1 Zur Entstehungsgeschichte frühpädagogischer Bildungsforschung

Die frühpädagogische Bildungsforschung ist eine vergleichsweise junge und kleine Forschungsrichtung. Sie ist eng an den Ausbau vorschulischer Förderprogramme seit den 1960er Jahren gekoppelt, die in den USA ihren Anfang nahmen und mit Verzögerung Westdeutschland erreichten.[2] Programmatische Grundlage dieser Initiativen war, ähnlich der heutigen Förderdiskussion, die Bekämpfung von Armut durch (frühe) Bildung. Mittels kompensatorischer Erziehung sollten Entwicklungsdefizite sozial benachteiligter Kinder noch vor Eintritt in die Schule ausgeglichen werden, um diesen Kindern eine chancengleiche Teilhabe am Bildungssystem zu ermöglichen (vgl. Iben 1971). Entsprechend des bildungspolitischen Duktus der Zeit dominierten in der frühpädagogischen Bildungsforschung, neben Schulfähigkeitsstudien, Studien zur Entwicklung und Evaluation pädagogischer Förderprogramme und Curricula. Verbreitet waren insbesondere Studien zu Auswirkungen kognitiv ausgerichteter vorschulischer Programme speziell für Fünfjährige in Vorklassen, Eingangsstufen und Kindergärten (vgl. Bronfenbrenner 1974; 1982; Fried u.a. 1992; Schenk-Danzinger 1980). Viele dieser Studien wurden im Eiltempo entwickelt und hatten zum Teil erhebliche forschungsmethodische Mängel. Andere genügten zwar strengeren forschungsmethodischen Standards, zeigten nach anfänglichen

---
1   Der Text beschränkt sich auf frühpädagogische Kindertageseinrichtungen, d.h. auf Kindergärten, Kinderkrippen und vergleichbare Einrichtungen.
2   Auf Entwicklungen in Osteuropa und der DDR wird hier aus Platzgründen nicht eingegangen.

Erfolgen jedoch ein Auswaschen der durch die jeweiligen Förderprogramme intendierten Entwicklungsfortschritte der Kinder. Die in Fachkreisen und Bildungspolitik gehegte Hoffnung, Kinder durch eine frühzeitige institutionelle Förderung vor einem Leben in Armut und sozialer Abhängigkeit befreien zu können, schien dadurch enttäuscht. Erst in späteren Jahren sollte sich zeigen, dass umfangreiche Investitionen in die frühe Förderung langfristig anhaltende positive Auswirkungen auf die Entwicklung der Kinder hatten (vgl. Lazar u.a. 1982).

Mit dem Rückgang des politischen Interesses an frühpädagogischer Bildungsforschung ab der zweiten Hälfte der 1970er Jahre ging ein Abbau an öffentlich geförderten Forschungsprojekten einher. Die in der Phase der Bildungsexpansion der 1960er/70er Jahre in Deutschland aufgebaute Infrastruktur für frühpädagogische Bildungsforschung war zu gering, um einen größeren empirisch-systematischen, in sich konsistenten Forschungsbestand aufbauen zu können. Dennoch konnten sich in den letzten Jahren und Jahrzehnten einige wenige Forschungsbereiche in der frühpädagogischen Bildungsforschung etablieren, die respektable Erkenntnisse hervorgebracht haben. Eine Auswahl empirisch gewonnener Befunde[3] wird im Folgenden vorgestellt.

2 Zum Forschungsstand frühpädagogischer Bildungsforschung

Da es vermessen wäre, im Rahmen dieses Beitrags eine Gesamtübersicht über den Forschungsstand in der frühpädagogischen Bildungsforschung in Deutschland leisten zu wollen, beschränken sich die Ausführungen auf drei Forschungsbereiche, die unter der Perspektive institutioneller Bildung und Erziehung von Kindern als besonders relevant und ergiebig angesehen werden können: der Bereich der pädagogischen Einstellungen und des pädagogischen Handelns von Erzieherinnen[4], der Bereich der Nutzung von Kindertageseinrichtungen durch Familien und der Bereich der Auswirkungen institutioneller Bildung, Erziehung und Betreuung auf die Entwicklung von Kindern.

2.1 Ausgewählte Ergebnisse zu pädagogischen Einstellungen und pädagogischem Handeln von Erzieherinnen in Kindertageseinrichtungen

Trotz einer geringen prognostischen Aussagekraft pädagogischer Einstellungen (hier: Synonym für pädagogische Orientierungen, Ansichten, Überzeugungen u.ä.) auf das Verhalten von Erzieherinnen (vgl. Siegmund 1983; Tietze 1998, S. 68f.) scheint es sinnvoll, neben dem unmittelbaren Handeln pädagogischer Fachkräfte in Kindertageseinrichtungen auch pädagogische Einstellungen zu untersuchen, geben diese doch Hinweise darauf, welche handlungsleitenden Orientierungsmuster, Intentionen und Motive die Fachkräfte haben. Darüber hinaus können Einstellungsstudien relevante Hinweise zur Selbsteinschätzung eigener beruflicher Kompetenzen, zum beruflichen Selbstverständnis und der beruflichen Zufriedenheit geben. Diese vor-

---

3 Auf einen anderen Forschungsstrang, der sich einer subjektorientierten frühpädagogischen Bildungsforschung widmet, die ihrem Anspruch nach über den Rahmen traditioneller empirischer Forschung hinausgehen will und muss (vgl. Schäfer 2008), kann hier aus Platzgründen nicht näher eingegangen werden (siehe dazu auch Gloger-Tippelt in diesem Band).

4 Der besseren Lesbarkeit wegen wird lediglich die weibliche Form verwendet. Männliche Erzieher sind immer mit gemeint.

wiegend professionstheoretischen Themenfelder werden in neueren Studien über pädagogische Einstellungen von Erzieherinnen bevorzugt in den Blick genommen (vgl. z.B. Cloos 2001; 2004; Dippelhofer-Stiem/Kahle 1995; Netz 1998). Sie ermöglichen Verbindungslinien zu der seit Mitte der 1990er Jahre wieder verstärkt aufgekommenen Frage nach der Qualität der pädagogischen Arbeit in Kindertageseinrichtungen (Tietze u.a. 1998) und – in einem weiteren Schritt – zu der gegenwärtig geführten Diskussion über die Anhebung der Erzieherinnenausbildung (vgl. Diller/Rauschenbach 2006; Schmidt 2005).

In einer Längsschnittstudie untersuchten Dippelhofer-Stiem, Kahle und Nakath die berufliche Einmündungsphase angehender Erzieherinnen über drei Messzeitpunkte hinweg (vgl. Dippelhofer-Stiem 2006; Kahle/Nakath/Dippelhofer-Stiem 1997). Die Befragung wurde schriftlich über standardisierte Fragebogen operationalisiert und umfasste in der Anfangsstichprobe rund 800 Schülerinnen am Ende ihrer Fachschulausbildung. Markantes Ergebnis der Untersuchung ist ein stetiges ‚Abkühlen' des Berufsbildes bei den Erzieherinnen im Laufe der drei Messzeitpunkte, das von den Forschern jedoch nicht als Praxisschock, sondern vielmehr als Entwicklung hin zu einem gesunden Realismus, ausgehend von vormals überambitionierten pädagogischen Zielen, gedeutet wird. Als Belastungsfaktoren im beruflichen Alltag werden in dieser wie auch in anderen Studien (vgl. z.B. Dartsch 2001; Netz 1998) vor allem drei Faktoren ausgemacht: große Gruppen, die Bezahlung und das vermeintlich geringe Ansehen des Berufes in der Gesellschaft. Problembereiche im Arbeitsalltag der Berufsanfänger/innen sind darüber hinaus Unsicherheiten im Umgang mit Verhaltensauffälligkeiten bei Kindern, die Umsetzung neuer pädagogischer Konzepte, Planungs- und Verwaltungsaufgaben und der Umgang mit Eltern, Behörden sowie Vorgesetzten. Die Belastungsfaktoren und Problembereiche sind nach Einschätzung von Dippelhofer-Stiem (2006) in der Summe von mittlerem Grad und führen, insgesamt betrachtet, nicht zu einer verbreiteten Demotivation oder gar Berufsflucht. Dennoch sind sie begleitet von einem ausgeprägten Wunsch nach Weiterqualifikation, der sich im beruflichen Alltag, ohne die Bereitschaft erheblicher zeitlicher und/oder finanzieller Eingeständnisse, nur schwer realisieren lassen dürfte.

In einer anderen Studie wurden u.a. Entwicklungserwartungen und das pädagogische Handeln von Erzieherinnen untersucht (vgl. Tietze u.a. 1998). Die Erwartungen der Erzieherinnen über das altersangemessen zu erreichende Niveau von Kindern in verschiedenen Entwicklungsbereichen wurde mit Ergebnissen aus normierten Entwicklungstests verglichen und von den Autoren als weitgehend realistisch erachtet. Das pädagogische Handeln wurde dagegen als eher unzureichend beurteilt. Freispielphasen hatten in den beobachteten Einrichtungen ein großes Gewicht. Anleitende, planerische und organisatorische Tätigkeiten spielten im Umgang mit den Kindern dagegen nur eine untergeordnete Rolle. Tietze u.a. (1998, S. 266) werten dies als „pädagogischen Rückzug" der Fachkräfte . Darüber hinaus ermittelte Cloos (2004) in einer ethnografisch angelegten Studie, dass Erzieherinnen im Vergleich zu akademisch qualifizierten Diplom-Sozialpädagog/innen (FH) und Diplom-Pädagog/innen Defizite in der reflexiven Durchdringung von Erziehungs- und Bildungsmaßnahmen haben. Erzieherinnen verfügen demnach über weniger komplexe Deutungsmuster des beruflichen Alltags, einen weniger differenzierten Sprachstil und eine geringere Komplexität von Wissensdomänen.

Durch die breitflächige Einführung von Bachelor-Studiengängen im Bereich der Pädagogik der (frühen) Kindheit und die zunehmende Öffnung von Kindertageseinrichtungen für Hochschulabsolvent/innen wird sich der Anteil an akademisch qualifizierten Fachkräften in den Einrichtungen in Deutschland mittel- und langfristig erhöhen. Ob, und wenn ja inwieweit die Absolventen der neuen Bachelor-Studiengänge sich auf die beruflichen Anforderungen in

Kindertageseinrichtungen besser oder schlechter vorbereitet fühlen, im späteren Berufsleben ein höheres Maß an Anleitung, Planung und Organisation im Umgang mit den Kindern zeigen und Erziehungs- und Bildungsmaßnahmen analytisch differenzierter erfassen als bisherige Erzieherinnen ist indessen noch gänzlich offen. Untersuchungen in anderen Ländern deuten auf positive Effekte hoch qualifizierter pädagogischer Fachkräfte in Kindertageseinrichtungen auf die pädagogische Arbeit und die Entwicklung von Kindern (vgl. Sylva u.a. 2004; Whitebook 2003) hin. Insgesamt betrachtet, geben die bisherigen Studien jedoch noch kein konsistentes Bild, sondern verweisen vielmehr auf die Bedeutung weiterer Kontextbedingungen der pädagogischen Arbeit in Kindertageseinrichtungen (vgl. Early u.a. 2007).

2.2 Empirische Befunde über die Nutzung institutioneller Bildung, Erziehung und Betreuung

Fragen der Nutzung von frühpädagogischen Institutionen werden in Deutschland schon seit einiger Zeit untersucht (vgl. Tietze/Roßbach 1991). In der Folge der Veröffentlichung von Ergebnissen internationaler Schulleistungsuntersuchungen und den dort bestätigten sozialen Disparitäten im Kompetenzerwerb und in der Bildungsbeteiligung wurde vermehrt der Nutzung von frühpädagogischen Institutionen und dabei möglichen Disparitäten Aufmerksamkeit geschenkt. Bei unter dreijährigen Kindern steht tendenziell eher die Frage im Vordergrund, wer frühpädagogische Einrichtungen nutzt, während sich bei den Kindern ab drei Jahren eher die Frage stellt, wer den Kindergarten nicht nutzt (vgl. Geier/Riedel 2008). Die für diese Analysen herangezogenen Datenquellen sind unterschiedlich, z.B.: eigene Bevölkerungsumfragen (vgl. z.B. die DJI-Kinderbetreuungsstudie, Bien/Rauschenbach/Riedel 2006; Tietze/Roßbach 1991), das Sozio-ökonomische Panel (SOEP) (vgl. z.B. Büchner/Spiess 2007; Fuchs-Rechlin 2008) oder offizielle Statistiken (Mikrozensus-Erhebung, Kinder- und Jugendhilfestatistik, vgl. z.B. Fuchs 2005; Leu 2008; Roßbach 2008). Die Ergebnisse der verschiedenen Studien und Zugriffsweisen deuten dabei weitgehend auf ähnliche Abhängigkeiten hin.

Bei den unter dreijährigen Kindern liegt die Nutzung von frühpädagogischen Institutionen höher: bei älteren Kindern in dieser Zeitspanne, bei in den neuen Bundesländern lebenden Kindern, bei Kindern von Müttern mit einem höheren Bildungsniveau, bei Kindern von Müttern mit einer umfangreicheren wöchentlichen Arbeitszeit, bei Kindern ohne Migrationshintergrund, bei Kindern allein erziehender Mütter sowie bei Kindern aus Familien mit einem höheren Einkommen. Bei Kindern von drei Jahren bis zum Schulbeginn sind die Unterschiede deutlich geringer: Die Nutzung eines Kindergartens steigt mit dem Alter der Kinder (wobei ab dem vollendeten vierten Lebensjahr um 90% und mehr eine Einrichtung besuchen) und sie liegt in den neuen Bundesländern geringfügig höher als in den alten. Die Nutzungsquoten liegen ebenfalls höher bei Kindern erwerbstätiger Mütter und solchen mit einem höheren Bildungsniveau. Sie liegen tendenziell niedriger bei Kindern mit einer steigenden Geschwisterzahl und Kindern mit Migrationshintergrund. Die ökonomische Situation der Familie spielt dabei keine bzw. kaum eine Rolle (vgl. Fuchs-Rechlin 2008). Wenn es bei Kindern im Kindergartenalter Nutzungsdisparitäten gibt, dann treten diese vor allem bei den drei- bis vierjährigen Kindern auf (vgl. Roßbach 2008). Während somit bei den unter dreijährigen Kindern die Betreuungsfunktion bei der Nutzung einer frühpädagogischen Einrichtung im Vordergrund zu stehen scheint (speziell aufgrund von mütterlicher Erwerbstätigkeit bzw. einer allein erziehenden Mutter), spielt möglicherweise bei den Kindern ab drei Jahren – bei denen die weit überwiegende Mehrheit einen Kindergarten besucht – ein milieuspezifisches Meidungsverhalten eine Rolle (vgl. Fuchs-Rechlin 2008). Durchaus vergleichbare Abhängigkeiten der Nutzung finden sich, wenn längsschnittlich danach gefragt wird, welche Kinder überhaupt einmal eine Einrichtung besucht haben und wie lange (vgl. Büchner/Spiess 2007). Die Wahrscheinlichkeit, jemals eine frühpädagogische Einrichtung besucht zu haben, sinkt bei steigender Geschwisterzahl, in den westlichen Bundesländern und bei sinkendem Haushaltseinkommen (auch bei Kontrolle der mütterlichen Erwerbstätigkeit und dem Bildungsstand der Eltern). Die gleichen Bedingungen spielen eine Rolle (das Haushaltseinkommen aber deutlich geringer) bei der Dauer (in Jahren) des Besuchs frühpädagogischer Einrichtungen. Hinzu kommt noch, dass die Dauer bei Kindern mit Migrationshintergrund sinkt und bei Kindern von erwerbstätigen Müttern sowie von Müttern mit einem akademischen Bildungsabschluss steigt.

Eine weitere – speziell in den USA breit diskutierte – Frage im Hinblick auf Nutzungsdisparitäten ist, ob die Qualität einer besuchten Einrichtung mit bestimmten Merkmalen der Herkunftsfamilien der Kinder zusammenhängt. Hierzu gibt es in Deutschland nur wenige Hinweise. Bei einer Analyse von Daten aus Bayern und Hessen findet Schmidt (2007), dass Kinder mit Migrationshintergrund, mit niedrigem sozioökonomischen Status und einem niedrigeren Bildungsniveau der Mutter Kindergartengruppen mit einer niedrigeren Qualität der pädagogischen Prozesse besuchen. Bei Analysen der Kinder- und Jugendhilfestatistik 2006 zeigen sich deutliche Segregationstendenzen für Kinder mit Migrationshintergrund (vgl. Leu 2008). In fast jeder sechsten Einrichtung in den alten Bundesländern (ohne Berlin) machen z.B. Kinder mit Migrationshintergrund die Mehrheit aus. Fast ein Drittel der Kinder mit einer nichtdeutschen Familiensprache besucht hier eine Einrichtung, in der mehr als die Hälfte der Kinder zu Hause nicht deutsch spricht, wodurch eine Sprachförderung erheblich erschwert wird.

Insgesamt betrachtet ist die Zunahme an Untersuchungen, die sich der Nutzung frühpädagogischer Einrichtungen und sozialen Disparitäten zuwenden, erfreulich. Es fehlen jedoch noch Untersuchungen, die z.B. stärker die pädagogischen und kulturellen Orientierungen der Eltern, ihre eigenen Sprachfähigkeiten (besonders im Deutschen) oder ihr Wissen über das deutsche Bildungssystem sowie vorhandene oder nicht vorhandene familiale/häusliche Fördermöglichkeiten berücksichtigen. Für die Beantwortung solcher Fragen sind gezielte Längsschnittanalysen – möglichst ab der Geburt eines Kindes – erforderlich, einschließlich der frühen Erfassung des kindlichen Gesundheitszustands und der kindlichen Kompetenzen.

2.3 Ausgewählte Ergebnisse zu den Auswirkungen institutioneller Bildung, Erziehung und Betreuung auf die Entwicklung von Kindern

Die generelle Annahme ist, dass der Besuch einer Kindertageseinrichtung für die kindliche Entwicklung im sozial-emotionalen und im kognitiven Bereich förderlich ist. Dabei ist nicht nur der Besuch als solcher bzw. seine Länge bedeutend, vielmehr kommt es vor allem auch auf die Qualität der Einrichtung an. Ebenso wird oft angenommen, dass sich besondere Fördereffekte für Kinder aus benachteiligten Familien finden lassen. Die Forschungslage zu diesen Aspekten ist in Deutschland allerdings unzureichend.

Eine erste Gruppe von Untersuchungen befasst sich mit dem Zusammenhang zwischen dem Besuch einer frühpädagogischen Institution (Besuch versus Nicht-Besuch bzw. Länge des Besuchs) und späteren Schulerfolgen bzw. Platzierungen im Bildungssystem. Diese Untersuchungen werden z.B. auf der Basis schulstatistischer Daten (vgl. z.B. Tietze 1984), des

Sozio-ökonomischen Panels (vgl. z.B. Becker/Lauterbach 2004; Büchner/Spiess 2007; Spieß/ Büchel/Wagner 2003), breit angelegter Schuleingangsuntersuchungen (vgl. z.b. für Osnabrück Becker/Biedinger 2006) oder auf Basis von Datensätzen aus internationalen Schulleistungsvergleichsstudien (vgl. z.B. für die Internationale Grundschul-Lese-Untersuchung IGLU: Bos u.a. 2007) durchgeführt. In der Regel zeigen sich positive Auswirkungen eines Besuchs bzw. der Dauer des Besuchs auf schulische Kompetenzen/Schulerfolg und eine höhere Platzierung im Bildungssystem. Bei einer neueren Analyse des Sozio-ökonomischen Panels zeigt sich, dass – bei Kontrolle anderer Einflussfaktoren – mit zunehmender Dauer des Besuchs einer frühpädagogischen Einrichtung die Wahrscheinlichkeit abnimmt, als 14-Jähriger eine Hauptschule zu besuchen. Ein zusätzliches Jahr in einer Kindertageseinrichtung erhöht für ein Kind mit durchschnittlichen Merkmalen die Wahrscheinlichkeit eines Gymnasium- oder Realschulbesuchs um 8 Prozent (vgl. Büchner/Spiess 2007). Aus Vergleichen mit früheren Analysen schließen die Autorinnen, dass weniger der Befund, (irgendwann) eine frühpädagogische Einrichtung besucht zu haben, eine Rolle spielt. Vielmehr käme es auf die Dauer des Besuchs an, wenn Bildungsoutcomes erklärt werden sollen. Im Hinblick auf diese Analysen muss aber einschränkend festgehalten werden, dass mögliche Selektionsfaktoren für einen frühen und längeren Besuch einer Einrichtung (z.B. elterliche Bildungsorientierungen oder der frühe kindliche Entwicklungs- und Gesundheitsstand) in diesen Untersuchungen nur teilweise kontrolliert werden können.

Untersuchungen zu den Auswirkungen der Qualität (Strukturmerkmale wie auch Merkmale der pädagogischen Prozesse) einer besuchten Kindertageseinrichtung auf die kindliche Entwicklung sind in Deutschland sehr selten. Ein Beispiel ist der deutsche Teil der European Child Care and Education – ECCE – Study (vgl. Tietze u.a. 1998; Tietze/Roßbach/Grenner 2005), in der Kinder von vier bis acht Jahren – in der Regel bis Ende der zweiten Grundschulklasse – und die Qualität ihrer Förderung in Familie, Kindergarten und Grundschule untersucht wurden (n = 422 vierjährige Kinder aus 103 Gruppen in 103 Kindergärten). Die Qualität der von den Kindern im Alter von vier Jahren besuchten Kindergartengruppen ist positiv verbunden mit dem kindlichen Entwicklungsstand im Alter von acht Jahren im sozial-emotionalen und im kognitiv-leistungsbezogenen Bereich. Die numerischen Beziehungen sind zwar niedrig; der Einfluss der Kindergartenqualität beläuft sich aber immerhin auf etwa ein Drittel bis die Hälfte der Einflüsse der Familie, wobei genetische Einflüsse und Effekte des häuslichen Anregungsniveaus bei der Familie vermischt sind. In der Untersuchung fanden sich keine Wechselwirkungen zwischen der Qualität der Kindergartenbetreuung einerseits und familialen Hintergrundvariablen sowie Aspekten des häuslichen Anregungsniveaus andererseits. D.h., die Qualität des besuchten Kindergartens wirkt sich additiv zu den Auswirkungen von Familienmerkmalen und häuslichem Anregungsniveau aus. Besondere kompensatorische Effekte für Kinder aus benachteiligten Familien sind nicht zu erkennen.

Diese Ergebnisse zu den Auswirkungen des Kindergartens auf die kindliche Entwicklung ordnen sich ein in die internationale Forschungsliteratur (vgl. ausführlicher Roßbach 2005): Die zeitliche Dauer des Besuchs einer frühpädagogischen Einrichtung wirkt sich bei Kindern unter drei Jahren möglicherweise negativ auf den sozialen Bereich aus; bei Kindern ab drei Jahren gibt es keine Beziehung zwischen zeitlicher Dauer und Sozialkompetenzen. Insgesamt scheint eine längere Besuchsdauer mit erhöhten Verhaltensproblemen einherzugehen, wobei diese Effekte sehr niedrig sind, die Verhaltensprobleme nicht im klinischen Bereich liegen und auch nur eine kleine Gruppe von Kindern betroffen ist. Für die Entwicklung im kognitiven Bereich spielt die Länge der Erfahrungen in frühpädagogischen Einrichtungen ebenfalls eine Rolle; allerdings scheint ein Beginn vor Vollendung des zweiten Lebensjahres keinen zusätzlichen Gewinn zu bringen im Vergleich zu einem Beginn im Alter von zwei bis zweieinhalb Jahren. Eine gute Qualität der pädagogischen Prozesse in den Einrichtungen wirkt sich durchgängig positiv auf die soziale und die kognitiv-leistungsbezogene Entwicklung aus; allerdings scheint sie weniger bedeutsam für die soziale Entwicklung bei der Betreuung von unter dreijährigen Kindern. Strukturelle Rahmenbedingungen sind ebenfalls mit den kindlichen Entwicklungsbereichen verbunden. Es finden sich Hinweise darauf, dass eine günstigere kindliche Entwicklung mit kleineren Gruppen, einem günstigeren Betreuerin-Kind-Schlüssel und einem besseren Qualifikationsniveau des Fachpersonals verbunden ist. Die deutsche Forschungslage hierzu ist allerdings unzureichend. In den meisten Untersuchungen in Regeleinrichtungen finden sich keine besonderen (kompensatorischen) Auswirkungen der Qualität in den Einrichtungen auf die kindliche Entwicklung. Allerdings finden sich Hinweise darauf, dass die Betreuung in einer vorschulischen Einrichtung *als solche* für sozial benachteiligte Kinder und Kinder mit Migrationshintergrund besonders Gewinn bringend sein kann (vgl. Sammons u.a. 2002, S. 55ff.; Sylva u.a. 2004, S. 157). Spezifische und aufwändige Interventionsprogramme für Kinder aus benachteiligten Familien weisen auf deutliche positive Auswirkungen dieser Interventionen hin (vgl. z.B. das viel zitierte Perry Preschool Project in den USA, Schweinhart u.a. 2005).

3 Untersuchungen zu frühpädagogischen Konzeptionen und Modellprojekten

In Deutschland gibt es unterschiedliche Untersuchungen zu frühpädagogischen Konzeptionen und Modellprogrammen bzw. -projekten. Grob unterscheiden lassen sich zwei Bereiche:

Ein *erster Bereich* umfasst Untersuchungen zu spezifischen frühpädagogischen Konzeptionen sowie Rahmenplänen. Hierzu gehört z.B. die Evaluation des Situationsansatzes im Rahmen des Projekts „Kindersituationen" (vgl. Wolf u.a. 1999). Auch Untersuchungen zu pädagogischen Ansätzen wie z.B. Waldorf-, Montessori-, Reggio- oder Wald-Pädagogik sind hier zu verorten, deren Evaluationen aber zahlenmäßig gering und zudem mit methodischen Unzulänglichkeiten behaftet sind (vgl. Roßbach/Frank 2008). Aktuell gehören in diesen Bereich auch wissenschaftliche Begleitstudien von Implementationen der in allen Bundesländern eingeführten Rahmenpläne für die Bildungsarbeit in Kindertageseinrichtungen. Auf Grund der föderalen Struktur der Bundesrepublik werden hierzu in einigen Bundesländern individuelle und methodisch sehr unterschiedliche Begleitstudien durchgeführt bzw. angestrebt (vgl. z.B. Berwanger/Reis 2007 für Hessen; Honig/Schreiber/Netzer 2006 für Niedersachsen, Rheinland-Pfalz und Schleswig-Holstein). Die konkrete Umsetzung der Rahmenpläne in der Praxis ist bislang nicht empirisch-systematisch überprüft.

Der *zweite Bereich* umfasst Untersuchungen zu Modellprogrammen und -projekten, die sich auf spezifische Inhalte (z.B. den Übergang Kindergarten-Grundschule, bereichsspezifische Förderung) oder spezifische Zielgruppen (z.B. Kinder mit Migrationshintergrund, Kinder mit Behinderungen) beziehen. Ohne Anspruch auf Vollständigkeit werden im Folgenden ausschließlich gegenwärtige Untersuchungen zu Modellprogrammen und -projekten vorgestellt.

Für den Übergang vom Kindergarten in die Grundschule werden Beispiele genannt, welche die personelle Kooperation zwischen Kindergarten und Grundschule in den Mittelpunkt rücken und kindliche Bildungsprozesse unter dem Aspekt der Anschlussfähigkeit thematisieren:

- Das Forschungs- und Entwicklungsprojekt „ponte" verknüpft den Situationsansatz im Kindergarten mit den Lernbereichsdidaktiken der Grundschule. Durch die strukturelle und inhaltliche Zusammenarbeit soll auf der Basis dialogischer Aushandlungsprozesse die Qualität der frühkindlichen Bildung weiterentwickelt werden. Auf regionaler Ebene nehmen Moderator/innen eine Brückenfunktion zwischen den beteiligten Kindergärten und Grundschulen sowie zwischen den Projekteinrichtungen und der universitären Projektgruppe ein (vgl. Preissing u.a. o.J.). Die Ergebnisse der externen formativen Evaluation, die mittels qualitativer Forschungs- und Evaluationsmethoden (u.a. Gruppendiskussionen, dokumentarische Methode, Videointerpretation) durchgeführt wird, stehen noch aus (vgl. Nentwig-Gesemann/Dreier 2006).
- Das BLK-Programm „Stärkung der Bildungs- und Erziehungsqualität in Kindertageseinrichtungen und Grundschule und Gestaltung des Übergangs – TransKiGs" (vgl. Bund-Länder-Kommission für Bildungsplanung und Forschungsförderung o.J.) setzt sich zum Ziel, Strategien und Instrumente der Implementation und Evaluation zu entwickeln und zu erproben. Auf der Grundlage gemeinsamer Bildungskonzeptionen soll zudem deren Wirksamkeit längsschnittlich untersucht werden. Von der wissenschaftlichen Begleitforschung werden Erkenntnisse darüber erwartet, mit Hilfe welcher Instrumente und unter welchen Rahmenbedingungen eine individuelle Förderung der Kinder effektiv möglich ist. Erste Zwischenberichte befassen sich z.B. mit der Implementierung von Lerndokumentationen (vgl. Steinweg/Gasteiger 2007 für Berlin), mit Befragungen zur Kooperation von Kindertageseinrichtungen und Grundschulen beim Übergang (vgl. z.B. Akgün 2006 für NRW; Landesinstitut für Schule und Medien Berlin-Brandenburg 2007) oder mit Projektverlaufsdokumentationen (vgl. z.B. Freie Hansestadt Bremen o.J.). Von einer strengen empirischen Vorgehensweise bei der Evaluation in den beteiligten Bundesländern kann dabei allenfalls in Teilbereichen ausgegangen werden.
- Das Modellprojekt „KIDZ – Kindergarten der Zukunft in Bayern" zielt auf die inhaltliche und strukturelle Verzahnung der Bildungsinstitutionen Kindergarten und Grundschule (vgl. Roßbach/Frank/Sechtig 2007). Sein hervorstechendes Charakteristikum ist die gemeinsame Bildungs-, Betreuungs- und Erziehungsarbeit im Teamteaching einer Kinderpflegerin, einer Erzieherin und einer Grundschullehrerin pro Kindergartengruppe. Die Evaluation ist als längsschnittlicher Kontrollgruppenvergleich angelegt. Zentrale Fragen der Evaluation beziehen sich auf die Effektivität des Modellversuchs im Sinne der Zielvorstellungen, die Akzeptanz und die Umsetzung der Inhalte in den Einrichtungen. Als Vergleichsgruppe wurden Einrichtungen mit vielfältigen und intensiven Erfahrungen aus der Erprobungsphase des Bayerischen Bildungs- und Erziehungsplanes ausgewählt. Mit dem Übergang der letzten KiDZ-Kinder vom Kindergarten in die jahrgangsgemischte Grundstufe der Grundschulen werden ab Sommer 2008 differenzierte Auswertungen möglich.

Hinsichtlich der Förderung bereichsspezifischer Kompetenzen, welche in allen Rahmenplänen der Bundesländer mehr oder weniger explizit angesprochen werden, fallen Untersuchungen zu Modellprogrammen/-projekten erstens im Bereich der Sprachentwicklung und Early Literacy (vgl. Jampert u.a. 2007), zweitens im Bereich mathematischer und drittens im Bereich sozialer

Kompetenzen auf. In allen Bereichen gibt es nur wenige positive Beispiele für systematische Evaluationen (vgl. z.B. Küspert u.a. 2007; Lösel u.a. 2006). Für den sprachlichen Bereich wird hier auf das Modellprojekt „Sag' mal was – Sprachförderung für Vorschulkinder" eingegangen: Es umfasst nicht nur Sprachfördermaßnahmen auf der Grundlage von Sprachstandserhebungen, die Qualifizierung von Multiplikatorinnen und die begleitende Öffentlichkeitsarbeit, sondern auch eine wissenschaftliche Evaluation unter Einschluss diagnostischer Forschung (vgl. Schakib-Ekbatan u.a. 2007, S. 3). Dabei wird u.a. die Wirksamkeit der Sprachförderungen in einem Prä-Post-Mehr-Gruppen-Plan überprüft, der die Zeit vom Beginn des letzten Kindergartenjahres bis zum Ende der zweiten Klasse umfasst und drei Untersuchungsgruppen (eine Fördergruppe vs. zwei Vergleichsgruppen) einbezieht. Erste Zwischenergebnisse des Prä-Post-Vergleichs im letzten Kindergartenjahr zeigen, dass es keine substantielle Angleichung zwischen den Leistungen der Kinder mit und ohne Sprachförderbedarf gibt und auch keine nennenswerten Unterschiede zwischen den eingesetzten Sprachfördermaßnahmen erkennbar werden (vgl. Schakib-Ekbatan u.a. 2007, S. 36). Da mögliche „Sleeper-Effekte" nicht ausgeschlossen werden können, bleibt abzuwarten, wie sich die Kinder im schulischen Bereich weiterentwickeln.

Modellprogramme/-projekte, welche die Gruppe der Kinder mit Migrationshintergrund in den Blick nehmen, zielen nicht nur, aber schwerpunktmäßig auf spezifische Sprachförderungen (vgl. Schakib-Ekbatan u.a. 2007; vgl. auch Gogolin 2007; Integrationsbeauftragte 2007, 47ff.; Jampert u.a. 2007). Beispielhaft wird hier das BLK-Modellprogramm „Förderung von Kindern und Jugendlichen mit Migrationshintergrund – FörMig" näher ausgeführt: Auf der Ebene der beteiligten Länder sollen innovative Ansätze zur Verbesserung der sprachlichen Bildung und Förderung vorangetrieben wie auch evaluiert und darüber hinaus Beispiele bester Fachpraxis verbreitet werden, um letztlich Erträge für die Bildungsplanung zur Verfügung zu stellen (FörMig o.J.). Die Evaluation ist auf mehreren Ebenen angesiedelt: programmbezogene Evaluation des Gesamtprogramms; projektbezogene Evaluation, die sich auf die Arbeit der Basiseinheiten in den jeweiligen Bundesländern bezieht; interne Evaluation in Form von Begleitung von Entwicklungsprozessen, Dokumentationen und Ergebnissicherung. Nähere Informationen zur methodischen Umsetzung der einzelnen Evaluationen sowie erste Zwischenergebnisse stehen noch aus.

Auch die Integration von Kindern mit Behinderungen stellt weiterhin eine Herausforderung für die Frühpädagogik dar. Aus den wissenschaftlich begleiteten Modellversuchen der 1980er Jahre kann nach Kron/Papke (2006, S. 26) zusammenfassend festgehalten werden, dass eine integrative institutionelle Frühpädagogik zu positiven Entwicklungsverläufen bei allen Kindern beitragen kann. Da diese Forschungsaktivitäten in der Frühpädagogik weitgehend ohne Fortführung blieben, lässt sich aber aktuell wenig zu den empirisch abgesicherten Auswirkungen auf die beteiligten Kinder und die Qualität einer integrativen Bildung, Erziehung und Betreuung sagen (vgl. Riedel 2008, S. 143; Smidt 2008).

Zusammenfassend lässt sich festhalten, dass empirisch-systematische Untersuchungen zu frühpädagogischen Konzeptionen und Modellprogrammen bzw. -projekten in Deutschland äußerst selten sind. Um aussagekräftige Informationen darüber gewinnen zu können, welche Auswirkungen die einzelnen Bemühungen auf Kinder und beteiligte Erwachsene haben, sind solche Untersuchungen unerlässlich.

4 Forschungsdesiderata

Die Bildungsforschung im Bereich der Frühpädagogik kann sich mittlerweile auf einige hochwertige Untersuchungen stützen. Gute Beispiele empirischer Studien sind insbesondere in den USA, England und den Niederlanden zu finden. In Deutschland hat die Forschungsinfrastruktur in der Frühpädagogik noch erheblichen Entwicklungsbedarf, der insbesondere in einem Mangel an längerfristig angelegten Längsschnittstudien zum Ausdruck kommt. Dringender Bedarf an systematischen, strengen Kriterien genügenden Untersuchungen besteht insbesondere hinsichtlich

- der Evaluation pädagogischer Programme (z.B. Sprachförderprogramme) und Ansätze (z.B. Fröbel-Pädagogik, Montessori-Pädagogik, Reggio-Pädagogik, Situationsansatz, Ansatz des Waldkindergartens) (vgl. Roßbach/Frank 2008),
- der Entwicklung und Überprüfung geeigneter Evaluations- und Erfassungsinstrumente (vgl. Tietze 2006), insbesondere geeigneter Sprachstandserhebungsverfahren (vgl. Fried 2004; Gogolin/Neumann/Roth 2002),
- der Ermittlung von Auswirkungen prozessualer Merkmale (z.B. sprachliche und kognitive Anregungen) und struktureller Bedingungen in Kindertageseinrichtungen (z.B. Gruppengröße, Erzieher-Kind-Schlüssel, erweiterte Altersmischung, Ganztagsbetreuung und Qualifikationsniveau des pädagogischen Personals) auf die Qualität der pädagogischen Arbeit und auf die Entwicklung von (Klein-)Kindern (vgl. Roßbach 2005),
- der Evaluation von Erziehungs- und Bildungsplänen in den einzelnen Bundesländern (vgl. Diskowski 2004),
- der Evaluation integrativer Bildungs-, Erziehungs- und Betreuungsangebote (vgl. Kron/Papke 2006) und
- der Optimierung von Übergängen zwischen Familie, Krippe, Kindergarten und Grundschule für die Entwicklung von Kindern (vgl. Roßbach 2006).

Die gegenwärtige Einrichtung neuer Studiengänge und Professuren im Bereich der Pädagogik der (frühen) Kindheit in Deutschland bietet Chancen für einen Ausbau frühpädagogischer Bildungsforschung und damit für eine Reduktion der oben aufgeführten Desiderata. Die nächsten Jahre werden zeigen, inwieweit dies gelingt.

Literatur

Akgün, M. (2006): Praxis der Kooperation zwischen Kindertageseinrichtungen und Grundschulen in Nordrhein-Westfalen. Ergebnisse einer Befragung im Rahmen des Projektes TransKiGs NRW. URL: http://www.transkigs.nrw.de/projekt/2_7.pdf (23.02.2008)

Becker, B./Biedinger, N. (2006): Ethnische Bildungsungleichheit zu Schulbeginn. In: Kölner Zeitschrift für Soziologie und Sozialpsychologie, 58. S. 660–684.

Becker, R./Lauterbach, W. (2004): Vom Nutzen vorschulischer Kinderbetreuung für Bildungschancen. In: Becker, R./Lauterbach, W. (Hrsg.): Bildung als Privileg? Erklärungen und Befunde zu den Ursachen der Bildungsungleichheit. Wiesbaden: VS Verlag für Sozialwissenschaften, S. 127–159.

Berwanger, D./Reis, K. (2006): Der Bildungs- und Erziehungsplan für Kinder von 0 bis 10 Jahren in Hessen. Ergebnisbericht zur Erprobungsphase. Wiesbaden: Muhr.

Bien, W./Rauschenbach, T./Riedel, B. (Hrsg.) (2006): Wer betreut Deutschlands Kinder? DJI-Kinderbetreuungsstudie. Weinheim: Beltz.

Bos, W./Valtin, R./Hornberg, S./Buddeberg, I./Goy, M./Voss, A. (2007): Internationaler Vergleich 2006: Lesekompetenzen von Schülerinnen und Schülern am Ende der vierten Jahrgangsstufe. In: Bos, W./Hornberg, S./Arnold, K.-H./Faust, G./Fried, L./Lankes, E.-M./Schwippert, K./Valtin, R. (Hrsg.): IGLU 2006. Lesekompetenzen von Grundschulkindern in Deutschland im internationalen Vergleich. Münster: Leykam, S. 109–160.

Bronfenbrenner, U. (1974/1982): Wie wirksam ist kompensatorische Erziehung? (Is early intervention effective?). Stuttgart: Klett-Cotta.

Büchner, C./Spiess, C.K. (2007): Die Dauer vorschulischer Betreuungs- und Bildungserfahrungen. Ergebnisse auf der Basis von Paneldaten (DIW Discussion Papers 687). Berlin. URL: http://www.diw.de/documents/publikationen/73/56550/dp687.pdf (23.02.2008).

Bund-Länder-Kommission für Bildungsplanung und Forschungsförderung (o.J.): BLK-Verbundprojekt „Stärkung der Bildungs- und Erziehungsqualität in Kindertageseinrichtungen und Grundschule und Gestaltung des Übergangs" (TransKiGS). URL: http://www.blk-bonn.de/modellversuche/transkigs.htm (23.02.2008)

Cloos, P. (2001): Ausbildung und beruflicher Habitus von ErzieherInnen. In: Hoffmann, H. (Hrsg.): Studien zur Qualitätsentwicklung von Kindertagesstätten. Neuwied: Luchterhand, S. 97–130.

Cloos, P. (2004): Biografie und Habitus. Ethnografie sozialpädagogischer Organisationskulturen. Kassel. (CD-Veröffentlichung).

Dartsch, M. (2001): Erzieherinnen in Beruf und Freizeit. Eine Regionalstudie zur Situation von Fachkräften in Tageseinrichtungen für Kinder. Opladen: Leske und Budrich.

Diller, A./Rauschenbach, T. (Hrsg.) (2006): Reform oder Ende der Erzieherinnenausbildung? Beiträge zu einer kontroversen Fachdebatte. München: Verlag Deutsches Jugendinstitut.

Dippelhofer-Stiem, B. (2006): Berufliche Sozialisation von Erzieherinnen. In: Fried, L./Roux, S. (Hrsg.): Pädagogik der frühen Kindheit. Handbuch und Nachschlagewerk. Weinheim: Beltz, S. 358–367.

Dippelhofer-Stiem, B./Kahle, I. (1995): Die Erzieherin im evangelischen Kindergarten. Empirische Analysen zum professionellen Selbstbild des pädagogischen Personals, zur Sicht der Kirche und zu den Erwartungen der Eltern. Bielefeld: Kleine.

Diskowski, D. (2004): Das Ende der Beliebigkeit? Bildungspläne für den Kindergarten. In: Diskowski, D./Hammes-Di Bernardo, H. (Hrsg.): Lernkulturen und Bildungsstandards. Kindergarten und Schule zwischen Vielfalt und Verbindlichkeit. Baltmannsweiler: Schneider Hohengehren, S. 75–104.

Early, D. M./Maxwell, K. L./ Burchinal, M. R./Bender, R. H./Ebanks, C./Henry, G. T./Iriondo-Perez, J./Mashburn, A. J./Pianta, R. C./Bryant, D. M./Cai, K./Clifford, R. M./Griffin, J. A./Howes, C./Jeon, H.-J./Peisner-Feinberg, E./ Vandergrift, N./Zill, N. (2007): Teachers' Education, Classroom Quality, and Young Children's Academic Skills: Results From Seven Studies of Preschool Programs. In: Child Development, 78, S. 558–580.

FörMig (o.J.): BLK-Modellprogramm Förderung von Kindern und Jugendlichen mit Migrationshintergrund. URL: http://www.blk-foermig.uni-hamburg.de/cosmea/core/corebase/mediabase/foermig/pdf/FoerMig_Programmueberblick.pdf (23.02.2008).

Freie Hansestadt Bremen (o.J.): BLK-Modellversuch „TransKiGs" in Bremen. Stärkung der Bildungs- und Erziehungsqualität in Kindertageseinrichtungen und Grundschule – Gestaltung des Übergangs. 1. Zwischenbericht für den Zeitraum vom 01.02.2005 – 01.02.2007. URL: http://www.soziales.bremen.de/sixcms/media.php/13/TransKi Gs%20Bericht%202005-07.pdf (23.02.2008).

Fried, L. (2004): Expertise zu Sprachstandserhebungen für Kindergartenkinder und Schulanfänger. Eine kritische Betrachtung. URL: http://cgi.dji.de/bibs/271_2232_ ExpertiseFried.pdf (22.01.2008).

Fried, L./Roßbach, H.-G./Tietze, W./Wolf, B. (1992): Elementarbereich. In: Ingenkamp, K./Jäger, R. S./Petillon, H./ Wolf, B. (Hrsg.): Empirische Pädagogik 1970 – 1990. Eine Bestandsaufnahme der Forschung in der Bundesrepublik Deutschland (Bd. 1). Weinheim: Deutscher Studien Verlag, 197–263.

Fuchs, K. (2005): Wer besucht eine Kinderbetreuungseinrichtung, wer nicht? In: Deutsches Jugendinstitut/Dortmunder Arbeitsstelle Kinder- und Jugendhilfestatistik (Hrsg.): Zahlenspiegel 2007. Kindertagesbetreuung im Spiegel der Statistik. München: Verlag Deutsches Jugendinstitut, S. 93–109.

Fuchs-Rechlin, K. (2008): Soziale Hintergründe der Inanspruchnahme von Kindertagesbetreuung und finanzieller Aufwand der Eltern – Auswertungen des Sozioökonomischen Panels. In: Deutsches Jugendinstitut/Dortmunder Arbeitsstelle Kinder- und Jugendhilfestatistik (Hrsg.): Zahlenspiegel 2007. Kindertagesbetreuung im Spiegel der Statistik. München: Verlag Deutsches Jugendinstitut, S. 201–215.

Geier, B./Riedel, B. (2008): Ungleichheiten der Inanspruchnahme öffentlicher frühpädagogischer Angebote. Einflussfaktoren und Restriktionen elterlicher Betreuungsentscheidungen. In: Roßbach, H.-G./Blossfeld, H.-P. (Hrsg.): Frühpädagogische Förderung in Institutionen. Zeitschrift für Erziehungswissenschaft. Sonderheft 11. Wiesbaden, S. 11–28.

Gogolin, I. (2007): Institutionelle Übergänge als Schlüsselsituationen für mehrsprachige Kinder. München: Deutsches Jugendinstitut. URL: http://www.dji.de/bibs/384_8312_Expertise%20Gogolin_Uebergaenge.pdf (23.02.2008).
Gogolin, I./Neumann, U./Roth, H.-J. (2002): Anforderungen an Verfahren zur Erhebung sprachlicher Fähigkeiten und des Sprachgebrauchs zweisprachiger Kinder. Stellungnahme zur „Berliner Sprachstandserhebung und Materialien zur Sprachförderung für Kinder in der Eingangsphase". URL: http://www.erzwiss.uni-hamburg.de/arbeitsstellen/interkultur/baere.html (05.02.2008).
Honig, M.-S./Schreiber, N./Netzer, K. (2006): Begleitstudie zur Umsetzung des „Orientierungsplans für Bildung und Erziehung im Elementarbereich niedersächsischer Tageseinrichtungen für Kinder" im Auftrag des niedersächsischen Kultusministeriums. Ergebnisse der Leitungsbefragung. URL: http://cdl.niedersachsen.de/blob/images/C31091764_L20.pdf (23.02.2008).
Iben, G. (1971): Kompensatorische Erziehung. Analysen amerikanischer Programme. München: Juventa.
Integrationsbeauftragte (Die Beauftragte der Bundesregierung für Migration, Flüchtlinge und Integration) (2007): Der Nationale Integrationsplan. Neue Wege – Neue Chancen. Berlin: Presse- und Informationsamt der Bundesregierung.
Jampert, K./Beste, P./Guadatiello, A./Holler, D./Zehnbauer, A. (2007[2]): Schlüsselkompetenz Sprache. Sprachliche Bildung und Förderung im Kindergarten. Konzepte, Projekte, Maßnahmen. Überarb. Aufl.. Weimar, Berlin: Verlag das Netz.
Kahle, I./Nakath, J./Dippelhofer-Stiem, B. (1997): Design, Stichprobe und Erhebungsinstrumente der Panelstudie „Berufliche Sozialisation von Erzieherinnen im Übergang von der Fachschule in das Tätigkeitsfeld Kindergarten". Arbeitsbericht 2 des DFG-Projekts, Magdeburg.
Kron, M./Papke, B. (2006): Frühe Erziehung, Bildung und Betreuung von Kindern mit Behinderung. Eine Untersuchung integrativer und heilpädagogischer Betreuungsformen in Kindergärten und Kindertagesstätten. Bad Heilbrunn: Klinkhardt.
Küspert, P./Weber, J./Marx, P./Schneider, W. (2007): Prävention von Lese-Rechtschreibschwierigkeiten. In: Suchodoletz, W.v. (Hrsg.): Prävention von Entwicklungsstörungen. Göttingen: Hogrefe Verlag, S. 81–96.
Landesinstitut für Schule und Medien Berlin-Brandenburg (Hrsg.) (2007): Kooperation von Kindertageseinrichtungen und Grundschulen beim Übergang. Ergebnisse einer repräsentativen Befragung im Land Brandenburg zur Umsetzung des § 15 der Grundschulverordnung zur Kooperation von Kita und Schule beim Übergang. URL: http://www.bildung-brandenburg.de/transkigs/fileadmin/user/redakteur/Brandenburg/Befragung___bergang_BB.pdf (23.02.2008).
Lazar, I./Darlington, R.B./Murray, H./Royce, J./Snipper, A. (1982): Lasting effects of early education: A report of the Consortium for Longitudinal Studies. In: Monographs of the Society for Research. In: Child Development, 47 (Serial No. 195), H. 2-3, S. 1–151.
Leu, H.R. (2008): Kinder mit Migrationshintergrund in Kindertageseinrichtungen. In: Deutsches Jugendinstitut/Dortmunder Arbeitsstelle Kinder- und Jugendhilfestatistik (Hrsg.): Zahlenspiegel 2007. Kindertagesbetreuung im Spiegel der Statistik. München: Verlag Deutsches Jugendinstitut, S. 157–167.
Lösel, F./Jaursch, S./Beelmann, A./Stemmler, M. (2007): Prävention von Störungen des Sozialverhaltens – Entwicklungsförderung in Familien: das Eltern und Kindertraining EFFEKT. In: Suchodoletz, W.v. (Hrsg.): Prävention von Entwicklungsstörungen. Göttingen: Hogrefe, S. 215–234.
Nentwig-Geseman, I./Dreier, A. (2006): Kindergärten und Grundschulen auf neuen Wegen – Evaluation des Projekts ponte. In: alice – magazin der Alice Salomon Fachhochschule Berlin 10. S. 40. URL: http://www.asfh-berlin.de/uploads/media/alice_12_web.pdf (23.02.2008)
Netz, T. (1998): Erzieherinnen auf dem Weg zur Professionalität. Studien zur Genese der beruflichen Identität. Frankfurt a.M.: Peter Lang.
Neubauer, E. C. (1986): Erzieherverhalten bei der Bewältigung sozialer Konflikte. Salzburg: AVM.
Preissing, C./Zimmer, J./Dreier, A./Ramseger, J. (o.J.): ponte. Kindergärten und Grundschulen auf neuen Wegen. URL: http://www.ponte-info.de/downloads/ponte_projektskizze.pdf (23.02.2008).
Riedel, B. (2008): Kinder mit Behinderungen. In: Deutsches Jugendinstitut/Dortmunder Arbeitsstelle Kinder- und Jugendhilfestatistik (Hrsg.): Zahlenspiegel 2007. Kindertagesbetreuung im Spiegel der Statistik. München: Verlag Deutsches Jugendinstitut, S. 141–157.
Roßbach, H.-G. (2005): Effekte qualitativ guter Betreuung, Bildung und Erziehung im frühen Kindesalter auf Kinder und ihre Familien. In: Sachverständigenkommission Zwölfter Kinder- und Jugendbericht (Hrsg.): Band 1. Bildung, Betreuung und Erziehung von Kindern unter sechs Jahren. München: Verlag Deutsches Jugendinstitut, S. 55–174.
Roßbach, H.-G. (2006): Institutionelle Übergänge in der Frühpädagogik. In: Fried, L./Roux, S. (Hrsg.): Pädagogik der frühen Kindheit. Handbuch und Nachschlagewerk. Weinheim: Beltz, S. 280–292.

Roßbach, H.-G. (2008): Vorschulische Erziehung. In: (voraus.) Cortina, K./Baumert, J./Leschinsky, A./Mayer, K. U./ Trommler, L. (Hrsg.): Das Bildungswesen in der Bundesrepublik Deutschland. Rowohlt: Reinbek bei Hamburg, S. 283–323.

Roßbach, H.-G./Frank, A. (2008): Bildung, Erziehung und Betreuung in der frühen Kindheit. Forschungsstand und Bedarf. In: Thole, W./Roßbach, H.-G./Fölling-Albers, M./Tippelt, R. (Hrsg.): Bildung und Kindheit. Pädagogik der Frühen Kindheit in Wissenschaft und Lehre. Opladen u.a.: Verlag Barbara Budrich, S. 255–269.

Roßbach, H.-G./Frank, A./Sechtig, J. (2007): Wissenschaftliche Einbettung des Modellversuchs KIDZ. In: Stiftung Bildungspakt Bayern (Hrsg.): Das KiDZ-Handbuch. Grundlagen, Konzepte und Praxisbeispiele aus dem Modellversuch „KiDZ – Kindergarten der Zukunft in Bayern". Köln: Wolters Kluwer, S. 24–59.

Sammons, P./Sylva, K./Melhuish, E./Siraj-Blatchford, I./Taggart, B./Elliot, K. (2002): Measuring the Impact of the Pre-School on Children's Cognitive Progress over the pre-school period. The Effective Provision of Pre-School Education (EPPE) Project. Technical Paper 8a. University of London: Institute of Education.

Schäfer, G.E. (2008). Bildung in der frühen Kindheit. In: Thole, W./Roßbach, H.-G./Fölling-Albers, M./Tippelt, R. (Hrsg.): Bildung und Kindheit. Pädagogik der Frühen Kindheit in Wissenschaft und Lehre. Opladen u.a.: Verlag Barbara Budrich, S. 125–139.

Schakib-Ekbatan, K./Hasselbach, P./Roos, J./Schöler, H. (2007): Die Wirksamkeit der Sprachförderungen in Mannheim und Heidelberg auf die Sprachentwicklung im letzten Kindergartenjahr. URL: http://www.sagmalwas-bw.de/projekt01/media/pdf/EVAS_Erste_Ergebnisse.pdf (23.02.2008).

Schenk-Danzinger, L. (1980): Möglichkeiten und Grenzen kompensatorischer Erziehung. Wien: Jugend und Volk.

Schmidt, S. (2007): Soziale Disparitäten beim Kindergartenbesuch. Diplomarbeit. Otto-Friedrich-Universität Bamberg. Lehrstuhl für Elementar- und Familienpädagogik. URL: http://www.uni-bamberg.de/efp/leistungen/forschung/qualifizierungsarbeiten/ (15.07.2009)

Schmidt, T. (2005): Entwicklungen in der Ausbildung von Erzieherinnen. In: Zeitschrift für Pädagogik, 51, S. 713–730.

Schweinhart, L.J./Montie, J./Xiang, Z./Barnett, W.S./Belfield, C.R./Nores, M. (2005): Lifetime effects. The High/Scope Perry Pre-School Study through age 40. Ypsilanti, Mich.: High/Scope Press.

Siegmund, U. (1983): Der Zusammenhang zwischen den Erziehungseinstellungen und dem Erziehungsverhalten von Kindergartenerzieherinnen unter Berücksichtigung von Personen- und Situationsvariablen. Konstanz: Hartung-Gorre.

Smidt, W. (2008): Wie steht es um die pädagogische Qualität in integrativen Kindergruppen? In: Unsere Jugend, 60, S. 467-475

Spiess, C.K./Büchel, F./Wagner, G.G. (2003): Children's school placement in Germany: does Kindergarten attendance matter? In: Early Childhood Research Quarterly, 18. S. 255–270.

Steinweg, A.S./Gasteiger, H. (2007): Zwischenstandsbericht. Wissenschaftliche Begleitung der Implementierung der Lerndokumentation Mathematik im Rahmen des Projekts TransKiGs für das Land Berlin. URL: http://www.bildung-brandenburg.de/transkigs/fileadmin/user/redakteur/Berlin/Bericht_WissBegleitungTransKiGSBerlin_Dez07.pdf (23.02.2008).

Sylva, K./Melhuish, E./Sammons, P./Siraj-Blatchford, I./Taggart, B./Elliot, K. (2004): The Effective Provision of Pre-school Education Project – Zu den Auswirkungen vorschulischer Einrichtungen in England. In: Faust, G./Götz, M./Hacker, H./Roßbach, H.-G. (Hrsg.): Anschlussfähige Bildungsprozesse im Elementar- und Primarbereich. Bad Heilbrunn: Klinkhardt, S. 154–167.

Tietze, W. (1984): Was soll in der Früherziehung evaluiert werden? In: Fthenakis, W.E. (Hrsg.): Tendenzen der Frühpädagogik. Düsseldorf: Schwann, S. 143–165.

Tietze, W. (2006): Frühpädagogische Evaluations- und Erfassungsinstrumente. In: Fried, L./Roux, S. (Hrsg.): Pädagogik der frühen Kindheit. Handbuch und Nachschlagewerk. Weinheim: Beltz, S. 243–253.

Tietze, W. (Hrsg.)/Meischner, T./Gänsfuß, R./Grenner, K./Schuster, K.-M./Völkel, P./Roßbach, H.-G. (1998): Wie gut sind unsere Kindergärten? Eine Untersuchung zur pädagogischen Qualität in deutschen Kindergärten. Neuwied: Luchterhand.

Tietze, W./Roßbach, H.-G. (1991): Die Betreuung von Kindern im vorschulischen Alter. In: Zeitschrift für Pädagogik, 37, S. 555–579.

Tietze, W./Roßbach, H.-G./Grenner, K. (2005): Kinder von 4 bis 8 Jahren. Zur Qualität der Erziehung und Bildung in Kindergarten, Grundschule und Familie. Weinheim: Cornelsen Verlag Scriptor.

Whitebook, M. (2003): Early Education Quality: Higher Teacher Qualifications for Better Learning Environments – A Review of the Literature. Summary Version. URL: http://www.iire.berkley.edu/cscce/pdf/teacher_summary.pdf (05.02.2008).

Wolf, B./Becker, P./Conrad, S. (Hrsg.) (1999): Der Situationsansatz in der Evaluation. Ergebnisse der Externen Empirischen Evaluation des Modellvorhabens „Kindersituationen". Landau: Verlag Empirische Pädagogik.

Kathrin Dedering | Heinz Günther Holtappels

Schulische Bildung

Einleitung

Das Bildungswesen in Deutschland befindet sich im ersten Jahrzehnt des neuen Jahrtausends ohne Zweifel im Umbruch: In der Schulstruktur hat die Entwicklung der Schulformen, insbesondere im Hauptschulsektor, noch weitere Zuspitzungen erfahren als in den Jahren zuvor. Zudem differenziert sich die Schulformlandschaft, vor allem in Bezug auf Schulen mit mehreren Bildungsgängen, weiter aus. Die Bildungsbeteiligung mit dem Trend zu höherwertigen Bildungsgängen und Abschlüssen ist weiter gestiegen, während jedoch das Schulversagen kaum spürbar reduziert werden konnte. Zugleich haben die internationalen Leistungsvergleichsstudien schonungslos die unzureichende Ergebnisqualität des deutschen Schulsystems in der Entwicklung der Schülerkompetenzen und somit auch der Leistungsfähigkeit der Schulen aufgedeckt. Die Problemfelder liegen offensichtlich nicht nur in Kompetenzdefiziten, sondern auch in einer teilweise der Heterogenität der Schülerschaft nicht gerecht werdenden Lernkultur und in der starken Kopplung zur sozialen Herkunft der Lernenden. Die Notwendigkeit einer Verbesserung der Kompetenzen und der Begabungsausschöpfung und des Abbaus sozialer Chancenungleichheit haben zu einer Reihe von strukturellen Veränderungen geführt: Festlegung von Bildungsstandards, periodischen Lernstandserhebungen und zentralen Prüfungen, Einführung von externer Evaluation bzw. Schulinspektion und Implementierung eines flächenhaften Programms zur Einführung von Ganztagsschulen.

1 Bildungsbeteiligung

Die Bildungsbeteiligung in Deutschland hat sich in den letzten 30 Jahren in allen Bildungsbereichen erhöht. An den allgemein bildenden Schulen ist ein Anstieg von etwa 5% zu erkennen; insbesondere im Sekundarbereich II nahm die Bildungsbeteiligung deutlich zu: Während die Quote im Jahre 1975 – bezogen auf die Bevölkerung im Alter von 6 bis unter 19 Jahren – nur 17,4% betrug, beläuft sie sich 2004 auf 28,4% (vgl. Konsortium Bildungsberichterstattung 2006, S. 223).

In den ersten vier Jahren (in Berlin und Brandenburg in den ersten sechs Jahren) besuchen alle SchülerInnen in Deutschland die Grundschule. Anschließend wechseln sie in eine der Schularten der Sekundarstufe I (vgl. Bellenberg/Hovestadt/Klemm 2004, S. 57).

Das Schulangebot in der Sekundarstufe I besteht traditionell aus Hauptschule, Realschule und Gymnasium. Diese Dreigliedrigkeit existiert heute jedoch nur noch in Bayern und Baden-Württemberg. In den anderen Bundesländern umfasst das Angebot zwei bis fünf Schularten (vgl. Konsortium Bildungsberichterstattung 2006, S. 48f.). Neben der Integrierten Gesamtschule (die nur in Sachsen als Schulform nicht vorkommt) gibt es insbesondere in den neuen Bundesländern Schulen mit mehreren Bildungsgängen, die landesspezifisch als Mittelschule (Sachsen), Sekundarschule (Sachsen-Anhalt), Regelschule (Thüringen), Oberschule (Brandenburg) und Regionale Schule (Mecklenburg-Vorpommern) bezeichnet werden. Auch in mehreren alten Bundesländern entstanden neue Schulformen mit mehreren Bildungsgängen (etwa in Bremen, Rheinland-Pfalz und dem Saarland). Es handelt sich bei ihnen um schulrechtliche Einheiten aus nichtgymnasialen Bildungsgängen, die als kombinierte Hauptschul- und Realschulbildungsgänge oder teil- bzw. vollständig integriert geführt werden können (vgl. Rösner 2007). Durch ihre Einführung sollte ein isoliertes Hauptschulangebot – und damit womöglich eine problematische „Restschule" – vermieden werden.

Vor dem Hintergrund dieses Schulartenangebotes in der Sekundarstufe I soll im nächsten Abschnitt die quantitative Bedeutung der einzelnen Schulformen – dargestellt am Schulwahlverhalten – auf Bundesebene im Zeitverlauf dargestellt werden.

1.1 Schulwahlverhalten

Der kontinuierliche Wandel des Schulwahlverhaltens der Eltern gehört zu den stabilsten demographischen Entwicklungen der Nachkriegszeit. Die seit 1952 beobachtbaren Ländervergleiche werden anhand der Relationsquoten, also der Schüleranteile in den 7. Jahrgangsstufen der weiterführenden Schulen vorgenommen; in neuerer Zeit vergleicht man den 8. Jahrgang, weil bis hier fast alle Wechsel in der Sekundarstufe I vonstatten gegangen sind. Auf diese Weise werden verzerrende Effekte, die ihre Ursache in den verschiedenen Organisationsformen der Jahrgangsstufe 5/6 haben (u.a. sechsjährige Grundschule in Berlin und Brandenburg) sowie nachfolgende Veränderungen der Schülerzahlen im 7. Schuljahr weitgehend ausgeschaltet (vgl. Rösner 2007, S. 91).

Tabelle 1 veranschaulicht die Entwicklung der Schüleranteile in den verschiedenen Schulformen der Sekundarstufe I im Zeitraum von 1955/56 bis 2005/06 (vgl. ebd. S. 91).

Tabelle 1: Schüler im 8. Jahrgang in der Bundesrepublik Deutschland (1955/56 – 2005/06; mit neuen Bundesländern ab 1990/91)

Schuljahr	Schulformanteile in Prozent					
	HS*	RS	GY	IGS	SMB**	FöSch
1955/56	69,5	8,3	14,6	-	-	2,7
1960/61	67,9	12,8	16,1	-	-	3,2
1965/66	63,1	15,2	18,0	-	-	3,8
1970/71	53,7	20,2	21,3	-	-	4,7
1975/76	43,8	23,0	24,9	3,2	-	5,1
1980/81	38,6	26,9	26,0	3,8	-	4,6
1985/86	36,8	27,9	26,2	4,6	-	4,4
1990/91	25,2	21,2	22,5	26,5***	-	4,1
1995/96	24,2	25,7	30,1	8,9	6,7	3,9
2000/01	22,5	24,5	29,7	9,3	9,3	4,1
2005/06	22,5	25,8	30,9	8,5	6,3	5,3

* Bis 1965: Volksschulen
** SMB: Schulen mit mehreren Bildungsgängen (i. d. R. verbundene oder teilintegrierte nichtgymnasiale Bildungsgänge)
*** Statistische Erfassung der noch nicht umgewandelten Polytechnischen Oberschulen (POS) unter Gesamtschulen.

Es wird deutlich, dass sich bis Mitte der 1980er Jahre eine beständige Zunahme der Realschul- und Gymnasialanteile zulasten der Volks- bzw. Hauptschule konstatieren lässt. Während sich in der Folgezeit die Abwendung von der Hauptschule weiter fortsetzte, wird im Schulwahlverhalten eine steigende Nachfrage bei den anspruchsvolleren weiterführenden Schulformen registriert. Der Hauptschüleranteil hatte sich gegenüber 1955/56 bereits zu Beginn der 1990er Jahre bundesweit mehr als halbiert und schrumpfte in neuerer Zeit sogar bis unter die 25%-Marke. Im Jahre 2005/06 beträgt er nur noch gut ein Fünftel (22,5%). Im Bereich der Realschulen scheint mit einem bundesweiten Jahrgangsanteil von etwa einem Viertel der SchülerInnen (2005/06: 25,8%) ab 1980 ein relativ hoher und stabiler Anteil erreicht worden zu sein, der inzwischen über der Hauptschülerquote liegt. Allerdings befinden sich 2005/06 zusätzlich noch immerhin 6,3% der SchülerInnen in Schulen mit mehreren Bildungsgängen. Hinsichtlich des Gymnasiums ist in den letzten 50 Jahren eine starke Expansion zu erkennen; die Schüleranteile haben Mitte der 1990er Jahre einen vorläufigen Höhepunkt erreicht; der seither konstant gehalten wird. Das Gymnasium hat so im achten Jahrgang die Spitzenposition unter den Schulformen erreicht, mit einem starken Anstieg der Schüleranteile von 14,6% (1955/56) auf 30,9% (2005/06).

Integrierte Gesamtschulen hatten lange Zeit noch vergleichsweise unbedeutende Jahrgangsanteile im Bundesdurchschnitt und erreichen nach einem Anstieg auf ein Zehntel der Schüleranteile in der zweiten Hälfte der 1990er Jahre mittlerweile einen Anteil von 8,5%. Länderspezifisch zeigen sich allerdings starke Differenzen in der Bedeutung der Gesamtschule – vornehmlich als Folge unterschiedlich stark ausgeprägter bildungspolitischer Förderung (vgl. Holtappels/Rösner 1996b).

In der Gesamtentwicklung zeigt sich, dass sich Verschiebungen im Schulwahlverhalten der Eltern als bundesweit zu beobachtender stabiler Trend erweisen. Unverkennbar gibt es Regionen und Phasen, in denen sich der Wandel verlangsamte oder beschleunigte; niemals jedoch änderte sich die Entwicklungsrichtung (vgl. Pfeiffer/Rösner 2000; Rösner 2007).

Die skizzierte Entwicklung der Schülerströme kann auf verschiedene Ursachen zurückgeführt werden. Beispielhaft soll hier auf einige empirische Befunde der Bildungsforschung seit Ende der 1980er Jahre verwiesen werden (vgl. Holtappels/Rösner 1996a): Schulwahlentscheidungen werden von Eltern offenbar in der Weise getroffen, dass sie möglichst *alle* Optionen für anschließende Ausbildungswege offenhalten, von der Handwerkslehre bis zum Studium. Diese Haltung der Eltern begünstigt *dauerhaft* solche Schulen, die unter anderem auch höherwertige Abschlüsse vergeben. Zudem wählen Eltern offensichtlich eher Schulformen, die eine solche Schullaufbahn in der Sekundarstufe ohne Schulwechsel möglich machen. Dementsprechend zeigen die Eltern deutlich höhere Bildungsaspirationen als noch 1979: Den mittleren Abschluss für ihr Kind wünschten damals nur 32%, das Abitur 37%, 1989 schon 56%. Danach wurde eine Hinwendung zu realistischeren Bildungserfolgen sichtbar. Nach einer längeren Pause des Rückgangs und der Stagnation ist im Jahre 2004 erstmals wieder ein deutlicher Anstieg des Abiturwunsches auf bundesweit die Hälfte, in Westdeutschland sogar auf 53% aller befragten Eltern zu erkennen, im Osten jedoch nur auf 37 % (vgl. IFS-Umfrage, in Holtappels et al. 2004, S. 17ff.). Eltern orientieren sich zudem bei der Schulformwahl offenbar auch am *eigenen* Schulabschluss, und zwar in der Form, dass sie für ihre Kinder Abschlüsse anstreben, die mindestens *eine* Stufe über dem eigenen Abschluss liegen, was die in Repräsentativbefragungen periodisch ermittelten Elternwünsche (vgl. Tab. 2) belegen: Die elterlichen Abschlusswünsche steigen mit dem eigenen Bildungsgrad, zudem auch nach sozialer Schicht. Insgesamt gesehen dürfte sich über den Generationswechsel der Prozess der Hinwendung zu anspruchsvolleren Schulformen und -abschlüssen halten, eher noch beschleunigen; denn die künftigen Elterngenerationen werden vermutlich zu mehr als vier Fünfteln mindestens mittlere Abschlüsse erreichen.

Tabelle 2: Schulabschlusswünsche der Eltern mit Kind in allgemeinbildender Schule

Elterngruppe	Elternwunsch Abitur			Elternwunsch Mittlerer Abschluss		
	BRD insgesamt	West	Ost	BRD insgesamt	West	Ost
Eltern insgesamt:	50%	53%	37%	41%	39%	54%
nach höchstem Schulabschluss der Eltern: bis Hauptschulabschluss:		31%	20%		50%	56%
Mittlere Reife/ FOR:		57%	36%		40%	58%
FHR/Abitur		86%	75%		13%	21%

Quelle: Holtappels u.a. 2004, S. 17ff.

Insgesamt ist festzuhalten: In Deutschland ist die Bildungsbeteiligung Anfang des 21. Jahrhunderts auf das bislang höchste Niveau gestiegen. Die Bildungswerbung der 1960er Jahre, der Ausbau weiterführender Schulen in den 1970er und 1980er Jahren und die Krise des Arbeits- und Ausbildungsmarkts der 1990er Jahre sowie damit verbundene höhere Anforderungen an formale Berechtigungen haben jedenfalls langfristig das Schulwahlverhalten der Eltern verändert. Damit wurde einem höheren Anteil an SchülerInnen bessere Bildungschancen eröffnet, können womöglich Begabungsreserven stärker ausgeschöpft werden. Ein Stillstand würde jedoch rasch zu Akademikermangel führen.

1.2 Schullaufbahn: Klassenwiederholung und Schulformwechsel

Im deutschen Schulwesen gibt es verschiedene Maßnahmen, um das Verhältnis von Kompetenzen und Lernhaltungen der SchülerInnen einerseits und Anforderungen der Schule andererseits möglichst passgenau zu organisieren. Zwei dieser Maßnahmen werden im Folgenden betrachtet: Zum einen die *Klassenwiederholung* und zum anderen der *Schulformwechsel*.

1.2.1 Klassenwiederholung

Treten in den Schulen Leistungsprobleme auf, so können Lehrkräfte in Deutschland auf das Verfahren der Klassenwiederholung zurückgreifen. Die Ausführungsbestimmungen sind in allen Bundesländern recht einheitlich: SchülerInnen, deren Leistungen in zwei oder mehr Fächern im Jahresendzeugnis mit „mangelhaft" bewertet werden, werden nicht in die nächste Klasse versetzt, sondern müssen die bereits bekannten Lerninhalte im nachrückenden Klassenverband wiederholen (vgl. Tillmann/Meier 2001, S. 470; Bellenberg/Hoverstadt/Klemm 2004, S. 64). Die Versetzungspraxis unterscheidet sich allerdings je nach Schulart und Bundesland erheblich und variiert nach Klassenstufen.

Die amtliche Schulstatistik weist aus, dass im Schuljahr 2004/05 insgesamt etwa 253.000 SchülerInnen vom Primar- bis zum Sekundarbereich in Deutschland eine Jahrgangsstufe wiederholten (vgl. DESTATIS 2006, S. 64).

An der Grundschule waren 1,4% der SchülerInnen von dieser Maßnahme betroffen. Diese Zahl nimmt seit der Gründung dieser Schulform kontinuierlich ab (vgl. Bellenberg/Hovestadt/ Klemm 2004). Die Wiederholung einer Klasse in der Grundschule ist ein aussagekräftiger Indikator für Übergangsprognosen: Die Wahrscheinlichkeit, dass Kinder, die in den ersten vier Schuljahren sitzen geblieben sind, auf das Gymnasium wechseln, ist vergleichsweise gering, die eines Wechsels dieser Kinder auf eine Gesamt- oder Hauptschule hingegen ist relativ hoch (vgl. Bellenberg 1999).

Im Sekundarbereich ist die Wiederholerquote am Gymnasium (2,4%) am niedrigsten und an der Realschule (5,1%) am höchsten, während die Schulen mit mehreren Bildungsgängen (4,6%) und die Hauptschulen (4,1%) hier eine mittlere Position einnehmen (vgl. DESTATIS 2006, S. 64).

Die stärkste Selektion lässt sich – über alle Schulformen hinweg – in den Jahrgängen 7 bis 11 beobachten (vgl. ebd.). Das bedeutet, dass in den einzelnen Jahrgängen durchaus unterschiedliche Sitzenbleiberquoten festzustellen sind.

Klassenwiederholungen kumulieren sich im Verlauf einer Schullaufbahn zu unterschiedlichen Bildungskarrieren, die vor allem schulartspezifisch variieren: Von den 15jährigen SchülerInnen etwa, die im Jahre 2000 im Zuge der internationalen Schulleistungsvergleichsstudie PISA (vgl. Kapitel 3) getestet worden sind, befinden sich in der Hauptschule 35%, in der Realschule 22,9%, in den Schulen mit mehreren Bildungsgängen 19,3%, in der integrierten Gesamtschule 15,9% und im Gymnasium 9,6% Wiederholer (vgl. Tillmann/Meier 2001, S. 470). Hier ist das Sitzenbleiben in der Grundschule mit berücksichtigt. Die hohe Quote in der Hauptschule erklärt sich vor allem dadurch, dass SchülerInnen nach einem ein- oder mehrfachen „Sitzenbleiben" in Gymnasien oder Realschulen in die Hauptschulen wechseln und dort bis zum Ende ihrer Schullaufbahn verbleiben (vgl. ebd.).

1.2.2 Schulformwechsel

In einer hohen Anzahl von Fällen erweisen sich die Schulformentscheidungen nach der Grundschule als wenig passend. SchülerInnen, die im Sekundarbereich I über einen längeren Zeitraum ein verändertes Leistungsniveau zeigen, können deshalb nachträglich in Bildungsgänge wechseln, die ihrer Leistungsentwicklung besser entsprechen (vgl. Schümer/Tillmann/Weiß 2002, S. 209).

Amtliche Statistiken über solche Schulformwechsel werden nicht geführt bzw. nicht veröffentlicht, so dass die vorliegenden Statistiken aus einzelnen Studien stammen (vgl. hierzu z.B. Konsortium Bildungsberichterstattung 2006, S. 51f.; Mauthe/Rösner 1998). Der Anteil der Schulformwechsler am Jahrgang liegt im Jahre 2000 bei den 15jährigen in Deutschland (ohne Bayern, Berlin und Hamburg) bei 14,4%. Seit den 1960er Jahren ist er um etwa 4% gestiegen (vgl. Baumert/Trautwein/Artelt 2003, S. 309).

Betrachtet man die Wechsel hinsichtlich der Auf- und Abwärtsmobilität, so zeigt sich ein eindeutiger Trend: Ein Wechsel der Schulform bedeutet in den meisten Fällen einen Abstieg (vgl. Bellenberg/Klemm 2000). Bei den von den 15jährigen SchülerInnen der PISA-Stichprobe im Jahre 2000 angegebenen Wechseln handelte es sich in 77% um Abstiege; nur bei 22,2% um Aufstiege (vgl. Schümer/Tillmann/Weiß 2002, S. 209).

2 Situation und Entwicklungsbedingungen der Schulformen: Konkurrenz, Enttypisierung und Disparitäten

Bundesweit halbierte sich zwischen 1965 (1,04 Mio. Lebendgeborene) und 1985 (0,586 Mio.) die Zahl der Geburten. Gleichzeitig setzte sich der Wandel des Schulwahlverhaltens mit dem Trend zur Wahl anspruchsvollerer Schulformen fort. Das Zusammenwirken von demographischen Effekten mit dem Schulwahlverhalten hat im allgemeinbildenden Schulwesen zu einer Existenzkrise bei der Hauptschule und zu einer Art „Identitätskrise" der anderen Sekundarschulformen geführt. Denn mit dem gewandelten Schulwahlverhalten hat sich auch die soziale und leistungsmäßige Zusammensetzung der Schülerschaft in allen Schulformen der Sekundarstufe verändert, was nicht ohne Auswirkungen auf einzelne Schulformen und ihre Entwicklungsperspektiven bleibt (vgl. Rösner 2007).

Im Hauptschulsektor hatte der drastische Rückgang der Schülerzahlen Ende der 1980er Jahre vielerorts zu erheblichen Schulbestandsgefährdungen geführt, da mit der Unterschreitung der vorgeschriebenen Mindestgrößen viele Schulen rechtlich wie pädagogisch nicht mehr haltbar waren. In Bundesländern ohne verbindliche Regelungen für Mindest-Schulgrößen (beispielsweise in Rheinland-Pfalz) entwickelt sich die Hauptschule in dünner besiedelten Regionen nicht selten zur Zwergschule mit der Folge eines pädagogischen Attraktivitätsverlustes (vgl. Rösner 2007). Der Schülerzahlrückgang in den Hauptschulen vollzieht sich in der Richtung überall gleich, in der Geschwindigkeit verläuft der Prozess in traditionellen Universitätsstädten und Großstädten mit ausgeprägtem Verwaltungs- und Dienstleistungsanteil rascher. Weiterhin wird sichtbar, dass es in Regionen mit Ergänzung des Sekundarschulangebotes durch Gesamtschulen vor allem in den Hauptschulen zu zusätzlichen starken Schülerzahleinbrüchen gekommen ist (vgl. ebd.). Gleichwohl vollzieht sich aber auch in Ländern bzw. Regionen ohne Gesamtschulangebot ein anhaltender Abwärtstrend im Hauptschulsektor. Umkehrbar scheint der Trend insgesamt nicht, bestenfalls kann man befristet einen Stillstand beobachten. Entsteht bei Eltern der Eindruck, die Hauptschule sei eine instabile Restschule geworden, deren Bestand auf Dauer nicht gesichert ist, dann ergibt sich daraus ein sich selbst beschleunigender Abwanderungseffekt (vgl. ebd.).

Die gezeigten Entwicklungen lassen die Hauptschule heute im Bewusstsein der Öffentlichkeit zu einer problematischen Restschule werden, denn quantitative Veränderungen gehen mit qualitativen einher: Mit dem Rückgang der Hauptschulanteile sinkt auch die pädagogische Attraktivität von Hauptschulen, denn die Palette an Wahlangeboten schmilzt, die in der Regel personalintensiveren Lernformen wie fächerübergreifendes Projektlernen, Arbeit in Kleingruppen, Exkursionen und Lernen an alternativen Lernorten sind nur schwer möglich. Die vollständige personelle Abdeckung des gesamten Fächerkanons wird insbesondere in einzügigen Kleinsystemen zum Problem. Zugleich weist die Hauptschule mit den geringer werdenden Schüleranteilen vielfach auch eine problematische Schülerschaft auf, die mit lernspezifischen und sozialen Schwierigkeiten und hohem Ausländeranteil behaftet ist. Da der Öffentlichkeit dieser problematische Konzentrationsprozess nicht verborgen bleibt, sorgt das Stigma der „Restschule" rasch dafür, dass Eltern die Hauptschule verstärkt meiden (vgl. ebd.).

Die Realschule verzeichnet zwar stabile Schüleranteile, doch scheint sie an die Grenze ihrer Expansion gelangt zu sein. Allerdings hat die Realschule in bestimmten Regionen starke Traditionen als „Zulieferer" insbesondere für Berufsausbildungen im Dienstleistungssektor; jedoch scheint ihre ehemals berufspropädeutische Funktion aufgrund gestiegener beruflicher Anforderungen und veränderter Berufszugangschancen zu schwinden, wobei Gymnasiasten den Realschulabsolventen in der Konkurrenz um Ausbildungsplätze vielerorts den Rang streitig machen (vgl. ebd.). Hohe Bedeutung hat die Realschule noch dort, wo sie „Ersatzfunktionen" für lückenhafte Gymnasial- und Gesamtschulangebote in dünnbesiedelten Regionen übernimmt. Was die Realschule aber insgesamt auf der einen Seite an quantitativen Zugewinnen aus dem früheren Schülerpotenzial der Hauptschule verbucht, verliert sie auf der anderen Seite als neues Teilpotenzial des Gymnasiums. Die quantitativen Veränderungen in den Schüleranteilen haben zugleich eine qualitative Dimension: Bei wachsender Attraktivität des Gymnasiums und gleichzeitig nachlassender Anziehungskraft der Hauptschule sind Auswirkungen auf die Schülerzusammensetzung der Schulform „dazwischen" unabwendbar. Die Fluchtbewegungen, die Eltern die Hauptschule meiden lässt, führen der Realschule zu einem beträchtlichen Teil SchülerInnen zu, die unter früheren Bedingungen die Hauptschule besucht hätten, während sich zugleich ein Teil der mit ihrem ehemaligem Potenzial vergleichbaren SchülerInnen heute im Gymnasium befindet. Konsequenzen für die Differenzierung im Lernbereich und die erzieherische Arbeit werden unausweichlich.

Auch für das Gymnasium bleibt der Schulwahltrend nicht ohne Folgen. Zwar können die steigenden Schüleranteile als wachsender Zuspruch der Eltern für die Bildungsorientierung und die Pädagogik dieser Schulform gedeutet werden. Die wachsenden Schülerströme verändern allerdings auch die leistungsmäßige und soziale Zusammensetzung der Schülerschaft: Das Gymnasium hat sich somit vielerorts gewandelt, von einer Schulform für die Leistungselite mit Orientierung auf Studienpropädeutik zu einer polyvalenten Schule für breite Schichten und einer erweiterten Verwertung des Gymnasialbesuchs und seiner Abschlüsse. Seit geraumer Zeit bildet das Ziel eines Studiums keineswegs mehr für alle SchülerInnen, die das Gymnasium besuchen, das ausschlaggebende Motiv; eher wird der Gymnasialbesuch zum Garanten für die Wahrung verschiedener Optionen, also eine Schulwahl für alle Fälle, zumal sie die Chancen für den Eintritt in attraktive Ausbildungsberufe in aller Regel steigert. Eine Begrenzung des Zugangs oder der Schulneugründungen dürfte schulrechtlich und bildungspolitisch nur schwer durchsetzbar sein. Erwartbar – und mancherorts auch beobachtbar – wird eher eine Verschärfung der Verlaufsauslese sowie Ausdifferenzierungen unter den Gymnasien in Form von wettbewerbsmäßigen Profilbildungen oder elitären Absetzbewegungen. Insgesamt gesehen scheint insbesondere in Regionen, in denen rund die Hälfte der Schüleranteile oder gar mehr auf die Gymnasien entfallen, die Entwicklung zur Massenschule kaum aufhaltbar. Auch im Gymnasium könnten daher – als Anpassungsleistung an die gewandelten Bedingungen – Leistungsdifferenzierung und intensivere pädagogische Zuwendung zu der neuen Klientel der Preis für den wachsenden Zuspruch sein.

In weiten Teilen Deutschlands bestehen regionale Disparitäten nicht nur fort sondern haben sich vielerorts verschärft (vgl. Rösner 2007). Zahlreiche dünner besiedelte ländliche Bereiche, aber auch manche Stadtrandzonen weisen kein komplettes Schulangebot von Bildungsgängen und -abschlüssen der Sekundarstufe auf. Die Verwerfungen in der Schulstruktur verschärften dabei die Schulversorgungsprobleme: Das lokal vorhandene Schulangebot entspricht vielerorts nicht der lokalen Schulformnachfrage der Eltern; außerdem droht manchen Regionen aufgrund von Hauptschulschließungen auch der Verlust des Basisbildungsgangs. In Ostdeutschland hat zudem der dramatische Geburtenrückgang seit Ende der 1980er Jahre eine wohnortnahe Schulversorgung in weiten Teilen dieser Länder aufgrund von Standortverlusten gefährdet (vgl. Budde/Klemm 1992); die Entstehung kleiner Grundschulen hat aber immer noch eine innovative Komponente hinsichtlich jahrgangsübergreifender Lernansätze.

Weite Schulwege, hoher Pendelverkehr und wachsende Schülertransportkosten auf der einen und Beeinträchtigungen für den Besuch höherer Bildungsgänge auf der anderen Seite verdeutlichen die regional ungleichen Bildungsmöglichkeiten. Umstrukturierungen in Richtung integrierter oder kooperativer Systeme könnten vielfach Abhilfe schaffen, werden aber aufgrund schulpolitischer und schulrechtlicher Hemmnisse, mangelnder Elternakzeptanz oder ökonomischer Unbeweglichkeiten der Schulträger keineswegs überall als probate Problemlösung eingeschlagen, wenngleich in einigen Ländern seit etwa einem Jahrzehnt ein gewisser Trend zur Neugründung von Gesamtschulen und kooperativen Schulformen auszumachen ist (vgl. Holtappels/Rösner 1994).

In den meisten Bundesländern verlor die Schulreformbewegung in den 1980er Jahren nachhaltig an Dynamik (vgl. Holtappels/Rösner 1996a). Dennoch setzte im Zuge der Überführung der Integrierten Gesamtschulen aus dem Versuchs- in den Regelschulstatus vielerorts (Beispiel: Nordrhein-Westfalen 1981) eine spürbare Expansion der Gesamtschulgründungen ein. Dies geschah vor allem in solchen Regionen, wo bislang die vorhandenen (Versuchs-)Gesamtschulen in starkem Maße SchülerInnen abweisen mussten. So steigerte sich die Zahl der integrierten Gesamtschulen in Nordrhein-Westfalen allein im Zeitraum 1981 bis 1993 von 32 auf 188. Eine nicht annähernd so steile Expansion, aber dennoch spürbare Zuwachsquoten verzeichneten andere Länder, wie Berlin, Hamburg und Bremen. In den 1990er Jahren war dieser – durch Veränderung der politischen Kräfteverhältnisse induzierte – Aufwärtstrend auch in Schleswig-Holstein, Niedersachsen und Rheinland-Pfalz und im Saarland zu beobachten.

Nirgendwo wurde die Integrierte Gesamtschule gemäß der ursprünglichen Zielsetzung ersetzende Schulform. In den weitaus meisten Regionen wurde sie ergänzende vierte Schulform in einer konkurrierenden Marktsituation zweier Schulsysteme. Auch in Regionen, in denen flächenhaft eine hohe Zahl von Gesamtschulgründungen vorfindbar ist (z.B. im Ruhrgebiet, im Landkreis Kassel, im Kreis Herford) und zum Teil an die Stelle von Haupt- und Realschulen trat, wurde die Gesamtschule immer nur ergänzende Schulform, bestenfalls allein neben dem Gymnasium. Lediglich in einer Reihe kleinerer Gemeinden und Städte im ländlichen Raum wurde sie zur alleinigen Schulform, weil mit ihrer Gründung eine Komplettierung des Bildungsangebots verbunden war; dies schließt aber die gemeindeübergreifende Schulformkonkurrenz nicht aus (zu den praktischen Effekten der direkten Konkurrenzsituation vgl. Hansen/Rolff 1990; Holtappels/Rösner 1996b).

Verbundsysteme in Form von kooperativen Schulen mit sämtlichen drei traditionellen Schulzweigen (vgl. Holtappels/Rösner 1994) blieben zwar nach dem Versuchsstatus erhalten, aber partizipierten kaum an der Welle von Gesamtschulneugründungen. Anders verhielt es sich mit Verbundsystemen unter Ausschluss des Gymnasiums. Neben Hessen hatte Hamburg langjährige Erfahrungen mit dem schulrechtlichen Zusammenschluss von Haupt- und Realschule vorzuweisen; in den Flächenstaaten standen solche Modelle jedoch nicht ernsthaft zur Diskussion. Nach der deutsch-deutschen Vereinigung entschieden sich die neuen Länder in Folge des Hauptschulverfalls dazu, eigene Schulformmodelle – jenseits einer selbstständigen Hauptschule und „unterhalb" des Gymnasiums – ins Leben zu rufen. Damit erfuhr die Diskussion um Verbundmodelle auch in westlichen Ländern Auftrieb.

3 Bildungserfolge

In den letzten Jahren wird die Aufmerksamkeit verstärkt auf die Resultate schulischer Bildung gerichtet. Die *Kompetenzen*, die SchülerInnen während ihrer Vollschulpflichtzeit in ausgewählten Fachbereichen erwerben, rücken ebenso in den Mittelpunkt der Betrachtung wie die von ihnen erreichten *Schulabschlüsse*.

3.1 Kompetenzen der SchülerInnen

Seit Mitte der 1990er Jahre haben internationale Schulleistungsvergleichsstudien und das eher mittelmäßige Abschneiden der deutschen SchülerInnen in ihnen in Deutschland eine bis dahin beispiellose Diskussion über die Qualität des Bildungswesens ausgelöst (vgl. Tillmann et al. 2008). Insbesondere die Ergebnisse der PISA-Studie (Programme for International Student Assessment) der OECD, die in den Jahren 2000, 2003 und 2006 die Kompetenzen 15jähriger SchülerInnen im Bereich des Leseverständnisses sowie im mathematischen und naturwissenschaftlichen Bereich untersuchte, haben eine öffentliche Resonanz ungeahnten Ausmaßes erfahren. Das Programme for International Reading Literacy (PIRLS), in Deutschland IGLU (Internationale Grundschul-Leseuntersuchung), der IEA hat in den Jahren 2001 und 2006 ähnliche Befunde für die vierte Jahrgangsstufe vorgelegt. Die Leistungsvergleichsstudien zeigen, dass die Kompetenzen der SchülerInnen in Deutschland im Vergleich zu anderen Industrienationen eher im Mittelfeld liegen (vgl. Baumert et al. 2001; 2002; Bos et al. 2003; 2004; 2007; Prenzel et al. 2004; 2005).

Etwas ausführlicher soll auf den Sekundarschulbereich eingegangen werden: Im Hinblick auf die Lesekompetenz und die mathematische Kompetenz erreichen die SchülerInnen hier den OECD-Durchschnitt. Beim jüngsten PISA-Durchgang etwa sind es beim Lesen 495 Punkte (OECD-Durchschnitt: 492 Punkte) und bei der Mathematik 504 Punkte (OECD-Durchschnitt: 498 Punkte). Die Kompetenzen fallen allerdings geringer als in den meisten ostasiatischen, skandinavischen und angloamerikanischen Staaten aus: Die internationalen Spitzenreiter Korea und Finnland erreichen bei der Lesekompetenz mehr als 50 Punkte mehr, bei der mathematischen Kompetenz 40 Punkte mehr (vgl. Prenzel 2007, S. 24f.).

Die einzelnen Schülerleistungen sind sehr heterogen. Die deutschen Leseleistungen zeichnen sich im Vergleich zu den anderen OECD-Staaten demnach durch eine sehr große Streubreite aus. Ein Fünftel (20%) der Jugendlichen in Deutschland befindet sich auf oder unter der niedrigsten Kompetenzstufe (OECD-Durchschnitt: 20,1%) und weist damit unzureichende Leseleistungen nach. Dieser Risikogruppe steht eine kleine Gruppe (9,9%) gegenüber, die die oberste Kompetenzstufe erreicht (OECD-Durchschnitt: 8,6%). Die Leistungsstreuung fällt auch für die mathematische Kompetenz im internationalen Vergleich noch sehr hoch aus. Etwa ein Fünftel (19,9%) der Jugendlichen in Deutschland liegen auf der ersten Stufe oder darunter (OECD-Durchschnitt: 21,3%). Zur Spitzengruppe (Kompetenzstufe VI) zählen in Deutschland 4,5% der SchülerInnen (OECD-Durchschnitt: 3,3%). Die Leseleistung in Deutschland hat sich zwischen der ersten Erhebung im Jahr 2000 und der aktuellen Erhebung im Jahr 2006 um 11 Punkte verbessert. Diese tendenzielle Leistungssteigerung hat vor allem auch im unteren Leistungsvergleich stattgefunden. Bei der mathematischen Kompetenz konnte von PISA 2000 zu PISA 2003 in Deutschland ein signifikanter Zuwachs beobachtet werden; bei PISA 2006 liegt das Kompetenzniveau nahe bei dem im Jahre 2003 erreichten Wert. Die Leistung hat sich auf diesem Niveau also stabilisiert (vgl. ebd.).

Im Bereich der naturwissenschaftlichen Kompetenz erreichen die deutschen SchülerInnen bei PISA 2006 516 Punkte und liegen damit signifikant über dem OECD-Durchschnittswert von 500 Punkten. Es lässt sich seit 2003 nicht nur eine Verbesserung der Position Deutschlands im internationalen Vergleich feststellen, sondern auch ein substanzieller Kompetenzzuwachs. Nach wie vor liegen die SchülerInnen in ihrer Kompetenzentwicklung aber noch 1,5 bis 2 Jahre hinter dem Siegerland Finnland (vgl. ebd., S. 16). Positive Entwicklungen zeichnen sich – trotz einer weiterhin großen Streuung der Leistungen – im unteren und oberen Leistungsbereich ab. Auf der ersten Stufe naturwissenschaftlicher Kompetenz oder darunter liegen in Deutschland 15,4% (OECD-Durchschnitt 19,2%), wohingegen 11,8% der SchülerInnen der fünften und sechsten Kompetenzstufe zugeordnet sind (OECD-Durchschnitt: 9,0%). Ganz offensichtlich kommen damit erste Erfolge von Maßnahmen zur Verbesserung der Unterrichtsqualität zum Ausdruck, die in den letzten Jahren verstärkt angegangen worden sind.

Die im internationalen Vergleich sehr große Leistungsstreuung am Ende der Vollschulpflichtzeit wird zu einem erheblichen Teil in der Sekundarstufe institutionell verstärkt: So konnte anhand von Befunden der Längsschnittstudie „Bildungsverläufe und psychosoziale Entwicklung im Jugend- und jungen Erwachsenenalter (BIJU)" gezeigt werden, dass der Leistungszuwachs von SchülerInnen mit durchschnittlichen kognitiven Grundfähigkeiten sowie Mathematikleistungen und durchschnittlicher Sozialschichtzugehörigkeit von der 7. bis zur 10. Jahrgangsstufe – also über vier Schuljahre hinweg – an der Hauptschule (mit 1,3 Standardabweichungen) deutlich geringer ausfällt als an Gymnasien (mit 3 Standardabweichungen); die Realschule und Gesamtschule nehmen mittlere Positionen ein (vgl. Baumert/Trautwein/Artelt 2003, S. 287f.). Das bedeutet, dass die Differenz zwischen den Zuwächsen im extremsten Fall 1,7 Standardabweichungen beträgt.

Die Befunde der internationalen Grundschulstudien (PIRLS/IGLU) 2001 und 2006 deuten darauf hin, dass die Leistungen der SchülerInnen der vierten Jahrgangsstufe im internationalen Vergleich etwas besser ausfallen, als die ihrer Mitschülerinnen und Mitschüler aus dem Sekundarbereich (vgl. Bos et al. 2003; 2004; Bos et al. 2007). Auch die im Sekundarbereich ermittelte breite Leistungsstreuung findet sich im Primarbereich noch nicht.

3.2 Schulabschlüsse

Die Ergebnisse von schulischer Bildung können auch an den erreichten Schulabschlüssen abgelesen werden. Dabei wird sichtbar, dass im Laufe der Zeit sukzessiv mehr SchülerInnen Bildungserfolge, im Sinne eines erfolgreichen Durchlaufs der Bildungsinstitutionen, erreicht haben (vgl. Mauthe/Rösner 1998). Betrachtet man die Schulabgänger nach der Art des Abschlusses (wobei hier jeweils die gleichaltrige Bevölkerung als Bezugsgröße gilt), so wird deutlich, dass sich der Anteil des mittleren Abschlusses (Realschul- oder entsprechender Abschluss) seit 1960 etwa auf das Dreifache erhöht hat (von 15,1% auf 48,5% im Schuljahr 2002/03). Der Anteil der Hochschulreife (Allgemeine Hochschulreife und Fachhochschulreife) hat sich sogar um das Sechsfache gesteigert (von 6,1% auf 39,5%). Im gleichen Zeitraum sank der Anteil des Hauptschulabschlusses von 53,4% auf 25,3%, also um mehr als die Hälfte (vgl. BMBF 2005, S. 88f.). Dieser Bedeutungsverlust trägt auch zunehmend zu seiner Entwertung bei, denn offenbar erwarten die Abnehmer der Schule mehr und mehr den mittleren Abschluss als Mindestnorm, als erwartbaren Abschluss einer schulischen Normalbiografie.

Abgänger mit Hauptschulabschluss sehen sich daher seit Jahren der Gefahr ausgesetzt, angesichts der prekären Marktsituation im Wettbewerb um Ausbildungs- und Berufschancen von Abgängern mit höherwertigen Zertifikaten aus dem Ausbildungsmarkt gedrängt zu werden (vgl. Aktionsrat Bildung 2007). Betrachtet man die Verteilungsquoten auf die drei Ausbildungssektoren (duales System, Schulberufssystem und Übergangssystem), so lässt sich erkennen, dass die Ausbildungschancen von Jugendlichen mit Hauptschulabschluss sowohl im dualen als auch im vollzeitschulischen Ausbildungssystem deutlich geringer ausfallen als bei Absolventen, die in ihrer schulischen Vorbildung einen mittleren Abschluss oder die Hochschulreife erworben haben: Im Jahre 2004 wurden im dualen System knapp zwei Drittel, im Schulberufssystem sogar 82% der Ausbildungsplätze von Absolventen mit mittlerem oder höherem Schulabschluss besetzt. Im Gegensatz dazu werden nicht einmal mehr ein Drittel im dualen System und weniger als 15% der Ausbildungsplätze im Schulberufssystem von Hauptschülern mit und ohne Abschluss eingenommen (vgl. Konsortium Bildungsberichterstattung 2006, S. 82f.). Damit zeigt sich eine „Polarisierung bei den Ausbildungschancen" (ebd., S. 83), die schon Anfang der 1990er Jahre empirisch nachgewiesen worden ist (vgl. Imhäuser/Rolff 1992, S. 80ff.) und sich im Zeitverlauf verfestigt hat.

Doch auch der Erwerb von höherwertigen Schulabschlüssen verbessert die Arbeitsmarkchancen von Hauptschülern nicht zwangsläufig. Am Beispiel der mittleren Schulabschlüsse, die an unterschiedlichen Schularten erworben werden können, weist Schuchart (2007) in einer jüngst vorgelegten Untersuchung für Bayern und Nordrhein-Westfalen auf der Basis von Daten der jeweiligen Landesämter für Statistik zu den Eingangsklassen der Teilzeit-Berufsschulen nach, dass es eine schulartbezogene Hierarchisierung der mit ihnen verbundenen Ausbildungschancen gibt: Je höherwertiger die die Abschlüsse vergebende Schulart ist, desto besser sind die Aussichten, mit dem mittleren Abschluss einen begehrten Ausbildungsplatz zu bekommen (vgl. Schuchart 2007, S. 392). In Nordrhein-Westfalen etwa ist es im Schuljahr 2004/05 nur 11,2% der Ausbildungsanfänger von der Hauptschule mit einer Fachoberschulreife gelungen, eine Ausbildung in einem „prestigereichen" Beruf (hoher Anteil von SchülerInnen mit einer (Fach-)Hochschulreife, z.B. Hotelfachmann, Versicherungskaufmann) anzutreten; im Gegensatz zu 21,4% der gleich qualifizierten Realschüler und sogar 37,6% der gleich qualifizierten Gymnasiasten (vgl. ebd., S. 391f.). Selbst mit einer Fachoberschulreife mit Qualifikationsvermerk (die zum Besuch der gymnasialen Oberstufe berechtigt) liegt der Anteil von Ausbildungsanfängern aus Hauptschulen mit 16,3% immer noch signifikant unter dem Anteil geringer qualifizierter Realschüler mit Fachoberschulreife (21,4%). Diese Befunde – die sich in ähnlicher Weise auch in Bayern finden lassen – deuten darauf hin, dass der Signalwert, den ein erworbener Abschluss auf den einstellenden Ausbildungsbetrieb ausübt, relativ unabhängig von den leistungsbezogenen Zugangs- und Vergabekriterien an die Herkunftsschulart des Auszubildenden ist.

In beiden Bundesländern verbessert sich für Hauptschüler der Zugang zu angesehenen Ausbildungsberufen mit zunehmendem Abschlussniveau. Ein höherer Schulabschluss ist für Hauptschüler im Vergleich mit einem geringer qualifizierten Abgänger der *gleichen* Schulart mit Vorteilen verbunden, etwa ein qualifizierender gegenüber einem einfachen Hauptschulabschluss (vgl. ebd., S. 393f.).

Schulabgänger, die gänzlich ohne Schulabschluss bleiben, haben inzwischen größte Probleme, auf dem Arbeitsmarkt einen Ausbildungsplatz zu finden (vgl. BMBF 2006; Rösner 2007, S. 164). Sie stehen verschärft in der Gefahr, von Berufs- und Lebenschancen vollständig abgekoppelt zu werden. Wenngleich sich die Quote der Schulabgänger ohne Abschluss seit 1960 halbiert hat (von 17,2% auf 9,0% im Schuljahr 2002/03), bleibt sie doch seit Anfang der

1980er Jahre – seit mehr als 25 Jahren also – konstant zwischen 8% und 10% und damit auf einem noch immer problematisch hohen Niveau. Zahlreiche Schulabgänger erwerben allerdings mittlere und höhere Abschlüsse über den berufsbildenden Weg bzw. holen auf ihm gezielt noch weitere Zertifikate nach; dies gilt vor allem für Hochschulzugangsberechtigungen, insbesondere für die Fachhochschulreife hat der berufsbildende Bereich hohe Bedeutung erlangt (vgl. BMBF 2005, S. 89).

4 Chancengleichheit

Die Chancen, eine den individuellen Fähigkeiten angemessene Ausbildung zu erhalten, sind nicht für alle Kinder und Jugendlichen in Deutschland gleich gut ausgeprägt. Während Bildungsbenachteiligungen nach Region (Stadt-Land-Gefälle), Religionszugehörigkeit und Geschlecht mittlerweile in deutlich abgeschwächter Form fortbestehen, sind sie in Bezug auf die soziale sowie die ethnische Herkunft nach wie vor klar zu erkennen. Auf die Chancenungleichheit in diesen beiden Dimensionen wird im Folgenden näher eingegangen. Die erforderlichen Informationen stellen die bereits erwähnten, internationalen Schulleistungsvergleichsstudien zu Verfügung.

4.1 SchülerInnen nach sozialer Herkunft

Bei PISA 2000 werden die Jugendlichen in Deutschland zum Zwecke einer Beschreibung ihrer sozioökonomischen Lage sozialen Berufsklassen ihrer Eltern zugeordnet, die hinsichtlich des sozialen Status' variieren (vgl. Ehmke/Baumert 2007). Unter Rückgriff auf eine von Erikson, Goldthorpe und Portocarero (1979) konzipierte Klassifikation – die so genannte EGP-Klassifikation – werden sechs Klassen unterschieden: Obere Dienstklasse (I), Untere Dienstklasse (II), Routineleistungen Handel und Verwaltung (III), Selbstständige (IV), Facharbeiter und Arbeiter mit Leitungsfunktionen (V,VI) sowie un- und angelernte Arbeiter, Landarbeiter (VII) (vgl. Baumert/Schümer 2001, S. 339).

4.1.1 Bildungsbeteiligung

In der Beteiligung dieser Sozialklassen an den Schularten werden nun große Unterschiede deutlich: Während der Gymnasialbesuch bei Jugendlichen aus Familien der oberen Dienstklasse bei 52% liegt, besuchen nur 11% der Fünfzehnjährigen aus Familien von ungelernten und angelernten Arbeitern ein Gymnasium (vgl. Ehmke/Baumert 2007, S. 329). Demgegenüber ist die Hauptschule in der untersten EGP-Klasse VII die Schulform, die anteilig am häufigsten besucht wird (29%). Bei den SchülerInnen, die zur oberen Dienstklasse zählen, ist dieser Anteil hingegen sehr gering (8%). Die Bildungsbeteiligung hat sich von PISA 2000 bis PISA 2006 nicht wesentlich verändert. Es lässt sich aber insgesamt ein tendenzieller Anstieg in der Gymnasialbeteiligung von 28% (2000) auf 31% (2006) konstatieren. Der schichtspezifische Anteil erhöhte sich am stärksten für SchülerInnen aus der EGP-Klasse der Routinedienstleistungen (24 vs. 30%), der Facharbeiter (16 vs. 21%) und der un- und angelernten Arbeiter (11 vs. 14%).

Darüber hinaus gestalten sich auch die relativen Chancen des Gymnasialbesuchs von Jugendlichen aus unterschiedlichen Sozialschichten ungleich. Für Kinder aus der oberen Dienstklasse ist die relative Chance, ein Gymnasium anstelle einer Realschule zu besuchen, im Vergleich zu Kindern aus Facharbeiterfamilien bei gleichen Kompetenzen mehr als viermal so hoch (PISA 2000). Ganz offensichtlich haben sich die sozialen Disparitäten in den vergangenen Jahren aber abgeschwächt: Bei PISA 2006 ist die oben genannte Chance nur noch etwas mehr als doppelt so hoch (vgl. Prenzel et al. 2007).

4.1.2 Kompetenzen

Die Kompetenzen der deutschen SchülerInnen sind – das belegen die Befunde aus PISA 2000 – im internationalen Vergleich unangefochten stark an den sozioökonomischen Status der Eltern gekoppelt (vgl. Baumert/Schümer 2001).

Exemplarisch sei hier auf die Unterschiede in der Lesekompetenz zwischen den Sozialschichten eingegangen: Jugendliche, deren Eltern zur oberen Dienstklasse gehören, erreichen in PISA 2000 durchschnittlich eine über 100 Punkte höhere Lesekompetenz als Jugendliche, die aus Familien von un- und angelernten Arbeitern stammen. In PISA 2003 werden diese Befunde bestätigt. Auch bei PISA 2006 erzielen Jugendliche aus der oberen Dienstklasse eine mittlere Lesekompetenz, die um mehr als eine Kompetenzstufe höher liegt als bei SchülerInnen aus der untersten EGP-Klasse (106). Die Abstände im Kompetenzniveau zwischen den Sozialschichten haben sich also über die Zeit reduziert (vgl. Ehmke/Baumert 2007, S. 310). Gestiegen sind insbesondere die Kompetenzmittelwerte der Jugendlichen aus der Klasse der Routinedienstleistungen, der Facharbeiter und der un- und angelernten Arbeiter.

In den sechs Sozialklassen ist die Risikogruppe (auf Kompetenzstufe I oder darunter) unterschiedlich groß: Über 25% beträgt ihr Anteil bei PISA 2000 in den Klassen der Routinedienstleistungen (III), der Facharbeiter (V, VI) und der un- und angelernten Arbeiter (VII). In den beiden Dienstklassen belaufen sich ihre Anteile demgegenüber auf 9 bzw. 10%. Insgesamt hat sich der Anteil von SchülerInnen auf der Kompetenzstufe I oder darunter für Deutschland geringfügig verringert (PISA 2000: 22,6%; PISA 2003: 20%): Dabei konnten am stärksten die Jugendlichen aus der untersten Sozialklasse profitieren: In dieser Gruppe hat sich der Anteil leistungsschwacher Jugendlicher von 39% (PISA 2000) auf 28% (PISA 2006) reduziert, in anderen Sozialschichten haben sich die Anteile hingegen nicht bedeutsam verändert.

Auch im Grundschulbereich zeichnen sich Kinder aus den höheren sozialen Lagen – so die Ergebnisse der entsprechenden Studien – durch einen signifikanten Leistungsvorsprung aus. Der Zusammenhang zwischen der sozialen Herkunft (gemessen an der Anzahl der Bücher im Haushalt, der Sozialschichtzugehörigkeit und dem Bildungsniveau der Eltern) und der Lesekompetenz der Viertklässlerinnen und Viertklässler ist im internationalen Vergleich recht eng (vgl. Bos/Schwippert/Stubbe 2007, S. 245).

4.2 SchülerInnen mit und ohne Migrationshintergrund

Im Zuge des gestiegenen Verbleibs von Zuwanderfamilien und ihrer Nachkommenschaft hat sich in den letzten Jahrzehnten in zunehmendem Maße eine weitere Dimension von Chancenungleichheit herauskristallisiert, nämlich jene nach ethnischer Herkunft. Nachfolgend werden in diesem Zusammenhang die SchülerInnen mit und ohne Migrationshintergrund näher betrachtet.

4.2.1 Bildungsbeteiligung

SchülerInnen ohne Migrationshintergrund besuchen in der neunten Jahrgangsstufe – so die Ergebnisse von PISA 2000 – vor allem die Realschule (36,6%) und die Gymnasien (33,2%). Demgegenüber ist der größte Anteil an SchülerInnen mit Migrationshintergrund an Hauptschulen (31,8%) und Realschulen (29,7%) anzutreffen. Es finden sich damit auch in Bezug auf den Aspekt der ethnischen Herkunft deutliche Unterschiede. Zwischen den Gruppen der SchülerInnen mit mindestens einem Elternteil aus der Türkei, aus der ehemaligen Sowjetunion und aus sonstigen Anwerbestaaten existieren allerdings deutliche Unterschiede: So besucht fast jeder zweite türkische Schüler (48,3%) eine Hauptschule, aber nur jeder achte (12,5%) ein Gymnasium. Auch bei den SchülerInnen aus der ehemaligen Sowjetunion ist der größte Teil (38,4%) an den Hauptschulen anzutreffen, weniger als ein Fünftel (18,2%) von ihnen ist Gymnasiast. Von den SchülerInnen aus den sonstigen Anwerberstaaten ist ein Drittel (30%) an der Hauptschule und ein Viertel (25,1%) am Gymnasium (vgl. Konsortium Bildungsberichterstattung 2006, S. 151f.).

4.2.2 Kompetenzen

Die Leistungswerte von Kindern und Jugendlichen ohne Migrationshintergrund – darauf weisen alle bisher durchgeführten internationalen Schulleistungsvergleichsstudien hin – sind im Durchschnitt signifikant höher als die der Gleichaltrigen mit Migrationshintergrund. Die Streuung zwischen den Leistungen Einzelner variiert dabei bei Personen mit Migrationshintergrund stärker.

Im Primarbereich ist der Leistungsrückstand der Kinder mit Migrationshintergrund insbesondere in der ersten Generation beträchtlich. SchülerInnen in Grundschulen, die selbst im Ausland geboren und mit ihren Eltern eingewandert sind, zeigen sehr schwache Leseleistungen. Für Kinder von Zugewanderten, die selbst im Land geboren worden sind – für die zweite Generation also – fällt der Leistungsrückstand schwächer aus (vgl. Konsortium Bildungsberichterstattung 2006, S. 173).

Die gefundene Differenz in der Leseleistung von Kindern, deren Elternteile beide im Inland geboren sind und denjenigen, deren Elternteile beide im Ausland geboren sind, fällt mit 48 Punkten (2006) relativ hoch aus. Ein nicht unerheblicher Anteil des Leistungsrückstandes von SchülerInnen mit Migrationshintergrund erklärt sich aus ihrer sozialen Lage, die im Durchschnitt schlechter ist als von SchülerInnen, deren Eltern im Inland geboren sind.

Im Bereich der Sekundarstufe I finden sich sowohl im Bereich des Lesens und der Mathematik als auch im Bereich der Naturwissenschaften bei allen PISA-Durchgängen erhebliche Unterschiede zwischen den Gruppen der Jugendlichen mit Migrationshintergrund und der Jugendlichen ohne Migrationshintergrund (= beide Elternteile des Jugendlichen sind im Inland geboren). Im Durchschnitt weisen Jugendliche mit einem im Ausland geborenen Elternteil die geringsten und Jugendliche der zweiten Generation (die Jugendlichen selbst sind im Inland, beide Eltern aber im Ausland geboren) die größten Kompetenzunterschiede im Vergleich zu Jugendlichen ohne Migrationshintergrund auf.

Die Disparitäten liegen in den Naturwissenschaften zwischen 36 und 93 Punkten, im Lesen zwischen 28 und 81 Punkten und in Mathematik zwischen 29 und 77 Punkten. Sie sind also im Lesen und in der Mathematik geringer als in den Naturwissenschaften (vgl. Walter/Taskinen 2007, S. 349). Die in PISA 2003 zu beobachtenden Kompetenzunterschiede bestehen bei PISA 2006 im Wesentlichen weiter. Sie sind in hohem Maße auf den Sprachgebrauch und die soziale Herkunft zurückzuführen.

Die Disparitäten sind im unteren Leistungsbereich besonders ausgeprägt: Der Anteil der so genannten Risikogruppe, die höchstens Kompetenzstufe I im Lesen erreicht, beträgt 42% für die erste Generation und 44% für die zweite Generation der Zuwanderer. Nur 14% der SchülerInnen ohne Migrationshintergrund gehören zu dieser Risikogruppe.

5 Lernzeit

Im Hinblick auf die Lernzeit fallen in zahlreichen Bundesländern die Umstellung der Gymnasialzeit von neun auf acht Jahre sowie Veränderungen in der Unterrichtszeit in Form der Erweiterung der Stundentafel auf. Eine besonders durchgreifende Entwicklung in der Lernzeit erfährt das Schulwesen jedoch in allen Bundesländern durch die Einführung des Ganztagsbetriebs. Das „Investitionsprogramm Zukunft Bildung und Betreuung" (IZBB) des Bundes (vgl. BMBF 2003) hat – neben der Entwicklung vorheriger Länderprogramme (vor allem in Rheinland-Pfalz und Nordrhein-Westfalen) – einen erheblichen Schub in die Gründung von Ganztagsschulen (durch Umwandlung von Halbtagsschulen) gebracht, wobei die Länder zumeist bestimmte Schwerpunkte in den Schulformen setzen (vgl. KMK 2007): Der Anteil der schulischen Verwaltungseinheiten mit Ganztagsbetrieb stieg von 16,3% in 2002 auf 28,3% in 2005. In den meisten Schulformen verdoppelten sich die Anteile von Ganztagsschulen an allen Schulen, außer in Integrierten Gesamtschulen (73,1%) und Sonderschulen (44,6%), die jedoch bereits zuvor und auch aktuell in 2005 die höchsten Anteile an Ganztagsschulen aufweisen. In diesen beiden Schulformen finden sich überwiegend voll gebundene Ganztagsschulen mit obligatorischer Schülerteilnahme, während in allen anderen Schulformen vor allem offene (mit freiwilliger Teilnahme) oder teilgebundene Organisationsformen entstanden sind und nur eine Teilschülerschaft ganztags beschulen. Dies zeigt auch die Statistik der Schülerzahlen (vgl. KMK 2007): In den 28,3% Verwaltungseinheiten mit Ganztagsbetrieb besuchten in 2005 nur 15,2% aller SchülerInnen ganztags die Schule, was einer Steigerung um 5,4 Prozentpunkte seit 2002 (9,8% Schüleranteil) entspricht. Ganztagsschule in Deutschland ist eher noch ein Angebot für einen kleinen Teil der Lernenden.

Die StEG-Untersuchung (vgl. Holtappels et al. 2007) zeigte, dass Ganztagsschulen konzeptionell und in der Organisation noch erheblichen Entwicklungsbedarf haben, der größte Teil der Schulen jedoch die Lernkultur hinsichtlich der Vielfalt der Lernarrangements und Lerngelegenheiten beachtlich ausgebaut haben. Nicht unbeträchtliche Anteile der Schulen weisen allerdings nur Ganztagsbetrieb an drei Tagen oder sogar weniger auf und beschulen in den offenen Modellen mit freiwilliger Teilnahme nur durchschnittlich 40% der SchülerInnen; ein beträchtlicher Teil der Schulen liegt noch darunter. Auch die Schülerteilnahme an den einzelnen Angebotsbereichen deutet noch auf unzureichenden inneren Ausbau hin: Nur rund je ein Viertel der Lernenden besucht Fördermaßnahmen in Grundschulen und in der Sekundarstufe I und fachbezogene Angebote und Hausaufgabenbetreuung in der Sekundarstufe I (vgl. Holtappels 2007, S. 199ff.). Der im Zuge des raschen Ausbaus vorwiegend dominierende Angebotscharakter der deutschen Ganztagsschullandschaft spiegelt sich demnach auch in den Befunden zum Ausbau und in der pädagogischen Entwicklung der Schulen wider. Die Erwartungen für die Schulentwicklung und vor allem für die Förderung und die Kompetenzentwicklung aller Lernenden sollten daher eher mit Vorsicht veranschlagt werden.

Literatur

Aktionsrat Bildung (2007): Bildungsgerechtigkeit. Jahresgutachten 2007. Herausgegeben von der Vereinigung der Bayerischen Wirtschaft. Wiesbaden: VS Verlag für Sozialwissenschaften.
Baumert, J./Artelt, C./Klieme, E./Neubrand, M.L./Prenzel, M./Schiefele, U./Schneider, W./Tillmann, K.-J./ Weiß, M. (Hrsg.) (2002): PISA 2000 – Die Länder der Bundesrepublik Deutschland im Vergleich. Opladen: Leske & Budrich.
Baumert, J./Artelt, C./Klieme, E./Neubrand, M./Prenzel, M./ Schiefele, U./Schneider, W./Tillmann, K.-J./Weiß, M. (Hrsg.) (2003): PISA 2000 – Ein differenzierter Blick auf die Länder der Bundesrepublik Deutschland. Opladen: Leske & Budrich.
Baumert, J./Klieme, E./Neubrand, M./Prenzel, M./ Schiefele, U./Schneider, W./Stanat, P./Tillmann, K.-J./Weiß, M. (Hrsg.) (2001): PISA 2000. Basiskompetenzen von Schülerinnen und Schülern im internationalen Vergleich. Opladen: Leske & Budrich.
Baumert, J./Schümer, G. (2001): Familiäre Lebensverhältnisse, Bildungsbeteiligung und Kompetenzerwerb. In: Baumert, J. et al. (Hrsg.): PISA 2000. Basiskompetenzen von Schülerinnen und Schülern im internationalen Vergleich. Opladen: Leske & Budrich, S. 323–407.
Baumert, J./Trautwein, U./Artelt, C. (2003): Schulumwelten. Institutionelle Bedingungen des Lehrens und Lernens. In: Baumert, J. et al. (Hrsg.): PISA 2000 – Ein differenzierter Blick auf die Länder der Bundesrepublik Deutschland. Opladen: Leske & Budrich, S. 261–331.
Bellenberg, G. (1999): Individuelle Schullaufbahnen. Eine empirische Untersuchung über Bildungsverläufe von der Einschulung bis zum Abschluss. Weinheim: Juventa.
Bellenberg, G./Hovestadt, G./Klemm, K. (2004): Selektivität und Durchlässigkeit im allgemein bildenden Schulsystem. Rechtliche Regelungen und Daten unter besonderer Berücksichtigung der Gleichwertigkeit von Abschlüssen. Essen: bfp.
Bellenberg, G./Klemm, K. (2000): Scheitern im System, Scheitern des Systems? Ein etwas anderer Blick auf Schulqualität. In: Rolff, H.-G. et al. (Hrsg.): Jahrbuch der Schulentwicklung. Daten, Beispiele und Perspektiven. Band 11. Weinheim und München: Juventa, S. 51–75.
BMBF - Bundesministerium für Bildung und Forschung (Hrsg.) (2006): Berufsbildungsbericht. Bonn: BMBF.
BMBF - Bundesministerium für Bildung und Forschung (Hrsg.) (2005): Grund- und Strukturdaten 2005. Bonn: BMBF.
BMBF - Bundesministerium für Bildung und Forschung (2003): Investitionsprogramm „Zukunft Bildung und Betreuung". Ganztagsschulen. Zeit für mehr. Bonn: BMBF.
Bos, W./Hornberg, S./Arnold, K.-H./Faust, G./Fried, L./Lankes, E.-M./Schwippert, K./Valtin, R. (2007): IGLU 2006. Lesekompetenzen von Grundschulkindern in Deutschland im internationalen Vergleich. Münster: Waxmann.
Bos, W./Lankes, E.-M./Prenzel, M./Schwippert, K./Walther, G./Valtin, R. (Hrsg.) (2003): Erste Ergebnisse aus IGLU. Schülerleistungen am Ende der vierten Jahrgangsstufe im internationalen Vergleich. Münster: Waxmann.
Bos, W./Lankes, E.-M./Prenzel, M./Schwippert, K./Walther, G./Valtin, R. (Hrsg.) (2004): IGLU. Einige Länder der Bundesrepublik Deutschland im nationalen und internationalen Vergleich. Münster: Waxmann.
Bos, W./Schwippert, K./Stubbe, T. (2007): Die Koppelung von sozialer Herkunft und Schülerleistung im internationalen Vergleich. In: Bos, W. et al. (Hrsg.): IGLU 2006. Lesekompetenzen von Grundschulkindern in Deutschland im internationalen Vergleich. Münster: Waxmann, S. 225–247.
Budde, H./Klemm, K. (1992): Äußere Schulentwicklung in den neuen Ländern. Perspektiven und Gefährdungen. In: Rolff, H.-G. et al. (Hrsg.): Jahrbuch der Schulentwicklung. Daten, Beispiele und Perspektiven. Band 7. Weinheim und München: Juventa, S.133–157.
DESTATIS – Statistisches Bundesamt (2006): Bildung im Zahlenspiegel 2006. Wiesbaden: Statistisches Bundesamt.

Ehmke, T./Baumert, J. (2007): Soziale Herkunft und Kompetenzerwerb: Vergleiche zwischen PISA 2000, 2003 und 2006. In: Prenzel, M. et al. (Hrsg.): PISA 2006. Die Ergebnisse der dritten internationalen Vergleichsstudie. Münster u.a.: Waxmann, S. 309–335.

Erikson, R./Goldthorpe, J.H./Portocarero, L. (1979): Intergenerational class mobility in three Western European societies: England, France and Sweden. In: British Journal of Sociology, 30, S. 341–415.

Gudjons, H./Köpke, A. (Hrsg.) (1996): 25 Jahre Gesamtschule in der Bundesrepublik. Eine bildungspolitische und pädagogische Bilanz. Bad Heilbrunn: Klinkhardt.

Hansen, R./Rolff, H.-G. (1990): Abgeschwächte Auslese und verschärfter Wettbewerb. Neuere Entwicklungen in den Sekundarschulen. In: Rolff, H.-G. et al. (Hrsg.): Jahrbuch der Schulentwicklung. Daten, Beispiele und Perspektiven. Band 6. Weinheim und Basel: Juventa, S. 45–79.

Holtappels, H.G. (2007): Angebotsstruktur, Schülerteilnahme und Ausbaugrad ganztägiger Schulen. In: Holtappels, H.G. et al. (Hrsg.): Ganztagsschule in Deutschland. Ergebnisse der Ausgangserhebung der „Studie zur Entwicklung von Ganztagsschulen" (StEG). Weinheim und München: Juventa, S. 186–206.

Holtappels, H.G./Klemm, K./Pfeiffer, H./Rolff, H.-G./Schulz-Zander, R. (2004): IFS-Umfrage: Die Schule im Spiegel der öffentlichen Meinung – Ergebnisse der 13. Repräsentativbefragung der bundesdeutschen Bevölkerung. In: Holtappels, H.G. et al. (Hrsg.): Jahrbuch der Schulentwicklung. Daten, Beispiele und Perspektiven. Band 13. Weinheim und München: Juventa, S.13–50.

Holtappels, H.G./Klemm, K./Pfeiffer, H./Rolff, H.-G./Schulz-Zander, R. (Hrsg.) (2004): Jahrbuch der Schulentwicklung. Daten, Beispiele und Perspektiven. Band 13. Weinheim und München: Juventa.

Holtappels, H.G./Klieme, E./Rauschenbach, T./Stecher, L. (Hrsg.) (2007): Ganztagsschule in Deutschland. Ergebnisse der Ausgangserhebung der „Studie zur Entwicklung von Ganztagsschulen" (StEG). Weinheim und München: Juventa.

Holtappels, H.G./Rösner, E. (1994): Schulen im Verbund. In: Rolff, H.-G. et al. (Hrsg.): Jahrbuch der Schulentwicklung Daten, Beispiele und Perspektiven. Band 8. Weinheim und München: Juventa, S. 57–98.

Holtappels, H.G./Rösner, E. (1996a): Schulsystem und Bildungsreform in Westdeutschland. Historischer Rückblick und Situationsanalyse. In: Melzer, W.G. et al. (Hrsg.): Schulreform in der Mitte der 90er Jahre, Strukturwandel und Debatten um die Entwicklung des Schulsystems in Ost- und Westdeutschland. Opladen: Westdeutscher Verlag, S. 23–46.

Holtappels, H.G./Rösner, E. (1996b): Wie zeitgemäß ist die Gesamtschule? In: Gudjons, H./Köpke, A. (Hrsg.): 25 Jahre Gesamtschule in der Bundesrepublik. Eine bildungspolitische und pädagogische Bilanz. Bad Heilbrunn: Klinkhardt, S. 217–222.

Imhäuser, K./Rolff, H.-G. (1992): Facharbeiterlücke und Akademikerschwemme? Entwicklungen in der Sekundarstufe II. In: Rolff, H.-G. et al. (Hrsg.): Jahrbuch der Schulentwicklung. Daten, Beispiele und Perspektiven. Band 7. Weinheim und München: Juventa, S. 59–92.

KMK - Ständige Konferenz der Kultusminister/Sekretariat (Hrsg.) (2007): Allgemein bildende Schulen in Ganztagsform in den Ländern in der Bundesrepublik Deutschland. Statistik 2002 bis 2005. Bonn: KMK.

Konsortium Bildungsberichterstattung (2006): Bildung in Deutschland. Ein indikatorengestützter Bericht mit einer Analyse zu Bildung und Migration. Gütersloh: Bertelsmann Verlag.

Mauthe, A./Rösner, E. (1998): Schulstruktur und Durchlässigkeit. Quantitative Entwicklungen im allgemein bildenden weiterführenden Schulwesen und Mobilität zwischen den Bildungsgängen. In: Rolff, H.-G. et al. (Hrsg.): Jahrbuch der Schulentwicklung. Daten, Beispiele und Perspektiven. Band 10. Weinheim und München: Juventa, S. 87–125.

Melzer, W.G./Sandfuchs, U. (Hrsg.) (1996): Schulreform in der Mitte der 90er Jahre, Strukturwandel und Debatten um die Entwicklung des Schulsystems in Ost- und Westdeutschland. Opladen: Westdeutscher Verlag.

Pfeiffer, H./Rösner, E. (2000): Mehr oder weniger Integration? Entwicklungstendenzen der weiterführenden Schulen. In: Rolff, H.-G. et al. (Hrsg.): Jahrbuch der Schulentwicklung. Daten, Beispiele und Perspektiven. Band 11. Weinheim und München: Juventa, S. 77–127.

Prenzel, M. (2007): PISA 2006: Wichtige Ergebnisse im Überblick. In: Prenzel, M. et al. (Hrsg.): PISA 2006. Die Ergebnisse der dritten internationalen Vergleichsstudie. Münster u.a.: Waxmann, S. 13–30.

Prenzel, M./Artelt, C./Baumert, J./Blum, W./Hammann, M./ Klieme, E./Pekrun, R. (Hrsg.) (2007): PISA 2006. Die Ergebnisse der dritten internationalen Vergleichsstudie. Münster u.a.: Waxmann.

Prenzel, M./Blum, W./Lehmann, R./Leuthner, D./Neubrand, M./Pekrun, R./Rolff, H.-G./Rost, J./Schiefele, U. (Hrsg.) (2004): PISA 2003. Der Bildungsstand der Jugendlichen in Deutschland – Ergebnisse des zweiten internationalen Vergleichs. Münster: Waxmann.

Prenzel, M./Blum, W./Lehmann, R./Leuthner, D./Neubrand, M./Pekrun, R./Rost, J./Schiefele, U. (Hrsg.) (2005): PISA 2003. Der zweite Vergleich der Länder in Deutschland – Ergebnisse des zweiten internationalen Vergleichs. Münster: Waxmann.

Rösner, E. (2007): Hauptschule am Ende? Ein Nachruf. Münster: Waxmann.
Rolff, H.-G./Bauer, K.-O./Klemm, K./Pfeiffer, H. (Hrsg.) (1990): Jahrbuch der Schulentwicklung. Daten, Beispiele und Perspektiven. Band 6. Weinheim und Basel: Juventa.
Rolff, H.-G./Bauer, K.-O./Klemm, K./Pfeiffer, H. (Hrsg.) (1992): Jahrbuch der Schulentwicklung. Daten, Beispiele und Perspektiven. Band 7. Weinheim und München: Juventa.
Rolff, H.-G./Bauer, K.-O./Klemm, K./Pfeiffer, H. (Hrsg.) (1998): Jahrbuch der Schulentwicklung. Daten, Beispiele und Perspektiven. Band 10. Weinheim und München: Juventa.
Rolff, H.-G./Bauer, K.-O./Klemm, K./Pfeiffer, H./Schulz-Zander, R. (Hrsg.) (1994): Jahrbuch der Schulentwicklung Daten, Beispiele und Perspektiven. Band 8. Weinheim und München: Juventa.
Rolff, H.-G./Bos, W./Klemm, K./Pfeiffer, H./Schulz-Zander, R. (Hrsg.) (2000): Jahrbuch der Schulentwicklung. Daten, Beispiele und Perspektiven. Band 11. Weinheim und München: Juventa.
Schuchart, C. (2007): Schulabschluss und Ausbildungsberuf. Zur Bedeutung der schulartbezogenen Bildungsbiografie. In: Zeitschrift für Erziehungswissenschaft, 10. Jg., H. 3, S. 381-398.
Schümer, G./Tillmann, K.-J./Weiß, M. (2002): Institutionelle und soziale Bedingungen schulischen Lernens. In: Baumert, J. et al. (Hrsg.): PISA 2000 – Die Länder der Bundesrepublik Deutschland im Vergleich. Opladen: Leske & Budrich, S. 203–218.
Tillmann, K.-J./Dedering, K./Kneuper, D./Kuhlmann, C./Nessel, I. (2008): PISA als bildungspolitisches Ereignis. Eine Fallstudie in vier Bundesländern. Wiesbaden: VS Verlag für Sozialwissenschaften (in Vorbereitung).
Tillmann, K.-J./Meier, U. (2001): Schule, Familie und Freunde – Erfahrungen von Schülerinnen und Schülern in Deutschland. In: Baumert, J. et al. (Hrsg.): PISA 2000. Basiskompetenzen von Schülerinnen und Schülern im internationalen Vergleich. Opladen: Leske & Budrich, S. 468–509.
Walter, O./ Taskinen, P. (2007): Kompetenzen und bildungsrelevante Einstellungen von Jugendlichen mit Migrationshintergrund in Deutschland: Ein Vergleich mit ausgewählten OECD-Staaten. In: Prenzel, M. et al. (Hrsg.): PISA 2006. Die Ergebnisse der dritten internationalen Vergleichsstudie. Münster u.a.: Waxmann, S. 337–366.

Rolf Dobischat | Karl Düsseldorff

Berufliche Bildung und Berufsbildungsforschung

1   Begriffliche Annäherungen

Einen Beitrag zum Thema *Berufliche Bildung* für ein *Handbuch der Bildungsforschung* zu verfassen, heißt zunächst einmal auf diverse thematische Eingrenzungen und semantische Eigenarten hinzuweisen und diese plausibel zu begründen. Dies ist erforderlich, da – wie noch thematisiert wird – der Begriff *Berufliche Bildung* selbst (vgl. Blankertz 1977), aber auch die ihm affinen Kontextbegriffe *Berufliches Bildungswesen* (vgl. Münch 1977), *Berufsbildungssystem* (vgl. Kutscha 1997), *Berufsbildung* (vgl. Arnold/Lipsmeier 1995), *Berufs- und Wirtschaftspädagogik* (vgl. Stratmann 1977; 1994), *Berufsbildungstheorie* (vgl. Blankertz 1977) und nicht zuletzt der der *Berufsbildungsforschung* (vgl. Lempert 1977) mit tradierten definitorisch normativen Setzungen versehen sind. Diese verfügen zwar über einen breiten Deutungskonsens innerhalb des Diskurses der Erziehungswissenschaften und ihrer Subdisziplin, der *Berufs- und Wirtschaftspädagogik*, sind von der Sache her aber nicht zwingend notwendig und verweisen nicht nur in die inzwischen als gängig akzeptierte und in folgenden Ausführungen einschlägig nachgezeichnete Richtung. Auf diesen Sachverhalt aufmerksam zu machen ergibt sich aus der wenigstens doppelten Intention für ein Handbuch: Es soll Nachschlagewerk *und* disziplinäre Bilanz in einem sein. Ersteres bedeutet für den nachfolgenden Beitrag mit Blick gerade auch auf fachfremde Nutzer die scheinbare Willkür der erwähnten Grenzziehungen nachvollziehbar werden zu lassen, Letzteres könnte unter Umständen auf einen zukünftig veränderbaren Aufgabenzuschnitt für die im Mittelpunkt des Beitrags stehende *Berufsbildungsforschung* hinauslaufen oder die Anregung beinhalten, die tradierten semantischen Grenzziehungen zu überdenken.

Dass diese Grenzziehungen sich aktuell teilweise auflösen, ist einerseits aktuellen nationalen Entwicklungen der beruflichen Bildung und des beruflichen Bildungssystems geschuldet, etwa der wachsenden Betonung des *lebenslangen oder lebensbegleitenden Lernens* und der partiellen Auflösung *berufsförmig organisierter Arbeit* sowie dem Wandel von der Qualifikation- zur Kompetenzentwicklung (vgl. ABWF 2006) und so fort, andererseits wird dies aber auch hervorgerufen durch einen intensivierten internationalen Berufsbildungsdialog, der ständig neue Facetten der *Berufsbildung* und damit neue Aufgaben der *Berufsbildungsforschung* erkennbar werden lässt (vgl. ebd.). So ist in dem im Jahre 2005 von Felix Rauner herausgegebenen *Handbuch Berufsbildungsforschung* ein Kompendium mit 97 Artikeln von mehr als achtzig Autoren und Autorinnen verfügbar, aus dem sich die Bandbreite der *Berufsbildungsforschung*, der Wandel ihres Forschungsgegenstandes und die Expansion ihres Aufgabenverständnisses erschließen lassen. Daher müssen wir als Verfasser dieses Artikels einräumen, dass die oben angeführte eingrenzende Beschneidung des Themas zwar punktuell unbefriedigend ist, aber sich historisch und mit Blick auf sich beschleunigende Wandlungsprozesse legitimieren lässt. Nicht umsonst teilen wir die Ansicht, dass die Berufsbildungsforschung auf der einen Seite historisch in einer spezifischen Form an den Aufgabenstellungen der Berufsbildungsplanung, der Berufsbildungspolitik und der Berufsbildungspraxis gewachsen ist (vgl. Rauner 2005a, S. 15) und andererseits mit ihrer *responsiven Praxis* (vgl. Sloane 2006, S. 613) permanent sich aktualisierenden Entwicklungen verpflichtet sieht, deren Gesamtheit nicht in einem Handbuchartikel erschöpfend Berücksichtigung finden kann.

Versteht man unter *Beruflicher Bildung* mit Herwig Blankertz (vgl. ebd. 1977, S. 90) diejenige Bildung, die im Gegensatz zur scheinbar zweckfreien *universalen Bildung* als mehr oder weniger eindeutig auf eine Berufsausübung beziehungsweise auf einen deutlich erkennbaren Erwerbskontext ausgerichtete Bildung mit einer analogen, betont zweckfunktionalen Didaktisierung (vgl. Lipsmeier/Kutscha 1977; Lipsmeier 1978) ist, oder mit Harney (1999) als diejenige Bildung, die „die Reproduktion des gesellschaftlichen Arbeitsvermögens von einer Generation zur anderen sicher [stellt]" (Harney 1999, S. 51), dann wird der Blick zunächst auf alle Formen arbeits-, erwerbs- und berufsbezogener Bildung gelenkt, die überhaupt denkbar sind. Das würde beispielsweise die universitäre Aus- und Weiterbildung, die Ausbildung an Fachhochschulen, die Aus- und Weiterbildung für den Staats- oder Militärdienst, die ordensgemeinschaftliche und klerikale Bildung, die Ausbildung für Humandienstleistungen im engeren und weiteren Sinne und so fort notwendig in die Betrachtung einschließen (Harney 1999, ebd.). Dieser Sichtweise entspricht indessen in Deutschland nicht die gebräuchliche Semantik und auch nicht der Diskurshorizont oder die wissenschaftliche Lehr- und Forschungspraxis. Vielmehr heißt von *Beruflicher Bildung* zu sprechen in der Regel, diejenigen Formen der erwerbsbezogenen Qualifizierung durch Aus- und Weiterbildung zu thematisieren, die auf das gewerblich-technische und auf das kaufmännisch-verwaltende Ausbildungswesen innerhalb des *Systems der Berufsausbildung* (*Duales System*, vgl. Kutscha 1995) und der darauf im weitesten Sinne beziehbaren *beruflichen Weiterbildung* (vgl. Dobischat 1996) fokussieren. Denselben Bezugsrahmen meint man übrigens auch, wenn vom *Beruflichen Bildungswesen* (vgl. Münch 1977) die Rede ist. Stark verkürzt, aber in der Sache folgerichtig, zählt dann zur *Beruflichen Bildung* bzw. zur *Berufsbildung* die Bildung, die unter den Artikel 1 Abs. 1 des Berufsbildungsreformgesetzes (BerBiRefG) vom 23. Mai 2005 fällt, also die *Berufsausbildungsvorbereitung*, *Berufsausbildung*, die *berufliche Fortbildung* und die *berufliche Umschulung*, in deren Mittelpunkt wesentlich die anerkannten Ausbildungsberufe stehen. Mithin fallen aus dem Rahmen der disziplinär in der *Berufspädagogik* (vgl. Pätzold 1999), der *Wirtschaftspädagogik* (vgl. Kaiser 1999) und der beide vereinenden *Berufs- und Wirtschaftspädagogik* (vgl. Sloane/Twardy/Buschfeld 1998) gewählten Terminologie, deren zentraler Gegenstand *Berufliche Bildung* darstellt, gesellschaftlich und volkswirtschaftlich erhebliche Qualifizierungsanstrengungen, die auch Teil der spezifisch verorteten *Berufsbildungsforschung* sein könnten oder sogar sein sollten, zunächst heraus. Auch wenn die *Berufspädagogik* in ihr Selbstverständnis die Landwirtschaftspädagogik, die Hauswirtschaftspädagogik und die Industriepädagogik (vgl. Pätzold 1999, S. 124) integriert und wenn auch die Wirtschaftspädagogik zentrale Aspekte, die über die (anerkannten) gewerblich-technischen und kaufmännisch-verwaltenden Berufe hinausgreifen, mit thematisiert, sind die sich trotzdem noch ergebenden diversen Ausgrenzungen nur vor dem Hintergrund des Beginns der Professionalisierung des Lehr- und Ausbildungspersonals in der *Beruflichen Bildung* und ihren spezifischen Zuständigkeiten sowie vor dem Konstrukt eines analog dazu spezifisch reduzierten Verständnisses von *Beruf und Beruflichkeit* zu verstehen. Es ist eindeutig, dass hier die historische, institutionelle und eben nicht zuletzt die rechtliche Entwicklung der disziplinären Sicht und Begriffsentwicklung die Kontur gab und nicht das ideell mögliche Konstrukt, also das auch „forscherisch Mögliche". Von *Beruflicher Bildung* zu sprechen heißt dann also, berufs- und erwerbsbezogene Qualifizierung unterhalb der Hochschulebene und im Wesentlichen als im Rahmen des dualen Systems der Berufsausbildung verortete Ausbildung respektive die hier korrelierende *Weiterbildung* zu begreifen. Dass dies angesichts einer aktuell vielfach diagnostizierten *Entberuflichung* (vgl. Pütz 1999) zu einer forschungspraktischen und bildungspolitischen Engführung wird, ist das eine – aus diesem Dilemma einen Weg herauszufinden, der der Berufs- und Wirtschaftspädagogik eine nach wie vor deutliche Kontur bei einem gleichzeitig aktualisierbaren Gegenstand für die *Berufliche Bildung* und die *Berufsbildungsforschung* gibt – wäre das andere.

Der angesprochenen semantisch folgenreichen Setzung innerhalb der Scientific Community entspricht es, den Begriff der *Beruflichen Bildung* im wie oben angedeuteten Sinne einzugrenzen, ihn also als Qualifizierung im Kontext der historisch gewachsenen „Lehre", dem „Herzstück der beruflichen Bildung" (Arbeitsgruppe Bildungsbericht am Max-Planck-Institut für Bildungsforschung 1994, S. 550) und dem „Rückgrat des deutschen Produktionssystems" (ebd., S. 551) zu begreifen und *Berufsbildungsforschung*, bei aller Erkenntnis über das Unbehagen an einer solchen Eingrenzung, genau darauf zu beziehen (vgl. Lempert 1977), allerdings in jüngster Zeit auch die berufliche Weiterbildung entsprechend mitzubedenken und die Anstrengungen diesbezüglich zu forcieren (vgl. Bundesminister für Bildung und Wissenschaft 1990). Daneben hat sich in der unmittelbaren Vergangenheit ein weiteres verändertes Begriffs- und damit korrespondierendes Aufgabenverständnis für die berufliche Bildung ergeben: Der beruflichen Bildung werden, wie mit dem Hinweis auf den Artikel 1 Abs. 1 des BerBiRefG bereits angedeutet, die unterschiedlichen Aktivitäten der Berufsausbildungsvorbereitung zugeordnet und damit das hier momentan stark wachsende Feld der Übergangsforschung vielfältig konturiert (vgl. bereits früh: Kutscha 1991; aktuell: Konsortium Bildungsberichterstattung 2006; Klieme u.a. 2006).

2 Gegenstand der Beruflichen Bildung und der Berufsbildungsforschung

Berufliche Bildung meint sämtliche Prozesse der Qualifizierung in öffentlichen und privaten Institutionen des Berufsbildungssystems, also in beruflichen Schulen, Berufsfachschulen, Fachschulen, in wenigen Ländern auch in Berufsoberschulen oder Berufsgymnasien, in Fachakademien, Berufskollegs und Berufsakademien und in den Betrieben, überbetrieblichen Lehr- und Ausbildungsstätten, Rehabilitationszentren, bei den Kammern, Wirtschaftsverbänden und in speziellen Institutionen der Gewerkschaften sowie im Falle der Weiterbildung in den zahlreich hier aktiven Institutionen und Einrichtungen des sogenannten „freien Marktes" (vgl. Dobischat/Husemann 1995).

Berufliche Bildung so verstanden als berufliche Aus- und Weiterbildung mit dem Referenzpunkt Duales System zielt auf die Vermittlung von Kenntnissen, Fertigkeiten und Kompetenzen, die für die Ausübung einer berufsgebundenen Erwerbstätigkeit konstitutiv sind. Insofern ist es folgerichtig, wenn die Deutsche Forschungsgemeinschaft in ihrem Grundsatzgutachten zur Berufsbildungsforschung (der sogenannten Denkschrift) davon spricht, dass die „Berufsbildungsforschung die Bedingungen, Abläufe und Folgen des Erwerbs fachlicher Qualifikationen sowie personaler und sozialer Einstellungen und Orientierungen, die für den Vollzug beruflich organisierter Arbeitsprozesse bedeutsam erscheinen, [untersucht]" (Deutsche Forschungsgemeinschaft 1990, S. 1) und sich dann einleitend auch wesentlich auf eine Thematisierung des Ausbildungssystems beschränkt.

In der Positionierung wird aber auch anderes erkennbar: Erstens kann die *Berufsbildungsforschung* nur aus einem stark interdisziplinären Selbstverständnis heraus agieren, denn die aufgelisteten Aspekte (Bedingungen, also Rahmenbedingungen; Abläufe, also Prozesse; Folgen, also die vielfältigen individuellen, gesellschaftlichen und auch die ökonomischen bzw. volkswirtschaftlichen Resultate von Qualifizierungsaktivitäten) verweisen zwangsläufig auf unterschiedliche Dimensionen von Beruflichkeit und analog dazu auf vielschichtigere Forschungsaktivitäten als nur auf diejenigen, deren Kern Qualifizierungsprozesse als solche bilden. Eine subjektbezogene Dimension etwa korrespondiert wesentlich auch mit der Psychologie, hier der *Arbeitspsychologie* (vgl. Volpert 1987; Ulich 1992) und der *Organisationspsychologie* (vgl. Wiendieck 1994). Die kollektive Dimension, also der *Markt* für Qualifikationen, die Arbeits- und Berufswelt hingegen wird in der Soziologie thematisiert: Hier wären die *Arbeits-, Berufs,- Industrie- und Organisationssoziologie* als maßgebliche Referenzdisziplinen zu nennen (vgl. Mertens 1978; Braczyk/Knesebeck/Schmidt 1982; Schuster 1987; Hack 1994; Voss 1994). Des Weiteren ist eine Beteiligung der Wirtschaftswissenschaften, speziell die Betriebswirtschaftslehre und auch die Technik- und Ingenieurwissenschaft (vgl. Lutz 1983), disziplinärer Bestandteil der *Berufsbildungsforschung* (vgl. Achtenhagen 1990, S. 32).

Auch wenn sich der Begriff der *Berufsbildungsforschung* und ihre Profilbildung erst in den 1970er Jahren durchgesetzt haben, welche die beschriebenen interdisziplinären Bezüge herstellen (vgl. Lempert 1977; Kutscha 1990), können etwa die *Qualifikationsforschung*, die *Psychotechnik*, die *Arbeitswissenschaft*, die Betriebs- und *Arbeitspädagogik* und nicht zuletzt auch die *Berufs- und Wirtschaftspädagogik* als ihre Ursprungs- und Bezugsdisziplinen gelten und auf einschlägige Institutionalisierungsprozesse mit dem Ziel einer fortschreitenden Forschungskonsolidierung verweisen (s.u.).

Zweitens wird aus der oben zitierten Textstelle auch ersichtlich, dass die semantische Begrenzung sich de facto in berufsbildungsforschungsrelevanten Aktivitäten *nicht* unbedingt durchgängig an die aufgezeigte terminologische Engführung der *Beruflichen Bildung* halten kann, da die Schnittstellen und Referenzlinien sich eben nicht auf das Duale System und ihre eingegrenzte Auffassung von Beruflichkeit als zentralen Referenzpunkt allein beziehen können. Diese Sichtweise wird plausibel, wenn im Weiteren die zentralen Forschungsinstitutionen der *Berufsbildungsforschung* und ihre jeweiligen programmatischen Schwerpunktsetzungen aufgelistet werden. Dabei ergibt sich nämlich jeweils ein Aufgabenprofil, das eo ipso aus der Koppelung des institutionellen Selbstverständnisses der Forschungsinstitution, ihrer gesellschaftlichen, ökonomischen und auch politischen Aufgabenstellungen mit den einschlägigen Bezugs- und Bedingungsfeldern der *Beruflichen Bildung* über das Duale System als alleinigem Bedingungsrahmen weit hinausweisen muss. Dass dies auf der forschungspraktischen Seite auch tatsächlich geschieht, die terminologische Diskussion aber das Gezeigte nicht oder nur kaum berührt, zeigt das Nachfolgende, wenn nämlich über den Weg einer kursorischen Institutionalisierungsgenese die drei maßgeblichen Foren und Institutionen der Berufsbildungsforschung, nämlich das *Institut für Arbeitsmarkt- und Berufsforschung* (IAB), das *Bundesinstitut für Berufsbildung* (BIBB) und die *akademische Berufsbildungsforschung* sowie das Kooperationsforum der drei, zusammengeschlossen in der *Arbeitsgemeinschaft Berufsbildungsforschungsnetz* (AG BFN), vorgestellt und ihre zentralen Forschungsschwerpunkte sowie -perspektiven genannt werden, allerdings ohne – bis auf hier als relevant beurteilte Ausnahmen – gleichzeitig Forschungsergebnisse zu vermitteln.

3 Institutionalisierungsentwicklung und erste zentrale Institutionen der Berufsbildungsforschung

Dass berufliche oder erwerbsmäßige Arbeit und Bildungsprozesse oder Arbeit und Bildung allgemein auf eine seit Jahrhunderten bestehende reflektierte Aufmerksamkeit verweisen können, also bereits auch Früh- oder Vorformen der *Berufsbildungsforschung* existieren, liegt auf der Hand (vgl. Buck 1993). Erst mit der Phase der Entfaltung der Moderne beginnt auch eine Effektivierung und Formalisierung der *Beruflichen Bildung* (vgl. Stratmann 1995) und analog dazu eine Institutionalisierung ihrer Beforschung (vgl. Geissler/Wittwer 1990, Lipsmeier 2005). Dabei ist die Frage nicht zu beantworten, ob etwa die Initiativen des *Vereins für Sozialpolitik* seit den 1870er Jahren zur Lehrlingsfrage angesichts der Industrialisierung und der damit einhergehenden Ablösung der Handwerksökonomie durch die Industrieökonomie, oder ob die experimentellen Forschungen zur Berufseignung und zu Fragen der physischen und psychischen Anforderungen an Berufstätige etwa von Wilhelm Wundts, William Sterns oder Hugo Münsterbergs in der sogenannten *Psychotechnik* (vgl. Münsterberg 1912/1997) als Frühformen der *Berufsbildungsforschung* anzusehen sind oder nicht. In jedem Fall liegen in den genannten Arbeits- und Forschungsinitiativen schon frühe Arbeitsfelder der *Arbeits- und Berufsforschung* vor und verweisen auf Aspekte moderner *Berufsbildungsforschung*. Ebenfalls dokumentieren die sporadischen, zumeist regional geführten Initiativen des Deutschen Industrie- und Handelstages (DIHT), die Aktivitäten der unterschiedlichen Lehrerschafts-Korporationen für die kaufmännische und gewerbliche Bildung (so der *Deutsche Verein für das Fortbildungsschulwesen* ab 1892, der *Deutsche Verband für das kaufmännische Unterrichtswesen* ab 1896, etc.) und auch die zahlreichen, aus gewerkschaftlicher Sicht, aus der Perspektive von Branchen und Berufsverbänden entstandenen, von der Arbeitsverwaltung, den Industrie- und Handelskammern oder den Handwerkskammern initiierten Aktivitäten, die jedoch weitgehend unvermittelt, wenig systematisiert und auch nicht kooperativ zustande kamen.

Mit der Gründung der beiden großen Institute, dem *DATSCH* (*Deutscher Ausschuß für Technisches Schulwesen*, gegründet im Jahre 1908 von Verbänden der verarbeitenden Metall- und Elektroindustrie) und dem *DINTA* (*Deutsches Institut für technische Arbeitsschulung*, gegründet im Jahre 1925 vom *Stahl-Eisenverein*), beginnen aus unserer Sicht die Institutionalisierung, inhaltliche Entfaltung und Formierung der modernen *Berufsbildungsforschung* in Deutschland (anders: Lipsmeier 2005, S. 22f., der konzidiert, dass „die Verwissenschaftlichung des Reflektierens, Analysierens und Implementierens beruflicher Bildung mit den Aktivitäten des im Jahre 1908 gegründeten DATSCH [...] einen starken Impuls erhielt", aber noch nicht von der Institutionalisierung der *Berufsbildungsforschung* in Deutschland gesprochen werden sollte), auch wenn dies begrifflich noch nicht mit *Berufsbildungsforschung* bezeichnet wird. Sieht sich zum damaligen Zeitpunkt der *DATSCH* inhaltlich vor die Aufgabe gestellt, Formen und Inhalte der Lehrlingsausbildung festzulegen, Ordnungsmittel zu empfehlen und insgesamt Qualifizierungsfragen mit Bezug auf die industrielle Realität so zu beantworten, dass ein „System des industriellen Lehrlingswesens" entstehen kann, so stellt sich das *DINTA* eher den Fragen der methodisch elaborierten „optimalen Nutzung der Arbeitskräfte", steht also in der Tradition der *Psychotechnik* und der „industriellen Menschenführung". Es mag posthum nicht verwundern, dass das *DINTA* sich mit dieser Perspektive im Dritten Reich bruchlos in das *Reichsinstitut für Berufsausbildung* eingliedern und berufsbildungspolitisch sowie gesellschaftspolitisch und ideologisch entsprechend funktionalisieren ließ (vgl. Wolsing 1977; Benner 1987; Kipp 1987).

Im Deutschland der Nachkriegszeit beginnen die Institutionalisierung und die inhaltliche Systematisierung der *Berufsbildungsforschung* zaghaft, pragmatisch und punktuell mit der seit 1953 sogenannten *Arbeitsstelle für Betriebliche Berufsausbildung (ABB)* und auch mit der 1951 vollzogenen Gründung des *Instituts für Berufserziehung im Handwerk*, wobei die *ABB* – trotz eigentlich rechtlicher Gleichstellung mit dem *Institut für Berufserziehung im Handwerk* – die berufsbildungspolitisch eindeutigeren und nachhaltigeren Akzente setzte. Beide Institutionen waren in der Gründungsphase der Bundesrepublik zentral verantwortlich für die Vorbereitung der staatlich anerkannten Ordnungsmittel der betrieblichen Berufsausbildung, die *ABB* für den industriellen und kaufmännischen Bereich, das Handwerksinstitut für die Ausbildung im Handwerk. Forschungsmethodisch orientierten sich beide Institutionen überwiegend *nicht* am Primat empirischer Bildungsforschung, auch wenn in den 1950er und 1960er Jahren eine Reihe grundlegender, „vorwiegend empirisch orientierter Einzelstudien" (Lipsmeier, S. 22) entstanden (vgl. Abel 1957; Lempert/Ebel 1965; Heid 1966; Jungk 1968; Baethge 1970), sondern gründeten ihr Selbstverständnis und analog dazu ihre Forschungspraxis auf einen didaktisch-methodischen (Wissenschafts-) Diskurs, der von einem pädagogisch und funktional eingeschränkten, weil auf Erziehung reduzierten und von einem parallel dazu normativen erziehungswissenschaftlichen Grundverständnis geprägt war (vgl. Deutsche Forschungsgemeinschaft 1990, S. 10f.), so dass bis in die Mitte der 1960er Jahre die *Berufsbildungsforschung* als erziehungswissenschaftliche und hier berufspädagogische Forschung in der Bundesrepublik eher nur spezifisch, selektiv und thematisch rudimentär entwickelt war, sich aber seit etwa zwei Jahrzehnten erkennbar und nachhaltig konsolidiert und ausgewiesen hat.

„Von Berufsbildungsforschung im Sinne einer sich selbsttragenden Entwicklung kann erst seit Mitte der sechziger Jahre die Rede sein. Von jetzt an gibt es die Kontinuität einer auf den Facettenreichtum der Probleme beruflicher Bildung und ihrer Bezüge zur nachfolgenden Erwerbstätigkeit bezogenen Forschungsrichtung, die dadurch gekennzeichnet ist, dass Einzelbeiträge nicht nur als Reflex auf aktuelle praktische Problemstellungen entstehen, sondern aufeinander unter Herausbildung eines Diskussionsstranges Bezug nehmen. Die sich selbst tragende Berufsbildungsforschung beginnt nicht zu einem genau bestimmbaren Zeitpunkt; sie erwächst vielmehr aus einem Prozess, in dem einzelne Untersuchungen von paradigmatischer Bedeutung wirkungsgeschichtlich Zeichen setzten, und ist bald durch die Gründung spezieller Institute, deren Kapazitäten freilich nur Teile des Gegenstandsbereiches der Berufsbildungsforschung abdecken, auf Dauer gestellt worden. Dabei ist zwischen sozioökonomisch akzentuierten und im engeren Sinne berufs- und wirtschaftspädagogischen Forschungen zu unterscheiden. Während der initiale Impetus, der dann auch zu entsprechenden Institutsgründungen führte, eindeutig bei der sozioökonomischen Forschung lag, hat die Berufs- und Wirtschaftspädagogik sich der Ausbildungswirklichkeit eher zögerlich zugewandt." (Deutsche Forschungsgemeinschaft 1990, S. 12)

4 Frühe sozioökonomische Forschungen und der Beginn der Arbeitsmarkt- und Berufsforschung durch das IAB

Wirtschafts- und sozialwissenschaftliche empirische Forschungen, in deren Mittelpunkt der Status und die Prozessbildung der industriegesellschaftlichen Realität der entwickelten westlichen Industriegesellschaften standen, nahmen seit Beginn der 1950er Jahre insgesamt einen qualitativen wie auch einen quantitativen Aufschwung (vgl. Mertens 1978; Braczyk/Knesebeck/Schmidt 1982; Lutz 1983; Schuster 1987; Hack 1994). In den Blick gerieten industriesoziologische, regionalsoziologische, schichtungs- und mobilitätsbezogene (vgl. Dahrendorf 1956) und auch bildungssoziologische Themenstellungen, die mit ihren Teilergebnissen im weitesten Sinne auch Fragen über die Prozessbildung des Qualifizierungssystems berührten (vgl. dazu die Beiträge in: Deutsche Gesellschaft für Soziologie 1959). In diesen Fokus traten dann auch Fragen der beruflichen Mobilität (vgl. Bolte 1959), der Berufswahl, der Berufsbildung sowie der Berufsbildungspolitik, so etwa die Untersuchungen von Helmut Schelsky über „Arbeitslosigkeit und Berufsnot der Jugend" (1952) oder von Helmut Klages (1959), was somit immer eindeutiger auch auf Forschungen zur beruflichen Qualifizierung und Rekrutierung zulief. Gleichzeitig trat eine bereits methodisch sehr elaborierte *Automatisierungsdebatte* zutage, in deren Zentrum die „Sozialverträglichkeit des technischen Fortschritts" und zuvorderst generell Fragen nach dem „Wandel der Arbeitsplatzstrukturen" verhandelt wurden. Einher gingen diese Forschungen mit volkswirtschaftlichen (wachstumstheoretischen und vergleichenden) Untersuchungen, deren Erträge erste Prognosen über die volkswirtschaftliche Arbeitskräftestruktur ermöglichten und den Zusammenhang zwischen gesamtwirtschaftlicher Entwicklung, Bildungs- und Ausbildungsbedarf und politischer Steuerung offenlegten (vgl. einzelne Beiträge in Lemberg 1963 und in Straumann 1974; Becker/Jungblut 1974; v. Friedeburg 1992). Die Studien und Untersuchungen, weitgehend als Auftragsgutachten erstellt und eigentlich oft als Grundlagenmaterial für die Politikberatung apostrophiert, standen in keinem systematisierten Zusammenhang, verfügten nicht über Forschungskontinuitäten und liefen auch meist an der realen bildungspolitischen Implementation vorbei (vgl. Bolte 1997, S. 801). Nicht zuletzt als von Georg Picht (1965) eine herannahende „Bildungskatastrophe" vorausgesagt wurde, bestand Anlass für eine Forschungskonsolidierung mit dem Ziel einer umfassenden Politikberatung.

Von der Vorläuferinstitution der späteren *Bundesanstalt für Arbeit/Bundesagentur für Arbeit (BA)*, der *Bundesanstalt für Arbeitsvermittlung und Arbeitslosenversicherung (BAVAV)*, wurde mit einer kontinuierlichen Diskussion in den Selbstverwaltungsorganen der *BAVAV* – beeinflusst durch zahlreiche externe Gutachten und wohl auch wegen des ernüchternden Szenarios von Picht – schon im Jahre 1965 reagiert. Die *BAVAV* bezog in ihr Aufgabenverständnis von nun an die *Berufsberatung*, die *Förderung der beruflichen Ausbildung*, die *Fortbildung und Umschulung* sowie die *Gewährung von Leistungen zur Erhaltung und Schaffung von Arbeitsplätzen* ein und stellte gleichzeitig fest, dass für eine Erfüllung dieser Aufgaben entsprechende Forschungsaktivitäten im eigenen Haus entfaltet werden müssten. Ziel der Forschungen und damit Ziel einer entsprechenden Behörde sollten umfassende arbeitsmarktliche Analysen, arbeitsmarktpolitische Strategieüberlegungen und qualifikationsbezogene Expertisen sein. Im Jahr 1967 kam es damit zur Gründung des *IAB* (Institut für Arbeitsmarkt- und Berufsforschung) innerhalb der *BA*, dessen Aufgaben- und Funktionsverständnis dann auch im *Arbeitsförderungsgesetz (AFG)* im Jahr 1969 entsprechend gesetzlich geregelt wurde (vgl. Mertens 1984). Die *BA*, so heißt es, solle Arbeitsmarkt- und Berufsforschung betreiben und damit „Umfang und Art der Beschäftigung, Lage und Entwicklung des Arbeitsmarktes, Situation und Entwicklung der Berufe und der Möglichkeiten in der beruflichen Bildung im allgemeinen und in den einzelnen Wirtschaftszweigen und Wirtschaftsgebieten sowie Sozialstrukturentwicklungen" (Bolte 1997, S. 802) beobachten und untersuchen. Es liegt auf der Hand, dass dieses Aufgabenverständnis analog zur jeweiligen wirtschaftlichen Entwicklung je unterschiedlich ausgeprägt war und deutliche Akzente für die Forschungen setzte. War das IAB in einer Phase der weitgehenden Vollbeschäftigung entstanden, so sah es sich etwa ab Mitte der 1970er Jahre dem volkswirtschaftlichen Strukturwandel, dem industriellen und technologischen Wandel und der daran gekoppelten Beschäftigungskrise als massiven Problemlagen gegenübergestellt. Folgerichtig war die erste Forschungsphase des IAB im Wesentlichen dem Thema Arbeitslosigkeit, ihren Ursachen und Typologien und auch regionalspezifischen arbeitsmarktlichen Krisenphänomenen gewidmet. Gleichzeitig wurde damals versucht, analytische Schlussfolgerungen zwischen makrostrukturellen Entwicklungen (Arbeitsmarkt) und der Mikroebene, des Betriebes oder den Betrieben, herzustellen und qualifikatorische Analysen und Prognosen zu gestatten. Die inzwischen sechs *„mittelfristigen Schwerpunktprogramme des IAB"* geben Auskunft über die Phasenverschiebungen der Forschungsaktivitäten, sie sind als Reflex auf aktuelle arbeitsmarktliche Entwicklungen anzusehen und dienen der *Politikberatung* und der *Politiksteuerung*.

Betrachtet man das fünfte (1988-1992, erweitert bis 1996), das sechste (1996-2000) und das siebte mittelfristige Schwerpunktprogramm (2001-2005) des IAB, dann kann Folgendes bilanziert werden (vgl. zum Folgenden: Emmerich/Kaiser/Karr 1990; Karr/Möller/Peters 1996): Angesichts des 1990 wirksam werdenden Einigungsvertrages zwischen der DDR und der Bundesrepublik wurde das IAB vor die Aufgabe gestellt, die Strukturverwerfungen und die prekären arbeitsmarktlichen Folgen der Deutschen Einigung zu beforschen und Projektionen für eine Bewältigung der Krise zur Verfügung zu stellen. Damit wurden Anforderungen an das IAB herangetragen, die volkswirtschaftliche und strukturpolitische Gesamtanalysen, aber auch Studien auf der Mikroebene in der besonderen Situation der Transformation, beinhalteten. In sechs Themenfeldern und entsprechenden Unterthemen wurde auf die Herausforderungen, die der gesamtdeutsche Arbeitsmarkt stellte, mit umfangreichen Untersuchungen, die auch in kooperativen und arbeitsteiligen Verfahren geleistet wurden, reagiert: 1. *Wirtschaft und Arbeitsmarkt* (Gesamtwirtschaftliche Analysen, Entwicklung der Beschäftigung, langfristig zu erwartende Strukturschwächen, Produktivität und Kosten, Arbeitszeiten und Betriebszeiten, Arbeitsmarktpolitik). 2. *Arbeitsmarkt und Region* (Regionale Ungleichgewichte, Regionale Mobilität, Verflechtungen mit Ost- und Südosteuropa). 3. *Arbeitsmarkt – Betrieb – Technik* (Reorganisation der Betriebe, Betriebliche Personalwirtschaft, Technik und Technologie, Berufliche Selbständigkeit). 4. *Arbeitsmarkt – Beruf – Bildung* (Berufliche Flexibilität, Jugend und Berufsausbildung, Weiterbildung, Informationserfordernisse im Umfeld von Ausbildung und Beruf). 5. *Arbeitsmarkt und besondere Personengruppen* (Frauenerwerbsarbeit, Strukturbildung der Erwerbsbevölkerung im Anpassungsprozess, Abrüstung, Truppenreduktion, Rüstungskonversion). 6. *Grundlagen* (Statistische Grundlagen, Datenverarbeitung, Dokumentation, Information und Forschungsumsetzung, wissenschaftliche Praxisbegleitung, handlungsorientierte Informationsversorgung). Liest man diese Aufgabenstellungen, dann wird ersichtlich, dass eine auch nur annähernd befriedigende Bilanz der Forschungsergebnisse in diesem Beitrag nicht geleistet werden kann, sondern hier nur Hinweise auf die Themenstellungen, die das IAB als notwendig erachtete, gegeben werden können. Dies geschieht auch mit der Absicht, Inhalt und Umfang der *Berufsbildungsforschung* in Deutschland zu skizzieren und um erneut zu verdeutlichen, dass die eingangs thematisierte Engführung in der Begrifflichkeit de facto nicht existiert.

Mit dem sechsten mittelfristigen Schwerpunktprogramm hatte sich das IAB 14 Aufgabenschwerpunkte gesetzt: 1. Konjunktur, Strukturwandel und langfristige Ungleichgewichte. 2. Wirkungen beschäftigungspolitischer Maßnahmen. 3. Bildung, Qualifikation und Arbeitsmarkt. 4. Berufe und Tätigkeiten im Wandel. 5. Chancengleichheit von Frauen und Männern am Arbeitsmarkt. 6. Erwerbsverläufe, Arbeitslosigkeit und andere Risikolagen. 7. Lohnniveau, Lohnstruktur, Lohnentwicklung und Beschäftigung. 8. Betrieb, Arbeitsorganisation und Techniklinien. 9. Arbeits- und Betriebszeit. 10. Regionale Disparitäten. 11. Anpassungsprobleme und Perspektiven in den neuen Bundesländern. 12. Internationale Marktzusammenhänge und Vergleiche. 13. Dokumentation, Information und Umsetzung. 14. Informationsverarbeitung und Systementwicklung. Mit dem Abschluss des siebten Schwerpunktprogramms (vgl. Bellmann/ Brinkmann/Koch/Kress/Kühlewind 2000) wurde Abstand von ausgewiesenen Schwerpunktbildungen genommen und die Forschungsthemen werden seit 2002 in zunächst sieben, ab 2004 in zehn Forschungsbereiche des IAB integriert, die die Arbeit des 2004 von der BA unabhängig gestellten IAB definieren. Für die berufspädagogisch orientierte *Berufsbildungsforschung* sind hier die Forschungsbereiche (FB) 1 (Arbeitsmarkt- und Sozialpolitik), FB 2 (Internationale Vergleiche und Europäische Integration), FB 3 (Wachstum, Demografie und Arbeitsmarkt) und FB 7 (Bildung, Beschäftigung und Lebensverläufe) besonders relevant (vgl. IAB 2004; 2005; 2006; 2007), erhalten aber mit dem FB 5 (Regionale Arbeitsmärkte) ein auch für die *Berufsbildungsplanung* und somit für die *berufliche Bildung* und die *Berufsbildungsforschung* im Rahmen der Regionalisierungsstrategien weiteres relevantes Forschungsbezugsfeld.

Bilanziert man wie Karl Martin Bolte (1997) die Arbeit des IAB angesichts seines dreißigjährigen Bestehens, dann können folgende Merkmale, Ergebnisse und Perspektiven aufgelistet werden: Das Institut hat aufgrund seiner Forschungskapazitäten eine zentrale Informations- und Beratungsrelevanz für die *BA* und die *Landesarbeitsämter*. Dasselbe gilt für die Beratung und Information der Ministerialbürokratie sowie für parlamentarische und vorparlamentarische Planungs- und Entscheidungsgremien. Auch bedient sich die Wirtschaft der zentralen Forschungsergebnisse. Die Vernetzung des IAB mit zentralen Forschungseinrichtungen in der Bundesrepublik und auch im internationalen Kontext ist erkennbar ausgebaut worden, das IAB gilt national als „wichtigster Berichterstatter" (Bolte 1997, S. 805) in der Arbeitsmarkt und Berufsforschung. Hier stellt es auch im engeren Sinne für die *Berufsbildungsforschung* zentrale Untersuchungsergebnisse zur Verfügung, indem es die Dynamik der Beziehung zwischen Bildungs- und Beschäftigungssystem quantitativ und qualitativ untersucht, Bildungsgesamtbilanzen erstellt, qualifikationsrelevante Teilarbeitsmärkte identifiziert und Projektionen sowohl auf der Angebots- wie auch auf der Nachfrageseite des Humankapitals erstellt.

5 Bildungssystemforschung und methodische und didaktische Berufsbildungsforschung durch das BIBB

In die Phase der Expansion der Sozialforschung in der Bundesrepublik und gleichzeitig in den Beginn ihrer politischen Reformphase fällt auch der Gründungsgedanke für ein zentrales Forschungsinstitut, das sich explizit mit Fragen der Berufsbildung befasst. Blankertz, Claessens und Edding (1966) votierten in einem Gutachten im Auftrage des Senators für Arbeit und soziale Angelegenheiten des Landes Berlin für ein solches zentrales Forschungsinstitut. Analog zur

Konstituierung des IAB durch das *AFG* im Jahre 1969 wurde auch mit der Verabschiedung des Berufsbildungsgesetzes *(BBiG)* in demselben Jahr die Gründung eines weiteren Forschungsinstitutes gesetzlich geregelt. Das *BBiG* gilt als das „Errichtungsgesetz des Bundesinstituts für Berufsbildungsforschung" (Schmidt 1995, S. 482; vgl. auch Schmidt 2000), indem es die berufliche Erstausbildung zu einer öffentlichen Aufgabe erhebt und eine entsprechende Forschungseinrichtung einfordert, die die Entwicklung des Dualen Systems beobachtet, analysiert und modernisiert. War das BBiG ursprünglich nur formaler „Initiator" für die Institutsentwicklung, so wurden mit dem 1981 verabschiedeten *Berufsbildungsförderungsgesetz (BerBiFG)* die zentralen Mitgliedschaften und Funktionsweisen, die Rechtsstellung, die Zuständigkeit und die Aufgabenstellungen profiliert; seither gilt auch die Umbenennung vom *Bundesinstitut für Berufsbildungsforschung* in das *Bundesinstitut für Berufsbildung (BIBB)*.

Hauptaufgaben des Institutes sind Forschungen, die der Weiterentwicklung und der Verbesserung der beruflichen Bildung dienen, die Durchführung von Modellversuchen als Grundlagen für die Entwicklung und Veränderung von Ausbildungs- und Fortbildungsordnungen, die Schaffung und Anpassung von Ordnungsmitteln für Ausbildungspersonal, die Beratung der Wirtschaft in bezug auf Qualifizierungsprozesse, die Beratung und Kooperation im internationalen Kontext sowie die Politikberatung im engeren und im weiteren Sinne. Ähnlich dem IAB legt das BIBB ca. alle fünf bis sechs Jahre Forschungsschwerpunkte fest, die sich an aktuellen Entwicklungen der Berufs- und Erwerbswelt orientieren und speziellen Qualifikations- und Qualifizierungsfragen nachgehen. Das BIBB ist in seinem Entscheidungsgremium, dem Hauptausschuss, viertelparitätisch mit Vertretern der Arbeitnehmerseite, der Arbeitgeberseite und Vertretern des Bundes und der Länder besetzt und hat weitgehende Arbeitsautonomie, ist aber mit der Erstellung und Veröffentlichung des jährlich erscheinenden *Berufsbildungsberichts (BBB)* als Arbeitsauftrag verpflichtet. Der Berufsbildungsbericht übernimmt die Aufgabe, zentrale Daten zur Entwicklung von Aus- und Weiterbildung für die berufsbildungspolitische Öffentlichkeit aufzubereiten, um berufsbildungspolitisches Handeln der an der Berufsbildung beteiligten Akteure zu fundieren bzw. Forschungsfragen aufzuwerfen. Der BBB gilt als ein oder vielleicht sogar das Dokumentationsmaterial über Entwicklungen im Kontext von *Arbeit, Beruf und Qualifizierung*. Wenn eben gesagt wurde, dass das BIBB weitgehend in seinen Forschungsentscheidungen frei sei, dann muss dies in gewisser Weise eingeschränkt werden, denn mit dem § 84 BBiG sind die zentralen Aufgabenfelder der Forschung des BIBB festgelegt. So soll es (§ 84 BBiG):

- Grundlagen der Berufsbildung klären,
- inländische, europäische und internationale Entwicklungen beobachten,
- Anforderungen an Ziele und Inhalte der Berufsbildung ermitteln,
- Weiterentwicklungen der Berufsbildung im Hinblick auf gewandelte Erfordernisse vorbereiten und
- Instrumente und Verfahren der Vermittlung, des Wissens und Technologietransfers fördern.

In den *1970er Jahren* waren der Aufbau einer eigenständigen betrieblichen Berufsbildungsforschung, der Aufbau der Kooperation der Berufsbildungsforschung zwischen Schule und Betrieb, die Ausgestaltung von Berufsbildungsprogrammen und Ordnungsmitteln, die qualitative methodische und didaktische Modernisierung der Ausbildung, Impulse für die quantitative Entwicklung des Dualen Systems sowie die Entwicklung der Kooperation zwischen den Lernorten Betrieb und Berufsschule die wichtigsten Initiativen des BIBB. Die *1980er Jahre* waren geprägt von Initiativen der Neuordnung der Metall- und Elektroberufe als entscheidender Punkt für den Erhalt der Wettbewerbsfähigkeit der gewerblichen Wirtschaft, was gleichzeitig als paradigmatischer, didaktischer und curricularer Modernisierungswandel (*Schlüsselqualifikationen und Handlungskompetenz*) anzusehen ist. Dieser Wandel wurde seitens des BIBB umfangreich beforscht und auch im internationalen Kontext sowie im innerdeutschen vergleichenden Dialog thematisiert. Weiterhin ist für die 1980er Jahre als ein Meilenstein in der Entwicklung der *Berufsbildungsforschung* anzusehen, dass der Stellenwert der *beruflichen Weiterbildung*, erste *Diskussionen über die Qualitätssicherung der Weiterbildung und Ansätze für ihre Systematisierung und für eine grundlegende Weiterbildungsforschung als Teil der Berufsbildungsforschung* durch die Arbeiten des BIBB befördert wurden. In den *1990er Jahren* sah sich die vom BIBB inszenierte Forschung vor ähnliche Aufgaben gestellt wie das IAB. Mit der *Transformation* des ostdeutschen Berufsbildungssystems in das westdeutsche waren qualitative und quantitative Problemlagen entstanden, die einerseits grundlagenorientierte Forschungen zur Bedingung hatten, die aber andererseits auch zeitnahe, pragmatische und praktikable Lösungsvorschläge für die Transformation beinhalteten (vgl. Schmidt 2000; Pütz/Spillner 2000). Es kam hier vor allem auch zu einer massiven Expansion der beruflichen Weiterbildung (vgl. Baethge u.a. 1996; Dobischat/Lipsmeier/Drechsel 1996; Düsseldorff 1997), mit der notwendige Qualifikationsanpassungen im Transformationsprozess geschaffen werden sollten. Davon profitierte der Kenntnisstand über berufliche und betriebliche Weiterbildung nicht unerheblich.

Weiterhin kann für diese Epoche auch ein erheblicher Fortschritt der international vergleichenden Bildungssystemforschung sowie der vergleichenden didaktischen Forschung als Resultat der Arbeit des BIBB angesehen werden. Es fällt schwer, die zahlreichen Initiativen des Bundesinstitutes schwerpunktmäßig zu bilanzieren, denn mit dem technischen und technologischen Wandel der Arbeitswelt wird zwingend auch ein Anpassungsprozess des Dualen Systems erforderlich, der inhaltliche und methodische Erfordernisse, aber auch die Struktur der Ausbildungsberufe als solches betrifft (*Flexibilisierung der Ausbildungsberufe im Dualen System*). Einhergehend mit diesen Flexibilisierungsforschungen sind auch nachhaltige Überlegungen darüber notwendig, ob und wie das Berufskonzept noch als zentrale Grundlage des Qualifizierungssystems angesehen werden kann bzw. wie die Referenzlinien sich verändert haben oder in welche Richtung sie verändert werden sollten (*Entberuflichung und mögliche Revision des Berufskonzeptes als Referenzsystem der Berufsbildung*). Weiterhin ist als Merkmal der gegenwärtigen ökonomischen und sektoralen Wandlungsprozesse ein markanter Anstieg des direkten und indirekten Dienstleistungsangebotes feststellbar; auch darauf hat die Berufsausbildung und so auch die *Berufsbildungsforschung* zu reagieren (*Dienstleistung und neue bzw. veränderte Ausbildungsberufe*). Eng mit dem Themenfeld *Entberuflichung* verbunden sind schließlich Fragen der rechtlichen, organisatorischen und inhaltlichen Konsequenzen dieses Wandels für die Aus- und Weiterbildung zu sehen. Hier ist noch dokumentarische, analytische und prospektive Forschungsarbeit zu leisten (*Berufskonzept versus Modularkonzept – Lernen im Prozess der Arbeit*). Und, ohne auch nur annähernde Vollständigkeit zu reklamieren, gibt es erheblichen Forschungs- und Gestaltungsbedarf für die sogenannten „Neuen Berufe" (*IT-Berufe*), ggf. auch Überlegungen für eine Dualisierung einiger oder gar mehrheitlich der „humanen Dienstleistungsberufe". Diese bei weitem nicht vollständige – und ja auch nur Themenfelder benennende – Liste, deren jedes Themenfeld eine Anzahl weiterer singulärer Forschungen bedingt, macht gerade in Ansätzen deutlich, vor welche Forschungs- und Entwicklungsperspektiven das BIBB sich im Rahmen der Berufsbildungsforschung in jüngster

Zeit als Aufgaben gestellt sah (vgl. zu den Themenfeldern mit Blick auf die Jahrtausendwende exemplarisch die Beiträge in BIBB 1998 und BIBB 1999).

Das mittelfristige Forschungsprogramm des BIBB (vgl. BIBB 2003; Kell 2005, S. 58) weist sieben Forschungskorridore aus: 1. Ziel, Rahmen und Ordnung der Berufsbildung; 2. Früherkennung von Qualifikationsentwicklung; 3. Qualifizierungsangebote und Bildungsverhalten, Bildungsverläufe und berufliche Entwicklungsmöglichkeiten; 4. berufliche Kompetenzentwicklung in der Wissensgesellschaft – Gestaltung beruflicher Aus- und Weiterbildung im Wandel; 5. Förderung beruflicher Qualifizierung, Evaluation und wissenschaftliche Begleitung bildungspolitischer Programme; 6. Internationalität der Berufsbildung und 7. Informations- und Dokumentationssysteme zur Schaffung von Transparenz auf dem Gebiet der Berufsbildung und Berufsbildungsforschung, auf die sich die jährlichen Forschungsprogramme, freilich unter aktuellen Akzentsetzungen, zu beziehen haben. Für das Forschungsprogramm 2008 bedeutet dies beispielsweise fünf Forschungsschwerpunkte (FS):

FS 1. Ausbildungsmarkt und Beschäftigungssystem
FS 2. Modernisierung und Qualitätsentwicklung der beruflichen Bildung
FS 3. Lebensbegleitendes Lernen, Durchlässigkeit und Gleichwertigkeit der Bildungswege
FS 4. Berufliche Bildung für spezifische Zielgruppen
FS 5. Internationalität der Berufsbildung. (vgl. BIBB 2008)

Die in diesen Forschungsschwerpunkten definierten facettenreichen Themenfelder können an dieser Stelle weder dargestellt noch ausgewertet werden.

6 Berufsbildungsforschung an den Hochschulen der Bundesrepublik Deutschland

Wenn sich schon das Forschungsprogramm des IAB und das des BIBB ausgesprochen vielfältig und hier als kaum näher zu beschreiben liest, dann verhält es sich mit den perspektivischen Aufgabenzuschreibungen der universitären Berufsbildungsforscher nicht anders. Die Denkschrift der Senatskommission für Berufsbildungsforschung der Deutschen Forschungsgemeinschaft, zusammengesetzt aus den Disziplinen der Berufspädagogik, der Wirtschaftspädagogik, der Soziologie, der Psychologie, der Betriebswirtschaftslehre und der Ingenieurwissenschaft, thematisierte (vgl. hierzu und im Folgenden: Deutsche Forschungsgemeinschaft 1990; Achtenhagen 1990) die Situation, Hauptaufgaben und den Förderungsbedarf für die Berufsbildungsforschung an den Hochschulen der Bundesrepublik und versuchte eine Systematisierung und Konsolidierung sowie eine Bilanzierung der akademischen Forschungen zur beruflichen Bildung vorzunehmen. Die Ausgangslage der beruflichen Bildung wurde dabei wie folgt beschrieben: Technischer und technologischer Wandel erfordern gegenwärtig und verstärkt zukünftig erhöhte Anforderungen an das berufliche Handlungspotential der Beschäftigten. Gleichzeitig wird trotz der hohen Zahl an Erwerbslosen ein Mangel an qualifizierten Fachkräften für den Arbeitsmarkt festgestellt. Eine instabile, weil wechselnde Situation zwischen Ausbildungsplatzangebot und Ausbildungsnachfragern – bei insgesamt demografisch rückläufigen Bewerberzahlen – bedeutet für diesen Mangel ein weiterhin von Skepsis gekennzeichnetes Szenario.

Eine Kompensation der Nachfrageüberhänge zeichnet sich auch wegen der anwachsenden Zahl an nur bedingt ausbildungsfähigen Jugendlichen, die vor allem für anspruchsvollere Ausbildungsgänge defizitäre Voraussetzungen haben, nicht ab. Die Disparitäten beeinträchtigen dabei mittelfristig nicht nur die Wettbewerbssituation der deutschen Wirtschaft, sondern auch das bundesdeutsche Sozialsystem.

Weiterhin stellt die Kommission fest, dass Betriebe gegenwärtig in Bezug auf die Modernisierung der Aus- und Weiterbildung Systematisierungs- und Entwicklungsdefizite monieren und für den Bereich technologisch dynamisierter Teilarbeitsmärkte Orientierungs- und Entwicklungsbedarf reklamieren.

Diesen Problemlagen, aber auch diversen anderen Forschungsthemen, sieht sich die *universitäre Berufsbildungsforschung* verpflichtet. Sie bekennt sich zu einem interdisziplinär und kooperativ zu beforschenden „Katalog vordringlicher Aufgabenbereiche künftiger Berufsbildungsforschung" und benennt 14 Fragen- und Forschungskomplexe, die hier als chiffrenhafte Aufgabenverpflichtungen, nicht aber mit ihren umfassenden Begründungen, wiedergegeben werden können:

1) Zur Ordnung der Berufsbildung. 2) Zur Zielstruktur beruflicher Bildungsprozesse. 3) Zur Identifizierung und didaktischen Integration von Elementen beruflicher Lernprozesse. 4) Zur Organisation beruflicher Lernprozesse. 5) Zu pädagogischen Konsequenzen der veränderten Berufsstruktur und der heterogenen Klientel beruflicher Bildung. 6) Zum Lernen in Arbeitsprozessen und seiner Verbindung mit pädagogisch organisiertem Lernen. 7) Zum Einfluss von Leistungs- und Verhaltenskontrollen. 8) Zu den sozialen Kontexten sowie den psychischen Voraussetzungen und Folgen beruflichen Lernens. 9) Zum Verhältnis von Feld- und Experimentalstudien. 10) Zur Anwendung von Ansätzen der Lehr-Lernforschung auf berufliche Bildungsprozesse. 11) Zur Notwendigkeit von Modellversuchen und Begleitforschung. 12) Zur Aktualität historischer Untersuchungen beruflicher Bildungsprozesse. 13) Zur Fruchtbarkeit internationaler Vergleiche. 14) Zur Notwendigkeit und Schwierigkeit interdisziplinärer Untersuchungen. (Deutsche Forschungsgemeinschaft 1990, S. 68-94)

Untersucht man die generellen Forschungsmotive und die Legitimationen, die in der Denkschrift aufscheinen und vergleicht sie mit denen des IAB und des BIBB, dann fällt auf, dass hier weniger die funktionalen und rein ordnungspolitisch-systemischen Aspekte als vielmehr auch Aspekte der Bildung und (Selbst-)Entwicklung der Subjekte im Vordergrund stehen, dass der emanzipatorische Anspruch der Berufspädagogik sich in den Forschungsperspektiven niederschlägt und so eine weniger bürokratische, makrostrukturelle und ordnungspolitische, sondern eine umso stärker betonte subjektbezogene und bildungstheoretisch legitimierbare Perspektive vorherrscht. Insofern kann mit Blick auf die drei vorgetragenen Forschungskonzeptionen von einer gelungenen Ergänzung gesprochen werden, deren Vermittlung eine weitere Aufgabe der Berufsbildungsforschung darstellt. Eine Bilanzierung gegenwärtiger Berufsbildungsforschung an den Hochschulen ist nur sehr schwer möglich. Das beforschte Themenspektrum orientiert und konzentriert sich auf Fragestellungen im Zusammenhang mit der Gestaltung von Lehr- und Lernprozessen, der Frage nach den Rahmenbedingungen beruflicher Kompetenzentwicklung und ihrer Dokumentation und Messung (vgl. Baethge/Achtenhagen u.a. 2006), der externen und internen Steuerung von Schulentwicklung und Unterrichtsqualität und nicht zuletzt an Fragen der internationalen Vergleichbarkeit von Bildungssystemen im Hinblick auf die von der Europäischen Union stimulierten Entwicklungsprozesse (EQF und ECVET; vgl. Euler/Severing

2007). Dieser Mainstream wird durch entsprechende berufsbildungspolitische Schwerpunktsetzungen und in der Folge durch Forschungsprogramme (empirische Bildungsforschung) des Bundesministeriums für Bildung und durch die Deutsche Forschungsgemeinschaft gefördert.

7 Berufsbildungsforschung in der Kooperation: die AG BFN

Die eingangs des Beitrages angesprochene disparate, unsystematisierte und nur auf zufällige Kooperation basierende Forschungslandschaft der Berufsbildungsforschung hat sich demgemäß auch unter der maßgeblichen Initiative der drei bislang beschriebenen Institutionen bzw. Foren (IAB, BIBB und Kommission [heute: Sektion BWP] Berufs- und Wirtschaftspädagogik/BWP der Deutschen Gesellschaft für Erziehungswissenschaft, *DGFE*) am 7. Juni 1991 zu einer Arbeitsgemeinschaft „Berufsbildungsforschungsnetz" (*AG BFN*) zusammengeschlossen, um Forschungsinitiativen zusammenzubinden, Literatur- und Forschungsdokumentationen gemeinsam zu erstellen und unter der Verantwortung des IAB (Forschungsdokumentation) bzw. des BIBB (Literaturdokumentation) zu veröffentlichen, regelmäßige, gemeinsame Forschungskongresse abzuhalten (sogenanntes: *Forum Berufsbildungsforschung*) und um insgesamt die inhaltliche und organisationale Kooperation zu entfalten und zu verstetigen (vgl. Bonz 1991). Hervorgegangen ist die AG BFN aus einer mindestens zweifachen Kritik an der Praxis der *Berufsbildungsforschung*. Einerseits, wie aus der bereits mehrfach zitierten *Denkschrift der DFG* zu lesen ist (vgl. ebd. S. 11ff.; 17f.; 59ff.), wurde eine nur unzureichende Beteiligung der universitären *Berufsbildungsforschung* an der außeruniversitären Forschung beklagt und andererseits wurde im Gutachten des BMBW 1987 zur wirtschaftlichen und wissenschaftlichen Effizienz der Arbeit des BIBB hier eine defizitäre Einbindung und Berücksichtigung der Grundlagenforschung, also der überwiegend an den Hochschulen realisierten Forschung, moniert (vgl. BMBF 1987, S. 209; Sloane 2006, S. 619). Dieser Aufgabenstellung sieht sich die AG BFN verpflichtet und mit dem Netzwerk verfügt die Forschungslandschaft über genau diejenige Initiative, die eine subjekt- und systemförderliche Effektivierung der *Berufsbildung* benötigt und die gleichzeitig die interdisziplinäre Varianz der Forschung sicherstellt. Aus einer Zwischenbilanz im Jahre 2003 (vgl. Czycholl/Zedler 2003 und 2003a) können die ersten Ergebnisse und weiterführende Perspektiven der zentralen Aufgabenfelder der AG BFN (Kooperation in der BBF, Dokumentation der BBF, Berichterstattung über BBF, Entwicklung eines Fachportals sowie Transparenz und Kooperation im nationalen und internationalen Kontext) entsprechend eingesehen werden und, wie in dem Band ersichtlich, auch die vielfältigen auch divergierenden politischen und institutionellen Interessensansprüche an BBF identifiziert werden. In dieser Bilanz wird erkennbar, dass die europäische Perspektive der Forschung verstärkt, die Arbeit der Forschungsforen kontinuiert und ausgeweitet, methodologische Aspekte stärker verfolgt sowie die organisationale Arbeit der AG BFN optimiert werden sollten (vgl. Czycholl/Zedler 2003a, S. 227). Das Letzteres Finanzierungsfragen für das Netzwerk, Fragen der Zuständigkeit und Verbindlichkeit angesichts von marktlich agierenden Mitgliedern und mit Blick auf durch die Kulturhoheit der Länder beeinträchtigte Koordinationsfragen aufwirft, die auch noch im Jahre 2008 weder beantwortet noch perspektivisch handhabbar erscheinen, muss an dieser Stelle nachdrücklich betont werden (vgl. ebd.).

8 Akteurskonstellationen, weitere Institutionen in der Berufsbildungsforschung – Anmerkungen zu den Forschungsmethoden

Sloane(vgl. 2006, S. 613) führt in dem bereits zitierten Grundsatzartikel zur *Berufsbildungsforschung* aus, dass diese sich an den Regulierungstatbeständen der beruflichen Bildung respektive ihrer Praxis orientiere und somit der Forschungsdialog zwischen Forschern und Regulierungsverantwortlichen forschungsevident sei ebd. . Dieser Aussage schließen wir uns an. Auch teilen wir die Einschätzung, dass sich damit eine spezifische Institutionalisierungsausprägung der Forschung ergeben hat, die auch inhaltliche Interessen dominiert. Dies zeigt sich u.a. darin, dass von der *Berufsbildungsforschung* regulierungsrelevante Ergebnisse erwartet werden, so z.B. auf der politischen Ebene für den Bund und die Länder, auf der administrativen Ebene für die zuständigen Stellen und für die Schulaufsicht, auf der organisationalen Ebene für die Lernorte Betrieb und Schule und auf der didaktischen Ebene für den Arbeitsplatz bzw. den „Klassenraum" (vgl. ebd., S. 612). Auch wenn diese Zuschreibung nur in Teilen konstitutiv für die Forschung ist, da sie den Aspekt des Lebenslangen Lernens vernachlässigt, die europäische Dimension der Berufsbildung nicht ausreichend abbildet und die arbeitsmarktlichen und sozialen/sozialpolitischen Rahmenbedingungen nur mittelbar integriert, ist in der Sache eine solche Einordnung erst einmal hilfreich. Denn sie macht darauf aufmerksam, dass in der Regel von der Forschung besondere Beobachtungs- und Analyseergebnisse erwartet werden, die sich auf die Regulierung, auf die Praxis und auf antizipierte Modernisierungserfordernisse beispielsweise zu beziehen haben. Insofern ist *Berufsbildungsforschung* responsive Praxis, die ihre Legitimation überwiegend aus der erfolgreichen Einbindung in das gezeigte Beziehungsgeflecht erhält und wenn sie nachweisen kann, Beiträge und Ergebnisse als „systematisches und überprüfbares Problemlösehandeln" (Sloane 2006, S. 613) zu begreifen. Forschungsmethodisch bestehen hier insofern Freiheiten, als die Wahl der Methoden und die Gestaltung von Instrumenten lediglich dem Primat ihrer rationalen Begründbarkeit und ihrer Zielaffinität verpflichtet ist, d.h., Forschungsziele, Methoden und Vorgehen sowie der Gegenstandsbereich müssen im Rahmen einer unterstellten Rationalität zueinander passen und das Produkt der Forschung, das Forschungsergebnis muss sich in Theorien, Modellen, Konzepten oder in der Darstellung sozialer Tatbestände ausdrücken und diskursiv kommunizieren lassen.

Wenn oben gezeigt wurde, dass *Berufsbildungsforschung* auf Interdisziplinarität fußt, was bedeutet, dass die Forschungsakteure bei der Generierung der Erkenntnisse sich auf das „Repertoire der disziplinspezifischen Methoden" (vgl. Rauner 2005a) und auf den disziplinspezifischen Gegenstand beziehen, dann kann an dieser Stelle nur darauf hingewiesen werden, dass sich a) eine fast unüberschaubare Anzahl an methodischen und forschungspraktischen Optionen ergeben haben und b), dass angesichts der auch bereits dargestellten thematischen Bandbreite der Forschung (die ständig expandiert), den unterschiedlichen Forschungsinteressen entsprechend und analog zur Kooperationsverpflichtung der Akteure ein weiteres aktuelles Aufgabenfeld der *Berufsbildungsforschung* in einer breiten Methodendiskussion vorzufinden ist.

Diese Notwendigkeit wird verstärkt erkennbar, wenn auf weitere Institutionen, die die *Berufsbildungsforschung* in den vergangenen Jahrzehnten erheblich befruchtet haben und die entweder politisch oder wissenschaftlich oder in beiden Bereichen hier erhebliche Ergebnisse produziert haben, hingewiesen wird. Die Institutionen sollten an dieser Stelle genannt werden, um nicht den Eindruck einer willkürlichen und nachhaltigen Ausgrenzung zu erwecken und um zu akzentuieren, dass angesichts der institutionellen Bandbreite und ihrer pluralen Interessenlagen auch hier disziplinäre Trägeraffinitäten vorliegen dürften, was die angesprochene Notwendigkeit der methodologischen und methodischen Forschungsverständigung unterstreicht. Das *MPI* (Max-Planck-Institut für Bildungsforschung, Berlin), das *SOFI* (Soziologisches Forschungsinstitut an der Universität Göttingen), das *ISF* (Institut für sozialwissenschaftliche Forschung an der Universität München), das *WZB* (Wissenschaftszentrum Berlin), das *IAT* (Institut Arbeit und Technik, Gelsenkirchen, inzwischen als IAQ an der Universität Duisburg-Essen angegliedert), die Hans-Böckler-Stiftung des Deutschen Gewerkschaftsbundes, das *IW* (Institut der Deutschen Wirtschaft), das *DJI* (Deutsches Jugendinstitut, München), die *ABWF* (Arbeitsgemeinschaft betrieblicher Weiterbildungsforschung), das *ISO* (Institut zur Erforschung sozialer Chancen, Köln, inzwischen aufgelöst), die *Arbeitsgemeinschaft Qualifikations-Entwicklungs-Managament (QUEM, inzwischen aufgelöst)* sowie die einzelnen Landesinstitute für den schulischen Bereich, aber auch noch zahlreiche andere, hier nicht genannte Organisationen, Institutionen und Akteure wären aufzulisten, und es ist darauf hinzuweisen, dass einige der genannten Institutionen und weitere nicht erwähnte inzwischen als „Institute in freier Trägerschaft" als Mitglieder in der AG BFN mitwirken und ihre jeweils spezifischen Forschungsinteressen artikulieren und kooperativ in der AB BFN verfolgen (vgl. Zedler 2003).

9 Entwicklungen von Arbeit und Qualifizierung als perspektivische Aufgaben für die Berufsbildungsforschung

Betrachtet man aktuell die berufsbildungspolitische und die berufs- und wirtschaftspädagogische Diskussion quasi als Bilanz der interdisziplinären Berufsbildungsforschung, dann können folgende, sich auf Gutachten und Expertisen stützende, antizipierte oder bereits in Ansätzen realisierte Entwicklungstrends für die *Berufliche Bildung* identifiziert werden, die seit mehr als zehn Jahren einschlägige Forschungsaufgaben definieren (vgl. für das Folgende exemplarisch: Heidegger/Rauner 1997; Senatsverwaltung für Arbeit, Berufliche Bildung und Frauen 1999 = *Berliner Memorandum*). Einigkeit herrscht offenbar darüber, dass ein erfolgreiches Bestehen der bundesdeutschen Wirtschaft im internationalen Wettbewerb eng mit einer erfolgreichen Modernisierung und partiellen Revision des Bildungs- und Berufsbildungssystems verbunden ist. Dies bedeutet – folgt man den 7 Leitlinien des *Berliner Memorandums* – speziell auch eine strukturelle Modernisierung des Dualen Systems (Leitlinie 1). Hier müssen die Lernorte und die ihnen übertragenen Aufgaben neu bemessen und zugeschnitten werden, Kooperationsformen entwickelt und verstetigt sowie Prozesse der Professionalisierung optimiert werden (Leitlinie 2). Ein Weg dieser Modernisierung führt über die Modularisierung der Aus- und Weiterbildung, also ihre inhaltliche und organisationale Verbindung miteinander, was u.a. auch eine ordnungspolitische Neuvermessung bedeutet (Durchlässigkeit, Leitlinie 3). Gesellschafts- und sozialpolitisch wird der Modernisierung des Dualen Systems auferlegt, kapazitäre Engpässe zu kompensieren, die Integration von Jugendlichen in die Erwerbsarbeit durch passgenaue Qualifizierung sicherzustellen und auf der Ebene der mittleren Qualifizierung anforderungsgerechte Angebote zuzuschneiden (Leitlinie 4). Als Strategie für eine nachhaltige Integration in den Erwerbsmarkt – also eine Reduktion der Gefährdung der Subjekte durch Erwerbslosigkeit – ist für die Experten des Memorandums eine deutlichere und strukturell abgesicherte Integration der beruflichen Weiterbildung in das Erwerbsleben notwendig (Leitlinie 5). Für die genannte Integration wird die Entwicklung arbeitsmarkt- und bildungspolitischer Strategien und Instrumente angeregt, die eine systematische Förderung des lebensbegleitenden Lernens ermöglichen (Leitlinie 6). Schließlich und endlich gehört in dieses Szenario auch eine gezielte materielle und finanzielle Förderung des Systems der beruflichen Bildung, mit der eine Effizienzsteigerung seiner Leistungen überhaupt erst erbracht werden kann (Leitlinie 7).

Was in den Leitlinien des *Berliner Memorandums* zu lesen ist, kann auch in ähnlicher Form im angesprochenen *Gutachten zum Reformbedarf in der beruflichen Bildung* von Heidegger und Rauner (1997) wiedergefunden werden – und auch hierfür gilt, dass die Aufgabenstellungen nach wie vor mehrheitlich fortbestehen. „Offene dynamische Berufsbilder" sollten das am Konzept der Beruflichkeit orientierte System der *Beruflichen Bildung* kennzeichnen (These 1), ein zwischen den Lernorten elaboriert ausgewogenes Verhältnis und eine hohe, praxistaugliche Verwertbarkeit der *Beruflichen Bildung* werden eingefordert (These 2), arbeitsmarktliche Verwerfungen – so die Autoren – können nur durch *regionale* Initiativen der Qualifizierung und zwischenbetrieblichen Kooperation (These 3), auch auf der Ebene der kooperativen industriellgewerblichen Innovation und Strukturentwicklung geschaffen werden (Standortentwicklung, These 4). Als Reflex auf und Katalysator für die betriebliche Modernisierung wird ein hohes Innovationspotential auch der Humankapitalentwicklung angesehen; die dafür erforderlichen Handlungskompetenzen und Flexibilisierungspotentiale sind über entsprechend ausgestaltete Lernprozesse bereitzustellen (These 5). Eng mit der Flexibilisierung des Humankapitals verbunden sehen die Autoren auch eine Flexibilisierung des Berufssystems; dies gilt es einschlägig zu reorganisieren (These 6). Flexibel sollte dabei auch das System der Qualifizierung für Beruflichkeit sein: Allgemeinbildendes Schulwesen, das System der Ausbildung und die Weiterbildung hätten hier umfangreiche Durchlässigkeiten zu garantieren (Entwicklung von Fortbildungsberufen, Durchlässigkeit zwischen beruflichen und allgemeinen Bildungswegen, Doppelqualifikationen, Lernen im Prozess der Arbeit und lernförderliche Arbeitsplätze, These 7). „Lernen am Arbeitsplatz", „dezentrales Lernen" „Lernortverbünde" und insgesamt der stetige Aufbau strukturinnovativer Regionen hin zur „Lernenden Region" sind Teil-Visionen der Autoren, mit denen die Ziele einer erfolgreichen und umfassenden Reform verknüpft werden (These 8). Schließlich und endlich wird in der neunten These entwickelt, dass gerade die *Berufsbildungsforschung* als Voraussetzung für eine erfolgreiche *Berufsbildungsplanung* weiterentwickelt werden muss, um die Möglichkeiten, die in der erfolgreichen Reorganisation des Systems der *Beruflichen Bildung* liegen, ausschöpfen zu können.

Vielleicht ist es abschließend, auch geschuldet der notwendigen Beschränkung des Artikels, hilfreich und klärend, in Anlehnung an den Aufbau des *Handbuchs Berufsbildungsforschung* von Rauner (2005) zentrale Themen der *Berufsbildungsforschung*, ohne Anspruch auf Vollständigkeit, zu benennen und einige weiterführende Forschungsperspektiven anzureißen sowie auf Widersprüche und Desiderate hinzuweisen, die sich mit Blick auf Forschungsimpulse relevanter Forschungsinitiatoren ergeben. Zunächst zu den Themen- und Aufgabenstellungen, die sich im genannten Handbuch herauslesen lassen. Rauner gliedert sein Handbuch in fünf Hauptkapitel (mit insgesamt 97 Beiträgen) und macht so auf das inzwischen äußerst umfangreiche Aufgabenspektrum der Berufsbildungsforschung aufmerksam. Er subsumiert Forschungen zu den Themenfeldern: Genese der Berufsbildungsforschung (1) und Berufsbildungsforschung in ihrem Spannungsverhältnis von Berufsbildungspolitik, Berufsbildungsplanung und Berufsbildungspraxis (2) als Einleitungskapitel mit immerhin schon allein 11 Schwerpunktbeiträgen.

Die Kapitel 3 (Felder der Berufsbildungsforschung: Berufsentwicklung, Entwicklungen des Berufsbildungssystems, Berufsbildungsplanung und -entwicklung, Berufsarbeit und Kompetenzentwicklung, Didaktik beruflicher Bildung, Evaluation und Qualitätssicherung, Gestaltung von Arbeit und Technik; insgesamt 45 Beiträge) sowie 5 (Methodologische Fragestellungen; 15 Beiträge) sind als zentrale richtungsweisende Forschungsschwerpunkte anzusehen; hier einen bilanzierenden Überblick zu schaffen, gelingt dann kaum noch. Aber einen Trend, der einleitend von uns bereits festgestellt wurde, kann man aus dem Blick auf die Forschungsbefunde des Handbuchs ablesen: Die Berufsbildungsforschung differenziert sich zunehmend weiter aus und reagiert mit unterschiedlichen Zwecksetzungen (Beiträge zur Systementwicklung, zur Professionalisierung, zur Weiterentwicklung der Qualifizierung für einzelne Berufsfelder etc.) auf notwendige Anpassungsleistungen im Dualen System sowie an seiner Peripherie. Und: Sie profiliert sich hier zunehmend als empirisch ausgerichtete Forschung.

Aus dem Handbuch wird aber auch ersichtlich, was wir einleitend bei der Gegenstandsbeschreibung der *Berufsbildungsforschung* konstatiert und zugleich beklagt haben: Noch gibt es in der Sache Zustimmung, dass *Berufsbildungsforschung* auch das weite Feld der beruflichen Weiterbildungsforschung einschließen müsste. Real wird dieses Forschungsterrain weitgehend aber nach wie vor in einem exklusiven Raum abgearbeitet und von einer Integration in die von Forschungstraditionen geleitete *Berufsbildungsforschung* kann noch nicht gesprochen werden. Insofern ist unsere einleitende und zugleich beklagte Einschränkung der Reichweite dieses Handbuchartikels belegt und legitimiert – befriedigend ist diese Positionierung allerdings aus unserer Sicht nicht.

Das BMWF (2007; 2007a; 2007b) hat mit seinem Rahmenprogramm zur Förderung der empirischen Bildungsforschung sowie mit der Initiative „Innovationen in beruflichen Bildung" entsprechende Richtungen akzentuiert, die das eben Gesagte bestätigen: Denn mit den vom BMBF skizzierten Entwicklungsfeldern der beruflichen Bildung, die zugleich Aufgabenfelder für die *Berufsbildungsforschung* markieren, stehen die folgenden Themen wie Qualitätssicherung der empirischen Forschung, Nachwuchsförderung, Optimierung der informationellen Infrastruktur und die Anbindung an den internationalen Forschungskontext sowie die Verbesserung der Kommunikations- und Veröffentlichungsstrategien im Fokus. Speziell für die Berufsbildungsforschung ergeben sich konkrete Handlungsfelder, auf die sie sich zu beziehen hat, so die Perspektiven des „Innovationskreises berufliche Bildung". Stichworte hierfür sind Fragen der Ausbildungsreife, der Ausbildungsvorbereitung für Benachteiligte, der Optimierung des Übergangssystems, der Flexibilisierung der beruflichen Bildung, der Kapazitätssteigerung des Berufsbildungssystems, der Anschlussfähigkeit und der Durchlässigkeit, der Nachqualifizierung, der Europäisierung (Mobilität und Anerkennung), der Stärkung des dualen Systems in Europa sowie Entwicklungsfelder der Kooperation von Wirtschaft, Wissenschaft und Politik mit dem Ziel der nachhaltigen Optimierung der Berufsbildungspolitik.

Auch hier finden wir die entsprechend einschränkende Wahrnehmung der Forschungsdimensionen vor.

10 Fazit

Spätestens mit Beginn der Debatte um die Modernisierung des Dualen Systems (vgl. Euler 1998), die unter der Chiffre „Krise des dualen Systems" seit Beginn der 1990er Jahre stimuliert wurde (vgl. Geissler 1991; Greinert 1994), ist die Diskussion um die *Berufliche Bildung* aus ihrer eingangs beschriebenen Engführung herausgetreten, was wir im oben Gezeigten verdeutlicht haben. Die aufgeführten Forschungsergebnisse haben zudem erkennbar werden lassen, dass in der Diskussion um die *Berufliche Bildung* nicht nur die System- und Steuerungsmechanismen, die tradierte Institutionalisierung und Organisation, die Lernortfrage, die curricularen Strukturen, das Verhältnis von Aus- und Weiterbildung, traditionelle Kosten- und Finanzierungsregelungen und die Didaktik und Methodik auf den Prüfstand der Modernisierung gestellt sind, sondern vielmehr, dass das Fundament der „Beruflichkeit" selbst in Zweifel steht. Vor diesem Hintergrund steht dann die bundesdeutsche Erwerbsgesellschaft in ihren grundsätzlichen Strukturen in einem Veränderungsprozess, welcher für die Berufsbildungsforschung neue und bislang wenig konturierte Aufgaben stellt. Daher muss sich die Berufsbildungsforschung in einer dynamischen Gesellschaft ihren aktuellen Gegenstand immer wieder selbst erschließen.

Literatur

Abel, H. (1957): Berufswechsel und Berufsverbundenheit bei männlichen Arbeitnehmern in der gewerblichen Wirtschaft. Braunschweig: çVerlagç.

ABWF (2006): Herausforderungen der Zukunft. Beschluss der Mitgliederversammlung der ABWF vom 14. September 2006. In: Quem-Bulletin 6, S. 1–3.

Achtenhagen, F. (1990): Berufsbildungsforschung an den Hochschulen der Bundesrepublik Deutschland. In: BWP, 20. Jg., H. 6, S. 31–34.

Arbeitsgruppe Bildungsbericht am Max-Planck-Institut für Bildungsforschung (Hrsg.) (1994): Das Bildungswesen in der Bundesrepublik Deutschland. (Vollst. überarb. und erw. Neuausgabe). Reinbek: Rowohlt.

Arnold, R./Lipsmeier, A. (Hrsg.) (1995): Handbuch der Berufsbildung. Opladen: Leske+Budrich.

Arnold, R./Lipsmeier, A. (Hrsg.) (2006): Handbuch der Berufsbildung (2. überarbeitete und aktualisierte Auflage). Opladen: Leske+Budrich.

Baethge, M./Achtenhagen, F./Arends, L./Babic, E./Baethge-Kinsky, V. (2006): Berufsbildungs-PISA. Machbarkeitsstudie. Stuttgart: Steiner.

Baethge, M. (1970): Ausbildung und Herrschaft. Frankfurt/Main: Europäissche Verlagsanstalt.

Baethge, M./Andretta, G./Naevecke, S./Rossbach, U./Trier, M. (1996): Die berufliche Transformation von Arbeiter- und Angestelltenbelegschaften in den neuen Bundesländern. Ein Forschungsbericht. Münster/New York: Waxmann.

Beck, K./Kell, A. (Hrsg.) (1991): Bilanz der Berufsbildungsforschung. Weinheim: Juventa.

Bellmann, L./Brinkmann, C./Koch, S./Kress, U./Kühlewind, G. (2000): Siebtes mittelfristiges Schwerpunktprogramm des IAB. Sonderdruck aus Mit/AB, 33. Jg., H. 2. Nürnberg: IAB, S. 195–228.

Becker, E./Jungblut, G. (1974): Strategien der Bildungsproduktion. Frankfurt a.M.: Suhrkamp.

Benner, H.(1987): Arbeiten zur Ordnung der Berufsausbildung vom DATSCH bis zum BIBB. In: Greinert, W.-D./Hanf, G./Stratmann, K./Schmidt, H. (Hrsg.): Berufsausbildung und Industrie. Berlin/Bonn: Bundesanstalt für Berufsbildung, S. 269–293.

BIBB (Hrsg.) (1998): Lernen im Prozeß der Arbeit. Ergebnisse, Veröffentlichungen und Materialien aus dem BIBB. Bonn.

BIBB (Hrsg.) (1999): Berufsbildung in der Entwicklung. Ergebnisse, Veröffentlichungen und Materialien aus dem BIBB. Bonn.

BIBB (Hrsg.) (2003): Arbeitsprogramm 2003. Bonn.

BIBB (Hrsg.) (2008): Jährliches Forschungsprogramm 2008. Bonn.

BMBF (Hrsg.) (2007): Elemente des Rahmenprogramms des BMBF zur strukturellen Förderung der empirischen Bildungsforschung in Deutschland. Bonn/Berlin.
BMBF (Hrsg.) (2007a): Rahmenprogramm zur Förderung der empirischen Bildungsforschung. Bonn/Berlin.
BMBF (Hrsg.) (2007b): 10 Leitlinien zur Modernisierung der beruflichen Bildung. Ergebnisse des Innovationskreises beruflicher Bildung. Bonn/Berlin.
BMBW (Hrsg.) (1987): Wissenschaftliche und wirtschaftliche Effizienz des Bundesinstituts für Berufsbildung. Bonn.
Blankertz, H. (1977): Berufliche Bildung. In: Rombach, H. (Hrsg.): Wörterbuch der Pädagogik in drei Bänden. Bd. 1. Freiburg: Herder, S. 90–91.
Blankertz, H./Claessens, D./Edding, F. (1966): Ein zentrales Forschungsinstitut für Berufsbildung? Gutachten im Auftrag des Senators für Arbeit und soziale Angelegenheiten des Landes Berlin. Berlin: Senator für Arbeit und soziale Angelegenheiten des Landes Berlin.
Bolte, K.M. (1959): Sozialer Aufstieg und Abstieg. Eine Untersuchung über Berufsprestige und Berufsmobilität. Stuttgart: çVerlagç.
Bolte, K.M. (1997): Zur Innovation eines wissenschaftlichen Ansatzes: Arbeitsmarkt- und Berufsforschung in der Wissenschaftslandschaft und Politikberatung. In: MittAB, 30. Jg., H. 4, S. 801–806.
Bonz, B. (1991): Berufsbildungsforschungsnetz in Deutschland. In: ZBW, 87. Jg., H. 6, S. 510–512.
Braczyk, H.-J./Knesebeck, J. von dem/Schmidt, G. (1982): Nach einer Renaissance. Zur gegenwärtigen Situation der Industriesoziologie in Deutschland. In: dieselben (Hrsg.): Materialien zur Industriesoziologie. KZfSS Sonderband 24. Opladen: Leske+Budrich, S. 16–56.
Buck, B. (1993): Die Verneinung des Fremden. Arbeit, Bildung und die Kultur des Subjekts. Berlin/Bonn: BIBB.
Bundesministerium für Bildung und Forschung (Hrsg.) (1999): Berufsbildungsbericht 1999. Bonn.
Bundesminister für Bildung und Wissenschaft (Hrsg.) (1990): Betriebliche Weiterbildung. Forschungsstand und Forschungsperspektiven. Bonn.
Czycholl, R./Zedler, R. (Hrsg.) (2003): Stand und Perspektiven der Berufsbildungsforschung. Beiträge zur Arbeitsmarkt- und Berufsforschung 280. Nürnberg: IAB.
Czycholl, R./Zedler, R. (2003a): Arbeitsgemeinschaft Berufsbildungsforschungsnetz. Zwischenbilanz und Perspektiven. In: dies., S. 209–229.
Dahrendorf, R. (1956): Industrielle Fertigkeiten und soziale Schichtung. In: KZSS, 8. Jg., H. 5, S. 540–568.
Deutsche Forschungsgemeinschaft (1990): Berufsbildungsforschung an den Hochschulen der Bundesrepublik Deutschland. Denkschrift. Weinheim/Basel/Cambridge: VCH.
Deutsche Gesellschaft für Soziologie (Hrsg.) (1959): Soziologie und moderne Gesellschaft. Verhandlungen des 14. Deutschen Soziologentages in Berlin. Stuttgart: Enke.
Dobischat, R. (1996): Berufliche Weiterbildung. In: May, H. (Hrsg.): Lexikon der ökonomischen Bildung. München/Wien: çVerlagç, S. 74–77.
Dobischat, R./Husemann, R. (Hrsg.) (1995): Berufliche Weiterbildung als freier Markt? Berlin: edition sigma.
Dobischat, R./Lipsmeier, A./Drechsel, I. (Hrsg.) (1996): Der Umbruch des Weiterbildungssystems in den neuen Bundesländern. Zwei Untersuchungen. Münster/New York: Waxmann.
Düsseldorff, K. (1997): Untersuchungen zur beruflichen Weiterbildung vom Plan zum Markt. Bochum: Winkler.
Emmerich, K./Kaiser, M./Karr, W. (1990): Ergänzende Herausforderungen an die Arbeitsmarkt- und Berufsforschung im geeinten Deutschland. In: MittAB, 23. Jg., H. 4, S. 435–454.
Euler, D./Severing (2007): Flexible Ausbildungswege in der Berufsbildung. Bielefeld: Bertelsmann.
Euler, D. (1998): Modernisierung des dualen Systems. Problembereiche, Reformvorschläge, Konsens- und Dissenslinien. Bonn: BLK.
Friedeburg, L. von (1992): Bildungsreform in Deutschland. Geschichte und Gesellschaftlicher Widerspruch. Frankfurt a.M.: Suhrkamp.
Geissler, K. A. (1991): Das Duale System hat keine Zukunft. In: Leviathan, 18. Jg., H. 1, S.68–77.
Geissler, K. A./Wittwer, W. (1990): Der Beitrag der Berufsbildungsforschung zur Qualifizierung des Personals in der betrieblichen Aus- und Weiterbildung. In: BWP, 20. Jg., H. 6, S. 10–14.
Greinert, W.-D./Hanf, G./Stratmann, K./Schmidt, H. (Hrsg.) (1987): Berufsausbildung und Industrie. Zur Herausbildung industrietypischer Lehrlingsausbildung. Berlin/Bonn: BIBB.
Greinert, W.-D. (1994): Berufsausbildung und sozioökonomischer Wandel. Ursachen der „Krise des Dualen Systems" der Berufsausbildung. In: Zeitschrift für Pädagogik, 40. Jg., H. 3, S. 357–372.
Hack, L. (1994): Industriesoziologie. In: Kerber, H. (Hrsg.): Spezielle Soziologien. Reinbek: Rowohlt, S. 40–74.
Harney, K. (1999): Beruf. In: Kaiser, F.-J./Pätzold, G. (Hrsg.): Wörterbuch Berufs- und Wirtschaftspädagogik. Bad Heilbrunn/Hamburg: Klinkhardt, S. 51–52.
Heid, H. (1966): Die Berufsaufbauschule. Bildungsideologie und Wirklichkeit. Freiburg: Lambertus.

Heidegger, G./Rauner, F. (1997): Reformbedarf in der beruflichen Bildung. Gutachten im Auftrag des Landes NRW. Düsseldorf: Ministerium für Arbeit, Gesundheit und Soziales.
IAB (2004): Jahresbericht 2003. Nürnberg.
IAB (2005): Jahresbericht 2004. Nürnberg.
IAB (2006): Jahresbericht 2005. Nürnberg.
IAB (2007): Jahresbericht 2006. Nürnberg.
Jungk, D. (1968): Probleme des sozialen Aufstiegs berufstätiger Jugendlicher. Ein Beitrag zur empirisch-soziologischen Grundlegung der Bildungsorganisation. Stuttgart: Enke.
Kahsnitz, D./Ropohl, G./Schmid, A. (1997): Handbuch zur Arbeitslehre. München/Wien: Oldenbourg.
Kaiser, F.-J. (1999): Wirtschaftspädagogik. In: Kaiser, F.-J./Pätzold, G. (Hrsg.): Wörterbuch Berufs- und Wirtschaftspädagogik. Bad Heilbrunn/Hamburg: Klinkhardt, S. 394–396.
Kaiser, F.-J./Pätzold, G. (Hrsg.) (1999): Wörterbuch Berufs- und Wirtschaftspädagogik. Bad Heilbrunn/ Hamburg: Klinkhardt.
Karr, W./Möller, U./Peters, G. (1996): Sechstes mittelfristiges Schwerpunktprogramm des IAB. Ziele und Aufgaben der Arbeitsmarkt- und Berufsforschung 1996-2000. In: MittAB, 29. Jg., H. 4, S. 543–579.
Kell, A. (2005): Organisationen und Institutionen der Berufsbildungsforschung. In: Rauner, F. (Hrsg.): Handbuch Berufsbildungsforschung. Bielefeld: Bertelsmann, S. 55–61.
Kipp, M. (1987): „Perfektionierung" der industriellen Berufsausbildung im Dritten Reich. In: Greinert, W.-D./Hanf, G./Stratmann, K./Schmidt, H. (Hrsg.): Berufsausbildung und Industrie. Zur Herausbildung industrietypischer Lehrlingsausbildung. Berlin/Bonn: BIBB, S. 213–266.
Klages, H. (1959): Berufswahl und Berufsschicksal. Opladen: Leske+Budrich.
Konsortium Bildungsberichterstattung (Hrsg.) (2006): Bildung in Deutschland. Ein indikatorengestützter Bericht mit einer Analyse zu Bildung und Migration. Bielefeld: Bertelsmann.
Kutscha, G. (1990): Berufsbildungsforschung unter dem Anspruch des Bildungsprinzips. In: BWP, 20. Jg., H. 6, S. 3–9.
Klieme, E./Avenarius, H./Baethge, M. (2006): Grundkonzeption der Bildungsberichterstattung für Deutschland. In: Krüger, H.-H. (Hrsg.): Bildungs- und Sozialberichterstattung. Beiheft 6 der ZfE. Wiesbaden: VS Verlag für Sozialwissenschaften, S. 129–145.
Kutscha, G. (1991): Übergangsforschung. Zu einem neuen Forschungsfeld. In: Beck, K./Kell, A. (Hrsg.): Bilanz der Berufsbildungsforschung. Weinheim: Deutscher Studien Verlag, S. 113–155.
Kutscha, G. (1995): Das System der Berufsausbildung. In: Lenzen, D. (Hrsg.): Enzyklopädie Erziehungswissenschaft. Bd. 9, Teil 1. Stuttgart: Klett-Cotta, S. 203–226.
Kutscha, G. (1997): Berufsbildungssystem. In: Kahsnitz, D./Ropohl, G./Schmid, A. (Hrsg.): Handbuch zur Arbeitslehre. München/Wien: Oldenbourg, S. 649–666.
Lemberg, E. (Hrsg.) (1963): Das Bildungswesen als Gegenstand der Forschung. Heidelberg: Quelle & Meyer.
Lempert, W./Ebel, H. (Hrsg.) (1965): Lehrzeitdauer, Ausbildungssystem und Ausbildungserfolg. Grundlagen für die Bemessung des Zeitraums der Ausbildung bis zum Facharbeiterniveau. Freiburg: Rombach.
Lempert, W. (1977): Berufsbildungsforschung. In: Rombach, H. (Hrsg.): Wörterbuch der Pädagogik in drei Bänden. Bd. 1, Freiburg: Herder, S. 100-101.
Lenzen, D. (Hrsg.) (1995): Enzyklopädie Erziehungswissenschaft. Bd. 9, Teil 1. Stuttgart: Klett-Cotta.
Lipsmeier, A. (1978): Didaktik der Berufsausbildung. München: Juventa.
Lipsmeier, A. (2005): Genese der Berufsbildungsforschung. In: Rauner, F. (Hrsg.): Handbuch Berufsbildungsforschung. Bielefeld: Bertelsmann.
Lipsmeier, A./Kutscha, G. (1977): Berufliche Didaktik. In: Rombach, H. (Hrsg.): Wörterbuch der Pädagogik in drei Bänden. Bd. 1., Freiburg: Herder, S. 91–94.
Lutz, B. (1983): Technik und Arbeit. Stand, Perspektiven und Probleme industriesoziologischer Technikforschung. In: Schneider, C. (Hrsg.): Forschung in der Bundesrepublik. Weinheim: Deutscher Studien Verlag, S.167–189.
May, H. (Hrsg.) (1996): Lexikon der ökonomischen Bildung. München/Wien: Oldenbourg.
Mertens, D. (1978): Zum Verhältnis von Produktionstechnik, Arbeitsorganisation und Qualifikationsstruktur. Überblick über den Forschungs- und Diskussionsstand. In: Bolte, K.M. (Hrsg.): Materialien aus der soziologischen Forschung. Verhandlungen des 18. Deutschen Soziologentages 1976 in Bielefeld. Darmstadt: Luchterhand, S. 864–877.
Mertens, D. (1984): Forschen in einer Behörde. In: Kohl, A./Spiegl, G./Wanka, R./Wilke, G. (Hrsg.): Mensch und Arbeitswelt. Festschrift für Josef Stingel. Stuttgart: Kohlhammer, S. 309–322.
Münch, J. (1977): Berufliches Bildungswesen. In: Rombach, H. (Hrsg.): Wörterbuch der Pädagogik in drei Bänden. Freiburg: Herder, S. 94–99.

Münsterberg, H. (1912/1997): Psychologie und Wirtschaftsleben. (Neu herausgegeben und eingeleitet von W. Bungard und H. E. Lück). Weinheim: Beltz.
Pätzold, G. (1999): Berufspädagogik. In: Kaiser, F.-J./Pätzold, G. (Hrsg.): Wörterbuch Berufs- und Wirtschaftspädagogik. Bad Heilbrunn/Hamburg: Klinkhardt, S. 124–126.
Picht, G. (1965): Die deutsche Bildungskatastrophe. München: Deutscher Taschenbuch-Verlag.
Pütz, H. (1999): Berufsbildung im Wandel. Die Bedeutung des Berufskonzeptes. In: BIBB (Hrsg.): Berufsbildung in der Entwicklung. Bonn: BIBB, S. 25–39.
Pütz, H./Spillner, G. (2000): Bundesminister im Bundesinstitut für Berufsbildung – Ansichten aus drei Jahrzehnten. In: BWP, 30. Jg., H. 3, S. 7–12.
Rauner, F. (2005): Handbuch Berufsbildungsforschung. Bielefeld: Bertelsmann.
Rauner, F. (2005a): Berufsbildungsforschung. Eine Einführung. In: Ders, S. 9–16.
Rombach, H. (1977):Wörterbuch der Pädagogik in drei Bänden. Freiburg: Herder.
Schelsky, H. (1952): Arbeitslosigkeit und Berufsnot der Jugend. Düsseldorf: Bertelsmann.
Schmidt, H. (1995): Berufsbildungsforschung. In: Arnold, R./Lipsmeier, A. (Hrsg.): Handbuch der Berufsbildung. Opladen: Leske+Budrich, S. 482–491.
Schmidt, H. (2000): 30 Jahre Bundesinstitut für Berufsbildung. In: BWP, 30. Jg., H. 1, S. 3–6.
Schuster, H. (1987): Industrie und Sozialwissenschaften. Eine Praxisstudie der Arbeits- und Industrieforschung in Deutschland. Opladen: Westdeutscher Verlag.
Senatsverwaltung für Arbeit, Berufliche Bildung und Frauen (1999): Berliner Memorandum zur Modernisierung der Beruflichen Bildung. Berlin.
Sloane, P.F.E. (2006): Berufsbildungsforschung. In: Arnold, R./Lipsmeier, A. (Hrsg.): Handbuch der Berufsbildung (2. überarbeitete und aktualisierte Auflage). Opladen: Leske+Budrich, S. 610–627.
Sloane, P.F.E./Twardy, M./Buschfeld, D. (1998): Einführung in die Wirtschaftspädagogik. Paderborn u.a.: Schöningh.
Stratmann, K.W. (1977): Berufs- und Wirtschaftspädagogik. In: Rombach, H. (Hrsg.): Wörterbuch der Pädagogik in drei Bänden. Bd. 1. Freiburg: Herder, S. 110–113.
Stratmann, K.W. (1994): Berufs- und Wirtschaftspädagogik. In: Lenzen, D. (Hrsg.): Pädagogische Grundbegriffe. Bd. 1. Reinbek bei Hamburg: Rowohlt, S. 176–179.
Stratmann, K.W. (1995): Geschichte der beruflichen Bildung. Ihre Theorie und Legitimation seit Beginn der Industrialisierung. In: Lenzen, D. (Hrsg.): Enzyklopädie Erziehungswissenschaft. Bd. 9, Teil 1. Stuttgart: Klett-Cotta, S. 173–202.
Straumann, P.R. (Hrsg.) (1974): Neue Konzepte der Bildungsplanung. Ein Beitrag zur Kritik der politischen Ökonomie des Ausbildungssektors. Reinbek bei Hamburg: Rowohlt.
Ulich, E. (1992): Arbeitspsychologie. Zürich/Stuttgart: vdf.
Volpert, W. (1987): Psychische Regulation von Arbeitstätigkeiten. In: Kleinbeck, U. (Hrsg.): Enzyklopädie der Psychologie. Themenbereich D, Serie III, Bd. 1. Göttingen: Hogrefe, S. 1–42.
Voss, G. (1994): Berufssoziologie. In: Kerber, H. (Hrsg.): Spezielle Soziologien. Reinbek b. Hamburg: Rowohlt, S. 128–148.
Wiendieck, G. (1994): Arbeits- und Organisationspsychologie. Berlin/München: Quintessenz.
Wolsing, T. (1977): Untersuchungen zur Berufsbildung im Dritten Reich. Ratingen/Kastellaun/Düsseldorf: A. Henn.
Zedler, R. (2003): Stand und Perspektiven der Berufsbildungsforschung aus der Sicht von Instituten freier Trägerschaft. In: Czycholl, R./Zedler, R. (Hrsg.): Stand und Perspektiven der Berufsbildungsforschung. Beiträge zur Arbeitsmarkt- und Berufsforschung 280. Nürnberg: IAB, S. 103–122.

Ekkehard Nuissl

Weiterbildung/Erwachsenenbildung

1 Gegenstand

Ziele, Verfahren und Stand der Forschung sind eng mit ihrem Gegenstand verknüpft. Dies gilt auch für den Bereich der Erwachsenenbildung/Weiterbildung (im Folgenden nur: Weiterbildung), der Ende der 1960er Jahre in Deutschland zur vierten Säule des Bildungssystems deklariert wurde (vgl. Deutscher Bildungsrat 1970).

Weiterbildung ist demnach ein junger Gegenstandsbereich von Forschung. Dies gilt für Weiterbildung als Teil des deutschen Bildungssystems. Natürlich war die Weiterbildung, die seit Ende des 19. Jahrhunderts kontinuierlich wuchs und sich ausgestaltete, auch zuvor schon Gegenstand von Forschung – jedoch nur zu jeweils einzelnen Aspekten.

Weiterbildung zeichnet sich als gewachsener gesellschaftlicher Bereich durch folgende Merkmale aus:

- Weiterbildung ist aufs Engste mit den sozialen, kulturellen, regionalen und ökonomischen Bedingungen verbunden, nach wie vor nicht „systemisch" abgegrenzt und daher aufs Engste verbunden mit der gesellschaftlichen Dynamik.
- Weiterbildung ist – bedingt durch die gesellschaftliche Einbindung – an den Rändern nur schwer abgrenzbar. Der Übergang von Weiterbildung zu sozialer Arbeit, zur Arbeitsmarktpolitik, zu Sozialpolitik, zu Lehre an Schulen, zu Organisationsentwicklung oder zu Wissenschaft und Forschung ist stets fließend.
- Weiterbildung ist im Kern nur schwer zu definieren; Themen und Inhalte betreffen praktisch alle Aspekte gesellschaftlichen Handelns, Institutionen sind sowohl in ihrem Inneren als auch in ihren äußeren Aktivitäten in vielfältigster Weise mit Weiterbildung befasst und personell ist weder ein festgeschriebenes Berufsbild noch ein erkennbarer professioneller Karriereweg vorhanden.
- Weiterbildung befindet sich in einer spezifischen Stellung zwischen Markt und Staat, unterliegt Förder- und Gestaltungsaktivitäten des Staates, aber auch Prinzipien des Marktes.
- Weiterbildung ist als Verfahren schwer abgrenzbar gegen Therapie, Beratung, Lernen im Handeln, „akzidentiellem" und „selbstgesteuerten" Lernen.

Auch begrifflich ist Weiterbildung schwer zu fassen. In der Definition des Deutschen Bildungsrates von 1970 beginnt Weiterbildung nach Abschluss eines allgemeinbildenden und beruflichen Ausbildungsganges. Andere Definitionen verknüpfen Weiterbildung mit dem Lebensalter; danach beginnt sie im Alter von sechzehn bis achtzehn Jahren. Einigkeit besteht darüber, dass Weiterbildung die längste Phase des individuellen Lebens umfasst und erst mit dem Tode endet. Eine neue begriffliche Konfusion entsteht seit Ende der 1990er Jahre dadurch, dass Weiterbildung im nationalen und europäischen Raum als Bestandteil des „lebenslangen Lernens" definiert wird, wichtiger noch: in seinen konstitutiven Elementen im Konzept des lebenslangen Lernens aufzugehen scheint.

Gerade in der Weiterbildung wurde und wird vielfach diskutiert, inwiefern die spezifische Gestalt des Gegenstandes die ihm zugewiesene Forschung beeinflusst oder gar determiniert. In der Weiterbildung lässt sich seit Beginn der 1970er Jahre nachzeichnen, dass eine „Verwissenschaftlichung des Handelns (...) typisch [ist] für die Professionalisierung eines Berufs" (Siebert 1981, S. 161). Gemeinsam mit der Deklaration der vierten Säule des Bildungssystems, dem Erlass von Weiterbildungsgesetzen in den Bundesländern und einer verstärkten staatlichen Förderung wurden Ausbildungsgänge zur Weiterbildung an den Hochschulen aufgebaut und zunehmend Forschungsarbeiten unternommen. Als unstrittig von Anfang an war dabei „Praxisbezug (...) [als] durchweg erklärte Absicht der Erwachsenenbildungsforschung" (Gieseke/Tietgens 1981, S. 192). Damit entstand auch von vorne herein ein breites, heterogenes Spektrum von Forschungsansätzen und Forschungsmethoden. Ein solch vielschichtiger, differenzierter und dynamischer Gegenstand wie Weiterbildung konnte nur mit einem Spektrum differenzierter, pluraler und vielfältig auch handlungsorientierter Ansätze und Methoden verarbeitet werden (vgl. Born 1999).

Verbunden mit der Frage nach einer eigenen Methodik ist diejenige nach einer eigenständigen Wissenschaft der Erwachsenenbildung. Erwachsenenbildung hat sich an den Universitäten und im wissenschaftlichen Kontext als Teildisziplin der Erziehungswissenschaften entwickelt, steht jedoch – dem Gegenstand adäquat – in einem vielfältigen Beziehungskontext. Die „Wissenschaft der Erwachsenenbildung lässt sich als eine interdisziplinäre Querschnittswissenschaft beschreiben, die auf die Beiträge zahlreicher Nachbarwissenschaften angewiesen ist. Um sich als eigenständige Wissenschaftsdisziplin legitimieren und behaupten zu können, benötigt sie zwar nicht unbedingt ein neues und eigenes Forschungsinstrumentarium, aber doch spezifische Problemstellungen" (Siebert 1998, S. 15). Folglich: „Forschungsgegenstand unserer Disziplin sind nicht der gesellschaftliche Wandel, nicht die Arbeitslosigkeit und nicht die Ursachen von Identitätskrisen und Depressionen (...), sondern die Unterstützung von Bildungsprozessen bei Erwachsenen" (Siebert 1998, S. 16).

Als wesentliche gegenstandsadäquate Elemente einer Forschung zur Weiterbildung gelten insbesondere drei Prinzipien:

- Das Prinzip der Praxisorientierung: Das Entstehen der Wissenschaft und Forschung zur Weiterbildung ist eng verbunden mit ihrem praktischen Wachstum, hier gibt es seit Beginn der wissenschaftlichen Bearbeitung der Weiterbildung eine enge personelle, bildungstheoretische und bildungspolitische Verbindung. Forschungspraktisch sind hier Fragen des Feldzugangs, der Akzeptanz und Umsetzung von Forschungsergebnissen sowie der Entwicklung von erkenntnisleitenden Theoremen von Bedeutung (vgl. Born 1991).
- Das Prinzip der Handlungsorientierung: „Erwachsenenpädagogik als „Handlungswissenschaft" (Siebert 1981, S. 161) stellt Forschung in den Kontext einer Entwicklung des Gegenstandes; wissenschaftliche Begleitung und Evaluation, Handlungsforschung und die Entwicklung von wissenschaftlich begründeten Produkten sind typische Merkmale für die Weiterbildung.
- Das Prinzip der Partizipation: Praxis- und Handlungsorientierung bedingen auch die Beteiligung der „Forschungsobjekte" in Definition von Zielen, Verfahren und Ergebnissen der Forschung: „Thus, in doing research, I'm educating and being educated with the people" (Freire 1972, S. 5). Gleichzeitig ist jedoch der Unterschied von Erkenntnis- und Handlungsinteresse zu schärfen (vgl. Siebert 1979).

2 Geschichte

Die Forschung zur Weiterbildung beginnt bei dem Bereich, über den traditionell die größte (empirische) Unkenntnis vorlag und vorliegt: bei den lernenden Menschen. Der Wechsel des Blicks vom zu lernenden Stoff hin auf die lernenden Menschen ist eng verbunden mit dem Entstehen der Weiterbildung und ihrem Spezifikum, dem erwachsenen Lernenden. Anders als in anderen Bildungsbereichen sind die Lernenden in der Weiterbildung vollwertige Mitglieder der Gesellschaft mit eigenen Familien, Berufstätigkeiten und lebenserhaltenden sowie -steuernden Deutungsmustern. Lehre und Lernen in der Weiterbildung kann nur gelingen, wenn dies bekannt und in Rechnung gestellt ist.

Das Interesse, mehr über die „Hörer" zu erfahren, realisierte sich erstmals Ende des letzten Jahrhunderts. 1895 wurden von L. Hartmann, Geschäftsführer des Wiener Ausschusses für volkstümliche Universitätsvorträge, die Lernenden in einer Hörerstatistik erfasst. Diese diente als Rechenschaft über die geleistete Bildungsarbeit und als Grundlage, bei politischen Entscheidungsträgern finanzielle Unterstützung zu beantragen. Sie diene aber auch dazu, Orientierung beim Ausbau der Bildungseinrichtung zu geben. Diese hörerbezogene und für Legitimation und Finanzierung ebenso wie für Entwicklung von Bildungskonzepten nützliche Forschungstätigkeit setzte sich – unterbrochen von den Weltkriegen – die kommenden Jahrzehnte fort. Teilnehmerstatistiken wurden erweitert und ergänzt um Teilnehmerforschung, Befragung zu Zielen, Lernvoraussetzungen und Lernwegen. Neben L. Hartmann waren in dieser Zeit W. Hofmann, A. Lampa, E. Graf, M. Apel, P. Hermberg, F. Grosse, V. Engelhardt, R. von Erdberg, W. Flitner und L. Radermacher mit empirischen Untersuchungen hervorgetreten (vgl. Born 1999, S. 330ff.; 2008).

Bei der Wiederaufnahme empirischer Forschung zur Weiterbildung nach dem 2. Weltkrieg wurde an die Adressaten- und Teilnehmerforschung der Weimarer Republik angeknüpft. Methodisch orientierte sich die empirische Forschungsarbeit stärker am Stand der empirischen Sozialforschung in den Vereinigen Staaten. Ende der 1950er Jahre befasste sich eine aufwendigere empirische Untersuchung mit Bildungsinteressen und Bildungsvorstellungen der deutschen Bevölkerung; sie wird allgemein als die erste Leitstudie der Wissenschaft von der Erwachsenenbildung bezeichnet. Es handelt sich um die „Göttinger Studie" (vgl. Strzelewicz/Raapke/Schulenberg 1966, „Bildung und gesellschaftliches Bewusstsein"). In einer Verbindung von quantitativen und qualitativen Methoden erfasste diese Untersuchung in einem dreistufigen Ansatz (repräsentative Umfrage, Gruppendiskussion und Intensivinterview) die Grundlagen des Bildungsverhaltens der deutschen Bevölkerung. Die Göttinger Studie trug vielfach zur Veränderung und Weiterentwicklung der Weiterbildungspraxis bei. Weitere kleinere Untersuchungen in den 1960er Jahren widmeten sich den Aufstiegs- und Lerninteressen der Adressaten, differenziert nach sozialen Teilgruppen und besuchten Bildungseinrichtungen. Erwartungen an Angebote und Bewertungen von Lernprozessen wurden erhoben. Auch fanden erste Untersuchungen zum „Drop out", zum Weggang von Lernenden aus Weiterbildungsangeboten statt.

In den 1960er Jahren, wie auch in den Jahren zuvor, waren die Fragestellungen der Weiterbildungsforschung hauptsächlich soziologisch bestimmt und rekurrierten auf die Soziologie als zentrale Bezugswissenschaft. In den 1970er Jahren gerieten die Lernenden dagegen weniger in ihrer sozialen Rolle als vielmehr in Bezug auf Lerninteressen, Lernvoraussetzungen und Lernverhalten in den Blick. Das methodische Instrumentarium verschob sich, das „interpretative Paradigma" gewann an Bedeutung. Insbesondere erhielten die Verfahren der Beobachtung ein weit höheres Gewicht als zuvor, bildeten in vielen Untersuchungen die Grundlage der wissenschaftlichen Erkenntnisse. Als Bezugswissenschaft entwickelte sich mehr und mehr die Psychologie, vor allem der Teilbereich der pädagogischen Psychologie.

Im Kontext dieser auf das Lernen und auf die Lehr-Lern-Prozesse konzentrierten Forschung entstanden in den 1970er Jahren weitere „Leitstudien" der Erwachsenenbildung. In der „Hannover-Studie" erkundeten Siebert und Gerl das Feld der Lehr- und Lernsituation anhand einer empirisch-analytischen Erhebung. Mit Hilfe von Befragung und Beobachtung bildeten sie Interaktionsprozesse des Lehrens und Lernens anhand ausgewählter Variablen ab. Ihr Untersuchungsansatz konzentrierte sich noch hauptsächlich auf formale Aspekte der Interaktion, betonte aber bereits Prozesse, Gruppendynamik, Lernverhalten und Interaktionsrichtungen (Frage, Information, Kommentar, Steuerung etc.) (vgl. Siebert/Gerl 1975).

Einige Jahre später wurden im Heidelberger BUVEP-Projekt die Inhalte und die Intentionen der Lernenden und Lehrenden in den Mittelpunkt gerückt. In einem äußerst aufwendigen Verfahren wurden vollständige Verlaufsprotokolle von Bildungsurlaubsseminaren erstellt, die einer qualitativen Analyse unterzogen wurden. Als Ergebnis konnten verschiedene Lernstrategien festgestellt werden, die anhand definierter Problem- und Fragestellungen (z.B. Rollenverteilung im Lernprozess, Deutungsmuster, Praxisbezug) beschrieben wurden. Damit gelang es erstmals, eine inhaltsorientierte Analyse von Lehr-Lern-Prozessen fallübergreifend vorzulegen.

Die drei Leitstudien der Weiterbildung waren groß angelegte Forschungen zu Lehr-Lern-Prozessen, denen keine annähernd umfangreichen Forschungen (bis heute) mehr folgten. Zwar wurden nach wie vor Lernprozess-Untersuchungen unternommen, jedoch mit deutlich geringerem Aufwand und begrenzterem Erkenntnisinteresse.

Die Adressaten- und Teilnehmerforschung folgte zu Beginn der 80er Jahre einer neuen Blickweise; nicht mehr deren Rolle in Lehr-Lern-Prozessen, sondern die Rolle der Lehr-Lern-Prozesse für eher individuelles Leben gerieten in den Blick. Biografieforschung, Fallstudien zur „Aneignung" von Wissensstoff und Untersuchungen zur Wirkung und zum Nutzen von Bildungsanstrengungen nahmen zu. Wesentliches methodisches Instrumentarium war dabei das Interview, meist ein offenes Interview mit einer interpretativen Auswertung. Die damit begonnene Tradition der Lernforschung vom Teilnehmer aus hat sich seit den 1980er Jahren fortgesetzt und bildet heute einen wichtigen Strang erwachsenenpädagogischer Forschung.

Mit der Ausdifferenzierung des Weiterbildungssystems, seiner verstärkten Förderung und dem Aufbau erwachsenenpädagogischer Studien- und Forschungskapazitäten gerieten jedoch weitere Aspekte des Gegenstands Weiterbildung in den Blick der Forschung. Zu ihnen gehören insbesondere die Lehrenden. Untersuchungen zu den Lehrenden beschäftigen sich mit dem Selbstverständnis und der spezifischen Sichtweise beruflicher Praxis, mit den Motiven für die Tätigkeit in der Weiterbildung bis hin zu typischen Handlungsanforderungen unter konkreten Arbeitsbedingungen. Auch hier werden verschiedene Forschungsmethoden angewendet, so etwa Beobachtungen von Lehrtätigkeit, Befragungen, Gruppendiskussionen und statistische Erhebungen. Zum Bereich der Lehrenden gehören auch Verbleibsuntersuchungen von Absolventinnen und Absolventen der erwachsenenpädagogischen Studiengänge.

In den 1990er Jahren bildete sich ein Forschungsschwerpunkt heraus, der sich um die Methodik und Didaktik des Lernens Erwachsener dreht. Initiiert insbesondere durch die neuen Medien, durch erhöhte Ansprüche an lebenslanges Lernen und Vorstellungen eines selbstgesteuerten Lernens entstanden Forschungsprojekte, die sich mit der spezifischen Didaktik und Methodik medieninduzierter Lehr-Lern-Prozesse beschäftigen. Da es sich dabei um neuartige Entwicklungsprozesse handelt, konzentrierte sich die Forschung im Wesentlichen auf wissenschaftliche Begleitung, Beobachtung und Befragung und knüpfte damit an die Tradition der 1970er Jahre an, in der wissenschaftliche Begleitungen von Modellversuchen zur Weiterbildung ein wesentliches Spektrum der Weiterbildungsforschung darstellten.

Verstärkt wurde Ende der 1990er Jahre mit Forschungsarbeiten begonnen, die sich um das Lernen in Betrieben und im sozialen Umfeld der Menschen abspielen. Anders als bei dem Programm „Humanisierung der Arbeitswelt" aus den 1970er Jahren geht es bei diesen neuen Projekten darum, nicht so sehr die Arbeitsplätze als lernrelevante umzugestalten, sondern die Lernvorgänge und Lernprozesse an den Arbeitsplätzen und im sozialen Umfeld zu analysieren und für lebenslange Lernvorgänge fruchtbar zu machen. Auch die zunehmende Rolle von Weiterbildung im betrieblichen Zusammenhang, das Element von Weiterbildung als Teil der Personalentwicklung haben diese Forschungsprojekte induziert und getragen. Das zuvor feststellbare Defizit einer Erforschung der betrieblichen Weiterbildung und ihres Nutzens wird damit Stück um Stück geschlossen.

Auch andere Forschungsdefizite zu Elementen der Weiterbildung wie etwa die Institutionen beginnen sich zu schließen. Im Zuge der Organisationsentwicklung, der Veränderung der Balance von Staat und Markt in der Weiterbildung und der damit zusammenhängenden Umstrukturierungsprozesse der Institutionen sind vermehrt Forschungsaktivitäten zu Institutionen unternommen worden.

Und spätestens seit der Erklärung des Europäischen Rates in Lissabon im Jahr 2000, sich bis 2010 zum „wettbewerbsfähigsten, dynamischsten wissensbasierten Wirtschaftsraum der Welt" (Europäischer Rat 2000) zu entwickeln, rückt die Wichtigkeit von Forschung im Bereich der Weiterbildung in den Blick.

Die Analyse der Forschungstätigkeiten zur Weiterbildung insbesondere in den vierzig Jahren seit Deklaration der „vierten Säule Weiterbildung" zeigt, in welcher engen Weise Weiterbildungsforschung mit der Entwicklung des Gegenstandes verbunden ist. Nach wie vor wird eine enge Verbindung der Weiterbildungsforschung mit ihrem Gegenstand nicht nur postuliert und reflektiert, sondern auch praktiziert. Die Problemorientierung der Weiterbildungsforschung ist damit gesichert, weniger ihre notwendige Distanz zur Entwicklung ihres Gegenstandes.

3 Forschungsfelder

Weiterbildung bietet, da nur undeutlich von anderen gesellschaftlichen Bereichen abgegrenzt, vielfältige Ansatzpunkte für Forschung (aktuelle Forschungsfelder, Forschungsprojekte und Forschungstrends vgl. Tippelt/Schmidt 2006).

Sie lassen sich kaum zweidimensional in systematischen Beschreibungen darstellen. So ist etwa Weiterbildung im Betrieb eher ein Instrument betriebswirtschaftlich organisierter Personalentwicklung als ein eigenständiges Feld von Weiterbildung. Die Schulung von Betriebsratsangehörigen gewinnt ihre Bedeutung als Instrument von Interessenpolitik der abhängig Beschäftigten. Und die Ausbildung von Ausbildern beim Deutschen Roten Kreuz oder beim Deutschen Paritätischen Wohlfahrtsverband fügt sich ein in verbandsorganisatorische Zielsetzungen. Das Interesse an Weiterbildung als Forschungsgegenstand ist daher vielfältig gebrochen; nur im innersten Kern – in der Analyse von Lehr-Lern-Prozessen – ist Weiterbildung selbst unstrittig genuines Forschungsfeld.

Die Deklaration von Weiterbildung als vierte Säule des Bildungssystems hat all diese unterschiedlichen Realitäten – in mancher Hinsicht künstlich – zusammengefügt. Trotz systematischer Strukturanalogien ist es nach wie vor kaum möglich, den Gegenstand „Weiterbildung" in schlüssig definierbare Forschungsfelder aufzugliedern. Eher angemessen ist eine Struktur, welche der gewachsenen Substanz und dem weiter zunehmend dynamischen Entwicklungsprozess Rechnung trägt.

„Das Feld der Erwachsenenbildung fordert Forschung unter drei Aspekten heraus, unter dem ihrer Voraussetzungen, ihrer Prozesse und ihrer Wirkungen" (Gieseke/Tietgens 1981, S. 191). Tietgens und Gieseke fokussieren hier einen Zwischenstand der sich ausdifferenzierenden Weiterbildungsforschung nach der großen Expansion in den 1970er Jahren. Zu diesen drei Aspekten zählen sie:

- Als Voraussetzung gelten vor allem Qualifikationen und Motivationen, im weiteren Sinne Ergebnisse der Curriculum-Forschung und der Analyse von Qualifikationsstrukturen in betrieblichen Bereichen. Zu den Motivationsstudien zählen Fragen des Interesses, der Erwartung, der Ein- und Vorstellungen.
- Zu den Prozessfaktoren zählen die Autoren die Institutionen, die lehrenden, verwaltenden und organisierenden Beschäftigten, Kenntnisse von Lehr-Lern-Leistungen und schichtspezifischen Einflüssen, die Lehr-Lern-Prozesse und das Lernen selbst.
- Zur Wirkung zählen die Autoren die Testforschung, die Analyse der Medienwirkung, Studien zum Teilnehmerschwund und Evaluationen von Lern- und Bildungsprozessen.

Teilweise deckungsgleiche, aber differenziertere und gesellschaftliche Bereiche integrierende Felder beschreibt Weinberg (ebd. 2000, S. 35ff.). Danach beschäftigt sich die Weiterbildungsforschung insbesondere mit

- der Teilnehmer- und Adressatenforschung, bei der es um Lernvoraussetzungen, Bildungserwartungen, Lernmotivationen, ethnische, geschlechtsspezifische und regionale Besonderheiten sowie insgesamt um fördernde und hemmende Faktoren des Lernens im Erwachsenenalter geht;
- Institutionenforschung, in der Bildungsangebote, Planungsprozesse und das Management der Institutionen Gegenstand sind. Hinzu zählen auch Lernverhalten und Lernmöglichkeiten Erwachsener außerhalb von Bildungsinstitutionen sowie Anforderungen an das Personal im Weiterbildungsbereich;
- Arbeits- und Berufsforschung, wobei es um die Auswirkungen von Wandlungen der Erwerbsarbeit und des Arbeitsmarktes, die sich daraus ergebenden Qualifikations- und Kompetenzerfordernisse sowie die notwendigen Lern- und Bildungsarrangements geht;
- didaktisch-methodischer Entwicklungsforschung, die sich hauptsächlich auf die Entwicklung und Erprobung didaktisch-methodischer Konzepte konzentriert, in denen es um den Zusammenhang von Themen, Adressaten, Lernzeiten, Lernorten, Zertifikaten und Lehrenden geht;
- Lehr-Lern-Forschung, zu welcher die Bedingungsfaktoren von Unterrichtssituationen, die Interaktionsprozesse in Lehr-Lern-Verfahren sowie das Lernverhalten nach Geschlecht, Alter, Interesse und Bildungsvoraussetzungen und das Lehrverhalten mit Blick auf Ziele, institutionelle Repräsentanz, Wahrnehmung und Verständnis sowie methodische Kompetenz gehören;

- historisch-politischer Forschung, die sich um die „Realdialektik" kümmert, in der sich die Erwachsenenbildung befindet, die historischen Grundlagen und die Akteure der Erwachsenenbildung in Politik, Wissenschaft und Praxis in den Blick nimmt.

Ein weiterer Versuch, die Forschungsfelder in der Weiterbildung zu differenzieren und hinsichtlich offener Forschungsfragen zu qualifizieren, wurde im Auftrag der Deutschen Gesellschaft für Erziehungswissenschaft, Sektion Erwachsenenbildung, von einer kleinen Gruppe von Hochschullehrern unternommen (vgl. Arnold u.a. 2000). In ihrem „Forschungsmemorandum für die Erwachsenen- und Weiterbildung" kommen die Autoren zu fünf Forschungsfeldern, für die sie jeweils zu Unteraspekten Fragen formulieren, die einer hauptsächlich empirischen Bearbeitung bedürfen. Bei den Forschungsfeldern handelt es sich um folgende:

a) Lernen Erwachsener:
Das Lernen Erwachsener wird differenziert im Bezug auf individuelle Entwicklungen und Lebenslaufstrategien, unterschiedliche Situationen der Interaktion und Transformation, soziale Milieus und gesellschaftliche Problemlagen sowie als Lernen in virtuellen Umwelten und leiblichen Gebundenheiten sowie Lernen in organisierten und institutionalisierten Kontexten. Die Fragestellungen knüpfen hier an Biografieforschung, Lernforschung und Sozialisationsforschung an und weisen auf die neu entstandenen Schnittstellen zur Kommunikations- und Institutionsforschung hin.

b) Wissensstrukturen und Kompetenzbedarfe:
Bei diesem Feld geht es um die individuelle und gesellschaftliche Anbindung von Weiterbildung, um die Bedeutung des Wissens für Entwicklungsperspektiven in unterschiedlichen Bereichen und um die Möglichkeiten seiner Verteilung und Aneignung. Verbunden damit ist die Reflexion von Weiterbildung als ein Teil gesellschaftlich sich etablierender und zugleich dynamisierender Wissensstrukturen. Zu dem Forschungsfeld zählen Wissensstrukturen und Wissensverteilung, Kompetenzentwicklung, Bedarfserschließung sowie Themen und Programme der Erwachsenenbildung. In den formulierten Fragen geht es um den Bedarf und die Struktur von Wissen und seiner zukünftigen Aneignung, Anteile und Verhältnis von fachlichen, methodischen, sozialen und reflexiven Kompetenzen, individuelle und gesellschaftliche Bedarfe und deren Erhebung sowie die Beziehung von Themen und Programmen der Weiterbildung zu individuellen und gesellschaftlichen Mentalitäten und Kompetenzbedarfen.

c) Professionelles Handeln:
Mit dem Forschungsfeld des professionellen Handelns wird ein Bereich benannt, der weder durch einen zusammenfassenden und einheitlichen Begriff für das Tun der darin Beschäftigten noch durch feststehende und geregelte Berufsbilder und Qualifikationsnachweise beschreibbar ist. Es geht um Arbeitsteilung und Statuszuweisung, um Aufgabenfelder, Funktionen und Tätigkeitsmerkmale, die sich sowohl verändern als auch in ihrer Kombinierbarkeit in unterschiedlichen Tätigkeitsfeldern verschieben. Differenziert wird das professionelle Handeln in die Lehrtätigkeiten selbst, in den Umgang mit und die Gestaltung von Medien, in Planung und Beratung in der Bildung, in Bildungsmanagement sowie Fort- und Ausbildung der professionell Handelnden. Die Fragen richten sich auf die veränderte Rolle von Lehrtätigkeit und Lehrenden, die Qualifizierungs- und Fortbildungsbedarfe, die Definition von Professionalität und Qualität,

die angemessene Struktur zusätzlicher Qualifikationen im Bereich von Wirtschaftlichkeit, Management und Steuerung.

d) Institutionalisierung:
Unter dem Stichwort „Institutionalisierung" definiert das Memorandum sowohl die Spezifika einzelner Bildungseinrichtungen als auch die Zusammenhänge zwischen Institutionen bzw. Organisationen und gesellschaftlichen Wandlungsprozessen. Betont wird die besondere Bedeutung dieses Feldes für den Austausch zwischen Wissenschaft und Praxis und im Rahmen der Politikberatung. Differenziert wird unter dem Stichwort der Institutionalisierung der Austauschprozess zwischen Institutionen, aber auch zwischen Individuen und Institutionen, das Verhältnis von Angeboten und Anbietern, das Verhältnis von Leistung und Dienstleistung, die einrichtungsspezifische Aufgabe von Organisation und Management, der Typus der „lernenden Organisation" sowie das sich verschiebende Verhältnis von Vernetzung, Konkurrenz und Steuerungsdynamik. Gefragt wird etwa nach dem Veränderungsdruck auf Bildungseinrichtungen, angemessenen Konzepten von Management, Marketing und Kostenrechnung für die Weiterbildung, Lernen und Bildung als Leistung und Dienstleistung, der Zusammenhang der Institutionen im lebenslangen Lernen, Modularisierung und Flexibilisierung der Organisationen.

e) System und Politik:
Unter diesem Stichwort verweist das Memorandum auf das Herausbilden eines Systems der Weiterbildung aus traditionellen Funktionskontexten auf den Stand einer „mittleren Systematisierung". Folgerichtig ergeben sich als Unteraspekte des Forschungsfeldes das Verhältnis von Erwachsenenbildung und Gesellschaft, der Bezug von Markt und öffentlicher Verantwortung, die Rolle von Politikberatung und ihrer unterschiedlichen Form, die Frage der Finanzierung und der Finanzsicherheit, die Frage des Zuganges und des Rechtes auf Weiterbildung, die Elemente der regionalen Kooperation, Information und Support im Weiterbildungsbereich, die Überwindung des Schismas von allgemeiner und beruflicher Bildung und das Verhältnis von Erstausbildung und Weiterbildung. Insgesamt thematisierte das Forschungsfeld den gesellschaftspolitischen Kontext, in dem Weiterbildung steht und der einer Steuerung und zumindest einer Reflexion der Steuerungsdynamik bedarf. Wichtige formulierte Fragen sind etwa die gesellschaftlich zugewiesenen Funktionen der Weiterbildung, die Rolle von staatlichen und Markteinflüssen, die Wirkungen unterschiedlicher Finanzierungsmodelle, die Konsequenzen der Regelungen des Zugangs zur Weiterbildung und der notwendige Umbau der Institutionen zu einem durchlässigen System als Grundlage lebenslangen Lernens, der einer wissenschaftlichen Begleitung ebenso bedarf wie wissenschaftlicher Erkenntnisse über Voraussetzungen und Nutzen.

4 Ansätze und Methoden

Mit einzelnen Forschungsfeldern der Weiterbildung beschäftigen sich unterschiedliche wissenschaftliche Disziplinen, so etwa die Betriebswirtschaft mit den Organisationen, die Psychologie und die Neurobiologie mit dem Lernen, die Soziologie mit den Adressaten, die Sprachwissenschaft mit der Interaktion in Lehr-Lern-Prozessen. Diese wissenschaftlichen Disziplinen sind zugleich auch die „Bezugswissenschaften" der Erwachsenenpädagogik, die sich als Teildisziplin der Erziehungswissenschaften an etwa vierzig deutschen Hochschulen etabliert hat. Auch andere erziehungswissenschaftliche Teildisziplinen beschäftigen sich mit der Weiterbildung, etwa die Freizeitpädagogik, die Berufspädagogik und die vergleichende Erziehungswissenschaft.

Die Vielzahl von Disziplinen, die sich mit der Weiterbildung beschäftigen, macht deutlich, dass hier anhand unterschiedlichster Ansätze mit unterschiedlichsten Methoden Forschungsarbeiten betrieben werden. Sie reichen von Experimenten und Tests in der Psychologie über Messverfahren in der Neurobiologie bis hin zu hermeneutischen Verfahren in der Sprach- und Kommunikationswissenschaft. Gelegentlich ist daran zu zweifeln, ob die verwendete Methode dem Untersuchungsgegenstand angemessen ist; dies gilt aber auch für diejenige (Teil-)Disziplin, die sich der Weiterbildung als ihrem ureigensten Gegenstand widmet, der Erwachsenenpädagogik. Sie übernimmt mangels eines eigenen, systematisch entwickelten Methodenrepertoires nicht selten Ansätze und Methoden aus den Bezugswissenschaften, ohne sie angemessen zu adaptieren (vgl. Schrader/Bertzbach 2006). Die Charakteristik der Ansätze und Methoden in der Weiterbildungsforschung konzentriert sich hier auf diejenigen, welche auch von der Erwachsenenpädagogik als Teildisziplin der Erziehungswissenschaft angewandt werden.

Generell gilt für die Weiterbildung wie auch für ältere Gegenstandsbereiche der Erziehungswissenschaft die Tradition der „geisteswissenschaftlichen Pädagogik", die stark in philosophischen Diskursen verhaftet war und sich im Wesentlichen um Ziele, Normen und Menschenbilder als Bestimmungselementen von Lehre und Lernen befasste. Noch bis in die 1950er und 1960er Jahre hinein stellten die empirischen Untersuchungen, die mit der Hörerforschung begannen, nur einen Teilbereich dar. Erst mit der Studie „Bildung und gesellschaftliches Bewusstsein" von Strzelewicz/Raapke/Schulenberg 1966 veröffentlicht, begann die Empirie in der Weiterbildungsforschung (vgl. Born 1991).

Die beiden wesentlichsten Ansätze (und Entwicklungsstränge) der empirischen Forschungsmethoden in der Weiterbildung liegen auf der qualitativen Forschung einerseits und der quantitativen Forschung andererseits. Hier ist eine Entwicklung zu verzeichnen, die ähnlich auch in anderen Disziplinen feststellbar ist.

Bis Ende der 1970er Jahre dominierte in der Weiterbildungsforschung die soziologisch orientierte Forschung, die auf der Basis eines „normativen Paradigmas" mit der Grundoperation des Messens, Zählens und Vergleichens formulierte Hypothesen bestätigt oder widerlegt. Verwendet werden standardisierte Erhebungs- und Auswertungsverfahren, die quantifizierbare Schlüsse zulassen (vgl. Gnahs 2009).

Mit der empirisch-analytischen Forschung der soziologisch orientierten Blickrichtung konnten wesentliche Erkenntnisse über Teilnehmende, Strukturen und Angebote der Erwachsenenbildung gewonnen werden. So wurden insbesondere zu Zielgruppen der Erwachsenenbildung (vgl. Mader 1990), zu Teilnehmern (vgl. Mader 1980) und zu sozialen Benachteiligungen Erkenntnisse gesammelt (vgl. Holzapfel/Nuissl/Sutter 1979). Im weiteren Sinne zählten auch Resultate von Forschungsarbeiten, die sich dem Verhältnis von Schichtzugehörigkeit, Lebenslage und Bewusstsein widmeten, zu den Ergebnissen dieser Jahre (vgl. Griese 1994; Siebert 1979).

Mit dem o.g. Wechsel des Blicks auf das Verhältnis von Lernenden und Lehrenden bzw. Bildungsangebot Ende der 1970er Jahre trat das interpretative Paradigma in den Vordergrund, bei dem es um den verstehenden Nachvollzug interner und interaktiver Prozesse geht (vgl. Kade 1999). Der zentrale Ansatz im interpretativen Paradigma ist die Fallanalyse, welche Faktoren aufzudecken versucht, die zuvor nicht in Form einer Hypothese formuliert waren. Ansätze der qualitativen Weiterbildungsforschung stützen sich auf das Lebensweltkonzept, das Deutungsmusterkonzept, das Biografiekonzept und Elemente des symbolischen Interaktionismus. Insbesondere das Deutungsmusterkonzept und das Biografiekonzept wurden zur Grundlage vielfältiger Forschungsarbeiten in der Erwachsenenbildung.

Das Deutungsmusterkonzept geht davon aus, dass erwachsene Individuen dadurch handlungsfähig sind, dass sie über Deutungsmuster verfügen, welche ihnen das Leben in der Gesellschaft ermöglichen. Lernprozesse, die Deutungsmuster in Rechnung stellen, sind daher auch als „Verlern- oder Differenzierungsprozesse" angelegt und setzen eine Erforschung der Deutungsmuster und ihrer gesellschaftlichen und individuellen Konsequenzen voraus. Das Biografiekonzept erbrachte noch weitergehend als das Deutungsmusterkonzept eine eigene Tradition in der Weiterbildungsforschung. Das Interesse an Biografie ist ein genuin bildungstheoretisches, insofern es auf Lebensgeschichte als eine selbst angeeignete konstruktive Leistung des Subjekts gerichtet ist (vgl. Kade 1999, S. 347). Auch ist die Strukturanalogie dieses Forschungsansatzes mit Lernprozessen in der Erwachsenenbildung naheliegend.

Der Bedeutungszuwachs der qualitativen Forschung in der Weiterbildung erfolgte in den 1980er Jahren nicht ohne Friktionen. Die interpretative Richtung warf der normativen vor, zu starr, zu sehr auf Institutionen gerichtet und zu wenig offen zu sein, die normative der interpretativen Richtung, anhand ihrer Fallorientierung jedweder Gültigkeit und Überprüfbarkeit zu entbehren. Weidenmann (1989, S. 98ff.), selbst pädagogisch orientierter Psychologe, sah in der wissenschaftlichen Diskussion der Weiterbildung zu dieser Zeit die Gefahr, dass diese sich ganz von der „Empirie" als einer überprüfbaren Erfahrungswissenschaft verabschiedet. Schlutz/Siebert (1986) verweisen auf weitere Gründe als nur den Paradigmenstreit; heimliche Widerstände gegenüber empirischer Forschung lägen zum einen in der Sorge von Bildungspraktikern, dass diese Schwächen ihrer Arbeit aufdecken könnte, sei aber auch ein Reflex auf das Axiom der Negativforschung, welches in empirisch-normativen Ansätzen implizit sei. Dies hat auch einen realen Kern. Erziehungswissenschaft hat sich (bis heute) nicht nur in Bezug auf das Bild der „Humanität", sondern auch in Bezug auf die Selektionsfunktion der „Bewertung und Benotung" nicht von den Grundlagen ihres Gegenstandes frei machen können.

Heute gelten der Streit zwischen interpretativem und normativem Paradigma und die Sorge vor einer Empirie, welche Realitäten aufdeckt, als weitgehend überwunden. Auch die Methoden des interpretativen Paradigma verstehen sich als empirische Forschung und der Erkenntnisgewinn, der aus der Deutungsmuster- und Biografieforschung für die Weiterbildung erwuchs, wird auch von Seiten der normativen Paradigmatik anerkannt. Zudem haben die unterschiedlichen Methoden zu den einzelnen Feldern der Weiterbildung Ergebnisse erbracht, die sich durchaus ergänzen und gegenseitig anregen. So lassen sich Ergebnisse aus offenen Interviews, teilnehmender Beobachtung und interpretativen Auswertungsverfahren (Hauptverfahren des interpretativen Paradigmas) zu Ergebnissen von standardisierten Befragungen bei Adressaten und Teilnehmern, Statistikanalysen, standardisierten Beobachtungen von Interaktionsprozessen, quasi experimentellen Untersuchungen, Dokumentenanalysen und Längsschnittuntersuchungen (Hauptverfahren des normativen Paradigmas) durchaus in Beziehung setzen.

Bezogen auf die Felder des Untersuchungsgegenstandes „Weiterbildung", der Struktur des „Forschungsmemorandum" folgend, lassen sich einige Forschungsschwerpunkte festhalten:

Zum Lernen Erwachsener im organisierten Lernprozess liegen mit den beiden Leitstudien (der Hannover-Studie und der Heidelberger BUVEP-Studie) Erkenntnisse vor – in einem Fall dem normativen, im anderen dem interpretativen Paradigma folgend. Interaktionsanalysen zu Lernprozessen folgten, in kleinerem Umfang, in den 1980er Jahren: dazu zählt insbesondere die „Interpretationswerkstatt" mit den ihr folgenden Arbeiten (z.B. Ebert u.a. 1986; Tietgens

1990; Arnold/Gieseke/Nuissl 1999; Arnold u.a. 2000). Mit einer interpretativen Fallstudie zu Interaktionsprozessen trat Nolda (1997) hervor. Normativ ausgerichtete Befragungen von Adressaten und Teilnehmern zu Interaktionsprozessen in Bildungsangeboten zeitigten wesentliche Ergebnisse in Bezug auf Wirkung, Akzeptanz und Verarbeitung von Lehr-Lern-Prozessen. Forschungen von Siebert (vgl. Siebert/Gerl 1975; Siebert/Dahms/Karl 1982), Röchner (1987) sowie in einer langen Tradition stehende Evaluationsuntersuchungen zu Bildungsangeboten haben ansatzweise Lehr-Lern-Prozesse erhellt.

Erkenntnisse liegen auch vor zum Lernen in Kontexten sozialer Milieus und gesellschaftlicher Problemlagen (vgl. Barz/Tippelt 2007). Hier richtet sich der Blick zunehmend auf von Exklusion bedrohte Gruppen, die bei der Weiterbildungsbeteiligung unterrepräsentiert sind (vgl. Brüning/Kuwan 2002). Untersuchungen wurden vorgenommen in Betrieben, an Arbeitsplätzen und in Arbeitszusammenhängen, in Museen, Kulturinitiativen, Verbänden und Organisationen. Die Vielfalt der Lernorte, Lernwege und Lernverfahren erschwert es, hier einen allgemeinen Überblick zu erhalten. Das Augenmerk, das heute auf Lernprozesse außerhalb organisierter Angebote und Bildungsinstitutionen gelegt wird, ist in einen vielschichtigen Kontext einzuordnen, der vielfach zu wenig hergestellt wird. So liegen zu Lernprozessen am Arbeitsplatz und im sozialen Umfeld bereits aus den 1970er Jahren Erkenntnisse vor, die teilweise auch heute noch Gültigkeit haben. In diesem Feld liegen quantitativ gute repräsentative Ergebnisse wie das Berichtssystem Weiterbildung (vgl. Kuwan 2006), Weiterbildungserhebungen der Wirtschaft, Untersuchung zum Lehren und Lernen in der beruflichen Weiterbildung und nicht repräsentative Ergebnisse vor (vgl. Schrader/Berzbach 2006).

Das Lernen Erwachsener selbst ist gerne gewählter Gegenstand der Forschung. Erkenntnisse der Psychologie und der Naturwissenschaften (insbesondere der Neurobiologie) werden aufgenommen und nehmen durchaus Einfluss auf die Praxis, z.B. im Rahmen von Pilotprojekten zu neuen Lernarrangements. Die Konstruktivismus-Debatte hat einige Verbindungen geschaffen (durch Siebert und Arnold). In der Erwachsenenpädagogik steuerten vor allem biografieorientierte Forschungsergebnisse Kenntnisse bei (durch Kade). Insbesondere Lernvorgänge der Individuen sind – da als Komplexe bislang nicht beobachtet und nicht beobachtbar – durch die Wissenschaft der Weiterbildung kaum erforscht. Ergebnisse liefern hier eher Untersuchungen aus der pädagogischen Psychologie (vgl. Stern 2006).

Eine grundsätzliche Schwierigkeit entsteht dadurch, dass Lernen nicht als Kontinuum (lebenslang) und oft auch nicht eingebettet in Handlungsbezüge gedacht erforscht wird. In dieser Perspektive scheint es dann unsinnig, dass die Erziehungswissenschaften (diese sind schon im Plural) abgegrenzt von der Schulpädagogik forschen und dass auch die Bezugswissenschaften Forschungen einzig in ihrem Rahmen denken und durchführen (vgl. Nuissl 2006). Ein interdisziplinärer Diskurs ist in der Frage nach dem Lernen dringend notwendig.

Der Einsatz moderner Informations- und Kommunikationssysteme beim Lernen gehört im Bereich der betrieblichen Bildung derzeit zu den zentralen Themen der Weiterbildungsforschung (vgl. Tippelt/Schmidt 2006). Viele Arbeiten zum Thema E-Learning werden im Rahmen von Universitäten oder im Auftrag des Bundesinstituts für Berufliche Bildung (BIBB) erstellt. Insgesamt stehen die Arbeiten in diesem Bereich meist in keinem Zusammenhang und erforschen das Feld nicht grundlegend, sondern mit spezifischer, meist auf Wirksamkeit ausgelegter Fragestellung.

Zur Frage der Wissensstrukturen und Kompetenzbedarfe liegen vielfältige Arbeiten vor, die jedoch teilweise einer empirischen Überprüfung nicht standhalten. So sind etwa die Analysen zu Wissensbedarfen unterschiedlicher Personengruppen oder in gesellschaftlichen Teilbereichen gelegentlich spekulativ. Die Beteiligung an Weiterbildungsangeboten ist gut dokumentiert durch das Berichtssystem Weiterbildung des BMBF, wo alle drei Jahre differenzierte Daten zum Weiterbildungsverhalten erhoben werden. In einer bundesweiten Delphi-Studie im Jahr 2000 wurden auch künftige Forschungs- und Entwicklungsaufgaben in der beruflichen Aus- und Weiterbildung identifiziert (zur Delphi-Methode vgl. Häder/Häder 2000).

Forschungserkenntnisse liegen vor bezüglich der Themen und Programme der Erwachsenenbildung und ihres – vermuteten – Bezuges zum Bildungsbedarf. Dabei kommen Ergebnisse aus qualitativen Inhaltsanalysen von Rahmenplänen, Leitprogrammen und Programmstrukturen von Bildungseinrichtungen zusammen mit statistischen Analysen und Auswertungen von Programmen (insbesondere aus dem Volkshochschulbereich) und Entwicklungen der Programmstruktur. Den Einrichtungen dienen die Daten zur Programmplanung; im übergeordneten Kontext geht es um regionale Bildungsplanung und Monitoring (vgl. Feller 2006).

Deutlich verbessert haben sich Forschungserkenntnisse in Bezug auf professionelles Handeln, in einer verstärkten reflexiven Zuwendung der Profession auf ihre eigenen individuellen wie institutionellen Arbeitsbedingungen und Lernvoraussetzungen (vgl. DIE 2008). So liegen im Zusammenhang mit der veränderten Lehrrolle Studien zur Ausbildung und Funktion von Lehrenden, selbstreflexive Analysen und Beobachtungen von Lehr-Lernprozessen mit Akzent auf die Lehrenden vor. „Die Krise des Lehrens bewegt die pädagogische Profession dazu, selbst Lernende zu werden und danach zu fragen, wie selbstorganisiertes Lernen sich vollzieht" (Kade 1999, S. 355). Im Rahmen der europaweiten Vergleichbarkeit von Professionsprofilen wurden mehrere Forschungsvorhaben initiiert (vgl. Nuissl/Lattke 2008).

Viele Untersuchungen neuesten Datums beschäftigen sich mit den veränderten Tätigkeitsfeldern in der Weiterbildung. Fragen des Bildungsmanagements, der Bildungsplanung, der Bildungsberatung, des Umgangs mit Medien, des Marketings und der Wirtschaftlichkeit sind Gegenstand ebenso von Forschung wie auch von Fortbildung. Zur Erfassung von Zahl und Ausbildungshintergrund von Beschäftigten in der Erwachsenenbildung werden ebenfalls Untersuchungen vorgenommen (vgl. DIE 2008).

Die Institutionenforschung, traditionelles Stiefkind der Forschung in der Weiterbildung, hat in den letzten Jahren Aufschwung genommen. Sie konzentriert sich insbesondere auf diejenigen Institutionen, die einem verstärkten Veränderungsprozess unterliegen, dabei vor allem Volkshochschulen und Einrichtungen mit bislang hauptsächlich öffentlicher Förderung. Mit dem wbMonitor wurde 2001 ein Instrument entwickelt, das Anbieter und ihre Leistungen erfasst, so dass durch diese Anbieterstatistik weitere Aussagen getroffen werden können (vgl. Gnahs 2009).

Auch wurden verstärkt Untersuchungen über das Beziehungsgefüge von Institutionen, die Weiterbildung anbieten und realisieren, vorgenommen. So liegen Analysen über kommunale und regionale Strukturen von Anbietern, Kooperationen und Konkurrenzen vor.

Im Bereich von System und Politik zeichnet sich die Weiterbildung – wie andere gesellschaftliche Bereiche auch – durch eine Zunahme von Evaluationsaktivitäten aus. Evaluationen einzelner Einrichtungen, kommunaler und regionaler Strukturen mit dem Ziel der Politikberatung haben stark zugenommen. Auch Untersuchungen zu Fragen der Finanzierung, der Informationssysteme und der Unterstützungsleistungen (Support) sind unternommen worden.

Ein großes Defizit besteht bezüglich der Konsequenzen, die aus dem Prinzip des lebenslangen Lernens für die Veränderung der Weiterbildung zu ziehen sind. So unterliegen Fragen der Verhältnisse von allgemeiner und beruflicher Bildung und von Erstausbildung und Weiterbildung einer nur unzureichenden Erhellung.

Quer zu den Forschungsfeldern, die das „Forschungsmemorandum" ausweist, liegen Fragen der historischen Forschung sowie des Systemvergleichs, insbesondere im Kontext international organisierter Weiterbildungsforschung. Zur Geschichte der Weiterbildung liegen nur wenige Untersuchungen vor, auch die existierenden Dokumente und Materialien sind noch unzureichend aufbereitet.

Internationale Forschung unterliegt einer besonderen Erschwernis durch die vielfache Verflechtung der Weiterbildung mit den nationalen Gegebenheiten. Insofern sind viele Vorhaben der vergleichenden Erwachsenenbildungsforschung zuzuordnen. Sie beschäftigen sich vor allem mit Zielen, Strukturen, Methoden, Voraussetzungen und Konzeptionen von Erwachsenenbildung. Um im Rahmen der EU mit dem Ziel des Benchmarkings Kennzahlen zu generieren, beginnt die Arbeit z.B. damit, sich über die Definition von Begriffen zu einigen.

Ein neues, groß angelegtes internationales Forschungsfeld wird die Kompetenzmessung werden.

Der Trend zur Europäisierung der Datenerhebung spiegelt sich z.B. im Berichtssystem Weiterbildung (BSW), mit dem seit 1979 Daten zur Weiterbildungsbeteiligung in Deutschland erhoben werden. 2007 wurde erstmals parallel auch der Adult Education Survey (AES), ein europäisches Berichtskonzept, angewandt, um Daten europaweit vergleichbar zu machen.

Bei Forschungsvorhaben wird zukünftig die internationale Dimension zumindest mitgedacht werden müssen.

5 Resümee

Forschungen zur Weiterbildung zeichnen sich im Wesentlichen dadurch aus, dass sie der „Kleinforschung" zuzurechnen sind. Viele Forschungsarbeiten zur Weiterbildung erfolgen im Kontext akademischer Karrieren als Dissertationen und Habilitationen. Somit wird oft kritisch angemerkt, dass Einzelstudien meist zusammenhangslos nebeneinander existieren. Breiter angelegte empirische Untersuchungen gehören vielfach in den Kontext der Ressortforschung (sind also politikabhängig) und meist befristet und mit begrenztem Auftrag. Ein wesentlicher Forschungstyp in der Weiterbildung ist die wissenschaftliche Begleitung von Modellversuchen; sie unterliegt den jeweiligen Kontextbedingungen und weist meist engere Fragestellungen auf. Die europäisch beauftragte Forschung hat in den letzten Jahren zugenommen. Dabei geht es insbesondere um die Entwicklung von Kennzahlen, z.B. für Vergleiche oder die Messung von (nicht nur individuellen) Leistungen. Insofern wird Forschung heute oft mit dem Ziel des Monitoring verbunden. Dadurch wächst die Bedeutung von statistischen Arbeiten. Die materiellen und inhaltlichen Dimensionen der drei Leitstudien aus den 1960er und 1970er Jahren wurden in der Weiterbildung seitdem nicht mehr erreicht – dies gilt allerdings nur insofern, als es um die erziehungswissenschaftliche Forschung in der Weiterbildung geht. Naturwissenschaftliche Untersuchungen zum Lernen haben gänzlich andere Dimensionen.

Die Heterogenität des Gegenstandes und die Vielfalt der Methoden erschwert es, einen disziplinären Kern zu definieren. Folglich ist die Erwachsenenpädagogik als erziehungswissenschaftliche Teildisziplin seit ihrem Entstehen beeinflusst durch zentrifugale und zentripetale Kräfte (vgl. Gieseke/Meueler/Nuissl 1989), die eine Verständigung auf Forschungsparadigmen, Forschungstraditionen und Forschungsziele erschweren.

Mit der zunehmenden Bedeutung des Weiterbildungsbereichs im gesellschaftlichen Kontext erhöht sich auch das politische und wissenschaftliche Interesse an diesem Bereich. Es ist nicht auszuschließen, dass damit zukünftig auch mehr Forschungsmittel zur Verfügung stehen, mit denen definierte Forschungslücken behoben und vor allem eher grundlagenorientierte Forschungsziele verfolgt werden können. Dies ist jedoch im Wesentlichen abhängig von der perspektivischen Konsistenz der aktuellen Wertschätzung von Weiterbildung als gesellschaftlichem Standortfaktor.

Literatur

Apel, H./Kraft, S. (Hrsg.) (2003): Online lernen. Planung und Gestaltung netzbasierter Weiterbildung. Bielefeld: Bertelsmann.
Arnold, R./Gieseke, W./Nuissl, E. (Hrsg.) (1999): Erwachsenenpädagogik. Zur Konstitution eines Faches. Baltmannsweiler: Schneider-Verl. Hohengehren.
Arnold, R./Faulstich, P./Mader, W./Nuissl, E./Schlutz, E. (2000): Forschungsmemorandum für die Erwachsenen- und Weiterbildung. Frankfurt a.M: DIE.
Barz, H./Tippelt, R. (2007): Weiterbildung und soziale Milieus in Deutschland. Bielefeld: Bertelsmann.
Born, A. (1991): Geschichte der Erwachsenenbildungsforschung. Bad Heilbrunn: Klinkhardt.
Born, A. (1999[2]): Geschichte der Erwachsenenbildungsforschung. In: Tippelt, R. (Hrsg.): Handbuch der Erwachsenenbildung, Weiterbildung. Opladen: Leske + Budrich, S. 340-359.
Born, A. (2009[3]): Geschichte der Erwachsenenbildungsforschung. In: Tippelt, R. (Hrsg.): Handbuch der Erwachsenenbildung, Weiterbildung. Wiesbaden: VS Verlag.
Bos, W./Tarnai, C. (Hrsg.) (1996): Ergebnisse qualitativer und quantitativer empirischer pädagogischer Forschung. Münster: Waxmann.
Brüning, G./Kuwan, H. (2002): Benachteiligte und Bildungsferne – Empfehlungen für die Weiterbildung. Bielefeld: Bertelsmann.
Nuissl, E. (Hrsg.) (2008): Trends der Weiterbildung. DIE-Trendanalyse 2008. Bielefeld: Bertelsmann.
Deutscher Bildungsrat (1970): Empfehlungen der Bildungskommission. Strukturplan für das Bildungswesen. Stuttgart: Klett.
Ebert, G./Hester, W./Richter, K. (Hrsg.) (1986): Subjektorientiertes Lernen und Arbeiten. Ausdeutung einer Gruppeninteraktion. (Päd. Arbeitsstelle Dt. Volkshochschulverband). Frankfurt a.M: Deutscher Volkshochschul-Verband.
Europäischer Rat (2000): Schlussfolgerungen des Vorsitz. URL: www.europarl.europa.eu/summits/lis1_de.htm (05.11.08).
Feller, G. (2006): Berufliche Weiterbildung aus Anbietersicht mit dem wbmonitor. In: Feller, G. (Hrsg.), Weiterbildungsmonitoring ganz öffentlich. Entwicklungen und Instrumente zur Darstellung lebenslangen Lernens. Bielefeld: Bertelsmann, S. 103–123.
Freire, P. (1972): Pedagogy of the oppressed. New York.
Gieseke, W./Meueler, E./Nuissl, E. (Hrsg.) (1989): Zentrifugale und zentripetale Kräfte in der Disziplin Erwachsenenbildung. Heidelberg: Arbeitsgruppe für Empirische Bildungsforschung .
Gieseke, W./Meueler, E./Nuissl, E. (Hrsg.) (1992): Empirische Forschung zur Bildung Erwachsener, Tagung der Sektion Erwachsenenbildung der DGfE 1991 in Kaiserslautern. Frankfurt a.M: Pädagogische Arbeitsstelle, DVV.
Gieseke, W./Tietgens, H. (1981): Forschungsinnovation für die Praxis der Erwachsenenbildung. In: Pöggeler, F./Wolterhoff, B. (Hrsg.): Neue Theorien der Erwachsenenbildung. Stuttgart u.a.: Kohlhammer, S. 190–224.
Gnahs, D. (2009): Berichts- und Informationssysteme zur Weiterbildung und zum Lernen Erwachsener. In: Tippelt, R. (Hrsg.): Handbuch der Erwachsenenbildung/Weiterbildung. Opladen: Leske + Budrich.
Griese, H.M. (1994): Sozialisations- und Biographieforschung. In: GdW-Ph, Mai 1994 (8.50).
Häder, M./Häder S. (2000): Die Delphi-Technik in den Sozialwissenschaften. Methodische Forschungen und innovative Anwendungen. Wiesbaden: Westdeutscher. Verlag.
Holzapfel, G./Nuissl, E./Sutter, H. (1979[3]): Soziale Defizite in der Weiterbildung. Heidelberg: Esprint-Verl.
Kade, S. (1999[2]): Qualitative Erwachsenenbildungsforschung – Methoden und Ergebnisse. In: Tippelt, R. (Hrsg.): Handbuch der Erwachsenenbildung,Weiterbildung. Opladen: Leske + Budrich, S. 340–359.

Kade, J./Nittel, D. (1997): Biographieforschung. Mittel zur Erschließung von Bildungswelten Erwachsener. In: Friebertshäuser, B./Prengel, A. (Hrsg.): Handbuch qualitative Forschungsmethoden in der Erziehungswissenschaft. Weinheim/München: Juventa, S. 758–768.

Kuwan, H./Bilger, F./Gnahs, D./Seidel, S. (2006): Berichtssystem Weiterbildung IX. Integrierter Gesamtbericht zur Weiterbildungssituation in Deutschland, hrsg. vom Bundesministerium für Bildung, Wissenschaft, Forschung und Technologie. Bonn/Berlin: BMBF.

Mader, W. (Hrsg.) (1980): Forschungen zur Erwachsenenbildung, Tagung der Sektion Erwachsenenbildung der DGfE 1979 in Bremen: Bremen, Univ.

Mader, W. (1990): Adressatenforschung und Zielgruppenentwicklung. In: GdW-Ph, Dezember 1990 (8.40).

Nolda, S. (1997): Interaktionsanalysen in der Erwachsenenbildung. In: Friebertshäuser, B./Prengel, A. (Hrsg.): Handbuch qualitative Forschungsmethoden in der Erziehungswissenschaft. Weinheim; München: Juventa-Verl. S. 758-768.

Nuissl, E. (2006): Vom Lernen zum Lehren. Bielefeld: Bertelsmann.

Nuissl, E./Dobischat, R./Hagen, K./Tippelt, R. (Hrsg.) (2006): Regionale Bildungsnetze. Ergebnisse zur Halbzeit des Programms „Lernende Regionen - Förderung von Netzwerken". Bielefeld: Bertelsmann.

Nuissl, E. / Lattke, S. (2008): Qualifying adult learning professionals in Europe. Bielefeld: Berteslmann.

Pöggeler, F./Wolterhoff, B. (Hrsg.) (1981): Neue Theorien der Erwachsenenbildung. Stuttgart u.a.: Kohlhammer.

Röchner, M. (1987): Personspezifische Aspekte und Determinanten der Weiterbildungsteilnahme. Eine empirische Analyse eines multivarianten Modells. Frankfurt a. M.: Lang.

Schlutz, E./Siebert, H. (Hrsg.) (1986): Stand und Aufgaben der empirischen Forschung zur Erwachsenenbildung, Tagung der Sektion Erwachsenenbildung der DGfE 1985 in Bremen. Bremen: Universitätsdruck.

Siebert, H. (Hrsg.) (1979): Taschenbuch der Weiterbildungsforschung. Baltmannsweiler: Burgbücherei Schneider.

Siebert, H. (1981): Theorie und Praxis der Handlungsforschung in der Erwachsenenbildung. In: Pöggeler, F./Wolterhoff, B. (Hrsg.): Neue Theorien der Erwachsenenbildung. Stuttgart u.a.: Kohlhammer, S. 161–175.

Siebert, H. (1998): Entwicklungen und Paradigmen der Erwachsenenbildungsforschung. In: GdW-Ph, Dezember 1998 (8.10).

Siebert, H. (2001): Neue Forschungen zum Lernen Erwachsener. Schriften der Arbeitsstelle „Neue Lernkulturen". Hannover: Universität.

Siebert, H./Dahms, W./Karl, C. (1982): Lernen und Lernprobleme in der Erwachsenenbildung. Paderborn: Schöningh.

Siebert, H./Gerl, H. (1975): Lehr- und Lernverhalten bei Erwachsenen. Braunschweig: Westermann.

Stern, E. (2006): Was Hänschen nicht lernt, lernt Hans hinterher. Der Erwerb geistiger Kompetenzen bei Kindern und Erwachsenen aus kognitionspsychologischer Sicht. In: Nuissl, E (Hrsg.): Vom Lernen zum Lehren. Bielefeld: Bertelsmann, S. 93-105.

Strzelewicz, W./Raapke, H.-D./Schulenberg, W. (1966): Bildung und gesellschaftliches Bewußtsein. Stuttgart: Enke.

Tietgens, H. (1990): Die Relevanz der Sozialwissenschaften für die Erwachsenenbildung. Kommentare zu einer empirischen Studie. Frankfurt a.M.: Pädagogische Arbeitsstelle, DVV.

Tietgens, H. (1999): Geschichtsforschung. In: GdW-Ph, Mai 1999 (8.20).

Tippelt, R. (Hrsg.) (20093): Handbuch der Erwachsenenbildung,Weiterbildung. üb. u. erw. Aufl.. Opladen: Leske + Budrich.

Tippelt. R./Schmidt, B. (2006): Zur beruflichen Weiterbildungs- und Erwachsenenbildungsforschung: Forschungsthemen und Trends. In: Kraul, M./Merkens, H./Tippelt, R. (Hrsg.): Datenreport Erziehungswissenschaft 2006. Wiesbaden: VS Verlag, S. 81–100.

Weidenmann, B. (1989): Ambivalenzen empirisch-analytischer Weiterbildungsforschung. In: Gieseke, W./Meueler, E./Nuissl, E. (Hrsg.): Zentrifugale und zentripetale Kräfte in der Disziplin Erwachsenenbildung. Heidelberg: Arbeitsgruppe für Empirische Bildungsforschung, S. 68–112.

Weinberg, J. (2000): Einführung in das Studium der Erwachsenenbildung. Bad Heilbrunn: Klinkhardt.

Ulrich Teichler

Hochschulen: Die Verknüpfung von Bildung und Forschung

1 Einleitung

1.1 Themengebiete

Hochschulsysteme lassen sich, so zeigt eine Bilanz des Standes der Hochschulforschung (Teichler 2005c, S. 450 f.), unter vier Aspekten beschreiben:

- *Themen der quantitativ-strukturellen Analyse* sind vor allem der Zugang und die Zulassung zum Studium, die quantitative Entwicklung des Hochschulwesens, Hochschul- und Studiengangarten, Art und Ausmaß der strukturellen Differenzierung, Studienweg und -erfolg sowie die Beziehungen von Studium und Beruf.
- Zu den *wissenssystem- und fachbezogenen Themen* der Hochschulforschung gehören die institutionelle Ansiedlung der Forschung, die Beziehungen von Forschung und Lehre, die disziplinäre bzw. disziplinübergreifende Strukturierung, das Verhältnis von allgemeiner oder fachlicher Orientierung der Lehre, die wissenschaftliche bzw. berufliche Akzentuierung der Studienangebote und die berufliche Nutzung der im Studium erworbenen Qualifikationen.
- *Personen- und lehr-lern-prozessbezogene Analysen* behandeln die Vorstellungen der Verhaltensweisen der Studierenden, die beratenden und unterstützenden Angebote der Hochschulen, die Kommunikation zwischen Lehrenden und Lernenden, die Lehr-, Lern- und Prüfungsstile sowie die Situation und das Selbstverständnis des Hochschullehrerberufs.
- Zu den wichtigsten *Themen der Organisation der Hochschulen und der Steuerung des Hochschulsystems* schließlich gehören das Verhältnis von Hochschule, Staat und Gesellschaft, die Hochschulplanung und -politik, die innere Organisation und die Organisationskultur der Hochschule, Entscheidungsstrukturen und Managementstile sowie die Finanzierung der Hochschulen und deren Mittelverwendung.

1.2 Charakteristika des deutschen Hochschulwesens im Vergleich

Obwohl die Hochschulen zu den Organisationen gehören, die in Kernbereichen ihrer Aktivitäten gewohnt sind, nationale Grenzen zu überschreiten, sind sie doch von Land zu Land höchst unterschiedlich. Das deutsche Hochschulwesen lässt sich im internationalen Vergleich mit vier Grundzügen charakterisieren (vgl. Teichler 1990b, S. 11ff.), selbst wenn einige Reformen seit den 1990er Jahren an diesen gewachsenen Charakteristika rütteln.

Als international bekanntes, historisch gewachsenes Charakteristikum ist die *starke Wissenschaftsorientierung der Universitäten* in Deutschland hervorzuheben. Das Prinzip der „Einheit von Forschung und Lehre", wie es Wilhelm von Humboldt für die Berliner Universität zu Beginn des 19. Jahrhunderts hervorgehoben hatte, lebt darin fort, dass alle Universitätsprofessoren zugleich in Forschung und Lehre tätig sind und dass in der Finanzierung der Hochschulen die Forschungstätigkeit für alle Professoren grundlegend abgesichert sein soll. Dieses Grundverständnis hat zur Folge, dass Lehre weitgehend als Transmission von Wissenschaft bzw. als Diskurs mit relativ mündigen jüngeren Partnern in einer „Gemeinschaft der Lehrenden und Lernenden" verstanden wird, ohne dass dabei den Lehr- und Lernprozessen sehr große Aufmerksamkeit geschenkt und eine erzieherische Verantwortung der Lehrenden für Lernerfolge und Persönlichkeitsentwicklung der Studierenden betont wird.

Nicht weniger wichtig ist das zweite Charakteristikum, dass *die einzelnen Universitäten als mehr oder weniger gleich in der Qualität* gelten. Dies wird unterstrichen durch ein weitgehend einheitliches Zulassungssystem und durch eine hochschul- und länderübergreifende Koordination der Studiengänge, die einen Wechsel der Studierenden zwischen den Hochschulen leicht macht. Auch die Finanzierung der Hochschulen sowie verschiedene Regelungen zur Hochschullehrerkarriere – z.B. das so genannte „Hausberufungsverbot", das Mobilität bei der Erstberufung auf eine Professur zur Regel macht und das Recht der Professoren, im Falle weiterer Berufungen über Gehalt und gegebenenfalls andere Ressourcen zu verhandeln – stellen ein Gegengewicht gegen eine Stratifizierung der Universitäten nach wissenschaftlicher Reputation oder anderen Kriterien dar. So erfolgt eine sichtbare Differenzierung in Deutschland bisher primär über eine Gliederung nach Hochschularten (insbesondere nach Universitäten und Fachhochschulen), während Profilbildung einzelner Hochschulen nur begrenzt ermutigt wird, besondere Finanzierung nach Qualitätsgesichtspunkten im internationalen Vergleich relativ bescheiden ist und eine unterdurchschnittliche Qualität einer Hochschule und eines Fachbereichs als Zeichen des Versagens gilt.

Nicht so häufig wird in systematischen Überblicken zum deutschen Hochschulwesen ein drittes Charakteristikum genannt: *Studiengänge* sollen *im Prinzip berufsqualifizierend* sein und führen in der Tat zumeist auf spezifische Berufsbereiche zu. Eine Ausnahme im internationalen Vergleich bilden die deutschen Hochschulen insofern, als in manchen Fächern (insbesondere Medizin, Jura, Lehrerbildung und Sozialwesen) kein durch die Hochschule zertifizierter Studienabschluss üblich ist, sondern das Studium mit einer Staatsprüfung endet. Die Vorstellung, dass mit der Wahl eines Fachs bei Studienbeginn weitgehend eine Berufswahl getroffen wird, ist in Deutschland so sehr verbreitet, dass die Diskussion über die quantitative Passung von Absolventenzahlen und Arbeitskräftebedarf seit den 1970er Jahren eine sehr große Rolle spielte. Das unterstreicht auch die Tatsache, dass das Recht der Abiturienten, ein Hochschulstudium aufzunehmen, seitens des Bundesverfassungsgerichts als Komponente der verfassungsrechtlich geschützten „Freiheit der Berufswahl" interpretiert wird.

Als ein viertes Charakteristikum – obwohl dies auch für einige andere kontinentaleuropäische Länder gilt – ist der *hohe Einfluss des Staates auf die Hochschulen* zu nennen. Zur staatlichen Rolle gehört traditionell dazu, das Hochschulsystem planend-vorsorgend zu gestalten, Rahmenbedingungen für die institutionellen Strukturen und Studiengänge zu setzen, die Verwaltung zu beaufsichtigen und – eine besondere deutsche Regelung – die neu zu berufenden Hochschullehrer aus Vorschlagslisten der Hochschulen auszuwählen. Die Hochschulen haben zwar institutionelle Autonomie in einer Fülle organisatorischer Entscheidungen, und den Hochschullehrern wird wissenschaftliche Freiheit sogar durch die Verfassung garantiert. Die mitgestaltende Funktion des Staates durchdrang jedoch alle Bereiche des Hochschulwesens zumindest bis in die 90er Jahre hinein; dann gewann allmählich die Vorstellung an Gewicht, dass die strategischen Gestaltungsspielräume der Hochschulen wachsen sollten.

2 Zum Stand der Hochschulforschung

2.1 Fließende Übergänge zwischen Forschung und Reflexion der Praktiker

Das Hochschulsystem ist in allen Industriegesellschaften Gegenstand ausführlicher öffentlicher Diskussion. Jedoch sind die vorherrschenden Einschätzungen selten wissenschaftlich abgesichert. In vielen Ländern findet Forschung über Hochschulfragen in nur sehr begrenztem Umfange statt.

Als eine Erklärung dafür gilt, dass bei Betrachtungen des Hochschulwesens nur ein relativ geringer Abstand zwischen den Leistungen der Forschung und dem Räsonnieren der Laien zu erkennen ist. Es gibt wohl kein anderes Forschungsgebiet, in dem die Akteure – hier die Wissenschaftler an den Hochschulen – ihre Praxis in einer so komplexen Weise erfassen können, dass der Vorsprung durch wissenschaftliche Systematik und detaillierte Objektkenntnis seitens der Forschung nur gering erscheint.

2.2 Die institutionelle Basis der Hochschulforschung

In Übersichten zur Bildungsforschung wird gewöhnlich Hochschulforschung als ein Teilbereich genannt, und quantitative Analysen in diesem Kontext belegen, dass Hochschulforschung etwa 10% der *Bildungsforschung* ausmacht. Tatsächlich schließen zwar viele Analysen des Bildungssystems die Hochschulen als die tertiäre Stufe ein, aber nur in sehr wenigen Ländern – besonders ausgeprägt in den USA, wo es zahlreiche Master- und Doktorprogramme in „higher education" gibt – ist das Hochschulwesen ein zentraler Gegenstand von Forschung und Lehre an erziehungswissenschaftlichen Fakultäten.

Während sich in manchen Ländern beachtliche Ansätze aus Hochschulforschung entwickelt haben, gibt es in anderen Ländern nur rudimentäre Aktivitäten. Verbreitet ist Hochschulforschung in den USA, Australien und China, dagegen gibt es in den meisten südosteuropäischen und Entwicklungsländern nur gelegentliche Einzelstudien (vgl. Sadlak/Altbach 1997).

Die institutionelle Basis der Hochschulforschung ist äußerst heterogen (vgl. Schwarz/Teichler 2000). Wissenschaftler an Universitäten wählen Hochschulfragen – gelegentlich oder dauerhaft – in sehr verschiedenen Disziplinen zum Thema ihrer Analysen: insbesondere in Geschichtswissenschaft, Jura, Wirtschaftswissenschaften, Soziologie, Politischer Wissenschaft, Psychologie und Pädagogik (vgl. Becher 1992). Hinzu kommen gegenstandsbezogene, disziplinübergreifende Schwerpunktbereiche der Forschung, die die Hochschulen thematisch einbeziehen, so z.B. die Organisationsforschung oder die Geschlechterforschung. An einzelnen Hochschulen bestehen gesonderte interdisziplinäre Einheiten der Hochschulforschung. Innerhalb von Verwaltungen wird nicht selten Hochschulforschung en passant betrieben oder in besonderen Einheiten – in den USA als „institutional research" bezeichnet – konzentriert. Manche Hochschulen haben Service-Einrichtungen (z.B. der Hochschuldidaktik), die auch Forschungsaufgaben wahrnehmen. Daneben gibt es Hochschulforschung in Staatsinstituten und anderen staatsnahen Instanzen, die planungs- und politikrelevante systematische Informationen bereitzustellen haben (zur Situation in Deutschland vgl. Oehler/Webler 1988; Over 1988; Teichler 2003b). Häufig wird kritisiert, dass die drei verschiedenen Bereiche der Hochschulforschung wenig miteinander kommunizieren und ihre Ergebnisse gegenseitig kaum zur Kenntnis nehmen.

Schließlich ist festzustellen, dass die Hochschulforschung (zu neueren Themen siehe Kehm 2008) in den meisten Fällen eher auf die Bildungsfunktion der Hochschulen blickt. Die Forschungsfunktion der Hochschulen ist dagegen vor allem Gegenstand der *Wissenschaftsforschung*, die traditionell zur Hochschulforschung kaum in Beziehung steht.

3 Entwicklungen des Hochschulwesens und der Hochschulpolitik in der Bundesrepublik Deutschland

3.1 Konsolidierung der Traditionen in der Nachkriegszeit

In vielen Darstellungen der Entwicklung nach dem Zweiten Weltkrieg (siehe z.B. Huber 1983; Peisert/Framhein 1990; Teichler 1990b; Oehler 1998; Kehm 1999; siehe auch Mayer/Daniel/ Teichler 2003; Kehm/Mayer/Teichler 2008) wird deutlich, dass das Hochschulwesen in der Bundesrepublik Deutschland als *„Problem"* wahrgenommen wird. Wie in anderen Ländern löst es Unruhe aus, dass traditionelle Selbstverständlichkeiten im Zuge der Hochschulexpansion erodieren, dass das Hochschulsystem durch Programmatiken und gezielte Maßnahmen systematisch schwer zu gestalten ist und dass eine große Unsicherheit in der Einschätzung des langfristigen Funktionswandels der Hochschulen besteht; dabei ist die Vorstellung verbreitet, dass die Bedeutung der Hochschulen auf dem Weg zu einer Wissensgesellschaft im Prinzip wächst, die Hochschulen auf diese Entwicklung aber nicht gut vorbereitet sind.

Nach dem Zweiten Weltkrieg kam es zu intensiven Diskussionen darüber, ob angesichts der weitgehenden Anpassung der Universitäten an die Nazi-Herrschaft und angesichts vieler technischer und gesellschaftlicher Veränderungen, die sich in den vorangehenden Jahrzehnten ergeben hatten, grundlegende Hochschulreformen erforderlich seien. Bereits Ende der 40er Jahre setzte sich jedoch die Überzeugung durch, die deutsche Universität sei, wenn die vor 1933 geltenden Grundsätze wieder in Kraft gesetzt würden, „im Kern gesund". So standen im ersten Jahrzehnt nach Kriegsende *Bemühungen um den „Wiederaufbau"* der Zielsetzungen und der Organisation, um die Beseitigung der baulichen Zerstörungen und die Einstellung von qualifizierten Wissenschaftlern im Vordergrund.

Um politische Interventionen des Staates in Grenzen zu halten, wurde die *Freiheit der Wissenschaft* in der Verfassung verankert; tatsächlich erhielten die Professoren in den 1950er und 1960er Jahren ein Ausmaß an wissenschaftlicher Freiheit und Einfluss auf die Gestaltung der Hochschulen wie nie zuvor. Zugleich entstand jedoch ein verzweigtes Netz von Instanzen des Staates, der Öffentlichkeit und der Wissenschaft zur Koordination des Hochschulwesens.

3.2 Expansion, Proteste, Reformen

Die *quantitative Expansion* des Hochschulwesens in der Bundesrepublik Deutschland erfuhr im Laufe der 1960er Jahre eine Beschleunigung; dabei standen baulicher und personeller Ausbau – insbesondere die Schaffung von Wissenschaftler-Stellen „unterhalb" der Professoren – im Mittelpunkt. Die Befürchtung, dass Deutschland ohne Ausbau der weiterführenden Bildung wirtschaftlich zurückfallen könnte, und die steigende Wertschätzung von Bildungschancen als Beitrag zur sozialen Gerechtigkeit trugen zu einer wachsenden Bereitschaft bei, mehr Jugendlichen ein Hochschulstudium zu ermöglichen.

In diesem Kontext wurde eine große Zahl *neuer Universitäten* gegründet, um eine breite regionale Versorgung mit Studienplätzen zu sichern. Zugleich setzte sich die Überzeugung durch, dass nur eine Neustrukturierung des Hochschulwesens der wachsenden Vielfalt der Motive, Befähigungen und Berufsperspektiven der zunehmenden Zahl der Studierenden gerecht werde und finanzierbar sei. So wurden Ingenieurschulen und höhere Fachschulen ab 1970 zu einem zweiten Hochschultyp, den *Fachhochschulen*, aufgewertet. In einigen Fällen wurden *Gesamthochschulen* etabliert, die die Qualifizierungsziele der beiden Hochschultypen verbinden und gestufte Studiengänge und -abschlüsse anbieten sollten.

Bevor die Maßnahmen zum Ausbau des Hochschulwesens voll zum Tragen gekommen waren, veränderten die *studentischen Proteste* insbesondere in den Jahren 1967 und 1968 die politische Landschaft. Die Kritik an mangelnder gesellschaftlicher Relevanz von Forschung, Lehre und Studium oder deren Ausrichtung an „Kapitalinteressen" sowie der Protest gegen die „Ordinarien-Universität" betrafen zunächst primär die Inhalte von Wissenschaft. Sehr bald lösten sie jedoch *Debatten über organisatorische Probleme* der Hochschulen aus, in deren Folge um 1970 große Veränderungen vorgenommen wurden.

So erhielten der wissenschaftliche Nachwuchs, die Studierenden und die sonstigen Bediensteten Stimmrechte in den Hochschulgremien („Gruppenuniversität"). Die akademische Selbstverwaltung und die allgemeine Verwaltung der Hochschulen wurden unter gestärkten Rechten von Rektoren bzw. Präsidenten zusammengeführt. Auch wurde die Personalstruktur verändert, um Karrierewege bis zum Erreichen der Professur oder einer anderen dauerhaften Position zu verkürzen. Schließlich erfuhren Lehre und Studium große Veränderungen: Institutionalisierte Beratungsangebote und didaktische Hilfen wurden ausgebaut; Vorschriften im Hinblick auf zu belegende Lehrveranstaltungen und zu bewältigende Prüfungen wurden dichter.

3.3 Implementation, Stagnation, Revision?

Die kurze Phase weitreichender Reformen kam bereits in den frühen 1970er Jahren zum *Stocken*, als die staatlichen Instanzen sich nicht mehr über Ausbauziele einigen konnten, die Professoren sich auf dem Klagewege Mehrheiten in den Gremien sicherten und die Pläne zur weitgehenden Umwandlung der institutionellen Struktur des Hochschulwesens nicht weiter verfolgt wurden. In den Mittelpunkt der hochschulpolitischen Debatten gerieten die Fragen, ob die Zahl der Studierenden zu stark wachse und unter welchen Bedingungen Zulassungsbeschränkungen an den Hochschulen vorgenommen werden sollten. Wachsende wirtschaftliche Probleme gaben dem Argument Auftrieb, dass die Hochschulexpansion die *Beschäftigungsprobleme* von Hochschulabsolventen gravierend erhöhe („akademisches Proletariat") und andere Beschäftigtengruppen in Mitleidenschaft ziehe („Verdrängungswettbewerb"). Andererseits entschied das Bundesverfassungsgericht, dass bedarfslenkende Zulassungsbeschränkung nur in besonderen Fällen legitim sei.

Sehr bald darauf zogen *demographische Probleme* die hochschulpolitische Aufmerksamkeit auf sich. Da ein Ausbau der Hochschulen entsprechend der vor dem Studium stehenden geburtenstarken Jahrgänge nicht finanzierbar erschien, ein Verzicht darauf aber eine als unerträglich empfundene intergenerative Chancenungleichheit zur Folge habe, verständigten sich Staat und Hochschulen im Jahre 1977 auf eine „Öffnung der Hochschulen": Über ein Jahrzehnt lang sollten die Hochschulen mehr Studierende aufnehmen, als dies ressourciell angemessen erschien.

In den *1980er Jahren* standen die Reformen der vorangehenden Epoche auf dem Prüfstand. In Gesetzesnovellierungen wurden unter anderem die Position der Hochschullehrer gestärkt, Voraussetzungen für eine vermehrte Beschäftigung jüngerer Wissenschaftler auf befristeten

Stellen geschaffen und die Pläne zur Regelintegration von Universitäten und Fachhochschulen zu Gesamthochschulen endgültig ad acta gelegt. *Kompromisse* wurden realisiert, die weder die Anhänger noch die Gegner der vorangehenden Reformen voll befriedigen konnten.

Größte hochschulpolitische Aufmerksamkeit erregte in den 1980er Jahren die *zunehmende durchschnittliche Dauer des Studiums*, die an Universitäten sieben Jahre erreichte. Generell wurde dies als Zeichen mangelnder Effektivität der Hochschulen interpretiert, was für die Studierenden zum Nachteil auf dem Arbeitsmarkt führen würde. Offen blieb jedoch, inwieweit die Studienzeitverlängerung durch die Angebote der Hochschule verursacht bzw. Folge von veränderten Studienmotiven und -verhaltensweisen (z.B. Zunahme von Teilzeitstudium) war, wie stark ihr Einhalt geboten werden sollte und was überzeugende Gegenmaßnahmen seien.

Mit dem Ende der deutschen Teilung setzte im Jahre 1990 zunächst eine Diskussion ein, ob die Vereinigung Neubesinnung und Reformen im Westen nahe lege (vgl. Buck-Bechler/Schaefer/Wagemann 1997). Tatsächlich scheinen sich jedoch nach Einschätzung vieler Experten (vgl. dazu Mayntz 1994) in den *neuen Ländern* überwiegend die Strukturen und Organisationsmerkmale der alten Bundesrepublik Deutschland durchgesetzt zu haben; auch für Lehre und Studium hatten die Gewohnheiten des Westens eine große Prägkraft, wenn auch nicht unwesentliche Unterschiede erhalten blieben (vgl. Bargel/Ramm/Multrus 1999).

3.4 Neue Themen

Seit Mitte der 1990er Jahre wurden so viele Aspekte des Hochschulsystems nicht nur Gegenstand eingehender hochschulpolitischer Diskussionen, sondern auch in vielen Fällen Ziel weit reichender Veränderungsschritte:

- Der quantitativ-strukturelle Wandel ist insbesondere von der Einführung gestufter Studiengänge und -abschlüsse und von Maßnahmen zur stärkeren Heraushebung der Qualitäts- und Reputationsspitze, gekennzeichnet (siehe dazu Teichler 2005a, b). Hinzu kommt mit der „Exzellenz-Initiative" seit 2007 ein Anreizsystem, das die Qualitätsdifferenzen zwischen den Universitäten in der Forschung zu vergrößern intendiert.
- Das System der Steuerung des Hochschulsystems und der Entscheidungsstrukturen an Hochschulen verändert sich vor allem durch die Stärkung des institutionellen Managements und die Einführung vielfältiger Evaluations- und Anreizmechanismen (siehe dazu Ziegele 2002; Kehm/Lanzendorf 2005).
- „Internationalisierung" erwies sich als weiteres Hauptthema von Reformen, wobei die Zunahme von Mobilität und Kooperation das sichtbarste Zeichen des Wandels ist. „Internationalisierung" wird daneben als Anlass genannt, um Reformen der Strukturen des Hochschulsystems und seiner Steuerung voranzutreiben (siehe Hahn 2004; Teichler 2007b).

Weitere Themen lassen sich benennen, die große Aufmerksamkeit in der öffentlichen Diskussion genießen und in denen Maßnahmen für weit reichende Veränderungen ergriffen wurden. So sind zum Beispiel die Situation des wissenschaftlichen Nachwuchses und des Hochschullehrerberufs insgesamt (vgl. Enders 2005; Janson/Schomburg/Teichler 2007; Bundesministerium für Bildung und Forschung 2008). Die Einführung der Junior-Professur und die Etablierung eines stärker leistungsbezogenen Besoldungssystems für Hochschullehrer lassen sich als markante Maßnahmen nennen. Unter den Veränderungen in der studentischen Lebenssituation wurden mit größter Aufmerksamkeit die Einführungen von Studiengebühren in einigen Ländern der Bundesrepublik Deutschlands zur Kenntnis genommen. Nicht zuletzt die Rolle von Frauen in Hochschule und Wissenschaft blieb trotz der Zunahme ihrer Chancen ein immer wieder aufgeworfenes, kontroverses Thema (siehe Zimmer/Krimmer/Stallmann 2007; Zimmermann/Kamphans/Metz-Göckel 2008).

Hochschulzugang und -zulassung gerieten allmählich in Bewegung (siehe dazu die Diskussion der Konzeptionen in Lewin/Lischka 2004), weil die Möglichkeiten für die einzelnen Hochschulen zunehmen, ihre Studierende nach besonderen Kriterien auszuwählen, und weil die Suche nach Lösungen verstärkt wurde, Berufserfahrenen ohne Abitur Zugangswege zu eröffnen. Weiterbildungsaktivitäten an Hochschulen nehmen zu, ohne dass die Hochschulen bereits auf dem Weg zu „Lebenslangem Lernen" gesehen werden (siehe z.B. Hanft/Knust 2007).

4 Steuerung und Management der Hochschulen

4.1 Die starke Rolle des Staates

Deutschland gilt als eines der Länder, in denen die Entwicklung des Hochschulwesens nicht ohne eingehenden Rekurs auf das Verhältnis von Hochschule und Staat beschrieben werden kann. Die Grundzüge der modernen Universität bildeten sich zu einer Zeit heraus, als sie vorwiegend für staatliche bzw. staatlich koordinierte Bereiche der Beschäftigung qualifizierte. Zugleich etablierte das humboldtsche Konzept der Universität, das bis heute noch prägende Wirkung hat, eine spannungsreiche Aufgabe des Staates, die von der detaillierten Lenkung des Verwaltungsgeschehens bis zur Schutzfunktion der wissenschaftlichen Freiheit reicht.

In allen modernen Gesellschaften wird ein hohes Maß an Autonomie der Hochschulen und an wissenschaftlicher Freiheit der Lehrenden und Forschenden für wünschenswert gehalten, um dem Element der Unvorhersehbarkeit des wissenschaftlichen Fortschritts Rechnung tragen zu können und um die Hochschulabsolventen auf Elemente der Unbestimmbarkeit ihrer beruflichen Aufgaben vorzubereiten. Die humboldtsche Idee der Universität gilt als ein historischer Meilenstein zur Begründung einer solchen Akzentsetzung der modernen Universitäten, und die Freiheit der Wissenschaft ist in der Bundesrepublik Deutschland gesetzlich besonders eindrücklich verankert. Dennoch wird Deutschland im internationalen Vergleich als ein Land gesehen, in dem die steuernden Aktivitäten des Staates auf das Hochschulwesen traditionell relativ stark ausgeprägt sind.

4.2 Wandel der Beziehungen von Staat und Hochschule

Unmittelbar nach dem Zweiten Weltkrieg wurden – in Reaktion auf die Erfahrungen während der nationalsozialistischen Herrschaft – die *Freiheit der Wissenschaft* und die *Autonomie der Hochschule im Rahmen einer starken Aufsichtsfunktion des Staates* stark betont. Bis in die 1960er Jahre hinein war das Beziehungsklima von Hochschule und Staat davon geprägt.

Bedeutsam ist für die Entwicklung von Hochschule und Staat, dass ein *föderatives System* mit starken Koordinationselementen entstand – eine im Vergleich der föderativen Systeme mittlere Lösung zwischen einer weitgehenden Zentralität der Hochschulkoordination z.B. in Österreich und Australien auf der einen Seite und einer völligen Dezentralität z.B. in Kanada auf der anderen Seite (vgl. Brown/Cazalis/Jasmin 1992). In der bundesdeutschen Verfassung wurde die staatliche Aufsicht über die Hochschulen der Kulturhoheit der Länder zugeschrieben und somit dem Prinzip der kulturellen Vielfalt zugeordnet. Mit dem Verfassungspostulat der „Einheitlichkeit der Lebensverhältnisse" war jedoch Kooperation zur Bestimmung notwendiger Koordination unerlässlich. Die Entstehung der Kultusministerkonferenz und der Westdeutschen Rektorenkonferenz waren noch vom Zeitgeist des „dezentralen Wiederaufbaus" geprägt; sehr bald setzte jedoch eine Entwicklung des „kooperativen Föderalismus" (Peisert/Framhein 1990, S. 4ff.) ein: In den 1950er Jahren wurde die Studienförderung und die Wissenschaftsförderung als gemeinsame Aufgabe von Bund und Ländern etabliert. 1957 wurde der Wissenschaftsrat gegründet, der sich zu einer wichtigen hochschulpolitischen Abstimmungsarena zwischen Staat, Öffentlichkeit und Hochschulen sowie zwischen verschiedenen staatlichen Instanzen in Bund und Ländern entwickelte.

Die Expansion in der Zahl der Studierenden und im Ausmaß der Forschungsaktivitäten führte in den 50er Jahren in allen Industriegesellschaften zu einer Stärkung der staatlichen Rolle in der *Koordination und Sicherung der gesellschaftlichen Relevanz der Hochschulen*. 1969 wurde das Grundgesetz geändert, um die „Gemeinschaftsaufgaben" von Bund und Ländern auszubauen. Nicht nur die Kooperation für die Forschungsförderung, den Hochschulbau und die quantitative Hochschulplanung wurden ausgebaut, sondern es wurde auch ein bundesweiter Rahmen für Grundsätze und Organisation des Hochschulwesens unter Beteiligung des Bundes etabliert (zur Rolle des Bundes siehe Weingart/Taubert 2006). Das nach langjähriger Beratung 1976 in Kraft getretene Hochschulrahmengesetz sah Regelungen für die Hochschulorganisation und -verwaltung, die Zulassung und Studienreform, die Personalstruktur und die Mitwirkung der Hochschulmitglieder in den Gremien der Hochschule vor, die in die Ländergesetze aufzunehmen waren.

Zu Beginn des 21. Jahrhunderts setzte eine Entflechtung der gemeinsamen Entscheidungen von Bund und Ländern ein. In diesem Kontext wurde beschlossen, das Hochschulrahmengesetz abzuschaffen, die Koordinationsfunktion des Bundes weitgehend aufzulösen und die Rolle der einzelnen Länder als Koordinationsinstanzen zu stärken.

4.3 Neuere Steuerungsansätze

Die Veränderungen der 1960er Jahre waren zweifellos in zweierlei Richtungen erfolgreich gewesen. Sie bildeten gegenüber der primären Finanzierungs- und Aufsichtsfunktion der Länder ein relativ starkes Gegengewicht zugunsten einer *„Einheitlichkeit der Lebensverhältnisse"*. Auch veranlassten sie die zentralen Akteure im Hochschulwesen, dauerhaft bewusst nach einer Balance zwischen *Autonomie und Freiheit einerseits und gesellschaftlichen Relevanzansprüchen andererseits* zu suchen.

Das so entstandene System der Steuerung des Hochschulwesens wurde in der öffentlichen hochschulpolitischen Diskussion jedoch überwiegend negativ bewertet. Erstens erschienen die Abstimmungsprozesse als äußerst umständlich, wenn der hochschulpolitische Konsens gering war. Zweitens wurde deutlich, dass viele Instrumentarien zwar effektiv für die Vergabe steigender Mittel sein mochten, aber ihre Steuerungskraft im Falle von finanzieller Stagnation verloren. Drittens nahm das Vertrauen in die Weisheit staatlicher Steuerung allgemein ab, während die Erwartungen an marktregulierende Kräfte stiegen. Viertens sank auch das Vertrauen, dass die wissenschaftliche Profession ihre Freiheit verantwortlich nutze.

Die staatlichen Instanzen in der Bundesrepublik Deutschland traten nicht umstandslos den Rückzug aus einer stark gestaltenden und intervenierenden Hochschulplanung an. Unabhängig von der parteipolitischen Couleur behielten planerische Ansätze in den staatlichen Steuerungsaktivitäten in den 90er Jahren ein großes Gewicht (vgl. Oehler 2000).

Zu Beginn des 21 Jahrhunderts wurden jedoch raumgreifende Schritte zur Veränderung des Verhältnisses von Staat, Gesellschaft und Hochschule unternommen. Sie im Detail zu beschreiben, fällt angesichts der Variantenvielfalt im Hinblick auf einzelne Länder wie oft sogar im Hinblick auf einzelne Hochschulen schwer. Die Aufgabenbereiche und Aktivitäten detaillierter staatlicher Aufsicht und Kontrolle gingen erheblich zurück. Insbesondere seitens der Hochschulen wurde dies als erheblicher Gewinn an institutioneller Autonomie verbucht. An die Stelle traditioneller staatlicher Aufsichts- und Kontrollfunktionen traten jedoch vor allem drei Mechanismen, die den Hochschulen abverlangen, ihre Aktivitäten nach außen zu legitimieren.

Erstens wurden Hochschulräte mit externen Mitgliedern von Öffentlichkeit, Wissenschaft und eventuell auch von staatlichen Instanzen eingeführt. Zweitens werden staatliche Zielvorgaben und die Entwicklungskonzepte der einzelnen Hochschulen nunmehr in der Regel in Verträgen abgestimmt, die die jeweilige Landesregierung mit den einzelnen Hochschulen abschließt. Drittens entstand eine Fülle von Evaluationsmechanismen (siehe dazu Pasternack 2006). Unmittelbar für das Verhältnis von Staat und Hochschulen ist dabei einerseits von Bedeutung, dass in den Hochschulgesetzen der Länder Verpflichtungen zur Evaluation an den Hochschulen verankert wurden. Andererseits wurde ein System der Akkreditierung von neuen Studiengängen eingeführt; dies tritt an die Stelle der vormals von den Ministerien intern durchgeführten Prüfungen von Studienkonzeptionen nach Passung in Rahmenvorgaben, Qualität und Machbarkeit, ersetzt aber nicht durchgängig die abschließenden Genehmigungen durch den Staat.

4.4 Die Organisation der Hochschulen

Für die Organisation und Verwaltung der bundesdeutschen Universitäten waren bis Mitte der 1960er Jahre drei Grundzüge charakteristisch: Erstens gab es eine *zweigeteilte Verwaltung*. An der Spitze der akademischen Selbstverwaltung stand der jeweils nur für ein bis zwei Jahre gewählte Rektor; die Grundsatzentscheidungen über die Entwicklung der Hochschule fällte der Senat. Die organisatorische, finanzielle und personelle Verwaltung unter Leitung des Kanzlers bzw. Kurators hatte in starkem Maße staatlichen Vorgaben zu folgen. Zweitens spielte die *zentrale Ebene* der Hochschulen bei Fragen der Forschung, Lehre, Berufungsvorschläge u.ä. nur *eine geringe Rolle*. Diesbezügliche Entscheidungen fielen entweder in die Zuständigkeit der Fakultäten oder wurden durch Berufungs- und Bleibeverhandlungen zwischen den ordentlichen Professoren und dem zuständigen Ministerium festgelegt. Für Fragen der Forschungs- und zum Teil der Lehrorganisation waren oft Institute innerhalb der Fakultäten zuständig, die einen oder mehrere „Lehrstühle" einschlossen. Drittens befanden sich die Entscheidungsbefugnisse innerhalb der Universitäten fast ausschließlich in der Hand der Professoren. Andere Personengruppen waren in den Gremien kaum stimmberechtigt vertreten.

Wie bereits aufgeführt, erhielten insbesondere von Ende der 1960er Jahre bis zu Beginn der 1990er Jahre andere Personengruppen in den Gremien der Hochschule erhebliche Beteiligungsrechte. Seit den 1990er Jahren gewann jedoch die Idee Verbreitung, dass *Managementelemente* an Hochschulen gestärkt werden sollten. Dies bedeutete, dass der Staat viele Elemente der vormals detaillierten Prozesskontrolle zugunsten der Hochschulen aufgab. Darüber hinaus wurden verschiedene Schritte für angemessen gehalten, die Verantwortung der Leitungen auf Hochschul- und Fachbereichsebene gegenüber den Gremien und den einzelnen Hochschulangehörigen zu stärken. Schließlich sollte eine stärkere Lenkung des Verhaltens der einzelnen Organisationseinheiten des Hochschulsystems und der Hochschulangehörigen durch ausgeprägte Anreize und stärkere Weisungs- und Kontrollbefugnisse erfolgen.

Zu den verschiedenen Veränderungen, die in diesem Kontext seit den 1990er Jahren in der Bundesrepublik Deutschland diskutiert und zum Teil auch realisiert wurden (vgl. Küpper 1997; Hanft 2000; Bredtschneider/Pasternack 2005), gehören Schritte zur Einführung von Evaluation, leistungsbezogener Finanzierung der Hochschulen und Vergütung der Beschäftigten, zur Reduzierung der Vorgaben für die Ressourcennutzung bis hin zur Einführung von Globalhaushalten sowie auch zur Stärkung der Entscheidungs- und Kontrollrechte von Hochschul- und Fakultätsleitungen. Hinzu kamen Ansätze, die Vertretung gesellschaftlicher Interessen gegenüber den Hochschulen nicht mehr allein dem Staat bzw. den Hochschulangehörigen zu überlassen, sondern auch andere „stakeholders" an den Entscheidungen – z.B. durch die Einführung von Hochschulräten – zu beteiligen.

Viele Ansätze blieben im Einzelnen jedoch kontrovers und zunächst zögerlich in der Umsetzung, weil die Frage, in welchem Maße die einzelnen Hochschulen über „Gewährung operativer Autonomie" (Brinckmann 1998, S. 10) hinaus stärkere strategische Akteure der Gestaltung des Hochschulsystems werden sollten, von Staat und Politik höchst uneinheitlich beantwortet wurde (vgl. Müller-Böling u.a. 1998). Seit Beginn des 21. Jahrhunderts folgten jedoch in der Tat weit reichende Stärkungen des Hochschulmanagements (vgl. Kehm/Lanzendorf 2005), allerdings nahm auch die kritische Diskussion zu, ob sich diese veränderten organisatorischen Bedingungen als so einflussreich erweisen würden, wie anfangs erwartet worden war (siehe z.B. die Beiträge in Kehm/Mayer/Teichler 2008).

5 Quantitative und strukturelle Entwicklung des Hochschulwesens

5.1 Trends der Studier- und Abschlussquoten in Deutschland

Das Hochschulwesen in der Bundesrepublik Deutschland erlebte in der zweiten Hälfte des zwanzigsten Jahrhunderts eine rasche Expansion. Die *Zahl der Hochschulen*, die bereits 1950 über 100 betragen hatte und – einschließlich der neuen Länder – auf 337 im Jahre 1997 gestiegen war, bringt dies nur bedingt zum Ausdruck, weil Hochschulen oft zusammengelegt wurden und viele von ihnen deutlich wuchsen. Die Gesamtzahl der Studierenden stieg von weniger als 200.000 um 1950 auf über 1,8 Million in den 1990er Jahren.

Als wichtigste Messgröße für die Hochschulexpansion gilt die *Quote der Studienanfänger* an der entsprechenden Altersgruppe. Sie

- stieg von ungefähr 5% im Jahre 1950 auf 12% Mitte der 1960er Jahre,
- machte mit steigender Studienplatznachfrage und der Einführung von Fachhochschulen einen Sprung auf etwa 20% im Jahre 1973,
- blieb dann bis Mitte der 80er Jahre mehr oder weniger konstant und
- stieg schließlich bis zu Beginn der 1990er Jahre auf über 30% (vgl. Kehm 1999, S. 4).

Zu Beginn des 21. Jahrhunderts stagnierte die Studienanfängerquote bei etwa 37% – dem Wert, der auch für 2005 berichtet wird (vgl. Statistisches Bundesamt 2007, S. 10).

Verschiedene Studien lassen den Schluss zu, dass fast 20% der Studierenden an Hochschulen das *Studienfach wechseln*. Einen *Wechsel der Hochschule* nehmen mehr als 20% vor. Mehr als 10% der Studierenden *unterbrechen* zeitweilig das Studium. Studierende an Fachhochschulen wechseln Studienfach und Hochschule deutlich seltener als Studierende an Universitäten (siehe jüngste Daten in Deutsches Institut für Internationale Pädagogische Forschung 2008). Galt solcher Wechsel lange Zeit als Zeichen eines großen Optionsspielraums der Studierenden und einer Flexibilität des Hochschulsystems, so werden in der öffentlichen Diskussion seit den 80er Jahren eher die studienzeitverlängernden Konsequenzen betont.

Studierende in Deutschland sind selbst der Ansicht, dass Probleme, die mit den Studien- und Prüfungsordnungen zusammenhängen, darunter auch Probleme in der regelmäßigen Bereitstellung des Lehrveranstaltungsangebots sowie ihre Erwerbstätigkeit, sich nachteilig für Studiendauer und Studienerfolg auswirken (vgl. Bargel/Ramm/Multrus 1999). Andere Studien, die sich mit den Determinanten des Studienerfolgs auseinandersetzen, zeigen, dass schlechte Schulnoten in nicht unbedeutendem Maße Prädiktoren des Studienabbruchs, verschiedener Probleme während des Studiums und auch schlechter Noten beim Studienabschluss sind (vgl. verschiedene Studien in Schröder-Gronostay/Daniel 1999).

Die *Studiendauer* an universitären Studiengängen von der Erstimmatrikulation bis zum Abschluss des Prüfungsverfahrens war von durchschnittlichen 7,2 Jahren im Jahre 1981 auf 7,8 Jahre im Jahre 1992 gestiegen; sie fiel danach auf 6,5 Jahre im Jahre 1996 und schließlich auf 6,1 Jahre im Jahr 2005 (vgl. Statistisches Bundesamt 2007, S. 16f.). Die Zahl der Jahre im Fachstudium allerdings war im gleichen Zeitraum zunächst lediglich von 5,7 Jahren auf 6,4 Jahre gestiegen und danach – unter Einschluss der neuen Länder – auf 5,6 Jahre gefallen. Dabei machten sich eine Verkürzung der Prüfungszeiten außerhalb der Studiensemester und seltenere Unterbrechungen des Studiums bemerkbar. An den Fachhochschulen stieg dagegen die durchschnittliche Gesamtdauer des Studiums von 4,2 Jahren im Jahre 1981 auf etwa fünf Jahre Ende der 1980er Jahre und fiel danach wieder auf 4,2 Jahre im Jahr 2005. Mit der Einführung von Bachelor- und Masterstudium sollte auch eine Reduzierung von Studienzeitverlängerung erreicht werden; ob das der Fall ist, gilt nach ersten Analysen als Kontroverse. Der Anteil der Hochschulabsolventen an der entsprechenden Altersgruppe blieb von 1980 bis Mitte der neunziger Jahre nahezu konstant. Danach stieg er über 19% im Jahr 2000 auf 21% im Jahr 2005. Dabei lag das durchschnittliche Alter beim Studienabschluss all die Jahre bei etwa 27 Jahren.

Die Studienanfängerquoten und die Hochschulabsolventenquoten in Deutschland gehören zu den niedrigsten unter den wirtschaftlich fortgeschrittenen Ländern (vgl. OECD 2007). Dies galt in Deutschland lange Zeit als eine normale Nebenfolge eines Systems mit einem starken Sektor von beruflicher Ausbildung. Seit Mitte der 1990er Jahre überwiegt jedoch die Sorge, dass dies ein Nachteil auf dem Wege zu einer Wissensgesellschaft bzw. -ökonomie sei. Jedoch sind keine raumgreifenden hochschulpolitischen Schritte zum „Aufholen" zu erkennen.

5.2 Hochschule und Beruf

Mit der *Wahl eines Studienfachs* fällen die Studierenden in Deutschland – so wird generell angenommen – eine *Vorentscheidung für den Berufsbereich*, in dem sie tätig werden wollen. Befragungen von Studierenden belegen konsistent, dass ihr fachliches Interesse sowie die Selbsteinschätzung ihrer Fähigkeit für die Wahl des Faches eine größere Rolle spielen als materielle Motive wie Arbeitsplatzsicherheit, Einkommen und Karrierechancen.

In der hochschulpolitischen Diskussion herrschte in der Bundesrepublik Deutschland von Anfang der 1970er Jahre bis etwa Mitte der 1990er Jahre die These vor, dass die *Hochschulexpansion über den Bedarf des Beschäftigungssystems hinausgegangen* sei, was Schwierigkeiten bei der Beschäftigungssuche und eine Zunahme des inadäquaten Einsatzes von Absolventen zur Folge habe. Eine solch skeptische Beurteilung der Hochschulexpansion war in Deutschland stärker verbreitet als in vielen anderen Ländern mit höheren Absolventenquoten. Ergänzend wird in Deutschland häufig die These vertreten, dass die Beschäftigungsaussichten von Fachhochschulabsolventen günstiger seien als die von Universitätsabsolventen.

In Deutschland gibt es kein regelmäßiges statistisches Berichtssystem über den Verbleib von Hochschulabsolventen. Die regelmäßigen *Erwerbsstatistiken* sowie die in großer Zahl durchgeführten *Hochschulabsolventenstudien* – zumeist allerdings nur für ausgewählte Jahrgänge, Fächer und Hochschulen – erlauben jedoch eine relativ profunde Gesamteinschätzung der Beziehungen von Hochschule und Beruf (vgl. die Übersicht vorliegender Forschungsergebnisse in Burkhardt/Schomburg/Teichler 2000; siehe auch Schomburg u.a. 2001).

Fast ein Fünftel der Hochschulabsolventen erlebten in den 1990er Jahren eine Zeit der *Sucharbeitslosigkeit*. Insgesamt ist die *Arbeitslosenquote* von Personen mit Hochschulabschluss jedoch in den letzten Jahrzehnten meist nur etwa halb so hoch wie die entsprechende Quote an der gesamten Erwerbsbevölkerung.

Der Prozess des *Übergangs* vom Studium in den Beruf ist seit den 1970er Jahren zunehmend aufwendiger und langwieriger geworden. Obwohl temporäre Tätigkeiten und frühe Wechsel zugenommen haben, erweist sich in vielen Fällen die Aufnahme einer ersten regulären Tätigkeit als eine zentrale Wegmarke für die weitere Karriere.

Beschäftigungsbedingungen, die traditionell nicht als regulär gelten und heute je nach grundlegender Bewertung des Arbeitsmarkts als „flexibel" oder „prekär" bezeichnet werden – so Teilzeitbeschäftigungen, befristete Arbeitsverträge, Scheinselbständigkeit u.ä. – haben im Laufe der Zeit zugenommen. Insbesondere der Anteil der Hochschulabsolventen, die zunächst befristete Arbeitsverhältnisse eingingen, stieg in den 80er Jahren sprunghaft an. Einige Jahre nach dem Studienabschluss haben jedoch über 90% der Absolventen, die erwerbstätig sein wollen, traditionell reguläre Beschäftigungsverhältnisse erreicht.

Der Frage, in welchem Ausmaß Hochschulabsolventen mit einer *inadäquaten Beschäftigung* zu rechnen haben, wurde in einer großen Zahl von wissenschaftlichen Studien nachgegangen (so z.B.; Büchel/Weisshuhn 1997/98; Schomburg/Teichler 1998). Dabei werden vor allem Einkommen, die Beschäftigungssituation, die berufliche Position sowie die Selbsteinschätzungen der Angemessenheit der Position und der beruflichen Verwendung der im Studium erworbenen Qualifikationen als Kriterien herangezogen. Es zeigt sich, dass seit den 1970er Jahren nicht viel mehr als 10% in Tätigkeiten und Positionen verbleiben, die zweifelsfrei als inadäquat zu interpretieren sind. Etwas größer ist jedoch die Zahl einer Zwischengruppe, die weder eindeutig typische Akademikerpositionen einnimmt noch zweifelsfrei als inadäquat einzustufen ist: mittlere Positionen oder auch Tätigkeiten, die anspruchsvoll erscheinen, aber in Einkommen und Beschäftigungsbedingungen nicht den üblichen Erwartungen entsprechen.

Offenkundig gibt es verschiedene *Typen der Beziehungen von Studium und Beruf* gibt: In den Fächern, in denen das Studium gewöhnlich auf höhere Ränge einer feingliedrigen Hierarchie zuführt – z.B. in den Ingenieur- und Wirtschaftswissenschaften – nimmt der Zugang zu mittleren Berufspositionen zu, häufig ohne dass dies als deutlicher Widerspruch von Erwartung und

Realität empfunden wird. Bei Studienfächern, die eher auf akademische Berufe zuführen, bei dem affine Berufsbereiche mit geringerer Privilegierung fehlen (z.b. im Falle der Lehrerbildung) oder nicht als Nachbarn wahrgenommen werden (so in der Medizin), wird am ehesten eine Kluft von adäquater und nicht-adäquater Tätigkeit gesehen. In Bereichen schließlich, in denen das Studium nicht auf bestimmte Berufsfelder zuführt (z.B. Soziologie und einige kulturwissenschaftliche Fächer), hat zwar der Studienabbruch in den 1980er und 1990er Jahren zugenommen, aber es setzt sich ein beachtlicher Anteil der Absolventen nach einigen Jahren relativ erfolgreich durch (siehe Burkhardt/Schomburg/Teichler 2000)

Frauen sind stärker als Männer von Beschäftigungsproblemen betroffen. Zum Teil sind sie eher bereit, zugunsten von Partnerschaft und Kindern und aus anderen Gründen auf übliche Akademiker-Karrieren zu verzichten. Zum Teil sind im privatwirtschaftlichen Bereich sowie bei traditionell besonders privilegierten Berufsbereichen Benachteiligungen zu konstatieren.

Der Zusammenhang von *sozialer Herkunft, Studium und Beruf* wird kaum thematisiert. Die vorliegenden Daten lassen jedoch den Schluss zu, dass die soziale Herkunft in erster Linie selektiv bis zum Erreichen des Hochschulzugangs wirkt, danach aber nur begrenzt Differenzen im Studienerfolg und im weiteren Berufsweg erklärt (siehe z.B. Teichler/Buttgereit 1992).

Die bei Umfragen in Unternehmen und bei Hochschulabsolventen erhaltenen *Aussagen zu Qualifikationsanforderungen* stimmen darin überein, dass im Beschäftigungssystem vermehrt auf Wissen außerhalb des primären fachlichen Schwerpunkts, auf erfahrungsnahes Lernen im Studium, auf Denk- und Arbeitsstile, Werthaltungen und sozio-kommunikative Kompetenzen Wert gelegt wird (vgl. z.B. Von Rosenstiel/Nerdinger/Spiess 1998; Schomburg/Teichler 1998). Zum Teil werden analoge Defizite in den Leistungen der Hochschule beklagt, zum Teil wird ein Erwerb dieser Kompetenzen durch studienbegleitende Erwerbstätigkeit und anderes Erfahrungslernen für selbstverständlich gehalten. Viele Absolventen hätten es begrüßt, wenn sie von der Hochschule mehr Beratung und Unterstützung für den Übergangsprozess vom Studium zur Berufstätigkeit erhalten hätten.

Obwohl zu vermuten wäre, dass Fachhochschulen den Erwartungen des Beschäftigungssystems nahe kommen, ergibt ein Vergleich der Beziehungen von Studium und Beruf zwischen *Universitäts- und Fachhochschulabsolventen* keineswegs ein eindeutiges Bild (vgl. Schomburg u.a. 2001; Briedis 2007). Zwar sind die durchschnittlichen Einkommensdifferenzen kleiner, als die Gehaltsskalen des öffentlichen Dienstes dies für den höheren und gehobenen Dienst vorgeben, aber in der Dauer der Beschäftigungssuche, der Arbeitslosigkeit, der wahrgenommenen Ausbildungsadäquatheit und ähnlichen Merkmalen ergeben sich zwischen den Absolventen der gleichen Fächer nach Hochschultyp kaum Differenzen.

Im Laufe der 1990er Jahre hat in der Bundesrepublik Deutschland die bis dahin verbreitete Skepsis gegenüber einer starken Hochschulexpansion in der öffentlichen Diskussion über die Beziehungen von Studium und Beruf an Boden verloren. Häufiger wird in ausgewählten Bereichen ein *Mangel an Absolventen* bzw. ein *Defizit an bestimmten Kompetenzen* konstatiert. Auch wird häufiger die Ansicht vertreten, dass ein Hochschulstudium zu Innovation in mittleren Berufsbereichen beitragen kann. Höhere Absolventenquoten in anderen Ländern werden als Grund zur Besorgnis gesehen. Mit der Einführung von Bachelor- und Master-Studiengängen wird in Deutschland vermehrt auf die Vermittlung von „Schlüsselqualifikationen" Wert gelegt. Zu erwarten war, dass zwischen Hochschule und Beschäftigungssystem eine Zeit von Unsicherheit und Gewöhnung eintreten werde. Inzwischen ist sichtbar, dass eine Gewöhnung an die größte Veränderung – die Berufsaufnahme nach einem umiversitären Master – weitgehend stattgefunden hat (Schomburg/Teichler 2009).

5.3 Strukturelle Differenzierung

Bis in die 1960er Jahre hinein galt das Hochschulwesen in der Bundesrepublik Deutschland als ausgesprochen wenig differenziert. Die Universitäten waren in der öffentlichen Wahrnehmung der einzige Hochschultyp. Spezialisierte Hochschulen – vor allem in den Bereichen Ingenieurwissenschaft, Pädagogik und Theologie – wurden allenfalls als Ergänzungen wahrgenommen, die im Laufe der Zeit den Universitäten näher rückten. Auch galten die Unterschiede in der Qualität und den Profilen zwischen den Universitäten als äußerst gering. Schließlich gab es keine Stufen von Studiengängen und -abschlüssen; die Vorbereitung zur Promotion wurde nicht als eine weitere Stufe vorgesehen und in erster Linie von denen gewählt, die Wissenschaft zum Beruf machen wollten.

In den 1960er Jahren verbreitete sich in vielen europäischen Ländern die Vorstellung, dass die sich anbahnende starke Expansion der Studienanfängerquoten wünschenswert sei, um zum Wirtschaftswachstum beizutragen und traditionelle Ungleichheiten der Studierchancen abzubauen, allerdings nur auf dem Wege einer stärkeren Differenzierung zu realisieren sei. Dies schien einerseits erforderlich, weil ein Ausbau forschungsintensiver Universitäten finanziell als nicht realisierbar und auch nicht als bedarfsgerecht eingeschätzt wurde; andererseits schien sie der zunehmenden Vielfalt der Motive, Talente und Berufsperspektiven der wachsenden Zahl von Studierenden zu entsprechen.

In vielen europäischen Ländern wurde Differenzierung vornehmlich nach Hochschultypen vorangetrieben. In der Bundesrepublik Deutschland entstanden zu Beginn der 1970er Jahre *Fachhochschulen* als zweiter Hochschultyp. Diese hatten nur eine sehr eingeschränkte Forschungsfunktion und akzentuierten anwendungsorientierte Studienangebote. Als Voraussetzung zum Studium war die Fachhochschulreife zu erwerben (die in der Regel ein Jahr schneller erwerbbar war als die allgemeine Hochschulreife); die Studiendauer – anfangs als drei Jahre mit evtl. Zusatzphasen für praktische Erfahrungen und für Prüfungen und seit den 1990er Jahren als vier Jahre deklariert – war etwas kürzer als bei universitären Studiengängen. Die Fachhochschulen erreichten in Deutschland hohe öffentliche Akzeptanz, wenn auch der Anteil der Studienanfänger von Beginn an relativ konstant bei etwa 35 Prozent verblieb und wenn auch, wie bereits berichtet, Absolventenstudien eine engeren Sachbezug von Studium und beruflichen Aufgabenbereichen in Frage stellten. Der Versuch, statt einer *inter-institutionellen Differenzierung* den Weg einer *intra-institutionellen Differenzierung* einzuschlagen, erfolgte in Deutschland zu Beginn der 1970er Jahre mit der Einführung von *Gesamthochschulen* nur in begrenztem Umfang und verlor sehr bald an Rückhalt (vgl. Cerych u.a. 1981).

Im Laufe der Jahre wuchs auch in Deutschland das Interesse an informellen vertikalen Unterschieden zwischen den Universitäten. Seit Ende der 1970er Jahre gibt es eine wachsende Zahl von – häufig von der Presse publizierten und auch von ihr selbst durchgeführten – „*Ranking*"-Studien, in denen vor allem Unterschiede zwischen den Universitäten – überwiegend nach Fachrichtungen gegliedert – in Qualität und Reputation der Forschung, Qualität und Infrastruktur der Lehre, in der Beliebtheit bei Arbeitgebern und andere mehr gemessen werden (vgl. die Übersichten in Daniel 1998; Bayer 1999).

Die aufgezeigten Differenzen sind sicherlich bemerkenswert, können aber im internationalen Vergleich eher als Anzeichen einer relativ hohen Einheitlichkeit der Universitäten interpretiert werden. Diesem Bild entspricht, dass – wie eine international vergleichende Studie in den 1990er Jahren belegte – die deutschen Hochschullehrer sich nur *sehr wenig mit ihrer eigenen Hochschule identifizieren* (vgl. Enders/Teichler 1995, S. 28ff.). Auch war nicht zu erkennen, dass die einzelnen Hochschulen zunehmend zu einer besonderen *Profilbildung* tendierten (vgl. Olbertz/Pasternack 1999).

Inzwischen gibt es jedoch Anzeichen dafür, dass sich die Landkarte der Differenzierung des Hochschulsystems in der Bundesrepublik Deutschland deutlich verändert. Durch eine Initiative des Bundesministeriums für Bildung und Forschung wurden im Rahmen der so genannten „Exzellenz-Initiative" in den Jahren 2006 und 2007 zehn Universitäten ausgewählt, die für fünf Jahre eine präferenzielle universitäre Finanzierung für die Forschung erhalten.

Seit 1996 wurden in Deutschland Stimmen zugunsten der Einführung gestufter Studiengänge und -abschlüsse laut; mit Besorgnis wurde zur Kenntnis genommen, dass Studierende aus außereuropäischen Regionen kaum kontinental-europäische Länder als Ort ihres Studiums wählten, und die im globalen Rahmen ungewöhnliche Struktur der universitären Langstudiengänge wurde als eine zentrale Barriere gesehen. Mitte 1998 wurde das Hochschulrahmengesetz so geändert, dass gestufte Studiengänge neben oder anstatt der alten Studiengänge etabliert werden konnten. Im Mai 1998 unterzeichneten die zuständigen Minister von Deutschland, Frankreich, Großbritannien und Italien die Sorbonne-Erklärung, in der sie zu einer „Harmonisierung der Architektur des Europäischen Hochschulsystems" aufriefen. Am 19. Juni 1999 schließlich unterzeichneten die Minister von 29 europäischen Ländern die „Bologna-Erklärung": Bis zum Jahre 2010 solle ein europäischer Hochschulraum verwirklicht sein, der durch eine konvergente Struktur gestufter Studiengänge und -abschlüsse geprägt sei (siehe Hochschulrektorenkonferenz 2004; 2007).

In der Tat wurde damit die Differenzierung nach Stufen von Studiengängen das wichtigste Merkmal der formalen Differenzierung von Hochschulen in Europa – gleichgültig, ob ein oder mehrere Hochschultypen in den einzelnen Ländern bestehen. Einige europäische Länder realisierten die neue Studienstruktur innerhalb weniger Jahre „flächendeckend". In Deutschland begann der Umstrukturierungsprozess sehr früh, vollzog sich aber recht langsam, weil vielerlei Vorbehalte bestanden und er von eingehenden Überlegungen zur substanziellen Veränderung der Studienangebote begleitet wurde. Umgekehrt wurden in Spanien erst 2006 die gesetzlichen Grundlagen geschaffen, um die Studienstruktur abzuändern.

Der so genannte „Bologna-Prozess" wurde sehr bald zum Objekt zahlreicher wissenschaftlicher Analysen (vgl. Alesi u.a. 2005; Reichert/Tauch 2005; Witte 2006; Kehm/Huismann/Stensacker 2009; Froment u.a. 2006). Bemerkenswert ist, dass große Änderungen passieren, obwohl die supra-nationale Institutionalisierung des Prozesses viele Fragen der Gestaltung sehr offen lässt; dass eher die Regierungen die Motoren der Strukturreform sind, hat auch in manchen Ländern zunächst Argwohn und Widerstände an den Hochschulen mobilisiert; nach weniger als fünf Jahren Diskussion primär über das „ob" dieses Reformmodells schwenkten die Diskussionen – so wird generell festgestellt – zur Frage des „wie" über. Zweitens ist ein wichtiges Thema, wie ähnlich oder unähnlich die sich tatsächlich herausbildenden Strukturmuster werden. In der Mehrheit der europäischen Länder setzen sich überwiegend dreijährige Bachelor- und zweijährige Master-Studiengänge durch; aber die strukturelle Konvergenz bleibt begrenzt, weil es Abweichungen von jeweils bis zu einem Jahr in der vorgesehenen Studiendauer gibt und weil in manchen Ländern unterschiedliche Profilmodelle von Studiengängen etabliert werden, in anderen nicht. Drittens ist Gegenstand der Analyse, wieweit das Spektrum der Ziele reicht und wieweit diese sich als kompatibel erweisen. In der Bologna-Erklärung wird vor allem betont, die Attraktivität für Studierende aus anderen Regionen solle erhöht und die intra-europäische Mobilität solle erleichtert werden; weniger eindeutig ist, ob und inwieweit es auch um Qualitätsverbesserung, Erhöhung der Attraktivität kurzer Studiengänge, Europäisierung in der Substanz des Studiums, Vergrößerung oder Geringhaltung vertikaler Differenzen im Hochschulwesen sowie Anpassung der Studienangebote an vermeintliche Bedarfe des Beschäftigungssystem geht. Vierter Hauptgegenstand der Analysen ist die Konstellation der Maßnahmen, die begleitend zur Strukturveränderung empfohlen werden: Etwa die Einführung von Credit Systems, des Diploma-Supplements, von „Qualifikationsrahmen", der Koordination der „Qualitätssicherung", der Entwicklung einer Doktorandenstufe u.ä. Dabei wird nicht selten die These vertreten, dass der Bologna-Prozess eher eine Geringhaltung der vertikalen Differenzierung des Hochschulsystems fordert und fördert, um intra-europäische Mobilität unter vielen Partner-Hochschulen zu erleichtern. Auch wird häufig unterstrichen, dass sich das Themenspektrum der Bologna-Diskussion laufend erweitert – möglicherweise, um die Unterstützung für viele Reformschritte dadurch zu erhöhen, dass sie zu wichtigen Begleitmaßnahmen deklariert werden, aber möglicherweise auch, weil die Erwartungen, was Strukturreformen an sich bewirken, im Implementationsprozess enttäuscht werden. Fünftens schließlich gibt es bereits eine Reihe erster Wirkungsanalysen: Vorläufige Ergebnisse scheinen die großen Erwartungen eher zu dämpfen: z.B. erscheint es keineswegs sicher, dass der Bologna-Prozess mehr intra-europäische Mobilität nach sich zieht, den Übergang in den Beruf nach dem Bachelor attraktiver macht oder den Studienabbruch verringert.

Seit einigen Jahren ist in Deutschland in der öffentlichen Diskussion über Hochschulfragen die Aufmerksamkeit für Spitzenleistungen ständig gestiegen. Die Deutsche Forschungsgemeinschaft (2006) veröffentlicht jeweils in einigen Abständen ein „Förder-Ranking". Unter verschiedenen „Rankings" der Hochschulen haben die Bewertungen der Universitäten nach den Lehrbedingungen und -leistungen sowie den Forschungspotenzialen und -leistungen in den einzelnen Fachrichtungen, die das Centrum für Hochschulentwicklung (CHE) regelmäßig durchführt, höchste Aufmerksamkeit gewonnen (vgl. Berghoff/Federkeil/Giebisch 2007). In diese Veränderung der Diskussionslandschaft wirkt zweifellos auch hinein, dass in vielen Ländern der Welt die Vorstellung zugenommen hat, dass die nationalen Hochschul- und Wissenschaftssysteme sich immer mehr auf einen globalen Wettbewerb einzustellen hätten, bei dem wenig „World class universities" die Szenerie beherrschen und immer mehr Qualität und Einfluss kumulierten. Entsprechend hat die Aufmerksamkeit für weltweite „Rankings" von Spitzenuniversitäten zugenommen (vgl. Sadlak/Liu 2007); und diese melden der bisher relativ flachen Hierarchie des deutschen Hochschulsystems relativ gleichmäßig zurück, dass die deutschen Universitäten unter den Top 100 kaum, aber unter den Top 500 reichlich vertreten sind.

Sowohl die „Rankings" als auch die mit ihrer Erstellung fraglos verbundenen Absichten, zu einer stärkeren vertikalen Differenzierung des Hochschulwesens beizutragen, lösen eine lebhafte politische und wissenschaftliche Diskussion aus. Dabei geht es erstens oft um methodische Fragen, insbesondere, wieweit bestimmte Größen aussagekräftig für die Qualität und Reputation einer Universität sind (siehe z.B. Hornbostel 1997; Bayer 1997; Dill/Soo 2005; Merkens 2005; Sadlak/Liu 2007; Kehm/Stensacker 2009). Zweitens um die zugleich politische, konzeptionelle und methodische Frage, was mit einer Bewertung von institutionellen Aggregaten – Fächern bzw. Hochschulen verbunden ist: Transparenz der Leistungen? Überschätzung der institutionellen Wirkungen auf die Erträge von Forschung und Lehre? Kritisiert wird oft, dass es kaum systematische Evidenz dafür gibt, dass die Leistungen der Wissenschaftlerinnen und Wissenschaftler von dem Leistungsniveau der Kolleginnen und Kollegen an der gleichen Universität abhängen. Drittens steht zur Diskussion, was die Folgen der Heraushebung von Rangunterschieden der Hochschulen sind: Generell wird von Akteuren und Experten angenommen, dass die aktuelle Ranking-Diskussion zu einer stärkeren vertikalen Stratifizierung des Hochschulsystems beitrage. Umstritten ist jedoch, ob dies wünschenswert sei, weil es vor allem auf die Spitze ankomme; ungeklärt ist, was eine höhere vertikale Stratifizierung für die gesamte Qualität von Forschung und Lehre, die ein Hochschulsystem erbringt, nach sich zieht; schließlich wird kritisch eingewandt, dass der Ranking-Wettbewerb den bekannten Universitäten meritokratisch nicht zu begründende Dauervorteile sichere, dass die Wissenschaftlerinnen und Wissenschaftler sich mehr um Erfolg nach den Indikatoren als um Qualitätssteigerung in der Sache bemühten und dass dies die Chancen zur qualifizierten wissenschaftlichen Arbeit bei denjenigen untergrabe, die sich ihren wissenschaftlichen Arbeitsort nicht nach der Reputation ihres Kollegenkreises wählten (siehe Münch 2007; Teichler 2007a, S. 249ff.).

6 Internationalisierung der Hochschulen

6.1 Konzepte, Gegenstandsbereiche und Trends

Sowohl in der öffentlichen Diskussion als auch im wissenschaftlichen Diskurs wird einhellig die Ansicht vertreten, dass einer der wichtigsten Entwicklungstrends der Hochschulen seit zwei Jahrzehnten – oder sogar über einen längeren Zeitraum – als „Internationalisierung" bezeichnet werden kann (siehe dazu vor allem Kehm 2003; Hahn 2004; Teichler 2007b). Gemeint ist damit, dass das Überschreiten von nationalen Grenzen in den Aktivitäten der Hochschulen immer stärker anwächst: In der physischen Mobilität, in wissenschaftlicher Kooperation und in der Dissemination wie im Erwerb wissenschaftlicher Information.

Diese Trendaussage impliziert, dass die Hochschulen in der Vergangenheit weniger international waren. Angemessener ist es sicherlich, für frühere Zeiten eine Spannungssituation von nationalen und internationalen Aspekten zu diagnostizieren (siehe Kerr 1990): Einerseits waren Hochschulen traditionell international, weil viele Wissensgebiete universalistischer Natur sind, grenzüberschreitend nach neuem Wissen gesucht wird, Reputation international gesucht wird, internationale Mobilität und Kooperation verbreiteter waren als in den meisten anderen Organisationen und auch kosmopolitische Werte verbreitet waren. Andererseits waren die Hochschulen in den Bereichen Steuerung und Management, Finanzierung sowie in den Studiengängen und -abschlüssen sehr stark national geprägt.

Internationalisierung vollzog sich in den letzten Jahrzehnten vor allem auf zwei, oft nur begrenzt miteinander verknüpften Pfaden (vgl. van der Wende 1997). Zum einen nahmen sichtbare grenzüberschreitende Tätigkeiten zu: Studentische Mobilität, temporäre Wissenschaftler-Mobilität, Anstellung von ausländischem wissenschaftlichen Personal, Lehren und Lernen in Fremdsprachen, grenzüberschreitende Forschungskooperation und Ausbau von Studienfächern, die sich mit anderen Kulturen und Gesellschaften befassen. Zum anderen gibt es einen Trend zur „Universalisierung", „Globalisierung", „Internationalisierung" und supra-nationaler „Regionalisierung", der sich in der Substanz und in den Funktionen der Hochschulen niederschlägt (die Europäische Kommission z.B. verweist in diesem Kontext auf die „Europäische Dimension").

Für beide Pfade ist es zweifellos angemessen, von „Internationalisierung" im Sinne einer quantitativen Zunahme zu sprechen. Wiederholt wird jedoch die These vertreten, dass damit auch qualitative Sprünge verbunden sind. Von einer überwiegend vertikalen Mobilität, bei der von den „Besseren" zu lernen ist, zu einer häufigen Mobilität und Kooperation „auf gleicher

Ebene", wo das gegenseitige Befruchten aus dem Kontrast im Vordergrund steht; von seltener Kasuistik zu systematischer Internationalisierung; von einer Grenzüberschreitung von vormals Getrenntem zur substanziellen Integration verschiedener Denk- und Erfahrungswelten – ähnlich wie der o.g. zweite Aspekt (vgl. Teichler 2007b, S. 23ff.). Auch ist von „internationalisation mainstreaming" die Rede (vgl. Hahn 2004): Alles, was für Zwecke des Grenzüberschreitenden unternommen wird, wird unter dem Gesichtspunkt gefördert, was es für die Hochschule generell bedeutet, und jede generelle Entscheidung zur Gestaltung wichtiger Hochschulaktivitäten wird auch unter dem Gesichtspunkt vorgenommen, was dies für das Internationale bedeutet.

Somit beginnen die Grenzen zwischen grenzüberschreitender Internationalisierung und der alltäglichen „normalen" Entwicklung der Hochschulen zu fließen. Internationalisierung wird über die bisher genannten Aspekte hinaus auch als der Trend bezeichnet, in dem alle Maßnahmen zur Veränderung des Hochschulwesens zunehmend auf vergleichender Betrachtung basieren: Was machen andere Länder? Und sollten wir das auch tun – sei es, dass die anderen es besser gemacht haben, oder sei es, dass es besser ist, international ähnlicher zu werden?

Schließlich wird seit einigen Jahren in Deutschland „Internationalisierung" als Argument für fast jede Reform der Hochschulen ins Spiel gebracht. Gleichgültig, ob es um Fragen der Organisation und Steuerung, der Qualität der Forschung, der effizienten Nutzung von Ressourcen und anderes geht - „Internationalisierung" wird als Motiv und Anlass ins Spiel gebracht: Wenn die Hochschulen auf irgendeine Weise besser werden, so werden sie auch – so das Argument – „fitter" für den weltweiten Wettbewerb zwischen den Hochschulen (siehe zum Beispiel Stifterverband für die Deutsche Wissenschaft 1997).

Die Etablierung des ERASMUS-Programms im Jahre 1987, das Studierenden finanzielle Mittel zur Deckung der Zusatzkosten für ein bis zu einjähriges temporäres Studium in einem anderen europäischen Land zur Verfügung stellt, gilt als ein wichtiger Auslöser einer ersten Internationalisierungswelle an den Hochschulen, die vor allem Mobilität und Kooperation beflügelte. Die Bologna-Deklaration im Jahre 1999, in der empfohlen wurde, überall in Europa eine konvergente Struktur gestufter Studiengänge und -abschlüsse einzuführen, gilt als der wichtigste Anlass zu dem oben genannten „internationalisation mainstreaming".

Zu Beginn des 21. Jahrhunderts rückte der Begriff „Globalisierung" immer stärker in den Vordergrund. Bezeichnet wurde damit die Zunahme grenzübergreifender Aktivitäten, die von einem Abbau der Grenzen begleitet sind, so eine Selbsteinordnung der Hochschulen in einen globalen Wettbewerb um wissenschaftliche Reputation, und eine zunehmende grenzüberschreitende kommerzielle Bereitstellung von Studienangeboten (siehe Lanzendorf/Teichler 2003; Scherrer/Yalcin 2002). Tatsächlich zeigt eine vergleichende Studie, dass in manchen europäischen Ländern die Mehrzahl der Universitäten ihre internationalen Aktivitäten primär von weltweiter Konkurrenz geprägt sehen und den studentischen Austausch stark an finanziellen Maximen ausrichten; in anderen stehen partnerschaftliche Kooperation bzw. Hilfe für Entwicklungsländer im Vordergrund. Deutschland gehört nach dieser Studie eher zu den letzteren Ländern, in denen die Akzente zwischen einzelnen Hochschulen allerdings stark variieren (vgl. Huisman/Van der Wende 2005).

6.2 Studentische Mobilität im Spiegel der Forschung

Die internationale studentische Mobilität ist weit häufiger Gegenstand wissenschaftlicher Analysen als jeder anderer Aspekt der Internationalisierung. Daher eignet sich dieser Themenbereich besonders dazu, Potenziale der Forschung, aber auch Desiderata zu illustrieren (siehe dazu ausführlich in Teichler 2007b; zu Erfahrungsberichten von Teilnehmern und Koordinatoren siehe Wuttig/Tauch 2007).

Eine erste systematische Annäherung an studentische Mobilität wird in der öffentlichen Diskussion oft mit Hilfe von Statistiken gesucht. Seit vier Jahrzehnten erhebt die UNESCO regelmäßig die Zahl der ausländischen Studierenden – aufgegliedert nach Land des Studiums und der Nationalität sowie ergänzend nach Fachrichtungsgruppe und Geschlecht der Studierenden; an den Erhebungen in einem Teil der Länder sind seit den 1990er Jahren auch die OECD und EUROSTAT, das statistische Büro der Europäischen Kommission, beteiligt. Die vorliegenden Daten zeigen, dass die Zahl der Studierenden im Ausland inzwischen auf mehr als 2 Millionen angestiegen ist, ihr Anteil an allen Studierenden ist aber bei etwa 2 Prozent über Jahrzehnte konstant geblieben. In Europa hat sich eine Verdoppelung des Anteils in weniger als drei Jahrzehnten auf etwa 7 Prozent ergeben, da einerseits die Anzahl der Studierenden weniger als im Weltdurchschnitt wuchs und andererseits die reichen Länder der Welt bevorzugte Zielorte für mobile Studierende sind.

Die Studierenden anderer Nationalitäten werden in den Analysen oft korrekt als ausländische Studierende bezeichnet, nicht selten aber auch irreführenderweise als „internationale" und „mobile" Studierende. Nur sehr wenige Länder haben tatsächlich Statistiken über mobile Studierende. So gab es in Deutschland im Studienjahr 2002/03 8,5 Prozent „Bildungsausländer" (Ausländer, die zum Zwecke des Studiums kamen), 3,4 Prozent „Bildungsinländer" (Ausländer, die bereits vor dem Studium in Deutschland waren) und 1,5 Prozent mobile Deutsche (deutsche Studierende an deutschen Hochschulen, die zu ihrer Schulzeit im Ausland gelebt hatten – darunter auch Personen, die ihre Nationalität zur Zeit des Studiums änderten) (siehe dazu Kelo/Teichler/Wächter 2006).

Ergänzende deskriptive Informationen liefern auch großflächig angelegt Surveys von Studierenden. Die Erhebungen in Deutschland zum sozialen Bild der Studentenschaft, die alle drei Jahre durchgeführt wird, zeigt, dass 2003 etwa 15 Prozent der deutschen Studierenden, die kurz vor dem Abschluss ihres Studiums in Deutschland standen, einen Teil ihres Studiums im Ausland verbracht hatten. Ebenfalls etwa 15 Prozent hatten andere studienbezogene Aktivitäten im Ausland entfaltet: Praktika, Besuch von Sprachkursen und andere mehr.

Das in den 1980er Jahren durchgeführte Study Abroad Evaluation Project (SAEP) zeigte, dass die Studierenden während des Auslandsaufenthalts eher Probleme mit der Finanzierung des Studienaufenthalts, mit Wohnfragen und mit allgemeinen administrativen Angelegenheiten erlebten als mit substanziellen Fragen des Studiums. Insgesamt werden die Erträge im Hinblick auf Kultur und Persönlichkeit höher veranschlagt als die wissenschaftlichen Studienerträge des Auslandsstudiums, wobei sich jedoch Unterschiede nach der Zwecksetzung und Gestaltung des Auslandsstudienprogramms ergaben.

Das ERASMUS-Programm wurde in den ersten sieben Jahren von einer Fülle von Befragungen begleitet. Um 2000 fand eine weitere größere Evaluationsstudie des SOKRATES-Programms statt, bei dem die Analysen zu ERASMUS so angelegt waren, dass in vielen Fällen die Möglichkeit gegeben war, Konstanz bzw. Wandel der Studienerfahrungen und -erträge zu prüfen. Dabei wurden viele Befunde, die die Studie aus den achtziger Jahren bereits aufgezeigt hatte, bestätigt. Ergänzend zeigte sich einerseits, dass die Einführung des Credit-Systems ECTS in der Tat dazu geführt hat, dass den Studierenden die während der Auslandsstudienphase erbrachten Studienleistungen nach der Rückkehr von ihrer Herkunftshochschule in einem höheren Maße anerkannt werden, als dass bei anderen Formen der „Buchführung" über die

Studienleistungen im Ausland der Fall ist. Obwohl viele Studierende davon überzeugt sind, dass sie während der Auslandsphase mehr Fortschritte im Studium machten als in einer entsprechenden Phase daheim, und obwohl die befragten Dozenten die ERASMUS-Gaststudierenden für ebenso gute Studierende halten wie ihre Studierenden daheim, zeigten diese Studien offene Punkte auf: Viele Studierende berichteten, dass sich ihr gesamtes Studium durch die Auslandsstudienphase mehr verlängerte, als das aufgrund der bei der der Rückkehr erfolgten Anerkennung der Studienleistungen im Ausland zu erwarten war. Offensichtlich – so das Argument in der Evaluationsstudie – erweist sich ein Teil der zunächst erfolgten Anrechnung als „Papiertiger".

Eine neue Studie über die berufliche Wirkung eines temporären Auslandsstudiums belegt, dass ehemalige ERASMUS-Studierende weiterhin oft international beruflich tätig werden, aber dass der Unterschied zu Nicht-Mobilen im Laufe der Zeit geschrumpft ist. Die Autoren sehen hier einen Verlust ihrer Ausnahmestellung infolge genereller Internationalisierung des Alltags (Janson/Schomburg/Teichler 2009).

6.3 Zum Forschungstand zur Internationalisierung der Hochschulen

Noch in den neunziger Jahren war die internationale Situation der Forschung zu internationalen Aspekten der Hochschulen als „occasional, coincidental, sporadic and episodic" bezeichnet worden (siehe Teichler 2007b, S. 323). Eine Bilanz der Forschung zu diesem Themenbereich, die im Jahre 2006 erfolgte, kam zu einem deutlich positiveren Ergebnis (siehe Teichler 2007b, S. 333ff.). Inzwischen ist die Zahl der Studien angewachsen und die Komplexität in den Konzeptionen, Gegenstandsbereichen und Methoden hat insgesamt zugenommen. Auch sind die Themen und Analysen stärker mit allgemeinen Hochschulfragen verbunden. Die Beurteilung, dass die Mehrheit der aufwändigen Studien zur Evaluation von Förderern in Auftrag gegeben wird, trifft weitgehend zu; auch ist festzustellen, dass viele Analysen stark von politisch-normativen Tönen geprägt sind.

Viele Studien spiegeln Verschiebungen im Zeitgeist wieder: von der „Internationalisierung" zur „Globalisierung", von der „Wissensgesellschaft" zur „Wissensökonomie", von der Anerkennung auf der Basis gegenseitigen Vertrauens zur detaillierten Qualitätsbewertung, von der internationalen Vielfalt zur regionalen oder sogar globalen Konvergenz und von Verwaltung und Dienstleistung zu strategischem Management der internationalen Aktivitäten.

Sieben Themen sind häufig Gegenstand der Analyse: Mobilität von Studierenden und Wissenschaftler(inne)n; gegenseitige Einflüsse von Hochschulsystemen; Internationalisierung in der Substanz von Lehre, Lernen und Forschung; Internationalisierungsstrategien der Hochschulen; internationaler Wissenstransfer; Kooperation und Konkurrenz; nationale und supranationale Politiken im Hinblick auf internationale Aspekte der Hochschulen.

In der zitierten Übersicht wird insgesamt ein Qualitätsanstieg konstatiert. Abschließend werden vier „größere Themen" der Internationalisierungs-Forschung diskutiert:

„(1) In letzter Zeit ist der Einfluss der »Peripherie« auf die internationalen Aktivitäten immer größer geworden: Supra-nationale Organisation und nationale staatliche Instanzen, das Management der einzelnen Hochschulen und deren Internationale Büros, die zugleich managementunterstützende und Service-Funktion haben, versuchten mehr als zuvor, Internationalität von Hochschulen gestalten. ...

(2) Die vorliegende Forschung hat gezeigt, dass die Internationalisierungsaktivitäten an den Hochschulen weniger stark vom hochschul- und gesellschaftspolitischen Zeitgeist getrieben wird, als bei einem ersten Blick auf die öffentlichen Diskussionen zu erwarten ist. Es gab keine völlige Ablösung des kooperativen Internationalisierungsparadigmas durch ein *konkurrenzorientiertes Globalisierungsparadigma*, aber die öffentliche Diskussion wie auch die Forschung über internationale Aspekte der Hochschule war geprägt von *ordnungspolitischer Polarisierung*. ...

(3) Lange Zeit war physische Mobilität das Herzstück der Aktivitäten zur Internationalisierung der Hochschulen. Der Wert von Auslandserfahrungen im Studium und in der Forschungsbiographie ist schon so oft beschrieben worden, dass er hier keiner bestätigenden Worte bedarf. Jedoch *hat physische Mobilität auch ihre Grenzen*: Internationale Erfahrung in Studium, Lehre und Forschung stößt an quantitative Grenzen; gelingt nicht in stärkerem Maße »Internationalisierung daheim«, so führen die Internationalierungsbestrebungen der Hochschulen zu sehr zu einer Polarität von Gewinnern und Verlierern. Auch setzt die Förderung der physischen trotz aller organisatorischen und substantiellen Begleitaktivitäten darauf, dass das Sichhineinbegeben in eine fremde Umwelt selbst wichtiges Erfahrungslernen auslöst; ... Die Stärke der Hochschulen liegt jedoch gerade darin, das Erfahrungslernen des Alltags durch systematisches Lernens jenseits des Alltags zu übertreffen. Aus beiden Gründen liegt es für die Hochschulen nahe, *internationales Lernen in den Kernaktivitäten* von Lehre, Studium und Forschung zu stärken, und für die darauf bezogene Forschung liegt es nahe, die Wirksamkeit solcher Kernaktivitäten genauer zu analysieren, als das bisher der Fall war.

(4) Die Hochschulen konnten durch internationale Mobilität und durch andere internationale Aktivitäten gerade deshalb so große Erfolge erzielen, weil Internationalisierung wichtiger wurde, aber das internationale Lernen im Alltag begrenzt war. Seit langen beobachten wir jedoch eine *stärkere Internationalisierung des Alltags*. So haben so viele Studienanfänger bereits zuvor Auslandsaufenthalte gehabt und über andere Wege – Medien, alltägliche Begegnungen – soviel über andere Länder erlebt, dass bereits dadurch *der »Mehrwert« einer Auslandsstudienphase sinkt*. ... Die Hochschulen stehen vor der Frage, ob sie diesen Trend zu einer Abstandsverringerung zwischen dem »besonderen Internationalen« und dem »Normalen« für normal und akzeptabel halten, oder ob sie neue Akzente entwickeln, um internationale Mobilität und besondere internationale Studiengänge wertvoller zu machen." (Teichler 2007 b, S. 343f.).

Literatur

Alesi, B./Bürger, S./Kehm, B.M./Teichler, U. (2005): Bachelor- und Master-Studiengänge in ausgewählten Ländern Europas im Vergleich zu Deutschland. Bonn/Berlin: BMBF.

Allmendinger, J. (Hrsg.) (2005): Karriere ohne Vorlage. Hamburg: edition Körber-Stiftung.

Bargel, T./Ramm, M./Multrus, F. (1999): Studiensituation und studentische Orientierungen. 7. Studierendensurvey an Universitäten und Fachhochschulen. Bonn: BMBF.

Bayer, C.R. (1999): Hochschulranking. Übersicht und Methodenkritik. In: Beiträge zur Hochschulforschung, Sonderheft.

Becher, R.A. (1992): Disciplinary Persepctives on Higher Education. Introduction. In: Clark, B.R./Neave, G.R. (Hrsg.): The Encyclopedia of Higher Education. Oxford: Pergamon Press, S. 1763–1776.

Bensel, N./Weiler, H.N./Wagner, G.G. (Hrsg.) (2003): Hochschulen, Studienreform und Arbeitsmärkte. Bielefeld: Bertelsmann.

Benz, W./Kohler, J./Landfried, K. (Hrsg.) (2004): Neues Handbuch Hochschullehre. Berlin: Raabe.

Berghoff, S./Federkeil, G./Giebisch, P. (2007): CHE Hochschulranking 2007. Vorgehensweise und Indikatoren 2007. Gütersloh: CHE.
Bundesministerium für Bildung und Forschung (2008): Bundesbericht zur Förderung des wissenschaftlichen Nachwuchses (BuWiN). Bonn/Berlin: BMBF.
Bredtschneider, F./Pasternack, P. (2005) Handwörterbuch der Hochschulreform. Bielefeld: Webler.
Briedis, K. (2007): Übergänge und Erfahrungen nach dem Hochschulabschluss. Hannover: HIS
Brinckmann, H. (1998): Die neue Freiheit der Universität. Berlin: Sigma.
Brown, D./Cazalis, P./Jasmin, G. (Hrsg.) (1992): Higher Education in Federal Systems. Kingston: Institut of Intergovernmental Relations.
Büchel, F./Weisshuhn, G. (1997/98): Ausbildungsadäquate Beschäftigung der Absolventen des Bildungssystems. Teil I und II. Berlin. Duncker & Humblot.
Buck-Bechler, D./Schaefer, H.-D./Wagemann, C.-H. (Hrsg.) (1997): Hochschulen in den neuen Ländern der Bundesrepublik Deutschland. Weinheim: Deutscher Studien-Verlag
Burkhardt, A../Schomburg, H../Teichler, U. (Hrsg.) (2000): Hochschulstudium und Beruf – Ergebnisse von Absolventenstudien. Bonn: BMBF.
Cerych, L./Neusel, A./Techler, U./Winkler, H. (1981): Gesamthochschule – Erfahrungen, Hemmnisse, Zielwandel. Frankfurt a.M./New York: Campus.
Daniel, H.-D. (1998): Evaluierung der empirischen Hochschulforschung zur Evaluierung von Forschung und Lehre. In: Teichler, U./Daniel, H.-D./Enders, J. (Hrsg.): Brennpunkt Hochschule. Frankfurt a.M.: Campus, S. 11–53.
Deutsche Forschungsgemeinschaft (2006): Förder-Ranking 2006. Weinheim: Wiley-VCH.
Deutsches Institut Für Internationale Pädagogische Forschung (2008): Dritter Zwischenbericht zur Bildungsberichterstattung. Frankfurt/M.: verv.
Dill, D.D./Soo, M. (2005): Academic Quality, League Tables, and Public Policy: A Cross-National Analysis of University Ranking Systems. In: Higher Education 49, S. 495–533.
Enders, J. (2005): Wissenschaftlicher Nachwuchs in Europa. In: Zeitschrift für Pädagogik, 50. Beiheft, S. 158–169.
Enders, J./Teichler, U. (Hrsg.) (1995): Der Hochschullehrerberuf. Neuwied: Luchterhand.
Froment, E./Kohler, J./Purser, L./Wilson, L. (Hrsg.) (2006): EUA Bologna Handbook. Berlin u.a.: Raabe.
Hage, N.E. (1996): Lehrevaluation und studentische Veranstaltungskritik. Bonn: BMBWFT.
Hahn, K. (2004): Die Internationalisierung der deutschen Hochschulen. Wiesbaden: VS-Verlag
Hanft, A. (Hrsg.) (2001): Grundbegriffe des Hochschulmanagements. Neuwied/Kriftel: Luchterhand.
Hanft, A./Knust, M. (Hrsg.) (2007): Weiterbildung und lebenslanges Lernen in Hochschulen. Münster: Waxmann.
Hochschulrektorenkonferenz (Hrsg.) (2004): Bologna-Reader. Bonn: HRK.
Hochschulrektorenkonferenz (Hrsg.) (2007): Bologna-Reader II. Bonn: HRK.
Hornbostel, S. (1997): Wissenschaftsindikatoren. Opladen: Westdeutscher Verlag.
Huber, L. (Hrsg.) (1983): Ausbildung und Sozialisation in der Hochschule. Stuttgart: Klett-Cotta.
Huber, L./Wulf, M. (1989): Studium nur noch Nebensache? Freiburg i.Br.: Dreisam-Verl.
Huisman, J./van der Wende, M. (Hrsg.) (2005): On Cooperation and Competition II: Institutional Responses to Internationalisation, Europeanisation and Globalisation. Bonn: Lemmens.
Janson, K./Schomburg, H./Teichler, U. (2007): Wege zur Professur. Münster: Waxmann.
Kehm, B.M. (1999): Higher Education in Germany. Wittenberg/Bukarest: Institut für Hochschulforschung.
Kehm, B.M. (Hrsg.) (2003): Grenzüberschreitungen. Internationalisierung im Hochschulbereich. Wittenberg: Institut für Hochschulforschung.
Kehm, B.M. (2008): Hochschule im Wandel. Frankfurt a.M.: Campus.
Kehm, B.M./Lanzendorf, U. (2005): Ein neues Governance-Regime für die Hochschulen – mehr Markt und weniger Selbststeuerung. In: Zeitschrift für Pädagogik, Beiheft 50, S. 41–55.
Kehm, B.M./Huisman, J./Stensacker, B. (Hrsg.) (2009): The European Higher Education Area: Perspectives on a Moving Target. Rotterdam: Sense
Kehm, B.M./Stensacker, B. (Hrsg.) (2009): University Rankings, Diversity, and the New Landscape of Higher Education. Rotterdam: Sense
Kehm, B.M./ Mayer, E./ Teichler, U. (Hrsg.) (2008): Hochschulen in neuer Verantwortung. Bonn: Lemmens.
Kelo, M./Teichler, U./Wächter, B. (Hrsg.) (2006): EURODATA: Student Mobility in European Higher Education. Bonn: Lemmons.
Küpper, H.-U. (1997): Das Führungssystem als Ansatzpunkt für eine wettbewerbsorientierte Strukturreform von Universitäten. In: Beiträge zur Hochschulforschung. München: Bayerisches Staatsinstitut für Hochschulforschung und Hochschulplanung, S. 123–159.
Lanzendorf, U./Teichler, U. (2003): Globalisierung im Hochschulwesen – ein Abschied von etablierten Werten der Internationalisierung. In: Zeitschrift für Erziehungswissenschaft 6, S. 219–238.

Lewin, D./Lischka, I. (2004): Passfähigkeit beim Hochschulzugang als Voraussetzung für Qualität und Effizienz von Hochschulbildung. Wittenberg: HoF.
Lewin, K./Heublein, U./Ostertag, M./Sommer, D. (1998): HIS Ergebnisspiegel 1997. Hannover: HIS.
Mayer, E./Daniel, H.-D./Teichler, U. (Hrsg.) (2003). Die neue Verantwortung der Hochschulen. Bonn: Lemmens.
Mayntz, R. (Hrsg.) (1994): Aufbruch und Reform von oben. Ostdeutsche Universitäten im Transformationsprozeß. Frankfurt a.M.: Campus.
Merkens, H. (2005): Zur Wettbewerbsfähigkeit des Hochschulsystems in Deutschland. In: Zeitschrift für Pädagogik, 50. Beiheft, S. 25–40.
Müller-Böling, D./Zechlin, L./Neuwians, K./Nickel, S./Wismann, P. (Hrsg.) (1998): Strategieentwicklung an Hochschulen. Gütersloh: Bertelsmann.
Münch, R. (2007): Die akademische Elite. Zur sozialen Konstruktion wissenschaftlicher Exzellenz. Frankfurt a.M.: Suhrkamp.
OECD (2007): Bildung auf einen Blick. Bielefeld: Bertelsmann.
Oehler, C. (1998): Die Hochschulentwicklung nach 1945. (In Zusammenarbeit mit C. Bradatsch). In: Führ, C./Furck, C.-L. (Hrsg.): Handbuch der deutschen Bildungsgeschichte. Bd. VI.1. München: Beck, S. 412–446.
Oehler, C. (2000): Staatliche Hochschulplanung in Deutschland. Neuwied: Luchterhand.
Oehler, C./Webler, W.-D. (Hrsg.) (1988): Forschungspotentiale sozialwissenschaftlicher Hochschulforschung. Weinheim: Deutscher Studien Verlag.
Olbertz, J.-H./Pasternack, C. (Hrsg.) (1999): Profilbildung – Standards – Selbststeuerung. Weinheim: Deutscher Studien Verlag.
Over, A. (1988): Die deutschsprachige Forschung über Hochschulen in der Bundesrepublik Deutschland. Eine kommentierte Bibliographie 1965-1985. München: Saur.
Pasternack, P. (2006): Qualität als Hochschulpolitik. Bonn: Lemmens.
Peisert, H./Framhein, G. (1990): Das Hochschulsystem in der Bundesrepublik Deutschland. Bad Honnef: Bock.
Reichert, S./Tauch, C. (2005): Trends IV: European Universities Implementing Bologna. Brüssel: EUA.
Rosenstiel, L.von/Nerdinger, F. W./Spiess, E. (Hrsg.) (1998): Von der Hochschule in den Beruf. Göttingen: Verlag für Angewandte Psychologie.
Sadlak, J./Liu, N.C. (Hrsg.) (2007): The World-Class University and Ranking. Aiming Beyond Status. Bukarest/Cluj-Napoca: UNESCO-CEPES.
Scherrer, C./Yalcin, G. (2002): Wachsende Präsenz ausländischer Bildungsanbieter in der EU? Bildungsex- und -import in Handelsvereinbarungen der neuen GATS-Verhandlungsrunde und ihre Rückwirkungen auf das öffentliche Bildungswesen. In: Das Hochschulwesen 50, S. 128–134.
Schomburg, H./Teichler, U./Doerry, M./Mohr, J. (Hrsg.) (2001): Erfolgreich von der Uni in den Job. Regensburg: Fit for Business.
Schomburg, H./Teichler, U. (1998): Studium, Studienbedingungen und Berufserfolg. In: Teichler, U./Daniel, H.-D./Enders, J. (Hrsg.): Brennpunkt Hochschule, Frankfurt a.M.: Campus, S. 141–172.
Schomburg, H./Teichler, U. (2009): Den Bachelor schön gerechnet? In: duz Magazin 10/2009, S. 22f.
Schröder-Gronostay, M./Daniel, H.-D. (Hrsg.) (1999): Studienerfolg und Studienabbruch. Neuwied: Luchterhand.
Schwarz, S./Teichler, U. (Hrsg.) (2000): The Institutional Basis of Higher Education Research. Berlin: Springer Netherland.
Schwarz, S./Westerheijden, D.F./Rehburg, M. (Hrsg.) (2005): Akkreditierung im Hochschulraum Europa. Bielefeld: Webler.
Statistisches Bundesamt (2007): Hochschulen auf einen Blick 2007. Wiesbaden: Statistisches Bundesamt.
Stifterverband Für Die Deutsche Wissenschaft (Hrsg.) (1997): Hochschulstandort Deutschland. Sind die deutschen Universitäten international wettbewerbsfähig? Essen. Stifterverband.
Teichler, U. (Hrsg.) (1990b): Das Hochschulwesen in der Bundesrepublik Deutschland. Weinheim: Deutscher Studien Verlag.
Teichler, U. (1991): Towards a Highly Educated Society. In: Higher Education Policy, 4. Jg., S. 11–20.
Teichler, U. (2003a): Hochschule und Arbeitswelt. Frankfurt a.M.: Campus.
Teichler, U. (2003b): Sachstand und institutionelle Basis der Hochschulforschung in Deutschland. In: Gunkel, S./ Freidank, G./Teichler, U. (Hrsg.): Directory der Hochschulforschung. Bonn: HRK, S. 9-23
Teichler, U. (2005a): Hochschulstrukturen im Umbruch. Frankfurt a.M.: Campus.
Teichler, U. (2005b): Hochschulsysteme und Hochschulpolitik. München/Münster: Waxmann.
Teichler, U. (2005c): Research on Higher Education in Europe. In: European Journal of Education 40, S. 447–469.
Teichler, U. (2007a) Higher Education Systems. Rotterdam/Taipei: Sense.
Teichler, U. (2007b): Die Internationalisierung der Hochschulen. Frankfurt a.M.: Campus.
Teichler, U./Buttgereit, M. (Hrsg.) (1992): Hochschulabsolventen im Beruf. Honnef: Bock.

Van Der Wende, M. (1997): Missing Links: The Relationships between National Policies for Internationalisation and Those for Higher Education in General. In: Kälvemark, T./van der Wende, M. (Hrsg.): National Policies for the Internationalisation of Higher Education in Europe. Stockholm: National Agency for Higher Education, S. 10–41.

Weingart, P./Taubert, N.C. (Hrsg.) (2006): Das Wissensministerium. Ein halbes Jahrhundert Forschungs- und Bildungspolitik in Deutschland. Weilerswist: Velbrück.

Witte, J. (2006): Change of Degree and Degrees of Change. Enschede: Univ. Diss.

Ziegele, F. (2002): Reformansätze und Perspektiven der Hochschulsteuerung in Deutschland. In: Beiträge zur Hochschulforschung 24, S. 106–121.

Zimmer, A./Krimmer, H./Stallmann, F. (2007): Frauen an Hochschulen: Winners Among Losers. Opladen. Leske + Budrich.

Zimmermann, K./Kamphans, M./Metz-Göckel, S. (Hrsg.) (2008): Perspektiven der Hochschulforschung. Wiesbaden. VS Verlag.

Christian Lüders | Andrea Behr-Heintze

Außerschulische Jugendbildung

Wenn man an Bildungsprozesse im Kindes- und Jugendalter denkt, fiel einem – zumindest im deutschsprachigen Raum – bis vor kurzem als erstes die Schule ein. Das hat sich in den letzten Jahren erheblich geändert. Verantwortlich dafür waren vor allem auf der einen Seite der 12. Kinder- und Jugendbericht der Bundesregierung (vgl. Deutscher Bundestag 2005) und – zumindest im Ansatz, indem er den Blick auch auf nonformale Lernwelten im Schulalter lenkte – der im Auftrag der Ständigen Kultusministerkonferenz der Länder und dem Bundesministerium für Bildung und Forschung durchgeführte Bericht „Bildung in Deutschland" (vgl. Konsortium Bildungsberichterstattung 2006, S. 47ff.). Beide Berichte erweiterten das bislang weitgehend auf die Schule konzentrierte Verständnis, wenn von Bildungsprozessen im Kindes- und Jugendalter die Rede war, indem sie einerseits die Bedeutung der vorschulischen Bildung betonten, andererseits die Vielfalt der Bildungsorte und der Formen der Bildung außerhalb der Schule zum Thema machten.

So erfreulich diese Weitung des Blicks auch ist, so sind damit zugleich auch neue Herausforderungen verbunden. Denn ein Blick in beide Berichte macht deutlich, dass vor allem das Thema außerschulische Bildungsprozesse im Jugendalter – im vorschulischen Bereich sieht die Lage etwas besser aus – bislang nur näherungsweise empirisch zu fassen ist. Beide Berichte nähern sich, mangels ausreichend belastbarer empirischer Daten, dem Thema vor allem über Strukturaspekte. Teilnehmerzahlen und Rahmenbedingungen werden soweit als möglich dokumentiert, Arbeitsansätze und Konzepte beschrieben. Die Bildungsprozesse selbst und ihre Resultate bleiben weitgehend im Dunkeln.

Genau an dieser Stelle setzen Versuche an, außerschulische Bildungsprozesse gleichsam über Umwege empirisch zu beschreiben, um damit dem erweiterten Blick nach dem Motto „Bildung ist mehr als Schule" (vgl. Bundesjugendkuratorium/Sachverständigenkommission 11. Kinder- und Jugendbericht/AGJ 2002) auch empirisch Evidenz zu verleihen. So wurde z.B. in einer vor kurzem veröffentlichten Studie der Versuch unternommen, die Bedeutung von informellen Bildungsprozessen aufseiten ehemals ehrenamtlich engagierter Jugendlicher mithilfe eines retrospektiven Zuganges empirisch zu beschreiben (vgl. Düx/Prein/Sass/Tully 2008).

Fasst man diese Entwicklungen und Bemühungen der letzten Jahre zusammen, entsteht gegenüber dem schulisch geprägten Verständnis von Bildung eine deutlich andere Szenerie: „Bildungsprozesse von Kindern und Jugendlichen finden an unterschiedlichen Bildungs- und Lernorten statt, da Bildungsprozesse keine institutionellen Grenzen kennen, sich zeitlich, räumlich und sozial nicht eingrenzen lassen." (Deutscher Bundestag 2005, S. 91). Um die damit sich andeutende Vielfalt zu sortieren, hat die Sachverständigenkommission für den 12. Kinder- und Jugendbericht vorgeschlagen, zwischen Bildungsorten und Lernwelten zu unterscheiden.

„Von Bildungsorten im engeren Sinne wäre vor allem dann zu sprechen, wenn es sich um lokalisierbare, abgrenzbare und einigermaßen stabile Angebotsstrukturen mit einem expliziten oder zumindest impliziten Bildungsauftrag handelt. Sie sind eigens als zeit-räumliche Angebote geschaffen worden, bei denen infolgedessen der Angebotscharakter überwiegt. Im Unterschied zu Bildungsorten sind Lernwelten weitaus fragiler, nicht an einen geografischen Ort gebunden, sind zeit-räumlich nicht eingrenzbar, weisen einen weitaus geringeren Grad an Standardisierung auf und haben auch keinen Bildungsauftrag. Von ihrer Funktion her handelt es sich bei ihnen eher um institutionelle Ordnungen mit anderen Aufgaben, in denen Bildungsprozesse gewissermaßen nebenher zustande kommen" (Deutscher Bundestag 2005, S. 91).

Folgt man diesem Vorschlag, wären Schule, Kindergärten, Angebote der Jugendarbeit oder der beruflichen Bildung als Bildungsorte zu verstehen, während die selbst organisierte Gleichaltrigengruppe oder das Surfen im Internet als Lernwelten gelten könnten (vgl. ebd., S. 92).

Bildung wird dabei verstanden als ein aktiver Prozess, in dem sich das Subjekt eigenständig und selbsttätig in der Auseinandersetzung mit der sozialen, kulturellen und natürlichen Umwelt bildet. Bildung des Subjekts in diesem Sinne braucht folglich Bildungsgelegenheiten durch eine bildungsstimulierende Umwelt und durch die Auseinandersetzung mit Personen. Bildung erfolgt dabei in einem Ko-Konstruktionsprozess zwischen einem lernwilligen Subjekt und seiner sozialen Umwelt (vgl. Deutscher Bundestag 2005, S. 83).

Vor diesem Hintergrund soll im Folgenden versucht werden, zunächst einen ersten Überblick über die außerschulischen Bildungsorte zu geben. Dabei wird zunächst auf das breite Spektrum der institutionellen Angebote und Strukturen im Bereich der Jugendarbeit eingegangen.[1] Üblicherweise wird bei dem Thema vernachlässigt, dass außerschulische Jugendbildung auch ein Moment der Praxis der Hilfen zu Erziehung, also z.B. in Heimen und in Wohngruppen, darstellt.[2] Nach der Darstellung der gesetzlichen Grundlagen (1) soll deshalb zunächst das Feld der themenbezogenen und offenen Formen der außerschulischen Jugendbildung dargestellt werden. Ergänzt wird diese Darstellung durch einen kurzen Blick in den Bereich der Hilfen zur Erziehung und des erzieherischen Kinder- und Jugendschutzes (2). In dem abschließenden Abschnitt soll der Blick dann auf den Stand der Forschung gelenkt werden (3). Im Zentrum steht die Darstellung der institutionellen Strukturen. Über das methodische Vorgehen bzw. die für die Felder typischen Arbeitsformen informieren entsprechende Literaturhinweise.

---

1   Der Logik dieses Handbuches folgend konzentriert sich der Beitrag auf den Aspekt der außerschulischen Jugendbildung und Jugendhilfe. Damit wird ein Zuschnitt gewählt, der zum einen die Kindheit (vgl. hierzu ausführlich Bundesministerium für Familie, Senioren, Frauen und Jugend 1998), zum anderen die jungen Erwachsenen ausblendet. Jugendsoziologisch betrachtet muss dieser Zuschnitt unweigerlich zu Problemen führen, weil schon lange bekannt ist, dass angesichts der Entstrukturierung der Jugendphase Anfang und Ende von „Jugend" unscharf, die Übergänge fließend und die Zugehörigkeiten wählbar geworden sind. Der folgende Beitrag entzieht sich dieser Problematik und den damit einhergehenden Definitionsproblemen insofern, indem er sich auf Angebote, Strukturen und Institutionen und die darauf bezogenen Fachdiskussionen und Forschungen beschränkt, in denen außerschulische Bildungsangebote vornehmlich für Jugendliche organisiert werden.
2   Aus Gründen der Vollständigkeit muss darauf hingewiesen werden, dass außerschulische Bildung Jugendlicher auch im Rahmen der Aus-, Weiter- und Fortbildung und – was wiederum immer wieder übersehen wird – der Jugendberufshilfe (vgl. Braun 2008 in diesem Band) stattfindet.

1 Gesetzliche Grundlagen

Aus der Sicht des Gesetzgebers gehört außerschulische Jugendbildung zum Bereich Jugendarbeit und ist deshalb im Kinder- und Jugendhilfegesetz (KJHG = SGB VIII) verankert. Dort wird im §11 festgelegt:

„(1) Jungen Menschen sind die zur Förderung ihrer Entwicklung erforderlichen Angebote der Jugendarbeit zur Verfügung zu stellen. Sie sollen an den Interessen junger Menschen anknüpfen und von ihnen mitbestimmt und mitgestaltet werden, sie zur Selbstbestimmung befähigen und zu gesellschaftlicher Mitverantwortung und zu sozialem Engagement anregen und hinführen.

(2) Jugendarbeit wird angeboten von Verbänden, Gruppen, Initiativen der Jugend und anderen Trägern der Jugendarbeit und den Trägern der öffentlichen Jugendhilfe. Sie umfasst für Mitglieder bestimmte Angebote, die offene Jugendarbeit und gemeinwesenorientierte Angebote.

(3) Zu den Schwerpunkten der Jugendarbeit gehören:
  1. außerschulische Jugendbildung mit allgemeiner, politischer, sozialer, gesundheitlicher, kultureller, naturkundlicher und technischer Bildung
  2. Jugendarbeit in Sport, Spiel und Geselligkeit
  3. arbeitswelt-, schul- und familienbezogene Jugendarbeit
  4. internationale Jugendarbeit
  5. Kinder- und Jugenderholung
  6. Jugendberatung

(4) Angebote der Jugendarbeit können Personen, die das 27. Lebensjahr vollendet haben, in angemessenem Umfang einbeziehen."

Mit diesen gesetzlichen Vorgaben entspricht der Gesetzgeber dem spätestens seit den siebziger Jahren weithin anerkannten Selbstverständnis von Jugendarbeit als drittem Sozialisationsort für Kinder und Jugendliche neben Elternhaus und Schule bzw. als viertem Sozialisationsort, wenn man die berufliche Ausbildung miteinbezieht. Mit der starken Betonung der Interessen von Kindern und Jugendlichen, an die es anzuknüpfen gilt, dem expliziten Verweis auf Mitbestimmung und Mitgestaltung und die gesetzliche Vorgabe, Kinder und Jugendliche „zur Selbstbestimmung zu befähigen und zu gesellschaftlicher Mitverantwortung und zu sozialem Engagement anzuregen und hinzuführen" (§11 KJHG), werden zentrale Aspekte eines modernen Verständnisses von Jugendarbeit aufgenommen. Das Gesetz denkt dabei – wie in Absatz 2 erkennbar – sowohl an die verbandliche Jugendarbeit mit der starken Betonung der Mitgliedschaft[3] als auch an die offene Jugendarbeit, wie sie üblicherweise in Jugendclubs, Häusern der offenen Tür, Freizeitheimen u.ä. angeboten wird. Kennzeichnend für diese Praxis ist, dass sie vor allem unorganisierten sowie informellen Gruppen, aber auch einzelnen Jugendlichen offen

---

3   Die meisten Jugendverbände sind auf kommunaler Ebene in den Kreisjugendringen, auf Landesebene in den Landesjugendringen und auf Bundesebene im Deutschen Bundesjugendring (DBJR) organisiert. Aktuelle Übersichten über die im DBJR organisierten Verbände sind bei der Geschäftsstelle erhältlich oder auf der Homepage des DBJR (www.dbjr.de) zugänglich; gute Überblicke liefern auch die Homepages der Landesjugendringe (z.B. Bayerischer Jugendring: www.bjr.de; Hessischer Jugendring: http://www.hessischer-jugendring.de/; Kinder- und Jugendring Sachsen: http://www.kjrs-online.de/; vgl. auch als Überblick, obwohl derzeit vergriffen und zu Teilen überholt, Böhnisch/Gängler/Rauschenbach 1991).

steht, dass sie weltanschaulich und politisch neutral ist, ein breites Spektrum an Freizeitbeschäftigungen anbietet und sich dabei weitgehend an den Interessen der Besucher orientiert (vgl. Deinet/Sturzenhecker 2005).

Neben diesen beiden Formen der Jugendarbeit betont das Gesetz das breite Spektrum der Anbieter, von den Verbänden und anderen Trägern der Jugendarbeit – also z.B. Jugendorganisationen und Erwachsenenverbänden, aber auch Städten und Gemeinden ohne eigenes Jugendamt – bis hin zu den Trägern der öffentlichen Jugendhilfe, also den Jugendämtern. Ausdrücklich erwähnt werden Gruppen und Jugendinitiativen, womit auch selbstorganisierte Formen der Jugendarbeit unter bestimmten Bedingungen zu Anbietern außerschulischer Jugendarbeit werden können. Betont wird mit dieser Aufzählung die Pluralität der Trägerstruktur und Organisationsformen (vgl. Wiesner 2006, S. 207) – eine Besonderheit und Stärke dieses Feldes und vermutlich einer der wichtigsten institutionellen Unterschiede zum staatlichen Schulsystem.

Bei der aufgeführten Liste handelt es sich aus der Sicht des Gesetzgebers um einen offenen Katalog und keine abschließende Aufzählung. Während der Begriff *Jugendbildung* nicht selten synonym zu dem Begriff *Jugendarbeit* verwendet wird, betonen Wiesner, Fegert, Mörsberger, Oberloskamp und Struck in ihrem Kommentar zum Kinder- und Jugendhilfegesetz (KJHG), dass der Begriff *Jugendbildung* im Gesetz „in einem engeren Sinne angelegt ist als Vermittlung der aufgeführten Inhalte auf der Grundlage eines didaktisch/methodischen Konzepts, z.B. in Bildungsstätten, Seminaren etc." (Wiesner 2006, S. 209). Dieses Begriffsverständnis ist insofern folgenreich, als z.B. die Zeltlager einer Pfadfindergruppe oder die Freizeitangebote eines Jugendclubs, z.B. in Form eines Streetball-Turniers, eines Werknachmittags oder eines Discoabends zwar durchaus bildende Effekte haben können, jedoch nicht als Jugendbildung im engen Sinne des Gesetzes zu verstehen wären.

Unabhängig davon machen die Formulierungen des Gesetzes deutlich, dass Jugendarbeit einen eigenständigen Bildungsauftrag hat, der sich deutlich von dem der Schule unterscheidet und der durch spezifische Formen und Methoden geprägt ist. Dabei kann die Jugendarbeit Themen in anderer Form anbieten, die auch in der Schule bearbeitet werden, ihre eigentliche Stärke liegt aber vor allem in jenen Themenfeldern, die üblicherweise in der Schule nicht vorkommen bzw. von ihr konsequent vernachlässigt werden, also vor allem im musischen, politischen, technischen, handwerklichen und sportlichen Bereich.

Es würde allerdings zu kurz greifen, würde man den Bereich der außerschulischen Jugendbildung auf Grund der expliziten Erwähnung im Gesetz allein auf den Bereich der §§11 und 12 (Förderung der Jugendverbände) KJHG beschränken. Mindestens erwähnt werden muss, dass sowohl im §13 KJHG für den Bereich der Jugendsozialarbeit und im §22 KJHG in den „Grundsätzen der Förderung" von Kindern in Tageseinrichtungen ausdrücklich Bildung als Aufgabe der Arbeit in diesen jeweiligen Feldern genannt wird.

Während mittlerweile weitgehend Konsens darin besteht, dass einerseits die vorschulischen Angebote der Kindertagesbetreuung bzw. Tagepflege und andererseits die gerade kurz vorgestellten außerschulischen Angebote der Jugendarbeit in ihren verschiedenen Varianten als Bildungsorte im Sinne des 12. Kinder- und Jugendberichtes der Bundesregierung zu verstehen sind, gilt dies für andere Felder der Kinder- und Jugendhilfe nicht im gleichen Maße. Verwiesen sei exemplarisch auf den erzieherischen Kinder- und Jugendschutz (§14 KJHG), den großen Bereich der „Hilfen zur Erziehung" (§§27-35 KJHG) einschließlich der Eingliederungshilfen für seelisch behinderte Kinder und Jugendliche (§35a KJHG), die Hilfen für junge Volljährige (§41 KJHG) bis zu den Beistandschaften, Pflegschaften und Vormundschaften in ihren heute vertrauten gesetzlichen Grundlagen, institutionellen Verfasstheiten und Praxisformen. Für diese Bereiche gilt, dass ihrem Selbstverständnis nach sie eher erzieherisch bzw. pädagogisch angelegt sind und der Bildungsbegriff nicht leitend für ihr Selbstverständnis ist. Insofern ist es zunächst konsequent, dass sie auch als Bildungsorte weder im 12. Kinder- und Jugendbericht noch im Nationalen Bildungsbericht eigens gewürdigt werden. Wenn aber andererseits unter Bildung die Ermöglichung „individueller Regulationsfähigkeit", Humanressourcen und gesellschaftlicher Teilhabe und Chancengleichheit verstanden wird, wie dies der Nationale Bildungsbericht vorschlägt (vgl. Konsortium Bildungsberichterstattung 2006, S. 2), oder wenn man Bildung im Sinne des 12. Kinder- und Jugendberichtes versteht als einen Prozess des Aufbaus und der Vertiefung von Kompetenzen in den vier Weltbezügen kulturell, materiell-dinglich, sozial und subjektiv (vgl. Deutscher Bundestag 2005, S. 85ff.), dann gibt es keinen Grund, die zuletzt genannten Handlungsfelder der Kinder- und Jugendhilfe nicht auch als Bildungsorte zu verstehen. Denn unter diesem Blickwinkel erweist sich jede Heimgruppe, jeder soziale Trainingskurs oder jedes Angebot des erzieherischen Jugendschutzes, das auf die Ausbildung von individuellen Schutzfaktoren abzielt, selbstverständlich als ein Bildungsort. Auch wenn im Gesetz nicht jedes Mal auf den Bildungsbegriff ausdrücklich Bezug genommen wird, so können z.B. die heute allerorten antreffbare Praxis der Heimerziehung oder der Sozialen Gruppenarbeit immer auch als Formen der Organisation von Bildungsprozessen, also als außerschulische Jugendbildung, gelesen werden (vgl. hierzu für den Bereich Heimerziehung z.B. Winkler 1999; für den Bereich Hilfen zur Erziehung Winkler 2001; Faltermeier 2002). Es sei dahin gestellt, ob diese Lesart dem bisherigen Selbstverständnis dieser Praxisfelder Wesentliches hinzufügen oder neue Perspektiven zu eröffnen vermag; in dem hier anstehenden Zusammenhang ist zunächst nur von Bedeutung, dass der seit jüngerem vorherrschende erweiterte Blick auf Bildung im Jugendalter über die Schule hinaus auf die Jugendarbeit immer noch ein Stückchen zu kurz greift.

2 Außerschulische Jugendbildung – Versuch eines Überblicks

2.1 Schwierigkeiten

Versucht man die zuvor auf der Basis des Kinder- und Jugendhilfegesetzes umrissenen außerschulischen Bildungsorte im Jugendalter für eine Überblicksdarstellung zu ordnen, wird schnell sichtbar, dass dies nicht problemlos möglich ist. Ein weithin anerkanntes und plausibles Ordnungsschema gibt es nicht und der Grund dafür liegt in der Sache selbst. Der Begriff außerschulische Jugendbildung, wenn man sie im eben skizzierten Sinne versteht, bündelt ganz heterogene Praxisfelder, Institutionen, Arbeitsformen und Zielgruppen, zum Teil gegen das professionelle Selbstverständnis der in diesen Feldern beruflich Tätigen. Eine Folge davon ist, dass nicht nur – je nach zugrundegelegtem Blickwinkel – systematische Zuordnungsprobleme, sondern auch Diskrepanzen zwischen den theoretischen Perspektiven und den Selbstbeschreibungen der Felder entstehen. Zwei Beispiele mögen dies verdeutlichen. Zunächst läge es nahe, entlang des Gesetzestextes bei der außerschulischen Jugendbildung zwischen „allgemeinen, politischen, sozialen, gesundheitlichen, kulturellen, naturkundlichen und technischen" Bildungsangeboten zu unterscheiden. Versucht man diese Auflistung auf die bestehenden Institutionen zu übertragen, zeigt sich, dass es in einigen Bereichen Entsprechungen gibt, in anderen Bereichen es aber Mühe macht, entsprechend spezialisierte Einrichtungen und Angebotsstrukturen zu identifizieren. So gibt es ein breites Angebot im Bereich der politischen Bildung. Konfessionell und gewerkschaftlich geprägte Bildungsträger (z.b. in Form von Akademien) gehören hierzu ebenso wie die Bildungswerke der Wirtschaft, die Bundes- und Landeszentralen für politische Bildung, viele Angebote der Volkshochschulen, der Jugendverbände und die politischen Stiftungen. Es gibt landes- und bundesweit tätige Dachverbände, eigene Publikationsorgane und ein breites Spektrum an Angeboten und Aktivitäten bis hinein in das Internet. Schon bei dieser Aufzählung wird deutlich, dass viele dieser Angebote sich keineswegs exklusiv an Jugendliche richten, obwohl die meisten Träger rein jugendbezogene Angebote offerieren. Lenkt man jedoch den Blick nicht nur auf die Einrichtungen, die sich gleichsam explizit der Aufgabe der politischen Bildung verschrieben haben, sondern z.B. auf die vielfältigen Angebote der verbandlichen Jugendarbeit, verliert der Begriff der *politischen Bildung* bald seine Konturen. Dann wird sichtbar, dass politische Bildung auch ganz andere Formen annehmen kann, nämlich als selbstverständlich gelebte und praktizierte innerverbandliche Demokratie und Mitgestaltung des eigenen Alltages in der Freundesgruppe, wie dies z.B. in dem Prinzip der selbstorganisierten Kleingruppe Gleichaltriger mit einem gewählten Sprecher auf Zeit zum Ausdruck kommt (siehe dazu auch unten).

Hinzu kommt noch, dass man hinsichtlich der organisatorischen Verfasstheit des Feldes analoge Strukturen z.B. im Bereich der kulturellen Jugendbildung finden kann, dass man aber auf erhebliche Schwierigkeiten stoßen würde, wenn man z.B. die im Gesetz erwähnten Bereiche soziale und gesundheitliche Bildung unter dieser Perspektive beschreiben wollte. Für den Bereich der gesundheitlichen Bildung gibt es zwar die Bundeszentrale für gesundheitliche Aufklärung (BZgA), eine Vielzahl von Beratungsstellen und Kampagnen (z.B. zur Aidsprävention, zur Vermeidung von Essstörungen, zur Förderung gesunder Ernährung und mehr Bewegung, zur Vermeidung von Alkohol- und Drogenmissbrauch), aber keine sonstigen eigenständigen Träger im Bereich der Arbeit mit Jugendlichen;[4] und soziale Bildung findet gleichsam überall statt, mit der Folge, dass man sie auf der institutionellen Ebene kaum zu fassen bekommt. Vor ganz analogen Schwierigkeiten steht man, wenn man den immer wichtiger werdenden Bereich der interkulturellen Jugendarbeit sortieren möchte. Zum Teil unmittelbar an Konzepte aus der politischen und kulturellen Bildung anknüpfend, sich zugleich aber zunehmend zu einem eigenständigen Praxisfeld mit heterogenen Bezügen zu den verschiedenen Gruppen von Jugendlichen mit Migrationshintergrund entwickelnd, lässt sich dieses Praxisfeld nur mit Mühe einordnen (vgl. für den Bereich Kinder- und Jugendarbeit Bibouche 2006).

Ein anderes systematisches Problem, eine Ordnung der Praxis außerschulischer Jugendbildung zu beschreiben, macht das zweite Beispiel deutlich. Wenn man z.B. die Hilfen zur Erziehung, nicht nur auf Grund der gesetzlichen Grundlagen, sondern im Horizont eines entsprechenden Bildungsverständnisses, wie es vor allem der 12. Kinder- und Jugendbericht angeboten hat (vgl. ebd., S. 80 ff.), begreift, dann steht dieses Verständnis in einen gewissen Kontrast zu dem allgemein verbreiteten Selbstverständnis der in diesem Feld professionell Tätigen. Denn in deren Bewusstsein und in der professionellen Selbstbeschreibung des Feldes spielt der Bildungsbegriff seit den Veröffentlichungen des Bundesjugendkuratoriums (vgl. Münchmeier/Otto/Rabe-Kleberg 2002; Bundesjugendkuratorium/Sachverständigenkommission 11. Kinder- und Jugendbericht/AGJ 2002) und dem 12. Kinder- und Jugendbericht der Bundesregierung (vgl. Deutscher Bundestag 2005) zwar zunehmend eine Rolle; eine systematische

---

4 Eine Darstellung der Leistungen der Jugendhilfe im Bereich gesundheitsbezogener Prävention und Gesundheitsförderung wird im Rahmen des 13. Kinder- und Jugendberichtes der Bundesregierung erfolgen (vgl. Deutscher Bundestag 2009).

Auseinandersetzung mit dem Bildungsbegriff und mit dem 12. Kinder- und Jugendbericht, der allerdings nicht eigens systematisch auf die Hilfen zu Erziehung einging, blieb jedoch bislang weitgehend aus. Erziehungswissenschaftliche und philosophische Bildungstheorien wie auch das Bildungssystem als Ganzes erscheinen, von wenigen Ausnahmen abgesehen in der Selbstwahrnehmung der sozialpädagogischen Praxis nach wie vor als fremde Welten. Zwar gibt es in jüngerer Zeit verstärkt – etwa im Kontext der Diskussion um die Ganztagsschule (vgl. z.B. Wissenschaftlicher Beirat für Familienfragen 2006) – intensive Bemühungen um eine bessere Zusammenarbeit zwischen Schule und Kinder- und Jugendhilfe; dies ändert jedoch wenig daran, dass die Diskussion um schulische Bildung bislang nur punktuell Eingang in die Kinder- und Jugendhilfe fand und dass die Diskussion in der Kinder- und Jugendhilfe vonseiten der etablierten Bildungstheorie – wiederum von wenigen Ausnahmen abgesehen – kaum rezipiert wird. Immerhin finden sich verstärkt Bemühungen die sozialpädagogische Reflexion bildungstheoretisch anzuregen und Querbezüge herzustellen (vgl. z.B. stellvertretend für viele andere Winkler 1988; die Beiträge in Rauschenbach/Thole 1998; Otto/Rauschenbach 2004; Otto/Oelkers 2006).

Mit anderen Worten: Ein Überblick über das Feld der außerschulischen Jugendbildung muss mit einer Reihe von Unschärfen und Begründungsverpflichtungen fertig werden. Vor diesem Hintergrund soll im Folgenden der Versuch unternommen werden, ohne Anspruch auf Vollständigkeit zentrale Bereiche der außerschulischen Jugendbildung exemplarisch vorzustellen. Dabei wird gleichsam ein Weg vom Evidenten zum Verborgenen beschritten. Beginnend mit Formen der außerschulischen Jugendbildung, die diese Aufgabe in der Selbstbeschreibung enthalten, über Formen von Bildungsprozessen in der Jugendarbeit, deren Sichtbarmachung schon eigene Beschreibungen erfordert, bis hin zu Angeboten der Hilfen zur Erziehung, für die charakteristisch ist, dass ihre Bildungsgehalte gleichsam gegen die Selbstbeschreibungen des Feldes argumentativ begründet werden müssen.

2.2 Größenordnungen

Für den Bereich der außerschulischen Jugendbildung im engeren Sinne liegen nur vergleichsweise, etwa im Vergleich zur Kindertagesbetreuung oder Hilfen zu Erziehung, wenige Überblicksdaten vor – und diese auf Grund des Erhebungsrhythmus nicht immer auf dem aktuellen Stand. Am wichtigsten sind dabei trotz einiger Probleme (vgl. hierzu ausführlich Thole 1997) nach wie vor die Daten der amtlichen Kinder- und Jugendhilfestatistik.[5] Ihr zu Folge wurden 2004 bundesweit 36.955 Maßnahmen im Bereich der außerschulischen Jugendbildung durchgeführt, an denen 1.386.358 Kinder und Jugendliche teilnahmen (vgl. Statistisches Bundesamt 2005). In den Erläuterungen des Statistischen Bundesamtes gehören zur außerschulischen Jugendbildung „insbesondere Maßnahmen zur allgemeinen, politischen, arbeitsweltbezogenen, musischen, kulturellen, sozialen und sportlichen Bildung" (Statistisches Bundesamt 1998, S. 56). 2006 gab es bundesweit 253 Jugendtagungs- und Jugendbildungsstätten, in denen 2.153 Personen tätig waren (vgl. Statistisches Bundesamt 2008).

Auf der Ebene des Bundes werden die Träger der außerschulischen Jugendbildung aus den Mitteln des Kinder- und Jugendplanes des Bundes gefördert. Für den Bereich der Politischen Bildung wurde dafür 2007 knapp 10,8 Mio. EUR, für die Kulturelle Bildung etwa 6,9 Mio.

---

5   Die Zusammenstellung der Daten des Statistischen Bundesamtes und die Darstellung des Trends stammen von Dr. Jens Pothmann von der Arbeitsstelle Kinder- und Jugendhilfestatistik an der Universität Dortmund.

EUR, für die Soziale Bildung 19,3 Mio. EUR und für die Jugendverbandsarbeit 14,9 Mio. EUR aufgewendet. Damit sind aber nur die Ausgaben für die bundeszentralen Träger ausgewiesen. Außerschulische Jugendbildung wird darüber hinaus durch die Länder und Kommunen öffentlich gefördert. Die Ausgaben für Maßnahmen der außerschulischen Jugendbildung insgesamt betrugen 2006 107,0 Mio. EUR. Rückblickend sind für die 1990er-Jahre diesbezüglich starke Schwankungen zu beobachten. Das Ausgabenvolumen für die besagten Maßnahmen variierte mitunter von einem Jahr auf das andere zwischen ca. 90 Mio. und 110 Mio. EUR. Seit 2002 sind hingegen weitaus geringere Veränderungen des Ausgabenvolumens für Maßnahmen der außerschulischen Jugendbildung zu konstatieren. Jährlich – wenn auch zuletzt mit fallender Tendenz – wird seitens der öffentlichen Hand hierfür ein Betrag von etwa 110 Mio. EUR aufgewendet (vgl. Statistisches Bundesamt 2007).

Folgt man den Daten der amtlichen Statistiken zur Kinder- und Jugendhilfe, so wurden 2005 alles in allem 641.842 Leistungen der Hilfen zur Erziehung von jungen Menschen und deren Familien in Anspruch genommen. Hierzu gehören die Erziehungsberatung (309.357 Fälle), ambulante familienunterstützende und -ergänzende Leistungen – z.B. Erziehungsbeistandschaften, sozialpädagogische Familienhilfen – (187.088) sowie familienersetzende Maßnahmen im Rahmen von Vollzeitpflege, Heimerziehung und betreuten Wohnformen (145.397). Für die Durchführung dieser Leistungen werden jährlich etwas mehr als 5 Mrd. EUR (zuletzt 2006: 5,3 Mrd. EUR) vor allem von den Kommunen ausgegeben. Das entspricht in etwa einem Viertel des Kinder- und Jugendhilfeetats für die Bundesrepublik. Insgesamt waren Ende 2006 knapp 62.000 Beschäftigte, in der Regel Sozialarbeiter und Sozialarbeiterinnen, Sozialpädagogen und Sozialpädagoginnen und Erzieher bzw. Erzieherinnen, auf etwa 47.000 Stellen in den Handlungsfeldern der Hilfen zur Erziehung beschäftigt.

Stellt man die Daten Mitte der 2000er-Jahre denen Mitte der ersten Hälfte der 1990er-Jahre gegenüber, so wird die erhebliche Ausweitung dieses Feldes in den letzten Jahren deutlich. Folgende Befunde belegen dies:

- Das Volumen der innerhalb eines Jahres in Anspruch genommenen Hilfen ist von zusammengenommen rund 476.000 im Jahre 1995 auf die besagten knapp 642.000 Leistungen im Jahre 2005 gestiegen (+35%). Diese Entwicklung geht in erster Linie auf eine Zunahme der ambulanten Leistungen, im benannten Zeitraum von ca. 93.700 auf nicht ganz 187.100 Leistungen, sowie auf die Erziehungsberatungen zurück. Die Zahl der familienersetzenden Hilfen, also die Aufsummierung von Maßnahmen der Vollzeitpflege und der Heimerziehung, ist hingegen von knapp 152.500 auf nicht ganz 145.400 zurückgegangen.
- Die finanziellen Aufwendungen sind zwischen 1993 und 2006 von rund 3,5 Mrd. EUR auf die besagten ca. 5,3 Mrd. EUR um ca. 52% angewachsen. Bezogen auf die Bevölkerungsgruppe der unter 21-Jährigen heißt dies, dass rein statistisch noch 1993 durchschnittlich 191 EUR pro Person ausgegeben wurden, während es 2006 bereits 310 EUR gewesen sind. Allerdings ist zwischen 2005 und 2006 erstmalig seit Inkrafttreten des KJHG 1990/91 keine nominale Zunahme bei den finanziellen Aufwendungen zu konstatieren.

2.3 Außerschulische Jugendbildung – ausgewählte Felder

Versucht man vor dem oben dargestellten Hintergrund das Feld der außerschulischen Jugendbildung zu sortieren, bietet sich als ein erster Zugang eine Unterscheidung entlang der gesetzlichen Vorgaben zwischen den verschiedenen Angeboten der Jugendarbeit (im Sinne des ersten Abschnittes des KJHG) von den anderen Angeboten, dabei vor allem den Hilfen zu Erziehung (im Sinne des vierten Abschnittes des KJHG) an.[6]

Geht man einen Schritt weiter, ist es für das Verständnis der verschiedenen Bildungsorte im Bereich Jugendarbeit hilfreich, zwischen themenbezogenen und offenen Angeboten zu differieren.[7] Als *themenbezogene* Angebote werden hier alle Formen der Jugendbildung bezeichnet, die sich ihrem Selbstverständnis nach auf bestimmte Bildungsinhalte konzentrieren und sie methodisch gezielt vermitteln. Hierzu gehören beispielsweise die Einrichtungen und Angebote der politischen, kulturellen oder technischen Bildung. Als *offen* werden all jene Angebote bezeichnet, die sich ihrem eigenen Selbstverständnis nach nicht auf spezifische Bildungsinhalte festlegen. Diese Unterscheidung hilft, einen ersten Weg durch die Vielfalt der Angebote zu finden; sie ist aber insofern irreführend, weil diese Sortierung es nahe legen könnte, dass thematische Angebote sich nur auf ihre jeweiligen Gegenstände beschränken würden. Die Realität jedoch ist weitaus vielfältiger, mit der Folge, dass manche Veranstaltung, z.B. der politischen oder kulturellen Jugendbildung, wenn man sich die Inhalte, Arbeitsformen, Zielgruppen und Ergebnisse ansieht, auch bei näherem Hinsehen kaum von den Angeboten eines x-beliebigen Jugendverbandes zu unterscheiden ist (als Überblick zur Kinder- und Jugendarbeit vgl. Thole 2000; Cloos/Köngeter/Müller/Thole 2007).

2.3.1 Themenbezogene Angebote der außerschulischen Jugendbildung

Lenkt man den Blick auf die themenbezogenen Formen der außerschulischen Jugendbildung, rücken auf der einen Seite zunächst die beiden Bereiche politische und kulturelle Jugendbildung in den Vordergrund der Aufmerksamkeit.[8] Dies ist keineswegs zufällig – auch wenn jeweils andere Gründe ausschlaggebend sind. Der hohe Stellenwert der politischen Bildung basiert vor allem auf dem nach wie vor bestehenden Konsens, dass politische Bildung Jugendlicher eine unverzichtbare Aufgabe sei, und zwar unabhängig davon, wie man die Gesellschaft der Bundesrepublik beschreibt, als Parteiendemokratie, als Mediendemokratie, als Zivil- bzw. Bürgergesellschaft, als Sozialstaat oder Wissensgesellschaft, als zweite Moderne oder Multioptionsgesellschaft, um nur ein paar der derzeit verbreiteten Etiketten zu zitieren. Zwar ergeben

---

6   Angemerkt sei, dass diese auf den ersten Blick plausible Trennung an einer Stelle insofern ein Problem erzeugt, als der erzieherische Jugendschutz Bestandteil des ersten Abschnittes des KJHG ist (§ 14 KJHG).
7   Zur Jugendsozialarbeit als Bildungsort siehe Braun, Reißig und Skobanek 2008 in diesem Band.
8   Politische, aber auch kulturelle Jugendbildung als eine themenbezogene Form der außerschulischen Jugendbildung einzuordnen, mag einerseits auf den ersten Blick einleuchten; andererseits wird damit ein spezifisches Verständnis von politischer Jugendbildung unterstellt, das keineswegs voraussetzungslos ist und überall konsensfähig sein dürfte. Unterstellt wird nämlich – um eine Unterscheidung von Galuske und Rauschenbach aufzunehmen – ein enges Verständnis des Begriffes: Politische Jugendbildung steht in diesem Sinne als „Bezeichnung für organisierte, lehrgangsmäßige Veranstaltungen mit explizit politischen Themenstellungen und Bildungsanspruch, wie sie etwa von Jugendbildungsstätten, Tagungshäusern, Jugendverbänden u.ä. angeboten werden" (Galuske/Rauschenbach 1997, S. 60). Davon zu unterscheiden sei zweitens ein Verständnis von politischer Jugendbildung, das außerschulische Jugendbildung und politische Jugendbildung gleichsetze. Schließlich gäbe es Vorstellungen von politischer Jugendbildung, die nicht mehr zwischen politischer Jugendbildung, außerschulischer Jugendbildung und Jugendarbeit unterscheiden würden (ebd. S. 60ff.). Verantwortlich dafür seien jeweils andere Politik-Begriffe. Würde man jedoch den dritten, im Übrigen auch von Galuske/Rauschenbach favorisierten Verständnis folgen, wäre die hier vorgenommene Unterscheidung hinfällig. Dafür spricht sachlich gesehen viel, mit der Folge, dass „eine trennscharfe Abgrenzung eines klar konturierten Gegenstandsbereichs politischer Jugendbildung weder möglich noch sinnvoll" ist (ebd., S. 63).

sich aus den jeweiligen Gegenwartsdiagnosen unterschiedliche Schwerpunktsetzungen dessen, was politische Bildung ausmacht und was sie leisten sollte; Konsens besteht jedoch darin, dass die Teilnahme und Mitwirkung am öffentlichen Leben in demokratisch verfassten, modernen Gesellschaften Kenntnisse über das politische System und Kompetenzen im Umgang damit voraussetzt und dass außerschulische politische Jugendbildung ein zentraler Ort neben Elternhaus, Schule, Medien und Öffentlichkeit ist, wo entsprechende Erfahrungen ermöglicht werden. In diesem Sinne wird in den Förderrichtlinien des Kinder- und Jugendplanes des Bundesministeriums für Familie, Senioren, Frauen und Jugend unter der Überschrift „Förderziele" an erster Stelle formuliert:

„Politische Bildung soll jungen Menschen Kenntnisse über Gesellschaft und Staat, europäische und internationale Politik einschließlich der politisch und sozial bedeutsamen Entwicklungen in Kultur, Wirtschaft, Technik und Wissenschaft vermitteln. Sie soll die Urteilsbildung über gesellschaftliche und politische Vorgänge und Konflikte ermöglichen, zur Wahrnehmung eigener Rechte und Interessen ebenso wie der Pflichten und Verantwortlichkeiten gegenüber Mitmenschen, Gesellschaft und Umwelt befähigen sowie zur Mitwirkung an der Gestaltung einer freiheitlich-demokratischen Gesellschafts- und Staatsordnung anregen" (Förderrichtlinien 2001, S. 20).

Einher mit diesem hohen Stellenwert gehen zunächst eine Vielzahl von Einrichtungen. Allein in Nordrhein-Westfalen gibt es über 54 von der Landeszentrale für politische Bildung entsprechend dem Weiterbildungsgesetz des Landes anerkannte Bildungsstätten, Akademien, Stiftungen, Bildungswerke und -zentren, die sich ausschließlich auf den Bereich der politischen Bildung konzentrieren.[9] Bundesweit existieren eine Reihe von gut organisierten Dach- und Fachverbänden, wie z.B. der Bundesausschuss Politische Bildung (bap), die Deutsche Vereinigung für politische Bildung (DVPB), die Arbeitsgemeinschaft katholisch-sozialer Bildungswerke in der Bundesrepublik Deutschland (AKSB). Hinzu kommen die vielen Träger, Dach- und Fachverbände, die zwar nicht allein im Bereich der politischen Bildung bzw. im Jugendbereich tätig sind, jedoch als Verbände auch in diesem Feld aktiv sind, wie z.B. der Deutsche Bundesjugendring (DBJR), der Deutsche Volkshochschulverband, die Bildungswerke der Wirtschaft, der Arbeitskreis deutscher Bildungsstätten u.a. Eine eigene Fachzeitschrift, *Praxis Politische Bildung*, die seit 1997 im Juventa-Verlag erscheint, eine ganze Reihe von verbandsinternen und verbandsnahen Zeitschriften, wie z.B. die Zeitschrift *Außerschulische Bildung*, Publikationsreihen und – nicht zuletzt – eine über Jahrzehnte hinweg erfolgreiche Lobbyarbeit sichern darüber hinaus die prominente Rolle der politischen Bildung (vgl. zur politischen Bildung den Beitrag von Hafeneger in diesem Band).

Eine vielgestaltige, erfolgreiche Praxis, getragen von einem breiten Spektrum von Einrichtungen, Trägern, Initiativen und Fachverbänden und vor allem eine wirkungsvolle Bundesvereinigung sind die Garanten dafür, dass nach der politischen Bildung gegenwärtig in der Bundesrepublik meist an zweiter Stelle und wie selbstverständlich die kulturelle Jugendbildung genannt wird. Neben dem breiten Spektrum von Praxisformen und angeboten ist dafür vor allem die *Bundesvereinigung Kulturelle Jugendbildung* (BKJ) in Remscheid verantwortlich,

---

9   Eine Übersicht über die jeweiligen Einrichtungen bieten die Listen der Landeszentralen für politische Bildung. Im Internet sind die Landeszentralen vollständig über die Homepage der Bundeszentrale für politische Bildung zugänglich (www.bpb.de). Eine gute Übersicht bietet auch das gemeinsame Portal www.politische-bildung.de und die dort zugängliche Linksammlung.

ein Dachverband, in dem 50 bundesweit aktive Fachverbände, Institutionen, Landesvereinigungen aus den Bereichen Musik, Spiel, Theater, Tanz, Rhythmik, bildnerisches Gestalten, Literatur, Fotografie, Film und Video, neue Medien und kulturpädagogische Fortbildung vertreten sind.[10] Die BKJ unterhält einen regelmäßig erscheinenden Infoservice und eine eigene Schriftenreihe, von der mittlerweile über 65 Bände erschienen sind. Diese dokumentiert nicht nur ein breites Spektrum an jugendkulturellen Aktivitäten, Konzepten und Einrichtungen, sondern bietet immer wieder auch konzeptuell angelegte Veröffentlichungen. In den schon erwähnten Förderrichtlinien des Kinder- und Jugendplanes spiegelt sich dieser Stellenwert insofern wieder, als die kulturelle Jugendbildung an zweiter Stelle bei den Förderzielen in folgender Weise beschrieben wird:

„Kulturelle Bildung soll Kinder und Jugendliche befähigen, sich mit Kunst, Kultur und Alltag phantasievoll auseinander zu setzen. Sie soll das gestalterisch-ästhetische Handeln in den Bereichen Bildende Kunst, Film, Fotografie, Literatur, elektronische Medien, Musik, Rhythmik, Spiel, Tanz, Theater, Video u.a. fördern. Kulturelle Bildung soll die Wahrnehmungsfähigkeit für komplexe soziale Zusammenhänge entwickeln, das Urteilsvermögen junger Menschen stärken und sie zur aktiven und verantwortlichen Mitgestaltung der Gesellschaft ermutigen" (Förderrichtlinien 2001, S. 21).

Zugleich ist die BKJ aber auch ein gutes Beispiel dafür, wie Inhalte außerschulischer Jugendbildung historisch und in spezifischen gesellschaftlichen Zusammenhängen gewachsen sind und unter bestimmten politischen und kulturellen Voraussetzungen Bedeutung und vor dem Hintergrund erfolgreicher Verbands- und Lobbyarbeit allerorten Anerkennung erlangen konnten. Noch deutlicher wird dies, wenn man die Rolle der kulturellen Jugendbildung mit dem Stellenwert der technischen Jugendbildung vergleicht. Zwar gab es in der alten Bundesrepublik eine Vielzahl von Angeboten im Rahmen der offenen und verbandlichen Jugendarbeit, die sich unter dem Stichwort technische Jugendbildung zusammenfassen ließen. Angefangen vom Bau von Gokarts über die traditionellen Jamborees on Air, weltweite Amateur-Funkertreffen, bis hin zum Umgang mit Videos, Computern und Internet konnte und kann man fast alles antreffen; nie jedoch kam es zur Gründung eines mit der BKJ auch nur annähernd vergleichbaren eigenen Fachverbandes auf Landes- oder Bundesebene.

Andere Formen der themenbezogenen außerschulischen Jugendbildung stellen die verschiedenen Träger, Verbände, Initiativen und Angebote im Bereich der *naturkundlichen* Jugendarbeit dar. Ein Beispiel hierfür ist die „BUNDjugend", die Jugendorganisation des Bundes für Umwelt und Naturschutz Deutschlands e.V.[11] Bei der BUNDjugend handelt es sich um eine der vielen Nachwuchsorganisationen eines Erwachsenenverbandes. Ihrem Selbstverständnis nach verfolgt sie u.a. folgende Ziele:

„Zweck der BUNDjugend ist Schutz und Pflege von Natur und Umwelt, sowie die Förderung der Jugendarbeit. Die BUNDjugend macht es sich zur Aufgabe a) den Natur- und Umweltschutzgedanken öffentlich zu vertreten; b) darauf hinzuarbeiten, dass ökologisches Verständnis in Gesellschaft und Schule als allgemeines Bildungsziel anerkannt wird; c) die Erziehung zum Schutz und verantwortungsvollen Umgang mit Natur und Umwelt (Umwelterziehung) im

---

10 Eine ausführliche Selbstdarstellung der BKJ und eine Übersicht über die Mitgliedsverbände bietet die Homepage www.bkj.de.
11 Vgl. dazu die Homepage www.bundjugend.de.

schulischen und außerschulischen Bereich aktiv zu fördern; d) bei Planungen, die für die Natur, Landschaft oder Umwelt des Menschen bedeutsam sind, mit zu wirken; e) für einen konsequenten Vollzug der einschlägigen Gesetze einzutreten; f) sich gegen alle lebensbedrohenden Techniken zu wenden; g) Schädigungen der Natur, des Naturhaushaltes und der Landschaft, sowie naturlandschafts- und umweltfeindliche Planungen zu bekämpfen; h) Gemeinschaftssinn und soziales Zusammenleben in der Jugendgruppe zu fördern; i) Veröffentlichungen über Naturschutz und Landschaftspflege herauszugeben, sowie Vorträge, Führungen, Seminare und Ausstellungen insbesondere für die Jugend zu veranstalten; j) ihre Mitglieder über Probleme und Aufgaben der Natur- und Umweltschutzes zu unterrichten und weitere Jugendliche für den Natur- und Umweltschutzgedanken zu gewinnen; die BUND-Landesjugendorganisationen in ihrer Arbeit zu unterstützen und die gesamte Jugendarbeit auf Bundesebene zu koordinieren. k) aktiven und gewaltfreien Widerstand gegen Umweltzerstörung zu leisten. Damit sollen junge Menschen zur aktiven Mitgestaltung der freiheitlichen demokratischen Gesellschaft befähigt werden, insbesondere durch Förderung des verantwortlichen Handelns, des kritischen Denkens sowie des sozialen und solidarischen Verhaltens" (Richtlinien BUNDjugend vom 17.11.1985; zuletzt geändert am 08.12.2007)[12].

Ähnlich orientierte Verbände sind z.B. die Naturschutzjugend (NAJU) und die Naturfreundejugend. Daneben gibt es eine Reihe von Umweltverbänden mit eigenen kinder- und jugendbezogenen Schwerpunkten, wie z.B. Kids von Greenpeace.

Ist der Begriff *naturkundliche Jugendbildung* eher eine Formulierung des Kinder- und Jugendhilfegesetzes, der im Selbstverständnis der Verbände fast keine Rolle spielt, da die Verbände eher von *Umweltbildung* bzw. *ökologischer Bildung* sprechen, so gilt dies noch viel mehr für den Begriff der *sozialen Bildung*. In den Förderrichtlinien des Kinder- und Jugendplanes werden unter diesem Begriff alle Formen des freiwilligen sozialen Dienstes Jugendlicher gefasst, also das freiwillige soziale Engagement in den Bereichen der Kranken-, Gefährdeten-, Behinderten-, Kinder-, Jugend- und Altenhilfe im In- und Ausland. Hierzu gehören vor allem die Maßnahmen im Rahmen des sogenannten Freiwilligen Sozialen Jahres und des Freiwilligen Ökologischen Jahres. Aktuell engagieren sich jährlich 30.000 junge Menschen im Rahmen des FSJ.

In den Selbstbeschreibungen der Träger und Verbände spielt der Begriff *soziale Jugendbildung* keine zentrale Rolle. Zwar könnte man die vielen Jugendorganisationen, die sich in den Bereichen Bergen, Retten, Löschen und Versorgen engagieren, also z.B. das Deutsche Jugendrotkreuz, die Arbeiter Samariter-Jugend, die Jugend des Technischen Hilfswerkes, die Deutsche Jugendfeuerwehr, die Jugend der Deutschen Lebens-Rettungs-Gesellschaft (DLRG) u.a., unter diesem Begriff subsumieren; doch in den meisten Fällen wird von sozialem Engagement, Hilfsbereitschaft, Solidarität u.ä. gesprochen, deren Ausbildung neben den jeweiligen fachtechnischen Kompetenzen (Umgang mit Werkzeug, Ausbildung in Erster Hilfe bzw. lebensrettenden Sofortmaßnahmen, Brandbekämpfung etc.) im Mittelpunkt der Verbandsarbeit steht. So heißt es – um nur ein Beispiel zu nennen – in den Leitsätzen des Deutschen Jugendrotkreuzes: „Wir arbeiten zu den gleichwertigen Schwerpunkten: Förderung des sozialen Engagements, Einsatz für Gesundheit und Umwelt, Handeln für Frieden und Völkerverständigung, Übernahme politischer Mitverantwortung".[13]

---

12 http://www.bundjugend.de/new/index.php?option=com_content&task=view&id=26&Itemid=57&lang=de_DE
13 http://www.djrk.de/leitsaetze.html

Angemerkt sei zum Abschluss dieses Abschnittes, dass es eine eigene Überlegung wert ist, ob nicht auch die weltanschaulich, vor allem konfessionell orientierten Jugendverbände genau genommen unter die Rubrik themenbezogener Angebote fallen. Zwar verwendet das Gesetz weder Begriffe wie weltanschauliche, konfessionelle oder religiöse Bildung noch ist dies eine übliche Zuordnung; doch zugleich steht religiöse Bildung selbstverständlich – zumindest programmatisch – im Mittelpunkt der zahlreichen Mitgliedsverbände z.b. des Bundes der Deutschen Katholischen Jugend (BDKJ) und der Arbeitsgemeinschaft der Evangelischen Jugend (aej) – um nur die beiden größten zu nennen. So heißt es z.b. in der Präambel der Bundesordnung des BDKJ: „Der BDKJ will die Selbstverwirklichung junger Menschen und eine menschenwürdigere Gesellschaft auf der Grundlage der Botschaft Christi in Mitverantwortung für die Gesamtheit des Volkes Gottes, in Einheit mit der Gesamtkirche und in Übereinstimmung mit den Grundrechten anstreben. Darum will er zur ständigen Wertorientierung und Standortüberprüfung junger Menschen und ihrer Gruppierungen beitragen und deren Mitwirkung bei der je spezifischen Entwicklung von Kirche, Gesellschaft, Staat und internationalen Beziehungen fördern und betreiben" (BDKJ 2007, S. 10).

2.3.2 Offene Angebote der außerschulischen Jugendbildung[14]

Die Frage, ob die weltanschaulich orientierten Jugendverbände eher zu den themenbezogenen Angeboten oder den offenen Angeboten außerschulischer Bildung zu zählen sind, ist letztendlich eine empirische Frage. In der Fachdiskussion wird schon länger die These vertreten, dass sich auf Grund unterschiedlicher gesellschaftlicher Entwicklungen – genannt werden die deutsch-deutsche Vereinigung, die europäische Integration, die Reform der öffentlichen Verwaltungen und die Erosion der seit den fünfziger Jahren in der alten Bundesrepublik vertrauten soziokulturellen Milieus – die weltanschaulich orientierten Jugendverbände ähnlich wie die Wohlfahrtsverbände zu Dienstleistungsunternehmen entwickeln werden, bei denen die jeweiligen Weltanschauungen nur noch lose mit der alltäglichen Praxis verknüpft sind (vgl. Rauschenbach/Sachsse/Olk 1995).

Was sich hier exemplarisch für die weltanschaulich orientierten Jugendverbände andeutet, gilt in Bezug auf die Inhalte außerschulischer Bildung auch für viele der zuvor schon genannten Verbände. Zwar nehmen diese in ihrer Arbeit – zumindest programmatisch – eindeutige Akzentsetzungen in einem der bereits genannten spezifischen Bildungsbereiche vor; es hängt jedoch sehr von den Konstellationen vor Ort ab, ob sich die Untergliederungen des Verbandes in der *Praxis* eher auf die verbandstypischen Inhalte, institutionellen Strukturen, Praktiken und Zielgruppen konzentrieren oder ob es nachhaltige und dauerhafte Entwicklungen hin zu einer inhaltlichen Öffnung, man könnte gelegentlich auch sagen: zu einem Diffuswerden der Themen, Strukturen, Verfahren und des Personals, gibt. Immerhin lässt sich überall beobachten, dass die Vielfalt der Praxis deutlich größer ist, als es der Hinweis auf die Zugehörigkeit zu einem Verband zunächst vermuten lässt und dass sich Gemeinsamkeiten und Unterschiede der Praxis vor Ort nicht allein aus der Zugehörigkeit zu einem Verband erklären lassen.

Ähnliches lässt sich auch für die Angebote der offenen Jugendarbeit sagen. Zwar hat es sich eingebürgert, zwischen der verbandlichen und der offenen Jugendarbeit zu unterscheiden, wobei diese Unterscheidung mit dem Verweis auf die Betonung der dauerhaften Mitgliedschaft

---

14 Als Überblick über diesen Bereich: Thole 2000; Kiesel/Scherr/Thole 1998; Deinet/Sturzenhecker 2005.

und der damit verbundenen Verbindlichkeiten auf Seiten der Verbände begründet wird[15], während die Teilnahme an Angeboten der offenen Jugendarbeit an keinerlei Voraussetzungen gebunden sei. De facto ist aber dieses Unterscheidungsmerkmal vor allem im Hinblick auf die außerschulischen Bildungsprozesse heute nur noch begrenzt tauglich. Auf Seiten der Jugendverbände hat in den letzten Jahren eine breite Öffnung der eigenen Angebote im Hinblick auf die Zielgruppen und die Praxisformen stattgefunden. Die wachsende Bedeutung von zeitlich befristeten Projekten und Aktionen, die Öffnung der eigenen Freizeit- und Ferienangebote und die vielfältigen Formen begrenzten Engagements in den Verbänden haben das traditionelle Verständnis von Mitgliedschaft aufgelöst und mannigfaltige Zwischenformen entstehen lassen. Dies ändert nichts daran, dass die Verbände auch heute noch letztendlich die Mitgliedschaft des einzelnen Jugendlichen anstreben, nicht zuletzt aus Gründen der öffentlichen Förderung, da diese nicht selten an die Zahl der offiziellen Mitglieder gekoppelt ist. Auf der anderen Seite zeigen die Erfahrungen offener Einrichtungen, dass sich auch dort – meist eher informelle – Mitgliedschaften (z.B. in Form von Altersgruppenhegemonien, Dominanz bestimmter ethnischer Gruppen, inhaltlichen Traditionen des Treffs etc.) herausbilden bzw. implizit vorausgesetzt werden.

Für die offenen Angebote außerschulischer Bildung, für die entsprechende verbandliche Jugendarbeit, ebenso wie für die offene Jugendarbeit gilt, dass außerschulische Bildung nicht den Gegenstand und das Ziel expliziter Bemühungen, spezifischer Verfahren und Strukturen darstellt, sondern gleichsam nebenher geschieht. Wo die themenbezogenen Angebote der Jugendarbeit auf elaborierte Vermittlungsformen (seien es Kurse, Seminare, Lehrgänge, Materialien o.a.), auf entsprechende institutionelle und organisatorische Rahmenbedingungen (z.B. in Form von Akademien, Übungsräumen, Schulungseinrichtungen u.a.), auf die Sichtbarmachung von Fortschritten (z.B. in Form der Staffelung von Kursen und Qualifikationsniveaus), auf die öffentliche Präsentation von erworbenen Leistungen (z.B. in Form von Auftritten, Konzerten u.a.) u.ä. setzen, spielt all dies bei den offenen Angeboten eine deutlich untergeordnete, meist gar keine Rolle. Kennzeichnend für die offenen Angebote ist stattdessen, dass alle Bildungsinhalte „irgendwie" auch vorkommen, diese sich aber primär aus der Logik der praktischen Arbeit in der Gruppe ergeben – und nicht als Verbandsziel vorgegeben sind – und dass sie nur in rudimentärer Weise Gegenstand von Spezialisierungen werden. Ein Beispiel mag dies verdeutlichen. Singen und Gitarrespielen gehören zu den Selbstverständlichkeiten in vielen Pfadfindergruppen. Zahlreiche Liederbücher mit hohen Auflagen wie auch die Tradition, ein eigenes Liederbuch zusammenzustellen, zeugen davon. Dies bedeutet nicht, dass in jeder Gruppenstunde gesungen wird – ganz im Gegenteil. Und selbst dort, wo eine entsprechende Kultur gepflegt wird, wird das Singen fast nie zum dominanten Inhalt der Gruppenarbeit. Bestenfalls vor einem Singwettstreit wird dreimal geübt, dann wendet man sich wieder anderen Themen zu. Die Aneignung der Lieder und das Erlernen der Gitarre erfolgt meist autodidaktisch, ohne geschulte Lehrer und außerhalb didaktisch organisierter Settings. Leistungskurse für Sänger und Musikanten sind nahezu unbekannt, bestenfalls treffen sich die Interessierten zusätzlich,

---

15 In diesem Sinne definiert auch das Gesetz verbandliche Jugendarbeit wie folgt: „In Jugendverbänden und Jugendgruppen wird Jugendarbeit von jungen Menschen selbst organisiert, gemeinschaftlich gestaltet und mitverantwortet. Ihre Arbeit ist auf Dauer angelegt und in der Regel auf die eigenen Mitglieder ausgerichtet, sie kann sich aber auch an junge Menschen wenden, die nicht Mitglieder sind. Durch Jugendverbände und ihre Zusammenschlüsse werden Anliegen und Interessen junger Menschen zum Ausdruck gebracht und vertreten" (§12, Abs. 2 KJHG). Zum Überblick über die Jugendverbandsarbeit vgl. das zu Teilen leider nicht mehr ganz aktuelle und schon länger vergriffene Handbuch zur Jugendverbandsarbeit von Böhnisch/Gängler/Rauschenbach 1991; zu den Arbeitsformen der verbandlichen Jugendarbeit die darin enthaltene Übersicht S. 534ff.

um ein paar Griffe oder Melodien auszuprobieren. Ähnliche Konstellationen findet man auch in zahlreichen offenen Freizeitheimen, Häusern der offenen Tür und Jugendclubs, die unterschiedlichen, meist eher locker organisierten Musikgruppen ein Dach bieten (vgl. Hill 1996).

Etwas systematischer formuliert: Bei den offenen Angeboten außerschulischer Bildung sind die verschiedenen Bildungsinhalte integraler Bestandteil der Arbeit, ohne dass diese üblicherweise besonders hervorgehoben werden. Politische Bildung ist kein Gegenstand von besonderen Vermittlungsanstrengungen und didaktischen Arrangements, sondern ein beiläufiger Effekt der selbstverständlichen Tatsache, dass jede Gruppe ihren etwa gleichaltrigen Sprecher bzw. ihre Sprecherin wählt, dabei, gleichsam nebenbei und altersgemäß, Grundprinzipien repräsentativer Demokratie einübt, dass diese Sprecherin bzw. dieser Sprecher die Gruppe auf der nächsten Ebene, z.B. innerhalb des Zusammenschlusses der Gruppensprecherinnen und -sprecher, vertritt und dass dabei wiederum nebenbei, Prinzipien des friedlichen Interessenausgleiches, der Arbeit in Gremien, der Rückkoppelung an die Mitglieder der eigenen Gruppe etc. eingeübt und praktiziert werden. Analoges gilt für alle anderen Bildungsinhalte.

Diese Konstellation führt dazu, dass die auf diese Weise initiierten Bildungsprozesse, vor allem für die Beteiligten, nur schwer beobachtbar sind. Sie sind gleichsam eingebettet in die alltägliche Praxis der Kleingruppe und als solche weder im Bewusstsein der Gruppe verankert noch als einfach überprüfbare Effekte messbar. Was den Beteiligten als selbstverständliche Settings und lang tradierte und bewährte Arbeitsformen – wie z.B. die vergleichsweise selbständige Kleingruppe Gleichaltriger, die sich entsprechend ihrer Interessen die eigenen Inhalte sucht oder die vielfach bewährten Prinzipien der Niedrigschwelligkeit und Beteiligung in der Arbeit der offenen Jugendarbeit – erscheint unter dieser Perspektive als vielfältige, Bildungsprozesse initiierende Arrangements, die erst aus der Distanz als solche sichtbar werden. Erst aus der beobachtenden Position wird sichtbar, was z.B. M. Corsa als die Bildungsaufgaben der verbandlichen Jugendarbeit beschreibt:

„Außerschulische politische, soziale, kulturelle und ökologische Bildung, Beratung in allen Fragen des Lebens, Vertretung der Interessen von Kindern und Jugendlichen, Einmischung in den Diskurs über die Gestaltung der Gesellschaft und kreative Freizeitgestaltung beschreiben grundlegende Aufgaben. Dabei spielt die Begleitung zu einer eigenverantwortlichen und gemeinschaftsfähigen Persönlichkeit in einer demokratischen Gesellschaft eine hervorragende Rolle. Wie nur wenige gesellschaftliche Organisationsformen können Jugendverbände und Jugendringe heute umfassendes institutionelles Lernen in und an der Praxis der Organisation vermitteln. Politische Bildung ermöglicht die intellektuelle Auseinandersetzung; der Aufbau der Organisation und die geforderte Übernahme von Funktionen mit Verantwortungsbreichen bieten den praktischen Erfahrungshintergrund als wesentliche Voraussetzung, sich im Kräftespiel einer komplexen Gesellschaft aktiv behaupten zu können" (Corsa 1999, S. 20).

2.3.3 Hilfen zur Erziehung; Kinder- und Jugendschutz

Bereitet schon die Beobachtung außerschulischer Bildungsprozesse bei den offenen Angeboten der Jugendarbeit erhebliche Probleme, so gilt dies vermehrt für den großen Bereich der Hilfen zur Erziehung. Mit dem Begriff *Hilfen zur Erziehung* werden im Kinder- und Jugendhilfegesetz (KJHG) jene Angebote zusammengefasst, auf die ein Personensorgeberechtigter Anspruch hat, „wenn eine dem Wohl des Kindes oder des Jugendlichen entsprechende Erziehung nicht gewährleistet ist und die Hilfe für seine Entwicklung geeignet und notwendig ist" (§27 Abs. 1 KJHG). Das Gesetz selbst zählt zu den erzieherischen Hilfen – neben der Erziehungsberatung, die sich an die Personensorgeberechtigten wendet – die soziale Gruppenarbeit, die Erziehungsbeistandschaft, die sozialpädagogische Familienhilfe, die Erziehung in der Tagesgruppe, die Vollzeitpflege, die Heimerziehung, die intensive sozialpädagogische Einzelbetreuung, die Hilfen für junge Volljährige u.a. (vgl. §§27 – 41 KJHG; als Einführung in die verschiedenen Praxisfelder vgl. z.B. Jordan/Sengling 2005; Krause/Peters 2006; Birtsch/Münstermann/Trede 2001; die entsprechenden Beiträge in Chassé/Wensierski 2008).

Die Schwierigkeiten, diese Praxisfelder und ihre Institutionen als Orte außerschulischer Bildung zu verstehen, obwohl sie dies ohne Zweifel sind, haben mehrere Gründe. Zum einen gehört – wie bereits angedeutet – der Bildungsbegriff keineswegs zur selbstverständlichen Semantik der in diesen Feldern Tätigen. Eher wird von Erziehung, Unterstützung, Förderung, Begleitung, sozialem Lernen u.ä. gesprochen.[16] Sieht man sich die Arrangements und die darin eingebetteten Prozesse jedoch genauer an, wird deutlich, dass nahezu überall letztendlich Bildungsprozesse im Sinne der Entwicklung eines verantwortlich autonom handelnden und die eigene Wirklichkeit bewältigenden Subjektes angeregt werden sollen.

Am ehesten findet der Bildungsbegriff Verwendung im Bereich der Hilfen zur Erziehung, wenn es um berufliche Bildung geht. Diese spielt insofern eine zentrale Rolle, als im §27 Abs. 3 KJHG festgelegt wird, dass die Hilfen zur Erziehung „insbesondere die Gewährung pädagogischer und damit verbundener therapeutischer Leistungen" umfassen und dass „bei Bedarf Ausbildungs- und Beschäftigungsmaßnahmen" im Sinne des §13 Abs. 2 KJHG einzubeziehen sind. Darüber hinaus wird im §34 Abs. 3 KJHG festgelegt, dass Jugendliche, die im Rahmen der Heimerziehung bzw. anderer betreuter Wohnformen gefördert werden, „in Fragen der Ausbildung und Beschäftigung sowie der allgemeinen Lebensführung beraten und unterstützt werden" sollen.

Ebenfalls häufig und gerne übersehen wird der erzieherische Kinder- und Jugendschutz, wenn es um Orte und Anlässe außerschulischer Bildung bei Jugendlichen geht (vgl. als Überblick Bienemann/Hasenbrink/Nikles 1995 sowie das online-Handbuch Kinder- und Jugendschutz: http://www.handbuch-jugendschutz.de/index.php). Dabei reicht auch in diesem Fall ein Blick in das Gesetz, um zu erkennen, dass auch in diesem Feld außerschulische Bildung Jugendlicher stattfinden soll. Im §14 Abs. 2 KJHG wird festgelegt: „Die Maßnahmen sollen 1. junge Menschen befähigen, sich vor gefährdenden Einflüssen zu schützen und sie zu Kritikfähigkeit, Entscheidungsfähigkeit und Eigenverantwortlichkeit sowie zu Verantwortung gegenüber ihren Mitmenschen führen, 2. Eltern und andere Erziehungsberechtigte besser befähigen, Kinder und Jugendliche vor gefährdenden Einflüssen zu schützen". Noch deutlicher werden die auf selbständige Bildung abzielenden Intentionen, wenn man sich die jüngere Diskussion um die Lebenskompetenzen in diesem Bereich ansieht. Erzieherischer Kinder- und Jugendschutz versteht sich in diesem Sinne nicht nur als vorbeugende bzw. verhütende Instanz, die Kinder und Jugendliche vor ihre Entwicklung gefährdenden Einflüssen, seien es pornographische, ge-

---

16 Dem entspricht, dass auch die Bildungsforschung und Bildungsdiskussion bislang kaum ernsthafte Versuche unternommen haben, die Praxis der Hilfen zur Erziehung empirisch und theoretisch als Formen der außerschulischen Bildung zu beschreiben. Noch immer scheint der Bildungsbegriff im deutschsprachigen Raum die Assoziationen an Schule und Hochschule und eher bildungsbürgerlichen, mittelständischen und „normalen" Formen der kulturellen Aneignung zu wecken, mit der Folge, dass – absurderweise – die Praxis der Anti-Aggressions-Trainings, Beratungsgespräche, Gruppenarbeit in allen Varianten u.ä. weder als Bildungsprozesse noch als Anlässe zu Bildungsprozessen verstanden werden.

waltverherrlichende, faschistische Inhalte, Alkohol, Drogen oder Waffen schützen soll, sondern auch als ein Angebot, das Kinder und Jugendliche stärken soll, aus eigener Kraft den Gefährdungen zu widerstehen. Die entsprechenden Konzepte versuchen, „durch Einwirkung auf die Entwicklungsprozesse der jungen Menschen deren eigene Kräfte so zu stärken, dass sie mögliche Gefährdungseinflüssen nicht erliegen beziehungsweise sich mit ihnen aktiv auseinandersetzen können" (Nikles 1996, S. 69). Vorausgesetzt wird, dass die mit Lebenskompetenzen ausgestatteten Subjekte eine vernünftige, abwägende, sich nicht selbst dauerhaft schädigende Form der Lebensführung entwickeln und entsprechende Gefährdungspotenziale von sich aus vermeiden.

Mit diesem Wechsel der Perspektiven weg von den zu vermeidenden Gefahren und den vorzubeugenden Defiziten hin zu den Kompetenzen und Stärken der Kinder und Jugendlichen, mit deren Hilfe sie ihr Leben selbst gestalten und den verschiedenen Gefährdungen widerstehen können, wird eine Diskussion aufgenommen, die auch an anderer Stelle zunehmend auf Interesse stößt. Vor allem im Umfeld der Diskussion zu den präventiven Aufgaben der Kinder- und Jugendhilfe wurde wiederholt darauf hingewiesen, dass es fachlich nicht vertretbar und in der Sache grotesk wäre, Prävention nur von den möglichen und deshalb vorzubeugenden Abweichungen, Störungen und Schädigungen aus zu denken. Kinder- und Jugendhilfe habe nicht die Aufgabe – so schon der Achte Jugendbericht der Bundesregierung – „alle ihre Aktivitäten unter dem Gesichtspunkt der Verhütung von Schwierigkeiten [und damit Normalität gleichsam als verhinderte Schwierigkeiten] zu verstehen und so – pointiert geredet – Wirklichkeit von der Bedrohung her nicht nur zu interpretieren, sondern zu pathologisieren [analog wäre es, wenn Gesundheit als noch nicht ausgebrochene Krankheit verstanden würde]" (Bundesministerium für Jugend, Familie, Frauen und Gesundheit 1990, S. 86). In Konzepten wie Empowerment (vgl. Herriger 1997), der agency-Diskussion (vgl. Homfeldt/Schroer/Schweppe 2008) oder dem so genannten Befähigungsansatz (vgl. Otto/Ziegler 2008) werden die Stärken, Selbstorganisationsmöglichkeiten und die Erfahrung von Selbstwirksamkeit von Jugendlichen und wie diese gefördert und unterstützt werden können, hervorgehoben.

3 Forschung

Schon die vorhergehenden Ausführungen und die entsprechenden Literaturhinweise haben angedeutet, dass hier Praxisfelder beschrieben werden, über die die empirische Forschung hinsichtlich ihres Stellenwertes als Orte von Bildungsprozessen erst vorläufige Einsichten vorzuweisen hat. Zwar verfügen wir in den verschiedenen Bereichen – wenn auch mit deutlichen Schwerpunkten in einigen Bereichen und blinden Flecken an anderer Stelle – über eine Reihe von empirischen Studien; doch spielt dabei der Bildungsbegriff bzw. seine theoretischen Verwandten eine untergeordnete Rolle. Dies bedeutet jedoch nicht, dass es im Bereich der außerschulischen Bildung im Jugendalter keine einschlägige empirische Forschung gibt; was jedoch notwendig wäre, wenn man die bildungstheoretischen Aspekte betonen möchte, wäre eine Reinterpretation der Ergebnisse der vorliegenden Studien unter einem bildungstheoretischen Blickwinkel. Dieses kann hier nicht geleistet werden. Zumindest benannt werden können jedoch die Forschungszugänge einschließlich einiger exemplarischer Studien, die hierzu

Ergebnisse vorlegen können. Dabei lassen sich drei Forschungszugänge unterscheiden (zum Überblick vgl. Flösser u.a. 1998):[17]

- Der Blick der Adressatinnen und Adressaten
- Der Blick auf die institutionelle Praxis
- Der Blick auf die im jeweiligen Feld haupt- wie ehrenamtlich Tätigen

Der Blick der Adressatinnen und Adressaten: Im Mittelpunkt dieses Forschungszuganges steht die Rekonstruktion des Blicks der jugendlichen Adressatinnen und Adressaten bzw. Teilnehmerinnen und Teilnehmer an Angeboten außerschulischer Bildung bzw. der Kinder- und Jugendhilfe. Neben biografie-theoretisch angelegten Studien, in deren Mittelpunkt die *lebensgeschichtlichen Hintergründe* von im Verband engagierten Jugendlichen und der *biografische Stellenwert* der Verbandsarbeit stehen (vgl. Reichwein/Freund 1992; Homfeldt u.a. 1995; Fauser u.a. 2006 a/b; Lehmann/Mecklenburg 2006), gibt es eine Reihe von ethnografisch angelegten Studien, die die jeweilige *Praxis aus der Teilnehmerperspektive* zu beschreiben versuchen (vgl. z.B. Hill 1996; Thole 1991, Küsters 2003). Kaum mehr zu überblicken ist das breite Spektrum an empirischen Analysen zu den verschiedenen Adressatinnen- und Adressatengruppen der Angebote der Hilfen zur Erziehung und ihren Erfahrungen mit diesen Angeboten (vgl. Bitzan/Bolay/Thiersch 2006). Dem nachträglichen empirischen Blick auf pädagogische Angebote liegen Studien zugrunde, die vor allem im Bereich der Heimerziehungsforschung aktuelle und *längerfristige Auswirkungen* aus der Sicht der Betroffenen zu rekonstruieren versuchen (vgl. z.B. Normann 2003; Gehres 1997).

Der Blick auf die institutionelle Praxis: Die zu dieser Gruppe gehörenden Studien konzentrieren sich auf die Beschreibung bzw. Rekonstruktion der jeweiligen pädagogischen Praxis, der ihr zugrundeliegenden Handlungslogiken, der jeweiligen institutionellen Rahmenbedingungen und – zunehmend mehr – die Bewertung dieser Praxis z.B. hinsichtlich ihrer Effekte und Auswirkungen stehen. So lassen sich zu diesem Typus von Forschung auf der einen Seite eher ethnografisch angelegte Untersuchungen zählen, die sich auf die Analyse der Strukturen, Regeln und Praktiken konzentrieren (vgl. z.B. Cloos 2008; Bimschas/Schröder 2003).

Ebenso zu erwähnen sind Studien, die auf der Basis unterschiedlicher Datenquellen, wie z.B. der amtlichen Statistik oder Befragungen zur Angebots-, Personal- und Finanzstrukturen vor Ort, versuchen, das vorhandene Angebot zu beschreiben, Entwicklungen zu verdeutlichen und fachlich zu bewerten (vgl. z.B. Pluto u.a. 2007; die entsprechenden Beiträge in Rauschenbach/Schilling 1997). Hinzuzuzählen sind auch die nicht sehr zahlreichen empirischen Analysen, die sich auf einzelne Aspekte der internen institutionellen Verfasstheit der Organisationen oder auf die inter-institutionellen Fragen – z.B. der Vernetzung oder der Kooperation – oder auf regionale Entwicklungen der institutionellen Struktur konzentrieren (vgl. v. Santen/Seckinger 2003). Ein wichtiges Thema in den letzten Jahren war dabei die Zusammenarbeit zwischen Kinder- und Jugendhilfe und Schule (vgl. Olk/Bathke/Hartnuß 2000; Henschel/Krüger/Schmitt/Stange 2008).

---

17 Nicht ausdrücklich aufgeführt werden soll hier die große Zahl an internen Studien, die Einrichtungen, Träger, Verbände, zum Teil auch finanzierende Ministerien in Auftrag geben bzw. durchführen, um einigermaßen zuverlässige Daten über die eigenen Angebote zu erhalten. Meist beziehen sich diese Studien auf die Zusammensetzung der Teilnehmerinnen und Teilnehmer und ihre Zufriedenheit mit den Angeboten. Die Studien sind meist auf einzelne Angebote bzw. Einrichtungen konzentriert und dienen primär der internen Weiterentwicklung. Sie erreichen deshalb auch nur selten das Licht der breiten Fachöffentlichkeit.

Schließlich sind jene Untersuchungen zu nennen, in deren Mittelpunkt die Evaluation pädagogischer Praxis steht. Entweder in Form von Studien im Rahmen interner Qualitätsentwicklung, in Form von selbstevaluativen Projekten, in Form von externen Evaluationsstudien (vgl. z.B. Bürger 1990; Schröder/Streblow 2007) oder als Versuche externe und interne Zugänge zu verschränken, wie dies z.B. im Rahmen des sogenannten „Wirkungsdialoges" zwischen der Landesregierung Nordrhein-Westfalen und den im Landesjugendring organisierten Jugendverbänden versucht wird (vgl. z.B. Bewyl u.a. 2001; Lindner 2008).

Der Blick auf die im jeweiligen Feld haupt- wie ehrenamtlich Tätigen: Wie die Lehrerinnen- und Lehrerforschung selbstverständlicher Bestandteil der Bildungsforschung ist, muss auch im Zusammenhang mit der empirischen Erforschung der außerschulischen Jugendbildung auf jene Studien eingegangen werden, die sich mit den in diesen Feldern haupt-, neben- und ehrenamtlich Tätigen beschäftigen. Neben Untersuchungen zur Personalstruktur, den Größenordnungen, Qualifikationsniveaus und regionalen Unterschieden, wie sie vor allem auf der Basis der amtlichen Statistik durchgeführt werden (vgl. Rauschenbach/Schilling 2001), lassen sich im Anschluss an eine Unterscheidung von Flösser, Otto, Rauschenbach und Thole (1998, S. 232) sechs Forschungsthemen und -schwerpunkte unterscheiden: Professionalisierung, Ausbildung, Verbleib (vgl. z.B. Krüger/Rauschenbach 2004), Arbeitsmarkt, Methoden und Ehrenamt (vgl. dazu auch die Übersicht von Beher/Liebig/Rauschenbach 2000; als ein Beispiel Müller/Schmidt/Schulz 2005). An Bedeutung gewonnen haben dabei Fragestellungen, in deren Mittelpunkt die biografischen Hintergründe einschließlich der Ausbildung und Motive für die berufliche Tätigkeit bzw. das ehrenamtliche Engagement stehen (vgl. z.B. Thole/Wegener/Küster 2005; Thole/Küster-Schapfl 1997; Nagel 1997; Jakob 1993).

Trotz dieser bei Weitem nicht vollständigen, dennoch zunächst eindrucksvollen Breite von Themen und Fragestellungen muss aber zugleich auch konstatiert werden, dass die Diskussionen im Bereich der außerschulischen Jugendbildung nach wie vor durch theoretische, konzeptionelle bzw. programmatische Texte geprägt sind. Empirische Studien über die Praxis bzw. die Arbeitsformen, die institutionellen Arrangements in den jeweiligen Feldern und deren Effekte dieser Angebote sind nach wie vor Mangelware. Das mag auch mit den begrenzten Fördermitteln und dem bislang wenig ausgeprägten Interesse der politischen Administration, für derartige Fragestellungen Geld auszugeben, zusammenzuhängen. Hinzu kommt aber auch ein bislang wenig entwickelter Sinn für die empirische Erforschung von Bildungsprozessen in diesen Feldern. Dabei geht es nicht allein um die „großen" Fragen nach den Effekten der ganzen Bemühungen; auch im Detail wäre eine breitere empirische Datenlage hilfreich. Erinnert sei nur daran, dass wir z.B. wenig darüber wissen, wie hoch der Anteil der nicht-deutschen Jugendlichen bei den Teilnehmerinnen und Teilnehmern ist, wie diese die Angebote nutzen und welche Bedeutung die Angebote für sie haben. Keineswegs ausreichend informiert sind wir – um ein zweites Beispiel zu nennen – über die geschlechtsspezifischen Unterschiede der Aneignungsprozesse und deren institutionellen Voraussetzungen. Und drittens fehlt es an einem empirisch fundierten Praxiswissen. Nach wie vor dominiert auch bei der Beschreibung der Arbeitsansätze und Praxisstrategien die Programmatik. Was aber unter welchen institutionellen Voraussetzungen pädagogisch „wirkt", welches die erfolgversprechenden Bauformen – um einen Begriff von Prange (1983) zu übernehmen – der außerschulischen Bildung Jugendlicher sind, darüber ist wenig bekannt.

Literatur

BDKJ (2007): Bundesordnung des Bundes der Deutschen Katholischen Jugend (BDKJ). URL: http://www.bdkj.de/fileadmin/user_upload/pdf/Grundlagen/BDKJ_Bundesordnung_2007_online.pdf (10.06.2008)
Beher, K./Liebig, R./Rauschenbach, T. (2000): Strukturwandel des Ehrenamts. Gemeinwohlorientierung im Modernisierungsprozess. Weinheim: Juventa.
Bewyl, W./Mecklenburg, R./Richard, J./Schneid, T./Wonik, M. (Hrsg.) (2001): Evaluation im Alltag. Jugendverbände untersuchen ihre Wirkungen. Münster: Votum.
Bibouche, S. (2006): Interkulturelle Integration in der Kinder- und Jugendarbeit: Orientierungen für die Praxis. Weinheim: Juventa.
Bienemann, G./Hasebrink, M./Nikles, B.W. (Hrsg.) (1995): Handbuch des Kinder- und Jugendschutzes. Grundlagen, Kontexte, Arbeitsfelder. Münster: Votum.
Bimschas, B./Schröder, A. (2003): Beziehungen in der Jugendarbeit. Untersuchungen zum reflektierten Handeln in Profession und Ehrenamt. Opladen: Leske + Budrich.
Birtsch, V./Münstermann, K./Trede, W. (Hrsg.) (2001): Handbuch der Erziehungshilfen. Leitfaden für Ausbildung, Praxis und Forschung. Münster: Votum.
Bitzan, M./Bolay, E./Thiersch, H. (Hrsg.) (2006): Die Stimme der Adressaten. Empirische Forschung über Erfahrungen von Mädchen und Jungen mit der Jugendhilfe. Weinheim: Juventa.
Böhnisch, L./Gängler, H./Rauschenbach, T. (Hrsg.) (1991): Handbuch Jugendverbände. Eine Ortsbestimmung der Jugendverbandsarbeit in Analysen und Selbstdarstellungen. Weinheim: Juventa.
Bürger, U. (1990): Heimerziehung und soziale Teilnahmechancen. Eine empirische Untersuchung zum Erfolg öffentlicher Erziehung. Pfaffenweiler: Centaurus.
Bundesjugendkuratorium/Sachverständigenkommission 11. Kinder- und Jugendbericht/AGJ (2002): Bildung ist mehr als Schule. Leipziger Thesen zur aktuellen bildungspolitischen Debatte. Gemeinsame Erklärung des Bundesjugendkuratoriums, der Sachverständigenkommission des Elften Kinder- und Jugendberichts und der Arbeitsgemeinschaft für Jugendhilfe. URL: http://www.bundesjugendkuratorium.de/pdf/1999-2002/bjk_2002_bildung_ist_mehr_als_schule_2002.pdf.
Bundesministerium für Familie, Senioren, Frauen und Jugend (Hrsg.) (1998): Zehnter Kinder- und Jugendbericht. Bericht über die Lebenssituation von Kindern und die Leistungen der Kinderhilfen in Deutschland. Deutscher Bundestag Drucksache 13/11368. Bonn: Bundesministerium für Jugend, Familie, Frauen und Gesundheit.
Bundesministerium für Jugend, Familie, Frauen und Gesundheit (Hrsg.) (1990): Achter Jugendbericht. Bericht über Bestrebungen und Leistungen der Jugendhilfe. Deutscher Bundestag Drucksache 11/6576. Bonn: Bundesministerium für Jugend, Familie, Frauen und Gesundheit.
Bundesvereinigung Kulturelle Jugendbildung (Hrsg.) (1998): Qualitätssicherung durch Evaluation. Konzepte, Methoden und Strategien – Impulse für die kulturelle Kinder- und Jugendbildung (Schriftenreihe der Bundesvereinigung Kulturelle Jugendbildung. Bd. 46). Remscheid: BKJ.
Chassé, K.A./Wensierski, H.J. von (Hrsg.) (2008⁴): Praxisfelder der Sozialen Arbeit. Eine Einführung. Aktualisierte Auflage. Weinheim: Juventa.
Cloos, P. (2008): Die Inszenierung von Gemeinsamkeit. Eine vergleichende Studie zu Biografie, Organisationskultur und beruflichem Habitus von Temas in der Kinder- und Jugendhilfe. Weinheim: Juventa.
Cloos, P./Köngeter, St./Müller, B./Thole, W.(2007). Die Pädagogik der Kinder- und Jugendarbeit. Wiesbaden: VS-Verlag für Sozialwissenschaften.
Corsa, M. (1999): 50 Jahre Deutscher Bundesjugendring: Jugend macht Demokratie. Rede beim Festakt. In: Deutscher Bundesjugendring (Hrsg.): Jugendverbände. Werkstätten der Demokratie zwischen Lagerfeuer, World Wide Web und Agenda 21 (Schriftenreihe des DBJR. Bd. 32). Bonn: Deutscher Bundesjugendring, S. 13–30.
Deinet, U./Sturzenhecker, B. (Hrsg.) (2005³): Handbuch Offene Jugendarbeit. Wiesbaden: VS-Verlag für Sozialwissenschaften.
Deutscher Bundestag (2005): Bildung, Betreuung und Erziehung vor und neben der Schule. Zwölfter Kinder- und Jugendbericht. BT 15/6014 vom 10.10.2005. Berlin.
Deutscher Bundestag (2009): Gesundheitsbezogene Prävention und Gesundheitsförderung in der Kinder- und Jugendhilfe (Arbeitstitel). Berlin (im Erscheinen).
Düx, W./Sass, E./Prein, G./Tully, C.J. (2008): Kompetenzerwerb im freiwilligen Engagement. Eine empirische Studie zum informellen Lernen im Jugendalter. Wiesbaden: VS Verlag für Sozialwissenschaften.
Faltermeier, J. (2002): Erzieherische Hilfen als Bildungsleistung. In: Münchmeier, R./Otto, H.-U./Rabe-Kleberg, U. (2002) (Hrsg. im Auftrag des Bundesjugendkuratoriums): Bildung und Lebenskompetenz. Kinder- und Jugendhilfe vor neuen Aufgaben. Opladen: Leske + Budrich, S. 139–147.

Fauser, K./Fischer, A./Münchmeier, R. (2006a): Jugendliche als Akteure im Verband. Ergebnisse einer empirischen Untersuchung der Evangelischen Jugend (Jugend im Verband 1). Opladen und Farmington Hills: Verlag Barbara Budrich.
Fauser, K./Fischer, A./Münchmeier, R. (Hrsg.) (2006b): „Man muss es selbst erlebt haben….." Ergebnisse einer empirischen Untersuchung der Evangelischen Jugend (Jugend im Verband 2). Opladen und Farmington Hills: Verlag Barbara Budrich.
Flösser, G./Otto, H.-U./Rauschenbach, T./Thole, W. (1998): Jugendhilfeforschung. Beobachtungen zu einer wenig beachteten Forschungslandschaft. In: Rauschenbach, T./Thole, W. (Hrsg.): Sozialpädagogische Forschung. Gegenstand und Funktionen, Bereiche und Methoden. Weinheim: Juventa, S. 225–261.
Förderrichtlinien des Kinder- und Jugendplanes (2001): Bonn, Bundesministerium für Familie, Senioren, Frauen und Jugend. In: Bundesministerium des Inneren (Hrsg.): Gemeinsames Ministerialblatt, 52. Jg., Nr. 2, 10. Januar 2001, S. 18–31.
Galuske, M./Rauschenbach, T. (1997): Politische Jugendbildung in Ausbildung und Beruf. In: Hafeneger, B.: Handbuch politische Jugendbildung. Schwalbach/Ts.: Wochenschau-Verlag, S. 57–77.
Gehres, W. (1997): Das zweite Zuhause. Lebensgeschichte und Persönlichkeitsentwicklung von Heimkindern. (Focus Soziale Arbeit, Materialien 2). Opladen: Leske + Budrich.
Henschel, A./Krüger, R./Schmitt, Chr./Stange, W. (Hrsg.): (2008): Jugendhilfe und Schule. Handbuch für eine gelingende Kooperation Wiesbaden: VS-Verlag für Sozialwissenschaften.
Herriger, N. (1997): Empowerment in der Sozialen Arbeit. Eine Einführung. Stuttgart: Kohlhammer.
Hill, B. (1996): Rockmobil. Eine ethnographische Fallstudie aus der Jugendarbeit. Opladen: Leske + Budrich.
Homfeldt, H.G./Schulze, J./Schenk, M./Seyl, S./Michels, C. (1995): Jugendverbandsarbeit auf dem Prüfstand. Die Jugendfeuerwehr – Perspektiven für das verbandliche Prinzip der Jugendarbeit. Weinheim: Juventa.
Homfeldt, H.-G./Schroer, W./Schweppe, C. (Hrsg.) (2008): Vom Adressaten zum Akteur. Soziale Arbeit und Agency. Opladen und Farmington Hills: Barbara Budrich.
Jakob, G. (1993): Zwischen Dienst und Selbstbezug. Eine biographieanalytische Untersuchung ehrenamtlichen Engagements. Opladen: Leske und Budrich.
Jordan, E./Sengling, D. (2005): Jugendhilfe. Einführung in Geschichte und Handlungsfelder, Organisationsformen und gesellschaftliche Problemlagen. Weinheim: Juventa.
Kiesel, D./Scherr, A./Thole, W. (Hrsg.) (1998): Standortbestimmung Jugendarbeit. Theoretische Orientierungen und empirische Befunde. Schwalbach/Ts.: Wochenschau-Verlag.
Konsortium Bildungsberichterstattung (2006): Bildung in Deutschland. Ein indikatorengestützter Bericht mit einer Analyse zu Bildung und Migration. Im Auftrag der Ständigen Konferenz der Kultusminister der Länder in der Bundesrepublik Deutschland und des Bundesministeriums für Bildung und Forschung. Bielefeld: Bertelsmann Verlag.
Krause, H.-U./Peters, F. (Hrsg.): (2006[2]): Grundwissen Erzieherische Hilfen. Ausgangsfragen, Schlüsselthemen, Herausforderungen. Weinheim: Juventa.
Krüger, H.-H./Rauschenbach, Th. (2004): Pädagogen in Studium und Beruf. Empirische Bilanz und Zukunftsperspektiven. Wiesbaden: VS Verlag für Sozialwissenschaften.
Küster, E.-U. (2003): Fremdheit und Anerkennung. Ethnographie eines Jugendhauses (Kasseler Studien zur Sozialpolitik und Sozialpädagogik, Bd. 3). Weinheim u.a.: Beltz.
Lambers, H. (1996): Heimerziehung als kritisches Lebensereignis. Eine empirische Längsschnittuntersuchung über Hilfeverläufe im Heim aus systemischer Sicht. Münster: Votum.
Lehmann, T./Mecklenburg, K. (2006): Jugendverbände als biografisch bedeutsame Lebensorte. Baltmannsweiler: Schneider-Verlag.
Lindner, W. (Hrsg.) (2008): Kinder- und Jugendarbeit wirkt Aktuelle und ausgewählte Evaluationsergebnisse der Kinder- und Jugendarbeit. Wiesbaden: VS Verlag für Sozialwissenschaften.
Müller, B./Schmidt, S./Schulz, M. (2005): Wahrnehmen können. Jugendarbeit und informelle Bildung. Freiburg im Breisgau: Lambertus.
Münchmeier, R./Otto, H.-U./Rabe-Kleberg, U. (2002) (Hrsg. im Auftrag des Bundesjugendkuratoriums): Bildung und Lebenskompetenz. Kinder- und Jugendhilfe vor neuen Aufgaben. Opladen: Leske + Budrich.
Nagel, U. (1997): Engagierte Rollendistanz. Professionalität in biographischer Perspektive. Opladen: Leske + Budrich.
Nikles, B.W. (1996): Kinder- und Jugendschutz – nur eine Fiktion? In: Jugendwohl, 77. Jg., S. 67–75.
Normann, E. (2003):Erziehungshilfen in biografischen Reflexionen: Heimkinder erinnern sich. Weinheim: Juventa.
Olk, T./Bathke, G.-W./Hartnuß, B. (2000): Jugendhilfe und Schule. Empirische Befunde und theoretische Reflexionen zur Schulsozialarbeit. Weinheim: Juventa.
Otto, H.-U./Rauschenbach, Th. (Hrsg.) (2004): Die andere Seite der Bildung. Zum Verhältnis von formellen und informellen Bildungsprozessen. Wiesbaden: VS-Verlag für Sozialwissenschaften.
Otto, H.-U./Oelkers, J. (Hrsg.) (2006): Zeitgemäße Bildung. Herausforderung für Erziehungswissenschaft und Bildungspolitik. München und Basel: Reinhardt-Verlag.

Otto, H.-U./Ziegler, H. (Hrsg.) (2008): Capabilities – Handlungsbefähigung und Verwirklichungschancen in der Erziehungswissenschaft. Wiesbaden: VS Verlag für Sozialwissenschaften.
Pluto, L./Gragert, N./v. Santen, E./Seckinger, M. (2007): Kinder- und Jugendhilfe im Wandel. Eine empirische Strukturanalyse. München: DJI-Verlag.
Prange, K. (1983): Bauformen des Unterrichts. Eine Didaktik für Lehrer. Bad Heilbrunn: Klinkhardt.
Rauschenbach, T./Thole, W. (Hrsg.) (1998): Sozialpädagogische Forschung. Gegenstand und Funktionen, Bereiche und Methoden. Weinheim: Juventa.
Rauschenbach, T./Sachsse, C./Olk, T. (Hrsg.) (1995): Von der Wertgemeinschaft zum Dienstleistungsunternehmen. Jugend- und Wohlfahrtsverbände im Umbruch. Frankfurt/ M.: Suhrkamp.
Rauschenbach, T./Schilling, M. (Hrsg.) (1997): Die Kinder- und Jugendhilfe und ihre Statistik. Bd. II: Analysen, Befunde und Perspektiven. Neuwied: Luchterhand.
Rauschenbach, T./Schilling, M. (2001): Soziale Dienste. In: Böttcher, W./Klemm, K./Rauschenbach, T. (Hrsg.): Bildung und Soziales in Zahlen. Weinheim: Juventa, S. 207–270.
Reichwein, S./Freund, T. (1992): Jugend im Verband. Karrieren, Action, Lebenshilfe. Opladen: Leske + Budrich.
Santen, E., v./Seckinger, M. (2003): Kooperation: Mythos und Realität. Eine empirische Studie zur interinstitutionellen Zusammenarbeit am Beispiel der Kinder- und Jugendhilfe. München: DJI.
Satzung BUNDjugend (1996): Beschlossen auf der Bundesjugendversammlung der BUNDjugend am 17.11.1985. Zuletzt geändert auf der Bundesjugendversammlung der BUNDjugend am 28.12.1996 in Berlin. URL: http://www.bundjugend.de http://www.bundjugend.de/new/index.php?option=com_content&task=view&id=26&Itemid=57&lang=de_DE (17.10.2008)
Scherr, A. (1997): Subjektorientierte Jugendarbeit. Eine Einführung in die Grundlagen emanzipatorischer Jugendarbeit. Weinheim: Juventa.
Scherr, A. (1998): Subjektivität und Anerkennung. Grundzüge einer Theorie der Jugendarbeit. In: Kiesel, D./Scherr, A./Thole, W. (Hrsg.): Standortbestimmung Jugendarbeit. Theoretische Orientierungen und empirische Befunde. Schwalbach/Ts.: Wochenschau-Verlag, S. 147–163.
Schröder, U. B./Streblow, C. (Hrsg.) (2007): Evaluation konkret. Fremd- und Selbstevaluationsansätze anhand von Beispielen aus Jugendarbeit und Schule. Opladen und Farmington Hills: Verlag Barbara Budrich.
Statistisches Bundesamt (1998): Fachserie 13, Reihe 6.2: Maßnahmen der Einrichtungen der Jugendarbeit im Rahmen der Jugendhilfe. Stuttgart.
Statistisches Bundesamt (Hrsg.) (2005): Statistiken der Kinder- und Jugendhilfe – Maßnahmen der Jugendarbeit 2004. Wiesbaden. Verfügbar unter: www.destatis.de (Publikationsservice).
Statistisches Bundesamt (Hrsg.) (2007): Statistiken der Kinder- und Jugendhilfe – Ausgaben und Einnahmen 2006. Wiesbaden. Verfügbar unter: www.destatis.de (Publikationsservice).
Statistisches Bundesamt (Hrsg.) (2008): Statistiken der Kinder- und Jugendhilfe – Einrichtungen und tätige Personen 2006 (ohne Tageseinrichtungen für Kinder) (Revidierte Ergebnisse). Wiesbaden. Verfügbar unter: www.destatis.de (Publikationsservice).
Thole, W. (1991): Familie – Szene – Jugendhaus. Alltag und Subjektivität einer Jugendclique. Opladen: Leske + Budrich.
Thole, W. (1997): Jugendarbeit – ein Stiefkind der Statistik. In: Rauschenbach, T./Schilling, M. (Hrsg.): Die Kinder- und Jugendhilfe und ihre Statistik. Bd. 2: Analysen, Befunde und Perspektiven. Neuwied: Luchterhand, S. 279–320.
Thole, W. (2000): Kinder- und Jugendarbeit. Eine Einführung. Weinheim: Juventa.
Thole, W./Küster-Schapfl, E.-U. (1997): Sozialpädagogische Profis. Beruflicher Habitus, Wissen und Können von PädagogInnen in der außerschulischen Kinder- und Jugendarbeit. (Studien zur Erziehungswissenschaft und Bildungsforschung. Bd. 11). Opladen: Leske + Budrich.
Thole, W./Wegener, C./Küster, E.-U. (Hrsg.) (2005): Professionalisierung und Studium. Die hochschulische Qualifikation für die Kinder- und Jugendarbeit. Befunde und Reflexionen. Wiesbaden: VS Verlag für Sozialwissenschaften.
Wiesner, R. (20063): SBG VIII. Kinder- und Jugendhilfe. Erläutert von Wiesner, R./Fegert, J./Mörsberger, T./Oberloskamp, H./Struck, J. München: Beck.
Winkler, M. (1988): Eine Theorie der Sozialpädagogik. Stuttgart: Klett-Cotta.
Winkler, M. (1999): „Ortshandeln" – die Pädagogik der Heimerziehung. In: Colla, H.E./Gabriel, T./Millham, S./Müller-Teusler, S./Winkler, M. (Hrsg.): Handbuch Heimerziehung und Pflegekinderwesen in Europa. Neuwied: Luchterhand, S. 307–323.
Winkler, M. (2001): Auf dem Weg zu einer Theorie der Erziehungshilfen. In: Birtsch, V./Münstermann, K./Trede, W. (Hrsg.): Handbuch der Erziehungshilfen. Leitfaden für Ausbildung, Praxis und Forschung. Münster: Votum, S. 247–281.
Wissenschaftlicher Beirat für Familienfragen (2006): Eine Chance für die Familie. Gutachten für das Bundesministerium für Familie, Senioren, Frauen und Jugend. Wiesbaden: VS Verlag für Sozialwissenschaften.

Helmut Heid | Christian Harteis

Wirtschaft und Betrieb

Sowohl in der Alltagsorientierung als auch in „außerökonomischen" Fachkulturen gilt „die Wirtschaft" als ein Objekt wissenschaftlicher Beobachtung, als ein Gegenstand gesellschafts- oder wirtschaftspolitischen Handelns oder auch als ein abgrenzbares Feld berufsförmigen bzw. qualifizierten Arbeitens. Dabei handelt es sich insofern um eine Fehldeutung (dazu u.a. Albert 1963/1965; Tenbruck 1961; Weber 1904/1951, S. 161ff.), als es nicht einen einzigen beobachtbaren Sachverhalt - sei es eine Sache oder eine Handlung - gibt, die sich darin erschöpft, „wirtschaftlich" oder „ökonomisch" zu „sein". Wirtschaft oder Ökonomie „sind" zunächst nichts anderes als Kategorien der Realitätswahrnehmung, der gedanklichen Wahrnehmungsverarbeitung und der Daseinsgestaltung. In diesem Sinn sind „Wirtschaft" und „Ökonomie" wie beispielsweise auch „Politik" oder „Pädagogik" Gesichtspunkte, die sich in der Tradition differenzierenden menschlichen Denkens und Handelns herausgebildet haben und unter denen nahezu jedes konkrete, beobachtbare, komplexe menschliche Handeln betrachtet und beurteilt werden kann.

Andererseits haben sich in der Tradition kategorialer, aber auch praktischer soziokultureller Differenzierung, Arbeitsteilung und Professionalisierung relativ eigenständige Sektoren gesellschaftlicher Praxis herausgebildet, in denen das kategorial Definierte und Postulierte, also beispielsweise „die Wirtschaft" oder „die Pädagogik" dominant zur Geltung kommt. Diese Feststellung darf über zweierlei nicht hinwegtäuschen: Erstens kann konkretes professionelles Handeln auch derjenigen, die „Wirtschaftler" oder „Pädagogen" genannt werden, niemals völlig auf das reduziert werden, was „wirtschaftlich" oder „pädagogisch" genannt zu werden pflegt. Zweitens gibt es kein konkretes soziales Handeln und auch kein Ergebnis sozialen Handelns (dazu gehören beispielsweise Erziehung, Unterricht, Schule), das nicht auch unter ökonomischen oder pädagogischen Gesichtspunkten betrachtet und beurteilt werden kann und in diesem Sinn ökonomisch oder pädagogisch bedeutsam ist. Das äußert sich beispielsweise darin, dass „Phänomene", die wohl niemals völlig frei von einer gewissen Willkür einzelnen Sektoren gesellschaftlicher Praxis zugeordnet werden, legitime Gegenstände einer Vielzahl von Betrachtungsweisen und auch Einzelwissenschaften sind; ein Beispiel dafür ist wiederum die Schule. So gibt es auch in der pädagogischen Praxis so gut wie nichts, das nicht auch wirtschaftlich oder soziologisch oder juristisch bedeutsam und beurteilbar ist (vgl. z.B. Heintz 1959; v. Recum 1977; Heid 1989). Derlei Verortungen führen jedoch häufig zur illegitimen Kontrastierung von Ökonomie einerseits und Pädagogik andererseits, die beispielsweise in der Diskussion um die Konvergenz oder Divergenz ökonomischer und pädagogischer Prinzipien betrieblicher Bildungsbemühungen ihren Niederschlag findet (vgl. Harteis 2004).

1 Zum Wechselverhältnis von Wirtschaft und Bildung

Zur „Wirtschaft" werden alle Einrichtungen und Aktivitäten gerechnet, die der Erzeugung, Beschaffung und Verteilung knapper Güter zur Befriedigung (prinzipiell unersättlicher) menschlicher Bedürfnisse dienen. Der Zwang zum Wirtschaften ergibt sich aus der relativen Knappheit der Güter gegenüber dem Bedarf. Was folgt aus dieser überaus knappen und formalen Bestimmung für die Präzisierung und Beantwortung der Frage nach der bildungstheoretischen und bildungspraktischen Relevanz „der Wirtschaft"?

1. Die erwähnten Einrichtungen und Aktivitäten sind Resultat vieldimensionaler Entscheidungs- und Handlungsprozesse. Die – an welchem Kriterium auch immer bemessene – Qualität sowohl eines Entscheidungsprozesses als auch seiner Effekte hängen in hohem Maß von der Komplexität und dem Niveau jener (z.B. ökonomischer, juristischer, sozialer oder produktbezogen-fachlicher) Kompetenzen der Entscheidungsträger ab, zu deren Entwicklung das Bildungssystem einen immer unentbehrlicheren Beitrag leistet. Insofern ist der Erfolg ökonomischen Handelns vom Erfolg der Qualifizierung ökonomisch Handelnder abhängig (vgl. Mattern/Weißhuhn 1980, S. 7ff.). „Hier ist auch historisch der Ansatzpunkt der bildungsökonomischen Fragestellung: Welchen Beitrag leistet das Bildungssystem zur Produktivitätssteigerung der Arbeitskräfte und dadurch zum Wirtschaftswachstum?" (Mattern/Weißhuhn 1980, S. 8). Bildung, Qualifizierung, Kompetenz gehören zu den notwendigen Voraussetzungen erfolgreichen Wirtschaftens.

2. Bildung, Kompetenz, Qualifikation – gleich ob sie unterschieden werden oder nicht – sind knappe Güter, deren Hervorbringung immer weniger auf die Anwendung des Wirtschaftlichkeits- bzw. Sparprinzips verzichten kann. Dabei geht es längst nicht nur um rein finanzielle Größen eines jeweiligen Bildungsbudgets (wie beispielsweise bei Posth 1989), sondern um die Vieldimensionalität der zur Gewährleistung des Qualifizierungserfolgs unentbehrlichen Ressourcen, die Lehrende und Lernende zwingen, beispielsweise mit ihrer Zeit, mit ihrer Anstrengung, mit ihren Kräften sparsam umzugehen. Alle an einer Bildungsmaßnahme Beteiligten kalkulieren – freilich unterschiedlich kompetent und erfolgreich – ihre Aufwendungen im Verhältnis zu den damit bezweckten Erträgen in kurz- und langfristiger Perspektive. Erfolgsorientierte Bildung oder Qualifizierung erfordert also die Anwendung des ökonomischen Prinzips auf die Gestaltung des Bildungs- oder Qualifizierungsprozesses. Aus betriebswirtschaftlicher Perspektive ist jede Bildungseinrichtung ein „Betrieb" zur „Produktion" des „Gutes" Bildung. Dass mit der betriebswirtschaftlichen Betrachtung und Beurteilung bildungspraktischer Einrichtungen oder Aktivitäten nicht auch schon „die Bildung" erfasst oder steuerbar ist, dürfte nach dem zuvor Ausgeführten unmittelbar einleuchten. Aber der Verzicht auf eine auch wirtschaftliche Betrachtung und Beurteilung pädagogischer Praxis beeinträchtigt die pädagogische Qualität bildungspraktischen Handelns.

3. Erfolgreiche Bildungsarbeit hat aber nicht nur die Anwendung des ökonomischen Prinzips unmittelbar auf die Gestaltung dieser Arbeit selbst zur Voraussetzung, sondern weit darüber hinaus auch die Schaffung der infrastrukturellen Voraussetzungen zur Ermöglichung insbesondere professionalisierter Bildungsarbeit. Für Bildung wenden die öffentlichen Haushalte beträchtliche Summen auf, die zuvor erwirtschaftet werden müssen. Insofern hängen Existenz und Leistungsfähigkeit des Bildungssystems auch vom Erfolg „der Wirtschaft" bzw. vom Wirtschaftswachstum ab. Der Anteil der Ausgaben für Bildung an den öffentlichen oder auch privaten Haushalten wird zu den allerdings nicht unumstrittenen Indikatoren für die Qualität eines jeweils zu beurteilenden Bildungssystems gerechnet (vgl. dazu u.a. Picht 1964; Priddat

2002). „Die Wirtschaft" ist aber nicht nur indirekt durch die Abgabe von Steuern, sondern auch direkt an der Finanzierung von Bildung und insbesondere der beruflichen Bildung beteiligt. So gibt es zahlreiche Beispiele, wie Wirtschaftsunternehmen prestigefördernd Schulen oder Hochschulen mit finanziellen Spenden und Zuschüssen fördern (vgl. Levenson 2007; Voss/ Herrmann 2006). Im „dualen System" der Berufsausbildung sind Betriebe neben der für den fachtheoretischen Unterricht zuständigen Berufsschule die für die fachpraktische Ausbildung zuständigen (Haupt-)Träger der „arbeitsplatzgebundenen" (Kutscha 1982, S. 203) beruflichen Bildung. Die verbreitete Beteuerung, das duale System der Berufsbildung habe sich bewährt und besitze internationalen Vorbildcharakter (hierzu z.B. Filander 2007), bezweckt vor allem die Rechtfertigung der Priorität des betrieblichen Ausbildungsanteils. Sie ist aber auch seit langer Zeit Gegenstand kritischer Kontroversen (vgl. Kutscha 1982). Dabei geht es zentral um die bisher nicht befriedigend gelöste Frage nach der Koordination betrieblicher und schulischer Ausbildungszuständigkeiten und -leistungen (vgl. Lipsmeier 2000). Es besteht nicht einmal Einigkeit über die Kooperationsgesichtspunkte sowie über die für die Beurteilung des Kooperationserfolgs unentbehrlichen Kriterien. Auch an der berufsbezogenen Weiterbildung sind Betriebe mit einem diskontinuierlich ansteigenden Finanzierungs- und Zuständigkeitsanteil maßgeblich beteiligt (vgl. Kuwan u.a. 2006; Pawlowski/Bäumer 1996; Weiß 2000). Insgesamt geht man spätestens seit Anfang der 1970er Jahre von einer permanent zunehmenden Bedeutung berufs- und betriebsbedeutsamer Weiterbildung aus (vgl. Deutscher Bildungsrat 1970; Grünewald/Moraal 1996; differenzierend und relativierend: Bolder/Hendrich/Reimer 1998), nicht zuletzt unter Bezugnahme auf die Schlagworte Globalisierung oder Lebenslanges Lernen (vgl. Achtenhagen/Lempert 2000; Dohmen 2004; Holm 2007).

4. Bildung, Qualifikation oder Kompetenz sind nicht nur Ergebnisse eines Qualifizierungsprozesses, in dem das ökonomische Prinzip sparsamer Ressourcenkalkulation zur Geltung und zur Anwendung kommt. Bildung, Qualifikation und Kompetenz sind aus betriebswirtschaftlicher Perspektive auch Güter, die auf betrieblichen oder volkswirtschaftlichen Arbeitsmärkten angeboten, verkauft, verwertet werden (können) (vgl. Priddat 2002). Auch wer weit davon entfernt ist, Qualifikation auf das ökonomisch Verwertbare reduzieren zu wollen, kann die Augen nicht vor der Tatsache verschließen, dass Menschen allen Anlass haben oder gar gezwungen sind, bei der Planung ihrer Bildungskarriere den Verwendungs- und Verwertungsgesichtspunkt nicht außer Betracht zu lassen. Das ist auch dort der Fall bzw. notwendig, wo Bildungssubjekte nicht bereit sind, sich den jeweils vorgefundenen Bedingungen der Qualifikationsverwertung kritiklos zu unterwerfen. Dennoch gilt, dass die Wirtschaft und konkreter: einzelne Unternehmen durch die Organisation ihrer betrieblichen Arbeit maßgeblich an der Definition der Verwertungsbedingungen individueller Bildung oder Kompetenz beteiligt sind. In der aktuellen Diskussion dessen, was das Beschäftigungssystem bzw. was konkrete betriebliche Entscheider in Rekrutierungsprozessen besonders erwarten oder fordern, spielen die Begriffe „Schlüsselqualifikationen" (vgl. dazu Dörig 1994; Kaiser 1992; Mertens 1974) und „Soziale Kompetenz" (vgl. Euler 1997) eine zentrale Rolle. Die Einmütigkeit, mit der dabei dem fachlichen Wissen – gelegentlich auch von Industriesoziologen (vgl. Lehner/Widmaier 1992; Schumann 2003) und Betriebspädagogen (vgl. Arnold 1994, S. 504f.) – eine wichtige Qualifizierungsfunktion abgesprochen wird, sowie die Neigung, eine wissensbasierte Sockelqualifizierung zugunsten des einigermaßen unscharf postulierten lebenslangen Lernens zurückzunehmen (kritisch dazu Heid 1999a), ist mit neueren Befunden der Lehr-Lern-Forschung (vgl. Gruber/Harteis/Rehrl 2008; Weinert 1999) nur schwer vereinbar.

5. Diese Feststellung lässt sich vertiefen. Dabei wird sichtbar, in wie subtiler Weise wirtschaftliche Gesichtspunkte sogar im scheinbar genuin pädagogischen Denken und Handeln zur Geltung kommen. Zunächst zum Denken: Menschliche Lernfähigkeit, definiert als die elementare Bedingung der Möglichkeit, überhaupt zu lernen und somit Ausgangspunkt jeder pädagogischen Praxis, ist nur identifizierbar im Hinblick auf jenes Wozu, bei dessen Bestimmung im Beschäftigungssystem definierte Anforderungen eine wichtige Rolle spielen. Die vermeintlich „rein anthropologisch-pädagogische" Behauptung oder Forderung, einen Menschen entsprechend seiner Fähigkeiten zu fördern, verdeckt die nicht hintergehbare Tatsache, dass diese Fähigkeit nur in Abhängigkeit von Inhalt und Niveau eines definierten Anspruchs bzw. Bedarfs definiert und ermittelt werden (kann). Im bildungspolitischen und -praktischen Alltag heißt das u.a.: der Punkt, bis zu dem ein Schüler in einem selektiven Bildungssystem (im Vergleich zu anderen Schülern) noch als lernfähig oder bildsam gilt, bis zu dem es also als vertretbar angesehen wird, durch zusätzliche Investitionen von finanziellen Mitteln, Zeit, Anstrengungen in Lehraktivitäten weitere Lernerfolge zu ermöglichen, wird nicht unabhängig vom quantitativen und qualitativen Bedarf an Qualifikationen und Qualifizierten auf den verschiedenen Stufen der Qualifikationshierarchie und nicht unabhängig von der politischen und ökonomischen Entscheidung darüber bestimmt, wie viel den jeweiligen politischen und ökonomischen Entscheidungsträgern zusätzliche Investitionen noch wert sind. Sehr ähnlich verhält es sich mit jenen individuellen Bildungsbedürfnissen, die insbesondere von reformerisch engagierten Bildungspolitikern und -praktikern gegen Qualifikationsanforderungen des Beschäftigungssystems ausgespielt werden. Pädagogische Praxis – so die These – habe sich nicht an den Anforderungen der Betriebe, sondern an den Bedürfnissen Lernender zu orientieren. Aber die Inhalte dieser Bedürfnisse sind keine Naturereignisse. Erst über extrapersonale und dabei auch wirtschaftlich bedingte Werdegelegenheiten und Ansprüche erfahren Lernende etwas über ihre individuellen Werdepotenziale – darüber also, was sie werden und wollen können. Konkret-inhaltliche Bedürfnisse und Interessen Lernender bilden sich erst in der niemals nur ablehnenden Auseinandersetzung mit jenen Anforderungen heraus, unter denen betriebliche Qualifikationsanforderungen einen hohen Stellenwert besitzen. In der Regel sind Heranwachsende sogar „gezwungen", aber auch daran interessiert, jene Kriterien für Relevanz und Erfolg ihres Lernens und Handelns zu übernehmen, die in den Rekrutierungskriterien und -praktiken des Beschäftigungssystems zur Geltung kommen. Insofern haben die individuellen Bildungsbedürfnisse Heranwachsender Momente soziokulturellen und -ökonomischen Sollens unvermeidbar in sich aufgenommen (vgl. Heid 1999b).

6. Schließlich haben Bildungspolitik und Bildungspraxis wirtschaftskundliches und wirtschaftswissenschaftliches Wissen zum Gegenstand (Stichwort: Wirtschaftsdidaktik). Zweck der Beschäftigung mit dem Wissen über Zwecke, Rahmenbedingungen, Strukturen, Prozesse und Effekte insbesondere professionellen, aber auch alltäglichen wirtschaftlichen Handelns ist die Entwicklung jener Kompetenz, die über die Befähigung zum erfolgreichen wirtschaftsberuflichen Handeln hinausgeht und insofern zur so genannten Allgemeinbildung dessen gerechnet werden muss, der sich in dieser Welt kompetent zu behaupten beabsichtigt. Im Besonderen geht es dabei um die Entwicklung des Wissens, der Urteilskraft und der Handlungskompetenz, die unentbehrlich sind, damit wirtschaftende Menschen, und das sind alle Menschen, nicht bloß als Objekte externaler Regelung, sondern als Subjekte gesellschaftlicher Praxis an der Urteils- und Willensbildung sowie an der Gestaltung kulturellen, politischen und ökonomischen Lebens mitwirken zu können. Die Wirtschaftswissenschaft ist nicht nur eine etablierte und in sich vielfältig strukturierte sozialwissenschaftliche Spezialdisziplin, ihr sind auch ganze Universitätsfa-

kultäten und Fachhochschulen gewidmet. Wirtschaftsberufliche Bildung ist ein relativ umfangreiches Teilsystem des Bildungswesens (Kaufmännische Berufsschule, Handels- und Höhere Handelsschulen, Wirtschaftsoberschulen bzw. Wirtschaftsgymnasien etc.). Wirtschaftslehre bzw. -kunde ist ein eigenes Unterrichtsfach in unterschiedlichen Schulsystemen.

2 Wechselbeziehungen zwischen betrieblichen Qualifikationsanforderungen und individueller Kompetenzentwicklung

Betriebe sind relativ selbständige Teilsysteme gesellschaftlicher Praxis. Primärer Zweck eines Betriebes ist die Produktion materieller und immaterieller Wirtschaftsgüter bzw. Dienstleistungen. Voraussetzung für die Erfüllung betrieblicher Zwecke ist die Integration und Qualitätssicherung betrieblicher Elementarfaktoren, die unter Gesichtspunkten pädagogischer Bedeutsamkeit in *personale* (Arbeit, Humanressourcen) und *sachliche* (Betriebsmittel bzw. Anlagen und Werkstoffe) unterschieden werden können. Nicht nur diese einzelnen Faktoren selbst, sondern auch die Wechselbeziehungen dieser produktiven Elemente zueinander unterliegen einem permanenten und tiefgreifenden Strukturwandel. In welcher (Wechsel-) Beziehung stehen die unterschiedenen Faktoren?

1. Die technische Organisation betrieblicher Arbeit wird herkömmlich als das Resultat des wissenschaftlich technischen Fortschritts gesehen. Dabei wird übersehen, dass die technische „Umsetzung" naturwissenschaftlichen Wissens und die von Wirtschaftlichkeitsgesichtspunkten regulierte Investition in eine vorhandene oder zu entwickelnde Technik von Entscheidungen je bereichsspezifischer – nämlich naturwissenschaftlicher, ingenieurwissenschaftlicher, arbeitsorganisatorischer – Logik bestimmt werden. Zum anderen und vor allem wird oft übersehen, dass sowohl der Ingenieur als auch der Organisator betrieblicher Arbeit die Zwecke ihres Handelns nur erfüllen können, wenn sie ein Bild vom Menschen oder genauer von der Kompetenz und der Kompetenzentwicklung des Menschen haben, der die zu entwickelnde Technik ertragreich verwendet. Insofern stehen sachliche und personale Faktoren betrieblicher Aufgabenerfüllung nicht einander „gegenüber", sie sind wechselseitig aufeinander bezogen. In jeder Technik und in jeder Arbeitsorganisation ist – abstrakt formuliert – eine Anthropologie und eine Lerntheorie des betrieblich „Beschäftigten" inkorporiert (vgl. Heid 1999b).

2. Umgekehrt erfolgt die individuelle Kompetenzentwicklung keineswegs in Distanz oder Widerspruch zur Entwicklung jener gesellschaftlichen und arbeitsorganisatorischen Bedingungen, unter denen Menschen ihre Kompetenz zu entwickeln und zu verwerten „gezwungen" sind. Individuelle Bildungs- und Qualifizierungsbedürfnisse – das wurde bereits ausgeführt – entwickeln sich erst in der Auseinandersetzung mit vorgefundenen Lerngelegenheiten, Anforderungen und Kompetenzverwertungsbedingungen. Sie haben den Verwendungsgesichtspunkt in sich aufgenommen.

3. Wie hat man sich die skizzierte Wechselseitigkeit zwischen technisch-organisatorischen und personalen Faktoren im Einzelnen vorzustellen? Rein theoretisch erscheint es müßig, dabei nach einer zeitlichen oder sachlichen Priorität zu suchen. Die je vorfindliche Welt, in deren Aneignung Individuen ihr Lern- und Leistungspotenzial entwickeln, ist Resultat personalen Handelns. Keiner der beiden unterschiedenen, freilich überaus komplexen Faktoren determiniert die Entwicklung des jeweils anderen Faktors. Allerdings definiert und konstituiert jeder

dieser Faktoren die *Bedingungen* der Entwicklung des jeweils anderen Faktors. Wie sieht das in der Wirklichkeit aus? In der Praxis industrialisierter Dienstleistungsgesellschaften scheint der technisch-ökonomisch-organisatorische Faktor betrieblicher Aufgabenerfüllung sachliche und zeitliche Priorität zu besitzen. Denn die Repräsentanten „der Wirtschaft" haben allem Anschein nach die Macht, über die Kriterien der Rekrutierung Beschäftigter und über die Qualifikationsanforderungen geradezu ultimativ zu bestimmen. Umgekehrt sind Beschäftigte gezwungen, die in den betrieblichen Rekrutierungskriterien definierten Qualifikationsanforderungen zu erfüllen, um im Beschäftigungssystem erfolgreich zu sein und mit ihrer Erwerbstätigkeit die Voraussetzung zur Gewährleistung ihrer physischen wie soziokulturellen Existenz zu erfüllen. Dem steht auf der anderen Seite die Tatsache gegenüber, dass in dem unabschließbaren Prozess der Kombination personaler und sachlicher Elementarfaktoren die im Betrieb tätigen Menschen – freilich mit unterscheidbaren, wenn auch niemals scharf voneinander abgrenzbaren Zuständigkeiten – das dispositive Innovationspotenzial bilden und somit sachliche Priorität besitzen. Diese Feststellung scheint die verbreitete Formel zu rechtfertigen, dass „der Mensch im Mittelpunkt der Wirtschaft" stehe. Dabei bleibt unbeachtet, dass es „den" Menschen nicht gibt. Zum einen können die zumindest tendenziell auf verschiedene Personengruppen aufteilbaren Zuständigkeiten bzw. Funktionen der Leitung, Planung, Organisation einerseits und der Arbeitsverrichtung bzw. -ausführung andererseits unterschieden werden – und zwar auch dort, wo in Konzepten und Programmen betrieblicher Organisationsentwicklung die Überwindung der interpersonalen Trennung dispositiver und exekutiver Funktionen postuliert wird. Aber die betriebliche Wirklichkeit hat mit dieser Programmatik bisher nur sehr unzulänglich Schritt gehalten (vgl. Büchter 1998; Harteis 2003; Hendrich 1996). Zum anderen kann „der Mensch" außerordentlich unterschiedlich gesehen und „behandelt" werden. In idealtypischer, extrem vereinfachender Gegenüberstellung kann der Mensch einerseits als bloßes Produktionsmittel und als Objekt der Qualifizierung und Regulierung oder andererseits als Subjekt einer partizipativen betrieblichen Organisations- und individuellen Kompetenzentwicklung begriffen werden (vgl. Heid 1999b; Heid/Harteis 2004).

4. Welche Bedeutung haben Kompetenz und Qualifizierung Beschäftigter für die betriebliche Organisationsentwicklung und letztlich für die betriebliche Aufgabenerfüllung? Diese Frage lässt sich auf zwei Ebenen beantworten: Betriebsleitungen sind gezwungen, bei der Organisation betrieblicher Arbeit von den auf dem Arbeitsmarkt verfügbaren oder durch (betriebliche) Aus- und Weiterbildung entwickelbaren Kompetenzen auszugehen. Damit sind die zwei wichtigsten, keineswegs einander ausschließenden Formen oder Wege der Qualitätssicherung des Faktors Arbeit genannt: die *Rekrutierung* vor- oder außerbetrieblich Qualifizierter oder/und die betriebliche, betrieblich veranlasste oder zumindest betriebsbezogene und betriebsdienliche *Qualifizierung* Beschäftigter. In dem Maße, in dem Betriebe für die betriebliche Aufgabenerfüllung zwar notwendige, andererseits aber nicht unbedingt im Betrieb selbst zu erfüllende Teilleistungen auslagern (vgl. Baethge/Schiersmann 1999, S. 55ff.; Weiß 1998, S. 109f.), gewinnt die Rekrutierung external Qualifizierter gegenüber der betriebseigenen Qualifizierung an Bedeutung. Die Kompetenzentwicklung Beschäftigter kann zu denjenigen betriebsbedeutsamen Aufgaben gerechnet werden, deren Erfüllung Betriebe vor allem dann ohne Qualitätseinbuße auslagern können, wenn sie in der Organisation betrieblicher Arbeit zugleich die Bedingungen informellen Lernens durch eine Verknüpfung von Arbeit und Lernen (vgl. Billett 2006) optimieren. Beschäftigte finden dann Gelegenheit, ihre in anderen Bildungs- und Sozialisationsprozessen entwickelte Kompetenz betrieb- und arbeitsbezogen zu spezifizieren, zu vertiefen, zu erweitern. Zu den Bedingungen der Möglichkeit, eine lernförderliche Arbeitsorganisation

zu entwickeln, dürfte es gehören, dass für die Organisationsentwicklung Zuständige nicht nur über die häufig apostrophierte soziale, sondern auch über eine betriebspädagogische Kompetenz verfügen (kritisch dazu Beck 1984; Harney 1994). Unter dieser Voraussetzung kann sich eine (neue) Arbeitsteilung entwickeln, die es Betrieben ermöglicht, Qualifizierte je nach Bedarf „einzukaufen". Daraus folgt aber nicht, dass die Qualitätssicherung des Faktors Arbeit und damit die Qualifizierung unwichtiger wird, und es folgt daraus auch nicht, dass in der Organisationsentwicklung auf die manifeste oder potenzielle Kompetenz Beschäftigter keine Rücksicht zu nehmen sei. Bislang behält wohl noch die Mehrzahl der Unternehmen die berufliche Aus- und Weiterbildung in eigener Zuständigkeit. Jedenfalls legen dies die beträchtlichen Aufwendungen nahe, die Betriebe in Bildungsarbeit investieren (z.B. Kuwan u.a. 2003; Schiersmann 2007) sowie die Initiativen zahlreicher Großunternehmen, eigene Profit Center für betriebliche Weiterbildung zu initiieren und betriebsnah zu institutionalisieren. Damit ist die zweite Ebene angesprochen. Kein Unternehmen kann es sich schon aus betriebswirtschaftlichen, aber auch aus sozialpolitischen Gründen auf Dauer leisten, an den elementaren Bedürfnissen Beschäftigter vorbei seine betriebliche Arbeit zu organisieren. Zu diesen elementaren Bedürfnissen gehören insbesondere das Bedürfnis nach Kompetenz oder Wirksamkeit, das Bedürfnis nach Autonomie und das Bedürfnis nach sozialer Eingebundenheit oder Zugehörigkeit bzw. sozialer Anerkennung (vgl. Deci/Ryan 1993; Deci/Koester/Ryan 2001). Darin sind höchst bildungs- und qualifikationsbedeutsame Faktoren angesprochen. Wenn ein Unternehmen an einer auch unter betriebswirtschaftlichen Gesichtspunkten optimalen Faktorenkombination interessiert ist, wird es die betriebliche Arbeit so organisieren müssen, dass Beschäftigte die Gelegenheit erhalten, diese Bedürfnisse nicht nur zu befriedigen, sondern auch zu entwickeln und zu kultivieren (vgl. Hammer/Champy 1994; Herzberg/Mausner 1959; Weick/Sutcliffe 2001). Die Entwicklung und Erfüllung dieser Bedürfnisse kommt nicht nur der Organisation und Effizienz betrieblicher Arbeit, sondern vor allem und letztlich der Erfüllung betrieblicher Arbeitsaufgaben zugute (vgl. Greenberg 2005; Zabeck 2003).

5. Bei den erwähnten Bedürfnissen und bei der individuellen Kompetenzentwicklung handelt es sich nicht um statische Größen, denen arbeitsorganisatorisch „ein für allemal" entsprochen werden könne. Richtig ist vielmehr die Feststellung, dass zwischen betrieblicher Arbeitsorganisation und der individuellen Entwicklung eine dynamische Wechselbeziehung besteht. Damit ist ein Sachverhalt angesprochen, der seit einiger Zeit unter der Überschrift „Organisationslernen" (vgl. Boreham/Morgan 2004; Geißler 1998) oder „Lernendes Unternehmen" (vgl. Fischer 1999) diskutiert wird. „Die überall steigende Komplexität und Dynamik macht auf der Ebene des Einzelnen, der Gruppe, der Organisation und der Gesellschaft eine Flexibilisierung notwendig, die man als Lernen bezeichnen kann" (vgl. Geißler 1998, S. 129). Dass mit der Rede von der „lernenden Organisation" keine allzu präzisen Vorstellungen verbunden sind, kann empirisch aufgezeigt werden (vgl. Harteis u.a. 2001) und hat nicht nur begriffliche, sondern auch konzeptionelle und theoretische Gründe (vgl. Fischer 1999; Geißler 1998).

3 Wirtschaft und Betriebe als Gegenstände Empirischer Bildungsforschung

Die bisherigen Ausführungen haben verdeutlicht, dass ökonomische Erwägungen für pädagogisches Handeln höchst relevant sind. Trotzdem hat sich die systematische erziehungswissenschaftliche Auseinandersetzung mit Wirtschaft und Betrieben erst spät als eigenständige Teildisziplin etablieren können.

3.1 Die Entwicklung wirtschafts- und betriebspädagogischer Teildisziplinen

Die Wirtschaftspädagogik in Deutschland entstand zu Beginn des 20. Jahrhunderts, zunächst aus praktisch-pädagogischen Bedürfnissen heraus, Lehrer für kaufmännische Berufsschulen auszubilden. Dabei wurden anfänglich Fragestellungen und Erkenntnisse bereits etablierter erziehungswissenschaftlicher Teildisziplinen auf spezielle Anforderungen wirtschaftsberuflicher Schulen angewendet. Mittlerweile hat die Wirtschaftspädagogik einen hohen Anteil am – insbesondere empirischen – Forschungsvolumen, so dass sie als etablierte erziehungswissenschaftliche Teildisziplin angesehen werden kann. Ihre Geschichte ist durch eine wechselvolle und kontroverse Suche nach Orientierung im System der Wissenschaften gekennzeichnet (vgl. Stratmann/Bartel 1975). Dabei hat die Frage eine besondere Bedeutung gespielt, ob Wirtschaftspädagogik nun als eine wirtschaftswissenschaftliche oder eine erziehungswissenschaftliche Teildisziplin anzusehen sei. Zwar sind nach wie vor die meisten wirtschaftspädagogischen Lehrstühle in den wirtschaftswissenschaftlichen Fakultäten angesiedelt, doch gibt es angesichts der Fragestellungen und Untersuchungsmethoden eigentlich keinen Zweifel mehr, dass es sich um eine erziehungswissenschaftliche Teildisziplin handelt (vgl. Dörschel 1960). Zentraler Gegenstand der wirtschaftspädagogischen Forschung ist die wirtschaftsberufliche Erziehung. Die Hauptaufgabe der Wirtschaftspädagogik ist neben der Qualifizierung des wissenschaftlichen Nachwuchses die Ausbildung von Diplom-Handelslehrern als Lehrkräfte an Wirtschaftsschulen sowie die Ausbildung professioneller Pädagogen für eine Tätigkeit in anderen Organisationsformen wirtschaftsberuflicher Erziehung (in Unternehmen, Kammern, Verbänden, in der Bildungsadministration usw.) (vgl. Sloane/Twardy/Buschfeld 1998).

Die Betriebspädagogik (vgl. Abraham 1957) ist zwar kaum jünger als die Wirtschaftspädagogik, jedoch hat sie es über die Jahre hinweg nicht geschafft, sich gleichrangig als erziehungs- oder wirtschaftswissenschaftliche Disziplin zu etablieren. Die wesentlichen Entwicklungsimpulse gingen von der teils impliziten, teils expliziten Pädagogisierung betrieblicher Personal- und Organisationsentwicklung aus. Arnold (1997) beschreibt die Entwicklung der Betriebspädagogik als Teildisziplin in vier Stufen, die nach Phasen der Konzeptionalisierung, Diversifizierung und der Innovation seit Mitte der 1990er Jahre die Phase der Professionalisierung erreicht habe. Gegenstände aktueller betriebspädagogischer Forschung sind die lernförderliche Organisation betrieblicher Arbeitsprozesse, die Organisation betrieblicher Aus- und Weiterbildung sowie Ausgestaltung und Beeinflussung von Unternehmenskulturen (vgl. Harney 2006).

Im Kontext der erwähnten Spezialdisziplinen und im Überschneidungsbereich mit der stärker geisteswissenschaftlich orientierten Didaktik einerseits (vgl. Blankertz 1970) und der erfahrungswissenschaftlich ausgerichteten Lehr-Lern-Forschung andererseits entwickelte sich die Fachdidaktik wirtschaftsberuflicher Instruktion (vgl. Achtenhagen 1984; Czycholl 1974; Dubs

1985; Euler/Hahn 2004; Krumm 1973; Reetz 1984). Zur Entwicklung der Wirtschaftsdidaktik als einer eigenen wissenschaftlichen Disziplin zwischen Wirtschafts- und Erziehungswissenschaften haben sowohl Wirtschaftswissenschaftler (z.B. Krol/Loerwald/Zoerner 2007) als auch Wirtschaftspädagogen maßgebliche Beiträge geleistet (vgl. Aff 2004; Zabeck 2006). Auch wenn man der traditionsbelasteten Frage nach der „Zugehörigkeit" oder nach dem „Standort" der Wirtschaftsdidaktik keine allzu große Bedeutung beimisst, könnte sich die Unklarheit der „Zuständigkeit" doch als ein Entwicklungshemmnis herausstellen, das Aufmerksamkeit verdient. Achtenhagen (1984) spricht in seinem entschieden forschungsorientierten Beitrag zur Etablierung dieser Teildisziplin von einer unbefriedigenden Forschungslage.

Im internationalen Kontext ist es schwieriger, klare Entwicklungen erziehungswissenschaftlicher Teildisziplinen nachzuzeichnen, da sich akademische Disziplinen in verschiedenen Ländern unterschiedlich schnell und in unterschiedlicher Weise ausdifferenziert haben. Wirtschaft und Betriebe werden in der englischsprachigen Literatur unter den Begriffen *Vocational Education and Training* (VET), *Professional Learning* und *Workplace Learning* erfasst (vgl. Streumer/Kho 2006).

- Vocational Education and Training (VET) umreißt den weitesten Bereich wirtschafts- und betriebsbezogener formeller Lernprozesse: Hierunter fallen Fragen der (Curricula zur) Berufsbildung und Ausdifferenzierung von Berufen (vgl. Grollmann/Rauner 2007; Winch/Hyland 2007) ebenso wie das gesamte Themenspektrum der Aus- und Weiterbildung (vgl. Sogaard 2000), insbesondere Vorhaben der europäischen Abstimmung beruflicher Qualifikationen. Im US-Amerikanischen Raum steht VET heute nurmehr für Teilnahmestatistiken aus dem Bereich beruflicher Bildung, Forschungsvorhaben sind mangels Förderquellen zum Erliegen gekommen. Kennzeichnend ist die Auflösung der Special Interest Group Vocational Education der American Educational Research Association.
- Unter dem Begriff Professional Learning werden sowohl formelle als auch informelle Lernprozesse erfasst, die Bezug zur beruflichen Tätigkeit oder einer angestrebten Tätigkeit aufweisen (vgl. Eraut 1994; Gruber/Harteis/Rehrl 2008). Forschungsansätze zum Professional Learning untersuchen seltener die Mikroperspektive beruflichen Lernens, sondern fokussieren überwiegend die längerfristige Entwicklung beruflicher Kompetenz, die Leistungen auf hohem Performanzniveau ermöglicht, wobei häufig Ansätze der Expertiseforschung Anwendung finden (vgl. Boshuizen/Bromme/Gruber 2004). Die Forschungsgemeinschaft dieser Perspektive hat sich innerhalb der European Association for Research on Learning and Instruction (Earli) in der Special Interest Group Learning and Professional Development organisiert.
- Wenn von Workplace Learning die Rede ist, ist der Blick auf arbeitsplatzbezogene Lernprozesse gerichtet. Hier spielen Fragen eine Rolle, wie ein Arbeitsumfeld Beschäftigte in der Entwicklung von Kompetenz beeinflusst (vgl. Bailey/Hughes/Moore 2004; Billett 2001; Evans et al. 2006). Während die bislang vorfindbaren Forschungsansätze entweder die individuellen Voraussetzungen oder die organisationalen Rahmenbedingungen des Lernens am Arbeitsplatz untersuchen, steht in jüngster Zeit die Wechselbeziehung individueller und sozialer Einflüsse auf arbeitsplatznahe Lernprozesse im Vordergrund (Billett 2006). Die internationale Workplace Learning Community organisiert im zweijährigen Turnus international Konferenzen und betreibt die Special Interest Group Workplace Learning innerhalb der American Educational Research Association.

Es lassen sich also verschiedene Zweige empirischer Bildungsforschung unterscheiden, die Wirtschaft und Betrieb als Untersuchungsgegenstände begreifen. Während sich im deutschsprachigen Raum eigenständige erziehungswissenschaftliche Teildisziplinen entwickelt haben, sind in der internationalen scientific community interdisziplinäre Forschungsgruppen vorzufinden, die sich aus den Erziehungswissenschaften, der Psychologie und der Soziologie rekrutieren.

3.2 Frühe Tendenzen: Interpretation betrieblicher Lernarrangements zur Verbesserung formaler Bildungsangebote

Cognitive Apprenticeship (vgl. Brown/Collins/Duguid 1989; Collins/Brown/Newman 1989), der fast schon als klassisch zu bezeichnende didaktische Ansatz der Situierten Kognition, nahm gedankliche Anleihen bei der Jahrhunderte alten Tradition der Handwerkerausbildung. Lernende entwickeln zunächst auf der Basis von Beobachtung von und Anleitung durch Experten Kompetenz, die durch stufenweise gesteigerte Teilhabe an Problemlöseprozessen bei gleichzeitiger Rücknahme von Eingriffen durch die Experten soweit konsolidiert wird, dass am Ende des Lernprozesses die Lernenden zur eigenständigen, kompetenten Problembearbeitung in der Lage sind. Dieser Ansatz wurde in erster Linie zu dem Zweck entwickelt, das schulische Lernen, dem Defizite hinsichtlich der Transferierbarkeit des Erlernten in den Alltag unterstellt wurden, dadurch ertragreicher zu organisieren, dass offensichtlich in dieser Hinsicht erfolgreichere Lehrkonzepte des Alltags (insbesondere der Berufsausbildung) auf formelle Lehrsituationen wie Schulunterricht übertragen werden (vgl. Collins 2004; Resnick 1987).

Mit der erstarkten Bezugnahme auf das konstruktivistische Paradigma des Lehrens und Lernens (vgl. Gerstenmaier/Mandl 1995) entwickelten sich zahlreiche Ideen, formelle Lehr-Lern-Prozesse der schulischen und beruflichen Bildung an authentischen Gegebenheiten beruflicher Praxis auszurichten: Lernen anhand von Lösungsbeispielen (vgl. Stark/Gruber/Renkl/Mandl 1998), durch Unternehmenssimulationen (vgl. Achtenhagen/John 1992; Fürstenau 1999), durch Planspiele (vgl. Bloech/Kauer/Orth 1996) – um nur einige Beispiele aufzuzählen – zielte in erster Linie darauf ab, beim (berufs-) schulischen Lernen den Aufbau trägen Wissens (vgl. Renkl 1996) zu vermeiden.

Wirtschaft und Betriebe wurden also unter diesem Verständnis deshalb als Gegenstände empirischer Bildungsforschung gewählt, weil sie als Anwendungsfelder beruflicher Kompetenz gesehen wurden. Aus der Identifikation von positiven und negativen Einflüssen auf die Entwicklung und Anwendung beruflicher Kompetenz im beruflichen Arbeitsalltag sollten Rückschlüsse auf die Ausgestaltung formeller schulischer und beruflicher Lernprozesse gezogen werden.

3.3 Jüngere Tendenzen: Übertragung pädagogisch arrangierter Settings in betriebliche Settings

Nachdem einerseits die pädagogischen Qualitäten praktischer Tätigkeit im beruflichen Alltag dadurch Anerkennung gefunden haben, dass sie auf pädagogische Institutionen übertragen wurden, und andererseits ökonomische, technische und gesellschaftliche Entwicklungen zu Veränderungen in der Arbeitswelt geführt haben, die pädagogische Relevanz aufweisen (vgl. Dehnbostel u.a. 2002; Gruber u.a. 2004), haben erziehungswissenschaftliche Forschungsvorhaben in der jüngeren Vergangenheit berufliche Tätigkeit und Arbeitsplätze an sich als Lernsettings fokussiert. Die Perspektive hat sich darauf verlagert, die Entwicklung beruflicher Kompetenz durch kompetenzfördernde und kompetenzfordernde Arbeitsbedingungen (vgl. Harteis 2002) zu unterstützen.

So hat beispielsweise Billett (2001) in Beobachtungsstudien in unterschiedlichen Friseursalons nachgewiesen, dass die Anforderungen, die Beschäftigte in verschiedenen Geschäften zu bewältigen haben, erheblich variieren und die Schnittmenge – aufgrund heterogener Kundenbedürfnisse – überraschend klein ist. Daraus ergibt sich, dass die wesentlichen Komponenten erfolgreicher beruflicher Tätigkeit nicht in formellen Settings beruflicher Ausbildung, sondern informell in sozialen Aushandlungsprozessen an Arbeitsplätzen entwickelt werden. Seither hat sich ein starker Strang soziokultureller Forschungsansätze zur Untersuchung des Lernens am Arbeitsplatz entwickelt (vgl. Billett 2006; Evans et al. 2006; Fenwick 2004; Fuller/Unwin 2005), die insbesondere die Subjektivität arbeitsplatzbezogener Kommunikations- und Interaktionsprozesse herausstellen.

Diese Entwicklung lässt sich auch dahingehend deuten, dass das konstruktivistische Paradigma aus der Lehr-Lern-Forschung auf die Interpretation und Untersuchung von Arbeitsplätzen übertragen wurde. Betriebliche Arbeit wird nicht mehr nur ausschließlich als Erfüllung einer Funktion im Prozess betrieblicher Leistungserstellung interpretiert, sondern auch als Gelegenheit individueller Kompetenzentwicklung und beruflichen Lernens. Damit ist der Bogen geschlagen zum ersten Abschnitt der Klärung des Verhältnisses von Ökonomie und Pädagogik: Betriebliche Arbeit lässt sich sowohl unter ökonomischen als auch unter pädagogischen Gesichtspunkten analysieren und bewerten.

4 Aktuelle Probleme: Verwertbarkeit informell erworbener Kompetenzen

Mit der Übertragung pädagogischer Anliegen auf betriebliche Arbeitsplätze gewinnen informell erworbene Kompetenzen an Bedeutung. Das Spektrum potenziell am Arbeitsmarkt verwertbarer Kompetenzen wird nicht mehr nur in formellen Bildungsmaßnahmen mit entsprechender Zertifizierung erworben, sondern in zunehmendem Maß jenseits von Schulungen und Seminaren. Die Forderung nach lebenslangem Lernen wird in der Regel mit dem Argument des Erhalts oder der Verbesserung von Beschäftigungsfähigkeit vorgetragen – wobei an dieser Stelle die Fragwürdigkeit dieser Argumentation unbeachtet bleiben muss. Eine Verwertung individueller Kompetenzen bildet daher ein wichtiges, für den Erhalt der ökonomischen Grundlage für einen angemessenen Lebensstandard möglicherweise unverzichtbares Erfolgskriterium individuellen Lernens. Damit entsteht die Notwendigkeit, auch informell erworbene Kompetenzen sichtbar am Arbeitsmarkt platzieren zu können. Damit dies im Sinne einer „bildungsökonomischen Währung" im Wettbewerb verschiedener Akteure eindeutig gelingen kann, sind im gesamten Europäischen Raum Bemühungen um die Entwicklung von – international vergleichbaren – Zertifizierungsmöglichkeiten informell erworbener Kompetenzen zu beobachten (vgl. Severing 2006; Straka 2002). Die Bandbreite eingesetzter Erhebungsverfahren reicht von Portfolios, Lerntagebüchern, Bildungspässen über Problemlöseaufgaben bis hin zu herkömmlichen Prüfungen (vgl. Gillen 2006).

Eine solche formale Anerkennung informeller erworbener Kompetenzen ist problematisch. Hager und Halliday (2006) setzen sich mit der grundsätzlichen Problemstellung auseinander, dass informelles Lernen im Wesentlichen auf individuellem Erfahren beruht und somit ein subjektives Phänomen darstellt, wohingegen Zertifizierungsversuche als Ausdruck betrieblicher Bewertungsansätze zur Vereinfachung oder Effizienzsteigerung von Rekrutierungsbemühungen zumindest auf Intersubjektivität, wenn nicht gar – vermeintliche – Objektivität abzielen. Da es sich hier – zumindest unter Verwertungsgesichtspunkten – immer um Anerkennung von individuellen Merkmalen durch Entscheidungsträger in Wirtschaft und Betrieben handelt, tragen alleine die Bewerteten das Risiko von Fehldeutungen oder Verzerrungen, da sie auf die Kriterien der Brauchbarkeitsbewertung keinerlei Einfluss haben. Somit zeigt sich, dass Individuen, wenn sie sich erfolgreich im Wettbewerb um Beschäftigung behaupten wollen, um die Berücksichtigung ökonomischer Überlegungen kaum umhin kommen. Wenngleich noch nicht das subjektive Lernen aus Erfahrung unmittelbar an ökonomischen Gesichtspunkten ausgerichtet sein muss, so muss sich unter Verwertungsgesichtspunkten zumindest die Darstellung des subjektiven Lernens an Kriterien orientieren, die in wirtschaftlichen und betrieblichen Zusammenhängen Anerkennung finden.

Es kann bislang nur als offenes Forschungsdesiderat für Bildungsforschung angesehen werden, unter welchen Bedingungen der Subjektivität informellen Lernens einerseits und andererseits eine nicht nur auf (kurzfristige) Bedürfnisse betrieblicher Belange ausgerichtete Idee von Bildung als individuelle, selbstbestimmte Entwicklung in angemessener Weise Berücksichtigung finden können. Bei der Bestimmung des Gegenstandes der Bildungsforschung kann kaum mehr davon abgesehen werden, dass Menschen sich immer nur unter den realen gesellschaftlichen und ökonomischen Bedingungen zu behaupten und zu bewähren vermögen, die sich allerdings rasch, tiefgreifend und auf lange Sicht unvorhersehbar wandeln. Ziel der Bildungsforschung ist die Untersuchung der Bedingungen individueller Kompetenzentwicklung, die Menschen befähigt, auf der Basis ihres domänenspezifischen Wissens und Könnens gesellschaftlichen, technischen und ökonomischen Wandel der Lebensverhältnisse nicht nur konstruktiv zu verarbeiten und intelligent zu nutzen, sondern auch verantwortlich mit zu gestalten und in diesem Sinne ihre Kompetenz zu verwerten.

Literatur

Abraham, K. (19572): Der Betrieb als Erziehungsfaktor. Freiburg: Lambertus.
Achtenhagen, F. (1984): Didaktik des Wirtschaftslehreunterrichts. Opladen: Leske+Budrich.
Achtenhagen, F./John, E.G. (Hrsg.) (1992): Mehrdimensionale Lehr-Lern-Arrangements. Wiesbaden: Gabler.
Achtenhagen, F./Lempert, W. (Hrsg.) (2000): Lebenslanges Lernen im Beruf. Seine Grundlegung im Kindes- und Jugendalter. Bd. 1: Das Forschungs- und Reformprogramm. Opladen: Leske + Budrich.
Aff, J. (2004): Wirtschaftsdidaktik zwischen ökonomischer Rationalität und pädagogischem Anspruch. In: Zeitschrift für Berufs- und Wirtschaftspädagogik 100, S. 26–42.
Albert, H. (1963): Modell-Platonismus. In: Topitsch, E. (Hrsg.): Logik der Sozialwissenschaften. Köln: Kiepenhauer/Witsch, S. 406–434.
Arnold, R. (1994): Betrieb. In: Lenzen, D. (Hrsg.): Erziehungswissenschaft. Ein Grundkurs. Reinbek: Rowohlt.
Arnold, R. (19972): Betriebspädagogik. Berlin: Schmidt.
Baethge, M./Schirsmann, C. (1998): Von der betrieblichen Weiterbildung zur Kompetenzentwicklung. In: QUEM (Hrsg.): Kompetenzentwicklung `98 – Forschungsstand und Perspektiven. Münster: Waxmann, S. 15–90.
Bailey, T.R./Hughes, K.L./Moore, D.T. (2004): Working knowledge. Work-based learning and education reform. New York: Routledge Falmer.

Beck, K. (1984): Zur Kritik des Lernortkonzepts. Ein Plädoyer für die Verabschiedung einer untauglichen pädagogischen Idee. In: Georg, W. (Hrsg.): Schule und Berufsausbildung. Bielefeld: Bertelsmann, S. 247–262.

Billett, S. (2001): Learning in the workplace. Strategies for effective practice. Crows Nest: Allen/Unwin.

Billett, S. (2006): Work, change and workers. Dordrecht: Springer.

Blankertz, H. (19703): Theorien und Modelle der Didaktik. München: Juventa.

Bloech, J./Kauer, G./Orth, C. (1996): Unternehmensplanspiele in der kaufmännischen Ausbildung. Untersuchungen zum Wissenserwerb. In: Zeitschrift für Berufs- und Wirtschaftspädagogik, Beiheft 13, S. 37–52.

Bolder, A./Hendrich, W./Reimer, A. (1998): Weiterbildungsabstinenz. Bd. 4: Bildungsappell, Subjektive Relvanzen und Arbeitsmarktkonformität: Auf der Suche nach Ansatzpunkten pädagogischer Intervention. Köln: DIV.

Boreham, N./Morgan, C. (2004): A sociocultural analysis of organisational learning. Oxford Review of Education 30, S. 307–325.

Boshuizen, H.P.A./Bromme, R./Gruber, H. (Hrsg.) (2004): Professional learning: Gaps and transitions on the way from novice to expert. Dordrecht: Kluwer.

Brown, J.S./Collins, A.M./Duguid, P. (1989): Situated cognition and the culture of learning. In: Educational Researcher 18, H. 4, S. 32–34.

Büchter, K. (1998): Strukturwandel und Qualifikationsbedarf in kleinen und mittleren Betrieben – einige ernüchternde Anmerkungen zu einem Klischee. In: Zeitschrift für Berufs- und Wirtschaftspädagogik 94, S. 227–247.

Collins, A.M. (2004): Cognitive Apprenticeship und Veränderungen in der Arbeitswelt. In: Gruber, H./Harteis, C./Heid, H. /Meier, B. (Hrsg.): Kapital und Kompetenz. Veränderungen der Arbeitswelt und ihre Auswirkungen aus erziehungswissenschaftlicher Sicht. Wiesbaden: VS Verlag für Sozialwissenschaften, S. 111–128.

Collins, A.M./Brown, J.S./Newman, E. (1989): Cognitive apprenticeship: Teaching the crafts of reading, writing and mathematics. In: Resnick, L. (Hrsg.): Knowledge, learning and instruction. Essays in honour of Robert Glaser. Hillsdale: Erlbaum, S. 453–494.

Czycholl, R. (1974). Wirtschaftsdidaktik. Trier: Spee.

Deci, E.L./Ryan, R.M. (1993): Die Selbstbestimmungstheorie der Motivation und ihre Bedeutung für die Pädagogik. In: Zeitschrift für Pädagogik 39, 223–238.

Deci, E.L./Koestner, R./Ryan, R.M. (2001): Extrinsic rewards and intrinsic motivation in education: Reconsidered once again. In: Review of Educational Research 71, S. 127.

Dehnbostel, P./Elsholz, U., Meister, J./Meyer-Menk, J. (Hrsg.) (2002): Vernetzte Kompetenzentwicklung. Alternative Positionen zur Weiterbildung. Berlin: Edition Sigma.

Deutscher Bildungsrat (1970): Empfehlungen der Bildungskommission. Strukturplan für das Bildungswesen. Bonn: BMBF.

Dohmen, G. (2004):Lebenslanges Lernen für ein gelingendes Leben. In: Bender, W. (Hrsg.): Lernen und Handeln. Schwalbach: Wochenschau-Verlag, S. 25–37.

Dörig, R. (1994): Das Konzept der Schlüsselqualifikationen. Ansätze, Kritik und konstruktivistische Neuorientierung auf der Basis der Erkenntnisse der Wissenspsychologie. Dissertation, St. Gallen: HSG.

Dörschel, A. (1960): Arbeit und Beruf in wirtschaftspädagogischer Betrachtung. Freiburg: Lambertus.

Dubs, R (1985): Kleine Unterrichtslehre für den Lernbereich Wirtschaft, Recht, Staat und Gesellschaft. Zürich: SKV.

Eraut, M. (1994): Developing professional knowledge and competence. London: Routledge Falmer.

Euler, D. (1997): Sozialkompetenz. Eine "Ungefährqualifikation" oder Kernelement einer zukunftsorientierten Bildung? In: Drees, G./Ilse, F. (Hrsg.): Arbeit und Lernen 2000, Bd. 1: Herausforderungen an die Didaktik. Bielefeld: Bertelsmann, S. 105–142.

Euler, D./Hahn, A. (2004): Wirtschaftsdidaktik. Bern: Haupt.

Evans, K./Hodkinson, P./Rainbird, H./Unwin, L. (2006): Improving workplace learning. London: Routledge.

Fenwick, T. (2004): Learning in portfoliowork: Anchored innovation and mobile identity. In: Studies in Continuing Education 26, 229–246.

Filander, K. (2007): Deconstructing dominant discourses on vocational education. In: Rinne, R./Heikkinen, A./Sale, P. (Hrsg.): Adult education – liberty, fraternity, equality? Turku: FERA, S. 261–274.

Fischer, M. (1999): Das Konzept des "lernenden Unternehmens" und dessen Implikationen für die Gestaltung von Arbeit und Bildung. In: Zeitschrift für Berufs- und Wirtschaftspädagogik 95, S. 503–525.

Fuller, A./Unwin, L. (2005): Older and wiser? Workplace learning from the perspective of experienced employees. In: Journal of Lifelong Education 24, S. 21–39.

Fürstenau, B. (1999): Förderung von Problemlösefähigkeit im planspielgestützten Unterricht. In: Unterrichtswissenschaft 27, S. 135–158.

Geißler, H. (1998): Organisationslernen. In: QUEM (Hrsg.): Kompetenzentwicklung `98 – Forschungsstand und Perspektiven. Münster: Waxmann, S. 129–142.

Gerstenmaier, J./Mandl, H. (1995): Wissenserwerb unter konstruktivistischer Perspektive. In: Zeitschrift für Pädagogik 41, S. 867–888.
Gillen, J. (2006): Kompetenzanalysen als betriebliche Entwicklungschance. Bielefeld: Bertelsmann.
Greenberg, J. (2005): Managing behavior in organizations. New Jersey: Pearson.
Grollmann, P./Rauner, F. (Hrsg.) (2007): International perspectives on teachers and lecturers in Technical and Vocational Education. Dordrecht: Springer.
Gruber, H./Harteis, C./Heid, H./Meier, B. (Hrsg.) (2004): Kapital und Kompetenz. Veränderungen der Arbeitswelt und ihre Auswirkungen aus erziehungswissenschaftlicher Sicht. Wiesbaden: VS Verlag für Sozialwissenschaften.
Gruber, H./Harteis, C./Rehrl, M. (2008): Professional learning: Skill formation between formal and situated learning. In: Mayer, K.U./Solga, H. (Hrsg.): Skill formation. Interdisciplinary and cross-national perspectives. Cambridge: Cambridge University Press, S. 207–229.
Grünewald, U./Moraal, D. (1996): Betriebliche Weiterbildung in Deutschland. Bielefeld: Bertelsmann.
Hager, P./Halliday, J. (2006): Recovering informal learning. Wisdom, judgement and community. Dordrecht: Springer.
Hammer, M./Champy, J. (1994): Business Reengineering – Die Radikalkur für das Unternehmen. Frankfurt/Main: Campus.
Harney, K. (1994): Pädagogisierung der Personalwirtschaft. Entpädagogisierung der Berufsbildung. In: Der pädagogische Blick 2, S. 16–27.
Harney, K. (20062): Betrieb. In: Krüger, H.-H./Grunert, C. (Hrsg.): Wörterbuch Erziehungswissenschaft. Opladen: Barbara Budrich, S. 58–64.
Harteis, C. (2002): Kompetenzfördernde Arbeitsbedingungen. Zur Konvergenz ökonomischer und pädagogischer Prinzipien betrieblicher Personal- und Organisationsentwicklung. Wiesbaden: DUV.
Harteis, C. (2003): Lernende Organisationen zwischen Anspruch und Wirklichkeit. In: Wirtschaft und Erziehung 55, S. 306–312.
Harteis, C. (2004): Zur Diskussion über die Konvergenz ökonomischer und pädagogischer Prinzipien betrieblicher Personal- und Organisationsentwicklung. In: Zeitschrift für Erziehungswissenschaft 7, S. 277–290.
Harteis, C./Heid, H./Bauer, J./Festner, D. (2001): Kernkompetenzen und ihre Interpretation zwischen ökonomischen und pädagogischen Ansprüchen. In: Zeitschrift für Berufs- und Wirtschaftspädagogik 97, S. 222–246.
Heid, H. (1989): Über das Verhältnis von Ökonomie, Politik und Pädagogik. In: Döring, A./Weishaupt, H./Weiß, M. (Hrsg.): Bildung in sozioökonomischer Sicht. Köln: Böhlau, S. 3–11.
Heid, H. (1999a): Über die Qualität einiger Argumente, mit denen das Weiterbildungserfordernis legitimiert wird. In: Hessische Blätter für Volksbildung 49, S. 340–348.
Heid, H. (1999b): Über die Vereinbarkeit individueller Bildungsbedürfnisse und betrieblicher Qualifikationsanforderungen. In: Zeitschrift für Pädagogik 45, S. 231–244.
Heid, H./Harteis, C. (2004): Zur Vereinbarkeit ökonomischer und pädagogischer Prinzipien in der modernen betrieblichen Personal- und Organisationsentwicklung. In: Zeitschrift für Berufs- und Wirtschaftspädagogik, Beiheft 18, S. 222–231.
Heintz, P. (Hrsg.) (1959): Soziologie der Schule. Sonderheft 4 der Kölner Zeitschrift für Soziologie und Sozialpsychologie. Köln: Westdeutscher Verlag.
Hendrich, W. (1996): Von den Höhen der Selbstorganisation und den Niederungen des betrieblichen Alltags. In: Zeitschrift für Berufs- und Wirtschaftspädagogik 92, S. 451–466.
Herzberg, F./Mausner, B. (1959): The motivation to work. New York: Wiley.
Holm, U. (2007). Lifelong learning and `time competence´. In: International Journal for Lifelong Education 1, S. 25–43.
Kaiser, A. (1992): Schlüsselqualifikationen in der Arbeitnehmerweiterbildung. Neuwied: Luchterhand.
Krol, G.-J./Loerwald, D./Zoerner, A. (2007): Standards für die ökonomische Bildung in der gestuften Lehrerausbildung. In: Zeitschrift für Berufs- und Wirtschaftspädagogik 103, S. 442–457.
Krumm, V. (1973): Wirtschaftslehreunterricht. Stuttgart: Klett.
Kutscha, G. (1982): Das System der Berufsausbildung. In: Blankertz, H. (Hrsg.): Enzyklopädie Erziehungswissenschaft, Bd. 9, II. Stuttgart: Klett-Cotta, S. 203–226.
Kuwan, H./Bilger, F./Gnahs, D./Seidel, S. (2006): Berichtsystem Weiterbildung IX. Integrierter Gesamtbericht zur Weiterbildungssituation in Deutschland. Berlin: BMBF.
Kuwan, H./Thebis, F./Gnahs, D./Sandau, E./Seidel, S. (2003): Berichtsystem Weiterbildung VIII. Integrierter Gesamtbericht zur Weiterbildungssituation in Deutschland. Berlin: BMBF.
Lehner, F./Widmaier, U. (1992): Eine Schule für eine moderne Industriegesellschaft. Strukturwandel und Entwicklung der Schullandschaft in Nordrhein-Westfalen. Essen: Neue Deutsche Schule Verlagsgesellschaft.
Levenson, S. (2007): Big time fundraising for today's schools. Thousand Oaks: Corvin Press.

Lipsmeier, A. (2000): Berufsschule in Abhängigkeit oder Autonomie? In: Zeitschrift für Berufs- und Wirtschaftspädagogik 96, S. 12–29.
Mattern, C./Weißhuhn, G. (1980): Einführung in die ökonomische Theorie von Bildung, Arbeit und Produktion. Frankfurt/Main: Diesterweg.
Mertens, D. (1974): Schlüsselqualifikationen. Thesen zur Schulung für eine moderne Gesellschaft. Mitteilungen aus der Arbeitsmarkt- und Berufsforschung 7, S. 36–43.
Pawlowsky, P./Bäumer, P. (1996): Betriebliche Weiterbildung. Management von Qualifikation und Wissen. München: Beck.
Picht, G. (1964): Die deutsche Bildungskatastrophe. Analyse und Dokumentation. Olten: Walter.
Posth, M. (1989): Qualifizierung als Wettbewerbsfaktor. In: Meyer-Dohm, P./Lacher, M./Rubelt, J. (Hrsg.): Produktionsarbeiter in angelernten Tätigkeiten. Eine Herausforderung für die Bildungsarbeit Frankfurt/Main: Campus, S. 19–29.
Priddat, B.P. (2002): Nachlassende Bildung. „Picht II" oder Anmerkungen zu einer Misere. Marburg: Metropolis.
Recum, H. v. (1977): Struktur und Reichweite bildungsökonomischer Ansätze im bildungspolitischen Feld. In: Derbolav, J. (Hrsg.): Grundlagen und Probleme der Bildungspolitik. München: Piper, S. 113–133.
Reetz, L. (1984): Wirtschaftsdidaktik. Bad Heilbrunn: Klinkhardt.
Renkl, A. (1996): Träges Wissen: Wenn Erlerntes nicht genutzt wird. In: Psychologische Rundschau, 47, S. 78–92.
Resnick, L. (1987): Learning in school and out. In: Educational Researcher 16, H. 9, S. 13–20.
Schiersmann, C. (2007): Berufliche Weiterbildung. Wiesbaden: VS Verlag für Sozialwissenschaften.
Schumann, M. (2003): Struktureller Wandel und Entwicklung der Qualifikationsanforderungen. SOFI-Mitteilungen, 31, S. 105–112.
Severing, E. (2006): Europäische Zertifizierungsstandards in der Berufsbildung. In: Zeitschrift für Berufs- und Wirtschaftspädagogik 102, S. 15–29.
Sloane, P.F.E./Twardy, M./Buschfeld, D. (1998): Einführung in die Wirtschaftspädagogik. Paderborn: Schöningh.
Sogaard, J. (2000): Internationalising vocational education and training in Europe. Luxembourg: European Communities.
Stark, R./Gruber, H./Renkl, A./Mandl, H. (1998): Lernen mit Lösungsbeispielen in der kaufmännischen Erstausbildung. Versuche der Optimierung einer Lernmethode. In: Zeitschrift für Berufs- und Wirtschaftspädagogik, Beiheft 14, S. 24–37.
Straka, G. (Hrsg.) (2002): Zertifizierung non-formell und informell erworbener beruflicher Kompetenzen. Münster: Waxmann.
Stratmann, K/Bartel, W. (Hrsg.) (1975): Berufspädagogik. Köln: Kiepenheuer/Witsch.
Streumer, J.N./Kho, M. (2006): The world of work-related learning. In: Streumer, J.N. (Hrsg.): Work-related learning. Dordrecht: Springer, S. 3–49.
Tenbruck, F.H. (1961): Zur deutschen Rezeption der Rollentheorie. In: Kölner Zeitschrift für Soziologie und Sozialpsychologie 13, S. 1–40.
Voss, R./Herrmann, M. (2006): Mittelbeschaffung für Schulen. Erfolgreiches Fundraising durch geeignete Methoden. In: Schul-Management, H. 37, S. 8–11.
Weber, M. (1904/1951): Die „Objektivität" sozialwissenschaftlicher und sozialpolitischer Erkenntnis. In: Weber, M. (Hrsg.): Gesammelte Aufsätze zur Wissenschaftslehre. Tübingen: Mohr, S. 146–212.
Weick, K.E./Sutcliffe, K.M. (2001): Managing the unexpected. San Francisco: Jossey Bass.
Weinert, F.E. (1999): Lebenslanges Lernen. Visionen, Illusionen, Realisationen. Blick in die Wissenschaft. In. Forschungsmagazin der Universität Regensburg 8, H. 11, S. 50–55.
Weiß, R. (1998): Aufgaben und Stellung der betrieblichen Weiterbildung. In: QUEM (Hrsg.): Kompetenzentwicklung `98 – Forschungsstand und Perspektiven. Münster: Waxmann, S. 91–128.
Weiß, R. (2000): Investitionen in das Humankapital. Informationen zur beruflichen Bildung. Register 6: Berufliche Weiterbildung, Blatt 47. Köln: Dt. Institutsverlag.
Winch, C./Hyland, T. (2007): A guide to vocational education and training. London: Continuum.
Zabeck, J. (2003): Globalisierung und Individualisierung. Ein didaktisches Konzept der Berufserziehung vor neuen Herausforderungen. In: Fischer, A. (Hrsg.): Im Spiegel der Zeit. Sieben berufs- und wirtschaftspädagogische Protagonisten des zwanzigsten Jahrhunderts. Frankfurt/Main: GAFB, S. 205–224.
Zabeck, J. (20062): Didaktik kaufmännisch-verwaltender Berufsausbildung. In: Arnold, R./Lipsmeier, A. (Hrsg.): Handbuch der Berufsbildung. Wiesbaden: VS Verlag für Sozialwissenschaften, S. 269–280.

Harm Kuper | Felicitas Thiel

Erziehungswissenschaftliche Institutionen- und Organisationsforschung

Die genuin aus der Soziologie stammenden Begriffe Institution und Organisation gehören zu den importierten Begriffen der Erziehungswissenschaft. Die Differenz dieser beiden Begriffe ist dabei – wie es oft auch im alltäglichen Sprachgebrauch beobachtet werden kann – eingeebnet worden, so dass sich ein synonymer Gebrauch weitgehend etablieren konnte. Dieser Beitrag trennt die beiden Begriffe und stellt ihre Einbettung in die jeweiligen sozialwissenschaftlichen Diskussionskontexte dar, um dann Übertragungen auf die erziehungswissenschaftliche Forschung zu skizzieren.

1 Institution

1.1 Begriff Institution

Institution ist ein umfassender Begriff der Soziologie, also der Sozialwissenschaft mit dem größten Allgemeinheitsanspruch. Vor diesem Hintergrund lässt sich die Frage „Was ist eine Institution?" nicht beantworten, ohne Fragen wie die nach dem Begriff des Sozialen, nach der Struktur der Gesellschaft oder der Verbindung zwischen Handelnden und der sie umgebenden sozialen Umwelt mitschwingen zu lassen. Diese Fragen betreffen das Selbstverständnis einer Gesellschaft und der Akteure in ihr. Nicht zuletzt aufgrund dieser Schlüsselstellung in der Selbstbeobachtung der Gesellschaft führt die Auseinandersetzung um den Begriff *Institution* kaum zu unstrittigen Grundlagen der Soziologie. Vielmehr markiert der Begriff ein Feld konkurrierender Modellbildungen über Sozialität, Gesellschaft und Akteure.

Der theoretische Grundlagencharakter und die forschungsmethodische Reichweite der skizzierten Fragen um den Institutionenbegriff befördern eine sehr hohe Abstraktionslage der Diskussion. Hinweisende und aufzählende Definitionen (Institutionen sind z.B. die Ehe, die Kirche, das Bildungswesen, …) subsumieren zwar durchaus zutreffend empirisch beobachtbare Fälle unter dem Begriff. Dieses Begriffsverständnis bleibt aber sehr stark mit Vorstellungen konkreter gesellschaftlicher Einrichtungen assoziiert. Es verfehlt dabei erstens das mit dem Allgemeinheitsanspruch des Begriffs gegebene Theorieproblem und verwischt zweitens diffizile Unterscheidungen wie etwa die zwischen Graden der Formalisierung von Institutionen oder die zwischen Institution und Organisation.

Autoren, die den Weg über die begriffliche Abstraktion wählen, führen den Begriff der Institution oft nicht definitorisch ein, sondern verwenden ihn zunächst mehr oder weniger selbstverständlich, um ihn dann in komplexen Theoriearchitekturen zu spezifizieren. Filtert man die übergreifenden Aspekte der Argumentation heraus, so wird der Begriff Institutionen verwendet im Sinne einer sozialen Ordnung, die für das menschliche Handeln Erwartungssicherheit bietet. Demnach handelt es sich bei Institutionen um Phänomene, die in der Gesellschaft allgegenwärtig sind und damit keine historischen oder empirischen Sachverhalte mehr spezifizieren. Die Varianten des Institutionsbegriffs fokussieren handlungstheoretische Problemstellungen, die unterschiedliche analytische Perspektiven auf die Gesellschaft und soziales Handeln eröffnen. Schimank geht von der Reziprozität zwischen Handeln und Institutionen aus. „Auf der einen Seite ist nahezu jedes Handeln in nennenswertem, nicht selten starkem Maße institutionell geprägt; auf der anderen Seite werden alle Institutionen durch Handeln produziert und reproduziert" (ebd. 2004, S. 293). Ebenfalls handlungstheoretisch, aber im Ansatz ausgehend von der Dynamik gesellschaftlicher Differenzierung, argumentiert Münch. Nach diesem Verständnis geht Institutionalisierung einher mit der Neuordnung normativer Muster im Zuge der Ausdifferenzierung gesellschaftlicher Funktionszuständigkeiten. „Wirtschaft, Politik, Recht oder Wissenschaft sind (…) Handlungsräume, die durch spezifische Institutionen mit je eigenen Leitideen und Rationalitätsstandards für das Handeln der Akteure geordnet werden" (ebd. 2004, S. 174).

Die definitorische Zurückhaltung bei der Beantwortung der Frage „Was ist eine Institution?" wird aufgefangen durch eine Verschiebung auf die Frage „Wie entsteht eine Institution?"

Ausgehend von der Reziprozität zwischen Handeln und Institution zielt die Frage nach der Entstehung von Institutionen darauf, wie mehrere Akteure in ihrem Handeln aufeinander Bezug nehmen und dabei das Problem doppelter Kontingenz (vgl. Luhmann 1984) überwinden. Doppelte Kontingenz beschreibt eine Situation, in der Person A in ihrem Handeln an das Handeln von Person B anschließt und B ihr Handeln davon abhängig macht, wie A handelt. Beide sind damit Handelnde und Anbieter einer Handlungsorientierung zugleich – das bedeutet aber auch, dass die Kontingenz des Handelns beider das jeweils eigene Handeln und die Orientierungsleistung für den jeweils anderen zum (doppelten) Problem werden lässt. Die Überwindung dieses Problems setzt sinnhaftes Handeln und damit die Dimension des Sozialen voraus. Dieses bringt *Erwartungserwartungen* hervor, also Erwartungen darüber, was das jeweilige Gegenüber in einer sozialen Situation erwarten mag.

In der Tradition des Symbolischen Interaktionismus wird die Überwindung der doppelten Kontingenz von Berger/Luckmann (1972) als Bildung von Institutionen beschrieben. Sie kennzeichnen den Verlauf dieses Prozesses durch vier Stufen: Die *Routinisierung*, mit der Individuen sich davon entlasten, in jeder Situation Entscheidungen treffen zu müssen; die *Habitualisierung*, in der bestimmte Verhaltensweisen zu einer persönlichen Gewohnheit werden; die *Typisierung*, in der ein Beobachter Handlungsmuster einer anderen Person identifiziert. Erfolgt diese Typisierung im wechselseitigen Verhältnis von mindestens zwei Akteuren, so beginnt der Vorgang der *Institutionalisierung*. Eine Institution gewinnt um so mehr an Bedeutung, je mehr Akteure die mit ihr gebotene Handlungsorientierung als gültig anerkennen.

Im Gegensatz zu der mikroanalytischen Herangehensweise an das Problem der Kontingenzbewältigung mündet der differenzierungstheoretische Ansatz in eine makrostrukturelle Analyse. Hier wird die Entstehung von Institutionen als Folge der Dynamik gesellschaftlicher Entwicklung verstanden. Eine klassische Position hat Durkheim (1992; 1893) in seiner Studie zur sozialen Arbeitsteilung entwickelt. Durkheim analysiert die Entstehung der Arbeitsteilung als einen grundlegenden Umbau gesellschaftlicher Struktur, dem eine Veränderung der normativen (institutionellen) Ordnung folgt. Arbeitsteilung ist eine Reaktion auf eine räumliche Verdichtung aufgrund von Bevölkerungszuwächsen sowie der Entwicklung von Infrastrukturen für

Transport und Kommunikation. Der Modus segmentärer Differenzierung der Gesellschaft, der gemeinschaftsförmige Verbände wie Familien, Sippen oder Orte unterscheidet, wird aufgrund dieser Veränderungen brüchig und mit ihm die „mechanische Solidarität" als eine Form normativer Integration der Gesellschaft, die auf der Ähnlichkeit der Mitglieder einer Gemeinschaft basiert. Die mit der Arbeitsteilung auftretende Spezialisierung erhöht die Interdependenzen zwischen gesellschaftlichen Akteuren und beschleunigt gesellschaftliche Entwicklungsdynamiken in Richtung auf eine funktionale Differenzierung. Die Integration erfolgt durch „organische Solidarität", die der Notwendigkeit entspricht, wechselseitig aufeinander angewiesen zu sein. Institutionelle Ordnungen variieren demnach mit den gesellschaftlichen Strukturen. In Anlehnung an Durkheim arbeitet Münch (vgl. 2004) Institutionalisierung als Reaktion auf die Unsicherheiten beim Übergang in die funktionale Differenzierung heraus. Auf die Ablösung von der Ethik der Gemeinschaft folge eine Phase der Anomie und im weiteren Verlauf gesellschaftlicher Entwicklung etablierten sich funktionssystemspezifische institutionelle Ordnungen.

In der Systemtheorie, die gesellschaftstheoretisch ebenfalls den Übergang von segmentärer zu funktionaler Differenzierung analysiert, wird der Institutionenbegriff aufgegeben. In ihr gilt nicht die Integration über Normen sondern die Funktion sozialer Systeme als ausschlaggebend für die Erklärung gesellschaftlicher Struktur(vgl. Luhmann 1997).

1.2 Gesellschaft, Institutionen und Personen – Sozialisation und Akteure

Besondere Aufmerksamkeit haben Institutionentheorien in der Erziehungswissenschaft in Hinblick auf das Verhältnis zwischen Gesellschaft und Individuum erhalten. Sie begründet Sozialisationstheorien, deren Fragestellung Tillmann wie folgt zum Thema *Institution* in Beziehung setzt: „Die Sozialisationstheorie hat nicht die generelle Beziehung zwischen der Gesamtgesellschaft und ihren Institutionen zu behandeln (das ist vielmehr die Aufgabe der allgemeinen Soziologie), sondern sie sollte diesem Verhältnis nur in dem Maße nachgehen, in dem sich daraus Erklärungen für die psychische Entwicklung von Individuen gewinnen lassen." (ebd. 1999, S. 18).

Die Veränderung des sozialisationstheoretischen Denkens seit Ende des 19. Jahrhunderts ist an die Entwicklung der Moderne und ihre gesellschaftstheoretische Selbstbeschreibung gekoppelt (vgl. Veith 1996). Die sozialisationstheoretische Grundkonzeption stellt eine Verbindung zwischen den Modi gesellschaftlicher Differenzierung, den institutionalisierten Formen der Handlungskoordination und der individuellen Entwicklung von Personen her. Folglich kann der Wandel gesellschaftlicher Differenzierung aus einer sozialisationstheoretischen Perspektive für das Muster der individuellen Entwicklung nicht folgenlos bleiben, sondern muss vermittelt über eine Veränderung institutionalisierter Erfahrungs- und Handlungsräume Auswirkungen auf die Sozialisation haben. Einen bedeutenden paradigmatischen Fluchtpunkt für die Analyse der Sozialisation bildet die Theorie vergesellschafteter Subjektivität (vgl. Geulen 2005). Diese entwickelt sich in der Auseinandersetzung mit sozialisationstheoretischen Konzepten, bei denen der Handlungsbegriff im Mittelpunkt steht. Demnach ist das menschliche Handeln einerseits das Ergebnis von Lernprozessen in der Gesellschaft als externer Bedingung der Sozialisation; andererseits wirkt das durch Sozialisation bedingte Handeln sich auch auf die Entwicklung der Gesellschaft aus. Institutionen sind in dieser Konzeption Träger der normativen Vorgaben und der sozialen Rollen, deren Verinnerlichung im Prozess der Sozialisation erfolgt.

Gegenüber den klassischen Positionen von Durkheim (a.a.O.) – der den Zugewinn individueller Handlungsfreiheit aufgrund veränderter gesellschaftlicher Strukturen als Anomie deutete – und Parsons (1964) – der Sozialisation unter dem Aspekt der Konformität gegenüber institutionalisierten sozialen Rollen behandelt – setzt sich ein Verständnis von Sozialisation durch, in dem die Aktivität des Subjekts betont wird. Danach „erfahren die Heranwachsenden ihre eigene Subjektivität im reflexiven Modus der Konfrontation mit den unmittelbaren, physikalischen und symbolisch interpretierten Konsequenzen ihres Verhaltens sodann in der normativen Version konkreter Verhaltenserwartung und schließlich in der institutionalisierten Form gesellschaftlicher Rollenanordnung" (Veith 2002, S. 169). In der jüngeren Entwicklung fokussiert die Sozialisationstheorie die *Selbstsozialisation* und entwirft damit ein Verständnis von Sozialisation ausgehend von der „Fähigkeit der Individuen, in ihren jeweiligen Lebens- und Alterslagen ihre eigene Entwicklung auf der Basis projektiver Selbst-Entwürfe zu organisieren" (ebd., S. 173).

Eine weitere – für die Erziehungswissenschaft mittelbar bedeutsame – Theorieperspektive auf das Verhältnis von Institution und Individuum betrifft den Status von Akteuren in sozialen Umwelten. Vereinfacht gesprochen geht es dabei um die Frage der Durchsetzungsfähigkeit individueller Handlungskalküle gegenüber dem Einfluss sozialer Verhaltenserwartungen. In den Akteurtheorien werden idealtypisch zwei Modelle unterschieden, von denen das eine stärker auf die Verhaltenssteuerung durch die Normorientierung in sozialen Rollen setzt (vgl. Dahrendorf 1964) und das andere von einem rational kalkulierenden und an Interessensverfolgung orientierten Subjekt ausgeht. In der Konfrontation erweisen sich beide Modelle, der homo sociologicus ebenso wie der homo oeconomicus, als theoretische Fiktionen. Weder kann das Handeln vollständig durch soziale Fremdbestimmtheit und Befolgung normativer Erwartungen erklärt werden, da die Funktion der Erwartungssicherheit durch soziale Rollen nur dann erfüllt werden kann, wenn kompetente Akteure Inkonsistenzen oder gar Konflikte zwischen Rollenerwartungen und situativen Erfordernissen spontan bewältigen. Noch geht das Handeln vollständig in individueller Zielverfolgung und Nutzenmaximierung auf, da bereits die Formierung von Interessen sozial gerahmt sind und Handeln unter den Bedingungen der Interdependenz der Handlungen mehrerer Akteure sowie begrenzter Rationalität auf institutionell gewährte Erwartungssicherheit angewiesen ist. Theoretische Auswege im Sinne einer Überwindung dieser Defizite werden durch die Kombination struktur- und handlungstheoretischer Stränge der Soziologie beschritten (vgl. Schimank 2000). In diesen Kontext fällt auch die Auseinandersetzung mit der Frage, inwiefern Prozesse der Institutionalisierung über individuelle oder kollektive Akteure steuerbar sind.

1.3 Institutionen des Bildungswesens

Das Verhältnis von Steuerung und unkontrollierbarer Eigendynamik bildet auch die Achse, entlang derer die Institutionalisierung im Bildungswesen behandelt wird.

Der Bedeutungshof, wie wir ihn heute mit dem Begriff der Institutionalisierung des Bildungssystems assoziieren, ist unlösbar mit Vorgängen im 19. Jahrhundert verbunden. In diesem Jahrhundert greifen in Bezug auf Bildung politische Planung, organisatorische Realisierung und wissenschaftliche Reflexion ineinander (vgl. Tenorth 1992). Maßgebliche Ereignisse sind

- die Grundlegung einer staatlichen Zuständigkeit für die Schule, mit der die Bedeutung der Grenzlinie zwischen öffentlicher und privater Verantwortung für Belange der Erziehung herausgestellt wird;
- die Inklusion vollständiger Geburtskohorten in organisierte Erziehung, der ein Allgemeinheitsanspruch im Sinne der formalen Gleichheit aller Personen zugrunde liegt und
- die Etablierung des Leistungsprinzips, das die in der Schule erworbene Bildung anstelle der Herkunft als Maßstab für den weiteren Verlauf von Bildungskarrieren oder die berufliche Betätigung setzt.

Ein weiterer Indikator für die Institutionalisierung ist die Professionalisierung pädagogischer Berufe, die ihrerseits nicht zuletzt an die Institutionalisierung von Ausbildungsstätten für Pädagogen gebunden ist. Die ab 1800 beobachtbaren Vorgänge der Institutionalisierung von Bildung sind keineswegs der Einstieg in einen linear und widerstandsfrei verlaufenden Prozess. Aus einer institutionstheoretischen Perspektive wird deutlich, dass Eigendynamiken die politische und bildungstheoretisch begründete Gestaltung von Bildungsinstitutionen einschränken (vgl. Lundgreen 2003) und dass die Entwicklung des Bildungssystems insgesamt nicht schneller verlaufen kann als die Modernisierung der Gesellschaft, deren Teil sie ist.

Die Analyse von Institutionen des Bildungssystems erfolgt unter verschiedenen Akzentuierungen. Makrosoziologische Zugänge thematisieren die gesellschaftliche Einbettung des Bildungssystems und arbeiten die Bedingtheit der Institutionalisierung pädagogischer Praxen innerhalb der Moderne heraus. Einen Ansatz, in dem die Variablen Macht und Interessenausgleich die Institutionalisierung in Bildungssystemen erklären, entwickelt Archer (1984). Sie analysiert die Ablösung des Bildungswesens feudalistischer Staaten durch die Bildungssysteme moderner Staaten. Entstehungsdynamik und Wandel moderner Bildungssysteme sind nach Archer vom Grad der Zentralisiertheit respektive Dezentralisiertheit gesellschaftlicher Einflüsse abhängig. Ausschlaggebend ist in dieser Betrachtung die Konditionierung der Strukturen von Bildungssystemen durch ihre gesellschaftliche Umwelt. Eine ähnliche theoretische Ausgangsposition bezieht Cummings (2003), der die Entwicklung von Bildungsinstitutionen in sechs Nationen vergleichend untersucht. Er geht mit Parsons von einer normativen Integration aus, die in Bildungsinstitutionen durch Bildungsideale („ideal person", ebd., S. 36) erfolge. Die Gestalt der Bildungsideale sowie die historischen Formen der Institutionen sieht er jedoch unter einem deutlichen Einfluss anderer gesellschaftlicher Bereiche, namentlich der Religion und der Politik. Im Gegensatz zu Cummings, der in der historischen Betrachtung von Bildungsinstitutionen deren Besonderheiten im nationalen Kontext hervorhebt, betonen McEneaney/Meyer (2000) die zunehmende Homogenisierung grundlegender Strukturen von Bildungssystemen – insbesondere der Curricula – unter dem Einfluss weltumspannender Modernisierungsprozesse.

Im Unterschied zu diesen genuin institutionalistischen Ansätzen beschreiben Luhmann/Schorr (vgl. 1988) die Strukturbildung des Erziehungssystems als einen intern determinierten Prozess. Aus ihrer systemtheoretischen Perspektive ist das Erziehungssystem zunächst ein funktional differenziertes System neben anderen in der modernen Gesellschaft. Es verdankt seine Existenz zwar einem übergreifenden gesellschaftlichen Trend, in dem autonome Funktionssysteme entstehen, wird aber – nach erfolgter Ausdifferenzierung – eben als autonom betrachtet. Die systemtheoretischen Leitpunkte der Analyse des autonom gewordenen Erziehungssystems sind seine Funktion, seine Leistungen und seine Reflexion. Mit ihnen werden Relationen des Erziehungssystems zur Gesellschaft, zu anderen Funktionssystemen und zu sich selbst bezeichnet. Die das Erziehungssystem von anderen Funktionssystemen spezifisch unterscheidende Funktion ist nach Luhmann/Schorr die Selektion. Mit der Übernahme der Selektionsfunktion etabliere das Erziehungssystem ein meritokratisches Prinzip der Vergabe gesellschaftlicher Chancen und löse das feudalistische Prinzip der Selektion nach Herkunft ab (vgl. ebd.).

Eine Frage, mit der eine thematische Brücke in die Mikrosoziologie und damit auf ein weiteres Feld institutionstheoretischer Analyse geschlagen wird, betrifft den im Erziehungssystem formulierten Anspruch, Sozialisationsinstanz für die ganze Gesellschaft zu sein, während die Empirie Belege dafür liefert, dass die Sozialisation in der Schule zunächst zu einem Leben in der Schule befähigt, also schulisch sozialisiert.

Der sozialisatorische Einfluss der Institution Schule ist besonders deshalb von hohem Interesse für die Schulforschung, weil er unbeabsichtigt mitlaufende Effekte auf die Personwerdung zeitigen kann, die in einem durchaus prekären Verhältnis zu den pädagogisch beabsichtigten Wirkungen stehen. Es sind Theoretiker aus einer psychoanalytischen Tradition – bei denen Sensibilität für verborgene Motive und unkontrollierte Wirkungen vorausgesetzt werden kann – die sich diesem Problem als Erste zugewendet haben. Allen voran Bernfeld (vgl. 1981; 1925) stellte gegen eine Ideologie der Pädagogik, die pädagogische Wirkungen allein im Kräftefeld des zwischenmenschlichen Verhältnisses von Lehrer und Schüler sehen wollte, die Einsicht: „Die Schule – als Institution – erzieht" (ebd., S. 28). Er sucht den Ansatzpunkt einer vom ihm geforderten „Instituetik" im Anspruch der Rationalisierung der Erziehung durch die Pädagogik. Dieser Anspruch sei nicht eingelöst. Vielmehr habe er sich mit der Didaktik lediglich auf einen Ausschnitt schulischer Realität – das Lehr-Lern-Arrangement des Unterrichts – zurückgezogen, dessen Bedeutung im Gesamtgefüge der komplexen Institution Schule nicht hinreichend geklärt und von der Didaktik überschätzt sei. Eine Verbindung mit soziologischen Begriffen findet die „Psychoanalyse der Schule als Institution" in der Arbeit von Fürstenau (1964). Er kritisiert auf der Grundlage des Rollenbegriffs eine Kollision zweckrationaler Momente der Verhaltensregulierungen mit affektiven Verhaltensmustern. Sie führe zu Autoritätskonflikten und münde in Widersprüchlichkeiten des Schulwesens, die hinter Ritualisierungen verborgen blieben und daher nicht auf ihren „institutionellen Kern" (ebd., S. 76) hin verfolgt werden könnten.

Die hinter dem pädagogischen Aufgabenverständnis liegende Funktionsweise der Institution Schule ist in der psychoanalytischen Tradition ein Gegenstand der skeptischen Beobachtung. In einer struktur-funktionalistischen Tradition dagegen ist die Einsicht in die programmatisch nicht fixierten, unwillentlichen Einwirkungen der Schule mit einer eher affirmativen Deutung ihrer Funktion als Sozialisationsinstanz der modernen Gesellschaft verbunden. Die Schule befördert dieser Interpretation zufolge eine Grundhaltung der Gesellschaftsmitglieder, die als eine Voraussetzung liberaler Gesellschaft gelten, aber von ihr und ihren Institutionen nicht absichtsvoll hergestellt werden kann. In Dreebens Studie „Was wir in der Schule lernen" (1980; 1968) wird die Erfüllung der Funktion der Schule entsprechend nicht als Folge eines zweckrationalen Aufbaus des Bildungssystems analysiert (vgl. auch Fend 2006). Er zieht einen Vergleich zwischen der institutionellen Struktur der Schule und der institutionellen Struktur anderer Sozialisationsagenten – allen voran der Familie. Dadurch werden die Differenzen einer affektiven, auf diffusen Beziehungsmustern ruhenden familiären Kommunikation zur formalisierten, spezifisch rollenförmigen Kommunikation in der Schule deutlich. Abgelöst von den Zwecken des Unterrichts eröffnet die Schule somit einen Erfahrungsraum, in dem Kinder erstmals außerhalb ihrer Familie mit den Anforderungen der Kommunikation moderner Gesellschaft konfrontiert sind.

Die Institutionen des Bildungssystems sind von Menschen gemacht und als solche ein Instrument der Gestaltung moderner Gesellschaft; gleichzeitig entfalten sie eine Eigendynamik, die sich der Gestaltbarkeit entzieht und in ein ambivalentes Verhältnis zu den Gestaltungsabsichten rücken kann. Auf diesen gemeinsamen Nenner lassen sich institutionstheoretische Analysen des Bildungssystems bringen. Einen Vorschlag, wie das pädagogisch kaum reflektierte Verhältnis von Gestaltung und Eigendynamik seinerseits bildungstheoretisch eingefasst werden kann, entwickelt Leschinsky (vgl. Leschinsky/Cortina 2003). Er identifiziert strukturelle Merkmale der Schule, die er – durchaus in einem normativen Sinne – als idealtypisch versteht. Es sind die Orientierung an Universalität und Spezifität, die Versachlichung, die Möglichkeit zur Interessenartikulation, die Gewährleistung eines Raumes für freie Interaktion, die Beurteilung individueller Leistungen, die Simulation sozialer Vergleiche, die reflexive Distanzierung von lebensweltlichen Wirklichkeiten, der Primat simulierter und pädagogisch aufbereiteter Erfahrung, die organisatorische Unabhängigkeit und die Professionalität pädagogischer Arbeit (ebd., S. 30ff.). Diese strukturellen Merkmale beschreiben keinesfalls die Realität der Bildungsinstitutionen, vielmehr sind mit ihnen Prinzipien formuliert, die unterhalb politischer Zielvorgaben einer Diskussion um die Funktion, Gestaltbarkeit und Eigendynamik von Bildungsinstitutionen Richtung geben können. Auch stehen die Prinzipien zueinander nicht in einem widerspruchsfreien Verhältnis, so dass eine Bildungseinrichtung, in der alle Prinzipien in vollem Umfang Realität geworden sind, praktisch weder erreichbar wäre, noch ein Optimum darstellen würde. Die bildungstheoretische Relevanz einer in und um Bildungsinstitutionen geführten Diskussion kann dann unter anderem darin liegen, auf Ambivalenzen vorzubereiten.

1.4 Aktuelle institutionstheoretische Forschung und Fragestellungen

In der empirischen Bildungsforschung werden Institutionentheorien wie auch Akteurstheorien intensiv rezipiert. Sie gehen in komplexe Modellbildungen ein, mit denen das Verhalten von Akteuren im Rahmen institutioneller Strukturen des Bildungssystems wie auch die strukturelle Entwicklung des Bildungssystems im gesellschaftlichen Kontext erklärt werden. Entsprechende Studien haben sich insbesondere im Umfeld von large-scale-assessments etabliert, deren Daten die Berücksichtigung komplexer individueller und institutioneller Merkmalskonstellationen erlauben (vgl. Schümer/Tillmann/Weiß 2004). Hier seien beispielhaft einige aktuelle Themen empirischer Bildungsforschung mit diesem Theoriehintergrund genannt. Übergänge im Bildungssystem und von Bildung in Arbeit sind ein Forschungsfeld, das insbesondere vor dem Hintergrund der meritokratischen Ideologie des Bildungswesens von hohem Interesse ist. Untersuchungen zu Übergängen klären etwa den Einfluss sozialer Herkunft auf die Selektivität insbesondere beim Übertritt auf höhere Bildungsgänge und die Leistungsentwicklung (vgl. etwa Maaz/Watermann/Baumert 2007). Andere Untersuchungen legen den Fokus auf das Wahlverhalten der Nutzer von Bildungsangeboten (vgl. etwa Clausen 2006). Hier lassen sich individuelle Verhaltenskalküle unter institutionellen Bedingungen nachzeichnen. Einen deutlichen Einblick in die Persistenz institutioneller Muster der Verhaltensregulierung ergibt sich bei dem Blick auf die längerfristige Entwicklung von sozialer Mobilität aufgrund von Bildungsbeteiligung. So können Fuchs/Sixt (2007) nachweisen, dass sich Bildungserfolge über mehrere Generationen vererben; so wirkt sich das Bildungsniveau der Großeltern noch auf die Bildungschancen der Enkel aus.

Viele der hier angesprochenen Themen der Bildungsforschung verweisen – spätestens sobald sie auf praktische Konsequenzen hin befragt werden – auf die Organisation im Bildungssystem. Theoretische Zugänge dazu werden im folgenden Kapitel dargestellt.

2 Organisation

2.1 Begriff

Anders als Institutionen, die ein ubiquitäres Phänomen menschlicher Vergesellschaftung darstellen, sind Organisationen typische Einrichtungen *moderner* Gesellschaften. Oder anders formuliert: Moderne Gesellschaften sind differenzierte Gesellschaften und Organisationen sind ihre elementaren Bausteine.

Organisationen sind in modernen Gesellschaften sowohl Produzenten funktionssystemspezifischer Leistungen wie Waren, Qualifikationen, Informationen oder Therapien, als auch Instanzen der Integration der Gesellschaftsmitglieder und sie sind die wichtigsten Adressaten politischer Steuerungsabsichten und von Bewegungsprotest.

Verschiedene Autoren etikettieren die moderne Gesellschaft aus diesem Grund auch als Organisationsgesellschaft (vgl. Jäger/Schimank 2005).

Die begriffsgeschichtliche Rekonstruktion macht deutlich, dass Organisation erst im 19. Jahrhundert den Stellenwert eines Grundbegriffs der „politisch-sozialen Sprache" (Böckenförde 1978, S. 520) erhält. Entsprechend geht mit der Verbreitung des Organisationsbegriffs in der Rechts- und Verwaltungssprache die Verdrängung eines vorwiegend metaphorischen Wortgebrauchs einher. Organisieren wird unter den Vorzeichen der Modernisierung von Verwaltung, Militär und Gewerbe zur gezielten, rationalen und gestaltenden Aktivität. Organisation gerät damit in fundamentalen Gegensatz zu einem Begriffsverständnis, das im Rückgriff auf einen organologischen Naturbegriff die statische Ordnung von Teilen und Ganzem betont. Organisation wird aber nicht nur zum Zentralbegriff einer modernen Gesellschaftslehre, sondern auch zur ersten Adresse der Kulturkritik, die in der Organisation der Gesellschaft die Hauptursache individueller Entfremdungserfahrungen vermutet.

Obwohl Organisation als ein Zentralbegriff der Sozialwissenschaften gelten kann, besteht kein Konsens über seine Definition. Von anderen Zentralbegriffen wie Gesellschaft oder Institution werden Organisationen im Allgemeinen durch Merkmale wie Zweckorientierung, horizontale und vertikale Differenzierung oder Arbeitsteilung, formale Mitgliedschaft oder Mitgliedsrollen und eine dauerhafte Abgrenzung zur Umwelt unterschieden. Im Unterschied zu Institutionen sind Organisationen Einrichtungen zur Koordination hochspezifischer Handlungen von Individuen, die sich in der Regel hinsichtlich ihrer Interessen und Wertorientierungen unterscheiden.

Seit den Untersuchungen Max Webers zur bürokratischen Herrschaft wird für Handeln in Organisationen besondere Rationalität unterstellt. Die neuere Organisationsforschung hat gegen diese Rationalitätsunterstellung massive Bedenken vorgetragen (vgl. March/Ohlsen 1976).

Die systemtheoretische Antwort auf die Kontroverse um den Rationalitätscharakter von Organisationen besteht darin, dass nicht die Rationalität von Handlungen, sondern die Form der Kommunikation zum zentralen Kriterium der Definition von Organisationen gemacht wird (vgl. Luhmann 2000). Organisationen sind dieser Auffassung zufolge dadurch charakterisiert, dass sie Kommunikation in besonderer Weise unter Formzwang setzen: Organisationen reduzieren Kommunikation auf Entscheidungen. Ob die Entscheidungen Rationalitätskriterien genügen, ist für Systemtheoretiker gar nicht die entscheidende Frage, vielmehr geht es um die Beschreibung organisationsspezifischer Verfahren der Komplexitätsreduktion, die für moderne Gesellschaften einen erheblichen Effizienzvorteil darstellen.

2.2 Individuum, Organisation und Gesellschaft

Die im Horizont unterschiedlicher Disziplinen formulierten Organisationstheorien lassen sich im Hinblick auf Zentralperspektiven sortieren. Unterschiedliche Organisationstheorien favorisieren unterschiedliche Perspektiven und fokussieren in dieser Optik jeweils unterschiedliche Kernprobleme.

Ganz allgemein können drei Zentralperspektiven unterschieden werden:

- Die Perspektive auf das Verhältnis von Organisation und Individuum,
- die Perspektive auf die Binnenstruktur der Organisation,
- die Perspektive auf das Verhältnis von Organisationen und Umwelt.

Was das *Verhältnis von Individuum und Organisation* betrifft, so sind die von der Organisation zu bearbeitenden Kernprobleme die Koordination individueller Handlungen und die Sicherung der Motivation der Mitglieder.

Die Grundfrage der einflussreichen Organisational Behavior Theory von James March und Herbert Simon (1958) lautet entsprechend: Wie wird individuelles Handeln, das durch je spezifische Orientierungen und Interessen motiviert wird, koordiniert und entsprechend der Organisationsziele ausgerichtet? Die Verhaltenwissenschaftliche Entscheidungstheorie geht zunächst aus vom Wert-Erwartungs-Modell des Rational Choice Ansatzes, demzufolge Akteure vor dem Hintergrund der Einschätzung der Situation, der aufzuwendenden Anstrengung und dem (subjektiven) Wert eines Handlungsergebnisses eine Kosten-Nutzen Kalkulation vornehmen, die ihr Handeln bestimmt. Entscheidungen sind dementsprechend rationale Wahlakte. Entsprechend der Annahme eines (eingeschränkten) rationalen Kalküls ist die Balance des Verhältnisses von Beiträgen, die Individuen leisten, und Anreizen, die Individuen zu Beiträgen motivieren, eine zentrale Frage für die Stabilität und Entwicklung von Organisationen. Weil Anreizsysteme aber in ihrer Reichweite prinzipiell beschränkt sind (vgl. Berger/Bernhard-Mehlich 2002, S. 137f.), geraten in der jüngeren Zeit verstärkt Mechanismen der Sicherung von Commitment durch Leitbilder, Basiswerte oder allgemein über die Organisationskultur in den Blick (vgl. Schein 1985).

Populär geworden ist das von Vertretern des deskriptiven entscheidungsprozessorientierten Ansatzes entwickelte „Garbage-Can" Model (vgl. March/Ohlsen 1976). Im Gegensatz zum entscheidungslogischen Ansatz (vgl. zur Unterscheidung Bea/Göbel 2006), setzt dieses an der Rekonstruktion tatsächlicher Entscheidungsprozesse gewonnene Modell die Rationalitätsannahme weitgehend außer Kraft und beschreibt das Zustandekommen von Entscheidungen weniger als rationale Wahl, denn als mehr oder weniger zufällige Koppelung von Problemen, Lösungsvorschlägen und Entscheidungsgelegenheiten. Rationalität entfaltet in diesem Modell keine Bindungswirkung auf die Entscheidung selbst, sondern wird aus Legitimationsgründen ex post in Anschlag gebracht.

Eine ganz anders begründete Sicht auf das Problem der Koordination individueller Interessen entwickeln Theoretiker der Mikropolitik (vgl. Crozier/Friedberg 1979). Die Mitglieder von Organisationen – so die Grundthese – richten ihr individuelles Handeln nicht in erster Linie an Organisationszielen, sondern an Machtinteressen aus und entwickeln entsprechende Taktiken (Informationskontrolle, Hinhalten, Rebellion, ...) und strategische Allianzen, um diese durchzusetzen. Kommunikation in Organisationen wird als eine Vielzahl mikropolitischer Spiele beschrieben. Persönliche Machtmotive und die Virtuosität beim Einsatz mikropolitischer Taktiken erklären die hohe Varianz der Machpotentiale von formalhierarchisch gleichrangigen Personen. Effizienz und Stabilität einer Organisation hänge deshalb nicht lediglich von einer funktionierenden Aufbau- und Ablauforganisation ab, sondern entscheidend auch von der Nutzung funktionaler und der Begrenzung dysfunktionaler Wirkungen der mikropolitischen Spiele.

Während die Entscheidungstheorie das Verhältnis von Anreiz und Beitrag und die Beschränkungen rationaler Wahl untersucht und die Mikropolitik die Bedeutung individueller Machtmotive freilegt, richtet die der Institutionenökonomie zuzurechnende Agenturtheorie ihre Aufmerksamkeit auf die Institution des Vertrags. Organisationen erscheinen aus der Sicht der Agenturtheorie als „Netzwerke von (impliziten oder expliziten) Verträgen" (vgl. Miebach 2007), die die Austauschbeziehungen zwischen Individuen regeln. Im Zentrum der Überlegungen steht der Prinzipal, der als Auftraggeber Aufgaben und Entscheidungskompetenzen an einen Agenten überträgt. Neben der Auswahl des geeigneten Agenten stellt dessen Kontrolle für den Prinzipal ein schwieriges Problem dar, weil der Prinzipal über Kompetenzen, Absichten und Handlungen seines Agenten niemals erschöpfende Informationen besitzt.

Aus der Sicht der Organisationspsychologie stellt sich das Kernproblem der Vermittlung von Individuum und Organisation ganz anders dar. Allein der Titel des Forschungsprogramms („Human Relations"), unter dem die psychologisch ausgerichtete Organisationsforschung ihren Erfolgskurs eingeschlagen hatte, verweist auf erhebliche Differenzen zu den Basisnahmen der am Leitbild des homo oeconomicus ausgerichteten Ansätze. Individuelles Verhalten – so die Auffassung der Organisationspsychologie – ist zuallererst durch ein Streben nach Selbstverwirklichung und Persönlichkeitsentfaltung motiviert. Entsprechend ist der wichtigste Ansatzpunkt für die Entwicklung einer Organisation nicht die Bereitstellung von Anreizsystemen und die Regulierung individuellen Verhaltens durch Verträge, sondern die Gestaltung von Arbeitsbedingungen, wobei den sozialen Beziehungen eine besondere Bedeutung zukomme. Vertreter dieses Ansatzes rücken Variablen wie Arbeitszufriedenheit, psychische Belastungen oder Führung ins Zentrum der Aufmerksamkeit. Wie Effizienz durch Motivierung und Humanisierung gesteigert werden kann, ist aber nur das nachgeordnete Anliegen der Organisationsentwicklung, im Vordergrund steht die Frage der Humanisierung der Arbeitswelt. Neuere Ansätze der Organisationsentwicklung, die als strukturaler Ansatz der OE bezeichnet werden (vgl. Kieser 2002), zielen auf die Veränderungen von Strukturen, etwa durch Projektorganisation.

Was die zweite Zentralperspektive, die *Binnenstruktur der Organisation,* betrifft, sind Kernprobleme die Differenzierung von Aufgaben, die entsprechende Einrichtung von Strukturen und die Integration der Einzelkomponenten.

Max Weber hat bereits 1922 die Bedeutung der horizontalen und vertikalen Differenzierung der Aufgabenbearbeitung als zentrales Merkmal der modernen Verwaltung beschrieben. Die Mitglieder der Organisation, bzw. einzelne Abteilungen, haben gegeneinander abgegrenzte Aufgabenbereiche und Kompetenzen und das Personal wird entsprechend der für eine erfolgreiche Aufgabenbearbeitung notwendigen speziellen Qualifikation selegiert und ausgebildet.

Die vertikale Differenzierung erfolgt über die Etablierung einer Amtshierarchie, in der Stellen in ein Verhältnis von Unter- und Überordnung gebracht werden. Bürokratische Entscheidungsvorgänge sind an Ausführungsnormen gebunden. In der Regel handelt es sich um aktenförmige Entscheidungen. Normierung, also regelkonforme Aufgabenbearbeitung und die Festlegung von Weisungsbefugnis, sorgt für die Integration der spezialisierten Stellen und Abteilungen. Die durch Differenzierung, Qualifizierung und Dokumentation sichergestellte Unpersönlichkeit, Sachlichkeit und Berechenbarkeit von Entscheidungen sind für Weber Ausdruck der spezifischen Rationalität legaler Herrschaft (vgl. Kieser 2002, S. 47).

Hatte Weber vor allem öffentliche Verwaltungen im Auge, so untersuchte Frederic W. Taylor 1913 effiziente Methoden des Managements in Unternehmen. Organisieren meint hier vor allem die Spezialisierung von Aufgaben und die Standardisierung der Aufgabenbearbeitung (vgl. Taylor 1995). Neben der aufgabenspezifischen Auswahl und Qualifikation der Arbeiter ist die Spezialisierung auf Funktionen bereits auf der Leitungsebene (Funktionsmeister) und die regelhafte, standardisierte Aufgabenbearbeitung ein Hauptmerkmal der tayloristischen Betriebsführung. Integration der spezialisierten Bereiche gelingt über ihre enge Verschaltung und über ein strenges System von Weisung und Ausführung.

Der für betriebswirtschaftliche Organisationslehre grundlegende strukturtechnische Ansatz (vgl. Bea/Göbel 2006, S. 94f.) orientiert sich ebenfalls am Ziel einer möglichst effizienten Aufgabenerfüllung. Organisationsgestaltung wird entsprechend als Problem der Entwicklung zweckgerichteter Strukturen betrachtet. Der Aufgabenverteilung an Personen geht eine differenzierte Aufgabenanalyse, im Sinne der Operationalisierung von Teilaufgaben und der Aufgabensynthese, etwa durch Festlegung eines Weisungssystems voraus. Damit wird die Aufbauorganisation, die in einem Organigramm dargestellt werden kann, als feste Struktur etabliert. Ergänzt wird die Aufbauorganisation um eine Ablauforganisation zentraler Arbeitsprozesse.

Anders als der strukturtechnische Ansatz zielt der situative Ansatz auf die Erklärung der Varianz unterschiedlicher Strukturtypen. Bea/Göbel vertreten die Auffassung, dass der situative Ansatz den strukturtechnischen Ansatz beerbt und dessen instrumentelle Perspektive auf Organisation verlängert (vgl. ebd. 2006, S. 107). Der entscheidende Unterschied besteht allerdings in der Korrektur der Zentralperspektive. Nicht mehr die innere Struktur der Organisation, sondern die Erklärung der Struktur in Abhängigkeit von der organisationsspezifischen Umwelt steht hier im Zentrum. Die Zentralperspektive wird auf das *Verhältnis Organisation und Umwelt* ausgerichtet und Organisation als umweltoffenes System konzipiert. Entsprechend lautet eine Grundannahme, dass Kontingenzfaktoren in der Umwelt der Organisation ihren Aufbau und ihre Struktur determinieren. Ergebnis der systematischen Untersuchung des Zusammenhangs von internen und externen Kontingenzfaktoren (Situation) und der Gestalt der Organisation (Struktur) ist die Identifikation von Organisationstypen (vgl. Pugh/Hickson/Hinings 1969; vgl. auch Schreyögg 2003, S. 57f.). Eine Variante des situativen Ansatzes, der in letzter Zeit auch in der Schulforschung Beachtung findet, stammt von dem Managementtheoretiker Henry Mintzberg (1979). Seine Typologie der Organisationen, die er auf der Basis von fünf Basiskomponenten entwickelt, enthält den Typus der professional bureaucracy, der auch für die Beschreibung von Bildungsorganisationen wie Universitäten und Schulen fruchtbar erscheint.

Die System-Umwelt Perspektive wird auch in neueren Ansätzen der Systemtheorie ins Zentrum gerückt (vgl. Luhmann 2000). Eine Abgrenzung zur sozialen Umwelt leistet die Organisation aus dieser Sicht dadurch, dass sie sich durch unablässiges selbstreferentielles Operieren autopoietisch reproduziert. Die Basiseinheit dieser selbstreferentiellen Operationen ist Entscheidung. Insbesondere was Erklärung der Reduktion von Umweltkomplexität durch die Implementation so genannter Entscheidungsprämissen – Programme, Kommunikation, Personal und Kultur – betrifft, sind Anleihen bei der verhaltenswissenschaftlichen Entscheidungstheorie (s.o.) unübersehbar.

Insofern sind Organisationen auch aus systemtheoretischer Sicht Einrichtungen, die individuelle Entscheidungen durch die Festlegung von Entscheidungsprämissen entlasten. Indem sie etwa bestimmte Zwecke in Programmen festlegen (Zweckprogramme) oder bezogen auf bestimmte Auslöser ganze Handlungsprogramme vorschreiben (Konditionalprogramme). Indem sie vertikale und horizontale Kommunikationswege festlegen und dadurch dass sie Stellen definieren und entsprechende Kompetenzen selegieren, Vorkehrungen für eine sachlogische Bearbeitung der zur Entscheidung stehenden Fragen treffen. Als eine nicht entscheidbare Entscheidungsprämisse wird die Organisationskultur bezeichnet, die, obwohl sie meist impliziten Charakter hat, in Entscheidungsprozessen erhebliche Bindungswirkung entfaltet.

2.3 Bildungsorganisationen

Während die Erziehungswissenschaft das Thema Organisation lange Zeit vorwiegend mit kulturkritisch motivierter Skepsis bearbeitet und gegen die Organisation die pädagogische Gemeinschaft in Stellung gebracht hat (vgl. Thiel 2007), ist mit einer Neujustierung der Schulpolitik, die Organisation als erste Adresse politischer Steuerung in den Blick rückt, ein wachsendes Interesse an sozialwissenschaftlicher Organisationstheorie und -forschung zu beobachten. Mit den unter dem Stichwort Schulautonomie eröffneten Gestaltungsoptionen sind eine theoretische Neuorientierung und demzufolge auch ein Abrücken von einer vorwiegend bürokratietheoretischen Interpretation der Schulorganisation verbunden.

Unter den Vorzeichen pädagogischer Autonomie dominieren zunächst Versuche, die sozialwissenschaftliche Optik bildungstheoretisch zu korrigieren und einen einheimischen Begriff der pädagogischen Organisation von der organisationssoziologischen Semantik abzugrenzen. Dieses Bemühen zielt letztlich auf die Etablierung einer „Pädagogik der Organisation" (vgl. Bauer 1998) und es ist nahe liegend, dass hier insbesondere organisationspsychologische Ansätze Beachtung finden. Die Entwicklung der Organisation ist aus dieser Sicht in erster Linie von der Steigerung individueller Lern- und Kooperationsbereitschaft abhängig, die beispielsweise im Rahmen professioneller Lerngemeinschaften angebahnt werden sollen (vgl. Bonsen/Rolff 2006). Die Modellierung organisationaler Entwicklungsprozesse in Analogie zu individuellen und sozialen Lernprozessen wird in neueren Ansätzen zum Wissensmanagement mit der Einführung des Begriffs des Organisationswissens korrigiert. In der Erziehungswissenschaft hat diese Unterscheidung von individuellem und organisationalem Wissen bislang allerdings noch wenig Resonanz gefunden.

Große Resonanz findet dagegen der Begriff der Organisationskultur (vgl. Holtappels 1995). Im Unterschied zur systemtheoretischen Auffassung, dass es sich bei der Organisationskultur um eine nicht entscheidbare und damit gezielter Veränderung nur schwer zugänglichen Entscheidungsprämisse handelt, gehen viele schulpädagogische Ansätze davon aus, dass in der Veränderung der Schulkultur der entscheidende Hebel der Schulentwicklung liegt. Der Begriff Kultur hat hier allerdings eher den Charakter einer programmatischen Vokabel als eines analytischen Begriffs.

Was die oben entwickelten drei Zentralperspektiven betrifft, dominiert in der Erziehungswissenschaft die Perspektive auf das Verhältnis von Individuum und Organisation. Neben den skizzierten Ansätzen der Organisationsentwicklung finden sich allerdings auch Rezeptionen des mikropolitischen Ansatzes (vgl. Altrichter/Posch 1996) und in jüngster Zeit für die Sozialpädagogik auch Analysen durch die Theoriebrille institutionenökonomischer Ansätze.

Seit den späten 1990er Jahren geraten die Analysepotentiale soziologischer Theorien verstärkt ins Blickfeld und damit Fragen der Organisationsstruktur und der Organisation-Umwelt-Beziehung. Dabei ist zu allererst an die Rezeption der Luhmannschen Organisationstheorie zu denken (vgl. Kuper 2001). Diese eignet sich für die Integration unterschiedlicher thematischer Schwerpunktsetzungen bisheriger Organisationstheorien wie auch für den Anschluss zwischen Professions- und Organisationstheorien.

Aber auch kontingenztheoretische Überlegungen finden Eingang in die erziehungswissenschaftliche Forschung, jüngst sogar in die Schuleffektivitätsforschung (vgl. Creemer/Scheerens/Reynolds 2000). Schulen werden als besondere Organisationen beschrieben, die, im operativen Kern segmentiert, ihre Basiskomponenten nur lose aneinander koppeln (vgl. Weick 1976; Rolff 1992).

In jüngster Zeit sind entsprechend einer bereits bei Henry Mintzberg angelegten Theorie professioneller Organisationen verstärkt Versuche der Verknüpfung professionssoziologischer und organisationssoziologischer Ansätze zu beobachten (vgl. Klatezki/Tacke 2005; Böttcher/Terhart 2004; Helsper u.a. 2008). Dass hier ältere organisationssoziologische Arbeiten – etwa Scott (1965) – nicht in den Blick geraten, ist insofern bedauerlich, als der Typus der professionellen Organisation zur Analyse von Bildungsorganisationen nur eingeschränkt taugt. Schulen sind heteronome professionelle Organisationen (vgl. Scott 1965). Sie sind, obwohl für sie Merkmale wie Arbeitsbündnis, fehlende Möglichkeit der Standarisierung von Arbeitsvollzügen und Zentralwertbezug ebenso kennzeichnend sind wie für autonome Professionen, externer bürokratischer Regulierung unterworfen (vgl. Thiel 2008a). Für eine Theorie der Schulorganisation erscheint eine Rezeption dieser frühen Ansätze fruchtbar, erlauben sie nicht zuletzt in der Verknüpfung mit Theorien sozialer Koordination die Entwicklung von Hypothesen bezüglich der Reorganisationseffekte unterschiedlicher Steuerungsmodelle im Bildungssystem (vgl. Thiel 2008b).

Von hohem Interesse sind in diesem Zusammenhang auch neuere Analysen aus neoinstitutionalistischer Perspektive. Welche Wirkungen neue Steuerungsmodelle auf der Organisationsebene entfalten, wird hier vor allem unter dem Gesichtspunkt der Legitimation untersucht. Organisationen – so eine Grundthese – richten ihre interne Steuerung in erster Line an institutionalisierten Erwartungen aus. Qualitätssicherung und interne Evaluation in Organisationen zu etablieren ist beispielsweise aktuell eine solche Erwartung. Organisationen gründen ihre Entscheidung für die Implementation solcher Verfahren nun aber nicht etwa auf eine strenge kriteriale Prüfung, sie kopieren vielmehr die Modelle, die im institutionellen Feld bereits eine hohe Anerkennung genießen.

3 Synthese institutions- und organisationstheoretischer Überlegungen – Neo-Institutionalismus

In den letzten Bemerkungen zu beiden Themen – Institution und Organisation – ist angeklungen, dass die jeweils zuständigen Theorien aufeinander verwiesen sind, sofern die Entwicklung von Organisationen im gesellschaftlichen (institutionellen) Kontext zu erklären ist. Diese Perspektive ist im Neo-Institutionalismus ausgearbeitet. In den klassischen Positionen des Neo-

Institutionalismus wird bezweifelt, dass die Strukturbildung in Organisationen sich in jedem Fall durch die Verfolgung rationaler Strategien oder die Maximierung technischer Effizienz von Abläufen erklären lässt; insbesondere für Organisationen im staatlichen Zuständigkeitsbereich – zu denen letztlich auch viele Einrichtungen des Bildungssystems zählen – wird als alternative Erklärung für die Strukturbildung die Erfüllung von Legitimitätsanforderungen der sozialen Umwelt ausgeführt. Organisationen erfüllen demnach institutionalisierte Rationalitätserwartungen. Gerade für Organisationen, die technologisch nicht oder sehr eingeschränkt kontrollierbare Ziele verfolgen, erweist sich dieser Modus der Strukturbildung als funktional. Zur Erfüllung der institutionalisierten Erwartungen errichten Organisationen – einer berühmten Formulierung von Meyer/Rowan (vgl. 1992, S. 40) folgend – ceremonial fassades, mit denen Rationalitätsmythen genügt wird. Damit werde eine logic of confidence eingesetzt, die eine Einsichtnahme in die konkreten organisatorischen Handlungsabläufe von außen verhindere. Für das operative Geschehen im Inneren der Organisation können sich so weitgehend umweltunabhängige Handlungslogiken etablieren. Die vom Lehrer vor Unterrichtsbeginn geschlossene Klassenzimmertür ist das bauliche Realität gewordene Sinnbild dieser organisationalen Logik.

In jüngeren Ansätzen des Neo-Institutionalismus wird die These der Entkopplung von Umweltbezug und operativen Vollzügen in Frage gestellt. Anlass sind etwa die Veränderung institutioneller Muster von staatlichen regulierten Bildungssystemen zu Marktstrukturen und die Zunahme von Rechenschaftspflichten und Evaluation (vgl. Kuper 2005). An diesen beiden Themen zeigt sich aktuell die Interdependenz organisierten Handelns und institutioneller Erwartungsstrukturen im Bildungssystem der modernen Gesellschaft.

Literatur

Altrichter, H./Posch, P. (Hrsg.) (1996): Mikropolitik in der Schulentwicklung. Innsbruck, Wien: Studien-Verlag.
Archer, M. S. (1984): Social Origins of Educational Systems. London u.a.: SAGE Publications.
Bauer, K.-O. (1998): Organisationsentwicklung als pädagogischer Prozess. In: Erziehungswissenschaft, Jg. 9, S. 4356.
Bea, F.X./Göbel, E. (2006³): Organisation. Theorie und Gestaltung. neu bearbeitete Auflage. Stuttgart: Lucius & Lucius.
Berger, P./Luckmann, T. (1972): Die gesellschaftliche Konstruktion der Wirklichkeit. Eine Theorie der Wissenssoziologie. Frankfurt/M.: Fischer Verlag.
Berger, U./Bernhard-Mehlich, I. (2002⁵): Die Verhaltenswissenschaftliche Entscheidungstheorie. In: Kieser, A. (Hrsg.): Organisationstheorien. Stuttgart: Kohlhammer, S. 133–168.
Bernfeld, S. (1981; 1925): Sisyphos oder die Grenzen der Erziehung. Frankfurt/M.: Suhrkamp.
Böckenförde, E.-W. (1978): Organ, Organismus, Organisation, politischer Körper. In: Brunner, O./Conze, W./Kosseleck, R. (Hrsg.): Geschichtliche Grundbegriffe. Band 4. Stuttgart: Klett-Cotta, 519-622.
Bonsen, M./ Rolff, H.-G. (2006): Professionelle Lerngemeinschaften von Lehrerinnen und Lehrern. In: Zeitschrift für Pädagogik, Jg. 52., S. 167–184.
Böttcher, W./Terhart, E. (Hrsg.) (2004): Organisationstheorie in pädagogischen Feldern. Analyse und Ausgestaltung. Wiesbaden: VS Verlag für Sozialwissenschaften.
Clausen, M. (2006): Warum wählen Sie genau diese Schule? In: Zeitschrift für Pädagogik, Jg. 52, H. 1, S. 69–90.
Cortina, K./Baumert, J./Leschinsky, A./Mayer K.U./Trommer, L. (Hrsg.) (2003): Das Bildungswesen in der Bundesrepublik Deutschland. Reinbek: Rowohlt.
Creemers, B./Scheerens, J./Reynolds, D. (2000): Theory Development in School Effectiveness Research. In: Teddley, C./Reynolds, D. (Eds.): The International Handbook of School Effectiveness Research. London/ New York: Routledge, S. 283–298.
Crozier, M./Friedberg, E. (1979): Macht und Organisation: Königstein Ts: Langewiesche.

Cummings, W. K. (2003): The Institutions of Education. A comparative study of educational development in the six core nations. Oxford: Symposium Books.

Dahrendorf, R. (1964[4]): Homo Sociologicus. Ein Versuch zur Geschichte, Bedeutung und Kritik der Kategorie der sozialen Rolle. Erweiterte Auflage. Köln und Opladen: Westdeutscher Verlag.

Dreeben, R. (1980; 1968): Was wir in der Schule lernen. Frankfurt/M.: Suhrkamp.

Durkheim, E. (1992; 1893): Über soziale Arbeitsteilung. Frankfurt/M.: Suhrkamp.

Fend, H. (2006): Neue Theorie der Schule. Einführung in das Verstehen von Bildungssystemen. Wiesbaden: VS Verlag für Sozialwissenschaften.

Fuchs, M./Sixt, M. (2007): Zur Nachhaltigkeit von Bildungsaufstiegen. In: Kölner Zeitschrift für Soziologie und Sozialpsychologie, Jg. 59, H. 1, S. 1–29.

Fürstenau, P. (1964): Zur Psychoanalyse der Schule als Institution. In: Das Argument, Jg. 6., S. 65–78.

Geulen, D. (2005): Subjektorientierte Sozialisationstheorie. Sozialisation als Epigenese des Subjekts in Interaktion mit der gesellschaftlichen Umwelt. Weinheim und München: Juventa.

Helsper, W./Busse, S./Hummrich, M./Kramer, R.-T. (Hrsg.) (2008): Pädagogische Professionalität in Organisationen. Neue Verhältnisbestimmungen am Beispiel der Schule. Wiesbaden: VS Verlag für Sozialwissenschaften.

Holtappels, H.G. (Hrsg.) (1995): Entwicklung von Schulkultur. Ansätze und Wege schulischer Erneuerung. Neuwied: Luchterhand.

Jäger, W./Schimank, U. (Hrsg.) (2005): Organisationsgesellschaft. Facetten und Perspektiven. Wiesbaden: VS Verlag für Sozialwissenschaften.

Kieser, A. (Hrsg.) (2002[5]): Organisationstheorien. Stuttgart: Kohlhammer.

Klatetzki, T./Tacke, V. (Hrsg.) (2005): Organisation und Profession. Wiesbaden: VS Verlag für Sozialwissenschaften.

Kuper, H. (2001): Organisationen im Erziehungssystem. Vorschläge zu einer systemtheoretischen Revision des erziehungswissenschaftlichen Diskurses über Organisation. In: Zeitschrift für Erziehungswissenschaft, Jg. 4, H. 1, S. 83–106.

Kuper, H. (2005): Evaluation im Bildungssystem – Eine Einführung. Stuttgart: Kohlhammer.

Leschinsky, A./Cortina K. (2003): Zur sozialen Einbettung bildungspolitischer Trends in der Bundesrepublik. In: Cortina, K./Baumert, J./Leschinsky, A./Mayer K.U./Trommer, L. (Hrsg.): Das Bildungswesen in der Bundesrepublik Deutschland. Reinbek: Rowohlt, S. 20–51.

Luhmann, N. (1984): Soziale Systeme. Grundriß einer allgemeinen Theorie. Frankfurt/M.: Suhrkamp.

Luhmann, N. (1997): Die Gesellschaft der Gesellschaft. (Vol. 2 Bände). Frankfurt/M.: Suhrkamp.

Luhmann, N. (2000): Organisation und Entscheidung. Frankfurt/M.: Suhrkamp.

Luhmann, N./Schorr, K. E. (1988): Reflexionsprobleme im Erziehungssystem. Frankfurt/M.: Suhrkamp.

Lundgreen, P. (2003): ‚Bildungspolitik' und ‚Eigendynamik' in den Wachstumsschüben des deutschen Bildungssystems seit dem 19. Jahrhundert. In: Zeitschrift für Pädagogik, Jg. 49, S. 34–41.

Maaz, K./Watermann, R./Baumert, J. (2007): Familiärer Hintergrund, Kompetenzentwicklung und Selektionsentscheidungen im gegliederten Schulsystem im internationalen Vergleich. In: Zeitschrift für Pädagogik, Jg. 53, H. 4, S. 444–461.

March, J.G./Simon, H.A. (1958): Organizations. New York, London: Wiley.

March, J.G/Olsen, J.P. (Hrsg.) (1976): Ambiguity and Choice in Organizations. Bergen: Universitatsforlaget.

McEneaney, H.E./Meyer, J.W. (2000): The Content of the Curriculum: An Institutionalist Perspective. In: Hallinan, M.T. (Hrsg.): Handbook of the Sociology of Education. New York: Kluwer Academic/Plenum Publishers, S. 21.

Meyer, J./Rowan, B. (1992): Institutionalized Organizations: Formal Structure as Myth and Ceremony. In: Meyer, W./Scott, R. (Eds.): Organizational Environments. Ritual and Rationality. Newbury Park: SAGE Publications Inc, S. 21–44.

Miebach, B. (2007): Organisationstheorie. Problemstellung – Modelle – Entwicklung. Wiesbaden: VS Verlag für Sozialwissenschaften.

Mintzberg, H. (1979): The Structuring of Organizations. New York: Engelwood Cliffs.

Münch, R. (2004): Strukturen – Die Ausdifferenzierung und Institutionalisierung von Handlungsräumen. In: Jaeger, F./Liebsch, B. (Eds.): Handbuch der Kulturwissenschaften. Grundlagen und Schlüsselbegriffe. Vol. Band 1. Stuttgart/Weimar: Metzler, S. 173–189.

Parsons, T. (1964): Social structure and personality. London: Free Press.

Pugh, D.S./Hickson, D.J./Hinings, C.R. (1969): An empirical taxonomy of structures of work organizations. In: Administrative Science Quarterly, 14, S. 115–126.

Rolff, H. G. (1992): Die Schule als besondere Organisation – eine komparative Analyse. In: Zeitschrift für Sozialisationsforschung und Erziehungssoziologie, Jg. 12, S. 306–324.

Schein, E. (1985): Organizational Culture and Leadership. San Francisco, London: Jossey-Bass.

Schimank, U. (2000): Handeln und Strukturen. Einführung in die akteurtheoretische Soziologie. Weinheim: Juventa.

Schimank, U. (2004): Handeln in Institutionen und handelnde Institutionen. In: Jaeger, F./Straub, J (Hrsg.): Handbuch der Kulturwissenschaften. Paradigmen und Disziplinen. Vol. Band 2. Stuttgart, Weimar: Metzler, S. 293–307.

Schreyögg, G. (2003): Organisation. Grundlagen moderner Organisationsgestaltung. Mit Fallstudien. 4. Auflage. Wiesbaden: Gabler Verlag.

Schümer, G./Tillmann, K.-J./Weiß, M. (Hrsg.) (2004): Die Institution Schule und die Lebenswelt der Schüler. Wiesbaden: VS Verlag für Sozialwissenschaften.

Scott, R.W. (1965): Reactions to Supervision in a Heteronomous Professional Organization. In: Administrative Science Quarterly, Vol. 10, No. 1, pp. 65–81.

Taylor, F. W. (1995): Die Grundsätze der wissenschaftlichen Betriebsführung (1913). Weinheim: Beltz.

Tenorth, H.-E. (1992): Geschichte der Erziehung. Einführung in die Grundzüge ihrer neuzeitlichen Entwicklung. Weinheim u.a.: Juventa.

Terhart, E. (1986): Organisation und Erziehung. Neue Zugänge zu einem alten Thema. In: Zeitschrift für Pädagogik, Jg. 32, S. 205–225.

Thiel, F. (2007): Profession als Lebensform. Entwürfe des neuen Lehrers nach 1900. In: Zeitschrift für Pädagogik, Jg. 53, S. 74–91.

Thiel, F. (2008a): Die Organisation der Bildung – eine Zumutung für die Profession? In: Ehrenspeck, Y./Haan, de G/Thiel, F. (Hrsg.): Bildung: Angebot oder Zumutung? Wiesbaden: VS Verlag für Sozialwissenschaften, S. 211–228.

Thiel, F. (2008b): Organisationssoziologische Vorarbeiten zu einer Theorie der Schulentwicklung. In: Journal für Schulentwicklung, Jg. 12, S. 31–40.

Tillmann, K.-J. (1999^9): Sozialisationstheorien. Eine Einführung in den Zusammenhang von Gesellschaft, Institution und Subjektwerdung. Reinbek bei Hamburg: Rowohlt.

Veith, H. (1996): Theorien der Sozialisation: Zur Rekonstruktion des modernen sozialisationstheoretischen Denkens. Frankfurt/M.: Campus.

Veith, H. (2002): Sozialisation als reflektive Vergesellschaftung. In: Zeitschrift für Soziologie der Erziehung und Sozialisation, Jg. 22., H. 2, S. 167–177.

Weber, M. (1972, 1922): Wirtschaft und Gesellschaft. Tübingen: Mohr.

Weick, K.E. (1976): Educational Organizations as Loosley Coupled Systems. In: Administrative Science Quarterly, Vol. 21, S. 1–19.

Manuela Pietraß[1]

Medienbildung

1 Einleitung

Medienbildung ist ein zunehmend verwendeter Begriff, wie allein an den Denominationen bei neu ausgeschriebenen Professuren ablesbar ist.[2] Die empirische Untersuchung der Medienbildung erfolgt in der pädagogischen Rezeptionsforschung, die mit der kommunikationswissenschaftlichen, soziologischen und psychologischen Rezeptionsforschung benachbart ist. Gegenstand der Rezeptionsforschung sind die Selektion, das Erleben, die soziale Einbettung und die Verarbeitung von Medieninformationen (vgl. Pürer 2003, S. 336f.), wobei in erziehungswissenschaftlicher Perspektive diese genannten Teilbereiche in ihrer Bedeutung für Lern-, Sozialisations- und Bildungsprozesse des Individuums interessieren. Die empirische Untersuchung der Medienbildung trägt bei zu Fragen der Mediendidaktik und der Medienerziehung, wobei letztere auch mit Medienpädagogik synonym gesetzt wird. Der Systematik des Handbuches folgend, soll hier nur über diesen Bereich gesprochen werden, während sich der Beitrag von Fischer/Mandl/Todorova in diesem Band mit der Mediendidaktik befasst. Trotz zunehmender Entgrenzungsprozesse der Medien und ihrer Nutzungskontexte spiegelt diese Aufteilung nach wie vor unterschiedliche pädagogische Thematisierungen der Medien. Ihnen entspricht eine Differenzierung der Medienfunktionen in Lehren und Lernen, dem Gegenstandsbereich der Mediendidaktik, während Unterhaltung und Information (durch die so genannten Massenmedien) sowie Individualkommunikation Gegenstand der Medienerziehung sind. Die medienvermittelte Individualkommunikation ist insbesondere durch die neuen Medientechnologien, wie dem Mobiltelefon (vgl. Döring 2005), in den Fokus der Medienpädagogik gelangt.

2 Medienkompetenz und Medienbildung

Seit seiner „Konjunktur" (vgl. Kübler 1999) in den 90er Jahren des letzten Jahrhunderts ist Medienkompetenz zu einem etablierten Konzept geworden, das wissenschaftliche wie gesellschaftspolitische Relevanz besitzt. Medienkompetenz gehört zu den Grundlagen der Informationsgesellschaft (vgl. BLK 1995), sie wird als „Schlüsselqualifikation" (vgl. v. Rein 1996) für die berufliche und soziale Integration angesehen, ihr Fehlen als Ursache für die Verfestigung und Entstehung von Ungleichheiten (vgl. Forum Bildung 2004). Einen internationalen Konsens hinsichtlich der Teilbereiche von Medienkompetenz zeigt die „European Charter for Media Literacy" hinsichtlich der Dimensionen: technische Kompetenz, Zugang zu und Nutzung der

---

1 Ich danke Sebastian Hannawald M. A. für seine Mitarbeit bei den Recherchetätigkeiten.
2 Im Jahr 2007 führten drei von fünf für Medienpädagogik ausgeschriebenen Professuren den Begriff Medienbildung in der Nominierung (vgl. Pietraß/Hannawald 2008a).

vielfältigen Medientechniken, Verstehen und kritische Analyse von Medienbotschaften, von deren Herkunft und Gestaltungsformen; kommunikative Kompetenz; Vermeidung ethisch problematischer Inhalte und Nutzung der Medien zur Fortentwicklung der Demokratie.

Die Bestimmung von Medienkompetenz spiegelt jeweils aktuelle Anforderungen an die technische Kompetenz (vgl. Gapski 2001, S. 46f.) und damit verbundene Besonderheiten der Medienlandschaft. Doch handelt es sich nicht um einen beliebig dehnbaren Begriff, es liegt ihm eine pädagogische Basierung zugrunde, in deren Zentrum das autonome Individuum steht, dessen Teilhabe an der Gesellschaft ermöglicht und geschult werden soll. Die kritische Ausrichtung des Begriffs stellt den Anschluss an eine bildungstheoretische Fundierung von Medienkompetenz mit ihren Ansprüchen an die ganze Person und ihr Weltverhältnis her.

Historisch gesehen hatte Dieter Baacke (1973) in den siebziger Jahren den Begriff der kommunikativen Kompetenz in die medienpädagogische Diskussion eingebracht. Diese auf Noam Chomskys Sprachtheorie basierende Fähigkeit, nach der „alle Menschen potentiell über die Sprachmuster einer Universalsprache" (Baacke 1996, S. 112) verfügen, führt in den praktischen Anforderungen des Alltags gemäß Niklas Luhmann zu einer „systemischen Ausdifferenzierung" (ebd. S. 119) auf die Medien hin. Vier Dimensionen unterscheidet Baacke bei der Grundlegung von Medienkompetenz: Medien-Kritik, -Kunde, -Handeln und -Gestaltung. Um den Begriff nicht „subjektivistisch-individualistisch" zu verkürzen, ist die Maßgabe für Medienkompetenz der „Diskurs der Informationsgesellschaft", der „alle wirtschaftlichen, technischen, sozialen, kulturellen und ästhetischen Probleme" einbezieht (ebd. S. 120). Zunächst sozusagen „empirisch leer" kann Medienkompetenz zum Vehikel funktional begründeter Anforderungen werden. Um dem entgegenzuwirken, schlägt Baacke den Begriff der „Medien-Bildung" vor, dessen Vorteil gegenüber der Medienerziehung sei, dass er nicht nur intentional ausgerichtete Prozesse erfasst, deren Zielsetzung bestimmt werden muss. Medienbildung würde vielmehr darin bestehen, „dass die Unverfügbarkeit des Subjekts sich nach seinen eigenen generativen Ausdrucksmustern entfaltet, ohne durchweg immer pädagogisch und im pädagogischen Raum angeleitet sein zu müssen" (ebd. S. 121). Die mit dem Kompetenzbegriff gegebene pragmatische Orientierung tritt durch den Anschluss an die Bildungstheorie in den Hintergrund. Bildungsprozesse bedeuten „eine Transformation der grundlegenden Kategorien, in bzw. mit denen Subjekte sich zur Welt und zu sich selbst verhalten" (Kokemohr/Koller 1996, S. 91). Diese Transformation ist ein „emergenter Prozeß (...), bei dem die neuen Kategorien des Welt- und Selbstbezugs aus den alten nicht deduzierbar sind" (Kokemohr/Koller). Medienbildung ist insofern Resultat *von* Mediennutzung. Eine Bildung *für* Medien zu erreichen, ist Bestandteil der Erziehung zur Medienkompetenz, die in der Schule, in der außerschulischen Jugendarbeit, in der Erwachsenenbildung vorgenommen wird, wobei die Art und Weise der Mediennutzung zunächst vom Elternhaus entscheidend beeinflusst ist (vgl. Feierabend/Mohr 2004; Hurrelmann 2006).

3 Medienbildung als Teilbereich der Bildungsforschung

Unter das begriffliche Konstrukt der Medienbildung lassen sich mithin all jene inneren und äußeren Veränderungsprozesse von Individuen fassen, die durch Medien initiiert wurden. Insofern ist die empirische Erforschung von Mediennutzungsweisen und von Verarbeitungsprozessen medialer Angebote ein Beitrag zur pädagogischen Bildungsforschung. Letztere hat nach einer Empfehlung des Deutschen Bildungsrates von 1974, wie Rudolf Tippelt formuliert, „die Untersuchung der Voraussetzungen und Möglichkeiten von Bildungs- und Erziehungsprozessen im institutionellen und gesellschaftlichen Kontext zum Gegenstand, sie analysiert die Lehr- und Lernprozesse in schulischen und außerschulischen Bereichen und sie thematisiert auch nichtinstitutionalisierte Sozialisationsbereiche" (Tippelt 1998, S. 240). Unter die Erforschung der Medienbildung fallen damit prinzipiell alle sozialisierenden Einflüsse von Medien, finden sie außerhalb oder innerhalb organisierter Lernumgebungen statt.

Das bildende Potenzial einer kompetenten Mediennutzung auszuschöpfen wird von all jenen Institutionen unterstützt, die professionelle Medienerziehung betreiben. Die Anleitung zu einem kompetenten Medienumgang „heißt, die eigenständige und geleitete Aneignung all derjenigen Bereiche menschlichen Daseins auszubalancieren, die mit Medien verwoben und mit gesellschaftlicher medialer Kommunikation verbunden sind" (Theunert 1999, S. 56). Dazu gehören neben der Schule Einrichtungen außerschulischer Kinder- und Jugendarbeit und auch die Erwachsenenbildung. Daneben bestehen eigene medienpädagogische Einrichtungen wie das JFF in München, das in der medienpädagogischen Forschung und Praxis tätig ist. Angeleitet werden Medienbildungsprozesse in medienpädagogischen Projekten, die seit Aufkommen der handlungsorientierten Medienpädagogik in den 1970er Jahren zur Zielsetzung hatten, mit Hilfe aktiver Medienarbeit die eigene Kommunikationsfähigkeit zu verbessern und die soziale Funktion der Medien zu durchschauen (vgl. Schell 2005, S. 13ff.). Einen Einblick in medienpädagogische Projekte verschaffen Internetportale wie der Deutsche Bildungsserver[3], das Informationssystem Medienpädagogik[4] (ISM) und Mediaculture online[5].

4 Bildungsforschung als Rezeptionsforschung

Mit der oben vorgenommenen Bestimmung wird Medienbildungsforschung als ein Untersuchungsfeld verstanden, dessen Gegenstand die Medienrezeption ist und das die Ermöglichung resp. Verhinderung von Bildungsprozessen thematisiert. Die Pädagogik ist nach Tippelt (1998) als das begriffliche und theoretisch-reflektierende Bezugsfeld für die Integration der Forschungserkenntnisse all jener Disziplinen in die Bildungsforschung zu verstehen, die sich mit Fragen der Medien beschäftigen. Indem Bildung als Resultat sozialisierender Einflüsse der Institution Medien betrachtet wird, gerät sie zum Bereich empirischer Bildungsforschung, konkret vollzogen als pädagogische Rezeptionsforschung. Tippelt (1998) nennt drei Realisationsmöglichkeiten empirischer Bildungsforschung: 1) Grundlagenforschung, mit der Aufgabe, Wissens- und Methodenstand zu entwickeln, 2) Maßnahmenforschung, „die einen zweckgerichteten Transfer spezifischen Wissens anstrebt" und 3) Orientierungsforschung, „um den sozialen und pädagogischen Wandel (...) ‚einzuschätzen'" (ebd. S. 50). In allen drei Bereichen realisiert sich die Rezeptionsforschung als 1) das Verstehen von Medienrezeption, 2) die Ermittlung von Grundlagen für Medienkompetenz und 3) die kritische Betrachtung der Medienentwicklung hinsichtlich ihrer Bedeutung für die Rezipienten.

---

3   http://www.bildungsserver.de
4   http://www.ism-info.de/pages/p_impress.html
5   http://www.mediaculture-online.de

Der Begriff des Rezipienten ist insofern irreführend, als er impliziert, dass Rezipienten Medienbotschaften im Rahmen eines Reiz-Reaktions-Schemas empfingen[6]. Der Begriff steht heute unter der Auffassung einer Leser-Text-Beziehung (vgl. Charlton 1997, S. 16) als interaktive Auseinandersetzung mit einer Botschaft. Diese Sichtweise wird im Modell der parasozialen Interaktion anschaulich. Ging es seinen Begründern Donald Horton und Richard Wohl darum aufzuzeigen, dass beim Fernsehen *auch* ein Handeln auf den Zuschauer hin geschieht (vgl. Ayass 1993, S. 35f.), z.B. bei Begrüßungen, erweiterte Will Teichert (1973) diesen Begriff auf eine beim Rezeptionsprozess generell stattfindende Identifikationshandlung. Der Zuschauer setzt das Handeln der Akteure als ein repräsentatives Rollenhandeln in Relation zu seiner eigenen Situation um (S. 378). In der Jugendforschung ist es der Ansatz der Cultural Studies (s.u.) und in der Literaturwissenschaft die Rezeptionsästhetik, die den Rezipienten in einer aktiven und nicht passiv empfangenden Rolle sieht.

Zwei Phasen der Medienrezeption werden unterschieden, die kommunikative Phase der Rezeption und die postkommunikative Phase der „Aneignung" (vgl. Mikos 2001), welche die soziale Auseinandersetzung über die Medieninhalte bezeichnet. Zusätzlich spielt die präkommunikative Phase als Bestandteil der Medienkompetenz eine Rolle, in welche Selektionskriterien in Form von Wissen über Medien und habituellen Nutzungsmustern eingehen (Pietraß/ Schmidt/Tippelt 2005).

Eine Besonderheit von Medienrezeption ist ihr grundsätzliches Potenzial einer ästhetischen Erfahrung, was in der Vermittlungslogik von Medien begründet liegt. Ohne Medien[7] gäbe es das Vermittelte nicht (vgl. Seel 1998, S. 245), das durch deren spezifische Ästhetiken neu und anders erfahrbar wird. Damit schaffen Medien zusätzliche Formen des Umgangs mit Wirklichkeit, die nicht als defizitär zu einer unvermittelten Erfahrung zu verstehen sind, sondern ergänzende Kommunikations- und Interaktionsräume zu nicht-medial vermittelten Formen des Umgangs mit Welt darstellen. Diese prinzipielle Möglichkeit einer ästhetisch-distanzierenden Betrachtungsweise der medialen Welt schafft ein reflexives Bildungspotenzial der Medien, birgt aber zugleich die Gefahr von Unverbindlichkeit und die Abwertung medialer Kommunikation zu einer referenzlosen Oberfläche von Zeichen (vgl. Baudrillard 1978). Gemäß vorliegender Definition fände eine bildende Medienaneignung dann statt, wenn die im Medium gegebenen Informationen, Metaphern und Leitbilder in das eigene Wissen so integriert würden, dass dem Rezipienten dadurch neue Perspektiven auf sich selbst und seine Welt erwüchsen. Diese Maßgabe führt zunehmend zu Untersuchungen, welche einen bildungstheoretischen Beitrag zur Medienpädagogik leisten (vgl. Aufenanger 1999, de Witt/Kerres 2006, Marotzki/Meister/Sander 2000, Nolda 2004, Pietraß 2006).

Zur empirischen Untersuchung der Medienbildung werden Methoden der Rezipienten- und der Medienforschung eingesetzt. Bei letzterer handelt es sich genau genommen um eine „Medieninhaltsforschung" (vgl. Pürer 2003), die sich mit der Angebotsseite befasst und mittlerweile eine eigene methodologische Tradition der pädagogischen Bildanalyse entwickelte (vgl. Ehrenspeck/Schäffer 2003; Pietraß 2003; Marotzki/Niesyto 2006). Die Rezipientenforschung hat den Endnutzer zum Gegenstand, den Zuhörer, Leser, Zuschauer. Ihre Teilbereiche sind die Nutzungsforschung, die Wirkungsforschung und die Rezeptionsforschung (vgl. Pürer 2003).

---

6 Dies ist im übrigen ein der frühen Rezeptionsforschung unterstelltes Publikumsverständnis, das, wie Hans-Bernd Brosius und Frank Esser (1998) zeigen, in einer derartigen Eindimensionalität historisch nicht nachgewiesen werden kann.

7 Als Medien sind hier technische Medien in Abgrenzung zu den natürlichen verbalen und nonverbalen Kommunikationsmitteln zu verstehen.

Die Nutzungs- resp. Reichweitenforschung erhebt Daten zur Medienausstattung, zur Mediennutzung im Tagesverlauf und zur Medienauswahl, sowohl in Bezug auf die Medien selbst, wie auch ihre jeweiligen Sparten. Zur Erhebung von Nutzungsweisen und zur Ermittlung kausaler Wirkungszusammenhänge werden insbesondere deduktiv-nomologische Verfahren eingesetzt (vgl. ebd. S. 337). Qualitative Verfahren sind insbesondere in der Rezeptionsforschung verbreitet (zur Methodik siehe Mikos/Wegener 2005).

4.1 Die Medienwirkungsforschung und die Nutzungsforschung

In der Wirkungsforschung wird der zwischen Medienangebot und Rezipient stattfindende Kommunikationsvorgang unter Verhaltensbeobachtung der Rezipienten untersucht, wobei Wirkung der „Rezeptionsoutput" gemäß eines unabhängig vom Rezipienten definierten Wirkungskriteriums ist (vgl. Grimm 1999, S. 17). Variablen der Medienbotschaft(en) sollen Einstellungsänderungen, Behalteneffekte, Aufmerksamkeitsbeeinflussung und Verhaltensänderungen beim Rezipienten hervorrufen können. An der Untersuchung von Wirkungen auf die Einstellung und die Ausübung von Gewalt besitzt die Pädagogik im Bereich der Gewaltsozialisation besonderes Interesse. Jedoch konnte ein kausaler Zusammenhang zwischen Gewaltreiz und späterer -ausübung nie eindeutig festgestellt werden, weil selbst bei guter Validität experimenteller Ergebnisse deren Übertragbarkeit auf die Realsituation nur bedingt gegeben ist. Bezüglich der Vorbildhaftigkeit medialer Gewaltbilder auf das eigene Gewaltverhalten im Sinne des sozialen Lernens (vgl. Bandura 1979) besitzt der Wirkungsansatz Erklärungskraft, jedoch unter der Prämisse, dass das Umfeld des Aufwachsens einen zentralen Einfluss hinsichtlich der Akzeptanz von Gewalt ausübt (vgl. Collmann 1995, S. 315ff.; Gelles 2002, S. 1063).

Die Untersuchung der Mediennutzung ist ein weiterer wichtiger Bereich der quantitativen Forschung und dient dazu, „Daten über das Publikum eines Mediums zu entwickeln" (Pürer 2003, S. 321), insbesondere hinsichtlich seiner Nutzungsgewohnheiten und diesbezüglicher Entwicklungen, Trends und Veränderungen. Dazu gehören Erhebungen zur Medienausstattung, zum Nutzungsumfang und zu Nutzungsmustern. Diese in der quantitativ-beschreibenden Publikumsforschung wichtige Methodologie wird z.B. in den großen Jugendmedienstudien des Medienpädagogischen Forschungsverbunds Südwest (2007a; 20007b) eingesetzt. Insbesondere in der nach wie vor unterrepräsentieren internationalen Forschung (vgl. Pietraß 2007) liefert die quantitative Mediennutzungsforschung wichtige Datensätze für vergleichende Untersuchungen.

4.2 Die Rezeptionsforschung

Die Rezeptionsforschung befasst sich mit der Verarbeitung der Medieninhalte, deren Deutungs- und Erlebnisweisen. Hier kann die Rezeptionsforschung innovative und vielfältige qualitative Designs aufweisen, deren Vorteil darin liegt, dass die Perspektive der Rezipienten mit einbezogen wird. Bei quantitativen Erhebungsmethoden legt der Forscher über die tatsächlichen Deutungsmuster der Rezipienten seine eigenen Deutungen, so dass die individuellen Bildungsprozesse nicht sichtbar werden können. Rezeptionsstudien, die dem handlungstheoretischen und kulturwissenschaftlichen Paradigma folgen, haben demgegenüber die Konstitution von Sinn durch menschliche Kommunikation zum Ausgangspunkt und ermöglichen damit die Untersuchung von Bildungsprozessen. Die Aufspaltung in kulturwissenschaftliche und handlungstheoretische Ansätze ist insofern nicht ganz trennscharf zu leisten, als beide aufeinander bezogen sind. Steht in der Handlungstheorie das sinnkonstituierende Subjekt in seiner Lebenswelt im Mittelpunkt, so ist es bei den Kulturwissenschaften die Kontextualität kulturell definierten Sinns, der die Handlungsorientierung und das Verstehen der Lebenswelt leitet. Sinn ist menschlichen Äußerungen und Handlungen nicht inhärent, sondern er wird immer wieder neu geschaffen, wobei Bedeutungskonstitution ein Akt ist, der nur in dem und durch das sozio-kulturelle Umfeld vollzogen werden kann.

Die Inhalte der Medien werden unter dieser Perspektive nicht als abgegrenzte Einheiten untersucht, deren Sinn mehr oder weniger eindeutig feststeht, sondern Medieninhalte verlieren diese klaren Konturen und erhalten ihren Sinn in kulturellen Kontexten. Da alle Bedeutungseinheiten in einem intertextuellen Verweisungszusammenhang stehen (vgl. Fiske 1987), verschwimmen die Wirklichkeitsbereiche Medien und Alltag. Wichtig wird nun, auf welche Weise sich Menschen ihre sozio-kulturelle Realität verfügbar machen und wie sich darin für sie selbst Wirklichkeit respektive Sinn konstituiert. Die Rezeptionsforschung legt dabei unterschiedliche Schwerpunktsetzungen, handlungstheoretisch orientiert stärker auf die Herstellung von Subjektivität, kulturwissenschaftlich orientiert stärker auf die sozial bedingte Kontextualität von Deutungsmustern.

Immer ist dabei das interpretative Paradigma leitend, unter dem die subjektiven Verarbeitungsweisen von Medienangeboten als eigene Hervorbringungen von Sinn untersucht werden. Seien es die para-sozialen Interaktionen unter dem Mead'schen Verständnis einer Aushandlung von Sinn (vgl. Krotz 2001), seien es rezeptionsästhetische Zugänge zu den individuellen Lesarten (vgl. Mikos 2001) oder die in Tradition der Cultural Studies (s.u.) stehende Untersuchung der kulturellen Praktiken Jugendlicher, die individuellen Aktivitäten vermitteln Zugang zu den Verarbeitungsweisen der Medieninhalte.

Zugleich darf nicht übersehen werden, dass trotz Subjektivität der Deutungen massenmediale Symbolangebote ihrerseits strukturelle Vorgaben liefern, die die Deutungsaktivitäten in narrative Bahnen lenken und Grenzen der Interpretationsfreiheit darstellen. Insofern ist eine empirische Untersuchung der Medienbildung nur dann befriedigend, wenn sie sowohl rezeptions- wie medienanalytisch vorgeht. Ein Beispiel ist die Genreforschung, die populärkulturelle Angebote wie Doku-Soaps oder Spielshows auf ihre spezifischen Strukturen hin untersucht. Genres können angesehen werden „als Indikatoren für die Veränderung von Subjektivität" (Bachmair 1996, S. 13) und ermöglichen z.B. durch die Demonstration körperlicher Kraft beim Wrestling eine Kompensation von Gefühlen der Machtlosigkeit (vgl. Bachmair/Kress 1998).

5 Teilbereiche von Medienbildung

Die Rezeptionsforschung zeigt, dass subjektive und gruppenspezifische Verarbeitungsformen von Medieninhalten und Umgangsweisen mit Medien einen Beitrag zur Bildung des Individuums leisten. So kann ein einziges Genre wie die Daily Soaps zur Unterhaltung und Information dienen, emotionale Realität symbolisieren, durch die Rollenvorbilder die Auseinandersetzung mit dem eigenen Ich anregen und sozialen Kontakten dienlich sein (vgl. Götz 2002). Solche Bildungsprozesse finden während der Freizeit statt, in die der Hauptanteil der Nutzung öffentlicher Medien fällt. Wichtig ist die Untersuchung durch die Mediennutzung stattfindender Bildungsprozesse insofern, als Medien, und hier das Fernsehen, in allen Altersgruppen weit vorn an der Spitze der häufigsten Freizeitbeschäftigungen steht (vgl. Media Perspektiven 2006). Mit der Trennung zwischen formalen und informellen Lernprozessen wurde eine Möglichkeit gefunden, Mediennutzung, die „außerhalb von Bildungsinstitutionen und planmäßig organisierten Lehr-/Lernveranstaltungen" stattfindet (Dohmen 2002, S. 18), als informelles Lernen zu begreifen. Zugleich ist die Aufgabe entstanden, das durch die zunehmenden Entgrenzungsprozesse gewandelte Verhältnis zwischen Bildung und Unterhaltung (vgl. Reinhardt 2007) im Bereich des „Edutainment" und „Infotainment" zu definieren.

Informelle Lernprozesse im Zuge der Mediennutzung sind in Zusammenhang mit den konsumierten Inhalten zu sehen. Lerneffekte umfassen z.b. einen möglichen Wissenszuwachs durch Medien, wobei die Qualität des Angebotes eines der pädagogischen Anliegen in diesem Bereich darstellt (vgl. Nolda 2004). Computerspiele sind ein informeller Lernort, der aufgrund des Wachstumspotenzials dieser Branche (OECD 2005) die Medienpädagogik in der Zukunft noch intensiver beschäftigen wird. Untersuchungen befassen sich mit den „kompetenzförderlichen und hemmenden" Effekten von Computerspielen (vgl. Fromme 2002; Gebel/Gurt/Wagner 2005), z.B. dem Lernen im Team (vgl. Klimmt 2004). Neben den Medien sind Museen, künstliche Erlebnisparks, Wissenschaftszentren ebenfalls informelle Lernumgebungen (vgl. Freericks 2005; Kübler 2004), die mediale Lernmaterialien anbieten.

Informelle Lernprozesse sind Bestandteil des allgemeinen Sozialisationsprozesses, zu dem themenspezifische Untersuchungsergebnisse vorliegen, die im folgenden nach einer sozialisationstheoretischen Systematik (vgl. Kron 1994) dargestellt werden: 1) das Individuum in Auseinandersetzung mit der Findung und Gestaltung seiner *Identität*; 2) das Erlernen von handlungsregulierenden Normen und deren Organisation durch Rollenerwartungen in der *Sozialisation* und 3) die Aneignung der Kultur durch die Medieninhalte und -technologien im Prozess der *Enkulturation*.

5.1 Identitätskonstitution

Die Identifikation des Individuums mit einer Vorstellung von sich selbst in Relation zu medialen Symbolen wird sichtbar wo 1) massenmediale Symbolangebote gemäß eigener biographischer Voreinstellungen genutzt werden und 2) wo die eigene Identität im Rollenspiel erprobt und ausgeweitet wird. Leitend ist die Frage, wie „Mediengeschichten und Lebensgeschichten" ineinander greifen und welche „Bedeutung der Mediengebrauch für ein Individuum im Rahmen der Lebensbewältigung" besitzt (Neumann-Braun/Schneider 1993, S. 194).

Die Verarbeitung massenmedialer Symboliken ist durch die biographische Situation geprägt, welche als „handlungsleitendes Thema" die Nutzung und Deutung medialer Symbolangebote vorformt. Diese „thematische Voreingenommenheit" des Rezipienten, also sein im persönlichen Lebenskontext verortbares Interesse, steuert den Medienumgang. Anschaulich wird dies z.B. beim sechsjährigen Christian, der jene Bilderbuchseiten überschlägt, die ihm als besonders bedrohlich erscheinen (vgl. Charlton/Neumann 1990, S. 49ff.). Die Subjektivität bei der Verarbeitung von Medieninhalten ist auch im phänomenologisch-lebensweltlich basierten Ansatz zentral im Aufweisen von „Medienspuren", welche symbolische Objektivationen des Films im eigenen Handeln darstellen (vgl. Bachmair 1993). Fiktionale Heldenfiguren, aber auch reale Personen aus massenmedialen Angeboten wie Talkshows (vgl. Paus-Haase 1999), können als Leitfiguren Orientierung vermitteln, was sich darin zeigt, wie sich die Rezipienten zu den medialen Figuren positionieren (vgl. Mikos et al. 2007). Beim Umgang mit Literatur, Film und

Fernsehen findet das rollenbezogene Probehandeln in Form imaginärer Rollenübernahme statt, währenddessen der virtuelle Datenraum die Möglichkeit gibt, sich eine neue Identität zuzulegen.

5.2 Sozialisation

Medien sind als eine eigene Sozialisationsinstanz erkannt und anerkannt (vgl. Schorb/Mohn/Theunert 1998), zugleich zeigt sich, dass eine Abgrenzung der Medien von anderen Feldern der Sozialisation schwierig ist. Die Trennung von Medienwirklichkeit und Alltagswirklichkeit, wonach Medien als eine „vermeidbare" Sozialisationsinstanz verstanden werden, ist nicht mehr möglich. So ist das Fernsehen als Leitmedium der letzten dreißig Jahre in die symbolisch-kommunikative Realität unserer Gesellschaft eingewoben. Medien greifen ihre Symbole auf, generieren eigene Symbole und „inszenieren" Wirklichkeit, z.B. bei Formaten wie Doku-Soaps (vgl. Beck et al. 2000), oder durch das *Agenda Setting*, in dem sie bestimmen, welche Themen die Gesellschaft beschäftigen (vgl. Schenk 2002). Die Frage nach einer Sozialisation durch Medien, also die Übernahme medialer Normvorgaben, ist dennoch nicht obsolet geworden, weil die Attraktivität fiktionaler Welten, die Homogenität transportierter Wertmuster, insbesondere im Bereich populärkultureller Angebote, und die Marktorientierung der Massenmedien, wozu in Teilbereichen auch das WWW gehört, die Frage nach Art und Weise der propagierten Wert- und Handlungsmuster stellen lässt. Untersuchungen zu sozialisationsrelevanten Inhalten liegen vor allem vor für die Bereiche Gewalt, Gender, Konsum.

Der Umgang mit Gewalt wurde bereits als Thema der Wirkungsforschung angesprochen, ergänzend seien noch qualitative Rezeptionsstudien genannt, bei denen die Gewalt aus Sicht der Zuschauer im Vordergrund steht. Hier stellen Theunert/Schorb (1995) fest, dass reale Gewalt im Fernsehen bei Kindern zu Angst führen kann. Im Zeichentrick wird Gewalt von Kindern anders erlebt als von Erwachsenen, sie sehen den Gewaltakt nicht in Bezug zur Realität, sondern im humorvollen Filmkontext und können so darüber lachen (vgl. Rathmann 2004).

Bezüglich der Beeinflussung von Geschlechtsrollen durch die Medien steht ebenfalls das Fernsehen im Zentrum der Forschung. Inhaltsanalytische Arbeiten, welche Genderausprägungen in den Medien thematisieren, sind seit der wegweisenden Küchenhoff-Studie (1975) kaum zu verzeichnen (Mühlen-Achs 2003). Bezüglich der Rezeption zeigte sich z.B. problematisch für das genderspezifische Selbstbild die Inszenierung von Geschlechterklischees in Form eines idealisierten Aussehens bei Frauen und auch bei Männern (vgl. Götz 2002).

Die Ausbildung eines eigenen Konsumstils ist als Entwicklungsaufgabe im Jugendalter anerkannt, die Summe frei verfügbaren Taschengeldes (vgl. Bauer/Wottawa 2007) erhöht die Gestaltungsspielräume der Jugendlichen. Medien spielen als Sozialisationsinstanz im Bereich des Konsumverhaltens eine wichtige Rolle. Durch die demonstrative Wahl von Konsumgütern besitzen Jugendliche die Möglichkeit, ihrer Selbstdarstellung spezifische Ausdrucksgehalte zu verleihen. In diesem Zusammenhang wird die Frage relevant, welche Rolle Werbung bei der Medienrezeption und -aneignung von Kindern spielt (vgl. Meister/Sander 1997; Baacke/Sander/Vollbrecht 1999). Die für die Mediensozialisationsforschung wichtige Fragestellung ist dabei jene nach einer Übernahme von vorgegebenen Bedeutungsgehalten, wie sie in Marken Ausdruck finden (vgl. Paus-Hasebrink et al. 2004).

5.3 Enkulturation

Die Güter der Kultur werden im Prozess der Enkulturation vorgefunden, ihre lernende Aneignung bedeutet zugleich ihre Reproduktion und Veränderung durch die handelnden Individuen. Kultur wird in Symbolbedeutungen manifest (Eco 1994), die in kulturellen Praktiken auffällig und zwischen den Vertretern bestimmter Gruppen ausgehandelt werden. Bezogen auf den Umgang mit Medien bedeutet Enkulturation die Übernahme und Veränderung von in den Medien gebrauchten Symbolen. Der Beitrag der Rezeptionsforschung zur Enkulturation durch Medien liegt im Aufweis kultureller Praktiken, in denen Deutungsmuster manifest werden. In den Untersuchungen zur Medienkultur wird deutlich, dass Enkulturation nicht als ein Hineinwachsen in ein homogenes kulturelles Umfeld zu verstehen ist, sondern Individuen die Bedeutung medialer Symbole in Interaktionen transformieren und ihren eigenen Lebenskontexten anpassen. Enkulturation ist damit ein wechselseitiger Prozess, der in vielfältigen kulturellen Umfeldern stattfindet. Zu dieser Erkenntnis trugen vor allem die Cultural Studies (vgl. Hörning/Winter 1999) bei. Sie setzen bei den Menschen in ihrer Lebenswelt an, die leitende Frage nach Macht und Widerstand lässt sie auch zu einem pädagogischen Projekt werden.

Medienbeiträge besitzen in diesem Ansatz nicht einen eindeutig definierbaren Sinn, sondern sie sind mehrdeutig, polysem (vgl. Fiske 1987). Ihre jeweilige Interpretation wird im Unterschied zu den o. g. strukturanalytischen Ansätzen weniger von der Biographie, als von der sozialen Lebenswelt abhängig gesehen. Produzent und Rezipient sind Mitglieder gesellschaftlicher Gruppen, die unter historischen, sozialen und politischen Bedingungen stehen und ein Interesse an der Durchsetzung der von ihnen präferierten „Ideologien" besitzen. Die Analyse kultureller Bedeutung geht also bei den in der Tradition des *Centre for Contemporary Cultural Studies in Birmingham* (CCCS) stehenden Forschungsarbeiten von den gesellschaftlichen Machtverhältnissen aus, die als wesentlich für die Hervorbringung kultureller Bedeutungspraktiken angesehen werden (Jäckel/Peter 1997). Mit den Schlagworten „Kultur-Medien-Macht" umfassen Hepp und Winter (2006) das Untersuchungsinteresse dieses Ansatzes.

Der Ansatz wurde und wird vor allem in der Jugendmedienforschung angewandt, wobei Baacke und seinen Schülern ein wichtiger Verdienst zukommt. Sie zeigten auf, dass Jugendliche ihre Lebenswelten zu Medienwelten umfigurieren und szenische Arrangements schaffen, in denen Mediennutzung, architektonischer Raum und jugendkulturelle Stilbildung eine Verflechtung eingehen (vgl. Baacke/Sander/Vollbrecht 1990). In einer multiethnischen und -kulturellen Gesellschaft liegt seine Erklärungskraft in der sozio-kulturellen Kontextualität von Deutungsformen, die eine Erscheinungsweise von Medienbildung darstellen.

Den zwei Konstituentien der Medienbildung entsprechend, wird bei den Cultural Studies zwischen der Angebots- und der Nutzerseite unterschieden. Stuart Halls Aufsatz „Encoding/Decoding" (1980) liefert das dafür notwendige Rezeptionsmodell. Bezieht sich der Prozess des Encoding auf die von den Textproduzenten präferierte Lesart, so der Prozess des Decoding auf die vom Publikum gewählte Lesart. Angebotsorientierte Studien versuchen zu zeigen, wie Lesarten produziert werden, durch welche gesellschaftlichen Zustände sie reproduziert und aufrechterhalten werden (vgl. Turner 1996, S. 88ff.). Diskursive Praktiken schaffen Zugangsweisen zur Welt und bestimmen die durch das Subjekt erfahrene Realität. Als gesellschaftliche Institution tragen Medien zu diesem Prozess der Bedeutungsgenerierung bei: „Nach Auffassung der Cultural Studies reflektieren die Medien nicht die Realität, sondern konstruieren das, was als wirklich wahrgenommen wird" (Jäckel/Peter 1997, S. 51). Einen wichtigen Beitrag leisten die Cultural Studies zum Thema Identität, z.B. welche Räume zur Bildung der Identität Medien in ihrer nationalen und transnationalen Reichweite bereithalten (vgl. Hipfl/Klaus/Scheer 2004). Die Deutungen der Rezipienten und die Aneignung von Medieninhalten unterliegen nicht nur den durch den Text vorgegebenen Grenzen einer beliebigen Interpretation, sondern auch den durch die soziale Gruppenzugehörigkeit bedingten Lesarten. Hiervon ausgehend lässt sich das Forschungsinteresse der Untersuchungen in diesem Ansatz bestimmen, die man systematisch auf die Rezeptionssituation, interpretative Gemeinschaften und jugendkulturelle Stile beziehen kann: Rezeptionssituationen unterscheiden sich hinsichtlich der jeweils beteiligten Familienmitglieder, die damit gegebenen Kontexte besitzen einen Einfluss auf die gewählten Interpretationen und gemeinsames Fernsehen kann durch Familienväter mit der Programmauswahl als Machtausübung genutzt werden (vgl. Turner 1996, S. 126ff.). Interpretative Gemeinschaften bilden sich als informelle Gemeinschaften (Leserbriefe, private Zusammenkünfte) oder Fan-Clubs zu bestimmten Genres wie in der Musik (vgl. Bohnsack 1997). Hier werden auch gegensätzliche Lesarten zu den von den Produzenten bevorzugten gepflegt, Rollenidentifikationen ausgelebt, das gemeinsame Betrachten und das Auslegen von Handlungsverläufen und Charakteren wird zum Ritual. Mediennutzung ist Bestandteil umfassender Stilkonzepte, bei denen die Musik eine zentrale Rolle spielt, neben sportlichen Aktivitäten, Mode und Freizeitaktivitäten (vgl. Breyvogel 2005, S. 22ff.; Kähler 2001; Schwier 1998).

Wurde vorangehend Enkulturation hinsichtlich der Kontextualisierung von Medieninhalten durch kulturelle Praxen betrachtet, so geht es im folgenden um Enkulturation durch mediale Makrostrukturen, welche durch die Marktorientierung, die Technologie und Diskursivität der Medien beschrieben werden. Eine Mediatisierung der Wirklichkeit findet durch die Medien als wirtschaftlich agierende Institutionen statt, welche insbesondere in den achtziger Jahren im Zusammenhang von Merchandising und Produktionen im Medienverbund diskutiert wurde (z.B. Bauer/Hengst 1980). Aktuell sind es eher die durch die technischen – Stichwort „Medienkonvergenz" (vgl. Hasebrink et al. 2004) – und diskursiv-gestalterischen Aspekten bedingten Medienästhetiken, die die Diskussion bewegen. Sie führen zur Mediatisierung als Formung sozialer Realität durch die Maßgabe von Medientechnologien und ihren Darstellungspraxen. Medien schaffen Erfahrungsräume von Wirklichkeit, die eine jeweils spezifische Ästhetik aufweisen, z.B. die verschiedenen Interaktionsformen von Computerspielen (vgl. Venus 2007). Die je besondere Medialität eines Mediums, mit anderen Worten also die Art und Weise, soziale Wirklichkeit erfahrbar zu machen, schafft eigene Weisen des Weltzugangs, welche unseren Erkenntnisstil und unsere präferierten Erlebnismuster prägt. International bekannt wurde in diesem Zusammenhang Neil Postmans Buch „Wir amüsieren uns zu Tode" (1985), in welchem er in Anschluss an den Medienphilosophen Marshall McLuhan die „Epistemologie des Fernsehens" als eine der Unterhaltung darstellt.

Eine weitere Form der medienästhetischen Überformung von Erfahrung wird durch Hybridgenres herbeigeführt. Sie vereinen typische Gestaltungsformen und typische Inhalte in neuen Formaten. Die damit vollzogene Entgrenzung und Diversifikation von Genres führte zu der Frage nach einer Entstehung von vielfältigen Medienwirklichkeiten und danach, was in Abgrenzung zu aller Inszenierung noch als authentisch erkennbar ist (vgl. Baum/Schmidt 2002). Eine weitere Zugangsweise befasst sich mit den medialen Formaten. In ihnen wird materialisiert, wie Menschen soziale Wirklichkeit verarbeiten. So sind z.B. Filme ästhetische Formen, um Gedächtnisspuren auszulegen und diese im kollektiven Gedächtnis zu bewahren (vgl. Marotzki 2007).

6 Zusammenfassung/Ausblick

Die pädagogische Rezeptionsforschung leistet einen Beitrag zum Verständnis der Rolle von Medien bei Bildungsprozessen. Die Erziehungswissenschaft bietet den Rahmen zur Integration und Bewertung der einzelnen Themen- und Teilbereiche, die vorliegend systematisiert wurden in Identitätskonstitution, Sozialisation und Enkulturation. In der neueren Entwicklung sind es vor allem informelle Lernprozesse, die durch Entgrenzung der Medienfunktionen und der Lebensbereiche Forschungsrelevanz erfahren. Durch die Erkenntnis einer sozio-kulturellen Bedingtheit von Deutungsprozessen und Nutzungsweisen wird ein zunehmend wichtiger Bereich der soziale und kulturelle Kontext von Medienrezeption und Medienkompetenz, auch in vergleichender und internationaler Perspektive.

Literatur

Aufenanger, S. (1999): Medienkompetenz oder Medienbildung? Wie die neuen Medien Erziehung und Bildung verändern. In: Bertelsmann Briefe 142, S. 21–24.
Ayass, R. (1993): Auf der Suche nach dem verlorenen Zuschauer. In: Holly, W./Püschel, U. (Hrsg.): Medienrezeption als Aneignung. Opladen: Westdeutscher Verlag, S. 27–41.
Baacke, D. (1973): Kommunikation und Kompetenz. München: Juventa.
Baacke, D. (1996): Medienkompetenz – Begrifflichkeit und sozialer Wandel. In: Rein, A. v. (Hrsg.): Medienkompetenz als Schlüsselbegriff. Bad Heilbrunn: Klinkhardt, S. 112–124.
Baacke, D./Sander, U./Vollbrecht, R. (1990): Lebenswelten sind Medienwelten. Opladen: Leske + Budrich.
Baacke, D./Sander, U./Vollbrecht, R. (1999): Zielgruppe Kind: Kindliche Lebenswelten und Werbeinszenierungen. Weinheim: Juventa.
Bachmair, B. (1993): Tiefstrukturen entdecken – Medienanalyse und Massenkommunikation. In: Holly, W./Püschel, U. (Hrsg.): Medienrezeption als Aneignung. Opladen: Westdeutscher Verlag, S. 43–58.
Bachmair, B. (1996): Fernsehkultur. Opladen: Leske + Budrich.
Bachmair, B./Kress, G. (1998): Höllen-Inszenierung „Wrestling". Opladen: Leske + Budrich, S. 87–99.
Bandura, A. (1979): Sozial-kognitive Lerntheorie. Stuttgart: Klett.
Baudrillard, J. (1978): Kool Killer oder Der Aufstand der Zeichen. Berlin: Merve.
Bauer, H./Hengst, H. (1980): Wirklichkeit aus zweiter Hand. Hamburg: Rowohlt.
Bauer, R./Wottawa, W. (2007): Kids Verbraucher Analyse 2007. Junge Zielgruppen 6 bis 13 Jahre. URL: http://www.ehapa-media.de/zielgruppen/schoolkids_01.php?sub_navid=2.01&navid=2 (13.11.07).
Baum, A./Schmidt, S. (Hrsg.) (2002): Fakten und Fiktionen. Über den Umgang mit Medienwirklichkeiten. Konstanz: UVK.
Beck, K./Weber, F. (2000): Big Brother. Inszenierte Banalität zur Prime Time. Münster: Lit.
Bohnsack, R. (1997): Adoleszenz, Aktionismus und die Emergenz von Milieus. Eine Ethnographie von Hooligan-Gruppen und Rockbands. In: Zeitschrift für Sozialisationsforschung und Erziehungssoziologie 1, S. 3–18.
Breyvogel, W. (2005): Jugendkulturen im 20. Jahrhundert. Ein Überblick. In: Breyvogel, W. (Hrsg): Eine Einführung in Jugendkulturen. Veganismus und Tattoos. Wiesbaden: VS Verlag, S. 9–68.
Brosius, H.-B./Esser, F. (1998): Mythen in der Wirkungsforschung: Auf der Suche nach dem Stimulus-Response-Modell. In: Publizistik 43, S. 341–361.
Bund-Länder-Kommission für Bildungsplanung und Forschungsförderung (1995): Medienerziehung in der Schule. Orientierungsrahmen der Bund-Länder-Kommission für Bildungsplanung und Forschungsförderung. Materialien zur Bildungsplanung und Forschungsförderung, Heft 44, Bonn: BLK.
Charlton, M./Neumann, K. (1990): Medienrezeption und Identitätsbildung. Tübingen: Narr.
Charlton, M. (1997): Rezeptionsforschung als Aufgabe einer interdisziplinären Medienwissenschaft. In: Charlton, M./Schneider, S. (Hrsg.): Rezeptionsforschung. Opladen: Westdeutscher Verlag, S. 16–39.
Collmann, B. (1995): Familie: Gewalttätiges Verhalten Jugendlicher – eine klare Reaktion auf unklare Erziehung? In: Heitmeyer, W./Collmann, B./Conrads, J. (Hrsg.): Gewalt. Schattenseiten der Individualisierung bei Jugendlichen aus unterschiedlichen Milieus. Weinheim: Juventa, S. 315–332.

De Witt, C./Kerres, M. (2006): Perspektiven der Medienbildung. Wiesbaden: VS Verlag.
Dohmen, G. (2002): Informelles Lernen in der Freizeit. In: Spektrum Freizeit 1, S. 18–27.
Döring, N. (2005): Handy und SMS im Alltag. Ergebnisse einer Befragungsstudie. In: Medien + Erziehung 3, S. 29–34.
Eco, U. (1994): Einführung in die Semiotik. München: Beck.
European Charter for Media Literacy (o.J.): URL: http://www.euromedialiteracy.eu/index.php (18.10.07).
Ehrenspeck, Y./Schäffer, B. (2003): Film- und Fotoanalyse in der Erziehungswissenschaft. Ein Handbuch. Opladen: Leske + Budrich.
Feierabend, S./Mohr, I. (2004): Mediennutzung von Klein- und Vorschulkindern: Ergebnisse der ARD/ZDF-Studie 2004 "Kinder und Medien". In: Media Perspektiven 9, S. 453–462.
Fiske, J. (1987): Television Culture. London: Routledge.
Forum Bildung (2004): Kompetenzen als Ziele von Bildung und Qualifikation. Bericht der Expertengruppe des Forum Bildung. URL: http://www.bmbf.de/pub/expertenberichte_des_forum_bildung.pdf (07.11.07).
Freericks, R. (2005): Projekt Aquilo. Aktivierung und Qualifizierung erlebnisorientierter Lernorte. Bremen: Institut für Freizeitwissenschaft und Kulturarbeit.
Fromme, J. (2002): Mediensozialisation und Medienpädagogik: zum Verhältnis von informellem und organisiertem Lernen mit Computer und Internet. In: Paus-Haase, I./Lampert, C. (Hrsg.): Medienpädagogik in der Kommunikationswissenschaft. Positionen, Perspektiven, Potenziale. Wiesbaden: Westdeutscher Verlag, S. 155–168.
Gapski, H. (2001): Medienkompetenz. Eine Bestandsaufnahme und Vorüberlegungen zu einem systemtheoretischen Rahmenkonzept. Wiesbaden: Westdeutscher Verlag.
Gebel, Ch./Gurt, M./Wagner, U. (2005): Kompetenzförderliche Potenziale populärer Computerspiele. In: Arbeitsgemeinschaft Betriebliche Weiterbildungsforschung e.V. (Hrsg.): E-Lernen: Hybride Lernformen, Online-Communities, Spiele. QUEM-report 92, S. 241–376.
Gelles, R. J. (2002): Gewalt in der Familie. In: Heitmeyer, W./Hagan, J. (Hrsg.): Internationales Handbuch der Gewaltforschung. Wiesbaden: Westdeutscher Verlag, S. 1043–1077.
Götz, M. (2002): Alles Seifenblasen? Die Bedeutung von Daily Soaps im Alltag von Kindern und Jugendlichen. München: kopaed.
Grimm, J. (1999): Fernsehgewalt. Opladen: VS Verlag.
Hall, S. (1980): Encoding/Decoding. In: Hall, S./Hobson, D./Lowe, A./Willis, P. (Hrsg.): Culture, Media, Language. London: Routledge, S. 128–138.
Hasebrink, U./Mikos, L./Prommer, E. (Hrsg.) (2004): Mediennutzung in konvergierenden Medienumgebungen. München: Fischer.
Hepp, A./Winter, R. (2006): Kultur – Medien – Macht. Opladen: VS Verlag.
Hipfl, B./Klaus, E./Scheer, U. (Hrsg.) (2004). Identitätsräume. Nation, Körper und Geschlecht in den Medien. Eine Topografie. Bielefeld: transcript.
Hörning, K./Winter, R. (1999): Widerspenstige Kulturen. Cultural Studies als Herausforderung. Frankfurt: Suhrkamp.
Hurrelmann, B. (2006): Lesen und soziale Herkunft. In: Medien + Erziehung 2, S. 38–41.
Jäckel, M./Peter, J. (1997): Cultural Studies aus kommunikationswissenschaftlicher Perspektive. Grundlagen und grundlegende Probleme. In: Rundfunk und Fernsehen 1, S. 46–68.
Kähler, D. (2001): Die Mediatisierung der Jugend. Der kreative Umgang Jugendlicher mit Medien. Münster: Shaker Verlag.
Klimmt, C. (2004): Der Nutzen von Computerspielen – ein optimistischer Blick auf interaktive Unterhaltung. In: Medien + Erziehung 3, S. 7–11.
Kokemohr, R./Koller, H.-C. (1996): Die rhetorische Artikulation von Bildungsprozessen. In: Krüger, H.-H./Marotzki, W. (Hrsg.): Handbuch Erziehungswissenschaftliche Biographieforschung. Opladen: Leske + Budrich, S. 90–102.
Kron, F. W. (1994): Grundwissen Pädagogik. München: Reinhardt.
Krotz, F. (2001): Der Symbolische Interaktionismus und die Medien: Zum hoffnungsvollen Stand einer schwierigen Beziehung. In: Rössler, P./Hasebrink, U./Jäckel, M. (Hrsg.): Theoretische Perspektiven der Rezeptionsforschung. München: Reinhard Fischer, S. 73–95.
Kübler, H.-D. (1999): Medienkompetenz – Dimensionen eines Schlagworts. In: Schell, F./Stolzenburg, E./Theunert, H. (Hrsg.): Medienkompetenz. München: kopaed, S. 25–47.
Kübler, H.-D. (2004):Virtuelles Lernen im Museum? In: Medien + Erziehung 1, S. 9–16.
Küchenhoff, E. (1975): Die Darstellung der Frau und die Behandlung von Frauenfragen im Fernsehen. Stuttgart: Kohlhammer.
Marotzki, W. (2000): Zukunftsdimensionen von Bildung im neuen öffentlichen Raum. In: Marotzki, W./Meister, D./Sander, U. (Hrsg.): Zum Bildungswert des Internet. Opladen: Leske + Budrich, S. 233–258.

Marotzki, W./Niesyto, H. (Hrsg.) (2006): Bildinterpretation und Bildverstehen. Methodische Ansätze aus sozialwissenschaftlicher, kunst- und medienpädagogischer Perspektive. Wiesbaden: VS Verlag.
Marotzki, W. (2007): Die Macht der Erinnerung – Involvement und Reflexion. Aspekte einer strukturalen Medienbildung am Beispiel Film. In: Fromme, J./Schäffer, B. (Hrsg.): Medien – Macht – Gesellschaft. Wiesbaden: VS Verlag, S. 77–100.
Media Perspektiven (2006): Basisdaten 2006. URL: http://www.ard.de/intern/basisdaten/mediennutzung/mediennutzung_20und_20freizeitbesch_26_23228_3Bfti/-/id=54992/15w2mhl/index.html (13.11.07).
Medienpädagogischer Forschungsverbund Südwest (Hrsg.) (2007a): JIM-Studie 2006. Jugend, Information, (Multi-) Media. Basisuntersuchung zum Medienumgang 12- bis 19-Jähriger. Stuttgart: mpfs
Medienpädagogischer Forschungsverbund Südwest (Hrsg.) (2007b): KIM-Studie 2006. Kinder + Medien, Computer + Internet. Basisuntersuchung zum Medienumgang 6- bis 13-Jähriger. Stuttgart: mpfs.
Meister, D. M./Sander, U. (Hrsg.) (1997): Kinderalltag und Werbung. Zwischen Manipulation und Faszination. Neuwied: Luchterhand.
Mikos, L. (2001): Rezeption und Aneignung – eine handlungstheoretische Perspektive. In: Rössler, P./Hasebrink, U./Jäckel, M. (Hrsg.): Theoretische Perspektiven der Rezeptionsforschung. München: Reinhard Fischer, S. 59–71.
Mikos, L./Hoffman, D./Winter, R. (Hrsg.) (2007): Mediennutzung, Identität und Identifikationen. München: Juventa.
Mikos, L./Wegener, C. (2005): Qualitative Medienforschung. Ein Handbuch. Konstanz: UVK.
Mühlen-Achs, G. (2003): Frauenbilder: Konstruktionen des anderen Geschlechts. In: Mühlen-Achs, G./Schorb, B. (Hrsg.): Geschlecht und Medien. München: kopaed, S. 13–37.
Neumann-Braun, K./Schneider, S. (1993): Biographische Dimensionen in der Medienaneignung. In: Holly, W./Püschel, U. (Hrsg.): Medienrezeption als Aneignung. Opladen: Westdeutscher Verlag, S. 193–210.
Nolda, S. (2004): Zerstreute Bildung. Mediale Vermittlungen und Bildungswissen. Bielefeld: Bertelsmann.
OECD (2005): Digital Broadband Content: The online computer and video game industry. http://www.oecd.org/dataoecd/19/5/34884414.pdf (20.11.2007).
Paus-Haase, I. (1998): Heldenbilder im Fernsehen. Opladen: VS Verlag.
Paus-Haase, I. (1999): Persönlichkeitsentwicklung bei Jugendlichen am Beispiel von Talkshows. In: Medien + Erziehung 6, S. 358–362.
Paus-Hasebrink, I./Neumann-Braun, K./Hasebrink, U./Aufenanger, S. (2004): Medienkindheit – Markenkindheit. Untersuchungen zur multimedialen Verwertung von Markenzeichen für Kinder. München: kopaed.
Pietraß, M. (2003): Bild und Wirklichkeit. Zur Unterscheidung von Realität und Fiktion bei der Medienrezeption. Opladen: Leske + Budrich.
Pietraß, M. (2006): Mediale Erfahrungswelt und die Bildung Erwachsener. Bielefeld: Bertelsmann.
Pietraß, M. (2007): Digital Literacy Research from an International and Comparative Point of View. In: Research in Comparative and International Education 1. URL: www.wwwords.co.uk/RCIE
Pietraß, M./Hannawald, S. (2008): Die universitäre Medienpädagogik als erziehungswissenschaftliche Teildisziplin. In: Erziehungswissenschaft. Mitteilungen der Deutschen Gesellschaft für Erziehungswissenschaft 19, S. 31–51.
Pietraß, M./Schmidt, B./Tippelt, R. (2005): Informelles Lernen und Medienbildung. Zur Bedeutung soziokultureller Voraussetzungen. Zeitschrift für Erziehungswissenschaft 3. S. 413–426.
Postman, N. (1985): Wir amüsieren uns zu Tode. Frankfurt a. M.: Fischer.
Pürer, H. (2003): Publizistik- und Kommunikationswissenschaft. Ein Handbuch. Konstanz: UVK.
Rathmann, C. (2004): Was gibt's denn da zu lachen? Lustige Zeichentrickserien und ihre Rezeption durch Kinder unter besonderer Berücksichtigung der präsentierten Gewalt. München: Fischer.
Reinhardt, U. (2007): Edutainment. Bildung macht Spaß. Hamburg: Lit.
Schell, F. (2005): Aktive Medienarbeit. In: Hüther, J./Schorb, B. (Hrsg.): Grundbegriffe Medienpädagogik. München: kopaed, S. 9–16.
Schenk, M. (2002): Medienwirkungsforschung. Tübingen: Mohr.
Schorb, B./Mohn, E./Theunert, H. (1998): Sozialisation durch Massenmedien. In: Hurrelmann, K./Ulich, D. (Hrsg.): Handbuch der Sozialisationsforschung. Weinheim: Beltz, S. 493–508.
Schwier, J. (1998): Jugend – Sport – Kultur. Zeichen und Codes jugendlicher Sportszenen. Hamburg: Czwalina.
Seel, M. (1998): Medien der Realität und Realität der Medien. In: Krämer, S. (Hrsg.): Medien – Computer – Realität. Wirklichkeitsvorstellungen und Neue Medien. Frankfurt: Suhrkamp, S. 244–268.
Teichert, W. (1973): ‚Fernsehen' als soziales Handeln (II). In: Rundfunk und Fernsehen 21, S. 356–382.
Theunert, H. (1999): Medienkompetenz: Eine pädagogisch und altersspezifisch zu fassende Handlungsdimension. In: Schell, F./Stolzenburg, E./Theunert, H. (Hrsg.): Medienkompetenz. München: kopaed, S. 50–59.
Theunert, H./Schorb, B. (1995): "Mordsbilder": Kinder und Fernsehinformation. Eine Untersuchung zum Umgang von Kindern mit realen Gewaltdarstellungen in Nachrichten und Reality-TV. Berlin: Vistas.

Tippelt, R. (1998): Zum Verhältnis allgemeiner Pädagogik und empirischer Bildungsforschung. In: Zeitschrift für Erziehungswissenschaft 2, S. 239–260.
Turner, G. (1996): British Cultural Studies. London: Routledge.
Venus, J. (2007): Du sollst nicht töten spielen. Medienmorphologische Anmerkungen zur Killerspieldebatte. Zeitschrift für Literaturwissenschaft und Linguistik 1, S. 67–90.

Petra Stanat | Susanne Bergann

Geschlechtsbezogene Disparitäten in der Bildung

Bildungsforschung beschäftigt sich mit den Bedingungen und Erträgen von institutionellen Bildungs- und Erziehungsprozessen. Eine zentrale Frage ist dabei, inwieweit es gelingt, allen Kindern und Jugendlichen gute Entwicklungsmöglichkeiten zu bieten und der Entstehung von Disparitäten entgegen zu wirken. Ein wichtiger Aspekt ist in diesem Zusammenhang das Geschlecht der Heranwachsenden, das auch heute noch mit differenziellen Bildungsverläufen verknüpft ist.

Der vorliegende Beitrag fasst den Forschungsstand zur Rolle von Geschlecht für Bildungsprozesse und -ergebnisse zusammen. Nach einer kurzen Darstellung der Geschichte des Zugangs zu Bildung aus der Geschlechterperspektive (Kapitel 1) folgt ein Überblick über die aktuelle Befundlage zu Geschlechterunterschieden in der Bildungsbeteiligung (Kapitel 2.1) sowie in der Kompetenz- und Motivationsentwicklung (Kapitel 2.2 und 2.3). An diese Beschreibung anknüpfend werden einige der wichtigsten Erklärungsansätze für die Entstehung der geschlechtsbezogenen Disparitäten skizziert (Kapitel 2.4). Der Beitrag schließt mit Implikationen der Befundlage für die pädagogische Praxis, die in der Literatur diskutiert werden (Kapitel 3).

1   Institutionelle Bildung von Mädchen und Jungen im historischen Kontext

1.1   Zugang zu Bildung für Mädchen und Jungen

Schulische Bildung war lange Zeit die Ausnahme und entwickelte sich nur allmählich von einem ständischen und klerikalen Privileg zur allgemeinen Schulpflicht (vgl. Kleinau/Opitz 1995; von Hollenzollern/Liedtke 1990). Bereits in den Anfängen institutioneller Bildung der mesopotamischen und ägyptischen Hochkulturen, die mit der Entwicklung von Schriftsprache und einer zunehmenden Arbeitsteilung und Spezialisierung einhergingen, war schulische Bildung überdies weitgehend den Jungen vorbehalten. Dies änderte sich auch mit der Entstehung der ersten höheren Schulen in der griechischen Antike nicht und setzte sich bis in das 20. Jahrhundert fort (vgl. von Hollenzollern/Liedtke 1990). Weder zu den Universitäten, die sich ab dem 11. Jahrhundert in Europa etablierten, noch zu den humanistischen Gymnasien, die im 15. Jahrhundert entstanden, hatten junge Frauen Zugang (vgl. Brehmer 1987).

Die allmähliche Institutionalisierung der Mädchen- und Frauenbildung vollzog sich in Deutschland erst Ende des 18. Jahrhunderts. Die neu eingerichteten Mädchenschulen, die sich vor allem in größeren Städten befanden und den Töchtern höherer Stände vorbehalten waren, führten jedoch zunächst nicht zur allgemeinen Hochschulreife. Der Zugang zu Universitäten wurde Frauen – von Ausnahmen abgesehen – bis in das 20. Jahrhundert verwehrt (vgl. von

Hollenzollern/Liedtke 1990). Die Möglichkeit, sich zu habilitieren, blieb ihnen sogar bis 1920 verschlossen (vgl. Kleinau/Opitz 1995).

Angesichts dieser Benachteiligung wurden im 19. Jahrhundert Forderungen der bürgerlichen Frauenbewegung und des Allgemeinen Deutschen Lehrerinnenverbands (ADLV) nach einer verbesserten Mädchenbildung laut (vgl. Brehmer 1987). Der Ausbau des segregierten Bildungswesens ermöglichte es dabei den Mädchenschullehrerinnen, die Professionalisierung ihres Berufsstands voran zu treiben. Denn mit dem steigenden Bedarf an höherer Bildung für Mädchen erweiterte sich ihr Betätigungsfeld und die Notwendigkeit einer den männlichen Kollegen vergleichbaren akademischen Bildung wurde offensichtlich (vgl. Brehmer 1987; Kraul 1993).

Aber auch Frauen, die außerhalb des Lehrerinnenberufs Karriere machen wollten, verlangten zunehmend gleiche Qualifizierungsmöglichkeiten und forderten Ende des 19. Jahrhunderts verstärkt die Koedukation. Letztlich hatte jedoch die sich allmählich vollziehende Einführung der Koedukation eher pragmatische Ursachen (vgl. Kraul, 1993). Zur Zeit des Kaiserreichs wurde zwar die formale Gleichstellung der Geschlechter erreicht, aufgrund von finanziellen Engpässen der Kommunen bauten Städte mittlerer und kleiner Größe das höhere Mädchenschulwesen jedoch nur bedingt aus (vgl. Brehmer 1987; Kraul, 1993). Dies führte dazu, dass Mädchen und Jungen überall dort, wo die gewünschten Schultypen zur Erreichung bestimmter Zertifikate für sie nicht vorhanden waren, Schulen des jeweils anderen Geschlechts besuchten (vgl. Brehmer 1987; Kraul 1993). Diese Entwicklung setzte sich in der Zeit des Nationalsozialismus weiter fort (vgl. Brehmer 1987). Formalrechtlich schließlich wurde die Koedukation auf dem Gebiet der DDR 1945 und in den Ländern der Bundesrepublik Deutschland in den 1950er bis 1960er Jahren eingeführt.

Während Mädchen also über Jahrtausende von höherer Bildung ausgeschlossen und klare Bildungsverliererinnen waren, lässt sich seit den 1970er Jahren eine Umkehrung dieses Trends beobachten. Im Zuge der Bildungsexpansion, die sich in den letzten 30 bis 40 Jahren in allen europäischen Ländern vollzog, haben Mädchen die Gruppe der Jungen in der schulischen Bildung eingeholt, teilweise sogar überholt, so dass sie nunmehr im Durchschnitt höhere und bessere Schulabschlüsse erreichen (vgl. Kapitel 2.1; Stürzer 2005). Auch an den Universitäten ist seit den 1970er Jahren ein spürbarer Anstieg des Frauenanteils zu verzeichnen. Inzwischen nehmen junge Frauen und Männer etwa gleich häufig ein Studium auf, wobei die Quoten über die verschiedenen Studienfächer teilweise jedoch stark variieren (vgl. Faulstich-Wieland 2004; Horstkemper 2002).

Ein deutlicher Anstieg des Frauenanteils ist seit den 1960er Jahren auch unter den Lehrenden in Bildungseinrichtungen zu verzeichnen. In einigen Bereichen hat sich die Lehrtätigkeit zu einer vorwiegend weiblichen Domäne entwickelt, wobei jedoch Führungspositionen immer noch überproportional von Männern besetzt sind (vgl. Horstkemper 2002; Stürzer 2005). Eine differenzierte Betrachtung unterschiedlicher Bildungsbereiche zeigt zudem, dass der Anteil weiblicher Lehrkräfte mit steigendem Alter der Lernenden und dem Niveau der Bildung abnimmt. So sind Frauen in Kindergärten mit 96% und in Grundschulen mit fast 87% überrepräsentiert, während an Hauptschulen mit 60% und an Gymnasien mit 52% nur geringfügig mehr Frauen als Männer hauptberuflich unterrichten. An den Hochschulen schließlich ist der Frauenanteil mit 14% der Professuren immer noch sehr gering (vgl. Statistisches Bundesamt 2007).

1.2 Inhaltliche und didaktische Gestaltung von Bildungsprozessen für Mädchen und Jungen

Neben der geschlechtsspezifischen Aufgabenteilung in der Gesellschaft und den damit einhergehenden Rollenerwartungen für Frauen und Männer war die bereits in der Antike bestehende Annahme einer eingeschränkten Bildungsfähigkeit des weiblichen Geschlechts für die bis ins 20. Jahrhundert anhaltende Benachteiligung von Mädchen und Frauen ausschlaggebend (vgl. von Hollenzollern/Liedtke 1990). Frühe pädagogische Schriften postulierten eine theologisch oder anthropologisch begründete Geschlechterdifferenz und argumentierten, die gott- bzw. naturgegebene Zweigeschlechtlichkeit müsse durch institutionelle Bildungsprozesse bestätigt und unterstützt werden (vgl. Brehmer 1987).

Auch im Zeitalter des Humanismus und der Aufklärung überwogen in Deutschland traditionelle Vorstellungen über weibliche Bildungsfähigkeit und über geeignete Bildungsinhalte für Mädchen und Frauen (vgl. Kleinau/Opitz 1995; von Hollenzollern/Liedtke 1990). Zwar erhielt Allgemeinbildung und Erziehung zur Mündigkeit in der preußischen Reformzeit Anfang des 19. Jahrhunderts eine besondere Bedeutung und wurde nach Humboldt zum „Zweck des Menschen" und zur Voraussetzung für die Wahrnehmung gesellschaftlicher Verantwortung (vgl. Kraul 1993). Humboldts Bildungstheorie beinhaltet jedoch eine Sicht auf die Geschlechter, die von fundamentalen Differenzen ausgeht und weibliche Bildungsideale vor allem mit der Bestimmung der Frau zur Hausfrau, Gattin, Mutter und Erzieherin assoziiert (vgl. Kraul 1993). Auch bei Schleiermacher und Pestalozzi finden sich differenztheoretische Annahmen, die am Ende des 18. und zu Beginn des 19. Jahrhunderts eher zu einer Verfestigung als zu einer Kritik der Geschlechteranthropologie beigetragen haben (vgl. Jacobi-Dittrich 1987).

Selbst die erste Frauenbewegung Mitte des 19. Jahrhunderts, die geistige Mündigkeit von Frauen proklamierte und sich um die Institutionalisierung der Mädchenbildung bemühte, führte nicht zu einer Abkehr von geschlechtsspezifischen Bildungsinhalten. Statt Gleichartigkeit wurde Gleichwertigkeit gefordert, d.h. es wurde weiterhin auf spezifische weibliche Fähigkeiten, wie etwa „*Hingabe, Herz, Innerlichkeit, Opfermut und Duldung*" (Kraul 1993, S. 75), rekurriert und eine Anerkennung des besonderen Kulturbeitrags von Frauen verlangt (vgl. Jacobi-Dittrich 1986).

In der Zeit des Nationalsozialismus wurde die Geschlechterfrage in der Pädagogik kaum thematisiert. Eine formale Gleichstellung war erreicht und es entwickelte sich – trotz gesetzlich verankerter Segregation der Geschlechter – eine koedukative Praxis. Auch die allmähliche Einführung der Koedukation in der Nachkriegszeit reflektierte die Pädagogik bildungstheoretisch kaum. Sie wurde weder von curricularen oder bildungstheoretischen Reformen noch von einer gezielten Vorbereitung der Lehrkräfte auf die veränderte Situation begleitet (vgl. Kraul 1993). Im Zuge der Bildungsexpansion und der Diskussion über Bildungsreserven beschäftigte sich der erziehungswissenschaftliche Diskurs jedoch zunehmend mit der Benachteiligung von Mädchen, die durch die koedukative Praxis offenbar nicht aufgehoben werden konnte (vgl. Crotti 2006; Hannover 2004). Unter dem Stichwort „heimlicher Lehrplan" richtete sich der Blick auf die Reproduktion traditioneller Männlichkeits- und Weiblichkeitsbilder und die damit verbundene Benachteiligung von Mädchen im schulischen Alltag. Seit den 1990er Jahren schließlich wird vermehrt eine geschlechterbewusste bzw. reflexive Koedukation gefordert, die zunehmend auch spezifische Bedürfnisse von Jungen in den Blick nimmt (vgl. Horstkemper 2002).

2 Geschlechtsbezogene Disparitäten im Bildungswesen

2.1 Geschlechtsbezogene Disparitäten in der Bildungsbeteiligung und Schullaufbahn

In Bezug auf schulische Laufbahnen sind inzwischen Geschlechterunterschiede zu beobachten, die deutlich zu Gunsten der Mädchen ausfallen. Dieser Vorteil der Mädchen ist in den ostdeutschen Bundesländern besonders ausgeprägt (vgl. Diefenbach/Klein 2002; Stanat/Kunter 2001). Jungen sind im Vergleich zu Mädchen häufiger von Zurückstellungen in der Schuleingangsphase (2004: 7,1% vs. 4.1%) betroffen, während Mädchen häufiger vorzeitig eingeschult werden (2004: 11% vs. 7,2%). Dies wird darauf zurückgeführt, dass Mädchen insbesondere im sprachlichen Bereich bereits früh einen Entwicklungsvorsprung aufweisen und in Bezug auf fast alle Kriterien, die bei Einschulungsentscheidungen eine Rolle spielen, besser abschneiden als Jungen (vgl. Konsortium Bildungsberichterstattung 2006; Tent 2001). Der Anteil der Klassenüberspringer ist in der Gruppe der Jungen mit 4,5% – 7,0% dagegen höher als in der Gruppe der Mädchen mit 1,8 – 2,6 % (Stamm 2007), allerdings werden Jungen auch fast doppelt so häufig einer diagnostischen Begabungsabklärung zugeführt, was die Differenz zumindest teilweise verursachen könnte (vgl. Stamm 2007).

Auch bei den Übergangsempfehlungen für die Sekundarstufe I lassen sich Geschlechterdifferenzen zu Gunsten der Mädchen beobachten, die teilweise darauf zurückgeführt werden können, dass Jungen bereits in der Grundschule häufiger von Klassenwiederholungen betroffen sind (vgl. Stürzer 2005) und zudem schlechtere Deutschnoten aufweisen als gleichaltrige Mädchen (vgl. Bos u.a. 2004b). Im Schuljahr 2005/06 waren in Gymnasien deutlich mehr Mädchen (54%) anzureffen als Jungen (46%), während in Haupt- und Sonderschulen der Jungenanteil mit 56% und 63% deutlich höher war als der Mädchenanteil mit 44% und 37%. Lediglich in Realschulen finden sich relativ ausgeglichene Mädchen- und Jungenanteile (vgl. Statistisches Bundesamt 2007). Diesen Mustern der Bildungsbeteiligung entsprechend, erreichen Mädchen im Durchschnitt höher qualifizierende Abschlüsse, während Jungen die Schule häufiger mit einem Hauptschulabschluss oder mit gar keinem Abschluss verlassen (vgl. Stürzer 2005). Im Jahr 2004 etwa waren 57% der Absolventen mit Hochschulreife weiblich (Statistisches Bundesamt, 2007), während ein Jahr zuvor fast doppelt so viele Jungen wie Mädchen die Schule ohne Abschluss verlassen hatten (Ostdeutschland: 14% vs. 7,3%; Westdeutschland: 10% vs. 6,4%; vgl. Stürzer 2005).

Geschlechtsbezogene Disparitäten zu Gunsten der Mädchen sind mittlerweile auch in der beruflichen Bildung zu beobachten (vgl. Baethge u.a. 2007). Nachdem junge Frauen in der Berufsbildung aufgrund ihrer Unterrepräsentanz im dualen System lange Zeit deutlich benachteiligt waren, hat sich das Geschlechterverhältnis bei den vollqualifizierenden Ausbildungsgängen inzwischen angeglichen (vgl. Baethge u.a. 2007). Dieser Trend wird darauf zurückgeführt, dass einerseits Ausbildungsplätze in handwerklichen und gewerblich-technischen Bereichen, die insbesondere von jungen Männern mit niedrigem Bildungsniveau bevorzugt werden und dem dualen System zuzurechnen sind, stark zurückgegangen sind und andererseits Ausbildungsangebote im weitgehend konjunkturunabhängigen Schulberufssystem zugenommen haben. Da Jungen zudem weniger qualifizierte Schulabschlüsse aufweisen als Mädchen, sind sie sowohl im Übergangssystem als auch in der Gruppe der arbeitslosen Jugendlichen (2004: 58% vs. 42% und 13% vs. 10%) überrepräsentiert (vgl. Baethge u.a. 2007).

Im Bereich der tertiären Bildung bestehen hingegen weiterhin Geschlechterunterschiede zu Ungunsten der Frauen. Zwar nehmen junge Frauen inzwischen etwa gleich häufig ein Studium auf wie Männer, in der weiteren akademischen Laufbahn sind sie jedoch deutlich unterrepräsentiert (vgl. Faulstich-Wieland 2004). So sind die Frauenanteile an den Promotionen (2004: 39%) und an den Habilitationen (2005: 23%) trotz eines Anstiegs über die letzten 10 Jahre immer noch sehr niedrig (vgl. Statistisches Bundesamt 2005; 2007).

Weiterhin zeigen sich bei der Studienfachwahl erhebliche geschlechtsspezifische Präferenzen, die sich bereits im Kurswahlverhalten in der gymnasialen Oberstufe anbahnen. So wählten 1995 deutlich weniger Mädchen als Jungen in der gymnasialen Oberstufe einen Leistungskurs in Mathematik (23% vs. 44%) und noch weniger einen Leistungskurs in Physik (4% vs. 22%). Demgegenüber entschieden sich Jungen deutlich weniger häufig als Mädchen für einen Leistungskurs in Deutsch (17% vs. 35%) oder Englisch (32% vs. 42%) (vgl. Schnabel/ Gruehn 2000). Diesen Trend fortsetzend entscheiden sich Frauen häufiger für ein Studium der Sprach- und Kulturwissenschaften und der Medizin, während Männer in den Ingenieurwissenschaften, den Naturwissenschaften und der Mathematik überrepräsentiert sind (vgl. Statistisches Bundesamt 2007). In den Rechts-, Wirtschafts- und Sozialwissenschaften hingegen sind die Geschlechterverteilungen inzwischen weitgehend ausgeglichen (vgl. Statistisches Bundesamt 2007).

2.2 Geschlechtsbezogene Disparitäten im Kompetenzerwerb

Obwohl Ergebnisse aus Meta-Analysen und Schulleistungsstudien darauf hinweisen, dass in einigen kognitiven Fähigkeitsbereichen Geschlechterdifferenzen bestehen, sind die Überlappungsbereiche der Leistungsverteilungen von Mädchen und Jungen sehr groß. Allgemein sind die Unterschiede innerhalb der Geschlechtergruppen deutlich ausgeprägter als zwischen den Geschlechtergruppen (vgl. Halpern 2000; Prenzel u.a. 2007; Stamm 2008; Stanat/Kunter 2001; Zimmer u.a. 2005). Zudem variieren die Leistungsdifferenzen über verschiedene Anforderungsbereiche der einzelnen Domänen oft erheblich. In der folgenden Darstellung von Disparitäten im Kompetenzerwerb wird nicht nur berichtet, ob die identifizierten Unterschiede signifikant sind, sondern es wird soweit wie möglich auch die Größenordnung der Differenzen anhand von Cohens Effektstärkemaß d angegeben. Nach Cohen (1988) sind Effektstärken von $d=.20$ als kleine, $d=.30$ als mittlere und $d=.50$ als große Unterschiede zu bewerten. Auch bei großen Effekten ist jedoch in der Regel der Anteil der Leistungsunterschiede, der anhand des Geschlechts erklärt werden kann, relativ klein.

Geschlechterunterschiede im verbalen Bereich. Bereits im Vorschulalter zeigen sich sprachliche Vorteile für Mädchen: Sie lernen ihre ersten Wörter etwas früher als Jungen und fangen auch früher an zu sprechen (vgl. Halpern 2000). Zudem finden sich Hinweise darauf, dass Mädchen bereits vor Schulbeginn mehr Wörter orthografisch richtig schreiben als Jungen und häufiger als Frühleserinnen in die Schule kommen (vgl. Richter 1994; Stamm 2007). Jungen sind dagegen häufiger von Störungen im verbalen Bereich, wie Störungen der Sprachentwicklung, Stottern oder Lese-Rechtschreib-Schwäche, betroffen (vgl. Halpern 2000).

In der Grundschule scheinen in der frühen Phase der Leseentwicklung noch keine substanziellen Geschlechterunterschiede aufzutreten (vgl. Mengering 2005). Wie die Ergebnisse aus der Schulleistungsstudie IGLU/PIRLS zeigen, sind die Mädchen jedoch spätestens am Ende der Grundschulzeit den Jungen im Lesen und Rechtschreiben überlegen. Die Geschlechterdifferenzen variieren allerdings im internationalen Vergleich erheblich und sind in Deutschland mit einer Effektstärke von $d=.11$ im Lesen kleiner als in den meisten anderen IGLU-Teilnehmerstaaten (vgl. Bos u.a. 2004; Hornberg u.a. 2007). Die Ergebnisse der PISA-Studie weisen jedoch darauf hin, dass sich dieser Geschlechterunterschied im Laufe der Zeit verstärkt. Der Unterschied zwischen den Leseleistungen der 15-Jährigen Jungen und Mädchen lag im Jahr 2006 bei $d=.38$ (vgl. Drechsel/Artelt 2007). In allen PISA-Teilnehmerstaaten sind Mädchen im oberen und Jungen im unteren Leistungsbereich überrepräsentiert (vgl. Prenzel u.a. 2007; Schaffner u.a. 2004; Stanat/Kunter 2001). Die Größe des Unterschieds variiert allerdings über verschiedene Anforderungsbereiche und ist beispielsweise beim Lesen nichtkontinuierlicher Texte (Tabellen, Diagramme, Karten etc.) deutlich kleiner als beim Lesen kontinuierlicher Texte (vgl. Schwippert/Bos/Lankes 2004; Stanat/Kunter 2002).

Geschlechterunterschiede in Mathematik. Einer der robustesten und konsistentesten Befunde zu Geschlechterunterschieden in kognitiven Leistungen besteht darin, dass Jungen Vorteile im räumlichen Denken aufweisen ($d=.13$ bis $d=.73$; vgl. Hyde 2005), und zwar insbesondere bei Aufgaben, die mental umstrukturiert werden müssen (z.B. Rotationsaufgaben, räumliches Vorstellungsvermögen). Einige Autoren nehmen an, dass sich diese Geschlechterunterschiede im räumlichen Denken auf die Leistungsentwicklung von Jungen und Mädchen in Mathematik auswirken (vgl. Halpern 2000).

Internationale Schulleistungsuntersuchungen, wie etwa die IGLU-E-Studie von 2003, weisen darauf hin, dass in Deutschland bereits am Ende der vierten Klassenstufe Leistungsvorteile der Jungen in Mathematik auftreten ($d=.20$) (vgl. Walther u.a. 2003). Ergebnisse der PISA-Studie, in der ebenfalls eine Effektstärke von $d=.20$ identifiziert wurde, lassen zudem darauf schließen, dass dieser Vorsprung bis zum Ende der Schullaufbahn bestehen bleibt. Nach den internationalen Vergleichsergebnissen ist dieses Befundmuster jedoch dahingehend zu relativieren, dass nicht in allen PISA-Teilnehmerstaaten signifikante Leistungsvorteile von Jungen in den mathematischen Leistungen zu beobachten waren. In einigen Ländern erzielten die Geschlechtergruppen vergleichbare Resultate oder die Mädchen waren den Jungen sogar überlegen (vgl. Blum u.a. 2004; Prenzel u.a. 2007; Stanat/Kunter 2001).

Für den Bereich der Sekundarstufe II belegen die Ergebnisse der TIMSS III-Studie, dass Leistungsunterschiede zwischen deutschen Schülerinnen und Schülern in Mathematik vor allem im oberen Kompetenzbereich bestehen (vgl. Köller/Klieme 2000). So erwiesen sich die Geschlechterdifferenzen in den Grundkursen als minimal ($d=.06$), während sie in den Leistungskursen mit einer Effektstärke von $d=.35$ bedeutsam waren. Die Größe der Geschlechterdifferenzen in Mathematik scheint weiterhin in Abhängigkeit von den Anforderungen zu variieren (vgl. ebd.). Während Mädchen Stärken bei Aufgaben aufweisen, die eine Kenntnis von Begriffen und das Anwenden von Routineverfahren erfordern, haben Jungen vor allem bei Aufgaben Vorteile, die eine Modellierung außermathematischer Situationen und angewandtes Problemlösen verlangen. In den Bereichen Arithmetik und Geometrie sind hingegen kaum bedeutsame Geschlechterunterschiede zu beobachten (vgl. Gölitz u.a. 2006; Köller/Klieme 2000).

Geschlechterunterschiede in den Naturwissenschaften. In naturwissenschaftlichen Bereichen scheinen in Deutschland in der Grundschule signifikante Geschlechterunterschiede zugunsten der Jungen zu bestehen, wobei Schülerinnen im unteren und Schüler im oberen Leistungsbereich überrepräsentiert sind (vgl. Prenzel u.a. 2004). In der Sekundarstufe I konnten dagegen im Rahmen von PISA für die Gesamtskala Naturwissenschaften weder innerhalb Deutschlands noch international Geschlechterunterschiede identifiziert werden (vgl. Prenzel u.a. 2007b; vgl. auch: Stanat/Kunter 2001). Lediglich für zwei Teilskalen ergaben sich signifikante Differenzen zwischen Mädchen und Jungen: Während Mädchen in allen OECD-Staaten beim Erkennen von naturwissenschaftlichen Fragestellungen signifikant höhere Werte als Jungen erreichten (Deutschland: $d=.16$), wiesen männliche Jugendliche in fast allen Teilnehmerstaaten signifikante Vorteile beim Erklären naturwissenschaftlicher Phänomene auf (Deutschland: $d=.20$) (vgl. Prenzel u.a. 2007b).

Allgemein sind Leistungsunterschiede zu Gunsten der Jungen vor allem in den Bereichen der Physik und Chemie zu beobachten, während sich im Bereich der Biologie keine entsprechenden Differenzen oder sogar Vorteile der Mädchen identifizieren lassen (vgl. Prenzel u.a. 2007b; Stanat/Kunter 2001). Ergebnisse der TIMSS III-Studie weisen zudem darauf hin, dass sich der Leistungsvorteil von Jungen in Physik in der Sekundarstufe II vergrößert. Je nach Teilgebiet der Physik wurden in der Studie Effekte des Geschlechts von $d=.42$ bis $d=.73$ identifiziert. Dabei waren die Geschlechterunterschiede tendenziell stärker ausgeprägt, wenn die Aufgaben eine Einbettung physikalischer Sachverhalte in Alltagskontexte beinhalteten, wohingegen sie kleiner ausfielen, wenn primär die Kenntnis von physikalischen Größen und Gesetzen erforderlich war (vgl. Köller/Klieme 2000).

2.3 Geschlechterunterschiede in motivationalen Merkmalen

Unterschiede zwischen Jungen und Mädchen bestehen nicht nur in schulischen Leistungen, sondern auch in fachbezogenen motivationalen Merkmalen (vgl. Pekrun/Zirngibl 2004; Prenzel u.a. 2007c; Stanat/Kunter 2001). Motivationale Merkmale, wie etwa Interessen oder Selbstkonzepte, stehen in enger Wechselwirkung mit dem Kompetenzerwerb. Zum einen beeinflussen sie die Auswahl von Lerngegenständen und die Intensität der Auseinandersetzung mit diesen, zum anderen wirken sich Lernerfolge umgekehrt auf die Motivations- und Interessensentwicklung aus (vgl. Köller, Baumert/Schnabel 2001). Die unterschiedlichen Interessen und Selbstkonzepte von Mädchen und Jungen bestimmen in erheblichem Maße ihre Kurs- und Studienfachwahl, was sich wiederum auf die Qualität und Quantität der weiteren Förderung und somit auf die Kompetenzentwicklung und die Bildungschancen in den jeweiligen Domänen auswirkt (vgl. Hannover 2004; Stanat/Kunter 2001).

Während in der Vorschul- und Grundschulzeit nur geringe Unterschiede zwischen Mädchen und Jungen in fachbezogenen Selbstkonzepten und Interessen zu beobachten sind, entwickeln sich in der Sekundarstufe I deutlichere Geschlechterdifferenzen (vgl. Dickhäuser/Stiensmeier-Pelster 2003; Stanat/Kunter 2001; Valtin u.a. 2005). Vor allem in männlich konnotierten Fächern weisen Mädchen in der Sekundarstufe I weniger positive Selbstkonzepte sowie weniger ausgeprägte Interessen und Selbstwirksamkeitserwartungen auf als Jungen und berichten zudem häufiger über Leistungsängste (vgl. Faulstich-Wieland, 2004; Köller/Klieme 2000; Pekrun/Zirngibl 2004; Prenzel u.a. 2007c). In den PISA-Erhebungen etwa zeigten die Jungen in fast allen Teilnehmerstaaten mehr Interesse und Freude an Mathematik sowie ein positiveres fachbezogenes Selbstkonzept als weibliche Jugendliche, obwohl nicht in allen Ländern Kompetenzunterschiede in Mathematik zu beobachten waren (vgl. Pekrun/Zirngibl 2004; Stanat/Kunter 2001). Differenzierte Analysen weisen allerdings darauf hin, dass die Fähigkeitsselbstwahrnehmungen der Mädchen in solchen Teilbereichen der Mathematik günstiger sind, in denen sie relative Stärken haben (z.B. bei Aufgaben, die ein kalkülartiges Abarbeiten von Gleichungen erfordern) (vgl. Pekrun/Zirngibl 2004).

Spiegelbildlich zu den Befunden für die männlich konnotierten mathematisch-naturwissenschaftlichen Fächer, halten sich Jungen in den eher weiblich konnotierten sprachlichen Bereichen für weniger talentiert und interessiert als Mädchen (vgl. Stanat/Kunter 2001). Im Rahmen von PISA gaben etwa die Hälfte der Jungen, aber nur circa ein Viertel der Mädchen in Deutschland an, niemals zum Vergnügen zu lesen (vgl. Drechsel/Artelt 2007; Stanat/Kunter 2001).

2.4 Ansätze zur Erklärung von geschlechtsspezifischen Unterschieden in der Kompetenz- und Motivationsentwicklung

In der Literatur wird aus unterschiedlichen Perspektiven eine Vielzahl von Faktoren diskutiert, die zur Entstehung von Geschlechterunterschieden in der Kompetenz- und Motivationsentwicklung beitragen können. Dabei lassen sich grob drei Ansätze unterscheiden, die im Folgenden in der gebotenen Kürze skizziert und anschließend integriert werden sollen.

Biologische Ansätze. Biologische Ansätze schreiben Geschlechterdisparitäten im Kompetenzerwerb vor allem genetischen Ursachen zu. So führen evolutionspsychologische Perspektiven Geschlechterdifferenzen in kognitiven Fähigkeiten (insbesondere im räumlichen Vorstellungsvermögen) darauf zurück, dass die Arbeitsteilung in prähistorischen Gesellschaften unterschiedliche Anforderungen an das räumliche Vorstellungsvermögen von Frauen und Männern stellte und sich die genetische Grundlage dieses Aspekts der Kognition daher in geschlechtspezifischer Weise entwickelte (vgl. Geary 1996).

X-Y-chromosomale Ansätze gehen davon aus, dass die Geschlechtschromosomen spezifische Muster der zerebralen Hemisphärendominanz entstehen lassen und Frauen und Männer daher unterschiedlich ausgeprägte Spezialisierungen bei kognitiven Aktivitäten aufweisen (vgl. Crow 1994). Danach sind bei der Ausübung verbaler Tätigkeiten im Gehirn von Mädchen und Frauen beide Hemisphären beteiligt, während bei Jungen und Männern die Spezialisierung der Gehirnhälften stärker ausgeprägt ist, so dass verbale Aktivitäten vor allem in der linken, räumlich-visuelle Aktivitäten vor allem in der rechten Hemisphäre lokalisiert sind. Die stärkere Nutzung beider Gehirnhälften bei verbalen Aktivitäten wird als Erklärung für den Vorteil von Frauen in verbalen Bereichen herangezogen, während der Vorteil der Männer im räumlichen Denken auf deren ausschließliche Nutzung der rechten Gehirnhälfte für räumlich-visuelle Aktivitäten zurückgeführt wird (vgl. Halpern 2000).

Endokrine Ansätze schließlich postulieren, dass kognitive Fähigkeiten (z.B. vermittelt über Hemisphärenlateralisation) pränatal durch Hormone in geschlechtsspezifischer Richtung geprägt werden, was zu Leistungsnachteilen von Mädchen in der Raumvorstellung und damit auch in den Mathematikleistungen führen könne (vgl. Halpern 2000). Zudem scheinen sich Hormonschwankungen im weiblichen Zyklus auf die Leistungen von Mädchen und Frauen in der Raumvorstellung auszuwirken (vgl. Geary 1989).

Psychosoziale Ansätze. Psychosoziale Ansätze führen Geschlechterunterschiede im Kompetenzerwerb und in der Motivationsentwicklung vor allem auf geschlechterstereotype Sozialisationserfahrungen zurück. Lerntheoretische Ansätze verweisen dabei auf den Einfluss von geschlechtsspezifischen Rollenerwartungen der Umwelt, die mit der gesellschaftlichen Zuordnung von bestimmten Tätigkeiten zu den Geschlechtern verknüpft sind. Diese Erfahrungen würden bewirken, dass bereits früh geschlechtsstereotype Neigungen und Interessen von Mädchen und Jungen verstärkt und eher untypische Verhaltensweisen sanktioniert werden.

Ansätze, die sich auf die Identitätsentwicklung von Jungen und Mädchen beziehen, messen geschlechtsspezifischen Rollenerwartungen ebenfalls eine zentrale Bedeutung bei, den Heranwachsenden wird dabei jedoch eine aktivere Rolle zugemessen (vgl. Hannover 2004). Die Ausbildung unterschiedlicher Interessen von Jungen und Mädchen wird als wesentlicher Bestandteil der Identitätsentwicklung und -regulation im Kindes- und Jugendalter gesehen. In diesem Prozess spielt die Ausbildung der Geschlechtsidentität eine wichtige Rolle, die aufgrund des zentralen Stellenwertes, das Geschlecht als soziale Kategorie hat, eine wichtige Entwicklungsaufgabe darstellt (vgl. Hannover 2004). Danach präferieren Mädchen und Jungen bereits im Vorschulalter, und verstärkt in der Adoleszenz, solche Inhalte und Aktivitäten, die mit der eigenen Geschlechtsrolle in Einklang stehen (vgl. Hannover 2004). Bezogen auf schulische Lernangebote bedeutet dies, dass Mädchen und Jungen sich vor allem in solchen Fächern engagieren und ihre Kompetenzen weiter entwickeln, die als geschlechtsadäquat gelten und als selbstnah erlebt werden (vgl. Hannover 2004). Eine wesentliche Voraussetzung besteht dabei nach Kessels und Hannover (2006) darin, dass Kinder und Jugendliche eine klare Vorstellung davon haben, was als prototypisch für ein Fach gilt, wobei insbesondere mathematisch-naturwissenschaftliche Fächer als geschlechtskonnotiert wahrgenommen werden und vor allem die Physik als „typisches Jungenfach" gilt. Verschiedene Studien belegen, dass diese geschlechtsstereotype Wahrnehmung nicht nur dazu führt, dass Mädchen ein geringeres Interesse an mathematisch-naturwissenschaftlichen Fächern entwickeln, sondern sie sich in diesen Bereichen auch weniger kompetent fühlen und häufiger Misserfolge antizipieren als männliche Gleichaltrige (vgl. Hannover 2004; Hannover/Kessels 2002). Eine ähnliche Argumentation ist unter dem Stichwort des *„doing gender"* auch in aktuellen Ansätzen der pädagogischen Frauen- und Geschlechterforschung zu finden (vgl. Horstkemper 2002).

Merkmale von Schule und Unterricht. Auch Merkmale von Schule und Unterricht können zur geschlechtsspezifischen Motivations- und Kompetenzentwicklung beitragen. So fanden Diefenbach und Klein (2002) Hinweise darauf, dass ein positiver Zusammenhang zwischen dem Anteil männlicher Lehrkräfte in Grundschulen und dem Bildungserfolg von männlichen Jugendlichen besteht. Als mögliche Ursachen für diesen Zusammenhang führen die Autoren an, in Schulen ohne männliche Lehrkräfte fehle es Jungen an männlichen Rollenvorbildern und weibliche Lehrkräfte würden möglicherweise irritierter auf Störungen von Jungen reagieren als männliche Lehrkräfte. Da jedoch die Analysen auf der Ebene von Bundesländern durchgeführt worden sind, lassen sich anhand der Ergebnisse keinerlei Rückschlüsse über Prozesse auf der Schul- oder Individualebene ziehen. So konnten Carrington, Tymms und Merrell (2008) auf der Individualebene keinen Zusammenhang zwischen dem Geschlecht von Lehrkräften und Schülerleistungen identifizieren. Auch der Zusammenhang zwischen Merkmalen der ökonomischen Lage in den Bundesländern und dem schulischen Erfolg von Jungen, den Diefenbach und Klein (2002) als Hinweis darauf interpretieren, hohe Arbeitslosenquoten würden Jungen verstärkt dazu veranlassen, die Schule frühzeitig zu verlassen, um ihre Familien zu unterstützen, lässt sich nicht auf die Individualebene übertragen.

Hannover (2004) hingegen nimmt an, dass der geringere Schulerfolg von Jungen auf eine mangelnde Passung zwischen ihrem Selbstbild und den geforderten Arbeitstugenden der Schule zurückzuführen ist und zudem die im Durchschnitt geringeren sozialen Kompetenzen und das stärker offen aggressive Verhalten von Jungen ihre schulische Entwicklung beeinträchtigen dürfte. Entsprechend fanden Valtin und Kollegen (2005) Anhaltspunkte darauf, dass Mädchen sich bereits in der Grundschule wohler und stärker von ihren Lehrkräften angenommen fühlen als Jungen und sie sich zudem im Schulalltag weniger langweilen.

Weiterhin können Einstellungen und Erwartungen von Lehrkräften einer geschlechtsspezifischen Leistungs- und Interessensentwicklung Vorschub leisten. So weisen verschiedene Studien darauf hin, dass Kompetenzzuschreibungen der Lehrkräfte die Fähigkeitsselbsteinschätzungen von Kindern und Jugendlichen beeinflussen (vgl. Dickhäuser/Stiensmeier-Pelster 2003; Rustemeyer/Fischer 2007). Wie Tiedemann (2005) in einer Studie zu Fähigkeitswahrnehmungen von Grundschullehrkräften im Fach Mathematik zeigte, basieren diese häufig auf stereotypen Vorstellungen über geschlechtsspezifische Stärken und Schwächen. Da Mädchen sich stärker an Kompetenzzuschreibungen und -einschätzungen der Lehrkräfte orientieren und zudem vor allem im mathematisch-naturwissenschaftlichen Bereich häufiger Misserfolgsorientierungen aufweisen als Jungen (vgl. Dickhäuser/Stiensmeier-Pelster 2003; Rustemeyer/Fischer 2007), könnten sich diese Prozesse im Sinne eines wechselseitigen Bestätigungsprozesses auf das Lernverhalten und die Kompetenz- und Interessensentwicklung der Schülerinnen auswirken.

In Bezug auf den verbalen Bereich weisen die wenigen vorliegenden Befunde darauf hin, dass die geringeren Leistungen von Jungen im Lesen und in der Rechtschreibung unter anderem auf die Auswahl des Textmaterials zurückzuführen sein könnten. So ist die Überlegenheit der Mädchen im Lesen bei den überwiegend in der Schule verwendeten kontinuierlichen und fiktionalen Texten besonders ausgeprägt, während bei Sach- und Gebrauchstexten sowie nichtkontinuierlichen Texten deutlich geringere Geschlechterdifferenzen zu beobachten sind (vgl. Schwippert/Bos/Lanke 2004; Stanat/Kunter 2002). Auch in Bezug auf die Rechtschreibleistungen von Grundschulkindern liegen Anhaltspunkte darauf vor, dass die Geschlechterunterschiede deutlich kleiner sind oder sogar ganz verschwinden, wenn die verwendeten Wörter aus typischen Interessensbereichen von Jungen (z.B. Autos, Sport oder Abenteuer) stammen (vgl. Richter 1994; Richter/Brügelmann 1994).

Integrative Ansätze. Für alle der aufgeführten Erklärungsansätze konnten in empirischen Studien Belege identifiziert werden. Entsprechend gehen integrative Modelle davon aus, dass sowohl biologische Faktoren als auch psychosoziale Prozesse sowie Merkmale von Schule und Unterricht zur Entstehung von geschlechtsspezifischen Motivations- und Kompetenzprofilen beitragen (z.B. Halpern 2000). Sie nehmen an, dass zwar insbesondere im verbalen Bereich und im räumlichen Vorstellungsvermögen biologisch bestimmte Unterschiede in den Entwicklungsvoraussetzungen von Mädchen und Jungen vorliegen, dass diese aber weder besonders groß noch deterministisch sind. In der psychosozialen Umwelt der Kinder scheint jedoch eine Tendenz zur Verstärkung dieser Unterschiede zu bestehen, was im zeitlichen Verlauf zu einer Verfestigung der Geschlechterdifferenzen führen kann.

3 Implikationen für die pädagogische Praxis

Während eine separate (Aus-)Bildung von Mädchen und Jungen bis in das 20. Jahrhundert als notwendige pädagogische Maßnahme gesehen wurde, um sie auf ihre unterschiedlichen gesellschaftlichen Tätigkeiten vorzubereiten, ist koedukative Bildung und Gleichberechtigung heute selbstverständlicher Bestandteil pädagogischer Theorie und Praxis. Trotz ihrer lang andauernden Benachteiligung erzielen Mädchen heute im Durchschnitt höhere und bessere Schulabschlüsse als Jungen. Allerdings sind auch heute noch geschlechtsbezogene Disparitäten in der schulischen Kompetenz- und Interessenentwicklung zu beobachten, die den traditionellen Rollenmustern entsprechen und sich auf die Berufs- und Studienwahl von jungen Frauen und

Männern auswirken. Die Frage, wie diesen Disparitäten im schulischen Kontext entgegengewirkt werden kann, ist seit geraumer Zeit Gegenstand theoretischer Diskussionen und empirischer Untersuchungen. Zum Abschluss des Kapitels wird im Folgenden der Erkenntnisstand zu möglichen Interventionen auf struktureller Ebene und auf der Ebene des Unterrichts zusammengefasst.

Ausgehend von der Vermutung, bestimmte Interaktionsprozesse im koedukativen schulischen Alltag könnten die Entwicklung und Aufrechterhaltung geschlechtsspezifischer Interessen- und Fähigkeitsunterschiede begünstigen, wurde im Rahmen von Modellversuchen und empirischen Studien untersucht, inwieweit monoedukativer Unterricht bei Mädchen zu einer Leistungs- und Motivationssteigerung im mathematisch-naturwissenschaftlichen Bereich führt. Die Ergebnisse dieser Analysen sind allerdings nicht eindeutig. So konnten zwar Hinweise darauf identifiziert werden, dass sich Mädchen, die in monoedukativen Klassen Physikunterricht erhalten, stärker am Unterricht beteiligen sowie eine ausgeprägtere Lernfreude und eine höhere Selbstwirksamkeit entwickeln als Mädchen, die in gemischtgeschlechtlichen Klassen unterrichtet werden. In Bezug auf die fachlichen Leistungen zeigten sich hingegen keine Effekte des monoedukativen Unterrichts (vgl. Baumert 1992; Hannover/Kessels 2002; Schurt/Waburg 2007). Zudem scheinen Schülerinnen und Schüler im Allgemeinen gemischtgeschlechtliche Klassenverbände zu bevorzugen (vgl. Faulstich-Wieland/Horstkemper 1995).

Auf der Ebene des Unterrichts fordern verschiedene Autoren deshalb vor allem eine stärkere Reflexion der koedukativen Praxis und betonen die Notwendigkeit, stärker als bisher die heterogenen Interessenlagen, Stärken und Schwächen beider Geschlechter zu berücksichtigen sowie den Schülerinnen und Schülern die Möglichkeit zu geben, eigene (geschlechtsspezifische) Neigungen und Verhaltenstendenzen zu reflektieren und gegebenenfalls zu verändern. Damit soll der Entwicklung und Verfestigung stereotyper Orientierungen entgegenwirkt werden (vgl. Bundesministerium für Unterricht, Kunst und Kultur 2007; Hall/Coles 1997; Horstkemper/Lintzen/Middendorf-Greife 1995; Malz-Teske/Reich-Gerick 2004).

Modellversuche und Interventionsstudien, die sich bisher vornehmlich mit dem Abbau der Benachteiligung von Mädchen im naturwissenschaftlichen und technischen Bereich beschäftigt haben, weisen darauf hin, dass es auch ohne monoedukative Lerngelegenheiten möglich ist, die Leistungs- und Motivationsentwicklung von Schülerinnen zu beeinflussen. Die Ergebnisse belegen, dass sowohl Rollenmodelle, die mit dem Stereotyp inkonsistent sind, als auch die Begünstigung positiver Erfahrungen mit Technik das Fähigkeitsselbstkonzept, das Interesse und das Wahlverhalten von Schülerinnen in mathematisch-naturwissenschaftlichen und technischen Bereichen beeinflussen können (vgl. Hannover 1992; Stöger 2007). Weiterhin scheint ein stärkerer Bezug von Unterrichtsinhalten in Physik zu Interessenbereichen von Mädchen (z.B. menschlicher Körper oder umweltrelevante Themen) verbunden mit zeitweiligen monoedukativen Unterrichtseinheiten zu einer Steigerung der Motivation und des Kompetenzniveaus von Mädchen beizutragen (vgl. Hoffmann/Häußler/Peters-Haft 1997).

Ob ähnliche Interventionen auch für die Förderung der Lesekompetenz von Jungen fruchtbar gemacht werden können, lässt sich anhand des aktuellen Forschungsstands nicht beantworten. Verschiedene Autoren weisen darauf hin, dass eine verstärkte Berücksichtigung von Texten, die den Interessen von Jungen entgegenkommen (z.B. aus den Bereichen Sport und Autos), gekoppelt mit individueller Leseförderung einen positiven Einfluss auf die Lesefreude und die Kompetenzentwicklung von Jungen haben können (vgl. Bundesministerium für Unterricht, Kunst und Kultur 2007; Hall/Coles 1997; Richter/Brügelmann 1994; Sokal u.a 2004). Weiterhin wird Lehrkräften empfohlen, die Lebenswelten und die von Schülerinnen und Schülern bevorzugten Lesemedien und -inhalte genauer kennen zu lernen, um geeignete didaktische und methodische Unterrichtsstrategien zu entwickeln, die auch die Interessen und Fähigkeiten der Jungen berücksichtigen und unterstützen (vgl. Bundesministerium für Unterricht, Kunst und Kultur 2007). So finden sich Hinweise darauf, dass eine verstärkte Berücksichtigung neuer Medien (insbesondere Computer) die Leselernmotivation von Jungen steigern kann und ihnen den Zugang zu fiktionalen Texten erleichtert (vgl. Bertschi-Kaufmann 2001). Im Umgang mit Texten wäre es demnach sinnvoll, verstärkt den Computer zu nutzen, um den Neigungen der Schüler entgegenzukommen (vgl. Bundesministerium für Unterricht, Kunst und Kultur 2007). Der Einsatz dieses Mediums im Unterricht könnte dabei auch den Mädchen zu Gute kommen, die geringere Kompetenzen im Umgang mit dem PC aufweisen als Jungen und zudem stärker als Jungen auf die Schule als Lernort für die Aneignung von Computerkenntnissen angewiesen sind (vgl. Konsortium Bildungsberichterstattung 2006).

Literatur

Baethge, M./Solga, H./Wieck, M./Petsch, C. (2007): Berufsbildung im Umbruch. Signale eines überfälligen Aufbruchs. Bonn: Bonner Universitätsbuchdruckerei.

Baumert, J. (1992): Koedukation oder Geschlechtertrennung. In: Zeitschrift für Pädagogik 38, S. 83–109.

Bertschi-Kaufmann, A. (2001): Lesen und Schreiben in einer Medienumgebung. Die literalen Aktivitäten von Primarschulkindern. Aarau: Sauerländer.

Blum, W./ Neubrand, M./Ehmke, T./Senkbeil, M./Jordan, A./Ulfig, F./Carstensen, C.H. (2004): Mathematische Kompetenz. In: PISA-Konsortium (Hrsg.): PISA 2003. Der Bildungsstand der Jugendlichen in Deutschland – Ergebnisse des zweiten internationalen Vergleichs. Münster: Waxmann, S. 47–92.

Brehmer, I. (1987): Koedukation in der Diskussion dieses Jahrhunderts. In: Kindermann, G./Mauersberger, B./Pilwousek, I. (Hrsg.): Frauen verändern Schule. Berlin: Frauen und Schule Verlag, S. 34–63.

Bos, W./Valtin, R./Lankes, E.-M./Schwippert, K./Voss, A./Badel, I./Plaßmeier, N. (2004): Lesekompetenzen am Ende der vierten Jahrgangsstufe in einigen Ländern der Bundesrepublik Deutschland im nationalen und internationalen Vergleich. In: Bos, W./Lankes, E.-M./Prenzel, M./Schwippert, K./Valtin, R./Walther, G. (Hrsg.): IGLU. Einige Länder der Bundesrepublik Deutschland im nationalen und internationalen Vergleich, S. 49–92.

Bos, W./Voss, A./Lankes, E.-M./Schwippert, K./Thiel, O./Valtin, R. (2004b): Schullaufbahnempfehlungen von Lehrkräften für Kinder am Ende der vierten Jahrgangsstufe. In: Bos, W./Lankes, E.-M./Prenzel, M./ Schwippert, K./ Valtin, R./Walther, G. (Hrsg.): IGLU. Einige Länder der Bundesrepublik Deutschland im nationalen und internationalen Vergleich, S. 49–92.

Bundesministerium für Unterricht, Kunst und Kultur (Hrsg.) (2007): Gender und Lesen. Daten, Hintergründe und Förderungsansätze. Wien, URL: http://www.bmukk.gv.at/medienpool/15230/genderlesenwebfassung.pdf (26.02.08).

Carrington, B./Tymms, P./Merrell, C. (2008): Role models, school improvement and the 'gender gap' – do men bring out the best in boys and women the best in girls? In: British Educational Research Journal 34, S. 315–327

Cohen, J. (1982): Statistical power analysis for the behavioral sciences. Hillsdale, NJ: Erlbaum.

Crotti, C. (2006): Ist der Bildungserfolg bzw. –misserfolg eine Geschlechterfrage?. In: Zeitschrift für Pädagogik 52, S. 363–374.

Crow, T.J. (1994): The case for an X-Y homologous determinant of cerebral asymmetry. In: Cytogenetic and Cell Genetics 67, S. 393–394.

Dickhäuser, O./Stiensmeier-Pelster, J. (2003): Wahrgenommene Lehrereinschätzungen und das Fähigkeitsselbstkonzept von Jungen und Mädchen in der Grundschule. In: Psychologie in Erziehung und Unterricht 50, S. 182–190.

Diefenbach, H./Klein, M. (2002): Bringing boys back in. Soziale Ungleichheit zwischen den Geschlechtern im Bildungssystem zuungunsten von Jungen am Beispiel der Sekundarschulabschlüsse. In: Zeitschrift für Pädagogik 48, S. 938–958.

Drechsel, B./Artelt, C. (2007): Lesekompetenz. In: PISA-Konsortium (Hrsg.): PISA 2006. Die Ergebnisse der dritten internationalen Vergleichsstudie. Münster: Waxmann, S. 225–248.

Faulstich-Wieland, H. (2004): Geschlechteraspekte in der Bildung. URL: http://www.bpb.de/files/55B5YQ.pdf. (13.6.08)

Faulstich-Wieland, H./Horstkemper, M. (1995): „Trennt uns bitte, bitte nicht!" Koedukation aus Mädchen- und Jungensicht. Opladen: Leske + Budrich.
Geary, D.C. (1989): A model for representing gender differences in the pattern of cognitive abilities. In: American Psychologist 44, S. 1155–1156.
Geary, D.C. (1996): Sexual selection and sex differences in mathematical ability. In: Behavioral and Brain Sciences, 19, S. 229–284.
Gölitz, D./Roick, T./Hasselhorn, M. (2006): DEMAT 4. Deutscher Mathematiktest für vierte Klassen. Manual. Göttingen: Hogrefe.
Hall, C./Coles, M. (1997): Gendered Readings: helping boys develop as critical readers. In: Gender and Education 1, S. 61–68.
Halpern, D.F. (2000): Sex Differences in Cognitive Abilities (3rd Edition). Mahwah, NJ: Lawrence Erlbaum Associates Inc. Publishers.
Hannover, B. (1992): Geschlecht und Interessenentwicklung. Mädchen in geschlechtsuntypischen Berufen: Eine quasiexperimentelle Studie zur Förderung des Interesses Jugendlicher an Naturwissenschaften und Technik. In: Zeitschrift für Sozialpsychologie 23, S. 36–45.
Hannover (2004): Gender revisited. Konsequenzen aus PISA für die Geschlechterforschung. In: Lenzen, D./Baumert, J. (Hrsg.): PISA und die Konsequenzen für die erziehungswissenschaftliche Forschung. Beiheft der Zeitschrift für Erziehungswissenschaft 3. Wiesbaden: VS Verlag, S. 81–99.
Hannover, B./Kessels, U. (2002): Monoedukativer Anfangsunterricht in Physik in der Gesamtschule. Auswirkungen auf Motivation, Selbstkonzept und Einteilung in Grund- und Fortgeschrittenenkurse. In: Zeitschrift für Entwicklungspsychologie und Pädagogische Psychologie 34, S. 201–215.
Hoffmann, L./Häußler, P./Peters-Haft, S. (1997): An den Interessen von Mädchen und Jungen orientierter Physikunterricht. Ergebnisse eines BLK-Modellversuchs. Kiel: IPN.
Hornberg, S./Valtin, R./Potthoff, B./Schwippert, K./Schulz-Zander, R. (2007): Lesekompetenzen von Jungen und Mädchen im internationalen Vergleich. In: Bos, W./Hornberg, S./Arnold, K.-H./Faust, G./Fried, L./Lankes, E.-M./Schwippert, K./Valtin, R. (Hrsg.): IGLU 2006. Lesekompetenzen von Grundschulkindern in Deutschland im internationalen Vergleich. Münster: Waxmann, S. 195–224.
Horstkemper, M. (2002). Bildungsforschung aus der Sicht pädagogischer Frauen- und Geschlechterforschung. In: Tippelt, R. (Hrsg.): Handbuch Bildungsforschung. Opladen: Leske + Budrich, S. 409–426.
Horstkemper, M. (1990): "Jungenfächer" und weibliche Sozialisation - Lernprozesse im koedukativen Unterricht. In: Horstkemper, M./Winterhager, L. (Hrsg.): Mädchen und Jungen - Männer und Frauen in der Schule. Die Deutsche Schule 1, Beiheft, S. 97–109.
Horstkemper, M./Lintzen, B./Middendorf-Greife, H. (1995): Pubertät und Adoleszenz: Schwere Zeiten im koedukativen Unterricht?. In: Landesfrauenausschuss der GEW Baden-Württemberg (Hrsg.): Frauen verändern Schule. Bielefeld: Kleine Verlag GmbH, S. 78–101.
Jacobi-Dittrich, J. (1986): Die Bedeutung der Geschlechterdifferenz für die pädagogische Theoriebildung. Elisabeth Blochmann und Hermann Nohl. In: Prengel, A./Schmid, P./Sitals, G./Willführ, C. (Hrsg.): Schulbildung und Gleichberechtigung. Frankfurt: Nexus-Verlag, S. 137–150.
Kessels, U./Hannover, B. (2006): Zum Einfluss des Image von mathematisch-naturwissenschaftlichen Schulfächern auf die schulische Interessensentwicklung. In Prenzel, M./Allolio-Näcke, L. (Hrsg.): Untersuchungen zur Bildungsqualität von Schule. Münster: Waxmann, S. 350–369.
Kleinau, E./Opitz, C. (Hrsg.) (1996): Geschichte der Mädchen- und Frauenbildung (Band I). Frankfurt: Campus Verlag.
Köller, O./Klieme, E. (2000). Geschlechtsdifferenzen in den mathematisch-naturwissenschaftlichen Leistungen. In: Baumert, J./Bos, W./Lehmann, R. (Hrsg.): TIMSS/III. Dritte Internationale Mathematik- und Naturwissenschaftenstudie – Mathematische und naturwissenschaftliche Bildung am Ende der Schullaufbahn (Band 2: Mathematische und physikalische Kompetenzen am Ende der gymnasialen Oberstufe). Opladen: Leske + Budrich, S. 373–404.
Köller, O./Baumert, J./Schnabel, K. (2001): Does interest matter? The relationship between academic interest and achievement in mathematics. In: Journal for Research in Mathematics Education 32, S. 448–470.
Konsortium Bildungsberichterstattung (Hrsg.) (2006): Bildung in Deutschland. Ein indikatorgestützter Bericht mit einer Analyse zu Bildung und Migration. Bielefeld: Bertelsmann Verlag.
Kraul, M. (1993): Bildungstheorie oder Pragmatik? Determinanten in der Geschichte der schulischen Koedukation. In: Historische Kommission der Deutschen Gesellschaft für Erziehungswissenschaft (Hrsg.): Jahrbuch für historische Bildungsforschung. Band I. Weinheim/München: Juventa Verlag, S. 69–87.
Malz-Teske, R./Reich-Gerick, H. (2004): Frauen und Schule. Bielefeld: Kleine Verlag GmbH.
Mengering, F. (2005): Bärenstark – Empirische Ergebnisse der Berliner Sprachstandserhebung an Kindern im Vorschulalter. In: Zeitschrift für Erziehungswissenschaft 2, S. 256–262.

Pekrun, R./Zirngibl, A. (2004): Schülermerkmale im Fach Mathematik. In: PISA-Konsortium (Hrsg.): PISA 2003. Der Bildungsstand der Jugendlichen in Deutschland – Ergebnisse des zweiten internationalen Vergleichs, S. 191–210.

Pelkner, A.-K./Günter, R./Boehnke, K. (2006): Die Angst vor sozialer Ausgrenzung als leistungshemmender Faktor. Zum Stellenwert guter mathematischer Schulleistungen unter Gleichaltrigen. In: Prenzel, M./Allolio-Näcke, L. (Hrsg.): Untersuchungen zur Bildungsqualität von Schule. Münster: Waxmann, S. 350–369.

Prenzel, M./Artelt, C./Baumert, J./Blum, W./Hammann, M./Klieme, E./Pekrun, R. (Hrsg.) (2007): PISA 2006. Die Ergebnisse der dritten internationalen Vergleichsstudie. Zusammenfassung. URL: http://pisa.ipn.uni-kiel.de/zusammenfassung_PISA2006.pdf (26.02.08).

Prenzel, M./Geiser, H./Langeheine, R./Lobemeier, K. (2004): Naturwissenschaftliche Kompetenz am Ende der Grundschulzeit: Vergleiche zwischen einigen Ländern der Bundesrepublik Deutschland. In: Bos, W./Lankes, E.-M./Prenzel, M./Schwippert, K./Valtin, R./Walther, G. (Hrsg.): IGLU. Einige Länder der Bundesrepublik Deutschland im nationalen und internationalen Vergleich, S. 93–116.

Prenzel, M./Schöps, K./Rönnebeck, S./Senkbeil, M./Walter, O./Carstensen, S.H./Hammann, M. (2007b): Naturwissenschaftliche Kompetenz im internationalen Vergleich. In: PISA-Konsortium (Hrsg.): PISA `06. Die Ergebnisse der dritten internationalen Vergleichsstudie. Münster: Waxmann, S. 63–106.

Prenzel, M./Schütte, K./Walter, O. (2007c): Interesse an den Naturwissenschaften. In: PISA-Konsortium (Hrsg.): PISA `06. Die Ergebnisse der dritten internationalen Vergleichsstudie. Münster: Waxmann, S. 107–124.

Richter, S. (1994): Geschlechtsspezifischer Lieblingswortschatz. Ergebnisse einer Untersuchung zu "Jungen- und Mädchenwörtern". In: Richter, S./Brügelmann, H. (Hrsg.): Mädchen lernen anders - anders lernen Jungen. Bottighofen: Libelle, S. 133–142.

Richter, S./Brügelmann, H. (Hrsg.) (1994): Mädchen lernen anders - anders lernen Jungen. Bottighofen: Libelle.

Rustemeyer, R./Fischer, N. (2007). Geschlechterdifferenzen bei Leistungserwartung und Wertschätzung im Fach Mathematik. Zusammenhänge mit schülerperzipiertem Lehrkraftverhalten. In: Ludwig, P.H./Ludwig, H. (Hrsg.): Erwartungen in himmelblau und rosa. Effekte, Determinanten und Konsequenzen von Geschlechterdifferenzen in der Schule. Weinheim/München: Juventa Verlag, S. 83–102.

Schaffner, E./Schiefele, U./Drechsel, B./Artelt, C. (2004): Lesekompetenz. In: PISA-Konsortium (Hrsg.): PISA 2003. Der Bildungsstand der Jugendlichen in Deutschland – Ergebnisse des zweiten internationalen Vergleichs, S. 93–110.

Schnabel, K.U./Gruehn, S. (2000): Studienfachwünsche und Berufsorientierungen in der gymnasialen Oberstufe. In: Baumert, J./Bos, W./Lehmann, R. (Hrsg.): TIMSS/III. Dritte Internationale Mathematik- und Naturwissenschaftenstudie – Mathematische und naturwissenschaftliche Bildung am Ende der Schullaufbahn (Band 2: Mathematische und physikalische Kompetenzen am Ende der gymnasialen Oberstufe). Opladen: Leske + Budrich, S. 405–444.

Schurt, V./Waburg, W. (2007). Formal erfolgreich – aber wie wohl fühlen sich Mädchen in ihren Schulen? Zum Befinden von Schülerinnen monoedukativer und koedukativer Gymnasien in Bayern. In: Zeitschrift für Erziehungswissenschaft 2, S. 250–270.

Schwippert, K./Bos, W./Lankes, E.-M. (2004): Lesen Mädchen anders? Vertiefende Analysen zu Geschlechterdifferenzen auf Basis der internationalen Grundschul-Lese-Untersuchung IGLU. In: Zeitschrift für Pädagogik 7, S. 219–234.

Sokal, L./Katz, H./Sych-Yereniuk, A./Chochinov-Harder, L./Adkins, M./Grills, T./Stewart, C./Priddle, G. (2004): Male Reading Teachers: Effects on Inner-city Boys. Winnipeg: Institut of Urban Studies, University of Winnipeg. URL: http://ius.uwinnipeg.ca/WIRA/PDF/male-reading-teachers.pdf (26.02.08).

Stamm, M. (2007): Begabung, Leistung und Geschlecht: Neue Dimensionen im Lichte eines alten erziehungswissenschaftlichen Diskurses. In: Review of Education 4, S. 417–437.

Stamm, M. (2008): Underachievement von Jungen: Perspektiven eines internationalen Diskurses. In: Zeitschrift für Erziehungswissenschaft 1, S. 106–124.

Stanat, P./Kunter, M. (2001): Kompetenzerwerb, Bildungsbeteiligung und Schullaufbahn von Mädchen und Jungen im Ländervergleich. In: Deutsches PISA-Konsortium (Hrsg.). PISA 2000. Ein differenzierter Blick auf die Länder der Bundesrepublik Deutschland. Opladen: Leske + Budrich, S. 211–242.

Stanat, P./Kunter, M. (2002). Geschlechterspezifische Leistungsunterschiede bei Fünfzehnjährigen im internationalen Vergleich. In: Zeitschrift für Erziehungswissenschaft 1, S. 28–48.

Statistisches Bundesamt (Hrsg.) (2005): Hochschulstandort Deutschland 2005. Wiesbaden.

Statistisches Bundesamt (Hrsg.) (2007): Statistisches Jahrbuch 2007. Für die Bundesrepublik Deutschland. Wiesbaden.

Stöger, H. (2007): Förderung von Selbstvertrauen, selbst wahrgenommener Eignung für verschiedene Studienfächer, Interessen und Wahlverhalten durch Rollenmodelle. In: Ludwig, P.H./Ludwig, H. (Hrsg.): Erwartungen in himmelblau und rosa. Effekte, Determinanten und Konsequenzen von Geschlechterdifferenzen in der Schule. Weinheim/München: Juventa Verlag, S. 157–174.

Stürzer, Monika (2005): Bildung, Ausbildung und Weiterbildung. In: Cornelißen, W. (Hrsg.): Gender-report. 1. kommentierter Datenreport zur Gleichstellung von Frauen und Männern in der Bundesrepublik Deutschland. im Auftrag des Bundesministeriums für Familie, Senioren, Frauen und Jugend, S. 17–90.

Tent, L. (2001): Schulreife und Schulfähigkeit. In: Rost, D.H. (Hrsg.): Handwörterbuch Pädagogische Psychologie. Weinheim: Beltz PVU, S. 607–615.

Tiedemann, J. (2005): Gender-related beliefs of teachers in elementary school mathematics. In: Educational Studies in Mathematics 41, S. 191–207.

Valtin, R./Wagner, C./Schwippert, K. (2005): Schülerinnen und Schüler am Ende der vierten Klasse – schulische Leistungen, lernbezogene Einstellungen und außerschulische Lernbedingungen. In: Bos, W./Lankes, E.-M./Prenzel, M./Schwippert, K./Valtin, R. /Walther, G. (Hrsg.): IGLU – Vertiefende Analysen zu Leseverständnis, Rahmenbedingungen und Zusatzstudien. Münster: Waxmann, S. 187–238.

Von Hohenzollern, J.H./Liedtke, M. (1990): Der weite Schulweg der Mädchen. Die Geschichte der Mädchenbildung als Beispiel der Geschichte anthropologischer Vorurteile. Bad Heilbrunn: Verlag Julius Klinkhardt.

Walter, G./Geiser, H./Langeheine, R./Lobemeier, K. (2003): Mathematische Kompetenzen am Ende der vierten Jahrgangsstufe. In: Bos, W./Lankes, E.-M./Prenzel, M./Schwippert, K./Walther, G./Valtin, R. (Hrsg.): Erste Ergebnisse aus IGLU. Schülerleistungen am Ende der vierten Jahrgangsstufe im internationalen Vergleich. Münster: Waxmann, S. 18–226.

Olaf Köller

Bildungsstandards

1 Begriffsklärung

Bildungsstandards stellen wichtige Instrumente zur Qualitätssicherung und Qualitätsentwicklung von Bildungssystemen dar. Sie sind das Resultat eines Aushandlungsprozesses zwischen Politik, Wissenschaft, Verbänden und Schulen und definieren, welche Qualitätskriterien ein Bildungssystem erfüllen soll. Werden die in den Standards (oftmals normativ) festgelegten Ziele verfehlt, so besteht Nachsteuerungsbedarf im System.

In der internationalen Diskussion über die Standardsetzung in Schulen werden häufig drei Formen von Bildungsstandards unterschieden, die sich entweder auf den Unterricht beziehen oder den Blick auf die erreichten Leistungen der Schülerinnen und Schüler richten (vgl. AAAS 1993; NRC 1995; NCTM 2000). Inhaltliche Standards (*Content Standards*) definieren danach für ein Schulfach die Leistungen, die in den jeweiligen Stoffgebieten erreicht werden sollen, im Falle der Mathematik werden also beispielsweise Leistungserwartungen für Geometrie, Algebra, Arithmetik und Stochastik in bestimmten Jahrgangsstufen definiert. Leistungsstandards (*Performance Standards*) definieren dagegen allgemeine Kompetenzen als Ziele schulischer Lehr-Lernprozesse, welche in ganz unterschiedlichen inhaltlichen Gebieten des Faches angewendet werden müssen. Schließlich skizzieren Unterrichtsstandards (*Opportunity-to-learn Standards*) Visionen gelingenden Fachunterrichts.

Erweitert man die Perspektive von der Mikroebene (Schüler) und Mesoebene (Unterricht) auf die Makroebene, so lassen sich weitere Standards für die sogenannten Inputs in einem Bildungssystem formulieren (vgl. hierzu Abbildung 1). Auf der Inputseite kann als Standard beispielsweise der Prozentsatz des Bruttoinlandsproduktes, der pro Jahr im allgemeinbildenden Schulsystem investiert werden sollte, definiert werden.

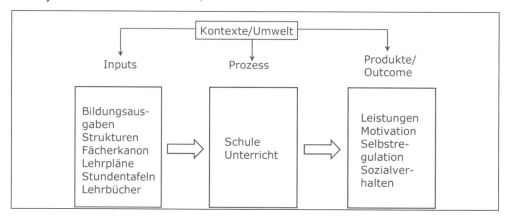

Abb. 1: Ein Basismodell für das Verständnis von Bildungssystemen (angelehnt an Scheerens 2008)

Mit Bezug auf die zunehmende Eigenverantwortung von Schulen und einem generellen Trend zur Produktivitätsorientierung (vgl. Scheerens 2004) haben Klieme u.a. (2003) argumentiert, dass Bildungsstandards dann am ehesten steuerungsrelevant werden, wenn sie als Leistungsstandards auf der Outcome- bzw. Outputseite formuliert werden. Genau dies ist in der Folgezeit in Deutschland geschehen und mit ihren Beschlüssen von 2003 und 2004 hat die Ständige Konferenz der Kultusminister der Länder (KMK) Leistungsstandards für die 4. Jahrgangsstufe der Grundschule und das Ende der Sekundarstufe I beschlossen. Der vorliegende Beitrag beschränkt sich als Folge dieser Beschlüsse auf die Darstellung von Leistungsstandards.[1] Die so verstandenen Bildungsstandards
„formulieren Anforderungen an das Lehren und Lernen in der Schule. Sie benennen Ziele für die pädagogische Arbeit, ausgedrückt als erwünschte Lernergebnisse der Schülerinnen und Schüler. Damit konkretisieren Standards den Bildungsauftrag, den allgemein bildende Schulen zu erfüllen haben (…) Die Bildungsstandards legen fest, welche Kompetenzen die Kinder oder Jugendlichen bis zu einer bestimmten Jahrgangsstufe erworben haben sollen. Die Kompetenzen werden so konkret beschrieben, dass sie in Aufgabenstellungen umgesetzt und prinzipiell mit Hilfe von Testverfahren erfasst werden können" (Klieme 2004, S. 258).[2]

Kompetenzen sind in den Standards als gezeigtes Verhalten definiert. Folgt man einem stärker psychologisch geprägten Kompetenzkonzept (z.B. Weinert 2001), so wird man nicht das Verhalten selbst, sondern die bei den Schülerinnen und Schülern verfügbaren oder von ihnen erlernbaren kognitiven Fähigkeiten und Fertigkeiten, die notwendig sind, um bestimmte Probleme bzw. Aufgaben lösen zu können, als Kompetenzen verstehen. In diesem Fall gewinnen Kompetenzen den Charakter psychologischer Konstrukte, welche mit Hilfe von Messinstrumenten operationalisiert werden können.

Mit der Fokussierung auf Schülerkompetenzen findet in den Standards eine klare Abgrenzung von Lehrplänen statt, die eher Unterrichtsinhalte präzisieren. Hierin liegt die Innovationskraft der Bildungsstandards, indem sie auf Seiten der Lehrkräfte das Bewusstsein schärfen sollen, das professionelle Agieren im Unterricht nicht an Inhalten, sondern am Kompetenzaufbau zu orientieren. Klieme u.a. (2003) nennen weitere Merkmale, denen outputorientierte Bildungsstandards genügen müssen, um ihre Steuerungsfunktion zu erfüllen:

- *Fachlichkeit*: Bildungsstandards werden fachspezifisch formuliert und arbeiten die Grundprinzipien des Unterrichtsfaches heraus.
- *Fokussierung*: Bildungsstandards haben nicht den Anspruch, die gesamte Breite eines Faches abzudecken, sondern konzentrieren sich auf dessen Kernbereich.
- *Kumulativität*: Bildungsstandards beschreiben Kompetenzniveaus, die bis zu einem bestimmten Zeitpunkt in den Bildungskarrieren der Schülerinnen und Schüler erreicht sein sollten. Die Erreichung impliziert, dass zuvor kumulative Lernprozesse stattgefunden haben.
- *Verbindlichkeit*: Bildungsstandards sollen Mindestvoraussetzungen ausdrücken, die von allen Lernenden in Hinblick auf die erfolgreiche gesellschaftliche Teilhabe erwartet werden. Damit soll von der Gesellschaft und ihren Bildungseinrichtungen eingefordert werden, einen besonderen Fokus auf leistungsschwächere Schülerinnen und Schüler zu legen.

---

1   Eine weitere gewollte Beschränkung ist der Fokus auf dem allgemeinbildenden System, d.h. für alle weiteren Ausführungen, dass sie sich nicht auf Schulen für lernbehinderte und geistig behinderte Schülerinnen und Schüler beziehen.
2   Zu einer weiteren Differenzierung innerhalb der Leistungsstandards vgl. Scheerens (2004).

- *Differenzierung*: Mindeststandards können nicht die einzige „Messlatte" in einem Bildungssystem sein. Bildungsstandards müssen vielmehr nach Kompetenzstufen differenzieren, die über den Mindeststandards liegen. Nur so werden Referenzrahmen für leistungsstärkere Schülerinnen und Schüler sowie unterschiedliche Bildungsgänge geschaffen, die im Bereich der Qualitätssicherung und -entwicklung Orientierung geben können. In diesem Zusammenhang werden üblicherweise Regel- und Optimalstandards definiert. *Regelstandards* definieren Kompetenzerwartungen in curricularem Umfang, d.h. beschreiben Leistungsniveaus, die als Folge des Lehrganges in einem Fach über mehrere Jahre (beispielsweise im Verlauf der Sekundarstufe I) erreichbar sein sollten. *Optimalstandards* beschreiben Kompetenzniveaus, die über dem curricularen Umfang liegen, und aus dem Zusammenspiel besonders lernförderlicher Schülermerkmale und gelingender Unterrichtsprozesse resultieren.
- *Verständlichkeit*: Bildungsstandards sind knapp und verständlich formuliert.
- *Realisierbarkeit*: Die Anforderungen in den Bildungsstandards sind so formuliert, dass sie mit vertretbarem Aufwand in Schulen erreichbar sind.

In einem föderalen Bildungssystem mit 16 mehr oder weniger autonomen Ländern und je nach Land sehr unterschiedlichen Strukturen im Grundschulbereich und in der Sekundarstufe I kommen weitere Anforderungen an „gute" Bildungsstandards hinzu:

- *Abschlussbezug*: Bildungsstandards in der Sekundarstufe I müssen sich auf die Abschlüsse beziehen (Hauptschulabschluss und Mittleren Schulabschluss). Sie sind nicht schulformbezogen, da je nach Bundesland die Strukturen der Sekundarstufe I zu stark variieren. Die neuen Länder (z.B. Sachsen und Thüringen) beschränken sich auf lediglich zwei Schulformen (Gymnasium vs. Schulen mit mehreren Bildungsgängen), Bayern und Baden-Württemberg halten die traditionelle Dreigliedrigkeit (Hauptschule vs. Realschule vs. Gymnasium) aufrecht, während Länder wie Hessen oder Nordrhein-Westfalen mit der Integrierten Gesamtschule sogar noch eine vierte Schulform besitzen. Gemeinsam ist allen Schulformen, unabhängig davon, in welchem Land sie sich befinden, dass sie am Ende der Sekundarstufe I den Mittleren Schulabschluss oder den Hauptschulabschluss vergeben.[3]
- *Länderübergreifende Gültigkeit*: Bildungsstandards formulieren fachspezifische Kompetenzerwartungen, die verbindlich für alle Länder sind, unabhängig von den variierenden Strukturen und den damit verbundenen Unterschieden in den Lehrplänen. Sie sollen dazu beitragen, dass höhere Mobilität über Ländergrenzen hinaus ohne große Kosten auf Seiten der betroffenen Familien erreicht wird.
- *Messbarkeit*: Bildungsstandards sind idealerweise so formuliert, dass sich aus ihnen relativ einfach Messinstrumente zu ihrer Überprüfung ableiten lassen.

---

3 Hinzu kommen auch noch berufliche Schulen, die je nach Ausbildungsberuf den Hauptschulabschluss oder Mittleren Schulabschluss vergeben (zu Details s. Köller u.a. 2004).

2 Rückblick: Von den internationalen Schulleistungsstudien zu Bildungsstandards in Deutschland

In Deutschland dominierte im Sinne der Abbildung 1 bis in die 1990er Jahre die Input- und Prozessorientierung im allgemeinbildenden Schulsystem. Die Schulstrukturdebatte Mitte der 1960er Jahre in Westdeutschland, die in die Etablierung von Integrierten Gesamtschulen mündete, ist bis heute vermutlich die prominenteste Manifestation der Inputsteuerung. Ein Hauptinteresse der Erziehungswissenschaft lag lange Zeit auf der Entwicklung und Erprobung von Modellen zur Optimierung der Arbeit in Einzelschulen (Prozesssteuerung) und dem Entwurf didaktischer Modelle (Inputsteuerung) sowie deren Einführung in die Unterrichtspraxis (Prozessorientierung). Die Selbstvergewisserung über das auf Seiten der Kinder und Jugendlichen Erreichte trat demgegenüber in den Hintergrund. Nur so ist es zu erklären, dass sich Deutschland im Gegensatz zu vielen anderen Ländern nicht oder nur sporadisch an den großen internationalen Schulleistungsstudien der *International Association for the Evaluation of Educational Achievement* (IEA) beteiligte[4]. Während andere europäische Länder wie England in den 1980er Jahren oder Schweden Anfang der 1990er Jahre ergänzend mit dem Aufbau eines nationalen Qualitätssicherungssystems begannen – in den USA lief das NAEP-Programm sogar schon seit den 1960er Jahren[5] – waren größere Schulleistungsstudien wie beispielsweise die Mehrkohorten-Längsschnittstudie *Bildungsprozesse und psychosoziale Entwicklung im Jugendalter und jungen Erwachsenenalter* (BIJU; vgl. Baumert u.a. 1996; Köller 1998) oder die deutsche Beteiligung an der internationalen Lesestudie (*International Reading Literacy Study*, vgl. Elley 1994), die auf einer breiten empirischen Basis die Beschreibung und Analyse der Erträge fachlichen Lernens in den Mittelpunkt rückten, unzeitgemäße Vorhaben. Das Bild änderte sich erst mit der Publikation der Befunde der *Dritten Internationalen Mathematik- und Naturwissenschaftsstudie* (TIMSS; vgl. Baumert/Lehmann u.a. 1997; Baumert u.a. 2000a, 2000b). Deutschland hatte sich an dieser Studie mit Schülerinnen und Schülern am Ende der 7./8. Jahrgangsstufe und am Ende der Pflichtschulzeit (Ende der gymnasialen Oberstufe bzw. des letzten Jahres in der dualen Berufsausbildung) beteiligt. Bemerkenswert ist im historischen Rückblick, dass TIMSS von den betroffenen Forschern nicht etwa im Auftrag von Bund und Ländern durchgeführt wurde, sondern als Drittmittelprojekt mit einem primären Fokus auf erziehungswissenschaftliche Forschungsfragen.

Befundlagen in TIMMS, wonach rund 50 Prozent der Jugendlichen am Ende der Pflichtschulzeit Kernziele mathematischer Grundbildung verfehlten (vgl. Baumert u.a. 2000b), ließen Zweifel am System und an einem gelingenden Unterricht aufkommen. In Folge von TIMSS kam es mit den *Konstanzer Beschlüssen* der KMK von 1997 zur empirischen Wende in der Erziehungswissenschaft, die pädagogische Psychologie und die Psychometrie gewannen im Kontext Bildungsforschung an Bedeutung und weitere große Schulleistungsstudien auf regionaler, nationaler und internationaler Ebene wurden initiiert. Reflexionen über die Messbarkeit von Bildungserträgen traten in den Hintergrund zugunsten einer festen Überzeugung, dass fachliche Kompetenzen, sofern sie im Sinne von Leistungsstandards beschrieben werden, mess- und überprüfbar seien. Im Hinblick auf die Generierung von Steuerungswissen stand jetzt die Frage im Vordergrund, welche konkreten Leistungsniveaus Schülerinnen und Schülern

---

4 Die IEA ist eine internationale Forschungsorganisation, der überwiegend Regierungseinrichtungen der Mitgliedsstaaten angehören.
5 NAEP = National Assessment of Educational Progress

erreichen (Outcome-Orientierung). Den ersten Höhepunkt dieser neuen Entwicklung stellte PISA 2000 (vgl. Deutsches PISA-Konsortium 2001; 2002) dar. Das wiederum unbefriedigende Abschneiden deutscher Jugendlicher löste neue Evaluationsmaßnahmen aus. In den Ländern wurden daraufhin Programme für flächendeckende Vergleichsarbeiten in verschiedenen Jahrgangsstufen und Fächern aufgelegt und auf Seiten der KMK wurde nach dem entsprechenden Beschluss vom Mai 2002 die Arbeit an den Bildungsstandards für die Grundschule und die Sekundarstufe I begonnen. Festgelegt wurde dabei eine Beschränkung auf die Fächer Deutsch und Mathematik in der Grundschule sowie Deutsch, Mathematik, 1. Fremdsprache (Englisch oder Französisch) und die Naturwissenschaften (Biologie, Chemie, Physik) in der Sekundarstufe I, letztere allerdings lediglich für den Mittleren Schulabschluss. Bis Dezember 2004 waren die entsprechenden Entwürfe von eingesetzten Arbeitsgruppen erarbeitet und vom Plenum der KMK verabschiedet. Ein Jahr nach ihrer Verabschiedung stellten sie bereits verbindliche Zielerwartungen für den Unterricht dar.

Mit den KMK-Beschlüssen vom Oktober 2007 ist der Auftrag dahin gehend erweitert worden, auch Standards für das Ende der gymnasialen Oberstufe zu erarbeiten, und zwar erneut für die Fächer Deutsch, erste Fremdsprache (Französisch/Englisch), Mathematik und die drei Naturwissenschaften (Biologie, Chemie, Physik). Damit werden in absehbarer Zeit abschlussbezogene Standards für das gesamte allgemein bildende Schulsystem in Deutschland vorliegen. Die Tabelle 1 zeigt das System noch einmal im Überblick.

Tabelle 1: Fächer, für die laut KMK-Beschluss Bildungsstandards vorliegen bzw. erarbeitet werden, nach Abschluss

	Ende der 4. Jahrgangsstufe	Ende der Sekundarstufe I		Ende der gymnasialen Oberstufe
		Hauptschulabschluss	Mittlerer Schulabschluss	Allgemeine Hochschulreife
Deutsch	✔	✔	✔	✔
Mathematik	✔	✔	✔	✔
Englisch		✔	✔	✔
Französisch		✔	✔	✔
Biologie			✔	✔
Chemie			✔	✔
Physik			✔	✔

Als Folge der Beschränkung auf diese sieben Fächer ist kritisiert worden, dass sie damit „zu ‚Kernfächern' geadelt, auf der anderen Seite Fächer, die nicht in den Katalog der Kernfächer aufgenommen wurden, zu randständigen, unwichtigen, ‚weichen' oder auch ‚unnützen' Fächern abgestuft [wurden]" (Benner u.a. 2007, S. 141). Nur folgerichtig haben Fachverbände, Fachdidaktiken und Erziehungswissenschaften selbst mit der Erarbeitung von Bildungsstandards in den „unnützen" Fächern begonnen. Gelungene Beispiele hierfür sind die Standards für die Fächer Religion (vgl. Benner u.a. 2007) und Geographie (vgl. Deutsche Gesellschaft für Geographie 2007).

3 Merkmale und Inhalte von Bildungsstandards in Deutschland

Bei der Entwicklung der Bildungsstandards in Deutschland wurden viele der oben dargestellten Merkmale „guter Standards" berücksichtigt, einzelne aber auch nicht, wofür es auch gute Gründe gab. So ist es äußerst fraglich, ob man in den Standards pädagogisch konstruktive Formulierungen für ihre Verbindlichkeit und Differenzierung findet, ohne zuvor empirische Evidenzen zu tatsächlichen Leistungsständen von Schülerinnen und Schülern gesammelt zu haben. Unabhängig von solchen Erwägungen gibt die Tabelle 2 einen Überblick über die Merkmale der KMK-Standards. Zu konzedieren ist, dass die Standards je nach Fach unterschiedlich die Kriterien in Tabelle 2 erfüllen. Während die Standards im Fach Mathematik für den Mittleren Schulabschluss und den Hauptschulabschluss mit Ausnahme der Verbindlichkeit und Differenzierung alle Kriterien in Tabelle 2 erfüllen, lassen die Standards im Fach Deutsch in Teilen die Kriterien Fokussierung, Verständlichkeit, Realisierbarkeit und Messbarkeit vermissen. In der ersten Fremdsprache gilt Ähnliches für den Kompetenzbereich der interkulturellen Kompetenz.

Im Folgenden sollen die länderübergreifenden Bildungsstandards in Deutschland exemplarisch für die Fächer Mathematik und Englisch in der Sekundarstufe I beschrieben werden, da hier die Kriterien in Tabelle 2 weitgehend erfüllt wurden. Zudem gilt für beide Fächer, dass sie anstelle von Inhalten die Bedeutung von Kompetenzen hervorheben, einen handlungsorientierten Unterricht nahelegen und sich international verorten lassen.

Tabelle 2: Eigenschaften der länderübergreifenden Bildungsstandards

Merkmal	vorhanden?
Fachlichkeit	ja
Fokussierung	ja
Kumulativität	teilweise
Verbindlichkeit	nein
Differenzierung	nein
Verständlichkeit	teilweise
Realisierbarkeit	teilweise
Abschlussbezug	ja
Länderübergreifend	Ja
Messbarkeit	teilweise

3.1 Konzeption der Bildungsstandards für Mathematik am Ende der Sekundarstufe I

Die Bildungsstandards im Fach Mathematik am Ende der Sekundarstufe I bauen auf internationalen und nationalen Traditionen des Faches auf. Wichtige Vorarbeiten hierzu sind Blooms (1976) Taxonomie von Lernzielen im kognitiven Bereich, die Arbeiten im Rahmen von PISA (z.B. Deutsches PISA-Konsortium 2004), Arbeiten des *National Councils of Teachers of Mathematics* (NCTM 2000), Freudenthals (1983) Arbeiten zu *Realistic Mathematics Education,* sowie Winters (1995) grundlegende Arbeiten zum mathematischen Bildungskonzept. Die fachliche Leistungen in Mathematik können danach zwei Kompetenzklassen mit spezifischen Dimensionen zugeordnet werden (vgl. Blum u.a. 2006), die in Abbildung 2 aufgeführt sind.[6]

Die prozessbezogenen Kompetenzen beschreiben kognitive Operationen, die Schülerinnen und Schüler in allen Inhaltsbereichen der Mathematik anwenden müssen. Inhaltliche Kompetenzen (Leitideen) gehen auf den Mathematikdidaktiker Freudenthal (1983) zurück und beschreiben die Phänomene, „die man sieht, wenn man die Welt mit mathematischen Augen betrachtet. Man sieht z.B. Quantifizierungen aller Art (Zahl), oder man sieht ebene und räumliche Figuren, Formen, Gebilde, Muster (Raum und Form)" (vgl. Blum 2006, S. 20). Aus den Leitideen heraus haben sich die mathematischen Stoffgebiete entwickelt (Zahl, Messen → Arithmetik; Raum und Form → Geometrie; Funktionaler Zusammenhang → Algebra; Daten und Zufall → Stochastik). Leitideen und Stoffgebiete sind aber nicht identisch, so werden in den Bildungsstandards für jede Leitidee konkrete inhaltliche Kompetenzen genannt, z.B. sachgerechte Prozent- und Zinsrechnung in der Leitidee Zahl.

In den Bildungsstandards sind zusätzlich zu den beiden Kompetenzklassen noch Anforderungsniveaus (I bis III) definiert, die sich eng an die entsprechenden Anforderungsbereiche aus den Einheitlichen Prüfungsanforderungen für das Abitur (EPA) anlehnen. Die drei Anforderungsbereiche beschreiben die Komplexität/Verknüpfung der beim Lösen von mathematischen Aufgaben notwendigen Kompetenzen. Der Anforderungsbereich einer Aufgabe ist eng mit ihrer Schwierigkeit assoziiert, stellt also eher ein Modell schwierigkeitsgenerierender Merkmale dar, die sich über die elf Kompetenzdimensionen ziehen. Im Folgenden werden die prozessbezogenen Kompetenzen genauer beschrieben, in ihnen liegt die eigentliche Innovationskraft der Standards, da Unterrichtsziele hier nicht mehr stoffgebietbezogen definiert werden (vgl. Leiß/Blum 2006).

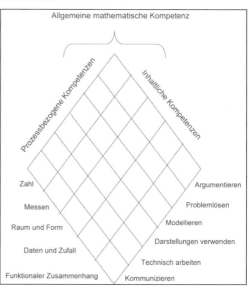

Abb. 2: Kompetenzmodell der Bildungsstandards im Fach Mathematik

3.1.1 Sechs allgemeine mathematische Kompetenzen

Mathematisches Argumentieren beschreibt sowohl das Verbinden mathematischer Aussagen zu logischen Argumentationsketten als auch das Verstehen und kritische Bewerten verschiedener Formen mathematischer Argumentationen. Dies bezieht sich auf die Begründung von Ergebnissen und Behauptungen, die Herleitung mathematischer Sätze und Formeln oder die Einschätzung der Gültigkeit mathematischer Verfahren.

---

6 Es ist hier bewusst eine Darstellungsform gewählt, wie sie häufig für das Berliner Intelligenz-Struktur-Modell (Jäger/Süß/Beauducel 1997) verwendet wird. Auch dort wird zwischen inhaltlichen und operativen Dimensionen unterschieden.

Unter *mathematischem Problemlösen* wird vor allem die Verfügbarkeit über geeignete Strategien zur Auffindung von mathematischen Lösungsideen/-wegen verstanden. Typische Strategien sind hier:

- das Zerlegungsprinzip („In welche Teilprobleme lässt sich das Problem zerlegen?"),
- das Analogieprinzip („Habe ich ähnliche Probleme bereits gelöst?"),
- das Vorwärtsarbeiten („Was lässt sich alles aus den gegebenen Daten folgern?"),
- das Rückwärtsarbeiten („Was wird benötigt, um das Gesuchte zu erhalten?"),
- das systematische Probieren und
- die Veranschaulichung durch eine mathematische Figur, Tabelle oder eine Skizze.

Beim *mathematischen Modellieren* geht es darum, eine realitätsbezogene Situation durch den Einsatz mathematischer Mittel zu verstehen, zu strukturieren und einer Lösung zuzuführen sowie Mathematik in der Realität zu erkennen und zu beurteilen. Der Prozess des Bearbeitens realtitätsbezogener Fragestellungen lässt sich dabei idealtypisch durch folgende Teilschritte beschreiben:

- Verstehen der realen Problemstellung,
- Vereinfachen und Strukturieren der beschriebenen Situation,
- Übersetzen der vereinfachten Realsituation in die Mathematik,
- Lösen der nunmehr mathematischen Problemstellung durch mathematische Mittel und
- Rückinterpretation und Überprüfung des mathematischen Resultats anhand des realen Kontexts.

Der Kompetenzbereich *mathematische Darstellungen verwenden* beschreibt sowohl die Fähigkeit, mathematische Darstellungen zu generieren als auch das verständige Umgehen und Bewerten bereits vorhandener Darstellungen. Dies kann sich beispielsweise auf die Interpretation eines Balkendiagramms oder einer Tabelle beziehen.

Die Kompetenz *mit symbolischen, formalen und technischen Elementen der Mathematik umgehen* (technisch Arbeiten in Abbildung 2) umfasst die Verfügbarkeit mathematischer Fakten im Sinne deklarativer Wissenkomponenten und mathematischer Fertigkeiten in Form von automatisierten Algorithmen (Routinen). Konkret geht es beispielsweise um das Wissen und Anwenden mathematischer Formeln, Regeln, Algorithmen und Definitionen. Man kann diese Kompetenzdimension als Stützfunktion für die übrigen Dimensionen verstehen.

Schließlich umfasst das *mathematische Kommunizieren* zum einen das Verstehen von Texten oder mündlichen Äußerungen zur Mathematik, zum anderen das verständliche (auch fachsprachenadäquate) schriftliche oder mündliche Darstellen und Präsentieren von Überlegungen, Lösungswegen und Ergebnissen. Eine konzeptionelle Nähe zum Leseverstehen wie auch zum mathematischen Argumentieren ist dabei unübersehbar.

Zur Konkretisierung ist in Abbildung 3 eine Aufgabe zur Leitidee Zahl abgebildet, mit der die drei prozessbezogenen Kompetenzen (1) Modellieren, (2) mathematische Darstellungen verwenden und (3) mit Mathematik symbolisch/formal/technisch umgehen überprüft werden. In der Tat ist es häufig der Fall, dass Aufgaben zur Testung der Standards hinsichtlich der prozessbezogenen Kompetenzen komplex sind.

Eine Tankstelle informiert mit dem Aufkleber „Je Euro 73 Cent Steuern" über die Steuerbelastung beim Benzinpreis.
Wie viel erhält der Staat bei der dargestellten Tankfüllung an Steuern? Kreuze die richtige Antwort an.

☐ 15,80 €   ☐ 34,47 € ☐ 42,71 €
☐ 73,- €   ☐ 90,45 €

Abb. 3: Beispiel für eine Aufgabe zur Überprüfung der Bildungsstandards am Ende der Sekundarstufe I im Fach Mathematik

3.2 Konzeption der Bildungsstandards für Englisch am Ende der Sekundarstufe I

In der ersten Fremdsprache (in der Regel Englisch) werden in den Bildungsstandards der KMK für die Sekundarstufe I vier zentrale Kompetenzbereiche genannt, die sich eng an dem Gemeinsamen Europäischen Referenzrahmen für Sprachen (vgl. GER; Europarat 2001) orientieren und damit international verankert sind. Der GER beschreibt ausführlich, was Lernende leisten müssen, „um eine Sprache für kommunikative Zwecke zu benutzen, und welche Kenntnisse und Fertigkeiten sie entwickeln müssen, um in der Lage zu sein, kommunikativ erfolgreich zu handeln" (Europarat 2001, S. 14). Die dazu notwendigen Kompetenzen, wie sie in den Bildungsstandards formuliert sind, enthält die Tabelle 3: (1) kommunikative Fertigkeiten, (2) Verfügung über sprachliche Mittel, (3) interkulturelle und (4) methodische Kompetenzen.

Kommunikative Fertigkeiten umfassen Leseverstehen, Hör- und Hör-/ Sehverstehen, Sprechen, Schreiben sowie Sprachvermittlung. Kommunikative Fertigkeiten sind gebunden an die Verfügung über die sprachlichen Mittel Wortschatz, Grammatik, Aussprache und Intonation sowie Orthografie.

Im Bereich der *interkulturellen Kompetenzen* werden vor allem Haltungen erfasst, die „ihren Ausdruck gleichermaßen im Denken, Fühlen und Handeln und ihre Verankerung in entsprechenden Lebenserfahrungen und ethischen Prinzipien haben" (vgl. etwa KMK 2004, S. 16). Sie sind damit einerseits den kommunikativen Kompetenzen des GER (im Sinne soziolinguistischer Kompetenzen) zuzuordnen, andererseits werden durch sie Aspekte der allgemeinen Kompetenzen des GER zum Ausdruck gebracht.

Schließlich greifen *methodische Kompetenzen* Teilaspekte allgemeiner sowie kommunikativer Kompetenzen (pragmatische Kompetenzen) auf, die sich vor allem auf Fragen der Selbstregulation beim Agieren in der Fremdsprache beziehen und sich theoretisch gut in der psychologischen Forschung zum selbstregulierten Lernen verankern lassen (vgl. z.B. Zimmerman/Schunk 2001). Unübersehbar ist, dass es sich bei diesen weniger um fachspezifische, sondern eher fachübergreifende Kompetenzen handelt.

Tabelle 3: Kompetenzbereiche in den Bildungsstandards für die erste Fremdsprache

Funktionale kommunikative Kompetenzen	
Kommunikative Fertigkeiten	Verfügung über die sprachlichen Mittel
Leseverstehen Hör- und Hör-/Sehverstehen Sprechen *An Gesprächen teilnehmen* *Zusammenhängendes Sprechen* Schreiben Sprachmittlung	Wortschatz Grammatik Aussprache und Intonation Orthographie
Interkulturelle Kompetenzen	
Soziokulturelles Orientierungswissen Verständnisvoller Umgang mit kultureller Differenz Praktische Bewältigung interkultureller Begegnungssituationen	
Methodische Kompetenzen	
Textrezeption (Leseverstehen und Hörverstehen) Interaktion Textproduktion (Sprechen und Schreiben) Lernstrategien Präsentation und Mediennutzung Lernbewusstheit und Lernorganisation	

Im GER werden drei Grundniveaus – A, B und C – unterschieden, die in je zwei Teilniveaus aufgegliedert sind. Die Niveaus A1 und A2 stehen für elementare Sprachverwendung, die Niveaus B1 und B2 für selbstständige Sprachverwendung und die Niveaus C1 und C2 für eine kompetente Sprachverwendung. In Tabelle 4 sind dazu die Deskriptoren der Globalskala im Bereich der kommunikativen Fertigkeiten dargestellt. Erwähnenswert ist, dass die Niveaus weder theoretisch noch empirisch streng begründet sind. Vielmehr repräsentieren sie plausible Setzungen, die nur zum Teil datengestützt sind und die Kommunikation gegenüber der Praxis erleichtern.

Die KMK-Standards gehen davon aus, dass mit Erreichen des Hauptschulabschlusses im Mittel Leistungen auf GER-Niveau A2, mit Erreichen des Mittleren Schulabschlusses im Durchschnitt Leistungen auf GER-Niveau B1, teilweise auf B2, erbracht werden können. Konkret liest sich dies beim Mittleren Abschluss für den Bereich Lesen (vgl. KMK 2004, S.12) wie folgt:

„Die Schülerinnen und Schüler können …
- weitgehend selbstständig verschiedene Texte aus Themenfeldern ihres Interessen- und Erfahrungsbereiches lesen und verstehen (B1+).
- Korrespondenz lesen, die sich auf das eigene Interessengebiet bezieht, und die wesentliche Aussage erfassen (B2).
- klar formulierte Anweisungen, unkomplizierte Anleitungen, Hinweise und Vorschriften verstehen (B1/ B2).
- längere Texte nach gewünschten Informationen durchsuchen und Informationen aus verschiedenen Texten zusammentragen, um eine bestimmte Aufgabe zu lösen (B1+).
- in kürzeren literarischen Texten (z.B. Short Stories) die wesentlichen Aussagen erfassen und diese zusammentragen, um eine bestimmte Aufgabe zu lösen (B1).
- die Aussagen einfacher literarischer Texte verstehen.

- in klar geschriebenen argumentativen Texten zu vertrauten Themen die wesentlichen Schlussfolgerungen erkennen, z.B. in Zeitungsartikeln (B1/B1+)."

Erkennbar ist dabei, dass sich die Leistungserwartungen im Wesentlichen auf die Teilkompetenzen (1) Identifikation von Detailinformationen, (2) Verknüpfen von Informationen zum Aufbau eines Situationsmodells (vgl. Kintsch 1998), sowie (3) Schlussfolgerungen beziehen und dabei auf ein breites Genre von Sach- und literarischen Texten anwendbar sein sollten, ohne dass die Inhalte weiter spezifiziert werden (Orientierung an Kompetenzen anstelle von Inhalten). Durch die klare Konstruktfassung, die internationale Anbindung (z.B. Alderson 2000) und die einfachen *Can do Statements* wird es möglich, eine Vielzahl von Aufgaben zur Überprüfung der Standards zu generieren. Dasselbe gilt im Übrigen für das Hörverstehen und Schreiben in der Fremdsprache (zu Details vgl. Rupp u.a. 2008).

Durch den engen Bezug zum GER sind die Handlungsorientierung, die internationale Verankerung und die Fokussierung auf Kompetenzen unbestrittene Stärken der Standards im Fach Englisch. Nicht unerwähnt bleiben soll an dieser Stelle, dass die Bildungsstandards im Bereich der interkulturellen Kompetenzen kaum eines der Kriterien in Tabelle 2 erfüllen (vgl. hierzu ausführlicher Köller 2008).

Tabelle 4: Globalskala des Gemeinsamen Europäischen Referenzrahmens für Sprachen (vgl. Europarat 2001, S. 35)

Kompetente Sprachverwendung	C2	Kann praktisch alles, was er/sie liest oder hört, mühelos verstehen. Kann Informationen aus verschiedenen schriftlichen und mündlichen Quellen zusammenfassen und dabei Begründungen und Erklärungen in einer zusammen hängenden Darstellung wiedergeben. Kann sich spontan, sehr flüssig und genau ausdrücken und auch bei komplexeren Sachverhalten feinere Bedeutungsnuancen deutlich machen.
	C1	Kann breites Spektrum anspruchsvoller, längerer Texte verstehen und auch implizite Bedeutung erfassen. Kann sich spontan und fließend ausdrücken, ohne öfter deutlich erkennbar nach Worten suchen zu müssen. Kann die Sprache im gesellschaftlichen und beruflichen Leben oder in Ausbildung und Studium wirksam und flexibel gebrauchen. Kann sich klar, strukturiert und ausführlich zu komplexen Sachverhalten äußern und dabei verschiedene Mittel zu Textverknüpfung angemessen verwenden.
Selbstständige Sprachverwendung	B2	Kann die Hauptinhalte komplexer Texte zu konkreten und abstrakten Themen verstehen; versteht im eigenen Fachgebiet auch Fachdiskussionen. Kann sich so spontan und fließend verständigen, dass ein normales Gespräch mit Muttersprachlern ohne größere Anstrengung auf beiden Seiten möglich ist. Kann sich zu einem breiten Themenspektrum klar und detailliert ausdrücken, einen Standpunkt zu einer aktuellen Frage erläutern und die Vor- und Nachteile verschiedener Möglichkeiten angeben.
	B1	Kann die Hauptpunkte verstehen, wenn klare Standardsprache verstanden wird und wenn es um vertraute Dinge aus Arbeit, Schule, Freizeit usw. geht. Kann die meisten Situationen bewältigen, denen man auf Reisen im Sprachgebiet begegnet. Kann sich einfach und zusammenhängend über vertraute Themen und persönliche Interessengebiete äußern. Kann über Erfahrungen und Ereignisse berichten, Träume, Hoffnungen und Ziele beschreiben und zu Plänen und Ansichten kurze Begründungen oder Erklärungen geben.

Elementare Sprachverwendung	A2	Kann Sätze und häufig gebrauchte Ausdrücke verstehen, die mit Bereichen von ganz unmittelbarer Bedeutung zusammenhängen (z.B. Informationen zur Person und zur Familie, Einkaufen, Arbeit, nähere Umgebung). Kann sich in einfachen, routinemäßigen Situationen verständigen, in denen es um einen einfachen und direkten Austausch von Informationen über vertraute und geläufige Dinge geht. Kann mit einfachen Mitteln die eigene Herkunft und Ausbildung, die direkte Umgebung und Dinge im Zusammenhang mit unmittelbaren Bedürfnissen beschreiben.
	A1	Kann vertraute, alltägliche Ausdrücke und ganz einfache Sätze verstehen und verwenden, die auf die Befriedigung konkreter Bedürfnisse zielen. Kann sich und andere vorstellen und anderen Leuten Fragen zu ihrer Person stellen – z.B. wo sie wohnen, was für Leute sie kennen oder was für Dinge sie haben – und kann auf diese Fragen Antworten geben. Kann sich auf einfache Art verständigen, wenn die Gesprächspartner langsam und deutlich sprechen und bereit sind, zu helfen.

4 Bildungstheoretische Verortung der Standards

In ihrer Expertise zur Einführung von Bildungsstandards haben sich Klieme u.a. (2003) ausführlich mit der bildungstheoretischen Verankerung von Standards auseinandergesetzt. Mit dem Erwerb solcher Basisqualifikationen wird auf Seiten der Schülerinnen und Schüler ein wichtiger Schritt in der Vorbereitung auf die Rolle als mündiger Staatsbürger, also zur Teilhabe am gesellschaftlichen und beruflichen Leben geschaffen. Mit diesem Fokus auf Basisqualifikationen wird in Teilen der funktionalistischen angelsächsischen Tradition der Grundbildung gefolgt, wie sie auch im Rahmen von PISA angewendet wird (s. hierzu beispielsweise Deutsches PISA-Konsortium 2001, 2004). Danach gehören vor allem die Beherrschung der Muttersprache in Wort und Schrift sowie ein hinreichend sicherer Umgang mit mathematischen Symbolen und Modellen zum Kernbestand kultureller Literalität. Schwerwiegende Defizite in beiden Domänen gefährden die Teilnahme an zentralen gesellschaftlichen Entwicklungen und stellen Risikofaktoren im Hinblick auf eine gelingende Berufs- und Lebensperspektive dar. Das Gleiche gilt im Übrigen auch für die modernen Fremdsprachen, hier vor allem Englisch, auch wenn dies bislang im OECD-Rahmen ausgespart wird. Wer Englisch nicht beherrscht, schließt sich aus dem Wettbewerb der Leistungsgesellschaft aus (vgl. Tenorth 2001).

In diesem Verständnis stellen Basiskompetenzen, wie sie in den Standards festgehalten sind, notwendige Bedingungen für den Erwerb vertiefter Allgemeinbildung dar. Basale Sprach-, mathematische und Selbstregulationskompetenzen sind dabei notwendige Voraussetzungen für

- die kognitiv-instrumentelle Modellierung der Welt, wie sie in der Mathematik und den Naturwissenschaften vorgenommen werden,
- die ästhetisch-expressive Begegnung und Gestaltung in den Bereichen Sprache/Literatur, Musik/Malerei/bildende Kunst und physische Expression,
- die normativ-evaluative Auseinandersetzung mit Wirtschaft und Gesellschaft, wie sie in den Disziplinen der Geschichte, Ökonomie, Politik sowie der Rechtswissenschaften stattfindet und
- die Auseinandersetzung mit Problemen konstitutiver Rationalität, die typischerweise Gegenstand der Religionen und der Philosophie ist.

In keinem dieser Modi der Welterfahrung kann eine vertiefte Auseinandersetzung ohne hinreichende Basiskompetenzen erfolgen. In diesem Sinne formulieren Klieme u.a. (2003, S. 65): „Kompetenzen beschreiben aber nichts anderes, als solche Fähigkeiten der Subjekte, die auch der Bildungsbegriff gemeint und unterstellt hatte: Erworbene, also nicht von Natur aus gegebene Fähigkeiten, die an und in bestimmten Dimensionen der gesellschaftlichen Wirklichkeit erfahren wurden und zu ihrer Gestaltung geeignet sind, Fähigkeiten zudem, die der lebenslangen Kultivierung, Steigerung und Verfeinerung zugänglich sind, so dass sie sich intern graduieren lassen, z.B. von der grundlegenden zur erweiterten Allgemeinbildung."

Bildungsstandards stehen somit keineswegs im Widerspruch zur klassischen Bildungstheorie. Kompetenzerwartungen, wie sie in den Standards formuliert sind, lassen sich vielmehr in einem modernen Kerncurriculum allgemeiner Kompetenzen systematisch verorten.

5   Bildungsstandards als Instrumente der Qualitätssicherung

Damit Bildungsstandards als Instrumente der Qualitätssicherung verwendet werden können, müssen reliable und valide Messinstrumente entwickelt werden, deren Einsatz sich auf stichprobenbasierte Studien zur Überprüfung der Erreichung der Standards beziehen kann, aber auch auf flächendeckende Assessment-Programme, in denen jede Klasse eines spezifischen Jahrganges hinsichtlich der Erreichung der Standards getestet wird. Im Folgenden wird der Prozess der Testinstrumentengenerierung beschrieben, es folgen Ausführungen über das in Deutschland etablierte System der standardbasierten Qualitätssicherung. Schließlich wird auf potenziell unerwünschte Nebenwirkungen qualitätssichernder Maßnahmen hingewiesen.

5.1   Entwicklung von standardbasierten Testinstrumenten

Die Testkonstruktion auf der Basis der Bildungsstandards folgte in Deutschland weitgehend dem State of the Art (vgl. z.B. Rost 2004). Im Wesentlichen vollzog sich der Prozess in sieben Schritten (vgl. auch Rupp u.a. 2008):

1. Fachdidaktisch und lernpsychologisch fundierte Konkretisierung der Kompetenzen in den jeweiligen Fächern: Mit Blick auf die Definition von Messmodellen ist hier unumgänglich zu präzisieren, was unter den jeweiligen Kompetenzen (Konstrukten) zu verstehen ist, konkret: Wie ist beispielsweise das Hör- und Leseverstehen in der Fremdsprache theoretisch verankert?

2. Erarbeitung von Richtlinien zur Konstruktion von Testaufgaben/Items (Item- und Testspezifikationen): Hier geht es um die Erstellung von Trainingsmaterial, das bei der Schulung von Aufgabenentwicklern eingesetzt werden kann. In diesen Materialien werden die Konstrukte/Kompetenzen erläutert, noch wichtiger sind allerdings die Ausführungen, wie Tests üblicherweise konstruiert werden und welche Fehler man beim Itemschreiben vermeiden sollte. Dies erfolgt im Einklang mit gängigen Werken zur Testkonstruktion (z.B. Rost 2004).

3. Initiierung und Aufrechterhaltung der Itementwicklung durch erfahrene Lehrkräfte: Mit Hilfe der in Schritt 2 erarbeiteten Materialien werden im dritten Schritt Lehrkräfte aller 16 Länder geschult. Anschließend generieren diese Lehrkräfte unter fachdidaktischer Betreuung die Testaufgaben in regionalen Arbeitsgruppen.

4. Begutachtung der Items durch Experten: Bildungsforscher, Psychometriker und Fachdidaktiker beurteilen und kommentierten in diesem Schritt die Items hinsichtlich ihrer psychometrischen und fachdidaktischen Güte.

5. Empirische Erprobung der entwickelten Aufgaben in großen Schülerstichproben: Sämtliche Items werden in großen Stichproben erprobt. Die Stichprobengröße wird dabei so gewählt, dass hinreichend robuste Schätzungen mit Modellen der Item-Response-Theory möglich sind.

6. Normierung der Aufgaben: Auf der Basis national repräsentativer Stichproben von Schülerinnen und Schülern werden die Items kalibriert und nationale Skalen werden definiert.

7. Definition von Kompetenzstufen: Im Konsens zwischen Fachdidaktikern, Erziehungswissenschaftlern, Lehrkräften und Vertretern der Politik werden Niveaustufen definiert und festgestellt, bei welchen Werten auf den nationalen Skalen davon ausgegangen werden kann, dass die entsprechenden Schülerinnen und Schüler Mindest-, Regel- oder gar Optimalstandards erreicht haben.

Schritt 7 ist von besonderer Bedeutung, da hier empirisch fundiert die Forderungen nach *Verbindlichkeit* und *Differenzierung* der Tabelle 2 eingelöst werden. Um zu verlässlichen Aussagen über Verteilungen von Populationen auf die verschiedenen Kompetenzstufen zu gelangen, müssen hinreichend große Aufgabenpools generiert werden, die in ihrer Schwierigkeit über das gesamte Kompetenzspektrum streuen.

5.2 Standardbasiertes Assessment

Auf der Basis der Bildungsstandards und unter Berücksichtigung der großen internationalen Schulleistungsstudien hat die KMK (2006) in ihren „Plöner Beschlüssen" eine Gesamtstrategie zur Qualitätssicherung im allgemein bildenden Schulsystem vorgelegt. Auf der Basis von landesweit repräsentativen Stichproben soll in allen Ländern Deutschlands festgestellt werden, welche Anteile der Schülerpopulation die Standards erreichen bzw. überschreiten. Das entsprechende Programm ist in Tabelle 5 wiedergegeben.

Die Beschlüsse sehen im Grundschulbereich vor, dass die Überprüfung der Bildungsstandards im Fünf-Jahres-Rhythmus in der 3. Jahrgangsstufe geschehen soll, und zwar zeitlich gekoppelt an die Internationale Grundschul-Studie (IGLU/PIRLS; vgl. Bos u.a. 2003, 2007), welche ebenfalls einem Fünf-Jahres-Rhythmus folgt. Neben diesem nationalen Monitoring wird sich Deutschland weiterhin an den internationalen Studien (PIRLS, sowie Trends in Mathematics and Science Study, TIMSS) beteiligen. Letztmalig in IGLU 2006 wurde der Ländervergleich auf der Basis internationaler Instrumente durchgeführt, der Bericht zu den Länderunterschieden wird Ende 2008 vorliegen. Erstmalig in 2011 mit der nächsten PIRLS- und TIMSS-Erhebung wird es dann auf der Basis der Bildungsstandards zu einem Ländervergleich in den Fächern Deutsch und Mathematik kommen. Dies wiederholt sich dann passend zum IGLU-Rhythmus alle fünf Jahre.

Tabelle 5. Internationale Vergleiche und Ländervergleiche in den nächsten Jahren als Folge der Plöner Beschlüsse der KMK

Jahr	Stufe	Internationale Studie	Fächer im Ländervergleich
2009	Sekundarstufe I	PISA	Deutsch, Englisch, Französisch
2011	Primarstufe	IGLU/TIMSS	Deutsch, Mathematik
2012	Sekundarstufe I	PISA	Mathematik, Biologie, Chemie, Physik
2015	Sekundarstufe I	PISA	Deutsch, Englisch, Französisch
2016	Primarstufe	IGLU	Deutsch, Mathematik
2018	Sekundarstufe I	PISA	Mathematik, Biologie, Chemie, Physik

PISA: Programme for International Student Assessment; IGLU: Internationale Grundschul-Lese-Untersuchung; TIMSS; Trends in Mathematics and Science Study

Im Bereich der Sekundarstufe I sehen die Plöner Beschlüsse vor, dass letztmalig 2006 der nationale Vergleich zwischen den Ländern auf der Basis der PISA-Instrumente erfolgte. Auch hier wird Ende 2008 der Bericht über Länderunterschiede erscheinen. Ab PISA 2009 wird dann der nationale Vergleich zwischen den Ländern auf Grundlage der Bildungsstandards durchgeführt, in 2009 für die Sprachen Deutsch, Englisch und Französisch, 2012 folgt der Vergleich in Mathematik und den Naturwissenschaften, 2015 folgen wieder die Sprachen, 2018 Mathematik und die Naturwissenschaften. Die Ländervergleiche in der Sekundarstufe I passen sich damit einem sechsjährigen Rhythmus an, getrennt für die Sprachen und Mathematik und die Naturwissenschaften. Berücksichtigt werden 9. Jahrgangsstufen.

5.2.1 Flächendeckende Vergleichsarbeiten in den Ländern

Die Akzeptanz der Bildungsstandards steigt, wenn Einzelschulen die in diesem Zusammenhang entwickelten Instrumente für die eigene Lernstandsfeststellung nutzen können, mit abgeleiteten Implikationen für Förderbedarf. Bildungsstandards bzw. die aus ihnen abgeleiteten Diagnoseinstrumente können Lehrkräfte in der Unterrichtsplanung unterstützen, wenn auf ihrer Basis die Lernausgangslagen mit spezifischen Stärken und Schwächen aufgedeckt werden können. Um Schulen hierbei unterstützen zu können, sieht die Gesamtstrategie der KMK die flächendeckenden Vergleichsarbeiten vor, die in ausgewählten Jahrgangsstufen an die Bildungsstandards angekoppelt werden können. Beispielsweise gibt es zwischen allen 16 Ländern Konsens, am Ende der dritten Jahrgangsstufe Vergleichsarbeiten in den Fächern Deutsch und Mathematik durchzuführen (vgl. hierzu Isaac u.a. 2006) und diese direkt mit den Aufgaben zur Überprüfung der Bildungsstandards im Grundschulbereich zu verknüpfen. Lehrkräfte erhalten auf dieser Basis systematische Rückmeldung, wo die eigene Klasse bezogen auf den länderübergreifenden Referenzrahmen steht. Dadurch, dass solche Tests mit didaktischen Aufgaben angereichert werden, sollen sie zur Unterrichtsentwicklung beitragen.

5.2.2 Potenzielle Nebenwirkungen beim Assessment

Bei allen Chancen, die mit der Einführung von Bildungsstandards verbunden sind, soll noch auf ein Risiko aufmerksam gemacht werden, das bereits in der Klieme-Expertise (2003) zur Einführung von Bildungsstandards aufgegriffen wurde und dort zu dem expliziten Hinweis führte, dass auf der Basis der Bildungsstandards kein breites System des *High Stakes Testings* etabliert werden sollte. Die Folgen eines solchen Systems könnten zum Phänomen der sogenannten *Inflating Gain Scores* (vgl. u.a. Koretz 2002; Green/Winters/Forster 2003) führen, die bei Vergleichsarbeiten/Lernstandserhebungen in den USA auftreten. Bei diesem Phänomen steigen die Leistungen in den flächendeckenden Vergleichsarbeiten innerhalb der jeweiligen Bundesstaaten von Jahr zu Jahr an, ohne dass sich auch entsprechende Zuwächse im stichprobenbasierten *National Assessment of Educational Progress* zeigen.

Mit der Unterzeichnung der *No-Child-Left-Behind-Kampagne* im Jahre 2001 ist in den USA eine gesetzliche Grundlage geschaffen worden, die es erlaubt, Schulen auf Grund der Leistungen ihrer Schülerinnen und Schüler in flächendeckenden Vergleichsarbeiten zu sanktionieren. In diesem System des sogenannten *High Stakes Testings* ist es für Schulen existenziell, erfolgreich in den jeweiligen Testungen abzuschneiden. In den USA hat dies (a) zu einer Welle des *Teaching to the Test* und zu Betrugsversuchen geführt (vgl. Green u.a. 2003) und (b) zu einer systematischen Erforschung der Effekte, die solche Maßnahmen haben, bei denen Schulen die Ergebnisse weniger für die eigene professionelle Entwicklung nutzen können, sondern vielmehr Sanktionen erwarten müssen.

Sehr prominent sind hier die Arbeiten von Koretz (unter anderem 2002), in denen die Leistungen in *High Stakes Tests* mit denen im stichprobenbasierten *National Assessment* (*Low Stakes Test*), das keine Rückwirkungen auf die Einzelschule hat, auf Bundesstaatenebene verglichen werden. Sofern die erfassten Testleitungen realistische Abbilder der erreichten Kompetenzniveaus auf Seiten der Schülerinnen und Schüler sind, sollten sich (a) vergleichbare Trends und (b) hohe Korrelationen auf Schulebene zwischen den Leistungen in *Low* und *High Stakes Tests* ergeben. Dagegen sollten sich deutliche Abweichungen ergeben – divergierende Trends und geringe Korrelationen, wenn es verschiedentlich in Schulen zu Praktiken kommt, mit denen versucht wird, die Werte der Schülerinnen und Schüler in *High Stakes Tests* zu maximieren. Koretz und Baron (1998) haben zur Illustration dieser Effekte Trendanalysen für Kentucky aus dem *Kentucky Instructional Results Information System* (KIRIS) *Testing Program* (*High Stakes Tests*) mit solchen aus dem *National Assessment of Educational Progress* (NAEP; *Low Stakes Tests*) verglichen. Berücksichtigt wurden die Kompetenzentwicklungen von Viert- und Achtklässlern in Mathematik zwischen 1992 und 1996. In KIRIS ergaben sich im untersuchten Zeitraum Leistungszuwächse, die in der 4. Jahrgangsstufe einer Effektstärke von $d = .61$ entsprachen, in der 8. Jahrgangsstufe einer Effektstärke von $d = .52$. In NAEP lagen die entsprechenden Effektstärken bei $d = .17$ und $d = .13$. Korretz (2002) nennt verschiedene Ursachen, welche solche unerwarteten Befunde, die jegliche Validität von Assessment-Programmen in Frage stellen, erklären können:

Umwidmung von Unterrichtszeit und -material (Teaching to the Test): Um Schülerinnen und Schüler auf die *High Stakes Testung* optimal vorzubereiten, werden im Unterricht primär Übungssituationen hergestellt, in denen das Aufgabenmaterial eine hohe Ähnlichkeit zu den im Test verwendeten Aufgaben aufweist. Darüber hinaus kann es auch zu einer systematischen Erhöhung der Unterrichtsstunden genau in den Fächern kommen, für die in absehbarer Zeit eine *High Stakes Testung* ansteht. Stecher und Barron (1999) untersuchten im Bundesstaat Kentucky

Unterrichtszeiten in verschiedenen Fächern und Jahrgangsstufen. Dabei zeigte sich, dass viele Schulen in der vierten Jahrgangsstufe, in der die Naturwissenschaften im *High Stakes Testing* überprüft wurden, die Wochenstundenzahlen in den Naturwissenschaften deutlich erhöhten (5.2 Wochenstunden verglichen zu 3.5 Wochenstunden in der 5. Jahrgangsstufe). In Mathematik, wo das *High Stakes Testing* in der 5. Jahrgangsstufe durchgeführt wurde, stieg die Zahl der Wochenstunden von 4.9 (Klasse 4) auf 6.4 (Klasse 5). Bei diesem Vorgehen ist zu erwarten, dass die Schülerinnen und Schüler in der Tat in den Tests höhere Kompetenzniveaus zeigen, diese aber nicht nachhaltig sind, da Zeit und Material nach der *High Stakes Testung* wieder zurückgefahren werden.

Betrug (Cheating): In den USA besteht mittlerweile hinreichend Evidenz (vgl. Koretz 2002), wonach Lehrerinnen und Lehrer in *High Stakes Testings* Einfluss auf die Testbearbeitung nehmen, in dem sie (a) Lösungen vorsagen, (b) Lösungen korrigieren, (c) Aufgaben, die später im Test auftauchen, üben lassen und (d) Aufgaben umformulieren, um die Lösungen zu erleichtern.

Coaching: Hierunter versteht man eine Anpassung des Unterrichts an die kognitiven Anforderungen der Aufgaben in Assessment-Programmen. Dies ist etwas Anderes als bloßes *Teaching to the Test* – will es doch Kompetenzen fördern – und kann daher durchaus wünschenswert sein. Bezogen beispielsweise auf die Bildungsstandards in der ersten Fremdsprache ist es zweifelsfrei zu begrüßen, wenn mehr Unterrichtszeit für kommunikative Fertigkeiten in den Bereichen des Hörens und Sprechens reserviert wird. Gleichzeitig wächst dadurch die Gefahr, dass Bereiche, die später nicht Gegenstand der Testung sind, vernachlässigt werden.

Ohne Frage stellen solche Effekte Systeme der testbezogenen Qualitätssicherung in Frage und wann immer man plant, Maßnahmen des *High Stakes Testing* zu etablieren, wird man mit entsprechenden Nebenwirkungen rechnen müssen.

6 Bildungsstandards und Unterricht

Indem Bildungsstandards fachspezifische Ziele definieren, machen sie transparent, worauf es im Unterricht ankommen soll. Neben der Bereitstellung von Messinstrumenten folgt aus ihnen ein kognitiv aktivierender, handlungsorientierter Unterricht, der zum Kompetenzaufbau beitragen soll und somit hilft, die vorgegebenen Ziele zu erreichen. Dies erfordert üblicherweise Reformen und Klieme u.a. (2003) haben darauf hingewiesen, dass Standards ohne die begleitenden Reformmaßnahmen in der Unterrichtsentwicklung wirkungslos bleiben werden (vgl. auch Becker u.a. 2005). In diesem Zusammenhang sei auf die von Oelkers und Reusser (2008) vorgestellte Expertise hingewiesen. Die Autoren formulieren: „Eine Implementation von Bildungsstandards, die nicht bis zum Unterricht durchdringt und die nicht die Lehrpersonen und letztendlich die Schülerinnen und Schüler als eigenständig Lernende erreicht, wird nichts bewirken." (ebd. S. 324). Lam (2004) führt hierzu aus, dass die Umsetzung von Standards in Assessment-Maßnahmen immer sehr viel einfacher ist, da sie weniger kostenintensiv ist und deutlich schneller zu Ergebnissen führt. Eine Beschränkung auf Tests hat allerdings nach Lam eher negative, denn positive Effekte auf das Bildungssystem.

In Deutschland kommen Programme zur standardbasierten Unterrichtsreform nur sehr langsam voran. Zu nennen sind interessante Vorschläge für einen kompetenzorientierten Mathematik- und Fremdsprachenunterricht (vgl. für die Mathematik Blum u.a. 2006 sowie Walther u.a. 2007; für den Fremdsprachenunterricht Tesch u.a. 2008). Blum (2006) schreibt hierzu für die Mathematik: „Nur ein Unterricht, der den eigenaktiven Erwerb von Kompetenzen in lernförderlicher Arbeitsatmosphäre in den Mittelpunkt aller Lehr-/Lernanstrengungen stellt, wird Lernenden überhaupt die Chance bieten, die in den Standards formulierten Kompetenzerwartungen auch tatsächlich zu erfüllen… Etwas konkreter bedeutet ‚standardorientiertes Unterrichten': Jede einzelne Unterrichtsstunde und jede Unterrichtseinheit muss sich daran messen lassen, inwieweit sie zur Weiterentwicklung inhaltsbezogener und allgemeiner Schüler-Kompetenzen beiträgt… Die wichtigste Frage ist nicht ‚Was haben wir durchgenommen?', sondern ‚Welche Vorstellungen, Fähigkeiten und Einstellungen sind entwickelt worden?'" (ebd. S. 15ff.). Und Wittmann (2008) ergänzt hierzu, dass in einem standardorientierten Fachunterricht mehr Eigeninitiative der Kinder und soziale Lernaktivitäten gefördert werden, als dies im traditionellen Unterricht der Fall ist. Man kommt hier zu dem Schluss, dass ein gelingender Fachunterricht fachliche Kompetenzen fördert und als gewünschte Nebenwirkungen auch Bildungsziele wie soziales Lernen nach sich zieht. Um diese Chancen eines kompetenzorientierten Unterrichts allerdings nutzen können, sind verschiedene Schritte der Lehrerprofessionalität notwendig. Hierzu zählen:

- Information der Lehrkräfte über die Philosophie und die Inhalte der Standards. Hier liegen mittlerweile vielfältige Materialien vor (z.B. Artelt/Riecke-Baulecke 2004; Blum u.a. 2006; Walther u.a. 2007), die ergänzt werden müssen durch entsprechende Fortbildungsveranstaltungen.
- Flächendeckende Angebote der dezentralen Lehrerfortbildung, wie sie im Rahmen von SINUS bzw. SINUS-Transfer umgesetzt wurden (vgl. Ostermeyer u.a. 2004). In SINUS/ SINUS-Transfer wurden kooperative Arbeitsformen entwickelt und besonderer Wert auf einen kognitiv aktivierenden, kompetenzorientierten Unterricht gelegt. Am SINUS-Transfer-Projekt beteiligten sich immerhin 13 Länder, so dass für die meisten Schulleitungen auch Ansprechpartner im jeweiligen Land vorlagen. An der gerade begonnenen Weiterführung des SINUS-Grundschul-Projektes beteiligen sich immerhin 11 Länder.
- Forcierung der Auseinandersetzung in den Fachgruppen/Fachkonferenzen mit den Bildungsstandards. Die Standards werden nur dort in den Unterricht einfließen, wo permanent die Beschäftigung mit der Kompetenzorientierung vom Kollegium eingefordert wird.
- Aufforderung an die Lehrkräfte, Eltern kompetent über die Standards und die damit verbundenen Implikationen für Qualitätssicherung und -entwicklung zu informieren. Auch hierfür sind Maßnahmen der Lehrerprofessionalisierung unumgänglich.

Gelingt die breite Umsetzung dieser Maßnahmen, so steigen die Chancen, dass die mit den Bildungsstandards gekoppelten Visionen für einen erfolgreichen Unterricht in den Schulen Realität werden. Bildungsstandards werden aber weitgehend wirkungslos bleiben, wenn der Glaube, allein ihre Überprüfung steigere die Qualität von Unterricht, fortwährt.

Literatur

Alderson, J.C. (2000): Assessing Reading. Cambridge: Cambridge University Press.
American Association for the Advancement of Science (AAAS) (Hrsg.) (1993): Benchmarks for science literacy. Project 2061. New York: Oxford University Press.
Artelt, C./Riecke-Baulecke, T. (2004): Bildungsstandards: Fakten, Hintergründe, Praxistipps. München: Oldenbourg.
Baumert, J./Lehmann, R./Lehrke, M./Schmitz, B./Clausen, M./Hosenfeld, I./Köller, O./Neubrand, J. (1997): TIMSS - Mathematisch-naturwissenschaftlicher Unterricht im internationalen Vergleich. Opladen: Leske + Budrich.
Baumert, J./Bos, W./Lehmann, R. (Hrsg.) (2000a): Dritte Internationale Mathematik- und Naturwissenschaftsstudie: Mathematische und naturwissenschaftliche Bildung am Ende der Schullaufbahn. Bd. 2: Mathematische und physikalische Kompetenzen am Ende der gymnasialen Oberstufe. Opladen: Leske + Budrich.
Baumert, J./Bos, W./Lehmann, R. (Hrsg.) (2000b): Dritte Internationale Mathematik- und Naturwissenschaftsstudie: Mathematische und naturwissenschaftliche Bildung am Ende der Schullaufbahn. Bd. 1: Mathematisch-naturwissenschaftliche Grundbildung am Ende der Pflichtschulzeit. Opladen: Leske + Budrich.
Baumert, J./Roeder, P.M./Gruehn, S./Heyn, S./Köller, O./Rimmele, R./Schnabel, K. (1996): Bildungsverläufe und psychosoziale Entwicklung im Jugendalter (BIJU). In: Treumann, K.-P./Neubauer, G./Möller, R./Abel, J. (Hrsg.): Methoden und Anwendungen empirischer pädagogischer Forschung. Münster: Waxmann, S. 170–180.
Becker, G./Bremerich-Vos, A./Demmer, M./Maag-Merki, K./Priebe, B./Schwippert, K./Stäudel, L./Tillmann, K.-J. (Hrsg.) (2005): Standards: Unterrichten zwischen Kompetenzen, zentralen Prüfungen und Vergleichsarbeiten. Friedrich Jahresheft XXIII. Velber: Friedrich Verlag.
Benner, D./Krause, S./Nikolova, R./Pilger, T./Schluß, H./Schieder, R./Weiß, T./Willems, J. (2007): Ein Modell domänenspezifischer religiöser Kompetenz. Erste Ergebnisse aus dem DFG-Projekt RU-Bi-Qua. In: Benner, D. (Hrsg.): Bildungsstandards: Chancen und Grenzen, Beispiele und Perspektiven. Paderborn: Schöningh, S. 141–156.
Bloom, B.S. (1976): Human characteristics and school learning. New York: McGraw Hill.
Blum, W. (2006): Einführung. In: Blum, W./Drüke-Noe, C./Hartung, R./Köller, O. (Hrsg.): Bildungsstandards Mathematik konkret. Sekundarstufe I: Aufgabenbeispiele, Unterrichtsideen und Fortbildungsmöglichkeiten. Berlin: Cornelsen/Scriptor, S. 14–32.
Blum, W./Drüke-Noe, C./Hartung, R./Köller, O. (Hrsg.) (2006): Bildungsstandards Mathematik konkret. Sekundarstufe I: Aufgabenbeispiele, Unterrichtsideen und Fortbildungsmöglichkeiten. Berlin: Cornelsen/Scriptor.
Bos, W./Lankes,. E.-M./Prenzel, M./Schwippert, K./Walther, G./ Valtin, R. (Hrsg.) (2003): Erste Ergebnisse aus IGLU. Schülerleistungen am Ende der vierten Jahrgangsstufe im internationalen Vergleich. Münster: Waxmann.
Bos, W./Hornberg, S./Arnold, K.-H./Faust, G./Fried/L./Lankes, E.-M./Schwippert/K./Valtin, R. (2007): IGLU 2006. Lesekompetenzen von Grundschulkindern in Deutschland im internationalen Vergleich. Münster: Waxmann.
Deutsche Gesellschaft für Geographie (2007): Bildungsstandards im Fach Geographie für den Mittleren Schulabschluss mit Aufgabenbeispielen. Berlin: DGfG.
Deutsches PISA-Konsortium (2001): PISA 2000. Basiskompetenzen von Schülerinnen und Schülern im internationalen Vergleich. Opladen: Leske + Budrich.
Deutsches PISA-Konsortium (2002): PISA 2000. Die Länder der Bundesrepublik Deutschland im Vergleich. Opladen: Leske + Budrich.
Deutsches PISA-Konsortium (2004): PISA 2003: Der Bildungsstand der Jugendlichen in Deutschland – Ergebnisse des zweiten internationalen Vergleichs. Münster: Waxmann.
Elley, W.B. (1994): The IEA study of reading literacy: Achievement and instruction in thirty-two school systems. Oxford: Elsevier.
Europarat (2001): Gemeinsamer europäischer Referenzrahmen für Sprachen: lernen, lehren, beurteilen. Berlin: Langenscheidt.
Freudenthal, H. (1983): Didactical phenomenology of mathematical structures. Dordrecht: Reidel.
Green, J.P./Winters, M.A./Forster, G. (2003): Testing high stakes tests: Can we believe the results of accountability tests? Civic Report. New York: Center for Civic Innovation.
Isaac, K./Halt, A.C./Hosenfeld, I./Helmke, A./Groß Ophoff, J. (2006): VERA: Qualitätsentwicklung und Lehrerprofessionalisierung durch Vergleichsarbeiten. In: Die Deutsche Schule 98, S. 107–110.
Jäger, A.O./Süß, H.-M./Beauducel, A. (1997): Berliner Intelligenzstruktur - Test. Form 4. Göttingen: Hogrefe.
Kintsch, W. (1998): Comprehension. Cambridge: Cambridge University Press.
Klieme, E. (2004): Zur Entwicklung nationaler Bildungsstandards. Grundpositionen einer Expertise. In: Fitzner, T. (Hrsg.): Bildungsstandards. Internationale Erfahrungen – Schulentwicklung – Bildungsreform. Bad Boll: Evangelische Akademie, S. 256–265.

Klieme, E./Avenarius, H./Blum, W./Döbrich, P./Gruber, H./ Prenzel, M./Reiss, K./Riquarts, K./Rost, J./Tenorth, H.-E./ Vollmer, H.J. (2003): Zur Entwicklung nationaler Bildungsstandards: Eine Expertise. Berlin: Bundesministerium für Bildung und Forschung.
KMK (2004): Bildungsstandards für die erste Fremdsprache (Englisch/Französisch) für den Mittleren Schulabschluss. München: Luchterhand.
KMK (2006): Gesamtstrategie der Kultusministerkonferenz zum Bildungsmonitoring. München: Luchterhand.
Köller, O. (1998): Zielorientierungen und schulisches Lernen. Münster: Waxmann.
Köller, O. (2008): Bildungsstandards – Verfahren und Kriterien bei der Entwicklung von Messinstrumenten. In: Zeitschrift für Pädagogik 54, S. 163–173.
Köller, O./Watermann, R./Trautwein, U./Lüdtke, O. (2004): Wege zur Hochschulreife in Baden-Württemberg. TOSCA – Eine Untersuchung an allgemein bildenden und beruflichen Gymnasien. Opladen: Leske + Budrich.
Koretz, D. (2002): Limitations in the use of achievement tests as measures of educators' productivity. In: Journal of Human Resources 37, S. 752–777.
Koretz, D./Barron, S.I. (1998): The Validity of Gains on the Kentucky Instructional Results Information System (KIRIS). Santa Monica: RAND.
Lam, T.C.M. (2004): Issues and strategies in standards-based school reform: The Canadian experience. In: Fitzner, T. (Hrsg.): Bildungsstandards. Internationale Erfahrungen – Schulentwicklung – Bildungsreform. Bad Boll: Evangelische Akademie, S. 103–149.
Leiß, D./Blum, W. (2006): Beschreibung zentraler mathematischer Kompetenzen. In: Blum, W./Drüke-Noe, C./Hartung, R./Blum, W. (Hrsg.): Bildungsstandards Mathematik konkret. Sekundarstufe I: Aufgabenbeispiele, Unterrichtsideen und Fortbildungsmöglichkeiten. Berlin: Cornelsen/Scriptor, S. 33–50.
National Council of Teachers of Mathematics (NCTM) (2000): Professional standards for school mathematics. Reston, VA: NCTM.
National Research Council (NRC) (Hrsg.) (1995): National science education standards. Washington, DC: National Academy Press.
Oelkers, J./Reusser, K. (2008): Qualität entwickeln – Standards sichern – mit Differenz umgehen. Eine Expertise. Berlin: BMBF.
Ostermeier, C./Carstensen, C.H./Prenzel, M./Geiser, H. (2004): Kooperative unterrichtsbezogene Qualitätsentwicklung in Netzwerken: Ausgangsbedingungen für die Implementation im BLK-Modellversuchsprogramm SINUS. In: Unterrichtswissenschaft 32, S. 215–237.
Rost, J. (2004[2]): Lehrbuch Testtheorie/Testkonstruktion. Bern: Huber.
Rupp, A.A./Vock, M./Harsch, C./Köller, O. (2008): Developing standards-based assessment tasks for English as a first foreign language – Context, processes, and outcomes in Germany. Münster: Waxmann.
Scheerens, J. (2004): The formative implications of standards. In: Fitzner, T. (Hrsg.): Bildungsstandards. Internationale Erfahrungen – Schulentwicklung – Bildungsreform. Bad Boll: Evangelische Akademie, S. 202–219.
Scheerens, J. (2008): Review and meta-analyses of school and teaching effectiveness. Berlin: BMBF.
Stecher, B.M./Barron, S.I. (1999): Quadrennial Milepost Accountability Testing in Kentucky. CSE Technical Report No. 505. Los Angeles: Center for the Study of Evaluation, University of California.
Tenorth, H.-E. (2001): Englisch: Ein Kerncurriculum, seine Notwendigkeit und seine Gestalt – Zusammenfassung. In: Tenorth, H.-E. (Hrsg.): Kerncurriculum Oberstufe. Mathematik – Deutsch –Englisch. Expertisen im Auftrag der Ständigen Konferenz der Kultusminister. Weinheim: Beltz, S. 156–161.
Tesch, B./Leupold, E./Köller, O. (Hrsg.) (2008): Bildungsstandards Französisch konkret. Sekundarstufe I: Aufgabenbeispiele, Unterrichtsideen und Fortbildungsmöglichkeiten. Berlin: Cornelsen/Scriptor.
Walther, G./van den Heuvel-Panhuizen, M./Granzer, D./Köller, O. (Hrsg.) (2007): Bildungsstandards für die Grundschule: Mathematik konkret. Berlin: Cornelsen/Scriptor.
Weinert, F.E. (2001): Vergleichende Leistungsmessung in Schulen – Eine umstrittene Selbstverständlichkeit. In: Weinert, F.E. (Hrsg.): Leistungsmessungen in Schulen. Weinheim: Beltz, S. 17–31.
Winter, H. (1995): Mathematikunterricht und Allgemeinbildung. In: Mitteilungen der Gesellschaft für Didaktik der Mathematik 61, S. 37–46.
Wittmann, E.Ch. (2008): Auf die Dosis kommt es an. Die Bedeutung der Bildungsstandards für die Mathematik. Dietlinde Granzer und Sebastian Waack im Gespräch mit Erich Ch. Wittmann. In: Grundschule 4/2008, S. 12–14.
Zimmerman, B. J./Schunk, D. H. (Hrsg.) (2001[2]): Self-regulated learning and academic achievement. Mahwah, NJ: Erlbaum.

Methoden in der Bildungsforschung

Norbert M. Seel | Pablo Pirnay-Dummer | Dirk Ifenthaler

Quantitative Bildungsforschung

Ausgehend von internationalen Vergleichsuntersuchungen wie zum Beispiel PISA, TIMMS, PIRLS etc. gibt der Beitrag einen Überblick über die Methodologie und Methodik der empirischen Bildungsforschung. Im Vordergrund steht zunächst die Beschreibung der Versuchsplanung und des Designs von Untersuchungen, dann werden die prominenten Verfahren der Datengewinnung thematisiert. In diesem Zusammenhang wird der Blick auf meta-analytisch gewonnene Erkenntnisse in Bezug auf theoretische Konstrukte und Variablen der Bildungsforschung geworfen.

Unter der Annahme, dass Effekte dieser Variablen üblicherweise auf differenten Ebenen zu beobachten sind, wird die Methodik der Mehrebenenanalyse als das den Zielsetzungen der quantitativen Bildungsforschung angemessenste Verfahren beschrieben und diskutiert. In diesem Zusammenhang wird auch der Stellenwert von Längsschnitt- und Replikationsstudien für die Bildungsforschung thematisiert. Auf der Grundlage der Verfügbarkeit der Analyseinstrumente zur genaueren Beschreibung wird das Design-Experiment im Hinblick auf die quantitative Bildungsforschung eingeführt und diskutiert.

1 Einleitung

Vor dem Hintergrund internationaler Vergleichsstudien (z.B. TIMSS, PISA, ALL, IALS, PIRLS) wird vermehrt auf Kompetenzen zur Unterstützung von Lernen und Problemlösen in unterschiedlichen Kontexten hingewiesen (vgl. u.a. Prenzel u.a. 2004, 2005; Klieme/Baumert 2001; Klieme/Leutner/Wirth 2005). Eine nachhaltige Optimierung der quantitativen empirischen Diagnose von Kompetenzen ist für eine sukzessive Weiterentwicklung des Bildungswesens unausweichlich.

Zielsetzung der quantitativen Bildungsforschung und die Art der Interpretation ihrer Ergebnisse können gut am Beispiel internationaler Vergleichsuntersuchungen am Ende der Pflichtschulzeit (z.B. PISA, TIMMS) und bei Erwachsenen (z.B. ALL, IALS) verdeutlicht werden. Weitere Vergleichsstudien (IGLU/PIRLS) leisten einen großen Beitrag für eine umfassende Auseinandersetzung mit empirisch gewonnenen Daten im Bildungsbereich und bewirkten zusätzlich eine selbstkritische Reflektion des aktuellen Bildungssystems (vgl. Prenzel 2005). Insbesondere den mathematisch-naturwissenschaftlichen Fächern wird große Aufmerksamkeit zuteil, da durch die gewonnenen quantitativen Ergebnisse die Diskrepanz zwischen den Zielen und Ansprüchen des Bildungssystems und der tatsächlich festgestellten Performanz deutlich sichtbar wurde. Die Erkenntnisse dieser Vergleichsuntersuchungen haben eine breite Diskussion angeregt, was die Schule zu Beginn des 21. Jahrhunderts tun kann, um einen besseren und effektiveren Unterricht anzubieten.

Dem ist zunächst entgegenzuhalten, dass z.B. die TIMSS-Befunde deutschen Schülern weitgehend schulformunspezifische Leistungsschwächen und Bildungsdefizite im mathematischen und naturwissenschaftlichen Bereich attestieren (vgl. Baumert u.a. 1997). Aufgrund ihres querschnittlichen Vergleichs geben die Ergebnisse jedoch kaum Auskünfte zu Bildungsverläufen und deren Zusammenhang mit inneren und äußeren Bedingungen des Bildungssystems. Überdies wird ein relativ enges Verständnis von Bildung als Verbesserung der schulischen Leistungen zugrunde gelegt. Weiterhin gründet TIMSS untersuchungsmethodisch auf der Annahme, dass Schüler in Gruppen von Gleichaltrigen lernen und Schulklassen differenter Schulsysteme angehören. Die Zugehörigkeit zu diesen Organisationseinheiten ist inklusiv, gleichwohl werden ihre Auswirkungen auf individuelle Bildungsverläufe auf getrennten Ebenen ermittelt. Damit reiht sich TIMSS in die Modelle der Bildungsforschung ein, die auf transnationalen Vergleichen gründend weitergehende Vergleiche von Schulsystemen, Schulformen und Schulklassen zielen und sich dabei in erster Linie auf Primäranalysen quantitativer und qualitativer Daten stützen.

Bis zu den 1980er Jahren wurden in der Bildungsforschung solche Primäranalysen quantitativer Daten durch Sekundäranalysen von Daten sowie narrative Kommentare und Abhandlungen zu vorliegenden Untersuchungen ergänzt, die keinen Anspruch auf eine quantifizierende Zusammenfassung erhoben. Dann traten zwei Entwicklungen in der Bildungslandschaft ein, die unterschiedliche Anforderungen an die empirische Forschung stellten:

- Schulreformen, die innovative Bildungsprogramme mit sich brachten und
- die Entwicklung neuartiger Forschungsinstrumente, die gewährleisteten, die Effekte von Bildungsmaßnahmen zu evaluieren und zugleich der Komplexität der individuellen Bildungsverläufe gerecht zu werden.

Vor diesem Hintergrund ist auch TIMSS zu sehen und tatsächlich zeigt eine weitergehende Analyse, dass dieser Studie auf nationaler Ebene eine Rahmenkonzeption zugrunde lag, die Schülerleistungen in diverse curriculare Kontexte einbettete, die ihrerseits mit dem gesellschaftlichen Umfeld, dem lokalen Umfeld und dem persönlichen Hintergrund der Schüler als Komplexionen von Einflussgrößen verknüpfbar sind (vgl. Baumert/Bos/Watermann 1999). Damit entspricht diese Rahmenkonzeption hierarchisch linearen Modellen der Datenanalyse, was freilich bei den Berichten über die deskriptiven Ergebnisse von TIMSS kaum mehr erkennbar wird. Für diese gilt wie für die empirische Bildungsforschung allgemein, dass es trotz einer Fülle an Daten, die den sozialen Hintergrund und schulische Einflüsse auf individuelle Bildungsverläufe abdecken sollen, nur begrenzt gelingt, theoretisch begründete Erklärungen für den Erfolg oder Misserfolg von Bildungsprogrammen zu geben. Dies hat nicht nur eine Ursache in der häufig unzureichenden theoretischen Fundierung der Indikatoren für Bildungsverläufe und -effekte, sondern auch darin, dass hierarchische Daten unter Ignorierung ihrer Mehrebenenstruktur analysiert werden, was nach Ditton (1998) zu gravierenden Interpretationsfehlern, unter Umständen sogar zu völliger Unbrauchbarkeit der erhobenen Daten führen kann.

Während *Mehrebenenanalysen* im deutschen Raum selten zu finden sind – obwohl sie auch hier seit langem thematisiert werden (vgl. Achtenhagen 1981; Treiber 1980) – gehören sie in der internationalen Forschung längst zum Standardrepertoire (vgl. Cheung u.a. 1990; Raudenbush 1988). Mittlerweile liegen verschiedene Software-Pakete vor, die es gestatten, die statistischen Verfahren der Mehrebenenanalyse ohne großen Rechenaufwand durchzuführen. Ihr entscheidender Vorteil liegt darin, Bildungseffekte, die von Individuen als Handlungsträgern, von der

Familie und von Bezugsgruppen, Schulklassen, sozialen Milieus usw. ausgehen, in *einem* Modell zu erfassen und aufeinander zu beziehen. Dies als Ziel der quantitativen Bildungsforschung begreifend stellt der folgende Beitrag die Mehrebenenanalyse in den Mittelpunkt, wobei der Natur dieser Analyse entsprechend auch auf Längsschnitt- und Replikationsuntersuchungen einzugehen ist.

2 Methodologie und Methodik der quantitativen Bildungsforschung

Die Bildungsforschung hat in den letzten Jahrzehnten ein Verständnis des pädagogischen Handelns in Theorie und Praxis entwickelt, das Bildungs- und Sozialisationsprozesse in einem sowohl institutionalisierte wie außerinstitutionelle Erziehung und Sozialisation umfassenden Sinne zum Gegenstand hat. Als Leitidee und Aufgabe wird die Entwicklung, Vermittlung und Anwendung erziehungswissenschaftlicher Erkenntnis mit dem Ziel der Optimierung von Bildungsverläufen betrachtet, wobei die Effektivität des Handelns in der Verfolgung dieses Optimierungsziels als abhängig von den *normativen Voraussetzungen* (wissenschaftsinterne und -externe Standards, Relevanzkriterien), den *theoretischen Voraussetzungen* (theoretisch-empirische Modelle, Hypothesen) und den *methodischen Voraussetzungen* (Verfahren der Datengewinnung und -auswertung) beurteilt wird. Zusammen genommen resultiert daraus folgendes Schema der sozialwissenschaftlichen Methodik:

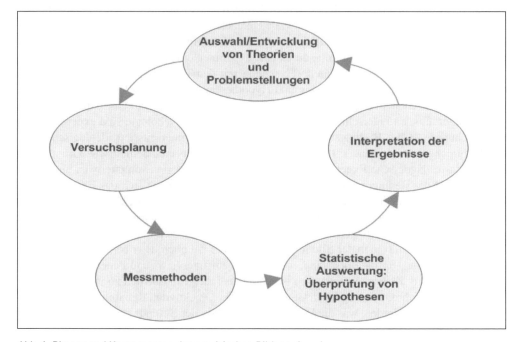

Abb. 1: Phasen und Komponenten der empirischen Bildungsforschung

Start- und Zielpunkt ist eine bedeutsame Problemstellung, zu deren Lösung eine empirische Untersuchung im Bildungsbereich beitragen soll. Engt man Bildung auf den Aspekt des Lehrens und Lernens ein, so besteht ein zentrales Ziel der empirischen Forschung darin, zu untersuchen, wie effektiv spezifische Lehrmaßnahmen bei den Lernenden Überführungen definierbarer Dispositionen des individuellen Verhaltens und Erlebens sowie des Verarbeitens von Informationen und des Produzierens von Wissen erzielen können (vgl. Seel 2003). Entsprechend sollte eine aussagekräftige Bildungstheorie Annahmen begründen, die genau die Daten antizipieren, die die Verwirklichung eines bestimmten Überführungsmodells unter bestimmten Umständen notwendigerweise produziert. Das ist eine zentrale Aufgabe der Versuchsplanung und des Designs von Untersuchungen.

2.1 Versuchsplanung

Bei der Versuchsplanung sind zwei globale Forschungstypen unterscheidbar: die experimentelle Forschung (Labor- und Feldexperimente) und die ex-post-facto Forschung (Umfrageforschung und Feldstudien). Der wesentliche Unterschied zwischen beiden liegt in der Kontrolle der Ursache-Wirkungs-Bedingungen: Bei einem Experiment verfügt der Forscher über die Möglichkeiten der Kontrolle der relevanten Variablen, bei der ex-post-facto Forschung muss er die Dinge so nehmen, wie sie sind. Er kann – wie im Falle des Zusammenhangs zwischen Lungenkrebs und Zigarettenkonsum – nur mehr oder weniger überzeugende Schlussfolgerungen aus vorliegenden Beobachtungen ziehen. Viele Untersuchungen im Bereich der Bildungsstatistik über den Zusammenhang zwischen Schulleistungen und Variablen wie z.B. Geschlecht, soziales Milieu, Bildungsniveau, aber auch viele Untersuchungen der Bildungssoziologie haben ex-post-facto Charakter. Die Vorteile liegen auf der Hand, insofern viele bildungstheoretisch relevante Variablen sich der Kontrolle durch eine experimentelle Variation entziehen.

Andererseits wird die experimentelle Forschung seit den Tagen Lays (1912) als das differenzierteste Mittel zur Datengewinnung und Hypothesenprüfung in der Pädagogik herausgestellt, wobei zwischen strengen experimentellen und weniger strengen quasi-experimentellen Versuchsanordnungen unterschieden wird. Anders als in der Psychologie sind experimentelle Untersuchungen in der Bildungsforschung eher selten, was einerseits auf ideologische Einwände zurückgeht (vgl. Klauer 1973), andererseits aber auch methodologische Gründe hat, insofern das pädagogische Experiment mit den klassischen Kriterien von internaler und externaler Validität der Bedingungskontrolle dann nicht auskommt, wenn sich das Experiment an Realitätsausschnitten orientiert, die mit der üblichen Erziehungs- und Bildungspraxis nichts zu tun haben. Im Unterschied zu experimentellen Anordnungen erlauben quasi-experimentelle Untersuchungen eine weitgehende Kontrolle der externalen Validität (vgl. Cook/Campbell 1979); gleichwohl sind sie in der Bildungsforschung eher unüblich. Hier bemüht man in erster Linie Verfahren der Umfrageforschung, wobei gerne auf Interview- und Panel-Techniken zurückgegriffen wird. Kritisch anzumerken ist, dass dabei die grundsätzlich an jedes Mess- und Beobachtungsverfahren anzulegenden Gütekriterien der Objektivität, Reliabilität und Validität häufig nicht geprüft werden, was die Verallgemeinerbarkeit der Befunde stark einschränkt.

2.2 Messmethoden und Datengewinnung

Die quantitative Bildungsforschung arbeitet vorzugsweise mit objektiven Tests, Skalen und Fragebögen. Bei TIMSS/III beispielsweise wurden objektive Leistungstests eingesetzt, die unter Nutzung der probabilistischen Testtheorie (IRT-Skalierung) konstruiert wurden, um das am Ende der Sekundarstufe II erreichte Niveau der mathematisch-naturwissenschaftlichen Grundbildung zu messen. In anderen Einzeluntersuchungen von TIMSS wurden auch Fragebögen zur Messung von Schülerinteressen, Selbstvertrauen und Beteiligung am Unterricht eingesetzt (vgl. Keller 1998).

Bis Anfang der 1980er Jahre lag der Schwerpunkt der empirischen Sozialforschung in der Festlegung der methodischen Standards, wobei es vordringlich auch darum ging, der experimentellen Forschung probate Verfahren der ex-post-facto Forschung gegenüberzustellen. Die bis dahin vorherrschenden objektiven Tests und Schätzskalen wurden zunehmend durch Interviews sowie Verhaltensbeobachtungen und Dokumenten- bzw. Inhaltsanalysen ergänzt. Als Folge konnte Shulman (1981) ein Bild der Bildungsforschung zeichnen, in dem quantitative und qualitative Methoden gleich stark vertreten waren. Demgegenüber bevorzugt man heute vielfach qualitative Verfahren, allerdings ohne die damit einhergehenden Probleme der Datengewinnung und -auswertung zufriedenstellend gelöst zu haben (vgl. Leutner 1999).

Quantitative Bildungsforschung ist aufs engste mit dem Messen als einem Zuordnen von Zahlen zu Objekten verbunden, so dass bestimmte Relationen zwischen den Zahlen analoge Relationen zwischen den Objekten reflektieren. Man spricht auch davon, dass Objekte eines empirischen Relativs derart in ein numerisches Relativ abgebildet werden, dass Eigenschaften der Zahlen isomorph zu Eigenschaften der Objekte sind. Dann dienen die Eigenschaften des Zahlensystems als Modell für Eigenschaften der Objekte. Die Angemessenheit eines solchen Modells muss stets empirisch geprüft werden, indem angegeben wird, welche Eigenschaften der Zahlen in einem gegebenen Fall einen empirischen Sinn haben. Im Hinblick darauf unterscheidet man vier Skalenniveaus oder Typen von Skalen, die verschiedenartige sinnvolle Aussagen über das empirische Relativ und statistische Verfahren erlauben.

Skalenniveau	Sinnvolle Aussagen	Statistiken	Beispiele
Nominal	Gleichheit	Frequenzstatistik	Namen
	Verschiedenheit	Chi^2, Vierfelderkoeffizient	Schulnoten
Ordinal	größer – kleiner	Median, Quartil	Härteskala
	mehr – weniger	Rangkorrelation	Notenskala Testrohwerte
Intervall	Gleichheit von Intervallen und Unterschieden	Mittelwert, Standardabweichung, Produkt-Moment Korrelation	Kalenderzeit, Standardtest-Scores
Verhältnis	Gleichheit von Summen, Vielfachen und Quotienten	geometrisches Mittel, Variabilitäts-Koeffizient	Länge, Gewicht, Zeitintervalle

Die bis jetzt angesprochenen theoretischen Grundlagen des Messens sind für alle Wissenschaften die gleichen und es sollte vermieden werden, die Vorstellungen vom Messen zu sehr von den Geräten und Instrumenten leiten zu lassen, die in der Physik das Messen begleiten. Dies wäre deshalb unangebracht, da das Einzige, was die verschiedenen Wissenschaften hinsichtlich des Messens gemeinsam haben, die Skalenniveaus und deren formale Eigenschaften sind. Darüber hinaus entwickelt jede Wissenschaft die Strategien und Techniken, mit denen sie ihre Messprobleme meistern kann.

Kein Mensch kann unmittelbar beobachten, wie ein anderer Mensch lernt, wie laut dieser einen Ton wahrnimmt, wie sehr er jemanden liebt usw. Gewöhnlich erfährt man darüber nur in Form verbaler Äußerungen oder beobachtbarer Verhaltensweisen, die als Indikatoren für das Nichtbeobachtbare betrachtet werden. Daher sind die Daten, auf denen in der Bildungsforschung das Messen beruht, üblicherweise verbale Urteile von Personen, aus denen die wahre Ausprägung der dahinterliegenden, nicht direkt beobachtbaren Reaktionen erschlossen werden muss. Nach der Form, in der eine Person über ihre Reaktionen Auskunft gibt, sind zwei Hauptgruppen von Skalierungsmethoden unterscheidbar:

Die in den Sozialwissenschaften eher seltenen direkten Methoden, bei denen die Person über das Ausmaß einer Reaktion in Form eines quantitativen Urteils Auskunft gibt, was voraussetzt, dass die urteilende Person unmittelbar über ein ‚inneres' Messmodell verfügt:

- Indirekte Methoden, bei denen das Ausmaß einer Reaktion mittels bestimmter Antwortkategorien (ja – nein, mehr – weniger) mitgeteilt wird, denen zunächst kein numerischer Wert zugeordnet ist. Ein solcher resultiert erst aus der Anwendung eines ‚von außen' angelegten Messmodells.
- Bei den indirekten Urteilsmethoden besteht das vorgegebene Reaktionsschema häufig aus Zahlen (z.B. von 1 bis 7), die zur Differenzierung der Ausprägung einer Reaktion verwendet werden sollen. Bei der Methode der gleich erscheinenden Intervalle beispielsweise sortiert die Person ihre Reaktionen in Klassen, die durch Zahlen bezeichnet sind und es wird angenommen, dass nicht nur deren Ordnung, sondern auch die Differenzen zwischen ihnen empirischen Sinn haben. D.h. die Zahlen müssen für die Person einen subjektiven Wert haben, der sie dem Ausmaß einer bestimmten Reaktion vergleichbar macht. Weiterhin muss der zur Verfügung gestellte Zahlenbereich so justiert werden, dass er der Differenzierung zwischen der stärksten und schwächsten Reaktion entspricht. Aus messtheoretischer Sicht wird dabei die Frage virulent, ob der subjektive Wert und die arithmetische Bedeutung der Zahl, mit der die Person urteilt, identisch sind. Mit diesem fundamentalen messtheoretischen Problem befassen sich Bildungsforscher, selbst wenn sie extensiv mit Skalen arbeiten, aber eher selten. Oft entwerfen sie ihre Fragebögen, Rating-Skalen, semantischen Differentiale ad hoc und legen der Gewinnung der numerischen Daten weder ein geeignetes Messmodell zugrunde noch nehmen sie eine explizite Kontrolle von Reliabilität und Validität der Messungen vor.

Quantitative Daten treten in der Bildungsforschung in zwei Grundformen auf: als Häufigkeiten diskreter Variablen und als Messwerte kontinuierlicher Variablen. In beiden Fällen kann die angezielte Abbildung vom empirischen Relativ in ein numerisches Relativ als Funktion verstanden werden: Bei diskreten Variablen (wie Geschlecht, Religion, Schichtzugehörigkeit usw.) als

$$f = \{ (x, y) \mid x \text{ ist Element von X und y ist entweder 1 oder 0},$$
$$\text{je nachdem, ob x die Eigenschaft M besitzt oder nicht}\}.$$

Um die Häufigkeit der Objekte mit dem Merkmal M festzustellen, muss lediglich die Anzahl der Objekte mit diesem Merkmal gezählt werden. Die gleiche Überlegung wird auch bei kontinuierlichen Variablen angestellt, aber es ändert sich die Funktion in der Weise, dass sie den Objekten reelle Zahlen zuschreibt:

$$f = \{(x, y) \mid x \text{ ist ein Objekt und } y \text{ ist eine reellwertige Zahl} \}.$$

Ausgangspunkt der weiterführenden statistischen Analyse sind für beide Variablentypen die Häufigkeitsverteilungen der gemessenen Merkmale, was deren Zusammenfassung in Kategorien voraussetzt.

2.3 Statistische Verfahren der Datenauswertung

Das Kategorisieren von Merkmalen der Untersuchungsobjekte wird als der erste Schritt in jeder Datenanalyse begriffen, wobei die Kategorien, nach denen die Daten geordnet werden, in Entsprechung mit dem Forschungsproblem und den Forschungszielen gebildet werden. Dies kann am Beispiel der Sozialisationsforschung der 1960er Jahre illustriert werden, die unter der Annahme, dass die Position sozialer Gruppen in der vertikalen Dimension sozial-ökonomischer Herrschaftsbeziehungen großen Einfluss auf das Sozialverhalten der Gruppenmitglieder ausübt, zu einer Klassifizierung von Schichten gelangte, die auf der gesellschaftlichen Struktur gründen und für erkennbare Defizite in der Sozialisation als verantwortlich betrachtet wurden. In Fortführung dieser Tradition unterscheidet die empirische Sozialforschung heutzutage verschiedenartige soziale Milieus. Auf ihnen gründen Autoren (z.B. Barz 2000) die Beschreibung „prägender Bildungserfahrungen" von Personen in der Aus- und Weiterbildung. Für deren Charakterisierung werden selbstverständlich noch andere Kategorien verwendet, auf die hier aber nicht weiter eingegangen werden kann.

Auf den Merkmalskategorien von Untersuchungsobjekten operieren verschiedenartige Verfahren der Datenanalyse zur Berechnung zentraler Tendenzen und Streuungen sowie der Beziehungen und Zusammenhänge zwischen Variablen. Darüber hinausgehend werden Profilanalysen und multivariate Analysen von Merkmalsausprägungen durchgeführt. Jedes Verfahren hat dabei zwei Seiten: eine statistische und eine algebraische. Bei der ersten sind wiederum zwei Ebenen unterscheidbar: die beschreibende Statistik und die Prüfstatistik. Zweck der beschreibenden Statistik ist es, Stichproben durch Angabe quantitativer Kennwerte (z.B. Mittelwerte, Streuungen, Korrelationskoeffizienten) zu charakterisieren. Zweck der Prüfstatistik ist die Berechnung der Wahrscheinlichkeit, inwieweit der statistische Wert aus einer Stichprobe (z.B. arithmetisches Mittel, Standardabweichung) für bestimmte Populationsparameter (z.B. Erwartungswert, Varianz) repräsentativ ist. Tatsächlich unterscheidet sich die statistische Methodik z.B. von dem kasuistischen Vorgehen vor allem im Hinblick auf den Geltungsanspruch der gewonnenen Daten. Während die Kasuistik die Besonderheiten eines einzelnen Objektes darstellt, erhebt die statistische Methodik Anspruch auf Allgemeingültigkeit ihrer Aussagen. So liegt auch ein Hauptziel der quantitativen Bildungsforschung darin, etwas über eine große Gruppe von Menschen (Population) herauszufinden, indem Beobachtungen an einer relativ kleinen Gruppe (Stichprobe) vorgenommen werden. Die statistischen Kennwerte werden zur Beantwortung theoretisch bedeutsamer Fragestellungen herangezogen, die sich entweder auf das Schätzen der unbekannten Populationsparameter der Merkmalsausprägungen oder auf die statistische Prüfung von Hypothesen hinsichtlich der Verteilung von Eigenschaften in Personengruppen beziehen. Die zweite Seite der Datenanalyse – die algebraische – betrifft die Reduktion einer Anordnung von Zahlen zu ganz bestimmten Formen und nach ganz bestimmten Regeln. Darauf soll hier nicht näher eingegangen werden. Festzuhalten ist lediglich, dass die algebraischen Techniken für die Maximierung von Größen typisch sind, während die statistischen Verfahren typisch für Parameterschätzungen sind und, da sie auf Stichprobenergebnissen gründen, bis zu einem gewissen Grade vom Zufall abhängig und mit einem Fehler behaftet sind.

Die Größe dieses (Stichproben-)Fehlers lässt sich empirisch und theoretisch bestimmen, wobei das aufwendigere empirische Verfahren darauf beruht, dasselbe Merkmal wiederholt und unabhängig voneinander zu messen. Identische oder sehr ähnliche Werte deuten auf einen kleinen Stichprobenfehler hin. Indem Stichprobenbefunde mehrfach unter gleichen Bedingungen ermittelt werden, kann man sie auch zur Schätzung der entsprechenden Populationsparameter verwenden, indem z.B. für die Mittelwerte von k Zufallsstichproben als Schätzwerte für den Erwartungswert µ der Population mit einem Stichprobenfehler e_i verwendet werden. Auf diesem Grundprinzip der wiederholten Messung in Zufallsstichproben gründet auch die theoretische Bestimmung des Stichprobenfehlers, die auf der Annahme beruht, dass bei sehr vielen Stichproben, von denen jede eine ausreichende Größe ($n > 30$) aufweist, die Verteilung der Stichprobenmittelwerte der Normalverteilung (und bei $n < 30$ der Binomialverteilung) entspricht, Vertrauensgrenzen für den Standardfehler des Mittelwertes bestimmt und entsprechende statistische Hypothesen geprüft werden können.

Die empirische Bildungsforschung unserer Tage zeichnet sich durch eine große Heterogenität der Qualität der statistischen Auswertung von Daten aus: Auf der einen Seite findet man simple Häufigkeits- und Prozentwertverteilungen von Daten ohne weitergehende inferenzstatistische Prüfung, auf der anderen Seite werden hochspezialisierte statistische Verfahren (z.B. Multiple Regressionsanalysen, Pfadanalysen) verwendet, um die Effekte von Sozialisations- und Bildungsvariablen in ihre relativen Anteile zu zerlegen. Letzteres ist freilich selten zu beobachten, da die meisten Bildungsforscher sich mit der statistischen Beschreibung von Daten begnügen und die Prüfstatistik auf quantitative Merkmale beschränken. Dem ist entgegen zu halten, dass sich die obigen Ausführungen zur Parameterschätzung und Prüfung von Hypothesen der Zugehörigkeit von Stichproben zu einer Population auch auf qualitative Merkmale beziehen, von denen nur die Häufigkeiten bekannt sind. In diesem Falle sind Stichprobenverteilungen von Prozentwerten zu verwenden, um den Standardfehler und die Vertrauensintervalle für statistische Schlüsse zu bestimmen. Auch in diesem Falle dient die Prüfstatistik dazu, festzustellen, ob sich Kennwerte von Stichproben zufällig unterscheiden oder auf systematische Unterschiede in den gemessenen Eigenschaften zurückzuführen sind. Ein nicht mehr zufälliger, also ‚echter' Unterschied zwischen zwei Personengruppen liegt vor, wenn ihre Kennwerte so stark voneinander abweichen, dass sie zur Schätzung verschiedener Parameter führen. Über die Prüfverfahren für quantitative und qualitative Merkmale informiert jedes Statistiklehrbuch.

2.4 Interpretation der Daten

Insofern es das Ziel der Bildungsforschung ist, ihre Daten und Befunde auf Personen und Situationen zu verallgemeinern, die in einer Untersuchung an einer Stichprobe nicht enthalten waren oder sein konnten, muss sich der Bildungsforscher sorgfältig überlegen, welcher Population die Stichproben entstammen und für welche Situationen die Untersuchung repräsentativ sein soll. Folgende Fragen werden aufgeworfen: Kann man erwarten, dass Personen, die nicht an der Untersuchung beteiligt waren, die gleichen Eigenschaften aufweisen oder sich unter den Bedingungen eines bestimmten Bildungsprogramms ähnlich verhalten? Können die in einer bestimmten Untersuchungssituation gemachten Beobachtungen auch in anderen Situationen erwartet werden? Diesen Fragen entsprechend wird im Hinblick auf die Validität empirischer Bildungsforschung grundsätzlich zwischen einer Populations- und einer Situationsvalidität unterschieden. Bei der Verallgemeinerung von Beobachtungen und Messungen bei einer Stichprobe auf eine Population sind zwei ‚Sprünge' erforderlich: von der Stichprobe auf die verfügbare Population und dann von dieser auf die eigentlich interessierende Zielpopulation. Der erste Sprung ist eine Angelegenheit der Inferenzstatistik und ergibt normalerweise kein Problem, wenn die Bedingungen der Stichprobengewinnung eingehalten werden. Der zweite Sprung ist mit ungleich mehr Problemen behaftet, da die einzige Grundlage dafür in der genauen Kenntnis der Charakteristika der zu beiden Populationen gehörenden Individuen gegeben ist.

Dies als gegeben vorausgesetzt, besteht das Ziel der Interpretation von Daten in einer theorieangemessenen Klärung der gefundenen Zusammenhänge, womit oft, wie das Beispiel von TIMSS zeigt, weitreichende bildungspolitische und -organisatorische Konsequenzen verknüpft werden, insofern landläufig angenommen wird, dass nun aufgrund der vorliegenden Daten deutlicher zu erkennen wäre, an welchen Punkten eines nationalen Bildungssystems vordringlich und gezielt einzugreifen wäre, um gewünschte Effekte zu erzielen. Achtenhagen (1981) hatte bereits darauf hingewiesen, dass nationale Erhebungen trotz der produzierten Fülle an Daten, die den Einfluss schulischer und außerschulischer Bedingungen auf individuelle Bildungsverläufe belegen sollten, dies nur begrenzt einzulösen vermochten. Dafür hatte dieser Autor drei Gründe genannt, die bis heute gelten: (1) Das Fehlen hinreichend elaborierter Theorien bei der Auswahl der untersuchten Variablen, (2) das Fehlen geeigneter multivariater Verfahren für die statistische Verarbeitung der Daten auf separablen Ebenen und schließlich (3) quasi als Resultat von (1) und (2) eine wenig plausible und eindeutige Interpretation der erzielten signifikanten Ergebnisse. Eine Lösung dieser Defizite und Probleme sah Achtenhagen in der Mehrebenenanalyse, wobei er als deren Dreh- und Angelpunkt die Identifizierung der relevanten Prädiktor- und Kriteriumsvariablen herausstellte(vgl. ebd. 1981).

3   Variablen und Konstrukte der empirischen Bildungsforschung

Für die Feststellung der bildungstheoretisch relevanten Konstrukte und Variablen wird seit Mitte der 80er Jahre das Instrument der Meta-Analyse als bedeutsam herausgestellt (vgl. Hunter/ Schmidt 1991), insofern diese auf die Messung der Stärken von Erziehungs- und Sozialisationseffekten auf der Basis umfassender Forschungssynthesen zielt. Ein für unser Thema relevantes Beispiel bietet die Untersuchung von Wang/Haertel/Walberg (1993), in der den bedeutsamen Bildungs- und Sozialisationsbedingungen nachgespürt wurde, denen man landläufig weit reichende Effekte zuschreibt und die vornehmlich in den gesellschaftlichen Rahmenbedingungen vermutet werden. Aufgrund einer Analyse von 270 Artikeln in wissenschaftlichen Zeitschriften und 91 Meta-Analysen identifizierten Wang und Kollegen insgesamt 224 Variablen, die in 30 Kategorien gruppiert werden konnten, die wiederum unter sechs theoretische Konstrukte subsumierbar waren:

- Bildungspolitik und Schulorganisation (z.B. Maßnahmen der staatlichen Bildungspolitik und Schulverwaltung).
- Familiale und „gemeinschaftliche" Bildungskontexte (z.B. Bedingungen im Elternhaus, soziale Beziehungen der Schüler mit Gleichaltrigen, Anteilnahme der Eltern am schulischen Leben, außerschulische Aktivitäten wie Fernsehen, Lesen usw.).
- Schuldemographie, -kultur, -klima und -praxis (z.B. Vereinbarkeit persönlicher Interessen von Lehrern und Schülern, Beteiligung von Lehrern, Schülern und Eltern bei Entscheidungen usw.).
- Design und Vermittlung des Curriculums und des Unterrichts (z.B. didaktisches Design der Unterrichtslektionen, Lehrmethoden, Lernmaterialien).
- Praktiken im Klassenzimmer (z.B. Art der Umsetzung des Lehrplans, Routinen und Praktiken des Lehrens, effektives Management der Informationsressourcen, Schaffung eines positiven Lern- und Sozialklimas in der Schulklasse).
- Schülermerkmale (z.B. Intelligenz, Motivation, metakognitive Fähigkeiten usw.).

Wang/Haertel/Walberg (1993) legten drei verschiedene Analyseverfahren zugrunde: (a) eine Inhaltsanalyse der Forschungsliteratur zu schulischem Lernen, (b) eine Auswertung von Experten-Ratings und (c) Meta-Analysen von Einzeluntersuchungen. Um für diese drei Datenmengen ein vergleichbares Maß zu erhalten, wurden die Ratings der Inhaltsanalysen, die Experten-Ratings und die gewichteten Korrelationen der Meta-Analysen in z-Werte umgewandelt. Diese wurden dann in T-Werte transformiert ($\mu = 50$, $\delta = 10$), so dass für die genannten Konstrukte folgende T-Werte resultierten:

Theoretisches Konstrukt	Mittlerer T-Wert
Lernermerkmale	54.7
Unterrichtspraktiken	53.3
Kontexte des Elternhauses und der Gemeinde	51.4
Design und Vermittlung von Curriculum und Unterricht	47.3
Schuldemographie, -kultur, -klima, -politik und -praxis	45.1
Staatliche Organisation des Schulwesens	35.0

Quelle: Wang/Haertel/Walburg (1993), S. 270

Zum einen zeigen die T-Werte, dass je unmittelbarer die verschiedenen Umweltbedingungen von den Lernenden erfahren werden, diese auch als bedeutsamer für das Lernen und die individuellen Bildungsverläufe zu beurteilen sind. Zum anderen spiegelt die Rangfolge der T-Werte nichts anderes als eine Inklusion von untergeordneten in übergeordnete Konstrukte wider, was auf die Notwendigkeit einer Mehrebenenanalyse der zugrunde liegenden Daten hinweist.

4 Die Methodik der Mehrebenenanalyse

Uni- und bivariate Analysen von Daten, Häufigkeitsverteilungen und Korrelationskoeffizienten, wie sie in der Bildungsforschung populär sind, mögen in eng begrenzten Untersuchungsfeldern in deskriptiver Hinsicht ausreichen, sie sind aber nicht geeignet, die Komplexität des Bildungsgeschehens sowie Haupt- und Interaktionseffekte der relevanten Variablen zu erfassen. Hierfür sind multivariate Verfahren notwendige Voraussetzung. Darauf hatte bereits Kerlinger (1979) hingewiesen, wobei er die Multiple Regressionsanalyse (MRA) als eine der wichtigsten Methoden der Sozialforschung hervorhob.

In der MRA berechnet man die Regression eines Kriteriums oder einer vorherzusagenden Variable aufgrund der gewichteten Kombination von Prädiktorvariablen, was voraussetzt, dass die Prädiktor- und Kriteriumsvariablen präzise definiert sind. Dann ist es möglich, die im Mittelpunkt der Untersuchung stehende Regression einer Kriteriumsvariable auf bedeutsame Prädiktorvariablen zu maximieren. Die herausragende Eigenschaft der MRA ist ihre Fähigkeit, mit großer Zuverlässigkeit die Komplexität bedingter Beziehungen zwischen Variablen (z.B. Geschlecht, Alter, soziales Milieu, Bildungsniveau) wiederzuspiegeln. Denn im Unterschied zum einfachen experimentellen Paradigma, das von einer Variation in einer Variable X und ihren Effekten auf die abhängige Variable Y bei Konstanthaltung anderer potentieller Einflussvariablen ausgeht, also $Y = f(X)$, gestattet die MRA experimentelle Paradigmen der Form $Y = f(C, D, E, ..., X)$ und stellt den relativen Effekt jeder unabhängigen Variable auf die Kriteriumsvariable Y fest. Darauf baut die Methodologie der Mehrebenenanalyse auf, die als das zur Zeit beste Verfahren zu beurteilen ist, um die Komplexität institutionalisierter Bildungsverläufe zu modellieren und empirisch zu prüfen.

Zur Logik der Mehrebenenanalyse
Eirmbter (1979) definierte die Mehrebenenanalyse als ein Verfahren, das eine Verknüpfung von Daten verschiedener Ebenen sozialer Realität zur Erklärung individueller und kollektiver sozialer Tatbestände vornimmt. Individualdaten und Daten über Kollektive – auf der Ebene sozialer Gruppen, Organisationen, gesellschaftlicher Subsysteme und in interkulturell-vergleichender Forschung auf der Ebene von Gesamtgesellschaften – werden miteinander in Beziehung gesetzt, um den Einfluss der durch die Kollektivmerkmale charakterisierten Umwelten auf Individualleistungen und Individualverhalten zu analysieren" (Eirmbter 1979, S. 710).

Formal stellen Mehrebenenmodelle Methoden für hierarchische Datenstrukturen bereit, die auf der Annahme der Inklusion von untergeordneten in übergeordnete Analyseeinheiten gründen. D.h., eine Menge von Einheiten einer Ebene n konstituiert gemeinsam eine Analyseeinheit auf der Ebene n+1, deren Einheiten wiederum zu einer übergeordneten Ebene n+2 aggregiert werden können. Wie die Aggregierungen der Einheiten auf den verschiedenen Ebenen vorgenommen werden, ist eine Angelegenheit des theoretischen Hintergrunds und der Kategorisierung der Variablen. Dabei spielt es mittlerweile keine Rolle mehr, welche Skalenqualität die Datensätze haben. Sie können aus der Umfrageforschung wie auch aus der Messung mit objektiven Tests und Schätzskalen stammen, ausschlaggebend ist alleine die hierarchische Beziehung der Daten. Mehrebenenanalysen sind bislang mit Erfolg in der Survey-Forschung (Bevölkerungsumfragen) wie auch in struktursoziologischen Untersuchungen angewandt worden. Über ihre effektive Verwendung in der Bildungsforschung informieren Cheung u.a. (1990) und Raudenbush (1988).

Hier liegt das Ziel von Mehrebenenanalysen in der Schätzung von Bildungs- und Sozialisationseffekten sowie der Indikatorisierung von Erklärungsvariablen und deren Verknüpfung mit Effektkriterien. Dazu werden individuelle Bildungsunterschiede auf institutionelle, ökologische und interpersonale Merkmalsklassen innerhalb bestimmter Bildungskontexte bezogen, was mit einer Unterscheidung zwischen der Makro- und Mikroorganisation von Bildung verbunden wird. Über die binnenorganisatorischen Bedingungen von Bildungsverläufen hinausgehend werden außerschulische Erklärungsalternativen berücksichtigt, z.B. Einflüsse des sozialen Milieus, schließlich werden die schulischen und außerschulischen Bildungsbedingungen als temporal geordnet begriffen und es wird eine Prüfung von zeitabhängigen Veränderungen von Bildungseffekten angezielt. Dies hat Treiber (1980) wie folgt dargestellt:

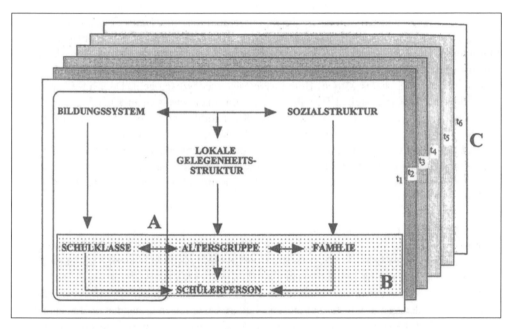

Abb: 2: Problemstellungen für Mehrebenenmodelle individueller Bildungsverläufe (Treiber 1980, S. 358)

A: Hierarchisches Zweistufenschema indirekter Systemeffekte der schulischen Makroebene und direkte Aggregateffekte der intraschulischen Mikroebene.
B: Komplexe Verknüpfung primärer Bildungsbedingungen des Elternhauses, der Schulklasse, der Schülerperson und der Altersgruppe auf verschiedenen Analyseebenen.
C: Zeitreihen von Veränderungen in der strukturellen, kontextuellen und individuellen Bedingungsstruktur institutionalisierter Bildungsverläufe.

Indem bei der Mehrebenenanalyse die Effekte, die von Schülern, dem Elternhaus, Lehrern und Schulen ausgehen, in jeweils einem Modell erfasst und aufeinander bezogen werden, korrespondiert sie mit der Idee des ökologischen Experiments von Bronfenbrenner 1978), bei dem zunehmend umfassendere Systeme um eine (experimentelle) Ausgangssituation gelegt werden. Diese besteht aus der Gegenüberstellung zweier oder mehrerer Umweltsysteme oder ihrer strukturellen Komponenten, die bei sorgfältiger Kontrolle anderer relevanter Einflussfaktoren bezüglich ihrer Wirksamkeit auf bestimmte abhängige Variablen (z.B. Behaltensleistungen) untersucht werden. Die Ausgangssituation wird sodann in das umfassendere Makrosystem (z.B. die Institution Schule mit ihren strukturellen Komponenten) integriert und die Schule wiederum wird in das umfassendere soziale Milieu eingebettet usw.

Hauptmerkmal des multivariaten Modells ist, wie bereits gesagt, dass nicht nur mehrere Prädiktorvariablen in das Modell eingehen können, sondern auch mehrere Kriteriumsvariablen, die durch Dummy-Terme zu differenzieren sind. Um dies zu verdeutlichen, kann auf ein Beispiel von Engel (vgl. 1998) zurückgegriffen werden, in dem ein Vier-Ebenen-Modell zugrunde gelegt wurde. Nach Anpassung an das Thema der Bildungsforschung sind folgende Ebenen des Modells unterscheidbar:

Ebene 1	Thema	Identifizierung von Dummy-Variablen zur Varianzstrukturierung von y
Ebene 2	Zeit	Zeitabhängige Veränderung der Variablen
Ebene 3	Person	Individuelle stabile Personmerkmale
Ebene 4	Milieu	Eigenschaften des sozialen Milieus

Die beiden ersten Ebenen sind rein analytischer Natur, insofern Ebene 1 der Varianzstrukturierung der abhängigen Variablen y dient (z.B. y(i) als Mathematikleistungen, y(m) als fachbezogene Interessen) und Ebene 2 die wiederholten Messungen der abhängigen Variablen zu t verschiedenen Zeitpunkten repräsentiert. Ebene 3 repräsentiert die k Personen mit Merkmalen, die als nicht-veränderliche Größen in das Modell eingehen. Beispiele solcher Merkmale sind das Geschlecht, kognitive Stile und Lernstrategien (vgl. Seel 2003). Ebene 4 repräsentiert die Aggregatebene des sozialen Milieus (z.B. sozioökonomischer Status der Eltern). Y(i)jkl stellt den Vektor der zu analysierenden Variablen dar, nämlich die Mathematikleistung i zum Zeitpunkt j bei Person k im sozialen Milieu 1. Die Varianzstrukturierung erfolgt über die Dummy-Variable zijkl, im gegebenen Fall mit zwei y Variablen also: z1jkl, und z2jkl.

Dieses Modell, das mit dem in Abbildung 2 beschriebenen Modell individueller Bildungsverläufe korrespondiert, kann auf der Grundlage der logistischen Regression auch auf kategoriale abhängige Variablen (mit und ohne Messwiederholung) übertragen werden (vgl. Cheung u.a. 1990). Doch ist mit Blick auf die Literatur zur Bildungsforschung festzustellen, dass multivariate Mehrebenenanalysen hier eher selten sind. Wenn mehrebenenanalytisch operiert wird (vgl. z.B. Keller 1998; Rüesch 1998), dann gewöhnlich unter Ausschluss der Dimension Zeit, insofern die längsschnittliche Messung von Bildungsverläufen ausgeblendet und durch quersequentielle Vergleiche (z.B. verschiedener Klassenstufen) „ersetzt" wird (vgl. als Beispiel: Rüesch 1998).

5 Längsschnittstudien und Replikationen

Aus der Beschreibung des mehrebenenanalytischen Modells dürfte klar geworden sein, dass die systematische Erhebung von Bildungsverläufen im Sinne von Längsschnittstudien ein zentrales Merkmal konstituiert. Aus der Forderung, Fragestellungen der empirischen Bildungsforschung sollen sich mehr längsschnittlichen Untersuchungsdesigns annähern, stellt sich unmittelbar die

Frage, wie Variabilität, Veränderung und Stabilität gemessen werden können (vgl. Ittel/Merkens 2006).

Aufgabe der Veränderungsmessung ist nach Eid (2003), Informationen über Erhalt und Veränderung von Verhalten zu analysieren und den methodologischen Rahmen hierfür zu stellen. Ifenthaler (2006) stellt die Besonderheiten einer längsschnittlichen Untersuchungsmethodik dar und weist auf die Verwendung besonderer Terminologien hin. Zunächst wird zwischen einer Status- und einer Prozessdiagnostik unterschieden (vgl. Pawlik 1976). Mit Hilfe der *Statusdiagnostik* wird der Status quo eines Konstruktes erfasst, wobei davon ausgegangen wird, dass dieses sowohl zeitlich als auch situativ unverändert bleibt. Im Gegensatz dazu beschreibt die *Prozessdiagnostik* zeitlich und situativ bedingte Veränderungen. In Bezug auf die Prozessdiagnostik wird zwischen *Variabilität* und *Veränderung* unterschieden. Die Variabilität wird als kurzfristiger und reversibler Wechsel von Dispositionen betrachtet. Im Gegensatz dazu wird die Veränderung als langsamer, situationsübergreifender und dauerhafter Prozess definiert, dessen Veränderungen sehr schwer bzw. nicht reversibel sind.

Es wird angenommen, dass die messbare Größe Y_j an einzelnen Messzeitpunkten t_n erfasst wird. Abhängig von der empirischen Fragestellung können pädagogische Interventionen X_i o.ä. eingesetzt werden. Allgemein lässt sich eine experimentelle Anordnung der Veränderungsmessung wie folgt darstellen:

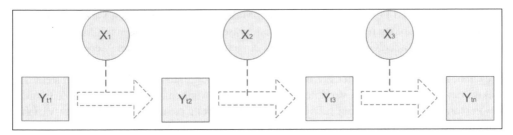

Abb: 3: Experimentelle Anordnung von Veränderungsmessungen

Obwohl Längsschnittstudien seit langem eine große Faszination auf Bildungsforscher ausüben, werden sie immer noch zu selten realisiert, wofür die unzureichende internale Validität der Untersuchungsdesigns als ein Hauptgrund anzuführen ist (vgl. Harris 1963; Petermann 1978). Dennoch stellt die *Hierarchisch Lineare Modellierung* (HLM) einen aussichtsreichen Ansatz für die Analyse von Längsschnittuntersuchungen dar (vgl. Raudenbush/Bryk 2002). Das mathematisch-statistische Verfahren von HLM stellt eine Erweiterung der multiplen Regression dar, wobei die Grundlage des Verfahrens ein Mehrebenen-Regressionsmodell konstituiert (vgl. Ifenthaler 2006). Dem HLM Verfahren wird eine hierarchische Datenstruktur zugrunde gelegt, wobei drei Ebenen unterschieden werden. Die erste Ebene (Level 1) bildet die Zeit bzw. der jeweilige Messzeitpunkt. Auf der zweiten Ebene (Level 2) werden Individuen oder Einheiten gemessen. Schließlich werden auf der dritten Ebene (Level 3) Aggregateinheiten (z.B. experimentelle Variationen) gemessen. Allgemein lassen sich die Annahmen der HLM wie folgt veranschaulichen (vgl. Raudenbush/Bryk 2002):

$$Y_{ti} = \pi_{0i} + \pi_{1i}\alpha_{ti} + \pi_{2i}\alpha_{ti}^2 + ... + \pi_{pi}\alpha_{ti}^p + e_{ti}$$

Y_{ti} das Merkmal der Versuchsperson i zum Messzeitpunkt t
Π_{Oi} das Ausgangsniveau der Versuchsperson *i* zum Messzeitpunkt 0
Π_{pi} der Veränderungsparameter *p* für Versuchsperson *i*
α_{ti} die Zeitvariable für Versuchsperson *i* zum Messzeitpunkt *t*
α_{ti} das Residuum der Versuchsperson *i* zum Messzeitpunkt *t*

Ein anderes Merkmal des mehrebenanalytischen Modells besteht in der Realisierung einer Forschungsstrategie, die auf eine Erhöhung der externalen Validität auf der Basis von *Replikationen* zielt, die Generalisierungen über Personen in Situationen erlauben. Messtheoretisch gründen Replikationen – wie bereits beschrieben wurde – auf der Idee, die Größe des Stichprobenfehlers empirisch zu bestimmen, indem dasselbe Merkmal wiederholt und unabhängig voneinander gemessen wird. Nach Bronfenbrenners (1978) Konzeption des ökologischen Experimentierens steigern Replikationen das Vertrauen in empirische Daten und ihre theoretische Interpretation. Entsprechend dieser Konzeption sichern Replikationen ab, dass ein spezifisches Untersuchungsergebnis nicht auf einen einzigen Fall beschränkt ist. Insofern die Befunde der verschiedenen Replikationen gemäß einer einzigen theoretischen Sichtweise interpretiert werden können, sind Erweiterungen im Bereich der unabhängigen Variablen vornehmbar, die Zufallseffekte bewirken. Auf diesem Hintergrund gelangten Cook/Campbell (1979) zu der Auffassung, dass viele kleine Replikationsexperimente mit hoher internaler Validität mehr zur externalen Validität beitragen als groß angelegte nationale Erhebungen ohne zureichende internale Validität.

6 Design Experimente

Ein Design Experiment nach Brown (1992) ist ein Quasi-Experiment, das in einer echten Bildungsanwendung realisiert wird, wobei versucht wird, die Anwendung derart zu verändern, dass sie einerseits nicht von der realen Bildungssituation abweicht und andererseits möglichst vielen Bedingungen eines vollständigen Experiments entspricht. Die konkrete Bildungsanwendung wird dabei derart orchestriert, dass sie in Praktikabilität und Nachhaltigkeit einer dauerhaft implementierten Anwendung in nichts nachsteht, sie aber auch nicht überflügelt. Letzteres lässt sich beobachten, wenn mit hohem Aufwand Prototypen entwickelt werden, die sich – etwa in schulischem Kontext – schon allein vom praktikablen Aufwand des Alltags (z.B. durch Kosten und Personal) nicht nachhaltig aufrecht erhalten lassen (vgl. Schulmeister 2000). Im Idealfall kann nach dem Paradigma des Designexperiments bei Aufrechterhaltung der internen Validität gleichzeitig extern valide Forschung durchgeführt werden, wobei die zuvor geforderten faktoriellen Ebenen stabil abbildbar bleiben.

6.1 Klassische Design Experimente

Design Experimente sollen in die Bildungsanwendung möglichst nicht invasiv eingebettet werden, während alle theoretischen Rückschlüsse entlang der verfügbaren Ebenen getroffen werden.

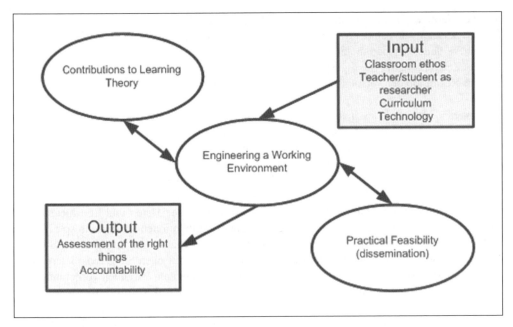

Abb: 4: Design Experiment nach Brown (1992, S. 142)

Im Modell von Brown lässt sich die Einbettung des Design-Experiments gut nachvollziehen. Neben den wesentlichen Faktorebenen (Input) und den Kriterien (Output) werden die Implementierbarkeit und die strikte Verknüpfung zur Lerntheorie hervorgehoben. Darin liegt demnach das eigentliche Design der Arbeitsumgebung. Die Komplexität einer solchen echten Anwendung erfordert einerseits die Verfügbarkeit von Theorien, die über größere Teile von Anwendungen Aussagen zulassen und andererseits die Anwendung der am theoretischen Modell orientierten Methoden. Eine Auftrennung der theoretischen Konstrukte in einzelne Effekte mit dem Ziel der Vereinfachung der Methoden und Interpretationen, wie etwa von Gorard (2007) vorgeschlagen, ist formal erst möglich, *nachdem* ihre probabilistische Unabhängigkeit nachgewiesen wurde. Ansonsten wäre der Erklärungswert des Modells für die theoretische Beschreibung und Überprüfung von zu geringer Erklärung, um einen größeren Aufwand zu rechtfertigen. Zur Prüfung dieser Unabhängigkeit sind jedoch bereits komplexere Verfahren notwendig. Der ohnehin erforderliche methodologische Aufwand kann dann ebenfalls zur Analyse und Interpretation herangezogen werden. Zur Diskussion und Aufbereitung lassen sich einzelne Aussagen zur Vereinfachung auch einzeln betrachten, jedoch stets mit dem Erklärungsverlust, der üblicherweise mit Vereinfachungen einhergeht. Collins et al. (2004) beschreiben die Anwendung von Designexperimenten entlang der Entwicklung von Lerngemeinschaften und zeigen auf, wie sich das implementierte Design aufgrund der Erkenntnisse immer wieder verändert. Dies entspricht ganz wesentlich dem Ansatz von Brown (1992), weil durch den Vorgang der Forschung sofort unmittelbare Verbesserungen im Feld durchführbar sind. Die Verzögerungen innerhalb der Zyklen zwischen Theoriebildung und Anwendung, die im bildungspolitischen Alltag bis zu Jahrzehnte umfassen, können auf diese Weise fast vollständig verschwinden. Sie erzeugt im geeigneten Fall ein Instrument der Forschung und gleichzeitig einen sich selbst überwachenden Prozess der Mikro-Reform, deren Produkte jedoch aufgrund einer sauberen

Experimentaldurchführung ohne weiteres übertragbar werden, weil sie sich nie nur auf einen Einzelfall beziehen – sofern empirisch einwandfrei gearbeitet wurde. Für die Berichterstattung aus Design-Experimenten legen Collins et al. (2004) eine allgemeine Gliederung vor, bestehend aus:

- den Zielen und den Elementen des Designs,
- der Umgebung, in der das Design umgesetzt wurde,
- der Beschreibung jeder einzelnen Phase des Designs,
- der Beschreibung der empirischen Befunde
- sowie der Übersicht über die neue Entwicklung (lessons learned).

Die Adaption des klassischen Experimentalschemas zu einer neuen Gliederung vereinfacht das Schreiben und Lesen um die auf neuartige Weise gewonnenen Befunde, wobei sich auch weitreichende Sorgen, wie von Gorard (2007) vorgetragen, zur Komplexität von Forschungsergebnissen, zerstreuen dürften.

Design Experimente sollten nicht mit Design Begründeter Forschung (Design Based Research) verwechselt werden (z.B. Coburn 2003; The Design-Based Research Collective 2003), da letztere bestenfalls zur informellen Anwendungsevaluation geeignet ist. Ursprünglich wurde zwar die Design Begründete Forschung aus den Forderungen von Brown (1992) inspiriert. Jedoch besteht die Übereinstimmung nur darin, dass in kurzer Zeit eine Anwendung in Bildungsinstitutionen implementiert werden soll. Die Hauptunterschiede entfalten sich im Bezug zur Theorie. Die noch von Brown (1992) geforderte quantitative Absicherung der Schlussfolgerungen und die ebenfalls in den Design Experimenten enthaltene Anforderung der strikten Implikation aus der Theorie entfallen. Ohne diese Standards wissen wir jedoch nicht mehr genau, warum etwas funktioniert und können den so entstehenden Einzelfall daher auch nicht mehr auf andere Bildungsaufgaben übertragen, wie es jedoch im Design Experiment an jeder Stelle gewährleistet bleibt.

Der Einsatz explorativer Beobachtungs- und Auswertungsmethoden anstelle von quantifizierenden Standards ist in Design Experimenten durchaus auch bei höherem Aufwand gerechtfertigt, wenn sich nicht aus bestehenden Theorien Hypothesen ableiten lassen. Jedoch finden sich im Feld der Bildungsforschung nur sehr selten Bereiche, die vollständig ohne vorhergehende Forschung auskommen müssen.

6.2 Erweiterte Formen des Design Experiments

Das klassische Design Experiment ist dafür entwickelt worden, direkt in der Bildungsanwendung eingesetzt zu werden. Dies setzt voraus, dass eine strukturelle Nähe, eine Homomorphie der zu prüfenden theoretischen Annahmen zur implementierbaren Anwendung existiert.

Für den Fall, dass sich eine Theorie bereits empirisch so weit bewährt hat und im gleichen Maße fortgeschritten ist, kann sie nun entweder aufgrund aktueller mangelnder Implementierbarkeit nicht weiter verfolgt werden, oder die bereits empirisch als wirksam eingestufte Struktur wird wieder in ein klassisches Experiment übertragen. In diesem von Pirnay-Dummer (2008) vorgestellten *erweiterten* Design Experiment sind jedoch im Gegensatz zum klassischen Experiment alle für die Weiterentwicklung der Theorie erheblichen Ebenen einer Bildungssituation notwendigerweise enthalten, so dass sich im Idealfall auch außerhalb der realen Bildungssituation eine

Anwendung entwickeln und implementieren lässt, die einen direkten Rückschluss auf die externe Validität erlaubt. Die daraus resultierenden Ergebnisse sind also insofern vom klassischen Experiment verschieden, als dass hier statt der Vorhersage einzelner Effekte (Zusammenhänge oder Unterschiede) die Struktur eines Theoriebereichs auf den Ablauf der Anwendung projiziert wird. D.h., es werden von der Theorie aus strukturtragend empirische Hypothesen formuliert und gestestet. Dabei spielen Frequenz- und Sequenzprognosen sowie insbesondere Veränderungsannahmen (z.B. Ifenthaler 2008) eine hervorgehobene Rolle. Frequenzhypothesen postulieren die Häufigkeit ausgesuchter Effekte innerhalb einer gegebenen Zeit. Sequenzhypothesen sehen die spezifische Reihung gegebener Ereignisse vor: Wenn diese wiederkehrend theoriekonform abläuft und damit die Interventionen und Interaktionen im Sinne der Theorie bleiben, so lässt sich der Einfluss der Theorie auf den Anwendungserfolg weit besser bestimmen. Veränderungshypothesen können kurzfristiger Natur sein oder sich auf Längsschnitte beziehen. Aus der Theorie werden dann systematische Veränderungen vorhergesagt, die sich zur Prüfung in vergleichbarer Form in den Daten zeigen müssen. Mit der Hilfe von Markov-Ketten und Bayes-Netzen abhängiger Wahrscheinlichkeiten (Übergangswahrscheinlichkeiten) lassen sich auch aufwendigere Kausalbeziehungen untersuchen (vgl. Pearl 2000).

Vor allem im Vergleich zur einfachen Anwendungsevaulation bringt das erweiterte Design Experiment einen wesentlichen Vorteil. Die Evaluation lässt eben nur Aussagen über die Anwendung selbst zu. Es wird dann intuitiv gerne zu schnell vom (vorhandenen) Erfolg einer Anwendung auf Gültigkeiten der Theorie rückgeschlossen, aus der die Anwendung entstanden ist. Da eine Anwendung im ernst zu nehmenden Fall durch theoretische Implikationen entsteht, ist der Rückschluss über die Implikationen zur Theorie unzulässig – das wäre in jedem praktikablen Fall ein Modus Tollens Fehler.

7 Resümee

Die Verfahren der Mehrebenenanalyse gründen auf der Idee, dass viele Bildungsaktivitäten innerhalb von Gruppenkontexten ablaufen, die das Verhalten der einzelnen Gruppenmitglieder beeinflussen. Wissenserwerb und die Entwicklung fachbezogener Einstellungen können durch Eigenschaften der Familie, der Bezugsgruppen, der Schule und des Schulsystems beeinflusst werden, denen Schüler angehören. Die Daten, die in der Bildungsforschung gesammelt werden, um diese Einflüsse auf das Lernen der einzelnen Schüler zu untersuchen, sind auf verschiedenartigen Ebenen angelegt, insofern die zentralen unabhängigen Variablen üblicherweise auf Gruppenebene erhoben werden, während die abhängigen Variablen auf der Individualebene gemessen werden. Aus der Inkompatibilität dieser Datensätze resultieren zwei Probleme für die empirische Bildungsforschung, von denen das eine in der Auswahl der verschiedenartigen Untersuchungseinheiten (Schüler, Klassen und Schulen) und ihrer Aggregierung zu übergeordneten Einheiten besteht. Das andere betrifft die Formulierung angemessener (kausaler) Mehrebenenmodelle und die Entwicklung ebenso angemessener statistischer Verfahren für die Analyse der Mehrebenenphänomene.

Unsere Darstellung der Mehrebenenanalyse lässt die Schlussfolgerung zu, dass statistische Analysen, die sich auf Daten differenter Hierarchieebenen beziehen, in Entsprechung mit der Natur dieser Daten entworfen und angewandt werden müssen. Wenn gruppenbezogene Maße in Beziehung zu Maßen einzelner Personen zu prüfen sind, dann muss der angemessenen Repräsentation der Effekte dieser Variablen größere Beachtung geschenkt werden; entweder durch die einfache Disaggregation auf Individualebene oder durch die Aggregation der Individualdaten auf Gruppenebene. Mit der Analysierbarkeit geht gleichsam die Chance auf eine genauere Theoriebildung einher. Design Experimente können bei einem hohen empirischen Standard dabei helfen, die Zyklen zwischen Theoriebildung und praktischer Anwendung in hohem Maß zu beschleunigen. Erweiterte Design Experimente, wie hier von uns vorgestellt, ermöglichen die gleichzeitige Rückführung von komplexeren Theorien zur experimentellen Forschung bei der Beibehaltung der forschungsbezogenen, strukturellen Vorteile des klassischen Design-Experiments.

Literatur

Achtenhagen, F. (1981): Mehrebenenanalysen in der Unterrichtsforschung. In: Unterrichtswissenschaft, 9(4), S. 319–336.
Barz, H. (2000): Weiterbildung und soziale Milieus. Neuwied: Luchterhand.
Baumert, J./Bos, W./Watermann, R. (1999): TIMSS/III. Schülerleistungen in Mathematik und den Naturwissenschaften am Ende der Sekundarstufe II im internationalen Vergleich. Zusammenfassung deskriptiver Ergebnisse. Berlin: Max-Plank-Institut für Bildungsforschung.
Baumert, J./Lehmann, R./Lehrke, M./Schmitz, B./Clausen, M./Hosenfeld, L./Köhler, O./Neubrand, J. (1997): TIMSS. Mathematisch-naturwissenschaftlicher Unterricht im internationalen Vergleich. Deskriptive Befunde. Opladen: Leske + Budrich.
Bronfenbrenner, U. (1978): Ansätze zu einer experimentellen Ökologie menschlicher Entwicklung. In: Oerter, R (Hrsg.): Entwicklung als lebenslanger Prozeß. Hamburg: Hoffmann Campe, S. 33–65.
Brown, A.L. (1992): Design experiments. Theoretical and methodological challenges in creating complex interventions in classroom settings. In: The Journal of the Learning Sciences, 2(2), 141–178.
Cheung, C.P./Keeves, J.P./Sellin, N./Tsoi, S.C. (1990): The analysis of multilevel data in educational research: Studies of problems and their solutions. In: International Journal of Educational Research, 14(3), S. 215–319.
Coburn, C.E. (2003): Rethinking scale: moving beyond numbers to deep and lasting change. In: Educational Researcher, 32(6), S. 3–12.
Collins, A./Joseph, D./Bielaczyc, K. (2004): Design Research: Theoretical and Methodological Issues. In: Journal of the Learning Sciences 13(1), S. 15–42.
Cook, T.D./Campbell, D.T. (1979): Quasi-experimentation: Design and analysis issues for field settings. Chicago, IL: Rand McNally.
Ditton, H. (1998): Mehrebenenanalyse. Grundlagen und Anwendungen des Hierarchisch Linearen Modells. Weinheim: Juventa.
Eid, M. (2003): Veränderungsmessung und Kausalanalysen. In: Jerusalem, M/Weber, H. (Hrsg.): Psychologische Gesundheitsförderung – Diagnostik und Prävention. Göttingen: Hogrefe, S. 105–120.
Eirmbter, W. H. (1979): Zur Theorie und Methodik von Mehrebenenanalysen. In: Kölner Zeitschrift für Soziologie und Sozialpsychologie, 31, S. 709–731.
Engel, U. (1998): Einführung in die Mehrebenenanalyse. Grundlagen, Auswertungsverfahren und praktische Beispiele. Wiesbaden: Opladen.
Gorard, S. (2007): The Dubious Benefits of Multi-Level Modeling. In: International Journal of Research & Method in Education, 30(2), S. 221–236
Harris, C.W. (1963): Problems in measuring change. Madison, WI: The University of Wisconsin Press.
Hunter, J. E./Schmidt, F. L. (1991): Meta-Analysis. In: Hambleton, R.K./Zaal, J.N. (Hrsg.): Advances in educational and psychological testing. Boston, MA: Kluwer, S. 157–183.
Ifenthaler, D. (2006): Diagnose lernabhängiger Veränderung mentaler Modelle. Entwicklung der SMD-Technologie als methodologisches Verfahren zur relationalen, strukturellen und semantischen Analyse individueller Modellkonstruktionen. Freiburg: FreiDok.

Ifenthaler, D. (2008): Practical solutions for the diagnosis of progressing mental models. In: Ifenthaler, D./Pirnay-Dummer, P./Spector, J.M (Hrsg.): Understanding models for learning and instruction. Essays in honor of Norbert M. Seel. New York: Springer, S. 43–62.

Ittel, A./Merkens, H. (2006): Veränderungsmessung und Längsschnittstudien in der empirischen Erziehungswissenschaft. Wiesbaden: VS Verlag für Sozialwissenschaften.

Keller, C. (1998): Geschlechterdifferenzen in der Mathematik: Prüfung von Erklärungsansätzen: eine mehrebenenanalytische Untersuchung im Rahmen der ‚Third International Mathematics and Science Study'. Zürich: Zentralstelle der Studentenschaft.

Kerlinger, F.N. (1979): Grundlagen der Sozialwissenschaften. Weinheim: Beltz.

Klauer, K.J. (1973): Das Experiment in der pädagogischen Forschung. Düsseldorf: Schwann.

Klieme, E./Baumert, J. (2001): Identifying national cultures of mathematics education: Analysis of cognitive demands and differential item functioning in TIMMS. In: European Journal of Psychology of Education, 16, S. 383–400.

Klieme, E./Leutner, D./Wirth, J. (2005): Problemlösekompetenz von Schülerinnen und Schülern. Diagnostische Ansätze, theoretische Grundlagen und empirische Befunde der deutschen PISA-2000-Studie. Wiesbaden: VS Verlag für Sozialwissenschaften.

Lay, W. A. (1912): Experimentelle Pädagogik. Leipzig: Teubner.

Leutner, D. (1999): Hypothesenprüfung versus interpretative Exploration. Die endlose Debatte zur Funktion quantitativer und qualitativer Analysen in der Lehr-Lern-Forschung (Kommentar). In: Unterrichtswissenschaft, 27(4), S. 323–332.

Pawlik, K. (1976): Modell- und Praxisdimensionen psychologischer Diagnostik. In: Pawlik, K. (Hrsg.): Diagnose der Diagnostik: Beiträge zur Diskussion der Psychologischen Diagnostik in der Verhaltensmodifikation. Stuttgart: Klett, S. 13–43.

Pearl, J. (2000): Causality: models, reasoning, and inference. Cambridge: Cambridge University Press.

Petermann, F. (1978): Veränderungsmessung. Stuttgart: Kohlhammer.

Pirnay-Dummer, P. (2008): Rendezvouz with a quantum of learning. Effect metaphors, extended design experiments and omnivariate learning instances. In: Ifenthaler, D./Pirnay-Dummer, P./Spector, J.M (Hrsg.): Understanding models for learning and instruction. Essays in honor of Norbert M. Seel. New York: Springer, S. 105–144.

Prenzel, M. (2005): Zur Situation der Empirischen Bildungsforschung. In: Mandl. H/Kopp, B. (Hrsg.): Impulse für die Bildungsforschung. Stand und Perspektiven. Dokumentation eines Expertengesprächs. Deutsche Forschungsgemeinschaft. Berlin: Akademie Verlag, S. 7–21.

Prenzel, M./Baumert, J./Blum, W./Lehmann, R, Leutner, D./Neubrand, M./Pekrum, R./Rost, J./Schiefele, U. (2005): PISA 2003. Der zweite Vergleich der Länder in Deutschland – was wissen und können Jugendliche? Münster: Waxmann.

Prenzel, M./Baumert, J./Blum, W./Lehmann, R, Leutner, D./Neubrand, M./Pekrum, R./Rolff, H.G./ Rost, J./Schiefele, U. (2004): PISA 2003. Der Bildungsstand der Jugendlichen in Deutschland – Ergebnisse des zweiten internationalen Vergleichs. Münster: Waxmann.

Raudenbush, S. W. (1988): Educational applications of hierarchical linear models: A review. In: Journal of Educational Statistics, 13, S. 85–116.

Raudenbush, S.W./Bryk, A.S. (2002): Hierarchical linear models. Applications and data analysis methods. Thousand Oaks, CA: Sage Publications.

Rüesch, P. (1998): Spielt die Schule eine Rolle? Schulische Bedingungen ungleicher Bildungschancen von Immigrantenkindern - eine Mehrebenenanalyse. Bern: Lang.

Schulmeister, R. (2000): Zukunftsperspektiven multimedialen Lernens. In: Bichler, K.H./Mattauch, W. (Hrsg.): Multimediales Lernen in der medizinischen Ausbildung. Berlin: Springer.

Seel, N.M. (2003): Psychologie des Lernens. Lehrbuch für Pädagogen und Psychologen. München: Reinhardt.

Shulman, L.S. (1981): Disciplines of inquiry in education: An overview. In: Educational Researcher, 10(6), S. 5–12.

The Design-Based Research Collective (2003): Design-based research. An emerging paradigm for educational inquiry. In: Educational Researcher, 32(6), S. 5–8.

Treiber, B. (1980): Mehrebenenanalysen in der Bildungsforschung. In: Zeitschrift für Entwicklungspsychologie und Pädagogische Psychologie, 12(4), S. 358–386.

Wang, M.C./Haertel, G.D./Walberg, H.J. (1993): Toward a knowledge base for school learning. In: Review of Eucational Research, 63(3), S. 249–294.

Detlef Garz | Ursula Blömer

Qualitative Bildungsforschung

1   Einleitung

In diesem Aufsatz versuchen wir exemplarisch zu verdeutlichen, in welchen Zusammenhängen sich qualitativ-empirische Forschung mit dem ‚Gegenstand' *Bildung* beschäftigt. Dazu lassen wir uns zunächst von der Idee der *Paideia*, so wie sie sich im Platonischen Höhlengleichnis ausdrückt, leiten (vgl. Ballauff 1952). In dieser Darstellung, im immer problematischen Aufstieg von der Dunkelheit an das Licht, sehen wir paradigmatisch jene Aspekte enthalten, die auch heute noch für Bildung stehen und entsprechend einer empirisch-methodischen Untersuchung unterzogen werden können. Eine Implikation des Rückgriffs auf das Höhlengleichnis besteht natürlich darin, dass eine als Entwicklung verstandene Bewegung, die sich ihrerseits als im Prinzip durch erziehungswissenschaftliche Maßgaben bzw. erzieherische Maßnahmen beeinflussen lässt, als konstitutiv für ein auf Bildung ausgerichtetes Denken angesehen wird. In diesem Kontext muss durchaus nicht unterstellt werden, dass diese Bewegung allein durch positive ‚Erziehungseinwirkungen' (vgl. Roth 1971), ‚entgegenkommende Lebenswelten' (vgl. Habermas 1983) etc. unterstützt bzw. gefördert werden kann. Auch eine Entwicklung aufgrund von ‚Widerfahrnissen' (vgl. Schütze 1981) bzw. eine ‚Bildung durch Leiden' (vgl. Henningsen 1981) entzieht sich diesem Konzept nicht. Allerdings richtet sich Bildungsforschung nach dieser Vorstellung generell an einer (normativen) Vorstellung von ‚Besserung und Selbstermächtigung' (vgl. Dickopp 1983) des Individuums aus[1].

Obwohl sich Bildung im Modell einer individuellen Entwicklung beispielhaft ausdrückt und auf eben diese Weise im etablierten Kanon der Pädagogik verankert ist, darf die durch die Sozial- und Erziehungswissenschaften angestoßene Bedeutungserweiterung, die der Begriff Bildung seit etwa Mitte der 1970er Jahre des abgelaufenen Jahrhunderts erfahren hat, nicht vernachlässigt werden. Im Gegenteil: Mit dieser Ausdifferenzierung, d.h. mit dem Einsetzen einer erfahrungswissenschaftlichen Bildungsforschung, die über die Interpretation von auf das Individuum bezogenen Materialien hinausgeht, hat das Projekt der qualitativen Sozialforschung einen ungeahnten Aufschwung genommen, so dass es nicht übertrieben ist, mit Rabinow und Sullivan (1979) von einem ‚interpretive turn' in den Sozial- und Erziehungswissenschaften insgesamt zu sprechen. Dass diese Wende auf einem breiten philosophischen Fundament aufruht, hat diese Bewegung noch unterstützt: Für den deutschsprachigen Bereich ist hier vor allem auf die Trias Hermeneutik, Phänomenologie und Dialektik zu verweisen (vgl. zusammenfassend Kron 1999, S. 157ff.), aus dem angelsächsischen Forschungszusammenhang kommend haben darüber hinaus der Symbolische Interaktionismus (vgl. Brumlik 1973), später die verschie-

---

[1]   Qualitativ-empirische Forschung ist nicht notwendigerweise an diese theoretischen Vorgaben gebunden; sie schmiegt sich aber u.E. im Sinne einer Triangulation von Zielbestimmung, theoretischer Konzeption und methodischem Vorgehen in besonderem Maße an diese an.

denen Varianten der ‚Ethnotheorien' (vgl. Arbeitsgruppe Bielefelder Soziologen 1973) zentrale Bedeutung erlangt.

2 Über den hier zugrunde gelegten Bildungsbegriff – eine Diskussion

Der Begriff der Bildung, selbst wenn wir lediglich auf seine Verwendung in den Wissenschaften abstellen und den alltäglichen Gebrauch in seiner Vielfalt vernachlässigen, lässt sich als ein ‚umbrella-term' kennzeichnen. Viele Lesarten, Deutungen und auch sich widersprechende Definitionen lassen sich unter seiner Obhut finden und individuell oder je nach paradigmatischer Zugehörigkeit gestalten (vgl. Tenorth 1997). Zentral scheint in diesem Zusammenhang die Zweiteilung von Bildungs*theorie* als philosophisch bzw. theoretisch entwickelter Ansatz innerhalb der Allgemeinen Pädagogik, sowie Bildungs*forschung* als empirischer – sei es in qualitativer oder quantitativer Form – Ansatz zur Erschließung von Wirklichkeit, dessen Ergebnisse in verschiedene disziplinäre Strömungen innerhalb wie außerhalb der Erziehungswissenschaft einmünden können (vgl. Marotzki 1990; Peukert 2000; Tippelt 1998; Vogel 1998). Unterschiedliche Ausprägungen dieser Relation lassen sich benennen und auf einem Kontinuum abtragen. Ausgehend vom „antiwissenschaftlichen Affekt", wonach „Bildungstheorie als Kritik der Bildungsforschung" ihren „Bildungsbegriff jenseits der Wissenschaften" (Tenorth 1997, S. 977) sieht, über die Vorstellung eines Nebeneinander von Bildungstheorie und Bildungsforschung, wobei „‚Bildung' im Sinne einer pädagogisch begründeten und gedanklich bestimmt umrissenen Aufgabe" (Ruhloff 1998, S. 413) emphatisch verstanden und kontrastiert wird mit einer „neutralisierte(n), mit großen Händen empirisch beim Schopfe gepackte(n) oder auch feinsinnig biographie-hermeneutisch ertastete(n) Bildung qua Lernen, Entwicklung, Veränderung, Erfahrung und (soziologisch gedeuteter) ‚Reflexivität' in sozial regenerativer und identitätsaufbauender Form" (ebd.), über verschiedene Spielarten der ‚empirischen Bildungsforschung'[2] bis hin zu der Forderung, zugleich eine „kritisch orientierte und empirisch ausgerichtete Bildungsforschung" (Krüger 1997, S. 248) zu etablieren, womit Bildungsforschung nun zur Kritik der Bildungstheorie werden soll[3].

Wir sehen die Aufgabe und damit den Ort einer qualitativen Bildungsforschung im Folgenden in der Verbindung von Theorie und Empirie, d.h. in einer wissenschaftlichen Ausrichtung an beiden Elementen: Weder erfüllt Theorie ohne Erfahrung noch erfüllt Erfahrung ohne Theorie das Kriterium wissenschaftlicher Forschung; im Übrigen lassen sich die beiden Positionen in ihrer jeweiligen Vereinseitigung schon gedanklich nur schwer fassen. Wir gehen daher davon aus, dass die beiden Elemente in einer vernünftig konzipierten qualitativen Forschung unverzichtbar aufeinander verwiesen sind. Es besteht demnach ein Verhältnis der Komplementarität (vgl. Habermas 1983), das sich im Forschungs- und Theoretisierungsprozess in dem Konzept des ‚bootstrapping' niederschlägt, d.h. des wechselseitigen (und spiralförmigen) Festerschnürens von Theorie und Empirie (vgl. Kohlberg 1995, S. 183ff.). Beispielhaft sei hier auf die

---

2   Wir übernehmen diesen in der Literatur zu findenden Ausdruck, weisen aber darauf hin, dass Forschung immer empirisch bestimmt ist.
3   Mit der zunehmenden Prominenz des Sozialisationskonzepts, vor allem in der Ausprägung als ‚Selbstsozialisation' oder auch als ‚Selbst-Bildung' (vgl. Zinnecker 2000, S. 285f.), entfernt sich die Diskussion von pädagogischen Überlegungen im herkömmlichen Sinn (vgl. insgesamt dazu Lenzen 1997).

Arbeitsteilung von Moralphilosophie und Moralpsychologie in der Ontogenese moralischer Bewusstseinsformen (vgl. Habermas 1983) oder auf die durch Thomas Kuhn (1962/1976) angestoßene Verbindung von Wissenschaftsphilosophie und Wissenschaftsgeschichte verwiesen[4].

Neben die Frage der Festlegung eines adäquaten Verhältnisses von Bildungstheorie und Bildungsforschung einerseits, tritt die Auseinandersetzung um die angemessene Formulierung des Gegenstandsbereichs qualitativer Bildungsforschung andererseits[5]. Auch hier lassen sich unterschiedliche Konzepte benennen, wobei die klassische bildungstheoretische Position dafür steht, Bildung allein am Individuum ‚festzumachen', während die empirische Bildungsforschung einen umfangreicheren, teilweise ausufernden Gebrauch vom Begriff Bildung macht, so dass z.B. Erwachsenenbildung (vgl. aus qualitativer Perspektive ausführlich Kade, z.B. 1994/1998), Berufsbildung, aber auch Bildungsurlaub oder etwa politische Bildung bzw. das Bildungswesen oder -system insgesamt zum Gegenstand ihrer Untersuchung gehören können.

Ruhloff bestimmt, als Vorlage für die erste Variante, „Bildung ist ‚Veränderung oder Entwicklung von Menschen aufgrund von Sozialisation, Lernen und Erfahrungsverarbeitung', sei es innerhalb oder außerhalb der dafür vorgesehenen und dementsprechend benannten Institutionen" (Ruhloff 1998, S. 413), während Beck und Kell für die zweite Variante von Bildungsforschung einstehen. Deren „Spektrum reicht von der Strukturanalyse des gesamten Bildungs- und Berechtigungswesens bis zur Durchleuchtung einzelner schulischer Modellversuche, von der Untersuchung kollektiven Lernens bis zur Entschlüsselung individueller Entwicklungsprozesse und von der Rekonstruktion curricularer Vorgaben bis zur Aufhellung aktualisierter Lehrerintentionen und deren Umsetzung in Lehrerhandeln" (Beck/Kell 1991, S. 5); und Peukert postuliert vor dem Hintergrund einer „ambivalenten menschlichen Grundsituation" im Hinblick auf die historische und disziplinäre Ausprägung des Bildungsbegriffs. „Ich vertrete (...) die *These*, daß die Erziehungswissenschaft sich bei ihrem *Begriff von Bildung* nicht mit einer historischen Rekonstruktion begnügen kann, sondern daß sie die Aufgabe hat, diesen Begriff *neu zu bestimmen*, und zwar aus einer interdisziplinär betriebenen Analyse der geschichtlich-gesellschaftlichen Situation, ihrer bestimmenden inneren Tendenz und der Lage der einzelnen in ihr" (Peukert 2000, S. 509; Hervorhebung i.O.).

Entdramatisiert man die Gegenüberstellung von Bildung in einem engeren und einem weiteren Sinne, so lässt sich in der Tat zunächst festhalten, dass – eine Personale Pädagogik hat dies ‚schon immer' gewusst – Bildung untrennbar mit Individuen und deren Prozessen der ‚Autonomisierung' verbunden ist. Auch in der Soziologie wird dies so gesehen, allerdings kehrseitig formuliert. „Die Bildung (...) des Subjekts bezeichnet *ein universelles Problem der Gattung und ein allgemeines Systemproblem der Gesellschaft*. Jede Form der gesellschaftlichen Organisation muß (...) in irgendeiner Weise auf dieses Problem antworten und für diese Antworten institutionalisierte Organisationsformen finden" (Oevermann 1976, S. 35; Hervorhebung i.O.). Insofern konstituiert die menschliche Entwicklung einen zentralen Teil qualitativer Bildungsforschung, sei es in Form der Biografieforschung oder in der Form eines psychodynamisch-genetischen (z.B. Erikson 1959/1966; Kegan 1986/1994) bzw. strukturgenetischen (z.B. Piaget 1932/1986, 1970/1981; Kohlberg 1995/2000; Oser 1994) Ansatzes. Im Gegensatz zur klas-

---

4 Einzig eine Bildungstheorie, die allein einem transzendentalen bzw. prinzipienwissenschaftlichen Anspruch vertraut, fällt aus diesem Rahmen heraus, wobei auch Vertreter dieses Ansatzes mit dem Problem ringen, „prinzipienwissenschaftlich ermittelte Erziehungsziele in einen erziehungspraktisch-aposteriorischen Bereich zu transferieren" (Dickopp 1983, S. 457).

5 Quer zu dieser Problemlage muss noch einmal das Verhältnis von Normativität und Faktizität gesehen werden; hierauf können wir an dieser Stelle nicht eingehen.

sischen Bildungstheorie beschäftigt sich eine qualitativ-empirische Bildungsforschung jedoch nicht allein mit Bildung in einem wie auch immer bewertbaren ‚gelungenen' Sinn, sondern sie untersucht ebenso ‚Bildungskarrieren', die abweichend verlaufen bzw. durch ‚Entwicklungsstörungen' (vgl. Roth 1971) gekennzeichnet sind.

Die Konzentration auf das Subjekt und seine Entwicklung schließt jedoch eine Bildungsforschung in einem erweiterten Sinne nicht aus. Hier kommen jene von Beck und Kell (1991) zusätzlich beschriebenen Phänomene im Rahmen einer Ausweitung der Fragestellung von der Mikro- auf eine Meso- und Makroebene in den Blick. Innerhalb dieser Ebenen finden wiederum Forschungen statt, die sowohl grundlagen- wie praxisorientiert sind. Entsprechend der soeben formulierten Dreiteilung lässt sich der Untersuchungsbereich der qualitativ-empirischen Forschung dann idealtypisch wie folgt umreißen[6] (vgl. auch Haupert 1992).

- In einen Mikrobereich, der sich, im engen Sinne der Formulierung, auf das Subjekt und dessen Veränderungen konzentriert.
- In einen Mesobereich, innerhalb dessen Untersuchungen zu sozialen Gruppierungen wie Familie, peer-Gruppen etc. durchgeführt werden sowie
- in einen Makrobereich, der größere soziale Systeme wie Schulen, Universitäten aber auch Milieus oder Generationenfolgen[7] bis hin zur Ebene der Gesamtgesellschaft umfasst. Schließlich – darauf gehen andere Artikel in diesem Handbuch ein:
- Aus einer raum-zeitlichen Perspektive lassen sich diese Bereiche noch um die historische und vergleichende Bildungsforschung erweitern (vgl. dazu die Artikel von Heinz-Elmar Tenorth bzw. Rudolf Tippelt in diesem Band), die jeweils sowohl qualitativ als auch quantitativ betrieben werden können.

Fassen wir zunächst zusammen: Bildung ist jener Stoff, der, sei es als Prozess oder als Ziel der Erziehung, das Denken der deutschsprachigen Pädagogik und (später) Erziehungswissenschaft tiefgreifend bestimmt hat. Geschah dies zunächst überwiegend im Modus philosophischer Reflexion, d.h. als Bildungstheorie oder -philosophie, so stellt sich der Sachverhalt, um einen Markierungspunkt zu benennen, spätestens seit der sogenannten ‚realistischen Wendung in der Pädagogischen Forschung' als eine empirisch zu bewältigende Aufgabe dar. Dieses, 1962 von Heinrich Roth in seiner Antrittsvorlesung an der Universität Göttingen geprägte Konzept, liefert u.E. die fundierenden Elemente bzw. die methodologischen Eckpunkte für eine empirische Forschung in der Erziehungswissenschaft. Und dies gilt sowohl für die qualitativen wie die quantitativen Forschungsrichtungen. In Abhebung einerseits von einer ‚pädagogischen Wesensschau' sowie von der Vorstellung, „der Forschungsgegenstand der Pädagogik erschöpfe sich in der Interpretation der Texte jener großen Pädagogen, die den pädagogischen Studien zugrunde gelegt werden" (Roth 1962, S. 484), hat Roth andererseits auf eine Orientierung an der „Erziehungswirklichkeit" verbunden mit „wissenschaftlicher Feldforschung" Wert gelegt, und zwar ohne „sich positivistisch oder pragmatistisch zu verengen" (ebd., S. 485). Im Gegenteil, erst die Verbindung zwischen „Theorie und Forschung" stellt dem Erziehungswissenschaftler „sinnaufschließende Fragen" zur Verfügung, so dass Roth, im Übrigen unter Rekurs auf Adorno und Horkheimer, zu folgendem Fazit gelangen kann: „Die Fortschritte der erfahrungswissenschaftlichen Methoden in allen Wissenschaften vom Menschen, die Variabilität der Methoden,

---

6 Die Ansätze unterscheiden sich z.T. erheblich, je nachdem ob sie auf den subjektiven Sinn, auf Deutungsmuster und Habitusformationen oder auf latente Sinnstrukturen abstellen.
7 vgl. zu dieser gegenwärtig (erneut) an Bedeutung gewinnenden Forschungsrichtung Bude 1995.

der Verzicht auf einen falschen Exaktheitsfanatismus zugunsten einer den Gegenstand einkreisenden Methodenvielfalt und einer Strategie der Methoden, die laufende kritische Selbstkontrolle der Forschenden (...), haben es auch in der Pädagogik möglich gemacht, *Wirklichkeit auf Wahrheit zu befragen.* (...) In der Erforschung der Wirklichkeit, auch der schlechten Wirklichkeit, entzündet sich oft gerade der neue Blick, der rettende Einfall, die heilsame Reflexion, die Ahnung einer besseren Wirklichkeit" (Roth, S. 490; Hervorhebung i.O.).

3 Bereiche der Bildungsforschung

3.1 Forschungen im Mikrobereich

Biografische Forschung

Im Anschluss an Wilhelm Dilthey (1910/1927) und dessen Hochschätzung der Autobiografie für die Formulierung einer Philosophie des Lebens sowie (teilweise) in Anknüpfung an die ‚frühen' Arbeiten von Loch (1979) und Henningsen (1981) hat sich in der deutschsprachigen Erziehungswissenschaft in den vergangenen Jahrzehnten eine umfangreiche Biografieforschung etablieren können (für die USA vgl. exemplarisch Bruner 1987/1991). An den Prämissen der qualitativ-empirischen Sozialforschung orientiert, ist für eine qualitative Bildungsforschung die Ausrichtung am Subjekt leitend; d.h. das Handeln der ‚an Bildung Beteiligten' und die Verarbeitung von Lebens- und Lernerfahrungen als Bildungsprozess stehen im Fokus der Analysen. Dies spiegelt sich unmittelbar in den Resultaten der Biografieforschung wider, die mittlerweile einen großen Stellenwert in der qualitativ ausgerichteten erziehungswissenschaftlichen Forschung einnimmt, wobei innerhalb der Biografieforschung je erneut unterschiedliche Bezüge zur Bildungsforschung hergestellt werden können (vgl. Son 1997).

Vor allem Winfried Marotzki markiert einen sehr engen Zusammenhang zwischen erziehungswissenschaftlicher Biografieforschung und qualitativer Bildungsforschung, die in seiner Vorstellung fast deckungsgleich werden. Mehr noch: Pädagogische Biografieforschung stellt für ihn die „Schnittstelle zwischen sozialwissenschaftlich orientierter Biographieforschung und erziehungswissenschaftlicher Bildungstheorie" dar, insofern bezeichnet er sie als „Qualitative Bildungsforschung" (Marotzki 1995, S. 99). Das umfassende Ziel der Biografieforschung sieht er darin, „den einzelnen Menschen in seinen sinnhaft-interpretativ vermittelten Bezügen zur alltäglichen Lebenswelt ebenso zu verstehen wie in seinem biographischen Gewordensein" (Marotzki 1999, S. 111), d.h. menschliches Handeln als situativ gebunden, historisch geprägt und durch sinnhafte Bedeutungen konstituiert zu betrachten.

Das Profil einer qualitativen Bildungsforschung beinhaltet für Marotzki außerdem und im Anschluss an neuere gesellschaftswissenschaftliche Theorien, dass diese „empirisch aufklären (will), wie Menschen unter Bedingungen fortschreitender Sinnpluralisierung und zunehmender Kontingenz in der Moderne Selbst- und Weltreferenz aufbauen" (Marotzki 1995, S. 116). Zu Marotzkis Konzept einer qualitativen Bildungsforschung gehört weiterhin die Rekonstruktion der unterschiedlichen Erfahrungsaufschichtungen des Subjekts sowie dessen individuelle Verarbeitungsmuster. Die biografischen Datenmaterialen, die mittels qualitativer Methoden erhoben werden, lassen sich nach Marotzki als „Dokumentation von Bildungsprozessen" (ebd., S. 119) verstehen. Sie können demnach zur Analyse individueller Bildungsprozesse beitragen, da „in ihnen die Welt- und Selbstsicht des Individuums in lebensgeschichtlichen Zusammenhängen zur Darstellung kommt" (ebd.). Diese Welt- und Selbstsicht unterliegt jedoch ständigen, Bildungsprozesse konstituierenden Wandlungen, die sich wiederum in Phasen einteilen lassen. „In solchen Phasen sind Bildungsfiguren entstanden, die für eine bestimmte Zeit im Leben eines Menschen für ihn eine orientierende Kraft entfalten, die den Modus seiner Welt- und Selbstreferenz bestimmt haben" (ebd., S. 120). Der Schwerpunkt dieser Analyse liegt also auf der Art der Ordnungsbildung innerhalb des Biografisierungsprozesses und nicht auf der Analyse von Lernmustern. „Der Grund dafür", so Marotzki, „besteht darin, daß aus Lernprozessen niemals gleichsam deduktiv eine Transformation der sie rahmenden Bildungsprozesse prognostiziert werden kann. Das Studium der Lernmuster ist somit eine notwendige, aber keine hinreichende Bedingung für das Verständnis von Bildungsfiguren. Studiert man jedoch die Prozesse der Ordnungsbildung, die sich durch Selbstorganisation in Biographisierungsprozessen ergeben, dann ergeben sich bessere Chancen, sich diese spezifische Dynamik zu erschließen und damit besser zu verstehen, was Menschen in bestimmten Situationen umtreibt" (ebd., S. 120f.). Die Frage nach dem „Wie", also nach dem Vollzug einer Handlung, deutet Marotzki als „folgenreichen Perspektivenwechsel" (ebd., S. 118), im Gegensatz zu einer Fokussierung auf das „Warum".

Qualitative Bildungsforschung findet entsprechend ihr Einsatzgebiet,
„indem sie sich auf individuelle Lebens-, Bildungs- und Lernprozesse bezieht und versucht, den verschlungenen Pfaden biographischer Ordnungsbildung unter den Bedingungen einer sich rasant entwickelnden Moderne (bzw. Postmoderne) zu folgen. In einer Gesellschaft, die sich durch Pluralisierung von Sinnhorizonten und Lebensstilen auszeichnet, kann erziehungswissenschaftliche Forschung ein Wissen über verschiedene individuelle Sinnwelten, Lebens- und Problemlösungsstile, Lern- und Orientierungsmuster bereitstellen und in diesem Sinne eine moderne Morphologie aufbauen" (ebd., S. 124; vgl. auch Garz 2000, 2001).

Erst durch die Bezugnahme auf gesellschaftlich relevante Probleme und dem Aufdecken der „Flexibilität kognitiver Muster im Hinblick auf Problemlösungsfähigkeiten wie auch im Hinblick auf die weltbildhafte Orientierung" (Marotzki 1995, S. 125) kann nach der Auffassung Marotzkis der „erziehungswissenschaftlich geführte bildungstheoretische Diskurs (...) vom Stigma einer Realitätsfremdheit befreit werden" (ebd., S. 124)[8].

Theodor Schulze, der Nestor der neueren erziehungswissenschaftlichen Biografieforschung, hebt noch einmal besonders den Aspekt des (lebenslangen) Lernens hervor, denn für ihn ist für dieses Forschungsfeld das Interesse für die „Vorgänge und Bedingungen des Lernens, der Entfaltung einer Biographie als Lerngeschichte und Bildungsprozeß" (Schulze 1995, S. 28) konstitutiv. Folgen wir Schulze, so stellt der „Zusammenhang von Aus-dem-eigenen-Leben-lernen, Sein-Leben-gestalten und Das-eigene-bisherige-Leben-erinnernd-reflektieren" „Biographie als Bildungsprozeß" dar (ebd. 1995, S. 16). Eine so verstandene „Biographie als Bildungsprozeß" sollte seiner Ansicht nach im Mittelpunkt des Interesses einer spezifischen *erziehungswissen-*

---

8 Auch wenn Marotzki in seinem Konzept der Qualitativen Bildungsforschung vorwiegend auf die individuellen Bildungsprozesse abzielt, sieht er ebenfalls die Verwobenheit zwischen individueller Entwicklung und der gesellschaftlichen Rahmung. „Der Bildungsbegriff bringt die Perspektiven zum Ausdruck, die Menschen von sich und ihrer sozial-kulturellen Umwelt haben. Er zielt somit auf den Zusammenhang von Individuum und Gesellschaft. Der Bezug zu konkreten gesellschaftlichen Bedingungen und Entwicklungen gehört also unweigerlich ebenso zur Entfaltung bildungstheoretischer Fragestellungen (Objektseite) wie der Bezug auf Prozesse der Persönlichkeitsentwicklung (Subjektseite). Es ist ein Kennzeichen bildungstheoretischen Fragens, stets beide Aspekte in ihrer engen wechselseitigen Verflechtung sichtbar zu machen (...). Biographie ist als Konzept strukturell an der Schnittstelle von Subjektivität und gesellschaftlicher Objektivität, von Mikro- und Makroebene angesiedelt" (Marotzki 1999, S. 335f.).

schaftlichen Biografieforschung stehen; d.h. die Erforschung der „Vorgänge und Bedingungen des Lernens, der Entfaltung einer Biographie als Lerngeschichte und Bildungsprozeß" (ebd., S. 28). Die Beschaffenheit und die Entwicklung der ‚Biographizität' (vgl. Alheit/Dausien 1996) sowie der Zusammenhang, in dem sich dies vollzieht (also Einflüsse wie Gesellschaft, Kultur, sozialer Wandel, Geschichte, Zeitgeschichte), konstituieren für Schulze das Zentrum einer erziehungswissenschaftlichen Biografieforschung.

Heinz-Hermann Krüger sieht das Spezifische einer erziehungswissenschaftlichen Biografieforschung ebenfalls „in ihrer bildungstheoretischen Fragestellung und dem daraus resultierenden Erkenntnisinteresse, nämlich Biographisierungsprozesse als Bildungsprozesse, als Prozesse der subjektiven Selbst- und Weltdeutung in ihrer Verwobenheit mit objektiven gesellschaftlich-kulturellen Bedeutungskontexten zu untersuchen" (Krüger 1995, S. 50). Auch er geht damit über eine Orientierung am Subjekt im engeren Sinne hinaus und bezieht das Bildungssystem als Meso- und Makrobereich in die Biografieforschung mit ein. Sowohl Lern- als auch Bildungserfahrungen realisieren sich im Spannungsgefüge individueller Voraussetzungen und gesellschaftlicher Bedingungen; innerhalb dieser Rahmung sammeln Subjekte ihre Erfahrungen und konstruieren ihre Wirklichkeit. Insofern bietet sich Biografieforschung in dieser Konzeption als verbindendes Glied zwischen Mikro-, Meso- und Makroebene an (vgl. auch Fischer-Rosenthal 1990, Fischer-Rosenthal/Rosenthal 1997). Angesichts der Pluralisierung und der stetigen Expansion des Bildungsbereiches weist Krüger der Erziehungswissenschaft als „reflexivem Wissenschaftstypus" (ebd. 1997, S. 248) insgesamt die Aufgabe zu, das Erziehungs- und Bildungswesen in seiner historischen und aktuellen Dimension „vor dem Hintergrund der Antinomien gesellschaftlicher Modernisierungsprozesse" zu erforschen. Ergänzt um diese Ausführungen kann das von uns eingangs gewählte Zitat dann erweitert werden. „Reflexive Erziehungswissenschaft (ist) in einer ersten Dimension eine kritisch orientierte und empirisch ausgerichtete Bildungsforschung, die die aktuellen Risiken und Nebenwirkungen von Erziehungs- und Bildungsprozessen in institutionellen und gesellschaftlichen Kontexten, in schulischen, außerschulischen und nicht institutionalisierten Sozialisationsbereichen analysiert" (ebd.).

Der enge Zusammenhang zwischen erziehungswissenschaftlicher Biografieforschung und qualitativer Bildungsforschung begründet sich bei den genannten Autoren mithin aus der Erkenntnis, dass die Analyse von Biografien empirische Erkenntnisse über die individuelle Aneignung von Lerninhalten und von Bildung bereitstellen kann, dass sie Lebensstrategien aufdecken und dass sie die mit Bildungsprozessen einhergehenden Prozesse des Aufbaus von Identität nachzeichnen kann. Die in einer sich fortlaufend verändernden Gesellschaft sich je neu ausprägenden Muster, deren Übernahme, aber auch Modi der Ablehnung und Verweigerung können in Lebensbeschreibungen sichtbar werden. Damit wird erneut deutlich, dass innerhalb von Bildungsprozessen nicht nur Wandlungsprozesse (vgl. Schütze 1989; 1991) zu finden sind, deren Charakteristikum ist, dass sie einen ‚aufsteigenden' Verlauf nehmen, sondern es zeigen sich auch Verlaufs- bzw. ‚Fallkurven', die die Entwicklungsprozesse und die Identitätsbildung negativ beeinflussen. Die Erfahrungen, die aus ‚Krisen' (vgl. Bollnow 1959; Oevermann 2000a) bzw. aus ‚Wendepunkterlebnissen' (vgl. Strauss 1959/1974) in das biografische Konstrukt übernommen werden, wirken ebenso ‚bildend' wie Wandlungsprozesse, die kreativ und sinn-entfaltend sind (vgl. Schütze 1981; 1989; 1991; 1995): Im Mittelpunkt einer bildungstheoretisch orientierten Biografieforschung steht demnach das biografische Subjekt mit seinen individuellen und gesellschaftlich geprägten Erfahrungen und mit der Verarbeitung dieser Erfahrungen, die aus den Lebensgeschichten erschlossen werden können.

Als Methoden werden innerhalb der Biografieforschung im deutschsprachigen Raum sehr häufig die sowohl theoretisch elaborierten wie empirisch erprobten qualitativen Verfahren von Fritz Schütze und Ulrich Oevermann (vgl. Garz/Kraimer 1994/1998; Garz 2000a) angewandt. Diese beiden Methoden, also das narrationsstrukturelle Erhebungs- und Auswertungsverfahren (vgl. dazu auch die Arbeiten von Riemann 1987; 2000; Rosenthal 1987; 1995) einerseits und die objektive bzw. strukturale Hermeneutik andererseits zeichnen sich darüber hinaus dadurch aus, dass sie konkrete Verfahrensschritte und ausdrücklich definierte Verbindungen von Methodologie und Theorie anbieten.

Es ist in diesem Sinne, wenn Krüger sich dafür ausspricht, die beiden Verfahren „zukünftig verstärkt auch in der erziehungswissenschaftlichen Biographieforschung aufzugreifen, da diese Konzepte geeignet sind, den traditionellen Hiatus von Bildungstheorie einerseits und empirischer Bildungsforschung andererseits zu überwinden" (ebd. 1995, S. 47).

Forschungen zur Lebensspanne
Stärker theoretisch geleitete Ansätze zur individuellen Bildung des Subjekts über die Lebensspanne liegen auf der einen Seite im Anschluss an die psychoanalytische Entwicklungstheorie vor. Im Aufgreifen der Freudschen Arbeiten hat insbesondere Erik H. Erikson ein psychodynamisch unterfüttertes Identitätskonzept herausgearbeitet, das den gesamten Lebenszyklus des Menschen umfasst (vgl. Erikson 1959/1966; vgl. dazu die Rezeption und Weiterentwicklungen durch Kegan 1986/1994; Krappmann 1997 sowie Kraus/Mitzscherlich 1997). Erikson hat seine Erkenntnisse vorwiegend durch teilnehmende Beobachtung gewonnen, wobei er das *setting*, vor allem bei der Interaktion mit Kindern, selbst einrichtete und Gelegenheiten zur spielerischen Darstellung beispielsweise von Familiensituationen und -interaktionen schuf (vgl. Friedman 1999). Die durch diese ‚Konfiguration' hervorgelockten Ergebnisse wurden dann einer psychoanalytisch-hermeneutischen Interpretation unterzogen und bleiben damit, wie schon bei Dilthey (1900/1924), eng an die ‚Genialität des Interpreten' gebunden.

Andererseits existieren eine Anzahl von Ansätzen, die die Entwicklung des Menschen aus einer strukturgenetischen Perspektive rekonstruieren (vgl. Habermas 1983; Garz 1983; aus bildungsphilosophischer Perspektive van Haaften/Korthals/Wren 1997). An erster Stelle sind hier die Arbeiten von Jean Piaget (1932/1986 und 1970/1981) und Lawrence Kohlberg (1995, 2000) zur kognitiven bzw. zur moralischen Genese zu nennen (vgl. zusammenfassend Garz 1989/1994). Zentral für diese Theorien ist die Frage, wie sich Menschen in Auseinandersetzung mit der Umwelt im Hinblick auf eine bestimmte Kompetenz entwickeln und wie ein möglicher Endpunkt dieser Entwicklung aussieht. Beide Autoren versuchen, eine Antwort unter Rückgriff sowohl auf philosophische wie wissenschaftliche Konzepte zu formulieren. Unter dem hier interessierenden Gesichtspunkt der qualitativen Forschung ist zunächst vor allem auf das Erhebungsverfahren des frühen Piaget, die ‚klinische Methode', hinzuweisen. Ginsburg und Opper fassen die Vorgehensweise wie folgt zusammen: Bei ihr geht es, in Abgrenzung zu standardisierten Testverfahren, darum, „einen allgemeinen Rahmen für die Befragung (abzustecken). Das Hauptziel der Methode besteht darin, dem kindlichen Denken zu folgen, ohne es suggestiv zu verformen oder ihm den Standpunkt des Erwachsenen aufzuzwingen" (ebd. 1975, S. 125; vgl. auch Hopf 1991, S. 178); dieses Verfahren wurde später, in der ‚revidierten klinischen Methode', auf eine Weise ergänzt, dass nun auch nichtsprachliche Aspekte, beispielsweise die Manipulationen von Gegenständen, in die Analyse des Entwicklungsstandes der Kinder und Jugendlichen einbezogen wurden.

Obwohl Lawrence Kohlberg sich in vielen Hinsichten eng an Piaget orientierte, ließ er sich seit Beginn seines Arbeitens zur moralischen Entwicklung in den späten 1950er Jahren des letzten Jahrhunderts wesentlich stärker von hermeneutischen Einsichten leiten[9]. So entwickelte er bereits sehr früh eine Interviewform, das sog. ‚mäeutische Interview', die sich eng am sokratischen Vorbild des Hervorlockens von Antworten durch ‚geschicktes' Fragen, durch Gegenvorschläge und Sondierungsfragen orientierte. Diese Vorgehensweise wurde später durch ein strukturiertes dilemmabezogenes Interview abgelöst, das nun im Interesse der Vergleichbarkeit der Antworten zahlreiche, bereits vorformulierte Nachfragen enthielt, allerdings für den Interviewer auch die Möglichkeit offen hielt, in einen argumentativen Dialog mit den Befragten einzutreten (vgl. Hopf 1991, S. 177; Hopf 2000, S. 352). Auf der Auswertungsseite zeigte sich ein Trend, der von einer hermeneutischen Interpretation im Sinne einer Kunstlehre überging zu einem semi-hermeneutischen Verfahren des Abgleichens von Interviewantworten mit – allerdings auch empirisch gewonnenen – Musterantworten, die über annähernd eintausend Seiten in einem ‚Auswertungshandbuch' – dem sog. ‚Scoring Manual' – (vgl. Colby/Kohlberg et al. 1987) ausgebreitet und mit Auswertungshinweisen versehen wurden[10].

3.2 Forschungen im Mesobereich

Wie bereits ausgeführt, finden qualitative Ansätze über den Bereich der Biografieforschung bzw. der Forschungen zur Lebensspanne hinaus in der Bildungsforschung seit Beginn der ‚realistischen Wendung' ein umfangreiches Anwendungsgebiet. Insofern überschreiten diese Forschungen den Begriff der Bildung im engeren Sinne und umgreifen ein sehr viel weiter gefächertes Feld (vgl. zur Transformation ‚einheimischer' pädagogischer Begriffe generell König 1999).

Wir greifen auf einige, im Mesobereich angesiedelte Studien[11] zurück, die sich einerseits mit familialer Bildung befassen bzw. andererseits mit der Relevanz von Gruppen und außerschulischen Lebenswelten von Kindern und Jugendlichen. Eine Kombination dieser Studien findet sich in Forschungen zum Bereich des Wandels von Familienstrukturen und den damit verbundenen Veränderungen der Kindheits- und Jugendbedingungen sowie den Folgen für die Bildungsprozesse von Kindern und Jugendlichen.

In einer für die Bundesregierung angefertigten Expertise über ‚Familie und Bildung' (die Untersuchung der „Wechselwirkungen zwischen Familie und Bildung") weisen Grundmann, Huinink und Krappmann auf die Notwendigkeit aber auch auf die Schwierigkeit hin, die Struktur familialer bzw. sozialisatorischer Interaktion und die damit verbundenen Bildungsprozesse angemessen zu verstehen (vgl. ebd. 1994, S. 43)[12]. Dies ist der Bereich, der den auch historischen Ausgangspunkt der objektiv hermeneutischen Untersuchungen von Ulrich Oevermann

---

9   Eine bedeutende Rolle spielen in diesem Zusammenhang die Arbeiten von John Dewey, vor allem dessen Postulat, dass Erziehung ‚schöpferische Entwicklung' und damit ‚ständige Rekonstruktion' ist (vgl. Dewey 1916/1964).
10 Obwohl Kohlberg als Zugeständnis an den in den 70er und 80er Jahren in den USA vorherrschenden Mainstream der Forschung seine Ergebnisse auch quantitativ dargestellt hat, lässt sich in seinen Arbeiten ein explizit hermeneutischer Hintergrund nachweisen. Seine Hoffnung, sowohl der qualitativen wie der quantitativen Position gerecht werden zu können, führt jedoch eher zu Enttäuschungen auf beiden Seiten.
11 Wir können hier, wie an anderen Stellen auch, lediglich beispielhaft einige ausgewählte Studien aufführen. Insgesamt liegen mittlerweile eine Vielzahl qualitativer Studien vor; einen guten Überblick vermittelt die „Magdeburger Bibliographie zur Biographieforschung", die in der 3. Auflage 1998 von Winfried Marotzki herausgegeben wurde. In dieser Bibliographie finden sich auch qualitative Arbeiten, die über das Feld Biographieforschung hinausgehen.
12 Zur Bildungsgeschichte von Familien und deren Milieueinbettung vgl. die Fallstudien von Allert 1998.

bildet. Beginnend mit dem gemeinsam mit Lothar Krappmann und Kurt Kreppner am Max-Planck-Institut für Bildungsforschung Mitte der 1960er Jahre begonnenen Projekt ‚Elternhaus und Schule', das auf die Formulierung einer ‚Theorie der Bildungsprozesse' ausgerichtet war, hat Oevermann in einer Reihe von Studien gezeigt, wie sich durch die systematische Interpretation von Familieninteraktionen, d.h. durch Fallanalysen (vgl. Oevermann et al. 1976; Oevermann 1979), nach und nach Theorien entwickeln lassen. In dieser Tradition – und das gilt auch für andere Richtungen innerhalb der qualitativen Sozial- und Bildungsforschung (vgl. beispielhaft Strauss 1987/1994) – „entstehen Theorien kumulativ aus Fallbeschreibungen, sie sind geronnene Fallbeschreibungen" bzw. noch genauer, „Theorien sind Formalisierungen der Strukturbeschreibungen von einzelnen Fällen" (Oevermann 1979, S. 165f.).

Die auf diese Weise vorgenommenen Fallbeschreibungen haben zu einer Reihe von ebenso empirisch gesättigten wie theoretisch anspruchsvollen grundlagentheoretischen wie praxisrelevanten[13] Formulierungen geführt, von denen das Postulat der Nicht-Rollenförmigkeit familialer Interaktionsformen sicherlich die anregendste ist (vgl. Oevermann 2000, S. 9ff.); denn gerade am Beispiel dieser Diffusität lassen sich Fragen zur Fundierung von Sozialität und zum Verhältnis von Gemeinschaft und Gesellschaft überhaupt stellen. Von der Beantwortung dieser Frage gehen wiederum Auswirkungen auf die angemessene Thematisierung des Bildungsbegriffs aus, beispielsweise inwieweit dieser sich ‚zwanglos' in einer Sphäre der ‚zweckfreien Sozialität' konstituiert (ebd., S. 12f.).

Auch zu den Peer-Groups als einer speziellen Form jugendlichen sozialen Umgangs liegen eine Reihe von Untersuchungen vor. Insbesondere Ralf Bohnsack hat sich mit verschiedenen Cliquen und Gruppierungen wie Hooligans und Rockbands beschäftigt und dabei qualitative Verfahren eingesetzt. Bohnsack verwendet als Methode bevorzugt die Gruppendiskussion, die aufgrund ihrer Orientierung am Gruppengeschehen besonders geeignet ist, kollektive Phänomene und Erfahrungen erfassen zu können. In Anlehnung an Karl Mannheim entwickelte er als Auswertungsmethode die „Dokumentarische Interpretation", die sich in die Arbeitsschritte a) Formulierende Interpretation, b) Reflektierende Interpretation, c) Diskursbeschreibung und – verallgemeinert – d) die Typenbildung aufgliedert (vgl. dazu Bohnsack 1991; 1997). Dabei wird der Prozess der Bildung, den das Individuum durch die jeweilige Gruppenzugehörigkeit durchläuft, deutlich. Bohnsack thematisiert dieses Geschehen unter der Überschrift der ‚habituellen Übereinstimmung' und weist darauf hin, dass diese Prozesse, obwohl sie einen rituellen Charakter aufweisen, durchaus als rational gelten können. Weiterführend sind diese Untersuchungen auch unter der Perspektive ihrer potentiellen Verallgemeinerbarkeit. Gruppen können für bestimmte Milieus stehen bzw. diese konstituieren, aber auch – mit aller Vorsicht – im Hinblick auf ihre Verortung im Generationsgeschehen interpretiert werden. Damit sind zugleich Möglichkeiten der Erweiterung der qualitativen Forschung vom Meso- auf den Makrobereich aufgezeigt (vgl. Bohnsack 1997a).

Weiterhin lassen sich die innerhalb der sozialpädagogischen Forschung entstandenen Arbeiten zum Jugendbildungs- und Jugendhilfebereich der qualitativen Bildungsforschung zurechnen. Verwiesen sei hier exemplarisch auf die Studie von Helsper et al. (1991) über „Jugendliche Außenseiter", die im Rahmen des Forschungs- und Weiterbildungsprojektes „Berufliche Bildung und Berufsberatung" durchgeführt wurde. In diesem Projekt standen arbeitslose und randständige Jugendliche im Fokus des Interesses. Das Datenmaterial wurde anhand von nar-

---

13 vgl. hierzu vor allem die Untersuchungen zur Sozialpädagogischen Familienhilfe, die mit der Methode der objektiven Hermeneutik durchgeführt wurden (Allert et al. 1994), sowie die Arbeiten von Hildenbrand: beispielhaft 1999.

rativen Einzelinterviews oder offenen biografischen Interviews erhoben und mit der objektiven Hermeneutik und dem biografieanalytischen Ansatz von Fritz Schütze ausgewertet. Rekonstruiert wurden die zentralen Prozesse der Marginalisierung und darüber hinausgehend wurde, ganz im Sinne einer Typenbildung, ein theoretisches Modell der Marginalisierungsprozesse entwickelt.

Im Anschluss an diese grundlagenbezogenen Ergebnisse wurden die gesammelten Erkenntnisse in ein Weiterbildungscurriculum integriert und somit in ein pädagogisches Praxisfeld übertragen. Den Stellenwert dieser Studie für die Praxis im Bereich der Jugendhilfe und Jugendarbeit sehen die Autoren dann auch vor allem darin, „daß sie die spezifische Verzahnung von Einzelfall und Institution deutlich macht, den Blick auf das Gesamt des jugendlichen Lernprozesses richtet, wodurch Wissen wie Deutungskompetenzen des alltäglichen pädagogischen Handelns erweitert werden" (Combe 1991, S. 13).

3.3 Forschungen zum Makrobereich

Dem Makrobereich lassen sich pädagogische Institutionen wie Vorschuleinrichtungen, die verschiedenen Schultypen oder auch sozialpädagogische Einrichtungen und Institutionen der Erwachsenenbildung zuordnen. Die Forschungen, die in diesem Rahmen durchgeführt werden, können sowohl Analysen des Alltags in pädagogischen Institutionen als auch Analysen von Interaktionsabläufen der am Bildungsprozess Beteiligten beinhalten, wie z.B. Interaktionen zwischen Schülern innerhalb der Klasse oder auf dem Schulhof, Schülern und Lehrern oder in Beratungs- und Betreuungssituationen.

Für den Bereich der Institution Schule lassen sich in jüngster Zeit eine Anzahl von Veröffentlichungen finden, die das Arbeiten mit qualitativen Forschungsmethoden ausführlich dokumentieren (vgl. als Überblick Altrichter/Radnitzky/Specht 1994; Combe/Helsper/Stelmaszyk 1999; Eberwein/Mand 1995; Ohlhaver/Wernet 1999). In der Tradition, wenn auch nicht im direkten Anschluss an klassisch-pädagogische Arbeiten zur ‚pädagogischen Atmosphäre' (vgl. Bollnow 1970) und zu psychologischen Studien über das ‚Schulklima' (vgl. Fend 1977) zielt die gegenwärtige ganzheitliche Betrachtung von Schule nun stärker auf die Schulkultur im Allgemeinen sowie auf Schulporträts[14] und Schulmythen (vgl. Böhme 2000) im Besonderen.

Vor allem die Arbeitsgruppe um Werner Helsper hat eine Reihe von Arbeiten vorgelegt, innerhalb der die ‚Dignität von Einzelschule' (vgl. Idel 1999) unter Heranziehung von qualitativen Methoden thematisiert wird. Zur Datenerhebung wird neben der Durchführung von Interviews auf eine breite Palette von (bereits vorliegenden) Materialien zurückgegriffen, so auf „Transkriptionen alltäglicher (Konferenzen, Unterricht, Schulversammlungen usw.) sowie außeralltäglicher Szenen (v.a. Abiturfeiern, Abiturreden) und anderes schriftliches Material (Zeitungsartikel, Schuldokumente usw.)" (Idel 1999, S. 49). Ein auf der Makroebene verortbares Ergebnis zeigt sich in der Formulierung des sog. Schulmythos, der sich als Bewährungsmuster ‚hinter dem Rücken der Subjekte' durchsetzen und ‚als Mythos' die Gestalt der Institution Schule bestimmen kann (vgl. Helsper 1995; Böhme 2000).

Als eine sehr aufschlussreiche Studie für den Bereich der Sozialpädagogik/Sozialarbeit kann die Veröffentlichung „Die Arbeit in der sozialpädagogischen Familienberatung" von Gerhard Riemann (2000) gewertet werden, die aufzeigt, wie aus qualitativem Datenmaterial Erkenntnisse

---

14 Zur Idee des Porträts und des Porträtierens vgl. Bude 1995. Für eine Herangehensweise, die Porträtieren als eine Kombination von Kunst und Sozialwissenschaft versteht, vgl. Lawrence-Lightfoot/Davis 1997.

für Arbeitsabläufe in der Sozialen Arbeit gewonnen werden können. In seiner ethnographischen Fallstudie zur sozialpädagogischen Familienberatung hat Riemann mehrere Untersuchungslinien im Blick, die in der anschließenden Analyse zusammengeführt werden. Im Mittelpunkt seiner Untersuchung stehen 1) die Beziehungsgeschichte zwischen Professionellen und Klienten mit den darin enthaltenen nicht aufhebbaren Kernproblemen des professionellen Handelns, 2) die Bedeutung der Professionellen und der Beratungsstelle für die Lebensgeschichte der Klienten sowie die Auswirkungen dieser Interaktionen auf die biografischen Prozesse der Klienten und 3) die Verständigungsprozesse der Professionellen im Hinblick auf die Klienten und die Fallarbeit. Für die Datengewinnung setzt er 1) das interaktionsgeschichtlich-narrative Interview mit den Mitarbeiterinnen der Beratungsstelle, 2) das autobiografisch-narrative Interview mit den Klienten sowie 3) Aufzeichnungen von Fallbesprechungen ein. In die Analyse gehen darüber hinaus Aufzeichnungen von Beratungsgesprächen ein. Als Auswertungsinstrument greift Riemann auf die sozialwissenschaftliche Erzählanalyse zurück (vgl. dazu Riemann 1987). Seine Studie deckt verschiedene Kernprobleme professionellen Handelns auf, die auch über den Bereich sozialpädagogischer Familienberatungsstellen hinaus in anderen Arbeitsfeldern der Sozialen Arbeit zu finden sind.

Ein weiterer institutioneller Makrobereich, der in jüngster Zeit die Aufmerksamkeit qualitativer Bildungsforscher gefunden hat, ist die Universität. Konnte in den 1950er und 1960er Jahren des letzten Jahrhunderts noch von der ‚Lebenswelt Hochschule' gesprochen werden, in der vorwiegend männliche Studierende nach dem Abitur mit klaren Zielvorstellungen vor Augen an ihrer Karriere ‚arbeiteten', so hat sich die Situation nunmehr nachhaltig verändert (vgl. Huber 1991). Die Universität scheint mittlerweile nur noch eine Lebenswelt neben anderen ‚sozialen Welten', neben dem Freizeitbereich, den Bereichen der Arbeit und der (neuen) Familie, zu bilden. Dabei hat sich das ‚Publikum' ebenso verändert wie die Zugangsberechtigungen und eine klare ‚Karriereplanung' ist in vielen Bereichen kaum möglich, eher scheinen viele der Beteiligten an einem Zukunftsentwurf zu ‚basteln', wobei die Universität nur eine Option neben anderen darstellt.

Insofern beschäftigt sich die qualitativ-empirische Forschung gegenwärtig damit, die ‚Studentische Lebenswelt' bzw. die amorphen ‚Lebenswelten' erneut zu betrachten (vgl. Kokemohr/Marotzki 1989; Marotzki/Kokemohr 1990; Garz 2004; Alheit 2005a). Untersuchungen zu unterschiedlichen Aggregationsformen mit unterschiedlichen Theoriehintergründen konnten sich in diesem Zusammenhang herausbilden: Soziale Gebilde wie ‚Milieu' und ‚Milieutopographie' (auch Milieus und ‚ihre' Studienstile), generell die universitären ‚Fachkulturen', aber ebenso ‚Gesellungsstile', ‚Habitus' und ‚Lebensweisen' (vgl. zusammenfassend Köhler/Gapski 1997) bilden bevorzugte Einheiten qualitativer Bildungsforschung auf einer Makroebene. Passend zu dieser Vielfalt stellen sich die Erhebungs- und Auswertungsformen dar. So kommen ethnographische Beobachtungen ebenso zum Einsatz wie Tagebücher, für die Interpretation der Texte werden qualitative Inhaltsanalysen, verschiedene Ansätze innerhalb der sozialwissenschaftlichen Hermeneutik (von der objektiven bis zur reflexiven und Gruppen-Hermeneutik vgl. ebd., S. 92ff.) eingesetzt, die es erlauben, aus dem untersuchten Feld heraus erste Typiken zu bilden (ebd., S. 128ff.) – auch dabei wird als Darstellungsform häufig auf das Porträt zurückgegriffen.

Ein weiteres dem Makrobereich zugehöriges Beispiel stellen jene Forschungen dar, die den Milieubegriff in Zusammenhang mit dem Bildungsbegriff bringen. Tippelt (1999) hat hierzu eine Studie vorgelegt, die „Bildungsinteressen im Zusammenhang mit der sozialen Herkunft analysiert" (ebd. S. 21). Auch hier wird zunächst an Arbeiten angeknüpft, die zum Fundus einer empirisch abgestützten bildungstheoretischen Diskussion gehören (v.a. Strzelewicz/Raapke/ Schulenberg 1966), zugleich werden aber die gesellschaftlichen Wandlungen, d.h. die Pluralisierungen von Lebensformen, berücksichtigt, die eine Abkehr vom herkömmlichen Schichtungsbegriff nahe legen bzw., vorsichtiger formuliert, dessen Problematisierung ermöglichen. Der Milieubegriff als neue Erklärungskategorie weist insbesondere darauf hin, „daß die sozialen Milieus jeweils besondere Interessen im Bildungsbereich haben und daß sie entsprechend einen differenzierten Bildungs- und auch Weiterbildungsbedarf artikulieren" (Tippelt 1999, S. 9). Als Ergebnis der inhaltsanalytischen Auswertung von Tiefeninterviews (die im Übrigen in Form des Projektstudiums erfolgte) kommt Tippelt zu einer Ausdifferenzierung von ‚milieuspezifischen Bildungsbegriffen' für mittlerweile neun Milieus, die im Sinne eines Fazits formuliert werden kann und sich als praktisch folgenreich für die erziehungswissenschaftliche Disziplin erweist. „Die hier (...) angedeutete Pluralität des Bildungsverständnisses und der Schulerfahrungen verschiedener sozialer Milieus stellt Pädagogen und Bildungsforscher vor neue Aufgaben", vor allem wenn berücksichtigt wird, „daß die Einstellung zur Bildung häufiger durch Kontinuität und seltener durch Diskontinuität geprägt ist" (Tippelt 1999, S. 30).

4 Fazit

Das Konzept der Bildung hat sich in den vergangenen 30 Jahren zu einem bevorzugten Gegenstand qualitativer Sozialforschung entwickelt. Das gilt sowohl und in erster Linie für den engeren, subjektbezogenen Begriff der Bildung, der vor allem in biografietheoretischer Einstellung untersucht wurde, als auch für Positionen, die die menschliche Entwicklung über die Lebensspanne hinweg thematisieren. Die qualitative Sozialforschung wird aber auch in intensiver Weise in Bereichen eingesetzt, die den Bildungsbegriff in einem weiteren Sinn verwenden. Durch die Unterscheidung in einen Meso- und einen Makrobereich haben wir daher versucht, auch diese Untersuchungen zu systematisieren und einige Ergebnisse beispielhaft darzustellen. Insgesamt lässt sich festhalten, dass mithilfe der Methoden der qualitativen Sozialforschung bislang eine Vielzahl von Untersuchungen durchgeführt wurden, die imstande sind, unser Wissen im Hinblick auf den Begriff der Bildung im wissenschaftlichen Prozess von ‚Behauptung' und ‚Widerlegung' sowohl auf grundlagentheoretischer wie praktischer Ebene als auch für die Idee der Bildung im engen wie im weiten Sinne allmählich aber stetig zu erweitern.

Literatur

Agar, M. (2006): Culture: Can You Take It Anywhere? Invited Lecture Presented at the Gevirtz Graduate School of Education, University of California at Santa Barbara. In: International Journal of Qualitative Methods 5 (2) June. http://www.ualberta.ca/~ijqm/, Zugriff: 30.6.2007.
Alheit, P. (2005): Passungsprobleme: Zur Diskrepanz von Institution und Biographie – Am Beispiel des Übergangs so genannter „nicht-traditioneller" Studenten ins Universitätssystem. In: Arnold, H./Böhnisch, L./Schröer, W. (Hrsg.): Sozialpädagogische Beschäftigungsförderung. Lebensbewältigung und Kompetenzentwicklung im Jugend- und jungen Erwachsenenalter. Weinheim/München: Juventa, S. 159-172. (a)
Alheit, P. (2005): Lifelong Learning: A Political and a Biographical Approach. In: Andragogy Today. Interdisciplinary Journal of Adult & Continuing Education, Vol. 8, S. 187-226. (b)

Alheit, P./Dausien, B. (1996): Bildung als ‚biographische Konstruktion'? In: Report. Literatur- und Forschungsreport Weiterbildung, 37. Jg., S. 33-45.
Alheit, P. et al. (2004): Die zögernde Ankunft im Westen. Biographien und Mentalitäten in Ostdeutschland. Frankfurt a. M.: Campus.
Allert, T. (1998): Die Familie. Fallstudien zur Unverwüstlichkeit einer Lebensform. Berlin: de Gruyter Verlag.
Allert, T./Bieback-Diel, L./Oberle, H./Seyfarth, E. (1994): Familie, Milieu und sozialpädagogische Intervention. Münster: Votum.
Altrichter, H./Radnitzky, E./Specht, W. (1994): Innenansichten guter Schulen: Portraits von Schulen in Entwicklung. Wien: BMUK.
Arbeitsgruppe Bielefelder Soziologen (Hrsg.) (1973): Alltagswissen, Interaktion und gesellschaftliche Wirklichkeit. Bd. 2: Ethnotheorie und Ethnographie des Sprechens. Reinbek: Rowohlt.
Ballauff, T. (1952): Die Idee der Paideia. Meisenheim: Hain.
Beck, K./Kell, A. (1991): Erziehungswissenschaftliche Bildungsforschung als Aufgabe und Problem. In: BECK, K./ Kell, A. (Hrsg.): Bilanz der Bildungsforschung. Weinheim: Deutscher Studien Verlag, S. 5-13.
Böhme, J. (2000): Schulmythen und ihre imaginäre Verbürgung durch oppositionelle Schüler. Bad Heilbrunn: Klinkhardt.
Bohnsack, R. (1991): Rekonstruktive Sozialforschung. Einführung in Methodologie und Praxis qualitativer Forschung. Opladen: VS Verlag.
Bohnsack, R. (1997): Gruppendiskussionsverfahren und Milieuforschung. In: Friebertshäuser, B./Prengel, A. (Hrsg.): Handbuch Qualitative Forschungsmethoden in der Erziehungswissenschaft. Weinheim und München: Juventa, S. 492-502.
Bohnsack, R. (1997a): Adoleszenz, Aktionismus und Emergenz von Milieus. Eine Ethnographie von Hooligan-Gruppen und Rockbands. In: Zeitschrift für Sozialisationsforschung und Erziehungssoziologie, 17. Jg., S. 3-18.
Bollnow, O. F. (1959): Existenzphilosophie und Pädagogik. Stuttgart: Kohlhammer.
Bollnow, O. F. (1970): Die pädagogische Atmosphäre. 4. Aufl. Heidelberg: Die Blaue Eule.
Brumlik, M. (1973): Der symbolische Interaktionismus und seine pädagogische Bedeutung. Frankfurt a.M.: Fischer Athenäum.
Bruner, J. (1987): Life as Narrative. In: Social Research, 54. Jg., S. 11-32.
Bruner, J. (1991): The Narrative Construction of Reality. In: Critical Inquiry, 18. Jg., S. 1-21.
Bude, H. (1995): Das Altern einer Generation. Die Jahrgänge 1938-1948. Frankfurt a.M.: Suhrkamp.
Colby, A./Kohlberg, L. and collaborators (1987): The Measurement of Moral Judgement. 2 Vols. Cambridge: Cambridge University Press.
Combe, A. (1991): Einleitung. In: Helsper, W./Müller, H. J./Nölke, E./Combe, A. (Hrsg.): Jugendliche Außenseiter. Zur Rekonstruktion gescheiterter Bildungs- und Ausbildungsverläufe. Opladen: Westdeutscher, S. 9-13.
Combe, A./Helsper, W./Stelmaszyk, B. (Hrsg.) (1999): Forum Qualitative Schulforschung. Weinheim: Beltz.
Dewey, J. (1916/1964): Demokratie und Erziehung. Braunschweig: Westermann.
Dick, M./Marotzki, W. (2005): Biographie und Lernen: Einführung in den Themenschwerpunkt. In: Zeitschrift für qualitative Bildungs-, Beratungs- und Sozialforschung, 6. Jg. , S. 5-10.
Dickopp, K.-H. (1983): Lehrbuch der systematischen Pädagogik. Düsseldorf: Schwann.
Dilthey, W. (1900/1924): Die Entstehung der Hermeneutik. In: Gesammelte Schriften., Bd. V., Leipzig: Teubner, S. 317-338.
Dilthey, W. (1910/1927): Der Aufbau der geschichtlichen Welt in den Geisteswissenschaften. Gesammelte Schriften Bd. VII. Leipzig: Teubner.
Eberwein, H./Mand, J. (Hrsg.) (1995): Forschen für die Schulpraxis. Weinheim: Deutscher Studien Verlag.
Ecarius, J./Schäffer, B. (Hrsg.) (2008): Typenbildung und Theoriegenerierung. Perspektiven qualitativer Biographie- und Bildungsforschung. Opladen: Leske + Budrich.
Erikson, E. H. (1959/1966): Identität und Lebenszyklus. Frankfurt a.M.: Suhrkamp.
von Felden, H. (Hrsg.) (2008): Aktuelle Perspektiven der erziehungswissenschaftlichen Biographieforschung. Theoretische Überlegungen und methodische Differenzierungen. Wiesbaden: VS Verlag.
Fend, H. (1977): Schulklima. Weinheim: Beltz.
Fikfak, J./Adam, F./Garz, D. (eds.) (2004): Qualitative Research. Different Perspectives – Emerging Trends. Ljubljana.
Fischer-Rosenthal, W.(1990): Von der ‚biographischen Methode' zur Biographieforschung: Versuch einer Standortbestimmung. In: Alheit, P./Fischer-Rosenthal, W./Hoerning, E. (Hrsg.): Biographieforschung. Eine Zwischenbilanz in der deutschen Soziologie. Bremen: Werkstattberichte des Forschungsschwerpunkts Arbeit und Bildung, Bd. 13, Universität Bremen, S. 11–32.
Fischer-Rosenthal, W./Rosenthal, G. (1997): Narrationsanalyse biographischer Selbstpräsentationen. In: Hitzler, R./ Honer, A. (Hrsg.): Sozialwissenschaftliche Hermeneutik. Opladen: Leske + Budrich, S. 133-164.

Friedman, L. J. (1999): Identity's architect. A biography of Erik H. Erikson. New York: Scribners.
Garz, D. (1983): Rekonstruktive Methoden in der Sozialisationsforschung. In: Garz, D./Kraimer, K. (Hrsg.): Brauchen wir andere Forschungsmethoden? Frankfurt a.M.: Scriptor Verlag, S. 176-188.
Garz, D. (1989/1994): Sozialpsychologische Entwicklungstheorien. 2. Aufl. Opladen: Westdeutscher Verlag.
Garz, D. (2000): „Das Leben stört natürlich ständig". Qualitativ-biographische Verfahren als Methoden der Bildungsforschung. In: Kraimer, K. (Hrsg.): Die Fallrekonstruktion. Sinnverstehen in der sozialwissenschaftlichen Forschung. Frankfurt a.M.: Suhrkamp, S. 157-178.
Garz, D. (2000a): Kritik, Hermeneutik, Rekonstruktion. Über den Stellenwert der Methode bei Jürgen Habermas. In: Müller-Doohm, S. (Hrsg.): Das Interesse der Vernunft. Rückblicke auf das Werk von Jürgen Habermas seit ,Erkenntnis und Interesse'. Frankfurt a.M.: Suhrkamp, S. 201-217.
Garz, D. (2001): Biographische Erziehungswissenschaft. Eine Hinführung. Opladen: Leske + Budrich.
Garz, D. (2004): Studium als biographische Entwicklungschance. In: Sozialer Sinn 5, S. 387-412.
Garz, D./Kraimer, K. (Hrsg.) (1994/1998): Die Welt als Text. Theorie, Kritik und Praxis der Objektiven Hermeneutik. 2. Aufl. Frankfurt a.M.: Suhrkamp.
Garz, D./Ackermann, F. (2006): Objektive Hermeneutik und Medienforschung. In: Ayaß, R./Bergmann, J. (Hrsg.): Qualitative Methoden der Medienforschung. Reinbek: Rowohlt, S. 324-349.
Ginsburg, H./Opper, S. (1975): Piagets Theorie der geistigen Entwicklung. Stuttgart: Klett-Cotta.
Grundmann, M./Huinink, J./Krappmann, L. (1994): Familie und Bildung. Empirische Ergebnisse und Überlegungen zur Frage der Beziehung von Bildungsbeteiligung, Familienentwicklung und Sozialisation. In: Büchner, P. et al.: Kindliche Lebenswelten, Bildung und innerfamiliale Beziehungen. Materialien zum 5. Familienbericht. Bd. 4. München, S. 41-104.
Habermas, J. (1983): Moralbewußtsein und kommunikatives Handeln. Frankfurt a.M: Suhrkamp.
Haupert, B. (1992): Qualitative und quantitative Methoden der Sozialarbeitsforschung – ihre Bedeutung für die Professionsentwicklung in der Sozialen Arbeit. In: Soziale Arbeit, 24. Jg., S. 2-13.
Helsper, W. (1995): Die verordnete Autonomie – Zum Verhältnis von Schulmythos und Schülerbiographie im institutionellen Individualisierungsparadoxon der modernen Schulkultur. In: Krüger, H.-H./Marotzki, W. (Hrsg.): Erziehungswissenschaftliche Biographieforschung. Opladen: Leske + Budrich, S. 175-201.
Helsper, W./Müller, H. J./Nölke, E./Combe, A. (Hrsg.) (1991): Jugendliche Außenseiter. Zur Rekonstruktion gescheiterter Bildungs- und Ausbildungsverläufe. Opladen: Westdeutscher Verlag.
Henningsen, J. (1981): Autobiographie und Erziehungswissenschaft. Essen: Neue deutsche Schule Verlagsgesellschaft.
Hildenbrand, B. (1999): Fallrekonstruktive Familienforschung. Opladen: Leske + Budrich.
Hopf, C. (1991): Qualitative Interviews in der Sozialforschung. Ein Überblick. In: Flick, U./Kardorff, E. von/Keupp, H./Rosenstiel, L. von/Wolff; S. (Hrsg.): Handbuch Qualitative Sozialforschung. München: Psychologie Verlags Union, S. 177-182.
Hopf, C. (2000): Qualitative Interviews – ein Überblick. In: Flick, U./Kardoff, E. von/Steinke, I. S. (Hrsg.): Qualitative Forschung. Ein Handbuch. Reinbek: Rowohlt, S. 349-360.
Huber, W. (1991): Sozialisation in der Hochschule. In: Hurrelmann, K./Ulich, D. (Hrsg.): Handbuch der Sozialisationsforschung. Weinheim: Beltz, S. 417-441.
Idel, S. (1999): Die empirische Dignität der Einzelschule – Schulporträts als Gegenstand qualitativer Schulforschung. In: Combe, A./Helsper, W./Stelmaszyk, B. (Hrsg.): Forum Qualitative Schulforschung. Weinheim: Beltz, S. 29-60.
Jessor, R./Colby, A./Shweder, R. A. (eds.) (1996): Ethnography And Human Development. Context and Meaning in Social Inquiry. Chicago/London: The University of Chicago Press.
Kade, J. (1994/1998): Suche nach Zugehörigkeit. Zur Aneignung der Erwachsenenbildung durch die Teilnehmer. In: Garz, D./Kraimer, K. (Hrsg.): Die Welt als Text. Theorie, Kritik und Praxis der Objektiven Hermeneutik. 2. Aufl. Frankfurt a.M.: Suhrkamp, S. 315-340.
Kade, J. (2005): Erziehungswissenschaftliche Bildungsforschung im Spannungsfeld von Biographie, Karriere und Lebenslauf. In: bildungsforschung, 2. Jg., Ausgabe 2.
http://www.bildungsforschung.org/Archiv/2005-02/bildungsforschung/.
Kegan, R. (1986/1994): Die Entwicklungsstufen des Selbst. 3. Aufl. München: Kindt.
Köhler, T./Gapski, J. (1997): Studentische Lebenswelt. Analysen zum Alltag und Milieu, zu Bildungs- und Studienstilen, zur Lebensphase Studium bei Studierenden der Universität Hannover. (agis texte, Bd. 17). Hannover: Universität Hannover.
Kohlberg, L. (1995): Die Psychologie der Moralentwicklung. Frankfurt a.M.: Suhrkamp.
Kohlberg, L. (2000): Die Psychologie der Lebensspanne. Frankfurt a.M.: Suhrkamp.

Kokemohr, R./Marotzki, W. (Hrsg.) (1989): Biographien in komplexen Institutionen. Studentenbiographien I. Frankfurt a. M.: Peter Lang.
Koller, H.-Ch./Marotzki, W./Sanders, O. (Hrsg.) (2007): Bildungsprozesse und Fremdheitserfahrung. Beiträge zu einer Theorie transformatorischer Bildungsprozesse. Bielefeld: transcript.
König, E. (1999): Gibt es einheimische Begriffe in der Erziehungswissenschaft? In: Pädagogische Rundschau, 53. Jg., S. 29-42.
Kraimer, K. (2007): Form & Stoff der Fallrekonstruktion. In: Giebeler, C. u. a. (Hrsg.): Fallverstehen und Fallstudien. Interdisziplinäre Beiträge zur rekonstruktiven Sozialarbeitsforschung. Opladen: Leske + Budrich, S. 35-51.
Kramer, R.-T. (2002): Wo steht die Qualitative Bildungsforschung? Über Entwicklungen und Perspektiven eines Forschungsprogramms. Bereichsrezension „Bildungsforschung". In: Zeitschrift für qualitative Bildungs-, Beratungs- und Sozialforschung, 3. Jg., S. 327-337.
Krappmann, L. (1997): Die Identitätsproblematik nach Erikson aus einer interaktionistischen Sicht. In: Keupp, H./Höfer, E. (Hrsg.): Identitätsarbeit heute. Frankfurt a.M.: Suhrkamp, S. 66-92.
Kraus, W./Mitzscherlich, B. (1997): Abschied vom Großprojekt. Normative Grundlagen der empirischen Identitätsforschung in der Tradition von James E. Marcia und die Notwendigkeit ihrer Reformulierung. In: Keupp, H./Höfer, E. (Hrsg.): Identitätsarbeit heute. Frankfurt a.M.: Suhrkamp, S. 149-173.
Kron, F. W. (1999): Wissenschaftstheorie für Pädagogen. München: UTB.
Krüger, H.-H. (1995): Bilanz und Zukunft der erziehungswissenschaftlichen Biographieforschung. In: Krüger, H.-H./Marotzki, W. (Hrsg.): Erziehungswissenschaftliche Biographieforschung. Opladen: Leske + Budrich, S. 32-54.
Krüger, H.-H. (1997): Einführung in Theorien und Methoden der Erziehungswissenschaft. Opladen: Leske + Budrich.
Kuhn, T. S. (1962/1976): Die Struktur wissenschaftlicher Revolutionen. 2. Aufl. Frankfurt a.M.: Suhrkamp.
Lawrence-Lightfoot, S./Davis, J. H. (1997): The Art and Science of Portraiture. San Francisco: Jossey-Bass.
Lenzen, W. (1997): Lösen die Begriffe Selbstorganisation, Autopoiesis und Emergenz den Bildungsbegriff ab? In: Zeitschrift für Pädagogik, 43. Jg., S. 949-968.
Loch, W. (1979): Lebenslauf und Erziehung. Essen: Neue deutsche Schule Verlaggesellschaft.
Marotzki, W. (1990): Entwurf einer strukturalen Bildungstheorie. Weinheim: Deutscher Studien Verlag.
Marotzki, W.: (1995) Qualitative Bildungsforschung. In: König, E./Zedler P. (Hrsg.): Bilanz qualitativer Forschung. Band I: Grundlagen qualitativer Forschung. Weinheim: Deutscher Studien Verlag, S. 99-133.
Marotzki, W. (1999): Forschungsmethoden und -methodologie der Erziehungswissenschaftlichen Biographieforschung. In: Krüger H.-H./Marotzki, W. (Hrsg.): Handbuch der erziehungswissenschaftlichen Biographieforschung. Opladen: Leske + Budrich, S. 109-133.
Marotzki, W. (2006): Qualitative Bildungsforschung – Methodologie und Methodik erziehungswissenschaftlicher Biographieforschung. In: Pongratz, A./Wimmer, M./Niecke, W. (Hrsg.): Bildungsphilosophie und Bildungsforschung. Bielefeld: janus Presse, S. 125-137.
Marotzki, W./Kokemohr, R. (Hrsg.) (1990): Biographien in komplexen Institutionen – Studentenbiographien II. Weinheim: Deutscher Studien Verlag.
Marotzki, W./Stoetzer, K. (2007): Die Geschichten hinter den Bildern – Annäherungen an eine Methode und Methodologie der Bildinterpretation in biografie- und bildungstheoretischer Absicht. In: Friebertshäuser, B./von Felden, H./Schäffer, B. (Hrsg.): Bild und Text. Methoden und Methodologien visueller Sozialforschung in der Erziehungswissenschaft. Opladen: Leske + Budrich, S. 47-60.
Nathan, R. (2005): My freshman year. What a professor learned by becoming a student. New York: Cornell University Press.
Nohl, A.-M. (2006): Bildung und Spontaneität. Phasen biografischer Wandlungsprozesse in drei Lebensaltern. Empirische Rekonstruktionen und pragmatistische Reflexionen. Opladen: Leske + Budrich.
Oevermann, U. (1976): Programmatische Überlegungen zu einer Theorie der Bildungsprozesse und zur Strategie der Sozialisationsforschung. In: Hurrelmann, K. (Hrsg.): Sozialisation und Lebenslauf. Reinbek: Rowohlt Verlag, S. 34-52.
Oevermann, U. (1979): Ansätze zu einer soziologischen Sozialisationstheorie und ihre Konsequenzen für die allgemeine soziologische Analyse. In: Lüschen, G. (Hrsg.): Soziologie seit 1945. Sonderheft 21 der Kölner Zeitschrift für Soziologie und Sozialpsychologie. Opladen: Leske + Budrich, S. 143-168.
Oevermann, U. (2000): A Theoretical Model of Family Structure. (Fellow Lecture). Delmenhorst: Manuskript.
Oevermann, U. (2000a): Die Methodologie der Fallrekonstruktion in der Grundlagenforschung sowie der klinischen und pädagogischen Praxis. In: Kraimer, K. (Hrsg.): Sinnverstehen in der sozialwissenschaftlichen Forschung. Frankfurt a.M.: Suhrkamp, S. 58-156.

Oevermann, U. (2005): Bildungsideale und Strukturprobleme der Hochschulen im digitalen Zeitalter. In: Kufeld, K. (Hrsg.): Profil durch Wissen. Bildungsideal und regionale Strategie. (future:lab – Zukunftssymposium 2004). Freiburg/München: Alber.

Oevermann, U./ ALLERT T./ GRIPP H./ KONAU, E., KRAMBECK, J. SCHRÖDER-CAESAR, E./ SCHÜTZE, Y. (1976): Beobachtungen zur Struktur der sozialisatorischen Interaktion. In: Auwärter, M. et al. (Hrsg.): Seminar: Kommunikation, Interaktion, Identität. Frankfurt a.M.: Suhrkamp.

Ohlhaver, F./Wernet, A. (Hrsg.) (1999): Schulforschung – Fallanalyse – Lehrerbildung. Opladen: Leske + Budrich.

Oser, F. (1994): Zu-Mutung: Eine basale pädagogische Handlungsstrategie. In: Seibert, N./Serve, H. J. (Hrsg.): Bildung und Erziehung an der Schwelle zum dritten Jahrtausend. München: PimS, S. 773-800.

Peukert, H. (2000): Reflexionen über die Zukunft von Bildung. In: Zeitschrift für Pädagogik, 46. Jg., S. 507-524.

Piaget, J. (1932/1986): Das moralische Urteil beim Kinde. München: DTV.

Piaget, J. (1970/1981): Jean Piaget über Jean Piaget. (Herausgegeben von Reinhard Fatke). München: Kindler Verlag.

Pongratz, A./Wimmer, M./ Nieke, W. (Hrsg.) (2006): Bildungsphilosophie und Bildungsforschung. Bielefeld: janus Presse.

Rabinow, P./Sullivan, W. M. (Hrsg.) (1979): Interpretive Social Science. Berkeley: University of California Press.

Richmond, H.J. (2002, September). Learners' lives: A narrative analysis. The Qualitative Report, 7 (2). http://www.nova.edu/ssss/QR/QR7-3/richmond.html

Riemann, G. (1987): Das Fremdwerden der eigenen Biographie. München: Fink.

Riemann, G. (2000): Die Arbeit in der sozialpädagogischen Familienberatung. Interaktionsprozesse in einem Handlungsfeld der sozialen Arbeit. Weinheim: Juventa.

Rosenthal, G. (1987): „Wenn alles in Scherben fällt". Von Leben und Sinn der Kriegsgeneration. Opladen: Leske + Budrich.

Rosenthal, G. (1995): Erlebte und erzählte Lebensgeschichte. Gestalt und Struktur biographischer Selbstbeschreibungen. Frankfurt a.M.: Campus.

Roth, H. (1962): Die realistische Wendung in der Pädagogischen Forschung. In: Neue Sammlung, 2. Jg., S. 481-490.

Roth, H. (1971): Pädagogische Anthropologie. Bd. II. Entwicklung und Erziehung. Hannover: Schroedel.

Ruhloff, J. (1998): Versuch über das Neue in der Bildungstheorie. In: Zeitschrift für Pädagogik, 44. Jg., S. 411-423.

Schaffert, S./Schmidt, B. (2005): Zum Themenschwerpunkt „Bildungsforschung: disziplinäre, methodische und empirische Beispiele". In: bildungsforschung, 2. Jg., Ausgabe 1. http://www.bildungsforschung.org/Archiv/2005-01/zumthema/

Schütze, F. (1981): Prozeßstrukturen des Lebenslaufs. In: Matthes, J./Pfeifenberger, A./Stosberg, M. (Hrsg.): Biographieforschung in handlungswissenschaftlicher Perspektive. Kolloquium am Sozialwissenschaftlichen Forschungszentrum der Universität Erlangen-Nürnberg. Nürnberg: Verlag der Nürnberger Forschungsvereinigung, S. 67-156.

Schütze, F. (1989): Kollektive Verlaufskurve oder kollektiver Wandlungsprozeß – Dimensionen des Vergleichs von Kriegserfahrungen amerikanischer und deutscher Soldaten im Zweiten Weltkrieg. In: Bios, Zeitschrift für Biographieforschung und Oral History, 1. Jg., S. 31-110.

Schütze, F. (1991): Biographieanalyse eines Müllerlebens. Innovationsbereitschaft als Familientradition und Lebensführungshabitus: Wie die Müllerfamilie Berger die Krisen des Mühlensterbens um die Jahrhundertwende und in den fünfziger Jahren überwunden hat. In: Scholz, T. H.-D. (Hrsg.): Wasser- und Windmühlen in Kurhessen und Waldeck-Pyrmont. Kaufungen: Axel Eibel, S. 206-227.

Schütze, F. (1995): Verlaufskurven des Erleidens als Forschungsgegenstand der interpretativen Soziologie. In: Krüger, H.-H./Marotzki, W. (Hrsg.): Erziehungswissenschaftliche Biographieforschung. Opladen: Leske + Budrich, S. 117-157.

Schulze, T. (1995): Erziehungswissenschaftliche Biographieforschung. Anfänge – Fortschritte – Ausblicke. In: Krüger, H.-H./Marotzki, W. (Hrsg.): Erziehungswissenschaftliche Biographieforschung. Opladen: Leske + Budrich, S. 10-31.

Son, S.-N. (1997): Wilhelm Dilthey und die pädagogische Biographieforschung. Opladen: Leske + Budrich.

Strauss, A. (1959/1974): Spiegel und Masken. Die Suche nach Identität. Frankfurt a.M.: Suhrkamp.

Strauss, A. (1987/1994): Grundlagen qualitativer Sozialforschung. München: Fink.

Strzelewicz, W./Raapke, H.-D./Schulenberg, W. (1966): Bildung und gesellschaftliches Bewußtsein. Stuttgart: Fink.

Tenorth, H.-E. (1997): ‚Bildung' – Thematisierungsformen und Bedeutung in der Erziehungswissenschaft. In: Zeitschrift für Pädagogik, 43. Jg., S. 969-984.

Tippelt, R. (1998): Zum Verhältnis von Allgemeiner Pädagogik und empirischer Bildungsforschung. In: Zeitschrift für Erziehungswissenschaft, 1. Jg., S. 239-260.

Tippelt, R. (1999): Bildung und soziale Milieus. Ergebnisse differentieller Bildungsforschung. (Oldenburger Universitätsreden, Nr. 119). Oldenburg: BIS.

Tobin, K. /Kincheloe, J.L. (eds.) (2006): Doing educational research. A handbook. Rotterdam: Sense Publishing.
van Haaften, A. W./Korthals, M./Wren, T. (1997): Philosophy of Development. Dordrecht: Kluwer.
Vogel, P. (1998): Stichwort: Allgemeine Pädagogik. In: Zeitschrift für Erziehungswissenschaft, 1. Jg., S. 157-180.
Weiss, A. (2006, May). Comparative Research on Highly Skilled Migrants. Can Qualitative Interviews Be Used in Order to Reconstruct a Class Position? [46 paragraphs]. Forum Qualitative Sozialforschung/Forum: Qualitative Social Research [On-line Journal], 7(3), Art. 2. http://www.qualitative-research.net/fqs-texte/3-06/06-3-2-e.htm.
Woods, P. (1986). Inside schools. Ethnography in educational research. London and New York: Routledge.
Zinnecker, J. (2000): Selbstsozialisation – Essay über ein aktuelles Konzept. In: Zeitschrift für Soziologie der Erziehung und Sozialisation, 20. Jg., S. 272-290.

Thomas Eckert

Bildungsstatistik

In Veröffentlichungen national und international bedeutender Organisationen wird Bildung als Investition in Fähigkeiten und Kenntnisse von Menschen betrachtet, die zur Stärkung der wirtschaftlichen Leistungsfähigkeit, zur persönlichen Weiterentwicklung und zur Verringerung sozialer Ungleichheiten beitragen kann (vgl. z.B. OECD 2000, S. 5). Daher ist es naheliegend, Maßnahmen zu ergreifen, die die Erfüllung dieses Anspruchs überprüfen und sicherstellen helfen. Eine dieser Maßnahmen ist die Bildungsstatistik. Ihre Bedeutung lässt sich beispielhaft an der Proklamation der ‚Deutschen Bildungskatastrophe' durch Georg Picht (1964) deutlich machen. Er stellte folgende Prognose auf:

Im Jahr 1961 wurden ca. 8,7 Mio. Schüler von etwa 260.000 Lehrern unterrichtet. Für das Jahr 1970 waren damals etwa 11,2 Mio. Schüler zu erwarten. Wer – so fragte Picht – konnte diese Schüler unterrichten? Etwa die Hälfte der 1961 beschäftigten Lehrer würden bis 1970 das Pensionsalter erreichen. Um allein die Lehrer-Schüler Relation von 1961 beizubehalten, müssten bis 1970 ca. 191.000 Lehrer eingestellt werden. Woher sollten sie kommen? Nach der damaligen Statistik war mit ca. 50.000 Abiturienten pro Jahr zu rechnen. Von diesen würden erfahrungsgemäß 90% eine Universität besuchen, von denen wiederum ca. 30% ihr Studium abbrechen würden. Bis 1970 war daher mit etwa 315.000 Hochschulabgängern zu rechnen. Bei Beibehaltung der als pädagogisch wenig wünschenswert angesehenen Lehrer-Schüler Relation müssten von diesen Personen etwa 60% Lehrer werden, um den genannten Bedarf decken zu können. Picht fragte, ob denn die verbleibenden 40% Hochschulabgänger ausreichten, um den für ein wirtschaftliches Wachstum notwendigen Bedarf an Ärzten, Ingenieuren, Volks- und Betriebswirtschaftlern, Chemikern usw. zu decken.

Zwar war die Proklamation der deutschen Bildungskatastrophe nicht der alleinige Auslöser der heute als Bildungsexpansion bezeichneten Entwicklung, aber sie hatte großen Einfluss darauf. Die Bildungsexpansion bezieht sich – im Unterschied zur Bildungsreform – auf quantitative Veränderungen des Bildungssystems (vgl. Klemm 1987). So stieg z.B. der Anteil der Gymnasiasten unter den 13-14-Jährigen von 14,5% im Jahre 1960 auf 30,61% im Jahre 2003. Entsprechend fiel der Anteil an Hauptschülern von 60,5% auf 30,5% (vgl. Abb. 3). Der Anteil junger Frauen in der gymnasialen Oberstufe stieg im gleichen Zeitraum von 36% auf 55,7% (vgl. BMBF, 2005).

Die Beispiele machen deutlich, dass mit den Mitteln der Bildungsstatistik die Erfüllung gesellschaftlicher Ansprüche an das Bildungssystem (z.B. Chancengleichheit zwischen den Geschlechtern) geprüft und bildungspolitische Entscheidungen unterstützt und begründet werden können. Dieser Beitrag möchte einen Überblick über die Möglichkeiten geben, den Zustand und die Veränderungsprozesse des Bildungswesens anhand statistischer Angaben zu beschreiben. Dazu sind zunächst Begriff und Gegenstand der Bildungsstatistik zu klären. Danach wird ihr systematischer Aufbau dargestellt und auf wichtige Informationsquellen hingewiesen. Anhand ausgewählter Beispiele werden Einsatzmöglichkeiten der Bildungsstatistik vorgestellt und auch methodische Hinweise gegeben. Der Beitrag geht davon aus, dass eine stärker thematisch orientierte Darstellung bildungsstatistischer Argumentationsweisen in den anderen Beiträgen dieses Bandes zu finden ist.

1 Was ist Bildungsstatistik?

Gegenstand der Statistik sind empirisch gewonnene Daten, die sich an einer objektbezogenen Theorie orientieren (vgl. Menges 1972, S. 26). Die theoretische Fundierung ist notwendig, um überhaupt zu statistisch messbaren Begriffen zu gelangen, um den Zweck einer Messung zu bestimmen und um so eine eindeutige Interpretation der Daten zu ermöglichen. Unter einer Theorie verstehen wir ein in sich logisches System eindeutiger Begriffe, Definitionen und Aussagen, aus denen sich empirisch prüfbare Hypothesen ableiten lassen (vgl. Bortz 1999).

Voraussetzung für eine Bildungsstatistik wäre demnach eine Bildungstheorie, aus der hervorgeht, was unter Bildung zu verstehen ist und an welchen empirisch zu bestimmenden Tatbeständen sie sich messen lässt. Eine Bildungstheorie, die diesen Anspruch erfüllt und die allgemein akzeptiert wäre, existiert allerdings nicht. Die folgende Definition von W. Klafki macht sowohl die unterschiedlichen Zugangsweisen zu einem Bildungsbegriff deutlich als auch die Probleme einer Operationalisierung: „Bildung nennen wir jenes Phänomen, an dem wir – im eigenen Erleben oder im Verstehen anderer Menschen – unmittelbar der Einheit eines objektiven (materialen) und eines subjektiven (formalen) Momentes innewerden. (...) Bildung ist der Inbegriff von Vorgängen, in denen sich die Inhalte einer dinglichen und geistigen Wirklichkeit ‚erschließen', und dieser Vorgang ist – von der anderen Seite her gesehen – nichts anderes als das Sich-Erschließen bzw. das Erschlossenwerden eines Menschen für jene Inhalte und ihren Zusammenhang zur Wirklichkeit" (Klafki 1963, S. 43).

Die Errichtung einer Bildungsstatistik setzt eine Adäquation voraus, d.h. eine möglichst gute Annäherung der theoretischen Modellbegriffe und der statistischen Begriffe wie z.B. der Merkmale, Gruppen oder Einheiten (Menges 1972, S. 39ff.). Nach Litz (1971, S. 4f.) kann Bildung als Aneignung von Wissen in einem Lernprozess angesehen werden wie auch als die persönliche Eigenschaft ihres Besitzes. Bildungsstatistik müsste sich demnach auf Bildungsinhalte und auf Bildungsprozesse beziehen.

2 Gesetzliche Grundlage und Systematik der Bildungsstatistik[1]

Die gesellschaftliche Bedeutung der Bildungsstatistik lässt sich auch daraus ableiten, dass sie zur amtlichen Statistik zählt. Das bedeutet, dass ihre Erhebung und Veröffentlichung auf gesetzlicher Grundlage erfolgt. Im Schulbereich sind dies die Schulgesetze der Länder, im Hochschulbereich das Hochschulrahmengesetz und in der Weiterbildung Prüfungsstatistiken oder Statistiken der Volkshochschulen (ausführlicher dazu: Gnahs 2009). Die gesetzliche Grundlage

---

[1] In den folgenden Fußnoten wird auf Informationsmöglichkeiten des 3W verwiesen. Wegen der Vergänglichkeit der URLs wird vorwiegend auf die Einstiegsseite der entsprechenden Organisation verwiesen; in der Hoffnung, dass sich diese Adresse nicht so schnell ändert und in der Annahme, dass die gesuchten Informationen von dort aus weiterhin leicht zu finden sind.

gewährleistet einheitliche Erhebungsmerkmale und -kriterien sowie eine möglichst vollständige Erfassung. Das ist insbesondere für Zeitreihen wichtig. Allerdings wirken sich natürlich politische und rechtliche Veränderungen – wie bspw. die Wiedervereinigung oder die Oberstufenreform – auf die erhebbaren Merkmale aus.

In der Bundesrepublik gibt es keine regelmäßigen, objektiven Leistungsbeurteilungen an Schulen, wie sie bspw. in Amerika im Rahmen des NAEP-Programms[2] stattfinden. Die Kultusministerkonferenz (KMK) hat im Juni 2006 eine Gesamtstrategie für ein Bildungsmonitoring beschlossen, zu dem internationale Schulleistungsuntersuchungen zählen, zentrale Lernstandserhebungen zu Bildungsstandards, landesweite Vergleichsarbeiten an Schulen sowie eine gemeinsame Bildungsberichterstattung von Bund und Ländern.[3] Im Sommer 2008 werden zum ersten Mal flächendeckende Lernstandserhebungen in der dritten Jahrgangsstufe in allen Ländern durchgeführt werden. Ab 2009 bilden die KMK-Bildungsstandards die Grundlage für entsprechende Lernstandserhebungen. Zur wissenschaftlichen Begleitung und Unterstützung wurde ein eigenes Institut zur Qualitätsentwicklung im Bildungswesen (http://www.iqb.hu-berlin.de/) gegründet. Es bleibt abzuwarten, inwieweit diese Initiativen auf Akzeptanz bei Lehrern, Eltern und Schülern stoßen und sich daraus eine Institutionalisierung objektiver Leistungsmessung entwickelt.

3 Informationsquellen

Bildungsstatistische Angaben sind öffentlich zugänglich. Deshalb und wegen ihrer o.g. Qualitäten sind sie eine wichtige Informationsquelle für bildungspolitische und erziehungswissenschaftliche Fragestellungen. Inzwischen sind viele Informationen auch über das 3W abrufbar. Dadurch wird es einfacher, die Daten zu analysieren oder grafisch aufzubereiten und es werden Fehler wie z.B. das Abtippen falscher Werte aus Tabellen ausgeschlossen.

Die Veröffentlichungen des Statistischen Bundesamtes beziehen sich in ihrem Kern auf die Verhältnisse in der gesamten Bundesrepublik. Es werden zwar teilweise auch länderspezifische Angaben gemacht, aber kaum in zeitlicher Abfolge. Bildungsrelevante Angaben finden sich in der Fachserie 11: ‚Bildung und Kultur'. Deren weitere Gliederung richtet sich nach der Struktur des Bildungswesens. Folgende Reihen sind verfügbar: Reihe 1: ‚Allgemeinbildende Schulen', Reihe 2: ‚Berufliche Schulen', Reihe 3: ‚Berufliche Bildung' und Reihe 4: ‚Hochschulen'. Letztere wiederum gliedert sich in insgesamt sieben Teilbände.

Neben den Angaben aus dieser Fachserie enthalten folgende Bände wichtige Informationen: Fachserie 1:‚Bevölkerung & Erwerbstätigkeit' u.a. mit Angaben aus dem Mikrozensus oder der Volkszählung, Fachserie 13: ‚Sozialleistungen', insbesondere Reihe 6: Jugendhilfe und die Fachserie 14: ‚Finanzen und Steuern'. Einen kompakten Überblick über das gesamte Bildungswesen geben die Veröffentlichungen des bmbf (Bundesministerium für Bildung und Forschung). Besonders hervorzuheben sind die regelmäßig erscheinenden Grund- und Strukturdaten, in denen die wichtigsten Angaben aus unterschiedlichen, bildungsrelevanten Veröffentlichungen zusammengestellt sind. Über das Geschehen im Bereich der Erwachsenen-/Wei-

---

2 National Assessment of Educational Progress ist eine national repräsentative, regelmäßig durchgeführte Erhebung zu unterschiedlichen Fächern im 4ten, 8ten und 12ten Schuljahr in den USA. Informationen dieser und anderer Erhebungen im schulischen und außerschulischen Bereich finden sich im 3W unter http://nces.ed.gov/
3 Die Pressemitteilungen finden sich auf den Seiten der KMK http://www.kmk.org/index00.htm unter ‚Aktuelles'.

terbildung informiert das in dreijährigem Turnus erscheinende Berichtssystem Weiterbildung, das seit 2007 vom Adult Education Survey (AES) ersetzt wird (von Rosenbladt/Bilger 2008). Hier werden statistische Angaben den Ergebnissen einer repräsentativen Umfrage gegenübergestellt (s.a. Gnahs 2009). Wer sich über die berufliche Bildung informieren will, sei auf den jährlich erscheinenden Berufsbildungsbericht verwiesen.[4]

Länderbezogene Angaben sind in den Veröffentlichungen der statistischen Landesämter zu finden. Teilweise sind sie auch über das 3W zugänglich; einen Überblick hierzu gibt das statistische Bundesamt: http://www.destatis.de/jetspeed/portal/cms/. Weitere Informationsmöglichkeiten findet man über den Deutschen Bildungsserver (http://www.bildungsserver.de). Angaben auf internationaler Ebene lassen sich den Veröffentlichungen der OECD (2007) und der UNESCO (1995) entnehmen.[5]

4 Gliederung der bundesdeutschen Bildungsstatistik und Datenlage

Die Gliederung bildungsstatistischer Angaben orientiert sich an den Sektoren des Bildungswesens und an ihrer internen Gliederung. Die Angaben zum Schul- und Hochschulbereich decken diese Sektoren in ihrer gesamten Breite und Vielfalt ab. Probleme sind hier eher grundsätzlicher Natur, d.h. darauf bezogen, dass wichtige Informationen nicht erhoben werden oder so geändert wurden, dass sie für bestimmte Fragestellungen wenig brauchbar sind. So z.B. ließ sich die Berechnung des Lehrerbedarfs weiter unten nur am Beispiel von Realschulen vornehmen, weil Grund- und Hauptschullehrer in den entsprechenden Tabellen als eine Kategorie ausgewiesen waren und weil Klassenangaben an Gymnasien nur bis zur reformierten Oberstufe möglich sind.

Im Unterschied dazu ist eine vollständige Beschreibung wichtiger Merkmale der beruflichen Bildung und auch der Weiterbildung durch statistische Angaben wesentlich schwieriger. Das liegt daran, dass dort privatwirtschaftliche und staatliche Organisationen, aber auch Vereine und Verbände als Bildungseinrichtungen tätig sind. Diese können nicht dazu verpflichtet werden, bildungsstatistisch relevante Angaben in einer einheitlichen Form weiterzuleiten. Das führt dazu, dass verschiedene Quellen für statistische Angaben existieren (Angaben der IHK, der Arbeitsämter, der Gewerkschaften, Volkshochschulen usw.), deren Erhebungskriterien oft nicht übereinstimmen. Daher weisen die entsprechenden Statistiken Lücken auf. Einen Überblick geben der o.a. Berufsbildungsbericht und das Berichtssystem Weiterbildung. Detailliertere Auskünfte geben die Statistiken der Arbeitsämter oder der Volkshochschulen.[6]

Die innerhalb der einzelnen Bildungssektoren erfassten Merkmale lassen sich drei Gesichtspunkten zuordnen:

---

4 Alle drei Veröffentlichungen sind über die 3W-Seiten des bmbf kostenlos zu beziehen: http://www.bmbf.de/
5 Vgl. hierzu auch folgende 3W-Seiten:
   http://epp.eurostat.ec.europa.eu/portal/page?_pageid=1090,1&_dad=portal&_schema=PORTAL,
   http://www.oecd.org/home/ oder http://www.unesco.org/
6 Für den Bereich der Berufsbildung sind die Arbeitsagentur (http://www.arbeitsagentur.de/) oder das Institut für Arbeitsmarkt- und Berufsforschung (http://www.iab.de/de/) interessante Ansprechpartner. Für den Bereich der Weiterbildung lassen sich zumindest für die Volkshochschulen detaillierte Informationen in gedruckter oder elektronischer Form über das Deutsche Institut für Erwachsenenbildung (http://www.die-bonn.de/) beziehen.

1. Angaben, die sich auf Voraussetzungen für Bildungsprozesse beziehen (z.B. Gebäude, Lehrpersonen, Merkmale von Schülerinnen und Schülern, Auszubildenden, Weiterbildungsteilnehmern usw.).
2. Angaben zum Bildungsprozess selbst, zu dessen Qualität oder Verlauf (z.B. Klassengröße, fachfremd erteilter Unterricht, Unterrichtsausfall, Lehrer-Schüler Relation usw.). Hierzu möchte ich auch Angaben zur Finanzierung des Bildungssystems zählen, da sie sowohl als Voraussetzungen wie auch als dessen Folgen begriffen werden können.
3. Angaben, die sich auf die Ergebnisse von Bildungsprozessen beziehen (z.B. erworbene Bildungsabschlüsse bzw. Zertifikate, Abgänger ohne Abschluss, Klassenwiederholer, Übergänge zu den einzelnen Bereichen der Sekundarstufen).

Anhand dieser Angaben lassen sich Veränderungen im Bildungswesen beschreiben, wie das die folgende Abbildung beispielhaft demonstriert. Sie gibt die Entwicklung der Schülerzahlen in Deutschland unter Berücksichtigung der neuen Bundesländer seit 1960 im Fünfjahresrhythmus wieder (vgl. BMBF 2005, S. 70).

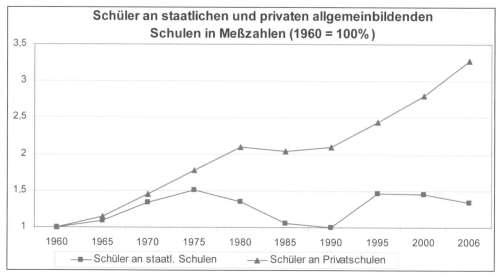

Abbildung 1: Entwicklung der Schülerzahlen an staatlichen und privaten Schulen in Deutschland (BMBF 2005, S. 70)

Abb. 1 zeigt eine bis zur Mitte der 1970er Jahre annähernd gleichförmige Veränderung der Schülerzahlen an privaten und staatlichen Schulen. Danach trat ein Schereneffekt ein: während die Schülerzahlen an privaten Schulen bis auf einen leichten Rückgang in den 1980er Jahren immer weiter stiegen, erreichte die Zahl der Schüler an staatlichen Schulen 1990 wieder den ursprünglichen Stand von 1960. Danach entwickelte sie sich erneut nach oben und beginnt seit 2000 leicht abzusinken.

Abb. 1 demonstriert eine im Rahmen solcher Darstellungen häufig angewandte Messwerttransformation. Da die Zahl der Schüler an staatlichen Schulen die der Schüler an privaten Schulen um das 15-33fache übersteigt, würden absolute Zahlen zur einer stark geglätteten Kurve der Schüler an privaten Schulen führen. Die auf ein Basisjahr bezogene Transformation

(Messzahlen) vermeidet dies, allerdings kann aufgrund der stärkeren Betonung unterschiedlicher Entwicklungen der falsche Eindruck entstehen, dass es mehr Schüler an privaten Schulen gibt als an staatlichen. Das ist zwar bei weitem nicht der Fall, dennoch muss man sich die Frage stellen, ob diese Tendenz nicht langsam dazu führt, dass die Diskussion um Chancenungleichheit im Bildungswesen um den Aspekt der Privatschulen erweitert werden muss. Denn es könnte sein, dass ein Besuch von privaten Schulen mit einer Segmentierung gesellschaftlicher Milieus verbunden ist (vgl. Preuss-Lausitz 1995). So haben z.B. die Waldorfschulen die höchsten Zuwachsraten (Faktor 6,4 von 1960 auf 2006). An privaten Gymnasien ist die Zuwachsrate im selben Zeitraum deutlich kleiner (Faktor 2,2).

Die Wahl der Darstellungsform ist von der jeweiligen Fragestellung und der Art der vorliegenden Daten abhängig. Standardlösungen sind oft problematisch, wie bspw. Krämer (vgl. 1994) zeigt.[7] Eine angemessene Interpretation bildungsstatistischer Daten setzt neben einer korrekten Darstellung des Zahlenmaterials den Rückgriff auf eine Theorie voraus, auf deren Grundlage die jeweils dargestellten Entwicklungen bewertet werden können. Fehlt eine solche Theorie, dann ist auch eine allgemein akzeptierte Interpretation der Daten nicht möglich. Das lässt sich anhand der rechnerischen Ermittlung des Lehrerbedarfs zeigen:

Wie eingangs aus den Ausführungen zu Picht deutlich wurde, lässt sich der Lehrerbedarf rechnerisch aus der zu erwartenden Schüleranzahl und der Lehrer-Schüler Relation ermitteln. Die folgende Formel beschreibt den Rechenweg genauer (vgl. Weegen 1994):

$$\text{Lehrerbedarf} = \frac{\text{Anzahl der Schüler} * \text{Unterricht je Klasse}}{\text{Schüler je Klasse} * \text{Unterricht je Lehrer}}$$

Legt man die gegenwärtigen Verhältnisse (Schuljahr 2006/07) im Bereich der Realschulen zugrunde, ergibt sich für 2015 ein Bedarf von 60.975 Lehrerinnen und Lehrern an Realschulen (für 2020: 55.999).[8] Schafft man es durch geeignete Verwaltungsmaßnahmen, die Anzahl der Schüler pro Klasse um 1 zu erhöhen, reduziert sich der voraussichtliche Lehrerbedarf für 2015 auf 58.787 (2020: 53.990). Eine Erhöhung des Unterrichtsdeputats um eine Stunde hat denselben Effekt. Das zeigt, dass der errechnete zukünftige Lehrerbedarf nicht allein von der geschätzten Schülerzahl abhängt, sondern auch von pädagogisch zu begründenden Größen. Solange es hierzu jedoch keine allgemein anerkannte Theorie gibt, ist der Einfluss politischer oder finanzieller Opportunitäten auf die ‚pädagogische' Begründung solcher Richtwerte nicht zu kontrollieren. So zeigt Saldern (1993) anhand zahlreicher Beispiele, wie sich eine Reduzierung der Klassengröße (z.B. von Lehrerverbänden) durch den Hinweis auf eine Verbesserung der didaktischen Qualität des Unterrichts begründen lässt und wie sich andererseits eine Erhöhung der Klassengröße (z.B. von der Kultusverwaltung) mit dem Hinweis auf japanische Schulen rechtfertigen lässt. Andererseits lässt sich aber die durch empirische Befunde gestützte Erkenntnis, dass eine Reduzierung der Klassengröße nicht automatisch zu besserem Unterricht führt, sondern nur unter bestimmten Bedingungen (vgl. Saldern 1993, S. 200ff.), nur dann für

---

7 Anhand zahlreicher Beispiele aus unterschiedlichen Veröffentlichungen verweist Krämer auf häufig vorkommende Fallstricke der grafischen Aufbereitung statistischer Daten und gibt zahlreiche Beispiele dafür, wie man es machen und wie man es nicht machen sollte.
8 Im Schuljahr 2006/07 gab es im Bundesgebiet: 48 401 Klassen, 1.300.537 Schüler und 60.090 Lehrer an Realschulen (die Anzahl von Lehrern mit halbem Deputat wurde halbiert). Eine Klasse hatte im Durchschnitt 32,84 Stunden Unterricht. Die für 2015 prognostizierte Anzahl an Realschülern beträgt 1.175.200, für 2020 beträgt sie 1.079.300 (Quelle: Statistisches Bundesamt, Fachserie 11, 2007).

bildungsstatistische Analysen nutzbar machen, wenn diese Bedingungen operationalisiert sind und in den amtlicherseits zu erhebenden Merkmalskanon aufgenommen werden.

Das Beispiel zeigt die Möglichkeiten, die mit der Erhebung bildungsstatistischer Daten verbunden sind, aber auch die Grenzen ihrer Interpretation. Auf der Grundlage dieser Daten basierende Analysen können die bildungspolitischen Diskussionen versachlichen und auf eine empirische Grundlage stellen. Sie sind aber für sich genommen nicht in der Lage, bildungspolitische Entscheidungen zu begründen. Dies kommt jeweils in den unterschiedlichen Anwendungsfeldern bildungsstatistischer Analysen zum Ausdruck, was im Folgenden exemplarisch gezeigt werden soll. Dabei wird auch versucht, das methodische Spektrum solcher Analysen zu veranschaulichen. Auf die folgenden Anwendungsfelder wird näher eingegangen:

1. Modellrechnungen, Simulationen und Prognosen zukünftiger Entwicklungen im Bildungswesen.
2. Analysen, die sich auf die Verteilung von Bildung auf einzelne Bevölkerungsgruppen (etwa unter dem Aspekt der Chancengleichheit) oder auf bestimmte Wirtschaftsbereiche beziehen.
3. Analysen, die sich auf die Verwendung von Bildung in verschiedenen (beruflichen) Tätigkeitsbereichen beziehen.
4. Angaben der Bildungsstatistik als Gegenstand und als Ergänzung wissenschaftlicher Untersuchungen.
5. Vergleichende Darstellungen auf nationaler und internationaler Ebene.

5 Anwendungsfelder bildungsstatistischer Analysen

5.1 Modellrechnungen und Prognosen

Simulationen oder Prognosen basieren auf Modellen, die die wechselseitigen Abhängigkeiten relevanter interner und externer Faktoren des Bildungssystems beschreiben. Im Bereich der Schule sind externe Faktoren z.B. die Geburtenrate oder Wanderungsbewegungen; interne Faktoren die Zahl derjenigen, die regulär in die nächste Klassenstufe vorrücken oder die Zahl der Wiederholer. Um Prognosen zu erstellen, bestimmt man relevante Prognosefaktoren und deren Beziehungen untereinander. Möchte man z.B. den zukünftigen Bedarf an neuen Lehrkräften schätzen, wird man sich – wie seinerzeit Georg Picht – auf die Entwicklung der Schülerzahlen einerseits und auf den gegenwärtigen Bestand an Lehrkräften andererseits stützen. Aus den Schülerzahlen sowie der Differenz aus den derzeit tätigen Lehrkräften und den voraussichtlich ausscheidenden lässt sich dann der Bedarf an neu einzustellenden Lehrern errechnen. Wenn man von einem konstanten Deputatsumfang und einem gleichbleibenden Schüler-Lehrer-Verhältnis ausgeht, ist die Ermittlung des Lehrerbedarfs einfach durchzuführen.

Die Qualität der Prognose hängt von der Komplexität und der Angemessenheit des Schätzmodells ab sowie davon, wie gut die einzelnen Merkmale des Modells wiederum selbst prognostiziert werden können. So z.B. lässt sich die Zahl der Schüler an Grundschulen für die nächsten 6 Jahre relativ gut vorhersagen, da die Kinder, die die Schule dann besuchen werden, alle schon geboren sind. Unsicherheiten ergeben sich lediglich aufgrund des Einschulungszeitpunktes und durch Wanderungsbewegungen. Möchte man über diesen Zeitraum hinaus blicken, ist eine Bevölkerungsprognose notwendig, die selbst wiederum einen Schätzwert darstellt. Entsprechendes gilt für die Zahl der Lehrer, die aus dem Beruf ausscheiden werden. Je länger also die Zeitspanne ist, über die eine Prognose reichen soll oder je enger ihre regionale Gültigkeit, desto mehr Unwägbarkeiten gibt es und desto unsicherer ist die Prognose.

Nun ist die Erstellung von Prognosen in der Regel kein Selbstzweck, sondern sie zielt darauf ab, gegenwärtige Vorhaben rational zu begründen, indem man die zukünftigen Folgen in Frage kommender Handlungen unter bestimmten Annahmen abschätzt. Wenn man z.B. ein Lehramtsstudium ins Auge fasst, ist eine Prognose der Einstellungschancen für eine rationale Entscheidung hilfreich. Dazu müsste man der Prognose des Lehrkräftebedarfs eine Prognose über das Angebot an neuen Lehrkräften gegenüber stellen. Dies müsste auf die Zahl der Lehramtsstudierenden zurückgreifen, welche sich – bei längerfristiger Schätzung – wiederum aus einer Schülerprognose ergibt. Dabei müssen Quoten für den Übergang von Abiturienten ins Lehramtsstudium geschätzt werden, Quoten für eine erfolgreiche Bewältigung eines angefangenen Studiums und Quoten für den Übergang ins Referendariat. Diese Quoten lassen sich nur dann ermitteln, wenn man Annahmen über ihr zeitbezogenes Wachstum macht. Ohne auf die Prozeduren im Einzelnen einzugehen dürfte deutlich geworden sein, dass die Komplexität von Prognosen mit der Zahl der ihr zugrunde gelegten Merkmale deutlich zunimmt und dass komplexere Prognosen selbst wiederum auf Prognosen anderer Ereignisse zurück greifen müssen. Unwägbarkeiten ergeben sich daraus, dass singuläre Ereignisse, die das Prognoseergebnis beeinflussen können, wie z.B. eine Begrenzung der Studienplätze, nicht vorhergesagt werden können und dadurch, dass Prognosen selbst wiederum die Realität beeinflussen können, indem sich z.B. die Zahl der Lehramtsstudierenden u.a. deswegen erhöht, weil gute Berufsaussichten prognostiziert werden.

Zur Illustration dient im Folgenden eine Prognose zum Lehrerbedarf in Bayern 2006 (vgl. Bayerisches Staatsministerium für Unterricht und Kultus 2007), in der der Bedarf an neuen Lehrern der voraussichtlichen Bewerberzahl gegenübergestellt wird. In der folgenden Abbildung sind der besseren Übersicht halber lediglich die Angaben für die allgemeinbildenden Schulen für die Jahre 2006, 2010 und 2015 angegeben.

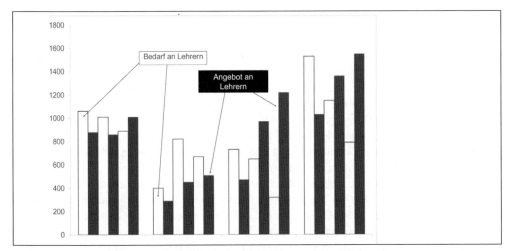

Abbildung 2: Prognose des Lehrerbedarfs und des Bewerberangebots in Bayern (Quelle: Bayerisches Staatsministerium für Unterricht und Kultus 2007, S. 11f.)

Während 2006 an allen Schularten der Bedarf an Lehrern größer ist als das voraussichtliche Angebot, übersteigt im Jahr 2010 an Realschulen und Gymnasien die voraussichtliche Zahl der Bewerber die des Angebots beträchtlich. Dagegen ist das Verhältnis zwischen Angebot und Nachfrage an Grundschulen nahezu ausgeglichen, an Hauptschulen ist die Nachfrage sogar zum Teil weit größer als das Angebot. Zurückgeführt wird dies auf eine Zulassungsbeschränkung der Studierenden im Grundschulbereich seit dem WS 1991/92 und einen deutlichen Rückgang der Studenten für das Lehramt an Hauptschulen seit Ende der 1990er Jahre (vgl. Bayerisches Staatsministerium für Unterricht und Kultus 2007, S. 11f.).

Wie gesehen, lässt sich eine Prognose nur auf der Basis bestimmter Annahmen erstellen wie z.B. der, dass keine Zulassungsbeschränkungen an Universitäten eingeführt bzw. aufgehoben werden oder dass sich die Übergangsquoten in die Sekundarstufe II nicht gravierend verändern. Erweisen sich diese als falsch oder werden bildungspolitische Entscheidungen getroffen, die die Grundlage dieser Annahmen verändern, wird dadurch auch das Ergebnis der Prognose verfälscht. Zudem besteht die Möglichkeit, dass sich eine Prognose auf sich selbst auswirkt: Wenn z.B. die günstigen Einstellungsprognosen für Hauptschulen dazu führen, dass die Zahl der Studierenden für das Lehramt an Hauptschulen stark ansteigt, führt das zu einer Bewerberzahl, die über dem Prognosewert liegt und damit zu schlechteren Chancen. Nicht zuletzt deswegen kann der Anspruch von Prognosen nur darin bestehen, rationale Entscheidungen zu unterstützen, nicht jedoch darin, Vorhersagen für die Zukunft zu treffen.

5.2 Analysen zur Verteilung von Bildung

Die Frage nach der Verteilung von Bildung wurde in Deutschland seit dem Einsetzen der Bildungsexpansion gestellt. Einprägsam ist hier das sog. ‚katholische Arbeitermädchen vom Lande' (vgl. Dahrendorf 1965) als Kunstfigur, die sämtliche Benachteiligungen in sich vereinigt. Hierbei wird die Verteilung von Bildung unter dem Aspekt der Chancengleichheit betrachtet, eine Diskussion, die seit der ersten PISA-Studie im Jahr 2002 die bildungspolitische Diskussion prägt (vgl. Baumert/Schümer 2002). Wichtig ist es aber auch zu betonen, dass die Bildungsexpansion selbst zu einer Veränderung der Verteilung von Bildung führte. So hat sich zum einen die Verteilung formaler Bildung auf die Jugendlichen verändert, was zu einer deutlichen Verlängerung der Ausbildungszeit geführt hat. Die folgenden beiden Abbildungen, die sich prinzipiell nur in der Darstellung desselben Zahlenmaterials unterscheiden, verdeutlichen dies.

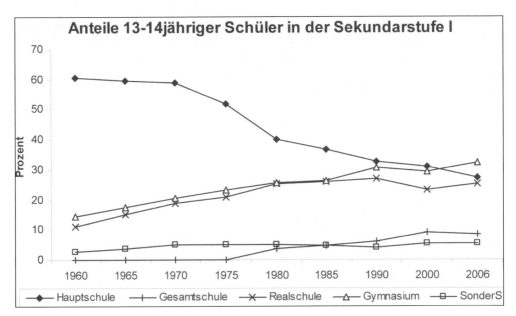

Abbildung 3: Relative Häufigkeit des Schulbesuchs 13 bis 14-jähriger Schüler (Quelle: Grund- und Strukturdaten, 2007/08

In Abb. 3 sind die Anteile der 13 bis 14-Jährigen Schüler dargestellt, die eine der Schularten der Sekundarstufe I besuchen. Die Altersgruppe eignet sich zur Beschreibung des Verlaufs der Bildungsexpansion deswegen besonders gut, weil die Schüler die Grundschule, die in manchen Bundesländern 6 Schuljahre umfasst, verlassen haben dürften, sie aber andererseits noch der Pflicht unterliegen, eine allgemeinbildende Schule zu besuchen. Der Anteil der Hauptschüler unter diesen Schülern ist seit den 1960er Jahren deutlich zurückgegangen und ist nunmehr kleiner als der Anteil an Gymnasialschülern. Die Entwicklung an Realschulen und Gymnasien verlief bis zum Ende der 1970er Jahre weitgehend parallel, dann allerdings nahm das Gymnasium im Unterschied zu Realschulen weiter an Attraktivität zu. Bedenkenswert ist der konstante Anteil an Sonderschülern von etwa 5% der Altersgruppe. Eine andere Wirkung der Bildungsexpansion wird deutlich, wenn man die in Abb. 3 dargestellten Zahlen auf das Lebensalter bezieht und dabei die besuchte Schulform unberücksichtigt lässt.

Bildungsstatistik

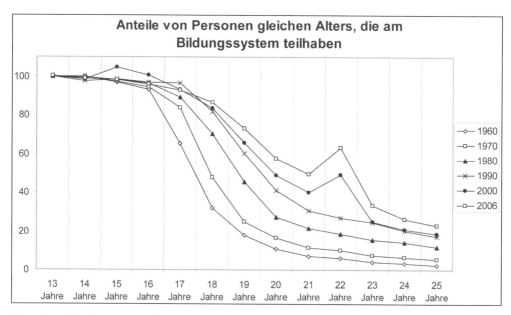

Abbildung 4: Anteilswerte von Personen, die eine schulische oder hochschulische Ausbildung absolvieren nach Alter (Quelle: Grund- und Strukturdaten 2007/08)

Abb. 4 verdeutlicht, dass der Verbleib von Jugendlichen im Bildungssystem im Verlaufe der Bildungsexpansion deutlich zugenommen hat: Während z.B. etwa zwei Drittel der 18-Jährigen Jugendlichen 1960 das Bildungssystem bereits verlassen hatten, befanden sich 2006 deutlich über 80% derselben Altersgruppe noch in einer Ausbildung. Wie die beiden Kurven aus den Jahren 2000 und 2006 verdeutlichen, nimmt die Verlängerung der Ausbildungszeit immer noch zu, wenn auch etwas schwächer werdend. Die Ausbuchtung bei den 22-Jährigen ist durch eine hohe Steigerung bei den Berufsschülern zu erklären, deren Anteil von 7,5% (1990) auf 26,4% (2000) wuchs.

Bezüglich der Chancengleichheit im Bildungswesen lässt sich nun fragen, wie sich die Teilnahmequoten nach Geschlecht, Religion, sozialer oder auch regionaler Herkunft verteilen. Nähere Angaben hierzu machen Allmendinger/Ebner/Nikolai und Weishaupt in diesem Band. Bei der Interpretation der Befunde muss man allerdings berücksichtigen, dass es sich bei statistischen Angaben um aggregierte Daten handelt und man daher allenfalls sehr vorsichtige Aussagen über Personen begründen kann. Das soll im Folgenden anhand eines Beispiels aus jüngerer Zeit veranschaulicht werden. Diefenbach und Klein (2002) machen in einer Analyse von Daten zu Schulabsolventen des Schuljahrs 1999/2000 darauf aufmerksam, dass in allen Bundesländern Jungen bei der Zahl der Schulabgänger ohne Hauptschulabschluss über- und bei der Zahl der Schulabgänger mit Hochschulreife unterrepräsentiert sind (ebd. S. 952). Dabei zeigen sich nicht nur deutliche Unterschiede zwischen den Bundesländern, es ergeben sich auch hohe Korrelationen zwischen dem Anteil männlicher Lehrer an Grundschulen im Schuljahr 1994/95: Je höher die Männerquote unter den Lehrern, desto geringer die Männerquote unter den Schulabgängern ohne Hauptschulabschluss (-0,53); je geringer die Männerquote unter den Lehrern, um so kleiner die Männerquote unter den Schulabgängern mit Hochschulreife (0,75). Daraus nun zu folgern, dass die sog. Feminisierung der Lehrerschaft zu einer Benachteiligung von

Jungen an Schulen führen würde – was die Autoren nicht tun (!) – wäre allerdings aus mehreren Gründen übertrieben.

Erstens finden sie ähnlich hohe, von der Richtung her allerdings umgekehrte Korrelationen zur durchschnittlichen Arbeitslosenquote in den Ländern. Da die Arbeitslosenquote hoch mit dem Anteil männlicher Grundschullehrer korreliert (-0,83) und es nahe liegend ist anzunehmen, dass die Entscheidung für den Lehrerberuf auch von wirtschaftlichen Erwägungen abhängt, ist auch die Berechnung einer Partialkorrelation sinnvoll; also des Zusammenhangs zwischen dem Anteil an männlichen Grundschullehrern und der Über- bzw. Unterrepräsentation von Jungen, der unabhängig ist von der Arbeitslosenquote. Die Partialkorrelation beträgt -0,06 bezogen auf den Überschuss von Jungen ohne Hauptschulabschluss und 0,17 für die Unterrepräsentation von Jungen mit Hochschulreife (eigene Berechnungen). Es gibt also (so gut wie) keinen Einfluss des Anteils an männlichen Lehrern, der unabhängig ist von der Arbeitslosenquote.

Zweitens verweist der Begriff der Feminisierung auf einen wachsenden Frauenanteil innerhalb der Lehrerschaft. Nimmt man z.B. Zahlen aus Baden-Württemberg, so zeigt sich dort zwar eine Zunahme der Frauenquote von 1971 bis 2006 von 55% auf 75% bei Grund- und Hauptschullehrern, berücksichtigt man allerdings den Deputatsumfang, so verschwindet dieser Trend: Unter denjenigen mit vollem Deputat wuchs der Frauenanteil von 51% auf 55% kaum an, unter denjenigen mit halbem Deputat fiel er sogar etwas ab, von 95 auf 94% (Quelle: Statistisches Landesamt Baden-Württemberg, 2006, eigene Berechnungen). Umgekehrt stellt sich heraus, dass der Anteil derjenigen Personen mit halbem Deputat unter männlichen Grund- und Hauptschullehrern von 1% auf 13% und unter den weiblichen von 16% auf 64% gestiegen ist. Die sog. Feminisierung ist also eher ein Effekt von geschlechterabhängigen Veränderungen des Arbeitsumfanges (s.a. Eckert 2006). Zwar machen Diefenbach/Klein (2002), deren Berechnungen sich auf Vollzeitbeschäftigte bezogen, darauf aufmerksam, dass sich die Befunde nur geringfügig verändern, wenn man auch teilzeitbeschäftigte Lehrer berücksichtigt (ebd. S. 953f.), allerdings wäre es aufgrund der hier beschriebenen Entwicklungen interessant gewesen zu fragen, wie sich der geschlechterabhängige Deputatsumfang auf die o.g. Über- bzw. Unterrepräsentationen auswirkt.

Drittens ist es auch angesichts mancher Forderungen nach Männerquoten (z.B. Uni-Spiegel 2003) erforderlich, die Wirkung des Lehrergeschlechts auf geschlechterabhängige Ungleichheiten bei der Schülerschaft auf der Ebene von Individualdaten zu prüfen, wie das auch von Diefenbach/Klein (2002, S. 956) gefordert wird. Neuere Studien (vgl. Holmlund/Sund 2005) sind dazu nicht eindeutig und verweisen eher darauf, dass das Geschlecht der Lehrer keinen Einfluss auf geschlechterabhängige Ungleichheiten bei der Schülerschaft hat.

5.3   Analysen zur Verwendung von Bildung

Gemäß der hierarchischen Gliederung des Bildungswesens lassen sich Analysen zu Bildungsrenditen auf verschiedenen Ebenen vornehmen. Im Allgemeinen erhöhen sich berufliche Karrierechancen mit der Höhe des schulischen Ausbildungsabschlusses (vgl. z.B. Eckert 2009). Umgekehrt sinkt das Risiko einer Arbeitslosigkeit. So kamen z.B. im Jahr 2002 unter den Personen ohne Berufsausbildung 3,43 Erwerbstätige auf einen Arbeitslosen (vgl. BMBF 2005, S. 396 und 408). Bei Personen mit Berufsausbildung waren es 10,34 und bei Personen mit

Hochschulausbildung 26,17. Das Verhältnis von Arbeitslosen zu Erwerbstätigen ist demnach unter den Personen mit universitärer Ausbildung um das 7,6fache günstiger als bei Personen ohne Berufsausbildung. Nach einer Umfrage in Betrieben, die vom Institut für Arbeitsmarkt- und Berufsforschung (IAB) durchgeführt wurde (IAB-Betriebspanel), wurden im Jahr 2005 in den alten Bundesländern 55% der erfolgreich ausgebildeten Personen direkt vom Betrieb übernommen. Damit stieg die Übernahmequote um 1,2% gegenüber dem Vorjahr, während sie in den neuen Bundesländern von 41,2% auf 37,4% sank (vgl. BMBF 2007, S. 208). In den alten Ländern stieg die Übernahmequote mit der Betriebsgröße, in den neuen Ländern war sie dagegen bei Betrieben mit 10-49 Beschäftigten am höchsten und bei Betrieben mit mehr als 500 Beschäftigten am kleinsten. Nach einer Studie des Bundesinstituts für Berufsbildungsforschung (BIBB) waren im Jahr 2006 von den ausgebildeten Fachkräften 84,3% ausbildungsadäquat beschäftigt, bei 15,7% dagegen kann von einer ‚unterwertigen' Beschäftigung gesprochen werden, bei der erhebliche Einkommenseinbußen in Kauf genommen werden müssen. Dabei gibt es deutliche geschlechtsspezifische Unterschiede zu Gunsten von Männern. Das Risiko einer ‚unterwertigen' Beschäftigung ist für Personen mit Hauptschulabschluss doppelt so hoch wie für Personen mit Realschulabschluss (vgl. BMBF 2007, S. 209).

Ob es im Zuge der Bildungsexpansion zu einem Verdrängungswettbewerb auf dem Lehrstellenmarkt gekommen ist (vgl. Tippelt 1989, S. 132ff.), muss für unterschiedliche Ausbildungsberufe differenziert gesehen werden: Während vor allem in kaufmännischen Berufen der Anteil an Auszubildenden mit Studienberechtigung hoch ist – er betrug im Jahr 2005 z.B. bei Bankkaufleuten 60,7% und bei Steuerfachangestellten 59% (vgl. BMBF 2007, S. 108) – sind in anderen Berufen zumeist Hauptschulabsolventen vertreten (Bäcker 67,1% oder Maler und Lackierer 63,6%; vgl. BMBF 2007, S. 106). Bei der Diskussion dieser sog. ‚Verdrängungshypothese' z.B. im Zusammenhang mit der Forderung nach einer Abschaffung von Hauptschulen ist es wichtig, die Kriterien genauer zu bestimmen, anhand denen sich diese Verdrängung ereignet: Sind es tatsächlich die Abiturienten, die Hauptschüler aus bestimmten Ausbildungsbereichen herausdrängen oder hätte sich dieser Prozess auch bei einer geringeren Abiturientenquote ereignet, dann allerdings mit anderen Kriterien, nämlich anhand von Noten und nicht anhand formaler Abschlüsse? Ist nicht auch das Tätigkeitsprofil vieler Ausbildungsberufe anspruchsvoller geworden, so dass eine höherwertige schulische Ausbildung auch sachlich notwendig geworden ist? Die Forderung, die Zahl der Gymnasiasten durch administrative Maßnahmen – wie etwa strengere Übergangsregelungen – zu verringern, wie sie bspw. von Schnuer (1986) mit dem Hinweis darauf erhoben wird, dass Auszubildende mit Abitur als eine gesellschaftliche Fehlinvestition anzusehen seien, übersieht, dass sich die Bildungsnachfrage gerade dann erhöht, wenn Lehrstellen knapp werden (zur sog. ‚Warteschleifenhypothese' vgl. Helberger/Palamidis 1992). Unberücksichtigt bleibt auch die Absorbtionsleistung des Bildungssystems (vgl. hierzu Klemm 1991, S. 888; 1994, S. 136ff.). Denn wenn mehr Jugendliche das Schulsystem früher verlassen müssen, erhöht sich unter Umständen auch die Nachfrage nach Lehrstellen, die das duale System zu verkraften hat. Besonders in denjenigen Ländern, in denen die gymnasiale Ausbildung um ein Jahr verkürzt wird (wie z.B. in Baden-Württemberg und Bayern), sind daher auch auf dem Lehrstellenmarkt schwerwiegende Probleme zu befürchten, wenn im Zuge der Umstellung zwei Schülerjahrgänge gemeinsam ihr Abitur erwerben.

Ein anderer Weg wurde bereits 1995 von der Bildungskommission NRW vorgeschlagen: die Einführung unterschiedlicher Formen des Abiturs; einer stärker praktisch und einer stärker theoretisch orientierten Form. Aus gesellschaftlicher Sicht ist hier allerdings zu fragen, ob dann die Lücke zwischen einer Investition in schulische Ausbildung und dem zu erwartenden höheren Einkommen und der damit verbundenen höheren Steuereinnahmen nicht noch größer wird (vgl. dazu die Analysen von Grüske 1994).

5.4 Bildungsstatistik im Rahmen wissenschaftlicher Studien

Bildungsstatistische Angaben eignen sich nicht nur zur Prognose bildungspolitisch relevanter Eckwerte, sie lassen sich auch zum Gegenstand eigener Untersuchungen machen. So untersuchen bspw. Helberger/Palamidis (1992) Erklärungshypothesen für die Bildungsnachfrage. Mit Hilfe von Daten aus der amtlichen Statistik (allerdings nicht nur aus der Bildungsstatistik) prüfen sie Erklärungsmodelle für die Studienanfängerquote oder die Studienberechtigtenquote. Mit Hilfe regressionsanalytischer Modelle zeigen sie bspw., dass die Studiennachfrage vorwiegend durch die Qualifikationsnachfrage und der relativen Einkommensposition bestimmt wird und weniger durch die relative Arbeitsmarktposition (im Vergleich zu weniger qualifizierten Arbeitskräften). Dagegen konnte ein sog. Bumerang- oder Echo-Effekt[9] anhand der dort vorliegenden Daten nicht nachgewiesen werden, was aber auch daran liegen kann, dass in den berücksichtigten Daten noch zu wenige Eltern waren, die von der Bildungsexpansion betroffen waren. Das zeigt, in welch langen Zeiträumen bei solchen Analysen gedacht werden muss.

Des Weiteren sind bildungsstatistische Angaben im Zusammenhang mit der Durchführung von Mehrebenenanalysen wichtig. Ihr Vorteil besteht darin, dass mit ihrer Hilfe festgestellt werden kann, ob Individual- und Kontexteffekte miteinander in Wechselwirkung stehen. Im Bezug auf das weiter oben bereits angeführte Problem der Chancengleichheit im Bildungswesen ist es z.B. wichtig zu zeigen, dass sich ungünstigere individuelle Voraussetzungen für Bildung dann negativ auf die Teilhabe an schulischer Bildung auswirken, wenn sie mit entsprechenden Umweltbedingungen einher gehen. Ein Beispiel hierfür gibt Ditton (1992, S. 184): „Inwieweit Motivation und schwächere Leistungen den Besuch der Hauptschule bedingen, ist eine Frage des sozialen Kontextes. Im bildungsnäheren Kontext (geringer Landwirtschaftsanteil) folgt aus weniger günstigen individuellen Voraussetzungen seltener der Besuch der Hauptschule."

5.5 Vergleichende Darstellungen auf internationaler Ebene

Für einen Vergleich von Bildungssystemen auf internationaler Ebene lassen sich zwei Quellen heranziehen: die Veröffentlichungen ‚Education at a Glance' der OECD und die Weltbildungsberichte der UNESCO. Die OECD ist bemüht, den Stand und die Leistungsfähigkeit der Bildungssysteme ihrer Mitgliedsstaaten ständig in vergleichender Weise zu dokumentieren und die dabei verwandten Indikatoren ständig weiterzuentwickeln. In der jüngsten Ausgabe von ‚Education at a Glance' (vgl. OECD 2007) wurden dazu 26 Indikatoren definiert, die sich vier Bereichen zuordnen lassen:

- Bildungsergebnisse und Bildungserträge,
- in Bildung investierte Finanz- und Humanressourcen,
- Bildungszugang, Bildungsbeteiligung und Bildungsverlauf sowie
- Lernumfeld und Organisation der Schulen.

---

9 Damit ist gemeint, dass die Bildungsexpansion auf sich selbst zurückwirkt, weil über die steigende Bildungsbeteiligung der (zwischenzeitlichen) Eltern deren Ansprüche an ihre Kinder steigen, was dann wiederum zu einer steigenden Bildungsbeteiligung der Kinder führen kann.

Die Gliederung dieses Berichts orientiert sich an den einzelnen Indikatoren. Es werden jeweils der bildungspolitische Hintergrund erörtert, Ergebnisse vorgestellt und die notwendigen Definitionen erläutert. Besonderheiten einzelner Bildungssysteme bzw. Schwierigkeiten beim Vergleich werden gesondert dargestellt. Die Daten, die sich auch als EXCEL-Tabellen aus dem 3W herunterladen lassen (http://www.oecd.org/edu/eag2007), machen zwar die Unterschiede in den bildungspolitischen Strategien einzelner Staaten deutlich, verweisen aber auch auf erhebliche Interpretationsschwierigkeiten. Die folgende Grafik zeigt Veränderungen in den Ausgaben einiger EU-Staaten für Bildungseinrichtungen im Primär-, Sekundär- und Postsekundärbereich bezogen auf das Basisjahr 1995 (=100%). Angegeben sind sowohl die Werte für das Jahr 2000 als auch die für das Jahr 2004. Im Vergleich zur entsprechenden Grafik des OECD-Berichts (vgl. OECD 2007, S. 218) beschränkt sich Abb. 5 aus Gründen der Übersichtlichkeit nur auf diejenigen EU-Länder, für die vollständige Angaben vorliegen.

Hintergrund der Erhebung von Bildungsausgaben ist die Annahme, dass diese etwas über die politische Bedeutung von Bildung als Investition für ein zukünftiges Wirtschaftswachstum aussagen (vgl. OECD 2007, S. 213). Die Grafik macht deutlich, dass die verschiedenen EU-Staaten unterschiedliche Strategien verfolgen: Länder wie Griechenland, Polen und Irland haben ihre Investitionen durchgängig angehoben; Portugal hat nach einer deutlichen Steigerung bis zum Jahr 2000 seine Investitionen in Bildungseinrichtungen nur wenig erhöht. In Ländern wie Deutschland oder Österreich ist über den gesamten Beobachtungszeitraum keine Steigerung der Investitionen zu beobachten und in anderen Ländern wie Italien oder Tschechien gar eine Verringerung der Ausgaben im ersten Beobachtungszeitraum.

Interessant ist neben der Unterschiedlichkeit der Investitionspolitik auch die Beobachtung, dass sich keine Korrelation der beiden Steigerungsraten feststellen lässt ($r_{xy} = 0,1$)[10]. Man kann also von der Investitionspolitik in einem Beobachtungszeitraum nur schwer auf die Politik im nächsten schließen. Auch die Korrelation der oben berichteten Steigerungsraten zu denen im tertiären Bereich ist mit 0,4 für das Jahr 2000 nicht sehr hoch[11].

Die Angaben beziehen sich auf Ausgaben für Sach- und Dienstleistungen im Bildungsbereich, die sich relativ genau und einheitlich erheben lassen. Andere Indikatoren wie z.B. Teilnahmequoten am Lebenslangen Lernen, die sich aus Befragungen von Personen ergeben, sind wesentlich schwerer zu interpretieren. Die EU-Kommission nennt die Erhöhung der Teilnahme am Lebenslangen Lernen als wichtiges Ziel ihrer Bildungspolitik (vgl. Europäische Kommission, 2002, S. 45). Teilnahmequoten bezeichnen in der Regel den Anteil an Erwachsenen (zumeist: 19 bis 64-Jährige), der im vergangenen Jahr zumindest an einer Bildungsmaßnahme teilgenommen hat. Da im Bereich der Erwachsenenbildung keine trägerübergreifenden Statistiken existieren, muss diese Quote durch repräsentative Befragungen ermittelt werden (vgl. Kuwan u.a. 2006). Die hierbei erzielten Befunde sind – zumindest in Bezug auf Deutschland – recht unterschiedlich. So z.B. nennt die EU-Kommission für Deutschland eine Teilnahmequote von unter 10% (Europäische Kommission 2002, S. 47), das Eurobarometer 2006 über eine Teilnahmequote von 23% (Europäische Kommission 2006, S. 37) und das Berichtssystem Weiterbildung nennt für 2003 eine Teilnahmequote von 41% (Kuwan u.a. 2006, S. 19). Auf die näheren Hintergründe der Erhebungen bzw. der Unterschiede (verschiedene Bezugszeiträume, unterschiedliche Altersbegrenzungen der Stichprobe) kann hier nicht eingegangen werden (vgl. hierzu z.B. Seidel 2006 oder Eckert 2009). Das Beispiel zeigt allerdings, dass es zumindest für

---

10 Unter Berücksichtigung der OECD-Staaten, für die gültige Messwerte vorliegen, ergibt sich eine Korrelation von 0,47.
11 Hier ergeben sich kaum Veränderungen, wenn man alle OECD-Staaten berücksichtigt (xy = 0,44).

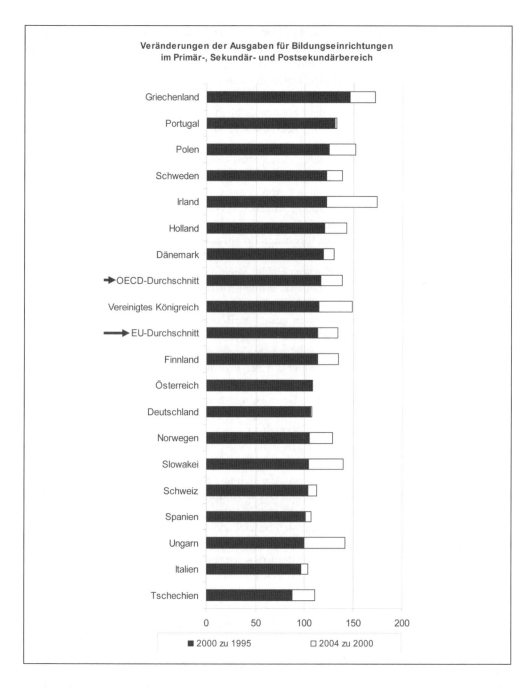

Abbildung 5: Veränderung der Ausgaben für Bildungseinrichtungen im Primär-, Sekundär und Postsekundärbereich, nicht aber im tertiären Bereich [1995 = 100%] (nach OECD 2007, S. 225, eigene Berechnungen; s.a. OECD 2007, S. 218)

einige Indikatoren zu Bildungssystemen noch einiger Anstrengungen bedarf, um eine internationale Vergleichbarkeit sicherzustellen. Das gilt in weit stärkerem Ausmaß für Vergleiche über Europa hinaus wie z.b. dem Weltbildungsbericht der UNESCO, dessen Daten auch über erhebliche länderspezifische ‚Lücken' verfügen.

6 Ausblick

Abschließend bleibt festzustellen, dass mit der intensiver werdenden Diskussion um die Qualität der Aus- und Weiterbildung in der Bundesrepublik, die letztlich auch in den groß angelegten Studien TIMSS, PISA oder IGLU ihren Ausdruck fand, wie auch dadurch angeregt wurde, ein zunehmender systematischer Ausbau der Bildungsstatistik auf internationaler Ebene stattfindet[12]. Ziel dieses Beitrags war es, auf die verschiedenen bildungsstatistisch relevanten Informationsquellen aufmerksam zu machen, einige Anwendungsmöglichkeiten der dort zugänglichen Daten vorzustellen sowie inhaltliche und methodische Interpretationsprobleme zu erörtern. Dies erscheint umso wichtiger, da diese Daten inzwischen leicht und kostengünstig über das 3W erhältlich sind. Der erleichterte Zugang wird aber nur dann zu einem besseren Wissen über die Zustände im eigenen und in fremden Bildungssystemen führen, wenn die Interpretation der Daten und der auf ihnen aufbauenden Indices sachgerecht erfolgt. Dies ist – wie hier gezeigt wurde – keineswegs trivial.

Literatur

Baethge, M./Buss, K.-P./Lanfer, C. (2003): Konzeptionelle Grundlagen für einen Nationalen Bildungsbericht: Berufliche Bildung und Weiterbildung/Lebenslanges Lernen. Berlin: BMBF.
Baumert, J./Schümer, G. (2002): Familiäre Lebensverhältnisse, Bildungsbeteiligung und Kompetenzerwerb im nationalen Vergleich. In: Deutsches PISA-Konsortium (Hrsg.): PISA 2000 - Die Länder der Bundesrepublik Deutschland im Vergleich. Opladen: Leske und Budrich, S. 159–202.
Bayerisches Staatsministerium für Kultus und Unterricht (2007): Prognose zum Lehrerbedarf in Bayern 2006. Abrufbar unter: http://www.stmuk.bayern.de/km/schule/statistik/lehrerbedarf/ (8.1.2008).
Bildungskommission NRW (1995): Zukunft der Bildung - Schule der Zukunft. Neuwied: Luchterhand.
BLK (2000): Vorschläge zur Verbesserung der Bildungsfinanzstatistiken für die nationale und internationale Berichterstattung, (Heft 79) BLK: Bonn. URL: http://www.blk-bonn.de/papers/heft79.pdf (9.1.2008).
BMBF (Hrsg.) (2005): Grund- und Strukturdaten 2005. Berlin, Bonn: BMBF. URL: http://www.bmbf.de/pub/GuS_2005_ges_de.pdf (29.5.08).
BMBF (Hrsg.) (2009): Portal für Grund- und Strukturdaten. URL: http://gus.his.de (22.9.09)
BMBF (Hrsg.) (2007): Berufsbildungsbericht 2007. Berlin: BMBF. URL: http://www.bmbf.de/pub/bbb_07.pdf (8.1.2008).
Bortz, J. (1999): Statistik für Sozialwissenschaftler. Berlin: Springer.
Dahrendorf, R. (1965): Bildung ist Bürgerrecht. Hamburg: Nannen.
Diefenbach, H./Klein, M. (2002): "Bringing Boys Back In". In: Zeitschrift für Pädagogik, Jg. 48, H. 6, S. 938–958.
Ditton, H. (1992): Ungleichheit und Mobilität durch Bildung. Weinheim: Juventa.

---

12 An deren Verbesserung und Ergänzung wird auch in der Bundesrepublik kontinuierlich gearbeitet. Das zeigen Vorschläge der BLK zur Verbesserung der Bildungsfinanzstatistiken (vgl. BLK 2000), Expertisen im Auftrag des BMBF (vgl. z.B. Baethge u.a. 2003) oder die Initiativen des Rats für Sozial- und Wirtschaftsdaten (http://www.ratswd.de/).

Eckert, T. (2006): Die Feminisierung der Lehrerschaft als Kohortenphänomen - Entwicklung der Lehrerschaft an allgemeinbildenden Schulen Baden-Württembergs. In: Bildungsforschung. Abrufbar unter: http://www.bildungsforschung.org/Archiv/2006-01/feminisierung (8.1.2008).
Eckert, T. (2009): Methoden und Ergebnisse der quantitativ orientierten Erwachsenenbildungsforschung. In: Tippelt, R./Hippel, A. von (Hrsg.): Handbuch Erwachsenenbildung/Weiterbildung. Wiesbaden: VS Verlag. (in Druck)
Europäische Kommission (Hrsg.) (2006): Europäische Beschäftigungs- und Sozialpolitik. Eurobarometer Spezial 261. Brüssel. URL: http://ec.europa.eu/public_opinion/archives/ebs/ebs261_de.pdf (29.8.2007).
Europäische Kommission. (2002). Bericht über die Qualitätsindikatoren für das Lebenslange Lernen in Europa. URL: http://ec.europa.eu/education/policies/lll/life/report/quality/report_de.pdf (12.4.2007).
Gnahs, D. (2009): Weiterbildungsberichterstattung. In: Tippelt, R./Hippel, A. von (Hrsg.): Handbuch Erwachsenenbildung/Weiterbildung. Wiesbaden: VS Verlag. (in Druck)
Grüske, K.-D. (1994): Verteilungseffekte der öffentlichen Hochschulfinanzierung in der Bundesrepublik Deutschland - Personale Inzidenz im Querschnitt und Längsschnitt. In: Lüdeke, R. (Hrsg.): Bildung, Bildungsfinanzierung und Einkommensverteilung II. Berlin: Duncker & Humblot.
Helberger, C./Palamidis, H. (1992): Die Nachfrage nach Bildung. Berlin: Duncker & Humblot.
Holmlund, H./Sund, K. (2005): Is the Gender Gap in School Performance affected by the Sex of the Teacher? Working Paper 5/2005, Swedish Institute for Social Research. URL: http://www2.sofi.su.se/wp/WP05-5.pdf (8.1.2008).
Klafki, W. (1963): Studien zur Bildungstheorie und Didaktik. Weinheim: Beltz.
Klemm, K. (1987): Bildungsexpansion und ökonomische Krise. In: Zeitschrift für Pädagogik., H. 6, S. 823–839.
Klemm, K. (1991): Jugendliche ohne Ausbildung. In: Zeitschrift für Pädagogik, Jg. 37, H. 6, S. 887–898.
Klemm, K. (1994): Bildungszeit: Geschenkte Zeit - geraubte Zeit. In: Rolff, H.-G./Bauer, K.-O./Klemm, K./Pfeiffer, H./Schulz-Zander, R. (Hrsg.): Jahrbuch der Schulentwicklung, Bd. 8. Weinheim: Juventa, S. 125–124.
Krämer, W. (1994): So überzeugt man mit Statistik. Frankfurt: Campus.
Kuwan, H./Bilger, F./Gnahs, D./Seidel, S. (2006): Berichtssystem Weiterbildung IX. Bonn: bmbf. URL: http://www.bmbf.de/pub/berichtssystem_weiterbildung_9.pdf (9.1.2008).
Litz, H. (1971): Aufgabe und Rahmen der Bildungsstatistik. In: Wagenführ, R./ Koch, W. (Hrsg.): System und Organisation der Bildungsstatistik. Villingen: Neckar-Verlag, S. 1–48.
Menges, G. (1972[2]): Statistik. Bd 1: Theorie. Opladen: Westdeutscher Verlag.
OECD (1999): Training of adult Workers in OECD Countries: Measurement and Analysis. In: OECD: Employment Outlook June 1999. Paris: OECD Publications, S. 133–175.
OECD (2000): Education at a Glance. Paris: OECD Publications.
OECD (2007): Education at a Glance. Paris: OECD Publications. Zusammenfassung abrufbar unter URL: http://www.oecd.org/edu/eag2007 (9.1.20008).
Picht, G. (1964): Die deutsche Bildungskatastrophe. Olten: Walter.
Preuss-Lausitz, U. (1995): Private und Freie Schulen - Besser als die öffentliche Schule? In: Die Deutsche Schule, Jg. 87, H. 4, S. 447–462.
Rosenbladt, B. von/Bilger, F. (Hrsg.) (2008): Weiterbildungsverhalten in Deutschland. Bd. 1: Berichtssystem Weiterbildung und Adult Education Survey 2007. Bielefeld: Bertelsmann.
Saldern, M. von (1993): Klassengröße als Forschungsgegenstand. Landau: Verlag der Universität.
Schnuer, G. (1986): Die deutsche Bildungskatastrophe – 20 Jahre nach Picht – Lehren und Lernen in Deutschland. Herford: Busse & Seewald.
Seidel, S. (2006): Erhebungen zur Weiterbildung in Deutschland. Pfade durch den Statistikdschungel. In: Feller, G. (Hrsg.): Weiterbildungsmonitoring ganz öffentlich. Bielefeld: Bertelsmann, S. 35–63.
Statistisches Landesamt Baden-Württemberg (Hrsg.) (2006): Das Bildungswesen in Baden-Württemberg. Stuttgart: Statistisches Landesamt.
Tippelt, R. (1989): Bildung und sozialer Wandel. Weinheim: Beltz.
UNESCO (1995): World education report 1995. Paris: UNESCO Publications.
Uni-Spiegel (2003): Minister fordert Männerquote an Schulen. Spiegel-online, 29.9.2003. URL: http://www.spiegel.de/schulspiegel/0,1518,267682,00.html (9.1.2008).
Weegen, M. (1994): Perspektiven zwischen LehrerInnenbedarf und LehrerInnenmangel. In: Krüger, H.-H./Rauschenbach, T. (Hrsg.): Erziehungswissenschaft. Die Disziplin am Beginn einer neuen Epoche. Weinheim: Juventa. S. 201–214.

Hartmut Ditton

Evaluation und Qualitätssicherung

Obwohl Evaluation und Qualitätssicherung vieldiskutierte und hochaktuelle Themen sind, lassen sich keine eindeutig abgrenzbaren Definitionen oder allgemein akzeptierte Systematisierungen der damit bezeichneten und durchaus unterschiedlichen Ansätze geben. Überwiegend wird Evaluation als zeitlich begrenztes Vorgehen für Zwecke einer konkreten Entscheidungsfindung angesehen, während Qualitätssicherung ein auf Dauer gestelltes System bezeichnet. Für beide Begriffe ist kennzeichnend, dass sie als Anwendungsgebiete der Sozialforschung verstanden werden, die nicht nur einen deskriptiven und analytischen, sondern auch wertenden und auf Anwendung zielenden Anspruch beinhalten. Für den Bildungsbereich ist von besonderer Bedeutung, dass sowohl Evaluationen als auch Maßnahmen der Qualitätssicherung eine Verständigung über Ziel- und Inhaltsfragen erfordern.

1 Evaluation

1.1 Begriff und Kennzeichen einer Evaluation

Zum Begriff Evaluation finden sich zahlreiche und teilweise divergente Definitionsversuche (vgl. Grüner 1993; Wottawa/Thierau 2003). Häufig synonym verwendete Begriffe für Evaluation sind Erfolgs-, Wirkungs- oder Qualitätskontrolle und Begleit-, Effizienz- oder Bewertungsforschung. Evaluation kann in einem engen Bedeutungsgehalt verstanden werden als die Beschreibung eines Programms bzw. einer Maßnahme oder weitergehend als die Überprüfung des erreichten Zustandes, des Erfolgs oder Fortschritts. Die weitgehendsten Auffassungen von Evaluation reichen hin bis zum Verständnis eines umfassenden Kontroll- und Managementsystems für Qualität (vgl. unten: Qualitätsmanagement). Kennzeichnend ist nahezu übereinstimmend, dass Evaluation als angewandte Wissenschaft aufgefasst wird, die zu konkreten Problem- und Fragestellungen eine Entscheidungsgrundlage liefern soll. Im heutigen Sprachgebrauch besteht eine enge Anlehnung an den englischen Begriff evaluate in der Bedeutung von bewerten, begutachten (vgl. Grüner 1993). Aus der breiten Palette an Definitionen für Evaluation werden nachfolgend diejenigen angeführt, die im Kontext der Bildungsforschung von besonderer Bedeutung sind.

Eine aktuelle Definition für Evaluation gibt das Handbuch der Evaluationsstandards des „Joint Committee on Standards for Educational Evaluation". Evaluation wird hier definiert als: „Die systematische Untersuchung der Verwendbarkeit oder Güte eines Gegenstandes" (Joint Committee on Standards For Educational Evaluation 1999, S. 25). Die Gegenstände der Evaluation können ein Programm, ein Projekt oder Materialien sein. Als Programm wird eine pädagogische Tätigkeit verstanden, die kontinuierlich stattfindet, ein Projekt ist dagegen auf einen bestimmten Zeitraum begrenzt. Materialien sind inhaltsbezogene Gegenstände im pädagogischen Bereich, wie z.B. Bücher, Programmanleitungen, Software, Hardware, Filme, Tonbänder und andere konkrete Materialien für Unterricht und Ausbildung (vgl. Deutsche Gesellschaft für Evaluation 2002).

Die Begriffe Güte und Verwendbarkeit verweisen auf ein zentrales Merkmal einer Evaluation. Eine Evaluation beschränkt sich nicht auf eine reine Deskription und Analyse des untersuchten Gegenstandes, sondern beinhaltet darüber hinaus eine Bewertung, d.h. Aussagen zur Qualität des untersuchten Gegenstandes im Hinblick auf seine Anwendbarkeit. Dazu werden keine allgemeinen Aussagen möglich sein, sondern jeweils nur Aussagen bezogen auf spezifische Zwecke in einem konkret anzugebenden Verwendungszusammenhang. Eine Evaluation ist von daher ziel- und zweckorientiert (vgl. Kempfert/Rolff 2005; Wottawa 2006).

Deutlich kommt dies in einer Definition von Cronbach zum Ausdruck. Cronbach (1972, S. 41) definiert Evaluation „als Sammlung von Informationen und ihre Verarbeitung mit dem Ziel, Entscheidungen über ein Curriculum zu fällen". Im Einzelnen sind es drei Arten von Entscheidungen, für die nach Cronbach eine Evaluation notwendig ist: 1. Entscheidungen bezüglich einer Curriculumverbesserung (z.B. Entscheidungen über die Angemessenheit von Unterrichtsmaterialien und Unterrichtsmethoden). 2. Entscheidungen über Individuen (z.B. die Ermittlung der Bedürfnisse von Adressaten einer Bildungsmaßnahme, die Ermittlung der Leistungsstände oder des Lernfortschrittes). 3. Entscheidungen bezüglich administrativer Regelungen (z.B. anstehende Entscheidungen über Veränderungen in einem Schulsystem, etwa strukturelle Reformen).

Die damit angesprochene Breite möglicher Anwendungen zeigt, dass Cronbach einen weiten Begriff des Curriculums verwendet, der den Gesamtkomplex der Intention, Implementation und Wirkung einer Bildungsmaßnahme beinhaltet. Curriculum meint also nicht einen Lehrplan im engen Sinn, sondern die Gesamtheit eines Bildungsprozesses. Die Aufgabe einer Evaluation ist demnach die Analyse eines Bildungsprogramms mit dem Ziel, Entscheidungen herbeizuführen, die zu dessen Verbesserung beitragen. Die Evaluation einer Bildungsmaßnahme beinhaltet Beschreibungen und Analysen der (1) gegebenen Bedingungen des Curriculums, (2) seiner Ziele bzw. Intentionen, (3) der beteiligten Institutionen, (4) der konkreten Lehr- und Lernsituationen (mit den Einzelelementen: Personen, Inhalte und Methoden) und schließlich der erzielten (5) kurzfristigen Ergebnisse sowie der (6) langfristigen Wirkungen. In Abbildung 1 sind diese Faktorengruppen als ein Strukturmodell zu Evaluation und Qualitätssicherung im Bildungsbereich dargestellt (zur Ausdifferenzierung für den schulischen Bereich: Ditton 2000a; 2000b; vgl. auch Helmke 2000).

Die Evaluation eines Curriculums bzw. einer Bildungsmaßnahme besteht darin, die relevanten Einzelfaktoren der in dem Modell aufgeführten Faktorengruppen zu bestimmen, sie in ihrem wechselseitigen Bezug zu analysieren und aus dem Komplex der daraus ermittelten Strukturen Empfehlungen für Revisionen zu entwickeln.

Das Merkmal einer Evaluation, zu Entscheidungen beizutragen und zu Verbesserungen zu führen, ist für Anwendungen im Bildungsbereich sehr wesentlich und im obigen Modell als Rückwirkungseffekt einer evaluationszentrierten Kontrolle enthalten (vgl. auch Johnson 1998). Da eine Evaluation auch Urteile und Bewertungen zur Qualität bzw. Angemessenheit von Bildungsmaßnahmen einschließt, werden nachvollziehbare Bewertungskriterien vorausgesetzt. Dabei sind die Intentionen bzw. Ziele eines Programms (Faktor 2) mit den erzielten Ergebnissen und längerfristigen Wirkungen (Faktoren 5, 6) in Beziehung zu setzen. Unter der Annahme feststehender Ziele sind die Bedingungskonstellation (1), die institutionellen (3) und die spezifischen Merkmale des konkreten Bildungsprozesses (4) die veränderbaren Stellglieder, um die

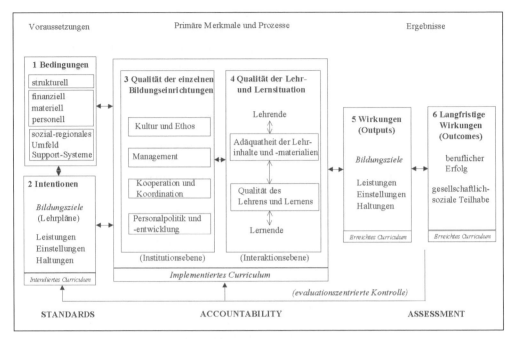

Abb.1: Modell zu Evaluation und Qualitätssicherung im Bildungswesen

Zielerreichung zu sichern. Pädagogisch begründete Veränderungen können in erster Linie auf der institutionellen Ebene und auf der Ebene der Lehr- und Lernprozesse ansetzen.

Im Hinblick auf den Bewertungsaspekt einer Evaluation kommt der Weiterentwicklung von Verfahren der Legitimation von bzw. Entscheidung über Curricula ein hoher Stellenwert zu. Diesbezüglich ist es nahe liegend, an die Arbeiten im Kontext der Curriculumforschung anzuknüpfen (vgl. Hameyer/Frey/Haft 1983; Flechsig/Haller 1973; Kaiser 1983; König 1983). Flechsig und Haller (1973) kennzeichnen curriculare Entscheidungen als ein policy making bzw. einen Kampf geistiger Mächte im Sinne von Erich Weniger. Die bei curricularen Entscheidungen angelegten Kriterien entsprechen nicht zwangsweise den Standards methodischer Exaktheit, sondern können auch aus der Legitimation und anerkannten Kompetenz des Entscheidungsträgers hergeleitet sein. Bedeutung kann überdies der Transparenz des Entscheidungsverfahrens und seiner Effizienz (Kommunizierbarkeit, Realisierbarkeit und Revidierbarkeit) zukommen. Insofern besteht die Möglichkeit einer politisch begründeten oder legalistischen Absicherung von curricularen Entscheidungen, die über die Zuständigkeit der Person oder Institution des Entscheidungsträgers oder über den anerkannten Status des Entscheidungsverfahrens erfolgen kann. Davon abzuheben sind Entscheidungsprozesse, die sich auf eine empirisch belegte Begründung der inhaltlichen Erfordernisse von Bildungsmaßnahmen stützen und im Hinblick auf die notwendig zu erwerbenden Kompetenzen und die dafür auszuwählenden Inhalte und Maßnahmen legitimiert werden. Exemplarisch dafür steht der Ansatz von Robinsohn (1967) – einer Bildungsreform als Revision des Curriculums. Curriculare Entscheidungen werden hier nicht verfahrenstechnisch, sondern im Hinblick auf die zu bewältigenden gesellschaftlich relevanten Lebenssituationen begründet, für die das Curriculum qualifizieren soll. Durch die Anwendung erfahrungswissenschaftlicher Methoden sollen die relevanten Situationen, die zu ihrer Bewältigung geforderten Qualifikationen bzw. Kompetenzen und schließlich die Bildungsinhalte und

Gegenstände identifiziert werden, die geeignet erscheinen, den Erwerb dieser Qualifikationen bzw. Kompetenzen bestmöglich zu gewährleisten.

Obwohl Robinsohn den Anspruch eines mit optimaler Genauigkeit und Objektivität durchgeführten Verfahrens begründet, hat auch für ihn die Frage Priorität, ob ein Gegenstand überhaupt unterrichtet werden soll, nicht ob er unterrichtet werden kann (Robinsohn 1967, S. 62). Somit geht es zwar um Fragen rationaler Entscheidungen auf der Basis erfahrungswissenschaftlicher Daten, aber eben auch der Dezision auf politischer Ebene.

Unter Einbeziehung des Ziel- und Inhaltsaspekts erscheint Evaluation im Kontext der Bildungsforschung keineswegs als eine einfache Programmbeschreibung, sondern als die hinreichend verlässliche Ermittlung komplexer Beziehungen zwischen den in dem obigen Modell angeführten Faktoren eines Bildungsprogramms, was eine Analyse und Reflexion der Bildungsziele und -inhalte einschließt.

Der mehrfach deutlich gewordene Anwendungs- und Verwertungsbezug einer Evaluation kommt in allen für die Bildungsforschung bedeutsamen Definitionen zum Ausdruck. Stufflebeam betont die besondere Bedeutung einer Evaluation für konkrete Entscheidungssituationen: „Im allgemeinen bedeutet Evaluation die Gewinnung von Informationen durch formale Mittel wie Kriterien, Messungen und statistische Verfahren mit dem Ziel, eine rationale Grundlage für das Fällen von Urteilen in Entscheidungssituationen zu erhalten" (ebd. 1972, S. 124). Eine Evaluation beinhaltet, dass eine Wahl zwischen Alternativen zu treffen ist und dazu Alternativen bewertet werden müssen (Wottawa 2006). Dies hat anhand objektivierter Kriterien zu erfolgen und natürlich sind dabei verlässliche Methoden anzuwenden. Die spezifische Ziel- und Zweckorientierung einer Evaluation wird häufig als Unterscheidungsmerkmal gegenüber sozialwissenschaftlichen Forschungsprogrammen angesehen. Rossi und Freeman bezeichnen Evaluation als die systematische Anwendung sozialwissenschaftlicher Forschungsprozeduren, um die Angemessenheit von Interventionsprogrammen bezüglich ihrer Konzeption, Implementation und Nützlichkeit zu überprüfen (ebd. 2004, S. 19). Cronbach (1982) grenzt Evaluation von sozialwissenschaftlicher Forschung durch den andersartigen institutionellen und politischen Kontext ab und bezeichnet Evaluation als entscheidungsorientierte Forschung. Die Maßnahmen einer Evaluation müssen einerseits dem aktuellen wissenschaftlichen Stand angemessen sein, andererseits geht das Gesamtprogramm einer Evaluation über die Erwartungen an sozialwissenschaftliche Forschungsprogramme hinaus. Das Rollenbild und Selbstverständnis einer Evaluation (vgl. Wottawa 1991) ist nicht ausreichend als neutral konstatierendes Faktensammeln zu bestimmen, sondern zielt auf eine Begutachtung in einem weit verstandenen Sinn ab. Für eine Evaluation ergibt sich daraus eine nicht einfache Gratwanderung zwischen wissenschaftlich-methodischer Exaktheit, der Nachvollziehbarkeit der angewandten Verfahren und ihrer Standards auf der einen Seite sowie der Praxisbezogenheit, Wertsicherheit und praktischen Anwendbarkeit auf der anderen Seite.

Die Bedeutsamkeit einer Evaluation im Hinblick auf ihre praktischen Konsequenzen führt vielfach zu der Forderung nach einer Einbeziehung der Evaluierten in die Planung und das Programm einer Evaluation, teils als ausdrückliche Kooperation von Evaluatoren und Evaluierten. Es wird darauf verwiesen, dass erfolgreiche Evaluationen auf der Zusammenarbeit der zentral Beteiligten basieren. Die Verständigung über ableitbare Konsequenzen und die Zusammenarbeit bei der Umsetzung konkreter Maßnahmen können zum Aufgabenbereich einer kooperativ angelegten Evaluation gezählt werden. Der Anspruch einer die Praxis beratenden, praxisbegleitenden oder unmittelbar in die Praxis integrierten Evaluation tritt besonders deutlich in Modellen hervor, die sich von den sog. sozialwissenschaftlichen und entscheidungsorientierten Auffassungen abzugrenzen versuchen. Diese Modelle werden als naturalistisch (vgl. Guba/Lincoln 2003), nützlichkeitsfokussiert (vgl. Patton 1997), responsiv (vgl. Beywl 1988) oder als empowerment evaluation (vgl. Fetterman/Kaftarian/Wandersman 1996) bezeichnet. Der Anspruch auf unabhängige Neutralität und Distanz zum Evaluationsobjekt wird hier deutlich relativiert (vgl. Stufflebeam u.a. 1971; Stufflebeam/Shinkfield 1985). Unverkennbar ist für diese Modelle die Nähe zu einem interpretativ-qualitativen Forschungsparadigma und zum Selbstverständnis der in den 1970er Jahren intensiv diskutierten Handlungsforschung (vgl. Heinze 1975), die sich ebenfalls nicht vorrangig als konstatierende, sondern praxisbegleitende und praxisverändernde Forschung verstanden hat. Angesichts der zunehmenden Auflösung sich exklusiv verstehender Paradigmen und der Annäherung quantitativer und qualitativer Methodologien dürfte es allerdings kaum mehr möglich sein, die unterschiedlichen Zugangsweisen streng gegeneinander abzugrenzen. Wie gezeigt, geben sich selbst die angeblich traditionellen Modelle einer sozialwissenschaftlich definierten oder entscheidungsorientierten Evaluation keineswegs den Anschein einer streng positivistisch verstandenen Neutralität oder Wertfreiheit.

1.2 Methoden und Gütekriterien einer Evaluation

Die vorstehenden Ausführungen implizieren bereits, dass Evaluationen bezüglich der zu Grunde gelegten Methodologie und angewandten Methoden bzw. Verfahren ein breites Spektrum beinhalten können. In einer Evaluation werden häufig quantitative und qualitative Verfahren und sehr unterschiedliche Vorgehensweisen kombiniert, schon weil oftmals Daten und Informationen unterschiedlicher Art und Herkunft einzubeziehen sind. Als relevante Informationen für eine Evaluation sieht das „Joint Committee on Standards for Educational Evaluation" an: „Zahlenmäßige und andere Darstellungen – darunter Fakten, Schilderungen, Graphiken, Bilder, Karten, Auslagen, Statistiken und mündliche Berichte –, die dazu beitragen Probleme zu klären, Fragen zu beantworten und ein besseres Wissen und Verständnis bezüglich eines Programms oder eines anderen Evaluationsgegenstands zu erzielen" (1999, S. 25). Von Relevanz für eine Evaluation können bereits in anderem Zusammenhang erhobene Informationen sein, ebenso explizit für die Evaluation erhobene Daten, wozu auch Ergebnisse aus Besprechungen, Diskussionen usw. gehören können.

Bezüglich der anzulegenden Gütekriterien oder grundlegenden Standards zeigen sich Differenzen zwischen empirischer Sozialforschung und Evaluation. Neben der im Sinne der Exaktheit zu fordernden Objektivität, Reliabilität und Validität werden für Evaluationen oftmals die Rechtzeitigkeit, Verfügbarkeit, Anwendbarkeit, Veränderbarkeit und Angemessenheit der erhobenen Daten bzw. der angewandten Verfahren und Ergebnisse genannt. Die Kriterien beziehen sich nicht nur auf die Phase der Durchführung, sondern darüber hinaus auf die situationsspezifisch angemessene Vorbereitung und Planung sowie den abschließenden Verwertungszusammenhang. Eine systematische Übersicht hierzu geben die Standards des „Joint Committee". Ein Evaluationsstandard wird dabei wie folgt definiert: „Ein Prinzip, auf das sich die in der Evaluation professionell tätigen Praktiker geeinigt haben, und dessen Beachtung dafür sorgt, dass die Qualität und die Fairness einer Evaluation verbessert werden" (Joint Committee on Standards for Educational Evaluation 1999, S. 25).

Die insgesamt 30 Einzelstandards werden in vier übergeordnete Kategorien eingeteilt (vgl. Joint Committee on Standards for Educational Evaluation 1999):

- Nützlichkeitsstandards (Utility) sollen sicherstellen, dass „sich eine Evaluation an den Informationsbedürfnissen der vorgesehenen Evaluationsnutzer ausrichtet" (ebd., S. 47).
- Durchführbarkeitsstandards (Feasibility) sollen sicherstellen, dass „eine Evaluation realistisch, gut durchdacht, diplomatisch und kostenbewusst ausgeführt wird" (ebd., S. 87).
- Korrektheitsstandards (Propriety) sollen sicherstellen, dass „eine Evaluation rechtlich und ethisch korrekt durchgeführt wird und dem Wohlergehen der in die Evaluation einbezogenen und auch der durch die Evaluation betroffenen Personen gebührende Aufmerksamkeit widmet" (ebd., S. 107).
- Genauigkeitsstandards (Accuracy) sollen sicherstellen, dass „eine Evaluation über die Güte und/oder Verwendbarkeit des evaluierten Programms fachlich angemessene Informationen hervorbringt und vermittelt" (ebd., S. 155).

Dieser Überblick macht deutlich, dass hier unterschiedliche Dimensionen zum Tragen kommen. Über die methodische Exaktheit und Seriosität hinaus wird auf die Verwertbarkeit und Nützlichkeit sowie ein korrektes und humanitär aber auch ökonomisch vertretbares Vorgehen bei einer Evaluation besonderer Wert gelegt. Deutlich zu entnehmen ist dies z.B. den folgenden Standards: Ermittlung der Beteiligten und Betroffenen (N1), Klarheit des Berichts (N5), Rechtzeitigkeit und Verbreitung des Berichts (N6); Politische Tragfähigkeit (D2), Kostenwirksamkeit (D3); Schutz individueller Menschenrechte (K3), Human gestaltete Interaktion (K4), Finanzielle Verantwortlichkeit (K8); Begründete Schlussfolgerungen (G10), Unparteiische Berichterstattung (G11). Zum Teil handelt es sich hier um Kriterien, die für die sozialwissenschaftliche Forschung zumindest nicht primär im Vordergrund stehen, für eine Evaluation jedoch größte Bedeutung haben können. Einen Vergleich der Evaluationsstandards mit weiteren Standards im Bereich von Forschung und Wissenschaft geben Beywl und Widmer (1999).

1.3 Zeitlicher Ablauf und Ansätze einer Evaluation

Die zeitliche Struktur bzw. der Ablauf einer Evaluation zeigt naturgemäß Parallelen zu den Phasen eines Forschungsprozesses, allerdings auch Abweichungen davon (vgl. Stufflebeam u.a. 1971; Wottawa/Thierau 2003). Auch eine Evaluation lässt sich grob in die drei Hauptphasen des Entdeckungs-, Begründungs- und Verwertungszusammenhangs einteilen. Bei einer Evaluation dürfte aber dem Entdeckungs- und Verwertungszusammenhang ausdrücklich mehr Gewicht zukommen als es üblicherweise bei sozialwissenschaftlichen Untersuchungen der Fall ist. Dort steht primär die Exaktheit des wissenschaftlichen Vorgehens selbst und damit der Begründungszusammenhang im Vordergrund. Überdies liegt bei einer Evaluation die Problemdefinition und die Verwertung der Ergebnisse häufig nicht in der alleinigen Verantwortung oder Zuständigkeit des Evaluators. Eine Evaluation beinhaltet in der Regel einen Auftrag und oftmals eine vertragliche Leistungsvereinbarung. Die Vereinbarungen mit dem Auftraggeber können sich auf die Planung, die Festlegung des Evaluationsschwerpunktes sowie die Klärung der Rahmenbedingungen und die Zielorientierung der Evaluation beziehen. Oftmals ist der Auftraggeber oder Adressat der Evaluation auch stärker an Entscheidungen über die Bearbeitungsform(en) beteiligt. Eine weitgehende Übereinstimmung zwischen Evaluation und Sozialforschung dürfte bezüglich der Sammlung, Organisation, Aufbereitung und Auswertung der Daten bzw. Informationen festzustellen sein. Im Hinblick auf die ableitbaren Folgerungen und die zu ziehenden Konsequenzen stehen Evaluationen dagegen wiederum in einem anderen Verwertungskontext als sozialwissenschaftliche Untersuchungen. Ein besonderer Stellenwert kommt dabei auch der Meta-Evaluation zu (Joint Committee on Standards for Educational Evaluation 1999, S. 215ff), d.h. der Prüfung der Stärken und Schwächen einer Evaluation, gerade auch hinsichtlich ihrer Angemessenheit zur Erfüllung der ursprünglich mit ihr verbundenen Erwartungen.

Zur Klassifikation von Evaluationen finden sich eine Vielzahl von unterschiedlichen Einteilungsgesichtspunkten (vgl. Wulf 1972; Stufflebeam/Shinkfield 1985; Wittmann 1985; Wottawa/Thierau 2003). Evaluationen lassen sich unterscheiden nach dem Evaluationsobjekt (was), dem Ort der Evaluation (wo) sowie nach dem Evaluationsmodell (wie). Weit verbreitete Unterscheidungen differenzieren zwischen den folgenden Ansätzen, wobei die Klassifikationsaspekte keineswegs zwingend als sich gegenseitig ausschließend zu verstehen sind:

- Formative vs. summative Evaluation (den Curriculumprozess begleitende Evaluation vs. abschließende Beschreibung und Wertung der Ergebnisse)
- Mikro- vs. Makroevaluation (Evaluation einzelner Teilaspekte oder Strukturelemente vs. Evaluation komplexer Systemzusammenhänge)
- Innere vs. äußere Evaluation (Evaluation durch Beteiligte selbst vs. Evaluation durch Außenstehende)
- Intrinsische vs. Ergebnisevaluation (Evaluation von Struktur- und Prozessmerkmalen eines Curriculums vs. Evaluation der erzielten Effekte und Wirkungen).

Das oben in der Abbildung dargestellte Modell zu Evaluation und Qualitätssicherung steht in unmittelbarem Bezug zu der Unterscheidung von Stufflebeam (1972) nach Kontext-, Input-, Prozess- und Produktevaluation (vgl. auch Stufflebeam/Shinkfield 1985). Hauptziel der Kontextevaluation ist es, die Voraussetzungen einer Bildungsmaßnahme sowie die mit ihr verbundenen Bedürfnisse und Probleme zu bestimmen. Inputevaluation zielt darauf ab, die Strategien und das geplante Vorgehen bezüglich der Programmziele zu identifizieren. Durch die Prozessevaluation sollen eventuelle Unzulänglichkeiten im Verfahrensplan oder in seiner Durchführung ermittelt werden. Die Produktevaluation schließlich dient dazu, die Wirksamkeit einer Maßnahme festzustellen. Diese begriffliche Unterscheidung impliziert keine Zerstückelung des Untersuchungsgegenstandes, wie es zunächst den Anschein haben könnte. Vielmehr sind die Evaluationsformen als eng miteinander verbunden zu betrachten. Die Reflexion ihres Zusammenwirkens kann die Grundlage für einen umfassenden Evaluationsplan bilden. Eine Evaluation sollte anstreben, der Komplexität ihres Gegenstandes umfassend gerecht zu werden. Allerdings wird dies kaum in einem Anlauf zu bewältigen sein. Evaluationen werden vor allem dann wirksam sein, wenn sie kein einmaliges Ereignis bleiben, sondern wiederholt und unter Berücksichtigung der unterschiedlichen Aspekte des Untersuchungsgegenstandes eingesetzt werden. Diese Überlegungen markieren bereits den Übergang zum Begriff der Qualitätssicherung.

2 Qualitätssicherung

2.1 Begriff und Kennzeichen einer Qualitätssicherung

Aufgrund uneinheitlicher Definitionen ist eine Abgrenzung der Begriffe Evaluation und Qualitätssicherung nicht trennscharf möglich. Ein differenzierendes Merkmal besteht darin, dass eine Evaluation überwiegend als ein singuläres, in jedem Fall aber zeitlich befristetes Vorhaben gesehen wird, das mit der Gewinnung einer als ausreichend empfundenen Informationsgrundlage für konkrete Entscheidungen beendet ist. Der Begriff Qualitätssicherung bezieht sich dagegen auf kontinuierlich betriebene Bemühungen um den Erhalt oder die Verbesserung von Qualität und zielt insofern auf ein System der fortgeführten Evaluation – etwa in Form einer regelmäßig geforderten Berichterstattung über Bildungsmaßnahmen, ihre Bedingungen, die ablaufenden Prozesse und erzielten Ergebnisse. Von daher kann Evaluation als Bestandteil eines Systems der Qualitätssicherung aufgefasst werden.

Der Aspekt fortlaufender Überprüfungen und Bemühungen zur Erzielung von Verbesserungen als Kennzeichen der Qualitätssicherung kommt in einer Definition der Hochschulrektorenkonferenz zur Qualitätssicherung im Hochschulbereich zum Ausdruck: „Qualitätssicherung bedeutet, die inhaltlichen Ausbildungsstandards und die Organisation von Lehre und Studium kontinuierlich zu überprüfen und zu verbessern" (Hochschulrektorenkonferenz 1999, S. 5). Beachtenswert ist diese Definition vor allem auch deshalb, weil hier neben den organisatorischen Aspekten auch explizit inhaltliche Standards als Qualitätsmerkmale angeführt werden. Dies ist ansonsten und insbesondere bei Konzeptionen, die aus dem Bereich der Wirtschaft in den Bildungssektor übertragen werden, nicht häufig der Fall (vgl. Deutsche Gesellschaft für Qualität 1991).

Die Auffassungen zu den Aufgaben der Qualitätssicherung haben sich im Laufe der Zeit merklich gewandelt (vgl. Masing/Bruhn 1988; Masing/Bläsing 2007). In den 1950er Jahren wurden darunter zunächst Proben von Produkten verstanden, um zu ermitteln ob diese verkaufsfähig sind oder nachgebessert werden müssen. In den 1970er Jahren erweitert sich das Begriffsverständnis dahingehend, dass außer der Prüfung der Produkte auch die Prozesse der Herstellung in die Überlegungen einbezogen werden. Seit ca. Ende der 1980er Jahre bis heute überwiegt eine Auffassung, die Qualitätssicherung als einen umfassenden Systemzusammenhang versteht und damit als ein integriertes Qualitätsmanagement. So erstreckt sich der Gegenstandsbereich auf den Gesamtkomplex der Bedingungen, der Merkmale der beteiligten Institution(en) und des Personals sowie der Prozesse und erzielten Ergebnisse. Als Bezugssystem kann damit wiederum das im vorigen Abschnitt vorgestellte Modell verwendet werden, wobei explizit Rückkoppelungen der Ergebnisse aus Qualitätskontrollen und -sicherungsmaßnahmen in die Planung, Produktion und den Vertrieb des erzeugten Produktes bzw. der angebotenen Dienstleistung als Steuerungsmechanismen vorzusehen sind. Bezogen auf diese Entwicklung könnte zwischen Qualitätskontrolle oder Qualitätsüberprüfung, Qualitätssicherung und Qualitätsmanagement entsprechend einer ansteigenden Komplexität der eingesetzten Maßnahmen unterschieden werden. Auf Maßnahmen, die alle Einzelbereiche und -elemente eines betreffenden Systems integrieren, zielt der Begriff des umfassenden oder totalen Qualitätsmanagement (Total quality management; vgl. z.B. Oess 1994), das auch als eine ganzheitlich organisierte Qualitätspolitik bezeichnet werden kann.

Da es sich bei Qualitätssicherung und -management vorwiegend um strategische oder operative Konzeptionen handelt, von denen erwartet wird, dass sie in unterschiedlichsten Anwendungsbereichen einsetzbar sind, ist nachvollziehbar, dass sich für den Zentralbegriff der Qualität eher formale und bereichsunspezifische Kennzeichnungen finden (vgl. auch Harvey/Green 2000). Entsprechend der Definition in der ISO 8402 bezeichnet Qualität die Gesamtheit von Merkmalen einer Einheit (eines Produktes oder einer Dienstleistung) bezüglich ihrer Eignung, festgelegte und vorausgesetzte Erfordernisse zu erfüllen. Qualität ist demzufolge nicht auf eine Einheit an und für sich bezogen, sondern auf konkret bestimmbare Zwecke, für die sich eine Einheit mehr oder weniger eignen kann. Schon für den Bereich der Produktion, besonders aber für den Bildungsbereich ergeben sich aus dieser Auffassung nicht unerhebliche Schwierigkeiten. Für das im Bildungswesen produzierte Gut „Bildung" können sich hinsichtlich seiner Eignung für unterschiedliche Zwecke (z.B. „höchste und proportionierlichste Entwicklung der menschlichen Kräfte zu einem Ganzen" im Sinne Humboldts vs. wirtschaftliche Verwertbarkeit) durchaus unterschiedliche Bewertungen ergeben. Selbst schon die Zwecksetzung der Bildungseinrichtungen ist teilweise weit weniger eindeutig als im Güter produzierenden Bereich. Sehr deutlich wird dies im Hochschulbereich, in dem die Einheiten (Universitäten, Institute, Hochschulpersonal) überdies den Erfordernissen sowohl im Bereich der Lehre als auch der Forschung zu genügen haben. Es muss selbst bei weniger komplexen Aufgabenbeschreibungen keineswegs immer der Fall sein, dass sich Einheiten bezüglich unterschiedlicher Qualitätsanforderungen oder -kriterien gleich gut oder schlecht eignen. Daraus entsteht die ernst zu nehmende Schwierigkeit, wie sich bei einer u.U. divergierenden Eignung bezüglich unterschiedlicher Erfordernisse Gesamtbewertungen der Qualität ermitteln lassen, ob dies überhaupt sinnvoll möglich ist oder ob nicht etwa differenzierte Eignungsprofile eine verlässlichere Auskunft geben könnten als globale Qualitätsurteile (etwa in Form der zunehmend beliebter werdenden Universitäts-Rankings). Darüber hinaus besteht auch Unklarheit darüber, aus wessen Sicht eine Bewertung der Qualität vorgenommen werden soll und kann. Die Einschätzung der Qualität von Bildung kann sich aus der Perspektive der Anbieter (Dozenten /Hochschulen; Lehrer/Schulen) anders darstellen als aus Sicht der Adressaten oder Abnehmer (Studenten, Schüler/Wirtschaft). Als Ausweg aus diesem Dilemma wird teilweise versucht, Qualität als die (vorbeugende) Vermeidung von Fehlern zu definieren (vgl. Crosby 1990) und bezüglich der Qualitätsentwicklung und -sicherung Organisationen als vorbildlich anzusehen, die hochzuverlässig funktionieren und sich an einem Null-Fehler-Prinzip orientieren (vgl. Roberts 1993). Aber auch eine solche Auffassung setzt zunächst einmal die Klärung voraus, was die primären Aufgaben und die zu erreichenden Ziele einer Organisation sind.

Die aufgrund der unterschiedlichen Auffassungen mögliche Differenzierung zwischen Prozess- und/oder Produktorientierung ist bedeutsam, weil sich daraus unterschiedliche Konzepte der Qualitätssicherung bzw. des Qualitätsmanagements ableiten lassen. Ein Qualitätsmanagement kann darin bestehen, Abläufe zu überprüfen und die Einhaltung von Standards bezüglich der ablaufenden Prozesse zu sichern (z.B. die Erfüllung der Lehrverpflichtung von Dozenten an Hochschulen oder das ordnungsgemäße Belegen von Lehrveranstaltungen durch Studierende). Abgezielt wird damit auf eine Sicherung der Einhaltung von für wesentlich gehaltenen Voraussetzungen für Qualität. Im Bildungsbereich zumindest ebenso bedeutsam ist aber die Feststellung von Ergebnissen, die tatsächlich erzielt werden (z.B. Leistungen oder Leistungszuwächse bei Lernenden). Oft dürften Ergebnisüberprüfungen ein überzeugenderer Qualitätsbeleg sein als der Nachweis, dass grundlegende Bedingungen gegeben sind, um grundsätzlich in der Lage zu sein, Qualität liefern zu können. Ein Qualitätsmanagement impliziert insofern entweder eine überzeugend begründete Festlegung der notwendig zu erfüllenden Voraussetzungen für Qualität oder einen sinnvoll anwendbaren Bewertungsmaßstab zur Einschätzung erreichter Ergebnisse – oder eine Kombination aus beidem.

2.2 Qualitätskontrolle, Qualitätssicherung, Qualitätsmanagement

Qualitätskontrollen sind auf die Ermittlung der Qualität eines Produktes oder der Bedingungen seiner Erzeugung konzentriert. Sie sind von einem Qualitätsmanagement dadurch abzugrenzen, dass sie lediglich einen Zustand oder ggf. eine Entwicklung konstatieren und vorwiegend deskriptiv bleiben. Durch eine Qualitätskontrolle werden in erster Linie Basisdaten gewonnen, die noch keine Erklärung für das Zustandekommen der Befunde geben. Die Gewinnung solcher Basisdaten kann selbst schon sehr bedeutsam sein, ihr Nutzen kann in der damit erzeugten Transparenz gesehen werden. Was eine Qualitätskontrolle nicht leistet, sind Aussagen zu Ursache-Wirkungs-Beziehungen. Aufgrund der damit verbleibenden Unklarheit über relevante Zusammenhänge ergeben sich auch wenig bis keine Anhaltspunkte für zu ergreifende Maßnahmen, um die Qualität zu sichern oder zu verbessern. Eine Qualitätskontrolle kann damit Anlass zu Spekulationen bieten, was denn genau und wie zu verändern sei und insofern auch eine ungewollte Eigendynamik entwickeln. Aus wissenschaftlicher Perspektive betrachtet, erscheinen Qualitätskontrollen allenfalls bedingt aussagekräftig und eher unbefriedigend. Die mit ihnen gegebenen Möglichkeiten könnten aber durchaus in einem Ansatz, der von der Fähigkeit zur Selbststeuerung in komplexen Systemen ausgeht, als ausreichend angesehen werden. Hier würde davon ausgegangen, dass die Mitglieder des Systems (einer Organisation) als Grundlage eigener Planungen nur solche Basisdaten über erzielte Ergebnisse benötigen. Entscheidungen über die zu ergreifenden Maßnahmen zur Sicherung oder Verbesserung der Qualität würden innerhalb des Systems (der einzelnen Organisationen) selbst getroffen. Ein derartiges Modell einer output-orientierten Steuerung, das Zielvorgaben definiert und deren Einhaltung überprüft, die Entscheidung und damit auch Verantwortung über ggf. notwendige Reformen aber den Leistungserbringern weitgehend selbst überlässt, liegt z.B. dem englischen Vorgehen bei der Schulinspektion zu Grunde (vgl. Daugherty 1995; Department for Education and Employment 1997).

Gegenüber einer Qualitätskontrolle beschränkt sich eine Qualitätssicherung nicht auf die Ermittlung der Verfahrens- oder Produktqualität, sondern beansprucht darüber hinaus dafür Sorge zu tragen, dass die Qualität systematisch erhalten, gefördert oder verbessert werden kann (Masing/Bläsing 1999). Um dies zu gewährleisten, muss eine Qualitätssicherung Aussagen zu Ursachen treffen können, aus denen sich Ansätze zur weiteren Entwicklung ableiten lassen. Es müssen Schwächen aufgezeigt werden können und idealerweise bereits Möglichkeiten aufgezeigt werden, wie die ermittelten Schwächen zu überwinden sind. Qualitätsmanagement wiederum, als ein noch weiterer Begriff, kann als ein entwickeltes und etabliertes System der Qualitätssicherung bezeichnet werden. Der Begriff verweist auf einen höheren Grad der Institutionalisierung und geregelte personelle Zuständigkeiten, Kompetenzen und Befugnisse, um über notwendige Maßnahmen einer Verbesserung entscheiden und deren Umsetzung einleiten zu können. Ein umfassendes Qualitätsmanagement hätte auch die Wirksamkeit des Qualitätssicherungssystems selbst einer Überprüfung zu unterziehen und dessen Weiterentwicklung zu betreiben. Mit dem Begriff des umfassenden oder totalen Qualitätsmanagements (z.B. Oess 1994) soll betont werden, dass alle relevanten Faktoren eines Systems – zumindest im Grundsatz – einer Überprüfung und notwendigenfalls Veränderung zugänglich sind. Dies wird oft in Verbindung mit einer gemeinschaftlich getragenen Verantwortung und Zuständigkeit aller Beteiligten für die Qualität des Produktes oder Erzeugnisses gesehen, etwa als ein auf Qualität ausgerichtetes Unternehmensethos. Zum Ausdruck bringt dies die Definition von Total Quality Management als „langfristiges Unternehmenskonzept, um die Spitzenqualität von Produkten und Dienstleistungen durch die Mitwirkung aller Mitarbeiter und Unternehmensbereiche zeitgerecht und zu günstigen Kosten zu gewährleisten sowie kontinuierlich zu verbessern, um damit eine optimale Kundenzufriedenheit zu erreichen" (Teichmann 1999, S. 131).

Qualitätssicherung und Qualitätsmanagement weisen einen Bezug zu (betriebswirtschaftlichen) Ansätzen des Controllings auf. Die Aufgaben eines Controllings können sehr unterschiedlich definiert werden: zum einen in einem eher eingeschränkten Verständnis als vergleichsweise einfaches Buchhaltungssystem und zum anderen als ein umfassendes Gesamtmanagementsystem (vgl. Mayer 1999). Für den Bildungsbereich wird inzwischen häufiger der Begriff Bildungscontrolling verwendet (vgl. Landsberg/Weiss 1995; Seeber 1997; Gerlich 1999; Hummel 1999; Schöni 2006), wobei sich bislang keine eindeutige Definition durchsetzen konnte. Bildungscontrolling zielt explizit auf die verursachten Kosten und den erzielten Nutzen von Bildungsmaßnahmen und erscheint so primär als Instrument zur Planung und Effizienzprüfung von Maßnahmen der Personalentwicklung und des Personalmanagements. Die relevante Bezugsgröße ist das Können und Wollen der Mitarbeiter, das Absichern des Erfolgs von Bildung und letztlich die Steigerung des Unternehmenserfolgs durch erfolgreiche betriebliche und außerbetriebliche Bildungsmaßnahmen. Im Vergleich zum Begriff (totales) Qualitätsmanagement wird damit nur ein Ausschnitt behandelt. Mit Sicherheit ist das Personal sowohl bei der Produktion eines Gutes als auch bei der Erbringung einer Dienstleistung ein entscheidender Faktor für Erfolg und Qualität, daneben sind aber eine Vielzahl weiterer Elemente zu berücksichtigen, auf die sich ein Bildungscontrolling nicht – zumindest im gegenwärtigen Begriffsverständnis nicht ausdrücklich – bezieht. Qualitätssicherung und -management erscheinen von daher gegenüber Bildungscontrolling als die umfassenderen Begriffe.

Im Überblick betrachtet sollte ein System der Qualitätssicherung im Bildungsbereich die folgenden Bedingungen erfüllen:

- Voraussetzung eines angemessenen Sicherungssystems ist die inhaltliche Klärung, was als Qualität anzusehen ist, welche vorrangigen Ziele erreicht werden sollen und welche Kriterien zur Nachprüfung der Zielerreichung anzulegen sind.
- Zu sichern ist eine ausreichende Daten- bzw. Informationsgrundlage, um über den Stand der erreichten Qualität zuverlässige und gültige Aussagen treffen zu können.
- Die erreichten Ziele sind in Beziehung zu den Bedingungen, Ursachen und Prozessen zu setzen, um ggf. geeignete Maßnahmen für notwendige Veränderungen ergreifen zu können.
- Die aus der Analyse ableitbaren Veränderungen sind hinsichtlich ihrer Wünschbarkeit und Realisierbarkeit zu bewerten.
- Die ggf. zu ergreifenden Maßnahmen sind zu planen und zu implementieren. Dies setzt geregelte Zuständigkeiten und entsprechende Befugnisse voraus.
- Die erzielten Wirkungen und ggf. Nebenwirkungen der realisierten Veränderungen sind bezogen auf die angestrebten Ziele zu bewerten.
- Das System der Qualitätssicherung selbst ist hinsichtlich seiner Angemessenheit und Effektivität zu prüfen und ggf. zu revidieren.

Wichtig ist außerdem, dass Qualitätssicherung als ein in einen Systemzusammenhang integriertes Teilsystem nicht zuletzt auch bezüglich seiner Praktikabilität und der Akzeptanz, auf die es stößt, zu reflektieren ist. Eine Qualitätssicherung hat hohe Erwartungen zu erfüllen, muss komplexe Beziehungen aufarbeiten und dennoch mit realistisch vertretbarem Aufwand durchführbar sein. Eine Qualitätssicherung, die anderweitig benötigte Energien bindet und deren Wert für die Beteiligten nicht einsehbar ist, kann im ungünstigen Fall die Erfüllung der eigentlichen Aufgaben empfindlich stören. Die Akzeptanz eines Qualitätssicherungssystems ist nicht nur eine sekundär wünschbare Eigenschaft, sondern kann eine Grundbedingung für dessen Erfolg darstellen. Von daher sind die in den Standards für Evaluation genannten Kriterien, die sich auf die praktische Durchführung von Maßnahmen beziehen (siehe vorne), auch auf die Implementation eines Systems der Qualitätssicherung übertragbar (vgl. Joint Committee on Standards for Educational Evaluation 1999; Deutsche Gesellschaft für Evaluation 2002).

2.3 Verfahren der Qualitätssicherung und des Qualitätsmanagements

Im Hinblick auf die Komplexität und den Anspruch des Vorgehens sind unterschiedliche Ansätze einer Qualitätssicherung bzw. eines Qualitätsmanagements zu unterscheiden. Die Zertifizierung kann als eine erste Stufe angesehen werden. Gemäß EN 45011 ist Zertifizierung eine Maßnahme durch einen unparteiischen Dritten, die aufzeigt, dass angemessenes Vertrauen besteht, dass ein ordnungsgemäß bezeichnetes Erzeugnis, Verfahren oder eine ordnungsgemäß bezeichnete Dienstleistung in Übereinstimmung mit einer bestimmten Norm oder einem bestimmten anderen normativen Dokument ist. Ein typisches Beispiel ist die Zertifizierung nach DIN/EN ISO 9000ff (vgl. Brauer 2007; Dembski 1996; Faulstich 1995; Kuwan/Waschbüsch 1996). Ihr Status als tatsächliche Qualitätssicherung oder Qualitätsmanagement wird teilweise bezweifelt (z.B. Homburg 1999). Zertifizierung stellt den Versuch dar, die Bedingungen zu kontrollieren, die gegeben sein sollten, damit eine genügende Qualität der erbrachten Leistung vernünftigerweise erwartet werden kann. Es handelt sich um den Nachweis der Einhaltung von Standards in dem Unternehmen, das eine (Dienst-)Leistung erbringt, ohne dass das erzeugte Produkt oder die Dienstleistung selbst bezüglich ihrer Qualität überprüft wird. Über die Etablierung von Standards hinaus zielt eine Zertifizierung auch auf die Entwicklung oder Schärfung des Bewusstseins für Qualität bei einem Leistungserbringer ab.

Komplexere Verfahren des Qualitätsmanagements in der Form von Qualitätswettbewerben sind auch als Reaktion auf die Unzulänglichkeiten einer Zertifizierung entstanden. Ein bekanntes Beispiel ist der European Quality Award, der seinerseits als Weiterentwicklung des amerikanischen Malcolm Baldrigde National Quality Award etabliert wurde und von der European Foundation for Quality Management (EFQM) vergeben wird. Das Vorgehen der EFQM beschränkt sich nicht auf die Überprüfung von Verfahrensanweisungen (was), sondern bezieht die laufenden Geschäftsprozesse (wie) in die Qualitätsbewertung mit ein. Anders als bei einer Zertifizierung nach DIN/ISO werden Prozesse nur dann als erfolgreich bewertet, wenn ihre Angemessenheit durch entsprechende Ergebnisse belegt werden kann. Gemeinsam ist dem Vorgehen bei einer Zertifizierung nach DIN/ISO und dem Verfahren der EFQM, dass zunächst eine Bewertung der von einem Bewerber schriftlich vorgelegten Dokumente zu den etablierten Maßnahmen der Qualitätssicherung vorgenommen wird, auf die ein Vor-Ort-Besuch erfolgt. Ebenfalls ist durch die Revision der ISO 9000 im Jahr 2000 eine Annäherung beider Systeme erfolgt. Was insbesondere den Ansatz und das Modell der EFQM für den Bildungsbereich interessant macht ist der verfolgte Grundsatz: Durch Einbindung aller Mitarbeiter (Menschen) in einem kontinuierlichen Verbesserungsprozess bessere Ergebnisse erzielen. Als die drei hauptsächlichen Säulen des Qualitätsmanagement gelten somit Menschen, Prozesse und Ergebnisse, womit Parallelen zu dem oben angegebenen Modell bestehen. In differenzierter Form enthält das Modell der EFQM neun Einzelfaktoren, die bei einer Qualitätsbewertung unterschiedlich gewichtet werden. Unterteilt wird hierbei nach Befähiger-Faktoren (Führung, Mitarbeiter, Politik und Strategie, Partnerschaften und Ressourcen, Prozesse) und Ergebnissen (bezogen auf: Mitarbeiter, Kunden, Gesellschaft sowie Schlüsselleistungen).

3 Evaluation und Qualitätssicherung im Bildungsbereich

Die Anwendung der zunächst für den Produktionsbereich entwickelten und dann auf den Dienstleistungssektor übertragenen Normen und Modelle des Qualitätsmanagements auf den Bildungssektor mit seinen spezifischen Besonderheiten kann durchaus kritisch hinterfragt werden. Trotz vieler Übereinstimmungen und Parallelen ist zumindest die Vorstellung einer vergleichsweise einfach determinierten Produktionskette nicht angemessen. Auch sollte nicht so getan werden, als seien Bemühungen um Qualitätssicherung im Bildungswesen eine völlige Neuheit. Schon seit Langem sind eine Reihe von Ansätzen und Einzelmaßnahmen etabliert, um Qualität im Bildungswesen zu gewährleisten (z.B. Regelungen für die Ausbildung in Lehrberufen; zentrale (landeseinheitliche) Prüfungen; Inspektionsverfahren). Gerade in den letzen Jahren ist jedoch vieles in Bewegung gekommen und auch derzeit noch in Veränderung begriffen (vgl. Ditton 2007). Im schulischen Bereich werden Schulbesuche seitens der Schulaufsicht zunehmend durch Verfahren der externen Evaluation abgelöst. Üblich ist hierbei eine Evaluation der einzelnen Schulen durch ein Team von mehreren (in der Regel: drei bis fünf) Personen, das unter Bezug auf definierte Qualitätsdimensionen eine Einschätzung zu den spezifischen Stärken und Schwächen der jeweiligen Schule abgibt. In Rücksprache mit der Schule werden im Anschluss an die Evaluation Zielvereinbarungen getroffen, die dann in nachfolgenden Evaluationen zur Überprüfung anstehen. Besonders bemerkenswert sind angesichts der föderalen Struktur in Deutschland die länderübergreifenden Vereinbarungen zu Bildungsstandards für die Primar- und Sekundarstufe seitens der Ständigen Konferenz der Kultusminister. Auch über Bildungsstandards für das Abitur wird bereits verhandelt. Zur Weiterentwicklung und Überprüfung dieser Standards wurde das Institut zur Qualitätssicherung im Bildungswesen (IQB) eingerichtet, das der Humboldt-Universität Berlin angegliedert ist. Außerdem werden regelmäßig, ebenfalls in Kooperation der Länder, sog. Vergleichsarbeiten bzw. Lernstandserhebungen in mehreren Fächern und unterschiedlichen Jahrgangsstufen durchgeführt. Diese Arbeiten sind ebenfalls an den Bildungsstandards orientiert, aber weniger zu deren Überprüfung gedacht. Vielmehr sollen diese Arbeiten den Schulen und Lehrkräften Rückmeldungen zu Leistungsständen auf einer breiten Vergleichsbasis geben und dadurch einen Anstoß für die Schul- und Unterrichtsentwicklung darstellen. Schließlich ist noch zu erwähnen, dass auch Verfahren der internen Evaluation inzwischen im schulischen Bereich zunehmend Verbreitung finden. Im Bereich der Hochschulen ist die Qualitätssicherung ebenfalls kein Neuland (vgl. z.B. Regelungen zu Qualifikationen und Einstellungsvoraussetzungen von Personal; Rahmenordnungen für Studiengänge und Prüfungen). Inzwischen weit entwickelt sind die Ansätze zur Evaluation der Lehre, wobei die Verfahren oft in ein umfangreicheres System der Berichtslegung über die Tätigkeiten in Forschung und Lehre an den Hochschulen eingebettet sind (vgl. Berendt 1993; Hochschulrektorenkonferenz 1998; Müller-Böling 1995; Pfundtner 1993). Auch externe Evaluationen (durch Kommissionen, Peer-Review-Verfahren, Hochschul-Rankings) gehören heute zum Alltag an den Hochschulen. Zu den Neuerungen im Hochschulbereich sind die Verfahren der Akkreditierung von Studiengängen zu zählen, besonders im Rahmen der Umstellung auf Bachelor- und Masterstudiengänge. Die Dienstrechtsreform und die Versuche, leistungs- sowie belastungsbezogene Besoldungs- und Mittelverteilungsmodelle zu etablieren, sind ebenfalls dem Bereich der Qualitätssicherung zuzurechnen. Schließlich ist noch die sog. Exzellenzinitiative zu nennen, die auf eine stärkere Profilbildung und Schwerpunktsetzung sowie einen größeren Wettbewerb zwischen den Hochschulen abzielt. Standards und Leitlinien für die Qualitätssicherung wurden inzwischen auch im Europäischen Hochschulraum vereinbart (vgl. Hochschulrektorenkonferenz 2006).

Die Ansätze und Konzepte der Qualitätssicherung und des Qualitätsmanagements stellen sich nicht immer als sehr übersichtlich und bezüglich ihrer Anwendung im Bildungssektor vollständig überzeugend dar. Aussagen über Bildungsqualität sind letztlich nur dann gehaltvoll möglich, wenn klare Zielvorstellungen und inhaltliche Konkretisierungen vorhanden sind. Der Nachweis, dass gewisse Standards bei der Erbringung eines Bildungsangebots eingehalten werden, rechtfertigt noch nicht zwingend den Schluss auf die tatsächliche Qualität der Bildungsprozesse oder ihrer Ergebnisse. Eine hohe Qualität im Bildungswesen müsste im Kern beinhalten, Bildung für alle zu sichern und eine Bildung im Medium des Allgemeinen sowie in allen Grunddimensionen menschlicher Fähigkeiten zu vermitteln (vgl. Klafki 1990). Wieweit dieser bildungstheoretisch fundierte Anspruch in Bildungsstandards repräsentiert und durch Kompetenztests bzw. im Rahmen von Evaluationen oder Inspektionen (objektiv) überprüft werden kann, stellt einen wesentlichen Streitpunkt in den derzeitig teils heftigen Debatten über die weitere Entwicklung des Bildungswesens dar. Dabei werden selbst die hartnäckigsten Kritiker objektivierter Evaluations- und Testverfahren zugeben müssen, dass ohne die Impulse aus der empirischen Bildungsforschung die aktuelle Dynamik der Reformbemühungen im Bildungsbereich nicht entstanden wäre.

Eine Herausforderung ist es nach wie vor, die notwendigen organisatorischen Regelungen und Managementsysteme zu etablieren, die eine bestmögliche Unterstützung hinsichtlich des Erfolgs von Reformmaßnahmen versprechen. Die einfach zu formulierende aber schwer zu realisierende Vision ist die, bestmöglich organisierte und funktionierende Bildungseinrichtungen zu etablieren, die ihren Adressaten eine optimale Bildung garantieren und deren Abläufe genau auf dieses Ziel hin optimiert sind. In der Organisationstheorie wird hierfür der Begriff der sog. High Reliability Organisations (vgl. Roberts 1993) verwendet. Gemeint sind damit Organisationen, die hoch-zuverlässig arbeiten, weil alle Beteiligten in dem Bewusstsein handeln, dass die Folgen von Fehlern verheerend und nicht tolerierbar sind (vgl. Stringfield 1995). Derzeit kann demgegenüber teilweise der Eindruck entstehen, dass den Verfahren zur Qualitätsüberprüfung mehr Aufmerksamkeit geschenkt wird als den Systemen der Qualitätsentwicklung. Im Sinne der beliebten Floskel „Vom Wiegen wird das Schwein nicht fetter!", sind insofern durchaus noch einige Herausforderungen zu meistern. Besonders mangelt es vermutlich noch an unterstützenden Systemen, die den einzelnen Bildungseinrichtungen konkrete Anregungen und Hinweise geben, wie sie ihre Qualität verbessern können, und an kompetenter Beratung, um entsprechende Entwicklungsprozesse zu initiieren und kontinuierlich zu begleiten. Auch das Potential einer verstärkten Kooperation innerhalb und zwischen den Bildungseinrichtungen (Wissenssharing, Verbreitung von „best practice") scheint oft noch eher wenig genutzt zu werden. Obwohl die Qualitätsdiskussion im Bildungswesen nunmehr schon eine gewisse Tradition hat, wird man daher festhalten können, dass es zu etablierten Systemen der Evaluation und Qualitätssicherung im Bildungswesen auch heute noch ein „weiter Weg" ist (vgl. Helmke 2000).

Literatur

Barz, A./Fedrowitz, J./Kölsch, B./Neuvians, K. (1995): Qualitätssicherung in Hochschulen. Forschung, Lehre, Management. Eröffnungsveranstaltung des CHE Centrum für Hochschulentwicklung am 25./26. Januar 1995 in der Stadthalle Gütersloh. Gütersloh: Bertelsmann.

Berendt, B./Stary, J. (Hrsg.) (1993): Evaluation zur Verbesserung der Qualität der Lehre und weitere Maßnahmen. Weinheim: Deutscher Studien Verl.

Beywl, W. (1988): Zur Weiterentwicklung der Evaluationsmethodologie. Frankfurt a. Main: Lang.

Beywl, W./Widmer, T. (1999): Die 'Standards' im Vergleich mit weiteren Regelwerken zur Qualität fachlicher Leistungserstellung. In: Joint Committee on Standards For Eduactional Evaluation (Hrsg.): Handbuch der Evaluationsstandards. Opladen: Leske und Budrich., S. 259–295.

Bortz, J./Döring, N. (1995): Forschungsmethoden und Evaluation für Sozialwissenschaftler. Berlin: Springer.

Brauer, J.-P. (2007): DIN EN ISO 900-9004 umsetzen: Gestaltungshilfen zum Aufbau Ihres Qualitätsmanagementsystems. München: Hanser.

Cronbach, L.J. (1972): Evaluation zur Verbesserung von Curricula. In: Wulf, C. (Hrsg.): Evaluation. Beschreibung und Bewertung von Unterricht, Curricula und Schulversuchen. München: Piper, S. 41–59.

Cronbach, L.J. (1982): Designing evaluations of educational and social programs. San Francisco: Jossey-Bass.

Crosby, P.B. (1990): Qualität ist machbar. Hamburg: McGraw-Hill.

Daugherty, R. (1995): National Curriculum Assessment. A Review of Policy 1987-1994. London: Falmer.

Dembski, M. (1996): Zertifizierung von Qualitätsmanagementsystemen bei Bildungsträgern. Remmingen-Mahnsheim: Expert.

Department for Education and Employment (1997): Excellence in Schools. Presented to Parliament by the Secretary for Education and Employment by Command of Her Majesty. July 1997. London: Stationery Office.

Deutsche Gesellschaft für Evaluation (2002): Standards für Evaluation. Köln: Deutsche Gesellschaft für Evaluation.

Deutsche Gesellschaft für Qualität (1991): Qualitätssicherungs-Handbuch und Verfahrensanweisungen. Berlin: Beuth.

Ditton, H. (2000a): Qualitätskontrolle und -sicherung in Schule und Unterricht – ein Überblick zum Stand der empirischen Forschung. In: Helmke, A./Hornstein, W./Terhart, E. (Hrsg.) (2000): Qualitätssicherung im Bildungsbereich. Zeitschrift für Pädagogik 41. Beiheft. Weinheim: Beltz.

Ditton, H. (2000b): Elemente eines Systems der Qualitätssicherung im schulischen Bereich. In: Weishaupt, H. (Hrsg.): Qualitätssicherung im Bildungswesen. (Reihe: Erfurter Studien zur Entwicklung des Bildungswesens). Erfurt: Pädagogische Hochschule, S. 13–35.

Ditton, H. (2007): Schulqualität – Modelle zwischen Konstruktion, empirischen Befunden und Implementierung. In: Van Buer, J./Wagner, C. (Hrsg.): Qualität von Schule. Ein kritisches Handbuch. Frankfurt: Lang, S. 83–92.

Dunkhorst, P. (1999): Handbuch Qualitätsmanagement in der öffentlichen Verwaltung. Baden-Baden: Nomos Verlag.

Faulstich, P. (1995): Qualität zertifizieren. Über die DIN/EN/ISO 9000ff. hinaus. In: Hessische Blätter für Volksbildung, 45. Jg., Heft 4/1995, S. 310–318.

Fetterman, D.M./Kaftarian, S.J./Wandersman, A. (Hrsg.) (1996): Empowerment evaluation. Knowledge and tools for self-assessment and accountability. Newbury Park, CA u.a.: Sage Publ.

Flechsig, K.-H./Haller, H.-D. (1973): Entscheidungsprozesse in der Curriculumentwicklung. (Deutscher Bildungsrat. Gutachten und Studien der Bildungskommission, Bd. 24). Stuttgart: Klett.

Gerlich, P. (1999): Controlling von Bildung, Evaluation oder Bildungs-Controlling? München: Hampp.

Grüner, H. (1993): Evaluation und Evaluationsforschung im Bildungswesen. In: Pädagogische Rundschau, 47. Jg., S. 29–52.

Guba, E.G./Lincoln, Y.S. (2003): Fourth generation evaluation. Newbury Park: Sage.

Hage, N. (1996): Lehrevaluation und studentische Veranstaltungskritik. Projekte, Instrumente und Grundlagen. Bonn: Bundesministerium für Bildung, Wissenschaft, Forschung und Technologie.

Hameyer, U./Frey, K./Haft, H. (Hrsg.) (1983): Handbuch der Curriculumforschung. Weinheim: Beltz.

Harvey, L./Green D. (2000): Qualität definieren. Fünf unterschiedliche Ansätze. Zeitschrift für Pädagogik. 41. Beiheft, S. 17–40.

Heinze, T. (1975): Handlungsforschung im pädagogischen Feld. München: Juventa.

Helmke, A. (2000): TIMSS und die Folgen: Der weite Weg von der externen Leistungsevaluation zur Verbesserung des Lehrens und Lernens. In: Trier, U.P. (Hrsg.): Bildungswirksamkeit zwischen Forschung und Politik. Zürich: Rüegger, S. 135–164.

Hochschulrektorenkonferenz (Hrsg.) (1998): Evaluation und Qualitätssicherung an den Hochschulen in Deutschland: Stand und Perspektiven. Beiträge zur Hochschulpolitik, 6/1998. Bonn: Hochschulrektorenkonferenz.

Hochschulrektorenkonferenz (Hrsg.) (1999): Ein Schritt in die Zukunft. Qualitätssicherung im Hochschulbereich. Beiträge zur Hochschulpolitik, 3/1999. Bonn: Hochschulrektorenkonferenz.
Hochschulrektorenkonferenz (2006): Standards und Leitlinien für die Qualitätssicherung im Europäischen Hochschulraum. Bonn: Hochschulrektorenkonferenz.
Homburg, C. (1999): Total Quality Management. Die Zertifizierung ist nur ein erster Schritt. Vallendar: WHU.
Hummel, T.R. (1999): Erfolgreiches Bildungscontrolling. Heidelberg: Sauer.
Johnson, R. (1998): Toward a theoretical model of evaluation utilization. In: Evaluation and Program Planning, 1, S. 93–110.
Joint Committee on Standards for Educational Evaluation (1999): Handbuch der Evaluationsstandards. Opladen: Leske und Budrich.
Kaiser, A. (1983): Legitimationsmodelle in der Curriculumentwicklung. In: Hameyer, U./Frey, K./Haft, H. (Hrsg.): Handbuch der Curriculumforschung. Weinheim: Beltz, S. 597–606.
Kempfert, G./Rolff, H. (2005): Qualität und Evaluation. Weinheim: Beltz.
Klafki, W. (1990): Allgemeinbildung für eine humane, fundamental-demokratisch gestaltete Gesellschaft. In: Bundeszentrale für politische Bildung (Hrsg.): Umbrüche in der Industriegesellschaft. Bonn: BZPB, S. 297–310.
König, E. (1983): Theorien der Curriculumlegitimation. In: Hameyer, U./Frey, K./Haft, H. (Hrsg.): Handbuch der Curriculumforschung. Weinheim: Beltz, S. 587–596.
Kuwan, H./Waschbüsch, E. (1996): Zertifizierung und Qualitätssicherung in der beruflichen Weiterbildung. Bielefeld: Bertelsmann.
Landsberg, G./Weiss, R. (Hrsg.) (1995^2): Bildungscontrolling. Stuttgart: Schäffer-Poeschel.
Masing, W./Bläsing, J.P. (2007^5): Handbuch Qualitätsmanagement. München: Hanser.
Masing, W./Bruhn, M. (1988^2): Handbuch der Qualitätssicherung. München: Hanser.
Mayer, E. (1999): Controlling-Konzepte. Wiesbaden: Gabler.
Müller-Böling, D. (1995): Qualitätssicherung in Hochschulen: Forschung - Lehre - Management. Gütersloh: Verl. Bertelsmann-Stiftung.
Oess, A. (1994): Total quality management. Wiesbaden: Gabler.
Patton, M.Q. (1997): Utilization-focused evaluation. Newbury Park u.a.: Sage.
Pfundtner, R. (1993): Qualität und Wettbewerb in der akademischen Lehre: Zwischenbilanz zum Modellprogramm des Bundesministeriums für Bildung und Wissenschaft. Bonn: BMBF.
Roberts, K.H. (Hrsg.) (1993): New Challenges to Understanding Organizations. New York: Macmillan.
Robinsohn, S.B. (1967): Bildungsreform als Revision des Curriculum. Neuwied u.a.: Luchterhand.
Rossi, P.H. / Freeman, H.E. (2004): Evaluation: a systematic approach. London u.a.: Sage.
Rossi, P.H./Freeman, H.E./Hofmann, G. (1988): Programm-Evaluation. Einführung in die Methoden angewandter Sozialforschung. Stuttgart: Enke.
Schöni, W. (2006): Handbuch Bildungscontrolling. Zürich: Rüegger.
Seeber, S. (1997): Bildungscontrolling - Eine Einführung in Theorien und Modelle. In: Lehmann, R./Venter, G./van Buer, J./Seeber, S./Peek, R. (Hrsg.): Erweiterte Autonomie für Schule – Bildungscontrolling und Evaluation. Berlin: Humboldt-Universität, S. 25–48.
Spiess, K. (1997): Qualität und Qualitätsentwicklung: eine Einführung. Aarau: Sauerländer.
Stringfield, S. (1995): Attempting to Enhance Students' Learning through Innovative Programs: The Case for Schools Evolving into High Reliability Organizations. In: School Effectiveness and School Improvement, 6. Jg., S. 67–96.
Stufflebeam, D.L. (1972): Evaluation als Entscheidungshilfe. In: Wulf, C. (Hrsg.): Evaluation. Beschreibung und Bewertung von Unterricht, Curricula und Schulversuchen München: Piper, S. 113–145.
Stufflebeam, D.L./Foley, W.J./Gephart, W.J./Guba, E.G./Hammond, R.I./Merriman, H.O./Provus, M.M. (1971): Educational evaluation and decision making. Itaska: Peacock.
Stufflebeam, D.L./Shinkfield, A.J. (1985): Systematic Evaluation. Boston: Kluwer-Nijhoff.
Teichmann, W. (1999): Qualitätsmanagement für berufliche Schulen – Versuch des Transfers eines TQM-Konzeptes für Dienstleistungsunternehmen auf Schulen. In: Erziehungswissenschaft und Beruf, 47. Jg., S. 131–142.
Tippelt, R. (1999): Von der öffentlichen Verantwortung zum Weiterbildungsmarkt? In: Arnold, R./Gieseke, W. (Hrsg.): Die Weiterbildungsgesellschaft: Bildungspolitische Konsequenzen. Neuwied: Luchterhand, S. 16–26.
Wesseler, M. (1994): Evaluation und Evaluationsforschung In: Tippelt, R. (Hrsg.): Handbuch der Erwachsenenbildung/ Weiterbildung. Opladen: Leske und Budrich, S. 671–680.
Wittmann, W. (1985): Evaluationsforschung. Aufgaben, Probleme und Anwendungen. Berlin: Springer.
Wottawa, H. (1991): Zum Rollenverständnis in der Evaluation und der Evaluationsforschung. In: Empirische Pädagogik, 5. Jg., S. 151–168.

Wottawa, H. (2006): Evaluation. In: Rost, D.H. (Hrsg.): Handwörterbuch Pädagogische Psychologie. Weinheim: Beltz PVU, S. 162–168.
Wottawa, H./Thierau, H. (2003³): Lehrbuch Evaluation. Bern: Huber.
Wulf, C. (Hrsg.) (1972): Evaluation. Beschreibung und Bewertung von Unterricht, Curricula und Schulversuchen München: Piper.

Lebensalter

Gabriele Gloger-Tippelt

Kindheit und Bildung

1 Einleitung

Bis vor ungefähr 15 Jahren fanden sich weder in der Pädagogik noch in der Entwicklungspsychologie oder Soziologie explizite Vorstellungen zur Bildung in der Kindheit, im Gegensatz zu allen anderen Lebensphasen. Heute hat sich diese Situation radikal gewandelt. Sowohl in der interessierten Öffentlichkeit als auch in den beteiligten wissenschaftlichen Disziplinen wird intensiv über eine frühzeitige und umfassende Einbeziehung von Kindern in Bildungsprozesse diskutiert. Bereits im Kinder- und Jugendhilfegesetz (KJHG) (vgl. Wiesner 2000) wurden *Rechte von Kindern und Jugendlichen nicht nur auf Erziehung, sondern auch auf Betreuung und Bildung* formuliert. Der 12. Kinder- und Jugendbericht (vgl. BMFSFJ 2005) und die Sachverständigenkommission mit ihren Expertisebänden belegen aus verschiedenen wissenschaftlichen Perspektiven, wie *Bildung, Betreuung* und *Erziehung* vor und neben der Schule gestaltet sein sollten. Für unterschiedliche Altersgruppen abgestuft wird beschrieben, über welche Kompetenzen und Fähigkeiten Kinder beim Aufwachsen in Deutschland verfügen sollten, was Kinder in ihrer Entwicklung einschränkt und welche Orte, Bedingungen und Themen für kindliche Entwicklung neu zu begründen sind. Mit den drei Begriffen der *Bildung*, *Betreuung* und *Erziehung* werden Zielvorstellungen zum einen für verschiedene Altersgruppen, zum anderen für verschiedene Bereiche wie familiale und außerfamiliale Betreuung, Förderung und Unterstützung durch soziale Hilfen, z.B. die Jugendhilfe miteinander verknüpft. Die dem 12. Kinder- und Jugendbericht zugrundeliegenden Bildungsvorstellungen beinhalten verschiedene Kompetenzbereiche, die „…Kinder und Jugendliche erwerben müssen, um als Erwachsene in einer Welt von Morgen ihr Leben in Verantwortung – sich und anderen gegenüber – in die Hand nehmen zu können, um eine möglichst umfassende, basale Kompetenz zur Selbstregulation und eigenständigen Lebensführung in sozialer Verantwortung zu erlangen" (Rauschenbach 2008, S. 17f.). Ähnliche Zielvorstellungen wurden in der erziehungswissenschaftlichen Debatte mit Begriffen wie *Selbstbildung, Selbsterziehung* und *Eigenaktivität* auch für das Kindesalter thematisiert, teilweise mit Bezug auf die kognitive Entwicklungstheorie Piagets (vgl. Schäfer 2001), und grundlegend angeregt durch Untersuchungen zum historischen Wandel der Kindheit. Eine Betonung der Selbstbildung von Kindern sollte allerdings nicht zu einer Unterschätzung der *kontextuellen Bedingungen für Bildung* führen, wobei der interaktionale Kontext im Sinne einer Ko-Konstruktion durch Bezugspersonen in der Familie, Tageskrippe oder Schule und das Kind bedeutsam sind. So sieht auch der 12. Kinder- und Jugendbericht Bildung als Austauschprozess zwischen Kind und Umwelt.

Die politischen Konsequenzen für die Bildung von Kindern betreffen die Schaffung besserer Rahmenbedingungen für die Betreuung und Erziehung von Kindern, d.h. die Verbesserung der außerfamilialen Betreuung in Tageseinrichtungen, eine Verbreiterung inhaltlicher Angebote, eine höhere Qualifizierung der Mitarbeiterinnen und die Unterstützung und finanzielle Entlastung der Eltern. Weiterhin werden zum Schutz von Kindern vor Belastungen unterschiedlicher Art, vor Vernachlässigung und Missbrauch neue Unterstützungsformen und Frühwarnsysteme eingeführt und es wird diskutiert, ob Kinderrechte im Grundgesetz zu verankern sind.

Aktuell haben mehrere wissenschaftliche Forschungsrichtungen und gesellschaftliche Prozesse dafür gesorgt, dass den frühen Entwicklungsphasen des Menschen eine herausragende Bedeutung für Bildungsprozesse zukommt: Die heutige Neurokognitionsforschung betont die besondere Geschwindigkeit der Gehirnentwicklung im Säuglings- und Kleinkindalter. Die zunächst explosionsartige Zunahme von Synapsenbildungen wird danach wieder reduziert und es kommt in Abhängigkeit von den Erfahrungen zur Verfestigung spezifischer Verbindungen (vgl. Siegler/De Loache/Eisenberg 2005). Die dichte Vernetzung von Nervenzellen schafft erst die Voraussetzungen für Lernprozesse.

- Nicht nur die Quantität, sondern auch die Qualität der Gehirnentwicklung lässt sich bis in die ersten Lebensmonate zurückverfolgen. Im Rahmen von frühen wachstumsfördernden oder -hemmenden Interaktionsprozessen wird die Entwicklung besonders der rechten Gehirnhälfte beeinflusst, die Voraussetzungen für die Fähigkeit zur Stressregulation und damit Bedingungen für die seelische Gesundheit von Säuglingen schafft (vgl. Schore 2001).
- Weitere Argumente liefert die Bildungsforschung. Aus dem mittleren Abschneiden deutscher 15-jähriger Schüler in den internationalen Leistungsvergleichen zog man die bildungspolitische Konsequenz, früher und gezielter mit Fördermaßnahmen in verschiedenen Wissensbereichen zu beginnen. Herkunftsbedingte Unterschiede in der Chancengleichheit sollen dadurch abgebaut werden.
- Veränderte Familienformen (mehr Einelternfamilien) und verstärkte Erwerbstätigkeit der Mütter stellen Anforderungen an den Ausbau der Tagesbetreuung von Kleinkindern. Vergleiche verschiedener Länder zeigen erfolgreiche Modelle der Kombination von häuslicher und kollektiver Betreuung für Klein- und Vorschulkinder (vgl. Ahnert 2005; Ahnert/Pinquart/Lamb 2006).
- Aus empirischen Untersuchungen zur Wirkung besonders der Betreuungsqualität auf die kindliche Entwicklung wurden Vorschläge für eine Steigerung der Ausbildungsqualität der Erzieherinnen und einen verbesserten Übergang vom Kindergarten in die Grundschule entwickelt (vgl. Rossbach 2005).

Maßnahmen für eine frühe Bildung sind durch wissenschaftliche, methodisch geleitete Studien zu begründen, die die Voraussetzungen für verschiedene Bildungsprozesse darlegen und tradierte Auffassungen revidieren. So wurde lange Zeit verbreitet, Säuglinge hätten noch kein Gedächtnis, sie könnten nur zu einer Bezugsperson eine Bindung aufbauen, Vorschulkinder verfügten noch über keine Strategien beim Wissensaufbau oder Kinder in der Grundschulzeit könnten nur anschaulich und nicht abstrakt denken. Inzwischen werden sowohl in der kognitiven als auch in der emotional-sozialen Entwicklung zahlreiche frühe Vorläufer einer gesunden Kompetenzentwicklung herausgearbeitet, die hier allerdings nicht dargestellt werden können. Dies trifft für alle Wissensdomainen zu wie z.B. Sprachverstehen und -produktion, physikalisches und mathematisches Denken, das Verstehen von innerpsychischen Prozessen und das sozial-moralische Verstehen und Handeln (vgl. Siegler/De Loache/Eisenberg 2005).

Diese veränderten Sichtweisen von Kindern legen nahe, dass es tatsächlich an der Zeit ist, die Bildungsforschung auch auf die frühe Phase des menschlichen Lebenslaufes auszudehnen. Kinder bilden eine zentrale Ressource der Gesellschaft und die Bedingungen des Aufwachsens von Kindern stellen Voraussetzungen für ihre Bildung und für die zukünftige Gestaltung einer Gesellschaft dar.

2 Bildung und verwandte Konzepte für die Kindheit

Bildung in der Kindheit kann sich auf verschiedene Bereiche der kindlichen Persönlichkeit und auf verschiedene Kontexte wie Familie und Bildungsinstitutionen, auf formelle wie informelle Bildung beziehen. In der frühen Kindheit sind für eine angemessene Versorgung und Anregung von Kleinkindern vor allem emotional-soziale Prozesse relevant, wie die Schaffung einer verlässlichen und responsiven sozialen Umgebung in Familie und Kindertagesstätte, die eine entwicklungsangemessene Befriedigung aller Bedürfnisse des Kindes in den unterschiedlichen Betreuungsformen sicher stellen. In der mittleren Kindheit stehen die Vermittlung von Regeln und Wertorientierungen, von sozialen Fertigkeiten, prosozialem oder antisozialem Verhalten, und die gezielte Förderung verschiedener kognitiver Fähigkeiten und Wissensbereiche im Vordergrund. Dabei sind die Gewohnheiten und Lebensstile im Elternhaus, z.B. die kulturellen Interessen oder die Praktiken der Mediennutzung, von Bedeutung. Die Veränderungen in den genannten Bereichen lassen sich mit verschiedenen Begriffen beschreiben.

Der zentrale Begriff *Bildung* ist für die Kindheit am wenigsten spezifiziert. Der *klassische Bildungsbegriff*, wie er in der neuhumanistischen Bewegung des 18. Jahrhunderts begründet wurde, beinhaltet in verkürzter Form eine Vorstellung vom „vollendeten" Menschen, der sich um die Ausbildung aller seiner Fähigkeiten bemüht und über die als klassisch definierten Kenntnisse von Sprachen verfügt, wie sie im Leitbild der gymnasialen Bildung noch sichtbar sind. Dieses Bildungsideal hat vielfältige Kritik erfahren, nicht zuletzt wegen seiner Begünstigung höherer Sozialschichten (vgl. Tenorth 1997). Der 12. Kinder- und Jugendbericht (vgl. BMFSFJ 2005) benutzt dagegen einen *kompetenzbasierten Bildungsbegriff* in pragmatischer Absicht. Darin wird beschrieben, welche Fähigkeiten, Fertigkeiten und Kompetenzen Kinder und Jugendliche für die Bewältigung ihres zukünftigen Lebens beherrschen sollten (s. oben). Im Einzelnen werden kulturelle (sprachlich-symbolische), instrumentelle (Umgang mit der materiell-dinglichen Welt), soziale und personale Kompetenzen unterschieden, die zusammen genommen deutliche Überschneidungen mit dem klassischen Bildungsbegriff aufweisen. Pädagogische Definitionen von Bildung liefern Zielvorstellungen, die in zeitlicher und inhaltlicher Hinsicht häufig weit von der Kindheit entfernt sind, wobei die Wege zur Erreichung dieser Ziele noch zu klären sind. Die *Kindheit* stellt für diese *Bildungsinhalte eine vorbereitende und grundlegende Lebensphase* dar, in der Voraussetzungen beim Kind für eine eigentätige Bildung geschaffen werden können.

Der Begriff der *Entwicklung* bezeichnet traditionell eine Reihe von miteinander zusammenhängenden Veränderungen psychischer oder physischer Merkmale, die bestimmten Zeitpunkten des individuellen Lebenslaufes zugeordnet sind und auf einen End- oder Reifezustand hinauslaufen. Die Veränderungen werden nicht als zufällig und weitgehend als stabil angenommen. In der Kindheit sind auffällige Veränderungen in der körperlichen, z.B. motorischen Entwicklung, in der Kapazität der Informationsverarbeitung und -speicherung, im Sprachverstehen und Sprachgebrauch, sowie in vielen speziellen Wissensbereichen zu beobachten. Die Annahme von irreversiblen, nicht umkehrbaren Sequenzen von Veränderungen, die in Form von qualitativen Entwicklungsstufen aufeinander aufbauen, hat für Bildungsprozesse zur Folge, dass die jeweiligen Entwicklungsvoraussetzungen berücksichtigt werden müssen. Gegen diese Implikationen des traditionellen Entwicklungsbegriffs gibt es mehrere Einwände: (1) er ist nicht auf alle Veränderungen anwendbar, die im Verlaufe der Lebensspanne zu beobachten sind, (2) es lässt sich nicht in allen Bereichen ein End- oder Reifezustand feststellen, und (3) es finden darin Umweltbedingungen, z.B. neue gesellschaftliche Einflüsse durch Medien oder staatlich implementierte Erziehungsziele, zu wenig Berücksichtigung.

Für Bildungsprozesse ist vor allem ein *erweitertes Entwicklungskonzept* relevant, das den Menschen als *aktiven Gestalter seiner eigenen Entwicklung* versteht, wobei das Individuum und die Umwelt als aktiv gesehen werden. Dem Individuum wird hier von Geburt an ein modifizierender und selegierender Einfluss auf seine Umwelt zugesprochen, die wiederum entsprechend darauf reagiert (vgl. Montada 2002). Im Zusammenhang mit Bildung ist nicht nur zu fragen, was bewirkt die familiale Erziehung oder der Besuch einer Kindertagesstätte beim Kind an Bildungsvoraussetzungen und Wissensfortschritten, sondern auch: Welche kindlichen Merkmale oder Verhaltensweisen lösen bei den Erziehenden ein förderliches oder hemmendes Bildungsengagement aus.

Diese Sichtweise wird vor allem durch das *bio-ökologische Entwicklungsmodell* von Urie Bronfenbrenner (2005) unterstützt, das eine gestufte Einbettung von Lebensbereichen als Entwicklungskontexte und eine kontinuierliche Anpassung des Individuums postuliert. Unterschieden werden ein *Mikrosystem* (unmittelbare Beziehungen des Individuums), ein *Mesosystem* als Verbindung mehrerer angrenzender Mikrosysteme, ein *Exosystem* von umgebenden Mikrosystemen, an denen das Individuum nicht teilnimmt und ein *Makrosystem* als kultureller, politischer und ökonomischer Rahmen. Im Zeitablauf, dem *Chronosystem*, sind vor allem ökologische Übergänge in neue Systeme von Interesse, z.B. Einschulung. Ein solches Entwicklungskonzept wird auch kulturell und sozial unterschiedlichen Umwelten gerecht.

Lernen bezeichnet alle Prozesse, durch die es zu Verhaltensänderungen oder zu kognitiven Veränderungen wie Wissensaufbau, kognitiven Strukturen oder Problemlösestrategien kommt. Damit deckt *Lernen* den Teil der Entwicklungsvorgänge ab, der nicht auf Reifeprozessen beruht. Die verschiedenen Formen des Lernens können auch für die Erklärung von Bildung bei Kindern herangezogen werden, indem sie dazu beitragen, vor allem den *Prozess* von Bildung detaillierter zu beschreiben.

Betreuung wird überwiegend für die Versorgung von Kindern unter drei Jahren in familialen und außerfamilialen Betreuungsformen verwendet. Für diese Einrichtungen stehen Quantität (Dauer außerfamilial) und die Betreuungsqualität (Verhältnis Betreuer/Kinder und Interaktionskompetenz der Erzieherinnen) im Vordergrund der Diskussion.

Der Begriff *Erziehung* bezeichnet die von Erwachsenen, Eltern, Erziehern oder Vertretern von Institutionen *intendierte und geplante Beeinflussung* von Lernprozessen unterschiedlicher Art wie einfache Verhaltensänderungen oder einen komplexen Wissensaufbau. Sie erfassen wiederum nur einen Teil der Lernprozesse (vgl. Tenorth/Tippelt 2007). Beabsichtigte, gezielte Maßnahmen zur selektiven Verbesserung umgrenzter Fertigkeiten und Fähigkeiten werden auch mit dem Begriff *Förderung* bezeichnet, in der hier angesprochenen Altersgruppe spezieller mit *Frühförderung*. Sprachliche oder motorische Fördermaßnahmen werden besonders ins Auge gefasst, wenn Defizite oder Entwicklungsverzögerungen (im Vergleich zu Entwicklungsnormen) in bestimmten Bereichen ausgeglichen werden sollen. Von Förderung wird auch gesprochen, wenn genau umschriebene Ziele erreicht werden sollen, z.B. die phonologische Bewusstheit im Kindergarten als Vorstufe zum Schriftspracherwerb oder die Förderung physikalischer Begriffe. Damit zeichnen sich *Bildung als pädagogischer Begriff* und *Entwicklung als psychologischer Begriff* als breite und in der jeweiligen Disziplin präzisierte Begriffe aus, wogegen Lernen, Betreuung, Erziehung oder Förderung umgrenztere Prozesse bezeichnen.

3 Entwicklungspsychologische Einteilungen der Kindheit als Lebensphase und Annahmen über Bildung in der Kindheit

Zur Strukturierung des individuellen Lebenszyklus werden in der Entwicklungspsychologie traditionell Alterseinteilungen benutzt. Dabei ist jedoch nicht das Verstreichen von Zeit, sondern die komplexe Wechselbeziehung zwischen individuellen biologischen, psychischen Veränderungen und Umweltanforderungen als ursächlich für die auffälligen körperlichen, motorischen, kognitiven und sozial-emotionalen Veränderungen von Kindern zu sehen. Trotz großer *interindividueller Differenzen* sind Übereinstimmungen in Entwicklungssequenzen innerhalb verschiedener psychischer Funktionsbereiche im Kindes- und Jugendalter nicht zu übersehen, sie bilden heute die Grundlage für den Aufbau des Bildungssystems.

Nach einer pragmatischen Einteilung werden im Deutschen die *frühe Kindheit* mit dem Säuglings- und Kleinkindalter (2. bis 4. Lebensjahr) zusammengefasst und die *mittlere Kindheit* (4. bis 10. Lebensjahr) mit dem Vorschul- und Grundschulalter von der späten Kindheit (10. bis 13. Lebensjahr) unterschieden, bevor das Kind je nach Entwicklungstempo reifungsbedingt in *die Pubertät und das Jugendalter* eintritt. Für jeden Abschnitt lassen sich typische normative Entwicklungsveränderungen feststellen, die Eltern und Erzieher vor neue Aufgaben stellen. Im Hinblick auf Bildung und die dem Individuum zur Verfügung stehenden Ressourcen und Strategien, lassen sich vier Entwicklungsabschnitte innerhalb der Kindheit unterscheiden: (1) die im Wesentlichen *vorsprachliche (oder auch präsymbolische) Entwicklung der frühesten Kindheit*, in der besonders die primären Bezugspersonen von Bedeutung sind, (2) die eher *sprachlich vermittelten kognitiven und sozio-emotionalen Prozesse ab dem 2./3. Lebensjahr* mit beginnenden Kontakten zu Peers und Personen außerhalb der Familie, und (3) wird ein Übergang nach dem 4. Lebensjahr vor allem mit Blick auf die markanten kognitiven Entwicklungsfortschritte postuliert, die eine Fähigkeit zur Perspektivenübernahme, ein Zeitverständnis, die Differenzierung verschiedener Gedächtnisformen, eine Geschlechtskonstanz und Kenntnisse moralischer Normen umfassen. In diesem Alter sind auch die kognitiven Voraussetzungen für die Kernbereiche des Wissens wie physikalisches, mathematisches oder psychologisches Wissen vorhanden. (4) Mit systematischem Unterricht im Vorschul- und Schulalter setzen weitere Lernprozesse aufgrund der neu erworbenen Kulturtechniken des Lesens, Schreibens und Rechnens ein, die das Kind zu einer systematischen eigenständigen Nutzung von Informationen und zum Aufbau kulturellen Wissens befähigen. Durch Kontakte in Kindertagesstätte und Schule erweitern sich die sozialen Beziehungsstrukturen und die Erfahrungsperspektiven. Im Gegensatz zu allen späteren Entwicklungsabschnitten sind damit für die frühe und mittlere Kindheit sehr unterschiedliche Prozesse zu berücksichtigen. Im Säuglings- und Kleinkindalter hat das sensomotorische, intuitive, automatisierte Verhalten und seine Einbettung in emotional-soziale Erfahrungen ein größeres Gewicht als abstrakt gespeichertes sprachlich-semantisches und begriffliches Wissen. In der frühen Kindheit werden alle kognitiven und emotionalen Entwicklungsschritte ganzheitlich in enger Interaktion mit den primären Bezugspersonen vollzogen (vgl. Schore 2001). Nach diesen entwicklungspsychologischen Grundlagen sollten Kleinkinder zunächst nur *indirekt* als

Adressaten und Zielgruppe für Bildungseinrichtungen gesehen werden. Ab dem vierten Lebensjahr können Vermittlungen über sprachliche Kategorien und ab dem Schulalter zusätzlich über Kulturtechniken und Medienfertigkeiten einbezogen werden.

Daraus folgen einige Annahmen für das Thema Kindheit und Bildung:

- Die Bildungsforschung über diese Lebensphase muss Kinder in ihren Kontexten sehen und grundsätzlich *zwei Zielgruppen* im Auge haben: die *Kinder selbst* auf der einen und ihre primären *familialen Bezugspersonen und die außerfamilialen Betreuerinnen* in Institutionen auf der anderen Seite.
- Es ist von einer *Verlagerung der Bildungsadressaten* im Verlauf der Kindheit auszugehen. In den frühen Jahren schaffen die Bezugspersonen Bildungsvoraussetzungen des Kindes, bis allmählich das Kind selbst zum aktiv auswählenden und direkt anzusprechenden Gestalter seines eigenen Bildungsweges wird, der Trend geht von der unterstützenden Fremd- zur Eigenregulation.
- Biologische und entwicklungspsychologische Forschungsansätze können die Voraussetzungen für Bildungsmöglichkeiten von Kindern klären, pädagogische Fördermaßnahmen sollten darauf aufbauen.

4 Bildungskontexte von Kindern

4.1 Individuelle Voraussetzungen: das Kind als Gestalter seiner Entwicklung und Umwelt

Aufgrund seiner individuellen Ausstattung nimmt das Kind selbst auf den Prozess seiner Entwicklung und Bildung schon in der frühesten Phase Einfluss. Säuglinge sind aufgrund ihrer sensomotorischen Kompetenzen und der angelegten Strukturen im Gehirn gut vorbereitet, um sich die unbelebte und belebte Umwelt anzueignen. Mit dem oben berichteten Modell verschachtelter Umweltsysteme von Bronfenbrenner lässt sich eine frühe Transaktion zwischen individueller Ausstattung des Säuglings und den Aktivitäten der (personalen) Umweltsysteme begründen. Die interindividuellen Unterschiede werden in der Psychologie mit dem Konzept der *Persönlichkeit* bezeichnet. Gemeint sind alle Faktoren, die die Einzigartigkeit eines Menschen ausmachen, wie sein Temperament (im Sinne der Erregbarkeit durch Reize oder Offenheit für neue Erfahrungen), die Regulation der Basisaffekte (Freude, Ärger, Angst, Traurigkeit) oder Motivationen als fundamentale Bedürfnisse wie nach Leistung, Macht, sozialen Kontakten. Das Leistungsmotiv spielt vermutlich eine zunehmend bedeutendere Rolle bei der Selbstbildung.

Die am besten erforschten und bildungsrelevanten interindividuellen Unterschiede stellen kognitive Fähigkeiten oder Intelligenzunterschiede dar, auch wenn diese in der frühen Kindheit nicht leicht erfasst werden können. Neuere Intelligenztests für Kinder wie die Kaufman Assessment Battery für 3- bis 12-Jährige (vgl. Kaufman/Kaufman 2001) legen Wert auf die Ausprägung verschiedener ganzheitlicher und einzelheitlicher intellektueller Fähigkeiten eines Kindes, d.h. auf sein Intelligenzprofil. Dessen Bedeutung für Bildung besteht offensichtlich darin, dass ein Kind mit jeweils höherer Ausprägung bestimmter Fähigkeiten selbst wieder neues Wissen und neue Fertigkeiten erschließen kann. Die Förderung kognitiver Kompetenzen ist erklärtes Ziel vieler Eltern und zahlreicher Bildungsinitiativen.

4.2 Familiale Kontexte und pädagogische Einflussmöglichkeiten

Die Kontextbedingungen für Bildung werden in Anlehnung an das bio-ökologische Modell nach Bronfenbrenner beschrieben (s. 2). Die Bezugspersonen und die Wohnumwelt der Familie bilden den primären Lebensraum des Kindes von seiner Geburt bis ins frühe Kleinkindalter. Psychologisch ist bei allen Formen von Familien ausschlaggebend, wo und wie die alltägliche Versorgung des Kindes stattfindet und wer ihm die körperliche und emotionale Nähe auf Dauer bietet. In der Regel stellen beide Eltern, zum Teil nur ein Elternteil, Geschwister und gelegentlich Großeltern, Tagesmütter oder Kinderbetreuerinnen die primären Bezugspersonen dar. Als Kontext von Bildung sind familiale Erfahrungen in mehrfacher Hinsicht relevant.

Neurobiologische und verwandte Forschungszweige erbrachten erste Belege dafür, dass eine erfahrungsabhängige Förderung der Entwicklung der rechten Gehirnhälfte stattfindet, die über einige neurologische Mechanismen die seelische Gesundheit des Säuglings und Kleinkindes fördert (vgl. Schore 2001). Damit untermauert die Neurobiologie Ergebnisse aus der Bindungsforschung und aus Tierexperimenten, wonach die frühe responsive Kommunikation zwischen Eltern und Kindern sowohl für den Aufbau einer emotionalen Vertrauensbeziehung als auch für die Neugier und kognitive Exploration entscheidend ist. Hier müssen die Grundlagen der Bildung für Säuglinge und Kleinkinder angesetzt werden. In seiner frühesten vorsprachlichen Entwicklungsphase in den ersten 1,5 Lebensjahren entfaltet das Kind nahezu alle seine Fähigkeiten nur im Kontext der Kommunikation und Beziehung zu den primären Bezugspersonen. In diesem Sinne sollte *Bildung in den ersten beiden Lebensjahren noch als Eltern- und Erzieherbildung für Kinder und damit nur indirekt als Bildung von Kindern selbst* als den Konstrukteuren ihrer eigenen Entwicklung betrieben werden (s. 4.2.2).

Für ältere Kinder im Vor- und Grundschulalter bestimmen weitere familiale Bedingungen wie elterliche Erziehungsstile, Familienklima, elterliche Bildungswünsche, Gestaltung von Kindertageskrippen und Fördermaßnahmen in Kindergärten direkt die *Bildung für und von Kindern* (s. Abschnitt 4.2.3). Aus diesem Spektrum können nur einige Ansätze zur frühen Bildung behandelt werden.

4.2.1 Feinfühlige Kommunikation und Stärkung der intuitiven Kompetenzen bei Eltern von Kleinkindern

Forschungen zur familialen Kommunikation mit Säuglingen und Kleinkindern haben seit einiger Zeit großen Aufschwung erfahren. Maßgeblich sind dafür audio-visuelle Dokumentationsmethoden mit Aufzeichnungen von Bild, Ton und Zeitstruktur der häuslichen Interaktionen, die detaillierte Beobachtungen mit Zeitlupe oder Zeitraffer erlauben. Neue Methoden der Neurokognitionsforschung haben bei Erwachsenen mit verschiedenen bildgebenden Verfahren und bei Kleinkindern mit Ableitungen der Gehirnaktivität emotionale und kognitive Prozesse zugänglich gemacht. Die Erforschung elterlicher Kommunikation mit ihren Säuglingen hat gezeigt, dass es sich hier um sehr subtile, individuelle und sehr schnell (in Millisekunden) ablaufende Interaktionen handelt, die im günstigen Fall eng aufeinander bezogen sind und auch beim erwachsenen Gegenüber weitgehend ohne bewusste Kontrolle ablaufen. Sowohl der Säugling als auch die erwachsene Bezugsperson sind mit *integrativen und kommunikativen Fähigkeiten* ausgestattet, sie gehen damit eine dynamische Wechselwirkung ein. Papoušek (2000) zeigte beim Säugling intuitive automatisch ablaufende Verhaltensformen auf, die auf dem impliziten, nicht sprachlich vermittelten prozeduralen Gedächtnis beruhen. Auf der Seite der Eltern bestehen die intuitiven elterlichen Kompetenzen (vgl. Papoušek/Papoušek 1995), z.B. in Verhaltensweisen wie Ammensprache, einer sehr expressiven Mimik, taktilen Stimulationen u.ä., die zur Beruhigung eingesetzt werden. Sie sind genau abgestimmt auf die sensorischen und motorischen Kompetenzen der Säuglinge und unterstützen diese in ihren aktiven Versuchen, ihre Erfahrungen zu integrieren, entwicklungsbedingt beim Schlafen oder Essen ihren Zustand zu regulieren, sich affektiv nach Schreiphasen wieder zu beruhigen, sich auf Signale in der Umgebung zu orientieren, von einer vorsprachlichen in eine sprachliche Kommunikation überzuwechseln oder sich im Spiel zu stimulieren. Analysen gelungener face-to-face-Interaktion zeigen ein harmonisches Wechselspiel mit charakteristischen Merkmalen wie Spiegeln der Mimik, gemeinsamer Regulation des Blickkontaktes (zuwenden und abwenden), die gemeinsame Ausrichtung der Aufmerksamkeit auf Gegenstände (joint attention) mit einem Abwechsen der Interaktion. Eltern begleiten kindliche Affekte mit besonders starkem Ausdruck (affect tuning) und zeigen ein rhythmisches Abwechseln mimischer und vokaler Stimulation (vgl. Rauh 2002).

Aus dieser Grundlagenforschung folgen unmittelbare Umsetzungen für Elternbildung (vgl. Ziegenhain u.a. 2004; Ziegenhain u.a. 2006). Zentraler Bestandteil einer kommunikationsorientierten videogestützten Säuglings-Eltern-Beratung ist ein Feinfühligkeitstraining, das auf die Förderung elterlicher Fähigkeiten zielt, die kommunikativen Signale ihrer Kleinkinder wahrzunehmen, richtig zu interpretieren und prompt und angemessen zu beantworten. Verbesserungen dieser Fähigkeiten bei Müttern führten systematisch zur Verbesserung der Bindungsqualität und können daher als kausaler Faktor interpretiert werden (vgl. Bakermans-Kranenburg/Van IJzendoorn/Juffer 2003).

Ergebnisse bei Säuglingen und Kleinkindern belegen, dass Kleinkinder zur Verarbeitung ihrer Gefühle (insbesondere bei negativen Emotionen wie Enttäuschungen oder Traurigkeit) die Bezugspersonen benötigen. Die Entwicklung verläuft auch hier von externer zu interner Verarbeitung der Gefühle. *Social referencing* beschreibt z.B. den Vorgang, dass Kleinkinder von sich aus Blickkontakt aufnehmen, um sich besonders in unbekannter Umgebung zu orientieren und sich zu „entscheiden", wie sie sich fühlen oder verhalten könnten. Dies ist vom 1. Lebensjahr bis ins Vorschulalter beobachtbar (vgl. Friedlmeier 1999).

Zusammengefasst folgt daraus, dass für die ersten zwei Jahre *Bildung für Kinder* zu planen ist. Sie kann als Elternbildung in Form von Informationen, Programmen oder Beratungen für alle als universelle präventive Intervention oder als indizierte oder sogar rehabilitierende Prävention für selegierte Gruppen z.B. belastete Eltern durchgeführt werden.

4.2.2 Bindungssicherheit des Kindes als Vorläufer für soziale und kognitive Bildungsprozesse

Wesentliche Impulse zum Verständnis der frühen Interaktion in der Familie und ihren langfristigen Auswirkungen auf die sozial-emotionale und die kognitive Entwicklung bietet die entwicklungspsychologische Bindungstheorie. Bindung bezeichnet das affektive dyadische Band des Kleinkindes zu Bezugspersonen. Diese Theorie nimmt an, dass der menschliche Säugling auf Schutz, Zuwendung und Sicherheit angewiesen ist. Der drohende Verlust der Bindungsperson löst Angst aus, der tatsächliche Verlust großen Kummer. Die körperliche und emotionale Verfügbarkeit der Bindungsperson stellt eine Quelle der Sicherheit und Freude dar und ermutigt das Kind, sich seiner Umwelt zuzuwenden und Neues zu erkunden. Ab dem ersten Lebensjahr lässt sich das Phänomen der „*sicheren Basis*" feststellen. Das Kind hat dann gelernt, dass es sich – im günstigen Fall – auf seine Bindungspersonen verlassen kann. Eine individuelle Bindung entsteht aus der Verarbeitung der frühen Interaktionserfahrung mit Bezugspersonen, insbesondere als Folge des Verhaltens von Bezugspersonen in Situationen, die für das Kleinkind belastend sind. Ab 4 bis 6 Jahren lassen sich innere Arbeitsmodelle, d.h. mentale Bindungsrepräsentationen nachweisen, in denen die Beziehungserfahrungen kognitiv und affektiv integriert werden und die das eigene Verhalten in Beziehungen steuern. Ab circa 12 Monaten bestehen qualitativ unterschiedliche Bindungsqualitäten und zwar die *sichere* und verschiedene Typen der unsicheren Bindung (vgl. Grossmann u.a. 2003; Thompson/Raikes 2003). Diese Bindungstypen sind je nach Lebensalter mit unterschiedlichen Methoden feststellbar (vgl. Gloger-Tippelt 2008). Die empirische Bindungsforschung untersucht vor allem Bedingungen und Entwicklungswege, auf denen Unterschiede in den Bindungstypen, d.h. in den ihnen zugrundeliegenden bindungsbezogenen Gefühlen, Gedanken und Verhaltensweisen, entstehen.

Die eindeutigsten Auswirkungen einer frühen sicheren vs. unsicheren Bindung wurden *für die emotionale und soziale Entwicklung* nachgewiesen. Längsschnittstudien zeigten, dass Kinder, die mit einem Jahr über eine sichere Bindung zu ihrer Mutter verfügten, mit fünf Jahren im Kontakt zu anderen Kindern ein kompetenteres Konfliktmanagement zeigten, d.h. selbständiger und offener Konflikte austragen konnten, während Kinder mit unsicherer Bindung mehr feindselige Intentionen unterstellten (vgl. Grossmann u.a. 2003). Bei 6-Jährigen wurde nachgewiesen, dass die Kinder mit sicherer Bindung weniger aggressive/externalisierende und weniger internalisierende, auf Ängstlichkeit und Rückzug beruhende Verhaltensstörungen zeigten (vgl. Gloger-Tippelt/König/Lahl 2007; Moss u.a. 2006). Kinder mit sicherer Bindung verfügten über höhere Peerkompetenz und emotionale Gesundheit, sie waren weniger abhängig (im Erzieherurteil), weniger oft isoliert, zeigten reifere Freundschaften, wurden seltener passive Opfer von Aggression und verhielten sich weniger aggressiv als die Kinder mit unsicherer Bindungsgeschichte (vgl. Sroufe 2005). Auch Erzieherinnen in der Tagespflege können Bindungspersonen für Kleinkinder darstellen. In anderer Weise als bei häuslicher Betreuung durch z.B. die Mutter stellt hier nicht die Feinfühligkeit gegenüber einem einzelnen Kind die wichtigste Voraussetzung für Bindungssicherheit dar, sondern das Interaktionsverhalten der ErzieherIn gegenüber der Kleingruppe von Kindern (vgl. Ahnert 2005; Ahnert/Pinquart/Lamb 2006).

Daraus ergibt sich die praktische Aufgabe, die familialen und außerfamilialen Bezugspersonen von Kleinkindern in die Lage zu versetzen für das Kind in den verschiedenen Kontexten der Familie und der Tagesbetreuung emotional verfügbar zu sein und es bei neuen kognitiven Aufgaben und der Verarbeitung von belastenden Erfahrungen zu unterstützen.

4.2.3 Elterliche Erziehungs- und Interaktionsstile

Als relevante Determinante der Bildung von Kindern wird häufig der elterliche Erziehungsstil angeführt; darunter versteht man „interindividuell variable, aber intraindividuell vergleichsweise stabile Tendenzen von Eltern, bestimmte Erziehungspraktiken zu manifestieren" (Krohne/Hock 2001 in Reichle/Gloger-Tippelt 2007, S. 202). Es existieren verschiedene Modelle mit unterschiedlichen Dimensionen des Erziehungsstils, die entweder empirisch oder theoretisch begründet werden (vgl. Fuhrer 2005). Ein häufig rezipiertes Modell des elterlichen Erziehungsstils stammt von der US-Amerikanerin Baumrind (vgl. 1989), es wurde auf der Basis vielfältiger Daten aus der Perspektive von Eltern, Kindern und Lehrern gewonnen. Baumrind unterscheidet zwei Dimensionen der Erziehung, hoch und niedrig ausgeprägte *emotionale Akzeptanz/Unterstützung* und hoch und niedrig ausgeprägte *Anforderungen/Kontrolle*. Durch Kombination der beiden Dimensionen ergeben sich vier Typen von Erziehungsstilen: der *autoritative Erziehungsstil* mit hoher Akzeptanz und eindeutigen, altersangemessenen Anforderungen und hoher Kontrolle des Kindes, der *autoritäre Stil,* der ebenfalls durch hohe Forderungen an das Kind gekennzeichnet ist, aber wenig Akzeptanz enthält, der *permissive Stil*, der hoch akzeptierend, aber wenig fordernd und der *vernachlässigende Stil* mit geringen Ausprägungen auf beiden Dimensionen. Über mehrere Studien hinweg erzielte der *autoritative Erziehungsstil eindeutige Vorteile*. Von ihren Eltern autoritativ erzogene Kinder wiesen mit Abstand die höchsten Kompetenzen in verschiedenen Leistungsbereichen und einen höheren Selbstwert auf. In dem deutschen Kindersurvey der 10 bis 13-Jährigen bestätigte sich die Überlegenheit des autoritativen Erziehungsstils in West- und Ostdeutschland, sogar über verschiedene Lebenslagen hinweg; er war bei 20 % der west- und bei 15 % der ostdeutschen Eltern festzustellen. Die Kinder zeigten – mit geschlechtstypischen Schwerpunkten – bessere Schulnoten, eine höhere Selbstwirksamkeit, geringere Depressivität und geringere Delinquenzraten (vgl. Zinnecker/Silbereisen 1996). Die Schuleinstellung des Kindes, die sich deutlich positiv auf den Schulerfolg auswirkt, ließ sich in Strukturgleichungsmodellen am stärksten durch elterliche Empathie (von beiden Elternteilen) vorhersagen. Hier zeigt sich, wie bereits in der frühen Kindheit, die Bedeutsamkeit einer positiven Beziehung als Voraussetzung für den Bildungstransfer; erst an zweiter Stelle standen gemeinsame kulturelle Aktivitäten von Eltern und Kindern, an letzter Stelle die Aufmerksamkeit der Eltern für Schule.

Für das Kindergarten- und Vorschulalter liegen erst neuerdings deutsche Studien zur Auswirkung des Erziehungsstils vor, in denen z.B. mit dem Alabama Parenting Questionnaire folgende Dimensionen erfasst werden: positives Elternverhalten, Monitoring (überwachende Kontrolle), inkonsistente Disziplinierung und körperliche Bestrafung. Es konnte gezeigt werden, dass inkonsistentes, strafendes Elternverhalten bei Kindern mit externalisierenden, d.h. oppositionell-aggressiven oder hyperaktiven Verhaltensauffälligkeiten, positiv-warmes, konsistentes Elternverhalten, Monitoring und Unterlassen von Strafe beim Vater mit kompetentem Sozialverhalten der Kinder einherging. Internalisierendes Verhalten der Kinder hing mit inkonsistenter Erziehung der Eltern und väterlicher Machtausübung zusammen. Eine Wirkung ist allerdings, selbst in Längsschnittstudien, oft in beiden Richtungen festzustellen: auffälliges kindliches Verhalten, z.B. Aggressivität, sagt ebenso elterliche strafende Erziehungspraktiken vorher wie umgekehrt. Betrachtet man den elterlichen Erziehungsstil im Kontext anderer Mikrosysteme der Eltern (siehe Kapitel 2), so wird neuerdings der enge Zusammenhang zwischen der Qualität der elterlichen Partnerschaft und dem Erziehungsverhalten betrachtet. Spannungsübertragung aus einem Elternkonflikt kann sich z.B. als emotionale Nicht-Verfügbarkeit oder Ablehnung auf das Kind übertragen (vgl. Reichle/Gloger-Tippelt 2007).

4.3 Außerfamiliale institutionelle Kontexte: Neuorientierung der Kindertageseinrichtungen

Übergänge aus der Familie in andere Betreuungs- und Bildungseinrichtungen stellen Knotenpunkte der Biographie von Kindern dar. Heute werden besonders die Chancen betont, mögliche Defizite in den Primärerfahrungen durch Tagesbetreuung in Institutionen mit ausgebildeten Tagesmüttern/Erzieherinnen auszugleichen. Während sich in Deutschland von den unter 3-Jährigen im Jahr 2007 15,5 % aller Kindern dieser Altersgruppe in einer Tagesbetreuung befanden (vgl. Statistisches Bundesamt 2007), strebt die Jugend- und Familienkonferenz bis 2013 eine Betreuungsquote bis zu 35 % an, die vergleichbar zu anderen Ländern der EU wäre. Die Betreuungsquote zwischen 3 und 5 Jahren fiel nach den Angaben vom Jahr 2006 regional sehr verschieden aus, sie stieg jedoch fast auf 90 % an (2006: 87%) (vgl. Statistisches Bundesamt 2007).

Eine institutionelle Tagesbetreuung von unter 3-Jährigen außerhalb der Familie ist in Westdeutschland immer noch sehr umstritten. Kleinkinder müssen bei den ersten Trennungen von den primären Bezugspersonen und dem Aufbau neuer Beziehungen zu Erziehern und Gleichaltrigen große Anpassungsleistungen erbringen, wie Forschungen aus den USA und Deutschland nachwiesen. Dies gelingt jedoch bei sanfter, d.h. allmählicher Eingewöhnung durchaus und beeinträchtigt nicht die Bindungsqualität zwischen Mutter und Kind (vgl. Ahnert u.a. 2004; Ahnert 2005). Entscheidend sind die Qualifikation der Betreuungspersonen und das Verhältnis von Kindern zu Betreuerinnen. Die Vorteile für die kognitive Entwicklung und das Sozialverhalten sind besonders bei benachteiligten Kindern bedeutend.

Der Bildungsauftrag von Kindertagesstätten und Kindergärten wird im Hinblick auf aktuelle und zukünftige Entwicklungen in Wirtschaft, Politik und Gesellschaft stark diskutiert. Dies schlägt sich nieder in der Formulierung von Schlüsselqualifikationen oder Basisfähigkeiten, die z. B. schon für den Übergang in die Grundschule, aber auch für die langfristige Vorbereitung der Kinder als kompetente und gesunde Mitglieder einer „Risiko-" oder „Wissensgesellschaft" als Bildungsziele formuliert werden. Fthenakis (2004) zählt u.a. folgende auf: ein positives Selbstkonzept, ein Gefühl der Selbstwirksamkeit, Fähigkeit zur Selbstregulation, Regelbewusstsein, Selbstmanagement, Verstehen von verschiedenen kulturellen Umwelten, die Fähigkeit, mit unterschiedlichen Rollenerwartungen konstruktiv umzugehen, Konfliktfähigkeit, Verantwortungsübernahme, Explorationslust usw. (vgl. Fthenakis 2004).

5 Außerfamiliale informelle Kontexte: Peereinfluss auf Bildung

Primäre Beziehungen in der Familie beeinflussen die Entwicklung der Persönlichkeit und damit die Bildung bei Kleinkindern in weitaus stärkerem Maße als Gleichaltrigenbeziehungen. Besonders aufgrund der Frühzeitigkeit der Erfahrungen werden in der Familie die Grundlagen für affektive, kognitive und motivationale Charakteristika des Kindes geschaffen. Die Beziehungen zu Altersgleichen bauen auf den familialen Erfahrungen auf. Außerdem nehmen Eltern direkt Einfluss darauf, mit welchen Gleichaltrigen und wie viel Kontakt ihre Kinder haben. Trotzdem zeigt die Forschung einen besonderen und wahrscheinlich einzigartigen Einfluss von Peerbeziehungen, der hier im Hinblick auf die Bildung ausgewertet wird.

Der Beitrag der Gleichaltrigen kann nicht durch die Eltern oder Erzieher in Institutionen ersetzt werden, denn Gleichgestellte fordern das Kind in anderer Weise heraus als Erziehungsberechtigte. *Peers,* im Deutschen oft gleichbedeutend mit *Gleichaltrigen,* sind vor allem durch *Gleichheit* und *Ebenbürtigkeit* gekennzeichnet. Das schließt nach von Salisch (2000) gleiche Stellung in der Institution, einen ähnlichen Stand der kognitiven und sozio-moralischen Entwicklung, gleiche zu lösende Entwicklungsaufgaben, gleichberechtigte Teilhabe an der Kinderkultur, Anerkennung der Ebenbürtigkeit durch die Kinder ein. Im Vergleich zu der Eltern-Kind-Beziehung sind Peerbeziehungen freiwillig, symmetrisch, selbst initiiert und aufkündbar, d.h. sie werden nur bei Wunsch aufrechterhalten und sind auf Reziprozität angelegt. Peers werden nach Ähnlichkeit aktiv ausgewählt, was auch ähnliche Interessen und Bildungsziele einschließt. Die Bedeutung von Peerbeziehungen nimmt ab dem Kindergartenalter kontinuierlich zu und erreicht ihren Höhepunkt in der frühen Adoleszenz. Im Kontext von Peerbeziehungen lernen Kinder unterschiedliche Meinungen und Absichten auszuhandeln, und zwar mit Partnern, die einen vergleichbaren Entwicklungsstand haben und daher unter Umständen auch genau so beharrlich, impulsiv und „unvernünftig" sein können wir sie selber, mit denen Sie sich aber dennoch einigen müssen. In den repräsentativen Befragungen des DJI Kinderpanel gaben insgesamt 45% der 8-9Jährigen 4 bis 6 Kinder an, mit denen sie „öfter etwas zusammen machen", und 34 % haben 2 bis 3 gute Freunde (vgl. Traub 2005). Für die Zufriedenheit mit Gleichaltrigenkontakten reicht schon ein guter Freund aus. In der mittleren Kindheit sind die Gleichaltrigengruppen überwiegend gleichgeschlechtlich. Jungen und Mädchen mit großen Freundeskreisen hatten ein positives Selbstbild und beschrieben sich selbst als kompetent. Schüchterne und ängstliche Kinder verfügten über weniger Freunde (vgl. Traub 2005).

Auf die kognitive Entwicklung, den Schulerfolg und damit indirekt auf Bildung nehmen die Peers in der Form von *Peerakzeptanz* oder *Peerablehnung* Einfluss, letztere kann bis zur Unterdrückung (Viktimisierung) gehen (vgl. Salisch 2000). Ein direkter kausaler Einfluss der Peers auf Intelligenz ist nicht nachweisbar. Dagegen belegen Studien, dass Kinder, die von Altersgleichen wenig akzeptiert werden, in der Regel über geringe Intelligenz verfügen. Schulerfolg wird von Peers nur indirekt beeinflusst. Die Peerkontakte wirken sich über den soziometrisch ermittelten Peerstatus, über Freundschaften und Viktimisierung durch Peers aus. Kinder, die in der Grundschule von ihren Peers akzeptiert werden, beteiligen sich mehr am Unterricht, sind zufriedener und zeigen bessere Leistungen, von Peers abgelehnte Kinder zeigen eher einen Abfall der Schulleistungen, negative Gefühle zur Schule sowie Schulvermeidung und Depression, besonders im Jugendalter (vgl. Salisch 2000). Auch hier sind kausale Aussagen leider nicht möglich. Das heißt, über die gesamte Kindheit können Peers bestehende subkulturelle Orientierungen verstärken, die Offenheit für Neues und Bildungseinstellungen können durch Peerbeziehungen erleichtert oder gebremst werden.

6   Zusammenfassung

Der Beitrag umfasst einen konzeptionellen und einen empirisch verankerten Teil. Der konzeptionelle Teil geht von programmatischen Ideen in der Pädagogik und von aktuellen Forschungsbefunden zur Entwicklung im Kleinkindalter aus, die für eine Einbeziehung von Kindern in Bildungsprozesse plädieren. Nach einer Abgrenzung von Begriffen im Umfeld von Bildung werden entwicklungspsychologisch begründete Alterseinteilungen vorgestellt, die Folgen für die Bildung haben; im Wesentlichen wird eine allmähliche Verlagerung der Adressaten postuliert, die von der Eltern- und Erzieherinnenbildung zur Bildung der Kinder selbst verläuft.

Im zweiten Teil werden verschiedene Kontexte von Bildung diskutiert und dazu ausgewählte empirische Studien berichtet. Als wichtigste Voraussetzung erwies sich eine liebevolle, fürsorgliche und emotional akzeptierende Beziehung zwischen Kleinkindern und erwachsenen Fürsorgepersonen, die bereits in den frühen Kommunikationsprozessen nachweisbar ist. Auf der Basis einer sicheren Bindung entfalten sich Selbstvertrauen, Neugier, eigenständige Interessen und kognitive Fähigkeiten, die elementare Komponenten von Bildung darstellen und eigenständige Bildungsaktivitäten und -ziele ermöglichen.

Literatur

Ahnert, L. (2005): Entwicklungspsychologische Erfordernisse bei der Gestaltung von Betreuungs- und Bildungsangeboten im Kleinkind- und Vorschulalter. In: Sachverständigenkommission (Hrsg.): Zwölfter Kinder- und Jugendbericht München: Verlag Deutsches Jugendinstitut, S. 11-54.

Ahnert, L./Gunnar, M.R./Lamb, M.E./Barthel, M. (2004): Transition to child care. Associations with infant-mother attachment, infant negative emotion, and cortisol elevations. In: Child Development, 75, S. 639–650.

Ahnert, L./Pinquart, M./Lamb, M.E. (2006): Security of children`s relationship with nonparental care providers: A meta-analysis. In: Child Development, 74, S. 664–679.

Bakermans-Kranenburg, M. J./van IJzendoorn, M. H./Juffer, F. (2003): Less is more: Meta-analyses of sensitivity and attachment interventions in early childhood. In: Psychological Bulletin, 129, S. 195–215.

Bronfenbrenner, U. (Ed.) (2005): Making human beings human. Bioecological perspectives on human development. Thousand Oaks, CA. USA: Sage.

Baumrind, D. (1989): Rearing competent children. In: Damon, W. (Ed.): Child development today and tomorrow. San Fransisco: Jossey-Bass, S. 349–378.

Bundesministerium für Familie, Senioren, Frauen und Jugend (2005): Zwölfter Kinder- und Jugendbericht. Bericht über die Lebenssituation junger Menschen und die Leistungen der Kinder- und Jugendhilfe in Deutschland.. Berlin: BMSFJ.

Friedlmeier, W. (1999): Emotionsregulation in der Kindheit In: Friedlmeier, W./Holodynski, M. (Hrsg): Emotionale Entwicklung. Funktion, Regulation und soziokultureller Kontext von Emotionen. Heidelberg: Spektrum, S. 198–218.

Fuhrer, U. (2005): Lehrbuch Erziehungspsychologie. Bern: Huber.

Fthenakis, W. (2004): Der Bildungsauftrag in Kindertageseinrichtungen: ein umstrittenes Terrain. URL: http://www.familienhandbuch.de/cmain/f_Aktuelles/a_Kindertagesbetreuung/s_739.html (8.1.2008)

Gloger-Tippelt, G. (2008[2]): Individuelle Unterschiede in der Bindung und Möglichkeiten ihrer Erhebung bei Kindern. In: L. Ahnert (Hrsg.): Frühe Bindung, Entstehung und Entwicklung elterlicher Beziehungskompetenzen. München: Reinhardt Verlag, S. 82–109.

Gloger-Tippelt, G. (2008[2]). Präventive Programme zur Stärkung elterlicher Beziehungskompetenzen – Beitrag der Bindungsforschung. In: Ziegenhain, U./Fegert, J. (Hrsg.): Kindeswohlgefährdung und Vernachlässigung. München: Reinhardt, S. 128–141.

Gloger-Tippelt, G./König, L./Lahl, O. (2007): Bindung und Problemverhalten bei fünf und sechs Jahre alten Kindern. In: Kindheit und Entwicklung, 16, H. 4, S. 209–219.

Grossmann, K.E./Grossmann, K./Kindler, H./Scheurer-Englisch, H./Spangler, G./Stöcker, K./Suess, G. J./Zimmermann, P. (2003): Die Bindungstheorie: Modell, entwicklungspsychologische Forschung und Ergebnisse. In: Keller, H. (Hrsg.): Handbuch der Kleinkindforschung. Heidelberg: Springer, S. 223–282.

Kaufman, A.S./Kaufman, N.L. (2001): Kaufman Assessment Battery for Children. Deutsche Fassung. Göttingen: Hogrefe Verlag.

Montada, L. (2002[5]): Fragen, Konzepte, Perspektiven. In: Oerter, R. und Montada, L. (Hrsg.): Entwicklungspsychologie. Weinheim: Beltz, S. 3–53.

Moss, E./Smolla, N./Cyr, C./Dubois-Comtois, K./Mazarello, T./Berthiaume, C. (2006): Attachment and behavior problems in middle childhood as reported by adult and child informants. In: Development and Psychopathology, 18, S. 425–444.

Papoušek, M. (2000): Einsatz von Video in der Eltern-Säuglingsberatung und -Psychotherapie. In: Praxis der Kinderpsychologie und Kinderpsychiatrie, 49, S. 611–627.

Papoušek, M./Papoušek, H. (1995): Intuitive parenting. In: Bornstein, M.H. (Ed.): Handbook of parenting. Vol. 2: Biology and ecology of parenting. Nahwah: Erlbaum, S. 117–136.

Rauh, H. (2002[5]): Frühe Kindheit. In: Oerter, R./Montada, L. (Hrsg.): Entwicklungspsychologie. Weinheim: Beltz, S.167–248.

Rauschenbach, T. (2008): Bildung im Kindes- und Jugendalter. Über Zusammenhänge zwischen formellen und informellen Bildungsprozessen In: Grunert, C./von Wensierski, H.J. (Hrsg.): Jugend und Bildung. Opladen/Framington Hills: Barbara Budrich, S. 17–34.

Reichle, B./Gloger-Tippelt, G. (2007): Familiale Kontexte und sozial-emotionale Entwicklung. In: Kindheit und Entwicklung, 16, S. 199–208.

Roßbach, H.G. (2005): Effekte qualitativ guter Betreuung, Bildung und Erziehung im frühen Kindesalter auf Kinder und ihre Familien. In: Sachverständigenkommission (Hrsg.): Zwölfter Kinder- und Jugendbericht. München: Verlag Deutsches Jugendinstitut, S. 57–174.

Salisch, M. von (2000): Zum Einfluss von Gleichaltrigen (Peers) und Freunden auf die Persönlichkeitsentwicklung. In: Amelang, M. (Hrsg): Enzyklopädie der Psychologie. Differentielle Psychologie und Persönlichkeitsforschung, Bd.4. Determinanten individueller Unterschiede. Göttingen: Hogrefe Verlag, S. 345–405.

Schäfer, G.E. (2001): Frühkindliche Bildung. In: Klein und Groß, 9, S. 6–11.

Schore, A. N. (2001): Effects of a secure attachment relationship on right brain development, affect regulation, and infant mental health. In: Infant Mental Health Journal, 22, S. 7–66.

Siegler, R./DeLoache, J./Eisenberg, N. (2005): Entwicklungspsychologie im Kindes- und Jugendalter. Heidelberg: Spektrum Verlag.

Sroufe, L.A. (2005): Placing early attachment experiences in developmental context: The Minnesota Longitudinal Study. In: Grossmann, K. E./Grossmann, K/Waters, E. (Eds.): Attachment from infancy to adulthood. New York: The Guilford Press, S. 48–70.

Statistisches Bundesamt Deutschland (2007): Pressemitteilung Nr. 515 vom 19.12.2007. Mehr Kinder unter 3 Jahren in Tagesbetreuung.

Stone, L.J./Smith, H. P./Murphy, L.B. (1973): The competent infant. New York: Basic Books.

Tenorth, H.-E. /Tippelt, R. (Hrsg.) (2007). Lexikon Pädagogik. Weinheim: Beltz.

Tenorth, H.-E. (1997): "Bildung" – Thematisierungsformen und Bedeutung in der Erziehungswissenschaft. In: Zeitschrift für Pädagogik, 43, H. 6, S. 967–984.

Thompson, R.A./Raikes, H.A. (2003): Toward the next quarter-century: Conceptual and methodological challenges for attachment theory. In Development and Psychopathology, 15, S. 691–718.

Traub, A. (2005): Ein Freund, ein guter Freund. In: Alt, C. (Hrsg.): Kinderleben – Aufwachsen zwischen Familie, Freunden und Institutionen. Wiesbaden: VS Verlag, Schriften des Deutschen Jugendinstituts, S.23–62.

Wiesner, R. (Hrsg.) (2000): SGB VIII. Kinder- und Jugendhilfe. 2. Aufl., erläutert von Wiesner, R./Mörsberger, T./ Oberloskamp, H./Struck, J. München: Beck.

Ziegenhain, U./Fries, M./Bütow, B./Derksen, B. (2004): Entwicklungspsychologische Beratung für junge Eltern. Weinheim: Juventa.

Ziegenhain, U./Gebauer S./Kolb, A.-K./Reichle, B./Franiek, S. (2006): Auf den Anfang kommt es an – ein Kurs für junge Eltern. Mainz: Ministerium für Arbeit, Soziales, Familie und Gesundheit des Landes Rheinland-Pfalz.

Zinnecker, J/Silbereisen, R. K. (1996): Kindheit in Deutschland. Weinheim: Juventa.

Heinz-Hermann Krüger | Cathleen Grunert

Jugend und Bildung

1 Einleitung

Schaut man in die einschlägigen Standardwerke und bilanzierenden Beiträge zur Bildungsforschung, so fällt zunächst einmal auf, dass die Zuordnung des Forschungsfeldes der Jugendforschung zu den Forschungsgebieten der Bildungsforschung keineswegs selbstverständlich ist. So taucht die Jugendforschung in einem der wichtigsten Gründungsdokumente der westdeutschen Bildungsforschung – den von Heinrich Roth zusammen mit Dagmar Friedrich im Auftrag des Deutschen Bildungsrates 1975 herausgegebenen zwei Bänden zu Problemen, Perspektiven und Prioritäten der Bildungsforschung – als eigenständiges Forschungsfeld der Bildungsforschung nicht auf, da die Forschungsrichtungen der Bildungsforschung entlang von Querschnittsproblemen und -themen des Bildungswesens und der Bildungsreform (Lernen und Leistung, Begründung und Auswahl von Lernzielen, soziales Lernen in der Schule, Qualifikationserfordernisse des Beschäftigungssystems, Finanzierbarkeit des Bildungswesens etc.) ausbuchstabiert werden (vgl. Roth/Friedrich 1975, S. 27). Aber auch in der 26 Jahre später von Beck und Kell herausgegebenen Bilanz der Bildungsforschung (vgl. Beck/Kell 1991) wird der Jugendforschung kein eigenes Kapitel gewidmet. Vielmehr werden die bisherigen Erträge, Leistungen und Defizite der erziehungswissenschaftlichen Bildungsforschung orientiert an der Gliederungslogik des Bildungswesens (Primarbereich, Orientierungsstufe, Sekundarbereich, Berufsschule etc.) vorgestellt. Dies gilt in ähnlicher Weise auch für die von Baumert u.a. 1990 vorgenommene Bilanz zu den empirischen Projekten der Bildungsforschung im Zeitraum zwischen 1970 und 1990, die entlang der Institutionen des Bildungswesens und zusätzlich noch entlang der Teildisziplinen der Erziehungswissenschaft systematisch ausgewertet und dargestellt werden (vgl. Baumert u.a. 1990, S. 37).

Auf den ersten Blick scheint somit das Verhältnis von Bildungsforschung und Jugendforschung eher durch ein unverbundenes Nebeneinander als durch Kooperation charakterisiert zu sein. Allerdings gibt es vor allem seit den späten 1980er Jahren auch Annäherungsversuche. Mit der Verlagerung des Interesses der Bildungsforschung weg von der bis dahin dominierenden Analyse der institutionellen Bedingungen und ökonomischen Einbettung des Bildungswesens in Staat und Gesellschaft und ihrer Öffnung hin zur Lebenslauf- und Biographieforschung gewannen auch Fragestellungen der Jugendforschung im Kontext der Bildungsforschung an Bedeutung (vgl. Tippelt 1998, S. 240). Daneben waren es Veränderungstendenzen der realen Lebenslagen Jugendlicher, die diese Lebensphase stärker ins Zentrum des Interesses der Bildungsforschung rückten (vgl. Fend 1990, S. 704).

Denn im Unterschied zu den 50er- und 60er Jahren des 20. Jahrhunderts, wo die Jugendphase in Westdeutschland für die Mehrzahl der Jugendlichen ein relativ kurzer Lebensabschnitt von geringer Eigenständigkeit war, der in erster Linie als Einstiegsphase in berufliche und familiale Erwachsenenlaufbahnen diente, hat sich vor allem seit den 1970er Jahren, bedingt durch die Verlängerung der Pflichtschulzeit und die Ausweitung des Besuchs weiterführender Bildungsgänge, die Jugendphase verallgemeinert, verlängert und zugleich entstrukturiert (vgl. Grunert/Krüger 2000, S. 200). Jugend hat nun nicht mehr primär die Bedeutung einer Einübung des Erwachsenenhandelns, sondern wird zu einer verlängerten und eigenständigen Lebensphase und einer eigenen Laufbahnzeit. Im Mittelpunkt steht dabei der Besuch von Bildungs- und Ausbildungsinstitutionen, wodurch zugleich die Jugendphase zunehmend von Erwerbsarbeit und Familiengründung entlastet wird (vgl. Zinnecker 1991, S. 10). Aufgrund der Herauslösung aus traditionellen Bindungen stehen Jugendliche jedoch gleichzeitig unter dem Zwang des Erwerbes von Laufbahnen und Titeln. Durch die abgenommene Vererbungswahrscheinlichkeit wird versucht, dies über die Aneignung kultureller Ressourcen zu realisieren (vgl. Zinnecker 1990, S. 26). Dabei sind nicht mehr nur schulische Bildungstitel von Bedeutung, sondern auch solche Bildungskompetenzen und -ressourcen, die im außerschulischen Freizeitbereich und in der Welt der Peer-Gesellschaft erworben werden können (vgl. Büchner/Krüger 1996, S. 208; du Bois-Reymond 2000; Grunert 2005).

Ausgehend von diesen Grundannahmen werden wir im Folgenden unter Bezug auf die aktuellen Daten der amtlichen Statistik sowie die Befunde der quantitativ und qualitativ orientierten Jugendforschung folgenden Themenkomplexen nachgehen. In einem ersten Schritt werden wir die aktuelle Situation der Jugendlichen in den Bildungs- und Ausbildungsinstitutionen, die Folgen der Bildungsmobilisierung, geschlechts- und schichtspezifische Chancenstrukturen, Belastungen, Problemlagen und neue Freiräume skizzieren. In einem zweiten Schritt werden wir der Frage nachgehen, welchen Stellenwert der Freizeitbereich als neues Feld des Erwerbs von Bildungskompetenzen für Jugendliche gegenwärtig hat und welchen Einfluss familiale Herkunftsmilieus auf die Bildungsorientierungen der Heranwachsenden in außerschulischen Lebens- und Lernzusammenhängen haben. In einem abschließenden Ausblick werden wir dann die vorgestellten Befunde resümieren und einige Forschungsperspektiven skizzieren, die sich als zukünftige Herausforderungen an die Jugendforschung als wichtigem Forschungsfeld der Bildungsforschung stellen.

2 Jugendliche in Bildungs- und Ausbildungsinstitutionen

Vor allem im Gefolge der Bildungsreform und der Bildungsexpansion der 60er- und 70er Jahre des 20. Jahrhunderts ist es in Westdeutschland zu einer lebenszeitlichen Ausdehnung des Schulbesuchs und damit zugleich zu einer Verallgemeinerung der Lebensphase Jugend gekommen. Während für den größten Teil der Jugendlichen in den 50er Jahren die Schulzeit mit 14 oder 15 Jahren beendet war, trifft dies heute erst für die 16- bis 17-Jährigen zu. Die Ausdehnung der Schulzeit fand ihre Fortsetzung in der beruflichen Bildung: zum einen durch die zeitliche Verlängerung der Ausbildungszeit in der dualen Berufsausbildung bis zu dreieinhalb Jahre, zum zweiten dadurch, dass Berufsausbildung im Vergleich unterschiedlicher Alterskohorten immer mehr zum Normalfall wurde und zum dritten dadurch, dass vor allem im vergangenen Jahrzehnt immer mehr Jugendliche dazu übergingen, in der Sekundarstufe II mehrere Schulformen nacheinander zu durchlaufen (vgl. Bellenberg/Klemm 1995, S. 218; Kakies/Lempfuhl/Miethner 1998, S. 139). Hinzu kommt noch der Tatbestand, dass sich der Anteil junger Erwachsener, die eine Hochschule besuchen, in den letzten drei Jahrzehnten des 20. Jahrhunderts mehr als verfünffacht hat (vgl. Tippelt 1990, S. 60; BMBF 1999, S. 172, Statistisches Bundesamt 2007b).

Immer mehr Jugendliche halten sich gegenwärtig immer länger in Bildungs- und Ausbildungsinstitutionen auf, so dass man davon sprechen kann, dass sich Schul- und Ausbildungszeiten und Adoleszenz lebensgeschichtlich parallelisiert haben (vgl. Grunert/Krüger 2000, S. 201).

Wie stellt sich nun die faktische Situation von Jugendlichen in den verschiedenen Institutionen des Bildungswesens, im allgemeinbildenden Schulsystem, in den verschiedenen Einrichtungen der beruflichen Bildung und im Hochschulsystem genauer dar? Eröffnet der längere Aufenthalt in Bildungsinstitutionen nun für alle Jugendlichen Entfaltungs- und Verselbständigungsmöglichkeiten und entsteht somit erstmalig eine Universalisierung des jugendlichen Moratoriums in Gestalt eines „Bildungsmoratoriums" (Zinnecker 1991) oder werden durch die Bildungsexpansion und die Scholarisierung der Jugendphase nicht auch neue Folgeprobleme und paradoxe Nebeneffekte mit produziert?

2.1 Jugend und Schule

Die lebensgeschichtliche Ausdehnung der Schulzeit wurde in den vergangenen fünfzig Jahren von erheblichen Verschiebungen der Verteilung der Schüler auf die verschiedenen Schulformen begleitet. Während im Jahr 1952 79% der Schüler im 7. Schuljahr die Hauptschule, 6% die Realschule und 13% das Gymnasium besuchten, waren im Schuljahr 1990/91 nur noch 31,4% der Schüler in einer Hauptschule, 24,9% in einer Realschule, 31,3% im Gymnasium und 9,2% in Integrierten Gesamtschulen. Ganz anders stellte sich bis zur deutschen Vereinigung im Jahre 1990 die schulische Situation in der DDR dar. Hier war bereits mit der Einführung der zehnjährigen Vollzeitschulpflicht in der Polytechnischen Oberschule im Jahre 1959 die Unterscheidung zwischen „niedriger" und „mittlerer" Bildung aufgehoben worden (vgl. Bellenberg/Klemm 1995, S. 218). Im Gegensatz zur alten Bundesrepublik, wo es im Verlaufe der 1970er- und 1980er-Jahre zu einer enormen Expansion höherer Bildung gekommen war, besuchten in der DDR allerdings nur zwischen 12% und 14% eines Altersjahrganges die zur Studienberechtigung führenden Bildungswege (erweiterte Oberschulen und Abiturklassen in der Berufsausbildung) (vgl. Anweiler u.a. 1990, S. 213).

Wenige Jahre nach der deutschen Vereinigung ist es bei den gymnasialen Beteiligungsquoten bereits zur Angleichung an westdeutsche Werte von etwa einem Drittel eines Altersjahrganges gekommen, während die Besuchsquoten der Hauptschulen nur bei gut 10% eines Altersjahrganges liegen (vgl. Fickermann 1996, S. 324). Dies ist vor allem darauf zurückzuführen, dass in vier von fünf neuen Bundesländern keine gesonderten Hauptschulen eingeführt wurden, sondern als dritte Schulform die Integrierte Gesamtschule (in Brandenburg) bzw. neben dem Gymnasium nur eine zweite Schulform in Gestalt einer Regelschule (in Thüringen), einer Mittelschule (in Sachsen) bzw. einer Sekundarschule (in Sachsen-Anhalt) eingerichtet wurden, in der der Hauptschul- und der Realschulabschluss erworben werden kann. Bei den Besuchsquoten des Hauptschulbildungsganges zeichnet sich somit ein ähnlicher Trend ab, wie er auch in den Stadtstaaten sowie in etlichen Groß- und Mittelstädten der alten Bundesrepublik zu beobachten ist, wo nur noch 10 bis 20% der 10- bis 16-Jährigen auf die Hauptschule gehen (vgl. Bellenberg/Klemm 1995, S. 224; KMK 2003, S. 215).

Mit der Expansion des Besuches weiterführender Bildungsgänge ging auch eine gleichzeitige Zunahme qualifizierter Schulabschlüsse einher. Erwarben noch 1960 in Westdeutschland 54,4% der Schulabgänger einen Hauptschulabschluss, 15,1% einen Realschulabschluss und 6,1% die Allgemeine Hochschulreife, so ist bis 1990 der Anteil der mittleren Abschlüsse auf

44%, der Fachhoch- und Hochschulreife zusammen auf 25% gestiegen, während der Anteil der Hauptschulabschlüsse auf 26,3% gesunken ist. In den neuen Bundesländern zeichnete sich bereits 1994, bezogen auf das Erreichen der mittleren Abschlüsse, ein ähnlicher Trend ab, während der Anteil der höheren Abschlüsse (Fachhochschul- und Hochschulreife) mit 24,1% zu diesem Zeitpunkt noch deutlich unter dem Anteil von 34,9% in den alten Bundesländern lag (vgl. BMBF 1999, S. 85).

Profitiert von dieser Expansion weiterführender Bildungsgänge und höherer Bildungsabschlüsse haben vor allem die Mädchen. War bis Anfang der 1960er Jahre noch eine klare Benachteiligung der Mädchen im Gymnasium festzustellen, so haben die Mädchen seit den 1980er Jahren die Jungen bei den Besuchsquoten der Realschulen leicht, der Gymnasien inzwischen sogar deutlich überholt (vgl. Faulstich-Wieland/Nyssen 1998, S. 166). Unter den Schulabgängern mit Hochschulreife waren im Jahre 2006 immerhin 56,1% weibliche Jugendliche, wobei dieser Zugewinn auch auf das Bildungsverhalten der Mädchen in den neuen Bundesländern zurückzuführen ist (vgl. Statistisches Bundesamt 2007, S. 251). Die Frage geschlechtsspezifischer Benachteiligung lässt sich allerdings auf der Ebene quantitativer Bildungsbeteiligung allein nur unzureichend beantworten. So verweisen eine Reihe von Studien auf die Tradierung geschlechtsspezifischer Wissensreservate bei den Leistungskurswahlen in der gymnasialen Oberstufe, auf subtile geschlechtsspezifische Diskriminierungen in den Schüler-Lehrer- und den Peerinteraktionen oder auf den Tatbestand, dass die Mädchen trotz besserer Schulleistungen ein geringeres schulisches Selbstvertrauen haben und sich durch schulische Anforderungen deutlich stärker belastet fühlen (vgl. Faulstich-Wieland/Nyssen 1998, S. 169; Horstkemper 1987; Krüger/Kötters 1999, S. 289).

Ist zumindest auf der quantitativen Ebene eine Aufhebung der geschlechtsspezifischen schulischen Benachteiligung festzustellen, so muss selbst dies für die schichtspezifische Benachteiligung verneint werden. Zwar zeigen Kohortenanalysen, dass im Vergleich der Generationen der Einfluss der sozialen Herkunft auf die Bildungslaufbahnen der Heranwachsenden abgenommen hat (vgl. Meulemann 1999, S. 318). Und ohne Zweifel haben Jugendliche aus allen sozialen Schichten von der Expansion weiterführender Bildungsgänge profitiert, allerdings mit unterschiedlich hohen Zuwächsen. So hat sich im Zeitraum zwischen 1980 und 1990 etwa bei dem Besuch der gymnasialen Oberstufe der Anteil der Beamtenkinder um 11,3%, der Angestelltenkinder um 9,4% und der Arbeiterkinder um 6% erhöht. Allerdings besuchten auch noch im Jahre 1997 nur 20% der Jugendlichen aus Arbeiterfamilien, hingegen 47% aus Angestelltenfamilien und 61,7% aus Beamtenfamilien die gymnasiale Oberstufe (vgl. Hansen/Pfeiffer 1998, S. 68). Trotz aller Veränderungen ist die Schule somit eine Institution der Reproduktion sozialer Ungleichheit geblieben (vgl. dazu auch Baumert u.a. 2001; Prenzel u.a. 2004).

Bildungsunterschiede und Benachteiligungen treten in Deutschland auch zwischen deutschen und ausländischen Jugendlichen auf. So besuchten 1993 50,4% der nicht-deutschen Schüler die Hauptschule, 17,3% die Realschule, 11% die Integrierte Gesamtschule und 13,3% das Gymnasium. Zwar ist allein im Zeitraum zwischen 1983 und 1994 der Anteil ausländischer Jugendlicher, die anspruchsvollere allgemeinbildende Abschlüsse erworben haben, deutlich angestiegen, bei den mittleren Abschlüssen von 14,2% auf 26,6% und bei der Allgemeinen Hochschulreife um 3,8% auf 9,3%. Gleichzeitig muss aber auch gesehen werden, dass von den Schulabgängern ohne Abschluss fast 30% nicht-deutsche Schüler sind (vgl. Hansen/Hornberg 1995, S. 106). Auch im Jahr 2004 verließen immer noch fast 20% der Jungen und knapp 13% der Mädchen mit Migrationshintergrund die allgemeinbildende Schule ohne Abschluss (vgl. Konsortium Bildungsberichterstattung 2006, S. 72).

Wird im Gefolge der Bildungsexpansion seit den 60er Jahren die Schule von immer mehr Schülern immer länger besucht und haben die Bildungschancen für alle Schülergruppen, wenn auch in unterschiedlichem Ausmaß, zugenommen, so ist im Kontrast dazu die Zufriedenheit der Jugendlichen mit der Schule zurückgegangen. Zugespitzt kann gesagt werden, dass in dem Maße, wie die Schulzeit verlängert wird, der Alltag der Jugendlichen verschult zu werden droht und die Relevanz der Schule für zukünftige Lebenschancen wächst, um so negativer wird die Schule erlebt. So verdeutlicht die Replikationsstudie von Allerbeck und Hoag (1985, S. 78), dass allein im Zeitraum zwischen 1962 und 1983, der Anteil der westdeutschen Jugendlichen, die sagten, sie gingen gerne oder sehr gerne zur Schule, von 75% auf 43% zurückgegangen ist. In einer 1998 vom IFS in Dortmund durchgeführten bundesweiten Befragung von 14- bis 16-jährigen Schülern gaben sogar nur 27% an, dass sie ein ausgeprägtes Interesse und Freude an der Schule haben, wobei die hohe Schulfreude in Ostdeutschland noch etwas geringer ausfällt (24% in den neuen, 28% in den alten Bundesländern) (vgl. Kanders 2000, S. 47). Auch die im Rahmen der Shell-Studie '85 (vgl. Fischer/Fuchs/Zinnecker 1985) durchgeführte Replikationsstudie, deren Themen teilweise im Kontext der ersten deutsch-deutschen Schülerbefragung 1990 (vgl. Behnken u.a. 1991) noch einmal aufgegriffen wurden, zeigt, dass die Erinnerungen wie die aktuellen Erfahrungen mit Schule zunehmend negativ eingefärbt sind. Die drastische Zunahme der Kritik betrifft vor allem die institutionellen Kernzonen der Schule. So ist die kritische Bewertung von Zeugnissen, Tests und schulischem Leistungsdruck bei den westdeutschen Befragten zwischen 1953 und 1984 von 6% auf 41%, des Verhältnisses zu den Lehrern von 11% auf 47% angestiegen. Demgegenüber richten sich die positiven Schulbezüge eher auf die informellen Randzonen, auf viel Freizeit und Ferien (1953: 8%; 1984: 26%) und vor allem auf das Verhältnis zu Gleichaltrigen (1953: 8%; 1984: 47%), ein Ergebnis, das dem Trend nach auch durch die erste deutsch-deutsche Schülerstudie im Jahre 1990 (vgl. Behnken u.a. 1991, S. 123) sowie durch aktuellere Schülerbefragungen (vgl. etwa Krüger/Kötters 2000, S. 107) bestätigt wird. Auch korrespondieren diese Resultate mit den Befunden einer Reihe von qualitativen Studien zum Verhältnis von Jugend und Schule (vgl. Helsper/Bertram 1999; Fuchs/Krüger 1991; Sander/Vollbrecht 1985), die darauf hinweisen, dass die subjektive Sinnhaftigkeit schulischen Lernens eher die Ausnahme ist und dass die Schule für die Heranwachsenden vor allem als alltäglicher Jugendtreffpunkt einen zentralen positiven Stellenwert hat (vgl. auch Krüger u.a. 2008).

Im Gegensatz zum Thema Schulzufriedenheit bzw. Schulentfremdung liegen zum Themenkomplex schulische Misserfolgserlebnisse und schulische Leistungsangst sowie damit einhergehenden psychosozialen Problembelastungen leider keine Replikationsstudien vor, so dass keine solide interpretierbaren Kohortenvergleiche, sondern nur Verweise auf die Befunde einzelner Untersuchungen möglich sind. So zeigt etwa die Studie von Mansel und Hurrelmann (1991, S. 109), bei der rund 2000 Jugendliche in der Sekundarstufe II in Nordrhein-Westfalen untersucht wurden, dass annähernd die Hälfte der Jugendlichen mindestens einmal in ihrer bisherigen Schullaufbahn die Erfahrung machen mussten, dass ihre Versetzung in Frage stand, fast ein Drittel die Klasse tatsächlich wiederholen musste, annähernd 10% mussten wegen schlechter Schulleistungen die Schule wechseln und 5% wurden mit der Tatsache konfrontiert, dass ein Wechsel zu einer weiterführenden Schule nicht möglich ist . In dieser Studie wird ferner aufgezeigt, dass etwa ein Drittel der Befragten sich durch die schulischen Anforderungen sehr belastet fühlt und dass eine hohe korrelative Beziehung zwischen der wahrgenommenen Leistungsschwäche und der Unzufriedenheit mit der bisherigen Schullaufbahn sowie der Belastung durch schulische Anforderungen besteht (vgl. Mansel/Hurrelmann 1991, S. 139 u. 144). Zu einem ähnlichen Befund kamen Hurrelmann u.a. (1988, S. 39) bereits auf der Basis einer früheren repräsentativen Befragung von rund 1700 Schülern im Alter von 13 bis 16 Jahren in Nordrhein-Westfalen, bei der herausgearbeitet wurde, dass ein signifikanter Zusammenhang zwischen Versagenserlebnissen in der bisherigen Schullaufbahn und dem deutlich häufigeren Auftreten von psychosomatischen Belastungen existiert. In einer diese Surveystudie ergänzenden qualitativen Längsschnittstudie zeigen Hurrelmann und Wolf (1986) zudem differenziert auf, dass es den versagenden Hauptschülern und Gymnasiasten nicht gelingt, ihre Schulzeit biographisch abzuschließen, da sie den vertanen Chancen ihrer Schulzeit nachtrauern, die ihnen in ihrem Leben in Form fehlender Bildungsabschlüsse ständig präsent sind. Anknüpfend an die Arbeiten von Fend (1982) und Hurrelmann zur Schulangst und zu psychosozialen Problembelastungen haben auch Büchner und Krüger (1996, S. 220) auf der Grundlage einer repräsentativen Befragung von über 2600 Schülern in West- und Ostdeutschland die subjektiv wahrgenommenen schulischen Belastungen im Ost-West-Vergleich untersucht. Dabei wurde deutlich, dass knapp 30% der befragten 11- bis 16-Jährigen in den neuen Bundesländern und über ein Fünftel in den alten Bundesländern sagen, dass sie abends im Bett Angst vor dem Abschneiden am nächsten Schultag haben und dass sie vor Prüfungen und Klassenarbeiten oft Magenschmerzen haben. Auch die Studie des Dortmunder IFS aus dem Jahre 1998 zeigt auf, dass eine hohe schulische Leistungs- und Prüfungsangst bei den ostdeutschen Schülern ausgeprägter anzutreffen ist als bei den westdeutschen und dass generell schlechtere Schulleistungen auch signifikant häufiger mit erhöhten Prüfungsangstwerten einhergehen (vgl. Kanders 2000, S. 46).

Mit der Schule als zentralem Ort der Entstehung von Freundschaften und Cliquen und als Umschlagplatz von Jugendkulturen haben sich seit Mitte der 70er Jahre des 20. Jahrhunderts eine Reihe von Studien in Westdeutschland beschäftigt (vgl. Helsper 1993, S. 367). Anknüpfend an die Tradition des labeling-Ansatzes wurden zunächst Prozesse der Genese von abweichenden jugendlichen Karrieren infolge institutioneller Definitions- und Kontrollprozesse untersucht (vgl. Brusten/Hurrelmann 1973; Holtappels 1984). In Anlehnung an Colemans (1961) Arbeiten zur sozialisatorischen Relevanz und zum Wertekontext der Gleichaltrigengruppe in der Schule wurden ferner Konvergenzen und Divergenzen zwischen den Wertorientierungen der Peer-Welten und den schulischen Leistungsanforderungen analysiert. Insbesondere in städtischen Hauptschulen wurde eine schulentfremdete Altersgruppe festgestellt, während hingegen das Peer-Klima der Realschule gegenüber schulischen Leistungsanforderungen konformer ist. Für das Gymnasium ist hingegen eine ambivalent-oppositionelle Altersgruppe typisch, die sich an schulische Leistungserwartungen anpasst, aber gleichzeitig auch Kritik an schulischen Erwartungen formuliert (vgl. Fend 1980; Specht 1982; Krüger u.a. 2008).

Gegenüber diesem stark durch die Organisationsperspektive gekennzeichneten Blick, bemühten sich ethnographische Studien, die an kultursoziologische Ansätze anknüpften, um einen stärker die jugendkulturellen Alltagspraxen berücksichtigenden Blick auf die Schule und ihre Bedeutung für jugendliche Milieus. Die qualitativen Studien von Bietau (1989) und Helsper (1989) konzentrieren sich auf zwei Extrempole des jugendkulturellen Spektrums der 1980er Jahre und ihr Verhältnis zur Schule. Zum einen wird eine maskulin orientierte Clique aus dem Arbeitermilieu im Ruhrgebiet untersucht, die sich den Erwartungen und Normen der Schulkultur verweigert und damit zugleich ihren zukünftigen sozialen Status als Arbeiter reproduziert (vgl. Bietau 1989; ähnlich Willis 1979). Zum anderen wird der Blick auf eine oppositionelle gegenkulturelle Szene an einer Gesamtschule gelenkt, die die Normen und Leistungsansprüche der Schule zwar grundsätzlich kritisiert, jedoch gleichzeitig hohe Bildungsabschlüsse anstrebt und hochkulturelle Praxen mit dem Ziel favorisiert, möglichst lange Schüler bleiben und damit das Bildungsmoratorium der Jugendphase verlängern zu können (vgl. Helsper 1989, S. 177). Auch eine von Krüger u.a. 1997 in den neuen Bundesländern durchgeführte Schülerbefragung zeigte ähnliche Zusammenhänge zwischen unterschiedlichen jugendkulturellen und schulischen Orientierungen. Die Gruppe von Schülern, die mit linken Jugendszenen, wie Autonomen, Punks oder Hippies sympathisieren, hat ein höchst ambivalentes Verhältnis zur Schule. Einerseits sind sie leistungsstarke Schüler und haben gute Noten. Andererseits fühlen sie sich durch die Schule am stärksten belastet und nutzen auch selten die schulischen Freizeitangebote. Genau kontrastiv dazu stellt sich das Verhältnis der Schüler, die mit rechten Jugendszenen sympathisieren, zur Schule dar. Diese Gruppe von Jugendlichen hat zur Schule die größte Distanz, diese Schüler haben die schlechteren Schulnoten und sie beurteilen die schulischen Partizipationsmöglichkeiten eher skeptisch (vgl. Krüger/Grundmann/Pfaff 2000, S. 106; Helsper/Krüger u.a. 2006).

2.2 Jugend und Berufsausbildung

Obwohl die Anzahl der Jugendlichen, die eine gymnasiale Oberstufe besucht, in den vergangenen Jahrzehnten enorm angestiegen ist, ist dieser Zuwachs keineswegs zu Lasten der Bildungsbeteiligung in den berufsbildenden Schulen ausgefallen. Bezogen auf die Altersgruppe der 17- bis 19-Jährigen besuchten in den alten Bundesländern im Schuljahr 1985/86 21,7% die allgemeinbildenden Schulen und 90,9% die beruflichen Schulen. Im Schuljahr 1996/97 waren bereits 27% dieser Altersgruppe in den allgemeinbildenden Schulen und 104,8% in den beruflichen Schulen. Das deutliche Überschreiten der 100% Marke weist darauf hin, dass sich das Altersspektrum zwischenzeitlich auf mehr als drei Jahre ausgeweitet haben muss. Dies wird einerseits durch die Verlängerung der Ausbildungsdauer (vor allem im dualen System) bedingt und deutet andererseits darauf hin, dass durch die Mehrfachnutzung von Bildungsangeboten der Sekundarstufe II (etwa durch Abiturienten in der Berufsschule) auch andere Altersjahrgänge in die beruflichen Schulen hineingewachsen sind (vgl. Hansen/Krampe/Lehmpfuhl u.a. 1994, S. 147). In den neuen Bundesländern besuchten im Schuljahr 1996/97 21,6% der Altersgruppe der 17- bis 19-Jährigen die allgemeinbildenden Schulen und 85% die beruflichen Schulen. Somit ist die Schülerzahl an berufsbildenden Schulen im Verhältnis zur Altersgruppe zwischen 1992 und 1996 zwar um fast 8% angestiegen, bleibt aber mit 85% um etwa 20% unter dem Wert der alten Länder (vgl. Kakies/Lempfuhl/Miethner 1998, S. 143). Die immer noch dominante Stellung im Spektrum der Berufsschultypen nimmt die Teilzeitberufsschule ein, die im Schuljahr 1996/97 von etwa zwei Dritteln der Berufsschüler in Deutschland nachgefragt wurde, deren Anteil an der beruflichen Bildung jedoch bis heute deutlich abgenommen hat. Während diese Schulform Mitte der 1990er-Jahre noch von 70% der Berufsschüler zwei Tage pro Woche besucht wurde, lag der Anteil dieser Berufsschüler an den beruflichen Schülern im Jahre 2006 erstmals knapp unter 60% (vgl. Hansen/Krampe/Lemphuhl u.a. 1994, S. 149; Statistisches Bundesamt 2006). Mit einem Anteil von bundesweit 13,3% an allen Schülern des berufsbildenden Schulwesens addierten sich im Schuljahr 1996/97 die verschiedenen Bildungsgänge der Berufsfachschulen, die teilweise in einem drei Jahre dauernden Ausbildungsgang zu einem Abschluss in einem anerkannten Ausbildungsberuf führen, zur insgesamt zweitgrößten Schulform im Bereich der beruflichen Schulen. Die Bedeutung der Berufsfachschulen scheint sich dabei in den letzten Jahren deutlich erhöht zu haben, können diese im Schuljahr 2006/07 doch auf einen Anteil von etwa 20% an allen Schülern des berufsbildenden Schulwesens verweisen. Ebenso können diejenigen Ausbildungsgänge, die auch eine Hochschulzugangsberechtigung vergeben Zuwächse verzeichnen. Die übrigen berufsbildenden Schulformen (Fachschulen, Schulen des Gesundheitswesens etc.) wurden hingegen zu diesem Zeitpunkt nur jeweils von einem Anteil zwischen 6% und 4% aller Schüler des berufsbildenden Schulwesens besucht (vgl. Statistisches Bundesamt 2007a).

Im Ost-West-Vergleich wird deutlich, dass mit ca. 37% in den neuen Bundesländern mehr AbsolventInnen von allgemeinbildenden und beruflichen Schulen in das duale Ausbildungssystem einmünden als in Westdeutschland (ca. 31%) und zu einem größeren Teil (15,1% zu 9,4%) auch andere Formen der Berufsausbildung (z.b. berufsfachschulische Ausbildung, Laufbahn im Öffentlichen Dienst) wählen (vgl. BMBF 2007). Darüber hinaus ist aktuell grundsätzlich ein Rückgang der ostdeutschen Schüler an beruflichen Schulen zu verzeichnen, der insbesondere auf die mit dem Geburtenrückgang seit Beginn der 1990er Jahre verbundenen demographischen Veränderungen zurückgeführt werden muss.

Betrachtet man die Beteiligungsquoten an den verschiedenen Ausbildungsgängen des Berufsschulwesens unter einer geschlechtsspezifischen Perspektive, so lässt sich feststellen, dass die weiblichen Jugendlichen in der dualen Ausbildung mit knapp 40% unterrepräsentiert, in den schulischen Berufsausbildungen hingegen mit etwa 60% deutlich überrepräsentiert sind (vgl. Statistisches Bundesamt 2007a). In diesen Schulen absolvieren sie außerhalb des dualen Systems liegende vollzeitschulische Ausbildungen etwa zur Erzieherin oder Kinderpflegerin. Die schulischen Berufsausbildungen bedeuten in der Regel höhere Allgemeinbildungsvoraussetzungen, finanzielle Einbußen und ein stärkeres Arbeitsmarktrisiko (vgl. Faulstich-Wieland/ Nyssen 1998, S. 171). Innerhalb der dualen Ausbildung sind die Frauen überproportional im Dienstleistungsbereich vertreten, während hingegen die gewerblich-technischen Ausbildungsberufe ihnen bislang noch kaum zugänglich sind (vgl. BMBF 1999, S. 121).

Ein weiteres Problem der beruflichen Bildung hängt mit der Veränderung der schulischen Vorbildung der Einsteiger in das Berufschulwesen zusammen. So waren es im Jahr 2006/07 etwa 8,5% der Anfängerinnen eines beruflichen Ausbildungsganges, die über keinen Schulabschluss, 32%, die über einen Hauptschulabschluss, 43%, die über einen Realschulabschluss und 16%, die über die Fachhochschul- oder die Allgemeine Hochschulreife verfügten (vgl. Statistisches Bundesamt 2007a, S. 132). Damit ist der Anteil der Abiturienten an den verschiedenen beruflichen Ausbildungsgängen, der 1980 noch bei 3,2% lag (vgl. Hansen/Krampe/Lempfuhl u.a. 1994, S. 155) bis heute deutlich angestiegen. Dies spricht zwar für die Attraktivität der beruflichen Ausbildungsgänge auch für Jugendliche mit höheren Bildungsabschlüssen, jedoch ist diese Verschiebung insbesondere auf Kosten der Schüler mit Hauptschulabschluss erfolgt, die in geringerem Maße überhaupt in beruflichen Bildungsgängen und deutlich häufiger im Berufsvorbereitungsjahr bzw. Berufsgrundbildungsjahr zu finden sind (vgl. Hansen/Krampe/ Lempfuhl u.a. 1994, S. 155; Statistisches Bundesamt 2005). Die Verschiebung lässt sich dabei auch an bestimmten Berufen festmachen, da ein Rückgang an Auszubildenden mit Hauptschulabschluss v.a. im Bereich Industrie und Handel festzustellen ist, während sich deren Anteil im Bereich Landwirtschaft und Handwerk in den letzten Jahren erhöht hat (vgl. Statistisches Bundesamt 2005).

Ein noch größeres Problem der beruflichen Bildung stellen die Ausbildungslosigkeit an der ersten Schwelle vom allgemeinbildenden Bildungswesen in die beruflichen Schulen sowie die Integrationsprobleme an der zweiten Schwelle von der Berufsausbildung in das Beschäftigungssystem dar. Hatte die Ausbildungskrise in Westdeutschland im Jahre 1984 ihren Höhepunkt erreicht, als 58.428 Schulabgänger sich vergeblich um einen Ausbildungsplatz bewarben, so schien Anfang der 1990er Jahre – angesichts eines deutlichen Nachfragerückgangs und einer Verbesserung der Angebots-Nachfrage-Relation – sich das Problem der Jugendarbeitslosigkeit an der ersten Schwelle erledigt zu haben. Bedingt durch den Rückgang des Ausbildungsplatzangebots der Betriebe, die in Zeiten eines globalisierten Strukturwandels stärker auf die Einstellung von Hochschulabsolventen und Maßnahmen der beruflichen Weiterbildung setzen, hat sich die Lehrstellensituation seit Mitte der 1990er Jahre in den alten Bundesländern wieder dramatisch verschlechtert (vgl. Wahler 2000, S. 188). Die Entwicklung auf dem Ausbildungsstellenmarkt in den neuen Bundesländern verlief weitgehend analog, wenn auch ausgehend von einem wesentlich problematischeren Anfangsniveau. 1997 kamen auf 100 Bewerber lediglich rund 90 Stellen. Anders als im Westen liegt die Ursache hierfür allerdings nicht in einem Abbau der Ausbildungsplatzkapazitäten, die seit 1992 vielmehr mit Hilfe verschiedener staatlicher Förderungsprogramme kontinuierlich ausgebaut worden sind, sondern in einer demographisch bedingten vorübergehenden Zunahme des Nachfragepotentials (vgl. Galuske 1998, S. 539). An der zweiten Schwelle, dem Übergang in das Beschäftigungssystem, sind die Zahlen der von Arbeitslosigkeit betroffenen Personen ebenfalls gestiegen. Nach einem Rückgang in den alten Bundesländern auf insgesamt rund 265.000 Arbeitslose unter 25 Jahren im Jahr 1992 hat sich deren Zahl bis zum Jahre 2005 auf rund 610.000 mehr als verdoppelt. In den neuen Bundesländern waren im Jahr 2005 rund 206.000 Jugendliche unter 25 Jahren, das waren 19,2% der entsprechenden Altersgruppe, arbeitslos. Im Vergleich dazu lag die Arbeitslosenquote bei den unter 25-Jährigen in Westdeutschland im Jahr 2006 bei 10,5%[1] (vgl. BMBF 1999, S. 127; Bundesagentur für Arbeit 2006, S. 19ff.).

Neben generellen Strukturproblemen des Arbeitsmarktes sind Ursachen für diese Jugendarbeitslosigkeit aber auch im System der beruflichen Bildung selbst zu suchen. So werden z.B. in einigen Branchen vor allem des Handwerks deutlich mehr Jugendliche ausgebildet, als auf dem Arbeitsmarkt überhaupt nachgefragt werden (vgl. Jost 1995, S. 71). Und auch das umfassende Netz an Einrichtungen der Jugendberufshilfe für benachteiligte Jugendliche, wozu vor allem die Schüler ohne Hauptschulabschluss, die Schulabgänger aus Sonderschulen und die ausländischen Schulabgänger gehören, hat eher die Funktion einer Warteschleife, während hingegen die erfolgreiche berufliche Integration in den ersten Arbeitsmarkt eher bescheiden ausfällt (vgl. Braun 1996, S. 316). Für jene Gruppe von Jugendlichen, deren Berufsbiographie im Alter zwischen 18 und 25 Jahren durch Phasen der Erwerbsarbeit und Phasen der Teilnahme an Maßnahmen der Jugendberufshilfe gekennzeichnet ist, hat die Lebensphase Jugend nicht die Bedeutung eines Bildungs-, sondern eher die eines Zwangsmoratoriums. Darauf verweisen auch die Ergebnisse der wenigen qualitativen Studien aus den 1980er und 1990er Jahren, die sich mit dem Übergang Schule-Beruf als berufsbiographischem Prozess in seinem sozialen Kontext und in seinen individuellen Verarbeitungsformen beschäftigt haben (vgl. etwa Alheit/ Glass 1986; Heinz/Krüger 1985; Lex 1997).

---

1 Der starke Anstieg der Jugendarbeitslosigkeit insbesondere in den letzten zwei Jahren, lässt sich zum Teil durch die Neuregelungen von Arbeitslosen- und Sozialhilfe erklären, da durch die Einführung des SGB II auch Familienangehörige von ehemaligen Arbeitslosenhilfeempfängern als Mitglieder einer Bedarfsgemeinschaft erfasst und werden – soweit ihnen Arbeit zumutbar ist und sie sich nicht etwa in Schule oder Ausbildung befinden – auch als Arbeitslose registriert (HartzIV-Effekt).

2.3 Jugend und Hochschule

Wurden Anfang der 1960er Jahre in Westdeutschland die Hochschulen nur von 4,3% der 19- bis unter 26-Jährigen besucht, so waren es im Jahre 1995 bereits 30,2% der entsprechenden Altersgruppe. In absoluten Zahlen ausgedrückt ist in diesem Zeitraum der Anteil der Studierenden von etwa 300.000 auf ca. 1.850.000, also etwa um das Sechsfache angestiegen (vgl. BMBF 1999, S. 141; Statistisches Bundesamt 2007b, S. 23). Seit dem Wintersemester 2002/2003 liegt die Studierendenzahl in Deutschland knapp unter der 2.000.000-Marke. Die Studienanfängerquote, das heißt der Anteil der Studienanfänger an der gleichaltrigen Bevölkerung, liegt für das Studienjahr 2007 bei 36,6%, während im Jahre 2000 noch 30% Studienanfänger zu verzeichnen waren. Im Vergleich mit den Studienanfängerquoten der OECD-Staaten liegt Deutschland damit jedoch deutlich unter dem Mittelwert von 54% (Statistisches Bundesamt 2007b). In den neuen Bundesländern waren im Jahre 1990 aufgrund einer restriktiveren Bildungs- und Hochschulpolitik in der ehemaligen DDR erst 8,5% der 19- bis unter 26-Jährigen an den Hochschulen eingeschrieben. Innerhalb von 5 Jahren hat sich der Anteil der Studierenden an der entsprechenden Altersgruppe immerhin verdoppelt, er lag im Jahre 1995 mit 16% allerdings noch weit hinter dem in den alten Bundesländern. Aktuell differieren die Studienanfängerquoten zwischen Ost- und Westdeutschland um etwa 10%, so dass in den alten Bundesländern der Anteil der Studienanfänger an der gleichaltrigen Bevölkerung im Schnitt 40% und in den neuen Bundesländern knapp 30% beträgt (vgl. Statistisches Bundesamt 2007b).

Profitiert von diesem geradezu explosionsartigen Anstieg der Studierendenzahlen haben vor allem die Frauen. Lag 1960 der Anteil der weiblichen Jugendlichen unter den Studierenden in der alten Bundesrepublik in den 1960er Jahren bei etwa einem Viertel, so ist er bis 2006 auf ca. 48%, betrachtet man ausschließlich die Universitäten sogar auf ca. 52%, angestiegen (vgl. BMBF 1999, S. 144; Statistisches Bundesamt 2007b, S. 23). Deutliche Unterschiede, aber auch Angleichungen zwischen den Geschlechtern finden sich hingegen in den Studienfachwahlen. In den Bereichen Rechtswissenschaften, Humanmedizin oder Architektur haben sich die Anteile beider Geschlechter angenähert. In anderen Studienfächern bleiben die Differenzen jedoch gravierend. Während der Anteil junger Frauen in den Sprach- und Kulturwissenschaften einschließlich der Erziehungswissenschaft deutlich überwiegt, sind weibliche Studierende in den Naturwissenschaften (mit Ausnahme der Biologie) sowie in den Technik- und Ingenieurwissenschaften nur eine Minderheit. Nahezu umgekehrt stellt sich das Bild bei den männlichen Studierenden dar (vgl. Schenk 2000, S. 100). Mit der Frage, auf welche Weise spezifische universitäre Fachkulturen, wie etwa Erziehungswissenschaft oder Elektrotechnik, zur Reproduktion und Veränderung von Geschlechterverhältnissen beitragen, haben sich einige vorwiegend qualitative Studien ebenso beschäftigt wie mit der besonderen Situation der wenigen Studentinnen in den Ingenieurwissenschaften (vgl. Apel/Engler/Friebertshäuser u.a. 1995; Janshen/Rudolph 1987).

Als weiteres Indiz für nach wie vor bestehende Unterschiede zwischen den Geschlechtern können die Abschlüsse am Ende des Studiums angesehen werden. So ist zwar der Frauenanteil bei den Promotionen und Habilitationen in den letzten zwei Jahrzehnten deutlich angestiegen. Im Jahr 1996 betrug er bei den Promotionen immerhin schon 33%, bei den Habilitationen jedoch erst 13% (vgl. Schenk 2000, S. 110). Auch machen deutlich mehr Frauen ihre Abschlüsse in solchen Studiengängen, wie z.B. den sprach- und kulturwissenschaftlichen Magisterstudiengängen oder den Lehramtsstudiengängen, die mit einem hohen Arbeitsmarktrisiko verbunden sind (vgl. Rauschenbach/Züchner 2000, S. 68).

Während sich zumindest die Beteiligungsquoten der Frauen am Hochschulstudium im letzten Jahrzehnt deutlich verbessert haben, hat sich die Situation für Studierende, deren soziale Herkunft eher als niedrig einzustufen ist, insgesamt deutlich verschlechtert. So zeigen die Berechnungen des HIS Hannover, dass deren Anteil von 1982 bis 2006 von 23% auf 13% gefallen ist, während der Anteil der Studierenden aus hohen sozialen Milieus an der Gesamtheit der Studierenden von 17% auf 38% angestiegen ist. Bezogen auf die Art der angestrebten Abschlüsse sind die Studierenden mit hoher sozialer Herkunft am häufigsten bei den staatsexamensbezogenen Abschlüssen (ohne Lehramt) (51%) zu finden und am wenigsten an Fachhochschulen (25%). Studierende, deren soziale Herkunft eher als niedrig eingestuft werden kann, sind demgegenüber mit 19% am häufigsten an Fachhochschulen eingeschrieben (vgl. BMBF 2007, S. 12ff.).

Gravierend verändert haben sich in den vergangenen Jahrzehnten in Westdeutschland auch die Studienzeiten. So lagen bereits 1991 die Fachstudienzeiten an Universitäten mit durchschnittlich 13 bis 14 Semestern um mehr als zwei Jahre über den Regelstudienzeiten (vgl. Weegen 1995, S. 118). Dies bedeutet gleichzeitig auch, dass sich immer mehr junge Erwachsene immer länger im Hochschulsystem aufhalten. Ob diese Entwicklung jedoch als Prozess der Ausweitung des klassischen Bildungsmoratoriums auf immer mehr junge Erwachsene beschrieben werden kann (vgl. Zinnecker 1990, S. 32), muss man bezweifeln. Denn die Lebenssituation heutiger Studierender wird durch einen Rückgang der staatlichen Studienförderung, durch den zunehmenden Zwang zum Jobben oder zur phasenweisen Erwerbsarbeit sowie durch unsichere berufliche Zukunftschancen charakterisiert. Zwar ist das Risiko arbeitslos zu werden bei den Hochschulabsolventen immer noch deutlich geringer als bei den Absolventen der übrigen Ausbildungsgänge im Bildungssystem. Dennoch haben gerade die Entwicklungen in den vergangenen zwei Jahrzehnten gezeigt, dass angesichts der konjunkturellen Schwankungen auf dem akademischen Arbeitsmarkt auch Hochqualifizierten keine sicher kalkulierbaren beruflichen Karriereperspektiven mehr garantiert sind. Mit der flächendeckenden Einführung von Bachelor- und Masterstudiengängen ist zwar die Hoffnung auf kürzere Studienzeiten verbunden, jedoch wird erst in einigen Jahren ersichtlich sein, ob diese Hoffnung begründet ist oder ob nicht gerade aufgrund der mit den neuen Studiengängen verbundenen strukturellen und organisatorischen Veränderungen auch gegenläufige Trends entstehen können.

3   Jugend – Freizeit – Bildung

Der jugendliche Freizeitbereich hat sich in den letzten zwei Jahrzehnten enorm verändert und ausdifferenziert und dies nicht nur deshalb, weil den Jugendlichen zunehmend mehr freie Zeit zur Verfügung steht, sondern vor allem, weil die subjektive Bedeutung von Freizeit gewachsen ist (vgl. Opaschowski 1996). Freizeit ist gleichzeitig nicht mehr von den Strukturen der Arbeitswelt zu trennen (vgl. Ecarius/Fromme 2000). Die Definition von Freizeit, die Habermas noch in den 1950er Jahren formulierte und nach der Freizeit „von Berufsarbeit freie, die von ihr ausgesparte oder übriggelassene Zeit" ist und in der er feststellt: „Freizeit bestimmt sich negativ (...) ihre Freiheit ist zunächst eine Freiheit von Arbeit" (Habermas 1958, S. 105), verdeckt die Zusammenhänge zwischen Arbeit und Freizeit. Freizeit ist also nicht bloß „Nicht-Arbeit", sondern enthält auch bei Jugendlichen heute viele Elemente, wie Lernen, Leistung, Karriere, Erfolg, Misserfolg etc., die auch in der Arbeitswelt eine Rolle spielen und trägt dazu bei, die

„Marktchancen" der Jugendlichen zum einen auf der Ebene der persönlichen Beziehungen, zum anderen aber auch auf der Ebene des Arbeitsmarktes zu erhöhen (vgl. Eckert/Drieseberg/ Willems 1990). Jedoch soll Bildung hier nicht lediglich als für den Arbeitsmarkt verwertbare Bildung betrachtet werden, wenngleich es sich zunehmend als schwierig herausstellt, Kompetenzen wie Teamfähigkeit, Kritikfähigkeit, selbständiges Lernen etc., die vor allem auch in der Freizeit erlernt werden, davon abzugrenzen. Die Übergänge werden fließender und gerade der Bereich der Persönlichkeitsbildung wird zu einer relevanten Größe für den Erfolg auf dem Arbeitsmarkt (vgl. Stober 1990).

Was tun Jugendliche aber nun konkret in ihrer Freizeit und welche Elemente von Bildung lassen sich in ihren Freizeitaktivitäten ausmachen?

In der Shell-Jugendstudie aus dem Jahr 2000 (Deutsche Shell 2000) wird der bereits seit längerer Zeit auszumachende Trend bestätigt, dass für die Jugendlichen vor allem geselligkeits-, kommunikations- und spielorientierte Freizeitaktivitäten von Bedeutung sind. Seit den 1960er-Jahren können die Jugendstudien eine deutliche Zunahme solcher Freizeitpraxen verzeichnen, die sich bis heute auf hohem Niveau eingependelt hat (vgl. Krüger/Thole 1993; Fritzsche 2000; Mack/Raab/Rademacker 2003). So spielen für fast alle Jugendlichen „Feiern/Partys" (98%) und „zu Hause quatschen/Musik hören" (96%) eine Rolle. Sehr häufige Freizeitbeschäftigungen sind zudem „Einkaufsbummel" (92%), „Rumhängen" (88%), „Urlaubsreise" (87%), „Diskobesuch" (85%), „Kneipenbesuch" (82%) und der „Sport" (81%). Zudem kommen für viele Jugendliche auch Freizeitaktivitäten, wie „Spazierengehen" (79%), „Konzertbesuche" (71%), „am Computer arbeiten/spielen" (69%) und der Bereich der Weiterbildung „Hausaufgaben/Lernen" (68%) in Frage. Bei einem eher geringeren Teil der Jugendlichen zählen „Musikmachen/Band" (23%) sowie „Besuche im Jugendzentrum" (39%) zu den relevanten Freizeitbeschäftigungen (vgl. Fritzsche 2000, S. 206f.).

Schaut man sich zudem an, in welcher Form Jugendliche ihre Freizeit verbringen, so findet man heute zunehmend auch institutionalisierte Lernangebote, wie Nachhilfe-, Fremdsprach- oder Computerkurse, die immer mehr Heranwachsende in ihrer Freizeit besuchen und bei denen die kognitiven Fähigkeiten im Zentrum stehen, die in Konkurrenz bzw. in Ergänzung zur Schule gefördert werden sollen. In den letzten Jahren hat sich ein breiter Markt an Angeboten entwickelt, der sich an Schüler und Schülerinnen jedweden Alters wendet und von der privaten Nachhilfe durch ältere Schüler oder Studenten bis hin zu professionell betreuten Kursen kommerzieller Anbieter reicht (vgl. Grunert 2005). Hagstedt (1998) spricht aus diesem Grund auch von den „Nebenschulen", die Kinder und Jugendliche in ihrer Freizeit besuchen. Im Hinblick auf den Nachhilfeunterricht konnte Hurrelmann bereits 1994 feststellen, dass fast 20% der 11- bis 17-jährigen Schülerinnen und Schülern aus Nordrhein-Westfalen auf privaten Zusatzunterricht zurückgreifen (vgl. Hurrelmann/Klocke 1995). Differenziertere Berechnungen unter Rückgriff auf die Daten der PISA-Studie können darüber hinaus zeigen, dass insgesamt knapp 33% der Schüler in irgendeiner Weise außerschulischen Zusatzunterricht erhalten und etwa 13% der Befragten ausschließlich auf kommerzielle Angebote zurückgreifen bzw. diese in Kombination mit privater Nachhilfe nutzen (vgl. Rauschenbach/Mack/Leu u.a. 2004, S. 337). Darüber hinaus wurde in den wenigen Studien, die sich bislang mit diesem Thema beschäftigen deutlich, dass Nachhilfe in erster Linie ein Thema der Schüler von Gymnasien und Realschulen ist (vgl. Hurrelmann/Klocke 1995; Kramer/Werner 1998; Rudolph 2002). Der geringste Anteil an Nachhilfeschülern findet sich demgegenüber an Hauptschulen. Nachhilfe ist dabei immer auch ein Lernsektor, der nicht allen Schülerinnen und Schülern zugänglich ist, sondern nur über die finanziellen Ressourcen der Eltern erschlossen werden kann und somit auch als Moment sozialer Ungleichheit charakterisiert werden kann. Die in den Studien festgestellte Zunahme des Nachhilfeunterrichts an den Knotenpunkten der Schullaufbahnentscheidungen zeigt dann auch, dass Bildungsbeteiligung immer mehr zu einer Sache der elterlichen Investitionsmöglichkeit bzw. auch -bereitschaft geworden ist und die Chancen im Wettbewerb um Bildungstitel damit einmal mehr ungleich verteilt sind (vgl. Grunert 2005).

Neben dem Nachhilfesektor haben in den letzten Jahren auch Angebote zugenommen, die über den Unterrichtsstoff hinaus Wissen vermitteln möchten, das zwar nicht unmittelbar der schulischen Qualifizierung dient, jedoch einen zusätzlichen Vorsprung im Wettbewerb um Bildungstitel verspricht. So stellen etwa Musikschulen, Fremdsprachenkurse oder Computerschulen Lernangebote dar, die sich nicht nur durch ihre schulnahen Inhalte auszeichnen, sondern auch, ebenso wie die Schule, zeitlich und räumlich verbindlichen Charakter haben und von ganz unterschiedlichen Trägern, wie Sprach- und Musikschulen, privaten Initiativen oder auch überregionalen kommerziellen Instituten angeboten werden (vgl. Hagstedt 1998, S. 47). Wenngleich über diese Form der Freizeitgestaltung von Heranwachsenden bereits seit längerer Zeit vehement diskutiert wird, finden sich in der aktuellen Forschung kaum differenzierte Informationen darüber, wie intensiv solche Angebote genutzt werden und welche Konsequenzen dies für den Kompetenzerwerb der Kinder und Jugendlichen sowie deren schulische Unterrichtserfahrungen hat.

Jugendliche verbringen ihre Freizeit häufig auch in Vereinen und Organisationen. Insgesamt zeigt sich, dass 41,6% der 15- bis 24-Jährigen Mitglied in einem Verein oder einer Organisation sind.[2] Wie bereits in den Angaben über die überhaupt ausgeübten Tätigkeiten in der Freizeit deutlich wurde, spielt das Sporttreiben für die Jugendlichen eine große Rolle (81%), so dass die Sportvereine mit 35,1% an erster Stelle in den Vereinsmitgliedschaften der Jugendlichen stehen (vgl. Fischer 2000, S. 275f.). Weit abgeschlagen folgen dahinter mit 6,7% kirchliche, konfessionelle Jugendgruppen sowie freiwillige Hilfsorganisationen (5,7%) und Fanclubs (5%). Kaum eine Rolle spielt die Organisation in der Gewerkschaft (1,2%) oder in politischen Parteien (1,5%). Jugendliche lassen sich damit in ihrer Freizeit zumeist freiwillig auch auf organisierte Aktivitäten ein.

Jugendliche, die organisierten Freizeitbeschäftigungen nachgehen, lernen zum einen, ihre persönlichen Interessen in konkrete Aktivitäten umzusetzen, zum anderen aber auch Dinge wie Zeitmanagement und Teamfähigkeit (vgl. Du Bois-Reymond 2000). Gerade in den Sportvereinen, die zwar zum Großteil wegen den möglichen Peer-Kontakten besucht werden (vgl. Hampsch 1998), spielt auch Leistungsbereitschaft, Konkurrenz und Wettbewerb eine Rolle. Sportlicher Erfolg ist gleichzeitig ein Mittel, Anerkennung bei Eltern oder Gleichaltrigen zu erwerben; sportliche Leistungen haben zudem eine sinn- und identitätsstiftende Funktion und tragen zur Selbsterfahrung bei (vgl. Eckert/Drieseberg/Willems 1990)[3]. Sport ist natürlich auch ein Mittel zur beruflichen Karriere. Wenngleich der Schritt ins Profilager nur für eine kleine

---

2 Im Osten Deutschlands liegen die Mitgliederzahlen in Vereinen und Organisationen immer noch deutlich unter denen in Westdeutschland. Gründe hierfür könnten in der sich erst langsam entwickelnden Vereinsinfrastruktur (vgl. Nolteernsting 1998), der noch wirkenden Skepsis gegen organisierte Freizeit sowie in geringeren finanziellen Ressourcen (vgl. Krüger/Kötters 2000) liegen.

3 Heranwachsende treiben Sport aber auch vermehrt außerhalb der traditionellen Sportvereine, etwa bei kommerziellen Anbietern, wie Fitnessstudios oder Squash-Center, die in Deutschland auf ca. 3 Millionen Mitglieder verweisen können. Hier sind es vor allem die modegeprägten Sportarten, die nicht unbedingt von den traditionellen Sportvereinen angeboten werden, die diese Anbieter immer beliebter werden lassen. So treiben fast 30% der 12- bis 16-Jährigen Sport in solchen kommerziellen Einrichtungen (vgl. Rolff/Zimmermann 1997, S. 113). Hinzu kommt ein großer Teil an einrichtungsunabhängigen, selbstorganisierten sportlichen Aktivitäten, wie Jogging oder Radfahren.

Minderheit der Jugendlichen in Frage kommt, dürften die vor allem durch die Medien erfahrbaren finanziellen Auswirkungen des Profisports ein Leistungsanreiz und Motivationsfaktor auch für den Freizeitsport von Jugendlichen sein. Insgesamt ist bislang jedoch recht wenig über die tatsächlichen Bildungs- und Entwicklungseffekte von organisierten Freizeitaktivitäten in Vereinen oder auch Verbänden bekannt. Die wenigen Untersuchungen zu diesem Themenbereich (vgl. etwa Brettschneider/Kleine 2001 zu Sportvereinen; Fauser/Fischer/Münchmeier 2006 zu Jugendverbänden) machen deutlich, dass eine systematische empirische Erforschung dieser Lebensbereiche als Bildungsorte erst in den Anfängen steckt (vgl. auch Grunert 2005).

Zu den lernintensiven Freizeitaktivitäten gehört ebenfalls die wachsende Zahl von Schülerwettbewerben, an denen immer mehr Jugendliche teilnehmen. Solche Wettbewerbe finden auf den verschiedensten Gebieten, wie etwa Fremdsprachen, Mathematik, Technik etc. statt. Fölling-Albers (2000) schätzt, dass sich jährlich etwa 100.000 Kinder und Jugendliche daran beteiligen. Die Jugendlichen lernen hier, sich intensiv mit einem Thema zu beschäftigen und können vor allem in den Bereichen Technik oder Multimedia bereits Kontakte mit Firmen knüpfen und sich auch beruflich orientieren.

Freizeit, so Opaschowski (1996), stellt heute ein vielfältiges Erfahrungsfeld dar, das sich von Schule und Ausbildungsinstitutionen vor allem dadurch unterscheidet, dass hier Lernen auf der Basis der Freiwilligkeit, häufig unorganisiert und unabhängig von Institutionen stattfindet. Lernen in der Freizeit erweist sich also vor allem aufgrund seines selbstgesteuerten und informellen Charakters als different zum schulischen Lernen (vgl. du Bois-Reymond 2000; Grunert 2005). Wie deutlich wurde, sind für die Jugendlichen vor allem die Kontakte zu Gleichaltrigen von zentraler Bedeutung. Lernen in der Freizeit bedeutet deshalb auch meistens Lernen von und mit Gleichaltrigen. Du Bois-Reymond (2000) spricht in Anlehnung an Bourdieu davon, dass Jugendliche durch den Umgang mit Gleichaltrigen ‚Peerkapital' entwickeln, das heute zunehmend biographische und gesellschaftliche Relevanz erhält. Gleichaltrigenbeziehungen erfordern aufgrund ihrer Freiwilligkeit und Gleichberechtigung ein hohes Maß an Kooperations-, Verhandlungs- und Kritikfähigkeit. Dies vor allem deswegen, weil sie anders als die Einbindung in die Familie nicht auf Dauer gestellt sind, sondern jederzeit beendet werden können. Eine solche „Netzwerkkompetenz" kann also nur innerhalb der peer group und nicht in der Beziehung zu Eltern oder Lehrern erworben werden (vgl. auch Hurrelmann 2004), wenngleich bereits in der familialen Sozialisation die Grundsteine für die Ausbildung sozialer Kompetenzen sowie für die Fähigkeit zur Beziehungsaufnahme gelegt werden (vgl. Krappmann/Oswald 1990). Informelles Lernen unter und mit Peers bringt dabei spezifische Lernleistungen hervor, wie gegenseitige Anregungen durch kritische Rückmeldungen, den Erwerb sozialer Fähigkeiten zum Argumentieren und Aushandeln, den Zuwachs an Kreativität durch gemeinsame Denkanstrengungen u.a., die in der heutigen Gesellschaft zunehmend wichtiger werden. Als soziale Anerkennungsbeziehungen haben Gleichaltrigenkontakte darüber hinaus einen hohen Einfluss auf das Wohlbefinden und das Selbstbild der Heranwachsenden, so dass intakte Netzwerkbeziehungen auch die Schulfreude und die aktive und vielfältige Freizeitgestaltung von Kindern und Jugendlichen determinieren (vgl. Büchner 1998). Gleichaltrige haben zudem einen großen Einfluss auf die Ausbildung von inhaltlichen Interessen, der den der Familie und v.a. den der Schule deutlich übersteigt. Interessen im Kindes- und Jugendalter bilden sich somit primär im Erfahrungsaustausch der Gleichaltrigen heraus und werden mehrheitlich auch gemeinsam mit anderen ausgeübt (vgl. Furtner-Kallmüntzer u.a. 2002).

Insgesamt muss jedoch festgehalten werden, dass die Aneignung kulturellen und sozialen Kapitals (vgl. Bourdieu 1982) in der Freizeit wesentlich von der sozialen Herkunft der Jugendlichen sowie ihrer Bildungs- und Geschlechtszugehörigkeit abhängig ist. So nutzen etwa Kinder und Jugendliche aus Familien mit hohem sozialem Status vergleichsweise häufiger institutionelle, organisierte Freizeitangebote. Sie sind signifikant höher in Vereine eingebunden oder besuchen öfter kommerzielle bildungsorientierte Angebote als Heranwachsende aus Familien mit niedrigem sozialem Status. Gründe hierfür sind zuallererst darin zu sehen, dass eine Teilnahme an organisierten Freizeitaktivitäten, wie etwa Vereinen, Musikschulen oder Sprachkursen abhängig ist von den finanziellen Ressourcen der Kinder und Jugendlichen bzw. ihrer Herkunftsfamilien sowie dem Stellenwert, den Eltern solchen Beschäftigungen beimessen (vgl. Grunert 2005).

Eine Schicht- und Bildungsabhängigkeit lässt sich im Freizeitbereich zudem nicht nur für den Besitz, sondern auch für die Art und Weise der Nutzung von Medien nachweisen. Eine Studie von Bofinger (2001) konnte zeigen, dass sich der Umgang mit Medien durch die Heranwachsenden stark an den Nutzungsgewohnheiten der Eltern orientiert, die wiederum schichtspezifisch geprägt sind. So nutzen Eltern aus gehobenen Milieus die neuen Medien primär zu Informations- und Arbeitszwecken, während Nutzer unterer Sozialmilieus eher die Unterhaltungsdimension ins Zentrum stellen (vgl. auch Barz 2000).

Auch im Hinblick auf die Peerbeziehungen der Heranwachsenden bildet die Familie eine wichtige Orientierungsfolie. Zwar trennen die Jugendlichen häufig strikt zwischen Clique und Familie, d.h. Eltern haben so gut wie keinen Einfluss auf die Wahl der Freunde ihrer Kinder – jedoch hebt dies nicht die enge Verbindung von Familie als Sozialraum und Clique als Sozialraum auf. Familiale Sozialisation steckt damit auch einen Rahmen für die Handlungsstrukturen und Beziehungsmuster innerhalb der Clique (vgl. Wensierski 2003). „Kinder gesellen sich gerade über ihre Aktivitäten gerne den Kindern ihres eigenen Milieus zu und vollziehen selbst eine Schichtzuordnung" (Herzberg 2003, S. 69).

4 Fazit

Zusammenfassend kann festgehalten werden, dass sich das klassische Konzept von Jugend als Erfahrungs- und Erprobungsraum, das in den 1920er Jahren noch ein Privileg der Jugendlichen aus höheren sozialen Milieus war, seit den 1960er Jahren verallgemeinert hat (vgl. Grunert/ Krüger 2000). Bedingt wurde dies durch die Verlängerung der Schulzeit, den späten Eintritt in das Erwerbsleben, die Ausweitung der Freizeitangebote und -möglichkeiten sowie durch spätere Heiratszeiten. Obwohl sich aber dieses klassische Konzept von Jugend als Bildungsmoratorium als das gegenwärtig zentrale Strukturmodell der Jugendphase durchgesetzt hat, dürfen jedoch die damit verbundenen neuen Zwänge und Belastungen sowie insbesondere schicht- und geschlechtsspezifischen Differenzen nicht übersehen werden. Es wäre also völlig verkürzt, die Frage nach dem Verhältnis von Jugend und Bildung ausschließlich vor dem Hintergrund solcher Homogenisierungsannahmen zu bearbeiten.

Wie deutlich wurde, ist die Bildungsbeteiligung von Jugendlichen, sowohl im Bereich der Schule als auch auf der Ebene der Aneignung von kulturellem und sozialem Kapital im Freizeitbereich, von Faktoren abhängig, die auf alte und neue soziale Ungleichheiten verweisen. Diese werden nicht mehr nur in der Tatsache deutlich, dass etwa Kinder aus Arbeiterfamilien in deutlich geringerem Maße eine höhere Schulausbildung absolvieren. Auch der Erwerb von Bildungstiteln im Freizeitbereich – etwa im Bereich von Fremdsprachen und Musik oder im Umgang mit Computer und Internet – ist abhängig von der Zugehörigkeit zu bestimmten sozialen Schichten und lässt sich damit als ein neues Moment sozialer Ungleichheit charakterisieren.

Gleichzeitig erweisen sich Schule und Freizeit als Bildungsbereiche, die unterschiedlichen Lernmodi unterliegen. Während der Freizeitbereich eher durch informelles und intrinsisch motiviertes Lernen charakterisiert ist, stellt sich Schule als Bildungsinstitution dar, in der formelles und extrinsisch motiviertes Lernen bzw. Pflichtlernen vorherrschend ist (vgl. du Bois-Reymond 2000; Sass 2006). Damit machen Jugendliche gegensätzliche Erfahrungen in der Form der Aneignung von Wissen in diesen beiden Lebensbereichen. Die Feststellung, dass Schüler gegenwärtig immer weniger gern zur Schule gehen und Schule weniger als Ort des Lernens relevanter Inhalte, sondern vielmehr als sozialen Treffpunkt ansehen, könnte damit im Zusammenhang stehen.

Zum anderen zeigt die Tatsache, dass sich Jugendliche in ihrer Freizeit freiwillig auch in unterrichtsähnlichen Zusammenhängen, wie etwa in Fremdsprachenkursen oder Musikschulen, weiterbilden, dass der Schule entweder die für die Jugendlichen relevanten Inhalte fehlen oder die Form ihrer Vermittlung an den Erwartungen der Jugendlichen vorbeigeht. Damit trägt sie jedoch erneut zur Reproduktion sozialer Ungleichheit bei, da Heranwachsende aus bildungsfernen Schichten in der Mehrheit ausschließlich auf die Schule als Bildungsinstanz angewiesen sind.

Aus diesen Befunden ergeben sich Fragen für die Jugendforschung, die bis heute noch unzureichend beantwortet sind. Gerade für den Bereich des Verhältnisses von Jugend und Bildung ist damit die Forderung nach einer stärkeren Betonung des erziehungswissenschaftlichen Blicks und Frageinteresses in der Jugendforschung verbunden. Nachdem die Erziehungswissenschaft in den 1980er Jahren eine gewisse Leitfunktion in der Jugendforschung hatte (sicherlich auch mitbedingt durch das DFG-Schwerpunktprogramm pädagogische Jugendforschung), hat sie diese Rolle in den 1990er-Jahren verloren und an die Jugendpsychologie und Jugendsoziologie abgegeben (vgl. Lüders 1998, S. 306). Zentrale zu untersuchende Themen einer erziehungswissenschaftlich orientierten Jugendforschung wären etwa die Alltagswelten und Gestaltungsspielräume von Jugendlichen in pädagogischen Institutionen, der Einfluss der digitalen Sozialisationsumwelten auf die Veränderungen der Bedingungen des Lernens oder die Analyse der Frage, was Jugendliche in Peergroups eigentlich lernen und in welchem Verhältnis außerschulische und schulische Bildungsprozesse zueinander stehen (vgl. BMFSFJ 2005; Krüger u.a. 2008).

Literatur

Alheit, P./Glass, C. (1986): Beschädigtes Leben. Soziale Biographien arbeitsloser Jugendlicher. Frankfurt a.M.: Campus.
Allerbeck, K./Hoag, W. (1985): Jugend ohne Zukunft? München u.a.: Piper.
Anweiler, O./Mitter, W./Peisert, H./Schaefer, H.-P./Stratenwerth, W. (Hrsg.) (1990): Vergleich von Bildung und Erziehung in der Bundesrepublik Deutschland und in der Deutschen Demokratischen Republik. Köln: Verl. Wiss. u. Politik.
Apel, H./Engler, S./Friebertshäuser, B./Fuhs, B./Zinnecker, J. (1995): Kulturanalyse und Ethnographie. Vergleichende Feldforschung im studentischen Raum. In: König, E./Zedler, P. (Hrsg.): Bilanz qualitativer Forschung. Bd. II. Weinheim: Dt. Studien Verl., S. 343–379.
Baacke, D. (1997): Medienpädagogik. Tübingen: Niemeyer.
Baumert, J./ Klieme, E./Neubrand, M./Prenzel, M./Schiefele, U./Schneider, W./Stanat, P./Tillmann, K.-J./Weiss, M. (Hrsg.) (2001): PISA 2000. Basiskompetenzen von Schülerinnen und Schülern im internationalen Vergleich. Opladen: Leske und Budrich.

Baumert, J./Eigler, G./Ingenkamp, K./Macke, G./Steinert, B./Weishaupt, H. (1990): Zum Status der empirisch-analytischen Pädagogik in der deutschen Erziehungswissenschaft. In: Ingenkamp, K./Jäger, R.S./Petillon, H./Wolf, B. (Hrsg.): Empirische Pädagogik 1970-1990. Bd. 1. Weinheim: Deutscher Studien-Verlag, S. 1–90.

Bundesministerium für Familie, Senioren, Frauen, Jugend (2005): Zwölfter Kinder- und Jugendbericht. Berlin: BMBF.

Beck, K./Kell, A./Achtenhagen, F. (1991): Bilanz der Bildungsforschung. Stand und Zukunftsperspektiven. Weinheim: Deutscher Studien Verlag.

Behnken, J./Günther, C./Kabat vel Job, O./Keiser, S./ Krüger, H.-H./ Zinnecker, J. (1991): Schülerstudie '90. Weinheim/München: Juventa.

Bellenberg, G./Klemm, K. (1995): Bildungsexpansion und Bildungsabteilung. In: Böttcher, W./Klemm, K. (Hrsg.): Bildung in Zahlen. Weinheim u.a.: Juventa, S. 217–226.

Bietau, A. (1989): Arbeitsjugendliche zwischen Schule und Subkultur. In: Breyvogel, W. (Hrsg.): Pädagogische Jugendforschung. Erkenntnisse u. Perspektiven. Opladen: Leske und Budrich, S. 131–159.

Bois-Reymond, M. du (2000): Jugendkulturelles Kapital in Wissensgesellschaften. In: Krüger, H.-H./Wenzel, H. (Hrsg.): Schule zwischen Effektivität und sozialer Verantwortung. Opladen: Leske und Budrich, S. 235–254.

Bonfadelli, H. (1996): Lesen im Alltag Jugendlicher. Umfang und Motivationen, Modalitäten. In: Hohmann, J.S./ Rubinich, J. (Hrsg.): Wovon der Schüler träumt. Leseförderung im Spannungsfeld von Literaturvermittlung und Medienpädagogik. Frankfurt a.M. u.a.: Lang, S. 51–66.

Bourdieu, P. (1982): Die feinen Unterschiede. Kritik der gesellschaftlichen Urteilskraft. Frankfurt a.M. Suhrkamp.

Braun, F. (1996): Lokale Politik gegen Jugendarbeitslosigkeit. Ergebnisse aus der wissenschaftlichen Begleitung eines Modellprogrammes des Bundesministeriums fuer Familie, Senioren, Frauen und Jugend. München: DJI-Verlag.

Brettschneider, W.-D./Kleine, T. (2001): Jugendarbeit in Sportvereinen. Anspruch und Wirklichkeit. Paderborn: Abschlussbericht

Brusten, M./Hurrelmann, K. (1973): Abweichendes Verhalten in der Schule. Eine Untersuchung zu Prozessen der Stigmatisierung. München: Juventa Verlag.

Büchner, P./Krüger, H.-H. (1996): Schule als Lebenswelt von Kindern und Jugendlichen. In: Büchner, P./Fuhs, B./Krüger, H.-H. (Hrsg.): Vom Teddybär zum ersten Kuß. Wege aus der Kindheit in Ost- und Westdeutschland.Opladen: Leske und Budrich, S. 201–224.

Bundesagentur für Arbeit (2006): Arbeitsmarkt 2005. Amtliche Nachrichten der Bundesagentur für Arbeit. 54. Jahrgang, Sondernummer Nürnberg, 24. August 2006.

Bundesministerium für Bildung und Forschung (1999): Grund- und Strukturdaten 1998/99. Bonn: BMBF.

Bundesministerium für Bildung und Forschung (2007): 18. Sozialerhebung des Deutschen Studentenwerks durchgeführt durch HIS Hochschul-Informations-System. Bonn, Berlin: BMBF.

Coleman, J. S. (1961): The Adolescent Society. New York: Free Press.

Deutsche Shell (Hrsg.) (2000): Jugend 2000. 13. Shell Jugendstudie. 2. Bd. Opladen: Leske und Budrich.

Döring, N. (1997): Lernen und Lehren im Internet. In: Batinic, B. (Hrsg.): Internet für Psychologen. Göttingen u.a.: Hogrefe, Verl. für Psychologie, S. 359–393.

Ecarius, J./Fromme, J. (2000): Außerpädagogische Freizeit und jugendkulturelle Stile. In: Sander, U./Vollbrecht, R. (Hrsg.): Jugend im 20. Jahrhundert. Neuwied: Luchterhand, S. 138–157.

Eckert, R./Drieseberg, T./Willems, H. (1990): Sinnwelt Freizeit. Jugendliche zwischen Märkten und Verbänden. Opladen: Leske und Budrich.

Faulstich-Wieland, H./Nyssen, E. (1998): Geschlechterverhältnis im Bildungssystem. In: Rolff, H.-G./Bauer, K.O./ Klemm, K./Pfeiffer, H. (Hrsg.): Jahrbuch der Schulentwicklung. Bd. 10. Weinheim/München: Juventa, S. 163–199.

Fauser, K./Fischer, A./Münchmeier, R. (2006): Jugendliche als Akteure im Verband. Opladen: Barbara Budrich

Fend, H. (1980): Theorie der Schule. München: Urban & Schwarzenberg.

Fend, H. (1982): Gesamtschule im Vergleich. Weinheim u.a.: Beltz.

Fend, H. (1990): Bilanz der empirischen Bildungsforschung. In: Zeitschrift für Pädagogik, 36. Jg., H. 5, S. 687–710.

Fickermann, D. (1996): Konsequenzen der demographischen Entwicklung Ostdeutschlands für das Gymnasium. In: Marotzki, W./Meyer, M/Wenzel, H. (Hrsg.): Erziehungswissenschaft für Gymnasiallehrer. Weinheim: Dt. Studien-Verlag, S. 320–349.

Fischer, A. (2000): Jugend und Politik. In: Deutsche Shell (Hrsg.): Jugend 2000. Bd. 1. Opladen: Leske und Budrich, S. 261–303.

Fischer, A./Fuchs, W./Zinnecker, J. (1985): Shell-Studie '85. 4 Bd. Jugendliche und Erwachsene ,85: Generationen im Vergleich. 4. Jugend in Selbstbildern. Leverkusen: Leske und Budrich..

Fölling-Albers, M. (2000): Entscholarisierung von Schule und Scholarisierung von Freizeit? In: Zeitschrift für Soziologie der Erziehung und Sozialisation, 2. Jg., H. 2, S. 118–131.

Fritzsche, Y. (2000): Modernes Leben: gewandelt, vernetzt und verkabelt. In: Deutsche Shell (Hrsg.): Jugend 2000. Bd. 1. Opladen: Leske und Budrich, S. 181–220.
Fuchs, W./Krüger, H.-H.: (1991): Feste Fahrpläne durch die Jugendphase. Jugendbiographien heute. Opladen: Leske und Budrich.
Galuske, M. (1998): Jugend ohne Arbeit. Das Dilemma der Jugendberufshilfe. In: Zeitschrift für Erziehungswissenschaft, 2. Jg., H. 4, S. 535–560.
Grunert, C. (2005): Kompetenzerwerb von Kindern und Jugendlichen in außerunterrichtlichen Sozialisationsfeldern. In: Sachverständigenkommission Zwölfter Kinder- und Jugendbericht (Hrsg.): Kompetenzerwerb von Kindern und Jugendlichen im Schulalter. Materialien zum Zwölften Kinder- und Jugendbericht, Bd. 3. München: Verlag Deutsches Jugendinstitut, S. 9–174.
Grunert, C./Krüger, H.-H. (2000): Zum Wandel von Jugendbiographien im 20. Jahrhundert. In: Sander, U./Vollbrecht, R. (Hrsg.): Jugend im 20. Jahrhundert. Neuwied: Luchterhand, S. 192–219.
Habermas, J. (1958): Soziologische Notizen zum Verhältnis von Arbeit und Freizeit. In: Giesecke, H. (Hrsg.) (1971[2]): Freizeit- und Konsumerziehung. Göttingen: Vandenhoeck & Ruprecht, S. 105–122.
Hagstedt, H. (1998): Nebenschulen. Der freie Unterrichtsmarkt – Herausforderungen oder Bankrotterklärung? In: Grundschulzeitschrift, 12, S. 46–51.
Hampsch, H. (1998): Freizeit und Schule. Die Selektion von Freizeitaktivitäten und ihr Einfluß auf schulisches Leistungs- und Sozialverhalten. Frankfurt a.M.: Lang.
Hansen, R./Hornberg, S. (1995): Nicht-Deutsche in Schule und Ausbildung. In: Böttcher, W./Klemm, K. (Hrsg.): Bildung in Zahlen. Weinheim: Juventa, S. 95–110.
Hansen, R./Krampe, L./Lehmpfuhl, U./Pfeiffer, H./Schulze, R. (1994): Von der 'Facharbeiterlücke' zur 'Ausbildungskrise' und zurück? In: Rolff, H.-G./Bauer, K. O./Klemm, K./Pfeiffer, H./Schulz-Zander, R. (Hrsg.): Jahrbuch der Schulentwicklung. Bd. 8. Weinheim: Juventa, S. 143–204.
Hansen, R./Pfeiffer, H. (1998): Bildungschancen und soziale Ungleichheit. In: Rolff, H.-G./Bauer, K.-O./Klemm, K./Pfeiffer, H. (Hrsg.): Jahrbuch der Schulentwicklung. Bd. 10. Weinheim: Juventa, S. 51–86.
Heinz, W./Krüger, H. (1985): „Hauptsache eine Lehrstelle" – Jugendliche vor den Hürden des Arbeitsmarktes. Weinheim: Beltz.
Helsper, W. (1989): Jugendliche Gegenkultur und schulisch-bürokratische Rationalität: Zur Ambivalenz von Informalisierungs- und Individualisierungsprozessen. In: Breyvogel, W. (Hrsg.): Pädagogische Jugendforschung. Opladen: Leske und Budrich, S. 161–186.
Helsper, W. (1993): Jugend und Schule. In: Krüger, H.-H. (Hrsg.): Handbuch der Jugendforschung. Opladen: Leske und Budrich, S. 351–382.
Helsper, W./Bertram, M. (1999): Biographieforschung und SchülerInnenforschung. In: Krüger, H.-H./Marotzki, W. (Hrsg.): Handbuch erziehungswissenschaftliche Biographieforschung. Opladen: Leske und Budrich, S. 259–278.
Helsper, W./Krüger, H.-H./Fritzsche, S./Sandring, S./Wiezorek, Ch./Böhm-Kasper, O./Pfaff, N. (Hrsg.) (2006): Unpolitische Jugend? Eine Studie zum Verhältnis von Schule, Anerkennung und Politik. Wiesbaden: VS Verlag für Sozialwissenschaften.
Herzberg, I. (2003): Kindheit, Kinder und Kinderkultur. Zum Verhältnis „alter" und „neuer" Perspektiven. In: Stickelmann, B./Frühauf, H.-P. (Hrsg.): Kindheit und sozialpädagogisches Handeln: Auswirkungen der Kindheitsforschung. Weinheim/München: Juventa, S. 37–78.
Holtappels, H. G. (1984): Abweichendes Verhalten oder Schülerbewältigung. In: Die Deutsche Schule, H. 4, S. 18–31.
Horstkemper, M. (1987): Schule, Geschlecht und Selbstvertrauen. Eine Längsschnittstudie über Mädchen - Sozialisation in der Schule. Weinheim: Juventa.
Hurrelmann, K. (1996): Wird Bildung käuflich? In Grundschulzeitschrift, 10, S. 4.
Hurrelmann, K. (2004[7]): Lebensphase Jugend. Eine Einführung in die sozialwissenschaftliche Jugendforschung. Weinheim/München: Juventa.
Hurrelmann, K./Holler, B./Nordlohne, E. (1988): Die psychosozialen „Kosten" verunsicherter Statuserwartungen im Jugendalter. In: Zeitschrift für Pädagogik, 34. Jg., H. 1, S. 25–44.
Hurrelmann, K./Wolf, H. (1986): Schulerfolg und Schulversagen im Jugendalter. Weinheim: Juventa.
Janshen, D./Rudolph, H. (1987): Ingenieurinnen. Frauen für die Zukunft. Berlin: De Gruyter.
Jost, W. (1995): Berufsausbildung. In: Böttcher, W./Klemm, K. (Hrsg.): Bildung in Zahlen. Weinheim: Juventa, S. 63–94.
Kakies, R./Lempfuhl, U./Miethner, J. (1998): Berufliche Bildung zwischen Attraktivität und Krise. In: Rolff, H.-G./Bauer, K.-O./Klemm, K./Pfeiffer, H. (Hrsg.): Jahrbuch der Schulentwicklung. Bd. 10. Weinheim: Juventa, S. 127–162.
Kanders, M. (2000): Das Bild der Schule aus der Sicht von Schülern und Lehrern II. Dortmund: IFS-Verlag.

Konsortium Bildungsberichterstattung (2006): Bildung in Deutschland. Bielefeld: Bertelsmann.
Krüger, H.-H./Grundmann, G./Pfaff, N. (2000): Jugendkulturen und Schule. In: Krüger, H.-H./Grundmann, G./Kötters, C.: Jugendliche Lebenswelten und Schulentwicklung. Opladen: Leske und Budrich.
Krüger, H.-H./Köhler, S./Pfaff, N./Zschach, M. (2008): Kinder und ihre Peers. Opladen: Leske und Budrich.
Krüger, H.-H./Kötters, C. (1999): Vom Risiko, ein Mädchen zu sein. In: Opp, G./Fingerle, M./Freytag, A. (Hrsg.): Was Kinder stärkt. München/ Basel: Reinhardt, S. 287–295.
Krüger, H.-H./Kötters, C. (2000): Schule und jugendliches Freizeitverhalten. In: Krüger, H.-H./Grundmann, G./Kötters, C.: Jugendliche Lebenswelten und Schulentwicklung. Opladen: Leske und Budrich, S. 111–146
Krüger, H.-H./Thole, W. (1992): Jugend, Freizeit und Medien. In: Krüger, H.-H. (Hrsg.): Handbuch der Jugendforschung. Opladen: Leske und Budrich, S. 447–472.
Kultusministerkonferenz (Hrsg.) (2003): Bildungsbericht für Deutschland. Erste Befunde. Opladen: Leske und Budrich.
Lex, T. (1997): Berufswege Jugendlicher zwischen Integration und Ausgrenzung. Weinheim: Juventa.
Lüders, C. (1998): Ein erziehungswissenschaftlicher Blick auf die Jugendforschung. In: Zeitschrift für Erziehungswissenschaft, 1. Jg., H. 2, S. 300–306.
Mack, W./Raab, E./Rademacker, H. (2003): Schule, Stadtteil, Lebenswelt. Eine empirische Untersuchung. Opladen: Leske und Budrich.
Mansel, J./Hurrelmann, K. (1991): Alltagsstreß bei Jugendlichen. Weinheim/München: Juventa.
Marotzki, W./Meister, D. M./Sander, U. (Hrsg.) (2000): Zum Bildungswert des Internet. Opladen: Leske und Budrich.
Meister, D. M./Sander, U./Grunert, C./Hammerschmidt, D. (1999): Schulen im Netz in Sachsen-Anhalt. Forschungsergebnisse zum Interneteinsatz an Schulen in Sachsen-Anhalt. Halle: ZSL.
Meulemann, H. (1999): Stichwort: Lebenslauf, Biographie und Bildung. In: Zeitschrift für Erziehungswissenschaft, 2. Jg., H. 3, S. 305–324.
Nolteernsting, E. (1998): Jugend, Freizeit, Geschlecht. Der Einfluß gesellschaftlicher Modernisierung. Opladen: Leske und Budrich..
Opaschowski, H. W. (1996): Pädagogik der freien Lebenszeit. Opladen: Leske und Budrich.
Orthmann, C./Issing, L. J. (2000): Lernen im Internet – ein integrativer Ansatz. In: Marotzki, W./Meister, D. M./Sander, U. (Hrsg.): Zum Bildungswert des Internet. Opladen: Leske und Budrich, S. 83–96.
Prenzel, M.: (2004): PISA 2003. Münster/ Westfalen u.a.: Waxmann.
Rauschenbach, T./Mack, W./Leu, H.R. u.a. (2004): Non-formale und informelle Bildung im Kindes- und Jugendalter – Konzeptionelle Grundlagen für einen Nationalen Bildungsbericht. Hrsg. vom Bundesministerium für Bildung und Forschung. Bonn: BMBF.
Rauschenbach, T./Züchner, I. (2000): Arbeitsmarkt. In: Otto, H. U./Krüger, H.-H./Merkens, H./Schenk, B./Weishaupt, H./Zedler, P./Rauschenbach, Th. (Hrsg.): Datenreport Erziehungswissenschaft. Opladen: Leske und Budrich, S. 57–74.
Roth, H./Friedrich, D. (1975): Einleitung. In: Roth, H./Friedrich, D. (Hrsg.): Bildungsforschung. Probleme – Perspektiven – Prioritäten. Band 1 von 2. Stuttgart: Klett, S. 19–54.
Rudolph, M. (2002): Nachhilfe - gekaufte Bildung? Empirische Untersuchung zur Kritik der außerschulischen Lernbegleitung. Eine Erhebung bei Eltern, LehrerInnen und Nachhilfeinstituten. Bad Heilbrunn/Obb.: Klinkhardt.
Sander, U./Vollbrecht, R. (1985): Zwischen Kindheit und Jugend. Weinheim u.a.: Juventa.
Schenk, B. (2000): Geschlechterverhältnis. In: Otto, H. U./Krüger, H.-H./Merkens, H./Schenk, B./Weishaupt, H./Zedler, P./Rauschenbach, Th. (Hrsg.): Datenreport Erziehungswissenschaft. Opladen: Leske und Budrich., S. 99–116.
Specht, W. (1982): Die Schulklasse als soziales Beziehungsfeld altershomogener Gruppen. Eine theoretische und empirische Analyse schulorganisatorischer, schulklimatischer und kompositioneller Bedingungen von Wertinhalten und Beziehungsformen im informellen Bereich der Lerngruppe. Konstanz: Universität.
Statistisches Bundesamt (2005): Weniger Ausbildungsanfänger mit Hauptschulabschluss. Pressemitteilung vom 26.07.2005
Statistisches Bundesamt (2006): Anteil der Berufsschüler im dualen System weiter rückläufig. Pressemitteilung Nr. 116 vom 14.03.2006.
Statistisches Bundesamt (2007a): Bildung und Kultur. Berufliche Schulen. Fachserie 11, Reihe 2, Wiesbaden: Bundesamt.
Statistisches Bundesamt (2007b): Bildung und Kultur. Studierende an Hochschulen. Fachserie 11, Reihe 4.1, Wiesbaden: Bundesamt.
Statistisches Bundesamt (2007c): Bildung und Kultur. Allgemeinbildende Schulen. Fachserie 11, Reihe 1, Wiesbaden: Bundesamt.

Stober, D. (1990): Quo vadis magister? Persönlichkeit als Schlüssel zum beruflichen Erfolg. Weinheim: Deutscher Studien-Verlag.
Tippelt, R. (1990): Bildung und sozialer Wandel. Weinheim: Deutscher Studien-Verlag.
Tippelt, R. (1998): Zum Verhältnis von Allgemeiner Pädagogik und empirischer Bildungsforschung. In: Zeitschrift für Erziehungswissenschaft, 1. Jg., H. 2, S. 239–260.
Turkle, S. (1995): Life on the screen. New York u.a.: Simon & Schuster.
Wahler, P. (2000): Jugend in Berufsbildung und Arbeit, In: Sander, U./Vollbrecht, R. (Hrsg.): Jugend im 20. Jahrhundert. Neuwied: Luchterhand, S. 176–191.
Weegen, M. (1995): Hochschule. In: Böttcher, W./Klemm, K. (Hrsg.): Bildung in Zahlen. Weinheim: Juventa, S. 111–130.
Wensierski, H.-J. v. (2003): Jugendcliquen und Jugendbiographien. Biografische und ethnografische Analysen der Mitgliedschaft in Jugendcliquen am Beispiel ostdeutscher Jugendlicher. Habilitationsschrift. Halle: Universität Halle.
Willis, P. (1979): Spaß am Widerstand. Frankfurt a.M.: Syndikat Autoren- und Verl.-Ges.
Zinnecker, J. (1990): Kindheit, Jugend und soziokultureller Wandel in der Bundesrepublik Deutschland. In: Büchner, P./Krüger, H.-H./Chisholm L. (Hrsg.): Kindheit und Jugend im interkulturellen Vergleich. Opladen: Leske und Budrich, S. 17–36.
Zinnecker, J. (1991): Jugend als Bildungsmoratorium. In: Melzer, W./Heitmeyer, W./Liegle, L./Zinnecker, J. (Hrsg.): Osteuropäische Jugend im Wandel. Weinheim: Juventa, S. 9–24.

Bernhard Schmidt

Bildung im Erwachsenenalter

1 Einleitung

Die Bildung im Erwachsenenalter ist eng mit dem Paradigma des Lebenslangen Lernens verknüpft, das über eine isolierte Lebensphase hinaus die Notwendigkeit von Bildungsprozessen über alle Lebensalter hinweg betont und gleichzeitig den Blick auf Lernprozesse außerhalb organisierter Bildungsmaßnahmen erweitert. Die organisierten und didaktisch vorbereiteten Bildungsangebote für Erwachsene werden im deutschsprachigen Raum unter dem Begriff der Erwachsenenbildung subsumiert, wobei dieser Terminus heute weitgehend synonym zu Weiterbildung gebraucht wird und international als „adult education", „further education" und „continuing education" diskutiert wird. Erwachsenenbildung zielt heute auf die Ergänzung bzw. Fortführung grundlegender Bildung, die Aktualisierung von Wissensbeständen und den Ausgleich interindividueller Bildungsunterschiede ab (vgl. Tippelt 2004) und wird von den Lernenden sowohl als Prozess individueller Weiterentwicklung als auch als Maßnahme zur Bearbeitung aktuell wahrgenommener Bildungs- und Wissensdefizite genutzt (vgl. Kade/Seitter 1996). Den vielfältigen Anforderungen an Erwachsenenbildung und ihren unterschiedlichen Zielsetzungen und Handlungsschwerpunkten entspricht ein großes Spektrum an Angebotsformen und Inhalten, Trägern und Institutionen (vgl. Schmidt 2007a).

Das breite und facettenreiche Forschungsfeld zur Bildung im Erwachsenenalter kann hier nicht vollständig abgedeckt werden. Anhand von vier Leitfragen werden aber wesentliche Fragestellungen und Kernthemen dieses Bereiches der Bildungsforschung umrissen: Wer bildet sich im Erwachsenenalter? Welche Ziele hat Erwachsenenbildung? Wo bilden sich Erwachsene? Und wie sind Bildungsprozesse für Erwachsene zu gestalten?

2 Wer bildet sich im Erwachsenenalter?

2.1 Bildungsbeteiligung

Macht man die Bildungsaktivität Erwachsener an der Teilnahme an organisierten Weiterbildungsangeboten fest, so zeigt sich, dass knapp die Hälfte der 19 bis 64-Jährigen in Deutschland im Laufe eines Jahres an einer oder mehreren Bildungsveranstaltungen teilgenommen hat (vgl. Rosenbladt/Bilger 2008). Dabei sind es vor allem die höher gebildeten Erwachsenen mit besserem Einkommen und gehobener beruflicher Position, die überdurchschnittlich an Weiterbildung partizipieren. Beamte nehmen im Durchschnitt häufiger Bildungsangebote in Anspruch als Angestellte und diese wiederum häufiger als Arbeiter. Im Bereich der beruflichen Weiterbildung spielen darüber hinaus noch der Erwerbsstatus, die Größe des Unternehmens, in dem die Betroffenen beschäftigt sind und die Branche eine wesentliche Rolle. Etwas weniger eindeutig wird in verschiedenen Studien der Einfluss des Alters auf die Bildungsbeteiligung beschrieben (vgl. Wilkens/Leber 2003; Beicht/Schiel/Timmermann 2004; Schmidt 2007b). Jüngste Untersuchungen zeigen, dass im Bereich beruflicher Weiterbildung erst in den letzten Berufsjahren (etwa ab dem 55. Lebensjahr) eine rückläufige Beteiligung an beruflicher Weiterbildung zu verzeichnen ist, wenn nur die Erwerbstätigen betrachtet werden (vgl. Rosenbladt/Bilger 2008). In der allgemeinen Weiterbildung dagegen ist eine mit dem Alter rückläufige Teilnahmequote zwar deutlich erkennbar (vgl. Kuwan/Graf-Cuiper/Tippelt 2004), hier sind allerdings auch Kohortenphänomene wirksam (vgl. Eckert 2007). Erstaunlich ist die zeitliche Stabilität, mit der die genannten Faktoren auf das Weiterbildungsverhalten wirken. Bereits die erste Erhebung des Berichtssystems Weiterbildung (BSW) aus dem Jahr 1979 weist ähnliche Ungleichheitsstrukturen hinsichtlich der Bildungsteilhabe Erwachsener auf wie die späteren Erhebungen des BSW und zahlreiche andere Studien (vgl. BMBF 2005; Eckert/Schmidt 2007). Problematisch ist vor diesem Hintergrund die einseitige Kumulation von Bildungszertifikaten und Bildungskapital auf Seiten derjenigen zu sehen, die bereits über höhere Abschlüsse in der schulischen und beruflichen Erstausbildung verfügen. Erwachsenenbildung wird so ihrem Anspruch der kompensatorischen Bildung und des Abbaus von in der Erstausbildung manifestierten Bildungsungleichheiten nur bedingt gerecht. Gleichzeitig wurden die Grenzen der Steuerbarkeit von Bildungsnachfrage deutlich, wenn Geringqualifizierte als Zielgruppe von Erwachsenenbildung trotz verschiedener Marketingstrategien und entsprechender Angebotsplanungen schwer erreichbar sind. Neuere Ansätze in der Adressatenforschung bieten vor diesem Hintergrund durch die Berücksichtigung horizontaler Ungleichheit einen differenzierteren Blick auf Zielgruppen der Erwachsenenbildung und damit auch erweiterte Möglichkeiten für deren gezielte Ansprache. In diesem Kontext ist insbesondere die Milieuforschung hervorzuheben, die neben klassischen Kriterien vertikaler Differenzierung (Einkommen, Bildungsstand, Berufsstatus) auch Lebenslage, Lebensstil und persönliche Werthaltungen als differenzierende Momente berücksichtigt und auf der Basis dieser Kriterien die Bevölkerung in in sich weitgehend homogene Milieus unterteilt. Diese Milieus unterscheiden sich auch hinsichtlich ihrer Bildungsinteressen, -erwartungen und -barrieren signifikant voneinander (vgl. Barz/Tippelt 2004), so dass sich das Milieumodell als Ausgangspunkt für eine adressatenorientierte Gestaltung von Bildungsangeboten bewährt hat (vgl. Tippelt/Reich/Hippel/Barz/Baum 2007).

2.2 Bildungsmotive

Die individuellen Zielsetzungen, Erwartungen und Motive, die Erwachsene mit Bildungsaktivitäten verbinden, sind ebenso vielfältig wie deren Bildungsbarrieren und Gründe der Nicht-Teilnahme. Sie differieren je nach Lebenslage, sozialem Hintergrund und Lebensstil der Person sowie in Abhängigkeit von Form, Inhalt, Anlass und Kontext des jeweiligen Bildungsangebots. Zur Analyse von Motiven und Ursachen für die Teilnahme oder Nicht-Teilnahme an Bildungsveranstaltungen liegen – insbesondere aus dem angloamerikanischen Raum – einige theoretische Konzepte (zusammenfassend bei Siebert 2006) vor sowie umfangreiches empirisches Material auf nationaler Ebene. Diese empirischen Studien korrespondieren zwar teilweise mit den theoretischen Ansätzen, nutzen diese aber selten für das Untersuchungsdesign oder die Interpretation der Befunde, was auch daran liegen könnte, dass viele der Konzepte eher deskriptiven als erklärenden Charakter besitzen.

Die in der Motivationspsychologie dominierende Differenzierung von intrinsischer und extrinsischer Motivation, also von aus eigenem Antrieb und Interesse heraus initiierten und primär auf äußeren Einflüssen und Zwängen reagierenden Bildungsaktivitäten, lässt sich auch auf den Bereich der Erwachsenenbildung anwenden. Die vorliegenden empirischen Daten (z.B. aus dem Berichtssystem Weiterbildung) verweisen v.a. im beruflichen Bereich auf einen erheblichen Anteil extrinsischer Motivationsfaktoren im Bereich der beruflichen Weiterbildung. Etwa zwei Drittel der Teilnehmer an beruflicher Weiterbildung führen ihre Bildungsaktivität auf die Anregung durch Arbeitgeber und Vorgesetzte zurück (vgl. Schmidt 2007c), was zwar auf extrinsische Motive verweist, allerdings korrespondierende intrinsische Motive nicht ausschließt (vgl. Prager/Schleiter 2006). Insbesondere in der nachberuflichen Lebensphase entfallen extrinsische Bildungsmotive überwiegend und Bildungspartizipation ist in der Regel rein auf persönliche Interessen und Motive zurückzuführen (vgl. Lehr/Schmitz-Scherzer/Quadt 1979). In der Diskussion um Bildungsmotive und -interessen Erwachsener wird häufig von rationalen Entscheidungsprozessen ausgegangen, die einer Bildungsteilnahme zugrunde liegen. Das Abwägen von den mit Weiterbildung verbundenen Aufwendungen (Kosten, Zeitaufwand, Anstrengung, etc.) und erwarteten Erträgen (beruflicher Aufstieg, soziale Kontakte, Spaß am Lernen, u.ä.) wird dann als bestimmendes Moment für die Teilnahmeentscheidung gesehen, ganz im Sinne des Rational-Choice-Paradigmas (vgl. Becker 1993; Lindenberg 2001). Auch wenn der unterschiedliche Zugang zu Informationen über Weiterbildung und die persönliche Lebenslage als Ausgangspunkt für die Entscheidung einbezogen werden, so greift dieser Zugang doch zu kurz im Hinblick auf Sozialisationseffekte und biographische Erfahrungshorizonte, die ebenso das individuelle Bildungsverhalten nachhaltig beeinflussen (vgl. Eckert 2008), wie z.B. eine Studie zum Bildungsverhalten älterer Arbeitnehmer zeigt (vgl. Schmidt 2009). Cookson (1986) schlägt daher ein integratives Modell vor, das – neben anderen Faktoren – sowohl situationale und personale Variablen als auch den sozialen Hintergrund und habitualisierte Lerngewohnheiten berücksichtigt.

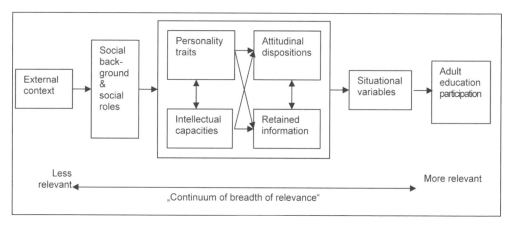

Abbildung 1: ISSTAL Modell nach Cookson (1986, S. 131)

Cooksons Modell ist exemplarisch für eine Reihe von Modellen zur Erklärung und Prognose von Weiterbildungsverhalten (z.B. Cross 1981; Manninen 2004; Schneider 2004), die aufgrund ihrer Komplexität und der unzureichenden Operationalisierbarkeit der einzelnen Komponenten (vgl. Schneider 2004, S. 59f.) bislang nur in Teilen empirisch verifiziert werden konnten. Im deutschsprachigen Raum hat sich die Erwachsenenbildungsforschung stärker auf Interessen und Barrieren von Adressatengruppen konzentriert, die sich nach soziodemographischen Kriterien, Lebenslage oder auch Lebensstil differenzieren lassen. Insbesondere die Bildungsbarrieren unterscheiden sich zwar zwischen verschiedenen Gruppen sehr deutlich, lassen sich jedoch in einige zentrale Faktoren zusammenfassen.

2.3 Bildungsbarrieren und Erwartungen an Weiterbildung

In Abgrenzung zu den Wurzeln grundlegender Bildungsbereitschaft und -interessen – wie sie in den Konzepten zur Bildungsmotivation diskutiert wurden – sind unter Bildungsbarrieren im engeren Sinne Faktoren zu erfassen, die trotz einer generellen Bereitschaft zur Bildungspartizipation Personen in der konkreten Situation von deren Realisierung abhalten (vgl. Lewin 1946/1982). Die bewusste Entscheidung des Individuums, nicht an Weiterbildung teilzunehmen, kann auch Produkt eines rationalen Entscheidungsprozesses – wie oben beschrieben – und für die Betroffenen durchaus funktional sein (Rubenson 2001, S. 23). Andragogischer Handlungsbedarf entsteht dagegen vor allem dort, wo Rahmenbedingungen die Teilnahme trotz einer generellen Bildungsbereitschaft verhindern. Diese Bedingungen finden sich nach Cross (1981) auf drei Ebenen.

- Institutionelle Barrieren haben ihre Ursachen in einer mangelnden Passung von Nachfrage- und Angebotsstrukturen. So können die mit einem konkreten Angebot verbundenen Kosten, Termine, Veranstaltungsorte oder Zugangsvoraussetzungen (z.B. Betriebszugehörigkeit) verschiedene Interessentengruppen a priori von der Teilnahme ausschließen. Auch das Image eines Trägers oder Dozenten sowie die inhaltliche Ausrichtung von Veranstaltungen können für verschiedene Adressatengruppen Barrieren darstellen, wenn sich diese von den Angeboten zu wenig in ihren Interessen und Bedarfen angesprochen fühlen. Dabei spielt jedoch nicht nur die Gestaltung des Angebots eine entscheidende Rolle, sondern auch dessen Außendarstellung (vgl. Reich 2005) und der Informationsstand der einzelnen Interessenten über das Angebot (vgl. Faulstich 2006, S. 8).
- Situationale Barrieren finden ihre Ursachen u.a. in der individuellen Lebenslage und -phase der Betroffenen, wenn z.B. gesundheitliche Einschränkungen eine Weiterbildungsteilnahme verhindern, familiäre oder berufliche Verpflichtungen keine Zeitfenster für Bildungsaktivitäten lassen oder das unmittelbare soziale Umfeld entsprechende Aktivitäten nicht unterstützt.
- Dispositionale Barrieren grenzen eng an motivationale Faktoren an und sprechen auch Aspekte des Zutrauens in die eigene Lern- und Leistungsfähigkeit, vorangegangene Bildungserfahrungen und den persönlichen Bildungsbegriff an. Diese sind gerade in standardisierten Erhebungen oft nur unzureichend erfasst und laufen daher Gefahr, in ihrem Einfluss eher unterschätzt zu werden. Eine aktuelle Untersuchung zum Weiterbildungsverhalten Älterer zeigt beispielsweise, dass über 30 % der 45 bis 80-Jährigen Nicht-Teilnehmer Weiterbildung altersbedingt nicht mehr als lohnend empfinden (vgl. Tippelt u.a. 2009).

Auf allen drei Ebenen können Barrieren eine Weiterbildungsteilnahme trotz grundlegender Bereitschaft dazu verhindern. Wenn Erwachsene sich aber für ein Bildungsangebot entscheiden, so verbinden sie bestimmte Erwartungen mit einer Teilnahme. Diese Erwartungen lassen sich in Analogie zu dem von Ditton (vgl. Beitrag von Ditton in diesem Handbuch) verwendeten Evaluationsmodell danach systematisieren, ob Sie sich auf Input, Prozess, Output oder Outcome einer Bildungsmaßnahme beziehen. Auf Input-Ebene können Erwartungen die Qualifikation der Dozenten, die organisatorischen Rahmenbedingungen oder den Anbieter betreffen, während Erwartungen hinsichtlich Lernumgebung, Vermittlungsmethoden, Lerngruppe, etc. den Prozess selbst betreffen. Häufig verbinden Erwachsene mit einer Bildungsaktivität auch das Erreichen eines bestimmten Wissenstandes, den Ausbau spezifischer Kompetenzen oder den Erhalt eines Zertifikats, was dem unmittelbaren Output einer Bildungsmaßnahme zugeschrieben werden kann. Gerade im Bereich beruflich motivierter Weiterbildung ist die Teilnahme nicht selten an konkrete Erwartungen hinsichtlich Erhalt des Arbeitsplatzes, beruflichen Aufstieg, beruflichen Erfolg oder auch ein höheres Einkommen geknüpft – also an Faktoren im Bereich des Outcomes von Bildung. Gerade bei diesen Erwartungen zu Bildungserträgen ist allerdings die Gefahr besonders hoch, unerfüllt zu bleiben.

2.4 Bildungserträge

Renditen und Erträge der Bildungsaktivitäten Erwachsener sind kaum direkt messbar, da z.B. beruflicher Aufstieg, höheres Einkommen oder anderweitige Verbesserungen in der beruflichen Situation nicht auf ein isoliertes Merkmal – wie die Weiterbildungsteilnahme – zurückzuführen sind. Deshalb fragen Studien zur Untersuchung dieses Zusammenhangs z.B. nach den subjektiv von Weiterbildungsteilnehmern wahrgenommenen Erträgen. Beicht, Krekel und Walden (2006) konnten auf diesem Weg zeigen, dass etwa die Hälfte der Befragten den mit beruflicher Weiterbildung verbundenen zeitlichen und monetären Aufwand geringer einschätzen als die damit erzielten Erträge, etwa 40 % sehen ein annähernd ausgeglichenes Verhältnis und nur 10 % stuften die Erträge geringer als den Aufwand ein. Dabei wurden insbesondere die persönliche Weiterentwicklung sowie die Verbesserung der beruflichen Handlungskompetenz als Bildungsrenditen hervorgehoben, während der Beitrag von Weiterbildung zu beruflichem Aufstieg oder höherem Einkommen geringer eingeschätzt wurde. Diese Befunde sind allerdings bestenfalls als Anhaltspunkte für die Erträge von Bildungsaktivitäten im Erwachsenenalter zu sehen, da sie auf den subjektiven Einschätzungen der Betroffenen beruhen, die gerade im Rückblick Verzerrungen unterliegen dürften. Mit Hilfe der Längsschnittdaten aus dem Sozioökonomischen Panel berechneten Büchel und Pannenberg (2004) jenseits subjektiver Einschätzungen der Betroffenen Zusammenhänge von berufsbezogenen Bildungsaktivitäten und Einkommensentwicklung, beruflichem Aufstieg und Arbeitslosigkeitsrisiko. Es zeigten sich für verschiedene soziale Gruppen – insbesondere Jüngere und Geringqualifizierte – deutliche höhere Einkommensverbesserungen bei Weiterbildungsteilnehmern gegenüber den Nichtteilnehmern. Ein reduziertes Arbeitslosigkeitsrisiko ergab sich nur für die jüngeren Teilnehmer und signifikante Unterschiede zwischen Bildungsaktiven und Nicht-Teilnehmern hinsichtlich der Karriereentwicklung konnten lediglich für jüngere Arbeitnehmer in Westdeutschland nachgewiesen werden (vgl. ebd.). Dabei ist zu berücksichtigen, dass mögliche Bildungserträge nicht nur in monetären Zugewinnen und beruflichem Aufstieg zu suchen sind und sich auch nicht auf die individuelle Ebenen beschränken.

Wenn in der nationalen und internationalen bildungspolitischen Diskussion sowie in zahlreichen Papieren der EU und der OECD die Bedeutung des Lebenslangen Lernens und er Erwachsenenbildung betont wird, so hängt das nicht zuletzt mit der Erwartung eines ganz konkreten gesellschaftlichen Nutzens von Bildungsanstrengungen zusammen. Neben einer Steigerung der volkswirtschaftlichen Leistungsfähigkeit durch Lebenslanges Lernen verweisen verschiedene Studien auch auf positive Effekte von Bildung auf die Gesundheit und das soziale Kapital (bürgerschaftliches Engagement, Vertrauen in Institutionen, politische Partizipation, etc.) innerhalb einer Gesellschaft (vgl. OECD 2007). Auf regionaler Ebene werden positive Effekte von Bildungsinitiativen im Hinblick auf die Bearbeitung konkreter sozialer Problemlagen sowie die Regionalentwicklung insgesamt sichtbar (vgl. Nuissl u.a. 2006). Diese auf gesamtgesellschaftlicher Ebene resümierten Bildungserträge lassen sich in ähnlicher Weise auch auf Individualebene formulieren.

Insbesondere Längsschnittstudien aus England zeigen die positiven Effekte von Weiterbildung auf die Gesundheit und das Gesundheitsverhalten einer Person sowie auf deren subjektives Wohlbefinden (vgl. Bynner/Hammond 2004), wobei sich dieser positive Effekt auch unabhängig vom Inhalt der jeweiligen Bildungsveranstaltungen und unter Kontrolle verschiedener anderer Prädiktoren für Gesundheit und Wohlbefinden zeigt. Das Sozialkapital eines Individuums kann – wie auf gesellschaftlicher Ebene – an dessen gesellschaftlicher Teilhabe und Bereitschaft zu bürgerschaftlichem Engagement festgemacht werden (vgl. Bynner/Schuller/Feinstein 2003) oder an persönlichen sozialen Netzwerken (vgl. Coleman 1988). Beides kann durch Bildungsaktivitäten im Erwachsenenalter gefördert und ausgebaut werden, wobei insbesondere der Zusammenhang zwischen Bildungspartizipation und sozialen Netzwerken bislang kaum untersucht wurde. Preston (2004) verweist zusätzlich auf den Beitrag, den Erwachsenenbildung zur Entwicklung personaler Identität leisten kann, was sich in dem häufig mit Bildungsaktivitäten verbundenen Ziel der persönlichen Weiterentwicklung und Selbstverwirklichung (vgl. Schröder/Gilberg 2005) widerspiegeln könnte.

3 Welche Ziele hat Erwachsenenbildung?

3.1 Aufgaben der Erwachsenenbildung

Die Bildung Erwachsener im Sinne des Lebenslangen Lernens (vgl. Delors 1996) erfüllt Funktionen auf individuelle wie auf gesellschaftlicher Ebene. Mit Blick auf die Zwecksetzungen von Erwachsenenbildung lassen sich vier Kernaufgaben identifizieren (vgl. Tippelt/Schmidt 2006):

1 Auf individueller Ebene tragen Bildungsaktivitäten zur beruflichen und außerberuflichen Kompetenzentwicklung bei, wobei neben organisierten Bildungsangeboten insbesondere auch informellen Lernprozessen eine wesentliche Bedeutung zukommt (vgl. Baethge/Baethge-Kinsky 2004). Der Aufbau von Handlungskompetenz kann gerade im Erwachsenenalter durch problemorientierte Lehr-Lern-Settings unterstützt werden, die den Transfer von Lerninhalten auf praxisnahe Problemkontexte fördern (vgl. Schmidt/Tippelt 2005).
2 Auf Ebene des Wirtschaftssystems soll Weiterbildung die Innovationsfähigkeit der Betriebe bzw. ihrer Arbeitnehmer sicherstellen. Vor dem Hintergrund demographischer Veränderungen steht die Erwachsenenbildung hier vor großen Herausforderungen, da in alternden Belegschaften die Distanz der Innovationsträger zur Erstausbildung größer wird und der Erhalt des individuellen Leistungspotentials nur durch kontinuierliche Bildungsprozesse nachhaltig gesichert werden kann (vgl. Reindl 2000).

3 Der wachsende Anteil Älterer in der Bevölkerung fordert die Erwachsenenbildung auch auf gesamtgesellschaftlicher Ebene heraus. Hier liegt ihre Aufgabe in der gesellschaftlichen Integration und der Herstellung sozialer Kohäsion von benachteiligten Gruppen. Das impliziert auch die Heranführung bildungsferner Schichten oder Milieus an Bildungs- und Lernangebote für Erwachsene.

4 Eines der historisch ältesten Ziele der Bildung Erwachsener ist die Förderung politischer Partizipation und die Befähigung von Bürgern zur Teilhabe an demokratischen Prozessen. Diese bereits im 17. Jahrhundert für die Bildung Erwachsener formulierte Kernaufgabe hat sich – über verschiedene Epochen hinweg – bis heute bewahrt und in der Vergangenheit wiederholt für eine kritische Distanz der herrschenden Klassen gegenüber Erwachsenenbildung gesorgt (vgl. Tietgens 1999).

Die genannten Aufgaben erfordern eine Kooperation von Erwachsenenbildungsträgern mit politischen Institutionen, aber auch mit sozialen, kulturellen und konfessionellen Einrichtungen sowie mit Institutionen der Wirtschaft. Historisch gesehen haben die Zwecksetzungen der Erwachsenenbildung heute ihre Wurzeln in den Postulaten der Aufklärungszeit, die kulturelle Selbstfindung, gesellschaftliche Mitgestaltung und qualifizierte Arbeitsbewältigung als Bildungsziele formulierten. Die heute erkennbare institutionelle Pluralisierung der Erwachsenenbildung ist allerdings eine Entwicklung des 20. Jahrhunderts, die – mit einer Zäsur zwischen 1933 und 1945 – seit Beginn Ende des 19. Jahrhunderts stetig voranschritt. Mit dem vom Deutschen Bildungsrat 1970 veröffentlichten „Strukturplan für das Bildungswesen" wurde Weiterbildung schließlich auch als verbrieftes Bürgerrecht eingefordert.

3.2 Allgemeine vs. Berufliche Weiterbildung

Zur Systematisierung der Vielfalt der Angebote in der Erwachsenenbildung lässt sich zunächst zwischen den Sektoren der allgemeinen und der beruflichen Weiterbildung unterscheiden. Die berufliche Weiterbildung orientiert sich inhaltlich eng an den Anforderungen der modernen Arbeitswelt, der Partizipation im Beschäftigungssystem und der Förderung von Humankapital. Dagegen sieht sich die allgemeine Weiterbildung stärker den aufklärerischen Wurzeln der Erwachsenenbildung, der Förderung kultureller Selbstfindung und gesellschaftlicher Mitgestaltung verpflichtet (vgl. Tietgens 1999). Mit Blick auf Themen und Inhalte von Angeboten der Erwachsenenbildung verschwimmen die Grenzen von allgemeiner und beruflicher Bildung. So sind z.B. der Umgang mit modernen Informations- und Kommunikationstechnologien oder das Erlernen von Sprachen sowohl Gegenstand beruflicher wie allgemeiner Weiterbildung. In der deutschsprachigen Forschung wurde die Klassifizierung einer Maßnahme als berufliche und außerberufliche Bildungsaktivität meist den Lernenden selbst überlassen (vgl. BMBF 2005, Barz/Tippelt 2004), während diese Differenzierung auf europäischer Ebene so nicht nachvollzogen wurde bzw. lediglich nach der eher beruflich oder privat bedingten Teilnahmemotivation gefragt wurde (vgl. European Commission 2005). Auch wenn die beiden Kategorien berufliche und allgemeine Weiterbildung als heuristisches Konstrukt nicht unmittelbar die Bildungsrealität der Betroffenen widerspiegeln, so haben sie doch eine wesentlich analytische Funktion, was sich auch daran zeigt, dass der Erwerbsstatus einer Person einer der aussagekräftigsten Prädiktoren für deren Weiterbildungsverhalten ist (vgl. Schmidt 2007c; Kuwan/Graf-Cuiper/ Tippelt 2004).

4 Wo bilden sich Erwachsene?

4.1 Trägerstrukturen

Der Trägerbegriff kennzeichnet die juristische Verantwortlichkeit für eine Erwachsenenbildungseinrichtung, die nach erstmaliger Festlegung in der Weimarer Verfassung sowohl von Personen öffentlichen wie privaten Rechts übernommen werden kann. Die Entwicklung der Trägerstrukturen in der Weiterbildungslandschaft seit Mitte des 20. Jahrhunderts – die auch in Abhängigkeit von staatlichen Vorgaben zu sehen ist – lässt sich anhand einiger zentraler Entwicklungstrends beschreiben: Es ist eine wachsende Privatisierung des Weiterbildungsmarkts erkennbar, die einhergeht mit einem wachsenden Anteil von Teilnehmerbeiträgen an der Finanzierung von Weiterbildung auch bei öffentlichen Trägern. Die wachsende Zahl von Anbietern mündet auch in eine stärkere Spezialisierung und führt zu einer zunehmenden Bedeutung von Qualitätsmanagement innerhalb der Institutionen. Dies gilt insbesondere angesichts einer steigenden Zahl von freien Mitarbeitern und Teilzeitkräften im Erwachsenenbildungssektor. Innerhalb der Trägerlandschaft lassen sich fünf Weiterbildungsstrukturen differenzieren, deren quantitative Bedeutsamkeit für berufliche und allgemeine Erwachsenenbildung unterschiedlich ausfällt.

- Öffentlich subventionierte Träger wie Volkshochschulen, kirchliche Bildungsträger, Gewerkschaften, Parteien und Kammern bilden eine erste Weiterbildungsstruktur und leisten heute etwa 37 % der allgemeinen und 7 % der beruflichen Weiterbildung (vgl. Barz/Tippelt 2004)
- Betriebe, Arbeitgeberverbände und Handwerksorganisationen tragen über 77 % der beruflichen Weiterbildung und bilden eine zweite Weiterbildungsstruktur. Innerhalb der Betriebe gehört Weiterbildung inzwischen zu den Kerninstrumentarien des Personalmanagements. Weiterbildung wird mit dem Ziel verknüpft, Belegschaften (und damit den Betrieb selbst) zur Antizipation externer Entwicklungsprozesse und sich wandelnder Marktanforderungen zu befähigen. Kurzfristige Anpassungsfortbildungen allein werden diesem Ziel nicht gerecht, vielmehr ist die Einbettung betrieblicher Weiterbildung in ein Konzept kontinuierlicher Personalentwicklung gefordert (vgl. Tippelt 2000).
- Einen Schwerpunkt in der allgemeinen Weiterbildung – wenngleich quantitativ von nachrangiger Bedeutung – haben Selbsthilfegruppen, Vereine und Bürgerbewegungen als dritte Weiterbildungsstruktur. Ihrem geringeren Anteil am Weiterbildungsmarkt steht allerdings eine hohe Relevanz für informelle Lernprozesse im Kontext ehrenamtlichen und bürgerschaftlichen Engagements gegenüber, weshalb die Relevanz dieser Träger für die Bildung insbesondere älterer Erwachsener groß ist (vgl. Vogt 2004).
- Die vierte Weiterbildungsstruktur – bestehend aus Angeboten von Fachhochschulen und Universitäten – fokussiert die wissenschaftliche Weiterbildung und in wachsendem Maße auch grundständige Bildungsangebote für ältere Erwachsene (Seniorenstudium). Dennoch spielt dieser Bereich aktuell mit 0,7 % der beruflichen und 3,2 % der allgemeinen Weiterbildung noch eine untergeordnete Rolle.
- Die stärkste Expansion der letzten Jahrzehnte ist für die privaten Anbieter und kommerziellen Bildungsunternehmen zu verzeichnen, die inzwischen 17 % der allgemeinen und 9,5 % der beruflichen Weiterbildungsangebote abdecken (eigene Auswertung der Daten von Barz/Tippelt 2004). Dieser Bereich profitierte auch von den Entwicklungen auf Seiten der

öffentlichen Träger, die zunehmend stärker auf Teilnehmerbeiträge zur Finanzierung ihrer Angebote angewiesen sind.

Die Pluralisierung der Träger und Institutionen im Bereich der Erwachsenenbildung sowie eine deutliche Expansion dieses Bildungssektors in den vergangenen Jahrzehnten können nicht darüber hinweg täuschen, dass gerade Erwachsene einen großen Teil ihres Wissens, ihrer Fähigkeiten und Kompetenzen außerhalb organisierter Lehr-Lern-Situationen aufbauen. Fragt man also nach Orten und Gelegenheiten, die Erwachsene für Lern- und Bildungsprozesse nutzen, so sind insbesondere auch der Arbeitsplatz sowie die Bereiche Freizeit und Ehrenamt in den Blick zu nehmen.

4.2 Informelles Lernen

„If all learning were to be represented by an iceberg, then the section above the surface of the water would be sufficient to cover formal learning" (Coffield 2000, S. 1).
 Den größten Teil ihres Wissens erwerben Erwachsene außerhalb institutionell eingebundener Lern- und Bildungsangebote im Rahmen selbstgesteuerter und selbstorganisierter Lernprozesse, durch beruflich und außerberuflich gesammelte Erfahrungen oder in unbewusst ablaufenden inzidentellen Lernprozessen (vgl. Pietraß/Schmidt/Tippelt 2005). Die Bezeichnung „informelles Lernen" dient häufig als Restkategorie, in der diese verschiedenen Formen des Wissenserwerbs zusammengefasst werden und die dadurch wenig greifbar bleibt. Auf europäischer Ebene hat sich eine Dreiteilung von formalen, non-formalen und informellen Lernkontexten etabliert (vgl. Bretschneider 2004). Zum formalen Bereich gehören dabei alle Bildungsgänge und -angebote, die in anerkannten Bildungseinrichtungen durchgeführt werden und zu einem allgemein anerkannten schulischen oder berufsbildenden Abschluss führen. Der überwiegende Teil des Weiterbildungsangebots, das nur teilweise von Bildungseinrichtungen geleistet wird und meist nicht zu einem offiziell anerkannten Bildungsabschluss führt, gehört zum Bereich non-formalen Lernens, während informelles Lernen schließlich alle außerhalb organisierter Angebote stattfindenden Lernprozesse umfasst, die aber durchaus auch didaktisch vorstrukturierte Materialien einbinden können (z.B. Selbstlernmaterialien). Informelles Lernen bleibt damit eine Restkategorie, die sich in der europäischen Bildungsdebatte allerdings überwiegend auf von Wissensträgern bewusst initiierte Lernprozesse konzentriert (vgl. European Commission 2005). Dies liegt nicht zuletzt daran, dass in den einschlägigen Untersuchungen zum Lernen Erwachsener oft die Beteiligung an konkreten Bildungsaktivitäten im Mittelpunkt steht, während en passant und unbewusst aufgebaute Wissensbestände erst in konkreten Anwendungssituationen in das Bewusstsein der Betroffenen rücken und dann kaum mehr einer konkreten Lernsituation zuzuordnen sind.
 Insbesondere im Bereich beruflicher Kompetenzentwicklung wurde informellen Lernprozessen am Arbeitsplatz und dem Erfahrungslernen in den letzten Jahren besondere Aufmerksamkeit zuteil. Die Gestaltung des Arbeitsplatzes und die mit ihm verbundenen Aufgaben geben dabei die Möglichkeiten und Grenzen des Lernens und des Aufbaus beruflicher Handlungskompetenz vor und verstärken bestehende Bildungsdisparitäten, in dem gerade Höherqualifizierte meist auch günstigere Lernbedingungen am Arbeitsplatz vorfinden (vgl. Baethge/Baethge-Kinsky 2004), was sich beispielsweise in einem breiten Aufgabengebiet und wechselnden Tätigkeiten ausdrückt. Im deutschsprachigen Raum liegen vor allem Studien zu den bewusst initiierten und

selbstorganisierten Lerngelegenheiten vor - sei es auf Basis repräsentativer Erhebungen zum Weiterbildungsverhalten insgesamt (z.B. BMBF 2005; Baethge/Baethge-Kinsky 2004; Kuwan/Graf-Cuiper/Tippelt 2004) oder im Kontext der Untersuchung bestimmter Berufsbereiche (z.B. Dehnbostel/Molzberger/Overwien 2003; Novak 2002). Dagegen fokussieren US-amerikanische Studien stärker implizite Lernprozesse und thematisieren Wege der Explizierung informell erworbener und implizit verfügbarer Wissensbestände sowie Möglichkeiten, wie das so aufgebaute implizite Wissen in explizites umgewandelt werden kann (vgl. Schön 1990). Im Mittelpunkt steht die Frage nach Möglichkeiten der interindividuellen Nutzbarkeit persönlichen Erfahrungswissens z.B. im Rahmen eines intergenerationellen Wissensmanagements und des Konzepts der lernenden Organisationen (vgl. Marsick/Watkins 1990). Neben dem Potenzial informell aufgebauter Wissensressourcen wird im Rahmen der Diskussion um das informelle Lernen aber auch auf die Gefahr einer Vereinnahmung und Steuerung des Lernens im Prozess der Arbeit durch den Arbeitgeber hingewiesen (vgl. Garrick 1999).

Informelles Lernen beschränkt sich natürlich nicht auf berufliche Kontexte, sondern findet in der familiären Interaktion ebenso statt wie in ehrenamtlichen Tätigkeiten oder bei Freizeitaktivitäten. Gerade im privaten Bereich sind Lernanlässe stark vorstrukturiert und geprägt durch soziale Herkunft und das soziale Kapital einer Familie (vgl. Singh 2005, S. 102). Allerdings können gerade prekäre Lebenslagen oder die konflikthafte Auseinandersetzung mit sozialen oder politischen Entwicklungen wesentliche Lernerfahrungen ermöglichen (vgl. Foley 1999). Die Möglichkeiten, diese Lernanlässe produktiv für Bildungszwecke zu nutzen, sind abhängig von der Lernkompetenz der Einzelnen, die insbesondere in formellen Settings geschult und erweitert werden kann. Dies erklärt zum einen, warum gerade Personen mit höherer Formalbildung auch stärker an informellen Lernformen partizipieren und zum anderen, weshalb informelle die formelle Bildung nicht ersetzen kann, sondern beide Formen sich gegenseitig ergänzen. Dabei ist auch die organisierte und institutionalisierte Erwachsenenbildung herausgefordert, informell erworbenes Wissen und Kompetenzen aufzugreifen, in Bildungsangebote einzubeziehen und kritisch zu verarbeiten, aber auch die Lernenden zum selbständigen Weiterlernen zu befähigen (vgl. Dehnbostel 2005; Overwien 2005).

5 Wie sind Bildungsprozesse für Erwachsene zu gestalten?

5.1 Lernen und Lernfähigkeit

Die bis in die 1960er Jahre dominierende Vorstellung, dass mit zunehmendem Alter kognitive Fähigkeiten generell nachlassen und das Lernen Erwachsener stark von diesen Defiziten geprägt ist, kann aufgrund zahlreicher Feld- und Laborstudien als überwunden gelten. Längsschnittstudien zur Intelligenzentwicklung (vgl. Schaie 2005) schärften den Blick für individuelle Verlaufsformen des Alterns und den Einbezug von Entwicklungsgewinnen (vgl. Stöckl/Spevacek/Straka 2001). Untersuchungen zur Entwicklung kognitiver Fähigkeiten im Erwachsenenalter legen eine unverändert ausgeprägte Lernfähigkeit bis ins hohe Erwachsenenalter nahe, wenngleich interindividuelle und intraindividuelle Differenzen deutlich zunehmen. Lernprozesse im Erwachsenenalter weisen aufgrund neuronaler Prozesse eine andere Qualität auf als im Kindes- und Jugendalter und sind sehr viel stärker durch die individuelle (Lern-)Biographie geprägt.

Befunde aus der Hirnforschung können wesentlich zur Klärung des Verlaufs von Lernprozessen (Geschwindigkeit, Art der Informationsverarbeitung, etc.) im Erwachsenenalter beitragen, insbesondere in Abgrenzung zum Kindes- und Jugendalter. Forschungsarbeiten weisen darauf hin, dass sich neuronale Netzwerke im Gehirn – deren Entwicklung in der Neurobiologie als wesentlichster Indikator für Lernprozesse angesehen werden – nach der Pubertät zunehmend verfestigen und mit steigendem Alter an Veränderungsresistenz gewinnen. Erwachsene benötigen im höheren Alter mehr Zeit zum Aufbau neuer neuronaler Verknüpfungen, wobei die interindividuellen Differenzen, wie bereits erwähnt, beträchtlich sind (vgl. Kullmann/Seidel 2005). Gleichzeitig werden die synaptischen Verbindungen innerhalb der neuronalen Netze mit zunehmendem Alter immer stabiler und ausdifferenzierter, was den Aufbau von Expertise in einem Gebiet begünstigt (vgl. Spitzer 2003).

„In other words, people develop different skills at different points in life and, at the same time, people become more and more different. These conclusions suggest that a life-course perspective on human resource development (HRD) should be differential across domains of expertise, individual biographies and age groups. " (Lahn 2003, S. 128).

Für Bildungsangebote, die an Erwachsene gerichtet sind, bedeutet dies, dass neues Wissen nur in Anknüpfung an das Vorwissen der Lernenden vermittelt werden kann und das Lerntempo sowie das Lehr-Lern-Arrangement insgesamt soweit wie möglich zu differenzieren und an die individuellen Lerngewohnheiten und -bedarfe anzupassen sind.

Ein weiterer wesentlicher Punkt ergibt sich aus der psychologisch orientierten Forschung zum Lernen Erwachsener. Zusammenfassend lässt sich unter dem Schlagwort „Alltagsbedeutsamkeit" (Strunk 1999, S. 66) eine zentrale Forderung Erwachsener an Lehr-Lern-Prozesse nennen. Gemeint ist nicht nur der Wunsch Erwachsener nach anwendungsbezogenem Wissen, sondern insbesondere die Berücksichtigung der Zielsetzungen und Interessen, die Erwachsene an ihre Bildungsaktivitäten knüpfen und die in vorangehenden Lebensphasen (z.B. im Bereich des schulischen Lernens) häufig nicht von den Lernenden selbst eingebracht werden. Man könnte hier auch von der Notwendigkeit eines Bezugs zur Lebenswelt der Lernenden und ihren daraus abgeleiteten Bildungszielen sprechen.

5.2 Didaktische Gestaltung von Erwachsenenbildung

Erwachsene erweitern ihr Wissen, ihre Fähigkeiten und Fertigkeiten überwiegend außerhalb didaktisch vorstrukturierter Lehr-Lern-Arrangements. Dennoch wuchs die Nachfrage und auch das Angebot an organisierter Erwachsenenbildung in den vergangenen Jahrzehnten stark an und die oft kursförmig organisierten Bildungsmaßnahmen für Erwachsene sehen sich mit der Aufgabe konfrontiert, sowohl den Wünschen ihrer „Kunden" Rechnung zu tragen als auch den Ansprüchen einer wissenschaftlich fundierten Erwachsenendidaktik zu genügen. In vielen Fällen werden beide Seiten gut miteinander vereinbar sein. Konflikte können sich aber z.B. dann ergeben, wenn eine passive Konsumorientierung auf Teilnehmerseite mit der zentralen didaktischen Forderung nach Lernerzentrierung und -aktivierung kollidiert. Auch wenn einzelne Methoden lediglich als an die Lernenden herangetragener Vorschlag verstanden werden sollten, so gehört es nach Meueler (1999) zu den Aufgaben der in der Erwachsenenbildung Tätigen, die

Lernenden aus ihrer rein konsumierenden Haltung herauszuführen und zu einer aktiven Auseinandersetzung mit den jeweiligen Inhalten zu motivieren.

Ausgehend von Erwachsenen als erfahrene Lerner mit individuell sehr unterschiedlichem Vorwissen, das sowohl formell wie informell erworben wurde und teils als explizites teils als implizites Wissen mehr oder weniger schnell abrufbar ist, stehen Bildungsangebote für Erwachsene vor der Herausforderung, ganz unterschiedlichen Voraussetzungen gerecht zu werden. Verknüpft man dies mit der zentralen lerntheoretischen Erkenntnis, dass ein nachhaltiger Lernerfolg im Sinne transferierbaren und anwendbaren Wissens nur erreichbar ist, wenn die Lernenden aktiv am Lernprozess partizipieren, so lassen sich einige zentrale Anforderungen an die Erwachsenenbildung formulieren. Erstens ist das individuelle Vorwissen der Lernenden nicht als Störvariable zu sehen, sondern als wesentliche Ressource, die für Bildungsprozesse konstruktiv genutzt werden sollte und als Ausgangsbasis alles weiteren Lernens einbezogen werden muss. Die Aktivierung und Offenlegung dieses Vorwissens könnte auch ein erster Schritt in Richtung einer zweitens einzufordernden Lernerzentrierung in der Erwachsenenbildung sein. Gemeint ist damit ein Aufbrechen der Dominanz des Dozenten als Wissensvermittler und eine Stärkung seiner Funktion als Moderator und Lernbegleiter, der den Teilnehmern Wege der aktiven Wissensaneignung eröffnet. Dies geht drittens einher mit einer Offenheit sowohl hinsichtlich der Lehr-Lern-Methoden als auch der Bildungsziele. Lernerorientierung bedeutet auch, Unterrichtsmethoden nur als einen möglichen und deshalb verhandelbaren Weg zum Ziel zu sehen, der letztlich im Austausch mit Lernenden und Lehrenden ausgehandelt werden kann. Dies impliziert auch ein gewisses Maß an Offenheit im Hinblick auf die anvisierten Lernziele, die sich auch an den Interessen und Lernbedarfen der Teilnehmer orientieren sollten. Der Spielraum für diese Offenheit ist in Angeboten der Erwachsenenbildung aufgrund institutioneller Rahmenbedingungen, vorgeschriebener Curricula und angestrebter Zertifikate zwar sehr unterschiedlich, zu einem gewissen Grad aber stets vorhanden.

6   Fazit

Das breite Spektrum der Forschungen zur Bildung im Erwachsenenalter konnte hier nur angerissen werden. Einige der aufgegriffenen Fragestellungen sind bislang noch nicht zufriedenstellend untersucht – wie beispielsweise die Frage nach der Bildungsmotivation Erwachsener. Es liegen einige theoretische Konzepte sowie relativ unverbunden nebeneinander stehende empirische Einzelbefunde vor, die sich bislang kaum zu einem konsistenten Bild zusammenfügen. In anderen Bereichen – wie Teilnahmequoten, Trägerstrukturen und Zielgruppenforschung – besteht dagegen eine lange Forschungstradition. Allerdings erfordert der sich permanent wandelnde Forschungsgegenstand langfristige Beobachtungen des Feldes sowie die Adaption von Differenzierungskonzepten in der Zielgruppenforschung an sich verändernde gesellschaftliche Strukturen.

Vor dem Hintergrund demographischer Veränderungen, die in allen westlichen Industrienationen zu einem wachsenden Anteil Erwachsener und vor allem der über 50-Jährigen führen, dürfte die Untersuchung von Bildungsprozessen im Erwachsenenalter in den nächsten Jahren noch weiter an Bedeutung gewinnen. Dies gilt insbesondere für die bislang noch wenig erforschten Bildungsaktivitäten im höheren Erwachsenenalter (vgl. Beitrag von Maier in diesem Handbuch).

Literatur

Baethge, M./Baethge-Kinsky, V. (2004): Der ungleiche Kampf um das lebenslange Lernen: Eine Repräsentativ-Studie zum Lernbewusstsein und -verhalten der deutschen Bevölkerung. In: Baethge, M./Baethge-Kinsky, V. (Hrsg.): Der ungleiche Kampf um das lebenslange Lernen. Münster: Waxmann, S. 11-200.
Barz, H./Tippelt, R. (Hrsg.) (2004): Weiterbildung und soziale Milieus in Deutschland. Band 2: Adressaten- und Milieuforschung zu Weiterbildungsverhalten und -interessen. Bielefeld: Bertelsmann.
Becker, G.S. (1993): Nobel Lecture: The Economic Way of Looking at Behavior. In: Journal of Political Economy 101, 3, S. 385–409.
Beicht, U./Krekel, E.M./Walden, G. (2006): Berufliche Weiterbildung – Welche Kosten und welchen Nutzen haben die Teilnehmenden? Bielefeld: Bertelsmann.
Beicht, U./Schiel, S./Timmermann, D. (2004): Berufliche Weiterbildung – wie unterscheiden sich Teilnehmer und Nicht-Teilnehmer? In: BWP Berufsbildung in Wissenschaft und Praxis 33,1, S.5–10.
BMBF (= Bundesministerium für Bildung und Forschung) (Hrsg.) (2005): Berichtssystem Weiterbildung IX. Ergebnisse der Repräsentativbefragung zur Weiterbildungssituation in Deutschland. Bonn: BMBF.
Bretschneider, M. (2004): Non-formales und informelles Lernen im Spiegel bildungspolitischer Dokumente der Europäischen Union. Bonn. URL: http://www.die-bonn.de/esprid/dokumente/doc-2004/bretschneider04_01.pdf. (10.6.08)
Büchel, F./Pannenberg, M. (2004): Berufliche Weiterbildung in West- und Ostdeutschland. Teilnehmer, Struktur und individueller Ertrag. In: Zeitschrift für Arbeitsmarktforschung 37, 2, S.73–125.
Bynner, J./Hammond, C. (2004): The benefits of adult learning: the quantitative insights. In: Schuller, T./Preston, J./Hammond, C./Brassett-Grundy, A./Bynner, J. (Hrsg.): The Benefits of Learning. The impact of education on health, family life and social capital. London: Routledge Falmer, S. 161–178.
Bynner, J./Schuller, T./Feinstein, L. (2003): Wider Benefits of Education: Skills, Higher Education and Civic Engagement. In: Zeitschrift für Pädagogik 49, 3, S. 341–361.
Coffield, F. (2000): Introduction: The structure below the surface: reassessing the significance of informal learning. In: Coffield, F. (Hrsg.): The necessity of informal learning. Bristol: Policy Press, S. 1–11.
Coleman, J.S. (1988): Social Capital in the Creation of Human Capital. In: American Journal of Sociology 94 Supplement, S. 95–120.
Cookson, P.S. (1986): A Framework for Theory and Research on Adult Education Participation. In: Adult Education Quarterly 36, 6, S. 130–141.
Cross, K.P. (1981): Adults as Learners. Increasing Participation and Facilitating Learning. San Francisco: Jossey-Bass.
Dehnbostel, P. (2005): Informelles Lernen in betrieblichen und arbeitsbezogenen Zusammenhängen. In: Künzel, K. (Hrsg.): Internationales Jahrbuch der Erwachsenenbildung. Band 31/32: Informelles Lernen – Selbstbildung und soziale Praxis. Köln: Böhlau, S. 143–164.
Dehnbostel, P./Molzberger, G./Overwien, B. (2003): Informelles Lernen in modernen Arbeitsprozessen dargestellt am Beispiel von Klein- und Mittelbetrieben der IT-Branche. Berlin: BBJ.
Delors, J. (1996): Learning: the Treasure within. Paris: UNESCO Publishing.
Deutscher Bildungsrat (1970): Strukturplan für das Bildungswesen. Stuttgart: Klett-Verlag.
Eckert, T. (2007): Weiterbildungsteilnahme unter biografischer, historischer und sozialisationstheoretischer Perspektive. In: Eckert, T. (Hrsg.): Übergänge im Bildungswesen. Münster: Waxmann, S. 251–264.
Eckert, T. (2009, in Druck): Methoden und Ergebnisse der quantitativ orientierten Erwachsenenbildungsforschung. In Tippelt, R./Hippel, A. von (Hrsg.): Handbuch Erwachsenenbildung/Weiterbildung. Wiesbaden: VS-Verlag.
Eckert, T./Schmidt, B. (2007): Entwicklung der Weiterbildungsbeteiligung in Deutschland. Expertise im Rahmen des vom Rat für Sozial- und Wirtschaftsdaten geförderten Programms ‚Bildung im Erwerbsleben'. URL: http://www.ratswd.de/download/workingpapers2007/06_07.pdf. (10.06.2008)
European Commission (2005): Task force report on adult education survey. Luxembourg: European Commission.
Faulstich, P. (2006): Lernen und Widerstände. In: Faulstich, P./Bayer, M. (Hrsg.): Lernwiderstände: Anlässe für Vermittlung und Beratung. Hamburg: VSA-Verlag, S. 7–25.
Foley, G. (1999): Learning in Social Action. A contribution to Understanding Informal Education. London: Zed Books.
Garrick, J. (1999): The dominant discourses of learning at work. In: Boud, D./Garrick, J. (Eds.): Understanding Learning at Work, New York: Routledge, S. 216–231.
Kade, J./Seitter, W. (1996): Lebenslanges Lernen. Mögliche Bildungswelten. Opladen: Leske+Budrich.
Kullmann, H.-M./Seidel, E. (2005[2]): Lernen und Gedächtnis im Erwachsenenalter. Bielefeld: Bertelsmann.

Kuwan, H./Graf-Cuiper, A./Tippelt, R. (2004): Weiterbildungsnachfrage in Zahlen – Ergebnisse der Repräsentativbefragung. In: Barz, H./Tippelt, R. (Hrsg.): Weiterbildung und soziale Milieus in Deutschland. Band 2: Adressaten- und Milieuforschung zu Weiterbildungsverhalten und -interessen. Bielefeld: Bertelsmann, S. 19–86.

Lahn, L.C. (2003): Competence and Learning in Late Career. In: European Educational Research Journal 2, 1, S. 126–140.

Lehr, U./Schmitz-Scherzer, R./Quadt, E. (1979): Weiterbildung im höheren Erwachsenenalter: eine empirische Studie zur Frage der Lernbereitschaft älterer Menschen. Stuttgart: Kohlhammer.

Lewin, K. (1946/1982): Psychologie der Entwicklung und Erziehung. Stuttgart: Klett-Cotta.

Lindenberg, S. (2001): Social Rationality as a Unified Model of Man (Including Bounded Rationality). In: Journal of Management and Governance 5, S. 239–251.

Manninen, J. (2004): Motivation of Lower Qualified Workers for Lifelong Learning. Working Paper for the ESREA '04 Research Conference in Wroclaw, Poland 16.-19. September 2004.

Marsick, V. J./Watkins, K.E. (1990): Informal and incidental learning in the workplace. London: Routledge.

Meueler, E. (1999): Didaktik der Erwachsenenbildung/Weiterbildung als offenes Projekt. In: Tippelt, R. (Hrsg.): Handbuch Erwachsenenbildung. Opladen: Leske + Budrich, S. 677–690.

Novak, H. (2002): Voraussetzungen für nachhaltiges Lernen im Arbeitsprozess: Kompetenzerweiterung bei Führungskräften im betrieblichen Bereich. In: Dehnbostel, P./Elsholz, U./Meister, J./Meyer-Menk, J. (Hrsg.): Vernetzte Kompetenzentwicklung. Alternative Positionen zur Weiterbildung. Berlin: Edition Sigma, S. 171–184.

Nuissl, E./Dobischat, R./Hagen, K./Tippelt, R. (Hrsg.) (2006): Regionale Bildungsnetze. Ergebnisse zur Halbzeit des Programms „Lernende Regionen - Förderung von Netzwerken". Bielefeld: Bertelsmann.

OECD (2007): Understanding the Social Outcomes of Learning. Paris: OECD.

Overwien, B. (2005): Informelles Lernen: Ein Begriff zwischen ökonomischen Interessen und selbstbestimmtem Lernen. In: Künzel, K. (Hrsg.): Internationales Jahrbuch der Erwachsenenbildung. Band 31/32: Informelles Lernen – Selbstbildung und soziale Praxis. Köln: Böhlau, S. 1–26.

Pietraß, M./Schmidt, B./Tippelt, R. (2005): Informelles Lernen und Medienbildung. In: Zeitschrift für Erziehungswissenschaft 3, 5, S. 412–426.

Prager, J.U./Schleiter, A. (2006): Älter werden – aktiv bleiben. Ergebnisse einer repräsentativen Umfrage unter Erwerbstätigen in Deutschland. Gütersloh. URL: http://www.bertelsmann-stiftung.de/bst/de/media/xcms_bst_dms_17896_17897_2.pdf. (10.6.08)

Preston, J. (2004): Identity, learning and engagement: a qualitative inquiry using the NCDS. London: Center for Research on the Wider Benefits of Learning.

Reich, J. (2005): Soziale Milieus als Instrument des Zielgruppenmarketings in der Weiterbildung. In: bildungsforschung 2, 2. URL: http://www.bildungsforschung.org/Archiv/2005-01/milieus/ (10.6.08).

Reindl. J. (2000): Innovationsmilieus und Altern – empirische Befunde aus innovativen Unternehmen. In: Rothkirch, C. von (Hrsg.): Altern und Arbeit: Herausforderung für Wirtschaft und Gesellschaft, Berlin: Edition Sigma, S. 192–197.

Rosenbladt, B. von/Bilger, F. (2008): Weiterbildungsbeteiligung in Deutschland – Eckdaten zum BSW-AES 2007. München. URL: www.bmbf.de/pub/weiterbildungsbeteiligung_in_deutschland.pdf (10.6.08).

Rubenson, K. (2001): The Adult Education and Training Canada. Measuring Motivation and Barriers in the AETS: A Critical Review. Gatineau: Human Ressources Development Canada.

Schaie, K.W. (2005): Developmental Influences on Adult Intelligence. The Seattle Longitudinal Study. Oxford: Oxford University Press.

Schmidt, B./Tippelt, R. (2005): Besser lehren – Neues von der Hochschuldidaktik. In: Teichler, U./Tippelt, R. (Hrsg.): Hochschullandschaft im Wandel. 50. Beiheft der Zeitschrift für Pädagogik, S. 103–114.

Schmidt, B. (2007a): Erwachsenenbildung. In: Tenorth, H.-E./Tippelt, R. (Hrsg.): Beltz Fachlexikon Pädagogik. Weinheim: Beltz, S. 198–201.

Schmidt, B. (2007b): Older Employee Behaviour and Interest in Continuing Education. In: Journal of Adult and Continuing Education 13, 2, S. 156–174.

Schmidt, B. (2007c): Weiterbildung älterer Erwerbstätiger: Veränderungen hinsichtlich Partizipation, Interessen und Barrieren. In: Eckert, T. (Hrsg.): Übergänge im Bildungswesen. Münster: Waxmann, S. 265–276.

Schmidt, B. (2009): Weiterbildung und informelles Lernen Älterer Arbeitnehmer: Bildungsverhalten, Bildungsinteressen, Bildungsmotive. Wiesbaden: VS Verlag.

Schneider, K. (2004): Die Teilnahme und die Nicht-Teilnahme Erwachsener an Weiterbildung. Theorieartige Aussage zur Erklärung der Handlungsinitiierung. Bad Heilbrunn: Klinkhardt.

Schön, D.A. (1990): Educating the reflective practitioner. San Francisco: Jossey-Bass.

Schröder, H./Gilberg, R. (2005): Weiterbildung Älterer im demographischen Wandel. Empirische Bestandsaufnahme und Prognose. Bielefeld: Bertelsmann.

Siebert, H. (2006): Lernmotivation und Bildungsbeteiligung. Studientexte für Erwachsenenbildung. Bielefeld: Bertelsmann.
Singh, M. (2005): The Social Recognition of Informal Learning in Different Settings and Cultural Contexts. In: Künzel, K. (Hrsg.): Internationales Jahrbuch der Erwachsenenbildung. Band 31/32: Informelles Lernen – Selbstbildung und soziale Praxis. Köln: Böhlau, S. 93–126.
Spitzer, M. (2003): Langsam, aber sicher. Gehirnforschung und das Lernen Erwachsener. In: DIE-Zeitschrift für Erwachsenenbildung 10, 3, S. 38–40.
Stöckl, M./Spevacek, G./Straka, G.A. (2001): Altersgerechte Didaktik. In: Schemme, D. (Hrsg.): Qualifizierung, Personal- und Organisationsentwicklung mit älteren Mitarbeiterinnen und Mitarbeitern. Bielefeld: Bertelsmann, S. 89–113.
Strunk, G. (1999): Wie Erwachsene lernen – Von Ergebnisssen und Folgen neuerer Lernforschung für die Praxis der Erwachsenenbildung. In: Cuvy, A. de (Hrsg.): Erlebnis Erwachsenenbildung. Zur Aktualität handlungsorientierter Pädagogik. Neuwied: Luchterhand, S. 54–70.
Tietgens, H. (1999²): Geschichte der Erwachsenenbildung. In: Tippelt, R. (Hrsg.): Handbuch Erwachsenenbildung/Weiterbildung. Opladen: Leske+Budrich, S. 25–41.
Tippelt, R. (2000): Bildungsprozesse und Lernen im Erwachsenenalter. Soziale Integration und Partizipation durch lebenslanges Lernen. In: Zeitschrift für Pädagogik, 42. Beiheft: Bildungsprozesse und Erziehungsverhältnisse im 20. Jahrhundert. Praktische Entwicklungen und Formen der Reflexion im historischen Kontext, S. 69–90.
Tippelt, R. (2004): Institutionen der Erwachsenenbildung/Weiterbildung. In: Krüger, H.-H./Grunert, C. (Hrsg.): Wörterbuch Erziehungswissenschaft. Stuttgart: UTB, S. 140–145.
Tippelt, R./Reich, J./Hippel, A. von/Barz, H./Baum, D. (2007): Weiterbildung und soziale Milieus Band III. Milieumarketing Implementieren. Bielefeld: Bertelsmann.
Tippelt, R./Schmidt, B. (2006): Erwachsenenbildung und Weiterbildung. In: Arnold, K.-H./Sandfuchs, U./Wiechmann, J. (Hrsg.): Handbuch Unterricht. Bad Heilbrunn: Klinkhardt, S. 119–123.
Tippelt, R./Schmidt, B./Schnurr, S./Sinner, S./Theisen, C. (Hrsg.) (2009): Bildung Älterer – Chancen des demografischen Wandels. Bielefeld: Bertelsmann.
Vogt, L. (2004): Bildung in der Bürgergesellschaft. Vom Ehrenamt zum Service Learning. In: Gesellschaft, Wirtschaft, Politik 53, 2, S. 155–166.
Wilkens, I./Leber, U. (2003): Partizipation an beruflicher Weiterbildung – Empirische Ergebnisse auf Basis des Sozio-Ökonomischen Panels. In: Mitteilungen aus der Arbeitsmarkt- und Berufsforschung 36, 3, S.329–337.

Gabriele Maier

Höheres Erwachsenenalter und Bildung

1 Bildung und Entwicklungsprozesse im Lebenslauf

Der Lebenslauf lässt sich aus einer Bildungsperspektive beschreiben als die aktive Auseinandersetzung des Menschen mit Entwicklungsaufgaben sowie mit Anforderungen und Anregungen, die von seiner Umwelt und seiner Lebenssituation in den verschiedenen Lebensaltern ausgehen. Die Entwicklungsaufgaben des Menschen ergeben sich aus der Wechselwirkung zwischen biologischer Reifung, gesellschaftlichen Leitbildern eines „erfolgreichen" (im Sinne des gelungenen) Lebens in den einzelnen Lebensaltern und individuellen Zielsetzungen. Die Umwelt und die Lebenssituation des Menschen sind zum einen vor dem Hintergrund der Anforderungen zu betrachten, deren erfolgreiche Bewältigung Anstoß zu weiterer Entwicklung gibt, wie auch vor dem Hintergrund der Anregungen – im kognitiven, im sozialen, im alltagspraktischen, im emotionalen Bereich – durch die Entwicklungsprozesse im Sinne von „Gewinnen" gefördert werden.

Das hier vertretene Verständnis von Entwicklung im Sinne von (stabilen, also nicht nur vorübergehend auftretenden) Gewinnen weist Beziehungen zu einem Bildungsbegriff auf, der Bildung zum einen als *Prozess* der aktiven Auseinandersetzung des Menschen mit seiner Person sowie mit Inhalten und Ereignissen seiner Umwelt versteht („der sich bildende Mensch"), zum anderen als das *Ergebnis* dieser aktiven Auseinandersetzung („der gebildete Mensch") (siehe zu diesem Verständnis von Bildung Kruse 1988; 1997). In dieser Auseinandersetzung bilden sich nicht nur differenzierte Wissenssysteme aus, sondern der Mensch gelangt auch zu einem erweiterten Verständnis seines Erlebens und Handelns – damit sind bedeutsame *Entwicklungsgewinne* beschrieben.

Für die Entwicklungspsychologie der Lebensspanne ist die Erkenntnis zentral, dass auch im höheren Lebensalter Entwicklungsgewinne möglich sind. Dabei ist zu berücksichtigen, dass Entwicklung ein mehrdimensionales und multidirektionales Geschehen darstellt (vgl. Baltes 1990), d.h. mit Entwicklung sind in den verschiedenen Dimensionen der Person („Mehrdimensionalität") unterschiedliche Verläufe („Multidirektionalität") angesprochen, die sowohl Gewinne als auch Verluste umfassen (vgl. Montada 1995). Mögliche Entwicklungsgewinne (d.h. weitere Differenzierungen des Entwicklungsniveaus) werden im höheren Lebensalter vor allem in den Erfahrungen, den Wissenssystemen und den auf die Lösung vertrauter Anforderungen gerichteten Handlungsstrategien gesehen, mögliche Entwicklungsverluste (d.h. die Abnahme der Leistungskapazität und des Differenzierungsgrades) hingegen in den physiologischen und neurophysiologischen Funktionen und Prozessen und – bedingt durch die Abnahme neurophysiologischer Kapazität – in der kognitiven Umstellungsfähigkeit, der Fähigkeit zur Lösung neuartiger kognitiver Probleme sowie der Geschwindigkeit der Informationsverarbeitung (die sich ihrerseits negativ auf die Leistungen des Kurzzeitgedächtnisses auswirkt) (siehe Überblick in Baltes 1999; Kruse/Rudinger 1997; Wahl/Kruse 1999).

Für das Verständnis von Bildung im höheren Erwachsenenalter ergeben sich aus diesen Befunden drei Folgerungen:

- Differenzierte Erfahrungen und effektive Strategien in Bezug auf die Bewältigung von Anforderungen und die Nutzung von Anregungen der Umwelt und der Lebenssituation, vor allem aber differenzierte Wissenssysteme sind (auch) als das *Ergebnis* eines Bildungsprozesses im Sinne der aktiven, d.h. der intentionalen und reflektierten Auseinandersetzung des Menschen in früheren Lebensaltern zu verstehen. Auch in diesem thematischen Kontext wird die hohe *Kontinuität* von Entwicklung über weite Abschnitte des Lebenslaufs deutlich, denn die in früheren Lebensaltern erzielten „Leistungen" (oder Gewinne) bleiben – sofern sie ausreichend genutzt werden – im höheren Erwachsenenalter bestehen.
- Die *Nutzung* und *Erweiterung* der Erfahrungen und des Wissens sowie der Handlungsstrategien bilden eine zentrale Grundlage für die Entwicklung im Alter im Sinne von weiteren möglichen Entwicklungsgewinnen. Damit ist der Aspekt der Bildung *im* Alter angesprochen. Im Alter besteht in der Regel ein ausreichend hohes Maß an *Plastizität*, d.h. an Lern- und Veränderungskapazität (siehe dazu Kliegl/Mayr 1997), so dass auch die Bildung im Alter – im Sinne des *Prozesses* der Nutzung und Erweiterung von Erfahrungen und Wissen sowie des Lernens – als eine realistische Forderung an den Menschen einzuordnen ist. Dass hier von einer „Forderung" gesprochen wird, findet seine Begründung darin, dass Menschen nur durch die aktive Auseinandersetzung mit sich selbst sowie mit ihrer Umwelt die Entwicklungsaufgaben des Alters bewältigen und die Innovationen unserer Kultur – wie zum Beispiel jene aus dem Bereich der Technik – für sich in einer produktiven Weise nutzen können.

Bildung wurde bislang im Kontext von Entwicklungsgewinnen im Alter betrachtet, wobei das Entwicklungsniveau des Menschen in einzelnen Dimensionen als Ergebnis von Bildungsprozessen in früheren Lebensaltern sowie als Grundlage für weitere Bildungsprozesse im höheren Erwachsenenalter gedeutet wurde. Bildung ist zudem im Kontext möglicher Entwicklungsverluste im Alter zu diskutieren. Zwei Aspekte gewinnen hier an Bedeutung: Zum einen ist zu bedenken, dass durch das Training kognitiver Fertigkeiten Verluste im Bereich der „Mechanik der Intelligenz", d.h. der Grundlagen unserer Informationsverarbeitung, in Teilen *verringert* werden, so dass die genannten kognitiven Einbußen nicht so gravierend verlaufen (siehe dazu Kliegl/Smith/Baltes 1989; Oswald/Rupprecht/Gunzelmann 1998). Darüber hinaus kann durch kognitives Training die *Kompensation* einzelner Einbußen und Verluste gefördert werden – zu nennen sind hier der Erwerb neuer Lern- und Gedächtnisstrategien mit dem Ziel, Verluste im Kurzzeitgedächtnis in Teilen auszugleichen, oder die Nutzung von technischen Hilfsmitteln mit dem Ziel, Einbußen in sensorischen und motorischen Funktionen sowie in alltagspraktischen Fertigkeiten in Teilen zu kompensieren (vgl. Knopf 1998; Oswald/Rödel 1995). Die „selektive Optimierung mit Kompensation" – d.h. die Auswahl (Selektion) hochentwickelter Funktionen, Fertigkeiten und Strategien und deren Differenzierung (Optimierung) mit dem Ziel, Verluste in anderen Funktionen, Fertigkeiten und Strategien auszugleichen (Kompensation) – bildet eine bedeutsame Grundlage für „erfolgreiches Altern" (vgl. Baltes/Baltes 1992). Im Kontext möglicher Entwicklungsverluste im Alter – vor allem im hohen Alter (also ab dem 75. bis 80. Lebensjahr) – sind die erhöhten gesundheitlichen Belastungen, die sozialen Verluste sowie die begrenzte Lebenszeit zu nennen. Dabei deuten empirische Befunde darauf hin, dass es dem größeren Teil der hochbetagten Menschen gelingt, diese Verluste zu verarbeiten und eine tragfähige Lebensperspektive aufrechtzuerhalten – dies weist auf die „Widerstandsfähigkeit" (Resilienz) im Alter hin. Hier ist zu beachten, dass die Widerstandsfähigkeit durch Ressourcen der Person und ihrer Umwelt geschaffen wird (siehe dazu den Überblick in Kruse/Wahl 1999; Staudinger/Freund/Linden/Maas 1996; Wahl/Kruse 1999). Zu den umweltbezogenen Ressourcen, die in der gerontologischen Forschung zur Resilienz ermittelt wurden, gehören soziale und kulturelle Angebote, die Anregungen geben (im kognitiven, emotionalen, alltagspraktischen und sozialen Bereich) und die bei der Bewältigung von Anforderungen im Alltag sowie bei der Verarbeitung von Belastungen unterstützen. Ganz in diesem Sinne ist die in der Bildungsforschung getroffene Aussage (vgl. Kaltschmid 1988; Weber 1996) zu interpretieren, wonach Bildung eine unterstützende Funktion im Prozess der Auseinandersetzung mit kritischen Lebensereignissen habe – zum Beispiel durch die Vermittlung von Informationen über effektive Bewältigungstechniken und über Möglichkeiten institutioneller Hilfe. Im Falle endgültiger Verluste in bestimmten Funktionen und Fertigkeiten (zum Beispiel bei zunehmenden Verlusten der Sehfähigkeit infolge einer Makuladegeneration) bilden die Kompensation dieser Verluste (zum Beispiel durch die Nutzung von Kassetten, auf denen Texte rezitiert werden, oder durch das Erlernen der Blindenschrift) sowie die vermehrte Konzentration auf Interessen, für deren Ausübung diese Funktionen und Fertigkeiten nicht notwendig sind, eine Form der Auseinandersetzung, die zum einen als Bildungsprozess verstanden werden kann und zum anderen durch bestehende Bildungsangebote gefördert wird. In mehreren interventionsbezogenen Projekten konnten die positiven Einflüsse von Bildungsangeboten auf den Umgang älterer Menschen mit Anforderungen und Belastungen nachgewiesen werden (siehe dazu den Überblick in Kruse/ Schmitt 1998; Maier/Schmitt 1998; vgl. auch Oswald/Gunzelmann 1995). Vor dem Hintergrund dieses Verständnisses von Bildung und jener Effekte, die durch Bildungsangebote erzielt wurden, ergeben sich enge Beziehungen von Bildung zur *Kompetenz*, die definiert wird als „Fähigkeiten und Fertigkeiten des Menschen zur Aufrechterhaltung oder Wiederherstellung eines selbstständigen, aufgabenbezogenen und persönlich sinnerfüllten Lebens in einer anregenden, unterstützenden, die selbstverantwortliche Auseinandersetzung mit Anforderungen, Entwicklungsaufgaben und Belastungen fördernden (räumlichen, sozialen und infrastrukturellen) Umwelt" (Kruse 1996, S. 290).

2 Kompetenzerhaltende und -fördernde Funktion von Bildung

Die anregende, unterstützende und fördernde Funktion von Bildungsangeboten soll im Folgenden diskutiert werden. Diese Diskussion wird dabei im Kontext dreier Themen vorgenommen, die sowohl für die gerontologische Forschung als auch für das gesellschaftliche Verständnis von Alter bedeutsam sind: (1) Die Nutzung der Daseinskompetenzen des Alters als Humanvermögen, (2) Formen der Produktivität des Alters, (3) Lern- und Veränderungspotentiale im Alter.

2.1 Daseinskompetenzen des Alters als Humanvermögen

Unter Daseinskompetenzen sind Erfahrungen, Strategien und Wissenssysteme zu verstehen, die Menschen im Lebenslauf ausgebildet haben (im Sinne des bereits dargelegten Verständnisses von Bildung als Ergebnis der aktiven, d.h. intentionalen und reflektierten Auseinandersetzung des Menschen mit den Anforderungen und Anregungen seiner Umwelt sowie seiner Lebenssituation) und die sie im Alter in die Lage versetzen, mit Anforderungen des Lebens verantwortlich und kompetent umzugehen (vgl. Geissler 1999). Unter solchen Anforderungen des Lebens sind sowohl alltagspraktische und psychologische als auch zwischenmenschliche und ethische zu nennen. Die Daseinskompetenzen beschränken sich also nicht auf die Erfahrungen, Strategien und Wissenssysteme, die während der Berufstätigkeit entwickelt wurden. Sie spiegeln sich auch darin wider, wie Menschen in ethischen Fragen urteilen, was sie für andere tun, inwieweit sie Verantwortung für sich und für andere übernehmen oder zu übernehmen bereit sind. In diesem Zusammenhang sind empirische Befunde zu nennen, die deutlich machen, dass sich in der aktiven Auseinandersetzung mit Entwicklungsaufgaben im Leben sowie mit Möglichkeiten und Grenzen des Lebens „Expertenwissen in Bezug auf Fragen des Lebens" ausbilden kann (vgl. Baltes 1996; Baltes/Smith 1991). Dabei bildet dieses Expertenwissen keine Domäne des Alters, es kann sich vielmehr auch schon in früheren Lebensaltern entwickeln. Entscheidend für die Ausbildung von Expertenwissen ist allein die Tatsache, dass sich Menschen bewusst und verantwortlich mit zahlreichen Fragen des Lebens auseinandergesetzt haben – in diesem Befund spiegelt sich die thematische Nähe zu einem „allgemeinen" Bildungsbegriff wider, der die Entwicklung der Person – und weniger die Ausbildung spezifischer Fertigkeiten – akzentuiert (vgl. Kruse 1997).

Unter Humanvermögen ist der Beitrag dieser Daseinskompetenzen zur Gesellschaft und Kultur zu verstehen, d.h. die Art und Weise sowie der Umfang, in dem sie auf gesellschaftliche und kulturelle Prozesse einwirken (vgl. Geissler 1999; Deutscher Bundestag 1998). Die Entwicklung der Gesellschaft und der Kultur ist davon beeinflusst, inwieweit es gelingt, die Daseinskompetenzen ihrer einzelnen Mitglieder zu nutzen. Dabei ist es auch notwendig, die entsprechenden infrastrukturellen Rahmenbedingungen zu schaffen – zum Beispiel qualifizierende Angebote für ehrenamtlich tätige Menschen, die diese in die Lage versetzen, ihre Erfahrungen und Strategien sowie ihr Wissen effektiv zur Verfügung zu stellen.

Für die Bildungsforschung und praxis ergibt sich die bedeutsame Frage, welchen Beitrag die verschiedenen Bildungsangebote zur sozial konstruktiven Nutzung der Daseinskompetenzen, d.h. also zur Umsetzung von Daseinskompetenzen in Humanvermögen leisten können. Wir werden an späterer Stelle auf einzelne Angebote eingehen, in denen *(a)* eine intergenerationelle Perspektive verwirklicht wird (also Mitglieder verschiedener Generationen angesprochen werden) und *(b)* die Nutzung der Erfahrungen, Strategien und Wissenssysteme der einzelnen Teilnehmer und Teilnehmerinnen im Sinne eines Dialogs oder Diskurses im Zentrum steht. An dieser Stelle sei jedoch bereits betont, dass zum Beispiel der Besuch älterer Menschen im Schulunterricht und der Austausch zwischen Jung und Alt im Unterricht sowohl von jüngeren als auch von älteren ProjektteilnehmerInnen sehr positiv bewertet wurde. Die Aufgabe praxisorientierter Bildungsangebote ist zum einen darin zu sehen, Erfahrungen, Strategien und Wissenssysteme der TeilnehmerInnen systematisch abzurufen und zu integrieren, zum anderen in der – methodisch fundierten – Leitung der Diskussion oder des Diskurses zwischen den TeilnehmerInnen. Die Perspektive möglicher Formen intergenerationeller Solidarität bildet das *Thema*, unter dem ein solches Angebot unterbreitet werden könnte.

2.2 Formen der Produktivität des Alters

Auch wenn Produktivität vor allem im Sinne gesellschaftlicher Produktivität, d.h. der Bereicherung, der Förderung, der Erhaltung und der Entlastung sozialer Systeme interpretiert wird, so beschränkt sich diese keinesfalls auf berufliche Leistungen oder ehrenamtliche Tätigkeiten (siehe dazu Montada 1996). Vielmehr ist von einem umfassenden Produktivitätsbegriff auszugehen, der auch die emotionale, motivationale und geistige Produktivität berücksichtigt (vgl. Staudinger 1996). Wenn wir diese weiteren Formen von Produktivität auf das Alter anwenden, so zeigen sich folgende (hier nur beispielhaft angeführte) Möglichkeiten der Produktivität in diesem Lebensabschnitt: Das Interesse älterer Menschen an der Entwicklung und Lebensgestaltung jüngerer Menschen, die Weitergabe von Erfahrungen und Wissen an die jüngere Generation sowie die Aufnahme der Erfahrungen und des Wissens, über das jüngere Menschen verfügen, können auch im Sinne emotionaler und geistiger Produktivität interpretiert werden – denn in diesem Diskurs können Anstöße gegeben werden, die sowohl für die emotionale als auch für die kognitive Differenzierung bedeutsam sind. Darüber hinaus können Menschen durch die Art und Weise, wie sie ihr Leben führen – zum Beispiel wie sie in Grenzsituationen leben – jüngere Menschen anregen und bereichern; die Anregung und Bereicherung bezieht sich vor allem auf Anstöße zum eigenen Umgang mit belastenden Situationen. Damit sind Aspekte einer emotionalen und motivationalen Produktivität angesprochen (siehe dazu Kruse 1995; Montada 1996; Rosenmayr 1996). Vor diesem Hintergrund wird deutlich, dass auch der Dialog zwischen Jung und Alt im Sinne eines Bildungsprozesses verstanden werden kann, in dem sich Jüngere und Ältere gegenseitig befruchten können (siehe Beispiele in Kruse/Schmitt 1998; Maier/Schmitt 1998). Es ergeben sich zwei Folgerungen für das Verständnis von Bildung: Zum einen können ältere Menschen selbst Bildungsfunktionen für andere Menschen wahrnehmen, indem sie ihre Fertigkeiten, aber auch ihre Erfahrungen und ihr Wissen zur Verfügung stellen und indem sie durch ihre Art der Lebensführung Jüngeren zum Vorbild werden – dabei ist allerdings entscheidend, dass die Weitergabe von Erfahrungen und Wissen nicht in der Überzeugung erfolgt, diese seien den Erfahrungen und dem Wissen jüngerer Menschen überlegen und müssten von diesen übernommen werden. Zum anderen können ältere Menschen im Dialog mit jüngeren, Anstöße für ihre eigene Entwicklung erhalten. In diesem „intergenerationellen Dialog" sehen wir durchaus ein bedeutsames Bildungspotential. Folgt man Erfahrungen, über die Bildungsträger mit Bezug auf intergenerationell konzipierte Bildungsangebote berichten, so ist die Aussage, dass auch intergenerationelle Begegnungen – entweder „informell" oder im Kontext von Bildungsangeboten – gefördert werden sollten, zu unterstreichen.

In einer Untersuchung zur persönlichen und sozialen Identität sowie zur Auseinandersetzung ehemaliger jüdischer Emigranten und Lagerhäftlinge mit reaktivierten Traumatisierungen, die ihnen im „Dritten Reich" zugefügt worden waren, wurde deutlich, dass der Dialog mit jungen Generationen (zum Beispiel im Schulunterricht) von vielen alten Menschen selbst als große Bereicherung empfunden wurde. Die Tatsache, dass im intergenerationellen Dialog die persönliche Verantwortung des Menschen für Demokratie und Toleranz thematisiert werden konnte und junge Menschen die subjektiv erlebte Geschichte der ehemaligen Emigranten und Lagerhäftlinge sowie deren Initiative zum intergenerationellen Dialog große Bedeutung beimaßen, wurde von den alten Menschen als eine Möglichkeit gedeutet, der eigenen Biografie nachträglich einen neuen Sinn zu verleihen (vgl. Kruse/Schmitt 2000).

2.3 Lern- und Veränderungspotentiale

Die Lern- und Veränderungspotentiale wurden vor allem in kognitiven Trainingsstudien sowie in Studien zur alltagspraktischen Kompetenzförderung (mit dem Ziel der selbstständigen und selbstverantwortlichen Auseinandersetzung mit Anforderungen im Alltag und mit belastenden Situationen) nachgewiesen (siehe den Überblick in Wahl/Tesch-Römer 2000). Die darin zum Ausdruck kommende kognitive Plastizität und Verhaltensplastizität lässt sich auf die neuronale Plastizität, d.h. auf die funktionellen und morphologischen Veränderungen in neuronalen Netzwerken zurückführen. Funktionale Plastizität beschreibt dabei das erhöhte Ruhepotential des Neurons (auf dessen Grundlage eine Erregung der Zelle rascher herbeigeführt werden kann), morphologische Plastizität beschreibt die Herstellung neuer Synapsen sowie ein reicheres Dendritenwachstum bei kontinuierlicher Aktivierung (siehe dazu auch Kruse/Rudinger 1997). Bleibt hingegen die kontinuierliche Stimulation sensorischer, sensomotorischer und kognitiver Funktionen aus, so ist mit einem höheren Verlust kognitiver und alltagspraktischer Kompetenz im Alter – vor allem im hohen Alter – zu rechnen; dieses besondere Risiko ist durch die erhöhte Verletzbarkeit physiologischer und neurophysiologischer Systeme im Alter verursacht. Baltes (1984) spricht in jenen Fällen, in denen diese Stimulation sowie das Training von Funktionen unterbleiben, von „intelligenzdezelerierenden" Bedingungen. Die mit mangelnder Stimulation und mangelndem Training verbundenen Verluste in der kognitiven und alltagspraktischen Kompetenz sind vor allem auf eine Lockerung neuronaler Verschaltungen, auf geringere Kapazität der Synapsen sowie auf eine Abnahme der Dendriten zurückzuführen. Von daher kann die Aussage getroffen werden, dass ein bestimmtes Maß an Stimulation und Aktivität sowie an kognitivem und alltagspraktischem Training im Alter *notwendig* ist, damit Selbstständigkeit und Selbstverantwortung erhalten bleiben. Dabei sollte berücksichtigt werden, dass schon eine *aktive*, d.h. persönlich sinnerfüllte Gestaltung des Alltags dieses Maß an Stimulation, Aktivität und Training schaffen kann – dies führt noch einmal zu der Aussage zurück, dass auch die informellen Bildungsaktivitäten (hier im Sinne von Training) einen zentralen Beitrag zur Bildung im Alter leisten.

3 Didaktische Überlegungen

Wie gezeigt werden konnte, erweist sich der menschliche Lebenslauf aus pädagogischer Perspektive als Bildungsprozess, in dessen Verlauf sich die Person entwickelt und Selbst-Verwirklichung im Sinne einer kontinuierlichen Weiterentwicklung und Differenzierung der persönlichen Identität stattfindet (vgl. u.a. Kaltschmid 1999; Schlutz 1992; von Hentig 1996; Weber 1996). Aus diesem Verständnis lassen sich einige Konsequenzen für die Gestaltung von institutionalisierten Bildungsangeboten (auch) für das höhere Erwachsenenalter formulieren:

1. Die von der Person im Laufe ihrer Entwicklung zu bewältigenden Aufgaben stellen sich aus heutigem Verständnis nicht normativ im Sinne einer „Normalbiografie", sondern vielmehr als individualisierte, lebensgeschichtlich zu bewältigende Anforderungen dar, wobei diese Bewältigung von biologischen, sozialen, psychischen, gesellschaftlichen und kulturellen Ressourcen beeinflusst ist (vgl. Kommission 2000). Das bedeutet, dass eine Konzeption von Bildung für das höhere Erwachsenenalter sich keinesfalls an generellen lebensaltersspezifischen Inhalten (z.B. Trennung, Einsamkeit, Krankheit, Tod) oder gar einem Curriculum orientieren kann, son-

dern vielmehr an dem von den Teilnehmern vor dem Hintergrund ihrer Biografie formulierten Bildungsbedarf und ihren Bildungszielen. Darüber hinaus unterstreicht die beschriebene Mehrdimensionalität und Multidirektionalität von Alternsprozessen die Notwendigkeit, sich bei der Gestaltung von Bildungsangeboten an den individuellen Fähigkeiten, Fertigkeiten, Interessen und Motivationslagen der Teilnehmer zu orientieren (vgl. Kruse 1997).

2. Die Bedeutung der Biografie für den Bildungsprozess wird aus einer weiteren Perspektive relevant: Personen entwickeln im Laufe ihres Lebens komplexe Erlebens- und Verhaltensformen, die bis ins hohe Alter fortbestehen (vgl. Thomae 1998) und das Erleben der gegenwärtigen Situation, aber auch ihre Deutung von Vergangenheit und Zukunft beeinflussen (vgl. Kruse 2000). So ist beispielsweise für das Erlernen neuer Techniken wie Computer und Internetnutzung nicht nur die prinzipielle Lernfähigkeit relevant, sondern insbesondere das Selbstbild in Bezug auf die eigene Lernfähigkeit im Alter sowie die lebensgeschichtliche Erfahrung im Umgang mit Technik und die Verarbeitung dieser Erfahrung (vgl. Kruse 1992; Mollenkopf/ Hampel 1994). Bildungsangebote müssen deshalb an den kognitiven Repräsentationen – an den Deutungen der Sich-Bildenden – ansetzen, denn diese bilden den Ausgangspunkt für alles Weiterlernen, Umlernen, Neulernen.

3. Die Biografie, der Lebenslauf in seinen für die Person bedeutsamen Ausschnitten, kann zudem heute selbst als Bildungsaufgabe aufgefasst werden (vgl. Tietgens 1992). Diese Aufgabe gewinnt vor allem angesichts der für die moderne „Risikogesellschaft" (vgl. Beck 1986) charakteristischen Individualisierung besondere Bedeutung. Individualisierung bedeutet für den Einzelnen nicht nur Herauslösung aus vorgegebenen Fixierungen der Normalbiografie und Gewinn in Bezug auf die individuelle Gestaltbarkeit des Lebenslaufs. Individualisierung bedeutet zugleich auch den Verlust von traditionellen Sicherheiten in Bezug auf Handlungswissen und in stärkerem Maße eigene Verantwortung für ein mögliches Scheitern von Lebensplänen und -anforderungen. Gerade weil spezifische Entwicklungsaufgaben heute nicht mehr zwangsläufig Bestandteil jeder Biografie sind und nicht zu einem fixierten Zeitpunkt im Lebenslauf erwartet werden können – beispielsweise waren trotz der gesetzlichen Altersgrenze von 65 Jahren 1997 bereits 68% der Männer aufgrund von Erwerbs- oder Berufsunfähigkeit, Arbeitslosigkeit oder Vorruhestand bereits vor dem 60sten Lebensjahr aus dem Erwerbsleben ausgeschieden – nimmt die Verunsicherung, der Individualisierungsdruck hinsichtlich der richtigen Bewältigung für das Individuum möglicherweise zu. Bildungsangebote können Personen dabei begleiten und unterstützen, ihren subjektiv richtigen Weg zu finden und somit auch zu ihrer Entlastung beitragen. So wurde von den Teilnehmerinnen eines Bildungsangebots „Neue Tätigkeitsfelder für Frauen" besonders positiv bewertet, dass das Angebot nicht von vornherein für eine Lösung („Rückkehr in den Beruf") qualifizierte (vgl. Maier/Schmitt 1998); statt dessen wurde zunächst der Prozess der Entscheidungsfindung unterstützt und erst dann die Umsetzung der getroffenen Entscheidung begleitet (einige Frauen entschieden sich für eine Rückkehr ins Berufsleben, andere für eine ehrenamtliche Tätigkeit, eine Konzentration auf familiäre Rollen und/oder eine Intensivierung bestehender Interessen).

4. Die Tendenz zur „Singularisierung" von Lebensläufen (vgl. Kohli 1990) trägt zudem dazu bei, dass auf eine der wichtigsten Ressourcen bei der Bewältigung von Lebensaufgaben – das soziale Netzwerk – zum Teil nur in eingeschränktem Maße zurückgegriffen werden kann. Wenn wichtige Bezugspersonen als Quelle der Unterstützung bei der zu bewältigenden Aufgabe nicht zur Verfügung stehen (beispielsweise bei der Pflege eines an Alzheimer-Demenz erkrankten Partners), können Bildungsangebote durch das Zusammenführen von Personen in ähnlichen Lebenssituationen zur Erweiterung sozialer Kontakte und sozialer Unterstützung beitragen. In-

sofern kann die institutionalisierte Bildungspraxis einen wichtigen Beitrag zu einer – aus Sicht der Person – konstruktiv gelösten entwicklungsrelevanten Aufgabe darstellen und somit die individuelle Weiterentwicklung sowie die Bewältigung künftiger Aufgaben, Belastungen oder Krisen fördern.

5. Bildung kann letztlich nur verstanden werden als Selbstbildung, Selbstaneignung, Selbstgestaltung; sie ist Bildungsarbeit des sich Bildenden und kann von Bildungsinstitutionen bzw. Dozenten nicht hergestellt, sondern nur ermöglicht werden (vgl. Arnold 1996; Meueler 1999). Experte für den Bildungsprozess, d.h. für die Formulierung von Bildungsbedarf, Bildungszielen und Methoden ist somit der Erwachsene und nicht der (in der Bildungsarbeit mit älteren Menschen häufig jüngere) Dozent. Dabei stoßen die am Bildungsprozess beteiligten Professionellen u.U. auf ein Dilemma: Wenn ältere Menschen bestimmte „Inhalte" subjektiv nicht zur Kenntnis nehmen (nicht lernen wollen), obwohl dies aus wissenschaftlicher Perspektive für ihre Selbständigkeit im Alter von wesentlicher Bedeutung wäre (beispielsweise die Fähigkeit zur Benutzung technischer Hilfsmittel). Als angemessene Antwort aus diesem Dilemma schlägt Schäffter(2000, S. 77) vor, im pädagogischen Kontext mittels „kommunikativer Didaktik" zu klären, ob, was und auf welche Weise gelernt bzw. nicht gelernt werden sollte. Folglich ist die Aufgabe der in der Bildungsarbeit Tätigen, den Teilnehmerinnen und Teilnehmern Wissen und Lernmöglichkeiten bereit zu stellen, sie zu beraten sowie Verständigungsprozesse in Kursen, Seminaren und Projekten zu moderieren und zu begleiten und weniger – wie in der Praxis häufig anzutreffen – Betreuung, Belehrung und Training (vgl. Kade 1994b).

6. Schließlich vollzieht sich Bildungsarbeit nicht ausschließlich im Rahmen institutionalisierter Bildungspraxis; wenn im Folgenden die Bildungsarbeit mit älteren Menschen anhand der Praxis in ausgewählten Bildungsinstitutionen (Volkshochschulen, Hochschulen und Universitäten, Seniorenakademien sowie Projekten und Initiativen) dargestellt werden, so ist damit keinesfalls intendiert, der Gruppe älterer Menschen einen besonderen Bildungsbedarf zu unterstellen. Dennoch kann festgestellt werden, dass das Lernen im alltäglichen Lebensvollzug an Grenzen stoßen kann, die durch Distanzierung überwunden werden können. Institutionalisiertes Lernen stellt *eine* Form dieser Distanzierung dar und bildet insofern eine Erweiterung menschlicher Chancen (vgl. Siebert 1996).

4 Die Teilnahme älterer Menschen an institutionalisierten Bildungsangeboten

Institutionalisierte Angebote sind aus der Sicht älterer Menschen von nachrangiger Bedeutung für deren Bildungsprozess, wie eine von Röhr-Sendelmeier (1990) durchgeführte Untersuchung zeigt. In dieser Untersuchung wurden Personen zwischen 58 und 92 Jahren nach den von ihnen genutzten Quellen für Weiterbildung gefragt. Die Reihenfolge der Nennungen – Lesen (56,3%), Gespräche (37,8%), Wissen vermittelnde Sendungen in Fernsehen (27,7%) und Radio (17,6%), Bildungsseminare (9,2%), kreative Tätigkeiten (8,4%), ehrenamtliche Tätigkeiten und Reisen (je 6,7%) – zeigt, dass sich Bildung und Lernen aus der Sicht älterer Befragter hauptsächlich im alltäglichen Lebensvollzug ereignen. Damit werden Ergebnisse anderer Studien (vgl. Tews 1992; Opaschowski 1998) bestätigt, in denen nur 3% bis 20% der älteren Befragten angeben, institutionalisierte Bildungsangebote zu nutzen. Bei den Anbietern steht die Volkshochschule an der Spitze – je nach Untersuchung geben 41% bis 46% der Befragten an, dort

Veranstaltungen (Vorträge und Kurse) zu besuchen; zwischen 8% und 21% der Befragten – je nach Studie – nutzen die Angebote kommunaler bzw. kirchlicher Anbieter. Obwohl die absolute Zahl älterer Teilnehmer – diese sind bis zu 80% Frauen – in Bildungsinstitutionen zunimmt, hat sich der Anteil über 65-Jähriger an Maßnahmen der Volkshochschulen nicht erhöht, er liegt seit Ende der 1970er Jahre konstant bei knapp unter 5%. Zugenommen hat dagegen der Anteil der über 55-Jährigen an den Gasthörern an deutschen Hochschulen, von 25% im Jahr 1992/93 auf 31% im Jahr 1994/95.

Über die Motive, die erwachsene und ältere Menschen zur Teilnahme an institutionalisierten Bildungsangeboten bewegen, liegen nur wenige Ergebnisse aus empirischen Studien vor. Insbesondere Personen über 60 Jahre sind kaum berücksichtigt. Ganz allgemein lässt sich formulieren, dass Bildungsbedürfnisse und Teilnahmemotive in komplexe und mitunter widersprüchliche biografische Entwicklungen und gesellschaftliche Kontexte eingebettet sind. In einer Studie zur Teilnahmemotivation in der Erwachsenenbildung identifizieren Kade/Seitter (1995) drei Motive: (1) Freiheitsmotive und gesellschaftliche Zumutungen: Insbesondere Frauen geben an, die Teilnahme an Bildungsangeboten als Emanzipations- und Orientierungschance (z.B. nach der Familienphase) zu nutzen; dies wird jedoch zugleich als „stiller sozialer Zwang" – als Verpflichtung, sich emanzipieren zu müssen – erfahren. (2) Gemeinschafts- und Integrationsmotive: Relativ unabhängig von den Inhalten besteht der Wunsch nach (befristeten) sozialen Kontakten. Dabei kann das Erleben von Gemeinschaft wichtiger werden, wenn herkömmliche Bindungen sich lockern (z.B. der Kontakt zu Kollegen nach dem Berufsende) und/oder das Bedürfnis nach Zugehörigkeit (z.B. in altersgemischten Kursen die Zugehörigkeit zur Lebenswelt Jüngerer) kann zunehmen. (3) Im Kontext von „neuen Unübersichtlichkeiten" (vgl. Habermas 1985) gewinnen schließlich Sicherheits- und Stabilitätsmotive an Bedeutung. Die Erfahrung von Verunsicherung begründet das Bedürfnis nach Stabilität beispielsweise im Sinne der Bestätigung und Anerkennung der eigenen Identität und Lebensperspektive.

Die Auswertung einer Befragung von Frauen und Männern der „Akademie für Ältere" in Heidelberg ergab vier Motive für den Besuch von Bildungsveranstaltungen: (1) Das Bedürfnis nach *Informationen* richtet sich primär auf den Erwerb von Wissen. Die Teilnehmer suchen nach Antworten auf gezielte Fragen, wollen vorhandenes Wissen – in Bezug auf Sachthemen, Sprachen oder Fragen der konkreten Lebenshilfe – auffrischen, erweitern und/oder vertiefen. (2) Das Bedürfnis nach *Kommunikation* zielt auf den Wunsch, Menschen zu treffen, gemeinsam ins Gespräch zu kommen und Kontakte zu schließen. (3) Das Bedürfnis nach *Kompensation* kann dem Wunsch entsprechen, Versäumtes nachzuholen (beispielsweise die Teilnahme am „Seniorenstudium", weil in der Jugend kein Hochschulstudium möglich war), aber auch Ausgleich oder Abwechslung zur alltäglichen Routine zu erleben. (4.) Das Bedürfnis nach *Identifikation* entspricht dem Wunsch nach Selbstbestätigung und Übereinstimmung mit anderen Menschen, sich gemeinsam mit einer Gruppe auseinander- und/oder für etwas persönlich Sinnstiftendes einzusetzen: Diese Motive können jedoch im Verlauf des Besuchs von Kursen variieren: das Bedürfnis nach Information kann für die Anmeldung zu einem Seminar ausschlaggebend sein, während im Verlauf des Kursbesuchs zuvor latente Bedürfnisse nach Kommunikation oder Übereinstimmung mit anderen wichtiger werden.

Neben den Motiven, die die Teilnahme an institutionalisierten Bildungsangeboten begünstigen, können eine Reihe von Barrieren identifiziert werden. Als eine der wesentlichsten ist die biografische Erfahrung mit institutionalisierter Bildung – vermittelt u.a. durch den Grad der Schulbildung und das Ausmaß beruflicher Weiterbildungserfahrung – zu nennen. Hemmungen wie die mangelnde Vertrautheit mit Bildungsträgern, Unsicherheiten und Zweifel an den eigenen Fähigkeiten und Fertigkeiten, die Annahme, nicht genügend Vorwissen als Voraussetzung zur Teilnahme mitzubringen, aber auch eine mangelnde Kenntnis der Angebotsstruktur sind weitere Resultate biografischer Bildungsungewohntheit. Die Bildungsbereitschaft sinkt zudem mit dem Verschulungsgrad einer Veranstaltung und deren fehlendem Lebensweltbezug. Daneben können sich gesundheitliche Belastungen, eingeschränkte Mobilität (krankheits-, aber auch infrastrukturbedingt) sowie finanzielle Gründe als Barrieren der Teilnahme auswirken. Schließlich kann auch die explizite Kennzeichnung von Bildungsangeboten als „seniorenspezifisch" als stigmatisierend erlebt werden und sich insofern hemmend auf die Teilnahme an institutionalisierter Bildung auswirken (vgl. Kade 1994a; Opaschowski 1998).

5 Bildung in Institutionen und Initiativen

5.1 Volkshochschulen

1,2 Millionen über 50-Jährige – davon über 80% Frauen – besuchten 1997 ein Angebot der Volkshochschulen. 90% der Teilnehmenden nutzten dabei das reguläre Angebot; nur jeder zehnte bevorzugte ein Zielgruppenangebot speziell für ältere Menschen (vgl. Kade 2000). Zwar hat sich die absolute Zahl der über 50-Jährigen Teilnehmer und Teilnehmerinnen erhöht, bei genauerer Betrachtung sind es jedoch vor allem die sogenannten „jungen Alten" (die 50 bis 65-Jährigen), die häufiger an Angeboten der Volkshochschulen teilnehmen, während der Anteil der über 65-Jährigen an allen VHS Besuchern seit Jahren bei etwa 5% stagniert (vgl. Statistische Mitteilungen des Deutschen Volkshochschulverbandes 1997).

Das Verständnis von Bildung und höherem Erwachsenenalter an Volkshochschulen, zusammengefasst in dem Begriff der Altersbildung, lässt sich wie folgt skizzieren: „Im engeren Sinne sind nur jene Angebote der Altersbildung zuzurechnen, in denen die Zeitdimension der Erfahrung explizit thematisiert wird. Alter ist nicht per se eine Bildungskategorie, erst der biographische Bezug auf Erfahrung ermöglicht Bildung, die im Kern das Lernen des Älterwerdens zum Inhalt hat." (Kade 2000, S. 173). Daneben können vier Lernfelder der Altersbildung identifiziert werden, die den Lernbedürfnissen der Teilnehmer entgegenkommen: Biografie – Alltag – Kreativität – Produktivität. Das Lernfeld *Biografie* umfasst insbesondere Orientierungskurse für Ältere in Gesprächskreisen. Die auf Selbsterfahrung basierenden Angebote, die zum Teil auch an spezifischen Lebensereignissen wie Berufsaufgabe oder Verwitwung ansetzen, streben eine Bilanzierung der bisherigen Lebensgeschichte sowie eine Bestandsaufnahme der individuellen Lebenssituation im Alter an, um auf der Grundlage der damit verbundenen Rekonstruktionsarbeit eine (Neu) Orientierung zu ermöglichen. Ebenfalls zum Lernfeld Biografie gehören Kurse und Projekte, die intergenerationelle Begegnung ermöglichen und dazu u.a. zeitgeschichtliche Themen verwenden (beispielsweise Erzählcafés, Generationendialoge). Individualisierungsbedingungen sowie die zunehmende Verwissenschaftlichung und Verrechtlichung des Lebens machen den *Alltag* zu einem zentralen Lerngegenstand, wenn es darum geht, Selbstständigkeit und Selbstbestimmtheit so lange wie möglich zu erhalten. Lernthemen reichen dabei von Gesundheit und Lebensbewältigung (Ernährung, Entspannung, Gymnastik, Gedächtnistraining) über rechtliche Fragen (Renten-, Sozial- und Erbrecht) bis hin zu Fragen des Wohnens (Wohn- und Versorgungsformen im Alter). Das Lernfeld *Kreativität* bietet die Möglichkeit zu außeralltäglicher Erfahrung und reicht von Kunstbetrachtung (Bildungsreisen,

Museumsgruppen oder Erkundungen im Stadtteil) bis hin zu aktiv gestaltenden Aneignungsformen (Literatur-, Photo- oder Videowerkstatt, Theatergruppe, Malatelier, Salonorchester). Diese Chance zum symbolischen Selbstausdruck, zur Entwicklung bislang vernachlässigter Kompetenzen wird von über 50% der über 50jährigen in Volkshochschulen genutzt. Im Lernfeld *Produktivität* sind schließlich all jene Angebote zusammengefasst, die (soziales) Engagement für und mit anderen anregen, vorbereiten, begleiten oder dazu qualifizieren (beispielsweise eine Tätigkeit als Stadtteilführerin); auch das Modell der Wissensbörsen wird in einigen Volkshochschulen erprobt. Das Ziel, die Daseinskompetenzen älterer Menschen als Humanvermögen für die Gesellschaft anzuerkennen, kann sich jedoch nicht nur auf die nachberufliche Lebensphase beschränken. Die Erwachsenen- und Altenbildung muss zugleich – will sie ihre Glaubwürdigkeit nicht verlieren – die gesellschaftliche Anerkennung der Kompetenzen älterer Arbeitnehmer anstreben. Denn diejenigen, um deren Kompetenzen nach dem Berufsende geworben wird, mussten als ältere Arbeitnehmer nicht selten die schmerzliche Erfahrung machen, dass ihre Fähigkeiten im Erwerbsleben überflüssig wurden.

Eine weitere Schwierigkeit besteht in der Diskrepanz zwischen Angebot und Nachfrage: Zwar besteht der Wunsch seitens der älteren Menschen, auch nach dem Berufsende gesellschaftlich bedeutsame und nützliche Tätigkeiten auszuüben – in einer Untersuchung von Opaschowski (1998) waren es ca. 30% einer Stichprobe von n=500 Personen im Ruhestand, die prinzipielles Interesse an einer nachberuflichen Tätigkeit haben; es mangelt jedoch bislang an den entsprechenden Möglichkeiten dazu. In diesem Feld die entsprechenden Strukturen zu entwickeln, damit ältere Menschen sich engagieren können und damit bereits bestehende Handlungsfelder verbunden werden, gehört zu den projektierten Zielen der Altersbildung an Volkshochschulen (vgl. Kade 2000).

5.2 Universitäten und Hochschulen

Seit der Öffnung der Hochschulen für ältere Erwachsene in den 1980er Jahren besteht für ältere Menschen darüber hinaus die Möglichkeit, an einer deutschen Hochschule zu studieren. Heute sind von den insgesamt ca. 25.000 über 55-Jährigen Frauen und Männern, die an deutschen Hochschulen studieren, etwa 25% aufgrund einer Hochschulzugangsberechtigung als ordentliche Studenten immatrikuliert; je nach Universität beträgt deren Anteil sogar bis zu 40% (vgl. Veelken u.a. 2000). Weitere 25% sind als Gasthörer eingeschrieben und bilden sich ohne Abitur oder andere Voraussetzung in einzelnen Wissensbereichen weiter oder frischen ihre Kenntnisse auf. Die Hälfte absolviert an einer der 35 Hochschulen in Deutschland, die diese Möglichkeit anbieten, ein Seniorenstudium (vgl. Saup 1996). Ähnlich wie in den Volkshochschulen, gehören auch die „Senior-Studenten" mit einem Altersdurchschnitt von 63 Jahren zur Gruppe der sogenannten „jungen Alten". Dabei wird diese Form der Weiterbildung im Alter von Männern deutlich häufiger in Anspruch genommen als andere Formen institutionalisierter Bildung. Zwar sind die Frauen auch an den Universitäten im Durchschnitt noch häufiger vertreten (die Relation liegt bei 65% Senior-Studentinnen zu 35% Senior-Studenten), dennoch steigt der Anteil der über 55-Jährigen männlichen Studenten kontinuierlich an (vgl. Veelken u.a. 2000).

Die wichtigsten Ziele universitärer Bildungsangebote, die je nach Universität bzw. Hochschule unterschiedlich gewichtet sind, können wie folgt zusammengefasst werden: Förderung der Bildung durch Teilnahme am Wissenschaftsprozess, Information über neueste Forschungsergebnisse, Orientierung in der Lebensphase „Alter", Qualifikation für nachberufliche Tätigkeiten, Auseinandersetzung mit Themen der Gerontologie, Förderung des intergenerationellen Dialogs. Die Umsetzung erfolgt mittels verschiedener Angebotsformen, die je nach Konzeption zum Teil einander ergänzend angeboten werden (Becker/Rudolph 1994): *Studienprogramme*, die sich aus dem *regulären Lehrangebot* der Universitäten ergänzt durch zielgruppenspezifische Beratungs-, Orientierungs- und Begleitveranstaltungen sowie besondere thematische Schwerpunkte zusammensetzen. Zu den Seniorenstudiengängen gehören auch *spezielle weiterbildende Studiengänge mit einem Zertifikatsabschluss*: Zu nennen sind hier das „Dortmunder Modell – Weiterbildendes Studium für Senioren", das für eine nachberufliche (zumeist ehrenamtliche) Tätigkeit im sozialen Bereich (beispielsweise in Selbsthilfegruppen, Stadtteilprojekten oder Umwelt- und Gesundheitsinitiativen) qualifiziert, oder das „Berliner Modell – Ausbildung für nachberufliche Arbeitsbereiche" an der TU Berlin, in dem in vier Semestern ein Zertifikat als Ökologie-Assistentin, Ernährungstrainerin oder Kommunalberaterin erworben werden kann. Schließlich existieren strukturierte, allgemeinbildende Studienprogramme ebenfalls mit der Möglichkeit, einen Zertifikatsabschluss zu erwerben (beispielsweise Seniorenstudium an der Bergischen Gesamthochschule Wuppertal).

Neben der insgesamt gestiegenen Nachfrage an wissenschaftlicher Weiterbildung stellt das wachsende Interesse an „forschendem Lernen" (vgl. Stadelhofer 2000) einen weiteren Trend an Universitäten und Hochschulen dar. Forschendes Lernen kann verstanden werden als eine Form selbstgesteuerter, wissenschaftsorientierter Erkundung in Form von Einzelarbeit, autonomen Projektgruppen oder Mitarbeit in einem Forschungsprojekt. Anlass ist zumeist der Wunsch nach einer intensiveren Auseinandersetzung mit einem zuvor in einer Veranstaltung des Seniorenstudiums behandelten Thema. An der Universität Ulm arbeiten beispielsweise derzeit etwa 120 Seniorstudierende in 15 Projektgruppen zu selbstgewählten Themen aus den Medizin-, Natur-, Geistes-, Sozial-, Wirtschaftswissenschaften und Informatik (vgl. Stadelhofer 2000). Mit dem wachsenden Anteil älterer Menschen, die über einen höheren Bildungsabschluss verfügen, haben sich eventuell auch die Teilnahmemotive an einem Seniorenstudium gewandelt: Studium im Alter wird heute weniger als Gelegenheit interpretiert, Versäumtes nachzuholen, sondern vielmehr als Chance zur aktiven Umsetzung eigener Ziele.

5.3 Senioren- bzw. Altenakademien

Entgegen dem in Volkshochschulen zu beobachtenden Trend der Integration von Bildung im höheren Erwachsenenalter in das Programm der Erwachsenenbildung bieten Senioren- und Altenakademien (beispielsweise in Heidelberg, Erfurt, Hannover oder Düsseldorf) systematisches Lernen in altershomogenen Gruppen an. Diese Institutionen gehen gezielt auf die Bedürfnisse ein, in altershomogenen Gruppen lernen zu wollen und berücksichtigen lernpsychologische Befunde zu Besonderheiten des Lernens im Alter. Die Seminare, Lerngruppen, Gesprächskreise und Arbeitsgemeinschaften, die thematisch ein den Volkshochschulen ähnliches Programm repräsentieren (einschließlich Computer- und Internetkurse), sind häufig gebührenfrei und finden in der Regel tagsüber statt. Die meisten Akademien ergänzen ihr Programm durch Vortragsveranstaltungen, Exkursionen, Konzert-, Theater- und Museumsbesuche, Treffen mit bildenden Künstlern und Autoren oder Studienfahrten. Sie organisieren darüber hinaus zum Teil die Möglichkeit des Seniorenstudiums an Universitäten oder bereiten dieses gezielt vor. Ermöglicht wird das finanziell attraktive Angebot auch durch die ehrenamtliche Tätigkeit der Älteren selbst, die nicht nur das Programm nach ihren Bedürfnissen gestalten, sondern auch als

Dozenten oder Moderatoren tätig sind. Den Senioren- und Altenakademien wird nicht selten vorgeworfen, mit ihrem Konzept zu einer Segregation älterer Menschen beizutragen. Diesem Vorwurf kann entgegnet werden, dass Senioren- und Altenakademien insbesondere lern- und bildungsungewohnten (d.h. mit Bildungsinstitutionen wenig vertrauten) Frauen und Männern einen geschützten Lernraum zur Verfügung stellen, der es ihnen ermöglicht, Ängste (z.B. vor Versagen) abzubauen und damit die Motivation für weitere Bildungsaktivitäten zu stärken. Zudem haben diese Institutionen auf die zum Teil berechtigte Kritik reagiert und Altersgrenzen (Mindestalter von 55 oder 60 Jahren als Zugangsvoraussetzung) abgeschafft und Projekte zur intergenerationellen Begegnung verstärkt in ihr Programm aufgenommen (vgl. Veelken u.a. 2000).

5.4 Selbstorganisiertes Lernen in Projekten, Initiativen und Selbsthilfegruppen

Zu einer der wichtigsten Bildungsstätten haben sich darüber hinaus Selbsthilfegruppen, Initiativen und Projekte entwickelt. Die Wurzeln dieser Form der Bildung für das höhere Erwachsenenalter, deren Bezugspunkt der im Alltag subjektiv relevante Bildungsbedarf darstellt, reichen bis in die 1970er Jahre zurück. Mittels zugehender Bildungsarbeit versuchte man beispielsweise in dem Modellprojekt „Weiterbildung im Alter" – veröffentlicht unter dem Titel „Verstehen, anknüpfen, entwickeln" (vgl. Knopf 1987) – insbesondere ältere Menschen mit geringem Einkommen und geringer formaler Bildung so direkt wie möglich anzusprechen. Heute wird diese Angebotsform generell wegen ihrer Alltags- und Handlungsorientierung favorisiert. Die Forderung nach Selbstbestimmung, Lebensweltbezug und Alltagsnähe von Bildung ist an diesen Lernorten am ehesten eingelöst. Die Evaluation verschiedener Bildungsprojekte und Initiativen (vgl. Maier/Schmitt 1998) konnte deutlich machen, dass diese die Möglichkeit einer umfassenden (Neu) Orientierung bieten, neue Perspektiven eröffnen, sich mit Anforderungen auseinander zu setzen sowie gleichermaßen neue, positivere Sichtweisen der persönlichen Lebenssituation vermitteln. Im Unterschied zu herkömmlichen Fortbildungs- und Qualifizierungsangeboten besteht die Möglichkeit, nicht nur eigene Ressourcen einzusetzen, sondern auch Ziele, Form und Umfang des Bildungsprozesses an die jeweils aktuelle Situation anzupassen.

Die positive Resonanz auf diese Form selbstorganisierter Bildungsarbeit drückt sich nicht zuletzt darin aus, dass bundesweit in einer Vielzahl von Projekten und Initiativen Ideen und Konzepte älterer Menschen umgesetzt werden. Dazu gehören u.a. das Projekt „Freizeitinitiativen zwischen Arbeit und Ruhestand" (ZWAR), der Berliner Projektverbund „Erfahrungswissen älterer Menschen nutzen", das baden-württembergische Modell „Bürgerschaftliches Engagement/Seniorengenossenschaften" und das bundesweite Modell der „Seniorenbüros".

Literatur

Arnold, R. (1996): Weiterbildung. Ermöglichungsdidaktische Grundlagen. München: Vahlen.
Baltes, P.B. (1984): Intelligenz im Alter. Spektrum der Wissenschaft 5, S. 46–60.
Baltes, P.B. (1990): Entwicklungspsychologie der Lebensspanne: Theoretische Leitsätze. In: Psychologische Rundschau, 41. Jg., H. 1, S. 1–24.
Baltes, P.B. (1996): Über die Zukunft des Alterns: Hoffnung mit Trauerflor. In: Baltes, M./Montada, L. (Hrsg.): Produktives Leben im Alter. Frankfurt a.M.: Campus, S. 29–68.

Baltes, P.B. (1999): Alter und Altern als unvollendete Architektur der Humanontogenese. In: Zeitschrift für Gerontologie und Geriatrie, 32. Jg., S. 443–448.
Baltes, P.B./Baltes, M.M. (1992): Gerontologie: Begriff, Herausforderung und Brennpunkte. In: Baltes, P. B./Mittelstrass, J. (Hrsg.): Zukunft des Alterns und gesellschaftliche Entwicklung. Berlin: de Gruyter, S. 1–34.
Baltes, P.B./Smith, J. (1991): Weisheit und Weisheitsentwicklung: Prolegomena zu einer psychologischen Weisheitstheorie. In: Zeitschrift für Entwicklungspsychologie und Pädagogische Psychologie, 22. Jg., H. 2, S. 95–135.
Beck, U. (1986): Risikogesellschaft. Auf dem Weg in eine andere Moderne. Frankfurt a.M.: Suhrkamp.
Becker, S./Rudolph, W. (1994): Handlungsorientierte Seniorenbildung. Opladen: Leske + Budrich.
Deutscher Bundestag (1998): Wohnen im Alter. Zweiter Altenbericht der Bundesregierung. Bonn: Bundesanzeiger.
Deutscher Volkshochschulverband (1997): Statistische Mitteilungen des Deutschen Volkshochschulverbandes. (Pädagogische Arbeitsstelle des DVV). Frankfurt: Pädagogische Arbeitsstelle.
Geissler, C. (1999): Alter und Innovationen – Gründe, Ziele und Visionen für eine neue intergenerative Zusammenarbeit. In: Evangelische Akademie Loccum (Hrsg.): Alter und Innovation. Dokumentation einer Tagung im Juni 1998. Loccum, S. 9–37.
Habermas, J. (1985): Die neue Unübersichtlichkeit. Frankfurt a.M.: Suhrkamp.
Hentig, H. von (1996): Bildung. München: Hanser.
Kade, J./Seitter, W. (1995): Teilnahmemotive. Subjektbildung unter den Bedingungen der Individualisierung. In: REPORT, 36, S. 29–37.
Kade, S. (1994a): Altersbildung. Lebenssituation und Lernbedarf. Frankfurt a.M.: DIE.
Kade, S. (1994b): Altersbildung. Ziele und Konzepte. Frankfurt a.M.: DIE.
Kade, S. (2000): Volkshochschulen. In: Becker, S./Veelken, L./Wallraven, K.P. (Hrsg.): Handbuch Altenbildung. Opladen: Leske + Budrich, S. 173–184.
Kaltschmid, J. (1988): Bildung und lebenslanges Lernen. In: Zeitschrift für Gerontologie, 21. Jg., S. 184–192.
Kaltschmid, J. (1999[2]): Biographische und lebenslauftheoretische Ansätze und Erwachsenenbildung. In: Tippelt, R. (Hrsg.): Handbuch Erwachsenenbildung/Weiterbildung. Opladen: Leske + Budrich, S. 97–120.
Kliegl, R./Mayr, U. (1997): Kognitive Leistung und Lernpotential im höheren Erwachsenenalter. In: Weinert, F.E./Mandl, H. (Hrsg.): Enzyklopädie der Psychologie – Pädagogische Psychologie, Themenbereich D, Bd. IV. Göttingen: Hogrefe, S. 87–114.
Kliegl, R./Smith, J./Baltes, P.B. (1989): Testing-the-limits and the study of adult age differences in cognitive plasticity of a mnemonic skill. In: Developmental Psychology, 25, S. 247–256.
Knopf, D. (1987): Verstehen, anknüpfen, entwickeln. Berlin: DZA.
Knopf, M. (1998): Gedächtnisleistung und Gedächtnisförderung. In: Kruse, A. (Hrsg.): Psychosoziale Gerontologie. Jahrbuch der medizinischen Psychologie. Bd. 1. Grundlagen. Göttingen: Hogrefe, S. 131–146.
Kohli, M. (1990): Lebenslauf und Lebensalter als gesellschaftliche Konstruktionen. In: Elwert, G./Kohli, M./Müller, H.K. (Hrsg.): Im Lauf der Zeit. Saarbrücken: Breitenbach, S. 11–32.
Kommission (2000): Dritter Altenbericht der Bundesregierung. Bonn: Bundesanzeiger.
Kruse, A. (1988): Bildung im Alter. In: Zeitschrift für Gerontologie, 21. Jg., H. 4, S. 79–183.
Kruse, A. (1992): Altersfreundliche Umwelten: Der Beitrag der Technik. In: Baltes, P.B./Mittelstrass, J. (Hrsg.): Zukunft des Alters und gesellschaftliche Perspektiven. Berlin: de Gruyter, S. 668–694.
Kruse, A. (1995): Entwicklungspotentialität im Alter. Eine lebenslauf- und situationsorientierte Sicht psychischer Entwicklung. In: Borscheid, P. (Hrsg.): Alter und Gesellschaft. Stuttgart: Hirzel, S. 63–86.
Kruse, A. (1996): Alltagspraktische und sozioemotionale Kompetenz. In: Baltes, M.M./Montada, L. (Hrsg.): Produktives Leben im Alter. Frankfurt a.M.: Campus, S. 290–322.
Kruse, A. (1997): Bildung und Bildungsmotivation im Erwachsenenalter. In: Weinert, F.E./Mandl, H. (Hrsg.): Psychologie der Erwachsenenbildung. Enzyklopädie der Psychologie – Pädagogische Psychologie. Bd. IV. Göttingen: Hogrefe, S. 115–178.
Kruse, A. (2000): Zeit, Biographie und Lebenslauf. In: Zeitschrift für Gerontologie und Geriatrie, 33. Jg., Suppl. 1, S. 90–97.
Kruse, A./Rudinger, G. (1997): Lernen und Leistung im Erwachsenenalter. In: Weinert, F.E./Mandl, H. (Hrsg.): Enzyklopädie der Psychologie – Pädagogische Psychologie, Themenbereich D. Bd. IV. Göttingen: Hogrefe, S. 46–85.
Kruse, A./Schmitt, E. (1998): Entwicklung von kommunalen Angeboten als Antwort auf die Verschiedenartigkeit von Altersformen – ein Überblick über die „Initiative zweite Lebenshälfte für mehr Lebensqualität". In: Kruse, A. (Hrsg.): Psychosoziale Gerontologie. Jahrbuch der medizinischen Psychologie. Bd. 2. Intervention. Göttingen: Hogrefe, S. 38–59.
Kruse, A./Schmitt, E. (2000): Wir haben uns als Deutsche gefühlt. Lebensrückblick und Lebenssituation ehemaliger jüdischer Emigranten und Lagerhäftlinge. Darmstadt: Steinkopff.

Kruse, A./Wahl, H.W. (1999): Persönlichkeitsentwicklung im Alter. In: Zeitschrift für Gerontologie und Geriatrie, 32. Jg., H. 4, S. 279–293.
Lehr, U./Thomae, H. (20009): Psychologie des Alterns. Wiebelsheim: Quelle & Mayer.
Maier, G./Schmitt, E. (1998): Bildung im Kontext von Entwicklungsaufgaben im höheren Erwachsenenalter – Theoretische Begründungen und empirische Ergebnisse. In: Bildung und Erziehung, 51. Jg., H. 4, S. 401–414.
Meueler, E. (1999²): Didaktik der Erwachsenenbildung/Weiterbildung als offenes Projekt. In: Tippelt, R. (Hrsg.): Handbuch Erwachsenenbildung/Weiterbildung. Opladen: Leske & Budrich, S. 677–690.
Mollenkopf, H./Hampel, J. (1994): Technik, Alter und Lebensqualität. Stuttgart: Kohlhammer.
Montada, L. (1995³): Fragen, Konzepte, Perspektiven. In: Oerter, R./Montada, L. (Hrsg.): Entwicklungspsychologie. Weinheim: Beltz, S. 1–83.
Montada, L. (1996): Machen Gebrechlichkeit und chronische Krankheit produktives Altern unmöglich? In: Baltes, M.M./Montada, L. (Hrsg.): Produktives Leben im Alter. Frankfurt a.M.: Campus, S. 382–392.
Opaschowski, H. (1998): Leben zwischen Muß und Muße. Die ältere Generation: Gestern – Heute – Morgen. Hamburg: Germa.
Oswald, W.D./Gunzelmann, T. (Hrsg.) (1995): Das SIMA-Projekt: Kompetenztraining – Ein Programm für Seniorengruppen. Göttingen: Hogrefe.
Oswald, W.D./Rödel, G. (Hrsg.) (1995): Das SIMA-Projekt: Gedächtnistraining – Ein Programm für Seniorengruppen. Göttingen: Hogrefe.
Oswald, W.D./Rupprecht, R./Gunzelmann, T. (1998): Effekte eines einjährigen Gedächtnis-, Kompetenz- und psychomotorischen Trainings auf die Leistungsfähigkeit im höheren Lebensalter. In: Kruse, A. (Hrsg.): Psychosoziale Gerontologie. Jahrbuch der medizinischen Psychologie. Bd. 2. Intervention. Göttingen: Hogrefe, S. 94–107.
Röhr-Sendelmeier, U.M. (1990): Weiterbildungsverhalten und Lernbereitschaft im höheren Erwachsenenalter. In: Schmitz-Scherzer, R./Kruse, A./Olbrich, E. (Hrsg.): Altern – Ein lebenslanger Prozeß der sozialen Interaktion. Darmstadt: Steinkopff, S. 103–114.
Rosenmayr, L. (1996): Altern im Lebenslauf. Soziale Position, Konflikt und Liebe in den späten Jahren. Göttingen: Vandenhoeck & Ruprecht.
Saup, W. (1996): Studienführer für Senioren. Bonn: Bundesministerium für Bildung und Forschung.
Schäffter, O. (2000): Didaktisierte Lernkontexte lebensbegleitenden Lernens. In: Becker, S./Veelken, L./Wallraven, K.P. (Hrsg.): Handbuch Altenbildung. Opladen: Leske + Budrich, S. 74–87.
Schlutz, E. (1992): Die Bildung Älterer als Allgemeinbildung. In: Schlutz, E./Tews, H.P. u.a. (Hrsg.): Perspektiven zur Bildung Älterer. Frankfurt a.M.: Pädagogische Arbeitsstelle, S. 10–28.
Siebert, H. (1996): Didaktisches Handeln in der Erwachsenenbildung. Neuwied: Luchterhand.
Stadelhofer, C. (2000): „Forschendes Lernen" im dritten Lebensalter. In: Becker, S./Veelken, L./Wallraven, K.P. (Hrsg.): Handbuch Altenbildung. Opladen: Leske + Budrich, S. 304-310.
Staudinger, U. (1996): Psychologische Produktivität und Selbstentfaltung im Alter. In: Baltes, M.M./Montada, L. (Hrsg.): Produktives Leben im Alter. Frankfurt a.M.: Campus, S. 344–373.
Staudinger, U./Freund, A./Linden, M./Maas, I. (1996): Selbst, Persönlichkeit und Lebensgestaltung: Psychologische Widerstandsfähigkeit und Vulnerabilität. In: Mayer, K.U./Baltes, P.B. (Hrsg.): Die Berliner Altersstudie. Berlin: Akademie Verlag, S. 321–350.
Tews, H.P. (1992): Bildung im Strukturwandel des Alters. In: Schlutz, E./Tews, H.P. (Hrsg.): Perspektiven zur Bildung Älterer. Frankfurt a.M.: Deutscher Volkshochschul-Verband, S. 29–43.
Thomae, H. (1963³): Das Individuum und seine Welt. Göttingen: Hogrefe.
Tietgens, H. (1992): Zur Verarbeitung lebensgeschichtlicher Erfahrung. In: Schlutz, E./Tews, H.P. (Hrsg.): Perspektiven zur Bildung Älterer. Frankfurt a.M.: Deutscher Volkshochschul-Verband, S. 80–93.
Veelken, L./Wallraven, K.P./Dabo-Cruz, S./Sosna, E./Schnücker, S./Becker, S./Steinhoff, B. (2000): Hochschulen und Akademien. In: Becker, S./Veelken, L./Wallraven, K.P. (Hrsg.): Handbuch Altenbildung. Opladen: Leske + Budrich, S. 184–197.
Wahl, H.-W./Kruse, A. (1999): Psychologische Gerontologie im deutschsprachigen Raum 1988-1998: Einführung, kognitive Entwicklung im Alter. In: Zeitschrift für Gerontologie und Geriatrie, 32. Jg., H. 3, S. 179–192.
Wahl, H.-W./Tesch-Römer, C. (2000): Einführende Überlegungen zu einer Angewandten Gerontologie. In: Wahl, H.-W./Tesch-Römer, C. (Hrsg.): Angewandte Gerontologie in Schlüsselbegriffen. Stuttgart: Kohlhammer, S. 3–11.
Weber, E. (1996): Pädagogik. Band 1. Donauwörth: Auer.

Jutta Ecarius

Generation und Bildung.
Eine historische und systematische Betrachtung unter besonderer Berücksichtigung des Bildungsbegriffs und der schulischen Bildung

1   Einleitung

Generation und *Bildung* sind pädagogische Grundbegriffe, die eng aufeinander bezogen sind. Bildung impliziert immer auch die Anleitung einer jüngeren Generation zur reflexiven Selbsttätigkeit in Auseinandersetzung mit einer älteren Generation. Wenn auch keine einheitliche Definition von Generation zu finden ist und aus unterschiedlichen Richtungen argumentiert wird (vgl. Böhnisch 1998; Brumlik 1995; Liebau/Wulf 1996; Ecarius 2008; Rauschenbach 1998; Winterhager-Schmid 2000), gehört Generation zu den Grundbegriffen der Pädagogik. Hornstein schreibt: „Man kann Erziehung verstehen, wie man will: Es führt kein Weg daran vorbei, daß sie praktisch immer ein Handeln zwischen Angehörigen verschiedener Generationen ist" (ebd. 1983, S. 59). Folgt man der genealogischen Bedeutung, ist es das lateinische Wort „generatio", das sich aus dem Verb „generare" ableitet und sowohl „abstammen" als auch „erzeugen" bedeutet und damit eine aktive und passive Komponente aufweist. Gemeint ist die genealogische Position in der biologischen Abstammungsfolge und damit im familialen Verwandtschaftssystem. Generation kann aber auch auf Lebensalter bezogen sein und als Kohorte Jahrgänge umfassen, die zum gleichen Zeitpunkt geboren sind.

Im Folgenden wird der Frage nachgegangen, in welcher Form Generation und Bildung thematisiert werden. In einem ersten Schritt werden zentrale pädagogische Ansätze diskutiert, die sich mit Generation und Bildung befassen. In einem zweiten Schritt wird eine Präzisierung der Begrifflichkeiten von Generation vorgenommen und in einem dritten Schritt wird der Themenbereich Generation und schulische Bildung aus der Sicht von Generationenverhältnissen und Generationsbeziehungen diskutiert.

2   Generation und Bildung: historische und systematische Betrachtung

2.1   Aufklärung und geisteswissenschaftliche Pädagogik

Grundlegend hat sich Schleiermacher mit dem Generationenbegriff auseinandergesetzt und eine Theorie der Erziehung entwickelt. Beeinflusst von der Zeit der Aufklärung, in der der Begriff der Bildung jenseits der Ständeordnung an Bedeutung gewinnt, stellt Schleiermacher

(1983) die Frage, wie denn die jüngere Generation durch die ältere Generation erzogen werden soll. Fokussiert werden die intergenerative Beziehung und das pädagogische Verhältnis zwischen Jüngeren und Älteren, wobei die Notwendigkeit der Bildung der jüngeren Generationen als Aufgabe der älteren Generation aus der anthropologischen Grundtatsache des Menschen als Mängelwesen heraus begründet wird. Dies geschieht mit der Intention, den menschlichen Geist weiterzuentwickeln. Ziel ist, die jüngere Generation durch Erziehung zu befähigen, Unvollkommenes der Gesellschaft zu verbessern und Bewährtes zu erhalten. Von der älteren Generation wird die Bereitschaft gefordert, Kenntnisse um das Wohl der Gesellschaft weiterzugeben und nach dem Ende der Erziehung Rechte und Privilegien an die jüngere Generation abzutreten. Die Selbsttätigkeit ist hervorzulocken und anzuleiten, so dass sich das Gute im Menschen entwickelt, wobei die Erziehungsmittel Unterstützung und Gegenwirkung sind (vgl. Winkler 1998).

Auch Kant (1982), auf den sich Schleiermacher bezieht, argumentiert in ähnlicher Weise. Für ihn ist Erziehung eine intergenerative Tätigkeit: „Der Mensch kann nur Mensch werden durch Erziehung. Er ist nichts, als was die Erziehung aus ihm macht. Es ist zu bemerken, daß der Mensch nur durch Menschen erzogen wird, durch Menschen, die ebenfalls erzogen sind" (Kant 1982, S. 11). Mit Hilfe der Erziehung wird der wesentliche Charakter des Menschen, die menschliche Vernunft, ausgebildet. Erziehung als „Kunst" ermöglicht, den Menschen zu seiner „wahren" Bestimmung zu führen, indem „eine Generation ihre Erfahrungen und Kenntnisse der folgenden überliefert, diese wieder etwas hinzu tut, und es so der folgenden übergibt" (ebd. 1982, S. 13). Die gezielte Bildung des Menschen als Weg aus der selbstverschuldeten Unmündigkeit sah Kant als einen zentralen Baustein für eine aufgeklärte Gesellschaft. Indem die eine Generation die andere erzieht und das „Gute" fördert, gelangt „jede folgende Generation einen Schritt näher (...) zur Vervollkommnung der Menschheit" (ebd. S. 11).

Kant und Schleiermacher unterscheiden in der intergenerativen Erziehung zwei pädagogische Bereiche: Familienerziehung und außerfamiliäre Erziehung. Schleiermacher (1983) ist der Ansicht, dass Familie und Schule in ein intergeneratives Erziehungsverhältnis eingebunden sind, ihnen aber unterschiedliche Aufgaben zukommen. Während die Schule für die Vermittlung von Kenntnissen sowie dafür verantwortlich ist, „dasjenige zu entwickeln, was sich unmittelbar auf das öffentliche Leben in seinem relativen Gegensatz zu dem Familienleben bezieht" (ebd. 1983 S. 217), ist Familienerziehung dafür zuständig, „die Gesinnung weiterzuentwickeln aus dem religiösen und allgemein ethischen Standpunkt" (ebd., S. 217). Nach Kant dient die öffentliche Erziehung der häuslichen Erziehung als Ergänzung (vgl. Kant 1982, S. 19).

Im 20. Jahrhundert ändern sich mit der geisteswissenschaftlichen Pädagogik die Inhalte. Nach Nohl (1919) weist der Erzieher den Jugendlichen den Weg, denn es „gehört zum Wesen der Jugend, dass sie sich nur im Durchgang durch einen fremden Willen entwickelt" (ebd. 1919, S. 26). Grundvoraussetzung ist das Beziehungsverhältnis zwischen Älteren und Jüngeren, was Nohl (1919) auch den „pädagogischen Bezug" nennt. Auch wenn hier die Selbstorganisation der Jugend und der kindliche Entwicklungswille als eigenständige und vom Erzieher zu berücksichtigende Komponente im generativen Erziehungsverhältnis betrachtet wird, gehört die Ungleichgewichtigkeit zwischen den Generationen zu einem Grundelement im erzieherischen Verhältnis.

Während Nohl noch verhältnismäßig stark die Bedeutsamkeit der älteren Generation betont, stellt Flitner (1987) schon Annahmen auf, die verstärkt zu Gunsten der jüngeren Generation ausfallen. Die jüngere Generation ist es hier, die „neue" Akzente setzt, während die ältere Generation die Überlieferung garantiert (ebd. 1987, S. 176). Der heranwachsenden Jugend wird nun eine Aufgabe zuteil, die nicht mehr von der älteren Generation erfüllt werden kann. Sie bringt als „neue" Generation das innovative Potential ein, das *nur* von ihr kommen kann.

Zeichnet sich bei Schleiermacher und Kant noch deutlich ein Ungleichverhältnis zwischen den Generationen zugunsten der älteren Generation ab, werden bei Nohl und noch stärker bei Flitner den Heranwachsenden mehr Rechte zugestanden. Sie werden zum Motor gesellschaftlicher Entwicklung, vor dessen Innovationskraft die ältere Generation zurücktritt. Bildung ist jetzt weniger ein Prozess, der in der Interaktion beider Generationen entsteht, da die jüngere Generation die pädagogische intergenerative Interaktion nicht mehr unbedingt benötigt. Heranwachsende als Jugendgeneration erhalten auf diese Weise eine neue Wertigkeit: Sie werden zum Antrieb sozialer und gesellschaftlicher Innovationen. Dadurch ändert sich auch die Machtbalance zwischen den Generationen zu Gunsten der jüngeren Generation.

2.2 Generationenlagerungen und generationstypische Jugendkulturen

Damit ist zugleich eine weitere theoretische Debatte angesprochen, denn hier fließen Überlegungen zum sozialen Wandel ein, wobei sozialer Wandel mit der Aufeinanderfolge neuer Generationen verbunden ist. Eine Herausführung der Gesellschaft aus der bisherigen Unvollkommenheit, aus dem, was bisherige Generationen aufgebaut haben, beinhaltet immer auch generationentypische Konfrontationen der jüngeren mit der älteren Generation, so dass neue Generationeneinheiten entstehen, mit denen ein sozialer Wandel in Gang gesetzt wird. Solche Annahmen verweisen auf Dilthey (1964), der betont, dass jugendliche Gruppen, die „in den Jahren der Empfänglichkeit dieselben leitenden Einwirkungen erfahren, (...) zusammen eine Generation [...] bilden [...] welche durch Abhängigkeit von denselben großen Tatsachen und Veränderungen, wie sie im Zeitalter ihrer Empfänglichkeit auftraten, trotz der Verschiedenheit anderer hinzutretender Faktoren zu einem homogenen Ganzen verbunden sind" (ebd. 1964, S. 37).

Aber erst Mannheim (1928) definiert die Abfolge der Generationen präzise als sozialen Wandel. Generationen sind danach schicksalsmäßig verwandte Lagerungen von Individuen, die in eine Richtung gehende Erlebnis-, Denk- und Gefühlsgehalte aufweisen. Das Anliegen von Mannheim ist, von einer rein positivistischen Sichtweise, wie sie Comte und Mentré vertreten, wegzurücken, ohne ganz diese Position aufzugeben. Deswegen betont Mannheim Gedanken von Dilthey zur inneren Erlebniszeit (vgl. Mannheim 1928, S. 163) und von Pinder zur Ungleichzeitigkeit des Gleichzeitigen. Kultur wird von jedem Menschen innerhalb von Generationenlagerungen fortgebildet und zwar von solchen, die einen „neuen" Zugang zum akkumulierten und tradierten Kulturgut haben. Diese ist die Jugend bzw. die junge Generation. Während des Aufwachsens werden erste Erlebnisschichten durch die Aufnahme und Partizipation am bestehenden Kulturgut herausgebildet. Sie bilden die Basis für weitere Erfahrungen der jungen Generation, die während der Jugendphase, der Zeit des In-Frage-Stellens und der dadurch hinzugewonnenen Reflexivität, geschichtlich Geronnenes problematisiert.

Die Lebensmuster, die die Jugendlichen entwickeln, geben folglich Auskunft über die soziokulturelle Lebenswelt und das pädagogische Milieu einer Gesellschaft. Auch wenn darin die ältere Generation nicht mehr als konkrete Personen im Erziehungsprozess definiert wird und damit zugleich die jüngere Generation ganz in den Blick der Analyse rückt, verweisen die Annahmen auf Parallelen zu denen von Schleiermacher, Kant, Nohl und Flitner, denn auch hier geht es zum einen um die Traditionsvermittlung bestehender Normen und Werte zwischen den

Generationen und zum anderen kreist die Diskussion um die Weiterentwicklung der Zukunft (vgl. Weber 1987).

Eisenstadt (1966), Tenbruck (1962) und Schelsky (1957) präzisieren den Generationenansatz, die angelehnt an Mannheim (1928) ein theoretisches Konzept der Peer-group hervorbringen. Danach reicht aufgrund der gesellschaftlichen Differenzierung die familiale Erziehung nicht mehr aus, um Heranwachsende für die soziale Welt außerhalb der Familie vorzubereiten (ähnlich Tenbruck 1962; Schelsky 1957). Es ist nun die Peer-group, die Erziehungs- und Bildungsaufgaben übernimmt und in emotional distanzierte Rollenmuster einübt (vgl. Buchhofer/Friedrichs/Lüdtke 1970, S. 312). Mit den Überlegungen von Eisenstadt und auch Schelsky entsteht in der Folge in den 1960er Jahren die sozialwissenschaftlich orientierte pädagogische Jugendforschung (vgl. Projektgruppe Jugendbüro 1975, 1977; Arbeitsgruppe Schulforschung 1980), mit der der Generationenbegriff eine neue Thematisierung erhält. Untersucht wird das Handeln der Jugendlichen, ihre Lebensstilausprägungen und Umgangsmuster (vgl. Krüger 1993).

Bis Mitte der 1980er Jahre erlebt die Jugendforschung einen Boom, wobei jugendliche Kulturen und Subkulturen als stilistische Ausdruckweisen und Protestformen gegen bestehende gesellschaftliche Verhältnisse gedeutet werden. In dem Moment aber, in dem sich die Jugendphase vor dem Hintergrund zunehmender Modernisierung biographisiert und individualisiert und keine Generationeneinheiten mehr ausfindig zu machen sind (vgl. Olk 1986), verliert das Generationenkonzept an Erklärungskraft. Mit dem Aufkommen der Sozialisationsforschung Anfang der 1980er Jahre (vgl. Hurrelmann/Ulich 1980) verlagert sich die Diskussion auf die Sozialisationsprozesse von Heranwachsenden, deren Eigenleistungen in den Peer-groups und den Sozialisationsleistungen von Familie, Schule und Freizeit. Es wird sogar von einer Selbstsozialisation der Heranwachsenden (vgl. Zinnecker 2000) gesprochen.

Dennoch bleibt Generation eine zentrale Kategorie. Nach Reinders (2003) sind Jugend und Erwachsenenalter zwei Generationslagen mit eigenen Normen und Werten, die durch ihren Bezug zueinander erst das Besondere der Lebensphase Jugend markieren. Die Jugendphase als Transitionsphase ist eine, die auf den Übergang in das Erwachsenenalter ausgerichtet ist. Zugleich grenzt sich die Jugendphase als Moratorium explizit vom Erwachsenenalter ab. Diese beiden Besonderheiten – Verweilen, Abgrenzung und Orientierung an Gleichaltrigen (Moratorium) einerseits und Zukunftsorientierung an der Erwachsenenphase (Transition) andererseits – führen zu vier unterschiedlichen jugendlichen Lebensformen (Integration beider Orientierungen; Assimilation als Orientierung am Erwachsenenalter; Segregation als Abgrenzung gegenüber dem Erwachsenenalter und Marginalisierung als Orientierungslosigkeit gegenüber Jugendphase und Erwachsenenalter).

2.3 Allgemeine Pädagogik und Familienforschung

In der Allgemeinen Pädagogik erlebt der Generationenbegriff in den 1990er Jahren eine Renaissance. Nach Benner (1991) ist in die Generationsbeziehung Bildsamkeit eingelagert. Das Prinzip der Menschwerdung als konstitutives Prinzip ist danach nicht eine Eigenschaft des Menschen, sondern versteht sich als eine Möglichkeit, an der Bestimmung des Menschen mitzuwirken. Sie ist ein „Prinzip der pädagogischen Interaktion, ein Relationsprinzip", sie bezieht sich auf die „pädagogische Praxis als eine intergenerationelle Praxis" (Benner 1991, S. 57) mit dem Ziel der Beteiligung, der Selbsttätigkeit und der Mitwirkung der einen Generation, die durch die andere Generation vorbereitet wird, ohne dass das Ergebnis vorhersagbar oder gar bestimmbar ist. Nur im pädagogischen Miteinander der Generationen lässt sich die Bildsamkeit herstellen. Dazu gehören auf der einen Seite die PädagogInnen innerhalb des pädagogischen Gewaltverhältnisses, das Finden der Mitte von Über- und Unterforderung mit dem Ziel der Aufforderung zur Selbsttätigkeit und auf der anderen Seite der Zögling, die zu entwickelnde Selbsttätigkeit, die zur Mitbestimmung und Mitwirkung an der menschlichen Selbstbestimmung und der menschlichen Gesamtpraxis in seiner Geschichtlichkeit führt. Hierbei wird sowohl die stärkere Symmetrie zwischen den Generationen als auch die Unbestimmtheit des Ergebnisses berücksichtigt.

Brumlik wendet sich der Generationenthematik vor dem Hintergrund sozialwissenschaftlicher Ergebnisse zu, die belegen, dass sich die Machtbalance zwischen den Generationen angenähert hat, in den Familien ein Verhandlungshaushalt praktiziert wird und die Heranwachsenden ihre Eltern überwiegend als Lebensberater verstehen (vgl. Bois-Reymond u.a. 1994). Auch betont Brumlik die Historizität menschlicher Praxis, die die Generationen aneinander bindet und zugleich verpflichtet. In Auseinandersetzung mit Hanna Arendt und Walter Benjamin gelangt er zu der Annahme, dass es Aufgabe der Pädagogik ist, „das Generationenverhältnis zu beherrschen, ein Verhältnis, das ganz offensichtlich (...) mit einer gewissen Notwendigkeit krisenhaft ist" (Brumlik 1995, S. 35f.). Diese Krisenhaftigkeit der pädagogischen intergenerativen Beziehung ergibt sich aus der wechselseitigen Anerkennung, wobei sich „die Herausbildung eines Selbstverständnisses als eines unvertretbaren, verantwortlichen und sich nur in Beziehungen entfaltenden Individuums sich nur auf dem Hintergrund bereits existierender Institutionen, kollektiver Deutungsmuster und intersubjektiver Liebes- und Konfliktverhältnisse vollziehen kann" (ebd., S. 37).

Hervorgehoben wird auch der Aspekt der Sorge. In diesem Kontext schlägt Zinnecker (1997) vor: „Pädagogik bezeichnet alle sorgenden Verhältnisse zwischen allen zu einer Zeit lebenden Generationen, seien diese nun dominant auf Bildung/Unterrichtung, Erziehung oder soziale Hilfe fokussiert. Konstitutiv für pädagogische Sorgeverhältnisse zwischen Generationen ist, daß [!] dabei die eine Seite im Generationsverhältnis auf Zeit für die andere Seite eine stellvertretende Einbeziehung (Inklusion in das gesellschaftliche System in Form eines Moratoriums) übernimmt" (ebd., S. 201). Dabei seien nicht nur spezifische Zweigenerationenbeziehungen gemeint, sondern sorgende Verhältnisse generell. Fokussiert man mit Generation die Gesamtheit des Lebenslaufs, können unterschiedliche Altersgruppen mit ihren je spezifischen pädagogischen Institutionen berücksichtigt werden.

Müller (1999) plädiert für den Begriff der Generationen, da er vermag, personale Generationsbeziehungen mit überpersonalen Lebensformen (Institutionen), besondere Weltverhältnisse von Kindern, Jugendlichen und Erwachsenen in Bezug auf ihre je unterschiedliche Beteiligung am Geschichtsprozess und die sozialstrukturelle sowie kulturelle Seite der intergenerationellen Praxis zu berücksichtigen. „Die Bedeutsamkeit eines erziehungswissenschaftlich begründeten Begriffs vom Generationenverhältnis liegt gerade darin, daß er interdisziplinäres Wissen unter einem speziellen pädagogischen Aspekt zu integrieren vermag, nämlich unter dem Aspekt des Bildungssinns von Erfahrungen, die Kinder und Jugendliche in der Begegnung mit den Lebensformen Erwachsener machen" (ebd., S. 802).

Erweitert werden diese Annahmen auch um psychoanalytische Sichtweisen, wobei explizit vermerkt wird, dass gerade die ödipale Konstellation ein intergeneratives Ungleichheitsverhältnis aufweist, die immer auch eine konflikthafte zwischen Vater, Mutter und Kind ist und eine wesentliche Entwicklungsvoraussetzung beinhaltet (vgl. Winterhager-Schmid 2000; Müller 2001; 2004).

Auch in der Familienforschung geraten intergenerative Erziehungsprozesse in den Blick. Die Familie als Institution ist nach Ecarius (2000, 2007) ein gegenseitig aufeinander bezogenes interaktives Geflecht verschiedener Generationen (Böhnisch/Lenz 1997, S. 28), die in unterschiedlichen sozialen und biografischen Zeitstrukturen den Erziehungs- und Sozialisationsprozess durchlaufen und in der Vergangenheit als auch der Gegenwart miteinander verbunden sind. Die Familie besteht gegenwärtig mindestens aus zwei, häufig aber aus drei aufeinander folgenden Generationen mit unterschiedlichen Interaktionsformen wie beispielsweise Eltern-Kind-Beziehungen oder Großeltern-Eltern-Kind-Beziehungen (vgl. Lange/Lauterbach 1998). Die intergenerative Erziehung ist jener Teil interaktiven Handelns, durch den die Generationen in spezifisch pädagogischer Weise aufeinander bezogen sind. Intergenerative Familienerziehung ist nach Ecarius (2000, S. 80ff.) in Anlehnung an Watzlawick u.a. (1969) in einen Inhalts- und einen Beziehungsaspekt zu unterscheiden. Während die Inhalte der Erziehung eher formalen Charakter haben, gibt die Beziehungsstruktur Auskunft über die Art und Weise, wie die intergenerative Erziehung gestaltet wird. Zu den Inhalten der Erziehung gehören die Erziehungsregeln, die Gestaltungsräume, die konkreten Bildungsanforderungen sowie die Erfüllung der Bildungsanforderungen und die materielle sowie kulturelle Ausstattung. Zu den Strukturen der Erziehung gehören Formen der Nähe und Distanz, die Machtbalance zwischen den Generationen und die Einordnung der eigenen Person in das familiale Generationsgefüge. Im idealen Fall wird die Beziehungsdefinition der Erziehung von den jeweiligen Seiten wechselseitig akzeptiert und das Kind und die Eltern oder Großeltern sind sich über die Inhalte einig. Jedoch ist Familienerziehung mehr als der ideale Fall. Vielmehr werden in den Generationsbeziehungen, im Prozess der Erziehung und des Aufwachsens, die Inhalte und Beziehungsformen immer wieder aufs Neue ausgehandelt und definiert. Wärme und Kälte bzw. Nähe und Distanz sind dabei zentrale Aspekte, denn sie beeinflussen den biografischen Entwicklungsprozess des Kindes (vgl. Ecarius 1997; 2007). Eine solche Analyseform der intergenerativen Familienerziehung gibt Aufschluss über die Bedürfnisse und Defizite von Kindern und Jugendlichen, an deren Erkenntnisse die Erziehungswissenschaft ansetzen kann.

Lüscher und Liegle (2003) plädieren für eine Berücksichtigung gesamtgesellschaftlicher Zusammenhänge, für eine Unterscheidung in Generation, Generationendifferenz, -beziehungen und -ordnung bei gleichzeitiger Betonung von Zeitlichkeit sowohl der einzelnen Personen als auch der Gesellschaft, um den sozialen Wandel fokussieren zu können. Vor dem Hintergrund des Wandels von familialen Generationsbeziehungen in einer sich wandelnden Gesellschaft fordern sie ein Generationenlernen sowie eine Ethik der Verantwortung für jede Generation.

3 Generationenverhältnisse, Generationsbeziehungen und pädagogische Institution

Eine weitere eigenständige Forschungsrichtung verfolgt die Analyse von pädagogischen Generationsbeziehungen in gesamtgesellschaftlichen Zusammenhängen. Auf diese wird im Folgenden ausführlicher eingegangen.

Angesetzt wird dabei an Annahmen von Kaufmann (1993), die in der Erziehungswissenschaft genutzt werden, um pädagogische Settings (vgl. Rauschenbach 1994; Ecarius 1998; 2000; Müller 1999) zu verdeutlichen. Kaufmann unterscheidet in Generationenverhältnisse und Generationsbeziehungen. Generationenverhältnisse umfassen die Abfolge von Generationen bzw. Kohorten, aus denen sich spezifische Generationenbeziehungen entwickeln. Hierbei handelt es sich um die konkrete Ebene der Interaktion, den direkten Kontakt einer Generation zu anderen Generationen.

Während in vormodernen Gesellschaftsstrukturen die familialen Generationsbeziehungen die gesellschaftlichen Generationenverhältnisse prägen, sind in der Moderne Familie (als Generationsbeziehungen) und Generationen (Generationenverhältnisse) durch das Eingreifen des Sozialstaates in private Beziehungen und der staatlichen Regelung des Ausbildungs- und Arbeitsmarktes entkoppelt und folgen unterschiedlichen sozialen Logiken (vgl. Kaufmann 1993, S. 98ff.). Damit gewinnen sozialstaatliche Institutionen wie die schulische und berufliche Bildung, aber auch sozialpädagogische Institutionen an Bedeutung. Kaufmann setzt an Überlegungen von Mannheim an, in dem er Generation als „typisierte soziale Lagerung" (ebd. 1993, S. 98) versteht, die nach inhaltlichen Kriterien abgegrenzte Kohorten auf der historischen Zeitachse abgeben. Zugleich überträgt er den Generationenbegriff als Generationenverhältnis auf die moderne Gesellschaftsstruktur und eröffnet einen neuen Zugang. Zudem unterscheidet er zwischen synchronen und diachronen Generationenverhältnissen und -beziehungen.

Für die Erziehungswissenschaft sind diese Überlegungen interessant, da sie verdeutlichen, dass Generationenverhältnisse aufgrund staatlicher Regelungen auf institutionelle Einrichtungen bezogen sind. Diejenigen, die der Erwerbstätigkeit vorgelagert sind, sind Kinderbetreuungsstätten sowie Institutionen der schulischen und beruflichen Bildung. Aber auch während der beruflichen Tätigkeit sind institutionalisierte pädagogische Bereiche wie die Erwachsenenbildung, die Familienfürsorge sowie andere sozialpädagogische Einrichtungen entstanden. Solche Institutionen, die sich auf die Zeit der Nacherwerbstätigkeit beziehen, sind die der Altenbildung und -fürsorge. Der Lebenslauf bildet für die pädagogischen Institutionen den Bezugspunkt, um auf lebensphasenspezifische Bedürfnisse und Interessen antworten zu können. Die jeweiligen Institutionen wie Kindergarten, Schule, berufliche Bildung, Jugendhilfe und -freizeit, Weiterbildung und Erwachsenenbildung, Altenhilfe und -fürsorge enthalten dabei je eigene pädagogische Konzepte und Ansätze versehen mit rechtlichen Regelungen und finanziellen Zuweisungen. In jeder dieser Institutionen bestehen spezifische Generationenverhältnisse.

Ergänzen lässt sich der Begriff der Generationenverhältnisse mit dem der „Generationsbeziehung" (Kaufmann 1993, S. 97). Die konkreten interaktiven Kontakte sind nicht nur auf informelle Interaktionsformen zwischen Generationen oder private Lebensformen wie die zwischen Mutter und Kind bezogen, sondern enthalten auch solche, die in Institutionen entstehen, also beispielsweise die konkrete Schüler-Lehrer-Interaktion oder die zwischen Sozialpädagoge und Jugendlichem. Das bedeutet, dass die Generationsbeziehung die direkte Interaktion umfasst und als pädagogische Interaktion sowohl diejenige zwischen unterschiedlichen Generationen (diachron), als auch gleichen Generationen (synchron) meint. Generationsbeziehung als pädagogische Interaktion bezieht sich auf die intergenerative Beziehung zwischen Eltern und Kindern, LehrerInnen und SchülerInnen sowie SozialpädagogIn und Kind, Jugendlichem, Erwachsenem oder altem Menschen.

Insgesamt beschreiben Generationsverhältnisse und Generationsbeziehungen in Bezug auf Erziehung, Bildung und Lernen vielfältige pädagogische Interaktionsformen und Wirkungsverhältnisse, die zugleich auf die institutionelle Ebene im Rahmen eines modernen wohlfahrtsstaatlichen Apparates verweisen. Die Herausbildung der Lebenszeit in eine Vorbereitungszeit der Kindheit und Jugend, der Erwerbstätigkeit mit ihren Weiterbildungsangeboten und der Nacherwerbstätigkeit zog die Etablierung pädagogischer Institutionen nach sich. Das primäre, sekundäre und tertiäre Bildungssystem mit seinen weitverzweigten Formen, die Kinder- und Jugendfürsorge, der Erwachsenenbildungsbereich und die pädagogische Gerontologie geben Zeugnis davon. Auch wenn die jeweiligen Pädagogiken auf Segmente des Lebenslaufs (vgl. Kohli 1985) bezogen sind, ist es zugleich das Subjekt, das angesprochen wird. Mit der Auflösung der traditionellen Einheit von Produktion und Konsumption und der Lockerung der sozialen Milieus erhielt das Subjekt als Reproduktionseinheit des Sozialen mit der Verpflichtung der Selbstorganisation des Lebens und seiner Statuspassagen einen zentralen Stellenwert (vgl. Ecarius 1995; 1996). Die Pädagogik als Profession gewann mit diesem gesellschaftlichen Wandlungsprozess enorm an Bedeutung und hat sich weitgehend institutionalisiert (vgl. Rauschenbach 1998).

Pädagogische Generationenverhältnisse und Generationsbeziehungen entstehen in Institutionen. Jede pädagogische Institution enthält eigene Funktionen und Aufgaben, die pädagogische Interaktionen und Verhältnisse beeinflussen. Generationsbeziehungen und Generationenverhältnisse sind immer in den Kontext der Institutionen mit ihren Strukturen und Anforderungen innerhalb einer spezifischen Rechtssprechung sowie sozial-historischen Rahmung rückzubinden. Dann lassen sich strukturelle Probleme, Spezifika und pädagogische Konzepte betrachten, die das Besondere der jeweiligen pädagogischen Generationsbeziehung und der Generationenverhältnisse markieren. Im Folgenden werden diese für die schulische Bildung vorgestellt.

4 Generation und schulische Bildung

Seit der Aufklärung entwickelte sich verstärkt im 18./19. Jahrhundert und dann vor allem im 20. Jahrhundert die reglementierte, aus der Familie ausgegliederte und übergreifende institutionelle Bildung. Im Übergang zum 19. Jahrhundert entstand ein flächendeckender Ausbau des Schulwesens. Mit der rechtlichen Normierung und Durchsetzung, der Verfachlichung des Unterrichts und der zunehmenden Professionalisierung der Lehrenden ging eine „einzigartige Verdichtung des gesellschaftlich institutionalisierten Lehr- und Lernpotentials einher, die dem Anspruch nach einer Revolutionierung ihrer überkommenen kulturellen und sozialen Reproduktionsformen gleichkommt" (Drewek 1997, S. 184). Die Ausdifferenzierung zum Ende des 19. Jahrhunderts in das mittlere und höhere Schulwesen und das Aufkommen des Berufschulwesens mit der Etablierung des dualen Ausbildungssystems zu Beginn des 20. Jahrhunderts zog eine enorme Professionalisierung und Institutionalisierung der Ausbildung von Pädagogen nach sich.

Kulturell zielt die Schule auf eine Universalisierung des Wissens über den Filter kanonisierter Unterrichtsfächer und sozial garantiert sie die soziale Reproduktion von beruflichen und sozialen Positionen durch die in der Schule von Lehrern und Lehrerinnen an die Schüler und Schülerinnen vermittelten und dann erworbenen individuellen Kenntnisse und Fähigkeiten. Zu den vielfältigen Formen an Beziehungen und Prozessen in der Schule und im Unterricht gehört auch die Didaktik, wobei Intention und Wirkung im Unterricht nicht deckungsgleich sind (vgl. Helsper/Keuffer 1995, S. 82). Die Institution Schule ist jener Raum, in der als staatliche Organisationsform, einschließlich ihre formalen und inhaltlichen Funktionen und Aufgaben, jüngere Generationen – als SchülerInnen – mit älteren Generationen – als LehrerInnen – konfrontiert sind (vgl. Brunkhorst 1996). Die Schule ist neben der Familie ein zentraler pädagogischer Ort, an dem Generationenverhältnisse unterschiedlicher Altersgruppen aufeinandertreffen und durch den Zu- und Abgang spezifische Strukturen ergeben. In dem Moment, in dem Einzelne in eine konkrete Interaktion zueinander treten, kommt es zu Generationsbeziehungen.

Bei den Generationenverhältnissen, mit denen die nicht miteinander in Kontakt stehenden Altersgruppen gemeint sind, handelt es sich um die Makroebene, wobei sowohl alle Schüler im Bundesgebiet als auch die von einzelnen Regionen und Ländern oder gar einzelner Schulen gemeint sein können. Generationsbeziehungen umschreiben die konkreten Interaktionsformen innerhalb von Schule und Ausbildung. Gemeint sind damit die LehrerInnen-SchülerInnen-Interaktionen (diachron) sowie alle andere Interaktionen (synchron), die direkt stattfinden und erfahrbar sind. Generationenverhältnisse und Generationsbeziehungen greifen ineinander. So wirken sich beispielsweise Geburteneffekte und das Lehrerpersonal – als Teile von Generationenverhältnissen – auf die konkreten Generationsbeziehungen aus, die im Kontext der Institution Schule stattfinden, die wiederum von den jeweiligen gesellschaftlichen Bedingungen, gesetzlichen Regelungen, aber auch den Schließungs- und Öffnungseffekten auf dem jeweils aktuellen Arbeitsmarkt beeinflusst sind.

4.1 Die Institution Schule

In der Institution Schule steht die schulische Bildung im Vordergrund. Die gegenwärtige Diskussion um den Bildungsbegriff, der im Horizont eines radikalisierten Pluralitätsdiskurses in der Allgemeinen Pädagogik auch in der Schulpädagogik thematisiert wird, problematisiert den Allgemeinheitsanspruch. Auch wenn gerade der Bildungsbegriff in der Schulpädagogik dem Dilemma unterliegt, dass er jenseits lebensweltlicher Orientierungen und pluraler, privater Lebensformen eine universalistische Struktur schulischen Lernens mit einer für alle gültigen Bildung beanspruchen muss (bzw. soll) und die von Rang (1994) favorisierte Form von Bildung eine verbindliche Allgemeinheit in Bezug auf schulische Inhalte und auf der Ebene des Kanons fordert – bei gleichzeitiger Akzeptierung individualistischer und differenter Umgangsformen in den unterrichtlichen Vermittlungsprozessen (vgl. Helsper/Kramer 1998, S. 213) – findet man gegenwärtig auch Zweifel an einem solchen Bildungsbegriff. So kann Bildung nach Tenorth (1994) keine Letztbegründung für sich beanspruchen, sie ist eine soziale Konstruktion. Dennoch „besteht im schulpädagogischen Diskurs die dominierende Tendenz, die Pluralitätsanfragen auf den Horizont eines wie auch immer formalisierten Allgemeinen zu beziehen, sie ins Allgemeine ‚einzubauen', oder als Vermittlungsproblem auf einer tieferen Ebene abzuhandeln" (Helsper/Kramer 1998, S. 214).

So wie auch der Bildungsbegriff jenseits der Anforderungen auf reflexive Mündigkeit, Emanzipation und kritische Aufklärung unterschiedlich ausgelegt wird und Eingang in die Didaktik findet, hat auch die Schulstruktur je nach Land seit 1945 immer wieder Reformen unterlegen, wobei gegenwärtig die Eigenbeteiligung der Schulen forciert wird.

Es „gehen Impulse zur Veränderung von einzelnen Schulen aus, deren Kollegien als Antwort auf die Herausforderung durch schulspezifische und regionale Probleme eigene Lösungen suchen, unter weitgehender Beachtung des von der bestehenden Struktur vorgegebenen Rahmens. Diese Entwicklung wird unterstützt von der Einsicht in die besondere pädagogische Bedeutung der einzelnen Schule, die größer ist als die der Schulform, und von der sich deutlich abzeichnenden Tendenz, der einzelnen Schule ein höheres Maß als bisher an didaktischer, organisatorischer, administrativer und haushaltsrechtlicher Autonomie zuzugestehen" (Furck 1998, S. 253).

Die Schule als einzelne Institution gewinnt an Profil und eigener Struktur.

Die Schule ist in ihrer Struktur ein komplexes Gebilde mit dem Anspruch der Vermittlung von Wissensbeständen und einer universalisierten Schulkultur. Zugleich enthält sie als erziehender und sozialisierender Ort einen heimlichen Lehrplan (vgl. Zinnecker 1976), übt in eine bürokratische, abstrakte Rationalität ein, konstituiert individuelle Modernität (vgl. Garz 1996), enthält ein institutionelles Set universalistischer, individualisiert-leistungsorientierter Werte (vgl. Dreeben 1980; Fend 1988) und verfügt über Disziplinartechniken, die der Einübung in Selbstpraktiken dienen (vgl. Helsper/Kramer 1998, S. 208). Vielfältige Faktoren wirken somit in die schulischen intergenerativen Interaktionen der Generationsbeziehungen und pädagogischen Generationenverhältnisse hinein.

4.2 Generationenverhältnisse in Bildungsinstitutionen

Eine Analyse von Generationenverhältnissen gibt Aufschluss über das Schulwahlverhalten von SchülerInnen und Eltern und damit über die weitere Schulentwicklung. Sie trägt zur Versachlichung von Diskussionen in der Bildungspolitik, um Einsparungen in öffentlichen Haushalten und der Verkürzung der Schulzeit auf 12 Jahre bei. Eine Analyse von Geburtskohorten zeigt, dass nach den geburtenstarken Jahrgängen in den 1960er Jahren von ca. 1 Million Neugeborenen pro Jahr ein Rückgang in den Jahren 1974-1989 auf 600.000 Neugeborene pro Jahr zu verzeichnen ist, aber seit Anfang der 1990er Jahre mit der Öffnung der Mauer wieder 700.000 Neugeborene pro Jahr auf die Welt kommen, obwohl in den neuen Bundesländern ein Rückgang von 200.000 auf 79.000 zu verzeichnen ist. Insofern kann keineswegs von einem drastischen Rückgang der SchülerInnen-Zahlen gesprochen werden. Erst ab 2009 ist mit einem Rückgang der in allgemeinbildenden und beruflichen Schulen befindlichen Schüler und Schülerinnen zu rechnen. Der Geburtenrückgang von Neugeborenen als kohortenspezifische Schulpflichtige stellt sich in den Schulen immer erst zeitverzögert ein, und betrifft auch keineswegs ausnahmslos die Gegenwart oder gar alle Schulen. Denn die jüngeren Generationen verbleiben länger in schulischen und beruflichen Ausbildungsinstitutionen (vgl. Böttcher/Klemm 1995, S. 19) und streben höhere Schulabschlüsse an.

Während die Grundschulen aufgrund der geburtenschwächeren Jahrgänge schon seit Ende der 1990er Jahre einen Rückgang vernehmen, hat dieser in den Gymnasien erst 2005 eingesetzt und wird sich erst ab 2015 wieder auf dem Niveau von 1995 bewegen. Auch in den Berufs-, Real- und Hauptschulen zeigt sich ein ähnlicher Trend in den generativen Zu- und Abgängen. In welche Schulzweige sich die einzelnen Generationen in Zukunft hineinbegeben werden, richtet sich nach den Interessen der Eltern (vgl. Büchner/ Brake 2006), den Ratschlägen der Lehrer, den schulischen Leistungen der Kinder und insgesamt sowohl nach der Bildungspolitik als auch den Entwicklungen auf dem Arbeitsmarkt, der Bewertung von Bildungstiteln und der Wahrscheinlichkeit, über eine Anhäufung von kulturellem und sozialem Kapital (vgl. Bourdieu 1983) Chancen auf dem Arbeitssektor zu erwirken (vgl. Kare-Silver/Allan 2003; White 2007).

In der schulischen Bildung wirken soziale Reproduktionsmechanismen, die die Bildungsaspirationen der Heranwachsenden, aber auch die Interessen der Eltern und der Schule beeinflussen. Bedeutsam ist gegenwärtig das Paradigma des eigenständigen, individualisierten Lebenslaufprogramms. Nicht nur die Rationalisierung des Wirtschaftens, zu der auch die Rationalisierung der staatlichen Leistungssysteme zu zählen ist, sondern auch eine im Rahmen der protestantischen Ethik (Weber) entstandene rationale Lebensführung tragen dazu bei, dass das

Subjekt Reproduktionseinheit des Sozialen geworden ist. An die Stelle einer „Ordnung richtiger Zeit" ist eine „Ordnung richtigen Zusammenhangs" getreten (Ecarius 1996). Zudem hat sich das Vergesellschaftungsparadigma des lebenslangen Lernens herausgebildet. Gefordert sind vom Einzelnen das selbsttätige Schaffen von Passungsverhältnissen und Sinnzusammenhängen für die familiäre Laufbahn, die Familien- und Intimbeziehungen und die beruflichen Etappen. Lebensformen sind reversibel und enthalten den Charakter des Vorläufigen. Heranwachsende werden vor dem Hintergrund des Zusammenbröckelns der Konkurrenzdemokratie weitgehend zum alleine steuernden Zentrum der Lebensplanung. Lebenslanges Lernen gewinnt als Vergesellschaftungsmodus dadurch an Bedeutung, was sich in der Frequentierung von Schulformen und -abschlüssen niederschlägt.

Eine Analyse von Generationenverhältnissen verdeutlicht, dass sich die Bildungsinteressen der einzelnen Generationen über Jahrzehnte hinweg verändert haben. Nimmt man 13-Jährige bzw. das 7. Schuljahr, bei denen die Entscheidung über die weitere Schulform gefallen ist und vergleicht die Generation von 1960 mit der von 2004, wird sichtbar, dass sich in den alten Bundesländern der Schulbesuch von 1969 bis 1995 deutlich weg von der Hauptschule und hin zur Realschule und vor allem zum Gymnasium entwickelt hat (vgl. Statistisches Bundesamt 1997). Während 1960 70% der SchülerInnen die Hauptschule besuchen, sind es 1995 wie auch 2004 nur noch 23% (vgl. Statistisches Bundesamt 2006, S. 54). Verdoppelt hat sich im Gleichzug der Prozentsatz der GymnasialbesucherInnen von 15% im Jahr 1960 auf 31% im Jahr 1995 und 33,8% im Jahr 2004. In Sonderschulen sind 2004 4,4% der SchülerInnen (9.6 Mill.), wobei die Hälfte von ihnen im Förderschwerpunkt „Lernen" unterrichtet wird.

Insgesamt erwirbt 2004 je ein Viertel aller SchülerInnen den Hauptschulabschluss oder die Fachhoch- bzw. Hochschulreife. Weitere 42,6% erreichen den Realabschluss und jeder Zwölfte verlässt die Schule ohne Abschluss. Hierbei erwerben Frauen die besseren Abschlüsse: 27,7% erlangen die Hochschulzugangsberechtigung (Männer: 20,7%) und nur 6,1% verlassen die Schule ohne Abschluss (Männer: 10,5%). Von diesen SchülerInnen haben 2004 10% einen ausländischen Pass. Von den 10% ausländischen SchülerInnen besuchen 4,1% das Gymnasium, 18,7% Hauptschulen und 15,9% Sonderschulen (vgl. Statistisches Bundesamt 2006, S. 56).

Insgesamt haben seit den 1950er Jahren von der Bildungsexpansion am meisten die unteren sozialen Schichten profitiert, wobei die Realschule eine zentrale Institution für den Erwerb eines höheren Bildungstitels ist. Dennoch sind die sozialen Ungleichheiten geblieben, die seit den 1990er Jahren stagnieren und sich gegenwärtig wieder verfestigen. Von den 17-18-Jährigen besuchen 1991 15,8% der SchülerInnen mit Eltern aus dem Arbeitermilieu und 58,7% der Beamtenkinder die gymnasiale Oberstufe (vgl. Bellenberg/Klemm 1995, S. 222f.), im Jahr 2000 sind 10% der Kinder von Eltern des ungelernten Arbeitermilieus, 24% von Eltern in Selbstständigkeit und 52% von Eltern der oberen Dienstklasse in der gymnasialen Oberstufe (vgl. Schimpl-Neimanns 2000, S. 654).

Im internationalen Vergleich befinden sich fast alle 16-Jährigen noch in der Schule (vgl. Hradil 2004, S. 146). Bei den 18-Jährigen sieht dies schon anders aus. In Griechenland, Italien, Spanien, Portugal, Großbritannien und Luxemburg hat ein Drittel das Ausbildungssystem schon wieder verlassen. In Österreich, Luxemburg und Italien haben im Alter von 20 Jahren 40% das Schulsystem verlassen.

Die Bildungsexpansion in Deutschland setzte im internationalen Vergleich früh ein: bis 1990 produzierte Deutschland wie auch Dänemark, Norwegen und Schweden gleich viele Hochschulabsolventen in der EU. Jedoch hat seitdem die Hochschulbildung weiter an Boden verloren: nur 32,4% beginnen in Deutschland ein Studium, während es in Schweden 69,3% und in

Spanien 47,9% sind und das Ländermittel bei 46,8% liegt (vgl. Hradil 2004, S. 145). Der Anteil der Studienanfänger hat seit 1995 nicht zugenommen (vgl. OECD 2003, S. 305). Zudem ist auch wie in anderen Ländern eine enge Verzahnung von Schulabschluss des Kindes und sozialer Herkunft der Eltern zu verzeichnen: in der Schweiz, Luxemburg, Belgien und Deutschland ist diese Verzahnung besonders eng, während in Japan, Korea, Island, Finnland, Kanada und Schweden der Ausgleich besser gelingt (vgl. Stanat et. al. 2002, S. 7).

Die SchulabgängerInnen mit Haupt- und Realschulabschluss, aber auch zunehmend mit Abitur, setzen in der Regel ihre Ausbildung im dualen System von Betrieb und Berufsschule fort. 1995 gab es 1.579.300 Auszubildende im dualen System. An beruflichen Schulen wurden 2004 1,7 Mill. SchülerInnen unterrichtet (vgl. Statistisches Bundesamt 2006), wobei vor allem die geschlechtsspezifische Wahl der Berufe auffällt. Von insgesamt 373 Ausbildungsberufen konzentrieren sich 74% aller Ausbildungsplätze weiblicher Auszubildender und 62% aller Ausbildungsplätze männlicher Auszubildender auf nur 20 Berufe. Männliche Jugendliche wählen die Ausbildung zum Kfz-Mechaniker, Industriemechaniker, Elektroniker, Sanitär- und Heizungsfachmann, Kaufmann, Koch, Maler/Lackierer, Metallbauer und Tischler und weibliche Auszubildende wählen die Berufe Bürokauffrau, Arzthelferin, Kauffrau im Einzelhandel, Zahnarzthelferin, Industriekauffrau, Hotelfachfach, etc. (vgl. Statistisches Bundesamt 2006). Der Anteil der Auszubildenden mit ausländischem Pass ist mit 72.000 im Jahr 2004 im Vergleich zu den 1990er Jahren von 7,7% auf 4,6% gesunken (vgl. ebd.).

Generationenverhältnisse sind zugleich solche, die das LehrerInnen-SchülerInnen-Verhältnis betreffen. 9,6 Millionen SchülerInnen wurden im Schuljahr 1993/94 von 610.000 LehrerInnen in allgemeinbildenden Schulen und 2,5 Millionen SchülerInnen von 104.000 im beruflichen Schulwesen ausgebildet (vgl. Böttcher 1995, S. 40). 2003 unterrichten 609.000 LehrerInnen in allgemein bildenden Schulen, weitere 114.700 an beruflichen Schulen (vgl. Statistisches Bundesamt 2006). Seit 1998 hat sich die Bertreuungsrelation (16,0 SchülerInnen auf einen Lehrer) wieder leicht verbessert, wobei sie sich die Jahre davor immer weiter verschlechterte und sich heute wieder annähernd auf dem Stand von 1994 befindet (15,9 Schüler auf einen Lehrer).

Auch ist das schulische Generationenverhältnis von der Altersspezifik und Geschlechtlichkeit der Lehrerschaft gekennzeichnet. In den allgemein bildenden Schulen sind 2/3 der Lehrerschaft Frauen, in der Grundschule liegt der Anteil sogar bei 4/5. Das Durchschnittsalter liegt gegenwärtig bei 47,6 Jahren (vgl. Statistisches Bundesamt 2006, S. 59). Die jeweiligen Generationen tragen aufgrund ihrer lebensgeschichtlichen Erfahrungen mit der Schule, der akademischen Bildung und ihren Vorstellungen von Schulkultur und Didaktik unterschiedliche Modelle schulischer Bildung in den Unterricht und die Schule.

Der Lehrerbedarf wird nicht nur über mehr Lehrkräfte, sondern auch über Stundentafelkürzungen, Lehrerdeputatserhöhungen und sukzessive Erhöhung der Klassenstärke erbracht. Hinzu kommen die größeren Belastungen der LehrerInnen aufgrund veränderter Sozialisationsbedingungen der Heranwachsenden und der steigenden Anforderungen in Bezug auf das Schulprofil. Eine Verschlechterung der Arbeitsbedingungen, gepaart mit einer Sparpolitik, trifft nicht alleine die Lehrerschaft und damit einen pädagogischen Berufsstand, sondern vor allem die Ausbildung der jüngeren Generation, die sich in Zeiten der Globalisierung mit internationalen KonkurrentInnen auseinanderzusetzen hat.

Müller und Shavit (1998) haben in 13 Ländern den Zusammenhang von erworbener Bildung und beruflicher Position analysiert und das Zusammenspiel von individueller Investition in Bildungstitel und Arbeitsmarktchancen quantitativ herausgearbeitet. Typisch für Deutschland ist, dass das Bildungssystem auf die Verwertung beruflicher Qualifikationen auf dem Arbeitsmarkt ausgerichtet und die Koppelung von beruflicher Platzierung und Bildungsqualifikation stark stratifiziert ist, während in anderen Ländern wie USA, Japan und Großbritannien Standardisierung und Stratifizierung nicht so hoch sind. Die Länder Deutschland, Schweiz und Niederlande weisen, wenn auch unterschiedlich, einen hohen Zusammenhang von höherer Bildung und einer guten beruflichen Platzierung auf, während in den anderen zehn Ländern (Australien, Italien, Schweden, Israel, Taiwan, Frankreich, USA, Japan, Großbritannien) ein solcher Zusammenhang nicht in dieser Weise feststellbar ist. Damit zeigt sich, dass die schulische Stratifizierung und Standardisierung die Arbeitsmarktchancen beeinflussen. Die Arbeitgeber stimmen ihre Ausbildungsplätze und vakanten Stellen auf das Bildungssystem und die verwertbaren Qualifikationen ab (vgl. Müller/Shavit 1998, S. 504).

Inwiefern sich in Zukunft durch eine Veränderung im Bildungssystem die einzelnen Reproduktionsmechanismen der nachkommenden jüngeren Generationen verändern werden, ist noch offen. Zu vermuten ist aber, dass im Wettkampf um eine optimale Bildung verstärkt familiale und außerschulische kulturelle, soziale und ökonomische Ressourcen an Bedeutung gewinnen, wobei nicht nur auf die Schulart, sondern sicherlich auch auf das Profil der einzelnen Schule geachtet wird. Schon jetzt ergeben Studien, dass Eltern aus dem oberen sozialen Milieus die Erziehungsziele Leistungsmotivation, einen elaborierten Sprachcode und mehr Autonomieverhalten favorisieren und einen höheren Schulabschluss anvisieren (vgl. Hradil 2004).

Generationenverhältnisse visualisieren die Bildungspolitik, -planung und Struktur des Lehrpersonals einerseits sowie andererseits die Bildungsinteressen und -leistungen der SchülerInnen und Eltern. Über eine Analyse von Generationenverhältnissen offenbart sich die Bildungsplanung der älteren Generation für die nachfolgenden Generationen. Es zeigt sich, dass den Bildungsinteressen der jüngeren Generationen an höheren Abschlüssen und beruflichen Qualifikationen keineswegs entsprochen wird. Die Frage, was denn eigentlich die ältere von der jüngeren Generation will (vgl. Schleiermacher 1983), ist damit nicht nur eine Frage nach den Erwartungen und Anforderungen, sondern zugleich eine Investition in die Zukunft, indem Mittel zur Bildung der jüngeren Generationen durch Lehrkräfte und Institutionen bereitgestellt werden. Operiert die Bildungspolitik mit Blick auf sinkende Geburtenzahlen und damit Schüler-, Auszubildende- und Studentengenerationen ab 2010 bis 2030 sowie lebenslangen Verbeamtungen von Lehrergenerationen, aus deren Zusammenspiel ein spezifisches Generationenverhältnis entsteht, produziert der Staat Generationenschicksale und in der Folge neue Reproduktionsmechanismen. Wie die einzelnen Interaktionsformen dabei gestaltet werden, kann anhand von schulischen Generationsbeziehungen aufgezeigt werden.

4.3 Generationsbeziehungen in schulischen Bildungsinstitutionen

Generationsbeziehungen umfassen die konkrete Interaktionsebene zwischen Lehrenden und Lernenden und die Interaktion zwischen Lehrenden einerseits und Lernenden andererseits. Es sind die im Kontext der Bildungsinstitutionen stattfindenden diachronen und synchronen Interaktionen zwischen den Generationen, in die biografische Handlungsmuster und optionen, die institutionelle Struktur der Bildungsstätte und sozial-gesellschaftliche Wandlungsprozesse hineinwirken.

Gewandelt haben sich die Muster der Traditionsverpflichtung und -weitergabe auf der Seite der älteren Generation ebenso wie die Mitgestaltungsmöglichkeiten der jüngeren Generationen. Mit der Individualisierung des Lebensverlaufs und der Ausdifferenzierung der Lebensphasen, insbesondere der Postadoleszenz, haben die Erwachsenen ihren Monopolanspruch eingebüßt, der sich über die ökonomische Selbständigkeit begründete, die als Voraussetzung für die Gründung einer Ehe und das Heraustreten aus der Herkunftsfamilie galt. Das Erwachsenenalter ist gegenwärtig nicht mehr Höhepunkt und Endziel im Lebenslauf. Die Technologisierungsprozesse fordern von den Erwachsenen ihr Tribut, die sich mit ständigen Ausbildungserwartungen auseinandersetzen und sich den steigenden Leistungsanforderungen stellen müssen. Verloren gegangen ist der anciennitätsmäßige Status des Erwachsenenalters. Unterstützt wird dieser Prozess durch den Wandel der Erziehungsmuster in der Familienerziehung vom Befehls- zum Verhandlungshaushalt. Auch hier erhalten Heranwachsende mehr Gestaltungsräume und die Möglichkeit, Regeln zu verhandeln. Erziehungsziele sind Selbstständigkeit und Selbstverantwortung (vgl. Ecarius 2007). Zudem wirken der Konsummarkt und die Massenmedien wie Zeitung, Funk, Fernsehen und Internet nivellierend auf Alterszuschreibungen.

Die Angleichung der Machtbalance zwischen den Generationen, die Relativierung des Bildungsgefälles zwischen Heranwachsenden und Erwachsenen, die Veränderungen im Bildungskanon, die Biographisierung von Kinder- und Jugendleben und die Abnahme der Vorbildfunktion der Erwachsenen beeinflussen die Generationsbeziehungen in den Bildungsstätten. In die schulischen Generationsbeziehungen wirken die neuen Qualitäten von Interesse-, Sinn- und Motivationsproblemen hinein, zumal die schulischen Generationsbeziehungen vor allem zwischen den Generationen in diachroner Perspektive mit Lernangeboten außerhalb der Schule und den Lebenswelten und Erlebnismöglichkeiten der Jugendlichen konkurrieren müssen. Konstitutiv für schulische Generationsbeziehungen ist der Widerspruch zwischen Unterricht als Bildungsveranstaltung und Lernen als individuelle Bildung, der auch nicht aufgelöst werden kann.

In Generationsbeziehungen interessieren Lehrer-Schüler-Interaktionen genauso wie SchülerInnen-SchülerInnen-Interaktionen, besonders zwischen Mädchen und Jungen im Unterricht und im Schulleben wie auch Interaktionen zwischen Lehrkräften und Bedingungen gelingender Lehrerkooperation. Die Möglichkeiten und Hindernisse sozialen Lernens innerhalb von Interaktionen, Taktiken von SchülerInnen und LehrerInnen zur Abwehr von Handlungen, die als Identitätsgefährdung erlebt werden, gehören hier genauso dazu wie Hierarchiebildungen und autoritäre Strukturen, Etikettierungen, Stigmatisierungen und Gewalt von Schülern und Schülerinnen, etc. (vgl. Klafki 1997, S. 45).

Verwendung finden häufig qualitative Forschungsmethoden. Aus dem Blickwinkel biografischer Erfahrungsprozesse kann die Bedeutsamkeit der LehrerInnen und die Art und Weise des Umgangs der Generationen im Kontext von Schule und schulischen Anforderungen analysiert werden. Nittel (1992) hat mit narrativen Interviews mit GymnasiastInnen den Stellenwert und die Bedeutung von LehrerInnen, Peers und Familie herausgearbeitet. Für Schüler aus problematischen Lebenssituationen in der Familie können Lehrer zu biografischen Verwaltern und Lebensberatern werden, so dass dem Lehrer eine ganz andere als die professionell zugedachte Rolle zukommt. Döpp, Hansen und Kleinespel (1996) zeigten in der Laborschule anhand von schulischen Dokumenten, Gruppendiskussionen mit Lehrern und Lehrerinnen und biografischen Schülerfallstudien die Integrationsmöglichkeiten durch den strukturellen Rahmen sowie die Lehrer-Schüler-Interaktion und das Verständnis von Schule auf. Auch Maas (1999) hat an der Freien Schule in Bochum herausgearbeitet, wie das offene Lernmilieu der Schule problembelasteten Schülern Interaktionsräume und Lernsituationen eröffnet.

Aber auch eine Analyse von Generationsbeziehungen der Lehrerschaft zeigt, wie unterschiedlich Bildungsansprüche und didaktische Konzepte sein können. Flaake (1989) arbeitet in ihrer Studie heraus, dass die untersuchte ältere Generation (1931 und früher Geborene) aufgrund ihrer biografischen Erfahrungen andere Bildungsvorstellungen in die Schule transportiert als die jüngere Generation (nach 1943 Geborene). Dadurch prallen die Akzeptanz von fehlender Freiwilligkeit der SchülerInnen, Leistungsorientierung und hierarchische Ordnungsvorstellungen der älteren Lehrergeneration mit einem Anspruch auf einen beziehungsorientierten Unterricht mit ganzheitlichen Formen der Aneignung von Fähigkeiten und Fertigkeiten durch die jüngere Lehrergeneration aufeinander, wobei die weiblichen Kollegen nochmals diese Bildungsanforderungen durchbrechen.

Nach Helsper und Kramer (1998) ist die intergenerative Lehrer-Schüler-Beziehung als personelles Verhältnis immer zugleich institutionell zu begreifen. Dabei ist die pädagogische Generationsbeziehung nicht als eine zu verstehen, die noch wie in der geisteswissenschaftlichen Pädagogik mit Entwürfen des Vorbild-Lehrers, dem pädagogischen Eros und pädagogischen Bezug unterlegt sind, wobei zwar zu dieser Zeit auch schon an der Sicht von einer Pädagogik vom Kinde aus angesetzt wurde, aber gepaart war mit Vorstellungen von einer asymmetrischen Machtbalance, wonach sich nur durch die Anleitung der Älteren der Geist der Jüngeren bilden lässt. Die Relativierung der Lebensalter hat auch in der Schule die Generationsbeziehungen verändert, so dass dieses Modell kaum noch vorherrscht. Die schulischen Generationsbeziehungen und -konflikte sind nach Helsper und Kramer vor allem im Kontext der Schulkultur zu analysieren, wobei der Besonderheit der Institution Schule Rechnung zu tragen ist. Die Schulkultur „wird durch die handelnde Auseinandersetzung der schulischen Akteure – also der Schulleitung, Lehrer, Schüler und Eltern – mit systematischen Vorgaben, bildungspolitischen Strukturentscheidungen vor dem Hintergrund historisch-spezifischer Rahmenbedingungen und sozialer Aushandlungen um die Durchsetzung kultureller Ordnungen generiert" (Helsper/Kramer 1998, S. 215). Aufgezeigt wird anhand einer Analyse einer ostdeutschen Schule, dass die Schulkultur nicht nur im Generationenkonflikt zwischen Lehrern und Schülern ausgehandelt wird, sondern sich innerhalb der Lehrerschaft ältere und jüngere Generationen mit je spezifischen Ansichten von Schulkultur finden, die mit denen der Schülerschaft sympathisieren oder divergieren. Die ältere Lehrerschaft und die Schulleitung treten in dieser Schule für einen konventionellen Normalitätsentwurf von Lernen und Bildung mit einer hierarchischen Struktur ein, die von der jüngeren Lehrergeneration nicht in gleicher Weise favorisiert wird. Auf diese Weise wird sie zur Vermittlungsinstanz für die Schüler, wobei allerdings die dominante Schülerkultur ebenfalls an dem bildungsbürgerlichen Ethos des lernenden Schülers orientiert ist, da sie die Hoffnung auf eine Garantie einer guten Platzierung im Arbeitssektor enthält. Eindeutige Orientierungsvorgaben und die leistungsasketische Schulstruktur werden vor dem Hintergrund schneller soziokultureller Umbrüche und Unvorhergesehenheiten von den Schülern angenommen, so dass die Generationsbeziehungen zwischen den einzelnen Lehrer- und Schülergruppen durchaus – trotz auftretender Konflikte – übereinstimmen und in Interaktionen wie auch im Bildungsanspruch von fast allen Seiten getragen werden (vgl. auch Helsper/Bertram 2006;Wiezorek 2005).

Auch werden die Generationsbeziehungen in der Schule zwischen SchülerIn und LehrerIn von den sozialen Codes, dem Kommunikationsstil und den sozialen Normen beeinflusst. In die Interaktionen zwischen LehrerIn und SchülerIn wirken die Habitusstrukturen von Schule und Familie hinein. Jede SchülerIn hat eine schulbiografische Passung herzustellen, um schulischen Erfolg zu erlangen (vgl. Helsper/Bertram 2006). Die Schule enthält Anerkennungsproblematiken, die in der Lehrer-Schüler-Beziehung ausgetragen werden (vgl. Wiezorek 2005). Die Anerkennungsproblematiken betreffen die unterschiedlichen Sprachcodes und Kommunikationsstile, das Leistungsverhalten und die Rollen als SchülerIn und ganze Person. In die pädagogische Generationsbeziehung wirken eine Vielzahl von sozialen, emotionalen und kognitiven Dimensionen hinein, die in konkreten Situationen auszubalancieren sind.

5 Abschließende Überlegungen

Generation und Bildung reichen in vielfältige Bereiche und Themengebiete der Erziehungswissenschaft hinein. In pädagogischen Institutionen differenzieren sich Generationen in Generationenverhältnisse und Generationsbeziehungen, wobei Bildung darin je unterschiedliche Aufgaben und Funktionen hat. Erzieherische, qualifikatorische und sozialisatorische Aufgaben der älteren Generation als Aufgabe der Bildung der nachwachsenden Generation verdeutlichen sich vor allem in den Bildungsinstitutionen, den Möglichkeiten, Anforderungen und Begrenzungen der jüngeren Generationen, durch die sich spezifische Generationenschicksale über Qualifikationen und Zugänge auf dem Arbeitsmarkt ergeben. Aber auch die konkreten Generationsbeziehungen zwischen Älteren und Jüngeren sowie unter Gleichaltrigen, verweisen auf Bildungsangebote, Möglichkeiten des Lernens, Lehrens und Dazulernens, in die einzelne Biografien eingebunden sind.

Literatur

Arbeitsgruppe Schulforschung (1980): Leistung und Versagen. Alltagstheorien von Schülern und Lehrern. München: Juventa.
Bellenberg, G./Klemm, K. (1995): Bildungsexpansion und Bildungsbeteiligung. In: Böttcher, W./Klemm, K. (Hrsg.): Bildung in Zahlen. Statistisches Handbuch zu Daten und Trends im Bildungsbereich. Weinheim: Juventa, S. 217–226.
Bellenberg, G./Klemm, K. (1998): Von der Einschulung bis zum Abitur. Zur Rekonstruktion von Schullaufbahnen in Nordrhein-Westfalen. In: Zeitschrift für Erziehungswissenschaft, 1. Jg., H. 4, S. 577–596.
Benner, D. (1991²): Allgemeine Pädagogik. Eine systematisch-problemgeschichtliche Einführung in die Grundstruktur pädagogischen Denkens und Handelns. Weinheim/München: Juventa.
Böhnisch, L. (1998): Das Generationenproblem im Lichte der Biografisierung und der Relativierung der Lebensalter. In: Ecarius, J. (Hrsg.): Was will die jüngere mit der älteren Generation? Generationsbeziehungen und Generationenverhältnisse in der Erziehungswissenschaft. Opladen: Leske + Budrich, S. 67–80.
Böhnisch, L./Blanc, K. (1989): Die Generationenfalle. Von der Relativierung der Lebensalter. Frankfurt a.M.
Böhnisch, L./Lenz, K. (Hrsg.) (1997): Familien: eine interdisziplinäre Einführung. Weinheim/München: Juventa.
Bois-Reymond, M. du/Büchner, P./Krüger, H.-H./Ecarius, J./Fuhs, B. (1994): Kinderleben. Modernisierung von Kindheit im interkulturellen Vergleich. Opladen: Leske + Budrich.
Böttcher, W. (1995): Schule und Unterricht. In: Böttcher, W./Klemm, K. (Hrsg.): Bildung in Zahlen. Statistisches Handbuch zu Daten und Trends im Bildungsbereich. Weinheim: Juventa; München, S. 40–62.
Böttcher, W./Klemm, K. (Hrsg.) (1995): Bildung in Zahlen. Statistisches Handbuch zu Daten und Trends im Bildungsbereich. Weinheim/München: Juventa
Bourdieu, P. (1983): Ökonomisches Kapital, kulturelles Kapital, soziales Kapital. In: Kreckel, R. (Hrsg.): Soziale Ungleichheit. Sonderband Soziale Welt. Göttingen: Schwartz, S. 183–198.
Brumlik, M. (1995): Gerechtigkeit zwischen den Generationen. Berlin: Berlin Verlag.
Brunkhorst, H. (1996): Solidarität unter Fremden. In: Combe, A./Helsper, W. (Hrsg.): Pädagogische Professionalität. Untersuchungen zum Typus pädagogischen Handelns. Frankfurt a.M.: Suhrkamp, S. 340–368.
Buchhofer, B./Friedrichs, H./Lüdtke, H. (1970): Alter, Generationsdynamik und soziale Differenzierung. Zur Analyse des Generationsbegriffs als analytisches Konzept. In: KZfSS, 22. Jg., S. 300–334.

Büchner, P./Brake, A. (Hrsg.) (2006): Bildungsort Familie. Transmission von Bildung und Kultur im Alltag von Mehrgenerationsfamilien. Wiesbaden: VS Verlag für Sozialwissenschaften.
Bühler, Ch. (1921): Das Seelenleben des Jugendlichen. Jena: Gustav Fischer.
Dilthey, W. (1964): Über das Studium der Wissenschaften vom Menschen, der Gesellschaft und dem Staat. Stuttgart; Göttingen: Vandenhoeck & Ruprecht.
Döpp, W./Hansen, S./Kleinespel, B. (1996): Eine Schule für alle Kinder. Die Laborschule im Spiegel von Bildungsbiographien. Weinheim: Beltz.
Dreeben, R.W. (1980): Was wir in der Schule lernen. Frankfurt a.M: Suhrkamp.
Drewek, P. (1997): Geschichte der Schule. In: Harney, K./Krüger, H.-H. (Hrsg.): Einführung in die Geschichte von Erziehungswissenschaft und Erziehungswirklichkeit. Opladen: Leske + Budrich, S. 209–246.
Ecarius, J. (1995): Lebenslauf und Erziehung. In: Krüger, H.-H./Helsper, W. (Hrsg.): Einführung in Grundbegriffe und Grundfragen der Erziehungswissenschaft. Opladen: Leske + Budrich, S. 247–256.
Ecarius, J. (1996): Individualisierung und soziale Reproduktion im Lebensverlauf. Konzepte der Lebenslaufforschung. Opladen: Leske + Budrich.
Ecarius, J. (1997): Was will die jüngere mit den älteren Generationen? Erziehung und Delegation von Aufgaben im Familiengeflecht dreier Generationen. In: Olbertz, J.-H. (Hrsg.): Erziehungswissenschaft. Traditionen, Themen, Perspektiven. Opladen: Leske + Budrich, S. 143–158.
Ecarius, J. (Hrsg.) (1998): Was will die jüngere mit der älteren Generation? Generationsbeziehungen und Generationenverhältnisse in der Erziehungswissenschaft. Opladen: Leske + Budrich.
Ecarius, J. (2002): Familienerziehung im historischen Wandel. Eine qualitative Studie über Erziehung und Erziehungserfahrungen von drei Generationen. Opladen: Leske + Budrich.
Ecarius, J. (2007) (Hrsg.): Handbuch Familie. Wiesbaden: VS Verlag.
Ecarius, J. (2008): Generation, Erziehung und Bildung. Stuttgart: Kohlhammer.
Ecarius, J. (Hrsg) (1998): Was will die jüngere mit der älteren Generation? Generationsbeziehungen und Generationenverhältnisse in der Erziehungswissenschaft. Opladen.
Eisenstadt, N.S. (1966): Von Generation zu Generation. Altersgruppen und Sozialstruktur. München: Juventa.
Fend, H. (1988): Sozialgeschichte des Aufwachsens. Bedingungen des Aufwachsens und Jugendgestalten im 20. Jahrhundert. Frankfurt a.M: Suhrkamp.
Flaake, K. (1989): Berufliche Orientierungen von Lehrerinnen und Lehrern. Frankfurt a.M./New York: Campus.
Flitner, W. (1987): Neue Wege der Erziehung und Selbstbildung. In: Erlinghagen, K. (Hrsg.): Wilhelm Flitner: Gesammelte Schriften. Bd 4: Die Pädagogische Bewegung. Beiträge – Berichte – Rückblicke. Paderborn: Schöningh, S. 170–231.
Furck, C.-L. (1998): Schulen und Hochschulen. In: Führ, C./Furck, C.-L. (Hrsg.): Handbuch der deutschen Bildungsgeschichte. Bd. VI: 1945 bis zur Gegenwart. 1. Teilband: Bundesrepublik Deutschland. München: Beck, S. 245–259.
Garz, D. (1996): Schulische Sozialisation – Generierung individueller Modernität? In: Helsper, W./Krüger, H.-H./Wenzel, H. (Hrsg.): Schule und Gesellschaft im Umbruch. Bd. 1. Weinheim: Juventa, S. 107–134.
Giesecke, H. (1983): Veränderungen im Verhältnis der Generationen. In: Neue Sammlung, 23. Jg., S. 451–463.
Helsper, W./Bertram, M. (2006): Biographieforschung und SchülerInnenforschung. In: Krüger, H.-H./Marotzki, W. (Hrsg.): Handbuch erziehungswissenschaftliche Biographieforschung. Wiesbaden.
Helsper, W./Keuffer, J. (1995): Unterricht. In: Krüger, H.-H./Helsper, W. (Hrsg.): Einführung in Grundbegriffe und Grundfragen der Erziehungswissenschaft. Opladen: Leske + Budrich, S. 81–92.
Helsper, W./Kramer, R.-T. (1998): Pädagogische Generationenverhältnisse und -konflikte in der gymnasialen Schulkultur. Eine exemplarische Fallstudie an einem ostdeutschen Gymnasium. In: Ecarius, J. (Hrsg.): Was will die jüngere mit der älteren Generation? Generationsbeziehungen und Generationenverhältnisse in der Erziehungswissenschaft. Opladen: Leske + Budrich, S. 207–237.
Helsper, W./Bertram, M. (2006): Biographieforschung und SchülerInnenforschung. In: Krüger, H.-H./Marotzki, W. (Hrsg.): Handbuch erziehungswissenschaftliche Biographieforschung. Wiesbaden: VS Verlag für Sozialwissenschaften.
Hornstein, W. (1983): Die Erziehung und das Verhältnis der Generationen heute. In: Zeitschrift für Pädagogik, Beiheft 18, S. 59–79.
Horstkemper, M. (1995): Mädchen und Frauen im Bildungswesen. In: Böttcher, W./Klemm, K. (Hrsg.): Bildung in Zahlen. Statistisches Handbuch zu Daten und Trends im Bildungsbereich. Weinheim; München, S. 188–216.
Hradil, S. (2004): Die Sozialstruktur Deutschland im internationalen Vergleich. Wiesbaden: VS Verlag für Sozialwissenschaften.
Hurrelmann, K./Ulich, D. (Hrsg.) (1980): Handbuch der Sozialisationsforschung. Weinheim; Basel: Beltz.
Kant, I. (1982): Ausgewählte Schriften zur Pädagogik und ihrer Begründung. Paderborn: Schöningh.

Kare-Silver, de M./Allan, G. (2003): Social Relations and the Life Course: Age Generation und Social Change. Hampshire: Palgrave Macmillan.
Kaufmann, F.-X. (1993): Generationsbeziehungen und Generationenverhältnisse im Wohlfahrtsstaat. In: Lüscher, K./ Schultheis, F. (Hrsg.): Generationenbeziehungen in 'postmodernen Gesellschaften'. Analysen zum Verhältnis von Individuum, Familie, Staat und Gesellschaft. Konstanz: Universitäts Verlag, S. 95–108.
Klafki, W. (1997): Schule: Regelschulen, Reformschulen, Privatschulen. In: Krüger, H.-H./Rauschenbach, T. (Hrsg.): Einführung in die Arbeitsfelder der Erziehungswissenschaft. 2. Auflage. Opladen: Leske + Budrich, S. 29–60.
Kohli, M. (1985): Die Institutionalisierung des Lebenslaufs. Historische Befunde und theoretische Argumente. In: KZfSS, 37. Jg., S. 1–29.
Krüger, H.-H. (1993): Geschichte und Perspektiven der Jugendforschung – historische Entwicklungslinien und Bezugspunkte für eine theoretische und methodische Neuorientierung. In: Krüger, H.-H. (Hrsg.): Handbuch der Jugendforschung. 2. Auflage. Opladen: Leske + Budrich, S. 17–30.
Lange, A./Lauterbach, W. (1998): Aufwachsen mit oder ohne Großeltern? Die gesellschaftliche Relevanz multilokaler Mehrgenerationsfamilien. In: ZSE, 18. Jg., H. 3., S. 227–249.
Liebau, E./Wulf, C. (Hrsg.) (1996): Generation. Versuche über eine pädagogisch-anthropologische Grundbedingung. Weinheim: Juventa.
Lüscher, K./Liegle, L. (2003): Generationenbeziehungen in Familie und Gesellschaft. Konstanz: Universitäts Verlag.
Maas, M. (1999): Freie Alternativschule. In: Combe, A./Helsper, W./Stelmaszyk, B. (Hrsg.): Forum Qualitative Schulforschung I. Weinheim: Juventa.
Mannheim, K. (1928): Das Problem der Generationen. In: KZfSS, 7. Jg., H. 2., S. 157–185; H. 3, S. 309–330.
Müller, B. (2001): Pädagogische Generationenverhältnisse aus psychoanalytischer Sicht. In: Kramer, R.-T./Helsper, W./Busse, S. (Hrsg.): Generationsbeziehungen in Familie und Schule. Interdisziplinäre Zugänge. Opladen: Leske + Budrich, S. 63–77.
Müller, B. (2004): Weniger Jugendhilfe und mehr Schule? Oder ist Bildung mehr als Schule? In: Zeitschrift für Sozialpädagogik, 2. Jg., S. 66–77.
Müller, H.-R. (1999): Das Generationenverhältnis. Überlegungen zu einem Grundbegriff der Erziehungswissenschaft. In: Zeitschrift für Pädagogik, 45. Jg., H. 6. S. 787–805.
Müller, W./Shavit, Y. (1998): Bildung und Beruf im institutionellen Kontext. Eine vergleichende Studie in 13 Ländern. In: Zeitschrift für Erziehungswissenschaft, 1. Jg., H. 4. S. 501–533.
Nittel, D. (1992): Gymnasiale Schullaufbahn und Identitätsentwicklung. Weinheim: Juventa.
Nohl, H. (1919): Das Verhältnis der Generationen in der Pädagogik. In: Nohl, H. (Hrsg.): Pädagogische und politische Aufsätze. Jena: Diederichs, S. 21–35.
OECD (2003): Bildung auf einen Blick. OECD-Indiaktoren 2003. Paris : OECD-Publications.
Olk, T. (1986): Jugend und Gesellschaft. Entwurf für einen Perspektivenwechsel in der sozialwissenschaftlichen Jugendforschung. In: Heitmeyer, W. (Hrsg.): Interdisziplinäre Jugendforschung: Fragestellungen, Problemlagen, Neuorientierungen. Weinheim: ; München: Juventa, S. 41–64.
Projektgruppe Jugendbüro (1975): Die Lebenswelt von Hauptschülern. Ergebnisse einer Untersuchung. München: Juventa.
Projektgruppe Jugendbüro (1977): Subkultur und Familie als Orientierungsmuster. Zur Lebenswelt von Hauptschülern. München: Juventa.
Rang, A. (1994): Pädagogik und Pluralismus. In: Heyting, F./Tenorth, H.-E. (Hrsg.): Pädagogik und Pluralismus. Deutsche und niederländische Erfahrungen im Umgang mit Pluralität in Erziehung und Erziehungswissenschaft. Weinheim: Juventa, S. 23–51.
Rauschenbach, T. (1994): Inszenierte Solidarität: Soziale Arbeit in der Risikogesellschaft. In: Beck, U./Beck-Gernsheim, E. (Hrsg.): Riskante Freiheiten. Individualisierung in modernen Gesellschaften. Frankfurt a.M.: Suhrkamp, S. 89–114.
Rauschenbach, T. (1998): Generationenverhältnisse im Wandel. In: Ecarius, J. (Hrsg.): Was will die jüngere mit der älteren Generation? Generationsbeziehungen und Generationenverhältnisse in der Erziehungswissenschaft. Opladen: Leske + Budrich, S. 13–40.
Reinders, H. (2003): Jugendtypen. Ansätze zu einer differentiellen Theorie der Adoleszenz. Opladen: Leske + Budrich.
Schelsky, H. (1957): Die skeptische Generation. Düsseldorf: Diederichs.
Schimpl-Neimanns, W. (2000): Soziale Herkunft und Bildungsbeteiligung. In: KZfSS 52, S.636–669.
Schleiermacher, F.E.D. (1983): Ausgewählte pädagogische Schriften. Paderborn: Schöningh.
Spranger, E. (1924): Psychologie des Jugendalters. Heidelberg.
Stanat, P./Artelt, C./Baumert, J./Klieme, E./Schümer, G. (2002): PISA 2000. Die Studie im Überblick. Grundlagen, Methoden und Ergebnisse. Die Schule im Überblick. Berlin: Max-Planck-Institut für Bildungsforschung.

Statistisches Bundesamt (2006) (Hrsg.): Datenreport 2006: Bonn: Bundeszentrale für politische Bildung.
Statistisches Bundesamt (Hrsg.) (1994): Datenreport 1994. Bonn: Bundeszentrale für politische Bildung.
Statistisches Bundesamt (Hrsg.) (1997): Datenreport 1997. Bonn: Bundeszentrale für politische Bildung.
Statistisches Bundesamt (Hrsg.) (2006): Datenreport 2006. Bonn: Bundeszentrale für politische Bildung.
Tenbruck, F.H. (1962): Jugend und Gesellschaft. Freiburg: Rombach.
Tenorth, H.-E. (1994): „Alle alles zu lehren". Möglichkeiten und Perspektiven allgemeiner Bildung. Darmstadt: Wissenschaftliche Buchgesellschaft.
Watzlawick, P. u.a. (1969): Menschliche Kommunikation. Bern: Huber.
Weber, E. (1987): Generationenkonflikte und Jugendprobleme aus (erwachsenen-)pädagogischer Sicht. München: Weiss.
White, P. (2007): Education und Career Choice: An New Model of Decision Making. Hampshire: Palgrave Macmillan.
Wiezorek, C. (2005): Schule, Biographie und Anerkennung. Eine fallbezogene Diskussion der Schule als Sozialisationsinstanz. Wiesbaden: VS Verlag.
Winkler, M. (1998): Friedrich Schleiermacher revisited: Gelegentliche Gedanken über Generationenverhältnisse in pädagogischer Hinsicht. In: Ecarius, J. (Hrsg.): Was will die jüngere mit der älteren Generation? Generationsbeziehungen und Generationenverhältnisse in der Erziehungswissenschaft. Opladen: Leske + Budrich, S. 115–138.
Winterhager-Schmid, L. (Hrsg.) (2000): Erfahrung mit Generationendifferenz. Weinheim: Juventa.
Zinnecker, J. (1976): Der heimliche Lehrplan. Weinheim; Basel: Beltz.
Zinnecker, J. (1997): Sorgende Beziehungen zwischen Generationen im Lebensverlauf. Vorschläge zur Novellierung des pädagogischen Codes. In: Lenzen, D./Luhmann, N. (Hrsg.): Bildung und Weiterbildung im Erziehungssystem. Lebenslauf und Humanontogenese als Medium und Form. Frankfurt a.M.: Suhrkamp, S. 199–227.
Zinnecker, J. (2000): Selbstsozialisation – Ein Essay über ein aktuelles Konzept. In: ZSE 20, H. 3, S. 272–290.

Peter Alheit | Bettina Dausien

Bildungsprozesse über die Lebensspanne: Zur Politik und Theorie lebenslangen Lernens

Einleitung

Lebenslanges Lernen ist auch nach jahrzehntelanger Debatte noch immer ein diffuser Begriff. Es ist offensichtlich, dass wir ein Leben lang lernen. Von den ersten Geh- und Sprechversuchen bis zur Eingewöhnung im Altersheim machen wir neue Erfahrungen, erwerben neues Wissen und neue Fähigkeiten. Diese Art zu lernen ist beinahe so unbewusst wie das Atmen. Natürlich lernen wir auch in Schulen, Betrieben, Universitäten und Einrichtungen der Weiterbildung. Aber selbst dort haben oft die wichtigsten Dinge, die wir lernen, wenig mit dem offiziellen Curriculum zu tun. Wir erfahren Tatsachen, erwerben Fertigkeiten, lernen, mit Gefühlen umzugehen – gleichsam in der effektivsten „Schule", die es gibt: der „*Universität des Lebens*" (Field 2000, S. vii). Wir bilden uns im Gespräch mit Freunden; wir lernen, indem wir Neues ausprobieren; wir lernen beim Fernsehen und beim Bücherlesen, beim Durchblättern von Katalogen und beim Surfen im Internet. Wir lernen, während wir nachdenken und planen. Gleichgültig ob diese Art, sich zu bilden, trivial ist oder bedeutungsvoll, wir können nicht anders: wir sind *lebenslang Lernende*.

In der bildungspolitischen Diskussion der vergangenen Jahrzehnte – und besonders seit Mitte der 1990er Jahre – hat der Begriff des *lebenslangen Lernens* allerdings eine strategische und funktionale Zuspitzung erhalten. Er steht gewissermaßen für eine neue Art, die Bildungsaufgaben spätmoderner Gesellschaften zu bestimmen. In dem im März 2000 in Lissabon von der Europäischen Kommission verabschiedeten *Memorandum on Lifelong Learning,* einem noch immer einflussreichen bildungspolitischen Dokument, heißt es: „Lifelong learning is no longer just one aspect of education and training; it must become the guiding principle for provision and participation across the full continuum of learning contexts" (Commission of the European Communities 2000, S. 3). Für diese Einschätzung werden zwei entscheidende Gründe genannt:

- „Europe has moved towards a knowledge-based society and economy. More than ever before, access to up-to-date information and knowledge, together with the motivation and skills to use these resources intelligently on behalf of oneself and the community as a whole, are becoming the key to strengthening Europe's competitiveness and improving the employability and adaptability of the workforce;
- today's Europeans live in a complex social and political world. More than ever before, individuals want to plan their own lives, are expected to contribute actively to society, and must learn to live positively with cultural, ethnic and linguistic diversity. Education, in its broadest sense, is the key to learning and understanding how to meet these challenges" (Commission of the European Communities 2000, S. 5).

Diese Doppelbegründung hat einerseits die Reichweite des Begriffs funktionalistisch verengt. Sie trägt andererseits jedoch auch zu seiner definitorischen Präzisierung bei. Das Memorandum hält ausdrücklich fest, dass sich *Lifelong Learning* auf alle sinnvollen Lernaktivitäten beziehe:

- auf *formale* Lernprozesse, die in den klassischen Bildungsinstitutionen stattfinden und in der Regel mit gesellschaftlich anerkannten Zertifikaten abgeschlossen werden;
- auf *nicht-formale* Lernprozesse, die gewöhnlich jenseits der etablierten Bildungseinrichtungen ablaufen – am Arbeitsplatz, in Vereinen und Verbänden, in zivilgesellschaftlichen Initiativen und Aktivitäten, bei der Wahrnehmung sportlicher oder musischer Interessen und
- auf *informelle* Lernprozesse, die nicht notwendig intendiert sind und im alltäglichen Leben gleichsam en passant „mitlaufen" (vgl. Commission of the European Communities 2000, S. 8).

Die Pointe dieses Begriffsverständnisses ist die Option einer synergetischen Vernetzung jener unterschiedlichen Lernformen: Lernen soll nicht nur systematisch auf die gesamte *Lebensspanne* ausgedehnt werden. Es soll zudem ‚*lifewide*' stattfinden, d.h. es sollen Lernumwelten entstehen, in welchen sich die verschiedenen Lernarten organisch ergänzen können. „The ‚lifewide' dimension brings the complementarity of formal, non-formal and informal learning into sharper focus" (Commission of the European Communities 2000, S. 9).

Lebenslanges Lernen scheint also zu einer ökonomischen und sozialen Notwendigkeit erster Ordnung geworden zu sein. Und es bezieht sich in dieser zugespitzten Bedeutung nicht allein auf die klassischen Bildungseliten, sondern auf alle Gesellschaftsmitglieder. Im *White Paper on Lifelong Learning* des englischen Bildungsministeriums von 1998 steht an zentraler Stelle: „To cope with rapid change and the challenge of the information and communication age, we must ensure that people can return to learning throughout their lives. We cannot rely on a small elite, no matter how highly educated or highly paid. Instead, we need the creativity, enterprise and scholarship of all our people" (Department for Education and Employment 1998, S. 7).

Der „neue Begriff" des *lebenslangen Lernens* verrät eine Ambition, die der britische Bildungsforscher John Field „*the new educational order*" genannt hat (Field 2000, S. 133ff.). Lernen erhält eine neue Bedeutung: für die Gesellschaft als ganze, für die Bildungsinstitutionen und für die Individuen. Die veränderte Konnotation verweist freilich auf einen inneren Widerspruch: Das neue Lernen wird zunächst politisch-ökonomisch „gerahmt". Ziele sind Wettbewerbsfähigkeit, Beschäftigung und Anpassungskompetenz der ‚workforce'. Gleichzeitig sollen aber auch die biografische Planungsfreiheit und das soziale Engagement der Individuen gestärkt werden. *Lebenslanges Lernen* „instrumentalisiert" und „emanzipiert" offenbar zugleich.

Die folgenden Überlegungen werden sich mit dieser eigenwilligen Spannung auseinandersetzen. Dabei geht es zunächst um eine für den beabsichtigten Argumentationszusammenhang hilfreiche Klärung der Begriffe (1). Im Anschluss sollen die gesellschaftlichen Rahmenbedingungen *lebenslangen Lernens* kritisch analysiert werden (2). Der dritte Abschnitt wird einen eigenen theoretischen Versuch zum Thema „Bildung in der Lebensspanne", das Konzept *biografischen Lernens*, vorstellen (3). Abschließend werden ergänzende aktuelle Theorieperspektiven angedeutet (4). Bei unseren Überlegungen nehmen wir eine internationale Diskursperspektive ein. *Lifelong Learning* ist ein internationales bildungspolitisches Programm. Es schließt offensichtlich an „Globalisierungszwänge" an, die in unserer Argumentation berücksichtigt werden sollen.

1 Begriffe und Perspektiven

Angesichts der schillernden Bedeutung der auf die gesamte Lebensspanne bezogenen Lern- und Bildungskonzepte erscheinen eine knappe Begriffsklärung sowie eine Präzisierung der Betrachtungsperspektiven nützlich.

1.1 Bildung und Lernen

Die beiden Begriffe *Bildung* und *Lernen* sind auf je eigene Bedeutungsfelder und Theorietraditionen bezogen und können im vorgegebenen Rahmen nicht systematisch diskutiert und voneinander abgegrenzt werden. Sie werden beide verwendet, ihre Bedeutung wird dabei im jeweiligen Kontext spezifiziert. Grob kann unterschieden werden zwischen dem eher auf die konkrete individuelle oder kollektive Tätigkeit bezogenen „kleinräumigeren" Begriff des *Lernens* und dem vielschichtigeren *Bildungsbegriff*, der tendenziell auf übergeordnete individuelle und kollektive Formationsprozesse und daraus resultierende Bildungsgestalten bezogen ist. In der Perspektive des Lebenslaufs wird aber auch der Begriff des *Lernens* auf eine übergeordnete Prozessstruktur projiziert und im Hinblick auf biografische Prozesse und Figuren der Erfahrungsverarbeitung thematisiert. Wenn im Folgenden also von *Lernen* die Rede ist, geht es nicht um einzelne Schritte der Aneignung und Verhaltensänderung, sondern um höher organisierte Prozesse der Verarbeitung, Verknüpfung und (Trans-)Formation von Lernprozessen zu einer biografischen *Erfahrungsgestalt* – gewissermaßen um Lernprozesse „zweiter Ordnung".

1.2 Lebenslang, Lebensspanne, Biografie

Die Formulierung „Lernen und Bildung in der *Lebensspanne*" verweist zunächst auf ein Maß von Zeit, eine quantitative Ausdehnung oder Dauer, und zwar die Zeitspanne eines individuellen menschlichen Lebens. Dies mag auf den ersten Blick trivial erscheinen, spielen doch Zeitlichkeit („Lernen braucht Zeit") und der Aspekt einer temporalen Struktur („eins nach dem anderen", „was Hänschen nicht lernt, lernt Hans nimmermehr") bei Lern- und Bildungsprozessen immer eine Rolle. Der Eindruck der Trivialität schwindet allerdings, sobald genauer bestimmt werden soll, wie jener Aspekt der Zeitlichkeit konzeptualisiert wird.

Die Zeitlichkeit von Lernprozessen muss keineswegs notwendig in der Zeitspanne des Lebenslaufs gedacht werden. Die meisten (psychologischen) Lerntheorien thematisieren Lernen als – mehr oder minder komplexe – Verhaltensänderungen im Zeithorizont der Lern- bzw. Handlungs*situation*. Eine andere, in pädagogischen Kontexten eher seltene Perspektive fragt nach Lernprozessen sozialer Aggregate (Institutionen, Klassen, Nationen, Gesellschaften) in historischer Dimension (Stichworte: Mentalitätsgeschichte, „soziales Erbe", kollektive Erfahrungen angesichts historischer Krisen und Umbrüche). Die Betrachtungsperspektive „Lebenslauf" nimmt also eine spezifische temporale Analyseebene in den Blick, die in Relation zu anderen Zeitdimensionen, der der situativen Alltagszeit und der historischen Zeit, steht, aber eine relativ unabhängige eigenständige Konstruktionslogik aufweist (vgl. Schuller 1997). Damit geht es nicht nur um das quantitative Maß der Lebensspanne[1], sondern um den qualitativen Aspekt lebenszeitlicher Prozesse und deren soziokulturelle Strukturierung. Dieser wird mit einem

---

1 Die Lebensspanne ist zwar biologisch fundiert (durch die prinzipielle Gebundenheit an die „biologische Uhr"), aber in ihrer konkreten sozialen Form und ihrem individuellen Erleben nicht determiniert. Sie ist damit keine

wissenschaftlichen Begriff der Biografie erfasst. Erst eine biografietheoretische Konzeption – so unsere These – rechtfertigt die analytische Exposition und Abgrenzung des „lebenslangen (oder: biografischen) Lernens" als Gegenstand der Bildungsforschung (vgl. Alheit/Dausien 2000b; Dausien 2001, 2008).

Die folgenden Überlegungen sollen u.a. verdeutlichen, dass eine solche Betrachtungsweise begründet ist und ein theoretisch wie empirisch anspruchsvolles Forschungsprogramm eröffnet. Der programmatische Charakter ergibt sich aus dem aktuellen Forschungsstand: Trotz einer Flut von (halb-)wissenschaftlichen Publikationen zum Stichwort „lebenslanges Lernen" gibt es bis heute erst relativ wenige theoretische Überlegungen und noch weniger empirische Untersuchungen, die das Phänomen als solches in den Blick nehmen und nicht nur abstrakt als Rahmenbedingung voraussetzen.

1.3 Zwei Betrachtungsperspektiven

Lebenslanges Lernen kann unter verschiedenen Aspekten betrachtet werden. In der einschlägigen Diskussion lassen sich vor allem zwei Perspektiven unterscheiden: (a) eine vorwiegend *bildungspolitisch* motivierte Beschäftigung mit veränderten Bedingungen der Arbeits- und Bildungsgesellschaft, die Konsequenzen für die gesellschaftliche Organisation individuellen und kollektiven Lernens nach sich ziehen (vgl. stellvertretend Longworth/Davies 1996; Dohmen 1996; Brödel 1998; Alheit/Kammler 1998; Williamson 1998; Gerlach 2000; Field 2000; Achtenhagen/Lempert 2000); und (b) eine eher *pädagogisch oder bildungstheoretisch* interessierte Perspektive auf die Bedingungen und Möglichkeiten biografischen Lernens der Gesellschaftsmitglieder (vgl. stellvertretend Dominicé 1990, 2000; Kade/Seitter 1996; Alheit 1999; Alheit/Dausien 1996, 2000b; Delory-Momberger 2000).

Die erste Perspektive hat seit den 1960er Jahren eine internationale Politik des ‚lifelong learning' – bzw. der ‚lifelong education' – begründet (vgl. zusammenfassend Dohmen 1996; Gerlach 2000; Field 2000), in der es um die Erforschung und Entwicklung neuer Bildungskonzeptionen zur Erschließung ökonomischer und kultureller Ressourcen insbesondere westlicher Gesellschaften geht. Hintergrund ist die Diagnose, dass ein beschleunigter sozialer Wandel, Umbrüche und Transformationen zur (zivilen) Bewältigung auf Seiten der gesellschaftlichen Akteure Kompetenzen und Flexibilität erfordern, die nicht mehr im Tempo und in den institutionalisierten Formen „traditioneller" Bildungsprozesse erworben werden können. Institutionelle und curriculare Rahmenbedingungen für Bildung müssen verändert, neue soziale Netzwerke und Lernumwelten (Stichwort: „Lerngesellschaft") geschaffen werden (vgl. ausführlicher Alheit 1999; Field 2000, S. 69ff.). Die politiknahen Überlegungen in diesem Kontext bewegen sich – auch zu Beginn des 21. Jahrhunderts – noch weitgehend auf der Ebene von „Leitlinien" (vgl. Dohmen 1996) und Memoranden (vgl. Field 2000). Wissenschaftliche Konzepte und Befunde, die im Kontext der Bildungsforschung relevant sein könnten, werden im Folgenden ausführlicher diskutiert (s. unter 2).

Die zweite Betrachtungsperspektive setzt – im Sinne einer subjektorientierten Erziehungswissenschaft – an den Lern- und Bildungsprozessen der individuellen gesellschaftlichen Akteure an. Die Perspektive des *Lifelong Learning* hat hier seit den 1990er Jahren die Aufmerksamkeit für nicht-formales, informelles, nicht institutionalisiertes und selbstorganisiertes Lernen

---

„fraglose Naturtatsache", sondern ein soziales Phänomen, das in spezifischen historischen und kulturellen Kontexten „die Form der Biographie" (vgl. Nassehi 1994) annimmt.

erhöht. Die Stichworte „Lernen im Alltag", „Erfahrungslernen", „Aneignungslernen", „lebensweltbezogenes" oder „selbstgesteuertes Lernen" (vgl. Dohmen 1996, 1998; Kade/Seitter 1996; Konzertierte Aktion Weiterbildung 1998) markieren neue Themen und Forschungsfelder. Wir werden Aspekte dieser theoretisch heterogenen Debatte im Folgenden unter einer *biografietheoretischen* Perspektive zusammenführen (s. unter 3) und Konsequenzen für die Bildungsforschung formulieren (s. unter 4).

2 Die bildungspolitische Perspektive: „Lebenslanges Lernen" als Neuordnung der Bildungssysteme

Zunächst erscheint allerdings das erstaunliche Phänomen erklärungsbedürftig, dass das Konzept des *Lifelong Learning* am Ende des 20. Jahrhunderts den Status eines globalen politischen Konsenses erlangt hat (vgl. Field 2000, S. 3ff.). Während die Diskussionen der 1970er Jahre, insbesondere der Report der von dem ehemaligen französischen Premier und Bildungsminister Edgar Faure geleiteten UNESCO-Kommission (,*Learning to Be*'; vgl. Faure 1972) und eine Reihe von einschlägigen Publikationen der Organisation for Economic Co-operation and Development (vgl. stellvertretend OECD/CERI 1973) allenfalls bescheidene bildungspolitische Initiativen auf der Ebene der nationalen Regierungen auslösten (vgl. dazu ausführlich Gerlach 2000, S. 14-130), führt ein Statement der 1990er Jahre, das von Jacques Delors autorisierte *White Paper on Competitiveness and Economic Growth* (vgl. Commission of the European Communities 1994), vor allem jedoch der ebenfalls von Delors verantwortete Folgereport einer UNESCO-Expertenkommission (,*Learning: The Treasure Within*'; vgl. Delors 1996) nachgerade zu einer Inflation von internationalen Initiativen zum *lebenslangen Lernen*.

Seit die Europäische Kommission das Jahr 1996 zum *Year of Lifelong Learning* ausgerufen hat, wird etwa in Großbritannien ein Minister für Lifelong Learning eingesetzt; Green und White Papers, die neue Ziele der Bildungssysteme in Aussicht nehmen, erscheinen in Wales, Schottland und England, wenig später auch in den Niederlanden, Norwegen, Finnland und Irland. Das deutsche Bundesministerium für Bildung, Wissenschaft, Forschung und Technologie unterstützt mehrere Reports und Expertentagungen zum Thema (vgl. Dohmen 1996; 1998). Die Europäische Kommission selbst wird aktiv mit einem *White Paper on Education and Training* (vgl. Commission of the European Communities 1995); UNESCO (vgl. Delors 1996), OECD (1996) und eine Gruppe von acht Industrienationen (vgl. Group of Eight 1999) schließen sich an.

Ausschlaggebend für diesen erstaunlichen Paradigmenwechsel der Bildungsprogrammatiken im internationalen Maßstab sind vier Entwicklungstrends in den postindustriellen Gesellschaften der westlichen Hemisphäre, die sich wechselseitig überlappen und – wie John Field (ebd. 2000, S. 35ff.) diagnostiziert – zu einer „stillen Explosion" (,*silent explosion*') am Ende des 20. Jahrhunderts geführt haben: (a) die Veränderung der Bedeutung der „Arbeit", (b) die neue und völlig gewandelte Funktion des „Wissens", (c) die Erfahrung der zunehmenden Dysfunktionalität der etablierten Bildungsinstitutionen und (d) Herausforderungen an die sozialen Akteure selbst, die mit den Etiketten „Individualisierung" und „reflexive Modernisierung" (vgl. Beck 1986; Giddens 1990, 1991; Beck/Giddens/Lash 1996) nur grob charakterisiert sind.

2.1 Die Veränderung der „Arbeit" in spätmodernen Gesellschaften

Das 20. Jahrhundert hat die Bedeutung der Erwerbsarbeit drastisch modifiziert. Die meisten Menschen verbringen deutlich weniger Lebenszeit in der Arbeit als ihre Urgroßeltern. Noch 1906 nahm ein durchschnittliches Arbeitsjahr ca. 2.900 Stunden in Anspruch, 1946 waren es nur noch 2.440 und 1988 nur mehr 1.800 Stunden (vgl. Hall 1999, S. 427). Auch die „innere Struktur" der Arbeit hat sich verändert. Die massive Umverteilung der Arbeitsplätze vom industriellen in den Dienstleistungssektor ist dafür nur ein oberflächliches Symptom. Entscheidender ist, dass die Vorstellung eines konsistenten „Arbeitslebens", wenn sie auch traditionell schon die Frauen ausgeschlossen hatte, endgültig der Vergangenheit angehört. Durchschnittliche Erwerbstätigkeit bedeutet nicht mehr die Ausübung ein und desselben Berufes über eine beträchtliche Lebensspanne hinweg, sondern den Wechsel von Arbeits- und Fortbildungsphasen, freiwillige und unfreiwillige Berufsabbrüche, innovative Strategien des *career switching*, selbst gewähltes Abwechseln von Berufs- und Familienphasen (vgl. Arthur/Inkson/Pringle 1999).

Diese Entwicklung hat nicht nur Erwartungen an das klassische Lebenslaufregime irritiert (vgl. Kohli 1985, 1989) und individuelle Lebensplanung wesentlich riskanter gemacht (vgl. Heinz 2000b). Sie stellt auch die beteiligten Institutionen als „Strukturgeber des Lebenslaufs" (Heinz 2000a, S. 5) vor neue Probleme: die Agenturen des Beschäftigungssystems und des Arbeitsmarktes, Sozial- und Rentenversicherung, vor allem jedoch die Institutionen des Bildungssystems. Sie sind nämlich aufgefordert, Deregulierungs- und Flexibilisierungsfolgen der Arbeitsmarktentwicklung zu kompensieren, unerwartete und riskante Statuspassagen und Übergänge in „modernisierten" Lebensläufen zu begleiten und eine neue Balance zwischen den Optionen der individuellen Akteure und den Funktionszwängen der institutionellen „Mesoebene" zu finden (vgl. Heinz 2000a). *Lebenslanges Lernen* bietet sich hier als innovatives Steuerungsinstrument notwendiger „Lebenslaufpolitiken" (*„life politics'*) geradezu an.

2.2 Die neue Funktion des „Wissens"

Diese Steuerungsidee erscheint umso notwendiger, als ihr Gegenstandsbereich immer diffuser zu werden beginnt. Der vordergründige Trivialkonsens, dass nach den technologischen Innovationen der postindustriellen „Informationsgesellschaft" *Wissen* zur zentralen Ressource der Zukunft geworden sei, verdeckt die Ratlosigkeit über die Funktion und den Charakter dieses „Wissens". Offensichtlich geht es ja gerade nicht um einen bestimmbaren Kanon von Wissensbeständen, die möglichst effektiv verbreitet und verteilt werden müssten, nicht einmal um die empirische Tatsache der zunehmenden Verwissenschaftlichung aller Lebensbereiche (vgl. Wingens 1998; Stehr 2003), sondern um ein Phänomen, das sich im Prozess seiner konkreten Nutzung sukzessive ausweitet und zugleich partiell auch wieder entwertet. „Wissen" ähnelt immer weniger jenem Phänomen, das Bourdieu überzeugend als „kulturelles Kapital" beschrieben hat (vgl. Bourdieu 1983) und dessen Bedeutung für die Reproduktion bestehender Sozialstrukturen nicht hoch genug eingeschätzt werden kann. „Wissen" ist eine Art „graues Kapital" (Field 2000, S. 1), das neue, gleichsam virtuelle Ökonomien erzeugt. Der Börsencrash der *New Economy* im Jahr 2000 mit seinen globalen Auswirkungen und die weltweite Finanzkrise des Jahres 2008 sind nur Beispiele für die dunkle Seite dieser kaum greifbaren Qualität des „neuen Wissens".

Die Kommunikations- und Interaktionsnetze des IT-Zeitalters, die längst Prozesse der konventionellen Industrieproduktion und den Charakter der klassischen Dienstleistungen und Administrationen durchdrungen, erweitert und verändert haben, bleiben gleichwohl – stärker als traditionelle Wissensformen der Vergangenheit – von den individuellen Nutzerinnen und Nutzern abhängig. Ihre persönlichen Optionen auf den neuen, virtuellen Märkten, ihre Kontakte, produktiven Inputs und ihre Konsumgewohnheiten im Internet erst kreieren die Wissensformen der Zukunft. Das „Wissen" der Informationsgesellschaft ist ein *doing knowledge*, eine Art „Lebensform", die weit über den Berufsbereich hinaus die Strukturen der Gesellschaft bestimmt und in immer rascheren Zyklen dynamisiert (vgl. auch Kade/Seitter 2007).

Genau diese Qualität des „neuen Wissens" verlangt nun flexible Feedbackprozeduren, komplizierte Selbststeuerungskontrollen und permanentes Qualitätsmanagement. In diesem Prozess wird der Charakter von „Bildung" und „Lernen" dramatisch verändert (vgl. Nolda 1996). Es geht nicht mehr um Vermittlung und Weitergabe fest stehender Wissensbestände, Werte oder Fertigkeiten, sondern um eine Art „Wissensosmose", um den auf Dauer gestellten Austausch von individueller Wissensproduktion und organisiertem Wissensmanagement. Die Idee *lebenslangen Lernens*, besonders „selbstgesteuerten Lernens", scheint – zumindest als Rahmenkonzept – für diesen Prozess außerordentlich prädestiniert zu sein.

2.3 Die Dysfunktionalität der etablierten Bildungsinstitutionen

Gerade diese Bedingungen einer entstehenden „Wissensgesellschaft" machen nun klassische Organisationen von Lehr-Lern-Settings problematisch, vor allem jedoch eine Idee, die die „erste Karriere" des Lifelong-Learning-Labels in den frühen 1970er Jahren begleitet: die *Humankapital-Theorie*. Dieses Konzept „misst" gleichsam das investierte Bildungskapital nach der Dauer der Vollzeitbeschulung und unterstellt, dass deren Ausdehnung positive Effekte auf die Bereitschaft zum *lebenslangen Lernen* habe (vgl. kritisch Schuller 1998; Field 2000, S. 135). Eine Reihe von jüngeren empirischen Studien vor allem in Großbritannien (vgl. stellvertretend Tavistock Institute 1999; Merrill 1999; Schuller/Field 1999) belegt freilich eher das Gegenteil: Eine schlichte Ausdehnung primärer „Beschulung" ohne die drastische Veränderung der Rahmenbedingungen und der Qualität des Lernprozesses führt bei einer Mehrzahl der Betroffenen zu Motivationsverlust und zu einer instrumentellen Einstellung zum Lernen, die keineswegs das eigengesteuerte Weiterlernen in späteren Lebensphasen fördert, sondern eher unterdrückt (vgl. stellvertretend Schuller/Field 1999).

Deshalb verlangt das neue Verständnis *lebenslangen Lernens* eine Art *Paradigmenwechsel* der Lernorganisation – nicht erst im Erwachsenenalter, sondern bereits bei den initialen Formen der Beschulung. Orientierungsziele sind nicht länger die Effektivität des Lehrens, wirkungsvolle didaktische Strategien und die Konsistenz formaler Curricula, sondern die Situation und die Voraussetzungen der *Lernenden* (vgl. stellvertretend Bentley 1998). Das schließt die Aufmerksamkeit für nicht-formale und informelle Lernmöglichkeiten ein. Die zentrale pädagogische Frage lautet nicht mehr, wie ein bestimmter Stoff möglichst erfolgreich gelehrt werden kann, sondern welche Lern(um)welten selbstbestimmte Lernprozesse am ehesten stimulieren können, wie also das Lernen selbst „gelernt" werden kann (vgl. Simons 1992; Smith 1992).

Gewiss schließt diese Perspektive die Vermittlung von Basisqualifikationen wie Lesen, Schreiben, Rechnen oder den autonomen Umgang mit den neuen Medien ein, aber selbst diese *basic skills* müssen mit praktischen Erfahrungen verbunden werden; die erworbenen kognitiven Fähigkeiten müssen an soziale und emotionale Kompetenzen anschließbar sein (vgl. Giddens 1998, S. 125). Solche Optionen fordern zumal von den klassischen Bildungsinstitutionen ein hohes Maß an institutioneller „Selbstreflexivität". Sie müssen ihrerseits akzeptieren, „lernende Organisationen" zu werden. Die Notwendigkeit, ihre Klientel auf lebenslange, selbstbestimmte Lernprozesse vorzubereiten, setzt in der Tat eine Idee des *lifewide learning*, des „ganzheitlichen Lernens", voraus.

Schulen müssen sich mit dem Internet und mit dem Stadtteil vernetzen, auf den sie sich beziehen, mit Betrieben, Vereinen, Kirchen und Verbänden, die dort aktiv sind, mit den Familien der SchülerInnen, die sie betreuen. Sie müssen neue Lernorte entdecken und andere Lernumwelten erfinden. Neuere Schulentwicklungskonzepte, besonders die gewonnene Autonomie der einzelnen Einrichtung, eröffnen hier zweifellos Spielräume. Und was für Schulen gilt, trifft modifiziert auch auf Universitäten, Volkshochschulen und Verwaltungsakademien zu. *Lebenslanges Lernen* erfordert, wie John Field zu Recht konstatiert, *„the new educational order"* (Field 2000, S.133ff.) – wenn man so will: eine „stille Revolution" des Erziehungswesens.

2.4 „Individualisierung" und „reflexive Modernisierung"

Diese latente Option ist weder absurd noch utopisch, wenn man die Situation einer wachsenden Gruppe der Gesellschaftsmitglieder betrachtet. Die Anforderungen an die Individuen in der zweiten Hälfte des 20. Jahrhunderts haben sich verändert. Und dafür sind keineswegs ausschließlich ökonomische Faktoren, sondern auch soziale und kulturelle Wandlungsprozesse ausschlaggebend. Trotz fortbestehender sozialer Ungleichheiten haben sich die Bindungen an soziale Milieus und klassische Mentalitäten gelockert (vgl. Beck 1983, 1986; Vester et al. 1993; Alheit 1994; vor allem Barz/Tippelt 2004). Orientierungsmuster sind „kleinräumiger" geworden und beziehen sich eher auf Generations- oder Geschlechtererfahrungen, auf die Wahrnehmung der eigenen Ethnizität oder sogar auf die Präferenz bestimmter Lebensstile (vgl. Alheit 1999). Eine Inflation von Informations- und Konsumangeboten hat die Wahlmöglichkeiten der Gesellschaftsmitglieder dramatisch erhöht (vgl. Giddens 1990; Schulze 1992). Lebensläufe sind deshalb sehr viel weniger vorhersagbar als in früheren Zeiten. Mehr noch: der Zwang zu immer neuen Entscheidungen, ständig wechselnden Orientierungen wird zunehmend eindeutiger den Individuen selbst angelastet.

„Die Einzelnen sind hochgradig abhängig von Institutionen und Mitteln, über die andere verfügen; dennoch werden sie gezwungen, als Akteure ihren je eigenen Lebenszusammenhang durch eigene Praxis selbst erst herzustellen (...). [Sie] müssen bei Strafe des persönlichen Zusammenbruchs oder permanenter sozialer Benachteiligung lernen, selbständig verschiedene Erfahrungs- und Handlungsfelder miteinander zu verknüpfen (...). [Sie] müssen sogar unvereinbar erscheinende Zumutungen und Anforderungen verschiedener institutionell ausdifferenzierter Teilsysteme, Lebens- und Lernbereiche selbsttätig gegeneinander ausbalancieren, um sie überhaupt alltäglich aushalten zu können. Das gilt zunehmend auch in der Dimension sozialer Integration: Die Individuen, nicht mehr soziale Primärgruppen, werden zu Zentren der Kooperation und Koordination der Handlungen und Lebensansprüche (...) Sie stiften aktiv Sozialität oder ihnen droht soziale Isolation und Vereinsamung" (Körber 1989, S. 139).

Diese unübersehbare Tendenz zur „Individualisierung" des Lebenslaufregimes und der damit einhergehende Zwang zur kontinuierlichen „Reflexivität" der eigenen Handlungen hat – so die prominenten Thesen von Ulrich Beck oder Anthony Giddens – zu einer anderen, *„reflexiven Moderne"* geführt (vgl. stellvertretend Beck/Giddens/Lash 1996). Das Umgehen mit dieser anderen Moderne (vgl. Beck 1986) erfordert aber völlig neue, flexible Kompetenzstrukturen, die nur in lebenslangen Lernprozessen aufgebaut und fortentwickelt werden können (vgl. Field 2000, S. 58ff.). Und es verlangt nach einer fundamentalen Veränderung des gesamten Bildungssystems.

2.5 Konturen einer neuen „Bildungsökonomie"?

Der erstaunliche Konsens, der über diese zweifellos plausiblen und sich wechselseitig ergänzenden Zeitdiagnosen zu herrschen scheint, reicht von Vertretern der traditionellen Unternehmerschaft über Protagonisten der *New Economy* bis zu den Bildungsexperten der modernisierten Linksparteien. Was ihn problematisch macht, ist seine Indifferenz gegenüber den sozialen Folgen, die eine distanzlose bildungspolitische Umsetzung zeitigen würde. Der schöne Schein der *Lifelong Learning Society* beseitigt ja keineswegs die Selektions- und Exklusionsmechanismen des „alten" Bildungssystems. Er überlagert und verschärft sie womöglich (vgl. Field 2000, S. 103ff.).

Schon gegenwärtig lässt sich empirisch zeigen, dass Arbeitsmarktsegmente, die geringe Qualifikationen voraussetzen, chronisch schrumpfen (vgl. stellvertretend OECD 1997a). D.h. die Erwartungen der „Wissensgesellschaft" erhöhen den Druck auf die Individuen, bestimmte Qualifikations- und Wissensstandards auch einbringen zu müssen. Andernfalls sind die Ausgrenzungsfolgen womöglich drastischer als in der überlebten Industriegesellschaft. Freilich, die Exklusions*logik* ist keineswegs neu: „Klasse" und „Geschlecht" bleiben die entscheidenden Indikatoren (Field 2000, S. 115f.). Hinzu kommen – trotz der im „Memorandum" proklamierten Internationalisierung von Bildungs- und Berufskarrieren in einem gemeinsamen europäischen Bildungsraum (vgl. Commission of the European Communities 2000) – Benachteiligungs- und Ausschlussmechanismen aufgrund von Migrationsprozessen und ethnisch-nationaler Zugehörigkeit. Erwartungsgemäß spielt auch das *Alter* zunehmend eine – widersprüchliche – Rolle (vgl. Tuckett/Sargant 1999). Wer nie die Chance hatte, das Lernen zu lernen, wird auch im fortgeschrittenen Lebenslauf keine Qualifikationsanstrengungen mehr unternehmen. Andererseits werden Lernpotenziale im fortgeschrittenen Lebensalter zunehmend als Ressource für den Arbeitsmarkt und die Gestaltung des Gemeinwesens entdeckt.

Unter dem Aspekt der kruden ökonomischen Verwertung stimmt das Zukunftsszenario der „Lerngesellschaft" eher skeptisch: eine knappe Mehrheit von „Gewinnern", die allerdings unter dem Verdikt des „lebenslänglichen" Lernens steht, grenzt sich womöglich von einer zunehmenden Minderheit von „Verlierern" ab, die nie eine Chance hatten oder sich aus dem Korsett, immer neues Wissen erwerben und verkaufen zu müssen, freiwillig befreit haben. Die OECD-Prognose ist jedenfalls nicht weit entfernt von diesem Szenario:

„For those who have successful experience of education, and who see themselves as capable learners, continuing learning is an enriching experience, which increases their sense of control over their own lives and their society. For those who are excluded from this process, however, or who choose not to participate, the generalisation of lifelong learning may only have the effect of increasing their isolation from the world of the ‚knowledge-rich'. The consequences are economic, in under-used human capacity and increased welfare expenditure, and social, in terms of alienation and decaying social infrastructure" (OECD 1997b, S. 1).

Alternativen sind also gefordert. Eine vernünftige Konsequenz wäre die Einsicht, dass lebenslanges Lernen nicht nur die Investition in kurzfristig verwertbares ökonomisches Kapital darstellen kann, sondern – gleichwertig – auch eine Investition in „soziales Kapital", in die Pflege des sozialen Nahbereichs und den Aufbau und die Stärkung der Zivilgesellschaft (vgl. Field 2000, S. 145ff.; Alheit 2008a). In diesem Feld sind wir alle lebenslang Lernende. Niemand ist prinzipiell ausgeschlossen. Alle sind ExpertInnen. Ein Schrumpfen dieser „Kapitalsorte", das Schwinden von „Vertrauen", das Einfrieren von „Solidarität", wie sie Robert D. Putnam seit Jahren in der US-Gesellschaft feststellt (vgl. stellvertretend Putnam 2001), ist mittelfristig auch ökonomisch kontraproduktiv. Eine Balance zwischen diesen beiden widerspenstigen „Kapitalsorten" könnte dagegen zu einer neuen Art von „Bildungsökonomie" führen, richtiger vielleicht: zu einer *sozialen Ökologie des Lernens* in modernisierten modernen Gesellschaften (vgl. dazu ausführlich Alheit/Kreitz 2000). Voraussetzung dafür ist allerdings das Ernstnehmen der lernenden Individuen – also auch ein *analytischer Perspektivwechsel.*

3 Die bildungstheoretische Perspektive: Biografische Bildungsprozesse – Aspekte einer Phänomenologie lebenslangen Lernens

Die folgenden Überlegungen befassen sich mit der individuellen Seite lebenslangen Lernens. Dabei geht es nicht um situative Lernakte isolierter Individuen, sondern um Lernen als (Trans-) Formation von Erfahrungen, Wissen und Handlungsstrukturen im lebensgeschichtlichen und lebensweltlichen (*‚lifewide')* Zusammenhang (s.o.). Wir sprechen deshalb auch von „biografischem Lernen" und meinen weniger einen empirisch scharf abgrenzbaren Gegenstand – etwa Lernprozesse, die an bestimmte Formen, Orte oder Zeiten gebunden sind – als vielmehr eine theoretische Perspektive auf Bildungsprozesse, die im Sinne eines phänomenologischen Lernbegriffs (vgl. Schulze 1993a, b) an der lebensgeschichtlichen Perspektive der Lernenden ansetzt (vgl. zur Übersicht auch Krüger/Marotzki 2006).

Aus dem Blickwinkel biografischer Erfahrung sind analytische Unterscheidungen wie die zwischen formalem, nicht-formalem und informellem Lernen nicht unbedingt trennscharf. Im Gegenteil, es gehört zur Eigenart der *Biografie*, dass institutionell und gesellschaftlich spezialisierte und separierte Erfahrungsbereiche im Prozess der lebensgeschichtlichen Erfahrungsaufschichtung integriert und zu einer besonderen Sinngestalt immer wieder neu zusammengefügt werden – was freilich nicht notwendig gelingen muss (vgl. Kade/Seitter 2007a). Diese Leistung der Subjekte kann mit dem Begriff der *Biografizität* gefasst werden (vgl. Alheit 1993; Alheit/ Dausien 2000b), der den Gedanken der „eigensinnigen" subjektiven Aneignung von Lernangeboten (vgl. Kade 1994; Kade/Seitter 1996) aufnimmt, aber darüber hinaus die Chance der Herstellung neuer kultureller und sozialer Erfahrungsstrukturen akzentuiert. An dieses in der biografischen Konstruktionslogik von Erfahrung und Handeln enthaltene *Bildungspotenzial* knüpfen Politiken und pädagogische Konzepte des *Lifelong Learning* – eher implizit als analytisch reflektiert – an.

Dennoch macht die Unterscheidung zwischen formalem, nicht-formalem und informellem Lernen auch in biografietheoretischer Perspektive einen Sinn, wenn sie nicht als Typologie von Lernprozessen interpretiert, sondern auf die Strukturen und Rahmungen der jeweiligen *Lernkontexte* bezogen wird. Lernprozesse finden nur zum geringeren Teil in pädagogischen Institutionen und formalisierten Lernsettings statt, dennoch strukturieren Bildungsinstitutionen „Möglichkeitsräume" für biografische Lernprozesse (vgl. Kade/Seitter 1996), und sie formen auch die historisch-kulturellen Vorstellungen von *Biografie*, in deren Rahmen die Subjekte ihre Erfahrungen deuten und biografischen Sinn erzeugen. Biografisches Lernen ist in gesellschaftliche Strukturen und kulturelle Deutungskontexte eingebunden. Deshalb ist es für die Analyse individuell-biografischer Bildungs- und Lernprozesse notwendig, sich die „äußere" Rahmenstruktur des Lebenslaufs zu verdeutlichen. Die folgende Konzeptualisierung beginnt mit diesem Aspekt und differenziert im Anschluss einige empirische Phänomene lebensbegleitenden Lernens.

3.1 Die soziale Strukturierung des Lebenslaufs durch Bildungsinstitutionen

Der Lebenslauf als eine Institution, die sich mit der Moderne herausgebildet hat (vgl. Kohli 1985), liefert ein formales „Gerüst", an dem sich die biografischen Bildungsprozesse der Individuen orientieren. Dies gilt zunächst unabhängig davon, wie die Orientierung im konkreten Fall aussieht (z.B. eher affirmativ, den Vorgaben nachstrebend, oder diskrepant, sich an ihnen reibend, mit ihnen brechend, sie umbauend usw.). Es gibt ein gesellschaftliches „Curriculum" für das individuelle Leben von der Geburt bis zum Tod, das in Gesetzen und Sanktionen, in Normen und Erwartungsstrukturen mehr oder weniger festgelegt ist, immer wieder neu ausgehandelt wird, sozial differenziert ist und sich historisch verändert.

Ein Teil der Bildungsprozesse, die wir während unseres Lebens durchlaufen bzw. aktiv gestalten, ist relativ eng und unmittelbar auf dieses „Curriculum" bezogen und durch formale Lernziele und Zertifikate reguliert. Um diesen Aspekt hervorzuheben, spricht Schulze (1993a) von *„curricularem Lernen"*. Demgegenüber folgt das *„lebensgeschichtliche Lernen"* anderen (eben: biografischen) Regeln, ohne sich vollständig von dem Gerüst zu lösen. Beide Seiten stehen in einem Spannungsverhältnis und sind aufeinander angewiesen (vgl. Schulze 1993a; ähnlich Kade/Seitter 1996).

Um biografische Lernprozesse zu verstehen, ist es deshalb notwendig, die in einer Gesellschaft jeweils wirksamen Lebenslaufmodelle zu reflektieren. Diese sind freilich nicht als „externe Größe" immer schon gegeben, sondern werden u.a. durch die Institutionalisierung von Bildung entscheidend geformt. Das hat Kohli (1985) an der für moderne westliche Gesellschaften klassischen Dreiteilung des Lebenslaufs in *„Vorbereitungs-, Aktivitäts- und Ruhephase"* gezeigt. In diesem idealtypischen Modell werden durch die institutionelle Ausgliederung (Schule, Berufsbildungssystem) und die zeitliche Lokalisierung von Sozialisations- und Qualifikationsprozessen in der Kindheit und Jugend zugleich Zeiten und Räume formalisierten Lernens definiert, die von allen Gesellschaftsmitgliedern obligatorisch durchlaufen werden. Die Rolle von Bildung im Lebenslauf ist jedoch nicht auf die „Vorbereitungsphase" begrenzt, sondern strukturiert in der Form einer Verkettung von Optionen und Weichenstellungen das gesamte biografische „Curriculum". Dies gilt bereits für das von Kohli beschriebene Modell der modernen Normalbiografie: Durch das allgemeinbildende Schulsystem und die dadurch definierten Qualifikationsniveaus und -profile werden *Startchancen* festgelegt und Weichen für den weiteren Lebensweg und die soziale Positionierung der Individuen gestellt, die durch spätere Bildungsabschlüsse kaum nachzuholen sind (vgl. Rabe-Kleberg 1993b). Zugleich ist die Schule ein zentraler Ort der *Einübung in formale Lernprozesse*. Mit den vermittelten Inhalten werden auch Formen des Lernens gelernt. Die schulischen Abschlüsse und Erfahrungen strukturieren in hohem Maße die nächsten biografischen Statuspassagen, die *berufliche Ausbildung* und/oder den *Übergang in die Erwerbsarbeit* und legen zusammen mit der *beruflichen Erst-*

ausbildung den Rahmen der gesamten *Erwerbsbiografie* fest. *Berufliche Weiterbildung* oder *Umschulung* können hier zwar neue Möglichkeitsräume eröffnen. Diese bleiben jedoch – trotz propagierter Flexibilisierung und Durchlässigkeit – abhängig vom Ausgangsniveau und von vorstrukturierten Laufbahn- und Karrieremustern, die berufsspezifisch, aber auch nach Kriterien der sozialen Positionierung (Klasse, Geschlecht, Ethnizität, nationale Zugehörigkeit) erheblich differieren. Schließlich ist auch die letzte biografische Großphase, das *Rentenalter*, in ihren Rahmenbedingungen – dem ökonomischen, kulturellen und sozialen Kapital, auch den gesundheitlichen, körperlichen und (lebens)zeitlichen Ressourcen – entscheidend durch die vorherige Erwerbsarbeit definiert und damit zumindest indirekt abhängig von der Bildungsgeschichte einer Person.

Mit der Veränderung der Erwerbsarbeit hat das dreiphasige Lebenslaufregime zwar an Gültigkeit verloren (s.o.), aber auch die neuen, individualisierten und „pluralisierten" Lebenslaufmuster sind noch immer und zunehmend durch Bildungsinstitutionen geprägt, die sich ihrerseits auf die neuen „lebenslangen Lernbiografien" einstellen müssen (vgl. z.B. Faulstich-Wieland 1997; Nuissl 1997). Allerdings hat sich die Art der Strukturierung verändert: Bildungsprozesse sind nicht mehr unbedingt linear angelegt, im Sinne einer fortschreitenden Qualifizierung und sozialen Positionierung („Karriere"), sondern werden auch „zusammengeflickt" oder zyklisch wiederholt im Sinne einer „zeitlosen, sektoralen Lebensgestalt" (vgl. stellvertretend Kade/Seitter 1996, S. 143ff.).

Unabhängig von solchen erst ansatzweise erforschten Differenzierungen biografischer Bildungsgestalten können wir festhalten, dass Bildung als gesellschaftliche Institution bzw. als System miteinander verflochtener Institutionen typische Lebenslaufstrukturen formiert und normiert und damit zugleich subjektive Lebensentwürfe und -erfahrungen prägt. Im historischen und sozialstrukturellen Vergleich erkennt man, dass diese Formung entlang den gesellschaftlichen Differenzlinien Klasse, Geschlecht und „Ethnizität" erfolgt, dass Lebensläufe Chancenstrukturen ungleich verteilen und je nach gesellschaftlicher Position typisieren. Die Parole „Lifelong learning for all" verdeckt diesen Zusammenhang.

3.2 Die zeitliche (Um-)Ordnung von Bildung und Lernen im Lebenslauf

Neben der Positionierung im sozialen Raum erzeugt „Bildung" vor allem eine zeitliche Ordnung von Lernprozessen entlang der Achse einer individuellen Biografie. Gegenwärtig müssen wir von einer Mischung aus noch geltenden Normen jener dreigeteilten „normalen" (= männlichen) Bildungs- und Berufskarriere bzw. einer widersprüchlicher modellierten „weiblichen Normalbiografie" (vgl. kritisch Dausien 1996) einerseits und neueren Modellen eines flexiblen *lebenslangen Lernens* andererseits ausgehen. Insbesondere seit der Bildungsreform der 1960er Jahre sind bildungspolitisch neue Qualifikationswege eröffnet worden, die formale Bildungsprozesse im Erwachsenenalter ermöglichen. Diese „zweiten und dritten Bildungswege" sind (insbesondere von Frauen) angenommen worden und haben nicht nur zu einer erhöhten Bildungsmobilität (vgl. Schlüter 1993, 1999) geführt, sondern auch neue Lebenslaufmuster erzeugt, in denen „Arbeit", „Familie" und „Bildung" sich u.U. mehrfach abwechseln und auf unterschiedliche Weise miteinander kombiniert werden. Ohne im Folgenden auf empirisch ermittelte Muster detailliert eingehen zu können, sollen drei Aspekte der temporalen Ordnung von Bildung im Lebenslauf unterschieden werden, die für biografische Erfahrungen im Kontext einer zunehmend individualisierten Lebensführung typisch sind.

3.2.1 Nachgeholte Bildungsabschlüsse und „Bildungsumwege"

Bildungswege verlaufen zumeist nicht linear. Die Analyse von Biografien zeigt, dass Bildung häufig als eine „zweite (dritte, vierte ...) Chance" begriffen wird, auf verschiedenen Wegen innerhalb des Bildungs- und Berufssystems verpasste Bildungsoptionen nachzuholen bzw. frühere Weichenstellungen zu korrigieren. Die Möglichkeiten des Nachholens sind allerdings begrenzt – schon allein durch die Unmöglichkeit, Lebenszeit nachzuholen, und durch fehlende Anschluss- und Aufstiegsmöglichkeiten in den vorausgehenden Bildungsprozessen. Das wird am Beispiel so genannter „Frauenberufe" (vgl. Rabe-Kleberg 1993a; Born 2000) deutlich, die auch als „Sackgassenberufe" bezeichnet werden. Der subjektiven Bereicherung, die biografische „Bildungsumwege" in der Regel mit sich bringen, stehen auf der anderen Seite gesellschaftliche Strukturen gegenüber, die trotz einer neu propagierten Bildungsflexibilität Abweichungen vom (männlichen) Normalmodell der kontinuierlichen Berufskarriere bislang noch überwiegend negativ sanktionieren (vgl. stellvertretend Rabe-Kleberg 1993b). In Deutschland sind weder das Bildungs- noch das Berufssystem systematisch darauf eingestellt, „abweichende", im individuellen biografischen Prozess erworbene Qualifikationen und Kompetenzen anzuerkennen und zu integrieren, insbesondere dann, wenn diese in nicht-formalen biografischen Lernprozessen oder – im Fall von Migrationsbiografien – in anderen gesellschaftlichen und nationalen Kontexten erworben wurden (vgl. die englische Tradition des *Assessment of Prior Experiential Learning*', stellvertretend Alheit/Piening 1999). Die entstehenden „Passungsprobleme" müssen von den Individuen bearbeitet werden und führen sie u.U. in nicht vorhersehbare Konflikte, zu Abbrüchen und Verwerfungen institutionell angebotener Bildungsfahrpläne. Die mit der Öffnung des Bildungssystems gewonnenen Freiheiten bergen zugleich neue biografische Risiken (vgl. Kade 1997).

3.2.2 Weiterbildung und Qualifizierung als Daueraufgabe

Die erlebte Notwendigkeit und/oder das subjektive Interesse an einer beruflichen und berufsbezogenen Weiterqualifizierung hat in den letzten Jahren stark zugenommen (vgl. stellvertretend Field 2000, S. 69ff.). Als Ursachen werden im Allgemeinen der beschleunigte technologische Wandel und die kürzer werdende „Halbwertzeit" des berufsrelevanten Wissens angeführt. Bildung und Qualifikation sind nicht mehr auf die „Vorbereitung" des Erwerbslebens in dem von Kohli beschriebenen Sinn beschränkt, sondern werden zu einem dauerhaften Begleitfaktor im Berufsverlauf. Zur gestiegenen Relevanz kontinuierlicher Weiterbildungsprozesse tragen zwei weitere soziale Veränderungen bei: der soziale Wandel der Altersphase, verbunden mit einer veränderten biografischen Bedeutung des Alters (vgl. S. Kade 1994a, b; Mader 1995), das zunehmend zu einer eigenständigen Bildungsphase wird, sowie die veränderte Bildungsbeteiligung von Frauen und ihr verstärktes Interesse an (berufsbezogener) Weiterbildung. Wie Schiersmann (1987, 1993) gezeigt hat, ist allerdings auch dieser Bildungsbereich Teil einer vergeschlechtlichten Struktur. Systematische Benachteiligungen und Barrieren für Frauen im System beruflicher Weiterbildung verlängern die geschlechtsspezifische Kanalisierung und Hierarchisierung des Ausbildungssystems. Die geschlechterkritische Perspektive auf (berufliche) Weiterbildung rückt aber auch neue Gesichtspunkte in den Vordergrund. Weiterbildung ist für Frauen kein „neutrales" Instrument der Karriereplanung, sondern eingebettet in eine Lebensplanung, die eng mit Möglichkeiten und Perspektiven im Bereich der Familie verknüpft ist. Diese Erfahrungen der biografischen Vernetzung von unterschiedlichen Lebensbereichen werden zunehmend zu einem allgemeinen Merkmal von Weiterbildung für beide Geschlechter.

3.2.3 Bildungsprozesse in der „eigenen Zeit"

Die Nachholung formaler Abschlüsse und die kontinuierliche berufliche Weiterqualifizierung haben neben dem strategischen Verwertungsaspekt auch einen persönlichen, biografischen Sinn. Es geht nicht allein, häufig nicht einmal in erster Linie, um die – oft ungewisse – Verwertbarkeit der erzielten Qualifikationen auf dem Arbeitsmarkt, sondern um eine Kompensation biografisch erfahrener *Bildungsdefizite* bzw. nicht erfüllter *Bildungswünsche*. Eine solche biografisch begründete Bildungsmotivation führt ebenfalls zu einer Ordnung der Lebenszeit durch Entscheidungen, Übergänge und Lernprozesse. Die „eigene" Zeitstruktur von Bildungsprozessen kann sich dabei phasenweise auf institutionelle Strukturen beziehen und sie nutzen, sie aber auch unterlaufen oder „gegenläufige" Wirkung haben. Biografisch organisierte Zeitmuster folgen einer individuellen Logik der Verknüpfung von Vergangenheit, Gegenwart und Zukunft, oft über große Zeiträume und institutionell getrennte Lebensbereiche hinweg. In der individuell-biografischen Sinnperspektive ist ein zeitlich strukturiertes Bedürfnis nach Bildung und Persönlichkeitsentwicklung angelegt, das reflexiv oder als implizite biografische Erfahrungs- und Wissensstruktur – als eine Art sozial tradierter „Lernhabitus" (vgl. Herzberg 2004) – Lernprozesse steuert. Dabei entstehen immer wieder Phasen oder Situationen, in denen das Bedürfnis nach Reflexion und Rekonstruktion, Synchronisierung und Neuentwurf des „eigenen Lebens" ansteht. Anlass ist häufig gerade eine Auseinandersetzung mit gesellschaftlich strukturierten (Bildungs-)Fahrplänen. Wie empirische Studien mit den Methoden der Biografieforschung zeigen, nutzen Erwachsene Weiterbildungsangebote häufig nicht bloß instrumentell, um vorstrukturierten Lernwegen zu folgen, sondern auch um Zeiträume für diese „eigenen" Lernprozesse und ihre Reflexion zu gewinnen (z.B. in Volkshochschulkursen, vgl. Alheit/Dausien 1996; oder dem Funkkolleg, vgl. Kade/Seitter 1996).

3.3 Bildung als biografischer Prozess

Der Hinweis auf die individuell-biografische Zeitstruktur von Lernprozessen führt zu der grundsätzlichen Frage, wie Bildung als biografischer, gegenüber Lebensläufen und Curricula relativ autonomer Prozess gefasst werden kann. Bildung findet nicht nur in organisierter und institutionalisierter Form statt. Sie schließt die Gestaltung von alltäglichen und lebensgeschichtlichen Erfahrungen, Übergängen und Krisen ein. Lebensgeschichtliches Lernen ist also immer an den Kontext einer konkreten Biografie gebunden. Andererseits ist es aber auch die Voraussetzung oder das Medium, in dem biografische Konstruktionen sich überhaupt als reflexive Erfahrungsgestalt herausbilden und verändern können.

3.3.1 Implizites Lernen, Reflexion und präreflexives Wissen

Viele Lernprozesse laufen „implizit" ab und formieren sich zu Erfahrungsmustern und Handlungsdispositionen, ohne dass diese dem Subjekt notwendig reflexiv verfügbar sind oder explizit reflektiert werden. Begriffe wie *implizites* oder *mitlaufendes Lernen* heben diesen Aspekt hervor, sagen aber nichts über die Komplexität dieses Phänomens in der Dialektik von Weltaneignung und Selbstbildung. Durch implizite Lernprozesse, die sich vom Beginn des Lebens an ebenso innerhalb wie außerhalb von Institutionen abspielen, werden nicht nur einzelne Erfahrungselemente als Bestandteile der sozialen Welt angeeignet, zugleich wird das „Aneignungssystem" selbst entwickelt. Im Verlauf der Biografie bilden sich übergeordnete, generative Handlungs- und Wissensstrukturen heraus, die je nach theoretischer Perspektive als Erwerb und Aufbau biografischer „Lerndispositionen" (vgl. Field 2000), (meta-)kognitiver Strukturen (vgl. Bateson 1981), „emotionaler Orientierungssysteme" (vgl. Mader 1997), Habitusformationen (vgl. Herzberg 2004; im Anschluss an Bourdieu 1987) oder Konstruktion von Selbst- und Weltreferenzen (vgl. Marotzki 1990) interpretiert werden können.

Alle diese Erfahrungsprozesse bilden den *biografischen Wissensvorrat* einer Person (vgl. Alheit 1993; Alheit/Hoerning 1989), der wie eine Landschaft aus verschiedenen Schichten und Regionen abgestufter Nähe und Ferne besteht und sich in der Zeit (eben durch Lernen) verändert. Im alltäglichen Handeln (und auch in ausdrücklichen Lernsituationen; vgl. Dewe 1999) fokussieren wir ein „Problem" – einen Ausschnitt unseres Wissens, Erlebens und Handelns – explizit und greifen dabei gleichzeitig auf große Teile unseres Wissens (und Nicht-Wissens) selbstverständlich und unhinterfragt zurück. Wir „bewegen" uns gewissermaßen in unserer biografisch gewachsenen Wissenslandschaft, ohne dabei jeden einzelnen Schritt, jede Wegbiegung und jedes Wegzeichen bewusst zu bedenken. Oft wenden wir uns Elementen unseres biografischen „Hintergrundwissens" erst dann zu, wenn wir ins Stolpern geraten, an eine Kreuzung gelangt sind oder sogar das Gefühl haben, den Boden unter den Füßen zu verlieren. Wir haben – prinzipiell – die Möglichkeit, uns große Teile dieses präreflexiven Wissens zu vergegenwärtigen, es explizit zu bearbeiten und u.U. auch Strukturen der ganzen Landschaft zu verändern. Solche reflexiven Prozesse können als Momente von Selbst-Bildung interpretiert werden (vgl. dazu Alheit 1993).

3.3.2 Sozialität biografischen Lernens

Reflexive Lernprozesse dieser Art finden nicht „im" Individuum statt, sondern sind auf Kommunikation und Interaktion mit anderen bzw. die Beziehung auf einen sozialen Kontext angewiesen. Biografisches Lernen ist eingebunden in Lebenswelten, die unter bestimmten Bedingungen auch als „Lernwelten" oder „Lernmilieus" analysiert werden können. *Erfahrungsorientiertes, lebensweltliches Lernen* oder *Lernen in Kontexten* sind Begriffe, die diesem Aspekt des Lifelong Learning Rechnung tragen, ebenso wie die erhöhte Aufmerksamkeit für die Einbeziehung und Gestaltung von *Lernumwelten* (vgl. z.B. Dohmen 1998). Hier sind allerdings zwei Tendenzen beobachtbar, die aus einer biografischen Analyse von Bildungsprozessen heraus kritisch beurteilt werden müssen: eine – begrüßte oder befürchtete – „antiinstitutionelle" und individualisierende Interpretation des *lebenslangen Lernens* (vgl. z.B. Gieseke 1997; Nuissl 1997), die übersieht, dass Biografie bzw. biografisches Lernen und Institutionen aufeinander bezogen sind (vgl. z.B. die Studie von Seitter 1999); und die Idee der technologischen „Machbarkeit" von Lernumwelten. Diese Idee übersieht, dass Lernwelten eingebettet sind in historisch gewachsene, interaktiv und biografisch konstruierte Lebenswelten, die in (pädagogisch angeleitete) Bildungsprozesse einbezogen und mitgestaltet, aber nicht künstlich erzeugt oder gesteuert werden können. Lernen bleibt, gerade in seiner interaktiven Situiertheit, ein prinzipiell offener, ein letztlich unverfügbarer Prozess.

3.3.3 Individualität und „Eigensinn" biografischen Lernens

Lebensgeschichtliches Lernen ist also einerseits interaktiv und sozial strukturiert, folgt andererseits aber einer „individuellen Logik", die durch die je besondere biografisch aufgeschichtete Erfahrungsstruktur erzeugt wird. Die biografische Struktur determiniert nicht den Lernprozess, denn sie ist eine offene Struktur, die neue Erfahrungen im Umgang mit der Welt, mit anderen und sich selbst integrieren muss. Andererseits bestimmt sie aber wesentlich die Art und Weise, wie neue Erfahrungen gebildet und in einen biografischen Lernprozess „eingebaut" werden (vgl. Alheit/Dausien 2000a). Auch hier müssen aktuelle Begriffe wie *selbstorganisiertes*, *selbstbestimmtes*, *selbstgesteuertes* oder *selbst-direktives* Lernen (vgl. Straka 1997; Dohmen 1998; Konzertierte Aktion Weiterbildung 1998) kritisch diskutiert werden (vgl. Report 39; Hoffmann/von Rein 1998). Sie unterstellen allzu häufig einen autonomen Lerner, der seinen eigenen Bildungsprozess reflexiv und strategisch „im Griff" hat. Dieses Modell übersieht die Vielschichtigkeit biografischer Reflexivität. Biografische Bildungsprozesse verlaufen auf eigenwillige Weise, sie ermöglichen unerwartete Erfahrungen und überraschende Transformationen, die oft vom lernenden Subjekt selbst nicht vorhergesehen waren oder erst im Nachhinein reflektiert werden, aber dennoch eine eigene „Richtung" verfolgen. Hier sind Begriffe wie „Suchbewegung" oder „diffuse Zielgerichtetheit" angemessener als das kybernetische Modell einer zielgerichteten „Selbststeuerung", die wiederum an institutionalisierten Vorgaben (z.B. des Wissenserwerbs) orientiert ist. Ein biografisches Verständnis von „Selbstbestimmung" müsste theoretisch eher mit Bezug auf den Bildungs- als den Lernbegriff entwickelt werden. Für eine bildungspraktische (auch institutionelle) Unterstützung der biografischen Organisation von Lernprozessen sind Reflexions- und Kommunikationsräume sowie die interaktive Auseinandersetzung mit „Möglichkeitsräumen" ebenso wichtig wie die Entwicklung „individueller Steuerungsinstrumente".

3.4 Bildung als Formation sozialer Verhältnisse

Aus den bisher diskutierten Aspekten eines biografietheoretischen Ansatzes der Erforschung *lebenslangen Lernens* ergeben sich Möglichkeiten des Rückbezugs auf die oben diskutierte *bildungspolitische Perspektive*. Biografische Bildungsprozesse sind nicht nur als Aneignungs- und Konstruktionsleistungen im Blick auf die individuell-reflexive Organisation von Erfahrung, Wissen und Können zu verstehen. Sie beinhalten auch den Aspekt der biografischen Bildung von sozialen Netzen und Prozessen, von kollektivem Wissen und kollektiver Praxis, was theoretisch auch als „Institutionalisierung" (vgl. Berger/Luckmann 1969), als Bildung von „sozialem Kapital" (s.o.) oder als Herausbildung kultureller Praxen verstanden werden kann (als empirische Beispiele können die Bildung kultureller und sozialer Zentren, Vereine, Stadtteilinitiativen usw. angeführt werden; vgl. Seitter 1999; Field 2000; Alheit/Dausien 2000b; Brödel 2004). Auch für diese kollektiven Formationsprozesse gilt, dass sie nur zu Teilen explizit verhandelt und reflexiv geplant werden. Selbst aus der unkoordinierten biografischen Bildungspraxis der Individuen entwickeln sich soziale Formationen wie etwa neue Modelle und Erfahrungszusammenhänge für mögliche Bildungswege, für mögliche Frauen- und Männerbiografien, für Geschlechterverhältnisse, für Lernprozesse und Interaktionsformen zwischen soziokulturellen Milieus und Generationen.

Theoretisch lässt sich auch dieser Gedanke noch einmal mit dem Prinzip der *Biografizität sozialer Erfahrungen* fassen. Wenn wir biografisches Lernen als eigensinnige „autopoietische"

Leistung der Subjekte begreifen, ihre Erfahrungen reflexiv so zu organisieren, dass sie zugleich persönliche Kohärenz, Identität, einen lebensgeschichtlichen Sinn und eine kommunizierbare, sozial anschlussfähige und handlungsleitende lebensweltliche Perspektive erzeugen (vgl. Alheit 1993; Alheit/Dausien 2000a), wird es möglich, Bildung gleichzeitig als individuelle Identitätsarbeit *und* als Formation kollektiver Prozesse und sozialer Verhältnisse zu begreifen.

Bei der Betrachtung biografischen Lernens ist deutlich geworden, dass in dieser Analyseperspektive nicht nur individuelle Prozesse thematisiert werden, sondern unterschiedliche Logiken sozialer Strukturierung zusammentreffen und u.U. Diskrepanzen erzeugen, die von den Subjekten biografisch verarbeitet und pragmatisch bewältigt werden müssen: Einmal evoziert die Programmatik lebenslangen Lernens neue *Erwartungs- und Deutungsmuster*, die subjektiv als belastender Zwang, aber auch als biografische Chance erlebt werden können. Zum anderen sind biografische Lernprozesse und Lebensentwürfe *auf institutionelle Strukturen* und *lebensweltliche Kontexte* angewiesen, die individuell und kollektiv „selbstbestimmte" Bildungsprozesse unterstützen oder behindern können. Schließlich stehen aus der Sicht der Subjekte „Anspruch" und „Realität" hier nicht nur im Widerspruch – beide Ebenen sind biografisch „real" und müssen individuell bearbeitet und in einem tatsächlich lebenslangen Prozess biografischer Konstruktion und Rekonstruktion immer wieder neu in die eigene *Bildungsgeschichte* integriert werden. Um diese Prozesse allerdings theoretisch genauer zu fassen, empirisch differenzierter zu analysieren und auf dieser Basis Ansätze für mögliche Bildungspraxen zu entwerfen, sind weitere empirische Forschungen notwendig. Die Komplexität des Problems erfordert freilich ein begründetes Rahmenkonzept wie den hier skizzierten biografietheoretischen Ansatz, das in der Lage ist, die widersprüchliche Programmatik des *lebenslangen Lernens* theoretisch und empirisch auszufüllen.

4 Ergänzende Diskursstränge zur Konzeptionalisierung lebenslangen Lernens – Eine knappe Diskussion

Die beiden gewählten Analyseperspektiven können zeitdiagnostisch und theoriestrategisch plausibel machen, dass wir es bei der neuen politischen und praktisch-pädagogischen Konjunktur *lebenslangen Lernens* durchaus mit einem versteckten „Paradigmenwechsel" im pädagogischen Feld zu tun haben: Politische Praktiken verändern sich – national und im europäischen Kontext; und die Fokussierung auf die lernenden Subjekte ist unübersehbar. Einer klassischen soziologischen Unterscheidung folgend beobachten wir irritierende Veränderungen auf mehreren Ebenen:

- Auf der gesellschaftlichen *Makroebene* entstehen offensichtlich Balanceprobleme zwischen ökonomischem, kulturellem und sozialem Kapital, die durch einfache Interventionen nicht zu beseitigen sind.
- Auf der institutionellen *Mesoebene* werden Anforderungen an eine neue „Selbstreflexivität" der Organisationen erkennbar (vgl. Alheit/Hanses 2004), die sich als „Umwelten" und „Agenturen" komplexer Lern- und Wissensressourcen begreifen sollten und nicht länger als Verwalter und Vermittler kodifizierten Herrschaftswissens – auch dies eine noch kaum bewältigte Herausforderung.

- Auf der individuellen *Mikroebene* wachsen die Erwartungen an die zunehmend komplizierteren Verknüpfungs- und Verarbeitungsleistungen der konkreten Akteure angesichts der sozialen und medialen Herausforderungen der späten Moderne, die eine neue Qualität individueller und kollektiver Sinnkonstruktion vorauszusetzen scheinen.

Konzepte zur Beschreibung dieser Problemlagen bevorzugen gegenwärtig vor allem zwei theoretische Referenzen: einen interessanten Rückgriff auf die späte Luhmann'sche Systemtheorie und ihr Kommunikationskonzept (vgl. stellvertretend Kade/Seitter 2005; 2007a) sowie diskursanalytische und subjekttheoretische Anregungen aus Foucaults späteren Überlegungen, insbesondere zur „Gouvernementalität" (vgl. stellvertretend Weber/Maurer 2006; Wrana 2005). Während die durch Luhmann angeregte empirische Studie zum „Wissenserwerb Erwachsener" (vgl. Kade/Seitter 2007a) am lebenslangen Lernen eine unaufhaltsame Tendenz zur „Universalisierung der Pädagogik" identifiziert (vgl. Kade/Seitter 2007a; auch Gruber 2004), sind die an Foucault orientierten Arbeiten an der Aufdeckung der Verschränkung von „Führung" und „Selbstführung" im lebenslangen Lernen interessiert (vgl. etwa Fejes 2005; Wrana 2005), die besonders in den politischen Diskursen problemlos nachweisbar sei (vgl. auch Alheit 2008b).

So anregend diese Überlegungen im Einzelnen sein mögen, sie verlieren zunehmend die Perspektive lernender Subjekte zugunsten systemischer oder subjektlos-historischer Agenturen aus dem Blick. Eine Theorie lebenslangen Lernens ist indessen auf eine überzeugende konzeptionelle *Verknüpfung* makro- und mikrosoziologischer Bewegungen angewiesen. Und hier bleiben Forschungsdesiderate bestehen: Tatsächlich wissen wir noch zu wenig über die systemischen Balancen zwischen ökonomischem und sozialem Kapital. Wir kennen noch kaum jenes „graue Kapital" des neuen Wissens (Field 2000, S. 1) und seine Auswirkungen auf langfristige Lernprozesse. Auch über die institutionellen Voraussetzungen des diagnostizierten Paradigmenwechsels sind wir erst ansatzweise informiert:

„Welchem Veränderungsdruck sind Bildungsinstitutionen ausgesetzt? Welche Reaktionen und Lösungswege zeigen sich, welche Reichweite haben Veränderungen (z.B. partielle Reorganisation, völlige Neubestimmung des Bildungsauftrags usw.)? Wie werden dabei Handlungsspielräume, Stabilität und Innovationsfähigkeit gesichert? – Welche Konzepte und Maßnahmen der Qualitätssicherung, der Organisations- und Personalentwicklung werden eingesetzt und bewähren sich? – Welche theoretischen und empirischen Bedingungen rechtfertigen es, von Bildungseinrichtungen als ‚lernenden Organisationen' zu sprechen? Welche Rahmenbedingungen und Strukturen fördern deren (Weiter-)Entwicklung?" (Forschungsmemorandum für die Erwachsenen- und Weiterbildung 2000, S. 13; im Original *kursiv*).

Wir entdecken immer neue, kompliziertere und riskantere Statuspassagen und Übergänge in modernen Lebensläufen (vgl. Heinz 2000b). Wir beobachten erstaunliche und kreative (Re-)Konstruktionsleistungen in individuellen Biografien (vgl. stellvertretend Alheit 1994; Dausien 1996; Kade/Seitter 1996). Noch immer fehlt jedoch eine auf Basis empirischer Befunde systematisch ausgearbeitete *biografische Lerntheorie*:

„In welchen Lernkulturen und Abhängigkeiten von überindividuellen Mustern, Mentalitäten und Milieus entwickelt sich individuelles Lernen? Welche impliziten Lernpotenziale und Lernprozesse zeigen sich in sozialen Milieus und Gruppen (z.B. innerhalb von Familien und zwischen Generationen)? (...) Welche Interdependenzen lassen sich beispielhaft zwischen überindividuellen und politischen Problemlagen und -lösungen einerseits und dem Lernen von Individuen in Gruppen, Organisationen, Institutionen andererseits nachweisen?" (Forschungsmemorandum für die Erwachsenen- und Weiterbildung 2000, S. 5; im Original *kursiv*).

Auf diese offenen Forschungsfragen verweist ein theoretisch anspruchsvolles Konzept des *Lifelong Learning,* das mit Blick auf die professionell-pädagogische Begleitung von Lernprozessen zu reflektieren ist (vgl. Dausien 2008). Es wäre außerordentlich wünschenswert, die Antworten nicht nur im wissenschaftlichen Diskurs zu suchen, sondern auch in der Weiterbildungspraxis und im internationalen und interkulturellen Dialog.

Literatur

Achtenhagen, F./Lempert, W. (Hrsg.) (2000): Lebenslanges Lernen im Beruf – seine Grundlegung im Kindes- und Jugendalter. Bd.1: Forschungs- und Reformprogramm. Opladen: Leske + Budrich.
Alheit, P. (1993): Transitorische Bildungsprozesse: Das „biographische Paradigma" in der Weiterbildung. In: Mader, W. (Hrsg.): Weiterbildung und Gesellschaft. Grundlagen wissenschaftlicher und beruflicher Praxis in der Bundesrepublik Deutschland. 2. erweiterte Aufl. Bremen: Universität Bremen, S. 343–418.
Alheit, P. (1994): Zivile Kultur. Verlust und Wiederaneignung der Moderne. Frankfurt a.M./New York: Campus.
Alheit, P. (1999): On a contradictory way to the ‚Learning Society': A critical approach. In: Studies in the Education of Adults 31 (1), S. 66–82.
Alheit, P. (2008a): Lebenslanges Lernen und soziales Kapital. In: Herzberg, H. (Hrsg.): Lebenslanges Lernen. Theoretische Perspektiven und empirische Befunde im Kontext der Erwachsenenbildung. Frankfurt a.M.: Lang, S. 13–30.
Alheit, P. (2008b): Diskursive Politiken – Lebenslanges Lernen als Surrogat? In: Ludwig, J. et al. (Hrsg.): Strukturen lebenslangen Lernens. Bad Heilbrunn: Klinkhardt (im Erscheinen).
Alheit, P./Dausien, B. (1996): Bildung als „biographische Konstruktion"? Nichtintendierte Lernprozesse in der organisierten Erwachsenenbildung. In: Report. Literatur- und Forschungsreport Weiterbildung 37, S. 33–45.
Alheit, P./Dausien, B. (2000a): Die biographische Konstruktion der Wirklichkeit. Überlegungen zur Biographizität des Sozialen. In: Hoerning, E. M. (Hrsg.): Biographische Sozialisation. Stuttgart: Lucius & Lucius, S. 257–283.
Alheit, P./Dausien, B. (2000b): ‚Biographicity' as a basic resource of lifelong learning. In: Alheit, P./Beck, J./Kammler, E./Salling Olesen, H./Taylor, R. (Hrsg.): Lifelong Learning Inside and Outside Schools, Vol. 2. Roskilde: Roskilde University Press, S. 400–422.
Alheit, P./Hanses, A. (2004): Institution und Biographie: Zur Selbstreflexivität personenbezogener Dienstleistungen. In: Hanses, A. (Hrsg.): Biografie und Soziale Arbeit. Institutionelle und biografische Konsrtruktionen von Wirklichkeit. Baltmannsweiler: Schneider Verlag Hohengehren, S. 8–28.
Alheit, P./Hoerning, E.M. (Hrsg.) (1989): Biographisches Wissen. Beiträge zu einer Theorie lebensgeschichtlicher Erfahrung. Frankfurt a.M.: Campus.
Alheit, P./Kammler, E. (Hrsg..) (1998): Lifelong Learning and its Impact on Social and Regional Development. Bremen: Donat.
Alheit, P./Kreitz, R. (2000): ‚Social Capital', ‚Education' and the ‚Wider Benefits of Learning'. Review of ‚models' and qualitative research outcomes. Gutachten für das *Centre of Education* der University of London und das *Department for Education and Employment* der englischen Regierung, Göttingen/London (unveröffentlichtes Manuskript).
Alheit, P./Piening, D. (1999): Assessment of Prior Experiential Learning as a Key to Lifelong Learning. Evaluating European Practices. Bremen: Universität Bremen.
Arthur, M. B./Inkson, K./Pringle, J. K. (1999): The New Careers: Individual action and economic change. London: Sage.
Barz, H./Tippelt, R. (Hrsg.) (2004): Weiterbildung und soziale Milieus in Deutschland, 2 Bde. Bielefeld: Bertelsmann.
Bateson, G. (1981): Die logischen Kategorien von Lernen und Kommunikation. In: Ders. (Hrsg.): Ökologie des Geistes. Anthropologische, psychologische, biologische und epistemologische Perspektiven. Frankfurt a.M.: Suhrkamp, S. 362–399.
Beck, U. (1983): Jenseits von Stand und Klasse? Soziale Ungleichheiten, gesellschaftliche Individualisierungsprozesse und die Entstehung neuer sozialer Funktionen und Identitäten. In: Kreckel, R. (Hrsg.): Soziale Ungleichheiten. Soziale Welt, Sonderband 2. Göttingen: Schwartz, S. 35–74.
Beck, U. (1986): Risikogesellschaft. Auf dem Weg in eine andere Moderne. Frankfurt a.M.: Suhrkamp.
Beck, U./Giddens, A./Lash, S. (1996): Reflexive Modernisierung. Eine Kontroverse. Frankfurt a.M.: Suhrkamp.

Bentley, T. (1998): Learning Beyond the Classroom: Education for a changing world. London: Routledge.
Berger, P./Luckmann, T. (1969): Die gesellschaftliche Konstruktion der Wirklichkeit. Eine Theorie der Wissenssoziologie. Frankfurt a.M.: Fischer.
Born, C. (2000): Erstausbildung und weiblicher Lebenslauf. Was (nicht nur) junge Frauen bezüglich der Berufswahl wissen sollten. In: Heinz, W. (Hrsg.): Übergänge. Individualisierung, Flexibilisierung und Institutionalisierung des Lebenslaufs. 3. Beiheft 2000 der ZSE. Zeitschrift für Soziologie der Erziehung und Sozialisation. Weinheim: Juventa, S. 50–65.
Bourdieu, P. (1987): Die feinen Unterschiede. Kritik der gesellschaftlichen Urteilskraft. Frankfurt a.M.: Suhrkamp.
Brödel, R. (Hrsg.) (1998): Lebenslanges Lernen – lebensbegleitende Bildung. Neuwied: Luchterhand.
Brödel, R. (Hrsg.) (2004): Weiterbildung als Netzwerk des Lernens. Differenzierung der Erwachsenenbildung, Bielefeld: Bertelsmann.
Commission of the European Communities (1994): Competitiveness, Employment, Growth. Luxembourg: Office des publications officielles des Communautés européennes.
Commission of the European Communities (1995): Teaching and Learning: Towards the learning society. Luxembourg: Office des publications officielles des Communautés européennes.
Commission of the European Communities (2000): A Memorandum on Lifelong Learning. Lissabon: European Council.
Dausien, B. (1996): Biographie und Geschlecht. Zur biographischen Konstruktion sozialer Wirklichkeit in Frauenlebensgeschichten. Bremen: Donat.
Dausien, B. (2001): Lebensbegleitendes Lernen in den Biographien von Frauen. Ein biographietheoretisches Bildungskonzept. In: Gieseke, W. (Hrsg.): Handbuch zur Frauenbildung. Opladen: Leske + Budrich, S. 101–114.
Dausien, B. (2008): Lebenslanges Lernen als Leitlinie für die Bildungspraxis? Überlegungen zur pädagogischen Konstruktion von Lernen aus biographietheoretischer Sicht. In: Herzberg, H. (Hrsg.): Lebenslanges Lernen. Theoretische Perspektiven und empirische Befunde im Kontext der Erwachsenenbildung. Frankfurt a.M.: Peter Lang, S. 151–174.
Delors, J. (1996): Learning: The Treasure Within. Report to UNESCO of the International Commission on Education for the Twenty-first Century. Paris: UNESCO.
Delory-Momberger, C. (2000): Les Histoires de Vie. De l'invention de soi au projet de formation. Paris: Anthropos.
Department for Education and Employment (1998): The Learning Age: A renaissance for a New Britain. Sheffield: Sheffield University.
Dewe, B. (1999): Lernen zwischen Vergewisserung und Ungewißheit. Reflexives Handeln in der Erwachsenenbildung. Opladen: Leske + Budrich.
Dohmen, G. (1996): Das lebenslange Lernen. Leitlinien einer modernen Bildungspolitik. Bonn: BMBFT.
Dohmen, G. (1998): Zur Zukunft der Weiterbildung in Europa: Lebenslanges Lernen für alle in veränderten Lernumwelten. Bonn: BMBFT.
Dominicé, P. (1990): L'histoire de vie comme processus de formation. Paris: Edition L'Harmattan.
Dominicé, P. (2000): Learning From Our Lives: Using Educational Biographies With Adults. San Francisco: Jossey-Bass Inc.
Faulstich-Wieland, H. (1997): „Zukunft der Bildung – Schule der Zukunft". In: Report. Literatur- und Forschungsreport Weiterbildung 39, S. 59–68.
Faure, E. (1972): Learning to Be. The world of education today and tomorrow. Paris: UNESCO.
Fejes, A. (2005): New wine in old skins: Changing patterns in governing of the adult learner in Sweden. In: International Journal of Lifelong Education, 24 (1), S. 71–86.
Field, J. (2000): Lifelong Learning and the New Educational Order. Stoke on Trent: Trentham Books, UK.
Forschungsmemorandum für die Erwachsenen- und Weiterbildung (2000): Im Auftrag der Sektion Erwachsenenbildung der DGfE verfasst von Arnold, R./Faulstich, P./Mader, W./Nuissl, E./von Rein, E./Schlutz, E. Frankfurt a.M. URL: http://www.die-bonn.de/oear/forschungsmemorandum/forschungsmemorandum.htm. (07.04.2008).
Gerlach, C. (2000): Lebenslanges Lernen. Konzepte und Entwicklungen 1972 bis 1997. Köln: Böhlau.
Giddens, A. (1990): Consequences of Modernity. Cambridge: Polity Press.
Giddens, A. (1991): Modernity and Self-Identity. Self and Society in the Late Modern Age. Stanford. Calif.: University Press.
Giddens, A. (1998): The Third Way. The renewal of social democracy. Cambridge: Polity Press.
Gieseke, W. (1997): Lebenslanges Lernen aus der Perspektive der Geschlechterdifferenz. In: Report. Literatur- und Forschungsreport Weiterbildung 39, S. 79–87.
Group of Eight (1999): Köln Charter: aims and ambitions for lifelong learning, 18th June 1999. Köln: G8.
Gruber, E. (2004): Pädagogisierung der Gesellschaft und des Ich durch lebenslanges Lernen. In: Ribolits, E./Zuber, J. (Hrsg.): Pädagogisierung. Die Kunst, die Menschen mittels Lernen immer dümmer zu machen! Innsbruck u.a.: Studienverlag, S. 87–100.

Hall, P. (1999): Social Capital in Britain. In: British Journal of Political Science 29 (3), S. 417–461.
Heinz, W. (2000a): Editorial: Strukturbezogene Biographie- und Lebenslaufforschung. Der Sfb 186 „Statuspassagen und Risikolagen im Lebensverlauf". In: Heinz, W. (Hrsg.): Übergänge. Individualisierung, Flexibilisierung und Institutionalisierung des Lebenslaufs. 3. Beiheft 2000 der ZSE, Zeitschrift für Soziologie der Erziehung und Sozialisation. Weinheim: Juventa, S. 4–8.
Heinz, W. (Hrsg.) (2000b): Übergänge. Individualisierung, Flexibilisierung und Institutionalisierung des Lebenslaufs. 3. Beiheft 2000 der ZSE, Zeitschrift für Soziologie der Erziehung und Sozialisation. Weinheim: Juventa.
Herzberg, H. (2004): Biographie und Lernhabitus. Eine Studie im Rostocker Werftarbeitermilieu. Frankfurt a.M./New York: Campus.
Herzberg, H. (Hrsg.) (2008): Lebenslanges Lernen. Theoretische Perspektiven und empirische Befunde im Kontext der Erwachsenenbildung, Frankfurt a.M.: Lang.
Hoffmann, N./von Rein, A. (Hrsg.) (1998): Selbstorganisiertes Lernen in (berufs-)biografischer Reflexion. Bad Heilbrunn: Klinkhardt.
Kade, J. (1994): Erziehungswissenschaftliche Theoriebildung im Blick auf die Vielfalt einer sich entgrenzenden pädagogischen Welt. In: Uhle, R./Hoffmann, D. (Hrsg.): Pluralitätsverarbeitung in der Pädagogik. Weinheim: Deutscher Studienverlag, S. 149–161.
Kade, J. (1997): Riskante Biographien und die Risiken lebenslangen Lernens. In: Report. Literatur- und Forschungsreport Weiterbildung 39, S. 112–124.
Kade, J./Seitter, W. (1996): Lebenslanges Lernen. Mögliche Bildungswelten. Erwachsenenbildung, Biographie und Alltag. Opladen: Leske + Budrich.
Kade, J./Seitter, W. (Hrsg.) (2005): Pädagogische Kommunikation im Strukturwandel. Beiträge zum Lernen Erwachsener. Bielefeld: Bertelsmann.
Kade, J./Seitter, W. (Hrsg.) (2007): Umgang mit Wissen. Recherchen zur Empirie des Pädagogischen, 2 Bde. Opladen/Farmington Hills: Budrich.
Kade, J./Seitter, W. (2007a): Diffundierung – Invisibilisierung – Prekarisierung. Zum Wissenserwerb Erwachsener. In: Kade/Seitter (Hrsg.): Umgang mit Wissen. Recherchen zur Empirie des Pädagogischen. Opladen, Farmington Hills: Budrich, S. 309-327.
Kade, S. (1994a): Altersbildung. Lebenssituation und Lernbedarf, Ziele und Konzepte. 2 Bde. Frankfurt a.M.: DIE, Deutsches Institut für Erwachsenenbildung.
Kade, S. (Hrsg.) (1994b): Individualisierung und Älterwerden. Bad Heilbrunn: Klinkhardt.
Körber, K. (1989): Zur Antinomie von politisch-kultureller und arbeitsbezogener Bildung in der Erwachsenenbildung. In: Bildung in der Arbeitsgesellschaft. Zum Spannungsverhältnis von Arbeit und Bildung heute. Dokumentation des 10. Bremer Wissenschaftsforums vom 11. bis 13. Oktober 1988. Bremen: Universität Bremen, S. 126-151.
Kohli, M. (1985): Die Institutionalisierung des Lebenslaufs. Historische Befunde und theoretische Argumente. In: Kölner Zeitschrift für Soziologie und Sozialpsychologie 37, S. 1–29.
Kohli, M. (1989): Institutionalisierung und Individualisierung der Erwerbsbiographie. Aktuelle Veränderungstendenzen und ihre Folgen. In: Brock, D./Leu, H. R./Preiß, C. (Hrsg.): Subjektivität im gesellschaftlichen Wandel. Umbrüche im beruflichen Sozialisationsprozeß. Weinheim: Juventa, S. 249–278.
Konzertierte Aktion Weiterbildung (1998): Selbstgesteuertes Lernen. Möglichkeiten, Beispiele, Lösungsansätze, Probleme. Bonn: BMBF.
Krüger, H.-H./Marotzki, W. (Hrsg.) (2006): Handbuch erziehungswissenschaftliche Biographieforschung. 2. Aufl. Wiesbaden: VS.
Longworth, N./Davies, W. K. (1996): Lifelong Learning. New visions, new implications, new roles for people, organizations, nations and communities in the 21st century. London: Kogan Page.
Mader, W. (Hrsg.) (1995): Altwerden in einer alternden Gesellschaft: Kontinuität und Krisen in biographischen Verläufen. Opladen: Leske + Budrich.
Mader, W. (1997): Lebenslanges Lernen oder die lebenslange Wirksamkeit von emotionalen Orientierungssystemen. In: Report. Literatur- und Forschungsreport Weiterbildung 39, S. 88–100.
Marotzki, W. (1990): Entwurf einer strukturalen Bildungstheorie. Biographietheoretische Auslegung von Bildungsprozessen in hochkomplexen Gesellschaften. Weinheim: Deutscher Studienverlag.
Merrill, B. (1999): Gender, Change and Identity. Mature Women Students in Universities. Aldershot: Ashgate.
Nassehi, A. (1994): Die Form der Biographie. Theoretische Überlegungen zur Biographieforschung in methodologischer Absicht. In: BIOS. Zeitschrift für Biografieforschung und Oral History 7 (1), S. 46–63.
Nolda, S. (Hrsg.) (1996): Erwachsenenbildung in der Wissensgesellschaft. Bad Heilbrunn: Klinkhardt.
Nuissl, E. (1997): Institutionen im lebenslangen Lernen. In: Report. Literatur- und Forschungsreport Weiterbildung 39, S. 41–49.

OECD (1996): Lifelong Learning for All: Meeting of the Education Committee at Ministerial Level, 16/17 January 1996. Paris: OECD.
OECD (1997a): Literacy Skills for the Knowledge Society. Further results of the international adult literacy survey. Paris: OECD.
OECD (1997b): What Works in Innovation in Education. Combatting exclusion through adult learning. Paris: OECD.
OECD/CERI (1973): Recurrent Education – A Strategy for Lifelong Learning. A clarifying report. Paris: OECD/CERI.
Putnam, R. D. (Hrsg.) (2001): Gesellschaft und Gemeinsinn. Sozialkapital im internationalen Vergleich. Gütersloh: Bertelsmann Stiftung.
Rabe-Kleberg, U. (1993a): Verantwortlichkeit und Macht. Ein Beitrag zum Verhältnis von Geschlecht und Beruf angesichts der Krise traditioneller Frauenberufe. Bielefeld: Kleine Verlag.
Rabe-Kleberg, U. (1993b): Bildungsbiographien – oder: Kann Hans noch lernen, was Hänschen versäumt hat? In: Meier, A./Rabe-Kleberg, U. (Hrsg.): Weiterbildung, Lebenslauf, sozialer Wandel. Neuwied: Luchterhand, S. 167–182.
Report 39 (1997): Report. Literatur- und Forschungsreport Weiterbildung, 39.
Schiersmann, C. (1987): Berufsbezogene Weiterbildung und weiblicher Lebenszusammenhang. Zur Theorie eines integrierten Bildungskonzepts. Bielefeld: Kleine Verlag.
Schiersmann, C. (1993): Frauenbildung. Konzepte, Erfahrungen, Perspektiven. Weinheim/München: Juventa.
Schlüter, A. (1993): Bildungsmobilität. Studien zur Individualisierung von Arbeitertöchtern in der Moderne. Weinheim: Deutscher Studienverlag.
Schlüter, A. (1999): Bildungserfolge. Eine Analyse der Wahrnehmungs- und Deutungsmuster und der Mechanismen für Mobilität in Bildungsbiographien. Opladen: Leske + Budrich.
Schuller, T. (1997): Modelling the Lifecourse: Age, Time and Education. Bremen: Universität Bremen.
Schuller, T. (1998): Human and Social Capital: Variations within a Learning Society. In: Alheit, P./Kammler, E. (Hrsg.): Lifelong Learning and its Impact on Social and Regional Development. Bremen: Donat, S. 113–136.
Schuller, T./Field, J. (1999): Is there divergence between initial and continuing education in Scotland and Northern Ireland? In: Scottish Journal of Adult Continuing Education 5 (2), S. 61–76.
Schulze, G. (1992): Die Erlebnisgesellschaft. Kultursoziologie der Gegenwart. Frankfurt a.M., New York: Campus.
Schulze, T. (1993a): Lebenslauf und Lebensgeschichte. In: Baacke, D./Schulze, T. (Hrsg.): Aus Geschichten lernen. Zur Einübung pädagogischen Verstehens. Weinheim: Juventa, S. 174–226.
Schulze, T. (1993b): Zum ersten Mal und immer wieder neu. Skizzen zu einem phänomenologischen Lernbegriff. In: Bauersfeld, H./Bromme, R. (Hrsg.): Bildung und Aufklärung. Münster: Waxmann, S. 241–269.
Seitter, W. (1999): Riskante Übergänge in der Moderne. Vereinskulturen, Bildungsbiographien, Migranten. Opladen: Leske + Budrich.
Simons, P. R. J. (1992): Theories and principles of learning to learn. In: Tujinman, A./van der Kamp, M. (Hrsg.): Learning Across the Lifespan. Theories, Research, Policies. Oxford: Pergamon, S. 159–171.
Smith, R. M. (1992): Implementing the learning to learn concept. In: Tujinman, A./van der Kamp, M. (Hrsg.): Learning Across the Lifespan. Theories, Research, Policies. Oxford: Pergamon, S. 173–188.
Stehr, N. (2003): Wissenspolitik: Die Überwachung des Wissens, Frankfurt a.M.: Suhrkamp.
Straka, G. A. (1997): Selbstgesteuertes Lernen in der Arbeitswelt. In: Report. Literatur- und Forschungsreport Weiterbildung 39, S. 146–154.
Tavistock Institute (1999): A Review of Thirty New Deal Partnerships. Research and Development Report ESR 32, Employment Service. Sheffield.
Tuckett, A./Sargant, N. (1999): Making Time. The NIACE survey on adult participation in learning 1999. Leicester: NIACE.
Vester, M./Oertzen, P. von/Geiling, H./Hermann, T./Müller, D. (1993): Soziale Milieus im gesellschaftlichen Strukturwandel. Zwischen Integration und Ausgrenzung. Köln: Bund.
Weber, S./Maurer, S. (Hrsg.) (2006): Gouvernementalität und Erziehungswissenschaft. Wissen – Macht – Transformation, Wiesbaden: VS.
Williamson, B. (1998): Lifeworlds and Learning. Essays in the Theory, Philosophy and Practice of Lifelong Learning. Leicester: NIACE.
Wingens, M. (1998): Wissensgesellschaft und Industrialisierung der Wissenschaft. Wiesbaden: DUV.
Wrana, D. (2005): Das Subjekt schreiben. Reflexive Praktiken und Subjektivierung in der Weiterbildung – eine Diskursanalyse, Baltmannsweiler: Schneider Verlag Hohengehren.

Lehr-Lernforschung

Alexander Renkl

Lehren und Lernen

Einleitung

- Welche Arten von Wissen sollen Lernende erwerben?
- Was bedeutet eigentlich Lernen?
- Welche Arten von Motivation sind besonders lernförderlich?
- Wie kann Lernen am besten unterstützt werden?

Welche Antworten gibt die Lehr-Lern-Forschung auf diese Art von Fragen? Ihre Beantwortung ist für eine reflektierte und wissenschaftlich fundierte Lehr-Lern-Praxis zweifelsohne von zentraler Bedeutung, gleich ob es um schulisches Lernen oder um Erwachsenenbildung, um Lernen in traditionellen Settings oder um computerunterstütztes Lernen geht. Um dies aufzuzeigen, werden die wichtigsten Grundzüge der Lehr-Lern-Forschung vorgestellt, wie sie typischerweise in der international fest etablierten „European Association for Research on Learning and Instruction" (EARLI) vertreten wird. Sie wurde zunächst in erster Linie von Pädagogischen Psychologen und Empirischen Pädagogen getragen, die traditionell an das Paradigma der kognitiven Psychologie angelehnt arbeiten. In den 1990er Jahren kam in diesen Kreisen jedoch ein neues Paradigma auf, das sich von einer kognitiven Betrachtungsweise des Lehrens und Lernens abgrenzt und die Situiertheit, d.h. die Kontextbezogenheit von Lernen und Wissen herausstellt. Es wird hier die Forschung innerhalb beider Strömungen dargelegt. Dabei werden die zentralen Konzepte und die Forschungsmethodologie vergleichend diskutiert.

Es stellt sich zunächst die Frage, was zentrale Konzepte eines Ansatzes der Lehr-Lern-Forschung sind. Hierbei ist es wichtig, neben dem verwendeten Konzept des *Lernens* zu klären, welche Auffassung von *Wissen und Können*, also von der anzustrebenden Kompetenz, zugrunde gelegt wird. Es wird zudem auf die Art der *Motivation* und auf das *Engagement* eingegangen, die beim Lernen als wünschenswert angesehen werden. Unterschiede bezüglich der genannten Konzepte führen natürlich auch zu unterschiedlichen Positionen, wodurch sich effektives *Lehren und Gestalten von Lernumgebungen* auszeichnet. Schließlich wird auf die typische *Forschungsmethodik* der beiden Ansätze eingegangen. Zu beachten ist dabei, dass bei der folgenden Gegenüberstellung notwendigerweise jeweils eine „modale" Position beschrieben werden muss, mit der jeweils nicht alle Vertreter des jeweiligen Ansatzes im Detail einverstanden wären. Es wird jedoch versucht, in erster Linie diejenigen Grundannahmen darzustellen, bezüglich derer weitgehender Konsens innerhalb des jeweiligen Paradigmas herrscht.

1 Traditionelle Lehr-Lern-Forschung

Nachdem das behaviorale Paradigma allmählich abgelöst wurde, ist seit in etwa 30 Jahren die Hauptströmung der Lehr-Lern-Forschung kognitiv orientiert. Der Mensch wird beim Lernen und Lehren als informationsverarbeitendes System betrachtet, das Informationen kodiert, speichert, transformiert und abruft. Aus pädagogischer bzw. pädagogisch-psychologischer Perspektive geht es in erster Linie darum, wie Lehren Prozesse der Informationsverarbeitung so unterstützen kann, dass in effektiver Weise wohl-strukturiertes Wissen aufgebaut wird. Die Konzeption der oben erwähnten zentralen Konstrukte im kognitiven Paradigma wird im Folgenden dargelegt.

1.1 Wissen – Können

Für den kognitiven Ansatz, ebenso wie für das Alltagsverständnis, steht der Wissensbegriff im Vordergrund, wenn es um die Ziele von Lernen und Lehren geht (im Gegensatz zum später noch zu beschreibenden Situiertheitsansatz). Unter Wissen werden dabei nicht nur die Kenntnisse einer Person (Wissen, dass; Wissen im alltagssprachlichen Sinne), sondern auch deren Fertigkeiten (Wissen, wie; alltagssprachlich: Können) subsumiert. Diese beiden Wissensarten werden meist mit den Begriffen deklaratives Wissen (Wissen, dass) und prozedurales Wissen (Wissen, wie) belegt. Es gibt eine Vielzahl weiterer Einteilungen von Wissen, auf die hier nicht eingegangen werden kann (zu einer Systematisierung siehe De Jong/Ferguson-Hessler 1996).

Mit dem Wissensbegriff wird dabei üblicherweise *domänenspezifisches Wissen* angesprochen, also Wissen und Können in einem bestimmten Gegenstandsbereich (Domäne), im Gegensatz zum Allgemeinwissen oder Weltwissen. Obgleich eine exakte Abgrenzung von Domänen schwierig ist, besteht Übereinstimmung darin, Domänen in der Regel relativ weit zu fassen. Mathematik oder Physik werden beispielsweise als solche angesehen. Die Einteilung von Inhalten in Domänen entspricht in etwa der Schulfachgliederung. Das dahinter stehende Rationale der Definition von (domänenspezifischem) Wissen besteht darin, dass Wissensbestände, zwischen denen zumindest bei Experten/guten Schülern zahlreiche, enge Verbindungen bestehen, als funktionale Einheit gesehen werden, da sie, zumindest jeweils in Teilen, bei der Bearbeitung von domänenspezifischen Problemen in integrierter Weise eingesetzt werden können (vgl. Renkl 1996b).

Ein wichtiges Wissenskonzept, das hier exemplarisch herausgenommen wird, ist der Schema-Begriff. Schemata repräsentieren die Erfahrungen in bestimmten, wiederholt vorkommenden (Problem)Situationen in abstrahierter Weise. Sie stellen skelettartige Wissensstrukturen dar, die, wenn die Person einem relevanten Sachverhalt, etwa einem bestimmten Typ von Problemstellung, begegnet, mit den konkreten Details ausgefüllt werden. Die Einordnung eines Sachverhalts (z.B. einer Problemstellung) in ein Schema erlaubt, eine entsprechende Qualität des Schemas vorausgesetzt, Verständnis und Reproduktion (Erinnern) desselben. Darüber hinaus können auch Vorhersagen und Problemlösungen geleistet werden. In Schemata können damit deklaratives und prozedurales Wissen integriert sein.

Wie insbesondere die Expertiseforschung verdeutlicht (vgl. Ericsson u.a. 2006), ist für effektives Problemlösen eine hierarchische, durch Schemata geordnete Wissensstruktur von Bedeutung. Diese ermöglicht nicht nur eine handhabbare Organisation des Wissens, sondern erlaubt es auch, die Verbindungen zwischen episodischen, konkreten Sachverhalten einschließlich problemlöserelevanter Informationen (z.b. Wissen über geeignete Operatoren bei bestimmten Problemen) und abstrakteren Domänenprinzipien zu repräsentieren (vgl. Reeves/Weisberg 1994). Dies ist eine Voraussetzung für kompetentes, prinzipiengesteuertes Problemlösen (vgl. Alexander 1997; VanLehn 2008).

In den letzten Jahren, vor allem auch durch die von PISA (vgl. z.B. Deutsches PISA-Konsortium 2001; PISA-Konsortium Deutschland 2007) angestoßene Diskussion zur Qualität der Bildung in deutschen Schule, wurde vermehrt der Kompetenzbegriff im Zusammenhang mit domänenspezifischem Wissen verwendet. Dieser stellt eine eher holistische, d.h. mehrere „klassische" Wissensarten umfassende, und auf die Funktionalität bezogene Konzeption erlernten Wissens dar. Beispielsweise wird mathematische Kompetenz in Sinne einer mathematischen „literacy" verstanden, die sich auf die Fähigkeit bezieht, die Funktion von Mathematik in der Lebenswelt zu verstehen, fundierte mathematikbasierte Urteile abgeben zu können und Mathematik als Werkzeug im Alltags- oder Berufsleben nutzen zu können. Obwohl mit dem Kompetenzbegriff, der die Funktionalität von erworbenem Wissen betont, ein wichtiger und interessanter Ansatz in die wissenschaftliche Diskussion eingeführt wurde, mangelt es derzeit noch an einer umfassenden theoretischen Konzeptualisierung und entsprechend fundierten Messinstrumenten. Daran arbeitet allerdings zurzeit eine Reihe deutscher Forschergruppen (vgl. Klieme/Leutner 2006).

Neben dem domänenspezifischen Wissen wird in der vorliegenden Forschungstradition auch Inhaltsbereiche übergreifendes Wissen thematisiert. Zwei bedeutsame Arten von übergreifendem Wissen seien dabei exemplarisch herausgegriffen: *Lernstrategien* und *metakognitives Wissen*.

- *Lernstrategien* (vgl. Mandl/Friedrich 2006) bezeichnen verhaltensbezogene und kognitive Vorgehensweisen, die zum Zwecke des Wissenserwerbs eingesetzt werden. Sie sind damit eine Art prozeduralen Wissens. Sie sind vor allem deshalb von Bedeutung, da die Art der eingesetzten Lernstrategien in hohem Maße die Qualität des erworbenen Wissens (Verständnistiefe, Anwendbarkeit) beeinflusst. Dabei werden Lernstrategien auf unterschiedlichem Auflösungsniveau betrachtet. Auf einem groben Niveau werden unterschiedliche Lernstile betrachtet. Eine bekannte Unterscheidung differenziert zwischen oberflächenorientiertem und tiefenorientiertem Stil („surface-level approach" vs. „deep-level approach" vgl. Marton/Säljö 1984). Oberflächenorientiertes Lernen konzentriert sich auf das Auswendiglernen von einzelnen Fakten, während beim tiefenorientierten Vorgehen ein Verständnis von Zusammenhängen, Hintergründen etc. angezielt wird. Auf einer mittleren Ebene sind die Lernstrategien im engeren Sinne angesiedelt. Eine bekannte Einteilung unterscheidet Wiederholungsstrategien, Organisationsstrategien (Herstellen von Verbindungen innerhalb des Lernstoffes) und Elaborationsstrategien (Herstellen von Verbindungen zwischen Lernstoff und Vorwissen) (vgl. Weinstein/Mayer 1986). Auf einer feinen Auflösungsebene betrachtet man einzelne Vorgehensweisen wie etwa „In-eigenen-Worten-formulieren"; hier spricht man bisweilen auch von Lerntaktiken.
- *Metakognitives Wissen* (vgl. z.B. Veenman/Van Hout-Wolters/Afflerbach 2006) ist ein weiteres bedeutsames Konstrukt im kognitiven Paradigma, das inhaltsbereichsübergreifend konzipiert wird. Dabei geht es um das Wissen über wissensbezogene Sachverhalte, z.B. Wissen um den Einsatz von Lernstrategien, (deklarativer Aspekt) und um die Regulation von kognitiven Prozessen (prozeduraler Aspekt). Exemplarisch sei ein Bereich der Metakognition, der in der entsprechenden Forschung besondere Beachtung erfahren hat, heraus-

gegriffen. Einer veridikalen Überwachung des eigenen Verständnisses („monitoring") wird insofern besondere Relevanz zugesprochen, als Lernende zu „Verständnisillusionen" neigen (vgl. Dunning u.a. 2003). Dies heißt, dass sie nicht in jedem Falle beim Lernen bemerken, wenn sie etwas noch nicht verstanden haben und damit auch keine weiteren Maßnahmen zur Vertiefung ihres Verständnisses treffen. Metakognitive Strategien der Verständnisüberwachung haben die Funktion, eine zutreffende Einschätzung darüber zu erreichen, was man bereits verstanden hat und was nicht, um so eine funktionale Regulation der eigenen Lernaktivitäten vorzunehmen.

Zusammenfassend kann festgehalten werden, dass die wissens- und könnensbezogenen Ziele von Lehren und Lernen aus der kognitiven Perspektive sich zum einen auf domänenspezifisches deklaratives und prozedurales Wissen beziehen und zum anderen auf inhaltsbereichsübergreifendes Wissen, wie etwa Lernstrategien und metakognitives Wissen.

1.2 Lernen

Lernen ist eine Art von Informationsverarbeitung. Etwas vereinfacht gesprochen, wird eingehenden Daten (Sinneseindrücken) Sinn zugewiesen (z.B. wird eine Anordnung von schwarzen Mustern auf weißem Papier als ein Text über Lehr-Lern-Forschung „rekonstruiert"). Diese Interpretationen werden auf der Basis des vorhandenen Vorwissens vorgenommen (vgl. Renkl 2008). Erlernt wird ein neuer Sachverhalt, wenn er im Langzeitgedächtnis an das bereits vorhandene Vorwissen angebunden wird. Es kann etwas umso leichter und schneller bedeutungshaltig interpretiert und dann an das Vorwissen angebunden werden, je mehr Anknüpfungspunkte jemand bereits hat, also je mehr Vorwissen bezüglich eines Wissensgebietes bereits vorhanden ist. Insbesondere wenn zu erwerbende Inhalte in vorhandene Schemata eingeordnet werden können, wird der Wissenserwerb erleichtert. Weinert (1994) spricht in diesem Zusammenhang sogar von einem Wissens-Paradox: Betrachtete man naiverweise das Gedächtnis als eine Art von Lager, so müsste es umso schwieriger sein, noch etwas hinzuzufügen, je mehr bereits im Gedächtnis gespeichert ist. Tatsächlich ist aber das Gegenteil der Fall: Je mehr jemand in einer Domäne weiß, umso mehr Wissen kann er in aller Regel in dieser Domäne aufnehmen.

Damit Lernen erfolgt, muss jedoch nicht notwendigerweise Neues dargeboten werden. So können Wissensstrukturen über Reflexion modifiziert oder angereichert werden. Es können bereits vorhandene Wissensbestände stärker verknüpft werden und es mögen abstrahierte Wissensstrukturen, etwa Schemata, induziert werden, die Einzelerfahrungen, Einzelkonzepte oder Ähnliches miteinander verbinden.

Lernen wird dabei nicht als passive „Prägung", sondern als aktiver, konstruktiver Prozess verstanden. Lernende weisen Sinneseindrücken Bedeutung zu und bauen ihr Vorwissen mit diesen interpretierten Daten aus. Die Wissenskonstruktionen manifestieren sich vor allem in Lernstrategien, die die Lernenden beim Wissenserwerb einsetzen. Wittrock (z.B. 1990) hat dafür den Begriff des *generativen Lernens* geprägt. Danach besteht Lernen, das zu Verstehen führt, darin, aktiv Verbindungen zwischen den zu erlernenden Inhalten sowie zwischen diesen und dem Vorwissen bzw. den eigenen Erfahrungen zu generieren. Erklärungen von Dritten (z.B. Lehrern), die Verbindungen aufzeigen, sind dabei keine hinreichende Bedingung für Lernen, vielmehr müssen die Erklärungen im wahrsten Sinne des Wortes „nachvollzogen" werden (vgl. Renkl 2008).

Die oben vorgenommene Charakterisierung des Lernens entspricht mehr oder weniger den Grundannahmen des kognitiven Paradigmas. Auf diesem Abstraktionsniveau wird Lernen jedoch selten untersucht. Typischerweise widmet sich die Forschung spezifischeren Themen. So werden die Prozesse und darauf bezogene Einflussfaktoren bei bestimmten Lernarten untersucht. Dabei findet sich leider keine konsistente Einteilung von Lernarten. Diese wird vielmehr ganz unterschiedlich vorgenommen, etwa nach der Art der Lernvorlage (z.B. Lernen aus Texten, Lernen aus Beispielen, Lernen aus Grafiken), nach der Art der Lernaktivität (z.B. Lernen durch Problemlösen, Lernen durch Explorieren bzw. entdeckendes Lernen) oder nach der Sozialform des Lernens (z.B. kooperatives Lernen, Lernen in tutoriellen Settings, lehrergesteuertes Lernen). Es wurde eine Vielzahl von Befunden zu einzelnen Lernarten erarbeitet, die hier auch nicht ansatzweise wiedergegeben werden können. Sie sind in aller Regel mit den eingangs dargelegten Grundannahmen vereinbar und stellen Spezifizierungen derselben dar.

1.3 Motivation – Engagement

Lernen vollzieht sich nicht als rein kognitiver, „kalter" Prozess. Lernmotivation wird vielmehr als wichtige Bedingung für ein nachhaltiges Engagement beim Lernen angesehen. Dabei wird unter Lernmotivation der Wunsch bzw. die Absicht verstanden, sich bestimmte Inhalte oder Fertigkeiten anzueignen (vgl. Möller 2008; Schiefele 1996). Es werden unterschiedliche Formen der Motivation differenziert. Eine klassische Unterscheidung ist diejenige zwischen intrinsischer und extrinsischer Lernmotivation. Bei intrinsischer Motivation wird in idealtypischer Weise selbstbestimmt gelernt, weil die Lernaktivität selbst Spaß macht oder weil der Lerngegenstand als interessant eingeschätzt wird. Bei extrinsischer Motivation wird gelernt, um negative Sanktionen (z.B. Tadel) zu vermeiden bzw. Belohnungen im weiteren Sinne (z.B. gute Noten) zu erreichen. Neuere Konzeptionen der Lernmotivation weisen allerdings darauf hin, dass diese Dichotomisierung zu grob ist und differenzieren unterschiedliche Ausprägungen der (subjektiv wahrgenommenen) Selbstbestimmung des Lernens (vgl. Ryan/Deci 2000).

Selbstbestimmten bzw. intrinsischen Motivationsformen wird im kognitiven Paradigma besondere Bedeutung beim Lernen beigemessen, da sie eine günstige Bedingung für eine extensive (quantitativer Aspekt) und für eine qualitativ hochwertige (sophistizierte Lernstrategien) Auseinandersetzung mit Lernstoff darstellen. Damit fördern selbstbestimmte und intrinsische Motivationsformen tieferes Verständnis.

1.4 Lehren – Lernumgebungen gestalten

Für Lehren in einem weiteren Sinne (d.h. Lernumgebungen gestalten, Lernprozesse unterstützen, Training von Strategien, Unterrichten etc.) wird im kognitiven Paradigma meist der Begriff der Instruktion verwendet. Instruktion soll dem Wissensaufbau förderliche Lernprozesse induzieren. Dabei müssen auch motivationale Aspekte Berücksichtigung finden. Es gibt keine einheitliche Position dazu, was die beste Art zu lehren ist. Bei der Frage nach einer geeigneten Lernmethode muss u.a. spezifiziert werden, was die genauen Lernziele sind (z.B. deklaratives Wissen oder prozedurales Wissen), welche Lernervorrausetzungen gegeben sind (z.B. Vorwissen) und welche Randbedingungen vorzufinden sind (z.B. institutionelle Vorgaben, wie der schulische Stundentakt) (vgl. Renkl 2008). Das wichtigste Kriterium ist dabei, dass bei den

Lernenden diejenigen Lernprozesse ausgelöst werden, die sich in der Forschung zu bestimmten Lernarten als lernförderlich erwiesen haben.

Auf einer sehr generellen Ebene – wobei hier notwendigerweise vereinfacht wird – werden im kognitiven Paradigma interaktive Lernumgebungen bevorzugt. Mit interaktiv ist hier gemeint, dass weder dem Lehrer die alleinige Initiative im Lehr-Lern-Prozesse zugedacht wird, noch dass die Lernenden auf sich alleine gestellt bleiben. Der Lernende soll zu aktiver Auseinandersetzung mit dem Lernstoff angeregt werden und dabei instruktionale Unterstützung erfahren. Diese Philosophie spiegelt sich beispielsweise im Begriff des gelenkten Entdeckens („guided discovery") wieder, mit dem im Rahmen der Diskussion zum entdeckenden Lernen einerseits die Bedeutung der Eigenaktivität der Lernenden, andererseits aber auch die Notwendigkeit der Unterstützung unterstrichen werden soll.

Instruktion wird in der psychologisch-orientierten Forschung auf unterschiedlichen Ebenen betrachtet: (1) *Globale Instruktionskonzepte*, (2) *Unterstützung von Lernprozessen in spezifischen Arten von Lernumgebungen*, (3) *Konkrete methodische Realisierungen* (vgl. Lompscher 2006).

(1) Prominente *globale Instruktionskonzepte*, die thematisiert werden, sind beispielsweise die Direkte Instruktion oder problemorientiertes Lehren. Die Direkte Instruktion (vgl. Rosenshine/ Stevens 1986) ist ein stark lehrergesteuerter, kleinschrittiger, fehlerminimierender Unterricht, in dem die Schüler gewissermaßen an der Hand genommen werden. Diese Unterrichtsform hat sich insbesondere für Grundschüler mit eher ungünstigen Lernvoraussetzungen bewährt, wenn es um den Erwerb grundlegenden deklarativen und prozeduralen Wissens geht. Weniger gefördert werden metakognitives Wissen und Lernstrategien. Beim problemorientierten Lehren geht es hingegen um die vertiefte Auseinandersetzung mit einem Ausgangsproblem, das einen kognitiven und motivationalen „Anker" für den Erwerb des zur Problemlösung benötigten Wissens darstellt.

(2) Hinsichtlich der *Unterstützung von Lernprozessen in spezifischen Arten von Lernumgebungen* gibt es vor dem Hintergrund der vielen betrachteten Lernarten eine sehr vielfältige Forschung. Als ein Beispiel sei das Lernen mit Simulationen herausgegriffen. Beispielsweise untersuchten Stark u.a. (1995), inwieweit exploratives Lernen mit einer computerbasierten Simulation, in der betriebswirtschaftliche Entscheidungen getroffen werden mussten, unterstützt werden kann, wenn den Lernenden ein Vorgehensschema (Informationssammlung, Festlegung und Begründung der Entscheidungen, Prognose, Auswertung der Ergebnisse) an die Hand gegeben wird.

(3) Bei *konkreten methodischen Realisierungen* geht es um spezifische Gestaltungsmerkmale von Instruktion, z.B. wie ein Vortrag eingeleitet werden kann, wie Beispiele gestaltet werden sollen oder wie Grafik und Text in einer multimedialen Lernumgebung aufeinander abzustimmen sind.

Während bei Fragen der Instruktion auf den drei genannten Ebenen in aller Regel das inhaltsbezogene Lernen betrachtet wird, geht es z.B. bei Lernstrategietrainings um inhaltsübergreifende Lernziele. Dabei hat es sich als keineswegs trivial erwiesen, ein Lernstrategietraining so zu gestalten, dass es nachhaltige Effekte zeigt. Das Hauptproblem bei der Vermittlung von Strategien ist, dass Lernende ihre alten, suboptimalen Strategien nur sehr ungern zugunsten neuer Vorgehensweisen aufgeben (vgl. z.B. Renkl 2008). Die wichtigsten Gründe dafür sind folgende: (a) Neue Strategien kosten *Anstrengung*. Wenn Lernende bislang auch mit ihren gewohnten Strategien (mehr oder weniger) zurechtkamen, sind sie nachvollziehbarerweise nicht bereit, ihre gewohnten Vorgehensweisen zugunsten ungewohnter und Mühe bereitender Strategien aufzugeben. (b) Durch die *Art der Leistungsbewertung* werden die Lernenden oft in dieser Haltung bestärkt. Wenn primär fakten- oder algorithmenorientiert geprüft wird, gibt es auch tatsächlich keine Notwendigkeit, sophistizierte Strategien einzusetzen, um zu guten Prüfungsleistungen zu gelangen. (c) Da die meisten Lernenden *performanzorientiert* sind, genügt es ihnen, gute Zensuren zu bekommen, gleich ob sie etwas verstanden haben oder nicht. Sie haben keine Ziele, die sie dazu bewegen, sophistizierte Lernstrategien einzusetzen. (d) Neue, ungewohnte und damit ungeübte Strategien führen oft zu *kurzfristigen Leistungseinbußen*. Erst mit der Zeit werden die Strategien so eingesetzt, dass sie auch eine Steigerung des Lernerfolgs nach sich ziehen. Wenn aber sophistizierte Strategien im Vergleich zu den alten Vorgehensweisen zunächst den Lernerfolg beeinträchtigen und dazu noch vermehrte Anstrengung kosten, so ist es verständlich, warum Lernende nicht ohne Weiteres dazu zu bewegen sind, neue Strategien einzusetzen.

Wie man nach dieser Aufstellung der Schwierigkeiten von Strategietrainings schon vermuten kann, war die empirische Literatur zunächst voll von mehr oder weniger gescheiterten Versuchen, die Strategien von Lernenden dauerhaft zu verändern. Die Lernenden ließen ihre alten Strategien nicht los oder griffen sie nach dem Training sogleich wieder auf. Selbst wenn dies nicht passierte, dann mangelte es oft an der Übertragung (Transfer) der Strategien auf Lernsituationen, die nicht mehr oder weniger mit der Trainingssituation identisch waren. Allerdings haben die Lehr-Lern-Forscher aus den vielen Fehlschlägen gelernt und es wurden inzwischen Strategietrainings entwickelt, die sich in zahlreichen Untersuchungen bewährt haben. Als Beispiel sei auf das „*Reciprocal teaching*" von Palincsar/Brown (1984) verwiesen. Bei diesem Verfahren werden in einem kooperativen Lernarrangement Lesestrategien so vermittelt, dass sie auch das Leseverständnis beim individuellen Lesen erhöhen (für eine Übersicht vgl. Rosenshine/Meister 1994).

Es hat sich herausgestellt, dass erfolgreiche Verfahren einige zentrale Komponenten beinhalten, die für ein erfolgreiches Training (fast) unabdingbar sind. Einige der wichtigsten Komponenten seien hier angeführt: (a) Aufzeigen der Unzulänglichkeit der bisherigen Strategien, (b) kognitives Modellieren (laut denkendes Vormachen), (c) informiertes Training (Information der Lernenden über Sinn, Grenzen, Einsatzmöglichkeiten etc. von Strategien), (d) Strategieerwerb in den Anwendungssituationen sehr ähnlichen Kontexten, (e) Üben unter variierenden Kontextbedingungen, (f) längerfristige Intervention. Zudem weisen vor allem neuere Studien darauf hin, dass am besten nicht nur die Strategien selbst zu trainieren sind, sondern auch die Regulation deren Einsatzes (vgl. z.B. den Elzen-Rump/Leutner 2007).

Es kann festgehalten werden, dass im kognitiven Paradigma sehr differenzierte Antworten zum Lehren und zum Gestalten von Lernumgebungen gegeben werden, die u.a. die Lernziele, die Lernervoraussetzungen und die vorgegebenen Rahmenbedingungen mit in Betracht ziehen. Zugleich gibt es Ansätze für die Vermittlung sowohl von domänenspezifischem als auch von inhaltsübergreifendem Wissen. Ein Nachteil ist der starke Fokus auf wissensbezogene Lernziele, so dass beispielsweise verhaltensbezogene, identitätsbezogene oder wertbezogene Aspekte wenig Beachtung finden (siehe unten; Situiertheitsansatz).

1.5 Forschungsmethodik

In der Hauptströmung des kognitiven Stranges der Lehr-Lern-Forschung gibt es - vereinfacht gesagt - zwei Hauptarten von Untersuchungen: Experimentelle Laborarbeiten und korrelative Feldstudien. Bei *Labor-Experimenten* steht zumeist ein Anwendungskontext „Pate". Damit man aber zu einem kontrollierten Untersuchungsdesign gelangt, aus dem valide Schlüsse über kausale Abhängigkeiten gezogen werden können, wird typischerweise eine „vereinfachte" Laborsituation implementiert, in der die interessierenden Phänomene untersucht werden. Typische Beispiele dafür wären Experimente, in denen die Effekte einer Kooperationsmethode oder eines Gestaltungsmerkmals von Lehrtexten in Hinblick auf Lernprozesse und Lerneffekte mit Hilfe eines Experimentalgruppen-Kontrollgruppen-Designs analysiert werden. Bei *korrelativen Feldstudien* werden zumeist vorgefundene interindividuelle Unterschiede analysiert, um Aufschluss über die Struktur oder Dynamik bestimmter Sachverhalte zu erlangen. Ein typisches Beispiel dafür wären Studien, in denen untersucht wird, ob interindividuelle Unterschiede im Interesse für einen Lernstoff mit entsprechenden Unterschieden im Strategieeinsatz und im Lernerfolg zusammenhängen (zur Problematik von korrelativen Studien in der Lehr-Lern-Forschung vgl. Renkl 1999). Seltener findet man im kognitiven Paradigma Entwicklungsprojekte oder Praxisprojekte, in denen Lehr-Lern-Modelle im Feld implementiert werden (vgl. jedoch Prenzel u.a. 2005). Dies gilt dann auch mehr als Anwendung von Forschung, denn als Forschung selbst.

2 Lehr-Lern-Forschung im Situiertheitsansatz

In den späten 1980er Jahren erfuhr das pädagogische Problem des „trägen Wissens" (vgl. Renkl 1996a) vermehrte Beachtung. Dieser Begriff wird gebraucht, wenn Lernende Wissen erwerben, das sie z.B. in Prüfungen wiedergeben können, das sie aber nicht verwenden, wenn es gilt, komplexe Probleme des Berufs- oder Alltagslebens zu lösen. Nicht zuletzt dieses Phänomen hat einige Autoren dazu motiviert zu postulieren, dass der Begriff des Wissens, wie er im kognitiven Ansatz, aber auch im Alltag gebraucht wird, unsinnig ist (vgl. Lave 1988). Es wurde argumentiert, dass Wissen nicht eine Entität im Kopf ist, die in einem Kontext (z.B. Unterricht) erworben und dann in einem anderen Kontext (z.B. Arbeitsstelle) genutzt werden kann. Es wird vielmehr insofern als kontextgebunden angesehen, als es sich immer aus der Relation oder Interaktion zwischen einer Person und einer Situation konstituiert. Beispielsweise konstituiert sich Wissen beim Lesen eines Buchs durch die Interaktion zwischen Leser und Text, wobei die Art der Interaktion bestimmt, welches Wissen dabei entsteht. Aus dieser Wissensauffassung folgt, dass auch Kognition und Lernen als kontextgebunden bzw. situiert zu konzipieren sind. Durch das Postulat der Situiertheit von Wissen und Lernen kann das Phänomen des trägen Wissens erklärt werden.

Die Situiertheitsperspektive wurde von Autoren aus ganz unterschiedlichen Forschungsrichtungen eingeführt. Entsprechend unterschiedlich sind jenseits einiger basaler Grundannahmen auch die Positionen der einzelnen Situiertheitsprotagonisten, was die Darstellung der Situiertheitsansätze erschwert. Die folgende Darstellung und Diskussion dieser theoretischen Perspektive nimmt insbesondere die Ausführung von Greeno und Kollegen auf (vgl. Greeno 1997; Greeno/Moore 1993; Greeno/MMAP 1998; Greeno/Smith/Moore 1993). Greeno ist nicht nur einer der prominentesten Vertreter dieser Richtung, er befasst sich auch insbesondere mit den Themen des Lehrens und Lernens. Zudem hat er sich in viel beachteten Debatten mit prominenten Vertretern des kognitiven Paradigmas auseinandergesetzt (vgl. Anderson/Reder/Simon 1996; Vera/Simon 1993). Für eine Diskussion der traditionellen kognitiven Perspektive und des Situiertheitsansatzes, die auf den Kontext des Lernens in Gruppen (kooperativen Lernen) bezogen ist, sei auf Akkerman u.a. (2007) verwiesen.

Zugleich muss hier erwähnt werden, dass Ideen des Situiertheitsansatzes große Beachtung in der Gemeinde der Lehr-Lern-Forscher erfahren haben, was dazu führte, dass auch Autoren, die weiterhin in erster Linie eine kognitive Perspektive einnehmen, Begriffe aus dem Situiertheitsansatz „assimiliert" haben. Diese „Situiertheit light" wird hier nicht weiter behandelt.

2.1 Wissen – Können

Einige prominente Vertreter der Theorien der situierten Kognition (vgl. Clancey 1993; Lave 1988) vertreten die radikale Position, dass es überhaupt kein Wissen als abgespeicherte, abstrakt-dekontextualisierte Repräsentationen gibt, die in einem Kontext erworben und in einem anderen Kontext angewandt werden könnten. Nach Clancey (1993) ist die Zuschreibung von Wissen als abstrakte Entitäten an ein Individuum, wie sie im traditionellen kognitiven Paradigma vorgenommen wird, das Resultat eines Sinngebungs-Prozesses („sense-making process") bei der Beschreibung des Verhaltens eines intelligenten Agenten durch eine dritte Person (Beobachter). Dieses Wissen als Entität in der „ersten", handelnden Person zu reifizieren, ist nach Clancey ein Kategoriefehler. Wissen wird nicht als „Substanz" in den Köpfen von Individuen gesehen, es entsteht vielmehr „in situ" als Relation zwischen Person und Situation (vgl. Greeno/Smith/Moore 1993). Wissen konstituiert sich damit immer in der Koordination zwischen einer Person, in dessen neuronalen System bestimmte Erfahrungen Spuren hinterlassen haben und einer Situation, die bestimmte Handlungsangebote („affordances") und Handlungsbeschränkungen („constraints") beinhaltet. Wie schon erwähnt, ist Wissen damit nicht etwas, das ein Individuum besitzt, sondern ist relational definiert. Greeno/Smith/Moore (1993) ziehen zur Erläuterung des relationalen Wissensbegriffes eine Analogie aus der Physik heran. Die Beschreibung sich bewegender Objekte in den Begriffen von Geschwindigkeit, Richtung und Beschleunigung hängt fundamental vom Referenzrahmen ab. Bewegung ist nicht, wie im Alltagsleben (implizit) angenommen, die Eigenschaft eines einzelnen Objektes, sie ergibt sich vielmehr aus der Relation zwischen einem Objekt und einem Referenzrahmen. Die Beschreibung von Bewegung ohne Bezug auf einen Referenzrahmen ist nicht sinnvoll. In diesem Sinne macht es auch keinen Sinn, das Wissen eines Individuums zu charakterisieren, ohne die Situationen, in denen das Individuum handelt, mit einzubeziehen. Die Dichotomie zwischen Wissen und Handeln, die den kognitiven Ansatz kennzeichnet, wird aufgegeben. Dies illustriert das folgende Zitat von Greeno/Smith/Moore (1993, S. 100): „In this relativistic view, knowing is ability to interact with things and other people in a situation". Zu beachten ist dabei, dass Greeno dabei bewusst den Terminus „knowing", statt „knowledge" gebraucht, um so den Prozessaspekt von Wissen herauszustellen.

Eine zentrale Rolle spielen bei Greeno/MMAP (1998) die Begriffe der Handlungsangebote und Handlungseinschränkungen, die im Umgang sowohl mit der materialen Umwelt (z.B. bestimmter Computersoftware) als auch in den Praktiken sozialer Gemeinschaften (z.B. soziale Regeln) gegeben sind. Um kompetentes Handeln zu erklären, benutzt Greeno den Begriff der

Abstimmungen („attunements") auf situative Handlungsangebote und Handlungseinschränkungen. Diese Abstimmungen umfassen insbesondere geordnete Muster der Partizipation an sozialen Praktiken (z.B. Diskursen). Diese Partizipation umfasst dabei auch den Umgang mit Artefakten und Werkzeugen, die Ressourcen in den sozialen Praktiken darstellen. Schemata oder prozedurales Wissen im Sinne des kognitiven Ansatzes könnten nach Greeno ein Teilbereich der Abstimmungen sein.

2.2 Lernen

Lernen umfasst das sich Abstimmen auf situative Handlungsangebote und Handlungseinschränkungen. Personen lernen also in erster Linie, mit den Anforderungen der jeweiligen Lernumgebung umzugehen. Beispielsweise lernen Schüler in einem Mathematikunterricht, in dem das Einüben und Abprüfen von Algorithmen in den Vordergrund gestellt wird, sich auf die Praktiken des Einübens und Abtestens abzustimmen. Um es pointiert zu formulieren: Wenn Schule ein Ort ist, bei dem es in erster Linie darum geht, Wissen zu erwerben, das man braucht, um in entsprechenden Prüfungen richtige Antworten zu geben, dann lernen die Schüler eben in erster Linie diese Art der Anforderungen zu bewältigen, also gute Antworten gegen gute Noten „einzutauschen". Werden in einem Unterricht Hypothesen formuliert, werden Experimente durchgeführt und interpretiert und werden Argumente ausgetauscht, so erlernen die Schüler nicht nur die Konzepte, um die es gerade geht, sondern sie lernen auch, an dieser Art der sozialen Praxis teilzuhaben. Die Situiertheitsperspektive analysiert beim Lernen also nicht nur die fachlichen Aspekte, sondern vor allem auch die sozial-kulturellen Dimensionen von Lernaktivitäten; sie betont nicht „Wissensprodukte", sondern Prozesse der Partizipation an lernbezogenen Aktivitäten.

Lernen wird also in einem weiteren Sinne verstanden. Es wird als Enkulturation in soziale Gemeinschaften konzipiert. Es geht darum, eine zunehmende Teilnahme an sozialen Praktiken zu entwickeln, von einer peripheren Partizipation zu einer zentralen Partizipation fortzuschreiten (vgl. Lave/Wenger 1990). Die Fähigkeit zu zentraler Partizipation umfasst dabei mehr als das Wissen, welches man üblicherweise im kognitiven Paradigma betrachtet. Zusätzlich geht es beispielsweise darum, sich auf die Denkweisen einer Wissenschaftsdisziplin (z.B. Mathematik oder Physik), auf deren soziale Normen, auf deren Diskursgewohnheiten usw. abzustimmen.

2.3 Motivation – Engagement

Im kognitiven Paradigma wird Motivation, ähnlich wie Wissen, als etwas Intrapsychisches betrachtet, das dem Handeln gewissermaßen vorausgeht, es steuert. Im Situiertheitsansatz wird diese Art der Erklärung von Verhalten entweder abgelehnt oder aber zumindest relativiert. Insofern wird nicht mehr von Motivation gesprochen, sondern von Engagement. Es geht um die Frage, inwieweit Personen eine Identität als Mitglied einer Gemeinschaft erworben haben. Diese Identität bildet die Grundlage für ein Engagement in eben dieser Gemeinschaft. Präskriptiv gewendet, geht es im Situiertheitsansatz nicht (in erster Linie) um die Förderung von intrinsischer Motivation oder Interesse, sondern darum, Lernergemeinschaften zu etablieren („community of learners") (vgl. Brown 1994). Die Lernenden sollen dabei eine Identität als Mitglied einer Gemeinschaft erwerben, deren Ziel es ist, sich Wissen im Sinne eines tieferen Verständnisses des Lernstoffes anzueignen. Über das Aufbauen dieser Gemeinschaften wird also versucht, ein Engagement der Lernenden auch dann sicherzustellen, wenn keine extrinsischen Anreize (z.B. über drohende schlechte Noten) gesetzt werden oder wenn es auch einmal keinen Spaß macht bzw. nicht so interessant ist. Vor dem Hintergrund, dass es der übliche Lauf der Dinge ist, dass die Motivation (im Sinne von intrinsischer Motivation, Interesse, Lernfreude etc.) im Laufe von Instruktion abnimmt und eine Intervention derzeit als erfolgreich angesehen werden kann, wenn sie die Geschwindigkeit des Motivationsverfalls bremst, ist die Konzeption des Situiertheitsansatzes eine interessante Alternative, um das Problem der Motivation bzw. des Engagements anzugehen.

2.4 Lehren – Lernumgebungen gestalten

Aus einer Situiertheitsperspektive erscheinen vor allem zwei Arten von Lernumgebungen als besonders aussichtsreich, damit nicht träges Wissen, sondern anwendbare Kenntnisse erworben werden: Lehrlings-Lernen („apprenticeship learning") und problemorientiertes Lernen (wobei man Lehrlings-Lernen letztendlich auch als eine spezielle Art des problemorientierten Lernens ansehen kann).

Ein Vorbild für das *Lehrlings-Lernen* im Situiertheitsansatz bildet die traditionelle Handwerkslehre. Bei dieser wird sogleich im Kontext authentischer Aufgaben gelernt: Ein Lehrling beschäftigt sich nicht mit „künstlichen" Lernaufgaben, vielmehr soll seine Arbeit sogleich ökonomischen Nutzen erbringen. Dabei wird anwendbares Wissen fokussiert. In der traditionellen Lehre geht es allerdings um primär manuelle Fertigkeiten, während in der modernen Gesellschaft vor allem „kognitive" Fertigkeiten von Bedeutung sind, die kaum nach außen hin sichtbar sind (z.B. Programmieren, Beraten). Auch in der Schule geht es um „kognitive" Fertigkeiten, wie mathematisches Problemlösen, verständnisförderndes Lesen oder Schreiben von Aufsätzen. Vor diesem Hintergrund entwickelten Collins/Brown/Newman (1989) das Modell der *kognitiven Lehre* („cognitive apprenticeship"). Dabei wird die Bedeutung der Explikation oder Reifikation von kognitiven Prozessen (z.B. Strategien, Heuristiken) betont. Damit werden die „kognitiven" Fertigkeiten annähernd so explizit wie die eher handwerklichen Fertigkeiten in der traditionalen Lehre.

Der Kern des Modells der kognitiven Lehre besteht aus der Verwendung authentischer Lernaufgaben und einer spezifischen instruktionalen Sequenz. Ein Experte bzw. Lehrer gibt ein Modell, wie er bestimmte Aufgaben bewältigt oder bestimmte Probleme löst („modeling"). Dabei externalisiert (verbalisiert) er seine Vorgehensweisen. Nach dem Beobachten des Modells beginnen die Lernenden an authentischen Aufgaben zu arbeiten, die mit der Zeit immer komplexer und diverser werden. Der Lehrer/Experte nimmt dabei die Rolle eines „Coachs" ein („coaching") und bietet den Lernenden Hilfe, wenn sie die Aufgabenstellungen noch nicht alleine bewältigen können („scaffolding"). Die Unterstützung durch den Lehrer/Experten wird dabei ausgeblendet und die Lernenden werden angeregt, zunehmend selbstständig zu arbeiten und sich weitere Bereiche zu erschließen („exploration"). Während dieses Ablaufes werden die Lernenden angehalten, ihre ansonsten intern ablaufenden Prozesse zu artikulieren („articulation"). Damit können sie reflektiert werden („reflection"), d.h. sie können Gegenstand von Rückmeldung und Diskussion werden und sie können mit denjenigen des Experten oder der Mitlerner verglichen werden. Als ein Ergebnis dieses Prozesses übernehmen die Lernenden allmählich eine Expertenrolle. Damit wird die oben angesprochene Entwicklung von peripherer Partizipation zu voller Partizipation erreicht.

Eine weitere Möglichkeit, Lernumgebungen im Sinne des Situiertheitsansatzes zu realisieren, ist das *problemorientierte Lernen*, das, wie bereits dargelegt, auch im kognitiven Paradigma thematisiert wird. Dabei soll das Lernen durch ein komplexes, realitätsnahes Ausgangsproblem motiviert werden. Greeno/MMAP (1998) entwickelten beispielsweise ein Lernarrangement, bei dem mathematisches Problemlösen nicht in erster Linie in separaten Mathematikstunden gefordert wird, sondern im Rahmen von Entwicklungsprojekten in vier Domänen: Architektur, Populationsbiologie, Kryptographie und Kartographie. Die Entwicklungsaktivitäten werden dabei – was für instruktionale Lernumgebungen im Sinne des Situiertheitsansatzes typisch ist – durch computerbasierte Werkzeuge unterstützt. Ein zentrales instruktionales Prinzip ist es dabei, quantitatives Problemlösen mit Proportionen, Brüchen und Häufigkeiten bei Aktivitäten zu induzieren, die sehr stark Aktivitäten aus dem Alltags- oder Berufsleben ähneln. Im Rahmen der Design-Aktivitäten wird zum Teil sehr sophistiziertes mathematisches Problemlösen gezeigt, es bleibt aber weitgehend implizit. Aufgabe des Lehrers ist es, die Mathematik, die die Schüler implizit nutzen, „aufzudecken" und zu thematisieren. Dabei kann der Lehrer auf instruktionale Materialien zurückgreifen, die in expliziten Mathematikstunden („math extension units") behandelt werden.

Zu bemerken ist dabei, dass Lernumgebungen im Sinne des Situiertheitsansatzes mit ihrer Betonung des Erwerbs von Wissen im Rahmen eines Anwendungskontextes sich nicht nur für schulisches Lernen, sondern insbesondere auch für den Bereich des (berufsbezogenen) Erwachsenenlernens eignen (vgl. z.B. Bergmann/Sonntag 1998; Gruber/Harteis 2008).

2.5 Forschungsmethodik

In einer weit verbreiteten Logik sind Grundlagenforschung, anwendungsorientierte Forschung, Entwicklung und Praxis vier relativ strikt abzugrenzende Bereiche, die lediglich über ihre Produkte verbunden sind (vgl. Greeno/MMAP 1998). Grundlagenforschung liefert Wissen, das in anwendungsorientierter Forschung genutzt werden kann, um Interventionskonzepte und Prototypen zu entwerfen. Auf dieser Grundlage werden in Entwicklungsprojekten wiederum Anleitungen und Materialien erstellt, die in der Praxis eingesetzt werden. Im Situiertheitsansatz sollen die Grenzen bzw. der einseitige Produktfluss aufgehoben werden. Es sollen Personen aus allen Bereichen, also z.B. auch Lehrer und Schüler, in die Forschung mit einbezogen werden. Es geht darum, Lernen und Lehren umzustrukturieren, dabei neue Materialien zu entwickeln und einzusetzen und die ablaufenden Prozesse zu analysieren. Damit soll nicht nur praktisch relevante Arbeit geleistet, sondern auch Theorieentwicklung betrieben werden, wenngleich meist nur auf lokalerer Ebene (z.B. für das Lehren bestimmter Kernkonzepte eines Faches). Für einen derartigen Forschungsansatz werden Begriffe wie Design-Experimente (vgl. Brown 1992; Cobb u.a. 2003) oder interaktive(s) Forschung und Design verwendet (vgl. Greeno/MMAP 1998). Dabei muss angemerkt werden, dass Standards für ein derartiges Vorgehen (noch) nicht in dem gleichen Ausmaß entwickelt und etabliert sind, wie dies bei der traditionellen Forschung der Fall ist.

3 Ausblick

In diesem Beitrag wurden zwei Richtungen der Lehr-Lern-Forschung gegenübergestellt. Zweifelsohne sprechen die Differenziertheit der Analyse, die Erklärungskraft der Modelle und die Reichhaltigkeit der empirischen Befundlage für den kognitiven Ansatz. Zugleich hat dieser aber „blinde Flecken", auf die die Protagonisten des Situiertheitsansatzes aufmerksam machen. Dass sich der Situiertheitsansatz selbst noch nicht so elaboriert darstellt, kann vor dem Hintergrund, dass dieser noch vergleichsweise jung ist, „verziehen" werden. In jedem Fall stellt sich aber die Frage nach der künftigen Entwicklung dieser beiden Zugehensweisen.

Es werden diesbezüglich vier Möglichkeiten diskutiert: (a) Kritische Traditionalisten (vgl. z.B. Klauer 1999) nehmen an, dass der Situiertheitsansatz und die Diskussion darum ebenso verschwinden werden, wie andere mehr oder weniger „fruchtlose" frühere Debatten (z.B. Situationismusdebatte in der Psychologie) (b) Manche Sympathisanten des Situiertheitsansatzes (vgl. z.B. Cobb/Bowers 1999) hoffen, dass ihre präferierte Perspektive den Platz des kognitiven Paradigmas in der Lehr-Lern-Forschung einnehmen wird, gerade so wie das behaviorale Paradigma einst von der kognitiven Betrachtungsweise abgelöst wurde. (c) Einige „Beobachter" (vgl. z.B. Sfard 1998) argumentieren, dass die beiden Positionen unterschiedliche Metaphern für die Analyse von Phänomenen des Lehrens und Lernens bereit stellen und dass beide nützlich seien. Sie plädieren entsprechend für eine komplementäre Koexistenz der Ansätze. (d) Greeno/MMAP (1998) schwebt ein sehr anspruchsvolles Ziel ihres Situiertheitsansatzes vor. Sie wollen mit diesem eine Synthese aus dem kognitiven und dem behavioralen Paradigma entwickeln. Welche Möglichkeit Realität werden wird, ist offen. Zumindest besteht aber zwischen den Hauptopponenten der Debatte um den Situiertheitsansatz Konsens darüber, was der Prüfstein sein sollte (vgl. Anderson/Reder/Simon 1997; Greeno 1997): Die Nützlichkeit für Fragen des Lehrens und Lernens.

Literatur

Akkerman, S./van den Bossche, P./Admiraal, W./Gijjselaers, W./ Segers, M./Simons, R.-J./Kirschner, P. (2007): Reconsidering group cognition: From conceptual confusion to a boundary area between cognitive and socio-cultural perspectives. In: Educational Research Review 2, S. 39–63.

Alexander, P.A. (1997): Mapping the multidimensional nature of domain learning: The interplay of cognitive, motivational, and strategic forces. In: Advances in Motivation and Achievement, 10, S. 213–250.

Anderson, J.R./Reder L.M./Simon, H.A. (1996): Situated learning and education. In: Educational Researcher, 25, S. 5–11.

Anderson, J.R./Reder, L.M./Simon, H.A. (1997): Situated versus cognitive perspectives: Form versus substance. In: Educational Researcher, 26, S. 18–21.

Bergmann, B./Sonntag, K. (1998): Transfer: Die Umsetzung und Generalisierung erworbener Kompetenzen in den Arbeitsalltag. In: Sonntag, K. (Hrsg.): Personalentwicklung in Organisationen. 2. Aufl. Göttingen: Hogrefe, S. 287–312.

Brown, A.L. (1992): Design experiments: Theoretical and methodological challenges in creating complex interventions in classroom settings. In: The Journal of the Learning Sciences, 2, S. 141–178.

Brown, A.L. (1994): The advancement of learning. In: Educational Researcher 23, S. 4–12.

Clancey, W.J. (1993): Situated action: A neuropsychological interpretation response to Vera and Simon. In: Cognitive Science, 17, S. 87–116.

Cobb, P./Bowers, J. (1999): Cognitive and situated perspectives in theory and practice. In: Educational Researcher, 28, S. 4–15.

Cobb, P./Confrey, J./diSessa, A./Lehrer, R./Schauble, L. (2003): Design experiments in educational research. In: Educational Researcher, 32, S. 9–13.
Collins, A./Brown, J.S./Newman, S.E. (1989): Cognitive apprenticeship: Teaching the crafts of reading, writing, and mathematics. In: Resnick, L.B. (Hrsg.): Knowing, learning, and instruction. Hillsdale, NJ: Erlbaum, S. 453–494.
Den Elzen-Rump, V./Leutner, D. (2007): Naturwissenschaftliche Sachtexte verstehen – ein computerbasiertes Trainingsprogramm für Schüler der 10. Jahrgangsstufe zum selbstregulierten Lernen mit einer Mapping-Strategie. In: Landmann, M./Schmitz, B. (Hrsg.): Selbstregulation erfolgreich fördern. Praxisnahe Trainingsprogramme für effektives Lernen. Stuttgart: Kohlhammer, S. 251–268.
de Jong, T./Ferguson-Hessler, M.G.M. (1996): Types and qualities of knowledge. In: Educational Psychologist 31, S. 105–113.
Deutsches PISA-Konsortium (Hrsg.) (2001): PISA 2000. Basiskompetenzen von Schülerinnen und Schülern im internationalen Vergleich. Opladen: Leske+Budrich.
Dunning, D./Johnson, K./Ehrlinger, J./Kruger, J. (2003): Why people fail to recognize their own incompetence. In: Current Directions in Psychological Science 12, S. 83–87.
Ericsson, K.A./Charness, N./Feltovich, P.J./Hoffman, R.R. (Hrsg.). (2006): The Cambridge handbook of expertise and expert performance. New York: Cambridge University Press.
Greeno J. (1997): On claims that answer the wrong questions. In: Educational Researcher 26, S. 5–17.
Greeno, J.G./Middle School Mathematics Through Applications Project Group (MMAP) (1998): The situativity of knowing, learning, and research. In: American Psychologist 53, S. 5–26.
Greeno, J.G./Moore, J.L. (1993): Situativity and symbols: Response to Vera and Simon. In: Cognitive Science 17, S. 49–59.
Greeno, J.G./Smith D.R./Moore, J.L. (1993): Transfer of situated learning. In: Dettermann D. K./Sternberg R.J. (Hrsg.): Transfer on trial: Intelligence, cognition, and instruction. Norwood, NJ: Ablex Publishing Corporation, S. 99–167.
Gruber, H./Harteis, C. (2008): Lernen und Lehren im Erwachsenenalter. In: Renkl, A. (Hrsg): Lehrbuch Pädagogische Psychologie. Bern: Huber, S. 205–261.
Klauer K.J. (1999): Situated learning: Paradigmenwechsel oder alter Wein in neuen Schläuchen? In: Zeitschrift für Pädagogische Psychologie, 13. Jg., S. 117–121.
Klieme, E./Leutner, D. (2006): Kompetenzmodelle zur Erfassung individueller Lernergebnisse und zur Bilanzierung von Bildungsprozessen. Beschreibung eines neu eingerichteten Schwerpunktprogramms der DFG. (Überarbeitete Fassung des Antrags an die DFG auf Einrichtung eines Schwerpunktprogramms). In: Zeitschrift für Pädagogik 52, S. 876–903.
Lave, J. (1988): Cognition in practice: Mind, mathematics, and culture in everyday life. Cambridge, UK: Cambridge University Press.
Lave, J./Wenger, E. (1990): Situated learning: Legitimate peripheral participation. Cambridge, UK: Cambridge University Press.
Lompscher, J. (2006): Lehrstrategien. In: Rost, D.H. (Hrsg.): Handwörterbuch Pädagogische Psychologie (3. Aufl.). Weinheim: Beltz, S. 392–400.
Mandl, H./Friedrich, H.F. (2006): Handbuch Lernstrategien. Göttingen: Hogrefe.
Marton, F./Säljö, R. (1984): Approaches to learning. In: Marton, F./Hounsell, D.J./Entwistle, N.J. (Hrsg.): The experience of learning. Edinburgh: Scottish Academic Press, S. 36–55.
Möller, J. (2008): Lernmotivation. In: Renkl, A. (Hrsg.): Lehrbuch Pädagogische Psychologie. Bern: Huber, S. 263–298.
Palincsar, A.S./Brown, A.L. (1984): Reciprocal teaching of comprehension-fostering and comprehension-monitoring activities. In: Cognition and Instruction 1, S. 117–175.
PISA-Konsortium Deutschland (Hrsg.). (2007): PISA '06. Die Ergebnisse der Dritten internationalen Vergleichsstudie. Münster: Waxmann.
Prenzel, M./Carstensen, C.H./Senkbeil, M./Ostermeier, C./Seidel, T. (2005): Wie schneiden SINUS-Schulen bei PISA ab? Ergebnisse der Evaluation eines Modellversuchsprogramms. In: Zeitschrift für Erziehungswissenschaft, 8. Jg., S. 487–501.
Reeves, L.M./Weisberg, R.W. (1994): The role of content and abstract information in analogical transfer. In: Psychological Bulletin 115, S. 381–400.
Renkl, A. (1996a): Träges Wissen: Wenn Erlerntes nicht genutzt wird. In: Psychologische Rundschau 47, S. 78–92.
Renkl, A. (1996b): Vorwissen und Schulleistung. In: Möller J./Köller, O. (Hrsg.): Emotionen, Kognitionen und Schulleistung. Weinheim: Beltz, S. 175–190.
Renkl, A. (1999): Jenseits von p < .05: Ein Plädoyer für Qualitatives. In: Unterrichtswissenschaft 27, S. 310–322.

Renkl, A. (2002): Learning from worked-out examples: Instructional explanations supplement self-explanations. In: Learning & Instruction, 12, S. 529–556.

Renkl, A. (2008): Lernen und Lehren im Kontext der Schule. In: Renkl, A. (Hrsg): Lehrbuch Pädagogische Psychologie. Bern: Huber, S. 109–153.

Rosenshine, B.V./Stevens, R. (1986): Teaching functions. In: Wittrock, M.C. (Hrsg.): Handbook of research on teaching (3. Aufl.). New York: Macmillan., S. 376-391.

Rosenshine, B./Meister, C. (1994): Reciprocal teaching: A review of the research. In: Review of Educational Research 64, S. 479–530.

Ryan, R.M./Deci, E.L. (2000): Self-determination theory and the facilitation of intrinsic motivation, social development, and well-being. In: American Psychologist 55, S. 68–78. URL: http://psych.rochester.edu/SDT/documents/2000_RyanDeci_SDT.pdf. (14.06.2008)

Schiefele, U. (1996): Motivation und Lernen mit Texten. Göttingen: Hogrefe.

Sfard, A. (1998): On two metaphors for learning and the dangers of choosing just one. In: Educational Researcher 27, S. 4–13.

Stark, R./Graf, M./Renkl, A./Gruber, H./Mandl, H. (1995): Förderung von Handlungskompetenz durch geleitetes Problemlösen und multiple Lernkontexte. In: Zeitschrift für Entwicklungspsychologie und Pädagogische Psychologie, 27. Jg., S. 289–312.

VanLehn, K. (2008): Explaining the assistance/load/difficulty duality in terms of meta-cognitive learning strategies. Paper presented at the American Educational Research Association Meeting, New York.

Veenman, M.V.J./van Hout-Wolters, B.H.A.M./Afflerbach, P. (2006): Metacognition and learning: Conceptual and methodological considerations. In: Metacognition and Learning 1, S. 3–14.

Vera, A.H./Simon, H.A. (1993): Situated action: A symbolic interpretation. In: Cognitive Science 17, S. 7–48.

Weinert, F.E. (1994): Lernen lernen und das eigene Lernen verstehen. In: Reusser, K./Reusser-Weyeneth, M. (Hrsg.): Verstehen. Psychologischer Prozeß und didaktische Aufgabe. Bern: Huber, S. 183–205.

Weinstein, C.E./Mayer, R.E. (1986): The teaching of learning strategies. In: Wittrock, M.C. (Hrsg.): Handbook of research on teaching (3. Aufl.). New York: Macmillan, S. 315–327.

Wittrock, M.C. (1990): Generative processes of comprehension. In: Educational Psychologist 24, S. 345–376.

Frank Fischer | Heinz Mandl | Albena Todorova

Lehren und Lernen mit neuen Medien

Der erfolgreiche Durchbruch digitaler Technologien in nahezu allen privaten und öffentlichen Bereichen zieht Veränderungen auch für das Lehren und Lernen nach sich. Die Integration neuer digitaler Medien im Bildungsbereich ist allerdings noch nicht ausreichend systematisch vollzogen. Während die Forschungsaktivitäten zum Lehren und Lernen mit neuen Medien weltweit stark intensiviert wurden, entwickelt sich gleichzeitig die Technologie so rapide, dass mehr neue grundlegende Fragen aufkommen als die Forschung adressieren kann. In letzter Zeit standen insbesondere verbesserte Interaktions- und Kollaborationsmöglichkeiten durch digitale Technologien im Fokus des Interesses, die partizipativere Formen der Internetnutzung ermöglichen und mit den Schlagworten Social Software und Web 2.0 verknüpft sind. Die weitreichende Verbreitung mobiler Geräte, wie PDAs, Handys, iPods oder tragbarer PlayStations führte in Forschung und Praxis zu Ideen und Versuchen, diese Technologien für das Lernen fruchtbar zu machen.

In der derzeitigen Diskussion im Kontext von Lehren und Lernen mit neuen Medien sehen wir fünf zentrale Aufgabenfelder der Bildungsforschung: (1) *Entwicklung instruktionaler Modelle für das Lernen mit neuen Medien*. Zunächst ist gerade auch mit neuen Medien entscheidend, welches Lehr-Lernmodell der Gestaltung einer Lernumgebung zugrunde gelegt wird. (2) *Multimediale Gestaltung*. Dieses Aufgabenfeld befasst sich mit Fragestellungen, wie Texte, Töne und Bilder kombiniert und arrangiert werden können, um effektives multimediales Lernen zu erzielen. (3) *Analyse und Förderung selbstgesteuerten Lernens mit neuen Medien*. Untersucht werden Fragen, inwieweit mit neuen Medien tatsächlich stärker selbstgesteuert und eigenverantwortlich gelernt wird bzw. wie die Lernenden auf dem Weg zur Selbststeuerung unterstützt werden können. (4) *Gestaltung kooperativer Lernumgebungen mit neuen Medien*. Im Vordergrund stehen Fragen, wie die neuen Kommunikationstechnologien für effektives kooperatives Lernen und gemeinsame Wissenskonstruktion eingesetzt werden können. (5) *Implementation neuer Medien*. Untersucht werden Fragen, wie Ansätze des Lehrens und Lernens mit neuen Medien in (Bildungs-) Organisationen implementiert werden können.

Im Folgenden werden wir diese fünf Aufgabenfelder anhand typischer Fragestellungen und Befunde charakterisieren.

1 Entwicklung instruktionaler Modelle für das Lernen mit neuen Medien

Eine zentrale Voraussetzung dafür, dass Potenziale neuer Medien realisiert werden können, ist eine geeignete instruktionale Gestaltung der Lernumgebung. Der Begriff der Lernumgebung zielt vor allem auf die äußeren Bedingungen des Lernens ab: Es geht um Lernmaterialien, Lernaufgaben, sowie deren Gestaltung und Sequenzierung in einem Lehr-Lernmodell (vgl. Niegemann 2001). Derzeit dominieren zwei Perspektiven auf Lehren und Lernen mit neuen Medien, nämlich die *kognitive* und die *situierte*. Instruktionsansätze mit *kognitiver Perspektive* stellen in den Vordergrund, dass bestimmten individuellen Handlungen bestimmte mentale Prozesse und Strukturen zugrunde liegen. Instruktion zielt in erster Linie darauf ab, die Entwicklung dieser Strukturen und Prozesse systematisch zu fördern und Fehlentwicklungen ('Fehlkonzepte') zu verhindern oder zu korrigieren. Neue Medien werden in den kognitiven Instruktionsansätzen daher typischerweise in der Form von Lehrprogrammen und tutoriellen Systemen eingesetzt, die auf der Grundlage eines dynamisch angepassten Modells von den kognitiven Strukturen des Lernenden spezifische instruktionale Maßnahmen verwenden. Computerbasierte tutorielle Lernsysteme wurden und werden auf der Basis kognitiver Modelle des Lernens, Denkens und Problemlösens konstruiert. Solche Kognitiven Tutoren (vgl. Anderson u.a. 1995; Koedinger/Corbett 2006) wurden für verschiedene Unterrichtsfächer entwickelt und empirische Studien zeigen meist substanzielle positive Effekte. Beispielsweise stellt der Kognitive Tutor „Algebra" Schülerinnen und Schülern eine intelligente Übungsumgebung im Kontext ihres Mathematikunterrichts zur Verfügung. Die Software konfrontiert Lernende mit Problemen und leitet und unterstützt sie während des Problemlösens durch Hinweise, Just-in-Time Informationen, Werkzeuge für die graphische Darstellung und andere Formen der Unterstützung. Ergebnisse von Feldexperimenten im Klassenzimmer zeigen, dass Lernende, die den Kognitiven Tutor „Algebra" verwenden, in standardisierten Tests sowie beim Problemlösen substanziell besser abschneiden als Lernende mit traditionellem Algebraunterricht (vgl. Koedinger/Corbett 2006). Verschiedene weitere Komponenten (wie etwa Selbsterklärungen) können in den Kognitiven Tutor zur zusätzlichen Verbesserung der Lernergebnisse integriert werden (vgl. Aleven/ Koedinger 2002).

Die *Ansätze des situierten Lernens* können als kritische Reaktion auf die dominierenden kognitiven Ansätze verstanden werden (vgl. Collins/Brown/Newman 1989; Mandl/Kopp 2006b). Einer der zentralen Kritikpunkte ist, dass die kognitiven Ansätze mit ihren Laboruntersuchungen die Kontextgebundenheit von Wissen oft völlig außer Acht lassen und sich dadurch vom Lernen in Settings außerhalb des Labors sehr weit entfernt haben. Diese Lernsituationen außerhalb des Labors sind gerade gekennzeichnet durch vielfältige Interaktionen mit Hilfsmitteln zur Bewältigung von komplexen Problemen. Für solche Lernsituationen ist es darüber hinaus charakteristisch, dass mit anderen interagiert wird. In Arbeits- und Lerngruppen wird Wissen gemeinsam konstruiert, indem gegenseitige Erklärungen gegeben, unterschiedliche Auffassungen dargelegt und die Bedeutung von Konzepten ausgehandelt werden. Während kognitive Ansätze die systematische Analyse und Förderung mehr oder weniger klar identifizierbarer Strukturen und Prozesse anstreben, stellen situierte Ansätze die Einbeziehung von authentischen physikalischen und sozialen Kontexten in den Vordergrund und unterstützen die Lernenden bei der Aneignung von Konzepten und Werkzeugen (vgl. z.B. Mandl/Gruber/Renkl 2002). Mandl und Kopp (2006a) fassen die unterschiedlichen Ansätze in diesem Bereich zu vier wesentlichen Gestaltungsprinzipien für technologieunterstützte Lernumgebungen zusammen: (1) *Authentizität und Anwendungsbezug* durch die Verfügbarkeit realer Probleme und authentischer Situationen; (2) *Multiple Kontexte und Perspektiven,* die die Wissensvermittlung fördern; (3) *Soziale Lernarrangements* wie kooperatives Lernen und Problemlösen, die für den Umgang mit komplexen Problemen und die Entwicklung sozialer Kompetenzen wichtig sind und (4) *Instruktionale Anleitung und Unterstützung,* wie z.B. die Strukturierung von Gruppenprozessen oder Feedback (vgl. Mandl/Kopp 2006a).

Die Vorzüge neuer Medien werden aus situierter Perspektive deshalb zum einen darin gesehen, dass authentische Kontexte für Lernumgebungen geschaffen werden können. Von rasch wachsender Bedeutung sind jedoch zum anderen auch die Kommunikationstechnologien, die neue Formen der Kooperation von Lernenden, Lehrenden und Experten in den jeweiligen Praxisfeldern ermöglichen. Eines der bekanntesten Beispiele für einen Ansatz des situierten Lernens stellt die *Anchored Instruction* dar (vgl. Cognition and Technology Group at Vanderbilt 1997). In diesem Modell wurden Gestaltungsprinzipien für situiertes Lernen mit neuen Medien formuliert, die in mehreren innovativen Projekten ihre Anwendung fanden. So wurden etwa mit den „Jasper Woodbury Problem Solving Series" Abenteuergeschichten produziert, mit denen Schüler Mathematik und Naturwissenschaften lernen sollen. In jeweils etwa 20-minütigen Videosequenzen sieht sich Jasper, der Held der Geschichte, schwierigen Problemen gegenüber. Am Ende jeder Filmsequenz wendet sich Jasper an die Kinder und bittet sie, ihn zu unterstützen. Durch die Verwendung von Video wird die authentische Darstellung einer Problemstellung ermöglicht (Prinzip des videobasierten Formats). Der Ausgangspunkt für das Lernen ist eine Geschichte, deren Struktur den Lernenden vertraut ist (Prinzip der narrativen Struktur). Alle Informationen, die die Kinder zur Lösung der Aufgabe brauchen, sind in die Geschichte integriert (Prinzip der eingebetteten Daten). In dem realitätsnahen Problemkontext sind neben den für die Problemlösung relevanten Angaben aber auch überflüssige und widersprüchliche Informationen enthalten (Prinzip der Komplexität des Problems). Die Aufgabe der Lernenden ist es, die relevanten Informationen einer Episode herauszufinden und Jaspers jeweiliges Problem zu lösen. Die Lehrenden haben die Aufgabe, die Lernenden bei diesen Entdeckungs- und Problemlöseprozessen anzuleiten und zu unterstützen. Eine breit angelegte Evaluation im Klassenzimmer lieferte Evidenz für einen klaren Vorteil im Bereich mathematischer Leistung und Problemlösen für Lernende, die mit der Jasper Woodbury-Reihe gearbeitet hatten (vgl. Hickey/Moore/Pellegrino 2001).

Im Modell der *Scaffolded Knowledge Integration* (vgl. Linn/Davis/Eylon 2004) wird der soziale Aspekt des Lernens stärker betont. In netzbasierten Lernumgebungen setzen sich Schülerinnen und Schüler gemeinsam mit naturwissenschaftlichen Modellen auseinander, die auch für ihren Alltag Relevanz aufweisen. So diskutieren sie im Projekt „How far does light go?" zwei unterschiedliche Sichtweisen zum Thema Licht und greifen dabei auf verschiedenste authentische Evidenzen (z.B. aus dem Internet) zurück. Ein wichtiges Gestaltungsprinzip im Ansatz der Scaffolded Knowledge Intergration ist es, *Denken sichtbar zu machen*. Dabei soll der Prozess, wie in naturwissenschaftlichen Projekten Erkenntnisse gewonnen werden, für die Lernenden nachvollziehbar gemacht werden. Sie werden dabei durch technologische Tools unterstützt. Ein Beispiel ist das SenseMaker-Tool, welches die Lernenden durch graphische Visualisierungsmöglichkeiten bei der räumlichen und konzeptuellen Organisation der gefundenen Evidenzen unterstützt. Das Prinzip *Autonomie fördern* bezieht sich auf die wichtige Aufgabe der Schule, Lernende zum kritischen Umgang mit Informationen (z.B. aus dem Internet) zu befähigen. Das Prinzip der *sozialen Unterstützung* zielt darauf ab, die gemeinsame Wissenskonstruktion zu fördern und den Lernenden die Erfahrung zu ermöglichen, mit anderen ein gemeinsames Projekt zu erarbeiten.

Die Prinzipien des Scaffolded Knowledge Integration wurden zur Grundlage des Web-based Inquiry Science Environment (WISE), das Web-Informationen, Datenvisualisierungen, Modellierungswerkzeuge und andere Ressourcen nutzt, um Forschendes Lernen (Inquiry Learning) zu unterstützen (vgl. Slotta 2004). Beim Forschenden Lernen sollen Lernende mit allmählich zurückgenommener Unterstützung durch Lehrende wissenschaftliche Aktivitäten selber durchführen (vgl. de Jong 2006). WISE Umgebungen leiten die Lernenden durch eine Sequenz von Forschungsaktivitäten. Klassenzimmer-Studien zeigen, dass Schüler durch die Arbeit mit typischen WISE Modulen ein angemesseneres Verständnis von Naturwissenschaft entwickelten, verglichen mit Schülern, die ‚traditionell' unterrichtet wurden (vgl. Linn u.a. 2006).

In ähnlicher Weise setzen in den letzten Jahren Ansätze des Game-Based Learning den Schwerpunkt auf die Nutzung digitaler Technologien zur Schaffung interaktiver virtueller Welten, in denen durch eigene Erfahrung gelernt werden kann (vgl. Prensky/Thiagarajan 2007). Die ebenfalls in den letzen Jahren vorangetriebenen Ansätze des Mobile Learning und des Blended Learning betonen Aspekte des technologieunterstützen Lernens *außerhalb* des Klassenzimmers. Beim Mobile Learning geht es um die Nutzung verbreiteter mobiler Endgeräte wie etwa PDAs und Handys für das Lernen in verschiedenen Umgebungen und Kontexten (vgl. Sharples/Taylor/Vavoula 2007). Die Theorieentwicklung und die empirische Forschung zu Game-Based Learning und zu Mobile Learning stehen erst am Anfang, aber die Passung der Technologien zu situierten Ansätzen des Lehrens und Lernens erscheint hoch.

Zusammenfassend kann festgehalten werden, dass die verschiedenen Instruktionsansätze unterschiedliche Potenziale der neuen Medien in den Vordergrund stellen. Die kognitiv orientierten Modelle nutzen typischerweise die verbesserte ‚Systemintelligenz' und Interaktivität von Computer und Software, um die Instruktion optimal auf die individuellen kognitiven Prozesse des Lernenden abzustimmen und damit die Veränderung bestimmter kognitiver Strukturen zu fördern. Die Ansätze des situierten Lernens sehen zentrale Aufgaben der neuen Medien darin, authentische Kontexte in Lernumgebungen zu integrieren und die gemeinsame Konstruktion von Wissen zu unterstützen.

2 Multimediale Gestaltung

Oft hört man, ein Bild sage mehr als tausend Worte. Ähnlich verbreitet ist die Annahme, die Kombination aus Text und Bild zur Erklärung eines Sachverhalts könne Verstehen und Behalten erheblich verbessern. Mehrere Forschergruppen haben in den vergangenen Jahren dafür gesorgt, dass das Lernen mit Medien und unterschiedlichen Zeichensystemen heute sehr viel differenzierter betrachtet werden kann (vgl. Mayer 2005). Zentral ist für dieses Aufgabenfeld die Fragestellung, wie die in einem Text und in einem Bild präsentierte Information *vom Individuum verarbeitet* wird. Nach Schnotz (2005) geht man heute davon aus, dass sowohl der Leser eines Textes als auch der Betrachter eines Bildes zwei Arten mentaler Repräsentation konstruieren: Eine deskriptionale mentale Repräsentation des Sachverhalts, und eine depiktionale Repräsentation in der Form bildhafter Vorstellungen oder mentaler Modelle. Während aber beim Textverstehen die deskriptionale Repräsentation die Grundlage für die Konstruktion der bildhaften Vorstellung bildet, verhält es sich beim Verstehen von Bildern umgekehrt: Für die Konstruktion der deskriptionale Repräsentation werden an der internen depiktionalen Repräsentation bestimmte Informationen abgelesen. Mit zunehmenden Graphik- und Soundfähigkeiten von Computern und Computernetzwerken wurde die Frage interessant, wie die *Kombinationen* aus Text, Bild und gesprochener Sprache in multimedialen Anwendungen vom Lernenden verarbeitet wird. Dabei wurde deutlich, dass Multimedia-Anwendungen Lern- und Gedächtnisprozesse substanziell unterstützen können. In vielen Studien konnte gezeigt werden, dass Bilder im Zusammenhang mit Texten positive Wirkungen auf Lern- und Verstehensprozesse haben (vgl. Mayer 2005). Allerdings zeigen Befunde, dass die Aufmerksamkeitsleistung der Lernenden durch ungünstige Kombinationen von Bildern, geschriebenen und gesprochenen Texten leicht an ihre Grenzen stößt. So kann Hintergrund-Sound, der die Lernenden eigentlich motivieren soll, den Lernerfolg deutlich reduzieren, wenn auch gesprochene Texte in der Lernumgebung eine Rolle spielen (vgl. Moreno/Mayer 2000). Der Einsatz von Animationen zu komplexen Sachverhalten scheint die Anwendung verstehensorientierter Lern*strategien* stärker als Bilder zu stimulieren; hinsichtlich des Lern*ergebnisses* ist der Einsatz von Animationen der Verwendung von Bildern zumindest ebenbürtig (vgl. Lewalter 2003). Es sind aber auch Bedingungen bekannt, bei denen beim Lernen mit Animationen der Lernerfolg suboptimal ist, etwa dann, wenn Animationen von geschriebenen Texten begleitet werden (vgl. Mayer/Moreno 2002).

Unterstützung des Lernens mit Multimedia. In den letzten Jahren wurde eine Reihe von Ansätzen entwickelt, die die skizzierten Phänomene erklären und Design-Prinzipien für multimediale Lernumgebungen formulieren. So geht beispielsweise das empirisch gut fundierte Modell von Mayer (2005) von zwei unterschiedlichen kognitiven Systemen für die Verarbeitung von visuellem und verbalem Material aus. Beide Systeme sind in ihrer Kapazität begrenzt. Bedeutungsvolles Lernen hängt nach diesem Modell davon ab, inwieweit dem Individuum die Integration von visuellem und verbalem Material sowie die Integration neuer Information mit dem Vorwissen durch Prozesse der Selektion und der Organisation gelingt. Aus diesem Modell lassen sich praktische Konsequenzen in der Form von Prinzipien für das Design multimedialer Lernumgebungen ziehen. Ein solches Prinzip besagt etwa, dass generell besserer Transfer zu erwarten ist, wenn die Lernenden Text und korrespondierende Bilder gemeinsam bekommen, anstatt nur Text allein (multimedia principle). Besserer Lerntransfer ergibt sich auch, wenn Text und Bild räumlich nahe beieinander statt weiter entfernt, sowie gleichzeitig statt nacheinander präsentiert werden (contiguity principles). Erläuterungen sollten in computerunterstützten Lernumgebungen eher als gesprochene Sprache denn als getippter Text präsentiert werden, weil sonst die visuelle Aufmerksamkeit geteilt werden muss (visual split attention effect oder modality principle).

Die aktuellen Untersuchungen zu diesem Modell haben zudem wichtige Erkenntnisse darüber gebracht, wie unterschiedlich multimediale Lernumgebungen auf Lernende mit unterschiedlichen Lernvoraussetzungen wirken können. So sollte z.B. beachtet werden, dass Lernende mit geringerem Vorwissen in höherem Maß von der Anwendung der genannten Design-Prinzipien profitieren, als Lernende mit höherem Vorwissen (vgl. Mayer 2005). Des Weiteren konnten Plass u.a. (2003) zeigen, dass Lernende mit visuellen Lernpräferenzen (die sogenannten Visualizer) von zusätzlicher Visualisierung mehr profitierten, als Lernende mit verbalen Lernpräferenzen (die sogenannten Verbalizer). Für Lernende mit einem hohen Maß an räumlichem Vorstellungsvermögen erwies sich bildhaft präsentiertes Material hilfreicher als für Lernende mit geringem räumlichem Vorstellungsvermögen. Dabei scheint sich diese Lernervariable besonders dann auszuwirken, wenn der subjektive Schwierigkeitsgrad der zu bearbeitenden Aufgabe hoch ist (vgl. Brünken/Steinbacher/Leutner 2000).

Zusammenfassend zeigte sich für dieses Aufgabenfeld, dass die Kombination verschiedener Zeichensysteme in multimedialen Lernumgebungen unter bestimmten Bedingungen Lernprozesse substanziell unterstützen kann. Aus den bislang formulierten theoretischen Modellen lassen sich Prinzipien und Empfehlungen ableiten, die das Design multimedialer Arrangements verbessern können.

3 Analyse und Förderung selbstgesteuerten Lernens mit neuen Medien

Offene hypermediale Lernumgebungen ermöglichen einen Lernprozess mit hohem Anteil an Kontrolle durch den Lernenden selbst: Im Idealfall steckt sich der Lernende selbst Ziele, aktiviert sein Vorwissen, sucht sich entsprechende Lernressourcen in den Hypermedia-Seiten der Lernumgebung, die er dann in seiner eigenen Geschwindigkeit bearbeitet. Er verfügt über Kontrollstrategien, um seinen Lernprozess zu regulieren: Dabei überwacht und beurteilt er seinen eigenen Lernfortschritt, passt sich flexibel an die sich verändernden Anforderungen des Lernmaterials an und prüft immer wieder, inwieweit er die Inhalte verstanden hat. Er verfügt über Strategien, die ihm helfen, Motivation und Konzentration über einen längeren Zeitraum hinweg aufrecht zu erhalten (vgl. Simons 1992). Lehr- und Forschungsprojekte zeigen, dass dieser ideale selbstgesteuerte Lernprozess mit neuen Medien nur in Ausnahmefällen spontan entsteht, weil er sehr viele Voraussetzungen an die Lernenden und an die Lernsituation stellt, die häufig nicht gegeben sind. Lernende in hypermedialen Lernumgebungen zeigen oft Symptome der Desorientierung und kognitiven Überforderung (vgl. Tergan 2002). Den Lernenden ist unklar, wo sie sich in der inhaltlichen Struktur befinden und wohin sie von der momentanen Position gelangen können. Es kann zunächst hilfreich sein, Navigations- und Orientierungshilfen wie etwa grafische Browser oder Lesezeichen in die hypermediale Struktur zu integrieren (vgl. Tergan 2002). Allerdings reagieren Lernende auch in derart übersichtlichen Hypermedien oft mit unreflektiertem ‚Datensammeln', d.h. viele unterschiedliche Aspekte werden in schneller Reihenfolge ohne tiefere Verarbeitung betrachtet. In einer Studie von Gräsel und Mandl (1993) sollten fortgeschrittene Studierende der Medizin z.B. hypermedial präsentierte Diagnosefälle bearbeiten. Prozessanalysen zeigten, dass die Lernenden nur selten Hypothesen (Verdachtsdiagnosen) formulierten. Stattdessen schienen sie häufig aufs Geratewohl Daten zu sammeln, die ihnen auffällig erschienen. Es ist daher kaum verwunderlich, dass nur wenige Lernende mit dieser Strategie zur richtigen Diagnose kamen. Noch bedeutsamer aber ist sicherlich, dass mit einer solchen Strategie des unreflektierten Datensammelns kaum etwas dazu gelernt wird. Ein anderes Überforderungssymptom beim Lernen mit neuen Medien ist Fokussierung auf kleine thematische Einheiten im Sinne einer Flucht ins Detail unter Ausblenden des Gesamtzusammenhangs (vgl. z.B. Frau/Mindoro/Pedemonte 1992). In einem Überblicksartikel zum Lernen mit Hypermedia kommen Dillon und Gabbard (1998) zu dem Schluss, dass sich das oft angeführte Potenzial von Hypermedia für mehr Selbststeuerung in vielen Fällen nur für die Lernenden mit besseren Lernvoraussetzungen realisiert.

In den letzten Jahren wurden mehrere theoretische Modelle des selbstgesteuerten Lernens entwickelt (z.B. Boekaerts 1996; Pintrich 2000; Zimmerman 2000). Besonders hervorzuheben im Kontext des selbstgesteuerten Lernens mit neuen Medien ist dabei das Vier-Stufenmodell von Winne (Winne/Perry 2000), auf dessen Basis die gStudy Umgebung entwickelt wurde (Winne u.a. 2006). Diese Umgebung stellt nicht nur theoretisch fundierte Unterstützung für das selbstgesteuerte Lernen mit Medien zur Verfügung (z.B. Glossars, Hinweise, Concept-Maps, Chat), sondern ermöglicht darüber hinaus die gezielte Erfassung von Prozessen der Selbststeuerung für die Forschung bzw. stellt die Grundlage für das Re-Design der Unterstützung in der Lernumgebung dar.

Unterstützung beim selbstgesteuerten Lernen mit neuen Medien. In Anbetracht der Vielfalt an benötigten Voraussetzungen tritt Selbststeuerung fast nie in der oben beschriebenen idealen Form auf. Fast immer sind auch Anteile an Fremdsteuerung nötig, um effektives Lernen zu ermöglichen. Die Forschung zum Lehren und Lernen mit neuen Medien zeigt eine Reihe vielversprechender Ansätze, wie Lernende auf einem Weg zur zunehmenden Selbststeuerung effektiv unterstützt werden können. Grundsätzlich kön*nen direkte* u*nd indirekte Förderungsansätze* unterschieden werden (vgl. Friedrich/Mandl 2006). Bei der direkten Förderung werden kognitive und motivationale Komponenten der Selbststeuerung im Rahmen eines Strategietrainings vermittelt. Im Zusammenhang mit neuen Medien haben allerdings indirekte Förderungsansätze die weitaus höhere Bedeutung. Hierbei werden Lernumgebungen so gestaltet, dass sie den Lernenden die Chance für selbstgesteuertes Lernen geben bzw. die Lernenden dabei unterstützen, mehr und mehr selbstgesteuert zu lernen. So erwies sich etwa die *kognitive Modellierung* von Strategien zum Lernen mit Diagnosefällen im Rahmen einer hypermedialen medizinischen Lernumgebung als wirksam zur Verbesserung der Selbststeuerung (vgl. Mandl/Gräsel/Fischer 2000). Die Modellierung wurde in zwei Formen in die Lernumgebung implementiert: Zum einen mit Audio-Aufzeichnungen von Laut-Denk-Protokollen von (Lehr-) Experten, zum anderen mit strukturgraphischen Interpretationen verschiedener Stadien im Diagnoseprozess durch Lehr-Experten. Spezifische *Strategieanleitungen und Leittexte* für die Bearbeitung komplexer inhaltlicher Probleme in hypermedialen Umgebungen können Lernende ebenfalls wirksam im Sinne zunehmender Selbststeuerung unterstützen (vgl. Fischer u.a. 1997). Sogenannte *kognitive Werkzeuge* wie etwa Mapping-Techniken und andere Tools zur externalen Repräsentation helfen Lernenden in solchen Umgebungen, komplexe Information zu visualisieren, zu organisieren und neues Wissen mit dem Vorwissen zu verknüpfen (vgl. Mandl/Fischer 2000; Jonassen/Carr 2000). *Hypermediale Hilfesysteme* wie etwa Glossare, in denen Lernende Begriffe nachschlagen, Hintergrundinformationen erhalten oder Hinweise zum weiteren Vorgehen abrufen, können Lernprozesse wirkungsvoll unterstützen (vgl. Leutner/Leopold/Den Elzen-Rump 2007). Eine Reihe von Studien weist allerdings darauf hin, dass solche Systeme in der Praxis des Lernens häufig unzureichend genutzt werden (Narciss/Proske/Koerndle 2007), auch dann, wenn die Lernenden feststellen, dass ihr Wissen nicht ausreicht (vgl. Gräsel/Fischer/Mandl 2001). Eine Überblicksarbeit identifizierte Ursachen für unzureichende Hilfenutzung in computerunterstützten Umgebungen im Bereich der Systemgestaltung (z.B. zu hoher Abstraktionsgrad oder schlechtes Timing der Rückmeldung) und beim Lernenden selbst (z.B. Vorwissen, Zielorientierung) (vgl. Aleven u.a. 2003). Die Arbeiten von Gerjets (z.B. Gerjets/Scheiter/ Schuh 2005) befassen sich mit der Frage, wie Lernende Hypertextumgebungen nutzen, die ihnen ein hohes Maß an Selbststeuerungsmöglichkeiten geben. Dabei zeigt sich, dass insbesondere Lernende mit mehr Vorwissen, komplexeren epistemologischen Überzeugungen und besseren Selbststeuerungsfähigkeiten diese Möglichkeiten im Sinne effektiver Lernprozesse nutzen können, während Lernende mit ungünstigeren Voraussetzungen in geringerem Maß profitieren (vgl. Scheiter/Gerjets 2007).

Zunehmend werden in Untersuchungen zu Analyse und Förderung des Lernens mit neuen Medien auch *affektive und motivationale Aspekte* berücksichtigt. Emotionale und motivationale Variablen dürften z.B. eine Schlüsselrolle bei der Erklärung der hohen Abbrecherquote in webbasierten Fernlernkursen spielen (vgl. Astleitner 2000a). Der Ansatz von Astleitner (2000b) geht von fünf wesentlichen Emotionen aus, nämlich Angst, Neid und Ärger, die den Lernprozess negativ beeinflussen sowie Sympathie und Vergnügen, die sich positiv auf den Lernprozess auswirken und deshalb in der computerunterstützten Lernumgebung gefördert werden sollen.

Zusammenfassend: neue Medien erscheinen vielen Bildungsverantwortlichen, Forschern und Praktikern als ideale Instrumente für eigenverantwortliches und selbstgesteuertes Lernen. Die bisherigen Befunde weisen allerdings darauf hin, dass Lernende mit der weitgehenden Kontrolle über den eigenen Lernprozess zunächst überfordert sein können. Zur Realisierung der Potenziale der neuen Medien für selbstgesteuertes Lernen werden daher verschiedene Formen der Unterstützung entwickelt und empirisch erprobt. Neben Maßnahmen der direkten Unterstützung des selbstgesteuerten Lernens durch Strategietraining stehen verschiedene effektive indirekte Unterstützungsmaßnahmen, wie etwa die kognitive Modellierung, Strategieanleitungen und Hilfesysteme zur Verfügung. Ergebnisse der bisherigen empirischen Untersuchungen bieten deutliche Hinweise darauf, dass weniger die Verfügbarkeit bestimmter Unterstützungskomponenten, als vielmehr die auch von individuellen Lernvoraussetzungen abhängige Form ihrer Nutzung für erfolgreiches selbstgesteuertes Lernen in computerunterstützten Umgebungen maßgeblich ist.

4 Gestaltung kooperativer Lernumgebungen mit neuen Medien

Bedeutende Innovationschancen durch neue Medien werden im Bereich des kooperativen Lernens gesehen (vgl. z.B. Dillenbourg 1999). Virtuelle Seminare, Virtuelle Exkursionen oder Online-Sprechstunden: Die Entwicklung und Verbreitung von Netzwerktechnologien ermöglichen Formen der Zusammenarbeit zwischen Lernenden und Lehrenden und auch zwischen Lernenden untereinander, die in der traditionellen Aus- und Weiterbildung nicht denkbar waren. In den drei letzten Jahrzehnten sind einige viel beachtete sozial- und organisationspsychologische Untersuchungen durchgeführt worden, die Potenziale, aber auch Probleme der computervermittelten Kommunikation und Kooperation aufgezeigt haben (vgl. Döring 2000 für einen Überblick). Der neue allgegenwärtige Zugang zu Kommunikationstechnologien und Internet hat ein verstärktes Forschungsinteresse an der Frage begünstigt, was diese veränderten Kommunikationsbedingungen für das Lehren und Lernen bedeuten. Ein Teil der Forschungsbemühungen im Bereich kooperativer Lernumgebungen hatte sich bislang mit der Frage befasst, inwieweit sich Lernprozesse und -ergebnisse in computerunterstützten und netzbasierten Lernumgebungen von dem Lernen in traditionellen Präsenzveranstaltungen unterscheiden. Beim verteilten netzbasierten Lernen im Rahmen von Virtuellen Seminaren oder Tutorien stehen häufig die höhere räumliche und zeitliche Flexibilität des Lernens im Vordergrund: Lernende können an Veranstaltungen teilnehmen, deren Inhalte sie interessieren und sind dabei weniger als bisher darauf angewiesen, zu bestimmten Zeiten an einem bestimmten Ort zu sein. Die in traditionellen Settings fast immer zu beobachtende *quantitative* Ungleichverteilung von Beiträgen in einer Gruppe von Teilnehmern (u.a. aufgrund von Unterschieden im Sozialstatus) scheinen unter den Bedingungen textvermittelter, netzbasierter Kooperation weit weniger gravierend zu sein. So beobachteten Hsi und Hoadley (1997), dass sich in einer textbasierten, asynchronen Lernumgebung 75 Prozent der Lernenden am Diskurs beteiligten, während im verglichenen traditionellen Unterricht nur 15 Prozent der Lernenden zu Wort kamen. Auch ließ sich zeigen, dass Lernprozesse und Lernerfolg in netzbasierten Lernumgebungen unter bestimmten Bedingungen auch *qualitativ* gegenüber traditionellem Unterricht verbessert werden können. So scheinen Schüler eine höhere Flexibilität im Schreibprozess zu entwickeln, wenn am Computer und für andere Schüler geschrieben wird: Worte sind nicht länger ‚in Stein gemeißelt' sondern werden mehr und mehr als veränderbare Bausteine betrachtet, mit denen Sachverhalte variabel ausgedrückt werden können (vgl. Fabos/Young 1999; Scardamalia/Bereiter 1994).

Auf der anderen Seite zeigen empirische Studien einige negative Phänomene des Kooperierens im Netz auf. So scheinen Lernende in virtuellen, textbasierten Veranstaltungen häufig einer Art *information overload* zu unterliegen (vgl. Bruhn 2000). Sie stehen teilweise einer unübersehbaren Textfülle gegenüber, da im Netz Nachrichten von praktisch unbegrenzter Länge generiert werden können und der gleichzeitige Kontakt mit einer Vielzahl an Lernenden einfach zu realisieren ist. Darüber hinaus wird in der textbasierten asynchronen Kommunikation häufig die fehlende Nachrichtenverbundenheit beklagt (vgl. Hesse/Garsoffky/Hron 2002): Beiträge beziehen sich häufig nicht direkt auf die vorangegangenen Beiträge oder weisen Bezüge zu mehreren Aspekten auf. Durch den damit einher gehenden höheren explizit-verbalen Aufwand der Koordination, der im Zusammenhang mit verschiedenen Kommunikationstechnologien beobachtet wurde, treten die eigentlichen Lerninhalte oft stark in den Hintergrund (vgl. z.B. Hron u.a. 2000). Die Untersuchungen zum Lernen mit Videokonferenzsystemen zeigten, dass Lernpaare in einer Videokonferenz auf ähnliche Weise und mit vergleichbarem Lernerfolg Fälle diskutierten wie Lernpaare in einer Face-to-face-Situation (vgl. Bruhn 2000).

Eine andere Gruppe von Forschungsaktivitäten versucht, mit Hilfe der neuen Medien *kooperative Unterrichtskonzepte* zu entwickeln, die ohne die neuen Informations- und Kommunikationstechnologien nicht realisierbar wären (vgl. Mandl/Fischer 2002). In anderen Telekommunikations-Projekten sollen Begegnungen zwischen sozial oder geographisch entfernten Gruppen oder Kulturen auf Klassenzimmer- und Seminarebene ermöglicht werden. Im Vordergrund stehen häufig der Abbau von Stereotypen und das Praktizieren bestimmter Sprachen. Bei solchen Projekten liegen die positiven Potenziale oft klar auf der Hand. Die häufig noch eher anekdotische Befundlage bietet allerdings bereits genügend Hinweise auf Gefahren und Fallen. So schließen Fabos und Young (1999) in ihrer Überblicksarbeit, dass Kommunikation zwischen unterschiedlichen kulturellen oder sozialen Gruppen per se häufig kaum zur Veränderung von Konzepten und Stereotypen führt.

In Deutschland hat der Bereich des netzbasierten Wissensaustauschs in den letzten Jahren einen starken Aufschwung aufgrund des DFG-Schwerpunktprogramms „Netzbasierte Wissenskommunikation in Gruppen" erfahren. Diese Initiative beinhaltete verschiedene Projekte zum netzbasierten Wissensaustausch und Wissenserwerb. In Teilprojekten wurden beispielsweise wichtige Erkenntnisse zur computerbasierten Kommunikation in interdisziplinären, verteilten Expertenteams (z.B. Rummel/Spada 2005) oder zwischen Experten und Laien (vgl. Runde/Bromme/Jucks 2007; Nückles u.a. 2007) erarbeitet (vgl. zusammenfassend Buder 2007; Lauer u.a. 2006).

Unterstützung beim kooperativen Lernen mit neuen Medien. Eine größer werdende multidisziplinäre Gruppe von Ansätzen befasst sich unter dem Stichwort CSCL (Computer-Supported Collaborative Learning) mit der Frage, wie Computertechnologien und Softwaretools die Prozesse des kooperativen Lernens beeinflussen und günstigenfalls unterstützen können (Stahl u.a. 2006). Ein zentrales Ziel dieser Forschungsanstrengungen ist es, über ein besseres Verständnis technologievermittelten kooperativen Lernens zu besseren Werkzeugen für die Förderung kooperativen Lernens zu kommen. Aus dieser Perspektive wird bemängelt, dass die meisten der heute verwendeten Netzwerktools wie etwa die asynchrone Computerkonferenz, Chat oder Videokonferenzen keine spezifisch gestalteten Lerntools seien (vgl. Riel/Harasim 1994; Roschelle/Pea 1999). In den letzten Jahren finden sich allerdings verstärkte Bemühungen, Tools für netzbasiertes kooperatives Lernen zu entwickeln, anzupassen und einzusetzen, um Kooperations- und Lernprozesse zu unterstützen. Die drei wichtigsten Gruppen von Entwicklungen sind *gemeinsame Werkzeuge zur aktiven Repräsentation*, *Community-building Tools* sowie *sozio-kognitive Strukturierungswerkzeuge* (vgl. Roschelle/Pea 1999).

(1) Gemeinsame Werkzeuge zur aktiven Repräsentation haben den Zweck Lernende und Lehrende bei der domänenspezifischen externalen Repräsentation mit Text, Graphik, mathematischen Formeln oder Simulationen usw. zu unterstützen (Suthers/Hundhausen 2003; Fischer/Mandl 2005). Dadurch soll der Diskurs über den Lerngegenstand verbessert werden. So zeigte sich z.B. in empirischen Untersuchungen, dass ein gemeinsam genutztes, aufgabenspezifisch gestaltetes Visualisierungstool Studierende dabei unterstützen konnte, Beziehungen zwischen theoretischen Konzepten herzustellen und diese Konzepte auf Fallprobleme anzuwenden (vgl. Fischer u.a. 2002). Die Lernenden konnten theoretische Konzepte und Fallinformationen am Bildschirm auf unterschiedlichen Kärtchen visualisieren und durch Verbindungslinien in Relation setzen. Die gemeinsame Nutzung dieses Tools unterstützte die Lernenden dabei, theoretische Konzepte und deren Relationen kontroverser zu diskutieren, und die Wahrscheinlichkeit für einen vorschnellen Konsens („Konsensillusion") wurde reduziert. Darüber hinaus half es den Lernpartnern dabei, ihr Vorwissen in eine gemeinsame Lösung zu integrieren. Ähnliche „visuelle Sprachen" haben sich auch zur Unterstützung von Diskussionen in größeren Gruppen bewährt, deren Mitglieder computervermittelt interagieren (Gassner/Hoppe 2000).

(2) Community-building tools definieren soziale Räume und virtuelle Welten für neue Formen der Kooperation und des Austauschs. Beispiele sind soziale Netzwerke, Foren, Chat-Rooms, Social bookmarkings, Wikis und Blogs, in denen mehrere Teilnehmer interagieren können. Darüber hinaus werden auch zunehmend komplexere Umgebungen durch die Kombination verschiedener Technologien wie Videoconferencing, Chat oder Computerkonferenz entwickelt. Eine wichtige Herausforderung ist es dabei, die Umgebungen für den Zweck des Lernens anzupassen oder sogar spezifische Umgebungen für das kooperative Lernen zu entwickeln (vgl. Linn/Bell/Hsi 1998; Troendle u.a. 1999; Nistor u.a. 2000). Ein Beispiel für ein komplexes Community-building Tool ist CSILE (Computer-Supported Intentional Learning Environment) von Scardamalia und Bereiter (2006). Technisch handelt es sich dabei um ein text- und grafikfähiges Netz von Computern innerhalb eines Klassenzimmers oder innerhalb einer Schule mit Zugang zum Internet. Schüler arbeiten in diesem Netzwerk gemeinsam über mehrere Wochen an verschiedenen Projekten, für die sie auf Bild-, Text- und Filmmaterial aus einer Datenbank und aus dem Internet zugreifen können. Ziel ist der Aufbau und die ständige Weiterentwicklung einer gemeinsamen Wissensbasis. Einzelne Lernende und Gruppen verfassen und kommentieren Texte, fertigen Zeichnungen an und tragen diese zur gemeinsamen Wissensbasis bei. Das so entwickelte Produkt wird im Netz veröffentlicht und steht späteren CSILE-Klassen zur Verfügung. CSILE ist als Ergänzung für den traditionellen Unterricht konzipiert. Studien zeigen, dass CSILE-Schüler Vorteile gegenüber einer Kontrollgruppe u.a. beim Problemlösen und beim Lesen schwerer Texte haben (vgl. Scardamalia/Bereiter 1994). Der CSILE-Ansatz wurde mit dem Knowledge Forum weiterentwickelt. Das Knowledge Forum ist eine Umgebung für die gemeinsame Wissenskonstruktion, das kleine und größere Gruppen an Schulen, Universitäten und in Unternehmen unterstützen soll (vgl. Scardamalia/Bereiter 2006).

Die gemeinsame Wissenskonstruktion und das Teilen von Wissen ist allerdings meist kein Selbstläufer. Mit Community-building tools ist daher häufig die Forschungsfrage verknüpft, wie individuelle Beiträge und das Teilen von Wissen gefördert werden können. Neben der im Bereich des Wissensmanagement bereits länger untersuchten Schaffung von Anreizsystemen wird in den letzten Jahren untersucht, wie Technologie genutzt werden kann, um den Einzelnen und die Gruppe durch geeignetes Feedback zur gemeinsamen Wissenskonstruktion zu motivieren. So erwies sich etwa das Bereitstellen von sozialer Kontextinformation (etwa zur Kooperationsbereitschaft der anderen Gruppenmitglieder) ebenfalls als effektiv zur Förderung der Beitragsbereitschaft (vgl. Cress/Hesse 2004). Derzeit werden unter dem Aspekt der *Awareness* die Effekte unterschiedlicher Unterstützungsmaßnahmen untersucht. Aus technischer Sicht können solche *Awareness Tools* einfache Benachrichtigungen, Icons bzw. Listen von Gruppenmitgliedern, die im Augenblick online sind, oder Avatare nutzen. Zunehmend werden allerdings auch spezifische, sophistizierte Systeme entwickelt und untersucht, die die Interaktion der Gruppe analysieren und Feedback geben – oft in der Form von Visualisierungen (z.B. mit inhaltlichen Concept Maps oder mit Häufigkeitsdiagrammen zur Menge der individuellen Beiträge der Gruppenmitglieder). Empirische Studien zeigen, dass mit *Awareness Tools* unterschiedliche Aspekte der Kooperation gefördert werden können; allerdings sind auch negative Auswirkungen bezüglich der Kooperationsergebnisse möglich, weil weniger Zeit für die eigentlichen inhaltlichen Aktivitäten zur Verfügung steht (vgl. Janssen/Erkens/Kanselaar 2007). Große Chancen werden derzeit darin gesehen, intelligente Technologien einzusetzen, die über oberflächliche Indikatoren wie Onlinestatus oder Beitragsmenge hinaus weitergehende Analysen des Lernerdialogs ermöglichen und damit die Grundlagen für Rückmeldungen etwa zur Diskussionsqualität oder zu inhaltlichen Lücken bei der kooperativen Bearbeitung von Aufgaben bilden können (vgl. Rosé u.a. in Druck).

In den letzten Jahren haben neue kooperationsunterstützende Technologien (Stichworte Web 2.0 und Social Software) starke Verbreitung im Internet erfahren. Neu sind insbesondere die Möglichkeiten der einfachen, gemeinsamen Erstellung und Verbreitung von Webinhalten durch die Nutzer (vgl. Ebner/Holzinger/Maurer 2007). Die pädagogisch-psychologische Forschung zur Nutzung dieser Technologien für das kooperative Lernen und die gemeinsame Wissenskonstruktion von größeren Gruppen (bis hin zu ganzen Communities) steht erst am Anfang. Weblogs (oder kurz: Blogs) ermöglichen Lehrenden und Lernenden die unmittelbare Veröffentlichung und Kommentierung von Inhalten (vgl. Richardson 2006). Ähnlich hohes Potenzial wird den so genannten Wikis zugeschrieben. Wikis sind kollaborationsunterstützenden Webseiten, bei denen Text und Hypertext bzw. Hypermedien gemeinsam erstellt und editiert werden können. Ein bekanntes Beispiel für ein Wiki ist Wikipedia. Lehrende und Lernende können sich mittels Rich Site Summary (RSS-Feed) Technologie automatisch über Veränderungen der Inhalte informieren lassen. Mit *Social Tagging* können Webinhalte wie z.B. die eigenen Bookmarks von Webseiten (z.B. del.icio.us) oder wissenschaftliche Artikel (z.B. citeulike) mit eigenen „Tags" (Begriffe, die den Inhalt beschreiben) versehen und in Communities mit anderen geteilt werden. Durch die automatische Integration der Tags von vielen Tausenden von Nutzern entstehen dynamisch teilweise hoch interessante Beschreibungen zu den Webinhalten, deren Potenzial für das Lehren und Lernen ebenfalls noch wenig exploriert ist.

Die empirische Forschung hat bezüglich dieser neuen Technologien bislang häufig den wenig fruchtbaren Weg der Suche nach Medieneffekten (etwa der Nutzung von Blogs) auf den Lernerfolg eingeschlagen (vgl. Ebner/Holzinger/Maurer 2007). Notwendig erscheinen hier stattdessen Studien, die diese neuen Technologien mit lehr-/lerntheoretisch begründeten didaktischen Ansätzen integrieren.

(3) Sozio-kognitive Strukturierungswerkzeuge sind Computerprogramme, die die gemeinsamen Lernaktivitäten und die Interaktion so organisieren, dass lernförderliche Dialoge und Diskussionen zwischen den Lernpartnern oder mit einem Tutor wahrscheinlicher werden (vgl.

Person/Graesser 1999). Diese Werkzeuge nehmen Einfluss auf die Arten möglicher Beiträge und unterstützen das Herstellen bedeutungsvoller Relationen zwischen den Beiträgen einer Diskussion. Insbesondere die Forschung zu computerunterstützten Kooperationsskripts hat sich dabei als fruchtbar erwiesen (z.B. Fischer u.a. 2007). Kooperationsskripts definieren und sequenzieren Lernaktivitäten und Rollen in kleinen und größeren Gruppen (vgl. O'Donnell 1999; Kollar/ Fischer/Hesse 2006). Der Computer kann durch Prompts und Hinweise zu Lernaktivitäten und Rollen zum jeweils passenden Zeitpunkt sowie durch Sequenzierung der Aktivitäten und die Unterstützung von Rollenwechseln eine lernförderliche Interaktion begünstigen. Empirische Studien zeigen, dass kooperatives Lernen online ohne Strukturierung häufig ineffektiv ist; allerdings könnte eine Überstrukturierung, das so genannte Over-Scripting, ebenfalls negative Auswirkungen auf den Lernerfolg haben (vgl. Dillenbourg 2002). Unterschiedliche Forschungsaktivitäten untersuchen derzeit die Frage nach dem ‚angemessenen' Strukturierungsgrad für unterschiedliche individuelle und soziale Lernvoraussetzungen. So wurde etwa untersucht, wie sich ein epistemisches Skript, das die Interaktion aufgabenbezogen strukturierte, von einem sozialen Skript, das auf lernförderliche Interaktion und die wechselseitige Bezugnahme der Lernpartner abzielte, bezüglich des damit erzielten Lernerfolgs unterscheidet. Hier zeigten sich zunächst positive Effekte beider Skripttypen im Lernprozess, aber nur das soziale Skript hatte auch positive Effekte auf den individuellen Lernerfolg (vgl. Weinberger/Fischer/Mandl 2003).

Andere Arbeiten untersuchten, wie Skripts für interdisziplinäre, computervermittelt interagierende Expertenteams gestaltet werden können, beispielsweise wurden Kooperationsskripts für die gemeinsame Besprechung von Fällen durch Mediziner und Psychologen entwickelt und untersucht (vgl. Rummel/Spada 2005). Auch Skripts für den Wissensaustausch von Experten und Laien im Internet wurden in empirischen Studien erprobt (z.B. Ärzte und Patienten, Runde/Bromme/Jucks 2007). Hier zeigte sich in einer Studie von Nückles u.a. (2007), dass sich die Kommunikation zwischen IT-Experten und IT-Laien in einem Helpdesk-Szenario durch ein Skript substanziell verbessern lässt.

Zusammenfassend kann für dieses Aufgabenfeld festgehalten werden, dass mit Hilfe der neuen Kommunikations- und Kooperationstechnologien das gemeinsame Lernen räumlich und zeitlich flexibler wird und qualitativ sogar verbessert werden kann, wenn die Formen netzbasierter Kommunikation mit ihren spezifischen Merkmalen adäquat eingesetzt werden. Zur Förderung des Lernens in Computernetzen werden unterschiedliche Arten von Kooperationswerkzeugen für Lernzwecke adaptiert oder neu entwickelt. Insbesondere neue Entwicklungen im Bereich der Social Software bergen großes und bislang kaum systematisch empirisch untersuchtes Potenzial für die gemeinsame Wissenskonstruktion online.

5 Implementation: Kontextbedingungen des Einsatzes neuer Medien

Lehren und Lernen mit neuen Medien geschieht selten unabhängig von institutionellen Kontexten. Neue Medien werden deshalb zwar oft als die ideale Technologie für nachhaltig lernende Bildungsorganisationen betrachtet: Durch intelligente Vernetzung werden Wissensgenerierung, Wissenskommunikation und Wissensnutzung in einer Form ermöglicht, die heutigen Organisationen die Anpassung an die sich rapide ändernden Marktsituationen erlauben. Immer häufiger wird allerdings von Kritikern darauf verwiesen, dass der viel versprechenden Vielfalt an interessanten Projekten mit neuen Medien in Bildungsorganisationen kaum nennenswerte Verstetigung gegenübersteht: Sind die Anschubfinanzierungen erst einmal zu Ende oder die Hauptinitiatoren nicht mehr da, dann finden sich kaum Ansätze zu einer Fortführung. Es fehlt zum Beispiel an qualifizierten Lehrkräften, die neuen Ansätze passen nicht zur bestehenden Lernkultur oder es gibt kein pädagogisches Modell und keine Vision, die die Verwendung von Technologien leiten könnten (vgl. Fishman/Pinkard/Bruce 1998).

Um das Potenzial neuer Medien auch in Institutionen und Organisationen realisieren zu können, sind professionelle Modelle der Implementation notwendig. Dabei wird vor der häufig anzutreffenden *eindimensionalen Implementation* gewarnt, bei der neue Medien einfach dem Status quo hinzugefügt werden (vgl. Lehmann/Mandl 2007). Mehrdimensionale Ansätze streben demgegenüber einen systemischen Wandel an, bei dem Veränderungen nicht isoliert die neuen Medien betreffen, sondern von weitreichenden Veränderungen auch bei Instruktionsmethoden, Lehrinhalten, Lehrerqualifikation und Assessment bzw. Prüfungen begleitet werden. Dabei werden Lernende auf den Umgang mit den Medien vorbereitet und anschließend weiter begleitet, die Unterstützung des Umfeldes und der Leitung wird sichergestellt. Ein Beispiel für einen solchen mehrdimensionalen Ansatz stellt das BLK-Programm SEMIK dar, dessen Ziel die systematische Einbeziehung von Medien, Informations- und Kommunikationstechnologien in schulische Lehr- und Lernprozesse ist. So hatte etwa ein Projekt im Rahmen dieses BLK-Programms das Ziel, gemeinsam mit den Lehrkräften den naturwissenschaftlichen Unterricht durch die Einbeziehung neuer Medien weiterzuentwickeln und didaktisch zu optimieren (Prenzel u.a. 2000). Zur Überwindung der bei der Implementation von E-Learning auftretenden Akzeptanz-Probleme in Unternehmen haben sich erfolgreich Maßnahmen bezogen auf Organisation, Technik, Partizipation und Qualifikation als erfolgreich erwiesen (Mandl u.a. 2007). Ein umfassendes multidimensionales Modell zur Implementation von E-Learning wurde von Lehmann und Mandl (in Druck) entwickelt. Das Modell umfasst fünf Stufen. (1) *Vision und Initialisierung:* Zu Beginn ist eine klare Zieldefinition und Struktur erforderlich. (2) *Bildungsdiagnose:* Fokussiert werden Aspekte wie Benchmarking, Zielgruppen, inhaltliche und technische Bedarfsermittlung, Investitionskosten. (3) *Konzeption und Design:* Neben methodisch-didaktischen Aspekten kommen auf dieser Stufe auch technische Aspekte zum Tragen (E-Learning-Systemarchitektur). (4) *Realisierung und Produktion:* Es erfolgt die operative Umsetzung der Lerninhalte im Implementationsmodell. (5) *Betriebliche Umsetzung:* Sie umfasst die betriebliche Integration und Qualitätssicherung durch Evaluation.

In fast allen neueren Ansätzen zur Implementation digitaler Medien im Bildungsbereich spielt die Qualifizierung der Lehrenden eine zentrale Rolle. Der Umgang mit digitalen Medien ist für viele Lehrende oft weniger selbstverständlich als für Lernende. Daher wurden in den letzten Jahren professionelle Aus- und Weiterbildungsmaßnahmen entwickelt, um die Kompetenz der Lehrenden im Umgang mit neuen Medien zu fördern. Empirische Studien zeigen, dass mit diesen Programmen die technischen Fähigkeiten der Lehrenden verbessert werden konnten und das Vertrauen anstieg, Technologien im Unterricht einsetzen zu können (vgl. Lawless/Pellegrino 2007).

Weiter ist die *Evaluation* des Einsatzes digitaler Medien im Kontext Bestandteil fast aller neueren Implementationsansätze. Systematische Evaluation differenziert zwischen verschiedenen Messzeitpunkten (vor, während und nach einer Maßnahme), verschiedenen Evaluationsebenen (z.B. Lernerfolg, Transfer) und verschiedenen Evaluationsschwerpunkten (z.B. instruktionale Gestaltung, Organisation) (vgl. Henninger 2002). Das Rahmenmodell zur Evaluierung virtueller Seminare von Friedrich/Hron/Hesse (2001) fokussiert die Beziehung zwischen Input Variablen (z.B. individuelle Lernvoraussetzungen und Merkmale der Lernumgebung), Prozessvariablen (insbesondere die Interaktion der Lernenden mit der Technik und mit anderen Lernenden bzw. mit den Lehrenden) sowie den Lernergebnissen (z.B. Wissenserwerb). Zunehmend wird gefordert, dass bei der Evaluation neben der Bewertung von Variablen wie Lerneffektivität, Akzeptanz oder Ergonomie der Benutzerschnittstellen auch bildungsökonomische *Kosten-Nutzen-Einschätzungen* zentrale Kriterien der Bewertung sein sollten (vgl. Hense/Mandl/Schratzenstaller 2005). In diesem Kontext gewinnen Ansätze zum Bildungscontrolling an Bedeutung. Bildungscontrolling ermöglicht die Sicherstellung von Qualitätsstandards beim Einsatz digitaler Medien. Es beinhaltet Komponenten wie Zielkontrolle, Bedarfsfeststellung, Input-, Prozess- und Outputanalysen sowie Kosten-Nutzen-Einschätzungen (vgl. Seeber 2000).

Zusammenfassend kann gesagt werden, dass für Implementationsmodelle die Einführung von Ansätzen des Lehrens und Lernens mit neuen Medien in Organisationen professionelle Implementationsmodelle herangezogen werden sollten. Dazu ist eine angemessene Aus- und Weiterbildung der Lehrenden notwendig. Eine systematische Evaluation, darf nicht davor zurückschrecken, Kosten und Nutzen von Maßnahmen oder Produkten auch unter ökonomischen Gesichtspunkten zu quantifizieren. Ein solches Vorgehen ist bislang allerdings eher die Ausnahme als die Regel.

6 Fazit

Zur Gestaltung von Lernumgebungen wurden in den letzten Jahren unterschiedliche Modelle entwickelt, die je nach Schwerpunkt andere Charakteristika der neuen Medien in den Vordergrund stellen: die verbesserte Interaktivität, die verbesserten Möglichkeiten zur Einbeziehung von Kontexten oder die Unterstützung von Kommunikation und Kooperation. Befunde zeigen jedoch, dass Lernende durch multimedial dargebotene Information unterstützt, aber auch überfordert werden können. Das stärker eigenverantwortliche Lernen wird durch neue Medien zwar ermöglicht; hohe Selbststeuerung bedeutet jedoch nicht immer auch optimalen Lernerfolg. Neue Medien ermöglichen neue Formen der Kooperation und des kooperativen Lernens, andererseits können unterschiedliche Begleiteffekte der computervermittelten Kommunikation den gemeinsamen Lernerfolg und die Akzeptanz virtueller Lernumgebungen erheblich mindern. Eine aktuelle Diskussion in der Lehr-Lernforschung adressiert einmal mehr die Frage des erforderlichen Strukturierungsgrades und des Ausmaßes an Instruktion in mediengestützten Lernumgebungen. Kritisiert wird die mangelnde Effizienz niedrig strukturierter Lernumgebungen (vgl. Kirschner/Sweller/Clark 2006). Dem gegenüber verlangen Vertreter gemäßigt konstruktivistischer Auffassung eine differenzierte Betrachtung des Problems (vgl. Kuhn 2007; Hmelo-Silver u.a. 2007). Sie betonen, dass die Effizienz des Strukturierungsgrades von Lernumgebungen in Abhängigkeit von Vorwissen und der Komplexität des Inhalts zu sehen ist. Gefordert werden Ansätze, die eine stärkere Adaptivität der medialen Lernumgebungen an unterschiedliche Voraussetzungen von Individuen und Gruppen ermöglichen (vgl. Dillenbourg/ Fischer 2007).

Im organisationalen Kontext von Schulen und anderen Bildungsinstitutionen können neue Medien zu einer Reflexion der vorhandenen pädagogischen Praxis und zu einer neuen Lernkultur beitragen, stürmisch initiierte Ansätze können aber auch in der Praxis versanden und große

Mengen an Ressourcen verschlingen, die an anderer Stelle fehlen. Aus unserer Sicht haben pädagogische und psychologische Forschungsaktivitäten in den letzten Jahren deutliche Fortschritte erbracht. Für jedes der behandelten Aufgabenfelder liegen Modelle und Befunde vor, die helfen können, positive Potenziale der neuen Medien zu realisieren. Wichtige aktuelle Forschungsaktivitäten versuchen, die Möglichkeiten von Social Software sowie mobiler digitaler Technologien zur Unterstützung von Lern- und Kommunikationsprozessen im Kontext unterschiedlicher Lehr-Lernansätze zu ermitteln. Die Relevanz neuer Medien für Lehr-Lernprozesse wird in Zukunft unter der Perspektive des Lebenslangen Lernens an Bedeutung gewinnen – insbesondere im Hinblick auf selbstgesteuertes und kooperatives Lernen. Allerdings besteht noch immer eine schwer überbrückbare Kluft zwischen Grundlagenforschung und Praxis: Ansätze der Praxis nehmen die Erkenntnisse der Grundlagenforschung oft nicht zur Kenntnis und es werden stattdessen Ad-Hoc-Lösungen realisiert. Ein Grund dafür ist, dass die Erkenntnisse der Laborforschung oft zu geringe Beiträge zur Lösung von Problemen der aktuellen Praxis liefern. Wie kann diese Kluft überwunden werden? Es ist sowohl grundlagenorientierte als auch anwendungsorientierte Forschung nötig, um dem komplexen Gebiet des Lehrens und Lernens mit neuen Medien gerecht zu werden. Für die Zukunft wird es allerdings entscheidend darauf ankommen, inwieweit eine engere Verzahnung dieser beiden Forschungsstrategien gelingt. Schritte in dieser Richtung sind der Design-Based Approach und der Integrative Research Approach (vgl. Stark/Mandl 2007). Ausgangspunkt solcher Modelle sind typische aktuelle Probleme und Phänomene der Praxis, wie etwa Probleme selbstgesteuerten Lernens in einem Webbasierten Trainingsprogramm oder auch Kooperationsprobleme in einem virtuellen Seminar. In nachfolgenden Phasen der Grundlagenforschung sollen Kausal- und Zusammenhangshypothesen hinsichtlich einzelner Faktoren oder Faktorengruppen unter kontrollierten Bedingungen geprüft werden. Die Konsequenzen dieser Studien werden dann in Form von instruktionalen Maßnahmen oder Werkzeugen in einem oder mehreren Anwendungsfeldern implementiert und die Veränderungen werden evaluiert. Die veränderte Praxis wiederum wird neue Phänomene zeigen deren detaillierte Untersuchung zum Gegenstand grundlagenorientierter Forschung werden kann. Ein Teilaspekt dieser Problematik ist die Frage, nach welchem Muster Forscher und Praktiker im Rahmen unterschiedlicher Forschungsansätze zum Lernen mit neuen Medien zusammenarbeiten bzw. zusammenarbeiten sollten (vgl. Bauer/Fischer 2007).

Literatur

Aleven, V./Koedinger, K.R. (2002): An effective meta-cognitive strategy: Learning by doing and explaining with a computer-based Cognitive Tutor. In: Cognitive Science 26, S. 147–179.

Aleven, V./Stahl, E./Schworm, S./Fischer, F./Wallace, R.M. (2003): Help Seeking in Interactive Learning Environments. In: Review of Educational Research 73, H. 2, S. 277–320.

Anderson, J.R./Corbett, A.T./Koedinger, K./Pelletier, R. (1995): Cognitive tutors: Lessons learned. In: The Journal of Learning Sciences 4, S. 167–207.

Astleitner, H. (2000a): A review of motivational and emotional strategies to reduce dropout in web-based distance education. In: Leutner, D./Brünken, R. (Hrsg.): Neue Medien in Unterricht, Aus- und Weiterbildung. Münster: Waxmann, S. 17–24.

Astleitner, H. (2000b): Designing emotionally sound instruction: The FEASP-Approach. In: Instructional Science 28, H. 3, S. 169–198.

Bauer, K./Fischer, F. (2007): The educational research-practice interface revisited: a scripting perspective. In: Educational Research and Evaluation 13, H. 3, S. 221–236.

Boekaerts, M. (1996): Teaching students self-regulated learning: A major success in applied research. In: Georgas, J./Manthouli, M./Besevegis, E./Kokkevi, A. (Hrsg.): Contemporary psychology in Europe: Theory, research, and applications. Kirkland, WA: Hogrefe & Huber Publishers, S. 245–259.

Bruhn, J. (2000): Förderung des kooperativen Lernens über Computernetze. Prozess und Lernerfolg beim dyadischen Lernen mit Desktop-Videokonferenzen. Frankfurt a. M.: Lang.

Brünken, R./Steinbacher, S./Leutner, D. (2000): Räumliches Vorstellungsvermögen und Lernen mit Multimedia. In: Leutner, D./Brünken, R. (Hrsg.): Neue Medien in Unterricht, Aus- und Weiterbildung. Münster: Waxmann, S. 37–46.

Buder, J. (2007): Net-based knowledge-communication in groups. In: Zeitschrift für Psychologie 215, H. 4, S. 209–217.

Cognition and Technology Group at Vanderbilt (1997): The Jasper Project: Lessons in curriculum, assessment, and professional development. Mahwah: Erlbaum.

Collins, A./Brown, J.S./Newman, S.E. (1989): Cognitive Apprenticeship: Teaching the crafts of reading, writing, and mathematics. In: Resnick, L.B. (Hrsg.): Knowing, learning, and instruction. Essays in the honour of Robert Glaser. Hillsdale: Erlbaum, S. 453–494.

Cress, U./Hesse, F.W. (2004): Knowledge sharing in groups: Experimental findings of how to overcome a social dilemma. In: Kafai, Y./Sandoval, W./Enydey, N./Nixon, A.S./Herrera, H. (Hrsg.): Proceedings of the Sixth International Conference of the Learning Sciences. Mahwah, NJ: Lawrence Erlbaum. S. 150–157.

de Jong, T. (2006): Computer simulations – Technological advances in inquiry learning. In: Science 312, S. 532–533.

Dillengbourg, P. (Hrsg.) (1999): Collaborative learning: Cognitive and computational approaches. Amsterdam: Elsevier/Pergamon.

Dillenbourg, P. (2002): Over-scripting CSCL: The risks of blending collaborative learning with instructional design. In: Kirschner, P.A. (Hrsg.): Three worlds of CSCL. Can we support CSCL Heerlen: Open University Nederland, S. 61–91.

Dillenbourg, P./Fischer, F. (2007): Basics of computer-supported collaborative learning. In: Zeitschrift für Berufs- und Wirtschaftspädagogik 21, S. 111–130.

Dillon, A./Gabbard, R. (1998): Hypermedia as an educational technology: A review of the quantitative research literature on learner comprehension, control, and style. In: Review of Educational Research 68, H. 3, S. 322–349.

Döring, N. (2000): Mediale Kommunikation in Arbeitsbeziehungen: Wie lassen sich soziale Defizite vermeiden? In: Boos, M./Jonas, K./Sassenberg, K. (Hrsg.): Computervermittelte Kommunikation in Organisationen. Göttingen: Hogrefe, S. 27–40.

Ebner, M./Holzinger A./Maurer H. (2007): Web 2.0 Technology: Future interfaces for technology enhanced learning? In: Universal Access to Applications and Services. Lecture Notes in Computer Science 4556. Berlin, Heidelberg: Springer, S. 559–568.

Fabos, B./Young, M. (1999): Telecommunication in the classroom: Rhetoric versus reality. In: Review of Educational Research 69, H. 3, S. 217–259.

Fischer, F./Bruhn, J./Gräsel, C./Mandl, H. (2002): Fostering collaborative knowledge construction with visualization tools. In: Learning and Instruction 12, S. 213–232.

Fischer, F./Gräsel, C./Kittel, A./Mandl, H. (1997): Strategien zur Bearbeitung von Diagnoseproblemen in komplexen Lernumgebungen. In: Zeitschrift für Entwicklungspsychologie und Pädagogische Psychologie 29, S. 62–82.

Fischer, F./Kollar, I./Mandl, H./Haake, J. (2007): Perspectives on collaboration scripts. In: Fischer, F./Mandl, H./Haake, J./Kollar, I. (Hrsg): Scripting computer-supported collaborative learning. New York: Springer, S. 1–9.

Fischer, F./Mandl, H. (2005): Knowledge convergence in computer-supported collaborative learning: the role of external representation tools. In: Journal of the Learning Sciences 14, H. 3, S. 405–441.

Fischman, B./Pinkard, N./Bruce, C. (1998): Preparing schools for curricular reform: Planning for Technology vs. Technology Planning. In: Bruckman, A./Guzdial, M./Kolodner, J./Ram, A. (Hrsg.): International Conference on the Learning Sciences. Atlanta: AACE, S. 98–104.

Frau, E./Mindoro, V./Pedemonte, G. M. (1992): Do hypermedia systems really enhance learning? A case study on earthquake education. In: Educational and Training Technology International 29, S. 42–51.

Friedrich, H.F./Hron, A./Hesse, F.W. (2001): A framework for designing and evaluating virtual seminars. In: European Journal of Education 36, H. 2, S. 157–174.

Friedrich, H.F./Mandl, H. (2006): Lernstrategien: Zur Strukturierung des Forschungsfeldes. In: Mandl, H./Friedrich, H.F. (Hrsg.): Handbuch Lernstrategien. Göttingen: Hogrefe, S. 1–23.

Gassner, K./Hoppe, H.U. (2000): Visuelle Sprachen als Grundlage kooperativer Diskussionsprozesse. In: Fischer, F./Mandl, H. (Hrsg.): Wissen sichtbar machen. Göttingen: Hogrefe, S. 93–118.

Gerjets, P./Scheiter, K./Schuh, J. (2005): Instruktionale Unterstützung beim Fertigkeitserwerb aus Beispielen in hypertextbasierten Lernumgebungen. In: Zeitschrift für Pädagogische Psychologie 19, S. 23–38.

Gräsel, C./Fischer, F./Mandl, H. (2001): The use of additional information in problem-oriented learning environments. In: Learning Environments Research 3, S. 287–305.

Gräsel, C./Mandl, H. (1993): Förderung des Erwerbs diagnostischer Strategien in fallbasierten Lernumgebungen. In: Unterrichtswissenschaft, 21, S. 355–370.

Henninger, M. (2001): Evaluation von multimedialen Lernumgebungen und Konzepten des e-learning (Forschungsbericht Nr. 140): Ludwig-Maximilians-Universität München. Institut für Empirische Pädagogik und Pädagogische Psychologie, Lehrstuhl Prof. Dr. Heinz Mandl.

Hense, J.U./Mandl, H./Schratzenstaller, A. (2005): Bildungscontrolling in der Schule? Möglichkeiten und Grenzen des Prozess-, Output- und Transfercontrollings am Beispiel eines innovativen Unterrichtsprojekts. In: Unterrichtswissenschaft 33, S. 334–358.

Hesse, F.W./Garsoffky, B./Hron, A. (2002): Interface-Design für computerunterstütztes Lernen. In: Issing, L.J./Klimsa, P. (Hrsg.): Information und Lernen mit Multimedia. Weinheim: Beltz PVU, S. 253–267.

Hickey, D.T./Moore, A.L./Pellegrino, J.W. (2001): The motivational and academic consequences of elementary mathematics environments: Do constructivist innovations and reforms make a difference? In: American Educational Research Journal 38, H. 3, S. 611–652.

Hmelo-Silver, C.E./Duncan, R.G./Chinn, C.A. (2007): Scaffolding and achievement in problem-based and inquiry learning: A response to Kirschner, Sweller, and Clark (2006). In: Educational Psychologist 42, H. 2, S. 99–107.

Hron, A./Hesse, F.W./Cress, U./Giovis, C. (2000): Implicit and explicit dialogue structuring in virtual learning groups. In: British Journal of Educational Psychology 70, H. 1, S. 51–64.

Hsi, S./Hoadley, C.M. (1997): Productive discussion in science: Gender equity through electronic discourse. In: Journal of Science Education and Technology 6, S. 23–36.

Janssen, J./Erkens, G./Kanselaar, G. (2007): Visualization of agreement and discussion processes during computer-supported collaborative learning. In: Computers in Human Behavior 23, H. 3, S. 1105–1125.

Jonassen, D.H./Carr, C.S. (2000): Mindtools: Affording multiple knowledge representations for learning. In: Lajoie, S.P. (Hrsg.): Computers as cognitive tools: The next generation. Mahwah, NJ: Erlbaum, S. 165–196.

Kirschner, P./Sweller, J./Clark, R. (2006): Why minimal guidance during instruction does not work: An analysis of the failure of constructivist, discovery, problem-based, experiential, and inquiry-based teaching. In: Educational Psychologist 41, H. 2, S. 75–86.

Koedinger, K.R./Corbett, A. (2006): Cognitive Tutors: Technology bringing learning science to the classroom. In: Sawyer, K. (Hrsg.): The Cambridge Handbook of the Learning Sciences, New York: Cambridge University Press, S. 61–78.

Kollar, I./Fischer, F./Hesse, F.W. (2006): Computer-supported collaborations scripts – A conceptual analysis. In: Educational Psychology Review 18, H. 2, S. 159–185.

Kuhn, D. (2007): Is direct instruction an answer to the right question? In: Educational Psychologist 42, H. 2, S. 109–113.

Lauer, T./Ottmann, T./Trahasch, S./Haake, J.M./Pfister, H.-R./Bauer, K./Hesse, F.W. (2006): Das DFG-Schwerpunktprogramm „Netzbasierte Wissenskommunikation in Gruppen". In: Information Technology 48, H. 1, S. 52–59.

Lawless, K./Pellegrino, J. (2007): Professional development in integrating technology into teaching and learning: knowns, unknowns, and ways to pursue better questions and answers. In: Review of Educational Research 77, H. 4, S. 575–614.

Lehmann, S./Mandl, H. (2007): Implementation von E-Learning in Unternehmen. In: Henninger, M./Mandl, H. (Hrsg.): Handbuch Medien- und Bildungsmanagement. Weinheim: PVU Beltz.

Leutner, D./Leopold, C./den Elzen-Rump, V. (2007): Self-regulated learning with a text-highlighting strategy: A training experiment. In: Journal of Psychology 215, S. 174–182.

Lewalter, D. (2003): Cognitive strategies for learning from static and dynamic visuals. In: Learning and Instruction 13, S. 177–189.

Linn, M.C./Bell, P./Hsi, S. (1998): Using the internet to enhance student understanding of science: The knowledge integration environment. In: Interactive Learning Environments 6, H. 1-2, S. 4–38.

Linn, M.C./Davis, E.A./Eylon, B-S. (2004): The Scaffolded Knowledge Integration Framework for Instruction. In: Linn, M.C./Davis, E.A./Bell, P. (Hrsg.): Internet Environments for Science Education. Mahwah, NJ: Lawrence Erlbaum Associates, S. 47–72.

Linn, M.C./Lee, H.-S./Tinker, R./Husic, F./Chiu, J.L. (2006): Teaching and assessing knowledge integration in science. In: Science, 313, S. 1049–1050.

Mandl, H./Fischer, F. (Hrsg.) (2000): Wissen sichtbar machen. Wissensmanagement mit Mapping-Techniken. Göttingen: Hogrefe.

Mandl, H./Fischer, F. (2002): Computer Networking. In: Smelser, N./Baltes, P. (Hrsg.): International encyclopedia of the social and behavioral sciences. Oxford: Elsevier, S. 2470–2473.

Mandl, H./Gräsel, C./Fischer, F. (2000): Problem-oriented learning: Facilitating the use of domain-specific and control strategies through modeling by an expert. In: Perrig, W.J./Grob, A. (Hrsg.): Control of Human Behaviour, Mental Processes and Consciousness. Mahwah: Erlbaum, S. 165–182.

Mandl, H./Gruber, H./Renkl, A. (2002): Situiertes Lernen in multimedialen Lernumgebungen. In: Issing, L.J./Klimsa, P. (Hrsg.): Information und Lernen mit Multimedia und Internet. Weinheim: Beltz Psychologie Verlags Union, S. 138–148.

Mandl, H./Kopp, B. (2006a): Blended Learning: Forschungsfragen und Perspektiven. In: FNM (Hrsg.): Forschung zu Blended Learning: österreichische F & E Projekte und EU-Beteiligung. Graz: Verlag Forum Neue Medien, S. 5–24.

Mandl, H./Kopp, B. (2006b): Situated learning - theories and models. In: Nentwig, P./Waddington, D. (Hrsg.): Making it relevant: Context based learning of science. Münster: Waxmann, S. 15–34.

Mandl, H./Winkler, K./Heuser, B./Weber, W. (2007): Mitarbeiterorientierte Implementation von E-Learning in einem Pharmaunternehmen. In: Gaiser, B./Hesse, F./Lütke-Entrup, M. (Hrsg.): Bildungsportale – Potentiale und Perspektiven netzbasierter Bildungsressourcen. München: Oldenbourg, S. 165–178.

Mayer, R.E. (2005): Cognitive Theory of Multimedia Learning. In: Mayer, R.E. (Hrsg.): The Cambridge handbook of multimedia learning. New York: Cambridge University Press, S. 31–48.

Mayer, R.E./Moreno, R. (2002): Animation as an Aid to Multimedia Learning. In: Educational Psychology Review 14, S. 87–99.

Moreno, R./Mayer, R.E. (2000): A coherence effect in multimedia learning: The case for minimizing irrelevant sounds in the design of Multimedia Instructional Messages. In: Journal of Educational Psychology 92, H. 1, S. 117–125.

Narciss, S./Proske, A./Koerndle, H. (2007): Promoting self-regulated learning in web-based learning environments. In: Computers in Human Behavior 23, S. 1127–1144.

Niegemann, H.M. (2001): Neue Lernmedien – konzipieren, entwickeln, einsetzen. Bern: Hans Huber Verlag.

Nistor, N./Weinberger, A./Lerche, T./Mandl, H./Gruber, H. (2000): Das virtuelle Seminar „Empirische Erhebungs- und Auswertungsverfahren" (Praxisbericht Nr. 22): Ludwig-Maximilians-Universität München. Institut für Empirische Pädagogik und Pädagogische Psychologie, Lehrstuhl Prof. Dr. Heinz Mandl.

Nückles, M./Ertelt, A./Wittwer, J./Renkl, A. (2007): Scripting laypersons' problem desriptions in internet-based communication with experts. In: Fischer, F./Mandl, H./Haake, J./Kollar, I. (Hrsg.): Scripting computer-supported collaborative learning. New York: Springer, S. 73–91.

O'Donnell, A.M. (1999): Structuring dyadic interaction through scripted cooperation. In: O'Donnell, A.M./King, A. (Hrsg): Cognitive perspectives on peer learning. Mahwah, NJ: Lawrence Erlbaum Associates, S. 179–196.

Person, N.K./Graesser, A.C. (1999): Evolution of discourse in cross-age tutoring. In: O'Donnel, A.M./King, A. (Hrsg.): Cognitive perspectives on peer learning. Mahwah: Erlbaum, S. 69–86.

Pintrich, P.R. (2000): The role of goal orientation in self-regulated learning. In Boerkaerts, M./ Pintrich, P.R./ Zeidner, M. (Hrsg.): Handbook of Self-regulation. SanDiego, CA: AcademicPress, S. 452–502.

Plass, J.L./Chun, D.M./Mayer, R.E./Leutner, D. (2003): Cognitive load in reading a foreign language text with multimedia aids and the influence of verbal and spatial abilities. In: Computers in Human Behavior 19, S. 221–243.

Prensky, M./Thiagarajan, S. (2007): Digital game-based learning. St. Paul, MN: Paragon House Publishers.

Prenzel, M./Von Davier, M./Bleschke, M.G./Senkbiel, M./Unhahne, D. (2000): Didaktisch optimierter Einsatz Neuer Medien: Entwicklung von computergestützten Unterrichtskonzepten für die naturwissenschaftlichen Fächer. In: Leutner, D./Brünken, R. (Hrsg.): Neue Medien in Unterricht, Aus- und Weiterbildung. Münster: Waxmann, S. 113–121.

Richardson, W. (2006): Blogs, wikis, podcasts, and other powerful web tools for classrooms. Thousand Oaks, Ca: Corwin Press.

Riel, M./Harasim, L. (1994): Research Perspectives on Network. In: Machine-Mediated Learning 4, S. 91–113.

Roschelle, J./Pea, R. (1999): Trajectories from today's WWW to a powerful educational infrastructure. In: Educational Researcher 28, H. 5, S. 22–25.

Rosé, C.P./Wang, Y.C./Arguello, J./Stegmann, K./Weinberger, A./Fischer, F. (in Druck): Analyzing collaborative learning processes automatically: Exploiting the advances of computational linguistics in computer-supported collaborative learning. In: International Journal of Computer-Supported Collaborative Learning.

Rummel, N./Spada, H. (2005): Instructional support for collaboration in desktop videoconference settings: How it can be achieved and assessed. In Bromme, R./Hesse F.W./Spada, H. (Hrsg.): Barriers and biases in computer-mediated knowledge communication and how they may be overcome. New York: Springer, S. 59–88.

Runde, A./Bromme, R./Jucks, R. (2007): Scripting in net-based medical consultation: The impact of external representations on giving advice and explanations. In: Fischer, F./Mandl, H./Haake, J./Kollar, I. (Hrsg.): Scripting computer-supported collaborative learning. New York: Springer, S. 57–72.

Scardamalia, M./Bereiter, C. (1994): Computer support for knowledge-building communities. In: Journal of the Learning Sciences 3, H. 3, S. 265–283.
Scardamalia, M./Bereiter, C. (2006): Knowledge building: theory, pedagogy, and technology. In: Sawyer, K. (Hrsg.): The Cambridge Handbook of the Learning Sciences. Cambridge: Cambridge University Press, S. 97–117.
Scheiter, K./Gerjets, P. (2007): Learner control in hypermedia environments. In: Educational Psychology Review 19, H. 3, S. 285–307.
Schnotz, W. (2005): An integrated model of text and picture comprehension. In: Mayer, R.E. (Hrsg.): Cambridge Handbook of Multimedia Learning. Cambridge: Cambridge University Press, S. 49–69.
Seeber, S. (2000): Stand und Perspektiven von Bildungscontrolling. In: Seeber, S./Krekel, E.M./van Buer, J. (Hrsg.): Bildungscontrolling. Ansätze und kritische Diskussion zur Effizienzsteigerung von Bildungsarbeit. Frankfurt a.M.: Lang, S. 19–50.
Sharples, M./Taylor, J./Vavoula, G. (2007): A theory of learning for the mobile age. In: Andrews, R./Haythornthwaite, C. (Hrsg.): The Sage Handbook of Elearning Research. London: Sage, S. 221–247.
Simons, P.R.J. (1992): Lernen, selbständig zu denken - ein Rahmenmodell. In: Mandl, H./Friedrich, H.F. (Hrsg.): Lern - und Denkstrategien - Analyse und Intervention. Göttingen: Hogrefe, S. 251–264.
Slotta, J.D. (2004): The Web-based Inquiry Science Environment (WISE): Scaffolding teachers to adopt inquiry and technology. In: Linn, M.C./Bell, P./Davis, E. (Hrsg.): Internet Environments for Science Education. Mahwah, NJ: Lawrence Erlbaum Associates, S. 203–232.
Stahl, G./Koschmann, T./Suthers, D. (2006): Computer-supported collaborative learning. In: Sawyer, K. (Hrsg.): Cambridge handbook of the learning sciences. New York: Cambridge University Press, S. 409–426.
Stark, R./Mandl, H. (in Druck): Bridging the gap between basic and applied research by an integrative research approach. In: Educational Research and Evaluation 13, H. 3, S. 249–261.
Suthers, D./Hundhausen, C. (2003): An experimental study of the effects of representational guidance on collaborative learning processes. In: Journal of the Learning Sciences 12, H. 2, S. 183–219.
Tergan, S.O. (2002): Hypertext und Hypermedia: Konzeption, Lernmöglichkeiten, Lernprobleme und Perspektiven. In: Issing, L.J./Klimsa, P. (Hrsg.): Information und Lernen mit Multimedia. Weinheim: Beltz PVU, S. 99–112.
Troendle, P./Mandl, H./Fischer, F./Koch, J.H./Schlichter, J./Teege, G. (1999): Munics: Multimedia for problem-based learning in computer science. In: Franklin, S.D./Strenski, E. (Hrsg.): Building university electronic educational environments. Boston: Kluwer Academic Publishers, S. 37–50.
Weinberger, A./Fischer, F./Mandl, H. (2003): Gemeinsame Wissenskonstruktion in computervermittelter Kommunikation: Wirkungen von Kooperationsskripts auf den Erwerb anwendungsorientierten Wissens. In: Zeitschrift für Psychologie 211, H. 2, S. 86–97.
Winne, P.H./Nesbit, J.C./Kumar, V./Hadwin, A.F./Lajoie, S.P./Azevedo, R.A./Perry, N.E. (2006): Supporting self-regulated learning with gStudy software: The Learning Kit Project. In: Technology, Instruction, Cognition and Learning 3, H. 1, S. 105–113.
Winne, P.H./Perry, N.E. (2000): Measuring self-regulated learning. In: Boekaerts, M./Pintrich, P.R./ Zeidner, M. (Hrsg.): Handbook of Self-regulation. San Diego, CA: AcademicPress, S. 531–566.
Zimmerman, B.J. (2000): Attaining self-regulation: a social cognitive perspective. In: Boekaerts, M./Pintrich, P.R./ Zeidner, M. (Hrsg.): Handbook of Self-regulation. San Diego, CA: AcademicPress, S. 13–39.

Ewald Kiel

Unterrichtsforschung

1 Unterricht

Unterricht ist ein auf Lernen und Erziehen gerichtetes pädagogisches Handeln innerhalb der spezifischen Rahmenbedingungen einer Institution. Er findet nicht nur in schulischen sondern auch in außerschulischen Institutionen statt und bezieht sich sowohl auf erwachsene als auch auf nicht erwachsene Lerner. Besonders in der Institution Schule, die im Mittelpunkt der folgenden Überlegungen steht, bestehen starke normative staatliche Vorgaben wie die der Curricula, Bildungsstandards oder der Schulgesetze. Vor diesem Hintergrund bezeichnet Unterricht die an einen institutionellen Rahmen gebundenen interdependenten Beziehungen zwischen

- Unterrichtsgegenstand („Stoff", „content");
- geplanten rational gesteuerten Tätigkeiten des Lernens und Lehrens, die von Lehrpersonen, den Lernern, computergestützten Lernplattformen oder anderen vorstrukturierten Materialien vorausplanend und prozessbegleitend gegliedert werden
- und außerplanmäßigen bisweilen intuitiven Prozessen des Lehrens und Lernens. (vgl. Klingberg 1995, S. 77-94; Dick/Carey 1996; Glöckel 1990, S. 315).

2 Unterrichtsforschung als Forschung für Unterrichtserfolg und Unterrichtsgestaltung

Unterrichtsforschung fragt einerseits: *Welche schulischen und außerschulischen Faktoren beeinflussen den Unterrichtserfolg?* Diese Frage ist *produktorientiert*. Es geht, generalisierend und abstrahierend von der Situation einer ganz spezifischen Lerngruppe, um den (nachhaltigen) Ertrag von Unterricht. Andererseits fragt Unterrichtsforschung: *Wie kann man die Aktionen und Interaktionen im Unterricht für seine Analyse, Planung und Durchführung theoretisch begründet modellieren* (vgl. Jank/Meyer 2002, S. 35)? Diese Frage ist *prozessorientiert*, es geht um Regeln, Schemata und Anweisungen, die sich auf das Unterrichtsgeschehen richten.

In Hinblick auf die erste Frage werden die Bedingungen von Erfolg nicht nur im absichtsvollen Handeln von Pädagogen gesehen, sondern Erfolg ist das Ergebnis komplexer Rahmenbedingungen. So haben Walberg und verschiedene Mitarbeiter auf der Basis eingehender Metaanalysen in einem international nach wie vor einflussreichen Neunfaktorenmodell eine Reihe von Faktoren für das Lernen in Unterrichtssituationen ermittelt. Hierzu gehören neben „Qualität" und „Quantität" von Unterricht das „lernende Individuum" mit den Faktoren „Fähigkeiten", „Entwicklungsstadium"; „Lernhaltung" und das „Umfeld", mit den Faktoren „Einfluss des Elternhauses", der „Klasse", der „Gleichaltrigen" und der „Massenmedien" (vgl. Walberg

1986). Im Anschluss hieran und unter Einbeziehung der Forschungen von Fend zur „Qualität im Bildungswesen" (vgl. Fend 1998; 2000) haben Reusser und Pauli ein systemisches Rahmenmodell von Unterrichtsqualität und -wirksamkeit" entwickelt", indem sie

- Unterricht als Angebot charakterisieren, welches von Schülern genutzt werden kann (vgl. Helmke 2004, S. 42),
- die Nutzung des Angebots in Abhängigkeit von Lehrer- und Schülermerkmalen aufzeigen,
- und externe Faktoren als angebotsbezogene oder nutzungsbezogene Stützungssysteme begreifen.

Systemisches Rahmenmodell von Unterrichtsqualität und -wirksamkeit

Qualität des Bildungsangebotes — **Qualität der Angebotsnutzung**

Angebotsbezogene Stützsysteme

System: System-Architektur, Lehrplan und Pädagogische Traditionen; Lehrerbildung, Qualifikation, Aus- und Fortbildung der Lehrpersonen

Schule / Familie: Merkmale der Einzelschule: Organisation, Ressourcen, Schulleitung, Leitbild, Standards, Kollegium

Nutzungsbezogene Stützsysteme

Soziokultureller Kontext; gesellschaftliche Wertschätzung von Bildung

Peers, Familie: Ökonomisches, soziales und kulturelles Kapital

Klasse / Individuum:
- **Lehrermerkmale**: Professionelle Expertise, Werte, Einstellungen, Engagement; Biografie
- Klassenkontext, Normen, Klima, Beziehungen, Lehrmittel — **UNTERRICHT** — Qualität und Quantität des Lehrangebots ⇄ Qualität der Nutzung des Angebots
- **Schülermerkmale**: Kognitive, motivationale, soziale und affektive Dispositionen und Fähigkeiten

MEHRDIMENSIONALE BILDUNGSWIRKUNGEN
Fachliche Leistungen und Kompetenzen, motivationale Orientierungen, Lernstrategien, Fachinteresse, generalisierbare Einstellungen & Fähigkeiten, Sozialisationseffekte

Reusser & Pauli, 1999; im Anschluss an Fend, 1998; Schmidt, 1993; Wang, Haertel & Walberg, 1993

Quelle: Reusser/Pauli 2003

Hier werden über Walberg und seine Mitarbeiter hinaus die Faktoren durch die Konstrukte „Angebot" und „Nutzen" in einen interdependenten Wirkungszusammenhang dargestellt. Externe Faktoren werden dabei als „Stützsysteme" nicht nur für einen sachbezogenen Lernerfolg, sondern für weiter gefasste „Bildungswirkungen" bis hin zu Sozialisationseffekten betrachtet. Damit gehen die Autoren über andere Angebots-Nutzenmodelle, wie etwa das in Deutschland populäre Modell von Helmke, hinaus (vgl. Helmke 2004, S. 42) und bieten damit gleichsam eine ‚Landkarte' möglicher Themen von Unterrichtsforschung in einem weit gefassten Sinne. Die in dieser ‚Landkarte' erfassten äußeren Faktoren in Form der Stützungssysteme können als differentia specifica im Hinblick auf die Lehr-Lernforschung gesehen werden, die sich eher auf die im Lernenden ablaufenden Prozesse konzentrieren (vgl. Häußler u.a. 1998). Andere Autoren hingegen betrachten die Unterrichtsforschung als Teilbereich der Lehr-Lernforschung (vgl. Terhart 2002).

Bei der zweiten Frage geht es, an der Praxis orientiert, um die Rationalisierung von Selektionsentscheidungen in Hinblick auf Unterrichtsziele, Inhalte, Methoden, Aufgabengestaltung, Medieneinsatz, die Relation der beteiligten Personen zueinander, die Gestaltung des zeitlichen Ablaufs, die Erfolgs oder Leistungskontrolle und verschiedene Elemente des Klassenmanagements. Die Beschäftigung mit dieser Frage hat eine lange geisteswissenschaftliche Tradition, die in neuerer Zeit mindestens bis auf Herbart (1776-1841) zurückgeht oder – wenn man weiter zurückgehen möchte – wesentliche Anstöße von Ratke (1571-1635) und Comenius (1592-1670) erhalten hat. Nach dem zweiten Weltkrieg bis in die heutige Zeit sind besonders die bildungstheoretische Didaktik in Anschluss an Wolfgang Klafki und lern-lehrtheoretische Didaktiken in Anschluss an Heimann und Schulz (vgl. Überblick bei Jank/Meyer 2002) einflussreich. Charakteristisch ist, dass empirisch begründete Theoriebildungen wie die Heinrich Roths in der Lehrerausbildung deutlich weniger bedeutsam waren (vgl. Roth 1959).

Im amerikanischen Instruktionsdesign findet sich eine durchaus vergleichbare wenn auch deutlich kürzere geisteswissenschaftliche Tradition, welche an die pragmatische erfahrungsorientierte Philosophie Deweys anknüpft. Darüber hinaus gibt es selbst beim Instruktionsdesign direkte Bezüge zu Herbart, wie etwa bei David Merrill. Er begründet seine Modellvorstellungen von Unterricht, wie die meisten anderen in diesem Paradigma, aber nicht philosophisch geisteswissenschaftlich, sondern eher von der pädagogisch-psychologischen Forschung her (vgl. Merrill 2002). Ein anderer Einfluss ist für das Instruktionsdesign jedoch von größerer Bedeutung. Viele der populären Instruktionsdesigner der ersten Stunde wie Gagne, Briggs, Flanagan u.a. kommen aus einem militärischen Kontext (vgl. Reiser 2002, S. 38). Anlass für viele Studien waren Instruktionsprobleme in der Ausbildung von Soldaten. Aus diesem Kontext ergibt sich u.a der besondere Fokus auf möglichst effektivem Lehrerverhalten, während die geisteswissenschaftliche Tradition Deweys die Erfahrung der Lerner betonte.

Die dritte für die Unterrichtsforschung wichtige Tradition ist die tätigkeitsorientierte Didaktik, die ihren Ursprung in der ehemaligen Sowjetunion hat und sehr einflussreich in der DDR war (vgl. Kiel 1999). Auch sie entwirft Modelle für Selektionsentscheidungen, die häufig empirisch entwickelt werden und zumindest in ihren Ursprüngen, sich ideologisch an einem sozialistischen oder kommunistischen Menschenbild orientierten. Kennzeichnend für diese Tradition sind einerseits ebenfalls Effektivitätsgesichtspunkte, andererseits werden diese verknüpft mit einer starken Aufgabenorientierung, die zum zentralen gliedernden Moment von Unterricht wird.

Ein erheblicher Teil von Unterrichtsforschung findet im Bereich fachdidaktischer Fragestellungen statt. Dies gilt etwa auch für den in den letzten Jahren bedeutsamen DFG-Schwerpunktbereich „Bildungsqualität von Schule", wo es eine Reihe von Projekten vor allem in naturwissenschaftlichen Fächern und der Mathematik gibt. Dabei werden Ergebnisse aus diesen Fächern häufig über spezielle Fächer oder Fächergruppen hinaus generalisiert. In Anbetracht der Bedeutung, die domänenspezifischem Wissen und Wissensverarbeitung in Lernprozessen beigemessen wird, ist eine solche Generalisierung nicht unproblematisch.

Der fachdidaktische wie der medienpädagogische Bereich finden in den folgenden Überlegungen kaum Berücksichtigung. Darüber hinaus wird der größere Bereich der Schulqualitätsforschung, wie er etwa von Ditton (Ditton 2007) vertreten wird, ebenso wenig berücksichtigt wie Forschungen, die sich an Persönlichkeitseigenschaften des Lehrers orientieren. Hier wird die Perspektive der nicht fachbezogenen Unterrichtsforschung eingenommen, die sich auf das Geschehen im Klassenzimmer konzentriert. Fachdidaktiken und Schulforschung verdienen jeweils eigene Darstellungen. Auch auf Persönlichkeitseigenschaften von Lehrerinnen und Lehrern und medienpädagogische Fragestellungen wird an anderer Stelle in diesem Band eingegangen (vgl. die Beiträge von Rothland/Terhart und Fischer/Mandl/Todorova in diesem Band).

3 Ausgewählte Befunde der Unterrichtsforschung

3.1 Faktoren erfolgreichen Unterrichts

Die Suche nach erfolgreichen Faktoren des Unterrichts hat in der empirischen Unterrichtsforschung, besonders in der so genannten „Teacher-Effectiveness-Forschung", eine bis in die späten 1960er Jahre zurück reichende Tradition. Sie löste das so genannte Persönlichkeitsparadigma ab, welches sich an fachlichen Kenntnissen, Führungsstil und Einstellungen der Lehrperson orientierte und deren moderne Variante die Lehrerkompetenz und Expertiseforschung ist (vgl. Haag 2007; Ziegler in diesem Band).

Das bis heute vorherrschende Methodenparadigma der „Teacher-Effectiveness-Forschung" ist das Prozess-Produkt-Paradigma (vgl. Seidel/Shavelson 2007, S. 456). Dieses fragt nach optimalen Verhaltensmustern im Lehrerverhalten, die zu einem maximalen Leistungszuwachs der Lerner führen. Dieses Forschungsparadigma hat bei allem Wandel und der Verfeinerung von Methoden, etwa der großzügigeren Einbeziehung von Kontextvariablen, zu einigen gesicherten Ergebnissen geführt. Dies dokumentiert z.B. die Tatsache, dass die Tabelle von Brophy und Good aus dem 1986 erschienen „Handbook of Research on Teaching" 1996 im „Handbook of Educational Psychology" wieder abgedruckt und 2004 von Helmke noch einmal übernommen wurde. Die folgende Tabelle orientiert sich an der Version von Helmke, übersetzt aber die von Helmke teilweise verwendeten englischen Termini (vgl. Helmke 2004, S. 63).

Qualität und Lernfortschritt	Schüler lernen besser, wenn...
Lerngelegenheiten	mehr Unterrichtszeit (Pro Stunde, pro Tag, pro Jahr) und damit Lerngelegenheiten zur Verfügung stehen
Rollendefinition, Erwartungen, Zeitrahmen	Lehrer/innen die Wichtigkeit von Unterricht und Lernen betonen und anspruchsvolle Ziele für alle verfolgen
Klassenführung, Schülerlernzeit	eine effiziente Klassenführung verherrscht, die Basis für konzentriertes Lehren und Lernen schafft
Kontinuierliche Erfolgsmöglichkeiten	Kontinuierliche Erfolgserfahrungen gemacht und Frustrationen vermieden werden
Aktive Lehrorganisation	
Darbietung	gesichert ist, dass Einzel- und Stillarbeit erst auf einer inhaltlichen soliden Wissensbasis erfolgt
Strukturierung	Übersichten, Verweise, ‚Advance Organizers' und Zusammenfassungen die Orientierung erleichtern
Redundanz/ Sequenzierung	die Redundanz ausreichend groß ist, gewährleistet durch Reviews und Wiederholung

Klarheit	das Material und die Information klar, verständlich, kohärent und gut strukturiert sind
Enthusiasmus	die Lehrkraft als motivierend, anregend, stimulierend erlebt wird und ihr Fach erkennbar Spaß macht
Lerntempo/Wartezeit	einerseits genügend Zeit für das Verstehen komplexen Stoffs gegeben wird, andererseits keine Zeit verschwendet wird
Frageverhalten des Lehrers	
Schwierigkeitsgrad der Fragen	Fragen in einer angemessenen Schwierigkeitszone zwischen Unter- und Überforderung fallen
Kognitiver „Level" der Fragen	es eine ausgewogenen Mischung von ‚low-level' und ‚high-level' Fragen gibt
Klarheit der Fragen	sowohl eindeutig beantwortbare als auch mehrdeutige Fragen vorgesehen werden
Wartezeit nach den Fragen	nach der Frage mindestens drei Sekunden Zeit verbleibt, bis die Frage weitergereicht wird
Aufrufverhalten	alle Schüller gleichermaßen in Frage-Antwort-Sequenzen einbezogen werden
Bearbeitungszeit gewähren	Schüler bei schwierigen Fragen ermuntert werden, Nachfragen zu stellen oder Hilfe zu erbitten
Reaktionen auf Schülerantworten	
Reaktionen auf richtige Antworten	nach richtiger Antwort immer Feedback erfolgt, wohingegen Lob sorgfältig dosiert werden muss
Reaktionen auf unvollständige und teilweise richtige Antworten	der richtige Anteil der Antwort gewürdigt wird und hilfreiche Hinweise für Verbesserungen folgen
Reaktionen auf falsche Antworten	die Frage wiederholt oder stützende Hinweise gegeben werden
Reaktionen auf „keine Antwort"	nach erneuter Frage ein Feedback gegeben wird
Reaktion auf Fragen und Kommentare der Schüler	relevante Schülerbeiträge auf- und ernst genommen werden

Die zur Zeit modernste Zusammenstellung von Faktoren erfolgreichen Unterrichtens aus dem Kontext der Teacher-Effectiveness-Forschung von Seidel/Shavelson (2007) erweitert den Blick über die hier untersuchten kleinen Einheiten hinaus. Ihre Metaanalysen beziehen sich auf die letzten zehn Jahre und legen ein in der empirischen Unterrichtsforschung weitgehend konsensfähiges Lernmodell zugrunde gemäß dem Lernen (vgl. Seidel/Shavelson 2007, S. 459f.).

- ein *konstruktiver* Prozess ist, in dem Lerner aktiv Wissen aufbauen und organisieren;
- *domänenspezifisch* ist, d.h. absichtsvolles Lernen in Schulkontexten ist an Inhaltsbereiche gebunden (in der Schule die Fächer); Lehrpersonen müssen diese Inhaltsbereiche gut kennen und Lerner konstruieren ihr Wissen bezogen auf Inhaltsbereiche und nicht losgelöst von diesen;

- *sozial* ist, weil der Aufbau und Organisation von Wissen meist kommunikativ im Klassenzimmer stattfindet;
- *intentional* ist aufgrund von selbstgesetzten Zielen oder Zielen, die ihnen vorgegeben werden, aber dann als Lernerziele integriert werden (vgl. Deci/Ryan 2000);
- *evaluativ* ist, indem die gesetzten Ziele von Lernern oder Lehrpersonen kontrolliert werden;
- *regulativ* ist, indem Lerner die Gelegenheit haben, Prozesse des Stimulierens, Kontrollierens und Regulierens lernen zu internalisieren.

Die an dieses Modell anknüpfenden Metaanalysen verdeutlichen den charakteristischen Perspektivenwechsel hin zum Konstruktivismus. Ausgehend von dem vorhandenen Kategoriensystem früherer Studien – etwa Walberg (1986) oder Scheerens (Scheerens/Bosker 1997) – analysieren Seidel/Shavelson (2007) die *durch den Lehrer* beeinflussbaren Variablen und prüfen deren Effektivität hinsichtlich der Dimensionen *Förderung des Lernprozesses*, *Förderung des Lernerfolgs* und *Förderung der Motivation*. Ihre Ergebnisse, die den Stand der Forschung gut widerspiegeln, lassen sich wie folgt zusammenfassen:

Der *Lernprozess* wird besonders gut unterstützt, wenn
- eine intensive Auseinandersetzung mit der Wissensdomäne stattfindet,
- genügend Zeit und Gelegenheiten zum Lernen zur Verfügung stehen,
- der Lernprozess sozial eingebunden ist,
- die Aufgaben und Problemstellungen aus dem Kontext der Lernenden stammen.

Der *Lernerfolg* wird besonders gut unterstützt, wenn
- eine intensive Auseinandersetzung mit der Wissensdomäne stattfindet,
- beim initialen Lernen der Lernprozess gut strukturiert wird, sowie genügend Zeit und Gelegenheiten zum
- Lernen zur Verfügung stehen und
- das Arbeiten und Lernen an einem definierten Lernziel ausgerichtet wird.

Die *Motivation* wird besonders gut unterstützt, wenn
- eine intensive Auseinandersetzung mit der Wissensdomäne stattfindet,
- genügend Zeit und Gelegenheiten zum Lernen zur Verfügung stehen,
- mit fortschreitendem Alter der Schüler das Lernen zunehmend im sozialen Kontext stattfindet und
- der Lehrer den Lernprozess begleitet und handlungsorientiertes Feedback gibt.

Zusammenfassend stellen Seidel/Shavelson (2007) fest, dass der Erfolg beim Lernen vor allem von der wohldurchdachten und intensiven Auseinandersetzung des Lernenden mit der Wissensdomäne abhängt. Diese Auseinandersetzung muss vor dem Hintergrund des so genannten Experten-Novizen-Paradigmas differenziert gesehen werden: Novizen (unerfahrene Lerner in einer Wissensdomäne) benötigen mehr Struktur und Anleitung; erfahrene Lerner (Experten) hingegen sind erfolgreich, wenn Lernen stärker selbstgesteuert und im sozialen Kontext stattfindet. Hauptaufgabe des Lehrers ist es demnach, die Schüler dazu zu bewegen, sich bewusst und ausführlich mit dem Gegenstandsbereich auseinanderzusetzen. Diese besondere Bedeutung der Motivation wurde in vielen Studien erwiesen (vgl. Wild/Hofer/Pekrun 2001; Deci/Ryan 2000).

Die Bedeutung von Notendruck oder Kontrolle treten in ihrer Bedeutung zurück hinter die Gestaltung einer anregenden, problemorientierten und kommunikativen Lernumgebung.

3.2 Klasse und Klassenführung als Erfolgsfaktor

Die Beschäftigung mit der Klasse, der Klassenführung und der Etablierung eines lernförderlichen Klassenklimas kann als ein Diskussionsstrang eher außerhalb der „Teacher-Effectiveness-Forschung" betrachtet werden. Der Einfluss der Klassengröße ist dabei umstritten (vgl. Mishel/Rothstein 2002). Dennoch gibt es eine Reihe ernst zu nehmender Hinweise auf die eher geringe Bedeutung der Klassengröße für das Leistungsverhalten der Klasse, wenn sich die Größe der Klasse etwa zwischen 20 und 30 Personen bewegt, u.a. weil Chancen kleiner Klassengrößen von Lehrpersonen eher wenig genutzt werden (vgl. Helmke/Hosenfeld/Schrader 2002, S. 430ff.).

Die forschungsgestützte Diskussion zur Klassenführung liefert wichtige Beiträge für die Unterrichtsgestaltung auch unter einer erzieherischen Perspektive. In der populären Broschüre der „International Academy of Education" und des „International Bureau of Education" zu „Gelingensbedingungen von Lernprozessen" nehmen Klassenführungsfragen mehrfach eine prominente Stelle ein. (vgl. Brophy 2000). Auch in der aktuellen deutschsprachigen Diskussion ist dieses Thema nicht weg zu denken (vgl. Apel 2002; Meyer 2004, S. 47-54).

Die Diskussion zur Klassenführung ist in der Bundesrepublik sehr stark durch das von Tausch und Tausch entwickelte Modell von Führungsstilen im Unterricht geprägt (Tausch/Tausch 1991), welches ursprünglich in den späten 1960er Jahren entwickelt wurde. Auf der Basis der beiden Dimensionen „Lenkung" und „Wertschätzung" kamen sie zu einem Vierfeldermodell von Führungsstilen im Klassenzimmer. Hier wird es in der nach Schulz von Thun (1986) einflussreichen popularisierten Form dargestellt:

	Lenkung	
Geringschätzung	autoritärer Stil	patriarchalisch-fürsorglicher Stil
	Laisser-faire Stil	partnerschaftlich-Sozialintegrativer Stil
	Freiheit lassen	Wertschätzung

Vgl. Friedmann Schulz von Thun (1986)

Ausgehend von einem humanistischen Menschenbild, der kritischen Theorie, Lewins sozialpsychologischer Erziehungstheorie, die nach Möglichkeiten der Umerziehung von Menschen im Nachkriegsdeutschland forschte (vgl. Lewin 1948), und geprägt durch die Nachkriegsdiskussionen um den sogenannten „autoritären Charakter", wurde der „partnerschaftlich sozialintegrative Stil", ein Führungsstil mit mittlerer Lenkung und großer Wertschätzung als Leitbild vermittelt. Neue Forschungen zum Klassenklima bestätigen diese aus einem erzieherischen Impetus heraus begonnenen Forschungen und ergänzen bzw. differenzieren diese (vgl. Eder 2002).

Moderne Forschung mit Bezügen zur Klassenführung geht weit über die ursprünglichen Dimensionen des Tauschs hinaus und zeichnet sich aus durch vielfältige Bezüge zu Motivationstheorien, sozialpsychologischen oder kognitiven Theorien. Sie betont z.B.

- die Bedeutung des Aktivierens (vgl. Nickel 1975, S. 74), die sich auch in neueren Motivationskonzepten findet (vgl. Deci/Ryan 2000; vgl. Überblick bei Apel 2002, S. 31-37),
- die Idee, dass erfolgreiche Lernarbeit wesentlich beeinflusst wird von organisatorischen (Management-) Aspekten und dem Umgang mit Störungen (vgl. Kounin/Gellert/Gellert 1976; Helmke/Renkl 1993; Nolting 2002),
- die Relativierung der normativen Setzung, dass Lernen besser oder erfolgreicher verlaufe, je selbständiger das Individuum sei (vgl. die Auseinandersetzungen um das Entdeckende Lernen, Überblick bei Kiel 1999, S. 170–174),
- die Auffassung, dass Lehren und Lernen Regulierungsprozesse sind, die kognitive Regulierungen aber ebenso soziale Regulierungen einschließen, (vgl. Ulich 2001, S. 49–75; Wahl/ Weinert/Huber 2001, S. 271–282),
- die Erkenntnis, dass eine wichtige soziale Regulierung, dass Herstellen von Rollenklarheit auf Seiten von Lehrern und Schülern ist (vgl. Meyer 2004, S. 29),
- das Vertrauen und die aktive Vertrauensbildung als wesentliche Qualität der Interaktion von Lehrpersonen und Lernern (vgl. Schweer 1997),
- die Adressierung metakognitiver Handlungsfähigkeit als wichtige Grundlage nicht nur des Lernerhandelns, sondern auch des Lehrerhandelns (vgl. Bauer/Kopka/Brindt 1999; S. 178-182; Wahl/Weinert/Huber 2001, S. 271-306; Kiel 1999, S. 289-291).
- die Betonung der didaktischen Kompetenz der Lehrpersonen, die Unterrichtskonzeptionen lege arte anwenden und didaktischer Vielfalt den Vorzug vor didaktischer ‚Monokultur' geben (vgl. Hage u.a. 1985; Flechsig 1991, S. 3–5),
- die Untersuchungen zur Unterrichtsqualität aus der Sicht von Schüler/innen, für die qualitätvoller Unterricht sich auszeichnet durch Ordnung, Ruhe, Herstellung von Arbeitsmöglichkeiten, gerechten Umgang, Geduld, verständnisvolle Umgangsformen und Konsequenz (vgl. den Überblick bei Apel 2002, S. 13).

Vor diesem Hintergrund schlägt Kiel folgende Definition für eine Unterrichtserfolg unterstützende Klassenführung vor (vgl. Kiel 2007, S. 340):

Durch erfolgreiche Klassenführung wird Lernarbeit in einem durch Vertrauen geprägten Klima

- aktiviert,
- angeleitet und beraten,
- ermöglicht – durch das Setzen oder Finden von Zielen, die Diagnose von Lernschwierigkeiten und daraus folgenden angemessen Interventionen; die Bereitstellung oder das Kreieren von Ressourcen, die Prävention von Störungen und die Intervention bei Störungen;
- zur Verpflichtung für die Schüler/innen gemacht und
- verpflichtend durch Lehrpersonen vorbereitet und durchgeführt.

3.3 Didaktische Forschung zur Modellierung von Unterricht
3.3.1 Allgemeine Didaktik

Didaktische Forschung im Nachkriegsdeutschland ist, wie schon erwähnt, ein geisteswissenschaftlich geprägtes Nachdenken über Unterricht, welches Paul Heimann eine der einflussreichen Gestalten didaktischen Denkens der Nachkriegszeit als „Theorie *und* Lehre" bezeichnet hat (vgl. Heimann 1962, S. 409). Die moderne Diskussion tendiert häufig dazu, die von Heimann beschworene Einheit von „Theorie" und „Lehre" auf eine spezifische Weise zu trennen. Theorie wird in der Lehr-Lernforschung verortet und Didaktik zur reinen Ausbildungsdisziplin für das Lehramt erklärt (vgl. Terhart 2002). Allgemeine Didaktik und Lehr-Lernforschung seien, so Ewald Terhart in einer populären Formulierung, „fremde Schwestern" (ebd.).

Didaktik als Wissenschaft zeichnet sich durch vielfältige Modellbildungen aus. Kron (2004) zählt in seinem populären Kompendium zur Didaktik über 40 solcher Modelle. Auch die konstruktivistischen Didaktiken (vgl. Reich 2002) oder die neuerdings entwickelte evolutionäre Didaktik Scheunpflugs (2001), deren theoretischer Hintergrund eine an Luhmann orientierte Erkenntnistheorie ist, reihen sich letztlich in die Tradition geisteswissenschaftlicher Theoriebildung ein. Norbert Seel konstatiert für die didaktische Theoriebildung insgesamt, dass zwar eine Ausdifferenzierung und Elaboration von Konzepten innerhalb der Traditionen didaktischer Modelle stattfindet, sich die Erkenntnisfortschritte jedoch in Grenzen halten (vgl. Seel 1999, S. 4). Das ist nicht unbedingt negativ. Positiv gewendet spricht dies für gesicherte Wissensbestände.

Der in der allgemeinen Didaktik vor allem in den 1970er Jahren prominente Streit, ob die von ihr entwickelten Modelle eher für die Planung, eher für die Analyse oder die Durchführung von Unterricht geeignet seien, kann als müßiger Streit bezeichnet werden. Er ist durch die naive Transferidee gekennzeichnet, gemäß der didaktische Theorie sich direkt in didaktische Praxis übertragen lasse (vgl. Tulodziecki/Herzig/Blömecke 2004, S. 247). Andere Autoren, wie Tenorth, sehen hingegen in Theorie und Praxis funktional differenzierte Wissensbereiche, die grundsätzlich *nicht* aufeinander bezogen werden können, während weitere von einer Vermittlung didaktischer Theorie und Praxis in einem spezifischen Können ausgehen (vgl. Mägdefrau/Schumacher 2001, S. 414). Die Forschung zu subjektiven Theorien hat zu diesem Theorie-Praxiszusammenhang festgestellt, dass Lehrpersonen über stabile biografisch erworbene Vorstellungen von Lehren und Lernen verfügen, die relativ veränderungsresistent gegenüber wissenschaftlichem Wissen sind, welches in Aus-, Fort- und Weiterbildung vermittelt wird (vgl. Wahl 2005, S. 12–28).

Hilfreich scheint mir in diesem Zusammenhang von Theorie und Praxis auch, die heute leider in Vergessenheit geratene Position von Flechsig zu sein (Flechsig 1991). Dieser betrachtet didaktische Theoriebildung als Umgang mit Rekonstruktionen und unterscheidet zwischen

- *Praxisbeschreibung*, das ist das Dokument eines Einzelfalls, das eine Vielzahl von Tatsachenbeschreibungen enthält, welche einem Beobachter bedeutsam erscheinen,
- *Arbeitsmodell*, das ist eine Vielzahl singulärer Praxisbeschreibungen von Einzelfällen, die zu einer Klasse zusammengefasst wurden, etwa dem Arbeitsmodell Frontalunterricht, dabei stellt die Beschreibung des Arbeitsmodells „Frontalunterricht" demnach die Menge der gemeinsamen Merkmale fest, die eine Analyse einer Vielzahl von Einzelfällen von Frontalunterricht erbracht hat,

- *Kategorialmodell*, das ist ein theoretischer Bezugsrahmen für die Erzeugung von Arbeitsmodellen. Ein Kategorialmodell gibt an, was überhaupt als „Unterricht" verstanden werden soll, welche Gesichtspunkte die Abgrenzung eines Arbeitsmodells von den jeweils anderen ausmachen und sie weisen Kriterien aus, die bei der Erzeugung und Bewertung von Arbeitsmodellen zu beachten sind.

Analogisierend bezeichnet Flechsig Kategorialmodelle als Anweisungen eines Kartographen zur Gestaltung einer Landkarte, z.B. welche Art der Projektion der Erde Anwendung finden sollte und warum. Solche kartographischen Anweisungen sind unbrauchbar zur Planung einer konkreten Reise nach Italien. Kategorialmodelle in der Didaktik sind Modelle von Theoretikern für Theoretiker. Gemäß Flechsig sind viele didaktische Modelle Kategorialmodelle, werden aber von Autoren wie auch von Lehrpersonen für Arbeitsmodelle gehalten. Dies führt besonders bei Lehrpersonen zu Enttäuschungen, weil sie sich nicht unmittelbar in konkrete Handlungen in konkreten Unterrichtssituationen umsetzen lassen. Aus dieser Perspektive ist die Frage des Transfers didaktischen Wissens eine Frage der Modellebene.

Die ‚Betriebsprämisse' didaktischen Denkens in Deutschland ist anders als im Instruktionsdesign und der ihr zugrunde liegenden Lehr-Lernforschung nicht die Idee möglichst effektiv Wissen zu vermitteln, sondern Bildungsprozesse möglich zu machen. Diese Vorstellung knüpft an Herbarts Idee der Bildsamkeit oder noch früher an Rousseau an. In diesem Sinne wird das Subjekt als das eigentliche Agens im Bildungsprozess betrachtet oder, wie von Hentig (von Hentig 2007, S. 37) formuliert, die richtige Verwendung des Verbs „bilden" in der Pädagogik lautet „sich bilden". Gleichzeitig soll dieses „sich bilden" im Unterricht stattfinden. Vor dem Hintergrund dieser Wertorientierung entsteht das Idealbild eines Unterrichts der subjektorientiert Bildungsgelegenheiten verschafft, wodurch es zu einer Präferenz für offenen, handlungsorientierten oder erfahrungsorientierten Unterricht kommt.

Hier gibt es ein weitläufiges Klagen in der didaktischen Diskussion: Unterricht setze in Regelschulen diese Präferenzen nur unzureichend um. Diese Klage wird empirisch gestützt durch eine allerdings schon ca. 20 Jahre alte Studie zum Methodenrepertoire von Lehrern (vgl. Hage u.a. 1985). In dieser Studie wird die schulartenübergreifende Dominanz von Frontalunterricht konstatiert, die mit Ausnahme der Grundschule wohl auch heute noch anzutreffen ist. Gleichzeitig gibt es gegenwärtig, gut begründete Ehrenrettungen des Frontalunterrichts als unverzichtbares Element des Unterrichtens (vgl. Gudjons 1992).

Dieser Streit steht exemplarisch für viele didaktische Überlegungen zur Überlegenheit oder Unterlegenheit einer spezifischen Unterrichtsform, die empirisch nicht haltbar sind. Instruktiver, lehrergesteuerter Unterricht ist nicht eo ipso besser oder schlechter als ein durch die Lerner gesteuerter Unterricht. Wahl hat in seiner empirisch gestützten subjektorientierten Didaktik den notwendigen Zusammenhang von Phasen der Informationsvermittlung und Phasen der subjektiven Verarbeitung deutlich heraus gearbeitet (vgl. Wahl 2005). Traditionelle Didaktiker müssen sich aufgrund von Erkenntnissen der Lehr-Lernforschung bisweilen „schmerzhaft" von lieb gewordenen Vorurteilen trennen (vgl. Meyer 2004, S. 9). Die Differenz oder das ‚Wenig-Aufeinander-Bezogensein' von Lehr-Lernforschung und Didaktik führt in vielen populären Feldern didaktischen Denkens, z.B. dem viel diskutierten offenen Unterricht, dazu, dass es nur wenig solide empirische Untersuchungen gibt (eine Ausnahme ist z.B. Lipowsky 1999).

3.3.2 Tätigkeitsorientierte Didaktik

Die Tätigkeitsorientierte Didaktik konzentriert sich besonders stark auf Prozesse im Lerner in Hinblick auf das Lösen komplexer Aufgaben. Sie verknüpft empirische mit unterrichtspraktischen Fragestellungen und der von ihr erforschte Prozess des Aufgabenlösens ist Leitschnur für den Unterricht. Dabei sollen sich die Lerner im Unterricht durch Aufgabenbearbeitung Lösungsverfahren für Klassen konkreter Probleme aneignen, in dem sie die wesentlichen allgemeinen Relationen und Zusammenhänge eines vorgegeben Systems aufzeigen und die Entstehungsbedingungen der Elemente dieses Systems verstehen, reproduzieren und manipulieren können. Fasst man die verstreuten Überlegungen zusammen ergibt sich folgender idealtypischer Ablauf des Aufgabenlösens, der durch unterrichtliches Handeln initiiert und unterstützt werden soll (vgl. Kiel 1999, S. 183):

1. Ausgangsorientierung (vgl. Galperin/Talasyna 1979, S. 92; Galperin 1979, S. 31-21; Rubinstein 1973, S. 443). Pantina spricht hier von „einem System markanter Momente" zur Orientierung des Lerners (Pantina 1979, S. 72), welches dem Lerner in der Aufgabenstellung vermittelt werden muss. Gleichzeitig geht es um die Vermittlung der subjektiven Bedeutsamkeit des Lerngegenstands für die Lerner (vgl. Rubinstein 1973, S. 751ff.).

2. Transformation der Situation (diese und die folgenden Schritte nach Dawydow 1982, S. 22–27). Ausgehend von den Aufgabenzielen, soll die Ausgangssituation dahingehend analysiert werden, Wesentliches und Unwesentliches zu unterscheiden. Anderseits sollen bei der Unterscheidung die Alltagsbegriffe möglichst schon in theoretische Begriffe, d.h. in wissenschaftlich definierte Begriffe umgewandelt werden.

3. Modellierung. In einer ersten Ergebnissicherung sollen Erkenntnisse der „Transformation der Situation" grafisch gegenständlich oder symbolisch repräsentiert werden. Die Repräsentation muss die weitere Untersuchung gewährleisten. Wesentliches Merkmal des Modells ist die Reduktion relativ zur Zielsetzung der gestellten Aufgabe.

4. Transformation des Modells. Untersuchung der wesentlichen Beziehungen des Modells mit dem Ziel, zunächst eine Lösung für die konkrete Aufgabe zu finden und dann hieraus ein allgemeines Lösungsverfahren zu entwickeln durch Konzentration auf allgemeine Prinzipien des Modells. (vgl. auch Lompscher 1982, S. 43). Das Konkrete soll immer im Zusammenhang mit dem Abstrakten gesehen werden und umgekehrt.

5. Ermitteln und Konstruieren einer Reihe allgemeiner und praktischer Aufgaben, die mit dem angegebenen Lösungsverfahren gelöst werden können. Nachdem im 4. Schritt ein „Aufsteigen" vom Konkreten zum Abstrakten (von der konkreten Lösung zur allgemeinen Lösung) stattgefunden hat, findet nun wieder ein „Absteigen" vom Abstrakten zum Konkreten statt, indem das Abstrakte auf andere Kontexte als den Ursprungskontext angewendet wird.

6. Kontrolle der Ausführung der genannten Lernhandlungen im Hinblick auf die Bedingungen und Anforderungen der Lernaufgabe.

7. Bewertung der Aneignung des allgemeinen Lösungsverfahrens. Hier geht es um Fragen wie: Kann das Lösungsverfahren in anderen Kontexten erfolgreich angewendet werden? Können möglicherweise Varianten gebildet werden, die eine Anpassung an andere Kontexte bedeuten? (vgl. Dawydow 1982, S. 23ff.)

In der Berufspädagogik ganz besonders unter dem Stichwort „Leittextmethode" ist die tätigkeitsorientierte Didaktik in der Bundesrepublik bis in die neunziger Jahre recht einflussreich (vgl. Schapfel 1995). In der schulbezogenen Unterrichtsforschung spielt sie leider kaum eine Rolle, obwohl gerade hier, etwa aufgrund der MARKUS-Studie (Mathematik Gesamterhebung Rheinland Pfalz) eine Aufgabenorientierung gefordert wird, in der Lehrpersonen transparente hohe Leistungserwartungen stellen, die Lerner motivieren und schülerorientiert durch Differenzierung und Kleingruppenarbeit Lernerfolge ermöglichen (vgl. Helmke/Jäger 2002). Gerade im Kontext einer größeren Aufgabenorientierung wäre eine Rezeption der tätigkeitsorientierten Didaktik hilfreich und sicherlich fruchtbar.

3.3.3 Instruktionsdesign

Das Instruktionsdesign, im angelsächsischen Bereich so etwas wie das Pendant zur Didaktik im deutschsprachigen Bereich (vgl. Seel 1999), hat ebenfalls unterschiedliche Modellierungsvorschläge für die Planung Durchführung und Analyse von Unterricht entwickelt. Die anfangs eher behavioristischen Modelle wandelten sich zu mehr kognitivistischen Modellen (vgl. Hamilton/McWilliam 2001), die jedoch immer eine starke Orientierung an der Performanz der Lerner hatten und haben. Diese Performanzorientierung zielt auf die beobachtbare und möglichst messbare Verhaltensänderung als Indikator für den Erfolg von Unterricht und hat die Diskussion um Lernziele und Lernzieltaxonomien in Deutschland beeinflusst.

Vertreter des modernen Instruktionsdesign wie etwa Bereiter/Scadarmalia (1989) betonen, dass Lernen besonders erfolgreich ist, wenn *für* anwendungsbezogene Kontexte gelernt wird und das Lernen selbst *in* anwendungsbezogenen Kontexten stattfindet („contextual modules"). Hier trifft sich das Instruktionsdesign durchaus mit Vorstellungen der bildungstheoretischen Didaktik Klafkis, der in sogenannten „Schlüsselproblemen" eine spezifische Form anwendungsbezogener Kontexte entwickelt hat (vgl. Klafki 1996). Im angelsächsischen Bereich sind in diesem Zusammenhang eine Reihe von spezifischen Unterrichtsmodellen entwickelt worden wie etwa „Cognitive Apprenticeship" „Anchored Instruction" oder „Situated Cognition (vgl. Collins/Brown/Newman 1989; Cognition and Technology Group at Vanderbilt 1990).

Viele dieser Überlegungen werden in David Merrills (2002) Lernmodell zusammengefasst, welches hier exemplarisch präsentiert wird. Merrill einer der „grand old men" des Instructional Designs, argumentiert dafür, sogenannte „real-life-problems" zum Ausgangspunkt von Lernprozessen zu machen. Diese „real-life-problems" werden im Rahmen der Prozesse „activation", „demonstration", „application" und „integration" behandelt. Das heißt, um zu lernen,

- muss bei einem „real-life-problem" Vorwissen aktiviert werden („activation"),
- müssen Lehrende oder Lernende etwas demonstrieren („demonstration"),
- werden Lösungen gesucht und gefundene Lösungen angewendet („application", Lernende probieren, z.B. in Rollenspielen, Lösungen aus und werden dabei gecoacht),
- muss die Integration der neu erworbenen Problemsichten und Lösungswege in professionelle Denk- und Handlungsmuster gezielt unterstützt werden, es gilt persönliche Lösungsstrategien zu entwickeln, diese öffentlich darzustellen und zu verteidigen („integration").

Dieses und ähnliche Modelle sind vielfältig beeinflusst durch Forschung zum „problem based learning" (vgl. Dochy u.a. 2003) und haben darüber hinaus viele Anknüpfungspunkte an die tätigkeitsorientierte Didaktik. Es finden sich andererseits ebenso viele Parallelen zu den seit Herbart diskutierten Artikulationsschemata von Unterricht (Phasenablaufschemata). Solche

Artikulationsschemata sind über Dewey, Kerschensteiner zu Heinrich Roth bis heute ein wichtiges von der Lehrerbildung immer wieder gefordertes und verwendetes Modellbildungsprinzip für die Unterrichtgestaltung (vgl. den Überblick bei Kron 2004).

3.4 Unterrichtserfolg im Kontext nationaler und internationaler evaluierender Großstudien

Seit 1990 gibt es eine Reihe großer nationaler Studien, z.B. die MARKUS-Studie, die Scholastik-Studie, und internationale Studien wie z.B. TIMMS (Third International Mathematics and Science Study), IGLU (Internationale Grundschul-Lese-Untersuchung) oder PISA (Programme for International Student Assesment), welche den Output eines Bildungssystems oder zentraler Elemente eines Bildungssystems feststellen wollen. D.h. es wird gemessen, was für Kompetenzen eine spezifische Kohorte von Schülerinnen und Schülern zu einem bestimmten Zeitpunkt hat. Damit wird Unterricht vom Ende her betrachtet, nämlich dem, was Unterricht erreicht hat. Kennzeichnend für diese Studien sind folgende Elemente:

- gestufte Kompetenzmodelle, die eigens für die Studien entwickelt oder adaptiert wurden;
- eine Neuorientierung bei der Itemerstellung, bei denen der Umgang und die Lösung von Alltagsproblemen gegenüber lehrplangestützten Aufgaben gleichberechtigt oder mit Vorrang behandelt werden,
- die besondere Bedeutung von Ergebnisdarstellungen häufig in Form von Kompetenzstufen, bei TIMMS z.B. (1) Alltagsbezogene Schlussfolgerungen, (2) Anwendung von einfachen Routinen, (3) Bildung von Modellen und Verknüpfung von Operationen, (4) Mathematisches Argumentieren.

Für die internationalen Studien wichtig sind die vergleichenden Rangfolgen, die politisch große Auswirkungen haben. Deutschland bewegt sich mit Ausnahme der IGLU-Studie (vgl. Artelt u.a. 2005; Bos u.a. 2003) eher im Mittelfeld der Rankings und hochgesteckte Erwartungen an das eigene Bildungssystem werden nicht erfüllt (vgl. Baumert/Bos/Watermann, 1998; Baumert u.a. 2002).

Die TIMMS-Videostudie, in der begleitend zur Leistungsstanderhebung, Unterricht kulturvergleichend konkret beobachtet wurde, gibt wichtige Hinweise auf Probleme der Unterrichtsgestaltung in Deutschland für den Mathematikunterricht. Schwächen der deutschen Lerner sind das selbständige Anwenden von Gelerntem, die Übertragung in neue Kontexte oder das flexible Umstrukturieren von Problemkonstellationen (Baumert/Bos/Watermann 1998, S. 89f.). Als Ursache hierfür wird eine spezifische Form des fragend-entwickelnden Unterrichts genannt. Ziel dieses Unterrichts ist die Erarbeitung *eines bestimmten* Lösungswegs und *einer bestimmten* Lösung (vgl. Stigler u.a. 1999). Dies erklärt möglicherweise auch die Stärke im Lösen von Routineaufgaben.

4 Forschungsperspektiven

Die Erforschung von Unterricht erfolgt von sehr unterschiedlichen disziplinären Zugängen und Wertorientierungen her. Ein Kernproblem der Unterrichtsforschung ist sicherlich das mangelnde ‚Aufeinanderbezogensein' der Zugänge und Wertorientierungen. Das andere sind die Erwartungen von der Praxis, die immer wieder die mangelnde Verwertbarkeit der Ergebnisse empirischer und geistwissenschaftlicher Forschung beklagt. Die Lösung dieser beiden Probleme kann nicht allein in der banalen Aufforderung bestehen, die Disziplinen mögen sich aufeinander zu bewegen, einander gegenseitig rezipieren und dann praxisrelevante Modelle entwickeln. Die Frage lautet: *Wie* können sie sich aufeinander zu bewegen und *wie* sehen solche praxisrelevanten Modelle aus, die empirisch gesichert sind? Hierzu drei Anmerkungen zu den Zielen, den Modellen und den epistemologischen Grundlagen von Unterrichtsforschung.

Ziele: Auf der Ebene von Zielsetzungen ist bisweilen nicht klar, welche Ebene die Ergebnisse von Forschung adressieren, die praktische Ebene von Arbeitsmodellen oder die theoretische von Kategorialmodellen. Selbst wenn die theoretische Ebene deutlich adressiert wird, wie meist in der Lehr-Lernforschung, kommt es häufig zum naiven Kurzschluss, dass eine theoretische Ebene irgendwie unmittelbar zur Praxis werden könne oder diese Aufgabe wird ‚einfach' an die Fachdidaktiken verwiesen. „Der Nutzen [theoretischer Forschung] wird vertagt" (Reinmann/Kahlert 2007). Hier eröffnet sich ein eigener bisher eher vernachlässigter Forschungsbereich, der nicht nur die Fachdidaktiken betrifft – kategoriale Erkenntnisse forschungsgestützt auf die Ebene von schulrelevanten Arbeitsmodellen zu bringen.

Modelle: Beispiele für solche Arbeitsmodelle sind m.E. etwa Flechsigs Katalog didaktischer Modelle, Kounins Klassenführungsstrategien oder das im Instruktionsdesign populäre ARCS-Motivationsmodell (vgl. Flechsig 1986; Kounin/Gellert/Gellert 1976; Keller 1987). Sie stellen nicht nur eine mittlere Ebene zwischen Praxisbeschreibungen und Kategorialmodellen dar. Sie eröffnen von Theorie und Empirie hergeleitete Möglichkeiten des Glückens pädagogischer Handlungen, ohne der Illusion einer weitgehend determinierenden Konstruktion zu erliegen.

Epistemologische Grundlagen: Pädagogisches Handeln ist immer ein Handeln unter den Bedingungen von Wissen *und* Nichtwissen. Die Voraussetzungen der Lerner können nicht alle gewusst und schon gar nicht kontrolliert werden. Das Nichtwissen als zentrale Determinante des Handelns in der Schule wird gerade von der quantitativ empirischen Forschung häufig nicht gewürdigt. Das Wissen von Lehrpersonen über ihre Schüler und deren Voraussetzungen wird immer den Status einer – so Luhmann – enttäuschungsbereiten Erwartung haben müssen (vgl. Kiel 2007; S. 51).

Um so genannte ‚blinde Flecke' in Forschungskonzeptionen deutlich zu machen, ist es nützlich, solche Konzeptionen erkenntnistheoretisch zu betrachten. Der amerikanische Philosoph Wilber bietet gemäß seinem eigenem Anspruch ein allgemeines integratives Modell von Erkenntnis, welches sehr stark von Habermas „Theorie kommunikativen Handelns" beeinflusst wurde (vgl. Wilber 1995). In Anlehnung an Wilber kann man folgende vier Perspektiven auf das Geschehen im Unterricht entwickeln:

Subjektive Aspekte: Schüler/innen kommen mit unterschiedlichen Voraussetzungen in die Klasse. Hierzu gehören z.B. kognitive Lernvoraussetzungen, Sprache/Herkunft(ssprache), Soziale Kompetenz/psychische Entwicklung, Interesse, Neigungen, Motivation, Erwartungen, Physis, Gesundheit, Alter, Traditionen, Wertmuster, Normen, Geschlechtsspezifische Sozialisation (vgl. Stern 2004). Diese Voraussetzungen sind Lehrpersonen nur begrenzt zugänglich, sind nicht unbedingt miteinander kompatibel oder konkurrieren gar miteinander. Gleichzeitig beeinflussen diese subjektiven Voraussetzungen Wahrnehmungsprozesse, Beurteilungen und Interaktionshandeln usw. (vgl. Ulich 2001, S. 86–108).

Intersubjektive Aspekte: Kollektive Wertvorstellungen geben Maßstäbe angemessener Strukturen von Schule oder auch angemessenen Interaktionsverhaltens vor. Es gibt Normen akzeptabler Unterrichtsinhalte, akzeptabler Kontaktaufnahme, akzeptabler Sanktionen, angemessenen Ausdrucks von Ärger etc. Normative Voraussetzungen sind dabei nicht immer kompatibel mit pädagogischen oder erziehungswissenschaftlichen Wertvorstellungen – etwa wenn das Prinzip des Selektierens Vorrang vor dem Fördern hat.

Objektive Aspekte: Hier geht es um das beobachtbare und messbare Interaktionsverhalten und Leistungsverhalten in einer Klasse oder bei Individuen, so wie es z.B. in der Tabelle von Brophy und Good weiter oben dargestellt wurde.

Systemische Aspekte: Unterrichtsgeschehen ist ein systemisches Geschehen, in dem verschiedene Rollenträger zu einem Gesamtganzen – der Lernarbeit in der Klasse – beitragen, und welches unterschiedlichen Passungs- und Anpassungsprozessen unterliegt. Diese Passungs- und Anpassungsprozessen sind z.B. geprägt von funktionalem oder nicht funktionalem Rollenverhalten.

Dieses Modell bietet aus erziehungswissenschaftlicher Sicht den Vorteil, eine spezifische Hypothesenbildung gegenüber Handlungen im Unterricht zu entwickeln und Interdependenzen sichtbar zu machen. Die oben zitierte „Teacher-Effectiveness-Forschung" z.B., hat sich in *ihren Anfängen* punktuell eher auf kleine Einheiten des Unterrichtsgeschehens bezogen. Die Wechselwirkungen mit Schülermerkmalen wie Vorwissen und Motivation (alles subjektive Aspekte) wurden eher weniger berücksichtigt. Ebenso waren Wechselwirkungen oder die Kompensierbarkeit einzelner Elemente im Allgemeinen nicht Teil des Forschungsdesigns (vgl. Tulodziecki/Herzig/Blömecke 2004, S. 179), ähnlich wie Probleme von Passung und Anpassung.

Interessante Ansätze der bewussten Kontrastierung mehrer Aspekte im Sinne Wilbers bieten die Untersuchungen zum Gruppenunterricht im Rahmen des DFG Projekts Unterrichtskommunikation. Dort wurde in Hinblick auf Gruppenunterricht beobachtet, was für Aktionen und Interaktionen im Klassenzimmer zwischen Lehrkraft, Lernern und vor allem zwischen Lernern untereinander in den Arbeitsgruppen stattfanden. Diese objektiven Aspekte wurden bewusst konfrontiert mit den subjektiven Theorien der Lehrkräfte, die über Strukturlegetechniken eruiert wurden. Hier wurde bewusst der Kontrast zwischen zwei epistemologischen Aspekten als Erkenntnismittel im Forschungsdesign thematisiert (vgl. Dann/Rosenbusch/Diegritz 1999).

Ein Beispiel für die problematische Nichtberücksichtigung der verschiedenen epistemologischen Perspektiven bietet der Kontext der oben genannten Großforschung. Die internationalen Vergleichstudien haben eine Reihe von sehr heterogenen Vermutungen von Wissenschaftlern Politkern und Verbänden generiert, z.B. im Hinblick auf Veränderung der Struktur des Bildungswesens, der Einführung von Bildungsstandards (beides intersubjektive, normative Fragen) oder einer neuen Aufgabenkultur. Solche Veränderungsvorschläge berufen sich auf deskriptive Forschung, welche den subjektiven Leistungsstand von Lernern durch Testverfahren objektiviert hat. Jedoch können die avisierten Änderungen nicht zwingend aus den Ergebnissen etwa der PISA-Studie abgeleitet werden. Die Veränderungsvorschläge in Hinblick auf z.B. intersubjektive normative Aspekte sind lediglich Hypothesen, die in Folgestudien ganz besonders für die intersubjektiven und systemischen Aspekte zu überprüfen wären.

Die Reflexion über Ziele, Modellbildung und epistemologische Grundlagen sind wichtige Herausforderungen für die Unterrichtsforschung und könnten Einheit in der Vielheit schaffen.

Literatur

Apel, H.J. (2002): Herausforderung Schulklasse. Klassen führen – Schüler aktivieren. Bad Heilbrunn: Klinkhardt.
Artelt, C./McElvany, N./Christmann, U./Richter, T./Groeben, N./Köster, J./Schneider, W./Stanat, P./Ostermeier, C./ Schiefele, U./Valtin, R./Ring, K./Unter Mitarbeit von Holler, S./Sameiske, S./Guzmán, C./Franzmann, B./Grewendorf, G./Scheerer-Neumann, G. (Hrsg.) (2005): Expertise Förderung von Lesekompetenz. Bonn: Bundesministerium für Bildung und Forschung (BMBF).
Bauer, K.-O./Kopka, A./Brindt, S. (1999[2]): Pädagogische Professionalität und Lehrerarbeit. Eine qualitativ empirische Studie über professionelles Handeln und Bewusstsein. München/Weinheim: Juventa.
Baumert, J./Artelt, C./Klieme, E./Neubrand, M./Prenzel, M./Schiefele, U./Schneider, W./Schümer, G./Stanat, P./Tillmann, K.-J./Weiß, M. (Hrsg.) (2002): PISA 2000 – Die Länder der Bundesrepublik Deutschland im Vergleich. Opladen: Verlag für Sozialwissenschaften.
Baumert, J./Bos, W./Watermann, R. (1998): TIMSS/III: Schülerleistungen in Mathematik und den Naturwissenschaften am Ende der Sekundarstufe II im internationalen Vergleich. Zusammenfassung deskriptiver Ergebnisse (Studien und Berichte/Max-Planck-Institut für Bildungsforschung No. 64). Berlin: Max-Planck-Institut für Bildungsforschung.
Bereiter, C./Scadarmalia, M. (1989): Intentional Learning as a Goal of Instruction. In: Glaser, R./Resnick, L.B. (Hrsg.): Knowing, learning, and instruction. Essays in honor of Robert Glaser. Hillsdale/N.J.: Erlbaum Associates, S. 361–392.
Bos, W./Lankes, E.-M./Prenzel, M./Schwippert, K./Valtin, R./Walther, R. (2003): Erste Ergebnisse aus IGLU Schülerleistungen am Ende der vierten Jahrgangsstufe im internationalen Vergleich Zusammenfassung ausgewählter Ergebnisse. Münster: Waxmann.
Brophy, J.E. (2000): Teaching. (Educational Practices Series, 1). Brussels: International Academy of Education & International Bureau of Education.
Collins, A./Brown, J.S./Newman, S.E. (1989): Cognitive apprenticeship: Teaching the craft of reading, writing and mathematics. In: Resnick, L.B. (Ed.): Knowing, learning and instruction: Essays in honor of Robert Glaser. Hillsdale/NJ: Erlbaum, S. 453–494.
Cognition and Technology Group at Vanderbilt (1990): Anchored instructions and its relationship to situated cognition. In: Educational Researcher, 19, S. 2–10.
Dann, H.-D./Diegritz, T./Rosenbusch, H.S. (1999) (Hrsg.). Gruppenunterricht im Schulalltag: Realität und Chancen. In: Erlanger Forschungen, Reihe A, Bd. 90, Erlangen: Universitätsbund Erlangen-Nürnberg e.V.
Dawydow, W.W. (1982): Inhalt und Struktur der Lerntätigkeit. In: Dawydow, W.W./Lompscher, J./Kapitonowa M.A. (Hrsg.): Ausbildung der Lerntätigkeit bei Schülern. Moskau: Pedagogika [u.a.], S. 14–35.
Deci, E.L./Ryan, R.M. (1993): Die Selbstbestimmungstheorie der Motivation und ihre Bedeutung für die Pädagogik. In: Zeitschrift für Pädagogik 39, H. 2, S. 223–238.
Dick, W./Carey, L. (1996[4]): The Systematic Design of Instruction. New York: Harper-Collins.

Ditton, H. (2007): Qualitätssicherung in Schulen. In: Klieme, E./Tippelt, R. (Hrsg.): Qualitätssicherung im Bildungssystem – eine Bilanz, Beiheft 2/2007 Zeitschrift für Pädagogik.
Dochy, F./Segers, M./Van den Bossche, P./Gijbels, D. (2003): Effect of problem-based learning: a meta-analysis. In: Learning and instruction, 13, S. 533–568.
Eder, F. (2002): Unterrichtsklima und Unterrichtsqualität. In: Unterrichtswissenschaft, 30, H. 3, S. 213–229.
Fend, H. (1998): Qualität im Bildungswesen. Schulforschung zu Systembedingungen, Schulprofilen und Lehrerleistung. Weinheim, München: Juventa.
Fend, H. (2000): Qualität und Qualitätssicherung in der Schule: In: Zeitschrift für Pädagogik, Beiheft, S. 55–72.
Flechsig, K.-H. (1991³): Kleines Handbuch didaktischer Modelle. erweitere Aufl. Nörten-Hardenberg: Zentrum für didaktische Studien.
Galperin, P.J. (1979): Die geistige Handlung als Grundlage für die Bildung von Gedanken und Vorstellungen. In: Galperin, P.J./Däbritz, E. (Hrsg.): Probleme der Lerntheorie. 5. Aufl. Berlin: Volk und Wissen, S. 29–42.
Galperin, P. J./Talasyna, N.F. (1979): Die Bildung erster geometrischer Begriffe auf der Grundlage organisierter Handlungen der Schüler. In: Galperin, P.J./Däbritz, E. (Hrsg.): Probleme der Lerntheorie. 5. Aufl. Berlin: Volk und Wissen, S. 90–111.
Glöckel, H. (1990): Lehrbuch der allgemeinen Didaktik. Bad Heilbrunn: Klinkhardt.
Gudjons, H. (1992³): Handlungsorientiert Lehren und Lernen. Projektunterricht und Schüleraktivität. Bad Heilbrunn: Klinkhardt.
Haag, L. (1999): Die Lehrerpersönlichkeit als Erziehungsfaktor. In: Apel, H.J./Sacher, W. (Hrsg.): Studienbuch Schulpädagogik. 3. Aufl. Bad Heilbrunn: Klinkhardt.
Hage, K./Bischoff, H./Dichanz, H. (1985): Das Methoden-Repertoire von Lehrern. Eine Untersuchung zum Unterrichtsalltag in der Sekundarstufe I. Opladen: Leske + Budrich.
Hamilton, D. G./McWilliam, E. (2001): Ex-centric Voices that Frame Research on Teaching. In Richardson V. (Hrsg.): Handbook for Research on eaching, 4. Aufl., Washington: American Educational Research Association (Invited), S. 17–43.
Häußler, P./Bünder, W./Duit, R./Gräber, W./Mayer, J. (1998): Naturwissenschaftsdidaktische Forschung – Perspektiven für die Unterrichtspraxis. Kiel: IPN.
Heimann, P. (1962): Didaktik als Theorie und Lehre. In: Die Deutsche Schule, 54, H. 9, S. 409ff.
Helmke, A. (2004³). Unterrichtsqualität. Erfassen. Bewerten. Verbessern. Seelze: Kallmeyer.
Helmke, A./Hosenfeld, I./Schrader, F.-W. (2002): Unterricht, Mathematikleistung und Lernmotivation. In: Helmke, A.Jäger, R.S. (Hrsg.): Das Projekt MARKUS. Mathematik-Gesamterhebung Rheinland-Pfalz. Kompetenzen, Unterrichtsmerkmale, Schulkontext. Landau: VEP, S. 413–480.
Helmke, A./Jäger, R.S. (Hrsg.) (2002): Das Projekt MARKUS. Mathematik-Gesamterhebung Rheinland-Pfalz. Kompetenzen, Unterrichtsmerkmale, Schulkontext. Landau: VEP.
Helmke, A./Renkl, A. (1993): Unaufmerksamkeit in Grundschulklassen: Problem der Klasse oder des Lehrers? In: Zeitschrift für Entwicklungspsychologie und Pädagogische Psychologie 25, S. 185–205.
von Hentig, H. (2004): Bildung – Ein Essay. München: Hanser
Jank, W./Meyer, H. (2002): Didaktische Modelle. Frankfurt a.M./Berlin: Cornelsen.
Keller, J.M. (1987): Development and Use of the ARCS Model of Instructional Design. In: Journal of Instructional Development, Vol. 10, No. 3, S. 4–5.
Kiel, E. (1999): Erklären als didaktisches Handeln. Würzburg: Ergon-Verl. (Bibliotheca academica /Reihe Pädagogik, 2;1).
Kiel, E. (2007): Epistemologie pädagogischen Handelns. In: Reinmann, Gabi; Kahlert, Joachim (Hg.): Der Nutzen wird vertagt... Bildungswissenschaften im Spannungsfeld zwischen Profilbildung und Nutzenorientierung. Berlin u.a.: Pabst, S. 46–63.
Klafki, W. (1996⁵): Neue Studien zur Bildungstheorie und Didaktik. Zeitgemäße Allgemeinbildung und kritisch-konstruktive Didaktik. Weinheim/Basel: Beltz.
Klingberg, L. (1990): Lehrende und Lernende im Unterricht. Berlin: Volk und Wissen.
Kounin, J.S./Gellert, M./Gellert, C. (1976): Techniken der Klassenführung. (Abhandlungen zur pädagogischen Psychologie, N.F., 6). Stuttgart: Klett u.a..
Kron, F. W. (2004⁴): Grundwissen Didaktik. neu bearb. Aufl. München: Reinhardt.
Lewin, K. (1948). Resolving social conflicts: selected papers on group dynamics. New York: Harper.
Lipowsky, F. (1999): Offene Lernsituationen im Grundschulunterricht. Eine empirische Studie zur Lernzeitnutzung von Grundschülern mit unterschiedlicher Konzentrationsfähigkeit. Frankfurt a.M. u.a.: Peter Lang.
Lompscher, J. (1972): Wesen und Struktur allgemeiner geistiger Fähigkeiten. In: Lompscher, J./Hischer, E.-L. (Hrsg.): Theoretische und experimentelle Untersuchungen zur Entwicklung geistiger Fähigkeiten. Berlin: Volk und Wissen, S. 17–72.

Mädgefrau, J./Schumacher, E (2001): Zwischen Wissen und Können? Über die Bedeutung von Erziehungswissenschaft und pädagogische Praxis in der Lehrerbildung. In: Die Deutsche Schule 93, H. 4, S. 411–422.
Merrill, D. (2002): First Principles of Instruction. In: Educational Technology Research and Development 50, H. 3, S. 43–59.
Nickel, H. (1975): Entwicklungspsychologie des Kindes- und Jugendalters. Bd. 2. Bern u.a.: Hans Huber.
Nolting, H.-P. (2002): Störungen in der Schulklasse. Ein Leitfaden zur Vorbeugung und Konfliktlösung. Weinheim: Beltz.
Meyer, H. (2004): Was ist guter Unterricht? Berlin: Cornelsen.
Mishel, L./Rothstein, R. (Hrsg.) (2002): The class size debate, Washington D.C.: Economic Policy Institute.
Pantina, N.S. (1979): Die Bildung motorischer Schreibfähigkeiten in Abhängigkeit von der Art der Orientierung in der Aufgabe. In: Galperin, P.J. (Hrsg.): Probleme der Lerntheorie. 5. Aufl. Berlin: Volk und Wissen, S. 70–89.
Reich, K. (2002): Konstruktivistische Didaktik. Lehrern und Lernen aus interaktionistischer Sicht. Neuwied, Kriftel: Luchterhand.
Reinmann, G./Kahlert, J. (Hrsg.) (2007): Der Nutzen wird vertagt... Bildungswissenschaften im Spannungsfeld zwischen Profilbildung und Nutzenorientierung. Berlin u.a.: Pabst, S. 46–63.
Reiser, R.A. (2002): A History of Instructional Design and Technology. In: Reiser, R.A./Dempsey, J.V. (Hrsg.): Trends and issues in instructional design and technology, New Jersey: Pearson Education, S. 26–53.
Reusser, K./Pauli, C. (2003): Mathematikunterricht in der Schweiz und in weiteren sechs Ländern. Bericht mit Videobeispielen über die Ergebnisse einer internationalen und schweizerischen Video-Unterrichtsstudie. CD-ROM des pädagogischen Instituts Universität Zürich.
Roth, H. (1959): Pädagogische Psychologie des Lehrens und Lernens. Hannover: Schöningh.
Rubinstein, S.L. (1973[8]): Grundlagen der allgemeinen Psychologie. Berlin: Volk und Wissen.
Schapfel, F. (1995): Kritische Rezeption der sowjetischen Tätigkeitstheorie und ihre Anwendung. Eine Einführung in theoretische Grundlagen zur Beurteilung von beruflichen Bildungskonzepten. Alsbach: Leuchtturm.
Scheerens, J./Bosker, R.J. (1997): The foundations of educational effectiveness. Oxford: Pergamon.
Scheunpflug, A. (2001): Evolutionäre Didaktik. Weinheim: Beltz.
Schweer, M. (1997): Eine differentielle Theorie interpersonalen Vertrauens. Überlegungen zur Vertrauensbeziehung zwischen Lehrenden und Lernenden. In: Psychologie in Erziehung und Unterricht 44, S. 2–12.
Seel, N.M. (1999): Instruktionsdesign: Modelle und Anwendungsgebiete. In: Unterrichtswissenschaft 27, H. 2, S. 2–11.
Seidel, T./Shavelson, R.J. (2007): Teaching Effectiveness Research in the Pat Decade: The Role of Theory and Research Design in disentangling Meta-Analysis Results. In: Review of Educational Research 77, H. 4, S. 454–499.
Stern, E. (2004): Schubladendenken, Intelligenz und Lerntypen. Zum Umgang mit unterschiedlichen Lernvoraussetzungen. In: Becker, G. (Hrsg.): Heterogenität: Unterschiede nutzen – Gemeinsamkeiten stärken, Friedrich Jahresheft 22. Seelze: Friedrich, S. 36–39.
Stigler, J.W. u.a. (1990): The TIMMS videotape classroom study. Methods and findings from an exploratory research project on eighth-grade mathematics instruction in Germany, Japan, and the United States. Washington, D.C.: U.S. Government Printing Office. URL: http://nces.ed.gov/timms (11/2003).
Tausch, R./Tausch, A.-M. (1991): Erziehungspsychologie. Begegnung von Person zu Person. 10. Aufl. Göttingen: Hogrefe.
Terhart, E. (2002[2]): Konstruktivismus und Unterricht. Eine Auseinandersetzung mit theoretischen Hintergründen, Ausprägungsformen und Problemen konstruktivistischer Didaktik. Soest: Verlag für Schule und Weiterbildung.
Tulodziecki, G./Herzig, B./Blömeke, S. (2004): Gestaltung von Unterricht. Eine Einführung in die Didaktik. Bad Heilbrunn: Klinkhardt.
Ulich, K. (2001): Einführung in die Sozialpsychologie der Schule. Weinheim, Basel: Beltz.
Walberg, H. J. (1986): Synthesis of Research on Teaching. In: Wittrock, M.C. (Hrsg.): Handbook of research on teaching. A project of the American Educational Research Association. New York: Macmillan, S. 214–229.
Wilber, K. (1995): Das Wahre, Schöne, Gute. Geist und Kultur im dritten Jahrtausend. Frankfurt: Krüger.
Wild, E./Hofer, M./Pekrun, R. (2001): Psychologie des Lerners. In: Krapp, A./Weidenmann, B. (Hrsg.): Pädagogische Psychologie. Ein Lehrbuch. 4. überarb. Aufl. Weinheim u.a.: Beltz, S. 207–270.

Martin Rothland | Ewald Terhart

Forschung zum Lehrerberuf

1 Einleitung

Für die verschiedenen, mit Bildung und Erziehung, Schule und Unterricht befassten wissenschaftlichen Disziplinen ist der Lehrerberuf schon immer ein interessanter Gegenstand der Betrachtung, der Analyse, der Theoriebildung und Forschung im weitesten Sinne gewesen. In der Erziehungswissenschaft, in der Pädagogischen Psychologie, in der Bildungssoziologie und im Bildungsrecht, allgemeiner: in den verschiedenen Disziplinen, die sich in ihrer jeweiligen speziellen Erkenntnisperspektive mit dem Lehrerberuf beschäftigen, wird in irgendeiner Form immer auch auf *Forschung* zum Lehrerberuf Bezug genommen. Damit sollen im Folgenden solche Forschungsprojekte, -programme und -zusammenhänge bezeichnet werden, die sich im Horizont unterschiedlicher Disziplinen mit unterschiedlichen wissenschaftlichen Methoden, Theorieansätzen und divergierenden Erkenntnisinteressen auf den Lehrerberuf beziehen, wobei dies den Ausbildungsprozess für den Lehrerberuf immer mit einschließt: Forschung zur Lehrerbildung ist Teil der Forschung zum Lehrerberuf. In der internationalen Forschungsliteratur wird dieser Komplex als *Research on Teachers and Teacher Education* bezeichnet, in manchen Fällen wird auch die Wendung *Research on Teachers, Teaching, and Teacher Education* verwendet, um die enge Verbindung zwischen der empirischen Forschung zum Lehrerberuf und derjenigen zu Unterrichtsprozessen (vgl. die Beiträge von A. Renkl, E. Kiel, K. Reiss und H. G. Holtappels in diesem Band) auszudrücken.

Die Wendung bzw. Überschrift *Forschung zum Lehrerberuf* markiert auch den Unterschied zum Begriff der *Lehrerforschung* im engeren Sinne. Diese Bezeichnung wird verwendet, um die praxisnahe, entwicklungsorientierte *Forschungsarbeit von Lehrern und Lehrerinnen* in engem Kontakt zu ihrem eigenen Arbeitsfeld zu kennzeichnen. In der internationalen Fachliteratur wird diese Forschung als *Teacher Research* bezeichnet (vgl. Zeichner/Noffke 2001). Ein solches Verständnis von Lehrerforschung als Forschung *durch* Lehrer wird dem folgenden Überblick nicht zugrunde gelegt; es markiert ein spezifisches und besonders qualifiziertes Niveau von Lehrertätigkeit, deren Effekte *durch* Forschung selbst noch aufzuklären sind. Vielmehr werden im Folgenden zunächst Entwicklungsstadien der Forschung zum Lehrerberuf in aller Kürze skizziert (2), um im Anschluss daran ausgewählte Schwerpunkte der empirischen Lehrerforschung im weiteren Sinne vorzustellen und zu diskutieren (3). Ein kurzer Ausblick (4) bildet den Abschluss dieses Beitrags.

2 Entwicklung der wissenschaftlichen Forschung zum Lehrerberuf

Die Entwicklung der wissenschaftlichen Forschung zum Lehrerberuf ist eingebettet in den für die deutsche Erziehungswissenschaft insgesamt typischen disziplingeschichtlichen Verlauf: Als eigenständige Disziplin erst mit Beginn des 20. Jahrhunderts an den Universitäten langsam etabliert, dominierte zunächst eine geisteswissenschaftlich-kulturtheoretische Herangehensweise die universitär-akademische Beschäftigung mit den Lehrerinnen und Lehrern. Betrachtungen über den Lehrerberuf als Kulturträger und -vermittler, als Sachwalter des pädagogischen Grundgedankens gegen gesellschaftliche Verzweckungen von Kindheit und Jugend, aber auch als Repräsentant legitimer hoch-kultureller und gesellschaftlicher Anforderungen an die nachwachsende Jugend kennzeichneten die Beschäftigung mit dem Lehrerberuf, unterstützt durch eine Konzentration auf die Eigenschaften der Erzieherpersönlichkeit als Voraussetzung für die Ausübung des Berufs. Gewollt oder ungewollt flossen normative Aspekte in diese Betrachtungen und Reflexionsweisen ein, nicht selten wurden hoch gestimmte kulturtheoretische und normative Programmatiken, Mahnrufe, Erwägungen und Empfehlungen mit spezifischen standes- und schulpolitischen Interessenlagen verknüpft (zur älteren Literatur zum Lehrerberuf vgl. Gerner 1969, 1975).

Durch die Bildungssoziologie und Pädagogische Psychologie wurden seit den 1960er-Jahren zunehmend sozialwissenschaftlich und empirisch fundierte Konzeptionen und Befunde in das akademische, auf Forschung gestützte Wissen zum Lehrerberuf hineingetragen. Insbesondere die Rollentheorie des soziologischen Strukturfunktionalismus wurde herangezogen, um die Konfliktstruktur der Lehrerrolle zu verdeutlichen und gegenüber tradierten pädagogischen Idealismen den gesellschaftlich vermittelten Charakter der Lehrertätigkeit zu betonen (vgl. Lange-Garritsen 1972). Die psychologische Einstellungsforschung untersuchte die pädagogischen und politischen Haltungen von Lehrern bzw. deren Entwicklung im Übergang vom Studium zum Beruf (vgl. Koch 1972).

Diese Phase der Forschung zum Lehrerberuf wurde abgelöst durch eine Phase der Nicht-Befassung mit Lehrerberuf und Lehrerbildung in den 1980er-Jahren: In diesem Jahrzehnt wurden – nach den sehr hohen Neueinstellungszahlen und einem massiven Rückgang der Schülerzahlen in den 1970er-Jahren – kaum neue Lehrkräfte eingestellt: die Zahl arbeitsloser Lehrer stieg dramatisch, die Kapazitäten in der Lehrerbildung wurden abgebaut – und die Beschäftigung mit diesem Thema wurde gewissermaßen lästig und unattraktiv.

In den 1990er-Jahren öffnete sich der Einstellungskorridor erneut, die Überalterung der ehedem so jungen Lehrerschaft zeichnete sich ab, die Lehrerbildung wurde wieder zu einem interessanten bildungspolitischen Thema und in der Erziehungswissenschaft wie in der Pädagogischen Psychologie erwuchs ein neues Interesse am Lehrerberuf. „Professionalität" als Zielperspektive von Ausbildung und Berufsausübung bildete eine breit geteilte Konsensformel, die allerdings zwischen und in den verschiedenen Diskursarenen (Lehrerverbände, Schuladministration, Wissenschaft, Elternverbände, Bildungspolitik, interessierte Öffentlichkeit) inhaltlich sehr unterschiedlich und konträr interpretiert wurde (vgl. Terhart 1990).

Die aktuelle Forschungsliteratur zum Lehrerberuf ist äußerst unübersichtlich und breit. Dies hängt damit zusammen, dass in mehreren Wissenschaften zum Lehrerberuf geforscht wird – und zwar national wie international. Wenn man sich in den sehr zahlreichen internationalen Fachzeitschriften zum Lehrerberuf und zur Lehrerbildung informiert und die Ebene der Einzelstudien durcharbeitet, kommt man zu dem Eindruck, dass scheinbar *jeder* Aspekt des Lehrerberufs schon einmal thematisiert und untersucht worden ist. In den folgenden Abschnitten können daher auch nur einzelne, ausgewählte Bereiche der Forschung vorgestellt und diskutiert werden. Eine vollständige, alle Facetten der empirischen Forschung zum Lehrerberuf umfassende Darstellung wäre Gegenstand eines eigenen Handbuchs, wie es konzentriert auf Aspekte der professionellen Kompetenz von Lehrkräften von Zlatkin-Troitschanskaia u.a. (2009) vorgelegt und einem breiten Zugang folgend von Terhart/Bennewitz/Rothland vorbereitet wird (vgl. zur internationalen Forschung Biddle/Good/Goodson 1997; Cochran-Smith/Zeichner 2005; Cochran-Smith u.a. 2008). Einen ersten, allgemeinen Überblick bieten innerhalb der deutschsprachigen Literatur die Arbeiten von Terhart 2001; Blömeke 2004; Bromme/Rheinberg 2006; Baumert/Kunter 2006).

3 Ausgewählte Forschungsbereiche

3.1 Wer strebt den Lehrerberuf an – und warum?
Berufswahlmotive, Leistungsvoraussetzungen und die soziale Herkunft angehender Lehrkräfte als Forschungsgegenstand

Als etablierte und vielfach bearbeitete Gegenstände der empirischen Forschung zum Lehrerberuf können die Interessen, Orientierungen und Motive junger Menschen gelten, die sie dazu bewegen, den Lehrerberuf anzustreben. Hinzu kommen berufsrelevante Vorerfahrungen und Leistungsvoraussetzungen dieser Personen sowie Merkmale ihrer sozialen Herkunft, die ebenfalls in diesem Teilbereich der Forschung zum Lehrerberuf erfasst werden. Insbesondere der Frage nach den *Berufswahlmotiven* von Lehramtsstudierenden wurde und wird im Rahmen zahlreicher Forschungsprojekte nachgegangen.

Berufliche Orientierungen und Berufswahlmotive von Lehrerinnen und Lehrern werden in empirischen Untersuchungen sowohl prospektiv bei Schülerinnen und Schülern i.d.R. kurz vor dem Abschluss (Abitur oder Matura) als auch retrospektiv bei Lehramtsstudierenden, Referendaren sowie berufstätigen Lehrern über Selbstauskünfte der Probanden erhoben. Trotz unterschiedlicher Anlage der einzelnen Studien (offene und geschlossene Verfahren) entsprechen sich die Befunde zum *Hauptmotiv* für die Wahl des Lehrerberufs im Wesentlichen: Deutlich dominieren die intrinsischen und hier insbesondere personen- und beziehungsorientierte Motive bzw. konkret das Interesse am Zusammensein und der Zusammenarbeit mit Kindern und Jugendlichen (vgl. u.a. Brühwiler/Spychiger 1997; Ulich 2004; Herzog u.a. 2007). Die Forschungsbefunde zum gesamten Spektrum der Berufswahlmotive, etwa dem Motiv der Wissensvermittlung oder das Interesse an den Fächern etc., die in entsprechenden Rangreihen auf den Plätzen hinter dem Hauptmotiv liegen, variieren hingegen. Des Weiteren weisen vor allem auch die Bedeutungsanteile extrinsischer Motive Unterschiede auf. Und auch die Befunde zur Bedeutung geschlechtsspezifischer Differenzen oder zum Einfluss der anvisierten oder studierten Lehrämter auf die Motivstruktur zeichnen kein einheitliches Bild. Insofern ist die Forschungslage zu den Berufswahlmotiven von angehenden Lehrkräften nicht so eindeutig, wie es auf einen ersten Blick erscheint.

Die Varianz der Befunde im Detail kann dabei auch auf das unterschiedliche forschungsmethodische Vorgehen zurückgeführt werden. Denn die Mehrzahl der Untersuchungen in diesem Bereich erfasst die Berufswahlmotive in geschlossenen Verfahren über unterschiedlich umfangreiche Itemzahlen (i.d.R. sind Mehrfachnennungen möglich). Unterschiede zwischen den

Untersuchungen kommen so auch dadurch zustande, dass einzelne Motive in den jeweiligen Studien „zur Wahl" gestellt werden, andere nicht.

Einschränkend kommt hinzu, dass die dominierenden intrinsischen, pädagogischen Motive womöglich auf die soziale Erwünschtheit zurückzuführen sind und daher die Aussagekraft der Forschungsbefunde mit Blick auf einen Beruf, mit dem ohnehin höchste berufsmoralische Vorstellungen sowohl von den Berufsinhabern als auch von der Öffentlichkeit verbunden werden, mindern. Ob individuell ein Widerspruch zwischen dem dominanten Berufswahlmotiv der Arbeit mit Kindern und Jugendlichen und den „gelebten" Interessen und Orientierungen besteht, die sich u.a. in Erfahrungen und im Engagement in der Kinder- und Jugendarbeit ausdrücken, kann anhand der vorhandenen Daten, die sich allein auf die gesamten Stichproben beziehen, nicht aufgeklärt werden. Die in annähernd allen Untersuchungen wiederholte These von der potentiellen Beeinflussung des Antwortverhaltens durch sozial erwünschte Berufswahlmotive bleibt unbelegt.

Die Frage nach den Berufswahlmotiven angehender Lehrerinnen und Lehrer und der Entscheidungssicherheit ist u.a. deshalb im Rahmen der Forschung zum Lehrerberuf von besonderem Interesse, da die mit den Motivkonstellationen verbundenen Vorstellungen von dem Beruf bereits einen Hinweis darauf geben können, in welchem Maße die Gefahr besteht, dass allzu einseitige oder idealistische Erwartungen Gefahr laufen, in der Berufsrealität enttäuscht zu werden. Das dominante Motiv des Zusammenseins und der Arbeit mit Kindern und Jugendlichen kann hier als Beispiel dienen, blendet es die unterrichtliche Zweckhaftigkeit, die gesellschaftlichen Funktionen von Schule und Unterricht sowie die grundlegenden Bedingungen, unter denen die „Zusammenarbeit" stattfindet (etwa Leistungsorientierung und -beurteilung) aus. Das Potential an Enttäuschungen und Frustrationen, das in diesem prominenten Berufwahlmotiv liegt, ist bislang in diesem Forschungszusammenhang nur wenig problematisiert worden (vgl. Kiel/Geider/Jünger 2004).

Neben den skizzierten Aspekten der Berufswahl stellen Untersuchungen zu den *Leistungs- und Karriereorientierungen sowie zu den Leistungsvoraussetzungen* angehender Lehrkräfte einen zweiten Schwerpunkt der Forschung dar. Die Befunde zeichnen vornehmlich das Bild einer Negativauswahl: Lehramtsstudierende, so die Quintessenz, stellen „hinsichtlich berufsrelevanter Orientierungen bereits eine stark selegierte Population dar", deren Leistungsvoraussetzungen (Leistungsfähigkeit und Motivation) in empirischen Untersuchungen eher ungünstig ausfallen oder anders: Schulabgänger, die besonders leistungs- und karriereorientiert sind, entscheiden sich i.d.R. nicht für den Lehrerberuf (Lipowsky 2003, S. 101; vgl. Abele/Schute/Andrä 1999).

Eine in diesem Zusammenhang häufig zitierte Studie haben Giesen und Gold auf der Basis einer Stichprobe n = 693 Schülerinnen und Schüler vorgelegt. Im Vergleich der Schülerinnen und Schüler, die das Lehramt an Grund- und Hauptschulen sowie für das Lehramt Sek. I anstreben und derjenigen, die das Abschlussziel Diplom in Mathematik und Naturwissenschaften, das Diplom oder den M.A. in Sprachen oder anderen Geisteswissenschaften sowie das Lehramt an Gymnasien anstreben, schneiden erstere unter Berücksichtigung der Abiturnote, fachnahen Wissens und Intelligenz am schlechtesten ab. Die Leistungsvoraussetzungen zwischen den Interessenten am Lehramt für die Sek. II und den an den fachinhaltlich vergleichbaren Diplom- und Magisterstudiengängen Interessierten ähneln sich dagegen eher (vgl. Gold/Giesen 1993; Giesen/Gold 1994).

Im Bereich der Leistungsvoraussetzungen angehender Lehrkräfte zeichnen die Befunde empirischer Untersuchungen u.a. bedingt durch unterschiedliche Bezugsgrößen indes kein einheitlich Bild: So weisen die Schüler in einer österreichischen Stichprobe (n = 514) bei Bergmann und Eder (1994), die ein Lehramt anstreben, durchschnittlich bessere Schulleistungen auf als ihre Mitschüler auf.

Ähnlich wie Giesen und Gold (1993; 1994) haben Spinath/van Ophuysen/Heise (2005) einen Vergleich der Lehramtsstudierenden mit den Studierenden anderer Studiengänge in ihrer Studie angestellt. Fähigkeiten und Motivationslagen wurden bei insgesamt 365 Studienanfängern unterschiedlicher Studiengänge mit einem standardisierten diagnostischen Verfahren erhoben. Auch wenn die Intention und Interpretation der Autoren eine andere ist, so bestätigen die Befunde der Untersuchung eher die Ergebnisse von Giesen und Gold (1994) als dass sie diese widerlegen. Zwar unterscheidet sich die Gesamtgruppe der erfassten Lehramtsstudierenden nicht von der Gruppe der Studierenden im Diplomstudiengang Erziehungswissenschaft mit Blick auf kognitive und motivationale Lern- und Leistungsvoraussetzungen, dafür unterscheiden sie sich jedoch von allen übrigen Studierenden in mathematischen, natur-, ingenieurs- und wirtschaftswissenschaftlichen Studiengängen, deren Ergebnisprofile *über* denen der Lehramtsstudierenden liegen.

Mit Blick auf die Personen, die den Lehrerberuf anstreben oder ergreifen, ist schließlich die *Herkunft* ein dritter bedeutender Bereich der empirischen Lehrerforschung. Hier treten in der jüngeren Forschung vor allem Aspekte einer generativen sozialen Vererbung des Lehrerberufs in den Fokus des Interesses. Bereits in der berufsbiographischen Studie von Hirsch u.a. (1990) zeigte sich, dass die Selbstrekrutierungsquote in der Gruppe der befragten Lehrer im Vergleich mit dem Lehreranteil in der erwerbstätigen Bevölkerung insgesamt sechsmal so hoch war.

Insbesondere die jüngere Untersuchung von Kühne (2006) hat bemerkenswerte Befunde zum sozialen Rekrutierungsfeld der Lehrerinnen und Lehrer auf einer breiten Datenbasis hervorgebracht. Zunächst einmal kann Kühne zeigen, dass zwischen den Lehramtstypen und der sozialen Herkunft – auch bei getrennter Betrachtung von Lehrerinnen und Lehrern – keine Abhängigkeit besteht. Besonders eindrücklich wird darüber hinaus die bedeutende Rolle der Berufsvererbung im Lehrerberuf nachgewiesen: Bei den Lehrkräften liegt die Selbstrekrutierungsquote insgesamt bei 24% und damit nur 1% unter dem Wert der Mediziner. Während es aber bei den Letztgenannten vor allem die Söhne sind, die dem Vaterberuf nacheifern, sind es bei den Lehrern in erster Linie die Töchter, die das Berufserbe antreten (vgl. auch die Ergebnisse der Studie von Herzog u.a. 2007, S. 144).

Diese Befunde zur Bedeutsamkeit der Berufsvererbung im Lehrerberuf geben einen deutlichen Hinweis darauf, dass die Berufswahl sich nicht als in jeder Hinsicht rational begründeter Prozess darstellt (vgl. Treptow 2006) und dass die Einstellungen, Bewertungen und Haltungen, die zur Wahl eines Berufes führen, nicht alle „im Lichtkegel des Bewusstsein liegen und durch Befragungsmethoden abgerufen werden können" (Krieger 2002, S. 254).

3.2 Die berufsbiographische Entwicklung von Lehrkräften als Gegenstand der empirischen Forschung

Während sich die Biographieforschung im engeren Sinne mit lebensgeschichtlichen reflexiven Selbstdeutungen unter Anwendung qualitativer Verfahren befasst, widmet sich die Lebenslaufforschung der Beschreibung objektivierbarer Ereignisse (Statuspassagen etc.). Auch die Beschreibung von (Berufs-)Karrieren orientiert sich an den äußeren Tatbeständen und weniger an einer inneren Verarbeitung des individuellen Lebenslaufs (vgl. Herzog u.a. 2007, S. 43f.). Will man die Forschung zu den Entwicklungsverläufen von Lehrkräften in diesem nur allzu grob umrissenen Spektrum verorten, so wird man von einer im engeren Sinne biographischen Lehrerforschung zumindest mit Blick auf Untersuchungen, die größere Stichproben von Lehrkräften mit dem Ziel einer Systematisierung und der Diskussion der Ergebnisse über eine intensive Deutung des Einzelfalls hinaus bearbeiten, nur bedingt sprechen können. Die Bezeichnung dieser Forschungsrichtung als *berufsbiographische* Forschung zum Lehrerberuf erscheint indes gerechtfertigt, geht es in diesen Studien allemal um mehr als nur um äußere Merkmale individueller Berufsverläufe und die Identifizierung objektivierbarer beruflicher Karrierewege und Stationen, die insbesondere im Lehrerberuf ohnehin recht übersichtlich sind.

In den 1960er-, 1970er- und 1980er-Jahren widmete sich die berufsbiographisch interessierte Lehrerforschung vor allem dem *Berufseinstieg* und den auch international zu beobachtenden Anfangsschwierigkeiten junger Lehrerinnen und Lehrer (vgl. Veenman 1984). Im Fokus standen hier Veränderungen der Einstellungen und Haltungen aufseiten der Berufsanfänger infolge der Konfrontation mit unterrichtlicher Praxis und schulischer Realität (Stichwort „Praxisschock") (vgl. u.a. Müller-Fohrbrodt/Cloetta/Dann 1978; Dann u.a. 1978).

Anfang der 1990er-Jahre wurde die Perspektive über den Berufseinstieg hinaus auf die Entwicklung im gesamten Berufsverlauf erweitert (vgl. Terhart u.a. 1994), wobei echte Längsschnittuntersuchungen bis heute fehlen und stattdessen querschnittlich und retrospektiv angelegte Studien dominieren. Als Ergebnis dieser zumindest perspektivisch auf die gesamte Berufsbiographie von Lehrkräften bezogenen Forschungsbemühungen wurden für den Beruf charakteristische Entwicklungsphasen und -stufen identifiziert und in *idealtypischen* Modellen zusammengefasst (vgl. Fuller/Brown 1975; Sikes/Measor/Woods 1985). Zeigen sich bei Huberman (1989) bereits unterschiedliche potentielle Entwicklungsverläufe, so wird besonders am Beispiel der auf der Basis von 120 halbstrukturierte Einzelinterviews (Stehgreiferzählungen) entworfenen Phasentypologie von Hirsch u.a. (1990) das breite Spektrum identifizierbarer Verlaufspfade unter Einbezug möglicher Wiederholungen einzelner Phasen deutlich. Trotz der vorgenommenen Systematisierungs- und Ordnungsversuche kann an diesem Beispiel deutlich gemacht werden, was für den gesamten Forschungsbereich gilt: Berufsbiographien von Lehrerinnen und Lehrern lassen sich „vom Erleben der Betreffenden her betrachtet, […] schwerlich über einen Leisten schlagen. Es gibt deshalb auch nur weniges, was man gesamthaft dazu sagen kann" (Hirsch u.a. 1990, S. 88).

Die Forschungsbeiträge, die schließlich im Ergebnis u.a. unterschiedliche Sequenzen für den Berufsverlauf und die berufliche Entwicklung von Lehrerinnen und Lehrern in Verlaufsmodellen und Typisierungen zusammenfassen, sind von den Vertretern eines streng fallbezogenen qualitativen Zugangs kritisiert worden, da sie dem „interpretativen Paradigma" und damit der „Erzählgenerierung einer Gesamtbiographie" (Kunze/Stelmaszyk 2004, S. 804; Reh/Schelle 2006, S. 399) nicht entsprechen.

Auch wenn mit den ersten Etablierungsbemühungen einer berufsbiographischen Forschung zum Lehrerberuf gleich zu Beginn die Notwendigkeit einer Verbindung qualitativer und quantitativer methodischer Zugangsweisen betont wurde (vgl. Terhart u.a. 1994; Terhart 1995), scheinen die unterschiedlichen Forschungsansätze unverbunden. Dies ist nicht zuletzt auch auf eine einseitige Verabsolutierung des qualitativen Ansatzes in der forschenden Auseinandersetzung mit den (berufs-)biographischen Entwicklungen im Lehrerberuf zurückzuführen, wie sie Stelmaszyk auf den Punkt bringt (vgl. ebd. 1999, S. 62ff.).

Ohne Zweifel ist die Aussagekraft idealtypischer Phasen- und Entwicklungsmodelle begrenzt, zumal sie die unterschiedlichen Entwicklungsverläufe nicht *erklären* können. Indes sollte unter

Hervorhebung dieses kritischen Hinweises nicht unterschlagen werden, dass die fallbezogenen Tiefenanalysen individueller Lehrerbiographien naturgemäß ebenfalls von deutlich begrenzter Aussagekraft sind.

Ob und inwieweit die in zahlreichen Fallrekonstruktionen erschlossenen individuellen Lehrerbiographien zusammen „gewissermaßen die Verallgemeinerung des Einzelfalls darstellen" (Reh/Schelle 2006, S. 397), erscheint angesichts der Breite der „interpretativen Rekonstruktion" fraglich, zumal die Einzelstudien, so auch Reh/Schelle (2006), bislang „kaum zueinander in Beziehung gesetzt" wurden (ebd., S. 397; vgl. Kunze/Stelmaszyk 2004, S. 806). Infolge reger Forschungsaktivität bleibt eine zunehmende Zahl interpretatorisch rekonstruierter, differenzierter und höchst detailliert beschriebener Einzelfälle.

Während den qualitativen und quantitativen Untersuchungen nach einer Erweiterung der Perspektive über den Berufseinstieg hinaus die grundlegende Annahme gemein ist, die Entwicklung im Lehrerberuf als lebenslangen Prozess zu erfassen, verkürzt sich nach Gehrmann der Prozess der berufsbiographischen Entwicklung von Lehrkräften allein gerade auf den Berufseinstieg, das Lehrer-Werden. Berufsbiographisch seien es *allein* die personenspezifischen Faktoren, die „das Lehrersein konfigurieren. Diese liegen aber schon zu Beginn der Berufstätigkeit fest und zeigen sich sowohl gegen alle internen bzw. generationalen biographischen als auch alle externen bzw. organisationalen Vorkommnisse resistent. Die berufsbiographische Konturierung des Lehrerlebenslaufes reduziere sich danach auf eine Einstiegs- und eine lang andauernde Plateauphase, die abgelöst wird durch eine Sich-Hinaus-Entwickeln aus der Tätigkeit" (Gehrmann 2003, S. 163).

Diese weit reichende These Gehrmanns kann jedoch durch seine eigene Studie nicht belegt werden: Auch wenn die Interpretation der Daten zuweilen anderes suggeriert, handelt es sich bei der Untersuchung von Gehrmann im Gegensatz etwa zur Studie von Müller-Fohrbrodt/Cloetta/Dann (1978) nicht um einen Längsschnitt, sondern um eine Untersuchung mit querschnittlichem Design und mehreren Stichproben. Zudem beziehen sich seine Daten auf die Lehrkräfte, die zwischen 5 und 43 Dienstjahre aufweisen. Personale Merkmale, die vor dem Berufseinstieg bereits festliegen sollen, werden nicht erfasst (vgl. auch die Befunde älterer und jüngerer Studien von Sikes/Measor/Woods 1985 bis Herzog u.a. 2007; Herzog 2007 in Abschnitt 3.5).

Gerade im Bereich der beruflichen Kompetenz (vgl. Abschnitt 3.4) sind Veränderungen mit dem zunehmenden Erfahrungsspektrum in der Entwicklung über die Berufsbiographie verbunden, die der These von Gehrmann entgegenstehen, zeigt sich doch hier ein bedeutender *Entwicklungsaspekt* in der Berufsbiographie. Denn das praktische Wissen und Können ist *erfahrungsbasiert* und „manifestiert sich als Können des professionellen Experten" (Baumert/Kunter 2006, S. 483). Allein das zunehmende Dienst- bzw. Lebensalter macht zwar noch keinen Experten, die „Entwicklung von Expertise ist [jedoch] von systematischer und reflektierter Praxis über einen langen Zeitraum hinweg abhängig" (ebd., S. 506). Insbesondere unter Berücksichtigung der Genese *erfahrungsbasierten* praktischen Wissens und Könnens stellt sich das Lehrer-Werden und Lehrer-Bleiben als berufsbiographische bedingte Entwicklung dar, die über den Beruf hinaus strukturell eng mit den privaten Teilen der Biographie verknüpft ist.

Nach der Öffnung für die gesamte berufliche Entwicklung von Lehrerinnen und Lehrern erfährt die berufsbiographische Forschung in jüngeren Untersuchungen eine zusätzliche perspektivische Erweiterung. Bislang hatte sich die Forschung zur Berufsbiographie von Lehrerinnen und Lehrern weitestgehend auf die berufstreuen Lehrkräfte, die „Berufsüberlebenden" beschränkt (Herzog u.a. 2007, S. 79). Aspekte berufsbiographischer Übergänge und beruflicher Mobilität seien dagegen weitgehend ausgeblendet worden.

Im Anschluss an die formulierte Kritik erfassen Herzog u.a. (2007) unterschiedliche Karrierewege von 1873 Absolventen der seminaristischen Primarlehrerausbildung im Kanton Bern. In der Zusammenschau der Ergebnisse fällt der hohe Anteil derjenigen auf, die aus dem Beruf – in der Regel innerhalb der ersten zehn Berufsjahre – aussteigen (48%), während nur 40% in dem Beruf, für den sie ausgebildet wurden, verbleiben. Herzog u.a. verweisen auf die sich in diesen Befunden ausdrückende berufliche Mobilität, die in der bisherigen Forschung zu den beruflichen Entwicklungen von Lehrkräften vernachlässigt wurde.

Der Blick auf die beruflichen Karrieren der „Berufsaussteiger" lässt die Befunde indes in einem anderen Lichte erscheinen. Denn auch der beträchtliche Anteil der Absolventen der Primarlehrerausbildung, die diesen Beruf verlassen, bleiben Lehrer! Nur 11% der Befragten haben das Berufsfeld Bildung und Schule verlassen, während die übrigen, die nicht mehr als Primarlehrer tätig sind und als Berufsaussteiger erfasst werden, gleichwohl einer Lehr- und Unterrichtstätigkeit in anderen Schulformen nachgehen (Herzog u.a. 2005, S. 605; vgl. Hirsch u.a. 1990 S. 222ff.). Von *Berufs*wechslern zu sprechen, erscheint vor diesem Hintergrund nicht zutreffend, vielmehr bleiben die sog. Aussteiger grundsätzlich weitgehend *berufstreu*.

3.3 Forschung zur Wirksamkeit der Lehrerbildung

Die Intensität, mit der die Strukturen, Prozesse und Ergebnisse der Lehrerbildung in Fachpublikationen wie auch in der allgemeinen Öffentlichkeit erörtert werden, steht in einem deutlichen Widerspruch zum Ausmaß an empirischer Forschung, die zur Lehrerbildung und hier insbesondere zur *Wirksamkeit* der Lehrerbildung durchgeführt worden ist. Die Kritik an der Lehrerbildung wie auch Programme zu ihrer Erneuerung basieren bislang überwiegend auf institutionellen Erfahrungen, auf Vermutungen über Ursachen und auf Hoffnungen hinsichtlich der positiven Wirkungen bestimmter Maßnahmen, obwohl durch empirische Forschung ein Wissensbestand erarbeitet wird, der trotz seiner Lückenhaftigkeit sowie der unterschiedlichen Qualität der Projekte Berücksichtigung verdient und in den letzten Jahren deutlich zugenommen hat (zur Wahrnehmung der 1. universitären Phase der Lehrerbildung aus der Perspektive der Studierenden und Lehrenden als Gegenstand der Forschung vgl. u.a. Flach/Lück/Preuss 1995; Heil/Faust-Stiehl 2000; zur lange Zeit auch in der Forschung besonders vernachlässigten zweiten Phase der Lehrerbildung vgl. u.a. Döbrich/Abs 2006, 2007; Walke 2007; zur Forschungslage allgemein Schaefers 2002; Blömeke 2004; Seifried/Abel 2006; Lüders/Wissinger 2007).

Die Frage nach der *Wirksamkeit* von institutionalisierter Lehrer(aus- und -fort)bildung sowie unterschiedlich ausgerichteter bzw. aufwendiger Ausbildungsprogramme kann als einer der bedeutendsten Forschungsbereiche innerhalb der Lehrerausbildungsforschung gelten. Umso schwerwiegender erscheint es, dass für die deutsche Situation aussagekräftige Untersuchungen bislang kaum auszumachen sind. Vergleichende empirische Studien etwa über den Erfolg von unterschiedlich qualifizierten Lehrkräften und fachgerecht vs. fachfremd unterrichtenden Lehrern existieren unseres Wissens im deutschen Sprachraum nicht. Dagegen konnte vor allem in us-amerikanischen Untersuchungen herausgestellt werden, dass regulär qualifizierte und fachgerecht unterrichtende Lehrer alles in allem größere Erfolge bei ihren Schülern erzielen als andere Lehrergruppen (vgl. Darling-Hammond u.a. 2005). Indes ist die Forschungslage auch in der amerikanischen Fachdiskussion nicht so eindeutig, wie es auf den ersten Blick scheint (vgl. für weniger eindeutige Resultate Wayne/Youngs 2003). Zudem ist zu berücksichtigen, dass der Faktor ‚Art der Lehrerbildung/Lehrerqualifikation' recht weit vom konkreten Unterrichtshandeln entfernt ist und der Zusammenhang zwischen Qualität des beruflichen Handelns von Lehrern und den Lernergebnissen bzw. Lernzuwächsen der Schüler dieser Lehrer nicht eindeutig zu bestimmen ist, da sehr viele weitere Faktoren eine Rolle spielen (vgl. dazu speziell Kyriakides 2007). Zweitens ist zu berücksichtigen, dass die in anderen Staaten bzw. kulturellen Umfeldern gewonnenen Ergebnisse nicht ohne Weiteres auf die Situation in Deutschland übertragen werden können, da z.B. der Lehrerberuf in den USA in einem anderen gesellschaftlich-kulturelle Kontext bzw. berufssoziologischen Gefüge steht und insbesondere die Qualifizierung in den Unterrichtsfächern nicht derjenigen der Lehrkräfte in Deutschland entspricht.

Mit Blick auf die Forschungslage zur Wirksamkeit der Lehrerbildung im deutschsprachigen Raum sind zwei Untersuchungen hervorzuheben: Eine größere Wirksamkeitsstudie, in der Lehramtsabsolventen über ihre Erfahrungen in der Lehrerbildung befragt wurden, ist in der (deutschsprachigen) Schweiz durchgeführt worden (vgl. Oser/Oelkers 2001). Forschungsziel war es festzustellen, ob und inwieweit die Lehrerbildung bestimmte normative, vorab formulierte Standards erreicht oder nicht (vgl. 3.4). Das Ergebnis war bestürzend: Auf breiter Front wurden die Standards nicht erreicht – und es gibt keinen Grund zu der Annahme, dass die Ergebnisse für Deutschland günstiger ausfallen würden.

Eine der wenigen Studien, die sich bei der Einschätzung des Erfolgs von Lehrerbildung nicht auf die Selbsteinschätzungen der Betroffenen verlässt, sondern (beschränkt auf das Fach Mathematik) Ausbildungshintergründe, aktuelle fach- und fachdidaktische Kompetenzen von Lehrern sowie die fachlichen Lernleistungen der Schüler dieser Lehrkräfte in einen Zusammenhang bringt, wird derzeit von einer Gruppe um Baumert, Neubrand, Blum und anderen durchgeführt (COACTIV-Projekt: vgl. Krauss u.a. 2004; Brunner u.a. 2006). Dieses Projekt zeigt, dass nur eine hohes fachliches in Verbindung mit einem ebenfalls hohen fachdidaktischen Ausbildungsniveau zusammen ein starker Erklärungsfaktor für hohe Lernleistungen der Schüler (im Fach Mathematik) ist. Fach*unabhängige*, allgemeindidaktische („generische") Kompetenzen dieser Mathematiklehrkräfte wurden nicht in die Untersuchung mit einbezogen.

Abgesehen von dem Projekt COACTIV und der deutschen Beteiligung an den internationalen Projekten MT 21 und TEDS-M (Blömeke/Kaiser/Lehmann 2008; Blömeke u.a. 2009) kann mit Blick auf die empirische Forschung zur Lehrerbildung festgehalten werden, dass der größte Teil der Analysen auf nachträglich ansetzenden Befragungen von Lehrkräften beruhen. Ein solches Vorgehen liefert zwar wichtige Informationen über das Bewusstsein und Selbstbild von Lehrerinnen und Lehrern, jedoch kaum objektivierbare Informationen über die *Wirkung* unterschiedlicher Lehrerbildungsmodelle auf die Kompetenz von Lehrpersonen und ihr Handeln im Unterricht. Ebenso erhält man keine Informationen darüber, in welchem Maße im Prozess der Lehrerbildung tatsächlich die Ziele erreicht werden, die erreicht werden sollen (Effektivität) – ganz zu schweigen davon, ob die faktisch erzielten Effekte auch möglichst ökonomisch erreicht werden (Effizienz).

3.4 Wissen, Können, Handeln – Berufliche Kompetenz von Lehrkräften als Gegenstand der Forschung

Sowohl im Kontext der neueren Leistungsvergleichsstudien zu Schülerleistungen und ihren Bedingungen als auch im Kontext der Diskussion um die Qualität und Wirkung von Lehrerbildung (vgl. 3.3) spielt die Frage nach der *beruflichen Kompetenz* von Lehrerinnen und Lehrern eine sehr wichtige Rolle. Die Bedeutsamkeit dieses Faktors steht jedoch in direktem Gegensatz zu den bislang bestehenden Möglichkeiten einer zuverlässigen, die verschiedenen Kompetenzbereiche abdeckenden empirischen Erfassung der beruflichen Kompetenz von Lehrkräften.

Der Blick auf die internationale Forschungssituation zur Entwicklung und Beurteilung der professionellen Kompetenzen von Lehrkräfte zeigt hier einmal mehr, dass Themen wie „professional development of teachers", „competency based teacher assessment", „evaluation of teaching", „performance pay systems" etc. seit Jahren in den einschlägigen Fachzeitschriften und Handbüchern anzutreffen sind (vgl. zur Evaluation und *assessment of teacher performance* insbesondere Porter/Youngs/Odden 2001; Pearlman/Tannenbaum 2003; Wilson/Youngs 2005).

Innerhalb der wissenschaftlichen Forschung und Diskussion zum Lehrerberuf und zur Lehrerbildung im deutschen Sprachraum spielt die Orientierung an *Standards* seit einigen Jahren eine zentrale Rolle (vgl. Terhart 2002; Gogolin/Krüger/Lenzen 2005). Die von einigen Bundesländern wie auch von der KMK vorangetriebenen Bemühungen um die Erarbeitung von Kompetenzen und Standards, denen Absolventen der 1. und der 2. Phase zu genügen haben (für den bildungswissenschaftlichen Teil der Lehrerbildung: vgl. KMK 2004), sind einerseits wichtig, um der Studien- und Ausbildungsplanung in Universitäten und Studienseminaren eine Orientierung zu geben. Zugleich liegt mit diesen Kompetenzen und Standards eine Art normatives Zielkriterium oder „Maßstab" vor, an dem individuelle, tatsächlich vorliegende Kompetenzen von *Absolventen* (!) bemessen werden können (vgl. Oser/Oelkers 2001 in 3.4). Wie können die u.a. in den Standards für die Lehrerbildung formulierten beruflichen *Kompetenzen* aber theoretisch und forschungspraktisch erfasst werden? Hierzu zwei Beispiele:

(1) Zunächst lässt sich in Anlehnung an Frey berufliche Kompetenz als ein Bündel von körperlichen und geistigen Fähigkeiten bezeichnen, das jemand benötigt, um anstehende berufliche Aufgaben oder Probleme zielorientiert und verantwortungsvoll zu lösen, die Lösungen zu bewerten und das eigene Repertoire an Handlungsmustern weiterzuentwickeln (vgl. ebd. 2004, S. 904).

Vielfach werden im Kontext des Berufs vier Kompetenzklassen unterschieden: Fachkompetenz, Methodenkompetenz, Sozialkompetenz und Personalkompetenz; eine andere Aufteilung unterscheidet Sachkompetenz, Sozialkompetenz und Selbstkompetenz. Bei Frey (2004) werden diese Überlegungen weiterentwickelt in Richtung auf ein hierarchisches Strukturmodell, welches vier Ebenen unterscheidet: einzelne Fertigkeiten (Ebene 1), gebündelte Fertigkeiten, die ein Fähigkeitskonzept bilden (Ebene 2), Kompetenzklassen, zu denen sich die Fähigkeitskonzepte verdichten und von denen Frey die oben genannten vier unterscheidet (Ebene 3) sowie eine generalisierte Handlungskompetenz, die auf den vier Kompetenzklassen basiert (Ebene 4). Dieses Modell ist sehr allgemein und *nicht spezifisch für den Lehrerberuf*, kann aber aufgrund seiner Allgemeinheit auch auf diesen angewendet werden.

(2) Unter Bezugnahme auf Vorlagen bei Shulman (1991), Bromme (1992) und anderen ist im bereits genannten Projekt COACTIV (vgl. 3.3) ein spezielles Modell der Kompetenzen für den Lehrerberuf entwickelt worden. Es ist ebenfalls hierarchisch strukturiert, untersucht aber (a) ‚nur' einen speziellen Ausschnitt auf der unteren Hierarchie-Ebene und tut dies (b) für einen speziellen Fall: den des Mathematiklehrers (vgl. Krauss u.a. 2004, S. 35, S. Abb. 2; vgl. auch Brunner u.a. 2006).

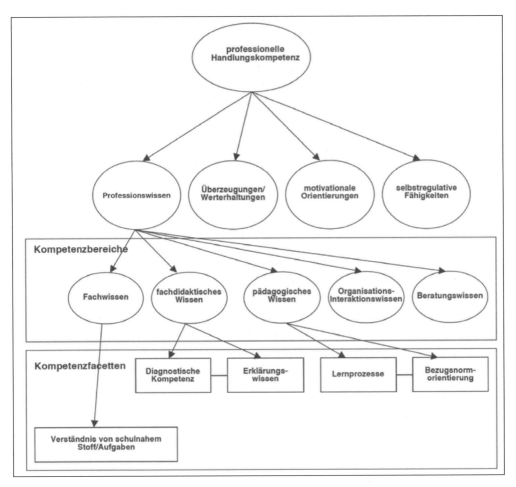

Abb. 1: Professionelle Handlungskompetenz von Lehrkräften (Krauss u.a. 2004, S. 35)

Dieses Modell liegt einem komplexen Mehrebenen-Projekt zur Analyse der Zusammenhänge zwischen der Kompetenz von Mathematiklehrern und dem Lernen der Schüler dieser Lehrer zugrunde. Als Kompetenzbereiche werden benannt: Fachwissen, fachdidaktisches Wissen, pädagogisches Wissen, Organisations-/Interaktionswissen, Beratungswissen. „Professionswissen von Lehrkräften, so unser theoretischer Ausgangspunkt, umfasst diese fünf Kompetenzbereiche, die sich wiederum in verschiedene Kompetenzfacetten – differenziert nach Fachgebieten – untergliedern lassen. Diese Facetten beschreiben die unterschiedlichen deklarativen, prozeduralen oder konzeptuellen Wissenselemente, welche zur erfolgreichen Gestaltung von Schule und Unterricht erforderlich sind" (Krauss u.a. 2004, S. 37).

Die zwei Beispiele illustrieren, dass sich im Kontext der Forschung zu den beruflichen Kompetenzen von Lehrkräften gewissermaßen zwei Herangehensweisen gegenüber stehen: Eine eher generelle Strategie, die Lehrerkompetenzen recht breit und unter Einschluss von Einzelaspekten der Lehrerkompetenz untersucht, und eine eher begrenzte (aber dafür detailliertere), von vorne herein auf Einzelkompetenzen in spezifischen Fach-Bereichen (Domänen) orientierte

Strategie. Im Rahmen von Forschung und Analyse sind beide Strategien möglich und sinnvoll, vielleicht sogar: sich wechselseitig ergänzend.

Aus einer ganz anderen Perspektive nähert sich die erziehungswissenschaftliche Professionalisierungsdebatte Fragen nach dem Wissen, Handeln und Können von Lehrkräften (vgl. z.B. Helsper 2002; 2007). Sie ist gegenwärtig eher theoriebezogen-kategorial und innerhalb des qualitativen Methodenspektrums fall- oder strukturanalytisch angelegt. Ein Bezug auf Fragen konkreter Kompetenzerfassung und -beurteilung ist nicht zu erkennen und wohl auch nicht intendiert, weil Unbestimmtheit und Unbestimmbarkeit der Erfolgskriterien als bedeutende Charakteristika des Lehrerhandelns diskutiert werden (vgl. dazu kontrovers Baumert/Kunter 2006; Tenorth 2006; Helsper 2007). Die Konzeptbildung und Forschung zur *Expertise im Lehrerberuf* (vgl. Bromme 1992; Berliner 2001) ist demgegenüber für Fragen der Kompetenz und Kompetenzerfassung weitaus ergiebiger, da es um kompetentes Lehrerhandeln geht sowie um den Zusammenhang von erfolgreichem Lehrerhandeln und dem Lernen der Schüler.

3.5 Forschung zur Belastung und Beanspruchung im Lehrerberuf

Das Thema Belastung und Beanspruchung im Lehrerberuf stellt nach wie vor einen besonderen Schwerpunkt der empirischen Forschung zum Lehrerberuf dar. Der Erfassung der Beanspruchung von Lehrpersonen wurde zunächst in den 1970er- und 1980er-Jahren im angloamerikanischen Raum zunehmende Aufmerksamkeit geschenkt. Im deutschsprachigen Raum

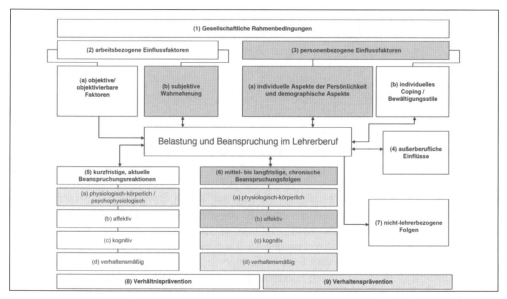

Abb. 2: Raster zur Einordnung empirischer Untersuchungen der Lehrerbelastungsforschung in Anlehnung an Krause/Dorsemagen 2007, S. 59)*

*Markierungen

    ☐ = nur geringe Forschungsaktivität / kaum Bezüge der Forschung zur Lehrerbelastung
    ▨ = Forschungsaktivität
    ■ = Schwerpunkte der Forschung / hohe Forschungsaktivität

wird dieser Forschungsbereich insbesondere seit den 1990er-Jahren intensiv bearbeitet. Als Ergebnis bietet sich dem Betrachter national wie international ein weit gefächertes Spektrum unterschiedlicher Forschungsansätze mit einer sehr heterogenen Befund- und kaum noch zu überblickenden Literaturlage (vgl. Guglielmi/Tatrow 1998; Kyriacou 2001; Krause/Dorsemagen 2007; Rothland 2007). Eine systematische Übersicht bieten Krause/Dorsemagen (2007, S. 59).

Untersuchungen, die querschnittlich mittels standardisierter Fragebögen *subjektive Einschätzungen der Belastung* anhand vorgegebener Aspekte erheben, bilden einen der in Abb. 2 markierten Schwerpunkte der Forschung zur Belastung und Beanspruchung im Lehrerberuf (Abb. 2: 2b). In den Ranglisten der so erfassten Belastungsfaktoren zählen Aspekte des Schülerverhaltens in der Regel zu den an erster Stelle stehenden Aspekten (schwierige, unruhige, unmotivierte, unkonzentrierte, undisziplinierte Schüler etc. vgl. u.a. Kramis-Aebischer 1995; Wendt 2001; van Dick 2006). Die vergleichende Zusammenstellung dieser Ranglisten (vgl. Stähling 1998, S. 54–60) zeigt jedoch, dass sich die Befunde der einzelnen Studien nur bedingt ähneln: Unter Berücksichtigung der weiteren Rangplätze fächert sich ein breites Spektrum als belastend wahrgenommener beruflicher Aspekte und Bereiche auf.

Im Übrigen ist darauf hinzuweisen, dass die Schülerinnen und Schüler, die in der Wahrnehmung der Lehrerinnen und Lehrer als Belastungsfaktor besonders bedeutsam sind, sich zugleich als wichtigster Faktor für die Motivation der Lehrkräfte erweisen und die insgesamt hohe Berufszufriedenheit von Lehrkräften in erster Linie durch die Lehrer-Schüler-Interaktion hervorgerufen wird (vgl. Ipfling u.a. 1995; Grunder/Bieri 1995). Die Klientel der Lehrkräfte erweist sich damit sowohl als Quelle der Motivation und beruflichen Zufriedenheit als auch der Belastung und Beanspruchung.

Insgesamt sind die Befunde zu den subjektiv wahrgenommenen Belastungsaspekten im Lehrerberuf alles andere als eindeutig. Vor allem die verschiedenen Untersuchungsdesigns schränken die Aussagekraft und die Vergleichbarkeit der Befunde deutlich ein: Unterschiede zwischen den einzelnen Untersuchungsergebnissen sind u.a. auch darauf zurückzuführen, dass einzelne Faktoren nicht in den entsprechenden Instrumentarien erhoben wurden und Differenzen sich hier als methodische Artefakte erweisen (vgl. Herzog 2007).

Neben den Belastungsfaktoren sind es die *individuellen Aspekte und Merkmale der Persönlichkeit* (Abb. 2: 3a), die deutlich im Fokus der sog. Lehrerbelastungsforschung stehen. Die Dominanz personenbezogener Forschungsansätze ist darauf zurückzuführen, dass die Untersuchungen in der Regel in der Tradition transaktionaler Stressmodelle stehen, welche die kognitive Auseinandersetzung mit den Stressoren und den Abgleich mit den vorhandenen individuellen Ressourcen betonen.

Ein prominentes Beispiel für diesen Forschungsansatz stellt die Potsdamer Lehrerstudie dar. In dieser Untersuchung konnte auf breiter empirischer Basis gezeigt werden, dass insbesondere Lehrpersonen im Vergleich mit anderen Berufsgruppen zu einem großen Teil riskante individuelle arbeitsbezogene Verhaltens- und Erlebensmuster aufweisen (vgl. Schaarschmidt 2005a; Schaarschmidt/Kieschke 2007). In der Untersuchung von Schröder (2006) wird die Fehlpassung von Persönlichkeitsmerkmalen und der beruflichen Anforderungen und Bedingungen der Tätigkeit mit negativen Auswirkungen auf das Berufserleben und die Berufsausübung im Sinne einer Passungsproblematik zum zentralen „Dilemma des Lehrerberufs" erhoben (Schröder 2006, S. 220ff.).

Solche auf personenbezogene Merkmale der Lehrkräfte konzentrierte Forschungsbemühungen sind jedoch konzeptionell und forschungsmethodisch auf einem Auge blind: Da unter

Anwendung von persönlichkeitsdiagnostischen Instrumentarien keine arbeits-, situations- bzw. allgemein bedingungsbezogenen Merkmale erfasst werden können, steht bislang der empirische Nachweis dafür aus, dass es – wie die Anlage der Untersuchungen sowie die Interpretationen der Forschungsergebnisse suggerieren – *primär* persönlichkeitsbezogene Faktoren wie die riskanten arbeitsbezogenen Verhaltens- und Erlebensmuster sind, die im Lehrerberuf zu hohen negativen Beanspruchungen ggf. mit gesundheitlichen Folgen führen (vgl. Rothland 2009).

Den dominierenden persönlichkeitspsychologischen Forschungsansätzen sind daher auch verstärkt Untersuchungen an die Seite zu stellen, die sich der Erfassung struktureller, berufsspezifischer Merkmale des Handelns von Lehrerinnen und Lehrern und damit einer arbeits- bzw. bedingungsbezogenen Analyse der Berufstätigkeit widmen (vgl. Krause 2003; Krause/Dorsemagen 2007; Oesterreich 2008).

Als ein weiterer Schwerpunkt der Forschung zur Belastung und Beanspruchung im Lehrerberuf tritt die Untersuchung *langfristiger affektiver Beanspruchungsfolgen* (Abb. 2: 6b) hervor. Insbesondere die zahlreichen Untersuchungen zum Burnout-Syndrom im Lehrerberuf fallen in diesen Bereich (vgl. Körner 2003; Schmitz 2004). Die Frage, was genau unter den Burnout-Syndrom zu verstehen ist, stellt jedoch bereits eine Schwierigkeit dar (vgl. Sosnowsky 2007) und zu den weiteren zentralen Problembereichen gehört neben methodischen Unzulänglichkeiten des prominentesten Erhebungsinstrumentariums, des *Maslach Burnout Inventory*, der Anspruch, Zustand und Prozess mit dem Burnout-Konzept erfassen zu wollen. Hinzu kommt, dass sich das Burnout-Syndrom nur schwer von verwandten Konstrukten wie klinischer Depression, Emotionalität/Neurotizismus, Stress etc. abgrenzen lässt (vgl. Hillert/Marwitz 2006; dagegen Schmitz 2004, S. 62f.).

Im Gegensatz zu den mittel- und langfristigen affektiven Beanspruchungsfolgen kommen quantitative Methoden, welche *kurzfristige psychophysische Beanspruchungsreaktionen* in der Unterrichtssituation oder über den gesamten Arbeitstag *messen* (Abb. 2: 5a), deutlich seltener zum Einsatz. Gerade Untersuchungen dieser Art könnten jedoch neben bedingungsbezogenen Analysen Informationen zum Grad der Beanspruchung der Lehrertätigkeit über die individuelle Wahrnehmung hinaus liefern. Untersucht werden in diesem Bereich die Atemtiefe, Muskelspannung, Temperatur, Herzschlagfrequenz, Blutdruckwerte, Adrenalin und Noradrenalinausschüttungen oder der Cortisolspiegel (vgl. Scheuch/Knothe 1997; Bickhoff 2002; Schönhofen/Schwerdtfeger 2006).

Ob Lehrerinnen und Lehrer infolge ihrer Berufsausübung und der Beanspruchungen im Beruf tatsächlich auch besonders häufig erkranken, kann auf der Basis der bisherigen Forschungstätigkeiten nicht gesagt werden (Abb. 2: 6a) (vgl. Hillert 2007). Hinsichtlich des psychischen Wohlbefindens und körperlich funktioneller Beschwerden können Schaarschmidt/Fischer (1995, S. 52f.) anhand einer Stichprobe österreichischer Lehrkräfte (n = 1463) jedenfalls keine von einer dem verwendeten Instrumentarium zugrunde liegenden Eichstichprobe (Norm) bedeutenden Abweichungen hinsichtlich der Befindensbeeinträchtigungen feststellen.

Wenn bis hierher einzelne Schwerpunkte der Forschung zur Belastung und Beanspruchung im Lehrerberuf skizziert wurden, so ist abschließend auf zwei vernachlässigte Aspekte hinzuweisen: Zum einen ist bislang kaum untersucht worden, wie Lehrkräfte mit den Belastungen ihres Berufs umgehen, wie sie ihren beruflichen Alltag bewältigen „und vor allem, wie sie dies *erfolgreich* tun" (Herzog 2007, S. 116) (Abb. 2: 3b). Eine Ausnahme bildet die Untersuchung von Herzog (2007). In der Zusammenschau der Ergebnisse zeigt sich entgegen medialer Skandalisierungen zum einen, dass dem Großteil der Lehrkräfte in den alltäglichen Beanspruchungssituationen dauerhaft eine wirksame Bewältigung gelingt, die als Voraussetzung für eine erfolgreiche und zufrieden stellende Berufsausübung angesehen werden kann. Zum anderen wird in den Ergebnissen der Untersuchung deutlich, das erfolgreiches Coping nicht an bestimmte Bewältigungsformen gebunden ist. Viele unterschiedliche Bewältigungsversuche können sich als wirksam erweisen – kein einzelner ist „*an sich* effektiv" (ebd., S. 385).

Zum anderen ist die Frage nach den *Auswirkungen* hoher Beanspruchungen und riskanter beruflicher Verhaltens- und Erlebensmuster auf das unterrichtliche Handeln der Lehrer, vor allem aber auf *das Lernen der Schüler* (Abb. 2: 7) kaum systematisch erforscht worden. Ein erster bemerkenswerter Versuch, lehrerbezogene Beanspruchungsanalysen mit der Untersuchung der Unterrichtsqualität und der Erfassung der Schülerleistungen zusammenzuführen, stellt die Untersuchung von Klusmann u.a. (2006; 2008) dar. Die bei Schaarschmidt identifizierten und von Klusmann u.a. (2006; 2008) in einer Stichprobe von 300 Mathematiklehrkräften replizierten vier Muster arbeitsbezogenen Verhaltens und Erlebens werden dort in Beziehung zur von den Schülern wahrgenommenen Unterrichtsqualität gesetzt. Im Ergebnis unterscheidet sich das Unterrichtsverhalten des Gesundheitstyps (Muster G) signifikant von dem der beiden Risikotypen, aber auch von dem des gesundheitlich unbedenklich erscheinenden sog. Schonungstyps. Schüler, die von Lehrkräften des Gesundheitstyps unterrichtet werden, bewerten das Unterrichtshandeln insgesamt positiver und erfahren zudem auch eine größere Motivation.

Während aus der Perspektive der Belastungs- und Beanspruchungsforschung Lehrkräfte, die dem Schonungstyp zuzuordnen sind, eher unproblematisch erscheinen, stellen sie mit Blick auf das Lernen der Schüler und der Unterrichtsqualität durchaus ein Problem dar (vgl. Klusmann u.a. 2006).

Die *Schülerleistungen* auf Klassenniveau weisen in der Untersuchung von Klusmann u.a. (2008) im Übrigen keinen direkten Zusammenhang mit den gesundheitsrelevanten arbeitsbezogenen Verhaltens- und Erlebensmustern der Lehrkräfte auf. Auch wenn in der Studie ‚lediglich' der Mathematikunterricht mittels eines querschnittlichen Untersuchungsdesigns in den Blick genommen wurde und die Autoren entsprechende Einschränkungen formulieren, zeigt sich in diesem eher explorativen Teil der Untersuchung doch ein weiterer bemerkenswerter Befund, der die Notwendigkeit intensiver Forschungsbemühungen zur Untersuchung von Zusammenhängen zwischen Belastungserleben und beruflichen Beanspruchungen auf der einen und dem Lernen der Schüler, der Unterrichtsqualität und der Schülerleistungen auf der anderen Seite deutlich macht.

4 Ausblick

Die in den vorhergehenden Abschnitten skizzierten Bereiche der empirischen Forschung zum Lehrerberuf markieren einzelne Felder einer weitaus umfassenderen Forschungslandschaft, die in ihrer Breite in diesem Beitrag nicht abgebildet werden konnte. Gleichwohl kann anhand der getroffenen Auswahl festgehalten werden, dass trotz der regen Forschungstätigkeit und des daraus resultierenden, eingangs erwähnten Eindrucks, alle Bereiche des Lehrerberufs seien bereits zum Gegenstand von wissenschaftlichen Untersuchungen gemacht worden, noch eine Vielzahl von offenen Fragen und Forschungsdesideraten ausgemacht werden kann, die auch weiterhin Erziehungswissenschaftler, Pädagogische Psychologen, Soziologen und andere an der Forschung zum Lehrerberuf beteiligte Wissenschaftler beschäftigen wird.

Zukünftig wird im Kontext einer zunehmend dichter und engmaschiger werdenden Steuerung von Schulentwicklung anhand der Erhebung von Leistungsdaten der Schüler (evidenzbasierte Bildungspolitik) die Herstellung des Zusammenhangs zwischen den beruflichen Kompetenzen von Lehrern und deren Beitrag zum Lernen, genauer: zu den Lerngewinnen der Schüler dieser Lehrer, zu den zentralen Herausforderungen für die empirische Forschung zum Lehrerberuf gehören. Wenngleich kein kausales Verhältnis zwischen Lehren und Lernen besteht, Lernen ein selbsttätig zu vollziehender Akt ist, Lehrer also in gewisser Weise immer nur Lerngelegenheiten bereitstellen können und gute Unterrichtsergebnisse aus der Kooperation von Lehrern und Schülern bzw. Schulklassen entstehen, wird die Verantwortlichkeit einzelner Lehrer für die Lernergebnisse ihrer Schüler bzw. die Verantwortlichkeit der Lehrerschaft für das Zustandekommen von Ergebnissen des Unterrichts im Einzelnen wie des Schulsystems insgesamt vermutlich stärker in den Mittelpunkt des Interesses der Fach- und sonstigen Öffentlichkeit rücken – und zwar unabhängig davon, wie stark diese Verantwortlichkeit tatsächlich ist bzw. nachweisbar ist.

Literatur

Abele, A./Schute, M./Andrä, M.S. (1999): Ingenieurin vs. Pädagoge. Berufliche Werthaltungen nach Beendigung des Studiums. In: Zeitschrift für Pädagogische Psychologie, 13, S. 84–99.
Baumert, J./Kunter, M. (2006): Stichwort: Professionelle Kompetenz von Lehrkräften. In: Zeitschrift für Erziehungswissenschaft 9, S. 469–520.
Bergmann, C./Eder, F. (1994): Wer interessiert sich für ein Lehramtsstudium. Leistungsmerkmale, Interessen und schulische Erfahrungen von Schülern, die einmal Lehrer werden wollen. In: Mayr, J. (Hrsg.): Lehrer/in werden. Innsbruck: Studienverlag, S. 47–63.
Berliner, D.C. (2001): Learning about and learning from Expert Teachers. In: International Journal of Educational Research 35, S. 463–482.
Bickhoff, M. (^{2}2002): Psychische und körperliche Belastung bei Lehrkräften. Eichstätt: diritto.
Biddle, B.J./Good, Th.L./Goodson, I.F. (1997): International Handbook of Teachers and Teaching. Two Volumes. Dordrecht: Kluwer.
Blömeke, S. (2004): Empirische Befunde zur Wirksamkeit der Lehrerbildung. In: Blömeke, S./Reinhold, P./Tulodziecki, G./Wildt, J. (Hrsg.): Handbuch Lehrerbildung. Bad Heilbrunn: Klinkhardt, S. 59–91.
Blömeke, S./Kaiser, G./Lehmann, R. (Hrsg.) (2008): Professionelle Kompetenz angehender Lehrerinnen und Lehrer. Wissen, Überzeugungen und Lerngelegenheiten deutscher Mathematikstudierender und -referendare. Erste Ergebnisse zur Wirksamkeit der Lehrerbildung. Münster u.a.: Waxmann.
Blömeke, S./Kaiser, G./Lehmann, R./König, J./Döhrmann, M./Buchholtz, Chr./Hacke, S. (2009): TEDS-M: Messung von Lehrerkompetenzen im internationalen Vergleich. In: Zlatkin-Troitschanskaia, O./Beck, K./Sembill, D./Nickolaus, R./Mulder/R. (Hrsg.): Lehrprofessionalität. Bedingungen, Genese, Wirkungen und ihre Messung. Weinheim/Basel: Beltz, S. 181-209.
Bromme, R. (1992): Der Lehrer als Experte. Zur Psychologie des professionellen Wissens. Bern: Huber.
Bromme, R./Rheinberg, F. (^{5}2006): Lehrende in Schulen. In: Krapp, A./Weidenmann, B. (Hrsg.): Pädagogische Psychologie Ein Lehrbuch. München: PVU, S. 296–334.
Brühwiler, Chr./Spychiger, M. (1997): Subjektive Begründungen für die Wahl des Lehrerberufes. In: Beiträge zur Lehrerbildung 15, S. 49–58.
Brunner, M./Kunter, M./Krauss, St./Klusmann, U./Baumert, J./Blum, W./Neubrand, M./Bubberke, Th./Jordan, A./Löwen, K./Tsai, Y.-M. (2006): Die professionelle Kompetenz von Mathematiklehrkräften: Konzeptualisierung, Erfassung und Bedeutung für den Unterricht. Eine Zwischenbilanz des COACTIV-Projekts. In: Prenzel, M./Allolio-Näcke, L. (Hrsg.): Untersuchungen zur Bildungsqualität von Schule. Abschlussbericht des DFG-Schwerpunktprogramms. Münster: Waxmann, S.54–82.
Cochran-Smith, M./Feiman-Nemser, S./Melntyre, D.J./Densmore, K.E. (Eds.) (2008): Handbook of Research on Teacher Education. Third Edition. New York: Routledge.

Cochran-Smith, M./Zeichner, K.M. (Eds.) (2005): Studying Teacher Education. The Report of the AERA-Panel on research and teacher Education. Mahwah: Erlbaum.

Dann, H.-D./Cloetta, B./Müller-Fohrbrodt, G./Helmreich, G. (1978): Umweltbedingungen innovativer Kompetenz. Stuttgart: Klett.

Darling-Hammond, L./Holtzman, D.J./Gatlin, S.J./Heilig, J.V. (2005): Does Teacher Education Matter? Evidence about Teacher Certification, Teach for America, and Teacher Effectiveness. In: Education Policy Archives 13, No. 42. URL: http://epaa.asu.edu/epaa/v11n33/v11n33.pdf (02.06.2008).

Dick, R.van (^{2}2006): Streß und Arbeitszufriedenheit im Lehrerberuf. Zwischen Horrorjob und Erfüllung. Marburg: Tectum.

Döbrich, P./Abs, H. J. (2006): Pädagogische Entwicklungsbilanzen mit Studienseminaren in Hessen (PEB-Sem). In: SEMINAR, H. 1, S. 93–100.

Döbrich, P./Abs, H.J. (2007): Bewertungen in der zweiten Phase der Lehrerbildung – aktuelle Ergebnisse der Pädagogischen Entwicklungsbilanzen mit Studienseminaren in Hessen. In: SEMINAR, H. 1, S. 20–32.

Flach, H./Lück, J./Preuss, R. (1995): Lehrerausbildung im Urteil ihrer Studenten. Zur Reformbedürftigkeit der deutschen Lehrerbildung. Frankfurt a.M.: Lang.

Frey, A. (2004): Die Kompetenzstruktur von Studierenden des Lehrerberufs. Eine internationale Studie. In: Zeitschrift für Pädagogik, 50, S. 903–925.

Fuller, F.F./Brown, O.H. (1975): Becoming a Teacher. In: Ryan, K. (Ed.): Teacher Education. The Seventy-fourth Yearbook of the national Society fort he Study of Education. Chicago: University of Chicago Press, S. 25–52.

Gehrmann, A. (2003): Der professionelle Lehrer. Opladen: Leske + Budrich.

Gerner, B. (Hrsg.) (1969): Der Lehrer und Erzieher. Bad Heilbrun: Klinkhardt.

Gerner, B. (1975): Literatur über Lehrer. Orientierung über Buchveröffentlichungen in deutscher Sprache 1945-1970 einschließlich Hochschulschriften. Darmstadt: Wissenschaftliche Buchgesellschaft.

Giesen, H./Gold, A. (1994): Die Wahl von Lehramtsstudiengängen. Analysen zur Differenzierung von Studierenden der verschiedenen Lehrämter. In: Mayr, J. (Hrsg.): Lehrer/in werden. Studien zur Bildungsforschung und Bildungspolitik. Innsbruck: Österr. Studien-Verlag, S. 64–78.

Gogolin, I./Krüger, H.-H./Lenzen, D. (Hrsg.) (2005): Standards und Standardisierungen in der Erziehungswissenschaft. 3. Beiheft der Zeitschrift für Erziehungswissenschaft. Wiesbaden: VS Verlag für Sozialwissenschaften.

Gold, A./Giesen, H. (1993): Leistungsvoraussetzungen und Studienbedingungen bei Studierenden verschiedener Lehrämter. In: Psychologie in Erziehung und Unterricht, 40, S. 111–124.

Grunder, H.-U./Bieri, T. (1995): Zufriedenheit in der Schule? Zufrieden mit der Schule? Berufszufriedenheit und Kündigungsgründe von Lehrkräften. Bern: Haupt.

Guglielmi, R.S./Tatrow, K. (1998): Occupational stress, burnout, and health in teachers: A methodolodical and theoratical analysis. In: Review of Educational Research, 68, S. 61–99.

Heil, S./Faust-Siehl, G. (2000): Universitäre Lehrerausbildung und pädagogische Professionalität im Spiegel von Lehrenden. Eine qualitative empirische Untersuchung. Weinheim: Deutscher Studien Verlag.

Helsper, W. (2002): Lehrerprofessionalität als antinomische Handlungsstruktur. In: Kraul, M./Marotzki, W./Schweppe, C. (Hrsg.): Biographie und Profession. Bad Heilbrunn: Klinkhardt, S. 64–102.

Helsper, W. (2007): Eine Antwort auf Jürgen Baumerts und Mareike Kunters Kritik am strukturtheoretischen Professionsansatz. In: Zeitschrift für Erziehungswissenschaft 10, S. 567–579.

Herzog, W./Herzog, S./Brunner, A./Müller, H.P. (2005): Zwischen Berufstreue und Berufswechsel. Eine vergleichende Analyse der Berufskarriere von Primarlehrkäften. In: Zeitschrift für Erziehungswissenschaft 8, S. 595–611.

Herzog, W./ Herzog, S./Brunner, A./Müller, H.P. (2007): Einmal Lehrer, immer Lehrer? Eine vergleichende Untersuchung der Berufskarrieren von (ehemaligen) Lehrpersonen. Bern: Haupt.

Herzog, S. (2007): Beanspruchung und Bewältigung im Lehrerberuf. Eine salutogenetische und biografische Untersuchung im Kontext unterschiedlicher Karriereverläufe. Münster u.a.: Waxmann.

Hillert, A. (2007): Psychische und psychosomatische Erkrankungen von Lehrerinnen und Lehrern. Konzepte, Diagnosen, Präventions- und Behandlungsansätze. In: Rothland, M. (Hrsg.): Belastung und Beanspruchung im Lehrerberuf. Modelle – Befunde – Interventionen. Wiesbaden: VS Verlag für Sozialwissenschaften, S. 140–159.

Hillert, A./Marwitz, M. (2006): Die Burnout-Epidemie oder brennt die Leistungsgesellschaft aus? München: C.H. Beck.

Hirsch, G./Ganguillet, G./Trier, U.P. unter Mitarbeit von Egli, H./Elmer, H.-R. (1990): Wege und Erfahrungen im Lehrerberuf. Eine lebensgeschichtliche Untersuchung über Einstellungen, Engagement und Belastung bei Zürcher Oberstufenlehrern. Bern: Haupt.

Huberman, M. (1989): The Professional Life Cycle of Teachers. In: teachers College Record, 91, S. 31–57.

Ipfling, H.J./Peez, H./Gamsjäger, E. (1995): Wie zufrieden sind die Lehrer? Empirische Untersuchungen zur Berufs(un)zufriedenheit von Lehrern/Lehrerinnen der Primar- und Sekundarstufe im deutschsprachigen Raum. Bad Heilbrunn: Klinkhardt.

Kiel, E./Geider, F.J./Jünger, W. (2004): Motivation, Selbstkonzepte und Lehrerberuf. Studienwahl und Berufsperspektiven bei Studierenden für das Lehramt an Grund-, Haupt- und Realschulen. In: Die Deutsche Schule 96, S. 223–233.

KMK (2004/2005): Standards für die Lehrerbildung: Bildungswissenschaften. In: Zeitschrift für Pädagogik 51, S. 280–290.

Klusmann, U./Kunter, M./Trautwein, U./Baumert, J. (2006): Lehrerbelastung und Unterrichtsqualität aus der Perspektive von Lehrenden und Lernenden. In: Zeitschrift für Pädagogische Psychologie 20, S. 161–173.

Klusmann, U./Kunter, M./Trautwein, U./Lüdtke, O./Baumert, J. (2008): Teachers' Occupational Well-Being and Quality of Intsruction: The Important Role of Self-Regulatory Patterns. In: Journal of Educational Psychology, 100, S. 702-715.

Koch, J.-J. (1972): Lehrer- Studium und Beruf. Ulm: Südd. Verlagsgesellschat.

Körner, S.C. (2003): Das Phänomen Burnout am Arbeitsplatz Schule. Ein empirischer Beitrag zur Beschreibung des Burnout-Syndroms und seiner Verbreitung sowie zur Analyse von Zusammenhängen und potentiellen Einflussfaktoren auf das Ausbrennen von Gymnasiallehrern. Berlin: Logos.

Kramis-Aebischer, K. (1995^2): Stress, Belastungen und Belastungsverarbeitung im Lehrerberuf. Bern: Haupt.

Krause, A. (2002): Psychische Belastungen im Unterricht – ein aufgabenbezogener Untersuchungsansatz. Analyse der Tätigkeit von Lehrerinnen und Lehrern. Diss. Universität Flensburg.

Krause, A. (2003): Lehrerbelastungsforschung – Erweiterung durch ein handlungspsychologisches Konzept. In: Zeitschrift für Pädagogik 49, S. 254–273.

Krause, A./Dorsemagen, C. (2007): Ergebnisse der Lehrerbelastungsforschung: Orientierung im Forschungsdschungel. In: Rothland, M. (Hrsg.): Belastung und Beanspruchung im Lehrerberuf. Modelle, Befunde, Interventionen. Wiesbaden: VS Verlag für Sozialwissenschaften, S. 53–80.

Krauss, St./Kunter, M., Brunner, M./Baumert,, J./Blum, W./Neubrand, M./Jordan, A./Löwen, K. (2005): COACTIV: Professionswissen von Lehrkräften, kognitiv aktivierender Mathematikunterricht und die Entwicklung von mathematischer Kompetenz. In: Doll, J./Prenzel, M. (Hrsg.): Bildungsqualität von Schule. Münster: Waxmann 2005, S. 31–53.

Krieger, R. (2000): Erziehungsvorstellungen und Berufswahlmotive im Wandel: Generationsvergleiche bei Lehramts-Studierenden. In: Krampen, G./Zayer, H. (Hrsg.): Psychologiedidaktik und Evaluation II: Neue Medien, Psychologiedidaktik und Evaluation in der psychologischen Haupt- und Nebenfachausbildung. Bonn: Deutscher Psychologen Verlag, S. 239–255.

Kühne, S. (2006): Das soziale Rekrutierungsfeld der Lehrer. Empirische Befunde zur schichtspezifischen Selektivität in akademischen Berufspositionen. In: Zeitschrift für Erziehungswissenschaft, 9, S. 618–619.

Kunze, K./Stelmaszyk, B. (2004): Biographien und Berufskarrieren von Lehrerinnen und Lehrern. In: Helsper, W./Böhme, J. (Hrsg.): Handbuch der Schulforschung. Wiesbaden: VS Verlag für Sozialwissenschaften, S. 795–812.

Kyriacou, Chr. (2001): Teacher stress: directions for future research. In: Educational Review 53, S. 27–35.

Kyriakides, L. (2007): Generic and differentiated Models of Educational Effectiveness: Implications for the Improvement of Educational Practice. In: Townsend, T. (Ed.): International Handbook of School Effectiveness and Improvement, Vol I. Dordrecht: Springer, S. 41–56.

Lange-Garritsen, H. (1972): Strukturkonflikte des Lehrerberufs. Düsseldorf: Westdeutscher Verlag.

Lipowsky, F. (2003): Wege von der Hochschule in den Beruf. Eine empirische Studie zum beruflichen Erfolg von Lehramtsabsolventen in der Berufseinstiegsphase. Bad Heilbrunn: Klinkhardt.

Lüders, M./Wissinger, J. (Hrsg.) (2007): Forschung zur Lehrerbildung. Kompetenzentwicklung und Programmevaluation. Münster: Waxmann.

Müller-Fohrbrodt, G./Cloetta, B./Dann, H.-D. (1978): Der Praxisschock bei jungen Lehrern. Stuttgart: Klett.

Oesterreich, R. (2008): Konstrukte und Methoden in der Forschung zur Lehrerbelastung. In: Krause, A./Schüpbach, H./Ulich, E./Wülser, M. (Hrsg.): Arbeitsort Schule. Organisations- und arbeitspsychologische Perspektiven. Wiesbaden: Gabler, S. 48–74.

Oser, F./Oelkers, J. (Hrsg.) (2001): Die Wirksamkeit der Lehrerbildungssysteme. Von der Allrounderbildung zur Ausbildung professioneller Standards. Chur/Zürich: Rüegger.

Pearlman, M./Tannenbaum, R. (2003): Teacher Evaluation Practices in the Accountability Era. In: Kellaghan, Th./Stufflebeam, D.L. (Eds.): International Handbook of Educational Evaluation, Part Two. Dordrecht: Kluwer, S. 609–641.

Porter, A.C./Youngs, P./Odden, A. (^{4}2001): Advances in Teacher Assessments and their Use. In: Richardson, V. (Ed.): Handbook of Research on Teaching. Washington: AERA, S. 259–297.

Reh, S./Schelle, C. (2006²): Biographieforschung in der Schulpädagogik. Aspekte biographisch orientierter Lehrerforschung. In: Krüger, H.-H./Marotzki, W. (Hrsg.): Handbuch erziehungswissenschaftliche Biographieforschung. Wiesbaden: VS Verlag für Sozialwissenschaften, S. 337–390.
Rothland, M. (Hrsg.) (2007): Belastung und Beanspruchung im Lehrerberuf. Modelle, Befunde, Interventionen. Wiesbaden: VS Verlag für Sozialwissenschaften.
Rothland, M. (2009): Das Dilemma des Lehrerberufs sind ... die Lehrer? Anmerkungen zur persönlichkeitspsychologisch dominierten Lehrerbelastungsforschung. In: Zeitschrift für Erziehungswissenschaft 12, S. 111-125.
Rudow, B. (1994): Die Arbeit des Lehrers. Zur Psychologie der Lehrertätigkeit, Lehrerbelastung und Lehrergesundheit. Bern u.a.: Huber.
Schaefers, C. (2002): Forschung zur Lehrerausbildung in Deutschland – eine bilanzierende Übersicht der neueren empirischen Studien. In: Schweizerische Zeitschrift für Bildungswissenschaften 24, S. 65–88.
Schaarschmidt, U. (Hrsg.) (2005²a): Halbtagsjobber? Psychische Gesundheit im Lehrerberuf – Analyse eines veränderungsbedürftigen Zustands. Weinheim: Beltz/Deutscher Studien Verlag.
Schaarschmidt, U. (2005²b): Situationsanalyse. In: Ders. (Hrsg.): Halbtagsjobber? Psychische Gesundheit im Lehrerberuf – Analyse eines veränderungsbedürftigen Zustands. Weinheim: Beltz/Deutscher Studien Verlag, S. 41–71.
Schaarschmidt, U./Fischer, A. (1995): Ergebnisse II: Darstellung und Analyse des Belastungserlebens. In: Bundesministerium für Unterricht und kulturelle Angelegenheiten (Hrsg.): Das Befinden von Lehrerinnen und Lehrern an österreichischen Schulen. Innsbruck/Wien: Studienverlag, S. 52–92.
Schaarschmidt, U./Kieschke, U. (Hrsg.) (2007): Gerüstet für den Schulalltag. Psychologische Unterstützungsangebote für Lehrerinnen und Lehrer. Weinheim/Basel: Beltz.
Scheuch, K./Knothe, M. (1997): Psychophysische Beanspruchung von Lehrern in der Unterrichtstätigkeit. In: Buchen, S./Carle, U./Döbrich, P./Hoyer, H.-D./Schönwälder, H.-G. (Hrsg.): Jahrbuch der Lehrerforschung. Band 1. Weinheim/München: Juventa, S. 285–299.
Schmitz, E. (2004): Burnout: Befunde, Modelle und Grenzen eines populären Konzeptes. In: Hillert, A./Schmitz, E. (Hrsg.): Psychosomatische Erkrankungen bei Lehrerinnen und Lehrern. Stuttgart u.a.: Schattauer, S. 51–68.
Schönhofen, K./Schwerdtfeger, A. (2006): Ambulantes Monitoring zur Erfassung der Beanspruchung von Mainzer Grund- und Hauptschullehrkräften. In: Ebner-Priemer, U.W. (Hrsg.): Ambulantes psychophysiologisches Monitoring – neue Perspektiven und Anwendungen. Frankfurt a.M. u.a.: Lang, S. 87–112.
Schröder, M. (2006): Burnout unvermeidlich? Ein Kompendium zu Lehrerbelastungsforschung unter Berücksichtigung des Persönlichkeitsaspekts und eine empirische Untersuchung zur Passungsproblematik im Lehrerberuf. Potsdam: Universitätsverlag.
Seifried, J./Abel, J. (Hrsg.) (2006): Empirische Lehrerbildungsforschung. Stand und Perspektiven. Münster: Waxmann.
Shulman, L.S. (1991): Von einer Sache etwas verstehen: Wissensentwicklung bei Lehrern. In: Terhart, E. (Hrsg.): Unterrichten als Beruf. Neuere amerikanische und englische Arbeiten zur Berufskultur und Berufsbiographie von Lehrern und Lehrerinnen. Köln: Böhlau, S. 145–160.
Sikes, P.J./Measor, L./Woods, P. (1985): Teacher Carrers, Crises and Continuities. London: Falmer Press.
Sosnowsky, N. (2007): Burnout – Kritische Diskussion eines vielseitigen Phänomens. In: Rothland, M. (Hrsg.): Belastung und Beanspruchung im Lehrerberuf. Modelle – Befunde – Interventionen. Wiesbaden: VS Verlag für Sozialwissenschaften, S. 119–139.
Spinath, B./van Ophuysen, S./Heise, E. (2005): Individuelle Voraussetzungen von Studierenden zu Studienbeginn: Sind Lehramtsstudierende so schlecht wie ihr Ruf? In: Psychologie in Erziehung und Unterricht, 52, S. 186–197.
Stähling, R. (1998): Beanspruchungen im Lehrerberuf. Einzelfallstudie und Methodenerprobung. Münster: Waxmann.
Sternberg, R.J./Grigorenko, E. (Eds.) (2003): The Psychology of Abilities, Competencies, and Expertise. New York: Cambridge University Press.
Tenorth, H.-E. (2006): Professionalität im Lehrerberuf. Ratlosigkeit der Theorie, gelingende Praxis. In: Zeitschrift für Erziehungswissenschaft 9, S. 580–597.
Terhart, E. (1990): Sozialwissenschaftliche Theorie- und Forschungsansätze zum Beruf des Lehrers: 1970-1990. In: Zeitschrift für Sozialisationsforschung und Erziehungssoziologie, 10, S. 235–254.
Terhart, E. (1995): Lehrerbiographien. In: König, E./Zedler, P. (Hrsg.): Bilanz qualitativer Forschung. Band 2. Weinheim: Deutscher Studienverlag, S. 225–264.
Terhart, E. (2001): Lehrerberuf und Lehrerbildung. Forschungsbefunde, Problemanalysen, Reformkonzepte. Weinheim: Beltz.
Terhart, E. (2002): Standards für die Lehrerbildung. Eine Expertise für die Kultusministerkonferenz. (ZKL-Text Nr. 24). Münster: Institut für Schulpädagogik und Allgemeine Didaktik.

Terhart, E. (2007): Erfassung und Beurteilung der beruflichen Kompetenz von Lehrkräften. In: Lüders, M./Wissinger, J. (Hrsg.): Forschung zur Lehrerbildung. Kompetenzentwicklung und Programmevaluation. Münster: Waxmann, S. 37–62.

Terhart, E./Czerwenka, K./Ehrich, K./Jordan, F./Schmidt, Hans Jochim (1994): Berufsbiographien von Lehrern und Lehrerinnen. Frankfurt u.a.: Lang.

Terhart, E./Bennewitz, H./Rothland, M. (Hrsg.) (in Vorbereitung): Handbuch der Forschung zum Lehrerberuf. Münster u.a.: Waxmann.

Treptow, E. (2006): Bildungsbiographien von Lehrerinnen und Lehrern. Eine empirische Untersuchung unter Berücksichtigung geschlechtsspezifischer Unterschiede. Münster u.a.: Waxmann.

Ulich, K. (2004): „Ich will Lehrer/in werden". Eine Untersuchung zu den Berufswahlmotiven von Studierenden. Weinheim: Beltz/Deutscher Studien Verlag.

Veenman, S. (1984): Perceived Problems of Beginning Teachers. In: Review of Educational Research 54, S. 143–178.

Walke, J. (2007): Die Zweite Phase der Lehrerbildung. Ein Überblick über Stand, Problemlagen und Reformtendenzen. Eine Expertise für den Wissenschaftlichen Beirat des Aktionsprogramms „Neue Wege in der Lehrerbildung" des Stifterverbandes für die deutsche Wissenschaft und der Mercator-Stiftung. (Schriftenreihe zur Lehrerbildung, Bd. III). Essen: edition Stifterverband.

Wayne, A.J./Youngs, P. (2003): Teacher Characteristics and Student Achievement Gains: A Review. In: Review of Educational Research, 73, S. 89-122.

Wendt, W. (2001): Belastung von Lehrkräften. Fakten zu Schwerpunkten, Strukturen und Belastungstypen. Eine repräsentative Befragung von Berliner Lehrerinnen und Lehrern. Reihe Psychologie, Bd. 43. Landau: Verlag Empirische Pädagogik.

Wilson, S.M./Youngs, P. (2005): Research on Accountability Processes in Teacher Education. In: Cochran-Smith, M./ Zeichner, K.M. (Hrsg..): Studying Teacher Education. The Report of the AERA Panel on Research and Teacher Education. Mahwah: Erlbaum, S. 591–643.

Zeichner, K./Noffke, S.E. (2001): Practicioner research. In: Richardson, V. (Ed.): Handbook of research on teaching. Fourth Edition. New York AERA, 298–330.

Zlatkin-Troitschanskaia, O./Beck, K./Sembill, D./Nickolaus, R./Mulder, R. (Hrsg.) (2009): Lehrprofessionalität. Bedingungen, Genese, Wirkungen und ihre Messung. Weinheim/Basel: Beltz.

Aktuelle Bereiche der Bildungsforschung

Axel Bolder

Arbeit, Qualifikation und Kompetenzen

1 Einleitung

Erst seit Beginn der 1990er Jahre datieren die Versuche einer programmatischen Ausdifferenzierung und Gegenüberstellung der Begriffe Qualifikation und Kompetenz im Diskurs der Forschung zu Bildungsprozessen, die auf Zuschneidung, Vernutzung und Reproduktion von Arbeitsvermögen abzielen. Ihrer Vielzahl wegen kaum noch registrierbar, hatten sie anscheinend schon bald (vgl. Grootings 1994, S. 5)[1] mehr Verwirrung gestiftet, als dass sie zur Klärung beigetragen hätten. „Mit den unendlichen Diskussionen um Schlüsselqualifikationen haben Diskussionen verschiedenster Kompetenzen eines gemein", charakterisierten Volker Heyse und John Erpenbeck (1997, S. 8) die Situation: „Niemand weiß, was sie ‚eigentlich' sind".

Als größter gemeinsamer Nenner des Diskurses kann wohl gelten, dass es sich bei Qualifikationen um ein – in der Regel zertifiziertes, perspektivisch: statisches – Bündel von Kenntnissen und Fertigkeiten handelt, das über die mit ihm erworbenen Titel (Facharbeiter, Meister) Zugangsberechtigungen zu tendenziell knappen Positionen im Erwerbssystem verteilt. Kompetenzen werden dagegen eher als stärker personengebundene Performanz-Potenziale (Meisterschaft) mit den ihnen eigenen Dispositionen verstanden, die, in einer dynamischen Perspektive, immer an den Verlauf von Arbeitsprozessen und die Akkumulation praktischer Erfahrung gebunden sind und insbesondere aufgrund ihres permanent aktuellen Praxisbezugs sowohl als innovationsoffener als auch als innovationsträchtiger gelten.[2]

Mittlerweile hat sich aber im Zuge des Projekts „Kompetenzentwicklung"[3] eine – in Deutschland – dominante Definition des Begriffs herauskristallisiert. Danach ist Kompetenz „stets eine Form von Zuschreibung (...) auf Grund eines Urteils des Beobachters. Wir schreiben dem physisch und geistig selbstorganisiert Handelnden auf Grund bestimmter, beobachtbarer Verhaltensweisen bestimmte *Dispositionen* [Hervorh.: A.B.] als Kompetenzen zu. Danach sind *Kompetenzen* Dispositionen selbstorganisierten Handelns, sind *Selbstorganisationsdispositionen*" (Erpenbeck/Rosenstiel 2003, XI).

---

1 Die hier zitierten Literaturstellen erheben nicht den Anspruch, die Positionen und Forschungsergebnisse vollständig zu repräsentieren; dazu ist das Themenfeld entschieden zu weit abgesteckt. In der Regel ergeben sich aber über die in den zitierten Quellen diskutierten Literaturen ausreichend Anknüpfungspunkte, dem Pfad des jeweiligen Interesses zu folgen.

2 Eine Herleitung des der „Qualifikation" gegenübergestellten Begriffs „Kompetenz" findet sich im Übrigen in der Einführung von Erpenbeck/Rosenstiel 2003.

3 Wenn hier und im Folgenden vom *Projekt* – und nicht vom Programm – Kompetenzentwicklung die Rede ist, dann deshalb, weil Zielkorridor-Definition, -Überwachung und Projektevaluation bis hin zur Publikationsstrategie vom Programm-Management ungewöhnlich straff organisiert wurden: „Im vorliegenden Fall wurde für das ‚Steuerungsteam' die Bezeichnung ‚Process-Center' gewählt. Damit wird die Aufgabe dieses Teams betont, den Prozess vom Programmstart über die Koordinierung der Projekte, *Steuerung der Ergebnisorientierung und Ergebnisdokumentation bis hin zum Ergebnistransfer zu sichern.*" (Reuther/Leuschner 1998; Hervorh.: A.B.).

Ein Wesensmerkmal der Diskussion um Qualifikationen und Kompetenzen – bzw. des Postulats einer Schwergewichtsverlagerung von ersteren zu letzteren – ist ihre Herleitung aus allgemein-gesellschaftlichen und ökonomischen oder technologischen Entwicklungen, aus Modernisierungserfordernissen des Beschäftigungssystems. In der Regel werden die mehr oder weniger differenzierten Prämissen als gesicherter Wissensbestand („self-evident truths": Coffield 1999, S. 9) gesetzt. Deshalb sollen hier zunächst diese Prämissen noch einmal benannt und wenigstens ansatzweise geprüft werden, bevor versucht wird, die sehr heterogenen Diskussionsstränge aufzuzeigen. Dem folgt dann die Beschreibung zweier Wurzeln der „Konjunktur" (Achatz/Tippelt 2001) des Begriffs der Kompetenz(entwicklung), die sich zwar zum Teil aufeinander beziehen, aber doch im Großen und Ganzen sehr Unterschiedliches meinen: die europäische Diskussion um *competencies* und die spezifisch deutsche um die Kompetenzentwicklung. Den beiden Konzepten gemein ist der Appell, neue Lernkulturen zu entwickeln und damit neue Verantwortlichkeiten herzustellen im Feld von Bildung für Arbeit. Die wesentliche – und mit enormen Konsequenzen für das deutsche Berufsbildungssystem einhergehende – Differenz liegt in der vornehmlich anglo-amerikanischen Negation der Beruflichkeit der Organisation von Arbeit zugunsten von *employabilitiy*. Hier deuten sich große Umwälzungen in den Rahmenbedingungen der Lehr-/Lernprozesse für und in Arbeit an. Die Tendenzen lassen sich zuspitzen in der Frage, ob es überhaupt noch um die Entwicklung von Arbeitsvermögen geht – oder nur noch um dessen Messung.

Durchaus als Ausblick kann schließlich der Rückblick auf Arbeiten zur Frage des Kompetenzerwerbs verstanden werden, wie sie noch vor dem geforderten Paradigmenwechsel zur Kompetenzentwicklung (Kuratorium 1996, S. 404) vor allem in den 1970er und 1980er Jahren diskutiert wurden. Sie betonen die Bedeutung des Subjekts als Träger von Qualifikationen und Kompetenzen und eigentlichem, so aber eher selten apostrophierten Akteur der Lernprozesse.

2   Entwicklungslinien: Trendprämissen und ihre empirische Basis

Die Entwicklungslinien, genauer: die Prognosen gesellschaftlicher Entwicklung gelten in den meisten Beiträgen zum Thema als ausgemacht (vgl. auch Achatz/Tippelt 2001):

- Unter dem Diktat eines autonomen Globalisierungsprozesses und damit einhergehender Liberalisierung und Entgrenzung nationaler Arbeitsmärkte werde es zum Bedeutungsverlust herkömmlicher Qualifizierungssysteme einerseits und zu einer völligen Umstrukturierung von Arbeit andererseits kommen. Für klassische Industrieländer wie Deutschland bedeute die Fähigkeit etwa von Schwellenländern, im sekundären Sektor billiger und zu gleicher Qualität produzieren zu lassen, Notwendigkeit und Chance, sich neue Felder der Arbeit in einer Wissens-Dienstleistungsgesellschaft zu suchen (so z.B. Baethge 1999a, passim). Das Tempo der hierzu für erforderlich gehaltenen Umorientierung werde in Ländern mit regulierten Bildungssystemen – wie Deutschlands „tripartistischem" System der dualen Berufsausbildung (Kutscha 1998, S. 270f.) – fatal verlangsamt.
- Auf der Inputseite des Beschäftigungssystems zeitige die seit den Bildungsreformen der 1960er und beginnenden 1970er Jahre insgesamt höhere Basisqualifikation des gesellschaftlichen Arbeitsvermögens zudem einerseits die Bedingungen für neue, enttaylorisierte, post-

fordistische Produktionsweisen, anderseits erhöhe sie die Ansprüche der Beschäftigten und Arbeitsuchenden an die Qualität der Arbeit.
- Dies würde schließlich, auf der Subjektebene, die Bedeutung einer weiteren Triebkraft steigern, die in der neu entdeckten Individualisierung der Gesellschaft gesehen wird: Sie bringe immer stärkere Bedürfnisse der Einzelnen mit sich, sich ihr Arbeitsvermögen und ihr Arbeitsleben selbstbestimmt zu gestalten, fernab von normierten Verhältnissen (*patchwork* als – wenn auch gesellschaftlich erzwungene – Chance; so etwa Alheit 1997, S. 94).
- Dabei verliere der Beruf, der zumal in Deutschland über Jahrhunderte eine zentrale Orientierungsfunktion für beide Arbeitsmarktparteien darstellte (immer noch richtungweisend hierzu: Beck/Brater/Daheim 1980), im Zuge allseitiger „Entgrenzung" der Arbeit zunehmend an Bedeutung. Nicht nur von der subjektiven Seite, dem Interesse an *patchworking*, sondern auch von der objektiven Seite der Geschwindigkeit des Wandels der Arbeitstätigkeiten her schwinde die Berufsförmigkeit von Arbeit dahin. Dies wiederum würde zwingend zu elementaren Veränderungen im Inputsystem von Arbeit führen und die Organisation des Bildungs- und Berufsbildungssystems in Deutschland fundamental in Frage stellen (vgl. etwa Geißler schon 1991).

2.1 Sektorale Verschiebungen und allgemeine Höherqualifizierung: Auf dem Weg in die Wissensdienstleistungs-Gesellschaft?

Indikatoren dafür, wieweit die gesetzten Entwicklungstendenzen den erwartbaren Abläufen im Beschäftigungssystem entsprechen, sind die auf retrospektiver Beobachtung fußenden Prognosen des wirtschaftssektoralen Arbeitskräftebedarfs, wie er sich in Verschiebungen zwischen Tätigkeitsfeldern manifestiert, und, auf der Inputseite, der Qualifikationsstrukturen. Seriöse Prognosen werden dabei immer von alternativen Szenarien ausgehen, je nach dem, welche Entwicklungspfade sich in Zukunft, nicht zuletzt auch aufgrund politischer Entscheidungen, durchsetzen: „Langfristprojektionen wollen und können die Zukunft nicht abbilden und eine wahrscheinliche, gleichsam unbeeinflussbare Entwicklung vorhersagen. Vielmehr handelt es sich stets um eine ‚Wenn..., dann...'-Aussage" (Schnur/Zika 2007, S. 1), relativieren dementsprechend Peter Schnur und Gerd Zika die einschlägigen Entwicklungsprognosen zugunsten der systematischen Anerkennung der Möglichkeit des Irrtums, sobald sich die (vielleicht nicht berücksichtigten oder voraussehbaren) politischen, ökonomischen, demographischen Rahmendaten ändern.

Der Wegfall globaler Sicherheiten, wie sie die in Jalta und Potsdam festgeschriebene Teilung der Welt in zwei Hemisphären mit ihren gegeneinander abgeschotteten Beschäftigungssystemen diesseits und jenseits des Eisernen Vorhangs oder der Keynesianismus als herrschendes Paradigma westlicher Beschäftigungspolitik darstellten, sollte die Relativität prämissiver Setzungen hinreichend verdeutlichen. Unter diesem Generalvorbehalt stehen auch die folgenden Projektionen des Instituts für Arbeitsmarkt- und Berufsforschung (IAB) der Bundesagentur für Arbeit und der Prognos AG. Festzuhalten bleibt aber, dass diese Prognosen mittlerweile eine beachtliche Stabilität ausweisen (vgl. Tippelt/van Cleve 1995, S. 51ff.).

Vom Produktions- zum Dienstleistungssektor?

Verschiebungen zwischen den Sektoren des Wirtschaftens und auf Erwerb bezogener Arbeit sind konstitutiv für die Moderne. So ist auch die Prognose weiterer Gewichtsverlagerungen in Richtung des Dienstleistungssektors keineswegs neu. Die Entwicklung wurde schon Ende der 1940er Jahre von Jean Fourastié (1954) in seiner Vision der „tertiären Zivilisation" vorausgesagt und in den sechziger Jahren in die Richtung der heutigen Prognosen der *Wissensgesellschaft* ausdifferenziert (vgl. z.B. Bell 1985, S. 135, 219ff.) Der Prozess hat allerdings in den letzten drei Jahrzehnten, insbesondere seit der flächendeckenden Einführung der Arbeitsplatzcomputer Anfang bis Mitte der achtziger Jahre, an Geschwindigkeit und Kontur erheblich zugenommen, wie sich an der Entwicklung der Indexwerte in Tabelle 1 leicht ablesen lässt.

Tabelle 1: Erwerbstätige (ohne Auszubildende) in den Haupt-Tätigkeitsgruppen 1985-2010 (Ist-Verlauf und Prognose: Indexwerte relativer Anteile; 1985=100)*

	1985	1991	1995	2000	2010
Betreuen, Beraten, Lehren	100	109	126	139	152
Organisation, Management	100	112	116	126	148
Bürotätigkeiten	100	109	111	116	114
Handel	100	105	107	109	120
Forschung und Entwicklung	100	102	106	110	114
Allgemeine Dienste	100	99	93	89	86
Dienstleistungen zusammen	100	106	109	113	118
Reparieren	100	95	97	92	83
Maschinen einrichten, einstellen	100	94	90	83	76
Gewinnen, Herstellen	100	87	78	68	58
Primäre und sekundäre Produktion zusammen	100	90	84	76	67

* In Ermangelung entsprechender Daten aus der ehemaligen DDR nur altes Bundesgebiet.
Legende: Der *relative* Anteil der Erwerbstätigen im Tätigkeitsbereich „Gewinnen/Herstellen" an allen Erwerbstätigen (o. Auszubildende) verringert sich von 1985 bis 2010 kontinuierlich von 100 (= 20,9 %) auf 58 Indexpunkte (= 12,2 %) zurück.
Quelle: Eigene Berechnungen nach Weidig u.a. 1999, Tab. 4-1 und 4-2: S. 37 resp. 39

Die Entwicklung der Anteilswerte der Tätigkeitsgruppen am Erwerbssystem seit 1985 weist die Strukturverschiebungen unmissverständlich nach. So geradezu dramatisch sich ihr Anteil im Primären und Sekundären Sektor zurückentwickelte, so dramatisch nimmt die Bedeutung der Betreuungs- und Beratungs-, der Organisations- und Managementtätigkeiten zu. Den jüngsten Modellrechnungen des IAB zufolge lässt das Tempo des Wandels nicht nach. So wird angenommen, dass sich zwischen 2005 und 2025 die Erwerbstätigenzahlen im Primären Sektor noch einmal nahezu halbieren werden, während der Produktivitätsfortschritt im Verarbeitenden Gewerbe dort noch einmal rund anderthalb Millionen Stellen wegfallen lassen dürfte. Primärer Sektor und Verarbeitendes Gewerbe zusammen würden dann nicht mehr soviel Erwerbstätigen Arbeit und Brot bieten wie die unternehmensbezogenen Dienstleistungen allein (Schnur/Zika 2007, Tab. 2 resp. Abb. 3). Insgesamt bestätigen die Verschiebungen zwischen den Wirtschaftsbereichen und -sektoren den Weg in die *Dienstleistungsgesellschaft* eindrucksvoll.

Weniger aber lässt sich, obwohl die Generallinie auch hier zu erkennen ist, ein dominanter Trend in Richtung einer *Wissens-Gesellschaft* ausweisen (vgl. die Beiträge in Bittlingmayer/ Bauer 2006, insbes. Bauer 2006; Bittlingmayer 2005). Selbst die unter besonderem Rationalisierungsdruck stehenden durchschnittlichen Bürotätigkeiten expandierten bislang noch schneller als die Tätigkeiten in Forschung und Entwicklung – und auch die (hier nicht ausgewiesenen) Anteile der für eine Wissensgesellschaft fundamentalen Lehrtätigkeiten innerhalb der ansonsten expansivsten Gruppe „Betreuen, Beraten, Lehren" nehmen im Prognosezeitraum der IAB/ Prognos-Projektion eher ab als zu; und zwar sowohl relativ, in ihren Anteilen an der Struktur der Erwerbstätigen, als auch absolut (vgl. Weidig u.a. 1999, Tab. A-1 resp. A-33). Die jüngsten Modellrechnungen bestätigen diesen Trend. Man rechnet im IAB mit einem Rückgang der Erwerbstätigenzahlen in „Erziehung und Unterricht" um weitere gut zehn Prozent auf dann noch gut zwei Millionen (Schnur/Zika 2007, S. 4f.). Während also im Jahr 2025 nur etwa jeder zwanzigste Erwerbstätige im Erziehungs- und Lehrbetrieb – dem System der ersten Herstellung von Wissen – arbeiten würde, würde im Feld der unternehmensbezogenen Dienstleitungen schon jeder fünfte tätig sein.

Allgemeine Höherqualifizierung?
Gerade im Dienstleistungsbereich scheint aber ein Entwicklungspfad von besonderer Bedeutung durch: Wenn die allgemeinen Dienstleistungen entgegen dem sektoralen Trend abnehmen, deutet das zunächst einmal auf generelle Verschiebungen zugunsten höher qualifizierter Tätigkeiten hin.[4] Die Tabelle 2 belegt diese Entwicklung eindrucksvoll. Die realisierte Nachfrage hat seit 1985, seit gut zwei Jahrzehnten also, die Tätigkeitsniveaus *in den Arbeitsstätten* stark verschoben, wobei sich die eindeutigsten Trends in den Marginalsegmenten am Fuß und an der Spitze der Betriebshierarchien finden: Hilfstätigkeiten werden entschieden seltener, Fachqualifizierte mit Führungsaufgaben entschieden häufiger nachgefragt.

Die Struktur der Tätigkeitsniveaus im Erwerbssystem reproduziert den „Fahrstuhleffekt" (Beck 1986, S. 127ff.) der Bildungsreformen: Die hierarchische Struktur der Qualifikationen hat sich nicht aufgelöst. Vielmehr sind die Tätigkeitsniveaus, um im Bild zu bleiben, lediglich ein Stockwerk nach oben gefahren. Die für den tayloristisch-fordistischen Industrialismus typische breite Basis gering qualifizierter Tätigkeiten hat erheblich an relativem Gewicht verloren; und zwar zugunsten aller qualifizierten Tätigkeitsniveaus. Das wiederum heißt noch nicht, dass sich damit das Qualifikationsniveau der Erwerbsbevölkerung insgesamt (also aller dem Arbeitsmarkt potenziell zur Verfügung stehenden Nachfrager nach Arbeitsplätzen: Erwerbstätige plus Arbeitslose, Arbeitsuchende und nur zeitweise Ausgeschiedene) in gleicher Weise erhöht hätte. Drei Sachverhalte verdienen hier Beachtung:

Betrachtet man erstens, wie das in der IAB/Prognos-Projektion notgedrungen geschieht, lediglich die Formalqualifikationen der Erwerbstätigen (gemessen als allgemeinbildender und beruflicher Schulabschluss und Lehre), dann ergibt sich eine systematische Verzerrung des Gesamtbildes. Zwischen 1995 und 2010 würden vor allem der Anteil der „Ungelernten" und der der klassischen Kombination von Hauptschule und Lehre noch einmal um mehr als ein Drittel zurückgegangen sein. Wesentlich gewinnen würde demzufolge lediglich die Kombination Mittlere Reife plus Lehre; der Rest der Abschmelzungen im Bereich der „Ungelernten" verteilte sich ziemlich gleich auf die verbleibenden sieben Qualifikationsniveaus (Schüssler u.a. 1999,

---

4 Eine kompakte Zusammenfassung der Diskussion um Höherqualifizierungs-, Dequalifizierungs- resp. Polarisierungsthese findet sich bei Baethge/Baethge-Kinsky 1995.

S. 57, Tab. 5-1). Hierin spiegelt sich nun offenbar weniger eine allgemeine Qualifikationserhöhung als vielmehr eine Verschiebung im Schulwahlverhalten (die Hauptschule, in der Bevölkerung längst als Restschule wahrgenommen, wird vermieden), verbunden mit einem zumindest partiellen Verlust an Aussagekraft (relativem „Wert") der Mittleren Reife.

Eine zweite, stärker zu Buche schlagende Relativierung ergibt sich, wenn man in Kenntnis ihrer Qualifikationsstruktur (s. z.B. Schüssler u.a. 1999, S. 53, Tab. 4-11; vgl. a. Reinberg/Hummel 2007) die nicht aktuell Erwerbstätigen hinzurechnet. Die Input-Seite, d.h. das Angebot an Qualifikationen auf dem Gesamtarbeitsmarkt, bietet ein erheblich geringeres durchschnittliches Qualifikationsniveau an, als es im Beschäftigungssystem – und dies mit steigender Tendenz – (realisiert) nachgefragt wird. Das System arbeitet also unter den Bedingungen epochal verengter Arbeitsmärkte hochselektiv.

Eine dritte Relativierung, systemexogener Art, ist einzukalkulieren, wenn aufgrund einer Trendverlängerung politischer Richtungsentscheidungen die Liberalisierung der globalen Arbeitsmärkte weiter voranschreiten sollte. Die Zuwanderung minderqualifizierter Arbeitskraft nach Deutschland dürfte die der Hochqualifizierten erheblich übersteigen, zumal damit zu rechnen ist, dass die Schwellenländer ihre – oft in Westeuropa ausgebildete – hochqualifizierte Arbeitskraft zunehmend im eigenen Lande beschäftigen werden – womit sich eine weitere Absenkung des allgemeinen Qualifikationsniveaus *auf den* hiesigen *Arbeitsmärkten* angebotener Arbeitskraft ergäbe.

Tabelle 2: Die Entwicklung der Tätigkeitsniveaus 1985-2010 (Ist-Verlauf und Prognose: Indexwerte relativer Anteile; 1985=100)*

	1985	1991	1995	2000	2010
Hilfstätigkeiten	100	87	82	73	64
Einfache Fachtätigkeiten	100	93	89	84	77
Geringer qualifizierte Tätigkeiten zusammen	100	90	85	78	70
Qualifizierte Fachtätigkeiten	100	110	113	117	117
Fachtätigkeiten mit Führungsaufgaben	100	105	106	110	117
Hochqualifizierte Tätigkeiten	100	106	113	122	136
Höher qualifizierte Tätigkeiten zusammen	100	108	111	117	123

* In Ermangelung entsprechender Daten aus der ehemaligen DDR nur altes Bundesgebiet.
Legende: Der *relative* Anteil der Erwerbstätigen in „hochqualifizierten Fachtätigkeiten" an allen Erwerbstätigen (o. Auszubildende) erhöht sich von 1985 bis 2010 kontinuierlich von 100 (= 18,2 %) auf 136 Indexpunkte (= 24,7 %).
Quelle: Eigene Berechnungen nach Weidig u.a. 1999, Tab. A-30.

Vielleicht erhält die Polarisierungsthese, wenn auch unter veränderter Begründung (vgl. Baethge/Baethge-Kinsky 1995, S. 144f.), angesichts dessen neue Plausibilität, wird ungelernte Arbeit durch neue Produktionsformen und systemische Rationalisierung zwar in den Betrieben immer seltener, dies aber nicht zuletzt auch aufgrund von massenhaften Ausgrenzungen, die mittelfristig und über den Generationenwechsel das Gewicht un- und geringqualifizierter Arbeit in Arbeitslosigkeit steigern dürften. Bisher war jedenfalls auch den Versuchen, insbesondere Arbeitslosengeld-II-Empfänger in den Ersten Arbeitsmarkt zu reintegrieren, wenig Erfolg beschieden (Adamy 2007). Polarisierung fände dann nicht in den Arbeitsstätten statt, sondern zwischen höher- und hochqualifizierten Arbeitsplatzinhabern und minderqualifizierten Ausgegrenzten.

2.2 Individualisierung und Subjektivierung des Arbeitslebens: Auf dem Weg zur selbstbestimmten „Patchwork"-Biografie?

Reale Entwicklungen?
Auf Erwerbsarbeit bezogene Qualifizierungsprozesse haben sich, soll die durch Qualifizierung meliorisierte Arbeitskraft auf dem Arbeitsmarkt erfolgreich angeboten werden, an den erwarteten Entwicklungen im Beschäftigungssystem auszurichten. Alltagserfahrung, aber auch einschlägige Forschungsergebnisse (z.B. Heinz u.a. 1985; Lazarsfeld schon 1931) lehren, dass Anpassung an die Realität der Arbeitsmärkte auch geschieht. Im Berufswahlprozess augenfällig, richtet sich auch berufliche Weiterbildung am Motiv der Bewältigung sich verändernder Anforderungen am (erwünschten) Arbeitsplatz aus. Die Ergebnisse der Teilnahmeforschung weisen dies seit den Anfängen systematischer Beobachtung des Geschehens ein übers andere Mal aus (vgl. z.B. Behringer 1980; Kuwan u.a. 1996, S. 82; Kuwan u.a. 2006, passim). Dennoch kommt es genauso durchgängig zu erheblichen Fehlanpassungen (hierzu z.B. Bolder/Peusquens 1985; Büchel/Weisshuhn 1997; Birkelbach 2007). Das liegt zum einen an den beschriebenen sektoralen Verschiebungen im Beschäftigungssystem, an deren Geschwindigkeit und Ausmaß und immer nur begrenzter Prognostizierbarkeit: Alte Tätigkeitsfelder verschwinden im Laufe der Zeit eines Erwerbslebens, neue eröffnen sich. Zweitens bedarf es der – notwendig immer verspäteten (Bolder/Hendrich 1997) – Rezeption und Interpretation der immer nur unsicheren Prognosen durch die Arbeitsmarktteilnehmer als Subjekten des Geschehens. Zum dritten liegt dies aber an den individuellen Strategien der (potentiellen) Arbeitskräfte, in einem ihnen gelegenen Tätigkeitsfeld ihre arbeitsinhaltlichen Interessen, möglicherweise auch *gegen* strukturelle Trends, zu realisieren (vgl. etwa Baethge-Kinsky/Kupka 2001).

Dennoch markieren die Trends (die Verringerung des gesellschaftlichen Arbeitsvolumens, die Labilisierung und Diskontinuierung der durchschnittlichen Erwerbsbiografie) den objektiv gesetzten Möglichkeitsraum, in dem die Einzelnen ihre Optionen zu optimieren und zu realisieren versuchen. Die Interpretation dieser Strukturen und der sich in ihnen bietenden Chancen vermag aber ihrerseits durchaus – und zwar auch, wenn sie „objektiv" falsch ist – neue Wirklichkeit zu setzen. Möglicherweise hat sich in den letzten beiden Jahrzehnten dergleichen in Deutschland abgespielt: indem die Interpretation realer Entwicklungen zunächst durch Teile der einschlägigen *scientific community* und dann in ihren oft radikalen Verkürzungen durch deren Rezipienten, unterstützt durch den Generationenwechsel, selbst einen neuen, geradezu normativen Erwartungsrahmen eröffnete, der in der „realen" Welt der Kapitalverwertung gerne aufgenommen wurde – und damit eben neue Realität setzte. Die Rede ist hier von den neuen Formen, der vieldimensionalen „Entgrenzung" der Arbeit und ihren Auswirkungen auf die Gestalt der arbeitsbezogenen Bildungsprozesse. Empirisch zunächst eher Randphänomene (vgl. Hoffmann/Walwei 1998, 2000; Behringer 2004; Hall u.a. 2004), die dann tatsächlich von Jahr zu Jahr immer (nur) ein wenig „normaler" wurden (Alda 2005), bis der Trend der Erosion der Normalbiografie in den letzten Jahren erst einmal abflachte (vgl. Bach u.a. 2007, S. 3, Abb. 2), weist vor allem biographisch orientierte Forschung zum Wandel der Erwerbstätigkeit immer häufiger die „Freiwilligkeit", „Selbstbestimmtheit" von Bastelbiografien und ehedem nicht

„normalen" Arbeitsverhältnissen aus (vgl. z.B. die einschlägigen Berichte in Neuendorff/Ott 2006).[5]

Die Subjekte der Qualifizierungs- und Arbeitsmarktanpassungsprozesse reagieren offenbar zunehmend mit einer Vorwegnahme erwarteter Diskontinuitäten in ihren erwerbsbiographischen Gestaltungsentwürfen. Die Normalbiografie – die als solche schon immer eher wissenschaftlich-politisches Konstrukt und normative Figur denn gelebte Realität der Industriegesellschaft gewesen ist (vgl. Osterland 1990; Diewald 2004; Bolder 2006) – scheint als Biografiegestaltungs-Ziel schon an Bedeutung zu verlieren. Ein solcher Wandel kann als psycho-soziales *reinforcement* der realen Entwicklungen angesehen werden, ganz im Sinne des Thomas-Axioms, demzufolge Situationsdefinitionen reale Folgen zeitigen (Thomas/Thomas 1928, S. 572). Er beschleunigt einen – nun für „normal" gehaltenen – Prozess, bei dem die Quote der unbefristet Vollzeitbeschäftigten zunächst, im Zeitraum von 1991 bis 2002, in über einem Jahrzehnt also, noch vergleichsweise moderat von 66 auf gut 57 % sank (Alda 2005), der seither aber erheblich an Tempo zunahm und sie innerhalb der nur drei Jahre zwischen 2002 und 2005 von 57 auf 44 % abschmelzte (Keller/Seifert 2007).

Neben den kontinuierlichen ertragsteigernden Rationalisierungen vor allem im Verarbeitenden Gewerbe dürfte eine eher stille *kulturelle* Revolution erheblich dazu beigetragen haben, dass der Erwerbsarbeitsmarkt (auch) in Deutschland zu einem Anbietermarkt mit der ihm eigenen strukturellen, allerdings qualifikationsspezifisch gebrochenen Verknappung des Arbeitsplatzangebots wurde, die zu neuem Umgang mit der eigenen Arbeitskraft drängt. Die Entwicklung hin zur weiblichen Erwerbsarbeit als Norm – im doppelten Sinne des Begriffs – auch in den mittleren und oberen Schichten der bundesrepublikanischen Gesellschaft, in der ehemaligen DDR schon eher vollzogen, dürfte im Verein mit weiteren technologischen Sprüngen und eher kulturellen Entwicklungen den Trend zu *patchworking* als Normfall weiter verstärken – und darüber die Notwendigkeit stetiger Anpassung einmal erreichter Qualifikation für eben diese wechselnden Arbeitsfelder und Nachfragekonjunkturen.

Entgrenzungen und neue Verantwortungsteilung?
Vor dem Hintergrund strukturell verengter und kulturell gewandelter Arbeitsmärkte haben Günter Voß und Hans Pongratz (1998; vgl. a. 1999) in entschieden kritischer Perspektive ein immer häufiger auftretendes Phänomen theoretisch zu fassen versucht. Der in einen – Zeit und Raum, Sozial- und Arbeitsorganisation, Arbeitsinhalt und -mittel, Qualifikation, schließlich auch Sinn- und Motivationsstrukturen erfassenden – Prozess der „Entgrenzung von Arbeit" (Voß 1998, S. 474f.) eingebundene Arbeitskraftunternehmer, bislang ein Widerspruch in sich, stellt einen strukturell neuen Arbeitnehmertypus dar, dessen wesentliche Charakteristika „erweiterte Selbstkontrolle (...), der Zwang zur verstärkten Ökonomisierung der eigenen Arbeitsfähigkeit und -leistungen und eine *Verbetrieblichung der eigenen Lebensführung*" sind (Voß/Pongratz 1998, S. 131; Hervorh.: A.B.; vgl. Schraps/Hoff 2007). Dem Typus ist vor allem das Erfordernis permanenter Selbstvermarktung eigen. Der Arbeitskraftunternehmer verhalte sich also seinem Halb-Fertigprodukt gegenüber wie ein Unternehmer; er verbessere es, passe es den jeweiligen Marktbedingungen mit dem Ziel besserer Marktgängigkeit laufend an. Letzteres und seine „hoch individualisierte ‚patchwork'-Identität" (Voß/Pongratz 1998, S. 150; vgl. a. Tippelt

---

5   Dass es sich dabei oft um retrospektive Glättungen biographischer Verwerfungen durch Prozesse in der objektiven Welt (s. Keller/Seifert 2007) handelt, ist oft genug betont worden. Von einem Kulturwandel wird dennoch auszugehen sein. Die Janusköpfigkeit der neuen Arbeitsformen erscheint in der biographischen Forschung aber oft unterbelichtet; ganz anders Voß (z.B. 2003) und die Arbeitsgruppe um Hoff (z.B. Ewers u.a. 2004).

1997; Alheit 1997) heben ihn trennscharf vom Freiberufler ab. Selbstausbeutung – der eigenen Arbeitskraft – unterscheidet ihn zugleich essentiell vom kapitalistischen Unternehmer. Individualisierte *patchwork*-Biografie ist in dieser Lesart weniger Chance als Anforderung. „Der industrielle Interessenkonflikt findet infolgedessen (...) zwischen zwei Seiten ein und derselben Person [statt] – der ‚Klassenkampf' wird in die Seelen und Köpfe der Arbeitskräfte verlagert." (Voß/Pongratz 1998, S. 152)

3 Von der Qualifikations- zur Kompetenzentwicklung – und von da zur Kompetenzmessung?

Die Erkenntnis dieser Entwicklungen hat in Berufsbildungsforschung und -politik dazu geführt, das Berufsbildungssystem insgesamt auf den Prüfstand zu stellen, zumal der europäische Binnenarbeitsmarkt nach Vergleichbarkeit der Qualifikationen verlangt. Die Diskussion zielt im Tenor auf Flexibilisierung aller mehr oder weniger institutionalisierten Phasen des Erwerbs und der Anpassung und Ausweitung tätigkeitsbezogener Qualifizierung. Sie folgt damit der Logik einer neuen Qualität der – nunmehr globalisierten – Kapitalverwertung, der das *hire and fire* „atmender" Belegschaften und das Postulat allzeit ad hoc verfügbarer kompetenter Arbeitskraft zu zentralen Stellgrößen geworden sind. Ihre Spannweite reicht von weitgehender – europaweit streng regulierter – Deregulierung bis zur Neuordnung (Reregulierung) sowohl des Berufsausbildungs-, insbesondere des dualen Systems (vgl. z.B. Geißler/Schmidt 1996; Baethge 1999b; Rauner 2001; Baethge u.a. 2007) als auch des Systems beruflicher Weiterbildung (vgl. z.B. die Diskussionsbeiträge in Dobischat/Husemann 1995; Faulstich u.a. 2004), von der Bildung zur Kompetenzentwicklung (Arnold 2002) und neuen Lernkultur (QUEM 2006) bis hin zu Entwürfen, die Kompromisslinien suchen zwischen der modularisierten Vermittlung von Kompetenzelementen und ganzheitlicher Berufsaus- und -weiterbildung (etwa Voß 2003).

Im Grunde geht es bei dieser Diskussion um die Frage, ob die vor allem im deutschsprachigen Raum überkommene Idee der Berufsförmigkeit von Arbeitskraft, die bislang beiden Arbeitsmarktparteien recht verlässliche Parameter des jeweiligen Qualifikationszuschnitts an die Hand gab, noch eine Zukunft hat oder angesichts veränderter Rahmenbedingungen obsolet geworden ist – und um die Frage, wer in Zukunft verantwortlich ist für Herstellung und Passung des individuellen Kompetenzangebots.

3.1 Ein deutsches politisches Projekt: Vom Qualifikations- zum Kompetenzentwicklungsmanagement

Das Projekt Kompetenzentwicklung hatte seinen Ursprung weniger in der Akkumulation von Erkenntnissen der Bildungsforschung als in politischen Entwicklungen, die noch in der zweiten Hälfte der 1980er Jahre so nicht voraussehbar waren. Den Startpunkt bildete eine bildungspolitische Initiative: der Auftrag des damaligen Bundesbildungsministers an zwei Forschungsinstitute, den Stand der Forschung zur betrieblichen Weiterbildung zu resümieren und Desiderata aufzuzeigen, die in Zukunft zu bearbeiten seien. Das Außergewöhnliche an der Auftragsvergabe war die Anerkennung des prinzipiellen Interessengegensatzes zwischen den beiden Arbeitsmarktparteien, Arbeitgebern und – auch potentiellen – Beschäftigten im Kernbereich der

Produktion und Reproduktion gesellschaftlichen Reichtums, der Arbeit.[6] Resultat der konkurrierend konzipierten Gutachten (BMBW 1990) des Instituts der deutschen Wirtschaft und des Soziologischen Forschungsinstituts Göttingen (das die Federführung innerhalb einer mit Christiane Schiersmann, Rolf Dobischat und Antonius Lipsmeier über das Göttinger Institut hinausreichenden Arbeitsgruppe hatte) war die Installierung eines von der Arbeitsgemeinschaft Betriebliche Weiterbildungsforschung (ABWF) getragenen Forschungsprogramms, das, obwohl es von der politischen Entwicklung (der Wiedervereinigung) noch vor seinem Start überholt wurde, die Weiter- und Erwachsenenbildungsforschung in Deutschland maßgeblich beeinflussen sollte. Der Zusammenbruch der DDR und die zunächst noch sehr umstrittene politische Entscheidung, das westdeutsche Berufsbildungssystem eins zu eins zu übernehmen, was die Kopie des Weiterbildungssystems zwangsläufig präjudizierte, führten zur Konzentration des Programms auf die Qualifikationsentwicklungsprozesse – und ihr Management – in den neuen Ländern.

Wie sich bald herausstellen sollte, war dieses Qualifikations-Entwicklungs-Management (QUEM) in einer kaum beherrschbaren Gemengelage zwischen einem chaotischen (Weiterbildungs-)Anbietermarkt, Nutzlosigkeitserfahrungen der Lernenden (vor allem hinsichtlich des Erfolgs beim Bemühen um Arbeitsplatzerhalt oder -vermittlung), kulturellen Inkompatibilitäten (zwischen real-sozialistischer Sozialisation und marktwirtschaftlichen Institutionen und Abläufen) und offenem Widerstand gegen als Zumutung erlebte Verhaltensimperative (vgl. Bolder/Hendrich 2000; Faulstich/Bayer 2006; Weiterbildung 2006) entschieden komplizierter, als man es sich vorgestellt hatte; mit fachlichem, auf vielleicht modernisierte Arbeitsplätze bezogenen Neu- und Umlernen war es nicht getan (vgl. z.B. schon die einschlägigen Aufsätze in Meier/Rabe-Kleberg 1993; sowie Meier u.a. 1997). Die Basisentscheidung der Übernahme der westlichen Systeme von Arbeit und arbeitsbezogener Bildung implizierte die Option einer konsequenten *kulturellen* Umerziehung (vgl. Bolder/Hendrich 1997). Berufliche Weiterbildung hatte so neben ihrer Kernfunktion erwerbsarbeitsbezogenen Neu- und Umlernens vor allem systemintegrative Funktionen zu übernehmen, auf die die meist aus Westdeutschland stammenden, vergleichsweise funktional-pragmatisch aufgestellten Weiterbildungsträger nicht vorbereitet waren: neben der (Re-)Integration ins Arbeitsleben marktwirtschaftliche Denkweisen und Wertewelt nahe zu bringen. Den QUEM-Verantwortlichen waren das Scheitern und die Notwendigkeit des Umsteuerns ihres Ansatzes schon bald klar geworden, sodass „Zweifel über die Sinnhaftigkeit dieser Aufgabe und Arbeiten entstanden. Der erste Meilenstein in dem Klärungsprozeß war die Erkenntnis, daß es im Transformationsprozeß nicht um die Aneignung neuen Wissens ging, sondern um eine Kulturtransformation extremen Ausmaßes" (Sauer 1999, S. 179).

Qualifikationsentwicklung kann letztlich nur dann erfolgreich sein, wenn die für die (potentiellen) Lernenden unabdingbare Zielfunktion – ihre Verwertbarkeit zum Zweck der individuellen Reproduktion – erfüllt wird. Wenn das nicht geschieht, ist zunehmend mit Widerstand gegen verordnete Maßnahmen oder Hoffnungslosigkeit und Antriebsmangel denkbaren Eigeninitiativen gegenüber zu rechnen (s. Bolder/Hendrich 2000; vgl. Holzer 2004). Das Pro-

---

6 Die Anerkennung des prinzipiellen Interessengegensatzes zwischen Arbeitgebern und Arbeitnehmern hat nichts mit „Versusdenken" oder „Generalisierungszwang" zu tun, wie Arnold (1997, S. 264f.) meint. Sie folgt vielmehr der Tatsache, dass für einen Markt (um den es sich zumindest latent immer handelt) die Interessendifferenz zwischen beiden Marktparteien – Nachfragern und Anbietern – konstitutiv ist. Die Anerkennung des prinzipiellen Interessengegensatzes schließt nun andererseits keineswegs partielle oder zeitweise Konvergenzen aus. Es gilt gerade in einem dermaßen interessenbesetzten Forschungsfeld, diese anzuerkennen und die daraus permanent sich ergebenden Ambivalenzen aus- und durchzuhalten.

jekt Kompetenzentwicklung nahm diese Erfahrungen auf und setzte fortan programmatisch auf „Selbstverantwortung" (Sauer 1997, S. 29), Selbstorganisation und Selbststeuerung (Erpenbeck 1997; vgl. dagegen Bremer 2004) statt auf Verantwortungsteilung (zwischen Arbeitnehmer einerseits und Arbeitgeber bzw. Staat andererseits). Die im Transformationsprozess gemachten Erfahrungen wurden dann mit dem explizit *ordnungspolitischen* Ziel (Sauer 2002, S. 51) einer kulturellen Umerziehung auch der westdeutschen Bevölkerung übertragen. Mit der Betonung der Selbstverantwortlichkeit und der Verlagerung des auf Arbeitsplätze bezogenen Lernens in außerbetriebliche Sphären gerät die von Erwerbsarbeit freie Zeit zunehmend in die Dispositionsmasse der (potentiellen) Beschäftiger; „berufliche Weiterbildung wird immer mehr in die Freizeit verlagert" (Rosenbladt/Kuwan 1998, S. 39), aus dem betrieblichen Kontext und betrieblicher (Mit-)Verantwortung in Lebenswelt und (Selbst-)Verantwortung der (auch nur: potentiellen) Arbeitskräfte gestellt. Im Verein mit dem *patchworking* des Arbeitskraftunternehmers und, mehr noch: der Arbeitskraftunternehmerin, verschwimmen in der „Freizeit-" oder „Erlebnisgesellschaft" die Grenzen zwischen Arbeitszeit und Freizeit immer mehr.

Letzten Endes ging es der Programmsteuerung des Projekts Kompetenzentwicklung, betrachtet man es aus ideologiekritischer Perspektive, um allfällige „Dispositionsbereitschaft" (vgl. Sauer 1997, S. 28), um die Internalisierung fremd gesetzter Anforderungen (von Fremdbestimmung), gar um einen „neuen ‚Typ Mensch'" (Sauer 2002, S. 51). „In besonderer Weise geht es auf der individuellen Ebene um die *Interiorisierung neuer Wertstrukturen*. Die Vermittlung neuer Werte und das *Training von Werthaltungen* sind zu dominierenden (...) Aufgaben geworden", heißt es im Basis-Statement des „Memorandums" (Kuratorium 1996, S. 403; Hervorh.: A.B.).[7] Schließlich wird die generalisierte Dispositionsbereitschaft selbst zu einer „personalen Kompetenz" erklärt: „Leistungsbereitschaft, Flexibilität, Selbstreflexionsbereitschaft, Offenheit" zählen dazu, „unter sich verändernden Normen und Werten" (Bootz/Hartmann 1997, S. 23; vgl. a. Erpenbeck/Heyse 1999, S. 264, passim). Das hier offen thematisierte neokonservative ordnungspolitische Interesse bleibt in der einschlägigen bildungswissenschaftlichen Diskussion eher randständig; insbesondere wird die konstitutive Interessendifferenz zwischen Trägern und Nachfragern von Qualifikationen und Kompetenzen wenig thematisiert, Ausnahmen bestätigen diese Regel eher (siehe z.B. Faulstich 1997, 1999; Bosch 2000; Dehnbostel u.a. 2002, 2007). Dabei ist „nicht zu übersehen, in wessen Interesse die Selbstoptimierung erfolgt: Es geht nicht primär um ein selbstbestimmtes Lernen, das eigenen Zwecken folgt, sondern um eine Flexibilisierung der allseits disponiblen Arbeitskraft im Dienste fremdbestimmter Zwecke" (Kade 1997, S. 90).

Wie Sylvia Kade (S. 89) oder Wolfgang Hendrich (2000, S. 34) kritisiert auch Ingrid Lisop (1999) die offenkundige Bedeutungsverschiebung zentraler Begriffe der Diskussionen zur Zeit der Bildungsreformen. Was heute unter „Selbstorganisation", „lernende Organisationen" und „Lernen am Arbeitsplatz" verstanden werde, sei im Zuge „neoliberalistischer" Rationalisierung zu einer Ideologie geworden; die Transformationsprozesse in Ostdeutschland hätten zur Gleichsetzung von unternehmerischem Denken und Selbstorganisation mit Demokratie und Individualität geführt. Für diese Sichtweise lassen sich in der Literatur allerdings viele Belege

---

7 Von der aus soziologischer Sicht verblüffenden Naivität, Normen könnten in einer pluralistischen Gesellschaft katechetisch universelle Geltung beanspruchen und Werthaltungen ließen sich trainieren wie die physische Kondition – Helmut Heid spricht von „naiven ‚Machbarkeitsvorstellungen'", von „Machbarkeitsphantasie" (Heid 1995, S. 34; vgl. auch Arnold 1997, S. 284, Fn. 27, resp. S. 290, Fn. 33) –, einmal abgesehen: Die immer wiederholte Anforderung der *reeducation* erfüllt mit ihrem Zugriff auf Denkstrukturen und Lebenswelt der Einzelnen (unter der Losung der Befreiung der Individuen von staatlicher Bevormundung!) wesentliche Kriterien totalitären Denkens.

finden; Lisop selbst verweist hier auf Erpenbeck/Weinbergs (1993) dichotome Gegenüberstellung ost- bzw. westdeutscher Menschenbilder. Die Kritik wird durch die Tatsache jedenfalls nicht widerlegt, dass sich eines der in diesem Diskurs meistzitierten empirischen Projekte auf eine kompetenzbiographische Untersuchungsgruppe von ganzen zwanzig Selbständigen (Unternehmern) stützt (von denen 16 zudem aus den neuen, der Reedukation unterzogenen Ländern stammen) und daraus epochale Schlüsse zieht (Erpenbeck/Heyse 1999, S. 292, 483ff.). Die Welt der Arbeit – und der auf Arbeit bezogenen Bildungsprozesse – sieht nach wie vor anders aus: Immer noch arbeiten knapp neunzig Prozent der Erwerbstätigen in abhängigen Beschäftigungsverhältnissen, wo sich ihnen, zumal angesichts andauernden Rationalisierungsdrucks und fortschreitender Intensivierung der Arbeitsprozesse in der Regel kaum Chancen zur „Selbstorganisation" von Lernprozessen eröffnen (Lisop 1999, S. 20). Jedenfalls verläuft die Entwicklung hin zu ganzheitlichen Formen, wie sie von den Vertretern der neuen Lernkultur (z.B. Arnold/Schüßler 1998; Weinberg 1999) gesehen wird, empirisch allenfalls stockend, äußerst heterogen in den einzelnen Branchen und auch in einzelnen Betrieben asynchron (so auch Arnold 1997).

Spätestens seit Rolf Arnolds Gutachten zur Frage des Übergangs von der Qualifikations- zur Kompetenzentwicklung (1997) und der Abkehr von der Selbst- zur „Ermöglichungs"-Lernkultur (z.B. Arnold 1999, S. 12) machten sich Absetzbewegungen von dem politischen Projekt bemerkbar. Die „neuen Begrifflichkeiten", in denen Weiterbildung in den 1990er Jahren diskutiert und „zunehmend als lebenslanges Lernen in individueller Kompetenzverantwortung" verstanden worden sei, seien daraufhin zu überprüfen, ob sie „politisch bereits als ‚verbraucht' angesehen werden" müssten (Arnold/Gieseke 1999b, S. IX). Wenige Jahre später wird Johannes Sauer in seiner persönlichen Abschlussbilanz diese Annahme bestätigen: „Fazit: Für die Entwicklung unserer Lernkultur [s. Erpenbeck/Sauer 2000] und die Verbesserung der Innovationsfähigkeit der Bundesrepublik waren die Jahre 2002 bis 2005 verlorene, bremsende und rückwärtsgewandte Jahre" (Sauer 2005, S. 7). Allerdings dürfte dies weniger auf den politischen Wechsel 1998 zurückzuführen sein, wie er meint, als auf den wohl generellen Mangel an Nachhaltigkeit, der solchen politischen, letztlich nicht primär wissenschaftlich aufgestellten Projekten eigen ist: Die Mitnahmeeffekte, die er dem hausinternen Konkurrenzprogramm „Lernende Regionen" unterstellt, dürften auch bei den Kompetenzentwicklungsprogrammen die langfristigen Wirkungen deutlich übertreffen.

Man kann die unter der Flagge des Projekts Kompetenzentwicklung veröffentlichten Studien im Wesentlichen in drei Gruppen unterteilen. Die erste beschränkte sich, nicht-empirisch, auf die Präsentation von Definitionsversuchen, normativen Entwürfen, von Kompetenz- und Sollenskatalogen. Die zweite und dritte Gruppe bildeten die seit 1996 laufenden Projekte des Bundes-Programms und die in der Kompetenzentwicklungs-Reihe versammelten, meist sehr informativen sekundären Gutachten über thematische Ausschnitte aus dem Themenbereich beruflicher Weiterbildung, die in den wenigsten Fällen unter dem Anspruch eines neuen Paradigmas bearbeitet worden sein dürften, sich dort aber – angesichts zunehmender Abhängigkeit der Auftragnehmer von Drittmittelakquisition – bis zur Abwicklung des Projekts im Jahre 2007 ansiedeln konnten. Themen waren hier zwischen der Veröffentlichung des „Memorandums" (QUEM 1996) und dem Projekt-Resümee (QUEM 2006) neben den bereits angesprochenen zum Beispiel: Lernen im Arbeitsprozess, Weiterbildung im Betrieb und für Sondergruppen, Ermittlungs-, Messungs- und Bewertungsfragen und „intergenerative Kompetenzbilanz", Berichte zu den Schwerpunktprogrammen, Artikel zu „Eigen-Sinn" und Selbstorganisation, Lernkultur und Netzwerken, zur Aufstiegsfortbildung und zu tarifvertraglichen Regelungen, zu

Kompetenzentwicklungmanagement und lernföderlichen Strukturbedingungen, im nationalen und internationalen Rahmen und klassische Qualifikationsthemen wie Humanressourcen.

3.2 Ein europäisches politisches Projekt: Transferierbarkeit und Vergleichbarkeit von Qualifikationen und Kompetenzen

Outcomes, competency elements und credit points

Wenn es auch selbstverständlich immer Schnittmengen zwischen der deutschen Debatte zum Thema Kompetenzen und Kompetenzentwicklung einerseits und der europäischen Debatte über *competencies* gegeben hat, so handelt es sich doch um zunächst einmal recht disparate Diskussionsstränge, die allenfalls vermittelt gleiche Ziele anstreben. Geht es in Deutschland um ein bemerkenswert ideologisch aufgeladenes „neues Paradigma" (QUEM 1996), so auf europäischer Ebene eher um den mehr oder weniger pragmatischen Versuch, ein „europäisches Instrumentarium zur Förderung von Mobilität und Transparenz" (Grootings 1994, S. 5) zu schaffen. Geht es in der spezifisch deutschen, vom Bund im Verlauf außergewöhnlich stark reglementierten Arbeit an der Kompetenzentwicklung darum, Entwicklungen zu begegnen, die die tradierten Formen der beruflichen Fort- und Weiterbildung als dysfunktional, den veränderten Bedingungen in Produktion und Großverwaltungen unangemessen erscheinen lassen und die deshalb eher zur Verflüssigung institutionalisierter Wege der Weiterqualifizierung führen müssten, so strebt man im Kontext europäischer Bildungsinstitutionen schon früh die Vergleichbarkeit bislang überwiegend nationalstaatlich zustande gekommener Anerkennungsverfahren beruflicher Abschlüsse und Weiterbildungen an. Im Gegensatz zur deutschen Debatte geht es im europäischen Kontext vornehmlich um die Verwertbarkeit von Qualifikationen und Qualifikationsbausteinen auf einem unter dem Freizügigkeitsgebot zunehmend offenen europäischen Arbeitsmarkt.

Typisch für diese Version ist das Verständnis von *competencies*. Als Bausteine von *competence* bedeuten sie immer auch Befähigung zu *competition* (*competitiveness*) in der Situation globalisierter Arbeits- und Wirtschaftsmärkte, die „compete in what we call the global knowledge wars" (Brown/Lauder 2001, S. 35; vgl. Coffield 1999, S. 9), zum Wettbewerb des *homo competens* (Alaluf/Stroobants 1994, S. 54) um Arbeitsplätze oder bessere Positionen für einzelne Arbeitskraftanbieter und um Marktanteile für ihre Beschäftiger (vgl. Parkes' „competence and competition": 1994, S. 31). David Marsden (1994, S. 16f.) charakterisiert die *competencies* als „Arbeitsmarktqualifikationen", deren Grundlagen die „beruflichen Kompetenzen" als Zwischenebene zwischen „beruflichen Qualifikationen" und „einzelberuflich gebundenen", „firmenspezifischen" Kenntnissen seien, die als breiter angelegt gelten als einzelberufliches Anwendungswissen, deren Transferierbarkeit beabsichtigt ist und durch Standardisierung und Zertifizierung abgesichert werden soll. Kompetenzlernen, betont Frank Coffield (1999, S. 1), wird im Vereinigten Königreich als Gelegenheit verstanden, Zertifikate zu sammeln.

Von den unterschiedlichen nationalen Entwürfen sollen hier, weil sie als exponierte Versionen der Variationsbreite angesehen werden können, die britischen *national vocational qualifications (NVQ)* und die französischen *bilans de compétences* kurz vorgestellt werden (s.a. Reuling 2001 zum Vergleich der britischen *outcome*- mit der niederländischen *input*-Variante; zur *outcome*-Orientierung auch Barnett 1999, Kap. 11f.; Bohlinger 2006). Bei den NVQ handelt es sich um kleine bis kleinste arbeitsbezogene Qualifikationsmodule, die bei allen von einer nationalen Kommission akkreditierten Bildungsträgern, Betrieben eingeschlossen, abgeleistet werden können und von den Trägern entsprechend zertifiziert werden sollen (Parkes 1994; vgl. Deißinger 1994; s.a. QCA 2004). Sie sind Teil eines streng segmentierten und vertikal aufgebauten beruflichen (Weiter-)Qualifizierungssystems auf der Basis mit der Schulausbildung festgelegter Qualifikationssegmente (s. Coffield 1996, S. 54). Vor allem gering(er) Qualifizierten soll so die Möglichkeit eröffnet werden, ihr individuelles Arbeitsvermögen anzupassen oder zu erweitern; an Zugangsvoraussetzungen ist die Teilnahme am Zertifizierungssystem ausdrücklich nicht gebunden. Zugleich wird mit der derart erreichten Flexibilisierung den Trägern der (v.a. eben auch: minderen) Qualifikationen definitiv die Vorsorgepflicht – die Selbstverantwortlichkeit – zugewiesen. Für das britische Verständnis bezeichnend ist Steedmans Feststellung, das „ideale Zertifizierungssystem (solle) *für den Arbeitgeber* jene *Person ermitteln*, die die Anforderungen der von ihm angebotenen Arbeitsstelle erfüllt" (Steedman 1994, S. 43; Hervorh.: A.B.).

Die *bilans* sind demgegenüber als staatlich gesichertes Anrecht der Erwerbspersonen konzipiert. In einem bezahlten Bildungs- bzw. Bilanzierungsurlaub können sie sich – nicht zuletzt am Arbeitsplatz im Prozess der Arbeit erworbene – berufliche Qualifikationen und Kompetenzen zertifizieren lassen. Dies geschieht, auf Initiative des Einzelnen oder seines Beschäftigers, in institutionalisierten Bilanzierungszentren. Das 1991 installierte französische System zielt, biografieorientierter, auf Konvertierbarkeit der erworbenen Qualifikationen und Kompetenzen ab, die so bei aller Ambivalenz, die derartigen Regelungen immer zu eigen ist, durchaus als arbeitnehmerorientiert angesehen werden können (vgl. Drexel 1997, S. 239ff.; Thömmes 2003).

Britisches, französisches und das deutsche duale System bilden die prototypischen Eckpunkte tätigkeitsbezogener Bildung in Europa. Der politische Prozess (Kopenhagen-Prozess, Maastricht-Deklaration) definiert, nicht zuletzt durch entsprechende Forschungsförderungsvorgaben, weite Teile der Forschungsaktivitäten zu Qualifizierungsprozessen.[8] Der Beschluss der Europäischen Union im Jahre 2004, einen „Europäischen Qualifikationsrahmen" (EQF), und der Beschluss der Bundesrepublik 2006, der EU-Empfehlung entsprechend einen korrespondierenden nationalen „Deutschen Qualifikationsrahmen" (DQR) einzuführen,[9] kann in seinen absehbaren Folgen als der grundlegendste Umbau des Berufsbildungssystems seit den 1960er Jahren angesehen werden. Dabei geht es um nicht weniger als die Frage, ob die Basis des deutschen Berufsbildungssystems, speziell seines dual organisierten Teils, in der Auseinandersetzung mit den anders aufgestellten Systemen überleben wird.

Employability oder Beruflichkeit?

Die Richtlinien, die die EU unter den „Makrozielen" internationaler Arbeitskräftemobilität, Vergleichbarkeit der Qualifikationen und Kompetenzen zu deren Förderung sowie Beschäftigungsfähigkeit mit dem EQF und seiner Koppelung an das Europäische Leistungspunktesystem Berufliche Bildung (ECVET)[10] vorgegeben hat, belegen eine Anlehnung an das britische

---

8 Vornehmlich im Rahmen der Leonardo- und Sokrates/Grundtvig-Programme, die seit 2007 unter dem Dach des Programms Lebenslanges Lernen zusammengeführt wurden:
http://www.na-bibb.de/programm_lebenslanges_lernen_2.html.

9 Subsidiaritätsprinzip und MOK (EU-„Methode der offenen Koordinierung") lassen grundsätzlich offen, wie weit die einzelnen Mitgliedstaaten dem Prozess folgen wollen. So hat sich unter anderen der PISA-Primus Finnland entschlossen, (vorerst) keinen nationalen Qualifikationsrahmen zu entwerfen.

10 „European Credit System for Vocational Education and Training"; das in der Entwicklung befindliche deutsche Parallelsystem firmiert unter „LPS (Leistungspunktesystem berufliche Bildung)": http://www.refernet.de/de/33.htm. Projektträger ist BiBB.

Modell strikter Modularisierung der beruflichen Aus- und Weiterbildung,[11] bis hinunter in die „Elemente" von Kompetenzeinheiten.[12] Explizit und eindeutig *outcome-*, an den zertifizierten und zertifizierbaren Ergebnissen von Lernen orientiert, zielt es auf *employability* – die mit „Beschäftigungsfähigkeit" im Prinzip irreführend ins Deutsche übersetzte Eigenschaft, beschäftigt, eingestellt werden zu können (vgl. Reutter 2008)[13]. Was sophistisch klingen mag, ist tatsächlich die entscheidende Differenz zwischen anglo-amerikanischem und mitteleuropäischem Zugang zu beruflicher Bildung. Georg Hanf und Volker Rein, für die Umsetzungsforschung zuständige Mitarbeiter des Bundesinstituts für Berufsbildung, bestätigen diese Tendenz auch für die Differenz zwischen EQF und den Entwürfen zur Entwicklung eines DQR: So gilt der deutsche „NQR (... [als]) Instrument zur Anerkennung des Lernens der Individuen", der EQF dagegen ist „kein Anerkennungsmechanismus für Individuen" (Hauf/Rein 2007, S. 2). Im einen Fall steht, zugespitzt, das Lernen und möglichst pädagogisch begleitete Werden der beruflichen Handlungsfähigkeit der Einzelnen im Mittelpunkt des Anerkennungsverfahrens, bildungsökonomisch gesprochen: der Prozess und das – immer nur unvollendete – Ergebnis der Herstellung von Arbeitskraft respektive Humankapital, im anderen das wie und wo auch immer hergestellte Resultat und seine Passung auf einen konkreten Arbeitsplatz, die Einstellbarkeit und unmittelbare Nutzbarkeit des je gegebenen Arbeitsvermögens; im ersteren bildet „Beruflichkeit", Berufsförmigkeit der Arbeit also, im letzteren Falle *employability* das Referenzsystem.

Verschärft erscheint diese Kontroverse noch durch das Leistungspunktesystem, das quasi die Operationalisierung des EQF bzw. des DQR darstellt. Es gilt in der deutschen Diskussion überwiegend als ausgemacht, dass die Umsetzung des ECVET in ein deutsches Leistungspunktesystem das System der deutschen Berufsausbildung, insbesondere, aber nicht nur seinen dual organisierten Teil, in Frage stellen wird, weil seine Besonderungsmerkmale – Lernort, regulierter *input* und Prozess (neben dem in Form der Zertifizierungen immer schon nachgefragten *output*) – nicht mehr nachgewiesen werden müssten und das in breitem Konsens angestrebte Ziel beruflicher Sozialisation in Deutschland – ganzheitliche berufliche Handlungskompetenz – so schwerlich erreicht werden könnte (vgl. DGB 2007; vgl. a. Kuda/Strauß 2008). Fragen stellen sich im Prinzip nur noch dahingehend, in welchem Ausmaß Modularisierung tolerierbar oder sinnvoll oder, mit Blick vor allem auf die berufliche Weiterbildung, unumgänglich ist und wie die Modelle aussehen könnten, die Beruflichkeit wahren bzw. deren Erosion stoppen könnten.[14]

Den jüngsten Gutachten von Dietrich Euler und Eckart Severing (2006) sowie Martin Baethge, Heike Solga und Markus Wieck (2007) geht es nicht zuletzt um eine Antwort auf die

---

11 Zu den verschiedenen Modularisierungsmodellen s. Gonon 2005.
12 Definition einer auf den EQF bezogenen competence unit aus dem Leonardo-Projekt „Theatre Technical Training in EU" (https://ttt-eu.stadia.fi/wiki/Example_of_a_competence_unit): „A competence unit can consist of one or more elements. An element is a set of tasks which occur together. The tasks are described in terms of skills, knowledge, attitude and autonomy."
13 Die Mitarbeiter der „Education and Training Division" des OECD-Direktorats „Bildung, Beschäftigung, Arbeit und Soziales" Phillip McKenzie und Gregory Wurzburg definieren „lifelong employability" kurz und bündig als „capacity to be productive and to hold rewarding jobs over one's working life" (1997, S. 13) – völlig frei von irgendwelchen Bildungsideen.
14 Unter „Beruflichkeit" wird im berufspädagogischen ebenso wie im bildungs- und berufssoziologischen Diskurs keineswegs lediglich die Ausrichtung „auf eine gebündelte Gesamtqualifikation (,Beruf')" verstanden (Heidemann 2007, S. 270), sondern allerdings „auch die spezifische Prozessdimension der Ausbildung und die spezifischen Regulierungsweisen (...) (Meyer 2006)", zu denen nicht zuletzt Ausbildungsprozess-Standards und Qualitätsnormierung zählen; weit darüber hinaus aber auch die lebenslangen beruflichen Sozialisationsprozesse, die Einübung und Anverwandlung des beruflichen Habitus (Corsten 1998, 1999; vgl. a. Bremer 2007), die nach wie vor als identitätstiftend angesehen werden. Alles dies meint *employability* nicht (vgl. Kraus 2007, S. 242f.).

Fragen, die die sowohl unter humankapital- als auch unter systemintegrations- oder subjekttheoretischer Perspektive bedenkliche, immer weiter voranschreitende Entwicklung eines „Übergangssystems" ungeordneter, oft zufälliger Berufsvorbereitungs- und „Park"-Maßnahmen an der ersten Schwelle (zwischen Sekundarstufe I und Ausbildung resp. Arbeit) aufwirft. Beide Gutachten zielen im Ergebnis auf eine ins Berufsbild „eingebettete" Modularisierung unter Vermeidung von Fragmentierung (Euler/Severing, S. 52; Baethge u.a., S. 79; vgl. dagegen Drexel 2005) und möglichst weitgehender Erhaltung der Berufsförmigkeit von Arbeit. Dieses Interesse durchzieht in mehr oder weniger ausgeprägter Form die berufsbildungswissenschaftliche und -politische Diskussion, auch und gerade in Auseinandersetzung mit dem Kompetenzentwicklungsparadigma, spätestens seit Beginn der 1990er Jahre, d.h. seit Geißlers Abgesang auf das duale System (Geißler 1991; vgl. a. Kutscha 1992; Geißler/Orthey 2002). Die seither diskutierten Reformvorschläge reichen von Rauners „Kernberufen" in einem System „offener dynamischer Beruflichkeit" (2001) über die Varianten „eingebetteter" Modularisierung bis hin zu den „europäischen Kernberufen" der IG Metall (2007).

Bei diesen Vorschlägen bleiben die langfristigen, auf den gesamten Lebenslauf bezogenen Perspektiven (hierzu Achtenhagen/Lempert 2000; Alheit/Dausien in diesem Band) bislang noch merkwürdig ausgespart, eher nur am Rande diskutiert. Dabei ist die Entwicklung einer „Sinnperspektive" durch den Bezug auf einen Beruf oder ein Berufsfeld nicht nur „motivationsfördernd" (Baethge u.a. 2007, S. 79), sondern für die meisten Erwerbstätigen, wie es sich in erwerbsbiographischen Interviews immer wieder darstellt (vgl. z.B. Bolder/Hendrich 2000; Bolder u.a. 2005), nach wie vor essentiell – selbst wenn es „objektiv" sinnlos erscheinen mag (Baethge 2004; vgl. dagegen Meyer 2004; Bosch 2001).[15]

Mit der Weiterung auf das Berufs-*Feld* als Bezugspunkt ist zudem darauf verwiesen, dass Beruflichkeit subjektiv nicht an statistische Berufskennziffern – bzw. ihre Obsoleszenz nicht automatisch an den Wechsel von der einen zur anderen – gebunden ist; eher schon an die Chance, „so etwas wie einen roten Faden in [der] Ausbildungs- und Erwerbsbiographie" zu identifizieren, „den [man] dann weiter zu verfolgen versuchen" kann (Achtenhagen/Lempert 2000, S. 58). Entscheidender Wendepunkt in diesem Sinne wäre dann der Verlust dieses biographischen „roten Fadens" der Entwicklung von subjektiver Beruflichkeit.

Voß (2003) spricht vom Individualberuf, den es im Lebensverlauf zunehmend zu entwickeln gelte, mit je eigenem Arbeitsmarktangebots-Profil – zu dessen Gestaltung es aber eines regulierten, nicht dem Markt überlassenen (Weiter-)Bildungssystems bedürfe, das die Phasigkeit von Bildung und Beruf überwindet. Die konsequenteste Vision hat aber wohl Wolfgang Lempert (2003) vorgelegt. Er plädiert in einem Wechselspiel zwischen „autobiografischer Reflexion", „wissenschaftsbiographischer Verarbeitung" und „sozialisations- und lerntheoretischer Evaluation" seiner eigenen Biografie für „eigensinnige" Berufsentwicklung, dafür, „Extratouren" zu ermöglichen, berufsbiographische Gestaltungsaktivitäten durch institutionelle Arrangements zu stützen, „wiederholte Rotation, weitgehende Synchronisation, wechselseitige Stimulation" von Arbeits- und Lernphasen zuzulassen und zu fördern.[16]

---

15 Damit soll – das sei betont – nicht behauptet werden, dass es genuines Interesse an Wechseln in fremde Felder nicht gibt (vgl. hierzu etwa Hoff u.a. 2006). Hier wird lediglich die These vertreten, dass das von Alheit/Dausien zitierte *career switching,* wie die einschlägigen Statistiken (s.o.) ausweisen, immer noch eher unfreiwillig geschieht bzw. *patchwork*-Spezialist/inn/en und eher privilegierten Segmenten der Erwerbsbevölkerung eigen ist.

16 Vgl. a. Sackmann 2001, Schmid 2002 zum Konzept der „Übergangsarbeitsmärkte".

3.3 Von der Kompetenzentwicklung zur Kompetenzmessung?

Wenn sich, wie im Kontext des Projekts Kompetenzentwicklung oft genug betont wurde, der Kompetenzbegriff der Definierbarkeit entzieht, wird man fragen müssen, wie er dann operationaler Definition und empirischer Messbarkeit zugänglich sein kann (vgl. Weiß 1999, S. 482f.). Die Versuche, das vieldiskutierte Messbarkeitsproblem mit Hilfe traditioneller psychologisch-quantitativer Messverfahren wie Skalenanalysen, Polaritätsprofilen oder Rangzuordnungsverfahren zu lösen, konnten und können allenfalls als erster methodischer Einstieg gelten; Skepsis klingt aber auch in Günter Zurhorsts Einschätzung qualitativer Messmethoden (1999) durch. „Vermieden werden muß die Illusion", resümierte Peter Faulstich schon Ende der 1990er Jahre, „Kompetenzerwerb sei als Ergebnis empirischer Analysen exakt meß-, erfaß-, zurechenbar und bewertbar" (Faulstich 1997, S. 231; vgl. a. 1999).

Nichtsdestotrotz und obwohl der Mitherausgeber des „Handbuchs Kompetenzmessung" noch im Jahr nach dessen Veröffentlichung selbst zu „Kompetenzen als Fähigkeiten" feststellen wird: „Es gibt unendliche Literatur dazu und nichts wirklich Präzises" (Erpenbeck 2004, S. 3), lässt sich in diesen Jahren in der Forschung eine Schwergewichtsbildung hin zur Vermessung aller möglichen Kompetenzen und Kompetenzbündel beobachten. Da ist zum einen die oben erwähnte Diskussion in der Kompetenzentwicklungs-Reihe, die ihren vorläufigen Abschluss in dem sehr informativen Handbuch (Erpenbeck/Rosenstiel 2003) gefunden hat. Dessen Untertitel „Erkennen, verstehen und bewerten von Kompetenzen in der betrieblichen, pädagogischen und psychologischen Praxis" macht deutlich, worum es bei diesen hauptsächlich messpsychologischen Konstrukten geht – und worum nicht. Ziel der meisten dort beschriebenen Ansätze ist Selektion, (Personal-)Auslese und damit zwangsläufig auch Exklusion der durch die Selektionsraster Gefallenen.[17] Es geht zudem auch, aber deutlich nebensächlich nur, um Qualifikation, um die Kompetenz, seine Arbeit gut verrichten zu können; eher dagegen um „Leistungsmotivations"- und „Persönlichkeits"-, „Verhaltenscheck"-„Inventare", um *recruiting tools*. Nicht zufällig[18] ist das erste präsentierte Verfahren ein „Persönlichkeitsinventar zur Integritätsabschätzung (PIA)" einer „Personalpsychologie Managementberatung GmbH", die ihr Produkt wie folgt definiert: „Integrität ist als *Kompetenz* im Sinne einer stabilen Eigenschaft eines Menschen konzipiert. Sie dient der Beschreibung, Erklärung und Vorhersage der Wahrscheinlichkeit devianter Handlungen, die zum Schaden der Organisation oder deren Mitglieder sind. (...) Der PIA setzt sich [u.a.] aus folgenden (...) Dimensionen zusammen: – Integre Verhaltensabsichten – Verzicht auf Rechtfertigungen – (...) Vertrauen – (...) Friedfertigkeit" (Mussel 2003, S. 3f.; Hervorh.: A.B.)

„Stabile Eigenschaften", Dispositionen, müssen allerdings nicht entwickelt, sondern lediglich gemessen werden (s. dagegen Gillen 2007). Obwohl der Entwicklungsaspekt oft ausdrücklich betont wird, wird bei derlei Konstrukten zunächst das Kontrollinteresse im Vordergrund stehen, die Fortschrittskontrolle in der Regel selbstorganisiert erwarteter Lerntätigkeit eingeschlossen.

Gleiches muss bis auf Weiteres, d.h. bis zu einer veränderten Empirie, auch für die im engeren Sinne berufsbiographischen Kompass- und Bilanzierungsinstrumente angenommen wer-

---

17 „Es geht, das sollte man nicht leichtfertig unterschlagen, bei der Kompetenzdiskussion um die Verwertung von Kompetenz. (...) Es geht also nicht, wie vordergründig vermutbar, um Persönlichkeitsentwicklung mittels Beratungs- und Bildungsmaßnahmen. Es geht um Personalentwicklung für eine konkurrenzfähige Wirtschaft." (Geißler/Orthey 2002, S. 72)

18 Das „pragmatische" Ordnungsprinzip vereinigt in der ersten Gruppe des Bandes Beiträge, „die einzelne oder mehrere Grundkompetenzen teils forschend-experimentell, teils praxisorientiert-kommerziell messen." (Erpenbeck/Rosenstiel 2003, S. XXXV)

den, weil sie, obwohl meist unter explizitem Bezug auf das Arbeitnehmerinteresse entwickelt (z.B. Bergmann 2003; Erler u.a. 2003; Möding/Stickel 2003), in der alltäglichen Praxis, jenseits von Modellversuchen, aus Kostengründen zum Zweck der Kompetenzentwicklung eher selten zur Anwendung kommen dürften.[19] Stattdessen wendet die Bundesagentur für Arbeit kurze, in ihrer Wirkung definitiv exkludente *profiling*-Kurzfragebögen an (vgl. Rudolph 2004; Pensé 2004; Käpplinger/Reutter 2005a). Auch hier „wird die Janusköpfigkeit der Kompetenzdebatte deutlich (...). Einerseits bietet das Bewusstmachen und Anerkennen der informell erworbenen Kompetenzen die Chance, sich der eigenen Stärken bewusst zu werden. Damit wird ein Beitrag zum Empowerment im Sinne der Stärkung der Persönlichkeit geleistet. Gleichzeitig werden die eigenen Kompetenzen insoweit entwertet, als sie im Sinne der Employability ihres Subjektcharakters entkleidet werden und nur noch zum Nutzen einer besseren Verkaufbarkeit der eigenen Arbeitskraft relevant erscheinen. Damit ist bei einer Arbeitsmarktlage, bei der sich rechnerisch 18 Arbeitslose auf eine freie Stelle bewerben, das Risiko angelegt, Kompetenzerfassung und -anerkennung zu einer zynischen Veranstaltung verkommen zu lassen." (Käpplinger/Reutter 2005b, S. 13)

Getestet wird, praktisch von Jahr zu Jahr mehr, im gesamten Bildungs- und Beschäftigungssystem. Neben obligatorischen Sprachkompetenztests in den Kindertagesstätten und den öffentlichkeitswirksamen PISA-Schulleistungstests betreffen neuere Entwicklungen das Berufsbildungssystem („Berufsbildungs-PISA"; vgl. Baethge u.a. 2006; Endres 2008) und das Erwerbsalter („PIAAC"; Binkley u.a. 2004; Gnahs 2007)[20]. Alle diese Massen-Messungen von Kompetenzen und Qualifikationen sollen dem Zweck der Systemprüfung und -optimierung – und damit letzten Endes der Kompetenzentwicklung der Aus- und Weiterzubildenden – dienen; im Falle des Berufsbildungs-PISA sieht die zuständige Bundesministerin zudem die Chance für das duale System, „bei Erfolg [im internationalen *ranking*] als Blaupause für die gesamte EU-Berufsbildungspolitik" zu dienen (Schavan 2007).[21]

Befragenswert wird diese Entwicklung spätestens im Falle der Realisierung des mit identischer Begründung forcierten Erwachsenen-PISA („Programme for the International Assessment of Adult Competencies": „PIAAC"), das von den zuständigen OECD-Stellen konsequenterweise deutlich *employability*- und *output*-orientiert angegangen wird. Ziel ist demzufolge,

- to „identify and measure differences between individuals and countries in competencies believed to underlie both personal and societal success;
- assess the impact of these competencies on social and economic outcomes at individual and aggregate levels;
- gauge the performance of education and training systems in generating required competencies; and

---

19 Das BiBB z.B. erwartet die Ausfüllung des „europasses" von jedem Stellenbewerber. Streng lebenslaufchronologisch aufgebaut, zeigen sich dem Personal-Ausleser schneller und schonungsloser als bei jedem konventionellen *curriculum vitae* die Lücken, v.a. bei – wie b.a.W. immer noch bei Männern – nicht als legitim geltendem *patchworking* und vernachlässigten Weiterbildungsanstrengungen. Ein Selbstversuch dürfte aufschlussreich sein: http://www.europass-info.de/de/europass-lebenslauf.asp.
20 Ebenfalls im OECD-Rahmen geplant für 2011ff. Ob Deutschland sich daran beteiligen wird, ist bislang nicht abschließend geklärt.
21 Inwieweit der von der Ministerin konstatierte „erhebliche Reformschub" tatsächlich umgesetzt wurde oder wird, bleibt zu diskutieren. Man wird jedenfalls nicht davon ausgehen können, dass wesentliche Systeminnovationen mit der Geschwindigkeit der Testabfolgen Schritt halten können.

- help to clarify the policy levers that could contribute to enhancing competencies." (www. oecd.org/els/employment/piaac).

Es fragt sich allerdings, welche staatlich initiierten und geförderten Innovationen in ein System eingebracht werden können, das noch immer zunehmend dem Markt überantwortet werden soll, und welche anderen bildungspolitikrelevanten neuen Einsichten von einer solchen Forschung – jenseits der bekannten Strukturen und Segmentationen – erwartet werden können als die Identifizierung von Gruppen, die, bevorzugt selbstorganisiert und selbstverantwortet, weitere Bildungsleistungen erbringen müssen, um „Erfolg" zu haben im Dreieck Arbeit – Qualifikation – Kompetenzen. Im Zweifelsfall handelt es sich um Legitimationsforschung.

4 Ein kurzer Blick zurück nach vorn: Die subjektive Seite der Entwicklung des Arbeitsvermögens

Kompetenzentwicklung ist kein wirklich neues Paradigma. Das Projekt hat im Wesentlichen lediglich ältere Ansätze und Diskussionen wiederaufgenommen, die die Bedeutung des Subjekts – und subjektiver Lernprozesse – im Arbeitsprozess unterstrichen (vgl. Arnold 1997, S. 228ff.; Baitsch 1998, S. 270), um sie allerdings unter ein normatives Programm zu stellen, das die mit ihnen zuvor transportierten Ziele in ihr Gegenteil verkehrte. Zunächst wäre wohl daran zu erinnern, dass vieles von dem, was heute in den variierenden Kompetenzerfordernis-Katalogen auftaucht, schon in Dieter Mertens' denkwürdigem Aufsatz (1974) als Schlüsselqualifikationen thematisiert wurde (vgl. Tippelt 2002; Reutter 2008). Bis heute verschwimmen die Grenzen zwischen den beiden Konzepten bei den meisten Autoren; oft werden sie synonym gebraucht. Anderes, so Facetten des normativen Programms, zählte noch früher zu den Arbeitstugenden bzw. zum heimlichen Lehrplan (vgl. Heid/Lempert 1982) der beruflichen Qualifikationsentwicklung.

Dann wäre da die Idee des (teil-)autonomen Lernens zu nennen, deren Diskussion mindestens, wie Lisop (1998, S. 40) erinnert, bis in die Dispute um Antipädagogik und *de-schooling society* zurückreicht. Diese Konzepte wurden von Anbeginn an als wenigstens kompensatorische, wenn nicht autonomisierende insbesondere für jene Zielgruppen verstanden, die als bildungsfern bzw. aus den institutionalisierten Bildungssystemen ausgegrenzt gelten und ihnen traditionell fremd gegenüberstehen; im Erwerbssystem sind sie im Wesentlichen identisch mit den sogenannten Problemgruppen des Arbeitsmarktes. Als charakteristische Beispiele für Formen, die sich mit diesen Zielgruppen befassten, mögen hier die Versuche hinreichen, die während des Programms „Humanisierung des Arbeitslebens" schon in den 1970er Jahren gestartet wurden (z.B. Fricke u.a. 1981; Fricke 2008) oder in den beginnenden 1980er Jahren etwa mit Lernstatt-Varianten die betriebliche Integration von ausländischen Arbeitnehmern vereinfachen sollten (vgl. Bolder 1986, S. 227ff.) oder Bildungsfernen arbeitsprozessnahe, partizipative Lernwelten eröffnen wollten (Dehnbostel/Peters 1991) – alles Modelle, die sich speziell mit dem Erfahrungslernen (Böhle 2008; vgl. Dehnbostel 1998, S. 21f.) als jener lebenslangen Lernstrategie auseinandersetzten, die nicht formal Qualifizierten noch am ehesten offensteht (vgl. Dobischat u.a. 2003). In deren Nachbarschaft können auch die sozialtechnisch motivierten Versuche verortet werden, mit Hilfe der – mittlerweile historischen (hierzu Bayer u.a. 1998) – 41a-Maßnahmen als defizitär entwickelt verstandene Schlüsselqualifikationen (wie z.B. sicheres Auftreten bei Bewerbungsgesprächen als Facette von Sozialkompetenz) wenigstens ansatzweise zu meliorisieren. Der im Kompetenzentwicklungs-Diskurs zentrale Ansatz des Lernens in der Arbeit hat spätestens hier seinen Ursprung. Zu den jüngeren, den neuen Arbeitsbedingungen angeglichenen Versionen zählt das Konzept der „prozeßorientierten Weiterbildung", über das Baethge/Schiersmann (1998) berichten, die allerdings in einer Kurzfassung ihres Gutachtens konzedieren, dort „indikativischer" berichtet zu haben, „als es die meisten in ihm aufgegriffenen Sachverhalte sind" (1998, S. 1) – ein Phänomen, das dem ganzen Themenkreis eigen zu sein scheint. Dieser Eindruck verfestigt sich, wenn es in Christof Baitschs Gutachten zum „Lernen im Prozeß der Arbeit" resigniert resümierend heißt, die Unternehmen gingen überwiegend von einem konservativen Lernbegriff aus, der zu lediglich reaktiven und defensiven Interventionen führe: Nur für die unmittelbare Arbeitsbewältigung notwendige Qualifikationen würden trainiert; „ein vorausschauender Erwerb von Wissen und Können für noch nicht im einzelnen bekannte Anforderungen ist kaum einmal ein legitimes Lernziel" (Baitsch 1998, S. 319).

Erforderlich für eine selbstorganisierte und -gesteuerte Entfaltung, Bündelung von Fachkompetenzen, Schlüsselqualifikationen wäre also aufseiten der Betriebe ein weniger eng definiertes Kosten-Nutzen-Denken, das Spielräume eröffnet (hierzu zuletzt Dehnbostel u.a. 2007). Aufseiten der Träger von Qualifikationen erforderte es die dispositive Bereitschaft zu selbständiger Arbeits- und Lernorganisation (Achatz/Tippelt 2001) – die man in über Generationen gelernten und verinnerlichten abhängigen Beschäftigungsverhältnissen aber gerade nicht ohne weiteres erwirbt, schon gar nicht in den – diesen Traditionen meist noch verpflichteten – vorberuflichen Sozialisationsprozessen und gewiss nicht durch „Training" (so auch Kade 1997, S. 88).

Eine weitere Quelle sind die im Verlauf in das Projekt Kompetenzentwicklung integrierten Dresdner Arbeiten zur betrieblichen Handlungskompetenz (vgl. Bergmann 1998), deren Anfänge mit dem Namen Hackers (z.B. 1973) verbunden sind. Deutlich arbeitspsychologisch, ist diesem Ansatz seinerzeit allerdings eine recht einseitige Sichtweise auf die Entwicklung von arbeits(platz)bezogener Handlungskompetenz attestiert worden – als eben lediglich produktivitätsorientiert, das subjektive Interesse an Kompetenzentwicklung, was nicht zuletzt auch die typischerweise so genannten Überschussqualifikationen einschließt, vernachlässigend (Heinz 1995, S. 48). Die Auseinandersetzung hatte, ebenfalls schon in den achtziger Jahren, zur Soziologisierung und – das war nun tatsächlich eine paradigmatische Weiterung – Biografisierung kompetenzwissenschaftlicher Ansätze geführt.

Basale erwerbsarbeitsbezogene Kompetenzen werden nicht ad hoc, in Anpassungsweiterbildungs-Maßnahmen etwa, und nicht ohne weiteres in institutionalisierten Lerneinheiten vermittelt (vgl. Bergmann u.a. 1997, S. 5), noch sind sie unvermittelt im Prozess der Arbeit zu erlangen (zur empirischen Literatur s. Baitsch 1998, S. 305). Sie sind vielmehr überwiegend als – immer gerade erreichter – Stand eines langen Entwicklungsprozesses beruflicher Sozialisation und Biografie zu verstehen (vgl. schon Frei 1985, S. 95ff.). Dieser beginnt schon weit vor der Ausbildung zu einer konkreten Erwerbsarbeit, mit in der familialen Sozialisation vermittelten, milieuspezifischen Herangehensweisen an Lernen und Arbeiten (vgl. die Ergebnisse der Bildungs-Milieuforschung: z.B. Bremer 2004, 2007; Barz/Tippelt 2004a, 2004b; Tippelt u.a. 2008), geht mit ihrer je individuellen Ver- und Umarbeitung, Anverwandlung in biografischen Gestaltungsprozessen (Witzel/Kühn 1999) weiter, bei denen Arbeitserfahrungen – oder deren temporäres Ausbleiben – eine hervorragende Rolle spielen, und kommt prinzipiell vor dem Ende des Erwerbslebens nicht zum Stillstand (Heinz 1980, 1988).

Kompetenzentwicklung war als emanzipatorisches Projekt schon in den siebziger Jahren von Jürgen Habermas (1973) und in dieser Perspektive etwa von Karlheinz Geißler (1974), vor allem aber im Max-Planck-Institut für Bildungsforschung als Forschungsprogramm aufgenommen und lange Zeit gegen den *mainstream* der vielen paradigmatischen Wenden verteidigt worden. Es sollten dem Vergesellschaftungsprozess des Individuums der Individuierungsprozess gegenübergestellt, die sozialen und individuellen Konstruktionsprozesse aufgezeigt werden, „durch die dem Individuum bedeutsame Erfahrungen (...) sowie die spezifischen, sozial tradierten Handlungsschemata im Umgang mit diesen vermittelt werden" (Grundmann 1999, S. 9). Arnold (1998, S. 497) erinnert in seiner Rückschau auf den Kompetenzentwicklungs-Diskurs zudem an die Studie Thomas Feuersteins zur Kompetenzentwicklung im Prozess der beruflichen Sozialisation, die auch schon 1979 erschienen war (zum Anschluss an Habermas' Konzept der kommunikativen Kompetenz vgl. a. Feuerstein 1973, S. 78ff.).

Es hat spätestens in den 1970er und -80er Jahren verschiedene Ansätze gegeben, die Bedeutung berufsbezogener Sozialisation für die Entwicklung von Kompetenzen für Arbeit herauszuarbeiten. Man kann die meisten dieser Arbeiten zusammenfassen als Versuch, die theoretisch und empirisch letztlich nicht überzeugenden Einseitigkeiten (lediglich) arbeitspsychologisch oder struktur- oder aber dann auch biografieorientierter Erklärungsversuche zu vermeiden, die entweder den prägenden, vorentscheidenden Charakter globaler und historisch besonderer Rahmenbedingungen (auf der Makroebene) oder die Macht der Institutionen (auf der Mesoebene) oder aber (auf der Mikroebene) die Konstruktionsleistungen der Subjekte zumindest in der methodologischen Herleitung ihrer Herangehensweisen nicht angemessen berücksichtigen. Als für den deutschen Sprachraum exemplarisch können hier zum einen die Arbeiten der Gruppe um Lempert (zusammen mit Ernst Hoff und Lothar Lappe; s. z.B. Hoff u.a. 1982; 1991) genannt werden. Hoff (1981, 1985; Hohner/Hoff 2008) hatte die systematische Verbindung soziologischer und psychologischer Entwicklungsforschung in einer interaktionstheoretischen Perspektive gefordert, in Auseinandersetzung nicht zuletzt mit Klaus Riegels dialektischer Psychologie und Urie Bronfenbrenners Entwicklungsmodell der Interaktion von sozialer Umwelt und Individuum. Das Facharbeiter-Forschungsprojekt des MPI kann immer noch als empirisches Modellprojekt angesehen werden. Als wegweisend können auch die Arbeiten von Walter Heinz, Helga Krüger und Andreas Witzel (z.B. 1985) gelten, die in den Bremer Sonderforschungsbereich 186 (Statuspassagen und Risikolagen im Lebensverlauf) und zu einem Längsschnitt-Projekt führten, das Arbeitsweltintegration und Kompetenzerwerb seiner Untersuchungsgruppe unter variierenden Kontextbedingungen über mehr als zehn Jahre begleitete und wie die Vorgenannten den Eigenanteil der Einzelnen an der Gestaltung ihrer Erwerbsbiografie erforschte, ohne die objektiven Zwänge und Vorgegebenheiten aus den Augen zu verlieren (vgl. z.B. Krüger 1993; Wahler/Witzel 1997; Schaeper u.a. 2000).

Ansätze wie diese werden, meist unter Bezug auf die Sozialphänomenologie (z.B. Schütz 1974; Berger/Luckmann 1969) und die Sozialökologie (z.B. Bronfenbrenner 1976) in den letzten beiden Jahrzehnten wieder verstärkt gefordert und aufgegriffen – von der Berufspädagogik (etwa Kell 1997; Lempert 1998, der dort einschlägige empirische Arbeiten systematisch auf ihren Ebenenbezug hin abfragt; Kutscha[22]) wie von der sozial-konstruktivistischen Sozialisationsforschung (vgl. z.B. Grundmann 1999; Corsten 1999; programmatisch: Edelstein 1999). Die Perspektive auf den Lebenslauf und die Biografie (vgl. die Beiträge in Mayer 1990; Tippelt

---

22 In seinem Korreferat zum Thema „Übergänge und Übergangsforschung" auf der gemeinsamen Tagung der Sektion „Bildung und Erziehung" der Deutschen Gesellschaft für Soziologie und des DFG-Sonderforschungsbereichs 186 am 3. Juni 2000 in Bremen.

1995) könnte wie die in den letzten Jahren verstärkte Forschung zu lebenslauforientierter Bildungsberatung und lebensbegleitendem *coaching* (vgl. z.B. Klein/Reutter 2005; Faulstich/Bayer 2006; Gillen u.a. 2007; Klein/Alke 2008; Hohner/Hoff 2008) eine aufschlussreiche Variante der Erforschung von Qualifikations- und Kompetenzentwicklung im Lebenslauf werden. Es ist aus der Perspektive der Bildungsforschung erfreulich, dass die Bundesregierung sich mittlerweile offenbar dazu durchgerungen hat, mit der Schaffung einer kontinuierlichen Bildungsberichterstattung (Konsortium Bildungsberichterstattung 2006) und eines lebenszyklusorientierten Kohorten-Panels den für solche Forschung im Grunde unverzichtbaren Referenzrahmen zu schaffen. Für die Erforschung des Dreiecks Arbeit – Qualifikation – Kompetenzen ist der Blick auf die sozialisatorisch-biografische Genese von Kompetenz wohl die aussichtsreichste Perspektive – aussichtsreicher jedenfalls als ideologisch hoch aufgeladene Programme, deren offensichtliches Ziel es ist, soziale Ungleichheit bei Zugang zu Bildung und Nutzung von Qualifizierungsangeboten zu legitimieren und Anpassung an marktliberale Beschäftigungsstrukturen zu forcieren (Geißler/Orthey 2002; Bittlingmayer u.a. 2008; Drexel 2008).

Literatur

Achatz, M./Tippelt, R. (2001): Wandel von Erwerbsarbeit und Begründungen kompetenzorientierten Lernens im internationalen Kontext. In: Bolder, A./Heinz, W.R./Kutscha, G. (Hrsg.): Deregulierung der Arbeit – Pluralisierung der Bildung? (= Jahrbuch Bildung und Arbeit 1999/2000). Opladen: Leske+Budrich, S. 111–127.

Achtenhagen, F./Lempert, W. (2000): Lebenslanges Lernen im Beruf. Opladen: Leske+Budrich.

Adamy, W. (2007): Hartz IV ist und bleibt die Achillesferse der deutschen Arbeitsmarktpolitik. Pressekonferenz des DGB am 15.08.2007. Berlin.

Alaluf, M./Stroobants, M. (1994): Mobilisiert Kompetenz den Arbeitnehmer? In: CEDEFOP 1/94, S. 49–60.

Alda, H. (2005): Beschäftigungsverhältnisse. In: SOFI/IAB/ISF/INIFES (Hrsg.): Berichterstattung zur sozio-ökonomischen Entwicklung in Deutschland – Arbeit und Lebensweisen. Erster Bericht. Wiesbaden: VS Verlag, S. 245–269.

Alheit, P. (1997): „Patchworking" als moderne biographische Konstruktionsleistung. Bemerkungen zur theoretischen Bedeutung einer Biographieorientierung in der Erwachsenenbildung. In: Derichs-Kunstmann, K./Faulstich, P./Tippelt, R. (Hrsg.): Enttraditionalisierung der Erwachsenenbildung. Frankfurt a.M.: DIE, S. 88–96.

Arnold, R. (1997): Von der Weiterbildung zur Kompetenzentwicklung. Neue Denkmodelle und Gestaltungsansätze in einem sich verändernden Handlungsfeld. In: QUEM (Hrsg.): Kompetenzentwicklung '97. Münster: Waxmann, S. 253–307.

Arnold, R. (1998): Kompetenzentwicklung. Anmerkungen zur Proklamation einer konzeptionellen Wende in der Berufs- und Erwachsenenpädagogik. In: ZBW, 94. Jg., H. 4, S. 496–504.

Arnold, R. (1999): Vom „autodidactive" zum „facilitative turn" – Weiterbildung auf dem Weg ins 21. Jahrhundert. In: Arnold, R./Gieseke, W. (Hrsg.): Die Weiterbildungsgesellschaft, 1: Bildungstheoretische Grundlagen und Analysen. Neuwied: Luchterhand, S. 3–14.

Arnold, R. (2002): Von der Bildung zur Kompetenzentwicklung. Anmerkungen zu einem erwachsenenpädagogischen Perspektivwechsel. In: Nuissl, E./Schiersmann, C./Siebert, H. (Hrsg.): Literatur- und Forschungsreport Weiterbildung, Nr. 49. Bonn: DIE, S. 26–38.

Arnold, R./Gieseke, W. (1999a): Die Weiterbildungsgesellschaft, 1: Bildungstheoretische Grundlagen und Analysen. Neuwied: Luchterhand.

Arnold, R./Gieseke, W. (1999b): Die Weiterbildungsgesellschaft, 2: Bildungspolitische Konsequenzen. Neuwied: Luchterhand.

Arnold, R./Lipsmeier, A. (Hrsg.) (1995): Handbuch der Berufsbildung. Opladen: Leske+Budrich.

Arnold, R./Schüssler, I. (1998): Wandel der Lernkulturen. Ideen und Bausteine für ein lebendiges Lernen. Darmstadt: Wissenschaftliche Buchgesellschaft.

Bach, H.-U./Klinger, S./Rothe, Th./Spitznagel, E. (2007): Arbeitsmarkt 2007: Arbeitslosigkeit sinkt unter vier Millionen (= IAB-Kurzbericht 5/2007). Nürnberg: IAB.

Baethge, M. (1999a): Warum tun sich die Deutschen mit der Dienstleistung so schwer? Über die Hartnäckigkeit des industriellen Denkens und die Konturen einer anderen Arbeitsgesellschaft im 21. Jahrhundert. Dokumentation einer Rede zur Übergabe des Gutachtens „Dienstleistung als Chance". In: Frankfurter Rundschau 1999, 149, S. 8.
Baethge, M. (1999b): Institutionalisierung oder Individualisierung – Arbeit und Bildung im Übergang zur Informationsgesellschaft. In: Hansen, H./Sigrist, B./Goorhuis, H./Landolt, H. (Hrsg.): Bildung und Arbeit – Das Ende einer Differenz? Aarau: Sauerländer, S. 19–38.
Baethge, M. (2004): Entwicklungstendenzen der Beruflichkeit – Neue Befunde aus der industrie-soziologischen Forschung. In: ZBW, 100. Jg., H. 3, S. 336–347.
Baethge, M./Achtenhagen, F./Arends, L./Babic, E./Baethge-Kinsky, V. (2006): Berufsbildungs-PISA. Machbarkeitsstudie. Stuttgart: Steiner.
Baethge, M./Baethge-Kinsky, V. (1995): Ökonomie, Technik, Organisation: Zur Entwicklung von Qualifikationsstruktur und qualitativem Arbeitsvermögen. In: Arnold, R./Lipsmeier, A. (Hrsg.): Handbuch der Berufsbildung. Opladen: Leske+Budrich, S. 142-156.
Baethge, M./Schiersmann, C. (1998): Prozeßorientierte Weiterbildung – zu einem neuen Paradigma betrieblicher Kompetenzentwicklung. Kurzfassung. Göttingen: SOFI
Baethge, M./Solga, H./Wieck, M. (2007): Berufsbildung im Umbruch. Signale eines überfälligen Aufbruchs. Berlin: Friedrich-Ebert-Stiftung.
Baethge-Kinsky, V./Kupka, P. (2001): Ist die Facharbeiterausbildung noch zu retten? – Zur Vereinbarkeit subjektiver Ansprüche und betrieblicher Bedingungen in der Industrie. In: Bolder, A./Heinz, W.R./Kutscha, G. (Hrsg.): Deregulierung der Arbeit – Pluralisierung der Bildung? (= Jahrbuch Bildung und Arbeit 1999/2000). Opladen: Leske+Budrich, S. 166–182.
Baitsch, C. (1998): Lernen im Prozeß der Arbeit – zum Stand der internationalen Forschung. In: QUEM (Hrsg.): Kompetenzentwicklung '98: Forschungsstand und Forschungsperspektiven. Münster: Waxmann, S. 269–337.
Barnett, R. (1999[3]): The Limits of Competence. Knowledge, Higher Education and Society. Buckingham: Society for Research into Higher Education.
Barz, H./Tippelt, R. (Hrsg.) (2004a): Weiterbildung und soziale Milieus in Deutschland, 1: Praxishandbuch Milieumarketing. Bielefeld: Bertelsmann
Barz, H./Tippelt, R. (Hrsg.) (2004b): Weiterbildung und soziale Milieus in Deutschland, 2: Adressaten- und Milieuforschung zu Weiterbildungsverhalten und -interessen. Bielefeld: Bertelsmann.
Bauer, U. (2006): Dominoeffekte sozialwissenschaftlicher Fehldiagnose. Oder: Individualisiert sozialisiert in der postmodernen Wissensgesellschaft. In: Bittlingmayer, U./Bauer, U. (Hrsg.): Die „Wissensgesellschaft". Mythos, Ideologie oder Realität? Wiesbaden: VS Verlag, S. 223–250.
Bayer, M./Dobischat, R./Kohsiek, R. (Hrsg.) (1998): Die Zukunft der AFG/ARFG-geförderten beruflichen Weiterbildung. Vom Arbeitsförderungsgesetz zum Sozialgesetzbuch III (= Berufliche Bildung und Weiterbildung, 5). Frankfurt a. M.: GEW.
Beck, U. (1986): Risikogesellschaft. Auf dem Weg in eine andere Moderne. Frankfurt a. M.: Suhrkamp.
Beck, U./Brater, M./Daheim, H. (1980): Soziologie der Arbeit und der Berufe. Grundlagen, Problemfelder, Forschungsergebnisse. Reinbek: Rowohlt.
Behringer, F. (1980): Berichtssystem Weiterbildungsverhalten 1979. München: Infratest.
Behringer, F. (2004): Berufswechsel als eine Form diskontinuierlicher Erwerbsbiographien: Ursachen, Häufigkeit und Folgen. In: Dies. u.a. (Hrsg.): Diskontinuierliche Erwerbsbiographien. Zur gesellschaftlichen Konstruktion und Bearbeitung eines normalen Phänomens. Baltmannsweiler: Schneider Verlag Hohengehren, S. 71–93.
Behringer, F./Bolder, A./Klein, R./Reutter, G./Seiverth, A. (Hrsg.) (2004): Diskontinuierliche Erwerbsbiographien. Zur gesellschaftlichen Konstruktion und Bearbeitung eines normalen Phänomens. Baltmannsweiler: Schneider Verlag Hohengehren.
Bell, D. (1985): Die nachindustrielle Gesellschaft. Frankfurt a. M.: Campus.
Berger, P.L./Luckmann, T. (1969): Die gesellschaftliche Konstruktion der Wirklichkeit. Eine Theorie der Wissenssoziologie. Frankfurt a. M.: Fischer.
Bergmann, B. (1998): Aufgaben-, Arbeits- und Organisationsgestaltung als Wege der Kompetenzentwicklung von Mitarbeitern in Organisationen (= Forschungsberichte des Instituts für Allgemeine Psychologie und Methoden der Psychologie, 64). Dresden: TU Dresden.
Bergmann, B. (2003): Selbstkonzept beruflicher Kompetenz. In: Erpenbeck, J./Rosenstiel, L. v. (Hrsg.): Handbuch Kompetenzmessung. Erkennen, verstehen und bewerten von Kompetenzen in der betrieblichen, pädagogischen und psychologischen Praxis. Stuttgart: Schäffer-Poeschel, S. 229–260.
Bergmann, B./Hartwig, C.-J./Uhlemann, K./Wardanjan, B. (1997): Zum Zusammenhang von Arbeitsinhalten in der Berufsbiographie und Möglichkeiten der individuellen Kompetenzentwicklung (= Forschungsberichte des Instituts für Allgemeine Psychologie und Methoden der Psychologie, 42). Dresden: TU Dresden.

Binkley, M./Birkelbach, K./Bolder, A./Dobischat, R./Gnahs, D./Hummelsheim, S./Naevecke, S./Pehl, K. (2004): Establishing an Empirical Base for Adult Competency and Lifelong Learning (Contribution to the 2nd PIAAC Meeting in Stockholm, November 2004), Duisburg: Universität Duisburg-Essen.

Birkelbach, K. (2007): Schule als Notlösung. Die Entwicklung der Entscheidung zwischen einer Berufsausbildung und einem weiteren Schulbesuch im Verlauf des letzten Schuljahres der Sekundarstufe I bei Haupt-, Real- und Gesamtschülern. In: ZBW, 103. Jg., Heft 2, S. 248–263.

Bittlingmayer, U. (2005): Die „Wissensgesellschaft" als Wille und Vorstellung. Konstanz: UVK.

Bittlingmayer, U./Bauer, U. (2006): Die „Wissensgesellschaft". Mythos, Ideologie oder Realität? Wiesbaden: VS Verlag.

Bittlingmayer, U./Bauer, U./Sahrai, D. (2008): Künstlich gesteigerte Kompetenznachfrage? Kritische Anmerkungen zum Kompetenzdiskurs. In: Bolder, A./Dobischat, R./Hendrich, W. (Hrsg.): Eigen-Sinn und Widerstand. Kritische Beiträge zum Kompetenzentwicklungsdiskurs. Wiesbaden: VS Verlag.

BMBW (= Bundesminister für Bildung und Wissenschaft) (Hrsg.) (1990): Betriebliche Weiterbildung. Forschungsstand und Forschungsperspektiven (= Studien zu Bildung und Wissenschaft, 88). Bonn: BMBW.

Bohlinger, S. (2006): Lernergebnisorientierung als Ziel beruflicher Qualifizierung? Absehbare und nicht absehbare Folgen der Einführung des Europäischen Qualifikationsrahmens. URL: www.bwpat.de, Nr. 11: http://www.bwpat.de/ausgabe11/bohlinger_bwpat11.pdf (10.06.08).

Bolder, A. (1986): Arbeitnehmerorientierte berufliche Weiterbildung im Zeichen neuer Technologien. Eine kritische Bestandsaufnahme der Ergebnisse der Weiterbildungsforschung (= Berichte des ISO, 35). Köln: ISO.

Bolder, A. (2006): Neue alte Normalitäten. Empirie und Gestaltungsbedarf durchschnittlicher Erwerbsbiographien nach dem Ende des Rheinischen Kapitalismus. In: Neuendorff, H./Ott, B. (Hrsg.): Neue Erwerbsbiografien und berufsbiografische Diskontinuität. Identitäts- und Kompetenzentwicklung in entgrenzten Arbeitsformen. Baltmannsweiler: Schneider Verlag Hohengehren, S. 64–80.

Bolder, A./Dobischat, R./Hendrich, W. (Hrsg.) (2008): Eigen-Sinn und Widerstand. Kritische Beiträge zum Kompetenzentwicklungsdiskurs. Wiesbaden: VS Verlag.

Bolder, A./Heinz, W. R./Kutscha, G. (Hrsg.) (2001): Deregulierung der Arbeit – Pluralisierung der Bildung? (= Jahrbuch Bildung und Arbeit 1999/2000). Opladen: Leske+Budrich.

Bolder, A./Heinz, W.R./Rodax, K. (Hrsg.) (1996): Die Wiederentdeckung der Ungleichheit. Aktuelle Tendenzen in Bildung für Arbeit (= Jahrbuch Bildung und Arbeit '96). Opladen: Leske+Budrich.

Bolder, A./Hendrich, W. (1997): Am Ende das widerspenstige Subjekt: Die Adressaten als Restrisiko berufsbildungspolitischer Aktion auf der Mesoebene. In: Dobischat, R./Husemann, R. (Hrsg.): Berufliche Bildung in der Region. Berlin: Ed. Sigma, S. 261–275.

Bolder, A./Hendrich, W. (2000): Fremde Bildungswelten. Alternative Strategien lebenslangen Lernens. Mit einem Geleitwort von Hansjürgen Daheim (= Studien zur Erziehungswissenschaft und Bildungsforschung, 18). Opladen: Leske+Budrich.

Bolder, A./Naevecke, St./Schulte, S. (2005): Türöffner Zeitarbeit? Kompetenz und Erwerbsverlauf in der Praxis der Leiharbeit. Wiesbaden: VS Verlag.

Bolder, A./Peusquens, D. (1985): Berufswunschumlenkung: Prozesse der Anpassung an den Arbeitsmarkt. In: ZBW, 81. Jg., H. 4, S. 406–420.

Bootz, J./Hartmann, T. (1997): Kompetenzentwicklung statt Weiterbildung? Mehr als nur neue Begriffe. In: DIE – Zeitschrift für Erwachsenenbildung, 4. Jg., H. 4, S. 22–25.

Bosch, G. (2000): Neue Lernkulturen und Arbeitnehmerinteressen. In: QUEM (Hrsg.): Kompetenzentwicklung 2000: Lernen im Wandel – Wandel durch Lernen. Münster: Waxmann, S. 227–270.

Bosch, G. (2001): Bildung und Beruflichkeit in der Dienstleistungsgesellschaft. In: Herzberg, G./Timmermann, R./Kunkel-Weber, I. (Hrsg.): Bildung schafft Zukunft. Hamburg: VSA, S. 19–45.

Bremer, H. (2004): Der Mythos vom autonom lernenden Subjekt. Zur sozialen Verortung aktueller Konzepte des Selbstlernens und der Bildungspraxis unterschiedlicher sozialer Milieus. In: Engler, St./Krais, B. (Hrsg.): Das kulturelle Kapital und die Macht der Klassenstrukturen. Sozialstrukturelle Verschiebungen und Wandlungsprozesse des Habitus. Weinheim: Juventa, S. 189–213.

Bremer, H. (2007): Soziale Milieus, Habitus und Lernen. Zur Analyse von sozialer Selektivität und Chancengleichheit in pädagogischen Handlungsfeldern am Beispiel der Erwachsenenbildung. Weinheim: Juventa.

Bronfenbrenner, U. (1976): Ökologische Sozialisationsforschung – Ein Bezugsrahmen. In: Bronfenbrenner, U. (Hrsg.): Ökologische Sozialisationsforschung. Stuttgart: Enke, S. 199–220.

Brown, P./Lauder, H. (2001): Education, Globalization and Economic Development. In: Bolder, A./Heinz, W. R./Kutscha, G. (Hrsg.): Deregulierung der Arbeit – Pluralisierung der Bildung? (= Jahrbuch Bildung und Arbeit 1999/2000). Opladen: Leske+Budrich, S. 31–53.

Büchel, F./Weisshuhn, G. (1997): Ausbildungsinadäquate Beschäftigung in Deutschland und den USA. Ein Vergleich von Struktur und Einkommenseffekten auf der Basis von Paneldaten. Bonn: BMBF.
CEDEFOP (1994): Europäische Zeitschrift für Berufsbildung 1: Kompetenz: Begriff und Fakten.
Coffield, F. (1996): The Great British Experiment. In: Bolder, A./Heinz, W. R./Rodax, K. (Hrsg.): Die Wiederentdeckung der Ungleichheit. Aktuelle Tendenzen in Bildung für Arbeit (= Jahrbuch Bildung und Arbeit '96). Opladen: Leske+Budrich, S. 51–67.
Coffield, F. (1999): Introduction: lifelong learning as a new form of social control? In: Coffield, F. (Hrsg.): Why's the beer always stronger up North? Studies of lifelong learning in Europe. Bristol: Policy Press, S. 1–12.
Corsten, M. (1998): Die Kultivierung beruflicher Handlungsstile. Einbettung, Nutzung und Gestaltung von Berufskompetenzen. Frankfurt a. M./New York: Campus.
Corsten, M. (1999): Institutionelle und biographische Konstruktion beruflicher Wirklichkeit. Vorklärung einer Theorie beruflicher Sozialisation. In: Grundmann, M. (Hrsg.): Konstruktivistische Sozialisationsforschung. Lebensweltliche Erfahrungskontexte, individuelle Handlungskompetenzen und die Konstruktion sozialer Strukturen. Frankfurt a. M.: Suhrkamp, S. 267–289.
Dehnbostel, P. (1998): Das lernende Unternehmen – eine Synthese ökonomischer und politischer Vernunft? In: BWP, 27. Jg., H. 5, S. 18–23.
Dehnbostel, P./Elsholz, U./Meister, J./Meyer-Menk, J. (Hrsg.) (2002): Vernetzte Kompetenzentwicklung. Alternative Positionen zur Weiterbildung. Berlin: edition sigma.
Dehnbostel, P./Elsholz, U./Gillen, J. (Hrsg.) (2007): Kompetenzerwerb in der Arbeit. Perspektiven arbeitnehmerorientierter Weiterbildung. Berlin: edition sigma.
Dehnbostel, P./Peters, S. (Hrsg.) (1991): Dezentrales und erfahrungsorientiertes Lernen im Betrieb. Ergebnisse der Hochschultage Berufliche Bildung '90. Alsbach: Leuchtturm-Verlag.
Deißinger, T. (1994): Das Reformkonzept der „Nationalen beruflichen Qualifikationen" – Eine Annäherung der englischen Berufsbildungspolitik an das „Berufsprinzip"? In: Bildung und Erziehung, 47. Jg., H. 3, S. 305–328.
Delcourt, J. (1999): Die neuen Zwänge zur betrieblichen Weiterbildung. In: Europäische Zeitschrift für Berufsbildung 17, S. 3–14.
Derichs-Kunstmann, K./Faulstich, P./Tippelt, R. (Hrsg.) (1997): Enttraditionalisierung der Erwachsenenbildung. Dokumentation der Jahrestagung 1996 der Kommission Erwachsenenbildung der DGfE. Beiheft zum Report Weiterbildung. Frankfurt a. M.: DIE.
DGB-Bundesvorstand (2007): Stellungnahme des Deutschen Gewerkschaftsbundes (DGB) zum Arbeitsdokument der Kommissionsdienststellen: Das Europäische Leistungspunktesystem für die Berufsbildung (ECVET) – SEK(2006) 1431. Berlin: DGB.
Diewald, M. (2004): Thesen zur zukünftigen Entwicklung neuer Formen der Erwerbsarbeit. In: Behringer, F./Bolder, A./Klein, R./Reutter, G./Seiverth, A. (Hrsg.): Diskontinuierliche Erwerbsbiographien. Zur gesellschaftlichen Konstruktion und Bearbeitung eines normalen Phänomens. Baltmannsweiler: Schneider Verlag Hohengehren, S. 332–345.
Dobischat, R./Husemann, R. (Hrsg.) (1995): Berufliche Weiterbildung als freier Markt. Regulationsanforderungen der beruflichen Weiterbildung in der Diskussion. Berlin: edition sigma.
Dobischat, R./Seifert, H./Ahlene, E. (2003): Betrieblich-berufliche Weiterbildung von Geringqualifizierten. Ein Politikfeld mit wachsendem Handlungs- und Gestaltungsbedarf. In: Ders. (Hrsg.): Integration von Arbeiten und Lernen. Erfahrungen aus der Praxis des lebenslangen Lernens. Berlin: edition sigma, S. 131–147.
Drexel, I. (1997): Die bilans de compétences – ein neues Instrument der Arbeits- und Bildungspolitik in Frankreich. In: QUEM (Hrsg.): Kompetenzentwicklung '97: Berufliche Weiterbildung in der Transformation – Fakten und Visionen. Münster: Waxmann, S. 197–249.
Drexel, I. (2005): Das Duale System und Europa. Ein Gutachten im Auftrag von ver.di und IG Metall. Berlin: ver.di.
Drexel, I. (2008): Neue Konzepte des Lernens im und für den Betrieb – Berufsbildungsforschung und bildungspolitische Wende. In: Bolder, A./Dobischat, R./Hendrich, W. (Hrsg.): Eigen-Sinn und Widerstand. Kritische Beiträge zum Kompetenzentwicklungsdiskurs. Wiesbaden: VS Verlag.
Edelstein, W. (1999): Soziale Selektion, Sozialisation und individuelle Entwicklung. Zehn Thesen zur sozialkonstruktivistischen Rekonstitution der Sozialisationsforschung. In: Grundmann, M. (Hrsg.): Konstruktivistische Sozialisationsforschung. Lebensweltliche Erfahrungskontexte, individuelle Handlungskompetenzen und die Konstruktion sozialer Strukturen. Frankfurt a. M.: Suhrkamp, S. 35-52.
Endres, G.L. (2008): Berufsbildungs-PISA für Europa: Vergleichen was nicht vergleichbar ist? In: denk-doch-mal.de, Netzwerk Gesellschaftsethik e.V. URL: http://www.denk-doch-mal.de/dynasite.cfm? dsmid=85268. (29.02.2008)
Erler, W./Gerzer-Saß, A./Nußhart, Ch./Saß, J. (2003): Die Kompetenzbilanz – Ein Instrument zur Selbsteinschätzung und beruflichen Entwicklung. In: Erpenbeck, J./Rosenstiel, L. v. (Hrsg.): Handbuch Kompetenzmessung. Erken-

nen, verstehen und bewerten von Kompetenzen in der betrieblichen, pädagogischen und psychologischen Praxis. Stuttgart: Schäffer-Poeschel, S. 339–352.

Erpenbeck, J. (1997): Selbstgesteuertes, selbstorganisiertes Lernen. In: QUEM (Hrsg.): Kompetenzentwicklung '97: Berufliche Weiterbildung in der Transformation – Fakten und Visionen. Münster: Waxmann, S. 309–316.

Erpenbeck, J. (2004): Kompetenzmessung und Kompetenzbilanzierung – Chancen kompetenzbasierter Nichtimitierbarkeit. Vortrag auf dem Kongress „Zukunft bietet Chancen – Kompetenzen öffnen Wege" des „Zukunftzentrum Tirol" am 01./02.10.2004 in Innsbruck.

Erpenbeck, J./Heyse, V. (1999): Die Kompetenzbiographie. Strategien der Entwicklung durch selbstorganisiertes Lernen und multimediale Kommunikation (= edition QUEM, 10). Münster: Waxmann.

Erpenbeck, J./Rosenstiel, L. v. (2003): Handbuch Kompetenzmessung. Erkennen, verstehen und bewerten von Kompetenzen in der betrieblichen, pädagogischen und psychologischen Praxis. Stuttgart: Schäffer-Poeschel.

Erpenbeck, J./Sauer, J. (2000): Das Forschungs- und Entwicklungsprogramm „Lernkultur Kompetenzentwicklung". In: QUEM (Hrsg.): Kompetenzentwicklung 2000: Lernen im Wandel – Wandel durch Lernen. Münster: Waxmann, S. 289–335.

Erpenbeck, J./Weinberg, J. (1993): Menschenbild und Menschenbildung. Bildungstheoretische Konsequenzen der unterschiedlichen Menschenbilder in der ehemaligen DDR und der heutigen Bundesrepublik (= edition QUEM, 1). Münster: Waxmann.

Euler, D./Severing, E. (2006): Flexible Ausbildungswege in der Berufsbildung. Nürnberg: Typoskript.

Ewers, E./Hoff, E.H./Schraps, U. (2004): Neue Formen arbeitszentrierter Lebensgestaltung von Mitarbeitern und Gründern kleiner IT-Unternehmen (= Berichte aus dem Bereich Arbeits-, Berufs- und Organisationspsychologie an der FU Berlin, 25). Berlin: FU Berlin.

Faulstich, P. (1997): Kompetenzentwicklung. Begriffs- und Erfassungsprobleme. In: GdWZ, 8. Jg., H. 5, S. 229–231.

Faulstich, P. (1999): Kompetenzentwicklung und Erfolgsqualität. Qualitätssicherung in der beruflichen Erwachsenenbildung. In: Bildung und Erziehung, 52. Jg., H. 2, S. 157–172.

Faulstich, P./Bayer, M. (Hrsg.) (2006): Lernwiderstände. Anlässe für Vermittlung und Beratung. Hamburg: VSA.

Faulstich, P./Gnahs, D./Sauter, E. (2004): Systemqualität in der beruflichen Weiterbildung. Fragestellungen, Konsequenzen und Alternativen nach Hartz (Diskussionspapier des Gesprächskreises Arbeit und Soziales der Friedrich-Ebert-Stiftung). Bonn: Friedrich-Ebert-Stiftung.

Feuerstein, Th. (1973): Emanzipation und Rationalität einer kritischen Erziehungswissenschaft. Methodologische Grundlagen im Anschluß an Habermas. München: Kösel.

Feuerstein, Th. (1979): Kompetenzentwicklung und berufliche Sozialisation. In: Griese, H. (Hrsg.): Sozialisation im Erwachsenenalter. Ein Reader zur Einführung in ihre theoretischen und empirischen Grundlagen. Weinheim: Beltz, S. 165–178.

Fourastié, J. (1954): Die große Hoffnung des 20. Jahrhunderts. Köln: Bund-Verlag.

Frei, F. (1985): Kompetenzentwicklung in der Arbeit. In: Hoff, E.-H./Lappe, L./Lempert, W. (Hrsg.): Arbeitsbiographie und Persönlichkeitsentwicklung (= Schriften zur Arbeitspsychologie, 40). Bern: Huber, S. 88–98.

Fricke, W. (2008): Innovatorische Qualifikationen. Ihre Entfaltung und Anwendung im Prozess des Lernens und Handelns in Arbeitssituationen. In: Bolder, A./Dobischat, R./Hendrich, W. (Hrsg.): Eigen-Sinn und Widerstand. Kritische Beiträge zum Kompetenzentwicklungsdiskurs. Wiesbaden: VS Verlag.

Fricke, E./Fricke, W./Schönwälder, M. (1981): Qualifikation und Beteiligung. Das „Peiner Modell". Frankfurt a. M.: Campus.

Friedrichs, J./Lepsius, M.R./Mayer, K.U. (Hrsg.) (1998): Die Diagnosefähigkeit der Soziologie (= Kölner Zeitschrift für Soziologie und Sozialpsychologie, Sonderheft 38). Opladen: Leske+Budrich.

Geißler, K.A. (1974): Berufserziehung und kritische Kompetenz. München: Reinhardt.

Geißler, K.A. (1991): Das duale System der industriellen Berufausbildung hat keine Zukunft. In: Leviathan, 19. Jg., H. 1, S. 68–77.

Geißler, K.A./Orthey, F.M. (2002): Kompetenz: Ein Begriff für das verwertbare Ungefähre. In: Nuissl, E./Schiersmann, C./Siebert, H. (Hrsg.): Literatur- und Forschungsreport Weiterbildung, Nr. 49. Bonn: DIE, S. 69–79.

Geißler, K.A./Schmidt, H. (1996): Ungleiche Ausbildung? Diskussion zum System der Berufsausbildung in Deutschland. In: Bolder, A./Heinz, W.R./Rodax, K. (Hrsg.): Die Wiederentdeckung der Ungleichheit. Aktuelle Tendenzen in Bildung für Arbeit (= Jahrbuch Bildung und Arbeit '96). Opladen: Leske+Budrich, S. 288–311.

Gillen, J. (2007): Von der Kompetenzanalyse zur Kompetenzentwicklung. Konzeptionelle Merkmale zur Kompetenzförderlichkeit. In: Dehnbostel, P./Elsholz, U./Gillen, J. (Hrsg.): Kompetenzerwerb in der Arbeit. Perspektiven arbeitnehmerorientierter Weiterbildung. Berlin: edition sigma, S. 149–162.

Gillen, J./Dehnbostel, P./Liederkamp, R./Skroblin, J.P. (2007): Arbeitnehmerorientiertes Coaching. Konzeptionelle Begründung für die Begleitung und Beratung beruflicher Entwicklungen aus gewerkschaftlicher Perspektive. In:

Dehnbostel P./Elsholz, U./Gillen, J. (Hrsg.): Kompetenzerwerb in der Arbeit. Perspektiven arbeitnehmerorientierter Weiterbildung. Berlin: edition sigma, S. 95–109.

Gnahs, D. (2007): Kompetenzmessung bei Erwachsenen – Zum Stand von PIAAC. In: Grotlüschen, A./Linde, A. (Hrsg.): Literalität, Grundbildung oder Lesekompetenz. Beiträge zu einer Theorie-Praxis-Diskussion. Münster: Waxmann, S. 25–30.

Gonon, Ph. (2005): Die Modularisierung der beruflichen Bildung – Motivlagen und Umsetzungen. In: Niemeyer, B. (Hrsg.): Neue Lernkulturen in Europa? Prozesse, Positionen, Perspektiven. Wiesbaden: VS Verlag, S. 61–76.

Grootings, P. (1994): Von Qualifikation zu Kompetenz: Wovon reden wir eigentlich? In: CEDEFOP, S. 5–8.

Grundmann, M. (Hrsg.) (1999): Konstruktivistische Sozialisationsforschung. Lebensweltliche Erfahrungskontexte, individuelle Handlungskompetenzen und die Konstruktion sozialer Strukturen. Frankfurt a. M.: Suhrkamp.

Habermas, J. (1973): Stichworte zu einer Theorie der Sozialisation 1968. In: Habermas, J.: Kultur und Kritik. Verstreute Aufsätze. Frankfurt a. M.: Suhrkamp, S. 118-194.

Hacker, W. (1973): Allgemeine Arbeits- und Ingenieurspsychologie. Psychische Struktur und Regulation von Arbeitstätigkeiten. Berlin: Deutscher Verlag der Wissenschaften.

Hall, A./Jansen, R./Ulrich, J. G. (2004): Berufliche Diskontinuitäten bei Erwerbstätigen. Ergebnisse der BIBB-/IAB-Erhebungen. In: Behringer, F./Bolder, A./Klein, R./ Reutter, G./Seiverth, A. (Hrsg.) (2004): Diskontinuierliche Erwerbsbiographien. Zur gesellschaftlichen Konstruktion und Bearbeitung eines normalen Phänomens. Baltmannsweiler: Schneider Verlag Hohengehren, S. 94–105.

Hanf, G./Rein, V. (2007): Auf dem Weg zu einem Nationalen Qualifikationsrahmen. Überlegungen aus der Perspektive der Berufsbildung. Bonn: Bundesinstitut für Berufsbildung. URL: www.bibb.de/de/25722.htm (10.06.08).

Hansen, H./Sigrist, B./Goorhuis, H./Landolt, H. (Hrsg.) (1999): Bildung und Arbeit – Das Ende einer Differenz? Aarau: Sauerländer.

Heid, H. (1995): Werte und Normen in der Berufsbildung. In: Arnold, R./Lipsmeier, A. (Hrsg.): Handbuch der Berufsbildung. Opladen: Leske+Budrich, S. 29–38.

Heid, H./Lempert, W. (Hrsg.) (1982): Sozialisation durch den heimlichen Lehrplan des Betriebs (= ZBW, Beihefte, 3). Stuttgart: Steiner.

Heidemann, W. (2007): EQF und ECVET. Meilenstein zur Verwirklichung Lebenslangen Lernens oder Zerstörung deutscher Beruflichkeit? In: Dehnbostel, P./Elsholz, U./Gillen, J. (Hrsg.): Kompetenzerwerb in der Arbeit. Perspektiven arbeitnehmerorientierter Weiterbildung. Berlin: edition sigma, S. 263–277.

Heinz, W.R. (1980): Berufliche Sozialisation. In: Hurrelmann, K./Ulich, W. (Hrsg.): Handbuch der Sozialisationsforschung. Weinheim: Beltz, S. 499–519.

Heinz, W.R. (1988): Selbstsozialisation und Arbeitsmarkt. Jugendliche zwischen Modernisierungsversprechen und Beschäftigungsrisiken. In: Das Argument. Zeitschrift für Philosophie und Sozialwissenschaften 168, S. 198–207.

Heinz, W. R. (1995): Arbeit, Beruf und Lebenslauf. Eine Einführung in die berufliche Sozialisation. Weinheim: Juventa.

Heinz, W. R./Krüger, H./Rettke, U. (1985): „Hauptsache eine Lehrstelle". Jugendliche vor den Hürden des Arbeitsmarkts. Weinheim: Deutscher Studienverlag.

Hendrich, W. (2000): Betriebliche Kompetenzentwicklung oder Lebenskompetenz? In: Harteis, C./Heid, H./Kraft, S. (Hrsg.): Kompendium Weiterbildung. Aspekte und Perspektiven betrieblicher Personal- und Organisationsentwicklung. Opladen: Leske+Budrich, S. 33–43.

Heyse, V./Erpenbeck, J. (1997): Der Sprung über die Kompetenzbarriere. Kommunikation, selbstorganisiertes Lernen und Kompetenzentwicklung von und in Unternehmen. Bielefeld: Bertelsmann.

Hoff, E.-H. (1981): Sozialisation als Entwicklung der Beziehungen zwischen Person und Umwelt. In: Zeitschrift für Sozialisationsforschung und Erziehungssoziologie, 1. Jg., H. 1, S. 91–117.

Hoff, E.-H. (1985): Berufliche Sozialisation. Zur Verbindung soziologischer und psychologischer Forschung. In: Hoff, E-H./Lappe, L./Lempert, W. (Hrsg.): Arbeitsbiographie und Persönlichkeitsentwicklung (= Schriften zur Arbeitspsychologie, 40). Bern: Huber, S. 15–40.

Hoff, E.-H./Ewers, E./Petersen, O./Schraps, U. (2006): Neue Formen der Arbeits- und Lebensgestaltung. Biographisches Handeln, reflexive Identität und Konfliktbewältigung. In: Neuendorff, H./Ott, B. (Hrsg.): Neue Erwerbsbiografien und berufsbiografische Diskontinuität. Identitäts- und Kompetenzentwicklung in entgrenzten Arbeitsformen. Baltmannsweiler: Schneider Verlag Hohengehren, S. 24-51.

Hoff, E.-H./Lappe, L./Lempert, W. (1982): Sozialisationstheoretische Überlegungen zur Analyse von Arbeit, Betrieb und Beruf. In: Soziale Welt, 33. Jg., H. 3/4, S. 508–536.

Hoff, E.-H./Lappe, L./Lempert, W. (Hrsg.) (1985): Arbeitsbiographie und Persönlichkeitsentwicklung (= Schriften zur Arbeitspsychologie, 40). Bern: Huber.

Hoff, E.-H./Lempert, W./Lappe, L. (1991): Persönlichkeitsentwicklung in Facharbeiterbiographien. Bern: Huber.

Hoffmann, E./Walwei, U. (1998): Normalarbeitsverhältnis: ein Auslaufmodell? Überlegungen zu einem Erklärungsmodell für den Wandel der Beschäftigungsformen. In: MittAB, 31, S. 409–425.
Hoffmann, E./Walwei, U. (2000): Strukturwandel der Erwerbstätigkeit. Was ist eigentlich noch „normal"? (= IAB-Kurzbericht Nr. 14/2000). Nürnberg: IAB.
Hohner, H.-U./Hoff, E.-H. (2008): Berufliche Entwicklung und Laufbahnberatung. In: Petermann, F./Schneider, W. (Hrsg.): Enzyklopädie der Psychologie, Themenbereich C: Theorie und Forschung, Serie V: Entwicklungspsychologie, 7: Angewandte Entwicklungspsychologie. Göttingen: Hogrefe, S. 827–857.
Holzer, D. (2004): Widerstand gegen Weiterbildung. Weiterbildungsabstinenz und die Forderung nach lebenslangem Lernen. Wien: Lit.
IG Metall (2007): Unser Projekt Europäische Kernberufe. Leitlinien der IG Metall für die Gestaltung von Berufen. Frankfurt a. M.: IG Metall.
Kade, S. (1997): Denken kann jeder selber – Das Ethos selbstbestimmten Lernens. In: Nuissl, E./Schiersmann, C./Siebert, H. (Hrsg.): Pluralisierung des Lehrens und Lernens. Bad Heilbrunn: Klinkhardt, S. 82–91.
Käpplinger, B./Reutter, G. (2005a): Förderliche und hemmende Faktoren bei der Etablierung von Kompetenzbilanzierungen. In: QUEM (= Arbeitsgemeinschaft Betriebliche Weiterbildungsforschung/Projekt Qualifikations-Entwicklungs-Management) (Hrsg.): Kompetenzdokumentationen für informell erworbene berufsrelevante Kompetenzen. Berlin: ABWF, S. 119–152.
Käpplinger, B./Reutter, G. (2005b): Wege in die Kompetenzerfassung – Begründungen und Entwicklungssträngen. In: QUEM (Hrsg.) (2005): Kompetenzdokumentationen für informell erworbene berufsrelevante Kompetenzen. Berlin: ABWF, S. 8–17.
Kell, A. (1997): Jahrbuch Bildung und Arbeit '96: Die Wiederentdeckung der Ungleichheit. Strukturierungsvorschläge und Entwicklungsthesen. In: Meier, A./Rabe-Kleberg, U./Rodax, K. (Hrsg.): Transformation und Tradition in Ost und West (= Jahrbuch Bildung und Arbeit '97). Opladen: Leske+Budrich, S. 340–351.
Keller, B./Seifert, H. (2007): Atypische Beschäftigung – Flexibilisierung und soziale Risiken. Berlin: edition sigma.
Klein, R./Reutter, G. (Hrsg.) (2005): Die Lernberatungskonzeption. Grundlagen und Praxis. Baltmannsweiler: Schneider Verlag Hohengehren.
Klein, R./Alke, M. (2008): Lernberatung und Kompetenzentwicklung:„Ich hatte immer eine Vision im Kopf, wie Lernen stattfinden müsste …". In: Bolder, A./Dobischat, R./Hendrich, W. (Hrsg.): Eigen-Sinn und Widerstand. Kritische Beiträge zum Kompetenzentwicklungsdiskurs. Wiesbaden: VS Verlag.
Konsortium Bildungsberichterstattung (Hrsg.) (2006): Bildung in Deutschland. Ein indikatorengestützter Bericht mit einer Analyse zu Bildung und Migration. Bielefeld: Bertelsmann.
Kraus, K. (2007): Beruflichkeit, Employability und Kompetenz. Konzepte erwerbsbezogener Pädagogik in der Diskussion. In: Dehnbostel, P./Elsholz, U./Gillen, J. (Hrsg.): Kompetenzerwerb in der Arbeit. Perspektiven arbeitnehmerorientierter Weiterbildung. Berlin: edition sigma, S. 235–248.
Krüger, H. (1993): Bilanz des Lebenslaufs. Zwischen sozialer Strukturiertheit und biographischer Selbstdeutung. In: Soziale Welt, 44. Jg., H. 3, S. 375–391.
Kuda, E./Strauß, J. (2008): Der Europäische Qualifikationsrahmen. Chancen oder Risiken für Arbeitnehmer und ihre berufliche Bildung? In: WSI-Mitteilungen, 59. Jg., H. 11, S. 630–637.
Kuratorium (= Kuratorium der Arbeitsgemeinschaft Qualifikations-Entwicklungs-Management) (1996): Von der beruflichen Weiterbildung zur Kompetenzentwicklung. Lehren aus dem Transformationsprozeß. Memorandum. In: QUEM (Hrsg.): Kompetenzentwicklung '96: Strukturwandel und Trends in der betrieblichen Weiterbildung. Münster: Waxmann, S. 399–462.
Kutscha, G. (1992): „Entberuflichung" und „Neue Beruflichkeit". In: ZBW, 88. Jg., H. 7, S. 535–548.
Kutscha, G. (1998): Ausbildungsordnungen unter dem Einfluß der Internationalisierung und Pluralisierung von Industrienormen. In: Arbeitsgemeinschaft Berufsbildungsforschungsnetz/Euler, D. (Hrsg.): Berufliches Lernen im Wandel – Konsequenzen für die Lernorte. Dokumentation des 3. Forums Berufsbildungsforschung 1997 an der Friedrich-Alexander-Universität Erlangen-Nürnberg, S. 265–284.
Kuwan, H./Gnahs, D./Kretschmer, I./Seidel, S. (1996): Berichtssystem Weiterbildung VI. Integrierter Gesamtbericht zur Weiterbildungssituation in Deutschland. Bonn: BMBF.
Kuwan, H./Bilger, F./Gnahs, D./Seidel, S. (2006): Berichtssystem Weiterbildung IX. Integrierter Gesamtbericht zur Weiterbildungssituation in Deutschland. Bonn: BMBF.
Lazarsfeld, P. F. (1931): Die Ergebnisse und die Aussichten der Untersuchungen über Jugend und Beruf. In: Ders. (Hrsg.): Jugend und Beruf. Kritik und Material. Jena: Fischer.
Lempert, W. (1998): Berufliche Sozialisation oder Was Berufe aus Menschen machen. Eine Einführung (= Grundlagen der Berufs- und Erwachsenenbildung, 16). Baltmannsweiler: Schneider Verlag Hohengehren.
Lempert, W. (2003): Lernen und Arbeiten, Theorie und Praxis, Ausführen und Führen im Berufsverlauf. Autobiographische Erfahrungen, wissenschaftsbiographische Akzentsetzungen und sozialisationstheoretische Argumente zur

lerneffizienten Koordination und Integration traditionell getrennter Prozesse in beruflichen Biographien. In: Bolder, A./Witzel, A. (Hrsg.): Berufsbiographien. Beiträge zu Theorie und Empirie ihrer Bedingungen, Genese und Gestaltung. Opladen: Leske+Budrich, S. 60-78.

Lisop, I. (1998): Bildung und/oder Qualifikation bei modernen Produktionskonzepten? Über einige theoretische Ungereimtheiten und falsche Entgegensetzungen. In: Markert, W. (Hrsg.): Berufs- und Erwachsenenbildung zwischen Markt und Subjektbildung (= Grundlagen der Berufs- und Erwachsenenbildung, 15). Baltmannsweiler: Schneider Verlag Hohengehren, S. 33-53.

Lisop, I. (1999): Bildungsansprüche und Bildungsbedarfe – Zur Ausformulierung von Gesellschaftlichkeit als Existenzbasis pädagogischer Professionalität. In: Arnold, R./Gieseke, W. (Hrsg.): Die Weiterbildungsgesellschaft, 1: Bildungstheoretische Grundlagen und Analysen. Neuwied: Luchterhand, S. 15-31.

Marsden, D. (1994): Industrieller Wandel, „Kompetenzen" und Arbeitsmärkte. In: CEDEFOP, Europäische Zeitschrift für Berufsbildung, 1, S. 16–24.

Mayer, K.U. (Hrsg.) (1990): Lebensverläufe und sozialer Wandel. (= Kölner Zeitschrift für Soziologie und Sozialpsychologie, Sonderheft 31). Opladen: Leske+Budrich.

McKenzie, Ph./Wurzburg, G. (1997): Lifelong Learning and Employability. In: The OECD Observer, 209, Dez. 1997/ Jan. 1998, S. 13–17.

Meier, A./Rabe-Kleberg, U. (Hrsg.) (1993): Weiterbildung, Lebenslauf, sozialer Wandel. Neuwied: Luchterhand.

Meier, A./Rabe-Kleberg, U./Rodax, K. (Hrsg.) (1997): Transformation und Tradition in Ost und West. Jahrbuch Bildung und Arbeit '97. Opladen: Leske+Budrich.

Mertens, D. (1974): Schlüsselqualifikationen. Thesen zur Schulung für eine moderne Gesellschaft. In: MittAB, 7. Jg., H. 1, S. 36–43.

Meyer, R. (2004): Entwicklungstendenzen der Beruflichkeit. Koreferat zu Martin Baethge auf dem 14. Kongress der DGfE am 23.3.2004 in Zürich. In: ZBW, 100. Jg., H. 3, S. 348–354.

Meyer, R. (2006): Bildungsstandards im Berufsbildungssystem. Ihre Relevanz für das berufliche Lernen zwischen Anspruch und Wirklichkeit. In: ZBW, 102. Jg., H. 1, S. 49–63.

Möding, N./Stickel, M. (2003): Schweizerisches Qualifikationshandbuch. Portfolios für Jugendliche und Erwachsene zur Weiterentwicklung in Ausbildung und Beruf. In: Erpenbeck, J./Rosenstiel, L. v. (Hrsg.): Handbuch Kompetenzmessung. Erkennen, verstehen und bewerten von Kompetenzen in der betrieblichen, pädagogischen und psychologischen Praxis. Stuttgart: Schäffer-Poeschel, S. 556–562.

Mussel, P. (2003): Persönlichkeitsinventar zur Integritätsabschätzung (PIA). In: Erpenbeck, J./Rosenstiel, L. v. (Hrsg.): Handbuch Kompetenzmessung. Erkennen, verstehen und bewerten von Kompetenzen in der betrieblichen, pädagogischen und psychologischen Praxis. Stuttgart: Schäffer-Poeschel, S. 3–18.

Neuendorff, H./Ott, B. (Hrsg.) (2006): Neue Erwerbsbiografien und berufsbiografische Diskontinuität. Identitäts- und Kompetenzentwicklung in entgrenzten Arbeitsformen. Baltmannsweiler: Schneider Verlag Hohengehren.

Nuissl, E./Schiersmann, C./Siebert, H. (Hrsg.) (2002): Literatur- und Forschungsreport Weiterbildung, Nr. 49. Bonn: DIE.

Osterland, M. (1990): „Normalbiographie" und „Normalarbeitsverhältnis". In: Berger, P. A./Hradil, S. (Hrsg.): Lebenslagen, Lebensläufe, Lebensstile. (= Soziale Welt, Sonderband 7). Göttingen: Otto Schwartz, S. 351–362.

Parkes, D. (1994): „Kompetenz" und Umfeld. Ein kurzer Blick auf die Situation in Großbritannien. In: CEDEFOP, Europäische Zeitschrift für Berufsbildung, S. 25–32.

Pensé, M. (2004): Profiling – Täterprofil oder Integrationshilfe? In: Behringer, F./Bolder, A./Klein, R./Reutter, G./Seiverth, A. (Hrsg.): Diskontinuierliche Erwerbsbiographien. Zur gesellschaftlichen Konstruktion und Bearbeitung eines normalen Phänomens. Baltmannsweiler: Schneider Verlag Hohengehren, S. 284–294.

QCA (= Qualifications and Curriculum Authority) (2004): NVQs. URL: www.qca.org.uk/14-19/qualifications/_nvqs.htm (13.06.08).

QUEM (= Arbeitsgemeinschaft Betriebliche Weiterbildungsforschung/Projekt Qualifikations-Entwicklungs-Management) (Hrsg.) (1996): Kompetenzentwicklung '96: Strukturwandel und Trends in der betrieblichen Weiterbildung. Münster: Waxmann.

QUEM (Hrsg.) (1997): Kompetenzentwicklung '97: Berufliche Weiterbildung in der Transformation – Fakten und Visionen. Münster: Waxmann.

QUEM (Hrsg.) (1998a): Kompetenzentwicklung '98: Forschungsstand und Forschungsperspektiven. Münster: Waxmann.

QUEM (Hrsg.) (1998b): Kompetenzentwicklung für den wirtschaftlichen Wandel. Erste Zwischenbilanz zum Forschungs- und Entwicklungsprogramm (= QUEM report. Schriften zur beruflichen Weiterbildung, 55). Berlin: Arbeitsgemeinschaft QUEM.

QUEM (Hrsg.) (1999): Kompetenzentwicklung '99: Aspekte einer neuen Lernkultur. Argumente, Erfahrungen, Konsequenzen. Münster: Waxmann.

QUEM (Hrsg.) (2000): Kompetenzentwicklung 2000: Lernen im Wandel – Wandel durch Lernen. Münster: Waxmann.
QUEM (Hrsg.) (2006): Kompetenzentwicklung 2006: Das Forschungs- und Entwicklungsprogramm „Lernkultur Kompetenzentwicklung". Ergebnisse – Erfahrungen – Einsichten. Münster: Waxmann.
Rauner, F. (2001): Offene dynamische Beruflichkeit – Zur Überwindung einer fragmentierten industriellen Berufstradition. In: Bolder, A./Heinz, W.R./Kutscha, G. (Hrsg.): Deregulierung der Arbeit – Pluralisierung der Bildung? (= Jahrbuch Bildung und Arbeit 1999/2000). Opladen: Leske + Budrich, S. 183–203.
Reinberg, A./Hummel, M. (2007): Schwierige Fortschreibung. Der Trend bleibt – Geringqualifizierte sind häufiger arbeitslos (= IAB-Kurzbericht 18/2007). Nürnberg: IAB.
Reuling, J. (2001): Flexibilisierung des Angebots und des Erwerbs beruflicher Qualifikationen – Ein Blick nach England und den Niederlanden. In: Bolder, A./Heinz, W.R./Kutscha, G. (Hrsg.): Deregulierung der Arbeit – Pluralisierung der Bildung? (= Jahrbuch Bildung und Arbeit 1999/2000). Opladen: Leske+Budrich, S. 236–248.
Reuther, U./Leuschner, H. (1998): Programm-Management. Anforderungen an das Management eines Programms mit offenen Dimensionen und unterschiedlichen Partnern. In: QUEM (Hrsg.): Kompetenzentwicklung für den wirtschaftlichen Wandel. Erste Zwischenbilanz zum Forschungs- und Entwicklungsprogramm (= QUEM report. Schriften zur beruflichen Weiterbildung, 55). Berlin: Arbeitsgemeinschaft QUEM, S. 7–26.
Reutter, G. (2008): Qualifikationen vermitteln – Schlüsselqualifikationen fördern – Kompetenzen erfassen und messen? Eine Zeitreise. In: Bolder, A./Dobischat, R./Hendrich, W. (Hrsg.): Eigen-Sinn und Widerstand. Kritische Beiträge zum Kompetenzentwicklungsdiskurs. Wiesbaden: VS Verlag.
Rosenbladt, B. v./Kuwan, H. (1998): Themenfeld Weiterbildung: Die Notwendigkeit integrierter Analyseansätze. In: Institut für Sozialwissenschaftliche Forschung (Hrsg.): Jahrbuch sozialwissenschaftliche Technikberichterstattung, Sonderband Beobachtungsfeld Arbeit. Berlin: edition sigma, S. 37–40.
Rudolph, H. (2004): Profiling in der Arbeitsvermittlung. In: Behringer, F./Bolder, A./Klein, R./Reutter, G./Seiverth, A. (Hrsg.): Diskontinuierliche Erwerbsbiographien. Zur gesellschaftlichen Konstruktion und Bearbeitung eines normalen Phänomens. Baltmannsweiler: Schneider Verlag Hohengehren, S. 271-283.
Sackmann, R: (2001): Regulierung, Deregulierung oder regulierte Flexibilisierung der Arbeitsmärkte? Folgen alternativer Optionen von Exklusionsproblemen. In: Bolder, A./Heinz, W. R./Kutscha, G. (Hrsg.): Deregulierung der Arbeit – Pluralisierung der Bildung? (= Jahrbuch Bildung und Arbeit 1999/2000). Opladen: Leske+Budrich, S. 54–72.
Sauer, J. (1997): Selbstorganisiertes Lernen – ein notwendiger Paradigmenwechsel zur Kompetenzentwicklung. In: Derichs-Kunstmann, K./Faulstich, P./Tippelt, R. (Hrsg.): Enttraditionalisierung der Erwachsenenbildung. Dokumentation der Jahrestagung 1996 der Kommission Erwachsenenbildung der DGfE. Beiheft zum Report Weiterbildung. Frankfurt a. M.: DIE, S. 25–29.
Sauer, J. (1999): Die Weiterbildungspolitik des Bundes bis 1998. In: Arnold, R./Gieseke, W. (Hrsg.): Die Weiterbildungsgesellschaft, 2: Bildungspolitische Konsequenzen. Neuwied: Luchterhand, S. 177–194.
Sauer, J. (2002): Das Forschungs- und Entwicklungsprogramm „Lernkultur Kompetenzentwicklung": Entstehung – Ziele – Inhalte. In: Dehnbostel P./Elsholz, U./Meister, J./Meyer-Menk, J. (Hrsg.): Vernetzte Kompetenzentwicklung. Alternative Positionen zur Weiterbildung. Berlin: edition sigma, S. 45–63.
Sauer J. (2005): Weiterbildungspolitische Bilanz der 15. Legislaturperiode der Bundesregierung (Manuskript). Ohne Ort.
Schaeper, H./Kühn, T./Witzel, A. (2000): Diskontinuierliche Erwerbskarrieren und Berufswahl in den 1990ern. Strukturmuster und biografische Umgangsweisen betrieblich ausgebildeter Fachkräfte. In: MittAB, 33. Jg., H. 1, S. 80–100.
Schavan, A. (2007): „Wir brauchen Berufsbildungs-PISA in Europa". Pressemeldung des Bundesministeriums für Bildung und Forschung vom 04.06.2007.
Schmid, G. (2002): Wege in eine neue Vollbeschäftigung. Übergangsarbeitsmärkte und aktivierende Arbeitsmarktpolitk. Frankfurt a. M.: Campus.
Schnur, P./Zika, G. (2007): Arbeitskräftebedarf bis 2025. Die Grenzen der Expansion (= IAB-Kurzbericht 26/2007). Nürnberg: IAB.
Schraps, U./Hoff, E.-H. (2007): Dynamik der beruflichen und privaten Lebensgestaltung von Frauen und Männern im IT-Bereich. Ergebnisse einer qualitativen Längsschnittstudie. Manuskript. Berlin: FU Berlin.
Schüssler, R./Spiess, K./Wendland, D./Kukuk, M. (1999): Quantitative Projektion des Qualifikationsbedarfs bis 2010 (= BeitrAB 221). Nürnberg: IAB.
Schütz, A. (1974): Der sinnhafte Aufbau der sozialen Welt. Eine Einleitung in die verstehende Soziologie. Frankfurt a. M.: Suhrkamp.
Steedman, H. (1994): Bewertung, Zertifizierung und Anerkennung von beruflichen Fertigkeiten und Kompetenzen. In: CEDEFOP, Europäische Zeitschrift für Berufsbildung, S. 40–48.

Thömmes, J. (2003): Bilan de compétence. In: Erpenbeck, J./Rosenstiel, L. v. (Hrsg.): Handbuch Kompetenzmessung. Erkennen, verstehen und bewerten von Kompetenzen in der betrieblichen, pädagogischen und psychologischen Praxis. Stuttgart: Schäffer-Poeschel, S. 545–555.

Thomas, W.I./Thomas, D.S. (1928): The Child in America: Behavior Problems and Programs. New York, NY: Knopf.

Tippelt, R. (1995): Beruf und Lebenslauf. In: Arnold, R./Lipsmeier, A. (Hrsg.): Handbuch der Berufsbildung. Opladen: Leske+Budrich, S. 85–98.

Tippelt, R. (1997): Lebenslauf und Patchworkbiographien. In: Derichs-Kunstmann K./Faulstich, P./Tippelt, R. (Hrsg.): Enttraditionalisierung der Erwachsenenbildung. Dokumentation der Jahrestagung 1996 der Kommission Erwachsenenbildung der DGfE. Beiheft zum Report Weiterbildung. Frankfurt a. M.: DIE, S. 73–77.

Tippelt, R. (2002): Qualifizierungsoffensive oder Bildungsziele? Zur Spannung von „allgemeiner Bildung", „spezialisierender Qualifizierung", „Schlüsselqualifikationen" und Lernkompetenz. In: Nuissl E./Schiersmann, C./Siebert, H. (Hrsg.): Literatur- und Forschungsreport Weiterbildung, Nr. 49. Bonn, DIE, S. 48–57.

Tippelt, R./Reich, J./Hippel, A. v./Barz, H./Baum, D. (2008):Weiterbildung und soziale Milieus, 3: Milieumarketing implementieren. Bielefeld: Bertelsmann.

Tippelt, R./van Cleve, B. (1995): Verfehlte Bildung? Bildungsexpansion und Qualifikationsbedarf. Darmstadt: Wissenschaftliche Buchgesellschaft.

Voß, G.G. (1998): Die Entgrenzung von Arbeit und Arbeitskraft. Eine subjektorientierte Interpretation des Wandels der Arbeit. In: MittAB, 31. Jg., H. 3, S. 473–487.

Voß, G.G. (2003): Subjektivierung von Arbeit. Neue Anforderungen an Berufsorientierung und Berufsberatung. Oder: Welchen Beruf hat der Arbeitskraftunternehmer? Tagungsbeitrag Universität Bielefeld.

Voß, G.G./Pongratz, H.J. (1999): Entgrenzte Arbeitskraft – entgrenzte Qualifikation. In: Hansen, H./Sigrist, B./Goorhuis, H./Landolt, H. (Hrsg.): Bildung und Arbeit – Das Ende einer Differenz? Aarau: Sauerländer, S. 39–48.

Voß, G.G./Pongratz, H.J. (1998): Der Arbeitskraftunternehmer. Eine neue Grundform der Ware Arbeitskraft? In: Kölner Zeitschrift für Soziologie und Sozialpsychologie, 50. Jg., H. 1, S. 131–158.

Wahler, P./Witzel, A. (1997): Berufswahl – ein Vermittlungsprozeß zwischen Biographie und Chancenstruktur. In: Gaworik, M./Schober, K. (Hrsg.): Berufliche Sozialisations- und Selektionsprozesse an der ersten Schwelle (=BeitrAB 202). Nürnberg: Institut für Arbeitsmarkt- und Berufsforschung, S. 9–35.

Weidig, J./Hofer, P./Wolff, H. (1999): Arbeitslandschaft 2010 nach Tätigkeiten und Tätigkeitsniveau (= BeitrAB 227). Nürnberg: Institut für Arbeitsmarkt- und Berufsforschung.

Weinberg, J. (1999): Lernkultur – Begriff, Geschichte, Perspektiven. In: QUEM (Hrsg.): Kompetenzentwicklung '99: Aspekte einer neuen Lernkultur. Argumente, Erfahrungen, Konsequenzen. Münster: Waxmann, S. 81–143.

Weiss, R. (1999): Erfassung und Bewertung von Kompetenzen – empirische und konzeptionelle Probleme. In: QUEM 1999, S. 433-493.

Weiterbildung (2006): Weiterbildung. Zeitschrift für Grundlagen, Praxis und Trends, H. 5 (Themenschwerpunkt: Lernabstinenz).

Witzel, A./Kühn, T. (1999): Berufsbiographische Gestaltungsmodi. Eine Typologie der Orientierungen und Handlungen beim Übergang in das Erwerbsleben (= sfb 186, Arbeitspapiere, 61). Bremen: Universität Bremen.

Witzel, A./Kühn, T. (2000): Orientierungs- und Handlungsmuster beim Übergang in das Erwerbsleben. In: ZSE, 20. Jg., H. 4, S. 9-29.

Zurhorst, G. (1999): Methoden zur qualitativen Erfassung von Kompetenzentwicklungsprozessen im außerbetrieblichen Umfeld (= QUEM-Materialien, 27). Berlin: ABWF.

Cornelia Gräsel

Umweltbildung

1 Einleitung und Überblick

Möglicherweise löst ein Kapitel „Umweltbildung" in einem Handbuch für Bildungsforschung bei einigen Leserinnen und Lesern Befremden aus. Zum einen scheint dieses Thema zu modeabhängig zu sein, als dass es in einem Handbuch einen eigenständigen Artikel verdiente. Zum anderen mag man sich die Frage stellen, ob Umweltbildung nicht hauptsächlich das Anliegen engagierter Praktiker ist und es demzufolge nur wenig theoretische wie empirische Forschung dazu gibt. Ein Anliegen dieses Kapitels ist es, diesen beiden Einschätzungen entgegenzutreten.

Umweltbildung ist kein zeitlich begrenzter pädagogischer Trend, sondern bereits seit 35 Jahren ein relevantes Aufgabenfeld, das auch in der Zukunft nicht an Bedeutung verlieren wird. Mittlerweile besteht Einigkeit darüber, dass Umweltrisiken wie der globale klimatische Wandel, die Endlichkeit nicht-erneuerbarer Ressourcen oder der Rückgang der Biodiversität eine bedeutsame Herausforderung für eine zukünftige Entwicklung darstellen (vgl. Meadows/Meadows/Randers 1992; WBGU 1996). Dieser Herausforderung, auch darüber besteht Konsens, kann nicht ausschließlich durch technische und politische Lösungen begegnet werden. Vor diesem Kontext kann es als allgemeine Aufgabe von Umweltbildung gesehen werden, die Resonanzfähigkeit ökologischer Themen in der Gesellschaft zu erhöhen und die Voraussetzungen für verschiedene Formen umweltschonenden Handelns zu unterstützen. Wie diese allgemeine Zielstellung konkretisiert wurde, war in den letzten 35 Jahren durchaus einem Wandel unterworfen. Darauf wird im folgenden Abschnitt anhand eines kurzen Überblicks über die Geschichte der Umweltbildung eingegangen. Die beiden nächsten Abschnitte stellen den Stand der Umweltbildungsforschung orientiert an zwei Leitfragen dar: (1) Welche Faktoren beeinflussen, ob Menschen umweltbewusst handeln und welche Konsequenzen lassen sich daraus für die Umweltbildung ziehen? Dieser Frage sind verschiedene Disziplinen nachgegangen und ein Kennzeichen der Umweltbildungsforschung ist es, diese interdisziplinären Forschungsansätze zu integrieren. (2) Was ist der derzeitige Stand der Umweltbildung in verschiedenen Institutionen (Umfang, didaktische Modelle, empirische Ergebnisse)?

2 Geschichte der Umweltbildung im Überblick

Die Auseinandersetzung mit Umwelt und Natur kann auf eine lange Tradition in verschiedenen pädagogischen Strömungen zurückblicken; insbesondere war diese Thematik in der Reformpädagogik von Bedeutung (vgl. Breidenbach 1996; Lob 1997). Als eigenständiger Bereich kristallisierte sich die Umweltbildung aber erst Anfang der 1970er Jahre heraus, also zu jenem

Zeitpunkt, an dem der allgemeine Diskurs über globale Umweltveränderungen und deren Folgen einsetzte. Der international übliche Begriff „environmental education" wurde dabei bis in die 1980er Jahre mit „Umwelterziehung" übersetzt und erst danach durch „Umweltbildung" abgelöst (vgl. Rebmann 2007, S. 299). In Anlehnung an Michelsen (1998 vgl. Tippelt 1999) können drei Phasen der Umweltbildung unterschieden werden.

2.1 Startphase

Als ein bedeutsamer Anstoß für die beginnende Diskussion um ökologische Krisenphänomene kann die Veröffentlichung der „Grenzen des Wachstums" angesehen werden (vgl. Meadows u.a. 1972). Dieses Buch, das vom Club of Rome initiiert wurde, enthält die Ergebnisse von Computersimulationen, in denen die Bevölkerungsentwicklung, die Industrieproduktion, die Ressourcenbestände sowie die Schadstoffeinträge in Luft, Wasser, Boden und Nahrungsmitteln vorhergesagt wurden. Diese Simulationen sagten vorher, dass bei einer unveränderten Entwicklung dieser Faktoren die absolute Tragfähigkeit ökologischer Systeme innerhalb der nächsten hundert Jahre erreicht würde. Es wurde aber deutlich, dass diese Entwicklung beeinflussbar ist und ein ökologisch und wirtschaftlich zukunftsfähiges Gleichgewicht herbeigeführt werden kann.

Die Folgen dieser und anderer Zukunftsprognosen dieser Zeit waren weitreichend: Zum ersten Mal wurde ein Diskurs über die Beschränktheit der natürlichen Ressourcen und die Notwendigkeit eines veränderten Denkens und Handelns angestoßen (de Haan/Kuckartz 1996, S. 17). Dieser einsetzende Diskurs über globale Umweltprobleme ging damit einher, dass der Umweltbildung eine bedeutsame Rolle zugesprochen wurde. Sie sollte dazu beitragen, das Umweltbewusstsein bei der Bevölkerung zu fördern und damit einen Beitrag zur Bewahrung der Lebensgrundlagen zu leisten. Dementsprechend wurden internationale und nationale Programme zur Umweltbildung verabschiedet, in denen sich übereinstimmend folgende Ziele lasen (vgl. Bundesregierung 1972; UNESCO 1979; Kultusministerkonferenz 1980): Umweltbildung soll Werte, Einstellungen und Kenntnisse vermitteln, die eine Grundlage für den Umweltschutz darstellen und die Entwicklung neuer Verhaltensmuster für Einzelne, Gruppen und die Gesellschaft unterstützen.

Als Beispiele für umweltpädagogische Konzeptionen aus dieser Phase sollen zwei Konzepte erwähnt werden: (1) Auf internationaler Ebene entwickelt sich die *Environmental Education*, die sich mit der Umsetzung der politischen Programme befasst und in deren Rahmen beispielsweise Curricula, Bildungsprogramme oder Unterrichtsentwürfe für die schulische und außerschulische Umweltbildung entwickelt werden. In Deutschland kann die Arbeitsgruppe um Eulefeld (z.B. Eulefeld u.a. 1981) dieser Richtung zugeordnet werden, die sich vorwiegend mit der Umwelterziehung an Schulen befasst. (2) In engem Zusammenhang mit Meadows' „Grenzen des Wachstums" legt der Club of Rome (1979) das Konzept des *innovativen Lernens* vor. Dessen Kern ist die Kritik an traditionellen Unterrichtsformen. Sie gelten in diesem Ansatz als wenig geeignet, um Menschen in die Lage zu versetzen, globale Probleme zu lösen. Innovatives Lernen zielt im Wesentlichen darauf ab, die Fähigkeiten für komplexes Problemlösen und kreatives Denken zu fördern. Zentral für dieses Konzept ist die Unterstützung des antizipierenden Denkens, das durch Simulationen, Prognosen und Szenarien gefördert werden soll, sowie die Befähigung zur Partizipation, also der Mitbestimmung sowohl in Lernprozessen wie auch am politisch-gesellschaftlichen Leben.

2.2 Phase erster Realisierung und Differenzierung

Die 1980er Jahre sind die Phase, in der begonnen wird, Umweltbildung in pädagogischen Institutionen zu verankern. Neben der beginnenden Integration von Umweltthemen in Curricula und pädagogischen Institutionen sind hier die zahlreichen Modellversuche von Bedeutung, die in dieser Zeit initiiert werden (vgl. de Haan u.a. 1997). Gleichzeitig findet eine Weiterentwicklung der Umweltbildung statt: Der Ansatz der schulischen Umwelterziehung differenziert sich theoretisch aus und erste empirische Studien analysieren die Qualität und Quantität des Umweltunterrichts (vgl. Eulefeld u.a. 1988). Daneben entwickeln sich weitere theoretische Richtungen der Umweltbildung, von denen drei exemplarisch genannt werden sollen: (1) In der *Ökopädagogik* wird der instrumentelle Charakter der Environmental Education bzw. der Umwelterziehung kritisiert (vgl. Beer/de Haan 1984): Lernende wie Lehrende würden hier zum „Reparaturbetrieb" für gesellschaftlich erzeugte Umweltprobleme. Im Gegensatz dazu versteht sich Ökopädagogik als Ansatz, der zur Reflexion der herrschenden Gesellschaftsordnung und des naturwissenschaftlich-technischen Naturverständnisses auffordert (zur Kritik z.B. Kahlert 1990, S. 233ff.). (2) Eine zweite Richtung entwickelt sich in engem Zusammenhang mit der politischen Ökologie- und der Friedensbewegung, die als Teil der neuen sozialen Bewegungen bereits seit Mitte der 1970er einen starken Aufschwung erfährt (vgl. Beyersdorf 1998). Die ökologische Bildungsarbeit dieser Bewegungen ist von ihrem politischen Engagement und ihrem Ziel der gesellschaftlichen Veränderung nicht zu trennen. Sowohl beim ökologischen Lernen als auch in der alternativen Erwachsenenbildung werden Anleihen bei Illichs (1972) Vorstellung eines entprofessionalisierten und nicht-institutionalisierten Lernens von Betroffenen und Engagierten genommen. (3) Eine weitere Richtung reduziert Umweltbildung schließlich auf die unmittelbare *Naturerfahrung* als Ausgangspunkt für emotionales Lernen bzw. die Weiterentwicklung der Persönlichkeit. Zum Teil wenden sich diese Ansätze explizit gegen eine „Verkopfung" und Rationalisierung der Umweltbildung (z.B. Cornell 1989). Auf der Basis eines romantisierenden Naturbildes wird eine emotional-ganzheitliche Naturbegegnung propagiert, die gegen die „Naturentfremdung" gesetzt wird (zur Kritik vgl. Kahlert 1992; Bölts 1995).

Generell sind in dieser Phase zwei Trends zu bemerken: Einerseits beginnt sich Umweltbildung so zu etablieren, wie sie in den umweltpolitischen Bildungsprogrammen in der Phase zuvor verabschiedet wurde; es handelt sich also um eine Phase der pragmatischen Implementation umweltpädagogischer Programme. Parallel dazu entstehen in der Umweltbildungsforschung und in der Praxis der Umweltbildung alternative Konzepte und Strömungen, die die institutionalisierte Umweltbildung mit dem Ziel der individuellen Bewusstseins- und Verhaltensänderung in Zweifel ziehen. Für das Ende dieser Phase kann man sowohl im nationalen wie im internationalen Kontext eine gewisse Orientierungslosigkeit in der Umweltbildung konstatieren: Verschiedene Strömungen verfolgen unterschiedliche Zielstellungen; das gemeinsame Anliegen wird aus den Augen verloren. Dies ändert sich in der dritten Phase, die durch das Leitbild der nachhaltigen Entwicklung gekennzeichnet werden kann.

2.3 Nachhaltige Umweltbildung

Einen deutlichen Einschnitt in die Diskussion über Umweltprobleme stellte die Konferenz der Vereinten Nationen für Umwelt und Entwicklung (UNCED) 1992 in Rio dar, auf der ein Rahmenprogramm für ein Leben im 21. Jahrhundert (Agenda 21) verabschiedet wurde (vgl. United Nations 1992). Das zentrale Konzept der Agenda 21, das die anschließende ökologische

Kommunikation und die Umweltbildung prägt, ist „sustainable development" – ins Deutsche entweder mit nachhaltiger Entwicklung oder mit zukunftsfähiger Entwicklung übersetzt. Das Leitbild der nachhaltigen Entwicklung basiert auf *zwei ethischen Grundannahmen*:

Intergenerative Gerechtigkeit
Das Prinzip der *intergenerativen Gerechtigkeit* besagt, dass nachfolgende Generationen dasselbe Recht auf eine intakte Umwelt haben wie die jetzt lebenden Menschen. Daraus resultiert die Verpflichtung, menschliche Bedürfnisse in der Gegenwart so zu befriedigen, dass künftige Generationen in der Befriedigung ihrer Bedürfnisse nicht eingeschränkt werden. Dies bedeutet, zukünftigen Generationen eine Welt zu überlassen, die hinsichtlich der ökologischen Rahmenbedingungen (Ressourcen, Überlastung der Senken[1]) nicht hinter den derzeitigen Stand zurückfällt (vgl. Meadows/Meadows/Randers 1992; Bundestag 1994; von Weizsäcker/Lovins/Lovins 1995; BUND/Misereor 1996; WBGU 1996). Dies umfasst beispielsweise, dass die Nutzung erneuerbarer Ressourcen nicht größer sein sollte als ihre Regenerationsrate bzw. dass die Freisetzung von Stoffen (z.B. CO_2) nicht größer sein sollte als die Aufnahmefähigkeit der Umwelt in den entsprechenden Senken.

Globale soziale Gerechtigkeit
Das Prinzip der *globalen sozialen Gerechtigkeit* besagt, dass alle Menschen prinzipiell die gleichen Möglichkeiten haben sollten, die zur Verfügung stehenden Ressourcen und Senken zu nutzen – unabhängig davon, in welchem Erdteil oder Staat sie leben. Konkret bedeutet das, dass der Ressourcenverbrauch und die Senkenbelastung von Menschen in den hochentwickelten Industriestaaten nicht höher sein sollten als in den Entwicklungsländern. Dieses Prinzip, das auf eine Verteilungsgleichheit hinausläuft, ist weitaus umstrittener als das Prinzip der intergenerativen Gerechtigkeit (vgl. de Haan 1999).

Das Leitbild der nachhaltigen Entwicklung problematisiert ökonomisches Wachstum nicht prinzipiell – vielmehr wird davon ausgegangen, die Perspektive der Ökonomie mit sozialen und ökologischen Aspekten zu verbinden und ein „anderes Wachstum" anzustreben, das die Kriterien der Nachhaltigkeit nicht verletzt. Dabei sind drei Strategien von Bedeutung: (1) eine gesteigerte *Effizienz* des Energie- und Ressourcenverbrauchs, die insbesondere durch die Entwicklung und Anwendung neuer Technologien erreicht werden kann, (2) *Suffizienz*, also einen verringerten Verbrauch von Energie und Ressourcen und (3) *Konsistenz*, also die Etablierung von Kreislaufwirtschaften (zyklischen Produktionsprozessen).

Bildung für eine nachhaltige Entwicklung, die sich an diesem Leitbild orientiert, weist zur klassischen Umweltbildung folgende Unterschiede auf: (1) Die traditionelle Umweltbildung kann als Reaktion auf *Bedrohungsszenarien* betrachtet werden: Sie thematisiert jene Umweltprobleme, die sich im öffentlichen Diskurs befinden (z.B. Waldsterben, globale Erwärmung), wobei die Frage im Vordergrund steht, wie diese Probleme entstanden sind und wie eine Schadensbegrenzung unerwünschter Wirkungen von Umweltrisiken vorgenommen werden kann (vgl. de Haan/Harenberg 1999, S. 18). Es wird die Frage aufgeworfen, ob bestimmte Personen ursächlich oder moralisch für die Umweltprobleme verantwortlich sind. Deswegen wird der Umweltbildung auch nicht zu Unrecht vorgeworfen, eine „Katastrophenpädagogik" zu betreiben, die eher geeignet sei, Angst zu schüren und moralischen Druck zu erzeugen als Ver-

---

[1] Senken sind das letzte Ende der Material- oder Energieflüsse in einem System (Meadows/Meadows/Randers 1992, S. 301).

ständnis und Handlungsmöglichkeiten aufzuzeigen. Im Gegensatz dazu stellt eine *Bildung für eine nachhaltige Entwicklung* eine prospektive Sichtweise dar: Das Leitbild der nachhaltigen Entwicklung kann als ein Modernisierungsszenario begriffen werden, das einen Gestaltungsauftrag für die Zukunft beinhaltet (vgl. de Haan/Harenberg 1999, S. 18ff.). Die Leitfrage einer Bildung für eine nachhaltige Entwicklung lautet, wie neue Wohlstandsmodelle, neue Produktions- und Konsummuster und neue Formen des Zusammenlebens etabliert werden können. (2) Damit ist ein zweiter Unterschied verbunden: Eine Bildung für eine nachhaltige Entwicklung denkt Ökologie, Ökonomie und Soziales vernetzt (vgl. de Haan/Harenberg 1999, S. 18). Die positive Entwicklung in einem der Bereiche wird als abhängig von der positiven Entwicklung in den anderen beiden betrachtet. Damit ist Umweltbildung nicht mehr vorrangig ein Bereich der naturwissenschaftlichen Bildung, sondern erfordert eine Perspektive, die auch sozial- und geisteswissenschaftliche Richtungen berücksichtigt. Insbesondere ist eine nachhaltige Bildung nicht davon zu trennen, dass eine globale Perspektive eingenommen wird, die die Entwicklungsländer umschließt. (3) Die bislang umfassendste Ausarbeitung eines Konzepts für eine Bildung für eine nachhaltige Entwicklung wurde von de Haan und Harenberg (1999) als Grundlage für ein fünfjähriges BLK-Förderprogramm ausgearbeitet. In dieser Expertise wird deutlich, dass nachhaltige Bildung die Zielstellung der klassischen Umwelterziehung erweitert: Es wird eine umfassende *Gestaltungskompetenz* als Ziel der Bildungsarbeit formuliert, worunter die Kompetenz zur Partizipation und Mitwirkung bei der Gestaltung der Zukunft verstanden wird – also eine Teilhabe an politischen und gesellschaftlichen Diskursen und Entscheidungen, wie sie bereits in der Agenda 21 formuliert wird. Partizipation ist aber nicht nur das Ziel einer Bildung für eine nachhaltige Entwicklung, sondern soll auch in der konkreten Gestaltung von Lehr-Lernprozessen umgesetzt werden.

Betrachtet man die derzeitige Umweltbildung, lässt sich konstatieren, dass das Leitbild der nachhaltigen Entwicklung weitgehend konsensfähig ist und dass zahlreiche Bemühungen stattfinden, dieses Leitbild in die praktische Bildungsarbeit und die Umweltbildungsforschung umzusetzen. Allerdings sind mit der Orientierung an der Nachhaltigkeit auch Probleme verbunden: Die Begriffe „education for sustainable development" bzw. „Bildung für nachhaltige Entwicklung" erwiesen sich in der Praxis als nicht durchsetzungsfähig. Im internationalen Rahmen wird daher nach wie vor von „environmental education", im deutschen Sprachraum von „Umweltbildung" gesprochen, auch wenn eine inhaltliche Umorientierung stattgefunden hat. Die Orientierung am umfassenden Konzept der nachhaltigen Entwicklung führt zu einer Ausweitung an Themen und Inhalten der Umweltbildung, die eine Abgrenzung von anderen Feldern erschwert. Vom „kritischen Denken" über „komplexes Problemlösen" oder der „Analyse von Machtverhältnissen" bis hin zu „kooperativem Lernen und Arbeiten" – all das kann unter die Inhalte einer Bildungsarbeit fallen, die sich am Leitbild der nachhaltigen Entwicklung orientiert (vgl. Jickling/Spork 1998). Dies führt nicht nur zu einem Verlust an Kontur. Problematisch ist auch, dass die Umweltbildungsforschung sich manchmal mit Themen befasst, zu denen es in anderen Disziplinen bereits einen elaborierten Forschungsstand gibt, ohne diesen zu berücksichtigen (z.B. zum Thema „komplexes Problemlösen", zu dem in der Lern- und Kognitionsforschung seit 30 Jahren geforscht wird).

2.4 Aktuelle Entwicklungen der Umweltbildung

Der vierte Klimabericht des International Panel on Climate Change im Jahr 2007 (IPCC 2007) hat das Thema des Klimawandels wieder stark in den gesellschaftlichen Diskurs zurückgeholt. Mit diesem Bericht wurde auch der wissenschaftliche Konsens deutlich, dass es einen anthropogen verursachten Klimawandel gibt, der hohe Risiken für die gesellschaftliche und wirtschaftliche Weiterentwicklung birgt. Dementsprechend sind Umweltthemen in der Politik wieder stärker im Gespräch als es um die Jahrtausendwende der Fall war.

Betrachtet man die Entwicklungen in der Umweltbildung und Umweltbildungsforschung, lassen sich derzeit zwei aktuelle Entwicklungen ausmachen: (1) Auf nationaler wie internationaler Ebene wurden die Bemühungen verstärkt, Ansätze der Umweltbildung in möglichst vielen Bildungseinrichtungen – insbesondere in Schulen – zu implementieren. Auf internationaler Ebene ist das Projekt ENSI der OECD ein Beispiel (vgl. Kyburz-Graber/Robottom 2006); in Deutschland wird das Programm „BLK 21" in einer Transferphase in die Breite getragen. (2) In der Umweltbildung beginnt – wie in anderen Bereichen und Fächern – eine Orientierung an Kompetenzen und Standards. Ansätze einer Kompetenzorientierung finden sich beispielsweise bei Bormann/de Haan (2008), die den Ansatz der Gestaltungskompetenz differenzieren und weiterentwickeln. Der Ansatz der sozial-ökologischen Umweltbildung von Kyburz-Graber und anderen (2001) wurde auf sytemtheoretischer Basis entwickelt und soll Menschen befähigen, unterschiedlich komplexe Handlungssysteme auf Dauer zu erhalten. Bilharz und Gräsel (2006) entwickelten schließlich ein Kompetenzmodell, das sich spezifischer auf ökologisches Handeln bezieht. Dazu haben sie zunächst eine Systematisierung und Hierarchisierung ökologischer Handlungsmöglichkeiten vorgenommen und daraus abgeleitet, welche Kompetenzen als Basis für diese Handlungsmöglichkeiten erforderlich sind.

3 Grundlagen der Umweltbildungsforschung

Insbesondere in der frühen Phase der Umweltbildung bestand hinsichtlich ihrer Wirkung großer Optimismus. Man versprach sich durch die Vermittlung von umweltbezogenem Wissen eine Einstellungsänderung, was letztlich dazu führen sollte, dass Personen ihr Handeln stärker an ökologischen Gesichtspunkten ausrichten – sowohl ihr privates Alltagshandeln als auch ihre politische Partizipation (vgl. Lehmann 1997). Deshalb ist für die Umweltbildungsforschung die Frage zentral, von welchen Einflussbedingungen es abhängt, ob Menschen umweltbewusst handeln oder nicht. Im Folgenden sollen die Ergebnisse zu dieser Frage aus der Perspektive von drei Forschungsrichtungen dargestellt werden. Dabei wird jeweils diskutiert, welche Konsequenzen sich aus den jeweiligen Forschungsergebnissen für die Umweltbildung ergeben.

3.1 Umweltbewusstseinsforschung

Die zentrale Frage der Umweltbewusstseinsforschung lautet, inwieweit ökologisches Handeln durch umweltbezogenes Problembewusstsein und Wissen, umweltbezogene Werte, Einstellungen und Emotionen erklärt werden kann. Grundlegend für diese Forschungsrichtung waren die Arbeiten von Maloney und Ward (z.B. Maloney/Ward 1973), die umweltbezogene Einstellungen, umweltbezogenes Wissen und umweltbezogene Handlungsbereitschaft als Prädiktoren ökologischen Handelns berücksichtigten. Bereits diese Arbeit erbrachte ein Ergebnis, das später vielfach repliziert wurde (vgl. Hines/Hungerford/Tomera 1987; de Haan/Kuckartz 1996; Lehmann 1999): Zwischen Umwelteinstellungen und Umweltwissen einerseits und Umweltverhalten andererseits bestehen nur mäßig positive Korrelationen. In zahlreichen Studien wurden weitere Variablen berücksichtigt, um damit zu besseren Vorhersagen zu gelangen, beispielsweise die Wahrnehmung der Ernsthaftigkeit von Umweltproblemen, Kontrollattributionen bzw. Selbstwirksamkeit oder allgemeine Wertorientierungen. Allerdings erwiesen sich auch diese „erweiterten Umweltbewusstseinsstudien" als wenig erfolgreich: Der einschlägigen Forschung ist es nur selten gelungen, mehr als 10-20% der Varianz des Umwelthandelns zu erklären (vgl. Fuhrer 1995). Diese Forschungsrichtung geriet daher wegen ihrer empirischen Fruchtlosigkeit zunehmend in die Kritik (vgl. Spada 1990; de Haan/Kuckartz 1996). Darüber hinaus wurde ihr vorgeworfen, dass ihr methodisches Vorgehen problembehaftet sei, insbesondere die Erfassung des ökologischen Handelns über Fragebogenitems geriet in die Kritik. Zudem wurden konzeptionelle Schwächen festgestellt: Die Umweltbewusstseinsforschung arbeite vorwiegend datengesteuert und ohne zugrunde liegende theoretische Annahmen. Beispielsweise sei es theoretisch nicht begründbar, warum völlig verschiedene Handlungsweisen – von der Benutzung einer Bio-Tonne bis zum Beitritt zu einer Umweltschutzorganisation – undifferenziert als ökologisches Handeln berücksichtigt und mit denselben Modellen erklärt würden (vgl. Bogun/ Warsewa 2000).

Unbenommen der theoretischen wie methodischen Schwächen dieser Forschungsrichtung hatte die konstatierte „Kluft zwischen Umweltbewusstsein und Umwelthandeln" den Effekt, dass jene Ansätze der Umweltbildung in eine Legitimationskrise gerieten, die durch Umweltbildung erreichen wollen, dass Personen verstärkt ökologisch handeln. Die Befunde wiesen übereinstimmend und überzeugend darauf hin, dass das Denkmodell, das dieser Richtung der Umweltbildung zu Grunde liegt, empirisch offensichtlich nicht haltbar ist: Mehr Umweltwissen und positive Umwelteinstellungen schlagen sich nur sehr begrenzt darin nieder, dass Personen auch umweltbewusster handeln. Allerdings ist es in der Umweltbildung umstritten, inwieweit die Änderung des Handelns von Personen ihr Ziel sei (vgl. Heid 1992; Lehmann 1997; de Haan 1999). Zum einen wird kontrovers diskutiert, inwieweit das Ziel „Verhaltensänderung" die Umweltbildung in die Nähe von Indoktrination und Manipulation rückt. Zum anderen impliziert diese Zielstellung, dass die Verantwortung für Umweltrisiken einzelnen Lernenden zugewiesen wird und ökologische Themen damit individualisiert und getrennt von den gesellschaftlichen Rahmenbedingungen diskutiert werden.

Gerade vor dem Kontext einer Umweltbildung für eine nachhaltige Entwicklung ist ein anderes Ziel der Umweltbildung bedeutsamer, nämlich Personen dazu zu befähigen, sich kompetent am gesellschaftlichen Diskurs über Umweltfragen zu beteiligen. Bereits vor der Berücksichtigung des Nachhaltigkeitsgedankens plädierte Kahlert (1990; 1992) für eine „verständigungsorientierte Umweltbildung", die darauf abzielt, dass Lernende aktuelle Umweltdebatten verstehen, an ihnen teilnehmen und eine eigene, fundierte Position zu diesen Themen entwickeln. In Hinblick auf diese Zielstellung zeigt die Umweltbewusstseinsforschung Ergebnisse, die die Notwendigkeit von Umweltbildung eher unterstützen: Zahlreiche Studien im Kontext der Umweltbewusstseinsforschung geben Hinweise darauf, dass der Stand des umweltbezogenen Wissens in der Bevölkerung als gering zu bezeichnen ist (vgl. Blum 1987; Pfligersdorffer 1991). Insbesondere bestehen unvollständige oder fehlerhafte Vorstellungen darüber, wie globale Umweltrisiken entstehen und welche Folgen sie haben (vgl. Gräsel 2000). Gleichzeitig weisen viele Studien darauf hin, dass bei vielen Menschen der Umgang mit der Umweltthematik durch ein hohes Ausmaß an Emotionalität gekennzeichnet ist. Umweltprobleme werden als bedrohlich und angstauslösend erlebt; der Umweltbereich wird auch als bedeutsam und relevant für eine zukünftige Entwicklung angesehen (vgl. de Haan/Kuckartz 1996; Preisendörfer 1999). Umweltfragen gehören nach wie vor zu den Themen, denen ein hohes Maß an Bedeutung wie auch Bedrohlichkeit zugesprochen wird. Die Umweltbewusstseinsforschung weist darauf hin, dass bei vielen Menschen der Umgang mit der Umweltthematik durch ein hohes Ausmaß an Emotionalität sowie einen geringen Kenntnisstand geprägt ist – eine Kombination, die für eine ideologieträchtige Argumentation anfällig macht. Für die Versachlichung der Behandlung ökologischer Fragen und für eine Teilnahme am ökologischen Diskurs kann Umweltbildung daher nach wie vor einen bedeutsamen Beitrag leisten.

3.2 Kosten-Nutzen-Ansätze

Die Umweltbewusstseinsforschung kann letztlich empirisch nur in geringem Maße erklären, wovon ökologisches Handeln abhängt. Kosten-Nutzen-Ansätze, die ursprünglich im Kontext ökonomischer Theorien formuliert wurden, greifen den Gedanken der Motivation zu umweltbewusstem Handeln durch extrinsische Anreize auf. Grundannahme der Kosten-Nutzen-Ansätze (rational choice) ist, dass sich das Individuum rational im Sinne der Durchsetzung seiner eigenen Interessen verhält: Einzelne streben bei ihrem Handeln danach, den subjektiv erwarteten Nutzen zu erhöhen. Für konkurrierende Handlungspläne wird der jeweilige Nutzen berechnet – der *rationale* Akteur entscheidet sich für die *günstigste* Alternative.

Eine bekannte und kontrovers diskutierte Arbeit zur Erklärung ökologischen Handelns aus der Perspektive der Kosten-Nutzen-Ansätze legten Diekmann und Preisendörfer (1992) vor. Auf der Basis einer Telefonumfrage zeigten sie, dass das Umweltbewusstsein lediglich in low-cost-Handlungsbereichen einen Einfluss auf ökologisches Handeln nimmt. Unter low-cost-Handlungen verstehen sie solche, die „keine einschneidenden Änderungen erfordern, keine größeren Unbequemlichkeiten verursachen und keinen besonderen Zusatzaufwand erfordern" (Diekmann/Preisendörfer 1992, S. 240). In high-cost-Verhaltensbereichen, die für die Individuen mit Einschränkungen verbunden sind, wird dagegen *rational* gehandelt – es werden also mit unökologischen Alternativen negative Handlungskosten minimiert. Wie bedeutsam persönliche Kosten-Nutzen-Abwägungen für ökologisches Handeln sind, ist besonders für den high-cost-Bereich der Verkehrsmittelwahl gut dokumentiert. Die Nutzung öffentlicher Verkehrsmittel kann in hohem Maße dadurch vorhergesagt werden, inwieweit die Nutzer/-innen sich davon einen Vorteil versprechen. Dabei erwiesen sich in mehreren Studien die Bequemlichkeit, der Zeitaufwand und – wenn auch in geringerem Maße – die finanziellen Folgen der Verkehrsmittelwahl als ausschlaggebend (vgl. Bamberg/Schmidt 1994; Franzen 1997; Bamberg 1999). Die Bequemlichkeit des Autofahrens hängt dabei wesentlich von der Verfügbarkeit von Parkplätzen, die Bequemlichkeit der öffentlichen Verkehrsmittel, von der Taktfrequenz und der Häufigkeit des Umsteigens ab.

Als Ergänzung zu den Kosten-Nutzen-Ansätzen können jene Theorien betrachtet werden, die ökologisches Handeln als Handeln in ökologisch-sozialen Dilemma-Situationen beschreiben. Ökologisch-soziale Dilemmata (bzw. Allmende-Klemmen) beschreiben eine Situation, in der mehrere Personen eine gemeinsame Ressource nutzen. Diese Dilemmata wurden vor allem in spieltheoretischen Ansätzen anhand von Experimenten untersucht, beispielsweise anhand einer Simulation eines Fischgrundes, der von mehreren Fischereibetrieben (= Spielern) genutzt wird (vgl. Ernst 1997; Mosler/Gutscher 1996; Spada/Ernst 1992). Auch das ökologische Alltagshandeln lässt sich als Handeln in ökologisch-sozialen Dilemmata beschreiben: Die Umweltqualität kann als öffentliches Gut verstanden werden, das von vielen Akteuren genutzt wird. Das zentrale Kennzeichen dieser Dilemma-Situationen ist, dass eine Ressourcenübernutzung der einzelnen Person zu Gute kommt (höhere persönliche Fangquote, bequeme Autofahrt) – der Schaden der Übernutzung dagegen von der Gemeinschaft getragen wird (Überfischung der Ressource, Ausstoß von CO_2). Dies begünstigt, dass in den Simulationen ein Verhalten gezeigt wird, das die ökologischen Systeme erschöpft.

Während Kosten-Nutzen-Ansätze auf die individuellen Kosten von Umwelthandeln fokussieren, machen die Merkmale ökologisch-sozialer Dilemmata deutlich, warum der *Nutzen* ökologischen Handelns für die Umweltqualität häufig gering bewertet wird: Ein erster Grund kann darin gesehen werden, dass das Risiko (die Überfischung, die globale Erwärmung) durch die Akkumulation zahlreicher *rationaler* Akteure entsteht, die ein ausbeutendes Verhalten zeigen. Aber auch für die Lösung von Umweltproblemen gilt das Prinzip der Akkumulation – das Handeln einzelner Akteure kann immer nur einen kleinen Beitrag darstellen. Aus der geringen Auswirkung des eigenen Verhaltens zieht der/die Einzelne die Konsequenz, dass umweltschonendes Verhalten keinen Effekt macht, wenn er/sie mit diesem Verhalten zur Minderheit gehört. Ein zweiter Grund für die Nicht-Beachtung der Folgen ressourcenübernutzenden Verhaltens ist, dass diese negativen Folgen nicht sofort, sondern erst mit einer zeitlichen Verzögerung eintreten und einzelne Akteure die langanhaltenden Konsequenzen ihres Verhaltens nicht überblicken. Dieser Effekt der „Nicht-Beachtung von Folgen" wird noch dadurch verstärkt, dass in ökologisch-sozialen Dilemmata häufig kein sicheres Wissen darüber besteht, ob und wann die negativen Folgen der Ressourcenübernutzung eintreten. Insgesamt zeigt sich, dass ökologisches Handeln unter Rahmenbedingungen stattfindet, die zu ungünstigen Kosten-Nutzen-Erwägungen der Akteure führen. Einerseits wird umweltbewusstes Handeln häufig als aufwändig, teuer und unbequem eingestuft – andererseits ist der Nutzen dieser Handlungen nicht unmittelbar sichtbar, weil zahlreiche Akteure das öffentliche Gut „Umweltqualität" nutzen und ihnen die Folgen einer Übernutzung wegen der raum-zeitlich entfernt einsetzenden Wirkung und der Unsicherheit nicht transparent sind.

Welche Konsequenzen lassen sich aus den Kosten-Nutzen-Ansätzen für die Umweltbildung ziehen? Betrachtet man zunächst die Ebene der Veränderung ökologischen Handelns, scheint für Umweltbildung, die auf die Unterstützung des Wissenserwerbs und des Umweltbewusstseins abzielt, nicht viel Raum zu sein. Vielmehr legen die Kosten-Nutzen-Ansätze nahe, dass für ökologisches Handeln die Veränderung der Anreizbedingungen zentral ist, dass es also billiger, weniger aufwändig und bequemer werden muss. Allerdings wäre es zu kurz gegriffen, ausschließlich diese Konsequenz zu ziehen. In den Arbeiten zu den Kosten-Nutzen-Erwägungen wird auch deutlich, dass Bewertungen von *Kosten* subjektive Interpretationsprozesse darstellen. Beispielsweise schreiben Autofahrer/-innen „ihrem" Verkehrsmittel positivere Eigenschaften zu als Fahrradfahrer/-innen (flexibel, schnell und pünktlich) und umgekehrt (vgl. Bamberg 1999). In der Umweltbildung könnte stärker als bisher thematisiert werden, wie Personen verschiedene Handlungsalternativen bewerten und zu einer Reflexion und Erweiterung bestehender Bewertungsmaßstäbe angeregt werden, die häufig pauschalisierend und unabhängig von konkreten Erfahrungen angelegt werden (z.B. „Bioprodukte sind immer doppelt so teuer", vgl. Gräsel 1999). Daneben unterstreichen auch die Kosten-Nutzen-Ansätze die Forderung nach einer verständigungsorientierten Umweltbildung, weil die „Anreize" für ökologisches Handeln Resultat politischer Entscheidungen sind. Schließlich weisen die Arbeiten aus den ökologisch-sozialen Dilemmata darauf hin, dass das Wissen über ökologische Zusammenhänge und das Denken in komplexen Systemen erforderlich sind, um die Folgen von Umweltproblemen zu antizipieren, was die Forderung der Umweltbildung nach dem Erlernen des Denkens in komplexen Zusammenhängen unterstützt.

3.3 Lebensstilforschung

Eine dritte Perspektive zur Erklärung ökologischen Handelns, die in die Umweltbildungsforschung Eingang gefunden hat, wurde durch die Lebensstilforschung eröffnet (vgl. Bogun 1997). Das zentrale Ergebnis der Lebensstilforschung im Ökologiebereich ist, dass eine postmaterialistische Orientierung im Sinne Ingleharts (1977) nicht mit einer Zunahme ökologischer Orientierung bzw. einer umweltfreundlicheren Lebensweise verbunden ist (vgl. Billig 1995). Vielmehr ist von ökologisch ambivalenten Patchwork-Lebensstilen auszugehen – einer Vielfalt von Mustern der Lebensführung, die sich nicht eindeutig unter dem Aspekt der Umweltverträglichkeit beurteilen lassen. Beispielsweise zeigten Prose und Wortmann (1991), dass Personen mit einem konservativen Lebensstil sowie materiell und erfolgsorientierte „aufgeschlossene Wertepluralisten" ebenso auf ihren privaten Energieverbrauch achten wie Personen, die einem alternativ-umweltbewussten Lebensstil zugeordnet werden konnten. Auch andere Studien geben Hinweise darauf, dass ökologisches Handeln mit konservativen Werten ebenso einhergehen kann wie mit Selbstverwirklichungswerten (vgl. Poferl/Schilling/Brand 1997). Gerade im Bereich der Mobilität (Benutzung von Autos, Flugreisen) scheint ein Lebensstil mit einer hohen Ausrichtung an postmaterialistischen Werten der Selbstverwirklichung eher mit unökologischem Handeln verbunden zu sein.

Insgesamt weist die Lebensstilforschung damit darauf hin, dass die Proklamation eines „neuen, weniger konsumorientierten und mithin umweltfressenden Lebensstils" (de Haan/Kuckartz 1996, S. 230) kritisch gesehen werden muss. Vor diesem Hintergrund ist es auch problematisch, in der Umweltbildung einen einheitlichen ökologischen Lebensstil als Leitbild zu verfolgen, der sich durch bestimmte Werte und Orientierungen kennzeichnen lässt, die sich in bestimmten Konsum- und Mobilitätsmustern niederschlagen (z.B. das Anfang der 1990er Jahre proklamierte Leitbild „gut leben statt viel haben"). Die Forschung zu Lebensstilen eröffnet aber Perspektiven dafür, wie sich die Umweltbildung stärker als bisher an den bestehenden Deutungsmustern und Bedürfnissen ihrer Adressaten orientieren kann. Durch eine derartige, differenzierte Betrachtung können Anhaltspunkte dafür gewonnen werden, welche Anknüpfungspunkte verschiedene Lebensformen von gesellschaftlichen Teilkulturen für eine Teil-Realisierung des Leitbildes der nachhaltigen Entwicklung bieten.

4 Umweltbildung in pädagogischen Feldern

In diesem Abschnitt soll dargestellt werden, inwieweit und auf welcher Grundlage Umweltbildung in zwei Feldern – der Schule und der Weiterbildung – realisiert ist und welche empirischen Ergebnisse dazu vorliegen.

4.1 Schule

Trotz der hohen Bedeutung, die Umweltbildung in den politischen Verlautbarungen spielt, zeigen viele Untersuchungen, dass Umweltthemen nach wie vor eine eher marginale Rolle in der Schule spielen. Etwa 1% der Unterrichtszeit fällt auf ökologische Inhalte – ein Umfang, der hinter dem Stellenwert zurückbleibt, der dafür in den Lehrplänen vorgesehen ist (vgl. de Haan 1999). Die Praxis der schulischen Umwelterziehung bleibt auch hinter dem Anspruch zurück, Umweltthemen fächerübergreifend zu behandeln. Zwar konzentriert sich der ökologische Unterricht nicht mehr auf die Fächer Biologie, Chemie und Erdkunde, sondern bezieht auch sozial- oder geisteswissenschaftliche Fächer ein (vgl. Bolscho/Seybold 1996). Dennoch gelingt es nur in geringem Umfang, ein Lernen zu Umweltthemen zu realisieren, bei dem die Perspektive verschiedener Fächer berücksichtigt wird.

Ein bedeutender didaktischer Ansatz für die schulische Umweltbildung stellt nach wie vor der situations- und *handlungsorientierte Unterricht* dar (vgl. Bolscho/Seybold 1996; Eulefeld u.a. 1981). Situationsorientierung besagt, dass die Lebenssituation der Schüler/-innen den Ausgangspunkt und den zentralen Bezugspunkt für Umweltlernen darstellt. Mit Handlungsorientierung wird betont, dass die Lernenden Gelegenheit erhalten sollen, sich selbstständig mit der natürlichen und sozialen Umwelt auseinander zu setzen. Diese Prinzipien des situations- und handlungsorientierten Unterrichts stimmen in hohem Maße mit den aktuellen Ansätzen der Lehr-Lern-Forschung überein, die Renkl (in diesem Band) darstellt.

International hat in den letzten Jahren der Ansatz der so genannten „place-based education" an Bedeutung gewonnen, der mit dem situations- und handlungsorientierten Lernen einige Ähnlichkeiten aufweist. Bei dieser Art des Lernens werden die jeweiligen regionalen Gegebenheiten einbezogen; die Schüler/-innen erfahren durch diese Kontextualisierung unmittelbar die Relevanz des Gelernten und sollen auf diese Weise motiviert werden (Meichtry/Smith 2007). Dieser Ansatz wurde bereits unter verschiedenen Fragestellungen empirisch überprüft, wobei sich insgesamt positive Effekte nachweisen lassen. In Deutschland ist dagegen nach wie vor ein erhebliches Defizit an empirischen Untersuchungen zu konstatieren, die sich mit den Effekten situations- und handlungsorientierten Unterrichts befassen. Erste Untersuchungen weisen lediglich auf einen leicht positiven Effekt dieses Unterrichts auf die Motivation zu ökologischem Handeln hin (vgl. Rode 1999).

4.2 Erwachsenenbildung/Weiterbildung

Von Beginn an wurde Umweltbildung nicht auf die Schule beschränkt, sondern als Thema eines lebenslangen Lernens betrachtet, das in allen Bildungsinstitutionen eine bedeutsame Rolle einnehmen sollte.

In der Erwachsenenbildung werden Umweltthemen in den 1980er Jahren mit großem Interesse aufgenommen. Als Ursache dafür kann ein hoher Informationsbedarf bei der Bevölkerung betrachtet werden, der durch die öffentliche Kommunikation über Umweltfragen geweckt wurde (vgl. Apel 1993). Inhaltlich steht die Wissensvermittlung über Umweltrisiken im Vordergrund, die vorwiegend in Form klassischer Experten-Vorträge mit naturwissenschaftlichem Schwerpunkt geleistet wird (vgl. Franz-Balsen 1996, S. 147). Diese Veranstaltungen werden von den klassischen Trägern der Erwachsenenbildung (z.B. Volkshochschulen und Kirchen) angeboten und organisiert, daneben tritt aber auch die Ökologiebewegung als bedeutsamer Veranstalter der erwachsenenpädagogischen Umweltbildung auf (vgl. Beyersdorf 1998). Anfang der 1990er

Jahre lässt das Interesse an dieser Form von Umweltbildung deutlich nach (vgl. Apel 1993). Veranstaltungen werden nicht mehr nachgefragt und in der Folge auch in geringerem Umfang angeboten. Nicht zuletzt wegen dieser „Krise" beginnt sich die Umweltbildung sowohl inhaltlich als auch methodisch umzuorientieren. Inhaltlich spielt die Informationsvermittlung eine geringere Rolle, vielmehr entwickelt sich ein Selbstverständnis der erwachsenenpädagogischen Umweltbildung als Orientierungshilfe im Umgang mit Umweltrisiken. Damit geht der Einsatz innovativer Methoden einher: Neben die klassischen Veranstaltungsformen treten beispielsweise die Erfassung und Bewertung von Umweltdaten, Zukunftswerkstätten, die Verwendung von Computersimulationen, Pro- und Contramethoden usw. (vgl. Fischer 1996). Schließlich verändert sich auch die Struktur der Anbieter von Umweltbildung: Zum einen organisieren die zahlreichen Initiativen der lokalen Agenda 21 Umweltbildungsmaßnahmen als Bestandteil der Partizipation an Planungs- und Entscheidungsprozessen. Zum anderen erhält die Umweltberatung als Sonderform der Umweltbildung ein stärkeres Gewicht (beispielsweise die kommunalen Energie- und Abfallberatungen).

Ein zweiter bedeutsamer Bereich des Erwachsenenlernens kann in der beruflichen Aus- und Weiterbildung gesehen werden (Rebmann 2006). In zahlreichen Tätigkeitsfeldern spielt das ökologische berufliche Handeln eine bedeutsame Rolle bzw. birgt die Berufsausübung ein ökologisches Gefahrenpotenzial (Tippelt 1999, S. 286). Hinsichtlich der Realisierung von Umweltbildung im beruflichen Bereich zeigt sich eine ähnliche Tendenz wie für das schulische Lernen: Umweltbildung wird zwar allgemein als wichtig erachtet, in der Praxis zeigt sich allerdings, dass dieser Anspruch nur zum Teil realisiert wird (vgl. Kaiser/Brode 1995). Für jene Berufsgruppen, die Umweltschutzaufgaben zu erfüllen haben, werden zahlreiche Qualifizierungsmaßnahmen durchgeführt, beispielsweise in den Bereichen Entsorgung, Abfallmanagement, Energiesparen oder Gewässerschutz. Betriebsübergreifende Themen bzw. allgemeine umweltrelevante Themen nehmen dagegen in der beruflichen Weiterbildung eine untergeordnete Rolle ein (Weiss 1998, S. 186).

5   Ausblick

Zusammenfassend können die Fortschritte der Umweltbildung in den letzten 35 Jahren in folgenden Punkten dargestellt werden: Ökologische Themen haben an Bedeutung gewonnen und werden in institutionalisierten wie nicht-institutionalisierten Lehr-Lernprozessen zunehmend berücksichtigt. Die Etablierung der Umweltbildung ist dabei eng mit methodisch-didaktischen Innovationen verbunden: Kaum ein anderer Bildungsbereich ist von so starken Bemühungen geprägt, neue Formen des Lehrens und Lernens in der Praxis zu realisieren. Diesen positiven Punkten stehen allerdings zwei Defizite gegenüber: Verglichen mit dem Stellenwert, den ökologische Themen im gesellschaftlichen Diskurs einnehmen, sind sie in Lehr-Lernprozessen nach wie vor unterrepräsentiert und gehören nicht zum selbstverständlichen Bildungskanon. Für eine weitere Entwicklung der Umweltbildung wäre es zudem dringend erforderlich, ihre Wirkungen stärker empirisch zu untersuchen. Die interdisziplinäre Herangehensweise, die die Umweltbildungsforschung theoretisch auszeichnet, würde für derartige Studien eine gute Grundlage bieten. Diese Studien könnten auch dazu beitragen, eine realistische Perspektive über die Leistungsfähigkeit und die Grenzen einer Bildung für eine nachhaltige Entwicklung zu erhalten.

Literatur

Apel, H. (1993): Umweltbildung an Volkshochschulen. In: Apel, H. (Hrsg.): Orientierungen zur Umweltbildung. Bad Heilbrunn: Klinkhardt, S. 14–78.
Bamberg, S. (1999): Umweltschonendes Verhalten – eine Frage der Moral oder der richtigen Anreize? In: Zeitschrift für Sozialpsychologie, 30. Jg., S. 57–76.
Bamberg, S./Schmidt, P. (1994): Auto oder Fahrrad? In: Kölner Zeitschrift für Soziologie und Sozialpsychologie, 46. Jg., S. 80–102.
Beer, W./Haan, G. de (1984): Ökopädagogik. Aufstehen gegen den Untergang der Natur. Weinheim u.a.: Beltz.
Beyersdorf, M. (1998): Ökologiebewegung und Umweltbildung. In: Beyersdorf, M./Michelsen, G./Siebert, H. (Hrsg.): Umweltbildung. Theoretische Konzepte, empirische Erkenntnisse, praktische Erfahrungen. Neuwied: Luchterhand, S. 195–205.
Bilharz, M. (2008): „Key Points" nachhaltigen Konsums. Marburg: Metropolis.
Bilharz, M. & Gräsel, C. (2006): Gewusst wie: Strategisches Umwelthandeln als Ansatz zur Förderung ökologischer Kompetenz in Schule und Weiterbildung. In: Bildungsforschung, 3. Jg., Heft 1., URL: http://www.bildungsforschung.org/Archiv/2006-01/umwelthandeln (29.5.08)
Billig, A. (1995): Umweltbewußtsein und Wertorientierung. In: Haan, G. de (Hrsg.): Umweltbewußtsein und Massenmedien: Perspektiven ökologischer Kommunikation. Berlin: Acad. Verlag, S. 87–101.
Blum, A. (1987): Students' knowledge and beliefs concerning environmental issues in four countries. In: The Journal of Environmental Education, 18. Jg., H. 3, S. 7–13.
Bogun, R. (1997): Lebensstilforschung und Umweltverhalten. Anmerkungen und Fragen zu einem komplexen Verhältnis. In: Brand, K.-W. (Hrsg.): Nachhaltige Entwicklung. Eine Herausforderung an die Soziologie. Opladen: Leske und Budrich, S. 211–234.
Bogun, R./Warsewa, G. (2000): Ökologie, gesellschaftliche Normbildung und Risikobewusstsein. In: Heid, H./Hoff, E.-H./Rodax, K. (Hrsg.): Jahrbuch Bildung und Arbeit '98. Ökologische Kompetenz. Opladen: leske und Budrich, S. 67–83.
Bolscho, D./Seybold, H.-J. (1996): Umweltbildung und ökologisches Lernen. Ein Studien- und Praxisbuch. Berlin: Cornelsen Scriptor.
Bölts, H. (1995): Umwelterziehung: Grundlagen, Kritik, Modelle für die Praxis. Darmstadt: Wissenschaftliche Buchgesellschaft.
Bormann, I./de Haan, G. (2008): Kompetenzen der Bildung für nachhaltige Entwicklung. Operationalisierung, Messung, Rahmenbedingungen, Befunde. Wiesbaden: VS Verlag für Sozialwissenschaften.
Breidenbach, R. (1996): Herausforderung Umweltbildung. Bad Heilbrunn: Klinkhardt.
BUND/Misereor (Hrsg.) (1996): Zukunftsfähiges Deutschland. Ein Beitrag zu einer global nachhaltigen Entwicklung. Basel u.a.: Birkhäuser.
Bundesregierung (1972): Umweltschutz: Das Umweltprogramm der Bundesregierung. Stuttgart: Kohlhammer..
Bundestag, Enquette Kommission „Schutz des Menschen und der Umwelt" (Hrsg.) (1994): Die Industriegesellschaft gestalten. Perspektiven für einen nachhaltigen Umgang mit Stoff- und Materialströmen. Bonn: Economica-Verlag.
Club of Rome (1979): Zukunftschance Lernen. Bericht für die achtziger Jahre. Wien: Club of Rome Verlag.
Cornell, J. (1989): Mit Freude die Natur erleben. Naturerfahrungsspiele für alle. Mühlheim an der Ruhr: Verl. an der Ruhr.
Diekmann, A./Preisendörfer, P. (1992): Persönliches Umweltverhalten. Diskrepanz zwischen Anspruch und Wirklichkeit. In: Kölner Zeitschrift für Soziologie und Sozialpsychologie, 44. Jg., S. 226–251.
Ernst, A. M. (1997): Ökologisch-soziale Dilemmata. Weinheim: Psychologie Verlag Union.
Eulefeld, G./Bolscho, D./Rost, J./Seybold, H. (1988): Praxis der Umwelterziehung in der Bundesrepublik Deutschland. Eine empirische Studie. Kiel: Institut für die Pädagogik der Naturwissenschaft.
Eulefeld, G./Frey, K./Haft, H./Isensee, W./Lehmann, J./Maassen, B./Marquart, B./Schilke, K./Seybold, H. (1981): Ökologie und Umwelterziehung. Ein didaktisches Konzept. Stuttgart: Kohlhammer.
Fischer, A. (Hrsg.) (1996): Lernaktive Methoden in der beruflichen Umweltbildung. Bielefeld: Bertelsmann.
Franz-Balsen, A. (1996): Informationsvermittlung in der Umweltbildung oder: über den Umgang mit Nichtwissen. In: Nolda, S. (Hrsg.): Erwachsenenbildung in der Wissensgesellschaft. Bad Heilbrunn: Klinkhardt, S. 140–170.
Franzen, A. (1997): Umweltbewusstsein und Verkehrsverhalten. Empirische Analysen zur Verkehrsmittelwahl und der Akzeptanz umweltpolitischer Maßnahmen. Zürich: Rüegerer Chur.
Fuhrer, U. (1995): Sozialpsychologisch fundierter Theorierahmen für eine Umweltbewußtseinsforschung. In: Psychologische Rundschau, 46. Jg., S. 93–103.

Gräsel, C. (1999): Die Rolle des Wissens beim Umwelthandeln – oder: Warum Umweltwissen träge ist. In: Unterrichtswissenschaft, 27. Jg., S. 196–212.
Gräsel, C. (2000): Ökologische Kompetenz: Analyse und Förderung. Unveröffentlichte Habilitation, Ludwig-Maximilians-Universität, Fakultät für Psychologie und Pädagogik, München.
Haan, G. de (1999): Zu den Grundlagen der Bildung für „nachhaltige Entwicklung" in der Schule. In: Unterrichtswissenschaft, 27. Jg., S. 252–280.
Haan, G. de/Harenberg, D. (1999): Bildung für eine nachhaltige Entwicklung. Gutachten für das BLK-Programm (Materialien zur Bildungsplanung und Forschungsförderung Nr. 72). Bund-Länder-Kommission für Bildungsplanung und Forschungsförderung. Bonn: BLK.
Haan, G. de/Jung, N./Kutt, K./Michelsen, G./Nitschke, Ch./Seybold, H. (1997): Umweltbildung als Innovation. Bilanzierungen und Empfehlungen zu Modellversuchen und Forschungsvorhaben. Berlin: Springer.
Haan, G. de/Kuckartz, U. (1996): Umweltbewußtsein. Denken und Handeln in Umweltkrisen. Opladen: Westdeutscher Verlag.
Heid, H. (1992): Ökologie als Bildungsfrage? In: Zeitschrift für Pädagogik, 38. Jg., S. 113–138.
Hines, J. M./Hungerford, H. R./Tomera, A. N. (1987): Analysis and synthesis of research on responsible environmental behaviour: A meta-analysis. In: The Journal of Environmental Education, 18. Jg., H. 2, S. 1–8.
Illich, I. (1972): Entschulung der Gesellschaft. München: Kösel.
Inglehart, R. (1977): The silent revolution. Changing. Values and Political Styles Among Western Publics Princeton, NJ : Princeton Univ. Press.
Jickling, B./Spork, H. (1998): Education for the environment: a critique. Environmental Education Research, 4. Jg., S. 309–327.
IPCC (Intergovernmental Panel on Climate Change) (2007): Climate Change 2007. Genf. URL: http://www.ipcc.ch/ipccreports/assessments-reports.htm (29.5.08)
Kahlert, J. (1990): Alltagstheorien in der Umweltpädagogik. Eine sozialwissenschaftliche Analyse. Weinheim: Deutscher Studien-Verlag.
Kahlert, J. (1992): Die mißverstandene Krise – Theoriedefizite in der umweltpädagogischen Kommunikation (Schriften zur Didaktik der Wirtschafts- und Sozialwissenschaften No. 12). Universität Bielefeld, Fakultät für Wirtschaftswissenschaften.
Kaiser, F.-J./Brode, M. (1995): Umweltbildung an kaufmännischen Schulen – Theoretische Grundlagen, Probleme und Realisierungsmöglichkeiten. Bad Heilbrunn: Klinkhardt.
Kuckartz, U. (2000): Umweltbewusstsein in Deutschland 2000. Ergebnisse einer repräsentativen Bevölkerungsumfrage. Im Auftrag des Umweltbundesamtes. Berlin: Bundesumweltministerium.
Kyburz-Graber, R./Halder, U./Hügli, A./Ritter, M. (2001): Umweltbildung im 20. Jahrhundert. Anfänge, Gegenwartsprobleme, Perspektiven. Münster/Westfalen u.a.: Waxmann.
Kyburz-Graber, R./Robottom, I. (2006): The OECD-ENSI project and its relevance for teacher training concepts in Environmental Education. In: Kyburz-Graber, R./Hart, P./Posch, P./Robottom, I. (Hrsg): Reflective practice in teacher education. Bern u.a.: Lang.
Kultusministerkonferenz (KMK) (1980): Gemeinsame Erklärung der Kultusminister der Länder in der Bundesrepublik Deutschland über die Aufgaben der Schule im Bereich der Umwelterziehung. Bonn: KMK.
Lehmann, J. (1997): Handlungsorientierung und Indoktrination in der Umweltpädagogik. In: Zeitschrift für Pädagogik, 43. Jg., S. 631–638.
Lehmann, J. (1999): Befunde empirischer Forschung zu Umweltbildung und Umweltbewußtsein. Opladen: Leske und Budrich.
Lob, R. (1997): 20 Jahre Umweltbildung in Deutschland – eine Bilanz. Köln: Aulis.
Maloney, M.P./Ward, M.P. (1973): Ecology: Let's hear from the people. In: American Psychologist, 28. Jg., S. 583–586.
Meadows, D. L./Meadows, D. H./Randers, J. (1992): Die neuen Grenzen des Wachstums. Stuttgart: Deutsche Verlagsanstalt.
Meadows, D.L./Meadows, D.H./Zahn, E./Milling, P. (1972): Die Grenzen des Wachstums. Bericht des Club of Rome zur Lage der Menschheit. Stuttgart: : Deutsche Verlagsanstalt.
Meichtry, Y./Smith, J. (2007): The impact of a place-based professional development program on teachers' confidence, attitudes, and classroom practices. In: The Journal of Environmental Education, 38. Jg., Nr. 2, S. 15–34.
Michelsen, G. (1998): Theoretische Diskussionsstränge in der Umweltbildung. In: Beyersdorf, M./Michelsen, G./Siebert, H. (Hrsg.): Umweltbildung. Theoretische Konzepte, empirische Erkenntnisse, praktische Erfahrungen. Neuwied: Luchterhand, S. 61–65.
Mosler, H.-J./Gutscher, H. (1996): Kooperation durch Selbstverpflichtungen im Allmende-Dilemma. In: Kölner Zeitschrift für Soziologie und Sozialpsychologie, Sonderheft 36, S. 308–323.

Pfligersdorffer, G. (1991): Die biologisch-ökologische Bildungssituation von Schulabgängern. Salzburg: Abakus Verlag.
Poferl, A./Schilling, K./Brand, K.-W. (1997): Umweltbewusstsein und Alltagshandeln. Eine empirische Untersuchung sozial-kultureller Orientierungen. Opladen: Leske und Budrich.
Preisendörfer, P. (1999): Umwelteinstellungen und Umweltverhalten in Deutschland. Empirische Befunde und Analysen auf der Grundlage der Bevölkerungsumfragen „Umweltbewußtsein in Deutschland 1991-1998". Opladen: Leske und Budrich.
Prose, F./Wortmann, K. (1991): Die sieben Kieler Haushaltstypen. Werte, Lebensstile und Konsumverhaltensweisen. Christian-Albrecht-Universität Kiel, Institut für Psychologie. Kiel.
Rebmann, K. (20062): Berufliche Umweltbildung. In: Arnold, R./Lipsmeier, A. (Hrsg.): Handbuch der Berufsbildung. Wiesbaden: VS Verlag für Sozialwissenschaften, S. 299–312.
Rode, H. (1999): Schuleffekte bei umweltbezogenen Handlungsmotivationen deutscher Schülerinnen und Schüler. In: Bolscho, D./Michelsen, G. (Hrsg.): Methoden der Umweltbildungsforschung. Opladen: Leske und Budrich, S. 197–216.
Spada, H. (1990): Umweltbewußtsein: Einstellung und Verhalten. In: Kruse, L. (Hrsg.): Ökologische Psychologie. Ein Handbuch in Schlüsselbegriffen. München: Psychologie Verlags.-Union, S. 623–631.
Spada, H./Ernst, A.M. (1992): Wissen, Ziele und Verhalten in einem ökologisch-sozialen Dilemma. In: Pawlik, K./Stapf, K. H. (Hrsg.): Umwelt und Verhalten: Perspektiven und Ergebnisse ökopsychologischer Forschung. Bern u.a.: Huber, S. 83–106.
Tippelt, R. (19992): Weiterbildung und Umwelt. In: Tippelt, R. (Hrsg.): Handbuch Erwachsenenbildung/Weiterbildung. Opladen: Leske und Budrich, S. 278–292.
UNESCO (1979): Zwischenstaatliche Konferenz über Umwelterziehung in Tiflis 1977 (UNESCO-Konferenzbericht Nr. 4). Paris: UNESCO.
United Nations (Hrsg.) (1992): Report on the United Nations Conference on Environment and Development. Rio de Janeiro. New York: United Nations.
WBGU (Wissenschaftlicher Beirat globale Umweltveränderungen) (1996): Welt im Wandel: Wege zur Lösung globaler Umweltprobleme (Jahresgutachten 1995). Berlin. URL: http://www.wbgu.de/wbgu_jg1999_ultra.html (29.5.08)
Weiss, R. (1998): Betriebliche Umweltbildung. In: Beyersdorf, M./Michelsen, G./Siebert, H. (Hrsg.): Umweltbildung. Theoretische Konzepte, empirische Erkenntnisse, praktische Erfahrungen. Neuwied: Luchterhand, S. 185–194.
Weizsäcker, E.U. von/Lovins, A.B./Lovins, L.H. (1995): Faktor vier: doppelter Wohlstand – halbierter Naturverbrauch. Der neue Bericht an den Club of Rome. München: Droemer Knaur.

Benno Hafeneger

Politische Bildung

Schulische und außerschulische politische Bildung[1] gehören in der Bildungsgeschichte zu den neueren Bereichen der Bildungsforschung. Beide haben sich im 20. Jahrhundert zu einem eigenständigen und differenzierten Forschungs- und Professions- sowie rechtlich abgesicherten Praxisfeld entwickelt. Wissenschaftssystematisch hat die politische Bildung als Wissenschaft vom politischen Lernen, vom Vermitteln und Aneignen politischer Sachverhalte sowie Erfahrungslernen prinzipiell einen interdisziplinären Charakter mit Bezügen zur Erziehungswissenschaft einerseits und den Sozialwissenschaften andererseits. Politischer Bildung geht es nach einem prinzipiellen und weitgehend konsensfähigen Selbstverständnis nicht lediglich um kognitive Wissensvermittlung, sondern zugleich um handlungsorientierte Lernprozesse mit der Perspektive, dass das gelernte Wissen auch im staatsbürgerlichen Handeln, in der biographischen Entwicklung und der politisch-sozialen Lebenswelt reflexiv bedeutsam und praktisch relevant ist bzw. wird. Seit Mitte der 1990er Jahre sind zahlreiche Handbücher und Lexika erschienen sowie zwei neue Fachzeitschriften („kursiv-journal für politische Bildung" und „Praxis politische Bildung") gegründet worden, die als Indikatoren verstanden werden können, das Feld der außerschulischen politischen Bildung im kontinuierlichen Diskurs zu vergegenwärtigen und zu verorten (vgl. Hafeneger 1997a; Beer u.a. 1999; Sander 2006; Sander 2007)[2].

In dem Text wird zunächst das Bildungsfeld in seiner Geschichte, seinen wesentlichen theoretischen Ansätzen, strukturellen Merkmalen und pädagogischen Strategien vorgestellt; dann zeigen Einblicke in Forschungsergebnisse, welche Erkenntnisse vorliegen und schließlich sollen internationale Diskurse sowie aktuelle Herausforderungen, Probleme und Perspektiven markiert werden.

1 Rahmenbedingungen

Die schulische politische Bildung ist in den Landesverfassungen, den Schulgesetzen, Richtlinien der Kultusminister und den Stundentafeln für die unterschiedlichen Schultypen und -stufen mit unterschiedlichen Bezeichnungen geregelt; hier ist sie vorgeschriebener Lerngegenstand mit einem ausgewiesenen wöchentlichen Stundenumfang. Die außerschulische politische Bildung folgt dem Prinzip der Freiwilligkeit, ist in Landesgesetzen geregelt und hat für die Jugendbildung eine Rahmenvorgabe im Kinder- und Jugendhilfegesetz (KJHG, §11, Abs. 3). Danach gehört zu den Schwerpunkten der Jugendarbeit die „außerschulische Jugendbildung mit

---

1 Ich beziehe mich ausschließlich auf die politische Bildung außerhalb der Schule in der Bundesrepublik; auf die „Staatsbürgerkunde" in der ehemaligen DDR mit ihrem formierenden Auftrag in Schule und FDJ sei hier lediglich hingewiesen.
2 Für die schulische politische Bildung ist auf die Zeitschrift „politische Bildung" hinzuweisen.

allgemeiner politischer, sozialer, gesundheitlicher, kultureller, naturkundlicher und technischer Bildung". Der Bund fördert die politische Jugendbildung mit unterschiedlichen Gewichtungen seit 1950 aus dem Bundesjugendplan bzw. dann dem Kinder- und Jugendplan des Bundes. In den Bundesländern existieren unterschiedlich bezeichnete Förderungsgesetze für Erwachsene (Volkshochschul-, Weiterbildungs-, Erwachsenenbildungsgesetze) und für Jugendliche (Jugendbildungsgesetze); sie regeln die außerschulische politische Bildung (Ziele, Träger, Finanzierung u.a.). Gleichzeitig gelten für die Teilnahme an Veranstaltungen der politischen Bildung unterschiedlich bezeichnete Freistellungsgesetze (Bildungsurlaubsgesetz, Arbeitnehmerweiterbildungsgesetz), die ebenfalls auf Länderebene gültig sind. Mit der Verabschiedung (und vielfachen Novellierungen) der Gesetze seit Anfang der siebziger Jahre des 20. Jahrhunderts – und in den 1990er Jahren auch in den neuen Bundesländern – waren sie zunächst Bestandteil von Bildungsreformen und der Metapher des „lebensbegleitenden Lernens" verpflichtet. Durchgängige Zielsetzung der gesetzlichen Regelungen ist, den Arbeitnehmerinnen und Arbeitnehmern neben der beruflichen und allgemeinen Weiterbildung weitere Bildungschancen auch im Bereich der politischen Bildung zu ermöglichen und sie damit zu befähigen, Kenntnisse über Gesellschaft und Staat zu erwerben sowie ihre Interessen in Betrieb und Gesellschaft zu erkennen und an der demokratischen Willensbildung aktiv mitzuwirken.

Außerschulische politische Bildung hat nach den gesetzlichen Vorgaben ihre eigenen Lernorte und -zeiten, sie findet in einem „klassischen" Setting im Rahmen von Tagungen, Seminaren und Kursen, von Arbeitskreisen, Abend-, Tages- und mehrtägigen Veranstaltungen und dann in vielen „kreativen" Settings im Rahmen von Studienreisen, Exkursionen, Projekten und „ungewöhnlichen Lernorten" statt. Angeboten wird sie zum kleineren Teil von öffentlichen Trägern (Volkshochschulen, staatlichen Jugendbildungsstätten, Landeszentralen für politische Bildung, Bundeszentrale für politische Bildung, kommunaler Jugendarbeit) und zum größten Teil von einer Vielfalt von freien Trägern der Jugend- und Erwachsenenbildung sowie deren Zusammenschlüssen (u.a. Gewerkschaften, Kirchen, Stiftungen, Bildungswerke, Akademien, Jugendverbände, lokale Lern- und Bildungsprojekte) (vgl. Vorholt 2003).

2 Geschichte und Programmatik

Das Lernfeld der politischen Bildung hat sich in der Geschichte der Bundesrepublik auf drei Bereiche hin differenziert: politische Bildung als Fach (und Politikdidaktik) in der Schule und als freiwilliges Lernfeld in der außerschulischen Jugend- sowie in der Erwachsenenbildung. Mit dem Paradigma, dass in modernen Gesellschaften politische Sozialisation und politische Integration ein lebensbegleitender Prozess ist, wird für deren Mitglieder – die junge Generation und Erwachsene – begründet, diesen kontinuierlich Angebote zu machen bzw. Teilnahme an politischer Bildung zu ermöglichen. Sie ist nach Fischer „so alt wie das Menschengeschlecht" (Fischer 1972, S. 9), aber als institutionalisierte Erziehung und Bildung gehört sie zur Ausprägung des modernen Schulwesens, der sich herausbildenden Jugendphase sowie der außerschulischen Erziehung und Bildung mit ihrer Gesetzgebung (vgl. Kuhn/Massing 1993). Die Vermittlung von Politik als Gegenstand und Lernprozess bedarf eigener Orte und Zeiten. Für die schulische politische Bildung ist dies das Unterrichtsfach und für die außerschulische politische Bildung sind dies über gesetzliche und administrative Vorgaben geregelte und von den Trägern angebotene Orte und Zeiten in der Freizeit bzw. Weiterbildungszeit von Jugendlichen und Erwachsenen. Die politische Bildung ist „ein Kind" des 20. Jahrhunderts und lässt sich in ihrer Entwicklung so charakterisieren:

Die schulische politische Bildung wurde in der Wilhelminischen Zeit zur eigenständigen „staatsbürgerlichen Erziehung", mit der die junge Generation mittels „Nationalerziehung" an Kaiser und Vaterland gebunden und gegenüber dem Feinde (der Sozialdemokratie) immunisiert werden sollte.

In der Weimarer Republik entwickelte sich im Kontext der Verfassung der Republik ein pluralistisches Angebot und außerschulisch ein breites Trägerspektrum der Jugend- und Erwachsenenbildung. Dies reichte von autoritär national-politischer Erziehung – über subjektzentrierte Reformansätze – bis hin zu selbstorganisierten Lernformen in der Reformpädagogik und Arbeiterbewegung.

Der NS-Staat (und dann auch die DDR-Erziehung) haben politische Erziehung in und außerhalb der Schule jeweils in ihrem ideologischen Kontext instrumentell, herrschaftsstabilisierend und formierend verstanden, mit ihr sollten jeweils Bindungen an das System und seine Weltanschauung gesichert werden.

Die neuhumanistische Bildungstradition, die Organisationen der Arbeiterbewegung und die Reeducationinteressen der westlichen Alliierten haben nach 1945 die politische Erziehung und Bildung in die Perspektive von Subjektentwicklung, politischen Reformen und Demokratisierung der Gesellschaft gestellt (vgl. Giesecke 2000). Das Denkmuster, politische Bildung als staatliches und interessenorientiertes Instrument zu definieren und Jugend als Objekt der Erziehung zu sehen, wurde ansatzweise in der Weimarer Republik und dann in der Geschichte der Bundesrepublik in einem langen Prozess durch eine auf Mündigkeit, Aufklärung und Selbstbestimmung zielende demokratische politische Bildung abgelöst. Sie bleibt mit ihren politisch-pädagogischen Leitideen in der Geschichte der Bundesrepublik in die jeweils zeitbezogenen Auseinandersetzungen der politischen Parteien und gesellschaftlichen Interessen eingebunden und erfährt mit dem „Beutelsbacher Konsens" von 1976 einen schulischen – und außerschulischen – Konsens in drei Maximen; danach gilt ein „Überwältigungsverbot", das Prinzip der „Kontroversität" und eine „Interessenorientierung". Letztere soll den Schüler in die Lage versetzen, „eine politische Situation und seine eigene Interessenlage zu analysieren, sowie nach Mitteln und Wegen zu suchen, die vorgefundene Lage im Sinne seiner Interessen zu beeinflussen" (Schiele/Schneider 1977, S. 179f.).

2.1 Schulische politische Bildung

Die wissenschaftlichen, politikdidaktischen Konzeptionen und handlungsorientierten Methoden der schulischen politischen Bildung haben sich als fachliche Fundierungen in der Bundesrepublik zunächst eher zögernd entwickelt (vgl. Sander 2006). So unterschiedlich die Denkstile, politischen Positionen und didaktischen Konzepte (z.B. Kategorien oder Konflikt als didaktisches Zentrum) auch waren, so folgten sie doch dem entwickelten fachdidaktischen Grundmuster, nach dem politische Bildung im Kern Politik zum Gegenstand hat. Sie hat sich – so der allgemeine Konsens – auf die demokratische Verfassung der Bundesrepublik zu beziehen und mit der politischen Realität im Rahmen eines eigenen Faches auseinander zu setzen. Die Ansätze sind „einer Erziehung zur Mündigkeit sowie einem demokratischen Selbstverständnis verpflichtet und sehen sich in der Tradition der Aufklärung" (Sander 2007, S. 17). In den 1970er und 1980er Jahren gibt es nach Giesecke (2000) mit dem „Scheitern des didaktischen Objektivismus" eine „subjektivistische Wende; der Blick richtete sich nun auf die Befindlichkeit des Kindes, Politik wurde verstanden als Rohmaterial für das Drama der jeweiligen Subjektivität", und als Grundmuster einer „demokratischen Bildung" der „Anerkennung der Freiheitsrechte für alle Bürgerinnen und Bürger" (Giesecke 2000, S. 26). Die Autoren Gagel, Breit und Giesecke verweisen in ihren Publikationen auf die Probleme der Subjektivierung des didaktisch-methodischen Denkens und reklamieren die Fachlichkeit des Unterrichts, die in der aufklärenden Erschließung von politischen Sachverhalten, Wirklichkeiten und Gegenständen (durch bestimmte Methoden) liegt.

In der weiteren Entwicklung hat sich die Politikdidaktik – als Wissenschaft vom politischen Lernen und Begründung eines eigenständigen Faches – dann in den 1980er und 1990er Jahren als „nachkonzeptionelle Phase" (vgl. Gagel 1994) differenziert; sie ist vor dem Hintergrund gesellschaftlicher Diagnosen in ihren Diskussions- und Forschungsfeldern heterogener geworden, hat sich pluralisiert und neue Ansätze entwickelt. Von Bedeutung geworden ist das Konzept bzw. sind die Prinzipien, die unter den Stichworten der „kategorialen Didaktik", des „genetischen Prinzips", der „Problemorientierung", der „Kontroversität", der „Schüler- bzw. Teilnehmerorientierung", der „Handlungsorientierung", „Wissenschaftsorientierung", „Zukunftsorientierung", „Konstruktivistischen Didaktik" (vgl. zusammenfassend Sander 2006) oder auch als „Kommunikative Fachdidaktik" (vgl. Grammes 1998) begründet worden sind. Mit Bezug auf Kohlbergs Theorie der kognitiv-moralischen Entwicklung entwirft Reinhardt (1999) eine Verknüpfung von Theorie und Praxis der „Wert-Bildung" in Schule und Unterricht. Prozesse der Unterrichtspraxis müssen nach ihr so angelegt sein, dass sie einerseits dem Anspruch des Schülers auf moralische Selbstbestimmung genügen und andererseits nicht in beliebige Urteile abgleiten. Giesecke (2000) stellt politische Teilhabe in den Mittelpunkt des Unterrichts, die er in ihrem Bildungswert so präzisiert:

„1. Teilnahme an politischen Wahlen;
2. Teilnahme an der beruflichen Interessenvertretung;
3. Teilnahme im Rahmen von Verbänden, Organisationen bzw. Bürgerinitiativen;
4. Teilnahme an der politischen Publizistik". (Giesecke 2000, S. 68)

Schließlich beginnt zu Beginn des 21. Jahrhunderts mit den Ergebnissen von PISA und KMK-Vorgaben die Diskussion um nationale Bildungsstandards und Qualitätsverbesserung auch für den Politikunterricht (vgl. GPJE 2004). Gleichzeitig verändert sich das Fach hin zu „Politik und Wirtschaft" (PoWi).

2.2 Außerschulische politische Bildung

Historisch hat die außerschulische politische Jugend- und Erwachsenenbildung ihre Vorläufer in den Traditionen der Jugendarbeit, der Volks-/Erwachsenenbildung und einer mit ihr einhergehenden Pluralisierung von Angeboten, Trägern und Lernformen. Sie ist Bestandteil der „sozialen Frage", der vielschichtig geführten sozial- und bildungspolitischen (Reform-) Debatten des 20. Jahrhunderts sowie einer wissenschaftsbasierten Grundlegung, Institutionalisierung und Professionalisierung im Prozess der Ausdifferenzierung des Bildungssystems. Hier war eine überparteiliche und überkonfessionelle Denktradition – insbesondere der Volkshochschulen und der Reformpolitik – allen Bevölkerungsschichten (Allgemein-)Bildung anzubieten.

Eine andere Denktradition in der Zeit von 1890 bis zum Ende der Weimarer Republik war in der milieugebundenen, an partikularen Interessen und sozialen Bewegungen (Arbeiterbewegung, Frauenbewegung, Kirchen-, Lebensreformbewegung, Jugendbewegung) orientierten politischen (Volks-)Bildung begründet (vgl. zusammenfassend Kade/Nittel/Seitter 1999). In diesem Zeitraum gab es eine „Verstetigung des Denkens" über Erziehung und Bildung als lebensbegleitender Prozess, der die außerschulische Jugendbildung eingebunden hat; in der zweiten Hälfte des 20. Jahrhunderts hat sie einen massiven Institutionalisierungsschub und flächendeckend „einen starken Ausbau der institutionellen Infrastruktur erfahren" (Kade/Nittel/Seitter 1999, S. 41).

Von der Reeducationpolitik der westlichen Alliierten (insbesondere in der amerikanischen Besatzungszone) und der Etablierung der Träger der politischen Jugend- und Erwachsenenbildung profitierte in der Bundesrepublik auch die politische Bildung. In der unmittelbaren Nachkriegszeit und den 1950er Jahren etablierte sich eine breite und pluralistische politische Jugend- und Erwachsenenbildung, der mit ihren Angeboten – bei allen Differenzierungen und Kontroversen – programmatisch und selbstverpflichtend aufgetragen war, zur Demokratisierung der Bundesrepublik beizutragen und Demokratiegefährdungen zu verhindern (vgl. Ciupke/Jelich 1999). Sie ist in den 1950er Jahren vor allem durch die Arbeiten von Fritz Borinski (1954) mit seiner „mitbürgerlichen Erziehung" inspiriert worden.

In der Zeit der allgemeinen Bildungsreformbestrebungen in den 1960er und 1970er Jahren ist für die politische Jugend- und Erwachsenenbildung ein weiterer Modernisierungsschub identifizierbar. Mit ihrer Institutionalisierung, Verrechtlichung, Professionalisierung und mit herausgebildeter pädagogischer Professionalität (Bildungsreferent, Dozent, pädagogischer Mitarbeiter, Erwachsenenbildner) wird sie zum „Teil des öffentlichen Bildungswesens" und „einer öffentlichen Aufgabe im System staatlich-kommunaler Daseinsfürsorge" (Kade/Nittel/Seitter 1999, S. 53; vgl. auch Faulstich/Zeuner 1999). In dieser Zeit ist die politische Bildung vor allem von Oskar Negt (1968) mit seinem Angebot einer „soziologischen Phantasie und exemplarischem Lernen" und von Theodor W. Adorno mit seiner „Erziehung zur Mündigkeit" (Adorno 1970) inspiriert worden. Die theoretischen Debatten sind weniger eng am „Fach" orientiert als in die allgemeinen jugend- und erwachsenenpädagogischen Debatten und die zeitbezogenen Gesellschaftsdiagnosen sowie in die politische Kultur und gesellschaftlichen Interessen verwoben. Die politische Jugendbildung ist – im Spannungsfeld von Sozial-/Jugendhilfepolitik und Bildungspolitik – Bestandteil der Theoriediskussion und politisch-normativer Orientierungen in der Jugendarbeit. Zu nennen sind hier die Traditionen einer „emanzipatorischen Jugendarbeit" (vgl. Giesecke 1966), der „antikapitalistischen Jugendarbeit" (vgl. Liebel/Lessing 1974) und „bedürfnisorientierten Jugendarbeit" (vgl. Damm 1975; 1980); in den 1980er Jahren und zu Beginn der 1990er Jahre sind dann die Ansätze der „sozialräumlichen Jugendarbeit" (vgl. Böhnisch/Münchmeier 1987; 1990) und „subjektorientierten Jugendarbeit" (vgl. Scherr 1997) ausformuliert worden.

Faulstich/Zeuner (1999, S. 215) unterscheiden für die Erwachsenenbildung – d.h. die allgemeine, berufliche und politische Bildung – in der Geschichte der Bundesrepublik sechs Phasen: Erziehung zur Demokratie als Lebensform, Reeducation nach 1945; Brauchbarkeit, Partnerschaft und Mitbürgerlichkeit; „realistische Wende", Qualifikation und Integration; Kritik und Emanzipation; Pragmatismus und Konsens; arbeitsorientiert politikbezogene Erwachsenenbildung.

3 Ansätze und Begründungen

Während in den neueren Ansätzen zum „Lernen im Erwachsenenalter" nach dem „institutionszentrierten", dem „bildungszentrierten", dem „lebenslaufzentrierten" und dem „subjektzentrierten" Zugang differenziert wird (vgl. Kade/Nittel/Seitter 1999, S. 85) oder auch unterschiedliche, didaktische Modellkonzepte wie „bildungstheoretische Didaktik", „curriculumtheoretische Didaktik", „identitätstheoretische Didaktik" und „Ermöglichungsdidaktik" angeboten werden (vgl. zusammenfassend Faulstich/Zeuner 1999), bestimmen in der politischen Jugend- und Erwachsenenbildung einige normative Orientierungen und theoretische Offerten die Begründungen und handlungsorientierten Perspektiven. Seit den 1990er Jahren haben sich fünf (ideal-)typische theoretische Diskurs- bzw. Argumentationsfiguren herausgebildet und differenziert.

3.1 Subjekt- und identitätstheoretische Begründung

In der emanzipatorischen Denktradition und Perspektive geht es um die Prozesse der Identitäts- und Subjektkonstitution, um die Herstellung von Lebenswelten in entwickelten modernen Gesellschaften, sowie um die Bildungsbedürfnisse und Aneignungsformen (vgl. Scherr 1997). Subjektwissenschaftliche Ansätze orientieren sich an der Lerntheorie von Klaus Holzkamp und der kritisch-konstruktiven Didaktik von Wolfgang Klafki (Allespack/Meyer/Wentzel 2009). Sie versuchen die Vorstellung eines „expansiven Lernens" mit der Idee einer kritischen Bildung zu verknüpfen und damit neue Impulse für die theoretische Debatte zu geben. Dabei wird von einem dialektisch verfassten Grundverständnis des Zusammenhangs von Subjekt- und Gesellschaftsorientierung, von Lebensgeschichte, Orientierungen und Erfahrungen sowie gesellschaftlicher Bestimmtheit und Vermittlung ausgegangen. Politische Bildung wird hier nicht als Belehrung oder lediglich Wissensvermittlung verstanden, sondern trägt zur Entwicklung und Befähigung subjektiver politischer Kompetenz bei, indem sie den Horizont von Erfahrung und Wissen reflexiv und selbsttätig erweitern, interpretieren und artikulieren hilft. Vor diesem Hintergrund entwickelt und begründet Beer (1998) inhaltliche und konzeptionelle Herausforderungen einer politischen Bildung „im Epochenwechsel". Mit den tiefgreifenden und grundlegenden gesellschaftlichen, strukturell-ökonomischen und sozialen Veränderungen moderner Gesellschaften sind für ihn die zentralen Stichworte für die politische Bildung: Globalisierung, subjektive Individualisierung und gesellschaftliche Pluralisierung, ökologische Risiken, kultureller Wandel, Politisierung von Naturwissenschaften und Technik. Mit der Begründung, dass demokratische Kultur politische Bildung braucht, führt nach Beer die „unverzichtbare Betonung des Politischen als Zentrum politischer Bildung notwendig zu einer Abgrenzung gegenüber Nachbardisziplinen" (ebd. 1998, S. 169). Für Sander (2007) ist politische Bildung zu Beginn des 21. Jahrhunderts „ein unverzichtbarer Bestandteil der demokratischen politischen Kultur – aber sie ist nicht die Instanz, die Lernenden zu sagen hätte, wie sie politisch denken und auf welche Weise sie ihre politische Freiheit leben sollen" (ebd. 2007, S. 9).

3.2 Modernisierungsprozesse

Die Fundierung von politischer Bildung ist eingebunden in die Versuche, gesellschaftliche Entwicklungen zu diagnostizieren und theoretisch zu verorten. Beer (1998) spricht dann auch von politischer Bildung im „Epochenwechsel" und in „gesellschaftlichen Umbrüchen". Die Veränderungen von Milieus, der Bedingungen des Erwachsenwerdens und -seins, die Modernisierung der Gesellschaftsstruktur, der Institutionen, der Generations- und Geschlechterverhältnisse, der Lebensformen, Lebensläufe und Biographien wirken sich auf die Ausgangsbedingungen des Denkens und Handelns in der politischen Bildung wie der pädagogischen Arbeit insgesamt aus. Die Bedeutung von Selbstsozialisation und -zuständigkeit, der Einfluss von Medien, Kommerz, Moden und von Gleichaltrigengruppen (und Szenen) sind analytische Hinweise und empirische Belege, dass der Einfluss der Sozialisationsorte neu gemischt wird. Für diese Gegenwartsdiagnosen ist vor allem auf den Einfluss von Schulze (1992) und Beck (1986; 1993) und das weitere Diagnoseangebot der reflexiven Moderne und der Wissensgesellschaft hinzuweisen. „Soziale Milieus" sind, so Schulze (1992) in seinem schon klassischen Werk über die „Erlebnisgesellschaft", Gemeinschaften der Weltdeutung. Nach ihm bewirken unterschiedliche Erfahrungshorizonte und auseinanderlaufende Routinen der Verarbeitung wahrgenommener sozialer Wirklichkeit, dass es in unserer Gesellschaft mehrere Welten gibt. Milieus sind – wie er sagt – soziokulturelle Gravitationsfelder mit eigenen Wirklichkeiten, sie bilden ein stabiles Muster der Ungleichverteilung von alten und der Diffusion von neuen Deutungsschemata und Informationen.

Aus hochgradig ambivalenten, modernisierungs- und individualisierungstheoretischen Beschreibungen der Gesellschaft resultieren Aussagen über Lebensläufe/-verläufe der Individuen, die für Beck (1986; 1993) „Bastelbiographien" – Baumeister von eigenen Beziehungsnetzwerken – geworden sind und sich nicht mehr in lebenslange Normalbiographien einfügen, die wiederum von genormten und traditionell erwartbaren persönlichen Beziehungsmustern begleitet bzw. vorgeformt sind. Die weiteren Stichworte sind hier „erzwungene Wahlmöglichkeiten", mit den Chancen und Risiken für die „Kinder der Freiheit", die ihren Sinn, ihre Erfüllung des Lebens selbst suchen müssen. Bekannt ist das Bild funktional differenzierter, in Milieus zersplitterter, ihr Leben selbst gestaltender Individuen. Die drei Dimensionen, die den gesellschaftlichen Prozess prägen, sind nach Beck: Die Freisetzungsdimension, die die Herauslösung aus historisch vorgegebenen Sozialformen und -bindungen im Sinne traditioneller Herrschafts- und Versorgungszusammenhänge thematisiert; die Entzauberungsdimension, also der Verlust von traditionalen Sicherheiten im Hinblick auf Handlungswissen, Glauben und leitende Normen; die Kontroll- bzw. Reintegrationsdimension, die sich auf eine neue Art der Einbindung bezieht.

3.3 Konstruktivismus

Erkenntnistheoretisch fragt das systemisch-konstruktivistische Paradigma nach den Möglichkeiten des Erkennens und geht von der Annahme aus, dass die äußere Welt (Wirklichkeit) im Prozess des Handelns konstruiert wird und damit relativ ist. Was die Subjekte von der Welt wissen, sind deren Wirklichkeitskonstrukte, sind deren kognitive und emotional gefärbte Landkarten (Arnold/Siebert 1997; Siebert 1999). Lernen bietet als Blick auf die Aneignungsperspektive den Adressaten die Möglichkeit weiter zu differenzieren, zu unterscheiden, zu beobachten und Wissen, Können und Reflexion zu erweitern. Für die politische Bildung heißt das, dass auch hier Lernen eine biographisch und kulturell geprägte (Re)Konstruktion von Wirklichkeiten ist. Die Inhalte und der „Vermittlungsstoff" sind ein Lernangebot und können als Anregungen verstanden werden; der Umgang damit und die Aneignung fällt in die Verantwortung und Selbstzuständigkeit der Lernenden. Ihr biographisches Interesse, ihre Erfahrungen und die „Anschlussfähigkeit" des „Materials" macht Bildungssituationen nicht kalkulierbar bzw. planbar; die Adressaten bestimmen in eigener Verantwortung, was sie aus ihrer Teilnahme machen, was sie lernen und wie sie mit dem Gelernten inner- und außerhalb des pädagogischen Systems umgehen. In einem dialogischen Prozess sind Lehrende und Lernende Co-Produzenten und konstituieren gemeinsam das Lern- und Bildungsgeschehen. Politische Bildung ist der Umgang mit Deutungen und im Kern geht es ihr um den Austausch bzw. die Konfrontation von subjektiven Deutungen, eine Erweiterung von Perspektivenvielfalt, eine Offenheit für Differenzerfahrungen und eine selbstgesteuerte, reflexive (Selbst)Aufklärung. Eine konstruktivistische Perspektive beinhaltet auch über Macht, Interessen und Strategien von politischen Konstruktionen und über deren Konstruktion von Wirklichkeiten aufzuklären.

3.4 Schlüsselkompetenzen

Der gesellschaftliche Krisenzusammenhang der entwickelten Moderne ist nach Oskar Negt (1994) vor allem als „kulturelle Erosionskrise" zu charakterisieren, der die gesellschaftlichen Prozesse und die Institutionen ebenso wie die Subjektausstattung der Menschen erfasst hat. Für ihn ist der übergeordnete Begriff des „kulturellen Lernens" mit den beiden Merkmalen „Orientierung und Kompetenz" eine Existenzfrage der Demokratie, für die Entwicklung von autonomer Urteilsfähigkeit und demokratischer Selbstbestimmung geworden. Solche Kompetenzen, die auch als orientierendes Denken oder gesellschaftliche Schlüsselqualifikationen bezeichnet werden, sind für ihn: den Umgang mit bedrohter und gebrochener Identität zu lernen (Kompetenz der Selbst- und Fremdwahrnehmung); gesellschaftliche Wirkungen zu begreifen und Entscheidungsvermögen zu entwickeln (technologische Kompetenz); Erinnerungs- und Utopiefähigkeit (historische Kompetenz); Sensibilität für Enteignungserfahrungen; Wahrnehmungsfähigkeit für Recht und Unrecht, für Gleichheit und Ungleichheit (Gerechtigkeitskompetenz). Mit diesen aufklärenden und lernenden Herausforderungen wendet sich Negt gegen die Mystifikation ökonomischer Prozesse und die Anthropologisierung gesellschaftlich-sozialer Konfliktkonstellationen wie auch gegen autoritäre Tendenzen und technokratische Phantasien in der Gesellschaft. Ähnlich begründet ist die Diskussion von Klafkis (1985) didaktischem Konzept der „Schlüsselprobleme", die Faulstich/Zeuner (1999, S. 59) für die Erwachsenenbildung mit dem Themenkatalog übernehmen: Bevölkerungsentwicklung, Umweltfragen, technische Probleme, Organisation und Qualifikation der Arbeit, Zeitstrukturen, Wertewandel, Partizipationschancen.

3.5 Demokratie, Aufklärung und Teilhabe

Politische Bildung ist Bestandteil gelingender, aufklärender und handlungsorientierter Lebensbewältigung in einer sich stark verändernden Welt. Gleichzeitig ändert sich – allen Modernisierungen, Moden, Stimmungen und neuen Lernkulturen zum Trotz – an der politischen Bildung prinzipiell nichts, weil es im jeweiligen Zeitbezug und in den jeweiligen „Umbruchzeiten" darum geht, einen Beitrag zur Reflexion der objektiven (ökonomischen, sozialen, kulturellen) Verhältnisse, der Bearbeitung der gesellschaftlichen und politischen Probleme zu leisten und präreflexive Selbstverständlichkeiten aufzuhellen (vgl. Hafeneger 1997b, 1999). Hier ist erneut ein reflexiver Bezug auf die Bildsamkeit des Menschen und die Gesellschaft notwendig, die ohne Erziehung und Bildung nicht denkbar sind (Generationenfolge in demokratischer Gesellschaft). Ebenso haben Fragen der konkreten, der alltäglich-lebenspraktischen Moral, der Individualität, Autonomie und Solidarität eine neue Bedeutung. Politische Bildung ist wie Pädagogik ein Feld des Streitens, Klärens und der Anerkennung sowie der Erfahrung von tolerantem uneingeschränktem Angenommen-Sein, um die eigene Person zu stärken und die eigene Existenz als sinnvoll erfahren zu können. Es geht also um Sinn- und Orientierungsprobleme bei erodierendem Zukunftsoptimismus bzw. offener Zukunft. Die beste politische Teilhabe ist immer noch, seine Interessen zu (er)kennen und zu organisieren. Im Kern geht es um die produktive Teilhabe im Lern-/Unterrichtsprozess als demokratischem Alltag der Lernorte selbst (als Verbindung von Leben und Lernen), um Lehr- und Lernformen, die über scholastisch-rezeptive Lernformen hinausweisen. Für die Schule heißt das: Der alltäglich politische Ernstfall von Schülern ist die Schule selbst. Für alle Lernorte gilt, dass die Zeit der politischen Bildung selbst als sinnhaft und wertvoll erfahren werden muss; dabei geht es um Demokratie als erfahrene Lebensform, wie auch als partizipative Staatsform und demokratische Öffentlichkeit.

So unterschiedlich die skizzierten Ansätze und die mit ihnen verbundenen Diskurse über die entwickelte oder reflexive Moderne, über Risikogesellschaft und Individualisierung, Unübersichtlichkeit und Entgrenzung mit all ihren Implikationen, Ambivalenzen und Folgen auch sind, politische Bildung gehört für sie im Kontext von lebensbegleitendem Lernen und individuellen Bildungsverläufen zu einer notwendigen und unhintergehbaren Realität moderner Gesellschaften.

4 Empirische Forschung

Sowohl in der schulischen Politikdidaktik wie auch in der außerschulischen politischen Jugend- und Erwachsenenbildung ist die quantitative und qualitative Forschung bisher kaum (breit) entwickelt. Obwohl die Kindheits- und Jugendforschung eine lange Tradition hat und in den letzten Jahren erneut expandiert ist, müssen für die empirische Forschung zum politischen Lernen von Jugendlichen und Erwachsenen erhebliche Defizite bzw. Lücken konstatiert werden; dies ist zunächst der Komplexität von Forschungsanlagen, dann aber auch den fehlenden Ressourcen und politischen (trägerbezogenen) Interessen geschuldet. Die Datenlage zur politischen Jugend- und Erwachsenenbildung ist unzureichend, die Weiterbildungsstatistik(en) und Bildungsberichterstattung des Bundes, der Länder und von Trägern erlauben auch vor dem Hintergrund der mangelhaften Überschaubarkeit der institutionellen Struktur keine genauen quantitativen Befunde; darüber hinaus ist der Begriff der politischen Bildung diffus und unterschiedlich in seinem Gebrauch. Gleichzeitig sind die konzeptionellen Debatten – mit Bezügen zu unterschiedlichen Wissenschaftsdisziplinen (insb. zur Politik- und Erziehungswissenschaft) – stark normativ und wenig empirisch geprägt und sie zeigen einen Perspektivenwechsel von der Wissensvermittlung zur Kompetenzentwicklung (vgl. Körber 2006). Die Berichte kommen zu dem Ergebnis, dass „für die politische Erwachsenenbildung im engeren Sinne eine Teilnahmequote von jährlich 1% ermittelt" werden kann (Kuhlenkamp 2007, S. 167).

Für die quantitative Forschung weist Sander (2005) auf zwei schulbezogene Studien und eine außerschulische Studie hin. Breit und Harms (1990) haben im Rahmen einer Lehrerbefragung Ergebnisse zum Status des Faches, der fachdidaktischen Ausbildung und der Rezeption von Theorien sowie der Unterrichtsplanung vorgelegt. Nach Sander (2005) waren die Ergebnisse ernüchternd: „Die Autoren der Studie ermittelten einen Trend zur ‚Überalterung' der Politiklehrer/innen, eine geringe Rezeption fachdidaktischer Konzeptionen und die Reduktion von Didaktik und Methodik im Bewusstsein vieler Lehrer/innen, einen hohen Anteil von fachfremd unterrichtenden Lehrkräften und eine skeptische Beurteilung des Status des Faches in der Schule, jeweils aus der Sicht der befragten Lehrerinnen und Lehrer" (ebd. 2005, S. 29). Demgegenüber hat Rothe (1993) Gymnasiasten aus Hessen und Bayern nach den Wirkungen des Unterrichts, dem Wissen und den politischen Einstellungen gefragt. Nach der Studie hat die landespolitische Ausrichtung keinen Einfluss auf politische Orientierungen, sie konstatiert ein breites demokratisches Selbstverständnis bei den Schülerinnen und Schülern, zeigt aber auch das Problem der „Moralisierung von Politik". In der schulischen politischen Bildung ist seit den 1990er Jahren die qualitative, interpretative Fachunterrichtsforschung zum Schwerpunkt geworden. Mit der „empirischen Wende" in der Fachdidaktik geht es um die Auswertung von Transkripten durchgeführter Unterrichtsstunden bzw. Unterrichtssequenzen, von Interviews, Gesprächssequenzen mit Lehrern, Ausbildern und Schülern; mittlerweile liegt eine Vielzahl von (Detail-)Studien vor (u.a. Grammes/Weisseno 1993; Schelle 1995; Henkenborg/Kuhn 1998). Sander (2007) sieht in den Ergebnissen ein fachdidaktisches Professionalisierungsdefizit, nach dem viele didaktische Konzepte in der Praxis – aus Sicht der Schülerinnen und Schüler – tragfähig sind, und dass das Klischee vom wissenden Lehrer und unwissenden Schüler so nicht zutrifft. Nach Henkenborg/Kuhn (1998, S. 29ff.) haben die Forschungsansätze mindestens drei Gemeinsamkeiten: den Gegenstandsbereich; das Interesse an der Analyse von Deutungen, Wahrnehmungen und an den pädagogischen Beziehungen und Interaktionen; den Diskussionszusammenhang im Rahmen eines Arbeitskreises, von work-shops und einer qualitativ orientierten, interpretativen oder rekonstruktiven Forschungslogik. Sie differenzieren dann theoretische und methodische Probleme, mit denen sich die qualitative Unterrichtsforschung auseinandersetzen muss, dazu gehören: stufendidaktische Konzepte, Geschlecht und Politik, Unterrichtsanalysen, Professionalisierung, Methodenfragen, Fachprofil und Politikbegriff.

Die empirische Studie der Friedrich-Ebert-Stiftung (vgl. Flaig/Meyer/Ueltzhoeffer 1997) macht den Zusammenhang zwischen Milieuprägungen, Lebensstilen und Alltagsästhetik einerseits und Interessen, Motiven und Erwartungen andererseits deutlich. Die Bedeutung des angebotenen Lernortes mit seinem alltagsästhetischen und kulturellen Setting hat für die potentiellen Teilnehmer einen herausragenden Stellenwert für ihre Teilnahme(bereitschaft). Hervorgehoben wird von den Befragten als neue Kategorie der „Stil des Lernortes". Empirisch wurde in drei Erhebungen dem „Zusammenhang zwischen Milieustruktur der Bevölkerung und dem Interesse an Veranstaltungen zur politischen Bildung" (Flaig/Meyer/Ueltzhoeffer 1997, S. 150) nachgegangen. Danach zeigten an Angeboten der politischen Bildung „alle modernen Milieus (teilweise weit) überdurchschnittliche Bildungsbereitschaft" (ebd., S. 151); zu ihnen gehören – nach dem SINUS-Milieumodell – das technokratisch-liberale, das hedonistische, das alternative und das neue Arbeitermilieu wie auch Teile des aufstiegsorientierten Milieus. Milieuanalytisch ist der „Markt für politische Bildung (...) sozialästhetisch hoch segmentiert" (ebd., S. 156) und die Antworten zeigen, dass die Ansprüche der Teilnehmer an die Veranstalter, Angebote und Settings der Seminare milieuspezifisch zu differenzieren sind. Danach muss politische Bildung in der Tradition der Lebenswelt-/Lebensstilforschung „gleichsam praktische Empathie für die sozialästhetische Verfassung der Alltagswelten ihrer Zielgruppen entfalten" (ebd., S. 163).

Die soziale Selektivität des Bildungssystems ist in den letzten Jahren wiederholt untersucht worden; das gilt für das schulische Bildungs- wie für das Weiterbildungssystem. Die soziale

Herkunft, die sozialen Milieus und der Habitus sind – in der Denktradition von Pierre Bourdieu – verantwortlich für die Bildungswege, soziale Laufbahnen und auch den sozial selektiven Charakter der Weiterbildung (vgl. Bremer 2007). Nach Tippelt (2007) wird die Weiterbildungsteilnahme u.a. „durch motivationale, soziodemographische, ethnische und kontextbezogene Faktoren beeinflusst. Zentrale Einflussfaktoren sind die Merkmale Alter, Schul- und Berufsbildung, Erwerbstätigkeit, berufliche Stellung, Geschlecht und Nationalität sowie regionale Aspekte" (ebd., S. 115).

Der soziale Milieuansatz hat in der Analyse der Adressaten- und Teilnehmerforschung, der ungleichen Beteiligung an allgemeiner, beruflicher und politischer Weiterbildung eine lange Tradition; zahlreiche Studien belegen die Problematik von Gleichheit und Ungleichheit in der Erwachsenenbildung. Zu nennen sind hier nach der Milieustudie der Friedrich-Ebert-Stiftung, der die Sinus-Typologie zugrunde lag, die repräsentative Untersuchung von Barz/Tippelt (2004a; 2004b), der ein erweitertes Milieu- und Habituskonzept zugrunde lag sowie die Studie von Bremer (2007) zu Adressaten der gewerkschaftlichen politischen Erwachsenenbildung. Von Barz/Tippelt werden Milieuprofile angeboten, die für das „Milieumarketing", für die Didaktik und Planung der Anbieter von Bedeutung sind (vgl. Tippelt u.a. 2007). Sowohl an der beruflichen als auch an der allgemeinen Bildung (und das kann auch für die politische Bildung Geltung beanspruchen) nehmen tendenziell mehr Teilnehmer aus den oberen und jüngeren Milieus teil, die zugleich höher gebildet sind. Die umfassende und materialreiche „Topographie der Weiterbildungslandschaft aus der Sicht der Adressaten und Teilnehmer" (Barz/Tippelt 2004b, S.6) bietet auch für Bildung und Lernen differenzierte Milieuprofile an, die Tippelt (2007) so markiert: Konservativ Gehobene, Etablierte, Postmaterielle, Moderne Performer; traditionsverwurzelte Arbeiter, Konsum-Materialisten, Hedonisten; Bürgerliche Mitte, Experimentalisten und DDR-Nostalgiker.

Zwei neuere Evaluationsstudien geben Einblicke in die Wirklichkeiten der außerschulischen politischen Bildung. Die Evaluation der politischen Jugendbildung (vgl. Schröder/Balzter/Schrödter 2004) zeigt in einem breiten Überblick das Profil und Selbstverständnis, die Themenvielfalt und didaktische wie auch methodische Kreativität, die Zielgruppen und Settings, die Trägerstrukturen und Finanzierung sowie Professionsprofile des pädagogischen Personals. Es gehört zu ihrer Daueraufgabe „Wissen zu vermitteln, Urteilsbildung zu ermöglichen und zur Mitwirkung anregen" (ebd., S. 190). In der Studie wird vor allem der Zusammenhang von Persönlichkeitsentwicklung und politischer Bildung sowie die interaktive Praxis für gelingendes Lernen akzentuiert. Zentral sind die Dimensionen „Kompetenz, Orientierung, Interaktion und Partizipation". Die Evaluationsstudie der politischen Erwachsenenbildung (vgl. Fritz/Maier/Böhnisch 2006) zeigt die Vielzahl der Träger, Angebote und die reflexiv-orientierende Bedeutung des Lernfeldes für die Teilnehmer. Die Studie zeigt unter elf vorgegebenen Zielvorstellungen fünf Differenzierungen in der Reihenfolge: Förderung von Mündigkeit/Urteilsbildung in der Demokratie, politische Mitwirkung/demokratische Teilhabe, soziale und kulturelle Kompetenzen, Abbau fremdenfeindlicher Einstellungen, Stärkung der Persönlichkeit und Orientierungshilfe (vgl. Fritz/Maier/Böhnisch 2006).

5 Profession und dialogische Lernverhältnisse

Dialogische Prozesse in der politischen Bildung (Buber spricht vom „dialogischen Prinzip", Sokrates vom „fragenden Gespräch") beinhalten als Kultur der Anerkennung, dass beide Seiten anerkannt werden, Respekt und Achtung erfahren. Mit der Bedeutung der generationellen Beziehungen ist ein Lernprozess in einem intersubjektiven Feld gegenseitiger Anerkennung und Beeinflussung angedeutet, in das beide – solange sie in der politischen Bildung zusammen sind – eingebunden bleiben. Diesen Erfahrungsprozess bzw. diese Korrespondenzen gilt es mit der Anerkennung von Vielfalt und Unterschiedlichkeit (ohne Ungleichheiten verwischen zu wollen) sowie mit seinen Grenzen (z.B. des Privaten) zu ermöglichen (vgl. Hafeneger u.a. 2002).

Pädagogen und Jugendliche sind in der Schule und außerschulischen politischen Bildung Teil des pädagogischen Systems, indem sie sich aufeinander beziehen und den gegenseitigen „Nutzen" und Sinn klären müssen, wenn politisches Lernen „in Gang kommen" soll und intersubjektiv vermittelte Erfahrungen gemacht werden sollen. Damit wird (endgültig) Abschied genommen vom traditionellen Erziehungsverständnis, in dem die ältere Generation die „lehrende" und die jüngere die „lernende" ist. Die entscheidende Frage an die Profession – und die Rahmenbedingungen pädagogischen Handelns – ist, ob und wie die jeweiligen „Berechtigungen" (von denen Bernfeld spricht) mitgeteilt und ausgehandelt werden können, ob hierzu Motive und Bedingungen gegeben bzw. herstellbar sind. Dabei ist die Generationendifferenz (im Kontext einer sozialen Differenz) in der Regel ein konstitutives Merkmal; hier können sozio-kulturell geteilte Milieus durchaus zu Verbindungen und Bindungen führen, die Differenzen (d.h. Bildungsmotive, Interessen) verringern. Profession und Jugendliche aber haben in der Regel unterschiedliches Alter und Wissen, unterschiedliche Funktionen, Biographien (Lebenszeiten), Erwartungen in dem pädagogischen Feld und sie haben unterschiedliche Erfahrungen. Die einen werden für ihre Berufsrolle bezahlt und sind eingebunden in die „Sicherung" der Generationenfolge und der demokratischen Gesellschaft, sie müssen Da-Sein und ihre professionellen Kompetenzen (und ihre Person) anbieten, haben vorgegebene und/oder aushandelbare Vermittlungsaufträge und -interessen. Die anderen haben ihre vielfältigen Nutzungsmotive, biographischen Aneignungsmodalitäten, subjektiven Arrangements und „Bedürftigkeiten" (vgl. Böhnisch 1998) im Kontext von Freiwilligkeit und mit Bezug auf die Sozialisationsthematik von „Offenheit und Halt" (vgl. Böhnisch 1998).

Jugendliche suchen politische Anregungen, Modelle und Beispiele für ihr Erwachsenwerden bzw. für das Erwachsensein, die ihnen – als Professionalität und Persönlichkeit, mit Vertrauen und Autorität – Resonanz und Spiegel sind; die ihnen zeigen, dass sie etwas wert sind und etwas können, dass es lohnt und Sinn macht politisch zu denken und zu handeln. Das Kernproblem politisch-pädagogischen Handelns meint hier den Zusammenhang von spezifischen und diffusen Momenten der Sozialbeziehung, bzw. die Dialektik von Nähe und Distanz.

In der intersubjektiven Begegnung können die Pädagogen mit ihren Botschaften und Themen für die Entwicklung des Selbst, für die politisch-mentale Identität bzw. elementare Identitätsgefühle des Jugendlichen und für Veränderungen (als lebenslanges Projekt) als spiegelnde Objekte (im psychoanalytischen Sinne) eine wichtige Bedeutung (nicht nur im sprachlichen Zugang) bekommen, weil das Selbstbild und politische Identität nicht introspektiv, sondern im Spiegel des Anderen entsteht. Psychoanalytisch gesprochen sind Erwachsene für Jugendliche bedeutsame Objekte, die sich anbieten und verwenden lassen – im Prozess der Ausbildung von Objektrepräsentanzen und Objektfunktionen des Erinnerns. Pädagogen können für Jugendliche bedeutsame Zuhörer werden, die sie in ihrer Entwicklung begleiten und eine Mittelstellung zwischen der inneren Welt und der äußeren Realität einnehmen. In diesem Interaktionsprozess (als Generationen- und Geschlechterbeziehung) ist der Pädagoge herausgefordert ein offenes Beziehungssystem anzubieten und eine „Entwicklungsfunktion"; d.h. sich als Objekt der Außenwelt für Probehandeln (innere Realität, inneres Ausprobieren) zur Verfügung zu stellen und gleichzeitig die Grenze zu wahren und die Selbstreflexion der Jugendlichen wie auch seine eigene zu erhöhen.

6 Aktuelle Entwicklungen und Debatten

Ich will im Folgenden auf einige Debatten und Entwicklungen hinweisen, die in den 1990er Jahren und zu Beginn des 21. Jahrhunderts in der politischen Bildung geführt werden bzw. bedeutsam sind.

Sowohl in der Politikdidaktik als auch in der außerschulischen Jugend- und Erwachsenenbildung gab und gibt es Debatten um einen eher „engeren" oder „weiteren" Politikbegriff und das Verständnis vom Politischen im „engeren" oder im „weiteren" Sinne. Dabei geht es auf der einen Seite darum, den Kern der politischen Bildung in Auseinandersetzung, Aufklärung und Handlungsorientierung im Zusammenhang mit gesamtgesellschaftlichen Interessen, Macht, Herrschaft, Prozessen und Strukturen zu thematisieren; auf der anderen Seite um die Perspektive, von den Lebenswelt- und Alltagserfahrungen und den subjektiven Zugängen der Teilnehmer auszugehen (vgl. Breit/Schiele 1998; Kuhn/Massing 1999; Massing/Weisseno 1997). Diese Positionen sind für Schule (Unterrichtsfachprinzip) und außerschulische politische Bildung (Freiwilligkeit der Teilnahme) unterschiedlich akzentuiert, aber sie beinhalten im Kern die notwendige Klärung, ob politische Bildung, bei allen Erweiterungen und Experimenten von Unterricht und Seminaren, als eigenständige Lernorte und -zeiten und mit eigenem Gegenstand begründet und in den Strukturentwicklungen des Bildungssystems beibehalten werden. Hier hat Liebau (1999) auf die Schule als Ort der politischen Bildung hingewiesen, indem er sie als Unterrichtsfach und auch als pädagogisches Schul- und Unterrichtsprinzip versteht. Ihr spezifischer Gegenstand ist nach Liebau Demokratie „als Staatsform, Lebensform und die demokratische Öffentlichkeit als Vermittlungsraum" (Liebau 1999, S. 96). Die Schule selbst und das Schulleben im Ganzen sind für ihn ein wichtiger Bereich politischer Erziehung, so wie sie sich seit Beginn des 21. Jahrhunderts in vielen Projekten, Ansätzen und Erfahrungen zu realisieren versucht.

In der Differenzierung von Ziel-/Adressatengruppen in der außerschulischen politischen Bildung sind neben Mischungen im Kontext von ökologischer, (inter-)kultureller, sportlicher, historischer, medienbezogener und sozialer Bildung konzeptionell und pädagogisch-praktisch Ansätze von (feministischer) Mädchen- und Frauenbildung sowie (reflektierter) Jungen- und Männerbildung entwickelt worden. In den letzteren Bildungsangeboten geht es um einen Genderdiskurs, bei dem die Reflexion von herrschenden Formen der Weiblichkeit und Männlichkeit, von Identitätsbildung und dem (demokratischen) Geschlechterverhältnis im Mittelpunkt steht (vgl. Gieseke 1993; Nuissl 1999; Schröder u.a. 2004).

In der politischen Bildung gibt es – wie in der Jugend- und Erwachsenenbildung insgesamt – eine lange Tradition und eine aktuelle, vor allem systemtheoretisch inspirierte Diskussion um die Differenz von „Vermittlung und Aneignung", um Motive und Interessen der am komplexen pädagogischen und operativen Vermittlungs- und Aneignungsprozess beteiligten Personen und um ein damit verbundenes verständigungsorientiertes Passungsverhältnis; weil „pädagogische Vermittlungs- und Aneignungsoperationen zu unterschiedlichen Referenzsystemen gehören" (Kade 1997, S. 51). Außerschulische politische Bildung ist freiwillig und findet in Absprachen bzw. Arrangements statt. Sie kann als „demokratische Kultur" nicht gegen die Interessen der Jugendlichen und Erwachsenen realisiert werden. Diese triviale Einsicht hat in Begriffen wie offene Lernfelder, Aushandlungsprozesse, Vertragsverhältnisse und fördernde Begleitung, Moderation und Lernhilfe, Gelegenheitsstrukturen und Milieubildung ihren Niederschlag gefunden. Es gibt in der politischen Jugend- und Erwachsenenbildung – im Gegensatz zu den Bereichen der allgemeinen oder beruflichen Erwachsenen- und Weiterbildung – gleichzeitig kaum empirische Befunde bzw. Forschungstraditionen von Lehr-/Lernprozessen, der Teilnehmer-, Institutionen- und Professionsforschung (vgl. im Überblick Kade/Nittel/Seitter 1999; Faulstich/Zeuner 1999); lediglich im Bereich des Bildungsurlaubs ist auf die ältere BUVEP-Studie (vgl. Kejcz u.a. 1977-1981) und dann auf die einzelfallbezogene Studie in einer selbstverwalteten Arbeitsloseninitiative (vgl. Ebert/Hester/Richter 1986) zu verweisen, die sich mit der Rekonstruktion von Lehr-/Lernstrategien befassen.

Neben dem klassischen Arsenal von Angebots- und Lernformen haben sich vor dem Hintergrund der Diskussion um neue Lernkulturen (Milieus) und veränderte Lernmotive etwa seit der zweiten Hälfte der 1990er Jahre neue Angebots- und offene Lernformen, eine neue Relationalität zwischen selbstbestimmtem und institutionell-vermitteltem Lernen herausgebildet. Politische Bildung ist mit guten Gründen einerseits an privilegierte und an sich in der Geschichte der Bundesrepublik herausgebildete Orte und Institutionen des Lernens (Seminarpädagogik, methodische Grundformen: Lehrgang, Produktion, Spiel) gebunden, die sich selbst mehr oder weniger dynamisch verändert haben, weil gesellschaftliche, kulturelle und biographische Veränderungen – verbunden mit den Diagnosen von Entwicklung und Wandlung – Einzug in die Institutionen, Träger und Strukturen halten; andererseits hat sich politische Bildung von diesen gebundenen Angeboten gelöst. Sie ist neben anderen Lernkulturen ein Möglichkeitsraum des Lernens unter vielen anderen geworden. Die Entgrenzungsdiskussion des Politischen und des Lernens hat zu neuen Lern- und Kooperationsformen „vor Ort" z.B. im Rahmen von Kulturarbeit, Gemeinwesen-/Stadtteilarbeit oder Werkstätten, als politisch-projektbezogene Auseinandersetzung mit konkreten Fragen und Problemen in der Lebens- und Erfahrungswelt wie auch den Biographien (biographisches Lernen) der Teilnehmenden geführt (vgl. u.a. Hufer 1995; Projektgruppe Arbeit – Jugend – Politik 1999). In der Erwachsenenbildung ist politische Bildung eingebunden in lebenslanges Lernen und wird im Lebenslauf als Teil der Bildungsbiographien verstanden, realisiert in vermittelnden (zertifizierten) Bildungsinstitutionen wie auch in Formen selbsttätiger biographischer Aneignungen. Die kulturellen Veränderungen der Subjekte – mit ihrer Autonomie biographisch gesteuerter Aneignung gegenüber institutionellen Vermittlungen – haben in der Schule und der außerschulischen politischen Bildung zu vielfältigen Mischungsverhältnissen und Veränderungen geführt; erkennbar sind sie als produktive Erweiterung, neue Arrangements und Projektlernen, aber auch in einer neuen vergewissernden Selbstbegrenzung von Einrichtungen und Trägern.

Die vorliegenden Zahlen zeigen, dass das Interesse an Angeboten politischer Bildung sowohl in der Jugend- wie auch in der Erwachsenenbildung gering ist; mit 1% bis 2% nimmt bundesweit nur eine kleine Zahl von Interessierten an Veranstaltungen teil. Das zeigen gerade auch – immer wieder mit Konflikten und Klagen verbundene – Entwicklungen im Bereich des Bildungsurlaubs, der bis in die 1980er Jahre eine Domäne der politischen Bildung war und in den 1990er Jahren überwiegend für berufliche und betriebliche Weiterbildung genutzt wird (vgl.

Faulstich/Zeuner 1999, S. 56). Auch wenn es wenig belastbare Daten gibt, so zeigen die Hinweise und Indizien, dass die organisierte politische Jugend- und Erwachsenenbildung sich auf einem niedrigen Niveau einpendelt, dass Angebote der Träger und Teilnahme stagnieren bzw. zurückgehen. In der Finanzierung haben wir es mit einem Mix zu tun, bei dem die öffentliche Förderung stagniert bzw. zurückgeht, befristete Projektmittel akquiriert werden müssen und vor allem die Teilnahmegebühren an den Veranstaltungskosten steigen (vgl. Ahlheim/Heger 2006). Vor dem Hintergrund erodierender Milieustrukturen müssen Träger nach neuen Wegen der Teilnahmegewinnung suchen.

Politische Bildung hat sich in der Geschichte der Bundesrepublik zwar zum festen Bestandteil einer aufklärenden und lernenden politischen Kultur entwickelt, aber die öffentliche Wertschätzung wie auch die stagnierende bzw. rückgehende Finanzierungsbereitschaft von freien Trägern und staatlichen Förderungen seit den 1990er Jahren haben zusammen mit der Diskussion um Privatisierung von Weiterbildung und einer Ökonomisierung der Bildungspolitik dieses Segment für die Zukunft unsicher werden lassen. Der Wettbewerb mit einer Vielzahl anderer Möglichkeiten und Anbieter auf dem „Freizeitmarkt" hat die politische Bildung herausgefordert, Angebotsformen zu suchen die Lernmotive von (potentiellen) Teilnehmern intensiver zu diskutieren. Sander (2007) spricht in der politischen Erwachsenenbildung von einer „Dienstleistung für freie Bürger und Bürgerinnen" (ebd. S. 146) auf dem sich entwickelnden Weiterbildungsmarkt und Hafeneger (2007) begründet für die politische Jugendbildung die Bedeutung von „verändern, vernetzen, ökonomisch wirtschaften, Nutzen beweisen" (ebd., S. 72).

7 Internationale Diskussion

Ein Blick in die internationale Diskussion zur politischen Bildung und deren Entwicklung in anderen europäischen Ländern und den USA zeigt unterschiedliche Begründungen und Ansätze. In der englischsprachigen Literatur steht vor allem die Idee von „Citizenship", „Civic Education" bzw. „Citizenship Education" im Zentrum von Demokratielernen und politischer Bildung. In der Tradition der republikanischen Bürgerbildung und -beteiligung, dem bürgerschaftlichen und demokratischen Engagement sowie des Erfahrungslernens (nach dem Grundgedanken von John Dewey) geht es um drei Dimensionen: „education about citizenship", „education through citizenship" und „education for citizenship". Lernorte sind vor allem die Schulen, der lokale Nahraum und die Gemeinden bis hin zum globalen Handlungsraum (vgl. Kerr 2003). Die us-amerikanischen service-learning-Konzepte betrachten vor allem die Gemeinde und den Stadtteil mit den in ihnen tätigen „community-based, voluntary organizations" als „public laboratories, in which citizens learn democracy by doing it" (vgl. Sliwka u.a. 2004; vgl. auch Sander 2006). Weiter gibt es in den USA für die Schule und außerschulische Jugendarbeit das Programm „Positive Youth Development" (PYD), das konstruktive Fertigkeiten („Skills") aufbauen und die Stärken eigener Persönlichkeitsressourcen für Problembewältigung und Lebensentscheidungen bewusst machen soll. Das PYD bietet einen theoretischen Referenzrahmen, der auch für die außerschulische Jugendbildung von Bedeutung ist und mit der Förderung von Bürgersinn, Freiheits- und Demokratie-Denken und -Handeln verbunden wird (vgl. Lerner et al. 2002).

Mit der neueren Diskussion zum informellen und nicht-formalen Lernen bzw. der nichtformalen und informellen Bildung wird in den USA diese wichtige Lernform – in der Tradition der us-amerikanischen Erwachsenenbildung und von John Dewey (1916) – neu akzentuiert. „Informal education" oder „informal learning" wird als eigene und spezifische (selbstregulierende, entdeckende und freiwillige) Lernumgebung, Lernform mit zugehörigen Lernprozessen und auch als Kooperation mit formaler Bildung begründet (vgl. Dohmen 2001; Overwien 2006). Dimensionen wie Empowerment, Autonomie und Reflexion sind leitend für das Lern- und Bildungsverständnis dieses Modells. Neben dem informellen Lernen im Arbeitskontext ist das Konzept auch für die politische Bildung, für bürgerschaftliches politisches Lernen durch (politische) Partizipation in sozialen Bewegungen und in Kommunen untersucht worden. Overwien (2006) zeigt mit zahlreichen Beispielen und Ergebnissen aus unterschiedlichen Ländern, wie vielfältig die jeweiligen Lernanlässe, -prozesse und -felder für kontextuelles informelles Lernen sind. Nach ihm zeigen die Studien, dass „sowohl die Aneignung neuen Wissens als auch die Weitergabe von Erfahrung und Wissen sehr unterschiedlichen Varianten informellen, häufig interaktiv-kollegialen Lernens folgt" (ebd., S. 57).

In europäischen Ländern haben sich unterschiedliche Begründungen, Ansätze und lokale Projekte der politischen Bildung entwickelt, die den jeweiligen nationalen und lokalen Traditionen nahe stehen und deren Selbstverständnis entsprechen; hier stehen systematische und vergleichende Untersuchungen noch aus. Hier soll auf einige Beispiele hingewiesen werden. So gibt es in der Schweiz das in Stufen aufgebaute Trainingskonzept „Züricher Ressourcen Modell" (ZRM), mit dem Jugendliche in der Zeit der Pubertät angesprochen werden und in dieser „Umbauphase" soll nach deren eigenen Stärken und Ressourcen gefragt sowie Standpunkte geklärt werden (vgl. Storch/Kraus 2005). Mit Blick auf somatische Marker (emotionale Körpersignale) werden Themen, Absichten und Pläne der Jugendlichen aufgenommen, um mit Hilfe eines mehrstufigen Selbstmanagementtrainings deren Identitätsentwicklung und Lebensplanung zu unterstützen. In der norwegischen Stadt Porsgrunn gibt es das Konzept der positiven Beteiligung von Kindern und Jugendlichen an der Stadtentwicklung, das von vielen skandinavischen Städten übernommen wurde. Danach wird jedes Kind und jeder Jugendliche als „kompetenter Bürger" und „Experte" gesehen; neue Formen der Beteiligung und des politischen Einflusses sowie ein selbstverwaltetes Kinder- und Jugendbudget haben dazu beigetragen, dass Kinder und Jugendliche im politischen Prozess der Stadt als „Partner auf Augenhöhe" ernst genommen werden (vgl. Sliwka 2006).

In Österreich wird die außerschulische politische Bildung von Akademien und im Rahmen der Erwachsenenbildung mit ihren Projekten als „Mittelwegkonzept" (vgl. Filzmaier 2004) realisiert. Zum Aufgabenbereich zählt u.a. die Verdeutlichung sozialer und ökonomischer Zusammenhänge und Widersprüche, gesellschaftliche Veränderungen mit ihren Auswirkungen zu verstehen und zu beeinflussen, gegen Gewalt aufzutreten, demokratische Gestaltungsmöglichkeiten wahrzunehmen sowie europäische Integration, Globalisierung, Modernisierungs- und Individualisierungsprozesse einschätzen und beurteilen lernen.

8   Ausblick

Während die politische Bildung in der Schule zu klären hat, wie sie sich weiterhin für alle Schüler als eigenständiges Fach (Sozialkunde, Gemeinschaftskunde, Gesellschaftslehre, Politik und Wirtschaft u.a.) mit eigenen Stundenanteilen als notwendigen Beitrag in der politischen Sozialisation begründet und mit neuen Lernformen (im Rahmen der Öffnung von Schule) erweitert, ist die außerschulische politische Bildung herausgefordert, ihre öffentliche und biographische Bedeutung sowie ihre „Marktfähigkeit" zu belegen. In der Auseinandersetzung mit den Folgen von Modernisierungsprozessen, dem betriebswirtschaftlichen Kostenblick der Geldgeber auf die Träger und den Teilnahmeentwicklungen, muss außerschulische politische Bildung für eine Minderheit von Jugendlichen und Erwachsenen ihren aufklärenden Beitrag in der Demokratieentwicklung und gegenüber den Herausforderungen der reflexiven Moderne plausibel machen. Ebenso müssen Politik und Gesellschaft entscheiden, warum ihr dieses Lernfeld in allen drei Bereichen für den Diskurs und die Lösungssuche des gesellschaftlichen Problemhaushaltes objektiv bedeutsam und für die Entwicklung einer humanen und demokratischen Zivilgesellschaft unhintergehbar ist. Politische Bildung ist herausgefordert, in ihrem Lernfeld für die (potentiellen) Teilnehmer ihre konzeptionelle und pädagogisch-praktische (auf die Subjekte bezogene) Innovations- und Lernfähigkeit zu beweisen sowie im Bildungssystem und im Verteilungskampf gute Argumente anzubieten. Sie ist im Kern in der Auseinandersetzung mit Gesellschafts- und Subjektdiagnosen einem aufklärenden und (als Fach, Lernfeld und interdisziplinäre Wissenschaftsdisziplin) reflexiven Paradigma verbunden; sie muss als Didaktik politischen Lernens und der Organisation von Lernprozessen ihre Lernkulturen und -konzepte immer wieder modernisieren. Dazu gehören multimedia- und internetgestützte Angebote ebenso wie flexiblere Formen des Lernens in der Schule, die über den Fächerkanon hinausgehen. Mit der Diskussion um neue Lernkulturen, Projekte „selbstgesteuerten Lernens" und die „Entgrenzungsprozesse" wäre für die weicheren (selbststeuernden) Strategien des informellen Lernens wie auch das institutionelle Lernen zu fragen, was das für das „pädagogische System" und die Profession bedeutet bzw. bedeuten könnte.

Literatur

Adorno, T. W. (1970): Erziehung zur Mündigkeit. Frankfurt a. M.: Suhrkamp.
Ahlheim, K./Heger, B. (2006): Wirklichkeit und Wirkung politischer Erwachsenenbildung. Schwalbach/Ts.: Wochenschau-Verlag.
Allespack, U./Meyer, H./Wentzel, L. (2009): Politische Erwachsenenbildung. Marburg: Schüren.
Arnold, R./Siebert, H. (1997²): Konstruktivistische Erwachsenenbildung. Baltmannsweiler : Schneider-Verlag Hohengehren.
Barz, H./Tippelt, R. (Hrsg.) (2004a): Weiterbildung und soziale Milieus in Deutschland. Band 1: Praxishandbuch Marketing. Bielefeld: Bertelsmann.
Barz, H./Tippelt, R. (Hrsg.) (2004b): Weiterbildung und soziale Milieus in Deutschland. Band 2: Adressaten- und Milieuforschung zu Weiterbildungsverhalten und -interessen. Bielefeld: Bertelsmann.
Beer, W. (1998): Politische Bildung im Epochenwechsel. Weinheim u.a.: Juventa.
Beer, W./Cremer, W./Massing, P. (Hrsg.). (1999): Handbuch politische Erwachsenenbildung. Bad Schwalbach: Wochenschau Verlag.
Beck, U.(1986): Risikogesellschaft. Frankfurt a.M.: Wochenschau-Verlag.
Beck, U.(1993): Die Erfindung des Politischen. Frankfurt a.M.: Suhrkamp.
Böhnisch, L. (1998): Grundbegriffe einer Jugendarbeit als „Lebensort". In: Böhnisch, L./Rudolph, M./Wolf, B. (Hrsg.): Jugendarbeit als Lebensort. Weinheim: Juventa, S. 155–168.
Böhnisch, L./Münchmeier, L. (1987): Wozu Jugendarbeit? Weinheim: Juventa.
Böhnisch, L./Münchmeier, L. (1990): Pädagogik des Jugendraums. Weinheim: Juventa.
Borinski, F. (1954): Der Weg zum Mitbürger. Düsseldorf: Diederichs.
Breit, G./Harms, H. (1990): Zur Situation des Unterrichtsfaches Sozialkunde/Politik und der Didaktik des politischen Unterrichts aus der Sicht von Sozialkundelehrerinnen und -lehrern. Eine Bestandsaufnahme. In: Cremer, W.

(Hrsg.): Zur Theorie und Praxis der politischen Bildung. Schriftenreihe der Bundeszentrale für Politische Bildung, 290, Bonn: Bundeszentrale für politische Bildung, S. 13–168.
Breit, G./Schiele, S. (Hrsg.) (1998): Handlungsorientierung im Politikunterricht. Schwalbach/Ts.: Wochenschau Verlag.
Bremer, H. (2007): Soziale Milieus Habitus und Lernen. Weinheim und München: Juventa.
Ciupke, P./Jelich F.-J. (Hrsg.) (1999): Ein neuer Anfang. Politische Jugend- und Erwachsenenbildung in der westdeutschen Nachkriegsgesellschaft. Essen: Klartext.
Damm, D. (1975): Politische Jugendarbeit. München: Juventa.
Damm, D. (1980): Die Praxis bedürfnisorientierter Jugendarbeit. München: Juventa.
Dewey, J. (1916): Democracy and Education. New York: Free Press.
Dohmen, G. (2001): Das informelle Lernen. Die internationale Erschließung einer bisher vernachlässigten Grundform menschlichen Lernens für das lebenslange Lernen aller. Bonn: BMBF.
Ebert, G./Hester, W./Richter, K. (1986): Subjektorientiertes Lernen und Arbeiten – Ausdeutung einer Gruppeninteraktion. Bonn: Deutscher Volkshochschul-Verband.
Faulstich, P./Zeuner, C. (1999): Erwachsenenbildung: eine handlungsorientierte Einführung in Theorie, Didaktik und Adressaten.. Weinheim/München: Juventa.
Filzmaier, P. (2004): Ein österreichisches Kuriosum? Politische Bildung zwischen Bildungseinrichtungen, Parteien und Staat. In: kursiv, 8 Jg., S. 14–26.
Flaig, B./Meyer, T./Ueltzhoeffer, J. (1997): Alltagsästhetik und politische Kultur. Zur aesthetischen Dimension politischer Bildung und politischer Kommunikation. Bonn: Dietz.
Fritz, K./Maier, K./Böhnisch, L. (2006): Politische Erwachsenenbildung. Trendbericht zur empirischen Wirklichkeit der politischen Bildungsarbeit in Deutschland. Weinheim/München: Juventa.
Giesecke, H. (1966): Politische Bildung in der Jugendarbeit. München: Juventa.
Gieseke, W. (Hrsg.) (1993): Feministische Bildung – Frauenbildung. Pfaffenweiler: Centaurus.
Giesecke, H. (2000): Pädagogik als Beruf. Weinheim und München: Juventa.
GPJE (Hrsg.) (2004): Nationale Bildungsstandards für den Fachunterricht in der politischen Bildung an Schulen, Schwalbach /Ts.: Wochenschau-Verlag.
Grammes, T. (1998): Kommunikative Fachdidaktik: Politik, Geschichte, Recht, Wirtschaft. Opladen: Leske und Budrich.
Grammes, T./Weisseno, G. (Hrsg.) (1993): Sozialkundestunden. Politikdidaktische Auswertungen von Unterrichtsprotokollen. Opladen: Leske und Budrich.
Hafeneger, B. (Hrsg.) (1997a): Handbuch politische Jugendbildung. Schwalbach/Ts.: Wochenschau Verlag.
Hafeneger, B. (1997b): Warum brauchen Jugendliche und Erwachsene heute politische Bildung? In: kursiv, 1. Jg., S. 24–30.
Hafeneger, B. (1999): Professionelle Selbstbilder. In: kursiv, 3. Jg., S. 12–15.
Hafeneger, B./Henkenborg, P./Scherr, A. (Hrsg.) (2002): Pädagogik der Anerkennung. Schwalbach/Ts.: Wochenschau Verlag.
Hafeneger, B. (2007): Trendbericht: außerschulische politische Jugendbildung. In: kursiv, 10. Jg., S. 70–78.
Henkenborg, P./Kuhn, H.-W. (Hrsg.) (1998): Der alltägliche Politikunterricht. Opladen: Leske und Budrich.
Hufer, K.-P. (Hrsg.) (1995): Politische Bildung in Bewegung. Schwalbach/Ts.: Wochenschau-Verlag.
Kade, J. (1997): Vermittelbar/nicht-vermittelbar: Vermitteln: Aneignen. Im Prozeß der Systembildung des Pädagogischen. In: Lenzen, D./Luhmann, N. (Hrsg.): Bildung und Weiterbildung im Erziehungssystem. Lebenslauf und Humanontogenese als Medium und Form. Frankfurt a.M.: Suhrkamp, S. 30–70.
Kade, J./Nittel, D./Seitter, W. (1999): Einführung in die Erwachsenenbildung/Weiterbildung. Stuttgart: Kohlhammer.
Klafki, W. (1985): Neue Studien zur Bildungstheorie und Didaktik. Beitraege z. kritisch-konstruktiven Didaktik. Weinheim u.a.: Beltz.
Kejcz, Y. u.a. (1977-1981): Bildungsurlaubsversuchs- und -entwicklungsprogramm. Endbericht, 8 Bände. Heidelberg: Esprint.
Kerr, D. (2003): Citizenship Education in England, SOwi-Onlinejournal 2. URL: http://www.sowi-online.de/journal/2003-2/pdf/england_kerr.pdf (01.06.08)
Körber, K. (2006): Zwischen Politikverdrossenen, reflektierten Zuschauern und aktiven Bürgern. In: Nuissl, E. (Hrsg.): Vom Lernen und Lehren. Lern- und Lehrforschung für die Weiterbildung. Bielefeld: Bertelsmann, S. 181–192.
Kuhlenkamp, D. (2007): Beschwörungen und Marginalisierung. Zu den Rahmenbedingungen politischer Erwachsenenbildung. In: Außerschulische Bildung 2, S. 164–173.
Kuhn, H.-W./Massing, P. (Hrsg.) (1999): Politikunterricht kategorial und handlungsorientiert. Schwalbach/Ts.: Wochenschau Verlag.

Lerner, R.M./Brentano, C./Dowling, E.M./Anderson, P.M. (2002): Positive Youth Development: Thriving as the basis of personhood and civil society. In: New directions for youth development, 95, Series Ed., San Francisco: Jossey-Bass, S. 11–34.
Liebel, M./Lessing, H. (1974): Jugend in der Klassengesellschaft. Marxistische Jugendforschung und antikapitalistische Jugendarbeit. München: Juventa.
Liebau, E. (1999): Erfahrung und Verantwortung. Weinheim: Juventa.
Massing, P./Weisseno, G. (Hrsg.) (1997): Politische Urteilsbildung. Zentrale Aufgabe für den Politikunterricht. Schwalbach/Ts.: Wochenschau Verlag.
Negt, O. (1968): Soziologische Phantasie und exemplarisches Lernen. Zur Theorie der Arbeiterbildung. Frankfurt: Europäische Verlag-Anstalt.
Negt, O. (1994): Wir brauchen eine zweite, eine gesamtdeutsche Bildungsreform. In: Negt, O. (Hrsg.): Die zweite Gesellschaftsreform. 27 Plädoyers. Göttingen: Steidl, S. 276–290.
Nuissl, E. (1999²): Männerbildung. In: Tippelt, R. (Hrsg.): Handbuch der Erwachsenenbildung/Weiterbildung. überarb. u. akt. Aufl. Opladen: Leske und Budrich , S. 595–602.
Overwien, B. (2006): Informelles Lernen – zum Stand der internationalen Diskussion. In: Rauschenbach, T./Düx, W./Sass, E. (Hrsg.): Informelles Lernen im Jugendalter. Vernachlässigte Dimensionen der Bildungsdebatte. Weinheim und München: Juventa, S. 35–62.
Projektgruppe Arbeit – Jugend – Politik (1999): Politisch-soziale Jugendbildung in der Krise der Arbeitsgesellschaft. (Red. P. Hirsch). St. Ingbert: Röhrig.
Reinhardt, S. (1999): Werte-Bildung und politische Bildung. Zur Reflexivität von Lernprozessen. Opladen: Leske und Budrich.
Rothe, K. (1993): Schüler und Politik. Eine vergleichende Untersuchung bayerischer und hessischer Gymnasialschueler. Opladen: Leske und Budrich.
Sander, W. (Hrsg.) (2005³): Handbuch politische Bildung. Schwalbach/Ts.: Wochenschau-Verlag.
Sander, W. (2007²): Politik entdecken – Freiheit leben. Didaktische Grundlagen politischer Bildung. Schwalbach/Ts.: Wochenschau-Verlag.
Schelle, C. (1995): Schülerdiskurse über Gesellschaft. „wenn du ein Ausländer wärst". Untersuchung zur Neuorientierung schulisch-politischer Bildungsprozesse. Schwalbach/Ts.: Wochenschau-Verlag.
Scherr, A. (1997): Subjektorientierte Jugendarbeit. Eine Einführung in die Grundlagen emanzipatorischer Jugendpädagogik. Weinheim: Juventa.
Schiele, S./Schneider, H. (Hrsg.) (1977): Das Konsensproblem in der politischen Bildung. Stuttgart: Klett.
Schröder, A./Balzter, N./Schroedter, T. (2004): Politische Jugendbildung auf dem Prüfstand. Ergebnisse einer bundesweiten Evaluation. Weinheim/München: Juventa.
Schulze, G. (1992): Die Erlebnisgesellschaft. Kultursoziologie der Gegenwart. Frankfurt a.M.: Campus.
Siebert, H. (1999): Pädagogischer Konstruktivismus. Eine Bilanz der Konstruktivismusdiskussion für die Bildungspraxis. Hohengehren/Neuwied: Luchterhand.
Sliwka, A./Petry, C./Kalb, P. (Hrsg.) (2004): Durch Verantwortung lernen. Service Learning: Etwas für andere tun. Weinheim/Basel: Beltz.
Sliwka, A. (2006): Jugendliche fördern: Ansätze aus den USA, der Schweiz und Norwegen. In: kursiv, 10. Jg., S. 40–45.
Storch, M./Krause, F. (2005): Selbstmanagement – ressourcenorientiert. Bern: Huber.
Tippelt, R. (2007): Lebenslanges Lernen im Prozess vertikaler und horizontaler Differenzierung. In: Brumlik, M./Merkens, H. (Hrsg.): bildung.macht.gesellschaft. Beiträge zum 20. Kongress der Deutschen Gesellschaft für Erziehungswissenschaft. Opladen/Farmington Hills: Barbara Budrich, S. 109–127.
Tippelt, R./Reich, J./Hippel, A.von/Barz, H./Baum, D. (2007): Weiterbildung und soziale Milieus Band III. Milieumarketing Implementieren. Bielefeld: Bertelsmann.
Vorholt, U. (2003): Institutionen politischer Bildung in Deutschland. Frankfurt/Main: Lang.

Christine Schmid | Rainer Watermann

Demokratische Bildung

Der Titel des Beitrags „Demokratische Bildung" verweist zum einen auf das Ziel von Bildung in demokratisch verfassten Gesellschaften – auf den politisch mündigen oder den demokratisch handlungsfähigen Bürger – zum anderen auf den Prozess des Erwerbs dieser Handlungsfähigkeit, das heißt auf den entsprechenden Erziehungs- oder Sozialisationsprozess.

Demokratien sind in ihrem Bestand angewiesen auf den politisch mündigen oder demokratisch handlungsfähigen Bürger. Ohne die Partizipation von Bürgern, deren Loyalität und kritische Aufmerksamkeit, sind Demokratien nicht lebensfähig. Demokratisch verfasste Staaten überlassen die Entstehung politischer Handlungsfähigkeit deshalb nicht dem Zufall. In der Regel betrauen sie die Institution Schule qua ihrer Bildungs- und Erziehungsfunktion mit dieser Aufgabe. Inwieweit die Schule diese Aufgabe wahrnimmt und wie erfolgreich sie dabei ist, war und ist Gegenstand empirischer Untersuchungen, auf deren Ergebnisse im Folgenden eingegangen werden soll.

In älteren Publikationen wird das Ziel der politischen Bildung in der Schule häufig mit dem Konzept des „politisch mündigen Bürgers" beschrieben. In jüngeren Publikationen, insbesondere in denen, die rund um das BLK-Programm „Demokratie lernen und leben" entstanden sind, ist dagegen vom „demokratisch handlungsfähigen Bürger" oder vom „demokratisch kompetenten Bürger" die Rede (vgl. Diedrich 2006). Die Wendung in der Begrifflichkeit hat ihre Ursache in der Diskussion, die um die Jahrtausendwende im Rahmen der PISA-Studie auf der Ebene der OECD über das Konzept der Kompetenz geführt wurde (vgl. Rychen/Salganik 2001).

Nach einer Definition von Weinert (2001) umfasst das Konzept der Kompetenz alle notwendigen Voraussetzungen, über die ein Individuum verfügen muss, um den komplexen Anforderungen einer Aufgabe oder eines Berufsfeldes zu genügen. Dazu gehören kognitive Fähigkeiten, domänenspezifisches Wissen und handlungsrelevante Fertigkeiten und Routinen, aber auch Motivationen, Volitionen, Wertorientierungen und soziale Verhaltenskomponenten. Die (psychologische) Struktur von Kompetenz lässt sich nach Weinert ableiten aus der logischen und psychologischen Struktur der Anforderungen der Aufgabe oder des Berufs.

Begreift man die Aufrechterhaltung der politischen Ordnung der Demokratie als eine Aufgabe, so sollten sich gemäß der oben getroffenen Definition die dafür notwendigen Kompetenzen aus den Anforderungen zur Bewältigung dieser Aufgabe ableiten lassen. Geklärt werden müsste, welches Wissen, welche Fähigkeiten, welche Wertorientierungen und Handlungsmotivationen, welche psychische Struktur und welche Identifikationen die politische Ordnung der Demokratie den Bürgern abverlangt.

In seinem Buch „Identitätsentwicklung in der Adoleszenz" hat Fend (1991) der politischen Identitätsentwicklung ein umfassendes Kapitel gewidmet. Ausgehend von der Frage, welches die „mentalen" Grundlagen politischer Stabilität in modernen Demokratien sind, nennt er drei zentrale Gefährdungen: Ablehnung oder Unkenntnis demokratischer Werte, Unwissenheit und mangelnde Urteilsfähigkeit in politischen Angelegenheiten sowie mangelnde Beteiligungsbereitschaft. Nach Fend sind Demokratien angewiesen auf Bürger, die sich auf der einen Seite mit den grundlegenden Werten und Normen der politischen Ordnung der Demokratie identifizieren und die auf der anderen Seite in der Lage und dazu bereit sind, wachsam und kritisch die politische Praxis zu verfolgen, Abweichungen von demokratischen Normen zu erkennen und gegebenenfalls handelnd einzugreifen.

Auch Oesterreich (2002, S. 34) argumentiert, dass demokratische Kompetenzen dem idealtypischen Modell einer funktionierenden Demokratie entsprechen müssen. Diese erfordere eine kommunikative, am herrschaftsfreien Diskurs orientierte Grundhaltung (vgl. Habermas 1981). Die Menschen sollten fähig sein, die Interessen anderer Menschen als im Prinzip legitime anzuerkennen, mit anderen zu interagieren, zu kooperieren und Kompromisse zu schließen. Dazu gehörten auch die Bereitschaft und das Vermögen, sich in andere hineinfühlen und hineindenken zu können.

Himmelmann (2006) schließlich führt aus, dass Demokratien angewiesen seien auf gelingende Identitäten, weil nur „vernünftige" Identitäten (vgl. Habermas 1976) die subjektiv-individuellen Voraussetzungen für einen vernünftigen gesellschaftlichen Dialog, für eine vernünftige Kommunikation und für eine auf Vernunft zielende Öffentlichkeit mitbrächten. Ein wichtiges Regelungsprinzip, das sowohl auf der Ebene des lebensweltlichen Umgangs der Individuen untereinander als auch auf der Ebene systemisch-gesellschaftlicher, institutionalisierter Konfliktlösungsmechanismen greift, sieht er in der „gegenseitigen Anerkennung" (Honneth 1992; Joas 1992). Gegenseitigkeit und Anerkennung hielten die Gesellschaft wie die Individuen zusammen und befähigten diese zugleich zu Einfühlsamkeit, Empathie, Ambiguitätstoleranz und Rollendistanz.

Aus dem Beschriebenen wird deutlich, dass politisches Wissen oder demokratisches Verständnis nur Teilaspekte demokratischer Kompetenzen sein können. Menschen mit einem ausgeprägten Verständnis für politische Zusammenhänge stehen nicht automatisch für eine demokratische Grundhaltung, und Menschen mit einer demokratischen Grundhaltung haben nicht zwangsläufig ein angemessenes Verständnis von politischen Zusammenhängen (vgl. Oesterreich 2002). Neben politischem Wissen gehören die Identifikation mit demokratischen Werten, die Motivation zum Handeln und die Fähigkeit Interessen durchzusetzen zu den erforderlichen Kompetenzen. Letzteres verweist auf Kompetenzen, die nicht mehr im engeren Sinne als politisch zu bezeichnen sind, wie etwa Kooperationsfähigkeit, Empathievermögen oder die Bereitschaft zur Verantwortungsübernahme.

Es gibt vielfältige Versuche zur inhaltlichen Systematisierung dessen, was Demokratiekompetenzen ausmacht; einen umfassenden Überblick über verschiedene deutsche wie internationale Zugänge gibt Himmelmann (2006, Kap. VII). Die politische Sozialisationsforschung geht im Wesentlichen von drei Dimensionen aus, die sich in verschiedenen empirischen Operationalisierungen wiederfinden lassen (vgl. Claußen 1996; Fend 1991): Die erste Dimension, die kognitive, umfasst politisches Wissen und das Verständnis demokratischer Prozesse. Unter die zweite Dimension, die affektiv-motivationale, fallen politische Einstellungen wie etwa Präferenzen für Parteien oder für rechte wie linke politische Positionen, aber auch das Vertrauen in die politische Ordnung, in politische Institutionen und politische Autoritäten sowie grundlegende Haltungen gegenüber dem Bereich der Politik (z.B. politisches Interesse). Die dritte Dimension, die behaviorale, lässt sich häufig nicht eindeutig gegenüber der affektiv-motivationalen Dimension abgrenzen. Sie umfasst tatsächliche soziale und politische Beteiligungen genauso wie Beteiligungsbereitschaften und häufig auch das politische Informationsverhalten.

Der folgende Überblick ist auf zwei Fragen gerichtet: erstens, wie ist es um die demokratischen Handlungskompetenzen von Schülerinnen und Schülern in Deutschland bestellt, und zweitens, welche Hinweise lassen sich aus dem vorhandenen Forschungskorpus bezüglich der Wirkung schulischen Unterrichts und schulischer Erziehung ableiten? Wir beginnen die Darstellung in einem ersten Schritt mit international vergleichenden, repräsentativen Untersuchungen (Large-Scale-Assessments), da diese eine grundlegende Diagnose zum Stand der demokratischen Kompetenzen der jeweils befragten Alterskohorten liefern. Im Unterschied zu den nationalen Jugendstudien (Shell, DJI) liegt ein Schwerpunkt dieser Untersuchungen auf den schulischen Bedingungen politischer Bildung und Sozialisation. Außerdem soll eine größer angelegte Untersuchung zur Wirkung des politischen Bildungsunterrichts in die Betrachtung mit einbezogen werden, die in allgemeinbildenden und in berufsbildenden Schulen in Sachsen-Anhalt durchgeführt wurde.

Anschließend wird auf ausgewählte Befunde von Längsschnittstudien eingegangen. Nur mit Längsschnittstudien auf individueller Ebene kann in methodisch angemessener Weise untersucht werden, wie stabil oder veränderbar politische Orientierungen und Handlungsbereitschaften von Schülerinnen und Schülern sind und welchen psychologischen Determinanten die Entwicklung dieser Orientierungen und Handlungsbereitschaften unterliegt. Zudem können auf der Grundlage von Längsschnittanalysen durch das Nachzeichnen von Entwicklungsverläufen in unterschiedlichen Schulformen und unter Kontrolle der Eingangsselektivität wichtige Hinweise auf die differentielle Wirkung schulischen Unterrichts und schulischer Erziehung gewonnen werden.

In einem letzten Schritt sollen Initiativen in den Blick genommen werden, die sich in Form gezielter schulischer Interventionen auf die Förderung demokratischer Kompetenzen von Jugendlichen richten. Große Beachtung hat in diesem Zusammenhang das BLK-Modellversuchsprogramm „Demokratie lernen und leben" gefunden. Radikalere Umsetzungen eines demokratiebezogenen Schulansatzes findet man in einigen Versuchs- oder Modellschulen. Am Beispiel der wohl bekanntesten deutschen Reformschule – der Laborschule Bielefeld – soll dargestellt werden, was Schulen im Bereich der Förderung demokratischer Kompetenzen erreichen können, wenn sie einen umfassenden und in die Schulkultur eingelassenen demokratiepädagogischen Ansatz verfolgen.

1 Internationale und nationale Studien zur politischen Bildung

Eine der ersten großen Untersuchungen, die sich mit der Frage der Wirkung schulischer politischer Bildung beschäftigte, war die im Jahre 1971 durchgeführte international vergleichende IEA-Studie „Civic Education in Ten Countries" (Torney/Oppenheim/Farnen 1975). Befragt wurden ca. 30.000 10-, 14- und 17/18-jährige Schülerinnen und Schüler. Erhoben wurde nicht nur politisches Wissen, sondern auch die Einstellung zu demokratischen Werten, zu den Idealen Toleranz und soziale Gerechtigkeit, das Vertrauen in das politische System und in die nationale Regierung, das Interesse am Verfolgen politischer Sachverhalte und politische Partizipation.

Ein zentrales Ergebnis des internationalen Vergleichs war, dass zwischen den beiden Erziehungszielen der Unterstützung demokratischer Werte und der Unterstützung der nationalen Regierung eine gewisse Inkompatibilität zu bestehen schien. Eine überdurchschnittliche Unterstützung demokratischer Werte ging in der Regel mit einer nur unterdurchschnittlichen Unterstützung der nationalen Regierung sowie mit einer nur niedrigen politischen Partizipation einher, oder umgekehrt, eine überdurchschnittliche Unterstützung der nationalen Regierung mit einer nur unterdurchschnittliche Unterstützung demokratischer Werte, aber einer hohen politischen Partizipation. Zudem wurde den befragten Schülerinnen und Schülern über alle Länder hinweg ein unerwartet hohes Ausmaß an demokratischen Fehlkonzeptionen bescheinigt.

Die deutschen Schülerinnen und Schüler fielen unter das zuerst genannte Muster: Sie wiesen eine relativ hohe Unterstützung demokratischer Werte auf, identifizierten sich aber nur wenig mit der nationalen Regierung sowie mit nationaler Symbolik und zeigten eher niedrige Werte im politischen Interesse und in der politischen Partizipation. Im politischen Wissenstest lagen sie auf leicht überdurchschnittlichem Niveau.

Länderspezifisch durchgeführte Zusammenhangsanalysen zeigten, dass eine traditionelle, vor allem auf die Vermittlung von Faktenwissen ausgerichtete Unterrichtsgestaltung sowie eine Betonung nationaler Werte und patriotischer Rituale (z.B. Fahnenappell) sich zwar positiv auf politisches Interesse und auf politische Partizipation auswirkten, der Förderung politischen Wissens und der Unterstützung demokratischer Werte aber eher abträglich waren. Positive Zusammenhänge sowohl mit dem politischen Wissen wie auch mit der Unterstützung demokratischer Werte und dem Interesse und der Partizipation ergaben sich hingegen durchweg für die Schulklimavariablen, insbesondere für die Ermutigung der Schülerinnen und Schüler, im Unterricht offen die eigene Meinung zu äußern.

In der zweiten IEA-Studie „Citizenship and Education in Twenty-eight Countries" (vgl. Torney-Purta u.a. 2001), die im Jahre 1999 durchgeführt wurde, wurden rund 94.000 Schülerinnen und Schüler im Alter von 14 Jahren befragt. Die deutsche Stichprobe umfasste ca. 3.700 Schülerinnen und Schüler aus 8. Klassen. Dieser Studie ging, wie schon der ersten IEA-Studie, eine Phase voran, in der die Ziele und Rahmenbedingungen politischer Bildung in Schulen länderspezifisch untersucht und dokumentiert wurden (vgl. Torney-Purta/Schwille/Amadeo 1999; Händle/Oesterreich/Trommer 1999).

Die Ergebnisse dieser Expertenbefragung, in die knapp 100 Personen aus dem Bereich politischer Bildung in Schulen, Hochschulen, Wissenschaft, Lehrerfortbildung, Kirchen, Parteien und Gewerkschaften einbezogen waren, dokumentieren eine klare Befürwortung von liberal-humanistischen Lernzielen wie Solidarität und Gleichheit, soziales Engagement und soziale Verantwortung. Die Vermittlung eines traditionell völkisch orientierten deutschen Nationalbewusstseins wird abgelehnt, eine gleichberechtigte Integration von Ausländern als Lernziel für wichtig erachtet. Zwischen den Zielen und der Wirklichkeit politischer Bildung nahmen die Experten jedoch deutliche Diskrepanzen wahr, insbesondere für die beiden Lernziele „soziale Verantwortung übernehmen" und „Integration von Ausländern in die deutsche Gesellschaft". Als wichtigster Grund für diese Diskrepanzen wurde der begrenzte zeitliche Rahmen für die politische Bildung genannt. Politische Bildung als Fachunterricht beginnt in den meisten Bundesländern erst in der Jahrgangsstufe 7 oder 8 und wird in der Regel mit nur einer Wochenstunde und häufig fachfremd erteilt (ergänzt durch Unterricht in den Fächern Geschichte, Geografie, Religion oder Sprachen; vgl. auch Ackermann 1996). Eine Verbesserung der Situation wird allerdings weniger durch eine zeitliche Aufstockung des Fachunterrichts erhofft als durch einen Ausbau von Angeboten am Nachmittag oder im Rahmen von Projektwochen. Als wichtigste didaktische Maßnahme schlagen die Experten das Praktizieren demokratischer Umgangsformen in der Schule vor (vgl. Oesterreich/Händle/Trommer 2001).

Die Befragung der Schülerinnen und Schüler in der Hauptuntersuchung (vgl. Torney-Purta u.a. 2001) bezog sich auf politisches Wissen und auf die Fähigkeit, politische Informationen zu interpretieren, auf Konzepte über Demokratie, Staatsbürgerlichkeit und die Regierung, auf Einstellungen gegenüber der Nation, der Regierung, gegenüber Einwanderern und den politischen Rechten von Frauen, auf soziale und politische Aktivitäten und auf Einstellungen der Schülerinnen und Schüler gegenüber politischem Engagement in der Schule und in Jugendorganisationen.

Ein Hauptergebnis des internationalen Vergleichs war, dass in allen Ländern die Schülerinnen und Schüler zwar über ein basales Wissen über demokratische Ideale und Prozesse verfügten, dass sich dieses Wissen oder Verständnis aber doch als recht oberflächlich und wenig lebensbezogen erwies. Darüber hinaus zeigten die befragten Schülerinnen und Schüler nur moderate Fähigkeiten zur Interpretation politischen Materials. Ungefähr ein Drittel der Jugendlichen war nicht in der Lage, ein einfach gehaltenes Wahlprogramm angemessen zu interpretieren.

Im politischen Wissenstest lagen die deutschen Schülerinnen und Schüler auf durchschnittlichem Niveau. Im Vergleich mit Jugendlichen anderer reicher Industriestaaten fiel das Niveau des politischen Wissens der deutschen Schülerinnen und Schüler jedoch eher etwas unterdurchschnittlich aus. Nach Oesterreich (2003a) bedeutet dieses Ergebnis eine Verschlechterung der Rangposition seit der ersten IEA-Studie von 1971, denn an dieser hatten nur reiche Industriestaaten teilgenommen.

Hinsichtlich der Unterstützung für die Demokratie und des Vertrauens in zentrale gesellschaftliche Institutionen lagen die deutschen Schülerinnen und Schüler im Mittelfeld. Die nationale Identifikation fiel dagegen, wie schon in der ersten IEA-Studie, eher unterdurchschnittlich aus. Ein ebenfalls unterdurchschnittliches Niveau zeigten die deutschen Schülerinnen und Schüler in den Einstellungen gegenüber den Rechten von Ausländern, ein überdurchschnittliches Niveau dagegen in den Einstellungen bezüglich gleicher Rechte von Frauen. Wiederum unterdurchschnittlich fielen die Werte für das soziale und politische Engagement aus, genauso wie für die Einstellungen gegenüber einer demokratischen Beteiligung in der Schule (vgl. Oesterreich 2001; 2002; 2003a).

Gründe für das relativ schlechte Abschneiden der deutschen Schülerinnen und Schüler, insbesondere im politischen Wissenstest und in der politischen Handlungsbereitschaft, wurden neben der schon erwähnten Randständigkeit des Faches politische Bildung vor allem in den Besonderheiten des deutschen Schulsystems gesehen. Deutschland kombiniert – und das ist im internationalen Vergleich fast einmalig – Halbtagsschule mit einem dreigliedrigen Schulsystem. Beides wirkt sich nach Oesterreich (2001; 2003b) negativ auf soziales und politisches Lernen aus: Halbtagsschule, weil sie einen hohen Stoffdruck erzeuge, und die Dreigliedrigkeit, weil durch sie soziale Lernchancen verschenkt würden, die ein Miteinander von Jugendlichen unterschiedlicher sozialer und kognitiver Voraussetzungen biete. Abzuwarten bleibt, inwieweit sich in der Evaluation des Ganztagsschulprogramms der Bundesregierung entsprechende positive Effekte auf soziales und politisches Lernen im Regelschulsystem werden nachweisen lassen (vgl. Holtappels u.a. 2007).

Eine Erweiterung des deutschen Fragebogens um ein Konstrukt, das Oesterreich „demokratische Kompetenzen"[1] nannte, erlaubte tiefer gehende Analysen zu der Frage, ob die unterschiedlichen Aspekte des demokratisch kompetenten Bürgers stärker durch politisches Wissen oder durch demokratische Persönlichkeitsmerkmale beeinflusst werden (vgl. Oesterreich

---

1 Das Konstrukt misst auf individualpsychologischer Ebene die Bereitschaft und Fähigkeit, sich in andere Personen hineinzuversetzen, sie zu verstehen, ihre Interessen zu berücksichtigen, mit ihnen zu kooperieren, Toleranz zu zeigen und Kompromisse zu schließen. Zu beachten ist, dass das Konstrukt nicht den Anspruch hat, ein im eingangs beschriebenen Sinne umfassendes Modell demokratischer Kompetenzen abzubilden.

2003c). Das politische Interesse, die Bereitschaft zur Erfüllung demokratischer Pflichten (Wählen) sowie eine niedrige Identifikation mit nationalen Werten erwiesen sich als stärker abhängig vom politischen Wissen. Das Vertrauen in zentrale Regierungsinstitutionen, soziales politisches Engagement, die Bereitschaft zu friedlichem Protest, die Zurückweisung von Rechtsextremismus, die Befürwortung der Rechte von Ausländern, die Erwartung, in der Schule mittels Engagement etwas durchsetzen zu können, und die Bereitschaft zum Engagement in schulischen Konfliktlösungsprozessen zeigten sich stärker abhängig von den „demokratischen Kompetenzen". Die politische Apathie, die Zurückweisung illegalen Protests und die Befürwortung der Rechte von Frauen waren etwa gleich stark abhängig von beiden Größen (vgl. Oesterreich 2002; Oesterreich 2003c). Nach Oesterreich dokumentiert das Ergebnis, dass wichtige Aspekte des demokratisch kompetenten Bürgers stärker auf demokratischen Persönlichkeitsmerkmalen als auf politischem Wissen beruhen. Für die politische Bildung in der Schule bedeute dies, dass sie sich nicht allein auf die Vermittlung politischen Wissens beschränken dürfe, sondern den erzieherischen Aspekt der Unterstützung einer demokratischen Persönlichkeitsentwicklung durch die Bereitstellung sozialer Lerngelegenheiten mit berücksichtigen müsse.

Weitere vertiefende Analysen zielten auf die Wirkung verschiedener Unterrichtsmerkmale (vgl. Oesterreich 2003b). Der Unterrichtsstil bzw. das Unterrichtsklima wurde über vier Merkmale abgebildet: Auswendiglernen, die Förderung freier Meinungsäußerung, das Fördern von Meinungsvielfalt und soziales Lernen in der Schule. Auswendiglernen zeigte lediglich mit dem politischen Wissen, und mit diesem auch nur einen schwachen Zusammenhang. Die Förderung freier Meinungsäußerung stand vor allem mit den normativ ausgerichteten Zielaspekten im Zusammenhang, das heißt mit politischen Einstellungen wie der Befürwortung gleicher Rechte für Ausländer, der Ablehnung von Rechtsextremismus, der Gleichstellung von Frauen, dem Vertrauen in zentrale gesellschaftliche Institutionen und mit einem positiven Bild der Demokratie. Die Förderung von Meinungsvielfalt hing stärker mit den auf Motivation und Handlung abzielenden Aspekten zusammen wie dem politischen Interesse, der politischen Diskussions- und Informationsbereitschaft, konventioneller politischer Partizipation, friedlichem politischen Protest und Engagement in der Schule. Soziales Lernen in der Schule wies mit fast allen Zielaspekten demokratischer Kompetenz Zusammenhänge auf; besonders stark fielen diese mit dem sozialen politischen Engagement und mit dem Engagement in der Schule aus, kein Zusammenhang ergab sich dagegen mit dem politischen Wissen.

Die differentiellen Effekte für die inhaltlich sehr ähnlich erscheinenden Unterrichtsmerkmale „Förderung der freien Meinungsäußerung" und „Förderung von Meinungsvielfalt" führten zu der Schlussfolgerung, dass ein offenes Diskussionsklima für sich alleine offenbar nicht ausreiche, um Jugendliche zu politischer Partizipation zu ermutigen. Partizipation scheine eher durch eine aktive und kontroverse Diskussion unterschiedlicher Standpunkte stimuliert zu werden. Diese Schlussfolgerung unterstreicht die Bedeutung des Kontroversprinzips, wie es in der Literatur zur Didaktik der politischen Bildung diskutiert wird (vgl. Cremer/Schiele 1992; Reinhardt 1992; Wehling 1992).

Die Befunde auf der Grundlage der IEA-Studie stehen im Einklang mit den Befunden einer sachsen-anhaltinischen Studie, in der etwa 1.400 Schülerinnen und Schüler der Klassen 8, 9 und 11 per Fragebogen zu ihrem Unterricht im Fach politische Bildung befragt wurden. In dieser Untersuchung zeigten Klassen, deren Unterricht sich durch Methodenvielfalt auszeichnete (auf den Dimensionen Darbietung, Partizipation, Lebensweltorientierung, Meinungsäußerung, Diskussion, Kooperation und Medieneinsatz), günstigere Werte im politischen Verständnis, in der Aufgeschlossenheit gegenüber dem Fach politische Bildung und in den politischen Handlungsorientierungen als Klassen, deren Unterricht durch Methodenmonotonie, und das hieß durch einen eher traditionellen, stärker lehrerzentrierten Unterricht gekennzeichnet war (vgl. Kötters-König 2001; Krüger u.a. 2002). Insgesamt bestätigen die Befunde auch die Ergebnisse internationaler Untersuchungen (z.B. Ichilov 1991; Hahn 1998; vgl. für einen Überblick auch Torney-Purta/Hahn/Amadeo 2001).

1.1 Schulformunterschiede

Im nationalen Bericht der IEA-Studie wurden für Deutschland Schulformunterschiede berichtet. Aufgrund der Unterschiedlichkeit der Schulsysteme in den verschiedenen Bundesländern waren diese nur dichotom als Unterschiede zwischen Gymnasien vs. andere Schulformen ausgewiesen. Der stärkste Unterschied nach Schulform zeigte sich beim politischen Wissenstest: Die Gymnasialschülerinnen und -schüler erreichten deutlich höhere Werte als die Schülerinnen und Schüler der anderen Schulformen. Unterschiede ergaben sich aber auch für die Erfüllung demokratischer Pflichten (Wahlbereitschaft), für Rechtsextremismus und für politische Apathie; auch hier wiesen die Gymnasialschülerinnen und -schüler die günstigeren Werte auf. Geringere Unterschiede fanden sich bei den Einstellungen zu Rechten von Ausländern und zu Rechten von Frauen. Keine nennenswerten Unterschiede wurden für soziales, politisches und schulisches Engagement berichtet (vgl. Oesterreich 2002).

Schulformunterschiede können sowohl ein Ergebnis schulischer als auch außerschulischer Lernprozesse sein. Gymnasialschülerinnen und -schüler bewegen sich nicht nur innerhalb der Schule, sondern auch außerhalb im Elternhaus und unter Gleichaltrigen in einem kognitiv anregenderen Umfeld, in dem zum Teil auch unterschiedliche Werte und Verhaltensnormen gelten. Ein Teil der Schulformunterschiede wurde in entsprechenden Analysemodellen durch das Bildungsniveau des Elternhauses erklärt – zwischen dem Schulformbesuch und dem Bildungsniveau des Elternhauses bestand ein Zusammenhang in Höhe von r = .37 (vgl. Oesterreich 2002; 2003b). Jedoch schien auch der Unterrichtsstil systematisch mit der Schulform zu variieren, denn in einigen Analysemodellen verringerten sich die Effekte des Bildungsniveaus des Elternhauses und der besuchten Schulform etwas, wenn für die Effekte des Unterrichtsstils kontrolliert wurde (vgl. Oesterreich 2003b; Watermann 2003). Somit bestehen schwache Hinweise auf eine Mediation des Schulformeffekts durch den diskursiven Unterrichtsstil (vgl. Watermann 2003, S. 368; zur Logik von Mediationseffekten vgl. Baron/Kenny 1986).

Anhand einer mehrebenenanalytischen Auswertung konnte Watermann (2003) zudem zeigen, dass ein diskursiver Unterrichtsstil nicht nur auf der Ebene der einzelnen Schüler, sondern darüber hinaus auch auf Klassenebene positive Zusammenhänge mit ausgewählten Zielaspekten demokratischer Kompetenz (Einstellung gegenüber den Rechten von Ausländern und von Frauen, Vertrauen in Institutionen und politisches Wissen) aufwies. Während die Zusammenhänge auf Individualebene dahingehend interpretiert werden könnten, dass die demokratisch kompetenteren Schülerinnen und Schüler den Unterricht lediglich als diskursiver wahrnehmen, so zeigen die Zusammenhänge auf Klassenebene jedoch, dass außerdem die geteilte Wahrnehmung der Klasse eine Rolle spielte. Die geteilte Wahrnehmung der Klasse kann als ein validerer Indikator für die tatsächliche Unterrichtsqualität gelten als die individuellen Wahrnehmungen (Ditton 2002).

In der bereits erwähnten sachsen-anhaltinischen Studie (vgl. Kötters-König 2002) war der Unterricht in den Gymnasialklassen häufiger als in den Klassen anderer Schulen durch Methodenvielfalt (vs. Methodenmonotonie bzw. traditionelle Unterrichtsgestaltung) gekennzeichnet. Bei wechselseitiger Kontrolle der Effekte der Schulform und der Unterrichtsgestaltung blieb jedoch – mit Ausnahme des politischen Verständnisses, der Aufgeschlossenheit gegenüber dem Fach politische Bildung und der politischen Handlungsorientierung – nur der Effekt der Schulform ethalten. Die Unterrichtsgestaltung konnte in dieser Studie somit nur hinsichtlich der drei genannten Größen die Schulformunterschiede erklären.

Zusammenfassend kann festgehalten werden, dass die Frage nach der Ursache der Schulformunterschiede noch wenig geklärt ist. Neben institutionellen Faktoren wie etwa der Unterrichtsgestaltung, dem Unterrichtsklima oder dem breiter gefassten Konzept des Schulklimas (vgl. Grob 2007) müssen auch Merkmale in Betracht gezogen werden, die sich durch eine unterschiedliche soziokulturelle und leistungsmäßige Zusammensetzung der Schülerschaften ergeben, wie etwa kognitive Milieus, Wertemilieus und Verhaltensnormen (vgl. auch Baumert/ Stanat/Watermann 2006).

Zudem muss berücksichtigt werden, dass bei vielen der abhängigen Größen die Varianz, die durch die Einzelschulen erklärt werden kann, sehr viel höher liegen dürfte als die Varianz, die auf die Schulform zurück geht. Gezeigt werden konnte dies für die Einstellung gegenüber den Rechten von Ausländern und von Frauen sowie für das Vertrauen in gesellschaftliche Institutionen. Umgekehrt verhielt es sich jedoch beim politischen Wissen (vgl. Watermann 2003, S. 364). Das politische Wissen hing stärker als andere Merkmale demokratischer Kompetenz von der Schulform ab, was in der ausgeprägten kognitiven Komponente dieses Merkmals sowie in den leistungsmäßig unterschiedlich zusammengesetzten Schülerschaften der verschiedenen Schulformen begründet liegen dürfte.

2 Demokratische Kompetenzen im Längsschnitt

Im Folgenden wird auf Ergebnisse von Längsschnittuntersuchungen eingegangen, die die politische Sozialisation von Jugendlichen entweder als Schwerpunkt, oder aber zumindest als wichtigen Teilaspekt im Fokus hatten. Längsschnittuntersuchungen ermöglichen es, Annahmen über Entwicklungsprozesse anhand von Beobachtungen individueller Veränderungen über längere Zeiträume hinweg zu überprüfen. Außerdem erlauben sie es, über den Vergleich individueller Veränderungen über Schulformen hinweg, Aussagen über eine differentielle Sozialisationswirkung der Schulformen und damit über Wirkungen von Schule überhaupt zu treffen.

2.1 Individuelle Entwicklungsprozesse

In demokratischen Gesellschaften wird es als ein wichtiges Ziel der politischen Bildung angesehen, dass Kinder und Jugendliche eine grundlegende Loyalität und Akzeptanz gegenüber der politischen Ordnung einerseits sowie begründete Standpunkte und die Fähigkeit zur Kritik gegenüber der politischen Praxis andererseits entwickeln (vgl. Fend 1991). Die Politikwissenschaft verwendet in diesem Zusammenhang den Begriff der politischen Unterstützung und unterscheidet zwischen diffuser und spezifischer Unterstützung (vgl. Easton 1975). Diffuse politische Unterstützung meint eine grundlegend positive Einstellung gegenüber dem politischen System, sie ist deutlich affektiv getönt und relativ robust gegenüber mangelhaften Leistungen politischer Institutionen und politischer Machtträger. Sie basiert auf Vertrauen, das die Individuen zum Teil aufgrund langfristig positiver Erfahrungen mit dem politischen System entwickeln, das zum Teil aber auch über frühe Sozialisationsprozesse erworben wird und als eine Art Vertrauensvorschuss verstanden werden kann. Die spezifische politische Unterstützung ist im Unterschied dazu weniger stabil und stärker abhängig von den sichtbaren Leistungen der aktuellen Politik, ihren Institutionen und Machtträgern.

Fend (1991) betrachtete es als eine wichtige Entwicklungsaufgabe des Jugendalters, einerseits eine kritische Wachsamkeit gegenüber der politischen Praxis zu entwickeln und andererseits den in der Kindheit erworbenen Vertrauensvorschuss in die politische Ordnung und die politischen Autoritäten zwar nicht aufzugeben, aber doch zu relativieren. Zudem stellte er die Frage, ab welchem Alter Kinder in der Lage sind, eine politische Ordnung nicht nur verbal, sondern prinzipiell zu unterstützen und politische Sachverhalte in ihrer Komplexität zu begreifen. Aus entwicklungspsychologischer Sicht gilt die Fähigkeit zu abstraktem Denken, die sich etwa ab einem Alter von 12 Jahren ausbildet, als eine entscheidende Voraussetzung (vgl. Fend 1991; Oerter 1998).

In der Untersuchung von Fend („Konstanzer Längsschnitt", zur Anlage der Studie vgl. Fend 1991) zeigte sich den Annahmen entsprechend im Alter zwischen 12 und 16 Jahren eine kontinuierliche Abnahme des politischen Vertrauensvorschusses (im Sinne der Wahrnehmung, dass im Staate alles gut geregelt ist und man den Politikern vertrauen kann). Gleichzeitig war für die politische Wachheit (politisches Interesse und politisches Informationsverhalten) eine stetige Zunahme zu verzeichnen, was für Jugendliche aller Schulformen galt. Die politische Urteilsfähigkeit (politisches Wissen und Verständnis von Demokratie) stieg ebenfalls im Alter zwischen 13 und 16 Jahren an, allerdings nicht bei den Hauptschülern (vgl. ebd., S. 173). Für die Hauptschulen stellte sich somit die Frage nach der Wirksamkeit des politischen Bildungsunterrichts.

Im Alter von 13 Jahren zeigte sich zwischen dem politischen Vertrauensvorschuss und der politischen Urteilsfähigkeit noch ein schwacher positiver Zusammenhang. Dieser verwandelte sich interessanterweise bis zum Alter von 16 Jahren sukzessive in einen negativen Zusammenhang. Eine hohe politische Urteilsfähigkeit ging demnach mit zunehmendem Alter immer deutlicher mit einem niedrigeren politischen Vertrauensvorschuss einher.

Ähnliche Ergebnisse weist die Studie „Bildungsverläufe im Jugendalter" (BIJU) aus, die am Max-Planck-Institut für Bildungsforschung durchgeführt wurde. In dieser Studie wurden Jugendliche aus vier Bundesländern (Ost und West) 1991/92 im Alter von durchschnittlich 13 Jahren (Jahrgangsstufe 7) und noch einmal drei Jahre später im Alter von etwa 16 Jahren (Jahrgangsstufe 10) befragt. Individuelle Veränderungen wurden entlang der drei Dimensionen Vertrauen in gesellschaftliche Institutionen, Vertrauen in das politische System und Verständnis demokratischer Prinzipien nachgezeichnet (vgl. Watermann 2005a). Wie erwartet zeigten sich deutliche Abnahmen mit dem Alter beim Vertrauen in die gesellschaftlichen Institutionen (Ausnahme: Gewerkschaften). Beim Vertrauen ins politische System waren ebenfalls schwache Abnahmen zu verzeichnen. Beim Demokratieverständnis ergab sich dagegen ein klarer Anstieg mit dem Alter.

In einem weiteren Beitrag (vgl. Watermann/Cortina/Baumert 2004), in dem neben dem Längsschnitt ein Kohortenvergleich einbezogen war, wurde deutlich, dass die Abnahme im Systemvertrauen vor allem der ostdeutschen Teilstichprobe zuzuschreiben war und dort wohl in erster Linie eine Reaktion auf die sich während des Untersuchungszeitraums verschlechternden wirtschaftlichen Bedingungen darstellte. Dieser letzte Punkt beleuchtet ein Problem, das auf der Grundlage individueller Längsschnitte allein nicht gelöst werden kann: die Trennung individueller Entwicklungseffekte von Periodeneffekten. Individuelle Veränderungen politischer Einstellungen und Handlungsbereitschaften unterliegen neben entwicklungspsychologisch begründbaren Determinanten auch den Einflüssen der aktuellen Tagespolitik und des Wandels sozioökonomischer Bedingungen. Zu entscheiden, was jeweils die Ursache für empirisch beobachtbare individuelle Veränderungen ist, ist letztlich nur auf der Grundlage von Studien möglich, denen ein Kohorten-Sequenz-Design zugrunde liegt (vgl. Schaie 1965).

2.2 Schulformen als differentielle Entwicklungsmilieus

Es wurde bereits erwähnt, dass ein weiterer Vorteil individueller Längsschnittuntersuchungen darin besteht, dass Entwicklungsverläufe über Schulformen hinweg verglichen werden können. Auf der Grundlage der BIJU-Studie konnten Baumert, Köller und Schnabel (2000) zeigen, dass die verschiedenen Schulformen (Hauptschule, Gesamtschule, Realschule und Gymnasium) differentielle Entwicklungsmilieus bilden für die Bereitschaft zur Perspektivenübernahme, für egoistische und für altruistische Motivationen, für Ausländerfeindlichkeit und für liberale Gerechtigkeits- und Verantwortungswerte. Nach Kontrolle der Eingangsselektivität (kontrolliert wurden die jeweiligen Ausgangswerte in der Jahrgangsstufe 7, kognitive Grundfähigkeiten, Berufsprestige der Eltern, Verkehrssprache im Elternhaus, Eltern getrennt lebend und Arbeitslosigkeit der Eltern) ergaben sich in den Gymnasien im Vergleich zu den Gesamtschulen signifikant positivere individuelle Veränderungen für alle untersuchten Zielaspekte demokratischer Kompetenz. Auch in den Realschulen fanden sich für einige Zielaspekte noch positivere individuelle Veränderungen im Vergleich zu den Gesamtschulen. Keine Unterschiede zeigten sich zwischen den Haupt- und den Gesamtschulen (Ausnahme: liberale Gerechtigkeits- und Verantwortungswerte).

Der Befund bestätigt, dass Gymnasien – unabhängig von der Eingangsselektivität, von individuellen kognitiven Fähigkeiten sowie von wichtigen Merkmalen des familiären Hintergrunds – eine günstigere Umgebung für die Entwicklung demokratischer Kompetenzen darstellen als andere Schulformen. Zu vermuten ist, dass solche schulformspezifischen Unterschiede beim politischen Wissen noch deutlicher ausfallen als bei den untersuchten Zielgrößen (entsprechende Auswertungen liegen leider nicht vor). Offen bleibt, inwieweit „institutionelle" Merkmale des Unterrichts und der Gestaltung des Schullebens für die differentiellen Entwicklungseffekte sorgen oder inwieweit diese auf der jeweils unterschiedlichen Zusammensetzung der Schülerschaft nach Leistungsniveau und soziokulturellem Hintergrund, das heißt auf „kompositionellen" Faktoren beruhen (vgl. Baumert/Stanat/Watermann 2006). Mehrebenenanalytisch angelegte Auswertungen könnten hier Aufschluss geben.

3 Modellprogramm und Schulversuch

Die bis hierher vorgestellten Untersuchungen basieren auf Erhebungen, die in Regelschulen ohne besondere Berücksichtigung demokratiepädagogischer Maßnahmen durchgeführt wurden. Um die Frage zu beantworten, welche Möglichkeiten der Förderung demokratischer Kompetenzen bestehen, wenn Schule zeitweise oder umfassender gezielt auf demokratiebezogene

Maßnahmen umgestellt wird, soll im Folgenden exemplarisch auf zwei Evaluationsstudien eingegangen werden.

Die eine entstand im Rahmen des von der Bund-Länder-Kommission für Bildungsplanung und Forschungsförderung initiierten Modellprogramms „Demokratie lernen und leben". Das Programm hatte eine Laufzeit von 5 Jahren und bildete den Versuch, den Gefährdungen der Demokratie durch die Implementation demokratiepädagogischer Maßnahmen in Schulen (vgl. Himmelmann 2004; de Haan/Edelstein/Eikel 2007; Beutel/Fauser 2007) etwas entgegenzusetzen. Seit Kurzem liegt der abschließende Evaluationsbericht vor.

Ein von Edelstein und Fauser (2001) verfasstes Gutachten rollt den theoretischen Hintergrund auf und skizziert die Ziele des Programms. Als Hauptziele nannten die Autoren den Aufbau „demokratischer Handlungskompetenz" sowie die Förderung „verständnisintensiven Lernens". Der Aufbau demokratischer Handlungskompetenz sei angewiesen auf Erfahrungen von Demokratie als Lebensform, welche die Schule bereitstellen müsse (zur Unterscheidung von Demokratie als Lebens-, Gesellschafts- und Herrschaftsform vgl. Himmelmann 2006, Kap. IV u. V; 2007). Der Begriff des „verständnisintensiven Lernens" gehe auf John Dewey (1993) zurück und sei anschlussfähig an das in der Politikdidaktik diskutierte Konzept der Handlungsorientierung (vgl. Breit/Schiele 1998; Reinhardt 1997) sowie an die pädagogisch-psychologische Lehr-Lernforschung, die gezeigt habe, dass schüleraktiver Unterricht bzw. projekt- und handlungsorientierte Formen des Lernens günstige Bedingungen für den Erwerb von Kompetenzen darstellen (vgl. Weinert 1997). Das Programm zielte somit auf die Förderung demokratischer Kompetenzen bei Schülerinnen und Schülern durch eine Veränderung der Lernkultur in Schulen („Projektdidaktik") im Rahmen einer entsprechenden Umgestaltung der Institution Schule (Schulentwicklung). Auf eine detaillierte Darstellung der Vorschläge zur Umsetzung des Programms muss hier verzichtet werden, sie können dem Gutachten entnommen werden.

Das Programm wurde im Jahre 2002 gestartet, etwa 175 Schulen aller Schulformen aus 13 Bundesländern nahmen zumindest zeitweise teil. Unterstützt wurden die teilnehmenden Schulen auf Länderebene durch so genannte Netzwerkkoordinatoren und -koordinatorinnen und auf Bundesebene durch die zentrale Koordinierungsstelle an der Freien Universität Berlin sowie durch ein Multiplikatorenprogramm, das am Landesinstitut für Schule und Medien in Brandenburg angesiedelt war. Den Auftrag zur externen Evaluation erhielt das Deutsche Institut für internationale pädagogische Forschung (DIPF) in Frankfurt. Die Evaluation des Programms bestand im Wesentlichen aus zwei Erhebungen, die im Jahre 2003 und 2006 durchgeführt wurden (vgl. Klieme/Abs/Diedrich 2004; Abs/Roczen/Klieme 2007). Befragt wurden sowohl die Schülerinnen und Schüler (N = 6.744 bzw. 4.788) als auch die Lehrerkollegien (N = 3.416 bzw. 2.039) und die Schulleitungen (N = 137 bzw. 106) der teilnehmenden Schulen.

Als ein Ergebnis der Evaluation kann festgehalten werden, dass sich bei den Lehrkräften ein verkürztes Verständnis von Demokratie abzeichnete. Eine Analyse von Metaphern zeigte, dass ein großer Teil der Lehrkräfte mit dem Begriff Demokratie Vorstellungen verband, die auf den interpersonalen Raum beschränkt blieben (zur Unterscheidung von interpersonalem und transpersonalem Verständnis von Demokratie, vgl. Breit/Eckensberger 2004). Zudem sahen die befragten Lehrkräfte den größeren Handlungsbedarf zur Erreichung der Ziele des Programms nicht in einer Weiterentwicklung der Institution Schule, sondern in der Förderung von Sozial- und Selbstkompetenzen bei Schülerinnen und Schüler (vgl. Abs/Diedrich/Klieme 2004; Klieme/Abs/Diedrich 2004).

Positiv hervorgehoben werden kann, dass der überwiegende Teil der befragten Lehrkräfte für sich, subjektiv einen Kompetenzgewinn verzeichnen konnte (vgl. Abs/Roczen/Klieme 2007,

S. 41). Weniger positiv fielen jedoch die Befunde auf der Ebene der Schülerinnen und Schüler aus. Mittelwertvergleiche auf der Grundlage eines institutionellen Längsschnitts von 2003 bis 2006[2] erbrachten nur für eine einzige Größe signifikante Veränderungen: Das Selbstkonzept der eigenen politischen Kompetenzen lag bei den 2006 befragten Schülerinnen und Schüler geringfügig über den Werten der Eingangserhebung. Für alle anderen dokumentierten Zielaspekte demokratischer Kompetenz (Perspektivenübernahme, Verantwortungsübernahme, politische Aktivität/Erfahrung, politische Aktivität/Bereitschaft, Partizipationsverdrossenheit) ergaben sich keine signifikanten Veränderungen (ebd., S. 55).

Zu diesem auf den ersten Blick enttäuschenden Ergebnis wurde angemerkt, dass erstens, entgegen den Vorgaben im Gutachten, das jeweils implementierte Programm nicht in allen Schulen darauf angelegt war, die gesamte Schule zu erfassen und diese umfassend zu verändern. Zweitens hatten die einzelnen Maßnahmen im Detail recht unterschiedliche Zielsetzungen, so dass nicht in allen Schulen dieselben Kompetenzen gefördert wurden.[3] Eine differenzierte Überprüfung auf Schulebene könnte hier andere Ergebnisse zu Tage fördern. Drittens wurden in manchen Schulen die Maßnahmen schon vor der ersten Erhebung durchgeführt oder zumindest in Varianten erprobt, so dass mögliche kompetenzförderliche Wirkungen schon in der Eingangserhebung zum Tragen gekommen sein könnten. Und viertens könnte ein Zeitraum von drei Jahren einfach zu kurz bemessen gewesen ein, um grundlegende schulprogrammatische Veränderungen zum Wirken zu bringen.

Zum Abschluss soll deshalb mit der Laborschule Bielefeld ein Schulversuch näher betrachtet werden, für den demokratiepädagogische Maßnahmen schon seit der Gründung der Schule zum Schulalltag gehören. Für diesen Schulversuch besteht zudem die einmalige Situation, dass mit der PISA-2000- und der Civic-Education-Studie Daten zum Vergleich vorliegen (vgl. Watermann u.a. 2005).

Die Laborschule Bielefeld wurde 1974 von Hartmut v. Hentig gegründet und war von Beginn an mit der Idee verbunden, die Schule als Polis zu gestalten, als eine Lebens- und Verantwortungsgemeinschaft. Das überschaubare Gemeinwesen der Schule soll die große Gesellschaft im Kleinen abbilden und Merkmale einer funktionierenden Demokratie in sich tragen. Die soziale Heterogenität der Schülerschaft gehört genauso zu ihren Prinzipien wie der schulische Ganztagsbetrieb. Neben der Einbindung von Schülerinnen und Schülern in die üblichen Formen der schulischen Mitbestimmung gibt es weitere Gestaltungselemente, welche Bereitschaften und Fähigkeiten zur Konfliktlösung, Kooperation und Verantwortungsübernahme fördern sollen. So etwa die zu Beginn des Unterrichts stattfindenden Versammlungen, in denen eigene Belange, Konflikte, Überzeugungen und Meinungen einander mitgeteilt, miteinander besprochen und in verantwortlicher Teilhabe aller zu möglichst konsensnahen Vereinbarungen geführt werden können; oder auch die Ausstattung mit Lernorten wie dem Zoo, dem Garten, dem Bauspielplatz, der Bibliothek, der Teestube und dem Materialienladen in Schülerhand, in denen Verlässlichkeit und Verantwortlichkeit täglich neu ausgehandelt werden müssen (vgl. Thurn 2002).

---

2 Befragt wurden nicht dieselben Schülerinnen und Schüler im Längsschnitt, sondern Klassen derselben Schulen in den jeweils selben Klassenstufen.
3 Im Rahmen des Modellversuchsprogramms entstand eine von der Koordinierungsstelle zusammengetragene Sammlung von „Best-Practises" (vgl. http://www.blk-demokratie.de/index.php?id=82), denen sich die teilnehmenden Schulen zuordnen konnten. Evaluiert wurden nur diejenigen Schulen, die eine der am häufigsten implementierten Maßnahmen durchgeführt hatten. Dabei handelte es sich um Streitschlichterprogramme, Schülervertretungsarbeit, Konfliktbearbeitungsmaßnahmen, Klassenrat und kooperatives bzw. soziales Lernen (vgl. Abs/Roczen/Klieme 2007: 23).

Die externe Evaluation der Laborschule Bielefeld, die nicht nur auf demokratische Kompetenzen, sondern auch auf Fachleistungen und weitere Aspekte überfachlichen Lernens ausgerichtet war, wurde im April 2002 durch Mitarbeiter des Max-Planck-Instituts für Bildungsforschung in Berlin durchgeführt (vgl. Watermann u.a. 2005). In die Untersuchung einbezogen waren alle 64 Schülerinnen und Schüler im Alter von 15 Jahren aus den Jahrgängen 8, 9 und 10. Die folgende Darstellung beschränkt sich auf die drei Bereiche, die auch als Zielaspekte eines demokratisch handlungsfähigen Bürgers betrachtet werden können: interpersonale Kompetenzen, gerechtigkeitsbezogene Werthaltungen und egalitäre Einstellungen sowie „politische Bildung" (vgl. Watermann 2005b).

In sozialen und gerechtigkeitsbezogenen Orientierungen sowie in egalitären Einstellungen erzielten die Laborschülerinnen und -schüler sehr gute Ergebnisse. Sie wiesen deutlich positivere Einstellungen gegenüber Zuwanderern auf, zeigten eine stärkere Bereitschaft zu sozialem Engagement, eine höhere Bereitschaft zur Verantwortungsübernahme, eine niedrigere Verantwortungsabwehr und hatten deutlich niedrigere individualistische und aggressive Orientierungen als die vergleichbaren Schülerinnen und Schüler der PISA 2000- bzw. der Civic Education-Studie. Keine Unterschiede zwischen den Laborschülerinnen und -schülern und den entsprechenden PISA-Werten ergaben sich überraschenderweise für die Bereitschaft zur Perspektivenübernahme, für Empathie, für die Unterstützung Anderer bei unterrichtsbezogenen Aktivitäten und für die Unterstützung von Freunden. Gegenseitige Unterstützung scheint demnach unter Laborschülerinnen und -schülern nicht stärker ausgeprägt zu sein als in Regelschulen (vgl. auch Wischer 2003). Für den Bereich „politische Bildung" kann festgehalten werden, dass die Laborschülerinnen und -schüler ihren Unterricht als diskursiver wahrnehmen als die Schülerinnen und Schüler der Civic Education-Studie. Ihre Effektivität bei der Interessensdurchsetzung innerhalb der Schule schätzten die Laborschülerinnen und -schüler aber nur tendenziell höher ein. Das politische Interesse und das Verständnis demokratischer Prinzipien (Wissenstest) lagen bei den Laborschülerinnen und -schülern auf dem Niveau von Gymnasiasten, und somit etwas über dem Niveau, das für die Klientel der Laborschule zu erwarten war. Deutlich positiver schnitten die Laborschülerinnen und -schüler bei der Einschätzung der Bürgerrolle als kritischer Bürger ab.

Insgesamt sprechen die Befunde dafür, dass durch eine demokratische Gestaltung des Schullebens und die damit einher gehende Bereitstellung sozialer Lerngelegenheiten demokratische Kompetenzen effektiv gefördert werden können. Insbesondere scheint dies auf gerechtigkeitsbezogene Werthaltungen und auf die Bereitschaft zur Verantwortungsübernahme zuzutreffen. Weiterhin ergab die Evaluation, dass die Erreichung dieser Ziele nicht mit anderen Zielbereichen von Schule, wie beispielsweise der Förderung der Lesekompetenz, in Konflikt geraten muss.

4 Zusammenfassung und Fazit

Was lässt sich aus dem Dargestellten für den Stand demokratischer Kompetenzen von deutschen Schülerinnen und Schülern sowie für die Wirksamkeit sozialen Lernens und politischer Bildung in der Schule ableiten? Die in den international vergleichenden Studien befragten 14-jährigen Schülerinnen und Schüler verfügten noch über ein geringes politisches Wissen und ein nur mäßig ausgeprägtes demokratisches Verständnis. Vor dem Hintergrund entwicklungspsychologischer Betrachtungen kann allerdings die Frage gestellt werden, ob überhaupt mehr erwartet werden konnte. Die Längsschnittstudien zeigen, dass das Verständnis komplexer politischer Sachverhalte im Alter zwischen 12 und 18 Jahren deutlich anwächst, 14-Jährige Jugendliche sich mithin noch in einem frühen Stadium der Entwicklung politischen Verstehens befinden.

Die schulische politische Bildung setzt in der Regel in der Sekundarstufe I ein und damit in einer Phase, in der sich grundlegendes Systemvertrauen, kritische Wachsamkeit und Beteiligungsbereitschaft erst allmählich auszudifferenzieren beginnen. Dass in dieser Phase das politische Verständnis der Schülerinnen und Schüler durch einen kognitiv anregenden, Informationen vermittelnden und vor allem diskursiven Unterricht gefördert werden kann, zeigen die Untersuchungen aus Sachsen-Anhalt und die beiden IEA-Studien. Ein diskursiver Unterrichtsstil scheint – auch bei kritischer Betrachtung über einfache Zusammenhänge hinaus (vgl. Watermann 2003) – eine positive Wirkung auf das politische Wissen und Verständnis von Schülerinnen und Schülern zu haben.

Demokratisch kompetente oder handlungsfähige Personen zeichnen sich jedoch nicht nur durch politisches Wissen und demokratisches Verständnis aus, sondern darüber hinaus auch durch demokratische Haltungen und die Bereitschaft, sich handelnd an demokratischen Prozessen zu beteiligen. Wie die Analysen von Oesterreich (2003c) zeigen, sind einige Zielaspekte demokratischer Kompetenz enger mit demokratischen Haltungen, das heißt mit in der Persönlichkeit verankerten Dispositionen wie der Bereitschaft, sich in andere Hineinzuversetzen oder Verantwortung zu übernehmen, verbunden als mit politischem Wissen oder demokratischem Verständnis. Die Entwicklung solcher Haltungen wiederum scheint nicht nur auf einen informativen und kognitiv anregenden Unterricht, sondern auch auf soziales Lernen in der Schule angewiesen zu sein.

Sozialem Lernen wird in deutschen Regelschulen nach Meinung von Experten nicht viel Raum zugestanden. Diesem Defizit wurde mit dem bundesweit angelegten BLK-Programm „Demokratie lernen und leben" zu begegnen versucht. Im Rahmen des Programms wurden verschiedene Ansätze zum sozialen und politischen Lernen zusammengetragen und von den teilnehmenden Schulen im Rahmen von Schulentwicklung erprobt. Den Ergebnissen der Evaluation zufolge waren diese Bemühungen jedoch nur von mäßigem Erfolg gekrönt. Ein Grund hierfür kann darin gesehen werden, dass die demokratiepädagogischen Maßnahmen in den meisten Schulen nicht umfassend genug angelegt waren. Dass es möglich ist, durch umfassende Umgestaltungen des Schullebens Erfolge im Hinblick auf eine demokratische Persönlichkeitsentwicklung zu erzielen, zeigt die Evaluation der Laborschule Bielefeld.

Literatur

Abel J. (Hrsg.) (2004): Jugend im Fokus empirischer Forschung. München: Waxmann.
Abs, H.J./Diedrich, M./Klieme, E. (2004): Evaluation des BLK-Modellprogramms Demokratie lernen und leben. In: dipf informiert, 6, 2–6.
Abs, H.J./Roczen, N./Klieme, E. (2007): Abschlussbericht zur Evaluation des BLK-Programms „Demokratie lernen und leben". Frankfurt a.M.: Deutsches Institut für Internationale Pädagogische Forschung.
Ackermann, P. (1996): Das Schulfach „Politische Bildung" als institutionalisierte politische Sozialisation. In: Claußen, B./Geißler, R. (Hrsg.): Die Politisierung des Menschen. Instanzen der politischen Sozialisation. Ein Handbuch. Opladen: Leske + Budrich, S. 91–100.

Baron, R./Kenny, D.A. (1986): The Moderator-Mediator Variable Distinction in Social Psychological Research: Conceptual, Strategic, and Statsitical Considerations. Journal of Personality and Social Psychology 51, H. 6, S. 1173–1182.

Baumert, J./Köller, O./Schnabel, K. (2000): Schulformen als differentielle Entwicklungsmilieus – eine ungehörige Fragestellung? In: Gewerkschaft Erziehung und Wissenschaft (GEW) (Hrsg.): Messung sozialer Motivation: Eine Kontroverse. Frankfurt a.M.: Bildungs- und Förderungswerk der GEW im DGB, S. 28–69.

Baumert, J./Stanat, P./Watermann, R. (2006): Schulstruktur und die Entstehung differentieller Entwicklungsmilieus. In: Baumert, J./Stanat, P./Watermann R. (Hrsg.): Herkunftsbedingte Disparitäten im Bildungswesen. Wiesbaden: VS Verlag für Sozialwissenschaften, S. 95–188.

Baumert, J./Stanat, P./Watermann R. (Hrsg.) (2006): Herkunftsbedingte Disparitäten im Bildungswesen. Wiesbaden: VS Verlag für Sozialwissenschaften.

Beutel, W./Fauser, P. (Hrsg.) (2007): Demokratiepädagogik. Lernen für die Zivilgesellschaft. Schwalbach: Wochenschau Verlag.

Breit, G./Massing, P. (Hrsg) (1992): Grundfragen und Praxisprobleme der politischen Bildung. Bonn: Bundeszentrale für Politische Bildung.

Breit, G./Schiele, S. (1998): Handlungsorientierung im Politikunterricht. Bonn: Bundeszentrale für Politische Bildung.

Breit, H./Eckensberger, L. H. (2004): Demokratieerziehung zwischen Polis und Staat. In: dipf informiert 6, S. 6–11.

Brophy J. (Hrsg.) (2001): Subject-specific Instructional Methods and Activities. Band 8. Amsterdam u.a.: Elsevier Science.

Claußen, B. (1996): Die Politisierung des Menschen und die Instanzen der politischen Sozialisation: Problemfelder gesellschaftlicher Alltagspraxis und sozialwissenschaftlicher Theoriebildung. In: Claußen, B./Geißler, R. (Hrsg.): Die Politisierung des Menschen. Instanzen der politischen Sozialisation. Ein Handbuch. Opladen: Leske + Budrich, S. 15–48.

Claußen, B./Geißler, R. (Hrsg.) (1996): Die Politisierung des Menschen. Instanzen der politischen Sozialisation. Ein Handbuch. Opladen: Leske + Budrich.

Cremer, W./Schiele, S. (1992): Zum Konsens und zur Kontroversität in der politischen Bildung. In: Breit, G./Massing, P. (Hrsg.): Grundfragen und Praxisprobleme der politischen Bildung. Bonn: Bundeszentrale für Politische Bildung, S. 135–139.

de Haan, G./Edelstein, W./Eikel, A. (2007): Qualitätsrahmen Demokratiepädagogik. Heft 1: Grundlagen zur Demokratiepädagogik. Weinheim, Basel: Beltz.

Dewey, J. (1993): Demokratie und Erziehung. Eine Einleitung in die philosophische Pädagogik. Weinheim, Basel: Beltz.

Diedrich, M. (2006): Demokratische Handlungskompetenzen. In: dipf informiert, 10, S. 11–15.

Ditton, H. (2002): Lehrkräfte und Unterricht aus Schülersicht. In: Zeitschrift für Pädagogik 48, H. 2, S. 262-286.

Easton, D. (1975): A Re-Assessment of the Concept of Political Support. In: British Journal of Political Science 5, S.435–457.

Edelstein, W./Fauser, P. (2001): Demokratie lernen und leben. Gutachten zum Programm. Bonn: Bund-Länder-Kommission für Bildungsplanung und Forschungsförderung.

Fend, H. (1991): Identitätsentwicklung in der Adoleszenz. Band 2. Bern: Hans Huber.

Gewerkschaft Erziehung und Wissenschaft (Hrsg.) (1999): Messung sozialer Motivation: Eine Kontroverse. Frankfurt a.M.: Bildungs- und Förderungswerk der GEW im DGB.

Grob, U. (2007): Schulklima und politische Sozialisation. In: Zeitschrift für Pädagogik 53, H. 6, S. 774–799.

Habermas, J. (1976): Können komplexe Gesellschaften eine vernünftige Identität ausbilden? In: Habermas J. (Hrsg.): Zur Rekonstruktion des Historischen Materialismus. Frankfurt a.M.: Suhrkamp, S. 92–126.

Habermas J. (1976): Zur Rekonstruktion des Historischen Materialismus. Frankfurt a.M.: Suhrkamp.

Habermas, J. (1981): Theorie des kommunikativen Handelns. Frankfurt a.M.: Suhrkamp.

Hahn, C. (1998): Becoming Political. Albany: State University of New York Press.

Händle, C./Oesterreich, D./Trommer, L. (1999): Aufgaben politischer Bildung in der Sekundarstufe I. Studien aus dem Projekt Civic Education. Opladen: Leske + Budrich.

Himmelmann, G. (2004): Demokratie-Lernen: Was? Warum? Wozu? In: Beiträge zur Demokratiepädagogik. Eine Schriftenreihe des BLK-Programms "Demokratie lernen & leben". URL: http://www.blk-demokratie.de/fileadmin/public/dokumente/Himmelmann.pdf. (13.06.2008)

Himmelmann, G. (2006): Leitbild Demokratieerziehung. Vorläufer, Begleitstudien und internationale Ansätze zum Demokratie-Lernen. Schwalbach: Wochenschau-Verlag.

Himmelmann, G. (2007): Demokratie Lernen als Lebens-, Gesellschafts- und Herrschaftsform. Ein Lehr- und Arbeitsbuch. Schwalbach: Wochenschau-Verlag.

Holtappels, H.-G./Klieme, E./Rauschenbach, T.,/Stecher, L. (Hrsg.) (2007): Ganztagsschule in Deutschland. Ergebnisse zur Ausgangserhebung der „Studie zur Entwicklung von Ganztagsschulen" (StEG). Weinheim, München: Juventa.

Honneth, A. (1992): Kampf um Anerkennung. Zur moralischen Grammatik sozialer Konflikte. Frankfurt a.M.: Suhrkamp.

Ichilov, O. (1991): Political Socialization and Schooling Effects among Israeli Adolescents. In: Comparative Education Review 35, S. 430–446.

Joas, H. (1992): Pragmatismus und Gesellschaftstheorie. Frankfurt a.M.: Suhrkamp.

Klieme, E./Abs, H.J./Diedrich, M. (2004): Evaluation des BLK-Programms Demokratie lernen und leben. Erster Bericht über die Ergebnisse der Eingangserhebung 2003. Frankfurt a.M.: Deutsches Institut für Internationale Pädagogische Forschung.

Kötters-König, C. (2001): Handlungsorientierung und Kontroversität. Wege zur Wirksamkeit der politischen Bildung im Sozialkundeunterricht. In: Aus Politik und Zeitgeschichte 50, S. 6–12.

Krüger, H.-H./Reinhardt, S./Kötters-König, C./Pfaff, N./Schmidt, R./Krappidel, A./Tillmann, F. (2002): Jugend und Demokratie - politische Bildung auf dem Prüfstand. Eine quantitative und qualitative Studie aus Sachsen-Anhalt. Opladen: Leske + Budrich.

Oerter, R. (1998): Psychologische Aspekte: Können Jugendliche politisch mitentscheiden? In: Palentien, C./Hurrelmann, K. (Hrsg.): Jugend und Politik. Neuwied: Luchterhand, S. 32–46.

Oesterreich, D. (2001): Die politische Handlungsbereitschaft von deutschen Jugendlichen im internationalen Vergleich. In: Aus Politik und Zeitgeschichte 50, S. 13–22.

Oesterreich, D. (2002): Politische Bildung von 14-Jährigen in Deutschland. Studien aus dem Projekt Civic Education. Opladen: Leske + Budrich.

Oesterreich, D. (2003a): Politische Bildung von 14-Jährigen in Deutschland. Übersicht zu Ergebnissen des Civic-Education-Projekts der IEA. In: Unsere Jugend 55, H. 9, S. 396–401.

Oesterreich, D. (2003b): Offenes Diskussionsklima im Unterricht und politische Bildung von Jugendlichen. In: Zeitschrift für Pädagogik 49, H. 6, S. 817–835.

Oesterreich, D. (2003c): The impact of Political Knowledge and Democratic Compentencies on Desirable Aims of Civic Education. URL: http://www.sowi-online.de/journal/2003-1/project-oesterreich.htm (15.08.2008)

Oesterreich, D./Händle, C./Trommer, L. (2001): Perspektiven der politischen Bildung. Ergebnisse einer Expertenbefragung über Defizite und Chancen der aktuellen Entwicklung in Schulen. In: Die Deutsche Schule 93, H. 3, S. 363–372.

Palentien, C./Hurrelmann, K. (Hrsg.) (1998): Jugend und Politik. Neuwied: Luchterhand.

Reinhardt, S. (1992): Kontroverses Denken. Überwältigungsverbot und Lehrerrolle. In: Breit, G./Massing, P. (Hrsg.): Grundfragen und Praxisprobleme der politischen Bildung. Bonn: Bundeszentrale für Politische Bildung, S.140–148.

Reinhardt, S. (1997). Handlungsorientierung. In: Sander W. (1997): Handbuch politische Bildung. Schwalbach: Wochenschau-Verlag, S. 105–127.

Rychen, D.S./Salganik, L.H. (Hrsg.) (2001): Defining and Selecting Key Competencies. Seattle, Toronto, Bern, Göttingen: Hogrefe & Huber.

Sander W. (Hrsg.) (1997): Handbuch politische Bildung. Schwalbach: Wochenschau-Verlag.

Schaie, W.K. (1965): A General Model for the Study of Developmental Problems. In: Psychological Bulletin 64, H. 2., S. 92–107.

Thurn, S. (2002): Teilhabe durch Verantwortung - erfahren, einfühlen, handeln. In: Bayrische Schule 9, S. 23–26.

Torney, J. V./Oppenheim, A. N./Farnen, R. F. (1975): Civic Education in Ten Countries. An Empirical Study. New York: Wiley.

Torney-Purta, J./Hahn, C. L./Amadeo, J.-A. (2001): Principles of Subject-Specific Instruction in Education for Citizenship. In: Brophy J. (Hrsg.): Subject-specific Instructional Methods and Activities. Band 8. Amsterdam u.a.: Elsevier Science, S. 373-410.

Torney-Purta, J./Lehmann, R./Oswald, H./Schulz, W. (2001): Citizenship and Education in Twenty-eight Countries. Civic Knowledge and Engagement at age Fourteen. Amsterdam: IEA.

Torney-Purta, J. V./Schwille, J./Amadeo, J. (1999): Civic Education Across Countries: Twenty-four National Case Studies From the IEA Civic Education Project. Amsterdam, Washington DC: IEA and National Council for Social Studies.

Watermann, R. (2003): Diskursive Unterrichtsgestaltung und multiple Zielerreichung im politisch bildenden Unterricht. In: Zeitschrift für Soziologie der Erziehung und Sozialisation 23, H. 4, S. 356–370.

Watermann, R. (2005a): Politische Sozialisation von Kindern und Jugendlichen. In: Aus Politik und Zeitgeschichte 41, S. 6–24.

Watermann, R. (2005b). Die Laborschule als polis, als Verantwortungsgemeinschaft: Empirische Befunde zur politischen Sozialisation. In: Watermann, R./Thurn, S./Tillmann, K.-J./Stanat, P. (Hrsg.): Die Laborschule im Spiegel ihrer PISA-Ergebnisse. Weinheim, München: Juventa, S. 189–200.

Watermann, R./Cortina, K.,/Baumert, J. (2004): Politische Sozialisation bei Jugendlichen in der Nachwendezeit: Befunde aus BIJU. In: Abel, J. (Hrsg.): Jugend im Fokus empirischer Forschung. München: Waxmann., S. 87-107.

Watermann, R./Thurn, S./Tillmann, K.-J./Stanat, P. (2005): Die Laborschule im Spiegel ihrer PISA-Ergebnisse. Weinheim, München: Juventa.

Wehling, H.-G. (1992): Zehn Jahre Beutelsbacher Konsens. Eine Nachlese. In: Breit, G./Massing, P. (Hrsg.): Grundfragen und Praxisprobleme der politischen Bildung. Bonn: Bundeszentrale für Politische Bildung, S. 129–134.

Weinert, F.E. (Hrsg.) (1997): Psychologie des Unterrichts und der Schule. Göttingen u.a.: Hogrefe.

Weinert, F.E. (2001): Concept of Competence: A Conceptual Clarification. In: Rychen, D. S./Salganik, L. H. (Hrsg.): Defining and Selecting Key Competencies. Seattle, Toronto, Bern, Göttingen: Hogrefe & Huber, S. 45–65.

Wischer, B. (2003): Soziales Lernen an einer Reformschule. Evaluationsstudie über Unterschiede von Sozialisationsprozessen in Reform- und Regelschulen. Weinheim: Juventa.

Christine Schwarzer | Petra Buchwald

Gesundheitsförderung und Beratung

1 Einleitung

Gesundheit wird in den letzten 25 Jahren nicht nur im Zusammenhang mit der Reform der Krankenversicherung diskutiert, sondern steht auch im Bildungs- und Erziehungsbereich im Zentrum von Forschungs- und Lehrbemühungen, wie folgende kleine Auswahl zeigt: 1995 nahm das Bundesministerium für Familie, Senioren, Familie und Jugend im „Fünften Familienbericht" erstmals den Zusammenhang Familie und Gesundheit auf, 1997/98 förderte die Europäische Union ein Projekt mit dem Titel „Zum Gesundheitsstatus junger Menschen in der Europäischen Gemeinschaft" (vgl. Deutsches Jugendinstitut 1999), im Internet findet sich mit Supersource ein web-basiertes Unterrichtsprogramm für die weltweite Gesundheit (vgl. Gesellschaft für Public Health 2000, S. 19) und die regionalen und überregionalen Projekte zu „gesunden Schulen", „bewegtem Unterricht", zu „gesunden Beschäftigten und gesunden Unternehmen" oder zur Drogen- und Suchtprävention lassen sich kaum noch lückenlos sammeln. Gesundheitserziehung gehört laut Bericht der Kultusministerkonferenz vom 5. Juni 1992 an den allgemeinbildenden Schulen zum Pflicht-, Wahlpflicht- oder Wahlbereich. Auch die deutschsprachigen pädagogischen Zeitschriften dokumentieren das Interesse der Pädagogik an der Gesundheitsthematik. Die „Empirische Pädagogik" widmete z.B. im Jahre 1998 das Heft 4 der „Gesundheitsförderung bei Kindern und Jugendlichen" und die „Zeitschrift für Pädagogik" reagierte bereits 1994 (Heft 6) mit einem Thementeil zur Gesundheitserziehung.

Das vermehrte pädagogische Interesse an der Gesundheit hat dabei verschiedene Ursachen:

- Die Gesundheitswissenschaften haben direkte und indirekte Beziehungen zwischen Bildung und Gesundheit herausgefunden. Direkte Zusammenhänge ergeben sich z.B. dadurch, dass Bildung die sozial-psychologischen Ressourcen durch Arbeit, Status und Geld vergrößert, aber auch subjektiv zu höherer Kontrolle über die Wichtigkeiten des Lebens und besserer sozialen Eingebundenheit führt (vgl. Ross/Wu 1995).
- Die Lebensverhältnisse in den westlichen Ländern haben sich dramatisch verändert und führen zu spezifischen Belastungen, besonders im Kindes- und Jugendalter, z.B. durch ständig steigende Trennungs- und Scheidungsraten, Berufstätigkeit beider Elternteile, hohe Erwartungen und Ansprüche elterlicherseits an die Schulleistungen sowie durch ein verändertes Freizeitverhalten, das häufig mit erhöhtem Fernsehkonsum verbunden ist, der seinerseits zu Bewegungsarmut und wachsender Vereinzelung führen kann (vgl. Glogauer 1993). Solche Veränderungen erfordern neue Orientierungsmuster und Hilfestellungen, nicht nur im körperlichen, sondern auch im emotionalen und sozialen Bereich.
- Gesundheitliche Probleme im Kindes- und Jugendalter treten heute verstärkt als chronische Erkrankungen wie Allergien oder Asthma Bronchiale in Erscheinung (vgl. Engel/Hurrelmann 1989). Solche Beeinträchtigungen erfordern neben einer medizinischen Betreuung auch die Berücksichtigung psycho-sozialer Faktoren.

- Stress am Arbeitsplatz scheint ein weit verbreitetes Phänomen unserer Zeit zu sein, das zu Burnout, vorzeitiger Aufgabe beruflicher Tätigkeit und bio-psychosozialen Beeinträchtigungen führen kann (vgl. Buchwald & Hobfall 2004; Daiminger 1996; Gross 1997; Schwarzer 2000; Schwarzer u.a. 2001).
- Epidemiologische Daten belegen, dass in den letzten 1990 Jahren die Neuerkrankungsrate der meisten Infektionskrankheiten drastisch gesenkt werden konnte und heute in den Industrienationen bis zu 50% der Todesursachen auf vermeidbare Krankheiten zurückgehen (vgl. Hamburg 1984). Gemeint sind damit u.a. Herz-Kreislauf- und Krebserkrankungen, die wesentlich durch die Lebensweise mitbestimmt werden (Alkohol- und Zigarettenkonsum, Ernährungsgewohnheiten, psychische Fitness). Präventive Gesundheitsförderung könnte hier helfen, die Lebensweisen und Umweltbedingungen zu verändern.
- Kindergärten, Schulen, Universitäten und Weiterbildungsinstitutionen stehen heute unter dem Druck, sich den vielfältigen, gewandelten gesellschaftlichen Anforderungen stellen und sich auf den Weg zu einer „gesunden Institution" begeben zu müssen. Gesunde, gute Schulen werden dabei z.B. zunehmend als „Gesundheitsschulen" oder gesundheitsfördernde Schulen verstanden, denen es gelingt, ein Lern- und Arbeitsort zu sein, an dem psychosoziales Wohlbefinden für Schüler und Lehrer gleichermaßen möglich wird (vgl. Kultusministerkonferenz 1992).

Schon diese lückenhafte Aufzählung zeigt, dass Gesundheit auch in Zukunft zu den zentralen Themen- und Fragestellungen in der Pädagogik gehören wird, wobei sich in der theoretischen Grundlegung sowie in der Nomenklatur in den letzten Jahren vieles gewandelt hat (vgl. Bildungskommission NRW 1995).

Es wird im Folgenden u.a. der Frage nachgegangen, wie sich das Verständnis von Gesundheit in den letzten Jahrzehnten verändert hat (Abschnitt 2) und welche Aspekte in der Gesundheitsförderung im Vergleich zur Gesundheitsberatung im Mittelpunkt stehen (Abschnitt 3 und 4). Der Wandel des Gesundheitsbegriffs wirft weiterhin die Frage auf, welche theoretischen Modelle gesundheitsförderlichem Handeln zugrunde liegen (Abschnitt 5) und in welcher Form bzw. wie effektiv sie Anwendung in der Praxis finden (Abschnitt 6 und 7).

2 Von der Gesundheitserziehung zur Gesundheitsförderung

Die traditionelle Gesundheitserziehung ist nicht besonders erfolgreich gewesen, trotz einem verstärkten bildungspolitischen Interesse seit ungefähr 1965. Diese Meinung teilen fast alle Wissenschaftler, Politiker und Fachleute (vgl. von Troschke 1993; Landesinstitut für Schule und Weiterbildung 1998).

Als Grund für das relative Scheitern der Gesundheitserziehung wird deren eindimensionales, auf Abwesenheit von Krankheit und objektiv festmachbaren medizinischen Kriterien sowie Compliance und Wissensvermittlung hin orientiertes Gesundheitsverständnis genannt. Gemeint ist damit die relativ statische, überwiegend an Risiken orientierte Vorstellung von Gesundheit, die davon ausgeht, dass Menschen sich nur dann gesundheitsrelevant verhalten, wenn sie Bedrohungen wahrnehmen oder Risiken spüren. Diese Sichtweise, die am Mensch-Maschine-Modell orientiert ist, stellt die Person in den Mittelpunkt der pädagogischen Bemühungen, indem sie ihr einerseits Aufklärung zuteil werden lässt (z.B. durch den Aufdruck auf jeder Zigarettenschachtel: „Der Gesundheitsminister warnt"...) und sie andererseits (meistens) durch Angst vor eigener Erkrankung zu gesundheitsbezogenem Verhalten motivieren will, etwa durch besonders drastische und plakative Darstellungen von Krankheiten in der Aids-Prävention. Aufgrund der Tatsache, dass die Medizin bisher große Fortschritte bei der Erklärung von Krankheiten gemacht, aber wenig Wissen über Gesundheit zur Verfügung gestellt hat, kann traditionelle Gesundheitserziehung eher als Vermeidung von Krankheiten, denn als Krankheitsprävention gesehen werden. Furchtappelle können zwar einen Einfluss auf das Gesundheitsverhalten nehmen, sie dürfen aber nicht zu stark sein und müssen mit anderen Variablen gekoppelt werden (vgl. Barth/Bengel 1998).

Traditionelle Gesundheitserziehung lässt sich also trotz unterschiedlicher Akzentsetzungen bei einzelnen Theoretikern und Praktikern als das geplante Bemühen definieren, bei Einzelpersonen oder Gruppen die Motivation, das Wissen sowie das Verhalten so zu beeinflussen, dass sowohl die Erkrankungs- als auch die Neuerkrankungsrate gesenkt wird (vgl. WHO 1981).

Vorbeugung und Intervention von Krankheiten sind aber nicht notwendigerweise mit Gesundheit gleichzusetzen. Diese Erkenntnis leistete schon die Gesundheitsdefinition der Weltgesundheitsorganisation (WHO) von 1946, in der Gesundheit als „Zustand des vollständigen körperlichen, geistigen und sozialen Wohlbefindens und nicht nur (als) die Abwesenheit von Krankheit und Gebrechen" formuliert wurde. Aber erst die Ottawa-Charta, die 1986 auf der ersten Konferenz zur Gesundheitsförderung der WHO in Ottawa verabschiedet wurde, brachte den Durchbruch zu einem multifaktoriellen Verständnis von Gesundheit und somit auch den Wandel im Erziehungsbereich. An die Stelle einer Gesundheitserziehung mit stark normativem Charakter tritt eine Gesundheitsförderung, in deren Mittelpunkt ein dynamisches, positives und stärker an situativen Gegebenheiten orientiertes Gesundheitsverständnis steht.

Gesundheitsförderung i.S. der Ottawa-Charta zielt auf einen Prozess, der allen Menschen ein höheres Maß an Selbstbestimmung über ihre Gesundheit ermöglichen und sie damit zur Stärkung ihrer Gesundheit befähigen soll.

Gesundheit kann dementsprechend definiert werden als „Zustand des objektiven und subjektiven Befindens einer Person, der gegeben ist, wenn diese Person sich in physischen, psychischen und sozialen Bereichen ihrer Entwicklung im Einklang mit den eigenen Möglichkeiten und Zielvorstellungen und den jeweils gegebenen äußeren Lebensbedingungen befindet" (OPUS 2000, S. 5).

Gesundsein drückt sich also nicht mehr nur in der Erfüllung bestimmter Verhaltensnormen aus, sondern ist charakterisiert durch produktive Anpassung, Selbstverwirklichung und Wohlbefinden. Health Promotion oder Gesundheitsförderung sieht Gesundheit nicht so sehr als Ziel, sondern eher als Lebensstil, als Möglichkeit, jeden Menschen und alle Gruppen der Bevölkerung instand zu setzen, positive Aktivitäten und Gedanken zu finden, die Lebensplanung sinnhaft zu gestalten sowie kognitiv, emotional und sozial in Balance zu sein. Nicht mehr Compliance steht im Zentrum, sondern eher Empowerment (vgl. Herriger 1997).

Die Handlungsebene für Einwirkungsprozesse beschränkt sich jetzt nicht länger nur auf die einzelne Person, sondern wird in der WHO-Konzeption auf fünf Ebenen bezogen, die vom Einzelindividuum bis zur Gesamtgesellschaft reichen. Dieser Mehrebenen-Ansatz hat sich in der Gesundheitsförderung (Health Promotion) allgemein durchgesetzt, weil er umfassender ist. Er beinhaltet sowohl Gesundheitserziehung, Gesundheitsaufklärung und Gesundheitsberatung, aber auch die allgemeine Stärkung von persönlichen Kompetenzen und Ressourcen sowie soziale als auch die Arbeits- und Lernumwelt betreffende Merkmale.

Moderne Gesundheitsförderung ist also *ressourcenorientiert* und *nicht defizitorientiert*. Sie nimmt als Ausgangspunkt die vorhandenen Fähigkeiten und Kompetenzen von Personen oder die sozialen Ressourcen und trachtet danach, diese zu stärken (Hobfall & Schumm, 2004). Der Mensch mit seiner sozialen Einbindung, seinen subjektiven Sichtweisen, Gewohnheiten und individuellen Bedürfnissen wird stärker berücksichtigt. Eine solche Orientierung bedeutet jedoch nicht, dass bei akuten Problemen nicht auch „klassisch" eingegriffen werden muss.

Gesundheitsförderung lässt sich demnach definieren als:

Kombination von erzieherischer und umweltlicher Unterstützung aller Handlungen und Lebensbedingungen, die zu einer gesunden Lebensführung befähigen (vgl. Green/Kreuter 1999, S. 14; übersetzt vom Verf.).

Eine so weite Definition ist leicht dem Vorwurf ausgesetzt, jedwede Maßnahme, jegliches Lernen und sogar Organisationsentwicklungen unter das Etikett der biopsychosozialen Gesundheit zu fassen. Dies führt zu Abgrenzungsproblemen in Bezug auf andere Veränderungsprozesse beim Menschen. Gesundheitsförderung soll hier im Unterschied z.B. zum Erlernen einer Fremdsprache inhaltlich zentral an das individuelle Wohlbefinden gekoppelt sein (Stressfreiheit, Kompetenzgefühl, Kontrolle über eigene Handlungen u.a.).

3 Gesundheitsbezogene Beratung

Beratung ist hier als professionelle Hilfe zu verstehen, die freiwillig aufgesucht wird und in der Regel von kurzer Dauer ist (vgl. Schwarzer/Buchwald, 2009). Gesundheitsberatung bezieht sich auf einen akut Leidensdruck verursachenden Zustand wie z.B. die Unfähigkeit, mit dem Rauchen aufzuhören, eine nötige Diät einzuhalten, aber auch einen geeigneten Tages-Arbeitsplan aufstellen und durchhalten zu können. Gesundheitsberatung bereitet entweder weitergehende Interventionen wie ein Training, eine Schulung oder auch eine Änderung des Arbeitsplatzes vor oder stellt an sich schon die Verhalten verändernde Maßnahme dar, indem z.B. eine Broschüre einem Betroffenen persönliche Wege weist oder eine Information Klarheit verschafft. Laienberatung im Gesundheitsbereich wird neben solcher Expertenberatung auch täglich gegeben. Solche gesundheitsbezogenen Beratungsaktivitäten, z.B. von Müttern, die ihren Kindern das Tragen von Handschuhen bei kaltem Wetter ans Herz legen oder die auf die Gesundheit der ganzen Familie bedachte Lebensmittelbevorratung von Hausfrauen sollen jedoch hier nicht berücksichtigt werden.

Das Etikett Gesundheitsberatung lässt vielfältige Differenzierungen zu, wie die folgende kleine Auswahl zeigt:

- Ernährungsberatung
- Impfberatung
- Suchtberatung
- Drogenberatung
- Fitnessberatung
- Lebensberatung
- Hygieneberatung
- Bewegungsberatung
- Sexualberatung
- Lärmberatung

Während diese Themen auch in der Gesundheitsaufklärung, der Gesundheitserziehung und der Gesundheitsförderung eine Rolle spielen, tritt bei der *Gesundheitsberatung* die vertrauensvolle Interaktion zwischen Berater und Ratsuchendem in den Mittelpunkt und verlangt vom professionellen Berater ein hohes Maß an sozialer Kompetenz i.S. der von Rogers in die Beratungsliteratur eingeführten Persönlichkeitsmerkmale (vgl. Bundeskonferenz für Erziehungsberatung 2000; Rogers 1999). Gesundheitsberatung lebt vom Vertrauen zwischen Ratsuchendem und Berater. Erst auf dieser Grundlage wird eine Veränderungsmotivation zu gesundheitsrelevantem Verhalten möglich. Deshalb ist es auch nötig, dass in Schulen z.B. nicht ausschließlich Lehrer die Gesundheitserziehung in den so genannten Leitfächern wie Biologie, Gemeinschaftskunde und Sport anbieten oder diese fächerübergreifend zum Thema machen. Auch Beratungslehrer, Schulpsychologen oder Schulärzte sollten zur Verfügung stehen, die nicht primär mit Lernzielerreichung, Leistungserbringung oder Benotung von Leistungen in Verbindung gebracht werden und bei denen auch heikle Themen durch Schüler eher artikuliert werden. Ein guter Berater bringt deshalb neben der Feldkompetenz, die sich in unserem Fall auf gesundheitliche Probleme bezieht, auch eine überdurchschnittlich hohe soziale Kompetenz mit.

4 Akteure der Gesundheitsförderung und Beratung

Daraus ergibt sich, dass Gesundheitsförderung im o.g. Sinne nicht mehr nur von einer Spezialistengruppe alleine, z.B. von Schulärzten oder Lehrern, geleistet wird. Vielmehr ist hierfür die enge Zusammenarbeit von *multiprofessionellen Teams* erforderlich. Denn um die größtmögliche Aktivierung des Gesundheitspotentials zu bewirken, um psychische Gesundheit als Erfahrung von Lebenssouveränität zu ermöglichen (vgl. hierzu auch den kritischen Beitrag von Keupp 1992), reicht die Vermittlung von medizinischen Kenntnissen z.B. durch Ärzte alleine nicht mehr aus. Auch die Ausweitung der Gesundheitsförderung auf alle relevanten Settings wie Familie, Kindergarten, Schule, Vereine und Arbeitsplätze, aber natürlich auch Krankenhäuser und Volkshochschulen erfordert mehr als einen Spezialisten für die Gesundheit.

Gesundheitsförderung umfasst eine Fülle von professionellen Tätigkeiten, die vom Einüben angemessener Verhaltensweisen (z.B. durch Rollenspiele) über die Erstellung von Informationsbroschüren oder Filmen, die Vermittlung von Adressen für Hilfsangebote in akuten Krisen, das aktive Zuhören bei Leidensdruck und die Stärkung von Selbstwert und Kompetenzgefühl bis hin zur Entwicklung von Organisationen und zur Netzwerkbildung mit anderen öffentlichen Ressourcen im Gesundheitsbereich reicht.

Die Zahl an offiziellen und selbst ernannten Gesundheitsförderern hat dabei zu einem sehr unübersichtlichen Bild geführt. Krankenkassen (Gesundheitskassen), Ärzte, Betriebs- und Schulärzte, Apotheker, Gesundheitsämter, Lehrer, Diätassistenten, Public Health-Profis, Beratungslehrer, Sozialarbeiter und öffentliche Aufklärungsstellen sowie Mitarbeiter in speziellen Beratungsstellen, aber auch die Medien bieten Gesundheitsberatung und Gesundheitsförderung an. Dabei gehen bei aller Verschiedenheit der Vorgehensweise und der zugrunde liegenden wissenschaftlichen Theorie die Bemühungen der Experten dahin, die Kluft zwischen dem in der Bevölkerung vorherrschenden Laienverständnis von Gesundheit und Krankheit und dem befundgestützten Expertenwissen zu überbrücken. Ziel ist dabei, die Akzeptanz von Ratschlägen und Handlungsangeboten zu erhöhen und die Integration in die eigene Lebensplanung zu erleichtern. Ein erfolgreiches Beispiel für die positive Wirkung des Laiensystems auf die subjektive Krankheitsbewältigung stellen in diesem Zusammenhang die *Selbsthilfegruppen* dar.

In der traditionellen Gesundheitserziehung beschränkte sich die Vermittlung gesundheitsrelevanten Wissens und Motivierens auf den Sport- und Biologieunterricht (Leitfächer), wo angemessene Bewegung, Umgang mit Sexualität, Wissen über Krankheiten oder Auswirkungen von Drogen auf den Körper anschaulich dargestellt wurden. Im Zuge einer Gesundheitsförderung als Vermittlung zwischen Menschen und Umwelten mit dem Ziel der Gewinnung persönlich zufriedenstellender Lebensstile, die auch sozial verantwortlich sind, werden nicht mehr nur Biologie- und Sportlehrer als Gesundheitsförderer betrachtet, sondern alle Lehrer. Gesundheit ist nicht länger auf bestimmte Fächer beschränkt, vielmehr wird es als allgemeines Unterrichtsprinzip verstanden. Dieses Prinzip bezieht sich auf alle Settings (z.B. Krankenhäuser und Betriebe) und wird heute mit dem schon erwähnten *Empowerment* verknüpft, nach dem die Gesundheitsförderer zwar ihr fachliches Knowhow einbringen, die Betroffenen jedoch am besten wissen, ob eine persönliche Verhaltensänderung oder eine Verhältnisänderung i.S. von betrieblicher oder räumlicher Veränderung anzustreben ist. Eine solche Vernetzung von Fachleuten ist noch relativ neu und bedarf einer Koordinierung und Evaluation, weshalb sich in den letzten Jahren auf Länder-, aber auch auf Bundesebene Netzwerke gegründet haben, die beispielhaft Synergie-Effekte solcher Zusammenschlüsse darlegen sollen. Auch neue Berufe entstehen im Zusammenhang mit diesen innovativen Bewegungen, wie die in Nordrhein-Westfalen neu eingeführten Gesundheitskoordinatoren, deren Kompetenz überwiegend im Gesundheitsmanagement liegen soll, belegen.

5 Theoretische Grundlegung von Gesundheitsförderungsmaßnahmen

In einschlägigen Übersichtsarbeiten wird eine Fülle von Partialtheorien angeboten, die präventives und gesundheitsförderliches Handeln begründen sollen (vgl. z.B. Perrez 1994; Fuchs/ Schwarzer 1997; Rosenbrock 1997). Häufig werden dabei bestimmte Theorien im Zusammenhang mit speziellen Fördermaßnahmen genannt. Banduras sozial-kognitive Theorie des sozialen Lernen wird besonders für den Aufbau gesunder Verhaltensweisen geschätzt und die Stress- und Copingtheorie von Lazarus gilt als Grundlage für Stressverarbeitung. In Anlehnung an Haisch (1997) zählt Röhrle(1999, S. 54) z.B. 15 Partialtheorien auf, die an unterschiedlichen Wirkmechanismen orientiert sind :

1. Konsistenztheorien (Es besteht der Wunsch nach innerer Übereinstimmung: Prävention beruht auf der Herstellung von kognitiven Übereinstimmungen; z.B. Wissen um Risiken und entsprechendes Handeln).
2. Kategorisierungstheorien (Es besteht der Wunsch nach kognitiver Ordnung: Herstellung von Ordnung; z.B. komplexitätsreduzierende Botschaften).
3. Erkenntnistheorien (Es besteht der Wunsch nach Erklärung: Herstellung von irritierenden Botschaften).
4. Schlußfolgerungstheorien (Es besteht ein sozial motivierter Wunsch nach Erklärung).
5. Autonomie-Theorien (Wunsch nach Freiheit).

6. Problemlösetheorien (Wunsch nach Zielerreichung).
7. Stimulationstheorien (Neugier).
8. Überzeugungstheorien (Wunsch nach Bestätigung der eigenen Überzeugungen).
9. Spannungs-Reduktionstheorien (Wunsch nach Triebreduktion).
10. Theorien der Ich-Stärke (Wunsch nach positivem Selbstwert und -bild).
11. Expressive Theorien (Wunsch nach Ausagieren).
12. Wiederholungstheorien (Wunsch nach gleicher Belohnung).
13. Anspruchs-Theorien (Wunsch nach Anerkennung und Erfolg).
14. Empathie-Theorien (Bedürfnis nach Zuneigung).
15. Imitationstheorien (Bereitschaft zur Nachahmung).

Da die empirische Forschung bisher relativ ernüchternde Befunde hinsichtlich der Vorhersagekraft der einzelnen Komponenten der theoretischen Konzeptionen hervorgebracht hat (vgl. Godin/Kok 1996), wurden die einzelnen Phasen (Vorbereitungsphase, Handlungsphase, Handlungseffekte) häufig immer weiter differenziert. In jüngster Zeit findet sich aber vermehrt das Konzept der Selbstwirksamkeitserwartung in vielen Ansätzen wieder. Das hat mit der bereits beschriebenen Wende weg vom Risikobegriff und den Furchtappellen hin zur Betonung individueller Ressourcen zu tun. Scholz /Schwarzer (2005) und Schwarzer (2008) unterscheiden zwischen kontinuierlichen Gesundheitsverhaltensmodellen und dynamischen Stadienmodellen. Während die kontinuierlichen Modelle an kognitiven und affektiven Merkmalen der Person interessiert sind, die als Prädiktoren für die Wahrscheinlichkeit einer Verhaltensänderung dienen können, geht es in den dynamischen Modellen um prozesshafte Annahmen. So differenziert z.B. Schwarzer in seinem sozial-kognitiven Prozessmodell des Gesundheitsverhaltens (Health Action Process Approach) die zeitlichen Phasen Motivationsphase, präaktionale Phase und aktionale Phase sowie eine kognitive, eine handlungsbezogene und eine situative Ebene. Da er den Schwerpunkt auf die kognitive Ebene legt, werden zudem noch in Anlehnung an Marlatt/ Baer/Quigley (1995) die verschiedenen Facetten der Selbstwirksamkeitserwartung, nämlich „action self-efficacy", „coping self-efficacy" und „recovery self-efficacy" mit berücksichtigt.

6 Ausgewählte Beispiele zur Gesundheitsförderung

Gemeinsames Ziel der folgenden Projekte ist es, den Boden für gesundheitsförderliche Einstellungen und Verhaltensweisen zu bereiten, so dass Gesundheit möglich und begünstigt wird. Adressaten sind vor allem Kinder und Jugendliche, unter einer „Lifelong-Learning-Perspektive" aber auch Erwachsene in allen Lebensaltern. Die ausgewählten Projekte sollen einen Überblick über gesundheitspädagogische Prävention und Intervention geben, beginnend bei Maßnahmen zur Gesundheitsaufklärung über Projekte der Gesundheitserziehung und -beratung bis hin zu komplexeren Gesundheitsförderungsprojekten. Handlungsfelder sind dabei sowohl informelle (z.B. Familie, Peer-Group) als auch professionelle Systeme (z.B. Schule, Krankenkassen, Gesundheitsämter) sowie kommerzielle Systeme (Apotheken, Fitness-Center). Das Spektrum der Angebote ebenso wie deren Trägerschaft ist sehr breit und heterogen (vgl. Palentien/Hurrelmann 1995) und wird ergänzt von dem wachsenden kommerziellen Gesundheitsmarkt sowie dem Angebot in den Massenmedien. Es zeigt sich dabei eine immense Steigerung der finanziellen Aufwendungen zur Erhaltung und Wiederherstellung der Gesundheit in

Deutschland seit 1970 um beinahe 300 Prozent. Bei den Gesamtausgaben für die Gesundheit 1996 in der BRD machen die Leistungen für Krankheitsvorbeugung immerhin 8,4% aus (vgl. Statistisches Bundesamt 2000).

Gesundheitsaufklärung im Sinne der Bereitstellung von Informationen zum Erwerb handlungsrelevanten Wissens ist sicherlich eine der ältesten Formen der Gesundheitsförderung. Die Geschichte der Gesundheitsaufklärung in Deutschland von der Jahrhundertwende bis heute zeigt den Wechsel von disziplinierenden Ansätzen hin zum emanzipatorischen Ansatz eines gesundheitsbewussten Verhaltens. Die Vielzahl von Informationsschriften und Aufklärungsbroschüren, Plakaten, Filmen und Lehrtafeln dokumentieren, wie medizinisch und pädagogisch-psychologisch begründete Verhaltensvorschläge alltägliche Gewohnheiten beeinflussen sollen. Ein aktuelles Beispiel für Gesundheitsaufklärung über Suchtmittel gibt die Kampagne „Kinder stark machen" der Bundeszentrale für gesundheitliche Aufklärung (vgl. Suckfüll/Stillger 2000). Mit einem breiten Angebot an Medien (Broschüren, Anzeigen, Spots) richtet sie sich an Erwachsene, die für Kinder und Jugendliche Verantwortung tragen und gibt Informationen zu den Themen Suchtprävention und Entstehungsbedingungen von Sucht. Ziel der Kampagne ist es, Erwachsene zu befähigen, solche Einstellungen, Fähigkeiten und Verhaltensweisen bei Kindern und Jugendlichen zu fördern, die vor Suchtverhalten schützen (vgl. Marsen-Storz/Lehmann, 1998). Inwieweit bereits Gesundheitsaufklärung eine effektive Präventionsmaßnahme sein kann, belegt eine seit zwölf Jahren jährlich stattfindende repräsentative Befragung der BzgA (vgl. Müller 1998) zur AIDS-Prävention. Ziel der Aufklärungskampagne „mach's mit" der BzgA besteht darin, einen hohen Informationsstand der Bevölkerung über Infektionsrisiken, Nichtrisiken und Schutzmöglichkeiten zu erreichen sowie zu motivieren, sich in Risikosituationen zu schützen. Außerdem soll die Ausgrenzung Infizierter sowie AIDS-Kranker verhindert werden. Tatsächlich lassen sich in einer breiten Bevölkerungsschicht umfassende Kenntnisse bezüglich relevanter Ansteckungsrisiken sowie eines möglichen Schutzes vor Ansteckung nachweisen. Die Ausgrenzung HIV-Positiver sowie AIDS-Kranker konnte durch die Aufklärungsmaßnahmen verringert werden, kommerzielle Kondom-Absatzzahlen sowie die Inzidenz von sexuell übertragbaren Krankheiten sprechen ebenfalls für einen Erfolg der AIDS-Kampagnen (vgl. Buchwald/Perez 2006; Ettischer 1999).

Im Zuge einer europaweiten länderübergreifenden Vernetzung findet sich Gesundheitsaufklärung durch Gesundheitsförderungsprogramme auch auf Institutionenebene, z.B. im „European Network of Health Promotion Agencies". Die Mitglieder (Deutschland wird durch die BzGA repräsentiert) haben eine nationale und internationale Aufgabe bei der Gesundheitsförderung und -erziehung. Ziel ist u.a. die Einrichtung und Erleichterung des gegenseitigen Informationsaustausches über Erfahrungen mit praxiserprobten Modellen der Gesundheitsförderung in Europa. Neben solchen informationstechnischen Problemen sollen aber auch die Bedingungen für eine wirksame Gesundheitsförderung sowie die Zusammenarbeit von Experten, Organisationen und Netzwerken im Bereich Gesundheitsförderung auf nationaler und internationaler Ebene verbessert werden. Damit wird beispielsweise den Forderungen der Ottawa-Charta nachgekommen, Gesundheitsförderung auf mehreren Ebenen anzusiedeln (vgl. Kap. 2).

Gesundheitserziehung erhebt den Anspruch, auf der Basis konkret vermittelten Wissens zu Einstellungs- und Verhaltensänderung zu motivieren und diese in konkreten Übungsprogrammen zu erproben und zu stabilisieren (vgl. Hörmann 1999). Ein originärer und klassischer Bereich der Gesundheitserziehung ist die Leibeserziehung bzw. der Sport. Die Wirksamkeit von Sport und Bewegung auf Variablen der psychischen Gesundheit wird in sportpädagogischen Konzepten immer wieder hervorgehoben (vgl. Alfermann/Stoll 2000). Allerdings scheinen die Effekte im primärpräventiven Bereich bisher zumeist überschätzt und im Bereich des Rehabilitationssports eher unterschätzt worden zu sein (Stoll 2001). Psychosoziale Effekte von Sporttherapie zeigen sich im rehabilitativen Bereich zum Beispiel bei HIV-Patienten (vgl. Lox/McAuley/Tucker 1995), Depressions-Patienten (vgl. Hautzinger/Kleine 1995) oder Brustkrebs-Patientinnen (vgl. Baldwin/Courneya 1997). Schwenkmezger (1998) unterstreicht, dass auch Depressions- und Angstsymptome bei bestimmten Patienten durch sportliche Aktivität reduziert werden können.

Weiterentwickelte Modelle der Gesundheitserziehung waren lange Zeit vor allem an der Verhütung medizinisch definierter Krankheiten orientiert. Kampagnen zur Zahngesundheitserhaltung basierten z.B. auf dem Konzept einer optimalen Anwendung medizinisch begründeter Erkenntnisse. Kognitive Strategien der Wissensvermittlung wurden, wie bereits erwähnt, durch emotionale Methoden (Abschreckung, Angstappele) ergänzt. Kritik an dieser Art der Gesundheitsprävention richtet sich vor allem an ihre Individualisierung, ihre versteckte Krankheitsorientierung sowie ihre Assoziation mit einem asketischen und langweiligen Lebensstil (vgl. Mittag/Jerusalem 1999). Da sich Gesundheitserziehung neben der Familie vor allem auf Schulen bezieht, bietet die BzgA zu diversen Themen (u.a. Lärm und Gesundheit, Ernährung und Gesundheit, Sucht- und Drogenprävention, AIDS) Unterrichtsmaterialien mit dem Etikett „Gesundheitserziehung und Schule" an. Auch die Ärztekammer Nordrhein gibt in Kooperation mit der AOK Rheinland Unterrichtsmaterialien zur „Gesundheitsförderung und Gesundheitserziehung in der Schule" heraus, auf die Lehrer zurückgreifen können (vgl. Somrei 1999). Themen sind hier Kindersicherheit, Bewegung und Entspannung, Sexualerziehung sowie Essen und Ernährung. Diese Materialien genügen gehobenen Ansprüchen und orientieren sich an der Lebenswirklichkeit der SchülerInnen. Für einen fächerübergreifenden oder projektorientierten Unterricht werden beispielsweise Themen der Gesundheitserziehung mit solchen der Umwelterziehung interdisziplinär verbunden. Des Weiteren werden die Institutionen Schule und Familie stärker integriert, indem explizite Vorschläge zur Elternarbeit unterbreitet werden (vgl. Icks/Somrei/Schindler-Marlow 1999). Obwohl eine solide Kosten-Nutzen-Analyse von Gesundheitserziehung aussteht (vgl. Jerusalem/Mittag 1994), ist eine Verbesserung der methodologischen Qualität von Evaluationsstudien gesundheitserzieherischer Maßnahmen festzustellen, die eine positive Bilanz anzeigen (vgl. Leppin/Hurrelmann/Freitag 1994).

Im Rahmen der Erwachsenenbildung findet sich ein interessantes, internationales Projekt mit dem Titel „Schritt für Schritt – Alkohol am Arbeitsplatz" der BzgA. In Zusammenhang mit einem Videofilm ist für die betriebliche Weiterbildung in Unternehmen eine methodische und didaktische Grundlage entstanden, die sich als Arbeitsmittel sowohl für die Führungs- als auch Mitarbeiterebene eignen soll.

Ebenfalls an Erwachsene richtet sich ein Projekt im Rahmen der europäischen „Health Promoting Intervention for Alzheimers' Family Caregivers" und bietet Gesundheitserziehung für pflegende Familienangehörige von Menschen, die an der Alzheimer-Krankheit (AK) oder verwandten mentalen Störungen leiden (vgl. Klein 1998). In Kooperation mit 15 Ländern wurde hier ein Handbuch erstellt, das für Leiter unterstützender Gruppen pflegender Familienangehöriger von AK-Patienten gedacht ist. Das Handbuch enthält u.a. Empfehlungen zur Betreuung solcher Gruppen, Informationen zu Demenz, rechtlichen und finanziellen Angelegenheiten und zum Thema Altern.

Zentrales Prinzip einer *Gesundheitsberatung* ist die Exploration jener individuellen Bedingungen, die ein Risikoverhalten aufrechterhalten. Dazu gehört vor allem, Ursachen des bisherigen Scheiterns guter Vorsätze oder Ansätze aufzudecken.

Ein niederschwelliges, aufsuchendes Beratungsangebot zur Sexualaufklärung initiierte die BzgA mit dem Projekt „Love Tour" in den neuen Bundesländern (vgl. Bundeszentrale für gesundheitliche Aufklärung 1997). Mit dem Ziel, einen gesundheitsfördernden sexualpädagogischen Dialog für Jugendliche im Alter von 14-20 Jahren anzubieten, werden PädagogInnen aus der Jugendarbeit beraten. Im Zentrum stehen dabei Vermittlungsprobleme sowie die Kooperation und Vernetzung von Institutionen. „Love Tour" findet sowohl in Form von Indoor-Angeboten (Filmveranstaltungen, Workshops, Seminaren) als auch Outdoor-Veranstaltungen (Straßenaktionen) statt.

Gesundheitsberatung findet sich auch im Kontext chronischer Krankheiten (Asthma, Diabetes mellitus etc.), wo beispielsweise DiabetesberaterInnen die ärztliche Verordnung von Medikamenten durch Beratung der Betroffenen mehr und mehr ersetzen. In kleinen Lerngruppen wird hier Theorie und Praxis der Selbsttherapie vermittelt (vgl. Bott/Schwarzer, 1997; Steinhoff/Buchwald/Sawicki 2000). Im Sinne einer Förderung des Empowerments (vgl. Hirsch 1995) werden Betroffene bei der Lösung ihrer Diabetesprobleme unter Berücksichtigung einer personenzentrierten Gesprächsführung (vgl. Rogers 1999) von DiabetesberaterInnen unterstützt. Ein gemeinsam erarbeiteter Handlungsplan ist Resultat mehrerer Gespräche, und Veränderungen in der Selbsttherapie können von den Patienten erprobt werden. Die Gespräche dienen u.a. auch der Entwicklung der Selbsthilfefähigkeit bzw. der Überwindung persönlicher Krisen.

Gesundheitsförderung zielt in der Mehrzahl darauf ab, gesundheitsbezogenes Wissen, Einstellungen und Verhaltensweisen zu beeinflussen als ein Bestandteil der Persönlichkeitsförderung in kognitiver, sozialer und emotionaler Hinsicht. Über diese individuelle Persönlichkeitsstärkung hinaus, geht es um Generalprävention durch Einbezug des Lebenskontextes (vgl. Mittag/Jerusalem 1999). Gesundheitsförderung will lebensweltorientiert sein und setzt zur Förderung von Gesundheit auf mehreren Ebenen zugleich an: bei Eltern, LehrerInnen, LebenspartnerInnen, Peer-Groups, der häuslichen Umgebung, Institutionen, Arbeitsstätten sowie der Gesellschaft. In vielen Programmen der Gesundheitsförderung werden dementsprechend lebensweltorientierte Gefahren der industriellen Produktion, Verkehrs- und Stadtplanung, Weiterbildung der Konsumenten im Ernährungsbereich, Umweltgefahren wie Abfallentsorgung, saurer Regen oder Atomkraftwerke miteingeschlossen, um Lebens-, Lern- und Arbeitsbedingungen insgesamt gesundheitsförderlich zu gestalten.

Einige Projekte, die Gesundheitsförderung als Vermittlungsstrategie zwischen Mensch und Umwelt mit dem Ziel einer Synthese persönlicher Einstellungen und sozialer Verantwortung zur aktiven Gestaltung einer gesünderen Zukunft betrachten, werden im Folgenden vorgestellt.

Ein familienorientierter Ansatz für Kinder von alkohol- bzw. drogenabhängigen Eltern wurde in der präventiven Suchtarbeit bei Beratungsstellen eingeführt. Einer Abkehr von rein individuumszentrierten Beratungsansätzen folgend wurde unter systemtheoretischer Perspektive Sucht als ein Familienphänomen verstanden, das nur im Zusammenhang mit den „Co-Abhängigen" überwunden werden kann (vgl. Assfalg 1993). Die wesentliche konzeptionelle Neuerung des Modellprojekts besteht in der Übertragung familienorientierter Konzepte auf Suchtprävention. Die suchtdeterminierende Familienstruktur soll aufgebrochen werden und zugleich die altersadäquate Entwicklung der betroffenen Kinder und Jugendlichen stabilisiert werden. Evaluationsstudien zu diesem Modellprojekt belegen, dass das Selbsthilfepotential von Familien mit Suchtproblemen ebenso wie die Überwindung von Abhängigkeit erhöht werden konnte (vgl. Puxi 1999).

Mit dem Ziel, das Ernährungsverhalten und zugleich die Leistungsfähigkeit von SchülerInnen zu steigern, wurde das Projekt „Das gesunde Schulfrühstück" vom Landesinstitut für

Schule und Weiterbildung (1998) initiiert. Da gerade im Jugendalter laut Befunden von Read/ Harveywebster/Usinger-Lesquereux (1988) nur teilweise ein adäquates Ernährungsverhalten vorliegt, sollen Schüler, Lehrer und Eltern die Bedeutung eines guten Frühstücks für die Leistungsfähigkeit der Schüler erkennen. Jedem Kind soll deshalb die Möglichkeit gegeben sein, in der ersten großen Pause ein gesundes Frühstück zu sich zu nehmen. Im Verlauf des Projekts fanden ausführliche Gespräche mit allen involvierten Personen statt sowie mit der Ernährungsberatung der AOK, da gerade im Ernährungsbereich ein Basiswissen erforderlich ist (vgl. Schwarzer 1992). Die Projektinhalte waren struktureller Art (u.a. Aufstellen einer Küchenzeile, Theke) und inhaltlicher Natur (Ausstellungen zum Thema Zucker/Mehrwegverpackungen, Fortbildung für Eltern, LehrerInnen zum Thema Ernährung). Das Frühstück bestand u.a. aus Vollkornprodukten, Obst oder Müsli und wurde von „Frühstücksmüttern" täglich in der Schule angeboten und gut angenommen.

Ein weiteres themenübergreifendes Projekt zur Gesundheitsförderung, speziell an Schulen, ist „OPUS" (vgl. Offenes Partizipationsnetz und Schulgesundheit 2000; Ministerium für Schule und Weiterbildung, Wissenschaft und Forschung des Landes NRW 2000). Entstanden aus einem 1990 initiierten Modellversuch „Netzwerk Gesundheitsfördernder Schulen" (NGS) ist er mittlerweile zu einem von 34 europäischen Mitgliedsstaaten getragenen Gemeinschaftsprojekt geworden (Europäisches Netzwerk Gesundheitsfördernder Schulen – ENGS). Ergebnisse und Erfahrungen, die aus diesem ENGS gewonnen wurde, sollen im Rahmen von OPUS weiterentwickelt und gesichert werden. Es werden bisher getrennt arbeitende Ansätze der schulischen Gesundheitserziehung (Sport, Ernährung, Sucht, etc.) im Rahmen der Schulprogrammarbeit zusammengeführt. Landesinstitute, Landesvereinigungen, Hochschulen und Kultusbehörden bauen gemeinsam mit interessierten Schulen ein offenes Netzwerk auf, das Gesundheit zum Thema hat (vgl. Barkholz/Israel/Paulus/Posse 1998; Paulus 1999).

Wie beim OPUS-Projekt steht auch bei „MindMatters" die Idee einer guten gesunden Schule Pate. Damit ist gemeint, dass es nicht nur um die Gesundheitsförderung von Schülerinnen und Schülern geht, sondern um die Gesundheitsoptimierung aller an Schule Beteiligten, sodass Schule als ein Ort der Gesundheitsförderung verstanden werden kann, der auf diese Weise auch zur Steigerung der Schulqualität insgesamt beiträgt.

„MindMatters" stammt ursprünglich aus Australien und wurde in den Jahren 2002-2006 für deutsche und schweizerische Schulen angepasst unter der Projektleitung von Peter Paulus von der Universität Lüneburg. Heute liegen drei Schulentwicklungshefte und fünf Unterrichtshefte für die Sekundarstufe I, Klasse 5-10 vor, die praxiserprobt und evaluiert sind. Thematisch reichen sie von „Hinsehen statt wegschauen" (gehört zur Einheit „Mobbing") über „Psychische Störungen verstehen" bis hin zu „CommunityMatters" (vgl. Barmer Ersatzkasse u. a. 2007; 2008).

Gesundheitsförderung nach dem Verständnis der Ottawa-Charta verlangt auch im Kontext von Organisationen eine Überwindung des Risikofaktorenkonzeptes. Gesundheitsförderung muss hier vielmehr Teil der Unternehmenskultur bzw. ein strategisches Unternehmensziel sein und auf allen Hierarchieebenen des betrieblichen Alltags integriert sein (vgl. Hartmann/Traue 1996). Beispiel ist das Programm „Hab ein Herz für Dein Herz", das vom Institut für Dokumentation und Information, Sozialmedizin und öffentliches Gesundheitswesen (IDIS) in Kooperation mit den Betriebskrankenkassen (BKK) initiiert wurde. Es besteht aus 12 kombinierbaren Modulen, so dass je nach Organisations- oder Betriebsform ein Programm erstellt werden kann, das in mehreren Phasen emotionale und kognitive Komponenten des Gesundheitsverhalten anspricht und durch Kurse zu Themen wie Stressmanagement, Ernährung oder

Bewegung interveniert. Schließlich werden die Verhältnisse in den Organisationen beeinflusst durch Rauchverbote, gesundes Kantinenessen o.ä. (vgl. Murza/Laaser 1992).

Als eine der häufigsten Maßnahmen betrieblicher Gesundheitsförderung notieren Bamberg/ Busch/Mohr (1999) Stressmanagementinterventionen. Im Rahmen solcher Programme soll durch Förderung von Ressourcen und Bewältigungsstrategien erlernt werden, Stress zu reduzieren bzw. mit Stress zu leben. Einen Überblick über Stressmanagementprogramme in Betrieben gibt Karasek (1992).

7 Evaluation von Gesundheitsförderungsprogrammen

Die Nachfrage nach Qualitätssicherung und Evaluation ist in allen pädagogischen Handlungsfeldern gestiegen und gewinnt im Hinblick auf Gesundheitsförderungsprogramme, Weiterbildungsmaßnahmen und Informationsmaterial im Bereich Gesundheitsförderung durch die beschriebenen Vernetzungs- und Europäisierungstendenzen eine besondere Bedeutung. So hat schon 1996 die Europäische Kommission in einem Aktionsprogramm der Gemeinschaft zur Gesundheitsförderung, -aufklärung, -erziehung und -ausbildung vermerkt: „um den Nutzen und die Wirksamkeit dieses Programmes zu steigern, sollten die Aktionen insbesondere hinsichtlich ihrer Wirksamkeit und Verwirklichung der Ziele sowohl auf nationaler wie auf gemeinschaftlicher Ebene einer kontinuierlichen Bewertung unterzogen und gegebenenfalls entsprechend angepaßt werden. Die Gesundheitsforschung und -praxis kann dabei auf Modelle und Methoden der Evaluationsforschung zurückgreifen, die u.a. zwischen einer Bewertung und Überprüfung der Konzeption einer Maßnahme, ihrer Durchführung sowie ihren Wirkungen unterscheidet .

Lohaus/Klein-Hessling (1998) weisen zusätzlich noch auf den wenig thematisierten Aspekt der Binnenevaluation von Gesundheitsförderungsprogrammen hin, der sich erstens auf eine Prozessevaluation der einzelnen Module, Elemente oder Schritte eines Programms bezieht und dadurch die Entscheidung möglich macht, welcher Programmschritt welche Veränderung im Hinblick auf das Evaluationskriterium erbracht hat (vgl. auch Henninger 2000). Die zweite Variante der Binnenevaluation ist eine vergleichende, summative Evaluation von Programmvarianten und zielt darauf ab, systematische Variationen von Programmteilen (z.B. Problemlösetraining, Wissenstraining, Entspannungstraining) und ihre differenzielleren Wirkungen zu untersuchen. Und drittens nennen sie die isolierte Evaluation von Programmteilen mit dem Ziel, die effektivsten am Ende zu einem neuen Programm zusammenzustellen. Hier wird eine Optimierung der Wirkung angestrebt, wobei noch keineswegs belegt ist, dass sich wirksame Einzelelemente, wenn sie zusammengebunden werden, in ihrer Wirkung auch addieren oder potenzieren.

Die Evaluationsdiskussion in der Gesundheitsförderung dreht sich also um die Frage, mit welchen diagnostischen Methoden und evaluativen Strategien Kriterien gefunden werden können, die relativ gültig und zuverlässig die Effektivität einer Präventions- oder Interventionsmaßnahme ermitteln können.

Die Funktion von Evaluationsbemühungen liegt aber nicht nur in der Abschätzung der Qualität von Maßnahmen bzw. ihrer Verbesserung, sondern auch in der „Legitimation nach außen" (externe Legitimation) und der Legitimation nach innen („interne Legitimation") (vgl. Dlugosch/Jäger 1998). Bei der Legitimation nach außen geht es vorwiegend um den Nachweis, dass Aufwand (investierte Mittel, Zeit, Personal usw.) und Ergebnis in einem angemessenen Verhältnis zueinander stehen. Da Gesundheitsförderung oft auf eine langfristige Veränderung von Lebensgewohnheiten angelegt ist, kommt es hier leicht zu dem paradoxen Effekt, dass Geld und personelle Ressourcen vorzeitig gekürzt werden.

In diesem Punkt wird Evaluation von Gesundheitsförderungsbemühungen fast zur Organisationsentwicklung, denn hier geht es um die Legitimation des Handelns gegenüber dem Team, dem Kollegium, der Arbeitseinheit oder der Organisation (vgl. Materialien Bundesministerium für Familie, Senioren, Frauen und Jugend 2000).

Im positiven Fall endet dieser Prozess in einer stärkeren Identifikation aller Beteiligten mit den Zielen der Organisation. Möglicherweise entsteht eine Corporate Identity, die in Schulen z.B. dazu führen kann, dass alle Lehrkräfte von einer permanente Qualitätssicherung überzeugt sind, die systematisch Probleme bei der Planung, Implementation, Vernetzung und Evaluation von Gesundheitsförderungsmaßnahmen aufspielt und Vorschläge zur Verbesserung macht.

Durch einen solchen Prozess würden z.B. Schulen und Betriebe auf den Weg zu „Gesunden Schulen" oder „Gesunden Betrieben" gebracht.

Bis diese Vision einer permanenten Verbesserung von ganzen Institutionen hin zu gesunden Arbeitseinheiten sich realisiert hat, ist noch eine lange Wegstrecke zurückzulegen, denn es fehlen noch Erkenntnisse darüber,

- welche differentiellen Wirkungen Gesundheitsmaßnahmen hervorrufen, z.B. hinsichtlich des Geschlechts oder der ethnischen Zugehörigkeit (vgl. Gardemann/Müller/Remmers 2000),
- wie Angebote von Massenmedien sinnvoll und vor allem mit nachhaltiger Wirkung mit anderen Maßnahmen verbunden werden können,
- wie unterschiedliche Professionen zu einem effektiven multiprofessionellen Team zusammengeschweißt werden können (Weiterbildung).

Literatur

Alfermann, D./Stoll, O. (1997): Sport in der Primärprävention: Langfristige Auswirkungen auf psychische Gesundheit. In: Zeitschrift für Gesundheitspsychologie H. 5, S. 91–108.
Alfermann, D./Stoll, O. (2000): Effects of Physical Exercise on Self-Concept and Well-Being. In: International Journal of Sport Psychology H. 31, S. 47–65.
Assfalg, R. (1993²): Die heimliche Unterstützung der Sucht: Co-Abhängigkeit. Geesthach: Neuland.
Asshauer, M./Hanewinkel, R. (1998): Prozessevaluation eines Lebenskompetenztrainings in der Grundschule. In: Empirische Pädagogik 12, H. 4, S. 327–345.
Baldwin, M.K./Courneya, K.S. (1997): Exercise and self-esteem in breast cancer survivors: an application of the exercise and self-esteem-model. In: Journal of Sport and Exercise Psychology H. 19, S. 347–358.
Bamberg, E./Busch, C./Mohr, G. (1999): Gesundheitsförderung in der Arbeitswelt durch Stressmanagement: Möglichkeiten und Grenzen eines populären Konzeptes. In: Röhrle, B/Sommer, G. (Hrsg.): Prävention und Gesundheitsförderung. Tübingen: Dgvt-Verlag, S. 251–275.
Barkholz, U./Israel, G./Paulus, P./Posse, N. (1998): Gesundheitsförderung in der Schule – Ein Handbuch für Lehrerinnen und Lehrer aller Schulformen. Bönen: Kettler.
Barmer Ersatzkasse (Hrsg.) (2007): Mobbing? Nicht in unserer Schule!- Prävention und Handelsstrategien. Eine Ressource für die Sekundarstufe I. Universität Lüneburg.
Barmer Ersatzkasse (Hrsg.) (2008): Wie geht's? Psychische Störungen in der Schule verstehen lernen. Eine Ressource für die Sekundarstufe I. Universität Lüneburg.
Barth, J./Bengel, J. (1998): Prävention durch Angst? Stand der Furchtappellforschung. Köln. BZgA,

Bildungskommission NRW (1995): Zukunft der Bildung – Schule der Zukunft: Denkschrift der Kommission „Zukunft der Bildung – Schule in Zukunft" beim Ministerpräsidenten des Landes Nordrhein-Westfalen/ Bildungskommission NRW. Sankt Augustin: Konrad-Adenauer-Stiftung.
Bott, U./Schwarzer, C. (1997): Evaluation eines strukturierten Schulungs- und Behandlungsprogramms für Patienten mit Typ-I-Diabetes. In: Report Psychologie, H. 22, S. 516–529.
Buchwald, P./Hobfoll, S.E. (2004): Burnout aus ressourcenorientierter Perspektive. In: Psychologie in Erziehung und Unterricht, 51, 247-257.
Buchwald, P./Perez, S. (2006): Coping, Personality and Sexual Behaviour of HIV+Men who have Sex with Men. In: Buchwald, P. (Ed.): Stress and Anxiety – Application to Health, Work Place, Community, and Education (S. 2-35). Newcastle: Cambridge Scholars Press.
Bundesministerium für Familie, Senioren, Frauen und Jugend (Hrsg.) (1995): Familien und Familienpolitik im geeinten Deutschland – Zukunft des Humanvermögens. Fünfter Familienbericht. Bonn.
Bundesministerium für Familie, Senioren, Frauen und Jugend (Hrsg.) (2000): Leitfaden für Qualitätsbeauftragte. Materialien zur Qualitätssicherung in der Kinder- und Jugendhilfe. Berlin.
Bundesministerium für Gesundheit (Hrsg.) (1992): Intime Kommunikation. Eine empirische Studie über Wege der Annäherung und Hindernisse für „safer sex". Baden-Baden: Nomos.
Bundeszentrale für gesundheitliche Aufklärung (1994): Die Drogenaffinitätsstudie Jugendlicher in der Bundesrepublik Deutschland. Köln: BZgH.
Hünert, M. (Hrsg.) (1997): Rahmenkonzept zur Sexualaufklärung der Bundeszentrale für Gesundheitliche Aufklärung in Abstimmung mit den Bundesländern Köln: BZgH.
Daiminger, C. (1996): Burnout – ein besonderes Risiko für Frauen? Neue Provokationen in Gesundheit: Beiträge zu aktuellen Themen aus der Gesundheitsförderung und -bildung. Frankfurt a.M: Mabuse.
Deutsches Jugendinstitut (Hrsg.) (1999): Literaturreport 1998. Supplement zur Zeitschrift DISKURS. München: DJI.
Dlugosch, G.E. /Jäger, R.S. (1998): Qualitätsmanagement in der schulischen Gesundheitsförderung – eine Vision. In: Empirische Pädagogik 12, H. 4, S. 421–439.
Engel, U./Hurrelmann, K. (1989): Psychosoziale Belastung im Jugendalter. Empirische Befunde zum Einfluß von Familie, Schule und Gleichaltrigengruppe. Berlin: de Gruyter.
Ettischer, H. (1999): Was Jugendlichen gut tut. In: Diskurs, 8. Jg., H. 2, S. 20–30.
Filipp, S.-H. (1990): Subjektive Theorien als Forschungsgegenstand. In: Schwarzer, R. (Hrsg.): Gesundheitspsychologie. Göttingen: Hogrefe, S. 247–263.
Fuchs, R./Schwarzer, R. (1997): Gesundheitserziehung und Gesundheitsförderung. In: Weinert, F.E. (Hrsg.): Enzyklopädie der Psychologie. Bd.: Psychologie der Erziehung und Sozialisation. Pädagogische Psychologie. Göttingen: VS Verlag für Sozialwissenschaften, S. 403–432.
Gardemann, J./Müller, W./Remmers, A. (2000): Migration und Gesundheit. Düsseldorf: Akademie für Öffentliches Gesundheitswesen.
Gesellschaft für Public Health (2000): Supercourse: Epidemiology, the Internet and Global Health. Ein Web-basiertes Unterrichtsprogramm für die Gesundheit. In: Forum Public Health, H. 27, S. 19–20.
Glogauer, W. (1993): Die neuen Medien verändern die Kindheit. Weinheim: Deutscher Studien-Verlag.
Godin, G./Kok, G. (1996): The theory of planned behavior: A review of applications to health-related behaviors. In: American Journal of Health Promotion, H. 11, S. 87–98.
Green, L.W./Kreuter, M.W. (1999): Health promotion and planning: An educational and ecological approach. Mountain View, CA: Mayfield.
Gross, W. (1997): Seelische und körperliche Kosten der Karriere – psychische und psychosomatische Erkrankungen, Arbeitssucht, Partnerprobleme, Burnout. In: Report Psychologie, H. 22, S. 293–300.
Haisch, J. (1997): Kognitive Grundlagentheorien des Gesundheitsverhaltens. In: Journal für Psychologie, H. 5, S. 22–33.
Hamburg, D.A. (1984): Foreword. In: Matarazzo, J.D./Weiss, S.M./Herd, J.A./Miller, N.E. (Hrsg.): Behavioral health: A handbook of health enhancement and disease prevention. New York: Wiley.
Hartmann, S./Traue, H.C. (1996): Gesundheitsförderung und Krankheitsprävention im betrieblichen Umfeld. Ulm: Universitäts-Verlag Ulm.
Hautzinger, M./Kleine, W. (1995): Sportliche Aktivität und psychisches Wohlbefinden. Zur Wirkung von Sport auf depressive Symptomatik. In: Zeitschrift für Gesundheitspsychologie, H. 3, S. 255–267.
Hazard, B. (1997): A.C.T. Aktivierendes Competenz Training. Neue Wege in der Gesundheitsförderung. Weinheim: Deutscher Studien-Verlag.
Henninger, M. (2000): Evaluation, Diagnose oder Therapie. In: Harteis, C./Heid, H./Kraft, S. (Hrsg.): Kompendium Weiterbildung. Opladen: Leske & Budrich S. 249–260.
Herriger, N. (1997): Empowerment in der sozialen Arbeit: Eine Einführung. Köln: Kohlhammer.

Hirsch, A. (1995): Von der Compliance zum Empowerment: Entwicklungen in der Diabetesberatung. In: Zeitschrift für Medizinische Psychologie, H. 3, S. 100–108.
Hirsch, A../Nilsson, A. (1995): Empowerment in der Diabetikerschulung. Bad Homburg: Lilly.
Hobfoll, S./Schumm, J. (2004). Die Theorie der Ressourcenerhaltung: Anwendung auf die öffentliche Gesundheitsförderung. In: Buchwald, P./Schwarzer, C./Hobfoll, S.E. (Hrsg.): Stress gemeinsam bewältigen – Ressourcenmanagement und multitaxiales Coping (S. 91-120). Göttingen: Hogrefe.
Hörmann, G. (1999): Stichwort Gesundheitserziehung. In: Zeitschrift für Erziehungswissenschaft 2, H. 1, S. 5–29.
Icks, A./Somrei, E./Schindler-Marlow, S. (1999): Gesundheitsförderung & Gesundheitserziehung in der Schule. Thema „Essen und Ernährung" – Vorschläge zur Elternarbeit der Ärztekammer Nordrhein & AOK Rheinland. Düsseldorf: AOK.
Innenmoser, J. (1996): Sport, Spiel und Bewegung für Behinderte – Entwicklungen, Trends, Möglichkeiten und Probleme. In:Rieder, H./Huber, G./Werle, J. (Hrsg.): Sport mit Sondergruppen – Ein Handbuch. Schorndorf: Hofmann S. 245–264.
Jerusalem, M./Mittag, W. (1994): Gesundheitserziehung in der Schule und Unterricht. In: Zeitschrift für Pädagogik 40, H. 6, S. 851–869.
Karasek, R. (1992): Stress prevention through work reorganization. A summary of 19 international case studies. In: International Labour Office (Hrsg.): Conditions of Work Digest. Geneva: ILO, S. 23–41.
Keupp, H. (1992): Gesundheitsförderung und psychische Gesundheit: Lebenssouveränität und Empowerment. In: Psychomed, H. 4, S. 244–250.
Klein, K. (1998): Gesundheitsförderung für pflegende Familienangehörige von Menschen, die an der Alzheimer Krankheit oder verwandten mentalen Störungen leiden. Köln: Universität.
Knoll, M. (1997): Sporttreiben und Gesundheit – Eine kritische Analyse vorliegender Befunde. Schorndorf: Hofmann.
Kugler, J./Seelbach, H./Krüskemper, G.M. (1994): Effects of rehabilitation exercise programs on anxiety and depression in coronary patients: a meta analysis. In: British Journal of Clinical Psychology, H. 33, S. 401–410.
Kultusministerkonferenz (1992): Bericht der Kultusministerkonferenz vom 5.-6.11.1992 zur Situation der Gesundheitserziehung in der Schule. Bonn.
Landesinstitut für Schule und Weiterbildung (1998): Gesundheitsförderung in der Schule. Bönen: Dr.-Verl. Kettler.
Leppin, A./Hurrelmann, K./Freitag, M. (1994): Schulische Gesundheitsförderung im Kontext von Klassenklima und sozialem Rückhalt durch Lehrer. In: Zeitschrift für Pädagogik 40, H. 6, S. 871–890.
Lohaus, A./Klein-Hessling, J. (1998): Die Binnenevaluation von Gesundheitsförderungsprogrammen: Ein vernachlässigtes Forschungsfeld. In: Empirische Pädagogik 12, H. 4, S. 381–397.
Lox, C.L./McAuley, E./Tucker, R.S. (1995): Exercise as intervention for enhancing subjective well-being in an HIV-1 population. In: Journal of Sport and Exercise Psychology, H. 17, S. 345–362.
Marsen-Storz, G./Lehmann, H. (1998): Kinder stark machen – moderne Aufklärungsstrategien in der Suchtprävention. In: Roessiger, S./Merk, H. (Hrsg.): Hauptsache Gesundheit. Eine Publikation des Deutschen Hygiene-Museums. Marburg: Janus, S. 120–129.
Marlatt, G.A./Baer, J.S./Quigley, L.A. (1995): Self-efficacy and addictive behavior. In: Bandura, A. (Hrsg.): Self-efficacy in changing societies. New York: Cambridge University Press. S. 289–315.
Menne, K. (Hrsg) (2000): Grundlagen der Beratung. Fürth: Bundeskonferenz für Erziehungsberatung e.V..
Ministerium für Schule und Weiterbildung, Wissenschaft und Forschung des Landes Nordrhein-Westfalen (2000): Reader der Netzwerkschulen in NRW OPUS (Offenes Partizipationsnetz und Schulgesundheit). Düsseldorf: MSWWF.
Mittag, W./Jerusalem, M. (1999): Gesundheitsförderung bei Kindern und Jugendlichen. In: Röhrle, B./Sommer, G. (Hrsg.): Prävention und Gesundheitsförderung. Tübingen: Dgvt-Verlag, S. 161–179.
Möller, J. (1999): Sport im Alter – Auswirkungen sportlicher Betätigung auf die Gesundheit Erwachsener ab 50 Jahren: Eine Meta-Analyse. Unveröffentlichte Dissertation, Universität Kiel.
Müller, W. (1998): „Gib Aids keine Chance" – Die Aidspräventionskampagne der BzgA. In: Roessiger, S./Merk, H. (Hrsg.): Hauptsache Gesundheit. Eine Publikation des Deutschen Hygiene-Museums. Marburg: Janus-Verl., S. 93–102.
Murza, G./Laaser, U. (Hrsg.) (1992): Gesundheitsförderung. Hab ein Herz für Dein Herz. Ergebnisse der dreijährigen Pilotphase des betrieblichen Gesundheitsförderungsprogramms. Bielefeld: IDIS.
OPUS (2000): Reader der Netzwerkschulen in NRW 03/2000. Soest.
Palentien, C./Hurrelmann, K. (1995): Gesundheitsförderung: Gesundheitserziehung, Gesundheitsberatung, Gesundheitsdienste. In: Krüger H.-H./Rauschenbach, T. (Hrsg.): Einführung in die Arbeitsfelder der Erziehungswissenschaft. Opladen: Leske + Budrich, S. 177–188.

Paulus, P. (1999): Die Gesundheitsfördernde Schule als pädagogischer Schulentwicklungsansatz. In: Röhrle, B./Sommer, G. (Hrsg.): Prävention und Gesundheitsförderung. Tübingen: Dgvt. Verl. S. 117–134.
Perrez, M. (1994): Optimierung und Prävention im erzieherischen Bereich. Enzyklopädie der Psychologie. Psychologie der Erziehung und Sozialisation. Pädagogische Psychologie. Göttingen: Hogrefe S. 585–617.
Puxi, M. (1999): Suchtvorbeugung und Selbsthilfe. In: Diskurs, H. 2, S. 30–40.
Rappaport, J. (1981): In praise of paradox: A social policy of empowerment over prevention. In: American Journal of Community Psychology, H. 19, S. 337–356.
Read, M.H./Harveywebster, M./Usinger-Lesquereux, J. (1988): Adolescent compliance with dietary guidelines: Health and education implications. In: Adolescence, H. 23, S. 567–575.
Rogers, C.R. (19999): Die nicht-direktive Beratung. Frankfurt: Fischer.
Röhrle, B./Sommer, G. (Hrsg.) (1999): Prävention und Gesundheitsförderung. Tübingen: Dgvt. Verlag.
Rosenbrock, R. (1997): Theoretische Konzepte der Prävention. In: Klotter, C. (Hrsg.): Prävention im Gesundheitswesen. Göttingen: Verlag für Angewandte Psychologie, S. 41–60.
Ross, C.E./Wu, C. (1995): The links between education and health. In: American Sociological Review, H. 60, S. 719–745.
Schlicht, W. (1999): Meta-Analysen. In: Strauss, B./Haag, H./Kolb, M. (Hrsg.): Datenanalyse in der Sportwissenschaft – Hermeneutische und statistische Verfahren. Schorndorf: Hofmann, S. 519–532.
Schwarzer, C. (2000): Burnout bei Erzieherinnen. Vortrag auf dem 20. Motivationspsychologie-Kolloquium in Dortmund, 8.-9.9.2000.
Schwarzer, C./Buchwald, P. (2001[4]): Beratung. In: Krapp, A./Weidenmann, B. (Hrsg.): Pädagogische Psychologie. Weinheim: Beltz, S. 565–600.
Schwarzer, C./Gärtner, C./Weimar, D./Buchwald, P. (2001): Stressmanagement im Erziehungsalltag – Ein Training zur erziehungsbezogenen Streßbewältigung und sein Einfluß auf elterliches Erziehungsverhalten und kindliche Aggressionswahrnehmung. Poster auf der 2. Münchner Tagung für Familienpsychologie in München, 16.-17. August 2001. München.
Schwarzer, C./Buchwald, P. (2006): Beratung in Familie, Schule und Beruf. In: Krapp, A./Weidenmann, B. (Hrsg.): Pädagogische Psychologie (S. 575-612), 5. Aufl., Weinheim: Beltz.
Schwarzer, C./Buchwald, P. (2009): Beratung in der Pädagogischen Psychologie. In: Warschburger, P. (Hrsg.): Beratungspsychologie, Berlin: Springer, S. 129-151.
Schwarzer, R. (1992): Psychologie des Gesundheitsverhaltens. Göttingen: Hogrefe.
Schwarzer, R. (1997): Ressourcen aufbauen und Prozesse steuern: Gesundheitsförderung aus psychologischer Sicht. In: Unterrichtswissenschaft 25, H. 2, S. 99–112.
Schwarzer, R. (1999): Self-regulatory processes in the adoption and maintenance of health behaviors. In: Journal of Health Psychology, H. 4, S. 116–127.
Schwenkmezger, P. (1998): Depression und Angst. In: Bös, K./Brehm, W. (Hrsg.): Gesundheitssport – Ein Handbuch. Schorndorf: Hofmann, S. 289–295.
Somrei, E. (1999): Gesundheitsförderung & Gesundheitserziehung in der Schule. „Essen und Ernährung" – Materialien für die Grundschule der Ärztekammer Nordrhein & AOK Rheinland. Düsseldorf: AOK.
Sonstroem, R.J. (1997): Physical activity and self-esteem. In: Morgan, W.P. (Hrsg.): Physical activity and mental health. Washington, DC: Taylor & Francis, S. 127–143.
Statistisches Bundesamt (2000): Datenreport 1999 – Zahlen und Fakten der BRD der Bundeszentrale für politische Bildung. Bonn.
Steinhoff, R./Buchwald, P./Sawicki, P. (2000): Treatment-related quality of life – Evaluation of a structured teaching and self-management program for patients receiving oral anticoagulation. Poster auf der 21. Internationalen Konferenz für Stress- und Angst-Forschung (STAR) an der Comenius University, Bratislava, 20.-23. Juli 2000, Bratislava (Slovakia).
Stoll, O. (2001): Wirkt körperliche Aktivität ressourcenprotektiv? Lengerich: Papst.
Suckfüll, T./Stillger, B. (2000): Starke Kinder brauchen starke Eltern. Familienbezogene Suchtprävention – Konzepte und Praxisbeispiel; ein Modellprojekt der Bundesarbeitsgemeinschaft Katholische Familienbildungsstätten in Zusammenarbeit mit der BzgA. Köln: BzgA.
Troschke, J. von (1993): Von der Gesundheitserziehung zur Gesundheitsförderung in der Schule. In: Priebe, B./Israel, G./Hurrelmann, K. (Hrsg.): „Gesunde Schule". Weinheim: Beltz, S. 11-38.
Wagner, P. (1998): Determinanten der Aufrechterhaltung sportlicher Aktivität von Erwachsenen in gesundheitsorientierten Sportprogrammen. Dissertation. TU-Darmstadt.
Weltgesundheitsorganisation WHO (1981): Ottawa Charta for Health Promotion. Kopenhagen.
Zeitschrift für Pädagogik (1994): H. 6.

Heiner Barz | Sylva Liebenwein

Kultur und Lebensstile

Einleitung

Seit den 1990er Jahren des 20. Jahrhunderts hat die sozialwissenschaftliche und auch die erziehungswissenschaftliche Beschäftigung mit Kultur und (Allgemein-)Bildung erneut Konjunktur. Nach Jahrzehnten, in denen man Bildung meist mit Hochkultur gleichsetzte und von beiden keinen Beitrag zur Demokratisierung der Gesellschaft meinte erwarten zu können, thematisiert die jüngere Diskussion Bildung unter neuen Vorzeichen. Vor allem in drei Perspektiven sind Sache und Begriff der Bildung in den wissenschaftlichen Diskurs zurückgekehrt. In der normativen Perspektive verbindet sich die kulturkritische Klage über den Verlust eines verbindlichen Kanons an Bildungsgütern mit Versuchen einen solchen zu restituieren (am breitenwirksamsten vielleicht bei Schwanitz 1999). In theoretischer Perspektive wird die Aktualität des Bildungsbegriffs zwar unterschiedlich bewertet – aber immerhin wieder Gegenstand der erziehungswissenschaftlichen Publizistik (vgl. Lenzen 1997; Tenorth 1997; von Hentig 1997). In empirischer Perspektive finden sich neue Ansätze, die Ungleichheit der Bildungschancen auch im Hinblick auf ihre Einbettung in unterschiedliche Lebenswelten und sub- oder teilkulturelle Orientierungen zu erfassen (vgl. zusammenfassend Lüders 1997; Barz 2000). Der vorliegende Beitrag will Tradition, theoretische Grundlagen, Ergebnisse sowie Probleme und Perspektiven dieser neueren empirischen Forschungsrichtung vorstellen. Zentral ist dabei die Fortentwicklung der Ungleichheitsforschung vom Klassen- und Schichtparadigma zum Lebensstilparadigma, das vor allem in seiner Fassung als Modell der sozialen Milieus größeren Einfluss erlangt hat. Normative, theoretische und historische Perspektiven werden in anderen Beiträgen dieses Handbuchs ausführlich behandelt (vgl. z.B. Zedler; Tenorth; Gerstenmaier in diesem Band) und hier deshalb nur knapp angesprochen.

1 Bildung und Kultur: Glanz und Elend eines deutschen Deutungsmusters

So selbstverständlich die Alltagssprache den Terminus „Kultur" auch verwendet, im wissenschaftlichen Kontext, zumal im Kontext der Bildungsforschung wird er erläuterungsbedürftig (vgl. Lipp 2002). Die Rekapitulation der Anfänge der Begriffsgeschichte kann einer ersten Annäherung dienlich sein:

„Das Wort 'Kultur' ist aus lateinisch colere (‚pflegen',‚urbar machen',‚ausbilden') abgeleitet und eine Eindeutschung von lat. cultura. Das deutsche Wort ist seit Ende des 17. Jahrhunderts belegt und bezeichnet das Gesamt der Einrichtungen, Handlungen, Prozesse und symbolischen Formen, welche mit Hilfe von planmäßigen Techniken die 'vorfindliche Natur' in einen sozialen Lebensraum transformieren, diesen erhalten und verbessern, die leitenden Werte in besonderen Riten befestigen („cultus") und insofern soziale Ordnungen und kommunikative Symbolwelten stiften, welche kommunitären Gebilden Dauer verschaffen" (Böhme/Matussek/Müller 2000, S. 104f.).

In diesem Sinne findet man den Begriff der „Kultur" in Forschungsprogrammen, die sich der Überprüfung verschrieben haben, inwiefern das Bildungswesen die ihm angesonnene Aufgabe – oder in der Sprache des Strukturfunktionalismus: seine Funktion – der „Kulturüberlieferung" auch tatsächlich leistet. Inwiefern also etwa die Schule erfolgreich in ihrem Versuch ist, „Kulturtechniken" sowie Kenntnisse über die abendländische kulturelle Überlieferung zu tradieren.

Als typisch deutsch hat der Siegener Literaturwissenschaftler Bollenbeck (1994) das Begriffspaar „Bildung" und „Kultur" beschrieben. Dieses Deutungsmuster gewinne in Deutschland gerade in dem Moment großen Einfluss in bürgerlichen Kreisen, in dem die Aufklärungsphilosophie den Ansprüchen der Vernunft nicht mehr genügt und die Ideale der Französischen Revolution uneingelöst bleiben. Im Neuhumanismus erhält es seine typisch deutsche Ausprägung: Die Felder des Praktischen und der Ökonomie werden abgewertet, die zweckfreie Selbsttätigkeit und die individuelle Bildung des autonomen Individuums rücken ins Zentrum. Das Faktum politischer Machtlosigkeit wird vom aufstrebenden Bürgertum zu Beginn des 19. Jahrhunderts mit der Überhöhung des Bildungsgedankens kompensiert. Nach Bollenbeck macht die innerlichkeitsbezogene und wirklichkeitsflüchtige Tendenz dieses einflussreichen Deutungsmusters anfällig für problematische Bündnisse. In der Kulturkritik des ausgehenden 19. Jahrhunderts zunächst mit vorindustriellen Eliten. In den zwanziger Jahren, in Zeiten sozialer Deklassierungserfahrungen des Bildungsbürgertums dann mit der antimodernistischen Ideologie der Nazis.

Bollenbecks Diagnose vom Absinken des Deutungsmusters zur völligen Bedeutungslosigkeit in der Folgezeit konnte man bis vor wenigen Jahren kaum widersprechen: Der Begriff der Bildung wurde in den Zeiten der Studentenbewegung unter Ideologieverdacht gestellt; man sah in ihm nichts als ein Mittel zur Verschleierung der sozialen Privilegien des Bildungsbürgertums. So forderte z.B. auch Hartmut von Hentig Ende der 60er Jahre das gründliche Vergessen „des hohlen Anspruchs und der verknöcherten Praxis, mit der die bürgerliche Kultur ihre 'Bildung' belastet hatte" (von Hentig 1997, S. 55).

Wurde die Bildungsidee des Neuhumanismus einerseits durch die Vereinnahmung durch den Nationalsozialismus desavouiert, so wurde sie andererseits bereits im 19. Jahrhundert technokratisch verkürzt. Anstelle des ursprünglich intendierten Persönlichkeitsideals sind messbare Kenntnisse zum Inbegriff von Bildung geworden. In diesem instrumentellen Verständnis wird vor allem die Verbindung von Bildung(sabschlüssen) und sozialen Berechtigungen und Privilegien zum Thema. Hiervon handelt der folgende Abschnitt. Es liegt eine gewisse Ironie darin, dass auch der Umweg über die bildungssoziologische Ungleichheitsforschung inzwischen wieder zu den kulturellen Kategorien der Lebensstilforschung führt.

2 Der ältere Diskurs über „Bildung und soziale Ungleichheit"

Am Anfang der Bildungsexpansion stand in den 1960er Jahren neben der qualifikationstheoretischen Begründung die Erkenntnis, dass soziale Ungleichheit auch Ungleichheit in der Teilhabe an Bildung sei, ja dass die ungleiche Bildungspartizipation einen wesentlichen Transmissionsriemen für die Perpetuierung ungleicher Macht- und Besitzverhältnisse und damit ungleicher Lebenschancen darstelle. Der empirisch klar aufweisbare Zusammenhang zwischen sozialer Lage und schulischen Bildungschancen stand dabei im Mittelpunkt wissenschaftlicher Untersuchungen und gesellschaftspolitischer Forderungskataloge. Mit dem Begriff der sozialen Lage oder Lebenslage wurde das Ensemble der Lebensbedingungen von Gesellschaftsmitgliedern bezeichnet, das ihnen im Vergleich zu anderen Menschen Vor- oder Nachteile bringt (vgl. Hradil 1992, S. 31). Bis Ende der 1970er Jahre standen sich zwei dominante Paradigmen der Lebenslagenforschung gegenüber: Die Klassen- und die Schichtungsforschung. Gemeinsame Annahme und theoretischer Kern der Klassen- und Schichtungsforschung war, dass die Lebenslage wesentlich durch drei Faktoren, nämlich das Einkommen, das Prestige und die Bildung der Gesellschaftsmitglieder bestimmt sei (vgl. Bolte 1990). Einflussreiche Arbeiten waren Dahrendorfs „Bildung ist Bürgerrecht" (1965) oder Rolffs „Sozialisation und Auslese durch die Schule" (1967/1997), für den Bereich der Erwachsenenbildung die aufwändige empirische Studie „Bildung und gesellschaftliches Bewußtsein" von Strzelewicz, Raapke und Schulenberg (1966). In der einprägsamen Formel von der „katholischen Arbeitertochter vom Lande" wurden die zentralen Faktoren der Bildungsbenachteiligung damals zusammengefasst. Diese Arbeit „Bildung und gesellschaftliches Bewußtsein" (1966) ist ein instruktives Beispiel für diese Forschungsrichtung, weist aber auch schon auf spätere Lebensstilforschungen voraus. Bereits der Titel lässt deutlich werden, dass man auch an der Rekonstruktion von Werthaltungen und kognitiven Orientierungen, an der kulturellen Einbettung von Bildungsanstrengungen also, interessiert war. Ein zentraler Befund dazu lautete, dass Bildung von den sozial schlechter gestellten Befragten als ein Attribut von sozialen Gruppen verstanden wird, „zu denen man selbst nicht gehört und zu denen man auch kaum durch Bildungsbemühungen wird aufsteigen können" (Schulenberg u.a. 1979, S. 39).

Einzelne Befunde weisen auch bereits auf die Notwendigkeit hin, innerhalb der einzelnen Sozialschichten eine Binnendifferenzierung vorzunehmen. So wurde deutlich, dass sich in Bezug auf ihre Bildungsvorstellungen Personen mit gleicher Schulbildung aus verschiedenen Sozialschichten näher stehen als Personen der gleichen Sozialschicht mit verschiedener Schulbildung. Hier wird schon eine Art „horizontaler", auf Werthaltungen bezogene, Differenzierung angedeutet, die sozusagen quer zur klassischen soziodemographischen „vertikalen" Differenzierung nach sozialen Schichten liegt. Erst mit den in den 1980er Jahren entwickelten Konzepten der sozialen Milieus sollten die in solchen Befunden liegenden Herausforderungen an die Sozialstrukturanalyse systematisch aufgegriffen werden.

Im Rückblick auf die Bildungsexpansion kann heute festgestellt werden, dass die soziale Herkunft, gemessen am Beruf des Familienvorstandes, nach wie vor für den Schulerfolg von entscheidender Bedeutung ist und ein Abbau der schichtspezifischen Chancenungleichheiten im Bildungssystem kaum stattgefunden hat (vgl. Köhler 1992). Nur in einem Punkt kann eine deutliche Verbesserung konstatiert werden: Frauen haben gegenüber Männern zumindest im allgemeinbildenden Schulsystem keinen Bildungsrückstand mehr.

3 Die Entdeckung der soziokulturellen Dimension: Veblen und Bourdieu

Das Paradigma der Lebensstilforschung, anfangs oft als kurzatmige Modeerscheinung beargwöhnt (vgl. Müller 1992, S. 376) und im Diskurs der Sozialwissenschaften kaum aufgegriffen, hat sich im Laufe der 1980er Jahre als neues Modell der gesellschaftlichen Differenzierung durchgesetzt (vgl. z.B. Hradil 1992; Dangschat/Blasius 1994; Schwenk 1996; Georg 1998). Bereits Anfang der 1990er Jahre hat es Eingang ins Lehrbuchwissen (vgl. Wiswede 1991, S. 314ff.; Stratenschulte 1996; Stratenschulte/Moschin 1996) gefunden und wird inzwischen selbst von Kritikern als Mainstream der deutschen Sozialstrukturanalyse bezeichnet (vgl. Geissler 1996, S. 320), wenn auch in jüngster Zeit wieder recht kontrovers bilanziert (vgl. Hermann 2004; Otte 2005). Es steht im Zusammenhang mit der Wiederentdeckung der soziokulturellen, der ästhetischen und expressiven Dimensionen, die seit den Tagen eines Georg Simmel, eines Ernst Cassirer oder eines Thorstein Veblen kaum mehr in den Blick genommen wurden. Die Ursprünge liegen – betrachtet man vor allem die soziale Vermittlung von Kultur, Ästhetik und Ökonomie – eindeutig in Thorstein Veblens (1899/1981) „ökonomischer Untersuchung der Institutionen" in seinem gesellschaftswissenschaftlichen Klassiker „Theorie der feinen Leute" von 1899. Von grundsätzlicher Bedeutung ist für Veblen die Unterscheidung zwischen produktiver Arbeit und unproduktivem Tätigsein. Letzteres ist für Veblen alles, was nicht unmittelbar der Erzeugung von Gütern dient. Die gesamte Oberschicht, so Veblens durchaus gesellschaftskritische Auffassung, führt demnach ein Parasitenleben, insofern sie selbst keinen produktiven Beitrag zum gesellschaftlichen Reichtum leistet, dennoch aber einen unverhältnismäßig hohen Anteil davon konsumiert. Eine zentrale Rolle spielt bei Veblen der symbolische Kampf um Prestige und Status: „Um Ansehen zu erwerben und zu erhalten, genügt es nicht, Reichtum oder Macht zu besitzen. Beide müssen sie auch in Erscheinung treten, denn Hochachtung wird erst ihrem Erscheinen gezollt" (Veblen 1899/1981, S. 42).

Veblen analysiert vier Strategien, mittels derer der eigene Statusanspruch kommuniziert wird: conspicious consumption – augenfälliger (oder: demonstrativer) Konsum; conspicious waste – augenfällige Verschwendung; conspicious leisure – augenfällige Muße; vicarious leisure – stellvertretende Muße. Insbesondere Veblens Begriffe der augenfälligen und stellvertretenden Muße enthalten scharfe bildungstheoretische Thesen, weshalb sie hier kurz erläutert werden sollen: Da unproduktive Tätigkeiten nicht ständig vor den Augen der anderen Gesellschaftsmitglieder „vorgeführt" werden könnten, habe man Fertigkeiten kultiviert, durch deren Besitz dokumentiert wird, dass der Betreffende es sich leisten konnte, über viele Jahre hinweg seine Zeit mit gänzlich nutzlosen Dingen zu verbringen, so etwa „die Kenntnis toter Sprachen oder der okkulten Wissenschaften, eine fehlerfreie Orthographie, die Beherrschung von Grammatik und Versmaßen, die Hausmusik und andere häusliche Künste, Mode, Möbel und Reisen, Spiele, Sport, Hunde- und Pferdezucht" (Veblen 1899/1981, S. 48).

Veblens merkwürdiges Amalgam aus positivistischen und marxistischen Ideen entschlüsselt den Statuswettbewerb nicht nur an Kleidung, gesellschaftlichen Ritualen und religiösen Gebräuchen. Er widmet auch der „Bildung als Ausdruck der Geldkultur" ein eigenes Kapitel (ebd., S. 268-294) und behauptet, dass „doch der eigentliche und letzte Prüfstein der guten Erziehung und der feinen Manieren in der wirklichen und sichtbaren Verschwendung von Zeit" besteht (Veblen 1899/1981, S. 52).

Auch Pierre Bourdieu (1982) spricht in der marxistischen Tradition neben dem „ökonomischen" vom „symbolischen Kapital" und meint damit die Summe an kultureller Anerkennung, die ein einzelnes Individuum oder auch eine soziale Gruppe durch geschickte Verwendung des gesellschaftlichen Symbolsystems für sich gewinnen können. Dabei geht Bourdieu davon aus, dass in den kollektiven Wahrnehmungs- und Bewertungsschemata der sozialen Gruppen die positionsbedingten Nutzenkalküle als „Habitusformen" geronnen seien. Geschmacksfragen wie Essgewohnheiten, Kleidungsstile oder Kunsturteile sind für Bourdieu damit nicht das spontane Resultat ästhetischer Empfindungen, sondern das sozialisatorische Produkt eines Erziehungsprozesses, in dem der Geschmack klassenspezifisch erlernt wird. Im „Habitus" sind die verschiedenen Strategien des gesellschaftlichen Konkurrenzkampfes sozialer Gruppen als unterschiedliche Geschmacksstile und Lebensgewohnheiten erstarrt.

Vertikal unterscheidet Bourdieu drei Klassen – Bourgeoisie, Kleinbürgertum und Arbeiterschaft – denen er auf der Grundlage seiner empirischen Erhebungen drei Lebensstile, bzw. Geschmackstypen zuordnet: „Distinktion" für die herrschende Klasse, „Prätention" für die mittleren Schichten und das Diktat der „Notwendigkeit" in der Arbeiterklasse.

4   Lebensstile und das Modell der sozialen Milieus

Ausgehend von der breiten Rezeption der „feinen Unterschiede" Bourdieus (1982) rückte die kulturelle und ästhetische Dimension des sozialen Lebens und seiner symbolischen Grenzen immer stärker ins Zentrum der Diskussion. Die Kategorie des „Lebensstils" verbindet dabei sozioökonomische Merkmale mit Einstellungs- und Wertdispositionen. Lebensstil bezeichnet dementsprechend alltagsästhetische Grundmuster der Lebensführung von Individuen oder Gruppen, die sich in bestimmten expressiven Verhaltensweisen ausdrücken und der Selbstdarstellung (Kleidung, Konsumgewohnheiten, kulturelle Partizipation) sowie der Abgrenzung von anderen dienen (vgl. Hradil 1992, S. 10). Unter „Lebensstil" wird „ein regelmäßig wiederkehrender Gesamtzusammenhang von Verhaltensweisen, Interaktionen, Meinungen, Wissensbeständen und bewertenden Einstellungen eines Menschen" (Hradil 2005, S. 431) verstanden. Die Studie über die „Erlebnisgesellschaft" von Gerhard Schulze (1992) mit ihrer Deskription von fünf soziokulturellen Milieus lieferte ein anspruchsvolles, die gesamte Gesellschaft umspannendes Modell, das die gesellschaftstheoretischen Überlegungen empirisch einzulösen versuchte. Schulze definiert soziale Milieus „als Personengruppen, die sich durch gruppenspezifische Existenzformen und erhöhte Binnenkommunikation voneinander abheben" (ebd. 1992, S. 174).[1] Die wichtigsten Milieudeterminanten bleiben für Schulze das Alter (Trennlinie bei 40 Jahren) und das Bildungsniveau (höhere vs. niedere Bildung). So verfügen Angehörige des Niveau- und Selbstverwirklichungsmilieus über höhere Bildungsabschlüsse, Personen, die dem Integrationsmilieu angehören über ein mittleres Bildungsniveau und Mitglieder des Harmonie- und Unterhaltungsmilieus über niedrige Bildungsabschlüsse. Als Verdienst Schulzes kann festgehalten werden, dass er mit Nachdruck und großem öffentlichen Widerhall die ästhetische Dimension in den Blick genommen hat. Auch lassen sich einzelne ästhetische Präferenzen eindrucksvoll den von ihm gebildeten Milieus zuordnen.[2] In Schulzes Entwurf kommt sowohl

---
1   Zur Geschichte des Milieubegriffs und seinen Wurzeln bei Montesquieu, Comte, Durkheim und Weber vgl. Hradil (1994, S. 98ff.) und Lepsius (1973).
2   Die folgenden Daten sind der Übersicht von Schulze (1988) entnommen.

dem Bildungsabschluss wie auch dem humanistischen Bildungsverständnis eine zentrale Rolle zu: „Bildung verrät sich fast ebenso schnell wie das Alter. Sie zählt zu den Standardinformationen, die beinahe unvermeidlich am Anfang jeder Bekanntschaft ausgetauscht werden, wenn auch häufig nur zwischen den Worten" (Schulze 1992, S. 191). Auch hinsichtlich ihrer Fortbildungsaffinität unterscheiden sich die Angehörigen der verschiedenen Milieus erheblich. „Hohes Interesse an Fortbildung" haben im Harmoniemilieu 17%, im Unterhaltungsmilieu 29%, im Integrationsmilieu 36%, im Niveaumilieu 54% und im Selbstverwirklichungsmilieu 66% der Befragten.

Neben und lange vor Schulze – wenngleich in der akademischen Sozialwissenschaft lange Zeit nur sporadisch wahrgenommen (vgl. Hradil 1987) – hat das Forschungsinstitut SINUS ein ursprünglich acht, inzwischen zehn Milieus umfassendes Modell der gesellschaftlichen Segmentierung entwickelt. Das SINUS-Modell wurde seit 1980 auf der Basis von eingehenden Lebenswelt-Explorationen erstellt und inzwischen intensiv in die Diskussion der neuen sozialen Ungleichheitsforschung einbezogen (vgl. z.B. Hradil 1987; Müller 1992; Vester u.a. 2001; Schmidt 2006). Mit dem dort verwendeten Milieubegriff gehen neben der sozialen Lage grundlegende Wertorientierungen ebenso wie Alltagsroutinen, Wunsch- und Leitbilder sowie kulturelle Präferenzen in die Sozialstrukturanalyse ein. Soziale Milieus fassen demnach Menschen zusammen, die sich in Lebensauffassung, Lebensstil und Lebensführung ähnlich sind und somit Einheiten innerhalb der Gesellschaft bilden (vgl. Flaig/Meyer/Ueltzhöffer 1993, S. 55).

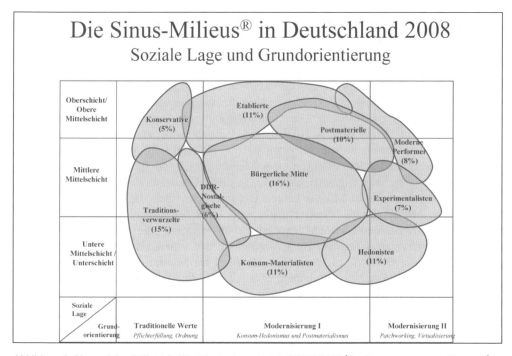

Abbildung 1: Die sozialen Milieus in Westdeutschland nach SINUS 2008 (Quelle: www.sinus-milieus.de)

Die sozialen Milieus nach SINUS lassen sich in einem zweidimensionalen Raum positionieren, dessen Koordinaten von der traditionellen sozioökonomischen Schichtung einerseits und von Wertorientierungen andererseits gebildet werden (siehe Abbildung 1). Im so strukturierten Raum lässt sich das Traditionsverwurzelte Milieu z.B. nicht nur der Unterschicht zuordnen, sondern als weitgehend traditionellen Grundorientierungen verpflichtet („Bewahren") positionieren. Das Konservative Milieu teilt zwar dieselben Grundorientierungen, rekrutiert sich jedoch aus sozioökonomisch weit besser gestellten Personen. Während die Etablierten, die Bürgerliche Mitte und die Konsummaterialisten, mittlere Positionen auf der Skala des Wertewandels hin zu postmateriellen Orientierungen einnehmen, haben sich die Postmateriellen, die Modernen Performer, die Experimentalisten sowie insbesondere das Milieu der Hedonisten am weitesten vom traditionellen Wertemuster entfernt. Ein Profil der SINUS-Milieus auf der Basis neuerer Studien gibt der Abschnitt 5.5 dieses Beitrags.

5 Sozio-kulturelle Differenzierung und Bildungsforschung

Dass der im vorangegangenen Kapitel skizzierte Milieu-Ansatz mit seinen sozio-kulturellen Differenzierungen für die Sozial- und Bildungsforschung produktive Möglichkeiten eröffnet, ist heute vielfach dokumentiert. Zu nennen sind hier beispielsweise die Studie zur Politischen Bildung im Auftrag der Friedrich-Ebert-Stiftung (1993), das Hannoveraner Forschungsprojekt zum Bildungsurlaubsprogramm von „Arbeit und Leben Niedersachsen e.V." (vgl. Bremer/Lange 1997), die Untersuchung zu Studierenden im Spiegel des Milieumodells (HIS) (vgl. Gapski/Köhler/Lähnemann 2000), zu milieuspezifischen Medieninteressen (vgl. Mediagruppe München 1999), zu bürgerschaftlichem Engagement in den sozialen Milieus (vgl. Ueltzhöffer 2000), zur intergenerationalen Milieukontinuität (vgl. Vester u.a. 2001), zur Gewalt und deren Ursachen unter Jugendlichen (vgl. Heitmeyer u.a. 1998)[3], zur Entwicklung des Rechtsradikalismus (vgl. Wippermann 2001), zu Erziehungsstilen (vgl. Sinus Sociovision 2005a; 2005b; Liebenwein 2008; Merkle/Wippermann 2008), zu religiösen und kirchlichen Orientierungen in den Sinus-Milieus (vgl. Bremer/Teiwes-Kügler 2003; Vögele/Bremer/Vester 2002; Wippermann/de Magalhaes 2006), und zu Bildungsverläufen und Übergängen im Schulsystem in den Leistungsmilieus (vgl. Schmidt 2006).

Im folgenden Abschnitt werden ausgewählte Ergebnisse der von Barz und Tippelt begründeten Forschungslinie „Soziale Milieus und Weiterbildung" vorgestellt. Diese Weiterbildungsstudien stellen die bisher umfassendste Anwendung des Lebensstil-Ansatzes im Bildungsbereich dar. Dabei fließen Befunde zur Schulwahl (vgl. Merkle/Wippermann 2008), zu Erziehungsstilen (vgl. Liebenwein 2008) sowie zu religiösen und kirchlichen Orientierungen in den sozialen Milieus (vgl. Wippermann/de Magalhaes 2006) aber auch Ergebnisse des Jugend-KulturBarometers (vgl. Keuchel/Wiesand 2006) ein.

5.1 Bildungsbegriff

Von jeher sind mit dem Begriff der Bildung unterschiedliche Konnotationen verbunden. Obwohl er in der Vergangenheit eindeutig positiv besetzt war, rückten je nach Perspektive doch verschiedene Elemente seiner Bedeutung ins Zentrum. Man kann Bildung vor allem als breites

---

3 Die Anwendung des ausdrücklich für Erwachsene konzipierten Milieumodells auf Jugendliche ist methodisch allerdings umstritten.

und gründliches Bescheidwissen verstehen – aber man kann Bildung auch als Bestandteil einer reifen Persönlichkeit auffassen und dabei eher den Aspekt der „Herzensbildung" betonen. Strzelewicz/Raapke/Schulenberg (1966) sahen Bildung im Spannungsfeld von sozialer Differenzierung (Bildung entscheidet wesentlich über den sozialen Status) und personaler Differenzierung (Bildung entscheidet wesentlich über den Charakter). Heute werden nun neue Polaritäten sichtbar (vgl. Barz 2000). Während das „alte" Spannungsfeld durch die Pole sozial-differenzierend vs. personal-differenzierend gekennzeichnet war, lässt sich das heutige Bildungsverständnis in den sozialen Milieus auch durch seine Nähe oder Ferne zu den Polen „enzyklopädisches Wissen" vs. „Selbstverwirklichung" differenzieren. Der ursprüngliche, (neu-)humanistische Entwurf des klassischen Bildungsideals degenerierte nicht zuletzt im Zuge der in seinem Namen durchgeführten Bildungsreformen zu einem instrumentellen Bildungsbegriff, dessen Gehalt sich immer stärker auf das in Prüfungen reproduzierbare Wissen reduzierte. In diesem verkürzten Verständnis ist der Gebildete derjenige, der über möglichst hohe formale Bildungszertifikate verfügt. Sein Habitus ist im Extremfall der des mit unnützem Schulbuchwissen prahlenden Strebers, der sich im praktischen Leben vor einfachsten Aufgaben und vor allem auch im mitmenschlichen Bereich als Versager erweist. Ein solches Bildungsverständnis findet sich heute in den bildungsfernen Milieus der Konsummaterialisten und Hedonisten. Dieses Zerrbild des „Gebildeten", schon von Nietzsche als „Bildungsphilister" verspottet, setzt Bemühungen in Gang, Bildung neu zu definieren. Bei dieser im alltäglichen Leben bereits in Ansätzen vollzogenen Neukonzeption spielen die Erschließung der eigenen Persönlichkeit sowie die Fähigkeit, sich in der Welt der Gegenwart zu orientieren und zu behaupten, eine Schlüsselrolle. Bildung wird heute insbesondere in den Milieus der Postmateriellen und Experimentalisten immer stärker auch als Persönlichkeitsbildung und als Weg zur Selbstfindung definiert. Dass dabei auch Umgangsformen von Bedeutung sind, zeigt sich in den Milieus der Etablierten und Bürgerlichen Mitte: Bildung gilt als Element eines gehobenen Lebensstils und Basis, um sich reibungslos und zielorientiert in den höheren Etagen der Gesellschaft zu bewegen.

5.2 Kulturelle Interessen

Obwohl sich die Träger klassischer hochkultureller Unterhaltungs- und Bildungsangebote nach wie vor einer hohen gesellschaftlichen Wertschätzung erfreuen und Theater, Oper, Museen, Kunstausstellungen und Konzerte nicht über mangelnde Anerkennung klagen können, sind kulturelle Interessen und Betätigungen kein Gebiet, in dem die empirischen Sozialwissenschaften bisher größere Forschungsbemühungen unternommen hätten. Auch aus der Perspektive der Bildungsforschung befinden sich die Bereiche des Kulturellen und Musischen gewissermaßen im toten Winkel der Aufmerksamkeit. Während etwa PISA den Kompetenzbereichen Lesen, Rechnen und naturwissenschaftliche Grundbildung Rechnung trägt, fehlt eine nähere Befassung mit Kunst, Musik und Kultur. In den diesbezüglichen Bildungsstand der Bevölkerung kann man bestenfalls durch Rückschlüsse – etwa aus Besucherstatistiken oder aus CD-Verkaufszahlen – einiges ans Licht bringen. Kaum besser sieht es dann aus, wenn man den Kulturbegriff weitet und ihn nicht auf die hochkulturelle Sphäre begrenzt sondern z.B. Musical, Popmusik oder Kino einbezieht. Einzig das Fernsehverhalten dürfte einigermaßen gründlich erforscht und in seiner sozialen Differenzierung beschreibbar sein (vgl. schon die Allerweltsformel vom „Unterschichtenfernsehen").

Unter den wenigen größeren Studien, die für Fragen der kulturellen Bildung mit Recht Interesse beanspruchen können, verdient zweifellos das Jugend-KulturBarometer besondere Erwähnung. Das Jugend-KulturBarometer richtete sich als bundesweite Repräsentativumfrage an junge Leute zwischen 14 und 25 Jahren. Befragt wurden insgesamt 2.625 Personen (Herbst 2004). Im Mittelpunkt standen kulturelle Interessen und die Nutzung sowie auch die Nicht-Nutzung kultureller Angebote (vgl. Keuchel/Wiesand 2006).

Die Ergebnisse zeigen, dass deutsche Jugendliche sich immer mehr für Kunst und Design interessieren. Über die Hälfte der Befragten hatte im vorangegangenen Jahr derartige Ausstellungen besucht. Andere Kulturangebote erreichen die 14- bis 25-Jährigen jedoch kaum: Nur sechs von 100 Befragten besuchten im gleichen Zeitraum auch die Oper und acht von 100 ein klassisches Konzert. Jeder fünfte war noch nie in einem Theater, Museum oder Konzert. Dass die meisten Kulturfans sich unter den Gymnasiasten fanden, bestätigt die bekannte Abhängigkeit kultureller Interessen von der schulischen Bildung und vom Bildungsniveau im Elternhaus. So hatten lediglich 15 Prozent der befragten Hauptschüler zumindest schon einmal ein Museum, Theater oder Konzert besucht, während es bei den Gymnasiasten gut 50 Prozent waren. Gerade einmal acht Prozent der Hauptschüler besuchen in ihrer Freizeit eine Musik- oder Ballettschule. Und selbst wenn man den Kulturbegriff bis zu Grafitti und Breakdance erweitert, liegt der Anteil der jungen Leute mit niedriger Schulbildung mit 18 Prozent nicht sehr viel höher.

Ein interessantes Ergebnis stellt die Tatsache dar, dass die meisten der Befragten unter Kultur in erster Linie „Kultur der Länder und Völker" verstehen und nicht wie die Generation ihrer Eltern automatisch Begriffe wie Theater, Oper und Konzert damit verbinden. Direkte Berührungen mit der Kultur fremder Länder haben eher diejenigen, die sich auch sonst für Musik, Theater und Kunst interessieren. Wenngleich sich Jugendliche weniger für die klassisch-hochkulturellen Manifestationen der kulturellen Überlieferung interessieren und auf traditionelle Weise immer weniger ansprechbar scheinen, zeigt das Jugend-KulturBarometer doch auch Bereiche auf, in denen kulturelle Bildung heute auf fruchtbaren Boden fällt. Die heutige Jugend sei in ihrem visuellen Kunstverständnis deutlich anspruchsvoller und interessierter geworden, in ihrem auditiven Kunstverständnis im Vergleich zu früheren Generationen jedoch deutlich populärer und marktorientierter ausgerichtet. Als Fazit halten die Autoren des Jugend-KulturBarometers fest, dass sich junge Menschen sehr wohl für Kunst und Kultur interessieren, geändert hätten sich lediglich die Präferenzen für Form und Inhalte.

Die Befunde zur sozialen Verbreitung kultureller Interessen werden auch durch die Erhebungen auf Basis des Modells sozialer Milieus bestätigt, die im Rahmen der großen Verbraucherstudien regelmäßig durchgeführt werden (vgl. Barz 2007).

Beim Besuch von Theater und Oper zeigen sich die Oberschichtmilieus der Konservativen, Etablierten und Postmateriellen überrepräsentiert (vgl. Abb. 2). Im neuen Leitmilieu der Modernen Performer hingegen scheint die Wertschätzung humanistischer Bildungsinhalte zu erodieren (vgl. „Bildungsbegriff") zugunsten einer instrumentellen uns stärker ich-bezogenen Perspektive.

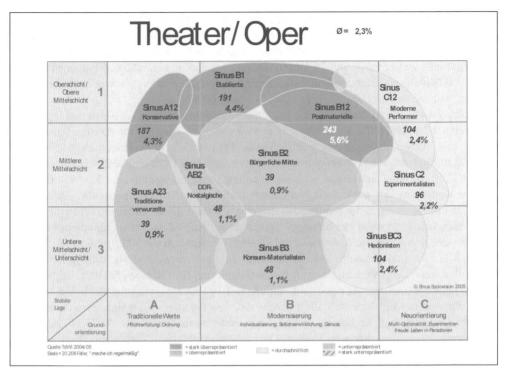

Abbildung 2: Milieuspezifischer Besuch von Theater und Oper (Quelle: Barz 2007)

Ein Blick auf milieutypische Ausprägungen beim Besuch von Museen zeigt starke Unterschiede in der Mittelschicht: Die Mittelschichtmilieus der Traditionsverwurzelten, der DDR-Nostalgischen und der Bürgerlichen Mitte besuchen Museen stark unterdurchschnittlich, die Experimentalisten hingegen stark überdurchschnittlich. Experimentalisten haben ein stark ichbezogenes, selbstreflexives Bildungs- und Kulturverständnis; wichtig sind Ziele wie Persönlichkeitsentwicklung und Selbstfindung. In der Weiterbildung zeigen sie ein starkes Interesse an Kunst, insbesondere an eigener künstlerischer Tätigkeit (vgl. Barz/Tippelt 2004b). Für Experimentalisten mögen Museen Möglichkeiten bieten, sich selbstgesteuert und an den aktuellen persönlichen Interessen orientiert zu bewegen, ohne vorgegebenen Inhalten und Abläufen (wie von Theater und Oper vorgegeben) folgen zu müssen.

Während man bei den typischen Ausdrucksformen hochkultureller Praxis (Bücher lesen, Theater/Oper/Konzertbesuch, Museumsbesuch) jeweils eine eindeutige Abhängigkeit von der Sozialschicht konstatieren kann, ist hinsichtlich modernerer Formen wie etwa dem Kinobesuch weniger die vertikale als vielmehr die horizontale Differenzierung entlang der Werteachse ausschlaggebend: Moderne Performer und Experimentalisten erreichen Indexwerte weit über 200 (Ø: 3,4 % = 100) und auch das Milieu der Hedonisten ist unter den Kinogängern noch deutlich überrepräsentiert. Die Angehörigen der traditionellen und Mainstreammilieus fallen hier weit zurück.

Begreift man das Lösen von Kreuzworträtseln als kulturelle Tätigkeit, so fällt die starke, dem Kinobesuch entgegengesetzte, schichtübergreifende Beteiligung des traditionellen Segments der Milieulandschaft ins Auge: Traditionsverwurzelte, DDR-Nostalgische und Konservative sind hier stark überrepräsentiert. Während im Konservativen Milieu eher das Interesse an Denkspielen naheliegt, so gehört zu den Freizeitinteressen des Traditionsverwurzelten Milieus das Kreuzworträtsel wie auch das Stricken, Basteln und Heimwerken als Zeitvertreib und entspannende Abwechslung.

Ähnliche Befunde spiegeln sich in den Weiterbildungsinteressen wider: Hochkulturelle Interessen und eine starke Wertschätzung kultureller, „schöngeistiger" Angebote in der allgemeinen Weiterbildung (Philosophie, Geschichte, Kunst und Musik), finden sich in erster Linie in den Milieus der Konservativen und Etablierten. Für Moderne Performer ist der Praxis-, Berufs- und Anwendungsbezug von Weiterbildung zentral, kulturelle Weiterbildung muss stark gegenwarts- und ich-bezogen, wenn möglich auch berufsbezogen präsentiert werden, um anzusprechen. Kulturelle Interessen von Postmateriellen und Experimentalisten beziehen sich in erster Linie auf fremde Sprachen und Kulturen, sowie die eigene künstlerische Tätigkeit (z.B. Malen und Bildhauerei). Hedonisten, Konsummaterialisten und Traditionsverwurzelte lehnen hochkulturelle Bildungsangebote durchweg ab, sie fühlen sich an schulische Zwänge erinnert und sehen keine alltagspraktische Relevanz (vgl. Barz/Tippelt 2004b).

5.3 Schulwahl

Die milieuspezifisch unterschiedlichen Einstellungen zu Bildung und Weiterbildung schlagen sich in den Wünschen, Einstellungen und Zielen für den Schulbesuch der Kinder deutlich nieder (vgl. Liebenwein 2008[4]; Merkle/Wippermann 2008[5]). Das Ansehen des öffentlichen Schulsystems erodiert milieuübergreifend, die Konsequenzen hingegen zeigen deutliche Milieuunterschiede. Besonders stark ist der Trend, die Bildung der Kinder schon vom Kleinkindalter an selbst in die Hand zu nehmen, in den Milieus der Etablierten, Modernen Performer und Bürgerlichen Mitte zu beobachten, hier bilden hohe Bildungsabschlüsse, (früh)kindliche Förderung und der gezielte Ausbau von Talenten zentrale Erziehungsziele. Folgen sind eine hohe Bereitschaft, in die Bildung der Kinder zu investieren sowie eine starke Affinität zu Privat- und Eliteschulen. Im Etablierten Milieu ist das Abitur unhinterfragte „Standardanforderung" (Merkle/Wippermann 2008, S. 92), die familienorientierte Bürgerliche Mitte folgt diesem Ziel, obwohl hier noch Vorbehalte wirksam werden, die Kinder könnten überfordert sein. Man erkennt „Bildung als Vehikel zur Distinktion" (ebd., S. 159) an. Anders die Konsequenzen in den Milieus der Postmateriellen und Experimentalisten: die reflektierte Kritik an der Qualität des Regelschulsystems mündet in einem starken Interesse an Alternativ- und Reformschulen.

5.4 Erziehung

In Einklang mit der Schulwahlentscheidung steht der elterliche Erziehungsstil bzw. das Bild, das Eltern unterschiedlicher Milieus von der Persönlichkeit ihrer Kinder in sich tragen. Allgemein lässt sich festhalten, dass ein autoritärer, von Gewalt geprägter Erziehungsstil in den Sinus-Milieus nicht mehr zu finden ist. Ausnahme bilden das Traditionsverwurzelte Milieu, das diesen selbstbewusst vertritt sowie einige sogenannte Migranten-Milieus (vgl. Merkle/Wipper-

---

4 Die an der Ludwig-Maximilians-Universität München durchgeführte Erhebung basiert auf 41 problemzentrierten Interviews in München mit Müttern und Vätern kleiner Kinder in allen sozialen Milieus mit Ausnahme der DDR-Nostalgischen.
5 Repräsentativerhebung, Datenbasis: 502 Eltern, 100 Einzelinterviews, jeweils deutschlandweit.

mann 2008). In den Milieus der Postmateriellen, Experimentalisten und der Bürgerlichen Mitte kann der Erziehungsstil als demokratisch, sehr zuwendend, egalitär und die Bedürfnisse von Eltern und Kinder berücksichtigend beschrieben werden. Kinder gelten als weltoffen, gleichwertig, individuell und zuwendungsbedürftig. Eine deutlichere Abgrenzung zwischen Eltern und Kindern und eine geringere Verhandelbarkeit von Regeln finden sich in den Milieus der Konservativen, Etablierten und Modernen Performer, die autoritativ erziehen. Sie sehen Kinder aufgrund ihrer Unreife als erziehungs- und förderungsbedürftig an. Hedonisten beschreiben sich als permissiv-verwöhnend, sie legen Wert darauf, dass sowohl sie als auch ihre Kinder frei von gesellschaftlich vorgegebenen Zwängen und Pflichten leben, Kinder gelten als nicht erziehungsbedürftig. Im Milieu der Konsummaterialisten findet sich ein vernachlässigender, inkonsistenter Erziehungsstil, der oftmals mit Überforderung, Problembelastetheit und Bequemlichkeit begründet wird. Kinder sind Glück und enorme Belastung zugleich (vgl. Milieukurzbeschreibungen unten).

5.5 Kurzcharakteristika der SINUS-Milieus: Ergebnisübersicht

Die folgende Übersicht charakterisiert die SINUS-Milieus in der Mitte 2008 gültigen Fassung (vgl. www.sinus-milieus.de) und skizziert die Ergebnisse der genannten Untersuchungen zu Weiterbildungsverhalten und -interessen sowie zum Bildungsverständnis (vgl. Barz 2000; Tippelt u.a. 2003; Barz/Tippelt 2004a; 2004b), zu milieuspezifischen religiösen und kirchlichen Orientierungen (vgl. Wippermann/de Magalhaes 2006) und Erziehungsstilen (vgl. Liebenwein 2008; Merkle/Wippermann 2008):

Gesellschaftliche Leitmilieus
Etablierte – *Das statusbewusste Establishment* **–**
- *Soziale Lage*: Überwiegend leitende Funktionen, Selbstständige, hohe und höchste Einkommen.
- *Lebensstil/Lebensziele*: Selbstbewusste gesellschaftliche Elite: Kennerschaft, Qualitätsbewusstsein, Stilsicherheit. Hohe erfolgsorientierte Leistungsbereitschaft und Statusdenken im Beruf. Machbarkeitsdenken, Führungs- und Gestaltungsfreude: entscheiden, führen, Verantwortung übernehmen. Aufgeschlossenheit gegenüber neuen Technologien bei intensiver beruflicher Nutzung.
- *Bildung/Weiterbildung*: Überdurchschnittlich hohes Bildungsniveau, selbstverständliche Integration von Lernen in den Arbeitsalltag. Affinität zu informeller Weiterbildung: umfassendes politisches, wirtschaftliches und literarisches Interesse, Tagungen, Kongresse. Hohe Ansprüche an Ambiente und Stil des Veranstaltungsortes. Selbstbewusste Auswahl privater Anbieter, hohe Kosten sprechen für Qualität.
- *Religiöse und kirchliche Orientierungen*: Katholische Kirche als Fundus von Hochkultur und professionelles Unternehmen. Man schätzt Kathedralen und Kunst, selbst braucht man sie nicht, Kirche ist für „andere" da, z.B. sozial Schwächere. Die eigene Religion ist weitestgehend privatisiert.
- *Schulwahl*: Hohe Ansprüche an die möglichst gymnasiale Schulkarriere der Kinder, starkes Interesse an Eliteschulen gekoppelt mit hoher Bereitschaft, in die Bildung der Kinder zu investieren.

- *Erziehungsstil*: Autoritative Erziehung, hohe Bedeutung von Regeln, Geborgenheit und Struktur im Alltag. Starke Trennung der kindlichen und Erwachsenenwelt (z.B. Raumnutzung). Kinder als förderungs-, erziehungs- und schutzbedürftig, als Boten einer Welt jenseits von Kosten-Nutzen-Dimensionen.

Postmaterielle – *Das aufgeklärte Post-68er-Milieu* –
- *Soziale Lage*: Größtenteils Freiberufler/innen, Selbstständige, gehobene Angestellte und Beamte, gehobene Einkommen.
- *Lebensstil/Lebensziele*: Verkörperung Postmaterieller Werte: Selbstverwirklichung, Selbstbestimmung und Persönlichkeitsentfaltung. Umwelt- und Gesundheitsbewusstsein sowie hoher Stellenwert sozialer Gerechtigkeit. Trotz hohem Lebensstandard: Aversion gegen Standesdünkel und Statussymbole (Understatement). Kritische Betrachtung der Globalisierungsfolgen, eher abwartende Haltung gegenüber neuen Technologien.
- *Bildung/Weiterbildung*: hohe und höchste Bildungsabschlüsse, selbstverständliche Integration des Lernens in den Alltag. Hohe Akzeptanz genießen Angebote der Persönlichkeitsentwicklung und Gesundheitsbildung, vergleichsweise häufiger Besuch von Weiterbildungsinstitutionen auch im privaten Bereich – kritische und informierte Auswahl. Bevorzugung eines „natürlichen", stimmigen Ambientes.
- *Religiöse und kirchliche Orientierungen:* Massive, konstruktive Kirchenkritik: Ideal einer weltanschaulich, strukturell und stilistisch offenen „Kirche von unten". Forderung nach Durchsetzung der Ökumene, Emanzipation der Frauen in der Kirche, Priesteramt für Frauen, Aufhebung des Zölibats, demokratischen Strukturen, stilistischer Öffnung, Intensivierung des interreligiösen Dialogs, Rezeption von Erkenntnissen aus anderen Disziplinen; dabei stets Orientierung an den aktuellen Bedürfnissen der Menschen.
- *Schulwahl*: Reflektierte Kritik an der Qualität des Regelschulsystems; starkes Interesse an Alternativ- und Reformschulen. Lernen soll Freude bereiten und ganzheitlich sein.
- *Erziehungsstil*: Demokratisch-mitredende Erziehung, Ablehnung von Bestrafungen. Fördernde und behütende Zuwendung; vertraute, freundschaftliche Eltern-Kind-Beziehung. Man beschäftigt sich selbstkritisch und intensiv mit dem eigenen Erziehungsstil. Kind gilt als gleichwertige Persönlichkeit mit individuellen Anlagen.

Moderne Performer – *Die junge, unkonventionelle Leistungselite* –
- *Soziale Lage*: Häufig Selbstständige, Freiberufler/innen, teilweise noch in Ausbildung; gehobene Einkommen. *Lebensstil/Lebensziele*: Junge, unkonventionelle und Trend setzende Leistungselite. Großer Ehrgeiz und Leistungsbereitschaft im Beruf. Ausgeprägte Lust, sich selbst zu erproben und eigene innovative und kreative Ideen zu verwirklichen. Ablehnung von Reglementierungen und Vorgaben im privaten und beruflichen Bereich. Intensive und selbstverständliche Nutzung neuer Kommunikations- und Informationstechnologien. Idealtypus: Start-Up-Unternehmer.
- *Bildung/Weiterbildung*: hohes Bildungsniveau, z.T. noch Schüler/innen oder Studierende mit Nebenjobs. Hoher Stellenwert von Lernen („nicht stehen bleiben"), insbesondere informeller Art. Hohe Expertise im Bereich von Informations- und Kommunikationstechnologien, kaum Teilhabe an organisierter Weiterbildung.
- *Religiöse und kirchliche Orientierungen:* Katholische Kirche als virtuelle Basisstation, wenn man zeitweise seine innere Kraft und Orientierung verloren hat. Kirche als Hafen und Verwalter einer Wahrheit, auf die man nicht endgültig verzichten will, die aber von

ihrem aktuellen Leben so weit entfernt ist, dass man in ihr derzeit keinen Bedarf und keinen Nutzen sieht.
- *Schulwahl:* Schule als eine die Kreativität hemmende und die persönliche Entfaltung einengende Institution – ihr wird jegliche Kompetenz zur Verwirklichung wichtiger Bildungsziele abgesprochen.
- *Erziehungsstil*: Herausfordernde, individualisierende, fördernde, verstärkende und respektvolle Zuwendung, autoritative Erziehung. Kind wird wahrgenommen als ein selbständiges, die Freiheit liebendes Individuum.

Traditionelle Milieus
Konservative – *Das alte deutsche Bildungsbürgertum* –
- *Soziale Lage*: Hoher Anteil von Rentnern und Pensionären; früher leitende Angestellte, Beamte, Selbstständige; Frauen meist zu Hause; häufig materieller Besitz.
- *Lebensstil/Lebensziele*: Wertschätzung von Traditionen, Konventionen; Wahren einer humanistischen Pflichtauffassung. Kritik am Verfall von Werten und Umgangsformen. Selbstbewusstsein als gesellschaftliche Elite: Verantwortungsübernahme und Pflichterfüllung. Teilhabe am kulturellen und gesellschaftlichen Leben; ehrenamtliches Engagement. Wertschätzung von Dezentem, Echtem, qualitativ Hochwertigem. Ablehnung von „Neumodischem": anderen Lebensstilen, Lebensgemeinschaften, aber auch von technologischen Neuerungen.
- *Bildung/Weiterbildung*: Akademische Abschlüsse, aber auch einfache Schulbildung (insbesondere bei Frauen). Hoher Stellenwert selbstgesteuerten Lernens („Selbsterziehungsethos"). Interessen im hochkulturellen Bereich (Kulturgeschichte, Literatur). Wertschätzung von Parteien, Stiftungen, kirchlichen Trägern. Ablehnung privater, nicht etablierter Anbieter und esoterischer Inhalte. Festhalten an eher traditionellen Lehr- und Lernformen. Pragmatismus hinsichtlich der Ausstattung des Veranstaltungsortes.
- *Religiöse und kirchliche Orientierungen*: Kirche gilt als Fundament für Moral, Kultur und Werte der abendländischen Zivilisation. Dabei Kritik an struktureller Unbeweglichkeit und Diktat durch den Vatikan.
- *Schulwahl*: Hohe Ansprüche an Lern- und Leistungsbereitschaft, Selbstdisziplin und Pflichtbewusstsein der eigenen Kinder, Präferenz für gymnasiale Schulkarrieren (humanistisch, sprachlich), allerdings auch Wertschätzung der Realschulen, wenn diese den Fähigkeiten der Kinder eher entsprechen. Skepsis gegenüber Alternativschulen.
- *Erziehungsstil*: Autoritative Erziehung geprägt durch eine strenge, fordernde und zugleich liebevolle Zuwendung, hierarchisches Eltern-Kind-Verhältnis. Liebevolle Aufmerksamkeit bzgl. frühkindlicher Bedürfnisse. Ziel der Einbeziehung und Einordnung der Kinder in den Familienalltag, Erziehung durch Vorbild. Abgrenzung zur Erziehungserfahrung im Elternhaus: mehr körperliche Nähe (insbesondere von den Vätern), mehr Orientierung am Kind, weniger körperliche Bestrafung. Das Kind gilt als unreif, erziehungs- und schutzbedürftig.

Traditionsverwurzelte – *Die Sicherheit und Ordnung liebende Kriegsgeneration* –
- *Soziale Lage*: Viele Rentner, kleinere Angestellte, Arbeiter/innen und kleinere Beamte. Kleinere bis mittlere Einkommen.
- *Lebensstil/Lebensziele*: Sehr sicherheitsorientiert. „Bewahren" statt steigern: den Status Quo, den erarbeiteten Lebensstandard, traditionelle Werte wie Disziplin, Ordnung. Bescheidenheit statt hochgesteckter Ziele und unrealistischer Wunschträume. Geringe Integration

Kultur und Lebensstile

von Neuem und Fremdem in die eigene Lebensführung: in Arbeit und Freizeit Rückzug auf Bewährtes. Eingebundenheit in soziale Netzwerke: Kinder, Enkel, Nachbarn und teilweise Vereinsaktivitäten.
- *Bildung/Weiterbildung*: Niedrige bis mittlere Bildungsabschlüsse. Weiterbildung als Möglichkeit der Status-quo-Sicherung. Bevorzugt werden schulisch orientierte Lernformen mit dem Ziel des Erwerbs konkreter Handlungskompetenz. Geringes Bewusstsein über informelle Lernprozesse. Keine besonderen Ansprüche an Räumlichkeit und Veranstaltungsort.
- *Religiöse und kirchliche Orientierungen*: Kirche als Volkskirche, Pfarrer als moralische Autorität. Konfessionelle Zugehörigkeit ist Teil der Identität und lebenslange Verpflichtung. Grundsätze der Kirche bzw. des Pfarrers als zentrale, unhinterfragte Distanz. Wunsch nach jungen Geistlichen, die sich persönlich einbringen, sich der Gemeinde nah und strukturell offen zeigen.
- *Schulwahl*: Zentral sind die Sekundärtugenden im Umgang mit der Schule: Fleiß, Ordnung, Respekt vor den Lehrkräften. Keine Ambitionen hinsichtlich einer gymnasialen Schulkarriere der Kinder, Schwellenängste.
- *Erziehungsstil*: Autoritäre Erziehung. Strenge, unveränderbare, einzuhaltende Regeln, hohe Erwartung an Disziplin und Gehorsam der Kinder. Befürwortung von Bestrafungen, auch körperlicher Art. Kinder gelten als unreif und unangepasst, somit erziehungsbedürftig.

DDR-Nostalgische – *Die resignierten Wende-Verlierer* –
- *Soziale Lage*: Früher häufig leitende Positionen, heute oft arbeitslos oder einfache Angestellte und Arbeiter/innen; hoher Anteil von Beziehern von Altersübergangsgeld oder Rente, kleine bis mittlere Einkommen.
- *Lebensstil/Lebensziele*: Teilweise erzwungene Abstriche im Lebensstandard werden als Konsumaskese verbrämt. Verklärung der Vergangenheit: Wertschätzung „preußisch-sozialistischer" Werte, des sozialistischen Gesellschaftsmodells, der sozialen Verantwortung des Staates und der mitmenschlichen Solidarität. Skepsis gegenüber Globalisierungs- und Technologisierungsfolgen. Wertschätzung von Zwecktauglichem und Schlichtem als Stilprinzip.
- *Bildung/Weiterbildung*: Einfache bis mittlere Bildung, auch Hochschulabschluss. Interesse an informeller Weiterbildung: politisches Interesse, Aktualität. Ablehnung von Kursen zur Persönlichkeitsentwicklung, häufig Umschulungen. Wertschätzung vertrauter, schulischer Lernformen.
- *Religiöse und kirchliche Orientierungen*: Nostalgische Erinnerung an Asyl-Kirche der Wende. Emotionale und rationale Distanz zu Religion und Kirche.
- *Schulwahl*: Distanz zur westlichen Gesellschaft und Schulwesen. Hohe Erwartungen an schulische Erfolge, Ordnung, Disziplin und Hilfsbereitschaft als selbstverständliche Grundlagen einer guten Schulatmosphäre.

Mainstream-Milieus
Bürgerliche Mitte – *Die Status-quo-orientierte, konventionelle Mitte* –
- *Soziale Lage*: Größtenteils einfache und mittlere Angestellte, Beamte, mittlere Einkommen.
- *Lebensstil/Lebensziele*: Status-quo-orientierter Mainstream: Etablierung in der Mitte der Gesellschaft; Ziel: gesicherte berufliche Position, Wahren eines angemessenen Lebensstandards. Familie und Kinder als Lebensmittelpunkt; hoher Stellenwert des Zuhauses.

Ausgeprägtes Sicherheitsstreben: Pflichterfüllung in der Arbeit, kontrollierter Konsum, ausgeglichene Freizeitaktivitäten. Grundsätzliche Leistungsbereitschaft und Zielstrebigkeit im Beruf; auf lange Sicht wird allerdings eine Balance von Arbeit, Familie und Freizeit angestrebt. Toleranz gegenüber anderen sozialen Gruppen und Lebensgemeinschaften. Jüngere Milieuangehörige: intensive Nutzung neuer Medien.
- *Bildung/Weiterbildung*: Mittlere Reife mit Lehre, Abitur mit Lehre, z.T. auch akademische Abschlüsse. Lernen als Notwendigkeit, um aktuell zu bleiben. Zentrales Ziel ist das Erlernen konkreter Handlungskompetenz für den (Berufs-)Alltag. Überdurchschnittlich viele VHS-Besucher. Geringe Ansprüche an Räumlichkeit und Ambiente von Veranstaltungen, v.a. der kompetente Dozent ist von Bedeutung.
- *Religiöse und kirchliche Orientierungen*: Partizipation an kirchlichen Ritualen, wo erforderlich (z.B. Kindergarten, dörfliches Leben) mit der Motivation, sich anzupassen und dazuzugehören. Hinsichtlich Sinn- und Moralfragen erodiert der Einfluss der katholischen Kirche deutlich. Starke Kritik: die katholische Kirche gilt als unmodern, lebensfern, vom Papst determiniert, unbeweglich und reformunwillig. Interessiert ist man dort, wo die Kirche sich als familiäre Nahwelt positioniert und als progressive Religionsgemeinschaft präsentiert.
- *Schulwahl*: Ambivalente Ziele: Kinder sollen ihre Kindheit genießen, jedoch durch bestmögliche schulische Abschlüsse auch gesellschaftlich Anschluss halten können. Demgemäß auch Leistungsdruck mit schlechtem Gewissen der Eltern, private Nachhilfe, Präferenz für Gymnasien, Realschule mit Fachoberschule.
- *Erziehungsstil*: Permissive, verwöhnende, partnerschaftliche und behütende Zuwendung, am Kind orientierte Förderung. Kinder als Säulen des Lebenssinns, als schutz- und zuwendungsbedürftig.

Konsum-Materialisten – *Die stark materialistisch geprägte Unterschicht* –
- Soziale Lage: Häufig un- und ungelernte Arbeiter/innen, viele Arbeitslose, untere Einkommensklassen.
- Lebensstil/Lebensziele: Lebenslage häufig durch familiäre und soziale Probleme charakterisiert. Abgrenzung gegen gesellschaftliche Randgruppen („Assis", „Penner"). Anschlusshalten an Standards der breiten Mittelschicht; Orientierung an „bürgerlicher Normalität"; Anlehnung an traditionelle Werte und Rollenbilder im partnerschaftlichen und familiären Bereich (v.a. Männer). Rasches Aufgreifen von Moden und Trends: Wert wird auf Prestigeträchtiges und sozial Sichtbares gelegt. Unbekümmerter Umgang mit Geld: häufig Leben über die Verhältnisse, Verschuldung, Ratenzahlungen.
- Bildung/Weiterbildung: kein oder formal niedriger Bildungsabschluss, häufig abgebrochene Ausbildungen. Meist gebrochenes Verhältnis zu Bildungsinstitutionen, hohe Schwellenängste. Oft Besuch vermittelter Weiterbildungsveranstaltungen über Bundesagentur für Arbeit. Weiterbildung wird assoziiert mit schulischem Lernen und Stress; Lernen bildet eine zusätzliche Belastung zum problematischen Alltag. Zentrales Kriterium ist der Verwertungsaspekt einer Weiterbildung.
- *Religiöse und kirchliche Orientierungen*: Keinerlei Anbindung an oder Verständnis für die traditionelle Volkskirche, kaum vorhanden ist christliches Grundwissen. Interessiert wäre man an einer Kirche, die sich als sozial-karitativer Rettungsanker präsentierte.
- *Schulwahl*: Geringes Engagement für die Schulkarriere der Kinder, Überforderung mit Hausaufgabenbetreuung, hohe Schwellenängste.

- *Erziehungsstil*: Permissiv-vernachlässigende Erziehung, häufig begründet mit Bequemlichkeit. Zentrales Charakteristikum des Erziehungsstils ist die Abgrenzung zu den eigenen Eltern. Inkonsistenz und Inkonsequenz: Zuwendung und Permissivität einerseits, Zurückweisung und Neigung zu harter (auch körperlicher) Bestrafung andererseits; Kind als Bereicherung und zugleich als enorme Belastung.

Hedonistische Milieus

Experimentalisten – *Die extrem individualistische neue Bohème* –
- *Soziale Lage*: Viele Schüler/innen und Studierende; oft in freien Berufen tätig; überdurchschnittliches Einkommen.
- *Lebensstil/Lebensziele*: Ablehnung von Reglementierungen und starren Hierarchien in allen Lebensbereichen. Voraussetzung jeder Handlung ist die Übereinstimmung mit der persönlichen Individualität: „Authentisch sein". Selbstverwirklichung und Persönlichkeitsentwicklung statt Karrierestreben. Großes Interesse für fremde Länder und Kulturen. Ausprobieren, Erfahrungen sammeln: häufig gebrochene Karriereverläufe und Patchworkbiografien.
- *Bildung/Weiterbildung*: Häufig gehobene Bildungsabschlüsse, Schüler und Studierende. Weiterbildung und Lernen als Bestandteil der individuellen Selbstverwirklichung. Im Milieuvergleich größte Bandbreite der Weiterbildungsinteressen. Selbstverständliche Integration selbstgesteuerter Lernformen in den Lebensalltag. Wichtig ist ein passendes, harmonisches Ambiente der Weiterbildungsveranstaltung.
- *Religiöse und kirchliche Orientierungen*: Kirche als *ein* Zugang für exotische Grenz- und Sinnerfahrungen neben anderen (philosophischen, religiösen und künstlerischen), als *eine* Option zum Eigentlichen vorzudringen. Parallele und autonome Rezeption verschiedener Sinnkonzepte.
- *Schulwahl*: Ablehnung des Regelschulsystems als einengend, praxisfern, lebensfremd und nicht kindgerecht; starke Präferenz für Alternativ- und Reformschulen.
- *Erziehungsstil*: Permissive, am Kind orientierte, partnerschaftliche Zuwendung; Konfrontation mit sozialen Problemen statt Behütung und Abschirmung. Kinder gelten als belastbare, weltoffene Individuen.

Hedonisten – *Die Spaß-orientierte moderne Unterschicht* –
- *Soziale Lage*: Oftmals Schüler und Azubis, kleinere Angestellte und Arbeiter/innen. Niedrige bis mittlere Einkommen.
- *Lebensstil/Lebensziele*: Bewahren der inneren Freiheit, Unabhängigkeit und Spontaneität trotz äußerer Zwänge. Bewegen in subkulturellen Gegenwelten: Szenen, Clubs, Fangemeinden als Abgrenzung zum Arbeitsalltag. Teilweise Stilprotest und Unangepasstheit. Arbeit als Instrument zur Finanzierung des Lebensmittelpunkts Freizeit. Teilweise rigide Abgrenzung nach oben („Bonzen") und nach unten („Sozialschmarotzer").
- *Bildung/Weiterbildung*: Niedrige bis mittlere, teilweise auch gehobene formale Bildungsabschlüsse. Akzeptanz von Umschulungen/Weiterbildungen eng verbunden mit Antizipation finanziellen Nutzens. Kaum intrinsisches Interesse an organisierten Formen der Weiterbildung. Aufgrund der steigenden Bedeutung des Internets als Fun-Medium könnte auch das informelle, netzbasierte Lernen und Informieren an Bedeutung gewinnen.
- *Religiöse und kirchliche Orientierungen*: Provokante Kritik und Ablehnung der katholischen Kirche als Teil des gesellschaftlichen Establishments und der Leistungsgesellschaft.

Der Wunsch nach einer Kirche, die Hilfe für existenzielle Lösungen und Neuorientierung böte.
- *Schulwahl*: Ablehnung schulischen Lernens. Lebensfreude als wichtigstes Bildungsziel, dessen Realisierung man nicht in der Schule erwartet. Rigide Abgrenzung von in der Schule vermittelten Sekundärtugenden als Inbegriff bürgerlicher Tradition und gesellschaftlicher Anpassung. Dennoch erhofft man sich für die eigenen Kinder ein stärkeres Reüssieren hinsichtlich des Erwerbs qualifikatorischer Abschlüsse, natürlich ohne Zwang und mit geringer Anstrengung.
- *Erziehungsstil*: Permissiv-verwöhnende Erziehung in Abgrenzung zu den eigenen und zu anderen Eltern. Das Kind gilt als gleichwertiges, selbstbestimmtes, nicht erziehungsbedürftiges Individuum. Ambivalente Gefühlswelt: Kinder als Glück und als Einengung der persönlichen Freiheit.

6 Ausblick

Das Modell der sozialen Milieus nach Sinus hat heute seine forschungspraktische Relevanz in der deutschen Sozial- und Bildungsforschung vielfältig unter Beweis gestellt. Es liegen zahlreiche milieuspezifisch ausdifferenzierte Ergebnisse vor. Damit sind einige der Forschungslücken, die noch vor wenigen Jahren zu Recht beklagt wurden, geschlossen. Es liegen für die Institution Schule empirische Daten vor, bspw. zu Selbst- und Fremdbild des Lehrerberufs (vgl. Barz/Singer 1999; Schumacher 1999), zu den Ursachen sozialer Ungleichheit im Schulsystem mit dem Fokus auf Leistungsmilieus und den Übergängen im Bildungswesen (vgl. Schmidt 2006), zum Gewaltverhalten und dessen milieutypischen Ursachen (vgl. Heitmeyer u.a. 1998)[6]. Im Bereich der Erwachsenenbildung ist neben den genannten Untersuchungen auf die an der Universität Hamburg durchgeführte Studie „Selbstgesteuertes Lernen und soziale Milieus" zu verweisen (vgl. Faulstich/Grell 2003). Auch sind erste Klärungen zur individuellen (hierzu vgl. Stein 2005) und zur intergenerationalen „Milieumobilität" erfolgt (hierzu vgl. Vester u.a. 2001). Auch auf die Frage, ob die Beschreibungen von milieutypischen Lebensstilen gleichermaßen für Männer wie für Frauen Gültigkeit haben, oder ob nicht für jedes Geschlecht gleichsam eine eigene Milieutopographie mit geschlechtsspezifischen Milieugrenzen und Milieudeskriptionen erstellt werden müsste, geben einige Untersuchungen erste Hinweise (vgl. Müller/Weihrich 1990; Pokora 1994; Frerichs 1997; Steinrücke 1996). Im internationalen Rahmen sind die Untersuchungen zum Einfluss von Lernen auf den sozialen Status zu nennen (vgl. z.B. Schuller/Preston/Hammond 2004), ebenfalls ist auf Untersuchungen hinzuweisen, die auf Basis der Euro-Socio-Styles der GfK-Gruppe durchgeführt wurden, im Vergleich mit den Sinus-Milieus allerdings ein deutlich ungenaueres Instrumentarium darstellen.

Desideratanzeigen gelten nach wie vor ungeklärten theoretischen Problemen im Zusammenhang mit dem Milieumodell (vgl. schon Hradil 1987), z.B. richten sie sich auf die rein deskriptive Gewinnung der Milieubeschreibungen und die Milieumobilität. Ein Manko bleiben auch die bisher fast ausschließlich auf die Bundesrepublik bezogenen Forschungsaktivitäten im Bildungsbereich. Obgleich für eine große Zahl von Nationen ausgereifte Milieumodelle erarbeitet

---

6 Hier allerdings muss angemerkt werden, dass die erfolgte Anwendung des ausdrücklich für Erwachsene konzipierten Milieumodells auf Jugendliche methodisch zumindest fragwürdig ist.

wurden, fehlt bislang deren Anwendung auf Bildungsfragen. Insofern ist offen, ob es zu einer Entdeckung der produktiven Potentiale des Milieu- und Lebensstilansatzes etwa in anderen europäischen Ländern kommen wird – oder ob sich die deutsche Sozialforschung unter dem dominanten Einfluss angelsächsischer Forschungsparadigmen in Zukunft in stärkerem Maße wieder auf Schichtmodelle beschränken wird.

Literatur

Barz, H. (1999): Bildungsverständnis und Lebensstil. In: Erwachsenenbildung. Vierteljahresschrift für Theorie und Praxis, 45. Jg., H. 2 (Erwachsenenbildung als Inszenierung), S. 63–68.
Barz, H. (2000): Weiterbildung und soziale Milieus. Neuwied: Luchterhand.
Barz, H. (2007): Interessiert an Kunst: Der Kulturnutzer im Blick der Bildungsforschung. In: Kulturstiftung der Öffentlichen Versicherungen Oldenburg (Hrsg.): kunst_publikum. Oldenburg: Kulturstiftung der Öffentlichen Versicherungen, S. 6–12
Barz, H./Panyr, S. (2004): Lernkulturen und Kompetenzentwicklung aus milieutheoretischer Sicht. In: Wiesner, G./ Wolter, A. (Hrsg.): Die lernende Gesellschaft. Lernkulturen und Kompetenzentwicklung in der Wissensgesellschaft. Weinheim & München: Juventa, S. 61–78.
Barz, H./Singer, T. (1999): Das Bild des Lehrers in der Öffentlichkeit. Variationen über einen einstmals geschätzten Berufsstand. In: Die Deutsche Schule, 91. Jg., H. 4, S. 437–450.
Barz, H./Tippelt, R. (1998): The Influence of Social Milieus on Attitudes and Activities of Women in Lifelong Learning. In: Alheit, P./Kammler, E. (Hrsg.): Lifelong Learning and its Impact on Social and Regional Development (European Conference, Bremen 3.-5. Oktober 1996). Bremen: Donat, S. 527–546.
Barz, H./Tippelt, R. (1999): Lebenswelt, Lebenslage, Lebensstil und Erwachsenenbildung. In: Tippelt, R. (Hrsg.): Handbuch der Erwachsenenbildung/Weiterbildung. 2. üb. u. akt. Aufl. Opladen: Leske+Budrich, S. 121–144.
Barz, H./Tippelt, R. (2004a): Weiterbildung und soziale Milieus in Deutschland. Band 1: Praxishandbuch Milieumarketing. Bielefeld: Betrelsmann.
Barz, H./Tippelt, R. (2004b): Weiterbildung und soziale Milieus in Deutschland. Band 2: Adressaten- und Milieuforschung zu Weiterbildungsverhalten und -interessen. Bielefeld: Bertelsmann.
Böhme, H./Matussek, P./Müller, L. (2000): Orientierung Kulturwissenschaft: was sie kann, was sie will. Reinbek bei Hamburg: Rowohlt.
Bollenbeck, G. (1994): Bildung und Kultur. Glanz und Elend eines deutschen Deutungsmusters. Frankfurt a. M.: Insel Verlag.
Bolte, K.M. (1990): Strukturtypen sozialer Ungleichheit. Soziale Ungleichheit in der Bundesrepublik Deutschland im historischen Vergleich. In: Berger, P.A./Hradil, S. (Hrsg.): Lebenslagen, Lebensläufe, Lebensstile. Sonderband 7 der Sozialen Welt. Göttingen: Otto Schwartz, S. 27–50.
Bourdieu, P. (1982): Die feinen Unterschiede. Kritik der gesellschaftlichen Urteilskraft. Frankfurt a. M.: Suhrkamp.
Bremer, H. (1999): Soziale Milieus und Bildungsurlaub. Angebote, Motivationen und Barrieren der Teilnahme am Programm von Arbeit und Leben Niedersachsen e.V. Hannover: Agis.
Bremer, H./Lange, A. (1997): „Inhaltlich muß was 'rüberkommen" oder „'n bißchen Bildung ist okay"? Mentalität und politische Weiterbildung am Beispiel des Bildungsurlaubs. In: Geiling, H. (Hrsg.): Integration und Ausgrenzung. Hannoversche Forschungen zum gesellschaftlichen Strukturwandel. Hannover: Offizin, S. 181–204.
Bremer, H./Teiwes-Kügler, C. (2003): Die sozialen Milieus und ihre Beziehung zur Kirche. Von der ‚Milieuverengung' zu neuen Arrangements. In: Vester, M./Geiling, H./Lange-Vester, A. (Hrsg.): Soziale Milieus im gesellschaftlichen Strukturwandel. Münster; Hamburg; London: Lit, S. 207–236.
Burda Advertising Center (BAC) (Hrsg.) (2002[2]): Die Sinus-Milieus in Deutschland. Strategische Marketing- und Mediaplanung mit der Typologie der Wünsche Intermedia. Offenburg: Burda Advertising Center.
Dahrendorf, R. (1965): Bildung ist Bürgerrecht. Hamburg: Nannen-Verlag.
Dangschat, J./Blasius, J. (Hrsg.) (1994): Lebensstile in den Städten. Konzepte und Methoden. Opladen: Leske+Budrich.
Faulstich, P./Grell, P. (2003): Selbstgesteuertes Lernen und Soziale Milieus. URL: http://www.die-bonn.de/esprid/dokumente/doc-2003/faulstich03_01.pdf (05.04.08).
Flaig, B.B./Meyer, T./Ueltzhöffer, J. (1993): Alltagsästhetik und politische Kultur. Zur ästhetischen Dimension politischer Bildung und politischer Kommunikation. Bonn: Dietz.

Frerichs, P. (1997): Klasse und Geschlecht 1. Arbeit. Macht. Anerkennung. Interessen. Opladen: Leske+Budrich.
Friedrich-Ebert-Stiftung (Hrsg.) (1993): Lernen für Demokratie. Politische Weiterbildung für eine Gesellschaft im Wandel. Band I (Analysen, Aufgaben und Wege). Band II (Zielgruppenhandbuch). Band III (Empirische Untersuchungen, Materialien). Band IV (Empirische Untersuchungen, Materialien: neue Bundesländer). Bonn: Friedrich-Ebert-Stiftung.
Gapski, J./Köhler, T./Lähnemann, M. (2000): Alltagsbewusstsein und Milieustruktur der westdeutschen Studierenden in den 80er und 90er Jahren. Studierende im Spiegel der Milieulandschaft Deutschlands. Hannover: HIS.
Geissler, R. (1996): Kein Abschied von Klasse und Schicht. Ideologische Gefahren der deutschen Sozialstrukturanalyse. In: Kölner Zeitschrift für Soziologie und Sozialpsychologie, 48. Jg., S. 319–338.
Georg, W. (1998): Soziale Lage und Lebensstil. Eine Typologie. Opladen: Leske+Budrich.
Hentig, H. von (1997): Bildung. Ein Essay. Darmstadt: Wissenschaftliche Buchgesellschaft.
Heitmeyer, W./Collmann, B./Conrads, J./Matuschek, I./Kraul, D./Kühnel, W./Möller, R./Ulbrich-Herrmann, M. (1998[3]): Gewalt. Schattenseiten der Individualisierung bei Jugendlichen aus unterschiedlichen sozialen Milieus. Weinheim/München: Juventa.
Hermann, D. (2004): Bilanz der empirischen Lebensstilforschung. In: Kölner Zeitschrift für Soziologie und Sozialpsychologie, H. 1, S. 153–179.
Hradil, S. (1987): Sozialstrukturanalyse in einer fortgeschrittenen Gesellschaft. Von Klassen und Schichten zu Lagen und Milieus. Opladen: Leske+Budrich.
Hradil, S. (1992): Alte Begriffe und neue Strukturen. Die Milieu-, Subkultur- und Lebensstilforschung der 80er Jahre. In: Hradil, S. (Hrsg.): Zwischen Bewußtsein und Sein. Die Vermittlung „objektiver" Lebensbedingungen und „subjektiver" Lebensweisen. Opladen: Leske+Budrich, S. 15–55.
Hradil, S. (1994): Sozialisation und Reproduktion in pluralistischen Wohlfahrtsgesellschaften. In: Sünker, H./Timmermann, D./Kolbe, F.-U. (Hrsg.): Bildung, Gesellschaft, soziale Ungleichheit. Internationale Beiträge zur Bildungssoziologie und Bildungstheorie. Frankfurt a. M.: Suhrkamp , S. 89-119.
Hradil, S. (2005[8]): Soziale Ungleichheit in Deutschland. Opladen: Leske+Budrich.
Keuchel, S./Wiesand, A. (Hrsg.) (2006): Das erste deutsche Jugend-Kulturbarometer. „zwischen Eminem und Picasso". Zentrum für Kulturforschung. Bonn: ARCult Media.
Köhler, H. (1992): Bildungsbeteiligung und Sozialstruktur in der Bundesrepublik. Zu Stabilität und Wandel der Ungleichheit von Bildungschancen. Berlin: Max-Plack-Institut für Bildungsforschung.
Lenzen, D. (1997): Lösen die Begriffe Selbstorganisation, Autopoiesis und Emergenz den Bildungsbegriff ab? Niklas Luhmann zum 70. Geburtstag. In: Zeitschrift für Pädagogik, 43. Jg., S. 949–968.
Lepsius, M.R. (1973): Parteiensystem und Sozialstruktur: zum Problem der Demokratisierung der deutschen Gesellschaft. In: Ritter, G. A. (Hrsg.): Deutsche Parteien vor 1919. Erstveröffentl. 1966. Köln: Kiepenheuer & Witsch, S. 56–80.
Liebenwein, S. (2008): Erziehung und Soziale Milieus. Elterliche Erziehungsstile in milieuspezifischer Differenzierung. Wiesbaden: VS Verlag.
Lipp, W. (2002[2]): Kultursoziologie. In: Endruweit, G./Trommsdorff, G. (Hrsg.): Wörterbuch der Soziologie. Stuttgart: Lucius & Lucius, S. 298–304.
Lüders, M. (1997): Von Klassen und Schichten zu Lebensstilen und Milieus. Zur Bedeutung der neueren Ungleichheitsforschung für die Bildungssoziologie. In: Zeitschrift für Pädagogik, 43. Jg., S. 301–320.
Mediagruppe München (1999): @facts – Online-Nutzung in den Sinus-Milieus. (Marketing & Research Newsletter vom 6. Dezember).
Merkle, T./Wippermann, C. (2008): Eltern unter Druck. Selbstverständnisse, Befindlichkeiten und Bedürfnisse von Eltern in verschiedenen Lebenswelten. (hrsg. von Henry-Huthmacher, C./Borchard, M.). Stuttgart: Lucius.
Müller, H.-P. (1992): Sozialstruktur und Lebensstile. Der neuere theoretische Diskurs über soziale Ungleichheit. Frankfurt a. M.: Suhrkamp.
Müller, H.-P./Weihrich, M. (1990): Lebensweise – Lebensführung – Lebensstile. Eine kommentierte Bibliographie. Forschungsberichte der Universität der Bundeswehr. München: Universität der Bundeswehr.
Otte, G. (2005): Hat die Lebensstilforschung eine Zukunft? Eine Auseinandersetzung mit aktuellen Bilanzierungsversuchen. In: Kölner Zeitschrift für Soziologie und Sozialpsychologie, H. 1, S. 1–31.
Peisert, H. (1967): Soziale Lage und Bildungschancen in Deutschland. München: Piper.
Pokora, F. (1994): Lebensstile ohne Frauen? Die Konstruktion von Geschlecht als konstruktives Moment des Lebensstils. In: Dangschat, J./Blasius, J. (Hrsg.): Lebensstile in den Städten. Konzepte und Methoden. Opladen: Leske+Budrich, S. 169–178.
Rolff, H.-G. (1967/1997): Sozialisation und Auslese durch die Schule. Weinheim; München: Juventa.
Schmidt, U. (Hrsg.) (2006): Übergänge im Bildungssystem. Motivation – Entscheidung – Zufriedenheit. Wiesbaden: VS Verlag.

Schulenberg, W./Loeber, H.-D./Loeber-Pautsch, U./Pühler, S. (1979): Soziale Lage und Weiterbildung. Braunschweig: Westermann.

Schuller, T./Preston, J./Hammond, C. (2004): The Benefits of Learning: The Impact of Education on Health, Family Life and Social Capital. Oxford: Oxford University Press.

Schulze, G. (1988): Alltagsästhetik und Lebenssituation. Eine Analyse kultureller Segmentierungen in der Bundesrepublik Deutschland. In: Soeffner, H.-G. (Hrsg.): Kultur und Alltag. Soziale Welt, Sonderband 6. Göttingen: Otto Schwartz, S. 71–92.

Schulze, G. (1992): Die Erlebnisgesellschaft. Kultursoziologie der Gegenwart. Frankfurt a. M.: Campus.

Schumacher, E. (1999): Lehrer/innen zwischen (Selbst-)Anspruch und Wirklichkeit. In: Pädagogik, 51. Jg., H. 9, S. 36–40.

Schwanitz, D. (1999): Bildung: Alles was man wissen muss. Frankfurt a. M.: Eichborn.

Schwenk, O.G. (Hrsg.) (1996): Lebensstil zwischen Sozialstrukturanalyse und Kulturwissenschaft. Opladen: Leske+Budrich.

Sociovision (2005a): Erziehungsziele und -stile von Müttern mit kleinen Kindern. Pilotprojekt in den Sinus-Milieus Postmaterielle, Moderne Performer, Experimentalisten, Hedonisten. Heidelberg: Sociovision.

Sinus Sociovision (2005b): Wie erreichen wir die Eltern? Lebenswelten und Erziehungsstile von Konsum-Materialisten und Hedonisten. Heidelberg: Sociovision.

Stein, P. (2005): Soziale Mobilität und Lebensstile. Anwendung eines Modells zur Analyse von Effekten sozialer Mobilität in der Lebensstilforschung. In: Kölner Zeitschrift für Soziologie und Sozialpsychologie, Jg. 57, H. 2, S. 205–229.

Steinrücke, M. (1996): Klassenspezifische Lebensstile und Geschlechterverhältnis. In: Schwenk, O.G. (Hrsg.): Lebensstil zwischen Sozialstrukturanalyse und Kulturwissenschaft. Opladen: Leske+Budrich, S. 203–219.

Stratenschulte, E.D. (1996): Status, Schicht, Milieu. Soziale Ungleichheit in Deutschland. Thema im Unterricht. Lehrerheft 8. Bonn: Bundeszentrale für Politische Bildung.

Stratenschulte, E.D./Moschin, G. (1996): Status, Schicht, Milieu. Soziale Ungleichheit in Deutschland. Thema im Unterricht. Arbeitsheft 8. Bonn: Bundeszentrale für Politische Bildung.

Strzelewicz, W./Raapke, H.-D./Schulenberg, W. (1966): Bildung und gesellschaftliches Bewußtsein. Eine mehrstufige soziologische Untersuchung in Westdeutschland. Stuttgart: Enke.

Tenorth, H.-E. (1997): „Bildung" – Thematisierungsformen und Bedeutung in der Erziehungswissenschaft. In: Zeitschrift für Pädagogik 43, S. 969–984.

TdWI (2004/05): Theater/Oper. In: Barz, H. (2007): Interessiert an Kunst: Der Kulturnutzer im Blick der Bildungsforschung. In: Kulturstiftung der Öffentlichen Versicherungen Oldenburg (Hrsg.): kunst_publikum. Oldenburg, S. 6–12.

Tippelt, R. (1997a): Soziale Milieus und Marketing in der Weiterbildung. In: Geissler, H. (Hrsg.): Weiterbildungsmarketing. Neuwied: Luchterhand, S. 187–209.

Tippelt, R. (1997b): Zielgruppenorientierung in der Weiterbildungsberatung. In: Eckert, T./Schiersmann, C./Tippelt, R.: Beratung und Information in der Weiterbildung. Hohengehren: Schneider, S. 44–66.

Tippelt, R./Reich, J./v. Hippel, A./Barz, H./Baum, D. (2008): Weiterbildung und Soziale Milieus in Deutschland. Band 3: Milieumarketing implementieren. Bielfeld: Bertelsmann.

Tippelt, R./Weiland, M./Panyr, S./Barz, H. (2003): Weiterbildung, Lebensstil und soziale Lage in einer Metropole: Studie zu Weiterbildungsverhalten und -interessen der Münchner Bevölkerung. Bonn: Deutsches Institut für Erwachsenenbildung (DIE).

Ueltzhöffer, J. (2000): Lebenswelt und bürgerschaftliches Engagement. Soziale Milieus in der Bürgergesellschaft. Ein Bericht des Sozialwissenschaftlichen Instituts für Gegenwartsfragen (SIGMA). Stuttgart: Sozialministerium Baden-Württemberg.

Ueltzhöffer, J./Flaig, B.B. (1993): Spuren der Gemeinsamkeit? Soziale Milieus in Ost- und Westdeutschland. In: Weidenfeld, W. (Hrsg.): Deutschland. Eine Nation – doppelte Geschichte. Köln: Verlag Wissenschaft und Politik, S. 61–82.

Veblen, T. (1899/1981): Theorie der feinen Leute. Eine ökonomische Untersuchung der Institutionen. München: dtv.

Vester, M./Oertzen, P. v./Geiling, H./Hermann, T./Müller, D. (2001): Soziale Milieus im gesellschaftlichen Strukturwandel. Zwischen Integration und Ausgrenzung. Frankfurt a. M.: Suhrkamp.

Vester, M./Lange-Vester, A./Bremer, H./Olbrich, G. (1997): Zwischenbericht zum Forschungsprojekt: „Arbeitnehmermilieus als Zielgruppen des Bildungsurlaubs. Angebote, Motivationen und Barrieren des Bildungsurlaubsprogramms von ARBEIT UND LEBEN Niedersachsen e.V." Hannover: agis.

Vögele, W./Bremer, H./Vester, M. (2002): Soziale Milieus und Kirche. Würzburg: Ergon.

Wippermann, C. (2001): Die kulturellen Quellen rechtsradikaler Gewalt. In: Jugend & Gesellschaft. Heft 1, Februar. S. 4-7.

Wippermann, C./de Magalhaes, I. (2006): Religiöse und kirchliche Orientierungen in den Sinus-Milieus® 2005. Eine qualitative Studie des Instituts Sinus Sociovision zur Unterstützung der publizistischen und pastoralen Arbeit der Katholischen Kirche in Deutschland. München/Heidelberg: MDG/Sinus.

Wiswede, G. (1991^2): Soziologie. Ein Lehrbuch für den wirtschafts- und sozialwissenschaftlichen Bereich. Landsberg/Lech: Verlag moderne industrie.

Wittpoth, J. (1998): Medien, „soziale Welten" und Erwachsenenbildung. In: Grundlagen der Weiterbildung, 9. Jg., S. 7–10.

Albert Ziegler

Hochbegabte und Begabtenförderung

1 Einleitung

Die moderne Begabungsforschung ist einer der florierendsten Forschungszweige der Sozialwissenschaften, dem neben Dutzenden nationalen nicht weniger als elf internationale Fachzeitschriften exklusiv gewidmet sind. Jährlich werden mehrere tausend Originalpublikationen dem einschlägigen Wissensfundus hinzugefügt. Allerdings existiert nach wie vor keine allgemein verbindliche Definition der Begriffe ‚Begabung' oder ‚Begabte'. So besteht nicht einmal Konsens, ab welchem Alter man von Begabten sprechen kann. Nach Tannenbaum (1986) können dies nur Erwachsene sein, während in alternativen Konzeptualisierungen Kinder die prototypischen Begabten sind (vgl. Howe/Davidson/Sloboda 1998). Ähnliche Unklarheiten bestehen auch hinsichtlich des Begabungsbegriffs, der manchmal eher im Sinne einer Anlage zu Leistungseminenz in beliebigen Gebieten verstanden wird (vgl. Terman 1925). Demgegenüber steht jedoch die Auffassung von Spezialbegabungen für bestimmte Tätigkeits- oder Fähigkeitsbereiche (z.B. künstlerische Fähigkeiten; vgl. DeHaan/Havighurst 1957). Diese unterschiedlichen Ansätze teilen die objektivistische Auffassung, dass Begabungen in Personen real existieren (vgl. Ziegler 2005). Neuerdings gewinnt die Auffassung an Popularität, dass Begabungen lediglich theoretisch begründbare Einschätzungen von Wissenschaftlern darstellen (vgl. Dai 2008), die beispielsweise aussagen, ob eine Person

- *möglicherweise* einmal Leistungseminenz erreichen wird (Talent),
- *wahrscheinlich* einmal Leistungseminenz erreichen wird (Begabter)
- oder schon *sicher* Leistungseminenz erreicht hat (Experte).

Trotz dieser divergierenden Standpunkte lassen sich unschwer drei zentrale Anliegen der Begabungsforschung ausmachen: (1) Die *Identifikation* von Begabten, (2) die *Erklärung* von Leistungseminenz sowie (3) die *Förderung* der Begabten.

2 Die Identifikation von Begabten

Der Identifikationsprozess begabter Personen lässt sich in vier Schritte unterteilen, die im Folgenden als Anwendbarkeits-, Indikator-, Referenz- und Signifikanzproblem adressiert werden (vgl. Ziegler/Heller, 2000).

2.1 Theoretische Probleme bei der Identifikation von Begabten

Die Begabungsforschung erklärt menschliches Verhalten, das an einem Gütemaßstab gemessen werden kann. Allerdings entstehen mit der Akzeptanz eines Gütemaßstabs vier grundsätzliche Probleme, die in einem hierarchischen Verhältnis stehen (siehe *Abbildung 1*).

Anwendbarkeitsproblem

Das Anwendbarkeitsproblem bezieht sich auf die Tatsache, dass nur in ausgewählten Domänen Leistungsunterschiede festgestellt werden bzw. ein Gütemaßstab angewandt wird. Beispiele hierfür sind der akademische und der berufliche Bereich, künstlerische Domänen sowie der Sport. Idiosynkratische Kunststücke oder Alltagshandlungen wie Wäsche waschen gelten dagegen landläufig nicht als Ausdruck besonderer Begabungen (vgl. Tannenbaum 1986). Allerdings spiegelt sich darin eine nicht weiter rechtfertigbare Präferenz wider. Lösungen des Anwendbarkeitsproblems enthalten somit einen relativistischen Zug und beruhen zumeist auf stillschweigenden Übereinkünften. Diese umfassen unter anderem gesellschaftlichen Wert und Seltenheit von Leistungshandlungen (vgl. Tannenbaum 1986). Es muss daher kritisch festgehalten werden, dass es die Begabungsforschung noch nicht verstanden hat, eine alltagsbasierte Bestimmung ihres Forschungsgegenstands zugunsten eines wissenschaftlich basierten Konstrukts aufzugeben. Andererseits ist sie dadurch in der Lage praktischen Entwicklungen, wie der Einführung neuer Berufsgruppen, Rechnung zu tragen, indem sie spezifische Begabungstheorien anbietet.

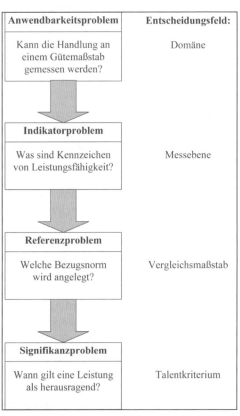

Abbildung 1: Theoretische Probleme bei der Begabtenidentifikation

Indikatorproblem

Auch wenn Konsens erzielt werden kann, ob auf eine Domäne ein Gütemaßstab anwendbar ist, so ist ein solcher keineswegs von Natur aus vorhanden. In der Tat sind verbindliche Gütemaßstäbe eher die Ausnahme als die Regel. Der Grund hierfür liegt darin, dass nicht das gesamte Leistungsverhalten in einer Domäne in die Bestimmung der Leistungsgüte einfließen kann, sondern eine Festlegung auf relevante Aspekte notwendig ist. Dies erfolgt durch die Fokussierung auf eine oder mehrere inhaltliche Dimensionen. Beispielsweise erscheint es naheliegend, für die Bewertung von Hochsprungleistungen die erzielte Höhe heranzuziehen. Allerdings wurde in den Anfängen dieser Sportdisziplin auch die Sprungtechnik mit bewertet. Somit fließt also auch in die Bestimmung, auf welche Dimensionen des Leistungsverhaltens in einer Domäne ein Gütemaßstab angewendet werden soll, ein gewichtiges Zufallsmoment ein. Nichtsdestotrotz existieren in der Begabungsforschung traditionell wichtige Kandidaten für solche Dimensionen. In erster Linie ist hier die Intelligenz zu nennen, die bereits Terman (1925) herangezogen hat. Ein anderes Beispiel für eine Dimensionierung bietet das Drei-Ringe-Modell von Renzulli, in dem Begabung als eine Kombination aus weit überdurchschnittlicher Intelligenz, Motivation und Kreativität aufgefasst wird (vgl. Renzulli 1986).

Referenzproblem
Eine Einigung auf eine Dimension, anhand der Leistungseminenz gemessen werden kann, ist wertlos, solange kein Vergleichsmaßstab verfügbar ist. In der Begabungsforschung werden drei Referenzwerte genutzt, wobei die ersten beiden dominieren. (1) Bei der Verwendung von *kriterialen Normen* werden Leistungen anhand eines objektiven Kriteriums eingeschätzt. Meist werden absolute Topleistungen herangezogen, die Einmaligkeitscharakter aufweisen oder nur von wenigen Personen reproduziert werden können. Dazu zählen Erfindungen und Kunstwerke. (2) *Interindividuelle Normen* ordnen Individuen oder Handlungsergebnisse entlang einer Bewertungsdimension. Häufig werden Altersvergleiche berücksichtigt. So kann eine Leistung zwar für Erwachsene unterdurchschnittlich sein, doch ist sie auf einer frühen Alters- bzw. Entwicklungsstufe nicht erwartbar (z.B. Wunderkinder, frühes Lesen). (3) *Intraindividuelle Normen* bieten Vergleichsmöglichkeiten einer Person mit ihren früheren Leistungen. Beispielsweise lassen sich schnelle Lernzuwächse als Zeichen außergewöhnlicher Begabung deuten (vgl. Radford 1990).

Signifikanzproblem
Im letzten Schritt wird die mit einer Referenzgröße verglichene Leistung bewertet. Dabei entsteht die Unsicherheit, welches Leistungsvermögen eine Begabung anzeigt. Sind die oberen 10% einer Verteilung begabt oder diejenigen, die zwei Standardabweichungen über dem Durchschnitt liegen? Welche Lernzuwächse indikatorisieren Begabungen? Im gegenwärtig als Standardwerk geltenden Buch *Conceptions of Giftedness* von Sternberg/Davidson (vgl. 2005) weichen die Meinungen der Forscher bezüglich der Anzahl der Begabten um mehr als 1000% (sic!) voneinander ab. Da keine theoretisch rechtfertigbaren Kriterien verfügbar sind, wird man sich auch künftig mit *ad hoc*-Kriterien wie bestimmten IQ-Grenzen oder internationalen Ehrungen behelfen müssen.

2.2 Praktische Ansätze der Identifikation

Neben wissenschaftlichen Zwecken hat die Identifikation von Begabten zwei übergeordnete praktische Ziele: das Wohlergehen der Begabten einerseits und der Gesellschaft bzw. interessierter Dritter andererseits (vgl. Heller/Ziegler 2007). Zumeist wird es deshalb darum gehen, Begabte speziellen Fördermaßnahmen zuzuführen, da ihre Entwicklung in gewöhnlichen Lernumgebungen nicht gesichert ist (vgl. Clark 1992), oder geeignete Personen zu selegieren, beispielsweise wenn es um die Besetzung von Stellen geht (vgl. Ziegler/Perleth 1995).

Zunächst ist zu klären, zu welchem Zeitpunkt der Begabungsentfaltung die Identifikation erfolgt. Einfach ist der Fall, wenn die Begabungsentfaltung weit fortgeschritten ist, da dann nur Leistungen zu erheben sind. Diese sollten weit überdurchschnittlich sein. Ansonsten ist die Identifikation Begabter nicht vor einem Zeitpunkt möglich, den Ziegler und Heller (2000) als *critical state* bezeichnen. Dieser ist dadurch gekennzeichnet, dass unter der Voraussetzung günstiger Lern- bzw. Entwicklungsbedingungen mit hinreichender Sicherheit das Erreichen von Leistungseminenz erwartbar ist. Allerdings lassen sich keine allgemeinen Angaben machen, wann dieser Zeitpunkt erreicht ist, da Leistungseminenz beispielsweise im akademischen Bereich, der Musik und dem Sport auf sehr unterschiedlichen Voraussetzungen beruht. Aus diesem Grund erfordert die Implementierung einer Identifikationsprozedur stets eine Anpassung an die spezifischen Domänen.

Auf der Basis des intendierten Förderprogramms oder des erwünschten Anforderungsprofils muss im nächsten Schritt die Zielpopulation bestimmt werden. Dies erfolgt in zwei Teilschritten: Zuerst werden in Abhängigkeit von der Begabungsdefinition theoriegeleitet Kriterien entwickelt, denen die Zielpopulation genügen muss. Das können beispielsweise ein hoher IQ (vgl. Terman 1925) oder auffällig frühe künstlerische Fertigkeiten (vgl. Winner/Martino 1993) sein. Optional ist dann eine Einschränkung auf bestimmte Subpopulationen (vgl. Ziegler/Stoeger 2004), wie mathematisch begabte Frauen, Angehörige von Minoritäten oder Schüler, die erwartungswidrig niedrige Leistungen erbringen (sogenannte Underachiever).

In der Literatur herrscht weitgehend Einigkeit, dass zur praktischen Identifikation verschiedene Informationsquellen kombiniert werden sollten (vgl. Feldhusen/Jarvan 1993). Es steht dabei eine erprobte Palette an Methoden zur Verfügung, darunter Schulleistungen, standardisierte Testverfahren, Nominierungsverfahren durch Experten, Lehrkräfte oder Mitschüler, Interviews, Kreativitätstests und Aufsatz schreiben. Detaillierte Informationen und konkrete Vorschläge bietet das Buch von Heller/Mönks/Sternberg/Subotnik (2000).

3 Erklärungsmodelle von Leistungseminenz

3.1 Historischer Rückblick

Herausragende Leistungen haben von jeher das Interesse der Menschheit gefesselt, sei es in Erzählungen, Sagen, im Alltag oder neuerdings in den empirischen Wissenschaften. Die favorisierten Erklärungen haben jedoch einen gravierenden Wandel erlebt. In der Antike wurden vor allem der Religion entlehnte Erklärungskonstrukte verwendet. Beispielsweise wurden in der griechischen Mythologie göttliche Abstammung oder Gnade als Ursachen von Heldentum, Klugheit oder seherischen Fähigkeiten angesehen. Plato in Griechenland und Konfuzius in China diskutierten „himmlische" Kinder. Im Mittelalter wurden allmählich Begabungen stärker an die Individualität einer Person geknüpft. Sprachetymologische Studien zeigen, dass sich diese Bedeutungsfacette im lateinischen Sprachraum bereits im 4. Jahrhundert, im mittel- und nordeuropäischen Sprachraum erst ab dem 14. Jahrhundert ausdifferenzierte. Talente wurden dann stärker im Sinne individueller Anlagen verstanden (vgl. Kluge 1967). Bei dem Philosophen Paracelsus findet sich 1537 erstmals der Begriff „Talent" im Sinne einer geistigen Anlage. Doch noch immer waren die Erklärungen herausragender Leistungen mit vielen irrationalen Vorstellungen durchsetzt (vgl. Fels 1999). So wurde im Geniekult der Aufklärung und der Romantik das Genie als eine dem normalen Verständnis absolut entzogene Entität dargestellt: „Genius is another psycho-biological species, differing from man, in his mental and temperamental processes, as man differs from the ape" (Hirsch 1931, S. 298).

Erst mit dem Aufkommen der Sozialwissenschaften und der Entwicklung ihres Methodenarsenals wurde eine empirische Fassung von Leistungseminenz möglich. Wissenschaftshistorisch gesehen gebührt wahrscheinlich Galton (1883) sowie etwas später Binet (vgl. Binet/Simon 1916) der Verdienst, die Grundlage der modernen Begabungsforschung geschaffen zu haben. Ihr entscheidender Beitrag war die Idee, dass Begabung gemessen werden kann und sich Personen in Graden, aber nicht in Qualitäten unterscheiden.

Heutzutage führt der Blick in die einschlägige Literatur zur Verwirrung aufgrund der schillernden Vielfalt der Definitionen von Begabung oder Begabten. Eine Definition, die vielen Forschungsstudien unterliegt, setzt Begabung einfach mit hoher Intelligenz gleich, wobei hauptsächlich auf schulische und akademische Leistungen fokussiert wird. Oft wird ein willkürlicher IQ-Wert festgesetzt, ab dem einer Person das Attribut „begabt" zugeschrieben wird (vgl. Terman 1925; vgl. auch Rost 1993). Andere Ansätze lösen sich von dieser eindimensionalen Sichtweise und lassen verschiedene Bereiche exzeptioneller Leistungen zu, denen jeweils spezifische Begabungen unterliegen. Einflussreich war die Unterteilung von DeHaan und Havighurst (1957) in intellektuelle und wissenschaftliche Fähigkeiten, kreatives Denken, soziale Führungsqualitäten, mechanische Fertigkeiten und künstlerische Fähigkeiten. Eine der am häufigsten zitierten Definitionen von Begabten (Kindern) stammt von Marland (1972, S. ix): „Gifted and talented children are those identified by professionally qualified persons who by virtue of outstanding abilities, are capable of high performance" Ähnlich interpretiert Heller Begabung als „the individual cognitive and motivational potential for – as well as social and cultural conditions of – achieving excellent performance in one or more areas such as mathematics, languages, or artistic areas with regard to difficult vs practical tasks" (ebd. 1993, S. 49). Auffällig an diesen Definitionen ist, dass sie sich auf Leistungs*potenzen* beziehen.

3.2 Komponentenmodelle

Unidimensionale Komponentenmodelle erklären Leistungseminenz mit der günstigen Ausprägung einer einzelnen Komponente, zumeist der Intelligenz. Der berühmteste Vertreter dieser Position war zweifellos Terman (1925), der Intelligenz für eine genetisch fixierte Eigenschaft hielt. Allerdings differenzierte auch er zwischen Begabung im Sinne günstiger Anlagen und Erfolg im Leben, welcher zusätzlich Persönlichkeitsvariablen und günstige Umweltbedingungen erfordere (vgl. Terman 1954). Letztere werden jedoch eher als Hindernisse angesehen, nicht als flankierende und gar mit der Begabung positiv interagierende Faktoren. Häufig wird auch Kreativität als möglicher Einzelfaktor diskutiert, der Begabung ausmacht. Schließlich existiert die Auffassung von Begabungen im Sinne spezifischer Talente, die etwa musikalischen oder sportlichen Fähigkeiten unterliegen. Ein Spezialfall unidimensionaler Begabungsmodelle ist Gardners (1986) Ansatz. Er ordnet verschiedenen Bereichen jeweils eine Intelligenz zu, die zu den jeweiligen Höchstleistungen in diesen Bereichen prädisponiert. Konkret unterscheidet er sieben Intelligenzen: Sprachliche, logisch-mathematische, räumliche, körperlich-kinästhetische, musikalische (die auch expressive Stimmungs- und emotionale Komponenten umfasst), intrapersonale und interpersonale Intelligenz. Die praktische Bewährung des Gardner-Modells in empirischen Studien gestaltet sich jedoch schwierig, da zu den meisten Intelligenzen keine erprobten Messinstrumente vorliegen. So ist die Theorie zwar theoretisch anregend, doch praktisch wenig einflussreich.

Als bedeutsamster Repräsentant *multidimensionaler Komponentenmodelle* kann Renzullis (1986) Drei-Ringe-Modell angesehen werden. Darin wird Leistungseminenz durch die „glückliche" Kombination von (überdurchschnittlicher) Intelligenz, Kreativität und Motivation erklärt. Mittlerweile gibt es eine Weiterentwicklung dieses Modells durch Mönks (1990), das aus einer entwicklungspsychologischen Perspektive das familiäre Umfeld, die Schule sowie Peers umfasst.

3.3 Expertiseansatz

In den letzten drei Jahrzehnten etablierte sich in der Begabungsforschung zunehmend die kognitions- und persönlichkeitspsychologisch orientierte Untersuchung leistungseminenter Personen und der (Kontext)Bedingungen ihres Erfolgs. Diese Experten erbringen in einer Domäne dauerhaft (nicht zufällig und nicht singulär) herausragende Leistungen (vgl. Gruber/Ziegler 1996). Ihnen werden üblicherweise Novizen gegenübergestellt, also Personen, die noch unerfahren in einer Domäne sind und deshalb keine ausreichenden Fertigkeiten erwerben konnten. Diese Unterscheidung verweist bereits auf das zentrale Erklärungskonstrukt des Expertiseansatzes: Im Gegensatz zu Komponentenmodellen der Begabung wird der Einfluss individueller Leistungsvoraussetzungen auf die Entwicklung von Leistungseminenz gering geschätzt und die Bedeutung effizienter Lernprozesse betont.

In *Abbildung 2* ist auf der Basis des Ansatzes von Ericsson die Entwicklung vom Novizen zum Experten nachgezeichnet (vgl. für die folgenden Ausführungen zusammenfassend Ericsson/Charness/Feltovich/Hoffman 2006; Howe/Davidson/Sloboda 1998). Determinante der Leistungsentwicklung ist die Menge an *deliberate practice*, womit die organisierte Lernaktivität gemeint ist, welche auf die Verbesserung der eigenen Leistung gerichtet ist. Wie Tagebuchstudien belegen, werden diese Lernaktivitäten keineswegs als freudvoll empfunden, da sie ein permanentes hochkonzentriertes Überwachen des eigenen Lernprozesses im Hinblick auf mögliche Verbesserungen verlangen. Da aber persönliche Ressourcen wie Konzentrationsvermögen genauso begrenzt sind wie Anstrengungsbereitschaft, werden 3-5 Stunden als eine tägliche Obergrenze angesehen.

Deliberate practice lässt sich von Spiel und Arbeit abgrenzen. Ein Spiel hat kein (Verbesserungs-)Ziel und wird als angenehm empfunden. Die professionelle Arbeit von Experten umfasst Aktivitäten wie Auftritte oder Wettbewerbe. Diese Aktivitäten sind jedoch nicht der Verbesserung der eigenen Fähigkeit gewidmet, sondern – wie beispielsweise ein Auftritt vor Publikum – der fehlerfreien Reproduktion von etwas Einstudiertem. Fehler, die bei auf Verbesserung gerichteten Aktivitäten unvermeidlich sind, dürfen hier nicht passieren.

Üblicherweise beginnt ein Experte in frühem Alter spielerisch. Nach etwa ein, zwei Jahren wird sein Talent erkannt. Der Lernprozess wird organisiert und auf Verbesserung der Leistung ausgerichtet. Zumeist müssen die Eltern ein hohes Engagement aufbringen. So werden gegenwärtig die Kosten für Eltern, deren Kind später Mitglied der Schwimmnationalmannschaft wird, auf ca. 12.000 EUR pro Jahr geschätzt. Es werden weite Anfahrtswege zu Trainings und Wettkämpfen in Kauf genommen oder die Familie zieht sogar um. Übrigens ist es vor diesem Hintergrund verständlich, dass in einer Familie meist nur ein Kind als begabt eingeschätzt wird: Die elterlichen Ressourcen reichen für zwei begabte Kinder nicht aus. Aber auch die Motivation der Eltern, Lehrer und Trainer ist begrenzt. Sie müssen die Aktivitäten ihres Schützlings genau überwachen und bereit sein, jederzeit korrigierend einzugreifen. Dabei handelt es sich in der Praxis um minutiöses, jahrelanges Feilen an Stärken und Schwächen.

Der Prozess der Expertisierung erfordert einen langen Zeitraum, typischerweise ca. 10 Jahre bzw. 10 000 Stunden *deliberate practice*. Diese Faustregel konnte in nahezu allen untersuchten

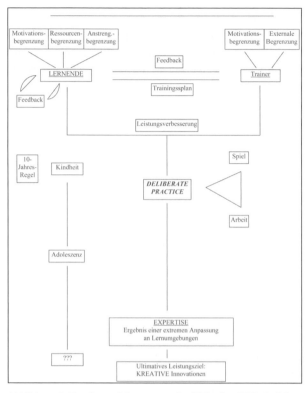

Abbildung 2: Der Expertisierungsverlauf (Ziegler 2008, S. 34)

Domänen belegt werden, darunter Mathematik, Physik und Sport (für eine kritische Analyse scheinbar abweichender Befunde vgl. Howe/Davidson/Sloboda 1998). So gilt zwar Mozart als Wunderkind, das sehr schnell und mühelos Expertise erwarb und noch vor den als notwendig erachteten 10 Jahren *deliberate practice* außergewöhnliche Musikstücke schrieb. Weisberg, der die frühen Kompositionen Mozarts für Klavier und Orchester untersuchte, kommt jedoch zu einem entgegengesetzten Ergebnis. Die ersten Stücke sind völlig unauffällig und stellen nur Neuarrangements von Teilen der Werke anderer Meister dar. Das erste völlig eigenständige Werk schrieb Mozart erst mit 21 Jahren. Zu diesem Zeitpunkt hatte er aber schon 16 Jahre Praxis im Komponieren. Gleichermaßen untersuchte Weisberg die Beatles, die 1 200 Stunden alleine an Auftritten hatten, bis sie ihren ersten Hit landeten.

So verdienstvoll der Expertiseansatz bei der Nachzeichnung des Weges vom Novizen zum Experten ist, so überzeichnet erscheint er in seinen Folgerungen. Ericsson (1998) beantwortet denn auch seine provokative Ausgangsfrage „Can the lack of innate immutable talent preclude healthy, normal individuals from attaining expert performance?" (ebd. 1998, S. 413) abschlägig und lässt allenfalls Ausnahmen wie die Körpergröße von Basketballspielern als angeborene „Talente" zu. Bei der Bewertung dieser extremen Einschätzung ist zwar zunächst zu konzedieren, dass tatsächlich der empirische Nachweis aussteht, dass individuelle Leistungsdispositionen im Sinne von Talenten notwendige Voraussetzung für Leistungseminenz sind. Allerdings gibt es auch Hinweise für eine ausgewogenere Position. Erstens ist zu berücksichtigen, dass sich Ericsson auf den absoluten Hochleistungsbereich bezieht, wodurch nur ein schmaler Überlappungsbereich mit der Begabungsforschung besteht, deren Klientel breiter gefasst ist. Zweitens gibt es durchaus empirische Befunde aus der Begabungsforschung und auch der Verhaltensgenetik, die einen Einfluss von Begabungen durchaus plausibel machen. So erweist sich der IQ im Schulbereich als exzellenter Prädiktor späterer Leistungen und der Einfluss genetischer Faktoren auf interindividuelle Differenzen in kognitiven Leistungen ist nicht zu leugnen. Aufgrund solcher Überlegungen werden neuerdings synthetische Begabungsmodelle erstellt, die eine Verbindung von Expertise- und Begabungsforschung anstreben.

3.4 Synthetische Begabungsmodelle

In synthetischen Begabungsmodellen wird der Begabungsnutzung in Lernprozessen ein hohes Gewicht zugesprochen (vgl. Heller 1993; Schneider 1993; Ziegler/Perleth 1995; 1997). Solche Modelle lösen sich von einem rein an kognitiven Leistungsvoraussetzungen orientierten Begabungskonzept und berücksichtigen die Bereichsspezifität herausragender Leistungen. Ferner gestatten sie die Einbeziehung von Umweltfaktoren.

Das im folgenden stellvertretend dargestellte Münchner Begabungs-Prozess-Modell (siehe *Abbildung 3*) steht in der Tradition multipler Hochbegabungsmodelle, beispielsweise der im deutschsprachigen Raum bekannten Begabungsmodelle von Heller (1992) und Mönks (1992; vgl. auch Gagné 1993). Es erstreckt sich von der Aufnahme einer Beschäftigung bis zum Erreichen von Leistungseminenz. In ihm sind Antezedens- und Randbedingungen exzeptioneller Leistungen genauso erfasst wie die Nutzung von Begabungsfaktoren in einem zielgerichteten Lernprozess. Dabei werden in Anlehnung an Ackerman (1987; 1992) kognitive, perzeptuelle und motorische Begabungsfaktoren unterschieden.

In verschiedenen Studien konnte Ackerman zeigen, dass der Fortschritt in der Anfangsphase des Fähigkeitserwerbs mit allgemeinen kognitiven Maßen wie dem IQ korreliert. In der Tat gilt es in der Literatur als unbestritten, dass Intelligenz bei der Neuaufnahme einer Beschäftigung einen Leistungsvorteil bringt (vgl. Schmidt/Hunter/Outerbridge 1988). Allerdings lassen sich für den Einfluss allgemeiner kognitiver Faktoren auf den weiteren Expertisierungsverlauf drei Hypothesen unterscheiden. Die *Divergenzhypothese* beschreibt eine Leistungsschere, d.h. Personen mit besseren allgemein-kognitiven Fähigkeiten bauen ihren Vorsprung mit der Zeit aus. Nach der *Konvergenzhypothese* ist eine Angleichung der Leistungen zu erwarten. Die *Non-Interaktionshypothese* vermutet einen gleichbleibenden Vorsprung. Ein Blick in die Forschungsliteratur zeigt hauptsächlich Evidenz für die Konvergenzhypothese, seltener dagegen für die Non-Interaktionshypothese (vgl. zusammenfassend Ziegler/Perleth 1995). Im Münchner Begabungs-Prozess-Modell werden ferner bereichsspezifische Vorkenntnisse berücksichtigt. Diese sind natürlich ebenfalls Resultat von früheren Lernprozessen und somit Produkt des Zusammenspiels kognitiver, perzeptueller und motorischer Dispositionen sowie der Begabungsnutzung förderlichen Personencharakteristika und Umweltmerkmale.

Die genannten Begabungsfaktoren zeichnen sich von weiteren Persönlichkeitsmerkmalen dadurch aus, dass sie direkt dem späteren Leistungsverhalten unterliegen. Daneben gibt es aber weitere Eigenschaften einer Person, die der Begabungsentfaltung förderlich sind. In *Abbildung 3* wurden als *leistungsförderliche Personencharakteristika* exemplarisch Lernstrategien, Leistungsmotivation, Misserfolgsbewältigung, Willensstärke und Konzentration aufgeführt. Diese Faktoren unterstützen den auf Leistungsverbesserung ausgerichteten Lernprozess. Da in der Tat exzeptionelle Leistungen nur nach einer dauerhaften, sich über Jahre hinziehenden und teilweise sehr mühevollen Beschäftigung mit einer Domäne erzielt werden können, sind unter anderem ein hohes Maß an bereichsspezifischer Motivation (vgl. Ericsson/Krampe/Tesch-Römer 1993) und eine positive Haltung gegenüber Leistung aufzubringen (vgl. Gruber/Weber/Ziegler 1996). So sind auch in der Schule kaum außergewöhnliche Leistungen zu erzielen, wenn nicht eine entsprechende Lernhaltung und dauerhafter Fleiß gezeigt werden.

Begabungsfaktoren benötigen für ihre Nutzung günstige Randbedingungen. Insbesondere in der Forschungsliteratur zum Phänomen des Underachievement findet sich eine Fülle an einschlägigen Untersuchungen, die belegen, dass ohne eine aktive Lernpraxis, die durch geeignete

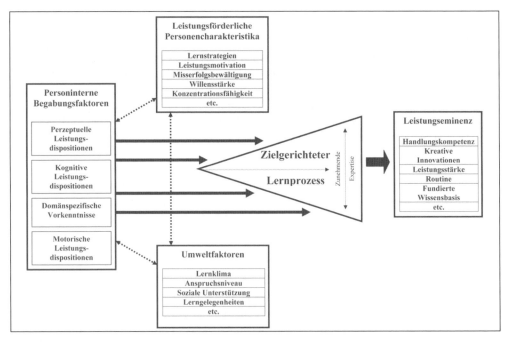

Abbildung 3: Das Münchner Begabungs-Prozess-Modell

Umweltfaktoren abgestützt wird, Begabungen ungenutzt verpuffen. Die in der Umwelt angebotenen Erfahrungs- und Lernmöglichkeiten können aber ihrerseits nicht als statische Größen angesehen werden, sondern werden von den Begabten gemäß ihren wachsenden Fähigkeiten gezielt aufgesucht und ihrem gesteigerten Performanzniveau angepasst (vgl. Weinert 1992).

Eine vollständig neue Entwicklung stellt die Aufnahme systemischer Gedanken in die Modellbildung dar (vgl. Philippson 2008). Im Aktiotop-Modell der Begabung (vgl. Ziegler 2005) wird Begabungsentwicklung als Adaptation an eine Talentdomäne im Sinne organisierter Komplexität aufgefasst (vgl. Dai 2008). Im Mittelpunkt des Modells stehen Handlungen und das Lernen. Die Entwicklung von Leistungseminenz wird als Ko-Evolution eines Systems aufgefasst, dessen Komponenten unter anderem das handelnde Individuum, seine Ziele sowie seine Umwelt umfassen.

4 Begabtenförderung

Begabte werden gemäß ihren Anlagen Bildungsvorgaben in der Regel nicht nur besonders leicht erfüllen, sondern könnten bei gezielter Förderung auch weit über das vorgegebene Bildungsziel hinausgehende Leistungen zeigen. Insofern stellt Begabtenförderung eine Reaktion auf unzureichende Fördermöglichkeiten im Rahmen bestehender Bildungseinrichtungen dar. In der Praxis bereits etablierte Fördermaßnahmen sind die Differenzierung, Akzeleration und Enrichment sowie spezielle Curricula und fächerübergreifende Förderprogramme (für einen Überblick vgl. Heller/Mönks/Sternberg/Subotnik 2000). Daneben lassen sich aus synthetischen Begabungsmodellen vielfältige Anregungen ableiten.

4.1 Allgemeine Fördermaßnahmen

Differenzierung

Eine Grundprämisse der Begabtenförderung lautet, dass das normale Bildungssystem den besonderen Bedürfnissen von Begabten nicht gerecht wird. Dies betrifft unter anderem den Schwierigkeitsgrad des Unterrichts, Lerntempo und Lernmaterial. Eine einfache Lösung besteht deshalb in einem differenzierten Unterricht (*ability grouping*), wodurch angemessener auf Begabte eingegangen werden könne. Typische Techniken sind spezielle Klassen für Leistungsstärkere oder Schulen für Hochbegabte (vgl. Rogers/Span 1993).

Akzeleration

Akzeleration kann als das schnellere Durchlaufen eines vorgegebenen Curriculums definiert werden (vgl. Pressey 1949). Die Realisierungen sind vielfältig und umfassen einen vorgezogenen Schuleintritt, das Überspringen von Klassen oder verkürzte Schulzeiten wie das 8-jährige Gymnasium (einen Überblick vgl. Colangelo/Assouline/Gross 2004).

Enrichment

Enrichment ist eine Anreicherung des Curriculums mit zusätzlichen Lerngelegenheiten (vgl. Southern/Jones/Stanley 1993). Freeman (1920) betonte eine Hinzufügung weiterer Lerninhalte sowie eine tiefere Behandlung des bereits im regulären Curriculum vorgesehenen Stoffes. Bereits Hollingworth (1926) erweiterte diesen um den Aspekt der Förderung von Lernfertigkeiten und Denkstilen. Heutige Enrichment-Programme adressieren zumeist beide Anliegen, d.h. zusätzliche inhaltliche und auf die Person der Begabten bezogene Lernziele.

Spezielle Curricula

Nach VanTassel-Baska (1993) lassen sich drei Curriculumansätze unterscheiden. Das Hauptanliegen des *Lernstoff-Ansatzes* ist der rasche Erwerb von Wissen in einer bestimmten Domäne. Hier dominiert das Prinzip der Akzeleration. Erfolgreiche Anwendungen sind aus der Mathematik (vgl. Benbow/Stanley 1983) oder Latein (vgl. VanTassel-Baska 1982) bekannt. Beim *Prozess-Produkt-Ansatz* steht der Erwerb von Lernfertigkeiten im Vordergrund, wobei neben wissenschaftlichen auch soziale Fertigkeiten betont werden. Ziel ist es, Begabte in die Lage zu versetzen, ein qualitativ hochwertiges Produkt zu erstellen, etwa ein Kunstwerk oder ein Forschungsprojekt. Beispielsweise arbeiten arrivierte Wissenschaftler mit talentierten Jugendlichen und helfen ihnen, ein Forschungsprogramm zu entwerfen. Die Betonung des Prozess-Produkt-Ansatzes liegt somit auf dem Enrichment-Aspekt. Schließlich wird beim *epistemologischen Ansatz* versucht, Begabten systemisches Denken zu vermitteln, das die Entstehung isolierter, unverbundener Wissenselemente vermeiden helfen soll. Dazu werden Schlüsselideen, Konzepte, Leitgedanken innerhalb einer bzw. über verschiedene Domänen hinweg betont, so dass allgemeine Zusammenhänge erkannt werden können. Wichtige instruktionale Techniken sind Fragen stellen, Problematisieren und Diskussion. Dadurch soll ein intellektueller Interpretationsrahmen für die Einordnung und das Verständnis auch heterogener Themen bereit gestellt werden. In diesem Sinne handelt es sich bei dem epistemologischen Ansatz um ein Enrichment auf einer metakonzeptuellen Denkebene (vgl. Gallagher 1985).

4.2 Fächerübergreifende Förderprogramme

Mittlerweile ist es kaum mehr möglich, einen einigermaßen umfassenden Überblick über die Vielzahl an fächerübergreifenden Förderprogrammen zu leisten, die speziell für Begabte entwickelt wurden. Neben den verwendeten allgemeinen Fördertechniken lassen sie sich auf weiteren Dimensionen unterscheiden, darunter die Inhalte der eingesetzten Curricula, die Lehrkräfte, die Zielpopulation, die Dauer und das Setting der Förderprogramme. Einen breiten Überblick findet man in Heller/Mönks/Sternberg/Subotnik (2000).

4.3 Begabtenförderung auf der Basis synthetischer Begabungsmodelle

Im Zentrum der Förderbemühungen steht der Lernprozess sowie sämtliche Maßnahmen, die diesen unterstützen. Das Vorgehen lässt sich durch die Schlagworte ganzheitliche Förderung, ökologische Orientierung, Individualisierung und Domänspezifität charakterisieren. Begonnen wird mit der *Diagnose*. Der Fokus ist im Gegensatz zu traditionellen Föderansätzen nicht auf die Person des Begabten gerichtet, sondern auf den *Lernprozess*. Dabei geht es um eine Abschätzung der potentiellen Lernzuwächse. Aus diesem Grund genügt es grundsätzlich nicht, nur individuelle Leistungsdispositionen festzustellen. Es bedarf ferner einer Abschätzung, ob die weiteren Personencharakteristika des Begabten als Stützfaktoren des Lernens fungieren können und ob das Lernumfeld der Leistungsentwicklung förderlich ist. Allerdings macht es die Komplexität synthetischer Begabungsmodelle schwierig, allgemeine Richtlinien für die Entwicklung von Instrumentarien zur Identifikation von Personen abzuleiten, für die günstige Leistungsprognosen abgegeben werden können. Die Diversivität von Fachdomänen sowie individuelle Kompensationsmöglichkeiten unter sehr spezifischen Randbedingungen der Lernumwelten verlangen die Erstellung bereichsspezifischer Instrumentarien. Beispielsweise setzt die Beherrschung eines Musikinstrumentes überdurchschnittliche motorische und perzeptuelle Fähigkeiten voraus, mathematische Kompetenzen dagegen eher Fähigkeiten zum abstrakten und analytischen Denken. Existiert solches Bedingungswissen noch nicht, können durch Expertenratings Anforderungsprofile erstellt werden, wie es beispielsweise bei beruflicher Expertise oft geschieht (vgl. Rösler 1992).

Wie erwähnt steht im Mittelpunkt von Förderbemühungen synthetischer Ansätze der *Lernprozess*. Bereits die Alltagserfahrung lehrt jedoch, dass die reine Beschäftigungszeit mit einer Domäne nicht hinreichend ist für entscheidende Kompetenzzuwächse. Beispielsweise haben Hobbymusiker oder Hobbyschachspieler beträchtliche Beschäftigungszeiten aufzuweisen, ohne dass sie jemals ein außergewöhnliches Niveau erreicht hätten. Effektives Lernen aus der Sicht synthetischer Begabungsmodelle bedeutet deshalb *deliberate practice*. Natürlich können hier alle üblichen Lehrtechniken angewendet werden. Im Vordergrund steht dabei, den Begabten von Anfang an die für ihre Begabungsstruktur und Bedürfnisse ausreichenden Entwicklungsanreize, Lernangebote, Aufgaben und Gestaltungsmöglichkeiten zu bieten (vgl. Weinert 1992). Werden die Lernziele jedoch sehr hochgesteckt, reicht die Selbststeuerung der Lernenden nicht mehr aus. Das wird schnell deutlich, wenn man die rapiden Leistungszuwächse in vielen Domänen während der letzten Jahrzehnte betrachtet. Diese beruhen hauptsächlich auf Wissenszuwächsen hinsichtlich der optimalen Gestaltung von Lernprozessen. In der Regel hat sich deshalb in einer Domäne ein Grundstock bewährter Maßnahmen ausgebildet, der etwa durch Fachliteratur und Trainerschulungen erhalten, weiterentwickelt und verfeinert wird. Wichtigstes Kennzeichen des Lernprozesses ist dabei die permanente Verfolgung des Ziels, Leistungsgrenzen nach oben zu verschieben. Dazu bedarf es eines ausgeklügelten Feedbacks, was zumeist nur durch Experten oder erfahrene Trainer bereitgestellt werden kann. Aus diesem Grund sind Mentorensysteme (vgl. Zorman 1993) oder der kognitive Lehransatz (vgl. Collins/Brown/Newman 1989) mögliche Methoden, da in ihnen erfahrene Personen als Lehrer oder Trainer fungieren.

Im Gegensatz zur traditionellen Begabungsförderung zeichnen sich synthetische Begabungsmodelle durch die Betonung einer *ganzheitlichen Förderung* aus. Diese bezieht sich nicht nur auf die Person des Begabten, sondern zeichnet sich auch durch eine *ökologische Orientierung* aus. Diese umfasst eine Vielzahl an Einzelmaßnahmen, darunter allgemeine Investitionen in das Bildungssystem, Bau von Trainingsstätten, Bereitstellung spezieller Lerngelegenheiten (z.B. früher Zugang zur Universität), Aus- und Fortbildungsmaßnahmen von Lehrkräften und Trainern, Weiterentwicklung von Lern- und Trainingsmaterial, finanzielle Förderung (z.B. durch die Begabtenförderwerke).

Außergewöhnliche Expertise setzt einen reichhaltigen Erfahrungsschatz und eine enorme Wissensbasis voraus. Da eine tägliche Obergrenze von 3 bis 5 Stunden *deliberate practice* besteht, macht es wenig Sinn, wertvolle Lernzeit auf verschiedene Domänen aufzuteilen: Das notwendige Wissen wäre ansonsten kaum zu erwerben. Im Gegensatz zur traditionellen Begabungsförderung, die – etwas überzeichnet – Begabung als generelle Anlage zu Leistungseminenz begriff und daher eine multithematische Interessenförderung anstrebte, ist Begabtenförderung auf der Basis synthetischer Begabungsmodelle daher stärker auf eine Domäne fokussiert. Dies erscheint insbesondere vor dem Hintergrund ausbleibender Transfereffekte zwischen Domänen gerechtfertigt.

5 Ausblick

Die Begabungsforschung entwickelte sich in den letzten 100 Jahren zu einem bedeutsamen Forschungszweig der empirischen Sozialwissenschaften. Dominierte zunächst noch eine eher glorifizierende Sichtweise von Begabungen, gilt es heute als weitgehend akzeptiert, dass Begabungsentfaltung neben individuellen Voraussetzungen für Leistungshandlungen auch eines langwierigen Lernprozesses bedarf. Stützende Persönlichkeitscharakteristika sowie geeignete Lernumwelten spielen dabei eine überragende Rolle. Bedeutsame Folgen hatte die Einsicht, dass Leistungseminenz nur in wenigen Gebieten, meist nur in einem einzigen gezeigt werden kann. Die daraus entstehenden Konsequenzen für die Diagnose von Begabungen und deren Förderung sind vielfältig, wobei vermutlich die weitere Entwicklung zu einer stärkeren Diversifizierung des Forschungsfeldes führen wird: Je nach fokussierter Leistungseminenz wird man spezielle Identifikationssysteme einsetzen und spezifische Förderprogramme verwenden, die zudem flexibel auf die individuellen Erfordernisse des Begabten und sein Umfeld zugeschnitten werden müssen. Die wichtigsten Herausforderungen an die Begabungsforschung bestehen deshalb darin, (1) theoretische Analysen domänspezifischer Leistungsentwicklungen bereitzustellen, auf deren Basis gleichermaßen (2) reliable Diagnoseinstrumente zur Begabtenidentifikation wie auch (3) Fördervorschläge entwickelt werden können, die an individuelle Lernprozesse der Begabten adaptierbar sind.

Literatur

Ackerman, P.L. (1987): Individual differences in skill learning: An integration of psychometric and information processing perspectives. In: Psychological Bulletin, 102, S. 3–27.
Ackerman, P.L. (1992): Predicting individual differences in complex skill acquisition: Dynamics of ability determinants. In: Journal of Applied Psychology, 5, S. 598–614.
Benbow, C./Stanley, J. (1983): Academic precocity: Aspects of its development. Baltimore: John Hopkins University Press.
Binet, A./Simon, T. (1916): The intelligence of the feeble-minded. Baltimore: Williams & Wilkins Co.
Clark, B. (1992[4]): Growing up gifted. New York: Merrill.
Colangelo, N./Assouline, S.G./Gross, M.U.M. (Hrsg.) (2004): A nation deceived: How schools hold back America's brightest students (Vol. 1). Iowa City, IA: Kendall/Hunt.
Collins, A./Brown, J. S./Newman, S. E. (1989): Cognitive apprenticeship: Teaching the crafts of reading, writing, and mathematics. In: Resnick, L. B. (Hrsg.): Knowing, learning, and instruction. Hillsdale: Erlbaum, S. 453–494.
Dai, D.Y. (2008, in Druck). Essential tensions surrounding the concept of giftedness. In: Shavinina, L. (Hrsg.): International handbook on giftedness. Oxford: Elsevier.
DeHaan, R.G./Havighurst, R.J. (1957): Educating the gifted. Chicago: University Press.
Ericsson, K. A. (1998). The scientific study of expert levels of performance: general implications for optimal learning and creativity. In: High Ability Studies, 9, S. 75–100.
Ericsson, K.A./Charness, N./Feltovich, P./Hoffman, R.R. (Hrsg.) (2006): Cambridge handbook of expertise and expert performance. Cambridge: University Press.
Feldhusen, J.F./Jarvan, F.A. (1993): Identification of gifted and talented youth for educational programs. In: Heller, K. A./Mönks, F. J./Passow, A. H. (Hrsg.): International handbook of research and development of giftedness and talent. Oxford: Pergamon, S. 512-527.
Fels, C. (1999): Identifizierung und Förderung Hochbegabter in den Schulen der Bundesrepublik Deutschland. Bern u.a.: Haupt.
Freeman, F.N. (1920): Provision in the elementary school for superior children. In: Elementary School Journal, 21, S. 117–131.
Gagné, F. (1993): Constructs and models pertaining to exceptional human abilities. In: Heller, K. A./Mönks, F. J./Passow, A. H. (Hrsg.): International handbook of research and development of giftedness and talent. Oxford: Pergamon, S. 69-87.
Gallagher, J.J. (1985[3]): Teaching the gifted child. Boston: Allyn and Bacon.
Galton, F. (1883): Inquiry into human faculty and its development. London: Macmillan.
Gardner, H. (1986): The role of crystallizing experiences. In: Horowitz, F./O'Brien, M. (Hrsg.): Developmental perspectives on the education of the gifted. American Psychological Association, S. 74–102.
Gruber, H./Ziegler, A. (Hrsg.) (1996): Expertiseforschung. Theoretische und methodische Grundlagen. Opladen: Westdeutscher Verlag.
Gruber, H./Weber, A./Ziegler, A. (1996): Einsatzmöglichkeiten retrospektiver Befragungen bei der Untersuchung des Expertiserwerbs. In: Gruber, H./Ziegler , A. (Hrsg.): Expertiseforschung. Opladen: Westdeutscher Verlag, S. 169–190.
Heller, K.A. (1992): Giftedness research and education of the gifted in Germany. In: Mönks, F. J./Katzko, W./van Boxtel, H. W. (Hrsg.): Education of the gifted in Europe: Theoretical and research issues. Amsterdam: Swets en Zeitlinger, S. 71–85.
Heller, K.A. (1993): International trends and issues of research on giftedness. In: Wu, W. T./Kuo, C. C./Steeves, J. (Hrsg.): Growing up gifted and talented. Proceedings of the Second Asian Conference on Giftedness. Taipei, Taiwan): APAG, S. 93–110.
Heller, K.A. (1999): Hochbegabtenförderung: Individuelle und soziale Bedingungsfaktoren akademischer Leistungsexzellenz im Jugend- und frühen Erwachsenenalter. In: Hacker, W./Rinck, M. (Hrsg.): Zukunft gestalten. Lengerich: Papst, S. 288–302.
Heller, K.A./Mönks, F. J./Sternberg, R. J./Subotnik, R. F. (Hrsg.) (2000[2]): International Handbook of Giftedness and Talent. Oxford: Pergamnon.
Heller, K.A./Ziegler, A. (1996): Gender differences in mathematics and the sciences: Can attributional retraining improve the performance of gifted females? In: Gifted Child Quarterly, 40, S. 200–210.
Heller, K.A./Ziegler, A. (Hrsg.) (2007): Begabt sein in Deutschland. Berlin u.a.: LIT.
Hirsch, N.D.M. (1931): Genius and creative intelligence. Cambridge: Sci-art Publishers.
Hollingworth, L. (1926): Gifted children: Their nature and nurture. NY: The Macmillan company.

Howe, M.J.A./Davidson, J.W./Sloboda, J.A. (1998): Innate talents: Reality or myth? In: Behavioral and Brain Sciences, 21, S. 399–442.
Kluge, F. (1967): Etymologisches Wörterbuch der deutschen Sprache. Berlin: de Gruyter.
Marland, S.P. (1972): Education of the gifted and talented: Report to the Congress of the United States by the U.S. Commissioner of Education. Washington: U.S. Government.
Mönks, F.J. (1990): Hochbegabtenförderung als Aufgabe der Pädagogischen Psychologie. In: Psychologie in Erziehung und Unterricht, 37, S. 243–250.
Mönks, F.J. (1992): Development of gifted children: The issue of identification and programming. In: Mönks, F.J./Peters, W.A.M. (Hrsg.): Talent for the future. Assen/Maastricht: Van Gorcum, S. 191–202.
Phillipson, S.N. (2008, in Druck). The nature of mathematical giftedness: Integrating self, actions, and the environment to develop mathematical excellence. In: Shavinina, L. (Hrsg.): International handbook on giftedness. Oxford.
Pressey, S.L. (1949): Educational acceleration: appraisal of basic problems. Bureau of Educational Research Monographs, No. 31. Columbus, Ohio: State University.
Radford, J. (1990): Child prodigies and exceptional early achievers. In: The Psychologist, 7, S. 359–360.
Renzulli, J.S. (1986): The three-ring conception of giftedness. In: Sternberg, R.J./Davidson, J.E. (Hrsg.): Conceptions of giftedness. Cambridge: University Press, S. 96–111.
Rogers, K.B./Span, P. (1993): Ability grouping with gifted and talented students. In: Heller, K.A./Mönks, F.J./Passow, H. (Hrsg.): International handbook of research and development of giftedness and talent. Oxford: Pergamon, S. 727–741.
Rösler, F. (1992): Personalauslese, Training und Personalentwicklung in Organisationen. In: Frey, D./Graf Hoyos, C./Stahlberg, D. (Hrsg.): Angewandte Psychologie: Ein Lehrbuch. Weinheim: Beltz, S. 65–91.
Rost, D.H. (Hrsg.) (1993): Lebensumweltanalyse hochbegabter Kinder. Göttingen: Hogrefe.
Schmidt, F.L./Hunter, J.E./Outerbridge, A.N. (1988): The joint relation of experience and ability with job performance: A test of three hypotheses. In: Journal of Applied Psychology, 62, S. 529–540.
Schneider, W. (1993): Acquiring expertise: Determinants of exceptional performance. In: Heller, K.A./Mönks, F.J./Passow, A.H. (Hrsg.): International handbook of research and development of giftedness and talent. Oxford: Pergamon, S. 311–324.
Southern, W.T./Jones, E.D. (1991): Academic acceleration: Background and issues. In: Southern, E.D./Jones, W.T. (Hrsg.): The academic acceleration of gifted children. New York: Teachers College Press, S. 1–29.
Sternberg, R.J. (1993): Procedures for identifying intellectual potential in the gifted. In: Heller, K.A./Mönks, F.J./Passow, A.H. (Hrsg.): International handbook of research and development of giftedness and talent. Oxford: Pergamon, S. 185–207.
Sternberg, R./Davidson, J. (Hrsg.) (2005): Conceptions of giftedness. Cambridge,: University Press.
Tannenbaum, A.J. (1986): Giftedness: A psychosocial approach. In: Sternberg, R.J./Davidson, E. (Hrsg.): Conceptions of giftedness. New York: University Press, S. 21–52.
Terman, L.M. (1925): Genetic studies of genius. Mental and physical traits of a thousand gifted children (Vol. 1). Stanford: University Press.
Terman, L.M. (1954): The discovery and encouragement of exceptional talent. In: Barbe, W.B./Renzulli, J.S. (Hrsg.): Psychology and education of the gifted. New York: Irvington Publishers, S. 5–19.
VanTassel-Baska, J. (1982): Results of a Latin-based experimental study of the verbally precocious. In: Roeper Review, 4, S. 35–37.
VanTassel-Baska, J. (1993): Theory and research on curriculum development for the gifted. In: Heller, K.A./Mönks, J.F./Passow, A.H. (Hrsg.): International handbook of research and development of giftedness and talent. Oxford: Pergamon, S. 185–207.
Weinert, F.E. (1992): Wird man zum Hochbegabten geboren, entwickelt man sich dahin oder wird man dazu gemacht? In: Hany, E.A./Nickel, H. (Hrsg.): Begabung und Hochbegabung. Bern: Huber, S. 197–203.
Winner, E./Martino, G. (1993): Giftedness in the visual arts and music. In: Heller, K. A./Mönks, F. J./Passow, H. (Hrsg.): International handbook of research and development of giftedness and talent. Oxford,: Pergamon, S. 253–281.
Ziegler, A. (2005). The Actiotope Model of Giftedmess. In Sternberg, R./Davidson, J. (Hrsg.): Conceptions of giftedness. Cambridge, UK: University Press, S. 411–434.
Ziegler, A. (2008): Hochbegabung. München: UTB.
Ziegler, A./Heller, K.A. (1998): Motivationsförderung mit Hilfe eines Reattributionstrainings. In: Psychologie in Erziehung und Unterricht, 45, S. 216–229.
Ziegler, A./Heller, K.A. (2000): Conceptions of giftedness: A meta-theoretical perspective. In: Heller, K.A./Mönks, F.J./Sternberg, R./Subotnik, R. (Hrsg.): International handbook of research and development of giftedness and talent. Oxford: Pergamon, S. 1–23.

Ziegler, A./Perleth, C. (1995): Begabungs- und Erfahrungsansätze in der Berufspsychologie: Konkurrenz oder Komplementarität? In: Kusch, W. (Hrsg.): Begabtenförderung in der beruflichen Erstaus- und Weiterbildung. Neusäss: Kieser-Verlag, S. 7–20.

Ziegler, A./Stoeger, H. (2004): Identification based on ENTER within the conceptual framework of the Actiotope Model of Giftedness. Psychology Science, 46, 324–342.

Zorman, R. (1993): Mentoring and role modeling programs for the gifted. In: Heller, K.A./Mönks, F.J./Passow, H. (Hrsg.): International handbook of research and development of giftedness and talent. Oxford, UK: Pergamon, S. 727–741.

Frank Braun | Birgit Reißig | Jan Skrobanek

Jugendarbeitslosigkeit und Benachteiligtenförderung

Einführung

Vor dem Hintergrund der Warnungen vor einem demographisch bedingten Fachkräftemangel hat die Bundesregierung im Januar 2008 eine „Qualifizierungsinitiative" gestartet mit dem Ziel, „... das deutsche Aus- und Weiterbildungssystem in Qualität und Wirkungsbreite grundlegend zu verbessern. (...) Es ist ein Gebot der sozialen Gerechtigkeit und der wirtschaftlichen Vernunft, dass wir jetzt die Weichen für mehr und bessere Qualifizierung für alle stellen" (Bundesregierung 2008, S. 2-5). Die Zahl der Jugendlichen, die die Schule ohne Abschluss verlassen, soll innerhalb von fünf Jahren halbiert werden. „Jeder Bildungsweg soll zu einem Abschluss führen und damit eine berufliche Zukunft eröffnen" (ebd., S. 13).

Am Arbeitsmarkt benachteiligte Personengruppen sind erst einmal diejenigen, die in der Arbeitslosenstatistik überrepräsentiert sind. In der Altersgruppe der Erwerbspersonen unter 25 (so die von der Bundesagentur für Arbeit für Jugendarbeitslosigkeit definierte Altersgrenze) gilt dies insbesondere für junge Leute ohne Ausbildungsabschluss und Jugendliche bzw. junge Erwachsene mit Migrationshintergrund, die wiederum unter den Personen ohne Ausbildungsabschluss überrepräsentiert sind (Konsortium Bildungsberichterstattung 2006, S. 302). Insofern scheint der Zusammenhang zwischen Bildung/Qualifizierung und Arbeitsmarktrisiken junger Menschen auf den ersten Blick evident und die Qualifizierung „bildungsbenachteiligter" Jugendlicher als Strategie zur Verhinderung von Arbeitslosigkeit plausibel.

Allerdings hat schon 1984 Mertens auf das Paradox hingewiesen, dass Bildung einerseits eine immer wichtigere Voraussetzung für einen stabilen Erwerbsverlauf ist, diesen andererseits aber immer weniger garantiert (Mertens 1984). Ein Indiz dafür ist die Entwertung des Hauptschulabschlusses, der einst nicht nur formal sondern auch faktisch eine hinreichende Voraussetzung für eine Ausbildung in einem anerkannten Ausbildungsberuf war, inzwischen aber kaum noch einen direkten Zugang zu einer Berufsausbildung eröffnet (Reißig/Gaupp 2007, S. 12). Ein weiteres Indiz sind die wachsenden Probleme an der „zweiten Schwelle" (insbesondere in den neuen Bundesländern), also die Schwierigkeiten von Ausbildungsabsolventinnen und -absolventen, nach erfolgreichem Abschluss der Berufsausbildung in eine der Ausbildung entsprechende Arbeit einzumünden (Lutz 2001).

Insbesondere die Forschung zu den Übergängen zwischen Schule, Ausbildung und Erwerbsarbeit hat darüber hinaus die Aufmerksamkeit auf Benachteiligungen gerichtet, die nicht allein mit Merkmalen der Personen sondern auch mit Mustern von Übergangsverläufen erklärt werden können. In diesem Zusammenhang wurde der Begriff der „Maßnahmekarriere" in die Diskussion eingeführt, der einer differenzierten Betrachtung bedarf (siehe Abschnitt 2.).

Einen zentralen Hintergrund für die Benachteiligtenförderung bilden Analysen und Prognosen zum kontinuierlichen Rückgang von Einfacharbeitsplätzen bzw. Ungelerntentätigkeiten (Lappe 1999). Als Gründe werden die technologische Entwicklung, Veränderungen in der internationalen Arbeitsteilung und die Übergänge von der Industrie- zur Dienstleistungsgesellschaft bzw. zur „Wissensgesellschaft" genannt (Baethge/Solga/Wieck 2007). Allerdings wird Erwartungen eines generellen Anstiegs von Qualifikationsanforderungen auch widersprochen: In modernen Produktionssystemen kristallisiere sich „... eine durchaus heterogene Entwicklung der Qualifikationsanforderungen heraus" (Clement 2007, S. 37) und der Bedarf an „einfacher Arbeit" bestehe fort (ebd., S. 39).

Ausgehend von der Annahme eines engen Zusammenhanges zwischen Merkmalen des Bildungs-, des Ausbildungssystems und des Arbeitsmarktes einerseits und der Herausbildung von Benachteiligungen anderseits soll der Gegenstand „Jugendarbeitslosigkeit und Benachteiligtenförderung" in folgenden Schritten behandelt werden:

- In einem ersten Abschnitt wird das Thema in der zeitgeschichtlichen Perspektive behandelt, eine Perspektive, die in der Forschung zur Benachteiligtenförderung eher vernachlässigt wurde. Gezeigt werden soll, wie Zielsetzungen, Zielgruppen und Instrumente der Benachteiligtenförderung sich in Abhängigkeit von der Situation im Ausbildungssystem und dem Arbeitsmarktgeschehen herausbilden und verändern.
- Der zweite Abschnitt behandelt die Übergangsverläufe von der Schule in Ausbildung und Erwerbsarbeit bei bildungsbenachteiligten Jugendlichen. Wir wollen der Frage nachgehen, wie in diesen Übergangsverläufen Benachteiligungen verstärkt werden bis hin zum Ausschluss von regulärer Erwerbsarbeit und gesellschaftlicher Teilhabe. Wir wollen aber auch Hinweisen auf fördernde und kompensierende Mechanismen in diesen Verläufen nachgehen.
- Zum Abschluss wollen wir darstellen, was wir – möglicherweise etwas euphemistisch – die empirische Wende in der Benachteiligtenförderung nennen. Im Mittelpunkt dieses Abschnitts steht ein kurzer Blick auf empirische Arbeiten zu den Effekten von Maßnahmen der Benachteiligtenförderung.

1 Jugendarbeitslosigkeit und Benachteiligtenförderung in zeitgeschichtlicher Perspektive

1.1 „Arbeitslosigkeit und Berufsnot" in der Nachkriegszeit

Die Folgen des Zweiten Weltkrieges bildeten den Hintergrund der Benachteiligtenförderung der späten 1940er und frühen 1950er Jahre: im Krieg zerstörte Städte, Infrastruktureinrichtungen und Industrieanlagen, wirtschaftlich eher rückständige Regionen (in Bayern, Niedersachsen und Schleswig-Holstein) als Hauptauffanggebiete für die Flüchtlingsströme aus den „Ostgebieten", Arbeitsplatz- und Lehrstellenmangel fast überall, aber gleichzeitig eine unbefriedigte Nachfrage nach Lehrlingen und Arbeitskräften in einigen industriellen Zentren (etwa im Ruhrgebiet) und in der Landwirtschaft (vgl. Schelsky 1952). „Die Furcht, dass die Zeitläufe insbesondere die jungen Menschen nicht nur bindungslos, sondern auch arbeitsscheu machen könnten, beherrschte die Fachdiskussion. Denn es war nicht von der Hand zu weisen, dass das Vagabundieren und die vielfältigen Tricks des Organisierens für die Jugendlichen vergleichsweise effektivere Formen der Alltagsbewältigung darstellten" (Münchmeier 1989).

Eine zeitgenössische Untersuchung kam zu dem Schluss, dass „Unterstützungsbezug ohne Arbeit für die jugendlichen Arbeitslosen (...) sowohl im Interesse der Gesellschaft wie des Jugendlichen selbst eine sehr zwiespältige Maßnahme ist" und daher „Unterstützung (...) in der Form von Arbeits- und Ausbildungsmöglichkeiten erfolgen und jede längere Arbeitslosigkeit mit daraus abgeleitetem Unterstützungsanspruch verhindert werden müsste" (Wurzbacher 1952, S. 314).

Den „Gefahren der Not der arbeits-, berufs- und heimatlosen Jugend", so die damalige Begrifflichkeit (Will 1979, S. 133; Lenhartz 1952, S. 2), wurde mit einer Palette von Instrumenten begegnet, die bis heute zentrale Angebotsformen im Repertoire der Förderung benachteiligter Jugendlicher darstellen:

- Die Einrichtung von Jugendwohnheimen diente entweder der Unterbringung von Jugendlichen in Regionen mit Ausbildungs- und Arbeitsplätzen oder sie wurden – in Regionen mit Arbeitsplatzmangel – selbst Anbieter von Berufsvorbereitung, Berufsausbildung oder Beschäftigung (BAG JAW 1999, S. 120-121).
- Grundausbildungslehrgänge, die nach den Richtlinien des Bundesjugendplanes von 1951 den Lehrstoff des ersten Ausbildungsjahres vermitteln sollten, wurden als Ersatz „für eine ordentliche Ausbildung in Lehrstellen des Handwerks, des Handels, der Industrie oder der Landwirtschaft" geschaffen (BAG JAW 1999, S. 126).
- Jugendgemeinschaftswerke wurden insbesondere in den sogenannten Flüchtlingsländern (Bayern, Niedersachsen, Schleswig-Holstein) als arbeitsmarktpolitische „Notlösungen zur vorübergehenden Milderung von besonderen Notständen" eingerichtet (BAG JAW 1999, S. 130) und boten Jugendlichen „eine gemeinnützige und zusätzliche Arbeit" an (ebd.).

Die Finanzierung dieser explizit arbeitsmarktpolitisch ausgerichteten Angebote erfolgte aus Landesmitteln, Mitteln der Arbeitsverwaltung und dem Bundesjugendplan. Eine Untersuchung der Angebotsstruktur durch die Arbeitsverwaltung in Nordbayern bewertete diese als „erfolgreich für Mädchen", da Hauswirtschaftskurse und Nähstuben „leicht einzurichten" seien und als problematischer für Jungen, da „Bastelstuben (...) erfahrungsgemäß geringen berufsvorbereitenden Wert" hätten (Schirmer 1950, S. 17).

Bis etwa in die Mitte der 1950er Jahre galt so das Engagement der Arbeitsmarktpolitik
(1) der Förderung des Ausgleichs zwischen Regionen mit einem Überhang an Lehrstellen und Arbeitsplätzen und strukturschwachen Regionen mit hoher Arbeitslosigkeit durch die Förderung der Einrichtung von Wohnheimen,
(2) dem Ersatz fehlender Lehrstellen durch Grundausbildungslehrgänge und andere außerbetriebliche Qualifizierungsangebote und
(3) dem Ausgleich für fehlende Arbeitsplätze durch gemeinnützige oder zusätzliche befristete Beschäftigungsmöglichkeiten insbesondere in den Jugendwerken.

Adressaten solcher Angebote waren primär ausbildungs- bzw. beschäftigungsfähige Jugendliche – in heutiger Terminologie: die „Marktbenachteiligten" – , während eine Zuständigkeit etwa der Arbeitsverwaltung für die Förderung von Jugendlichen, „die in ihrer sozialen und beruflichen Wertigkeit schwach oder nicht vorteilhaft genug ausgerüstet sind", – also für die „individuell Benachteiligten" – explizit verneint wurde (Busold 1952, S. 245).

1.2 Vollbeschäftigung und Arbeitskräftemangel: Mobilisierung von benachteiligten Jugendlichen als Arbeitskräftereserve für den leergefegten Arbeitsmarkt

Eine Wende kam mit der wachsenden Nachfrage nach Arbeitskräften: Die Arbeitsverwaltung begann mit der „verstärkten Betreuung nicht berufsfähiger Jugendlicher" (Giggel 1956, S. 1-4): „(...) der wachsende Bedarf der westdeutschen Wirtschaft" – so die Begründung – „(wird) die Berufsnachwuchslage grundlegend verändern und es notwendig machen, alle körperlich und geistig geeigneten Jugendlichen einer Ausbildung oder für die Volkswirtschaft nützlichen Tätigkeit zuzuführen, um den erhöhten Bedarf an Nachwuchs- und Arbeitskräften zu decken" (ebd., S. 1).

Erst 1969 fand die veränderte Perspektive der Arbeitsmarktpolitik mit der Ablösung des Gesetzes über Arbeitsvermittlung und Arbeitslosenversicherung (AVAVG) durch das Arbeitsförderungsgesetz (AFG) einen grundsätzlich neuen rechtlichen Rahmen. Die Aufgaben der Bundesanstalt für Arbeit wurden dahingehend erweitert, dass Arbeitslosigkeit und unterwertige Beschäftigung durch konjunkturelle, strukturelle und technologische Entwicklungen bzw. durch Behinderungen auf Seiten der Erwerbstätigen vermieden, beseitigt und ausgeglichen werden sollten. Die finanziellen Hilfen zur Förderung der Berufsausbildung wurden ausgeweitet (vgl. Kost 1974, S. 282).

Die berufliche Förderung der Benachteiligten wurde als deren Grundrecht deklariert: Die „verfassungsmäßige Ordnung" begründe für jeden das „Recht auf freie Entfaltung seiner Persönlichkeit, auf Entwicklung seiner Anlagen und Kräfte nach seinen Neigungen und auf freie Wahl des Berufes und des Arbeitsplatzes" (Kost 1974, S. 284). Also dürfe auch Jugendlichen mit Störungen in der körperlichen, seelischen oder sozialen Entwicklung, behinderten Jugendlichen, Jugendlichen mit Leistungsbeeinträchtigungen und Lernstörungen „das Recht auf angemessene Entwicklung nicht versagt werden" (ebd.).

1.3 Lehrstellenmangel und Jugendarbeitslosigkeit ab Mitte der siebziger Jahre

Zwischen 1970 und 1975 halbierte sich die Zahl der der Berufsberatung zur Vermittlung gemeldeten betrieblichen Ausbildungsplätze. Die Jugendarbeitslosigkeit (in der Gruppe der unter 20-Jährigen) schnellte von ca. 70.000 im September 1974 auf über 123.000 im Januar 1975 empor (vgl. Meisel 1976, S. 240). Vor diesem Hintergrund und angesichts des Vorrückens geburtenstarker Jahrgänge in die Abschlussklassen der Schulen prognostizierte ein Forscherteam des Instituts für Arbeitsmarkt- und Berufsforschung (IAB) eine „drohende Ausbildungskrise" mit einem langjährigen „Bewerberstau" und einer „Bewerberabdrängung durch Zertifikatsqualität" (Kühlenwind/Mertens/Tessaring 1975, S. 10).

Der Ausbau berufsvorbereitender Maßnahmen wurde fortgesetzt, konzentrierte sich aber vorübergehend auf die – aus der Nachkriegszeit bekannten – Grundausbildungslehrgänge. Für die Durchführung der Maßnahmen wurden Rahmenpläne entwickelt und vorgeschrieben, für den Einsatz pädagogischer Fachkräfte wurden Personalschlüssel vorgegeben. Das System der berufsvorbereitenden und Beschäftigungsangebote der Benachteiligtenförderung bekam den Charakter eines stabilen Provisoriums mit einerseits wachsender Professionalisierung durch Kontinuität der Leistungserbringung, andererseits Effizienzdefiziten durch den provisorischen Charakter und die häufig prekären Bedingungen der Finanzierung von Maßnahmen und Trägern. 1982 fand die (bereits 1975 veröffentlichte) Prognose, dass die Ausbildungskrise sich durch den Bewerberstau nicht in wenigen Jahren auflösen und eine dauerhafte Ausgrenzung bestimmter Nachfragergruppen zur Folge haben würde, in der Einrichtung des Benachteiligtenprogramms durch das Bundesbildungsministerium ihren Niederschlag. Als Anschlussangebot für Absolventinnen und Absolventen berufsvorbereitender Bildungsgänge und andere Gruppen von Jugendlichen mit „individuellen Benachteiligungen", die keinen Zugang zu einer betrieblichen Berufsausbildung fanden, wurde die Möglichkeit der Vollausbildung in außerbetrieblichen Ausbildungseinrichtungen etabliert und entwickelte sich zu einem stabilen Tätigkeitsfeld für Bildungsträger und Träger der Jugendsozialarbeit. Durch Personalschlüssel (den Einsatz von Ausbildern, Stützlehrern und sozialpädagogischen Fachkräften) und Curriculum-Entwicklung wurde u.a. ein Konzept einer „Sozialpädagogischen Berufsausbildung" institutionalisiert, das berufs-, arbeits-, schul- und sozialpädagogische Elemente integrierte (vgl. Petzold 1999). Die Professionalisierung der Benachteiligtenausbildung, die 1979 in die Regelförderung des §40c des AFG übernommen wurde (vgl. Fülbier 1989), wurde durch Forschungs-, Entwicklungs- und Weiterbildungsarbeiten spezialisierter Forschungs- und Entwicklungseinrichtungen unterstützt und vorangetrieben (HIBA und INBAS). Dies galt auch für das Angebot ausbildungsbegleitender Hilfen (abH), die im Rahmen desselben Programms zur flankierenden Unterstützung einer betrieblichen Ausbildung von benachteiligten Jugendlichen etabliert wurden.

Kennzeichnend für die Ambivalenz der Benachteiligtenförderung (etwa der Benachteiligtenausbildung nach §40c AFG) war ein langjähriges Festhalten an zwei „Lebenslügen": Über fünfzehn Jahre war die – in der Sache korrekte – Bezeichnung der Benachteiligtenausbildung als „außerbetrieblich" tabuisiert. Vorgegeben wurde die Begrifflichkeit der „Ausbildung in überbetrieblichen Einrichtungen", die – absichtsvoll missverständlich – ein die betriebliche Ausbildung ergänzendes Angebot suggerierte. Zum anderen gilt bis heute noch als Prinzip der Benachteiligtenausbildung, dass diese im Grundsatz nur im ersten Jahr außerbetrieblich erfolgt und in den Folgejahren betrieblich fortgesetzt wird. Tatsächlich wird dieser Grundsatz nur im Ausnahmefall eingehalten.

1.4 Neue Qualifizierungs- und Arbeitsmarktpolitik ab 2000

Mit der Aufnahme der „Berufsausbildungsvorbereitung" ins Berufsbildungsgesetz (2002), der Veröffentlichung eines neuen Fachkonzepts zur Berufsvorbereitung durch die Bundesagentur für Arbeit (2004), dem Abschluss des Ausbildungspakts im Juni 2004 und dem Inkrafttreten des Zweiten Sozialgesetzbuches (SGB II) im Jahr 2005 wurden Weichen für eine tief greifende Veränderung der Beratung, Betreuung, Förderung und Vermittlung von Jugendlichen auf dem Weg von der Schule ins Arbeitsleben gestellt.

Die auf die berufliche Integration von Jugendlichen gerichteten Aktivitäten wurden an zwei Punkten neu ausgerichtet:

Eine erste Veränderung betraf die Gestaltung der berufsvorbereitenden Angebote, die der Vorbereitung Jugendlicher auf die Anforderungen einer Berufsausbildung dienen. Kennzeichen sollen sein: eine individualisierte passgenaue Förderung, eine neue Gewichtung von Arbeit und Qualifizierung, eine stärkere Beteiligung von Betrieben des ersten Arbeitsmarktes, eine Begrenzung der Teilnahmedauer und eine insgesamt wirtschaftlichere Erbringung von Förderleistungen (vgl. Bertelsmann Stiftung 2007, S. 60).

Eine zweite Veränderung betraf die Verfahren und Ziele der Beratung, Betreuung und Vermittlung junger Arbeitsloser, insbesondere junger Arbeitsloser im Rechtskreis des Zweiten Sozialgesetzbuches. Angewandt werden sollten Verfahren des Fallmanagements, Sanktionsmöglichkeiten wurden verstärkt und die Vermittlung in Betriebe des ersten Arbeitsmarktes sollte Priorität haben (vgl. ebd., S. 62–67).

In einem weiteren Entwicklungs- und Argumentationsstrang wird die Weiterentwicklung der Benachteiligtenförderung mit Bestrebungen zu einer besseren Vergleichbarkeit und Anrechenbarkeit von Qualifizierungsaktivitäten auf europäischer Ebene verknüpft (vgl. Baethge/Solga/Wieck 2006; Euler/Severing 2006; IG Metall 2007). Vorschläge für strukturelle Veränderungen im (dualen) Ausbildungssystem durch „Ausbildungsbausteine" (vgl. Euler/Severing 2006) werden u.a. damit begründet, dass eine Modularisierung der Ausbildung helfen könne, dass Jugendliche, die nicht sofort einen Abschluss erhalten „...wenigstens die Chance auf eine Teilqualifikation" hätten (Becker/Schütt 2007, S. 14). Mit der Quasi-Setzung eines „...dualen Ausbildungsabschlusses als Mindeststandard beruflicher Qualifikation" (Clement 2007, S. 38) würde eine große Zahl von Menschen vom Arbeitsmarkt weit gehend ausgeschlossen.

Dabei hat die Begründung von strukturellen Veränderungen des Ausbildungssystems mit Hinweisen auf die Situation bildungsbenachteiligter Jugendlicher Tradition: Bereits Mitte der 1970er Jahre schlug der Gesamtverband der metallindustriellen Arbeitgeberverbände die Einführung neuer zweijähriger „Monoberufe" für „Produktionsfacharbeiter" vor: „Durch die kürzere Ausbildungszeit, so wurde argumentiert, würde eine Vergrößerung der Ausbildungskapazitäten zur Versorgung der geburtenstarken Jahrgänge erreicht. Die geringeren Anforderungen eröffneten auch Jugendlichen mit schlechteren schulischen Voraussetzungen den Zugang zur Facharbeiterausbildung und bewahrten sie vor dem Ungelerntenschicksal" (Braun/Gravalas 1981, S. 13). Die argumentative Verbindung von quantitativen und Strukturfragen des Ausbildungssystems mit der Fürsorge für die Leistungsschwachen, Lernbeeinträchtigten oder sozial Benachteiligten blieb seitdem ein immer wiederkehrendes Thema in den Debatten über Wege zur „beruflichen Qualifizierung der Ungelernten" (Braun/Müller 2007, S. 1).

2 Übergangsforschung

Den Debatten um die Merkmale benachteiligter Jugendlicher und optimalen Verfahren ihrer Förderung auf ihren Wegen von der Schule in Ausbildung und Erwerbsarbeit stand ein eher unzureichendes Wissen über diese Wege gegenüber. Insbesondere zu den Übergangs- und Erwerbsverläufen von Haupt- oder Förderschülern von der Schule in Ausbildung und Erwerbsarbeit kann die Forschung nur auf eine sehr begrenzte Zahl von systematischen Untersuchungen zurückgreifen, die zum Großteil innerhalb der letzten zehn Jahre entstanden sind.

Zunächst sind hier die (retrospektiv angelegten) Lebensverlaufs-Untersuchungen des Max-Planck-Instituts für Bildungsforschung zu nennen, die eine erste zentrale Quelle für das Verständnis und die Erklärung von Übergangsverläufen darstellen (vgl. Hillmert/Mayer 2004; Solga 2004, 2005; Wagner 2005). Auf der Basis der Daten der Befragung der Geburtskohorten 1964 und 1971 (Personen deutscher Herkunft, die in Westdeutschland die Schule besucht haben) wurden die Bildungs-, Ausbildungs- und Erwerbsverläufe derjenigen analysiert, die am Ende ihres Regelschulbesuchs in Förder- oder Hauptschulen den Hauptschulabschluss nicht erworben hatten.[1] Zu fast 90 Prozent traten diese Jugendlichen in das Berufsbildungssystem

---

[1] Allerdings ist die Aussagekraft der Studie insbesondere durch die geringe Fallzahl der Gruppe gering qualifizierter Jugendlicher stark eingeschränkt.

(einschließlich des Systems Förderangebote) ein und schlossen zu fast 60 Prozent eine Berufsausbildung ab (vgl. Solga 2004, S. 52). Eintritts- und Abschlussquoten unterscheiden sich allerdings deutlich zwischen denjenigen, die nach dem Regelschulbesuch noch nachträglich den Hauptschulabschluss erworben hatten, und den jungen Erwachsenen, die bis zur Vollendung des 25. Lebensjahres noch immer keinen Hauptschulabschluss hatten (vgl. ebd.).

In einer prospektiv angelegten Längsschnittstudie haben Dietz u.a. die Bildungs- und Ausbildungswege von 424 Bremer Schulabgängern verfolgt und dabei Hauptschüler mit Abschluss mit Hauptschülern ohne Abschluss bzw. Absolventen der Sonderschule verglichen. Nach dreieinhalb Jahren hatte von den Hauptschülern mit Abschluss jede/r Fünfte die Berufsausbildung abgeschlossen (aber nur vier Prozent der Vergleichsgruppe), jede/r Dritte (aber nur sechs Prozent der Vergleichsgruppe) befand sich noch in dem nach der Schule begonnenen Ausbildungsverhältnis. 35 Prozent der Jugendlichen ohne Abschluss (aber nur sechs Prozent der Jugendlichen mit Hauptschulabschluss) hatten ihre Qualifizierungsanstrengungen eingestellt (vgl. Dietz 1997, S. 266).

Ebenfalls prospektiv angelegt war die Längsschnittstudie von Hiller (1999) zu den „Karrieremustern junger Männer mit geringem Schulerfolg". Hiller hat über einen Zeitraum von sechs Jahren die Bildungs-, Ausbildungs- und Erwerbsverläufe von 64 jungen Männern verfolgt, die 1998 ein Berufsvorbereitungsjahr an einer berufsbildenden Schule in Reutlingen abgeschlossen hatten. Von diesen hatten 25 zuvor die Förderschule besucht, 26 kamen aus der Hauptschule (davon zehn mit Abschluss), acht hatten eine „internationale Vorbereitungsklasse" (für Migranten mit geringen Deutschkenntnissen) absolviert (vgl. Hiller 1999, S. 128ff.). Bei den insgesamt 64 Fällen ergibt die Auswertung die folgenden Verteilungen auf unterschiedliche Karrieremuster (ebd., S. 134-138): 28 Fälle stuft Hiller als „Ausbildungskarrieren" ein, darunter dreizehn als Standard-Ausbildungskarrieren, bei denen der Ausbildung maximal zwölf Monate Berufsvorbereitung voraus gingen und auf die Ausbildung oder Erwerbsarbeit folgte. In neun Fällen ging der Ausbildung eine Berufsvorbereitung von mehr als zwölf Monaten voraus, in fünf Fällen gelang es nach der Ausbildung nicht, am Arbeitsmarkt Fuß zu fassen. Von insgesamt 21 „Jobberkarrieren" stuft Hiller fünfzehn als relativ stabil, sechs als eher prekär ein (ebd., S. 136). Merkmal der sieben Maßnahmekarrieren war die Teilnahme an einer Vielfalt von Maßnahmen, ohne dass sich eine innere Logik der Abfolge erkennen ließe, in der Regel unterbrochen von längeren Zeiten der Arbeitslosigkeit. Die sieben Arbeitslosigkeitskarrieren schließlich charakterisiert Hiller auch als „Nichterwerbskarrieren", weil für sie eine große Distanz zum Arbeitsmarkt kennzeichnend ist (vgl. ebd.).

Lex (1997) hat retrospektiv die Bildungs-, Ausbildungs- und Erwerbsverläufe von 2.232 Jugendlichen und jungen Erwachsenen erhoben, die sich zum Zeitpunkt der Befragung in einem Förderangebot der Jugendsozialarbeit befanden. Vier von zehn Befragten hatten keinen Hauptschulabschluss bzw. nur den Abschluss der Sonderschule (vgl. Lex 1997, S. 119f.). Je geringer die Qualität des Schulabschlusses, desto häufiger nahmen die Jugendlichen an Fördermaßnahmen teil (vgl. ebd., S. 238). Gleichzeitig erhöhte sich insbesondere bei Personen ohne Schulabschluss mit zunehmender Dauer der absolvierten „Förderschleifen" das Risiko, dass der Einstieg in eine reguläre Berufsausbildung nicht gelang (vgl. ebd., S. 167).

Prein (2006) hat die Bildungs-, Ausbildungs- und Erwerbskarrieren von 5.469 jungen Erwachsenen (retrospektiv) erhoben, die in den Jahren 2000 bis 2004 eine Berufsvorbereitende Bildungsmaßnahme absolviert haben (weiterführend Förster/Kuhnke/Skrobanek 2006). Von diesen hatten fünf Prozent den Abschluss der Sonderschule, weitere 42 Prozent hatten keinen Hauptschulabschluss. In ihren Bildungs-, Ausbildungs- und Erwerbsverläufen weisen

Absolventen der Sonderschule bzw. ohne Hauptschulabschluss im Vergleich zu Befragten mit Real- und Hauptschulabschluss eine Reihe von Unterschieden auf: Deutlich häufiger hatten die ehemaligen Sonderschüler bzw. Personen ohne Hauptschulabschluss in ihren Verläufen Phasen lang anhaltender Arbeitslosigkeit. Deutlich häufiger auch haben sie sich überwiegend oder gar ausschließlich in Angeboten des zweiten Arbeitsmarktes aufgehalten. Deutlich seltener weisen sie Qualifizierungs- und Beschäftigungsphasen im ersten Arbeitsmarkt auf (vgl. Prein 2006, S. 43).

Das Deutsche Jugendinstitut verfolgt seit 2004 in einer bundesweit durchgeführten Längsschnittuntersuchung die Bildungs- und Ausbildungswege von Jugendlichen, die 2003/2004 das letzte Schuljahr einer Hauptschule (oder den Hauptschulzweig einer Sekundarschule) besucht haben (vgl. Reißig/Gaupp/Lex 2008). Für den Zeitraum von 2004 bis Ende 2006 stellen sich diese Wege wie folgt dar:

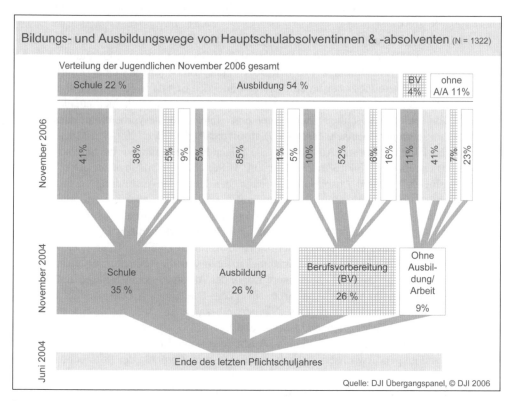

(Die Quersummen addieren sich nicht zu 100% auf. Dies liegt daran, dass einige mögliche Stationen der Jugendlichen (Wehr- und Zivildienst, freiwilliges soziales/ökologisches Jahr, Praktika, Auslandsaufenthalte) aufgrund von geringen Fallzahlen in der Auswertung nicht berücksichtigt wurden.)

Die Durchführung dieser Untersuchung wurde von Entwicklungsarbeiten und Methodenstudien begleitet: Es wurde ein Fragebogen für die Klassenzimmerbefragung entwickelt und getestet, der den eingeschränkten sprachlichen Kompetenzen eines Teils der Untersuchungspopulation gerecht wurde. Die Instrumente für die Computer gestützten Telefonbefragungen (CATI) wurden für die Zielgruppe angepasst und erprobt. Die Effekte des Wechsels von Instrumenten (vom

Fragebogen zum Telefoninterview) wurden in einer Methodenstudie überprüft (Gaupp/Kuhnke 2008). Es wurden zielgruppenspezifische Verfahren der Panelpflege entwickelt und ihre Wirksamkeit in einer Studie zur Panelmortalität geprüft (Kuhnke 2008). Schließlich wurden angesichts des hohen Anteils von Jugendlichen mit Migrationshintergrund in der Stichprobe die Effekte des Einsatzes unterschiedlicher Migrationsindikatoren geklärt (Kuhnke 2006).

Profitiert hat die Übergangsforschung in Deutschland von einer Reihe von meist im Längsschnittdesign angelegten Untersuchungen in anderen europäischen Ländern aber auch in Nordamerika und Australien. Allerdings gilt es einschränkend zu konstatieren, dass aufgrund der Spezifik des deutschen Übergangssystems direkte Vergleichsmöglichkeiten im internationalen Kontext eher selten gegeben sind.[2]

Die Ergebnisse der Übergangsforschung machen deutlich: Vor dem Hintergrund des Mangels an betrieblichen Ausbildungsplätzen und des hohen Niveaus der Arbeitslosigkeit hat Benachteiligtenförderung (nicht nur in Deutschland) für einen großen Teil der jungen Generation an Bedeutung gewonnen. In Deutschland führt für die Mehrzahl der betreffenden Jugendlichen bzw. jungen Erwachsenen die Teilnahme an diesen Hilfen zu einer Verlängerung der Phase des Übergangs von der Schule in die Erwerbsarbeit. Die Übergangsverläufe sind in den meisten Fällen insofern erfolgreich, als die Jugendlichen den Abschluss einer Ausbildung in einem anerkannten Ausbildungsberuf erreichen, was in der Bundesrepublik die qualifikatorische Mindestausstattung für Erwerbsarbeit darstellt. Für eine Minderheit von Jugendlichen allerdings verläuft der Weg von der Schule über eine Vielzahl von Stationen von Qualifizierungs- und Beschäftigungsangeboten und endet in der beruflichen Marginalität.

3 Empirische Wende in der Benachteiligtenförderung

Mit der Neuorientierung der Qualifizierungs- und Arbeitsmarktpolitik hat in der Fachöffentlichkeit die Diskussion über die Wirksamkeit vorhandener Programme und Instrumente sowie über deren Wirtschaftlichkeit deutlich an Gewicht gewonnen (vgl. Brinkmann/Koch/Mendius 2006; Brinkmann/Wießner 2002; Enggruber 2004; Hujer/Bellmann/Brinkmann 2000; Nicaise/Bollens 2000). Diese Diskussion hat inzwischen auch die Benachteiligtenförderung erreicht, wobei trotz der wachsenden Erfahrungen und der bisher vorliegenden Untersuchungsergebnisse viele der aufgeworfenen Fragen immer noch ungeklärt sind. Hinzu kommt, dass mit der Verfeinerung der Evaluierungsmethodologie immer wieder neue Fragen und Probleme aufgeworfen werden.

Als Grunddefizit der Mehrzahl der Evaluationsstudien wird gesehen, dass diese in der Regel allein nach den Effekten der Förderung fragen und diese im Vergleich zu Kontrollgruppen, die diese Förderung nicht erfahren haben, zu ermitteln suchen. Kriterien sind: Einkommensverbesserungen, der Erwerb von Abschlüssen, die unmittelbare oder längerfristige Vermittlung in Arbeit, selten die Persönlichkeitsentwicklung der TeilnehmerInnen (vgl. Nicaise/Bollens 2000). Demgegenüber werden die Inhalte und Gestaltungen der Maßnahmen und Programme zumeist als „Black Box" behandelt, deren Wirkung für Erfolg und Misserfolg unaufgeklärt bleibt. Insbesondere problematisch sind Ansätze, die sich allein auf Eingliederungsbilanzen

---

2 Für weitergehende Informationen über internationale Studien siehe z.B. Böni 2003; Dubet/Lapeyronnie 1994; Furlong u.a. 2003; Goux/Maurin 1998; Hammer 2003; Imdorf 2005; Lamb/McKenzie 2000; Marks 2006.

stützen (vgl. Luschei/Trube 2000). In einem wissenschaftlichen Sinn problematisch sind sie deshalb, weil sie nicht-intendierte Effekte kaum oder überhaupt nicht berücksichtigen. Sie sind kontraproduktiv, da der verengte Blick auf die Eingliederungszahlen das Creaming von potentiell Erfolgreichen befördert. Schließlich geben sie kaum weiterführende Hinweise auf erklärende Faktoren für eine erfolgreiche Integration in weiterführende Bildung, Ausbildung oder Arbeit. Vor diesem Hintergrund wird für polyvalente Evaluations- und Erklärungsmodelle plädiert (vgl. Luschei/Trube 2000, S. 533; Nicaise/Bollens 2000), die deutlicher die Qualität der Ansätze in den Blick nehmen (vgl. Trube 1999).

Bojanowski, Eckardt und Ratschinski (2004) stellen insgesamt fest, dass die Forschung zur Benachteiligtenförderung bisher wenig koordiniert und zumeist sehr kurzfristig angelegt ist. Dennoch ist es einer Reihe von Instituten und Institutionen gelungen, wichtige Ergebnisse zur Förderung von benachteiligten Jugendlichen zu liefern. Diese lassen sich, so die Autoren, drei Dimensionen zuordnen: a) Theorieentwicklung, b) empirische Studien und c) Einzel- und Modellversuche (vgl. ebd., S. 9). Bezogen auf die empirischen Studien sowie die Einzel- und Modellversuche kommen sie zu dem Schluss, dass eine systematische Überprüfung bisheriger Förderkonzepte grundlegend fehlt (vgl. ebd., S. 15). Aufgrund dessen werden in jüngster Zeit verstärkt Anstrengungen unternommen, die Wirkungen spezifischer Ansätze und Maßnahmensets für Erfolg und Misserfolg von Benachteiligtenförderung systematischer als bisher zu untersuchen (vgl. Brinkmann/Wießner 2002).

Diesem Ansatz folgend, wurde in einer Untersuchung von Luschei und Trube (2000) evaluiert, ob und in welchem Ausmaß Dauer- bzw. Langzeitarbeitslose durch eine individuelle passgenaue Förderung, nämlich der Entwicklungs- und Vermittlungs-Assistenz (EVA), wieder langfristig in den Arbeitsmarkt integriert werden konnten. Verwendet wurde ein Experimental- und Kontrollgruppendesign, dass im Sinne eines polyvalenten Ansatzes ausgewertet wurde. Evaluiert wurden in diesem Rahmen die Struktur-, Produkt-, Prozess- und Procederequalität. Im Ergebnis zeigt sich eine relativ schlechte Eingliederungsbilanz, die die Autoren insbesondere in der vergleichsweise suboptimalen Procederequalität bei den Verfahrensweisen und Methoden sehen. Die Procederequalität resultierte aus einer eher wenig zielgerichteten Auswahl der durchführenden Träger, der nicht befriedigenden Qualifikation und Erfahrung der Mitarbeiter und in der teilweise fragwürdigen Methodik der Maßnahmedurchführung. Da die Procederequalität quasi das Grundgerüst für die nachfolgende Produkt- und Prozessqualität bildet, wurden letztere direkt beeinträchtigt.

Ab dem Jahr 2000 wurden im Rahmen der Evaluation eines Modellprogramms des Bundesjugendministeriums rund 2.000 Teilnehmerinnen und Teilnehmer an einer Sonderform berufsvorbereitender Bildungsmaßnahmen zu drei Zeitpunkten befragt: Zum Zeitpunkt des Eintritts in die Maßnahme, bei Beendigung der Maßnahme und sechs bis zwölf Monate nach Verlassen der Maßnahme (vgl. Förster/Kuhnke/Skrobanek 2006). Zusätzlich wurden die vor Eintritt in die Maßnahme seit Verlassen der Schule absolvierten Bildungs-, Qualifizierungs-, Erwerbs- und Erwerbslosigkeitsepisoden erhoben. Die Ergebnisse zeigten, dass der untersuchte Förderansatz den Jugendlichen Fortschritte insbesondere im Bereich der generellen Lebensführung brachte, weniger aber im Hinblick auf konkrete Schritte zur beruflichen Integration.

In derselben Untersuchung wurden in den Jahren 2002-2004 mittels eines quasi-experimentellen Designs die Fördereffekte dieser Sonderform von Berufsvorbereitung mit dem damaligen Regelangebot der Berufsvorbereitung (Maßnahmen zur Verbesserungen beruflicher Bildungs- und Eingliederungschancen) verglichen. Die Effekte der Förderung wurden mit Hilfe eines fragebogengestützten Pre- und Posttest (am Beginn und am Ende der Förderung) sowie einer sechs Monate nach Ende der Förderung durchgeführten Folgebefragung (CATI = Computer gestützte Telefon-Interviews) überprüft. Um optimale Vergleichbarkeit zwischen den beiden Untersuchungsgruppen herzustellen, wurde ein Matching-Ansatz entwickelt und eingesetzt. Die Ergebnisse bestätigten die Stärke der Sonderform von Berufsvorbereitung bei der Aufarbeitung von Problembelastungen der Jugendlichen. Das Regelangebot erwies sich dagegen bei der anschließenden Vermittlung in Berufsausbildung als deutlich wirksamer (vgl. Schreier 2006; Skrobanek 2003; Skrobanek/Mittag 2006).

Arbeitsbeschaffungsmaßnahmen (ABM) galten lange Zeit als ein wichtiges Instrument aktiver Arbeitsmarktpolitik. Allerdings stand eine umfassende Wirkungsanalyse mit Berücksichtigung von Effektheterogenitäten bisher noch aus. Aufgrund der abgeschlossenen Aufbereitung der prozessproduzierten Daten – d.h. die Verfügbarkeit umfangreicher Kundendaten – der Bundesagentur für Arbeit war es ab 2005 möglich, die Wirkung eines Instruments aktiver Arbeitsmarktpolitik wie der ABM erstmalig mit Berücksichtigung zielgruppenspezifischer Unterschiede in den Effekten zu untersuchen (Brinkmann u.a. 2006). Gerade unter dem Blickwinkel der Benachteiligtenförderung von Jugendlichen ohne Berufsausbildung sind diese Analysen von Bedeutung. Insgesamt wurde deutlich, dass der Großteil der Teilnehmer im Hinblick auf eine Integration am ersten Arbeitsmarkt von der ABM nicht profitieren konnte. Allerdings zeigte sich auch, dass insbesondere Langzeitarbeitslose und Personen mit gesundheitlichen Einschränkungen explizit profitierten, d.h. eine wirkliche Verbesserung der Integrationschancen hatte die ABM fast ausschließlich bei Personengruppen, die landläufig als schwer vermittelbar gelten (ebd. 2006). Schließlich wurde deutlich, dass Effekte subventionierter Beschäftigung umso größer sind, je mehr sie regulärer Beschäftigung ähneln.

Mit dem EQJ-Sonderprogramm des Bundes zur Einstiegsqualifizierung Jugendlicher wurde im Rahmen des „Nationalen Paktes für Ausbildung und Fachkräftenachwuchs in Deutschland" ein Programm aufgelegt, das leistungsschwächeren Jugendlichen gezielte Unterstützung beim Einstieg in den Ausbildungs- und Beschäftigungsmarkt ermöglichen soll (vgl. Kühnlein/Klein 2005). In einer Evaluation der Einführung und Umsetzung der neuen Einstiegsqualifikationen in der Wirtschafts- und Arbeitsregion „Westfälisches Ruhrgebiet" zeigte sich, dass sich insbesondere die Erwartungen hinsichtlich der Integration von Jugendlichen mit schlechten Startchancen – d.h. mit fehlenden oder schlechten kulturellen, ökonomischen oder sozialen Kapitalien – durch EQJ in Ausbildung und Arbeit nicht erfüllt haben (vgl. ebd., S. 37). Vielmehr führte die Implementation von EQJ-Angeboten zu einem auffallenden Creaming der Teilnehmerinnen und Teilnehmer (vgl. ebd., S. 37).

Für die Fortentwicklung der Benachteiligtenförderung lassen sich aus den referierten Forschungsergebnissen folgende Schlüsse ziehen:

1. Ziel der Förderung von Jugendlichen muss die Entwicklung eines erweiterten Arbeitsvermögens sein, das eine möglichst hohe berufsfachliche Qualifikation und berufsspezifische als auch übergreifende soziale Kompetenzen einschließt.
2. Es muss bei den Jugendlichen die Entwicklung einer Orientierungs- und Handlungskompetenz unterstützt werden, die gegenüber der Unübersichtlichkeit der Arbeitswelt strategisches Handeln und die Gestaltung der eigenen Arbeitsbiographie ermöglicht. Auf Selbsttätigkeit und Entscheidungsfähigkeit zu setzen, birgt zwar das Risiko der Überforderung und des Ausschlusses von Jugendlichen, die diesen Anforderungen nicht gewachsen sind. Jedoch ist das Risiko der Überbetreuung von Jugendlichen weit größer als das Risiko der Überforderung.

3. Notwendig ist eine Gesamtreform des Übergangssystems, die die Hilfen zur beruflichen Integration in ein integriertes System des Übergangs von der Schule ins Arbeitsleben zurückführt. Eine solche Gesamtreform wird durch eine große Vielfalt von Zuständigkeiten erschwert (Braun/Marquart/Richter 2007). Möglicherweise bieten Versuche einer besseren Koordination auf lokaler Ebene („lokales Übergangsmanagement") Lösungsansätze (vgl. Bertelsmann Stiftung 2007).

4 Literatur

BAG JAW (Hrsg.) (1999): Ordnung der Begriffe. In: BAG JAW (Bundesarbeitsgemeinschaft Jugendsozialarbeit): Fünfzig Jahre Bag Jaw. Im Spiegel von Zeitzeugen und historischen Dokumenten. Bonn: BAG JAW.
Baethge, M./Solga, H./Wieck, M. (2007): Berufsbildung im Umbruch. Signale eines überfälligen Aufbruchs. Berlin: Friedrich-Ebert-Stiftung.
Becker, R./Schütt, S. (2007): Note Fünf für Deutschlands Bildung. In: Frankfurter Rundschau, 4. August 2007, S. 14.
Bertelsmann Stiftung (Hrsg.) (2007): Leitfaden Lokales Übergangsmanagement. Gütersloh: Verlag Bertelsmann Stiftung.
Bojanowski, A./Eckardt, P./Ratschinski, G. (2004): Forschung in der Benachteiligtenförderung. Sondierungen in einer unübersichtlichen Landschaft. In: bwp@, Nr. 6, URL: http://www.bwpat.de/ausgabe6/ (30.5.08)
Braun, F./Gravalas, B. (1981): Die Ausbildung der Ungelernten. München: Verlag Deutsches Jugendinstitut.
Braun, F. /Marquardt, E. /Richter, U. (2007): Unterstützungsangebote in Deutschland für bildungsbenachteiligte Jugendliche beim Übergang von der Schule in den Beruf. Halle/München: Deutsches Jugendinstitut.
Braun, F./Müller, M. (2007): Lokales Übergangsmanagement - Handlungsbedarf und Handlungsspielräume. Halle/ München: Deutsches Jugendinstitut.
Brinkmann, C./Wießner, F. (2002): Zur Wirkungsforschung aktiver Arbeitsmarktpolitik – neue Herausforderungen für Monitoring und Evaluation. In: Kleinhenz, G. (Hrsg.): IAB-Kompendium Arbeitsmarkt- und Berufsforschung. Beiträge zur Arbeitsmarkt und Berufsforschung 250. Nürnberg: IAB, S. 373–386.
Brinkmann, C./Koch, S./Mendius, H.G. (2006): Wirkungsforschung und Politikberatung – eine Gratwanderung? Nürnberg: IAB.
Brinkmann, C./Caliendo, M./Hujer, R./Thomson, S. L. (2006): Zielgruppenspezifische Evaluation von Arbeitsbeschaffungsmaßnahmen. Gewinner und Verlierer. In: IAB Forschungsbericht. H. 5. S. 1–37.
Die Bundesregierung (Hrsg.) (2008): Aufstieg durch Bildung – Qualifizierungsinitiative der Bundesregierung.
Busold, K. (1952): Zum gegenwärtigen Stand der Berufsnot der Jugendlichen. In: Das Arbeitsamt, H. 3, S. 243–245.
Clement, U. (2007): Kompetent für einfache Arbeit? Anforderungen an Arbeit in modernen Produktionssystemen. In: Abteilung Wirtschafts- und Sozialpolitik der Friedrich-Ebert-Stiftung (Hrsg.): Perspektiven der Erwerbsarbeit: Einfache Arbeit in Deutschland. Bonn: Friedrich-Ebert-Stiftung, S. 35–45.
Dietz, G.-U. (1997): „Lehre tut viel ..." - Berufsbildung, Lebensplanung und Delinquenz bei Arbeiterjugendlichen. Münster: Votum-Verlag.
Enggruber, R. (2004): Kritische Notizen zum ‚Neuen Fachkonzept für die Berufsvorbereitenden Bildungsmaßnahmen' der Bundesagentur für Arbeit. In: Jugend Beruf Gesellschaft, 55, H. 4, S. 210–216.
Euler, D./Severing, E. (2006): Flexible Ausbildungswege in der Berufsbildung. Nürnberg/St. Gallen: Universität.
Förster, H./Kuhnke, R./Skrobanek, J. (Hrsg.) (2006): Am Individuum ansetzen. Strategien und Effekte der beruflichen Förderung von benachteiligten Jugendlichen. München: Verlag Deutsches Jugendinstitut.
Fülbier, P. (1989): Quo vadis, Benachteiligtenprogramm? Stand und Perspektiven der Berufsausbildung benachteiligter Jugendlicher. In: Die Heimstatt, 37, S. 67–74.
Furlong, A./Cartmel, F./Biggart, A./Sweeting, H./West, P. (2003): Youth Transitions: Patterns of Vulnerability and Processes of Social Inclusion, Central Research Unit. Edinburgh: Scottish Executive.
Gaupp, N./Kuhnke, R. (2008): Einsatz unterschiedlicher Erhebungsmethoden bei bildungsbenachteiligten Jugendlichen. Ein Vergleich. In: Reißig, B./Gaupp, N./Lex, T. (Hrsg.): Hauptschüler auf dem Wege von der Schule in die Arbeitswelt. München: Verlag Deutsches Jugendinstitut.
Giggel, E. (1956): Verstärkte Betreuung auch nicht berufsfähiger Jugendlicher. In: Das Arbeitsamt, H. 7, S. 1–4.
Hammer, T. (2003): Youth unemployment and social exclusion in Europe. A comparative study. Bristol: Policy Press.
Hiller, G.G. (1999): Karrieremuster junger Männer mit geringem Schulerfolg im Bereich Ausbildung und Beschäftigung in den ersten sechs Jahren nach ihrer Entlassung aus allgemeinbildenden Schulen. In: Hofsäss, T. (Hrsg.): Ju-

gend – Arbeit – Bildung. Zum Krisenmanagement mit arbeitslosen Jugendlichen. Berlin: Verlag für Wissenschaft und Bildung, S. 113–148.
Hillmert, S./Mayer, K.U. (Hrsg.) (2004): Geboren 1964 und 1971. Neuere Untersuchungen zu den Ausbildungs- und Berufschancen in Westdeutschland. Wiesbaden: VS Verlag für Sozialwissenschaften.
Hujer, R./Bellmann, L./Brinkmann, Ch. (2000): Evaluation aktiver Arbeitsmarktpolitik – Probleme und Perspektiven. In: Mitteilungen aus der Arbeitsmarkt- und Berufsforschung, 33. Jg., S. 341–344.
IG Metall Vorstand, Ressort Bildungs- und Qualifizierungspolitik (Hrsg.) (2007): Fachlich kompetente Arbeit in Europa. Expertenworkshop. Frankfurt a.M.: IG Metall Vorstand.
Imdorf, C. (2005): Schulqualifikation und Berufsfindung. Wie Geschlecht und nationale Herkunft den Übergang in die Berufsbildung strukturieren. Wiesbaden: VS Verlag für Sozialwissenschaften.
Konsortium Bildungsberichterstattung (Hrsg.) (2006): Bildung für Deutschland. Ein indikatorengeschützter Bericht mit einer Analyse zur Bildung und Migration. Bielefeld: Bertelsmann Verlag.
Kost, W. (1974): Berufsvorbereitende Maßnahmen als Hilfen zur beruflichen Eingliederung noch nicht berufsreifer Jugendlicher. In: Die Heimstatt, 22. S. 282–290.
Kühlenwind, G./Mertens, D./Tessaring, M. (1975): Zur drohenden Ausbildungskrise im nächsten Jahrzehnt. Eine Modellrechnung zur Aufnahmefähigkeit des beruflichen Bildungssystems für Übergänger aus dem allgemeinbildenden Schulsystem bis 1990. Nürnberg: IAB.
Kühnlein, G./Klein, B. (2006): Ein Jahr Erfahrungen mit EQJ-Maßnahmen in der Region „Westpfälisches Ruhrgebiet". Dortmund: Hans-Böckler-Stiftung.
Kuhnke, R. (2006): Indikatoren zur Erfassung des Migrationshintergrundes. Arbeitsbericht im Rahmen der Dokumentationsreihe: Methodische Erträge aus dem „DJI-Übergangspanel". Wissenschaftliche Texte 2/2006.
Kuhnke, R. (2008): Stichprobenausschöpfung und Panelmortalität. In: Reißig, B./Gaupp, N./Lex, T. (Hrsg.): Hauptschüler auf dem Wege von der Schule in die Arbeitswelt. München: Verlag Deutsches Jugendinstitut.
Lappe, L. (1999): Berufliche Chancen Jugendlicher in der Bundesrepublik Deutschland. In: Aus Politik und Zeitgeschichte, H. 26, S. 30–39.
Lenhartz, R. (1952): Dreieinhalb Jahre Bundesarbeitsgemeinschaft Jugendaufbauwerk. Informations-Rundbrief zur sozialen Lage der Jugend. In: BAG JAW (Hrsg.) (1999): Fünfzig Jahre BAG JAW. Im Spiegel von Zeitzeugen und historischen Dokumenten. Bonn: BAG, S. 6–8.
Lex, T. (1997): Berufswege Jugendlicher zwischen Integration und Ausgrenzung. Arbeitsweltbezogene Jugendsozialarbeit. Bd. 3. München: Verlag Deutsches Jugendinstitut.
Luschei, F./Trube, A. (2000): Evaluation und Qualitätsmanagement in der Arbeitsmarktpolitik – Einige systematische Vorüberlegungen und praktische Ansätze zur lokalen Umsetzung. In: Mitteilungen aus der Arbeitsmarkt und Berufsforschung 33. Nürnberg: IAB, S. 533–549.
Lutz, B. (2001): Im Osten ist die zweite Schwelle hoch. Fehlende Arbeitsplätze und Nachwuchsstau vor den Toren des Arbeitsmarktes. Forschungsbericht. Halle/ S.: ZSH.
Meisel, H. (1976): Jugendarbeitslosigkeit – Ausbildungsstellenmangel. Lösungsmöglichkeiten aus der Sicht der Bundesanstalt für Arbeit. In: Die Heimstatt, 24, S. 238–255.
Mertens, D. (1984): Das Qualifikationsparadox. Bildung und Beschäftigung bei kritischer Arbeitsmarktperspektive. In: Zeitschrift für Pädagogik, 30. Jg., S. 439–455.
Münchmeier, R. (1989): Vierzig Jahre Jugendhilfe. In: DJI-Bulletin 13. München: Verlag Deutsches Jugendinstitut.
Nicaise, I./Bollens, J. (2000): Ausbildungs- und Beschäftigungschancen für benachteiligte Personen. Arbeitspapier 5/2000 aus dem Forschungsschwerpunkt Übergänge in Arbeit. München/Leipzig: Deutsches Jugendinstitut.
Petzold, H.-J. (1999): Die Benachteiligtenförderung nach §40c AFG in der Bundesrepublik Deutschland. In: BAG JAW (Hrsg.): Fünfzig Jahre BAG JAW. Im Spiegel von Zeitzeugen und historischen Dokumenten. Bonn: BAG JAW, S. 92–97.
Prein, G. (2006): Schulerfahrungen und Berufsverläufe benachteiligter Jugendlicher. In: Förster, H./Kuhnke, R./Skrobanek, J. (Hrsg.): Am Individuum ansetzen. Strategien und Effekte der beruflichen Förderung von benachteiligten Jugendlichen. München: Verlag Deutsches Jugendinstitut, S. 27–61.
Reißig, B./Gaupp, N. (2007): Schwierige Übergänge von der Schule in den Beruf. In: Aus Politik und Zeitgeschichte 28/9, S. 10–17.
Reißig, B./Gaupp, N./Lex, T. (Hrsg.) (2008): Hauptschüler auf dem Wege von der Schule in die Arbeitswelt. München: Verlag Deutsches Jugendinstitut.
Schelsky, H. (Hrsg.) (1952): Arbeitslosigkeit und Berufsnot der Jugend. 2 Bände. Köln: Bund-Verlag.
Schirmer, A. (1950): Erfahrungen in Nordbayern. In: Das Arbeitsamt, H. 1, S. 17–18.
Schreier, K. (2006): FSTJ und BBE – eine vergleichende Analyse von Teilnehmern und Effekten der Förderung. In: Förster, H./Kuhnke, R./Skrobanek, J. (Hrsg.): Am Individuum ansetzen. Strategien und Effekte der beruflichen Förderung von benachteiligten Jugendlichen. München: Verlag Deutsches Jugendinstitut, S. 184–209.

Skrobanek, J. (2003): TeilnehmerInnen in BBE-Maßnahmen – Erste Befunde einer bundesweiten Befragung. DJI-Arbeitspapier 1/2003. München/Leipzig:Verlag Deutsches Jugendinstitut.

Skrobanek, J./Mittag, H. (2006): Ist mehr auch gleich besser? Ein quasi-experimenteller Vergleich zwischen FSTJ und BBE. In: Förster, H./Kuhnke, R./Skrobanek, J. (Hrsg.): Am Individuum ansetzen. Strategien und Effekte der beruflichen Förderung von benachteiligten Jugendlichen. München: Verlag Deutsches Jugendinstitut, S. 210–232.

Solga, H. (2004): Ausgrenzungsgefahren trotz Integration – die Übergangsbiographien von Jugendlichen ohne Schulabschluss. In: Hillmert, S./Mayer, K.U. (Hrsg.): Geboren 1964 und 1971. Neuere Untersuchungen zu Ausbildungs- und Berufschancen in Westdeutschland. Wiesbaden: VS Verlag für Sozialwissenschaften, S. 39–64.

Solga, H. (2005): Ohne Abschluss in die Bildungsgesellschaft. Opladen: Verlag Barbara Budrich.

Trube, J. (1999): Beschäftigung und Qualifizierungsmaßnahmen – tut die freie Wohlfahrtspflege das Richtige? In: Theorie und Praxis der sozialen Arbeit, H. 10, S. 384–389.

Wagner, S.J. (2005): Jugendliche ohne Berufsausbildung. Aachen: Shaker Verlag.

Will, H.-D. (1979): Die verlorene Schlacht der Jugendhilfe. Die Stellung des Jugendamtes während der Jugendarbeitslosigkeit 1950-1955. In: Lenhardt, G. (Hrsg.): Der hilflose Sozialstaat. Jugendarbeitslosigkeit und Politik. Frankfurt a.M.: Suhrkamp, S. 130–173.

Wurzbacher, G. (1952): Das Verhältnis der männlichen jugendlichen Arbeitslosen zu Arbeit und Beruf. In: Schelsky, H. (Hrsg.): Arbeitslosigkeit und Berufsnot der Jugend. Bd. 1. Köln: Bund-Verlag, S. 237–314.

Hans Gruber | Monika Rehrl

Netzwerkforschung

1 Einleitung

In der Bildungsarbeit wird der Ruf nach Vernetzung immer lauter. In den vergangenen Jahrzehnten wurden nicht nur internationale Verbünde in der Bildungspolitik forciert, sondern auch regionale Netzwerke von Schulen und Weiterbildungseinrichtungen ins Leben gerufen (vgl. Berkemeyer u.a. 2008). Die Nutzung von Ressourcen durch Vernetzung ist ein wesentlicher Bestandteil zum Umgang mit den steigenden Herausforderungen im Bildungssektor. In der empirischen Bildungsforschung wächst dementsprechend der Bedarf an Netzwerkanalysen, deren Ziel es ist, Entwicklungsaktivitäten einzelner Akteure im Kontext größerer Beziehungsgeflechte zu untersuchen. Anfänge sind hauptsächlich in der Darstellung von größeren Bildungsnetzwerken gemacht. Es bedarf aber noch genauerer Untersuchungen, wie einzelne Akteure Netzwerke nützen, sich darin weiterentwickeln und in diesem Zuge Netzwerke verändern und erneuern. Dazu ist es notwendig, sowohl das Individuum als auch dessen Netzwerkstrukturen zu betrachten. Dann nämlich wird dem theoretischen Fundament der Netzwerkforschung entsprochen, das eine theoretische und methodische Verbindung von menschlicher Aktion und sozialer Struktur proklamiert.

Im Folgenden wird zunächst aufgezeigt, inwiefern Lerntheorien die Interdependenz von Individuum und Kontext aufgreifen. Anstelle einer methodischen Synthese von Individuum und Kontext finden sich allerdings häufig Diskussionen um die methodische Voranstellung einer der beiden Bestandteile. Auf ähnliche Weise bildeten sich im Rahmen der Netzwerkforschung zwei Lager zwischen Makro- und der Mikrostudien (vgl. Ibarra/Kilduff/Tsai 2005). Netzwerkanalysen auf Makroebene untersuchen die strukturellen Eigenschaften und Aktionen in größeren Systemen wie etwa Organisationen oder Verbünden von Organisationen. Auf Mikroebene dagegen wird individuelles – meist strategisches – Handeln einzelner Akteure in deren personalen Netzwerken untersucht. Beide Forschungsstränge werden zunächst separat beleuchtet, bevor Beispiele aufgezeigt werden, wie ihre Synthese im Bildungskontext aussehen kann.

2 Die Verbindung zwischen Netzwerkanalysen und Bildungsforschung

Die Verbindung zwischen soziologisch orientierten Netzwerkanalysen und der Bildungsforschung ist nicht ohne weiteres zu erschließen. Eine Brücke lässt sich zunächst über eine theoretische Auseinandersetzung mit dem Begriff „Lernen" bauen.

Theorien, die ein Bild von Lernen als ausschließlich individuellem Prozess vermitteln, der ausschließlich als Wissenserwerb im Gedächtnis von Einzelnen abläuft, werden zunehmend kritisiert, ebenso die damit oft assoziierte klassische Unterrichtsform in Schule und anderen Bildungseinrichtungen. Dass Lernende von einer „wissenden" Lehrperson in formalen Unterrichtssettings abstrakte Wissenseinheiten aufnehmen, mit bereits vorhandenem Vorwissen verknüpfen und sie im Gedächtnis abspeichern, entspricht einer Sichtweise, die Lernen als abstrakten Wissenserwerbsprozess in einem rein formellen Prozess darstellt.

Theorien situierten Lernens (vgl. Lave/Wenger 1991) dagegen betonen insbesondere die Kontextspezifität von Lerninhalten und Lernaktivitäten. Jedes Wissen und Handeln ist untrennbar mit situativen Gegebenheiten und Herausforderungen eines historisch gewachsenen Umfelds verbunden. Lernen bedeutet in diesem Zusammenhang, immer mehr zu einem verantwortungsvollen Teilnehmer in den sozialen Aushandlungsprozessen einer Praxisgemeinschaft zu werden (vgl. Wenger 1998).

Formelles und situiertes Lernen werden in der Literatur oft als gegensätzliche Lernformen dargestellt (vgl. Anderson/Reder/Simon 1997). Ersteres wird kognitivistischen Theorien des Wissenserwerbs zugeordnet und mit situiertem Lernen als sozialem Prozess der Partizipation in einem Praxisfeld kontrastiert. Diese Unterscheidung trägt jedoch nicht, denn kognitive und situative Momente finden sich in jedem Lernprozess. Individuen sind stets eingebunden in Interaktionen innerhalb institutioneller Strukturen, die eine historisch gewachsene Kultur mit sich bringt (vgl. Gruber/Harteis/Rehrl 2008). Die kulturellen Werte, Wissensbestände und Werkzeuge beeinflussen Inhalt und Art der sozialen Interaktionen und des Lernens. Auch ein Verständnis von Lernen als hauptsächlich kognitivem Prozess impliziert das Hineinwachsen in eine Praxisgemeinschaft (vgl. Wenger 1998).

Netzwerkanalysen bieten einen theoretischen und methodischen Weg, beide Aspekte des Lernens – individuelle Kognition und sozialer Kontext – zu verbinden. Durch die Analyseeinheit der Beziehungen zwischen einzelnen Individuen wird der soziale Kontext messbar gemacht. Vertreten wird eine relationale bzw. systemische Sicht auf soziale Strukturen, die die Eingebundenheit (*embeddedness*) von Akteuren (vgl. Granovetter 1985) fokussiert. Dabei wird ein strukturalistischer Determinismus vermieden, der eine eindimensionale Wirkung der Sozialstruktur auf das Individuum beinhaltet, aus deren Zwang sich das Individuum kaum befreien kann (vgl. Field et al. 2006). Netzwerktheoretiker plädieren für eine theoretische und methodische Darstellung der Wechselwirkung des sozialen Kontexts und der individuellen (Lern-)Handlungen, durch deren Rückwirkungen wiederum der soziale Kontext weiterentwickelt wird (vgl. Lawrence 2008). Vertreter dieser strukturellen Handlungstheorie verbinden strukturelle Komponenten und akteursbezogene Komponenten durch ein Mikro-Makro-Modell (vgl. Burt 1982). Die Makrostruktur bildet eine relationale und nach Positionen stratifizierte Sozialstruktur ab. Die Mikroebene befasst sich mit den Akteuren, die die soziale Struktur reproduzieren und unter Umständen verändern.

In der Bildungsforschung werden auf der Makroebene mittels sozialer Netzwerkanalysen Lernkontexte in Form von formalen Bildungsnetzwerken, Institutionen oder informellen Praxisgemeinschaften analysiert. Der Begriff „Netzwerk" steht als Metapher für eine Verkettung von Beziehungen, in der Annahme, dass direkte und indirekte Beziehungen im Netzwerk Auswirkungen auf individuelle (Lern-)Aktivitäten im Netzwerk haben. Im Gegensatz zu einem metaphysischen Verständnis einer Sozialstruktur aus abstrakten Normen und Werten erhält der soziale Kontext hier einen konkreten empirischen Zugang. Definiert wird das Netzwerk durch eine sinnvoll begrenzte Ansammlung von Knotenpunkten (Akteure) und deren Beziehungen untereinander (vgl. Jansen 2003). Knotenpunkte oder auch Akteure im Lernnetzwerk können unterschiedlichster Art sein, etwa ein Personennetzwerk aus Weiterbildnern, ein Institutionennetzwerk aus Bildungseinrichtungen oder ein Ländernetzwerk aus bildungspolitischen Gremien.

Die Mikroebene beschreibt den komplementären Teil zur Wechselwirkung zwischen Lernkontext und Lerner. In diesen Analysen werden Lern- und Entwicklungsaktivitäten der einzelnen Knotenpunkte dargestellt, etwa in Form des Aufbaus und Erhalts von Beziehungen sowie der Motive, Erfahrungen und konkreten Handlungen. Die strategische Ausrichtung von Individuen in ihrer Partizipation in Netzwerken wird durch egozentrische Netzwerkanalysen erhoben.

In der Anwendungsforschung liegen bislang vornehmlich soziale Netzwerkanalysen in ihrer Makroperspektive auf größere Bildungssysteme vor. Inwiefern einzelne Akteure auf Mikroebene die strukturellen Eigenschaften ihres Lernkontexts nutzen, sich darin anpassen oder die Strukturen weiterentwickeln, war bisher nur selten Untersuchungsgegenstand.

3 Makroebene: Netzwerkforschung über Bildungssysteme

3.1 Grundlagen

Bildungspolitik und Bildungspraxis wurden in den letzten Jahrzehnten durch Veränderungen im Zuge der Globalisierung und Technologisierung mit erheblichen Herausforderungen konfrontiert. Entwicklungen lassen sich in zwei scheinbar gegensätzlichen Strömungen bezüglich Bildungsangelegenheiten beobachten.

Einerseits geht die Tendenz zur Internationalisierung von Bildungssystemen (vgl. Tippelt in diesem Band). Eine globalisierte Welt bedarf vergleichbarer Bildungsangebote und -abschlüsse über nationale Grenzen hinweg. Die Debatte in Deutschland um Bildungsstandards und die Betonung von Leistungstests nach länderübergreifenden Standards in Schule und Weiterbildung verdeutlichen diese Strömung (vgl. Klieme u.a. 2003; Köller in diesem Band).

Im Hochschulwesen erzielte die Bologna-Deklaration (vgl. Eckardt 2005) große Wirkung bezüglich der Einführung einheitlicher und vergleichbarer Hochschulabschlüsse. Die Einführung von modularisierten Bachelor- und Master-Studiengängen und Credit Point-Systems (ECTS) folgte der Logik einer Internationalisierung. In der Folge beginnen Universitäten, sich nicht nur in der Forschung, sondern auch in der Lehre international zu vernetzen. Als gegenläufiger Trend fördert die Fokussierung auf nationale und internationale Bildungssysteme aber auch eine Stärkung regionaler Bildungsstrukturen (vgl. Weishaupt in diesem Band). Im Gegensatz zur Vernetzung zentralisierter administrativer Systeme bringt die Globalisierung für die Regionen einen erhöhten Bedarf an flexiblen, dezentralen Bildungsstrukturen mit sich.

Statt übergeordneter, internationaler Standards treten Schlagworte wie „Selbstorganisation" und „lebenslanges Lernen" in einem sich stetig wandelnden Arbeitsmarkt in den Vordergrund. In Regionen streben daher Wirtschaft, Politik und Pädagogik eine neue Bildungsinfrastruktur (vgl. Faulstich/Wilbers 2002) an, in der Schulen, Weiterbildungsinstitutionen und Wirtschaftseinrichtungen kooperieren. Lebenslange Lernprozesse selbstorganisiert und für jede Region spezifisch zu gestalten, ist ein wichtiger Motor für die Bevölkerung in ländlichen Regionen. Dazu müssen staatliche Förderungs- und Bildungseinrichtungen, kommunale Verwaltungsinstitutionen und private Arbeits- und Wirtschaftsorganisationen aufeinander abgestimmt werden und zusammenarbeiten.

Entsprechend dieser Annahmen wird Vernetzung u.a. von der EU seit einigen Jahren in Projekten der „Lernenden Regionen" (Tippelt u.a. 2006) propagiert und unterstützt. Lernende Regionen haben sowohl persönliche Weiterentwicklungen als auch ökonomische und kulturelle Verbesserungen der Region zum Auftrag. Es geht beim Aufbau des Netzwerks nicht nur um eine verbesserte Bildungsbedarfsanalyse zwischen Arbeitsmarkt und Bildungsinstitutionen und demzufolge um eine bessere Abstimmung zwischen zielgruppenähnlichen Weiterbildungsträgern. Über die Einzelinteressen von Bürgern, Bildungsträgern und Wirtschaftsorganisationen soll eine kollektive Lernkultur in der Region entstehen, die auf gemeinsamen Ziel- und Wertvorstellungen fußt (vgl. Emminghaus/Tippelt 2009). Es ist demzufolge nicht zu fragen, was denn Qualifikationsstrategien zur regionalen Ökonomie beitragen können, sondern eher, welche Strukturen gesichert und geschaffen werden müssen, um Entfaltung der Personen, die in einer Region leben, auch bezüglich ihrer Bildung zu ermöglichen (vgl. Gruber u.a. 2006).

Aber nicht nur in der Weiterbildungslandschaft, auch im Rahmen von Ausbildungsinstitutionen bilden sich Schulverbünde, die sich in letzter Zeit im Zuge von Schulreformprojekten etablieren (vgl. Berkemeyer u.a. 2008). Schulen sind durch eine demographisch schwindende Schülerzahl mit Schließungen und Konkurrenzsituationen konfrontiert und zudem gefordert, Schüler auf aktuellen Stand mit innovativen didaktischen Mitteln auszubilden. Im Zuge der Innovation von Schulen werden Reformierungsbewegungen in die Wege geleitet, innerhalb derer Schulen neue Wege der effizienten Zusammenarbeit erarbeiten.

3.2 Makrotheoretische Fragestellungen

Soziale Netzwerkanalysen untersuchen (Makro-)Systeme, wie etwa Weiterbildungsnetzwerke oder Schulverbünde, um Lern- und Entwicklungskontexte abzubilden. Generell lassen sich bei den Zielen sozialer Netzwerkanalysen zeitbasierte Untersuchungen von Evolution bzw. Dynamik von Netzwerken sowie statische Erhebungen von Eigenschaften der Netzwerkstruktur, gegebenenfalls in Kombination mit Ausprägungen auf der Handlungsebene, unterscheiden.

3.2.1 Netzwerkevolution und Netzwerkdynamik

Fragestellungen zur Evolution und Dynamik von Netzwerken fokussieren das Thema der Innovation oder – im engeren pädagogischen Kontext – der Wissensentwicklung und Wissensverteilung.

Analysen dieser Thematik unter netzwerkspezifischen Gesichtspunkten zeigen, dass Informationsverteilung in Netzwerken mit besonders stark verbundenen und sehr ähnlichen Akteuren gefördert wird. Theorien zur *social contagion* modellieren, wie sich Individuen in Netzwerken gegenseitig an die Verhaltens- und Denkweisen anpassen und ähnliche Ideen transportieren bzw. gemeinsames Gedankengut entwickeln (vgl. Bovasso 1996). Die Diffusion von Innovation wird in entsprechenden Studien nachgezeichnet.

Solche Prozesse der Entwicklung von Netzwerken entstehen nicht nach dem Zufallsprinzip, sondern folgen bestimmten Gesetzmäßigkeiten. Es leuchtet ein, dass die bekanntesten und zentralsten Knotenpunkte neue Kontakte anziehen. In den Wissenschaften wurde dies etwa in Bezug auf Co-Autorschaften empirisch untersucht (vgl. Newman 2004). Dabei wird die herkömmliche Methode der Soziogramme, die nur für kleine Gruppen handhabbar ist, zunehmend durch statistische Matrizen-Analysen großer Netzwerke ersetzt (vgl. Scott 2000).

Im Bildungskontext finden Studien zur Evolution und Dynamik von Netzwerken vermehrt in regionalen Schulentwicklungsprojekten bzw. Weiterbildungsnetzwerken unter der Fragestellung der Innovation statt. Innovationsnetzwerke entstehen in vielen Praxisfeldern, in Wirtschaftsorganisationen ebenso wie in pädagogischen Arbeitsbereichen (vgl. Manger 2006).

Forschungsfragen zur Dynamik innerhalb der Netzwerke zeigen zum einen die Verteilung von Wissen und Innovation (vgl. Coleman/Elihu/Menzel 1966), zum anderen aber auch Erweiterungen eines kollektiven Wissensfundus und der Kooperation (vgl. Bovasso 1996). Nicht nur Produktion und Reproduktion von Systemen werden untersucht, sondern auch die Entwicklung neuer Lernstrukturen und Lerninhalte innerhalb eines Systems. Ziel ist es, Strukturen für Innovation und Entwicklungen zu identifizieren, die sich als besonders lerneffektiv erweisen.

Als Beispiel ist Tippelt/Schmidts (2007) Untersuchung zu Übergängen in Lernenden Regionen zu nennen, die das Erlangen einer neuen Entwicklungsstufe in fest definierten Systemen dokumentiert.

Forschung zur Dynamik von Netzwerken bedient sich überwiegend qualitativer Methoden. Meist sind es Fallstudien, die das Innovationspotential von Netzwerken darstellen (vgl. Manger 2006). An dieser Herangehensweise ist zu kritisieren, dass sie meist deskriptiv bleibt und auf individueller Deutung und Interpretation der Akteure basiert. Daher wird der Ruf nach quantitativen Verfahren zur Analyse von Innovation in Netzwerken lauter (vgl. Rehrl/Gruber 2007). Entsprechende Arbeiten zur längsschnittlichen Untersuchung zur Dynamik in Netzwerken sind bisher rar, obwohl Software zu deren Analyse bereits zur Verfügung steht (SIENA; vgl. Snjiders 2005). Die meisten Studien entstanden in der Forschung über „Computer-Supported Collaborative Learning" (CSCL) oder „Networked Learning" (vgl. De Laat u.a. 2007).

3.2.2 Strukturmerkmale von Netzwerken

Studien zur Netzwerkstruktur erheben die strukturellen Eigenschaften eines Verbundsystems in einer statischen Momentaufnahme. Dabei wird Struktur anhand einer Verbindung der Gruppenebene und der individuellen Ebene dargestellt, indem relationale Beziehungsdaten mit attributiven Akteursmerkmalen zusammengefügt werden (vgl. Wasserman/Faust 2004).

In Analysen überindividueller Struktureigenschaften wird die Verteilung von Macht und Ressourcen, das Spannungsverhältnis zwischen Kooperation und Vertrauen, die Bedeutsamkeit vorhandener Regeln oder die Funktionalität der Beziehungen fokussiert (vgl. Sydow u.a. 2003).

Häufig stehen solche Analysen in Zusammenhang mit dem Aufbau von Sozialkapital. Dieser auf Bourdieu (1983) zurück gehende Begriff wird in Netzwerktheorien auf Netzwerk- und Akteursebene neu diskutiert. Sozialkapital ist zunächst definiert durch Ressourcen und Gelegenheiten, die ein Netzwerk bietet (vgl. Coleman 1988), bzw. durch das Fehlen hinderlicher Gegebenheiten (*constraints*; vgl. Burt 1992) im Netzwerk. Ressourcen, die durch Sozialkapital vermittelt werden, sind u.a. solidarisches Handeln, gegenseitiges Vertrauen, effektiver Informationsaustausch oder Selbstorganisationsfähigkeit (vgl. Jansen 2003). Dementsprechend sind Informationsvorsprung und (Handlungs-)Sicherheit durch Vertrauen wichtige Forschungsanliegen in Arbeiten zur Netzwerkstruktur.

Im Kontext der Bildungsforschung erhob Wilbers (2004) das Sozialkapital von Schulkooperationen in Form von wechselseitigem Vertrauen und gemeinsamen Normen. Dabei wurde analysiert, welche infrastrukturellen Maßnahmen zu einer Qualitätsverbesserung des Austausches führten.

Quantitative Analysen zum sozialen Kontext von Schulen (vgl. Frank 1998) untersuchen entweder den direkten Kontakt zwischen Akteuren (Verbundenheitsanalysen) oder wiederkehrende Rollenmuster der Vernetzung, die sozusagen gruppierte Positionen der Verbundenheit in einem Netzwerk – unabhängig davon, ob die einzelnen Akteure direkten Kontakt zueinander haben – erfassen.

Diese positionalen Netzwerkanalysen erfassen orientiert am Prinzip der strukturellen Äquivalenz die Vernetzung einzelner Akteuren sowie ähnlicher Vernetzungen mit dritten Parteien in überindividuellen „Blocks". Die Blockmodellanalyse stellt daher das Gesamtnetzwerk am Ende durch wenige Rollen dar. Durch die Analyse auch indirekter Beziehungen wird der soziale Kontext über Rollenmuster beschrieben.

Auch für die stochastische Blockmodellanalyse ist mit dem Programm BLOCKS, einem Teil des Programmpakets StOCNET (vgl. Boer u.a. 2007), Software verfügbar. Die Analyse besteht zunächst darin, die Akteure in latente Klassen („Farben") einzuteilen und dann die Wahrscheinlichkeit von Beziehungen innerhalb der und zwischen den Klassen zu berechnen. Akteure werden also nicht nach ihren persönlichen Eigenschaften den Klassen zugeteilt, sondern anhand der ähnlichen strukturellen Vernetzung und ähnlicher dritter Parteien.

In der Verbundenheitsanalyse werden diejenigen Akteure, die einen Kontakt untereinander angeben, mit einer Linie verbunden. Auf diese Weise wird das Gesamtsystem als ein Netz mit Knoten (Akteure) und Linien (Beziehungen) dargestellt. Dieses Netz wird zunächst in seiner sozialen Gesamtstruktur beschrieben, sowohl in der Dichte der Verbundenheit der Akteure als auch in der Zentralität des Netzwerks. Dadurch wird zum einen ersichtlich, wie eng die Akteure untereinander verbunden sind, zum anderen zeigt der Grad der Zentralität, ob die Relationen im Netzwerk durch einige wenige zentrale Akteure realisiert werden oder dezentral über alle Akteure gleichermaßen verteilt sind. Außerdem lässt sich das Gesamtsystem in seinen Teilgruppen (Cliquen) im Netzwerk untersuchen. Anhand von Verbundenheit im Netzwerk können Strukturmerkmale wie die Coregroup oder periphere Knotenpunkte im Netzwerk analysiert werden.

Größere Bildungs- und Organisationsnetzwerke sind meist in mehrere Subsysteme, Institutionen, Abteilungen oder Gruppen eingeteilt. Ein besonderer Stellenwert kommt dabei den Netzwerkverbindungen zwischen zwei ansonsten unverbundenen Teilen zu, den strukturellen Löchern (vgl. Burt 1992). Generell gilt: Je mehr strukturelle Löcher in einem Netzwerk überbrückt werden können, desto effektiver und effizienter ist das Netzwerk, da auf viele nichtredundante, also unterschiedliche Informationen aus verschiedenen Subsystemen zugegriffen werden kann.

Die Struktur lässt sich genauer anhand der Beziehungen im Netzwerk untersuchen. Zunächst beschreibt die Art bzw. die Funktionalität der Relationen das Gesamtnetzwerk, etwa in Form von Kooperationsbeziehungen, Informationsaustausch oder Freundschaftsbeziehungen. Die Qualität der Beziehung umfasst z.B. Häufigkeit, Dauer oder Vertrautheit von Beziehungen. Die *strength of weak ties* (vgl. Granovetter 1973), also die Effektivität schwacher Beziehungen, ist eine in diesem Zusammenhang häufig untersuchte strukturelle Eigenschaft.

Derzeit wird in der Netzwerkforschung meist die Struktur des Netzwerks fokussiert, während die Akteure vernachlässigt werden. Die methodische Verbindung struktureller Beziehungsdaten und attributiver Variablen von Akteuren steht noch am Anfang. Analyseverfahren wie etwa die Berechnung der Dichte zwischen Subgruppen im Netzwerk, die zuvor anhand eines attributiven

Kriteriums definiert wurden, ermöglichen eine solche Interpretation des Zusammenhangs von sozialer Struktur und individuellen Eigenschaften. So wird z.B. empirisch bestimmt, inwiefern die Struktur der Kommunikations- oder Kooperationsbeziehungen mit dem Expertisegrad oder der Berufserfahrung zusammenhängt (vgl. Rehrl/Palonen/Gruber 2006).

Daher müssen sowohl strukturelle als auch individuelle Eigenschaften erfasst werden. Makro-Netzwerkeigenschaften basieren meist auf Instrumenten, in denen eine fest definierte Population in eine quadratische Soziomatrix dargestellt ist, die den Kontakt eines jeden Akteurs zu allen anderen Knoten im Netzwerk enthält. Für die Analyse wird meist das Programm UCINET V (vgl. Borgatti/Everett/Freeman 1999) verwendet.

4 Mikroebene: Individuelle Vernetzung von Lehrenden und Lernenden

4.1 Grundlagen

Die makrostrukturellen Veränderungen in der Bildungslandschaft stellen hohe Anforderungen für die einzelnen Akteure in Bildungssystemen, sowohl für die Lehrenden als auch die Lernenden. Durch bildungspolitische Forderungen nach mehr Dezentralisierung der Strukturen sehen sich Lehrende damit konfrontiert, innovative und maßgeschneiderte Bildungsangebote im Rahmen vieler Konkurrenten und Kooperationspartner zu konzipieren. Die Lernenden sind insbesondere im Bereich der beruflichen Weiterentwicklung oft auf ihre Selbstorganisationsfähigkeit angewiesen.

Um sich im Kontext von Bildungsinstitutionen und Bildungsnetzwerken zurecht zu finden, bedarf es für Pädagogen und deren Klientel einer *networked expertise* (vgl. Hakkarainen u.a. 2004), also der Fähigkeit, aktiv Beziehungen zu gestalten, strategisch zu nutzen, und über das Netzwerk Bescheid zu wissen. „Characteristic of networked expertise is the emergence of new competencies that arise from crossing boundaries between communities and domains of expertise by engaging in horizontal – not only vertical – learning within multi-professional teams" (Hakkarainen u.a. 2004, S. 80).

Weiterbildung muss darauf reagieren, dass in der Berufspraxis zunehmend regionale, überregionale oder auch europäische Projektarbeit zu leisten ist. Weiterbildner benötigen daher neben individuellem Wissen über innovative Bildungsthemen Know-How über den Aufbau sozialer Kontakte. Starke Netzwerke erleichtern es, aktiv als Initiator und Mitglied in Bildungsprojekten tätig zu sein. Durch die soziale Vernetzung mit anderen Einrichtungen werden Lernprozesse über aktuelle Themen und *best practice*-Beispiele initiiert, die im Sinne eines Benchmarking die eigene Bildungsarbeit erweitern können.

Schullehrer und Schulleiter vernetzen sich dagegen eher in kleinerem Rahmen, zunehmend in Bildungsprojekten innerhalb von Schulen oder zwischen Schulen in der Region. Netzwerkstrukturen bilden meist auf Gruppenebene interdisziplinäre Teams aus Vertretern verschiedener Fächer, Positionen oder Schulen ab (vgl. Frank 2005). Soziale Vernetzung von Lehrern wird in der Burnout-Forschung als eine der wichtigsten Präventionsmaßnahmen angesehen (vgl. Neuenschwander 2003). Daher rückt neben der beruflichen auch die private Vernetzung von Lehrern zunehmend in das Blickfeld des Interesses.

Die Vernetzung einzelner Akteure, seien es Lehrende oder Lernende, in beruflicher und privater Hinsicht über die Lebensspanne hinweg wird zunehmend zur Erklärung individueller Kompetenzentwicklung genutzt (vgl. Hodkinson u.a. 2004; Sosniak 2006), da über soziale Kontakte eine individuelle Weiterentwicklung ermöglicht wird.

4.2 Mikroanalytische Fragestellungen

4.2.1 Egozentrische Netzwerke im Rahmen stabiler Verbünde

In der egozentrischen Netzwerkanalyse werden Aussagen über Eigenschaften und Qualität individueller Netzwerkstrukturen getroffen. Die Rolle individueller Akteure in ihren eigenen Netzwerken wird untersucht.

Ein wichtiges Strukturmerkmal von Egonetzwerken ist die Zentralität von Individuen (Ego) innerhalb stabiler Verbünde (vgl. Marsden 2002). Erstens kennzeichnet sie die Wichtigkeit einzelner Akteure über die Zahl ihrer Beziehungen (Degree-Zentralität). Zweitens bildet sie ab, inwieweit Akteure auf relevanten Informationswegen so positioniert sind, dass relevante Informationen über sie laufen müssen (Betweenness-Zentralität). Drittens kennzeichnet Zentralität, inwiefern Akteure von anderen Akteuren (Alteri) unabhängig sind (Closeness-Zentralität).

Maße zu Macht und Prestige umfassen also nicht nur die Anzahl der Kontakte, sondern auch deren Qualität, indem etwa auch die Zentralität der Alteri sowie wiederum die von deren Alteri erfasst wird (vgl. Wasserman/Faust 1994).

Anhand der von einem Akteur wegführenden Beziehungen (Out-degrees) bzw. der auf ihn zulaufenden (In-degrees) wird seine Aktivität und Bedeutung differenziert dargestellt. Je mehr Out-degrees ein Akteur aufweist, desto aktiver ist er im Aufbau von Kontakten; die Zahl seiner In-degrees weist dagegen eher auf sein Prestige hin.

Eine Eigenschaftsanalyse individueller Akteursnetzwerke im Rahmen einer größeren sozialen Struktur umfasst Verbundenheitsmaße wie die Dichte, die Anzahl direkter und indirekter Beziehungen oder die Spannweite, also die Länge der weitesten Verbindung im Egonetz. Die Qualität individueller Netzwerke im Sinne der Effektivität und Effizienz hinsichtlich persönlicher Ressourcen steigt in der Regel mit ihrer Größe und Heterogenität. Wenn ein Akteur ansonsten unverbundene Subgruppen (strukturelle Löcher) überbrücken kann, erhält er zum einen kaum redundante Informationen, über die er zum anderen die Entscheidungsmacht bezüglich der Weitergabe hat.

Die Unverbundenheit von Paaren oder Gruppen innerhalb eines individuellen Netzwerks eröffnet also das Potenzial zur „Brokerage" als einem Maß zur strategischen Netzwerkfunktion (vgl. Gould/Fernandez 1989). Es werden fünf Brokerage-Rollen unterschieden. Der Koordinator verbindet Mitglieder innerhalb einer Gruppe, der Berater (*consultant*) berät die Gruppenmitglieder, ist selbst aber nicht Teil der Gruppe. Der Gatekeeper steht an der Grenze einer Gruppe und kontrolliert den Zugang Anderer von außen, während der repräsentative Vertreter durch den Zugang zu anderen Gruppen die eigene Gruppe explizit vertritt. Liason-Personen schließlich sind selbst nicht Mitglieder einer Gruppe, schaffen aber Verbindungen zwischen Gruppen.

4.2.2 Offene personale Netzwerke

Durch die beschriebenen Werkzeuge der egozentrischen Netzwerkanalyse wird nicht thematisiert, wie Akteure soziale Netzwerke nützen, sich ihnen anpassen oder sie verändern, welche Strategien sie also verwenden, um soziale Strukturen zu gestalten.

In der Netzwerkforschung etablierte sich in Zusammenhang mit solchen Aktivitäten der Begriff der intensionalen Netzwerke (vgl. Nardi/Whittaker/Schwarz 2000). Diese werden bislang zumeist durch ethnographische Interviews erhoben; insbesondere werden dabei Handlungsstrategien von Berufstätigen analysiert, mit denen nützliche Netzwerkbeziehungen aus verschiedenen beruflichen Kontexten über die Lebensspanne hinweg aufgebaut, aufrecht erhalten oder wieder belebt werden.

Es wird also auf individueller Ebene untersucht, welche Intentionen hinter dem Aufbau von Beziehungen stehen und welche Interpretationen über Inhalte von Beziehungen vorgenommen werden. Dadurch lässt sich Kompetenzentwicklung als Zusammenspiel des Hineinwachsens in Expertennetzwerke mit dem individuellen Erwerb von Wissen und dem Aufbau individueller Motivation modellieren (vgl. Gruber u.a. 2007).

Personale Netzwerke werden zumeist mittels Namensgeneratoren zur freien Namensabfrage erhoben. Dabei wird der Akteur (Ego) strukturiert nach seinen Netzwerkmitgliedern befragt, entweder durch Auswahl seiner Kontaktpersonen aus einer vorgegebenen Liste oder durch freies Erinnern der Namen. Der Vorteil des freien Erinnerns liegt darin, dass keine vorher definierte Begrenzung des Netzwerks auf einen spezifischen Personenkreis vorgenommen wird. Allerdings bestehen Zweifel bezüglich der Reliabilität des freien Erinnerns, wenn keinerlei Vorgaben gemacht werden. Daher wird die Erinnerungsvorgabe häufig spezifiziert, etwa durch ressourcenbezogene Namensgeneratoren (vgl. Van der Gaag/Snijders 2005).

Zusätzlich zum Namensgenerator werden über Namensinterpretatoren häufig weitere Informationen über die Alteri und deren Beziehungen erhoben (Jansen 2003), die für eine differenzierte Analyse der Qualität von Ego-Netzwerken genutzt werden können, um zu eruieren, nach welchen Kriterien Kontaktpersonen als Ressourcen genutzt werden.

Eine Visualisierung des Netzwerks erfolgt meist durch Strukturlegemethoden – mit Karteikarten oder am Computer –, die die Nähe und Distanz zum Ego ebenso bildlich darstellen wie die Stärke der Beziehung zwischen Ego und Alteri und zwischen den verschiedenen Alteri (vgl. McCarty u.a. 2007).

Zur Kennzeichnung personaler Netzwerke wird vor allem die Streuung verwendet. Je mehr Alteri ein Ego besitzt, desto mehr Einfluss wird ihm in der Regel von außen gewährt und desto leistungsstärker ist sein Netzwerk. Dabei ist allerdings zu eruieren, inwieweit die Beziehungen zu und die Eigenschaften von Alteri nicht-redundant sind. Das geschieht durch Diversitätsmaße, die die Verschiedenartigkeit der Alteri messen (vgl. Jansen 2003). Ein Maß, das starke Beziehungen in personalen Netzwerken analysiert, ist die Multiplexität (vgl. Wasserman/Faust 1994) die darstellt, wie viele unterschiedliche Beziehungen zwischen Ego und Alter bestehen. So kann etwa ein und derselbe Alter gleichzeitig Handelspartner, Vertrauensperson und inhaltlicher Ratgeber sein. Je multiplexer eine Beziehung ist, umso besser ist in der Regel die Qualität der Beziehung. Ein weiteres Maß für die Stärke der Beziehungen ist die Dauer des Kontakts.

5 Aufgaben für die Netzwerkforschung

Netzwerkforschung trägt mit der Erforschung individueller Lernprozesse im Kontext von Bildungsnetzwerken zu der erziehungswissenschaftlichen Bewältigung der Anforderung bei, die Entwicklung einer komplexer und dynamischer werdenden Arbeits- und Lernwelt mitzugestalten. Lerntheoretisch wird dabei davon ausgegangen, dass die Partizipation in Netzwerken individuelle Kompetenzentwicklung mit sich bringt, da Wissen im sozialen Austausch innerhalb einer spezifischen Praxis entsteht und daher von ihr nicht zu abstrahieren ist. Zugang zu Netzwerken und deren verschiedenen Ressourcen trägt daher zu Kompetenzentwicklungsprozessen bei.

Es interessiert aber in der Bildungsforschung nicht nur, wie Lernumgebungen zu gestalten sind oder welcher individuelle Lernerfolg für Akteure (seien es Individuen oder Institutionen) zu verzeichnen ist. Besonders herausfordernd ist die Frage, wie der soziale Kontext die Lernergebnisse auf der Mikroebene beeinflusst und im Rückschluss wiederum durch einzelne Akteure gestaltet und verändert wird.

Im Folgenden wird anhand von vier Aufgaben für die Netzwerkforschung aufgezeigt, welche Wege die empirische Analyse der Verbindung von Kontext und Individuum künftig gehen kann.

5.1 Verbindung von sozialen und egozentrischen Netzwerkanalysen

In der Bildungsforschung wird auf Makroebene für eine stärkere Vernetzung von regionalen, nationalen und sogar internationalen Bildungseinrichtungen und -repräsentanten plädiert. Derzeit fokussieren Makrostudien die Evaluation von Bildungsnetzwerken, indem sie insbesondere die Struktur etwa in ihrer Gesamtdichte, ihrer Hierarchie oder ihren Teilgruppen visualisieren und beschreiben. Solche strukturellen Netzwerkanalysen können für größere Systeme und Lernkontexte Struktureigenschaften illustrieren, allerdings bleibt die strukturelle Vernetzung der Einzelakteure unterbelichtet. Inwiefern die Individuen auf Mikroebene die strukturellen Eigenschaften ihres Makrosystems nutzen, sich ihm anpassen oder seine Strukturen weiterentwickeln, ist seltener Untersuchungsgegenstand.

Methodisch besteht die erste Aufgabe der Netzwerkforschung daher in einer stärkeren Anwendung von egozentrischen Netzwerkanalysen neben den sozialen Kontextanalysen. Auf Akteursebene gilt es zu untersuchen, wie die Teilnehmer strukturell im Netzwerk eingebunden sind und welchen Zugang sie zu den einflussreichen Positionen und Ressourcen im Netzwerk haben. Dabei lässt sich die Aktivität der Individuen innerhalb eines Verbundes nicht nur durch Zentralitätsmaße oder die Anzahl der Kontaktaufnahmen (Out-degrees) im Netzwerk analysieren. Rollenspezifische Analysen zur Brokerage, also z.B. zur Rolle des Gatekeepers, bilden auf Mikroebene Formen der strukturellen Eingebundenheit, die in ihrer Gesamtheit die Struktur des Netzwerkes konstituieren.

So zeigte z.B. Jütte (2002) in seiner Studie die besondere Rolle der kommunalen Weiterbildungsträger für den zweiten Arbeitsmarkt, indem die Gatekeeper-Rolle insbesondere durch die Teilnehmerzuweisung für alle freien Träger analysiert wurde. Auf diese Weise ließen sich Kooperationshandlungen in Weiterbildungsnetzwerken durch die strukturelle Vernetzung einzelner Akteure deutlicher darstellen.

5.2 Verbindung relationaler und lehr-lernspezifischer Merkmale

Um Lernprozesse in Netzwerkstrukturen beschreiben zu können, ist zunächst die Erhebung und Berücksichtigung attributiver Daten der Akteure vonnöten. Attributive Daten geben Informationen über Merkmale der einzelnen Akteure, z.B. demographische Angaben, Einstellungen, Wissen oder Persönlichkeitsmerkmale.

Bislang spielen sie in Netzwerkanalysen zumeist allenfalls eine untergeordnete Rolle, oft nur in Form deskriptiver Angaben über Alter und Geschlecht. In der Bildungsforschung wäre es von großer Bedeutung, lehr-lern-spezifische Merkmale der Akteure zu erheben wie z.B. Berufserfahrung und didaktisches Wissen und Können von Lehrkräften oder Vorwissen, Motivation oder die Wahrnehmung lernförderlicher Bedingungen im Netzwerk von Lernenden. Die erweiterte Verfügbarkeit attributiver Daten ermöglicht es, Interaktionsstrukturen durch lehr-lern-spezifische Eigenschaften zu beschreiben, also etwa den Zugang von Neulingen zu kompetenten Partnern im Netzwerk oder die Qualität des Austauschs zwischen verschiedenen Expertengruppen.

Beispielsweise analysierten Rehrl/Palonen/Gruber (2006) ein europäisches erziehungswissenschaftliches Wissenschaftsnetzwerk und stellten fest, dass darin ein hohes Maß des Austauschs zwischen Professoren und Doktoranden herrschte, ebenso zwischen *newcomern* und *oldtimern*. Die oft plakativ vorgebrachte Annahme des langsamen Hineinwachsens in eine „community of practice" konnte also empirisch nicht bestätigt werden. Studien dieser Art tragen dazu bei, strukturell förderliche Bedingungen zur Kompetenzentwicklung in Netzwerk zu gestalten (vgl. Gruber u.a. 2007). Zudem lassen sich Zusammenhänge von individueller Vernetzung (z.B. hohe Zentralität oder deutliche Isoliertheit) und individuellen Lernermerkmalen (z.B. Vorwissen, Motivation) kombinieren. Gruber u.a. (2006) untersuchten auf diese Weise in deskriptiven Zusammenhangsanalysen die Entwicklung eines Konzepts zur Regionalisierung von Bildungsaktivitäten in einer ländlichen Region.

5.3 Kombination deskriptiver und Hypothesen testender Verfahren

Deskriptive Zusammenhangsanalysen liefern allenfalls Anhaltspunkte über die Wirkung von Netzwerkstrukturen auf Leistung und Lernerfolg einzelner Akteure. Wirkungsanalysen entsprechen jedoch dem eigentlichen Grundtheorem sozialer Netzwerkanalyen, nämlich den Einfluss von sozialer Struktur auf individuelles Handeln *und umgekehrt* methodisch fassbar zu machen. Methodisch müssen daher deskriptive Zusammenhangsanalysen um Hypothesen testende Verfahren erweitert werden.

Hypothesen testende Studien in der Netzwerkforschung legen bisher den Fokus auf den Einfluss der Netzwerkstruktur (unabhängige Variable) auf Leistung oder Lernerfolg (abhängige Variablen). Wenn es um die formelle Gestaltung einer zuvor definierten Lernumwelt geht, kann aber umgekehrt ebenso der Einfluss von Akteursmerkmalen (unabhängige Variablen) auf strukturelle Netzwerkmerkmale (abhängige Variablen) erhoben werden.

Eine herausfordernde Aufgabe ist es, gut messbare Kriterien für lernrelevante strukturelle Merkmale (Kooperation, Vertrauen, Ressourcen) und für Lernleistungen zu definieren. Dies ist insbesondere schwierig, wenn die Untersuchungseinheit nicht eine Person ist, sondern ein Verbund höherer Ordnung.

Beim oben genannten Beispiel erwies es sich als besonders schwer, die Operationalisierung des Lernerfolgs einer ländlichen Region zu bestimmen. Variablen wie etwa der Zuwachs an

Weiterbildungsangeboten und Weiterbildungsteilnehmern erwiesen sich hier als brauchbar. Insbesondere wurde der Erfolg über den Grad der Bekanntheit und der Akzeptanz des Bildungsangebotes operationalisiert.

5.4 Verbindung quantitativer und qualitativer Daten

In vorliegenden Hypothesen testenden Studien in der Netzwerkforschung wird die aktive Rolle von Individuen noch kaum thematisiert: „Yet today we still have much to learn about how people use, adapt, and change the networks of relationships that form such critical part of our working lives." (Ibarra/Kilduff/Tsai 2005, S. 359). Welche Strategien Individuen anwenden, um Beziehungen aufzubauen, wie sie diese in ihrer Geschichte veränderten, vor allem aber, welches Entwicklungspotenzial durch diese Beziehungsgestaltung entstand, ist quantitativ schwer analysierbar. Die Ergänzung von qualitativen Untersuchungen, die subjektive Interpretationen und Deutungen von Netzwerkstrukturen, deren Ressourcen und Entwicklungsmöglichkeiten berichten, kann dem Problem Abhilfe leisten und zu einer Bereicherung der Netzwerkforschung beitragen. Die Integration qualitativer und quantitativer Daten ist hierfür Voraussetzung.

In strukturellen Netzwerkanalysen wird die interpersonelle Struktur erhoben, jedoch fehlen häufig Kenntnisse über Normen und Werte sowie über historische Entwicklungen im System und zwischen den Akteuren, etwa über Konflikte und Krisen. Als außen stehender Forscher ein noch unbekanntes Bildungsnetzwerk zu untersuchen, birgt somit Probleme. Relevante Themen, Ereignisse, Akteure oder Beziehungsformen sind vorab explorativ zu erfassen, um überhaupt ein angemessenes Netzwerkinstrument entwerfen zu können. Ähnliches gilt für die Interpretation struktureller Ergebnisse ohne Deutungen der Akteure, sei es deren Relevanzeinschätzungen oder subjektive Begründungen.

Eine hilfreiche qualitative Methode in diesem Zusammenhang ist die *key informant method* (vgl. Krannich/Humphrey 1986). Dabei werden Schlüsselpersonen aus dem Netzwerk über die Geschichte des Netzwerks und dessen Interaktionen befragt. Die Informanten werden aufgefordert, Deutungen zur Struktur des Netzwerks, dessen Beziehungen und den Einstellungen der Akteure abzugeben.

Ferner bieten retrospektive Analysen, die in der Expertiseforschung durchaus prominent sind (vgl. Sosniak 2006), die Möglichkeit, Hintergrundinformation über die historische Vernetzung einzelner Akteure zu den Teilnehmern in einem Bildungsnetzwerk zu gewinnen.

6 Schluss

Nach Aufführen der vielfältigen Möglichkeiten von Netzwerkanalysen in der Bildungsforschung sollen abschließend kritische Aspekte nicht verschwiegen werden. Zuvörderst ist der große Aufwand der Datenerhebung, insbesondere größerer Netzwerke, zu nennen. Die größte Schwierigkeit besteht darin, dass eine annähernde Vollbeteiligung erreicht wird; die meisten Analyseverfahren erfordern es, dass wenigstens 80% aller möglichen Netzwerkbeziehungen erfasst werden.

Dies ist vor allem problematisch, da keine Anonymität in der Datenerhebung gewährleistet werden kann. Die Netzwerkakteure müssen namentlich aufgeführt werden, um eine Bewertung zur Beziehung mit den jeweils anderen Akteuren vornehmen zu können. Angaben zu Art und insbesondere Qualität von Beziehungen sind jedoch meist sehr sensibel. Verstärkt wird diese Problematik dadurch, dass Netzwerkanalysen zunehmend als unternehmensberaterisches Instrument verwendet werden, um periphere oder isolierte Akteure zu entdecken und im schlimmsten Fall ohne kritischere Untersuchung zu entlassen.

Trotz dieser Herausforderungen ist das Potenzial von Netzwerkanalysen für die Bildungsforschung beträchtlich, wie insbesondere die im theoretischen und methodischen Sinne analytische Verbindung von Lerner und Lernkontext verdeutlicht. Durch die Netzwerkforschung wird eine *systemische* Perspektive auf *individuelle* Lernende in ihrer *sozialen Eingebundenheit* möglich, deren Handeln niemals isoliert, sondern nur in Beziehung zu anderen Akteuren stattfindet. Damit trägt sie erheblich dazu bei, die Praxis der Vernetzung in der Bildungsforschung wissenschaftlich und empirisch zu untermauern.

Literatur

Anderson, J./Reder, L. M./Simon, H. A. (1997): Situative versus cognitive perspectives: Form versus substance. In: Educational Researcher, 26, H. 1, S. 18–21.
Berkemeyer, N./Bos, W./Manitius, V./Müthing, K. (Hrsg.) (2008): Unterrichtsentwicklung in Netzwerken. Konzeptionen, Befunde, Perspektiven. Münster: Waxmann.
Boer, P./Huisman, M./Snijders, T.A. B./Steglich, C./Wichers, L./Zeggelink, E. (2007): Stocnet. An open software system for the advanced statistical analysis of social networks. URL: http://stat.gamma.rug.nl/stocnet/ (27.5.08)
Borgatti, S./Everett, M./Freeman, L. (1999): UCINET V reference manual. URL: http://www.analytictech.com/downloaduc6.htm (27.5.08)
Bourdieu, P. (1983): Ökonomisches Kapital, kulturelles Kapital, soziales Kapital. In: Kreckel, R. (Hrsg.): Soziale Ungleichheit. Göttingen: Schwartz, S. 183–198.
Bovasso, G. (1996): A network analysis of social contagion processes in an organizational intervention. In: Human Relations, 49, S. 1419–1434.
Burt, R.S. (1982): Toward a structural theory of action: Network models of social structure, perception, and action. New York: Academic Press.
Burt, R.S. (1992): Structural holes: The social structure of competition. Cambridge: Harvard University Press.
Coleman, J./Elihu, K./Menzel, H. (1966): Medical innovation: A diffusion study. Indianapolis: Bobbs-Merrill.
Coleman, J.S. (1988): Social capital in the creation of human capital. In: American Journal of Sociology, 94, S. 94–120.
De Laat, M./Lally, V./Lipponen, L./Simons, P.R.-J. (2007): Investigating patterns of interaction in networked learning and computer-supported collaborative learning: A role for social network analysis. In: International Journal of Computer-Supported Collaborative Learning, 2, S. 87–103.
Eckardt, P. (2005): Der Bologna-Prozess. Entstehung, Strukturen und Ziele der europäischen Hochschulreformpolitik. Norderstedt: Books on Demand.
Emminghaus, C./Tippelt, R. (Hrsg.) (2009): Lebenslanges Lernen in regionalen Netzwerken verwirklichen. Abschließende Ergebnisse zum Programm „Lernende Regionen – Förderung von Netzwerken". Bielefeld: Bertelsmann.
Faulstich, P./Wilbers, K. (2002): Netzwerke als Impuls für die Aus- und Weiterbildung in der Region. In: Faulstich, P./Wilbers, K. (Hrsg.): Wissensnetzwerke. Netzwerke als Impuls der Weiterentwicklung der Aus- und Weiterbildung in der Region. Bielefeld: Bertelsmann, S. 1–4.
Field, S./Frank, K.A./Schiller, K./Riegle-Crumb, C./Muller, C. (2006): Identifying social contexts in affiliation networks: Preserving the duality of people and events. In: Social Networks, 28, H. 2, S. 97-123.
Frank, K.A. (1998): The social context of schooling: Quantitative methods. In: Review of Research in Education, 23, S. 171–216.
Frank, K.A. (2005): Teacher networks. URL: http://www.msu.edu/~kenfrank/ (27.5.08)

Gould, R.V./Fernandez, R. M. (1989): Structures of mediation: A formal approach to brokerage in transaction networks. In: Sociological Methodology, 19, S. 89–126.
Granovetter, M.S. (1973): The strength of weak ties. In: American Journal of Sociology, 79, S. 1360–1381.
Granovetter, M.S. (1985): Economic action and social structure. The problem of embeddedness. In: American Journal of Sociology, 91, S. 481–510.
Gruber, H./Harteis, C./Rehrl, M. (2008): Vocational and professional learning: Skill formation between formal and situated learning. In: Mayer, K.U./Solga, H. (Hrsg.): Skill formation. Interdisciplinary and cross-national perspectives. Cambridge: Cambridge University Press, S. 207–229.
Gruber, H./Harteis, C./Rehrl, M./Reichert, S. (2006): Wissenschaftliche Begleitung der Lernenden Region Cham. Abschlussbericht II (Dezember 2006). Regensburg: Universität Regensburg, Institut für Pädagogik.
Gruber, H./Palonen, T./Rehrl, M./Lehtinen, E. (2007): Understanding the nature of expertise: Individual knowledge, social resources and cultural context. In: Gruber, H./Palonen, T. (Hrsg.): Learning in the workplace – new developments. Turku: Finnish Educational Research Association (FERA), S. 227–250.
Hakkarainen, K./Palonen, T./Paavola, S./Lehtinen, E. (2004): Communities of networked expertise: Educational and professional perspectives. Amsterdam: Elsevier.
Hodkinson, P./Hodkinson, H./Evans, K./Kersh, N./Fuller, A./Unwin, L./Senker, P. (2004): The significance of individual biography in workplace learning. In: Studies in the Education of Adults, 36, S. 6–26.
Ibarra, H./Kilduff, M./Tsai, W. (2005): Zooming in and out: Connecting individuals and collectivities at the frontiers of organizational network research. In: Organization Science, 16, S. 359–371.
Jansen, D. (2003): Einführung in die Netzwerkanalyse. Grundlagen, Methoden, Forschungsbeispiele. Opladen: Leske + Budrich.
Jütte, W. (2002): Die Netzwerkanalyse als Methode zur Untersuchung von Kooperationsstrukturen in der Weiterbildung. URL: http://www.bwpat.de/ausgabe3/juette_bwpat3.pdf (27.5.08)
Klieme, E./Avenarius, H./Blum, W./Döbrich, P./Gruber, H./Prenzel, M./Reiss, K./Riquarts, K./Rost, J./Tenorth, H.-E./Vollmer, H.J. (2003): Zur Entwicklung nationaler Bildungsstandards. Eine Expertise. Berlin: Bundesministerium für Bildung und Forschung (BMBF).
Krannich, R.S./Humphrey, C.R. (1986): Using key informant data in comparative community research. In: Sociological Methods & Research, 14, S. 473–493.
Lave, J./Wenger, E. (1991): Situated learning. Legitimate peripheral participation. Cambridge: Cambridge University Press.
Lawrence, B.S. (2008): Originizational referencegroups: A missing perspective on social context. In: Organization Science, 17, H. 1, S. 80-100.
Manger, D. (2006): Entstehung und Funktionsweise eines regionalen Innovationsnetzwerks – Eine Fallstudienanalyse. In: Hollstein, B./Strauss, F. (Hrsg.): Qualitative Netzwerkanalyse. Konzepte, Methoden, Anwendungen. Wiesbaden: VS Verlag für Sozialwissenschaften, S. 221–242.
Marsden, P.V. (2002): Egocentric and sociocentric measures of network centrality. In: Social Networks, 24, S. 407–422.
McCarty, C./Molina, J.L./Aguilar, C./Rota, L. (2007): A comparison of social network mapping and personal network visualization. In: Field Methods, 19, S. 145–162.
Nardi, B.A./Whittaker, S./Schwarz, H. (2000): It's not what you know, it's who you know. Work in the information age. URL: http://www.uic.edu/htbin/cgiwrap/bin/ojs/index.php/fm/article/view/741/650 (27.5.08)
Neuenschwander, M.P. (2003): Belastungen und Ressourcen bei Burnout von Lehrkräften der Sekundarstufe I und II. In: Psychologie in Erziehung und Unterricht, 50, S. 210–219.
Newman, M.E.J. (2004): Co-authorship networks and patterns of scientific collaboration. In: Proceedings of the National Academy of Science, Supplement 1, S. 5200–5205.
Rehrl, M./Gruber, H. (2007): Netzwerkanalysen in der Pädagogik. Ein Überblick über Methode und Anwendung. In: Zeitschrift für Pädagogik, 53, S. 243–264.
Rehrl, M./Palonen, T./Gruber, H. (2006): Expertise development in science. In: Boshuizen, H.P.A. (Hrsg.): Lifelong learning of professionals: Exploring implications of a transitional labour market (CD-Rom, Proceedings of the 3rd EARLI SIG Professional Learning and Development Conference). Heerlen: Open University of the Netherlands.
Scott, J. (2000^2): Social network analysis: A handbook. Thousand Oaks: Sage.
Snijders, T.A.B. (2005): Models for longitudinal network data. In: Carrington, J.S./Scott, J./Wasserman, S. (Hrsg.): Models and methods in social network analysis. New York: Cambridge University Press, S. 215–247.
Sosniak, L.A. (2006): Retrospective interviews in the study of expertise and expert performance. In: Ericsson, K.A./Charness, N./Feltovich, P.J./Hoffman, R.R. (Hrsg.): The Cambridge handbook of expertise and expert performance. New York: Cambridge University Press, S. 743–760.

Sydow, J./Duschek, S./Möllinger, G./Rometsch, M. (2003): Kompetenzentwicklung in Netzwerken. Wiesbaden: Westdeutscher Verlag.
Tippelt, R./Kasten, C./Dobischat, R./Federighi, P./Feller, A. (2006): Regionale Netzwerke zur Förderung lebenslangen Lernens – Lernende Regionen. In Fatke, R./Merkens, H.H. (Hrsg.): Bildung über die Lebenszeit. Wiesbaden: VS Verlag für Sozialwissenschaften, S. 279–290.
Tippelt, R./Schmidt, B. (2007): Pädagogische Netzwerkarbeit im Kontext Lernender Regionen und Metropolen – Herausforderung bei „Übergängen". In: Böhm-Kasper, O./Schuchart, C./Schulzek, U. (Hrsg.): Kontexte von Bildung. Münster: Waxmann, S. 159–176.
Van der Gaag, M./Snijders, T.A.B. (2005): The resource generator: Social capital quantification with concrete items. In: Social Networks, 27, H. 1, S. 1–29.
Wasserman, S./Faust, K. (1994): Social network analysis: Methods and applications. Cambridge: Cambridge University Press.
Wenger, E. (1998): Communities of practice: Learning, meaning, and identity. Cambridge: Cambridge University Press.
Wilbers, K. (2004): Das Sozialkapital von Schulen. Die Bedeutung von Netzwerken, gemeinsamen Normen und Vertrauen für die Arbeit von und in Schulen. Bielefeld: Bertelsmann.

Wissenschaftliche Einrichtungen der Bildungsforschung

Markus Achatz | Ruth Hoh | Markus Kollmannsberger

Dokumentation von Forschungseinrichtungen

1 Einleitung

Die vorliegende Dokumentation erfasst Institutionen und Organe der Bildungsforschung in Deutschland. Diese können in einer ersten Differenzierung drei Bereichen zugeordnet werden. Es sind dies: die außeruniversitären Forschungseinrichtungen der Bildungsforschung, die eigenständigen Hochschulinstitute, die nicht universitär finanziert werden, und die forschungsfördernden Einrichtungen. Daneben werden auch internationale Institutionen aufgeführt, die für die Bildungsforschung in Deutschland Relevanz besitzen.

Diese Bereiche lassen sich wiederum intern differenzieren. Bei den außeruniversitären Organisationen sind die Forschungseinrichtungen mit etatisierter Finanzierung, die verwaltungs- und verbandsabhängigen Einrichtungen und die sonstigen Forschungseinrichtungen mit Bezug zur Bildungsforschung zu unterscheiden. Die nicht universitär finanzierten eigenständigen Hochschulinstitute können in Institute mit überwiegend Forschungsaufgaben im Bereich der Bildungsforschung und Sonderforschungsbereiche unterteilt werden. Letztere sind nicht eigens erhoben worden, sondern werden nur knapp benannt. Bei den forschungsfördernden Einrichtungen kann die Förderung durch Bund und Länder, die Förderung durch Selbstverwaltungsorganisationen sowie die Förderung durch Stiftungen unterschieden werden.

Die Dokumentation ist auf dieser Systematisierung aufgebaut, die an die Klassifikation von Weishaupt/Steinert/Baumert (1991) angelehnt ist und wiederum auf Lutz (1975) zurück geht, der die Einrichtungen nach den Kriterien der Aufgabenbereiche und der institutionellen Verfasstheit typisiert hat. Diese Dokumentation kann und will nicht den Anspruch erheben, die Institutionen der Bildungsforschung in ihrer Gesamtheit zu beschreiben. So wurde auf die Darstellung der Hochschulinstitute und Lehrstühle an Universitäten in der Bundesrepublik Deutschland, die sich mit Bildungsforschung beschäftigen, verzichtet. Ebenfalls verzichtet wurde auf die Nennung kommerzieller Einrichtungen und Institute, die Bildungsforschung zu ihren Aufgaben zählen. Erwähnung finden vielmehr Einrichtungen, die sich unter dem – zugegebenermaßen weitläufigen – Begriff der „Gemeinnützigkeit" sammeln lassen. Ziel ist ein systematischer, exemplarischer Ein- und Überblick über die verschiedenen Institutionen, ihre Arbeitsschwerpunkte und Hinweise auf Publikationen der jeweiligen Einrichtung.

Es ergibt sich folgende Gliederung des Dokumentationsteils:
1.   Außeruniversitäre Forschungseinrichtungen der Bildungsforschung
1.1   Forschungseinrichtungen mit etatisierter Finanzierung
1.2   Verwaltungs- und verbandsabhängige Einrichtungen
1.2.1   Nationale Einrichtungen
1.2.2   Internationale Einrichtungen
1.3   Sonstige Forschungseinrichtungen mit Bezug zur Bildungsforschung

1.4 Serviceeinrichtungen
2. Eigenständige, nicht universitär finanzierte Hochschulinstitute mit überwiegend Forschungsaufgaben im Bereich Bildungsforschung
3. Forschungsfördernde Einrichtungen
3.1 Selbstverwaltungsorganisationen
3.2 Bund und Länder
3.3 Stiftungen
3.3.1 Politische und gewerkschaftliche Stiftungen
3.3.2 Weitere ausgewählte fördernde Stiftungen

2 Vorgehensweise und Besonderheiten

2.1 Zum Vorgehen

Die Dokumentation basiert auf dem gleichnamigen Artikel im Handbuch Bildungsforschung in der 1. Auflage (2002), die entsprechenden Daten wurden aktualisiert und die Systematik in Teilen angepasst. Zum Zweck der Aktualisierung wurde ein Fragebogen eingesetzt, der Rücklauf war mit knapp 60% zufriedenstellend. Darüber hinaus wurden die Institutionen gebeten, einige offene Fragen zu Perspektiven der Bildungsforschung sowie bedeutenden Themen und Trends zu beantworten. Die entsprechenden Aussagen finden sich in Abschnitt 4. In einem zweiten Schritt wurden mittels zusätzlicher Internet-Recherchen weitere Einrichtungen der Bildungsforschung recherchiert und in die Dokumentation aufgenommen.

Bei der Sichtung der auf diesen Wegen gewonnenen Daten wird schnell deutlich, dass bei der Vielzahl und Heterogenität der Institutionen, die im Bereich der Bildungsforschung arbeiten, und der Fülle von Informationen aus diesen Einrichtungen nur eine bewusst knappe, einführende Darstellung der einzelnen Institutionen dem Gegenstand gerecht werden kann. Da mittlerweile nahezu alle Institutionen der Bildungsforschung über eine eigene Homepage verfügen, wurden die dort verfügbaren Angaben ergänzend in die Dokumentation einbezogen. Dies soll zum einen der inhaltlichen Vertiefung dienen, zum anderen die gezielte Kontaktaufnahme mit den Institutionen erleichtern.

Über die vorliegende Dokumentation hinausführende Informationen lassen sich auf den angesprochenen Homepages der Einrichtungen, auf Service- und Informationsseiten bzw. entsprechenden Portalen finden (siehe auch Beitrag von Kühnlenz/Diedrich in diesem Band).

Der vorliegende Artikel gliedert sich weiter wie folgt: Zunächst wird auf Besonderheiten einiger Einrichtungen hingewiesen, dies sind im konkreten Fall die so genannten Landes- bzw. Staatsinstitute, Sonderforschungsbereiche sowie Förderprogramme der DFG bzw. des Bundes. Hierauf folgt die Darstellung der Institutionen nach der eingangs vorgestellten Gliederung. Abschließend wird in einer zusammenfassenden Darstellung auf aktuelle Entwicklungen in Erziehungswissenschaft und Bildungsforschung sowie auf die von den Einrichtungen genannten Perspektiven, Themen und Trends eingegangen.

2.2 Besonderheiten

Die Institute der Bundesländer (Staats- bzw. Landesinstitute) lassen sich als Entwicklungs- und Planungseinrichtungen zu den verwaltungsabhängigen Institutionen rechnen. Die Organisationsstrukturen und Aufgabenfelder dieser Institute sind allerdings sehr breit gefächert, wodurch die einzelnen Einrichtungen in ihren Bezügen zur Bildungsforschung länderspezifisch große Unterschiede aufweisen. Aus diesem Grund beschränken wir uns an dieser Stelle auf eine kurze Darstellung einiger wesentlicher Merkmale zu Struktur und Aufgaben sowie die Nennung von Kontaktadressen und aktuellen Homepages. Die Kurzdarstellung basiert auf den Angaben der jeweiligen Institute im Internet. In der Regel sind die Landes- bzw. Staatsinstitute als nicht rechtsfähige Einrichtungen dem jeweiligen Kultusministerium des Landes nachgeordnet und werden über dieses auch grundfinanziert.

Sonderforschungsbereiche:
Sonderforschungsbereiche (SFB) sind langfristig angelegte Forschungseinrichtungen der Hochschulen, in denen Wissenschaftler im Rahmen eines fächerübergreifenden Forschungsprogramms zusammenarbeiten. Im Rahmen des SFB-Programms werden die verschiedenen Programmvarianten Sonderforschungsbereiche (SFB), Kulturwissenschaftliche Forschungskollegs (SFB/FK) und Transregio (SFB/TR) sowie die Programmergänzungen Transferbereiche (TFB) und Nachwuchsgruppen gefördert.

Ab dem 1. Januar 2008 werden 259 Sonderforschungsbereiche mit insgesamt 483,3 Mio. Euro gefördert. Das entspricht einem Anteil von rund 23% am Gesamthaushaltsvolumen der DFG im Jahr 2008. Im Rahmen des Programms werden 221 ortsgebundene Sonderforschungsbereiche (SFB) sowie 38 SFB/Transregios gefördert. Diese unterteilen sich in die Förderbereiche Geistes- und Sozialwissenschaften, Biologie und Medizin, Naturwissenschaften und Ingenieurwissenschaften.

Im Bereich der Geistes- und Sozialwissenschaften laufen derzeit folgende Sonderforschungsbereiche, in denen sich Bezüge zur Bildungsforschung finden lassen:

427	Medien und kulturelle Kommunikation , seit 1999, http://www.uni-koeln.de/inter-fak/fk-427/Köln
435	Wissenskultur und gesellschaftlicher Wandel, seit 1999, http://www.uni-frankfurt.de/SFB435/ Frankfurt
536	Reflexive Modernisierung - Analysen zur Transformation der industriellen Moderne München, seit 1999, http://www.sfb536.mwn.de/
538	Mehrsprachigkeit Hamburg, seit 1999, http://www.uni-hamburg.de/sfb538/
580	Gesellschaftliche Entwicklungen nach dem Systemumbruch - Diskontinuität, Tradition und Strukturbildung Jena, seit 2001, http://www.sfb580.uni-jena.de/
615	Medienumbrüche: Medienkulturen und Medienästhetik zu Beginn des 20. Jahrhunderts und im Übergang zum 21. Jahrhundert Siegen, seit 2002, http://www.fk615.uni-siegen.de/de/index.php
640	Repräsentationen sozialer Ordnungen im Wandel. Interkulturelle und intertemporäre Vergleiche Berlin, seit 2004, http://www.repraesentationen.de/

Förderprogramm der DFG (Forschergruppen in der emp. Bildungsforschung)
Im Jahre 2002 hat die Deutsche Forschungsgemeinschaft (DFG) die Förderinitiative „Forschergruppen in der Empirischen Bildungsforschung" beschlossen. Eine Zwischenbilanz der Förderinitiative fand im Frühjahr 2004 statt, deren Beiträge und Ergebnisse veröffentlicht sind. Im Januar 2007 hat der wissenschaftliche Beirat der Förderinitiative seine Arbeit abgeschlossen und dem Senat der DFG seinen Bericht vorgelegt

Bericht: http://www.dfg.de/forschungsfoerderung/foerderinitiativen_projektgruppen/foerderinitiativen/empirische_bildungsforschung/download/endfassung_berichtbeirat_bif.pdf

Förderprogramm des Bundes (Rahmenprogramm zur Förderung der emp. Bildungsforschung)
Das Rahmenprogramm zur Förderung der empirischen Bildungsforschung soll die Forschungslandschaft durch konsequente strukturelle Förderung gezielt entwickeln und damit dazu beitragen, die internationale Position Deutschlands in Bildung und Forschung zu festigen und auszubauen. Dies setzt ein hohes Engagement und einen langen Atem bei der Forschungsförderung voraus. Dabei ist eine enge Kooperation zwischen Bund und Ländern bei der Gestaltung der Forschungslandschaft und der Umsetzung der Ergebnisse besonders wichtig. Deshalb wurde das Programm nicht nur im engen Dialog mit den Ländern und der Wissenschaft entwickelt, sondern Bund und Länder wollen auch bei der Umsetzung des Rahmenprogramms eng kooperieren.

Bericht: http://www.bmbf.de/pub/foerderung_der_empirischen_bildungsforschung.pdf

3 Einrichtungen der Bildungsforschung

3.1 Außeruniversitäre Forschungseinrichtungen der Bildungsforschung

Deutsches Institut für Erwachsenenbildung e. V. (DIE) (1.1)

Friedrich-Ebert-Allee 38, 53113 Bonn
Tel.: 02 28/32 94-0, Fax: 02 28/32 94-399
E-Mail: info@die-bonn.de
Homepage: www.die-bonn.de

Gründungsjahr: 1957
Anzahl des wissenschaftlichen Personals: 33

Struktur:
- Das DIE ist eine Einrichtung der WGL und vermittelt als wissenschaftliches Serviceinstitut zwischen Forschung und Praxis der Erwachsenenbildung.
- Träger ist der eingetragene Verein „Deutsches Institut für Erwachsenenbildung e. V. (DIE)". Direkt an den Vorstand angebunden sind die Abteilung Zentrale Dienste und die Öffentlichkeitsarbeit.
- Die beiden Programmbereiche „Lehre und Lernen" und „System und Organisation" bilden zusammen das „Forschungs- und Entwicklungszentrum" des DIE. Zentrale Fragen der didaktischen Weiterbildung, des Weiterbildungssystems und der Weiterbildungsorganisationen stehen im Vordergrund der Arbeiten. Im „Daten- und Informationszentrum" werden

relevante Wissensbestände aus dem Fachdiskurs zielgruppengerecht für die Praxis, Wissenschaft und Politik aufbereitet.

Allgemeine Arbeitsschwerpunkte:
- Forschungsfelder zu den folgenden Themengebieten: Bildungsökonomie, Recht und Finanzierung der Weiterbildung, quantitative Analyse und Erfassung der Weiterbildung, Systematisierung und Erfassung von Weiterbildungsorganisationen, Kompetenzmessung in der Weiterbildung, Professionsentwicklung, Qualitätsstandards, Alphabetisierung, Qualifizierungssysteme, Lernformen und Lernorganisation
- Serviceleistungen: Bibliothek, Literaturdokumentation, Archiv zur Geschichte der Erwachsenenbildung, Publikationen, Statistik (z. B. Volkshochschul-Statistik, Verbundstatistik), Servicestelle ProfilPass, Fachtagungen und Veranstaltungen

Exemplarische Veröffentlichungen:
- *Buchreihen*
    - „Theorie und Praxis der Erwachsenenbildung"
    - „Perspektive Praxis"
    - „Studientexte für Erwachsenenbildung"
    - „DIE spezial"
    - „Länderporträts Weiterbildung"
    - „Volkshochschul-Statistik"
- *Zeitschriften*
    - „REPORT - Zeitschrift für Weiterbildungsforschung"
    - „DIE Zeitschrift für Erwachsenenbildung"

Deutsches Institut für Internationale Pädagogische Forschung (DIPF) (1.1)

Schloßstraße 29, 60486 Frankfurt am Main,
Tel.: 0 69/2 47 08-0, Fax: 0 69/2 47 08-444
E-Mail: dipf@dipf.de
Homepage: www.dipf.de

Gründungsjahr: 1951
Anzahl des wissenschaftlichen Personals: 74

Struktur:
Das DIPF ist eine rechtsfähige Stiftung des Öffentlichen Rechts. Es gehört als Service-Institut für die Forschung der Leibniz-Gemeinschaft an und wird damit gemeinsam von Bund und Ländern gefördert. Organe der Stiftung sind der Stiftungsrat, der Wissenschaftliche Beirat und der Vorstand. Die sowohl national als auch international ausgerichteten Forschungs- und Serviceaktivitäten des Instituts werden in fünf Arbeitseinheiten wahrgenommen: Informationszentrum Bildung sowie Bibliotheken für Bildungsgeschichte und Bildungsforschung bilden gemeinsam den Schwerpunkt Bildungsinformation; Bildungsqualität und Evaluation, Bildung und Entwicklung sowie Steuerung und Finanzierung des Bildungswesens formen den Schwerpunkt Bildungsforschung. Zielgruppen des DIPF sind Bildungsforschung, Bildungspraxis, Bildungsverwaltung und Bildungspolitik.

Allgemeine Arbeitsschwerpunkte:
Die Serviceleistungen des Instituts bestehen in der Erarbeitung und Vermittlung von Informationsangeboten unter Einsatz moderner Kommunikationsmedien, in Aufbau und Koordinierung von Forschungs- und Informationsverbünden, in der Evaluation von Bildungsprogrammen, Bildungsinstitutionen und Bildungssystemen sowie in der wissenschaftlichen Beratung und Begleitung von Initiativen zur Qualitätsentwicklung und -sicherung. Gleichrangig mit diesen Serviceaufgaben erbringt das Institut eigene theoretische, methodische und empirische Beiträge zur Bildungsforschung und führt informationswissenschaftliche Untersuchungen zu den Dienstleistungen im Bereich der Bildungsinformation durch. Themenschwerpunkte im Einzelnen:
- Weiterentwicklung und Bereitstellung von Informationsdienst- und -Transferleistungen zu allen Bildungsbereichen sowie zu allen im Bereich der Bildungsforschung tätigen Fachdisziplinen, einschließlich der bildungshistorischen Forschung;
- informationswissenschaftliche Fundierung dieser Dienstleistungen durch Forschung mit den Schwerpunkten Informationsqualität und Information Retrieval;
- Erforschung der ökonomischen, rechtlichen, administrativen und informationellen Rahmenbedingungen und der Erträge des Bildungswesens sowie der Folgen neuer Steuerungsstrategien;
- Analyse des Zusammenhangs zwischen individuellen Lern- und Entwicklungsprozessen einerseits, institutionellen und kulturellen Prozessen andererseits;
- Untersuchung der intraindividuellen Veränderungen und Beeinflussungsmöglichkeiten von Verhaltenspotenzialen und individuellen Voraussetzungen erfolgreichen Lernens;
- Beratung und Unterstützung insbesondere für den Aufbau eines systematischen Monitoring auf verschiedenen Ebenen des Bildungswesens und für erfahrungsbasierte Reformen;
- Modellierung und Messung von Kompetenzen sowie Erforschung von Faktoren der Schul- und Unterrichtsqualität als Voraussetzungen zur Qualitätsentwicklung im Bildungswesen mit dem Schwerpunkt Schule.

Exemplarische Veröffentlichungen:
- *Monographien, Herausgeberwerke, Studien, Artikel, u.a.:*
  - Arbeitsgruppe Internationale Vergleichsstudie (Hrsg.). Schulleistungen und Steuerung des Schulsystems im Bundesstaat. Kanada und Deutschland im Vergleich. Münster: Waxmann 2007. (Studien zur international und interkulturell vergleichenden Erziehungswissenschaft. Bd 9).
  - Bildung in Deutschland. Ein indikatorengestützter Bericht mit einer Analyse zu Bildung und Migration. Herausgeber: Konsortium Bildungsberichterstattung im Auftrag der Ständigen Konferenz der Kultusminister der Länder in der Bundesrepublik Deutschland und des Bundesministeriums für Bildung und Forschung. W. Bertelsmann Verlag, Bielefeld 2006. [Erster nationaler Bildungsbericht]
  - Beck, Bärbel; Klieme, Eckhard (Hrsg.). Sprachliche Kompetenzen: Konzepte und Messung – DESI-Studie (Deutsch Englisch Schülerleistungen International). Weinheim: Beltz 2007.
  - Hartig, Johannes; Klieme, Eckhard; Jude, Nina; Jurecka, Astrid; Kröhne, Ulf; Maag Merki, Katharina; Reef, Jean-Paul; Wirt, Joachim (Hrsg.). Möglichkeiten und Voraussetzungen technologiebasierter Kompetenzdiagnostik. Eine Expertise im Auftrag des Bundesministeriums für Bildung und Forschung. Berlin: BMBF 2007. (Bildungsforschung. Bd. 20). http://www.bmbf.de/pub/band_zwanzig_bildungsforschung.pdf

- Internetportale: Deutscher Bildungsserver, (www.dbs.de), Fachportal Pädagogik (www.fachportal-paedagogik.de)
- Online-Magazine: DIPF informiert, Newsletter des Deutschen Bildungsservers, TiBi) Trends in Bildung international)

3.1.1 Forschungseinrichtungen mit etatisierter Finanzierung
Deutsches Jugendinstitut e.V. (DJI) (1.1)

Nockherstr. 2, 81541 München
Tel.: 0 89/6 23 06-0, Fax: 0 89/6 23 06-162
E-Mail: info@dji.de
Homepage: http://www.dji.de

Gründungsjahr: 1963
Anzahl des wissenschaftlichen Personals: k.A.

Struktur:
- Rechtsform: eingetragener Verein; Organe: Mitgliederversammlung, Kuratorium und Vorstand
- Für eine kontinuierliche wissenschaftliche Beratung und Begleitung hat das Kuratorium den wissenschaftlichen Beirat ins Leben gerufen.
- Fachabteilungen: Kinder und Kinderbetreuung, Jugend und Jugendhilfe, Familie und Familienpolitik, Zentrum für Dauerbeobachtung und Methoden, Wissenschaftliches Referat beim Vorstand. Forschungsschwerpunkte: Übergänge in Arbeit, Migration, Gender.
- Der Etat wird überwiegend aus Mitteln des Bundes finanziert.

Allgemeine Arbeitsschwerpunkte:
- Untersuchung der Lebenslagen und Einstellungen von Kindern, Jugendlichen, Frauen und Familien in Deutschland sowie Handlungs- und Leistungssysteme der Kinder-, Jugend- und Familienhilfe
- Anwendungsbezogene Grundlagenforschung, Praxisforschung und Evaluation, sozialwissenschaftliche Dienstleistungen für Wissenschaft, Politik und Praxis
- Beratung: Politik und Praxis der Kinder-, Jugend- und Familienhilfe; Entwicklung und Begleitung von Modellvorhaben

Exemplarische Veröffentlichungen:
- DISKURS - Kindheits- und Jugendforschung; DJI-Bulletin, Jahrbuch
- Publikationen zu Familien-Survey, Jugend- Survey; Materialien zu Kinder- und Jugendberichten
- Tagungs- und Projektberichte
- DJI-Verlag sowie weitere Herausgaben
- Vielfältige Monografien

Leibniz-Institut für die Pädagogik der Naturwissenschaften (IPN) (1.1)

Olshausenstr. 62, 24098 Kiel
Tel.: 04 31/8 80 50 84, Fax: 04 31/8 80 52 12
E-Mail: csec@ipn.uni-kiel.de
Homepage: http://www.ipn.uni-kiel.de

Gründungsjahr: 1966
Anzahl des wissenschaftlichen Personals: ca. 140

Struktur:
- rechtsfähige Stiftung des öffentlichen Rechts
- angegliederte Einrichtung der Christian-Albrechts-Universtität zu Kiel ("An-Institut")
- Mitglied der Leibniz-Gemeinschaft

Das IPN gliedert sich derzeit in die vier Fachabteilungen Erziehungswissenschaft (mit Pädagogisch-Psychologischer Methodenlehre), Biologie-, Chemie- und Physikdidaktik. Die aktuellen pädagogischen Fragestellungen und Projekte werden interdisziplinär in Teams aus Expertinnen und Experten der Naturwissenschaften, Fachdidaktiken, Pädagogik und Psychologie bearbeitet.

Allgemeine Arbeitsschwerpunkte:
Das IPN betreibt grundlegende und anwendungsorientierte Forschung zu Fragen des Lernens und Lehrens von Naturwissenschaft innerhalb und außerhalb von Schule; die Forschungsschwerpunkte im Einzelnen:
- Ziele und Perspektiven naturwissenschaftlicher Bildung
- Modelle des Lehrens und Lernens in den Naturwissenschaften
- Innovative Konzepte für den naturwissenschaftlichen Unterricht
- Computergestützte Kompetenzdiagnostik und Methodenforschung
- Bildungsmonitoring
- Schulisches und außerschulisches Lernen über die Lebensspanne

Exemplarische Veröffentlichungen:
- Berichte aus Untersuchungen und Forschungsprojekten, wie zum Beispiel Prenzel, M., Artelt, C., Baumert, J., Blum, W., Hammann, M., Klieme, E. & Pekrun, R. (Hrsg.). (2007). PISA 2006. Die Ergebnisse der dritten internationalen Vergleichsstudie. Münster: Waxmann.
- Publikationen für Lehrkräfte, wie zum Beispiel: Demuth, R., Parchmann, I., Ralle, B. (Hrsg.). (2007). Handreichungen für den Unterricht. Chemie im Kontext. Berlin: Cornelsen Verlag.
- Zeitschriftenbeiträge, wie zum Beispiel: Euler, M. (2007). Revitalizing Ernst Mach's Popular Scientific Lectures. Science and Education, 16(6), 603-611.
- Herausgabe von Zeitschriften und Büchern, wie zum Beispiel: Prenzel, M., Gogolin, I. & Krüger, H. (Hrsg.). (2007). Kompetenzdiagnostik. (Sonderheft der „Zeitschrift für Erziehungswissenschaft", Jg. 10, Sonderheft 8). Wiesbaden: VS Verlag für Sozialwissenschaften. Waddington, D., Nentwig, P. & Schanze, S. (Eds.). (2007). Making it comparable: Standards in science education. Münster: Waxmann. Duit, R. (geschäftsf. Hrsg.), Labudde, P.,

Mayer, J., Möller, K., Prechtl, H. Schanze, S., Sumfleth, E. & Wiesner, H. (Hrsg.) Rumann, S. (Red.). ZfDN - Zeitschfrift für die Didaktik der Naturwissenschaften.

Institut für Wissensmedien (IWM) (Knowledge Media Research Center - KMRC) (1.1)

Konrad-Adenauer-Str. 40, 72072 Tübingen
Tel.: 0 70 71/ 9 79-0, Fax: 07 071/ 9 79-100
E-Mail: info@iwm-kmrc.de
Homepage: http://www.iwm-kmrc.de

Gründungsjahr: 2001
Anzahl des wissenschaftlichen Personals: 36 (inklusive DoktorandInnen; Stand 31.12.2007)

Struktur:
Das IWM wurde zum 01.01.2001 im Rahmen der Stiftung „Medien in der Bildung" (rechtsfähige Stiftung des bürgerlichen Rechts mit Sitz in Tübingen) errichtet. Das IWM ist Mitglied in der Wissenschaftsgemeinschaft Gottfried Wilhelm Leibniz e.V. (WGL). Das außeruniversitäre Forschungsinstitut bearbeitet Fragen des Wissenserwerbs und Wissensaustauschs mit neuen Medien insbesondere aus der Perspektive von Kognitions-, Verhaltens- und Sozialwissenschaften. Die Forschung am IWM ist in die drei Bereiche Wissenserwerb mit interaktiven Präsentationsmedien, Wissenserwerb mit Kommunikations- und Kooperationsmedien und Design und Implementation integrativer Lernumgebungen gegliedert. Innerhalb eines Forschungsbereichs bearbeiten interdisziplinäre Arbeitsgruppen spezifische Aspekte des jeweiligen übergeordneten Themas. Zurzeit bestehen die Arbeitsgruppen „Wissenserwerb mit Hypermedia", „Wissenserwerb mit Cybermedia", „Gemeinsame Wissenskonstruktion", „Soziale Prozesse" sowie „Design und Implementation integrativer Lernumgebungen".

Allgemeine Arbeitsschwerpunkte:
Das Institut für Wissensmedien behandelt Fragen des Wissenserwerbs und Wissensaustauschs mit neuen Medien. Die Forschung erfolgt unter Einbezug der kognitions-, verhaltens- und sozialwissenschaftlicher Perspektive und wird durch eine starke medientechnische Komponente ergänzt. Technologiebasierte Lernarrangements werden dabei primär als sozio-technische Systeme verstanden, in denen personale, pädagogische, soziale und technologische Faktoren miteinander interagieren. Die Projekte des IWM sind zu übergeordneten Themen zusammengefasst, die jeweils von einer Arbeitsgruppe bearbeitet werden. In diesen Arbeitsgruppen kooperieren Forscherinnen und Forscher der verschiedenen Abteilungen des IWM mit Kolleginnen und Kollegen aus Partnereinrichtungen, insbesondere der Universität Tübingen. Derzeit bestehen am IWM die bereits genannten Arbeitsgruppen „Wissenserwerb mit Hypermedia", „Wissenserwerb mit Cybermedia", „Gemeinsame Wissenskonstruktion", „Soziale Prozesse" sowie „Design und Implementation integrativer Lernumgebungen". Die Forschungsergebnisse werden u.a. durch die Initiierung und Mitgestaltung von Modellprogrammen in die Praxis eingebracht und sollen der nachhaltigen Erprobung und Implementation medienbasierter Lehr- und Lernformen in Hochschule und Weiterbildung dienen.

Exemplarische Veröffentlichungen:

Bromme, R., Hesse, F. W., & Spada, H. (Eds.). (2005). Barriers and biases in computer mediated knowledge communication - and how they may be overcome. Dordrecht: Kluwer Academic Publishers.

Gaiser, B., Hesse, F. W., & Lütke-Entrup, M. (Hrsg.). (2007). Bildungsportale. Potenziale und Perspektiven netzbasierter Bildungsressourcen. München: Oldenbourg.

Gerjets, P., & Hesse, F. W. (2004). When are powerful learning environments effective? The role of learning activities and of students" conceptions of educational technology. International Journal of Educational Research, 41, 445-465.

Hesse, F. W., & Schwan, S. (2006). Medien- und Kommunikationspsychologie. In K. Pawlik, (Ed.), Handbuch Psychologie S. 805- 817. Heidelberg: Springer.

Kimmerle, J., Cress, U., & Hesse, F. W. (2007). An Interactional Perspective on Group Awareness: A Tool alleviating the Information-Exchange Dilemma (for everybody?). International Journal of Human-Computer Studies, 65 (11), 899-910.

Sassenberg, K. & Jonas, K.J. (2007). Attitude change and social influence on the net. In A. Joinson, K. A. McKenna, T. Postmes, & U.-D. Reips (Eds.). Oxford Handbook of Internet Psychology (pp. 273-288). Oxford, UK: Oxford University Press.

Sassenberg, K., Moskowitz, G.B., Jacoby, J. & Hansen, N. (2007). The carry-over effect of competition: The impact of competition on prejudice towards uninvolved outgroups. Journal of Experimental Social Psychology, 43, 529-538.

Max Planck Institute for Human Development
Max Planck-Institut für Bildungsforschung (1.1)

Königin-Luise-Strasse 5, 14195 Berlin
Tel.: 0 30/8 24 06-0, Fax: 03 0/8 24 99 39
Homepage: http://www.mpib-berlin.mpg.de

Gründungsjahr: 1963
Anzahl des wissenschaftlichen Personals: 35 (Festangestellte)

Struktur:
- Multidisziplinäres Forschungsinstitut
- Gehört zu den 80 Instituten und Forschungseinrichtungen der Max-Planck-Gesellschaft (MPG) zur Förderung der Wissenschaften e.V.
- Die MPG ist eine gemeinnützige Organisation privaten Rechts in Form eines eingetragenen Vereins, Förderung durch Bund und Länder

Allgemeine Arbeitsschwerpunkte:
- Das Max-Planck-Institut für Bildungsforschung ist der verhaltens- und sozialwissenschaftlichen Grundlagenforschung gewidmet. Zu den Forschungsthemen zählen Bildungs- und Entwicklungsprozesse von der Kindheit bis ins hohe Alter, institutionalisiertes Lernen sowie menschliches Entscheidungsverhalten. Damit werden Fragen hoher gesellschaftlicher Bedeutung unter grundlagenwissenschaftlichem Blickwinkel thematisiert.

- Der Forschungsbereich „Adaptives Verhalten und Kognition" (Direktor: Gerd Gigerenzer) untersucht menschliche Rationalität, insbesondere Risikoverhalten und Entscheidungen in einer unsicheren Welt.
- Der Forschungsbereich „Erziehungswissenschaft und Bildungssysteme" (Direktor: Jürgen Baumert) untersucht individuelle Entwicklungs- und Lernprozesse unter einer institutionellen Perspektive.
- Im Forschungsbereich „Entwicklungspsychologie" (Direktor: Ulman Lindenberger) werden menschliche Entwicklungsverläufe während der gesamten Lebensspanne und im Hinblick auf etwaige Optimierungsstrategien analysiert.
- Der Forschungsbereich „Geschichte der Gefühle" (Direktorin: Ute Frevert) ergänzt das Forschungsspektrum des Instituts um kulturgeschichtliche Fragestellungen.
- Weitere Projekte: Doktorandenprogramm „LIFE – Lebenslauf: Evolutionäre und ontogenetische Dynamik", Selbstständige Nachwuchsgruppe „Neurokognition der Entscheidungsfindung", Max-Planck-Forschungsnetzwerk Altern (MaxnetAging)

Exemplarische Veröffentlichungen:
- Veröffentlichungen aus allen Forschungsbereichen des MPIB, z.T. online abrufbar
- Materialien aus der Bildungsforschung (Institutsreihe)
- Studien und Berichte (Institutsreihe)

3.1.2 Verwaltungs- und verbandsabhängige Einrichtungen

Bundesinstitut für Berufsbildung (BIBB) (1.2.1)

Robert-Schuman-Platz 3, 53175 Bonn,
Tel.: 02 28/1 07-0, Fax: 02 28/1 07-29 77,
E-Mail: zentrale@bibb.de
Homepage: http://www.bibb.de

Gründungsjahr: 1970
Beschäftigte im BIBB: rd. 500 Mitarbeiterinnen und Mitarbeiter

Struktur:
- Gegründet auf der Basis des Berufsbildungsgesetzes (BBIG). Heutige Rechtsgrundlage: Berufsbildungsgesetz vom 23. März 2005
- Nationales und internationales Kompetenzzentrum der beruflichen Aus- und Weiterbildung
- Bundesunmittelbare Einrichtung, finanziert aus Haushaltsmitteln des Bundes, unter Rechtsaufsicht durch das Bundesministerium für Bildung und Forschung (BMBF); seit 01.09.1999 Sitz in Bonn; am 01.07.2006 wurde eine neue Aufgaben- und Aufbauorganisationsreform in Kraft gesetzt
- Gliederung in vier Fachabteilungen (mit 16 Arbeitsbereichen) und eine Zentralabteilung; Abteilung 1: Querschnittsaufgaben / Kommunikation / Internationale Berufsbildung; Abteilung 2: Sozialwissenschaftliche Grundlagen der Berufsbildung / Forschungs-Daten-Zentrum; Abteilung 3: Förderung und Gestaltung der Berufsbildung; Abteilung 4: Ordnung der Berufsbildung

Allgemeine Arbeitsschwerpunkte:
- Forschung, Ordnung, Entwicklung und Beratung auf dem Gebiet der beruflichen Bildung
- Berufsbildung der Facharbeiter, Fachangestellten, Gesellen und Meister steht im Mittelpunkt der gesetzlich festgelegten Forschungs- und Dienstleistungsarbeit des BIBB
- Ausbildungsmarkt und Beschäftigungssystem
- Modernisierung und Qualitätsentwicklung der beruflichen Bildung
- Lebensbegleitendes Lernen, Durchlässigkeit und Gleichwertigkeit der Bildungswege
- Berufliche Bildung für spezifische Zielgruppen
- Internationalität der Berufsbildung

Exemplarische Veröffentlichungen und Berichte
- Arbeitsmaterialien und Presseinformationen (jährlich: Arbeitsprogramm; Forschungsergebnisse, Jahresbericht)
- Zeitschrift des BIBB „Berufsbildung in Wissenschaft und Praxis" (BWP)
- Literaturdatenbank „Berufliche Bildung"; Medienkatalog für die berufliche Bildung
- Buchpublikationen des BIBB (Eigenverlag BIBB sowie W. Bertelsmann Verlag)

■ Baden-Württemberg

Landesinstitut für Schulentwicklung

Rotebühlstraße 131, 70197 Stuttgart,
Tel.: 07 11/66 42- 0, Fax: 07 11/66 42-108
E-Mail: poststelle@ls.kv.bwl.de
Homepage: http://www.ls-bw.de

Das Landesinstitut für Schulentwicklung (LS) versteht sich als landesweiter Dienstleister für Bildungsplanarbeit und schulische Qualitätsentwicklung. Es steht mit seiner Arbeit und seinen Erfahrungen aus Wissenschaft und schulischer Praxis allen Schulen und Bildungseinrichtungen im Geschäftsbereich des Ministeriums für Kultus, Jugend und Sport Baden-Württemberg, dem Ministerium selbst und der Schulverwaltung beratend zur Seite.

Ausgehend von dieser Aufgabenstellung gliedern sich die Fachbereiche des Landesinstituts für Schulentwicklung in:
- Verwaltung, Koordinierung und Bildungsanalysen
- Qualitätsentwicklung und Evaluation
- Schulentwicklung und empirische Bildungsforschung
- Bildungsplanarbeit für die allgemein bildenden und für die beruflichen Schulen des Landes Baden-Württemberg.

Das Landesinstitut für Schulentwicklung wurde zum 1. Januar 2005 als rechtsfähige Anstalt des öffentlichen Rechts errichtet und erfüllt mit den genannten Aufgabenfeldern seinen gesetzlichen Auftrag.

■ Bayern

Staatsinstitut für Schulqualität und Bildungsforschung (ISB)

Schellingstr. 155, 80797 München,
Tel.: 0 89/21 70-21 01, Fax: 0 89/21 70-21 05
E-Mail: kontakt@isb.bayern.de
Homepage: http://www.isb.bayern.de

Das ISB macht die Erkenntnisse der Forschung und die Erfahrungen der Praxis für die Schule nutzbar. Es unterstützt und berät das Staatsministerium bei der Weiterentwicklung des gegliederten bayerischen Schulwesens. Die Arbeit des ISB kommt allen Schularten zugute.

Die Gliederung in vier Schulabteilungen folgt der Struktur des gegliederten bayerischen Schulwesens. Die Grundsatzabteilung und die Qualitätsagentur arbeiten schulartübergreifend. Im Direktorat sind zentrale Aufgaben angesiedelt.

In den Schulabteilungen arbeiten besonders qualifizierte Lehrerinnen und Lehrer der jeweiligen Schulart. In den beiden neu eingerichteten Abteilungen „Qualitätsagentur" und „Grundsatzabteilung" sind neben Lehrkräften verschiedener Schularten u. a. Mitarbeiterinnen und Mitarbeiter aus den Bereichen Erziehungswissenschaften, Psychologie, Soziologie und Sozialgeographie sowie aus der Datenverarbeitung tätig.

Bayerisches Staatsinstitut für Hochschulforschung und Hochschulplanung (IHF)

Prinzregentenstraße 24, 80538 München,
Tel.: 0 89 /2 12 34-405, Fax: 0 89 /2 12 34-450
E-Mail: Sekretariat@ihf.bayern.de
Homepage: http://www.ihf.bayern.de

Das Bayerische Staatsinstitut für Hochschulforschung und Hochschulplanung (IHF) ist eine Forschungseinrichtung im Bereich des Bayerischen Staatsministeriums für Wissenschaft, Forschung und Kunst. Das Institut wurde 1973 vom Freistaat Bayern gegründet, um die Ausweitung des Bildungsbereichs seit Ende der 60er Jahre wissenschaftlich zu unterstützen.

Das Institut erarbeitet wissenschaftliche Grundlagen für hochschulpolitische Entscheidungen. Im Rahmen seiner Themenschwerpunkte stellt es wissenschaftliche Kompetenzen aus unterschiedlichen Fachgebieten für die Durchführung umfangreicher und komplexer Forschungsarbeiten zur Verfügung. Hierzu zählen empirische Untersuchungen und Befragungen, statistische Auswertungen und Prognosen, konzeptionelle Untersuchungen und Entwürfe, die Durchführung von Evaluationen sowie Literaturrecherchen etc.

Staatsinstitut für Frühpädagogik (IFP)

Winzererstraße 9, 80797 München,
Tel.: 0 89/9 98 25-19 00, Fax: 0 89/9 98 25-19 19
E-Mail: kontakt@ifp.bayern.de
Homepage: http://www.ifp.bayern.de

Das Staatsinstitut für Frühpädagogik (IFP) ist eine wissenschaftliche Einrichtung des Freistaates Bayern. Das Staatsinstitut für Frühpädagogik arbeitet wissenschaftlich unabhängig und in enger Verbindung mit der Praxis, den Hochschulen und außeruniversitären Forschungseinrichtungen. Die Aufgabe des IFP ist die ständige Weiterentwicklung der Frühpädagogik insbesondere im Hinblick auf die frühkindliche Bildung. Zu den Aufgaben zählen:
- Grundlagenforschung und angewandte Forschung auf den Gebieten der Anthropologie, der Entwicklungspsychologie und der Pädagogik der frühen Kindheit unter besonderer Berücksichtigung der Einrichtungen des Elementarbereichs,
- Entwicklung, Überprüfung und Übertragung von Hilfen und Anregungen zur pädagogischen Praxis für Kinder im Elementarbereich und für Kinder mit besonderen Bedürfnissen,
- Entwicklung von Maßnahmen zur Förderung der Zusammenarbeit zwischen Kindergarten, Familie, Schule und anderen Einrichtungen, Entwicklung und Überprüfung von Hilfen zur Förderung der Aus- und Fortbildung sozialpädagogischer Fachkräfte für den Elementarbereich.

■ Berlin und Brandenburg

Landesinstitut für Schule und Medien Berlin – Brandenburg (LISUM)

Struveweg, 4974 Ludwigsfelde-Struveshof,
Tel.: 0 33 78/2 09-0, Fax: 0 33 78/2 09-198
E-Mail: heike.haseloff@lisum.berlin-brandenburg.de
Homepage: http://www.lisum.berlin-brandenburg.de

Das Landesinstitut für Schule und Medien Berlin-Brandenburg ist am 1. Januar 2007 auf der Grundlage eines Staatsvertrags zwischen den Ländern Berlin und Brandenburg gegründet worden. Es fusionierten dazu das Landesinstitut für Schule und Medien Berlin und das Landesinstitut für Schule und Medien Brandenburg.

Die Aufgaben des LISUM sind insbesondere:
- Unterrichtsentwicklung in den Fächern, Lernbereichen und Bildungsgängen einschließlich der Rahmenlehrpläne und der zentralen Prüfungen,
- Qualifizierung von Schulleitungspersonal und Zielgruppen der Schulbehörden, soweit nicht durch die regionale Fortbildung wahrgenommen,
- Qualifizierung der regionalen Fortbildnerinnen und Fortbildner,
- Schul- und Modellversuche sowie die Durchführung von Schul- und Schülerwettbewerben,
- Medienpädagogik, Medienarbeit und multimediale netzbasierte Unterstützungssysteme in den Bereichen Schule und Weiterbildung/Erwachsenenbildung,
- Qualifizierung des Fachpersonals im Bereich der Weiterbildung/Erwachsenenbildung.

■ Bremen

Landesinstitut für Schule

Am Weidedamm 20, 28215 Bremen,
Tel.: 04 21/3 61-1 44 06, Fax: 04 21/3 61-83 10
E-Mail: pduy@lis.bremen.de
Homepage: http://www.lis.bremen.de

Das Institut hat die Aufgabe, die Schulen im Lande Bremen bei ihrer Entwicklung zu unterstützen. Es hat dabei u.a. den Auftrag:
- die an Schule Beteiligten zu unterstützen und für ihre Aufgaben zu qualifizieren
- Referendarinnen und Referendare auszubilden
- die qualitative Entwicklung der Schulen im Lande Bremen zu fördern
- spezielle Beratungsdienste für Eltern und Schülerinnen und Schüler anzubieten
- die Senatorin für Bildung und Wissenschaft fachlich zu beraten.

■ Hamburg

Landesinstitut für Lehrerbildung und Schulentwicklung

Felix-Dahn-Straße 3, 20357 Hamburg,
Tel.: 0 40/4 28 01-23 60, Fax: 0 40/4 28 01-29 75
E-Mail: li@li-hamburg.de
Homepage: http://www.li-hamburg.de

Die qualitative Weiterentwicklung des Hamburger Schulwesens zu unterstützen und hierzu Impulse zu geben, ist Ziel und Anliegen in der Lehreraus- und Lehrerfortbildung, in der Qualitätsentwicklung und Standardsicherung, bei der Beratung und Unterstützung aller an „guter Schule" Beteiligten, bei Modell- und Reformprojekten und medialen Serviceangeboten. Mit der Gründung des Landesinstituts am 24. April 2003 wurden hierzu sieben Dienststellen der Behörde für Bildung und Sport zusammengefasst und miteinander verzahnt.

■ Hessen

Institut für Qualitätsentwicklung

Walter-Hallstein-Str. 5-7, 65197 Wiesbaden,
Tel.: 06 11/58 27-0, Fax: 06 11/58 27-109
E-Mail: info@iq.hessen.de
Homepage: http:// www.iq.hessen.de

Das Institut für Qualitätsentwicklung (IQ) wurde zum 1. Januar 2005 gegründet. Zu den Aufgaben zählen die Themenbereiche Qualitätssicherung an Schulen und in der Lehrerbildung, Evaluation, Bildungsstandards und Leistungsmessung, Betreuung von Modellprojekten sowie die Arbeit an empirischen Grundlagen.

■ Mecklenburg-Vorpommern

Landesinstitut für Schule und Ausbildung (LISA)

Ellerried 5/7, 19061 Schwerin,
Tel.: 03 85/76 01 70
Homepage: http://www.bildungsserver-mv.de

- Organisation und Durchführung des Vorbereitungsdienstes für Lehrkräfte aller Schularten
- Fortbildung der Lehrer und des Personals mit sonderpädagogischer Aufgabenstellung und des schulaufsichtlich tätigen Personals einschließlich der Organisation und didaktischen Entwicklung der Fortbildungsangebote
- Planung, Organisation und Durchführung von Vorhaben und Projekten der Unterrichtsentwicklung sowie die wissenschaftliche Begleitung von Schulversuchen
- Zusammenarbeit mit den Schulaufsichtsbehörden im Rahmen von Beratungsaufgaben für Schulen, einschließlich ihrer Gremien

■ Niedersachsen

Niedersächsisches Landesamt für Lehrerbildung und Schulentwicklung (NiLS)

Keßlerstraße 52, 31134 Hildesheim,
Tel.: 0 51 21/16 95-0, Fax: 0 51 21/16 95-296
E-Mail: info@nils.nibis.de
Homepage: http://nibis.ni.schule.de

Seit dem 01.02.2004 existiert das „Niedersächsische Landesamt für Lehrerbildung und Schulentwicklung (NiLS)", das wesentliche Aufgaben der beiden aufgelösten Institutionen „Niedersächsische Landesprüfungsamt für Lehrämter" (NLPA) und „Niedersächsisches Landesinstitut für Schulentwicklung und Bildung" (NLI), übernommen hat. Die zentralen Aufgaben des NiLS sind die Durchführung der Ersten und Zweiten Staatsprüfungen in allen Lehrämtern im Rahmen der Lehrerausbildung, die Initiierung und Unterstützung von Qualitätssicherung in Schule und Schulsystem, die Unterstützung landesweiter Evaluationsvorhaben sowie der Bereich Information und Kommunikation, der sich mit der Einführung und Weiterentwicklung des Einsatzes von Informations- und Kommunikationstechniken in Schule und Schulsystem befasst.

■ Nordrhein-Westfalen

Das Landesinstitut für Schule/Qualitätsagentur in Soest wurde zum 1. Januar 2007 aufgelöst. Die Arbeitsbereiche Lehrplanentwicklung sowie Zentrale Prüfungen/Lernstandserhebungen wurden in das Ministerium für Schule und Weiterbildung verlagert.

■ Rheinland-Pfalz

Pädagogisches Zentrum Rheinland-Pfalz

Europaplatz 7-9, 55543 Bad Kreuznach,
Tel.: 06 71/8 40 88-0, Fax: 06 71/8 40 88-10
E-Mail: pz@pz.bildung-rp.de
Homepage: http://pz-rlp.de

Das Pädagogische Zentrum Rheinland-Pfalz ist eine Service-Einrichtung des Landes Rheinland-Pfalz, die im Auftrag des Ministeriums für Bildung, Wissenschaft, Jugend und Kultur die Schulen bei ihrer Arbeit unterstützt.

Erziehungswissenschaftliche, fachwissenschaftliche und fachdidaktische Entwicklungen werden beobachtet, ausgewertet und für die pädagogische Praxis aufbereitet. Die Arbeit des Pädagogischen Zentrums dient der Weiterentwicklung des Unterrichts auf der Grundlage der Bildungsstandards.

■ Saarland

Landesinstitut für Pädagogik und Medien (LPM)

Beethovenstr. 26, 66125 Saarbrücken,
Tel.: 0 68 97/79 08-0, Fax: 0 68 97/79 08-122
E-Mail: lpm@lpm.uni-sb.de
Homepage: http://www.lpm.uni-sb.de/

Die Fort- und Weiterbildung von Lehrerinnen und Lehrern aller Schulformen steht im Mittelpunkt der Arbeit des LPM. Im Zuge der Regionalisierung der Lehrerfort- und Weiterbildung erweitern die Angebote von Außenstellen in den sechs Schulämtern die zentralen Offerten. Ergänzt wird dieses Themen- und fächerorientierte Programm durch die verschiedenen Beratungsstellen, die einzelnen Lehrkräften und Schulen Hilfen und Auskünfte in pädagogischen, didaktischen und methodischen Fragen anbieten. Einen aktuellen Schwerpunkt bildet dabei die Beratung zu den „neuen Medien", für die eigens regionale Beratungsstellen eingerichtet wurden. Daneben beherbergt das LPM die Landesbildstelle sowie die Landeszentrale für politische Bildung.

■ Sachsen

Sächsisches Bildungsinstitut (SBI)

Dresdner Straße 78 c, 01445 Radebeul,
Tel.: 03 51/8 32 44 11, Fax: 03 51/8 32 44 12
E-Mail: kontakt@sbi.smk.sachsen.de
Homepage: http://www.sachsen-macht-schule.de

Das SBI bündelt die Aufgaben des ehemaligen Comenius-Instituts (Staatsinstitut für Bildung und Schulentwicklung), der Sächsischen Akademie für Lehrerfortbildung und des Aufbaustabes der Sächsischen Evaluationsagentur.

Qualitätsentwicklung in Unterricht und Schule, Lehrerfort- und Weiterbildung sowie Evaluation der Qualität unserer Schulen bilden die Schwerpunkte der Aufgabenfelder am Sächsischen Bildungsinstitut (SBI), einer Einrichtung des Sächsischen Staatsministeriums für Kultus. Diese Aufgabenfelder sind gekennzeichnet von der Weiterentwicklung der pädagogischen Grundlagen, Konzepte und Lehrpläne, von Maßnahmen der allgemeinen Weiterbildung und des lebenslangen Lernens und von der Durchführung der externen Schulevaluation. Darüber hinaus gehören die Aufgaben eines Landesmedienzentrums für alle medienpädagogischen Aspekte des Unterrichts, die zentrale Fortbildung der Lehr- und Führungskräfte in der Kultusverwaltung sowie die konzeptionelle Mitwirkung an der regionalen Lehrerfortbildung dazu.

- **Sachsen-Anhalt**

Landesinstitut für Lehrerfortbildung, Lehrerweiterbildung und Unterrichtsforschung von Sachsen-Anhalt (LISA)

Riebeckplatz 9, 06110 Halle (Saale),
Tel.: 03 45/20 42-0, Fax: 03 45/204 2-319
E-Mail: info@lisa.mk.sachsen-anhalt.de
Homepage: http://www.lisa.bildung-lsa.de

Das Landesinstitut für Lehrerfortbildung, Lehrerweiterbildung und Unterrichtsforschung von Sachsen-Anhalt (LISA) wurde 1991 als nachgeordnete Einrichtung des Kultusministeriums gegründet. Zentrale Arbeitsbereiche sind neben der Schul- und Curriculumentwicklung die Lehrerfort- und Lehrerweiterbildung sowie die Medienpädagogik.

- **Schleswig-Holstein**

Institut für Qualitätsentwicklung an Schulen Schleswig-Holstein (IQSH)

Schreberweg 5, 24119 Kronshagen,
Tel.: 04 31/54 03-0
E-Mail: info@iqsh.de
Homepage: http://www.iqsh.de

Das Institut für Praxis und Theorie der Schule Schleswig-Holstein (IPTS) wurde nach einem Um- und Neustrukturierungsprozess 2003 in das Institut für Qualitätsentwicklung an Schulen Schleswig-Holstein (IQSH) umgewandelt. Die Hauptaufgabe des IQSH ist es, im Auftrag des Bildungsministeriums, Dienstleistungen für alle an Schule Tätigen und alle für Schule Verantwortlichen in Schleswig-Holstein zu erbringen. Die Leistungsangebote des Instituts umfassen Beratung, Qualifizierung sowie vielfältige Unterstützungsangebote in den Bereichen „Schulentwicklung", „Qualifizierung und Lehrerbildung" sowie „IT-Dienste". Zudem gibt das IQSH Veröffentlichungen zu aktuellen Fragen von Unterricht und Schule heraus. Eine gut ausgestattete Bibliothek steht allen Interessierten zur Verfügung.

■ Thüringen

Thüringer Institut für Lehrerfortbildung, Lehrplanentwicklung und Medien (ThILLM)

Heinrich-Heine-Allee 2-4, 99438 Bad Berka,
Tel.: 03 64 58/56-0, Fax: 03 64 58/56-300
E-Mail: institut@thillm.thueringen.de
Homepage: http://www.thillm.de

Das ThILLM ist eine unmittelbar dem Kultusministerium nachgeordnete Dienststelle und hat seine Aufgaben in den folgenden Bereichen: Lehrerfortbildung, Qualitätssicherung, Erarbeitung von Lehrplanentwürfen, Erprobung von Lehrplänen und wissenschaftliche Begleitung, Mitwirkung bei der Vorbereitung zentraler Prüfungen, Planung, Organisation, Koordinierung und Begleitung von Modellversuchen und Projekten an Schulen, Dokumentation und Auswertung des erziehungswissenschaftlichen Schrifttums für den Unterricht und die Fortbildung, Beratung der Schulen in medienpädagogischen und medientechnischen Fragen.

UNESCO Institute for Lifelong Learning (UIL) (1.2.2)

Fellbrunnenstr.58, 20148 Hamburg
Tel.: 0 40/44 80 41-0, Fax: 0 40/4 10 77 23
E-Mail: uil@unesco.org
Homepage: http://www.unesco.org/uil

Gründungsjahr: 1951
Anzahl des wissenschaftlichen Personals: 20

Struktur:
- Bildungsinstitut der UNESCO
- Internationales, nicht gewinnorientiertes Forschungs-, Bildungs-, Informations- und Dokumentationszentrum
- Das Institut wird von einem Kuratorium mit 11 Mitgliedern geführt, die vom Generaldirektor der UNESCO ernannt werden

Allgemeine Arbeitsschwerpunkte:
Alphabetisierung, nicht formale Bildung, Lernen für Erwachsene und lebenslanges Lernen. Weiterer Schwerpunkt ist Afrika.
Im Einzelnen gibt es aktuell 4 Gruppen:
- Cluster 1: Learning Throughout Life in Different Cultural Contexts: from Laying Foundations to Strengthening Creative Participation
- Cluster 2: CONFINTEA V and Dakar Follow-up: Evaluating and Monitoring Policy and Institutional Changes in Basic Education for Adult and Young People
- Cluster 3: Capacity Building in and for Lifelong Learning
- Cluster 4: Structured Advocacy: Networking, Documentation, Communication and Marketing

Dokumentationszentrum und Bibliothek

Exemplarische Veröffentlichungen:
- UIL Studien
- International Review of Education (IRE) – Internationale Zeitschrift für Erziehungswissenschaft
- International Award for Literacy Research
- „LIFE" (Literacy Initiative for Empowerment) – Vision an Strategy Paper
- APAL Serie: African Perspecitves on Adult Learning: 5 Titel
- Publikationen im Zusammenhang mit der 6. Internationalen Konferenz über Erwachsenenbildung (CONFINTEA)
- Adult Learning Documentation and Information Network (ALADIN)
- Publikationen zur „Family Literacy"

OECD/CERI (Centre for Educational Research and Innovation) (1.2.2)

2 rue André-Pascal, 75775 Paris Cedex 16, France
E-Mail: ceri.contact@oecd.org
Homepage: http://www.oecd.org

Gründungsjahr: 1968

Struktur:
- Das Centre for Educational Research and Innovation (CERI) ist eine Unterabteilung des Bildungsdirektorats (Directorate for Education, EDU) der OECD
- Die Arbeit des Instituts ist in vier Kernbereiche gegliedert: Erziehung in der Zukunft, Erziehung und Globalisierung, Innovation und Erziehung, Erziehung und Forschung
- CERI finanziert sich durch Zahlungen der teilnehmenden Länder und Organisationen

Allgemeine Arbeitsschwerpunkte:
CERI deckt das Lernen in jedem Lebensalter, von der Geburt bis ins hohe Alter ab und beschäftigt sich nicht nur mit dem formalen Bildungssystem. Die Kernbereiche im Einzelnen:
- Erziehung in der Zukunft: zukünftige Themen im Erziehungsbereich
- Erziehung und Globalisierung: Einfluss von Globalisierung auf Bildungsprozesse
- Innovation und Erziehung: Innovationen zur Verbesserung von Lehren und Lernen
- Erziehung und Forschung : Neue Felder der Bildungsforschung

Exemplarische Veröffentlichungen:
Berichte, Monographien, Newsletter, Länderanalysen, z.B.:
- OECD (Ed.) (2007): Education at a Glance. OECD Indicators 2007, Paris.

CEDEFOP – European Centre for the Development of Vocational Training (Europ. Zentrum für die Förderung der Berufsbildung) (1.2.2)

PO Box 22427, Finikas, GR-55102 Thessaloniki
Tel.: 00 30/23 10 49 01 11, Fax: 00 30/23 10 49 00 49
E-Mail: info@cedefop.europa.eu
Homepage: http://www.cedefop.europa.eu

Gründungsjahr: 1975
Anzahl des wissenschaftlichen Personals: k.A.

Struktur:
- Gegründet nach Ratsbeschluss der EG (1975, Nr.:337/75) als unabhängiges Organ ohne Erwerbszweck
- Dezentralisierte Institution der EU und von Dienststellen der Europäischen Kommission unabhängig
- Enge Zusammenarbeit der Mitgliedsstaaten insbesondere in Fragen der beruflichen Bildung
- Das Governing Board besteht aus Vertretern der Regierungen der Mitgliedsstaaten, Arbeitnehmerorganisationen, Unternehmen und der Europäischen Kommission
- Beratungsinstanz für die politischen Akteure der EU, z.B. die Kommission und die Mitgliedsstaaten sowie die Sozialpartner in Hinblick auf die Entwicklung von Systemen, vorbildlichen Praktiken und Innovationen

Allgemeine Arbeitsschwerpunkte:
- Durchführung vergleichender Studien und Erhebungen über Berufsbildungssysteme, Qualifikationen und andere Aspekte der Strukturen beruflicher und allgemeiner Bildung in der EU
- Unterstützung der Kommission zur Weiterentwicklung der Berufsbildung und Förderung der ständigen Weiterbildung auf Gemeinschaftsebene
- Förderung von Kompetenzen, Förderung des Lebenslangen Lernens
- Beobachtung der Entwicklung der Berufsbildungssysteme in den Mitgliedsstaaten
- Förderung der Mobilität und des Austauschs auf europäischer Ebene

Exemplarische Veröffentlichungen:
- „Das Elektronische Berufsbildungsdorf" – „Electronic Training Village": interaktive Website für die Gemeinschaft der Berufsbildungsfachleute in Europa, http://www.trainingvillage.gr
- „Europäische Zeitschrift Berufsbildung" („European Journal of Vocational Training"), erscheint auf englisch, französisch, deutsch, spanisch und portugiesisch
- „CEDEFOP Info": Informationen über aktuelle Entwicklungen, erscheint auf englisch, französisch, deutsch
- Studien, Berichte, Diskussionspapiere
- Monographien

3.1.3 Sonstige Forschungseinrichtungen mit Bezug zur Bildungsforschung

Forschungsinstitut Betriebliche Bildung gemeinnützige GmbH (f-bb) (1.3)

Obere Turnstr. 8, 90429 Nürnberg
Tel.: 09 11/2 77 79-0, Fax: 0911/2 77 79-50
E-Mail: info@f-bb.de
Homepage: http://www.f-bb.de

Gründungsjahr: 2003
Anzahl des wissenschaftlichen Personals: ca. 60

Struktur:
- Gliederung in drei Projektgruppen (Ausbildung und Bildungsplanung, Medien und Methoden, Weiterbildung) und quer dazu liegende 9 Kompetenzbereiche: Berufliche Ausbildung, Berufliche Integration, Betriebliche Weiterbildung, Bildungsberatung, Bildung und Demographie, Europäisierung der Berufsbildung, Lernen mit Medien, Wissenschaftliche Weiterbildung, Zertifizierung und Prüfung
- Kooperationen mit Partnern aus allen Mitgliedsstaaten der Europäischen Union

Allgemeine Arbeitsschwerpunkte:
- Ausbildung und Bildungsplanung: Der Forschungsbereich „Ausbildung und Bildungsplanung" erforscht gesellschaftliche und wirtschaftliche Anforderungen an die Ausbildung und analysiert Inhalte und Ziele des Ausbildungssystems. Entwickelt werden Methoden zur betriebsnahen Erfassung des Ausbildungsbedarfs und Konzepte zur Steigerung der Anpassungsfähigkeit des Ausbildungssystems.
- Medien und Methoden: Der Forschungsbereich „Medien und Methoden" entwickelt Strategien zur Förderung selbst organisierten Lernens im Betrieb, analysiert Verfahren und Methoden arbeitsplatznahen Lernens, insbesondere die Entwicklungspotenziale und Grenzen von E-Learning und die Möglichkeiten seiner Kombination mit anderen Lernformen, und erforscht Möglichkeiten der Zertifizierung informell erworbener Kompetenzen, auch mit Blick auf die Internationalisierung beruflicher Bildung.
- Weiterbildung: Der Forschungsbereich „Weiterbildung" befasst sich mit der Modernisierung der Weiterbildung vor allem hinsichtlich einer Integration des Lernens in den Arbeits- und Betriebsalltag und in die verschiedenen Phasen der Berufsbiografie. Dabei werden die öffentlichen, betrieblichen und individuellen Akteure mit ihren jeweiligen Möglichkeiten und Aufgaben thematisiert und Kooperationsformen untersucht. Ein Schwerpunkt ist gegenwärtig die durch den demografischen Wandel hervorgerufene Umbruchsituation im Verhältnis von Bildung und Beschäftigung.

Exemplarische Veröffentlichungen:
- Eigene Buchreihen „Wirtschaft und Bildung" und „Leitfaden für die Bildungspraxis"
- Fachartikel in einschlägigen Zeitschriften
- Newsletter, Kompetenzbroschüren, Projektinformationen

Institut für Arbeitsmarkt- und Berufsforschung der Bundesagentur für Arbeit (IAB) (1.3)

Regensburger Straße 104 , 90478 Nürnberg
Tel.: 09 11/1 79-0, Fax: 09 11/1 79-325 8
E-mail: info@iab.de
Homepage: http://www.iab.de

Gründungsjahr: 1967
Anzahl des wissenschaftlichen Personals: 175

Struktur:
- Das Institut für Arbeitsmarkt- und Berufsforschung (IAB) erforscht den Arbeitsmarkt auf Grundlage zweier gesetzlicher Aufträge, die für den Bereich der Arbeitslosenversicherung im Sozialgesetzbuch Drittes Buch (SGB III) und für das Grundsicherungssystem für erwerbsfähige Hilfebedürftige im Sozialgesetzbuch Zweites Buch (SGB II) geregelt sind.
- Das Institut wird durch einen Direktor geleitet und nach außen vertreten. Seit Oktober 2007 hat Professor Dr. Joachim Möller diese Position inne. Vizedirektor ist Dr. Ulrich Walwei.
- Das IAB ist multidisziplinär ausgerichtet. So arbeiten derzeit am Institut Ökonomen, Soziologen, Politologen, Psychologen und Mathematiker in elf Forschungsbereichen, um das breite Spektrum der Forschungsfelder rund um den Arbeitsmarkt abzudecken.
- Die organisatorische Nähe zur Bundesagentur für Arbeit und die enge Zusammenarbeit mit dem Bundesministerium für Arbeit und Soziales sorgen dafür, dass die Ergebnisse dieser Forschung unmittelbar in politische Entscheidungen einfließen können.

Allgemeine Arbeitsschwerpunkte:
Aktuelle Schwerpunkte liegen unter anderem auf
- der Wirkungsforschung zu den Maßnahmen der aktiven Arbeitsmarktpolitik
- den Zusammenhang von Bildung und Erwerbstätigkeit
- dem internationalen Arbeitsmarktvergleich und den Konsequenzen der Einwanderungspolitik und Erweiterung der Europäischen Union
- den sozialen Folgen der Arbeitslosigkeit
- der Regionalforschung mit ihrem weitverzweigten Forschungsnetz
- den Arbeiten zum Niedriglohnsektor und
- der betrieblichen Arbeitsnachfrage.

Ein großer Teil der Forschungsarbeit basiert auf umfangreichen eigenen Erhebungen und Prozessdaten der Bundesagentur für Arbeit, die für Forschungszwecke des IAB aufbereitet werden, gleichwohl aber der gesamten Wissenschaft zur Verfügung stehen.

Exemplarische Veröffentlichungen:
- Die „Zeitschrift für ArbeitsmarktForschung" (ZAF) bietet ein internationales Diskussionsforum für die Arbeitsmarkt- und Berufsforschung. Das multidisziplinär konzipierte Journal deckt den gesamten Bereich dieses Fachgebietes ab. Es erscheint viermal jährlich, davon in der Regel ein Heft mit einem thematischen Schwerpunkt.
- Die IAB-Kurzberichte enthalten aktuelle, kurzgefasste Informationen aus der ganzen Forschungsbreite des Instituts. Sie erscheinen 25 bis 30 Mal pro Jahr.

- Die IAB-Forschungsberichte und IAB-Discussion Paper bieten der Scientific Community und der Fachöffentlichkeit Einblick in die laufende empirische Projektarbeit und den neuesten Stand der Forschung. Die beiden Reihen werden ausschließlich elektronisch publiziert.
- In der Buchreihe IAB-Bibliothek werden zentrale wissenschaftliche Befunde der IAB-Forschung nicht nur für die Wissenschaft, sondern auch für eine breite Fachöffentlichkeit aufbereitet.
- Das Magazin IAB-Forum bietet eine reiche Mischung aus der ganzen Bandbreite der Forschungsarbeiten des IAB. Alle Ausgaben haben einen Themenschwerpunkt. Daneben gibt es eine Fülle von weiteren Beiträgen und Rubriken. Es erscheint zweimal im Jahr.

Institut der deutschen Wirtschaft Köln e.V. (1.3)

Gustav-Heinemann-Ufer 84-88, 50968 Köln
Tel.: 02 21/49 81-1, Fax: 02 21/49 81-533
E-Mail: welcome@iwkoeln.de
Homepage: http://www.iwkoeln.de

Gründungsjahr: 1951

Struktur:
- Das Institut der deutschen Wirtschaft Köln e.V. (IW) wird von Wirtschafts- und Arbeitgeberverbänden sowie Unternehmen der privaten Wirtschaft getragen.
- Rechtsform eines eingetragenen Vereins
- Auftraggeber sind Unternehmen und Verbände, Bundes- und Landesministerien, nationale und internationale Organisationen, Stiftungen, Hochschulen und Forschungseinrichtungen
- Das IW hat zwei große Forschungs- und Wissenschaftsbereiche: Wissenschaftsbereich I (Bildungspolitik und Arbeitsmarktpolitik) und Wissenschaftsbereich II (Wirtschaftspolitik und Sozialpolitik).

Allgemeine Arbeitsschwerpunkte:
- Wissenschaftsbereich I: Arbeitsmarkt (z.B. Beschäftigung und Qualifikation, betriebl. Personalpolitik), Bevölkerungsökonomik, Institutionenökonomik, Innovationsökonomik, Bildungsökonomik, Schulische/Berufliche/Akademische Bildung
- Wissenschaftsbereich II: Makroökonomik, Internationale Arbeitsteilung, Finanzmärkte, EU, Lohnpolitik & Arbeitskosten, Soziale Sicherung, Wettbewerb, Mittelstand, Ökonomie & Ökologie, Immobilienökonomik

Exemplarische Veröffentlichungen und Berichte:
- Informationsdienst des Instituts der deutschen Wirtschaft (iwd), Medienspiegel, Broschüren, Dossiers
- Forschungsberichte (IW-Analysen), Beiträge zur Ordnungspolitik (IW Positionen), IW Trends, IW Studien
- Internet- Dienste und Datenbanken

Institut für Strukturpolitik und Wirtschaftsförderung gemeinnützige GmbH (isw) (1.3)

Heinrich-Heine-Straße 10, 06114 Halle (Saale)
Tel.: 03 45/5 21 36 10, Fax: 03 45/5 17 07 06
E-Mail: info@isw-institut.de
Homepage: http://www.isw-institut.de

Gründungsjahr: 1991
Anzahl des wissenschaftlichen Personals: ca. 20

Struktur:
Das isw ist eine gemeinnützige Gesellschaft mbH. Das isw Institut hat seinen Hauptsitz in Halle (Saale). Darüber hinaus verfügt das Institut für Strukturpolitik und Wirtschaftsförderung über ein Büro des Bereiches Bildungs-, Personal- und Organisationsforschung in Halle sowie über eine Niederlassung in Berlin und ein Büro in Magdeburg.

Das isw Institut ist entsprechend seiner Unternehmensschwerpunkte in vier Fachbereiche gegliedert:
- Bereich 1 Struktur-/Evaluations- und Arbeitsmarktforschung
- Bereich 2 Bildungs- /Personal-/Organisations- und technologieorientierte Forschung
- Bereich 3 Regionalforschung und Innovationsforschung/Informationssysteme
- Bereich 4 Personal/Finanzen/Controlling

Allgemeine Arbeitsschwerpunkte:
In der angewandten Forschung stützt sich das isw-Institut vor allem auf die Zusammenarbeit mit den Kommunen, Landkreisen, Regierungspräsidien, Regionen und Landesregierungen, aber auch mit einzelnen Unternehmen, Bildungseinrichtungen, Verbänden, Gewerkschaften, Kammern, Stiftungen und anderen gesellschaftlichen Gruppen. Kooperationspartner für isw-Projekte sind in wachsendem Maße Bundesministerien, nationale und internationale Organisationen und vor allem die Europäische Kommission. Entsprechend der wirtschafts- und bildungswissenschaftlichen Grundausrichtung des Institutes liegt der Schwerpunkt der Forschungsarbeiten im Bereich Bildungs-/Personal- und Organisationsforschung vorzugsweise auf den Fragen der beruflichen Weiterbildung und der Entwicklung der Humanressourcen als Bestandteil der wirtschaftlichen und sozialen Entwicklung. Das Forschungspotenzial des isw Instituts lässt sich daher in diesem Arbeitsbereich vor allem den folgenden vier Themengebieten zuordnen:
- Entwicklung des Humankapitals als Bestandteil der Regionalentwicklung
- Qualifizierung und Innovation in/für kleine und mittlere Unternehmen (KMU)
- Einsatz neuer Lehr-/Lernszenarien in der Weiterbildung und Qualifizierung für verschiedene Berufsinhalte
- Entwicklungstendenzen im Bildungsbereich und Trendforschung.

Exemplarische Veröffentlichungen:
- der vierteljährlich erscheinende „isw-report", eine Informationsschrift zu aktuellen Projekten, gutachterlichen Tätigkeiten und Fachveranstaltungen des isw
- die halbjährlich erscheinenden „isw-akzente", eine Sammlung wissenschaftlicher Aufsätze zu ausgewählten Studien, Gutachten und Untersuchungen des isw

Sonstige Veröffentlichungen der Bildungsforschung (Auswahl):

Abicht, Lothar/Bott, Peter/Dworschak, Bernd/Galiläer, Lutz: Auf der Suche nach neuen Qualifikationen, Methoden der Früherkennung von Qualifikationsentwicklungen, Bertelsmann Verlag, Bielefeld 2007.

Abicht, Lothar/Schumann, Uwe: Untersuchung zu innovativen Qualifikationsanforderungen im Bereich der Nanotechnologie. In: Bullinger, Hans-Jörg (Hrsg.): Qualifikationen im Wandel. Nutzen und Perspektiven der Früherkennung, Bielefeld 2006.

Abicht, Lothar/Borkenhagen, Peter: Personal- und Organisationsentwicklung in kleinen und mittleren Unternehmen (KMU) als Faktoren zur Stärkung der Wirtschaftskraft der Unternehmen und zur Sicherung von Arbeitsplätzen – dargestellt am Beispiel Sachsen-Anhalts. In: Forschungsinstitut Betriebliche Bildung (f-bb) gGmbH (Hrsg.): Zukunft der einfachen Arbeit. Von der Hilfstätigkeit zur Prozessdienstleistung, Band 31. Bielefeld 2004.

Freikamp, Henriette/Schönfeld, Peter: Existenzgründer/-innen lernen. Online-Erfahrungen aus der Virtuellen Akademie für Existenzgründungen in Sachsen-Anhalt. In: Meister, D. M. (Hrsg.): Online-Lernen und Weiterbildung, Bildung und neue Medien, Band 5. Wiesbaden 2004.

3.1.4 Serviceeinrichtungen

Gesellschaft Sozialwissenschaftlicher Infrastruktureinrichtungen e.V. (GESIS) (1.4)

Postfach 122155, 68072 Mannheim
Tel.: 06 21/12 46-0, Fax: 06 21/12 46-100
E-Mail: zuma@gesis.org
Homepage: http://www.gesis.org

Gründungsjahr: 1986

Struktur:
- Gegründet zur Förderung und Intensivierung der sozialwissenschaftlichen Forschung, gehört der Wissenschaftsgemeinschaft Gottfried Wilhelm Leibniz e.V. (WGL) an.
- Als Einrichtung mit Servicefunktion für die Forschung durch Bund und Länder gefördert.
- Gliederung in die drei Abteilungen GESIS-IZ (Bonn), GESIS-ZA (Köln), GESIS-ZUMA (Mannheim), zudem wird die Servicestelle Osteuropa in Berlin unterhalten.

Allgemeine Arbeitsschwerpunkte:
- Zentrale Aufgabe der GESIS ist die Unterstützung der sozialwissenschaftlichen Forschung. Zu den Dienstleistungen der GESIS gehören der Aufbau und das Angebot von Datenbanken mit Informationen zu sozialwissenschaftlicher Literatur und zu Forschungsaktivitäten sowie die Archivierung und Bereitstellung von Umfragedaten aus der Sozialforschung. Wichtige Funktionen sind auch die Beratung in Methodenfragen, die Entwicklung komplexer Methoden der empirischen Sozialforschung sowie die eigenständige Dauerbeobachtung der gesellschaftlichen Entwicklungen mit Hilfe dieser Instrumente.
- Das GESIS-IZ dokumentiert und vermittelt Informationen zum Stand der Forschung und zur Literatur für den Bereich der Sozialwissenschaften in den deutschsprachigen Ländern sowie zu sozialwissenschaftlichen Forschungsaktivitäten in Osteuropa. Das Kompetenz-

zentrum Frauen in Wissenschaft und Forschung (CEWS) bietet als Bereich des GESIS-IZ zielgruppenadäquate Informations- und Beratungsleistungen zu Fragen der Chancengleichheit in Wissenschaft und Forschung.
- Die Abteilung GESIS-ZA archiviert Primärmaterial (Daten, Fragebögen, Codepläne) und Ergebnisse empirischer Untersuchungen. Das Material wird für wissenschaftliche Sekundäranalysen aufbereitet und der interessierten Öffentlichkeit zugänglich gemacht.
- Die Abteilung GESIS- ZUMA berät die Sozialforschung bei der Anlage, Durchführung und Auswertung sozialwissenschaftlicher Untersuchungen, führt eigene Untersuchungen durch, erleichtert den Zugang zu amtlichen Daten und beobachtet und analysiert die gesellschaftliche Entwicklung mit sozialen Indikatoren.

Exemplarische Veröffentlichungen und Berichte:
- Zeitschriften und Newsletter: z.B. Methoden, Daten und Analysen (MDA, Methodenzeitschrift), gesis report
- Arbeits- und Forschungsberichte
- Aufsätze und Monographien

3.2 Eigenständig, nicht universitär finanzierte Hochschulinstitute

Institut zur Qualitätsentwicklung im Bildungswesen (IQB) (2)

Postanschrift:
Humboldt-Universität zu Berlin, Institut zur Qualitätsentwicklung im Bildungswesen,
Unter den Linden 6, 10099 Berlin
Tel.: 0 30/20 93-53 35, Fax: 0 30/20 93-53 36
E-Mail: IQBoffice@IQB.hu-berlin.de
Homepage: http://www.iqb.hu-berlin.de

Gründungsjahr: 2004

Struktur:
- Das Institut zur Qualitätsentwicklung im Bildungswesen (IQB) unterstützt die Arbeiten der Länder in der Bundesrepublik Deutschland in der Sicherung und kontinuierlichen Weiterentwicklung von Bildungserträgen im Schulsystem.
- Kernanliegen des IQB sind die Weiterentwicklung, Operationalisierung, Normierung und Überprüfung von Bildungsstandards. Die Arbeiten hierzu geschehen in enger Abstimmung mit den Ländern sowie allen etablierten nationalen und internationalen Forschungseinrichtungen, Verbänden und Institutionen im Bereich der schulischen Bildung.
- Mit Beschluss vom 4. Dezember 2003 wurde das IQB institutionell an die Humboldt-Universität zu Berlin angebunden. Die Finanzierung erfolgt entsprechend dem Königsteiner Schlüssel durch die 16 Bundesländer.
- Die Arbeitsbereiche des IQB sind im Kern auf die Operationalisierung, Implementation und Evaluation der länderübergreifenden Bildungsstandards ausgerichtet. Kernauftrag des IQB ist die Erstellung von Testaufgaben zum Bildungsmonitoring. Die Mitarbeiterinnen und Mitarbeiter des IQB arbeiten schwerpunktmäßig an der Entwicklung, Durchführung und Auswertung von Evaluationsinstrumenten sowie damit verbundenen wissenschaftlichen Begleitarbeiten.

Allgemeine Arbeitsschwerpunkte:
Das Institut zur Qualitätsentwicklung im Bildungswesen hat das Ziel, nationale Bildungsstandards weiterzuentwickeln, sie zu normieren, ihre Erreichung zu überprüfen und ihre Implementation wissenschaftlich zu begleiten. Dies ist ein komplexer Prozess mit folgenden Teilbereichen:
- Generierung von großen Aufgabensammlungen zur Operationalisierung der Standards
- Formulierung von Kompetenzmodellen. Hier wird konkret für einzelne Fächer beschrieben, welche Kompetenzen die Schüler und Schülerinnen zu einem definierten Zeitpunkt erreicht haben sollen.
- Formulierung von Vergleichsaufgaben. Diese Aufgaben sind geeignet, das Erreichen bestimmter Kompetenzen durch die Schüler und Schülerinnen zu erfassen.
- Erarbeitung von computergestützten Test-, Auswertungs- und Rückmeldesystemen.

Institut für Schulentwicklungsforschung (IFS) (2)

Postanschrift:
Institut für Schulentwicklungsforschung, Technische Universität Dortmund,
Vogelpothsweg 78, 44227 Dortmund
Tel.: 02 31/7 55-55 03, Fax: 02 31/7 55-55 17
E-Mail: office@ifs.uni-dortmund.de
Homepage: http://www.ifs.uni-dortmund.de

Gründungsjahr: 1973

Struktur
- Gründung aufgrund eines Landtagsbeschlusses als Arbeitsstelle der Pädagogischen Hochschule
- Heute gehört das Institut mit drei Professuren und eigenem Personalhaushalt dem Fachbereich Erziehungswissenschaften der Universität Dortmund an
- Finanzierung der Forschung durch Haushalts- und Drittmittel

Allgemeine Arbeitsschwerpunkte
- Informations- und Kommunikationstechnologien und Medien im Bildungsbereich
- Entwicklung und Evaluation multimedialer Lernumwelten
- Untersuchung zum Geschlechterverhältnis
- International und national vergleichende Erforschung von Leistungsstandards im Schulsystem
- Bildungsmanagement und Evaluation
- Internationale Schulleistungsuntersuchungen
- Die Forschungsaktivitäten des IFS beziehen sich v.a. auf die Durchführung empirischer Projekte; dabei gewinnen Entwicklungs- und Evaluationsprojekte zunehmend an Bedeutung
- Interdisziplinäre Ausrichtung des IFS: Forschungsfragen und -methoden unterschiedlicher Disziplinen werden betrachtet und bearbeitet, insbesondere Pädagogik, Soziologie, Psychologie und Kommunikationswissenschaft

- Zunehmend Arbeit in internationalen Verbünden: gemeinsame Projekte auf den Gebieten Schulentwicklung, Schulmanagement und neue Technologien mit Wissenschaftler/-innen aus Norwegen, Frankreich, Österreich, Kanada, Israel, den Niederlanden und der Schweiz.
- Beteiligung an PISA (Programme for International Student Assessment)
- Beteiligung an DESI (Deutsch-Englische Sprachstudie International)

Exemplarische Veröffentlichungen und Berichte
- Seit 1980 erscheinen im Zwei-Jahres-Turnus die IFS-Jahrbücher der Schulentwicklung
- Buchveröffentlichungen im IFS-Verlag; Zeitschriften-Herausgeberschaften

3.3 Forschungsfördernde Einrichtungen

3.3.1 Selbstverwaltungsorganisationen

Deutsche Forschungsgemeinschaft (DFG) (3.1)

Kennedyallee 40, 53175 Bonn
Tel.: 02 28/8 85-1, Fax: 02 28/8 85-27 77
E-Mail: postmaster@dfg.de
Homepage: http://www.dfg.de

Gründungsjahr: 1920
Anzahl des wissenschaftlichen Personals: ca. 200

Struktur:
- eingetragener Verein
- Bund und Länder stellen jährlich rund 1.375,7 Millionen Euro zur Förderung der Forschung in allen wissenschaftlichen Disziplinen zur Verfügung
- Mitglieder der DFG sind wissenschaftliche Hochschulen, größere Forschungseinrichtungen von allgemeiner Bedeutung und wissenschaftliche Akademien

Arbeitsschwerpunkte:
- Die DFG ist die zentrale Selbstverwaltungsorganisation der Wissenschaft in Deutschland
- Die DFG unterstützt Forschungsvorhaben in allen Disziplinen, besonders im Bereich der Grundlagenforschung
- Besondere Aufmerksamkeit gilt der Förderung des wissenschaftlichen Nachwuchses
- Längerfristige Forschungseinrichtungen der Hochschulen: Sonderforschungsbereiche, in denen Wissenschaftlerinnen und Wissenschaftler fächerübergreifend zusammenarbeiten; Programmvarianten: Sonderforschungsbereiche (SFB), Kulturwissenschaftliche Forschungskollegs (SFB/FK) und Transregio (SFB/TR)

Veröffentlichungen
- Denkschriften
- Standpunkte
- Kommissionsmitteilungen
- Wissenschaftliche Arbeitspapiere
- Rundgespräche und Kolloquien

- Jahresbericht
- DFG-Zeitschrift „forschung"
- englische DFG-Zeitschrift „german research"
- Faltblätter (Im Profil : deutsch, englisch, russisch; GEPRIS: Suchprogramm DFG-geförderter Projekte; etc., s. u. http://www.dfg.de/aktuelles_presse/publikationen/)

3.3.2 Bund und Länder

Bundesministerium für Bildung und Forschung (BMBF) (3.2)

Heinemannstr. 2, 53175 Bonn
Tel.: 02 28/99 57-0, Fax: 02 28/99 57- 8 36 01
E-Mail: bmbf@bmbf.bund.de
Homepage: http://www.bmbf.de

Struktur:
Das BMBF ist in acht Abteilungen untergliedert, deren Arbeitsfelder die thematischen Schwerpunkte des Ministeriums abbilden.
- Abteilung Z - Zentralabteilung
- Abteilung 1 - Strategien und Grundsatzfragen
- Abteilung 2 - Europäische und internationale Zusammenarbeit in Bildung und Forschung
- Abteilung 3 - Berufliche Bildung; Lebenslanges Lernen
- Abteilung 4 – Wissenschaftssystem
- Abteilung 5 - Schlüsseltechnologien - Forschung für Innovationen
- Abteilung 6 - Lebenswissenschaften - Forschung für Gesundheit
- Abteilung 7 - Zukunftsvorsorge - Forschung für Kultur; Grundlagen und Nachhaltigkeit

Allgemeine Arbeitsschwerpunkte:
Im Rahmen seiner Zuständigkeiten nach dem Grundgesetz hat das BMBF vielfältige Aufgaben. Sie umfassen:
- Rechtssetzung für die außerschulische berufliche Bildung und Weiterbildung sowie die dazu erforderlichen Grundsatz- und Koordinierungsaufgaben,
- Forschungsförderung,
- Gesetzgebung zur Ausbildungsförderung und deren Finanzierung (gemeinsam mit den Ländern),
- Förderung begabter Schülerinnen und Schüler, Auszubildender und Studierender; Förderung des wissenschaftlichen Nachwuchses und
- Förderung des internationalen Austausches von Auszubildenden, Studierenden, Weiterbildungsteilnehmern, Ausbildern und Ausbilderinnen sowie Wissenschaftlern und Wissenschaftlerinnen.
- Zu den Aufgaben des BMBF gehört nach der Neuregelung der Zuständigkeiten im Rahmen der Föderalismusreform auch die Regelung allgemeiner Grundsätze der Hochschulzulassung und der Hochschulabschlüsse. Das BMBF unterstützt die Hochschulen darin, mehr Autonomie auch gegenüber staatlicher Detailsteuerung zu gewinnen.

Das BMBF fördert die Forschung durch:
- Förderung der Grundlagenforschung und ihrer Organisationen (Institutionelle Förderung gemeinsam mit den Ländern),
- Förderung von Schlüsseltechnologien insbesondere in den Bereichen Gesundheitsforschung, Biotechnologie, Informationstechnik, ökologische Forschung und Mobilität, Forschung und Entwicklung für Beschäftigung und innovative Arbeit, Meerestechnik und
- Förderung staatlicher Vorsorgeforschung in den Bereichen Umwelt, Klima, Ökologie und Gesundheit, Förderung der Meeres- und Polarforschung, der Forschung und Entwicklung zur Verbesserung von Arbeitsbedingungen, der Bildungsforschung sowie der Forschung im Bereich der Geistes- und Sozialwissenschaften.

Exemplarische Veröffentlichungen und Berichte:
- Bücher, Forschungsberichte, Periodika, Broschüren

Gemeinsame Wissenschaftskonferenz (GWK) (3.2)

Friedrich-Ebert-Allee 38, 53113 Bonn
Tel.: 02 28/54 02-0, Fax: 02 28/54 02-1 60
E-Mail: presse@gwk-bonn.de
Homepage: http://www.gwk-bonn.de

Gründungsjahr: 2008
Anzahl des wissenschaftlichen Personals: 5

Struktur:
- Die GWK wird gemeinsam von der Bundesregierung und den Regierungen der 16 Bundesländer getragen.
- Das Büro ist als Behörde haushaltsmäßig dem Bundespräsidialamt zugeordnet.
- Ab 1. Januar 2008 hat die Gemeinsame Wissenschaftskonferenz (GWK) von Bund und Ländern ihre Arbeit aufgenommen. Die GWK ist die Nachfolgeorganisation der Bund-Länder-Kommission für Bildungsplanung und Forschungsförderung (BLK).

Allgemeine Arbeitsschwerpunkte:
Die Mitglieder der Gemeinsamen Wissenschaftskonferenz
1. streben unter Wahrung ihrer Kompetenzen bei gemeinsam berührenden Fragen eine enge Koordination auf dem Gebiet der nationalen, europäischen und internationalen Wissenschafts- und Forschungspolitik mit dem Ziel an, die Leistungsfähigkeit des Wissenschafts- und Forschungsstandortes Deutschland im internationalen Wettbewerb zu steigern;
2. wirken zusammen in Fällen überregionaler Bedeutung bei der Förderung
   a) von Einrichtungen und Vorhaben der wissenschaftlichen Forschung außerhalb von Hochschulen
   b) von Vorhaben der Wissenschaft und Forschung an Hochschulen
   c) von Forschungsbauten an Hochschulen einschließlich Großgeräten;
3. unterrichten sich gegenseitig auch über wesentliche eigene Planungen und Entscheidungen, die nicht Gegenstand gemeinsamer Förderung sind.

Exemplarische Veröffentlichungen:
- „GWK- Materialien"

Internationale Weiterbildung und Entwicklung gGmbH (InWEnt) (3.2)

Friedrich-Ebert-Allee 40, 53113 Bonn
Tel.: 02 28/44 60-0, Fax: 02 28/44 60-17 66
E-Mail: education@inwent.org
Homepage: http://www.inwent.org

Gründungsjahr: 2003 (Fusion aus Carl-Duisberg-Gesellschaft CDG und Deutsche Stiftung für internationale Entwicklung DSE)
Anzahl des wissenschaftlichen Personals: 15-20 im allgemeinbildenden und Berufsbildungsbereich

Struktur:
InWEnt – Internationale Weiterbildung und Entwicklung gGmbH ist ein weltweit tätiges Unternehmen für Personalentwicklung, Weiterbildung und Dialog. Die Capacity Building-Programme richten sich an Fach- und Führungskräfte aus Politik, Verwaltung, Wirtschaft und Zivilgesellschaft. InWEnt arbeitet im Auftrag der Bundesregierung mit an der Umsetzung der Entwicklungsziele der Vereinten Nationen. Zudem berät InWEnt die deutsche Wirtschaft in Public Private Partnership Projekten. Jungen Menschen aus Deutschland wird die Chance gegeben, in einem Austausch weltweite Erfahrungen zu sammeln.

Die Berufliche Bildung ist Teil des Bereichs Nachhaltiges Wirtschaften an den Standorten Mannheim, Magdeburg, Bonn; die Bildung allgemein ist Teil des Bereichs Soziale Entwicklung in Bonn.

InWEnt arbeitet auf der Grundlage eines Konzepts zum Capacity Building und Didaktischer Prinzipien. Die wichtigsten Instrumente sind Dialog, Weiterbildung, Personalentwicklungsberatung, Netzwerkbildung.

Allgemeine Arbeitsschwerpunkte:
InWEnt ist sektorübergreifend im Bereich der beruflichen Weiterbildung tätig. Dem Bildungssektor als Zielsektor zugeordnet werden können die Themen: Bildungsqualität (Lehrerbildung, Curriculum und Lehrmaterialentwicklung), Bildungssektormanagement (Haushaltsplanung, Dezentralisierung, Verknüpfung zwischen Bildungssektor und Wirtschaft), Qualifizierung von Berufs- und Lehrerbildungseinrichtungen, (Berufs-)Bildungspolitik, e-Learning.

Exemplarische Veröffentlichungen:
- InWEnt gibt zusammen mit der GTZ bei dem Verlag Ediciones Morata eine Serie von Büchern zu Bildung, Kultur und Sprachen in Lateinamerika heraus. Sie können die Bücher direkt bei dem Verlag bestellen (www.edmorata.es).
- Fachpublikationen zur beruflichen Bildung http://www.inwent.org/ueber_inwent/bereiche/4/401/05967/index.de.shtml

Wissenschaftsgemeinschaft Gottfried Wilhelm Leibniz e.V. (WGL) (3.2)

Geschäftsstelle: Eduard-Pflüger-Str. 55, 53113 Bonn
Tel:: 02 28/3 08 15-0, Fax: 02 28/3 08 15-55
E-Mail: info@leibniz-gemeinschaft.de
Homepage: http://www.leibniz-gemeinschaft.de

Gründungsjahr: 1995

Struktur:
- Zur Leibniz-Gemeinschaft gehören im Jahr 2007 82 außeruniversitäre Forschungsinstitute und Serviceeinrichtungen für die Wissenschaft sowie sechs assoziierte Mitglieder. Leibniz-Institute bearbeiten gesamtgesellschaftlich relevante Fragestellungen strategisch und themenorientiert. Dabei bedienen sie sich verschiedener Forschungstypen wie Grundlagen-, Groß- und anwendungsorientierter Forschung. Sie legen neben der Forschung großen Wert auf wissenschaftliche Dienstleistungen sowie Wissenstransfer in Richtung Politik, Wissenschaft, Wirtschaft und Öffentlichkeit. Die Institute beschäftigen rund 13.700 Mitarbeiter, ihr Gesamtetat beträgt etwa 1,1 Milliarden Euro. Sie werden gemeinsam von Bund und Ländern finanziert. Leibniz-Institute zeichnen sich durch besonders intensive Kooperationen mit Hochschulen aus.
- Alle Leibniz-Einrichtungen unterziehen sich einer strengen Qualitätskontrolle. In einem externen, transparenten und konsequenten Evaluierungsverfahren werden die Institute mindestens alle sieben Jahre auf Peer-Review-Basis hinsichtlich ihrer wissenschaftlichen Qualität und Auftragserfüllung überprüft. Nur eine positive Beurteilung ist Grundlage einer weiteren gemeinsamen Förderung durch Bund und Länder.
- Die Mitgliedseinrichtungen der Leibniz-Gemeinschaft sind wissenschaftlich, rechtlich und wirtschaftlich eigenständig. Die Gremien der Leibniz-Gemeinschaft, unterstützt von einer Geschäftsstelle in Bonn und Büros in Berlin und Brüssel, sorgen für die Vertretung gemeinsamer Interessen nach außen gegenüber Politik, Zuwendungsgebern und Öffentlichkeit und organisieren das Evaluierungsverfahren.

Allgemeine Arbeitsschwerpunkte:
Fünf thematische Sektionen:
Sektion A: Geisteswissenschaften und Bildungsforschung
Sektion B: Wirtschafts- und Sozialwissenschaften, Raumwissenschaften
Sektion C: Lebenswissenschaften
Sektion D: Mathematik, Natur- und Ingenieurwissenschaften
Sektion E: Umweltwissenschaften

„Klassische" Einrichtungen der Bildungsforschung:
- Deutsches Institut für Erwachsenenbildung, Bonn (DIE)
- Deutsches Institut für Internationale Pädagogische Forschung, Frankfurt am Main (DIPF)
- Leibniz-Institut für die Pädagogik der Naturwissenschaften an der Universität Kiel (IPN)
- Institut für Wissensmedien, Tübingen (IWM)

Weitere Leibniz-Institute mit Bezug zur Bildungsforschung:
- Leibniz-Institut für Neurobiologie, Magdeburg (IfN) - Erforschung der neurobiologischen Mechanismen von Lernen und Gedächtnis
- Wissenschaftszentrum Berlin für Sozialforschung (WZB) - Schwerpunkt „Bildung, Arbeit und Lebenschancen"
- ifo Institut für Wirtschaftsforschung, München - Schwerpunkt Bildungsökonomik und Wissensgenerierung
- Rheinisch-Westfälisches Institut für Wirtschaftsforschung, Essen (RWI) - Kompetenzbereich: Migration, Integration, Bildung
- Zentrum für Europäische Wirtschaftsforschung, Mannheim (ZEW) - Forschungsschwerpunkt Bildungsökonomik

Exemplarische Veröffentlichungen:
- Leibniz – Journal der Leibniz-Gemeinschaft
- Zwischenruf (thematische Broschüren für forschungsbasierte Politikberatung)

3.3.3 Stiftungen

Politische und gewerkschaftliche Stiftungen mit Relevanz in der Bildungsforschung (3.3.1)

Max-Träger-Stiftung
Postfach 900409; 60444 Frankfurt am Main; Tel.: 0 69/7 89 73-0 Fax: 0 69/7 89 73-202
e-Mail: info@gew.de
Homepage: http://gew.de

Friedrich-Ebert-Stiftung e.V. (FES)
Godesberger Allee 149, 53175 Bonn, Tel.: 02 28/8 83-0, Fax: 02 28/ 8 83-432
E-Mail: presse@fes.de
Homepage: http://fes.de

Hans-Böckler-Stiftung
Hans-Böckler-Straße 39, 40476 Düsseldorf, Tel.: 02 11/77 78-0, Fax: 02 11/77 78-120
E-Mail: zentrale@boeckler.de
Homepage: http://boeckler.de

Friedrich-Naumann-Stiftung (FNSt)
Karl-Marx-Straße 2, 14482 Potsdam, Tel.: 03 31/70 19-0, Fax: 03 31/70 19-188
E-Mail: fnst@fnst.org
Homepage: http://www.fnst.org

Hanns-Seidel-Stiftung e.V.
Lazarettstr. 33, 80636 München, Tel.: 0 89/12 58-0, Fax: 0 89/12 58-356
E-Mail: info@hss.de
Homepage: http://www.hss.de

Konrad-Adenauer-Stiftung e.V. (KAS)
Rathausallee 12, 53757 Sankt Augustin, Tel.: 0 22 41/2 46-0, Fax: 0 22 41/2 46-25 91
E-Mail: zentrale@kas.de
Homepage: http://www.kas.de

Heinrich-Böll-Stiftung
Rosenthaler Str. 40/41, 10178 Berlin, Tel.: 0 30/2 85 34-0, Fax: 0 30/2 85 34-109
E-Mail: info@boell.de
Homepage: http://www.boell.de

Weitere ausgewählte fördernde Stiftungen (3.3.2)

Volkswagen-Stiftung (VWS)
Kastanienallee 35, 30519 Hannover, Tel.: 05 11/83 81-0, Fax: 05 11/83 81-344
e-mail: info@volkswagenstiftung.de
Homepage: http://www.volkswagenstiftung.de

Robert-Bosch-Stiftung (RBSG)
Postfach 10 06 28, 70005 Stuttgart, Tel.: 07 11/4 60 84-0, Fax 07 11/4 60 84-10 94
E-Mail: info@bosch-stiftung.de
Homepage: http://www.bosch-stiftung.de

Bertelsmann-Stiftung
Carl-Bertelsmann-Str. 256, 33311 Gütersloh
Homepage: http://www.bertelsmann-stiftung.de

Karl-Kübel-Stiftung für Kind und Familie
Postfach 15 63, 64605 Bensheim, Tel.: 0 62 51/70 05-0, Fax 0 62 51/70 05-55
E-Mail: info@kkstiftung.de
Homepage: http://www.karl-kuebel-stiftung.de

4 Aktuelle Entwicklungen in Bildungsforschung und Erziehungswissenschaft

Die Bildungsforschung hat in den Jahren nach 2000 einen fundamentalen Aufschwung erfahren. Insbesondere internationale Vergleichsstudien wie PISA (Deutsches PISA Konsortium 2001), IGLU (Bos et al. 2003) und TIMSS (Baumert/Bos/Lehmann, 2000) hatten sowohl großen Einfluss auf die gesellschaftliche und politische Diskussion als auch auf die Stärkung des Forschungsfelds. Es scheint, dass die Hinweise auf Probleme und Defizite des Bildungswesens in der Bundesrepublik Deutschland die Notwendigkeit von Erkenntnissen über bedingende Faktoren und Handlungsoptionen verdeutlicht haben (Prenzel 2006). Tillmann bilanziert eine Stärkung der Bildungsforschung und meint „dass in der Folge der PISA-Studie eine öffentliche Aufmerksamkeit zu Schule und Bildungspolitik entstand, wie es sie in den letzten 35 Jahren in der Bundesrepublik nicht mehr gegeben hat" (Tillmann 2006, S. 88). Es werden Ergebnisse erziehungswissenschaftlicher Forschung rezipiert, die Bildungsforschung wird wissenschaftspolitisch gestärkt und Bildungsstandards etablieren sich.

Die Bildungsforschung stellt sich heute als ein Forschungsfeld mit ausgeprägter Problemorientierung dar. Die breite Palette der Bedingungen von Bildungs- und Erziehungsprozessen in institutionellen und gesellschaftlichen Kontexten (vgl. Deutscher Bildungsrat 1974) und das sich bis heute ausdifferenzierende Spektrum bildungsrelevanter Themen und Fragestellungen (Weishaupt 2007) weisen die inhaltliche Bedeutsamkeit von Bildungsforschung aus. In der aktuellen Diskussion zeigt sich entsprechend ein recht weites Verständnis von Bildungsforschung: „Ihr Gegenstand umfasst Voraussetzungen, Prozesse und Ergebnisse von Bildung über die Lebensspanne, und zwar innerhalb wie außerhalb von (Bildungs-) Institutionen und im gesellschaftlichen Kontext. Ihr Anliegen ist es, die Bildungswirklichkeit zu verstehen und zu verbessern; sie zielt auf grundlegendes und anwendungsbezogenes Wissen, auf Beschreibungs-, Vorhersage-, Erklärungs- und Veränderungswissen" (Prenzel 2006, S.73)

Gerade diesem breiten Verständnis zufolge, das für die Bildungsforschung ein weites und komplexes Forschungsfeld eröffnet, erscheint für die empirische Bildungsforschung eine interdisziplinäre Ausrichtung von z.B. Erziehungswissenschaft, Psychologie, Soziologie oder Ökonomie unabdingbar (Merkens 2006). Die Erziehungswissenschaft stellt dabei zwar nicht den allgemeinen Bezugsrahmen dar, hat aber immerhin eine „besondere Verpflichtung" (Prenzel 2005, S.12) zur Beschäftigung mit Themen der Bildungsforschung.

Betont wird in der aktuellen Diskussion die starke methodische Fundierung aktueller Bildungsforschung (Prenzel 2005; Merkens 2006; Krüger 2006). Für die Erziehungswissenschaft wird allerdings einschränkend festgestellt, dass eine Weiterentwicklung des methodischen Instrumentariums sowie auch der Methodenausbildung vonnöten ist (Prenzel 2006; Tillmann 2006).

Hingewiesen wird auch auf die Problematik, dass derzeit im Grunde nur die quantitativ-statistisch geprägte Form von empirischen Vergleichsstudien reüssiert und somit möglicherweise das Verständnis von Bildungsforschung eingeengt wird (vgl. Zedler in diesem Band). Die Erziehungswissenschaft ist hier gefordert, um die theoretische und methodische Vielfalt zu erhalten, vergleichende und reflexive Perspektiven nicht aufzugeben und einem verengten Bildungsbegriff im Sinne der „Verwertbarkeit" entgegenzutreten (Merkens 2006; Tippelt 2006).

Die Bildungsforschung steht in ihrer Aufgabe, „wissenschaftliche Informationen auszuarbeiten, die eine rationale Begründung bildungspraktischer und auch bildungspolitischer Entscheidungen ermöglichen" (Tippelt 2006, S.138) in einem besonders engen Zusammenhang mit außeruniversitären Institutionen.

Im Sinne von Roth und Friedrich (1975) bezieht sich Bildungsforschung bzw. die empirisch oder theoretisch zu erlangende Kenntnis explizit auf Bildungsprozesse und deren Rahmenbedingungen. Die Gestaltung solcher Bildungsprozesse, wie Lehr-, Lern-, Sozialisations- und Erziehungsprozesse, impliziert das Ziel von Verbesserungen und Innovationen für die Entwicklung des Menschen. Durch die Herausforderungen und Möglichkeiten diese Prozesse zu untersuchen, zu bewerten und unter Umständen zu forcieren, rücken die Beziehungen zwischen universitärer Erziehungswissenschaft und außeruniversitärer Bildungsforschung in den Brennpunkt.

Für den Bereich der universitären Bildungsforschung bilanziert Kraul (2006) anhand der Untersuchung von Drittmittelprojekten eine verstärkte Hinwendung der Erziehungswissenschaft zu Themen der Bildungsforschung. Kaufmann und Merkens (2006) weisen wie Tillmann (2006) auf eine Ausweitung bzw. Umwidmung von Professuren in den Bereichen Bildungsforschung und Unterrichtsforschung in den letzten Jahren hin, in der Regel zu Lasten der „Allgemeinen Pädagogik" oder der „Allgemeinen Didaktik".

Die universitäre Erziehungswissenschaft trägt mit über 50 Prozent einen großen Teil des Forschungsaufkommens in der Bildungsforschung, wohingegen auf die außeruniversitären Einrichtungen ein Anteil von rund 20 Prozent entfällt. Den restlichen Anteil tragen Disziplinen wie Psychologie, Soziologie und Wirtschaftswissenschaften (vgl. Zedler in diesem Band). Diese Verteilung mag angesichts der großen, öffentlichkeitswirksamen Projekte (PISA, TIMSS, IGLU) aus dem Bereich der Bildungsforschung verwundern, die überwiegend von außeruniversitären Einrichtungen durchgeführt werden. In der Regel sind aber auch hierbei Kooperationspartner aus den Universitäten beteiligt.

In Folge der laufenden Einführung von Bildungsstandards und kontinuierlicher Leistungsprüfung durch Bund und Länder kann eine Stärkung außeruniversitärer – oder über sogenannte „An-Institute" am Rande von Universitäten angesiedelter – Forschungseinrichtungen erwartet werden (Tillmann 2006).

Das Verhältnis von Bildungspolitik und Bildungsforschung wurde in den letzten Jahren im Nachhall der Ergebnisse internationaler Vergleichsstudien verstärkt thematisiert (Jornitz 2007; Pahl 2007; Merkens 2007; Prenzel/Baumert/Klieme 2008). In Deutschland wurde damit begonnen, die Bildungspolitik evidenzbasiert auszurichten. Bildungsberichterstattung, also die „kontinuierliche, datengestützte Information der Öffentlichkeit über Rahmenbedingungen, Verlaufsmerkmale, Ergebnisse und Erträge von Bildungsprozessen" (Hüfner 2007, S. 16) soll Grundlage für politische Entscheidungen sein (Avenarius et al. 2003; Konsortium Bildungsberichterstattung 2006). Unter dem Sammelbegriff „Bildungsmonitoring" wird eine Gesamtstrategie von Bildungsberichten, internationalen Vergleichsuntersuchungen, Bildungsstandards, Evaluationen von Bildungseinrichtungen sowie ergänzenden Beiträgen der Bildungsforschung angestrebt (Kultusministerkonferenz 2003). Auf eine angemessene Beteiligung der universitären Bildungsforschung bzw. die Kooperation von außeruniversitärer und universitärer Bildungsforschung ist hier, auch unter dem Aspekt der Nachwuchsförderung, zu achten (Weishaupt 2007).

Die Zukunft der Bildungsforschung und ihrer Einrichtungen hängt letztlich von ihrer Positionierung und der Wahrnehmung der Nützlichkeit ihrer Forschungsergebnisse ab (Prenzel 2006). Die gegenwärtige positive Entwicklung garantiert mitnichten den Aus- und Aufbau einer dauerhaft gesicherten Forschungskapazität in der empirischen Forschung. Aus dieser Sicht muss sich erst zeigen, in welche Richtung sich die aktuellen Tendenzen – auch in der Beziehung zwischen Erziehungswissenschaft und Bildungsforschung – entwickeln.

Es fehlen z.B. langfristige Verlaufsstudien, Wissen über Zusammenhänge von formalem, non-formalem und informellem Lernen oder Erkenntnisse über die Übergänge zwischen Bildungsbereichen (Tippelt 2006). Die Bildungsforschung muss versuchen, neben der Beschreibung von Problemen diese auch zu erklären und wenn möglich Veränderungen zu unterstützen. Ein gewünschter kumulativer Erkenntnisgewinn bedarf eines Ausbaus der Kooperation der beteiligten Disziplinen, aber auch der universitären und außeruniversitären Forschung. Bei der Darstellung der Ergebnisse empirischer Bildungsforschung sind die verschiedenen Adressaten dieser Ergebnisse und eine entsprechende Ergebnisaufbereitung – ob für scientific community, politische Akteure oder Bildungspraktiker - zu beachten. Besonderes Augenmerk sollte auf die Nachwuchsförderung, insbesondere die methodische Ausbildung des wissenschaftlichen Nachwuchses gelegt werden, um eine angemessene Beteiligung der Erziehungswissenschaften an Projekten der Bildungsforschung sicherzustellen (Tillmann 2006; Krüger 2006; Fend 2005; Baumert 2005).

5 Erhebung (aktuelle Themen, Tendenzen, Perspektiven der Bildungsforschung)

Die Einrichtungen der Bildungsforschung hatten im Rahmen der Kurzbefragung die Möglichkeit, allgemeine und auf die Institution bezogene Perspektiven der Bildungsforschung sowie bedeutende Themen und Trends zu formulieren. Im folgenden Abschnitt sind einige wesentliche Ergebnisse dieser Befragung zusammengefasst.

5.1 Perspektiven der empirischen Bildungsforschung in Deutschland

Die Perspektiven der empirischen Bildungsforschung in Deutschland werden von den befragten Institutionen durchweg als positiv eingeschätzt. Die deutsche Bildungsforschung war, auch im europäischen Vergleich, lange wenig empirisch orientiert und fundiert. In den letzten Jahren lässt sich hier aus Sicht der Befragten eine Wende konstatieren, Insbesondere die Vergleichsstudien wie TIMSS und PISA haben große Aufmerksamkeit auf sich gezogen und die empirische Bildungsforschung in das öffentliche und politische Bewusstsein gerückt. Genannt wird in diesem Zusammenhang unter anderem die zunehmende Bedeutung der Bildungsforschung in der bildungspolitischen Diskussion als wissenschaftlich fundierte Basis für politische Entscheidungen. Auch die Föderalismusreform und das damit einhergehende verstärkte Interesse des Bundes an Bildungsberichterstattung und empirisch begründeter Kenntnis der länderdifferenzierten Entwicklungen werden an dieser Stelle genannt. Insgesamt entstanden so in den letzten Jahren neue und verbesserte Perspektiven bzw. Spielräume für die Einrichtungen der Bildungsforschung. Genannt werden als Impulsgeber unter anderem die Förderinitiative der Deutschen Forschungsgesellschaft „Forschergruppen in der Empirischen Bildungsforschung", mit der seit 2002 eine inhaltliche Schwerpunkt- und Profilbildung an den Hochschulen und eine entsprechende Nachwuchsförderung unterstützt werden. Ebenfalls genannt werden Initiativen von Bund und Ländern zum langfristigen und strukturell abgesicherten Ausbau der empirischen Bildungsforschung wie z.B. das 2007 vom Bundesministerium für Bildung und Forschung verabschiedete „Rahmenprogramm zur Förderung der empirischen Bildungsforschung". Solche Initiativen werden von den Einrichtungen der Bildungsforschung als institutionelle, infrastrukturelle, aber auch thematisch-inhaltliche Impulsgeber eingeschätzt. Ähnlich positiv werden die Perspektiven auf Ebene der einzelnen Institutionen eingeschätzt, so ist z.B. durchweg von einem Ausbau der Forschungskapazitäten, der Einrichtung neuer Abteilungen oder der Einführung neuer Forschungsprojekte die Rede.

Als Aufgabe für die Zukunft wird unter anderem eine weitergehende Hinwendung zu umfangreichen quantitativen (inferenzstatistischen/multivariaten) Datenanalysen angesehen, um sowohl der Praxis als auch der Politik repräsentative und statistisch gesicherte Befunde z.B. über Bildungsinputs, -prozesse, -outputs und -outcomes liefern zu können, die handlungs- und steuerungsrelevant sind. Dieser Hinweis auf die Notwendigkeit quantitativer Forschungsansätze ist zudem unter dem Gesichtspunkt zu sehen, dass die eher qualitativ geprägte empirische

Bildungsforschung nach Aussage des Deutschen Instituts für Erwachsenenbildung möglicherweise in der Gefahr steht, die Deutungshoheit über Bildungsphänomene an traditionell eher quantitativ-statistisch orientierte Disziplinen wie die Ökonomie, Soziologie oder Psychologie zu verlieren. Dennoch wird eine interdisziplinäre Ausrichtung der Bildungsforschung von den befragten Institutionen weiterhin als notwendig erachtet.

Als weitere Aufgaben der Bildungsforschung werden ein verstärkter Transfer der Ergebnisse in die Praxis sowie eine deutlichere Positionierung der deutschen Bildungsforschung auf europäischer Ebene genannt.

5.2 Bedeutende Themen und Trends in der Bildungsforschung

Aufgrund der unterschiedlichen Forschungsrichtungen der befragten Einrichtungen und der vielfältigen Forschungsgegenstände der Bildungsforschung lässt sich kein homogenes Bild bedeutender Themen und Trends zeichnen. Diese von den befragten Einrichtungen genannten Themen und Trends sind im Folgenden schlagwortartig aufgeführt:

- Kompetenzentwicklung & Kompetenzdiagnostik
- (inter-) nationale Bildungsstandards, (inter-) nationales Bildungspanel, Vergleichsstudien, Internationale Berufsbildungsforschung, Erwachsenen- PISA, Berufsbildungs- PISA
- Lerner-Zentrierung (neue Lehr-Lernkulturen, unterschiedliche Lernformen von Individuen, informelles/non-formales Lernen)
- Architektur neuer Lernwelten
- Didaktische Innovationen
- Web 2.0 und Implikationen für die Bildungslandschaft
- Demographische Entwicklung (Berufsbildung, Fachkräftemangel, Beschäftigungsfähigkeit)
- Berufs- und Qualifikationsforschung, Identifizierung und Entwicklung von Potenzialen
- Akzeptanz und Wertigkeit von Abschlüssen
- Evaluation (z.B. berufsbildungspolitische Maßnahmen und Programme, arbeitsmarktpolitische Instrumente, Lernen Erwachsener)
- Bildungsqualität und Bildungsgerechtigkeit als wechselseitige Ressourcen
- Übergänge (z.B. Schule > Erwerbsleben)
- Frühkindliches Lernen
- Alphabetisierung
- Interkulturelles Lernen/ heterogene Lerngruppen
- Lebenslanges Lernen
- Erwachsenenbildung/Weiterbildung (Erwachsenengerechtes Lernen, Lehrende in der Weiterbildung, Adressaten-, Teilnehmer und Zielgruppenorientierung, Motive zur Weiterbildungsteilnahme)
- Umorganisation der Weiterbildungseinrichtungen (Modernisierung/veränderte Rahmenbedingungen),
- Beratung (z.B. Frage nach trägerunabhängiger Beratungsstruktur in der Weiterbildung)

Literatur

Avenarius, H./Ditton, H./Döbert, H./Klemm, K./Klieme, E./Rürup, M./Tenorth, H.-E./Weishaupt, H./Weiß, M. (2003): Bildungsbericht für Deutschland – Erste Befunde. Opladen: Leske+Budrich.
Baumert, J./Bos, W./Lehmann, R. (Hrsg.) (2000): TIMSS/III: Dritte Internationale Mathematik- und Naturwissenschaftsstudie – Mathematische und naturwissenschaftliche Bildung am Ende der Schullaufbahn. Opladen: Leske+Budrich.
Baumert, J. (2005): Schlussfolgerungen mit Blick auf Hochschulen, Bund und Länder: Akzentsetzungen für die Empirische Bildungsforschung. In: Mandl, H./Kopp, B. (2005) (Hrsg.): Impulse für die Bildungsforschung. Stand und Perspektiven. Dokumentation eines Expertengesprächs. Berlin: Akademie Verlag, S. 127-137.
Bos, W./Lankes, E.M./Prenzel, M./Schwippert, K./Walther, G./Valtin, R. (Hrsg.) (2003): Erste Ergebnisse aus IGLU. Schülerleistungen am Ende der vierten Jahrgangsstufe im internationalen Vergleich. Münster: Waxmann.
Deutscher Bildungsrat (1974): Empfehlungen der Bildungskommission. Zur Neuordnung der Sekundarstufe II. Konzept für eine Verbindung von allgemeinem und beruflichem Lernen. Stuttgart: Klett.
Deutsches PISA-Konsortium (Hrsg.) (2001): PISA 2000. Basiskompetenzen von Schülerinnen und Schülern im internationalen Vergleich. Opladen: Leske+Budrich.
Fend, H. (2005): Zur Lage des Nachwuchses in der Empirischen Bildungsforschung und Vorschläge zur Nachwuchsförderung. In: Mandl, H./Kopp, B. (2005) (Hrsg.): Impulse für die Bildungsforschung. Stand und Perspektiven. Dokumentation eines Expertengesprächs. Berlin: Akademie Verlag, S. 69-72.
Hüfner, A. (2007): Bildungsberichterstattung – Erwartungen aus der Sicht der Politik. In: Zeitschrift für Erziehungswissenschaft, 9.Jg., Beiheft 6/2006. S. 15-19.
Jornitz, S. (2007): Welche Grundlagen benötigt eine wissensbasierte Bildungspolitik aus Sicht der Bildungsforschung? In: BioSpektrum, 5/2007, S. 564-565.
Kaufmann, K./Merkens, H. (2006): Professuren im Fach Erziehungswissenschaft – Denominationen und Anzahl im Herbst 2005. In: Kraul, M./Merkens, H./Tippelt, R. (Hrsg.): Datenreport Erziehungswissenschaft 2006. Wiesbaden: VS Verlag, S. 111-128.
Konsortium Bildungsberichterstattung (Hrsg.)(2006): Bildung in Deutschland. Ein indikatorengestützter Bericht mit einer Analyse zu Bildung und Migration. Bielefeld: Bertelsmann.
Kraul, M. (2006): Drittmittelgeförderte Projekte in der Erziehungswissenschaft. In: Kraul, M./Merkens, H./Tippelt, R. (Hrsg.): Datenreport Erziehungswissenschaft 2006. Wiesbaden: VS Verlag, S. 67-79.
Krüger, H.-H. (2006): Bilanz der erziehungswissenschaftlichen Forschung. In: Erziehungswissenschaft 17. Jg., Heft 33, S. 8-13.
Kultusministerkonferenz (2003): Stellungnahme der Kultusministerkonferenz zur „Konzeption" des Konsortiums für Bildungsberichterstattung. Beschluss der 304. KMK am 04.12.2003 in Bonn. Online abrufbar: http://www.kmk.org/doc/publ/bildungsbericht/304KMK_TOP6-Stell-endg.pdf (05.06.2008).
Lutz, B. (1975): Zur Lage der soziologischen Forschung in der Bundesrepublik – Ergebnisse einer Enquete der Deutschen Gesellschaft für Soziologie. In: Soziologie, Jg. 4, H. 1, S. 4-102.
Merkens, H. (2006): Bildungsforschung und Erziehungswissenschaft. In: Merkens, H. (Hrsg.): Erziehungswissenschaft und Bildungsforschung. Wiesbaden. S. 9-20.
Merkens, H. (2007): Zum Verhältnis von Erziehungswissenschaft und Bildungspolitik. Zwischen wissenschaftlichen Standards und politischen Erwartungen. In: Die Deutsche Schule, 99. Jg., 9. Beiheft, S. 235-239.
Pahl, V. (2007): Bildungsberichterstattung und empirische Bildungsforschung – Förderangebote und Erwartungen des BMBF. In: Zeitschrift für Erziehungswissenschaft, 9.Jg., Beiheft 6/2006. S. 20-26.
Prenzel, M. (2005): Zur Situation der Empirischen Bildungsforschung. In: Mandl, H./Kopp, B. (2005) (Hrsg.): Impulse für die Bildungsforschung. Stand und Perspektiven. Dokumentation eines Expertengesprächs. Berlin: Akademie Verlag, S. 7-21.
Prenzel, M. (2006): Bildungsforschung zwischen Pädagogischer Psychologie und Erziehungswissenschaft. In: Merkens, H. (Hrsg.): Erziehungswissenschaft und Bildungsforschung. Wiesbaden: VS Verlag, S. 69-79.
Prenzel, M./Baumert, J./Klieme, E. (2008): Steuerungswissen, Erkenntnisse und Wahlkampfmunition: Was liefert die empirische Bildungsforschung? Eine Antwort auf Klaus Klemm. Online abrufbar: http://www.mpib-berlin.mpg.de/de/aktuelles/ReplikKlemm_Vollversion.pdf (05.06.2008).
Roth, H./Friedrich, D. (Hrsg.) (1975): Bildungsforschung. Probleme – Perspektiven – Prioritäten. 2 Bände. Stuttgart: Klett.
Tillmann, K.-J. (2006): Schulpädagogik und Bildungsforschung: Aktuelle Trends vor dem Hintergrund langfristiger Entwicklungen. In: Merkens, H. (Hrsg.): Erziehungswissenschaft und Bildungsforschung. Wiesbaden: VS Verlag, S. 81-95.

Tippelt, R. (2006): Bildung und Handeln - Möglichkeiten empirischer Bildungsforschung. In: Pongratz, L./Wimmer, M./Nieke, W. (Hrsg.): Bildungsphilosophie und Bildungsforschung. Bielefeld: Bertelsmann, S. 138-155.

Weishaupt, H./Steinert, B./Baumert, J. (1991): Bildungsforschung in der Bundesrepublik Deutschland. Situationsanalyse und Dokumentation. (Schriftenreihe Studien zu Bildung und Wissenschaft, Band 98), Bonn: Bock.

Weishaupt, H. (2007): Der Beitrag von Wissenschaft und Forschung zur Bildungs- und Sozialberichterstattung. In: Zeitschrift für Erziehungswissenschaft, 9.Jg., Beiheft 6/2006. S. 42-52.

Axel Kühnlenz | Martina Diedrich

Ausgewählte Internetquellen zum Handbuch Bildungsforschung

Vorbemerkung

Die vorliegende Zusammenstellung forschungsrelevanter Dokumente und Informationsdienste im Internet versteht sich als Ergänzung der in den vorherigen Kapiteln dargestellten Inhalte. Angesichts der Komplexität und Multidimensionalität des Forschungsfeldes und der Vielfalt der epistemischen und interdisziplinären Ansätze können die hier präsentierten Online-Ressourcen naturgemäß lediglich eine Auswahl aus der Vielzahl einschlägiger Quellen darstellen. In diesem Sinne fanden insbesondere solche Informationssammlungen und Websites Berücksichtigung, die eine Orientierungsfunktion zum jeweiligen Gegenstandsbereich erfüllen und im Hinblick auf spezifischere Fragestellungen weiterführende Rechercheoptionen und Quellenhinweise bieten. Ein besonderer Schwerpunkt wurde auf den Bereich der *empirischen* Bildungsforschung gelegt, da dieser, auch angesichts der so genannten „zweiten empirischen Wende" in der Bildungspolitik, eine zunehmende und antizipierbar langfristige gesellschaftliche und wissenschaftspolitische Bedeutung zukommt.

Bezugsdisziplinen: Fachverbände/Gremien[1]

Ausschuss für Bildungsökonomie des Vereins für Sozialpolitik
www.uni-konstanz.de/socialpolitik/

Gesellschaft für Fachdidaktik e.V. – Dachverband der Fachdidaktischen Fachgesellschaften
http://gfd.physik.rub.de/

Deutsche Gesellschaft für Bildungsverwaltung
www.dgbv.de/

Deutsche Gesellschaft für Erziehungswissenschaft
www.dgfe.de/

Deutsche Gesellschaft für Philosophie e.V.
www.dgphil.de/

Deutsche Gesellschaft für Psychologie
www.dgps.de/

---

1 Weitere Internetadressen relevanter Institutionen und Forschungseinrichtungen s.a. S. 985 ff.

Deutsche Gesellschaft für Soziologie
www.soziologie.de/

Fachgruppe Pädagogische Psychologie in der Deutschen Gesellschaft für Psychologie
www.uni-saarland.de/fak5/ezw/fg_paedpsych/index.htm

Sektion Empirische Bildungsforschung der DGfE
www.bildungsserver.de/link/DGfE_Sektion_BiFo

Sektion Historische Bildungsforschung der DGfE
www.bbf.dipf.de/hk/

Bildungsmonitoring und evidenzbasierte Bildungspolitik

BMBF: Rahmenprogramm zur Förderung der empirischen Bildungsforschung
www.bmbf.de/de/6880.php
Das Rahmenprogramm des Bundesministeriums für Bildung und Forschung (BMBF) zur Förderung der empirischen Bildungsforschung soll die Forschungslandschaft durch strukturelle Förderung gezielt entwickeln und damit dazu beitragen, die internationale Position Deutschlands in Bildung und Forschung zu festigen und auszubauen. Die vorgesehenen Maßnahmen umfassen: Nachwuchsförderung, Förderung des internationalen Austausches sowie Verbesserung der informationellen Infrastruktur.

Gesamtstrategie der Kultusministerkonferenz zum Bildungsmonitoring
www.bildungsserver.de/link/kmk_bildungsmonitoring
Die vorliegende „Gesamtkonzeption zum Bildungsmonitoring" wurde von der Kultusministerkonferenz in Zusammenarbeit mit dem Institut für Qualitätsentwicklung im Bildungswesen erarbeitet. Als zentrale Verfahren und Instrumente, die in einen Gesamtzusammenhang einzuordnen sind, werden benannt: Internationale Schulleistungsuntersuchungen, zentrale Überprüfungen des Erreichens der Bildungsstandards in einem Ländervergleich, Vergleichsarbeiten in Anbindung an die Bildungsstandards zur landesweiten oder länderübergreifenden Überprüfung der Leistungsfähigkeit aller Schulen, gemeinsame Bildungsberichterstattung von Bund und Ländern.

Internationale Schulleistungsvergleiche
www.bildungsserver.de/link/kmk_schulleistungsuntersuchungen
Die Übersichtsseite der Kultusministerkonferenz (KMK) bietet Informationen zu den Leistungsvergleichsstudien PISA, PIRLS/IGLU und DESI (Deutsch-Englisch-Schülerleistungen-International), Stellungnahmen und Beschlüsse der KMK sowie online zugängliche Publikationen und PISA-Datensätze.

Bildungsstandards

Bildungsstandards
www.bildungsserver.de/link/bildungsstandards
Die Informationssammlung des Deutschen Bildungsservers dokumentiert u.a. Quellen zu wissenschaftlichen Analysen, Veröffentlichungen der Kultusministerkonferenz, Entwürfen für Bildungsstandards in einzelnen Bundesländern und zu einzelnen Schulfächern.

Bildungsstandards der Kultusministerkonferenz – Erläuterungen zur Konzeption und Entwicklung
www.bildungsserver.de/link/kmk_bildungsstandards
Gegenstand der Publikation sind bundesweit geltende Bildungsstandards zur Entwicklung und Vergleichbarkeit der Qualität schulischer Bildung im föderalen Wettbewerb der Länder.

IQB – Institut zur Qualitätsentwicklung im Bildungswesen: Bildungsstandards
www.iqb.hu-berlin.de/bista
Die Seiten des IQB bieten Informationen u.a. zu Projekten im Bereich der Aufgabenentwicklung, geordnet nach Fächern und Schulstufen, sowie Materialien des Netzwerkes „EMSE" (Empiriegestützte Schulentwicklung).

Kultusministerkonferenz: Bildungsstandards
www.bildungsserver.de/link/kmk_bildungsstandards 0304
Dokumentiert werden Bildungsstandards der Ständigen Konferenz der Kultusminister (KMK) für den Primarbereich, den Hauptschulabschluss und den mittleren Schulabschluss (Jahrgangsstufe10).

Was kommt mit der Einführung der Bildungsstandards auf die Schulen zu?
http://pz.bildung-rp.de/pn/pb1_04/waskommtaufdieschulenzu_einhefter.htm
Der vorliegende Text von Eckhard Klieme und Brigitte Steinert befasst sich mit den Herausforderungen, denen sich Schulen mit der Einführung von Bildungsstandards stellen müssen. Die Verfasser erinnern an den Anlass der Einführung von Standards, beschreiben sodann die Arbeiten der KMK und diskutieren schließlich die Aufgaben, die mit der Einführung von Standards für unterschiedliche Akteure im Schulsystem anstehen.

Zur Entwicklung nationaler Bildungsstandards. Eine Expertise
www.bmbf.de/pub/zur_entwicklung_nationaler_bildungsstandards.pdf
Die im Auftrag des Bundesministeriums für Bildung und Forschung (BMBF) erstellte Expertise formuliert verbindliche Anforderungen an das Lehren und Lernen in der Schule. Die Autoren verstehen Nationale Bildungsstandards innerhalb der Gesamtheit der Anstrengungen zur Sicherung und Steigerung der Qualität schulischer Arbeit als ein zentrales Gelenkstück.

Standards in der Lehreraus- und -fortbildung

Standards für die Lehrerbildung: Bildungswissenschaften
www.bildungsserver.de/link/kmk_standards_lehrerbildung
Die vorliegende Veröffentlichung der Kultusministerkonferenz definiert Standards für die Lehrerbildung und „formulier[t] Kompetenzen in den Bildungswissenschaften, die für die berufliche Ausbildung und den Berufsalltag von besonderer Bedeutung sind und an die die Fort- und Weiterbildung anknüpfen kann". Bildungswissenschaften umfassen der Definition der KMK zufolge „die wissenschaftlichen Disziplinen, die sich mit Bildungs- und Erziehungsprozessen, mit Bildungssystemen sowie mit deren Rahmenbedingungen auseinandersetzen".

Standards für die Lehrerbildung. Eine Expertise für die Kultusministerkonferenz
www.bildungsserver.de/link/Terhart_Expertise_Lehrerbildung
Den Schwerpunkt der von Ewald Terhart im Auftrag der Kultusministerkonferenz erstellten Expertise bilden „Standards für die Lehrerbildung als Kriterien der Evaluation". Der Autor unterscheidet Standards für ausgebildete Personen, für Ausbildungsinstitutionen und für das Steuerungssystem.

Bildungsberichterstattung

Bildung in Deutschland. Nationaler Bildungsbericht
www.bildungsbericht.de/
Die Online-Version des nationalen Bildungsberichtes bietet den kompletten Textkorpus der gedruckten Ausgabe als Volltext-Dokument. Eine Rubrik „Datenquellen" informiert über die in die Berechnungen der Indikatoren der Bildungsberichte eingegangenen thematischen Daten und Statistiken.

Deutschland: Weitere nationale Bildungsberichte
www.bildungsserver.de/link/bildungsberichte_ff
Die Informationssammlung bietet Zugang u.a. zu Kinder-, Jugend- und Familienberichten, dem Berufsbildungsbericht und dem Bildungsfinanzbericht.

Dokumentation der Kultusministerkonferenz zur Datengewinnungsstrategie für die Bildungsstatistik
www.bildungsserver.de/link/kmk_workshop_datengewinnung
Der vorliegend dokumentierte Workshop der Kultusministerkonferenz befasste sich u.a. mit Anforderungen der Bildungsforschung an die Bildungsstatistik, Erfordernissen des Datenschutzes sowie internationalen Praktiken im Bereich der Bildungsstatistik.

Indikatorisierung der Empfehlungen des Forum Bildung
www.bmbf.de/pub/indikatorisierung_der_empfehlungen_des_forum_bildung.pdf
Die vorliegende Studie zur Indikatorisierung der Empfehlungen des ehemaligen ‚Forum Bildung' skizziert zunächst den internationalen Stand im Bereich der Forschung über Bildungsindikatoren. Vor diesem Hintergrund soll eine theoretische Rahmung und Fundierung geboten werden für die im zweiten Teil der Untersuchung unternommene Sichtung vorliegender in- und ausländischer Bildungsberichterstattungen und der in diesen genutzten Indikatorensysteme.

UNESO-Bildungsberichte
www.bildungsserver.de/zeigen.html?seite=3259
Die Seite bietet Zugang zu internationalen und international vergleichenden Dokumenten wie den „Education for All Global Monitoring Report", den „World Education Report" und zu diversen „Country Dossiers" und „Country Reports".

Internationale Quellen: Europäische und internationale Indikatoren und Standards
Organisation for Economic Co-operation and Development (OECD) und UNESCO

Education at a Glance/Bildung auf einen Blick
www.bildungsserver.de/link/OECD_Education_at_a_glance
Das jährlich aktualisierte Kompendium bietet internationale Vergleichskennzahlen zur Bildungsbeteiligung und zu Investitionen in der Bildung nach Bildungsstufen und -bereichen. Auch Indikatoren zu Bildung und Beschäftigung werden im Rahmen der Publikation veröffentlicht.

World Education Indicators (WIE) Project
www.bildungsserver.de/bildungssysteme/bi_set.html?Id=5117
Diese Website informiert über das gemeinsame Projekt von OECD und UNESCO-Institut für Statistik, das politikrelevante Bildungsindikatoren in Zusammenarbeit mit nationalen Koordinatoren aus 19 Ländern mit mittlerem Einkommensniveau entwickelt – diese Länder stellen über 70% der Weltbevölkerung. Die Indikatoren messen den aktuellen Bildungsstand in international vergleichbarer, zeitnaher und effizienter Weise. Auf der Homepage werden das Projekt und erste Ergebnisse beschrieben.

Europäische Union: Bildungs-Indikatoren und Benchmarking

EURYDICE
www.eurydice.org/
Das Informationsnetz erstellt vergleichbare Informationen über nationale Bildungssysteme und Bildungspolitiken in Europa. Es setzt sich zusammen aus 30 nationalen und einer europäischen Informationsstelle. EURYDICE erstellt und publiziert regelmäßig Analysen zum Aufbau der Bildungssysteme, vergleichende Studien zu spezifischen Themen von gemeinschaftlichem Interesse, Indikatoren zu den verschiedenen Bildungsebenen (von der Vorschulerziehung bis hin zum Hochschulbereich) sowie Umfragen zu Themen, die auf der Tagesordnung der bildungspolitischen Entscheidungsträger stehen. Darüber hinaus verfügt EURYDICE über eine detaillierte Datenbank über die Bildungssysteme in Europa: EURYBASE.

International Standard Classification of Education ISCED 1997
www.unesco.org/education/information/nfsunesco/doc/isced_1997.htm
Die vorliegende Klassifikation wurde in der 29. Sitzung der Generalkoferenz der UNESCO im November 1997 genehmigt. Sie wurde durch eine eigens eingesetzte Arbeitsgruppe im Resultat internationaler Beratungen erstellt. Die ISCED 1997 konzentriert sich insbesondere auf die Variablen Ausbildungsbereiche und Bildungsstufen.

Progress towards the common objectives in education and training in Europe: Indicators and benchmarks
www.bmbf.de/pub/indicators_and_benchmarks.pdf
Die dargelegten Qualitätsindikatoren beziehen sich u.a. auf die Arbeitsfelder: Professionalisierung von Lehrern und Ausbildern, Kompetenzen für die Wissensgesellschaft, Monitoring wissenschaftlicher Forschung, offene Lernumgebungen, Fremdsprachenerwerb, Mobilität und Austausch.

Europarat: Europäischer Referenzrahmen für Sprachen

Der Gemeinsame Europäische Referenzrahmen für Sprachen: Lernen, lehren, beurteilen (Common European Framework of Reference for Languages CEFR) des Europarats legt eine für Sprachen Lernende und -Lehrende umfangreiche Empfehlung vor, die den Spracherwerb, die Sprachanwendung und die Sprachkompetenz von Lernenden bedarfsorientiert, transparent und vergleichbar machen soll.

Der Europäische Referenzrahmen teilt alle gelisteten europäischen Sprachtests in sechs Schwierigkeitsstufen ein, um Angebote unterschiedlicher Anbieter vergleichbar zu machen.

The Common European Framework in its political and educational context
www.coe.int/t/dg4/linguistic/Source/Framework_EN.pdf

Common European Framework of Reference for Languages CEFR
www.bildungsserver/link/coe_common_framework

Methoden in der Bildungsforschung

Forum Qualitative Sozialforschung/Forum Qualitative Social Research
www.qualitative-research.net/fqs/fqs.htm
FQS ist eine seit 1999 bestehende, mehrsprachige Online-Zeitschrift für qualitative Sozialforschung. FQS Schwerpunktausgaben erscheinen dreimal jährlich und behandeln für qualitative Forschung wesentliche Themengebiete. Hinzu kommen ausgewählte Einzelbeiträge und Beiträge in den Rubriken FQS Reviews, FQS Debatten, FQS Tagungen und FQS Interviews, die unmittelbar nach Durchlaufen des Peer Review veröffentlicht werden. FQS ist eine Open-Access-Zeitschrift, d.h. alle Artikel sind kostenlos als PDF- und als HTML-Dateien abrufbar. Ziel von FQS ist es, die Diskussion und den Austausch zwischen Forschenden unterschiedlicher Nationalität und Disziplinen zu fördern.

ILMES – Internet-Lexikon der Methoden der empirischen Sozialforschung
www.lrz-muenchen.de/~wlm/ilmes.htm
Mit dem Online-Lexikon ILMES wird der Versuch unternommen, die Methoden der empirischen Sozialforschung einschließlich der Datenauswertung zu erschließen. Quantitative und qualitative Forschungsmethoden sollen hierbei gleichberechtigt behandelt werden. ILMES kann zur gezielten Suche nach Begriffen genutzt werden. Hierzu steht auch eine alphabetische Schlagwortliste zur Verfügung.

Methodenberatung der Gesellschaft Sozialwissenschaftlicher Infrastruktureinrichtungen – gesis
www.gesis.org/Methodenberatung/index.htm
GESIS-ZUMA berät Forscher in methodischen Fragen der empirischen Sozialforschung. Im Zentrum stehen Umfrageprojekte, für die die Beratung nicht nur konzeptionell hinsichtlich Design, Durchführung und Analyse erfolgt, sondern es können auch Pretests von Fragebögen, Konstruktion von Stichproben, Vercodung von Antworten u.ä. praktisch durchgeführt werden. Die Beratungsleistungen können in der Regel von allen Wissenschaftlern an Hochschulen und Forschungsinstituten des In- und Auslandes in Anspruch genommen werden.

Online-Tutorials zur Methodenausbildung
www.phil.uni-sb.de/FR/Medienzentrum/verweise/psych/tutor.html#Methoden
In diesem Angebot der Universität Saarbrücken findet sich eine Übersicht frei zugänglicher Online-Tutorials im Bereich der psychologischen Methodenausbildung.

Web Center for Social Research Methods
www.socialresearchmethods.net/
Das Angebot richtet sich an alle, die mit sozialwissenschaftlichen Methoden arbeiten. Neben einem online verfügbaren Hypertext-Lehrbuch finden sich Hilfen für die Auswahl statistischer Verfahren, Möglichkeiten für Simulationsübungen und ein vertiefender Bereich rund ums Concept-Mapping.

Statistiken und Datensammlungen

Datenservice und Archivierung der Gesellschaft Sozialwissenschaftlicher Infrastruktureinrichtungen – gesis
www.gesis.org/datenservice/index.htm
Dieses Angebot ermöglicht die Recherche und Bestellung verfügbarer sozialwissenschaftlicher Datensätze, beispielsweise ALLBUS oder Politbarometer. Neben der selbstständigen Suche wird auch ein umfassender Beratungsservice angeboten. Darüber hinaus besteht die Möglichkeit, eigene Datensätze zur Archivierung einzustellen.

Deutsches Jugendinstitut: Survey-Datenbank
http://db.dji.de/surveys/index.php?m=msa,0
Die Survey-Datenbank der Abteilung Zentrum für Dauerbeobachtung und Methoden des DJI stellt die Datensätze und Dokumentationen der am Institut verfügbaren Studien unter einer einheitlichen, leicht zu bedienenden Benutzeroberfläche zur Verfügung. Aktuell werden in der Datenbank vergleichbare Variablen verschiedener Studien durch entsprechende Querbezüge manuell gekennzeichnet, so dass einzelnen Fragestellungen auch studienübergreifend nachgegangen werden kann.

Forschungsstatistiken, Datensammlungen
www.bildungsserver.de/link/statistik
Die Informationssammlung des Deutschen Bildungsservers umfasst forschungsbezogene Statistiken und Datenreporte insbesondere offizieller Stellen wie BMBF, Statistisches Bundesamt,

DFG und BLK, aber auch statistische Materialien von Forschungsdatenzentren und anderen wissenschaftlichen Einrichtungen.

Grund- und Strukturdaten
www.bildungsserver.de/link/strukturdaten
Die vom Bundesministerium für Bildung und Forschung publizierten Grund- und Strukturdaten bieten Definitionen sowie Tabellen mit Zahlenmaterial zu Bildung und Wissenschaft. Enthalten sind ferner Statistiken über Kindertageseinrichtungen, Schulen, Hochschulen, Berufsbildung und Weiterbildung. Private und öffentliche Ausgaben in Wissenschaft und Forschung werden dargestellt und in einen internationalen Vergleich gesetzt. Die einleitenden Gesamtübersichten ermöglichen einen Überblick über die Entwicklungen seit 1960 und einen Vergleich der Daten der einzelnen Bundesländer untereinander. Die vorliegende Seite des Deutschen Bildungsservers bietet Zugang zu den Online-Versionen aller Ausgaben der Grund- und Strukturdaten ab 1999.

Sozio-oekonomisches Panel – SOEP
www.diw.de/deutsch/soep/29004.html
Das SOEP ist eine seit 1984 laufende jährliche Wiederholungsbefragung von Deutschen, Ausländern und Zuwanderern in den alten und neuen Bundesländern. Die Stichprobe umfasste im Erhebungsjahr 2006 fast 11.000 Haushalte mit mehr als 20.000 Personen. Themenschwerpunkte sind unter anderem Haushaltszusammensetzung, Erwerbs- und Familienbiographie, Erwerbsbeteiligung und berufliche Mobilität, Einkommensverläufe, Gesundheit und Lebenszufriedenheit.

Statistische Ämter des Bundes und der Länder: Forschungsdatenzentrum
www.forschungsdatenzentrum.de
Gemeinsames Informationsangebot der Forschungsdatenzentren des Statistischen Bundesamtes und der Statistischen Landesämter. Die beiden Forschungsdatenzentren stellen ausgewählte Mikrodaten der amtlichen Statistik für wissenschaftliche Forschungszwecke zur Nutzung bereit.

Statistisches Bundesamt
www.destatis.de/jetspeed/portal/cms/
Das Portal des Statistischen Bundesamtes bietet Informationen u.a. zu (internationalen) Klassifikationen und Rechtsgrundlagen statistischer Datenerhebungen, Zugang zu forschungsrelevanten Datenbanken und Übersichten zu Zeitreihen (u.a. in den Bereichen Bildung und Hochschule).

Arbeitsfelder der Bildungsforschung, Forschungsthemen

Historische Bildungsforschung

Bildungshistorische Datenbanken der Bibliothek für Bildungsgeschichtliche Forschung des Deutschen Instituts für Internationale Pädagogische Forschung
www.bbf.dipf.de/
Die Bibliothek für Bildungsgeschichtliche Forschung ist mit einem Bestand von über 700.000 Bänden die zweitgrößte pädagogische Spezialbibliothek in Europa. Neben dem Online-Be-

standskatalog sind über die Homepage verschiedene bildungshistorische Portale und Datenbanken zugänglich, darunter „Scripta Paedagogica Online", ein digitales Textarchiv zur Bildungsgeschichte des deutschsprachigen Raums, sowie „Pictura Paedagogica Online", ein digitales Bildarchiv zur Bildungsgeschichte.

Bildungshistorische Archive
www.bildungsserver.de/link/archive_bildungsgeschichte
Die Übersichtsseite des Deutschen Bildungsservers verzeichnet bildungsgeschichtlich relevante staatliche, private, kirchliche und institutionelle Archive und Dokumentationsstellen.

Clio online. Fachportal für die Geschichtswissenschaften
www.clio-online.de
Clio-online ist ein zentrales Internet-Fachportal zur Geschichte. Von 2002 bis 2007 von der Deutschen Forschungsgemeinschaft gefördert, ermöglicht das Projekt durch seine Online-Dienste und Service-Angebote einen effizienten Zugang zu den umfangreichen Online-Ressourcen innerhalb der Geschichtswissenschaften, darunter der bildungshistorischen Forschung.

Forschungsführer Historische Bildungsforschung
www.bildungsserver.de/link/bildungsgeschichte_forschung
Der Katalog des *Fachportal Pädagogik* bietet Informationen zu Institutionen, Personen und Projekten aus den Datensammlungen des Deutschen Bildungsservers und der Projekte-Datenbank SOFIS des Informationszentrums Sozialwissenschaften.

Historische Bildungsforschung Online (HBO)
www.fachportal-paedagogik.de/hbo/
HBO ist eine Website für die bildungshistorische Forschung. Sie wird getragen von der Bibliothek für Bildungsgeschichtliche Forschung des Deutschen Instituts für Internationale Pädagogische Forschung und von der Sektion Historische Bildungsforschung in der Deutschen Gesellschaft für Erziehungswissenschaft.

Berufsbildungsforschung

Bundesinstitut für Berufsbildung – Portale und Datenbanken
www.bibb.de/de/wlk7982.htm
Diese Plattform bietet Zugang zu Datenbanken und online verfügbaren Informationsquellen zu den Bereichen: Berufsbildung, Aus- und Weiterbildung, Transfer in Netzwerken, Dokumentationssysteme (u.a. Literaturdatenbank berufliche Bildung), berufsbildungspolitische Programme, Statistiken zur Berufsbildung, internationale Berufsbildung.

Deutscher Bildungsserver: Berufsbildungsforschung
www.bildungsserver.de/link/berufsbildungsforschung
Die Seite bietet eine Übersicht zu Fakultäten der Berufs- und Wirtschaftspädagogik und anderen universitären und außeruniversitären Einrichtungen im Bereich Berufsbildung und Berufsbildungsforschung.

IAB Online – Die Informationsplattform des IAB Instituts für Arbeitsmarkt- und Berufsforschung
www.bildungsserver.de/link/IAB_online
Die Plattform des IAB Instituts für Arbeitsmarkt- und Berufsforschung stellt in zwei Informationspools thematisch gegliederte Informationen zur Arbeitsmarkt- und Berufsforschung bereit. IAB InfoSpezial greift aktuelle Arbeitsmarktthemen auf, IAB InfoPool befasst sich mit Schwerpunktthemen der Arbeitsmarkt- und Berufsforschung.

Informationssystem proArbeit
www.iab.de/de/informationsservice/informationssysteme/proarbeit.aspx
Das Informationssystem besteht aus drei Datenbanken zur Arbeitsmarkt- und Berufsforschung: einer Literatur-, einer Forschungs- und einer Institutionen-Dokumentation und wird vom Institut für Arbeitsmarkt- und Berufsforschung (IAB) in Nürnberg zur Verfügung gestellt.

KIBB. Kommunikations- und Informationssystem Berufliche Bildung
www.kibb.de
Das Portal stellt die gesamten Wissensbestände des Bundesinstituts für Berufsbildung (BIBB) und die Forschungsergebnisse und Wissensressourcen der Arbeitsgemeinschaft Berufsbildungsforschungsnetz (AG BFN) zur Verfügung. Es vernetzt vorhandene Informationssysteme und Datenbanken thematisch und macht sie in einer Wissenslandkarte zugänglich.

Netzwerk universitäre Berufsbildungsforschung (NetUBBF)
www.bwp-dgfe.de/agbfn/
In der Datenbank der Arbeitsgemeinschaft Berufsbildungsnetzwerk AG BFN sind Forschungsaktivitäten auf dem Gebiet der Berufsbildungsforschung umfassend dokumentiert. Recherchiert werden kann nach verschiedenen formalen und inhaltlichen Kriterien: Bundesländer, Forschungsinteressen, Kategorien, Personen, Projekte, Universitäten.

Erwachsenenbildungs-/Weiterbildungsforschung

Deutsches Institut für Erwachsenenbildung (DIE) – texte.online
www.die-bonn.de/publikationen/online-texte/index.asp
texte.online ist ein Service für Praktiker/innen, Studierende und Forschende in der Erwachsenenbildung und deren Nachbardisziplinen. Publiziert werden Dokumente, die zur aktuellen Diskussion beitragen und Tendenzen in der Weiterbildung widerspiegeln. Alle Dokumente können kostenlos gelesen und heruntergeladen werden.

Forschungsmemorandum für die Erwachsenen- und Weiterbildung
www.die-bonn.de/oear/forschungsmemorandum/forschungsmemorandum.htm
Das Memorandum wurde im Auftrag der Sektion Erwachsenenbildung der Deutschen Gesellschaft für Erziehungswissenschaft (DGfE) entwickelt. Vor dem Hintergrund des erreichten Forschungsstandes zur Erwachsenenbildung reflektiert das Memorandum Schwerpunkte und desiderate Fragestellungen eines wichtigen Bereiches der Bildungsforschung. Es werden fünf zentrale empirische Forschungsfelder benannt: Lernen Erwachsener, Wissensstrukturen und Kompetenzbedarfe, professionelles Handeln, Institutionalisierung, System und Politik.

Weiterbildungsbeteiligung in Deutschland. Eckdaten zum BSW-AES 2007
http://www.bmbf.de/pub/weiterbildungsbeteiligung_in_deutschland.pdf
Das im Auftrag des BMBF durch TNS infratest Sozialforschung im Verbund u.a. mit dem Deutschen Institut für Erwachsenenbildung (DIE) durchgeführte Forschungsprojekt BSW-AES schließt an die Fragestellungen des Berichtssystems Weiterbildung (BSW) an und erweitert diese um die Erprobung von Komponenten des europäischen Berichtskonzeptes im Umfeld der deutschen Bildungslandschaft. Die Studie soll in das projektierte nationale Berichtssystem einfließen, das künftig in einen europäischen Berichtsrahmen zum Lebenslangen Lernen eingebettet wird, der sich auf einen „Adult Education Survey (AES)" stützt. Damit werden international vergleichbare Zahlen zum Weiterbildungsverhalten in allen Mitgliedsstaaten der EU vorliegen.

Weiterbildungsforschung (Auszug aus: Rauner, Felix (Hrsg.): Handbuch der Berufbildungsforschung. Bielefeld 2005
www.erzwiss.uni-hamburg.de/personal/Faulstich/Weiterbildungsforschung.pdf
Der Auszug aus dem Handbuch der Berufsbildungsforschung umreißt die wichtigsten Aspekte und den derzeitigen Stand der Weiterbildungsforschung. Der Beitrag stammt von Prof. Peter Faulstich und berücksichtigt u.a. die Themen: Entwicklung, Probleme, Aspekte und Institutionen der Weiterbildungsforschung sowie Themen und Perspektiven arbeitsorientierter Weiterbildungsforschung.

Hochschulforschung (Forschung über Hochschule)

CHE Centrum für Hochschulentwicklung: Publikationen und Daten
www.che-concept.de/
Die Online-Publikationen des CHE, darunter die jährlichen Hochschul- und Exzellenz-Rankings, können alphabetisch, chronologisch oder thematisch sowie nach Autoren sortiert recherchiert werden.

Deutscher Bildungsserver: Forschung über Hochschulen
www.bildungsserver.de/link/hochschulforschung
Die Informationssammlung bietet neben Forschungsdokumenten, Institutionenadressen und Nachweisen thematisch relevanter Portale und Datenbanken Informationsmaterialien u.a. auch zu Forschung über Frauen in Wissenschaft und Hochschule und zur Studierendenforschung.

HIS Hochschulinformationssystem – Hochschulforschung
www.his.de/abt2
Aufgabe der Abteilung Hochschulforschung ist es, Informationen, Analysen und Expertisen für das Hochschulwesen bereitzustellen und mittels Beratung und Moderation innovative Entwicklungen voranzubringen. Basis für die analytische Tätigkeit bieten empirische sozialwissenschaftliche Untersuchungsmethoden. Expertisen werden auf der Grundlage damit gewonnener Erkenntnisse erstellt. Die Website bietet Materialien u.a. zu den Themen: Studierendenforschung, Absolventenstudien, Steuerung/Finanzierung/Evaluation.

Informations- und Dokumentationssystem (IDS) Hochschule
http://ids.hof.uni-halle.de/
Das vom Institut für Hochschulforschung (HoF) Wittenberg betriebene „Informationsportal für die Forschung über Hochschulen" dokumentiert wissenschaftliche Veröffentlichungen, Institutionen und Projekte aus den Bereichen Hochschulforschung und Hochschulreform.

Institut für Hochschulforschung Wittenberg: Link-Datenbank
www.hof.uni-halle.de/index,id,10.html
Die Link-Datenbank bietet Zugang zu Institutionen-Adressen aus dem Bereich der Hochschul- und Bildungsforschung sowie zu forschungsrelevanten Statistiken und Materialien. Ferner bietet die Seite Online-Quellen zur Hochschulforschung in der Russischen Föderation.

Bildungsevaluation

Arbeitsstelle für Evaluation pädagogischer Dienstleistungen: Mailingliste »forum-evaluation«
www.uni-koeln.de/ew-fak/Wiso/mailing.htm
Unter dem Namen forum-evaluation stellt die Arbeitsstelle für Evaluation pädagogischer Dienstleistungen an der Erziehungswissenschaftlichen Fakultät der Universität zu Köln seit 1997 ein elektronisches Diskussionsforum bereit. Diese Mailing-Liste möchte den Informationsaustausch unter den in diesem Feld Tätigen und Interessierten fördern und für die Information und Diskussion zu allen Gegenstandsfeldern und Ansätzen der Evaluation bereitstehen.

Centrum für Evaluation
www.ceval.de/
Das Centrum für Evaluation ist ein Institut am Lehrstuhl der Fakultät für empirische Humanwissenschaften der Universität des Saarlandes. Es will einen Beitrag zur konzeptionellen und methodischen Weiterentwicklung der Evaluationsforschung und zur verstärkten Durchführung und Nutzung von Evaluationen in Deutschland leisten. Die Homepage bietet Zugang zu Volltext-Publikationen und weiteren Materialien (Leitfäden, Fragebogen, Arbeitspapiere, Gutachterberichte).

Deutsche Gesellschaft für Evaluation: Materialien
www.degeval.de/
Die seit 1997 bestehende Gesellschaft für Evaluation verfolgt das Ziel, zur Professionalisierung und zum Informationsaustausch im Arbeitsfeld Evaluation beizutragen. Die Website bietet u.a. Informationen zu Standards im Bereich der Evaluation, Handreichungen für Evaluatoren, Selbstevaluation und Auftraggeber von Evaluationen sowie Leitlinien für Gutachten und Meta-Evaluationen.

Umweltbildung

Bildung für nachhaltige Entwicklung
www.bne-portal.de/

Das Portal wird mit Förderung des BMBF von der Deutschen UNESCO-Kommission e.V. umgesetzt. Es bietet u.a. Übersichten zu Themen, Akteuren, Netzwerken und Projekten sowie Zugang zu Publikationen und Forschungsberichten.

Deutsche Gesellschaft für Erziehungswissenschaft, Kommission Bildung für nachhaltige Entwicklung
www.dgfe-bfn.de/
Die Kommission „Bildung für eine nachhaltige Entwicklung" versteht sich als Forum des Austausches, das der Förderung des wissenschaftlichen Niveaus der Auseinandersetzung und Forschung zur Bildung für eine nachhaltige Entwicklung dient, sowie als Forum für systematische Weiterentwicklung von Konzepten zur Bildung für eine nachhaltige Entwicklung, inklusive ihrer Umsetzung, Verbreitung und Etablierung in den Bildungseinrichtungen, und als „organisatorischer Rahmen, aus dem heraus die Dringlichkeit und das Anliegen der Bildung für eine nachhaltige Entwicklung in allen Sektoren des Bildungssystems und in der Bildungspolitik vertreten werden kann".

Deutsche UNESCO-Kommission: Bildung für nachhaltige Entwicklung
www.unesco.de/esd.html?&L=0
Ziel der Dekade „Bildung für nachhaltige Entwicklung" ist es, das Leitbild einer ökologisch, ökonomisch und sozial zukunftsfähigen Entwicklung weltweit in der Bildung zu verankern. Bildung für nachhaltige Entwicklung betrifft gleichermaßen das Lernen in Kindergärten, Schulen, Universitäten, Weiterbildungs- und Kultureinrichtungen oder Forschungsinstituten.

DFG-Schwerpunktprogramm „Mensch und globale Umweltveränderung"
www.psychologie.uni-freiburg.de/umwelt-spp/spp_home.html
Neben den Natur- und Ingenieurwissenschaften kommt gerade den Sozial- und Verhaltenswissenschaften bei der Erforschung und Eindämmung risikoreicher globaler Umweltveränderungen eine wesentliche Rolle zu. Der Mensch ist Verursacher und zugleich auch Betroffener, was eine Vielzahl humanwissenschaftlicher Fragen aufwirft. Im Schwerpunktprogramm „Mensch und globale Umweltveränderungen" wurden diese Fragen in einem gemeinsamen Ansatz der Fächer Psychologie, Soziologie, Politikwissenschaft, Ökonomie, Geographie und Ethnologie angesprochen und bearbeitet. Seit Beginn des Jahres 1995 arbeiteten im gesamten Bundesgebiet in 30 Forschungsprojekten über 100 Forscherinnen und Forscher an der Thematik des „Global Change" aus humanwissenschaftlicher Perspektive.

Operationalisierung und Messung von Kompetenzen der Bildung für nachhaltige Entwicklung
www.bildungsserver.de/link/ TAGUNG_2007_Nachhaltigkeit
Programm und Fachbeiträge (Präsentations-Folien) zu der in Kooperation der Deutschen Gesellschaft für Erziehungswissenschaft, der Deutschen Gesellschaft für Psychologie und der Deutschen Gesellschaft für Soziologie durchgeführten interdisziplinären Tagung können auf der Website heruntergeladen werden.

Transfer-21. Bildung für eine nachhaltige Entwicklung
www.blk21.de/
2004 startete das Programm Transfer-21. Es soll die schulische Bildung am Konzept der Nachhaltigkeit orientieren. Zentrales Ziel dieses Programms ist es, Schülerinnen und Schülern Ge-

staltungskompetenz für die Zukunft näher zu bringen. Eine Unterseite (www.blk21.de/daten/ multiCD/start.html) bietet ausgewählte Ergebnisse der ersten Förderperiode 2002-2004, darunter Materialien zu selbstorganisiertem Lernen, System- und Gruppenkompetenzen und Selbstevaluation als Instrument zur Verbesserung von Unterricht.

Demokratische und politische Bildung

BLK-Programm Demokratie lernen und leben
www.blk-demokratie.de
Hierbei handelt es sich um die Homepage des von 2002 bis 2007 durchgeführten BLK-Modellprogramms Demokratie lernen und leben. Neben der Dokumentation des Programms werden umfassende Materialien rund um das Thema Demokratie und Schule zur Verfügung gestellt.

Bundeszentrale für politische Bildung
www.bpb.de
Die Bundeszentrale für politische Bildung unterstützt alle interessierten Bürgerinnen und Bürger dabei, sich mit Politik zu befassen. Ihre Aufgabe ist es, Verständnis für politische Sachverhalte zu fördern, das demokratische Bewusstsein zu festigen und die Bereitschaft zur politischen Mitarbeit zu stärken.

Demokratie und Partizipation lernen und leben
www.bildungsserver.de/zeigen.html?seite=4631
In diesem Dossier des Deutschen Bildungsservers werden Informationen über Demokratie und Partizipation in unterschiedlichen Bildungskontexten zusammengestellt.

Dossier „Politische Bildung" der Bundeszentrale für politische Bildung
www.bpb.de/publikationen/LWLN3Q,0,0,B_782004.html
Ausgehend von einer Reflexion der Geschichte staatlicher politischer Bildung der vergangenen 50 Jahre diskutieren die Beiträge den derzeitigen Stand und die Perspektiven der politischen Bildung.

Informationsportal zur Politischen Bildung
www.politische-bildung.de/
Das Angebot fasst die Internet-Angebote der Bundeszentrale und der Landeszentralen für politische Bildung zusammen und stellt sie einem breiten Internet-Publikum zur Verfügung.

Net-part – Netzwerk Partizipation Rheinland-Pfalz
www.net-part.rlp.de/start_gross.htm
Dieses Angebot der rheinland-pfälzischen Landesregierung verfolgt seit 1999 das Ziel, eine Informationsquelle für den Themen- und Aufgabenbereich Partizipation zu sein sowie eine virtuelle landesweite Vernetzung Partizipation herzustellen bzw. zu gewährleisten.

Projekte zum Thema Demokratie und Erziehung am DIPF
http://democracy.dipf.de
Die Seiten geben einen Überblick über sämtliche Projekte des Deutschen Instituts für Internationale Pädagogische Forschung, die sich mit dem Thema Demokratie und Erziehung befassen.

XENOS – Leben und Arbeiten in Vielfalt
www.xenos-de.de
Das aus dem Europäischen Sozialfonds geförderte Bundesprogramm „XENOS – Leben und Arbeiten in Vielfalt" zielt darauf ab, Fremdenfeindlichkeit, Rassismus und Diskriminierung in der Gesellschaft nachhaltig entgegenzuwirken. XENOS verknüpft an der Schnittstelle von Schule, Ausbildung und Arbeitswelt arbeitsmarktpolitische Maßnahmen mit Aktivitäten gegen Rassismus und Fremdenfeindlichkeit und zur Stärkung zivilgesellschaftlicher Strukturen.

Internetportale und Fachinformationsdienste; Literatursuche

Bildung weltweit
www.bildungsserver.de/zeigen.html?seite=3777
Im Zentrum des Portals stehen online verfügbare Quellen, die die europäische und die außereuropäische Bildungsentwicklung reflektieren. Die Informations- und Beratungsdienste ermöglichen den Zugang zu Internetinformationen, Literaturnachweisen, terminologischen Auskunftsmitteln, Auftragsrecherchen und thematischen Dossiers. Zum Angebot gehören u.a. die Datenbanken: BildungsSysteme International (Internetquellen zu den Bildungssystemen weltweit), PERINE (Ressourcen zur Bildungsforschung in Europa), EXPLICA (Glossar zur Europäischen Dimension des Bildungswesens).

Deutscher Bildungsserver
www.bildungsserver.de
Der Deutsche Bildungsserver ist ein von Bund und Ländern getragenes Portal zum Bildungswesen in Deutschland. Sitz der koordinierenden Geschäftsstelle ist das Deutsche Institut für Internationale Pädagogische Forschung (DIPF), Frankfurt a.M. Der Bildungsserver bietet Informationen zu allen Bildungsbereichen und für alle pädagogischen Professionen, darunter einen Themenkatalog „Wissenschaft und Bildungsforschung" mit Verzeichnissen von Forschungseinrichtungen in Deutschland und Europa sowie Informationen zu Hochschulforschung und bildungshistorischer Forschung. Ein in Zusammenarbeit mit der Deutschen Gesellschaft für Erziehungswissenschaft (DGfE) gepflegter Terminkalender verzeichnet u.a. wissenschaftliche Veranstaltungen, Tagungen, Symposien etc. für die Adressatengruppen Hochschullehrer und Wissenschaftler.

Fachportal Pädagogik
www.fachportal-paedagogik.de
Das Fachportal ist der zentrale Einstieg in die pädagogische und erziehungswissenschaftliche Fachinformation. Eine so genannte Metasuche bietet differenzierte Recherchemöglichkeiten in einer Vielzahl einschlägiger Datenbanken. Die integrierte *FIS Bildung Literaturdatenbank* umfasst ca. 650.000 bibliographische Nachweise sowie bis dato mehrere Zehntausend elektronische Volltexte. Über eine Eingabemaske können die Nutzer ihre wissenschaftlichen Publikationen melden.

Forschungsführer – Institutionen, Personen, Projekte
www.fachportal-paedagogik.de/branchenverzeichnis/
Das Online-Verzeichnis, das sich an der – um Gegenstandsbereiche der Fachdidaktik ergänzte – Sektionsgliederung der Deutschen Gesellschaft für Erziehungswissenschaft (DGfE) orientiert, bietet Informationen und Adressen von Institutionen, Personen und Forschungsprojekten.

GESIS SocioGuide: Quellen zu den Sozialwissenschaften
www.gesis.org/SocioGuide/index.htm
Die Datenbank mit ausgewählten internationalen Internet-Adressen ist ein Service der Gesellschaft Sozialwissenschaftlicher Infrastruktureinrichtungen GESIS und dient der Orientierung über Internetangebote auf dem Gebiet der Sozialwissenschaften. Der Zugang zu den Informationen ist nach Ländern und Sachgebieten möglich. Die Sprache der Quelle wird jeweils angegeben.

BMBF-Portal zur empirischen Bildungsforschung
www.empirische-bildungsforschung-bmbf.de
Auf dieser Plattform werden im Kontext des BMBF-Rahmenprogramms zur Förderung der empirischen Bildungsforschung zu allen Forschungsschwerpunkten und ihren Projekten die Forschungsergebnisse dokumentiert und recherchierbar gemacht. Darüber hinaus werden Veranstaltungen, Informationen zu Institutionen sowie zur Nachwuchsförderung nachgewiesen. Allgemeine Informationen zum Förderrahmen komplettieren das Angebot, das ebenso in die Homepage des Bundesministeriums für Bildung und Forschung eingebunden ist.

PsychData
http://psychdata.zpid.de/
Diese Datenbank des Zentrums für Psychologische Information und Dokumentation (ZPID) dient der Dokumentation und Langzeitarchivierung von Primärdaten aus allen Bereichen der psychologischen Forschung und sonstiger Humanwissenschaften sowie der Bereitstellung dieser Datensätze für wissenschaftliche Nutzungszwecke wie Sekundär- und Re-Analysen.

LOTSE – Library Online Tour and Self-Paced Education/LOTSE Pädagogik
http://lotse.uni-muenster.de/
http://lotse.uni-muenster.de/paedagogik/index-de.php
LOTSE steht für Library Online Tour & Self-Paced Education und ist als Navigations- und Schulungssystem für Fachwissenschaftler und Studierende konzipiert. LOTSE soll beim Finden, Benutzen und Bewerten fachlicher Informationsressourcen unterstützen. Bereitgehalten werden Informationen zur Literatursuche, -recherche und -beschaffung sowie ausführliche Hilfestellungen zur Nutzung von Bibliotheksdiensten über das Internet und den Bibliotheken vor Ort.

Clearinghouse: Quellen zur Erziehungswissenschaft
www.mpib-berlin.mpg.de/de/institut/dok/echerze.htm
Das Clearinghouse des Max-Planck-Instituts für Bildungsforschung (MPIB) beinhaltet eine Reihe von „Resource Pages", die dazu dienen, Internet-Quellen zu den einzelnen Themen der Forschungsprojekte des MPIB zu bündeln und strukturiert darzustellen.

Zeitschriften, E-Journals

„bildungsforschung" – interdisziplinäre Online-Zeitschrift
www.bildungsforschung.org/
„bildungsforschung" ist eine offen zugängliche, von Expertinnen und Experten begutachtete Online-Zeitschrift, die dem Ziel des interdisziplinären Austausches auf dem Gebiet der Bildungsforschung verpflichtet ist.

Bildungshistorische Zeitschriften
www.bildungsserver.de/link/zs_bildungsgeschichte
Ein umfassendes Verzeichnis bildungsgeschichtlicher Periodika und Zeitschriftenarchive im Internet.

Datenbank sozialwissenschaftlicher Zeitschriften in Deutschland, Österreich und der Schweiz
www.gesis.org/Information/Zeitschriften/index.htm
Die Datenbank der Gesellschaft Sozialwissenschaftlicher Infrastruktureinrichtungen GESIS enthält Informationen zu rund 370 sozialwissenschaftlichen Fachzeitschriften sowie eine alphabetische Zeitschriftenliste.

DIGIZeitschriften. Das Deutsche Digitale Zeitschriftenarchiv
www.digizeitschriften.de/
Über einen kontrollierten Nutzerzugang können Studierende und Wissenschaftler auf Kernzeitschriften der deutschen Forschung zugreifen. Der Zugang erfolgt über Bibliotheken und wissenschaftliche Einrichtungen, die DigiZeitschriften subskribiert haben.

Elektronische Zeitschriften und Rundbriefe für Bildungswissenschaftler
www.bildungsserver.de/link/zeitschriften
Diese Übersicht des Deutschen Bildungsservers verzeichnet prioritär online und kostenfrei zugängliche Periodika und Mailinglisten.

Elektronische Zeitschriftenbibliothek Pädagogik
www.bildungsserver.de/link/EZB_Paedagogik_Uni_Regensburg
Das umfangreiche Verzeichnis pädagogischer und erziehungswissenschaftlicher Zeitschriften umfasst eine große Anzahl auch kostenfrei im Internet zugänglicher Periodika.

Verzeichnis elektronischer Zeitschriften für die Bildungsforschung
www.bildungsserver.de/link/BiFo_LOTSE_ZS
Die an der Universität Münster gepflegte Linksammlung bietet Zugang zu deutschsprachigen und internationalen Online-Zeitschriften auf dem Gebiet der Bildungsforschung sowie Kataloge zur Zeitschriftensuche.

Autorinnen und Autoren

Markus Achatz, M.A., Fachbereichsleiter Bildung & Erziehung, Deutsches Jugendherbergswerk Landesverband Bayern, vormals: Universität München, Institut für Pädagogik. *Forschungs- und Arbeitsschwerpunkte:* Kindheit und Jugend, Bildungskonzeption, Kulturelle Bildung, Presse- und Öffentlichkeitsarbeit.

Prof. Dr. Dr. Peter Alheit, Lehrstuhl für Allgemeine Pädagogik mit dem Schwerpunkt außerschulische Pädagogik am Pädagogischen Seminar der Georg-August-Universität Göttingen. *Forschungs- und Arbeitsschwerpunkte*: International vergleichende Bildungsforschung, Mentalitätsforschung, Hochschulforschung, Biographieforschung, qualitative Methoden, Konzepte des lebenslangen Lernens.

Prof. Ph. D. Jutta Allmendinger, Wissenschaftszentrum Berlin für Sozialforschung. *Forschungs- und Arbeitsschwerpunkte:* Soziologie des Arbeitsmarktes, Bildungssoziologie, Soziale Ungleichheit, Sozialpolitik, Organisationen, Lebensverläufe.

Prof. Dr. Heiner Barz, Lehrstuhl für Erziehungswissenschaft, Heinrich-Heine-Universität Düsseldorf. *Forschungs- und Arbeitsschwerpunkte*: Erwachsenenbildung, Jugendforschung, Reformpädagogik.

Andrea Behr-Heintze M.A., ehem. Mitarbeiterin am Deutschen Jugendinstitut (DJI), München. *Forschungs- und Arbeitsschwerpunkte*: Schulkooperationen, soziale Netzwerke von Schulen, Ganztagsschulen.

Susanne Bergann, Freie Universität Berlin, Arbeitsbereich Empirische Bildungsforschung. *Forschungs- und Arbeitsschwerpunkte*: Ethnische, soziale und geschlechtsbezogene Disparitäten im schulischen Erfolg, Entscheidungsprozesse beim Übergang Schule Beruf, Geschlechtsspezifische Sozialisations- und Bildungsprozesse.

Ursula Blömer, Dipl.-Päd., Institut für Pädagogik, Carl von Ossietzky Universität, Oldenburg. *Forschungs- und Arbeitsschwerpunkte*: Qualitativ-empirische Sozialforschung, Biographieforschung, Sozialpädagogik/Sozialarbeit.

Prof. Dr. Lothar Böhnisch, ehem. Direktor des Instituts für Sozialpädagogik und Sozialarbeit, TU Dresden; lehrt Soziologie an der Universität von Bozen. *Forschungs- und Arbeitsschwerpunkte*: Geschlechterforschung, Sozialpädagogik der Lebensalter, Sozialpolitik.

Dr. rer. pol. Axel Bolder, Dipl. Volkswirt, Universität Duisburg-Essen, Institut für Berufs- und Weiterbildung. *Forschungs- und Arbeitsschwerpunkte*: Qualifikationsforschung, Bildungs-, Berufslebenslauf- und Biographieforschung.

Prof. Dr. Wilfried Bos, Institut für Schulentwicklungsforschung, Universität Dortmund, *Forschungs- und Arbeitsschwerpunkte*: Empirische Forschungsmethoden, Qualitätssicherung im

Bildungswesen, Internationale Bildungsforschung, Pädagogische Chinaforschung, Sozialisationsprozesse ethnischer Minoritäten unter den Aspekten einer europäischen Integration.

Dr. Frank Braun, Leiter des Forschungsschwerpunktes „Übergänge in Arbeit", Deutsches Jugendinstitut (DJI), München. *Forschungs- und Arbeitsschwerpunkte*: Jugendarbeitslosigkeit, Benachteiligtenförderung, Biographische Jugendforschung.

Prof. Dr. Petra Buchwald, Wiss. Angestellte am Erziehungswissenschaftlichen Institut der Bergischen Universität Wuppertal. *Forschungs- und Arbeitsschwerpunkte*: Stress und Stressbewältigung, Evaluationsforschung, Motivationsforschung, Alternsforschung.

Prof. Dr. Lynne Chisholm, Professur für Erziehungswissenschaft der Generationen an der Universität Innsbruck. *Forschungs- und Arbeitsschwerpunkte*: europäisch-internationale allgemeine und berufliche Bildungs- und Jugendforschung sowie Bildungs- und Jugendpolitik; lebenslanges Lernen.

Prof. Dr. Bettina Dausien, Professur für Erziehungswissenschaft mit dem Schwerpunkt Empirische Bildungsforschung an der Universität Flensburg. *Forschungs- und Arbeitsschwerpunkte*: qualitative Bildungsforschung, interpretative Sozialforschung, Biographieforschung, Geschlechterforschung, Professionalisierung pädagogischer Praxis.

Dr. Kathrin Dedering, Deutsches Institut für Internationale Pädagogische Forschung (DIPF). *Forschungs- und Arbeitsschwerpunkte*: Schulentwicklung unter besonderer Berücksichtigung von Fragen der Netzwerkarbeit und der Schulinspektion, Steuerung/Governance im Bildungsbereich.

Dr. Martina Diedrich, Deutsches Institut für Internationale Pädagogische Forschung, Leiterin des Referats Kommunikation. *Forschungs- und Arbeitsschwerpunkte*: Evaluation & Schulentwicklung, demokratische Schulkultur, demokratische Handlungskompetenzen, Kriterien der Schulqualität.

Prof. Dr. Hartmut Ditton, Lehrstuhl für Allgemeine Pädagogik, Erziehungs- und Sozialisationsforschung, Institut für Pädagogik, Ludwig-Maximilians-Universität München. *Forschungs- und Arbeitsschwerpunkte*: Sozialisationsforschung, Schule und Unterricht, Methoden der Empirischen Sozialforschung.

Prof. Dr. Hans Döbert, Deutsches Institut für Internationale Pädagogische Forschung. *Forschungs- und Arbeitsschwerpunkte*: International-vergleichende Bildungsforschung (Schwerpunkt Bildungsmanagement), empirische Schulforschung, Bildungsmonitoring.

Prof. Dr. Rolf Dobischat, Universität Duisburg-Essen, Institut für Berufs- und Weiterbildung. *Forschungs- und Arbeitsschwerpunkte*: Beruflich-betriebliche Weiterbildungsforschung, Regionale Berufsbildungsforschung, Arbeitsmarkt- und Berufsforschung.

Autorenregister

Dr. Karl Düsseldorff, Wiss. Mitarbeiter, Universität Duisburg-Essen, Institut für Berufs- und Weiterbildung. *Forschungs- und Arbeitsschwerpunkte*: Berufliche Weiterbildung, Geschichte der Berufsbildung, Betriebliche Organisationsentwicklung.

Christian Ebner, Wissenschaftszentrum Berlin für Sozialforschung. *Forschungs- und Arbeitsschwerpunkte*: Bildungssoziologie, Arbeitsmarktsoziologie, Berufsbildung und Übergänge in den Arbeitsmarkt im internationalen Vergleich, Demografie und Arbeit, Wertewandel und Arbeit.

Prof. Dr. Jutta Ecarius, Universität Gießen, Institut für Erziehungswissenschaften. *Forschungs- und Arbeitsschwerpunkte*: Qualitative Bildungs- und Biographieforschung, Generationenforschung, Kindheits-, Jugend- und Familienforschung.

Prof. Dr. Thomas Eckert, Universität München, Lehrstuhl für Pädagogik/Bildungs- und Sozialisationsforschung. *Forschungs- und Arbeitsschwerpunkte:* Weiterbildungsberatung und -information, Schulqualität, Professionalisierungsforschung.

Prof. Dr. Yvonne Ehrenspeck, Institut für Pädagogik, Carl von Ossietzky Universität Oldenburg. *Forschungs- und Arbeitsschwerpunkte*: Wissenschaftsforschung, Ästhetik und Bildung, Medienpädagogik.

Prof. Dr. Frank Fischer, Institut für Pädagogische Psychologie und Empirische Pädagogik, Ludwig-Maximilians-Universität München. *Forschungs- und Arbeitsschwerpunkte*: Lehren und Lernen mit neuen Medien, Lernen mit Visualisierungen, Kooperatives Lernen.

PD Dr. Anne C. Frenzel, Fakultät für Psychologie und Pädagogik; Ludwig-Maximilians Universität München. *Forschungs- und Arbeitsschwerpunkte:* Motivation und Emotion im Kontext von Lehren und Lernen.

Prof. Dr. Detlef Garz, Universität Mainz, Institut für Erziehungswissenschaft. *Forschungs- und Arbeitsschwerpunkte*: Qualitativ-empirische Forschung, Entwicklungs- und Biographietheorien, Moralische Entwicklung und Erziehung.

Dipl.-Päd. Miriam M. Gebauer, Institut für Schulentwicklungsforschung, Universität Dortmund. *Forschungs- und Arbeitsschwerpunkte*: Quantitative empirische Bildungsforschung, Schulentwicklungsforschung.

Prof. Dr. Jochen Gerstenmaier, Institut für Pädagogische Psychologie und Empirische Pädagogik, Ludwig-Maximilians-Universität München. *Forschungs- und Arbeitsschwerpunkte*: Berufslaufbahnberatung, Organisationsberatung, Lehr-, Lernforschung.

Prof. Dr. Gabriele Gloger-Tippelt, Erziehungswissenschaftliches Institut, Heinrich-Heine-Universität Düsseldorf. *Forschungs- und Arbeitsschwerpunkte*: Familienpsychologie, Entwicklung über die Lebensspanne, Entwicklungspsychologische Bindungsforschung.

Prof. Dr. Ingrid Gogolin, Institut für International Vergleichende und Interkulturelle Erziehungswissenschaft, Universität Hamburg. *Forschungs- und Arbeitsschwerpunkte*: Interkulturelle Erziehungswissenschaft, Bildungsforschung, International vergleichende Bildungsforschung.

Prof. Dr. Thomas Götz, Lehrstuhl für Erziehungswissenschaft Empirische Bildungsforschung, Universität Konstanz/Pädagogische Hochschule Thurgau. *Forschungs- und Arbeitsschwerpunkte*: Emotion im Lern- und Leistungskontext, Selbstreguliertes Lernen.

Prof. Dr. Cornelia Gräsel, Lehrstuhl für Lehr-, Lern- und Unterrichtsforschung, Universität Wuppertal. *Forschungs- und Arbeitsschwerpunkte*: Umweltbildung, Lernen mit neuen Medien, Problemorientiertes Lernen.

Prof. Dr. Hans Gruber, Lehrstuhl für Pädagogik III der Universität Regensburg; Mitglied des Fachkollegiums Erziehungswissenschaft der Deutschen Forschungsgemeinschaft; Mitglied im Excutive Commitee der EARLI. *Forschungs- und Arbeitsschwerpunkte*: Expertiseforschung, Kompetenzforschung, Professional Learning, Hochschuldidaktik.

Dr. Cathleen Grunert, Wissenschaftliche Mitarbeiterin am Institut für Pädagogik, Martin-Luther-Universität Halle, Arbeitsbereich Erziehungswissenschaftliche Forschungsmethoden. *Forschungs- und Arbeitsschwerpunkte*: Kindheits- und Jugendforschung, Berufsverbleibsforschung, Biographieforschung.

Prof. Dr. Benno Hafeneger, Institut für Erziehungswissenschaft, Philipps-Universität Marburg. *Forschungs- und Arbeitsschwerpunkte*: Politische Jugendbildung, Jugend und Rechtsextremismus, Geschichte der Jugendpädagogik.

PD Dr. Christian Harteis, Lehrstuhl für Pädagogik III, Institut für Pädagogik, Universität Regensburg. *Forschungs- und Arbeitsschwerpunkt:* Professional Learning.

Prof. em. Dr. Helmut Heid, Institut für Pädagogik, Universität Regensburg. *Forschungs- und Arbeitsschwerpunkte*: Wissenschaftstheorie der Erziehungswissenschaft, Ideologiekritik bildungspolitischer Maximen und Programme, Analyse der Wechselbeziehungen zwischen Bildungs- und Beschäftigungssystem.

Dr. Ruth Hoh, Städtisches Klinikum München GmbH, Bereichsleitung Personalentwicklung. *Forschungs- und Arbeitsschwerpunkte*: Berufliche Fort- und Weiterbildung, Professionalisierung, Bildung mit Menschen im höheren Erwachsenenalter.

Prof. Dr. Heinz Günter Holtappels, Universität Dortmund, Institut für Schulentwicklungsforschung (IFS). *Forschungs- und Arbeitsschwerpunkte*: Bildungs- und Schulforschung, Sozialisationsforschung, Schulevaluation.

Stefan Hummelsheim, wissenschaftlicher Mitarbeiter am Deutschen Institut für Erwachsenenbildung (DIE), Bonn. *Forschungs- und Arbeitsschwerpunkte*: Bildungsökonomie, Bildungspolitik, Bildungsevaluation.

Prof. Dr. Eckhard Klieme, Johann Wolfgang Goethe Universität Frankfurt am Main und Deutsches Institut für Internationale Pädagogische Forschung (DIPF). *Forschungs- und Arbeitsschwerpunkte*: Grundlagenforschung zu Schuleffektivität und Unterrichtsqualität, Evaluation im Bildungsbereich, international vergleichende Bildungsforschung.

Dr. Dirk Ifenthaler, Universität Freiburg, Lehrstuhl für Lernforschung und Instructional Design. *Forschungs- und Arbeitsschwerpunkte*: Messung lernabhängiger Veränderungen, modellbegründetes Lehren und Lernen in multimedialen Anwendungen, Diagnose mentaler Modelle, Prinzipien für die Entwicklung multimedialer Lernumgebungen, Simulation.

Prof. Dr. Ewald Kiel, Universität München, Lehrstuhl für Schulpädagogik. *Forschungs- und Arbeitsschwerpunkte*: Schulpädagogik, Biografisch bedeutsames Lernen, Multimedia, Interkulturelle Didaktik und Wissensorganisation.

Prof. Dr. Olaf Köller, Leibniz-Institut für die Pädagogik der Naturwissenschaften (IPN) an der Universität Kiel. *Forschungs- und Arbeitsschwerpunkte:* Wissens- und Kompetenzerwerb über die Lebensspanne.

Markus Kollmannsberger M.A., Universität München, Institut für Pädagogik, Lehrstuhl für Allgemeine Pädagogik und Bildungsforschung. *Forschungs- und Arbeitsschwerpunkte:* Erwachsenenbildung, Professionalisierung, Erwachsenenbildungseinrichtungen.

Prof. Dr. Heinz-Hermann Krüger, Lehrstuhl für Allgemeine Erziehungswissenschaft, Martin-Luther-Universität Halle/Wittenberg. *Forschungs- und Arbeitsschwerpunkte*: Bildungs- und Schulforschung, Kindheits- und Jugendforschung, Biographieforschung Wissenschaftsforschung.

Axel Kühnlenz, M.A., Deutsches Institut für Internationale Pädagogische Forschung, Leiter der Geschäftsstelle Deutscher Bildungsserver. *Arbeitsschwerpunkte*: Bildungsinformation, Bildungsportale.

Prof. Dr. Harm Kuper, Freie Universität Berlin, Arbeitsbereich Weiterbildung und Bildungsmanagement. *Forschungs- und Arbeitsschwerpunkte*: Bildungsforschung, Evaluation, Weiterbildung.

Dr. Sylva Liebenwein, Universität München, Fakultät für Psychologie und Pädagogik. *Forschungs- und Arbeitsschwerpunkte*: Milieuforschung, Erziehungsforschung, Bildungsforschung.

Dr. Christian Lüders, Leiter der Abteilung Jugend und Jugendhilfe am Deutschen Jugendinstitut (DJI), München. *Forschungs- und Arbeitsschwerpunkte*: Kinder- und Jugendhilfe, Qualitative Sozialforschung.

Dr. Gabriele Maier, Geschäftsführende Partnerin von Competence Development Consulting in München. *Arbeitsschwerpunkte:* Personal- und Organisationsentwicklung, Demografischer Wandel in Unternehmen, Bildung im Lebenslauf.

Prof. em. Dr. Heinz Mandl, Lehrstuhl für Empirische Pädagogik und Pädagogische Psychologie, Ludwig-Maximilians-Universität München. *Forschungs- und Arbeitsschwerpunkte*: Wissen und Handeln, Wissensmanagement, Transfer von Wissen, Selbstgesteuertes und Kooperatives Lernen, Qualitätssicherung in der Weiterbildung.

Dr. Rita Nikolai, Wissenschaftszentrum Berlin für Sozialforschung. *Forschungs- und Arbeitsschwerpunkte*: Bildungspolitik, Bildungsausgaben im internationalen Vergleich, Arbeitsmarktpolitik in Deutschland und im internationalen Vergleich, Sozialpolitik in Deutschland und im internationalen Vergleich, Übergänge zwischen Bildungssystem und Erwerbstätigkeit.

Prof. Dr. Dr. Ekkehard Nuissl von Rein, Direktor des Deutschen Instituts für Erwachsenenbildung (DIE), Prof. für Erwachsenenbildung, Philipps-Universität Marburg. *Forschungs- und Arbeitsschwerpunkte*: Lehr-Lernforschung, Bildungspolitik, Organisationsforschung.

Prof. Dr. Reinhard Pekrun, Lehrstuhl für Persönlichkeitspsychologie und Pädagogische Psychologie, Ludwig-Maximilians-Universität München. *Forschungs- und Arbeitsschwerpunkte*: Emotionspsychologie, Pädagogische Psychologie, Bildungsforschung.

Prof. Dr. Manuela Pietraß, Lehrstuhl für Medienpädagogik an der Pädagogischen Hochschule Freiburg. *Forschungs- und Arbeitsschwerpunkte:* Rezeptionsforschung, Theorie der Medienpädagogik, Anthropologie der Medien, Mediensozialisation, Prozesse der Wirklichkeitskonstitution.

Dr. Pablo Pirnay-Dummer, Wiss. Mitarbeiter am Lehrstuhl für Lernforschung und Instructional Design an der Albert-Ludwigs-Universität Freiburg. *Forschungs- und Arbeitsschwerpunkte:* Wissensdiagnose, Diagnose mentaler Modelle, Modellbegründetes Wissensmanagement, Simulation, Diagnoseverfahren in der Bildungsplanung.

Prof. Dr. T. Neville Postlethwaite, Emeritus, Institut für International und Interkulturell Vergleichende Erziehungswissenschaft, Universität Hamburg. *Forschungs- und Arbeitsschwerpunkte*: Empirische Forschungsmethoden, Internationale Bildungsforschung, Evaluation im Bildungswesen.

Dipl.-Päd. Monika Rehrl, Universität Regensburg, Lehrstuhl für Pädagogik III. *Forschungs- und Arbeitsschwerpunkte*: Netzwerkforschung, Professional Learning, Fehlerkultur.

Prof. Dr. Alexander Renkl, Lehrstuhl für Pädagogische Psychologie, Albert-Ludwigs-Universität Freiburg. *Forschungs- und Arbeitsschwerpunkte*: Example-based learning, Instructional explanations and self-explanations, Learning from multiple representations, Learning by journal writing, Concept mapping as learning method.

Prof. Dr. rer. nat. Kristina Reiss, Lehrstuhl für Didaktik der Mathematik an der Ludwig-Maximilians-Universität München. *Forschungs- und Arbeitsschwerpunkte*: Mathematische Kompetenz und ihre Entwicklung; Lernen mit neuen Medien.

Dr. Birgit Reißig, Deutsches Jugendinstitut e.V. Außenstelle Halle. *Forschungs- und Arbeitsschwerpunkte:* Lebensverläufe und Lebensentwürfe Jugendlicher und junger Erwachsener, Übergänge von der Schule in Ausbildung und Arbeit.

Prof. Dr. Lutz R. Reuter, Präsident der Universität Flensburg und ehemaliger Lehrstuhlinhaber der Professur Allgemeine Erziehungswissenschaft mit besonderer Berücksichtigung der Bildungspolitik, Helmut-Schmidt-Universität, Universität der Bundeswehr Hamburg. *Forschungs- und Arbeitsschwerpunkte:* Migrationsforschung, Bildungspolitik und Bildungsrecht, Vergleichende Erziehungswissenschaft.

Prof. Dr. Hans-Günther Roßbach, Lehrstuhl für Elementar- und Familienpädagogik, Otto-Friedrich-Universität Bamberg. *Forschungs- und Arbeitsschwerpunkte*: Qualität in Institutionen der Früherziehung, Curricularentwicklung/Bildungsfragen im Kindergarten, Übergang vom Elementar- in den Primarbereich, Auswirkungen frühkindlicher Betreuungen, Internationale Vergleichsuntersuchungen, Unterrichtsqualität in der Grundschule.

Dr. Martin Rothland, Institut für Erziehungswissenschaft, Westfälische Wilhelms-Universität Münster. *Forschungs- und Arbeitsschwerpunkte*: Empirische Forschung zum Lehrerberuf; Theorie der Schule; Unterrichtsforschung; Geschichte des Lehrerberufs und der Schule; Geschichte und Historiographie der Erziehungswissenschaft.

PD Dr. Christine Schmid, Pädagogisches Seminar, Georg-August-Universität Göttingen. *Forschungs- und Arbeitsschwerpunkte*: Empirische Schulforschung, Politische Sozialisation, Sozialisation in Familie und Gleichaltrigengruppe, Geschwister, Soziomoralische Entwicklung.

PD Dr. Bernhard Schmidt, Universität München, Lehrstuhl für Allgemeine Pädagogik und Bildungsforschung. *Forschungs- und Arbeitsschwerpunkte*: Bildungsverhalten und -interessen Erwachsener, Hochschuldidaktik, Informelles Lernen.

Dipl.-Berufspäd. Thilo Schmidt, Lehrstuhl für Elementar- und Familienpädagogik, Otto-Friedrich-Universität Bamberg. *Forschungs- und Arbeitsschwerpunkte*: Frühpädagogische Bildung und Erziehung, Förderung von Kindern und Jugendlichen mit Migrationshintergrund, Ausbildung, Bedarf und Verbleib in pädagogischen Berufen.

Prof. i.R. Dr. Christine Schwarzer, Erziehungswissenschaftliches Institut, Heinrich-Heine-Universität Düsseldorf. Lehrstuhl Weiterbildung und Beratung. *Forschungs- und Arbeitsschwerpunkte*: Psychosoziales Wohlbefinden im Alter, Stress und Stressverarbeitung, Copingforschung, Burnoutforschung, Beratung, Public Health.

Dipl.-Päd. Jutta Sechtig, Wissenschaftliche Mitarbeiterin am Lehrstuhl für Elementar- und Familienpädagogik der Otto-Friedrich-Universität Bamberg. *Forschungs- und Arbeitsschwerpunkte*: Tagesbetreuung von Kindern unter drei Jahren, Modellprojekt „KIDZ", Videobeobachtungen zur Gestaltung und Nutzung der Freispielzeit im Kindergarten.

Prof. Dr. Norbert M. Seel, Lehrstuhl für Lernforschung und Instructional Design an der Albert-Ludwigs-Universität Freiburg. *Forschungs- und Arbeitsschwerpunkte:* Lernforschung, modellbegründetes Lernen und Lehren, Instructional Design.

Dipl.-Pol. Isabelle Sieh M.A., Wissenschaftliche Mitarbeiterin an der Professur Allgemeine Erziehungswissenschaft mit besonderer Berücksichtigung der Bildungspolitik, Helmut-Schmidt-Universität, Universität der Bundeswehr Hamburg. *Forschungs- und Arbeitsschwerpunkt:* Europäische Hochschulpolitik, Bildungssystemvergleich.

Dr. Jan Skrobanek, Deutsches Jugendinstitut e.V. Außenstelle Halle. *Forschungs- und Arbeitsschwerpunkte:* Migrationsforschung, Jugendforschung, Extremismusforschung, Ungleichheitsforschung, Evaluationsforschung.

Prof. Dr. Petra Stanat, Arbeitsbereich Empirische Bildungsforschung, Freie Universität Berlin. *Forschungs- und Arbeitsschwerpunkte*: Schulischer Erfolg von Kindern und Jugendlichen mit Migrationshintergrund, Bildungsdisparitäten, Zweitsprachförderung, Entwicklungsdeterminanten und Förderung von Lesekompetenz, Determinanten von Schulleistungen im internationalen Vergleich.

Prof. Dr. Dr. Ulrich Teichler, Internationales Zentrum für Hochschulforschung (INCHER-Kassel). *Forschungs- und Arbeitsschwerpunkte*: Bildungsplanung und Bildungspolitik, Hochschule und Arbeitswelt, Struktur des Hochschulwesens, Internationaler Vergleich von Hochschul- und Beschäftigungssystemen, Evaluation im Hochschulsystem, Internationale Mobilität und Kooperation.

Prof. Dr. Heinz-Elmar Tenorth, Philosophische Fakultät IV, Humboldt-Universität Berlin. *Forschungs- und Arbeitsschwerpunkte*: Wissenschaftsgeschichte der Erziehungswissenschaft, Professionalisierungsgeschichte, Pädagogik des Pietismus und des 20. Jahrhunderts.

Prof. Dr. Ewald Terhart, Institut für Erziehungswissenschaft, Westfälische Wilhelms-Universität Münster. *Forschungs- und Arbeitsschwerpunkte*: Schultheorie/Schulentwicklung/Schulreform, Unterricht und Allgemeine Didaktik/Lehrplanfragen/Unterrichtsforschung, Lehrerberuf und Lehrerbildung, Professionalität und Berufsbiographie.

Prof. Dr. Felicitas Thiel, Leiterin des Arbeitsbereichs Schulpädagogik/Schulentwicklungsforschung an der Freien Universität Berlin. *Forschungs- und Arbeitsschwerpunkte*: Lehrerprofessionalisierung, Schulentwicklungsforschung, historische Bildungsforschung.

Prof. Dr. rer. Dieter Timmermann, Fakultät für Erziehungswissenschaft, Weiterbildung und Bildungsmanagement AG bis 30.9.2009, Rektor der Universität Bielefeld. *Forschungs- und Arbeitsschwerpunkte*: Bildungsökonomie, Bildungspolitik.

Prof. Dr. Rudolf Tippelt, Lehrstuhl Allgemeine Pädagogik und Bildungsforschung, Ludwig-Maximilians-Universität München. *Forschungs- und Arbeitsschwerpunkte*: Bildungsforschung, Weiterbildung/Erwachsenenbildung, Bildungsprozesse über die Lebensspanne, Übergang von

Bildung in Beschäftigung, Fortbildung des pädagogischen Personals (im internationalen Kontext).

Albena Todorova, Universität München, Department Psychologie, Psychology of Excellence in Business and Education. *Forschungs- und Arbeitsschwerpunkte*: Computerunterstütztes Lernen, Arbeitsbelastung und Zeitbudget der Hochschullehrer.

Dr. rer. nat Stefan Ufer, Lehrstuhl für Didaktik der Mathematik, Ludwig-Maximilians-Universität München. *Forschungs- und Arbeitsschwerpunkte*: Mathematische Kompetenz und ihre Entwicklung; mathematisches Argumentieren und Beweisen als individuelle Kompetenz.

Prof. Dr. Rainer Watermann, Pädagogisches Seminar, Georg-August-Universität Göttingen. *Forschungs- und Arbeitsschwerpunkte*: Schulstrukturen und akademische Karrieren, Übergänge im Bildungssystem, Soziale Ungleichheit der Bildungsbeteiligung und des Kompetenzerwerbs, Politische Sozialisation, Schulleistungsuntersuchungen und die Evaluation von Versuchsschulen.

Prof. Dr. Horst Weishaupt, Leiter der Arbeitseinheit „Steuerung und Finanzierung des Bildungswesens" am Deutschen Institut für Internationale Pädagogische Forschung (DIPF) in Frankfurt am Main und Professor für Empirische Bildungsforschung an der Bergischen Universität Wuppertal. *Forschungs- und Arbeitsschwerpunkte*: Regionale Bildungsforschung, Schulentwicklungs- und Planungsforschung.

Prof. Dr. Peter Zedler, Universität Erfurt, Lehrstuhl für Allgemeine Erziehungswissenschaft (bis 2006). *Forschungs- und Arbeitsschwerpunkte*: Theorie und Wissenschaftsgeschichte, Schulentwicklung und Bildungsforschung.

Prof. Dr. Albert Ziegler, Institut für Pädagogische Psychologie, Universität Ulm. *Forschungs- und Arbeitsschwerpunkte*: Hochbegabung, Motivation, Reattributionstraining.

Stichwortregister

A

Akteurstheorie 489
Alltagsgeschichte 140
Alter 686
Anlage-Umwelt-Kovariationen 83
Anreizsysteme 128
Anthropologie 140
Arbeitsbeschaffungsmaßnahmen 963
Arbeitsgemeinschaft Berufsbildungsforschungsnetz (AG BFN) 386
Arbeitslosenstatistik 953
Arbeitsmarktpolitik 957
Arbeitsvermögen 814
Armutsbekämpfung 250
Assessment 545
Ausbildung, kompetenzbasierte 260
Ausbildungsinstitutionen 642
Autopoiesis 165

B

Begabung 938
Belastung und Beanspruchung im Lehrerberuf 802
Benachteiligtenförderung 953
Beratung, Gesundheitsbezogene 902
Berichtssystem Weiterbildung 590
Beruflichkeit 826
Berufsbildungsforschung 383
Berufschancen 371
Berufsverlauf 796
Berufswahlmotive 793
Big Five 73
Bildsamkeit 696
Bildung, berufliche 394
Bildung, familiale 579
Bildung, formale 254
Bildung, frühe 628
Bildung, informaler 254
Bildung, institutionelle 513
Bildung, kulturelle 923
Bildung, nonformale 254
Bildung, politische 448
Bildung, Ziele von 320
Bildungsadressaten 632
Bildungsangebot, regionales 220
Bildungsangebote, institutionalisierte 684
Bildungsangebote, intergenerationelle 681
Bildungsarmut 51
Bildungsauftrag 447
Bildungsbedürfnisse 866
Bildungsberatung 188
Bildungsbericht 317
Bildungsberichterstattung 37
Bildungsbeteiligung 217, 376, 516

Bildungschancen 306, 341, 917
Bildungscontrolling 617
Bildungserträge 49, 95
Bildungsexpansion 52, 597, 703, 917
Bildungsfinanzierung 120
Bildungsföderalismus 190
Bildungsforschung 156, 500, 572
Bildungsforschung, allgemeine 23
Bildungsforschung, erziehungswissenschaftliche 23
Bildungsforschung, europäische 234
Bildungsforschung, frühpädagogische 351
Bildungsforschung, politische 236
Bildungsforschung; Schwerpunkte 24
Bildungskompetenzen 642
Bildungskompetenzen, Jugendliche 642
Bildungskooperation 267
Bildungskosten 94
Bildungsmaßnahme, Berufsvorbereitende 959
Bildungsmobilisierung 642
Bildungsmonitoring 38, 288, 320
Bildungsnutzen 94
Bildungsplanung 249
Bildungspolitik 191
Bildungspolitik, europäische 237
Bildungsprozess 682
Bildungsprozesse 627
Bildungsprozesse, Erwachsene 670
Bildungsprozesse, geschlechtsbezogene 513
Bildungsqualifikation 226
Bildungsrecht 191
Bildungsrenditen 114
Bildungsstandards 529
Bildungsstandards, nationale 201
Bildungssystem 191, 355, 545
Bildungssysteme 969
Bildungstheorie 156, 572, 590
Bildungswesen, außerschulisches 249
Bildungswesen, berufliches 249
Bindungsforschung 633
Biografieforschung 408, 575
Biographieforschung 164
Bundesinstitut für Berufsbildung (BIBB) 392
Bürokratie 494

C

Chancengleichheit 47, 376, 595
Chancenungleichheit 594
Cultural Studies 502

D

Daseinskompetenzen 679
deliberate practice 942
Demokratielernen 875

Demokratiepädagogik 890
Demokratische Bildung 881
Demokratische Kompetenzen 888
demokratische Kultur 866
Desiderata 145
Design-Experiment 566
Deutungsmuster 407
Didaktik, tätigkeitsorientierte 783
Dilemata, ökologisch-soziale 852
DIN EN ISO 9000ff 618
Disparitäten, geschlechtsbezogene 516
Disparitäten, soziale 354
Disparitätenthese 222
Diversität, sprachlich-kulturelle 297

E
Education at a Glance 602
EFQM 618
Elternbildung 634
Emergenz 165
employability 827
Enkulturation 507
Entwicklung 687
Entwicklung, kindliche 355
Entwicklungskonzept 630
Entwicklungsmilieus 890
environmental education 846
Epoche 147
Erfahrungslernen 861
Erwachsenenbildung, Bildungsbarrieren 664
Erwachsenenbildungsforschung 664
Erziehung, bilinguale 307
Erziehung, Hilfen zur 458
Erziehung, intergenerative 694
Erziehungsstile 633
EU-Aktionsprogramme 242
Evaluation 287, 607, 765
Experten 940

F
Familienforschung 339
Familienstrukturen 346
Förderungsgesetze 862
Forschung, berufsbiographische 796
Forschung, didaktische 781
Forschung, Hochschule 421
Fremdheit 298

G
Generation 149
Generationenbeziehungen 339
Generationenverhältnisse, pädagogische 700
Generationsbeziehungen, pädagogische 700
Gesamtschule 372
Geschlechterdifferenzen 516
Gesellschaft, multikulturelle 299
Gesundheitserziehung 900

Gesundheitsförderung 899
Gesundheitsförderungsprogrammen, Evaluation von 910
Gesundheitswissenschaften 899
Gewalt 503
Grundlagenforschung 283
Gütemaßstab 938

H
Handlungstheorien 172
Herkunftsmilieus 642
Historiografie 135
historische Bildung, geschlechtsbezogene 513
Hochschulbildung 421
Hochschule, Management 427
Hochschulentwicklung 431
Hochschulpolitik 424
Hochschulwesen 249
Hochschulwesen, Deutschland 421
Humankapitalinvestition 97
Humanvermögen 102

I
Ideal-Selbstkonzept 74
Identifikationsprozess 937
Identität 505
IGLU 374
Implementation 765
Indikator 320
Indikatorenforschung, Desiderata 329
Indikatorensystem 333
Inferenzstatistik 559
Informelles Lernen 654
Institut für Arbeitsmarkt- und Berufsforschung (IAB) 386
Institution 495
Institutionalisierung 401, 700
Institutionen, pädagogische 581
Institutionenforschung 410
Instruktion 741
Instruktionsdesign 784
Intentionalität 174
Internationalisierung, Hochschulen 438

J
Jugendarbeit, verbandliche 449
Jugendbildung, außerschulische 450
Jugendbildung, politische 462
Jugendforschung 656
Jugendkulturen 646
Jugendsozialarbeit 959

K
Kennziffer 329
Kinder- und Jugendgesetz 446
Kindergartenqualität 356
Kindertageseinrichtungen 352
Klassenführung 780

Kompetenz, berufliche 799
Kompetenz, mathematische 373
Kompetenz- und Motivationsentwicklung, geschlechtsspezifisch 520
Kompetenzen 51, 529
Kompetenzen, fachspezifische 205
Kompetenzentwicklung 471, 828
Kompetenzmessung 829
Kompetenzzuwachs 947
Kontext, sozialer 222
Konzeptionen, frühpädagogische 357
Kosten-Nutzen-Ansätze 852
Kultur 915
Kulturgeschichte 140

L

Längsschnittstudie 563
Learning, Computer-Supported Collaborative 761
lebensbegleitender Prozess 862
Lebenslage 917
Lebenslauf 833
Lebensspanne 578, 714
Lebensstilforschung 854, 917
Lehr-Lern-Prozess 408
Lehramtstudierende 791
Lehren und Lernen 199
Lehrerbedarf 592
Lehrerberuf 791
Lehrerbildung 791
Lehrerforschung 791
Lehrernetzwerke 979
Lehrerrolle 343, 792
Lehrmaterialien 203
Leistungseminenz 937
Leistungsvergleich 289
Leistungsvoraussetzungen 793
Lern- und Veränderungspotentiale 682
Lernen, biografisches 723
Lernen, implizites 726
Lernen, informelles 669
Lernen, kooperatives 753
Lernen, Lebenslanges 666
Lernen, multimediales 753
Lernen, problemorientiertes 748
Lernen, selbstgesteuertes 408, 759
Lernen, selbstreguliertes 76
Lernende Regionen 970
Lernmotivation 741
Lernprozess 715, 942
Lernprozesse 204, 741
Lernumgebungen 203, 747
Lifelong Learning, Memorandum of 713

M

Medien, neue 766
Medienaneignung 502
Mediendidaktik 499

Medienkompetenz 499
Medienpädagogik 501
Medienrezeption 501
Medienrezeption und -aneignung 506
Mediensozialisation 506
Medienwirklichkeit 502
Mehrebenenanalyse 551
Merkmale, individuelle 73
Merkmale, körperliche 73
Merkmale, motivationale 519
Meta-Analyse 559
Migration 297
Migrationshintergrund 378
Milieus, soziale 919
Modell, mehrebenenanalytisches 563
Modelle, instruktionale 753
Modellierung, Hierarchisch Lineare 564
Monitoring 417

N

nachhaltige Entwicklung 849
Neo-Institutionalismus 496
Netzwerkanalysen, egozentrische 972
Netzwerke, personale 975
Normalbiografie 723

O

Organisation 483
Organisationen, lernende 720
Organisationen, supranationale 233
Organisationsentwicklung 911
Outputorientierung 814

P

Paradigma 141
Paradigma, interpretatives 413
Paradigma, kognitives 737
Paradigma, normatives 413
patchwork-Biografie 821
Persönlichkeitsausprägungen 72
Persönlichkeitsmerkmale, psychische 73
Perspektive, interkulturelle 304
Philosophie 161
Philosophie, analytische 178
PISA 373
Politikbegriff 185
Politikdidaktik 862
Politikgestaltung, wissensbasiert 243
politikwissenschaftlichen Bildungsforschung, Theorien zur 186
Politische Bildung 883
Politische Kompetenz 861
politischer Kompetenz 866
Produktivität 681
Professionalisierung 467
Prognosen 595
Projekte, multilaterale 239

Q

Qualifikation 821
Qualifizierung 385
Qualifizierungsinitiative 953
Qualifizierungspolitik 957
Qualitätsentwicklung 287, 529
Qualitätskontrolle 607
Qualitätsmanagement 614
Qualitätssicherung 529, 607
Quartiersbindung 217
Quellen 141

R

Rahmenpläne 357
Rational Choice 491
Real-Selbstkonzept 74
Reflexivität, biografische 728
Reproduktionsmechanismen, soziale 702
Rezeptionsforschung 501

S

Schlüsselprobleme 868
Schulentwicklung 278
Schulleistungsstudien 532
Schulleistungsuntersuchung 277
Schulnetzwerke 975
Schulwahlverhalten 367
Selbstorganisation 165
Situiertheitsansatz 738
soziale Netzwerkanalyse 969
Sozialforschung, qualitative 583
Sozialisation 485
Sozialisationserfahrungen 341
Sozialraumanalyse 224
Soziologie 47
Sprachentwicklung 303
Sprachförderung 359
Stadt-Land-Vergleich 223
Statistik 589
Statistisches Bundesamt 594
StEG-Untersuchung 379
Stress am Arbeitsplatz 900
Strukturindikatoren 235

Strukturindikatoren und Benchmarks 236
Subjektbezug 814
Systemtheorie 493

T

Telefon-Interviews, Computer gestützte 963
Theoriebildung 566
theory of mind 180
Transmigration 311

U

Umweltbewusstseinsforschung 850
Umweltwissen 177
Ungleichheit, soziale 917
Unterrichtserfolg 780
Unterrichtsforschung 773
Unterrichtsgestaltung 785
Unterrichtsqualität 774

V

Verdrängungshypothese 601
Vergleich, internationaler 305
Vergleichsstudien, internationale 551

W

Wandel, sozialer 695
Warteschleifenhypothese 601
Weiterbildung, berufliche 667
Wirtschaftspädagogik 474
Wirtschaft und Betrieb 467
Wirtschaft und Bildung 468
Wissen 717
Wissen, deklaratives 74
Wissen, domänenspezifisches 738
Wissen, inhaltsübergreifendes 738
Wissen, metakognitives 75
Wissen, prozedurales 74
Wissen, träges 179
Wissensgesellschaft 816
Wohnortnähe 217

Z

Zertifikate 51

Handbücher Erziehungswissenschaft

Jutta Ecarius (Hrsg.)
Handbuch Familie
2007. 701 S. Br. EUR 59,90
ISBN 978-3-8100-3984-2

Rudolf Tippelt / Bernhard Schmidt (Hrsg.)
Handbuch Bildungsforschung
2., überarb. u. erw. Aufl. 2009. 1058 S.
Br. EUR 79,90
ISBN 978-3-531-15481-7

Als umfassendes Nachschlagewerk zum Thema Bildungsforschung vermittelt das Handbuch einen zuverlässigen und systematischen Überblick über das gesamte Diskussions- und Erkenntnisspektrum eines der elementaren Forschungsbereiche der Erziehungswissenschaft. Die einzelnen Beiträge führen in Bezugsdisziplinen, Institutionen, Methoden und Handlungsfelder ein und bieten eine grundlegende Information für eine vertiefende Beschäftigung mit den Themenfeldern von A wie Acceleration bis Z wie Zielgruppen.

Rudolf Tippelt / Agia von Hippel (Hrsg.)
Handbuch Erwachsenenbildung/ Weiterbildung
3., überarb. u. erw. Aufl. 2009. 1105 S.
Br. EUR 79,90
ISBN 978-3-531-15506-7

Als Grundlagenwerk zu Geschichte, Theorien, Forschungsmethoden und Institutionen vermittelt das Handbuch einen systematischen Überblick über den vielfältigen Themenbereich. Die zahlreichen Zielgruppen der Erwachsenenbildung und Weiterbildung wie auch die verschiedenen Methoden des Lehrens und Lernens werden zugleich einführend und umfassend dargestellt. Diese neue Auflage ist grundlegend überarbeitet und erweitert.

Heiner Barz (Hrsg.)
Handbuch Bildungsfinanzierung
2009. ca. 400 S. Br. ca. EUR 49,90
ISBN 978-3-531-16185-3

Rolf Arnold / Antonius Lipsmeier (Hrsg.)
Handbuch der Berufsbildung
2., überarb. u. akt. Aufl. 2006. 643 S.
Br. EUR 59,90
ISBN 978-3-531-15162-5

Heinz-Hermann Krüger /
Winfried Marotzki (Hrsg.)
Handbuch erziehungswissenschaftliche Biographieforschung
2., überarb. und akt. Aufl. 2006. 529 S.
Br. EUR 49,90
ISBN 978-3-531-14839-7

Werner Helsper / Jeanette Böhme (Hrsg.)
Handbuch der Schulforschung
2., durchges. u. erw. Aufl. 2008. 1037 S.
Geb. EUR 79,90
ISBN 978-3-531-15254-7

Erhältlich im Buchhandel oder beim Verlag.
Änderungen vorbehalten. Stand: Juli 2009.

www.vs-verlag.de

Abraham-Lincoln-Straße 46
65189 Wiesbaden
Tel. 0611.7878-722
Fax 0611.7878-400

Grundlagen Erziehungswissenschaft

Isabell van Ackeren / Klaus Klemm
Entstehung, Struktur und Steuerung des deutschen Schulsystems
Eine Einführung
2009. 199 S. Br. EUR 16,90
ISBN 978-3-531-16469-4

Ben Bachmair
Medienwissen für Pädagogen
Medienbildung in riskanten Erlebniswelten
2009. 375 S. Br. EUR 24,90
ISBN 978-3-531-16305-5

Helmut Fend
Entwicklungspsychologie des Jugendalters
Ein Lehrbuch für pädagogische und psychologische Berufe
3., durchges. Aufl. 2003. 520 S. Br. EUR 24,90
ISBN 978-3-8100-3904-0

Detlef Garz
Sozialpsychologische Entwicklungstheorien
Von Mead, Piaget und Kohlberg bis zur Gegenwart
4. Aufl. 2008. 189 S. Br. EUR 22,90
ISBN 978-3-531-16321-5

Jürgen Raithel / Bernd Dollinger / Georg Hörmann
Einführung Pädagogik
Begriffe – Strömungen – Klassiker – Fachrichtungen
3., durchges. Aufl. 2009. 357 S. Br. EUR 16,90
ISBN 978-3-531-16320-8

Christiane Schiersmann
Berufliche Weiterbildung
2007. 272 S. Br. EUR 19,90
ISBN 978-3-8100-3891-3

Bernhard Schlag
Lern- und Leistungsmotivation
3. Aufl. 2009. 173 S. Br. EUR 19,90
ISBN 978-3-531-16511-0

Agi Schründer-Lenzen
Schriftspracherwerb und Unterricht
Bausteine professionellen Handlungswissens
3. Aufl. 2008. 252 S. Br. EUR 19,90
ISBN 978-3-531-16168-6

Peter Zimmermann
Grundwissen Sozialisation
Einführung zur Sozialisation im Kindes- und Jugendalter
3., überarb. u. erw. Aufl. 2006. 232 S. Br. EUR 18,90
ISBN 978-3-531-15151-9

Erhältlich im Buchhandel oder beim Verlag.
Änderungen vorbehalten. Stand: Juli 2009.

www.vs-verlag.de

Abraham-Lincoln-Straße 46
65189 Wiesbaden
Tel. 0611.7878-722
Fax 0611.7878-400